U0906571

ZHONGGUO FANLONGDUAN YU GUIZHIJINGJIXUE XUESHU NIANJIAN

反垄断与规制经济学学术年鉴

[2011卷]

山东大学反垄断与规制经济学研究基地 编

经济科学出版社
Economic Science Press

图书在版编目（CIP）数据

中国反垄断与规制经济学学术年鉴．2011卷／山东大学反垄断与规制经济学研究基地编．—北京：经济科学出版社，2011.8

ISBN 978-7-5141-0864-4

Ⅰ.①中… Ⅱ.①山… Ⅲ.①反垄断-中国-2011-年鉴②经济学-中国-2011-年鉴 Ⅳ.①F121-54

中国版本图书馆CIP数据核字（2011）第140505号

责任编辑：柳　敏　于海汛
责任校对：杨晓莹
版式设计：代小卫
技术编辑：邱　天

中国反垄断与规制经济学
学 术 年 鉴
（2011卷）
山东大学反垄断与规制经济学研究基地　编
经济科学出版社出版、发行　新华书店经销
社址：北京市海淀区阜成路甲28号　邮编：100142
总编部电话：88191217　发行部电话：88191540
网址：www.esp.com.cn
电子邮件：esp@esp.com.cn
北京联兴盛业印刷股份有限公司印装
880×1230　16开　67.25印张　2100000字
2011年8月第1版　2011年8月第1次印刷
ISBN 978-7-5141-0864-4　定价：200.00元
（图书出现印装问题，本社负责调换）

《中国反垄断与规制经济学学术年鉴（2011卷）》

总　　序

《中国反垄断与规制经济学学术年鉴》是国内首次编纂，按年度持续反映中国反垄断与规制经济学研究发展状况的文摘类权威学术著作，也是本研究领域内信息容量最大、资料索引最全面的大型工具书，可供经济学、法学、社会学等学科研究者及政府反垄断和规制机关使用。

《中国反垄断与规制经济学学术年鉴》的编纂上限为1979年，从2010年起每年出版一卷。《中国反垄断与规制经济学学术年鉴（2010卷）》（以下简称《年鉴》）共200余万字，对我国1979～2009年反垄断与规制经济学领域的研究成果进行了罗列和评析，对我国反垄断与规制的重大事件进行了回顾和分析，并对我国反垄断与规制机构及相关学术研究机构进行了介绍，系统地反映了改革开放以来我国反垄断与规制经济学领域的研究成果和发展趋势。

一、《年鉴》编纂缘起与过程

随着市场化改革的进行，中国的反垄断和规制理论与政策成为理论研究者和政策制定者重点关注的领域，也为国内外产业界所瞩目。规制政策的制定，反垄断法律的颁布与实施，不仅关系着产业和国民经济的发展，也与众多利益相关者的切身利益息息相关。因此，这一时期反垄断与规制经济学的研究成果十分丰富。山东大学反垄断与规制经济学研究基地主要从事竞争政策、规制经济学及市场设计等领域的研究，2009年5月被山东省政府命名为省社会科学重点研究基地。山东大学反垄断与规制经济学研究基地成立以来，在完善自身学科建设的过程中，开始系统地搜集和整理国内外有关反垄断与规制经济学的学术成果，经数年积累，已经形成数千万字的资料。中心于2009年9月正式启动了《中国反垄断与规制经济学学术年鉴》的编纂工作，旨在择中心资料之精华，与国内外研究者共享。

《年鉴》的具体编辑工作由山东大学反垄断与规制经济学研究基地完成，中心二十余位研究人员参与了基础资料的整理和前期编辑。2010年6月，《年鉴（2010卷）》编纂完成。

二、《年鉴》的主题栏目

《年鉴（2010卷）》共分为八个部分。第一部分为中国反垄断与规制经济学的研究状况及学科发展的总体分析；第二部分为重点学术论文全文收录，共全文收录1979年以来重要学术论文近70篇；第三部分为重要学术论文观点摘录，共摘录1100余篇重要学术论文观点；第四部分为重要学术著作观点摘录，共介绍了50多部学术专著的主要内容和观点；第五部分为学术论文索引，为近20000篇学术论文编目索引；第六部分为重要反垄断与规制事件介绍，共介绍1997年以来重要反垄断和规制案例50多个；第七部分为中国反垄断与规制机构介绍，主要介绍我国反垄断与规制机构的职能、作用及其出台的相关政策法规；第八部分为反垄断与规制经济学研究机构介绍。

反垄断与规制经济学的研究涵盖经济学、法学、管理学、社会学等诸多研究领域，《中国反垄断与规制经济学学术年鉴》全面地覆盖了这些领域的相关研究成果，可以满足研究者、政策制定者和产业界人士的需求。通过《年鉴》的编纂，我国反垄断与规制经济学学科发展的历程被再次回顾和重新理解，年鉴的编纂，也是对反垄断与规制经济学深入研究的过程。

《年鉴》的编纂工作是相当艰辛和复杂的，伴随着编辑过程中的诸多探索，遗漏、缺失、缺陷甚至错误都可能难以避免，我们欢迎社会各界的批评和建议，以利于今后各卷的编纂。

于良春

2010年6月

2011 卷序言

《中国反垄断与规制经济学学术年鉴》（以下简称《年鉴》）是按年度持续反映中国反垄断与规制经济学研究发展状况的文摘类权威学术著作，也是本研究领域内信息容量最大、资料索引最全面的大型工具书。《年鉴（2010 卷）》出版以来，不断收到专家学者、产业界人士以及反垄断与规制机关的积极反馈和建议，我们对此深表感谢。

本次出版的《年鉴（2011 卷）》收录了 2010 年中反垄断与规制经济学领域的研究成果和重大事件，介绍了 2010 年中活跃于这一领域的研究机构，并进一步完善了我国反垄断与规制机构的信息。在编写过程中，我们在《年鉴（2010 卷）》的基础上结合专家建议，对栏目略作调整。《年鉴（2011 卷）》共十个部分，其中新增两个部分。第一，为系统地反映学科发展和人才培养状况，我们在本卷年鉴中加入了学位论文摘要索引，对本领域 2010 年毕业的博士研究生学位论文基本观点进行了摘录和评述，对本领域 2010 年毕业的硕士研究生学位论文信息进行了索引。第二，为使读者了解国外反垄断与规制经济学发展状况，我们在附录部分加入了 2010 年重要国际学术论文观点摘录以及国外反垄断与规制机构介绍。

《年鉴（2011 卷）》基本结构如下：第一部分为 2010 年中国反垄断与规制经济学的研究状况及学科发展的总体分析；第二部分为重点学术论文全文收录，共全文收录重要学术论文 46 篇；第三部分为重要学术论文观点摘录，共摘录 300 篇重要学术论文观点；第四部分为重要学术著作观点摘录，共介绍了 42 部学术专著的主要内容和观点；第五部分为学位论文摘要索引，共摘录博士论文 63 篇，索引硕士论文 251 篇；第六部分为学术论文索引，为 3112 篇学术论文编目索引；第七部分为重要反垄断与规制事件介绍，共介绍 2010 年社会关注的重要反垄断和规制案例 13 个；第八部分为中国反垄断与规制机构介绍，完善了我国 13 个反垄断与规制机构的职能、作用及其出台的相关政策法规等方面的信息；第九部分为研究机构介绍，共介绍了 25 个活跃于反垄断与规制经济学领域的研究机构；附录部分摘录重要国际学术论文观点摘录 102 篇，介绍国际反垄断与规制机构 9 个。

最后，我们再次感谢在本卷年鉴编辑过程中对我们工作提供帮助和建议的各界人士，特别是那些提供他们的著作和论文原文供我们摘录和评析的同行学者，他们无私的帮助使年鉴内容更加翔实准确。限于编写人员的知识水平和经验，《年鉴》的缺点和疏漏在所难免。我们欢迎社会各界的批评和建议，以利于今后各卷的编纂。

于良春
2011 年 6 月

目 录

第一部分 中国反垄断与规制状况及学科发展总体分析

第二部分 重点学术论文全文收录

第三部分 重要学术论文观点摘录

第四部分　重要学术著作观点摘录

第五部分　学位论文摘要索引

1. 博士论文观点摘录

第六部分 学术论文索引

第七部分 反垄断与规制重要事件介绍

第八部分　中国反垄断与规制机构介绍

第九部分　中国反垄断与规制经济学研究机构介绍

附录 国外反垄断与规制经济学研究进展

第一部分

中国反垄断与规制状况及学科发展总体分析

中国反垄断经济学研究进展评述

于　立　王继平

一、引　　言

虽然中国的《反垄断法》出台较晚，执法案例也不多，但反垄断经济学的研究工作却一直比较活跃，并且不断出现一些喜人的进展和成果。据我们所知，在2010年里，围绕反垄断经济学和反垄断政策，有几件突出的学术活动值得提及。

1月，国务院反垄断委员会秘书处邀请来自美国、加拿大、英国、德国的反垄断专家与中国的反垄断经济学者和实际工作者，一起交流研讨反垄断经济学的前沿问题以及反垄断执法经验、面临的困难和克服困难的办法。

5月，国务院反垄断委员会筹划成立正式的专家咨询组，国务院法制办要求有关部门推荐候选专家。这项工作于2011年5月完成，组成法学家和经济学家各占一半的专家咨询组。

6月，香港岭南大学主持召开有美国、加拿大、日本、印度、新加坡、泰国、中国等国反垄断经济学家和法学家参加的国际研讨会。国务院反垄断委员会秘书处也派人参会。

6月，国家知识产权局委托的《中国知识产权市场竞争状况评估及相关政策研究》项目结题。

9月，山东大学反垄断与规制经济学研究基地组织编写的《反垄断与规制经济学学术年鉴》（上下册，共1600多页），由经济科学出版社出版。

10月，商务部反垄断局委托的《宏观经济运行与竞争政策和反垄断法相关问题研究》项目结题。

12月，由香港经济学会与南开大学联合举办，有多国经济学家和法学家参加的学术年会中，专设反垄断经济学与法学的分会场，集中讨论中国的反垄断执法问题。

近年来，经济学家和法学家大体上形成这样几点共识：一是中国近30多年的改革开放和经济建设，取得了世人瞩目的成就，其根本原因在于顺应了市场经济的基本规律，尽管有些时候有点“歪打正着”；二是在这个发展过程中，中国的《反垄断法》虽然正式出台较晚，但在相近的法律法规中已经体现了反垄断法的实质要义，如《反不正当竞争法》、《合同法》等；三是竞争与垄断的关系是市场经济的永恒主题，从广义的角度看，每年发表的经济学研究成果较大比例都直接或间接与反垄断经济学相关。换言之，在某种程度上，反垄断经济学在整个经济学体系中更具有“帝国主义”特征。

尽管如此，本文评述反垄断经济学的年度进展仍属狭义的反垄断经济学，而且可能不够全面。

二、反垄断经济学理论研究深化拓宽

反垄断经济学理论研究的进展主要体现在以下三个方面：

（一）行政垄断问题的研究继续深化

行政垄断的概念在 20 世纪 80 年代就被提出，是指政府机构运用公共权力对市场竞争的限制和排斥。学术界对行政垄断的研究不断深化，主要体现在超越了概念层面上的分析，进展到具体分行业测算行政垄断造成的巨大效率损失的深度。这种研究有助于人们看清垄断行业的改革能够带来可观的预期收益，或许能够影响和加深社会各界对垄断危害的认识，增加冲破既得利益的羁绊，加大深入改革的决心。在过去的一年中，行政垄断问题的研究取得了可喜的成果。标志性的成果是于良春和张伟（2010）关于不同行业行政垄断强度和行政垄断造成福利损失的测算。他们借鉴产业组织理论中的 SCP 范式提出了 ISCP 分析框架，即 I（制度）→S（结构）→C（行为）→P（绩效）的行政垄断传导机制。其中，I（Institution）表示行政垄断得以形成和持续的制度性因素；S（Structure）表示反映行业性行政垄断的市场结构和产权结构；C（Conduct）表示政府和厂商的行政垄断行为；P（Performance）为有行政垄断特征行业的绩效，包括微观层面、产业层面和宏观层面上的效率。基于 ISCP 分析框架，他们构造了行政垄断强度指数，并测算了电力、电信、石油及铁路等四个典型行政垄断行业中行政垄断的强度以及由此造成的资源配置效率损失。研究表明，行政垄断在各个层面上均造成了较大的效率损失。这个结论意味着，消除行政垄断，促进产业内竞争，对于提高产业效率，促进经济增长有着巨大的现实意义。

此外，王俊豪等（2010）出版了《深化中国垄断行业改革研究》的著作，深入研究了电信、电力、铁路运输、民航、邮政、自来水和管道燃气等具有网络性自然垄断行业的改革问题。丁启军（2010）研究了行政垄断行业的判定与改革。张孝梅和戚聿东（2010）探讨了中国航空运输行业竞争模式的改革问题。他们的研究结果表明，中国航空运输业宜采取寡头垄断的市场竞争模式，这种模式不仅有利于形成规模经济效应，降低生产成本，减少交易成本，而且也可以避免恶性竞争，有利于现阶段中国航空运输业健康、快速、有序发展。杨秀玉（2010）考察了中国电信行业的垄断与经济效率之间的关系，其定量研究结果显示，当电信行业垄断程度降低时，全要素生产率的增长速度放慢，前沿技术进步加快，资源配置效率加强，规模总报酬递减。孙晋等（2010）考察了中国盐业专营垄断的危害及补救措施。韩东林（2010）将破除垄断行业的权力作为促进分配公平的一种思路。

我们认为，这类研究虽有进展，但差不多都依然存在着一个共同的难题，即如何在经验层面上将市场垄断和行政垄断造成的效率损失分离开来。这个难题与经济增长经验研究模型中技术进步的"索洛余项估算法"所面临的问题类似。因此，如何在效率损失中对市场垄断和行政垄断加以区分，并能进行比较可信的实证性研究，仍需做大量的工作。

（二）从横向反垄断向非横向反垄断研究重点转移趋势开始显现

我们知道，在反垄断经济学和反垄断执法中，对于横向问题已经研究较多，且有较多实践。但对于非横向反垄断问题，比如纵向限制和纵向兼并，研究成果相对较少，反垄断执法也较弱。在 2010 年，这方面的研究进展主要表现在如下方面。

于立、刘冰等（2010）提出了"纵向产业组织理论"纲要。主要内容包括横向产业组织与纵向产业组织、横向价格双轨制与纵向价格双轨制、纵向分解与纵向整合、专业化经济与一体化经济理论（交易成本与组织成本的权衡）、纵向竞争与纵向限制理论等几个方面。纵向产业组织理论的应用领域很广，如"市场煤"与"计划电"的矛盾，"医药合谋"和"医药捆绑"的治理，地价与房价关系问题，电信产业的接入和电力产业的并网，石油产业的纵向限制问题等等，都可以用纵向产业组织理论来分析。

张昕竹（2010）探讨了非横向并购案中相关市场的界定问题。他认为，在分析并购企业市场支配力时，有三种思路考虑纵向排除竞争因素。第一种思路是通过定义一个比不考虑纵向排除（Foreclosure）因素时更窄的相关市场来考虑纵向排除竞争因素。比如，假设一个控制基本设施的企业与一个下游企业并购，并在下游与其他企业竞争。如果上游企业可以通过某种方法，将垄断支配力延伸到下游，那么，下游相关市场的界定需要在通常市场界定的基础上作出适当调整，市场的范围要比不考虑上游对下游的垄断延伸的影响时更窄一些。第二种思路是，不改变相关市场界定，但是寻找一种能够充分考虑纵向一体化带来的市场支配力变化的新的市场支配力度量。对于这种方法，学术界目前有一些讨论，但相比横向并购的计算方法，这种方法一方面过于依赖于理论模型，也就是说，对于竞争环境建立不同的理论模型，就会得到不同的度量；另一方面操作难度比较大。第三种思路，既不需要改变通常的相关市场界定，也不需要建立市场支配力的新的度量，而是通过具体的竞争分析，分析纵向一体化对市场支配力的影响。这种做法的好处是，可以根据每个案件的具体情况，把纵向一体化带来的破坏竞争影响与效率影响综合考虑，从而判断具体案件总体上是不利于竞争，还是会促进竞争、增加消费者或社会福利。目前世界各国的主要做法遵循的是第三条思路，即在界定相关市场后，再根据具体的案件进行具体分析，而不是在相关市场界定中考虑这些因素。张昕竹建议，我国的反垄断执法部门在评估非横向并购案件时，首先采取与横向并购相同的方法，界定非横向并购所涉及的不同相关市场，然后在经济分析中，再考虑纵向一体化或需求互补性对市场支配力可能带来的影响。

陈志广（2010b）分析了产品差异化情况下的纵向限制及其竞争效应。研究发现，垄断性制造企业在品牌差异度足够低时，则有动力实施纵向限制，但这以消费者剩余和社会福利为代价，而且损失程度随着商品差异度特别是品牌内差异度的提高而增大。因此，纵向限制反垄断应该关注垄断企业非价格竞争程度较低、特别是同时被限制方非价格竞争程度较高的情况。

（三）网络融合与交叉业务竞争问题取得进展

网络融合模糊了传统的产业边界，原隶属不同产业的运营商得以利用自身的网络资源媒介交叉进入相互的业务领域，进而与在位运营商携手合作或展开竞争。网络融合改变了传统的网络运营商之间的竞争与合作关系与方式，因而对反垄断理论和执法都提出了新的挑战。

胡汉辉和顾成彦（2010）以现实中大量涌现的网络融合现象为背景，研究网络融合环境下运营商之间的交叉业务竞争问题。与传统的网络经济问题不同，网络融合复合市场将更多地体现出三个特征：一是多维空间性。融合中网络间的交叉业务竞争通常发生在多个维度上，这些维度可以是市场维、产品维、时间维和地域维等，运营商需要综合考虑多个维度上的竞争情况以做出符合自身利益最大化的策略选择。二是网络外部性。在网络融合时代，运营商将不再局限于传统的一维或二维网络的外部性联系，此时它将面临一个由网络外部性联系构成的价值体系，它可以遵循用户需求间的网络外部性联系找到更多的业务市场和用户群体。三是系统竞争性。与传统网络的系统竞争不同，融合中的网络运营商的系统竞争性不仅体现出纵向特征，还呈现出显著的横向特征，其策略成败取决于纵横双向多维的共同作用和影响。

基于这些特征，作者分别从网络的纵向融合和横向融合两个视角分析了网络运营商之间的竞争行为。纵向融合问题讨论了网络运营商内部化用户之间网络外部性联系的动力机制，横向融合问题讨论了网络运营商横向平台包络进入多个产品维度的动力机制。在此基础上，作者建立了统一模型来研究网络融合趋势下运营商的投资创新激励，并提出了网络融合时代的竞争政策设计问题。

三、反垄断经济分析技术取得进展

与前几年相比，有了更多的介绍和研究反垄断执法过程中需要解决的技术问题的研究成果。尽管市场定义仍然是被关注的重要领域，但是，学者们对分析技术和手段的视野变得更为宽广。

（一）关于UPP检验的评介

王继平和于立（2010）评述了差异产品市场单边效应评价方法的新进展。该文详细地介绍和评价了竞争效应分析的UPP检验方法。2008年，法瑞尔和夏皮罗（Farrell and Shapiro）提出了一个推定横向兼并单边反竞争效应的新方法。该方法以寡头市场定价的经济学为基础，考虑拟议的兼并是否将产生净涨价压力（Net Upward Pricing Pressure，UPP），因此，被称为UPP检验。UPP检验无须定义相关市场，而是直接比较两种相反的力量：一种是涨价的压力，来源于兼并企业之间直接竞争的减弱；另一种是降价的压力，来源于兼并所引起的边际成本节约。如果这两种相反力量的净效应表现为提高价格，那么可以推定拟议的兼并是反竞争的。王继平和于立预言，“从结构推定到UPP测试的演化，并不是简单的回归，而是一个明显的进步。UPP检验尽管显著地偏离了现行的美国兼并指南，但是，很可能会在新指南中体现出来。”后来预言成为现实。2010年8月19日，美国司法部（DOJ）和联邦贸易委员会（FTC）联合颁布的最新横向兼并指南第21页规定，对于差异产品市场，执法机构（DOJ and FTC）主要依靠被转移到一种产品的销售值（The Value of Diverted Sales）而不是HHI的水平来判定兼并的单边价格效应。换言之，新指南将UPP检验作为差异产品市场横向兼并单边效应的主要分析手段。事实上，2010年英国兼并评价指南也引入了UPP分析方法。

我们认为，UPP检验在中国的兼并审查中得以应用，将指日可待。

（二）兼并模拟方法的应用

兼并模拟（Merger Simulations）是直接评价差异产品横向兼并单边效应的一种重要方法。自沃登和豪斯曼等人率先用模拟方法预测差异产品市场的兼并效应以来，越来越多的反垄断经济学家加入到兼并模拟研究的行列中来，兼并的单边效应模拟方法得到了快速发展，并且已经被美国和欧盟的反垄断执行当局、兼并企业和法院所接受。国内类似的研究似乎不多。这种状况在过去的一年里开始转变。王继平和吴瑨（2010）以Logit需求模型为基础，通过一个虚构的中国国内服务器产业兼并的例子，探讨了如何用兼并模拟方法评价差异产品产业横向兼并单边效应的问题。

黄坤和张昕竹（2010）将兼并模拟方法应用于汇源案的研究。自2008年8月1日《反垄断法》实施以来，截至2010年6月底，商务部共收到140多起企业并购申报，90%的案件已经审结，其中95%的案件为无条件批准，附条件批准5起，禁止集中1起。汇源案就是到目前为止唯一被禁止的案例。关于汇源案，学界存在不少争议。黄坤和张昕竹的研究较为深入，在很大程度上与欧美同类研究相“接轨”。他们利用中国软饮料4位数行业的产销数据，估计了碳酸饮料和果汁的需求函数，然后采用假定垄断者测试方法（SSNIP），界定了汇源案的相关市场，最后分别采用结构方法和兼并模拟方法评估了该案的单边效应。黄坤和张昕竹关于可口可乐拟并购汇源案的竞争损害分析表明，尽管商务部否决此次并购的决定是合理的，但竞争损害并非来自似是而非的组合效应，而是果汁市场的单边效应。这是一个很有意义的结论。

除了单边效应的模拟之外，还有一些研究开始关注横向兼并协调效应（也称为合谋效应）的模拟问题。王继平和郑少华（2010）通过比较美国反垄断当局和反垄断经济学家所提出的评价横向兼并合谋效应的主要方法，认为合谋效应模拟是反垄断经济学和竞争政策研究的一个前沿问题。合谋效应模拟用客观的、可证实的计算代替了主观的、不可证实的直觉，是改进当前合谋效应分析的一条充满希望的有效途径。合谋效应模拟的研究将有助于中国反垄断执法机构更好地进行兼并合谋效应的审查。

（三）搭售行为和歧视的经济分析

搭售是现实中双边平台企业常用的促销策略之一。张凯和李向阳（2010）研究了双边市场中平台企业的搭售行为。通过构建一个两阶段完全信息动态博弈模型，将买方分为搭售喜好型和搭售无差异型，从垄断和竞争两种情形分析了双边平台企业采取搭售策略时，具有不同搭售偏好的买方对最优均衡解的影响以及相应的社会福利变化。研究发现：不论是垄断情形还是竞争情形，搭售对买卖双方均衡进入价格的影响都不确定，而搭售产品的定价则按照传统单边市场的定价方式制定；垄断情形下，搭售能增加买方数量、卖方数量及双边平台企业的利润，而竞争情形下，搭售产品成本较小的双边平台企业将获得较大买方数量、卖方数量及利润。在两种情形下的买方总效用、卖方总效用以及社会总福利均随搭售喜好型买方数量的增加而增加。

宁立志（2010）研究了专利搭售许可问题。专利搭售许可对市场竞争既有正面效应也有负面效应。对市场竞争影响的二重性，意味着专利搭售许可的反垄断法分析必须坚持“合理推定”原则，即首先判定专利许可方是否具有市场支配地位，进而判定其专利搭售许可是否构成滥用市场支配地位，同时也要考察其是否产生了限制、排除竞争的效果或危险。我国在制定涉及专利搭售许可的反垄断指南时，应坚持“合理推定”原则和可操作性原则。同时，也要恰当地协调好反垄断法与专利法（即“反”与“保”）的关系。

蒋传海（2010）在存在网络效应和转移成本的市场条件下，构建两期动态博弈模型研究了厂商根据消费者的购买历史进行竞争性歧视定价的商业行为。研究表明，以社会总福利为目标的公共政策，应着重于降低转移成本，并限制厂商使用歧视定价的营销策略。

四、知识产权反垄断研究高位起步

知识产权反垄断本是各国反垄断的重要内容，中国《反垄断法》第55条也明确规定，“经营者依照有关知识产权的法律、行政法规规定行使知识产权的行为，不适用本法；但是，经营者滥用知识产权，排除、限制竞争的行为，适用本法。”但实际上，中国学界对知识产权的反垄断研究极为有限，王先林（2008）、于立（2010）等几位学者首开先河。国家知识产权局以《中国知识产权市场竞争状况评估及相关政策研究》为题，委托于立、王先林等组成的课题组从经济学、法学和典型行业（软件—版权和医药—专利）案例研究的“三结合”方式，进行高位起步研究，并于2010年6月结题验收（于立、王先林等，2010）。

（一）知识产权领域的误区

课题组归纳，在知识产权领域，存在如下的突出误区：

一是“只保不反”的知识产权政策观。目前仍有较多学者和政策执行者理解知识产权政策只是保护，不了解知识产权反垄断的作用，认识不到二者兼顾、科学搭配的重要性。

二是“只守不攻”的对美知识产权谈判。虽然中美在知识产权谈判中实现了“共赢”的结果，但中方多处于退守境地，并常被指责为“小偷”，没能有效利用知识产权反垄断的武器去对付“强盗”。

三是“被动退却”的民族品牌保护。面对众多知名的民族品牌被“改头换面”，没能在并购控制中主动地利用知识产权反垄断手段，维护应有利益。

四是责权不清、分工混乱的知识产权政策执行机构设置。例如，知识产权局管专利，工商局管商标，版权局管著作权，商务部反垄断局管相关的并购控制，工商局管滥用知识产权行为，发改委管垄断协议。在统一对外方面，更难以协调。

五是自主创新落后于经济发展。中国经济已经成功地从“闭关锁国”，到国家领导人在国际论坛上理直气壮地规劝发达国家减少贸易保护、“开放门户”，但这只是初步转变。如果我们不能在知识产权基础上自主创新，这种国际竞争力难以持久。

（二）研究思路

研究工作针对中国实施知识产权战略和竞争政策中存在的突出问题，分析问题的产生原因，理清逻辑思路，梳理法理脉络，总结内在规律，提出解决问题的政策建议和具体对策。

1. 经济学研究。依据经济学中的“准共用品”理论，分析知识产权一方面具有“非竞争性”，但又具有“可排他性”的“准共用品”特征，比较研究发达国家和发展中国家的知识产权政策实践，进而提出“保反兼顾”政策思路。这一政策思路由“保反阶段论”、“保反三分法”和“三三制执法体系”等内容构成。

2. 法理研究。根据知识产权的各专门法、反垄断法等法律法规和各国经验，针对有关的法律误区，进行深入的法理研究，明确了诸多的法理概念，并系统地提出了《知识产权反垄断执法指南》（建议稿），可为有关执法机构提供操作性很强的执法依据，也可为出台或修改有关法律法规提供参考。

3. 典型案例研究。选择中国的软件行业（对应版权领域）和化学制药行业（对应专利领域），根据产业经济学的结构—行为—绩效（SCP）分析框架，通过企业走访和问卷调查等方式，进行深入的典型案例研究，提示出重要的市场竞争特点和规律。为今后研究其他典型行业积累经验。

（三）知识产权政策“保反阶段论”

课题组以中美知识产权谈判为例，总结出如表1所示的“保反阶段论”规律。

表1　知识产权“保反阶段论”规律

	对内政策	对外政策
发展阶段	以保为主，以反为辅	以反为主，以保为辅
发达阶段	保反并重，灵活掌握	以保为主，以反为辅

对应不同的发展阶段，知识产权政策可分为对内和对外两类，事实上各个国家都是“双重标准”，不同阶段采取不同的内外政策。对当前的中国而言，对知识产权的保护至关重要，而对滥用知识产权的控制应取谨慎态度。而在对外政策上，中国当前则在认真履行保护承诺的同时，迫切需要加强知识产权的反垄断执法。

（四）知识产权政策“三三制体系”

课题组针对中国的经济发展和法治建设情况，提出“三三制体系”。

三种知识产权市场。即上述的创新市场、技术市场和产品市场。关键是在研究本身市场结构、行为或绩效时，必须从纵向分析上下游之间的关联与相互影响。此时“相关市场”的概念有了新的内容。比如，针对同一产品，考虑到商标的市场份额就往往与单纯的产品市场份额可能出现较大的差异。这是运用知识产权反垄断来保护民族品牌中的重要一环。

三种政策区域。针对知识产权保反政策的需要，借鉴划分白区、灰区和黑区的国际经验。白色区域表示知识产权主体的行为和结果不会明显地限制竞争，政策重点侧重保护，又称“安全港”或“安全区”；黑色区域正好相反，表示知识产权主体的行为或行为后果会明显地限制竞争，甚至产生更严重的后果，政策的重点是反垄断；灰色区域是介于黑区与白区之间，表示知识产权主体的行为及其后果是否限制竞争难以简单判断。这一类区域是实施知识产权保反政策的难点和重点。

三种执法原则。与知识产权政策相关的三种执法原则，就是法学界众所周知的本身违法原则、本身合法原则和合理推定原则，分别对应黑区、白区和灰区这三个政策区域。中国现有的《反垄断法》及其他法律虽然没有明确地提及这三个执法原则，但在有关条文中已经有所体现。

（五）政策建议与机构协调

1. 联合发布《国家知识产权政策白皮书》，协调政策实施。我国对于知识产权政策的实施，存在最大的两个问题：一是执法理念顾此失彼，不能做到“保反兼顾”，二是执法机构“各自为政”，难以协调。为此建议制定并发布《国家知识产权政策白皮书》（或《知识产权保护与反垄断白皮书》（以下简称《白皮书》）。《白皮书》要阐明保反兼顾的知识产权政策框架，说明知识产权保护与知识产权反垄断相关的法律、法规、条例、指南的分工与配合，明确发改委、商务部、工商局、知识产权局、版权局等政策执行机构之间的分工职责，体现知识产权“保反阶段论”、“保反三分法”和“三三制体系”的政策思路，划清政策界限。《白皮书》既可弥补现行知识产权政策实施中的重大缺陷，又可避免对重要法律和政策的频繁修订。

2. 出台《知识产权反垄断执法指南》和《实施细则》。现有的《反垄断法》中关于知识产权的条款第55条只是原则，不具可操作性。课题组提出《知识产权反垄断执法指南》（建议稿）。当然，这仍然还是综合性的指南，下一步应按专利、版权、商标等分门别类制定执法指南，以及相应的实施细则。

3. 加强《知识产权反垄断执法案例库》建设。中国虽然实行的是以成文法为主的基本法系，但应借鉴非成文法法系的优点，一方面不断完善与知识产权反垄断有关的法律、执法指南和实施细则，另一方面也应加强知识产权反垄断执法案例库的建设。

五、反垄断政策评价与案例研究引起关注

（一）《反价格垄断规定》的相关问题

由国家发展和改革委员会在2010年12月29日公布《反价格垄断规定》和相应的《反价格垄断行政执法程序规定》，涉及反垄断经济学的一些法理问题（唐要家，2011）。

第一，垄断协议位于反垄断法三大执法任务之首，但不是全部。反垄断经济学对应着反垄断法的三个重要组成部分。按中国《反垄断法》的术语，这三个组成部分是“垄断协议”（一般称“价格合谋”）、“滥用市场支配地位”和“经营者集中”（一般称“购并”，或M&A）。垄断协议只是其中之一。在中国，《反垄断法》由商务部、工商总局和发改委三家执法，即商务部负责控制经营者集中，工商总局负责防止滥用市场支配地位，发改委负责限制垄断协议。但根据《反价格垄断规定》，“反价格垄断”的内涵大大超过了“垄断协议”的范围。

第二，“反价格垄断”等同于“反垄断”。《反价格垄断规定》以及配套的《反价格垄断行政执法程序规定》，已经将“垄断协议”扩展到“价格垄断”。比如，其第三条为“本规定所称价格垄断行为包括：（一）经营者达成价格垄断协议；（二）具有市场支配地位的经营者使用价格手段，

排除、限制竞争。”这在概念上就已把“滥用市场支配地位”，纳入了价格垄断的范围。至于反垄断第三大任务，即“经营者集中”，其表面是购并控制，而实质是防止通过购并形成市场支配地位，从而垄断价格，否则也应该予以放行。所以说，“反价格垄断”实际上几乎可以涵盖“反垄断法”的全部内容。或者说，“反价格垄断”大体上等同于“反垄断”，已经大大超出了垄断协议或价格合谋的内涵。

第三，相关法律条文交叉。就狭义的垄断协议，即价格合谋而言，也存在着法律条文交叉的问题。比如：

1.《反垄断法》第十三条明令“禁止具有竞争关系的经营者达成垄断协议”，将垄断协议定义为“排除、限制竞争的协议、决定或者其他协同行为”，并列举了“固定或者变更商品价格；限制商品的生产数量或者销售数量；分割销售市场或者原材料采购市场；限制购买新技术、新设备或者限制开发新技术、新产品；联合抵制交易”等具体形式。表面上看，垄断协议不光是价格协议，但其实质或最终目的仍是价格合谋。

2.《反不正当竞争法》第十五条规定，“投标者不得串通投标，抬高标价或者压低标价。投标者和招标者不得相互勾结，以排挤竞争对手的公平竞争。”

3.《价格法》第十四条规定，经营者不得“相互串通，操纵市场价格，损害其他经营者或者消费者的合法权益。”

4. 发改委《反价格垄断规定》第七条，禁止具有竞争关系的经营者达成固定或者变更价格的垄断协议，包括：“固定或者变更商品和劳务的价格水平；固定或者变更价格变动幅度；固定或者变更对价格有影响的手续费、折扣或者其他费用；使用约定的价格作为与第三方交易的基础；约定采用据以计算价格的标准公式；约定未经参加协议的其他经营者同意不得变更价格；通过其他方式变相固定或者变更价格”等。同时还规定，经营者不得与交易相对人达成固定商品转售价格和限定商品最低转售价格的协议。行业协会不得“制定排除、限制价格竞争的规则、决定、通知”；不得“组织经营者达成本规定所禁止的价格垄断协议”。

（二）经营者集中反垄断审查公告的演变与评价

在中国反垄断执法的三大任务中，经营者集中方面的审查案例相对较多，也越来越规范。于立、张嫚（2010）等承担的有关课题报告，结合对“英博收购 AB 公司”、“可口可乐收购汇源”、“三菱丽阳公司收购璐彩特公司”、“通用收购德尔福”、“辉瑞收购惠氏”、“松下收购三洋”和“诺华收购爱尔康”等七个案例，作了如下归纳：

1. 程序日趋公正公开。经营者集中案件提交申报材料阶段，当商务部反垄断局认为申报材料不完整，会要求申报方进一步补充完善。立案后，反垄断局会采取书面征求意见、听证会、论证会、约见当事人等各种方式，听取有关方面的意见，并及时公布审查结果。

2. 公告内容和说明逐渐详细。在最初的案例中，公告内容比较简短。而后公告内容越来越详细。

3. 越来越重视救济条款的设计。通过附加限制性条件进行救济，既可消除经营者集中对市场竞争产生的不利后果，又可充分发挥集中所带来的经济效益。

4. 增强了中国法律的权威性。随着中国反垄断机构参与跨国并购案件的审理，既可增加反垄断的执法经验，也有助于提升中国反垄断机构的国际形象。

5. 对倡导竞争文化极为有利。经营者集中审查公告的发布，既是对有关的企业并购申报的答复，更是对更多企业和社会对市场经济理念和竞争文化的倡导。

当然，今后仍存在不少有待改进之处。例如，审查的依据，使用的指标，结论的经济理由等方面信息还应进一步的公开，以增加透明度；申报审查的机构应进一步规范，以增强法律程序的规范性，避免由国资委、证监会等机构多头执法；评估要素和评估方法，限制性条件的规定等应进一步明确。

（三）反垄断执法案例评述

随着反垄断法的实施以及相关案件处理结果的公告，案例研究越来越多。目前为止，中国反垄断执法的案例主要是商务部反垄断局负责的兼并审查（或经营者集中审查）和发改委负责的价格合谋（或垄断协议）两个方面。由国家工商总局分工负责的滥用市场势力案件较为少见。

1. 商务部审理的经营者集中案。现有的案例研究主要侧重在经营者集中审查案，这取决于执法力度和公告案件的多寡。最能引起研究者兴趣的就是汇源案。黄坤、张昕竹（2010）和陈志广（2010）等从不同的视角，用不同的方法评价了汇源案之得失。此外，李俊峰（2010）研究了商务部公告的五起附条件批准案例。按照公告发布时间的先后顺序排列，这些案例依次为：英博集团公司收购 AB 公司案；美国可口可乐公司收购中国汇源果汁集团有限公司案；日本三菱丽阳公司收购璐彩特国际公司案；美国通用汽车有限公司收购美国德尔福公司案；美国辉瑞公司收购美国惠氏公司案。对五起异议案例的公开信息的研究表明，在《反垄断法》生效后短短 13 个月里，商务部从近乎空白的起点开始，反垄断审查的工作方法、能力与经验，经历了不断摸索，呈现出清晰的发展脉络和渐进的提升趋势。但是，也存在可以改进之处，如反垄断审查的实体性、关键性问题，是如何判断经营者集中具有反竞争的影响，附加什么样的条件才能有效排除反竞争影响。在这两个方面，商务部公告提供的答案多有模糊与歧义之处。这种状况既凸显了我国反垄断研究未能满足执法实践需要的现实状况，也预示了未来研究应当着力的重要方面。随着执法的深入，新的可供研究的案件会不断增多。比如，最近，美国百胜餐饮集团并购内蒙古小肥羊连锁有限公司又引起人们的广泛关注。

2. 发改委审理的垄断协议案。在通货膨胀背景下，价格合谋是最为敏感、最能牵动人们神经的话题。浙江省富阳市造纸行业协会组织实施价格垄断行为受到罚款 50 万元的处罚。据调查，2010 年该协会先后五次组织召开由二十余家常务理事单位参加的行业会议，专题研究富阳市造纸行业的产品价格问题，达成关于协调行业产品价格的意见，形成会议纪要并下发各参会单位。该案属典型的价格合谋行为。富阳造纸案引发如下几个需要研究的问题：尽管罚款 50 万元是依据《反垄断法》第 46 条第 3 款所规定的罚金上限，但是，这个罚款能起到理想的威慑作用吗？行业协会受到惩罚的同时，参与价格垄断的企业及其负责人是否也应该受到惩罚？什么是最优威慑？最优罚金应该如何确定？仅仅依靠罚金能够实现政策目标吗？就像醉驾入刑一样，是否还需要对组织实施价格垄断的企业负责人实行拘役？如果受到损害的顾客诉讼主张赔偿，应该如何计算过高要价？此外，本案中的价格合谋是赤裸裸的，不涉及侦查问题。但是，随着反垄断法的实施，我们相信，公然的价格合谋将会越来越少，代之而起的将是秘密合谋。侦查问题将很快提上议事日程。可惜国内这方面的研究几乎还处于空白状态。

另外，发改委实施的多起"约谈"事件也非常值得关注，需要根据反垄断经济学进行更深入的法理分析。

参考文献：

1. 陈志广 a：《商务部"汇源案"的反垄断思考》，载于《东岳论丛》2010 年第 5 期。

2. 陈志广 b：《产品差异化下的纵向限制及其竞争效应》，载于《中南财经政法大学学报》2010 年第 3 期。

3. 丁启军：《行政垄断行业的判定与改革》，载于《财贸研究》2010 年第 5 期。

4. 李俊峰：《中国企业合并反垄断审查的展开——对商务部"异议案例"公开信息的研究》，载于《国际经贸探索》2010 年第 9 期。

5. 蒋传海：《网络效应、转移成本和竞争性价格歧视》，载于《经济研究》2010 年第 9 期。

6. 宁立志：《专利搭售许可的反垄断法分析》，载于《上海交通大学学报（哲学社会科学版）》2010 年第 4 期。

7. 韩东林：《破除行业垄断的"权力外壳"：促进分配公平的一种改革思路》，载于《财贸研究》2010 年第 2 期。

8. 黄坤、张昕竹：《可口可乐拟并购汇源案的竞争损害分析》，载于《中国工业经济》2010 年第 12 期。

9. 胡汉辉、顾成彦：《网络融合与交叉业务竞争研究》，科学出版社 2010 年版。

10. 孙晋、范舟、秦丽：《中国食盐业专营垄断的变异、危害及其纠补》，载于《中南大学学报（社会科学版）》2010 年第 2 期。

11. 唐要家：《价格合谋的反垄断政策研究》，中国社会科学出版社 2011 年版。

12. 王继平、吴璠：《差异产品市场横向兼并单边效应的 Logit 模拟——以中国服务器产业为例》，载于《财经问题研究》2010 年第 7 期。

13. 王继平、于立：《差异产品市场横向兼并单边效应评价方法评述》，载于《产业经济评论》2010 年第 4 期。

14. 王继平、郑少华：《横向兼并合谋效应评价方法的批判性审视及前沿问题》，载于《天津商业大学学报》2010 年第 4 期。

15. 王俊豪等：《深化中国垄断行业改革研究》，中国社会科学出版社 2010 年版。

16. 王先林：《知识产权与反垄断法》，法律出版社 2008 年版。

17. 向国成、袁媛等译，于立校：《反垄断的哲学基础》，载于东北财经大学出版社 2010 年版。

18. 杨秀玉：《我国电信行业经济效率分析》，载于《北京交通大学学报（社会科学版）》2010 年第 3 期。

19. 于立、刘冰、于左、吴绪亮：《纵向产业组织与中国煤电关系》，东北财经大学出版社 2010 年版。

20. 于立、吴绪亮：《保反兼顾、内外协调的知识产权政策》，载于《中国工业经济》2010 年第 5 期。

21. 于立、王先林等：《中国知识产权市场竞争状况评估及相关政策研究》（研究报告），2010 年 6 月。

22. 于立、张嫚：《宏观经济运行与竞争政策和反垄断法相关问题研究》（研究报告），2010 年 11 月。

23. 于良春、张伟：《中国行业性行政垄断的强度与效率损失研究》，载于《经济研究》2010 年第 3 期。

24. 张凯、李向阳：《双边市场中平台企业搭售行为分析》，载于《中国管理科学》2010 年第 3 期。

25. 张孝梅、戚聿东：《中国航空运输行业改革的竞争模式探讨》，载于《商业时代》2010 年第 35 期。

26. 张昕竹：《非横向并购中的相关市场界定》，载于《西部金融》2010 年第 5 期。

27. 反垄断资讯网，www. antitrust-dufe. org。

中国反垄断与规制的理论思考

张昕竹

中国的垄断行业改革始于20世纪80年代，当时的改革主要是为了解决这些行业普遍面临的窘迫的财务问题，但是并没有触动最根本的管理体制问题。电信、电力、民航、铁路等几大垄断行业的大规模根本性改革始于20世纪90年代中期，并在本世纪初达到高潮。密集的改革部署意味着，在此期间这些行业的基本发展战略是以改革带动发展，改革是这些行业发展的主旋律。

在这之后，垄断行业的改革趋于平稳，基本上没有再出现重大的革命性的改革。这当然不是因为改革的任务已经完成或者接近完成，或者改革的边际递减规律已经发挥作用，而是基本发展战略已经在悄然发生变化，更确切讲，以改革带动发展的发展思路，逐步被以发展带动改革的基本指导思想所取代，发展正成为垄断行业的主旋律。

在垄断行业改革仍然任重道远的情况下，为什么改革的艰巨任务让位于发展的硬道理？这当然与中国经济这些年来的发展形势有关。随着中国经济的悄然崛起，一些人开始沾沾自喜于现有的发展成就，由此引发一种思维，认为关乎中国经济所有的存在似乎都是合理的，甚至将改革尚未完成的体制和机制安排误读为发展的始因，而完全忽略了已经完成的改革对于垄断行业发展的巨大促进作用，这显然是一个荒唐的逻辑。

但作者想要强调的是，一个更深刻的原因还在于，改革背后的学术思辨也在一定程度上影响着改革实践。从根本上讲，市场化改革的基本指南是现有的市场经济理论，但非常遗憾的是，这些理论解决的只是市场经济体制，并没有解决以中国为代表的一些转型国家所面临的转型问题。垄断行业改革就是一个很好的例证。众所周之，纵观世界垄断行业改革实践的经验，垄断行业主要经历了三大根本性改革，即产权改革、经济自由化、规制改革，这些重大改革依据的主要是现有的市场经济理论，但无论是基本的市场经济理论，还是由拉丰和蒂罗尔（Laffont and Tirole，1993）等经济学家开创和发展的现代规制理论，都没有从本质上直面转型环境下的垄断行业改革问题。

首先是尚未破题的产权改革。中国的垄断行业改革走了一条比较独特的路径，突出表现在垄断行业国有企业的产权改革上。与其他国家不同的是，中国并没有对这些领域的国有企业进行大规模的产权私有化，虽然在有些领域，比如对电信企业，为了改善治理结构，通过将电信企业在国内外资本市场上市，在极小范围内引入了资本多元化，但是国有控股的基本格局没有变。实际上，政府已经非常明确，将对这些垄断行业保持国家控制力，而且保持控制力的主要方式是国有控制，这意味着在未来相当长时间内，垄断行业的产权改革不会有重大突破。

非常有意思的是，近年来，伴随着垄断行业国有企业的总体经营绩效的改善，有关国有企业的争议也在悄然发生变化。曾几何时，国有企业糟糕的经营绩效是国企产权改革的主要动因，由此决定了国有企业的命运充其量是被抓大放小。但目前国有企业的强劲表现，又为垄断行业产权制度改革的争议注入了新的谈资，一些垄断企业的过高收益甚至已经成为社会关注的一个焦点。

对于目前国有企业的强劲表现，有两种截然不同的解释思路：一是所谓的新国有企业理论，这种理论认为在一定条件下，尤其是在转型条件下，国有企业是有效率的；而另一种主要基于自由主义理论的思路认为，国有产权是无效的，国有企业的经营环境实际上掩盖了其不良表现。应该说，无论是基于理论还是基于实证的思辨，关于垄断行业产权改革的争议基本处于对峙的状态，还没有在本质上决出胜负，这主要是因为，现有的产权理论并没有也无法回答国有产权的问题，更不用说可靠的实证研究所面临的巨大困难。

理解有关国有企业的争议，有必要简要回顾一下产权理论的发展，因为尽管很多人认为，主流的私有产权理论近乎完美，很多结论已经成为常识，但必须强调的是，主流产权理论并没有从根本上解决国有产权的性质问题，也没有回答什么情况下会出现国有产权的问题。实际上，正如哈特（Hart，1995）所指出的那样，现有的产权理论虽然可以完美地解释私有产权制度安排，但不能解释国有产权这种特殊的产权制度。

有关私有产权和国有产权的争议，不仅让人联想到有关市场经济与计划经济的论战。阿罗（Arrow，1963）、德布鲁等人的福利经济学基本定理告诉我们，在非常一般的条件下，市场经济可以达到有效的资源配置结果，或者说有效的资源配置结果可以通过市场配置资源的方式获得。这是一个伟大的结果，这个结果彻底地解决了市场经济与效率目标的关系问题。但在争论的另一边，计划经济的代表朗格同样证明了计划经济也可以达到有效的配置结果（Breit and Lange，1934）。从这个意义讲，市场经济和计划经济的争议似乎没有定论。但根据世界经济发展的实践，以及这些年经济理论的发展，特别是机制设计理论的发展，我们知道了虽然计划经济可以达到最优配置，但是经济决策所需要的信息是分散的，在经济决策的制定和执行过程中，无法以激励相容的方式得到这些信息，因此也就谈不上资源配置结果的最优。正是由于计划经济所面临的难以逾越的信息障碍，人们一般认为计划经济并不可行。由此，在这场论战中，市场经济最终取得全面胜利，市场经济理论成为改革的圣经。

虽然可以认为市场经济与计划经济的论战已经结束，但同样的结论并不适用于私有产权和国有产权的论战，这主要是因为，人们还没有像在市场经济与计划经济论战中那样，从根本上解释国有产权的性质，或者说揭示国有产权的致命弊端。

无论是私有产权还是国有产权，产权制度安排的核心是控制权的问题，在信息分散的情况下，行使控制权面临的主要障碍是信息不对称带来的激励问题。在市场经济环境下，可以在两个不同层面，通过不同方式解决控制权或者激励问题：一是在机制的层面，通过合同的方式，比如通过合同规定达到的经营目标，或者资源配置效率结果，来实现有效的控制权。在这种情况下，除了明确的合同或机制以外，还需要有一个保证执行合同的司法系统。也就是说，在很多情形下，国有企业的机制安排可以复制私有企业，这也正说明，现有的国有企业与私有企业在很多方面是相似的。二是在制度的层面，通过制度安排的方式，比如通过明晰的私有产权制度，解决控制权或激励问题。

容易理解，如果所有的控制权或者激励问题都可以通过合同的方式详细予以规定，那么一个完备的合同再加上保证合同执行的司法系统，就可以解决控制权问题或激励问题，因而根本不需要制度层面的安排，制度安排完全等价于机制设计，换句话说，无论是私有产权安排，还是国有产权制度，如果不考虑意识形态方面的争议，在完全合同的框架内，产权制度的讨论是没有意义的。但是在现实生活中，不可能存在完备合同或者说存在不完全合同的问题，因此必然存在剩余控制权的问题，在这种情况下，就需要合适的产权制度安排，这是不同产权制度安排之争的基本出发点。

对于在什么情况下需要有明晰的产权制度安排这样一个重要问题，答案首先是由科斯给出的（Coase，1937，1960），他创造性地使用了交易费用这一概念来解释产权制度，认为是交易费用在本质上决定了产权制度的选择，这也是现代产权制度理论的起点，也可以称为是第一代产权理论。此时的产权理论的主要特征是以交易费用为核心，以此来解释产权的基本属性。经过众多产权理论经济学家的发展，第一代产权理论已经成为主流的产权理论，但毋庸置疑的是，这种产权理论并没有从根本上回答国有产权问题，比如并没有解释在什么情况下会出现国有产权，而只是通过间接的方式，回答为什么会出现私有产权，以此来排除国有产权制度。

到了20世纪70年代后期，随着威廉姆森对交易费用概念的发展（Williamson，1975，1985），以及现代激励理论的发展，人们开始更多地在不完全合同的框架下研究产权理论，这也可以称为第二代产权理论。此时产权理论发生的一个重要变化是，开始试图解释国有产权问题，人们甚至认为，不完全合同框架是解决私有产权和国有产权之争的最终出路。但不幸的是，马斯金和蒂罗尔的工作几乎彻底摧毁了这条路（Maskin and Tirole，1999），因为他们的工作证明，不完全合同问题几乎可以在完全合同的框架下来解决，这里的几乎主要是指相对于考虑的问题而言，看起来不是特别重要的有限责任约束。他们工作的基本含义是，至少在理论意义上，在相当一般的条件下，完备的合同机制再加上执行合同的法庭，可以完全取代产权制度安排。

在后不完全合同产权理论时代，虽然产权理论仍然在发展，但是尚未出现具有划时代意义的重大突破。实际上，不管私有产权与国有产权之争多么激烈，现有的产权理论看起来有多美，但是对于国有企业的产权改革问题，至少在理论上仍留有重要缺憾，甚至可以说还没有破题，虽然这听起来令人难以理解和接受，但不幸是一个事实。

其次是有限竞争和有效竞争的混淆。垄断行业第二个重大改革是经济自由化改革。实际上，经济自由化有很丰富的内涵，包括开放准入、引入和促进竞争、放松规制等很多方面，而中国的经济自由化改革同样走了一条独特的道路。首先，虽然打破垄断引入竞争是垄断行业改革的重要指导思想，甚至可以说是中国垄断行业改革的最主要内容，但引入竞争是在基本上没有实行产权制度改革，或者更确切地讲，是在没有大规模私有化前提下进行的，这和很多国家的垄断行业改革思路有非常大的差异。

对于这样的一个改革思路，理论界曾引起很大争议。以斯蒂格利茨（Stiglitz，1996）为代表的强调转型的经济学家认为，在转型的环境下，市场竞争机制比产权制度更重要，决定经济绩效的更主要地在于市场竞争机制，而不是产权或私有化，这个结论为中国的经济自由化方式提供了强有力的支持。而对于强调市场经济制度改革的经济学家，他们认为改革的路径应该是首先进行产权改革，这也是竞争制度发挥作用的前提。

很显然，这场争议的核心是转型问题，但无论是强调转型的经济学家，还是强调市场制度建设的经济学家，都没有在理论层面上直面转型问题。正如前文所提到的，引入市场竞争机制的理论依据是，福利经济学的基本定理保证了，在相当一般的条件下，特别是在明晰的产权制度安排下，当然这里主要指私有产权制度，市场竞争机制能够解决效率问题，但并没有回答在国有产权制度安排下，竞争机制会达到什么样的配置结果。实际上，国有经济下的一般均衡理论曾经取得过重要研究进展，连作为福利经济学奠基人的阿罗都对此非常期待，但很显然的是，沿此方向并没有取得突破性的进展。

在我国垄断行业改革中，经济自由化的另一个特征是，只是引入有限竞争，强调有效竞争的概念，而不是强调充分竞争，这个思路无疑对于垄断行业打破垄断引入竞争的方式，乃至竞争结果产生了重要影响。比如基于存量资产的产业重组成为电信、电力、民航等行业引入和促进竞争的重要手段，而开放市场准入并没有成为促进竞争的主要方式。这意味着竞争的收益主要来源于存量生产能力之间的替代，而不是来源于动态的、新生产能力对旧生产能力的替代。

由于垄断行业具有不完全竞争的特征，那么引入多大程度的竞争显然与马歇尔的有效竞争概念有关。任何熟悉规制经济理论和完全竞争理论的人都知道，对于自然垄断情形，经济学家可以非常确定，在什么情形下垄断是最好的产业组织安排，在什么条件下完全竞争或充分竞争是实现效率目标的最佳途径，但对于处于两者之间的情形，不管现代产业组织理论已经多么完善，人们对于引入多大程度的竞争并没有共识。不幸的是，在现实生活中，既没有出现教科书式的充分竞争条件，也不存在纯粹的自然垄断情形，特别是垄断行业基本上都满足寡头竞争的条件，这意味着有关竞争程度的争论是没有解的。

中国竞争机制的另一个不容忽视的特征是，中国反垄断制度的建立姗姗来迟，这意味着中国的竞争政策对于垄断行业打破垄断引入竞争并没有发挥应有的作用，按照现有的反垄断制度框架和法律规则，在可见的将来似乎也难以发挥这样的作用。一个有意思的实证经验是，中国经济发展所取得的巨大成就是在没有反垄断制度的情况下取得的，很多人据此得出中国并不需要反垄断制度的结论，这似乎给中国未来反垄断制度的走向投下一道阴影。实际上，无论是在理论还是在实证上，反垄断制度对于经济发展的影响到底如何，都没有一个明确的结论。

最后是本土化的规制改革。垄断行业三大改革中最后一项改革是规制改革。规制改革的第一个层面是法律框架的建立，毋庸讳言，规制改革中的立法也许是最容易的部分，因此也是改革走的最快的部分，尽管执法效果仍有疑问，但是垄断行业适用的法律框架也许是和典型市场经济体制下的法律体系最接近的部分。

规制改革的第二个层面是管理体制问题，或者说规制治理结构问题。世界规制改革实践似乎表明，建立专业的具有合理监管范围的独立监管机构是建立规制治理结构的关键。但是中国又一次偏离了这样的改革轨迹，建立了可以说有中国特色的规制治理结构。具体而言，在规制机构改革中，并没有采取建立独立监管机构的方式，而是在现有的行政体制下，建立垄断行业的规制治理结构。当然，这并不是说，中国垄断行业规制治理结构仍然完全延续了旧的体制。实际上，政府在现有行政体制下，一直在进行多种治理结构改革的实验。比如既有像国家改革和发展委员会以及信息产业部这样的内阁部门作为监管机构，也有像电力监管委员会这样的国务院直属事业单位作为监管机构。根据作者的理解，尽管这些部门都隶属于国务院，但是他们的独立性存在细微的产别。正是通过这种方式，中国政府在试图探索，在现有的政治制度和行政体制下，如何构建合理的规制治理结构，解决监管独立性问题。

本质上讲，规制治理结构主要解决的是利益冲突的控制问题，包括不同规制机构之间、规制机构与规制企业之间、规制机构和规制企业与消费者或公众之间的利益冲突。在规制理论中，规制治理结构的研究框架主要是由蒂罗尔（Tirole，1990）建立起来的，在合谋的语境下，他证明了防止合谋原理，其基本含义是，可以在完全合同的框架内解决治理结构问题，但代价是需要满足防止合谋约束。需要强调的是，这个研究框架不仅适用于纵向的组织冲突，也适用于横向的分散化问题，即如何配置规制权力的问题。

此后，经过拉丰和马蒂莫（Laffont and Martimort，1997）等人的进一步发展，他们建立的研究框架已经成为研究规制治理结构问题的基本框架，而防止合谋原理则成为规制治理结构设计需要考虑的基本出发点。但他们的工作都没有系统考虑发展中国家的制度安排，更没有研究转型经济需要面临的治理结构问题，比如在多大的程度上，由于转型国家普遍面临着艰难的政府职能转变问题，规制治理还需要借助传统的行政手段。虽然拉丰（2005）很早就提出，需要打开治理结构黑箱，才能建立系统的规制治理结构理论，但令人惋惜的是，他本人英年早逝没有完成这个工作，为此后人还在沿此方向不断地探索（Estache and Wren-Lewis，2009）。

规制改革的第三个层面是规制政策改革。在众多的规制政策中，最为核心的问题是价格规制。在零售价格层面，不同的垄断行业处在迥然不同的两个极端。比如在基础电信领域，价格规制已经接近完全取消，复杂的非线性定价竞争使得价格水平低于现存的价格上限，使上限价格规制基本处于名存实亡的状态。这实际上是一个非常不可思议的管制政策安排，因为在准入没有放开，竞争程度仍有限的情况下，取消价格规制是令人难以理解的。在这种情况下，很难理解现有的资费竞争结果是因为市场竞争程度足够高，还是价格上限管制不合理，这也在一定程度上说明，为什么电信资费一直是社会关注的一个焦点问题。而在电力行业，政府对用电价格本质上实行的是收益率管制或服务成本管制，其主要标志是政府按照收益率核算电价，并根据成本变动情况进行电价调整。但需要强调的是，现有的管制方式不同于典型的收益率管制，因为企业的收益率并不固定，所以并不存在收益率过高时对用户获利返还的机制。但随着成本的不断攀升和用户对于电价上涨的反对，这种价格规制机制面临着巨大挑战，迫切需要电价规制机制的转型。

对于价格规制，现代规制理论主要从规范角度，考虑如何在高激励强度的上限管制与低激励强度的服务成本管制之间进行权衡，以解决效率和信息租金的让渡问题，但并没有考虑政府规制面临的制度约束问题，更没有考虑可能面对的一些重要的转型问题。比如在限制准入、引入有限竞争的情况下，应该采用什么样的价格规制方式；在价格调整面临日益严峻的公众压力下，如何改变价格规制方式。一个典型的案例是阶梯电价的引入。为了应对日益严峻的资源环境约束，同时也是为了解决价格调整面临的压力，和世界上很多国家一样，中国政府也宣布对供电、供气和供水实施阶梯定价。尽管阶梯定价得到广泛应用，但这种非线性定价方式极为复杂，一些理论和实证问题至今仍是世界难题。比如如何利用阶梯定价所赋予的众多政策调整工具，设计实现效率、节能、公平等政策目标的最优定价，或者说最优定价与阶梯定价的关系是什么？现有文献并没有解决最优定价与执行问题。又比如阶梯定价产生分段线性约束，需求和供给要同时决定，使得需求设定和识别变得十分复杂，现有文献用双误差离散/连续模型解决这些问题，但估计结果和解释都存在很大争议。可以说，从线性定价到非线性定价，价格规制面临的理论和实证的挑战将是空前的。

在批发定价层面，由于竞争的引入，接入定价成为最为核心的政府规制问题，同时也是争议的焦点问题。在电信行业，自引入电信竞争之日起，网间结算就成为影响有效电信竞争形成的一个关键问题，政府规制部门也将网间结算价格作为实现有效竞争的重要规制手段，为此投入了大量的人力和物力，笔者也有幸参与到这项重要工作中。但不幸的是，尽管基于最主流的网间结算成本理论，通过各种手段测算了网间结算成本，但是最终结果并没有按照既定的目标得到实施。在电力行业，自从厂网分开以后，如何确定合理的输配价格，以实现电力市场竞争，一直是一个尚未完成的艰巨任务。在银行卡行业，商家拒绝刷卡将银行卡产业竞争的最核心问题——转接费问题暴露出来，但是转接费的改革一直没有进行，由此造成信用卡产业严重的价格扭曲，比如信用卡和借记卡的商家扣率仍实行统一定价，并对发卡市场和收单市场竞争产生不利影响。

在现代规制理论中，除了需要考虑信息不对称对规制机制带来的影响以外，还要研究引入竞争对规制政策带来的影响，这也是垄断行业引入竞争带来的最重要变化。实际上，接入定价是现代规制理论的一个热点问题，大量文献探讨了在不同环境下的最优接入定价问题，但这些研究存在一些内在缺陷，限制了这些结果的广泛应用：首先，最优定价理论与实际竞争有一定差异，并且其结论不能简单地移植到实际环境。比如大部分电信网间结算定价理论考虑的是，在两个网络竞争的环境下的最优定价，但是实际的竞争环境可能包括多个竞争对手，而这种竞争环境下企业的竞争策略显然更为复杂；其次，这些理论模型没有考虑最优定价的执行问题。比如由于缺乏信息，可能无法按照最优定价模型制定最优接入定价；最后，现有接入定价理论没有考虑实际操作性问题。比如由于公众的反对，可能无法实施最优定价。一个有意思的案例是，几年前对 ATM 业务计划实施的跨行查询收费，这本来属于转接费的调整，但由于很多银行向消费者转嫁价格调整负担，导致公众的一致反对，最后致使转接费的调整难以进行，从而使政府规制部门丧失了一个调整 ATM 产业竞争态势的一个重要政策工具。

上面的讨论并不是为了对规制改革理论进行全面综述，也不是为了对中国垄断行业改革情况进行系统回顾，而只是想说明，中国规制改革由急风暴雨转为和风细雨，其背后有着深刻的理论背景。可以说，在转型经济背景下，中国垄断行业改革所面临的很多问题，是现代规制理论所没有解决的。当然，这并不意味着，在一些重大改革的基础理论仍没有解决之前，甚至还处于争议之中的时候，就不能进行相应的改革。实际上，纵观经济思想史和人类进步的历史，理论落后于实践是一个常态，理论与实践的鸿沟从来没有影响人类的社会实践。作者在这里想要强调的是，在垄断行业改革重大基础理论难以取得突破的时刻，我们在坚持摸着石头过河的同时，还需要不断总结实证经验，以便为未来理论突破提供实证证据。

《中国反垄断与规制经济学学术年鉴（2011 年卷）》收集了 2010 年公开出版的所有相关的文章。非常可喜的是，无论是选题的广度还是研究的深度，无论是理论研究还是实证研究，无论是观点鲜明的政策研究还是规范的学术研究，都可以看出中国学者在规制与竞争领域研究的进步，反映了相关学者的孜孜以求。我相信，伴随着学者们的不断努力，学者们的研究不但会丰富中国乃至世界规制与竞争方面的研究文献，也会进一步推动中国垄断行业改革和竞争政策的有效实施。

参考文献：

1. Coase, R. , 1937, "The Nature of the Firm," Economica, 4, pp. 386 – 405.

2. Coase, R. , 1960, "The Problem of Social Cost," Journal of Law and Economics, 3, pp. 1 – 44.

3. Estache, A. and L. Wren-Lewis, 2009, "Towards a Theory of Regulation for Developing Countries: Following Jean-Jacques Laffont's Lead," Journal of Economic Literature, 47, pp. 729 – 770.

4. Hart, O. , 1996, Firms, Contracts, and Financial Structure, Oxford University Press.

5. Laffont, J. J. and J. Tirole, 1993, A Theory of Incentives in Government Regulation and Procurement, the MIT Press.

6. Laffont, J. J. , 1995, Regulation and Development, Cambridge University Press.

7. Laffont, J. J. and D. Martimort, 1997, "Collusion under Asymmetric Information," Econometrica, 65, pp. 875 – 911.

8. Marek, B. and O. Lange, 2003, "The Way to the Socialist Planned Economy," History of Economics Review, 37, pp. 51 – 70.

9. Maskin, E. and J. Tirole, 1999, "Unforeseen Contingencies and Incomplete Contracts," Review of Economic Studies, 66, pp. 83 – 114.

10. Stiglitz, J. , 1996, Whither Socialism?, the MIT Press.

11. Tirole, J. , 1986, "Hierarchies and Bureaucracies," Journal of Law, Economics, and Organization, 2, pp. 181 – 214.

12. Williamson, O. E. , 1975, Markets and Hierarchies: Analysis and Antitrust Implications, Free Press.

13. Williamson, O. E. , 1985, The Economic Institutions of Capitalism, Free Press.

第二部分

重点学术论文全文收录

排污权交易市场机制设计的实验研究

卜国琴

摘　要： 排污权交易制度在很大程度上从理论研究和实践操作两个层面推动了环境规制理论与政策的不断发展与完善。本文采用规范的实验经济学研究方法，建立排污权交易市场机制设计实验研究的理论模型，并通过实验研究发现双向拍卖与分散交易两种不同交易制度对排污权交易市场效率高低存在影响，同时交易费用对市场运行效果也有影响。在此基础上，本文指出今后排污权交易实验研究的方向。

关键词： 实验经济学　排污权交易　交易制度　交易费用

一、引　言

在中国，随着经济的高速增长，环境问题日益严重。而目前所采用的传统污染治理方法并未产生明显效果，在此背景下，排污权交易制度逐渐走进人们的视野，如何在国内污染治理问题中运用排污权交易制度成为有关学者探讨的热点。排污权交易制度（Emission Trading Institution）是指在一定的区域内，在污染物排放总量不超过允许排放量的前提下，内部各污染源之间通过货币交换的方式相互调剂排污量，从而达到减少排污量、保护环境的目的。自20世纪70年代美国率先实践排污权交易制度取得初步成效以来，不断为其他国家所借鉴，并被不少国家的实践证明是一种较为高效的污染治理途径。中国也从20世纪80年代末开始陆续进行了一系列排污权许可制度及交易制度试点工作，直至2001年，南通天生港发电有限公司与南通另一家大型化工有限公司出售二氧化硫排污权交易事件被认为是中国第一例真正意义上的二氧化硫排污权交易。近几年来，我国也在不少地区与城市进行排污权交易试点①。特别是进入2008年以来，随着北京环境交易所、上海环境能源交易所正式挂牌成立及首家国家级排放权交易市场在天津落户，标志着我国已在该领域取得了实质性的突破与进展。尽管如此，我国在排污权交易市场的设立运行方面仍处于起步与探索阶段，尤其是具体的市场交易制度选择问题仍需进一步深入研究。中国与美国等发达国家相比，市场机制本身就不健全，加上相关法律制度配套不完善，因而在设计排污权交易制度问题上应采取更为谨慎科学的态度。在具体交易制度实施之前，应采用科学的研究手段反复进行比较、分析、实验，在确定某种交易制度确实可产生最高效率之后才可付诸实施。只有这样，才会尽可能减少政策实施的盲目性，降低政策运行的成本，充分发挥排污权交易制度的作用。在这方面，实验经济学②有着其他研究方法所没有的突出优势。结合实验经济学方法研究排污权交易制度设计问题对中国这样一个市场经济还处于不断完善的发展中国家来说，有着非常重要的现实意义。

---

① 这类排污权交易试点项目包括大同市二氧化硫治理、汉江中下游流域水环境保护、太湖流域试行水污染物排放权交易等。

② 相对于一般运用数理演绎和计量统计建立经济模型进行分析的传统经济学研究方法而言，实验经济学是应用实验的方法，在有显性或隐含规则的背景下，研究人类相互作用的决策行为。它将经济活动参与人实证化，用可犯错误的、有学习能力的、以经济效益为驱动的人取代了传统经济学方法中高度抽象简化的、内省的、完全利己的、具有超强的计算能力和完全信息、超理性的“经济人”。所得的实验结果可用于对经济理论进行检验和修正并发现新的理论。实验经济学的研究内容包括市场均衡与市场出清理论、个人选择和期望效用理论、博弈论及产业组织理论等方面。

本文将围绕着排污权交易制度在中国实施过程中可能出现的理论问题及困境采用实验经济学方法重点探讨这几个方面的问题：一是排污权交易制度设计实验研究的理论基础问题。二是采用规范的实验经济学研究方法，比较双向拍卖①（Double Auction）与分散交易②（Decentralized Trading）两种交易制度的运行效率，并在这两种交易制度中分别考察有无交易成本对交易结果会产生怎样的影响。通过这一研究，可以为我国排污权交易市场制度设计提供有价值的参考性结论。三是对本文进行概括总结，并提出今后的研究方向。

二、排污权交易制度设计实验研究的理论基础

排污权交易制度是一种基于市场机制作用的环境政策，在这种政策条件下，环境管理部门根据环境管理目标，通过建立合法的污染物排放权即排污权，运用各种分配方式和市场交易机制使排污企业取得与其排污量相当的排污权，促使企业将被动治理变为主动治理的一种高效率的环境治理政策。排污权交易制度有其深厚的理论基础（陈德湖，2004）。1960 年，美国经济学家罗纳德·科斯（Ronald Coase）提出著名的科斯定理，即只要市场交易成本为零，无论初始产权如何界定，市场交易总可以达到最优的资源配置，并认为通过产权界定和市场交易同样可以解决污染这一外部性问题。1968 年，戴尔斯（Dales）将科斯定理运用于水污染的控制研究。1972 年，蒙哥马利（Montgomery）从理论上证明了基于市场的排污权交易系统明显优于传统的环境治理政策（如庇古税等）。排污权交易制度作为一种高效率的环境治理方法不仅有着成熟的经济学理论基础，而且被不少发达国家运用于污染治理实践中，并获得了较为明显的成效。美国是最早实践排污权交易的国家。从 20 世纪 70 年代开始，美国环保局（EPA）尝试将排污权交易用于大气污染源与水污染源管理，逐步建立起以补偿（Offset）、存储及存量节余（Netting）等为核心内容的排污权交易政策体系。自 80 年代起，美国环保局逐步将排污权交易制度运用于铅淘汰计划、减少臭氧层消耗物质计划、加州区域清洁空气激励市场计划及解决酸雨问题的二氧化硫许可交易计划。以二氧化硫许可交易计划为例，自 1990 年排污权交易制度被运用于二氧化硫排放总量控制以来，获得了巨大的经济效益与社会效益。目前，德国、澳大利亚、英国等都不同程度地借鉴了美国的排污权交易制度，并有效地削减了二氧化碳等温室气体的排放（陈德湖，2004）。

要成功设计排污权交易系统，如何组织排污权交易市场即排污权市场交易机制问题是应被考虑的核心决策变量之一。主要涉及排污权交易制度（Emission Trading Institutions）设计、市场势力（Market Power）及交易成本（Transaction Cost）的影响等问题，尤其是交易制度的设计与选择问题。长期以来，新古典经济学主流理论将市场本身假设为一个“黑匣子”，往往忽视了对交易制度的具体运行机制及其绩效进行深入考察。史密斯（Smith，1981），普劳特（Plott，1982）及赫尔特（Holt，1993）等人采用实验经济学方法将交易制度因素作为重要变量，考察其对市场运行绩效的影响，认为市场交易制度是影响市场运行效果的核心要素，从而在很大程度上修正了传统产业组织理论长期沿用的结构—行为—绩效（SCP）分析框架。这一结论也被应用于排污权交易市场制度设计的研究问题。此外，由于很难使用实际经济运行数据区分和比较每种交易制度孰优孰劣，传统的研究方法在分析与选择排污权交易制度方面较难得出有益而明确的结论。而经济学实验方法在不需要很多现实数据，仅有少许相关经验的情况下通过在实验室中建立排污权交易市场可以比较和分析各种交易制度的效率高低及市场价格走势、成交量变化、交易者获益等具体情况。目前，国外不少学者采用实验方法研究、比较并选择最优的排污权交易制度，运用于实践中。当然，到目前为止，

① 在实验市场中，主要设置口头双向拍卖制度，考察其对市场运行效率的影响。

② 分散交易，也称分散议价或自由议价，与标签价格制度有相同的市场结构，但成交量更大，效率更高。

总体而言，该类研究尚处于不断成熟与完善中，属于学科前沿领域。

在此基础上，作者认为，今后采用实验经济学研究方法应结合我国的现实情况如相关法律法规尚不健全、市场环境尚不完善等因素，研究建立排污权交易市场机制时主要考察变量包括不同交易制度的比较（具体包括成交量多少、成交价格高低、市场效率高低等方面）、垄断因素与市场势力的影响（包括垄断行为产生的原因、影响与后果、减少垄断行为不良影响的途径等）、交易费用的影响分析（如在不同交易制度中交易费用的不同影响分析等），此外，是否允许跨期存贷排污权及其影响也是重要的研究方向。该理论研究框架可概括反映在图1中。

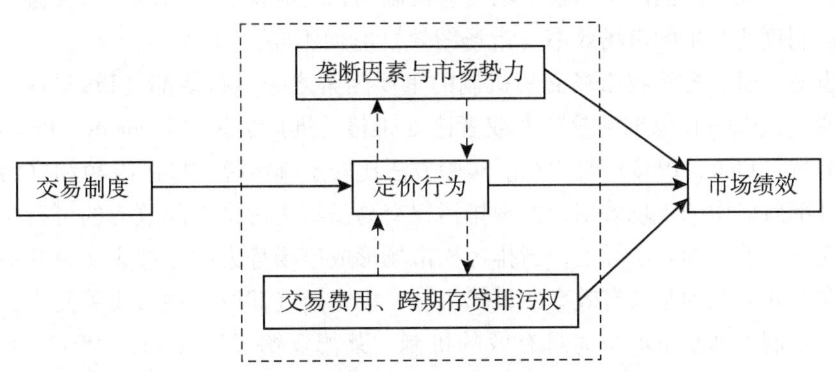

图1　排污权交易市场机制设计实验经济学研究的理论模型

资料来源：作者整理。

在上述诸多因素中，交易制度应是被考察的核心变量。在实验经济学以前，产业组织理论的研究主要集中在市场结构和企业竞争行为上，把市场绩效完全看成是由于市场竞争决定的，如果没有竞争和竞争行为，市场就会存在低效率。这种把竞争作为影响市场效率唯一原因的研究传统，只能部分地解释市场效率的形成原因，而忽略了交易双方力量对比和交易过程对市场效率的影响。人们没有把交易制度引入到分析之中的一个重要原因是缺乏研究工具。实验经济学的出现，使交易活动可以在实验室里实现模拟，交易制度作为一个重要变量进入分析视野。迄今为止，人类社会曾经发明和使用的交易制度主要包括双向拍卖、分散交易、标签价格制度①（Label Price）等。各种不同市场交易制度的差别反映在四个方面：一是买者、卖者的数量；二是由谁来制定价格建议或报价；三是是序列报价还是同时报价；四是合同确认的方式，通过这些因素的不同组合形成不同的市场交易制度。比如双向拍卖制度，它有许多买者与卖者，买卖双方都可报价，双方报价序列走高或走低，双方都可确定合同。一方面，人们将市场上已经出现的交易制度不断加以移植和应用，使交易制度在不断演变；另一方面还在不断重新组合这四个因素，形成新的交易制度。

任何市场交易活动都必须在某种交易制度下完成，市场交易制度是市场运行的规则，也是买卖双方的组织机制，其核心是价格形成机制。从交易角度衡量，市场绩效不仅是配置效率和生产效率，价格形成模式、实现的交易数量和买卖双方之间的利益分配也是交易活动所产生的市场绩效的重要方面（Plott，1982）。价格形成模式由价格形成程序和价格决定权构成，价格形成的程序会影响到价格决定时间效率，即会影响到交易费用。如果允许市场可以无休止地出价，价格不能得到有效收敛并做出最后决定，这样的市场显然是无效的。给定价格决定权，虽然有可能造成权力分配偏差，但它可以迅速收敛价格；实现的交易数量决定了实际的社会财富量；利益分配体现了买卖公平的程度。一些实验经济学文献表明，公平因素是影响交易动力的重要因素，或者说，交易是否公平所产生的市场绩效有很大差别。在市场绩效中最为重要的是用消费者剩余与生产者剩余的总和来衡

① 标签价格制度，也称明码标价市场，即价格由卖方公开报价决定，买方不可以改变价格或打折，是现代社会主要的市场交易制度。

量的市场效率，它在很大程度上体现了市场交易的目的和本质，其他内容是市场绩效的补充。将市场交易制度因素引入到市场绩效分析框架之中，即市场绩效不仅取决于市场结构因素，也取决于市场交易制度，并没有否定市场结构对市场行为的相互影响，而是扩展了对市场绩效的分析范围。也就是说，如果市场结构被确定，市场绩效仍然不能被确定，它还要受到市场交易制度的影响；如果市场交易制度确定，不同的市场结构才会成为市场绩效差异的原因。在市场结构无法改变的情况下，改变交易制度可以提高市场绩效。这意味着，交易制度变量的引入不仅可以更完整地理解市场效率的形成，也扩大了市场绩效分析的广度和深度，深化了配置效率和生产效率的分析。在此基础上，作者认为，今后在研究国内排污权市场交易机制问题上应将交易制度作为关键要素来对待，重点考察不同交易制度所产生的市场效率（市场绩效）有何不同。

市场势力也应是研究排污权市场交易机制的重要因素之一。布朗都（Brandow，1969）将市场势力定义为厂商直接影响其他市场参与者或者诸如价格、推广促销（Promotion Practice）等市场变量的能力。普劳特（Plott，1983）曾用经济实验方法比较了排污税、排污限额和排污权交易三种制度在纠正污染外部效应中的市场效率，发现排污权交易是纠正污染外部效应的可行机制。但其结论是以市场竞争充分为前提的。实际上，当排污权市场形成市场势力时，市场交易并不一定总是有效的。例如，双向拍卖被认为是最有效率的市场机制，史密斯（1981）通过实验发现，对于卖家垄断市场，双向拍卖机制是抑制市场势力最有效的机制。莱德亚德（Ledyard，1994）也认为双向拍卖机制可以抑制市场势力对竞争均衡的偏离。但是，也有实验研究表明市场势力的影响具有复杂性。作者认为，分析我国排污权市场交易时，需要特别重视市场势力这个问题。排污权交易市场势力的原因包括：一是产品市场结构会影响排污权交易市场结构，高产量的厂商对许可证有较大的需求，容易在排污权交易市场形成垄断地位；二是一些企业同政府存在紧密联系，使个别企业可能会从政府那里获得过多的初始许可证，从而具有影响许可证交易的能力。采用实验经济学方法，在排污权交易市场实验中可设置少数个别企业实施市场势力的场景，具体考察市场势力存在的条件、实施的方式及对市场绩效的影响，以及可采取怎样的方法降低或消除市场势力。

要研究排污权市场机制问题，交易费用（成本）也应是不可忽视的重要因素。交易费用（又称为交易成本）是指完成一笔交易时，交易双方在买卖前后所产生的各种与此交易相关的成本。交易费用的思想由罗纳德·科斯（1937）在《企业的性质》一文中首次提出，而后成为新制度经济学最基本的概念。科斯认为，交易费用应包括度量、界定和保障产权的费用；发现交易对象和交易价格的费用；讨价还价、订立合同的费用；督促契约条款严格履行的费用。在此基础上，学术界一般认为交易费用可分为广义交易费用和狭义交易费用两种。广义交易费用包括一切非鲁宾逊经济中出现的费用（张五常，1999），即为了冲破一切阻碍，达成交易所需要的有形及无形的成本。狭义交易费用是指市场交易费用，即外生交易费用。包括搜索费用，谈判费用以及履约费用。以一笔市场交易为例，所包含交易费用（成本）包括搜寻成本、协议成本、订约成本、监督成本、违约成本、谈判成本等。交易费用高低会直接影响到市场交易活动的活跃程度及市场绩效的高低。

在排污权交易市场中，需要考察的排污权交易费用主要包括寻求交易的基础信息费用、谈判与决策费用等。目前来看，国内排污权的交易费用偏高，实施程序复杂，操作难度大。我国中小型企业数量多、规模小且分散，但它们造成的污染占全国工业污染物排放总量半数之多。这造成了我国排污权交易市场的基础信息寻求费用高，环保部门监测与执行费用高，而且存在交易逐案谈判的现象。这些都加大了交易成本，影响厂商交易的积极性，进而影响整个排污权交易，妨碍排污权交易制度的实施和作用的发挥。因此，今后在结合实验经济学方法考察排污权交易市场时，可针对交易费用有无、对市场效率高低的影响、怎样减少交易费用等方面进行专门研究。

此外，采用实验经济学方法研究排污权交易问题除了上述所提到的交易制度、市场势力、交易费用外，还可关注是否存在跨期存贷排污权及其对市场绩效的影响。穆勒、梅斯特莱曼和高德白（Muller，Mestelman and Godby，1999）等人通过实验得出了一些重要结论，即如果允许跨期存贷排污权可使排污权成交价格在长期内趋于稳定。

由此可见，采用实验方法研究排污权交易制度问题，不仅是研究内容上的重要突破，同时也是研究方法上的重要突破，对于我国尝试与建立排污权交易市场有着非常重要的理论意义。

三、一个排污权交易制度设计的实验案例分析

（一）实验设计与实验过程

本实验设计主要借鉴海任和赛都（Y. Hizen and T. Saijo，2001）关于研究《京都协议》中温室效应气体排放交易制度设计的实验设计方法。本次实验是在暨南大学珠海学院经济学实验室中进行的。我们通过招聘方式，组织了12位同学参加本次实验，其中6位学生参加了预备实验，另外6位被试者参加了正式实验。12位被试者来自珠海学院不同的专业，以前均没有参加此类实验的经验。正式实验通过计算机来完成。为比较双向拍卖与分散交易两种交易制度的运行情况，同时考察交易成本存在与否对市场运行效果的影响，我们设置了四局实验，各实验局的具体参数设计列于表1中。

表1　　实验局的具体参数设计

设置	交易制度选择	有无交易成本	实验局名称
1	双向拍卖	无	E_1
2	分散交易	无	E_2
3	双向拍卖	有	E_3
4	分散交易	有	E_4

资料来源：作者整理。

每局包括两轮实验，共有8轮实验，名称分别为E_{11}、E_{12}、E_{21}、E_{22}、E_{31}、E_{32}、E_{41}、E_{42}。实验的具体程序是这样的，以E_1局正式实验为例，在实验开始前，每位被试者将收到一份详细的实验说明与一份作为个人信息的边际排污成本。每位被试者相当于一家污染企业，可编号为A、B、C、D、E、F。在排污权交易市场中，每位被试者既可以卖出一定数量排污权，也可买进一定数量排污权，因此具有双重身份，这与一般的交易市场有分别。在实验开始前，每位交易者将被分配一定数量的排污权指标，本实验中，6家企业分配的排污权指标分别为80、50、44、28、18、8。一般而言，排污权初始分配情况将会影响到市场效率高低，考虑到这种情况，在整个实验中，我们只设置一种排污权初始分配情况。

除被赋予固定的排污权数量指标外，每个交易者还将被赋予不同的边际排污成本。之所以采用不同的边际排污成本，是因为企业之间排污成本不一样才会有买卖排污权的动机和可能，这也是与一般交易市场不一样的地方。这6个企业的边际排污成本数据列于表2中。在表2中，对于每一个企业，第一栏为排污数量跨度，第二栏为相应边际排污成本。

表2　　各企业边际排污成本数据表

A		B		C		D		E		F	
-80~74	217	-50~41	217	-44~33	250	-28~25	250	-18~11	250	-8~0	250
-73~68	167	-40~31	167	-34~21	200	-24~18	184	-11~0	217	1~3	234
-67~58	117	-30~21	117	-20~0	167	-17~11	117	1~10	184	4~17	200
-57~35	84	-20~11	84	1~23	134	-10~0	100	11~20	117	18~27	150

续表

A		B		C		D		E		F	
-34～10	67	-10～33	50	24～40	117	1～13	17	21～30	84	28～37	100
11～20	34	34～50	17	41～60	100	14～17	0	31～37	0	38～47	84
21～27	0	51～57	0	61～63	0	/	/	/	/	48～57	0

资料来源：作者整理。

对于每一个交易者来说，将可能出现三种交易情况。第一种情况是，当市场价格高于本企业的边际排污成本曲线与纵轴重合部分时，该企业可以这一价格卖出若干单位的排污权指标，获取如图2（1）中所示的利润（收益）；第二种情况是，当市场价格低于本企业的边际排污成本曲线与纵轴的重合部分时，该企业可以这一价格从市场买进若干单位的排污权指标用以排污，获取如图2（2）中所示的利润（收益）；第三种情况是，当市场价格水平线经过企业边际排污成本曲线与纵轴的重合部分时，此时该企业不会买进或卖出排污权指标，也就是说此时该企业的边际治污成本恰好等于社会（6个企业）的边际治污成本，不能从排污权交易中获取额外利润（收益），如图2（3）所示。

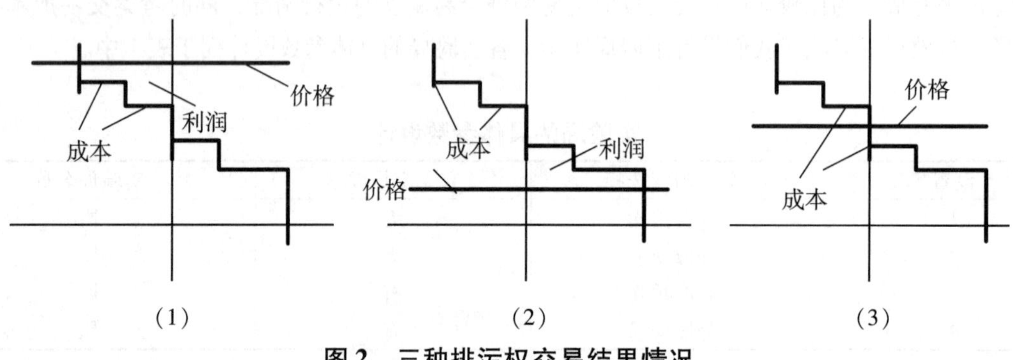

图2　三种排污权交易结果情况

资料来源：作者整理。

当确认每位交易者都熟悉了交易规则之后，即可进行 E_1 实验局的两轮实验，此时，对交易者来说，交易成本为零，交易将在电脑屏幕上采用双向拍卖方式进行。每位交易者在自己的电脑屏幕上输入愿意买进或卖出一定排污权的单位价格与数量，如A企业愿以每单位100元的价格卖出10单位排污权，如有交易者接受这一价格则可达成交易，成交数量可少于10单位。另外，交易者在报买入价时应逐渐走高，而在报卖出价时应逐渐走低。在每位交易者电脑屏幕上将显示当前市场成交价格、成交数量、最新报价等信息。整个市场的该局实验进行两轮，每轮持续15分钟。接下来的 E_2 局实验除采用分散交易制度外，其他与 E_1 局实验一样。分散交易制度是指由交易者私下议价，当前市场成交价格、成交数量、报价情况等信息不反映在每位交易者的电脑屏幕上。在 E_3 与 E_4 实验局中，分别针对双向拍卖与分散交易制度设置每单位排污权5元的交易成本，以考察存在交易费用时将对双向拍卖与分散交易分别产生怎样的影响。

整个实验将持续约120分钟，全部实验结束后，主试将按照每位交易者在整个交易中获取利润（收益）的一定比例付给交易者现金报酬。

（二）实验数据与统计分析指标

分析不同交易制度及有无交易成本的不同情况下排污权交易实验市场的不同运行结果，可从三个方面加以考察，即成交价格、成交量及市场效率高低。现将四局实验的每轮平均价格、成交数量及各个交易者实现的市场效率反映在表3、表4中（全部成交价格数据因篇幅问题在此略去）。

表3　　各轮实验平均成交价格、交易量

实验局	E_{11}	E_{12}	E_{21}	E_{22}	E_{31}	E_{32}	E_{41}	E_{42}
平均价格	114.63	110.15	132.62	134.62	117.79	118.04	145.56	141.04
交易量	84.00	91.00	63.00	68.00	67.00	71.00	45.00	47.00

资料来源：作者整理。

表4　　市场效率统计

被试者	E_{11}	E_{12}	E_{21}	E_{22}	E_{31}	E_{32}	E_{41}	E_{42}
A	2354	1955	2433	2449	1946	2098	1873	2040
(2219)	(1.0606)	(0.8808)	(1.0962)	(1.1034)	(0.8768)	(0.9453)	(0.8439)	(0.9191)
B	855	869	1345	1454	1048	1143	1572	1136
(830)	(1.0301)	(1.0470)	(1.6205)	(1.7518)	(1.2627)	(1.3771)	(1.8940)	(1.3687)
C	641	773	370	508	349	324	50	32
(731)	(0.8769)	(1.0575)	(0.5062)	(0.6949)	(0.4774)	(0.4432)	(0.0684)	(0.0438)
D	169	92	180	150	96	102	40	150
(85)	(1.9882)	(1.0824)	(2.1176)	(1.7647)	(1.1294)	(1.2000)	(0.4706)	(1.7647)
E	641	806	316	370	707	665	341	413
(840)	(0.7631)	(0.9595)	(0.3762)	(0.4405)	(0.8417)	(0.7917)	(0.4060)	(0.4917)
F	1895	2017	1191	950	1794	1648	1117	1082
(2073)	(0.9144)	(0.9732)	(0.5747)	(0.4584)	(0.8656)	(0.7952)	(0.5390)	(0.5221)
合计	6555	6512	5835	5881	5940	5980	4993	4853
(6778)	(0.9671)	(0.9608)	(0.8609)	(0.8677)	(0.8764)	(0.8823)	(0.7336)	(0.7175)

资料来源：作者整理。

进一步的，可以采用如下一些统计指标逐一分析这三个方面的情况：

1. 平均绝对离差（Mean Absolute Difference，简称 MAD）。用这一指标衡量每一交易阶段排污权的交易价格与平均价格的平均偏离程度，AP_t（$t=1, 2, \cdots, 8$）表示每轮交易的平均价格，用 P_i 表示第 i 次交易排污权的交易价格，平均绝对离差的公式为：

$$MAD = \frac{1}{n}\sum_{i=1}^{n} | P_i - AP_i |$$

2. 标准差 S 和离散系数 V。标准差 S 反映价格的波动幅度，而离散系数 V 可以消除平均数的影响。公式为：

$$V = S/AP_i$$

3. 每轮实验的收益率 IR_t。用这一指标衡量每一轮实验交易者所获得收益大小。I_t 表示第 t 轮交易所有实验者获得的总收益，而 AI 表示理论总收益。公式为：

$$IR_t = I_t/AI$$

该指标衡量所有实验者的收益差距的大小，市场越有效时，实验者的收益就越大。

（三）实验数据的统计分析结果

1. 四局实验价格走势比较（计算平均绝对离差、标准差列表）。首先，双向拍卖的平均价格要比分散交易的平均价格低得多。从表5可以发现，双向拍卖 E_1 局两轮的平均价格为 114.60 与 110.15，而分散交易 E_2 局两轮的平均价格为 132.62 与 134.62。明显的，双向拍卖的平均价格要比分散交易的平均价格低得多。

其次，双向拍卖的价格波动要比分散交易的平均价格小得多。还是以 E_1 与 E_2 为例，双向拍卖 E_1 局两轮的离散系数（标准差系数）为0.163与0.064，而分散交易 E_2 局两轮的离散系数（标准差系数）为0.198与0.265，说明分散交易的投机情况比双向拍卖严重。

表5　　四局实验价格走势

实验局	平均绝对离差 MAD	标准差 S	离散系数	平均价格
E_{11}	14.932	18.735	0.163	114.630
E_{12}	5.596	7.096	0.064	110.150
E_{21}	21.276	26.199	0.198	132.620
E_{22}	23.739	35.661	0.265	134.620
E_{31}	6.802	7.923	0.067	117.790
E_{32}	4.263	5.281	0.045	118.040
E_{41}	15.161	18.319	0.126	145.560
E_{42}	9.383	12.063	0.086	141.040

资料来源：作者整理。

2. 四局实验成交量走势比较。首先，双向拍卖的交易比分散交易更为活跃。从表6中可以看到，在无交易费用的情况下，E_1 的平均交易量为87.5，比 E_2 的65.5多，而 E_3 的平均交易量69比 E_4 的46也要多。

表6　　四局实验成交量、平均成交量

实验局	E_1		E_2		E_3		E_4	
交易量	E_{11} 84.00	E_{12} 91.00	E_{21} 63.00	E_{22} 68.00	E_{31} 67.00	E_{32} 71.00	E_{41} 45.00	E_{42} 47.00
平均交易量	87.50		65.50		69.00		46.00	

资料来源：作者整理。

其次，交易费用导致交易量减少。在同一交易制度下，无交易费用的 E_1 比有交易费用的 E_3 多，无交易费用的 E_2 比有交易费用的 E_4 多。

3. 四局实验市场效率比较。根据表7可以算出，平均价格与收益率的相关系数为 -0.903，交易量与收益率的相关系数为0.974，即平均价格与收益率存在负相关的关系，而交易量与收益率存在正相关的关系。

表7　　四局实验市场效率比较

实验局	E_{11}	E_{12}	E_{21}	E_{22}	E_{31}	E_{32}	E_{41}	E_{42}
平均价格	114.63	110.15	132.62	134.62	117.79	118.04	145.56	141.04
交易量	84.00	91.00	63.00	68.00	67.00	71.00	45.00	47.00
收益率	0.97	0.96	0.86	0.87	0.88	0.88	0.73	0.72

资料来源：作者整理。

前面提到双向拍卖的平均价格要比分散交易的平均价格低得多，而双向拍卖的交易比分散交易更为活跃，因此无法分析出究竟哪种交易制度较好，须用到更精确的方法作进一步分析。

4. 用非参数检验逐一检验四局实验的市场效率变化情况。表8是各个实验者在每局实验的收益表。如果交易制度和交易费用对市场配置没有影响，则每个实验者在每局的收益没有显著差异。我们下面利用维尔克斯（Wilcoxon）秩检验分析实验者的收益差异。

表 8　　实验者收益

	E_1	E_2	E_3	E_4
A	2154.50	2441.00	2022.00	1956.50
B	862.00	1399.50	1095.50	1354.00
C	707.00	439.00	336.50	41.00
D	130.50	165.00	99.00	95.00
E	723.50	343.00	686.00	377.00
F	1956.00	1070.50	1721.00	1099.50

资料来源：作者整理。

首先，比较 E_1 与 E_2 局，交易制度不同、无交易费用。采用 R 软件做维尔克斯秩检验，原假设 H_0：E_1 的平均收益等于 E_2 的平均收益，备择假设 H_1：E_1 的平均收益大于 E_2 的平均收益。此时发现 P 值 = 0.4219，远大于显著性水平 0.10 或 0.05，不能拒绝原假设，即维尔克斯秩检验表明在无交易费用的条件下，交易制度对实验者平均收益的影响不显著。

其次，比较 E_3 与 E_4 局，交易制度不同、有交易费用。对实验者在 E_3 与 E_4 局的收益做维尔克斯秩检验，原假设和备择假设跟上面类似。发现所有 P 值 = 0.07813，在显著性水平为 0.10 的情况下通过检验，拒绝原假设。即在有交易费用的情况下，认为双向交易里面实验者的平均收益大于分散交易的平均收益。表明如果存在交易费用，则双向交易更为有效。

再次，比较 E_1 与 E_3 局，双向拍卖、有无交易费用。对实验者在 E_1 与 E_3 局的收益做维尔克斯秩检验，原假设和备择假设跟（1）类似。发现所有 P 值 = 0.1094，在显著性水平为 0.10 的情况下没有通过检验，即在双向拍卖中，不能拒绝原假设，认为交易费用对实验者平均收益的影响不显著。

最后，比较 E_2 与 E_4 局，分散交易、有无交易费用。对实验者在 E_2 与 E_4 局的收益做维尔克斯秩检验，原假设和备择假设跟（1）类似。发现所有 P 值 = 0.07813，在显著性水平为 0.10 的情况下通过检验，拒绝原假设。即在分散交易中，认为交易费用对实验者平均收益的影响是显著的。

（四）小结与启示

本实验采用规范的实验经济学研究方法，在实验所设计的排污权交易市场中比较分析了两种交易制度——双向拍卖与分散交易的市场运行情况，发现双向拍卖制度与分散交易制度相比，平均价格较低，价格波动较小，投机活动较少，成交量较高，并且，如有交易费用则会导致成交量减少。另外，通过维尔克斯秩检验分析发现，在不同的交易制度中是否存在交易费用与交易者的收益之间也有一定关系。通过上述实验研究所得出的结论可供环保部门制定排污权交易的有关政策措施时作参考。今后还可以从考察其他交易制度如标签价格制度的表现等方面深化此类研究。

四、结论与展望

在实验经济学未被应用于排污权交易市场机制设计研究以前，在英美等发达国家，排污权交易已于 20 世纪 70 年代在实践中开始尝试使用。直至 20 世纪 90 年代初，发达国家在尝试使用排污权交易过程中尽管已积累了非常宝贵的实践经验，但与此同时也留下了不少问题，如不同交易制度的比较与选择、垄断因素与市场势力对排污权交易市场绩效的影响、交易费用的影响等，传统的经济学理论及研究方法不能有效地认识和解决这些重要问题。而实验经济学方法以其独特的优势在研究排污权市场交易制度问题上能够有效地分析和解决上述问题。通过在实验室中设置规范的排污权交易市场，研究者可以按照自己的研究目标控制不同交易制度的实验设置，反复进行实验，精确比较各种交易制度的效率高低及优缺点，从中找出效率最高可行性最大的交易制度并加以完善，以供决策部门参考。按照实验经济学从简单到复杂的原则，通过实验方法所得出的研究结论完全可以运用于实际中。更为重要的是，实验方法可以减少研究成本，改善研究效果，尤其是可以降低由于政策实施的盲目性可能导致的严重隐性成本与损失。此外，实验方法还可考察交易成本、垄断等因素对市场运行效率的影响，可帮助研究者从多方面不断完善排污权交易市场设计。通过本文所建立的排污权交易研究的理论框架可以看出，市场交易制度是影响排污权交易市场绩效高低的关键要素，结合具体实验案例可知，其作用远远大于市场结构对市场行为及市场绩效的影响。这一点区别于传统产业组织理论中SCP范式所得出的分析结果。也就是说，在排污权交易市场中，起关键作用的要素是不同市场交易制度对企业行为的影响，进而影响到整个市场的运行效率，并且，市场交易制度还可以在很大程度上矫正由垄断因素及市场势力所造成的低效率。这一点已经为有关实验所证明。其次，垄断因素与市场势力也会对排污权交易产生影响，但要具备一定的条件，政府完全可以在不改变现有市场结构的前提下，仅通过改变交易制度设置即可增进市场绩效。此外，交易费用也要纳入考察范围。相关实验研究可以将上述几方面的变量设置在同一实验中加以综合考察，以得出更有用的结论供决策部门参考。

今后，在采用实验经济学方法研究中国的排污权交易市场机制设计问题时，可主要围绕如下几方面来进行：一是排污权交易市场不同交易制度的比较研究问题。通过实验方法比较几种主要交易制度的效率情况，包括双向拍卖制度、分散交易制度及标签价格制度等。通过采用实验经济学研究方法，可进行一系列实验比较这几种交易制度的价格走势、成交量变化、买卖双方收益情况及整个市场效率高低情况，以此判断哪种交易制度具有最高的市场效率，作为设计具体排污权交易市场机制的理论依据。例如，波姆（Bohm，1997）的双边交易制度、双重角色实验结果表明，实验价格非常接近于竞争均衡价格，而市场效率达到了97%之高。高德白（1999）重复了上述实验，发现了市场势力模型所预示的成交价格走高、成交量减少的类似的结果。海任和赛都（2001）通过实验比较了温室气体（GHG）排污权交易中两种交易制度即双边交易（Bilateral Trading）与双向拍卖（Double Auction）的效率高低。结果发现，不论是否公开成交价格及/或边际排污成本曲线信息，两种交易制度的效率都非常高，其中在双边交易中，6局的市场效率高于97%，另2局为98%和92%，而在双向拍卖中，5局都在99%以上；随着时间的推移，在两种交易制度中，边际排污成本都实现了均等化；在双向拍卖中，成交价格基本趋向于竞争价格，而在双边交易中并非如此，这一点不同于波姆（1997）的实验结果。

二是研究交易成本因素对排污权交易市场效率高低的影响问题。结合实验经济学研究方法，通过设置实验比较交易成本高低及有无对排污权交易市场效率高低的影响，如果实验结果表明存在交易成本会降低排污权交易市场效率，则可继续寻求降低排污权交易成本的途径，或比较不同交易制度交易成本的高低，从中选择交易成本最低的交易制度。

三是研究垄断因素对排污权交易市场效率高低的影响问题。从市场结构角度通过实验方法考察垄断因素对排污权交易市场效率高低的影响，通过改变实验设置分析排污权交易市场中如果存在垄断力量会怎样降低市场效率，并且寻求排污权交易市场中对垄断力量进行规制的方法。例如，高德白（1999）的实验表明，市场结构会影响排污权交易市场绩效；曹伯格（Soberg，2000）通过设置单边拍卖交易制度的实验发现市场势力可以用来解释收入分配问题，而非市场效率问题，即价格接近竞争均衡（CE），垄断厂商不能获取垄断利润，但成交数量少于竞争均衡（CE）。海任和赛都（2001）的双边交易与双向拍卖制度的实验结果表明，可以实施市场势力的被试者在双边交易中没有实施，而在双向拍卖实验中实施了市场势力，结果获取了多于竞争均衡状态下的额外利润。

四是研究排污权初始分配问题。排污权交易制度首先要解决的一个关键问题是排污权的初始分配。早期的大多数学者在排污权交易理论的探讨中几乎忽视了初始排污权的分配问题。近年来，随着初始排污权交易制度在美国等西方发达国家的不断实施，越来越多的经济学家开始重视初始排污权的分配问题。在实践中，美国国会在《清洁空气法》（1990）中提出了初始排污权的三类分配方式，即免费分配、公开拍卖和标价出售。在这三种分配方式中，公开拍卖和标价出售对排污权的定价都有严格的经济学基础，初始分配价格可以为排污权流通提供定价基础。而排污权的免费定价方式尽管普遍受到厂商的欢迎和认可，却不能为排污权的二次交易提供定价基础。通过采用实验经济学方法，可以在实验室中模拟不同排污权初始分配制度，比较和评价每一种排污权初始分配制度的政策效果，为政府有关部门制定排污权初始分配方案提供参考意见。

参考文献：

1. R. Coase. The Problem of Social Cost [J]. The Journal of Law and Economics, 1960 (3).

2. J. Dales. Pollution, Property and Prices [M]. University of Toronto Press, Toronto, 1968.

3. W. D. Montgomery. Markets in Licenses and Efficient Pollution Control Programs [J]. Journal of Economic Theory, 1972 (5).

4. Vernon L. Smith. An Empirical Study of Decentralized Institutions of Monopoly Restraint [A]. G. Horwich, J. Quirk. Essays in Contemporary Fields of Economics [C]. Purdue University Press, West Lafayette, 1981.

5. Plott, Charles R. Industrial Organization Theory and Experimental Economics [J]. Journal of Economic Literature, 1982 (12).

6. D. Davis, C. Holt. Experimental Economics [M]. Princeton University Press, Princeton, 1993.

7. G. E. Brandow. Market Power and Its Sources in the Food Industry [J]. American Journal of Agricultural Economics, 1969 (51).

8. Plott, Charles R. Externalities and Corrective Policies in Experimental Markets [J]. Economic Journal, 1983 (93).

9. J. Ledyard, K. Szakaly-Moore. Designing Organizations for Trading Pollution Rights [J]. Journal of Economic Behavior and Organization, 1994 (25).

10. R. Coase. The Nature of the Firm [J]. Economic, 1937 (11).

11. R. W. Godby, S. Mestelman, R. A. Muller. Experimental Tests of Market Power Emission Trading Markets [A]. E. Petrakis, E. Sartzetakis, A. Xepapadeas. Environmental Regulation and Market Power [C]. Edward Elgar, Cheltenham, UK, 1999.

12. Y. Hizen, T. Saijo. Designing GHG Emissions Trading Institutions in the Kyoto Protocol: An Experimental Approach [J]. Environmental Modeling & Software, 2001 (16).

13. P. Bohm. Joint Implementation as Emission Quota Trade: An Experiment among Four Nordic Countries [R]. Nordic Council of Ministers, Copenhagen, 1997.

14. M. Soberg. Imperfect Competition, Sequential Auctions and Emissions Trading: An Experimental Evaluation [R]. Statistics Norway, Research Department, 2000.

15. 管瑜珍：《美国可交易的排污许可制度》，载于《黑龙江省政法管理干部学院学报》2005 年第 4 期。

16. 吴建、马中：《美国排污权交易政策的演进及其对中国的启示》，载于《国际合作与交流》2004 年第 8 期。

17. 罗丽：《美国排污权交易制度及其对中国的启示》，载于《北京理工大学学报（社会科学版）》2004 年第 2 期。

18. 沈满洪、赵丽秋：《排污权价格决定的理论探讨》，载于《浙江社会科学》2005 年第 2 期。

19. 龙丽娟、黄晴：《环境污染的经济学对策》，载于《求实》2004 年第 6 期。

20. 陈永成、龚影：《环境污染治理的激励机制设计：排污权交易》，载于《科技创业月刊》2005 年第 1 期。

21. 李巍、毛渭锋、丁中华：《大同市二氧化硫初始排放权分配研究》，载于《环境科学与技术》2005 年第 7 期。

22. 敖荣军：《汉江中下游流域水环境保护的经济手段探讨》，载于《地域研究与开发》2004 年第 6 期。

23. 瞿伟、王溪若：《关于排污权交易运行过程中若干问题的研究》，载于《合肥工业大学学报（社会科学版）》

2005 年第 8 期。

24. 张敏：《略论排污权交易制度在中国的建立》，载于《经济与社会发展》2005 年第 3 期。

25. 陈德湖：《排污权交易理论及其研究综述》，载于《外国经济与管理》2004 年第 5 期。

26. 张五常：《交易费用的范式》，载于《社会科学战线》1999 年第 1 期。

（本文载于《中国工业经济》2010 年第 3 期）

产业规制重构的动态因素分析

陈富良　李　波

摘　要： 影响产业规制重构有三个动态因素：利益集团与政治因素、受规制者的利益行为影响的规制能力以及国际金融机构对规制重构的外在诱导，这些因素共同导致了规制重构在世界范围内的盛行。对于规制重构的动态因素分析，有利于提高规制重构的效率，因此我们必须在加强承诺信用、完善规制制度等方面继续努力。

关键词： 规制重构　利益集团　规制能力

20 世纪 90 年代以来，在世界范围内出现一股规制重构浪潮。具体表现为公用产业私有化和逆私有化所造成的规制重构，同时伴随着规制机构职能的改变。规制重构并不是新的规制或者其本身的进化，而是通过必需的制度改革来实现放松经济性规制和对社会性规制及行政规制的再规制的混合。

对于产业规制重构的成因，本文讨论其动态因素，笔者认为产业规制重构是利益集团与政治因素、受规制者的利益行为影响的规制能力以及国际金融机构对规制重构的外在诱导等三个方面动态因素共同作用的结果。

一、文 献 回 顾

在文献方面，几乎没有专门对产生规制重构的动态因素进行分析的文章，大都是对规制重构后是否有利于效率的提高展开论述，如私有化规制重构与逆私有化规制重构的经济效率问题。

麦治慎和奈特（Megginson and Netter，2001）认为有证据表明垄断的私有化会在提升经济绩效方面产生不明确的结果。帕克和柯帕垂克（Parker and Kirkpatrick，2004）认为在一些发展中国家本可以预期到的私有化垄断绩效更好，但是制度条件特别是一个有效的体系即规制框架的缺乏，将会远远达不到预期目标。比如现存的例子表明水务部门私有化后，会呈现出两种不同的状态，一是服务质量、服务人口和可靠性的改进；二是私有化后水费的提高、多回合之间的合同谈判容易导致计划取消。

克拉克和沃什腾（Clarke and Wallsten，2002）对非洲水供给的研究报告表明，伴随着私有化，水供应的范围扩大了。平均而言，低收入的家庭在水务国有化时候的水供应范围没有私有化时候大。水务的私有化会导致给穷人家庭的更多供应，说明私有化可以提高服务供应。但是，这只是私有化的一个方面，私有化还会造成水价上涨。

柯帕垂克、帕克和张义芳（Colin Kirkpatrick，David Parker and Yin-Fang Zhang，2004）对非洲发展中国家水务私有化的绩效进行了数据包络分析（DEA）和随机成本边界技术分析，DEA 分析表明私有部门与国有部门相比具有更好的绩效，而随机成本边界分析显示私有和国有的成本并没有明显的区别。作者进一步分析了水务私有化在发展中国家不能积极发展的原因：水务技术性和水的自然属性，交易成本高、规制能力的不足。

从以上文献来看，发展中国家的水务私有化的效应是混合的。水私有化伴随着绩效的提升，但同时又会提高价格，从而导致公众的不满。

魏伯乐、扬、芬格在《私有化的局限》中，介绍了私有化的大量实证案例，认为私有化以提高经济效率为目的，公共企业私有化之后，经济效率可能提高了，但相应的社会成本也增加了，比如就业歧视和失业率的增加，对资源或环境的过度开发，所提供的公共产品和公共服务的质量和数量下降而价格却上升。其次从社会层面看会加剧社会的贫富分化，导致社会动荡与不安。在文化层面，私有化会侵蚀普遍的文化价值观念，使其屈从于商业利益的需要。

在有些情况下，私有化也许是最好的选择，但是在另外一些情况下，对公共部门进行改革反而是更好的选择。我们对私有化的局限应有一个健康的认识。为使私有和国有两者都达到最好，这就需要政府建立强有力的规制制度，有效治理，与企业共同协作。

尽管这些文献并没有明确的因素分析，但从中我们可以了解到利益集团、规制者的规制能力以及国际金融机构在规制重构的产生、发展过程中都起到了推波助澜的作用，甚至决定了规制重构的成败。因此，接下来本文将对这三个因素进行逐一分析。

二、利益集团与政治因素

在西方的经济学中，利益集团也叫“压力集团”，通常被定义为“那些有某种共同的目标并试图对公共政策施加影响的个人的有组织的实体”（方福前，2000）。利益集团与政治因素的关系主要体现在：利益集团通过各种政治活动表达自己的意愿，显示其力量，以增进集团利益。这些活动可以分为两类：其一是集会、游行、游说、捐款等政治活动，不同国家或地区都以法律法规形式规定了集团活动的方式；其二是直接寻求政治权力，即通过直接参加政府、立法机构来影响政治决策过程，从而实现集团目标。

在产业规制重构过程中，大多数国家的产业私有化都是通过招标等措施来引入外资，政府的本意是通过促进竞争，利用外来利益集团的资金、技术优势来提高绩效，政府的目标是社会福利最大化。但是，利益集团作为一个经济人，它所追求的是自身利益的最大化，并会为此去努力控制政府决策。如利益集团有以下方法去影响公共决策制定者（拉丰、梯若尔，2003）：（1）金钱贿赂；（2）向规制机构员工或督察员提供在被规制企业中有吸引力的职位；（3）私人关系为政府官员善待他们的产业伙伴提供激励；（4）迎合规制机构风平浪静的需要而不对其管理公开批评；（5）对那些能有效影响规制机构的当选官员进行转移支付，比如对政治竞选进行捐赠，等等。除此之外，被规制企业与政府的合谋更能影响政府决策。

利益集团经济理论的基本思想是，政治决策类似一个拍卖过程。拍卖的产品是政策供给方，即政治家或政府官员，需求方是利益集团。本节将阐述利益集团作为政策的需求方，它们如何相互竞争，如何通过各种政治努力来影响选举、立法等政治产出，从而形成对自己有利的政策的整个过程。

贝克尔（Becker，1983）建立了有关利益集团竞争的一般均衡模型，用影响函数刻画了利益集团对政治产出的影响。同时由于以美国为代表的西方代议民主制国家中，利益集团对选举的影响是巨大而复杂的，格罗斯曼和赫尔普曼（Grossman and Helpman，2001）更是直接把利益集团定义为代表特定选民集团的组织。利益集团通过捐款、策略性提供信息、游说等方式影响选举。任何选举结果都是选民、利益集团和候选人政党间博弈的均衡结果。对于我国来说，政府官员和规制机构人员都不是由选举产生，而是由政府直接任命，政治捐款和选举模型并不适合我国国情。并且上述模型有两个共同的缺陷，第一，都假设各方享有完全的信息。但是在现实中经常是信息不完全的，缺乏信息正是利益集团作为政治中介存在的原因之一。第二，模型中利益集团的政治行动总是通过捐款或行贿。而钱在利益集团影响政治中的相对重要性受到了一些经济学家的质疑。现实中利益集团在政治决策过程中起着重要的信息传递作用。它们不仅为自己的成员和其他选民提供信息，还为政治家、政府官员提供信息。

利益集团还可以通过传递信息来影响立法。波特和温顿（Potter and Van Winden，1992）具体分析了信息不完全下政策制定者和利益集团间的互动。假定政策制定者有两个备选政策 x_1，x_2，利益集团和政策制定者的收益视情况 t_1、t_2 而不同，收益矩阵如表 1 所示。

表 1　　信号传递与政策选择

（政策制定者，利益集团）	t_1	t_2
x_1	a_1，0	0，0
x_2	0，b_1	a_2，b_2

注：其中 a_1，a_2，b_1，$b_2>0$。

显然，当政策制定者在情况 t_1 时偏好政策 x_1，在情况 t_2 时偏好 x_2。而利益集团总是偏好政策 x_2。当 $b_1<0<b_2$ 时，不存在冲突，此时利益集团没有任何激励传递信息；当 $b_2<0<b_1$ 时，存在绝对冲突，利益集团总是会掩饰实际情况，政策制定者也可以准确估计到集团行为，因而信息传递也不起作用。可见，利益集团和政策制定者之间存在可能的冲突。假定利益集团是拥有信息方，知道具体情况是 t_1 还是 t_2。而政策制定者只知道两者的概率，分别为（$1-p$）和 p。

当 $p<a=a_1/(a_1+a_2)$ 时，追求预期收益最大化的政策制定者将选择政策 x_1，这是集团不愿看到的。于是，在政策制定前，利益集团可以策略性的发送信息 m，在情况 t_2 时发送真信息，t_1 时发送假信息来影响政策制定者的选择，同时产生固定成本 c；如选择不发送则记为 n，成本为 0。

如果 $b_2<b_1$，在情况 t_1 时，利益集团会在 t_2 传递假信息，尽其可能说服政策制定者。政策制定者了解到利益集团这种倾向后，即使在情况 t_2 时利益集团传递的准确信息也会受到怀疑。因此，信息传递不会发生。因此只需考察 $b_1<b_2$ 时的情况。

我们用 s_i 表示情况 t_i 时传递信息的概率，用 $r(s)$ 表示政策制定者在获得信息 $s=m$ 或 n 后选择利益集团所偏好的政策 x_2 的概率。波特和温顿（1992）得到了如下结论：

（1）如果 $b_1<c<b_2$，则 $s_1=0$，$s_2=1$，$r(n)=0$，$r(m)=1$

（2）如果 $c<b_1<b_2$，则 $s_1=p(1-a)/(1-p)$，$s_2=1$，$r(n)=0$，$r(m)=c/b$；

第一种情况（$b_1<c<b_2$）：当情况为 t_1 时，传递假信息的成本 c 大于可能收益 b_1，利益集团放弃传递（假）信息（$s_1=0$）。当情况为 t_2 时，利益集团会传递真信息（$s_2=1$）以确保政策制定者选择对双方都有利的政策 x_2。政策制定者一旦得到信息 m，则表明现实肯定为情况 t_2，故采取政策 x_2；如果无信息，则表明现实为情况 t_1，采取政策 x_1，即 $r(n)=0$，$r(m)=1$。

第二种情况（$c<b_1<b_2$）：当情况为 t_2 时，利益集团肯定会传递真信息，原因同上。当情况为 t_1 时，利益集团有时会传递假信息，因为在重复博弈的情况下，如果利益集团总是传递情况为 t_2 的信息，政府由于无法辨别信息真假而会坚持政策 x_1，以此来限制集团传递假信息的行为。集团传递假信息的概率 s_1 与 p 成正比，与成本 c 成反比。对政策制定者而言，如果利益集团没有传递信息，则情况肯定为 t_1，选择政策 x_1，即 $r(n)=0$。如果有信息，采取政策 x_2 的概率 $r(m)$ 与成本 c 成正比，与 b_1 成反比，即 $r(m)=c/b$。

如果把模型中的不同情况 t_1，t_2 理解为利益集团的不同类型，上述分析表明，利益集团将通过传递信息把自己和其他利益集团区分开，从而影响政策。

三、受规制者的利益行为影响的规制能力

（一）规制机构的双重利益行为

上文分析了利益集团对政府规制决策的影响，接着将视线转向规制机构，分析规制者的双重利

益追求对其规制能力的影响。在传统规制理论中，假设信息是完全的，公用事业企业不能够获得信息租金，因此他们没有俘获规制机构的动力。而对于规制机构而言，如果不存在信息不对称，规则就变得非常简单，不会留给规制者自由裁量的权力，因此也不会出现寻租问题。但是在现实中，政府与规制者之间、规制者与被规制企业之间都普遍存在着信息不对称，从而形成了一种典型的二重委托代理模型（见图1）。第一级是政府同规制机构的委托代理关系，第二级是规制机构同被规制企业间的委托代理关系。其中，政府对于规制机构拥有更高的行政权力，规制机构对于受规制企业拥有更高的规制权力，受规制企业相对于消费者拥有更高的市场权力和影响力，消费者对于政府则拥有舆论等影响力。在这里同样可以看作是委托代理的情形，因为政府赋予规制机构规制公用事业的职能和任务，政府为实现公共利益最大化的目标，会给予规制机构最优的预算规模，让规制机构能够充分执行政府决策，但是规制机构有可能为了自身部门预算最大化而降低规制效率。同时，由于在一级委托代理关系中的信息不对称性，政府必须赋予规制机构一定程度的相机抉择的权力。这种权力对被规制企业的利润影响巨大，他们有极大的动力收买规制机构。规制机构有可能为了谋求私利而滥用这种权力，它拥有比政府更多的信息优势，如对产业的了解、时间、经验和专门技能等。政府无法监督规制机构的努力——是否尽职尽责地收取受规制企业的信息租金。另外，由于获取企业信息的过程是需要花费努力成本的，规制机构有可能产生道德风险的可能，因为努力搜集信息和不努力获得的收益一般情况下差别不大。政府亦无法判断这种努力水平。

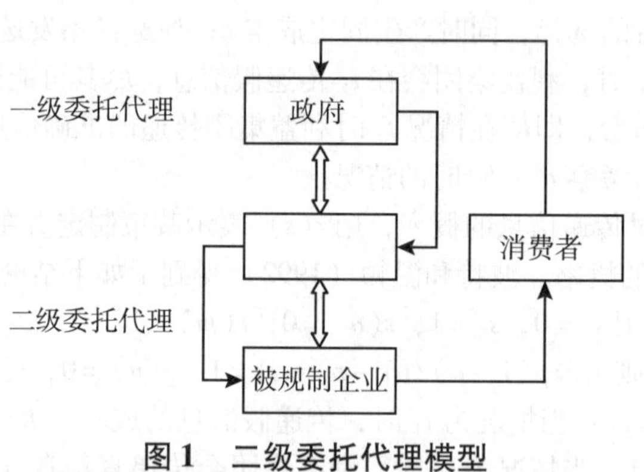

图1　二级委托代理模型

总而言之，规制者会有两种利益考虑：希望从政府直接获得更多的经济利益；希望获得更大的权力以便从被规制企业那里获得更大的经济利益。这两种利益行为使得规制部门的规制能力低下，对规制重构后的无效率有很大的影响。规制机构被俘获以及道德风险问题在转型经济中尤为明显。政府机构的低效率甚至不作为现象因为缺乏监督和奖惩机制而变得十分常见。很多受规制企业本身就是由当地的政府部门或国有企业转化而来，因而和地方政府关系密切，更易形成串谋，影响规制效果。

（二）规制承诺与棘轮效应

拉丰、梯若尔（2004）认为，在理想的状态下，民营企业与政府规制机构可以采取内容广泛的长期合约来治理，但是在实践中，规制关系往往是依靠一系列的短期合约来维持。究其原因，一是大多数国家对长期承诺实施法律限制，也就是说，当前的管理对未来管理的限制是有限的；二是存在“合约不完备问题”，未来的生产或者技术在今天的合约中不能很好地加以描述，环境的改变会使得当前的长期合约毫无意义。规制承诺是防止规制机构滥用规制权力，随意更改规制合同，为运营商提供投资回报的合理预期。规制承诺的能力是一个政府信用水平的体现。这对于规制的效果非常重要，因为一旦政府违约，企业会由于沉淀成本的存在而损失巨大。如果一个政府信用水平低下，就难以做出有效的承诺，企业必然要求更多的风险溢价，谋求更高补偿的参与约束。良好的政府信用是促进公用事业市场化顺利进行的保障。

典型的规制合同期限一般为 3 ~ 5 年，在约束期限内，企业是成本节约的剩余所有者，但从长期看，企业未必能得到成本节约所带来的全部收益，因为企业的成本低使规制机构了解到被规制企业的高效率，在下一次修订合同时，就会对企业提出更为苛刻的条件，使高效率企业受到惩罚，从而产生所谓棘轮效应。此外，现实中还存在着一些促使规制机构与企业提前进行谈判、修改合同的因素，这主要有两种情况：一是当企业得到很高的利润时，规制机构会受到较大的政治压力，迫使其与企业重新谈判，修改合同，这会加重棘轮效应；二是实施原来的合同使企业处于亏损状态甚至濒临破产，这时企业会要求提前修改规制合同。如果规制机构屈从企业的要求，就会产生规制中的软预算约束。在长期的过程中，棘轮效应的存在会弱化激励机制。

菲律宾首都马尼拉的水务服务私有化规制重构就是一个典型案例（魏伯乐、奥兰・扬、芬格，2006）。由于公共用水和污水排放基础设施的严重落后，1997 年，根据国际金融公司（IFC）的建议，马尼拉国营的都市供水和污水系统（MWSS）被私有化为两个公司，马尼拉国际水务服务公司（MWSI）和马尼拉水务公司（MWCI），各负责城市的不同区域。MWSI 和 MWSS 签订了一份 25 年、为马尼拉西部地区 600 万人提供服务的特许权。合同仅签了一年，MWSI 就要求第一次提价，由于其无法维持成本并使转让给它的资产实现潜在收益，还解雇了近 2700 个工人。MWSI 继续寻求重新协商合同条款，包括频繁提价、延期实现投资目标。然而到了 2003 年，MWSI 并没有履行合同（比如水价上涨，水的损失还是高于合同承诺），MWCI 也好不了多少。在第一个五年经营中，MWSI 严重亏损以至于公司频繁面对公众对水管道连接、费率调整以及服务低下的抗议。MWSS 拒绝了 MWSI 的提价，以至于 MWSI 不能回收巨大的外汇损失。仓促投标，长期的公司治理混乱以及作为始作俑者的政府、援助者和贷款人，使得水务私有化规制重构走向了失败。

四、国际金融机构对规制重构的外在诱导因素

从上面马尼拉的水务案例以及很多发展中国家的规制重构案例中，都可以发现国际金融机构在规制重构中所扮演的重要角色。众多发展中国家由于自身财力不足，对于基础设施建设有心无力，转而去寻求国际金融机构的援助，来减轻政府财政的负担，提高人民的生活水平。而国际金融机构作为了一个经济人，不能轻易的把资金随便投资到某个发展中国家去，对于国际金融机构来说，发展中国家的规制制度与管理能力、乃至技术水平都无法保证投资的合理回报。因此，国际金融机构在与发展中国家签订赞助合同的时候，便会强制要求其进行私有化规制重构，建立独立的规制机构。

我们拟建立一个政府与国际金融机构之间的博弈模型，来阐述国际金融机构的援助对政府规制重构具有很大的诱导作用。为简化模型，我们建立如图 2 所示的博弈树。

假定如下：

1. 政府的决策有规制重构与不重构两种。国际金融组织只有当政府对规制进行重构的话才会进行投资援助，如果政府不规制重构的话，金融组织不会对其投资援助，两者之间无博弈，在此不再讨论，故不重构的时候政府和金融组织的收益为（a_5，0）。

2. 讨论政府进行规制重构，假定国际金融组织不能预期到未来规制重构是否成功或失败，它都会在重构后投资，故不投资的情况（a_3，b_3）、（a_4，b_4）都是（0，0），在这不予讨论。N 为自然因素，有 P 的概率规制重构成功，$(1-P)$ 的概率失败，明显，P 与政府规制重构后规制制度建设、规制能力，以及是否有规制俘获密切相关，重构后规制制度越完善、规制越有效率，P 就越大，$0<P<1$。

3. 对于规制重构所产生的另两种结果（a_1，b_1）、（a_2，b_2），当规制重构成功时，明显的政府和国际金融机构的收益最大，故 $a_1>a_2$，$b_1>b_2$。

4. 规制重构失败的结果（a_2，b_2）与不重构的结果（a_5，0）相比较。假定政府的规制失败的

结果至少不比不规制重构的结果差，故 $a_2 \geqslant a_5$，而国际金融机构在规制失败后的结果 $b_3 \leqslant 0$，因为失败后国际金融机构的努力就没有效果。

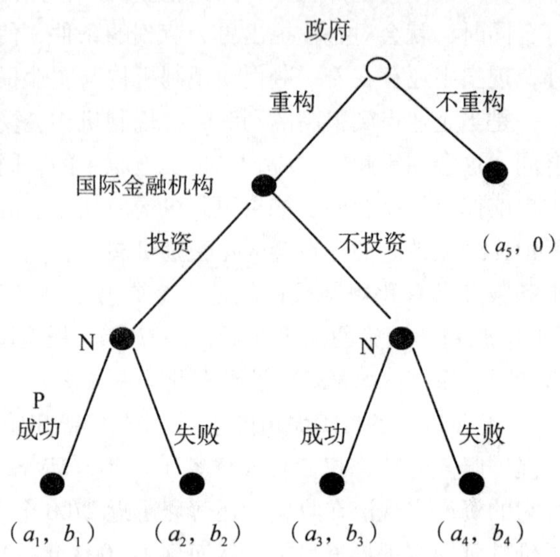

图2　国际金融机构对政府规制重构的诱导博弈

综上，$a_1 > a_2 \geqslant a_5$，$b_3 \leqslant 0$。

可知，当 $P \geqslant \frac{a_5 - a_2}{a_1 - a_2}$ 且 $P \geqslant \frac{-b_2}{b_1 - b_2}$，加上约束条件 $0 < P < 1$，明显 $\frac{a_5 - a_2}{a_1 - a_2} < 0$，$\frac{-b_2}{b_1 - b_2} > 0$，故 $\frac{-b_2}{b_1 - b_2} \leqslant P < 1$，此时政府会选择规制重构；当 $0 < P \leqslant \frac{-b_2}{b_1 - b_2}$ 时政府不规制重构。政府是否进行规制重构明显与国际金融机构的投资预期收益有关，这个预期收益大小表明机构对政府的规制能力、规制制度的信心高低。故国际金融机构在援助政府产业规制重构的时候，往往都会要求改革规制制度和机构，加强规制能力的强制要求。这就说明了，国际金融机构的援助对政府规制重构具有很大的诱导作用。

五、结论与启示

综上所述，产业规制重构的动态环境主要包括利益集团与政治因素、规制者的规制能力因素（双重利益追求）、外在的诱导因素（国际金融组织的大力推荐）。这些因素共同导致了规制重构在世界范围内的盛行。对于规制重构的动态因素分析，有利于我们国家进行规制重构时吸取教训、总结经验、尽量减少其失败概率，具体的建议有以下几点：

1. 利益集团规制理论认为，规制机构存在着自利性，规制机构的利益和行为目标并不必然和社会公共利益相一致，当二者发生矛盾时，就有可能出现政府官员为追求自身利益而做出有害于公共利益的决策，尤其在实行高强度激励性规制的条件下，规制机构拥有大量自由裁量权，规制机构更可能发生腐败行为。为此，解决规制治理问题尤为重要。西方国家解决规制机构代理问题的主要措施有：培育消费者集团；建立完善的监督机制；规制决策实现法律化、程序化、透明化和完善司法制度等。这些措施对于我国来说有很强的借鉴效应，我们可以通过要求各非政府机构（如消费者协会）、媒体机构、各行业协会等加强对规制机构的监督，对重要的决策必须举行听证会。

2. 加强规制重构后的承诺信用。在中国自然垄断产业激励性规制改革中，强化规制机构的承诺机制已成为一个需要着力解决的重要问题。需要完善相关法律法规体系，确保规制机构做出稳定、长期和有约束力的承诺，避免规制机构行为的随意性和对权利的滥用，为整个社会提供稳定预期的制度环境；市场化过程中的规制政策的制定应该具有一套长期稳定的标准，以增加投资者的信心，给予企业经营带来稳定的环境，使激励性规制的效力得到更大程度的发挥。

3. 私有化与逆私有化规制重构的着眼点必须立足于本国的国情需要，事先做好多方面的调查准备，不能随国际金融机构的要求想怎样就怎样，事后必须建立一套完整的规制体系，诸如加强其独立性等措施。

参考文献：

1. 拉丰、梯若尔著，石磊、王永钦译：《政府采购与规制中的激励理论》，上海三联书店 2004 年版。

2. 方福前：《公共选择理论——政治的经济学》，中国人民大学出版社 2000 年版。

3. 杨兴云：《长沙公交私营化：老无所依》，载于《经济观察报》2008 年 4 月 2 日。

4. 魏伯乐、奥兰·扬、芬格著，王小卫、周缨译：《私有化的局限》，上海人民出版社 2006 年版。

5. Becker, G., A Theory of Competition Among Pressure Groups for Political Influence [J]. Quarterly Journal of Economics, 1993.

6. Grossman, G. M. and Helpman, E., Special Interest Politics [M]. Cambridge and London: MIT. Press, 2001.

7. Megginson, W. L. and Netter, J. M., (2001) 'From State to Market: A Survey of Empirical Studies on Privatization', Journal of Economic Literature, Vol. 39, June.

8. Parker, D. and Kirkpatrick, C., (2004) 'Price and Profit Regulation in Developing and Transition Economies, Methods Used and Problems Faced: A Survey of the Regulators' mimeo, Centre on Regulation and Competition, University of Manchester.

9. Colin Kirkpatrick, David Parker, Yin-Fang Zhang (2004), State Versus Private Sector Provision of Water Services in Africa: A Statistical, Dea and Stochastic Cost Frontier Analysis, Centre on Regulation and Competition, University of Manchester.

（本文载于《当代财经》2010 年第 11 期）

三网融合分销网络商务及其成本开发

陈嘉莉　徐　峰

摘　要： 在三网融合技术应用条件下，研究分销网络商务及其成本开发、三网融合的试点规划预期，可从不同侧面探讨三网融合产业功能开发和分销网络商务机构设置。为此，还应提出分销网络商务的主要开发要求，研究分销网络商务运作成本。

关键词： 三网融合　成本开发　分销网络商务

最近几年来，美国、法国、日本等发达国家，通过立法打破以往有线电视网与电信网相互独立经营的格局，而以政策来促进它们之间的相互渗透和融合，从而为实现信息产业内部的大规模兼并，推动信息产业超常发展扫除了障碍。我国"三网融合"试点已在2010年6月启动，开始全面实现三网融合发展。

网络经济不同于以往的活动模式，它是在网上展开活动的。从20世纪末开始，人类即逐步进入信息化社会，计算机技术与电视技术结合而发展起来的多媒体技术，正在改变着人类传统经济的交往方式和动作模式。"三网融合"，以一种创新的产业形态，实现三网互联互通、资源共享，从而也为网络信息服务和推进我国经济发展构筑起网络平台。

一、三网融合的试点规划预期

随着电信与信息技术的飞速发展和电信市场的开放，以及用户对多种业务需求的与日俱增，使原来独立设计运营的传统的电信网、计算机网（主要指互联网）和有线电视网正通过各种方式趋向于相互渗透和相互融合。相应地，三类不同的业务、市场和产业也正在相互渗透和相互融合，电信与信息产业正在进行结构重组，电信与信息管理体制和政策法规也正在发生与之相适应的重要变革。以三大业务分割三大市场的时代已经结束，"三网融合"已成为信息业发展的大趋势。

（一）推进三网融合阶段性目标预期

2010年1月13日召开的国务院常务会议决定，加快推进电信网、广播电视网和互联网三网融合，并提出了推进三网融合的阶段性目标。前不久，国务院常务会议通过了实施三网融合具体方案，明确提出了实现的路径和时间表。根据时间表，2010~2012年重点开展广电和电信业务双向进入试点，探索形成保障三网融合规范有序开展的政策体系和体制机制；2013~2015年，总结推广试点经验，全面实现三网融合发展，普及应用融合业务，基本形成适度竞争的网络产业格局，基本建立适应三网融合的体制机制和职责清晰、协调顺畅、决策科学、管理高效的新型监管体系。负责"三网融合"重点工作的部门也提出，"要支持三网融合共性技术、关键技术、基础技术和关键软硬件的研发和产业化。"三网融合试点首批圈定北京、上海、武汉等10个城市，这足以让人们对三网融合的前景充满希望。加快推进三网整合决议的作用，打破了原有网络之间的樊篱，突破了广电和电信之间的界限，允许双方互相进入，有助于实现三网互联互通、资源共享，为用户提供话音、数据和广播电视等多种服务。这一举措对于促进信息和文化产业发展，提高国民经济和社会信息化水平，满足人民群众日益多样的生产、生活服务需求，拉动国内消费，形成新的经济增长点，具有重要意义。

（二）推进网络产业链升级的预期

“三网融合”的重点工作，包括三网融合共性技术、关键技术、基础技术和关键软硬件的研发和产业化。这就意味着，通过“三网融合”的推进，可全面推进网络数字化和双向化升级改造，提高业务承载和支撑能力；整合有线电视网络，培育市场主体；加快电信宽带网络建设，扩大宽带网络覆盖范围，推进网络统筹规划和共建共享。因此，应充分利用三网融合有利条件，扩大网络基础和市场空间，创新产业形态，加快产业发展；推动移动多媒体广播电视、手机电视、数字电视宽带上网等业务的应用，促进文化产业、信息产业和其他相关产业发展。三网融合所带动的行业产业链发展，涵盖了服务提供商、运营商以及光纤通讯设备制造商等行业，也为网上中介机构和物流配送产业，增加了新的发展商机。随之而来，手机电视、移动互联网等新业务将迎来大发展。随着三网进一步渗透融合，将有更多的企业、产业和行业获得更多样化、更便捷的服务，用户也将有更多的自由选择，人们的文化、生活、工作和学习将因此而改变。

（三）推进三网融合分销商务发展预期

三网融合后，分销商务会以一种全新的贸易形式，以其广泛、深入、快捷、独特、高效的运作手段，告别市场交易的传统方式，推进网络分销商务的发展。这种全新的贸易形式，将打破一切传统的以固定销售时间和地点以及手工运作为特征的场式销售方式，将所有商品交易活动都放在网上进行，打破时空与地域界限，从而大大扩展销售空间；增加市场交易的透明度，使所有分销商以真实的价格向购买者提供商品，避免了价格欺诈及交易回扣等暗箱操作行为。这种分销商务，以电脑为主体，进行智能代理与策划操作；以全新的信息化手段运作，加快信息流动速度，拉近销售人员与客户的距离，为客户提供更多的选择机会，以减少流通环节，降低广告、采购与交易费用，降低市场准入的门槛，使中小企业可以与大企业一样以平等的身份参与市场竞争，并促使各类企业改善经营管理，凭借优质的产品、信誉和服务赢得市场份额。预计，未来软件业在金融、电信、电力、医疗、交运等领域将保持30%左右的高速增长。2010年中国软件业市场销售额将突破1万亿元，其中受益的上市公司有医疗类软件生产企业、金融软件生产企业等。

二、三网融合的产业功能开发

（一）创新产业形态功能

三网融合将促进文化产业、信息产业和其他现代服务业发展，形成多样化业务服务，使人们的生活、工作方式因此而改变。更多的网络终端和多元化渠道，迎来更多的受众资源和商机，跨区域整合的速度加快，市场化运作也越来越强，其自身价值将得到长期有效提升；加之管理层变革带来的增值业务、商业模式、创新驱动等超预期变化，从而有望获得超额收益。内容为主的时代来临，使内容服务商将成为市场主导，内容提供商受益最大；网络运营商的渠道更加开阔，为终端设备商带来巨大商机。

（二）价格发现功能

三网融合的网络技术可以把多家供需方同时链接在一起，以类似于拍卖和竞标的叫价形式，形成联合竞价的局面，从而发现一个市场能够接受的价格。这一功能可以解决某些行业如医药行业的畸形价格问题。

（三）规避市场风险功能

三网融合的虚拟性质不仅有利于推进现实交易运作，还能提供预约交易的功能，并把实物交易和合同交易捆绑在一起，把交易和投资结合起来，这样能使网上交易者最大限度地规避市场风险。这一功能对那些市场风险较大的产品如农产品来说，具有非常重要的意义。

（四）提供个性化服务功能

在网络经济时代，顾客的期望更加个性化、多样化，只有充分发挥三网融合的优势，才能提升客户关系管理，与顾客实时互动，根据客户个性化需求来定制商品，做到为用户精心打造，提供个性化的、贴身的服务，给顾客带来实实在在的购物体验与感受。三网融合网络为商品、信息、交易、诚信、个性化服务创造了良好的软环境。

（五）整合智力资源配置功能

网络无疑是网络资源的纽带，可以作为提供社会变革的技术手段，有效地对各种社会资源实施重组，调动社会资源流向生产力最需求的领域，流向最具活力的地区或公司。尽管资本的跨国流动可以实现资本和资源的全球化，但智力资源的全球化仍然受到国界的困扰。有了三网融合，世界各国凡拥有技术、物质条件的人，都可以把自己的智慧通过网络平台传递给外界，使智力这个最活跃、最有创造力、最有价值的经济资源实现全球化的再配置。三网融合开创了一种全新的机制，为网络经济的运行和升级提供了活力与后劲，这对于网络经济发展是一个莫大的推动。

三、分销网络商务机构设置

（一）设置网络商务的智能代理

目前最大的商务平台是因特网，网络商务是以电子手段在该网上进行商务活动。传统的因特网信息处理方法将很大一部分商业规则及信息分析选择工作推向用户，仅仅承担通讯和简单的商业规则处理。而在三网融合技术条件下，很多人都意识到这种方法所带来的不便，从而把一部分规则明确、有智能化要求的任务提取出来，交给智能代理，由智能代理充当代理人，到商务环境中从事商业交易活动，这样就把原来的商业人员之间，包括公司之间的活动，转变为智能代理之间的协作、谈判工作，从而最优化地完成商务活动，降低商务活动中人的劳动强度，提高交易效率。

智能代理是按照商务的四个阶段，发挥并完成其中的智能代理工作。第一个阶段是提供电子商情，即把商品的价格等有关信息通过一定的处理放在网上，实施动态展示，提供静态查询。随着技术和数据库技术的发展，将实现动态查询，以典型示范方式，使市场参与者看到商机和实际利益；提供启发性商情智能化服务，靠利益机制吸引营销者，营销者也有了更多的自觉选择。第二个阶段是实现网络商务交易，即由商家提供商品、商情资料，应用智能化技巧解说、演示与承诺，有助于消费者选择商品、比较利益，直至购买，完成交易。第三个阶段是延伸扩展商情。总结典型商例，为更多的客户和消费者提供参照，通过一次消费运作完成多对交易。这样就把单纯的用户和商家的单对关系延伸到多对关系，把网络商务提升到更高层次。第四个阶段是关注售后服务。售后服务坚持诚信为本，兑现承诺，通过网上网下联动服务到户。智能代理更多地定位在其中第二、三阶段的应用。

（二）开发虚拟购物系统

开发一个购物系统，必须按照用户的购物习惯，形成总体设计构想，用户才能容易接受。商品首页显示部分商品信息，包括商品样品、简要描述。如果用户对其中一种商品感兴趣，可以通过点击图片或者“详细信息”字样，获得此商品的更多信息描述，包括商品的名称、价格、类别、功能介绍、购买数量选择等。

在挑选商品时用户可以选择分类检索。用户面对大量的商品，觉得眼花缭乱，不知该从何下手，也易产生疲倦感。而分类检索是一种挑选商品的高效方法，用户可以通过商品搜索直奔主题，少了很多繁琐的过程。用户只要输入自己所需商品的要求、类别、功能等关键字，搜索引擎就按照这些关键字和后台数据库中的商品特征进行比较，如有符合要求的则返回搜索结果的商品列表，如果搜索结果为空，就通知用户没有符合要求的商品。

从实际角度讲，网上购物涉及消费者、商家、银行、认证中心等方方面面，关系复杂，可研究的东西很多。目前网上购物系统的前台，一般是通过 Web 页面的方式，向用户提供商品行情静态或动态可交互的查询。用户可在网上的虚似商店中浏览商品，选中的商品可以放入虚拟的购物寄存点，形成订单，交送商家处理。购物系统的后台一般在获取用户订单，经过安全审查后，由银行系统认证处理，把订单转移到商家，计算邮费后，把商品邮寄给用户，在本市的则送货上门，完成一次交易。

（三）网络银行分销商务创新

在三网融合技术条件下，网络银行的发展更加依赖于技术进步和科技创新。把网络和电子技术应用于银行商务领域，使银行业跨入“超级银行”时代。在以网络应用为核心的数字化时代，网络银行将日益成为全球金融市场一种全新的银行经营交易方式。网络银行只有很少的固定资产和很少的雇员，其成本比传统银行要小得多。因此，在完全的市场利率情况下，网络银行可以向存款人支付较高的利率，向贷款客户收取较低的利息，从而使网络银行具有更大的吸引力。网络银行不受地域、时间的限制，为客户提供超越时空的服务，不断完善的安全保密技术、不断成熟的网络高速接口技术、不断丰富的网络访问技术，也为网络银行的生存发展提供了充分的保障。通过三网融合网上服务，可更广泛地收集最新商务信息，以最快捷、最方便的方式传递给用户，并且综合客户的多个账户、多种货币、多种信用卡、多种投资商品信息，使客户得到快速、满意的服务。网络银行从信息服务开始，逐渐增加信息查询类功能、交易类功能，开设中间/增值业务功能，灵活而有步骤地开展其他有吸引力的网上银行项目。在零售方面，可发展网上开户、账户交易等业务；在批发方面，能够优先发展融资项目、现金管理等业务。三网融合把电子计算机引入支付清算系统，各种现金支付、存款透支、自动查询、报表提供、信息传递、消费信贷等新的业务和新的服务，都可以通过电子计算机网络进行识别和处理，从而提高结算和支付的速度和效率，满足客户不断变化的需求。

（四）创建物流配送中心

物流配送体系建设滞后，已成为制约分销网络商务发展的约束性障碍。物流配送是完成分销商务交易活动的重要一环。如果没有完善的物流配送体系，电子商务便显示不出其快捷方便的优势，它的运用和推广便受到限制。目前的物流配送业还属起步阶段，原有的运输、邮件递送企业尚需按现代物流业的要求进行改造。

专业市场可以依托电子商务网站建立的物流中心经营配送业务，也可以利用原有的储送企业、物流企业的场地、设备和购物渠道，将其改造为现代物流中心代理配送业务，从而降低储运成本，推动电子商务的快速发展。

四、分销网络商务的开发要求

（一）三网融合的功能开发要求

网上交易可以大幅度降低经济活动成本，即三联网技术可以使我们少花钱。对我国这样一个缺少资金的发展中国家来说，在现实条件下，充分利用网络技术的这项功能就显得尤为重要。三网融合可以降低成本是从三个方面实现的：（1）减少企业间的交易成本。与传统交易相比，网上交易成本至少可以比原来减少百分之五十。（2）减少企业的信息成本。三联网上的信息具有互动性、公开性、免费的特点，企业可利用这一特点自由地发布相关信息，并搜集自己所需要的信息。这可以大幅度地减少企业用于信息发布和搜集、处理等方面的费用。（3）降低企业内部的经营成本，减少企业的决策环节，节约甚至于省去用于采购和推销的费用。

（二）加强网络运行的安全管理要求

“三网整合”已是大势所趋，要真正实现“三网合一”还要经过漫长的试运行过程。由于三网业务的行业不同、定位不同，存在着网络标准不统一、不同网络之间的管理利益相冲突，以及网络信息资源开放不够等诸多问题，而三网融合至少涉及业务融合、技术融合、市场融合、行业融合、终端融合乃至行业管制和政策方面的融合等，必然面临不少的困难和矛盾。同时，通过调查国内外三网融合的现状和发展趋势，网络安全隐患仍然是一个重要问题。一旦有外部“黑客”或内部人员利用网络作案，将对网络运行造成难以估量的损失。所以，我们应通过强化管理、定期或不定期的安全检测、系统评估等手段，将网络运行风险消灭于萌芽状态。

（三）完善网络经济法律环境要求

网络商务作为一种网络经济，使其实质性的电子商务交易受到限制。它所形成的是虚拟市场，即买卖双方在不见面的情况下，完成签单、付款、送货等一系列交易行为。一方面，社会上假冒伪劣商品和商业欺诈行为的存在，增加了购销方的疑虑，商品结算、售后服务、退货保证等相关措施不完善，使成交行为难以扩大；另一方面，网上交易规则的制订，买卖双方的信誉保证，以及电子合同、电子文件所具有法律效力的认定、执行，违约后的赔偿等相关法律环境建设滞后，也限制了电子商务进一步开展。

（四）提供方便快捷的购物环境要求

开发网上购物系统，构造虚拟购物环境，重点归纳为：提供商品的详细描述、功能介绍、特色展示；按商品性质分类，方便客户查找；提供按关键字检索所需商品的功能，可同时提供几个检索关键字，按客户填写所期望商品特征，搜索达到的命中率应尽可能高，用户接口良好，能够及时反馈搜索结果。如果查不到相关记录，也要尽快通知用户；已经购买的暂存在寄存点的商品信息，允许用户随时查看，修改购物的内容操作简便。

设置客户和商家快速交流接口。账号是客户和商家进行交流的接口，通过用户账号注册个人信息，应设置密码保障。只有用自己的账号才能进行商务活动，确定订货信息，进行签单和订单查询等；客户订单全部填写完毕，信息反馈到商店数据库，返回订单号给客户，供客户以后查询订购情况。

虽然网上购物系统的开发运营存在一定的问题，但这是一个多方面协调的系统，其所隐含的商机也受到越来越多人的关注与重视，并且相继提出了很多解决问题的方案，使得网上购物环境这一种新的商业形成趋于可靠化、完善化、规范化。

（五）成本安全与风险防范要求

在任何情况下，保证交易的成本安全总是人们关心的首要问题。如何保证交易的公正性和安全性，保证交易方身份的真实性，保证传递信息的完整性以及交易的可靠性，成为推广三网融合电子商务的关键所在，而这需要一系列的网络设施、技术措施与制度来保证。目前，安全标准的制定、安全产品的研制以及安全技术的开发对网上技术的安全会起到推动作用，而其中那些用于交易的协议、规章、软件、硬件、技术的安装使用及其学习和操作，也一定会加大分销网络电子商务运营的成本。随着成本空间的扩大，成本因素的多样性和不确定性随之增加，从而给成本带来突发性、难以预知性风险。加之，三网业务的差异性、非趋同性，增加了在商务经营中的矛盾和风险，致使成本带有某些随意性风险和特殊性色彩，从而使三网融合分销商务经营成本可能裂变为一种风险成本。风险成本是一种隐形成本，存在着特殊风险，只有对其进行认识和把握，才能更好地规避它。

五、分销网络商务运作成本开发

在三网融合下，分销商与供应商以及顾客群体相互沟通与交易，都会出现有形或无形的、物质与非物质的具有价值资本的传递与流通，并以不同的方式和内涵参与网络形式下的运作，从而需要付出一定的运作成本。网络系统本身蕴含着技术成本、安全成本和风险成本。技术成本包括软硬件成本、学习成本和维护成本。同时，网络又是各种技术与设施结合的产物，具有昂贵的投资、复杂的管理与维护费用，需要在网络的长期运作中计入商务的作业成本。在三网融合条件下，把它称为分销网络商务的运作成本。

基于现实分销网络的商务运作，涉及不同作业活动内容，还须启动有关网络设施，与代理人或分销商形成不同程度和形式的人机、机机配置与链接，对人力资源、设施资源和信息资源产生不同形态的消耗，对其在运作中所涉及的众多因素都累积并计入运作成本中，尚存在很多难处。本文以分销商务基本作业活动内容量为单位，研究其中可以分摊给顾客群 i 的作业成本，从而定义并开发出下列运作成本。

1. 分销商采购订单的商务运作成本 C_{i1}。它是根据顾客群的采购订单或历史数据的统计，由分销商向供应商采购产品，分摊给顾客群 i 所发生的网络运作成本。

当分销商向供应商发出采购订单后，分销商接收供应商的运输而支付应付款等分摊到顾客群 i 所发生的成本，则是分销商采购订单网络运作完成成本 C_{i2}。

实现这两项成本作业活动的主要内涵有：分销商下订单给供应商，产品装卸，实际货物非运输性的移动，接收订单，对产品抽样的精度检测作业，以及分销商接收普通运输和顾客接收直接运输的有关作业活动等。

只要按以上作业活动内容分别确定采购订单成本率，产品级处理成本率，交易级处理成本率；单位作业成本率；顾客 i 对产品的普通订货量与直接订货量以及分销商对供应商发出的普通和直接的订单个数，便可以计算这两项运作成本 C_{i1} 和 C_{i2}。

2. 分销商处理顾客订单的网络运作成本 C_{i3}。它是指在一个阶段内对顾客群向分销商发出的 R_i 个采购订单进行各种处理所发生的分摊给顾客群 i 的网络运作成本。

如果分销商把 R_i 个顾客订单转换成在一个阶段内发向顾客群 i 的 R_{i1} 个普通运输和 R_{i2} 个直接运输所发生的分摊到顾客 i 的成本，则是对顾客订单完成网络运作成本 C_{i4}。

实施这两项运作，除与实施 C_{i1} 和 C_{i2} 有相类似的作业内容外，还需取应收款、交付文件凭证、数字记录等相关运作，由此确定相对应的订单作业成本率，则可进一步核算出这两项运作成本。

3. 分销商处理顾客事务的网络维持运作成本 C_{i5}。它是指分销商适应客户的需要而搭建的各种业务信息平台，在一定时间内处理顾客群日常事务时对有关资源的配置和消耗，分摊到顾客群 i 所发生的网络运作成本，亦称顾客的网络维持成本。

当给出有关收入、运输地、产品数和订单数，对应分别确定单位成本率，以及产品单价和订货量后，可以计算出该项成本。

同样，分销商为维持其产品供应，需处理供应商涉及的一些有关的事务，按顾客群 i 所占产品的单位份额这一比例，分摊到产品上所发生的网络运作成本，则称其为供应商的网络维持成本 C_{i6}。

确定这一成本，需要已知订货量，并通过识别和考察供应商的作业活动量，进而给出单位卖方维持成本率。

4. 分销网络系统的投资成本 C_{i7}。是指投入网络建设的巨额资金按一定年限分摊给顾客群 i 所发生的成本。该成本对应于网络管理、信息服务和业务动作等进行设施建设的有关内容。它包括各种软硬件设施的配置与更新，加盟有关信息网和进行媒体信息广告宣传等投资活动与作业。给出系统投资单位成本率，顾客群的总订货量和预期年限后进行分摊，则可得该项成本。

5. 分销商网络库存成本 C_{i8}。它是指分销商由于库存和资金的占有所发生的成本，是分摊给顾客群 i 的库存空间和资金成本。

该成本为库存空间和资金占用两项成本之和。若已知顾客群 i 对产品的订货量、产品单位重量和产品成本，可算出产品的平均库存。有了仓库空间的单位容积成本率和分销商库存占用资金的单位成本率后，则不难求出这两项成本，再求和后即可得该项成本。

同时应考虑分销商的网络库存持有成本 C_{i9}。它由分销商的平均库存量与单位库存持有成本相乘得到。

在上述 9 种运作成本中，由于分销商不同时期所处的不同阶段，成本因素对各自的影响程度不同，故引入一个运作成本权数 $K_j(j=1, 2, \cdots, 9)$，其具体值由分销商根据各时期的目标实际选定，则分摊给分销商总的网络运作成本 C_m 为：

$$C_m = \sum_{j=1}^{9} K_j C_{ij} \quad (i=1, 2, \cdots, n; j=1, 2, \cdots, 9)$$

参考文献：

1. Tyworth, J. E., Eeng, A. Z., "Estimating the Effects of Carrier Transit-time Performance on Logistics Cost and Servive" [J]. Transportation Research-A, 2005, 32 (2): pp. 89 - 97.

2. 赵亚蓉．网上商店迎面走来［J］．经济论坛，2002，277（1）：pp. 24 – 25.

3. Leng Ke Ping，Huang Xiao Yan，Category of Nonlinear Stochastic Inventory Models Witr Stockout Period［J］. Journal of Northeastern University Natural Science，2003，24（9）：pp. 874 – 877.

4. 张景春：《约束与控制条件下供应链的成本分析》，载于《经济评论》2004 年第 2 期。

5. Zhai En Dong，Wang Ding Wei. Optimum Model of Multi-Year Two-Level Distribution Network with Storage Management［J］. Journal of Northeastern University Natural Science，2001，122.（2）：pp. 175 – 179.

（本文载于《现代财经（天津财经大学学报）》2010 年第 10 期）

规制促减贫：以公用事业改革为视角

陈　剑　夏大慰

摘　要： 减贫是现阶段我国面临的重大而亟待解决的问题。公用事业的民营化与引入竞争等改革措施对贫困人群存在直接与间接影响。为了促进减贫，可以实施恰当的公用事业规制措施，具体可分为“亲贫规制”与“效率规制”两类。通过规制促进减贫是一项复杂工程，在实施各规制措施时要考虑它们之间存在的权衡。文章最后阐释了“规制促减贫”对我国公用事业改革与规制的启示。

关键词： 公用事业改革　减贫　规制

一、引　言

根据世界银行的千年发展计划，到 2015 年，全世界贫困人口应该减少一半，然而这个目标在很多发展中国家都难以实现（Global Monitoring Report，2005）。应该说，减贫是当今世界各国，特别是发展中国家都要面临的重大课题。虽然有部分学者提出贫富差距增大是经济发展必然要经历的过程（Kuznet，1955），甚至提出适当的贫富差距是必要的（Dollar and Kraay，2002）；但近来的研究发现，更为公平的社会能够带来更快的经济增长，也更易于减贫，并形成一种良性循环（Cook and Mosedale，2007）。可以说，减贫不仅是道德上的需要，也是经济发展所必需的。

有大量文献分析了贫困产生的原因与解决的办法，但大多是从贫困人群自身的微观角度以及收入分配、社会保障体制等宏观角度分析，很少从公用事业改革角度进行考察。尽管随着 20 世纪 80 年代开始，公用事业改革在全世界范围内蓬勃兴起，关于公用事业改革与规制的相关理论与实证文献也汗牛充栋，但是大部分文献主要是考察公用事业的效率；即使考虑到公平，也主要是分析被规制企业与消费者之间的利益分配问题，而较少考虑公用事业改革及其规制对减贫的影响。这主要有两个方面的原因：一是公用事业改革与规制的主要目的是为了促进效率；二是因为几乎所有国家都是照搬英美等发达国家公用事业改革的模式（Kessides，2004），而发达国家有比较健全的社会保障体系和强有力的财政转移支付体系，不需要利用公用事业来改善贫困人群生活状况，这也造成了公用事业改革及规制都较少考虑减贫问题。

以下是少有的几篇考察公用事业改革与规制对贫困人群影响的相关文献。艾斯塔特等（Estache et al.，2000）把拉美国家公用事业改革对贫困人群的影响分为宏观与微观两个方面，并提出了相应的民营化、规制与社会政策建议；而詹若姆和安瑞英（Jerome and Ariyo，2004）对非洲国家公用事业改革做了类似分析。尤格茨和普瑞斯（Ugaz and Price，2003）通过分析拉美四国（阿根廷、玻利维亚、智利、秘鲁）以及西欧两个国家（英国、西班牙）公用事业改革实践的案例（集中于电信、电力、天然气、自来水与污水处理四个行业），考察了公用事业改革对消费者的影响，特别是对不同家庭或收入群体消费者的影响。库克和茅斯得奥（Cook and Mosedale，2007）一书涉猎的知识范围比较广泛（包括竞争、公用事业规制、规制治理以及规制能力构建），仅在全书最后一部分从提升与保障贫困人群生活水平（Promoting and Protecting Livelihoods）两个角度分析了竞争与规制对贫困的影响。帕克等（Parker et al.，2008）则对现有相关文献进行梳理，发现公用事业规制能够促进减贫的证据仍然是零散的，有时甚至是矛盾的；并提出未来的可能研究规划，以加深人们对公用事业规制如何促进减贫的理解，从而改善发展中国家的规制政策。应该说这些文献对公用事业改革与规制如何影响贫困人群做了比较细致的分析，但由于较多的是从案例角度考察，并进行归纳总结，所以略显缺乏系统性与完整性。

二、公用事业改革对减贫的影响

公用事业改革包括民营化与引入竞争。它一般能够改善企业经营效率、减少政府财政负担、促进一国经济增长，但同时改革也会影响到贫困人群的生活状况。公用事业改革对贫困的影响包括两个方面：直接影响和间接影响。直接影响是指公用事业改革本身对贫困人群造成的影响；而间接影响是指由于公用事业改革引起社会其他因素的改变，进而对贫困人群造成的影响。

（一）直接影响

1. 接入。"接入"公用事业服务意味着公用事业企业应该保证消费者除了必须支付普遍水平的资费外，可以无条件享受服务。发展中国家公用事业的接入率一般比较低，有些发展中国家甚至有超过一半的居民没能接入到公用事业网络中，并且其中绝大部分是农村居民与城市贫困居民。公用事业改革后，能否提高贫困人群对公用事业服务的接入率，主要依赖于以下三个因素：

基础网络投资。改革之前，由于政府财政资金匮乏、服务资费水平过低以及企业经营效率低下，国有垄断公用事业覆盖率通常会比较低。理论上，公用事业民营化后会带来更多的投资（特别是"绿地（Greenfield）"项目等增量性投资），并提高公用事业网络覆盖率，进而使贫困人群受益于接入率的提高。但是在实践中，由于投资者往往担心基础网络投资会被"套牢（Hold-up）"以及贫困人口支付能力不足，除了具有极大技术进步的电信产业外，其他公用事业产业的网络扩张并不尽如人意（Parker et al.，2008）。另外，在公用事业未引入竞争之前，垄断企业能够实行交叉补贴以扩展服务范围、提高接入率；但是在引入竞争之后，原垄断公用事业企业将无法实施交差补贴（因竞争企业的"撇脂战略"所致），从而减少对贫困地区的投资，致使接入率降低。

提供服务的意愿。大多发展中国家的贫困人群都较分散地生活在农村地区，并且对公用事业服务的消费量较少，所以公用事业企业向贫困人群提供服务的成本一般比较高，甚至超过了贫困人群的支付能力（Jerome and Ariyo，2004）。再加上对资费征缴风险的考虑，公用事业服务商一般不愿意向贫困人群提供服务。如果公用事业企业被要求实行资费"非歧视性"的原则，那么它就需要采取交叉补贴策略（由高利润区域补贴低利润区域）。从获取更高利润角度考虑，企业就更不愿意把服务扩展到低利润区域，也即降低了其对贫困人群提供服务的意愿。

初始接入费。初始接入费一般是指公用事业企业为了弥补基础网络扩张的部分或者全部投资资金，向新接入网络的消费者一次性收取的费用（比如，我国电信行业收取的固话初装费，煤气公司收取的煤气开通费等）。由于能够获得政府相应的投资补贴，国有公用事业企业在进行网络扩张时，一般只向新接入的消费者收取较低的初始接入费。而民营公用事业企业在进行基础网络投资时，却很难获得政府补贴，所以它就必须收取能够完全补偿投资的初始接入费。这样，民营化后初始接入费一般都会提高。相对贫困人群而言，提高的初始接入费是一笔不小的支出，而这也足以阻碍贫困人群对公用事业网络的接入（Kessides，2004）。

2. 可支付性。可支付性一般是指公用事业企业应该保证已接入公用事业网络的消费者能够支付得起其对公用事业服务的正常消费。对贫困人群来说，改革后的公用事业服务的可支付性能否提高，主要依赖于以下三个因素：

成本补偿。在公用事业改革之前，政府为了获得更多的政治支持，大多要求国有公用事业以低于成本的价格提供服务，产生的资金缺口一般由政府财政资金补贴。而公用事业改革的一个主要目的就是让公用事业服务在资金上能够实现自我维持，也就是说要求服务资费能够补偿其全部成本（Estache et al.，2000）。所以，虽然民营化与竞争具有降低公用事业服务成本的可能，但是改革的结果却往往是服务资费的上涨。而这必然会降低公用事业服务的可支付性，并且无论是从绝对程度还是相对程度上看，贫困人群所受的不利影响都要大于其他人群。

资费调整。原国有公用事业的资费水平与资费结构一般都具有在不同消费群体间实行交叉补贴的特点，而且这种交叉补贴一般都有利于贫困人群。一方面，公用事业民营化后，企业为了获取更高的利润，一般会重新调整资费，而且调整的方式往往就是取消交叉补贴，使服务资费水平与成本相对应，而这对贫困消费者是不利的（比如拉姆齐定价，从经济效率角度看是最优定价方式，但是它一般会使贫困人群消费公用事业服务所需支付的价格比其他消费群体更高）。另一方面，虽然引入竞争能够带来效率的提升，并迫使企业制定更低的价格，使消费者获益；但是竞争也会导致原垄断公用事业企业无法实行交叉补贴，从而对贫困消费者不利。尤格茨和普瑞斯（2003）发现，在大多数国家，改革之后的公用事业服务价格中的固定费都有较大提高，而使用费有所下降或者上升不多。由于贫困人群的消费量一般较少，显然这种资费结构的变化对于贫困人群不利。

资费征缴。在改革之前，由于缺乏有效激励，即使有消费者通过非法或者非正式的方式接入到公用事业网络中，国有公用事业企业一般也不愿花费过多精力去收缴这些应得的收益，那么这部分消费者就能够免费享受到服务。这种接入方式在贫困家庭中非常普遍，而且在一定程度上这种“不付费”方式对贫困人群形成了一种“暗补”。而在公用事业改革后，民营公用事业企业一般会尽量阻止各种形式的偷盗行为，加强滞纳费用的收缴（Jerome and Ariyo，2004）。所以民营化之后，公用事业服务的偷漏状况以及资费征缴状况一般都能得到改善。但这也造成改革前通过非法或者非正式方式获得“免费”服务的贫困消费者在改革后不得不增加这部分支付。甚至在没有能力支付服务费用的情况下，这些贫困消费者不得不退出公用事业网络。

3. 服务质量。由于长期投资不足并且缺乏竞争压力，再加上体制因素导致对国有企业的质量衡量标准在实际执行时有所降低，所以国有公用事业所提供的服务质量一般较低，常常出现服务配给甚至断供现象（比如我国电力行业的“拉闸限电”）。而民营化后，一方面是由于民营企业为了获取更高利润的激励，另一方面是政府为了获得更多选民支持的推动，公用事业服务质量水平得到提高。应该说大部分消费者都受益于民营化后服务质量的提高。然而，由于质量水平是服务成本高低的决定性因素，并进而决定了资费水平，再加上私人供应商选择质量与资费水平时主要是基于消费者的平均水平而不是贫困消费者，那么对于贫困消费者来说，服务的质量水平以及相应的资费水平可能过高了。一方面，这有损于贫困消费者的利益；另一方面，在公用事业引入竞争之前，原有垄断公用事业一般只提供单一的标准化产品，而在公用事业引入竞争之后，各企业为了缓解过于激烈的同质竞争压力，一般都会提高产品差异性，从而增加了服务质量水平的多样性。而其中应该存在某一质量水平更适合于贫困消费者，从而能够提高贫困人群的利益。

4. 可替代供应商。贫困人群一般在以下四种情况下会选择可替代供应商：贫困地区没有公用事业企业，贫困人群只能选择可替代供应商；公用事业的网络接入费太高，贫困人群没有能力使用而选择了可替代供应商；公用事业企业所提供的服务质量与价格对于贫困人群来说过高，贫困人群也不得不选择质量相对较差但是价格低廉的可替代供应商所提供的服务；替代供应商能够提供更灵活的收费方式（比如采用预付费方式收取服务使用费），贫困人群就能够根据自己的情况选择消费量。但是公用事业改革，特别是特许契约中的排他性条款，往往禁止替代供应商的存在，而这一般对贫困人群不利。不过，如果替代供应商为垄断者时，其提供服务的资费水平一般都较高；在大多数情况下，贫困家庭使用公用事业服务而不是替代商的服务能够获得更多消费者剩余（Ugaz and Price，

2003）。所以，如果公用事业改革能够扩张网络、增加公用事业服务，那么新接入公用事业网络的贫困家庭受益是显著的。

（二）间接影响

1. 经济增长。公用事业改革通过促进一国经济增长能够对贫困人群的就业与工资增长产生间接作用，进而促进减贫。民营化能够带来更好的管理技能以提高公用事业企业的经营效率，并且能够带来更多的资本投入以扩展公用事业服务范围、改善公用事业服务质量。而公用事业一般都是一国的基础产业或者上游产业，其他产业往往依赖于公用事业，所以公用事业产业效率的提高能够有效提升一国其他产业的国际竞争力，并进而促进整个国家的经济发展。而贫困人群的生活状况与一国经济状况存在较强的顺周期性。一国经济状况良好时贫困人群能够得到更多的就业机会和更高的工资，反之则反。不过，单纯的民营化可能会使企业有提高价格以获取垄断利润的激励，从而降低民营化对经济的促进作用；此时引入竞争就显得非常重要（Cook and Mosedale，2007）。通过竞争不仅能提高企业的经营效率，而且能够尽快把效率收益转移给消费者；并且价格的降低也能够进一步提升其他产业的竞争力，进而促进一国经济发展。

2. 公共支出。公用事业改革，特别是民营化能够大大改善公共财政状况，这主要得益于以下几个方面（Estache et al.，2000）：出售公用事业股权等的民营化收益；减少对原国有企业无效率的补贴以及转移支付；改革后由于企业效益改善而增加的税收。只要增加的公共资金中有一部分能够进一步投入到一国的经济发展中或者对贫困人群进行直接补贴，都能够改善贫困人群的生活状况。

（三）公用事业改革总体上对减贫的影响

从上面分析可以看出，除了一部分贫困人群受益于新接入公用事业网络以及服务质量水平的多样化，公用事业改革对减贫的直接影响基本上是不利的，或者说贫困人群在改革中受益最少；而由于公用事业改革一般都能改善公用事业企业经营效率、促进一国经济发展、提高长期就业率以及降低政府财政负担，间接影响一般对减贫是有利的。

总体来说，公用事业改革对贫困人群的影响是不确定的，它依据不同国家特征、不同行业特征有不同的影响（Parker et al.，2008）。比如，东欧大多转轨国家的公用事业网络覆盖率在改革之前就比较高，而在改革之后，由于公用事业服务价格有很大幅度上涨，贫困人群的利益反而受到很大冲击（Kessides，2004）；而在拉美国家，特别是阿根廷的公用事业改革使所有的利益相关者中贫困人群受益最大（Benitez et al.，2003）。而由于技术进步，电信行业改革使所有消费者都在受益，但并不能把这个结论扩展到其他行业。比如在整个90年代，非洲自来水与能源网络扩张速度仅仅与其人口增长速度相当，而大量低收入阶层没能接入到公用事业网络中（Estache，2006）。

三、公用事业规制促减贫途径分析

公用事业改革对减贫的影响既有有利的一面也有不利的一面。如果规制机构没有能力或者不愿把“减贫”作为优先考虑的问题，那么规制政策甚至将恶化贫困状况（Cook and Mosedale，2007）。为此，本节进一步考察规制促减贫的具体措施，并依据公用事业规制对减贫的不同作用，把规制措施划分为“亲贫规制”与“效率规制”两类。如图1所示，亲贫规制作用于公用事业改革对减贫的直接影响而具有直接效应，效率规制作用于公用事业改革对减贫的间接影响而具有间接效应。

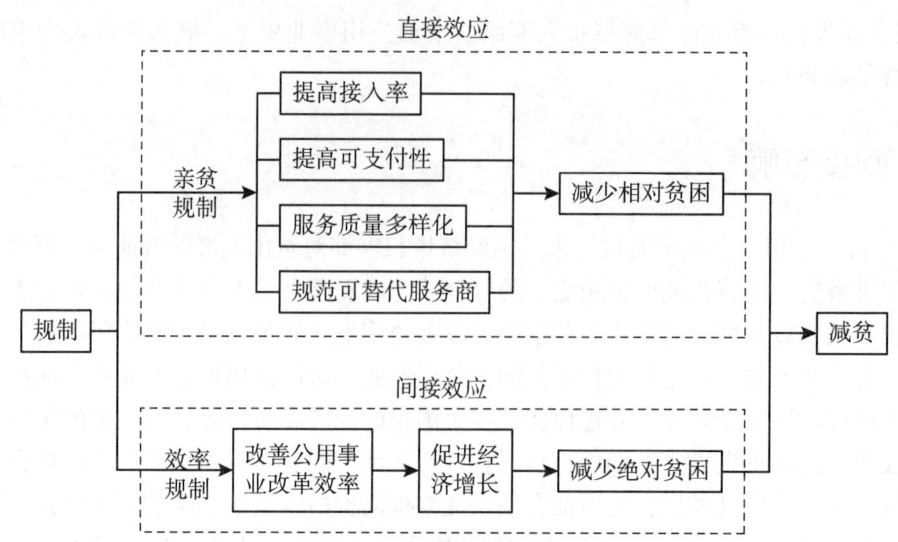

图1　规制促减贫途径

资料来源：作者自绘。

（一）亲贫规制

亲贫规制是指在规制设计中考虑贫困人群的利益，并采取偏向贫困人群的规制措施。如图1所示，亲贫规制一般通过提高贫困人群对公用事业的接入率，提高公用事业服务的可支付性，促进服务质量的多样化，规范可替代供应商，以改善贫困人群的生活状况，从而降低贫富差距、减少相对贫困。针对公用事业改革对减贫的直接影响，可能的亲贫规制措施有：

1. 直接补贴。直接补贴包括对贫困消费者的补贴和对公用事业企业的补贴。有些贫困人群即使能够"接入"公用事业网络，但由于收入过低，仍然无法消费或者消费量较低，那么此时通过"减免账单"等方式对贫困消费者进行补贴就是合宜的。而且从经济效率角度考虑，直接补贴给消费者也是最优的，因为它不会改变产品的相对价格。不过，给消费者直接补贴会带来逆向选择问题（难以计算出有效的转移支付量）与道德风险问题（补贴不一定花费在指定的公用事业服务上）。对此，一个可能的解决办法是把资金补贴给公用事业企业，具体包括"对现有资费的补贴"以及"对基础网络扩展的投资补贴"。由于公用事业服务费用占贫困人群的支出比重远远高于其他人群，对现有资费进行补贴也能够缩小贫富差距，有效改善贫困消费者的生活水平，并提高公用事业服务的可支付性。对企业扩展基础网络的投资进行补贴可以有效改善公用事业服务的接入率，并且这种补贴对于未接入公用事业网络的贫困人群非常重要。

2. 资费规制。资费规制包括资费水平规制和资费结构规制，而且亲贫的资费水平规制与资费结构规制都具有交叉补贴的特点。亲贫的资费水平规制主要是通过不同服务、不同部门或者不同地理区域的消费者之间进行补贴，以降低贫困消费者的支付。比如我国电信行业的长话业务补贴固话业务就属于不同服务之间的补贴；我国电力行业对商业用户的定价往往高于对家庭用户的定价就属于不同部门消费者之间的交叉补贴；我国自2001年起不再实行农网电价就是一种城市居民用户补贴农村居民用户的方式，即不同地理区域消费者之间的补贴。亲贫的资费结构规制主要是通过具体的价格结构安排，使定价方式更有利于贫困人群。比较常见的一种亲贫资费结构方式是较低的固定费用与较高的使用费相结合，具体包括"生命线费率（Lifeline Rate）"与"递增分段结构（Rising Block Structure）"等形式。这两种资费结构都具有消费量越少则资费水平越低的特点①。而贫困人

① 实行"生命线费率"资费结构时，最低生活水平线以下的公用事业服务消费是免费的，超过这一水平的消费则以边际成本定价；实行"递增分段结构"资费结构时，价格随消费量的增加而逐渐递增，并且第一部分消费量的价格一般低于成本。

群的消费量相对较低，所以这两种定价形式都对贫困人群更有利。

3. 强制服务责任（OS）或普遍服务责任（USO）。强制服务责任一般要求公用事业企业必须提供服务给任何愿意接受普遍定价水平的消费者。普遍服务责任不仅要求公用事业企业承担强制服务责任，还要其承担“可支付性”责任；或者说普遍服务责任要求公用事业企业能够提供负担得起的，而且无地域、质量与资费歧视的服务给任何人。一般来说，发展中国家更多的是要求公用事业企业承担强制服务责任，而发达国家更多的会要求公用事业企业承担普遍服务责任。对公用事业企业施加普遍服务责任能够有效的改善贫困人群的生活状况，因为它不仅保证了贫困人群有能力消费公用事业服务，而且也确保了贫困人群不会被排除在服务网络之外。但是如前文所述，民营公用事业企业如果仅从利益最大化角度考虑，可能不愿意把服务扩展到贫困人群。此时就应该在契约中加入投资目标，要求企业承担强制服务责任或者普遍服务责任，同时规制机构可以给予运营企业一定范围的垄断经营权或者给予运营企业一定的投资补贴。

4. 质量标准。质量目标应该基于当地条件制定，并考察质量目标水平的成本与收益。亲贫质量标准要同时考虑最低质量标准以及多样性质量标准两个方面的问题。一般来说，亲贫质量标准的建立应该以社会最贫困人群的可接受性以及包括健康、安全以及环境等社会目标的实现为基础。具体实行亲贫质量规制时要注意三个方面。首先，要避免参照发达国家质量标准来制定服务标准，否则会导致由于资费水平过高而使贫困消费者无法享用。其次，在保证一定质量水平的前提下，通过实行多样性的质量标准，能够给予贫困人群更多的选择，从而提高贫困人群对公用事业服务的接入率。最后，如果最低质量要求所必须花费的成本仍然高于贫困人群所能够支付费用的水平，那么补贴就是必需的，以确保服务商愿意提供服务给贫困人群。不过实行多样性质量标准存在一定政治和技术上的困难。比如，政治上难以根据不同人群确定合理的质量差异；而技术上也难以在同一基础网络上提供不同服务质量（Ugaz and Price，2003），此时引入替代供应商是必要的。

5. 可替代供应商。政府部门对于可替代供应商的态度多种多样，包含从“禁止”到“忽视”所有范围。当公用事业企业不能或不愿服务贫困人群时，“禁止”可替代供应商的存在将损害贫困人群的利益。从亲贫规制目标考虑，则应尽快废除这种排他性，承认并鼓励更小规模的可替代供应商提供相应的服务。而当政府“忽视”可替代供应商的存在时，可替代供应商的质量与价格往往只是通过市场力量进行规范，但这也意味着可替代供应商存在损害环境或者消费者安全的可能。为了更好地规范与利用可替代供应商，可以采取以下规制措施：（1）应废除排他性法规或者许可；（2）在资费、质量等方面，消除对可替代供应商的规制偏见；（3）在规制政策中应增加反垄断元素，以防止公用事业企业滥用优势地位阻碍可替代供应商进入；（4）提供简洁、有效的规则防止可替代供应商实施不安全或者对环境有害的行为；（5）通过促进可替代供应商与公用事业企业的连接，使其能够提供较低成本、较高质量的服务。

6. 改革收益的分配。公用事业改革对价格的影响不仅依赖于改革前的成本与资费水平，而且依赖于民营化的利益如何在各利益集团之间进行分配（Estache et al.，2000）。比如，对于公用事业的特许投标，政府有两种选择：一是制定相对高的资费水平并把运营权交给支付最高特许使用金（Royalty Payment）的竞标人；二是放弃特许使用金，而把运营权交给服务资费标价最低的竞标人。对于前一种方式，政府可以直接获取私人运营商的效率收益；对于后一种方式，效率收益将直接转移给消费者。从亲贫的角度考虑，应该采取第二种方式。然而，古斯可（Guasch，2000）对全世界范围内的600份特许经营契约进行调查，发现在大多数案例中，契约给了最高特许使用金或者年费的支付者。这说明，相对于保证资费的降低以保障贫困人群的消费，政府更关心缓解财政约束。

7. 消费者参与。实践中，消费者参与有三种形式：咨询（Consultation）、代表（Representation）、影响（Influence）（Ugaz，2003）。咨询意味着对话与信息分享，可以是一次性也可以是持续性的；代表意味着“定期与规制决策人员进行接触”已经制度化；影响意味着允许消费者对政策制定有实质性的影响力。通过消费者参与可以有效降低被规制公用事业企业对规制部门的俘虏能力。而公用事业企业也很难实施对消费者不利的行为，因为企业要更改能够直接影响消费者利益的决策变量时（比如价格水平、价格结构或者服务质量标准等），必须征得规制机构以及消费者代表的共同支持才有效。另外，由于消费者群体差异性比较大，为了有效减贫，贫困消费者应该占消费者代表的一定比例。然而，如果考虑到最贫困的人群可能根本没有接入到公用事业网络中，那么消费者参与很有可能只是对于已经接入到公用事业网络的消费者有利，而对最贫困的人群反而不利，因为此时消费者参与将使规制政策更强调公用事业服务的可支付性而不是接入率。那么增加能够代表未接入公用事业网络的贫困人群利益的组织或团体（比如大学研究机构、社会公益组织等）进入到规制政策的制定与执行过程中就是减贫的一项重要举措。

（二）效率规制

效率规制是指能够改善公用事业经营效率的规制政策。公用事业效率的提高能够促进一国经济增长，并进而改善贫困人群的生活状况，从而减少绝对贫困。如图1所示，效率规制通过改善公用事业经营效率，能够对减贫产生间接效应。有实证文献考察了公用事业民营化、竞争与规制的关系（Parker and Kirkpatrick，2005）。这些文献均认为，在公用事业改革之前，如果能制定恰当的规制体系，那么改革绩效将进一步提高。

由于有较多的理论文献分析了规制政策对公用事业效率的影响（Laffont and Tirole，1993；Viscusi et al.，2000），本文仅列出公用事业改革的几个具体形式中所应采取的主要规制政策。如果公用事业进行民营化改革，没有引入竞争，则应采用价格规制（相应也包括质量规制）约束公用事业企业的垄断势力，以防止其过多挤压下游产业利润。如果公用事业进行了结构改革，引入了竞争，那么不同的竞争形式应要求有不同的规制措施。以电信业为例，当存在两家或多家实力相当的纵向一体化企业相互竞争时，事先设定互联互通的规制规则就非常重要。当垄断环节与竞争环节相分离并在竞争环节引入了竞争时，接入基础网络的规制政策就非常重要。当在位厂商不仅垄断基础网络业务而且与其他独立竞争企业在竞争环节展开竞争时，防止在位厂商制定歧视性接入定价或提供差异服务就很重要；甚至此时，规制机构应该制定不对称规制措施，以扶持独立竞争企业。

四、对公用事业规制的进一步探讨

通过公用事业而不是通过财政资金的转移支付进行减贫的主要原因有四个：首先，大多数发展中国家财政资金极其匮乏，难以给社会福利体系提供充足的资金；其次，大多数发展中国家的税收系统效率低下，公共资金的成本过高；再次，某些公用产品的个人消费能够带来显著的正外部性，比如自来水与卫生（Sanitation）；最后，能够防止某种程度的“欺诈”，因为不同类型的家庭对于产品价值的评价是不一样的，相对于获取无任何约束的货币转移支付，较富裕家庭更不愿意伪装成贫困人群而低成本地享用有限制的公用事业服务。

然而，通过规制促减贫是一个复杂工程。它不仅需要获得贫困人群的相关信息，比如贫困人群的分布、对贫困人群的最优供给方式、贫困人群的偏好等；而且需要设计正确的规制工具以获得效率激励，比如技术和运营标准、资费政策、服务扩展的激励与规则等；另外，还需要监察亲贫规制措施的影响与有效性，并试图在未来的实施过程中对它们进一步完善，等等。这些都要求规制机构具有较强的能力、可信性以及可问责性。然而发展中国家规制机构成立时间一般都不长，而且缺少资金，特别是缺乏熟悉规制政策分析和契约设计的经济学家、审计人员与法律工作者（Domah et al.，2003），但同时却要追求经济效率与减贫以及经济的稳定增长等多个目标，从而导致规制机构一般只具有“有限能力”。而规制机构的有限能力常常使亲贫规制在执行过程中发生扭曲，无法实现原有目标。另外，发展中国家的制度禀赋与制度结构特征一般会造成规制机构具有“有限可问责”的特点（Laffont，2005），从而容易产生规制俘虏问题，并导致规制部门在制定与执行规制政策时对贫困人群的利益考虑较少。在这种背景下，如何提高规制机构能力并改善规制体系的运行以促进减贫，是各国特别是发展中国家规制治理的一个重点内容。

公用事业规制措施之间存在的权衡也体现了规制促减贫的复杂性。比如：(1) 在有限公共资金的约束下，亲贫规制需要在提高公用事业服务的接入率与可支付性之间进行权衡。一方面，提高接入率要求企业能够获得足够多的利润以增加公用事业网络投资，而企业要获得足够多的利润就要提高公用事业服务的价格，但这必然会降低公用事业服务的可支付性。另一方面，提高可支付性必然要约束公用事业服务的价格，但这又会导致企业没有额外的资金进行基础网络扩展。柯帕垂克和帕克（2003）研究发现，发展中国家已接入公用事业网络的大部分居民属于中等以上收入群体，而真正的贫困人群大都没能接入。也就是说，如果从减贫的角度出发，公用事业规制应该着重考虑如何提高公用事业服务的接入率。比如补贴应该优先用于“接入”而不是“使用”。(2) 放松规制、引入竞争以提高经济效率与实行普遍服务责任以促进减贫之间存在权衡。一方面，提高经济效率要求放松规制、引入竞争，而引入竞争后，由于竞争企业采取“撇脂战略”致使原垄断公用事业企业无法实行交叉补贴战略，从而无法承担普遍服务责任，进而使贫困人群受损。另一方面，给予在位公用事业企业垄断经营权并要求其承担普遍服务责任，虽然有利于贫困人群，但又会限制竞争，降低经营效率。解决这个问题的一个可能办法是设立“普遍服务基金”。其资金主要是由所有参与公用事业服务的企业提供，然后通过竞标的方式把“普遍服务基金”交给中标企业，由中标企业承担普遍服务责任。这种方式也被称为“付费玩（Pay to Play）”。它不仅可以实现普遍服务目标、维护贫困人群利益，而且能够引入竞争以提高经营效率，并且可以防止出现歧视性问题。但是这一办法也存在一定的缺陷，比如承担普遍服务责任的企业不仅仅需要资金的投入，还包括大量人员的配备。如果特许经营期限到期后经营权发生转移，那么原有企业的人员安置以及新进入企业的人员及时招聘都存在困难。而且对于社会来说，具有丰富经验人员的流失也是一个不小的损失。

五、对我国公用事业改革与规制的启示

我国自改革开放以来，由于经济长期平稳快速增长，绝对贫困人口数量有了较大幅度下降（从1978年的2.65亿人下降到2006年的不足2300万人；不过，如果按照我国政府新调整的贫困线计算，2008年绝对贫困人口仍然有8000万人），但相对贫困或者说贫富差距却一直在增加（我国基尼系数从1978年的0.317上升至2006年的0.496，已越过国际标准警戒线），所以说我国减贫工作依然异常艰巨。虽然近几年我国加大了对贫困人群的财政转移支付力度，并逐步建立起比较完善的社会保障体系，但是相对于扶贫所需仍然存在很大缺口。特别是由于我国仍然在实行财政分权政策，收入分配还存在很不合理的现象，各地区、各行业，特别是城乡之间的贫富差距在短期内仍难以解决。这就要求我国在进行公用事业改革与规制时，更要注意贫困人群可能受到的影响，并在一定时期内强化规制促减贫的作用，从而在一定程度上弥补由于公用事业改革以及缺乏其他亲贫政策而对贫困人群造成的不利影响。

我国公用事业曾经长期处于国有垄断体制下，并伴有较强的行政垄断色彩。由于政企不分、政事不分、政资不分，再加上缺乏竞争压力，以及长期的低价补贴政策，国有垄断公用事业企业大多效率低下、服务水平差、网络覆盖率不高，并且政府还需为其承担大量亏损（这种亏损很有可能是“名为政策性亏损，实为经营性亏损”）。这也是我国国有公用事业常遭诟病的主要原因。为了缓解公用事业服务的供需矛盾，减少政府的财政负担，并提高公用事业的经营效率，我国公用事业自2001年开始进入全面改革阶段。虽然改革的广度与深度仍有不足，且总体进展缓慢，但是成绩是显

著的，原有改革目标也基本实现了。主要体现在：（1）公用事业垄断局面正在被打破，比如电信行业三大运营商实现了全业务竞争、电力生产环节实行了竞价上网以及邮政业的快递业务也引入了竞争；（2）民营资本逐步进入，比如在电力生产环节以及市政公用事业已经大量的引入了民营资本；（3）运营效率不断提高，虽然近年来国有垄断企业获得的高额利润中可能有部分来源于垄断租金（甚至有些企业的大部分利润可归为垄断租金），但是我们也不能抹杀这些企业在近十年来对效率改进的努力；（4）相关的法律法规、规制政策等配套措施正在完善，比如为规范电力、邮政、市政公用事业等行业的改革，相关部门都出台了一系列的法律法规与政策性文件。

但是如果从规制促减贫的角度考虑，我国公用事业改革与规制还有很多工作要做，主要有两个方面：一是如何尽快提高农村地区公用事业覆盖率。公用事业改革之前，我国公用事业服务的低价政策受益者是城市居民，而且正是因为长期的低价政策才使得政府缺乏资金进一步扩展公用事业网络，并导致农村地区长期缺乏公用事业服务的供给。而由于我国贫困人群大部分居住在农村，改革后的公用事业企业也不愿扩展农村业务，所以如何尽快提高农村地区公用事业的覆盖率是“规制促减贫”的重中之重。二是如何降低公用事业改革对城市贫困人群的影响。公用事业改革之前的低价政策往往导致改革之后的公用事业服务价格有较大幅度提高，而这对于城市贫困消费者的影响还是比较大的。如何确保这部分贫困人群的利益，也是规制部门需要重点考虑的。以自来水行业为例，全国城市供水与排水行业的市场开放程度已分别达到40%与50%，并普遍采用了特许经营方式，而且经营效率、网络覆盖率等都有较大改善。但近期国内数十个城市集体上调自来水价格已经引起了各方的热切关注。由于我国长时期的低水价政策，这次水价上调有其合理性，即使从节约水资源的角度考虑，一定幅度的水价上涨也是合理的（当然也存在政企合谋的嫌疑，特别是由于发生多起外资以远远高于市场价格的报价获得相应的经营权后不久就大幅度上调水价的事件，不能不让人怀疑地方政府在其中所起的作用）。而本文所关心的是，水价上调后是否相应有配套的规制措施能够减少或者消除水价上调对贫困人群的不利影响呢？从目前笔者所掌握的资料来看，较少有自来水运营商对贫困消费者提供扶贫措施。另外，我国自来水行业往往强调城市供水，而忽视了城市周边地区以及农村地区的居民对洁净用水的需求，即自来水的接入率仅在城市比较高，而其他地区都比较低。在水价上调以及城市以外地区供水覆盖率较低的情况下，根据前面关于亲贫规制的分析，能够改善贫困人群生活状况的可能规制措施有：（1）资费结构采取递增分段资费方式，甚至可以对最低生活用水免费（比如南非的开普敦市就规定每个家庭每月可以免费消费6升水）；（2）目标补贴，即针对确定的贫困人群（比如学生或者领养老金生活的人、贫困地区的人群或者通过普查获得的确切贫困家庭）进行补贴，近期兰州威立雅水务集团就打算对低保家庭实施“差价月补贴制度”；（3）在自来水特许经营契约中增加强制服务责任，以提高对农村地区或者城市周边地区的覆盖率，并且允许运营商采取不同的供应方式，比如在城市周边地区提供社区储水塔，在农村对家庭建造私人水井提供补贴，等等。同样，对于电力、电信这些已经引入了竞争的公用事业行业，规制部门也要特别注重规制措施对减贫的作用。

应该说我国市场经济改革已经进入“深水区”。国务院2009年5月批复了发展改革委发布的《关于2009年深化经济体制改革工作的意见》，文件中第三条明确提出要深化垄断行业改革，主要就是促进公用事业改革。可以预见在未来几年，我国公用事业的改革将更为广泛、更为深入。而在改革过程中，由于贫困人群的利益不可避免地将受到影响，那么在我国收入分配与社会保障体系还没有完善之前，强调规制促减贫或许是必需的。

参考文献：

1. Benitez, D., O. Chisari and A. Estache. Can the Gains from Argentina's Utilties Reform Offset Credit Shocks? [A]. In Ugaz, C. & C. Waddams Price. Utility Privatization and Regulation: A Fair Deal for Consumers? [C]. Cheltenham: Edward Elgar, 2003.

2. Cook, P. and S. Mosedale. Regulation, Markets and Poverty [M]. Cheltenham: Edward Elgar, 2007.

3. Dollar, D. and A. Kraay. Growth is Good for the Poor [J]. Journal of Economic Growth, 2002, (7).

4. Domah, P., M. G. Pollitt, and J. Stern, 'Modelling the Costs of Electricity Regulation: Evidence of Human Resource Constraints in Developing Countries', mimeo, Risk Regulation, Accountability and Development Workshop, 2003, 26 & 27 June, University of Manchester.

5. Estache, A., Infrastructure: A Survey of Recent and Upcoming Issues [EB/OL]. http://siteresources.worldbank.org/. INTDECABCTOK2006/Resources/Antonio_Estache_Infrastructure_for_Growth.pdf, Working Paper, 2006.

6. Estache, A., Gomez-Lobo, and D. Leipziger. Utility Privatization and the Needs of the Poor in Latin America. Have We Learned Enough to Get It Right? [EB/OL]. (World Bank Policy Research Working Paper 2407). Washington, DC: World Bank, 2000.

7. Estache, A., V. Foster and Q. Wodon. Accounting for Poverty in Infrastructure Reform: Learning from Latin America's Experience [M]. World Bank Institute, Washington DC: World Bank, 2002.

8. Jerome, A. and A. Ariyo. Infrastructure Reform and Poverty Reduction in Africa [EB/OL]. http://www.tips.org.za/. files/infrastructure_Reform_Jerome.pdf, Forum Paper, 2004.

9. Guasch, J. L. The Impact on Performance and Renegotiation of Concession Design: Lessons from an Empirical Analysis of Ten Years of Concession Experience, mimeo, World Bank, LACSFP, 2000.

10. Kessides, I. N. Reforming Infrastructure, Privatization, Regulation and Competition [M]. Washington DC: World Bank and Oxford University Press, 2004.

11. Kirkpatrick, C. and D. Parker. Infrastructure in Sub-Saharan Africa [EB/OL]. Research Papers on Africa and Development (Paper 3). London: JBIC, 2003.

12. Kuznets, S. Economic Growth and Income Inequality [J]. American Economic Review, 1955, (45).

13. Laffont, J.-J. Regulation and Development [M]. Cambridge: Cambridge University Press, 2005.

14. Laffont, J.-J. and J. Tirole, A Theory of Incentives in Procurement and Regulation [M]. Cambridge, MIT Press, 1993.

15. Parker, D. and C. Kirkpatrick. Privatisation in Developing Countries: A Review of the Evidence and the Policy Lessons [J]. Journal of Development Studies, 2005, (41).

16. Parker, D., C. Kirkpatrick, and C. Figueira-Theodorakopoulou. Infrastructure Regulation and Poverty Reduction in Developing Countries: A Review of the Evidence and a Research Agenda [J]. The Quarterly Review of Economics and Finance, 2008, (48).

17. Ugaz, C. Consumer Participation and Pro-poor Regulation in Latin America [A]. In Ugaz, C. & C. Waddams Price. Utility Privatization and Regulation: A Fair Deal for Consumers? [C]. Cheltenham: Edward Elgar, 2003.

18. Ugaz, C. and C. Waddams Price. Utility privatization and Regulation: A Rair Deal for Consumers? [C]. Cheltenham: Edward Elgar, 2003.

19. Viscusi, W. k., J. M. Wernon and J. E. Harrington. Economics of Regulation and Antitrust [M]. 3rd edn, Cambridge, MA: Press, 2000.

20. World Bank. Global Monitoring Report [M]. Washington, D. C, 2005.

（本文载于《中国工业经济》2010 年第 2 期）

产品差异化下的纵向限制及其竞争效应

陈志广

摘　要：垄断制造商在品牌差异度足够低时有激励实施纵向限制，但这以消费者剩余和社会福利为代价，而且损失都随着商品差异度特别是品牌内差异度的提高而提高。因此，纵向限制反垄断应该关注垄断厂商非价格竞争程度较低，特别是同时被限制方非价格竞争程度较高的情况。

关键词：纵向限制　产品差异化　品牌间竞争　品牌内竞争　反垄断

一、引　　言

纵向限制是产业组织研究中经久不衰的热点问题，近二三十年来已经出现了大量以博弈论、不完全信息为基础的文献。产生该现象的原因部分在于纵向关系包含多个层次、多个厂商，因而非常适合构造多种多样的模型。但实践操作毕竟不同于理论"把玩"，由于片面追求理论的形式化，这些模型过于复杂和多样，超越了法院、法官特别是市场中一般竞争主体的能力，所以应用于实践特别是反垄断的价值十分有限；相反，博弈论在经济学的自利假设下倾向于证明垄断利润进而垄断问题的存在，所以反垄断如果片面甚至选择性地运用相关结论，那无疑会引发许多无意义的诉讼，例如，企业动辄就因在交易中感觉到对己方不利而将交易对方诉诸反垄断，这就完全走向了反垄断宗旨的反面，反而扰乱市场正常竞争，特别是压制技术、管理和组织创新等促进竞争的行为。反垄断与其他法律规制类似，它的主要作用不在于制裁和惩罚个别主体，而在于规范和引导一般主体。因此，本文拟立足于实践，希望通过紧扣纵向限制反垄断实践中的关键因素，简化已有的相关理论模型，以发展一个简明的反垄断框架，为反垄断中各方主体，特别是市场竞争一般主体提供明确的规范和引导作用。

二、基 本 模 型

反垄断分析纵向限制主要是考察品牌内及品牌间竞争，经典的规则是，纵向限制虽然可以降低品牌内竞争但能够促进品牌间竞争，所以只要带来的品牌间效果大于品牌内影响则纵向限制一般是允许的。因而为服务实践，本文分析就从品牌内和品牌间竞争入手。品牌内、品牌间竞争不仅包括价格竞争，也包括非价格竞争，它们对消费者等有不同影响，因而有必要加以区分。该区分可以通过引入差异化系数实现，差异化系数代表的商品或者服务的差异化程度越大，非价格竞争越激烈，相应地价格竞争越处于次要地位。我们在制造商和销售商环节都引入差异化系数，以包括尽可能多的竞争内容，该模型主要来源于道博森和沃特森（Dobson and Waterson）。与他们不同的是，我们舍弃了范围经济等参数，也不考察厂商数目内生等问题，而是集中挖掘差异化在纵向限制反垄断方面的含义。道博森和沃特森引入的过多参数导致模型趋向复杂，虽然可以考察更多问题，但也掩盖了一些更基本也更有价值的内容，而我们集中于差异化系数，能够更深入且更清晰地分析纵向限制带来的各种竞争效应。

假设市场存在且只存在制造商 i、j，生产两种产品，品牌为 i、j，i，$j=1$，2，$i\neq j$，和销售商 k、l，k，$l=1$，2，$k\neq l$，厂商数目固定可以是源于资源特异或者市场容量等。销售商销售的产品来源于品牌 i、j，制造商的产品也只有通过销售商才可能销售给消费者。制造商与销售商的生产和服务都是非完全替代性的，所以最后销售产品面临的经过截距单位化处理的逆需求函数为：

$$p_{ik}^{D}(q)=1-q_{ik}-\alpha q_{il}-\beta q_{jk}-\gamma q_{jl},\ 0\leqslant\gamma\leqslant\alpha,\ \beta\leqslant 1 \tag{1}$$

其中，α、β、γ 为差异化系数。α 表示品牌内的差异度，它由销售商的差异度决定，比如地理位置、服务种类等。销售商提供服务的差异度越大，即非价格竞争越激烈，或者价格竞争越不激烈，α 越小，反之则相反。极端的，当销售商之间完全不同时，$\alpha=0$；当销售商之间完全可替代时，$\alpha=1$。类似地，β 表示同一销售点的品牌差异度，它由制造商的差异度决定，比如产品性能、外观等。γ 表示不同销售点的品牌差异度，它由制造商和销售商的差异度共同决定，即 $\gamma=f(\alpha,\beta)$。显然，商品最后差异度不会低于制造商或者销售商差异度。为方便运算，特定 $\gamma=\alpha\beta$。差异度设定表明，销售商、制造商都依靠自己的差异化策略吸引消费者，这相当于它们最后面临的都是类似垄断竞争模型的向下需求曲线。为集中分析厂商差异化策略本身给纵向限制等带来的影响，同一环节不同厂商的差异度之间的区别就不予考虑，即式（1）对任何销售商销售的任何品牌都适用，这相当于它们最后面临的需求曲线斜率一致。

接下来考虑纵向两端的竞争状况。当两端都充分竞争时，纵向限制不可能产生垄断问题，所以不进入我们的视野。当两端都存在垄断问题时，反应模式多种多样，而且还牵涉到与一般垄断势力区别的垄断销售商对垄断制造商的抗衡势力，所以最后意见多样，因而本文也暂不考察。剩下就仅有一端垄断一端竞争的情况：具体假定制造商具有市场力量，是价格的制订者，同时假定制造商只收取单位批发价格且生产成本为0，因而产品的批发价格会超过0，但不会招致新的进入者；而销售商没有市场力量，销售成本为0，因而产品的最后价格仍为批发价格，否则在足够长的时间内，追求最大利润的制造商不会容忍高价销售商，新销售商也会进入，并驱逐旧有销售商①。

纵向限制在本文的设定下可以指地区专营、特许专营和独家分销等形式，即在没有限制的情况下，销售商会两种产品都销售，而在限制的情况下，销售商只销售某一种产品。纵向限制改变了市场结构，具体假定 i 产品由 k 销售，j 产品由 l 销售，则销售产品最后面临的逆需求函数变为：

$$p_{i}^{D}(q)=1-q_{i}-\gamma q_{j} \tag{2}$$

由于竞争，销售商对于销售价格和批发价格没有实质影响，决定批发价格、最终决定销售价格的是制造商的决策。由于差异化下古诺模型和伯川德模型的经济结论没有本质区别，我们就仅根据古诺模型求解。具体的，在未实施纵向限制时（NVR），厂商决策为：

$$(q_{ik},\ q_{il})=\underset{(q_{ik},\ q_{il})}{\arg\max}(p_{ik}q_{ik}+p_{il}q_{il}) \tag{3}$$

在实施纵向限制时（VR），厂商决策为：

$$q_{i}=\underset{q_{i}}{\arg\max}(p_{i}q_{i}) \tag{4}$$

三、纵向限制的竞争效应

设定了基本模型，可以考察纵向限制的竞争效应。取消费者剩余 CS_i 为马歇尔剩余，社会福利 W_i 为消费者剩余简单相加厂商利润，另外由于成本为零，厂商最后市场力量 L_i 为价格 p_i。假设需

① 也可以制造商采取两部定价，销售商决定销售价格，但由于充分竞争，制造商能够攫取销售商的全部利润。这在经济结果上与本文一致，我们只是强调了竞争结构的约束，而且由于解特点的把握，数学上可以解出更多明确解。

求、成本等信息为厂商的共同知识，消费者没有搜寻等成本，厂商在同时且独立做出决策时也不考虑其他厂商决策对自己选择的影响等，这些假设使得我们可以简化求解，集中考察纯粹纵向限制的影响。

首先考察未实施纵向限制的情境，根据式（3）的一阶条件可得：

$$-2q_{ik}-2\alpha q_{il}-\beta q_{jk}-\gamma q_{jl}+1=0 \tag{5}$$

具体可依次解得 $q_{ik}^{NVR}=\frac{1}{(1+\alpha)(2+\beta)}$，$p_{ik}^{NVR}=\frac{1}{2+\beta}$，$\pi_i^{NVR}=\frac{2}{(1+\alpha)(2+\beta)^2}$，$CS_i^{NVR}=\frac{1+\beta}{(1+\alpha)(2+\beta)^2}$，$W_i^{NVR}=\frac{3+\beta}{(1+\alpha)(2+\beta)^2}$。对这些结果求导可知，在已经垄断的情境下，差异化程度是厂商和消费者的共同利益所在。

接着考察可能的纵向限制及其带来的影响，根据式（4）的一阶条件可得：

$$-2q_i-\gamma q_j+1=0 \tag{6}$$

具体可解得 $q_i^{VR}=\frac{1}{2+\alpha\beta}$，$p_i^{VR}=\frac{1}{2+\alpha\beta}$，$\pi_i^{VR}=\frac{1}{(2+\alpha\beta)^2}$，$CS_i^{VR}=\frac{1+\alpha\beta}{2(2+\alpha\beta)^2}$，$W_i^{VR}=\frac{3+\alpha\beta}{2(2+\alpha\beta)^2}$。

在未实施纵向限制下，令 $\alpha=x$，$\beta=\gamma$，$Z=(q_i,\ p_i,\ \pi_i,\ CS_i,\ W_i)^T$，则 $Z=Z(x,\ \gamma)$。由于一端竞争一端垄断和对称性等假定，纵向限制带来的变化相当于 x 由 α 变为 1、γ 由 β 变为 γ，而这些变化都是很小的值，所以近似意义上可以认为 Z 的变化 ΔZ 等于 $(1-\alpha)\frac{\partial Z}{\partial x}+(\gamma-\beta)\frac{\partial Z}{\partial \gamma}$。这样计算与实际有出入，特别是当 α 与 1 相差较多或者 β 较大时，但不会改变本文关注的变化及其导数的定性方向，所以据之可得命题：

（Ⅰ）当品牌差异度足够低时，垄断厂商有激励从不实施转向实施纵向限制；

（Ⅱ）通过纵向限制，厂商市场力量获得提高；

（Ⅲ）厂商获益以消费者剩余和社会福利为代价，且损失随品牌或品牌内差异度的提高而提高。

证明：由上微分表示可得：

$$\Delta\pi_i=\frac{2(1-\alpha)(-2+\beta+2\alpha\beta)}{(1+\alpha)^2(2+\beta)^3} \tag{7}$$

其中只有当 $\beta>2/3$ 时，才有可能 $\Delta\pi_i>0$①，命题（Ⅰ）得证；

$$\Delta L_i=\frac{\beta(1-\alpha)}{(2+\beta)(2+\alpha\beta)}\geqslant 0 \tag{8}$$

命题（Ⅱ）得证；

$$\Delta CS_i=\frac{(1-\alpha)(-2-3\beta+\alpha\beta^2)}{(1+\alpha)^2(2+\beta)^3}\leqslant 0 \tag{9}$$

$$\Delta W_i=\frac{(1-\alpha)(-6-\beta+4\alpha\beta+\alpha\beta^2)}{(1+\alpha)^2(2+\beta)^3}\leqslant 0 \tag{10}$$

$$\frac{\partial\Delta CS_i}{\partial\alpha}=\frac{6-2\alpha+9\beta-3\alpha\beta+\beta^2-3\alpha\beta^2}{(1+\alpha)^3(2+\beta)^3}>0 \tag{11}$$

$$\frac{\partial\Delta CS_i}{\partial\beta}=\frac{\beta(1-\alpha)(6+4\alpha-\alpha\beta)}{(1+\alpha)^2(2+\beta)^4}\geqslant 0 \tag{12}$$

$$\frac{\partial\Delta W_i}{\partial\alpha}=\frac{18-6\alpha+7\beta-13\alpha\beta+\beta^2-3\alpha\beta^2}{(1+\alpha)^3(2+\beta)^3}>0 \tag{13}$$

$$\frac{\partial\Delta W_i}{\partial\beta}=\frac{(1-\alpha)(16+8\alpha+2\beta-4\alpha\beta-\alpha\beta^2)}{(1+\alpha)^2(2+\beta)^4}\geqslant 0 \tag{14}$$

① 类似地，只有当 $\alpha>1/2$ 时，才有可能 $\Delta\pi_i>0$。但这并不真实，产生该问题是由于微分的近似处理，事实上只要 β 足够大（$\beta>2\sqrt{2}-2$），α 取任何非 1 值下的利润差都会大于零。β 阈值符合真实情况。

命题（Ⅲ）得证。

从证明过程和价格、数量变化看，纵向限制效应直观地体现为两部分：第一是部分品牌内差异度的消除，即模型中的α变为1，虽然价格不变，但边际消费者退出导致利润和消费者剩余下降；第二是部分实际品牌差异度的提高，即模型中的β变为γ，其中对垄断厂商而言，实际差异度提高不仅促成价格提高，还促成边际消费者加入，因而利润增加，对消费者而言，虽然价格抬高带来受损，但边际消费者加入带来好处，而且整体是受益。纵向限制对垄断厂商和消费者的影响局部基本类似，但整体截然相反。其中垄断厂商仅在本身差异度较小时才获益，至于其他情况下不能获益则根本就不会去选择纵向限制，消费者则总是受损，而且可能的垄断厂商获益还不足以弥补消费者受损。特例是α本身为1，这时没有差异度的销售商只是产品的简单“中转站”，有无纵向限制当然就没有区别。

垄断厂商和消费者的不同结果来源于前者市场力量的设定。这些可以设想为在定性的第一层次上，当开始自身差异度足够小时，垄断厂商的控制价格能力相对有限，所以其还指望通过牺牲部分销售商的差异度，即一个销售商的α变为1，来充分利用其他销售商的差异度；即另一个销售商的α与自身的β结合为γ，以为自己规避更多价格竞争，获得更多利润；而当开始自身差异度足够大时，垄断厂商充分利用自己的差异就可以规避足够多价格竞争，简单纵向限制反而是带来利益损失。接着在定量的第二层次上，垄断厂商通过调节价格或者数量达到最大利润，比如从上面的证明可知，虽然纵向限制也给厂商带来部分不利，但其可以通过调高价格等使纵向限制带来的利益超过相关损失达到最大。相对于垄断厂商的主动，消费者就处于被动，他们没有类似的垄断地位，也就没有类似的价格等决策手段，所以最后只能接受厂商对利润的充分挖掘包括相关利益被纵向限制转移的事实。

四、模型的反垄断含义

本文部分修正了纵向限制反垄断中的经典规则。第一，竞争分析需要区分价格与非价格竞争。在本文模型中，“减弱品牌内竞争”只能指非价格竞争的减弱，至于价格竞争，虽然隐含，实质是增强了，因为本来同一品牌可以在不同销售商处获得，现在却只能在某一销售商处获得，那差异度方面的损失自然带来对价格的更看重。同时“增强品牌间竞争”也只能指品牌间的非价格竞争，而价格竞争实质是减弱了，因为本来不同品牌可以在同一销售商处获得，现在却只能在不同销售商处获得，那价格方面的选择自然就困难了。第二，“增强品牌间竞争”存在误导成分，能否成为垄断厂商的免责理由需要实事求是地评估。因为在本文模型中，最后所谓“品牌差异度”的提高即模型β变为$\alpha\beta$，实质不是由制造商β的改变，而是由销售商α提供的，所以制造商最多是充分利用属于销售商的差异度罢了。

相对于经典规则的模糊，本文的政策含义要清晰得多。由于品牌间、品牌内关系的设定在本文可以互换，所以模型结论实质可以推广为：垄断厂商产品或者服务的价格竞争足够激烈，就有激励通过剥削消费者的纵向限制规避之，而且满足阈值下垄断的限制方一端非价格竞争相对激烈，特别是被限制方一端非价格竞争激烈，消费者和社会的损失就越大，所以这些情况应该是反垄断需要注意的，而相关“危险分子”没有充分理由，也最好不要实施纵向限制。

现实竞争可以归于价格竞争或者非价格竞争，所以本文结论可以用来分析许多案件①。例如，2009年底闹得沸沸扬扬的“提车加价”问题，某些反垄断学者认为消费者利益受损是因为汽车制

① 全面的反垄断分析需要基于充分的技术、经济等数据，权衡、综合各种正负因素，所以不可能像理论模型那样简洁，但理论模型可以为实践取证提供定性但关键的指引，所以下面简单案例分析中无意就最终结果作明确判断，主要是为相关的反垄断工作提供操作思路和框架。

造商实施了可以适用反垄断的限制经销商行为。反垄断审查该案件时首先会碰到本文的前提假设，即汽车制造商之间是否存在足够竞争，如果存在，反垄断没有必要介入，否则只会简单增加相关企业和整个经济的运行成本。假设汽车制造商因为行政垄断等符合本文前提，则可以接着考察本文关注的品牌等差异度，从人们比较看重品牌和维修服务等来看，汽车产品各个环节的非价格竞争程度应该不低，所以制造商实施纵向限制应该有本文内容外的规避需求波动风险、培植企业信誉等非垄断利润的考虑，反垄断专门介入纵向限制并没有充分理由。还有上海移动曾经限定手机销售商只能经营中国移动的SIM卡、储值卡等业务，有学术文献认为该案件可以因手机销售商之间的充分竞争而享受反垄断豁免。移动、联通存在垄断地位是大家公认的，消费者等对他们所提供网络服务的价格应该会非常敏感，相关服务也几乎没有差异度，所以移动有激励实施剥削消费者的纵向限制。而支持文献最多是抓住了量上的区别，即由于销售商之间价格竞争的激烈，纵向限制下的损失可以相对较小，但却忽视了质的问题，即品牌间价格竞争足够激烈促成了移动通过纵向限制来扩张市场力量，而这足以造成消费者等损失。一些人可能凭直觉认为网络经济也是一种差异度来源，由于移动的网络较大，特别是某段时间移动联通互发短信等还要更贵，所以许多消费者喜欢使用移动，甚至从联通转向移动，但这与不规范的没有互联互通、直接排斥竞争对手等相关，况且联通的网络经济对消费者而言也已经足够大，所以两者网络本身不应该会对消费者等最后获取通话服务造成多少技术和经济等方面的差异。移动享受反垄断豁免只可能发生于本文外的内容，比如纵向限制改变品牌内外本身差异度或者节约交易费用等，但移动通过限制手机销售商就能够对消费者获取通话服务等造成质的改变是很难让人相信的。

五、结　　语

通过简化的差异化下的纵向限制模型，本文解析了纵向限制对品牌内外各种竞争的影响，相关内容可以为纵向限制的反垄断分析提供简单框架。本文结论表明，当垄断的限制方一端非价格竞争比较激烈时，可能的纵向限制未必是出于攫取垄断利润的考虑，所以反垄断介入需要慎重，而相反当价格竞争足够激烈时，纵向限制会被垄断厂商用来剥削消费者等，所以反垄断有必要介入，特别是在同时被限制方一端非价格竞争比较激烈时，纵向限制带来的危害更大，所以反垄断应该特别关注相关情况。

参考文献：

1. Rey, P., Vergé, T. Economics of Vertical Restraints [C] //Buccirossi, P. Handbook of Antitrust Economics. Cambridge, Massachusetts: MIT Press, 2008: pp. 353 - 390.

2. Joskow, P. L. Transaction Cost Economics, Antitrust Rules, and Remedies [J]. Journal of Law, Economics, and Organization, 2002, 18 (1): pp. 95 - 116.

3. 陈志广：《反垄断规制的成本分类——以我国反垄断机构的设置为例》，载于《产业经济研究》2009年第2期。

4. 孔祥俊：《反垄断法原理》，中国法制出版社2001年版。

5. Dobson, P. W., Waterson, M. Vertical Restraints and Competition Policy [R]. The 12th of a Series of Research Papers to Be Published by the Office of Fair Trading of United Kingdom, 1996.

6. 陈志广：《垄断销售商的抗衡势力及其经济效应》，载于王俊豪：《反垄断与政府管制：理论与政策》，经济管理出版社2009年版。

7. 兆言、居然：《提车加价愈演愈烈，整车企业或涉嫌违反〈反垄断法〉》[EB/OL]，http://finance.ifeng.com/news/industry/20091217/1591700.shtml，2010年1月20日。

8. 刘伟：《指定专营是否涉嫌垄断——电信行业的一个案例研究》，载于《经济研究》2001年第6期。

（本文载于《中南财经政法大学学报》2010年第3期）

我国银行卡产业垄断势力的界定与政府管制政策研究

程贵孙

摘　要：近年来银行卡产业受到世界各国和地区监管部门的广泛关注，许多国家对银行卡产业加强了监管。文章基于艾池和汤姆普森（Emch and Thompson，2006）的模型从定价角度表明了我国银行卡产业垄断势力的存在，提出要根据银行卡产业业务环节的性质制定不同的分类管制政策：对于网络互联环节，应该打破垄断引入竞争机制；对于发卡和收单环节，要进一步放松进入管制，建立合理的定价机制；对于政府监管环节，则要明确职责、健全法制、组建管制机构。

关键词：银行卡产业　垄断势力　分类管制

一、引　言

银行卡产业是由银行卡组织、发卡机构、收单机构、消费者和商户等多个经济主体通过一体化或分工协作来提供产品或服务。由于产业运行中涉及的相关利益主体众多，且各经济主体利益分配不平衡，必然引起产业内诸多利益冲突和矛盾。银行卡产业中的利益矛盾大多数是由银行卡组织所处的产业地位及其行为所导致的。全球范围内对于银行卡组织涉嫌垄断的反垄断诉讼案例此起彼伏，美国、欧盟、澳大利亚等国家近年来不断发生对维萨、万事达等国际卡组织提出的反垄断诉讼。

随着我国销售终端（POS）跨行交易的增长，与银行卡有关的各种收费的利益矛盾冲突也是接连不断。从2004年深圳等地出现“银商之争”的商户拒刷事件，到2006年自动提款机（ATM）跨行查询收费，再到2008年的深圳发生“销售终端之争”的直联事件，这些事件无不突出地反映了银行卡产业发展中各方参与者之间的利益冲突，对我国银行卡产业加强监管的呼声越来越高。然而，对我国银行卡产业是否要引入竞争，打破垄断，在我国学术界已经引起不小的争议。胥莉等主张不宜引入竞争，其理由认为自然垄断性业务需要大量的固定投资，且相当一部分投资是沉淀成本，如果由多家企业进行投资，这将造成重复建设，资源浪费。周琼则认为在目前的技术条件完全可以支持不同银行卡组织的互连互通的情况下，以人口、经济容量而言是可以引入第二个国内银行卡组织开展竞争。国外银行卡产业发达的国家已经建立了一套相对成熟的监管体系，但也仍处于不断探索完善中，我国银行卡产业起步较晚，监管体系有待于进一步建立，有效的监管体系和管制政策的缺位已成为制约我国银行卡产业发展的重要因素。因此，深入探讨我国银行卡产业的反垄断与管制政策的理论与实践，具有重要意义。

二、银行卡产业特征与垄断势力的界定

在产业特征方面，银行卡产业是个典型的具有“双边市场”特征的产业。首先，消费者和商户

对银行卡网络平台的产品或服务的需求具有相互依赖性（Interdependent）和互补性（Complementary）。只有消费者和商户同时对银行卡服务有需求时，银行卡服务的价值才存在。假如只有一方对银行卡服务有需求，那么银行卡双边市场将失去运行的用户基础。其次，消费者和商户两个市场间具有交叉网络外部性（Cross-network Externality）。在银行卡双边市场中，消费者对刷卡消费服务的需求取决于受理该银行卡的特约商户规模，同时特约商户对银行卡的需求也取决于消费者持有银行卡的规模，即一边市场的用户受另一边市场用户的影响。双边市场理论研究成果已经表明，为了快速培育用户和发展市场，平台往往不拘泥于某一边用户的盈亏，而是采用"非对称倾斜定价"方式，以低于边际成本的价格甚至免费来大力培育一边用户基础（User Base），通过网络外部性的作用来吸引更多的另一边用户到平台上来，并在另一边收取高价以保证平台的收入和盈利。然而，双边市场这种定价方式往往被指责平台企业对某边用户强加了垄断市场势力。

垄断势力指市场中企业能够定价高于竞争价格的能力。垄断势力越大，说明企业越有可能对市场形成垄断。企业定价高于竞争性价格时，消费者剩余的损失并不能弥补企业利润的增加从而造成社会福利的损失。垄断势力越大，社会福利的损失越高。西方经济学家阿巴·勒纳（Abba Lerner）指出衡量某个企业是否有垄断势力，主要看该企业所定价格是否大于边际成本，当价格高出边际成本越多，垄断势力也越大。基于此，艾池和汤姆普森构建了一个银行卡平台的垄断定价模型，说明了如何衡量银行卡产业中的垄断势力，为我们理解银行卡产业的垄断势力提供了理论依据。目前，我国银行卡产业只有中国银联作为我国唯一提供支付清算服务的银行卡组织，产业背景与银行卡垄断平台的模型假设是完全一致的。为此，可以基于银行卡垄断平台的模型来分析我国银行卡组织的垄断定价及其垄断势力。

假设中国银联卡组织向发卡银行和商户提供服务，这里为分析垄断势力的方便，模型中不考虑收单机构的服务，假设中国银联卡组织和发卡机构是两个不同的利益主体。对卡组织网络服务的需求取决于中国银联制定的价格。假设中国银联分别向商户和发卡银行收取固定的转接费用（Switch Fee）s_m 和 s_i，并且向商户制定交换费 a，交换费由商户直接向发卡银行支付。由于商户的交换费是由发卡银行获得的，中国银联是不能够获得交换费的，因此卡组织每笔交易所得就是总的转接费用 $s=s_m+s_i$。假设中国银联为完成每笔交易必须付出固定的边际成本为 c，故中国银联每笔交易所获得的边际利润为 $s-c$。假定中国银联分别向商户和发卡银行制定每笔交易价格 p_m 和 p_i，且 $p_m=s_m+a$，$p_i=s_i-a$，则每笔交易卡组织总价格水平 $p=p_m+p_i=s$。假设对中国银联网络服务的需求即网络交易量由中国银联对商户和发卡银行的价格决定，即 $Q=Q(p_m, p_i)$。从网络交易量的公式中可以看出，对卡组织网络服务的需求取决于卡组织对需求双边的价格。

考察中国银联的利润最大化行为，其目标利润函数为：

$$\pi=(p_m+p_i-c)Q(p_m, p_i) \tag{1}$$

由 $p=p_m+p_i=s$，$s=s_m+s_i$，中国银联目标利润函数还可以写成：

$$\pi=(s_m+s_i-c)Q(s_m+a, s_i-a) \tag{2}$$

假设等式（1）、等式（2）存在内点解，由等式（1）分别对商户和发卡银行相应的价格求一阶偏导，得到：

$$Q+(p_m+p_i-c)\partial Q/\partial p_m=0 \tag{3}$$

$$Q+(p_m+p_i-c)\partial Q/\partial p_i=0 \tag{4}$$

由等式（3）、等式（4），可以得到：

$$\partial Q/\partial p_m=\partial Q/\partial p_i \tag{5}$$

同理，由等式（2）分别对商户和发卡银行相应的转接费用求一阶偏导，得到：

$$Q+(s-c)\partial Q/\partial s_m=0 \tag{6}$$

根据 $Q=Q(p_m, p_i)=Q(s_m+a, s_i-a)$，我们可以得到：

$$\partial Q/\partial s_m=\partial Q/\partial p_m\times\partial p_m/\partial s_m=\partial Q/\partial p_m \tag{7}$$

将等式（7）代入等式（6），得到：

$$Q+(s-c)\partial Q/\partial p_m=0 \tag{8}$$

从等式（5）中可以看出，中国银联所选择的交换费会使得卡组织服务的需求关于市场双边价格的斜率相等，这个条件也正是卡组织平衡双边需求的条件。由等式（5）进一步可转变为市场双边需求的价格弹性的比，即：

$$p_m/p_i=\varepsilon_m/\varepsilon_i \tag{9}$$

这里 ε_m 和 ε_i 分别是商户和发卡银行对中国银联服务需求的价格弹性。等式（9）表明中国银联对商户和发卡银行的价格之比就是相应的价格弹性之比，即中国银联的定价方式满足勒纳公式，表明中国银联对双边用户的定价具有垄断势力。

如果中国银联处理发卡银行的转接成本为零，即 $s_i=0$，则 $s=s_m$。等式（8）可以转变成为：

$$(s-c)/p_m=-1/\varepsilon_m \tag{10}$$

这里 $s-c=p_m-c_m$，$c_m=c+a$，c_m 可以看作是中国银联为完成每笔交易所发生的总成本，这样等式（10）进一步可以写出：

$$(p_m-c_m)/p_m=-1/\varepsilon_m \tag{11}$$

等式（11）表明，对任何给定的交换费水平，中国银联对商户的价格决定恰恰正是单边传统产业内的垄断企业的定价方式——勒纳定价。$(p_m-c_m)/p_m$ 表示中国银联对商户所制定的价格高出其边际成本的比例，因此可以作为衡量中国银联对商户施加垄断势力的标准。商户对卡组织服务需求的价格弹性 ε_m 越大，卡组织对商户施加的垄断势力也就越大。

以上的分析主要从卡组织对单边需求者商户的价格制定方式入手，若从卡组织总价格的制定来看，卡组织总价格的制定方式是否表明卡组织存在垄断势力呢？由等式（6）、等式（7），可以得到中国银联总价格水平制定的纳勒条件：

$$(s-c)/s=-1/\varepsilon_s \tag{12}$$

这里 ε_s 是卡组织服务总需求的价格弹性。从等式（12）可以看出，中国银联总价格的制定同样满足纳勒条件，是垄断企业定价方式的体现。

因此，无论从单边需求方的价格制定方式还是从总价格的制定方式来看，中国银联的定价方式都满足纳勒条件，这就表明中国银联存在着垄断势力，对双边用户施加了垄断。

三、银行卡产业性质与业务分类管制

要打破垄断势力，最根本的在于要打破垄断企业在产业市场中的垄断地位。从网络经济性、规模经济性和范围经济性等技术经济特征来看，银行卡产业是具有自然垄断（Natural Monopoly）特性的产业，而自然垄断性更多地体现在银行卡网络建设上。另外，从我国银行卡组织的成立来看，中国银联的成立并非由市场力量自发形成，而更多的是靠政府行政力量组建而成，具有天然的行政色彩。它是由中国人民银行牵头，联合国内主要金融机构组建而成的银行卡组织，其主要职责是统一全国各自为政的银行卡信息交换和资金清算结算，推动银行卡的联网通用。中国银联依托行政特权控制着进入跨行交易功能的转接支付银行卡市场，拥有会员银行准入资格审核权力，制定相应银行卡网络技术和交易资格规则，制定交换费用标准调整，分配商业银行发行银行卡的标识代码权力等等，这些权力或行为是典型的行政性垄断表现形式。这说明我国银行卡组织——中国银联既是银行卡产业的市场参与者，同时又是产业政策的制定和执行者，是既当“运动员”又当“裁判员”，而行政权力（非技术性特征）又进一步促进了银行卡产业的垄断性。因此，从某种意义上来说，银行卡产业的垄断也是行政性垄断（Administrative Monopoly）。行政垄断是政府部门运用其行政权力排斥、限制市场竞争的行为或状态。因此，从产业性质来看，在我国现行银行业体制下，我国银行卡产业是既存在“自然垄断”又具有“行政垄断”的二元性垄断产业。

对于垄断性产业，打破垄断运用竞争机制，把原来的垄断性市场结构改造成竞争性市场结构，提高垄断性产业的经济效率，这是垄断性产业管制改革的方向和目标。改革的主要手段就是纵向结构重组，把垄断性业务与竞争性业务分离，放宽市场准入。对于行政性垄断，要加快体制改革和政府职能转变，把政企合一的体制改革为政企分离的体制，对于政企“明分暗不分”、“此分彼不分”等用不同手段和方式维系政企关系的问题要彻底解决，割裂企业和政府之间的特殊利益关系，要从权力配置上消除不合理的行政保护和行政特权。

尽管银行卡产业属于垄断性产业，但从产业业务环节来看，并不等于这些产业的所有业务都是具有自然垄断性质的。国内学者王俊豪、刘戒骄等人研究提出，垄断性产业都是由多种业务组成的，这些业务有的是自然垄断性业务，有的是竞争性业务（非自然垄断性业务），有的是网络生产环节业务，有的是非网络生产环节业务，同时指出各种业务的自然垄断性或竞争性又有不同的程度，政府首先要能正确区分自然垄断性业务和竞争性业务，网络生产环节业务和非网络生产环节业务，要科学地制定垄断性产业的分类管制政策。在网络互联业务领域内是否由一家企业垄断经营或几家企业寡头垄断经营，这需要考虑具体业务的自然垄断性程度，以及将垄断经营造成的效率损失与重复建设成本进行比较。而对于竞争性业务，政府管制部门应放松规制，引入竞争机制，鼓励新进入企业在竞争性业务领域内开展竞争，提高服务水平，但同时也要根据产业规模发展的需要和最小经济规模要求，适当控制进入竞争性业务领域的企业数量。

四、我国银行卡产业的管制政策设计

（一）网络互联环节：打破垄断引入竞争

银行间高度竞争而银联独家垄断的格局已经成为中国银行卡产业的突出矛盾。在当前中国银行卡发展已经达到一定规模的程度上，必须打破中国银联的垄断定位，逐步放松规制，引入竞争。一是采取激进式改革，在适当的时机设立第二家甚至第三家全国性银行卡组织，提高市场的有效竞争程度，确保银行卡转接支付市场的竞争；二是采取渐进式改革，可以先按照市场化的原则发展“大间联”，进行银行间的资源互通进而形成中国银联之外的第二种“跨行定价”。打破中国银联垄断，推动银行卡组织竞争，将对消费者和产业发展带来诸多益处。

银行卡组织竞争将导致交换费和商户扣率的降低。国外学者对银行卡组织竞争和管制的研究表明，只允许一家银行卡组织的存在不是最有效率的，银行卡组织间的竞争对降低交换费和商户扣费有促进作用。古瑟瑞和瑞特（Guthrie and Wright，2007）研究指出当消费者持有两张支付卡时，银行卡网络平台的竞争将带来较低的交换费，这个交换费甚至低于社会最优的交换费水平。查克沃蒂和罗森（Chakravort and Roson，2006）讨论了两个竞争性的网络平台的策略性行为所导致不同市场结构下的消费者和商户的福利问题。他们认为两个支付网络平台的策略性行为有可能形成三种市场结构下的竞争均衡，即两个平台采取兼并联合的手段形成卡特尔市场结构、两个平台进行差别化竞争，形成非合作寡头竞争市场结构以及两个平台提供同质产品的伯川德寡头竞争市场结构。研究认为在网络平台的策略性行为所导致的不同市场结构下，尽管平台企业的利润在不同结构下或高或低，但在不同结构下消费者和商户的福利必定总是会提高。

多个银行卡组织给消费者带来支付便利性，增强了网络系统的安全性和稳定性。由于消费者持有多种支付卡增加了支付的便利，避免了出现某家银行卡网络中断而无法支付的困境。对于支付体系而言，多个银行卡支付组织的多个备份系统避免了单一支付组织的系统性风险；而各银行卡支付组织签署互联互通协议，在某一系统瘫痪时相互提供系统支持，又避免了整个支付系统的恶性竞争，增强了系统的稳定性和安全性，防止因某家银行卡网络中断造成的风险，降低全社会的支付成本，促使银行及商户改善服务水准，提高零售支付系统的安全性。

（二）发卡和收单环节：进一步放松进入管制，建立合理的定价机制

银行卡是一种独立性、系统性、商业性很强的金融商品，业务达到一定规模后，必须充分享受社会分工内在的效率优势，把发卡、收单以及其他服务交给若干相互独立又密切协作的专业化服务公司运作，以使服务效率不断提升，服务价格不断下降，这既是这一产业的发展逻辑，也是国际银行卡产业发展的成功经验。为此，对于发卡、收单环节的管制竞争政策可从以下方面着手：

1. 实施较为宽松的信用卡发卡机构准入政策，为非银行机构发行信用卡创造条件。绝大多数跨国银行的信用卡业务都已从银行体系中分离出来，成立了独立的高度集中管理的信用卡公司，以中心的模式集中经营和管理信用卡业务，实行专业化经营，并纳入信用卡产业化发展网络，在持卡人市场、商户市场和电子交易系统及机具等方面实行专业化分工和市场化服务。在美国，不仅商业银行可以发卡，其他行业有能力的机构也可以发行信用卡。如“大莱卡”、“运通卡”和“发现卡”，就分别是从餐饮业、运输业和百货零售业中走出来的信用卡品牌。美国金融监管政策的出发点是“政策没有规定的就可以去做”，所以如果没有限制，各行业都可以在封闭系统内发行自己的信用卡。当前，我国商业银行卡业务的发展要朝着这一方向努力，改革现行的体制，逐步剥离母体银行的信用卡业务，与母体银行建立业务代理关系，组建专业化的信用卡公司。

2. 破除垄断放松收单市场的进入管制，引入专业化机构。深圳“POS之争”的直联事件充分反映了中国银联借助“行政力量”强制原有收单银行放弃收单业务，力图将市场支配地位扩张至商业银行发卡、收单的上下游整个市场。银联的垄断行为将使得大量真正的专业化服务机构被排斥于市场之外，同时阻碍了新的社会资金进入市场。显然，中国银联是利用行政支持，强化对市场准入的限制，通过行政垄断谋求垄断优势。这种方式不仅削弱了银行支付体系的竞争力，限制了对支付服务体系的投入，而且迫使全社会维持较高的交易成本。从国际银行卡收单市场来看，美国等银行卡产业发达的国家的银行卡收单服务被细分为不同的环节，由不同的机构进行专业化运作，全球范围的银行卡收单业务大多是由商业银行和专业收单公司来进行。当前，我国银行卡收单市场建设还比较落后，需要多方参与，要适度开放支付结算市场，开放国内外投资者进入支付清算服务市场，引入多家专业化服务机构，由收单行根据价格和服务等自主选择，真正实现市场化竞争，将促使更多的支付系统服务提供者提供技术创新和设施投入，促使支付清算组织改善服务，降低收费，为商业银行、商户和消费者提供更多选择。

3. 建立合理的银行卡定价机制，形成有效的利益分配和平衡机制。银行卡产业是个典型的具有“双边市场”特征的产业，制定合理价格结构是协调用户参与交易的关键因素。银行卡产业中的种种矛盾和纷争的重要根源就在于银行卡交易手续费和商户扣率的定价机制不合理及各相关主体的利益分配协调机制的缺乏。决定银行卡产业价格形成机制的是银行卡组织制定的交换费和商户扣率，它直接决定了商户、收单银行、发卡银行和银行卡组织的利益分配。直接引起各方利益矛盾的是银行卡组织的交换费和商户扣率的定价机制。当前理论上还没有公认的银行卡交换费定价的完美模型和指导性定价方式，在这种情形下，一是理论上要加强对银行卡交换费和商户扣率定价的研究。建议监管机构委托独立研究部门进行银行卡产业定价理论、发卡市场和收单市场的需求价格弹性的跟踪研究，为价格监管决策提供科学依据。二是建立银行卡交换费和商户扣率价格听证制度。建议国家发展和改革委员会调整价格听证产品和服务目录，并在该目录中增加银行卡交换费定价内容，定期举办银行卡交换费价格听证制度，邀请银行卡各方利益主体共同参与决策。三是要重点解决价格制定和调整过程中的监督机制不健全、用户参与不够的问题，防止银行卡组织随意调整价格和相关

费用，加强对价格的评估和审查。

（三）政府监管环节：明确职责、健全法制、组建管制机构

我国银行卡产业在发展中暴露了诸多问题和矛盾，对其加强监管的呼声越来越高。然而我国银行卡产业相关的政府监管法律、规则条例等都严重落后于产业发展的步伐。我国当前尚无专门的银行卡监管法案，酝酿多年的《银行卡条例》也迟迟不能出台。政策面的滞后必然会加剧市场混乱，使各种争论和矛盾进一步升级。从国际银行卡产业监管实践上来看，对银行卡产业的监管不是放松了，而是不断加强。在当前情况下，不仅要加强对国外发达银行卡产业国家监管政策的学习借鉴，更要对我国银行卡产业现行监管措施提出根本性改革，制定切实可行的监管政策。

1. 理顺监管当局与银行卡组织的模糊关系，消除行政保护和特权。由于历史和体制的原因，中国银联与监管当局存在过于密切的联系，这阻碍了监管当局有效发挥监管职能。根据目前体制，中国人民银行是作为维护支付体系稳定的主要监管机构，主要负责监管银行卡组织服务价格、协调各方利益、制定服务质量标准等。中国银联的主要职责是统一全国各自为政的银行卡信息交换和资金清算结算，推动银行卡的联网通用。由于中国银联是由中国人民银行牵头组建的，长期以来与中国人民银行存在模糊的管理关系，经常借助行政垄断庇护，随意制定商户 POS 运营的标准与利益分配规则，甚至在一定程度上代行人民银行的监管职责，造成了职责混乱，制约了产业发展。这就要切断银联与主管部门之间过分密切的体制联系，将主管部门真正定位于监管者和执法者的角色中来，进一步明确中国人民银行的监管职能；同时割裂中国银联和政府部门之间的特殊利益关系，要从权力配置上消除不合理的行政保护和行政特权。同时也要保证监管者的独立性，监管机构应站在第三方立场，协调各方行业参与者的关系，确保不受利益集团的影响和控制。

2. 尽快出台银行卡产业监管的相关法律和规范条例，健全银行卡法制体系。与我国银行卡产业的快速发展形成鲜明对比的是，我国银行卡产业监管的相关法律基础要明显滞后。尽管我国《反垄断法》已在 2008 年 8 月 1 日开始实施，但该法是建立在传统“单边市场”框架下的法律规范，它对具有“双边市场”特征的银行卡产业的适用性还有待于进一步检验。因此，当前要在《反垄断法》的框架下，对银行卡产业的监管制定一套专业性、技术性较强的规范条例和相关法律，尽快出台部门级监管规范条例或法律，一方面对银行卡产业的市场准入资格及其审查、商品或服务的质量标准和安全性等作出详细的规定；另一方面对银行卡组织价格管理方面的职责和权力、政府管制的范围和内容等作出明确的规定。这样既可以规范银行卡相关企业的经营行为，又可避免政府管理部门越权管理。

3. 组建独立、有效的政府管制机构。从目前银行业体制来看，中国人民银行负责对银行卡产业的支付体系进行监管，而根据现有法律基础，作为商业银行专业监管机构的银监会同样具有对支付清算服务体系进行监管的部分职能。同时，国家发改委在银行卡价格等费用上也具有监管职能。因此，在我国现行体制下，银行卡产业管制职能被多个政府行政部门所分割。为消除这种低效率现象，必须通过体制改革，对现有多个政府行政部门的管制职能进行合并，以建立一个具有多种管制职能、专业化和综合性的银行卡产业管制机构。银行卡产业管制机构的建立要以实现“政监分离”为目标，即政府的产业政策制定职能与银行卡监管职能相分离。目前，我国中国人民银行从某种意义上来说已是银行卡产业的管制机构，但同时又是银行卡产业的主管行政部门，这往往容易产生职能冲突，导致管制活动受制于政府部门行政干扰。当前，建议在中国人民银行、银监会、发改委、商务部、财政部、税务总局等部门中抽调财经、金融、税务等各方面专业人才组建“银行卡监管委员会”，作为银行卡产业独立的管制机构。银行卡产业管制机构的基本职能包括：以法律为依据，制定具体的银行卡管制法规；对市场准入进行监管，审查企业资格；对服务价格与服务质量进行管制，颁布相关标准；监督与制裁企业的不正当竞争行为，维护市场公平竞争；协调和裁决企业间的

各种矛盾。

参考文献：

1. 胥莉、陈宏民、吕艳：《从银商之争看我国银行卡产业的垄断与竞争》，载于《经济理论与经济管理》2004年第10期。

2. 周琼：《从国外银行卡组织的历史与现状看银联发展路径之争》，载于《上海金融》2007年第4期。

3. Armstrong, M., Competition in Two-sided Markets [J]. RAND Journal of Economics, 2006, 37 (3): pp. 668 - 691.

4. Rochet, J. and J. Tirole, Cooperation among Competitors: some Economics of Payment Card Associations [J]. RAND Journal of Economics, 2002, 33 (4): pp. 549 - 570.

5. Caillaud, B. and B. Jullien., Chicken & Egg: Competition among Intermediation Service Providers [J]. RAND Journal of Economics, 2003, 24 (2): pp. 309 - 328.

6. Bolt W., Tieman A., Heavily Skewed Pricing in Two-sided Markets [J]. International Journal of Industrial Organization, 2008, 26 (5): pp. 1250 - 1255.

7. Evans, D., The Antitrust Economics of Multi-sided Platform Markets [J]. Yale Journal on Regulation, 2003 (20): pp. 325 - 382.

8. Emch, E. Thompson J., Market Definition and Market Power in Payment Card Networks [J]. Review of Network Economics, 2006, 5 (1): pp. 45 - 60.

9. 王俊豪、王建明：《中国垄断性产业的行政垄断及其管制政策》，载于《中国工业经济》2007年第12期。

10. 王俊豪：《垄断性产业市场结构重组后的分类管制与协调政策——以中国电信、电力产业为例》，载于《中国工业经济》2005年第11期。

11. 刘戒骄：《我国公用事业运营和监管改革研究》，载于《中国工业经济》2006年第9期。

12. Guthrie, G., Wright J., Competing Payment Schemes [J]. Journal of Industrial Economics, 2007, 55 (1): pp. 37 - 67.

13. Chakravorti, S., Roson, R., Platform Competition in Two-sided Markets: the Case of Payment Network [J]. Review of Network Economics, 2006, 5 (1): pp. 118 - 143.

14. 程贵孙、孙武军：《银行卡产业运作机制及其产业规制问题研究——基于双边市场理论视角》，载于《国际金融研究》2006年第1期。

15. 李朝霞、张昕竹：《银行卡产业国际监管动态及其对中国的启示》，载于《中国信用卡》2008年第3期。

（本文载于《当代财经》2010年第5期）

行政垄断行业的判定及改革

丁启军

摘　要：涉及市场竞争失灵、国民经济命脉、国家安全等因素的行业，国家通过行政性进入壁垒维护垄断者的垄断地位，这些就是所谓的行政垄断行业。行政垄断对国有化比重、行业集中度、垄断行为、产业利润率以及价格规制等5个指标产生影响，以这5个指标为基础，综合运用二维分析法、综合加权排序法和主成分分析法，进行行政垄断行业的判定工作。根据判定结果，强势行政垄断行业有9个，行政垄断行业在国民经济总量中占据着相当重要的地位，也正因为如此，其改革才困难重重；在中央政府决心改革的前提下，引入市场竞争和提高规制效率是改革的两条基本思路。

关键词：行政垄断行业　国有化比重　行业集中度　价格规制

一、引　　言

研究中国行业性行政垄断问题，第一个问题就是行政垄断行业的判定问题——在众多的国民经济行业当中，到底哪些行业可以被判定是行政垄断行业，其行政垄断的程度又有多大？现实地讲，解决这个问题并不容易，因为目前还没有一个科学、客观且又准确地对行业性行政垄断程度进行测量的公认标准。国外在研究反垄断与规制问题时，基本没有对行政垄断问题进行专门论证；而由于行政垄断行业在中国转轨经济中的重要地位，从20世纪80年代末开始，国内学者从不同角度、不同层次对转轨经济中的行政垄断问题进行了研究，但是分歧很大。具体到哪些行业是行政垄断行业的问题上，大部分学者采用垄断行业这个范畴，而不对垄断行业进行进一步区分；王学庆（2003）认为垄断行业可以分为自然垄断行业和行政垄断行业，其中电力行业、电信行业、铁路行业、民航行业、高速公路、水运港口设施、邮政行业、天然气管道运输、城市自来水、城市燃气供应、城市居民供热、城市排污等12个行业属于自然垄断行业，石油与成品油、广播电台、无线与有线电视台、烟草专卖、食盐专卖等5个行业则属于行政垄断行业；石淑华（2006）则将以上17个行业都纳入到行政垄断行业的范畴，此时，自然垄断行业成为而且只是行政垄断行业的一部分。行政垄断行业界定的分歧产生，源于对行政垄断概念的不同理解，本文采用于良春（2007）对行政垄断概念的表述：行政垄断是政府机构运用公共权力对竞争的限制和排斥；在此基础上，某一个行业如果存在较高的行政性的进入壁垒，则我们可以称为行政垄断行业。

在《反垄断法》第一章第七条规定："国有经济占控制地位的关系国民经济命脉和国家安全的行业以及依法实行专营的行业，国家对其经营者的合法经营活动予以保护，并对经营者的经营行为及其商品和服务的价格依法实施监管和调控，维护消费者利益，促进技术进步"。这条规定主要包含两个要点：一是对部分国有经济占控制地位的关系国民经济命脉和国家安全的行业以及依法实行专营的行业，国家对其经营者的合法经营活动予以保护，这就意味着国家认可并保障很大一部分垄断性行业企业的垄断地位，《反垄断法》对于这部分行业的企业垄断给予豁免；二是国家对经营者的经营行为以及商品和服务的价格依法实施监管和调控，维护消费者利益，这主要意味着国家有义务对豁免的垄断性行业的企业进行有效的价格规制，以保障消费者的利益。

对上述两个要点的影响进行引申研究，我们得到图 1。涉及市场竞争失灵、国民经济命脉、国家安全等因素的行业，国家通过行政性进入壁垒维护垄断者的垄断地位，这直接导致了较高的行业国有化比重与较高的行业集中度；在这二者的联合影响下，企业的垄断行为尤其是垄断定价行为得以滋生，从而导致较高的行业利润率。与此同时，为了维护消费者利益，在设置行政性进入壁垒的情况下，往往伴随着政府的种种价格规制措施，其目的就是为了消除垄断利润，从而降低行业利润率；但是由于信息不对称及规制俘获等原因，其实际效果大打折扣。

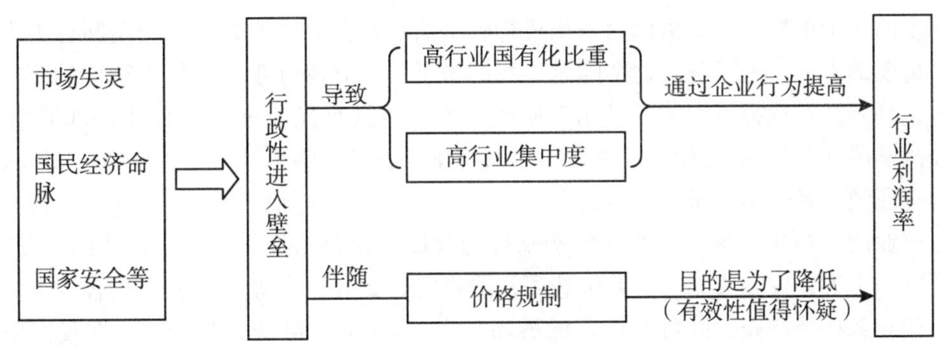

图 1　行业性行政垄断示意图

本文正是试图在图 1 分析的基础上，探索出对行业性行政垄断程度进行测度的体系和方法，进而完成行政垄断行业的判定工作。

二、行政垄断程度测度指标及数据选取

在产业组织理论当中，进入壁垒是形成垄断势力的最根本的原因，这里，我们要对行业性行政垄断程度进行测度，实际上就是对图 1 中行政性进入壁垒进行测度；由于对行政性进入壁垒直接进行测度存在很多困难，所以人们一般从其对市场结构、企业行为及经济绩效等影响来对其进行间接测度。

于良春（2007）提出用 ISCP 框架的综合指标体系来衡量行业性行政垄断程度，这个方法从制度、结构、行为与绩效四个二级指标方面对行政垄断程度进行测度，每个二级指标下面又包含很多三级指标，其优点是比较细化，适合对重点行业进行研究。但是如果用这种方法进行行政垄断行业的判定，有个问题比较难以解决——此指标体系中包含的很多分指标难以在各个行业之间进行有效的比较，不具有一致性。

为了解决这个问题，我们从其整个指标体系中精选出五个相对成熟且能量化的指标对行政垄断进行测度：国有化比重、行业集中度、是否具有明显价格规制、垄断行为程度及产业利润率。

1. 国有化比重。一般来说，行政性进入壁垒对非国有经济会有很强的排斥，这就造成国有经济比重较大的结果；因此，一个行业的国有化比重可以很大程度上反映其行政垄断程度（金玉国，2001）。为了方便，这里可以用行业内国有经济总产值比重具体计算国有化比重，用 GN 表示。

2. 行业集中度。一般来讲，行政性进入壁垒越高，市场结构就越是集中；行政垄断行业在满足国有化比重的相关条件的同时，一般还应该有较高的市场集中度。这里选用行业集中度为具体衡量指标，它是指规模最大的前几位企业的有关数值 X（销售额、资产额等）占整个行业的份额，计算公式为 $CR_n = \sum_{i=1}^{n} X_i \Big/ \sum_{i=1}^{\text{全部}} X_i$。具体计算时，计算主营业务收入数额的指标是 CR_4。

3. 是否具有明显价格规制。行政性进入壁垒的存在，往往伴随着政府的价格规制等其他规制措施；尽管这些措施的存在是为了消除行政性进入壁垒可能造成的不良后果，但是，作为一个衡量指标，它却可以反映出一个行业的行政性进入壁垒的存在情况。一般来说，一个行业如果存在较明显的价格规制，那么这个行业的行政性进入壁垒就很强，行政垄断程度很高；而如果不存在较明显的价格规制，结论相反。具体的，用 *PR* 表示是否具有明显价格规制，*PR* =1 表示存在，而 *PR* =0 表示不存在。

4. 垄断行为程度。行政性进入壁垒导致行业内垄断企业具有很大的市场支配力，在没有外部约束的条件下，企业往往会产生很多滥用其市场支配力的垄断行为，这种垄断行为，可以作为对行政垄断程度测度的一个指标。这个指标用来衡量行政垄断存在很大的困难，因为垄断行为程度一直以来缺乏一个量度的方法，为了解决这个问题，我们做了一个对各行业垄断行为程度的调查。由于精力财力所限，调查样本选择不大，但是用来阐明现象应该具有代表意义。通过对 2008 年杭州反垄断与规制经济学国际会议 40 位相关国内专家以及济南、青岛、临沂及菏泽等地市区随机抽取的 432 位山东境内普通消费者的调查研究，我们得到 37 个工业行业并电信、铁路、邮政、航空、银行等 5 个重要第三产业的"滥用市场支配地位"垄断行为程度的量化指标——每个行业的垄断行为程度，我们提供严重、中等、较轻或无三个单选选项，严重定为 2 分、中等为 1 分、较轻或无为 0 分；假设有 n 个被调查者接受调查，则每个行业的最高分为 2 × n 分，最低为 0 分；现在我们假定一个行业的选择较轻或无的有 n_1 个被调查者，选择中等的有 n_2 个调查者，严重的有 n_3 个调查者，则 $n_1 + n_2 + n_3 = n$，这个行业的得分为 $n_2 + 2 \times n_3$；将每个的行业的得分 $n_2 + 2 \times n_3$ 除以最高可能得分 $2 \times n$，即（$n_2 + 2 \times n_3$)/$2 \times n$，以此作为该行业的垄断行为程度的最终得分，得分区间为（0，100%），我们用 *ACT* 来表示垄断行为指标。

5. 产业利润率。按照结构主义的观点，市场结构必然影响经济绩效，所以垄断程度也可以通过绩效来反映衡量；但是产权和市场一样是影响绩效的重要指标（刘小玄，2003），再加上其他因素的影响，行政垄断程度较高的产业的经济绩效具有很强的不确定性，如有的垄断行业利润高而有的则很低甚至是负的。保守起见，这里我们当作一个附加指标。具体的，我们主要用产业利润率指标 *R* 来表示。

这五个指标的数据如表 1 所示。

表 1　　行业行政垄断程度测定的指标数据

行业名称	*GN*（%）	CR_4（%）	*PR*	*ACT*（%）	*R*（%）
煤炭开采和洗选业	66.04	14.67	0	54.905	9.58
石油和天然气开采业	98.90	45.36	1	87.165	47.31
黑色金属矿采选业	18.35	6.29	0	42.605	12.42
有色金属矿采选业	38.78	17.27	0	48.775	21.27
非金属矿采选业	19.91	6.72	0	29.735	7.67
农副食品加工业	8.25	4.76	0	5.415	4.36
食品制造业	12.42	7.13	0	8.645	5.79
饮料制造业	22.93	14.52	0	25.615	7.70
烟草制品业	99.34	29.15	1	74.49	14.49
纺织业	5.88	5.41	0	7.315	3.68
纺织服装、鞋、帽制造业	1.81	6.36	0	5.36	4.44
皮革、毛皮、羽毛（绒）及其制品业	0.67	4.18	0	6.91	4.30
木材加工及木、竹、藤、棕、草制品业	7.56	5.95	0	8.6	4.83
家具制造业	3.66	5.72	0	9.4	4.57
造纸及纸制品业	10.09	8.75	0	14.21	5.21
印刷业和记录媒介的复制	17.50	3.135	0	16.73	6.78

续表

行业名称	GN (%)	CR_4 (%)	PR	ACT (%)	R (%)
文教体育用品制造业	1.98	4.72	0	6.295	3.26
石油加工、炼焦及核燃料加工业	75.59	14.33	1	70.195	-2.06
化工原料及化学制品制造业	29.13	5.75	0	29.585	5.57
医药制造业	19.85	7.28	0	39.56	7.42
化学纤维制造业	20.49	15.88	0	24.585	2.17
橡胶制品业	14.21	12.10	0	23.67	4.20
塑料制品业	4.64	2.69	0	6.225	4.25
非金属矿物制品业	11.47	2.24	0	14.755	5.28
黑色金属冶炼及压延加工业	43.13	11.95	0	46.445	5.38
有色金属冶炼及压延加工业	33.44	7.82	0	43.705	6.78
金属制品业	7.08	2.93	0	14.41	4.62
通用设备制造业	21.51	4.38	0	24.92	6.10
专用设备制造业	26.33	5.17	0	34.805	6.02
交通运输设备制造业	50.17	9.80	0	43.205	4.92
电气机械及器材制造业	10.81	11.15	0	22.66	4.63
通信设备、计算机及其他电子设备制造业	7.68	11.69	0	18.32	3.44
仪器仪表及文化、办公用机械制造业	9.33	9.07	0	17.475	5.74
工艺品及其他制造业	5.74	3.04	0	7.545	4.87
电力、热力的生产和供应业	90.00	20.28	1	81.09	7.84
燃气生产和供应业	54.72	12.54	1	70.87	4.07
水的生产和供应业	69.52	8.504	1	75.475	3.39
电信和其他信息传输服务业	60.04	97.61	1	85.23	20.78
邮政业	95.95	84.16	1	83.59	-12.43
铁路运输业	94.01	64.18	1	87.94	2.92
航空运输业	50.23	80.34	1	73.275	27.35
银行业	52.90	70.08	1	62.165	11.22

资料来源：根据《中国统计年鉴（2007）》、《中国工业统计年鉴（2007）》、《中国大型工业企业年鉴（2007）》、《中国经济年鉴（2007）》、中国500强网站以及作者调查数据计算整理得到，其中非工业行业 GN 采用国有人数比重计算，邮政业 CR_4 用 CR_1 替代。

三、实际测度及行政垄断行业的判定

上一部分，我们选取了五个指标用来间接测度行政性进入壁垒程度。从理论上分析，这五个指标之间具有高度的相关性，都可以一定程度上地反映出行政性进入壁垒的强度，但是每个指标又有很大的不同，单独使用不可避免地会具有片面性；为了解决这个问题，我们将尝试综合地使用这些指标构建测度体系，以达到对行业行政垄断程度更加科学、准确地衡量。已有研究（丁启军等，2008）中，主要是在二维分析法和综合加权排序法下利用有限的指标对工业行业的行政垄断行业进行了判定；在此基础上，这里我们尝试用更多的方法、更多的指标、对更多的行业进行全面的判定。

（一）二维分析法

我们这里用的二维分析法，只选取国有化比重和行业集中度为两个基本的指标，CR_4^* 和 GN^* 是两个临界值，CR_4^* 可以看作市场结构中垄断和竞争的分界点，GN^* 则可以看作是国有经济是否主导该行业的分界点——对于 $CR_4 > CR_4^*$ 且 $GN > GN^*$ 的行业视为行政垄断行业；$CR_4 > CR_4^*$ 且 $GN <$

GN^* 的行业为经济垄断行业；$CR_4 < CR_4^*$ 且 $GN < GN^*$ 的行业为一般性竞争行业；$CR_4 < CR_4^*$ 且 $GN > GN^*$ 的行业为国有主导的竞争行业。

这里临界点实际取 CR_4^* 为 12，GN^* 为 50，以表 1 数据为基础，我们可以对哪些行业属于行政垄断行业进行定性的判定工作，结果如下：行政垄断行业为 11 个，分别为煤炭开采和洗选业，石油和天然气开采业，烟草制品业，石油加工、炼焦及核燃料加工业，电力、热力的生产和供应业，燃气生产和供应业，电信和其他信息传输服务业，邮政业，银行业，航空运输业，铁路运输业；经济性垄断行业为 4 个，分别为有色金属矿采选业，饮料制造业，橡胶制品业，化学纤维制造业；其他行业我们不作进一步区分，统一看作非垄断行业。

（二）综合加权排序法

在二维分析法判定中，只采用了两个结构性指标，而没有用到另外三个指标；更关键的是，二维分析更像定性分类，无法给出最终各个行业的行政垄断程度。为了解决这个问题，可以采取对更多指标综合加权的方式进行处理。为了保证判定工作的客观性，我们先只采用国有化比重、行业集中度和产业利润率三个客观指标进行测度。

行业集中度和国有化比重这两个指标在综合测度行政垄断程度时是一种相互依赖的关系，一个指标对综合行政垄断程度的影响受到另外一个指标大小的影响会很大。为了体现这种影响，在综合这两个指标时，而更适合采用几何平均的方法。至于产业利润率作为一个附加指标使用，相应的，也会赋予一个较小的权重。

考虑到这些因素，我们最终综合加权采用如下的公式：

$$AMh = (w_1 + w_2) GN^{\frac{w_1}{w_1+w_2}} \times CR_4^{\frac{w_2}{w_1+w_2}} + w_3 R$$

其中：AMh 表示一个行业的综合行政垄断程度；

w_1、w_2、w_3 分别代表 GN、CR_4、R 的权重，$w_1 + w_2 + w_3 = 1$。

用表 1 的数据进行具体判定。具体判定时，赋权重如下：$w_1 = 35\%$，$w_2 = 35\%$，$w_3 = 30\%$，这里的赋权是根据数据的主成分分析结果，再结合作者以及部分专家对各分指标重要程度的认识综合给出。判定结果如表 2 所示，为了与二维分析法判定行政垄断行业个数相同，这里我们只取前 11 位的行业为行政垄断行业。

表 2　行业行政垄断程度综合加权排序　　单位：%

行业名称	AMh	排序	行业名称	AMh	排序
石油和天然气开采业	61.08	1	烟草制品业	42.01	7
电信和其他信息传输服务业	59.82	2	电力、热力的生产和供应业	32.26	8
邮政业	59.17	3	煤炭开采和洗选业	24.67	9
铁路运输业	55.25	4	有色金属矿采选业	24.50	10
航空运输业	52.67	5	石油加工、炼焦及核燃料加工业	22.42	11
银行业	45.99	6	以下行业省略	—	……

资料来源：作者根据表 1 相关数据计算整理。

（三）主成分分析排名法

这里，我们尝试用表 1 中所列的都可以一定程度上反映行政性进入壁垒程度的五个指标，进行行政垄断程度的测度工作。由于指标较多，主观赋权重困难较大，而且各个指标之间存在高度的相关性，所以我们采用主成分分析的方法，对指标进行处理，计算主成分值对行政垄断程度进行测度。

运用 SPSS 软件，我们得到表 3 的方差分解主成分分析表以及表 4 的初始因子载荷矩阵。

从表 3 中可以得知，提取 5 个主成分的累计方差贡献率是 100%，但是前两个就达到 87.786%，因此我们这里只提取两个主成分进行排名测算。从表 4 中得知，第一主成分上国有化比重、行业集中度、是否具有明显价格规制以及垄断行为程度都有较高载荷，说明第一主成分基本反映了这些指标的信息，而第二主成分上产业利润率有较高载荷，则主要反映这个我们认为和行政垄断程度关系最不密切的附加指标的信息。

表 3　　方差分解主成分分析表

主成分	特征值	贡献率（%）	累计贡献率（%）
1	3.528	70.551	70.551
2	0.862	17.234	87.786
3	0.420	8.399	96.185
4	0.146	2.922	99.107
5	0.045	0.893	100.000

表 4　　初始因子载荷矩阵

	主成分				
	1	2	3	4	5
GN	0.926	−0.162	−0.283	−0.138	0.135
CR_4	0.826	−0.002	0.554	−0.097	0.021
R	0.443	0.894	−0.068	0.026	0.010
PR	0.930	−0.171	−0.005	0.324	0.008
ACT	0.962	−0.089	−0.167	−0.110	−0.161

将表 1 中的数据进行标准化处理，得到的数据用 ZGN、ZCR_4、ZPR、$ZACT$、ZR 来表示；根据主成分的计算公式：

$$F_1 = (0.926ZGN + 0.826ZCR_4 + 0.443ZR + 0.930ZPR + 0.962ZACT)/SQRT(3.528)$$

$$F_2 = (-0.162ZGN - 0.002ZCR_4 + 0.894ZR - 0.171ZPR - 0.089ZACT)/SQRT(0.862)$$

$$F = (F_1 \times 3.528 + F_2 \times 0.862)/4.39$$

其中 SQRT 表示对括号内的数取平方根。

通过计算，我们可以获得第一主成分 F_1、第二主成分 F_2 以及综合主成分 F 值；表 5 给出了综合主成分值排前 11 位的行业，判定为行政垄断行业。值得指出的是，这里运用第一主成分 F_1 与综合主成分 F 得出的排名中，前 11 位的行业是一样的，只是排序略有差异，这说明运用第一主成分基本就可以完成行政垄断程度的综合评定工作。第二主成分主要承载的是产业利润率指标的信息，研究这个指标，我们发现：在行政垄断程度较高的行业中，这个指标呈现出比较大的两极分化现象：一方面如石油和天然气开采业、航空运输业、电信和其他信息传输服务业，这些行业的产业利润率都比较高；另一方面如铁路运输业、石油加工、炼焦及核燃料加工业、邮政业，这些行业的产业利润率都比较低。从这个意义上讲，产业利润率这个指标并不能很好地起到测度行政垄断程度的作用，这主要是因为除了行政垄断以外，还有很多其他因素对利润率的决定起到重要作用，比如市场需求、企业效率差异、自然资源的市场价值、各个行业价格规制有效程度的不同，等等。

表5　综合主成分值

行业名称	F1	排名	F2	排名	综合F	排名
石油和天然气开采业	4.353762	1	3.509123	1	4.187913	1
电信和其他信息传输服务业	3.930814	2	0.829041	4	3.321764	2
航空运输业	3.417903	4	1.645761	2	3.069934	3
铁路运输业	3.440857	3	-1.32274	40	2.505499	4
烟草制品业	2.955377	6	-0.03793	27	2.367625	5
银行业	2.63877	7	-0.09425	32	2.102127	6
邮政业	3.341849	5	-2.99924	42	2.096742	7
电力、热力的生产和供应业	2.588886	8	-0.73456	37	1.93631	8
水的生产和供应业	1.826253	9	-1.08482	39	1.254648	9
燃气生产和供应业	1.596375	11	-0.91088	38	1.104061	10
石油加工、炼焦及核燃料加工业	1.785525	10	-1.69778	41	1.10156	11

四、判定结果分析

通过三种方法，我们对行政垄断行业进行了判定。其中三种方法都判定为行政垄断行业的，我们定义为强势行政垄断行业；两种方法判定为行政垄断行业的，我们定义为中势行政垄断行业；只有一种方法判定为行政垄断行业的，我们定义为弱势行政垄断行业；对于后两者，我们可统称为非强势行政垄断行业。

根据以上的定义，我们对第三部分的结果进行梳理，得到表6的结果。

表6　行政垄断行业综合判定结果

强势行政垄断行业		中势行政垄断行业	弱势行政垄断行业
石油和天然气开采业	银行业	煤炭开采和洗选业	有色金属矿采选业
电信和其他信息传输服务业	邮政业	燃气生产和供应业	水的生产和供应业
航空运输业	电力、热力的生产和供应业		
铁路运输业	石油加工、炼焦及核燃料加工业		
烟草制品业			

资料来源：作者根据相关数据计算整理。

根据判定结果，强势行政垄断行业就有9个，这些行业2006年的总主营业务收入约为71740亿元，占当年国内生产总值210871亿元的34%左右（根据《中国统计年鉴（2007）》、《中国工业经济年鉴（2007）》及《中国经济年鉴（2007）》整理计算）。由此可见，行政垄断行业在国民经济总量中占据着相当重要的地位；更重要的是，这些行业大多是国民经济命脉并涉及国家安全行业，在整个国民经济中起到的基础作用更非一般行业可比。改革开放30多年来，垄断行业的改革严重滞后，原因之一就是因为这些行业地位极其特殊和重要，政府不会轻易涉及这些行业的改革，因为如果处理不好，可能会危及整个国民经济稳定发展的基础。

更重要的是，在这些行政垄断行业中，公共权力往往都有充足的理由介入进行干预，对竞争进行限制和排斥，进行法定垄断。以9个强势行政垄断行业为例，这些行业按照成因大体可以分成以下三类——自然垄断型、资源及加工型、其他型。其中自然垄断型行业最多，有5个，具体为电信和其他信息传输服务业，航空运输业，铁路运输业，邮政业，电力、热力的生产和供应业，由于自然垄断属于市场失灵，使得政府可以合法介入；石油和天然气开采业以及石油加工、炼焦及核燃料加工业两个行业属于资源及加工型，石油既属于国家重要资源，同时又是国民经济命脉产品，政府干预也存在合理理由；其他型也有2个，其中烟草加工业比较特殊，属于国家特许经营，而银行业则牵涉国家经济稳定及安全，基本上是四大国有银行主导，这两个行业也是属于国家法定控制的行业领域。

从引言中《反垄断法》第七条的两个要点出发，对于政府来讲，第一个要点是很容易实现的，因为政府只需要设置一个较高的行政性进入壁垒就可以实现这一点。而对于第二个要点，即政府进行有效的价格规制，则由于信息不对称和政企同盟等原因而无法真正实现。相关研究（丁启军等，2009）表明，中国的价格规制产生的有效影响只不过是促使垄断企业将垄断利润向企业内部员工转移，而并没有真正消除企业的垄断高价。垄断高价的继续存在，导致行政垄断行业造成了巨大的社会福利净损失、内部生产效率损失以及寻租成本形式的资源浪费；据估算，中国行政垄断行业总的效率损失可以占到国内生产总值的10%～20%（丁启军等，2008）。实际上，这还不是行业性行政垄断造成的全部负面影响，行业性行政垄断还会造成社会收入分配不公平、企业技术进步缓慢及重要企业缺乏国际竞争力等诸多不良后果。

五、思路性政策建议

行政垄断行业造成了很多负面影响，但是却披着合法的外衣，这使得其改革进程相当艰难；再加上这些行业已经形成了强大的既得利益集团，这些利益集团的存在，以及其在学界和政界的代言人，使得行政垄断行业的改革遭遇的阻力异常强大。在假定中央政府下决心改革的前提下，结合本文的研究，我们给出两条破除行政垄断的思路性政策建议。

第一，引入市场竞争。对于可竞争性行业或者业务，打破行政垄断主要宜采用市场结构政策，简言之就是“开放市场，引入竞争”；即使在一些市场是否失灵存在很大争议的领域，也可以考虑“先适度放开、后谨慎观效”的策略促进市场竞争。以电信业的改革历程为例来看，其基本的途径是横向分解和纵向分解，但是这种方式由于只是把原有的一个大的国有垄断企业分成几个小的国有企业，并没有大的其他类型产权主体的进入，而且再加上分解后各企业之间相互可竞争的业务领域实际并不多，所以实际效果并不是很好。为此，我们认为下一步有效地开放市场、引入竞争的关键在于：树立市场竞争不是人为可以设计的信念（人为地设计市场竞争存在很多问题，比如电信业3G牌照的发放为什么定为3家而不是更多等），在原来分解的基础之上，进一步放开更有活力的非公有资本的自由进入，并主要让市场自行发挥作用，最终形成有效的多元产权主体的市场竞争格局。

第二，提高规制效率。政企之间的信息不对称以及可能的政企利益同盟，是政府规制效率低下的主要原因。为此，我们认为，提高政府规制效率的主要途径应该是：（1）在政企分开的基础上，建立独立的规制机构，维持规制程序的公开性和透明性，而且必要时可以考虑成立专门机构以监管监管者；（2）当监管机构没有能力单独获得企业财务及其他相关信息时，我们建议加大监管机构和第三方机构诸如国家审计局等的合作行为，以提高规制的有效性；（3）引进西方先进的激励性规制的思想和技术，从而破除政府规制难以同时兼顾生产效率和配置效率的难题；（4）发挥《反垄断法》的作用，《反垄断法》第三章是关于“滥用市场支配地位”的，这一条对于遏制处于市场支配地位并且垄断行为明显的行政垄断企业应该有所帮助。

参考文献：

1. 丁启军、王会宗：《规制效率、反垄断法与行政垄断行业改革》，载于《财贸研究》2009年第4期。
2. 丁启军、伊淑彪：《中国行政垄断行业效率损失研究》，载于《山西财经大学学报》2008年第12期。
3. 金玉国：《行业所有制垄断与行业劳动力价格》，载于《山西财经大学学报》2001年第3期。
4. 刘小玄：《中国转轨过程中的产权和市场》，三联书店上海分店2003年版。
5. 全国人大常委会法制工作委员会经济法室：《〈中华人民共和国反垄断法〉条文说明、立法理由及相关规定》，北京大学出版社2007年版。

6. 石淑华：《行政垄断的经济学分析》，社会科学文献出版社2006年版。

7. 王学庆：《垄断性行业的政府管制问题研究》，载于《管理世界》2003年第8期。

8. 于良春：《反行政垄断与竞争政策的若干思考》，载于于良春：《反行政垄断与促进竞争政策前沿问题研究》，经济科学出版社2008年版（2007年11月“转轨经济中的反行政性垄断与促进竞争政策”国际研讨会会议论文集出版物）。

（本文载于《财贸研究》2010年第5期）

外资并购与市场份额变化

——应用 Bootstrap 方法对我国上市公司的实证分析

冯 蕾

摘 要：从 1995 年开始，外国并购资本就已经涉足于我国上市公司。大规模的外资并购很可能造成行业垄断，从而损害东道国企业及消费者利益。本文即以市场份额变化为切入点，构建了一个市场份额决定因素的模型，以 1995～2006 年间发生的外资并购我国上市公司案例为样本，应用 Bootstrap 方法进行精炼估计。结果表明，并购前市场份额、总资产比重、股东地位对外资并购后目标企业的市场份额均有显著影响，这为我国进行外资并购反垄断的事前监管的合理性提供了证据。

关键词：外资并购 市场份额 Bootstrap

对跨国公司在海外市场上竞争行为的分析，是产业组织理论和跨国投资理论的一个重要方面。在对外直接投资（FDI）理论中，认为吸引外资与市场结构之间存在着一种因果关系，即国外投资者进入后，其经济活动会对市场结构带来一定影响，改变原有市场结构，产生新的市场结构。然而，并购作为对外直接投资进入的一种主要形式，究竟会导致市场结构向竞争还是向垄断的方向变化，在理论和实证研究中都尚无定论。

跨国投资理论在它的形成阶段，认为跨国公司海外投资的目的之一，是控制不同国家内的企业，消除竞争，使自己企业处于有利地位以谋取超额利润。美国经济学家米切尔和马尔赫林（Mitchell and Mulherin，1996）通过对20世纪80年代被并购公司的研究发现，并购企业通过市场垄断力量获得了超额利润。跨国公司的海外投资实质上是垄断优势的扩张，本身就是一种市场扭曲，它会产生反竞争的不良效果（Hymer，1970，1976）。有学者认为，跨国公司在母国和东道国都有垄断意愿，但其在海外比在其母国更易形成垄断行为，这是因为在海外市场上竞争的对手较少，容易将价格维持在一个相对的高位，企业就有可能获取相对稳定的较高利润（Caves，1982）。科林和苏顿（Cowling and Sugden，1987）揭示了 FDI 提高东道国市场集中度的原因是规模经济性。艾肯和哈瑞森（Aitken and Harrison，1999）进一步提出，由于外国投资者进入所带来的竞争会导致国内企业产量减少，如果国内产业集中度较低，通常可预期大规模的 FDI 会提高集中度。戴维斯和格若斯（Davies and Geroski，1997）以美国和英国为例，证明了伴随 FDI 而来的规模经济和广告投放将增加市场集中度。相反的观点也同样存在：由于跨国公司海外投资，增加了东道国市场上的企业数目，使生产和市场的集中度降低，因此加强而不是削弱了东道国市场上的竞争。

理论上，从跨国并购与市场集中度的相关关系看，在规模经济显著和进入壁垒高的产业中，跨国并购更容易导致世界范围的市场集中，使跨国寡头厂商的市场份额大大提高（姚战琪，2004）。在我国，外资并购对市场份额影响的实证研究很少。江小涓（2002）对轿车、通讯设备制造和洗涤用品三个行业进行了描述统计性分析，显示出外资并购我国企业后迅速占领了大部分市场份额。戴金平等（2008）以 CR_8 指标计算了洗涤用品、软饮料、手机和轿车四个市场的集中度，显示出外资并购通常伴随着市场集中和民族品牌消亡。市场份额是一家企业在市场中的所占地位的主要标志，从根本上讲，企业所拥有的市场垄断力量主要表现为其市场份额的多寡。本文旨在研究外资并购后，目标企业市场份额的变化情况，并试图通过设立控股程度的虚拟变量，揭示出目标企业的控制权对外资方并购后的策略具有显著影响。

一、理论基础与模型设定

（一）理论基础

SCP 范式在传统产业组织理论中被广泛应用。该方法假设在市场结构、企业行为和市场垄断力量之间存在一个稳定的因果关系，进而假设两组更容易观测到的变量——市场结构和绩效之间也具有直接线性关系。因此，SCP 方法测度市场垄断力量的基本思路便是：在市场结构变量和市场绩效之间建立起一种对各个行业都成立的一般规律。SCP 方法的应用则需要定义一组市场绩效的测度值和一组可解释市场绩效差异的市场结构变量，市场绩效应能够反映市场垄断力量的实施结果，而市场结构变量无非包括卖方集中度和进入壁垒。

为了使建立的模型在统计上和概念上兼具意义，还必须做出以下两个假设：（1）结构变量是外生的；（2）会计数据能够作为替代变量进行市场绩效的测度。典型的 SCP 实证分析即估计如下方程：

$$\pi_i = \alpha + \beta_1 CON_i + \beta_2 BE_i^1 + \beta_3 BE_i^2 + \cdots + \beta_{N+1} BE_i^N \tag{1}$$

其中，π_i 表示第 i 个行业的市场垄断力量，CON_i 表示第 i 个行业的卖方集中度，BE_i 表示第 i 个行业的进入壁垒，其上标 1 ~ N 代表共有 N 种进入壁垒。各结构变量的估计系数可由计量方法实现，方程中的值反映了市场垄断力量对结构变量的边际变化，按照 SCP 范式的假设，所有值均应为正值且应显著不为零。

本文主要研究外资并购行为对市场结构的影响，在此研究目标下，必然要超越原 SCP 范式的结构—行为—绩效单向因果关系，重新构建一个并购、市场结构和绩效之间的逻辑关系。并购毫无疑问属于企业行为的范畴，但作为企业市场竞争行为的一种，虽然它同样是企业在市场上为实现其目标（如利润最大化、更高的市场占有率）而采取的适应市场环境要求不断调整战略和策略的行动，但它不同于以控制和影响价格为基本特征的定价行为，也不同于以提高竞争力、拓展市场为目的的促销行为，而是一种以产权变动、组织调整为主要特征的行为。因此，可将并购行为从市场竞争行为中独立出来进行分析。

就并购动因而论，国际寡占的产业市场结构是推动跨国公司对外跨国并购的重要力量，投资国的高度集中的市场结构推动了对外并购的进程，这是因为获得寡占的市场利润是跨国公司进入东道国市场的重要动因，这也就解释了在高集中度、高产品差异度的产业，无论在国际化产业市场还是在一国市场，并购的比重都极高的原因。由于跨国公司拥有的独特优势（所有权优势、内部化优势、区位优势）足以保证它跨越东道国的产业市场进入壁垒，取得明显的有别于东道国市场原有企业的市场势力，因而这种跨国并购将导致东道国的产业集中度提高，市场结构趋于寡占。

由外资并购导致的市场集中度的变化和寡占的市场结构，加强了外资企业利用市场势力干预和影响价格及产量的能力，垄断利润随之而来。但是，从长期来看不能说跨国并购进入就一定阻碍了市场竞争，外国公司跨国并购进入以后，可能会使东道国市场集中度在一定程度上提高，但是在以下情况下跨国并购进入是促进竞争的：（1）东道国原有的市场是建立在高度不完全竞争基础之上的或者是政策性的垄断；（2）东道国相关产业市场结构是一种过度竞争的结构和市场格局；（3）如果是采取外国企业收购东道国效率低下的企业，比如面临困境即将倒闭而退出市场的企业，显然跨国并购进入对竞争也会产生正面的影响；（4）东道国相关产业出现较为严重的供大于求的过剩状况。因此，需要进一步检验外资并购后形成的市场结构是否创造了超额利润，产生了市场垄断力。

因此，在传统的 SCP 范式下，可增加外资并购的前序环节，建立如图 1 所示的 C′SCP 分析逻辑范式。在该图中，虚框中的高度寡占的国际市场结构被视为假定条件，而另一虚框中的定价行为、促销行为作为 S 至 P 的传导环节，被视为不可观测变量，并不在实证检验的范围内。本文的重点，在于考察 C′SCP 范式中，目前尚未有专门实证研究的外资并购→国内市场结构之间的关系，并不检验国内市场结构→市场绩效之间的关系。

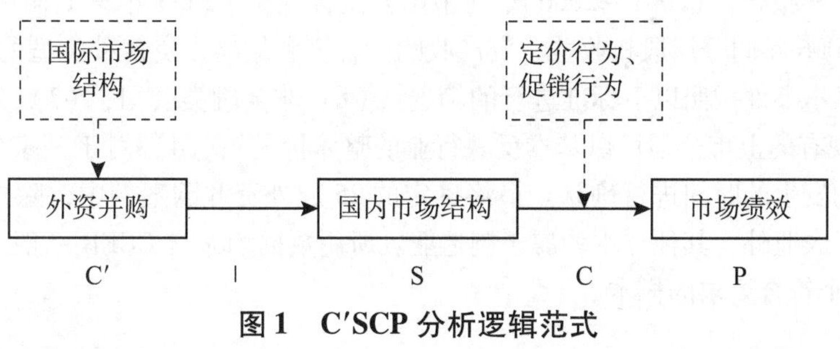

图 1　C′SCP 分析逻辑范式

（二）模型设定

根据产业组织理论和公司理论，决定一个企业市场份额的因素主要包括：

1. 市场地位。市场地位指企业在行业内的位置，行业内如果没有发生重大革新，一个企业，特别是已经成为行业龙头的企业，通常其固有地位不会发生突变。

2. 资产规模。投入决定产出，资产规模越大的企业产值越高，所占市场份额必然高于资产规模小的企业。资产规模既可以用总资产来衡量，也可以用单个企业总资产在行业中所占的比重来衡量。

3. 经营战略。经营战略指企业的长期而非短期战略，包括研发、广告、排除竞争对手等一系列行为。一个企业的经营战略通常是由具有控制权的大股东确定的，因此，外资并购方是否获得大股东地位、拥有目标企业的控制权，直接关系着其经营战略的选择和实施力度，继而影响到企业的市场份额。

4. 时间。一个企业市场份额的扩张并不是一蹴而就之事，即使外资并购方拥有明确的战略目标和战略规划，也需要一段时期来逐步实现。

根据以上的理论分析，建立探讨外资并购事项对目标上市公司市场份额影响的截面数据线性回归模型如下：

$$S_i = \alpha_0 + \alpha_1 S'_i + \alpha_2 H_i + \alpha_3 A_i + \alpha_4 T_i + u_t \quad (2)$$

式（2）目的在于解释市场份额的影响因素，其中被解释变量为 S_i，即第 i 家公司目前的市场份额，以 2007 年度第 i 家公司的主营业务收入/ $\sum$ 同行业上市公司 2007 年度主营业务收入计算；S'_i 表示该公司并购前已有的市场地位，以第 i 家公司的并购前一年的市场份额作为代理变量，等于并购当年第 i 家公司的主营业务收入/ $\sum$ 同行业上市公司并购当年主营业务收入；A_i 为资产规模变量，定义为第 i 家公司公司总资产份额，以 2007 年度第 i 家公司的总资产/ $\sum$ 同行业上市公司 2007 年度总资产计算。

外资并购事项对市场份额的影响主要通过 H_i 和 T_i 两个变量观察。由于获得控制权后，外资并购方可以更好地实施其经营战略、达到预定的并购目标，因此设置虚拟变量 H_i 为第 i 家公司的股东地位，外资并购方获得控制权则 $H_i=1$，外资并购方没有获得控制权则 $H_i=0$。考虑到外资并购完成后从开始实施经营战略至完成市场份额的扩张可能存在一个时滞，因此设置一时间变量 T_i，表示第 i 家公司从并购完成至 2007 年经历的时间，单位以年计。

二、实证结果及分析

（一）外资并购样本选择

参考《中国并购报告》（2001～2006）、《中国并购评论》（2003年第1期～2007年第4期），共确认了1995～2006年间分属股权收购、资产收购、合资和战略投资四种类型的共50项外资并购上市公司案例。样本事件按照以下标准进行的筛选：（1）非金融类公司；（2）公司产品不仅限于本地销售；（3）现有的上市公司可以基本反映行业的整体状况①；（4）对于一家公司多次并购的情况，以第一次并购发生的时间进行确认。最终确定的25起外资并购案例中，除外运发展属于服务业、海通集团属于农业外，其他样本均属于制造业。所用数据均来自CCER一般上市公司财务数据库。总共得到25个符合要求的样本。

（二）市场份额变动情况

从图2中可以看出，每一起外资并购案从并购发生年至2007年市场份额发生的变化，25家目标公司中，11家被外资并购后市场份额有所下降，14家被外资并购后市场份额有所上升。外资通过股权收购成为第一大或者第二大股东的公司均以白色柱状标示，表明外资并购方获得了控制权②；其余公司均以灰色柱状标示，属于资产收购、合资，或者是外资未成为前两大股东的情况，这些公司的控制权显然并没有被外资并购方获得。不感到意外的是，在16家外资方获得控制权的上市公司中，13家公司的市场份额有所提高，平均提高幅度达到了2.7%，同时在9家外资方未获控制权的上市公司中，8家公司的市场份额有所下降，平均下降了2.4%。

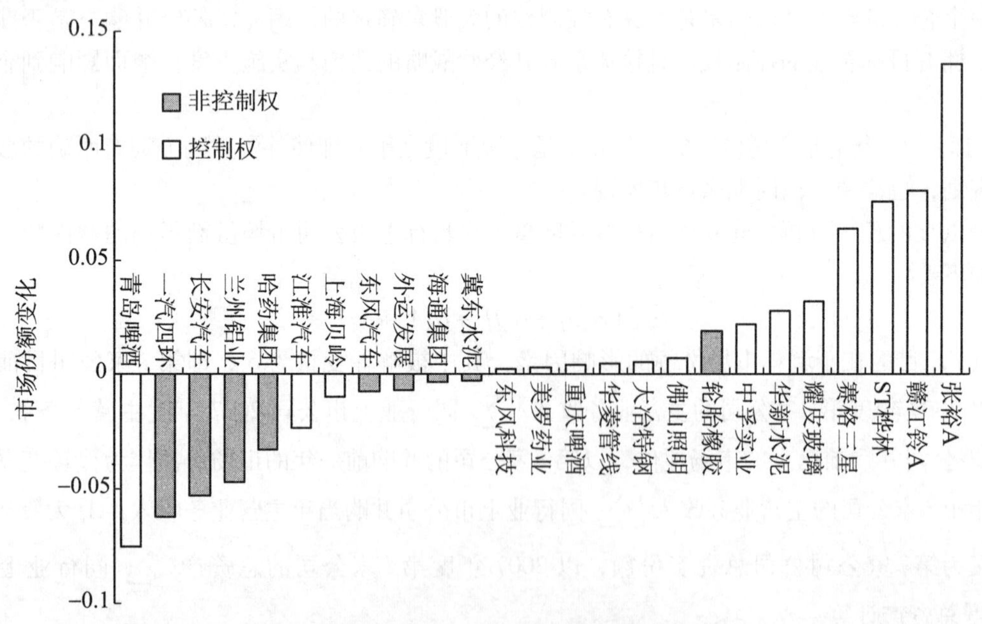

图2　外资并购后目标企业市场份额的变化

① 这是由于受数据可获得性的限制，需要用上市公司汇总数据作为行业数据的代理变量。

② 此处的控制权并不是指50%以上的绝对控股，而是指一种相对的影响力，文中所选样本公司外资方若为第三大股东，持股比例已在10%以下；若为第二大股东，持股比例在15%～50%之间，因此可以认为只要成为前两大股东，就对目标公司有较强的控制力。

由此可以初步推定下面的事实：如果目标上市公司的控制权是被跨国公司获得的（或者虽然暂时无控制权，但意图通过未来增持逐步获得控制权），则意味着作为该目标公司成为了跨国公司的子公司，必将成为跨国公司完成在华战略布局的重要棋子，因此，外资方会致力于提升该公司的市场份额；对于投资基金而言，无论是否取得控制权，其目的都在于从目标公司的升值中实现投资收益，因此也会以扩张市场份额、改善业绩为己任；但是如果属于跨国公司和目标公司设立合资公司的情形，往往造成目标公司市场份额的丧失。

（三）最小二乘法（OLS）回归结果

应用最小二乘法估计得到（1）式的估计①，根据表1的回归结果，并购前市场份额、总资产比重、股东地位和并购完成后经过时间四个解释变量均与目前的市场份额成正向关系。其中，并购前市场份额的系数最高且在1%的显著性水平上显著。并购前市场份额提高10%，则并购后获得的市场份额将提高8.25%，说明目标上市公司并购前的市场地位在最大程度上决定了它当前的市场份额。衡量规模的总资产比重的系数在10%的显著性水平上显著，其系数表明企业总资产行业占比提高10%，则其市场份额将提高2.16%，显然证实了资产规模是市场份额的决定因素之一。这两个控制变量的估计结果也在相当程度上解释了近年来外资方越来越偏好并购行业内龙头企业的原因——龙头企业通常资产规模大、市场份额高，外资方可以通过并购这类企业迅速获取战略急需的市场份额。

表1　　估计结果

	系数	偏差	标准差	95%置信区间		
S'	0.825	0.0108	0.138	0.5500243	1.099228	(N)
				0.631736	1.129626	(P)
				0.6628227	1.223641	(BC)
T	0.001	-0.0005	0.005	-0.0087117	0.0114566	(N)
				-0.0150079	0.0069107	(P)
				-0.0167765	0.0068662	(BC)
A	0.216	-0.01264	0.138	-0.0586358	0.4899459	(N)
				-0.0600037	0.5380535	(P)
				-0.0199517	0.5524063	(BC)
H	0.041	-0.0005	0.020	0.0005692	0.0818143	(N)
				0.0109141	0.0843021	(P)
				0.0143831	0.0864431	(BC)
常数项	-0.031	-0.0003	0.025	-0.0815287	0.0194265	(N)
				-0.1035616	0.0005136	(P)
				-0.1116579	-0.0070152	(BC)

注：系数为各参数的OLS估计值；偏差表示利用自助法得到的估计偏差，将系数减去偏差得到各参数的自助法精练估计；标准差为基于自助法的标准差估计；N、P和BC分别表示基于正态分布、自助法百分位数和自助法修正的置信区间。

并购完成后经过的时间并不具备显著性，也就是说外资并购事项影响市场份额的时滞事实上并不长，经过3年左右的时间可能就已经充分显露出来了。这是令人警醒的一个结果，它说明了外资方通过并购行为对市场份额的占领只需要很短的时间即可完成。

① OLS及自助法估计结果均由Stata10.0生成。

表示外资方股东地位的虚拟变量 H 的系数值大小并无实际意义，重点在于它的符号，回归结果显示该项符号为正，而且在5%的显著性水平上显著。这就是说，在控制了并购前市场份额、资产规模与并购后时间三个解释变量的情况下，外资控股与否对目前市场份额具有显著影响：在其他条件相同的情况下，并购后外资方获得控制权的公司将比外资方未获得控制权的公司占有的市场份额高4.12%。进一步证实了上文在描述统计分析中的初步推断：外资方通过并购方式取得控制权后，将致力于进一步扩张市场以获得更高的市场份额。

（四）自助法精练估计

考虑到样本容量较小，利用渐近分布临界值对模型（1）中参数进行显著性检验或置信区间估计时，可能存在较大的估计偏误。因此，下面进一步采用自助法对参数估计值、标准误和置信区间进行精练估计。通常情况下，人们习惯于使用统计量的渐近分布来代替其精确有限样本分布，来进行参数的假设检验或置信区间估计，这就是所谓的渐近分析。但如果样本容量较小，渐近分布与精确有限样本分布的差别就会很大，从而渐近分析可能导致较大的估计偏差。与渐近分析不同，自助法则利用样本数据的经验分布代替其总体分布，通过对原始样本进行多次重置抽样来估计统计量的精确有限样本分布函数。这里自助法抽样次数为100次，估计结果如表1所示。

基于各参数的自助法精炼估计，并购前市场份额提高10%，则并购后获得的市场份额将提高8.14%；企业总资产行业占比提高10%，则其市场份额将提高2.29%。此外在其他条件相同的情况下，并购后外资方获得控制权的公司将比外资方未获得控制权的公司占有的市场份额高4.127%。总体而言，虽然通过自助法精炼估计，各参数的估计值有一定的变化，但主要结论依然不变。

三、结论及建议

根据实证分析结果，目标上市公司的控制权是被跨国公司获得的（或者虽然暂时无控制权，但意图通过未来增持逐步获得控制权），则意味着该目标公司已经成为（或终将成为）跨国公司的子公司，外资方会致力于提升该公司的市场份额以获得垄断优势；但是如果属于跨国公司和目标公司设立合资公司的情形，往往造成目标公司市场份额的丧失。这对于我国进行外资并购审查有两点启示：

第一，以并购方式利用外资时，除引进资金、技术、创新的考虑之外，必须认真估算并购发生后可能造成的市场份额和集中度变化，依据《反垄断法》，限制那些严重损害市场竞争秩序的外资并购，特别是在国民经济重要行业。

第二，必须防范外资方对我国企业的“恶意并购”，在加强目标企业自我保护意识、避免国有资产流失的同时，应对并购方动因进行预判并谨慎选择合作对象。

参考文献：

1. 戴金平、安志勇、冯蕾：《跨国并购对目标国产业集中与发展的影响分析》，载于《证券市场导报》2008年第7期。

2. 江小涓：《跨国投资、市场结构与外商投资企业的竞争行为》，载于《经济研究》2002年第9期。

3. 龙志和、欧变玲：《Bootstrap方法在经济计量领域中的应用》，载于《工业技术经济》2008年第7期。

4. 姚战琪：《跨国公司、并购行为与市场结构》，载于《产业经济研究》2004年第2期。

5. 张小蒂、王焕祥：《论跨国公司FDI中基于垄断优势的并购及其效应——兼评邓宁的OLI范式》，载于《国际贸易问题》2004年第2期。

6. Bresnahan T. F. Empirical studies of industries with market power [C]. Handbook of industrial organization（Vol. II).

New York: Elsevier, 1989.

7. Driffield N. Inward Investment and Host Country Market Structure: The Case of the UK [J]. Review of Industrial Organization, 2001. Vol. 18 (4).

8. Michael R. Chernick. Bootstrap Methods: A Guide for Practitioners and Reserachers [M]. John Wiley & Sons, Inc., Hoboken, New Jersey: 2007.

（本文载于《天津商业大学学报》2010 年第 4 期）

地方官员行为与经济发展：一个基于政治晋升、财政分权与腐败的文献综述

郭广珍

摘　要：地方官员的行为被认为是影响发展中国家经济发展的重要因素，一般认为地方官员通过三个途径对经济发展产生影响，即政治晋升、财政分权和腐败。本文在对各方面的文献进行了梳理和分析时，试图将这三方面的文献放在一个统一的框架中。而且，我们认为在没有弄明白官员行为的情况下，就去研究官员行为如何影响其他变量的做法是不恰当的，因此我们还对影响地方官员自身行为的相关文献也进行了综述。

关键词：政治晋升　财政分权　腐败

一、引言及文献综述的视角

中国经济经历了30多年的高速增长，学者们已对诸多影响因素做过分析。除了利用大量的新古典要素，如资本（即FDI的诸多研究文献）、劳动（人口红利和农民工问题）、人力资本（教育问题）以及技术（R&D的研究）等进行解释外，最近一部分研究则转向了一些政府以及官员行为，特别是地方官员行为。而且，人们对地方官员在中国经济发展中地位的重要性已经达成共识。李（Li，2003）甚至指出，私有化并不是中央政府的政策驱动的（Policy-driven），而是地方政府根据其成本收益计算后的选择，他甚至认为中国的经济改革的关键是“征得地方政府的同意和支持”。

从表面上看，对地方官员的研究好像属于政治学的研究领域，然而，如果将其理解为对经济发展产生影响的那些地方官员行为进行研究的话，我们就会发现相关的研究在经济学领域相当丰富，毕竟在新古典之前，经济学被冠以“政治经济学”之名。而且目前对政治如何影响经济的研究越来越热烈，以至于以新政治经济学为研究工具的文献越来越多。而本文只关注地方官员的行为，通过对文献的梳理，我们认为已有的文献大致有三类和地方官员行为有关，即财政分权体制、政治晋升体制和官员腐败问题。

我们可以通过图1很明了地看出，地方官员如何通过这三个方面对经济发展产生影响。

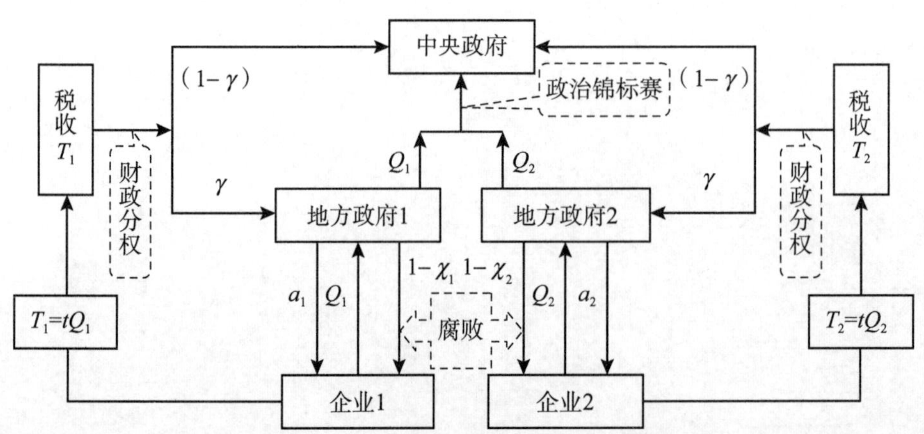

图1　地方政府在经济发展中的地位

如图1所示，存在一个中央政府和两个地区1和2，每个地区都有一个地方政府和一个企业。首先是中央政府决定税率（t）和财政分权比例（γ）①。而地方官员的行为主要受到两个方面的影响，即两个领域——经济领域（财政分权和腐败）与政治领域（政治晋升）。在经济领域，按我们以上财政分权的设定，地方政府可以分到财政份额为γ。地方政府官员对这些财政资源有两种配置方式：第一是进行公共设施投资，进而提高当地企业的产出；第二是用于在职消费或者贪污。在政治领域，主要是政治晋升发挥作用。地方官员作为中央政府的代理人出现，由于其努力（a_i）是不能被中央政府观察的，所以，中央政府只能选择其他指标对其进行激励。这里我们认为假设中国中央政府将GDP作为一个可观察的指标，并在不同地方政府间实施政治晋升的锦标赛机制还是比较客观的（周黎安，2004，2007；Li and Zhou，2005）。

我们要考虑的第三个行为主体为企业，假设每个地方只有一个企业，而企业的产量受地方官员努力和腐败的影响。在研究政府公共支出的相关文献中，一些文献将公共支出设定为进入消费者的效用函数（Caplan et al.，2000），一些进入企业的生产函数（Mstsumoto，2004；Bucovetsky，2005）。

按照这一思路，我们下面从这三个方面对地方官员与经济发展的关系进行综述，而且，更重要的是，我们在综述的过程中特意将不同观点的文献放在一起。除此之外，我们在第三部分还特意对地方官员自身行为研究的文献和观点进行了梳理，以使文献更为全面。

二、地方官员行为与经济发展

（一）财政分权对地方官员的激励与经济发展

研究中国经济发展制度原因的第一类文献是关于（财政）分权体制的，尽管中国在政治上相对集权，但是在财政上却被认为是高度分权的。数据统计显示，中国省级财政支出十几年来一直都占到了全国财政支出的近70%（黄佩华，2005）。所以，财政分权或者财政联邦制度一度被认为是促进中国经济增长的重要因素。

一些文献借鉴企业理论的思路，认为地方政府很像一个多部门的集团公司的总部一样管理着其辖区内的公有性质的乡镇企业，因而为之贴上了“地方政权公司主义”（Local State Corporatism）和“地方政府企业家精神”（Local Government Entrepreneurship）（Oi，1992；1995）的标签。而温格斯特（Weingast，1995）正式提出了“保护市场的联邦主义”（Market-preserving Federalism，MPF），他们相信只要满足了5个特征就将形成有效的MPF②，而迪沃特里庞特和马斯金（Dewatripont and Maskin，1995）也指出信贷市场上分权可以强化预算约束的研究，并证明分权和辖区间竞争可以迫使政府减少对无效率国企的补贴和救助，加快国企的民营化改革，增加对生产性基础设施的投资，进而促进经济发展。其背后的原因是，财政分权改革使得地方政府成为了“剩余索取者”并有了追求地方税收最大化的积极性（Qian and Xu，1993）。而且，该理论也得到了实证研究的支持，一方面，林毅夫和刘志强（2000）、张晏和龚六堂（2006）分别利用1970~1993年间和1986~2002年间的省级数据证实财政分权与经济增长之间存在正相关关系。这些中国的证据使得该理论被称为“中国式联邦主义”（Montinola et al.，1995）。另一方面，陈抗等（2002）利用1985~1998年省级政府财政收入的相

① 需要指出的是，我们这里假设中央政府不进行公共设施投资（可以理解为即使投资也对地方政府没有激励作用），原因是我们的研究重点并不是中央政府行为的影响，而且这一假设也符合中国的实际情况，因为，世界银行在2001年的报告中指出，中国大约70%的公共支出发生在地方。

② 这5个特征是：（1）政府体系至少有两个层级，每级政府都有明确的权威范围（Authority）或者自治权（Autonomy）；（2）下级政府对其辖区内的经济事务具有首要的管理责任；（3）中央政府保证国内市场统一；（4）地方政府硬预算约束；（5）这种权威和责任的划分能够自我实施。

关数据证明，1994年税改降低了地方政府的税收分成比例之后地方政府对乡镇企业在内的投资积极性下降了，并以此认为地方政府从"援助之手"蜕变为"攫取之手"，对经济增长造成阻碍作用。与之相对应，一些计量研究发现俄罗斯的地方政府税收的边际保留率很低（大约0.1）且不稳定。此外，顿恩和沃泽尔（Dunn and Wetzel，2000）对于前中东欧和苏联国家的比较研究似乎也证明了这一点。在他们看来，名为联邦国家的俄罗斯其实施行的是"不附带权威的行政性授权"，因为中央没有真正地分权给地方，即这种分权不是一个可信的承诺并且这被认为是中俄之间地方政府行为和经济绩效差异的重要原因（杨其静、聂辉华，2008）。这些研究从反面证明了分权与发展的正相关关系。

然而，对于该理论的批评也很多，大致而言，理论上的批评主要集中在MPF的5个特征之间的紧张关系、这些特征与现实之间的矛盾，以及由分权和辖区间竞争所产生的负效应，比如外部不经济、地区间发展不均等。因此，奥特（Oates，1999）感叹道："虽然温格斯特等人的MPF很有煽动性，但他们所引发的问题至少与他们回答的一样多"。然而，这种分权理论"更多地使用抽象的'地方政府'，甚至从未明确地以地方政治家作为分析对象，以至于他们自己从未真正严格和逻辑一致地回答何种政治制度才能保证分权能够激励地方政治家善待企业和减少掠夺行为。因此并没有回答：为什么地方领导人一定要采取保护市场的政策？"而这其实也正是百利（Bewley，1981）等人对古典财政联邦主义的批评（杨其静、聂辉华，2008）。换句话说，因为其分析单位是政府而不是官员，因此，政府这个"黑箱"并没有被打开（周黎安，2008）。而且更重要的是，在实践中MPF所预期的效果不仅难以实现，而且还产生许多负面效应（杨其静、聂辉华，2008），这一点也可以得到了实证研究的支持。张和邹（Zhang and Zou，1998）利用1978～1992年的省级数据检验财政分权和经济增长的关系，发现中国的数据表明二者并没有呈现正相关关系。他们的解释和中央对外部性较强的公共设施投资下降有关。而且，尽管张晏和龚六堂（2005）发现中国的财政分权与增长在1994～2002年间显著为正，但是在1986～1993年之间则为负。

（二）政治晋升对地方官员的激励与经济发展

中国的实际情况是，尽管在20世纪80年代和90年代初，地方政府投资规模非常大，地方政府的财政边际留成率（Marginal Revenue Retension Rate）非常高，但仅仅用上述分权理论并不能完全解释中国的地方官员为何有如此强的动机。而且，中国目前在政治相对集权的情况下实现了经济的高速增长，这种现象和一般西方关于民主促进经济发展的思想相悖（Allen et al.，2005）。为此，一些学者将目光转向了中国的一个特殊的政治制度安排：党管人事。而更为重要的一个事实是，中国在评价地方官员时，经济指标占了很大比重，特别是20世纪80年代以后，这使得中国政治对经济的影响比其他直接选举体制国家更大。金等（Jin et al.，2005）指出以上关于财政分权和政治晋升的研究显然是互补的，而这也是我们要提及的第二部分研究基础。

黄亚生（1995）借鉴了企业理论中的激励手段来研究政府官员的激励问题，不同于企业所采用的期权、效率工资、任期和提拔等手段，不同于民主国家的选拔制度，中国官员是向上负责的，中央政府采用了异地任职、上级任命、异地交流、晋升和任期等制度安排实现了对30个省、直辖市和自治区，2400个县，30000个乡的治理。黄亚生的研究虽然仍可以追溯到分权理论，但是其转向政府的层级结构的研究可以突破原有从收入或支出研究的局限，因此为破解中国之谜提供了一个新的视角。而李和周（2005）发现自20世纪80年代初以来，中国地方官员的选拔和提升的标准由过去的纯政治指标变成经济绩效指标，尤其是当地GDP增长率。所以，人们自然就认为在这种情况下，官员的政治目标和国家的经济增长目标是激励相容的。官员为了在"官场"上为晋升而竞争，而使他们具有提高地区GDP和利税的激励。通过构造锦标赛模型，这类文章讨论了政治晋升对经济的影响（周黎安，2004；周黎安，2008）。而张五常（2008）也沿用长期以来的经济解释的思路，通过自身的观察把县际之间的竞争归结为中国经济制度的核心，分权在县级层面的实施使得县级政府之间的竞争最为激烈。并且该理论也得到了一些实证研究的支持（徐现祥、李郇、王美今，2007；张军、高远，2007）。

那么政治晋升锦标赛模型是否适合解释经济增长呢？周黎安（2007）认为某种政治体制要让晋升锦标赛发挥效力就要满足政治集权、竞争指标客观、绩效可分、努力相关和没有合谋等五个技术前提，而且他认为中国的政治体制刚好符合这些假设。然而，这些前提只是对政治体制的限制，而没有考虑作为行为人的官员。蔡和垂瑟曼（Cai and Treisman，2005）就指出如果其他条件（如禀赋）差别较大，弱势地区的官员可能不加入竞争，反而破罐子破摔，放弃竞争甚至转变为纯粹的掠夺者。也就是说，仅仅假设政治行为人（官员）只受政治晋升的激励（尽管这种激励可能包含经济目标），即所谓“理性的地方政府官员为了晋升最大化”（徐现祥、李郇、王美今，2007），可能是不合适的。而且，欧柏和斯蒂芬（Opper and Stefan，2007）则利用中国1987～2005年间212个省级领导人的1101个观测值证实了“关系论”，拒绝了“政绩观”，文章probit回归方程的结果表明是否升迁与政治关系高度显著，而经济绩效不显著甚至为负。邢华（2007）利用江苏省1990～2005年间52个县（市）领导的升迁与经济增长和财政收入的数据得出的结论，甚至出现经济增长和官员升迁出现负相关的计量结果。

（三）官员腐败与经济发展

上面的两类文献其实都只关注对经济发展有正面影响的方面，但是在政府官员非仁慈的假设下，官员首先要追求其自身的利益最大化，再考虑到中国目前并不完善的司法体制，官员的贿赂行为就不得不被考虑进来。其实，在经济发展的过程中，官员“以权谋私”，也就是通常讲的腐败问题是很常见的。有数据表明，在1815～1975年间，美国经历了一段腐败事件从层出不穷的高峰期到锐减并维持在一个低水平稳定期的过程。19世纪70年代是美国腐败现象的高发期，其腐败指数近乎美国进步主义时期至20世纪70年代之间腐败水平的5倍。

关于贿赂对经济发展影响的研究已经非常系统了，根据政府的受损情况，史雷弗和威士尼（Shleifer and Vishny，1993）将腐败分为盗窃腐败（Corruption with Theft）和非盗窃腐败（Corruption without Theft）。在前一种腐败中，个人为购买公共产品而支付的价格低于官方价格，并变成行贿支出全部被官僚获得。在后一种腐败中，官员在向个人索取了官方价格后，还索要额外贿赂。巴德汉（Bardhan，1997）对相关文献进行综述后指出，联邦政府对州、地方政府自由裁量权的限制及监控力度的加强，极大地抑制了腐败的蔓延。麦柔（Mauro，1995）利用国际数据对各国的腐败对公共支出结构的影响问题进行了经验研究。该研究表明相对于人力资本投资，地方政府更愿意对基础设施建设进行投资，因为后者更容易腐败。而吴国光（2004）认为，中国的经济改革的实质就是在行政分权的框架下引入市场机制，这是二十多年来保持高速经济增长、实现经济繁荣稳定的制度基础。但这种改革路径也产生了严重的问题，首先是官员腐败现象的严重恶化。近年来，这种腐败已超越了官员个人以权谋私的层面，开始出现了地方权力整体上向所谓“黑帮化”演变的趋势[①]，从而至少在地方层级正在把所谓的“发展型国家”逐步改变为“掠夺型国家”。

然而，腐败对经济发展的影响也是不明确的，有些研究则证实了腐败对经济发展有促进作用。勒夫（Leff，1964）第一次提出了腐败是僵化经济体制下的“润滑剂”的概念。此后，汉庭顿（Huntington，1968）也提出：一个僵化而清廉的政府比一个僵化的、高度集权的、腐败的政府更难以推动经济增长。他们认为，在一些发展中国家，过度管制扭曲了经济的发展和资源配置，腐败客观上可以视为市场对于资源扭曲配置的一种纠正。而该思想还被用“排队模型”（Liu，1985）和“拍卖模型”（Beck and Maher，1986）正规化了。巴洛特（Barreto，2001）也发现单位资本GDP增

① 而目前各地区，特别是重庆地区打击黑社会势力的行动也佐证了这一观点。

长率（GDP Per Capita Growth）和腐败有正相关关系。

因此，腐败对经济发展的影响也是不清楚的。正如阿瑟莫格鲁和沃迭（Acemoglu and Verdier，2000）所宣称的那样，现实经济中市场失灵是常态，这需要必要的政府干预以纠正市场失灵，而政府干预就必然会导致腐败。而腐败是促进还是阻碍了经济增长？以及，欠发达国家中的高腐败是因为政府（为了治理市场失灵）选择了较高的腐败容忍水平还是因为高腐败导致了经济发展的滞后？等等，这些问题都有待进一步的经验验证。

（四）两个方面的共同影响

总而言之，通过以上对文献的梳理我们可以看出，仅仅考察官员的一个方面对在经济发展中的作用很难得到一致的结果。正如诺斯（North，1981）所说："国家的存在是经济增长的关键，然而国家又是人为的经济衰退的根源"，所以，将多个因素结合起来统一分析才可以弥补单一分析的不足。

傅勇、张晏（2007）将财政分权和地方官员晋升这两个因素结合起来，即在中国式分权的背景下讨论了地方政府支出结构偏向的激励根源，并利用 1994 ~ 2004 年的省级面板数据对该文的推断进行了实证检验。作者认为，中国的财政分权以及基于政绩考核下的政府竞争，在支出结构上造就了地方政府"重基本建设、轻人力资本投资和公共服务"的严重扭曲；并且，政府竞争会加剧分权对政府支出结构的扭曲，而竞争对公共支出结构的最终影响取决于分权程度。周黎安（2008）试图将财政分权与政治晋升（以及行政发包和属地管理）集合起来，进而解释地方官员的行为，但只是给出了一个思路，并不严格。王贤彬和徐现祥（2009）在同一个框架内考虑了政治激励与财政分权，考察了转型期我国地方官员的经济行为，并讨论了资本不可流动和资本可流动情形下地方官员的行为。而郭广珍（2009）通过将政治晋升和贿赂对官员激励的综合考虑，在构造了一个带约束的古诺模型的基础上，分析了官员对自己精力和时间的分配如何对经济绩效产生影响，进而也可以解释大多数政治晋升现象。

三、地方官员自身行为研究

不过，我们想要指出的是，现有文献的更大问题还不在于是否合理地解释了官员行为如何影响经济发展，而在于它们并没有解释官员自身的行为，即什么因素影响官员行为。很显然，在没有弄明白官员行为的情况下，就去研究官员行为如何影响其他变量的做法是不恰当的，所以，我们有必要对官员自身行为进行研究。按照第一部分给出的分析框架，官员自身的行为其实只有两部分，腐败与努力，由于努力是不可观察的，因此我们仅梳理影响官员腐败的文献①。

首先，我们看分权对腐败行为的影响。一部分文献认为分权水平越高的话，贪污腐败水平会越低。伯南和布坎南（Bernnan and Buchanan，1980），温格斯特（1995）指出，分权化（联邦制）通过培育区域间竞争机制而减少了腐败官僚对贿赂的需求。胡瑟和沙哈（Huther and Shah，1998）发现分权与腐败之间存在着显著的负相关关系。费瑟曼和加蒂（Fisman and Gatti，2002a，2002b）分别采用跨国样本数据和美国州际面板数据检验了财政分权与腐败之间的关系，结果显示，它们之间呈现显著的负相关关系。中国的研究表明，改革初期的放权政策，如价格双轨制，选择某些地区作为改革的试验基地等，使得地方官员寻租的可能、收益大大增加。

当然，也有相反的看法，如史雷弗和威士尼（Shleifer and Vishney，1993）认为，政府分权会增加对贿赂的需求。这一思想被艾利和鲁宜（Ehrlich and Lui，1999），波维慈和李（Berkowitz and

① 显然这与第二部分的第三个小节中的腐败大为不同，这里的腐败被内生化了，而前面的腐败是外生变量。

Li，2000）以及沃勒等（Waller et al.，2002）正式化了。而且这一理论也得到了实证研究的验证。雅克·安德里奥（2002）研究了许多有关腐败和犯罪化进程的例子，根据他的分析，经济在地方、部门和机构层级上的逐步社区化，会导致腐败和犯罪化现象的扩大。特瑟曼（Treisman，2000）用一个虚拟变量来表示分权，通过研究发现联邦制国家拥有更高的腐败率。而陈抗等（2002）对中国的研究表明，1994 年分税制使中央加强了预算内财政收入的集权，从而改变了地方政府的行为，从"援助之手"回到了"攫取之手"。他们的理论是，当中央集权之后，地方的最好策略是选择非预算收入来增加自己的利益。非预算收入的扩张代表了地方政府从"援助之手"到"攫取之手"的转变。车（Che，2002）也观测到，分权不仅没有使得地方政府的掠夺行为（Predatory Behaviors）减少，反而使得其尽可能地为自己谋求利益、寻求租金。这也是为什么 20 世纪 80 年代后，地方政府控制了许多资源，但并没有用来鼓励私营企业发展的原因。而且，分权导致的具体腐败，如土地违法行为，也被实证分析证实。梁若冰（2009）利用中国 30 个省、市、自治区在 1999～2005 年间的面板数据分析表明，地方政府的财政分权指数的系数与地方政府的土地违法行为是显著正相关的。而吴一平（2008）利用各地区人均预算内财政支出与中央人均预算内财政支出之比（Decentra_ne）、各地区人均预算内财政收入与中央人均预算内财政收入之比（Decentra_ni）作为分权指标进行分析，发现二者和腐败的贡献系数分别为 0.1999 和 0.1655，这也表明财政分权与腐败之间呈现正相关关系，即财政分权恶化了腐败问题。

德马林和伯瑞思迪（De Mello and Barenstein，2001），巴德汉和莫科济（Bardhan and Mookherjee，2005），费舍曼和加蒂（Fisman and Gatti，2002a，2002b）对财政分权与腐败之间的关系进行了研究。他们认为，财政分权、经济发展水平、政府规模是导致腐败的主要因素。

其次，税率对腐败的影响。魏尚进（1997）给出了一个税率的提高会增加腐败的实证研究，他根据 20 世纪 90 年代初 14 个主要投资国向 41 个东道国直接投资的金额，研究了腐败对东道国吸引外国投资能力的影响。而他还得到这样一个结论，东道国的腐败程度与东道国税率的相关系数是 -1.92（魏尚进，2001）。

最后一个影响官员腐败程度的是惩罚的力度。如史雷弗和威士尼（Shleifer and Vishny，1993）所言，如果中央政府不足以强大来约束其代理人（比如地方政府），腐败将很严重，甚至发生盗窃型的腐败，即官员们抛开国家税收等制度，只收取自己的私人收益。当然，还有很多关于惩罚和腐败之间关系的论证，很多是法与经济学领域的论文，也得到了相同的结论。

四、结论性评述

地方政府和官员，而不是企业家，在中国经济发展中发挥重要作用的事实，是中国经济发展和社会转轨过程中的一大特色。学者们一般认为地方政府对经济发展的影响主要通过三种途径，即分权体制、政治晋升体制和官员腐败。但是，通过对上面的文献分析表明，每一种解释都存在不足，所以，哈佛的政治学家塞池（Saich，2002）将目前中国地方政府行为的研究混乱比喻为"盲人摸象"①。我们认为该比喻不仅形象，而且准确，因为我们认为现有文献之所以相互争吵的根本原因，就是因为每类文献只分析官员行为的单一部分，而不管其他方面。这种分析显然很难勾勒出问题的全貌，进而导致相互争吵也就是必然的了。

所以，将多个因素综合起来研究也许可以得出更为全面的结论，虽然一些文献试图考虑其中两个因素，但是并没有同时研究财政分权、政治晋升和腐败三个方面对官员的激励作用。因此，构造一个可以同时分析财政分权、政治晋升以及腐败发挥作用的研究框架，是一个需要进一步研究的问题。

① 从下面的文献梳理中，我们可以对这一点更加确认。

参考文献：

1. Acemoglu, D. and T. Verdier, "The Choice Between Market Failures and Corruption", American Economic Review. 2000, 90 (1): pp. 194 – 211.

2. Allen, Franklin, Jun Qian, and Meijun Qian, "Law, Finance, and Economic Growth in China," Journal of Financial Economics, 2005 (77), pp. 57 – 116.

3. Alwyn Young, "The Razor's Edge: Distortions and Incremental Reform in the People's Republic of China", The Quarterly Journal of Econlmics, 2000 (4), pp. 1091 – 1035.

4. Bardhan, P., "Corruption and development: a review of issues", Journal of Economic Literature, 1997, 35, pp. 1320 – 1346.

5. Bardhan, P., and D. Mookherjee, "Decentralization, Corruption and Government Accountability: An Overview", in Rose-Ackerman, S., (ed.), *Handbook of Economic Corruption.* London: Edward Elgar, 2005.

6. Barreto, Raul A., "Endogenous Corruption, Inequality and Growth", Econometric, 2001.

7. Beck, Paul J. and Michael Mather. "The Impact of the Foreign Corrupt Practices Act on US Exports", Managerial and Decision Economics, 1991, 12 (4), pp. 295 – 303.

8. Berkowitz, D., and W. Li, "Tax Rights in Transition Economies: A Tragedy of the Commons?", Journal of Public Economics, 2000, 76 (3), pp. 369 – 397.

9. Bewley, T. F., 1981, "A Critique of Tiebouts Theory of Local Public Expenditures", Econometrica, 49 (3), pp. 713 – 740.

10. Brennan, G., and J. Buchanan, *The Power To Tax: Analytical Foundations of Fiscal Constitution.* New York: Cambridge University Press, 1980.

11. Cai, Hongbin, and D. Treisman, "Does Competition for Capital Discipline Governments ? Decentralization, Globalization and PublicPolicy", American Economic Review, 2005, P. 95.

12. Che J. "Rent Seeking and Government Ownership of Firms: An Application to Chinas' Township Village Enterprise", Journal of Comparative Economics, 2002, 30, No. 4: pp. 787 – 811.

13. 陈抗、Arye L. Hillman、顾清扬：《财政集权与地方政府行为变化——从援助之手到攫取之手》，载于《经济学（季刊）》2002 年第 1 期。

14. De Mello, L., and M. Barenstein, "Fiscal Decentralization and Governance: A Cross-Country Analysis", IMF Working Paper, 01/71, 2001.

15. Dunn, J., D. Wetzel, "Fiscal Decentralization in Former Socialist Countries: Progress and Prospects", *Council of Europe Youth Center*, World Bank. 2000.

16. Ehrlich, I., and F. Lui, "Bureaucratic Corruption and Endogenous Economic Growth", Journal of Political Economy, 1999, 107 (S6), S270 – S293.

17. Fisman, R., and R. Gatti, "Decentralization and Corruption: Evidence across Countries", Journal of Public Economics, 2002a, 83 (3), pp. 325 – 345.

18. Fisman, R., and R. Gatti, "Decentralization and Corruption: Evidence from US Federal Transfer Programs", Public Choice, 2002b, 113 (1 – 2), pp. 25 – 35.

19. 傅勇：《财政分权改革提高了地方财政激励强度吗?》，载于《财贸经济》2008 年第 7 期。

20. 傅勇、张晏：《中国式分权与财政支出结构偏向：为增长而竞争的代价》，载于《管理世界》2007 年第 3 期。

21. Glaeser, Edward L., and Raven E. Saks, "Corruption in America", Journal of Public Economics, 2006, 90: pp. 1053 – 1072.

22. 郭广珍：《政治收益、经济贿赂与经济绩效：一个新古典政治经济学模型》，载于《南方经济》2009 年第 11 期。

23. 黄佩华：《21 世纪的中国能转变经济发展模式吗?》，载于《比较》2005 年第 18 期。

24. Huntington, Samuel P., *Political order in changing societies*, New Haven: Yale U Press, 1968.

25. Huther, J., and A. Shah, "Applying a Simple Measure of Good Governance to the Debate on Fiscal Decentralization", World Bank Working Paper No. 1894, 1998, http: //www. worldbank. org/wbi/governance/pdf/wps1894. pdf.

26. Jin, H., Y. Qian and B. Weingast, "Regional Decentralization and Fiscal Incentives: Federalism, Chinese Style", Journal of Public Economics, 2005, 89: pp. 1719 – 1742.

27. Lars P. Feld, Horst Zimmermann and Thomas Döring, "Fiscal Federalism, Decentralization and Economic Growth", Public Economics and Public Choice, 2007.

28. Laffont, J-J., "Political Economy, Information and Incentives", European Economic Review, 1999, 43, pp. 649 – 669.

29. Leff, Nathaniel. "Economic Development through Bureaucratic Corruption", The American Behavioral Scientist, 1964, 8 (2), pp. 8 – 14.

30. 梁若冰：《财政分权下的晋升激励、部门利益与土地违法》，载于《经济学（季刊）》2009 年 10 月。

31. Li, H., "Governments' Budget Constraint, Competition and Privatization: Evidence from China 's Rural Industry", Journal of Comparative Economics, 2003, 31, No. 4: pp. 486 – 502.

32. Lin, J. Y. and Z. Liu, "Fiscal Decentralization and Economic Growth in China", Economic Development and Cultural Change, 2000, 49 (1), pp. 1 – 21.

33. 林毅夫、刘志强：《中国的财政分权与经济增长》，载于《北京大学学报（哲社版）》2000 年第 4 期。

34. 刘雅南、邵宜航：《政府竞争与区域经济差异》，载于《经济学（季刊）》2009 年第 4 期。

35. Mauro, P., "Corruption and Growth", Quarterly Journal of Economics, 1995, 110 (3): pp. 681 – 712.

36. Montinola, Gabriella, Yingyi Qian and Barry R. Weingast, "Federalism, Chinese Style: The Political Basis for Economic Success in China," World Politics, 1995, 45, No. 1, Oct., pp. 50 – 81.

37. Oates, W. E., 1999, "An Essay on Fiscal Federalism", Journal of Economic Literature, 37 (3), pp. 1120 – 1149.

38. Oi J., "Fiscal Reform and the Economic Foundations of Local State Corporatism in China", World Politics, 45 (1), 1992, pp. 99 – 126.

39. ——, "The Role of the Local State in China's Transitional Economy", China Quarterly, 1995, P. 144.

40. Qian Y. Barry R. Weingast, "Federalism as a Commitment to Preserving Market Incentives", The Journal of Economy Perspective, 1997, 11, No. 4 (Autumn): pp. 83 – 92.

41. 托尼·塞奇：《盲人摸象：中国地方政府分析》，载于《经济社会体制比较》2006 年第 4 期。

42. 沈坤荣、付文林：《税收竞争、地区博弈及其增长绩效》，载于《经济研究》2006 年第 6 期。

43. Shleifer, A., Vishny, R., "Corruption", The Quarterly Journal of Economics. 1993. 108, pp. 599 – 617.

44. Shleifer, A., and R. W. Vishny, "Politicians and Firms", The Quarterly Journal of Economics, 1994, Vol. 109, No. 4, pp. 995 – 1025.

45. Treisman, D., "The Causes of Corruption: A Cross-national Study", Journal of Public Economics, 2000, 76 (3), pp. 399 – 457.

46. 王贤彬、徐现祥：《转型期的政治激励、财政分权与地方官员经济行为》，载于《南开经济研究》2009 年第 2 期。

47. 魏尚进：《经济中的贿赂：是润滑剂还是沙子?》，载于《经济社会体制比较》2001 年第 1 期。

48. Weingast, B., "The Economic Role of Political Institutions: Market-Preserving Federalism and Economic Development", Journal of Law, Economics and Organization, 1995, 1 (1), pp. 1 – 31.

49. 吴国光：《县政中国———从分权到民主化的改革》，载于《当代中国研究》2004 年第 1 期。

50. 吴一平：《财政分权、腐败与治理》，载于《经济学（季刊）》2008 年第 1 期。

51. 杨其静、聂辉华：《保护市场的联邦主义及其批判》，载于《经济研究》2008 年第 3 期。

52. Zhang, T. and H. Zou, "Fiscal decentralization, public spending and economic growth in China", Journal of Public Economics, 1998, 67, pp. 221 – 240.

53. 张军、高远：《改革以来中国的官员任期、异地交流与经济增长》，载于《经济研究》2007 年第 6 期。

54. 张五常：《中国经济制度》，香港花千树出版社 2008 年版。

55. 张晏、龚六堂：《分税制改革、财政分权与中国经济增长》，载于《经济学（季刊）》2005 年第 1 期。

56. Zhuravskaya, E., "Incentivesto Provide Local Public Goods: Fiscal Federalism, Russian Style", Journal of Public Economics, 2000, 76 (3).

57. 周黎安：《晋升博弈中政府官员的激励与合作——兼论我国地方保护主义和重复建设问题长期存在的原因》，载于《经济研究》2004 年第 6 期。

58. 周黎安：《转型中的地方政府》，格致出版社、上海人民出版社 2008 年版。

（本文载于《制度经济学研究》2010 年第 3 期）

破除行业垄断的"权力外壳"：促进分配公平的一种改革思路

韩东林

摘　要： 目前中国存在的由权力主体授权和保护的行业垄断企业对中国经济的影响非常明显，对分配公平的影响也日益突出，行业垄断企业已经成为分配不公的主要力量之一。但本质上来看，行业垄断属于权力垄断，因此，行业垄断实际上是权力对公平影响的具体化形式。所以，消除行业垄断企业的特殊利益，促进分配公平，就必须从根本上破除行业垄断的"权力外壳"，这是本文提出的一种改革思路。

关键词： 行业垄断　分配公平　监管体系　反垄断

一、中国行业垄断的渊源、类型和本质特征

源于权力垄断的中国行业垄断是自然垄断、行政垄断和市场垄断的"交集"，具有权力垄断和市场垄断的双重垄断特征，但本质特征则是权力垄断。

（一）行业垄断的渊源

中国行业垄断一般都源于计划经济时代的政企合一，随着权力主导下的"渐进改革"的深入，原有一些行业管理与经营合一的政府机关开始与所在行业企业分离。① 原有的政府行业主管部门在历次机构改革中被不断缩小或者撤并，管理职能被重新归并，② 但所在行业企业却得以继续保存下来，并且在市场化导向的改革进程中，以行业垄断企业的面目出现，中国的行业垄断由此诞生。例如，目前中国存在的电力、石油、电信、水电气供应、金融、保险、民航、移动、邮政和烟草等垄断行业，往往是行政机构改革过程中的原来政府机构的"变体"，是行政权力的"经济化"形式，因此，就其本质来说，垄断行业是行政权力的"衍生产品"。虽然目前关于行业垄断存在的理由不尽相同，但都有权力部门的坚定支持与保护，这是中国行业垄断继续存在和难以消除的根本原因。

（二）垄断的类型与行业垄断

按照格里高利·曼昆的分类，根据行业进入障碍，将垄断分为自然垄断、行政垄断和市场垄断。所谓自然垄断，是指一些行业由于特殊的自然条件、经济条件和技术特点，使得一家企业经营比多家企业经营的总和成本低。这样的行业就是自然垄断的。自然垄断行业提供的产品或服务多是居民日常生活的必需品，并且要求所提供的产品或服务范围能够足够大。自然垄断行业一般

① 客观上来说，虽然到目前为止还没有实现实质性政企分离，但至少是形式上实现了分离。

② 历次机构改革中，包括所谓的"大部制"改革，铁道部到目前为止都未动，这是一个比较特殊的现象。铁路部门的垄断是最典型、最完备的垄断。

出现在有网络性质、初始投资巨大的行业，如铁路网、输电网、电话网、城市各种管网设施等。所谓行政垄断，是指行政权力主体动用行政权力通过授权方式，只允许一家或少数几家企业垄断经营某一行业。而市场垄断则是指行业企业通过技术、效率等竞争优势，控制了主要市场份额，而形成的垄断。

就中国的垄断企业情况来看，自然垄断和行政垄断占主导地位，通过市场竞争自发形成的市场垄断企业几乎没有，如果有的话，也只是一些外国垄断企业在中国的垄断行为或者中国少数企业暂时建立的价格联盟，严格意义上的通过市场竞争建立的市场垄断企业还没有看到。需要指出的是，在中国自然垄断行业往往都是行政权力部门许可和保护下建立起来的，与行政垄断行业在本质上是一致的，这与西方发达国家的自然垄断行业的存在有所不同。至于本文研究的行业垄断，本文将其界定为自然垄断、行政垄断与市场垄断的“交集”（见图1）。这是因为，无论是自然垄断企业还是行政垄断企业之所以能够垄断某一行业，都得益于权力部门的授权和保护，在此基础上，垄断企业再在市场上形成垄断地位，获取垄断收益。基于权力保护下的中国行业垄断是一种双重垄断：权力垄断与市场垄断。

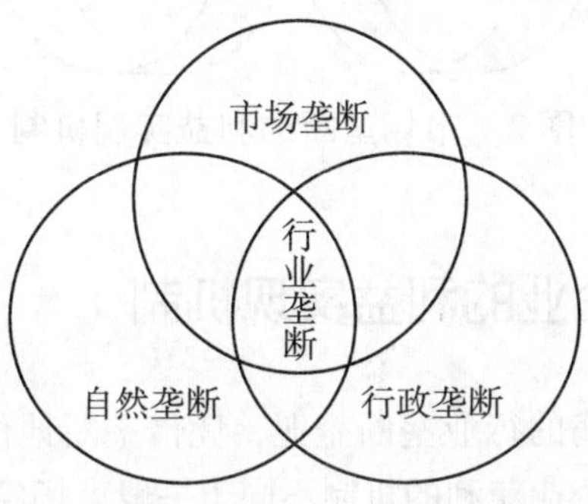

图1　垄断类型与行业垄断关系

（三）行业垄断本质上是权力垄断

西方市场经济体制下的市场垄断是一种竞争力强的结果与象征，比如微软、英特尔等。而中国垄断企业依赖于权力而形成的市场垄断，完全与市场经济法则相悖，是与市场竞争力毫无关系的一种市场垄断，本质上纯粹是一种权力决定的利益垄断。正是因为垄断行业和行政权力存在千丝万缕的联系，因此二者在利益上是一体的；并且，行政权力往往不是垄断行业的制约和监督力量，反而是垄断行业的保护力量。[①] 总之，中国行业垄断不仅是源于权力垄断，生于权力垄断，而且可以说没有权力保护，就没有中国行业垄断企业的生存之地。

二、行业垄断企业的利益实现机制

垄断的动机与最终目的在于获得垄断利益。对于一般市场垄断企业来说，凭借市场竞争中的优势，通过垄断高价获得垄断利润；但对于行业垄断企业来说，凭借权力垄断，获得了市场垄断地位，再通过市场垄断高价，获得了垄断工资、垄断福利和垄断暴利。

① 权力部门对垄断行业的保护可谓比比皆是，如规定国有垄断企业的垄断利润留在企业，不再上缴，禁止其他企业进入某一垄断行业，甚至刚实施不久的《反垄断法》都没有专门针对行业垄断企业的具体条款。

（一）一般市场垄断企业的利益实现机制

经典的经济学教科书中早已充分论述了一般市场垄断形成的过程和利益实现机制：自由市场竞争过程中，总有一些企业在竞争中凭借竞争优势，在击败同行竞争对手的同时，通过兼并、收购等手段，成为行业龙头企业。随着这些企业对市场份额的占有比例不断提高，行业市场集中度在提高，而市场集中度提高到一定程度就形成了市场垄断。处于行业垄断地位的企业，通过制定垄断高价，获得了超过市场平均利润的垄断利润（见图2）。需要指出的是，自1890年以后，随着《谢尔曼反托拉斯法》的通过，西方发达国家对市场垄断行为的打击比较严厉，垄断企业很少公开制定垄断高价获利，一般都是采取比较隐蔽的手段。

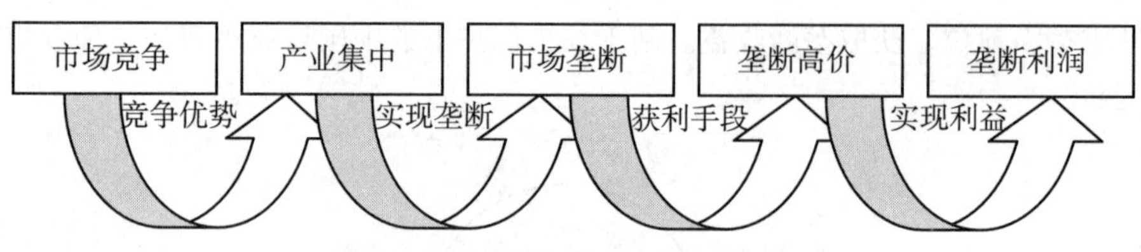

图2 市场垄断的利益实现机制

（二）中国行业垄断企业的利益实现机制

目前中国广为社会各阶层诟病的行业垄断企业，凭借垄断地位，通过垄断高价获取垄断工资、垄断福利和垄断暴利。行业垄断企业获利的机制不同于一般市场经济竞争下形成的市场垄断。中国行业垄断的形成，关键得益于主导改革进程的权力主体的授权，在权力的保护下，各个行业形成自己的行业垄断，由相应的一家或者多家行业垄断企业控制相关的产品市场，从而形成市场垄断。然后这些垄断企业依据自己的市场垄断地位，通过制定得到国家认可的垄断高价，获得垄断利益（垄断工资、垄断福利和垄断暴利），这就是中国行业垄断的利益实现机制和过程（见图3）。与西方发达国家对市场垄断行为的严厉打击相反，中国权力主体对行业垄断行为往往采取的是保护措施，对垄断高价采取官方认可的态度，有的关系国计民生的产品价格虽然由国家政府部门出台，但也往往都是首先体现垄断企业的意志和利益，是变相的行业垄断企业定价行为。

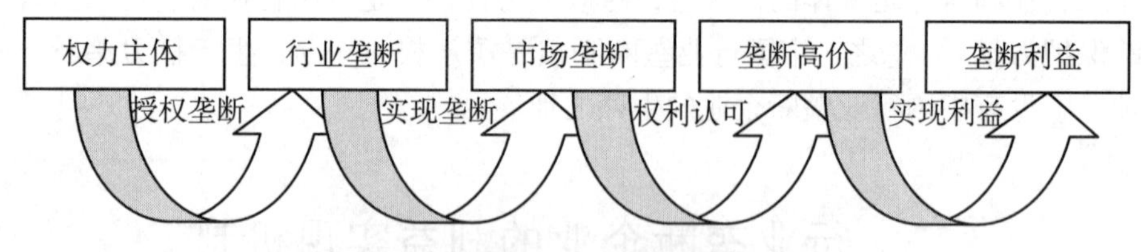

图3 行业垄断的利益实现机制

三、行业垄断企业的垄断利益测算与估计

垄断行业依据其特殊的垄断地位，获得了垄断工资、垄断福利以及垄断暴利，其分配不公平性明显。鉴于垄断数据获取的难度，以及目前还没有完整的关于垄断行业的垄断利益数据，下面根据相关渠道及前人测算提供的数据，对中国行业垄断企业的垄断工资、垄断福利以及垄断暴利进行测算与估计。

（一）垄断行业统计范围界定

2002 年国家质量监督检验检疫总局发布了新的国民经济行业划分标准——《国民经济行业分类》（GB/T4754—2002），将国民经济行业分为 19 个门类，95 个大类、396 个中类、913 个小类。其中中国统计年鉴的行业工资数据中包括 19 个行业门类（见 2008 年中国统计年鉴），涉及工资数据的行业大类有 97 个，符合典型垄断行业[①]的有 19 个行业大类（见表 1）。

表 1　　中国行业划分与典型垄断行业

门类序号	国民经济行业门类	大类	典型垄断行业
1	农林牧渔业	5	—
2	采矿业	6	石油和天然气开采业
3	制造业	30	烟草业，石油加工、炼焦及核燃料加工业
4	电力、燃气及水的生产和供应业	3	电力、热力的生产和供应业，燃气生产和供应业，水的生产和供应业
5	建筑业	4	—
6	交通运输、仓储和邮政业	9	铁路运输业，水上运输业，航空运输业，管道运输业，邮政业
7	信息传输、计算机服务和软件业	3	电信和其他信息传输服务业
8	批发和零售业	2	—
9	住宿和餐饮业	2	—
10	金融业	4	银行业，证券业，保险业，其他金融业
11	房地产业	3	—
12	租赁和商务服务业	2	—
13	科研、技术服务和地质勘查业	4	地质勘查业
14	水利、环境和公共设施管理业	3	—
15	居民服务和其他服务业	2	—
16	教育业	3	—
17	卫生、社会保障和社会福利业	3	—
18	文化、体育和娱乐业	5	新闻出版业，广播、电影、电视和音像业
19	公共管理和社会组织	4	—
总计	—	97	19

资料来源：根据《中国统计年鉴（2008）》行业数据计算整理。

本文选择其中的 8 个垄断行业（包含行业大类与门类）进行垄断工资分析，分别是石油天然气开采业，烟草制品业，石油、炼焦、核燃料加工业，水电气供应业，铁路运输业，航空运输业，金融业以及电信及信息传输业。

（二）垄断工资分析

具有行政垄断性质的垄断企业的员工获得垄断工资，这是垄断企业员工的合法但不一定合理的收入。通过现有统计年鉴可以公开显示的收入，为了反映垄断行业工资相对水平，本文将垄断行业工资与同期全国平均工资进行比较。表 2 是 8 个主要垄断行业 2002 ~ 2007 年间平均工资情况，从中

① 所谓典型垄断行业是指由政府部门改制过来的或者在计划经济体制下企业改制转型过来的、具有高度行政垄断性质或者自然垄断性质的国有垄断行业。

可以清楚地看到每个垄断行业在6年间的在岗职工人均年工资水平都要高于同年度的全国平均工资水平。在8个垄断行业中，每年工资最高的是航空运输业，2007年人均工资高达68775元；其次是烟草制品业，2007年平均工资达到53071元，处于第三位的是金融业（包括银行业、证券业、保险业等），2007年人均工资为49435元，其中金融行业中的证券业，2007年由于股市的“大涨”，人均年薪甚至突破了140000元。其他几个垄断行业的平均工资也都比较高，都超过全国平均工资。表3反映的是8个垄断行业2002～2007年的平均工资与全国平均工资之比的数据变化。从中可以发现，与2002年相比，2007年二者之比提高的有烟草业、水电气供应业、航空运输业以及金融业，其他4个垄断行业平均工资与全国平均工资之比略有下降。但在工资绝对差距方面，2002～2007年间，所有垄断行业平均工资都拉大了与全国平均工资之间的差距。一般来说，工资越高的垄断行业，垄断工资与全国平均工资的差距拉大的越多，反之则越少。

表2　　主要垄断行业工资水平（平均工资）　　单位：元

年份	平均工资	石油天然气开采业	烟草业	石油炼焦、核燃料加工业	水电气供应业	铁路运输业	航空运输业	金融业	电信及信息传输业
2002	12422	20663	23744	17357	16440	16613	30641	19135	23582
2003	14040	23388	27335	20865	18752	18140	33377	22457	30481
2004	16024	26782	34943	23174	21805	20717	39961	26982	32264
2005	18364	30666	42772	25779	25073	24327	49610	32228	36941
2006	21001	34262	46725	28596	28765	28640	60387	39280	40242
2007	24932	39041	53071	32394	33809	32953	68775	49435	44442

注：石油天然气开采、烟草业、石油炼焦、核燃料加工业2002年数据是劳动报酬数据，不是工资数据，但从现有统计数据来看，二者差异不大。

资料来源：根据《中国统计年鉴》（2003～2008）、《中国劳动统计年鉴（2007）》计算整理。

表3　　主要垄断行业平均工资与全国平均工资之比

年份	石油天然气开采业	烟草业	石油炼焦、核燃料加工业	水电气供应业	铁路运输业	航空运输业	金融业	电信及信息传输业
2002	1.66	1.91	1.40	1.32	1.34	2.47	1.54	1.90
2003	1.67	1.95	1.49	1.34	1.29	2.38	1.60	2.17
2004	1.67	2.19	1.45	1.36	1.29	2.49	1.68	2.01
2005	1.67	2.33	1.40	1.37	1.32	2.70	1.75	2.01
2006	1.63	2.22	1.36	1.37	1.36	2.88	1.87	1.92
2007	1.57	2.13	1.30	1.36	1.32	2.76	1.98	1.78

注：石油天然气开采、烟草业、石油炼焦、核燃料加工业2002年数据是劳动报酬数据，不是工资数据，但从现有统计数据来看，二者差异不大。

资料来源：根据《中国统计年鉴》（2003～2008）、《中国劳动统计年鉴（2007）》计算整理。

不仅如此，垄断行业工资与垄断企业盈利能力以及绩效没有什么关系，即使企业长期处于亏损边缘，如电力系统，企业员工的工资仍然很高，并且继续上涨。简而言之，垄断企业工资水平是严重脱离市场的利益工资决定机制所决定的，即垄断工资是根据垄断利益需要决定工资增长及其水平，而不是根据经济贡献决定工资增长水平。傅娟（2008）通过实证研究也发现，中国垄断行业高收入中相当大的部分与市场经济中由竞争形成的垄断是无关的，那么导致这部分差距的因素只能归为行政垄断。①

① 傅娟：《中国垄断行业的高收入及其原因：基于整个收入分布的经验研究》，载于《世界经济》2008年第7期，第67～77页。

（三）垄断福利分析

需要指出的是，垄断工资只是垄断企业员工报酬的一部分，垄断企业员工在工资之外，普遍可以获得垄断福利，并且这种垄断福利占其收入的比重还非常高。垄断福利的形式是多样化的，可以是各种补贴，如购车补贴、汽油补贴、通信补贴、购房补贴、供暖补贴等等；也可以是各种实物福利，主要是节假日甚至是平时垄断企业为职工发放的生活用品；还有为单位职工建设的、价格非常低廉的福利住房，这是一块很大的非现金福利，住房福利在高房价时代，不是简单的高工资所能相比的。当然，由于这些垄断福利数据的难易获取，这里只能进行合理估计和推算。按照最保守的估计，垄断福利与垄断工资可以持平，而没有垄断福利的行业员工仅仅只能获得一般工资收入，这样垄断行业员工报酬与全国平均工资之间的差距将会在原有差距基础上翻一番。与垄断工资决定机制类似，垄断企业福利水平一般也不会受到外来经济波动的影响，即在经济繁荣物价高企时，垄断福利上涨；在经济萧条时，垄断福利仍然上涨。

（四）垄断暴利分析

垄断行业不仅存在垄断高工资、高福利，而且在垄断行业还存在垄断暴利。这种垄断暴利也是依赖于行政权力的保护而存在。垄断暴利的来源，主要是垄断行业通过垄断高价而不是市场竞争获取垄断暴利。几乎所有垄断行业都存在通过垄断高价获取垄断暴利的情况。虽然有些垄断行业表面看起来没有形成最终丰厚利润，但垄断暴利其实是客观存在的。一是因为垄断企业人为的高工资、高成本，使得垄断高价本应形成的垄断利润受到侵蚀；二是因为垄断企业通过垄断福利将垄断暴利“分食”掉。对于垄断暴利的水平，从国资委的统计来看，每年9000亿元左右的盈利（其中，中石油每年盈利就在1700亿元左右）当中，垄断暴利应该在1/3左右，也就是说依赖于政府保护获取的利益应该在3000亿元左右。这些垄断暴利本应该上缴国家，成为全民的福利，但现实却是这些垄断暴利并没有上缴，而是留在企业内部。这样的垄断暴利一方面是全民福利的损失，另一方面却是垄断企业福利的来源，这就形成了双重的分配不公平。[①]

四、破除“权力外壳”——行业垄断改革的一种思路

权力授权和保护下的行业垄断，是导致中国行业分配不公平的根本原因，要消除垄断特权利益，缩小行业收入差距，就必须打破行业垄断。由于行业垄断源于行政权力，因此，打破行业垄断，首先必须破除垄断保护的“权力外壳”。然后在此基础上再进行一系列垄断行业改革与治理，从而为建立公平竞争的市场机制奠定基础，从根本上消除垄断特权利益，缩小行业收入差距。要破除行业垄断，消除垄断特权利益，必须抓住支撑行业垄断的权力保护这个“牛鼻子”，否则其他再好的改革措施都难以奏效。中国行业垄断的存在和生存都离不开权力的保护，行政权力是行业垄断的“护身符”，因此，行业垄断改革的根本之策是并且只能是破除保护垄断行业的“权力外壳”。

① 20世纪90年代以来，国家就取消了国有企业上缴利润的有关规定，这使得国有垄断企业的垄断暴利能够留在企业内部，供垄断企业投资、福利支出等。另一方面，当垄断企业出现亏损时，垄断企业却可以向国家申请获取免费财政补贴。如最近几年，中石化每年都从中央财政获得上百亿元人民币的亏损补贴。

（一）撤并带有行业垄断保护性质的权力机构

虽然中国经过几次大的机构改革，计划经济时代下的行业部委得到较大幅度的撤并和压缩，政企不分现象有所好转，但从目前中国存在的垄断行业，如石油、电力、电信、烟草、金融、保险、铁路、民航等来看，垄断行业的权力保护机构仍然存在。目前，行政权力机关以行业管理机构的面目出现，名义上是负责垄断行业监管，实现了政企分离，但从实践来看，实际上这些中央行业管理机构起着垄断行业代言人和保护人的作用，政企不分现象仍然很严重，行政权力与垄断行业之间的“血缘关系”没有被根本切断。有鉴于此，要破除行业垄断的“权力外壳”，首先必须从根本上撤并带有行业垄断保护性质的行政权力机构，从而从根本上切断行政权力与垄断行业之间的“血缘关系”。

目前进行的“大部制”改革，虽然在原来机构改革的基础上更进了一步，但行业管理机构仍然保存，对打破行业垄断没有什么实际效果，所谓的“大部制”不是破除垄断行业权力保护的改革方向。破除行业垄断的“权力外壳”，必须全面撤并现有的带有行业垄断保护性质的行政权力机构，彻底转变行政机构职能，将垄断监管权力转交全国人大，由全国人大代表全体人民行使对国有资产和垄断行业的监管权力。在破除原有行业机构保护的“权力外壳”以后，就为垄断行业的下一步改革，无论是“规制”，还是“产权”，抑或是“竞争”和“治理”，消除了制度性障碍。

（二）建立以人大为核心的监管体系

为了破除行业垄断的“权力外壳”，在撤并垄断行业管理机构的同时，将对垄断行业的监管权力交由全国人大，建立以人大为核心的垄断行业监管体系。这样做的合理性在于：全国人大是国家最高权力机关，是人民利益的代表机构，而包括垄断行业在内的国有资产属于人民，应该由人大机关代表人民直接行使对垄断行业的监管权力，而不是政府行政部门。当然这样的改革思路要涉及整个国有资产监管体系的重塑，因此，从这个角度讲，未来中国国有资产改革中也应该由人民代表机构——人大来行使出资人权力，而不是现在的国务院国资委。

其次，从改革的可行性角度来看，建立以人大为核心的垄断行业监管体系，一方面，符合政府行政机构精简的目标，有利于彻底转变政府行政职能；另一方面，便于彻底破除垄断行业权力保护，从而真正实现人民企业人民监管的目标。

（三）建立专门的反垄断独立调查机构

目前，中国已经通过、实施了中国第一部反垄断法，建立了以国务院有关部委联合组成的反垄断监管调查机构。由于反垄断法并没有明确的打击中国行业垄断行为的规定，因此，国务院成立的反垄断监管机构主要针对的是中外企业的市场垄断行为。鉴于反垄断监管的特殊性，本文认为监管机构的独立性是首先要考虑的，因此，有必要建立专门的反垄断独立调查机构，这样的机构要独立于政府机关之外，对全国人大及其常委会负责。反垄断调查机构监管的垄断不能局限于一般国内外企业的市场垄断行为，而是重点监管国有行业垄断企业的市场垄断行为。

改革垄断行业是一项复杂的工程，涉及中国深层次改革的方方面面，它不仅对于建立分配公平的分配机制至关重要，而且对整个改革成败都非常关键。本文提出的打破行业垄断的三步改革思路，是紧密联系、密切相关的整体。第一步撤并带有行业垄断保护性质的行政权力机构是整个改革的关键；第二步建立以人大为核心的垄断行业监管体系是核心；第三步建立专门的反垄断独立调查机构是建立公平竞争机制和分配机制的必要措施。

参考文献：

1. 傅娟：《中国垄断行业的高收入及其原因：基于整个收入分布的经验研究》，载于《世界经济》2008 年第 7 期。

2. 侯明喜：《防范社会保障体制对收入分配的逆向转移》，载于《经济体制改革》2007 年第 4 期。

3. 王锐：《垄断对我国行业收入分配的影响及对策研究》，载于《经济问题》2007 年第 2 期。

4. 杨文进：《略论社会主义公有制内容改革的必要性——从垄断行业的暴利等看生产资料公有制的异化》，载于《财贸研究》2007 年第 1 期。

5. 张耀伟：《双重垄断下中国垄断行业改革：逻辑次序与路径选择》，载于《经济理论与经济管理》2008 年第 8 期。

6. 李轶男：《行业性行政垄断中的利益集团成本收益分析》，载于《中南财经政法大学学报》2008 年第 2 期。

7. 王军、张蕴萍：《自然垄断行业收入过高的制度性根源》，载于《新疆财经学院学报》2005 年第 2 期。

（本文载于《财政研究》2010 年第 2 期）

可口可乐拟并购汇源案的竞争损害分析

黄 坤 张昕竹

摘 要：本文采用定量方法对可口可乐拟并购汇源案的竞争影响进行了初步分析。首先，本文利用中国软饮料4位数行业的产销数据，估计了碳酸饮料和果汁的需求函数，然后采用假定垄断者测试方法，界定了本案的相关市场，最后分别采用结构方法和并购模拟方法评估了本案的单边效应。研究结果显示，碳酸饮料和果汁分处两个相关市场，并且此案在果汁市场产生较为显著的单边效应。这个结果表明，尽管商务部否决此次并购的决定是合理的，但竞争损害并非来自似是而非的组合效应，而是果汁市场的单边效应。

关键词：反垄断 相关市场界定 单边效应 并购模拟

一、前 言

自2008年8月1日《反垄断法》实施以来，截至2010年6月底，商务部共收到140多起企业并购申报，90%的案件已经审结，其中95%的案件为无条件批准，附条件批准5起，禁止集中1起。[①] 作为目前唯一一起被商务部否决的企业并购案件，美国可口可乐公司（以下简称可口可乐）拟并购中国汇源果汁集团有限公司（以下简称汇源）案引起了国内外学者的广泛争论。

王晓晔（2009）认为商务部否决此案的决定是正确的，其理由是：（1）对相当部分消费者来说，碳酸饮料和果汁（包括果汁饮料，下同）是可以互相替代的，因此可口可乐和汇源之间存在竞争关系，此项并购基本上是横向并购。(2）可口可乐和汇源都是中国饮料市场的大企业，如果并购成功，可口可乐可以凭借其市场支配力，迅速扩大汇源在果汁市场上的份额，进而取得市场支配地位。(3）可口可乐牌碳酸饮料是一种“必须储备的产品”，可口可乐公司可以通过搭售或捆绑行为限制竞争对手。也就是说，她认为此案既有来源于横向并购的竞争损害，又有来源于混合并购的竞争影响，这显然有些自相矛盾，并且她没有提出必要的证据来佐证其观点。

张和张（Zhang and Zhang，2010）指出，商务部不能仅仅依据“果汁类饮料和碳酸类饮料之间替代性较低，且三种不同浓度果汁饮料之间存在很高的需求替代性和供给替代性”的结论，就将相关市场界定为果汁类饮料，而应该提供可靠的经济证据。另外，他们指出，商务部不能仅仅依据品牌效应就认为本案存在封锁效应，应该提供并购方有动机、有能力封锁竞争者的充分证据。张（2010）认为，非横向并购一般不会产生反竞争效应，商务部用组合效应理论禁止本案的做法有待探讨，并指出用《反垄断法》来保护中小企业的做法值得商榷。邓、埃姆科和伦纳德（Deng, Emch and Leonard，2009）也认为，商务部的决定存在一些问题，并特别指出并购审查透明度不高的问题。尽管这些质疑者都怀疑商务部的决定中可能存在问题，但他们都没有提供必要的证据来佐证其观点。

① 2010年8月12日商务部反垄断局局长尚明在商务部召开反垄断工作情况专题新闻发布会上的发言。网址：http://www.mofcom.gov.cn/aarticle/ae/ai/201008/20100807078063.html。

本文的主要意义在于，通过利用现有数据，采用定量方法对可口可乐拟并购汇源案的竞争损害进行分析，不但为本案的分析提供了新的证据，为此案的更深入讨论提供更大的想象空间，还将推动我国经营者集中反垄断审查的经济分析。

二、案件简要介绍

可口可乐 1979 年进入中国，是目前全球领先的碳酸饮料生产商，也是中国碳酸饮料行业的领导者。从 2001 年起，可口可乐在中国陆续推出了酷儿和美汁源两种果汁饮料。2007 年可口可乐在中国碳酸饮料和果汁市场的市场份额分别为 60.6% 和 7.6%（北京华通人商用信息有限公司，2008）。

汇源成立于 1992 年，是中国果蔬汁饮料最大的生产商之一。目前汇源拥有 20 多个果汁及果汁饮料制造厂，80 多条装瓶线，可以生产 500 多种果汁和其他饮料产品，主要产品包括 100% 果汁、26% ~99% 中浓度果蔬汁和 25% 及以下浓度的果汁饮料。另外，汇源还拥有 100 多个果园和水果生产供应基地（北京华通人商用信息有限公司，2008）。2007 年汇源占中国果汁市场 5.6%①的份额，紧随可口可乐之后，位居次席。

2008 年 9 月 2 日可口可乐以每股 12.2 港元的价格拟收购汇源 100% 的股权，该项交易约 179.2 亿港元。由于可口可乐和汇源 2007 年在中国境内的营业额分别为 12 亿美元（约合 91.2 亿元人民币）和 3.4 亿美元（约合 25.9 亿元人民币），均超过 4 亿元人民币，超过了《国务院关于经营者集中申报标准的规定》的申报标准，因此此项并购必须接受反垄断审查。

2008 年 9 月 18 日，可口可乐向商务部递交了申报材料。2008 年 11 月 20 日，商务部对此项申报开始立案审查。在审查过程中，商务部评估了该项并购的竞争效应，认为它可能产生排除、限制果汁市场竞争，抑制果汁市场创新，挤压中小果汁生产企业生存空间的反竞争效果。在与可口可乐就救济措施谈判未果后，商务部于 2009 年 3 月 18 日禁止了此项并购。

三、需求函数的设定与估计

（一）需求函数设定

在反垄断执法实践中，常用的需求函数形式有线性（包括对数线性）、Logit、AIDS（Almost Ideal Demand System）和 Rotterdam 等。豪斯曼（Hausman，1994）认为，AIDS 和 Rotterdam 具有灵活的函数形式，自价格需求弹性和交叉价格需求弹性仅由数据本身决定，不受其他假设（如无关选择独立性假设，IIA）的约束。② 但是，它们的优势一般在样本量较大且产品较多的情形下才能发挥出来。因此，它们常被用于数据较为丰富的案件，比如可以获得扫描数据（Scan Data）的案件。在本案中，我们没有获得软饮料消费的扫描数据。Logit 是一种离散选择模型。由于离散选择模型是建立在每个消费者一次只能购买一种产品的假设基础之上的［贾科莫（Giacomo），2004］，而杜布（Dube，2004）发现，约 31% 的购买行为是一次性购买多个品牌的碳酸饮料产品，61.5% 的购买行为是一次性购买多个单位的碳酸饮料产品，所以碳酸饮料市场不满足 Logit 模型的基本假设。综合

---

① 北京华通人商用信息有限公司（2008），第 30 页。

② AIDS 和 Rotterdam 经典文献参见 Deaton and Muellbauer（1980），Theil（1965），Barnett（1979），Barnett and Seck（2008），Davis and Garcés（2009）。

以上因素，我们将需求函数设定为线性。① 为了考察函数形式的选择是否会影响本案的竞争效应，我们将需求系统设定为一般线性和对数线性两种情形。②

由于我们只获得碳酸饮料、果汁和瓶（罐）装饮用水的销售收入和产量数据，并且 2004 年经济普查后，规模以上瓶（罐）装饮用水生产商的构成变化较大③，使得 2004 年前后的数据可比性较差，再加上本案关注的焦点是碳酸饮料和果汁之间的替代关系和替代程度，所以本文只估计碳酸饮料和果汁的需求函数。

软饮料的需求量不仅受到软饮料价格的影响，还受到其他因素的影响。本文在需求函数中添加了居民可支配收入和季节因素两个控制变量。综合以上分析，我们将需求系统设定为：

一般线性需求系统：

$$\begin{cases} qc = \lambda_0 + \lambda_1 pc + \lambda_2 pj + \lambda_3 income + \lambda_4 d_1 + \lambda_5 d_2 + \lambda_6 d_3 + \zeta & (1) \\ qj = \omega_0\beta_0 + \omega_1 pc + \omega_2 pj + \omega_3 income + \omega_4 d_1 + \omega_5 d_2 + \omega_6 d_3 + \xi & (2) \end{cases}$$

对数线性需求系统：

$$\begin{cases} \ln qc = \alpha_0 + \eta_{cc}\ln pc + \eta_{cj}\ln pj + \alpha\ln income + \theta_1 d_1 + \theta_2 d_2 + \theta_3 d_3 + \tau & (3) \\ \ln qj = \beta_0 + \eta_{jc}\ln pc + \eta_{jj}\ln pj + \beta\ln income + \gamma_1 d_1 + \gamma_2 d_2 + \gamma_3 d_3 + \mu & (4) \end{cases}$$

其中，qc、pc 和 qj、pj 分别为碳酸饮料和果汁的需求量、价格，$income$ 为居民可支配收入，d_1、d_2、d_3 分别为表示第 1、2、3 季度的虚拟变量，ζ、ξ、τ 和 μ 为误差项。

（二）数据描述

本文采用 2003～2007 年软饮料行业的季度数据来估计需求系统，数据主要来源于中国产业分析平台、WTA 数据库和 CEIC 数据库，以及中国经济景气月报。

碳酸饮料和果汁的需求量。我们假设碳酸饮料和果汁的产销率与软饮料行业总体的产销率相同，用碳酸饮料和果汁的季度产量乘以软饮料行业的季度产销率，得到碳酸饮料和果汁的季度销量。由于软饮料的销量中包含出口部分，而国内软饮料的消费量中包含进口部分，为了估计国内碳酸饮料和果汁的需求函数，我们分别从碳酸饮料和果汁的销量中扣除了相应的净出口部分，得到它们的国内需求量。

碳酸饮料和果汁的销售额。我们获得的软饮料产量和销售收入数据的统计口径是规模以上工业企业，总体每年都在变化。2004 年经济普查后，规模以上软饮料企业的构成发生了较大变化。为了使前后数据具有可比性，我们对 2003 年、2004 年的数据进行了调整。④ 另外，2007 年销售收入数据只有 2 月、5 月、8 月和 11 月的累计值，在换算为季度数据时，我们首先用 2003～2006 年 2 月（5 月、8 月、11 月）累计销售收入占 3 月（6 月、9 月、12 月）累计销售收入的平均比重乘以 2007 年 2 月（5 月、8 月、11 月）累计销售收入，得到 2007 年 3 月（6 月、9 月、12 月）累计销售收入，然后计算相邻两个季度最后 1 个月的累计销售收入之差，得到 2007 年 2、3、4 季度的销售收入。然后，我们从销售收入中扣除碳酸饮料和果汁每季度的净出口额，得到它们的国内销售额。最后，用软饮料工业的 PPI 对国内销售额进行平减，以消除通货膨胀因素的影响。

① 实际上，我们也估计了 AIDS 和 Rotterdam 模型。由于样本量太小，估计结果较差。

② 在反垄断执法实践中，估计需求系统的主要目的是获取需求价格弹性。另外，对需求价格弹性作不同的假设（可变或不变）可能会对结果产生重要影响。我们知道，一般线性需求函数的需求价格弹性是可变的，而对数线性需求函数的需求价格弹性是不变的，因此，我们考察这两种具有代表性的函数形式。

③ 在中国工业企业数据库中，2004 年末有 301 家规模以上瓶（罐）装饮用水生产企业，其中 167 家企业是 2004 年新增的。

④ 由于 2004 年的样本和 2003 年的样本相比变化较大，使得碳酸饮料、果汁的销售收入变化较大，而产量变化不大，进而使得它们的价格变化较大。为此，我们以 2005 年的销售收入和同比增长率数据，计算出 2004 年的销售收入；然后，结合 2004 年的同比增长率数据，计算出 2003 年的销售收入。销售收入同比增长率来源于《中国饮料行业分析报告》（2004 年 4 季度、2005 年 4 季度）。

碳酸饮料和果汁的价格。用碳酸饮料和果汁的销售额除以相应的销量，得到它们的平均价格。

居民可支配收入。我们首先分别用城市居民人均可支配收入和农村居民人均现金收入的季度数据乘以相应的年均人口数据，并将它们加总，得到季度的居民可支配收入。然后，用 CPI 对居民可支配收入进行平减，以消除价格因素的影响。

从表 1 可以看出：（1）果汁的需求量增长较快，但是碳酸饮料仍在软饮料市场居主导地位。从 2003 年第 1 季度的 50. 45 万吨增至 2007 年第 3 季度的 273. 44 万吨，短短 4 年多的时间，果汁的需求量翻了 2 番多。相对来说，碳酸饮料的需求量则增长缓慢，除了 2004 年第 4 季度（最小值点）和 2007 年第 3 季度（最大值点）外，碳酸饮料的季度需求量基本稳定在 200 万吨左右。但是，目前为止，碳酸饮料的需求量仍大于果汁饮料的需求量。2003 ~ 2007 年碳酸饮料的平均需求量为 201 万吨，而果汁的平均需求量为 151 万吨。（2）相对碳酸饮料来说，果汁仍比较便宜。2003 ~ 2007 年，不仅碳酸饮料的最高价格和最低价格均高于果汁的相应价格，而且碳酸饮料的平均价格（3679. 21 元/吨）也高于果汁的平均价格（3175. 84 元/吨）。（3）居民可支配收入稳步增长。从 2003 年第 2 季度的 13423. 98 亿元增至 2007 年第 1 季度的 29402. 31 亿元，居民可支配收入翻了 1 番多。

表 1　　数据统计描述

变量	统计量				
	变量名	单位	最大值	最小值	均值
碳酸饮料销量	*qc*	吨	3572540	1052422	2010490
果汁销量	*qj*	吨	2734415	504477	1510553
碳酸饮料价格	*pc*	元/吨	5355. 77	2491. 30	3679. 21
果汁价格	*pj*	元/吨	5182. 66	1806. 60	3175. 84
居民可支配收入	*income*	亿元	29402. 31	13423. 98	20959. 10

资料来源：作者根据文中数据整理所得。

（三）实证结果

利用上述数据对（1）~（4）式分别进行估计，我们得到一般线性和对数线性需求系统的估计结果，如表 2 所示。

表 2　　需求系统的估计结果

变量	一般线性需求系统		变量	对数线性需求系统	
	qc	*qj*		ln*qc*	ln*qj*
pc	-209.93^{***} (-3. 59)	50. 48 (0. 55)	ln*pc*	-0.4699^{***} (-4. 24)	0.4256^{**} (2. 60)
pj	263.29^{***} (5. 67)	-12. 95 (-0. 18)	ln*pj*	0.3182^{***} (4. 14)	-0.5283^{***} (-4. 66)
income	144.87^{***} (14. 29)	173.25^{***} (10. 90)	ln*income*	1.3783^{***} (12. 84)	2.1914^{***} (13. 85)
d_1	543489.40^{***} (7. 11)	-71244 (-0. 59)	d_1	0.2956^{***} (7. 42)	-0. 0968 (-1. 65)
d_2	1533091.90^{***} (13. 11)	1232068.02^{***} (6. 72)	d_2	0.7728^{***} (12. 91)	0.7563^{***} (8. 57)
d_3	1704897.80^{***} (18. 59)	968138.00^{***} (6. 73)	d_3	0.7912^{***} (16. 97)	0.5797^{***} (8. 43)

续表

变量	一般线性需求系统		变量	对数线性需求系统	
	qc	qj		lnqc	lnqj
常数项	-2035065.20*** (-5.43)	-2797515.90*** (-4.76)	常数项	1.6211 (1.05)	-7.1941*** (-3.15)
样本量	20	20	样本量	20	20
调整 R^2	0.9577	0.9247	调整 R^2	0.9510	0.9670
F 统计量	72.71	39.88	F 统计量	62.43	93.74
DW 值	2.31	1.70	DW 值	1.93	1.68

注：括号内数字为 t 统计量。*** 表示 1% 的显著水平，** 表示 5% 的显著水平，* 表示 10% 的显著水平。
资料来源：本文模型的估计结果。

从表 2 中可以看出：

1. 季节因素对碳酸饮料和果汁需求均具有显著影响，其中对碳酸饮料需求的影响更大。除了果汁需求方程中第 1 季度的虚拟变量不显著外，不管是一般线性需求系统下，还是对数线性需求系统下，季节虚拟变量均非常显著。也就是说，季节因素对软饮料需求量具有重要影响，这与常识是相符的。对比同一需求系统下，碳酸饮料和果汁方程中季节虚拟变量前的系数，我们发现，前者总大于后者，这意味着季节因素对碳酸饮料需求量的影响相对较大，这可能是因为人们消费果汁更多的是为了健康，而不是解渴，所以受季节因素的影响相对较小。

2. 碳酸饮料和果汁的自价格弹性较小。在一般线性需求系统下，自价格弹性在不同的时点可能取不同的值。利用 2007 年 4 个季度的碳酸饮料和果汁的需求量和价格数据，以及表 2 第 3、4 列的相应斜率数据，我们得到碳酸饮料的季度自价格弹性为 -0.3135、-0.3454、-0.1991 和 -0.4645，果汁的季度自价格弹性为 -0.0152、-0.0161、-0.0140 和 -0.0142。在反垄断执法实践中，一般用上一年度的数据进行经济分析，而我们估计的是季度需求系统，因此，我们需要将季度需求弹性转换为年度需求弹性。这里，我们将季度需求弹性的算术平均值视为年度需求弹性。将上述碳酸饮料和果汁的季度自价格弹性取算术平均值，我们得到它们的年度自价格弹性分别为 -0.3306 和 -0.0149。在对数线性需求系统下，我们可以直接从估计结果中得到碳酸饮料和果汁的自价格弹性分别为 -0.4699 和 -0.5283。尽管两种需求系统下，碳酸饮料和果汁的自价格弹性相差较大，但是，它们都反映了一个事实，即碳酸饮料和果汁的自价格弹性较小。这与它们作为日常消费品的属性是相符的。

3. 碳酸饮料和果汁的交叉价格弹性较小。在一般线性需求系统下，交叉价格弹性在不同的时点也可能取不同的值。利用 2007 年 4 个季度的碳酸饮料和果汁的需求量和价格数据，以及表 2 第 3、4 列的相应斜率数据，我们得到果汁价格对碳酸饮料需求量的季度交叉价格弹性为 0.2402、0.3226、0.2178 和 0.4161，碳酸饮料价格对果汁需求量的季度交叉价格弹性为 0.0967、0.0843、0.0626 和 -0.0142。采用与自价格弹性相同的处理方法，我们得到它们的年度交叉价格弹性分别为 0.2992 和 0.0802。在对数线性需求系统下，我们可以直接从估计结果中得到，果汁价格对碳酸饮料需求量的交叉价格弹性为 0.3182，而碳酸饮料价格对果汁需求量的交叉价格弹性为 0.4256。以上结果表明，碳酸饮料和果汁之间具有一定的替代性，但替代程度有限。

4. 在两种需求系统下，居民可支配收入前的系数均显著不为零，也就是，居民可支配收入对碳酸饮料和果汁的需求量具有显著影响。相对来说，收入对果汁需求量的影响更大，这可以从碳酸饮料和果汁的回归方程中居民可支配收入前的系数大小看出。比如，在对数线性需求系统下，居民可支配收入每增加 1%，果汁需求量将增加 2.19%，而碳酸饮料需求量仅增加 1.38%。这可能是因为随着收入水平的提高，人们更加关注饮食健康问题。

四、相关市场界定

根据国务院反垄断委员会颁布的《关于界定相关市场的指南》，相关市场为经营者在一定时期内就特定商品或者服务（以下统称商品）进行竞争的商品范围和地域范围。在反垄断执法实践中，通常需要界定相关商品市场和相关地域市场。相关商品市场，是根据商品的特性、用途及价格等因素，由需求者认为具有较为紧密替代关系的一组或一类商品所构成的市场。相关地域市场是指，需求者获取具有较为紧密替代关系的商品的地理区域。

我们采用国际上常用的假定垄断者测试来界定本案的相关产品市场。依据《关于界定相关市场的指南》第十条，假定垄断者测试应从“反垄断审查关注的经营者提供的商品（目标商品）”开始。在本案中，一方面，可口可乐和汇源的重合业务包括果汁，它们并购后可能会损害果汁市场的竞争；另一方面，由于可口可乐在碳酸饮料市场上拥有市场支配地位（可以根据《反垄断法》第十九条推断），集中实施后，可口可乐在碳酸饮料市场支配力的传导及“组合效应”是关注的焦点。这样，碳酸饮料和果汁均是相关市场界定的关注点。为了准确界定相关市场，下面我们分别以碳酸饮料和果汁为起点进行假定垄断者测试。在实际操作中，我们采用临界损失分析来执行假定垄断者测试，其计算公式如下：

临界损失：
$$CL=\frac{\Delta q}{q}=\frac{X}{X+m}$$

实际损失：
$$AL=X\eta$$

其中，$m=(p-c)/p$ 为毛利润率；$X=\Delta p/p$ 为价格增长率；η 为自价格弹性。

在反垄断执法实践中，一般很难获得假定垄断者的边际成本。在计算毛利润率时，通常采用公式 $m=(pq-cq)/pq=(R-C)/R$ 来近似计算，其中 R、C 分别为销售收入和可变生产成本。利用2007年碳酸饮料和果汁的平均销售收入和成本数据，我们近似得到碳酸饮料和果汁的毛利润率分别为0.3和0.2（基准情景）。依据上述需求系统的估计结果，我们得到碳酸饮料和果汁一般线性需求系统下的自价格弹性分别为 -0.3306 和 -0.0149，对数线性需求系统下的自价格弹性分别为 -0.4699 和 -0.5283。从临界损失和实际损失的计算公式可以看出：需求函数形式只影响实际损失的大小；实际损失的大小与自价格弹性呈正比。如果自价格弹性较大时（对数线性需求系统下），实际损失仍小于临界损失，那么自价格弹性较小时（一般线性需求系统下），实际损失肯定也小于临界损失。因此，我们采用对数线性需求系统下的自价格弹性进行临界损失分析。

为了提高假定垄断者测试的稳健性，我们下面进行情景分析：毛利润率在基准情景的基础上分别上、下浮动25%和50%，价格增长率取5%和10%两种常用情形。依据上述公式，计算出各种情景下的临界损失和实际损失如表3所示。

表3　　临界损失分析结果表

毛利润率（m）	以碳酸饮料为起点				以果汁为起点			
	X=5%		X=10%		X=5%		X=10%	
	CL	AL	CL	AL	CL	AL	CL	AL
下浮50%	25.00	2.35	40.00	4.70	33.33	2.64	50.00	5.28
下浮25%	18.18	2.35	30.77	4.70	25.00	2.64	40.00	5.28
基准情景	14.29	2.35	25.00	4.70	20.00	2.64	33.33	5.28
上浮25%	11.76	2.35	21.05	4.70	14.29	2.64	25.00	5.28
上浮50%	10.00	2.35	18.18	4.70	16.67	2.64	28.57	5.28

资料来源：作者计算所得。

从表 3 中可以看出：

1. 在所考察的 5 种情景下，不管以碳酸饮料还是以果汁为起点进行假定垄断者测试，临界损失均远大于实际损失。也就是说，碳酸饮料和果汁分处两个相关产品市场。

2. 即使我们将碳酸饮料和果汁的自价格弹性提高 100%，分别达到 -0.9398 和 -1.0566，此时表 3 第 3、5、7 和 9 列的实际损失翻倍。但是，它们仍小于相应的临界损失。也就是说，相关产品市场也不会改变，这充分说明我们界定出的相关产品市场是非常稳健的，同时也说明，虽然没有给出证据，但商务部对于相关产品市场的界定是合理的。

依据《关于界定相关市场的指南》，在相关产品市场界定后，我们需要按照类似的方法界定相关地域市场。由于我们缺乏分地区的碳酸饮料和果汁的消费数据，所以无法采用假定垄断者测试方法来准确界定本案的相关地域市场。但是，基于以下理由，我们至少可以确定本案的相关地域市场为区域市场，而不是商务部界定的全国市场：（1）一般来说，软饮料有很高的运输成本，因此形成不同区域的分割市场；（2）在本案中，可口可乐在全国拥有 28 家装瓶厂，汇源在全国有 19 家关联公司，根据软饮料行业的渠道安排，一般存在区域限制。另外，汇源在全国的地域分布明显偏重北方。

五、果汁市场的单边效应

单边效应是指在非并购企业的策略保持不变的条件下，并购后存续企业的单方面行为产生的竞争效应，如产品价格上涨、产品质量下降和产品种类减少等［沃顿（Werden）和佛罗博（Froeb），2008］。在反垄断实践中，常用结构方法和并购模拟方法来评估单边效应。结构方法通过考察并购前后市场结构的变化，比如市场份额和市场集中度的变化，来评估单边效应，而并购模拟方法则通过构建一个经济模型来模拟单边效应。二者各有优缺点，前者的可靠性依赖于相关市场边界的准确性，而后者的准确性则取决于模型设定的合理性。

由于本案涉及的重合产品主要是果汁，所以只有果汁市场可能存在单边效应。为了提高评估结果的稳健性，下面我们分别采用结构方法和并购模拟方法评估本案的单边效应。

（一）结构方法

我国的并购指南尚在制定中，本文下面的分析将主要借鉴美国等成熟经济体的并购指南。在执法实践中，为了提高并购审查效率，减轻并购企业的负担，世界各国的并购指南中一般都设有“安全港”（Safe Harbors）。比如美国《横向并购指南》（2010）规定，如果并购后的相关市场满足以下任一条件：（1）并购前后的 HHI 增量小于 100；（2）并购后的 HHI 小于 1500，那么该并购一般不会产生横向竞争效应，无须进一步审查。

在果汁市场上，如果以销量来统计市场份额，据北京东方艾格农业咨询公司的统计，统一集团、可口可乐和汇源的市场份额分别为 18.69%、15.04% 和 13.95%。一方面，并购前后的 HHI 增量为 420，远大于 100；另一方面，并购后仅包含前 2 家企业的 HHI 就高达 1190，如果加上康师傅和百事可乐等有力竞争者的市场份额平方，那么并购后相关市场的 HHI 很可能超过 1500。也就是说，果汁市场可能存在单边效应。

如果以销售额来统计市场份额，据英国欧睿国际信息咨询公司统计，可口可乐和汇源的市场份额分别为 9.7% 和 10.3%，并购前后的 HHI 增量为 200。不过，由于并购前市场集中度较低，所以并购后相关市场的 HHI 很可能小于 1500。这意味着果汁市场可能不存在单边效应。

对比上述分析结果，我们发现市场份额的不同计算方法将导致不同的结论，这是反垄断执法实践中经常遇到的情形，至于哪种结论比较合理，我们很难判断。[①] 为了进一步验证果汁市场是否存在单边效应，我们下面进行并购模拟分析。

（二）并购模拟方法

在本案中，可口可乐主要生产碳酸饮料和果汁，是一个多产品企业，而汇源主要生产果汁，是一个单产品企业。一方面，碳酸饮料和果汁是一对差异化产品，它们之间进行伯川德（Bertrand）竞争；另一方面，可口可乐和汇源都生产果汁，它们之间进行古诺竞争。因此，可口可乐和汇源之间既有伯川德竞争，又有古诺竞争。为了使分析更具一般性，我们假设：

企业 1 和企业 2 申报经营者集中，企业 1 生产产品 A 和 B，企业 2 生产产品 B。产品 A 和 B 进行伯川德竞争，企业 1 和企业 2 在产品 B 市场上进行古诺竞争。进一步假设：（1）企业 1 和企业 2 是最大化利润的追求者；（2）产品 A 和 B 的固定成本和边际成本分别为 F_A、c_A 和 F_B、c_B，且在价格上涨区间内保持不变；（3）企业 1 和企业 2 生产产品 B 的固定成本和边际成本分别为 F_{1B}、c_{1B} 和 F_{2B}、c_{2B}；（4）企业没有生产能力约束，且规模报酬不变；（5）市场上不存在共谋和价格歧视。根据以上假设，我们得到企业 1 和企业 2 的利润函数：

$$\pi_1=(p_A-c_A)q_A(p_A,\ p_B)-F_A+(p_B-c_B)q_{1B}(p_A,\ p_B)-F_{1B}$$

$$\pi_2=(p_B-c_B)q_{2B}(p_A,\ p_B)-F_{2B}$$

其中，q_{1B} 和 q_{1B} 分别为企业 1 和企业 2 的 B 产品销量，且 $q_{1B}+q_{2B}=q_B$，q_A 和 q_B 分别为产品 A 和 B 的总销量。

求解上述两个利润函数的一阶条件，我们得到产品 A 和 B 的最优价格：

$$p_A^*=\frac{c_A}{1-\dfrac{s(c_{1B}+c_{2B})\eta_{BB}-2c_{1B}\eta_{BA}-(c_{1B}-c_{2B})\eta_{BA}\eta_{BB}}{s[2c_{1B}\eta_{AB}\eta_{BA}-(c_{1B}+c_{2B})\eta_{AA}\eta_{BB}]}}$$

$$p_B^*=\frac{2c_{1B}\eta_{AB}\eta_{BA}-(c_{1B}+c_{2B})\eta_{AA}\eta_{BB}}{2(\eta_{AB}\eta_{BA}-\eta_{AA}\eta_{BB}+s\eta_{AB}-\eta_{AA})}$$

其中，$s=w_A/w_B$，w_A 和 w_B、η_{AA} 和 η_{BB} 分别为产品 A 和 B 的支出份额、自价格弹性，η_{AB}、η_{BA} 分别为产品 B 对产品 A 需求量的交叉价格弹性、产品 A 对产品 B 需求量的交叉价格弹性。

假设企业 1 和企业 2 实施经营者集中后，产品 A 的固定成本和边际成本不变，集中后存续企业生产产品 B 的固定成本和边际成本分别为 c_B^m 和 F_B^m，此时利润函数变为：

$$\pi^m=(p_A-c_A)q_A(p_A,\ p_B)-F_A+(p_B-c_B^m)q_B(p_A,\ p_B)-F_B^m$$

求解集中后利润函数的一阶条件，我们得到产品 A 和 B 新的最优价格：

$$p_A^m=\frac{c_A}{1-(\eta_{BB}-1/s\eta_{BA})/(\eta_{AB}\eta_{BA}-\eta_{AA}\eta_{BB})}$$

$$p_B^m=\frac{c_B^m}{1-(\eta_{AA}-s\eta_{AB})/(\eta_{AB}\eta_{BA}-\eta_{AA}\eta_{BB})}$$

对比经营者集中前后的最优价格并化简，我们得到单边价格效应：

$$\frac{p_A^m-p_A^*}{p_A^*}=\frac{(c_{1B}-c_{2B})\eta_{BA}\eta_{BB}(\eta_{AB}\eta_{BA}-\eta_{AA}\eta_{BB}+s\eta_{AB}-\eta_{AA})}{(s\eta_{AB}\eta_{BA}-s\eta_{AA}\eta_{BB}-s\eta_{BB}+\eta_{BA})[2c_{1B}\eta_{BA}\eta_{BB}-(c_{1B}+c_{2B})\eta_{AA}\eta_{BB}]} \tag{5}$$

$$\frac{p_B^m-p_B^*}{p_B^*}=\frac{2(c_B^m-c_{1B})\eta_{AB}\eta_{BA}+(c_{1B}+c_{2B}-2c_B^m)\eta_{AA}\eta_{BB}}{2c_{1B}\eta_{AB}\eta_{BA}-(c_{1B}+c_{2B})\eta_{AA}\eta_{BB}} \tag{6}$$

从上式可以看出：（1）如果并购前企业 1 和企业 2 生产产品 B 的边际成本相同，即 $c_{1B}=c_{2B}$，

① 美国《横向并购指南》（2010）规定，如果 1 单位低价格产品可以替代 1 单位高价格产品，那么用销量统计的市场份额可以更好地测度竞争的显著性。但是，在本案中，我们没有足够的证据表明，1 单位低浓度果汁是否可以替代 1 单位高浓度果汁。

那么不管并购是否带来效率改进，并购都不会影响产品 A 的价格；并购是否会提高产品 B 的价格取决于集中是否会提高产品 B 的生产效率（即降低产品 B 的边际成本）；（2）如果产品 A 和 B 的自价格弹性均大于 -1，那么产品 A 的单边价格效应与（$c_{1B}-c_{2B}$）同号，即多产品企业并购单产品企业时，如果对于同一种产品，多产品企业的生产效率低于单产品企业，那么该项并购将会导致其他产品价格上涨。

从（5）式和（6）式可以看出，要评估本案的单边效应，我们需要知道碳酸饮料和果汁的自价格和交叉价格弹性，碳酸饮料和果汁的支出份额之比，以及可口可乐和汇源生产果汁的边际成本。假设可口可乐和汇源是碳酸饮料和果汁市场的代表性企业，即它们面临的需求函数与市场需求函数相同。上面我们已经通过估计需求系统获得碳酸饮料和果汁的需求弹性数据，如表 4 所示。

表 4　　　　碳酸饮料和果汁的需求价格弹性

产品名称	一般线性需求系统		对数线性需求系统	
	碳酸饮料（销量）	果汁（销量）	碳酸饮料（销量）	果汁（销量）
碳酸饮料（价格）	-0.3306	0.0802	-0.4699	0.4256
果汁（价格）	0.2992	-0.0149	0.3182	-0.5283

资料来源：作者计算所得。

2007 年碳酸饮料和果汁的销售额分别为 391.72 亿元和 273.42 亿元，将这两个数据相除，我们得到碳酸饮料和果汁的支出份额之比为 1.43。

由于很难获得可口可乐和汇源生产碳酸饮料和果汁的边际成本，我们用可口可乐和汇源生产果汁的平均成本作为边际成本。根据北京东方艾格农业咨询公司统计的 2007 年可口可乐和汇源在果汁市场的销量市场份额（可口可乐 15.04%，汇源 13.95%），以及 2007 年果汁市场的总销量，我们估算出 2007 年可口可乐和汇源的销量分别为 162.21 万吨和 150.46 万吨。我们知道，可口可乐主要生产低浓度果汁饮料，而汇源主要生产中高浓度果汁产品。为了与模型假设（果汁为同质产品）相符，我们假设 1 吨汇源牌果汁的果汁含量相当于 a 吨可口可乐牌果汁的果汁含量。经过调整后，2007 年可口可乐和汇源的销量变为 162.21 万吨和 150.46a 万吨。

假设果汁市场所有企业的毛利润率相同，或者它们的收入份额和成本份额相同。根据英国欧睿国际信息咨询公司统计的 2007 年可口可乐和汇源在果汁市场的收入市场份额（可口可乐 9.7%，汇源 10.3%），以及 2007 年果汁市场的总生产成本，我们估算出可口可乐和汇源生产果汁的总生产成本分别为 33.11 亿元和 35.16 亿元。用总生产成本除以销量，我们得到可口可乐和汇源生产果汁的平均成本分别为每吨 2041 元和 2337/a 元。为了提高模拟结果的稳健性，我们假设可口可乐牌果汁的果汁含量均为 25%，而汇源牌果汁的果汁含量均在 50%，此时 $a=2$。考虑到低浓度果汁产品添加了一些其他原料，我们进一步降低 a 值，假设 $a=1.5$。利用上述数据，我们模拟出不同情景下本案的单边价格效应，如表 5 所示。

表 5　　　　碳酸饮料和果汁的单边价格效应（一般线性）

情景	产品名称	价格增长率		
		$c_B^m=c_{1B}$	$c_B^m=c_{2B}$	$c_B^m=\frac{c_{1B}+c_{2B}}{2}$
$a=2$	碳酸饮料	30.43%	30.43%	30.43%
	果汁	-5.23%	-45.74%	-25.49%
$a=1.5$	碳酸饮料	15.42%	15.42%	15.42%
	果汁	-2.97%	-25.93%	-14.48%

资料来源：作者计算所得。

从表5可以看出，可口可乐和汇源实施并购后，并购后的存续企业会提高碳酸饮料价格而降低果汁价格，这与碳酸饮料和果汁的需求价格弹性所传递的信息相悖。因此，该结果是不可靠的，这可能与一般线性需求系统下，果汁的回归方程中碳酸饮料和果汁价格前的系数均不显著有关。

从表6可以看出：(1) 当$a=2$时，不管并购后果汁的边际成本取何值，碳酸饮料的价格都将上升9.12%；如果并购实施后，存续企业生产果汁的边际成本等于并购前可口可乐生产果汁的边际成本，那么果汁价格将上升88.89%；如果它等于并购前汇源生产果汁的边际成本，那么果汁价格将上升8.09%；如果它等于并购前可口可乐和汇源生产果汁的边际成本的算术平均数，那么果汁价格将上升48.49%；(2) 当$a=1.5$时，不管并购后果汁的边际成本取何值，碳酸饮料的价格都将上升4.78%；如果并购实施后，存续企业生产果汁的边际成本等于并购前可口可乐生产果汁的边际成本，那么果汁价格将上升35.20%；如果它等于并购前汇源生产果汁的边际成本，那么果汁价格将上升3.20%；如果它等于并购前可口可乐和汇源生产果汁的边际成本的算术平均数，那么果汁价格将上升19.20%。

表6　　碳酸饮料和果汁的单边价格效应（对数线性）

情景	产品名称	价格增长率		
		$c_B^m=c_{1B}$	$c_B^m=c_{2B}$	$c_B^m=\frac{c_{1B}+c_{2B}}{2}$
$a=2$	碳酸饮料	9.12%	9.12%	9.12%
	果汁	88.89%	8.09%	48.49%
$a=1.5$	碳酸饮料	4.78%	4.78%	4.78%
	果汁	35.20%	3.20%	19.20%

资料来源：作者计算所得。

综上所述，我们认为本案在果汁市场可能存在显著的单边效应，其大小取决于情景假设。

六、结　　语

本文用定量方法分析了汇源案的竞争损害，首先，我们利用中国软饮料工业4位码行业的销售和进出口数据，分别估计出了碳酸饮料和果汁的一般线性和对数线性需求系统，得到它们的需求价格弹性。利用上述弹性信息和中国工业统计数据中可口可乐和汇源的成本信息，采用假定垄断者测试方法将本案的相关产品市场界定为碳酸饮料市场和果汁市场，即碳酸饮料和果汁分处两个相关市场。这与商务部认定的相关市场是相同的。换句话说，我们的研究结果为商务部的相关市场认定提供了定量证据。

最后，我们分别采用结构方法和并购模拟方法评估了本案在果汁市场的单边效应。研究结果显示，本案可能导致果汁市场出现显著的单边效应，其大小取决于不同的情景假设。本文的意义在于，尽管我们不否认商务部否决可口可乐拟并购汇源案有其合理性，但本文的结果显示，此案所产生的竞争损害可能主要来源于果汁市场的单边效应，而不是商务部所依据的市场支配力的传递和“组合效应”。我们相信，本文的研究结果为此案的进一步研究，提供了更多的想象空间。

由于数据限制，本文只估计了含有碳酸饮料和果汁的需求系统。事实上，饮用水、含乳和植物蛋白饮料，以及茶饮料对碳酸饮料和果汁也具有一定的替代性。另外，碳酸饮料和果汁均有很多品牌，不同品牌间的替代弹性可能是不同的。如果可以获得详细的品牌数据，或者更为理想的扫描数据，那么在今后的研究中，我们可以设定更丰富的需求函数形式，比如AIDS和Rotterdam模型，估计出更接近现实的需求系统。这样，我们就可以验证当前认定的果汁市场是否可以进一步细分为低浓度果汁、中高浓度果汁和纯果汁市场。此外，我们还可以设定更接近现实的经济模型来模拟本案的单边效应。

参考文献：

1. Abere, A., O. Capps Jr, J. Church, H. A. Love. Mergers and Market Power: Estimating the Effect on Market Power of the Proposed Acquisition by The Coca-Cola Company of Cadbury Schweppes' Carbonated Soft Drinks in Canada, in Slottje, D. J., ed., Measuring Market Power [K], Amsterdam: Elsevier, 2002.

2. Barnett, A. William. Theoretical foundations for the Rotterdam model [J]. Review of Economic Studies, 1979, 46 (1).

3. Barnett, A. W., O. Seck, Rotterdam Model Versus Almost Ideal Demand System: Will the Best Specification Please Stand up? [J]. Jounal of Applied Econometrics, 2008, 23 (6).

4. Budzinski, O., I. Ruhmer. Merger Simulation in Competition Policy: a Survey [J]. Journal of Competition Law and Economics, 2009, 6 (2).

5. Davis P., E. Garcés. Quantitative Techniques for Competition and Antitrust Analysis [C]. London: Princeton University Press, 2009.

6. Deaton A., J. Muellbauer. An Almost Ideal Demand System [J]. American Economic Review, 1980, 70 (3).

7. Deng, Fei, A. Emch and G. K. Leonard. A Hard Landing in the Soft Drink Market-MOFCOM's Veto of the Coca-Cola & Huiyuane Deal [J]. Global Competition Policy Magazine, April 2009. Available at SSRN: http://ssrn.com/abstract = 1396968.

8. Dube, J. Pierre. Multiple Discreteness and Product Differentiation: Demand for Carbonated Soft Drinks [J]. Marketing Science, 2004, 23 (1).

9. Giacomo, M. D. Empirical Analysis of Markets with Differentiated Products: the Characteristics Approach [J]. Giornale degli Economistie Annali Economia, 2004, 63 (2).

10. Hausman, J., G. Leonard, and J. D. Zona. Competitive Analysis with Differentiated Products [J]. Annales d'Economie et Statistique, 1994, (34).

11. Werden, G. J., L. M. Froeb. Unilateral Competitive Effects of Horizontal Mergers, in Buccirossipp, P., ed., Handbook of Antitrust Economics [K], London: The MIT Press, 2008.

12. Zhang, Huyue. Problems in Following E. U. Competition Law: A Case Study of Coca-Cola/Huiyuan, Peking University Journal of Legal Studies, Forthcoming. Available at SSRN: http://ssrn.com/abstract = 1569836.

13. Zhang, Xinzhu, V. Y. Zhang. Chinese Merger Control Patterns and Implications [J]. Journal of Competition Law and Economics, 2010, 6 (2).

14. Theil H. The Information Approach to Demand Analysis [J]. Econometrica, 1965, 33 (1).

15. 北京华通人商用信息有限公司：《中国果菜汁及果菜汁饮料行业分析报告》，2008 年。

16. 尚明：《商务部召开反垄断工作情况专题新闻发布会》，2010 年 8 月 12 日，http://www.mofcom.gov.cn/aarticle/ae/ai/201008/20100807078063.html。

17.《商务部新闻发言人姚坚就可口可乐公司收购汇源公司反垄断审查决定答记者问》，2009 年 3 月 24 日，http://news.xinhuanet.com/fortune/2009-03/24/content_11066409.htm。

18. 王晓晔：《我看商务部关于可口可乐并购汇源的决定》，载于《21 世纪经济导报》2009 年 3 月 24 日。

（本文载于《中国工业经济》2010 年第 12 期）

网络效应、转移成本和竞争性价格歧视

蒋传海

摘　要： 本文在存在网络效应和转移成本的市场条件下，构建两期动态博弈模型研究厂商根据消费者的购买历史进行竞争性歧视定价的商业行为。研究结果表明转移成本是厂商可以实施价格歧视的内在原因；在歧视定价均衡中，厂商在第二期会通过给予价格优惠吸引竞争对手的消费者转移，并在第一期为争取市场份额而进行激烈的竞争，网络效应加剧了企业两期的价格竞争。就市场绩效而言，网络效应会导致消费者剩余和社会福利的提高、厂商利润的下降；而转移成本对于社会福利的影响则是负面的。此外和统一定价相比，歧视定价降低了社会总福利。因此以社会总福利为目标的公共政策，应着重于降低转移成本，并限制厂商使用歧视定价的营销策略。

关键词： 网络效应　转移成本　消费者购买历史　价格歧视　统一定价

一、引　言

现实经济中，一些寡头厂商生产的产品（如信息产品）具有如下一些重要的特征，具有网络效应，即产品的价值会随着用户数量的增加而提高，这种网络效应会导致产品的需求方规模经济①；其次，由于专用性投资、学习成本或契约关系等原因，消费者转移消费产品会产生转移成本。这些重要特征使得寡头厂商可以使用很多不同于传统的竞争模式展开竞争，因此引起了经济学家极大的关注，结合产品的这些重要特征研究厂商的竞争行为和竞争策略已经成为当前产业组织理论研究的重要前沿领域。

在现实经济中，还经常可以观察到生产产品的寡头厂商使用信息技术或其他手段了解或追踪消费者的购买信息，并根据此重要信息对消费者进行市场细分，然后针对不同的消费者群体制定不同的价格，亦即根据消费者的购买历史实行歧视定价。例如，在银行卡市场，银行卡系统一般具有网络效应和转移成本的特征，不同的银行卡系统间提供服务需要收费；商业银行为了吸引竞争对手的客户转移过来一般会提供利率优惠。其他一些网络效应和转移成本的市场也有类似的情况，如电信服务市场，计算机操作系统市场等，电信服务商通常会通过提供价格优惠吸引竞争对手的消费者转移过来。这些现实经济中厂商的定价策略使得有必要结合网络效应和转移成本，建立近似地描述不同产业中现实情况的基本模型，研究厂商采用动态竞争性歧视定价策略的内在机制，以及这种定价策略对于消费者的剩余、厂商利润和社会福利的影响，揭示其对于公共政策选择和反垄断的政策含义。

具体而言，本文将重点研究以下几个重要的问题。首先，在具有网络效应和转移成本的市场上，厂商根据消费者的购买历史进行歧视定价的内生机制是什么？其次，这种定价策略会对厂商的利润和消费者的剩余产生怎样的影响？最后，这种定价策略对于反垄断和竞争政策具有怎样的政策

① 需求方规模经济是指消费者对产品的需求与其预期有关。当消费者预期产品的需求比较大时，产品的实际需求也会比较大，这就是需求方规模经济。

含义？公共政策对于这种定价策略在实际经济中的应用应该采取怎样的态度？

本文基于豪特林（Hotelling）横向差异化模型建立两阶段动态博弈模型是分析问题的基础。一方面是因为豪特林模型是引入产品差异化分析寡头企业价格竞争最基础的模型，另一方面，一些与本文比较相关的文献也是以豪特林模型为基础进行拓展，然后研究具体问题，这使得本文的研究结果可以比较容易地和相关文献的研究结论进行比较。在本文博弈的第一期，厂商进行价格竞争，并使用相应的技术手段记录消费者的购买信息；在第二期，厂商根据消费者的购买信息，对新老消费者进行价格歧视竞争。研究结果表明转移成本是厂商可以实施价格歧视的内在原因，如果转移成本不存在，即使网络效应存在并且厂商了解消费者的购买历史，也无法有效地对消费者进行价格歧视。

一般而言，在寡头竞争的市场环境下，厂商会利用转移成本锁定消费者，并对锁定的消费者索取高价；具有理性预期的消费者会预期到这种结局，从而对前期的购买表现出“惰性”，因此转移成本的存在会缓和厂商的前期价格竞争。但是在本文的歧视定价均衡中，得到了相反的结果，厂商会在第一期为获得较大的市场份额而进行激烈的价格竞争，网络效应更加促进这种结果。在第二期价格均衡中，厂商会使用价格优惠吸引竞争对手的消费者，并且厂商的定价与第一期的市场份额无关，这也是一个比较出人意料的结果。从市场绩效而言，网络效应会增加消费者剩余和提高社会福利，降低厂商利润，而转移成本对于社会福利的影响则是负面的。为了更充分了解根据消费者的历史进行歧视定价对于市场绩效的影响，我们还和统一定价的市场绩效进行分析比较，发现歧视定价增加了消费者剩余，但是减少了企业的利润和社会总福利。本文的其他一些研究结果也和已有研究文献[①]的结果具有比较大的差异，这些将在后文中进行详细对比和描述。

本文的研究与一些研究网络效应和转移成本的文献有关。在卡兹和夏皮罗（Katz and Shapiro，1985）的开拓性文献中，他们建立了一个简单的静态模型研究网络效应的存在对于消费者需求和竞争均衡结果的影响，发现网络效应会产生需求方规模经济，均衡结果依赖于消费者的理性预期，因此消费者预期对于均衡的结构产生至关重要的影响。在实现预期（Fulfilled Expectation）的约束下，他们分别刻画了兼容和非兼容条件下实现预期的均衡特征。在兼容的条件下，均衡结果对称且唯一，所有的厂商出售相同的产量；在非兼容的条件下，多重非对称均衡结果出现，此时厂商的声誉对于均衡结果的结构可能会发挥重要的作用，因为厂商的声誉会对消费者的预期产生重要的影响，例如，IBM 将成为个人计算机市场领导者的声誉使得其最后真的成为市场的领导者。

转移成本[②]对于价格竞争影响的主要途径是，在消费者还未选择消费哪种产品的时候，厂商通过一些策略如折价、免费赠送互补品、提高服务等来展开激烈的竞争，吸引消费者选择其产品，然后利用转移成本在后期提高价格，“剥削”消费者，提高自己的利润。在关于锁定和转移成本研究的重要文献中，冯魏茨泽克（von Weizsacker，1984）在空间差异模型的基础上结合转移成本建立了一个简单的多期博弈模型，他假设在博弈的每一期厂商都索取相同价格，研究发现转移成本的存在会使得厂商在市场中的竞争更加激烈。克伦佩勒（Klemperer，1987a，1987b）认为冯魏茨泽克的假设在很多市场情况下是不合理的，因为如果转移成本存在，那么厂商在后续竞争阶段会有激励提高价格，厂商在博弈的每一期不可能索取相同价格；而且他还认为转移成本的存在会细分市场，使得厂商的需求弹性降低，从而在自己的细分市场上建立垄断性，因此会缓和厂商间的竞争。在冯魏茨泽克研究的基础上，克伦佩勒（1987a，1987b）发现转移成本的存在会弱化厂商两期的竞争，因为转移成本的存在会使消费者在第二期对转移表现出惰性，所以弱化了第二期的竞争；而在第一期，具有理性预期的消费者可以预期到第二期的市场价格会随着第一期市场份额的增加而增加，因此会对厂商第一期的降价表现出较差的敏感性，所以也会缓和厂商在第一期的价格竞争。博纳金和萨莫斯（Banerjee and Summers，1987）和卡米诺和马特斯（Caminal and Matutes，1990）则研究了厂商

① 法雷尔和克伦佩勒（Farrell and Klemperer，2002）对转移成本理论研究文献进行了比较全面的评述。

② 这里零边际生产成本的假设主要是为了后文分析计算的方便，并不影响本文的主要结论。

的价格承诺可以内生转移成本的情况。杜甘鲁和格波斯基（Doganoglu and Grzybowski，2004）结合网络效应和转移成本研究了企业的统一价格竞争问题。在其模型中，他们假设厂商无法识别新老消费者，因此在第二期不能实行价格歧视，只能对新老消费者一视同仁，实行统一价格，这和本文研究的问题形成了鲜明的对比。他们的分析显示厂商第二期的定价与每个厂商第一期获得的市场份额有关，占有较大市场份额的厂商其第二期的定价和利润会随着转移成本的增加而提高。他们还发现网络效应增加需求弹性，而转移成本降低需求弹性，每个厂商两期的价格都会随着边际网络效应的增加而降低，而转移成本对于价格的影响具有不确定性。如果网络效应很强，转移成本适中，那么厂商的两期价格低于网络效应和转移成本不存在时的市场价格。

本文的研究还与一些研究基于消费者购买历史的竞争性价格歧视的文献有关。所谓基于消费者购买历史的竞争性价格歧视（Purchased-History Based Price Discrimination）是指寡头厂商根据消费者过去的购买信息对新、老顾客进行歧视定价竞争。有关这方面文献主要沿着两种方法展开（Chen，2005），且这两种方法实际上分别近似地描述不同产业中的现实情况。一种方法出现在陈（Chen，1997）的文献中，在其模型中，两个厂商生产的产品同质，消费者第二期转移购买将承受转移成本，转移成本的存在使得厂商可以细分市场并对新老消费者进行价格歧视，此时厂商在第二期会通过提供价格优惠吸引竞争对手的消费者转移，而且也会为争取第一期的市场份额进行激烈的竞争；结果厂商的利润减少，社会总福利产生损失，而消费者的福利也不会必然增加。后来泰勒（Taylor，2003）把陈的模型推广到多个时期多厂商的情形，也得到了一些重要且非常有意义的结果。第二种方法出现在范登博格和梯若尔（Fudenberg and Tirole，2000）的文献中，在其模型中，他们假设消费者具有不同的偏好，厂商根据消费者的购买历史推断消费者的偏好，从而实现对消费者进行价格歧视。在第二期厂商也会通过提供价格优惠吸引竞争对手的消费者转移，但是价格歧视会提高厂商第一期的价格。和统一定价相比，歧视定价会导致更低的社会福利，而消费者剩余有所增加，相应地厂商的利润会降低。由以上可以看到尽管两种方法存在显著差异，但是研究结果具有一些共同的特征：歧视定价会导致对竞争对手的消费者索取低价，吸引部分消费者转移消费，而对自己的老顾客索取高价；由于价格歧视导致从社会角度来看无效率的消费者转移，因此社会福利会发生损失。

本文的两阶段动态差异化模型把网络效应、转移成本和厂商根据消费者的购买历史进行竞争性歧视定价结合在一起，既要在实现预期（Fulfilled Expectation）的约束下分析问题，又要有效地处理转移成本、消费者跨期偏好变化和厂商根据消费者的购买历史进行竞争性歧视定价之间的关系问题。而在陈（1997）的模型中，假设产品同质，因此不涉及消费者跨期偏好的处理，而且不存在网络效应。范登博格和梯若尔（2000）的模型则假设消费者的跨期偏好不变，厂商根据消费者的购买历史推断消费者是否更喜欢自己的产品，进而对消费者进行价格歧视，在其模型中不存在转移成本和网络效应。克伦佩勒（1987a）和杜甘鲁和格波斯基（2004）都假设厂商在两期都实行统一定价，不涉及根据消费者的购买历史进行竞争性歧视定价的问题。就是因为本文模型的假设与上述文献存在显著不同，因此所获得的研究结论也与上述文献存在显著差异。本文的模型比较适用于存在网络效应，并且产品差异相对于转移成本比较显著的市场情况。

本文的内容安排如下：第二部分主要建立基本模型，并详细描述消费者的效用函数，这是分析问题的基础。第三部分在歧视定价机制下，要清晰地刻画两阶段价格竞争的均衡特征，并给出均衡定价的重要经济含义。第四部分主要描述歧视定价机制的市场绩效，并与统一定价机制下的市场绩效进行分析比较。第五部分对本文重要的研究结果进行总结，并揭示这些研究结论对于反垄断和竞争政策具有怎样的公共政策含义。

二、基本模型

本文基于豪特林横向差异化模型建立两阶段动态博弈模型，研究寡头厂商在两期的价格竞争结果，特别要清晰地刻画寡头厂商在第二期根据消费者的购买历史进行价格歧视的均衡结果。

考虑由两个厂商 a 和 b 构成的市场，它们分别位于长度为 1 的线性城市的两端（假定 a 位于最左端，b 位于最右端），且以零边际生产成本生产和销售两类不兼容且不完全替代的产品（假定 i 厂商销售 i 类产品，$i\in\{a, b\}$）。所有的消费者均匀地分布在线性城市之间，并将其总量标准化为 1。消费者具有一些重要的特征：（1）其对于产品的评价会随着用户的增加而提高（网络效应）；（2）如果转移消费则需要承担转移成本；（3）消费者购买任何一个厂商的产品都要付出运输成本，而且付出的运输成本与离该厂商的距离成正比。假定单位长度的运输成本为 t，还假定消费者对于产品的保留效用 V 足够大，使得市场上的消费者都愿意购买，并且每个消费者在每期对产品具有单位需求。

在两期动态博弈模型的第一期，厂商进行价格竞争，价格记为 $p_1^i(i\in\{a, b\})$，并获得相应的市场份额，同时使用一些技术或其他手段记录消费者的购买信息。在博弈的第二期，厂商根据消费者的购买信息，对消费者进行市场细分，并实行价格歧视竞争，假设厂商 $i(\in\{a, b\})$ 对于老客户的定价为 p_2^i，对于新客户的定价为 $\tilde{p}_2^i$。类似于克伦佩勒（1987a）、杜甘鲁和格波斯基（2004），假设消费者第二期在市场上重新定位①，不仅与第一期的位置完全独立，而且依然均匀分布在线性城市间，并根据厂商的定价选择从某个厂商购买产品，如果转移消费则需要承担转移成本 s。最后，假设厂商和消费者的贴现因子相等且为 $\delta\in(0, 1)$。

本文的分析从描述消费者的效用函数开始。为了描述消费者的效用函数，假设网络效应参数为 $k(0\leqslant k\leqslant t)$，即若一个厂商的产品有 N 个消费者购买，那么消费该产品的每个消费者可从中得到额外的 kN 的收益。那么对于位于 $x\in[0, 1]$ 的消费者，若记其第一期从厂商 a 购买所获得的效用为 $U_1^a(x, p_1^a, N_1^a)$，从厂商 b 购买所获得的效用为 $U_1^b(x, p_1^b, N_1^b)$，则有：

$$U_1^a(x, p_1^a, N_1^a)=V+kN_1^a-tx-p_1^a,\quad U_1^b(x, p_1^b, N_1^b)=V+kN_1^b-t(1-x)-p_1^b \tag{1}$$

其中，N_1^i 是预期的市场份额，p_1^i 是厂商 i 在第一期的价格，$i=\{a, b\}$。由市场被完全覆盖的假设，还可以得到 $N_1^a=1-N_1^b$。在第二期，厂商 a 和 b 根据消费者的购买历史进行歧视定价，并且消费者在转移消费时需要承担转移成本，因此其第二期效用与其重新定位和第一期的选择有关。

对于位于 $x\in[0, 1]$ 的某一消费者，若其第一期从 a 厂商购买，那么其第二期仍从厂商 a 购买所获得的效用为 $U_2^{a|a}(x, p_2^a, N_2^a)=V+kN_2^a-tx-p_2^a$（$U_2^{j|i}$表示消费者第一期从厂商 i 购买，第二期从厂商 j 购买所获得的第二期效用）；若其第一期从 a 厂商购买，那么其第二期从厂商 b 购买所获得的效用为 $U_2^{b|a}(x, \tilde{p}_2^b, s, N_2^b)=V+kN_2^b-t(1-x)-\tilde{p}_2^b-s$。

类似地 $U_2^{b|b}(x, p_2^b, N_2^b)=V+kN_2^b-t(1-x)-p_2^b$，$U_2^{a|b}(x, \tilde{p}_2^a, s, N_2^a)=V+kN_2^a-tx-\tilde{p}_2^a-s$；而且 $N_2^a=1-N_2^b$。

在每一期，消费者将选择能使其效用最大化的产品。在第二期这个问题相对比较容易处理，因为对于给定位置上的消费者，他可以根据预期的市场规模和转移成本的大小选择最大化其效用的产品。但是消费者第一期选择的分析就比较复杂，因为由于重新定位，消费者不能确切知道自己第二期购买的是哪一个厂商的产品；对于给定的厂商第一期价格，消费者不仅对于第一期的市场规模要形成正确的预期，而且还要能对于未来的市场规模和未来的价格形成正确的预期，这也是本文第四部分分析的重点。因此对于位于 $x\in[0, 1]$ 的消费者，其在第一期将选择能最大化其折现效用的产品，即：

$$U^i(x, p_1^i, N_1^i)=U_1^i(x, p_1^i, N_1^i)+\delta E[U_2^{j|i}\mid i, p_1^a, p_1^b] \tag{2}$$

这里 $i, j=a, b$，$E[\cdot\mid\cdot]$ 表示根据消费者第二期的定位及第一期的要价所计算的第二期期望效用。

① 消费者重新定位实际意味着消费者的偏好发生变化，这种跨期偏好变化可能是由多种原因引起的，如消费者追求新奇或厂商的产品存在差异。

三、竞争性歧视定价均衡

本文通过寻找两期动态博弈的子博弈精炼纳什均衡（Subgame Perfect Nash Equilibrium）来研究寡头厂商在两期的价格竞争结果，特别地，要清晰地刻画寡头厂商在第二期根据消费者的购买历史进行价格歧视的均衡结果。本文使用逆向归纳求解子博弈纳什均衡，因此从分析第二期的歧视定价均衡开始。

（一）第二期歧视定价均衡

第二期的歧视定价均衡不仅是求解第一期价格均衡的基础，而且其本身也具有非常重要的经济含义。为了求解第二期的歧视定价均衡，需要分析和求出每个厂商的产品需求。由于在第二期消费者需重新定位及存在转移成本，厂商第二期的价格选择实际受到消费者第一期购买选择的影响。

首先分析第一期从厂商 a 购买的消费者的需求情况。由于消费者重新定位和厂商实行价格歧视，第一期从厂商 a 购买的消费者中，有一部分仍然会从厂商 a 购买，而另一部分则转向厂商 b 购买。对这一部分消费者的需求分析等价于寻找从两个厂商购买无差异的消费者位置。若记此无差异的位置①为 $d_2^{a|a}$，则其一定满足：

$$U_2^{a|a}(d_2^{a|a},\ p_2^a,\ N_2^a) = U_2^{b|a}(d_2^{b|a},\ \tilde{p}_2^b,\ s,\ N_2^b) \tag{3}$$

因此，可以得到：

$$d_2^{a|a} = \frac{1}{2} + \frac{k}{2t}[2N_2^a - 1] + \frac{1}{2t}[\tilde{p}_2^b - p_2^a + s] \quad d_2^{b|a} = 1 - d_2^{a|a} \tag{4}$$

这里 $d_2^{b|a}$ 表示从厂商 b 购买的消费者比例。类似地，对于第一期从厂商 b 购买的消费者，若记第二期从厂商 a 购买的消费者比例为 $d_2^{a|b}$，第二期仍从厂商 b 购买的消费者为 $d_2^{b|b}$，则 $d_2^{b|b}$ 和 $d_2^{a|b}$ 一定满足：

$$U_2^{a|b}(d_2^{a|b},\ q_2^a,\ s,\ N_2^a) = U_2^{b|b}(d_2^{b|b},\ p_2^b,\ N_2^b) \tag{5}$$

由此可以得到：

$$d_2^{ab} = \frac{1}{2} + \frac{k}{2t}[2N_2^a - 1] + \frac{1}{2t}[p_2^b - \tilde{p}_2^a - s] \quad d_2^{b|b} = 1 - d_2^{a|b} \tag{6}$$

这样就可以得到厂商 a 与厂商 b 在第二期的总需求分别为：

$$d_2^a = d_2^{a|a}N_1^a + d_2^{a|b}N_1^b \quad d_2^b = d_2^{b|b}N_1^b + d_2^{b|a}N_1^a \tag{7}$$

由于消费者具有理性预期，消费者可以预期到当前市场份额的大小，即自实现预期，而且市场被完全覆盖，因此 $N_2^a = d_2^a$，和 $N_2^b = 1 - N_2^a = 1 - d_2^a = d_2^b$。此时可以求出厂商 a 和厂商 b 在第二期的市场需求分别为：

$$N_2^a = \frac{1}{2} + \alpha(p_2^b - \tilde{p}_2^a)N_1^b + \alpha(\tilde{p}_2^b - p_2^a)N_1^a + \beta(2N_1^a - 1)$$

$$N_2^b = \frac{1}{2} - \alpha(p_2^b - \tilde{p}_2^a)N_1^b - \alpha(\tilde{p}_2^b - p_2^a)N_1^a - \beta(2N_1^a - 1)\text{，其中 } \alpha = \frac{1}{2(t-k)}\text{，}\beta = \frac{s}{2(t-k)}$$

因此，厂商 a 和厂商 b 在第二期的利润分别为：

$$\prod\nolimits_2^a = p_2^a d_2^{a|a} N_1^a + \tilde{p}_2^a d_2^{a|b} N_1^b$$

① 位于无差异位置左侧的消费者会选择购买厂商 a 的产品，因此 $d_2^{a|a}$ 实际上就是这一部分消费者对于厂商 a 产品的需求，$d_2^{b|a}$ 则表示这一部分消费者对于厂商 b 产品的需求。

$$=p_2^a\left[\frac{1}{2}+\frac{k}{2t}(2N_2^a-1)+\frac{1}{2t}(\tilde{p}_2^b-p_2^a+s)\right]N_1^a+\tilde{p}_2^a\left[\frac{1}{2}+\frac{k}{2t}(2N_2^a-1)+\frac{1}{2t}(p_2^b-\tilde{p}_2^a-s)\right]N_1^b \tag{8}$$

$$\prod_2^b=p_2^b d_2^{b|b}N_1^b+\tilde{p}_2^b d_2^{b|a}N_1^a$$

$$=p_2^b\left[\frac{1}{2}-\frac{k}{2t}(2N_2^a-1)-\frac{1}{2t}(p_2^b-\tilde{p}_2^a-s)\right]N_1^b+\tilde{p}_2^b\left[\frac{1}{2}-\frac{k}{2t}(2N_2^a-1)-\frac{1}{2t}(\tilde{p}_2^b-p_2^a+s)\right]N_1^a \tag{9}$$

每个厂商分别选择歧视定价最大化自己的利润，因此，$\prod_2^i$ 关于对 p_2^i 和 $\tilde{p}_2^i$ 的一阶最优化条件可以得到：

$$\frac{1}{2}+\frac{k}{2t}(2d_2^a-1)+\frac{1}{2t}(\tilde{p}_2^b-p_2^a+s)-p_2^a\left(\frac{k\alpha}{t}N_1^a+\frac{1}{2t}\right)-\tilde{p}_2^a\left(\frac{k\alpha}{t}N_1^b\right)=0 \tag{10}$$

$$\frac{1}{2}+\frac{k}{2t}(2d_2^a-1)+\frac{1}{2t}(p_2^b-\tilde{p}_2^a-s)-\tilde{p}_2^a\left(\frac{k\alpha}{t}N_1^b+\frac{1}{2t}\right)-p_2^a\left(\frac{k\alpha}{t}N_1^a\right)=0 \tag{11}$$

$$\frac{1}{2}-\frac{k}{2t}(2d_2^a-1)-\frac{1}{2t}(p_2^b-\tilde{p}_2^a-s)-p_2^b\left(\frac{k\alpha}{t}N_1^b+\frac{1}{2t}\right)-\tilde{p}_2^b\left(\frac{k\alpha}{t}N_1^a\right)=0 \tag{12}$$

$$\frac{1}{2}-\frac{k}{2t}(2d_2^a-1)-\frac{1}{2t}(\tilde{p}_2^b-p_2^a+s)-\tilde{p}_2^b\left(\frac{k\alpha}{t}N_1^a+\frac{1}{2t}\right)-p_2^b\left(\frac{k\alpha}{t}N_1^b\right)=0 \tag{13}$$

解此联立方程组，可以求出唯一解①为：

$$p_2^a=p_2^b=t-k+\frac{1}{3}s,\quad \tilde{p}_2^a=\tilde{p}_2^b=t-k-\frac{1}{3}s \tag{14}$$

而且很容易检验最优化的二阶条件也满足。因此可以得到：

命题 1　在第二期市场存在唯一的歧视定价纳什均衡 $p_2^a=p_2^b=t-k+\frac{1}{3}s$，$\tilde{p}_2^a=\tilde{p}_2^b=t-k-\frac{1}{3}s$。在此均衡中，每个厂商对老客户索取高价，而对新客户索取低价，从而吸引新客户转移消费自己的产品；此外厂商第二期的定价与第一期的市场份额无关。

命题 1 具有重要的经济含义。首先从（14）式可以看到在歧视定价机制下，厂商会采用诱导转移式定价机制，通过给予价格优惠吸引竞争对手的消费者转移消费。就“通过给予价格优惠吸引竞争对手的消费者转移”这一点而言，和陈（1997）及范登博格和梯若尔（Fudenberg and Tirole，2000）的结果具有相似性，但是本文的均衡定价结果和陈（1997）及范登博格和梯若尔（2000）的结果又存在非常突出的不同。陈（1997）的结果显示，价格歧视使得厂商对新老客户的定价都高于静态解的定价，缓和了厂商第二期的竞争；而范登博格和梯若尔（2000）的结果则完全相反，价格歧视使得竞争加剧，对新老客户的定价都低于静态解，而本文的歧视均衡价格显示，对于老客户的定价高于静态价格，而对于新客户的定价低于静态价格。其次，可以看到网络效应使得厂商之间的竞争加剧，这是非常直观的，因为网络效应会放大价格降低所带来的市场扩张效应。第三，厂商第二期的定价与第一期的市场份额无关②这个结果比较出人意料，因为转移成本的存在一般会使人们预期占有较大市场份额的企业通过提高价格榨取被锁定的消费者的剩余，而且在杜甘鲁和格波斯基（2004）的统一定价模型及范登博格和梯若尔（2000）的事前差异化歧视定价模型中，厂商的定价确实也和市场份额有关。

在第二期歧视定价均衡中，若转移成本 $s\to 0$，则厂商对于新老客户的定价趋于一致。当 $s=0$ 时，即使厂商了解消费者的购买历史，但也无法进行价格歧视，可见转移成本是厂商能够实行歧视

① 从唯一解的形式可以看出，寡头厂商要实现真正意义上的竞争，仅仅要求 s 和 k 满足 $0\leqslant s\leqslant t$，$0\leqslant k\leqslant t$ 还不够。因为第二期以后博弈结束，所以厂商的定价不会低于边际成本，这就要求 $s\leqslant 3(t-k)$。因此 $s\in\min[t, 3(t-k)]$。

② 尽管陈（1997）研究转移成本下的歧视定价也得到了类似结果，但在陈的模型中，产品事前同质，而在本文的模型中，厂商的产品是事前差异化的，这和 Doganoglu & Grzybowski（2004）及 Fudenberg & Tirole（2000）的模型假设是一致的。

定价的根本原因，这就回答了本文提出的第一个重要问题。因为当转移成本存在时，根据消费者的购买历史识别出的新老两个消费者群体对于同一厂商产品的评价存在显著差异，厂商就可以根据这种差异对消费者进行价格歧视。尽管消费者的偏好存在差异，但是由于消费者的偏好重新分布，并且不受第一期偏好的影响，厂商无法根据消费者的第一期购买推断其第二期的偏好，不能根据消费者的偏好细分消费者，因此偏好差异不能使厂商实行歧视定价。由于网络效应对所有消费者而言具有相同的规模效应，不能成为厂商细分消费者群体的手段，因此网络效应也不能使厂商对消费者实行歧视定价。

根据第二期均衡价格，可以很容易得到在第一期从厂商 a 购买的消费者中，第二期仍然从厂商 a 购买的消费者比例为 $d_2^{a|a}=\frac{1}{2}+\frac{s}{6t}+\frac{k\beta}{3t}(2N_1^a-1)$，转移购买的比例为 $d_2^{b|a}=\frac{1}{2}-\frac{s}{6t}-\frac{k\beta}{3t}(2N_1^a-1)$。类似地，可以求出 $d_2^{a|b}=\frac{1}{2}-\frac{s}{6t}+\frac{k\beta}{3t}(2N_1^a-1)$，$d_2^{b|b}=\frac{1}{2}+\frac{s}{6t}-\frac{k\beta}{3t}(2N_1^a-1)$。可以看到消费者转移购买的比例与第一期的市场份额有关，这和陈（1997）的转移成本模型的结果又有显著的不同①。因此，第二期厂商 a 和厂商 b 的总市场需求分别为 $N_2^a=\frac{1}{2}+\frac{\beta}{3}(2N_1^a-1)$ 和 $N_2^b=\frac{1}{2}+\frac{\beta}{3}(2N_1^b-1)$。相应地其第二期各自的利润分别为：

$$\prod{}_2^a=\frac{k\beta s}{9t}(2N_1^a-1)^2+\frac{s}{3}(2N_1^a-1)+\frac{s^2}{18t}+\frac{1}{4\alpha},\ \prod{}_2^b=\frac{k\beta s}{9t}(2N_1^a-1)^2-\frac{s}{3}(2N_1^a-1)+\frac{s^2}{18t}+\frac{1}{4\alpha} \tag{15}$$

尽管第二期的均衡定价与第一期市场份额无关，但厂商第二期的市场需求和利润则和其有关。

（二）第一期的价格竞争均衡

在第一期消费者面临比较复杂的决策选择，其在决定选择哪一家厂商的产品时不仅要对第一期的市场规模形成正确预期，而且还要对未来的市场规模和未来的价格形成正确预期。这就需要理性的消费者对购买每一家厂商的两期收益进行评价和比较，其第一期的购买决策取决于两期总期望效用。

对于第一期位于 x 处的消费者从企业 a 购买的期望效用：

$$U^a(x,\ p_1^a,\ N_1^a)=V-p_1^a-tx+kN_1^a+\delta E[U_2^{j|a}\mid a,\ p_1^a,\ p_1^b] \tag{16}$$

其中：

$$E[U_2^{j|a}\mid a,p_1^a,p_1^b]=\int_0^{d_2^{a|a}}(V-ty-p_2^a+kN_2^a)\mathrm{d}y+\int_{d_2^{a|a}}^1[V-t(1-y)-\tilde{p}_2^b-s+kN_2^b]\mathrm{d}y \tag{17}$$

而从企业 b 购买的期望效用为：

$$U^b(x,\ p_1^b,\ N_1^b)=V-p_1^b-t(1-x)+kN_1^b+\delta E[U_2^{j|b}\mid b,\ p_1^a,\ p_1^b] \tag{18}$$

其中

$$E[U_2^{j|b}\mid b,p_1^a,p_1^b]=\int_0^{d_2^{a|a}}(V-ty-\tilde{p}_2^a-s+kN_2^a)\mathrm{d}y+\int_{d_2^{a|b}}^1[V-t(1-y)-p_2^b+kN_2^b]\mathrm{d}y \tag{19}$$

在上述（17）式、（19）式中，$d_2^{a|a}$，$d_2^{a|b}$，N_2^a 和 N_2^b 等已在前面求出。

因此，在第一期，一个理性的消费者会通过比较两期总效用 U^a 和 U^b 的大小来选择最大化其效用的产品，可以得到：

$$U^a(x,\ p_1^a,\ N_1^a)-U^b(x,\ p_1^a,\ N_1^b)=p_1^b-p_1^a-2tx+t+k(2N_1^a-1)\left(1+\frac{2\delta\beta s}{9t}\right) \tag{20}$$

通过（20）式，可以找到对产品无差异的消费者位置，不妨用 d_1^a 表示。在其左边消费者均购

① 在陈（1997）的转移成本模型中，消费者转移的比例为1/3，与第一期的市场份额无关。

买厂商 a 的产品，在其右面消费者均购买厂商 b 的产品。在理性预期下，消费者能够预期到厂商第一期的市场规模就是市场需求，并且市场被完全覆盖，因此 $d_1^a = N_1^a$，$d_1^b = N_1^b = 1 - N_1^a$。代入 $U^a(d_1^a, p_1^a, N_1^a) - U^b(d_1^a, p_1^a, N_1^a) = 0$，可以得到

$$d_1^i = N_1^i = \frac{1}{2} + \frac{p_1^j - p_1^i}{\gamma} \tag{21}$$

其中，$i, j \in \{a, b\}$ $(i \neq j)$，$\gamma = 2\left(t - k - \frac{2k\delta\beta s}{9t}\right)$，并且通过简单的计算可知 $\frac{\partial\gamma}{\partial k} < 0$，$\frac{\partial\gamma}{\partial s} < 0$。那么厂商 a 和厂商 b 的利润分别为：

$$\prod{}^a = p_1^a d_1^a + \delta \prod{}_2^a = p_1^a\left(\frac{1}{2} + \frac{p_1^b - p_1^a}{\gamma}\right) + \delta\left(\frac{4k\beta s}{9t} \cdot \frac{(p_1^b - p_1^a)^2}{\gamma^2} + \frac{2s}{3} \cdot \frac{p_1^b - p_1^a}{\gamma} + \frac{s^2}{18t} + \frac{1}{4\alpha}\right) \tag{22}$$

$$\prod{}^b = p_1^b d_1^b + \delta \prod{}_2^b = p_1^b\left(\frac{1}{2} + \frac{p_1^a - p_1^b}{\gamma}\right) + \delta\left(\frac{4k\beta s}{9t} \cdot \frac{(p_1^b - p_1^a)^2}{\gamma^2} - \frac{2s}{3} \cdot \frac{p_1^b - p_1^a}{\gamma} + \frac{s^2}{18t} + \frac{1}{4\alpha}\right) \tag{23}$$

每个厂商分别选择最大化自己的利润的价格，因此由一阶最优化条件可以得到：

$$\partial\pi^a / \partial p_1^a = \frac{1}{2} + \frac{p_1^b - p_1^a}{\gamma} - \frac{p_1^a}{\gamma} + \delta\left[-\frac{4k\beta s}{9t} \cdot \frac{2(p_1^b - p_1^a)}{\gamma^2} - \frac{2s}{3\gamma}\right] = 0 \tag{24}$$

$$\partial\pi^b / \partial p_1^b = \frac{1}{2} + \frac{p_1^a - p_1^b}{\gamma} - \frac{p_1^b}{\gamma} + \delta\left(\frac{4k\beta s}{9t} \cdot \frac{2(p_1^b - p_1^a)}{\gamma^2} - \frac{2s}{3\gamma}\right) = 0 \tag{25}$$

解此联立方程，可以求出竞争性的均衡价格为：

$$p_1^a = p_1^b = \frac{1}{2}\gamma - \frac{2s}{3}\delta \tag{26}$$

命题 2　在第一期市场存在唯一的价格均衡解 $p_1^a = p_1^b = \frac{1}{2}\gamma - \frac{2}{3}s\delta$。当网络效应和转移成本比较大时，第一期的价格可能为负。

命题 2 也具有重要的经济含义。简单的计算可以知道 $\partial p_1^a / \partial k < 0$，$\partial p_1^a / \partial s < 0$，说明厂商第一期的价格竞争会随着网络效应的增强和转移成本的提高而下降，网络效应和转移成本都加剧了厂商第一期的市场竞争。网络效应会放大价格降低所带来的市场扩张效应，使得消费者对于价格的敏感性更加强烈，因此会加剧竞争；而转移成本则使得厂商在第二期可以锁定大部分客户并索取高价，因此厂商有激励在第一期努力获取更多的市场份额，使之成为自己第二期的"顾客基础"，从而加剧第一期的市场竞争。关于转移成本加剧厂商第一期市场竞争的结论和已有文献中的研究结果存在很大的差异。例如，克伦佩勒（1987a）论证了转移成本会弱化寡头厂商第一期的价格竞争；而在杜甘鲁和格波斯基（2004）的统一定价模型中，他们论证了转移成本对于第一期价格竞争的影响是不确定的，在一些经济环境下会弱化竞争，而在另外一些经济环境下则可能加剧竞争。

结合每一期博弈的均衡结果，就可以清晰地刻画两期动态博弈的子博弈精炼纳什均衡。

命题 3　若厂商可以根据消费者的购买历史进行歧视定价，那么两期博弈存在唯一的子博弈精炼纳什均衡。在均衡中：(1) 网络效应和转移成本会使厂商在第一期激烈地竞争，抢夺市场份额，在第二期厂商会通过给予价格优惠吸引竞争对手的消费者转移消费；(2) 在竞争的每一期，厂商平分市场。

从两期均衡价格可以看出，网络效应加剧了厂商两期竞争。这是因为对于具有理性预期的消费者，价格降低不仅直接影响其效用，而且还会通过网络效应间接影响其效用，消费者对于价格的敏感性更加强烈，因此网络效应会加剧厂商间的两期竞争。

四、市场绩效分析与比较

这一部分主要考察根据消费者的购买历史进行歧视定价对于消费者的剩余、厂商利润和社会福利的影响，并对歧视定价下的市场绩效和两期统一定价下的市场绩效进行比较。

（一）歧视性定价的市场绩效分析

根据（26）式所求出的均衡价格，可以很容易地求出厂商 a 和 b 的利润分别为：

$$\prod^{a} = \prod^{b} = \frac{1}{4}\gamma + \delta\left[\frac{s^2}{18t} + \frac{t-k}{2} - \frac{1}{3}s\right] \tag{27}$$

但是消费者剩余的计算就比较复杂一些，对应于博弈的两期可以分别计算相应每一期的消费者剩余。第一期消费者总剩余为：

$$CS_1 = V - \frac{1}{2}\gamma + \frac{2s}{3}\delta - \frac{t}{4} \tag{28}$$

第二期消费者总剩余为：

$$CS_2 = \frac{1}{2}\{E[U_2^{j|a} \mid a, p_1^a, p_1^b] + E[U_2^{j|b} \mid b, p_1^a, p_1^b]\} = V + \frac{6k-5t-2s}{4} + \frac{s^2}{36t} \tag{29}$$

所以两期消费者总剩余为：

$$CS = CS_1 + \delta CS_2 = (1+\delta)V - \frac{1}{2}\gamma - \frac{t}{4}(1+5\delta) + \left(\frac{s}{6} + \frac{s^2}{36t}\right)\delta \tag{30}$$

那么，定义为消费者总剩余和企业利润之和的社会总福利为：

$$W = CS + \prod = (1+\delta)V - \frac{t}{4}(1+\delta) + \left(\frac{k-s}{2} + \frac{5s^2}{36t}\right)\delta \tag{31}$$

为了回答本文第二个重要问题，需要分析网络效应和转移成本对于厂商的利润、消费者的剩余和社会福利产生的影响。由于$\frac{\partial\gamma}{\partial k}<0$，因此厂商的利润随着网络效应的增加而下降，而消费者剩余和社会福利则随着网络效应的增加而提高。这个结果比较直观，因为根据前面的分析，网络效应加剧了厂商两期的竞争。由于$\frac{\partial\gamma}{\partial s}<0$，由（30）式可以看到$\frac{\partial CS}{\partial s}>0$，因此消费者剩余随着转移成本的增加而提高。由$\frac{\partial\gamma}{\partial s}<0$和$\frac{s}{t}\leqslant 1$，可以很容易计算$\frac{\partial\prod^{i}}{\partial s}<0$，$\frac{\partial W}{\partial s}<0$，因此厂商利润和社会福利随着转移成本的增加而降低。因此对于公共政策的制定者而言，只要关注转移成本而不必关心网络效应，这也部分回答了本文第四个重要的问题。

为什么转移成本会产生这样的影响？对于消费者而言，转移成本的增加使得企业第一期的竞争更加激烈，因此消费者支付的价格比较低，尽管第二期可能被锁定，平均而言需要支付高一点的价格，但是与第一期的价格降低相比，消费者还是受惠更多一些，因此消费者剩余增加。对于企业而言，转移成本的增加对企业利润的影响具有两方面的效应。一方面可以使得第二期锁定更多消费者，平均而言可以索取更高的价格，导致第二期利润增加；但是另一方面使得企业第一期的竞争更加激烈，导致第一期的利润减少。第一期效应要强于第二期效应，因此厂商的利润减少。对于社会总福利而言，转移成本的增加一方面使得消费者的转移发生，导致运输成本增加，另一方面使得转移的消费者效用受损，因此社会总福利降低。

命题 4　（1）随着网络效应的增加，厂商利润下降，而消费者剩余和社会福利则提高。

（2）随着转移成本的增加，消费者剩余提高，而厂商利润和社会福利则降低。

（二）与统一定价市场绩效的比较分析

进一步比较歧视性定价下的市场绩效和两期统一定价下的市场绩效也是十分有意义的。在两期统一定价下，要求 $k \leq \frac{2t}{3}$。从前面的分析来看这个条件与歧视定价的条件相容，因此就在这个条件要求下对两者的市场绩效进行比较。

在两期统一定价下，厂商每一期对消费者实行统一定价。假设第一期价格为 p_{1u}^{i}，第二期定价为 p_{2u}^{i}，$i=a$，b；根据道格纳格鲁和格日博夫斯基（Doganoglu and Grzybowski，2004）研究结果，可以得到统一定价下的子博弈精炼均衡价格解①为：

$$p_{1u}^{a}=p_{1u}^{b}=t-k+\frac{2}{3}s\delta\left(\frac{s(2t-3k)}{2t(t-k)}-1\right) \quad p_{2u}^{a}=p_{2u}^{b}=t-k \tag{32}$$

类似于歧视定价中的方法，可以求出两个厂商的利润分别为：

$$\pi_{u}^{a}=\pi_{u}^{b}=\frac{t-k}{2}(1+\delta)+\frac{\delta\beta s(2t-3k)}{3t}-\frac{1}{3}s\delta \tag{33}$$

消费者总剩余为：

$$CS_{u}=(1+\delta)\left(V-\frac{5t}{4}\right)+k\left(1+\frac{3}{2}\delta\right)-\frac{s}{2}\delta+\frac{s^{2}}{4t}\delta-\frac{2}{3}s\delta\left(\frac{s(2t-3k)}{2t(t-k)}-1\right) \tag{34}$$

那么社会总福利为：

$$W_{u} = CS_{u}\prod_{u}$$

其中：

$$\prod_{u} = \prod_{u}^{a} + \prod_{u}^{b}$$

与统一定价的第二期价格相比，歧视定价的第二期价格满足 $p_{2}^{i}>p_{2U}^{i}>\tilde{p}_{2}^{i}$，也就是说在歧视定价下，厂商第二期对老客户的定价高于统一定价，对新客户的定价低于统一定价。与统一定价的第一期价格相比，歧视定价的第二期价格满足 $p_{1}^{i}-p_{u1}^{i}=-\frac{4}{9t}\delta\beta s(3t-4k)<0$，因此，歧视定价导致第一期的竞争更加激烈。

通过比较两种定价下的利润可以得到 $\prod^{i}-\prod_{u}^{i}=\frac{\delta s^{2}(7k-5t)}{18t(t-k)}<0$，即与统一定价相比，歧视定价下厂商的利润减少。类似地比较可以知道在歧视定价下消费者剩余增加，而社会福利减少。

命题 5　与统一定价的市场绩效相比，歧视定价增加了消费者剩余，但是减少了企业的利润和社会总福利。

命题 5 的结果其实是比较直观的，在歧视定价下，企业第一期的竞争更加激烈，这种竞争导致企业第一期利润的减少超过第二期利润的增加，因此总体而言，歧视定价下企业的利润更低。对于消费者而言，第一期支付的价格减少较多，超过第二期平均价格的增加和转移成本所带来的效用损失，因此消费者剩余增加。对于社会总福利而言，由于歧视定价下消费者被锁定的比例更低，更大部分的消费者发生了转移，导致增加了更多的运输成本和转移成本所带来的效用损失，因此社会总福利减少。

上述命题也具有比较明确的政策含义，如果公共政策的制定者以社会总福利为目标，那么就应该限制厂商使用歧视定价的营销策略。

① 本文统一定价下的子博弈精炼均衡解对应于道格纳格鲁和格日博夫斯基（2004）特殊情形 $\mu=1$，$\upsilon=0$ 下的结果。

五、结　　语

在具有网络效应和转移成本的市场上，经常可以观察到寡头厂商根据消费者的购买历史进行竞争性价格歧视，自然需要关心厂商采用这种定价策略会对竞争和社会福利产生怎样的影响。本文建立了近似描述现实情况的基本模型，分析了网络效应和转移成本对于厂商两期价格竞争的影响。从第二期的竞争均衡结果来看，转移成本是厂商可以实施价格歧视的内在原因，网络效应不具有动态作用，也就是说如果转移成本不存在，即使厂商了解消费者的购买历史，也无法有效地细分市场，对消费者进行价格歧视。

在歧视定价均衡中，转移成本的存在使得厂商在第二期使用价格优惠的策略吸引竞争对手的消费者。由于可以对被锁定的消费者索取高价，因此每个厂商希望第二期有较大的"客户基础"，从而导致厂商在第一期为获得较大的市场份额而进行激烈的价格竞争。对于具有理性预期的消费者而言，价格降低不仅直接影响其效用，而且还通过网络效应间接影响其效用，消费者对于价格的敏感性更加强烈，因此网络效应加剧了厂商两期竞争。就市场绩效而言，随着网络效应的增加，消费者剩余和社会福利提高，厂商利润下降，而转移成本对于社会福利的影响则是负面的。和统一定价的市场绩效相比，歧视定价增加了消费者剩余，但是减少了企业的利润和社会总福利。

在本文的两期模型中，由于消费者的偏好跨期变化，尽管转移成本锁定了一部分消费者，但仍有一部分消费者在第二期转移。只要消费者的偏好跨期变化，部分锁定、部分转移的情况在三期或更多期模型中仍会发生。类似于泰勒（2003）把陈的模型推广到多时期多厂商的情形一样，也许会得到其他一些重要且非常有意义的结果，这也是下一步需要研究的问题。此外，由于厂商在第二期可以根据消费者的购买历史进行价格歧视，因此转移成本的存在没有导致像克伦佩勒（1987a）两期模型中所出现的第一期"默契合谋"的情况。但是如果厂商预期他们将在市场上长期竞争下去，应该有激励"默契合谋"，避免对新老客户的反复争夺，这需要发展新的分析框架分析这一问题，也是本文模型需要扩展的另一个方向。

本文的研究结果对以社会总福利为目标的公共政策而言，具有以下几个方面重要的政策含义。首先，和统一定价相比，歧视定价会降低社会总福利，因此应该限制厂商使用歧视定价的营销策略。其次，在歧视定价下，网络效应增加社会福利，而转移成本降低社会福利，因此公共政策的制定者应该关注转移成本而不必关心网络效应。最后，在本文的模型中，由于假设企业对称，因此没有出现厂商被逐出市场的情形。如果企业不对称，则在歧视定价机制下，占有优势的厂商可能会把弱小者逐出市场，对此更加需要公共政策的制定者予以密切关注。

参考文献：

1. 杨渭文、蒋传海：《滞留成本、竞争性定价歧视和定价机制选择》，载于《财经研究》2008 年第 4 期。

2. Caminal R., and Matute C., 1989, "Endogenous Switching Costs in a Duopoly Model", Journal of Industrial Organization, Vol. 8, pp. 353 – 373.

3. Chen Y., 1997, "Paying Customers to Switch", Journal of Economics and Management Strategy, Vol. 6, pp. 877 – 897.

4. Chen Y., 2005, "Oligopoly Price Discrimination by Purchase History", The Pros and Cons of Price Discrimination, pp. 101 – 129.

5. Doganoglu T., and Grzybowski L., 2004, "Dynamic Duopoly Competition with Switching Costs and Network Externalities", Mimeo.

6. Farrell J., and Klemperer P., 2002, "Coordination and Lock-In: Competition with Switching Costs and Network Effects", Handbook of Industrial Organization.

7. Fudenberg J., and Tirole J., 2000, "Customer Poaching and Brand Switching", Rand Journal of Economics,

Vol. 31, pp. 634 – 657.

8. Katz M. and Shapiro C., 1985, "Network Externalities, Competition and Compatibility", The American Eeonomic Review, Vol. 75, No. 3, pp. 424 – 440.

9. Klemperer P., 1987a, "Markets With Consumer Switching Costs", The Quarterly Journal of Economics, 31, pp. 123 – 137.

10. Klemperer P., 1987b, "The Competitiveness of Markets with Switching Costs", Rand Journal of Economics, Vol 18, pp. 138 – 150.

11. Taylor C., 2003, "Supplier Surfing: Competition and Consumer Behavior in Subscription Market", Rand Journal of Economics, vol. 34, pp. 223 – 246.

12. Von Weizsacker C., 1984, "The Costs of Subsititution", Econometrica, LII, pp. 1085 – 1116.

（本文载于《经济研究》2010 年第 9 期）

监管、多重代理与商业银行治理的最优激励契约设计

蒋 海 朱 滔 李东辉

摘 要：因受到严格监管，商业银行的治理机制和激励契约设计与一般企业存在明显差异。近年来我国银行治理机制得到了较大改善，但仍然存在激励约束机制不健全等诸多问题。本文从银行治理特征入手，归纳抽象出银行治理中两个最主要特征：多重委托代理和多任务性，并在霍姆斯特朗和米尔格鲁姆（Holmstrom and Milgrom，1991）模型框架下，揭示商业银行最优激励契约均衡条件，同时进一步探讨了我国上市银行的最优激励契约设计问题。结果表明，目前上市银行普遍建立起了与银行经营业绩相关联的薪酬激励制度，但监管当局尚未建立起与风险控制相联系的正向和负向激励约束机制，这样的薪酬契约安排可能导致高管将过多精力放在经营业绩上，而忽视对银行风险控制的努力。

关键词：商业银行 监管 委托代理 薪酬激励

一、引 言

近期的全球金融危机使当前银行业高管人员薪酬设计与激励契约的合理性受到严重质疑。如何通过合理的激励契约设计，改善银行治理，使商业银行追求收益的同时能够有效地控制风险，受到社会各界高度关注，也成为今后各国政府改革金融体系需要解决的核心问题。毫不例外，我国银行业改革也面临同样的难题。

改革开放以来，我国进行了三轮银行体系改革：第一轮是1986年开始的以"让利放权"为基本特征的经营体制改革；第二轮是1994年开始的按"产权明晰、权责明确、政企分开、科学管理"原则进行的国家专业银行商业化经营改革；第三轮是2004年开始的以国有银行股份制改革与上市为主线的公司治理改革。前两轮和正在进行中的改革，初步形成商业银行的薪酬激励机制，使银行治理机制有了明显改善，绩效得到较大提高，转轨过程积累起来的风险得到化解，增强了商业银行风险控制能力，但激励约束机制不健全、道德风险等问题依然突出，银行的风险控制激励严重不足，直接威胁着整个银行体系的安全与稳定。

与一般企业相比，银行在资产负债结构、风险特征、资产交易透明度、受监管程度及其破产对经济社会产生的影响等方面存在明显差异，从而使其治理机制存在明显特殊性（Prowse，1997；李维安等，2005）。因而只有针对银行治理的特殊性展开深入研究，才能更好揭示银行最优激励契约的特征，建立良好的银行治理机制。印度、墨西哥等发展中国家的经验表明，合理的银行激励契约设计与治理机制会使银行的贷款决策更加谨慎，不良贷款下降，经营绩效改善（Clarke et al.，2005）。

不少学者认为，银行的债权约束、产品市场约束等外部治理作用非常有限，而内部治理机制才是银行治理的核心，应该引入利益相关者治理机制改进银行治理（Caprio et al.，2007；潘敏，2006；何德旭等，2009）。研究表明，一个良好的银行治理机制不仅应该包括合理的内部治理机制，还应包括有效的外部治理机制，只有实现两者融合，才能真正形成良好的银行治理机制，改善经营

绩效，遏制风险激励，确保银行稳定。基于这一认识，本文通过银行治理机制特殊性的分析，归纳抽象出银行治理区别于一般公司治理的两个最主要特征：多重委托代理和多任务性，并在霍姆斯特朗和米尔格鲁姆（1991）多任务委托代理模型基础上，分析了银行激励契约设计的最优条件和次优条件，同时以我国14家上市银行的面板数据进行了实证检验。结果发现，我国上市银行普遍建立起了与银行业绩挂钩的薪酬激励机制，但忽略了与风险控制相联系的激励约束机制，银行在经营业绩和风险控制双重任务的选择上更加偏好前者而忽略后者。本文接下来的结构安排是，第二部分文献综述；第三部分银行激励契约的多重委托代理多任务模型分析；第四部分我国上市银行数据的实证检验；最后主要结论与政策建议。

二、文献综述

自1976年詹森和麦克林（Jensen and Meckling）发表经典文章《厂商理论：管理者行为、代理成本和所有权结构》以来，关于公司治理的研究成果可谓浩瀚如云（Shleifer and Vishny，1997）。但对具有明显特殊性的银行治理问题却较少关注。亚洲金融危机后，银行及金融机构治理问题逐渐受到重视，研究成果才开始多了起来（Arun and Turner，2003）。其中主要包括六个方面：（1）所有权结构与银行绩效关系；（2）银行管理层薪酬激励与绩效关系；（3）董事会规模、构成对银行绩效的影响；（4）债权人对银行治理的影响；（5）竞争对银行治理的影响；（6）外部监管对银行治理的影响。

关于银行激励契约设计的研究主要集中于银行高管薪酬激励与银行绩效的关系上。信息密集性和高风险特性，使银行治理中的激励相容机制显得尤为重要，同时也造成银行绩效评价与激励契约设计的困难。约翰和钱（John and Qian，2003）发现，尽管银行业CEO比其他行业CEO的薪水高，但他们的薪酬-绩效敏感度却很低（银行规模越大敏感度更低），从而增加了合理设计契约的难度。约翰等（John et al.，2010）的研究进一步表明，银行业高管薪酬-绩效敏感度随银行杠杆率上升而降低，同时随着外部监督的增强而加大，两者交叉项为负。杨等（DeYoung et al.，2001）、格里菲思（Griffith，2002）对美国管理层持股与银行绩效关系的研究表明，银行管理层持股与绩效的关系呈倒U型，即管理层持股存在一个最优规模。安德烈斯和弗兰度（Andres and Vallelado，2008）对跨国大银行的实证表明，银行绩效与董事会规模之间呈倒U型关系，独立董事比例越大，对银行监督的效率就越高，银行绩效就越好。库克（Cook et al.，2004）研究表明，监管对市场约束作用存在替代关系，政府干预对银行绩效的影响随着银行所有制和干预方式的不同而不同，对于内控机制完善的商业银行，政府干预与银行绩效之间存在负相关；而对于内控机制较弱的储蓄银行，结果则相反。库珀（Cooper，2009）研究表明，监管对私有银行绩效有显著影响，但高管薪酬影响不大。莫斯兰德和斯特姆（Mersland and Strom，2009）对微型金融机构公司治理与绩效关系的实证发现，监管对金融机构绩效影响不显著，但微型金融机构董事会成员中当地董事比国外董事更能改善金融机构绩效，女性CEO比男性CEO更能促使金融机构提供优质服务。库纳特和瓜达卢普（Cunat and Guadalupe，2009）研究表明，放松监管对银行和其他金融机构高管薪酬水平与结构有显著影响。近年来，国内一些学者也对银行薪酬激励机制进行了研究，李华民（2003）、苟开红等（2004）研究表明，我国股份制商业银行高管薪酬与业绩之间相关性不显著，薪酬机制缺乏激励功能；陈学彬（2005）、乔海曙等（2006）、杨大光等（2008）、邹永成（2009）的实证表明，我国商业银行高管薪酬与业绩之间存在正相关性，银行业已初步建立了基本薪酬与业绩薪酬相结合的薪酬机制；李克文等（2005）利用山东、河南两省样本进行的实证表明，银行行长的薪酬激励对银行绩效有负面影响，而“工资加奖金”的薪酬形式对银行绩效产生正面影响；郭新明（2009）利用15家商业银行样本数据进行的实证表明，我国商业银行高管薪酬与业绩之间呈现倒U型关系，即存在“激励过度”问题。另外，李富国等（2004）、黄新飞等（2005）运用动态博弈模型和多任务博弈模型对我国商业银行的激励约束机制进行了理论分析；阙澄宇和王一江（2005）利用20家美国银行数据，对银行高管报酬激励的特征进行了分析。

银行绩效的合理评价不仅应包括财务绩效指标，而且还应包括风险控制指标，因而银行激励契约的设计还应考虑风险控制激励。一般而言，银行风险控制激励主要取决于自身风险承担水平与外部监管设计。由于存款保险或国家担保产生了银行的风险转嫁激励（Barth et al.，2008；Wagster，2007），因而银行自身承担的风险比较有限，其风险控制激励主要来自外部监管压力。国外学者对该问题的研究也集中在监管对银行风险承担（Risk-taking）激励与行为的影响上。桑德斯（Saunders，1990）研究发现，管制越少，银行特许权价值（Franchise Value）就越小，银行承担的风险就越大；安德森和佛舍（Anderson and Fraser，2000）发现，美国银行业在受到较少管制并且整个产业受到严重财务困难影响时，管理层持股就越高，银行业的系统风险和单个银行的特殊风险就会增加，因而他们将管理层持股看做是银行风险承担的决定因素；冈萨雷斯（Gonzalez，2005）研究表明，监管会降低银行特许权价值，从而增强银行风险承担激励。波德和尼古拉（Boyd and Nicolo，2005）研究发现，学界普遍认同的过度竞争导致银行特许权价值降低、从而产生银行承担风险激励的结论是不正确的，因为竞争带来了风险－激励机制，从而约束银行的风险承担行为；卡皮罗等（Caprio et al.，2007）认为，外部监管对于改善公司治理的作用非常有限，因为监管当局只在危机发生后才进行干涉，监管政策往往滞后于金融创新，不能及时控制金融创新所产生的风险。同时监管当局倾向于对银行风险暴露与管理失误做出监管容忍（Supervisory Forbearance），导致银行风险过度蔓延；巴斯等（Barth et al.，2007）通过107个国家3000余家商业银行面板数据的实证研究表明，监管在一定程度上影响到银行控制风险的激励，并对银行绩效产生显著影响；布赫和邓龙（Buch and Delong，2008）研究表明，强势银行监管体系会减弱银行的风险承担，从而降低风险水平；雷温和莱文（Laeven and Levine，2009）的研究却发现，监管能否对银行风险承担产生影响，取决于每家银行治理结构中股东的势力，股东势力越强，监管作用就越小，银行承担的风险就越大。针对银行的风险转嫁和过度风险承担，有些学者还研究了如何建立激励相容的监管机制来有效遏制银行的过度风险承担。如凯恩和考夫曼（Kane and Kaufman，1993）认为，存款保险制度下监管者与银行之间存在风险控制的激励冲突，要解决银行的过度风险承担，必须首先解决监管中的激励冲突问题；约翰等（John et al.，2000）、昂等（Ang et al.，2001）、凯恩（2002）、丹尼尔森等（Danielsson et al.，2002）研究表明，只有对银行高管的风险控制实施不低于其收入损失的报酬补偿时，才能形成银行风险控制激励，实现监管当局与银行的激励相容；米尔恩（Milne，2002）研究发现，审慎资本监管可作为遏制银行风险承担的激励机制；波特和泰曼（Bolt and Tieman，2004）的研究也表明，严格的资本充足率要求会降低银行的过度风险承担，基于风险调整的监管才是有效率的；费尔南德斯和冈萨雷斯（Fernandez and Gonzalez，2005）研究发现，良好的审计制度与最低资本充足率要求相结合，可以形成银行控制风险激励，有效降低银行的风险承担；阿察亚（Acharya，2009）研究表明，审慎的银行监管机制，如银行关闭政策和资本充足性要求可有效遏制银行风险转嫁激励，降低银行风险承担；阿格拉齐（Agoraki et al.，2009）研究表明，严格的银行监管只有更好地与市场约束结合，才能有效减弱银行风险承担激励，降低银行风险水平。国内也有少数学者研究了银行治理机制（曹廷求，2006；曹艳华等，2009；张学陶等，2009）、监管与市场约束（李艳平等，2008；许友传，2009）对银行风险承担的影响，基本结论是：我国商业银行的股权结构、董事会规模与构成、高管薪酬对银行风险承担有显著影响；我国隐性担保制度降低了银行特许权价值，使信息披露不能发挥市场约束功能，从而弱化了银行风险承担的市场约束。另外，蒋海（2004）等对我国金融监管激励冲突问题进行了分析，提出了建立激励相容监管机制的主要措施。

综上所述，目前国内外对银行高管报酬激励与风险控制激励问题的研究已不少，但将双重激励问题纳入到一个理论框架下进行研究的成果很少，只有黄新飞和张娜（2005）利用多任务博弈模型分析了国有银行激励机制的影响因素，认为政府财政性负担造成了国有银行激励机制扭曲；吴一平

（2007）利用多任务模型探讨了以控制权收益为主的激励结构引发的腐败问题。他们的模型都没有考虑监管带来的多重代理与风险激励问题，且缺乏实证支持。本文模型与上述模型不同，考虑了股东、监管者与经营者之间的多重代理问题，使模型分析更具一般性，同时还深入揭示了银行治理及其激励契约设计的基本特征，为当前美英等主要市场国家对金融机构高管人员实施“限薪令”提供了可能的理论解释。另外，模型推论得到了实证的有力支持。这是本文的主要创新之处。

三、商业银行治理的激励契约：基于多重委托代理与多项任务模型的分析

为了全面认识商业银行激励契约的特征，首先对商业银行治理机制的特殊性进行分析，然后在霍姆斯特朗和米尔格鲁姆（1991）多任务委托代理模型基础上，构建一个存在政府监管的银行承担多项任务的双重委托代理模型，来刻画银行激励契约的基本特征。

（一）银行治理机制的特殊性

与其他行业相比，银行业除了具有经营货币、高负债、脆弱性等特征外，还是一个利益相关者众多、受政府严格监管的信息密集型产业，使银行治理机制与一般企业公司治理之间存在明显差异。梅西和奥哈拉（Macey and O'Hara，2001）认为，银行业特殊契约形式决定了银行治理中存款人与股东的地位同样重要。卡皮罗和莱文（Capiro and Levine，2002）认为，信息密集特征，使银行业比其他行业竞争性要低。莱文（2004）分析表明，银行资产组合不透明和外部监管是形成银行治理特殊性的重要原因。阿若和特纳（Arun and Turner，2004）认为，银行治理的特殊性还表现在政府对银行管理的干涉和约束上。李维安、曹廷求（2005）分析表明，银行资本结构的特殊性也是形成银行治理机制特殊性的原因。据当前已有研究成果，可将银行治理的特殊性归纳为以下几方面：

首先，经营目标多重性。一方面银行要通过最优资产配置实现银行价值和股东权益最大化；另一方面银行在国家金融安全中具有特殊重要地位，经营失败会对经济社会产生巨大影响，这在客观上要求银行在追求股东收益最大化的同时，必须有效控制风险，维护银行安全（李维安、曹廷求，2003；何德旭等，2006），以社会公众利益，实现债权人收益最大化①。

第二，治理机制与治理结构复杂性。银行存在众多利益相关者，除了投资者或股东外，其债务通常由大量分散的存款人持有。政府作为存款人、社会公众及中小股东利益的代理人，对其经营实施了严格监管，因而存在多重委托代理关系。如果存在多头监管情况，其委托代理关系更加复杂。多重委托代理使银行治理机制明显不同于一般企业，经营者不仅受到银行治理的内部约束和外部市场约束，而且还面临债权人和监管机构及行业协会的监督（Cook et al.，2004）。虽然正常情况下大量分散的存款人和其他债权人没有激励去直接监督经营者，但出现金融动荡或危机时，这种激励就会迅速增加，形成对经营者强有力的监督（Dewatripont and Tirole，1994）。

第三，内部人控制与风险转嫁更加突出。银行业是信息密集型行业，同时具有明显的高负债、高风险特征（罗开位和连建辉，2004）。一方面其资产配置缺乏透明度，经营者与委托人之间信息严重不对称，使经营者行为很难得到有效监督和约束；另一方面银行股本在整个资产中的比重较低，承担风险的能力非常有限，拥有银行主要资产的存款人和其他债权人又不直接参与银行经营活动，成为资产风险的被动接受者，使经营者缺乏风险约束，导致银行的过度风险承担和风险转嫁。

① 从银行契约形式看，债权人的收益是固定的，而风险水平是不确定的。因而固定收益下的风险最小化可以等同于风险一定下的收益最大化，即单位风险溢价的最大化。

第四，预算软约束更加明显。金融市场的不确定性和复杂程度远比其他市场要高，使经营业绩的衡量更加困难，经营者也更容易把经营不善的责任推卸掉，特别是在多重代理或经营者受命于多项任务时，更有可能产生推诿问题。另外，严格的政府监管，使银行业竞争程度明显弱于其他行业（Levine，2004），而银行业敌意收购也非常少（Prowse，1997），因而银行的预算软约束尤其突出。

综上所述，银行治理特殊性的内容非常广泛，但可归纳抽象出两个基本特征：多重委托代理和多任务性。换句话说，银行治理与一般公司治理的根本区别在于，信息严重不对称下政府严格监管所产生的多重委托代理关系和经营者承担多项任务后的经营目标多重性。基于这一认识，本文在霍姆斯特朗和米尔格鲁姆（1991）多任务委托代理模型基础上，建立一个双重代理多任务模型，来分析银行的最优激励问题。但本文模型与HM模型存在一定差异，在HM模型中只有一个委托人，本文模型存在两个委托人：股东和监管当局，使银行激励契约设计的分析更加符合现实。另外，结合我国银行监管实践，本文模型更关注次优激励问题，即假定两个委托人之一的监管当局，未能提供最优激励水平条件下，另一个委托人——股东，愿意提供的激励契约问题。

（二）银行的激励契约分析：基于多重委托代理与多项任务模型

如前所述，银行治理存在多重委托代理关系：首先是银行股东与经营者之间的委托代理；其次是存款人和其他债权人与银行之间的代理关系；第三是政府特许经营下监管当局与银行之间的代理关系；第四是社会公众（存款人和其他利益相关者）与监管当局之间的代理关系。

由于银行股东与经营者之间的代理问题，可以通过内部治理机制的完善得到解决，而众多存款人和其他利益相关者与银行经营者之间的代理问题，则很难通过为委托人的监督来解决，因为信息严重不对称及政府提供显性或隐性存款保险的情况下，监督的高成本和免费搭便车问题使存款人和其他利益相关者缺乏监督激励，此时政府理所当然地成为了他们的利益保护者或代理人。根据经济学一般假设，政府监管代表社会公众利益、维护金融稳定、实现社会福利最大化①，同时也为了使模型分析集中于银行治理的基本特征和主要方面，我们将上述多重委托代理关系简化为，银行股东与经营者之间以实现股东权益最大化为目标、政府监管当局与银行经营者之间以实现社会福利最大化为目标的双重委托代理关系。其中，双重代理关系之间并非相互独立，而存在一定交互作用，监管在增强银行风险控制的同时，会增加银行经营成本，弱化经营业绩激励，降低资产收益；而银行经营业绩激励的强化，会弱化风险控制的激励。银行股东与经营者之间代理关系的刻画反映了银行内部治理基本特征，监管当局与经营者之间代理关系的刻画体现了银行外部治理的主要内容，因而简化后的双重委托代理关系反映了银行治理的主要方面。

依据HM模型，首先设定委托人和代理人的效用函数与成本函数。假定银行股东和监管当局的风险偏好均为中性；经营者为风险规避，且效用函数 $u(\cdot)$ 具有不变绝对风险规避度特征，$u(w)=-e^{-rw}$，其中 r 为绝对风险规避程度，w 为收入水平，经营者的保留收入水平为 $\bar{w}$。经营者主要从事两类经营活动：一是选择最佳资产组合，实现股东权益最大化；二是控制银行风险，保证银行稳健经营，实现债权人风险最小化。风险控制可增进社会福利；但会减少银行的获利机会，降低资产收益和利润水平。

令 $e=(e_1, e_2)$ 为经营者努力水平向量，其中 e_1 和 e_2 分别表示经营者为实现资产收益最大和控制风险付出的努力水平。两种努力水平是隐藏信息，但可通过观测银行利润水平 R 和资产质量（或风险水平）L 得到反映。设观测到的两种努力的货币化产出为：

$$R=e_1+\varepsilon_1 \tag{1}$$

① 一般认为，社会公众可以通过最优监管合同设计，使监管当局与社会公众的目标达成一致；但有些学者（Campbell，1992；Boot and Thakor，1993）认为，信息不对称会使监管目标偏离社会福利最大化。这里仍沿用监管的社会福利最大化目标假设。

$$L = e_2 + \varepsilon_2 \tag{2}$$

即利润水平 R 反映了经营者第一种努力水平 e_1 的高低，资产质量 L 反映了经营者第二种努力 e_2 的大小；ε_1、ε_2 为外生随机变量，并假定 $\varepsilon_i \sim N(0, \sigma_i^2)$，$i=1, 2$。$\varepsilon_1$、$\varepsilon_2$ 的方差 - 协方差矩阵记为 $\sum$。由于股东和监管当局均为风险中性，银行的货币化总产出为：$\pi(e_1, e_2) = e_1 + e_2$。进一步假设，经营者的成本函数 $C(e_1, e_2)$ 是严格递增凸函数，即 $C_1 = \partial C/\partial e_1 > 0$，$C_{11} = \partial^2 C/\partial e_1^2 > 0$，类似地 $C_2 > 0$，$C_{22} > 0$，并假定两项任务具有相互独立的边际成本，即 $C_{12} = C_{21} = 0$。同时记矩阵 $[C_{ij}] = \begin{pmatrix} C_{11}, & C_{12} \\ C_{21}, & C_{22} \end{pmatrix}$。

考虑到目前绝大多数国家通过实施最低资本充足率要求对银行进行监管，即银行资本充足率高于或等于该标准，银行不受处罚可继续经营；如果资本充足率低于该要求则受到处罚甚至停业整顿。为了得到最优的经营者风险控制激励水平，这里假定监管当局对经营者的风险控制实施补偿机制，即经营者的风险控制努力同样进入激励契约。假定经营者的报酬函数为线性：$s(R, L) = \alpha + \beta_1 R + \beta_2(L - L_0)$，其中，$\alpha$，$\beta_1$ 分别为银行股东为经营者提供的固定报酬和盈利分成比例，β_2 为监管当局对风险控制的激励约束（奖罚）系数，L_0 为监管当局设定的最低资产质量标准，L 为银行实际的资产质量水平。在上述假定下，经营者实际收入为 $w = s(R, L) - C(e_1, e_2)$，期望效用函数为：

$$\begin{aligned} E[u(w)] &= \iint -\exp[-r(\alpha + \beta_1 R + \beta_2(L - L_0) - C(e_1, e_2)]f(R)g(L - L_0)\,\mathrm{d}R\mathrm{d}L \\ &= -\exp\{-r[\alpha + \beta_1 e_1 + \beta_2(e_2 - L_0) - r\beta^T \textstyle\sum \beta/2 - C(e_1, e_2)]\} \end{aligned} \tag{3}$$

其中，$f(R)$、$g(L-L_0)$ 分别是 R 和 L 的密度函数，$\beta^T \sum \beta$ 为经营者收益的方差。因而经营者的确定性等价收入为：

$$CE = \alpha + \beta_1 e_1 + \beta_2(e_2 - L_0) - r\beta^T \textstyle\sum \beta/2 - C(e_1, e_2) \tag{4}$$

经营者的效用最大化即为确定性收入最大化，对其 e_1、e_2 求导数，可得到最优一阶条件：

$$\frac{\partial CE}{\partial e_1} = \beta_1 - \frac{\partial C(e_1, e_2)}{\partial e_1} = 0, \ \beta_1 = C_1 \tag{5}$$

$$\frac{\partial CE}{\partial e_2} = \beta_2 - \frac{\partial C(e_1, e_2)}{\partial e_2} = 0, \ \beta_2 = C_2 \tag{6}$$

由于银行股东是风险中性的，其最优化问题可表述为：

$$\max_{\alpha, \beta_1}\{R(e_1) - \alpha - \beta_1 R(e_1)\} = \max_{\alpha, \beta_1}\{e_1 - \alpha - \beta_1 e_1\} \tag{7}$$

$$\text{s. t.} \quad \alpha + \beta_1 e_1 + \beta_2(e_2 - L_0) - r\beta^T \textstyle\sum \beta/2 - C(e_1, e_2) \geqslant \overline{w} \tag{8}$$

$$e_1 \in \arg \beta_1 = C_1 \tag{9}$$

其中，(8) 式是经营者的参与约束，(9) 式为激励相容约束，β_2 是外生给的。求解一阶条件为：

$$\beta_1^{**} = \frac{1 - r\beta_2\sigma_{12}C_{11}}{1 + r\sigma_1^2 C_{11}} \tag{10}$$

监管当局的最优化问题可表述为：

$$\max_{\beta_2}\{L(e_2) - \beta_2(L - L_0)\} = \max_{\beta_2}\{e_2 - \beta_2(e_2 - L_0)\} \tag{11}$$

$$\text{s. t.} \quad \alpha + \beta_1 e_1 + \beta_2(e_2 - L_0) - r\beta^T \textstyle\sum \beta/2 - C(e_1, e_2) \geqslant \overline{w} \tag{12}$$

$$e_2 \in \arg \beta_2 = C_2 \tag{13}$$

(12) 式、(13) 式分别是经营者的参与约束和激励相容约束。求解一阶条件为：

$$\beta_2^{**} = \frac{1 - r\beta_1\sigma_{12}C_{22}}{1 + r\sigma_2^2 C_{22}} \tag{14}$$

接下来比较 HM (1991) 单一委托人多任务模型的解与本文双重委托人多任务模型最优解的差

别。将银行股东、监管当局两个单独的最优化问题合并得到：

$$\max_{\alpha,\beta_1,\beta_2}\{R(e_1)+L(e_2)-\alpha-\beta_1R(e_1)-\beta_2(L-L_0)\}=\max_{\alpha,\beta_1,\beta_2}\{\pi(e_1,e_2)-\alpha-\beta_1e_1-\beta_2(e_2-L_0)\}$$

$$\text{s.t.}\quad \alpha+\beta_1e_1+\beta_2(e_2-L_0)-r\beta^T\sum\beta/2-C(e_1,e_2)\geqslant\overline{w}$$

$$e_1\in\arg\beta_1=C_1;\ e_2\in\arg\beta_2=C_2$$

对上式求解一阶条件为：

$$\beta^*=(\beta_1^*,\beta_2^*)^T=(I+r[C_{ij}]\sum)^{-1}(\partial\pi(e_1,e_2)/\partial e_1,\partial\pi(e_1,e_2)/\partial e_2)^T \tag{15}$$

其中，I 为单位矩阵。上述最优化问题与 HM（1991）模型具有完全相同的结构，并且一阶条件也相同。可以验证，如果监管当局提供最优激励契约，即 $\beta_2^{**}=\beta_2^*$，股东也正好提供最优激励水平，即 $\beta_1^{**}=\beta_1^*$，反之依然。其经济含义是：在信息完全条件下，委托人之间不存在激励冲突，由股东和监管当局各自提供最优激励契约，与由单一委托人（这里可假定为股东）同时为两项任务提供最优激励契约，是完全相同的，即多个委托人行动一致，等同于单一委托人。因此，HM（1991）模型可以看成本文模型的一个特例。

结合我国监管实践，本文更关心的是，如果监管当局未能提供最优的激励系数为 $\beta_2(<\beta_2^*)$，即一个委托人提供激励不足，另一个委托人提供将如何选择最优激励契约。首先，由于（β_1^*，β_2^*）^{T} 是同时最大化股东和监管当局总产出的最优激励系数，激励系数（β_1^{**}，β_2）^{T} 必然导致股东和监管当局总产出减少，造成福利损失。因此，（β_1^{**}，β_2）^{T} 可看成是监管当局激励不足时的一种次优激励安排。其次，比较 β_1^{**} 和 β_1^*，可以验证在 $\beta_2<\beta_2^*$ 条件下，$\beta_1^{**}>\beta_1^*$。其经济含义是：当监管当局提供的激励不足时，股东提供的与银行资产收益相联系的激励将被强化。此时股东的期望产出提高，而监管当局的产出减少，从而使总产出减少。

依据（10）式，进一步讨论股东提供次优激励解的性质。通常情况 $\sigma_{12}>0$，即两项任务资产收益最大化和控制银行风险之间是互补的，同时 $r>0$，$C_{11}>0$，因而在监管当局提供激励系数 $\beta_2\leqslant0$ 时，股东的次优激励水平 $\beta_1^{**}>0$。① 其经济含义是：经营者从事两项任务，但在第二项任务不存在或存在负向激励时，股东要实现最优化，必须为经营者提供正向激励。因此，提出研究假设 1：在监管当局提供激励系数 $\beta_2\leqslant0$ 时，股东将为经营者提供的次优激励系数 $\beta_1^{**}>0$。

当 $\sigma_{12}>0$，$r>0$，$C_{11}>0$ 以及 $\beta_2\leqslant0$ 时，σ_1^2 增加将降低次优激励系数 β_1^{**}。经济含义是：当第一项任务难以观测时，与第一项任务相联系的激励将被弱化。因此，提出研究假设 2：当 $\beta_2\leqslant0$ 时，σ_1^2 增大，股东提供的次优激励系数 β_1^{**} 将降低。

在 $\sigma_{12}>0$，$r>0$，$C_{11}>0$ 及 $\beta_2\leqslant0$ 时，β_1^{**} 与 σ_{12} 负相关。经济含义是：经营者从事两项正相关的任务，第二项任务不提供或提供负向激励，要提高经营者第一项任务的努力，只能通过强化与第一项任务相联系的激励。因此，提出研究假设 3：在监管当局提供激励系数 $\beta_2\leqslant0$ 时，股东提供的次优激励系数 β_1^{**} 随两项任务之间的协同性增加（σ_{12}增加）而加强。

四、实证结果与分析

（一）样本选择与数据来源

由于 2001 年之前上市公司年报披露的高管薪酬数据不完整，② 因此，本文选择了 2001 ~ 2007

① 一个特例，$\beta_2=0$ 时，$\beta_1^{**}=\dfrac{1}{1+r\sigma_1^2C_{11}}$。$\beta_1^{**}$ 正好是单一委托人，单一任务模型的最优解。

② 只披露了董事、监事和高级管理人员高管薪酬的区间，导致无法准确计算高级管理人员的薪酬。

年间的 14 家上市银行为研究样本。高管薪酬数据、财务数据、公司治理数据等均来自上市公司年报和年报补充报告，年报来自上交所网站（www. sse. com. cn）和深交所网站（www. szse. cn）。

（二）研究变量与研究设计

表 1 **研究变量定义**

	变量名	定义和取值方法
因变量	*PAY_A*	高管绝对薪酬。金额最高三名高管的年薪之和的自然对数
	PAY_R	高管相对薪酬。金额最高三名高管的平均薪酬/员工的平均薪酬。员工的平均薪酬 = 支付给职工以及为职工支付的现金/员工人数
自变量	*ROA*	总资产收益率。净利润/平均总资产
	ROA_a	平均总资产收益率。当年、前一年、前两年 ROA 的平均值
	EX_CA	超额资本充足率。我国监管当局已明确规定了 8% 的最低资本充足要求，因此，超额资本充足率 = 资本充足率 - 8（单位:%）
	EX_CA_a	平均超额资本充足率。当年、前一年、前两年 *EX_CA* 的平均值①
	Var	*ROA* 波动率虚拟变量。波动率用当年、前一年、前两年 *ROA* 的标准差计算。波动率大于样本银行中位数取 1，否则取 0
	CoVar	*ROA* 与 *EX_CA* 协方差虚拟变量。协方差用当年、前一年、前两年 *ROA* 和 *EX_CA* 数据计算。协方差大于样本银行中位数取 1，否则取 0
控制变量	*C_Lev*	最终控制人层级。中央政府，取 1；地方政府，取 2；外资及民营，取 3
	RAC	薪酬与考核委员会。设立，取 1；不设立，取 0
	DUAL	董事长、总经理（行长或 CEO）两职设立情况。兼任，取 1；副董事长兼任行长或 CEO，取 2；完全分离，取 3
	LNTA	银行规模。总资产的自然对数
	DEBT	资产负债率。负债合计/总资产
	BD	董事会规模（人数）
	ID	独立董事比例。独立董事人数/董事会人数
	SC	监事会规模（人数）
	FST	第一大股东持股比例
	Year	年度虚拟变量。样本数据分布于 2001 ~ 2007 年间，共设 6 个虚拟变量

根据上述理论模型，银行投资人（股东）和监管当局作为委托人，同时为经营者提供薪酬激励，其中，股东提供与经营绩效相联系的激励，监管当局提供与风险控制（超额资本充足率）相联系的激励。根据研究假设，本文建立如下计量模型：

$$PAY_{it} = \beta_0 + \beta_1 ROA_{it} + \beta_2 EX\_CA_{it} + \gamma Control_{it} + \varepsilon_{it} \quad (16)$$

$$PAY_{it} = \beta_0 + \beta_1 ROA_{it} + \beta_2 EX\_CA_{it} + \beta_2 ROA_{it} * Var_{it} + \gamma Control_{it} + \varepsilon_{it} \quad (17)$$

$$PAY_{it} = \beta_0 + \beta_1 ROA_{it} + \beta_2 EX\_CA_{it} + \beta_2 ROA_{it} * CoVar_{it} + \gamma Control_{it} + \varepsilon_{it} \quad (18)$$

$$PAY_{it} = \beta_0 + \beta_1 EX\_CA_{it} + \beta_2 EX\_CA_{it} * CG_{it} + \gamma Control_{it} + \varepsilon_{it} \quad (19)$$

其中，PAY_{it}代表高管薪酬，分别取绝对薪酬和相对薪酬。$Control_{it}$为表 1 中定义的所有控制变量，CG_{it}为某种特定的公司治理机制。模型（16）考察高管薪酬与公司业绩和风险控制之间的敏感性，检验研究假设 1；模型（17）考察业绩波动性对股东提供的激励水平的影响，检验研究假设 2；模型（18）考察经营绩效与风险控制的协同性对股东提供的激励水平的影响，检验研究假设 3；模

① 由于大部分上市银行上市时间比较短，而通过银行的财务报告或招股说明书基本都只能追溯到上市前两年的相关数据，因此，本文中仅依据当年、前一年、前两年的数据进行相关计算。

型（19）主要考察公司治理机制是否能够强化高管薪酬激励与风险控制之间的联系。

（三）主要研究变量的描述性统计

表2报告了主要研究变量的描述性统计。从表2可看出，14家上市银行金额最高三名高管年薪之和分布在51万元（浦发银行，2001年）到2420万元（民生银行，2007年）之间，平均达到515万元。相对薪酬方面，高管人均薪酬最高达到员工薪酬的42.37倍（中国银行，2006年），平均为9.45倍。据陈冬华等（2005）对一般行业的研究，高管人均薪酬平均为员工薪酬的3.99倍（非国有）和2.5倍（国有），我国上市银行高管薪酬的激励强度相对一般行业公司而言明显偏高。超额资本充足率平均为2.54%，深圳发展银行是唯一资本充足率长期未达到8%的上市银行，但深圳发展银行金额最高三名高管的年酬在2006年和2007年分别达到593万元和1124万元。*CoVar*平均值为正，表明银行经营者的两项任务（利润水平和风险控制）之间存在正相关关系（顺便指出，样本银行的*ROA*和*EX_CA*相关系数为0.7008）。此外，截至2007年14家上市银行中最终控制人为中央政府的有6家，地方政府控制的有5家，其余3家上市银行为外资或民营企业。

表2　　主要研究变量的描述性统计结果（样本量=43）

变量	均值	最小值	最大值	标准差
PAY_A	15.04	13.14	17.00	0.92
PAY_R	9.45	1.38	42.37	9.11
ROA	0.007	0.002	0.018	0.004
EX_CA	2.54	-5.70	22.67	4.79
ROA_a	0.006	0.002	0.013	0.003
EX_CA_a	2.124	-4.763	10.500	2.924
Var	0.0015	0.0001	0.0070	0.0015
CoVar	0.0021	-0.0005	0.0146	0.0032

（四）银行业绩、风险控制与高管薪酬

本文首先考察了高管薪酬对银行经营业绩、风险控制的敏感性，回归结果如表3所示。

表3　　银行业绩、风险控制与高管薪酬（样本量=43）

变量	*PAY_A*				*PAY_R*			
ROA	100.2***		55.064	34.184	1390***		414.926	-367.46
	(3.63)		(1.34)	(0.75)	(2.90)		(0.92)	(-0.68)
EX_CA	-0.113*		-0.104*	-0.082	-0.613		-0.420	0.215
	(-1.98)		(-1.93)	(-1.63)	(-0.89)		(-0.81)	(0.45)
ROA_a		123.16*				1574.0*		
		(1.80)				(1.75)		
EX_CA_a		-0.171**				-1.345		
		(-2.71)				(-1.55)		
*ROA * Var*			36.30*				784.6***	
			(1.87)				(3.59)	
*ROA * CoVar*				47.983**				1277***
				(2.24)				(4.63)
C_LEV	0.280*	0.252	0.254*	0.290**	2.023	1.688	1.465	2.283
	(2.03)	(1.61)	(1.82)	(2.13)	(1.14)	(0.85)	(0.94)	(1.61)

续表

变量	PAY_A				PAY_R			
RAC	0.472*	0.471	0.411*	0.476**	5.601	4.886	4.275	5.706*
	(1.84)	(1.59)	(1.72)	(2.08)	(1.65)	(1.40)	(1.48)	(1.99)
DUAL	0.384**	0.431***	0.412***	0.382***	2.346	2.892	2.946	2.284*
	(2.61)	(2.77)	(2.84)	(2.86)	(1.23)	(1.31)	(1.59)	(1.75)
LNTA	0.060	0.128	0.011	0.099	0.477	0.913	-0.572	1.528
	(0.45)	(0.84)	(0.08)	(0.75)	(0.26)	(0.42)	(-0.36)	(1.05)
DEBT	-12.911	-6.009	-10.21	-7.022	-24.833	-23.743	33.512	131.99
	(-1.01)	(-0.60)	(-0.90)	(-0.67)	(-0.15)	(-0.18)	(0.26)	(1.29)
BS	0.003	0.019	0.037	0.020	0.386	0.518	1.123**	0.850*
	(0.06)	(0.41)	(0.76)	(0.49)	(0.82)	(0.98)	(2.43)	(2.16)
ID	-3.077	-3.412*	-3.592*	-3.084*	-21.395	-30.296	-32.527	-21.573
	(-1.68)	(-1.81)	(-1.85)	(-1.89)	(-0.81)	(-1.16)	(-1.21)	(-1.49)
SC	-0.071	-0.099	-0.093	-0.064	-1.332	-1.361	-1.790**	-1.120
	(-0.83)	(-1.19)	(-1.06)	(-0.75)	(-1.52)	(-1.69)	(-2.11)	(-1.64)
FST	0.878	1.051	0.817	1.134	29.306	30.328*	27.987**	36.12***
	(0.91)	(0.96)	(0.89)	(1.37)	(2.13)	(1.78)	(2.31)	(4.07)
C	24.720**	16.153**	23.48**	17.837*	3.883	-8.131	-23.023	-179.40*
	(2.11)	(2.21)	(2.20)	(1.79)	(0.03)	(-0.09)	(-0.24)	(-2.04)
Year	YES	YES	YES	YES	YES	YES	YES	YES
R^2	0.872	0.856	0.880	0.884	0.806	0.767	0.846	0.899

注：高管薪酬和银行业绩、超额资本充足率之间可能存在较强的内生性问题，我们尝试使用滞后一期银行业绩和滞后一期超额资本充足率作为解释变量，以降低内生性问题，回归结果不改变本文的基本结论；括号中的数字是经异方差修正的稳健的T值，*、** 和 *** 分别代表显著性水平为10%、5%和1%。

表3反映出，高管绝对薪酬和相对薪酬，都与银行经营绩效显著正相关，这与陈学彬（2005）、郭新明（2009）的发现一致。他们发现，银行高管薪酬与资产收益率存在较强的正相关性，但与代表风险控制的超额资本充足率之间为负相关关系，表明在监管当局不提供或提供负向激励条件下，银行股东向经营者提供了与经营业绩相联系的正向激励，支持了研究假设1。该实证结果反映了目前我国银行监管与银行薪酬契约设计的真实情况，即上市银行的激励主要来源于经营业绩，而缺乏风险控制激励，监管当局并未提供相应的激励约束机制，导致高管人员将主要精力放在银行业绩方面，而忽视了对银行风险的控制。如深圳发展银行2005～2007年资本充足率分别为3.7%、3.71%和5.77%，但高管薪酬却在14家银行中名列前茅。

模型（17）的实证结果，业绩低波动性的银行，*ROA* 的回归系数为55.064，业绩高波动性的银行，*ROA* 的回归系数为91.364，两者之间的差异性显著，即业绩波动率高的银行，股东为经营者提供了更强的激励，与研究假设2不一致。这可能是因为目前上市银行普遍建立起了与经营业绩相联系的薪酬契约，但薪酬契约的内容仍不够完善，薪酬与经营业绩的波动性之间未建立起最优的联系。模型（18）的实证结果表明，经营者两项任务（经营业绩与风险控制）之间的一致性增强时，股东为经营者提供了显著更高的激励系数，支持了研究假设3。

表3还表明，国家控制的上市银行提供的薪酬水平低于地方政府和外资控制的上市银行，薪酬考核委员会的设立和两职兼任的分离会提高高管的绝对薪酬水平。独立董事比例的提高将降低银行高管的薪酬水平。

（五）如何强化风险控制与高管薪酬之间的联系

模型（19）探讨了目前上市公司中普遍建立起的几种治理机制在强化高管薪酬与风险控制及其

敏感性的作用。回归结果如表 4 所示。①

表 4　　　　公司治理机制、风险控制与高管薪酬（样本量 =43）

变量	PAY_A			PAY_R		
EX_CA	-0.124**	-0.442**	-0.169**	-0.575	-2.809	-1.254
	(-2.08)	(-2.58)	(-2.68)	(-0.57)	(-1.18)	(-1.09)
EX_CA * RAC	0.184**			1.712*		
	(2.31)			(1.90)		
EX_CA * ID		0.983**			7.173	
		(2.28)			(1.37)	
EX_CA * FST			0.530**			6.529*
			(2.42)			(1.76)
C_LEV	0.337**	0.250	0.205	2.572	1.837	1.103
	(2.33)	(1.55)	(1.29)	(1.34)	(0.91)	(0.52)
RAC	0.143	0.300	0.464*	2.495	4.290	5.488
	(0.51)	(1.18)	(1.73)	(0.69)	(1.02)	(1.34)
DUAL	0.231	0.478***	0.340**	0.835	2.911	1.771
	(1.66)	(2.81)	(2.50)	(0.46)	(1.33)	(0.97)
LNTA	-0.090	0.063	0.008	-0.840	0.607	-0.138
	(-0.50)	(0.47)	(0.05)	(-0.34)	(0.33)	(-0.07)
DEBT	-14.960	-15.887	-13.989	-47.740	-52.074	-39.405
	(-1.07)	(-1.15)	(-0.93)	(-0.20)	(-0.23)	(-0.18)
BD	-0.003	0.099*	0.034	0.462	1.269*	0.816
	(-0.06)	(1.76)	(0.74)	(0.88)	(1.76)	(1.33)
ID	-3.741*	-6.827**	-3.178*	-30.680	-53.219*	-23.688
	(-1.95)	(-2.71)	(-1.77)	(-1.14)	(-1.98)	(-1.05)
SC	-0.116	-0.133	-0.117	-1.795	-1.853*	-1.908
	(-1.25)	(-1.58)	(-1.41)	(-1.51)	(-1.83)	(-1.70)
FST	1.686	1.347	-1.581	38.644*	35.341*	-0.386
	(1.18)	(1.08)	(-0.93)	(1.78)	(1.74)	(-0.01)
C	32.349**	28.151**	28.125**	78.538	33.573	46.948
	(2.69)	(2.29)	(2.20)	(0.40)	(0.17)	(0.24)
YEAR	YES	YES	YES	YES	YES	YES
R^2	0.857	0.856	0.854	0.752	0.743	0.763

注：括号中的数字是经异方差修正的稳健的 T 值，*、** 和 *** 分别代表显著性水平为 10%、5% 和 1%。

研究表明，设立薪酬与考核委员会，将有助于全面评价高管的工作业绩。表 4 表明，*EX_CA * RAC* 的回归系数显著为正，而 *EX_CA* 的回归系数为负，说明设立薪酬与考核委员会，将显著影响风险控制与高管薪酬的相关性，风险控制的薪酬激励效应得到强化；不设立薪酬与考核委员会，高管薪酬与银行风险控制负相关。

表 4 中 *EX_CA * ID* 系数为正，表明独立董事比例的提高将提高风险控制在薪酬激励中的作用。表 4 中，*EX_CA * FST* 显著为正，表明第一大股东持股比例提高，有助于强化高管薪酬与风险控制之间的联系。在现代公司薪酬契约设计方面，董事的薪酬方案通常需要报股东大会审议通过，而高

① 除表 4 中报告的薪酬考核委员会、独立董事制度和大股东控制三类公司治理机制外，我们还考察了董事会规模、最终控制人层级、两职设立情况、负债水平等公司治理机制，在强化高管薪酬与风险控制之间联系的作用，但这些治理机制的作用均不显著，限于篇幅未报告这些回归分析的结果。

管薪酬方案需报董事会审议通过。但在我国无论是董事还是高管的薪酬方案都由大股东决定，因此，出现表 4 中的结果。

此外，我们还考察了上述三种治理机制在强化高管薪酬与银行业绩之间联系方面的作用，但交互效应均不显著，看似矛盾，事实上加强了本文的基本观点和结论，因为高管面临多任务时，治理机制强化了薪酬与风险控制之间的敏感性，必然弱化薪酬与经营业绩之间的敏感性。

总之，我国上市银行高管薪酬契约设计中，主要强调经营业绩与高管薪酬之间的联系，而忽略了与风险控制相关的激励约束机制，一些治理机制的完善将有助于强化银行的风险控制激励。

五、研究结论与政策含义

本文集中讨论了银行治理中多重代理关系下的多任务特征，并重点分析了监管当局不能提供最优激励契约条件下，股东的次优激励契约设计问题。理论与实证研究表明：我国上市银行高管薪酬与经营业绩之间显著正相关，而与代表银行高管控制风险努力的超额资本充足率之间显著负相关，表明我国上市银行普遍建立起了与银行业绩相关联的薪酬激励制度，但尚未建立起与风险控制相联系的激励约束机制。监管当局提供激励不足的条件下，导致银行高管将过多精力放在经营业绩上，而忽视了风险控制方面的努力，给银行的长期健康发展带来不利影响。此外，我们还发现，薪酬与考核委员会的建立、独立董事制度的建立和大股东控制能力的加强，将有助于强化激励契约设计中银行高管在风险控制方面的努力。

根据上述结论与我国实际，本文提出以下几点完善我国银行薪酬契约设计的建议：首先，强化监管当局在风险控制方面的激励约束作用。针对银行高管风险控制的努力因可能降低银行业绩而被弱化的问题，对银行高管的风险控制实施补偿机制，或由银行与监管当局共同决定银行高管的薪酬水平，以增强银行高管的风险控制激励；其次，强化董事会作用。将董事与高管的工作职责分开，加强董事会在高管薪酬方案制定方面的作用，充分发挥独立董事的作用；再次，科学考核银行高管业绩，合理确定薪酬水平。确定综合业绩考核目标，建立监管机构人员列席银行薪酬与考核委员会会议制度。我们认为高管薪酬考核体系中，应至少包含三方面信息：一是基于历史数据的财务绩效；二是代表银行未来前景的市场业绩；三是代表银行资产质量和风险控制能力；最后，重视银行高管的长期激励问题。目前在银行高管薪酬结构方面，薪酬激励基本以高管的年薪收入为主，属于短期激励，可能导致代理人行为的短期化，应当适时引入限制性股份奖励、延期股份奖励和股票期权等激励方式，建立与银行长期业绩和经营风险相关的薪酬激励约束机制。

参考文献：

1. 曹廷求、郑录军、于建霞：《政府股东、银行治理与中小商业银行风险控制》，载于《金融研究》2006 年第 6 期。

2. 曹艳华、牛筱颖：《上市银行治理机制对风险承担的影响（2000 ~ 2007）》，载于《金融论坛》2009 年第 1 期。

3. 陈冬华、陈信元、万华林：《国有企业中的薪酬管制与在职消费》，载于《经济研究》2005 年第 2 期。

4. 陈学彬：《中国商业银行薪酬激励机制分析》，载于《金融研究》2005 年第 7 期。

5. 苟开红：《我国股份制商业银行薪酬构成及长期激励研究》，载于《国际金融研究》2004 年第 11 期。

6. 郭新明：《我国商业银行管理者薪酬“激励过度”的制度完善》，载于《上海金融》2009 年第 11 期。

7. 何德旭、葛兆强：《公司治理与银行成长之关系探讨》，载于《财贸经济》2006 年第 11 期。

8. 何德旭、张雪兰：《利益相关者治理与银行业的社会责任》，载于《金融研究》2009 年第 8 期。

9. 黄新飞、张娜：《国有商业银行激励机制的影响因素分析》，载于《数量经济技术经济研究》2005 年第 11 期。

10. 蒋海：《金融监管中的机理冲突与调整》，载于《财经研究》2004 年第 1 期。

11. 李富国、杨智斌：《商业银行：高层经营管理者激励约束机制的动态模型》，载于《当代经济科学》2004 年第 4 期。

12. 李华民：《国有商业银行薪酬体制改革及激励目标改进》，载于《金融论坛》2003 年第 3 期。

13. 李克文、郑录军：《高管人员激励机制与商业银行经营绩效》，载于《南开学报》2005 年第 1 期。

14. 李维安、曹廷求：《商业银行公司治理：理论模式与我国的选择》，载于《南开学报》2003 年第 1 期。

15. 李维安、曹廷求：《商业银行公司治理：基于商业银行特殊性的研究》，载于《南开学报》2005 年第 1 期。

16. 李燕平、韩立岩：《特许权价值、隐性保险与风险承担－中国银行业的经验分析》，载于《金融研究》2008 年第 1 期。

17. 罗开位、连建辉：《商业银行公司治理：一个新的解释框架》，载于《金融研究》2004 年第 1 期。

18. 潘敏：《商业银行公司治理：一个基于银行业特征的理论分析》，载于《金融研究》2006 年第 3 期。

19. 乔海曙、王军华：《我国股份制商业银行薪酬激励有效性研究》，载于《金融论坛》2006 年第 5 期。

20. 吴一平：《经济转轨、契约设计与银行改革——基于多任务委托——代理理论的经济学分析》，载于《山西财经大学学报》2007 年第 2 期。

21. 许友传：《信息披露、市场约束与银行风险承担行为》，载于《财经研究》2009 年第 12 期。

22. 杨大光、朱贵云、武治国：《我国上市银行高管薪酬和经营绩效相关性研究》，载于《金融论坛》2008 年第 8 期。

23. 阙澄宇、王一江：《银行高层激励：美国 20 家银行调查》，载于《经济研究》2005 年第 3 期。

24. 张学陶、李豪杰：《我国上市银行公司治理对风险承担的影响研究》，载于《求索》2009 年第 10 期。

25. 邹永成：《我国商业银行薪酬激励实证研究》，载于《农村金融研究》2009 年第 3 期。

26. Acharya, V., 2009, "A Theory of System Risk and Design of Prudential Bank Regulation", Journal of Financial Stability, 5: pp. 224 – 255.

27. Agoraki, K. M., Delis, M., Pasiouras, F., 2009, "Regulation, Competition and Bank Risk-Taking in Transition Countries", Journal of Financial Stability, 5, in Press.

28. Anderson, R., Fraser, D. R., 2000, "Corporate Control, Bank Risk Taking, and the Health of Banking Industry", Journal of Banking and Finance, 15: pp. 425 – 448.

29. Andres, P., Vallelado, E., 2008, "Corporate Governance in Banking: The Role of the Board of Directors", Journal of Banking and Finance, 32: pp. 2570 – 2580.

30. Ang, J., S., Beni, L., Ben, Z., S., 2001, "Internal Monitoring, Regulation and Compensation of Top Executives in Banks", International Review of Economics and Finance, 10: pp. 325 – 335.

31. Arun, T. G., Turner, J. D., 2004, "Corporate Governance of Banks in Developing Economies: Concepts and Issues", Working Paper.

32. Barth, J. R., Bertus, M., Hartarska, V., Jiang, H., Phumiwasana, T., 2007, "A Cross-Country Analysis of Bank Performance: The Role of External Governance", *Corporate Governance in Banking: A Global Perspective*, Edited by Benton E. Gup, *Edward Elgar Publishing*, Northampton, 2007.

33. Barth, J. R., Bertus, M., Jiang, H., Phumiwasana, T., 2008, "A Cross-Country Assessment of Bank Risk Shifting Behavior", Review of Pacific Basin Financial Markets and Policies, 11: pp. 1 – 34.

34. Bolt, W., Tieman, A. F., 2004, "Banking Competition, Risk and Regulation", Scand. J. of Economics, 106: pp. 783 – 804.

35. Boot, A., W., Thakor, A., 1993, "Self Interested Bank Regulation", American Economic Review, 83: pp. 206 – 213.

36. Boyd, J., Nicolo, G., 2005, "The Theory of Bank Risk Taking and Competition Revisited", Journal of Finance, 60: pp. 1329 – 1343.

37. Buch, C., Delong, G., 2008, "Do weak supervisory systems encourage bank risk-taking", Journal of Financial Stability, 4: pp. 23 – 39.

38. Campbell, T., Chan, Y. S., Marino, A., 1992, "An Incentive Based Theory of Bank Regulation", Journal of Financial Intermediation, 2: pp. 255 – 276.

39. Capiro, G., Laeven, L., and Levine, R., 2007, "Governance and Bank Valuation", Journal of Financial Intermediation, 16: pp. 584 – 617.

40. Capiro, G, and Levine, R 2002, "Corporate Governance of Banks: Concepts and International Observations",

working paper, April.

41. Clarke, G. , Cull, R. , Shirley, M. , 2005, "Bank Privatization in Developing Countries: A Summary of Lessons and Findings", Journal of Banking and Finance, 29: pp. 1905 – 1930.

42. Cook, D. , Hogan, A. , Kieschnick, R. , 2004, "A Study of Corporate Governance of Thrifts", Journal of Banking and Finance, 28: pp. 1247 – 1271.

43. Cooper, E. , 2009, "Monitoring and Governance of Private Banks", The Quarterly Review of Economics and Finance, 49: pp. 253 – 264.

44. Cunat, V. , Guadalupe, M. , 2009, "Executive Compensation and Competition in the Banking and Financial Sector", Journal of Banking and Finance, 33: pp. 495 – 504.

45. Danielson Jon, Jorgensen, B. N. , Casper G. de Vries, 2002, "Incentive for Effective Risk Management", Journal of Banking and Finance, 26: pp. 1407 – 1425.

46. Dewatripont, M. , Tirole, J. , 1994, The Prudential Regulation of Banks, Cambridge, MIT Press.

47. DeYoung, R. , Spong, K. , Sullivan, R. J. , 2001, "Who's Minding the Store? Motivating and Monitoring Hired Managers at Small, Closely Held Commercial Banks", Journal of Banking and Finance, 25: pp. 1209 – 1243.

48. Fernandez, A. , Gonzalez, F. , 2005, "How accounting and auditing systems can counteract risk-shifting of safety-nets in banking: Some international evidence", Journal of Financial Stability, 1: pp. 466 – 500.

49. Gonzalez, F. , 2005, "Bank regulation and risk-taking incentives: An international comparison of bank risk", Journal of Banking and Finance, 29: pp. 1153 – 1184.

50. Griffith, J. M. , Fogelberg, L. , Weeks, H. S. , 2002, "CEO Ownership, Corporate Control, and Bank Performance", Journal of Economics and Finance, 26: pp. 170 – 183.

51. Holmstrom, B. , Milgrom, P. , 1991, "Multitask Principal-Agent Analyses: Incentive Contracts, Asset Ownership, and Job Design", Journal of Law, Economics, Organization, 7: pp. 24 – 52.

52. Jensen, M. , Meckling, W. , 1976, "Thoery of the Firm: Managerial Behavior, Agency Costs and Ownership Structure", Journal of Financial Economics, 3: pp. 305 – 360.

53. John, K. , Saunders, A. , Lemma, W. , S. , 2000, "A Theory of Bank Regulation and Management Compensation", The Review of Financial Studies, 13: pp. 95 – 125.

54. John, K. , Qian, Y. , 2003, "Incentive Feature in CEO Compensation in the Banking Industry", Economic Policy Review, 9: pp. 109 – 121.

55. John, K. , Mehran. H. , Qian, Y. , 2010, "Outside Monitoring and CEO Compensation in the Banking Industry", *Journal of Corporate Finance*, in Press.

56. Kane, E. , Kaufman, G. , 1993, "Incentive Conflict in Deposit-Institution Regulation: Evidence from Australia", Pacific Basin Finance Journal, 1: pp. 13 – 29.

57. Kane, E. , 2002, "Using Deferred Compensation to Strengthen the Ethics of Financial Regulation", Journal of Banking and Finance, 26: pp. 1919 – 1933.

58. La Porta, R. , F. Lopez-de-Silanes, A. Shleifer, 2002, "Government Ownership of Banks", Journal of Finance, 57 (1): pp. 256 – 301.

59. Laeven, L. , Levine, R. , 2009, "Bank Governance, Regulation and Risk Taking", Journal of Financial Economics, 93: pp. 259 – 275.

60. Levine, R. , 2004, "The Corporate Governance of Banks: A Concise Discussion of Concepts and Evidence", World Bank Policy Research Working Paper, No. 3404.

61. Macey, J. , R. , O'Hara, M. , 2003, "The Corporate Governance of Banks", Federal Reserve Bank of New York Economic Policy Review, 9: pp. 91 – 107.

62. Mersland, R. , Strom, R. , 2009, "Performance and Governance in Microfinance Institutions", Journal of Banking and Finance, 33: pp. 662 – 669.

63. Milne, A. , 2002, "Bank Capital Regulation As An Incentive Mechanism: Implications for Portfolio Choice", Journal of Banking and Finance, 26: pp. 1 – 23.

64. Prowse, S. , 1997, "Corporate control in commercial banks", Journal of Financial Research, 20: pp. 509 – 527.

65. Saunders, A. , S. , Elizabeth, Travlos, N. G, 1990. "Ownership Structure, Deregulation, and Bank Risk Tak-

ing", Journal of Finance, 45: pp. 643 - 654.

66. Shleifer A., Vishny, R., 1997, "A Survey of Corporate Governance", Journal of Finance, 52: pp. 737 - 783.

67. Wagster, J. D., 2007, "Wealth and Risk Effects of Adopting Deposit Insurance in Canada: Evidence of Risk Shifting By Banks and Trust Companies", Journal of Banking and Finance, 39: pp. 1651 - 1681.

(本文载于《经济研究》2010 年第 4 期)

中国食品安全规制问题及规制政策转变研究

李　怀　赵万里

摘　要： 中国食品安全事故频频发生的根本原因在于人治化的监管方式，这种监管方式视制度于不顾，仅凭领导人的个人意志行事。搭便车、政府规制俘虏、滥用职权、相互推诿形成了中国食品安全监管恶性的路径依赖。要改变这种恶性的路径依赖，必须转变食品安全的监管方式，即由人治的监管方式向制度规制转变。

关键词： 食品安全　监管　人治　制度

制度是激励、约束和规范社会与个人行为的各种规则的集合。邓小平曾指出："我们过去发生的各种错误，固然与某些领导人的思想作风有关，但是组织制度、工作制度方面的问题更重要。这些方面的制度好可以使坏人无法任意横行，制度不好可以使好人不能充分做好事，甚至会走向反面"[1]。影响中国食品安全的根本问题在于政府的监管方式。长期以来，中国食品安全监管处于人治化的监管方式下，在这种情况下，要么是制度体系缺失，要么是制度形同虚设，显现不出威慑力。总之，制度在食品安全规制中没有发挥其应有的功能。

一、中国食品安全规制中存在的问题

1. 产权界定不清和侵权现象的发生。产权是指由物的存在和对物的使用所产生的行为权利，以及由此引起的人们之间相互认可的行为关系。通常它是由一组权利束构成的，因此也可以分解为多种权利并形成一种结构状态。当食品消费者与食品生产和销售企业进行交易时，消费者所购买的产权不仅包括食品本身对于消费者生理需求的满足，还应包括在食品正常消费的情况下对于人体无害化的安全保证，这是食品消费者在购买食品时所附带的产权权益，它是在产权交易过程中自然发生的，不容侵犯。否则，食品生产和销售企业就侵犯了消费者的天赋产权。在现实生活中，食品安全产权界定不清和侵权现象是食品安全事故发生的主要原因。产权界定不清和侵权现象的发生，常常会引发以下问题：（1）导致政府官员成为管制"俘虏"。政府官员在缺乏有效的激励和约束机制下，很容易被食品利益集团"俘获"，产生权力异化、出租和寻租等现象，出现政府规制行为与规制收益的"弱相关"现象，使得政府规制行为违背社会的公共利益。（2）增加了社会交易成本。在许多场合下，由于时间的限制和收集信息成本的高昂，食品生产和销售企业与消费者之间常常是一次性博弈，即"一锤子买卖"，使得食品安全产权难以通过重复博弈得到"充分界定"和必要的权利保障。这样，信息缺失的有限理性的买者势必纵容了卖者的机会主义行为，导致攫取处于模糊领域的公共财富以及侵占消费者利益的行为，从而损害了消费者利益，降低了资源配置的效率，增加了社会成本。（3）导致规制失灵。由于中国尚未形成真正独立执法意义上的规制机构，社会规制的职能通常由分管不同方面的政府机构来行使，因此规制实施权实际上是由地方各级政府机构所掌控，而在地方政府中，又为少数执法者个人所控制，他们才是实际上的规制执法者。在不断强化的地方利益驱动下，地方政府往往对本地企业的违法行为睁一只眼、闭一只眼，甚至充当了本地某些假冒伪劣食品的保护伞。而一些执法者更是置公众食品安全生产权于不顾，与违法企业合谋，共同侵害公众的食品安全利益。

2. 规制中出现成本外溢。成本外溢是指在一定范围内发生的成本影响到外部的个人或团体。规制中出现的成本外溢包括三个方面：（1）生产成本外溢。食品行业通常带有隐藏的负内部性，在监管不严及信用缺失的情况下，假冒伪劣食品经常充斥市场，产生“柠檬效应”，即劣质食品挤走优质食品。劣质食品生产成本低，而又以正常的市场价格出售，引起生产成本外溢；（2）交易成本外溢。一方面为了防止和惩罚食品市场中的非道德行为，就要设置监管部门，建立防御设施以应对食品中毒等突发事故，这些都会引起有限的社会资源的浪费，加大社会交易成本。另一方面在食品交易中，人们为防止被骗，就要花费人力、物力、财力，去了解交易对象的信誉等信息，因而增加了交易中的信息搜寻成本；（3）环境成本外溢，即因环境污染而产生的食品企业内部成本外部化。食品企业在生产过程中因排放垃圾、废弃物甚至有毒、有害物质而引起的环境污染，这些环境污染的成本往往由社会承担，食品企业承担的环境成本过低。

3. 作为公共物品的供给缺失。公共物品是指一个社会的所有成员集体享用的具有不排他性的消费品，而每个人对该物品的消费都不会减少其他社会成员对该物品的消费。在食品生产、加工和消费领域，食品安全可被视为一种特殊的公共品。政府作为社会公共利益的主要代表，在立法、执法、司法和法律监督等方面具有天然的优势，由政府提供食品安全这一公共物品，有利于发挥政府权力供给的规模经济优势，并且在法律上具有权威性。从这方面看，食品安全这一公共品由政府供给显然具有得天独厚的优势。目前，中国政府对食品安全的供给基本上属于单一的供给模式，公众对规制模式和规制制度没有可选择性，政府在没有相应竞争压力的情况下，既缺少对公共物品供给的有效激励，也没有形成有效的制度约束。反之，若由私权主体供给，它的经济成本和社会成本都将是巨大的，因此对于这类公共品的私有产权的安排总是有限的。然而，政府在提供食品安全这一公共品时，又存在着“诺思悖论”现象，即“由国家来界定保护产权可以产生规模效益，而国家在界定和保护产权时又是中立的，在竞争约束和交易费用约束的双重约束下，往往导致非效益的产权结构”。另外政府在提供公共品时，其实施成本、摩擦成本甚至政治成本也是高昂的，这就使得政府规制创新的收益有时未必会大于成本，从而抑制了制度创新的供给，导致食品安全这一公共品的稀缺。

4. 政府规制失灵。政府对微观经济的规制是克服市场失灵的一种制度安排。在现实生活中，政府规制在很大程度上发挥着校正市场配置资源缺陷的作用。但是，政府规制在校正、克服市场失灵的同时，又产生了新的失灵，即政府规制失灵。政府规制失灵是指在市场经济体制的条件下，政府在推行公共规制政策的过程中，经济效率没有改善甚至出现低效率的经济现象。食品行业存在严重的信息不对称，不同经济主体之间进行博弈时有的守信，有的失信，规制部门处于缺少信息的劣势地位，真伪难辨。另外，政府各规制机构按照各自的职能共同执法，在横向和纵向上都存在不合理的规制权力的重叠与交叉，致使规制的缺位和越位现象同时存在。

二、中国食品安全规制失效的原因

1. 政府在不完全信息条件下的有限理性。政府规制中的信息的严重不足主要源于以下几个原因：其一，没有传递市场信息的渠道，使得资源配置扭曲。一些政府部门对当地存在的食品安全隐患或伪劣性食品隐瞒信息，“报喜不报忧”，故意封锁信息，剥夺消费者的知情权，致使劣假食品充斥市场。其二，由于政府行为难以监督，行为效果难以测量等原因而产生了监督制约机制的不完善。一方面，由于政府规制处于垄断地位，其行政权力不能完全代表社会利益；另一方面，政府面临着多元的目标函数，即不仅要维护市场秩序，提高经济效率，还要维护社会稳定、公平，创造良好的社会秩序。一个政府规制衰弱的社会，无力约束个人和集团欲望的泛滥，其社会生活状态必然像霍布斯所描述的那样，充满着在丛林法则下社会势力之间的无情竞争。没有强有力的政府规制，社会就会无力界定和实现其共同利益。由于不完全信息，政府职能部门很难获得全部真实的有关食品安全的信息，难以做到事前控制，只有等到事故发生后才来补救，这便为生产者隐瞒生产和销售信息开辟了空间，为欺诈行为提供了契机。

2. 政府规制权力被“俘虏”而出现官商勾结。政府规制能力增长的过程，也就是政府行动扩张的过程。政府行动的扩张，为政府实现自己的利益带来了有利条件，但无节制的行动往往使政府被俘虏，使规制失去有效性意义。在政府规制的公共利益理论看来，政府是公共利益的守护者，哪里出现市场失灵，政府都应当进行规制。任何一个政府干预，都是由一部分人将手中的权力强加到他人的头上，总是有意地并不可避免地交给一些人而不给予另一些人。政府的经济规制可能造成某些资源的人为“短缺”，这就为“寻租”活动提供了可能，而规制俘虏理论的出现却说明政府规制中产生了寻租以及规制机会主义的问题。为了确保正常而顺畅的社会经济秩序，政府必须制定和实施一些法律法规。但是，有些政府干预形式，比如许可证、配额、执照、授权书、批文、特许经营证等，可能同时为寻租行为创造了条件。因为在这种制度安排下，政府人为地制造出一种稀缺，这种稀缺就会产生潜在的租金，必然会导致寻租行为。在一个相互依赖的社会中，由于存在个体理性与集体理性的悖论，政府在出于自身利益考虑而又没有相应的监督与制约机制的情况下，就会出现“政府失灵”。针对中国的乳制品事件，政府采取质检驻厂监管的方法，但这就一定能保证乳制品的质量安全吗？切实负责者，则能保证，反之，照样出问题，照样掺“三聚氰胺”。近年来，中国食品突发事件频繁，所涉及的地方都有监管者开绿灯。何也？概因“监管”自身出了毛病，或敷衍失职，玩忽职守；或收受贿赂，为虎作伥；或猫鼠同流，狼狈为奸。谁又能保证质检驻厂监管人员就绝对不会出现此类现象呢？也许在今天的风头上不会出现，但谁都难以保证风头过后的明天、后天会不会出现。一旦如此，质检驻厂监管岂不就成了虚设抑或是不捉鼠的懒猫、奸猫吗？从规制俘虏理论来看，造成政府失灵的关键原因在于：所有的行为都不能免受自利动机的影响；在权力不能得到有效制约时，由自利驱动的规制行为必然会导致腐败；不当的规制则会瓦解市场。政府之所以会失灵，还因为人的欲望在政治中会变得不受约束以及由此而形成的高度集中的公共权力。

3. 政府的不作为、低效率。其一，政府官员之间缺乏竞争。因为大部分政府官员和一般工作人员是逐级任命和招聘的，故他们没有竞争的压力，也就不能高效率的工作。其二，政府部门之间缺乏竞争。因为政府各部门提供的服务是特定的，一般具有绝对的垄断性，无法直接评估政府各部门内部的行为效率，也无法评价各部门间的运行效率，更难以设计出促使各部门展开竞争、提高效率的机制。其三，政府部门间的相互推诿。由于政府部门间的权力交叉，责任不明确，一旦有了政绩便争相邀功，出了问题便互相推诿。

4. 政府集权制下的监管模式。众所周知，中国历经传统计划经济模式几十年的磨难，早已形成了流传甚广的根深蒂固的管制经济模式，至今未有根本变化。该监管模式主要有如下特征：其一，监管机构乃至监管人员往往以其利益最大化为目标，无视规章制度，只要上级领导满意就可以肆无忌惮，无视人民大众的根本利益。从而导致食品安全恶性事故频频曝光。其二，制度缺位问题严重。人治监管模式不仅使得制度永远处于缺位状态，而且所有的制度总是有利于监管者。这是因为在有关制度的制定和修正过程中，监管者为了减少制度对自己行为的约束，尽量使得制度的内容不完整，各种规定笼而统之、大而化之，这样监管者就可以随意解释，从而为自己的行为提供便利。其三，领导者的个人意志高于制度。传统计划经济模式形成了领导者个人的绝对权威，制度成为摆设，在一些单位里，无论以往的制度是如何规定的，只能随着领导的意志转，需要时就拿来，不需要时就束之高阁，全凭领导者的个人偏好。例如，一些地方为了领导者政绩的需要，对一些食品的检测结果是不允许新闻舆论曝光的，更不让老百姓知道事实真相；一些和领导者个人有关系的企业，即使发生重大食品安全事故，也往往是大事化小，小事化了，最后不了了之。其四，官商勾结、合谋现象严重。由于制度约束乏力，人治监管模式下突出了监管者个人的权力至上和无约束性，一些食品经营者正是看到了这一点，才不惜高价收买执法权力，最终形成食品商和监管者的利益联盟，共同谋取非法利益。还有一些通过亲戚、同学、同乡、朋友、战友等关系形成的有组织的黑社会，成为食品安全的最大威胁。其五，监管缺位。当制度沦为摆设，仅靠少数监管者的个人行为面对庞大的食品市场，即使恪尽职守，也难免挂一漏万。在“人治监管模式”盛行之下，“仰望制度”蜕变成“仰望长官”。目前中国有多个部门对食品安全进行监督，包括卫生、质监、工商、农业、海关、商贸以及新成立的食品药品监管局等10余个部门。在管理体制上往往形成部门职能交叉的模糊地带，有时一个环节多个部门插手，有时多个环节一个部门监督，多个执法部门的权限不清、政出多门、相互矛盾，管理重叠和缺位现象突出，有好处的大家抢着管，没有好处的谁也不管，整个体制错综复杂。由此导致监管缺位、监管失误和权力腐败。因此，集权制下的规制理论问题不解决，实践中就难以走出食品安全监管的误区。

三、制度在食品安全规制中的功能和作用

1. 降低交易费用。交易费用是交易者获得准确的市场信息、谈判、经常性契约等所需要的费用。威廉姆森认为，交易费用分为两部分：一是事先的交易费用，即为收集信息、签订契约、规定交易双方的权利、责任等所花费的费用；二是签订契约后，为解决契约本身所存在的问题，从改变条款到退出契约所花费的费用。张五常进一步指出交易成本在一个集权国家所占国民收入的百分比远远高于在一个私有企业经济中的百分比。食品安全领域中交易费用包括：度量、界定和保证食品安全产权的费用，发现交易对象和交易价格的费用，食品交易中讨价还价的费用，订立交易合约的费用，执行交易的费用，与政府食品安全规制相关的其他费用等。有效率的信息制度，会使消费者避免或降低收集食品安全信息的费用；严格的监管制度会减少由于食品质量问题而导致的买卖双方的“摩擦费用”。

2. 减少交易的不确定性。由于信息披露机制的不健全和信息不公开，政府职能部门和消费者很难获得全部真实的有关食品安全的信息，难以做到事前控制，只有等到事故发生后才来补救，这便为生产者隐瞒生产和销售中的负面信息预留了空间。在信息不对称的情况下，消费者缺乏食品质量和安全方面的有效信息，而食品生产和销售者往往会利用信息优势，再加上许多食品的交易为一次性行为，食品生产者和经销者往往会采取“打了就跑”的方式，其欺诈行为不易被及时察觉。在此情况下，食品交易存在着极大的风险和不确定性。只有良好的制度安排，才能有效地克服食品交易中的不确定性以及由此带来的安全风险。

3. 制度为实现食品交易合作创造条件。制度通过产权的清晰界定，可以为食品行业广泛的分工合作提供一个基本的框架，规范食品供应链之间的关系。制度通过完善信息机制规范生产者和消费者的相互关系，减少信息成本和不确定性，把阻碍交易合作得以进行的因素减少到最低限度。

4. 制度提供激励机制。制度的核心功能是提供一种激励机制。制度可以从专利保护，产权保护、法律惩处、信誉奖励等方面为安全食品的供给者提供有效激励。美国经济分析法学家诺思和托马斯在《西方世界的兴起》一书中构建了一种理论模型，认为要保持私人效益，需要在制度上做出安排和确立产权，以便造成一种刺激，将个人的经济努力变成私人收益率接近社会收益率的活动。食品收益可以分为社会收益和个人收益，与食品收益相对应，食品收益率也可以分为社会收益率和个人收益率。社会收益率是指国民经济增长中可归因于食品经济活动的部分与社会支出的食品经济活动成本的比较；个人收益率是指个人收入增加中可归因于食品经济活动的部分与个人支出的食品经济活动成本的比较。食品安全规制激励机制设计的目标应追求食品经济的个人收益率接近或等于

社会收益率。

5. 制度创新有利于使制度供给的负外部性内部化。诺思认为，当某个人的行动所引起的个人成本不等于社会成本、个人收益不等于社会收益时，就存在着外部性。减少外部性就意味着实现个人收益与社会收益的一致性。由于环境污染或信息不对称条件下的信用缺失，导致食品安全供给的负外部性，出现生产成本外溢的情况。监管者可以通过产权关系的界定、信息公开、行政处罚等有效率的制度安排，来降低负外部性，或将外部性内部化。

6. 抑制人的机会主义行为。自利是人类行为的一个基本前提。人在追求自己私利的情况下，就会产生机会主义行为。诸多的食品突发事故向我们展示了一个道理：人出于私利的追求，往往不择手段，以期降低成本，增加利润。这就意味着人作为一个矛盾体的存在，需要制度来约束、规范和指引人的行为。应如何约束人的行动从而抑制其机会主义行为呢？这就需要靠制度来安排。好的制度安排体现在人在追求私利的同时，能够兼顾他人的利益，从而使社会整体利益最大化。原则上可以有三种途径能使人为他人利益而尽力：（1）他们出于爱、团结或其他各种利他主义的追求而有益于他人；（2）他们受到胁迫，胁迫者以对他们使用暴力（命令）相威胁；（3）他们按其自己的自由意志行动，但出于明智的自利动机，因为他们预期能获得充分的回报。那样，他们为别人做的事会产生对自己有利的副效应。制度确定了人在政治、经济、文化、社会各方面的权利和利益的配置，引导人们形成良好的行为规范。制度的建立与选择、变革与创新能否与实现人的合理权益相一致，就成为衡量各项制度正当性的根本尺度。人们要实现自己的合理权益就要建立合理的制度，合理权益的实现也体现了制度的合理性。制度通过对人们合理权益的保障，促进了人的自由、和谐和全面发展。另外，统治者的权力需要靠制度来约束和制衡，从而减少统治者权力的滥用。孟德斯鸠曾深刻地告诫人们："一切有权力的人都容易滥用权力，这是万古不变的一条经验。有权力的人们使用权力直到遇到界限的地方休止"。德国近代著名政治思想家威廉·冯·洪堡（Wilhelm von Humboldt）看到了权力背后的人性弱点："人有一种欲望，即他总是想超越合法为他们划定的范围，去干涉他人的领域"。因而对于当权者来说，单纯依靠自我约束是远远不够的，还必须依靠外在制度的约束即他律才行。对此，杰斐逊有过精辟的阐述：在权力问题上，不要侈谈对人的信任，而是要用宪法的锁链来约束他们不做坏事。

四、中国食品安全政府规制对策

1. 政府要科学引导、扶植市场。其一，政府在财政与金融上应加大对食品安全的投入，应制定优先支持食品安全保障的财政政策，实施有利于食品安全新技术创新的政策，激励企业发展生物农药、生物肥料和新的生物制品。其二，政府应加强食品安全的宣传教育、引导与示范工作，逐步提高生产者、消费者的安全意识。大力宣传优质食品、优良品牌和优秀企业，增强群众消费信心，提高中国食品信誉。其三，政府应着力培育市场。要引导食品企业培育安全品牌，要推行食品安全示范区试点建设。要继续按照"从农田到餐桌"全过程控制的要求，在示范区检验与应用各项研究成果。

2. 要建立健全食品安全信息公开披露与通报制度。要充分发挥新闻媒体的作用，建立起高效和快速的各级食品安全信息发布制度，随时发布食品检验信息。实践证明，对食品安全风险信息的公开披露，会使利益相关者能够及时规避风险，有关部门能够及时采取对策，全社会能够保持警惕性，从而可能使风险的危害降低到最小程度。因此，要充分发挥新闻媒体的作用，建立起高效和快速的各级食品安全信息发布制度，实施食品安全检测例行公告制度，定期向民众公开信息，随时发布食品检验信息。对于突发性事件要立即进行通报，让消费者了解食品安全的真实情况和增加自我保护能力，以尊重消费者的知情权。要建立全国统一协调的食品安全信息监测、通报、发布的网络运行体系。通过建立统一协调的食品安全信息平台，实现互联互通和资源共享，逐步形成统一、科学的食品安全信息评估和预警预报指标体系，及时研究分析食品安全形势，对食品安全事故和隐患做到早发现、早预防、早整治、早解决。对食品安全信息进行收集、归纳、汇总，经过科学的研究分析，由有关部门统一对外发布，引导公众在食品的选择中趋利避害。

3. 要将食品安全监管纳入到制度化规制模式的轨道上来，摒弃人治监管模式。中国食品安全绝不仅仅是技术问题，也不仅仅是制度问题（如制度建设的滞后和缺乏系统性），因为即使按照现有的制度安排，也不至于会出现如此严重的食品安全问题。应当说，首要的问题恰恰是被我们长期忽视的监管模式问题，这是牵一发而动全身的大问题！由此导致监管缺位、监管失误和权力腐败。换言之，在西方分权制下卓有成效的规制理论在引进中国后却出现了“失灵”，导致食品安全风险失控。由于集权制下的规制理论研究的缺位，导致实践上难以走出食品安全监管的误区，长此以往，不但制度成为摆设，而且中国大陆食品永无安全之日！进一步说，源于西方规制理论所提供的规制模式，完全是建立在西方发达国家价值理念和分权制度基础上的，而对于中国集权制下的监管实践来说，确实存在着“水土不服”的问题：“仰望制度”蜕变成“仰望长官”。因此，探索集权制下的规制理论，就成为当前中国理论界亟须解决的现实问题。中国要建立起科学的市场经济规制模式，尚需时日。首先需要进行观念更新，破除传统行为理念特别是“官本位制”的恶劣影响。其次，要建立健全一套切实可行的良好制度，做到有法可依，按法行事。什么是最好的制度？好的制度有什么标志？根据笔者的观察和经验，应当是对思维的约束最小、而对行为的约束最大甚至规定得非常具体的制度。这样的制度可以覆盖监管者的执法行为，令其在触犯制度违法时有所顾虑，甚至胆战心惊。再者，要强化对监管者的监督机制。制度再好，也需要有人监督，否则，执法者就可以置制度于不顾，为所欲为。要制定系统的监管运行制度，以责任追究制约束监管人员，中央或省市有关部门应采取不定期抽查的方式来观测各地的监管效果，弥补监管工作的缺位和不足，完善监管制度和程序，使监管人员逐步适应完全按照规章制度办事的行为规则，最终形成制度约束型监管模式。

4. 要建立决策、执行和监督三权分立的食品安全规制体制及其责任追究制度。为了确保实施效率，避免政府官员的不作为、渎职、权力腐败等行为的发生，食品安全规制的决策、执行和监督等项权力应当分开，不应由一个部门来承担，而应由多个机构来承担。如各级人大可以承担决策与监督的权力，而食品药品监督管理局、卫生局、农业局和工商局等机构负责安全监管的执行权。要充分发挥新闻媒体的监督作用，各项权力都要建立相应的责任追究制度。省市有关部门要对各地食品生产和销售企业及市场进行明访暗查，抽样检验检疫，以堵塞各种漏洞。

5. 要引用问责制的规制方式。问责制是一种监督与责任追究相结合的制度，它包括问责标准的确立、问责程序及问责方法的构建、完备的制度保障措施等一系列内容，它不应是局限于产品质量问题的一种责任追究机制或一种纯粹的惩戒措施，而应是与国家相关政策、法律法规等有机衔接、互为补充的一项独立制度。通过问责制度形成对各级监管者的问责压力，防止寻租行为，激励他们对其所管辖的食品安全工作给予高度的重视，从而加强对事故的处理和预防，以实现政府的管制目标。政府各职能部门在监管中可以实行生产企业所在地政府保证制度，如果所在地政府管辖下的企业出了食品安全问题，政府应先对受害者进行赔偿，然后政府再向企业追偿。

6. 完善激励制度，做到赏罚分明。目前中国食品安全的政策设计中缺乏制度激励，更多的是偏向强制性的法律法规的制定。尤其是在中国这样一个人治高于法治、法律体系不健全、不完善的国家里，激励制度建设显得更加重要。中国各级政府部门制定的某些政策中隐含着一些鼓励食品生产者采用食品安全技术来生产安全食品的制度激励，如中国政府大力推进的养殖废物无害化处理的精华沼气池工程等。在一些地方，这些激励政策取得了比较明显的效果。但中国政府对于食品生产者生产安全食品的支持力度还远远不够。政府对农户和企业的激励是政府干预的一个重要手段。美国、欧盟、日本等国家都普遍实行激励契约制度来引导农户采用环境友好型的技术和投入，如减少农药、化肥的投入等，从而不仅保护了环境，而且有利于食品安全。另外，各国政府还采用了转移支付或补偿支付等手段对农户提供补偿性资助。中国政府对食品安全生产也应提供资金支持、政府优惠、政府奖励和技术支持。激励制度设计应体现出赏罚分明的原则，这样才有利于建立公平的秩序。应使食品生产企业树立依法生产、诚信经营的理念。对于那些信誉好的生产厂商，政府应实行奖励；对于造假售假的厂商，则要严格监管，加大惩罚力度。对于那些存在正的外部性的厂商，比如创新技术的生产和研发，应给予奖励；对于那些存在负的外部性的厂商，比如生产过程中对环境造成严重污染的，应给予严厉惩罚甚至取缔。中国食品安全事故频繁的原因之一在于事故责任追究不力，使违规者的收益高于成本，由此导致食品安全事故频繁发生。因此，必须规范食品安全事故的处理程序，防止权钱交易等腐败行为，依法严打不法商人，严厉查处制售假劣有毒有害食品案件。为此，要制定中国食品安全事故调查处理程序和惩治制度的实施细则。政府应该支持消费者向企业进行索赔，或采取司法、行政手段迫使欺诈消费者的企业进行赔偿，以此提高不法厂商的犯罪成本，从而有效遏止不法厂商违规行为的发生。建立对相关管理人员实行责任倒查机制。对于已经发生的食品安全事故，除对当事人严肃查处外，还要对其上级主管部门实行倒查追究制度，让那些没有认真履行执法责任的失职人员也承担相应责任。

参考文献：

1.《邓小平文选》第 2 卷，人民出版社 1994 年版。
2. 袁庆明：《新制度经济学》，中国发展出版社 2005 年版。
3.［德］柯武刚、史漫飞著：《制度经济学》，商务印书馆 2000 年版。
4.［法］孟德斯鸠：《论法的精神》（上册），商务印书馆 1997 年版。
5.［德］威廉・冯・洪堡：《论国家的作用》，中国社会科学出版社 1998 年版。

（本文载于《首都经济贸易大学学报》2010 年第 2 期）

论反垄断法规则模糊性的原因

李 剑 廖红伟

摘 要：反垄断法规则具有较强的模糊性，欠缺传统法律概念应有的逻辑严密、概括抽象的特点。本文从以下三个方面探讨了反垄断法规则模糊性的原因在于：第一，多元价值目标的冲突；第二，经济学理论的分歧；第三，国家干预与个人自治的矛盾。

关键词：反垄断法 模糊性 价值目标

一、导 语

反垄断法规则的模糊性体现在反垄断法的规则术语尚未实现与日常语义的高度分离，欠缺传统法律概念应有的逻辑严密、概括抽象的特点。比如，垄断、竞争、限制竞争等概念，你很难说它是经济概念还是法律概念，抑或只是日常生活中的普通概念。这些概念的内涵与外延并不明确。法理学认为法律概念具有不确定性的特点，这是因为不管我们的词汇是多么详尽完善、多么具有识别力，现实中始终会有一些为严格和明确的语言分类所无能为力的细微差异与不规则的情形。即概念对客观世界的描述往往是不精确的、过于简化的和不全面的。但是上述对法律概念模糊性的解释仅仅是一般性的解释，并不是基于不同法律部门的具体特点展开的探讨。本文在承认上述解释共识的基础上，试图从反垄断法自身具有的特性来探讨反垄断法规则模糊性的原因。

二、多元价值目标的冲突

明确的立法目标为制订体系严密、逻辑一致的法律制度提供价值基础。比如，近代民法以维护个人自由作为其价值基点，并以此为基础来构建民法制度体系。从抽象的意思表示理论，到具体的物权制度与债权制度，民法制度的设计始终将维护法律主体的自由意志作为民法基本的价值取向。反垄断法则包含多元的价值目标。《反垄断法》第一条规定了立法目的：为了预防和制止垄断行为，保护市场公平竞争，提高经济运行效率，维护消费者利益和社会公共利益，促进社会主义市场经济健康发展，制订本法。根据这条规定，反垄断法的价值目标至少包括以下几类：保护市场公平竞争、提高经济效率、维护消费者利益、维护社会公共利益。然而这些价值目标并非总是彼此一致，而是存在相互冲突的情况。比如，从维护消费者利益角度考虑，垄断的危害在于垄断企业通过垄断高价剥削消费者，但从维护经济效率角度考虑，只要不出现社会福利的净损失，那么财富在不同主体之间（从消费者向生产者）的单纯流转不会损害社会经济的整体效率，因此并不违反反垄断法。这实质上也是公平与效率价值观的冲突。价值目标的多元化还体现在《反垄断法》的豁免条款中。《反垄断法》第十五条规定了垄断协议的豁免条款，即符合豁免条款的相关规定，垄断协议就不会受到反垄断法的禁止。《反垄断法》第十五条规定了六类具体的豁免理由。[①] 那么需要考虑的问题是：豁免理由所追求的价值目标与《反垄断法》第一条的立法目标是什么关系？显然二者并不完全一致，因为如果二者完全一致，彼此相互包容，就没有必要将豁免理由单独列为一条，因此二者的价值目标并不完全一致。[②] 为平衡、协调二者价值目标的关系，《反垄断法》第十五条第二款规定，除维护对外贸易及经济合作的正当利益以外，经营者因满足其他豁免理由而不适用反垄断法的，还应当证明所达成的垄断协议不会严重限制相关市场的竞争，并能使消费者分享由此产生的利益。但是在现实案件中要满足上述条件并非易事。美国著名的阿帕拉钦煤炭公司案就能说明这个问题。该案件的背景是当时的美国煤炭行业处于整体亏损的情况，由此一些煤炭企业便联合起来，成立阿帕拉钦公司。该公司作为这些煤炭企业唯一的代理销售商，制订统一的煤炭销售价格。消费者则只能向阿帕拉钦公司购买煤炭，再由阿帕拉钦公司将购买订单在这些煤炭企业之间按比例分配。这种方式避免了在整个行业供过于求的极端困难情况下，企业之间因价格战而彼此受损的局面，有效挽救了整个煤炭行业。但是阿帕拉钦公司实行统一价格销售煤炭的行为实际是固定市场价格的行为，即在组建阿帕拉钦公司的煤炭企业之间实行固定的销售价格，是典型的垄断行为。法官考虑到煤炭行业的特殊困难，并没有对这种价格固定行为进行制裁。在该案中，企业因缓解产能严重过剩的价格固定行为，如何满足"不会严重限制相关市场的竞争，以及使消费者分享由此产生的利益"？从该案的直接效果看，垄断行为有利于救济濒临破产的煤炭行业，但也同时破坏了市场的自由价格机制，相应的以自由价格竞争为媒介的消费者自由选择权也受到了损害。消费者的利益不但没有增加，反而受到损害。当然该案的裁判结果也可以从另一角度解释，即考虑到煤炭行业对经济发展的基础作用，如果破产将会对整体经济造成破坏性打击，因此从维护经济效率运行的整体角度考虑，要保护濒临破产的煤炭行业。但是这样的解释实质上是在考虑：在反垄断法的众多价值目标中，哪种价值目标在具体的个案中要优先受到保护，而并非像《反垄断法》第十五条第二款规定的面面俱到的保护各种价值利益。这是多元价值目标的冲突与选择的过程。反垄断法多元价值目标的冲突还表现在诸多争论中，比如，是否对中小企业进行特殊保护的争论，因为《反垄断法》第十五条第一款第三项将"提高中小经营者经营效率，增强中小经营者竞争力"作为豁免理由。赞成对中小企业进行特殊保护的人认为中小企业是对抗大型垄断企业的有力工具，保护中小企业具有社会政治意义，而反对的人则认为反垄断法应保护公平的竞争机制，而不应区别对待保护某些特殊的竞争者。[③]

由于反垄断法内含彼此冲突的多元价值目标，[④] 这使得传统法学赋予法律概念承载价值共识的基础功能难以实现。传统法学强调通过法律概念形成特定价值之承认、共识、储藏。从而使之构成特定文化的一部分，产生减轻后来者为实现该特定价值所必须之思维以及说服的工作负担。比如在民法中，法律行为概念系包含法效意思之行为，而法效意思系指想要"根据自己意思之内容"形成、变更或消灭法律关系的意思。由此法律行为之概念储藏有私法自治原则这一基本价值。而反垄断法由于其价值目标存在冲突，因此立法者通过反垄断法中的法律概念究竟要表达何种价值取向并不明确。法律概念是法律规则的基础，法律规则是由一个个法律概念构成的。如果法律概念所涵盖的价值目标存在冲突，那么对法律概念的理解与运用，进而以此为基础构成的对法律规则的理解与运用就很难做到明确而肯定。在反垄断法的规则用语中，"不公平"、"没有正当理由"等较为模糊

① 《反垄断法》第十五条规定：经营者能够证明所达成的协议属于下列情形之一的，不适用本法第十三条、第十四条的规定：（一）为改进技术、研究开发新产品的；（二）为提高产品质量、降低成本、增进效率，统一产品规格、标准或者实行专业化分工的；（三）为提高中小经营者经营效率，增强中小经营者竞争力的；（四）为实现节约能源、保护环境、救灾救助等社会公共利益的；（五）因经济不景气，为缓解销售量严重下降或者生产明显过剩的；（六）为保障对外贸易和对外经济合作中的正当利益的；（七）法律和国务院规定的其他情形。属于前款第一项至第五项情形，不适用本法第十三条、第十四条规定的，经营者还应当证明所达成的协议不会严重限制相关市场的竞争，并且能够使消费者分享由此产生的利益。

② 二者也存在彼此一致的价值目标，比如，《反垄断法》第一条涉及"社会公共利益"，而《反垄断法》第十五条第一款第四项也涉及"节约能源、保护环境、救灾救助等社会公共利益"。

③ 价值目标的冲突不但体现在"垄断协议"中，在"滥用市场支配地位"和"经营者集中"问题上也有体现。

④ 在这些价值目标中，既包含传统的公平、自由、效率等抽象价值，还包含保护中小企业、缓解产业危机等现实的政策目标。

的语言也是价值目标不明确的体现。

三、经济学理论的分歧

经济学理论已经深刻地影响了反垄断法的发展，反垄断法的理论界与实务界将经济学理论作为判断垄断行为对市场造成影响的主要参考依据。经济学理论展现的科学、严谨的数理模型使得对反垄断法规则的理解与运用能够更为精确而具体。然而经济学内部存在不同的理论流派，这些不同的理论流派经常就同一垄断问题发表不同的见解，因此经济学理论对反垄断法规则的影响还需要进一步的探讨。

自亚当·斯密时起，经济学界就开始关注垄断与竞争的问题，但是真正开始形成系统理论并对反垄断法理论与实践产生重大影响的理论流派则是以梅森、贝恩为代表的哈佛学派。哈佛学派提出市场结构——市场行为——市场绩效理论（SCP 范式）。该理论强调市场结构决定市场绩效。作为证明，贝恩调查了美国制造业 42 个产业，调查结果显示不同集中度的产业群之间存在着很大的利润率差异。据此哈佛学派认为，在垄断的市场结构中，由于存在少数企业的互相勾结以及存在市场进入壁垒限制竞争的行为，因此产生超额垄断利润，即“集中度——利润率”假说。哈佛学派的理论使得反垄断法实务部门更加注重分析垄断的市场结构问题，并试图从打破较高的市场集中度入手规制垄断问题，并对垄断企业采取了更为严厉的管制态度。但是哈佛学派的理论也受到了较多批评。首先，统计数据标准存在缺陷。贝恩的统计数据是以会计利润作为统计基础的，而经济学家在讨论垄断问题时，认为垄断企业存在超额利润则是指经济利润。会计利润与经济利润具有诸多差别，比较明显的差别在于经济利润包括资本的机会成本，而会计利润则不包括。这意味着在会计分类账上，资本的机会成本本身表现为利润。而对经济学家来说，如果资本只能赚回其机会成本，则根本不算是利润。经济利润只是超过资本的机会成本以上的利润。显然由于不同的统计方法，会计利润要大于经济利润，而经济学家所指的垄断的超额利润，是指资本的经济利润超过资本在竞争性行业中所获得的正常回报。企业获得超额利润（经济利润），则意味着企业具有某种市场力量，而由于会计利润不同于经济利润，因此其对于判断企业的市场力量就有局限性。其次，针对“集中度—利润率”假说的解释并不充分。尽管哈佛学派侧重于经验实证研究，但是其对因垄断导致的超额利润的解释理由欠缺说服力。这种解释脱离了传统的价格理念，缺乏逻辑上的必然性，而充其量只是对大量观察的经验性描述。① 很多经济学家指出，高集中度与高利润率之间的关联也可以从企业规模优势的角度进行解释。比如，有些行业要实现经济效率，必须达到一定生产效模，即最小效率规模（MES），那么基于自由竞争的原理，达到最小效率规模的企业不断发展壮大进一步获得更高的市场份额，实现更大规模经营和更高经济效率，这是值得鼓励的结果，而不是法律要加以反对的，同时那些效率较低的企业被淘汰出市场，这是市场竞争的自然现象。

在哈佛学派之后，芝加哥学派的经济理论又受到反垄断法实务界的重视，并在 20 世纪 70 年代后期成为反垄断经济学的主流理论。芝加哥学派主张国家尽量减少通过反垄断法干预市场的自由竞争过程，强调市场的自我修正力量，认为即便在短期内存在限制竞争的垄断现象，但是只要不存在市场进入壁垒，超额的垄断利润就会吸引潜在竞争者进入相关市场，增加产品供给，恢复原来的市场供求平衡。即便在某个行业的市场集中度较高，但是由于市场没有进入壁垒，市场里的既有企业始终受到潜在竞争者的威胁，因此既有企业不可能长时间地谋求垄断利润，即既有企业所获得的利润也仅是竞争性的利润，而不是垄断利润。至于较高的市场集中度，则是由于企业规模效应的原

① 详细内容参见史东辉为斯蒂芬·马丁的专著《高级产业经济学》写的序言，第 12 页。[美] 斯蒂芬·马丁，史东辉译著：《高级产业经济学》，上海财经大学出版社 2003 年版。

因。显然，芝加哥学派的理论与政策主张很大程度上依赖于其对市场进入壁垒的理解与界定。芝加哥学派的代表施蒂格勒认为市场壁垒是寻求进入行业的企业所必须负担的成本，而该成本并不为已经在行业里的企业所负担。与之相比，哈佛学派的贝恩则认为，市场进入壁垒，是市场既有企业与潜在竞争者相比所具有的优势。显然芝加哥学派对市场进入垒壁的界定要比哈佛学派严格很多。根据芝加哥学派的定义，哈佛学派所强调的规模优势、产品差异、成本优势，都不能成为市场进入壁垒，因为与试图进入市场的潜在竞争者相比，市场中的既有企业在最初进入市场时同样要面对这些成本问题，即既有企业也要负担这些成本，因此不能把这些因素视为市场进入壁垒。由于芝加哥学派对市场进入壁垒的界定很严格，因此该学派认为在市场中除了政府以及企业人为制造的壁垒，真正的市场进入壁垒是很少的。既然市场进入壁垒很少，就意味着在多数情况下企业的进入或退出市场是自由的，经济资源可以在不同产业之间自由流动，从而根据供需关系的变化实现资源配置的最优化。由此芝加哥学派强调市场机制的自我调节作用，相信市场自身能最终解决垄断问题。但是芝加哥学派对市场的自我调节机制过于乐观，他们为之辩解的所谓良性的市场行为也可能削弱竞争机制。比如，在他们看来掠夺性定价不会取得成功，因为即便企业能够通过低于成本的价格策略驱逐竞争对手，但是由于市场的进入退出是自由的，企业如果实施垄断高价仍然会吸引新的竞争者进入该市场。芝加哥学派对市场进入退出条件的描述过于理想化，忽视了企业之间的竞争博弈也会对市场的进入退出产生影响。比如既有企业实施掠夺性定价，在成功将竞争对手赶出市场后，会采取较高价格以弥补前期因实施掠夺性定价造成的损失。这时如果有市场外围的潜在竞争者进入市场与既有企业展开竞争，那么既有企业便会再次实施低价竞争策略，直至再次将这个企业赶出市场。如果既有企业能够显示其具有反复实施降价策略的决心和能力，那么一次成功实施降价策略建立起来的商业影响会对试图进入市场的外围潜在竞争者形成威慑，使其不敢再进入市场。这使得既有企业可以通过实施掠夺性定价策略控制市场，形成垄断，谋取超额垄断利润。

需要指出，尽管芝加哥学派在 20 世纪 70 年代末至 80 年代成为反垄断经济学的主流，影响了美国反垄断法的具体实施，但是美国反垄断法实务界在考虑市场进入壁垒问题时，并没有采用芝加哥学派的观点，而是主要采用哈佛学派贝恩的定义。因为反垄断法实务部门考虑的是既有企业的市场行为是否对相关市场的竞争机制造成消极影响，特别是当存在阻碍企业进入市场的客观因素时，既有企业市场行为的反竞争性究竟有多严重，以至于需要政府动用反垄断法对其进行规制。这种阻碍企业进入市场的因素既可以是值得鼓励的规模优势，也可以是一般意义的产品差别、成本优势。只要这些因素客观上阻碍了潜在竞争者进入相关市场，那么就意味着相关市场内既有企业的某些市场行为可能具有更严重的反竞争性，比如当存在市场进入壁垒时，企业合并可能有利于合并之后企业之间形成价格固定行为。反垄断法实务部门并不关注如何计算潜在竞争者在试图进入相关市场时，与既有企业相比，成本差距究竟在哪里？成本差距是需要企业自身根据市场情况来判断的，因此实务界更倾向于采纳哈佛学派的定义。

在芝加哥学派之后，经济学界开始更多的运用博弈论来研究垄断问题。博弈论的理论模型一般假设企业重复地参与竞赛，在竞赛中彼此多次遭遇。每个企业根据竞争者在上一次遭遇中的行为来调整自己的行为。与大部分猜测变量模型（竞争发生在一个场景里）相比，这种多期间的假设能够更加真实地反映许多市场情形，通过博弈论的研究使人们理解为什么在芝加哥学派看来良性的行为实际上削弱了竞争。尽管博弈论研究将反垄断经济学又推向了深入，但是目前博弈论研究成果还没有对反垄断法实务界带来大的影响。因为博弈论方法自身还存在一定缺陷，比如博弈论模型的结论所依赖的一系列假设过于精细，以致其中任何一个细小变化都足以导致有关结论失去赖以立足的基础，甚至出现截然相反的结果。[①] 而且由于博弈论方法需要更为精致的数理模型的运用，而法律实

① 详细内容参见史东辉为斯蒂芬·马丁的专著《高级产业经济学》写的序言，第 24 ~ 25 页。［美］斯蒂芬·马丁著，史东辉译：《高级产业经济学》，上海财经大学出版社 2003 年版。

务人员却需要相对简单的操作标准。除博弈论外，交易成本理论、信息经济学理论也影响了反垄断法的理论界与实务界。

总体而言，经济学理论在现代反垄断法的发展中占据了越来越重要的地位，经济分析方法已经成为反垄断法的主要研究分析方法。哈佛学派、芝加哥学派、博弈论先后在反垄断经济学中占据了主流位置，但是由于它们的研究分析方法各不相同，理论结论更是充满分歧。这意味着反垄断法实务部门采用不同的经济学理论会得出不同的结论。不同经济学流派对垄断问题的争论也尚无定论，经济学理论对垄断问题仍然不能提供一些确定性的答案。因此，经济学的发展并没有真正解决反垄断法规则的模糊性问题，反而使反垄断法呈现出更加的不确定性。①

四、国家干预与个人自治的矛盾

反垄断法规则模糊性的原因，还在于反垄断法体现的国家干预理念与市场经济倡导的个人自治理念的冲突。尽管反垄断法的价值目标是多元化的，但是通过反垄断法的实施消除因垄断导致的限制竞争后果仍然是反垄断法理论界与实务界的基本共识。反垄断法的实施方式就是国家运用有形之手，改变、矫正因垄断导致的不利于经济资源优化配置的消极状态，使得市场主体的自由竞争活动能够按着立法者设计的目标方向发展。国家运用反垄断法实际是对传统个人竞争自由（意思自治）范畴的干预。然而国家尽管可以干预市场竞争过程，但是国家却不能代替市场主体做出市场决策，法律不可能对市场主体的价格策略、广告策略、研发策略做出详细具体的规定，因为市场竞争瞬息万变，归根结底要由市场主体做出独立自主的判断。正如哈耶克所言，有待生产和销售之商品的价格、数量或质量都是有待市场过程去发现的未知数；与此相似，私人企业的规模究竟要多大才能最为有效，也同样是一个有待市场过程去发现的未知数。市场竞争本身是一个“自生自发”的过程，过分限制市场主体，只会让市场主体感到无所适从。② 为了更好的保障市场主体的自由意志，国家还通过制定民法为市场经济发展提供全面基本的法律制度规范。比如，民法以民事法律行为制度作为基本的行为制度规范，在此基础上，又进一步规定了物权制度、债权制度，充分保障了市场经济中以财产的占有、使用为特征的静态秩序和以财产的流转为特征的动态秩序，从而为市场经济发展提供了一套逻辑严密、体系完整的法律制度框架。尽管在民法中也存在一些高度抽象概括，因而需要法律解释才能明确其具体含义的概念和规则，但是民法规则制度的构成要件、解释的分析框架是清晰的，即民法规则的内在逻辑体系是明确的。比如民法中的侵权行为制度有四个基本的构成要件：主观过错、客观行为、危害后果、行为与危害后果的因果关系。这四个要件涵盖了侵权行为的主观方面和客观方面，本身具有内在的逻辑一致性。因此尽管侵权行为的具体表现形式各不相同，但是判断侵权行为是否成立却可以始终围绕这四个要件进行。与之相比，反垄断法的规则制度则缺少这种逻辑上的体系化和一致性。比如，《反垄断法》第十八条规定了市场支配地位的认定因素，其中明确的认定因素就有五类：③ 前三类是依据该经营者自身的情况进行判断，后两类则是依据其他经营者的情况进行判断。那么在认定市场支配地位时，这五类认定因素如何适用？在具体案件

① 科斯认为：“每当经济学家看到他无法解释的现象——这样或那样的商业行为——他就在垄断上找理由。而由于我们在这个领域是非常无知的，所以也就有着大量无法解释的现象，于是在垄断上找理由也就成了家常便饭。”参见薛兆丰著：《商业无边界》，法律出版社2008年版，第172页。

② 科斯指出：“我被反垄断法烦透了。假如价格涨了，它就说是‘垄断性定价’；价格跌了，它就说是‘掠夺性定价’；价格不变，它就说是‘合谋性定价’”。参见薛兆丰著：《商业无边界》，法律出版社2008年版，第172页。

③《反垄断法》第十八条规定：认定经营者具有市场支配地位，应当依据下列因素：（一）该经营者在相关市场的市场份额，以及相关市场的竞争状况；（二）该经营者控制销售市场或者原材料采购市场的能力；（三）该经营者的财力和技术条件；（四）其他经营者对该经营者在交易上的依赖程度；（五）其他经营者进入相关市场的难易程度；（六）与认定该经营者市场支配地位有关的其他因素。

中，这五类认定因素是否具有同等重要的地位，或者是以某些认定因素作为核心因素，其他因素作为辅助因素？[①] 此外，每类认定因素的核心要件是什么？这些问题反垄断法都没有明确说明。反垄断法只是笼统的规定了所谓的认定因素，但是这些认定因素内在的逻辑关系并不清楚，即这些认定因素仅仅是简单的罗列，彼此之间缺乏内在的逻辑关联。无独有偶，在《反垄断法》第十五条有关垄断协议的豁免规定和第二十七条有关经营者集中审查因素的规定中，也存在同样的问题。这些规定列举了大量的认定因素，但是对不同因素之间内在的逻辑关系没有明确。这使得这些反垄断法规则表现为术语、语句的堆砌，具有某种零散、纷乱的特点。由此反垄断法规则的模糊，不仅表现在规则、概念本身的模糊、不确定，还表现在规则制度内在的逻辑体系的模糊、不确定。进而言之，民法的规则和概念需要解释，是因为民法具有的高度抽象、概括的特点，而反垄断法的规则和概念需要解释，则是因为反垄断法具有的模糊、含混的特点。

主张国家干预的法律理念隐含的前提是法律可以清楚的界定哪些行为有害于市场竞争，并对其进行规制（干预）。但正如上文所述，各类认定因素的罗列并没有为执法者提供清晰的法律规则与分析框架。进一步分析，各类垄断行为的违法性要件可以分为两类：形式要件和实质要件。形式要件是《反垄断法》明确规定的行为要件，包括第十四、第十三、第十七、第二十条的规定。实质要件，则是垄断行为的危害后果，这种危害后果不仅指垄断行为对竞争对手、消费者造成的损害，还包括对相关市场的整体竞争状况带来的损害。以固定商品价格为例，这种固定价格的垄断协议不仅损害消费者的利益，而且企业之间人为地固定市场价格会导致市场价格机制失灵，使市场价格不能准确反映供需之间的变化，从而失去引导经济资源流转、配置的指示作用。然而要考虑垄断行为对相关市场的整体影响也是极为困难的，人类智识的有限性使得人类尚不能对市场经济的基本规律做极为清晰的掌握，[②] 要考虑哪些行为对市场竞争造成危害，危害的具体衡量标准是什么？社会科学尚不能对这些问题做出令人满意的回答。因此有关垄断行为认定因素的反垄断法规则就显得模糊、含混。与此相对，民法规则制度立足于对社会个体利益的保护，注重对社会个体利益的平衡。以民法的合同制度为例，合同法中的合同成立、合同生效、合同履行等相关制度，其目的都在于公平、合理的确定合同各方当事人的权利、义务关系，保护各方当事人的合法利益不受损害。民法对个人自由与个人利益的维护在逻辑上具有内在的一致性，因为个人自由是实现个人利益的基本保障。至于因为履行合同给当事人以外的社会造成的影响，合同制度是很少考虑的。[③] 由此民法倡导意思自治，强调在市场竞争中不干预市场主体的自由意志，将市场竞争的利益与风险交由市场主体自身去判断。而反垄断法对垄断行为的规制已经超出了保护个人利益的诉求。正是由于垄断可能对市场竞争造成的总体影响，国家才需要干预、介入市场竞争机制，解决因自由竞争导致的垄断问题。因此反垄断法实际是国家对个人竞争自由的某种强制，比如一旦具有市场支配地位，企业的竞争自由就要受到限制。[④] 当然，如何利用法律制度更好的规制、引导市场经济？对这个问题，主张个人自治的法律理念与主张国家干预的法律理念始终存在冲突。主张个人自治的自由主义者强调人类理性的有限性，坚守"意思自治"、"理性经济人"等抽象的价值判断，认为政府应减少通过反垄断法干预市场经济的运行机制，强调市场的自我修正功能。但是由于垄断对市场经济造成巨大破坏的历史经验和目前我国经济生活中普遍存在的垄断现象对市场经济带来的消极影响，国家在相当长的时期

① 尽管《反垄断法》第十九条规定了可以根据经营者的市场份额推定其市场支配地位，但是这并不能说明市场份额是核心因素，因为在某些情况下，市场份额并不能反映市场的竞争状况，还需要考虑其他经营者进入相关市场的难易程度（潜在竞争程度）。因此市场份额也仅仅是"推定"因素。

② 我国过去计划经济体制的失败经验也表明：在经济生活领域国家不能用行政管理体制代替企业独立的市场决策，因为国家并不能全面掌握经济生活领域的全部信息和知识。

③ 尽管《合同法》第五十二条有关合同无效的规定中，涉及对国家利益、集体利益、第三人利益以及社会公共利益的保护，但是民法以个人本位作为其指导原则，因此民法对社会公共利益的保护是有限的。比如，企业之间签订的固定商品价格的垄断协议（合同）就很难适用合同法规则。

④ 比如，根据我国《反垄断法》第十七条的规定，只有具有市场支配地位，企业以不公平的高价销售商品的行为才受到禁止。这意味着，如果企业没有市场支配地位，企业的定价行为就会更为自由，至少不会受到反垄断法的规制。

内都不会放弃运用反垄断法规制市场经济，而人类理性的有限性则决定了反垄断法只能以规则模糊的方式保持对市场主体最低限度的干预。

五、结　　语

反垄断法多元价值目标的冲突，经济学理论的分歧，以及国家干预与个人自治理念的矛盾，使得反垄断法规则充满了模糊性、不确定性。这种规则的模糊和不确定给反垄断法的具体适用带来困难。传统法学应对法律规则与概念的不确定问题主要是通过法律解释来实现的。① 但是传统的文义解释、目的解释、体系解释等方法的运用需要满足一定的条件。比如文义解释需要法律概念的外延具有一定的确定性，而目的解释则要求法律目的本身要明确、肯定，不能彼此冲突，体系解释则要求法律规则作为整体具有内在的逻辑一致性。上述条件在反垄断法规则中并不完全具备。而本文认为，要克服反垄断法规则的不确定性，可以从以下两方面展开进一步的研究：第一，通过研究成熟典型的案例，运用类型归纳的方法，总结类似案件的规律；第二，继续从反垄断经济学角度进行研究，为反垄断法提供经济实证理论的支持。

参考文献：

1. 叶明：《经济法实质化研究》，法律出版社 2005 年版。

2. ［美］E. 博登海默，邓正来译：《法理学：法律哲学与法律方法》，中国政法大学出版社 1999 年版。

3. 文学国：《滥用与规制——反垄断法对企业滥用市场优势地位行为之规制》，法律出版社 2003 年版。

4. 黄茂荣：《法学方法与现代民法》，中国政法大学出版社 2001 年版。

5. 苏东水：《产业经济学》，高等教育出版社 2000 年版。

6. ［美］保罗·萨缪尔森，威廉·诺德豪斯，萧琛等译：《经济学》，华夏出版社 1999 年版。

7. ［美］赫伯特·霍温坎普，许光耀等译：《联邦反托拉斯政策》，法律出版社 2009 年版。

8. 王传辉：《反垄断的经济学分析》，中国人民大学出版社 2004 年版。

9. ［美］欧内斯特·盖尔霍恩，任勇等译：《反垄断法与经济学》，法律出版社 2009 年版。

10. ［英］弗里德利希·冯·哈耶克，邓正来等译：《法律、立法与自由》（第二、三卷），中国大百科全书出版社 2000 年版。

（本文载于《当代法学》2010 年第 5 期）

① 方法论意义上的法律解释在西方法律传统中已经得到长足发展，甚而有成为“法律帝国”核心之趋势。参见陈金钊等著：《法律解释学》，中国政法大学出版社 2006 年版，第 81 页。

企业纵向一体化的决定因素与生产效率

——来自我国制造业企业的经验证据

李青原 唐建新

摘　要：运用2003年初世界银行与中国国家统计局合作的投资气氛调查项目提供的独特数据，首次较系统地实证检验了处于新兴加转轨经济时期的我国企业纵向一体化程度的决定因素，及其是否改善企业生产效率。结果发现，价格不确定性、政府对原材料供应行业的管制政策和契约实施强度等都会影响我国企业纵向一体化决策，且价格不确定性越高，政府对原材料供应行业采用规制政策，契约实施强度越弱，我国企业纵向一体化程度相应越高，同时纵向一体化程度与企业全要素生产率显著负相关。政策建议是发展与完善契约实施等市场经济基础设施，尽量实现专业化分工。

关键词：纵向一体化　价格不确定性　契约实施强度　全要素生产率

一、导　言

企业为什么存在？其功能是什么，以及什么决定了它们的范围？这些仍然是微观经济学的理论和实证检验的重要课题之一，而且也是新制度经济学研究的核心话题。若企业包括两个简单的生产过程，且上游生产过程的产出部分或全部地作为一种中间投入运用于下游生产过程，或者下游生产过程所运用的全部中间投入来自于上游过程的部分或全部地产出，则该企业可称之为纵向一体化，其本质在于消除契约或市场交换，而在企业边界内运用内部交换。实际上，理解了纵向一体化的存在，相应就理解了企业的存在，同时说明了纵向一体化的程度，相应就说明了企业和市场的边界。科斯（Coase）在《企业的性质》中指出两个基本问题：（1）企业边界的决定因素；（2）企业边界会影响生产效率吗？后来，威廉姆森（Williamson）、克雷恩等人（Klein et al.）、格罗斯曼和哈特（Grossman and Hart）和哈特和摩尔（Hart and Moore）等又不断地创新和拓展，进一步完善了企业理论。与此同时，纵向一体化（企业边界）的实证研究也一直受到西方研究学者的关注，其主要关注两个基本又相关的问题：（1）何种类型的交易最好在企业内部发生？（2）纵向一体化对产品价格、产品数量、投资和利润等产生何种经济后果？舍兰斯卡和克雷恩（Shelanski and Klein）、克雷恩、拉方丹和斯拉德（Lafontaine and Slade）和曼彻和瑞彻曼（Macher and Richman）等综述了学者近年来运用交易费用理论和道德风险模型对企业纵向一体化的实证检验文献。不难发现，因大规模企业微观数据的难以获得性使得实证文献通常以某个行业为样本，且主要关注于风险、代理人努力、销售渠道规模、监督成本、资产专用性、复杂性与环境不确定性等对企业纵向一体化程度的影响及企业纵向一体化对产品零售价格、产品数量、系统风险和股票评级等方面的影响，而对纵向一体化与企业经营绩效间因果关系的实证研究寥寥无几，至多也是小样本的案例和特定产业研究，同时这些研究对象都处于发达市场经济的美国和英国，因此本文仍然难以清楚地知道纵向一体化对企业经营绩效影响的普遍性结论。

新中国于1949年建立后，经济制度照搬苏联体系，实行中央计划经济，纵向一体化就是该经济体系下工业结构的显著特点之一，即所谓的“大而全、小而全”。随着市场化进程和国企“抓大放小”等改革的不断加快，国有企业通过市场购买越来越多的中间原料投入，同时乡镇企业、民营企业等开始逐渐进入中间原料品供应市场，产业价值链逐步趋于成熟，但不完善的地区制度环境又使得纵向一体化成为一种替代较弱法律制度和市场监管力量的工具。正如科斯和威廉姆森等所言，企业纵向一体化决策取决于内部生产成本与外部市场交易成本间的比较而非追求市场势力，那么与非一体化企业相比，纵向一体化企业将会具有较低的生产成本和销售终端价格，即企业纵向一体化程度越高，生产效率相应会越高，那么处于新兴加转轨经济时期中哪些因素决定我国企业纵向一体化程度及其是否会改善企业生产效率？2003年初世界银行和中国企业调查局合作对我国5个省区18个城市中制造业企业的调查数据库为本文提供了直接度量纵向一体化程度、资产专用性等关键指标，不仅较好地解决了目前困扰纵向一体化领域研究中关键指标的可度量和获取性问题，而且还能提供一种较好地解决企业纵向一体化决策内生性的方案。因此，本文利用该调查数据，结合地区的制度环境，通过多个维度来构造关键指标的替代变量，首次较系统地实证检验处于新兴加转轨经济时期中地区制度环境差异较大情况下我国企业纵向一体化的决定因素及其是否改善企业生产效率，以克服变量间潜在的内生性和测量误差，从而得到更稳健的实证结论。本研究不仅有助于企业家的纵向边界决策，而且还能补充和丰富转轨经济国家中交易成本与纵向边界的实证文献。

本文结构安排如下：第二部分是文献综述；第三部分是模型设计、变量选取和数据收集；第四部分给出模型回归分析的结果及解释；最后是简要结论和政策建议。

二、文献综述

自科斯发表经典论文《企业的性质》以来，威廉姆森、克雷恩等人、格罗斯曼和哈特和摩尔等不断地在科斯的基础上加以理论创新和拓展，形成了一种能够有效解释公司边界问题的主流经济学理论，即威廉姆森和克雷恩等人等发展的交易费用经济学（TCE）与格罗斯曼和哈特和摩尔等发展的产权理论（PRT）。虽然交易费用经济学理论和产权理论都是以有限理性、机会主义和资产专用性为共同基础，强调契约不完全性和事后机会主义行为对事前关系专用性投资和事后绩效的影响，但是前者认为契约不完全导致的交易费用主要源于事后的失调，纵向一体化则是规避事后潜在要挟问题的一种工具，且随着资产专用性及其引起的要挟成本的增加，纵向一体化程度将会随之增加，相反后者认为契约不完全导致的交易费用主要源于事前的专用性投资激励不足，因此更强调纵向一体化对事前投资激励的成本与收益。尽管近二十年来交易费用经济学和产权理论都在理论上有效地解释了企业纵向一体化，形成了各自的理论预测，但是现有的经验证据大都支持交易费用经济学的理论预测，甚少直接支持产权理论的理论预测。

（一）企业纵向一体化的决定因素

假设存在有限理性和机会主义行为，影响企业纵向一体化程度的主要因素是交易频率、资产专用性和不确定性，那么交易费用经济学框架认为随着不确定性的增加，企业纵向一体化程度会随着交易方资产专用性绝对水平的增加而增加，而产权理论框架却强调随着不确定性的增加，企业纵向一体化程度可能会因交易方资产专用性相对水平和边际投资的重要性而趋于下降，同时也强调了契约实施强度对企业纵向一体化程度的影响。李柏曼（Lieberman）、大卫斯和莫尔斯（Davies and Morris）、高斯和海斯特立（Coles and Hesterly）和范（Fan）等以不同产业的企业为研究样本发现纵向一体化在资本密集型产业或上下游的市场集中度较高的产业中非常显著，同时发现影响企业选择纵向一体化的因素主要是资产专用性和企业环境的不确定性，且企业资产专用性越强，或企业环境的不确定性越大，纵向一体化程度越高。伍德拉夫（Woodruff）以鞋类行业为样本，运用产权理论发现纵向一体化程度随着零售商的不可契约投资对交易双方整个利润影响的重要性而降低。于立宏和郁义鸿研究发现对于我国煤电产业链而言，需求波动和政府规制政策是影响厂商纵向一体化选择的两个最重要因素。陈信元和黄俊以刘永行"炼铝"为案例研究发现，政府管制改变了市场交易成本和企业内部组织成本的对比关系，从而使得企业通过纵向一体化来绕过政府管制，进而影响了企业的经营边界。高维和等（2006）对上海的两家汽车制造企业及其销售商进行调查问卷发现，销售商的专用性投资会导致制造商渠道投机行为，但这会受到制造商自身的专用性投资的影响以及渠道关系持续的影响。范等人以2001～2003年中国大陆深沪两市的上市企业为样本，运用范的投入产出表方法来估算企业纵向一体化程度，结果发现，地方产权保护越弱，地方政府质量越低，地方产品和投入品市场越不发达，则该地区的企业纵向一体化程度越高，同时企业纵向一体化程度与投入价格不确定性及其与资产专用性的交叉项正相关。马基阿韦洛（Macchiavello）运用不完全契约理论模型发现项目投资越大，资产专用性越强，投资者权利保护越低，企业纵向一体化程度越高。安斯姆哥卢等人（Acemoglu et al.）以93个国家的75万家微观企业为样本，运用范的投入产出表方法来估算企业纵向一体化程度，结果发现，（1）契约成本和金融发展程度的交叉项越高的国家，企业纵向一体化程度相应越高；（2）契约成本越高的国家中资本密集型程度越高的企业，其纵向一体化程度相应越高。安斯姆哥卢等人以英国的46392万个工厂为样本，通过对范的投入产出表方法进行修正来估算企业纵向一体化程度，结果发现企业纵向一体化程度与下游行业（制造商）的技术密集度正相关，而与下游行业（供应商）的技术密集度负相关，同时这种相关性在供应商占生产商成本较大比重时更为显著。

（二）纵向一体化与企业经营绩效

尽管纵向一体化可以解决资产专用性投资和不完全契约引起的机会主义行为，降低供给或需求的不确定性，获得技术规模经济性，避免长期契约的刚性成本，甚或增强市场势力，但同时又会引起其他非效率损失，如扭曲一体化内部的投资激励、增加组织内部的影响成本和代理成本等，从而约束了企业纵向一体化的边界，进而会导致纵向一体化程度和经营业绩间相关程度的非一致性。

柏培拉—瑞（Barrera-Rey）、佛瑞博和李柏曼等都以某个特定行业为研究对象，实证检验纵向一体化对经营绩效的影响。柏培拉—瑞以美国石油行业为研究对象发现，尽管纵向一体化增加了该行业公司经营绩效的稳定性，但它也会降低该行业公司经营绩效。张以1980～2000年间国家统计局提供的中国工业行业数据库为基础，借鉴阿德尔曼（Adelman，1955）构造的附加值/销售收入的方法来度量纵向专业化（Vertical Specialization），结果发现纵向专业化能改善企业生产效率。郝特卡苏和斯温森（Hortaçsu and Syverson）运用美国经济普查局和产品流动问卷两个企业微观数据库研究发现，1977～1997年间美国制造业一体化工厂的全要素生产率、规模和资本密度都高于相应的非一体化工厂，同时一体化企业上下游间产品流动价值比率较低，其原因在于企业纵向一体化的动机在于方便企业内部间管理层才能、监督等无形投入的转移，而非生产链间有形产品的转移。范等人以2001～2003年我国大陆深沪两市的上市企业为样本实证发现，纵向一体化程度与企业价值间的关系是不确定的，但是缺乏"四大"审计师监督，且高管具有政治关系的企业纵向一体化程度与企业价值显著负相关。陆和陶（Lu and Tao）以世界银行与中国国家统计局合作的投资气氛调查项目中制造业企业为样本，实证发现，企业纵向一体化程度与企业销售、市场份额与人均工业增加值显著负相关，但是其与产品价格显著正相关。然而，郝特卡苏和斯温森和范等人都没有明确地解决纵向一体化程度潜在的内生性，故未能建立纵向一体化程度与企业绩效间的因果关系。虽然陆和陶运用本地购买和本地销售比重作为纵向一体化程度的工具变量以建立纵向一体化程度与企业销售额、价格、市场份额与人均工业增加值间的因果关系，但其中仅人均工业增加值是度量公司生产效率的指标，其他基本是度量公司市场势力的指标，同时忽视了其他交易属性对企业纵向一体化程度的影响，进而未系统地得出纵向一体化程度与企业生产效率间的实证关系。

三、研究设计

（一）模型设计

根据李柏曼和安斯姆哥卢等人的研究，结合地区制度环境等来检验企业纵向一体化的决定因素，同时根据郝特卡苏和斯温森、范等人和陆和陶等的研究，利用库布—道格拉斯（Cobb-Douglas）生产函数来研究纵向一体化程度对企业生产效率的影响，建立的计量模型分别为：

$$VI_{fic}^{*} = \alpha_0 + \alpha_1 * Contract_{fic} + \alpha_2 * Attribute_{fic} + \beta' * City_c + \gamma' * Firm_{fic} + \varepsilon_{fic}$$

$$\text{若 } VI_{fic}^{*} \leqslant 0,\ VI_{fic} = 0;\ \text{若 } VI_{fic}^{*} \geqslant 1.0,\ VI_{fic} = 1.0;\ \text{若 } 0 < VI_{fic}^{*} < 1.0 \quad VI_{fic} = VI_{fic}^{*} \tag{1}$$

$$Productivity_{fic} = \beta_0 + \beta_1 * VI_{fic} + \beta_2 * Contract_{fic} + \gamma' * City_c + \kappa' * Firm_{fic} + \eta_{fic} \tag{2}$$

$$\ln Y_{fic} = \phi_0 + \phi_1 * \ln K_{fic} + \phi_1 * \ln L_{fic} + \phi_2 * VI_{fic} + \sum_j \lambda_j Z_j + \nu_{fic} \tag{3}$$

其中，$Productivity_{fic}$代表地区 c 行业 i 中企业 f 的生产效率；VI_{fic}代表地区 c 行业 i 中企业 f 的纵向一体化程度；$Contract_{fic}$代表地区 c 行业 i 中企业 f 对企业契约实施程度的认知；$Attribute_{fic}$代表地区 c 行业 i 中企业 f 资产专用性等交易属性；$City_c$ 代表地区 c 的人均国民生产总值的自然对数等控制变量；Y_{fic}、K_{fic}和 L_{fic}代表地区 c 行业 i 中企业 f 的工业增加值、固定资产净值和雇员人数；Z_j 代表企业年龄等控制变量；$Firm_{fic}$代表地区 c 行业 i 中企业 f 的注册年龄等变量；δ_i 是行业 i 的哑变量；ε_{fic}、η_{fic}和 ν_{fic}是残差项。此外，行业原料投入、产出价格不确定性或企业的原料投入是否属于政府管制行业等是行业专用性变量，故本文未考虑制造业中 9 个次类的哑变量。

（二）变量构造

为了进行实证研究，结合世界银行与中国国家统计局合作的投资气氛调查问卷，本文首先构造了企业生产效率、纵向一体化程度、交易属性和契约实施等。对这些变量的详述（见表 1）如下：

表 1　　变量定义

名　称		符号	定义
生产效率		*Productivity*	表 2 估计的结果
纵向一体化程度		*VI*	企业运用内部生产部件的价值比率
契约实施强度		*Contract*	管理者对“法律制度支持商业争议中契约和财产权的概率”的认知
交易属性		*Attribute*	
资产专用性（Specificity）	设计专用性	*Inputspec1*	第一种投入是否专用于唯一的自己生产设计
	设计专用性	*Inputspec2*	第二种投入是否专用于唯一的自己生产设计
	地点专用性	*Localpurchase*	同省购买原料的比率
	人力专用性	*Humansp*	工程技术工人与总雇员的比值
	特定用途资产专用性	*Outputsp*	产出是否专用于买方的唯一生产设计

续表

名称		符号	定义
价格不确定性（Uncertainty）	投入价格不确定性	*Uncertinput*	工业部门按每年物价指数调整后的生产资料企业购进价格指数与 1985 ~ 2001 年的时间回归后残差的标准差
	产出价格不确定性	*Uncertoutput*	工业部门按每年物价指数调整后的工业品出厂价格指数与 1985 ~ 2001 年的时间回归后残差的标准差
交易频率		*Frequency*	与两种主要原料供应商一年内交易的次数
市场势力		*Power*	企业下游产品购买商数目和上游主要原料销售商数目间乘积的自然对数
企业变量		*Firm*	
企业年龄		*Age*	至 2002 年末企业已有注册年龄的自然对数
企业规模		*Size*	2002 年企业雇员的自然对数
国有股比重		*Seo*	政府持股比率
原材料供应行业属于政府规制		*Regulation*	企业的原料投入是否属于政府管制行业（煤炭、钢铁、石油、天然气、水供应、金属、航空、电力和铁路等）
资金可获得性		*Access*	2002 年末企业是否具有信贷额度或透支能力
城市变量		*City*	
金融发展		*Fin*	2000 年末金融机构信贷额/GDP
地区经济发展水平		*Per capita*	2000 年末城市人均国民生产总值的自然对数
地区经济规模		*Population*	2000 年末城市人口的自然对数

资料来源：《World Bank Investment Climate Survey》和《中国城市年鉴（2001）》。

生产效率（*Productivity*）：借鉴文献中常用的指标，本文运用企业全要素生产率（*TFP*）来衡量企业生产效率。一方面，通过总产出（*Output*）、雇员人数（*Labor*）、中间原料投入（*Material*）与资本额（*Capital*）等 4 个变量进行普通最小二乘法线性回归以获得企业的全要素生产率（见表 2 中 A 和 C）；另一方面，估计 TFP 时，考虑了无法观测到的潜在企业异质性问题，即如果一个企业生产效率高，那么它一般会追加投资，导致低估资本投入，高估劳动力和中间投入项，最终在估计全要素生产率时产生偏误。实际操作中，本文借鉴了莱文森和佩特瑞（Levinsohn and Petrin）提出的理论，结合调查问卷数据，本文构造一个 3 年的面板数据模型，利用中间原料投入作为不可观测的生产要素代理变量以获得 2003 年企业的莱文森和佩特瑞全要素生产率（*LPTFP*）（见表 2 中 B）。

表 2　　全要素生产率的估计

	A（*TFP*）	B（*LPTFP*）	C（*TFP*）
Constant	2.557*** (12.78)	N/A	4.824*** (14.81)
Log *Capital*	0.162*** (8.12)	0.168*** (8.80)	0.477*** (14.68)
Log *Labor*	0.250*** (7.54)	0.126*** (7.78)	0.613*** (11.89)
Log *Material*	0.644*** (28.83)	0.597*** (9.63)	
Adj-R^2	0.873	N/A	0.651
F	2964.91***	N/A	1179.30
N	1356	4013	1339

注：模型 A、B 和 C 的因变量都是产出，固定资产净值度量资本存量（*Capital*），就业人数度量劳动（*Labor*），中间原料投入度量中间投入品（*Material*）；模型 A 和 C 是运用 OLS 估计，而模型 B 是运用莱文森和佩特瑞（2003）估计；括号中 T 值运用企业群效应进行了调整；*、**、*** 分别表示参数在 10%、5% 和 1% 的显著性水平下显著异于零。

纵向一体化程度（VI）：按照派瑞（Perry）和威廉姆森对企业纵向一体化程度的经典定义，调查问卷中"企业运用内部生产部件的价值比率"作为企业纵向一体化程度的替代变量。

契约实施（*Contract*）：如果契约不能可靠实施，不论契约的完全与否，交易方都将会产生事后机会主义行为，同时伴随着专用性资产的投资，无效的契约实施将会引起严重的市场交易成本，从而会增加企业纵向一体化程度。因此，与安斯姆哥卢和约翰森（Acemoglu and Johnson，2005）相类似，问卷中管理者对"法律制度支持商业争议中契约和财产权的概率"的认知作为契约实施强度（*Contract*）的替代变量。

交易属性（*Attribute*）：根据世界银行的调查问卷设计、威廉姆森和万诺尼（*Vannoni*）等的经验证据，第一种和第二种投入是否专用于唯一的自己生产设计分别定义为设计专用性（*Inputspec*1 和 *Inputspec*2）；同省购买原料的比率定义为地点专用性（*Localpurchase*）；产出是否专用于买方的唯一生产设计定义为特定用途资产（*Outputsp*）；工程技术工人与总雇员的比值定义为人力资本专用性（*Humansp*）；将工业部门按每年物价指数调整后的生产资料企业购进价格指数与1985～2001年的时间回归后残差的标准差作为行业需要不确定性的替代变量（*Uncertinput*），同时类似地将工业部门按每年物价指数调整后的工业品出厂价格指数与1985～2001年的时间回归后残差的标准差作为行业产出不确定性的替代变量；将与二种主要原料供应商一年内交易的次数作为交易频率的替代变量（*Frequency*）；将企业下游产品购买商数目和上游主要原料销售商数目间乘积的自然对数作为小数目讨价还价，即市场势力的替代变量（*Power*）。

企业变量（*Firm*）：将至2002年末企业已有注册年龄的自然对数作为企业年龄的替代变量（*Age*）；将2002年企业雇员的自然对数作为企业规模的替代变量（*Size*）；将2002年末企业是否具有信贷额度或透支能力作为资金可获得性的替代变量（*Access*）；将企业的原料投入是否属于政府规制行业（煤炭、钢铁、石油、天然气、水供应、金属、航空、电力和铁路等）作为政府规制政策的替代变量（*Regulation*）；政府持股比率作为企业国有股比重的替代变量（*Seo*）。

城市变量（*City*）：将2000年末18个城市金融机构信贷额/GDP作为其相应金融发展的替代变量（*Fin*）；将2000年末城市人均国民生产总值的自然对数作为地区经济发展水平（*Per Capita*）的替代变量，同时也能控制城市间的差异；将2000年末城市人口总数的自然对数作为当地经济规模的替代变量（*Population*）。

（三）样本选择和数据来源

研究样本和数据来自于基于世界银行与中国国家统计局合作的投资气氛调查项目（World Bank Investment Climate Survey）（https：//www. enterprisesurveys. org）[①]。世界银行于2003年初对中国5个经济地带中18个城市的2400家企业进行了深入又全面的相关调查，其中18个城市分别是：（1）东北地区的本溪、长春、大连和哈尔滨；（2）沿海地区的杭州、江门、深圳和温州；（3）中部地区的长沙、南昌、武汉和郑州；（4）西南地区的重庆、贵阳、昆明和南宁；（5）西北地区的兰州和西安。在每个城市，约100～150家企业从9个制造业（服装纺织皮革、电子设备、电子元器、家庭电子、汽车和配件、食品加工、生物制品和中医药、化学制品和医药、冶金制品）和6个服务业（交通服务、信息技术、会计和非银行金融服务、广告营销和企业服务）中随机抽取，样本总数为2400个。考虑到行业间特定生产技术的差异及关键变量的数据可获取性，因此本文仅能考虑2002年1566个制造业企业的原始横截面样本，每个城市的样本量为40～100个之间（见图1）。

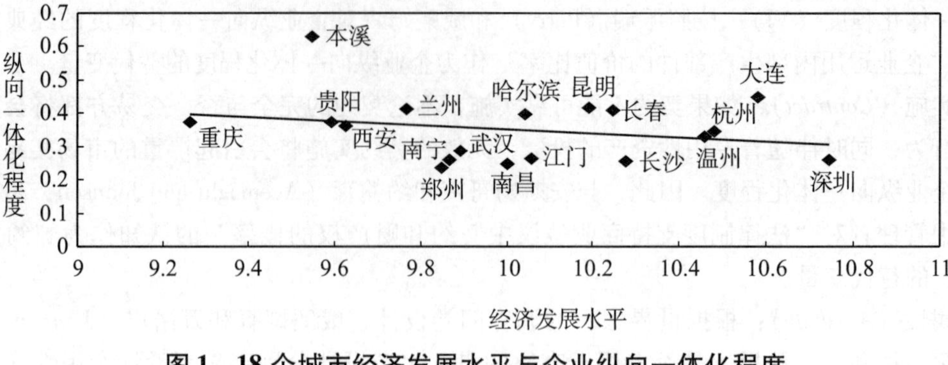

图 1　18 个城市经济发展水平与企业纵向一体化程度

四、实 证 分 析

（一）企业纵向一体化的决定因素

由于模型（1）中，企业纵向一体化程度 VI^*_{fic} 是潜变量，且假设其在 0～1 期间连续分布，其数据分布特征则满足双边截断（*Censored*）特性，故本文使用左右都截断的 Tobit 模型对其进行回归分析，同时运用企业群效应进行标准差调整，以更稳健地检验我国企业纵向一体化的决定因素（见表 3）。

表 3　　企业纵向一体化的决定因素：Tobit model

	A	B	C	D	E
	Inputspec1	*Inputspec2*	*Localpurchase*	*Humansp*	*Outputsp*
Constant	1.587 (1.59)	1.321 (1.33)	1.342 (1.34)	0.988 (0.97)	1.159 (1.13)
Specificity	0.239 (1.42)	0.094 (0.49)	0.178** (2.12)	0.568** (2.07)	0.193 (1.19)
Uncertainty	0.032** (2.16)	0.005** (2.03)	0.032** (2.10)	0.670** (2.20)	0.492** (1.79)
Specificity × Uncertainty	−0.840 (−1.17)	−0.132 (−0.19)	−0.175 (−0.31)	−0.774 (−0.86)	−0.538 (−1.13)
Frequency	−0.030 (−1.29)	−0.032 (−1.38)	−0.030 (−1.29)	−0.020 (−0.94)	−0.024 (−1.09)
Power	−0.005 (−0.45)	−0.008 (−0.76)	−0.004 (−0.34)	−0.006 (−0.53)	−0.002 (−0.18)
Contract	−0.156** (−2.18)	−0.147** (−2.06)	−0.163** (−2.29)	−0.148** (−2.15)	−0.153** (−2.21)
Age	0.041 (1.33)	0.035 (1.14)	0.030 (0.98)	0.034 (1.13)	0.032 (1.05)
Size	0.056** (2.53)	0.063*** (2.76)	0.065*** (2.87)	0.059*** (2.66)	0.056** (2.56)
Seo	0.006 (0.09)	0.011 (0.17)	0.003 (0.04)	−0.006 (−0.10)	−0.007 (−0.10)
Regulation	0.226*** (3.86)	0.235*** (4.03)	0.217*** (3.66)	0.211*** (4.15)	0.213*** (4.20)

续表

	A	B	C	D	E
	Inputspec1	*Inputspec2*	*Localpurchase*	*Humansp*	*Outputsp*
Fin	-0.098** (-2.37)	-0.095** (-2.31)	-0.096** (-2.33)	-0.080* (-1.94)	-0.078* (-1.89)
Per Capita	-0.126 (-1.57)	-0.099 (-1.25)	-0.114 (-1.42)	-0.099 (-1.24)	-0.112 (-1.38)
Population	-0.039 (-0.85)	-0.038 (-0.83)	-0.028 (-0.61)	-0.027 (-0.57)	-0.024 (-0.51)
Pseudo R^2	0.028	0.031	0.028	0.028	0.027
Wald	4.32***	4.43***	4.30***	4.18***	4.16***
N	951	916	955	976	970

注：模型A、B、C、D和E的因变量都是企业采用其内部生产部件的价值比率，模型A中的资产专用性是指第一种主要原料投入是否专用于唯一的生产设计，模型B中的资产专用性是指第二种主要原料投入是否专用于唯一的生产设计，模型C中的资产专用性是指同省购买原料的比率，模型D中的资产专用性是指工程技术工人与总雇员的比值，模型D中的资产专用性是指产出是否专用于买方的唯一生产设计；模型A和C的价格不确定性为第一种主要原料对应的工业部门回归残差的标准差，模型B的价格不确定性为第二种主要原料对应的工业部门回归残差的标准差，模型E和D的价格不确定性为产出对应的工业部门回归残差的标准差；括号中T值运用企业群效应进行了标准差调整；*、**、***分别表示参数在10%、5%和1%的显著性水平下显著异于零。

从交易属性变量来看，首先，人力资本专用性（*Humansp*）和地点专用性（*Localpurchase*）分别至少在10%的显著性水平显著，而设计专用性（*Inputspec1*、*Inputspec2*）和特定用途资产（*Outputsp*）等专用性变量均不显著，意味着较高程度的设计专用性可能会因维持重复市场交易的低成本及便于关系性契约的自我实施而导致重复的市场交易，而非选择纵向一体化行为，同时相对于设计等专用性因素，地点专用性和人力资本专用性可能是我国企业生产活动内部化的重要影响因素之一，当然至于地点专用性而言，地方保护主义会影响企业基于节约交易费用的动机来考虑纵向一体化决策。其次，所有模型中价格不确定的回归系数显著为正，表明企业面临的投入或产出不确定性越大（*Uncertainty*），企业纵向一体化程度相应越高，与Fan et al. 的研究结论相同，意味着行业需求波动是影响我国企业纵向一体化选择的重要因素之一，同时各种类型资产专用性和价格不确定性间交叉项的回归系数不显著为负，可能的原因是企业采用了分包、战略联盟等中间组织形式来解决高资产专用性和高不确定性带来的要挟问题。最后，交易频率替代变量（*Frequency*）的回归系数不显著为负，意味着我国企业投入原料购买出现的道德风险可能会因持续交易产生的声誉效应而降低，从而会降低通过纵向一体化解决交易对方机会主义行为的可能性；市场势力替代变量（*Power*）的回归系数都不显著。

从契约实施变量来看，契约实施强度（*Contract*）的回归系数显著为负，同时又以晚清英属殖民地（杭州、温州、南昌、重庆、贵阳、昆明、武汉和郑州）为工具变量，回归结果依然显著，表明着企业纵向一体化程度随着契约实施强度的增加而降低，意味着无效的契约实施将会引起严重的市场交易成本，从而增加了企业纵向一体化程度，进而使得纵向一体化可能成为一种替代较弱法律制度的工具。与此同时，将金融发展和契约实施强度的交叉项加入回归方程时，结果未能支持安斯姆哥卢等人运用跨国微观企业数据得出的契约成本和金融发展程度的交叉项对企业纵向一体化程度显著正影响的结论。

从企业变量来看，所有模型中原料投入属于政府管制行业（*Regulation*）的回归系数显著为正，表明企业主要原料投入属于政府规制行业，企业纵向一体化程度较高，与于立宏和郁义鸿、陈信元和黄俊的研究结论相同，意味着政府对原材料供应行业的规制政策是影响我国企业纵向一体化选择的重要因素之一；企业年龄（*Age*）和规模（*Size*）的回归系数显著为正，表明公司成立年龄越长，规模越大，公司纵向一体化程度相应越高。此外，企业国有股比重（*Seo*）的回归系数不显著，意味着企业国有股比重不会影响到我国企业纵向一体化选择行为。

从城市变量来看，金融发展替代变量（*Fin*）的回归系数都显著为负，表明银行信贷市场越发达，企业家越易获得银行融资，市场进入越容易，企业规模越大，那么规模越大的公司越可能内部制造自己的生产投入品或营销自己的产出，即越发达的金融市场，其企业纵向一体化程度越低；地区经济发展水平（*Per Capita*）和地区经济规模（*Population*）的回归系数都不显著为负，意味着地区经济规模和经济发展水平对企业纵向一体化程度没有显著影响。

总之，我国企业纵向一体化决策不仅是缓减与市场交易有关的不确定性引起的交易成本，而且也是诸如弱法律制度和政府规制政策等不完善市场下的自然反应。

（二）纵向一体化与企业生产效率

本文分别对模型（2）和（3）运用普通最小二乘法回归得出模型A、B、C和D，进而得到各变量的回归系数（见表4）。与此同时，鉴于模型（2）和（3）中关键变量纵向一体化程度变量潜在的内生性，运用普通线性最小二乘法将会使模型（2）和（3）的回归结果有偏，因此本文将投入或产出价格不确定性作为纵向一体化程度的工具变量，运用二阶段最小二乘法（TSLS）来解决模型（2）和（3）中潜在的内生性问题。

表4　　纵向一体化与企业生产效率

	A	B	C	D
Constant	-0.163 (-0.17)	-1.911** (-2.01)	-5.216*** (-3.72)	-4.232*** (-2.99)
VI	0.028 (0.46)	0.023 (0.49)	-0.078 (-0.84)	-0.087 (-0.94)
Size（Log Labor）				0.727*** (13.59)
Log Capital				0.376*** (10.94)
Age	-0.171*** (-5.91)	-0.211*** (-7.63)	-0.503*** (-10.46)	-0.467*** (-9.38)
Seo	-0.002 (-0.03)	0.032 (0.52)	-0.056 (-0.58)	-0.029 (-0.30)
Access	0.356*** (6.65)	0.188*** (3.59)	0.444*** (5.89)	0.475*** (5.88)
Contract	0.020 (0.30)	-0.042 (-0.64)	-0.054 (-0.58)	-0.079 (-0.82)
Per Capita	0.352*** (4.53)	0.208*** (2.77)	0.489*** (4.32)	0.527*** (4.20)
Population	0.135*** (3.14)	0.053 (1.28)	0.261*** (3.95)	0.311*** (4.55)
Adj-R^2	0.094	0.069	0.153	0.694
F	16.28***	11.34***	30.66***	257.09***
N	1118	1118	1105	1102

注：模型A的因变量都是运用莱文森和佩特瑞（2003）估计的全要素生产率；模型B的因变量都是运用产出与劳动力、资本和中间原料投入进行OLS回归获得的全要素生产率；模型C的因变量是运用工业增加值与劳动力和资本投入进行OLS回归获得的全要素生产率；模型D是工业增加值的自然对数；括号中T值运用企业群效应进行了标准差调整；*、**、***分别表示参数在10%、5%和1%的显著性水平下显著异于零。

1. 普通线性最小二乘法估计。首先，各模型的F值都在1%以下水平显著；其次，本文考察了各模型中自变量的VIF值，发现所有自变量的VIF值均小于5，表明模型没有多重共线性问题；最后，本文对回归模型运用企业群效应进行了标准差调整。因此，检验模型的建立是合理的。

表4显示了模型（2）和（3）的普通线性最小二乘法回归分析结果。控制金融发展程度（*Fin*）、地区经济发展水平（*Per Capita*）和企业年龄（*Age*）等变量后，企业纵向一体化程度（*VI*）的回归系数在模型A、B、C和D中均不确定，但该系数都不显著，初步表明纵向一体化对企业生产效率没有显著的影响。当然，该结论可能未考虑企业纵向一体化决策的潜在内生性，即现实中存在既影响企业纵向一体化程度，又会影响生产效率的一些无法观察的变量，从而使得OLS回归结果有偏。

经济发展水平（*Per Capita*）和经济规模（*Population*）的回归系数都显著为正，意味着经济发展水平越高，经济规模越大，企业生产效率相应越高，其原因在于地区经济越发达，市场越能有效地监督企业和管理层资源配置决策，同时经济发达和规模较大的地区积累了更多的知识，有利于同行间的相互学习，从而提高了企业生产效率。此外，契约实施强度（*Contract*）的回归系数不确定，且即使回归方程中不加入经济发展水平变量，同时依然又以晚清英属殖民地（杭州、温州、南昌、重庆、贵阳、昆明、武汉和郑州）为工具变量，契约实施强度的回归系数依然不显著。

从企业变量来看，企业年龄（*Age*）的回归系数显著为负，意味着公司注册期限越长，企业生产效率越低；雇员人数（*Log Labor*）和固定资产净值（*Log Capital*）的回归系数分别显著为正，意味着公司规模越大，企业生产效率相应越高；以企业是否具有信贷额度或透支能力作为资金可获得性（*Access*）的替代变量，结果发现该变量的回归系数显著为正，意味着资金的可获得性显著改善了企业生产效率；国有股比例（*Seo*）的回归系数不确定，且不显著，意味着国有股比例对企业生产效率没有显著的影响。

2. 工具变量和二阶段最小二乘法估计。威廉姆森指出，假设存在有限理性和机会主义行为，则企业面临的行业原料投入或产出价格不确定性越大，纵向一体化程度相应越高，而且该理论预测得到李柏曼和范等的实证支持。因此，为了解决模型（2）和（3）中纵向一体化程度的潜在内生性，本文运用了行业原料投入的价格不确定性或行业产出的价格不确定性作为企业纵向一体化程度的工具变量，通过二阶段最小二乘法重新估计模型（2）和（3）。斯托克等人（Stock et al.）指出，有效的工具变量必须满足相关性和排他性两个条件，同时还需运用豪斯曼检验（Hausman Test）来检验工具变量估计法与OLS估计差异的显著性。表4显示，首先，模型A、B和C中的偏相关平方值至少为0.009，且对应的F统计量的显著性水平都为0，都超过了使用一个工具变量时建议的F统计量临界值8.96，模型D中F统计量值也相应高于运用两个工具变量时建议的F统计量临界值11.59；其次，排他性检验中克拉格—唐纳德·沃尔德（Cragg-Donald Wald）F统计量显著性水平都为0；最后，霍斯曼检验值拒绝了无内生性的零假设。这些均表明纵向一体化程度变量具有内生性，且原料投入的价格不确定性或产出的价格不确定性是其有效的工具变量。

由于篇幅的限制，表5仅报告了模型A和D中第一步（First）的回归结果，结果发现第一种原材料投入价格不确定性或产出价格不确定性及企业年龄与纵向一体化程度显著正相关，而其他变量基本不显著。同时，表5报告了本文运用二阶段最小二乘法估计中的第二步回归结果（IV），结果发现纵向一体化程度变量的回归系数显著为负，意味着纵向一体化程度越高，企业生产效率越低，与陆和陶发现纵向一体化程度与人均工业增加值对数显著负相关的结论相符。事实上，企业纵向一体化有助于缓减交易方机会主义行为，节约各种交易成本，但是它也引致其他类型的组织成本，如官僚主义成本、关系专用性投资激励的扭曲和影响成本等，从而较大降低了企业纵向一体化节约市场交易成本的好处，因此企业纵向一体化决策既需要考虑一体化产生收益的增加方面，也需要考虑一体化引起成本的增加方面。

表 5　　纵向一体化与企业生产效率：工具变量估计

	A		B	C	D	
	IV	First	IV	IV	IV	First
Constant	0.677 (0.52)	0.512 (1.05)	−0.932 (−0.70)	−3.526* (−1.77)	−2.533*** (−1.33)	0.286 (0.56)
VI	−1.265* (−1.74)		−1.425* (−1.94)	−2.164* (−1.87)	−1.965** (−2.02)	
Size（*Log Labor*）					0.742*** (12.52)	0.001 (0.04)
Log Capital					0.386*** (9.86)	0.007 (0.80)
Age	−0.120*** (−2.64)	0.038*** (2.71)	−0.154*** (−3.36)	−0.426*** (−5.53)	−0.408*** (−5.64)	0.038*** (2.57)
Seo	−0.014 (−0.19)	−0.007 (−0.21)	0.017 (0.22)	−0.063 (−0.52)	−0.023 (−0.20)	−0.007 (−0.21)
Access	0.381*** (5.50)	0.026 (0.99)	0.219*** (3.11)	0.500*** (4.86)	0.499*** (4.88)	0.016 (0.57)
Contract	−0.039 (−0.44)	−0.041 (−1.22)	−0.102 (−1.15)	−0.177 (−1.35)	−0.199 (−1.57)	−0.044 (−1.30)
Per Capita	0.304*** (3.02)	−0.031 (−0.77)	0.151 (1.47)	0.379** (2.46)	0.406*** (2.70)	−0.026 (−0.63)
Population	0.133** (2.46)	−0.001 (−0.03)	0.048 (0.88)	0.260*** (3.12)	0.294*** (3.53)	0.010 (0.41)
Uncertinput		0.289*** (3.27)				0.252*** (2.77)
Uncertoutput						0.219** (2.16)
F	12.30***	3.83***	8.40***	20.34***	195.84***	3.49***
Partial R^2	0.009		0.009	0.010	0.015	
Partial R^2：*F*	9.89***		9.89***	9.85***	7.73***	
Cragg-Donald Wald F Statistic	9.97***		9.87***	9.85***	15.62***	
Hausman Test	4.03***		5.45***	4.88***	6.34***	
N	1063		1063	1051	1048	
Instruments	投入不确定性		投入不确定性	投入不确定性	投入与产出不确定性	

注：模型 A 和 E 的因变量都是运用莱文森和佩特瑞（2003）估计的全要素生产率；模型 B 的因变量都是运用产出与劳动力、资本和中间原料投入进行 OLS 回归获得的全要素生产率；模型 C 的因变量是运用工业增加值与劳动力和资本投入进行 OLS 回归获得的全要素生产率；模型 D 是工业增加值的自然对数；括号中 T 值运用企业群效应进行了标准差调整；First 是二阶段最小二乘法估计中的第一步回归结果，而 IV 是二阶段最小二乘法估计中的第二步回归结果；*、**、*** 分别表示参数在 10%、5% 和 1% 的显著性水平下显著异于零。

（三）稳健性检验

为了结果的稳健性，本文对表 3 和表 4 的结果进行了敏感性测试。（1）对于具有多业务的企业而言，企业纵向一体化程度会随着业务类型而变化，此时将企业采用其内部生产部件的价值比率作为企业纵向一体化程度的替代变量可能反映了企业各业务类型的平均纵向一体化程度，从而可能会影响本文的研究结论，故将回归样本中剔除 2002 年企业主要业务占总销售收入比重 50% 以下的制造业企业后重新进行估计；（2）由于我国国有企业具有预算软约束，且常受到地方政府干预，政策性负担较重，因此他们较少会基于效率压力的角度考虑企业的纵向一体化决策，因此将回归样本中剔除2002年政府所有权比例超过50%的企业后重新进行估计；（3）本文运用同省购买比率作为企业纵向一体化程度的工具变量重新进行二阶段最小二乘法估计；（4）为了消除极端值的影响，本文又重新运用截断中值回归模型进行估计；（5）签于调查问卷中管理者对“运用内部生产部件的价值比率”的回答误差会使得本文中企业纵向一体化程度变量存在可能的测量误差，本文又将“企业运用内部生产部件的价值比率”大于零的样本都假定这些企业运用纵向一体化进行生产运营，且将其定义为1，否则为0，然后运用罗吉特模型进行重新估计；（6）计量模型（1）、（2）和（3）又分别包括了教育年限、任期、以前是否为副总经理或政府官员等CEO的特征变量，资产负债率和企业成长性等企业特征变量。这些稳健性检验均表明上述结论依然成立。

五、结论与启示

近20年来，尽管企业纵向一体化决定因素及其对企业生产效率影响的实证研究日渐增加，但是由于关键指标的度量、数据获取及模型设定等问题，它们至多仍是小样本的案例和特定产业研究，同时这些研究对象都处于发达市场经济的美国和英国。本文运用2003年初世界银行与中国国家统计局合作的投资气氛调查项目提供的独特数据，结合地区的制度环境等，通过多个维度来构造关键指标的替代变量，首次较系统地实证检验了处于新兴加转轨经济时期中我国企业纵向一体化程度的决定因素，同时又运用工具变量有效地检验了纵向一体化程度是否改善我国企业生产效率。研究结果表明，价格不确定性、政府对原料供应行业的规制政策和契约实施强度等都会影响我国企业纵向一体化决策，且价格不确定性越高，政府对原材料供应行业采用规制政策，契约实施强度越弱，我国企业纵向一体化程度相应越高，同时纵向一体化程度与企业生产效率显著负相关，意味着日益完善的市场经济基础设施降低了市场交易成本，方便了企业间的交易，提高了专业化分工的效率。本文的政策建议是发展与完善契约实施等市场经济基础设施，适当放开原材料供应行业进入管制政策，尽量实现专业化分工，提升企业生产效率。当然，由于缺乏上下游企业的所有权、专用性投资等详细数据，故本文仍然主要是通过世界银行与中国国家统计局合作的投资气氛调查项目（World Bank Investment Climate Survey）提供的独特数据库检验交易费用经济学理论对企业边界的理论预测，而仍无法直接又全面地检验产权理论对企业边界的理论预测①。

参考文献：

1. Joskow Paul L. Vertical Integration [R]. MIT Working paper, 2005.

2. Perry, M. K. Vertical Integration: Determinants and Effects [C] ch. 4 in Schmalensee, R. and Willig, R. (eds) The Handbook of Industrial Organisation, North Holland, 1989.

3. Coase, R. The Nature of the Firm [J]. Economica, 1937, 4 (16): pp. 386 – 405.

4. Williamson, O. E. Markets and Hierarchies: Analysis and Antitrust Implications [C]. Free Press, Macmillan, 1975.

5. Williamson, O. E. The Economic Institutions of Capitalism [C]. New York: Free Press, 1985.

6. Klein Benjamin, Crawford R. and A. Alchian. Vertical Integration, Appropriable Rents, and the Competitive Contracting Process [J]. Journal of Law and Economics, 1978, 21 (2): pp. 297 – 326.

7. Grossman, Sanford J., and Oliver Hart. The Costs and Beneffits of Ownership: A Theory of Vertical and Lateral Integration [J]. Journal of Political Economy, 1986, 94 (4): pp. 691 – 719.

8. Hart, Oliver, and John Moore. Property Rights and the Nature of the Firm [J]. Journal of Political Economy, 1990, 98 (6): pp. 1119 – 1158.

9. Lafontaine Francine, and Margaret Slade. Vertical Integration and Firm Boundaries: the Evidence [J]. Journal of Economic Literature, 2007, 45 (3): pp. 629 – 685.

10. Shelanski H. A. , Klein P. G. Empirical Research in Transaction Cost Economics: a Review and Assessment [J]. Review of Industrial Organisation, 1995, 11 (2): pp. 335 - 361.

11. Klein, Peter G. The Make-or-Buy Decision: Lessons from Empirical Studies [R]. University of Missouri Working paper, 2005.

12. Macher Jeffrey T. and Barak D. Richman. Transaction Cost Economics: An Assessment of Empirical Research in the Social Sciences [J]. Business and Politics, 2008, 10 (1): pp. 1 - 63.

13. Zhang Yifan. Vertical Specialization of Firms: Evidence from China's Manufacturing Sector [R]. University of Pittsburgh Working paper, 2004.

14. Forbes, S. Januszewski and M. Lederman. Does Vertical Integration Affect Firm Performance? Evidence from the Airline Industry [R]. University of California working paper, 2007.

15. Vannoni Davide. Empirical Studies of Vertical Integration: the Transaction Cost Orthodoxy [R]. University of Torino Working paper, 1999.

16. Acemoglu, D. , Simon Johnson, and Mitton T. Determinants of Vertical Integration: Financial Development and Contracting Costs [J]. Journal of Finance, 2009, 3: pp. 1251 - 1290.

17. Lieberman, M. V. Determinants of Vertical Integration: an Empirical Test [J]. Journal of Industrial Economics, 1991, 39: pp. 451 - 465.

18. Davies, S. W. and Morris, C. A New Index of Vertical Integration: Some Estimates for UK Manufacturing [J]. International Journal of Industrial Organisation, 1995, (13): pp. 151 - 177.

19. Coles J. W. and William S. Hesterly. The Impact of Firm-specific Assets and the Interaction of Uncertainty: an Examination of Make or Buy Decisions in Public and Private Hospitals [J]. Journal of Economic Behavior & Organization, 1998, (36): pp. 383 - 409.

20. Fan Joseph P. H. Price Uncertainty and Vertical Integration: an Examination of Petrochemical Firms [J]. Journal of Corporate Finance, 2000 (6): pp. 345 - 376.

21. Woodruff Christopher. Non-contractible Investments and Vertical Integration in the Mexican Footwear Industry [J]. International Journal of Industrial Organization, 2002, 20: pp. 1197 - 1224.

22. 于立宏、郁义鸿：《需求波动下的煤电纵向关系安排与政府规制》，载于《管理世界》2006 年第 4 期。

23. 陈信元、黄俊：《政府管制与企业垂直整合—刘永行“炼铝”的案例分析》，载于《管理世界》2006 年第 2 期。

24. 高维和、黄沛、王震国：《资产专用性、渠道异质性与渠道投机行为：基于中国汽车企业的实证》，载于《财贸研究》2006 年第 4 期。

25. Fan, J. , Jun Huang, R. Morck and Bernard Y. Yeung. Vertical Integration, Institutional Determinants and Impact: Evidence from China [R]. CUHK Working Paper, 2008.

26. Macchiavello R. Financial Constraints and the Costs and Benefits of Vertical Integration [R]. Oxford University Working paper, 2007.

27. Acemoglu Daron, Philippe Aghion, Rachel Griffith and Fabrizio Zilibotti. Vertical Integration and Technology: Theory and Evidence [J]. Journal of European Economic Association, forthcoming.

28. Barrera - Rey F. The Effects of Vertical Integration on Oil Company Performance [R]. Oxford Institute for Energy Studies working paper, 1995.

29. Hortaçsu, Ali and Chad Syverson. Vertical Integration and Production: Some Plant Level Evidence [R]. University of Chicago Working paper, 2007.

30. Lu Yi and Zhigang Tao. Vertical Integration and Firm Performance [R]. University of Hong Kong Working paper, 2008.

31. Levinsohn, J. and A. Petrin. Estimating Production Functions Using Inputs to Control for Unobservable [J]. Review of Economic Studies, 2003, 70 (2): pp. 317 - 342.

32. Daron Acemoglu and Simon Johnson. Unbundling Institutions [J]. Journal of Political Economy, 2005, 113 (5): pp. 949 - 995.

33. Thiele Veikko. Firms' Procurement Decisions: Is Input Specificity Always an Argument for Vertical Integration? [R]. University of British Columbia Working paper, 2008.

34. Holmstrom, Bengt and John Roberts. The Boundaries of the Firm Revisited [J]. Journal of Economic Perspectives, 1998, 12 (4): pp. 73 – 94.

35. Rajan R. G and Luigi Zingales. Financial Dependence and Growth [J]. The American Economic Review, 1998, 88 (3): pp. 559 – 586.

36. Claessens Stijn, Simeon Djankov, Joseph P. H. Fan and Larry H. P. Lang. When does corporate diversification matter to productivity and performance? Evidence from East Asia [J]. Pacific-Basin Finance Journal, 2003, 11 (3): pp. 365 – 392.

37. Stock, J. H., J. H. Wright and M. Yogo. A Survey of Weak Instruments and Weak Identification in Generalized Method of Moments [J]. Journal of Business and Economic Statistics, 2002, 20: pp. 518 – 529.

（本文载于《南开管理评论》2010 年第 3 期）

并购的价值创造、产业重组与经济安全国际会议综述

李善民　陈玉罡　辛　宇

摘　要： 并购是否创造价值一直是学术界争论不休的话题，而产业重组与经济安全则是实务界关注的热点。学术论坛的与会代表从外部制度环境、公司内部治理、主并公司本身所处阶段、并购方式、对目标公司的价值评估、对并购的管理能力、并购双方的信息是否对称等多方面探讨了并购创造价值的影响因素。实务论坛的与会代表则从并购的时机、并购标的的选择、并购团队、并购整合等方面提出了相关建议。就产业重组与经济安全来看，实务论坛的代表从外资并购对创新能力、产业竞争力、控制力等的影响进行了分析，并提出政府应密切关注那些企图全面控制产业链条核心环节的并购。

关键词： 并购　价值创造　产业重组　经济安全

2009年11月14日，“并购的价值创造、产业重组与经济安全国际会议”在中山大学管理学院隆重举行，来自加拿大不列颠哥伦比亚大学、香港科技大学、北京大学、复旦大学、中山大学、华中科技大学、四川大学、电子科技大学、北京交通大学、高雄应用科技大学、实践大学（台湾）、正修科技大学（台湾）、澳门理工学院、《管理世界》杂志编辑部、广发证券股份有限公司、中国物资开发投资总公司、亨氏中国投资有限公司等学术界和实务界的嘉宾和代表92位以及管理学院师生等与会者参加了此次会议。

此次会议得到国家自然科学基金资助，由中山大学管理学院财务与投资系主办，北京交通大学中国企业兼并重组研究中心、广发证券股份有限公司和《管理世界》杂志社协办。

会议由上午的学术论坛和下午的实务论坛组成，分别邀请了加拿大不列颠哥伦比亚大学尚德商学院财务系李凯讲座教授、广发证券股份有限公司总裁李建勇先生、中国物资开发投资总公司的总会计师严肃先生进行了主题演讲。

加拿大不列颠哥伦比亚大学尚德商学院财务系李凯讲座教授发表了题为《并购中的若干新话题——荷尔蒙、内在风险平衡和股东交叉持股》的主题演讲，李凯教授以其最新的三项关于并购的研究为例，就并购中的若干新话题——荷尔蒙、体内风险平衡和股东交叉持股进行了重点讨论。她认为雄性激素水平会影响到并购博弈。在以男性首席执行官（CEO）的年龄作为测度雄性激素水平的代理变量的基础上，实证研究发现，发现目标公司和主并公司的首席执行官年龄会影响并购最终被取消，首席执行官越年轻，雄性激素水平越高，并购就有可能最终被撤销；目标公司首席执行官的年龄会影响要约收购方式的采用，首席执行官越年轻，越可能采用要约收购的方式。另外，内在风险平衡（对行为进行调整从而使风险没有改变，比如司机在获得ABS额外的安全性后，从事了一些更高风险的驾驶行为，从而抵消了ABS降低事故发生的功能）也会影响并购，主并方在并购前的风险相对于同行业公司呈下降趋势的话，在并购完成后获得的回报会调整到与此前下降的风险相当的一个水平。李凯教授还研究了在并购中股东交叉持股的现象，即一家机构同时持有主并公司股份和目标公司股份的情况。她的假设是如果此股东在目标方获得的收益高于其在主并方的损失，则其将支持毁损主并方价值的“坏的”并购。这个研究假设非常有新意，不过实证数据目前尚不支

持这一假设。她的研究结果表明，绝大多数的主并方机构投资者不会投资于目标方，而拥有大量交叉持股的主并方股东倾向于仅控制主并方股权的一小部分；股东交叉持股对并购中的企业行为基本上没有影响。李凯教授的这三个研究视角新颖独特，将心理学、行为科学等的研究成果引入到了对并购的研究中，有重要的借鉴意义。

李建勇先生关于《中国并购市场的特点与发展趋势》的主题演讲对中国的并购市场进行了系统、深入的总结，并指出中国上市公司并购重组的特征正在从政府主导型向市场主导型转变、从价值挖掘型向价值创造型转变、从单向、封闭型向开放、双向型转变。

在学术报告环节，11 篇论文的作者报告了论文，就并购中的相关问题进行了热烈的探讨。我们将会议取得的成果归纳为以下几个方面：

第一，并购的价值创造及其影响因素。

并购能否创造价值一直是学术界颇有争议的话题。从冯根福和吴林江（2001）提出的“投机性资产重组”或“政府干预性资产重组”到陈信元、叶鹏飞和陈冬华（2003）提出的“机会主义资产重组”；从张新（2003）“体制因素下的价值转移与再分配”假说再到李增泉、余谦和王晓坤（2005）的“支持或掏空现象”都在表明中国并购重组的动机与价值创造颇为偏离。这种偏离是否会随着对并购的认识加深以及法律环境和制度环境的改变而得到纠正呢？来自四川大学的与会代表杨安华等（2009）采用沪深证券市场 1998～2007 年发生的 6712 个并购样本，利用 DEA 模型计算公司并购前后四年的 DEA 绩效指数后发现，并购年份越靠后，绩效值越高，比如并购发生在 2005 年、2006 年、2007 年的公司总体绩效平均值远大于发生在 1998 年、1999 年的并购公司总体绩效平均值。他们认为并购在我国越来越规范，并购已逐渐由财务并购转向战略并购、价值并购，并购已成为企业价值创造的途径。

并购能否创造价值受到很多因素的影响，包括外部制度环境和公司内部治理以及并购过程中的方方面面。来自中山大学的陈玉罡等（2009）从与并购有着密切联系的控制权市场这个角度研究了具有何种治理结构和财务特征的公司将会进行价值创造的并购。他们发现股东治理结构和董事会治理结构越不完善，越可能实施毁损价值的并购；而盈利能力、营运能力越强、可支配资源越多、规模越大，越可能实施创造价值的并购。国外有学者认为对毁损价值的主并公司，有效的控制权市场能起到惩戒作用，将这些毁损了价值的主并公司变成被收购的目标。基于此，陈玉罡等（2009）也研究了在我国控制权市场是否能有效惩戒毁损价值的主并公司。研究结果发现股东结构和董事会结构治理不合理、主营业务资产收益率低、资产周转率高、每股经营活动现金流多、规模小的劣质收购公司更容易成为被收购的目标。但仅有约 10% 的劣质收购公司被识别出来受到控制权市场的“惩戒”，这可以说明我国的控制权市场并没能发挥其外部治理的作用。由于控制权市场没有发挥良好的惩戒作用，所以毁损价值的并购不会急剧减少。为了能更好地让并购能真正创造价值，还需要进一步培育控制权市场。北京大学的李广子和刘力（2009）通过将控制权从国有转向民营的上市公司样本与未发生控制权转让的配对国有上市公司样本以及国有企业间控制权转让样本进行对比，发现控制权转为民营后显著改善了上市公司绩效，民营化对上市公司绩效产生了积极影响，表现在市场价值的增加、生产率的提高。但这种提高不是因为对经理人的激励不同造成的，而是由于雇员人数的减少所引起。

从并购的过程来看，并购能否创造价值涉及到主并公司本身所处阶段、并购方式、对目标公司的价值评估、对并购的管理能力、并购双方的信息是否对称等。

处于不同发展阶段的公司对通过并购进行扩张的需求是不同的。来自中山大学的姚益龙等（2009）以 2003 年上市公司的并购事件为样本从企业生命周期的角度研究了不同阶段的企业并购的绩效，实证结果发现，处于成长阶段的企业，横向并购绩效最优；处于成熟阶段的企业，纵向并购和混合并购的绩效总体优于横向并购；处于衰退阶段的企业，混合并购的绩效最优。来自武汉科技学院的与会代表胥朝阳等（2009）则探讨了以获取技术为目的的并购是否能提升公司绩效。他把技术并购划分为技术进入型并购、技术升级型并购、技术互补型并购。由于技术进入型并购是企业欲进入一个全新的关联不大的行业时采用的方式，而技术升级和互补型并购常常发生于相关行业，他们在对2002~2004年我国沪深两地上市公司中185起技术并购进行研究的结果表明，技术进入型并购短期内导致公司经营绩效下滑，技术升级型和技术互补型并购则可以提升公司经营绩效。

对目标公司的价值评估是并购中非常重要的一个环节。估值过高往往导致并购一开始就是个错误，根本达不到创造价值的效果。罗尔（Roll，1986）的自大假说认为，管理者由于野心、自大或过分骄傲而在评估并购机会时容易犯过分乐观的错误。来自中山大学的李善民和陈文婷（2009）发现在2002~2008年中国上市公司并购中管理者过度自信与并购绩效存在显著的负相关关系。并且在管理者过度自信既定的前提下，并购公告披露了具体并购原因的并购绩效下降也更为显著。有意思的是，来自暨南大学的杜金岷等（2009）提出了与过度自信相反的假设，他们认为在中国存在“自信抑制”。他们研究了2004~2007年间的股权并购后发现，国有股比重对管理者自信抑制有显著的正向影响，随着国有股比重的上升，管理者自信抑制程度增加；管理者在并购过程中的自信抑制破坏了公司价值。针对2009年8月18日的中石化对艾戴克斯（Addax）石油公司的收购案，来自中国石油大学的与会代表王震等（2009）运用比率法、贴现现金流法、经验法分别对目标公司艾戴克斯石油公司的收购价格进行了分析，三种方法得到的估计价格分别为46.96加元/股、50.59加元/股和58.6加元/股。由于经验法的准确性欠佳，从中石油开出的收购价52.8加元/股来看，仍然比比率法、贴现现金流法估算出的价格偏高，由于收购价过高，这可能会影响到本次收购案最终能否创造价值。

之所以会出现“自大”的情况或对目标公司估值过高的情况，是因为主并公司与目标公司之间存在着信息不对称。目标公司作为卖方非常了解自己的真实价值，但主并公司作为买方则无法深入了解。即使有再好的估值模型，在信息不对称的情况下很难估计准确。由于信息不对称，将导致并购绩效产生差异，即信息越不对称，并购给主并公司创造的价值越低。来自台湾地区的与会代表杜建衡（2009）报告了他的研究成果，他指出由于相关行业的信息不对称程度比较低，所以相关行业并购的主并公司绩效较好；国内并购绩效优于国际并购也是因为国际并购的信息不对称程度要高。无独有偶，来自中山大学的李善民和陈涛（2009）也从信息不对称理论出发，研究了支付方式对收购公司股东收益的影响。他们发现，采用股票支付时收购公司股东收益显著为正，而现金支付对收购公司股东收益没有显著影响。他们还发现股权分置改革对我国并购活动产生很大的影响，股票支付比现金支付为收购公司创造更大收益，关联并购比非关联并购能够为收购公司创造更大收益。

即便是在对目标公司进行了良好的估值，并以一个合理的价格进行收购后，并不意味着并购就能最终创造价值。对并购整个过程的把握和掌控犹如公司的管理一样，管理到位，则能使价值创造得以顺利实现，否则，价值创造仍无法实现。来自北京交通大学的与会代表谢纪刚等（2009）认为并购过程需要管理，需要设立相应的并购管理职能部门、任用合适的人员从事并购活动、并建立并购知识管理程序。他们对从上市公司收回的49份问卷进行分析后发现，并购管理能力越强，并购绩效越好；并购知识管理程序越完善，并购绩效越好；并购专职人员越合适，并购绩效越好。

第二，政府在并购中的作用。

中国的制度背景比较特殊，这些特殊情况包括政府官员的特殊激励制度（为增长而竞争，张军，2005）、由于首次公开招股（IPO）审批繁琐导致的上市公司“壳资源”现象。这种特殊的制度背景对并购产生了一些有趣的影响。上市公司可能对一个地方的国内生产总值（GDP）有着相当大的贡献，当某个主并公司试图收购异地上市公司时可能会遭遇当地政府的抵触。来自中山大学的与会代表孙烨和罗党论（2009）以我国A股市场2000~2006年民营企业购买地方国有企业“壳资源”为例进行实证研究后发现，政府之间的竞争会导致绩效较好、影响力较大的上市国有企业被本地的民营企业并购，绩效较差、影响力较小的上市国有企业被外地的民营企业并购。竞争力水平较高的地区，政府之间竞争对壳资源流向的干预越明显。来自中山大学的与会代表陈珠明等（2009）也认为国内的产权交易市场分割在各个省市。他们建议建立一个全国性的产权交易场外交易

（OTC）市场，因为这样有助于降低交易双方的信息不对称、逆向选择和道德风险，提高效率，而且可以使产权在买方足够多的条件下得到一个公平的定价。

另外，由于政府还没有完善的并购法规，特别是关于外资并购的法律法规，所以一些外资通常采用的是先合资再控股的策略进入中国市场。来自电子科技大学的与会代表刘彬和曾勇（2009）用实物期权模型研究了在政策不确定的前提假设下，对比了外资银行先合作后收购，与等到政策允许后直接收购的两种并购策略。在先合作后收购的策略中，他们提出了一些有意思的政策建议，他们认为增加政策出台的时间长度可以增加外资银行的努力程度。另外，增加对中资银行客户数据的保护，降低外资银行的学习能力也可以增加外资银行的努力程度。

第三，投资者如何利用并购事件获得超额收益。

中国资本市场有一类概念经常被爆炒，就是重组概念股。整体上市、资产置换、央企重组等概念层出不穷。那么作为重组之一的并购事件能否为投资者带来套利机会呢？来自北京交通大学的张金鑫等（2009）运用事件研究法与时间序列法，考察了沪深两市从 2003 年至 2008 年所有的 28 宗要约收购案例，根据套利要求选取 8 宗构建投资组合，并基于该投资组合检验了若干种套利策略的收益。他们认为可以通过要约收购事件进行套利，而且不同策略获得的收益不同。他们的实证研究表明持有固定期限策略比持有至到期策略获得更高收益；涨停板建仓策略比收盘价建仓策略获得更高的收益；摘要公告建仓策略比全文公告建仓策略获得更高的收益。

在下午的实务论坛，中国物资开发投资总公司总会计师严肃先生首先做了关于《诚通纸业并购发展之路》的主题演讲，从实务的角度结合诚通纸业的并购案例，对并购的动因、并购成功的关键影响因素、需要注意的主要问题等进行了细致的分析。随后严肃、张秋生（北京交通大学中国企业兼并重组研究中心教授）、肖雪生（广发证券有限公司并购部总经理）、陈松（亨氏中国投资有限公司董事兼财务总监）和李善民（中山大学管理学院财务与投资系教授）组成五人论坛，分别就“并购中的价值创造、产业重组与经济安全”等话题进行了热烈的讨论。我们从五位嘉宾的讨论中提炼出以下观点：

首先，并购的价值创造与并购的时机、并购标的的选择、并购团队、并购整合等方面都有关系。从并购的时机来看，在行业景气时并购不一定能创造价值，因为此时的购买价格往往偏高，在这种情况下，运用逆向投资的思维更容易创造价值（肖雪生），所以收购方应该在行业不太景气、目标企业遭遇困难的时候去并购。但要注意的是目标企业的这种困难不是长期性的，而是暂时性的，是能够解决的困难（严肃）。就并购标的的选择来看，要从战略的角度选择与收购方相匹配的公司。有些目标公司对某个收购公司是合适的，但对另外一个收购公司可能就不是那么合适（肖雪生）。从并购团队来看，一个好的收购不是某个人单独完成的，是需要一个团队来共同完成的（陈松），这个团队包括收购公司自己组成的团队，还包括投资银行、会计师事务所、律师事务所等。并购后的整合是最后但也是最关键的一个环节，很多失败的并购一方面源于对整合成本估计不足，另一方面源于整合过程失败。对于什么样的整合才算成功，陈松的观点很精辟：“用最微小的改变取得最大的协同效应”。肖雪生和李善民都认为在整合过程中最难整合的是人力资源，因为存在着较高的沟通、协调成本。所以在并购过程中选择目标企业时也要考虑整合的难度，并购时应优先考虑那些容易整合的目标公司，比如资产比较多而不是人力比较多的公司。张秋生则用一个更广的视野来看待并购，他认为并购的价值创造应该用“全周期”的眼光去看。并购可能在 5 年甚至 10 年内影响到整个行业的变化，这其中也包含着价值创造。

其次，就并购与产业重组、经济安全这个话题，张秋生引用了其在“跨国公司并购对我国产业安全影响的实证研究”课题中的研究成果，从产业创新能力、产业竞争力和控制力三个方面对并购与产业重组和经济安全的关系进行了阐释。装备制造业一直是经济安全争议最大的一个行业。他们的研究成果认为外资并购对装备制造业呈现正向影响，对该产业发展起到推动作用，对该产业创新能力影响最强。这一点与业界所担心的产业创新能力被抑制恰恰相反。外资进入中国企业基本上采用的多是合资—亏损—独资的方式控制中方企业，做亏是获取控制权的手段，控制的目的不外乎是消灭竞争对手、树立自身品牌、抢占市场份额。为达到这一目的，当夺得控制权后，必然会想尽办法使企业盈利，走向正常发展的道路，增强研发投入必然包含其中，产业创新能力也随之得到提升。外资进入对产业竞争力的影响也是正向的，增加了市场活力，其先进的管理方法、经营理念等对整个产业起到刺激推进作用，带动了整体竞争力的提高。当然，外资的进入对中资企业的控制力的削弱是必然的，他认为这是引入外资必须付出的代价。

对于控制力削弱是否会引起经济安全问题，需要分行业和企业意图来区别看待。从行业来说，对于与国家经济密切相关的行业，比如金融行业等的并购需要给予高度重视（李善民）。如果从产业链来看，当并购会造成产业链条上核心环节的过度控制，这类并购也需要引起关注，比如可口可乐并购汇源果汁可能会造成可口可乐对水果加工环节的过度控制，这与广大中国果农的利益密切相关（肖雪生），在这种情况下，可口可乐并购汇源果汁被否决也是情有可原的。同样类似的，沃尔玛对产业链终端的控制也需要引起警觉（陈松）。从以上嘉宾的观点可以看出，政府对产业重组和经济安全的管理应该从并购对产业链某个环节的控制力度去着手，并从整个综合影响去衡量是否应该用让渡控制权的代价来获取创新能力和竞争力的提高。

参考文献：

1. 陈信元、叶鹏飞、陈冬华：《机会主义资产重组与刚性管制》，载于《经济研究》2003 年第 5 期。

2. 陈玉罡、魏妩菡、白玮、刘静攀：《公司治理，财务特征与控制权市场的作用》，本次会议论文集，2009 年。

3. 陈珠明、杨华李、张顺明：“Pricing for corporate property rights transfer with stochastic markets”，本次会议论文集，2009 年。

4. 杜金岷、奚宾、高洁：《自信抑制与并购绩效——基于中国上市公司的实证研究》，本次会议论文集，2009 年。

5. 冯根福、吴林江：《我国上市公司并购绩效的实证研究》，载于《经济研究》2001 年第 1 期。

6. 李广子、刘力：《上市公司民营化绩效：基于政治观点的检验》，本次会议论文集，2009 年。

7. 李善民、陈文婷：《并购决策中管理者过度自信吗？——基于中国上市公司的经验研究》，本次会议论文集，2009 年。

8. 李善民、陈涛：《支付方式、关联并购与收购公司股东收益》，本次会议论文集，2009 年。

9. 李增泉、余谦、王晓坤：《掏空、支持与并购重组——来自我国上市公司的经验证据》，载于《经济研究》2005 年第 1 期。

10. 刘彬、曾勇：《政策不确定条件下外资银行入股中资银行策略研究——基于客户甄别的视角》，本次会议论文集，2009 年。

11. 孙烨、罗党论：《政府竞争、民营化与上市公司“壳资源”转让》，本次会议论文集，2009 年。

12. 王震、周静：《中石化收购 Addax 石油公司溢价合理性研究》，本次会议论文集，2009 年。

13. 谢纪刚、田飞、任翘、韩姗姗：《并购管理能力——解释企业并购失败的新视角》，本次会议论文集，2009 年。

14. 胥朝阳、黄晶、颜金秋、李倩：《上市公司技术并购绩效研究》，本次会议论文集，2009 年。

15. 薛舜仁、杜建衡：《主并公司股东财富变化与信息不对称之关联性研究：台湾产业之并购实证》，本次会议论文集，2009 年。

16. 杨安华、赵昌文、周静、蔡晓娇：《中国上市公司并购价值效应及其变化趋势分析》，本次会议论文集，2009 年。

17. 姚益龙、赵慧、王亮：《企业生命周期与并购类型关系的实证研究》，本次会议论文集，2009 年。

18. 张金鑫、吴晓伟、段嘉尚：《要约收购中的风险套利策略——来自中国证券市场的证据》，本次会议论文集，2009 年。

19. 张军：《中国经济发展：为增长而竞争》，载于《世界经济文汇》2005 年第 4 期。

20. 张新：《并购重组是否创造价值？——中国证券市场的理论与实证研究》，载于《经济研究》2003 年第 6 期。

21. Roll，Richard. The Hubris Hypothesis of Corporate Takeovers. Journal of Business，1986，59：pp. 197 - 216.

（本文载于《管理世界》2010 年第 1 期）

并购整合对并购公司绩效的影响

——基于中国液化气行业的研究

李善民　刘永新

摘　要： 本文基于问卷调查的数据，以 2000～2006 年间我国液化气行业的 43 个并购事件为样本，对并购后整合程度与速度对并购绩效的影响进行了实证研究。结果表明：液化气行业并购整合中必须重视市场整合和生产运作整合，市场整合和生产运作整合的程度越高和整合的速度越快，越有利于并购目标的市场业绩实现；同时并购整合的程度越高，越能体现出成本的协同效应而带来成本的降低；此外，并购后市场业绩实现带来的规模经济也使企业节约运作成本；最后，并购后如果能够带来企业市场业绩的改善，会有利于并购后最终公司财务绩效的改善。但并购后并购双方的成本节约并没有直接带来并购后的财务绩效的改变。

关键词： 并购整合程度　整合速度　公司绩效

并购已被很多企业作为业务扩张和组织变革的非常重要的企业战略，其中横向并购战略因为能快速的扩大企业规模，形成垄断势力而被不少企业采用。然而国内外的研究表明，大多数并购并没有取得预期效果，布鲁纳（Bruner，2002）概述了 1971～2001 年间研究并购绩效的 130 篇文献，分析发现在西方发展成熟的证券市场上，有 20 项研究表明收购公司股东收益为负，其中有 13 项在统计意义上显著为负。这一现象吸引了许多学者去探究并购失败和成功的影响因素。从文献回顾可知，目前国内外学者主要从战略管理、金融经济学、组织行为学和并购后整合四个领域对影响并购的因素进行了研究。哈斯帕拉夫和杰米森（Haspeslagh and Jemison，1991）曾明确指出：并购价值的创造全部产生于并购后的整合。由于并购后整合的重要性，学者们对并购整合从三个方面进行了大量的研究：整合速度（Bert et al.，2003）；霍姆堡和布塞瑞尤斯（Homurg and Bucerius，2006）、整合程度（Pablo，1994）；布瑞金秀等（Birkinshaw et al.，2000））和整合内容（卡普隆和豪兰德（Capron and Hulland，1999）；霍姆堡和布塞瑞尤斯（Homburg and Bucerius，2006）。同时国内外的研究也表明，由于资源的属性不同，为了实现资源的价值，并购后不同的资源应有不同的整合程度以及不同的整合速度（卡普隆和豪兰德（1999）；高良谋（2003））。那么，在并购整合过程中，并购后的资源整合情况如何？并购整合的程度和整合的速度对并购绩效的影响将会怎样？本文将基于资源基础论，利用对中国液化气行业横向并购事件进行调查所得到的数据，对以上问题进行探讨。

一、理论与研究框架

（一）理论背景

本文依据的主要理论是公司资源基础理论。公司资源基础理论认为公司所拥有的特定的资源是该公司获得良好业绩的基础。公司资源是指公司所具有的、并能被控制的一些资源。这些资源能使公司发展它的策略，并有效地执行从而改善公司的运作效率及业绩。这些资源通常被归纳为：资产、组织运作程序、人力资源、公司文化、信息技术、知识等。根据这一理论基础，可以归纳得出影响公司业绩的特定资源必须具备如下共性：价值、稀缺性、专有技术和不可替代性。

公司资源理论也常被用来作为并购的理论基础，解释市场出现的并购活动。卡普隆、杜萨格和米歇尔（Capron，Dussauge and Mitchell，1998）研究发现，公司在发展面临内部资源困难时，就会转向市场去获得新的所需资源。由于公司所需资源很少单独存在于市场，因此，公司必须通过并购形式来获得企业整体业务，从而获取它所需要的被并购公司有价值的资源。

近年来，许多学者基于公司资源理论研究视角，探讨并购后公司整合和优化资源配置，以获得较强的竞争地位和良好的财务绩效。卡普隆、杜萨格和米歇尔（1998）进行了关于并购整合内容的研究。他们发现市场资源（如品牌和销售团队）和运作资源（如系统和运作团队）是非常重要的影响因素。因此，市场资源及运作资源被确认为影响公司并购后业绩的相关因素。

市场资源和运作资源也是液化气公司并购中最重要的资源。本文基于国内外的研究成果，以公司资源基础理论视角出发，主要探讨液化气行业与并购价值创造高度相关的并购整合内容是市场整合和运作整合。

（二）研究框架

本研究分析的重点将建立在并购后的两间公司总体的市场及运作活动的基础之上。本文的研究框架由三部分的因果链组成（整合过程、整合业绩、财务绩效），如图1所示。

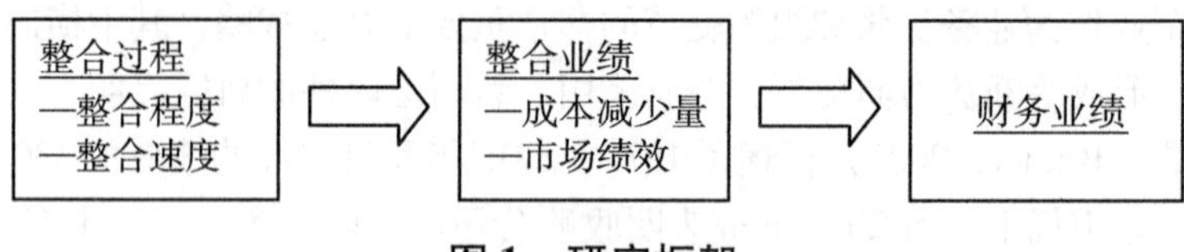

图1　研究框架

本文主要研究整合过程中两个比较重要的指标，即整合程度和整合速度。

整合程度是指并购整合后两间公司在市场和运作中系统、结构、活动和程序的相似程度。在并购整合中经常遇到的一个典型问题是：两间公司在产品与服务、品牌策略、销售渠道、运作模式等方面的差异是否应该被缩小？如何去评价？并购整合程度的影响因素主要有三类：任务特征、公司的组织文化特征、行政因素。帕布罗（1994）用56起并购案证实了在这三种因素中，任务因素对并购整合水平影响最大，其他两个因素次之。布瑞金秀（2000）等指出整合程度是并购创造价值的驱动因素。霍姆堡和布塞瑞尤斯（2006）指出，高水平的整合意味着两个公司以上各方面的差异很小，通过两个公司使用统一的系统、结构、活动和过程就能达到高水平的整合。但是整合的程度过高，由于整合过程中公司间的协调成本增大，此时不利于并购价值的创造（帕布罗（1994））。霍姆堡和布塞瑞尤斯（2006）发现当把并购整合和并购后公司价值联系起来时，整合程度对并购价值创造没有显著影响。

整合速度是指达到预期整合目标所需的时间。整合速度是由整合策略及整合的复杂性决定的。伯特（2003）等研究发现并购整合必须快速，并且认为并购整合最好在两年内完成。吉尔珀特（Gerpott，1995）通过对生产企业进行大样本研究，发现整合速度对并购成功有正的作用。尹克潘（Inkpen，2000）等通过对技术型公司并购案例分析，发现并购速度是并购整合成功的驱动因素。霍姆堡和布塞瑞尤斯（2006）对欧洲主要国家并购事件进行了实证研究发现，当并购双方的外部相关性（用并购双方公司的市场地位和市场相关度衡量）较低同时内部相关性（用管理方式、绩效差异程度以及战略方向衡量）较高时，较高的并购速度最利于价值创造；相反，当并购双方的外部相关性较高同时内部相关性较低时，较高的并购速度不利于价值创造。

整合业绩可以从两个方面来测量，即并购后成本的减少和市场的变化情况。本文所定义的成本减少量是指并购整合所实现的成本降低情况，若整合后的公司成本越低于整合前两间公司的总成本，则整合业绩越较好。除了成本减少量外，并购后公司的整合业绩是与并购后市场绩效变化相关的。并购后的市场绩效定义为合并后公司营销及运作活动所带来的结果，如：销售量增加，市场份额扩大，客户资源共享等。通常市场绩效的改善主要来自于并购后的营业收入的增加。而营业收入的增加主要来自于并购后公司议价和客户管理能力得以提高，从而在市场业绩上产生了一些好的结果，如客户资源共享对销售的促进，产品和服务选择增多，改进与客户谈判的地位。

财务绩效是并购成败一个重要的衡量指标，也是并购后价值创造和价值毁损最直接的测量指标。根据已有研究的观点，本文的财务绩效为并购前后盈利能力的比较。

二、研究假设

并购后两个公司资源常会出现一定程度上重叠，新的公司必将寻求在市场及运作中系统、结构及程序的优化，消除公司资源多余部分（如人员和系统等），从而产生并购后的成本协同效应，也就是成本的降低。卡普隆和豪兰德（1999）研究发现，并购整合将在很大程度上减少所需资源从而削减了成本，并且整合程度与并购后成本减少量正相关。因此，本文的第一个研究假设为：

H1：整合程度与并购后成本减少量正相关

上述假定高程度的整合有利于成本的节省，但一些研究者认为这种高程度整合也可能对市场绩效造成不利影响。主要原因是：（1）市场及运作的高程度的整合常常会导致因为产品种类减少、品牌优化、渠道合并及服务改变而丢失客户，合并后的公司适应市场方面的能力经过整合后有可能降低。这种适应市场能力的降低会对市场相关的业绩产生不利影响；（2）在并购整合过程中，管理层的精力常常消耗在并购后公司内部的一些事宜上（如内部人员和组织架构等）而非与客户有关的一些问题上，市场绩效更容易被忽视，这可能反映在客户抵制、满意度降低及流失。

然而对于中国液化气行业，由于产品种类单一，渠道独立，服务标准参差不齐。高程度整合的整合反而带来渠道的加强，服务水平标准化及提高，客户的满意度增加，消除了过去之间的不利竞争从而带来客户及销量的增加，从而改善了并购后市场的绩效。因此，本文的第二个假设为：

H2：整合程度与并购后市场绩效正相关

迅速及合理的整合速度能将并购后公司的优质资源及时整合在一起，从而使得并购后企业的协同效应得以发挥。迟缓且低效的整合往往使得并购后企业的优质资源浪费而得不到合理的应用，协同效应无法实现。艾普斯坦（Epstein，2004）认为整合的速度是并购成功 5 个最关键因素之一。整合过程中速度太慢，公司有可能面临两个巨大的威胁：（1）由于并购涉及并购双方员工的整合，慢速度将加剧员工的担忧情绪，导致有能力的员工离开公司，甚至转向竞争对手。（2）并购也会涉及目标公司原有客户，如果公司整合太慢，客户可能会怀疑收购公司的能力以及对他们的不重视，导致部分客户选择其他厂商。国外研究表明整合速度与并购价值创造是正相关关系。因此，本文提出第三个待检验的假设：

H3：整合速度与并购后市场绩效正相关

顾客对公司高的忠诚度（市场绩效的一个重要方面）能使公司避免并购后立刻去开发新的客户

资源所需的成本。同行业的并购通常会带来公司市场份额的增加，从而通过规模经济实现企业运作成本的节约；市场份额的增加必然也会导致公司市场势力的增加，公司与供应商和经销商的议价能力增强，从而成本下降。因此，本文的第四个假设为：

H4：并购后市场绩效与并购后成本减少量正相关

并购后的企业会追求企业间协同效应。这会反映在企业的资源共享及市场及运作的进一步优化，从而降低企业的经营成本。财务绩效直接反映公司的盈利能力，而成本的高低将直接影响公司的盈利能力。假如并购后企业成本降低，其他因素不变，盈利将增加。相反，假如并购后企业没有享受成本降低所带来的好处，那么，盈利也将得不到改善。因此，并购后企业成本减少将改善并购后企业的财务绩效。另外，并购后市场相关业绩也通过销售影响盈利。市场业绩的提高无疑将改善并购后企业的财务绩效。卡瓦尼和纳拉扬达斯（Kalwani and Narayandas，1995）研究发现客户忠诚度与盈利能力正相关。因此本文还有如下的两个假设：

H5：并购后成本减少量与并购后财务绩效正相关

H6：并购后市场的绩效与并购后财务绩效正相关

基于上述研究思想，本研究的理论假设模型如图 2 所示。

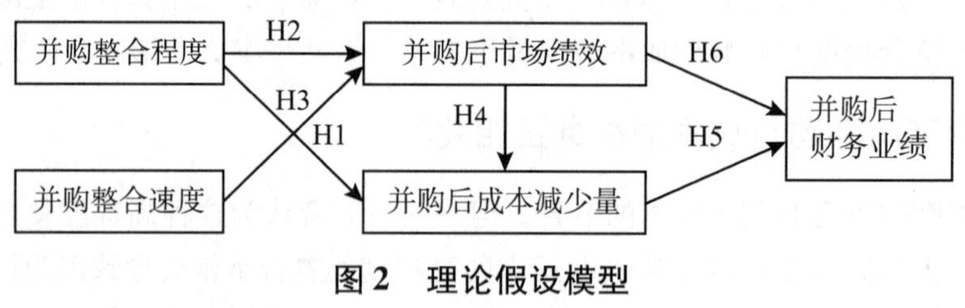

图 2　理论假设模型

三、研 究 方 法

（一）问卷的设计

本研究采用了问卷调查方式收集数据，研究专注于中国液化石油气行业。问卷的设计是依据标准的心理测量学的衡量程序，并在进行大量的文献回顾，个案研究及采访并购公司相关负责人并获得相关资料后，设计出了测量指标及衡量方法（完整的调查问卷请见附录）。各测量指标和衡量方法的详细说明如下：

1. 整合程度和整合速度。并购后资源的整合程度主要指并购后双方资源的一致性程度，而整合速度指达到预期整合目标所需要的最短时间。对整合程度和整合速度的测度都分别从液化气行业比较重视的并购后市场资源和生产运作资源这两个方面进行。其中对市场资源整合的测量，问卷从市场活动、系统、销售团队等六个方面进行。市场资源的测度的六个方面主要参考了霍姆博格和布塞瑞尤斯（Homburg and Bucerius，2005）对市场整合的测度以及在采访并购公司相关负责人并获得相关资料的基础上而总结出来的；而对生产运作整合的测度，问卷从液化气行业的生产运作关注的重要管理活动、运作系统和运作团队等六个角度来评价。这六个角度的选取主要是通过采访液化气行业并购公司相关负责人并获得相关资料的基础上而总结出来的。资源整合程度采用 7 个维度，没有整合为“1”，完全整合为“7”；同样，资源整合速度也采用 7 个维度，18 个月以上为“1”，12 ~

18 个月为“2”，9～12 个月为“3”，6～9 个月为“4”，3～6 个月为“5”，1～3 个月为“6”，少于 1 个月为“7”。

2. 成本节约额和市场绩效。成本节约额和市场绩效都是指主并公司并购后相对并购前的比较。其中成本节约额的考察主要从八个方面进行：产品与市场开发、市场广告费、人力资源、储运和操作、物流运作和管理、服务/技术支持、安全投入和资本投入。对此的考察维度为 7 个维度，大幅增加为“1”，不变为“4”，大幅减少为“7”；另外，市场绩效的考察主要从五个方面进行：市场份额、直销渠道比例、销售价格的溢价、客户满意度和品牌影响度。对此的考察也为 7 个维度，大幅降低为“1”，不变为“4”，大幅提高为“7”。以上考察角度的选取主要是通过采访液化气行业并购公司相关负责人并参考霍姆堡和布塞瑞尤斯（2005）的研究成果而总结出来的。

3. 并购后财务绩效。与本文的定义和之前达塔（Datta，1991）和亨特（Hunt，1990）的并购研究相一致，对并购后财务绩效的考察主要是比较并购后相对并购前盈利能力的变化。本文对并购后财务绩效的考察主要从三个方面进行：净利润、净利润/销售收入和资金占用率（净利润/利息成本），对此的考察也为 7 个维度大幅降低为“1”，不变为“4”，大幅提高为“7”。

4. 并购双方的相对规模。大量的国内外研究都表明，并购前并购双方的相对规模将影响并购后资源的整合从而也必将对并购的绩效产生影响，因此，本文将在结构方程中控制并购双方相对规模的影响。本文也通过问卷调查的方式，借鉴霍姆堡和布塞瑞尤斯（2005）的研究，选用并购前一年并购双方的销售额的相对比例来对并购双方的相对规模进行测度。对此的考察为 7 个维度，其中主并公司的销售额与目标公司相比小于 25% 用“1”表示，25%～49% 用“2”表示，50%～74% 用“3”表示，75%～100% 用“4”表示，1～2 倍用“5”表示，2～4 倍用“6”表示，4 倍以上用“7”表示。

（二）样本选取与数据采集

本研究专注于中国液化石油气行业发生的并购事件。初始样本包含了所有发生在 2000～2006 年中国液化石油气行业的一些平行的并购案例。本文从几个不同的渠道去获取这些数据，这包含中国并购案例数据库，中国液化气行业协会数据库和中国并购的商业杂志。

本文最初获得大约 150 个中国液化石油气行业平行的并购案例。经过如下的一些方法去进行样本过滤和调查：（1）电话咨询液化石油气行业协会及收购公司的市场和运作部，去掉并购后两间公司市场和运作部保持独立的公司；（2）向并购公司在并购后具体负责市场及运作整合的负责人及财务经理了解；（3）邮寄设计好的问卷给目标人；（4）电话跟踪并恳请提供问卷信息帮助。最终本文发出 112 份调查问卷。两星期后再通过电话跟踪并索回问卷。此外，也通过面对面的访问来获取相关信息，最终总共获得了 43 份有效问卷（其中包含 28 份面对面和电话访问调查问卷），问卷的回收率为 38.39%。虽然整个的回收率不高，但由于并购通常是公司的重要决策，并购后整合情况会是很多公司的商业秘密，因此这样的回收率已算理想。

为了检验研究中多次测验测量所得的结果间的一致性或稳定性，本研究对问卷数据进行了信度分析。常用的信度测量方法为“克伦巴赫（Cronbach）α”系数。如果一个量表的信度越高，那么量表越稳定。本研究中问卷的调查内容主要为七项：市场整合程度、生产运作整合程度、市场整合速度、生产运作整合速度、并购后成本减少量、并购后市场业绩和并购后财务绩效。因此本研究的信度测试也以七个内容作为测试目标，使用 SPSS11.5 软件测试结果如表 1 所示。

从量表的信度分析可知，问卷调查内容除并购后市场业绩和并购后财务绩效的信度低于 0.7 外，其他测试内容都表明测试数据可靠性较高。同时并购后市场业绩的信度非常接近 0.6，而并购后财务绩效的信度也超过了 0.6 接近 0.7，因此可以认为多次测试的结果间具有较好的稳定性。

表1　　量表的信度分析

测试项目	Cronbach α 系数
市场整合程度	0.8395
生产运作整合程度	0.7954
市场整合速度	0.8807
生产运作整合速度	0.8077
并购后成本减少量	0.9043
并购后市场业绩	0.5994
并购后财务绩效	0.6586

注：美国统计学家海尔等（Hair et al.，1998）认为：克伦巴赫（Cronbach）α值大于0.7，表明数据可靠性较高；在探索性研究中，克伦巴赫（Cronbach）α系数可以小于0.7，但应大于0.6。

具体到问卷的效度，从本文理论模型的推导和问卷设计的逻辑，都可以保证问卷的表面效度和内容效度。本文在正式发放问卷之前，已多次寻求了各方面专家学者的建议和意见，并且本研究的主要参与者中也有多年来从事并购交易的专家，问卷设计内容多次在讨论班上加以讨论，并对照了以往研究成果，因此本文也基本保证了问卷的效标效度。

四、实证研究结果及分析

（一）描述性统计分析

表2列出了所考察的主要变量的相互关系并对各变量进行了描述性的说明。从该表对变量的描述性分析中可以发现，液化气行业的并购交易后并购方都对被并购方在市场和生产运作两个方面进行了较大幅度的整合，同时这两个方面的整合速度也比较快，平均而言在3个多月就完成了，而并购的效果也尚可，通常会带来成本的下降以及市场业绩较小幅度的提升，最终也导致了财务绩效的改善。

表2　　变量间的相互关系和描述性分析

变量	相关系数							
	1	2	3	4	5	6	7	8
1 市场整合程度（*ME*）	1.00							
2 生产运作整合程度（*OE*）	0.92***	1.00						
3 市场整合速度（*MS*）	0.90***	0.91***	1.00					
4 生产运作整合速度（*OS*）	0.85***	0.83***	0.88***	1.00				
5 并购后成本减少量（*CR*）	0.83***	0.85***	0.90***	0.89***	1.00			
6 并购后市场业绩（*MP*）	−0.30*	−0.30*	0.42**	0.36**	0.36**	1.00		
7 并购后财务绩效（*FP*）	0.71***	0.69***	0.70***	0.73***	0.81***	0.32*	1.00	
8 并购双方相对规模（*RS*）	0.14	0.18	0.13	0.14	−0.07	0.09	0.14	1.00
描述性分析								
测量项目	6	6	6	6	8	5	3	1
均值	5.38	5.51	5.46	5.69	5.59	4.86	5.44	5.98
标准差	0.69	0.71	0.77	0.69	0.66	0.36	0.58	1.08

注：“***”、“**”、“*”分别表示显著性水平为1%、5%和10%。

（二）实证检验

本文采用因子分析法提取主成分因子后，用回归模型来验证上述假设。

首先，针对整合市场资源整合程度、生产运作整合程度、市场资源整合速度、生产运作整合速度、成本减少程度、市场绩效变化程度、财务绩效变化程度 7 个方面分别提取主成分因子（限于篇幅，提取主成分因子的结果见附录）。然后，我们利用这 7 个因子以及并购双方相对规模 *RSIZE*，并购前相对市场份额 *RMG* 作为控制变量，构建了 9 个回归方程来检验我们前文提出的假设，其中，CRF_1 表示成本减少程度主因子；MLF_1 表示市场资源整合程度主因子；*RSIZE* 表示并购双方相对规模；*RMG* 表示并购前相对市场份额；MPF_1 表示市场绩效变化程度主因子；MSF_1 表示市场资源整合速度主因子；PLF_1 表示生产运作整合程度主因子；FPF_1 表示财务绩效变化程度主因子；PSF_1 表示生产运作整合速度主因子。

回归方程如下：

$$CRF_1 = \alpha_1 + \beta_1 MLF_1 + \gamma_1 RSIZE + \lambda_1 RMG + \varepsilon_1 \quad \text{（方程 1）}$$

$$MPF_1 = \alpha_2 + \beta_2 MLF_1 + \gamma_2 RSIZE + \lambda_2 RMG + \varepsilon_2 \quad \text{（方程 2）}$$

$$MPF_1 = \alpha_3 + \beta_3 MSF_1 + \gamma_3 RSIZE + \lambda_3 RMG + \varepsilon_3 \quad \text{（方程 3）}$$

$$CRF_1 = \alpha_4 + \beta_4 MPF_1 + \gamma_4 RSIZE + \lambda_4 RMG + \varepsilon_4 \quad \text{（方程 4）}$$

$$FPF_1 = \alpha_5 + \beta_5 MPF_1 + \gamma_5 RSIZE + \lambda_5 RMG + \varepsilon_5 \quad \text{（方程 5）}$$

$$FPF_1 = \alpha_6 + \beta_6 CRF_1 + \gamma_6 RSIZE + \lambda_6 RMG + \varepsilon_6 \quad \text{（方程 6）}$$

$$CRF_1 = \alpha_7 + \beta_7 PLF_1 + \gamma_7 RSIZE + \lambda_7 RMG + \varepsilon_7 \quad \text{（方程 7）}$$

$$MPF_1 = \alpha_8 + \beta_8 PLF_1 + \gamma_8 RSIZE + \lambda_8 RMG + \varepsilon_8 \quad \text{（方程 8）}$$

$$MPF_1 = \alpha_9 + \beta_9 PSF_1 + \gamma_9 RSIZE + \lambda_9 RMG + \varepsilon_9 \quad \text{（方程 9）}$$

从表 3 中可以发现，实证结果验证了本文前面提出的大部分的研究假设，主要结论如下：

1. 从并购整合程度来看，不论是市场资源整合程度因子还是生产运作整合程度因子，对并购后并购双方的成本的减少的系数都显著为正（方程 1 和方程 7），而且高度显著，假设 H1 成立；并购整合程度与市场绩效的回归系数在 10% 的显著水平下显著（方程 2 和方程 8）。即并购整合程度越高，并购后的市场业绩越好，因此证实了假设 H2。

2. 从并购整合速度来看，不论是市场资源整合速度还是生产运作整合速度，都与并购后市场业绩的回归系数高度正相关（方程 4 和方程 9）。即并购整合速度越快，并购后市场业绩越好，因此证实了假设 H3。

3. 并购后市场业绩与并购后成本减少量显著正相关（方程 3），表明并购后市场业绩越好，越利于并购双方成本的节约，即证实了假设 H4。

4. 并购后成本减少量与并购财务绩效之间的回归系数不显著（方程 6）。也就是说并购后并购双方的成本节约并没有直接带来并购后的财务绩效的改变，即假设 H5 没有得到证实。这一结论可能也是问卷的一个直观的反映。目前我国液化气行业财务绩效主要是取决于液化气单位毛利，也即决定于当地公用事业监管价格与液化气每吨采购成本的差。因此，在液化气的经营者眼中，整合后成本微小的变动对财务绩效的影响常常被认为是可以忽略不计的。但并购后市场业绩与并购财务绩效之间的回归系数显著为正（方程 5），这也就表明并购后市场业绩的改善能直接提高公司的财务绩效，假设 H6 成立。

另外，并购前并购双方的相对规模以及并购前相对市场份额对并购后的成本节约及市场业绩的影响都不显著，同时最终对并购绩效的影响也不显著，此结论与周小春和李善民（2008）对并购影响因素的研究结论一致。

总之，通过建立回归方程对液化气行业并购后整合对并购绩效的影响进行研究表明：并购整合中必须重视市场整合和生产运作整合，市场整合和生产运作整合的程度越高和整合的速度越快，越有利于并购目标的市场业绩实现；同时并购整合的程度越高，越能体现出成本的协同效应而带来成本的降低；此外，并购后市场业绩实现带来的规模经济也使企业运作成本的节约；最后，并购后如果能够带来企业市场业绩的改善，会有利于并购后最终公司财务绩效的改善。

表 3　　　　回归方程结果

	方程 1	方程 2	方程 3	方程 4	方程 5	方程 6	方程 7	方程 8	方程 9
	CRF_1	MPF_1	CRF_1	MPF_1	FPF_1	FPF_1	CRF_1	MPF_1	MPF_1
常数项	0.311	0.319	−0.545	0.422	−0.437	−0.419	0.622	0.384	0.343
	(0.611)	(0.352)	(−0.625)	(0.496)	(−0.490)	(−0.444)	(1.292)	(0.416)	(0.384)
MLF_1	0.855***	0.296*					0.888***	0.275*	
	(9.904)	(1.927)					(10.852)	(1.750)	
MSF_1				0.439***					0.336**
				(3.046)					(2.212)
CRF_1						0.018			
						(0.114)			
MPF_1			0.377**		0.318**				
			(2.529)		(2.080)				
RSIZE	−0.043	0.032	0.042	0.015	(0.069)	0.090	−0.119	0.013	0.018
	(−0.540)	(0.225)	(0.309)	(0.111)	0.490	(0.609)	(−1.566)	(0.087)	(0.126)
RMG	−0.051	−0.250	(0.175)	−0.260	0.049	−0.015	−0.017	−0.234	−0.226
	(−0.337)	(−0.936)	0.670	(−1.035)	(0.184)	(−0.055)	(−0.118)	(−0.871)	(−0.861)
R^2	0.718	0.105	0.148	0.208	0.109	0.01	0.753	0.091	0.129

注：*** 表示 1% 的显著水平，** 表示 5% 的显著水平，* 表示 10% 的显著水平。

五、结论及讨论

本文基于问卷调查的数据，以 2000 ~ 2006 年以来我国液化气行业的并购事件为样本，利用回归方程对并购后整合对并购绩效的影响进行了实证研究，结果表明并购后公司资源的整合对并购绩效有非常重要的影响。

在实证检验中本文发现，液化气行业并购整合中必须重视市场整合和生产运作整合，市场整合和生产运作整合的程度越高和整合的速度越快，越有利于并购目标的市场业绩实现；同时并购整合的程度越高，越能体现出成本的协同效应而带来成本的降低；此外，并购后市场业绩实现带来的规模经济也使企业运作成本的节约；最后，并购后如果能够带来企业市场业绩的改善，会有利于并购后最终公司财务绩效的改善。但是实证检验中发现，并购后并购双方的成本节约并没有直接带来并购后的财务绩效的改变。这一结论与目前我国液化气行业的发展状况相关。液化气财务绩效主要是取决于液化气单位毛利，也即决定于当地公用事业监管价格与液化气每吨采购成本的差。因此，在液化气的经营者眼中，整合后成本微小的变动对财务绩效的影响常常被认为是可以忽略不计。

本文的建议如下：对学者而言，在并购价值创造驱动因素的研究中必须重视并购后公司资源整合这个重要的驱动因素。对公司的管理者而言，如果公司采取了并购战略，必须重视并购后双方资源的重整，同时尽可能地加快资源整合的速度。

本研究存在以下的局限性，也是本研究未来进一步研究的方向：首先，本研究样本仅为43个，同时样本也集中在液化气行业，因此为了使研究结论更具有普遍性，有必要把增加研究样本，同时也要对不同行业进行更广泛的关注。其次，对并购整合内容的研究中本文仅仅关注了市场资源和生产运作资源，而不同行业的资源关注要点会不同，因此在大样本的研究中可能还必然关注其他资源的整合程度和速度，比如财务资源、实物资源以及研发资源等。最后，由于样本较少，本文在研究中仅控制了并购双方的相对规模，而从引言中知道影响并购绩效的因素很多，因此接下来的研究中还有必要添加更多的控制变量，从而最终得到更显著的实证结果。

参考文献：

1. Bruner. Does M&A Pay? A Survey of Evidence for The Decision-Maker, Journal of Applied Finance, 2002, Spring/Summer: pp. 48 – 68.

2. Haspeslagh, P. C. and Jemison, D. B. Managing Acquisitions: Creating value through corporate renewal. New York: The Free Press, 1991.

3. Bert, Arthur, Timothy MacDonald and Thomas Herd. Two merger integration imperatives: urgency and execution. Strategy and Leadership, 2003, 31 (3): pp. 42 – 49.

4. Homburg, Christian and Matthias Bucerius. Is Speed of integration really a success factor of Merger and Acquisition? An analysis of the role of internal and external relatedness. Strategic Management Journal. 2006, 27: pp. 347 – 367.

5. Pablo, A. L. Determinants of acquisitions integration level: A decision-making perspective. Academy of Management Journal, 1994, 37: pp. 803 – 830.

6. Birkinshaw, Julian, Henrik Bresman and Lars Haxanson. Managing the post-acquisition integration process: How the human integration and task integration. Journal of Management Studies, 2000, 37 (3): pp. 395 – 425.

7. Capron L. and J. Hulland. Redeployment of brands, Sales forces, and general marketing expertise following horizontal acquisitions: A resource-Based view. Journal marketing, 1999, (63): pp. 41 – 54.

8. 高良谋：《购并后整合管理研究——基于中国上市公司的实证分析》，载于《管理世界》2003年第12期。

9. Barney, J. B.. Strategic factors markets: Expectations, Luck, and Business Strategy, Management Science, 1986, 42: pp. 1231 – 1241.

10. Peteraf, Margaret A.. The Cornerstones of Competitive Advantage: A Resource-Based View. Strategic Management Journal, 1993, 14 (3): pp. 179 – 191.

11. Wernerfelt, Birger. A resource-based view of the firm. Strategic Management Journal, 1984, 5 (2): pp. 171 – 180.

12. Capron, L., Dussauge, P. and Mitchell. W.. Resource Redeployment Following Horizontal Acquisitions in Europe and North America, 1988 – 1992, Strategic Management Journal, 1998, 19 (7): pp. 631 – 661.

13. Gerpott T. J. Successful integration of R&D functions after acquisitions: an exploratory empirical study. R&D Management, 1995, 25: pp. 161 – 178.

14. Inkpen, A. C, A. K Sundaram and K. Rockwood. Cross-border acquisitions of U. S. technology assets. California Management Review, 2000, 42: pp. 50 – 71.

15. Datta, D K.. Organizational fit and acquisition performance: effects of post-acquisition integration. Strategic Management Journal, 1991, 12 (4): pp. 281 – 297.

16. Hunt, John W.. Changing pattern of acquisition behavior in takeover and the consequences for acquisition processes, Strategic Management Journal, 1990, 11 (1): pp. 69 – 77.

17. Hitt, M. A., R. E. Hoskisson and R. D. Ireland. Mergers and acquisitions and managerial commitment to innovation in M-form firms. Strategic Management Journal, 1990, 11: pp. 29 – 47.

18. Epstein, Marc J.. The Drivers of Success in Post-Merger Integration. Organizational Dynamics, 2004, 33 (2): pp. 174 – 189.

19. Kalwani, Manohar U. and Narakessari Narayandas. Long-Term Manufacturer-Supplier Relationships: Do They Pay Off for Supplier Firms? . Journal of Marketing, 1995, 59: pp. 1 – 16.

20. Homburg, Christian and Matthias Bucerius. A Marketing Perspective on Mergers and Acquisitions: How Marketing Integration Affects Postmerger Performance Journal of Marketing. 2005, 69: pp. 95 – 113.

21. 李善民、曾昭灶、王彩萍等:《上市公司并购绩效及其影响因素研究》，载于《世界经济》2004 年第 9 期。

22. Hair, J. , Anderson, R. , Tatham, R. , and Black, W. . Multivariate Data Analysis. Prentice Hall, New Jersey, USA, 1998.

23. 周小春、李善民:《并购价值创造的影响因素研究》，载于《管理世界》2008 年第 5 期。

（本文载于《南开经济评论》2010 年第 4 期）

垄断产业放松进入规制后的博弈与效率分析

——以中国发电市场为例

李世新　于　左

摘　要： 垄断产业放松进入规制以后，市场准入的政策性壁垒被拆除，在位企业面临着潜在竞争者的进入威胁。通过建立理论模型发现，与无进入威胁的情形相比，有进入威胁的在位垄断企业可能存在超出利润最大化产出的多余装机容量。通过对中国发电市场寡头垄断企业进行效率分析，证实了大型发电企业确实存在规模不经济、规模效率降低的情况。

关键词： 放松规制　超容量博弈　规模效率

一、引　言

1978年以前，中国电力市场总体规模偏小[①]，发电厂和输配电网都是国有国营，由政府投资建设并垂直一体化垄断经营。电力产业的市场准入受到政府的严格规制，实行的是高度集中的统一计划管理。随着电力市场规模的扩大和发电技术的进步，发电企业的规模经济性越来越不明显，市场准入规制反而成为阻碍电源建设的政策壁垒，阶段性的大面积缺电甚至影响到了整个工业生产能力的发挥。为了缓解长期的电力紧张局面、减少电源性缺电，政府开始放开市场准入，允许外资、民间资本进入发电市场，1982年龙口电厂集资办电引入集体所有制成分，1985年政府出台吸引民营资本和国外资本进入的政策，同年中外合资建设了沙角B厂和大亚湾核电站，发电市场的政策性壁垒被拆除。

经过多年的电力体制改革，中国电力产业发电环节已基本实现市场主体多元化。2002年底，中国电力产业结构重组拉开序幕，原国家电力公司被横向和纵向拆分，其中发电业务被横向拆分为五家独立的发电集团公司，即中国华能集团公司（华能）、中国大唐集团公司（大唐）、中国国电集团公司（国电）、中国华电集团公司（华电）和中国电力投资集团公司（中电投）。自五大发电集团成立以来，各发电集团公司纷纷制定了以大规模投资建设新电厂为核心的竞争战略，装机容量与发电量均经历了一个快速增长的过程。以华能集团为例，2003年底华能集团装机容量为3166万千瓦，到2008年底华能集团装机容量增加到8586万千瓦，五年时间增长了270%；发电量从1742.5亿千瓦时增加到3645亿千瓦时，增长了210%。截至2008年底，中央直属的五大发电集团装机容量约占全国总装机容量的44.9%，较2007年底高出2.9个百分点，比2003年底提高了8.6个百分点。与此同时，民营和外资发电企业占全国总装机容量的比重不断下降，2006年所占比重为6.21%，2007年下降到6.05%，2008年则快速下

① 1978年，全国电力装机总量只有5712万千瓦，仅相当于2007年全国新增机组的一半左右；全社会一年的用电量仅2566亿千瓦时，相当于2007年山东省一年的用电量。

降到 5.1%。

二、文献回顾

关于以过剩生产能力阻止潜在竞争者进入的模型研究最早始于斯宾塞（Spence，1977）。斯宾塞（Spence）提出，对于同质产品，如果出现了潜在竞争者，在位企业可能会故意承受多余生产能力的成本，造成若进入发生就提高产量、降低成本的可置信威胁，从而有效阻止新竞争对手的进入。然而，迪克西特（Dixit，1980）认为，斯宾塞（Spence）的结论不是基于合理的均衡概念基础得出的，企业持有过剩生产能力不会出现子博弈精炼纳什均衡。在纳什博弈规则下，在位企业维持超生产能力的假定是不可置信的。在位企业作为斯坦克伯格（Stackelberg）领导者，可以通过对生产能力的选择，把均衡维持在有利于自己的水平，而没有必要维持过度的生产能力。然而，随后比洛，吉纳考普劳斯和克伦佩勒（Bulow，Geanakoplos and Klemperer，1985）的研究认为，迪克希特模型的结论与其关于市场的需求假定有关，即一个厂商的边际收益随另一个厂商产出的增加而下降。如果这一假设条件得不到满足（如需求的价格弹性不变），那么过剩生产能力就可以构成子博弈精炼纳什均衡，迪克西特模型中的在位厂商拥有过剩生产能力是最优的。米尔格罗姆（Milgrom）和罗伯特（Roberts，1982）考察了不完全信息下的进入阻碍情形，结论有所改变。在不完全信息条件下，潜在竞争者不得不把在位企业的生产能力作为在位者的成本指标，于是在位企业就有动力选择过剩生产能力，部分地是为了给竞争对手提供错误的成本信息。塞隆纳（Saloner，1985）论证了一个主导企业通过过剩生产能力来诱使竞争对手减少产出的可能性。华德曼（Waldman，1987）研究了在位企业不能共谋且阻止进入所需投资水平不确定时的寡头企业生产能力投资问题。结果发现，不确定性会使寡头企业采用“搭便车”策略，进而导致新进入企业的投资水平低于仅有一家在位企业。麦索和莎阿南（Masson and Shaanan，1986）采用各种结构和行为变量解释了包含 26 个产业样本的过剩生产能力和新进入者的市场份额，他们发现，过剩生产能力降低了新进入者的市场份额。国内学者刘戒骄（2005）在研究垄断产业的改革时认为，新进入企业与在位垄断企业的成本和需求函数存在差异，在位垄断企业可能会采取降低新进入者对价格的预期值，限制新进入者的潜在市场需求量和提高新进入者边际成本或固定成本等策略达到阻止企业进入的目的。叶泽（2004）构造了发电项目投资模型，根据模型分析结果，他认为国有发电企业很可能对风险报酬甚至对无风险报酬不敏感，如果发电企业是国有的，则发电项目投资必然严重过剩，因为中国国有企业的政治和经济生命主要与企业的规模或资产有关，企业经营者追求规模而不是效益是他们理性的选择。

对中国电力产业市场绩效的实证研究近几年才刚刚开始。楼旭明等（2006）运用 C^2R 模型和 C^2GS^2 模型评价了中国电力在 1981～2001 年间的规模与技术效率，认为在此期间电力改革的相对规模有效性与相对技术有效性变化不大，近 20 年的电力改革绩效不明显。杨淑云、于良春（2008）采用中国电力产业 1996～2003 年间省际的面板数据，考察了中国电力产业在市场化改革期间的效率和生产率变动，研究结果发现电力产业存在规模经济性，电力产业全要素生产率的增长主要得益于技术进步。本文的实证部分研究中国发电寡头企业的规模经济与 DEA 效率，剔除了电力产业其他环节对发电市场效率评估的影响，从不同角度分析了发电寡头企业的效率问题。

本文余下内容的结构安排如下：第三节主要讨论有进入威胁时在位垄断企业为了阻止潜在竞争者进入市场，设置的超出利润最大化发电量的多余装机容量。第四节分别从绝对值与相对值的角度，考察了发电寡头企业的规模经济状况。第五节，总结全文并提出对策建议。

三、理论模型：超容量博弈

（一）模型的建立

超容量是指超出利润最大化发电量的装机容量。①发电市场放松进入规制之前，市场准入受到政府的政策限制，在位垄断企业不必担心受到潜在竞争者的威胁，并按照利润最大化原则设置装机容量。发电市场放松进入规制以后，市场准入的政策性壁垒不复存在，在位企业开始面临潜在竞争者的进入威胁。与无进入威胁的情形相比，有进入威胁的在位垄断企业可能故意设置超出利润最大化的多余装机容量以阻止潜在竞争者的进入。本文借助孙巍、李何、李秋涛和石慧（2009）的模型进行研究。为了分析的需要，本文首先对中国发电市场结构进行抽象与简化，把国有垄断发电企业抽象为一家在位企业，把政策放开后民营或外资发电企业的进入抽象为一家潜在竞争者。

考虑一个放松进入规制后的发电市场，任何电力企业都可以建立装机容量为 K 的工厂。在发电量为 $q(q\leqslant K)$ 时，企业的总生产成本可表示为 $C=cq+rK+F$，其中，r 为单位装机容量成本，c 为平均可变成本。假设企业 1 为在位企业，装机容量为 K_1，其总生产成本为 $C_1=cq_1+rK_1+F$。如果没有新的竞争者进入市场，企业 1 将在装机容量的约束下以利润最大化的发电量生产。假设企业 2 为潜在竞争者，装机容量为 K_2，总生产成本为 $C_2=cq_2+rK_2+F$。假设市场需求是确定的，反需求函数为：$P=a-bq$，其中 q 为市场中企业发电量的总和。

（二）模型的求解与分析

1. 无进入威胁时的情形。在没有受到进入威胁时，在位企业可以根据发电量 q_1 和装机容量 K_1 最大化利润 $\pi_1(q_1, K_1)$，约束条件为 $q_1\leqslant K_1$。显然，在没有进入威胁时，在位企业设定 $q_1=K_1$ 符合利润最大化原则。在位企业的目标函数为：

$$\max_{q_1}\pi_1=(a-bq_1)q_1-cq_1-rK_1-F$$

求解一阶条件，可得：

$$q_1=\frac{a-c-r}{2b},\ \pi_1=\frac{(a-c-r)^2}{4b}-F$$

2. 有进入威胁时的情形。由于发电企业装机容量的调整在短期内无法完成，所以一般考虑保持一个既定的最大装机容量水平，使竞争对手相信，一旦进入发生，在位企业能够充分利用装机容量达到发电量的上限。在位企业建立一个装机容量为 K_1 的工厂，并决策发电量 $q_1(q_1\leqslant K_1)$。当潜在竞争者以利润最大化发电量 q_2 进入时，也可以建立装机容量为 K_2 的工厂。在进入发生后的市场中，在位企业是一个斯塔克伯格领导者。因为在位企业在受到进入威胁前已经预先设置好了装机容量，所以装机容量对于在位企业而言是固定成本，在发电量区间上的单位边际成本为 c。对于潜在竞争者来说，如果进入发生，其设置的装机容量足以生产它所选择的发电量，这样潜在竞争者每单位产量的边际成本就是 $c+r$。

潜在竞争者进入市场时的预期利润为：

$$\pi_2=Pq_2-C_2$$

在位企业的发电量为 q_1，潜在竞争者的发电量为 q_2，因此反需求函数为：

① 根据斯托福特（Stoft，2002），装机容量一般为峰荷的 110%，这里进行了简化，假定发电量能够完全达到装机容量。

$$P = a - b(q_1 + q_2)$$

进而得到：

$$\pi_2 = [a - b(q_1 + q_2)]q_2 - (cq_2 + rK_2 + F)$$

假设潜在竞争者进入市场后，根据利润最大化原则选择发电量 q_2，则此时必然有 $K_2 = q_2$。对发电量 q_2 求一阶偏导可得：

$$q_2 = \frac{1}{2}\left(\frac{a-c-r}{b} - q_1\right)$$

此时，在位企业的利润函数为：

$$\begin{aligned}\pi_1 &= pq_1 - C_1 \\ &= [a - b(q_1 + q_2)]q_1 - (cq_1 + rK_1 + F)\end{aligned}$$

作为斯塔克伯格领导者的在位企业的利润最大化产量应为：

$$q_1 = \frac{a-c+r}{2b}$$

如果在位企业的目的是阻止潜在竞争者进入市场，则发电量 q_1 应该使潜在竞争者的利润为零。由此可以得到在位发电企业阻止潜在竞争者进入市场的最小产量应为：

$$q_1 = \frac{a-c-r}{b} - 2\left(\frac{F}{b}\right)^{\frac{1}{2}}$$

在位企业选择阻止对手进入策略时是受两个约束条件所限制的。第一个约束条件是既定生产能力的限制，即发电量不能超出装机容量的限制；第二个约束条件是策略性行为的目标决定的，即装机容量至少能够阻止潜在竞争者的进入。

如果在位企业采取超容量的策略性行为阻止对手进入时的利润大于允许对手进入时作为斯塔克伯格领导者的利润，则表明在位企业通过维持超容量和增加发电量是有利可图的。在面临潜在竞争者进入时，在位企业是允许对手进入还是阻止对手进入取决于哪一种情形下在位企业获得的利润更大。

由进入者的最优反应函数，可以得到进入者的发电量应为：

$$q_2 = \frac{a-c-r-bq_1}{2b}$$

此时的价格为：

$$p = a - b(q_1 + q_2)$$

而在位企业以利润最大化作为行为目标，在此价格和产量为 $q_1 = \frac{a-c+r}{2b}$时的利润为：

$$\pi_1^{\mathrm{I}} = pq_1 - C_1 = \frac{(a-c+r)^2}{8b} - rK_1 - F$$

在位企业以产量 $q_1 = \frac{a-c-r}{b} - 2\left(\frac{F}{b}\right)^{\frac{1}{2}}$ 选择阻止对手进入的超容量行为时，利润为：

$$\pi_1^{\mathrm{II}} = pq_1 - C_1 = \frac{(a-c) - (r + 2\sqrt{bF})}{b}(r + 2\sqrt{bF}) - rK_1 - F$$

通过比较 π_1^{I} 和 π_1^{II} 的大小，可以得知当进入发生时，在位企业允许进入和阻止进入哪种情况是更加有利可图的：

$$\begin{aligned}\pi_1^{\mathrm{I}} - \pi_1^{\mathrm{II}} &= \frac{(a-c+r)^2}{8b} - rK_1 - F - \frac{(a-c) - (r+2\sqrt{bF})}{b} \cdot (r + 2\sqrt{bF}) + rK_1 + F \\ &= \frac{a^2 + c^2 + 9r^2 - 2ac - 6ar + 6cr - 16(a-c-r)\sqrt{bF} + 32bF}{8b}\end{aligned}$$

$\pi_1^{\mathrm{I}} - \pi_1^{\mathrm{II}} \geqslant 0$，即允许进入的利润大于阻止进入的利润时，在位企业的理性选择是允许潜在竞争者进入市场，自己成为市场中的斯塔克伯格领导者。

$\pi_1^{\mathrm{I}}-\pi_1^{\mathrm{II}}\leqslant 0$，即阻止进入的利润大于允许进入的利润时，在位企业的理性选择是设置超容量阻止对手进入，此时构成精炼子博弈纳什均衡，在位企业扩大发电量的承诺就是可置信的威胁。

四、效率分析

（一）中国发电市场的规模经济状况

中国目前的发电机组主要以火力发电为主。随着火电单机容量的增加，火电单位煤耗、烟尘和二氧化硫等污染物的排放减少。60 万千瓦超临界燃煤机组供电煤耗①约为 320 克标煤/千瓦时，比 10 万等级机组的供电煤耗可节省 104 克标煤/千瓦时，每发一度电少排放 23 克二氧化碳和 1.03 克二氧化硫。100 万千瓦超超临界燃煤机组供电煤耗约为 291 克标煤/千瓦时，节省燃煤的效果更为显著。从大型企业层面（以华能为例）来看，装机容量与供电煤耗大体上也有一定的反向变化关系。2001 ~ 2008 年华能集团装机容量（火电装机超过 90%）从 3003 万千瓦增加到 8586 万千瓦，供电煤耗由 345.78 克标煤/千瓦时降低到 335.78 克标煤/千瓦时。然而，从历史数据中可以发现，在 2003 ~ 2008 年装机容量逐年大幅递增的情况下，供电煤耗下降幅度并不明显，个别年份的供电煤耗甚至不降反升。如果考虑到"上大压小"等单机机组设备升级的因素，则大型发电集团可能并不存在规模经济性。

这里通过构建规模报酬指数来考察大型发电寡头企业集团生产过程中的规模报酬情况：

$$\text{规模报酬指数}=(\Delta y/y)/(\Delta x/x)$$

式中，$\Delta y/y$——产出变化率；

$\Delta x/x$——投入变化率。

在投入与产出变化率均为正值的前提下，可以得出以下结论：

（1）规模报酬指数 <1，代表规模报酬递减；

（2）规模报酬指数 =1，代表规模报酬不变；

（3）规模报酬指数 >1，代表规模报酬递增。

由于需求波动等因素对发电量时间序列的影响较大，这会使规模报酬指数产生不必要的偏差。本文采用三项移动平均法对 2004 ~ 2007 年的装机容量与发电量时序数据进行平滑，使不规则变动得到消除。然后，依据以上公式可以求得 2005 ~ 2007 年中国发电市场上五大发电集团的规模报酬指数，如表 1 所示。

表 1　2005 ~ 2007 年五大发电集团的规模报酬指数

年份	华能	大唐	华电	国电	中电投
2005	0.73	0.86	0.77	0.84	1.14
2006	0.64	0.86	0.87	0.59	0.88
2007	0.50	0.74	1.40	0.62	0.75

资料来源：作者整理计算得到。

总体上看，2005 年以来，五大发电集团的规模报酬指数小于 1，说明规模报酬是递减的。就各

① 供电煤耗又称供电标准煤耗，指火力发电厂每向外提供一度电平均耗用的标准煤量。它是按照电厂最终产品供电量计算的消耗指示，是国家对火电厂的重要绩效考核指标之一。

大发电公司而言，华电集团的规模报酬指数逐年增加，2007 年实现规模报酬递增。其他四家发电集团均表现为规模报酬递减，这说明相对于其他要素投入量，装机容量投入过多。尤其是中国最大的发电企业——华能集团，规模报酬指数远小于其他发电集团，说明其规模经济状况最差。

（二）从相对效率角度考察规模经济性

数据包络分析方法（Data Envelopment Analysis，DEA）是由查恩斯（Charnes）、库珀（Coopor）和罗德斯（Rhodes）于 1978 年提出，它是一种借助于数学规划和统计数据确定相对有效的生产前沿面，将各个决策单元投影到 DEA 的生产前沿面上，并通过比较决策单元偏离 DEA 前沿面的程度来评价它们相对效率的方法。

为了分析中国发电市场是否存在规模相对越大、效率相对越高的情况，下面以班克尔（Banker）、查恩斯和库珀于 1984 年发展出的 BCC 模型对发电市场进行 DEA 分析。鉴于发电企业以资本投入为主，并为了简便分析，本文选用一项产出和一项投入模型。在此选取中国发电市场上五大发电集团公司作为决策单元，[①] 通过对各公司的数据进行包络拟合，来判断各大发电集团的发展是否达到了规模与技术相对有效。为了比较的精确性考虑，统一选取 2004 ~ 2007 年各集团公司的数据作为分析对象。

通过 Deap2. 1 软件实现对五大发电集团效率分析的求解，具体结果如表 2 所示。

表 2　　2004 ~ 2007 年中国五大发电集团的投入产出数据

（装机容量：万千瓦；发电量：亿千瓦时）

序号	DMU	2004		2005	
		装机容量	发电量	装机容量	发电量
1	华能集团	3356. 66	1947. 80	4321. 40	2564. 15
2	大唐集团	3353. 40	1733. 70	4165. 55	2097. 70
3	华电集团	3079. 00	1384. 20	3881. 00	1629. 28
4	国电集团	2930. 39	1681. 00	3506. 00	1904. 00
5	中电投集团	2795. 80	1306. 35	3238. 67	1437. 80
序号	DMU	2006		2007	
		装机容量	发电量	装机容量	发电量
1	华能集团	5719. 00	2820. 00	7157. 60	3271. 40
2	大唐集团	5406. 00	2516. 21	6482. 00	3047. 57
3	华电集团	5004. 60	1995. 00	6302. 41	2563. 00
4	国电集团	4445. 00	2259. 10	6006. 00	2652. 80
5	中电投集团	3780. 00	1725. 20	4300. 00	1911. 00

数据来源：2004 ~ 2005 年数据来自《中国电力年鉴》，2006 ~ 2007 年数据来自中电联及五大集团公司网站。

从表 3 中可以看出，中国最大的发电主体——华能集团 2004 ~ 2007 年技术效率一直保持为最优，综合效率在 2004 ~ 2005 年也保持最优。但是，由于 2006 ~ 2007 年连续两年规模报酬递减，因而导致规模效率和综合效率明显下降。相反，装机容量最小的中电投集团在 2004 ~ 2007 年连续四年保持规模报酬递增，规模效率得到提高，综合效率也得到很大的提升。这说明，在中国发电市场上不存在规模越大、效率越高的情况。

① 由于其他发电集团的数据在《电力年鉴》、《电力市场年度报告》等数据资源中难以获得，因此仅选取五大发电集团作为决策单元。由于此处是分析大型企业与小型企业的相对效率，因此不影响本文的分析结论。

表 3　　　　2004～2007 年基于 DEA 方法的五大发电集团效率分析结果

序号	DMU	2004				2005			
		综合效率	技术效率	规模效率	规模报酬	综合效率	技术效率	规模效率	规模报酬
1	华能集团	1	1	1	—	1	1	1	—
2	大唐集团	0.891	0.899	0.991	irs	0.849	0.899	0.944	irs
3	华电集团	0.775	0.917	0.845	irs	0.708	0.863	0.82	irs
4	国电集团	0.989	1	0.989	irs	0.915	1	0.915	irs
5	中电投集团	0.805	1	0.805	irs	0.748	1	0.748	irs
	mean	0.892	0.963	0.926		0.844	0.952	0.885	
序号	DMU	2006				2007			
		综合效率	技术效率	规模效率	规模报酬	综合效率	技术效率	规模效率	规模报酬
1	华能集团	0.97	1	0.97	drs	0.972	1	0.972	drs
2	大唐集团	0.916	0.93	0.984	drs	1	1	1	—
3	华电集团	0.784	0.822	0.954	irs	0.865	0.881	0.982	irs
4	国电集团	1	1	1	—	0.939	0.953	0.986	irs
5	中电投集团	0.898	1	0.898	irs	0.945	1	0.945	irs
	mean	0.914	0.951	0.961		0.944	0.967	0.977	

注：“ins”代表规模报酬递增；“drs”表示规模报酬递减；“—”代表规模报酬不变。

（三）总结

规模报酬指数是衡量发电寡头企业规模经济状况的绝对值指标，DEA 方法是衡量发电寡头企业规模经济的相对值指标。无论是从绝对值的角度，还是从相对值的角度，考察后得出的结论是一致的：大型发电企业集团呈现规模报酬递减，规模效率降低的趋势。

五、结论与建议

中国垄断产业放松规制之前，由于进入成本过于高昂，在位企业无需维持超容量即可达到阻止潜在竞争者进入之目的。然而，在市场放松规制以后，潜在竞争者的进入成本大大降低，预期进入市场的成本收益关系发生改变，国有寡头企业若不加以阻止，市场竞争将会加剧。为了维持其垄断地位，国有寡头企业有了保持超生产能力或超容量以阻止潜在竞争者进入的动机。超容量博弈模型的结果表明，为了阻止民营企业或外资企业的进入，电力市场中的垄断企业具有较强的超容量设置动机，并偏离了利润最大化和经济效率的目标。对中国发电市场的实证分析也证实了这一结论。基于以上理论模型与实证分析，我们对中国发电市场提出以下几点对策建议：

其一，对大型发电厂商继续实行拆分的结构重组政策。从本文的分析中可以看出，企业层面并不存在明显的规模经济性，再加上五大集团规模报酬递减，因此，对中国大型发电主体应巩固并继续深化拆分政策。这样做，一方面是为了降低大型企业的管理成本，另一方面是为了防范发电市场的市场势力问题。防范电力产业市场力量的最根本措施是在发电环节引入竞争，分拆那些装机容量过多的发电厂商。在英国电力产业市场化改革过程中，市场力量产生的一个重要原因就在于发电厂商占据着过高的市场份额，因而继续拆分发电市场中的大发电厂商是根本之策。许多市场化改革的电力市场都限制了单个厂商的市场占有率（如美国的一些区域电力市场规定不能超过 10%），否则将要求该公司出售超过规定的装机容量。因此，对大型发电厂商的政策性拆分应作为我国发电市场改革的主要方向。

其二，针对在位垄断企业的市场行为，应采取非对称的规制政策，积极培育新的市场竞争主体。现代规制理论认为，需要经济规制的市场有两种：一是自然垄断，二是转型市场。自然垄断市场需要经济规制很容易理解，既要限制进入，也要防止企业索取垄断高价。对于由自然垄断市场向竞争市场转型的行业，如电信业过去是自然垄断的，在放松进入规制后，由于新进入者不可能平等地与已经确立垄断地位的在位者展开竞争，因此规制机构需要对这样的行业进行规制（如非对称规制），以确保它们朝着正常运行的市场竞争秩序过渡。本文的博弈模型结果表明，发电市场在向竞争性市场过渡的过程中，如果不加以适当规制，寡头垄断厂商极有可能把新的市场竞争主体扼杀在摇篮之中。实际数据也支持了这一结论，寡头垄断厂商的市场份额在逐年提高，而民营企业、外资企业等新的市场竞争者被压制，市场份额不断下降。这一现象需引起相关规制部门的关注。

其三，中国发电市场亟须反垄断政策的导入，以防范在位垄断企业滥用市场垄断地位。解除发电市场的规制，建立竞争性的发电市场已是大势所趋。然而，解除规制所造成的空白必须由反垄断政策来填补。电力产业属于公用事业，西方发达国家在公用事业引入竞争机制的改革之前，反垄断法原则上是不适用的，即“一般豁免，例外适用”，也就是所谓的公用事业企业限制竞争行为在反垄断法上的豁免制度。然而，现在这一制度已经发生了根本性的转变。德国《反限制竞争法》第六次改革（1998）和澳大利亚启动的竞争政策改革（1995），都对公用事业不再一般地适用除外，而是要求其原则上适用反垄断法。在美国，司法部（DOJ）和联邦贸易委员会（FTC）也早已开始调查电力市场的反竞争效应。中国的发电市场高度垄断，集中度不断提高，对未来竞争性电力市场的建立带来了隐患。而解决竞争性市场的垄断问题，反垄断政策应该发挥应有作用。

其四，发电市场中的行政垄断值得警惕，应防止地方政府及其所属部门利用行政权力等手段限制其他企业进入。本文分析了竞争性市场下的超容量博弈中国有寡头企业的市场行为。然而，中国的发电市场还存在着地方政府及其所属部门利用行政权力限制其他企业进入或排挤其他企业的情形，这也是本文的理论模型与实证分析所未考虑到的。20世纪80年代为了解决“独家办电”带来的严重电力短缺问题，中国政府开始实行多所有制办电，鼓励其他形式的企业进入，这项政策的实施大大促进了中国电力产业的发展。但是，由于行政垄断体制特别是区域间的壁垒尚未完全打破，竞价上网的市场化机制并未形成，行政力量干预市场公平竞争的重大事件时有发生。世界各国的电力改革经验已经证明，仅仅放开进入规制，不实行民营化改革，政企不能真正分开，也不可能引入真正的市场机制。以世行贷款兴建的二滩水电站为例，由于四川与重庆都拥有自己的地方火电厂，电量充足，导致二滩水电站受到地方利益集团的排斥，虽然发电成本极低，但建成后由于卖不出电不得不多次弃水，造成了资源的极大浪费。

参考文献：

1. Spence A M. Entry，Capacity，Investment and Oligopolistic Pricing [J]. Bell Journal of Economics，1977，(8).

2. Dixit A. The Role of Investment in Entry-Deterrence [J]. The Economic Journal，1980，(90).

3. J Bulow，J Geanakoplos，P Klemperer. Holding Idle Capacity to Deter Entry [J]. The Economic Journal，1985，(95).

4. P Milgrom，J Roberts. Limit Pricing and Entry under Incomplete Information：An Equilibrium Analysis [J]. Econometrica，1982，(50).

5. Steven C Salop. Strategic Entry Deterrence [J]. The American Economic Review，1979，(69).

6. George J Stigler. The Organization of Industry [M]. Chicago：The University of Chicago Press，1968.

7. Masson，Robert T，Shaanan，Joseph. Excess Capacity and Limit Pricing：an Empirical Test. Economica，1986，(53).

8. John T Wenders. Entry and Monopoly Pricing [J]. The Journal of Political Economy，1967，(75).

9. Saloner. Predation，Mergers and Incomplete Information [J]. Rand Journal of Economics，1987，(18).

10. 杨淑云、于良春：《中国电力产业效率和生产率变动的实证研究》，载于《财经论丛》2008年第3期。

11. 楼旭明等：《基于DEA的中国电力改革绩效相对有效性评价》，载于《当代财经》2006年第4期。

12. 杨明、周琦：《超生产容量阻止对手进入有效性的实物期权分析》，载于《系统工程理论与实践》2007年第

10 期。

13. 孙巍、李何、李秋涛、石慧：《垄断厂商的过剩生产能力可置信威胁行为分析》，载于《科学决策》2009 年第 3 期。

14. 刘戒骄：《垄断产业改革》，经济管理出版社 2005 年版。

15. 叶泽：《电力竞争》，中国电力出版社 2004 年版。

16. 刘建平：《中国电力产业政策与产业发展》，中国电力出版社 2006 年版。

17. 干春晖：《企业策略性行为研究》，经济管理出版社 2005 年版。

（本文载于《山西财经大学学报》2010 年第 6 期）

出租车行业经营模式与管理制度存在的弊端及其治理见解

李玉娟

摘　要： 由于历史原因，多年来我国对出租车行业大都采取了管制措施，实行特许经营。特许经营权的高价拍卖，引发了众多问题，群体性罢工停运甚至集体上访事件时有发生，“黑车”泛滥下政府高昂的治理成本，特许经营下的垄断与寻租，及由此衍生出的乘客、司机、政府相关部门与出租车公司之间的利益冲突等众多问题。通过用福利经济学相关知识对出租车市场构建模型进行分析发现，特许经营权的拍卖，实质是对出租车司机与乘客进行了变相的税赋征收，此举造成了消费者、出租车司机与国家整体福利的下降。在此分析基础上，最后提出相应的对策与建议。

关键词： 出租车　数量限制　特许经营权　管制

我国的出租车行业是随着中国的改革开放，在20世纪80年代初期逐步发展起来的，后来随着经济的发展而逐步发展壮大，形成一个规模较大的行业。据统计我国目前出租车总数在110多万辆的规模，从业人数达200多万人，年客运量在120亿人次。不可否认，出租车行业的出现，对就业问题的解决与老百姓的出行都做出了一定的贡献，但近年来出租车行业出现的很多问题引发了社会各界的关注与思考，尤其是近些年来全国不少地方均出现出租车罢工停运事件，出租车公司对出租车司机的盘剥导致生存压力较大的出租车驾驶员群体性的上访，出租车司机收入下降引起的服务质量下降、老百姓对此问题的不满，出租车经营许可证高价拍卖下导致经营成本的上升，从而收费偏高，引发了“黑车”盛行、政府相关职能部门治理“黑车”的巨额成本上升，收效却甚微带来的尴尬等问题，引起了理论界、政府以及运营部门的思考。一些相应的政策措施也在全国各大中城市进行了实施，但却未能从根本上解决这些问题，本文仍就出租车行业经营模式与管理制度的治理问题试作探讨。

一、出租车行业经营模式与存在的问题

（一）出租车特许经营权的获得方式

我国出租车市场是一个处于高度管制尚待开放的市场，在管制方式上主要采取了对经营出租车的资格进行了规范和限制的准入管制；对起步费、每公里运费等采取的价格管制；对出租车经营牌照的有效使用年限进行的运营期限管制；以及通过控制出租车经营牌照的发放数目限制城市中出租车的总数的数量管制。在出租车行业，现阶段特许经营权的获取方式主要有两种：一种是无偿取得方式；另一种是有偿取得方式。出租车经营权无偿取得方式是对从事出租车经营活动的个人或公司，依照相关规定，向政府相关行政部门依照有关规定进行申请，无需支付相应的对价而通过近乎

无偿的方式获取到出租车经营权。出租车经营权有偿取得方式，是指政府相关行政部门与从事出租车经营的个人与公司之间，通过协商、招投标、定额收费、拍卖或者其他方式获取到出租车经营权。

（二）出租车行业主要经营模式

在出租车的经营管理模式上，目前主要有四种经营模式，分别是公司经营制、承包经营制、挂靠经营制与个体经营制。所谓公司经营制，就是出租车公司作为出租车市场运营的主体，经营使用的车辆由公司购买，车辆产权以及出租车的经营权均属于公司所有，驾驶员由公司统一进行招聘后，成为公司的员工，享受公司的基本工资待遇，为了保证车辆的安全与员工对车辆的爱护，通常驾驶员须向公司缴纳一定金额的保证金，此外，公司为了奖勤罚懒，对员工的运营任务制订了一定的任务考核指标，超过运营任务的，由公司与驾驶员之间按照一定的比例进行分配，对于未完成任务的部分，则规定了相应的惩罚措施，以此来调动员工的积极性。承包经营制是指车辆产权与经营权均是由出租车公司所有，或者经营用车辆由个人购买所有权属于个人所有，但是经营权属于公司所有，车主或者驾驶员向公司缴纳承包费后，自己独立经营自负盈亏。所谓挂靠经营制，就是个人出资购买运营车辆，对车辆拥有产权，出租汽车经营权属于车主或者驾驶员个人所有，车主与有经营资质的出租汽车公司签订运营合同，挂靠公司进行出租汽车运营，公司为出租汽车车主提供基本运营服务，如车辆保险、社会劳动保障、代缴税费、汽车维修服务等，出租汽车车主每月向公司缴纳一定数额的挂靠管理费。所谓个体经营制，就是车辆的产权与经营权均属于车主个人所有，车主缴纳政府规定的各种税费后，车主作为独立的个体开展运营，或者雇佣驾驶员开展运营，或者再次向司机收取一定的费用后，承包给司机进行运营。

这四种经营模式中提到的出租车经营权问题，牵涉到经营权的发放问题，一种是无偿发放，另一种是有偿发放。20 世纪 90 年代前后，我国大部分大中城市的出租车行业，纷纷以实行拍卖经营权发放许可证制度，也就是采取有偿发放这种方式。这种制度能够有效地保障政府的收益，避免了当时采取征税方式的过高征税成本，同时对防止出租车市场过度无序竞争等起到了一定的作用。

（三）现有经营模式存在的问题

1. 群体性罢工停运甚至集体上访时有发生。在当前的管理体制与经营模式之下，出租车行业的问题层出不穷。由于此类事件多如牛毛，本文仅列举 2008 年与 2010 年的部分事件，来说明此类问题的普遍性，严重性。据不完全统计，从 2008 年 1 月至 11 月下旬，全国 15 个省市自治区、直辖市发生 33 起出租车罢运事件。2010 年以来，出租车罢运事件仍屡屡发生。这些出租车司机的罢工停运事件不停的发生，给人民群众正常的生产生活带来了较大的麻烦，也给政府部门的正常工作造成了极大的干扰，反映了出租车经营权改革的必要性与问题的严重性。

2. “黑车”泛滥以及政府高昂的治理成本。政府相关部门对出租车行业进行数量管制与价格管制，数量管制的门槛使得该行业即使供需严重失衡的时候，仍然难以通过合法渠道进入该市场，而价格管制的存在，非合法出租车由于不需要支付高额的经营权拍卖费用，使得该行业的利润较为丰厚，使得更多的人购买较为便宜的车辆，进入出租车行业进行非法运营，成为所谓的“黑车”。对消费者而言，受政府管制下所制定的偏高价格的影响，消费者的需求必然会部分转移到价格更为低廉、服务更为便捷的“黑车”，这在客观上无形中助长了“黑车”的增加泛滥，同时也带来了政府相关职能部门的高额治理成本。

3. 收费制度对乘客利益造成损害。对出租车行业的数量管制，导致出租车经营权拍卖在全国各地的拍卖价格不停地被刷新，支付了高额拍卖费的车主或者公司，必然要把这些高额费用通过价格转移转嫁到消费者身上，最为明显的就是起步价格的制定，以及以每公里为里程数作为计价单位的收费，这点类似于多年前的固定电话的收费制度，但电信领域由于取消了垄断引入了竞争，当初的月租费已经逐步被取消，长话按分钟为计价单位的收费模式已经转化为以每六秒为计价单位，收费日趋更为公平合理，但出租车行业类似的计价收费模式多年来几乎没有改变。第一，对于起步价的问题。如贵阳的出租车起步价，20多年来一直按照10元的起步价征收，不少城市都存在类似的情况，如上海市的出租车起步价是前3公里12元，北京的是前3公里10元。理论上来说，起步价主要分担的是车辆的固定费用，但是这一费用的分摊应该具有一个合理的比例，实际上完全可以采取第一、二、三公里的计价费用逐步递减，但超过3公里以后的每公里价格按照另行的标准来处理更显公平。起步价过高的价格限制，使得里程低于3公里打的出行的人数减少，一方面影响了出租车司机的收入，另一方面对于接受既定价格的乘客并不公平。第二，对于超过起步里程数的计价按照公里为计价单位的不公平问题。随着科学的发展和技术进步，许多行业都在向准确化方向发展，比如长途电话现在实现6秒计费，可在出租车运价中仍然按照每公里计费。事实上，从技术层面来看，可以做到以米为计价单位。而目前的状况是，如果乘客乘车距离超过哪怕是1米，计价器也要上调为一公里的收费，乘客要多支付一公里的里程费。产生这些问题的根源在于收取了巨额拍卖费的政府，为了保证这些出租车司机或者公司的收入，实施了价格管制，而作为部分出租车司机或者公司为了弥补高额拍卖费，以为通过偏高的价格能向消费者转移成本，但却忽略了薄利多销这个基本的道理。

4. 对出租车司机的利益的影响。当前的出租车经营权是采取拍卖的方式进行发放的，在发放的过程中，由于对拍卖数量进行了控制，导致拍卖的价格大都非常高，从而使通过高价获得出租车经营权的车主或者公司，为了赚回所支付的成本，往往要出租车司机支付更高的承包费，以此收回成本增加盈利，此举无疑会加大了出租车司机的营运成本，使得出租车司机的盈利空间受到极大的挤占。比如目前贵州省的省会城市贵阳，大约有90%的出租车由驾驶员向车主承包，驾驶员每天要向车主交纳360元的承包费，一个月按照30天机算，月承包费就是一万多元，其中承包白班的驾驶员向车主交纳的费用，白天一般汽油车要交230元，柴油车要交250元的承包经营费，承包夜班的驾驶员向车主交纳130元的承包经营费，再加上每个班120元左右的油费，这导致了白班出租车驾驶员从一起床，就得先为这一天必须交纳的350元承包费忙碌，一般平均下来一天能跑到300～400元钱，扣除油费后，收入并不高，如果碰到一些意外事故比如严重交通拥堵及其他交通事故，还可能面临亏损，因此出租车驾驶员面临的压力与风险都比较大。此外，通过拍卖的方式，由于拍卖费用畸形偏高，一方面推动政府制定了偏高的起步价，偏高的起步价又导致出租车空载率提高，直接影响到了出租车司机的收入；另一方面，政府在拍卖后一次性收取了众多车主的巨额费用之后，就承担了为车主将来逐步收回成本获取利润起到隐性担保的责任，采取了限制新增出租车的投放量，人为制造出租车供给的不足，由此造成很多城市出租车的起步价等费用较高，空载率提高，影响了司机的收入。出租车司机收入下降的深层次的原因是出租车经营权未彻底放开，没有形成市场化，由此在利益链上出现中介环节多，层层承包、层层“剥皮”，最终导致司机交纳的租金高、收入少。从而在很多城市酿成了出租车司机集体停工罢运，群体性上访等事件的时有发生，增加了不必要的社会成本，与目前所倡导的和谐社会的方略不相符合。

5. 特许经营下的垄断与寻租问题。出租车市场的垄断主要表现为以地方政府职能部门为权力主体的区域性行政垄断。其特征是：第一，运用行政分配手段，将出租车运营指标无偿或有偿地给予出租车公司或者个人；第二，依靠政府进入管制，出租车公司占有绝大部分市场资源。北京目前拥有出租车汽车6.66万辆，98.6%的出租车集中在出租车公司；第三，运用行政权力控制出租车总量，并实行严格的市场禁入，维护市场现有格局；第四，运用行政权力决定出租车车型的选择，限制外地产品的进入；第五，由行业主管部门申请、以走形式的价格听证会确定全行业统一的固定价格，限制行业内的竞争。如果政府出于某种目的人为地制造了某种管制，导致某种商品成为稀缺商品，那么寻租活动也就必然发生。如果对特许经营权采取无偿发放的方式，为了获取到得到某种稀缺商品的高额价差，各种组织或者个人必然会向行政主管部门进行一系列的寻租活动。腐蚀拉拢国家干部的事情比较容易发生。如果对特许经营权采取拍卖的方式，从眼前利益来看，借助各种特许经营获取的收益，使不少经济发展落后的城市，一方面政府收取到一定的特许经营收入，对地方经济社会发展发挥了一定的作用，另一方面负面作用也日益显露。在出租车行业政府通过拍卖经营权，一下子预收出租车数十年的收益，而出租车的收益是乘客每天付出而创造的，政府预收数十年的特许经营费用，却不分担任何风险，此外，在拍卖后一次性收取了众多车主的巨额费用之后，政府就承担了为车主或者公司将来逐步收回成本获取利润起到隐性担保的责任，必然要提高起步价和限制新增出租车的投放量，由此造成的社会成本巨大，甚至阻碍了交通运输行业的价格市场化改革趋势。

除了上述几点外，还有出租车服务质量的低下造成城市形象下降，给外来旅游投资等带来负面的判断与影响，都是社会或者某一地区为此付出的代价。

二、出租车行业管制下经营权拍卖制度的经济学分析

出租车行业中，有通过采取定额税费的方式转让出租车特许经营权，但在实践中有诸多弊端，更多的是采取了拍卖的方式一次性地进行征收，因此可以近似地看做是某些相关税费的一次性征收，而多次分摊到每一年的运营成本中去。本文拟用经济学模型对出租车司机、车主、乘客以及国家的福利进行分析。

（一）买方变相征税分析

图1中横轴 Q 表示出租车的供给与需求数量，纵轴 P 表示出租车市场的价格，S_0 表示出租车的供给曲线，D_0 表示出租车的需求曲线，E_0 表示出租车市场为自由竞争时的均衡，此时的均衡价格为 P_0，均衡供需数量为 Q_0。

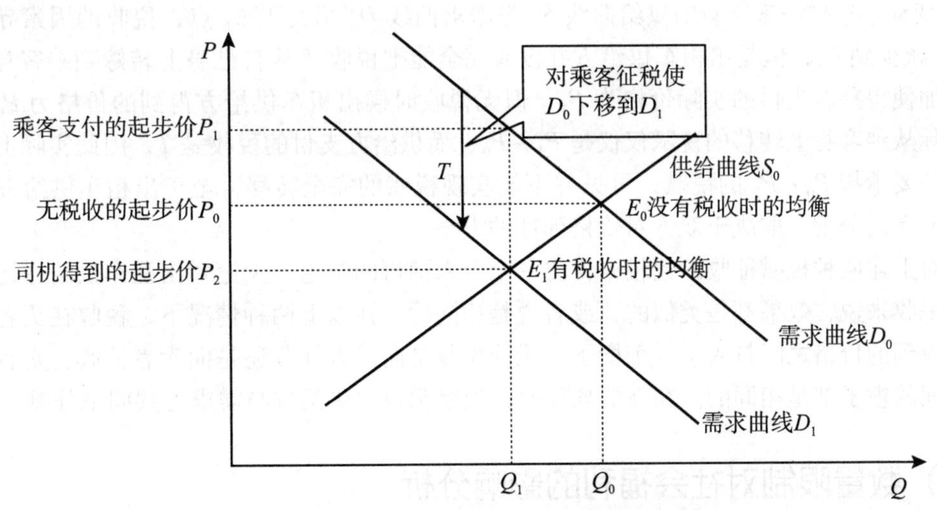

图1　起步价中变相对乘客征税的影响分析

假定政府可以从乘客方面变相征收税收，此时对于供给曲线来说，在任意既定的价格下，供给量并没有受到影响，因此供给曲线 S 并不发生移动。但是对于乘客来说，由于受到－征税的影响，每一既定价格都较税收之前有了增加，因此需求量受到了影响，需求曲线从 D_0 向左下方移动到 D_1，

与原来的需求曲线 D_0 相交于新的均衡点 E_1，均衡供需数量从 Q_0 下降为 Q_1，此时对于乘客来说，实际支付的价格并非是均衡价格 P_0+T，而是 P_1，换句话说，税赋 T 中仅仅是 P_1-P_0 部分由消费者承担了，T 中剩余部分 P_0-P_2 部分由出租车供给方来分担了。

（二）卖方变相征税分析

图2中横轴 Q 表示出租车的供给与需求数量，纵轴 P 表示出租车的价格，S_0 表示出租车的供给曲线，D_0 表示出租车的需求曲线，E_0 表示出租车市场为自由竞争时的均衡。

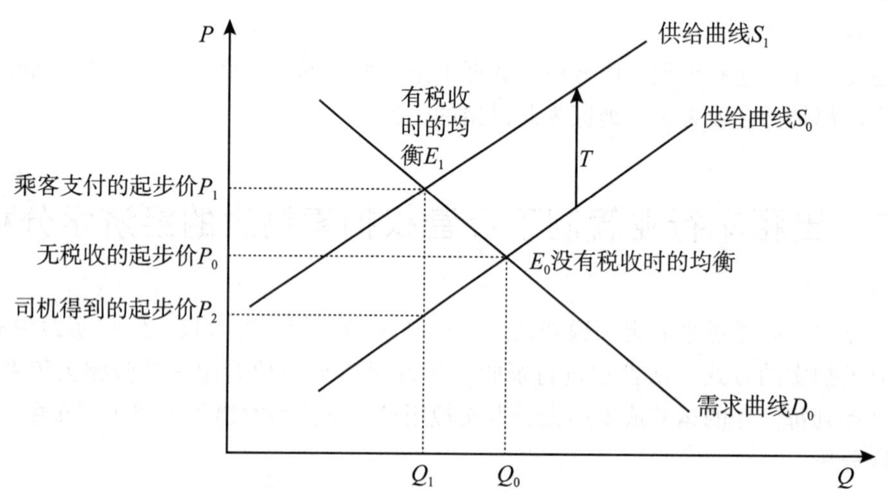

图2　起步价中变相对司机征税的影响分析

S_1 表示政府对出租车进行数量管制，对出租车经营权进行拍卖，变相对出租车经营者进行税收征收，由于变相税收 T 的征收，使得出租车供给方的成本上升，在任何一个既定的价格下，供给量都要减少，从而变相税收使得出租车供给曲线向左上方移动到 S_1，由于是向供给方直接征收税收 T，因此在任何的既定价格下，出租车的需求量是相同的，因此对供给方征收税收不会影响到需求曲线 D 的变动。这样一来，新的供给曲线 S_1 与需求曲线 D_0 相交于 E_1 点，税收的因素导致市场交易量从 Q_0 减少到 Q_1，但是出租车供给方并没有完全能把税收 T 从自己身上转嫁到乘客身上，因为税收的增加使得乘客支付的实际价格为 P_1，但无税收时候出租车供给方得到的价格为 P_0，出租车供给方实际从乘客身上转移的税赋仅仅是 P_1-P_0，而供给方支付的税收是 T，因此实际上出租车供给方自身还要承担 P_0-P_2 的税赋，可见并不能实现税赋的完全转移，至于出租车供给方与需求方在税赋分摊上的分配，取决于双方对价格弹性的大小。

通过对上述两种税赋征收的比较，得出一个令人惊讶的结论，无论对出租车供给方还是需求方乘客征收税收来说，效果都是类似的，或者说是相同的。在以上两种情况下，税收在买者支付的价格与卖者得到的价格之间打入了一个楔子。无论税收是向买者征收还是向卖者征收，卖者价格与买者价格之间的楔子都是相同的。在新的均衡时，税赋都得由供给方与需求方共同来分摊。

（三）数量限制对社会福利的影响分析

图3中横轴 Q 表示出租车的供给与需求数量，纵轴 P 表示出租车的价格，S_0 表示出租车的供给曲线，D_0 表示出租车的需求曲线，E_0 表示出租车市场为自由竞争时的均衡。消费者剩余由价格线 P 与需求曲线 D 与相应的价格水平虚线围成，生产者剩余由价格线 P 与供给曲线 S 与相应的价格水平虚线围成。

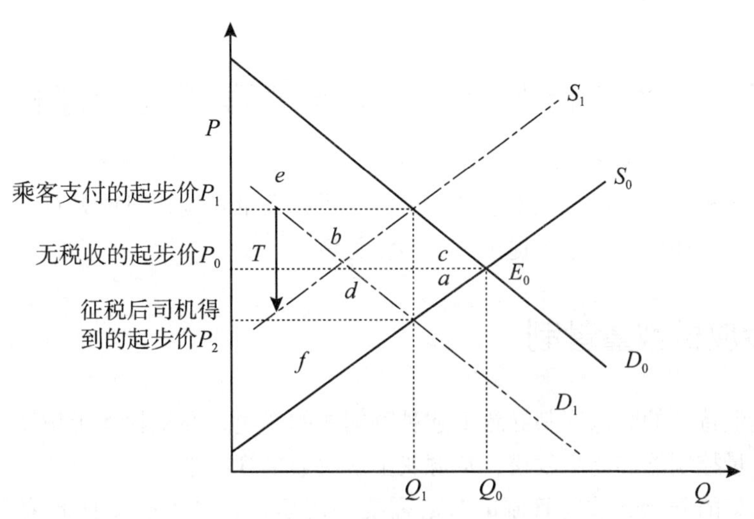

图 3　数量限制对社会福利的影响分析

呈虚线形状的 S_1 与 D_1 与分别表示政府对出租车供给方与需求方变相征收税收使得原供给线与需求线发生移动而得到，其实质也是政府对出租车行业采取特许经营管制，通过拍卖等方式出让特许经营权，变相对乘客与出租车司机征收的一种赋税，前面两个模型分析了，两种方式的效果是一样的，无论如何征收，消费者与供给方都要按照各自对价格的弹性强弱不同而分摊相应的赋税，因此为了分析简便清晰，用福利经济学的知识就图 3 做出分析，分析结果用如表 1 所示。

表 1　　自由贸易与变相数量限制净损益比较

	自由竞争	数量限制	净得失
生产者剩余	$a+d+f$	f	$-a-d$
消费者剩余	$e+b+c$	e	$-b-c$
政府	0	$b+d$	$b+d$
国家整体	$a+d+f+e+b+c$	$f+e+b+d$	$-a-c$

从图 3 与表 1 可以看出，没有税收，出租车市场处于自由竞争市场的时候，消费者需求曲线 D_0 与供给曲线 S_0 相交决定的均衡数量为 Q_0，均衡价格为 P_0，需求曲线 D_0 反映了乘客的支付意愿，因此消费者剩余就是需求曲线 D_0 与价格水平线 P_0 围成的面积，即 $e+b+c$ 部分；生产者剩余就是供给曲线 S_0 与价格水平线 P_0 围成的面积，即 $a+d+f$ 部分；由于在自由竞争条件下，政府没有出租车特许经营权的拍卖收入，即收益为零。整个国家的福利就是 $a+d+f+e+b+c$。现在政府对出租车市场采取数量管制，用特许经营权拍卖的方式，变相对出租车供给方与乘客征收赋税，从而使得乘客支付的价格上升到 P_1，消费者剩余就是需求曲线 D_0 与新的价格水平线 P_1 围成的部分，即面积 e 部分；供给方出租车行业得到的价格为 P_2，生产者剩余就是供给线 S_0 与新的价格水平线 P_2 围成的部分，即 f 部分；政府得到的税赋为税赋 T 乘上实际的运营数量 Q_1，即 $b+d$ 部分，整个社会的福利为 $f+e+b+d$。

可见政府对出租车行业进行数量限制，通过拍卖经营权的拍卖来让出租车一方与乘客一方各自承担了相应的税赋，使得乘客的福利减少了 $b+c$ 部分，出租车一方则减少了 $a+d$ 部分，国家相关部门得到了 $b+d$ 部分的拍卖收入，国家的所得与乘客与司机的所失抵消掉后，整个社会由于政府对出租车进行了高额出租车经营权拍卖费，以及由此产生的数量管制，使得整个社会福利减少了 $a+c$ 部分。

三、出租车行业经营模式与管理制度治理构想

上述可见，对出租车行业通过拍卖经营权的方式进行数量管制，只能是社会福利程度整体地降低。要从根本上解决上述问题，笔者提出以下粗浅见解。

（一）逐步放松数量管制

鉴于出租车行业特殊的数量管制导致上述种种问题的产生，要从根本上解决上述问题，就得需要出租车行业的数量控制能够逐步放松，从源头上解决数量管制带来的种种恶果。放松管制并不意味着是政府管制结束的开始，政府管制的核心需要与时俱进，是不断变换政府行为重点的动态过程。因此，政府在取消特许经营、放松数量管制的基础上，开放出租车市场，强化出租车服务质量与安全的管制，加强对出租车经营者、出租车司机的执业资格审查，将成为以后政府管制的重点。具体来说，可从两方面着手：首先，强化出租车服务质量与安全的管制。出租车作为为公众提供出行交通工具的行业，出租车服务对象的不特定性决定了它的公共性，为了维护公共利益，必须保证其安全可靠。因此，政府应对出租车的技术标准有相应的要求，在车型和车种的选择、安全防护设施和计价器的采用与安装、排量与尾气排放等方面予以相应的设定。其次，加强对出租车经营者、出租车司机的执业资格审查。可以借鉴国际上的有益经验，加强对出租车司机的执业资格审查。这方面的一些国际经验可以结合各地实情加以吸收利用。

（二）取消出租车行业的准入歧视

由于政府对出租车行业的准入制度实施了较为严格的管制，导致“黑车”泛滥，各大中城市的政府花费了极大的精力进行了集中整治，但效果并不好的根本原因，在于政府对出租车市场实施了严格的数量管制所致，所以政府应该从问题产生的根源寻求解决办法，逐步放松出租车市场的数量管制，让“黑车”变为合法进行运营的车辆，这样既满足了百姓出行的需要，又可以降低“黑车”泛滥导致的巨大治理成本，以及“黑车”驾驶员为了应对执法人员的检查，精力分散导致的交通事故的发生率，从整体上提高整个社会的福利程度。初步放松管制的方法可以有两点：首先，可以采用电话叫车方式。电话叫车业务既能够满足居民的出行需求，又能够减少街道上游走拉客的出租车数目，可以最大限度地降低出租车空驶率和路面占用率。第二，出租车运费区别定价。允许出租车运价根据需求变化在一定范围内进行相应调整，可以通过适当降低非高峰期出租车运价并提高高峰期出租车运价，来分流一部分没有必要在高峰时期选择出租车出行的交通需求，降低正规出租车在非高峰期的空驶率。这种做法在技术上也比较容易实现，从而从根本上解决“黑车”泛滥的问题。

（三）逐步完善出租车行业立法

近年来，我国从中央到地方都逐步制定了一些政策法规来加强对出租车行业的管理，不可否认这对于促进出租汽车行业健康发展，维护社会稳定发挥了一定的作用，但同时也应该看到，这些文件还带有比较明显的阶段性特征，缺乏长期性和连续性，也未能从根本上解决种种存在的问题。从长远看，解决出租车行业存在的问题需要一个逐步完善的过程，需要通过人大立法，以法律法规的形式来规范出租车的管理，唯有如此才能避免一些地方政府的职能部门在处理此问题时随意性过强。当然由于全国各个城市出租车行业发展的具体状况有所不同，因此搞全国性的统一立法只能趋

于宏观，不能搞一刀切的政策法规。各省市可以根据各地的不同情况尽快出台出租车行业管理条例，并报市人大、省人大审批。条例应对出租车经营权的处理，到期车辆的退市或是续签制度，对新增车辆的审批程序、收费项目的审定以及经营资质管理、客运管理、有关法律责任等，做出明确的规定，改变目前无法可依、多头管理的局面。同时政府要依法行政，加强对该行业的政府监管。当然，出租车行业存在的问题由于历史的原因，有的问题根深蒂固，解决需要一个循序渐进的过程，各种措施的出台，需要考虑到各方面的承受能力，只有各方面的利益关系理顺了，通过各界的努力，出租车行业存在的问题终究能逐步解决。

参考文献：

1. 吴聪颖：《曾经的蛋糕如今如鸡肋，出租车行业风险管理》［EB/OL］，http：//finance. ce. cn/rolling/201002/22/t20100222_15527112. shtml［2010 - 02 - 22］。

2. 张冬生：《出租车行业现状及价格情况调查与分析》，载于《价格理论与实践》2005 年第 6 期。

3. 《2008 年出租车罢工大事记》，［EB/OL］，http：//www. guozx. info/taxi-strike-in-2008-events-637［2008 - 11 - 26］。

4. 汇通网，《7.1 长春出租车大罢工，谁的痛?》［EB/OL］，http：//www. fx678. com/C/20100701/201007011553351338. html［2010 - 07 - 01］。

5. 蒋洪、陈明艺：《我国出租车行业价格管制的必要性及模式选择》，载于《中国物价》2005 年第 4 期。

6. 李玉娟：《出租车行业面临问题及其价格校正：贵阳个案》，载于《重庆社会科学》2010 年第 1 期。

7. 曼昆著，梁小民译：《经济学原理（微观经济学分册）》，北京大学出版社 2006 年版。

8. 郭锐欣、张鹏飞：《进入管制与黑车现象》，载于《世界经济》2009 年第 3 期。

（本文载于《现代财经（天津财经大学学报）》2010 年第 8 期）

规模和所有权视角下的中国钢铁企业动态效率研究

——基于 Malmquist 指数

刘秉镰　林　坦　刘玉海

摘　要： 本文利用 DEA 方法和马姆奎斯特（Malmquist）生产力指数，对我国 45 家钢铁企业 2001～2005 年间的生产力变化进行了估算，并从企业规模和所有制形式两个角度对钢铁企业的动态效率进行了分析。研究发现，我国钢企每年变化的效率却呈现不断改进的趋势，生产力逐渐改善的主要原因是技术进步；大型钢铁企业的效率变动并没有优于中小型企业；国有（控股）钢铁企业的动态效率下降，而民营企业的生产力稍有改进。其中，小型国有（控股）钢铁企业的效率水平成为制约钢铁企业生产力提升的关键。

关键词： 钢铁企业　生产效率　企业规模　所有权形式　马姆奎斯特指数

一、引　言

2009 年初，为应对国际金融危机的影响，国家出台《十大产业振兴规划》，而钢铁业位于十大产业振兴规划之首，钢铁产业在我国经济中的重要地位可见一斑。钢铁产业的前后关联度高、涉及面广，不仅关系到国家基础设施建设以及相关产业的发展，而且在稳定就业、促进经济结构调整、扩大内需等方面发挥着重要作用。自 1996 年中国粗钢产量跃过亿吨、居于世界各国首位以来，我国粗钢产量连续 13 年居世界第一，近几年粗钢产量年均增长率更高达 20% 以上。2007 年，规模以上钢铁企业完成工业增加值 9936 亿元，占全国 GDP 的 4%，实现利润 2436 亿元，占工业企业利润总额的 9%，直接从事钢铁生产的就业人数 358 万，对于保障国民经济快速稳定发展起到了不可或缺的作用。2008 年，我国粗钢产量达到 5 亿吨，占全球产量的 38%，直接出口折合粗钢 6000 万吨，占世界钢铁贸易量的 15%，我国在国际钢铁业中的影响越来越大。

但是我国钢铁产业在快速发展的同时，长期粗放发展积累的矛盾也日益突出。最主要的表现就是产能过剩：截至 2008 年底，我国粗钢产能达到 6.6 亿吨，超出实际需求约 1 亿吨。另外，产业布局不合理和技术创新能力不足仍然是制约钢铁产业集约化发展的重要因素。国际竞争方面，面对着阿赛洛、米塔尔、韩国浦项、日本 JFE 等钢铁巨头的强势竞争，加快钢铁企业重组、形成具有较强国际竞争力的钢铁企业显得迫在眉睫。依据《钢铁产业振兴规划》，钢铁业要以控制总量、淘汰落后、企业重组、技术改造、优化布局为重点，着力推动钢铁产业结构调整和优化升级，切实增强企业素质和国际竞争力，加快钢铁产业由大到强的转变。因此，本文研究了我国钢铁企业的动态生产效率，以技术进步、规模效率、技术效率等指标衡量全要素生产率。文章的创新点在于从企业规模和所有权性质两个视角对我国钢铁企业生产率的变动情况进行分析，不仅能够客观评价我国钢铁产业目前的发展状况，而且能够为钢铁产业淘汰落后产能、优化布局提供理论依据，转变钢铁产业的粗放发展方式，实现钢铁业结构优化升级。

二、文献回顾

国外许多学者对不同国家钢铁行业的技术效率进行了实证分析。如瑞和肯姆（Ray and Kim，1995）研究了美国钢铁业的成本效率；德姆若·彼特（Demura Peter，1995）对澳大利亚钢铁产业的生产力变化进行了时间序列分析；李柏曼和约翰森（1999）估算并比较了日本和美国钢铁制造业的劳动生产和全要素生产率。中、吴、金等（Jung，Woo，Kim et al.，2005）从全球竞争的角度，以23个国家的52家特大型钢铁企业为对象，运用随机边界方法（Stochastic Frontier Analysis，SFA）进行了跨期效率研究，并识别了所有权形式、世界市场份额、新技术设备等不同的影响因素。20世纪90年代中期以来，我国钢铁产量占世界的比重越来越大，国外关于中国钢铁业的研究也开始大量出现，比如冯（Feng，1994）、芬莱（Findlay，1994）、莱博森等人（Labson et al.，1995），但是这些文献主要是定性分析，微观层面的定量研究很少。最先对中国钢铁企业的绩效进行实证分析的是杰夫森（Jefferson，1990），研究了120家钢铁企业的生产力及其影响因素；卡里若真和曹（Kalirajan and Cao，1993）分析了中国钢铁企业的技术效率、配置效率和规模效率，并验证了经济改革对于钢铁业生产力的影响；吴延瑞（Yanrui Wu，1996）运用随机边界方法得出结论：中国钢铁业1984~1994年的实际产出达到最大产出的69%~82%，并且公司年限和地理位置对于效率有正的影响，而规模与效率的相关性不高。奥莱卡散德、莫舒克（Oleksandr and Movshuk，2004）运用面板数据分析改革对中国钢铁业效率的影响，特别是国有企业改革对钢铁企业生产效率的影响。他认为：虽然生产可能边界在上移，但是技术效率并没有显著提升，而且大企业相对于小企业，并没有显著的效率优势。

我国对钢铁业的研究经历了一个从定性到定量的转变阶段，而随着研究方法的成熟，钢铁企业生产效率方面的研究也开始出现。赵国杰、郝清民（2003）运用分批次的数据包络分析方法（Data Envelopment Analysis，DEA）测度中国钢铁企业的规模经济性，得出了我国大型钢铁企业不存在规模经济的结论。徐二明、高怀（2004）以38家大中型钢铁企业作为样本，利用DEA模型评价了我国大中型钢铁企业竞争力的动态演变趋势，但该研究主要从企业竞争力角度进行，并没有以钢铁企业效率作为重点。杨家兵、吴利华（2006）采用财务数据与DEA方法评价了23家钢铁工业上市公司的效率；韩晶（2008）运用投入导向的BCC模型（Banker，Charnes and Cooper，1984）对我国28家主营业务为钢铁业的上市公司的技术效率进行了测度，并利用托比特模型（Tobit）对影响钢铁企业效率的因素进行了回归分析，但是采用财务数据要受到价格因素的影响，不能确切反映钢铁企业的投入产出效率。焦国华、江飞涛、陈舸（2007）对57家重点大中型钢铁联合企业的相对效率和规模效率进行实证研究，但只是以2006年的数据进行静态分析，难以确定我国钢铁企业的动态效率。

从以上文献中可以看出，国内研究集中于钢铁企业的静态效率分析，难以判断生产力的动态变化规律。因此，本文采用马姆奎斯特生产力指数方法可以衡量我国钢铁企业的动态效率变化，而采用非参数的DEA模型可以避免不同钢企生产工艺差异和数据的影响，正确评价相对效率。国内关于钢铁效率的研究大多以大中型钢铁企业为对象，忽略了不同规模企业间相对效率差异的比较分析，不利于考察大规模企业是否相对中小规模企业而言具有效率上的优势。本文的研究对象既包括粗钢产量超过2000万吨的宝钢集团这样的特大型钢铁企业，也包含众多粗钢产量只有200万吨左右的小型企业，便于考察不同规模企业在生产力方面的不同，从而验证我国不同钢铁企业的生产力变动状况。另外，国有企业改革的核心是优化企业治理方式，关注不同所有权形式的钢铁企业的动态效率的不同，也将是本文的研究重点。

三、研 究 方 法

（一）数据包络分析法

从以上文献回顾中可以看出，目前评价钢铁企业效率的方法主要有两种：参数形式的随机边界方法（SFA）和非参数的数据包络分析法（DEA）。DEA 作为评价具有较复杂投入产出关系组织经营效率的一种方法，恰好适合分析钢铁这种具有多投入多产出特点的决策单位的效率。另外之所以采用 DEA，还是因为钢铁企业生产的技术特点。目前钢铁企业的生产方式主要有两种：高炉（Integrated）和电炉（Minimill），不同的生产方式由于其工艺和标准不同，使用 SFA 方法得出的结论必然不具有可比性，而非参数的 DEA 方法评价的是相对效率，可以避免这个缺点。另外，DEA 方法允许包含多条生产函数，因此无论使用何种生产工艺（高炉或是电炉），DEA 均能比较不同决策单位（Decision Making Units，DMU）的相对效率。DEA 方法最初由查尔斯、库珀和瑞德斯（Charnes, Cooper and Rhodese，1978）提出，创立规模报酬不变的 CCR 模型；之后班克、查尔斯和库珀（Banker，Charnesy and Caper，1984）用规模报酬变动假设取代了 CCR 模型的固定规模报酬假设，发展成 BCC 模型。BCC 模型能将纯技术效率和规模效率区分开来，可以衡量决策单位在既定的生产技术情况下，是否处于最优生产规模。由于 DEA 已经是一种较为成熟的方法，这里不再赘述其数学原理。

（二）马姆奎斯特生产力指数

为了客观衡量技术效率变动、技术变动与全要素生产率之间的关系，本文使用法瑞、格罗斯科普夫、林格伦和罗斯（Fare，Grosskopf，Lindgren and Ross，1992）定义的马姆奎斯特生产力指数，也就是柯维斯（Caves），克里斯滕森和戴维特（Christensen and Diewert，1982）所提出的第 t 期及第 $t+1$ 期的马姆奎斯特生产力指数的几何平均数，表示如下：

$$M_0(x_t,\ y_t,\ x_{t+1},\ y_{t+1}) = \left[\frac{D_0^{t+1}(x_{t+1},\ y_{t+1})}{D_0^{t+1}(x_t,\ y_t)} \times \frac{D_0^{t}(x_{t+1},\ y_{t+1})}{D_0^{t}(x_t,\ y_t)}\right]^{1/2} \tag{1}$$

其中，$D_0^t(x_t,\ y_t)$ 和 $D_0^{t+1}(x_{t+1},\ y_{t+1})$ 是分别根据生产点在相同时间段（即 t 和 $t+1$）同前沿面技术相比较得到的投入距离函数；$D_0^t(x_{t+1},\ y_{t+1})$ 和 $D_0^{t+1}(x_t,\ y_t)$ 分别是根据生产点在混合期间同前沿面技术相比较得到的投入距离函数。

根据法瑞等人（1989，1992，1994）的研究，马姆奎斯特生产力指数可以分解为技术效率变化和技术变化两部分，其中技术效率变化又可进一步分解为纯技术效率变化和规模效率变化。据此，公式（1）可进一步表示为：

$$M_0(x_t,\ y_t,\ x_{t+1},\ y_{t+1}) = \frac{S_0^t(x_t,\ y_t)}{S_0^t(x_{t+1},\ y_{t+1})} \times \frac{D_0^t(x_{t+1},\ y_{t+1}/VRS)}{D_0^t(x_t,\ y_t/VRS)} \times \left[\frac{D_0^t(x_{t+1},\ y_{t+1})}{D_0^{t+1}(x_{t+1},\ y_{t+1})} \times \frac{D_0^t(x_t,\ y_t)}{D_0^{t+1}(x_t,\ y_t)}\right]^{1/2} \tag{2}$$

其中，第一项表示规模效率变化 *Sech*，第二项表示纯技术效率变化 *Pech*，第三项表示技术变化 *Techch*，且第一项和第二项的乘积为技术效率变化 *Effch*。

根据公式（2），全要素生产率 *TFP* 的变化就分解为规模效率变化、纯技术效率变化以及技术变化。规模效率大于 1 意味着改变了要素投入，提高了规模效率；纯技术效率大于 1 意味着管理改善使效率发生了改进；技术变化大于 1 意味着技术在考察的年份实现了跨越，即实现了技术进步；*TFPch* 大于 1 意味着生产力有所改善。反之，上述指标值小于 1，则表明相应效率恶化。

四、实 证 分 析

（一）指标选取和数据来源

DEA 分析法将决策单元的投入产出数据作为衡量要素，因而 DEA 测算的关键在于投入产出指标的选择。选择投入产出指标的首要原则是反映评价的目的和评价内容，即所选择的指标能够满足评价的要求、客观反映评价对象的生产力水平；其次是从技术上应避免投入（产出）集内部指标间具有较强的线性关系；最后要考虑指标的重要性和可获得性。

关于钢铁效率分析，目前国内外使用边界理论评价钢铁效率的文献中对钢铁生产投入和产出指标的选取见表 1。在采用 DEA 方法研究钢铁企业效率的文献中（采用财务数据的研究除外），几乎都将资本、劳动和中间物料投入列为投入指标，而将粗钢产量列为产出指标之一。将钢铁企业作为 DMU，尽管使用的技术工艺不同，但是生产投入主要是资本、中间物料（能源）投入和劳动。但是由于关于我国钢铁企业中间物料方面投入的历史数据难以获得，因此本文选取钢铁企业的职工人数和包含中间投入的每年资产总额作为投入指标。对于产出指标，粗钢产量无疑是最重要的产出，但是仅用此单一产出指标显然难以准确衡量我国钢铁企业的投入产出效率，因为钢铁还会有许多其他重要的产出。因此，本文将粗钢产量、生铁产量和成品钢材产量作为产出指标。为避免受钢材价格水平的影响，本文将产值、利润等价值指标排除在外。

表 1　　有关钢铁效率研究的投入和产出指标

有关研究	DMU	产出指标	投入指标
韩晶（2008）	28 家钢铁上市公司	主营业务收入	年末总资产、劳动人数
焦国华、江飞涛、陈舸（2007）	57 家重点钢铁联合企业	工业增加值利税总额	资本总额、工资总额、能源消耗
杨家兵、吴利华（2006）	23 家钢铁工业上市公司	主营业务收入净利润	固定资产、员工数量、主营业务成本
徐二明、高怀（2004）	38 家大中型钢铁企业	年营业利润	技术开发投入、管理活动投入、营销活动投入
赵国杰、郝清民（2003）	27 家重点大中型钢铁企业	钢产量、销售收入利润总额	资本、职工人数、金属物料
中、吴、金等（2005）	23 个国家 52 家特大型钢铁企业	粗钢产量	就业人数、产能、物料投入
田黄华（Hung-Hua Tien，2004）	台湾八大钢铁企业	产品的加权平均	固定资本、劳动投入、物料投入费用
吴延瑞（1996）	61 家中国钢铁企业	企业产值	净固定资产、员工总数

资料来源：本文研究整理。

限于数据的可得性，并且剔除奇异样本和非同质样本，本文选取我国 45 家钢铁企业作为研究样本①，以职工人数和资产总额作为投入指标，以粗钢产量、生铁产量和成品钢材产量作为产出指标，利用2001～2005年的面板数据进行动态生产率分析，共得到225个钢铁企业的有效数据，共450个投入观测值、675个产出观测值。其中45家钢铁企业中，国有（控股）企业共36家，占总数的80%，其中国有企业28家、国有控股企业8家；非国有共9家，占20%，其中民营企业6家，其他形式（包括港澳台企业和独资企业）3家，基本反映了我国钢铁行业由国家垄断的格局。按2005年粗钢产量标准计算，45家钢铁企业平均规模541.66万吨，其中2000万吨以上有1家，宝钢为2272.58万吨，1001万～2000万吨之间共7家，301万～1000万吨之间共21家，粗钢产量低于300万吨的共26家，规模最小新兴铸管只有125.7万吨。样本中的所有数据均来自于冶金经济信息网、钢铁工业协会网站以及《中国钢铁工业年鉴》（2002～2006）。

（二）实证分析

1. 我国钢铁企业的动态效率分析。运用DEAP2.1软件对我国钢铁企业2001～2005年间的动态生产效率进行估算，得到的实证结果如表2所示。2001～2005年间我国钢铁企业的全要素生产率进步最大的为江苏沙钢集团（全国最大的民营钢企），平均每年为30%。但是全国平均水平只有0.988，小于1意味着生产力没有得到改善，经营管理能力也没有得到提升。进一步研究发现，导致此期间生产力恶化的主要原因是技术效率变动，平均只有86.1%，而纯技术效率变动和规模效率变动均是导致技术效率下降的原因，其中规模效率下降是主要原因。技术变动大于1，意味着技术进步阻止了我国钢铁生产力的进一步下滑。从规模效率变动角度分析，2002年我国四大钢铁集团（宝钢、鞍钢、首钢、武钢）的集中度只有27.6%，2005年钢铁产业集中度CR8只有30.2%。而2000年，德国、日本的前四家钢铁企业的产业集中度分别为67.4%和69.9%，韩国浦项一家企业就占75%的市场份额。可以说我国钢铁企业规模的分化严重制约了我国钢铁业规模经济效益的实现，而规模效率低下则是对这一事实的反应。为此，国家于2005年颁布的《钢铁产业发展政策》将“通过钢铁产业组织结构调整，实施兼并、重组，扩大具有比较优势的骨干企业集团的规模，提高产业集中度”作为政策的重要目标之一。而随着中国加入WTO，政府主导的“淘汰落后产能、加强自主创新”政策，促使我国钢铁业不断加大对技术创新和研发的投入。2001～2005年期间，我国钢铁企业的连铸比不断提高，用转炉取代平炉、用超高功率大型电炉取代小电炉、淘汰化铁炼钢等工艺的采用均使得我国吨钢的物料消耗大幅降低，技术变动提升14.8%。

虽然我国钢铁企业的全要素生产力只有0.988，但是从变动趋势来看，我国钢铁企业的全要素生产率则是逐年不断上升，从2002～2001年的0.949增加到2005～2004年的1.018，说明我国钢铁企业的经营管理能力不断提高的趋势。2003年为转折点，生产力指数由小于1变为大于1，标志着生产力由恶化转为改善，高达55.5%的技术变动起着决定性的作用。值得注意的是，在研究期

① 这45家钢铁企业为：首钢集团、唐山钢铁集团有限责任公司、邯郸钢铁集团有限责任公司、承德钢铁集团有限责任公司、宣化钢铁集团有限责任公司、石家庄钢铁有限责任公司、邢台钢铁有限责任公司、唐山建龙钢铁控股有限公司、河北津西钢铁股份有限公司、新兴铸管股份有限责任公司、太原钢铁（集团）有限公司、长治钢铁（集团）有限公司、山西海鑫钢铁集团有限公司、包头钢铁（集团）有限责任公司、鞍山钢铁集团公司、本溪钢铁（集团）有限责任公司、北台钢铁（集团）有限责任公司、凌源钢铁公司、通化钢铁集团有限责任公司、上海宝钢集团公司、南京钢铁集团有限公司、江苏沙钢集团有限公司、杭州钢铁集团公司、马钢（集团）控股有限公司、新余钢铁有限责任公司、南昌钢铁有限责任公司、萍乡钢铁有限责任公司、福建省三钢（集团）有限责任公司、济南钢铁集团总公司、莱芜钢铁集团有限公司、青岛钢铁控股集团有限责任公司、安阳钢铁集团有限责任公司、武汉钢铁（集团）公司、鄂城钢铁集团有限责任公司、湖南华菱钢铁集团有限责任公司、广州钢铁企业集团有限公司、广东省韶关钢铁集团有限公司、广西柳州钢铁（集团）公司、重庆钢铁（集团）有限责任公司、攀枝花钢铁（集团）公司、四川省川威钢铁有限公司、水城钢铁（集团）有限责任公司、昆明钢铁集团有限责任公司、酒泉钢铁（集团）有限责任公司、新疆八一钢铁（集团）有限责任公司。其中，2005年2月，唐钢、宣钢和承钢联合重组。但为了前后保持一致，我们分裂三家企业；2005年4月30日，鄂钢并入武钢，成立武汉钢铁集团鄂钢有限公司；2005年5月，淮钢与南钢集团正式脱离。6月与江苏沙钢集团有限公司强强联合，但在统计时我们仍然将淮钢放入南京钢铁进行核算。

间，只有 2002 ~ 2003 年的规模效率变动稍大于 1，存在着规模效率改善，其余期间的规模效率变动不令人乐观。表 2 说明中国钢铁工业的生产力改善主要还是由技术进步来实现，而技术效率还有很大的改善空间。随着《钢铁产业振兴计划》的出台，并且继续将淘汰落后产能、促进企业重组作为规划重点，可以预见我国钢铁企业的规模效率将会得到改进，技术进步将继续得到保持，我国钢铁企业的全要素生产率也将继续改善。

表 2　　2001 ~ 2005 年期间我国钢铁企业马姆奎斯特生产力指数及其分解项均值汇总

年份	技术效率变动	技术变动	纯技术效率变动	规模效率变动	马姆奎斯特生产力指数
2002 - 2001	0. 859	1. 105	0. 956	0. 898	0. 949
2003 - 2002	1. 001	0. 972	0. 961	1. 041	0. 973
2004 - 2003	0. 653	1. 555	0. 898	0. 727	1. 016
2005 - 2004	0. 978	1. 041	1. 026	0. 954	1. 018
平均值	0. 861	1. 148	0. 959	0. 898	0. 988

资料来源：本文研究整理。

2. 不同规模的钢铁企业动态效率分析。钢铁行业是资金、技术和劳动密集型产业，规模经济明显，国际普遍认为钢铁企业的最佳经济规模为 800 万 ~ 1000 万吨，最低经济规模为 300 万 ~ 500 万吨。为分析我国不同规模的钢铁企业动态效率，结合我国钢铁业的实际情况，本文按照 2001 ~ 2005 年平均粗钢产量，将 45 家钢铁企业分为五组：2000 万吨以上、1000 万 ~ 2000 万吨、700 万 ~ 1000 万吨、300 万 ~ 700 万吨、300 万吨以下。2001 ~ 2005 年期间，平均粗钢规模为 394. 73 万吨。其中，平均粗钢产量在 2000 万吨以上的只有宝钢一家：2052. 494 万吨；1000 万 ~ 2000 万吨之间只有鞍钢一家：1045. 406 万吨；700 万 ~ 1000 万吨之间有四家：首钢、武钢、马钢、唐钢；300 万 ~ 700 万吨之间有 12 家；300 万吨以下共有 27 家。2001 ~ 2005 年间不同规模钢铁企业的马姆奎斯特生产力指数及其分解项如表 3 所示。

由表 3 可以看出，宝钢的全要素生产率有了小幅提高，最主要源于技术进步。宝钢是中国最大的（国有）钢铁企业，产量在全球同行中位居第五，其技术水平和创新能力均在国内处于领先水平。但是其规模效率变动却小于 1，经营管理效率有待提高。鞍钢以及规模介于 300 万 ~ 600 万吨的企业的马姆奎斯特生产力指数基本没有变化，原因在于技术进步和技术效率恶化相互抵消，进一步讲在于技术进步和规模效率恶化相互抵消，纯技术效率基本没有变动。规模介于 600 万 ~ 1000 万吨以及位于 300 万吨以下的钢铁企业的生产力状况降低。纵观不同规模钢铁企业的动态效率变动情况，从马姆奎斯特指数分解项的角度来看，不论规模如何，纯技术效率基本不变（300 万吨以下的企业除外），我国钢铁企业的规模效率均有不同程度的下降，从而技术效率变动均不到 90%，而技术进步均使得产出增加 15% 左右，二者的相互作用使得马姆奎斯特生产力指数基本没有大的变动。但是值得注意的是，我国大型钢铁企业的规模经济效应并没有得到体现，所以未来的钢铁企业把资源整合、发挥规模经济优势放在特别重要的地位。

表 3　　2001 ~ 2005 年期间我国不同规模的钢铁企业动态效率汇总

企业规模	技术效率变动	技术变动	纯技术效率变动	规模效率变动	马姆奎斯特生产力指数
2000 万吨以上	0. 877	1. 166	1. 000	0. 877	1. 023
1000 万 ~ 2000 万吨	0. 857	1. 168	1. 000	0. 857	1. 001
600 万 ~ 1000 万吨	0. 850	1. 161	0. 991	0. 858	0. 987
300 万 ~ 600 万吨	0. 874	1. 154	1. 014	0. 863	1. 009
300 万吨	0. 859	1. 144	0. 931	0. 923	0. 982

资料来源：本文研究整理。

3. 不同所有权的钢铁企业动态效率分析。为区分不同所有权的钢铁企业动态效率，本文按照钢铁企业所有权的性质，将45家钢铁企业分为三组：国有企业（包括国有控股企业）、民营企业和其他企业（包括港澳台企业和独资企业）。2001～2005年间不同所有制钢铁企业的马姆奎斯特生产力指数及其分解项如表4所示。

表4　　2001～2005年期间我国不同所有权形式的钢铁企业动态效率汇总

企业性质	技术效率变动	技术变动	纯技术效率变动	规模效率变动	马姆奎斯特生产力指数
国有（控股）	0.854	1.156	0.957	0.893	0.987
民营	0.905	1.143	0.995	0.916	1.036
其他	0.881	1.075	0.948	0.929	0.945

资料来源：本文研究整理。

规模效率下降和纯技术效率下降的共同作用，使得国有（控股）企业的全要素生产率下降。与此相反，民营钢铁企业的生产力反而有所提高。港澳台和外资企业的规模效率相对较高，但也小于1，均不存在规模效率改进。国有（控股）企业的技术进步状况最优，因为国有钢铁企业要承担一定的社会责任，带头进行工艺改进和技术创新以促进产业优化升级，而且雄厚的资本使其有能力进行技术创新。民营企业的纯技术效率为0.995，说明民营企业已经最大程度地实现了集约化生产，但是结果仍然难以令人满意。纵观不同类型的钢铁企业在2001～2005年期间的马姆奎斯特生产力指数及各项效率变动情况，可以发现，此期间纯技术效率和规模效率普遍下降，从而造成技术效率恶化，但是技术进步的存在避免了生产力的进一步恶化。由于二者相对作用的大小，造成了民营企业的全要素生产力稍有上升，国有（控股）企业及港澳台和外资企业的生产力下降。

4. 规模和所有权视角下的我国钢铁企业动态效率分布。按照规模和所有权性质的不同，本文利用2001～2005年间的马姆奎斯特生产力指数平均值构建了表5。其中每个单元格左上方的数字代表具有相应属性的钢铁企业中存在着生产力改进的企业个数，即全要素生产率指数大于1；右下方的数字代表存在着生产力恶化的企业个数；两组数字的加总即为具有相应性质的钢铁企业个数。灰色代表不存在相应企业。如在国有（控股）企业中，规模在300万吨以下的共有20家，其中4家存在生产力改进，16家生产力恶化。超过1000万吨的企业只有两家，均为国有（控股）企业；民营企业中没有规模大于600万吨，只有2家的规模位于300万～600万吨之间，4家位于300万吨以下；其他形式的企业规模均在300万吨以下。由此可见，我国大型钢铁企业仍然以国企为主体，但是在全体国有（控股）钢铁企业中，600万吨以下的企业总数达到30家，占国有（控股）钢铁企业总数的83.3%，平均规模水平比较低。

由表5可以看出，在总共45家钢铁企业中，存在着生产力改进的只有13家，占总数的28.9%；生产力退步的共有32家，占总数的71.1%。可见，我国绝大多数钢铁企业的经营管理水平难以令人满意。从企业规模角度来看，1000万吨以上的企业（宝钢和鞍钢）均实现了生产力改进；600万～1000万吨之间存在全要素生产率优化的只有首钢一家，另外三家（武钢、马钢、唐

表5　　2001～2005年期间我国钢铁企业动态效率分布

视角	2000万吨上	1000万～2000万吨	600万～1000万吨	300万～600万吨	300万吨下	合计
国有（控股）	1	1	1 / 3	3 / 7	4 / 16	10 / 26
民营				1 / 1	1 / 3	2 / 4
其他					1 / 2	1 / 2
合计	1 / 0	1 / 0	1 / 3	4 / 8	6 / 21	13 / 32

资料来源：本文研究整理。

钢）的生产力均恶化；300 万～600 万吨之间有 33.33% 实现了生产力提高，而 300 万吨以下有 77.8% 出现了生产率降低的情况。小型钢铁企业的效率水平成为制约钢铁行业生产力水平的主要因素，因此，为实现控制总量、淘汰落后产能、提高效率的钢铁产业振兴目标，应该将治理小型钢铁企业放在首要位置。

从所有权形式角度分析，实现生产力改进的国有（控股）企业为 10 家，占国有（控股）企业总数的 27.8%；实现生产力改进的民营企业为 2 家、港澳台企业 1 家，各自占相应总数的比重为 1/3。而在规模 300 万吨以下的国有（控股）企业中，只有 20% 实现了治理改进。国有企业中规模最大的宝钢集团，同时也是我国规模最大的钢铁企业，存在着生产力优化；民营企业中规模最大的江苏沙钢集团，同时也是全国最大的民营钢企，存在着生产力进步。在 32 家存在生产力退步的钢铁企业中，有 26 家为国有（控股）企业，比例高达 81.3%，远远高于平均水平。其中，有 16 家为 300 万吨以下的小型钢铁企业，占到所有总数的一半。面对我国钢铁业总体规模异常巨大、企业规模参差不齐、企业分布相对分散且国有经济占主体的工业系统，“抓大放小”、调整钢铁产业结构仍是关键。

五、结　论

本文利用 DEA 方法和马姆奎斯特指数，对我国钢铁企业的动态生产效率进行了估算。结果表明，我国钢铁企业在 2001～2005 年间的平均动态生产效率为 0.988，生产力退步。但是每年的全要素生产率不断增加，表明了我国钢铁企业生产力呈现不断改进的趋势。而生产力改进的最主要原因是高达 14.8% 的技术进步，技术进步在我国钢企效率改进在发挥着重要的作用，这一结论与杨家兵、吴利华（2006）的研究基本一致。值得注意的是，规模效率变动不令人乐观，这一定程度上反映出我国钢铁产业集中度低、规模经济效应不显著的现状。从企业规模角度来看，不同规模的钢铁企业动态生产力变动并没有一定的规律。但是，我国大型钢铁企业相对中小型钢铁企业而言并不具备显著的效率优势，几乎所有规模的钢铁企业的规模效率均呈现下降趋势。焦国华、江飞涛、陈舸（2007）也认为我国钢铁工业并不存在显著规模经济特征，应将政策重点转移到建立并维护市场竞争机制运行上来。所有权性质方面，民营企业的生产力变动状况要优于国有（控股）企业：民营企业生产力改善，国有（控股）企业生产力恶化。奥莱卡散德、莫舒克（2004）对国有钢铁企业改革前后的效率研究与本文的研究结论也基本一致。

从我国钢铁企业动态效率的分布分析，总共 45 家钢铁企业中，存在着生产力改进的只有 13 家，只占总数的 28.9%；而在 32 家存在生产力退步的钢铁企业中，有 26 家为国有（控股）企业，比例高达 81.3%，这其中又有 16 家为小型国有（控股）企业，占所有总数的一半。因此，面对我国钢铁业总体规模异常巨大且产能相对过剩、企业规模参差不齐、企业分布相对分散且国有经济占主体的局面，为实现钢铁产业集约式发展的目标，应该继续加大技术改造力度以保持技术进步的改进，同时促进钢铁企业重组以改善规模效率。在国企改革方面，应该进一步丰富所有权结构，“抓大放小”、调整钢铁产业结构仍是关键，而治理国有中小型钢铁企业将是重中之重。

参考文献：

1. Ray S., Kim H. Cost Efficiency in the US Steel industry: A Nonparametric Analysis Using Data Envelopment Analysis [J]. European Journal of Operational Research, 1995, (80): pp. 654－671.

2. Demura Peter. Productivity Change in the Australian Steel Industry: BHP Steel 1982－1995 [J]. Reserve Bank of Australia Conference Proceedings, 1995: pp. 172－184.

3. Liberman M., Johnson D. Comparative Productivity of Japanese and U. S. steel Producers: 1958－1993 [J]. Japan and World Economy, 1999, (11): pp. 1－27.

4. Jung Woo Kim, Jung Woo Kima, Jeong Yeon Leeb, Jae Yong Kimc, Hoe Kyung Leed. Sources of Productive Effi-

ciency: International Comparison of Iron and Steel Firms [J]. Resources Policy, 2006, (31): pp. 239 - 246.

5. Feng Lintong. China' Steel Industry: Its Rapid Expansion and Influence on the International Steel Industry [J]. Resources Policy, 1994, (4): pp. 219 - 234.

6. Findlay C. Links of Steel: The Australian and Chinese Steel Industries. Working Paper Series, 1994, (2), Department of Foreign Affairs and Trade, Australia.

7. Labson S., Gooday, P. and Manson, A. China Steel: China's Emerging Steel Industry and its Impact on the World Iron and Steel Market [R]. ABARE Research Report, 1995, (4), Australian Bureau of Agricultural and Resource Economics.

8. Jefferson G H. China's Iron and Steel Industry: Sources of Enterprise Efficiency and the Impact of Reform [J]. Journal of Developmen Economics, 1990, (33): pp. 329 - 355.

9. Kalirajan K. P., Cao Y. Can Chinese State-enterprises Perform Like Market Entities? Productive Efficiency in the Chinese Iron and Steel Industry [J]. Applied Economics, 1993, (25): pp. 1071 - 1080.

10. Wu, Y. The Productive Efficiency of Chinese Iron and Steel Industrys [J]. Resources Policy, 1996, (21): pp. 215 - 222.

11. Oleksandr Movshuk. Restructuring, Productivity and Technical Efficiency in China's Iron and Steel Industry: 1988 - 2000 [J]. Journal of Asian Economics, 2004, (15): pp. 135 - 151.

12. 赵国杰、郝清民：《中国钢铁企业规模经济性的数据包络分析》，载于《钢铁》2003 年第 2 期。

13. 徐二明、高怀：《中国钢铁企业竞争力评价及其动态演变规律分析》，载于《中国工业经济》2004 年第 11 期。

14. 杨家兵、吴利华：《基于 DEA 的钢铁行业上市公司效率评价》，载于《工业技术经济》2006 年第 2 期。

15. 韩晶：《中国钢铁业上市公司的生产力和生产效率——基于 DEA - TOBIT 两步法的实证研究》，载于《北京师范大学学报（社会科学版）》2008 年第 1 期。

16. 焦国华、江飞涛、陈舸：《中国钢铁企业的相对效率与规模效率》，载于《中国工业经济》2007 年第 10 期。

（本文载于《中国软科学》2010 年第 1 期）

反垄断法实施的“结点”问题研究

刘水林　王　波

摘　要： 反垄断法的实施包括公共实施和私人实施，公共实施的主要途径是执法机关的执法，私人实施的主要途径是私人诉讼。于是就产生了如何使这两种实施机制结合，实现优势互补的问题，这一问题从诉讼进程的角度看可分为三点：即诉讼启动与执法程序的关系问题，两种程序竞合时那种程序应中止问题，以及行政执法的终局决定对民事判决是否具有拘束力问题。对这些问题应以反垄断法的观念来思考，而不应以民法和行政法的观念来思考。

关键词： 反垄断法　公共实施　私人实施　结点

世界反垄断法的历史告诉我们，“反垄断的政策的健全不但依赖于法律规则，还依赖于执法机制。只有好的规则是不够的，还必须有执法机制保障法律以合理的成本获得合理程度的遵守。”可见，反垄断的实施问题是关系到其社会功能的决定性的问题。

反垄断法的实施可分为公共实施和私人实施，公共实施通常以反垄断执法机关行政执法为主。私人实施通常以私人诉讼为主，这样就产生了在反垄断法的实施中行政执法与私人诉讼配合衔接的问题，这些问题犹如网络关系中的“结点”，是反垄断实施中的关键问题，亦即反垄断法实施的“结点”问题。

由于我国把反垄断私人诉讼案件的受理和裁判权置于民庭，因而，目前，我国实务界和学术界关注的“结点”问题主要表现在民事诉讼与行政执法的关系上，具体讲有三个：（1）民事诉讼程序启动与行政执法的关系；（2）民事诉讼程序与行政执法程序竞合如何处理；（3）执法的终局裁决与司法的关系。本文主要内容就围绕这三个问题展开讨论，最后，谈谈作为本文基础的反垄断法的思维方式。

一、起始的结点问题：诉讼与执法程序启动时的关系

起始的结点问题主要表现为：对被执法程序中终局认定为不构成垄断的行为，可否提起民事诉讼？对此问题的回答与反垄断法的实施模式密切相关，因而，在对这一问题的论证中，我们拟从反垄断法的实施模式切入，在对既有观点评析的基础上，谈谈笔者的看法。

（一）实施模式：国际经验和中国的选择

目前，因政治文化和法律传统的不同，世界各国反垄断法的实施模式也不尽相同，但主要可归为两种模式：司法主导模式和行政主导模式。[①]

① 司法主导模式，即反垄断法的实施以司法为主导，以行政执法为辅助的模式，其典型是美国。行政主导模式，即反垄断法的实施以行政执法为主导，以司法为辅助。这一模式是多数国家和地区的反垄断实施模式。

司法主导模式只有美国采用，这是由美国的法律文化和历史决定的，其原因有二：（1）美国反托拉斯法制定于一百多年前，当时国家干预经济的经验尚缺，行政执法没有可资借鉴的经验，因而，在当时人们的法律意识中，法律的实施就是司法。（2）美国法官的独立性以及他们解释和创造法律的职能已经确立，法官在美国的社会地位极高。在这样的条件下国会就有理由通过司法，利用法官的经验及他们对法律的认识来实施反垄断法。

美国以外的国家多采取行政主导模式，其原因在于：（1）多数国家的反垄断法产生于第二次世界大战后，凯恩斯主义成为当时主流的社会经济观念，国家全面介入了市场经济的运行，倡导和推动竞争的力量往往来自较高行政职位和广泛政治影响的经济管理官员。（2）与司法比较行政执法相对灵活，当政治经济形势不需要严格执行竞争法时，执法者可以随时放慢手脚。

我国目前采取的就是行政主导模式。之所以如此，有三个原因：（1）我国的经济管理在传统上是由政府承担的，反垄断法被看作是政府的重要职能。在这种意识下，立法者不可能把反垄断法实施的任务交给法院。（2）早在反垄断法出台前，我国的一些法律、法规中就有反垄断法的内容，其实施主要就是行政执法，这些机关在执法中积累了丰富的经验，因而，立法者选择实施主体时不能不顾及这些具有经验的行政执法部门。（3）目前我国法官普遍不具备美国法官那样高度的独立性及专业素养。这就难以保证反垄断案件的审理做到公正和公平，反垄断法就难以发挥作用。

在行政主导模式中，有两种模式：（1）“行政程序前置”模式。即私人诉讼的提起以反垄断执法机关对违法事实作出违法审决为前提，典型代表是日本。① 这一模式实质上对私人提起反垄断损害赔偿之诉设置了障碍。因而，遭到了许多学者的质疑，并建议取消这一制度。也许正因此，这种模式始终处于非主流状态，只有极少数国家采用。② （2）非“行政程序前置”模式，在这一模式中，行政执法与司法是独立并行的，目前，这种模式是主流模式，我国采取的就是这一模式。

（二）观点及分歧：学界与实务界、实证与规范

我国反垄断法的实施选择的是行政主导的非“行政程序前置”模式，虽如此，但在现实中是否采取“行政程序前置”，学术界和实务界仍有两种不同的看法。

主流观点认为，在我国的反垄断法律制度中私人诉讼不需设立“行政程序前置”。从规范分析讲，理由有三：（1）设立前置程序虽可以遏制诉权滥用，但是它同时也抑制、甚至剥夺了受害人的诉权，与法理不合。（2）设立前置程序，可能使私人诉讼这一最基本的功能得不到很好的发挥。（3）设立前置程序也不符合世界反垄断法发展趋势。就世界发展趋势看，随着私人实施对反垄断不可忽视的推进作用，越来越多的国家开始允许并鼓励私人提起反垄断民事诉讼。

从实证分析讲，在世界上，行政程序前置不仅只有少数国家设置，且这些国家近年来已对此进行反思和改进。在我国，就反垄断立法的本意来看，反垄断法草案曾规定了行政裁决前置，但是在正式法案中却予以删除。可见，立法者认为我国提起民事诉讼不需要以反垄断执法机构的认定为前提。反垄断法出台后，按最高人民法院的解释：反垄断法并未将行政执法设置为提起民事诉讼的前置程序，实际上是把民事诉讼作为一个独立的权利救济渠道。③ 而地方人民法院的法官据“最高人民法院关于认真学习和贯彻《中华人民共和国反垄断法》的通知”的要求，通常认为，当事人因垄断行为提起民事诉讼的，只要符合民事诉讼法第 108 条和反垄断法规定的受理条件，人民法院应当依法受理，但认为应该审慎受理。④

① 参见日本《禁止私人垄断和确保公正交易法》第 26 条第 1 款。

② 国际竞争网络卡特尔工作组在调查了世界上 32 个国家的反垄断法后发现，有日本、新加坡、韩国和西班牙 4 个国家的法律有此规定。

③ 最高人民法院民三庭庭长孔祥俊在反垄断法刚通过不久，在答记者问时就持此观点，参见《财经》记者秦旭东：《最高法院明确反垄断民事诉讼可直接受理》，Http：//News. wenzhouglasses. com 2008 - 10 - 30 23：45。最后访问日期，2010 年 7 月 21 日。

④ 参见 2009 年 6 月 9 日上海市一中院召开的“反垄断行政执法与民事诉讼的协调与衔接”研讨会“会议纪要”。

非主流观点认为，在我国的反垄断法律制度中私人诉讼需“行政程序前置”，其理由从规范分析讲有三点：（1）使法院和反垄断执法机构职责较为明确，大大减轻了法院的诉讼压力。（2）可以防止滥诉。（3）可以节约司法成本，这不仅因为，滥诉的减少，更由于它使法院在反垄断民事诉讼中能够受益于反垄断执法机构强大的调查力和专业能力，其背后蕴含的理念即是拥有大量专业人员和技能的专业行政机构应在反垄断案件的裁决中起到基础性的作用。[①] 正因此，我国反垄断法虽然没有规定行政程序前置，但仍有学者和实务界人士认为，应采用谨慎原则避免产生滥诉，并主张应设立行政程序前置。[②]

从实证分析讲，在世界上，即使没有行政程序前置的国家，法院一般也会在事实性问题的认定上依据反垄断执法机构的调查和裁决。而与中国同为大陆法系国家的邻国日本、韩国等当初建立行政前置程序，主要也是基于反垄断执法机构专业性而得以成立的。[③]就我国来说，徐士英教授认为，虽然立法没有明确规定行政前置程序，但从法律详细规定了行政机关的调查权等诸多规定来看，似乎又隐含了行政前置的含义。[④] 一些中级法院主张，对经反垄断行政执法机构认定构成垄断的行为，当事人向法院提起反垄断民事赔偿诉讼的，法院显然应当受理，但对未经反垄断行政执法机构认定构成垄断的行为，采取审慎态度，认为只有由协议性限制竞争和滥用市场支配力这两种行为引起的诉讼才宜于受理。[⑤]

（三）笔者的观点：对主流的补充与对诘难的回答

在中国的反垄断实施中，私人诉讼的提起是否需要行政前置程序，笔者持主流主张。

从规范分析的角度，笔者除认同前述主流观点有关不设行政前置程序的三个优点外，认为所有学者们都认可或担忧——不设行政前置程序将可能产生滥诉的缺陷也难以成立。

学者们对滥诉的担忧，主要源于美国的经验，而这一现象在美国产生的原因有二：（1）是社会和法律文化的原因。美国人的独立自由意识是世界上最强的，表现在法律上，就是具有很强的个人权利意识，且喜欢通过诉讼维护个人权利。（2）主要是由于美国反垄断法规定：受损害的私人可提起三倍赔偿之诉，这对理性人提起诉讼提供了激励。[⑥] 而中国则相反，（1）从社会和法律文化来讲，长期的整体主义与和谐的观念虽经市场经济的冲击有所减弱，但与西方国家相比，个人自由意识不强，表现在法律中，通过诉讼维权的意识不强。（2）我国司法独立性所限，加之反垄断诉讼举证难度大，[⑦] 致使诉讼成本高、成功率低。（3）更主要的是，我国反垄断法与德国、欧盟多数国家相同，没有三倍赔偿的责任制度，因而，私人提起反垄断诉讼缺乏激励。而在欧盟市场经济发达、维权意识强的国家，没有行政前置程序，也没发生滥诉现象。可见，在我国应真正担忧的不是滥诉

---

①③　参见黄勇：《反垄断司法实施的若干问题》，http：//rmfyb. chinacourt. org/public/detail. php？ id = 122213，最后访问日期，2010 年 7 月 21 日。

②　参见 2008 年 1 月 12 日对外经济贸易大学：《反垄断法实施与司法程序研讨会纪要》，http：//law. uibe. edu. cn/html/zhongwen/xueshuyanjiu/xueshuhuodong/20090814/2730. html，最后访问日期 2010 年 7 月 22 日。

④　参见 2009 年 6 月 9 日上海市一中院召开的“反垄断行政执法与民事诉讼的协调与衔接”研讨会“会议纪要”。

⑤　参见上海市第一中级人民法院民五庭：《反垄断行政执法与民事诉讼的协调与衔接》，载于《人民法院报》2009 年 10 月 1 日第 6 版。北京市高级人民法院课题组也认为，垄断协议纠纷和滥用市场支配地位纠纷是反垄断民事纠纷案件的主体。参见邰中林、朱理：《反垄断民事诉讼基本问题探索——反垄断民事诉讼课题研讨会暨司法解释座谈会会议综述》，http：//rmfyb. chinacourt. org/public/detail. php？ id = 130778，最后访问时间：2010 年 7 月 29 日。

⑥　有学者认为：正是应 3 倍损害赔偿制度而不是美国反托拉斯法的任何其他规定才促进了美国反托拉斯诉讼的大量发展。See Michael Tebilcock，Ralph A. Winter，Paul Collins，Edward M. Iacobucci，The Law and Economics of Canadian Competition Policy，University of Toronto Press，2002，P. 772. 即使如此，在《谢尔曼法》开始实施的第一个 50 年（1890 ~ 1940），美国反托拉斯法私人执行案件数量并不多，平均每年 3. 5 件。

⑦　国外有学者研究证明，“私人当事人证明违法行为是很困难的”。See Clifford A. Jones and Mitsuo Matsushita，Competition Policy in the Global Trading System，Kluwer Law International 2002，P. 213.

现象，而是私人诉讼的不足。①

从实证分析讲，没有行政前置程序是世界反垄断法实施的发展趋势，而一种制度现象只有在制度竞争中的胜利，被许多社会经济条件大致相同的国家所仿效，才能成为趋势，这本身就意味着其合理性、优越性与可行性。同时，按现行中国学术界和司法界对反垄断法第 50 条的理解，均认为没有行政程序前置规定。至于司法中一些法院对反垄断私人诉讼案件的受理，主张采取审慎态度，对未经反垄断行政执法机构认定构成垄断的行为，认为只有由协议性限制竞争和滥用市场支配力这两种行为引起的诉讼才宜于受理，这是否意味着对行政垄断和经营者集中这两种行为不宜于受理，在一定程度上是对行政前置的默许？以笔者见，这只是其受角色所限，对可能事实的一种描述，而不是对行政前置程序的默许。因为，我国目前所讲的反垄断私人诉讼，一般指的是民事诉讼，话语者属于民事法庭的法官，其思考反垄断诉讼的方式是民事诉讼思维范式。按此思考，经营者集中的违法行为多直接表现为，没履行对反垄断执法机关的义务，而行政垄断行为，行为主体是行政机关。对这两种违法行为的诉讼，按我国法院内部分工，归行政庭受理，属于行政诉讼而不属于民事诉讼，故不存在民庭的受理问题。

基于以上分析，笔者认为既然没有行政前置程序，因而对于反垄断行政执法程序中终局认定为不构成垄断的行为可以提起民事诉讼。不过，在对此类案件的审判中法官应当保持谦逊，除非有足够的证据和理由证明行政执法的错误。否则，应充分尊重以专业执法者为核心的行政执法机关的终局决定，这也是许多国家的做法。② 这样随着时间推移，理性的当事人通过对司法结果的预期，就不会提起与反垄断行政执法程序中终局认定相悖的诉讼，这在一定程度上也可防止滥诉的发生。

二、程序中的结点问题：司法与执法程序的竞合及其中止选择

反垄断实施既然存在行政执法与司法的双轨制，就可能出现司法与执法程序运行中竞合，此时就产生了哪个程序应当中止的问题？

这一问题在司法界举办的反垄断法实施的研讨会中，往往被这样提出，即对反垄断执法机构正在调查的涉嫌垄断行为，私人可否提起反垄断民事诉讼？如果可以提起，民事诉讼程序是否应当中止？③ 下面拟从四点展开讨论。

（一）问题成因：社会经济与法治文明

这种情况的产生有三种可能：（1）同一受害人在对垄断行为寻求救济时，可能先后启动两种救济程序；（2）不同受害者在受到同一垄断行为侵害后，分别寻求行政救济和司法救济；（3）对于一个涉嫌违反垄断法的行为，反垄断执法机关依职权或依个人、组织的告发已展开调查，同时，受害者向法院提起民事诉讼。

从理论上讲，这种情况任何国家都可能产生，但现实中笔者认为只有在反垄断法实施不久的转轨国家和落后国家才会产生。这是因为，（1）同一当事人同时启动两种救济程序，只有在司法、行政执法不透明、不公正的社会，当事人难以知晓自己的诉求是否被执法机关或法院受理，以及能否公正处理的情况下才会发生；（2）反垄断法实施不久的国家，往往法律规定较模糊，配套的法律、法规体系不健全，执法和私人诉讼的经验不足。

① 正因此，我国许多学者在研究反垄断法的实施中，主要研究如何扫除私人诉讼障碍、推动私人诉讼的问题。

② 如美国《克莱顿法》第 5 条的规定；在欧盟，虽然法律规定，对欧共体委员会所作的行政裁决不服的当事人有权向法院提出申诉，要求修改或者推翻委员会的行政裁决。

③ 参见上海市第一中级人民法院民五庭文及法制网记者袁定波文。

（二）国际经验：转轨国家与发达国家

对此，有个别转轨国家直接规定在一些情形下中止民事程序。如爱沙尼亚于 2001 年制定的《竞争法》第 69 条“案件程序的中止”规定的条件：一项未决的行政争议、行政违法争议……对本案的裁决起关键作用，以及行政程序未完成，对案件有关键作用的证据难以获得。

而多数发达国家虽然在法律中没有直接规定中止民事程序，但对如何处理程序竞合都有相应的规定或做法。如德国反垄断法规定，法院应将一切因违反垄断法所产生的法律纠纷告知联邦卡特尔局。联邦卡特尔局局长认为有利于维护公共利益时，则可以从联邦卡特尔局的成员中任命一名代表，向法院发出书面表示，说明事实和证据，参加庭审。应请求法院向联邦卡特尔局送交一切书状、笔录、处分和裁决的副本。①

国外有关对反垄断私人诉讼的限制，以及对民事诉讼程序与行政程序的协调性规定说明，反垄断私人诉讼已不是传统意义上的民事诉讼，其目的主要已不是对私人受害者给予补偿，而在于利用私人诉讼发现违法者，并以最有效的方式矫正违法，维护竞争秩序。

（三）观点分歧：实务界与学术界

我国反垄断法出台后，因实务界工作者所处部门的不同，以及学者思维方式不同，对这一问题的看法并一致。

实务界，最高人民法院民三庭庭长孔祥俊认为：垄断行为受害人同时向行政机关投诉和向法院起诉的，法院就没有理由停下来等行政处理结果；而商务部反垄断局副局长赵宏认为，从节约资源的角度讲，当事人既然已经寻求司法救济了，那么行政执法就应停止；国家发展和改革委员会法规司处长韦大乐则认为：假设法院受理的话，那么行政机关就不受理了，这是否合理还需进一步探讨。② 上海市高级人民法院民三庭审判长丁文联认为，不经行政程序直接提起反垄断民事诉讼其实已经包含了放弃行政程序救济的逻辑前提，因此是否中止还应个案具体分析。对于案情非常清楚的，完全可以通过司法程序解决的问题不需要中止。但是对于一些情况复杂，且行政执法机关对相关情况已经作了深入调查，即将得出确定的结论时，应该考虑等行政决定作出后再恢复民事诉讼程序。③

学术界，徐士英教授认为，立法的模糊给法院和行政机关都带来了难题，因此，在立法层面上设置司法机关和行政机关沟通和协作的制度是非常必要的。王先林教授认为，为了避免执法资源的浪费，防止行政和司法对同样的案件作出不同的裁决，法院的民事诉讼程序应当中止。因为对于行政裁决，当事人还可以有申请行政复议和行政诉讼这两条救济途径。

（四）笔者观点：反思与思考

孔祥俊法官的观点从既有的民事诉讼法理论来讲是不错的，但笔者认为，反垄断民事诉讼只是一种借用民事诉讼实施反垄断法的机制，其结果虽然使个人的损害得到了补偿，但其重心却在于对竞争秩序的维护而非对个人损害的补偿。正因此，美国法律规定，私人提起反垄断 3 倍赔偿之诉的前提条件是原告的损害是由于被告的行为限制竞争造成的，④ 可见，应把反垄断私人诉讼置于整个

① 参见德国《反对限制竞争法》第 90 条。

② 参见法制网记者袁定波：《“反垄断民事诉讼将成为法院新审判领域”专家：引入集团诉讼》。

③ 参见 2009 年 6 月 9 日上海市一中院召开的“反垄断行政执法与民事诉讼的协调与衔接”研讨会“会议纪要”。

④ 这种观点不但在美国已有法律规定，并被美国学者普遍认同，且也被欧洲和日本学者和司法界所认同。对此可参见［美］欧内斯特·盖尔霍恩等，任勇等译：《反垄断法与经济学》，法律出版社 2009 年版，第 450 页。

反垄断法的实施机制来理解，在具体案件处理中，应据行政执法和诉讼程序实施的具体情况而择优选择中止那种程序。因而，在两种程序竞合时，中止那种程序是一个实践中择优选择实施机制问题，而并非单向的民事诉讼是否中止问题。

商务部反垄断局副局长赵宏的观点，乍一看似乎有理，但稍加分析就不难发现其观点的错误，其观点暗含了这样一个错误假设——在所有案件中诉讼程序都比行政程序有效，或者至少同样有效，否则就不会得出“中止行政执法”可以节约资源这一结论。也许正因此，发改委法规司处长韦大乐提出，行政程序停止是否合理应进一步思考。

对于上海高院民三庭丁文联法官主张的“是否中止应个案具体分析”的观点笔者赞同，但其认为“不经行政程序直接提起反垄断民事诉讼其实已经包含了放弃行政程序救济的逻辑前提”的观点则是有缺陷的，因为，反垄断行政程序的发动人并不一定是反垄断民事诉讼的原告，由于任何程序的启动都具有较高的成本，因而，现实中最可能出现两种程序竞合的则是不同主体对同一违法行为同时启动了两种不同程序。其错误源于民法及民事诉讼思维——只有受害者才可能发动救济程序。这种思维对纯粹的民事诉讼是完全正确的，但对于反垄断实施机制，这种思维显然存在缺陷，因为在反垄断法实施中不仅法律授权反垄断执法机关可以依职权直接发动行政执法程序，而且赋予个人、组织启动行政执法程序。①

就王先林教授的观点来看，虽顾及了反垄断法实施中行政程序的意义，但其对反垄断诉讼的理解仍是传统的，即把诉讼的目的定位于给被害者予以救济。因而，其主要关注的个体的权利（利益），而非竞争秩序。而徐士英教授的观点，则超越了本问题的前提条件，虽不失为解决问题的一种思路，但不是在既有的法律规定下来解决，而是通过未来修改、完善法律来解决。

笔者认为，就我国来说，目前在没有如何解决两种程序竞合的有关法律规定的情况下。从理论上来说，只要不符合民事诉讼法有关中止民事诉讼程序的条件，原则上可以不中止民事诉讼，因为，二者在法理上并不冲突。但在实务中，是否中止应视具体情况而定。总的原则是看两种程序进行的程度来决定。对一些行政程序刚开始启动，且案情简单、显而易见的垄断行为，当事人又有充分证据证明自己受到损害，法院不应中止民事诉讼程序。而对一些比较复杂、需要细致的经济分析才能判断行为是否违法的，而行政程序又进行到一定程度的案件，为节约社会成本，法院可视具体情况决定是否中止。此时，法院应当就此通知反垄断执法机关，与之沟通，可以要求反垄断执法机关就本法的适用或其他必要事项提供意见。同时，反垄断法执法机关也可以在得到法院的许可的情况下，主动就案件有关反垄断法的适用或其他必要事项陈述意见。②

就未来而言，对这一问题的解决，则可以通过制定反垄断法实施细则，或者建立反垄断执法机关和人民法院的沟通协调机制来解决。为此，法律作这样几点规定即可：第一，反垄断执法机关和人民法院决定接受举报或诉讼而启动行政执法程序或诉讼程序后，必须就受理的反垄断案件的信息予以公报。第二，反垄断执法机关和人民法院需定期把各自受理的案件信息通报给对方。第三，当事人（举报人或原告）不论是向反垄断执法机关提其控告还是向法院提起诉讼，都必须说明被其举报或诉讼的对象（违法嫌疑人）是否被自己或其他主体启动了另一程序，若已有一种程序启动，在不能充分说明理由的情况下就不能再启动另一程序。第四，法院和行政执法机关协商中止一种程序时，选择应遵循案件最有效解决原则，主要应考虑：案件的专业难易程度，两种程序各自进展的程度等因素。

三、终局的结点问题：民事判决与行政裁决的关系

反垄断实施终局的结点问题就是民事判决与行政裁决的关系问题。这一问题在实践中表现为：

① 我国《反垄断法》第38条就是有关次的规定，几乎世界各国的反垄断法都有这样规定。

② 参见2009年6月9日上海市一中院召开的“反垄断行政执法与民事诉讼的协调与衔接”研讨会“会议纪要”。

依据反垄断执法机构终局性决定提起的民事诉讼中，可否作出与行政决定不同的认定，包括认定新的垄断行为等？对此，笔者拟从国外法律相关规定切入，在对学界和实务界的观点评析的基础上，谈谈笔者的看法。

（一）国外规定：类型化视角

对此世界各国反垄断法的规定各不相同，大致可分为三类：第一是刚性拘束。这在规定行政前置程序的国家是毫无疑问的。因为，在这些国家只有反垄断执法机关终局认定的违法行为，私人才能提起反垄断赔偿之诉。第二是弹性拘束，即法律规定。在一般情况下，法院的判决受执法机关作出的终局裁决的拘束，但在特殊情况下，法院的判决可以不受拘束，如当事人在向法院起诉时拥有新的证据，而这些证据在执法机关作出决定时还不能提供，或被执法机关没有正当理由而不采用时。这是世界上多数国家的做法。如保加利亚《保护竞争法》第 36 条（2）、德国《反限制竞争法》（2005 年修订）第 33 条（4）、美国《克莱顿法》第 5 条都有类似规定。第三是一般不受拘束，只在法律有特别规定时才受拘束。只有少数国家如此规定，如匈牙利《禁止不正当竞争法》第 49 条。

（二）观点分歧：实务界与学术界

实务界对此的讨论，往往分为两个问题：一是，对依行政执法程序终局认定不构成垄断的行为认定对法院是否具有拘束力的讨论。对此，多数认为应具有刚性拘束力，主张对行政执法程序终局认定不构成垄断的行为不应再提起重新认定是否构成垄断的民事诉讼。① 二是，对依行政执法程序终局认定“构成垄断的行为认定”对法院是否具有拘束力的讨论。对此问题的回答则存有分歧，一种主张应具有弹性拘束力，即是否具有拘束力应据个案而定，如上海市高级人民法院民三庭庭长黎淑兰就持此种观点；另一种主张应有刚性拘束力，如上海市高级人民法院民三庭及审判长丁文联就持此种观点。②

学术界对这一问题的讨论，多数观点认为应具有刚性拘束，或者说准刚性拘束。如王先林、时建中教授认为，反垄断执法机构不仅在证据的收集上具有优势，其在有关事实的认定上同样具有优势，所以，法院应更多地尊重反垄断行政执法机关的裁决。徐士英教授提出：对于反垄断执法程序终局认定为不构成垄断的行为，不应允许当事人提起反垄断民事诉讼。而对于依据反垄断执法机构的决定提起的民事诉讼中，法院也不应做出与行政决定不同的认定。王健教授也有类似看法，建议在制定反垄断法实施细则时应规定：“国务院反垄断委员会以及反垄断执法机关在其决定中所认定的违法事实对于法院具有拘束力。”

（三）笔者看法：理论与实践

从法理上讲，就目前中国反垄断法的规定看，在依反垄断执法机构的决定提起的民事诉讼，反垄断执法机关做出的终局认定，对法院不具有拘束力，这意味着，法院可以做出与执法机关的终局认定不同的认定。另外，不论从人的认知能力（法官的认知能力与行政官员是相同的），还是从司法权与行政权的关系来讲，司法判决不受行政决定的拘束都是说得通的。

但从实践看，考虑到专业分工，且随着反垄断执法机构的完善、执法的专业水平的提高、执法中的专家及其所掌握的信息等优势，要求法院在反垄断司法中，应对执法机关做出的认定予以尊重。因而，法院的不宜作出与行政机关认定相悖的判决，只有在下列情况下，才可做出与行政决定

①② 参见 2009 年 6 月 9 日上海市一中院召开的“反垄断行政执法与民事诉讼的协调与衔接”研讨会“会议纪要”。

不同的认定。(1) 原告具有充分的新证据证明，且这种证据被行政执法时所故意忽视或行政执法决定做出时，不是因当是人的过错而没提供等情况下，致使行政决定存在明显的不足或错误时。(2) 反垄断执法机关做出的认定与法律、宪法明显冲突时。

四、结论：反垄断法的新思维

总结以上讨论，可以看出目前对反垄断法实施“结点”问题的思考有两种思维方式：一种是主流的、传统法学的个人主义思维。体现在法律中就是以行政法为典型的公法和以民法为典型的私法的思考；另一种是笔者主张的整体主义的新思维。

按整体主义思维，反垄断法所有的实施程序，都旨在建构一种良好的竞争秩序，而不在于解决纠纷，其目的的重心在于维护竞争秩序，而不在于对私人受害者予以补偿，因而，就需要一种超越传统的行政程序与司法分离的制度设计，以实现司法与执法两种程序的融合。

这意味着，在未来反垄断执法程序中设计中不仅可以是执法程序司法化，还可以要求法院派相关法官参与到行政执法的裁决过程中，以及以通告的形势要求有利害关系的私人参与其中，提出各自的主张，并一并解决。同样，在司法程序的设计上，法院在审理私人提起的反垄断案件时，也要求反垄断执法机关派员参加，代表公共利益，提出意见，使之一并解决。

（本文载于《上海财经大学学报》2010 年第 5 期）

市场分割能改善地方经济绩效吗

刘小勇

摘　要：本文从实证的角度检验了政府分割市场对经济增长的影响，发现市场分割会阻碍地区经济增长。市场分割给落后地区带来的负向效应要明显高于经济发达地区，给中部地区带来的负向效应明显高于东部地区和西部地区。并且1995年之后，市场分割对经济增长的阻碍作用明显高于之前。门限面板模型估计表明，市场分割对经济增长的负向效应随着经济发展水平的提高、更加融入国际分工、民营化进程的加快和财政支出更加分权而加剧。

关键词：市场分割　经济增长　门限效应

一、引言及文献回顾

2008年由美国次贷危机而引发的全球金融危机席卷全球，中国也未能幸免，保增长已成了中央和地方政府2009年工作的重中之重，在沉静几年之后，拉动内需又重新成为中国经济中出现频率最高的词汇之一，在这种形势下，各地地方政府也不断出台新措施，以启动内需，促进本地经济的发展，在这些措施中，最引人注目的是，部分地方政府又开始重拾老路，出台各种措施保护本地企业和产品，鼓励引导甚至要求本地消费者优先购买本地企业生产的产品，如广西、安徽以及南京、杭州、长春、东莞、佛山、海口等地，都出台了一系列"促销"本地产品的措施（孙小林，2009）。甚至广东省一些专家学者集体上交了一份提案，建议学习中国香港、新加坡的经验，对省外劳工增加收费。通过适当限制外省劳工，减轻广东人口、财政、治安等方面的负担（郭丽君，2009）。

各种带有地方保护色彩的措施的出台，从一方面反映出地方政府缺少应对危机，破解危机的经验，缺少新思路，缺乏创新，面对经济增长乏力和保增长的压力下，只能重回老路，依靠行政力量来参与经济，这也说明经过三十多年的改革开放和市场经济的洗礼，政府依然没有完全摆脱计划经济时代的束缚，市场经济的理念还未深入政府官员之心，尊重市场，维护市场秩序的道路在中国依旧漫长而久远。毫无疑问，各地纷纷出台具有保护色彩的措施，无疑是在保增长，增加财政收入的压力下而采取的短视行为，政府的思路是，这些保护措施是可以增加被保护本地企业产品的销售，增加被保护本地企业的利润，从而增加本地企业上缴的财税，增加本地经济总量，提高本地经济增长。但是，我们不禁要问，这种保护动机是否就能如其预期的那样，增加本地财政收入，提高本地经济增长呢？

自从杨（Young，2000）的研究以来，关于中国市场分割的研究文献开始多了起来，总体来说，研究视角主要体现在以下三个方面：（1）关注市场分割和地方保护的测度，以及关注中国国内市场是走向整合还是市场分割正在不断加剧；（2）研究的视角从测度市场分割和地方保护的程度到探究市场分割的决定因素，试图以此来解释地方市场分割的成因；（3）探究市场分割对经济绩效的影响。

陆铭和陈钊（2009）的研究中发现分割市场对于当地的经济增长具有倒U型的影响，同时，他们还发现，对于经济开放程度更高的省份来说，更能够利用分割市场的方式来促进当地的增长。他们的研究结论与庞塞特（Poncet，2003）的研究截然相反，她的研究发现，市场分割无论是对实际人均农业国内生产总值（GDP）还是实际人均国内生产总值都具有显著负效应，并且对人均农业国内生产总值的负向影响要高于对人均国内生产总值的影响。余东华（2008）利用国务院发展研究中心课题组的地方保护调查数据，研究发现，地方保护并不能提高区域产业竞争力和地方经济实力，地方保护主义所引起的较低的资源配置效率反而有可能转嫁给企业，降低了企业的经济绩效和产业竞争力。余东华和王青（2009）以中国制造业 2000 ~2005 年 29 个行业数据为例，构建了产业受保护程度指数和产业技术创新能力指数等无量纲化变量，研究发现，地方保护和市场分割使得企业创新净收益下降，企业创新动机减弱，限制了企业生产可能性边界的拓展，扭曲了企业的技术效率，降低了产业技术创新能力。师博和沈坤荣（2008）利用各省的国内贸易量占国内生产总值的比重间接衡量市场分割度，实证检验了 1995 ~2004 年间市场分割对地区全要素能源效率的影响，发现，在国内贸易增加的同时，由于市场分割程度的加剧扭曲了资源配置效率，造成全要素能源效率的损失。朱希伟、金祥荣和罗德明（2005）等从理论上推断出，市场分割会导致本地企业更加倾向于出口，从而会导致对外贸易的增加，但是张如庆和张二震（2009）采用陆铭和陈钊（2006）测度市场分割指数的方法，利用 1985 ~2001 年 28 个省际数据实证检验则发现市场分割反而使企业的出口动力减弱，他们认为可能的解释是，尽管企业在所在地市场和本国外地分割市场的进入成本存在高于国外市场进入成本的可能，但一旦进入本地市场或本国外地分割市场后，再投入的附加成本可能很小，并能获取很高的市场垄断利润，高到足以弥补进入成本高的损失，因为不是任何企业都有支付这种高昂进入成本的能力的；市场分割的程度越大，这种垄断利润可能越丰厚，企业也就越不愿“背井离乡”出口。有理由反向推断，中国市场一体化程度的加强，才是中国企业纷纷出口的“压力”。市场一体化程度的加强，不仅降低了市场进入成本，市场垄断利润也趋于消失，而且带来了激烈的市场竞争，迫于竞争的压力，企业出口扩张自在情理之中，这或许正是中国目前正在发生的情况。

从上述的实证分析中，大部分文献的研究结论支持市场分割不利于经济绩效的改善，市场分割会降低区域产业竞争力的提升，对各省的进出口具有抑制作用，造成地区全要素能源效率的损失，从而对地区经济增长不利，虽然，陆铭和陈钊（2009）的研究结论支持了市场分割在一定程度上有利于经济增长，但他们也同时认为在加总的意义上并不能得出市场分割有利于总体经济增长的结论，中国存在的地方间市场分割，更像是一种“囚犯困境”的局面，这种画地为牢式的政策在宏观上却妨碍了整个中国获得经济发展的国内规模经济，因此不应该将局部的市场分割政策的好处作为支持这一政策的依据。

与庞塞特（2003）、张如庆和张二震（2009）、陆铭和陈钊（2009）不同，我们的市场分割指数涵盖的时间更长，测度的也不仅仅是相邻省份之间的市场分割度，而是各省与所有其他省份之间的市场分割度；另一个不同就是，陆铭和陈钊（2009）他们使用的数据依然是新中国五十年统计和新中国五十五年统计年鉴上的各省数据，而众所周知，2004 年经济普查后，各省对 1993 ~2004 年的有关数据进行了调整，忽略这一点，有可能对结论的普适性带来一定的挑战；同时，相对其他文献而言，本文不仅从全样本的角度考察了市场分割对经济增长的影响，还研究市场分割影响经济增长的跨地区和跨时效应，以及市场分割对经济增长影响的门限效应。相对其他文献而言，本文提供了更加系统和全面的信息。为了检验结论的稳健性，本文还用了不同的市场分割指标，发现市场分割不利于经济增长的结论是稳健，市场分割从长期来看，并不会带来经济增长，反倒会不利于经济增长。

本文的其余部分安排如下：第二部分，市场分割度的测度；第三部分，市场分割对经济增长影响的一般分析；第四部分，市场分割对经济增长影响的跨地区效应分析；第五部分，市场分割对经济增长影响跨时效应分析；第六部分，市场分割对经济增长的门限效应分析；第七部分，结论的稳健性讨论；最后是本文的结论。

二、市场分割度的测度

研究地方保护主义和地区市场分割的实证研究最核心的任务便是测度市场分割程度，现有文献对于市场分割度测量的方法主要有“生产法”、“贸易法”、“专业指数法”和“价格指数法”，本文遵循帕莱斯利和魏（Paresley and Wei，2000，2001）和陆铭、陈钊等（2006）的测算方法，采用价格指数方法测度地区市场分割程度。

相对价格方差具体计算方法如下：

（1）计算相对价格绝对值 $|\Delta Q_{ijt}^{k}|$，其中，$\Delta Q_{ijt}^{k}=\mathrm{Ln}(P_{it}^{k}/P_{jt}^{k})-\mathrm{Ln}(P_{it-1}^{k}/P_{jt-1}^{k})$。

（2）采用去均值（De-mean）方法消除与特定商品种类相联系的固定效应 a^{k}（Fixed-effects）带来的系统偏误。具体做法是：设 $|\Delta Q_{ijt}^{k}|$ 由 a^{k} 与 ε_{ijt}^{k} 两项组成，a^{k} 仅与商品种类 k 相关，ε_{ijt}^{k} 与 i、j 两地特殊的市场环境相关。要消去 a^{k} 项，应对给定年份 t、给定商品种类 K 的 $|\Delta Q_{t}^{k}|$ 在 378 对省际之间求平均值 $\overline{|\Delta Q_{t}^{k}|}$，再分别用这 378 个 $|\Delta Q_{ijt}^{k}|$ 减去该均值。以去均值的方法得到 $|\Delta Q_{ijt}^{k}|-\overline{|\Delta Q_{t}^{k}|}=(a^{k}-\overline{a^{k}})+(\varepsilon_{ijt}^{k}-\overline{\varepsilon_{ijt}^{k}})$，令 $q_{ijt}^{k}=\varepsilon_{ijt}^{k}-\overline{\varepsilon_{ijt}^{k}}=|\Delta Q_{ijt}^{k}|-\overline{|\Delta Q_{t}^{k}|}$。

（3）最终用以计算方差的相对价格变动部分是 q_{ijt}^{k}，记其方差为 $Var(q_{ijt}^{k})$。在这里 q_{ijt}^{k} 仅与地区间市场分割因素和一些随机因素相关。

本文地区市场分割度测量所选择的商品遵循陆铭、陈钊（2006）的范围，选择了各地区 1985～2005 年各年商品零售价格分类指数中的九类商品价格零售价格指数，具体为：粮食、鲜菜、饮料烟酒、服装鞋帽、中西药品、书报杂志、文化体育用品、日用品以及燃料。需要说明的是由于不同年份商品种类划分的变化，为了尽可能地获得更多的数据，2003 年之后文化体育用品价格指数采用文化办公用品价格指数，部分年份饮料烟酒价格指数为烟酒茶价格指数。

本部分数据全部来自 1985～2006 年各年中国统计年鉴。重庆、海南、西藏的数据较短或缺失较多，并不包括在内，1997 年以后四川数据为不包含重庆数据，而之前包括，本文认为重庆从四川分立出去，并不会对四川整体价格指数产生较大影响，故仍将四川纳入分析范围。

三、市场分割对经济增长影响的一般分析

（一）基本计量模型和变量说明

$$\ln rjgdp_{it}=\alpha_{i}+\beta_{segm}\ln segm_{it}+\beta_{n}N_{it}+u_{it} \tag{1}$$

其中，*rjgdp* 为各省 1993 年不变价人均国内生产总值；*segm* 为各省市场分割指数；*N* 包括其他控制变量，具体包括 *ckl*，各地区 1993 年不变价从业人员人均固定资本形成总额增长率；*soe*，各地区非国有工业企业产值占全部工业企业产值比重，刻画各地区民营化进程和市场化进程；*fde*，人均财政支出分权度，使用乔宝云（2002）的测度方法测算；*tgov* 为政府预算内外财政支出占国内生产总值比重，刻画政府干预经济的力度；开放度（*Open*），各地区对外进出口总值占国内生产总值比重，采用历年人民币汇率中间值进行折算，刻画对外开放度；城镇化（*urban*），各地区非农业人口占总人口的比重，刻画各地区城镇化进程；消费者物价指数（*cpi*）为历年各地区居民消费价格指数，刻画物价变动和通货膨胀。本文研究样本期间为 1986～2005 年全国除海南、重庆和西藏 28 个内陆省份数据。

本文数据分别来自新中国五十年统计资料、新中国五十五年资料汇编、历年中国统计年鉴、中

国工业经济统计年鉴和中国国内生产总值核算——历史资料（1952～2004），中国人口统计年鉴和中国农业统计年鉴，其中国内生产总值和人均国内生产总值数据以及各地区固定资本形成总额根据普查数据进行了调整。

（二）地方市场分割对经济增长影响基本模型估计结果

考虑到市场分割政策也许并不是立竿见影的，可能存在滞后效应，为了考察这种滞后效应和当期效应，分别在基本模型中采取当期市场分割值和滞后一期和两期的市场分割值来对经济增长进行回归，回归结果如表 1 所示。固定效应检验、随机效应 B－P 检验和豪斯曼（Hausman）检验表明在 1% 显著水平下，固定效应模型优于随机效应模型和混合回归模型，因此选择固定效应模型。

从表 1 可以看出，当期市场分割对经济增长的影响显著为负，即当期市场分割的降低有利于经济增长，地方市场的整合有利于本地经济增长，长期来看，分割政策并没有实现促进本地经济增长的效果，在不考虑其他因素的情况下，当期市场分割每下降 1 个百分点，当期实际人均国内生产总值可以提高约 0.44 个百分点。从滞后一期和滞后两期的系数来看，对经济增长的影响仍然显著为负，在不考虑其他因素的情况下，当期市场分割对经济增长的负向影响随时间推移呈现下降的趋势。在模型中同时包括当期值和滞后项时，回归系数都有所下降，但是显著性并没有改变。从基本模型的结果可以看出，在不考虑其他因素对经济增长的影响下，无论是在短期还是长期，市场分割都会阻碍当地经济增长，地方政府实施分割政策以发展本地经济的预期目标并没有实现，从长期来看，地方政府会放弃采取市场分割政策来发展本地经济的政策，从这个思路出发，可以认为，地区间市场分割从长期来看会不断下降，地区间经济会逐渐走向一体化。这可以从前文文献回顾中得到验证，从我们 2008 年关于财政分权和地方市场分割的讨论中（刘小勇、李真，2008），发现 1995 年以来地方市场分割度明显低于之前，地区间正走向一体化，而且一体化进程正不断加快，近年来，各区域经济体的不断出现也可以验证这一点。

表 1　市场分割对地区经济增长影响基本模型估计结果

ln*rjgdp*	(1)	(2)	(3)	(4)	(5)
ln*segm*	－0.4393492*** （－18.44）			－0.3090364*** （－13.45）	－0.325033*** （－15.59）
lln*segm*		－0.4006772*** （－15.95）		－0.3056725*** （－13.47）	－0.1600655*** （－7.75）
l2ln*segm*			－0.3804749*** （－15.56）		－0.2150734*** （－11.09）
_*cons*	5.259491*** （32.83）	5.578726*** （33.27）	5.760887*** （35.38）	4.126121*** （22.94）	3.60385*** （22.45）
观察值	560	532	504	532	504
$R-sq$	0.3903	0.3358	0.3375	0.5118	0.6547
固定效应检验	34.66***	32.74***	33.89***	47.39***	70.95***
豪斯曼检验	20.44 （0.0000）	22.37 （0.0000）	23.40 （0.0000）	27.23 （0.0000）	28.62 （0.0000）
BP 检验	1972.30 （0.0000）	1756.42 （0.0000）	1675.39 （0.0000）	2225.11 （0.0000）	2481.15 （0.0000）

注：*，**，*** 分别表示 10%、5% 和 1% 显著水平下显著；回归系数下的（）内为 t 统计量，检验值下或后面的（）内为概率值；lln*segm* 和 l2ln*segm* 分别表示滞后 1 期和 2 期的市场分割度；以下类同。

（三）引入控制变量的结构方程估计结果

从上述基本模型的估计中可以看出，市场分割对经济增长具有负向影响，在不考虑其他因素下，市场分割的存在会阻碍经济增长。为了检验上述模型的稳健性，本文将其他对经济增长有重要影响的变量加入到上述基本回归模型中，表2报告了市场分割对经济增长影响的结构性回归模型结果，根据豪斯曼检验和B-P检验，选择固定效应模型。

从表2可以看出，当期市场分割对经济增长的影响仍然为负，而且滞后一期和滞后两期的市场分割对经济增长的影响也显著为负，可以看出市场分割不仅对当期经济增长有负向影响，同时对下一期的经济增长也有负向影响，市场分割度的降低从长期来看有利于提高当期经济增长和下一期经济增长。有意思的是，在引入其他因素的结构模型中，市场分割对经济增长的影响在当期最小，随后负向效应逐渐增大，第三期最大，这和基本模型的结果相反。从市场分割对经济增长的影响程度来看，负向影响在-0.1169～-0.1834之间，这和庞塞特（2003）的研究基本一致，她的研究中，市场分割对经济增长的负向影响在-0.11～-0.16之间。

表2　市场分割对地区经济增长影响结构模型普通回归估计结果

ln*rjgdp*	(1) #	(2) #	(3) #	(4) #	(5) #
ln*segm*	-0.1169358*** (-6.30)			-0.1171965*** (-6.32)	-0.1344687*** (-8.14)
lln*segm*		-0.1506821*** (-10.10)		-0.1635114*** (-11.27)	-0.1345153*** (-10.31)
l2ln*segm*			-0.1834467*** (-12.32)		-0.1614705*** (-13.24)
ckl	0.1294719* (1.66)	0.0768076 (1.07)	0.1625841** (2.21)	0.0849852 (1.23)	0.1157644** (2.01)
ln*soe*	0.1749672*** (5.19)	0.1872609*** (6.02)	0.2224772*** (7.86)	0.1496598*** (4.90)	0.0928487*** (3.62)
ln*fde*	1.755218*** (7.78)	1.432553*** (6.48)	1.212851*** (6.30)	1.754386*** (8.01)	1.734164*** (8.69)
ln*tgov*	-0.6477457*** (-13.00)	-0.6059508*** (-12.56)	-0.6056834*** (-11.83)	-0.6142932*** (-13.22)	-0.6191957*** (-14.33)
ln*urban*	1.074285*** (14.30)	1.133756*** (14.84)	0.774312*** (13.97)	0.9881011*** (12.82)	0.9244729*** (11.89)
ln*open*	0.0483371*** (4.21)	0.0553596*** (4.97)	0.0551674*** (4.68)	0.0545087*** (5.09)	0.0495215*** (5.21)
ln*cpi*	-2.067588*** (-11.01)	-2.139581*** (-14.42)	-2.287109*** (-15.52)	-1.405408*** (-7.63)	-0.7834428*** (-4.97)
_*cons*	18.30585*** (19.31)	18.50467*** (25.52)	18.4597*** (25.17)	14.06277*** (14.20)	9.999246*** (11.31)
观察数	560	532	504	532	
R-sq	0.8213	0.8401	0.8367	0.8440	0.8941
固定效应检验	8.54***	9.70***	12.82***	10.04***	15.08***
豪斯曼检验	73.48 (0.0000)	78.31 (0.0000)	154.09 (0.0000)	55.68 (0.0000)	66.44 (0.0000)
BP检验	134.02 (0.0000)	171.09 (0.0000)	181.81 (0.0000)	236.25 (0.0000)	445.83 (0.0000)

从其他变量来看，从业人员人均固定资本形成总额增长率对经济增长率具有正向效应，但在模型（2）#和（4）#中不显著；市场化程度或者说民营化程度对经济增长具有显著促进作用，以人均支出衡量的财政分权对经济增长也具有正向效应，并且在各模型都显著，这表明财政分权制度和市场化制度都是中国经济高速发展的重要制度因素之一；预算内外财政支出占国内生产总值比重则对经济增长具有显著负向效应；对外开放度和城镇化率对经济增长具有显著正向影响，而物价指数对经济增长则具有显著负向影响；可以看出，上述各变量的系数符号都符合理论预期，也和已有研究基本一致。

四、市场分割对经济增长影响的跨地区效应实证分析

为了全面考察地区市场分割对经济增长的影响，本文将全样本根据经济发展水平分为经济法发达地区和经济落后地区，根据地理特征将样本分为东、中、西部地区来考察市场分割对经济增长的跨地区差异，考虑到将全样本分为子样本，虽然样本总量仍然很大，但是观察值的丢失还是比较可惜，因此，本文还通过引入虚拟变量刻画各省的经济发展水平和地理位置的差异。

表3列出了不同区域实际人均国内生产总值和市场分割指数的统计性质，从表中可以看出，不同区域间经济发展水平差距很大，落后地区的人均国内生产总值水平不到发达地区的一半，中部地区和西部地区的人均国内生产总值水平连东部地区的一半都不到，由此可见，中国区域间经济统筹发展是任重而道远。从市场分割指数来看，发达地区高于落后地区，东部地区高于中、西部地区，这可能是经济越发达的地区在地区分工中越占优势，从而可能主导地区间分工，更有能力采取分割市场的政策。

表3　　不同区域市场分割与实际人均国内生产总值统计性质

rjgdp					
	发达地区	落后地区	东部地区	中部地区	西部地区
Obs	280	280	200	160	200
Mean	6877.24	2789.57	7994.94	3332.00	2873.00
Std. *Dev.*	5281.21	1466.28	5748.01	1820.84	1569.73
Min	1317.26	804.65	1317.26	1072.95	804.65
Max	33783.07	7718.62	33783.07	9386.91	10280.69
segm					
	发达地区	落后地区	东部	中部	西部
Obs	280	280	200	160	200
Mean	0.001765	0.001604	0.001838	0.001577	0.001617
Std. *Dev.*	0.001596	0.001271	0.001620	0.001229	0.001410
Min	0.000331	0.000336	0.000331	0.000375	0.000336
Max	0.011723	0.005940	0.011723	0.005940	0.011610

（一）发达地区和欠发达地区

根据1986~2005年各省平均人均国内生产总值（简单平均值）排序，将全样本分为两个子样本，即以3700元为分界线，将人均国内生产总值超过3700元的14个地区划为经济发达地区，分别是上海、北京、天津、浙江、广东、江苏、辽宁、福建、山东、黑龙江、河北、吉林、内蒙古和新疆，实际上新疆（经济发达地区最低）人均国内生产总值均值为3820.70元；其余为经济落后地区，其中经济落后地区均值最高的湖北省人均国内生产总值均值实际为3604元。从上述划

分情况可以看出，东部地区全部为经济发达地区，中部和西部地区各有两个省份落入经济发达地区样本。

表4报告了不同经济发展水平地区市场分割对经济增长的影响，根据豪斯曼检验和BP检验，各模型均选择固定效应模型，通过邹（Chow）检验发现，不同经济法发展水平下各变量的系数存在显著的结构变化效应。

从表4可以看出，无论是分样本回归，还是引入虚拟变量的回归结果都显示，市场分割对落后地区的负向影响要明显大于发达地区，这可能是因为发达地区更有能力影响地区间的分工，也更容易对落后地区实施的市场保护和分割政策进行报复打击，当落后地区采取市场分割政策时，发达地区将非常有能力采取报复性措施，从而导致落后地区的负面影响更大；另一方面，就是发达地区的自身市场规模要比落后地区大，自身消化的能力也比落后地区强，因而采取市场分割政策时，虽然市场分割政策本身带来经济的负增长，但是由于其经济增长点比落后地区要多，因而其他经济增长点带来的经济增长可能在一定程度上抵消一部分由于市场分割带来的负的损失，例如城镇化比率可能更有利于发达地区的经济增长，这些因素带来的更多的经济增长，降低了分割市场政策带来的损失。

表4　　市场分割对不同经济发展水平地区经济增长影响估计结果

ln*rjgdp*	发达地区	落后地区	虚拟变量
ln*segm*	-0.0838158*** (-3.63)	-0.115993*** (-4.21)	
DumD. ln*segm*			-0.1164985*** (-5.09)
DumLD. ln*segm*			-0.1173676*** (-5.15)
ckl	0.0620329 (0.71)	0.1151368 (0.87)	0.1292237* (1.65)
ln*soe*	0.1148237*** (2.99)	0.2374403*** (4.34)	0.1748894*** (5.17)
ln*fde*	1.188584*** (3.76)	1.582702*** (5.04)	1.7554*** (7.77)
ln*tgov*	-0.659938*** (-11.51)	-0.5321851*** (-6.53)	-0.6478722*** (-12.95)
ln*urban*	1.536301*** (13.77)	0.7557891*** (7.63)	1.074324*** (14.28)
ln*open*	0.0299114*** (2.86)	0.3384743*** (5.79)	0.0483867*** (4.18)
ln*cpi*	-2.020689*** (-8.93)	-2.412503*** (-8.15)	-2.067572*** (-11.00)
_*cons*	18.38511*** (16.19)	20.5205*** (13.40)	18.30573*** (19.29)
观察数	280	280	560
R-sq	0.8863	0.7752	0.8213
固定效应检验	16.27***	5.39***	8.22***
豪斯曼检验	212.93（0.0000）	22.28（0.0044）	65.10（0.0000）
BP检验	101.14（0.0000）	21.15（0.0000）	129.65（0.0000）
邹检验	68.94（0.0000）		

注：本文采用似然比检验的方法来进行邹检验，以下类同。*DumD*. ln*segm* 为发达地区虚拟变量与市场分割的交叉积，*DumLD*. ln*segm* 为落后地区虚拟变量与市场分割指数交叉积。

从其他变量来看，投资的增加给落后地区带来的好处要明显高于发达地区，资本报酬边际递减规律得到验证。从民营化程度、财政支出分权制度和对外开放度指标来看，落后地区的回归系数明显高于经济发达地区，民营化制度、支出分权制度和对外开放制度给落后地区带来了更多的经济增长。

但是，必须注意的是，上述结论是在人为分样本的情况下得到的，即将所有地区按照一个平均的人均国内生产总值水平严格区分为两个样本，即使是虚拟变量回归方程中也是如此，所有的地区在所有考察期内要么完全属于经济发达地区，要么完全属于经济落后地区，但现实是，各地区的人均国内生产总值都处于不断变化之中，以人均国内生产总值 3700 元为界，发达地区某些地区某些年份的人均国内生产总值也可能落后于这一临界值，而落后地区某些地区某些年份也可能高于这一临界值，因此这种人为的划分，反映的是两个不同子样本自始至终的情况，而并没有反映随经济发展水平的变化，各变量对经济增长影响的模式是否发生改变，这将在后文采用门限模型来实现。门限模型回归得到的结果和本文人为划分样本的结果可能相同，但也可能不同，这都属于正常。门限变量反映的是超过某一临界值时，变量的回归系数是否发生显著差异。

（二）东、中、西部地区

东、中、西部地区划分采用较为常用的划分标准，其中东部地区包括：北京、天津、上海、浙江、江苏、福建、广东、辽宁、山东、河北共 10 个省市；中部地区包括山西、吉林、黑龙江、安徽、江西、河南、湖北、湖南共 8 个省市；其余为西部地区，共 10 个省、市、自治区。

表 5 报告了不同地理位置地区市场分割对经济增长的影响，根据豪斯曼检验和 BP 检验，各模型均选择固定效应模型，通过邹检验发现，东、中、西部地区各变量的系数存在显著的结构变化效应。

表 5　　市场分割对不同地理位置地区经济增长影响估计结果

ln*rjgdp*	东部地区	中部地区	西部地区	虚拟变量
ln*segm*	-0.0677418*** (-2.66)	-0.1450268*** (-3.64)	-0.055244** (-2.55)	
DumE. ln*segm*				-0.0963484*** (-3.73)
DumM. ln*segm*				-0.1580004*** (-5.51)
DumW. ln*segm*				-0.1077206*** (-4.28)
ckl	-0.1177699 (-1.18)	-0.0373455 (-0.20)	0.1947653** (1.95)	0.120589 (1.53)
ln*soe*	0.1800166** (2.39)	0.3210521*** (3.65)	0.0516663* (1.66)	0.1758546*** (5.20)
ln*fde*	1.210603*** (3.64)	0.8897356* (1.85)	0.7650845*** (2.59)	1.769177*** (7.83)
ln*tgov*	-0.6633902*** (-8.26)	-0.7158455*** (-6.54)	-0.2215901*** (-3.62)	-0.6452364*** (-12.95)
ln*urban*	1.477005*** (13.49)	0.5042271*** (4.65)	2.671779*** (15.50)	1.079922*** (14.36)
ln*open*	0.0279676*** (2.75)	0.4901352*** (5.73)	0.1701725*** (3.86)	0.0510919*** (4.39)

续表

lnrjgdp	东部地区	中部地区	西部地区	虚拟变量
lncpi	-1.88156*** (-7.68)	-2.882406*** (-7.04)	-1.181774*** (-4.63)	-2.055069*** (-10.96)
_cons	17.96588*** (14.65)	21.86289*** (10.18)	17.58272*** (14.22)	18.26403*** (19.28)
观察数	200	160	200	560
$R-sq$	0.9105	0.7846	0.8901	0.8226
固定效应检验	17.13***	3.12***	27.87***	8.02***
豪斯曼检验	65.42（0.0000）	18.70（0.0165）	202.31（0.0000）	72.08（0.0000）
BP 检验	94.93（0.0000）	3.17（0.0749）	21.77（0.0000）	124.17（0.0000）
邹检验	217.61（0.0000）			

注：*DumE*. lnsegm、*DumM*. lnsegm 和 *DumW*. lnsegm 分别表示东部、中部和西部地区虚拟变量与市场分割指数交叉积。

从分样本估计结果来看，市场分割对中部地区的负向效应最大，东部次之，西部最小，但是从引入虚拟变量的回归方程估计结果来看，则是西部地区负向影响高于东部地区，中部地区负向影响仍然是最大的。从民营化程度的回归系数来看，中部正向效应最大，东部次之，西部最小；而财政支出分权对经济增长的正向效应，东部最大，中部次之、西部最小。

五、市场分割对经济增长影响的跨时效应实证分析

从刘小勇和李真（2008）的分析可以看出，1995 年前后地区市场分割发生了较大变化，1995 年之后各地区市场分割指数都出现明显下降趋势，地区间整合趋势明显，这是否意味着 1995 年前后地区市场分割指数对经济增长的影响也会不一致？为此，本文将样本分为 1995 年前后两个分样本，分别对 1995 年前后两个子样本进行回归，同时，也根据前文分析方法，引入虚拟变量进行回归。邹检验也表明 1995 年前后变量的系数存在明显的结构性差异。具体估计结果见表 6。

表 6　　市场分割对不同时期经济增长影响估计结果

lnrjgdp	1995 年及之前	1995 年后	虚拟变量
lnsegm	-0.0191243 (-2.40)	-0.0871538*** (-4.38)	
Dum0. lnsegm			-0.0605833*** (-4.04)
Dum1. lnsegm			-0.1448111*** (-9.82)
ckl	-0.0156527 (-0.45)	0.253808*** (2.76)	0.2352701*** (3.81)
lnsoe	-0.0070214 (-0.46)	0.1484952*** (3.26)	0.0540822** (1.97)
lnfde	1.777527*** (15.33)	0.1959035 (0.84)	1.361034*** (7.58)
lntgov	-0.6852062*** (-26.08)	0.6167532*** (7.69)	-0.2583813*** (-5.74)

续表

lnrjgdp	1995 年及之前	1995 年后	虚拟变量
ln*urban*	0.1157489 *** (3.04)	1.16024 *** (11.17)	0.7088823 *** (11.29)
ln*open*	0.0283847 *** (5.44)	0.2903479 *** (6.60)	0.0580683 *** (6.40)
ln*cpi*	-0.0756018 (-0.73)	-1.568015 *** (-4.68)	0.3073211 (1.54)
_cons	7.762189 *** (15.22)	18.56218 *** (11.58)	7.204536 *** (7.40)
观察数	280	280	560
R-sq	0.9124	0.8159	0.8888
固定效应检验	34.38 ***	24.24 ***	13.44 ***
豪斯曼检验	54.94（0.0000）	51.16（0.0000）	99.98（0.0000）
BP 检验	359.84（0.0000）	261.79（0.0000）	314.78（0.0000）
邹检验	1000.04（0.0000）		

注：*Dum*0. ln*segm* 和 *Dum*1. ln*segm* 分别为 1995 年及之前和 1995 年之后虚拟变量与市场分割指数交叉积。

根据豪斯曼检验和 BP 检验，选择固定效应模型。从回归结果可以看出，无论是分样本结果，还是虚拟变量的结果，1995 年之后市场分割对经济增长的负向影响要明显高于 1995 年之前。而 1995 年正是中国民营化程度发展较快的时期，同时这一时期，地方财政支出也更加分权，这是否意味着，随着民营化进程和财政支出分权的深入，市场分割对经济增长的负向影响会加剧？为了考察这一疑问，我们将在后文采用民营化程度和财政支出分权程度作为门限变量进行门限回归。

六、市场分割对经济增长影响是否受其他因素制约

从前文的分析中可以发现，当期市场分割会影响当期经济增长，同时也会影响下一期的经济增长，市场分割并没有带来本地经济的增长，提高本地人均国内生产总值。但是，一个可能的问题是，市场分割对经济增长的影响是否会受其他因素的制约？地区对外开放水平、地区民营化进程以及地区经济发展水平的不同是否会制约市场分割对经济增长的影响，这在前文的模型中并没有得到回答，为了考察其他因素对市场分割影响经济增长模式的表现，一个可行的办法是引入其他因素与市场分割的交互项来考察市场分割与这些因素对经济增长的交互作用，但是考虑到交互项的存在可能导致多重共线性问题，同时并不能得到其他因素促使市场分割影响经济增长模式发生改变的临界点，例如并不能回答，地区开放水平在多高的时候，市场分割对经济增长的影响会存在显著不同，因此，本文采用汉森（Hansen，1999）提出的非动态固定效应门限面板模型来检验市场分割对经济增长的影响是否因其他因素的不同而存在门限效应。

门限回归基本模型为：

$$\ln rjgdp_{it} = \alpha + \beta_{segm}\ln segm_{it} I(q_{it} \leqslant \gamma) + \beta'_{segm}\ln segm_{it} I(q_{it} > \gamma) + \beta_n N_{it} + u_{it} \qquad (2)$$

其中，γ 为门限值，q 为门限变量，在本文分别为人均国内生产总值、民营化程度、财政支出分权度、对外开放度。

从表 7 可以看出，市场分割对经济增长的门限效应显著，随对外开放度、民营化程度、财政支出分权度以及经济发展水平的改变，市场分割对经济增长的影响模式发生了改变，即这些因素都会制约市场分割对经济增长的影响。

表 7　　市场分割对经济增长影响门限效应估计结果

ln*rjgdp*	对外开放度	民营化程度	财政分权度	经济发展水平
ln*segm*0	-0.0945866*** (-5.08)	-0.1073907*** (-5.80)	-0.1047697*** (-5.56)	-0.0632963*** (-3.95)
ln*segm*1	-0.1195239*** (-6.59)	-0.1267453*** (-6.84)	-0.1249811*** (-6.72)	-0.1176064*** (-7.53)
ckl	0.0995404 (1.31)	0.1203122 (1.56)	0.1299108* (1.68)	0.0788552 (1.20)
ln*soe*	0.1664724*** (5.05)	0.1098757*** (2.92)	0.1761088*** (5.27)	0.138282*** (4.86)
ln*fde*	1.666831*** (7.54)	1.660105*** (7.40)	1.40878*** (5.63)	1.466312*** (7.68)
ln*tgov*	-0.6362703*** (-13.07)	-0.6236171*** (-12.56)	-0.6454861*** (-13.06)	-0.5972062*** (-14.21)
ln*urban*	1.067106*** (14.55)	1.075418*** (14.49)	1.094163*** (14.63)	0.7755228*** (11.69)
ln*open*	0.0286664** (2.42)	0.0507755*** (4.47)	0.043657*** (3.80)	0.0368579*** (3.81)
ln*cpi*	-2.167545*** (-11.76)	-2.048615*** (-11.04)	-2.03874*** (-10.94)	-1.594119*** (-9.89)
_*cons*	18.73354*** (20.16)	18.16259*** (19.38)	18.07312*** (19.16)	15.79959*** (19.38)
R-sq	0.8300	0.8259	0.8245	0.8738
样本观察值	$N_1=157$，$N_2=403$	$N_1=280$，$N_2=280$	$N_1=244$，$N_2=316$	$N_1=299$，$N_2=261$
固定效应检验	9.60***	8.37***	9.03***	8.05***
门限变量值（人均 GDP）	*Th*=0.0739	*Th*=0.3646	*Th*=0.6717	*Th*=3667.4396
门限效应检测	26.7755（0.0000）	13.8257（0.0000）	9.5527（0.0000）	217.607（0.0000）

注：ln*segm*0 和 Ln*segm*1 分别表示处于第一门限区间估计值和处于第二门限区间估计值。

七、结论的稳健性检验

从前文的分析中可以看出，市场分割会阻碍经济增长，地方政府采取市场分割的政策反倒不利于本地经济的发展，为了检验我们的这一结论是否具有稳健性，本文分别采用实际人均国内生产总值增长率和实际国内生产总值数据作为被解释变量，对上述方程重新进行回归，以检验是否因为被解释变量的选择不同而导致研究结论的偏颇；同时，我们还采用李真等（2007）的市场分割指数、各地区产业结构相似系数以及 2002 年各地区国内贸易流量作为解释变量，对上述回归方程进行回归，以检验是否因市场分割测度指标的不同而导致研究结论的偏颇。其中，李真等（2007）市场分割指数与刘小勇和李真（2008）市场分割指数的区别在于进入市场分割指数测度的商品范围不同，李真（2007）商品测度为 7 类商品，而刘小勇和李真（2008）在此基础上增加了鲜菜和文化体育用品两类商品。具体估计结果如表 8 所示，其中人均国内生产总值增长率回归模型中选择混合回归模型，其他均选择固定效应模型。

表 8　　市场分割对经济增长影响结论稳健性检验结果

	人均 GDP 增长率	GDP 对数	李真等分割指数	产业相似系数
segm	-2.792498** (-2.55)	-0.1291614*** (-6.23)	-0.0467149* (-1.76)	-0.8961013*** (-9.52)
ckl	0.1438698*** (14.36)	0.1309466 (1.51)	0.1134191 (1.41)	0.0156252 (0.26)
soe	0.0392637*** (3.98)	0.1950363*** (5.18)	0.2028473*** (5.87)	0.0888645*** (3.27)
fde	0.0559336** (2.23)	1.91925*** (7.62)	1.629914*** (7.00)	1.059947*** (4.84)
tgov	-0.112016*** (-4.02)	-0.7565704*** (-13.61)	-0.69108*** (-13.54)	-0.4184762*** (-8.23)
urban	-0.0328243** (-2.41)	1.152765*** (13.74)	1.181881*** (15.65)	2.027405*** (23.85)
open	0.0033929 (0.60)	0.0570866*** (4.46)	0.0494215*** (4.17)	0.0400858*** (3.74)
cpi	0.0010165*** (4.96)	-2.384537*** (-11.38)	-2.753366*** (-17.49)	-1.725731*** (-12.10)
_cons	-0.0546507** (-2.22)	18.5975*** (17.58)	22.03884*** (29.68)	18.62189*** (29.95)
观察数	560	560	560	392
$R-sq$	0.4397	0.8220	0.8089	0.8993
固定效应检验	1.04	71.97***	8.42***	24.13***
豪斯曼检验	14.52（0.0426）	282.54（0.0000）	87.71（0.0000）	175.39（0.0000）
BP 检验	1.78（0.1819）	1587.72（0.0000）	113.29（0.0000）	109.14（0.0000）

注：GDP 作为被解释变量中，产业结构系数和李真等（2007）测度的市场分割指数作为解释变量的回归模型中，被解释变量为人均国内生产总值对数，除 *ckl*，其他变量都取对数，这与人均国内生产总值回归方程设置一致。产业结构相似系数数据来自李真博士论文。

从表 8 可以看出，虽然市场分割对经济增长的回归系数有所差别，但是符号并没有因为采取其他指标而发生改变，在各回归方程中，市场分割对经济增长的负向影响都是显著的。同时，我们还利用根据 2002 年投入产出表计算得到的各地区贸易流入、流出数据，发现其对经济增长的影响显著为正，无论是地区贸易流入流出总量，还是地区贸易流出量和地区贸易流入量的增加都有利于经济增长，尤其是地区贸易流出量的回归系数明显大于其他两个变量的回归系数，这说明，地区的商品和劳务在国内市场的输出带来的经济增长效应要高于地区间商品和劳务的输入，但是商品和劳务的输入并没有给本地经济带来不利，反而有助于本地经济的增长，这也从一个侧面验证了市场分割会阻碍经济增长，具体结果如表 9 所示。

表 9　　地区贸易流入、流出对经济增长的影响

ln*gdp*	地区贸易流入流出总量	地区贸易流出量	地区贸易流入量
ln*flow*	0.397906*** (3.63)	0.5674816** (2.31)	0.387922*** (3.62)
ln*soe*	0.6142839*** (2.98)	0.3109845** (2.64)	0.6864153*** (3.44)
ln*cpi*	-27.4982** (-2.24)	-32.58743** (-2.43)	-25.70275** (-2.07)

续表

lngdp	地区贸易流入流出总量	地区贸易流出量	地区贸易流入量
_cons	131.6206** (2.32)	155.9265** (2.53)	123.7677** (2.16)
观察数	25	25	25
R - sq	0.6773	0.7363	0.7354

注：本回归模型变量的选择采用逐步回归法，逐步加入显著性变量，逐步去除显著性变量和逐步加入显著性变量的回归模型选择完全一致。山东、重庆、四川、贵州和西藏因数据不全而舍弃。

八、结　　论

本文利用刘小勇和李真（2008）测度的1986~2005年各省市场分割指数面板数据从实证的角度检验政府分割市场对经济增长的影响，发现市场分割会阻碍地区经济增长，并没有如地方政府采取分割政策时预期的那样促进本地经济增长。

通过跨地区分析发现，市场分割给落后地区带来的负向效应要明显高于经济发达地区，给中部地区带来的负向效应明显高于东部地区和西部地区。通过跨时分析，发现1995年之后，市场分割对经济增长的阻碍作用明显高于1995年及之前。通过采用门限模型可以看出，市场分割对经济增长的负向效应随着经济发展水平的提高、更加融入国际分工、民营化进程的加快和财政支出更加分权而加剧。

本文还采用其他指标来检验上述结论的稳健性，发现采取其他指标得到的结论和上述结论完全一致，都支持市场分割会阻碍经济增长的观点。

因此，本文认为，在政府分割市场的三大动机中，经济增长动机并没有得到实现，但是并不能就此说明，地方政府采取市场分割政策不是为了提高本地经济增长，而只能证明，地方政府采取市场分割的政策来保增长的想法并不可行，因为这并不能带来经济增长，反倒会阻碍经济增长，这可能会招来其他地区的报复，而且政府采取市场分割政策往往可能存在腐败，企业为了寻求保护政策而可能贿赂政府人员，如果这样的话，那么政府出于寻租而保护本地企业的话，则反倒不是最理性化的决策。

刘小勇和李真（2008）的分析中得到了财政支出分权会加剧地区市场分割程度，而市场分割又会阻碍经济增长，这从一个侧面验证了财政分权对经济增长还可能存在间接效应，从本文的分析中可以看出，财政支出分权有利于经济增长，但是市场分割对经济增长又会有阻碍作用，现实中财政分权对经济增长的综合效应如何则取决于其直接效应和间接效应的力量对比，财政分权加剧市场分割从而阻碍经济增长的程度高于还是低于财政分权通过其他间接效应或者直接效应影响经济增长的程度，本文并不能给出一个确切的答案，但无疑为决策者设计财政分权制度提供了一定的依据，应该避免财政分权加剧市场分割的力量，而发挥财政分权促进经济增长的力量。

自私与短视无异于饮鸩止渴。不顾后果的当前一点甜头，或许需要日后为之付出沉重代价。回顾20世纪30年代世界经济低迷时，美国国会通过了臭名昭著的《斯姆特霍利关税法》，对2万余种进口商品征收高关税，立即引起欧洲国家对美国产品的报复，使全球贸易几乎终止。到1932年，世界贸易比1929年下降了25%，世界工业生产降幅达30%。每个国家都试图将自己与外部危机隔绝开来，结果反而加剧了危机的蔓延，最终演变为破坏性巨大的世界性经济长期衰退。这个教训，应该引起世界各国的警惕（郭丽君，2008）。

“应对经济危机，诉诸保护主义不是正确的答案”。面对经济下行，地方政府不应再重拾老路，而应以更加开放的姿态，加快地区间经济合作，以合作共谋经济的协调增长，共度难关，而不是大难临头各自飞。地方政府切勿再犯21世纪初，安徽舒城县那样的错误，为了保收入、保稳定，安徽舒城县要求本地居民购买本地水泥、白酒等产品，最后导致，暂时的稳定的背后，对经济社会发展产生了明显的"屏蔽效应"：一些被"重点保护"的县属企业陷入困境，外地企业进入本地市场困难重重，本地消费者利益受到损害，而地方政府则支付着越来越高的成本和代价（贺劲松、吴亮，2001）。

参考文献：

1. 孙小林：《地方保护现象回潮》，载于《21世纪经济导报》2009年2月4日。

2. 刘小勇、李真：《财政分权与地区市场分割实证研究》，载于《财经研究》2008年第2期。

3. 余东华、王青：《地方保护、区域市场分割与产业技术创新能力——基于2000~2005年中国制造业数据的实证分析》，载于《中国地质大学学报（社会科学版）》2009年第5期。

4. 余东华：《地方保护能够提高区域产业竞争力吗》，载于《产业经济研究》2008年第3期。

5. 师博、沈坤荣：《市场分割下的中国全要素能源效率：基于超效率DEA方法的经验研究》，载于《世界经济》2008年第9期。

6. 陆铭、陈钊：《分割市场的经济增长——为什么经济开放可能加剧地方保护?》，载于《经济研究》2009年第3期。

7. 桂琦寒、陈敏、陆铭、陈钊：《中国国内商品市场趋于分割还是整合？——基于相对价格法的分析》，载于《世界经济》2006年第2期。

8. 马光荣、周敏倩：《财政分权、经济开放与中国的地方保护》，载于《CCER学刊》2008年总第33期。

9. 黄玖立、李坤望：《出口开放、地区市场规模和经济增长》，载于《经济研究》2006年第6期。

10. 郭丽君：《"渡难关"谨防地方保护主义抬头》，载于《光明日报》2009年2月18日。

11. 贺劲松、吴亮：《一份耐人寻味的地方保护"成绩单"》，载于《人民日报》2001年6月20日。

12. Young, Alwyn, 2000, "The Razor's Edge: Distortions and Incremental Reform in the People's Republic of China", Quarterly Journal of Economics, Vol. CXV, pp. 1091 - 1135.

13. Poncet, Sandra, 2003, "Domestic Market Fragmentation and Economic Growth in China" [C], Mimeo.

（本文载于《山西财经大学学报》2010年第10期）

论反垄断法在知识产权领域内的适用

卢明纯

摘　要：如何在知识产权领域内适用反垄断法，是当今各国共同面临的问题。反垄断法在知识产权领域适用的一般性是：知识产权与有形财产平等适用；行为主义规制模式；自身违法原则与合理原则。反垄断法在知识产权领域适用的特殊性主要有：反映知识产权的特征；基本适用合理原则；充分考虑技术创新的需要。在当前，我国应明确特殊性优先于一般性；采用“三步法”分析模式；尽快制定专门的执法指南。

关键词：反垄断法　知识产权　执法

虽然反垄断法与知识产权保护在基本功能和目标上具有一致性已是广泛共识，但在实际实施过程中可能会发生冲突。“当企业采取知识产权保护本身所预计之外的方式、以反竞争的手法来使用知识产权，就会引起大量的问题。在这种情形下，挑战在于，在减少反竞争影响的同时，要尊重知识产权的存在和知识产权意图促进的公共目标。”① “在发达国家，人们普遍认为，只有当知识产权制度得到有效竞争政策体制的补充时，它才能达到预计的目标。”而“知识经济条件下，以凭借知识产权优势排除或限制竞争为核心特点的知识产权垄断在实践中的危害日益严重，迫切需要反垄断法予以规制。产生并发展于工业经济时代的反垄断法，并无针对知识产权垄断的具体规则，世界各国普遍尝试通过延伸法律解释与类推适用的方法，将已有反垄断规则适用于知识产权垄断。但无论在理论上还是在实践上都遇到了严重的法律困惑和障碍。”2008 年 8 月 1 日施行的《中华人民共和国反垄断法》规定：“经营者依照有关知识产权的法律、行政法规规定行使知识产权的行为，不适用本法；但是，经营者滥用知识产权，排除、限制竞争的行为，适用本法。”这仅是非常原则和笼统的规定。具体如何在知识产权保护和反垄断执法当中把握好适当的度，做到协调执法，使得知识产权法和反垄断法真正相互补充、殊途同归，亦即如何在知识产权领域内适用反垄断法，不仅是我国，也是当今各国共同面临的问题。

一、反垄断法在知识产权领域适用的一般性

（一）反垄断法适用的基础——知识产权与有形财产平等适用

在决定某项反竞争行为是否违反反垄断法时所适用的标准，能否同样适用涉及知识产权的相关案例，还是制定一套不同的规范？这是一个有争议的问题。知识产权有不同于有形财产的特殊性，但是也有相同之处：第一，两者都具备权利拥有的基础。有形财产以所有权观念为基础；无形财产理论上无法占有，却通过产权理论建立了对知识产权的权利基础。第二，两者皆具有排他专属权

① The Executive Summary in OECD, Competition Policy and Intellectual Property Right, 1998 (supra, n. 1), P. 7.

限。有形物具有对世效力的物权；知识产权因独占可以禁止他人未经许可使用。第三，两者都可以通过对第三人提供财产的让与或使用，发挥经济上的效益。有关知识产权或其产品的交易行为适用民法的一般原则，知识产权领域的反竞争行为的表现与在有形财产领域的基本相同，因此，适用反垄断法的基本原则与一般财产相同，没有必要另立标准。有学者甚至提出知识产权本身不需要赋予垄断的权利，仅仅是要求一种权利可以排除他人抄袭这一特殊的工艺、产品或设计。这一排除的权利是与“其他财产权没有任何区别的排他性”权利。这样，知识产权就毫无疑虑地与其他财产权平等适用反垄断法的原则。美国司法部和联邦贸易委员会1995年4月颁布的《知识产权许可的反托拉斯指南》和2007年4月发布的《反托拉斯执法与知识产权：促进创新和竞争》、2007年9月日本公正交易委员会发布的《知识产权利用的反垄断法指南》以及我国台湾地区的相关立法中均明确规定，在确认知识产权行为是否触犯反垄断法时，将知识产权与其他财产同等对待。[①] 既不因为知识产权的垄断性而使在行使知识产权过程中某些超越权利界限、破坏公平竞争的行为受到放纵，也不因为知识产权容易限制竞争的特点而对其更加严格，从而使知识产权的正常行使受到不必要的限制。平等适用反垄断法是基本的前提，并不意味着完全忽视知识产权的特性，而需要在实践中结合具体案情和特定市场情况加以考虑。

（二）反垄断法适用的模式——行为主义规制模式

结构主义和行为主义是反垄断法规制的两种模式。结构主义认为市场结构对市场行为和市场绩效具有决定性作用，市场上必须保持足够的竞争主体数量，以维持竞争性的市场结构。结构主义强调对状态的规制，行为主义认为市场支配地位（力）本身不违法，只有对市场支配地位加以滥用的行为才应受到反垄断法的规范。结构主义理论由于其经济理论的不足，不能适应经济全球化和高新技术发展的客观要求。在现代反垄断政策上，行为主义占支配地位，结构主义只在个别情况下适用。

在知识产权领域，19世纪80年代之前，美国法院往往推定只要具有著作权、专利权的产品便具有市场支配力，知识产权许可行为受到反垄断执行机构严格的审查。随着人们对知识产权与反垄断法关系认识的不断深入，在有关财产获得专利或著作权时，市场替代品的考虑取代了市场支配力的假设，法院不再将拥有知识产权等同于拥有市场支配地位。知识产权所有人就专利产品或者著作权等享有法律赋予的排他性权利，如果实际上仍然有其他足够的替代产品，知识产权人难以支配市场。这一观点在美国1995年《知识产权许可的反托拉斯指南》中有所体现。[②] 欧盟法院在判例中曾指出拥有知识产权并不自动就获得市场支配地位，但是也从来没有排除知识产权的拥有和行使确实存在构成市场支配地位的可能性。

拥有和行使知识产权的企业是否具有市场支配地位，往往还得遵循一般的规则。首先是市场份额。尽管多少市场份额就构成市场支配地位在各国反垄断法中规定不一，不同类型市场，其标准也不一样，但是除特定情形外，高市场份额是市场支配地位的证据。例如，微软的市场地位源于它的知识产权，但是，美国联邦地区法院认定微软具有市场支配地位却不是直接基于它拥有的著作权本身，而是其在全球个人电脑操作系统产品上所有的95%的市场份额。其次是市场进入壁垒。市场份额大小是否实际反映了市场支配力，往往还要取决于企业在市场面临的实际竞争和竞争者进入市场的难易程度。知识产权保护所产生的专有性是一个加强市场支配地位的进入障碍。最后是对价格因

① 原文可以在相关网站查阅。中文介绍可以参阅王先林等：《知识产权滥用及其法律规制》，中国法制出版社2008年版，第89~141页。

② 该指南认为“知识产权作为垄断权本身并不导致其权利人拥有市场支配力的结论。”“即使某项专利或其他形式的知识产权的确使其权利主体拥有市场支配力的，这种市场支配力的存在本身也不构成违法。”参见国家知识产权局知识产权研究中心组织编写：《规制知识产权的权利行使》，知识产权出版社2004年版，第392页。

素的控制。联邦地区法院认定微软具有市场支配地位的另两个因素是微软的市场份额受到进入操作系统时的高壁垒的保护；微软用户没有商业上的可行的视窗操作系统的替代品，微软有足够的价格控制能力。可以说，知识产权的拥有对支配地位的认定是次要的，直接衡量的标准是市场经济实力，即企业能否不顾及市场其他竞争者和消费者影响作出定价和其他决策。即使知识产权确使权利主体拥有市场支配力，这种支配力本身不违反反垄断法，关键还是是否滥用这种支配力。知识产权的排他性利用在包含该知识产权的特定产品市场上是可以接受的，而企业将知识产权的排他性扩展到其他的相关市场，阻碍新竞争者进入或排挤现有竞争时，就会受到反垄断法中滥用市场支配地位的规制。

（三）反垄断法适用的原则——自身违法原则与合理原则

自身违法原则和合理原则是确定是否违反反垄断法的两项司法原则。它们在美国反垄断实践中形成，后被各国所采用。自身违法原则是只要发生特定的行为即构成违法，而不考虑行为的目的和后果。纳入自身违法范围的行为是对竞争有非常明确损害的行为，一般说有四种基本类型，即固定价格协议、划分市场协议、集团联合抵制以及搭售。在“合理原则”之下，某项行为是否合法，主要在于其是否促进竞争或者妨碍竞争。往往必须同时考虑下列各因素：受影响的产业本身的特殊状况；在相关行为发生前与发生后，相关产业的变化；行为人的目的；是否有其他限制较少的行为也可以产生相同的效果。所有不适用自身违法原则的案件便可以适用合理原则。

在涉及知识产权反竞争行为中，那些被判定为自身违法的限制包括价格的显而易见限定、产量限制、横向竞争者瓜分市场、联合抵制特定的群体以及转售价格维持。除此而外的行为则按照合理原则进行评估。依据合理原则进行知识产权相关案件的分析时，首先，判断协议是否具有促进竞争的目的，限制必须具有达到目的的合理必要性。主观目的的判定通常是比较难的，实践中采纳了比较的方法，即将限制竞争的形式与协议的良性目的进行比较。如果与能够用于达到该目的的其他类型的限制相比，其限制过大，该协议具有限制竞争的非法目的。其次，判断协议中的限制是否具有限制竞争效果。如果分析发现其有此种效果，再评估该项限制是否为创造足以超过此种不良效果之加强竞争效益的必要手段。进行知识产权反竞争效果的分析时，应该注意市场结构和当事人的特点。当协议双方为横向关系时，其中限制倾向于造成强化设定价格、限制产量、取得或维护垄断力，触犯反垄断法的危险性较大；但如果双方为垂直关系，则限制条款产生的反竞争效果可能因为有利于知识产权利用而得到抗辩。再次，还应当考量经济效益与正当理由。某项限制条款是否具有经济效益，这一限制是否为达成该项效益所必要的手段，以及可否采用其他也可达成相同的效果却有较少反竞争性的限制手段，能够给消费者带来福利。综合各方面的分析，如果知识产权涉及的限制竞争行为带来的积极效果超过反竞争的后果，该行为是合理的；如果反竞争的后果超过其带来的好处，则被认定为不合理的限制而被认为非法。

二、反垄断法在知识产权领域适用的特殊性

知识产权的无形性，决定了其具有不同于有形财产的法律特征，确定知识产权反垄断法规制原则应该考虑两者的差异。首先，有形财产的取得、占有、处分、收益一般不直接涉及法律程序，更多情况下是在所有权受到侵犯时寻求法律保护；而知识产权不仅有受法律保护的问题，其存在的前提还需要法律的确权。因此，法律对知识产权的控制更有前置性。有形财产领域的垄断是经营者在竞争过程中逐步形成的，法律只对垄断状态或垄断行为进行必要的调控；而知识产权垄断的前提是法律直接授予的，知识产权法直接对这一权利加以一定的限制，现有反垄断法对这一垄断前提没有

特殊对待。其次，知识产权易受侵害，交易安全性较弱。知识产权人在许可他人使用时提出一些限制条件，如限制使用人的方式、使用规模甚至指定购买其专有的设备等有其合理的一面，不能完全适用有形财产的限制竞争标准。第三，知识产权的价格机制十分复杂。知识产权是独占性商品，缺乏相同因素的比较，特别是技术性产品的开发成本高，生产的边际成本低，无法适用有形财产的成本定价方式。知识产权垄断高价如何确定，是否违法等问题在各国标准不一。因此，反垄断法所确立的竞争规则在适用于知识产权领域时，必然呈现一定的特殊性。

（一）知识产权领域竞争规则的特点

整体上，知识产权适用于反垄断法的一般原则与规则。鉴于知识产权与有形财产的差异，有效的竞争规则应该在一定程度上反映知识产权的特征。第一，知识产权领域竞争规则的原则性。法律的预见性和可操作性要求规则的确定性，但在知识产权领域，新的智力成果不断涌现，围绕知识产权的竞争关系层出不穷。因此，无论对知识产权的保护还是限制，作为法律层面的竞争规则不可能作到“文件夹”式的列举，原则性的条款较多；只能靠竞争执法机构发布较为确定的竞争行为指南。第二，竞争规则的宽容。知识产权源于法律的授权，尽管以它为标的的贸易活动不可避免地带有限制竞争的因素，反垄断法要对行使知识产权所产生的限制竞争后果给予一定程度的宽容，明确对知识产权的一般豁免。同时，知识产权易受侵害，某些在有形财产领域中违法的排他性限制，在知识产权领域可以基于正当理由而合法地采用。知识经济对知识的依赖对知识的“法律垄断”提出了挑战。在相当程度上，知识的法律垄断将由于权利者自我保护能力的增强而减弱，相应地，经济上的垄断由于知识更新的加速、权利者自我保护的加强，其权力滥用也将受到限制。与此相适应，反垄断法对知识产权的保护加强了对知识产权的垄断宽容，规制的是与知识产权相关的不正当竞争行为和严重限制竞争行为。第三，竞争规则的分散性。知识产权的范围很广，绝大多数国家对专利权、著作权、商标权和商业秘密等知识产权通过专门立法保护，知识产权法的限制本身就属于竞争规则的一部分。不同权利客体排他性程度和对技术创新的作用有所不同，保护和限制的力度有所差别。如分析有关技术秘密许可协议时，考虑技术秘密具有技术范围的不确定性、弱的专有性以及保护期的不确定性特点，以确定对市场竞争的影响。知识产权领域的反竞争行为主要发生在知识产权许可时，调整交易的合同法也含有一部分竞争规则。可以说，竞争规则在知识产权领域具有分散性，不仅体现在以“竞争”命名的法律法规，还包含于知识产权法、合同法、贸易法等规范中。

（二）基本适用合理原则

尽管自身违法原则和合理原则都适用于知识产权领域，但是实践中，在确定知识产权行为是否违反反垄断法时基本上适用合理原则。原因在于，知识产权对竞争具有双重作用，某一知识产权行为是否对竞争造成实质限制并非一目了然，具体到个案时往往有特殊情况。而自身违法原则具有确定性，在行为的竞争后果具有多面性的情况下，不进行具体分析而对号入座，可能抑制有利于竞争的行为。合理原则实质上是权衡原则，它充分考虑知识产权行为的双重性特征，强调对各种因素进行比较分析，从经济事实的比较中找出知识产权行为的合法性因素，在具体案例中协调知识产权权利人的利益与竞争带来的社会利益。

许多在传统反垄断法中属于自身违法范围的行为，涉及知识产权领域则通常适用合理原则，如限制转售价格和搭售。在通用电气案中，法院认为既然通用公司在许可他人生产和销售该项产品之前有权、并且在事实上控制了该项产品的售价，在许可他人使用该技术时，要求他人保持某种售价没有超出权利的范围。但是在线材公司案中，美国最高法院认为，数个专利产权就售价达成一致，限制产品的转售价格严重限制了市场竞争，属于违法行为。对于搭售，美国司法中认为“授权契约中之‘搭售’限制，可能有助于市场竞争，因此，惟有在下述状况下，才会被判定为不法限制：(1) 在搭售的产品市场中具有足够的市场支配力量，足以限制被搭售产品市场之竞争；(2) 对于被搭售产品的市场造成反竞争效果；(3) 搭售行为可能产生的经济效果低于其反竞争效果。”对于限制地区和交易对象行为也由适用自身违法原则转向适用合理原则分析。美国在20世纪60年代认为，一旦商标所有人将货物售与经销商之后，任何限制其销售区域和销售对象的行为，均为“自身违法”之行为。70年代中期后，美国又推翻了这一判决，法院认为这种限制不当然具有反竞争性，而应当适用合理原则。

（三）充分考虑技术创新的需要

回应知识产权技术创新作用对反垄断法的挑战，反垄断法在知识产权领域开始充分考虑技术创新的需要。技术产品的研究开发决定着自主知识产权能力，保持研究开发领域的竞争至关重要。美国在对知识产权领域进行反垄断分析、评估可能影响的市场领域时，提出不同于一般的有形财产的三种市场类型：产品市场、技术市场和创新市场。产品市场是许可技术生产的中间产品或最终产品市场。技术市场的范围包括被许可使用、予以转让或购买取得的知识产权，以及与该知识产权密切相关的其他技术和知识。如果相关信息不易取得，无法界定“技术市场”的范围，美国司法者会分析许可协议对于各项相关产品的影响。创新市场是引入的新概念，指企业就某一领域中未来新技术或新产品的研究开发进行竞争所形成的市场。创新市场用于判断许可合同是否会带来明显减少用于研究开发的投资的影响。一项许可合同即使不会带来产品市场和技术市场的不利影响，但是如果会影响对研究开发进行投资的积极性，也会受到反垄断执法部门的关注。在明确了创新市场后，执法机构再根据每个参加者占有的技术创新所需要的资本的市场份额、占有研究和发展的支出份额、占有相关产品的份额等因素进行界定，针对不同情况具体分析。近来，美国在评估制药和医疗技术领域的活动时广泛地运用创新市场。我国台湾地区在审查技术许可协议时，也着重协议对这三个市场可能或真正所产生的限制竞争或不公平竞争的影响。

从鼓励技术创新的角度看，知识产权许可可以更好地发掘知识产权的效用，通过降低生产成本，推动技术创新，通过对知识产权预期利润增加的期望，许可协议可以刺激权利人的再创造力，进而促使在研究和发展中投入更多的人力和物力资本。因此，知识产权许可协议中的某些限制条款，原则上不违反反垄断法。如一揽子许可或指定技术来源，可能是为了使多项技术限制进行最佳配合，达到最佳的技术指标。技术创新是确定知识产权领域反竞争行为是否违法时，需要充分考虑的合理因素。

三、我国反垄断法在知识产权领域的具体适用

我国《反垄断法》第55条指明了知识产权与反垄断法适用的契合点。但讫至目前，现行的与知识产权相关的反垄断法规还存在诸多问题，尤其是具体如何适用值得进一步研究和明确。

（一）明确特殊性优先于一般性

对于一般性抑或特殊性的优先考量，涉及对滥用知识产权，排除、限制竞争的行为是从严还是从宽适用反垄断法的问题。这在不同国家、不同时期因其科技、经济、社会发展水平及公共政策目标而有明显的倾向性。基于我国已处于工业化阶段，对知识产权制度已有较大需求，对知识产权保护也具备一定调适能力，国家将实施知识产权战略作为实现跨越式发展，建设创新型国家的政策抉

择，但同时存在知识产权保护意识不强、执法效果有所不足、守法问题比较严重的情况，当前我们应更多地关注知识产权的保护。

（二）采用“三步法”分析模式

因既有反垄断分析的一般问题，也有涉及知识产权时的特殊问题，反垄断法适用于知识产权领域的竞争性分析可分三步展开：第一步，界定涉及知识产权的相关市场并判定知识产权权利人的市场力量；第二步，分析行使知识产权行为对竞争产生的影响；第三步，对不利影响与有利影响进行评估比较。如果存在基本的反竞争后果，且这种后果超过了知识产权促进竞争的效果，则以反垄断法规制该行为。

（三）制定专门的执法指南

我国的反垄断法执法尚处于起步阶段，而反垄断法在知识产权领域的具体适用又非常复杂。国务院反垄断委员会应借鉴有关国家和地区的经验，以行政法规或政策性文件的形式尽快制定专门的执法指南。指南可按反垄断法规制的三种类型“垄断行为”，采用列举加例释的方法，明确什么是“知识产权垄断协议”、“知识产权权利人滥用支配地位”、“涉及知识产权的具有或者可能具有排除限制竞争效果的经营者集中”，以便于反垄断执法机构的统一执行，也为知识产权权利人提供较为清晰、确定的指导。

参考文献：

1. 英国知识产权委员会：《知识产权与发展政策相结合》，［2009 - 12 - 20］. http：//www. iprcommission. rog/graphic/Chinese-Intro. htm. 148。
2. 吕明瑜：《知识产权垄断呼唤反垄断法制度创新》，载于《中国法学》2009 年第 4 期。
3. 郭建安：《微软讼案》，法律出版社 2000 年版。
4. 孔祥俊：《反垄断法原理》，中国法制出版社 2001 年版。
5. Steven Anderman. EC Competition Law and Intellectual Property Rights［M］. Clarendon Press Oxford，1998：pp. 276 - 303.
6. 沈敏荣：《法律的不确定性——反垄断法规则分析》，法律出版社 2001 年版。
7. 张瑞萍：《反垄断法应如何对待知识产权》，载于《清华大学学报（哲学社会科学版）》2001 年第 4 期。
8. 陈家骏、罗怡德：《公平交易法与智慧财产权——以专利追索为中心》，五南图书出版公司 1999 年版。
9. 王先林：《知识产权与反垄断》，法律出版社 2008 年版。
10. 王晓晔：《滥用知识产权限竞争的法律问题》，载于《中国社会科学》2007 年第 4 期。

（本文载于《中南大学学报（社会科学版）》2010 年第 2 期）

我国电信行业市场竞争、区域差异与生产效率

——基于2005~2007年省际数据的DEA和Tobit回归分析

吕昌春　康　飞

摘　要：本文使用数据包络分析（DEA）方法对2005~2007年国内31个省份的电信行业生产效率进行评价，并建立Tobit回归模型分析市场竞争和区域差异因素对生产效率的影响。主要结果表明：国内电信行业仍处于通过价格战等粗放式经营方式获取规模效率的发展阶段，市场竞争因素仅主要通过规模效率影响总体效率；移动市场方面加强移动市场竞争和移动对固定替代均对生产效率有利，固网市场方面中国网通主导市场的用户生产效率低于中国电信主导市场；区域差异因素同时通过技术效率和规模效率影响总体效率，其中东部地区生产效率明显高于西部地区。最后，我们认为新一轮电信重组后，政府部门仍需加强非对称管制，特别是对于通信网络基础设施共建共享管制政策的设计应当充分考虑市场竞争和区域差异因素。

关键词：生产效率　竞争　数据包络分析　Tobit回归

引　言

我国电信市场改革与重组一直以来都是受到广泛关注的问题。2008年5月，工业和信息化部、国家发展和改革委员会、财政部联合发布《关于深化电信体制改革的通告》，正式宣告新一轮的电信重组的启动。其中，中国铁通并入中国移动，中国卫通并入中国电信，同时中国电信收购中国联通CDMA资产，中国联通其余资产则和中国网通合并为新的中国联通。2009年1月，工业和信息化部发放3张第三代移动通信（3G）牌照，宣告我国正式进入3G移动通信时代。自此，国内电信市场演变为由中国移动、中国联通和中国电信3家同时经营移动、固话和宽带互联网业务的全业务电信运营商之间相互竞争的格局。这一轮的电信重组，是继1994年成立中国联通以推动双寡头竞争格局，1999年中国移动从中国电信剥离，和2001年南北拆分中国电信打破固网单一垄断后，更大规模的电信市场重组。

随着电信行业在经济发展中扮演的角色的重要性增强，电信行业受到的关注也更为广泛，这次电信市场改革与重组方案也因此引发了多方面更为激烈的争论。考虑加入世界贸易组织（WTO）后对开放国内电信市场逐渐迫切的要求，新的电信市场竞争格局是否能够改善当前极为失衡的市场现状，并真正促进国内电信行业生产效率的提升？对此问题，本文将以本轮电信重组之前2005~2007年的省际电信行业运营数据为样本，使用数据包络分析（Data Envelopment Analysis，DEA）方法评价省级层面的电信行业生产效率，并建立Tobit回归模型分析市场竞争和区域差异因素对电信行业生产效率的影响。最后，基于分析结果指出新一轮的电信重组对电信行业生产效率的潜在影响，并据此提出持续提升电信行业生产效率的政策建议。

一、理论基础和假设

（一）电信行业效率及影响因素分析的相关理论回顾

国外文献对电信行业生产效率研究的出发点主要基于电信行业的私有化和去管制化兴起是否能够有效提升电信行业的生产效率。根据分析维度的不同，大致可以分为四类。第一类立足于对全球不同国家间电信行业生产效率的比较，如利恩和朋（Lien and Peng，2001）对经济合作与发展组织（OECD）24 个国家的电信行业发展效率进行了评价，发现电信市场存在竞争的国家，其电信行业生产效率总是显著高于电信市场仍处于单一垄断的国家。第二类立足于本国电信运营商生产效率变化的研究，如茹歇第（Rushdi，2000）对澳大利亚最大电信运营商 Telstra 生产效率变化的分析，发现引入竞争后 Telstra 的生产效率显著增长；苏尤西（Sueyoshi，1998）通过对 1985 年前后日本电信运营商 NTT 的生产效率和成本最小化效率的比较，检验日本政府于 1985 年推出的将 NTT 部分私有化政策的有效性，分析发现部分私有化提高了 NTT 的生产效率，却未能有效促进成本效率。第三类立足于比较国家或地区内电信运营商之间的生产效率，如尤锐（Uri，2001）通过对美国国内 19 家本地电话运营商生产效率的评价，分析了美国激励管制政策对电信行业生产效率的影响；杨和常（Yang and Chang，2009）通过对台湾地区境内 3 大全业务运营商 2001 ~ 2005 年的生产效率的分析表明，台湾当地政府推动的私有化和引入新的运营商参与市场竞争的改革显著提升了电信行业生产效率。第四类比较国内不同区域之间的电信生产效率，这种划分方式一般符合电信网络的多级架构（如公共电话网由大区中心局—省中心局—地市中心局—县中心局组成 4 级辐射式网络架构），如杰奥卡斯和潘迪让如布鲁斯（Giokas and Pentzaropoulos，2000）对希腊国内 8 大行政区域的电信生产效率进行了评价；兰姆和休（Lam and Shiu，2008）通过对中国 31 个省级区域 2003 ~ 2005 年的电信行业生产效率进行评价，并指出引起国内省份之间电信行业生产效率差异的主要因素是东中西部经济区域环境差异。

其中，兰姆和休（2008）的研究是目前唯一全面分析我国电信行业生产效率及其影响因素的文献，该文使用了数据包络分析生产效率评价模型，并通过非参数统计检验得出区域之间的生产效率存在显著差异。该文还通过非参数统计检验分析了固网运营商主导市场区域之间的生产效率差异，但是没有得到显著的结论。与此不同的是，本文主要立足于国内新一轮电信重组的背景，首先对兰姆和休（2008）的电信行业生产效率评价指标做出部分修正，并全面评价临近重组之前的 2005 ~ 2007 年国内电信行业的生产效率；其次通过对国内电信市场竞争层次进行详细划分，着重关注市场竞争因素对省级层面电信行业生产效率差异的解释，并将竞争因素和区域因素纳入到同一计量模型中分析各自对生产效率的影响路径。

（二）国内电信市场竞争特征和层次

2008 年重组之前，国内电信市场存在 6 家基础电信运营商。两大移动运营商，即中国移动和中国联通主要经营 GSM 网络的移动业务，中国联通还同时经营 CDMA 网络的移动业务。两大固网运营商，中国电信和中国网通主要经营固定电话和宽带互联网业务。中国铁通和中国卫通则是规模较小的电信运营商①。中国电信和中国网通还同时推出基于 PHS 技术标准的小灵通（无线市话）业务

① 中国铁通主要经营铁路通信和部分公众电信业务，主要包括固定电话和宽带互联网，中国卫通主要经营卫星通信业务。

与中国移动和中国联通的移动业务进行竞争。

在本轮重组前，国内电信市场的竞争存在四个层次：（1）移动市场的竞争，即中国移动和中国联通的双寡头竞争，其中中国移动2007年市场占有率达到69.4%；（2）固网运营商与移动运营商之间的竞争，主要指中国电信和中国网通的小灵通业务与移动业务的竞争；（3）移动对固定替代（Fixed-mobile substitution，FMS）效应，指随着移动通信发展和普及，消费者逐渐倾向采用移动或无线通信的方式而逐渐放弃固定电话通信方式的趋势，其中，国内固定电话用户数自2007年起开始出现下滑；（4）固网运营商之间的竞争，中国网通的主要业务范围集中在北方10省（自治区、直辖市）①，中国电信的主要业务范围集中在其余的南方21省，并且各自在主要业务范围省份内的固话和宽带互联网市场拥有约90%占有率的主导地位。

表1　　重组前后国内电信市场格局

	重组前（2007年底）			重组后（2008年底）		
	移动份额	移动+小灵通份额	固网份额	移动份额	移动+小灵通份额	固网份额
中国移动	69.4%	59.9%	—	73.9%	66.5%	全国约占6%
中国联通	30.6%	26.4%	—	21.6%	22.9%	北方10省约占90%
中国电信	—	9.1%	南方21省约占90%	4.5%	10.6%	南方21省约占90%
中国网通	—	4.7%	北方10省约占90%	—	—	—
中国铁通	—	—	全国约占6%	—	—	—

资料来源：电信运营商年报、工业和信息化部通信月报。

2008年电信市场完成重组后，由于中国电信和中国联通受重组进程牵制等原因，市场开拓力度不足，致使中国移动的移动市场份额进一步扩大，2008年底达到73.9%。在固网市场，中国联通与中国网通合并后将继承中国网通对北方10省的主导地位，中国电信继续主导南方21省，而中国移动合并中国铁通所获得的固网市场份额相对较小。

（三）基本假设

本文构造两种生产效率指标：一种以电信业务收入为产出变量，度量在既定人员和网络容量下的收入生产效率；而另一种选择电信用户总数为产出变量，度量在既定人员和网络容量下的用户生产效率。不同影响因素对这两种生产效率影响作用的假设如下：

1. 移动市场集中度和电信行业生产效率的关系。传统寡头竞争理论中的经济模型已表明，市场集中度越高，行业供给价格和总利润也越高，但总体产量越低。电信行业的重要特征在于其高固定成本和低边际成本所引起的规模经济效应，以及显著的网络外部性（Laffont and Tirole，2000）。较高的市场集中度使市场主导者能够获得较高的规模效率，同时由于网络外部性的存在，用户往往倾向于选择用户规模较大的电信运营商，因此较高的市场集中度也会使市场主导者可以保持较高的价格从而获得较高的收入，但也同时使得市场跟随者通过降低价格竞争用户的激励会越低，因为降低价格可能也不足以弥补用户的转网成本。当行业维持较高的均衡价格水平时，最终会使得行业用户规模增长动力不足。综合而言，市场集中度将与电信行业的收入生产效率正相关，与用户生产效率负相关。

2. 移动对固定替代效应和电信行业生产效率的关系。陈等（Chen et al.，2008）介绍了引起固

① 北方10省市包括：北京、天津、河北、山西、河南、山东、黑龙江、吉林、辽宁、内蒙古，其余则为中国电信的主要业务范围。

定替代的三种效应：收入效应、可支付效应和阈值效应。一般而言，初期因经济发展致使移动通信支出占人均可支配收入的比例减少的收入效应（Income Effect），以及移动通信单位用户月均收入贡献（ARPU）值接近固定电话单位用户月均收入贡献的可支付效应（Affordable Effect）成为推动固定替代效应的主导因素，但这两种效应还不足以使固定电话的普及率开始降低，而仅当移动通信普及率增长到非常高以至于超过某个阈值起，固定电话的普及率则开始停滞甚至降低，即是所谓的阈值效应（Threshold Effect）。根据收入效应和可支付效应，较高的固定替代效应一般意味着所在地区的移动和固定电话普及率均较高，即规模效应明显，并且当地固网运营商具也有较强的激励去推动xDSL宽带接入业务以抵御固定替代对其收入的影响。综上所述，固定替代效应将与电信行业的收入和用户生产效率正相关，但考虑到阈值效应将使固定电话普及率出现降低，可能会降低固定替代效应与用户生产效率的正相关性①。

3. 固网市场竞争和电信行业生产效率的关系。一般认为，中国网通是在原中国电信北方10省分公司、中国网通和吉通公司基础上合并而成，合并重组将降低中国网通的生产效率。同时，中国电信由于主导21省的市场，收入规模和用户规模均高于中国网通，规模效应也将有利于中国电信的生产效率。另一方面，由于两家公司各自在主导省份处于绝对垄断地位并掌握固网接入资源，互相进入对方市场的门槛都非常高，因此可以通过控制垄断价格获取较高收入。因此，中国网通的用户生产效率将低于中国电信，但收入生产效率却有可能高于中国电信。

4. 区域差异和电信行业生产效率的关系。易克闹米迪斯（Economides，1996）指出电信企业所具备的星状网络结构性质。除了规模经济以外，星状网络的重要特征还在于其密度经济（一种用户之间的规模经济），即网络覆盖范围内的用户密度增加将提升电信企业的生产效率。移动蜂窝网络结构的密度经济特征则更为明显，迈克劳汗和里昂斯（McCloughan and Lyons，2006）在对世界范围内移动运营商的实证研究发现，移动网络密度经济的边际影响几乎是一般意义上的规模经济的6~7倍。我国东部地区的人口密度、人口总量都要高于中西部地区，东部地区的人均可支配收入水平也高于中西部地区，而西部地区大部分省份幅员辽阔，人口稀少，经济发展水平也相对滞后。因此，东部地区的电信行业收入和用户生产效率均应当显著高于中部和西部地区。

二、数据与模型

（一）DEA模型和生产效率分解

对于分省电信行业生产效率的度量，我们选用数据包络分析，即一种利用线性规划方法构造数据的非参数分段前沿面的技术。其最典型的应用在于，当选择使用多投入－多产出的评价指标体系时，可用于度量企业相对于前沿面的生产效率。查尼斯、库帕和罗迪斯（Charnes，Cooper and Rhodes，1978）最先推出一种基于规模收益不变（Constant Returns to Scale，CRS）假设的数据包络分析模型。后续的研究则考虑了更多的假设条件，如班克尔（Banker），查尼斯和库帕（1984）推出一种基于规模收益可变（Variable Returns to Scale，VRS）假设的数据包络分析模型。本文主要讨论这两种数据包络分析模型，即规模收益不变模型和规模收益可变模型。

假设有K个投入变量和M个产出变量的生产效率评级指标体系，并对N个企业进行评价。对于第i个企业的所有投入和产出分别用列向量x_i和y_i表示。用$K \times N$的投入矩阵X和$M \times N$的产出矩阵Y代表全部N个企业的投入和产出变量。投入导向的固定收益不变模型表示为（1）式。

① 因工业和信息化部未披露xDSL用户数，因此用户数将比实际的低，但电信收入包含xDSL收入。

$$
\begin{aligned}
&\min_{\theta,\lambda}\theta,\\
&\text{st}\quad -y_i+Y\lambda\geqslant 0,\\
&\qquad \theta x_i-X\lambda\geqslant 0,\\
&\qquad \lambda\geqslant 0.
\end{aligned}
\tag{1}
$$

投入导向的 VRS 模型表示为（2）式：

$$
\begin{aligned}
&\min_{\theta,\lambda}\theta,\\
&\text{st}\quad -y_i+Y\lambda\geqslant 0,\\
&\qquad \theta x_i-X\lambda\geqslant 0,\\
&\qquad \lambda=1.
\end{aligned}
\tag{2}
$$

其中 λ 是 $N\times 1$ 的常数向量，θ 表示相对前沿面的生产效率值。对于投入导向的模型，总有 $\theta\leqslant 1$。投入导向模型表示，当产出全部给定时，投入越小，则效率值 θ 越大，而处于前沿面上的企业的生产效率值 $\theta=1$。

规模收益不变模型中的生产效率值 θ 实际上为一种总体效率（Overall Efficiency，OE），其可分解为规模收益可变模型中的技术效率（Technical Efficiency，TE）和规模效率（Scale Efficiency，SE）两方面信息，并且规模效率可由规模收益不变模型的 θ 值和规模收益可变模型中的 θ 值计算得到：

$$SE=OE/TE \tag{3}$$

（二）变量和数据

对于数据包络分析模型所需的投入和产出指标体系，我们主要参照兰姆和休（2008），选择电信业务收入和用户总数（固定电话加移动电话用户）为产出变量，投入变量选取了电信行业职工人数、长途交换机容量、局用交换机容量和移动交换机容量四项，但剔除了兰姆和休（2008）所选投入变量中的长途光缆线路长度一项，主要因为该投入变量与产出变量之间相关性较低，但其与对应省份国土面积相关性较高①，因此我们认为该因素对电信运营商而言的不可操作性太强，继而对生产效率评价结果干扰较大。根据所选指标体系，分别选择电信业务收入和用户总数作为产出变量，计算得到两组总体效率、技术效率和规模效率值。

对于影响生产效率的环境变量，本文选择赫芬达尔—赫希曼指数（HHI）和第一大移动运营商市场份额（CR1）来表征移动市场集中度，并同时考虑包含和不包含小灵通的两种情况，计算得到两组赫芬达尔—赫希曼指数和第一大移动运营商市场份额指数。固定替代、固网市场竞争、区域差异等其他环境变量的设置情况参见表 2，变量的统计描述参见表 3。

本文的数据均取自 2005 ~ 2007 年统计年鉴和工业与信息化部通信月报。

表 2　　变量定义

变量名称	符号	说明
业务收入	*Y*1	单位：亿元
用户数	*Y*2	单位：万户
职工人数	*X*1	单位：人
长途交换机容量	*X*2	单位：路端
局用交换机容量	*X*3	单位：万门
移动交换机容量	*X*4	单位：万户

① 斯皮尔曼（Spearman）非参数检验表明，长途光缆长度与产出变量间的相关性仅为 0.4，但与国土面积相关性为 0.6，但其他投入变量与产出变量间相关性均在 0.9 左右。

续表

变量名称	符号	说明
赫芬达尔—赫希曼指数	*HHI_2*	当地中国移动和中国联通市场份额平方和
	HHI_3	当地中国移动、中国联通和小灵通市场份额平方和
第 1 大移动运营商市场份额	*CR1_2*	不计入小灵通时，当地最大移动运营商的市场份额
	CR1_3	计入小灵通时，当地最大移动运营商的市场份额
移动对固定的替代	*FMS*	移动用户数对固话用户数的边际替代率
主导固网运营商	*FNO*	若当地固网市场由中国网通主导则等于 1，否则为 0
地区变量（西部为基准）	DD_1	若当地属于东部省份则等于 1，否则等于 0
	DD_2	若当地属于中部省份则等于 1，否则等于 0
年度变量（2005 年为基准）	DY_1	若样本属于 2007 年则等于 1，否则等于 0
	DY_2	若样本属于 2006 年则等于 1，否则等于 0

表 3　　变量统计描述

变量	Y_1	Y_2	X_1	X_2	X_3	X_4	*HHI_2*	*HHI_3*
平均值	478.0	2660.6	30456.9	461428.9	1581.8	2094.3	0.5937	0.4449
标准差	470.1	2118.1	18287.8	424569.8	1152.6	1854.3	0.0657	0.0447
最大值	2979.1	11592.3	94445.0	2767211.0	5362.5	11365.8	0.9629	0.5460
最小值	15.3	98.9	2713.0	45256.0	88.8	66.0	0.5006	0.3440
	CR1_2	*CR1_3*	*FMS*	*FNO*	*Dist1*	*Dist2*	*Year1*	*Year2*
平均值	0.7046	0.5869	-0.3475	0.3226	0.3226	0.2903	0.3333	0.3333
标准差	0.0713	0.0610	0.5056	0.4700	0.4700	0.4564	0.4740	0.4740
最大值	0.9811	0.7088	0.5406	1	1	1	1	1
最小值	0.5170	0.4091	-2.3427	0	0	0	0	0

（三）Tobit 回归模型

两阶段数据包络分析效率评价方法（Two-stage Method）常用于分析环境变量对生产效率的影响，第一阶段使用数据包络分析模型对企业的生产效率进行度量，第二阶段将环境变量与第一阶段所得的生产效率进行回归，并根据回归系数对生产效率值进行调整，以此将影响生产效率的外部环境调整到一致水平。由于数据包络分析计算所得的生产效率是一种 Censored 变量，即所有处于前沿面上的企业的生产效率值均等于 1，而所有非有效的企业的生产效率值在（0，1）区间内分布，因此两阶段数据包络分析方法通常采用 Tobit 回归（Hoff，2007；Yu and Ramanathan，2009）。由于本文仅关注环境变量对生产效率的影响，而无需对生产效率值进行调整，因此 Tobit 回归模型建立如（4）式。

$$\theta^* = \beta_0 + \beta_1 HHI + \beta_2 FMS + \beta_3 FNO + \sum_{i=1}^{2} \alpha_i DD_i + \sum_{j=1}^{2} \lambda_j DY_j + \varepsilon$$

$$\theta = \begin{cases} \theta^*, & 0 < \theta^* < 1 \\ 0, & \theta^* < 0 \\ 1, & \theta^* \geq 1 \end{cases} \tag{4}$$

将反映收入生产效率和用户生产效率的两组总体效率 *OE*，技术效率 *TE* 和规模效率 *SE* 分别代入 θ，对于描述市场竞争的自变量分别使用 *HHI_2*，*HHI_3*，*CR1_2* 和 *CR1_3*，共建立 24 个 Tobit 回归模型。对于 Tobit 回归的拟合度检验，根据隆和福瑞斯（Long and Freese，2001）的适用性分析，选用卡方值（LR chi^2），ML R^2 值和 M & Z's R^2 值。

三、分 析 结 果

（一）生产效率评价结果

2005～2007年度31个省份的电信行业收入生产效率值如表4所示，用户生产效率值见表5。主要分析结论如下：

1. 用户生产效率整体大于收入生产效率。收入生产效率方面，2005～2007年总体效率的平均值分别为0.8287、0.8050和0.8907；而用户生产效率方面，总体效率平均值分别为0.9637、0.9480和0.9605，用户技术效率和用户规模效率也均具有相对高的平均值；此外，用户生产效率

表4　　收入生产效率

省（自治区、直辖市）	2005年			2006年			2007年		
	OE	*TE*	*SE*	*OE*	*TE*	*SE*	*OE*	*TE*	*SE*
北京	0.7839	0.8083	0.9698	0.7104	0.7248	0.9802	0.9949	1	0.9949
天津	0.8773	0.9047	0.9697	0.7737	0.8215	0.9418	1	1	1
河北	0.9323	0.936	0.996	0.811	0.8124	0.9982	0.9359	1	0.9359
山西	0.7988	0.8308	0.9615	0.7455	0.7643	0.9753	0.8654	0.934	0.9266
内蒙古	0.8083	0.8289	0.9752	0.7263	0.7608	0.9546	0.9995	1	0.9995
辽宁	0.745	0.7471	0.9971	0.7263	0.7381	0.9839	0.9258	0.9317	0.9936
吉林	0.7857	0.815	0.9641	0.8112	0.831	0.9762	0.881	0.9136	0.9643
黑龙江	0.8459	0.864	0.9791	0.8315	0.8456	0.9833	0.8533	0.9433	0.9045
上海	0.7428	0.804	0.9239	0.8767	0.9488	0.924	0.9708	1	0.9708
江苏	0.7047	0.7133	0.988	0.7728	0.7765	0.9953	0.8803	0.8916	0.9873
浙江	1	1	1	1	1	1	1	1	1
安徽	0.6781	0.6851	0.9898	0.6847	0.6964	0.9832	0.7816	0.7843	0.9965
福建	1	1	1	1	1	1	0.8454	0.8472	0.9979
江西	0.8101	0.8197	0.9884	0.5401	0.5637	0.9582	0.7487	0.7492	0.9993
山东	0.9298	0.9515	0.9772	0.9568	0.9726	0.9837	1	1	1
河南	0.8074	0.8079	0.9993	0.8212	0.8235	0.9972	0.9485	0.9765	0.9713
湖北	0.6796	0.6998	0.9712	0.675	0.6874	0.982	0.6489	0.6551	0.9905
湖南	0.7274	0.7339	0.9911	0.7755	0.7873	0.9851	0.9146	0.9198	0.9944
广东	1	1	1	1	1	1	1	1	1
广西	0.8156	0.8398	0.9712	0.8092	0.8297	0.9753	0.8846	0.8891	0.995
海南	0.9223	1	0.9223	0.8722	0.9634	0.9054	1	1	1
重庆	0.9926	1	0.9926	1	1	1	0.8347	0.8785	0.9501
四川	0.728	0.729	0.9985	0.6699	0.6776	0.9887	0.8112	0.8699	0.9325
贵州	0.8651	0.8897	0.9723	0.8054	0.8452	0.9529	0.7484	0.7565	0.9894
云南	0.9632	1	0.9632	0.9425	0.9701	0.9716	1	1	1
西藏	0.7388	1	0.7388	0.7629	1	0.7629	1	1	1
陕西	0.876	0.9003	0.9731	0.8323	0.8489	0.9805	0.8787	0.8903	0.987
甘肃	0.9524	0.9827	0.9691	0.8151	0.8749	0.9317	0.743	0.7431	0.9999
青海	0.6948	0.8665	0.8018	0.6592	0.9134	0.7218	0.7592	0.9759	0.778
宁夏	0.7159	0.9235	0.7752	0.8324	1	0.8324	0.8281	1	0.8281
新疆	0.7672	0.7846	0.9778	0.7139	0.7617	0.9372	0.9305	0.9309	0.9996
平均值	0.8287	0.8666	0.9580	0.8050	0.8464	0.9536	0.8907	0.9187	0.9705
标准差	0.1046	0.1028	0.0653	0.1133	0.1180	0.0666	0.0982	0.0952	0.0520

表 5　　用户生产效率

省（自治区、直辖市）	2005 年			2006 年			2007 年		
	OE	*TE*	*SE*	*OE*	*TE*	*SE*	*OE*	*TE*	*SE*
北京	0.9577	0.958	0.9997	0.8438	0.846	0.9974	0.8476	0.8887	0.9538
天津	0.9152	0.9201	0.9947	0.8752	0.8843	0.9897	0.9411	0.9445	0.9965
河北	0.9887	0.9943	0.9944	0.9815	1	0.9815	1	1	1
山西	0.983	0.9861	0.9968	0.8868	0.8955	0.9904	1	1	1
内蒙古	0.9809	0.9858	0.9951	0.8656	0.8709	0.9939	1	1	1
辽宁	0.9743	0.9954	0.9788	0.9109	0.9183	0.9919	1	1	1
吉林	0.9659	0.9714	0.9944	0.9243	0.9259	0.9983	0.9346	0.9368	0.9976
黑龙江	0.9496	0.9498	0.9997	0.9189	0.9189	1	0.9462	1	0.9462
上海	0.9714	0.9794	0.9918	1	1	1	1	1	1
江苏	1	1	1	1	1	1	1	1	1
浙江	1	1	1	1	1	1	0.9965	1	0.9965
安徽	1	1	1	1	1	1	1	1	1
福建	0.9836	0.9884	0.9952	1	1	1	0.9284	0.9313	0.9969
江西	0.9515	0.9541	0.9972	0.8943	0.896	0.9981	0.9098	0.9098	0.9999
山东	1	1	1	1	1	1	1	1	1
河南	1	1	1	1	1	1	1	1	1
湖北	0.9757	0.9759	0.9998	0.9883	0.9906	0.9977	0.9383	0.9384	0.9999
湖南	0.9802	0.9802	0.9999	0.9687	0.9704	0.9983	0.9869	0.9972	0.9896
广东	1	1	1	1	1	1	1	1	1
广西	0.8917	0.8928	0.9988	0.9249	0.9249	1	0.9359	0.9539	0.9811
海南	1	1	1	0.9559	1	0.9559	1	1	1
重庆	1	1	1	1	1	1	0.9354	0.9371	0.9981
四川	0.9566	0.9775	0.9787	0.8989	0.8997	0.9991	0.9494	0.9589	0.9902
贵州	0.9102	0.9156	0.9941	0.8862	0.9126	0.9711	0.8251	0.8283	0.9961
云南	1	1	1	1	1	1	0.9978	1	0.9978
西藏	0.7643	1	0.7643	0.8686	1	0.8686	0.9084	1	0.9084
陕西	0.9034	0.907	0.996	0.8765	0.8802	0.9958	0.9457	0.9527	0.9926
甘肃	1	1	1	1	1	1	0.909	0.9206	0.9874
青海	1	1	1	1	1	1	1	1	1
宁夏	0.9619	1	0.9619	0.9884	1	0.9884	1	1	1
新疆	0.9094	0.9094	0.9999	0.9315	0.935	0.9962	0.9384	0.9395	0.9988
平均值	0.9637	0.9755	0.9881	0.9480	0.9571	0.9907	0.9605	0.9690	0.9912
标准差	0.0497	0.0332	0.0423	0.0542	0.0516	0.0246	0.0474	0.0431	0.0199

的标准差也均小于收入生产效率。从分省发展情况看，各年度均处于用户生产效率前沿面的省份有 6 个（江苏、安徽、山东、河南、广东、青海），而各年度均处于收入生产效率前沿面的省份仅有 2 个（浙江、广东）。可能原因一方面在于国内电信用户市场整体已趋于饱和，市场得到比较充分的开发，使得大部分省份接近以用户为产出的生产前沿面；另一方面，收入生产效率相对较低可能与国内电信运营商倾向以价格战方式发展用户，且与各省之间通信消费水平差异导致的单位用户收入贡献差异较大有关。

2. 规模效率整体已处于较高水平，总体效率的差异较大部分源于技术效率。由表 4 和表 5 数据显示，规模效率的平均值均高于技术效率，并且规模效率的标准差也相对较小（除表 5 中 2005 年的用户规模效率以外），根据生产效率分解公式（3），可知各省之间总体效率的差异较大部分源自技术效率的差异。实际上，移动用户普及率从 2005 年的 30.3% 增至 2007 年的 41.6%，固定电话市场在开始出现下滑的形势下，2007 年家庭普及率仍达到 88.1%，而电信市场收入规模达到 6656 亿元，市场规模已使电信行业产生较大的规模效应。

此外，处于生产前沿面上的省份，从经济区域划分来看，东部占 4 个，中部占 2 个，西部仅占 1 个，而其中收入生产效率处于前沿面上的 2 个省份均属于东部。由此可见，区域差异将是导致各省之间生产效率差异的潜在原因之一。下一节，我们将致力于通过计量模型验证区域差异的边际影响，并同时探讨市场竞争方面的潜在原因。

（二）生产效率影响因素的 Tobit 回归分析结果

Tobit 回归分析结果如表 6 ~ 表 8 所示。主要结论如下：

1. 市场竞争因素主要通过规模效率对总体效率产生影响。总体上看，市场竞争层面的变量，包括移动市场集中度（*HHI* 和 *CR*1）、*FMS* 和 *FNO* 在统计上显著的 Tobit 回归系数均出现在总体效率和规模效率影响因素的 Tobit 回归模型中，而与技术效率均未得到显著相关性。根据公式（3）可知，移动市场集中度、*FMS* 和 *FNO* 均主要通过影响规模效率继而影响总体效率。实际上，国内各省电信运营商均为三大电信运营商的分（子）公司，各省分（子）公司在网络扩容、人员配置等投入方面均由其集团公司按市场规模和以往投入水平集中统一规划，而与各省实际市场竞争情况缺少直接的关联。另外，也与当前的市场竞争程度使电信运营商缺乏足够激励去改进生产技术和运营方式以提升技术效率有关。

2. 移动市场竞争方面，不计入小灵通的市场集中度变量 *HHI*_2 与收入生产效率没有呈现一致的显著相关性（除与收入技术效率在 10% 水平上显著正相关外），但 *HHI*_2 与用户生产效率无论在总体效率还是规模效率方面均在 1% 水平上显著负相关。当计入小灵通时的市场集中度变量 *HHI*_3 则与各生产效率项均无显著相关性。将第一大移动运营商市场份额的 *CR*1 变量作为稳健性分析进入 Tobit 回归模型时，得到较一致的结论。这说明，提高移动市场竞争程度将有利于提升电信行业用户生产效率。但小灵通业务与移动业务的竞争并未对生产效率产生影响，实际上可能因为小灵通用户与固定电话用户或者移动用户过多的交叉，其仅起到分散移动业务收入的作用。此外，还需注意到虽然市场集中度与收入生产效率仍呈现正相关性，但并未如假设所预计的显著正相关，一方面可能因为小灵通的进入使移动资费和收入降低，另一方面可能与移动运营商之间的价格战导致平均资费下降有关。实际上，尽管第一大移动运营商中国移动的平均市场占有率已经达到 70%，但中国移动与中国联通的资费在不断下降过程中，差距也呈现逐渐缩小的趋势①。

3. 移动对固定的替代与收入规模效率和用户规模效率均至少在 5% 水平上显著正相关，但 *FMS* 仅与收入总体效率在 5% 水平上显著正相关，与用户总体效率的正相关性不显著。其经济意义如假设中所描述，加强移动对固定的替代效应有利于提高通信普及率，激励固网运营商推广宽带接入来增加收入，并发挥电信行业规模效应，但过高的固定替代效应将引起固话使用率降低和拆机率上升，导致先期的固定电话网络投入和人员闲置，并对用户生产效率产生负面影响。

4. 对于固网市场竞争的影响，中国网通在用户生产效率方面在 5% 水平上显著低于中国电信，差异依然主要来自规模效率方面。但两者在收入生产效率方面的差异却并不显著，可能的原因与中国网通的固定电话资费整体略高于中国电信有关，另外可能也与中国网通近几年缩减投资的力度较

① 中国移动和中国联通年报显示，2005 ~ 2007 年中国移动的平均话音资费为 0.21、0.18 和 0.14 元，中国联通的资费为 0.18 元、0.15 元和 0.16 元，中国联通的资费优势目前已经不存在，这一方面也与中国移动将市场份额作为各省子公司的重要的 KPI 考核指标的市场战略有关。

大有关①。

5. 区域差异同时通过技术效率和规模效率影响总体效率。在技术效率方面，东部地区的用户技术效率在 5% 水平上显著高于西部地区，中部地区的收入技术效率在 1% 水平上显著低于西部地区。这种技术效率上的差异，我们认为主要在于运营结构上的差异，即移动和固网业务发展比重差异造成的。在规模效率方面，东部和中部地区总体上显著高于西部地区，仅中部地区的用户规模效率分析中有 2 个模型系数不显著（表 8 中模型 6 和模型 8）。东部地区在收入和用户总体效率方面均在 1% 水平上显著高于西部地区，东部地区在生产效率方面的优势主要在于其规模经济和通信网络密度经济方面的较大优势。中部地区的用户生产效率在 5% 水平上仍显著高于西部地区，但其收入总体效率在 5% 水平上显著低于西部地区，原因主要在于中部地区显著较低的收入技术效率拖累其收入总体效率。

此外，两类 R^2 值均较低，但与同类研究仍具备可比性，仅说明模型中忽略了一些重要影响因素或者非线性关系。

表 6　　总体效率影响因素的 Tobit 回归结果

自变量	$OE_{收入}$				$OE_{用户数}$			
	(1)	(2)	(3)	(4)	(5)	(6)	(7)	(8)
HHI_2	0.239 (1.20)				−0.377*** (−3.03)			
HHI_3		0.307 (1.17)				−0.268 (−1.53)		
CR1_2			0.213 (1.14)				−0.235* (−1.92)	
CR1_3				0.160 (0.80)				−0.078 (−0.58)
FMS	0.083** (2.47)	0.068** (2.12)	0.079** (2.42)	0.068** (2.08)	0.008 (0.36)	0.029 (1.30)	0.017 (0.79)	0.028 (1.26)
FNO	0.001 (0.02)	0.001 (0.04)	0.003 (0.10)	0.002 (0.05)	−0.045** (−3.03)	−0.044** (−2.29)	−0.046** (−2.43)	−0.043** (−2.20)
DD_1(=东部)	0.083*** (2.98)	0.081*** (2.91)	0.081*** (2.91)	0.080*** (2.87)	0.055*** (2.97)	0.060*** (3.09)	0.059*** (3.07)	0.060*** (3.06)
DD_2(=中部)	−0.059** (−2.03)	−0.063** (−2.15)	−0.061** (−2.09)	−0.063** (−2.12)	0.040** (2.12)	0.044** (2.21)	0.042** (2.16)	0.042** (2.09)
DY_1(=2007)	0.016 (0.43)	0.015 (0.40)	0.019 (0.49)	0.017 (0.44)	−0.028 (−1.15)	−0.025 (−0.095)	−0.029 (−1.14)	−0.025 (−0.94)
DY_2(=2006)	−0.049 (−1.5)	−0.051 (−1.56)	−0.046 (−1.35)	−0.050 (−1.49)	−0.048** (−2.25)	−0.038* (−1.72)	−0.046** (−2.02)	−0.035 (−1.48)
_constant	0.739*** (5.87)	0.742*** (5.88)	0.728*** (5.14)	0.784*** (6.03)	1.213*** (15.28)	1.109*** (13.09)	1.157*** (12.43)	1.034*** (11.76)
LR $chi^2(7)$	37.40***	37.33***	37.25***	36.59***	20.87***	14.47**	15.76**	12.50*
ML R^2	0.331	0.331	0.330	0.325	0.201	0.144	0.156	0.126
M & Z's R^2	0.339	0.339	0.338	0.333	0.225	0.167	0.178	0.147

注：* 表示 10% 水平上显著；** 表示 5% 水平上显著；*** 表示 1% 水平上显著；样本总数为 93。

① 中国网通和中国电信年报显示，中国网通固话业务的国内长途资费和国际长途资费均比中国电信贵 20% 以上（本地市话资费无数据披露）；中国网通 2005 ~ 2007 年资本开支平均降幅为 13%，但中国电信资本开支的平均降幅仅为 8%，2005 年中国网通资本开支占中国电信的 50.6%，但 2007 年仅占 45.6%。

表 7　　　　技术效率影响因素的 Tobit 回归结果

自变量	$TE_{收入}$				$TE_{用户数}$			
	(1)	(2)	(3)	(4)	(5)	(6)	(7)	(8)
HHI_2	0.491* (1.95)				0.039 (0.25)			
HHI_3		0.308 (0.99)				−0.219 (−1.13)		
CR1_2			0.294 (1.30)				0.018 (0.12)	
CR1_3				0.036 (0.15)				−0.175 (−1.18)
FMS	0.049 (1.24)	0.028 (0.71)	0.041 (1.03)	0.0313 (0.79)	−0.024 (−0.96)	−0.023 (−1.13)	−0.025 (−1.00)	−0.022 (−0.90)
FNO	0.014 (0.43)	0.012 (0.35)	0.015 (0.44)	0.009 (0.27)	−0.027 (−1.32)	−0.030 (−1.48)	−0.027 (−1.32)	−0.032 (−1.53)
DD_1(=东部)	0.040 (1.23)	0.038 (1.16)	0.038 (1.14)	0.039 (1.16)	0.046** (2.16)	0.047** (2.23)	0.046** (2.15)	0.048** (2.25)
DD_2(=中部)	−0.113*** (−3.34)	−0.116*** (−3.36)	−0.115*** (−3.36)	−0.113*** (−3.23)	0.025 (1.20)	0.029 (1.36)	0.025 (1.19)	0.030 (1.41)
DY_1(=2007)	0.056 (1.22)	0.049 (1.06)	0.055 (1.18)	0.046 (0.99)	0.022 (0.77)	0.019 (0.69)	0.022 (0.75)	0.016 (0.58)
DY_2(=2006)	−0.016 (−0.40)	−0.030 (−0.79)	−0.020 (−0.48)	−0.038 (−0.95)	0.000 (0.01)	−0.009 (−0.36)	−0.001 (−0.02)	−0.012 (−0.50)
_constant	0.627*** (3.93)	0.783*** (5.21)	0.711*** (4.15)	0.903*** (5.90)	0.943*** (9.28)	1.068*** (11.45)	0.954*** (8.72)	1.075*** (11.19)
LR chi^2(7)	31.61***	28.64	29.35***	27.67***	8.21	9.43	8.16	9.54
ML R^2	0.288	0.265	0.271	0.257	0.084	0.096	0.084	0.098
M & Z's R^2	0.303	0.279	0.284	0.271	0.105	0.123	0.104	0.125

注：* 表示 10% 水平上显著；** 表示 5% 水平上显著；*** 表示 1% 水平上显著；样本总数为 93。

表 8　　　　规模效率影响因素的 Tobit 回归结果

自变量	$SE_{收入}$				$SE_{用户数}$			
	(1)	(2)	(3)	(4)	(5)	(6)	(7)	(8)
HHI_2	−0.50 (−0.43)				−0.367*** (−6.77)			
HHI_3		0.165 (1.06)				−0.134 (−1.37)		
CR1_2			0.044 (0.40)				−0.244*** (−3.96)	
CR1_3				0.191 (1.62)				0.012 (0.15)
FMS	0.046** (2.33)	0.046** (2.43)	0.050** (2.55)	0.043** (2.27)	0.023** (2.45)	0.043*** (3.51)	0.032*** (2.90)	0.041*** (3.34)
FNO	−0.020 (−1.24)	−0.018 (−1.12)	−0.019 (−1.14)	−0.016 (−0.97)	−0.022*** (−2.83)	−0.021* (−1.99)	−0.024** (−2.56)	−0.020* (−1.84)
DD_1(=东部)	0.063*** (3.81)	0.064*** (3.83)	0.064*** (3.83)	0.063*** (3.79)	0.019** (2.36)	0.026** (2.41)	0.024** (2.48)	0.026** (2.36)

续表

自变量	$SE_{收入}$				$SE_{用户数}$			
	(1)	(2)	(3)	(4)	(5)	(6)	(7)	(8)
DD_2(=中部)	0.041 ** (2.37)	0.038 ** (2.21)	0.040 ** (2.33)	0.035 ** (2.06)	0.014 * (1.70)	0.017 (1.53)	0.017 * (1.71)	0.015 (1.32)
DY_1(=2007)	-0.023 (-1.00)	-0.020 (-0.89)	0.020 (-0.89)	-0.016 (-0.69)	-0.034 *** (-3.20)	-0.030 ** (-2.07)	-0.036 *** (-2.76)	-0.029 * (-1.94)
DY_2(=2006)	-0.031 (-1.60)	-0.023 (-1.22)	-0.026 (-1.27)	-0.017 (-0.84)	-0.034 *** (-3.61)	-0.020 (-1.59)	-0.033 *** (-2.85)	-0.015 (-1.15)
_constant	1.006 *** (13.54)	0.899 *** (11.96)	0.943 *** (11.23)	0.856 *** (11.19)	1.246 *** (35.93)	1.088 *** (23.02)	1.203 *** (25.71)	1.019 *** (20.75)
LR chi^2(7)	23.54 ***	24.47 ***	23.51 ***	25.98 ***	51.21 ***	18.38 **	30.62 ***	16.56 **
ML R^2	0.224	0.231	0.223	0.244	0.423	0.179	0.281	0.163
M & Z's R^2	0.232	0.240	0.232	0.254	0.477	0.207	0.318	0.192

注：* 表示 10% 水平上显著；** 表示 5% 水平上显著；*** 表示 1% 水平上显著；样本总数为 93。

四、结论与政策建议

本文结果表明，加强移动通信市场竞争程度有利于用户生产效率的提升；同时，市场集中度的降低也未表现出对收入生产效率的显著负面影响。增强移动业务的发展，即在一定程度上增强固定效应效应，有利于收入生产效率的提升，但考虑到固定效应的阈值效应，移动对固定的过度替代也会对生产效率的持续提升不利。本轮电信重组通过引入新的移动运营商和启动 3G 移动通信的发展，已经显示出降低移动通信市场集中度和增强固定效应效应的趋势，这种趋势一定程度上有利于电信行业生产效率提升。然而，重组后的电信市场格局虽然能在一定程度上起到削弱中国移动市场份额的作用，但依照中国移动在移动市场份额方面的绝对优势，若不配合出台较强的非对称管制政策，通过均衡国内电信市场格局以持续提升电信行业生产效率的目的将较难以实现。此外，政府部门还应鼓励电信运营商发展全网融合业务，促进 3G 移动通信业务的发展的同时，又能减缓移动对固定过度替代导致的固网资源闲置问题。

结合本文关于国内电信行业的用户生产效率高于收入生产效率，规模效率高于技术效率，以及市场竞争因素主要通过规模效率对电信行业总体效率产生影响的三方面分析结果，也说明目前的电信市场格局仍不足以激励电信运营商通过改进生产技术和运营方式来提高技术效率，而仅是通过价格战等粗放式经营方式争夺用户规模以获取规模效率。因此，一系列旨在促进电信市场均衡发展的非对称管制政策的有效推动将非常必要。

此外，重组前中国网通主导的 10 省（自治区、直辖市）地区的生产效率低于中国电信主导的 21 省地区。而中国网通与原先在移动通信市场处于弱势的中国联通重组成新的中国联通后，在移动和固定业务领域均处于劣势。虽然新的中国联通获得具备技术和产业链优势的 WCDMA 标准 3G 牌照，但新的中国联通因合并重组对生产效率产生的不利影响，和重组前在生产效率方面的继承性劣势是否能被在重组后获得的网络资源优势和非对称管制政策优势所弥补，继而起到有效推动电信市场均衡发展的作用，是需要进一步谨慎分析的问题。

生产效率的区域不平衡性仍是国内电信行业发展的显著特征。东部地区显示出明显的生产效率优势，西部地区的生产效率则较为滞后。本轮电信重组后，3 家电信运营商都具备全国性移动和固网的运营资质，但中国移动缺乏全国性的固网资源，中国联通和中国电信则缺乏彼此主导地区以外的固网资源，中国联通同时也需要弥补其在 GSM 移动网络覆盖方面与中国移动的差距，因此很必要通过通信网络基础设施共建共享管制来避免网络设施重复或过度建设对电信行业生产效率可能造成的负面作用。考虑到国内市场竞争因素和区域差异因素对电信行业生产效率的显著影响，网络基础设施共建共享管制政策的设计应根据电信运营商在不同地区的市场势力差异的情况而有所区别。如何进一步分析区域差异导致的网络建设边际成本亦即规模效率方面的显著差异对网络设施共建共享管制下的电信运营商行为的影响，是我们认为在本文结论基础上需要继续探索的重要问题之一。

参考文献：

1. Banker, R. D., Charnes, A., & Copper, W. W., 1984, Some Models for Estimating Technical and Scale Inefficiencies in Data Envelopment Analysis [J], Management Science, 30, pp. 1078 – 1092.

2. Charnes, A., Copper, W. W., & Rhodes, E., 1978, Measuring the Efficiency of Decision-Making Units [J], European Journal of Operational Research, 2, pp. 429 – 444.

3. Chen, C. M., Tsai, H. C., & Mao, C. K., 2008, Income, Affordable and Threshold Effects on FMS in the Developed and Developing Economies [J], Telecommunications Policy, 32, pp. 626 – 641.

4. Economides, N., 1996, The Economics of Networks [J], International Journal of Industrial Organization, 14 (6), pp. 673 – 699.

5. Giokas, D. I., & Pentzaropoulos, G. C., 2000, Evaluating Productive Efficiency in telecommunications: Evidence from Greece [J], Telecommunications Policy, 24, pp. 781 – 794.

6. Hoff, A., 2007, Second Stage DEA: Comparison of Approaches for Modeling the DEA Score [J], European Journal of Operational Research, 181, pp. 425 – 435.

7. Laffont, J. J., & Tirole, J., 2000, Competition in Telecommunications [M], MIT Press, Cambridge, MA.

8. Lam, P. L., & Shui, A., 2008, Productivity Analysis of the Telecommunications Sector in China [J], Telecommunications Policy, 32, pp. 559 – 571.

9. Lien, D., & Peng, Y., 2001, Competition and Production Efficiency Telecommunications in OCED Countries [J], Information Economics and Policy, 13, pp. 51 – 76.

10. Long, J. S., & Freese, J., 2001, Regression Models for Categorical Dependent Variables Using Stata [M], Stata Press, College Station, Texas.

11. McCloughan, P., & Lyons, S., 2006, Accounting for APRU: New Evidence from International Panel Data [J], Telecommunications Policy, 30, pp. 521 – 532.

12. Rushdi, A. A., 2000, Total Factor Productivity Measures for Telstra [J], Telecommunications Policy, 24, pp. 143 – 154.

13. Sueyoshi, T., 1998, Privatization of Nippon Telegraph and Telephone: Was It a Good Policy Decision? [J], European Journal of Operational Research, 107, pp. 45 – 61.

14. Uri, N. D., 2001, Changing Productive Efficiency in Telecommunications in the United States [J], International Journal of Production Economics, 72, pp. 121 – 137.

15. Yang, H. H., & Chang, C. Y., 2009, Using DEA Windows Analysis to Measure Efficiency of Taiwan's Integrated Telecommunication Firms [J], Telecommunications Policy, 33, pp. 98 – 108.

16. Yu, W., Ramanathan, R., 2009, An Assessment of Operational Efficiency of Retail Firms in China [J], Journal of Retailing and Consumer Services, 16, pp. 109 – 122.

（本文载于《数量经济技术经济研究》2010 年第 2 期）

我国反垄断的实施机制与模式：现状、问题与改革构想

倪 娜 万 欣

摘 要： 反垄断的实施模式具有较强的国别性和现实性，我们在设计我国的反垄断制度时，不应脱离我国的现实情况，照搬照抄国外的既有模式，而应充分认识中国反垄断分头执法所导致的不足，并从我国反垄断实施的内容、特点及现行的法律法规关于反垄断实施和执法的规定来选择和完善中国的反垄断实施机制。

关键词： 反垄断 实施机制 模式

《反垄断法》的制定是我国社会经济生活以及法制建设中的一件具有里程碑意义的大事，具有重要而深远的影响，为社会各界所广泛关注。我国《反垄断法》实施一年多的时间里，三家反垄断执法机构全面贯彻落实《反垄断法》，受理和查处了一批垄断协议和滥用市场支配地位的案件，审查了一批经营者集中的申报，其中有的案件，如依法禁止可口可乐公司收购汇源公司，在国内外产生了强烈的反响。可以说，我国反垄断执法已经有声有色地开展起来，并取得了初步成效。但是，反垄断执法与一般的行政执法有很大不同，加之反垄断执法在我国总体上还是一个新事物，实践经验不够充分，各方面对反垄断法的了解和认识还有待进一步深化，我国《反垄断法》的顺利实施在今后很长时期内将是一项重要而复杂的任务。特别需要指出的是，虽然我国反垄断执法机构的职责基本确定，但反垄断法实施机制的问题仍然需要进一步研究和完善。反垄断法的实施机制是以反垄断法实施机关为本位的机构设置和运作体制，包括反垄断实施机构的职能范围、权力配置、运行原则和操作程序等核心要素。它不仅直接关系到反垄断法实施的效果，更涉及整个政府权力和利益的配置。本文将从我国有关的法律规范及行政机关的执法现状出发，对国外反垄断执法体制和模式进行比较研究，分析我国现行反垄断执法体制和模式的优势和存在问题，最后提出改革完善我国反垄断执法体制和模式的构想和相关措施。

一、我国反垄断实施机制与模式现状

在《反垄断法》制定出台前，我国在《价格法》、《反不正当竞争法》、《对外贸易法》、《证券法》、《保险法》、《民用航空法》、《港口法》、《电信条例》、《电力监管条例》、《国际海上运输条例》、《外资银行管理条例》等有关法律、行政法规中部分地规定了一些反垄断的内容，这些法律、行政法规相应授予了相关部门一定的反垄断执法职能。比如，价格主管部门依照《价格法》的规定负责对有关价格违法行为进行查处；商务部依照《对外贸易法》查处进出口贸易中的垄断行为，并审查外国投资者对境内企业的并购；工商部门依照《反不正当竞争法》对部分滥用市场支配地位的行为以及滥用行政权力排除、限制竞争的行为进行查处。同时，上述部门的职能分工也存在着部分交叉。比如对协议固定价格的查处，除价格部门外，工商行政管理部门也履行着部分执法职责。此外，根据相应法律和行政法规的授权，国务院有关行业部门或者监管机构，如工业和信息化部、交

通运输部、民航局、证监会、银监会、保监会、电监会等，在其行业监管职能中也部分地涉及了一些反垄断事务。因此，在《反垄断法》出台前，我国反垄断的实施和执行主要呈现出各部门或监管机构分头执法的特点。

随着2007年8月30日《反垄断法》的正式出台，以及新修订的国务院“三定”规定、国务院印发的《国务院反垄断委员会工作规则》等规定的陆续公布，我国目前的反垄断机构已基本形成了“反垄断委员会”和“反垄断执法机构”的双层架构模式。

“反垄断委员会”具有联席会议的性质，主任由国务院分管副总理担任。副主任由商务部部长、发展改革委主任、工商总局局长、国务院分管副秘书长担任。委员会委员由发展改革委、工业和信息化部、监察部、财政部、交通运输部、商务部、国资委、工商总局、知识产权局、国务院法制办公室、银监会、证监会、保监会、电监会、中国人民银行、国家统计局等16个单位的负责人担任。反垄断委员会下设专家咨询组，聘请法律、经济等方面的专家和有关人员组成，对委员会需要研究的重大问题提供科学咨询。反垄断委员会的主要职责是：研究拟定有关竞争政策；组织调查、评估市场总体竞争状况，发布评估报告；制定、发布反垄断指南；协调反垄断行政执法工作等。反垄断委员会主要通过召开委员会全体会议、主任会议和专题会议履行职责，不替代成员单位和有关部门履行反垄断执法职责。

“反垄断执法机构”则负责具体执法工作。反垄断执法机构从现有的分布来看，呈现出“3+X”格局，“3”指的是发展改革委、商务部、工商总局三家主要机构。其中，发展改革委负责依法查处价格垄断行为；商务部负责对经营者集中行为进行反垄断审查；工商总局负责垄断协议、滥用市场支配地位、滥用行政权力排除限制竞争方面的反垄断执法工作（价格垄断行为除外）。此外，我国反垄断法还明确规定，国务院反垄断执法机构根据工作需要，可以授权省、自治区、直辖市人民政府相应的机构，负责有关反垄断执法工作。而“X”指的就是诸如工业和信息化部、交通运输部、民航局、银监会等其他有关行业部门或监管机构，这些机构可以依照有关法律、行政法规的规定对相关行业的垄断行为进行查处，但目前并没有明确其为反垄断执法机构。

二、我国选择当前反垄断实施机制与模式的因素考虑

由于竞争环境、竞争文化、法律传统、竞争法的发展历程以及政府管理体制等方面存在差异，各个国家反垄断实施机构的设置及其职能都各有特点，具有较强的国别性和现实性。因此，我国反垄断实施机制与模式的选择，既不能照搬照抄国外既有模式的，又要充分考虑我国反垄断的实际国情。

（一）借鉴国外反垄断的实施经验与模式

相较于很多发达国家，我国构建系统的反垄断体系的起步较晚，因此，一直以来，我国的理论界和实践部门对我国的反垄断实施该如何借鉴其他国家的先进经验都在进行热烈的探讨，归纳起来，主要有以下两种观点。

一种观点是建议采用一元化的机构设置模式。在该种模式下，反垄断执法主要由单一行政机构完成，行政机关既负责反垄断任务，也负责反不正当竞争的任务，既负责调查和执法，也负责对案件的裁决。法院一般不参与具体案件的审理，主要作用是对当事人不服反垄断法专门行政机关审决提起上诉进行司法审查。因此，该模式也可以称为“审执合一的一元执法模式”。该模式以法国新改革的反垄断模式最具代表。2009年之前，法国负责竞争执法的机构主要有两个：一个是法国经济工业就业部下属的竞争、消费和反欺诈总司，负责案件受理及审查；另外一个是法国竞争委员会，

负责依据审查结果进行裁决。2007年法国萨科齐总统就职后，决心着力进行一系列经济改革，促进法国经济焕发新的活力向前发展。经过改革，法国废除了原经济工业就业部和竞争委员会两部门审查制度，新组建了法国竞争管理总局。该机构主要是以原竞争委员会为基础而组建，纳入了竞争、消费和反欺诈总司的审查职能，对案件拥有独立、单一和集中的裁决权，可以受理企业、地方团体、职业机构、工会组织、消费者保护机构、农会、工商会及行业协会等提交的案件，也可以主动发起案件审查，成为了该领域的单一窗口，提供一揽子服务。

另外一种观点是建议采用多元化的机构设置模式。其中，以美国模式最受推崇。美国的反垄断执法权主要赋予了联邦贸易委员会（Federal Trade Commission）和司法部反托拉斯局（Department of Justice Antitrust Division）。联邦贸易委员会和反托拉斯局是两个互相独立又各有侧重的竞争执法机构，两者的工作具有相同的法律效力，不存在互相制约的关系。联邦贸易委员会是具有准司法性质的行政执法机构，兼有反不正当竞争、反垄断和消费者保护等重职能，但不负责构成犯罪的刑事案件的处理。反托拉斯局主要负责处理构成犯罪的案件，也涉及一些不构成犯罪的垄断案件，但没有反不正当竞争和消费者保护的职能，也没有行政处理权。在处理非犯罪案件方面，两个部门有交叉，对此它们之间订有协议，在调查一个案件之前双方事先沟通情况，得到另外一个部门的认可，所以一个案件不会出现两家都管的情况。在案件调查时，有时很难区分罪与非罪的界限，联邦贸易委员会调查的案件，如果发现属于刑事案件，要移交反托拉斯局处理；反托拉斯局调查的案件，如果发现属于非犯罪的案件，则由反托拉斯局作为民事原告向法院起诉。概括来说，在这种审执分离的多元执法模式下，由两个或两个以上的机构负责反垄断的执法，反垄断执法机关主要扮演起诉机关的角色，根据掌握的情况向法院提起反垄断诉讼。

以上两种模式虽各有特点，但也有不少共同之处：一是为了保证《反垄断法》的切实有效实施，各国都设立了具有高度权威和较高层次的专职机构专司《反垄断法》，并割断了该机构与其他利益攸关方的利害关系；二是反垄断执法机构都是精干的专业机关，由高素质人员组成，专家执法的特点格外显著；三是反垄断执行机构有别于其他普通行政机关而拥有广泛的职权，包括准立法权和准司法权，保证了执法的力度与实效。以上几个方面无疑成为了我国反垄断执法机构设置时重点参考借鉴的要素。

（二）综合考虑我国行政机构的现状与各方建议

在我国《反垄断法》研究起草的过程中，各方结合中国的实际和反垄断模式的发展趋势对如何设置我国的反垄断实施机制提出了很多意见和建议。归纳起来主要有三种模式：第一，在国务院序列中设置一个独立、权威的反垄断机构，统一负责反垄断法的实施。持这种意见的主要是研究机构和专家学者。第二，不设立新的机构，而是将现有的反垄断执法职能进行整合，明确由国务院现有的一个部门统一承担反垄断执法职能。例如，商务部和工商总局都曾提出，由本部门承担反垄断机构的职能。第三，不设立统一的反垄断机构，维持现有的职能分工，由各有关部门各司其职，共同负责反垄断执法。多数行业部门持这种意见。

从我国的实际情况考虑，上述三种模式各有利弊。第一种模式，即专门设立一个独立的反垄断机构，是一种比较理想化的模式，有利于保证反垄断执法的独立性、专业性和权威性，提高反垄断执法的效率，从长远看，这是反垄断机构设置的发展方向。但是，这种模式和我国目前的实际情况存在较大的差距——新设一个机构，需要对现有多个部门的职能进行重新调整，影响面较大，而且专门的执法机构系统往往设置许多业务处室，造成这一系统规模庞大。这不但与目前法律法规关于反垄断执法的规定有一定冲突，而且还会增加行政成本，与当前精简机构的精神不符，也不利于今后国务院统筹考虑机构改革。第二种模式，即明确一个部门作为反垄断机构统一负责反垄断执法，有利于反垄断法律制度统一、平衡和稳定的实施，并且不涉及设立新的机构。但是，在现有的体制下，这种模式也涉及较大的部门职能调整，特别是将一个部门的职能调整为由其他部门承担，在某种意义上比交由一个新设立的机构承担的难度更大。第三种模式实际上是维持目前国务院机构设置和职能分工的现状，不做大的调整。这种模式有利于充分利用现有的行政资源，发挥各部门的作用，实践起来阻力比较小。但是，简单地认可现状而不做任何实质性改变，存在的问题是各部门分散执法，不符合反垄断执法对统一性和权威性的要求。

反垄断的实施模式要充分考虑我国反垄断分头执法现状等实际情况，从我国反垄断实施的内容、特点及现行的法律法规关于反垄断实施和执法的规定来通盘考虑现阶段中国反垄断实施机制的模式选择。因此，我国设置反垄断实施和执法机构，要重点从以下两个方面进行考虑。第一是现实可行性。《反垄断法》颁行前，我国反垄断分头执法的现实是我国法律体系的现状、行政管理体制的特点以及部门职责分工等多种因素决定的，其对反垄断法中如何设计我国反垄断机构必然会形成相应的制约和影响。因此，目前新设一个独立的反垄断机构，或者对现有部门的职能进行大的调整，明确由一个部门承担反垄断职能，都有很大的难度。维持有关部门分别执法的基本格局，具有较强的现实可操作性，有利于保证反垄断法颁布后的顺利实施。第二是前瞻性。《反垄断法》关于反垄断机构设置的规定，应当为今后机构改革和职能调整留有余地。因此，不宜在《反垄断法》中将目前有关部门分散执法的状况明确固定下来，以免在国务院机构和部门职能进行重新调整后，法律还要进行修改。

因此，我国最后选择的双层架构模式虽然也吸收了上述三种模式的部分优点，但不管从结构、体系还是运转方式来看，与它们却有质的区别。

（三）中国模式的现实选择

反垄断法作为妥协的产物，由于关系到多方利益，并从根本上涉及到国家与市场、企业与市场关系的调整，在西方许多国家也都并非一步到位，往往是在一系列内、外部因素的共同影响下才逐渐得以完善。我国的《反垄断法》中只明确反垄断机构主要承担的职责及其工作程序，而对反垄断执法职能具体由谁承担则由国务院另行规定，这种做法既可以避免机构设置协调难度大和难以明确等问题，又可以照顾到今后机构和职能调整的需要。从现实角度考虑，反垄断执法分别由几个部门承担，需要统一协调。从长远需要看，反垄断法作为市场经济的基础性法律制度，作为国家干预经济活动的重要政策工具，特别是，反垄断执法涉及到经济、法律、社会等多个方面，是一项复杂的系统工程，具有极强的专业性和政策性。反垄断委员会的设立，对于协调反垄断执法，保证反垄断执法的统一性、公正性和权威性具有重要的作用。因此，我国反垄断法所规定的“反垄断委员会＋反垄断执法机构“的双层架构模式比较符合现阶段中国的实际情况，既吸收借鉴了国外的先进做法，同时又具有中国特色。

三、我国现有反垄断实施机制与模式存在的缺陷及问题

虽然经过一年多的发展和完善，我国的反垄断实施机制已日渐清晰，但在这一年多的实践中，也暴露出了很多问题。姑且不讨论反垄断委员会、三大执法部门与司法机关、行业监管部门的协调问题，光是反垄断委员会与三大执法部门内部就有很多亟须解决的问题。

（一）反垄断执法的配套措施还不够完善

虽然反垄断委员会及各部委都陆续出台了一些《反垄断法》的配套措施，但最核心的反垄断指

南离成熟出台仍有待时日。反垄断指南是指导规范反垄断执法以及其他反垄断工作的规范性文件的总称。由于反垄断执法具有较强的专业性和政策性，同时涉及经济生活的各个行业和领域，因此，作为国际通行作法，许多国家都制定了大量的反垄断指南，对反垄断执法加以指导和规范。它的内容十分广泛，既包括实体性规定，也包括程序性规定，涉及反垄断工作的各个方面。许多国家还根据实际需要和情况的变化，不断制定新的反垄断指南，或者修订已有的反垄断指南。

对我国来说，制定反垄断指南尤为重要。我国《反垄断法》仅 8 章 57 条规定，总体上规定得比较原则，许多问题都需要在今后通过反垄断指南加以明确和细化，为反垄断执法提供有效的指导。虽然目前反垄断委员已对“相关市场”等概念进行了界定，三部委也出台了一系列配套措施，但诸如经营者集中审查程序、价格垄断规制的工作程序、反垄断委员会专家咨询组工作机制等内部工作程序尚未建立；《反垄断法》中规定的“没有正当理由”、“不合理的高价”、“不合理的低价”等没有具体界定；“滥用知识产权”等仍未加以明确。因此，如果反垄断指南及其他配套措施不及时出台，不但会增加执法部门的执法难度和成本，也容易给公众形成一种自由裁量权过大的印象，从而影响反垄断执法的公信力。

（二）反垄断委员会的职能有待强化

根据《国务院反垄断委员会工作规则》的规定，反垄断委员会实际行使议事协调机构的职能，按照国务院对议事协调机构的有关规定，事实上反垄断委员会没有编制，不是执法机构，日常职能也是由商务部反垄断局承担。这种情况下，反垄断委员会主要是出台一些配套制度，对于外界比较期待的实质性协调功能目前还没有得到发挥。

（三）执法依据之间的衔接仍有待加强

从前文可知，目前我国有十余部现行有效的法律法规可以作为反垄断的执法依据，各部门也往往按照这些既有法律规范进行执法。由于这些法律出台的时间跨度较长，所处的背景差异较大，因此彼此之间往往存在着很多交叉、重复甚至不协调的规定。比如，国家工商行政管理总局依据《反不当竞争法》有权对包括价格垄断行为在内的垄断协议、滥用市场支配地位、行政垄断等进行管理，而依据《反垄断法》、国务院“三定”规定的分工和《价格法》的规定，涉及价格协议、价格垄断行为的应由发展改革委进行管理。如果不及时对这些相关的法律规范进行清理、修改和完善，必然会成为今后各部门分工执法的障碍。

（四）执法机构之间仍存在管辖权冲突

根据国务院的相关规定，发展改革委负责依法查处价格垄断行为；商务部负责对经营者集中行为进行反垄断审查；工商总局负责垄断协议、滥用市场支配地位、滥用行政权力排除限制竞争方面的反垄断执法工作（价格垄断行为除外）。这种划分虽然从字面上分工是比较清楚的，但在实践操作中却还是存在管辖权的交叉和冲突。

首先是发展改革委与工商总局之间存在一定的管辖权冲突。根据目前的分工，发展改革委和工商总局之间的职权划分是以“价格垄断行为”为区分标准的。但在反垄断的框架下，垄断协议、滥用市场支配地位等具体垄断行为与价格因素往往是密不可分的，经营者实施垄断行为往往是运用综合的手段，比如，经营者实施垄断协议，可能在固定商品价格的同时，限制商品的生产数量或者销售数量，而且对销售市场进行分割。在实践中，经营者往往兼采包括价格因素在内的多种垄断行为来达到其实施垄断协议或滥用市场支配地位的目的。因此，在反垄断执法工作中，有些垄断行为可能既涉及价格垄断行为，同时也具有一般的垄断协议和滥用市场支配地位行为的性质。因此发展改革委与工商总局如何具体划定受案范围以及两者之间如何衔接配合是一个非常关键的问题。但可惜的是，2009 年 8 月发改委公布的《反价格垄断规定（征求意见稿）》有关查处滥用市场支配地位的价格垄断行为的规定中并没有两个部委执法相互衔接的内容，而在 2009 年 4 月，工商总局颁布的《关于禁止滥用市场支配地位行为的有关规定（征求意见稿）》以及 5 月公布的《工商行政管理机关查处垄断协议、滥用市场支配地位案件程序规定》中，也没有提及具体如何与发改委协调反垄断执法权限，只是在征求意见稿第 14 条中规定国家工商行政管理总局负责查处除价格垄断行为之外的滥用市场支配地位，在程序规定第 24 条中规定属于其他行政机关管辖的，应当依法移送其他有权机关。具体划分标准以及有效协调机制的缺乏难免给二者未来的执法留下冲突隐患。

其次是商务部与国家工商总局之间的管辖权冲突。相对来说，商务部对经营者集中进行审查的职能是比较清楚的，但经营者集中意味着公司之间的并购，并购的结果很可能是新的公司拥有支配市场的地位。虽然拥有市场支配地位并不一定会滥用，但如果实践中出现为了滥用市场支配地位而进行了并购或集中等动态垄断行为，特别是当跨国公司出现通过并购实现滥用市场优势地位实施限制竞争行为等案件时，商务部和工商总局在处理具体案件时难免会有职责交叉。

（五）反垄断执法机构的审查能力仍有待加强

反垄断法实施以来，各主管部门都基本处于建章立制、摸索实践阶段，不但处理的案件数量有限①，而且对于为数不多的典型案例，公布的判决理由在充分性、合理性以及判决程序的完备性等方面也有待加强。以可口可乐收购汇源案为例，2009 年 3 月 18 日，商务部正式对外宣布，否决了可口可乐收购汇源果汁的申请，并给出三条理由：第一，如果收购成功，可口可乐有能力把其在碳酸饮料行业的支配地位传导到果汁行业；第二，如果收购成功，可口可乐对果汁市场的控制力会明显增强，使其他企业没有能力再进入这个市场；第三，如果收购成功，会挤压国内中小企业的生存空间，抑制国内其他企业参与果汁市场的竞争。与汇源并购案被否决相类似，2003 年可口可乐并购澳大利亚果汁企业 Berri 的申请也遭到了澳大利亚反垄断审查机构的否决，以下以此为例进行的比较分析可以看出我国在执法尺度、经验、专业化水平等方面存在的差距。

2003 年，由可口可乐控股 30% 的澳大利亚公司可口可乐阿马提装瓶（Coca-Cola Amatil）试图对本土果汁企业拜里（Berri）公司提出全面收购。拜里是澳大利亚第一大果汁生产商，当时在果汁市场上大约占据了 50% 的份额。与汇源在中国果汁市场约 10% 的份额相比，拜里更具有市场支配地位。2003 年 11 月 25 日，澳大利亚竞争与消费者保护委员会（Australian Competition and Consumer Commission，ACCC）发布公告，否决了可口可乐 Amatil 公司收购拜里公司的交易申请，理由是：碳酸饮料和果汁饮料为“互补”的关联产品，并购后可口可乐将有动机和有能力利用自身的市场支配地位，增加拜里的果汁销售，并且通过其他非食品店渠道销售 Berri 果汁，具有排除或限制竞争的效果。ACCC 认为收购将会减少消费者的选择和市场竞争。和汇源并购案类似，ACCC 同样将此案界定为“横向收购”，“相关市场”确定为碳酸饮料市场和果汁饮料市场。ACCC 之所以认定这项交易存在“传导效应”，是因为可口可乐已经被很多小零售商认为是“必须销售”的品牌，并且可口可乐拥有无法超越的店内冷藏设备销售网络。即使可口可乐没有打算将可乐和果汁捆绑销售，ACCC 仍然认为零售商们将会有很强烈的动机从同一家供应商那里提货，以节省物流成本。同时，ACCC 认为，捆绑销售将会限制拜里和其他果汁厂商在非店铺销售渠道中的竞争，抢占竞争对手的市场份额，提高他们的经营成本。因为其他果汁厂商将不得不增加市场营销支出，以保持产品的货

① 从商务部官方公布的数据来看，自反垄断法实施以来至 2009 年 10 月底，商务部共受理经营者集中申报 93 起，已审结 69 起，其中无条件批准 63 起，附条件批准 5 起，禁止 1 起。截止到 2009 年 5 月，国家发改委共收到涉及价格垄断的投诉和举报近 20 件，国家工商总局陆续收到数十起关于垄断行为的举报材料。

架空间，最终并购将会影响店铺销售渠道中的竞争。当时，可口可乐在澳大利亚碳酸饮料市场占有67%的份额，在果汁饮料市场只占有1%的份额，而拜里在果汁饮料市场的份额高达50%。这些数据使得ACCC担忧，可口可乐并购拜里后，会将自己在碳酸饮料市场中的支配地位传导至果汁饮料市场。

事实上，各国在进行反垄断审查时，对“传导效应”（Conductivity Principle）的应用都比较谨慎。因此，当反垄断审查机构利用这条原理进行裁决时，需要公布详细的数据，来解释传导效应究竟是如何发生的。在否决可口可乐并购拜里案的公告中，ACCC就公布了11条原因，详细解释了传导效应如何发生，以及影响竞争的各种可能性。虽然商务部否决可口可乐收购汇源案的理由，与ACCC否决可口可乐收购Berri的理由部分相似，但ACCC与商务部的不同做法也很明显。在公告中，ACCC提供了更多的详细数据，比较充分证明了可口可乐并购后实施捆绑销售的可能性。而商务部既没有指出碳酸饮料和果汁饮料在同一销售渠道中的交叉份额，也没有解释可口可乐是否在中国拥有非店铺销售渠道和店内冷藏设备销售网络，以及并购后会出现什么样的限制竞争的情况。显然，ACCC的解释要比商务部公布的汇源并购案中的否决理由更详尽和充分。

四、进一步完善我国反垄断实施机制的构想

（一）尽快清理修订现有法律法规并制定反垄断指南等配套规范

为保证《反垄断法》的顺利实施以及反垄断执法的统一性、公平性和权威性，促进各项反垄断工作的开展，规范协调反垄断执法，相关部门应尽快对涉及到的反垄断法律法规进行一次系统清理，对不合时宜、重复、矛盾的内容进行修改完善。另外，还应尽快制定出台反垄断指南以及其他配套措施，使执法机构和执法人员得到及时、有效、规范的指导。

（二）整合现有执法资源，加强反垄断委员会的职能及执法机构之间的协作配合

部门间协调配合的重要性在反垄断工作中尤为突出。反垄断执法由三个部门共同负责，在具体执法中还可能会有交叉、重叠的领域，互相之间需要协调配合，以保证执法的顺畅和标准的统一。因此，通过有关制度的构建，加强国务院反垄断委员会组织、协调、指导的功能以及反垄断执法机构的沟通协作，对保证反垄断工作的顺利进行具有非常关键的作用。

首先，需构建信息共享机制。统一畅通的信息共享机制不但有利于反垄断执法中信息的广泛采集和甄别，更有利于执法机构之间的协调配和，因此，建议可以由反垄断委员会牵头，借助现有的政府网络资源构建一个从信息采集、储存、发布、交换、监督的平台，充分整合各执法部门的信息资源。

其次，进行相对集中审查受理权的探索。反垄断实施一年多来，很多当事人在提起反垄断申请时都是向商务部、发展改革委和工商总局三家同时提起，三家分别审核后再决定是否属于自己受理或建议当事人找相应部门受理。这种方法不但增加了当事人维权的难度，同样也提高了执法机构的成本。为了解决多头受理的局面，可以仿效行政审批大厅的模式，在反垄断委员会中设立一个由各执法部门派出人员及部分专家组成的部门，专门负责统一受理当事人的反垄断申请，根据各自的职责和管辖范围确定受理部门后，在以反垄断委员会的名义向当事人统一答复。

第三，尝试进行反垄断配套规范的联合审查。如前所述，三部委目前公布的配套规范有不少

地方还存在交叉和尚待明确的地方。鉴于反垄断工作的专业性和复杂性，有关配套措施必将会是一个多层次、广覆盖的整体，如果只靠各部委各自出台，或是一事一议的征求意见，那么各部门颁布的配套措施在协调性和统一性上难免会有所欠缺。因此，不妨尝试让反垄断委员会承担起对相关执法部门出台的配套规范进行联合审查的职能，形成三个部门出台配套措施的固定协商机制。

（三）合理配置中央和地方政府有关部门的反垄断执法职权

世界各国一般都将反垄断作为中央事权，将执法权集中于中央，在地方设立负责执法的派出机构。例如，美国的反垄断执法职责主要由联邦贸易委员会和司法部反托拉斯局承担，有关反垄断的诉讼案件也由联邦法院负责审理。我国反垄断法同样也将反垄断作为中央事权，明确规定国务院反垄断执法机构负责反垄断执法工作，根据工作需要，国务院反垄断执法机构可以授权省、自治区、直辖市人民政府相应的机构负责有关反垄断执法工作。因此，需要进一步明确国务院反垄断执法机构与其授权的地方机构在反垄断执法工作中的职责权限，加强国务院反垄断执法机构对省级人民政府相应机构的指导和监督，保证执法的统一性、公正性和权威性，使反垄断执法真正起到维护全国统一、公平竞争的市场体系的作用。

（四）培养反垄断执法的专门人员和队伍，提高反垄断执法机构的执法水平

由于反垄断执法专业性和政策性较强，执法过程复杂，因而国外反垄断执法机构的组成人员的选任规定相当严格，具有专家执法的特点。如在美国联邦贸易委员会中，竞争处由法学家组成，负责处理反垄断法的执行事务，经济处则由经济学家组成，其任务是为竞争处提供意见和建议。德国反卡特尔局下设 9 个决议会，专门调查和审决案件，其组成人员必须具备担任法官职务或高级行政职务的能力。日本的公正交易委员会由委员长 1 名和委员 4 名组成，委员长和委员必须是具有法律、经济学识和经验的专家。为保证我国反垄断执法人员的素质和执法在反垄断执法机关人员的任职条件，反垄断委员会的委员应当借鉴西方经验，规定严格的任职资格和任免程序，非经法定程序和法定事由不得被解职或罢免。除此之外，在实际工作中，还应当加强对反垄断执法机构执法人员的培训，切实提高反垄断执法人员的执法能力。

（五）建立专家咨询机制，发挥专家在反垄断执法工作中的作用

反垄断执法具有较强的专业性，所要判断的对象是市场主体在市场经济活动中的经济行为，其任务不是对该种经济行为作出一般性的、简单的是非判断。无论是垄断协议的查处、滥用市场支配地位的禁止，还是对经营者集中的审查，都要求反垄断执法必须在专业分析和研究的基础上，做出相应的妥善处理。特别是，对相关市场的界定、市场竞争状况的评估、市场支配地位的判断、进入市场难易程度的分析等都会涉及非常复杂的专业和技术因素。国务院反垄断委员会专家咨询组的设立正是基于这样的考虑设立的。因此，在反垄断实际执法过程中，反垄断执法机构和相关部门要注重发挥法学家和经济学家的作用，听取专家的意见，进行充分咨询和论证，建立专家咨询机制。在有条件时，可以考虑建立专家库制度，为反垄断法提供理论指导和技术支持。

参考文献：

1. 刘宁元：《中外反垄断法实施体制研究》，北京大学出版社 2005 年版，第 310 ~ 338 页。

2. 商务部驻法国使馆经商处：《法国竞争政策执法管理新体制》，http：//www. mofcom. gov. cn/aarticle/i/dxfw/jlyd/200908/20090806442168. html。

3. 于立、吴绪亮：《产业组织与反垄断法》，东北财经大学出版社2008年版，第158～163页。

4. 曹康泰、张穹主编：《中华人民共和国反垄断法解读——理念、制度、机制、措施》，中国法制出版社2007年版，第179～190页。

5. 董凌汐、秦旭东：《汇源并购案的澳洲样本》，http：//www. caijing. com. cn/temp lates/inc/webcontent. jsp？id = 110128621&time = 2009 - 03 - 26&cl = 100&page = all。

（本文载于《改革》2010年第3期）

专利搭售许可的反垄断法分析

宁立志

摘　要：专利搭售许可对市场竞争既有正面效应也有负面效应。对市场竞争影响的二重性要求专利搭售许可的反垄断法分析必须坚持合理原则，即首先判定专利许可方是否具有市场支配地位，进而判定其专利搭售许可是否构成滥用市场支配地位，同时也要考察其是否产生了限制、排除竞争的效果或危险。我国在制定涉及专利搭售许可的反垄断指南时，应坚持合理原则和可操作性原则。同时，也要在宏观上恰当地协调好反垄断法与专利法的关系。

关键词：搭售　专利搭售许可　反垄断法

反垄断法对一种竞争行为予以关注，核心任务是考量行为的利弊，个中所秉持的依据有国家战略安全、经济效率、消费者利益、科技进步与创新、环境保护，等等。将专利搭售许可纳入反垄断法视野予以分析，亦然。在早期的司法实践中，多数国家对搭售的态度停留在本身违法的认识上，对专利许可中的搭售现象也不例外。当芝加哥学派出现后，人们对搭售的态度发生了变化。该学派运用经济学方法对搭售进行成本效益分析，发现其存在种种正面效果，对于市场效率的提高及消费者福利的促进有着积极意义。自此，学界对专利搭售许可的认识便一分为二。

一、搭售与专利搭售许可厘定

（一）搭售

搭售（Tying）作为一种市场营销手段，不同学科都对其给予相应关注。虽然不同学者对搭售的界定并非完全一致，但其基本内涵相差无几。一般而言，搭售可理解为：两种或两种以上的产品（包括技术和服务，下同）捆绑在一起进行销售，即卖方在购买一种产品时，需以同时购买另外一种产品为条件。其中，买方意图购买的产品称为“结卖品”（Tying Product），而被要求同时购买的另一产品称为“搭卖品”（Tied Product）。

搭售的表现形式多样。卖方在销售某种产品时，可直接要求买方同时购买另一种产品，也可要求买方不得从其他卖家购买特定产品。前一种形式称为“显性搭售”，后一种形式称为“隐性搭售”。搭售安排可以通过契约形式固定下来，即为“契约式搭售”；也可并无契约形式固定，而是通过一系列实际安排以实现搭售，即为“事实搭售”。

与搭售相联系的一个概念是“捆绑销售”。有学者认为“捆绑销售”与搭售的概念是一致的；有的学者也指出了二者内涵的差异。有的国家和地区的反垄断立法对二者内涵作了区分。例如：欧盟2004年《关于技术转让协议的指南（2004/C 101/02）》认为，技术许可中的搭售是许可人就一项技术（The Tying Product，结卖品）授予许可，须以被许可人接受另外一项技术的许可，或者从许可人那里或者其指定的某人那里购买某种产品（The Tied Product，搭卖品）为条件。捆绑是指两项技术，或者一项技术和一种产品打成一包一同销售。美国 2007 年《反托拉斯执法与知识产权：促进创新与竞争》认为，搭售（Tying）是卖方或者租赁方以契约形式或者技术条件，要求买方或者承租方同时购买或者租赁另外的产品或者服务。捆绑销售（Bunding）是产品只以固定搭配的方式进行销售。而在此之前的 1995 年《知识产权许可的反托拉斯指南》并没有对二者进行区分。在此，需要指出的是，上述指南或报告虽然对搭售和“捆绑销售”的内涵作了区分，但有关分析仍然将二者放在一起进行，并统称为“搭售”。多数国家反垄断立法都有关于搭售的规定，而鲜有“捆绑销售”的规定。究其原因在于：在产品日益高科技化且市场营销模式也日趋复杂化的今天，搭售形式也变得多样化。但是，这些不同形式的搭售具有反垄断法意义上的一致性，即都要考量这一行为对市场竞争的效果如何。因此，本文从反垄断法视角对专利搭售许可做统一分析，不再区别搭售与“捆绑销售”。

（二）专利搭售许可

专利搭售许可是指在专利许可中实施的搭售行为，即专利权人在实施专利许可时，要求被许可人在专利权人处或其指定的第三人处购买或接受其意图购买或接受的许可以外的其他专利、非专利技术、商品或服务，否则拒绝许可。例如，喷墨打印机和墨盒的专利权人强行要求购买者从其处购买墨水，微软在其“视窗”系统中搭售杀毒软件，这些都是专利许可中的搭售行为。专利搭售许可的动因主要有两方面：一是基于正当目的。例如，专利权人可以通过搭售许可来保证自己专利的品质，维护自己的声誉，以降低被许可人使用较低劣的配套产品、技术或服务所带来的损害其声誉的风险。二是基于非正当目的。例如，搭售无效专利；通过传导效应将其在“结卖品”市场上的控制力延伸到“搭卖品”市场。

与专利搭售许可相联系的一个概念是“专利联营”（Patent Pool）。“专利联营”指两个或两个以上专利拥有者，为了能够彼此之间相互分享专利权或者统一对外进行专利许可而将专利权集合行使而形成的一系列协议，通常存在一个组织来统一进行管理。因此，专利联营有时也指代一个组织。为了区别起见，将代表组织的专利联营称为联营体。专利联营的本质是专利权人在一定范围内让渡、安排自己的排他性专利权的协议。实际上，作为专利许可方式之一的“专利联营”，可以理解为专利搭售许可的类型之一。“专利联营”一般具有明显的效率，是克服“专利灌丛”（Patent Thicket）的有效手段。“专利联营”整合了互补技术，降低了交易成本，排除了专利间的实施交互限制，避免了昂贵的法律诉讼。当然，“专利联营”也可能损害竞争。例如，联合后拥有市场支配地位的专利权人共同做出排他性安排；通过安排阻止或者阻碍参加者从事研发进而阻碍创新等。

我国《反垄断法》第 55 条规定：“经营者依照有关知识产权的法律、行政法规规定行使知识产权的行为，不适用本法；但是，经营者滥用知识产权，排除、限制竞争的行为，适用本法。”由此可知，滥用知识产权而排除、限制竞争的行为，应受反垄断法的规制。专利搭售许可即应被置于此框架内予以分析，即某一专利搭售许可属于正当行使知识产权的行为，则不适用《反垄断法》；相反，则适用《反垄断法》。

二、专利搭售许可的效应分析

作为一种知识产权许可方式，专利搭售许可对市场竞争既可能产生正面效应，亦可能产生负面效应。专利搭售许可的正面效应是其得以存在的理性依据，并可依此获得反垄断法的豁免。而对市场竞争产生负面效应则使专利搭售许可被纳入反垄断法的规制范围成为必要。

（一）正面效应

1. 节约成本，降低价格。由于专利技术较复杂，专利权人在开发这些技术时就已耗费大量时间、人力和财力。在通常情况下，他们对该技术的熟悉程度远远超过其他生产者。因此，若要生产某些与被许可专利技术相匹配的产品或开发某些相匹配的技术，专利权人无疑具备更大的优势。由于拥有相关的技术背景，专利权人能够耗费更少的成本生产和销售匹配产品。既然搭售许可能为专利权人节约一定的生产和销售成本，专利权人为了使自己的搭售行为更容易被交易相对方接受，有可能降低搭卖品与结卖品的总体价格，使得被许可方享受更加低廉的价格，其实质是许可方将从搭售许可中得到的利润部分惠还给被许可人。

2. 提供交易便利，降低交易费用。在专利许可中，被许可的专利技术与普通产品或服务相比更具专业性和复杂性。在很多情况下，被许可方若要使该专利技术发挥最大的效用，需要寻找与之相匹配的其他产品或者服务。被许可方自己寻找产品或服务不但会费时费力，其寻找到的产品或服务还不一定与该专利技术最为匹配。而许可方对专利技术的熟悉程度远胜过被许可方，许可方通过搭售能为被许可方提供最为合适的配套技术、产品或服务，使被许可的技术发挥最大效用。因此，从成本效益分析的角度看，搭售许可能降低被许可方的成本，节省其精力，对其生产效益的提高起着积极作用。

在“专利联营”生发的强制性一揽子许可中，这项优势更为明显。被许可人所需的多项专利可能掌握在不同的专利权人手中。若被许可方与多个专利权人分别谈判，不但会耗时漫长，耗费巨大，还可能因为后期谈判的不成功而致使已购买的专利技术最终不能发挥作用。因此，专利权人以“专利联营”的形式将多种专利打包进行许可，不但能够保障被许可人得到全部所需专利，还能为其缩短谈判周期，节省交易成本。

3. 对专利产品有质量保证功能。由于被许可方利用专利技术生产出的产品通常需要一定零配件、辅助产品或服务的配合使用才能发挥最大的效用，这样，零配、辅助产品或服务的选择对于消费者而言就至关重要。某些情形下，被许可方为了获取更高利润，往往会置消费者的利益于不顾，使用劣质的零配件或辅助产品，这样不但会损害消费者利益，同时也给许可方的商业信誉及其专利技术的商品声誉带来损害。许可方通过在合同中规定配套技术、服务或零部件的使用，可以间接地对被许可方的生产进行监控，从而保证专利产品质量，保障消费者利益。因此，许可方通过搭售对被许可方的行为加以控制，有其合理性。

此外，许可方通过搭售行为获取的经济利润能用于降低生产成本和从事新技术的开发，最终让消费者享受更多新产品，使许可方与专利产品的消费者达到双赢。

可见，专利搭售许可对于达致专利制度的初衷存在着积极的作用。搭售行为使专利权人获取的利益超过专利本身带给专利权人的预期利益。在这种利益驱动之下，专利权人更愿意将新技术申请专利，并实施专利许可行为，从而有助于社会整体技术水平的提高。专利权人自己也有更大的动力从事新技术的研究开发。从这个意义上讲，专利搭售许可对于新技术的研发和专利技术的推广应用都有积极意义。

（二）负面效应

虽然为数越来越多的经济学家承认搭售许可在许多情况下能实质地达致效率，且其对竞争制度和专利制度也有一定的积极作用，但它带来的限制竞争的后果和对交易相对人利益的威胁也是不容忽视的。

1. 专利搭售许可毕竟是处于市场优势地位的许可人实施的一种强制性行为，它对于被许可人在搭卖品市场上的选择自由造成了破坏，是对合同自由原则的违背。这可能突破专利权本身应有的利益范围，导致专利权人的利益边界不断扩张，从而颠覆法律所预设的利益平衡，损害交易相对人的合法权益。这种行为已威胁到民法的权利不得滥用原则和公序良俗原则，对市场经济秩序产生了不良影响。

2. 搭售许可会给搭卖品市场的竞争自由造成一定的限制。虽然搭售许可能为被许可方和消费者带来某些便利或利益，但就搭卖品相关市场上的其他竞争者而言，搭售许可使得他们的产品丧失了与搭卖品进行公平竞争的机会，从而抑制了可替代产品的发展，产生反竞争的效果，即产生将搭卖品竞争供应商封闭在外的限制性影响。

3. 搭售许可行为进一步巩固了搭售行为人的市场优势地位，为其日后实施限制竞争行为提供了更多条件。毫无疑问，虽然许可方实施搭售行为有多种动机，但对经济利益的追求是第一位的。通过搭售获取的垄断利益不但巩固了许可方原有的优势地位，还会进一步刺激其逐利心理。在这种心理的驱使下，许可方日后会实施更多的限制竞争行为来攫取利益。

4. 搭售许可可能损害消费者利益。尽管搭售降低了交易成本，交易价格客观上有下降的空间，但这种降价并非一定会发生，有时甚至会相反。在搭售许可中，专利权人为了牟取垄断利润，可能会向被许可人收取高于其应支付的技术成本与搭卖品的价格。这一部分垄断利润若由被许可方承担，则会损害其利益。若被许可方将该负担转嫁到专利产品的消费者身上，则会降低消费者福利，影响社会福利水平。

可见，专利搭售许可的负面作用也是客观存在的。正因为如此，专利搭售许可限制、排除竞争行为成为反垄断法的规制对象。

三、专利搭售许可的分析路径

从反垄断法视角看，专利搭售许可限制、排除竞争有两种形式，一是在某一市场拥有支配地位的专利权人直接滥用其优势地位，实施限制、排除竞争的专利搭售许可；二是某些有关联关系的专利权人通过垄断协议的形式组成专利联盟，取得在相关市场上的支配地位，并协调行动一致对外，实施限制、排除竞争的专利搭售许可。二者虽然在表现形式上不同，但实质相同。因此，对其进行反垄断法规制的分析路径也是相近的。即首先要判断某一专利权人或专利联盟是否具有相关市场上的支配地位，进而判断其专利搭售许可行为是否构成了市场支配地位的滥用，是否产生了限制、排除竞争的效果。

（一）许可方是否具有市场支配地位

许可方是否具有市场支配地位是认定搭售许可是否违法的前提条件。市场支配地位（Market Dominant Position）一般是指企业在相关市场上具有某种程度的支配与控制力量。搭售许可在多数情况下系许可方利用其市场支配地位实施的限制竞争行为。若许可方在被许可专利技术的市场上并无市场支配力，则其自然没有强迫被许可方购买搭卖品的能力。因此，只有许可方拥有市场支配地位且滥用该地位进行搭售许可时，反垄断法才需要对其加以规制。然而，市场支配地位的认定十分复杂，一般需要综合考量诸多因素加以认定。例如：我国《反垄断法》第18条规定，认定经营者具有市场支配地位，应当依据诸如经营者在相关市场的市场份额、相关市场的竞争状况、控制销售市场或者原材料采购市场的能力、财力和技术条件、其他经营者对该经营者在交易上的依赖程度、其他经营者进入相关市场的难易程度等因素。

在反垄断法较为严厉的国家或反垄断政策较为严厉的时期，人们常常将拥有知识产权等同于拥有市场支配地位本身。如美国1962年的路易斯案件中，路易斯公司涉及在有版权的主流电影上绑定了不流行的电影，法院就认定："当实施搭售的商品具有专利权或版权，则其必须拥有的市场支配力将被假定。专利持有人的发明受到法律保护，但其不能滥用专利权在其他领域获取利益。"

近年来，美国等国家摒弃了这一观念，规定不得因专利权人享有专利权，便直接推定其具有市场支配地位。专利技术是否能导致专利权人拥有市场支配地位，既取决于该专利技术或产品在市场上的需求情况和竞争程度，也取决于该专利权人对该专利技术实际如何运用。在2006年的爱丽丝工具案对独立公司案中，联邦最高法院认为拥有专利权不一定就意味着专利权人拥有对市场的支配地位，原告必须证明被告的搭售行为的确依据了市场支配地位，法院才能裁定这一行为是违法的。最后，联邦最高法院将该案发回联邦地区法院重审。可见，对许可方市场支配地位的认定，要结合各种因素进行综合考量。一般而言，可从以下方面对许可方的支配地位进行认定：

1. 许可方在被许可专利的相关技术市场上是否占有足够的市场份额，以致能强迫被许可人购买搭卖品。与此相应，相关市场上其他可替代性技术的市场份额、其他技术所有人进入该市场是否存在障碍都是判定许可方市场地位的参考因素。

2. 许可方曾经实施过的专利许可中，搭售条款被接受的程度。一般而言，搭售条款被接受的程度越高，则许可方被认定为在相关市场上拥有支配地位的可能性就越大。

3. 被许可技术是否独一无二。若被许可技术具备很强的独特性，在相关技术市场上无其他可替代性技术，享有独占地位，则可认定许可方具备市场支配力量。在这种情形下，由于被许可人所需技术是独一无二的，即没有替代品，除了接受许可人的专利搭售许可外，别无选择。

（二）专利搭售许可是否构成支配地位的滥用

多数国家的反垄断法都采行为主义，即将市场支配地位和滥用市场支配地位的行为分别对待，仅将后者作为反垄断法规制的对象。拥有市场支配地位的专利权人进行专利搭售许可，并不一定意味着支配地位的滥用。反垄断法的"合理原则"要求法院在认定专利权人的行为是否构成支配地位的滥用时，应综合考量搭卖品与被许可技术间的关联程度、许可人对于搭卖品的价格要求是否合理等多种因素，并赋予专利权人相应的抗辩权。具体来讲，应主要考虑以下因素：

1. 搭卖品与被许可技术间的关联程度。搭卖品是否具备独立性是认定搭售许可是否合法的关键因素。若搭卖品本身即是被许可技术不可或缺的一部分，或离开搭卖品，没有其他可替代品能使被许可技术正常发挥作用，则专利权人的行为属于正常的权利行使。至于评价原则具体如何适用于搭售许可，搭卖品与被许可技术达到何种程度的关联性才能得到反垄断法的豁免，各国的反垄断法因其宽严程度不同而采用不同标准。但一般而言，两者关联性越强，搭售许可的违法性越弱。

（1）买方需求与交易习惯因素。在不同的法律规制角度下，对搭卖品独立性的认定标准并不相同。在美国森然对赛弗一案中，专利权人在授予实施许可时强制被许可人购买搭卖品——某机器，虽然该机器可作为独立的产品出售，但联邦巡回法院只将该搭售行为认定为专利权滥用，而非垄断。法院认为，本案中的搭卖机器与结卖专利是否相互独立这一事实问题并未从反垄断法的角度得到解决。法院强调，专利权滥用案件中的判断标准与反垄断案件中判断搭卖品是否为独立产品的标准是不同的。专利权滥用案件中，判断搭卖品是否独立于被许可技术时仅需考察专利技术的性质；而反垄断案件中，法院判断产品的独立性时还需考虑买方的需求。这里所称买方应包括技术的被许可方。因此，在认定搭售许可是否违反反垄断法时，法院不但需要考量专利技术的性质，还须站在买方的角度对搭卖品的独立性进行认定。如果依专利技术的性质，搭卖品与该专利技术并无太大关联，具有较强的独立性，但在相关时间市场或地理市场上，该搭卖品对买方而言是必不可少的，且在相关市场上无替代品，则搭售行为仅能认定为专利权滥用，而不构成垄断。反之，从买方的角度出发，若搭卖品与被许可技术能够有意义地分离开来出售，且使用搭卖品市场上的替代品可以满足买方的合理需求，又不至于影响该专利技术的运作功能，即使依专利技术的性质，该搭卖品与专利技术有一定的关联性，许可方也不得以此理由强制买方购买搭卖品，排除搭卖品市场的竞争。

另外，市场交易习惯也是确认搭卖品是否具有独立性的重要考量因素。例如，2010 年 5 月 25 日国家工商行政管理总局发布的《工商行政管理机关禁止垄断协议行为的规定（征求意见稿）》第 6 条规定，禁止具有市场支配地位的经营者没有正当理由违背交易惯例、消费习惯等或者无视商品的功能，将不同商品强制捆绑销售或者组合销售。需要指出的是，交易习惯是在长期的市场交易活动中逐步形成的，具有强烈的市场主体自治属性。交易习惯可以成为证明某一市场竞争行为具备合法性的重要证据，但合乎交易习惯并不能够成为唯一的最终裁决依据，因为反垄断法还要考量其他的不同法益，且交易习惯在时间和地域上有一定的相对性。

（2）“整合产品”的认定。当搭卖品相对于被许可技术不具备独立性时，两者多被认定为“整合产品”，即两者在功能上互相整合，作为一个整体发挥效用。但由此引发出一个新的问题，对“整合产品”的具体认定需要从技术的功能上进行分析，这种分析无法避免地涉及对被许可标的进行纯技术上的考察与评估。如何准确地对“整合产品”加以纯技术上的认定，对法官而言有相当难度。著名的微软搭售案就是一个典型的例子。在微软案中，最大的争议点就在于 Windows95 操作系统与 IE 浏览器的关系如何认定，两者是相互独立的产品，还是功能上必须互衔的“整合产品”。微软公司辩称，Windows95 是“集成”而不是“捆绑”了浏览器功能，因为它不可能在将浏览器移出的同时还保证其主要功能不受损害。法院认为，当将多种功能的产品组合销售时，只有相比将这些产品分开出售由买方自行组合，前者能够给买方提供明显营利和优势的产品组合才属于“整合产品”。何为明显的优势呢？法院指出，“整合产品”并不意味着生产者将几种不同功能的产品机械地组合在一起，这种整合必须具备一定的实际使用价值与科技价值。对买方而言，购买卖方组合出售的“整合产品”与自己分别购买不同的产品进行组合相比，前者能使其产生或增加实质的产品功能上的利益，而不仅是交易效率上的便利。

微软案虽属软件著作权许可中的搭售问题，但其与专利许可中的搭售原理相通，对专利搭售的研究具有借鉴意义。从法院的判决中，我们可以看出，法院对“整合产品”的判断标准为溢利和优势标准，即只要搭卖品与结卖品的组合能给买方增加功能利益带来明显优势，就应认定二者不具备独立性。优势标准意味着在搭售许可中，即使存在可替代搭卖品的产品，但该搭卖品与专利技术的结合可以使得专利技术更为有效地发挥作用，搭卖品与结卖专利还是可以被认定为“整合产品”，只要其具备相对优势即可。显然，采用这一标准，搭售许可被认定为合法的几率会大大增加。笔者认为，法院的评判标准尚属相对宽松。若从保护竞争与买方自由选择权的角度出发，对“整合产品”的认定应采取必要标准，即搭卖品为保证被许可专利的有效使用所必需，若存在可替代性产品，也能使专利技术有效实施，即使搭售能为买方提供功能上的优势，也不宜否定搭卖品客观上的独立性。对搭售许可中搭卖品独立性的认定，反垄断法到底采取哪种标准，不能一概而论，而应顾及国家政策。若一国政策倾向于鼓励创新、优先考虑法的效率价值，则应采优势标准，若其政策偏向于保护自由竞争秩序，则采用必要标准更为合理。

（3）一揽子许可问题。在因“专利联营”生发的强制性一揽子许可中，以上的判定标准也可被用来对其进行合法性认定。当专利联营体要求被许可人为专利池中的无效专利交纳使用费时，其行为当然违法。但若将被许可人希望得到的专利之外的其他专利打包授权，该行为是否违法就要看被搭售的专利与其原本所需专利的关系了。对此，多数国家如美国、日本都采用了技术必要性标准，即要求打包授权的专利必须均为“核心专利”，即这些专利必须相互结合才能发挥作用，缺一不可，且无可替代专利技术的存在。否则，专利联营体要求被许可人接受其他专利的行为即构成违法的强制性一揽子许可。对“核心专利”的认定由于具备相当的科技知识难度，美国等许多国家的法律都规定司法部门必须以完全独立于专利联营体之外的专家的认定结论为准。

2. 许可人对于搭卖品的价格要求是否合理。将搭卖品的价格作为认定搭售许可是否违法的因素，反映出了法律保护消费者利益、增进社会福利的价值导向。在质量相同的前提下，若搭卖品的价格明显高于同类替代品的价格，则该搭售行为被认定为违法的可能性较大。反之，若搭卖品与同类产品的价格相同甚至低于同类产品的价格，从被许可人的角度而言，搭售行为能节约采购成本，节省其寻找替代品的时间和精力，降低总体成本；从消费者角度而言，搭售行为能使其享受质量更好的产品和更优惠的价格，因此，搭售行为的违法性也相应减弱。

3. 是否存在法定豁免情形。豁免制度的核心内容在于对合理利益的关注，是对原来属于违反反垄断法的行为予以宽容。在具体分析某一专利搭售许可是否构成市场支配地位滥用时，应同时考察该行为是否属于法定豁免情形。部分域外立法对知识产权搭售许可获得反垄断法豁免的情形做了具体规定。欧盟 2004 年《关于技术转让协议的指南（2004/C 101/02）》认为，要使许可技术在技术上得到满意的利用，或者要保证按照许可进行的生产能符合许可人和其他被许可人遵守的质量标准，搭售产品可能是必要的，这能够提高效率。在这种情况下，搭售通常要么不限制竞争，要么满足《欧共体条约》第 81 条（3）关于豁免的规定。我国台湾地区也有类似规定。台湾地区“公平交易委员会”2007 年发布的“对于技术授权协议案件之处理原则”第 5 条对视为不违反“公平交易法”的情形做了列举性规定，这些情形包括对授权实施范围限制、授权期间限制、最大努力条款、制造数量或使用次数最低数量限制以及对专利商品、原材料、零件等品质限制等等。在立法中列举性规定可得到反垄断法豁免的情形，可增强指南的确定性，有利于指导执法实践。类似立法例可以为我国反垄断立法所借鉴。

（三）专利搭售许可是否产生了限制、排除竞争的效果或危险

限制、排除竞争效果的产生是判断专利搭售许可可否纳入反垄断法规制的最终依据，这可以从两方面进行考察。

一方面，许可人在进行搭售时是否有排除其他竞争者以及限制竞争的目的。许可人在搭售时，主观上如果有排除或限制竞争的目的，则会增加被认定为非法的可能性。欧盟法将被许可人的目的作为认定其行为合法与否的要件。如单纯从理论上讲，这一要求有其合理性，因为，行为人的主观恶性程度直接影响到其行为的性质和效果，坚持主观要件可以使法律的公平价值更好地得以实现。但由于该要件的最终判定，依赖于对行为人主观状态的考察，在实践中具体认定起来有模糊性，易生歧义，增加了认定难度，故需结合其他因素予以考虑。

另一方面，搭售许可要受到反垄断法的规制，必须在客观上发生实际限制竞争的后果或存在足以限制竞争的危险。例如：要着重考虑搭售所覆盖的搭卖品市场比例的大小，即搭售的规模。搭卖品数量越大，对搭卖品市场竞争状况的负面影响就越大，也就越可能受到反垄断法的规制。否则，这种搭售行为最多只能构成专利权滥用，而不能认定其为垄断。这还涉及到正负效应能否相抵的问题，即搭售许可协议的正面效应能否抵消其限制竞争的负面影响的问题。在判断搭售许可是否违法时，对于利益的权衡尤为重要，这就需要借助经济学的成本效益方法来进行分析。若该协议的正面效应远远大于其限制竞争的负面影响，出于整体利益的考虑，其违法性较弱；若该协议的正面效应不足以抵消其对限制竞争的负面影响，其被认定为违法的可能性就大大增加了。当然，一国的政策是倾向于保护市场竞争秩序还是鼓励创新也是权衡搭售行为利弊的重要背景。因此，在搭售案件的审判过程中，要评价搭售许可的实际经济影响及其合法性，法院必须权衡搭售许可在鼓励创新、节约交易成本、保护消费者利益等方面的社会收益与破坏合同自由、阻碍市场竞争方面的社会成本。只有这样，法院才能对此类案件做出既与竞争政策相一致，又与专利政策相符合的判决。但这样的权衡对于法院而言绝非易事，法官不但要了解时常变化的政策，还需借助精确的经济学理论，兼顾技术合理性来分析案件。因此，能否真正在案件的审理过程中运用这一标准，还取决于法官是否具备精深的法律经验和对科技甄别资源的调遣能力。

四、对我国立法的建议

我国《反垄断法》第 55 条对滥用知识产权限制、排除竞争行为的规制作了原则性规定。而此条款的有效实施还依赖于相应实施细则与指南的制定。综合本文前述分析，我国在制定涉及专利搭售许可的反垄断指南时应充分吸收各国带规律性的种种经验，并基于我国当下国情，在坚持合理分析基本原则的基础上，尽可能增强指南的可操作性，同时也要在宏观上恰当协调好反垄断法与专利法之关系。

（一）坚持合理分析的基本原则

合理原则是反垄断法基本价值目标——经济效率的集中体现，能对变动不定的经济世界与不断更新的经济理念做及时的回应。合理原则能够周全地照顾到诸多不同利益，使得反垄断分析判定更具恰当性。专利搭售许可的反垄断法分析应当坚持合理原则，此乃基于该类行为对市场竞争影响效应的二重性。如此，方能在综合考量专利搭售许可的正面效应与负面效应的基础上，在个案中做出适当判断。当然，合理原则的实践意义还在于由此原则派生出来的判断涉案行为合法与非法的更具体的标准。

（二）强化指南的可操作性

指南的制定应坚持可操作性原则，尽可能避免抽象性规定。这有利于增强指南的确定性，以给知识产权人相应的预期和信心，同时也可减少合理原则给执法实践带来的不确定性。这主要从以下三方面着手：第一，专利搭售许可的反垄断规则要确立违法判断标准。这是对某一专利权行使行为作出反垄断法上价值判断的标准，判断标准应当紧紧把握住市场的可竞争性。第二，确定一般的分析步骤。这有利于指导执法实践工作。分析步骤除了包括对一般垄断行为加以分析的步骤外，还应考虑到专利权行使行为的特殊性。第三，专利搭售许可的反垄断规则的重要任务之一便是在实践的基础上不断将违法行为予以类型化，而每一类型都应确定相应的判断规则与规制规则。在对专利权不当行使行为制定相应的正面判断规则的基础上，对那些对竞争负面影响甚微或者有利影响大于不利影响的情形，反垄断规则可以作出除外性规定。

（三）恰当协调反垄断法与专利法之关系

知识产权不当行使的反垄断法规制规则的制定与完善涉及知识产权专门制度和专门的反垄断法律制度。所以，在知识产权专门法中完善规制知识产权滥用的制度是必要的，这也为反垄断法关于禁止滥用专利权排除、限制竞争的规定做好铺垫和衔接。具体到专利搭售许可，我国《专利法》在强调保护专利权人合法权益的同时，也应完善专利权滥用规制措施。如此，方能对各类专利权不当行使行为给予全面规制，以保障微观市场竞争的长远利益。

参考文献：

1. 王健：《搭售法律问题研究——兼评美国微软公司的搭售行为》，载于《法学评论》2003 年第 2 期。

2. ［韩］权五乘，崔吉子译：《韩国经济法》，北京大学出版社 2009 年版。

3. 臧旭恒、尹莉：《美国现行反垄断法对软件产业的适用性探析——以搭售和掠夺性定价为例》，载于《中国工业经济》2005 年第 5 期。

4. 宁立志、胡贞珍：《从美国法例看专利联营的反垄断法规制》，载于《环球法律评论》2006 年第 4 期。

5. 许春明、单晓光：《“专利权滥用抗辩”原则——由 ITC 飞利浦光盘案引出》，载于《知识产权》2006 年第 3 期。

6. 蒋雪雁：《垄断？反垄断？——微软案件评析》，http：//www. 148cn. org/viewnews – 11690. html。

7. ［美］ Jay Dratler，Jr，王春燕等译：《知识产权许可》（下），清华大学出版社 2003 年版。

8. 郑鹏程：《论“本身违法”与“合理法则”——缘起、适用范围、发展趋势与性质探究》，载于王艳林：《竞争法评论》（第一卷），中国政法大学出版社 2005 年版。

9. 王先林：《知识产权与反垄断法——知识产权滥用的反垄断问题研究》（修订版），法律出版社 2008 年版。

（本文载于《上海交通大学学报（哲学社会科学版）》2010 年第 4 期）

网络外部性下的电子商务平台竞争与规制

——基于双边市场理论的研究

曲振涛　周　正　周方召

摘　要： 双边市场的相关问题研究是近年来产业组织领域的前沿与热点之一，本文在已有经典文献的基础上，系统思考了网络外部性在双边市场中的作用和影响，并对电子商务平台这一典型的双边市场平台企业进行分析，研究了电子商务平台的定价与竞争机制。通过对转移成本、兼容性和模块化的研究，本文认为互联互通和模块化经营可以降低网络外部性因素引起的市场进入壁垒，减少厂商运用市场势力排斥竞争行为的可能性，在知识经济条件下，使电子商务产业形成以技术创新为主导的竞争性垄断的市场结构。

关键词： 网络外部性　电子商务平台　双边市场

随着对网络外部性研究的不断深入，双边市场这个新兴领域被经济学者所发现，近期的经济研究表明很多重要的产业都是基于双边市场（Two-sided Markets）的平台运行的。罗彻特和泰勒尔（Rochet and Tirole，2003）以及阿姆斯特朗（Armstrong，2004）等的开创性文献的研究积累，为国内外学者的后续研究提供了基准模型框架，现有双边市场方面的研究多在他们的基础上进行扩展分析。国内学者多从双边市场平台企业的定价行为入手对平台企业的竞争策略进行分析，纪汉霖（2006）等分析了影响双边市场定价策略的九大因素。王昭慧（2008）等的研究则表明，无论在垄断平台还是竞争平台下的双边市场，平台企业采用不同的收费模式来应对不同的用户需求，其盈利本质上没有根本区别。此外，程贵孙（2007）、胥莉（2008）、李泉和陈宏民（2008）等分别对传媒产业、银行卡组织和软件信息产业等具有双边市场性质的行业进行了研究。

从产业特征来看，电子商务平台是具有标准的双边市场特征的产业，但是它也有自己独特的产业特点。其定价和竞争机制是什么？第三方支付平台也是具有双边市场特征的，但它是一体化于电子商务平台的。一体化效率是否高于非一体化，其社会福利对于不同的组织形式有何变化？此外，由于厂商间网络不兼容，消费者因为交易积分制因素而增加了转移成本，对产业来讲提高了市场的进入壁垒。不同厂商间网络互通是否有利于竞争和社会福利的改善。本文从网络外部性理论入手，通过电子商务平台垄断和横向差异化竞争模型研究其定价的基本原理；在两个层次的兼容水平上，考察转移成本对市场进入壁垒和社会福利的影响。在电子商务平台非一体化研究中，分析了具有间接网络外部性的互补模块之间不同组织形式和市场效率及社会福利的关系。通过分析其市场结构，研究厂商在市场竞争中的策略行为，探讨了电子商务平台产业运行机制和竞争策略并对电子商务产业规制提出相应的对策思路。

一、网络外部性的重新思考

网络外部性理论是双边市场重要的理论基础。间接网络外部性通常存在于由互补产品构成的

“网络”中，即硬件软件范式。与庇古所提出的外部性理论相比，这种间接网络外部性是内在于市场价格机制的。间接网络外部性只涉及租金的转移，一方收益必有一方受损，不影响竞争均衡的帕累托最优。对于双边市场不同类别用户之间的间接网络外部性和硬件软件范式有所不同。以交易平台为例，较大的卖方规模会吸引买方的加入，卖方市场利益的溢出导致买方市场规模的增加，同样买方规模的增加也会吸引更多的卖方加入。平台两边的外部效应溢出是通过平台服务和买卖双方价格机制调节的，因此双边市场间接网络外部性内在于价格机制当中，它不会影响价格总水平，只会影响价格结构。与间接网络外部性不同，有的文献认为，直接网络外部性是外在于市场机制发生作用的，例如，单网络市场中电话对于一个人的价值取决于连接到网络中的其他人，电话网络中的使用者越多，给个人带来的协同价值越大，而电话使用者之间并没有发生经济行为。根据外部性理论，技术外部性溢出价格机制无法纠正，需要政府干预或者界定产权，才能实现社会福利最优（蒙聪惠，2007）。通过考察，对于双边市场中的直接网络外部性，未必是外在于市场机制的，它同市场结构、产品特点、消费行为等因素相关。在电子商务平台中，直接网络效应的溢出是用户通过接受平台服务得到的，同一边用户之间通过接受平台服务才能了解用户的数量与规模。因此，对于电子商务平台来讲，直接网络外部性不是外在于市场机制，和间接网络外部性一样都是内在于价格机制当中。

罗彻特和泰勒尔（2005）以及埃文斯（Evans，2003b）对成员外部性和使用外部性进行了区分，以解释平台会员费和交易费。成员外部性既间接网络外部性，是指平台其中一边市场的用户数量对平台另一边市场的用户带来的潜在价值增值。消费者只需加入网络，成为其中的成员，而无须对产品进一步消费，就会对其他消费者的消费行为和决策产生影响。需要指出的是，罗彻特和泰勒尔（2005）定义的这种成员外部性是交易事前的，那么如果按照外部性理论，成员之间没有发生支付行为，这种价值溢出是外在于市场机制的，需要规制或者界定产权来矫正。事实上本文认为通过收取会员费，这种外部性溢出已经内含于双边市场价格体系当中。对于使用外部性，罗彻特和泰勒尔（2005）解释为事后的，实际上类似于直接网络外部性，通过平台服务交易，用户才能把潜在价值变为实际价值，事后的直接网络外部性增大了用户的协同价值。以上分析表明，无论网络外部性直接还是间接，在一些双边市场上，都可以通过厂商价格机制内部化。

二、横向差异化竞争研究

本部分内容的研究思路来源于阿姆斯特朗（2006）的基准模型，与其不同的是在阿姆斯特朗（2006）的研究中忽略了直接网络外部性，而本文将会加入这一影响因素进行扩展的分析。直接网络外部性效应在电子商务市场上很重要，例如，买家接受平台服务浏览商品时，不但关注卖方的多寡，更重要的会关注一件商品的评价，评价的人越多，说明买家接受平台服务越多，此时，带来的直接网络效应也越大。同样的原理也适用于卖家，他会根据卖家的实际数量来调整经济行为和策略，这里卖家之间的竞争造成其直接网络外部效应是负的。在接下来的研究中，通过对转移成本、厂商间兼容性分析，从而更为详细地探讨双边市场与单边市场的不同之处，为政策的制定提供理论依据。

（一）垄断与竞争模型

即假设平台只收取交易费，不采用两部定价。平台的目标是利润最大化，两边存在两种类型用户，效用分别表示为 u_B 和 u_S，分别代表买方和卖方效用；α_B 和 α_S 分别表示买方和卖方的间接网络外部性强度参数；β_B 和 β_S 表示直接网络外部性强度参数；n_B 和 n_S 表示买方和卖方的数量，均大于等于临界容量；p_B 和 p_S 代表接入平台服务的价格。根据模型求解，可得电子商务垄断平台利润最大化价格结构：

$$p_B = c_B - \alpha_S n_S - \beta_B n_B + \frac{\phi_B(u_B)}{\phi_B'(u_B)},\ p_S = c_S - \alpha_B n_B + \beta_S n_S + \frac{\phi_S(u_S)}{\phi_S'(u_S)} \tag{1}$$

由此可见，电子商务垄断平台厂商利润最大化时，对买方和卖方的定价受三个因素影响，买方减去了给卖方带来的外部收益 $\alpha_S n_S$ 和买方的自身网络外部收益 $\beta_B n_B$，加上了买方需求价格弹性因素$\frac{\phi_B(u_B)}{\phi_B'(u_B)}$；卖方减去了给买方带来的外部收益 $\alpha_B n_B$，加上了卖方的自身网络外部收益 $\beta_S n_S$ 和卖方需求价格弹性因素$\frac{\phi_S(u_S)}{\phi_S'(u_S)}$。经过式（1）变形，勒纳指数（Lerner Index）可变为：

$$\frac{p_B - (c_B - \alpha_S n_S - \beta_B n_B)}{p_B} = \frac{1}{\eta_B(p_B \mid n_S)},\ \frac{p_S - (c_S - \alpha_B n_B + \beta_S n_S)}{p_S} = \frac{1}{\eta_S(p_S \mid n_B)} \tag{2}$$

勒纳指数通过度量价格对边际成本的偏离程度，反映了厂商的市场势力。与传统垄断厂商勒纳指数$\frac{p-c}{p} = \frac{1}{\eta}$相比，网络外部性对垄断平台定价影响较大。

通过分析可知，在垄断模型情况下买方对平台的需求价格弹性较大，而且网络外部性也较大时（包括对卖方的影响和自身的影响），平台对买方的定价会小于平台服务成本，甚至为零或者提供补贴。对于卖方，由于买方的影响和卖方自身的影响是相反的，因此厂商定价需要判断 $\alpha_B n_B$ 和 $\beta_S n_S$ 的影响程度。在电子商务平台实践中，买方的参与，会吸引卖方的加入，反之亦然。并且随着买方群体的增加，也会增大其协同价值，因此，在定价上往往对买方免费或者补贴。卖方的加入会有两方面效用溢出，一个是吸引买方的加入，正外部性溢出；另外一个是由于卖方市场是竞争的，在自身群体会产生负的网络外部性。平台定价时会衡量这两个效应的大小进行选择。

在横向差异化竞争中，根据阿姆斯特朗（2006）的基准模型，假设市场存在两个相互竞争的平台厂商 i、j，他们分别向市场提供平台服务。用户在竞争的平台中选择单平台接入（Single-homing），有 n_B^i 个 B 类用户和 n_S^i 个 S 类用户参与了平台交易。平台厂商通过买方和卖方效用 u_B^i、u_S^i 来影响用户对平台的选择。假定 t_B、$t_S(t_B,\ t_S>0)$ 表示用户 B 和 S 的运输成本，或者表示平台对用户 B 和 S 服务的差异化程度。可得平台 i 在 B 和 S 的市场份额为：

$$n_B^i = \frac{1}{2} + \frac{2\alpha_B n_S^i - \alpha_B - (p_B^i - p_B^j)}{2(t_B - \beta_B)},\ n_S^i = \frac{1}{2} + \frac{2\alpha_S n_B^i - \alpha_S - (p_S^i - p_S^j)}{2(t_S + \beta_S)} \tag{3}$$

由式（3）可得，由于网络外部效应，每增加一个 S 类用户，可吸引$\frac{\alpha_B}{t_B - \beta_B}$个 B 类用户，每增加一个 B 类用户，可吸引$\frac{\alpha_S}{t_S + \beta_S}$个 S 类用户，求平台 i 的利润最大化，由一阶条件为零，可解得价格均衡解：

$$p_B = c_B + t_B - \alpha_S - \beta_B,\ p_S = c_S + t_S - \alpha_B + \beta_S \tag{4}$$

由此可见，与传统的豪特林均衡解 $p = c + t$ 相比，由于直接和间接网络外部性效应的存在，电子商务平台竞争均衡解需要重新修正。这时，价格 p 等于服务成本 c 加上市场势力 t（产品差异化程度）再加上网络外部性收益 α 和 β。如果网络外部性较大，会造成一个厂商垄断的格局。此时，每个平台利润为：$\pi = \frac{t_B + t_S - \alpha_B - \alpha_S - \beta_B + \beta_S}{2}$。豪特林模型研究的是由于消费偏好不同的横向差异化寡头竞争，在本文假设是产品是同质的，而且厂商之间网络外部性参数是相等的。在实际经济生活中，潜在厂商客户基础是较少的，因此对于用户来说，网络外部性影响是不强的，由以上均衡定价结构来看，潜在厂商由于网络外部性市场壁垒在价格上处于竞争劣势。

通过对双边市场中垄断交易平台和竞争性交易平台的定价策略、市场占有和均衡情况进行的分析，本文发现双边市场与单边市场的经济特征存在很大不同。双边市场中的交易平台面对价格弹性不同且相互之间存在网络外部性的两边，定价策略的目标需要考虑市场两边的平衡和互补效应，为交易平台的两边吸引尽可能多的用户。另外，与单边市场不同的是电子商务平台企业的双边市场均衡价格通常与其边际成本不一致。例如，阿里巴巴、淘宝网向消费者和卖方都提供免费的注册和信息发布服务，依靠广告和交易租金来盈利等。用户的需求价格弹性越高，间接网络外部性越强，对产品差异化要求越高，平台就倾向于对这一方用户指定较低的价格，用户间网络外部性的存在限制了交易平台运用市场势力进行价格加成的能力，这使得任何想从一边用户获取超额利润的策略都将是自我毁灭的过程。通过考察，本文认为以下因素会影响电子商务双边市场交易平台的均衡：（1）两边的需求价格弹性。与单边市场定价策略相同，双边市场定价通常对弹性较小一边的价格加成比较高，而对弹性较大的一边则价格加成比较低，甚至低于边际成本定价，或者免费乃至补贴。（2）网络外部性。网络部性越强，即网络外部性参数越大，交易平台两边价格的不对称性也就越严重。若一边用户的网络外部性较强，交易平台通常以低价甚至免费吸引该边用户来培育客户基础，然后通过网络外部性的作用吸引另一边用户到平台上交易，并在另一边收取高价以保证平台的收入和盈利。

以上分析可知，由于缺乏对双边市场特征的理解使得电子商务规制政策在一定程度上面临特殊的困难，特别是在某些情况下可能产生错误的结论。

首先，交易平台对一边用户制定高于边际或平均成本的价格并不是市场势力的体现，低于边际或平均成本的价格也不是掠夺性定价行为的征兆，上述两种方式的结合不能解释为存在交叉补贴。在双边市场中，交易平台若对一边用户收取较高的价格从而获取超额利润，那这些利润是短期的，也是得不偿失的。因为过高的价格降低了该边用户对交易平台或服务的需求，由于间接网络外部性的存在，一边用户需求的减少又将使另一边用户的需求降低，最终导致平台的交易量降低。因此，规制机构对交易平台市场势力的衡量，不能只考察一边用户的价格加成，而不考虑两边之间的网络外部性，必须用双边用户的总价格加成予以衡量。如果不考虑另一边用户价格的影响，而对某一边用户进行价格规制，这种规制将是没有效率的。一边用户需求或成本的变化会影响到另一边用户需求和价格的变动。其次，传统的单边市场产业规制理论认为企业的交叉价格补贴属于不正当竞争行为，损害了消费者的利益，应该予以禁止。与单边市场不同的是，在双边市场中，双边用户的价格通常表现为低付费（或免费）用户享受了高付费用户的交叉补贴。在双边市场中，平台一边用户对另一边用户的交叉价格补贴是由平台倾斜式价格结构所导致的，其目的不是为了排挤竞争对手，而是为了解决平台需求问题。总之，对平台企业进行政府规制不能简单地套用传统单边市场的政府规制理论，否则将导致错误的结论和规制政策。这些错误的结论和规制政策，不但不能识别双边市场中的垄断和竞争问题，反而可能导致平台企业不能健康地发展，进一步损害消费者和社会总福利。

（二）转移成本与多平台交易

无论在竞争还是垄断的市场状态下，厂商都有培养高级用户的激励，一来可以提高平台交易量；二来可以通过转移成本锁定用户。本文研究表明，电子商务厂商在培养用户忠诚度，加大用户转移成本的同时，也增大了用户的多平台接入倾向。例如，大部分电子商务平台厂商都采用交易积分制，既根据交易量和交易后评价来判定买家或者卖家的信用。这种规则有一定的指示作用，交易量低或者交易后信用评价低的用户将很难获得其他用户认可（特别对卖方而言）。在这种规则下，有部分用户会积累一定的交易量和信用，成为高级用户。于是在平台厂商的转移成本策略下，高级用户便锁定在平台上。但是，这种规则的另一方面，也给用户带来了好处，随着等级的提高，用户对网络的评价也在提高，为了达到网络效应最大化，用户的多平台接入倾向增大。

因此，在电子商务平台实践中，并不是如同道格拉格鲁和怀特（Doganoglu and Wright，2006）

描述的那样，当厂商提供的服务不可兼容的时候，对网络评价较高的高端用户将选择多平台交易，而低端用户仍然是单平台交易。事实上，用户多平台接入倾向来源于厂商之间竞争，而不是本身固有的。电子商务厂商开始对两边用户均不收费，是为了培养客户基（Install Base），当达到电子商务临界之后，才能发挥其网络外部效应。同时，为了锁定用户，在竞争中处于有利地位，平台会采用积分制培养用户的忠诚度。在这种情形下，平台交易量大的用户，特别是卖家，对网络评价较高，才会有多平台接入倾向、才会被视为高端用户。而交易量小的客户，积分不高，对网络评价一般，不会多平台接入。可见，在电子商务平台中，特别是C to C交易中，不存在天生的对网络评价高或者低的用户，多平台接入行为是竞争中产生的，并且只要平台不兼容，多平台接入行为就会存在。

假设转移成本是外生的，在交易数据库不兼容的情形下，部分对网络评价高的用户多平台交易的效用可能会小于单平台交易效用，因此部分用户由于转移成本的因素会被锁定在在位厂商中。假设这部分用户为λ，这种市场结构会造成λ市场被在位厂商垄断，而（$1-\lambda$）用户会由于偏好不同选择不同厂商服务。考虑到第二种情况，潜在厂商和在位厂商交易数据库兼容，此时由于交易积分制引起的转移成本将不存在，高级用户将会选择多平台交易。假设λ个卖方是多平台交易的，买方不存在多平台交易行为，网络外部性参数强度对每类用户在不同平台的是一样的。此时通过豪特林模型求解，可以得出：$p_B = c_B + t_B - \alpha_L(1+\lambda)$；$p_S = c_S + t_S\dfrac{1+\lambda}{1-\lambda} - \alpha_B$。

由此可见，当转移成本很高时，具有多平台倾向接入用户将放弃多平台接入，潜在厂商只能和在位厂商在低端用户群竞争。由于转移成本的存在，豪特林竞争出现非对称均衡解，当不存在高级用户时，即$\lambda=0$时，非对称均衡解将变成对称均衡解，此时所有用户单平台接入。当$0<\lambda<1$时，可以分为两层意义来解释：第一层意思，λ高级用户由于转移成本过高，只能在原平台交易，实际上，λ用户市场是被原平台垄断的；第二层意思，剩下的$1-\lambda$用户市场是豪特林横向差异竞争，结果是均衡价格，市场被平分。

本文认为对于电子商务平台兼容可分两个层次：第一层次是交易数据库的共享，在这种情形下，用户的交易记录可以共享，因此用户在每个平台交易的信用都能体现。潜在的厂商趋于第一层次的兼容，通过多平台接入可以共享在位平台的高级用户。但是，在第一个层次上，用户还是没法共享所有网络资源的，也就是说平台之间的网络并不兼容。对于任何平台中用户来说，不能实现跨平台交易。第二层次的兼容是在第一层次交易数据库共享的基础上实现网络互联，也就是互联互通。这时，网络外部性不存在，平台更多关注于产品差异性，两边用户不存在多平台交易行为，不同厂商之间实现了跨平台交易。

（三）竞争平台兼容及福利分析

由前面的分析可知，强大的网络外部效应是造成市场进入壁垒的主要原因，平台在拥有庞大客户群之后会通过增大转移成本和锁定用户来维持其市场地位。例如，淘宝为了培养客户，推出对所有用户免费注册，由于其电子商务平台和第三方支付平台的完美结合，其市场占有率位居第一。为了不使客户流失，C to C平台对买家和卖家都根据交易量设定了级别，越是级别高的用户，特别是卖家，越可以吸引更多的买家来交易。C to C这种策略一方面为平台带来更多的交易量，另一方面也增加了用户的转移成本。对于一定级别的用户，一般不想放弃现有的业绩而去接受另一平台的服务，同时，随着转移成本的增大，用户对网络外部效应评价也会增强。由于买方和卖方直接和间接的网络外部效应，平台价格结构一边可能会高于边际成本定价，一边可能给予补贴，它取决于网络外部效应大小。

当平台不兼容时，如前面所述，由于转移成本因素，部分用户会被锁定在在位厂商中，这部分市场是不完全竞争的。因为假定产品是同质的，剩下的用户根据自身偏好不同选择厂商服务，厂商实现豪特林横向差异化竞争。在第一层次兼容水平上，不同平台之间交易数据库共享，用户基于交易信用的转移成本将不存在，高级用户实现多平台交易。同不兼容相比，其市场竞争程度有所提高，社会福利是增加的。

在第二个层次兼容水平上，交易平台之间实现了用户之间的互联互通，产品之间不再存在网络差异，用户加入任何一个网络都可以获得另一个网络带来的效用。此时，用户实现了跨平台交易，没有多平台接入的意愿，两个厂商提供的网络效用相等。因此，均衡解和标准豪特林模型的均衡解一致。此时每个平台厂商的利润为：$\pi=\frac{t_B+t_S}{2}$。经过模型计算，互联互通时厂商利润和消费者剩余总量要大于本文拓展阿姆斯特朗（2006）的基准竞争模型所得出的结果。在厂商培养用户普遍采用交易积分的前提下，部分用户通过积累，会对提高网络价值的评价。此时在交易数据库兼容的水平上，如果实现了网络互联，整个市场的网络价值将会提高，交易需求也会增加，因此社会福利也高于第二个层次的兼容水平。由此可见，在互联互通条件下，平台市场势力得到了削弱，网络外部性，特别是间接外部性对平台定价的影响减少，社会福利得到改善。

三、非一体的模块化分析

电子商务 B to C 或 C to C 经济行为需要电子商务平台、支付平台、物流配送平台共同服务才能完成交易。模块化分工使企业更专注于核心功能，而把资产专用性高的其他服务或产品分包给其他企业模块化治理。我们注意到，一般来讲，完整的电子商务平台应该包括搜寻平台、支付平台、物流配送平台，但是核心平台只是把物流配送平台模块化，物流配送平台通过核心平台“看得见的设计规则”和自己“看不见的设计规则”模块化市场运作。而对于支付平台，都倾向于一体化治理。由于电子商务平台 B to C 和 C to C 交易具有较强的网络外部性，而电子商务支付平台依附于电子商务平台，因此，电子商务支付平台具有同等较强的网络外部性。除此之外，由于大规模的客户基又会形成路径依赖和马太效应，造成“赢家通吃，输家出局”的垄断格局，其他网上商城均会采用较强网络外部性的支付平台作为其支付工具。因此，在一定程度上造成了支付平台的垄断。本文接下来探讨电子商务平台非一体化的条件和可能性。

依据科斯（Coase）的企业理论，企业之所以会出现，是因为这种经济组织可以节约交易费用。而企业的边界会在企业规模扩大所产生的边际成本等于其获得的边际收益时确定下来。也就是说，企业内部的管理费用低于市场交易费用时，企业的规模就会扩大；一旦内部的管理费用等于外部的交易费用，企业的规模扩张就会停止。由此可见，在科斯的理论分析中，交易费用居于核心地位。以下是电子商务模块化对交易费用的影响。

首先，对于模块化生产网络中的主导企业电子商务搜索平台而言，它的交易对象主要是模块供应商的第三方支付平台、银联平台和物流平台。由于作为模块供应商的第三方支付平台、银联平台和物流平台数目相对较少、规模很大，因此，主导企业电子商务搜索平台的搜寻交易对象的成本会降低；对于模块供应商而言，它的交易对象主要是主导企业，虽然未必是一家，但由于市场上主导企业也是高度模块化，因此搜寻成本也不高。

其次，模块化生产网络中主导企业与模块供应商为了降低专用性资产投资风险，开发出了大量标准化的数据库和软件。有了这些标准化的数据库和软件，模块化生产网络的动态优势就会得到加强。对于主导企业电子商务搜索平台而言，它与模块供应商之间的交易活动的标准化程度很高，采用的是标准数据库接口，需要讨价还价的地方并不多，因此谈判成本会降低；就模块供应商而言，由于采用的都是标准化接口，因此和其他主导企业谈判成本也不高。对于电子商务平台产业而言，它的主导企业相当于电子商务搜索平台，模块供应商相当于第三方支付平台、银联平台和物流平台等。它的标准化体现在数据库接口，由于技术创新，电子商务搜寻平台数据库接口和第三方支付平台数据库接口的标准化，第三方支付平台数据库接口和银行数据库接口的标准化都能实现。例如，支付宝的数据库接口不但服务于淘宝，对于很多外埠网络商户都通过数据库接口和支付宝建立服务业务。

最后，平台服务的设计与信息的数字化使主导企业电子商务搜索平台与模块供应商之间的交易合同在签订之后，信息的传递基本上都是通过编码后的信息和标准化的交互界面进行的，产品的设计与生产信息都已经数字化，因此交易合同的实施成本也会大幅度降低。

同样，在威廉姆森的企业理论中，提出的交易费用理论以交易频率、不确定性和资产专用性为基础解释了纵向一体化发生的原因。威廉姆森认为，交易频率越高、不确定性越大、资产专用性越强，机会主义行为和有限理性就会使得市场交易的效率越低，此时进行一体化的生产效率就越高。但在以技术创新为主的新经济条件下，由于技术的创新降低了外生交易费用，因此传统产业链中分工制度安排整合的趋势也由企业分工向市场分工转化。在电子商务非一体化治理中，其理论缺乏解释力。第一，在模块化生产网络中，主导企业电子商务搜索平台将非核心的支付和物流业务外包给模块供应商。显而易见，外包的业务越多，主导企业与模块供应商交易的频率就越高。按照威廉姆森的理论，应当一体化减少交易费用。但是在知识经济主导的网络经济产业中，交易已不是传统的模式，可能只是在电脑面前用鼠标简单操作就能完成。这种外生交易费用在技术高度发达的今天已经不是纵向一体化的条件。第二，在电子商务平台产业中，合同的不确定性大大降低，例如，第三方支付平台可以通过大规模的多产品生产来规避市场需求的不确定性（以及由此产生的合同不确定性）带来的风险。第三方支付平台并非只和一个主导企业交易，模块化运作使得它和许多主导企业建立联系，降低了合同的不确定性。第三，模块化生产网络的发展使得电子商务主导企业必须将大量业务集中外包给少数几家大型模块供应商。由于合同标的巨大，于是双方必须去强化这种合作关系，并会因此而进行大量专用性资产投资。专用性资产投资发生之后，如果是传统行业更换合作伙伴，就需要支付相当大的成本代价。但是对于电子商务平台，资产专用性由于模块的标准化而降低，例如，电子商务主导平台对第三方支付平台，以及第三方支付平台对银联的数据接口都是标准化的，这就降低了专用资产被敲竹杠的可能。

从市场效率来分析，电子商务主导企业和模块供应商之间存在合作与竞争，厂商为扩大市场占有率，获取共同的市场利益而共同努力奋斗。竞争存在于三个方面：一是模块供应商之间的“背对背”竞争，这种竞争是完全排他性的竞争。开发同一模块的供应商只能观测到“看得见”的系统信息部分，不能观察到竞争对手的内部信息。例如，如果采用模块化管理，电子商务平台第三方支付平台将在遵守主导企业共同数据库接口标准的前提下，相互独立地完成各自的研发，具有“背对背”的特征，用户可以根据数据的安全、访问速度，以及服务特色进行选择。二是模块供应商与主导企业之间的既得利益之争。模块供应商专注核心功能的开发，细分市场的垄断能力增强。模块供应商在增加规模与竞争力的同时拥有与主导企业进行利益谈判的筹码，例如，如果实现模块化经营，电子商务平台的买卖双方每笔成交，主导企业都可以根据第三方支付平台的竞争力分成。三是主导厂商之间的竞争。电子商务主导厂商与模块供应商支付平台的择优组合，形成具有核心能力的网络组织，组织内部设计的连接规则各不相同，这时，整个行业的竞争是组织之间的竞争，具体体现为品牌竞争、技术标准竞争等。

钱书法（2006）利用科林斯·Y·鲍德温和基姆·B·克拉克（Carliss Y. Baldwin and Kim B. Clark，2000）的模块化思想、罗伯特·C·马腾（Robert C. Merton，1973）的金融选择理论对模块化的企业间分工组织和传统的一体化企业组织的价值进行比较分析，认为通过构建模块化网络分工组织，能够获得比非模块化组织更大的价值，与非模块化网络分工组织相比，模块化网络分工组织具有更高的效率，分工越深化，模块化组织的效率越高。雷如桥（2004）通过比较一体化的企业组织模式、核心企业协调下的网络组织模式和模块集群化的网络组织模式的特征、信息流动方式、系统设计规则等，从信息处理机制、模块协调成本以及模块整合效率的角度比较了三种组织模式的效率。通过构建模块化网络分工组织，能够获得比非模块化组织更大的价值，企业采用模块化网络分工安排的效率要大于传统一体化分工的组织安排。那么既然非一体化能带来高效率，在实际经济活动中为什么电子商务平台要和支付平台一体化经营呢？

本文认为，间接网络外部效应是导致电子商务平台一体化经营的主要因素。间接的网络外部性是指随着某一产品使用者数量的增加，该产品的互补品数量增多、价格降低而产生的价值。其典型的例子是作为互补商品的计算机硬件和软件，当某种特定类型的计算机用户数量提高时，就会有更多的厂家生产该种计算机所使用的软件，这将导致这种计算机的用户可得到的相关软件数量增加、质量提高、价格下降，因而获得了额外的利益。对于电子商务搜索平台和第三方支付平台一体化经营，任何一方的市场扩大都会带来更大的进入壁垒和市场势力。例如，电子商务搜索平台的用户增多，会对第三方支付平台的依赖性增强，但是如果但三方支付平台是竞争的，而不是一体化，那么支付平台的价格就会因其互补品的增加而降低。同样，第三方支付平台用户增多时，就会加强其互补品搜索平台的网络效应，搜索平台就有激励去兼并所有使用其支付平台的厂商。这种相互加强的效应会增大其市场份额，提高市场的进入壁垒。

郭岚、张祥建（2005）研究了互为硬件软件范式的互补模块的市场竞争和兼容动机，认为为了以较低的成本和壁垒进入新的模块市场，进入模块供应商比在位模块供应商具有较强的兼容性动机，因为，在位模块供应商已经得到客户的认同。网络外部效应加剧了模块供应商之间的价格竞争，而转移成本的存在则能提升在位模块供应商的市场势力。进入模块供应商只有具有较强的网络外部性才能降低模块需求者的转移成本，获得更多的用户支持，扩大市场份额，从而融入到价值模块整合的体系中。实际上，对于电子商务市场，其主导模块是电子商务搜索平台，它和模块供应商第三方支付平台、银联平台存在较强的间接网络外部性。即使在位模块有较强的网络外部效应，但只要不是和主导模块一体化，潜在进入模块仍有较强的竞争能力，因为很重要的一点，用户采用标准模块是为了满足其系统或者主导模块的效用。如果每个电子商务平台都能对所有支付平台开放数据库接口，那么在位支付平台模块的网络外部性就会削弱，因为用户是否采用支付模块取决于其主导厂商电子商务搜索平台的支持度。基于这一点，本文认为，只要主导厂商和模块供应商非一体化，给予充分竞争，具有较强网络外部性的在位模块未必能形成较大市场势力，对于进入模块供应商，市场壁垒并不高，而且模块之间的竞争对用户不会产生二次加价问题。

四、结论与建议

本文以双边市场理论为研究基础，针对具有典型双边市场结构特征的电子商务平台企业的定价、收益和社会福利等进行经济分析。在已有文献的基础上通过构建和扩展模型，从电子商务平台企业的垄断模型、竞争博弈、横向差异和互联互通几个方面对进行了理论研究和数理推导。本文所建立的电子商务平台竞争的数理模型借鉴了阿姆斯特朗（2006）的部分研究成果。鉴于电子商务平台产业的特点，本文引入了网络直接外部性参数，这样更符合企业竞争的现实情况。在平台企业价格决定方面，电子商务平台的服务价格主要取决于网络直接外部性和间接外部性参数的大小，根据其实际情况，可能会低于边际成本定价、价格为零，或者负价格（给予补贴）也可能高于边际成本定价，非对称价格结构取决于网络外部性的交互作用。在进行电子商务平台企业的社会福利比较分析时，本文得出结论为：电子商务平台企业之间的互联互通所带来的社会福利会大于电子商务平台企业横向差异寡头模型。此外，本文的研究也表明，庞大的客户基和网络外部效应是市场势力和进入壁垒的根源，而电子商务平台企业之间的互联互通可以降低网络外部性的影响，从而降低市场势力并增加社会福利。通过电子商务平台非一体化研究，本文认为在知识经济带来的技术创新背景下，由于外生交易费用降低，电子商务厂商非一体模块化生产要高于一体化效率。电子商务的一体化是因为互为硬件软件范式的模块一体化会加强厂商的网络外部性影响力，从而增大市场份额，以至于增强其市场势力和市场的进入壁垒。

在电子商务实践中，潜在厂商进入市场战略往往是通过免费为用户提供服务，因为潜在厂商的客户基较少，用户群体网络外部性效应不强，只能通过免费战略迅速积累用户，使其市场规模达到电子商务临界，然后在正反馈的作用使它的市场份额越来越大。在厂商通过交易积分制培养用户忠诚度的策略下，用户产生了路径依赖。由于厂商间是不兼容的，用户由于转移成本而被锁定。按照埃文斯（2003）对双边市场的分类，电子商务平台是兼具有市场创造型和需求协调型的双边市场特征的行业，和受众创造型有本质的不同。例如，受众创造型的媒体产业，是通过媒体厂商提供媒体节目来吸引用户的，而对于电子商务平台，影响其服务需求的客户基网络外部效应因素要比其服务质量大得多。从这一点来看，虽然电子商务平台是新经济下以技术创新为主导的产业，但是行业的特殊性使之必须降低网络外部性因素造成的市场进入壁垒，才能体现以技术、标准为竞争力的新经济条件下，有效的竞争性垄断的市场结构。

从公共政策角度来看，双边市场的特殊性对传统管制部门的规制政策提出了新的挑战。对具有“双边市场”特征的电子商务平台产业进行规制，不能简单地用传统“单边市场”的规制理论原理来解释。对于双边市场的研究有助于反垄断部门做出正确的决策，也有助于平台企业制定正确的策略和维护自己的合法权益。在双边市场中竞争和规制当局介入是复杂的，双边市场中政策制定者需要做很多的工作，需要更多的分析使数据达到更大的调整；需要考虑平台两边的消费者福利，政策调整也依赖于两边的消费者福利。因此，对于双边市场的电子商务平台反垄断规制需要做更为细致的研究考察才能得出更为精准的结论。

通过以上总结，本文的政策建议也较为明显。从市场壁垒上分析，电子商务产业可分为结构壁垒和行为壁垒。其结构壁垒是网络经济下的需求方规模经济和供给方规模经济共同因素所造成的，但是有所不同的是，其需求方规模经济壁垒更多的是间接网络外部性带来的，对于用户来讲接受平台服务往往取决于另一边用户的数量。因此，间接网络外部性一般要大于直接网络外部性带来的需求方规模经济。从结构上分析，间接网络外部性所带来的规模经济并不是由于厂商在竞争中由于资金和技术创新等因素引起的，因此不存在规模经济和技术创新之间的冲突。所以，厂商间网络的互联互通可以降低间接网络外部性因素引起的进入壁垒，促进了市场的竞争，这一点和不同电信网络之间互通所取得社会福利的改善类似。

从行为壁垒上分析，纵向一体化会提高市场的进入壁垒，在位平台纵向一体化后，进入厂商要想拥有同等的竞争力，必须同时进入两个以上市场，否则就会面临竞争劣势。特别的，如果纵向一体化的是两个互补性的模块，那么由于网络外部性的因素，进入壁垒得到加强。同时，在位厂商可以采取交叉补贴行为打击进入者。在电子商务市场中，由互补模块共同组成的产品系统才具有经济价值，一个没有支付系统的电子商务平台对用户而言不具备任何价值。在位厂商和支付系统一体化也对潜在进入者形成进入壁垒，这种壁垒源自于在位者所拥有的完善的配套设施。当然，为解决上述的困境，市场后入者也可以采取自行研发配套的支付平台的策略，以解决与自己系统配套产品缺乏的问题，从而克服这种进入壁垒。但是，潜在进入者要开发足以与在位者竞争的支付平台，需要巨额的资金投入予以支持，而这往往加大了潜在进入者的生产成本，形成新的进入壁垒。在位厂商为了打击进入者，可以采取支付平台补贴搜索平台的战略，使搜索平台免费。这种运用市场势力交叉补贴而形成的进入壁垒，使进入者由于成本资金过大而退出市场。

因此，具有硬件软件范式互补性的电子商务搜索平台和支付平台一体化经营，增加了在位厂商的市场势力和市场进入壁垒。在新经济的条件下，技术创新降低了外生交易费用，主导模块搜索平台和价值模块支付平台的非一体化经营，引入了竞争机制，有利于具有核心模块的小企业创新。在这一过程中，技术可以得到飞速发展，消费者的福利水平也得到改善。

最后，需要指出的是：（1）本文虽然考虑了电子商务平台企业互联互通和非一体化模块经营对于双边价格及福利的影响，但并没有考虑到实现互联互通和非一体化之后电子商务平台企业之间的竞争是否会存在资源浪费和无效竞争的情况。事实上，在电子商务产业市场大量的兼并重组活动正在进行中，很多小型电子商务企业在重复和克隆领先企业的商业模式的同时，并不能获得理想的收益，因此可能存在着无效竞争的情况，从而会导致兼并活动的发生，因此未来的研究可以考虑电子商务平台企业兼并行为和研发创新竞争的效率问题。（2）缺乏基于双边市场的电子商务平台产业的实证研究。本文对电子商务产业运行竞争和规制的研究主要的方法通过建立数理模型得出相关的结论，但结论合理与否要得到电子商务产业实践经验的检验，相信结合具体的计量统计分析方法进行定量的实证检验将是对电子商务产业研究的一项重要内容。

参考文献：

1. Armstrong. M. Competition in Two-sided Markets [J]. The RAND Journal of Economics, 2006, 37 (3).

2. David S. Evans, Andrei Hagiu, and Richard Schmalense. Invisible Engines: How Software Platforms Drive Innovation and Transform Industries [M]. MIT Press. 2006.

3. David S. Evans. The Antitrust Economics of Two-sided Markets [J]. Yale Journal on Regulation, 2003, (20).

4. Rochet. J. and J. Tirole. Platform Competition in Two-Sided Markets [J]. Journal of the European Economic Association, 2003, (1).

5. Rochet. J and J. Tirole. Two-Sided Markets: an Overview [R]. IDEI, University de Toulouse, 2004.

6. Wright Julian. One-Sided Logic in Two-Sided Markets [J]. Review of Network Economics, 2004, 3 (1).

7. Wright Julian and Ulrich Kaiser. Price Structure in Two-Sided Markets: evidence from the magazine industry [R]. Department of Economics, National University of Singapore, 2004.

8. 郭岚、张祥建：《基于网络外部性的价值模块整合与兼容性选择》，载于《中国工业经济》2005 年第 4 期。

9. 纪汉霖：《双边市场定价方式的模型研究》，载于《产业经济研究》2006 年第 4 期。

10. 李泉、陈宏民：《基于双边市场框架的软件产业效率与福利分析》，载于《系统管理学报》2008 年第 4 期。

11. 胥莉、王耀斌、陈丽：《广告支持型双边市场的网络效应——即时通讯市场的实证分析》，载于《系统管理学报》2008 年第 6 期。

12. 程贵孙、陈宏民：《基于双边市场的传媒产业政府规制》，载于《上海交通大学学报》2008 年第 9 期。

（本文载于《中国工业经济》2010 年第 4 期）

财政分权与非国有制经济部门的发展

司　政　龚六堂

摘　要：分权是中国改革的重要内容，建立社会主义市场经济体制是中国改革的基本目标之一，而非国有制经济部门的发展则是由计划经济向市场经济转轨的重要表现，于是分权能否促进，以及能够在多大程度上促进非国有制经济的发展就成为一个重要命题。本文基于1994年分税制改革以来的省级面板数据，检验了财政分权与非国有制经济发展之间的关系，发现财政分权对于非国有制经济发展的影响呈现出倒U型曲线的特征，说明分权在一定范围内能够促进非国有制经济部门成长，但过度的分权也会抑制其发展。本文的结果也为理解财政分权影响经济增长的作用机制提供了视角。

关键词：财政分权　非国有制经济　市场化　经济增长

一、引言和文献回顾

分权是中国经济改革的重要内容。1994年的分税制改革以制度形式确定了中央和地方政府各自的财权和事权，使地方政府形成了较为稳定的预期，强化了地方政府发展经济的财政激励。另外，基于经济绩效考核的政治晋升激励，也使得各地方政府不遗余力的推动经济发展。分权和竞争，成为解释中国经济奇迹的重要体制内容，即“为增长而竞争”。

与此相应，学者对财政分权与经济增长的关系进行了深入研究，包括张和邹（Zhang and Zou，1998）、林毅夫和刘志强（2000）、张晏和龚六堂（2005）、金和邹（Jin and Zou，2005）等。还有许多文献研究财政分权、地方竞争对于政府行为和支出结构的影响，如张恒龙和陈宪（2006）、傅勇和张晏（2007）等。

改革的目标不仅是促进经济增长，更是要建立社会主义市场经济体制。以钱颖一、威格斯特（Weingast）、罗兰德（Roland）等为代表的第二代财政联邦主义者认为，中国改革开放以后，地方政府之间的竞争促使地方政府提供良好的环境以吸纳生产要素，如提供基础设施和产权保障等，从而促使地方政府向维护市场的方向努力。因此，分权化使中国表现出“维护市场的经济联邦制”（Market-Preserving Federalism）的特征，推动了市场化改革和经济发展（Qian，Y. et al.，1996）。

分权是中国改革的重要内容，社会主义市场经济体制是改革的基本目标之一，而非国有制经济部门的发展则是由计划经济向市场经济转轨的重要表现（包括中国在内的转型经济体，其经济转型的起点都是恢复和发展非国有经济），也是反映市场化进程的重要指标之一（樊纲等，2003；李晓西等，2005）。于是分权能否促进，以及在多大程度上促进非国有经济的发展就成为中国经济转型的重要命题。虽然上述第二代财政联邦主义从理论上阐述了分权有助于推进非国有经济部门的发展和市场化改革，但是实际上，分权的作用比较复杂：一方面，财政分权为地方政府发展经济和推动改革提供了激励，这会为非国有经济的发展创造有利条件；但是另一方面，中国毕竟是政治单一体制，周黎安（2004，2007）指出，地方官员作为政治参与人的晋升激励同样对于政府行为和经济发展具有极大的影响力，甚至比财政激励的影响力更为深刻，“体制性因素犹如一根指挥棒，对政府官员的支出偏好产生显著的激励和导向作用"（张恒龙、陈宪，2006），比如，违背经济规律的地方保护主义和市场干预，对不同类型经济的政策歧视（如地方政府在招商引资中对于央企的偏好）等，政府权力越大，进行类似干预和扭曲的能力也就越大，这无疑又不利于非国有经济的发展①。

与财政分权和经济增长关系的研究相比，文献中对于分权和非国有制经济发展关系的经验检验相对较少。金等（Jin, H. et al., 2005）检验了分权与非国有经济发展的关系，认为财政分权确实促进了市场化改革，但是其样本期间为分税制改革以前（1982～1992），未涉及分税制改革后的情形。因此，本文试图对1994年分税制改革之后财政分权与非国有经济发展的关系进行检验，考察财政分权可能的作用机制。之所以选取这一样本期，除了能够补充已有研究之外，也是因为在1992年中共十四大正式确立市场经济体制为改革目标之后，中国的市场化改革进程大大加快②，为研究分权与非国有经济部门发展的关系提供了更丰富的背景资料。

后文安排如下：第二部分构建了财政分权和非国有制经济发展的测度指标；第三部分通过构造和估计生产函数的方法，对财政分权和非国有经济的关系进行了经验检验。为保证结果的稳健性，本文选取了不同的非国有经济发展指标分别加以回归分析；第四部分总结了全文的主要结论并提出政策建议。

二、财政分权和非国有制经济发展指标

（一）财政分权指标

在大多数文献中，财政分权有两类指标：收入分权和支出分权，前者度量财政收入中地方政府的自主（或者"自有"）程度，后者度量财政支出中地方政府的自主（或者"自由"）程度。因为政府部门的活动终归要通过财政支出来实现，所以本文采用支出分权的指标（这也和下面所使用的检验模型相一致）。具体而言，考虑到分税制改革以来各级政府预算外收入膨胀的现象③，有必要把预算外的收支纳入到分权指标中，因此本文使用的财政分权指标定义为：

财政分权 =（地方政府本级全部人均财政支出）/（地方政府本级全部人均财政支出 + 中央政府本级全部人均财政支出），其中，全部人均财政支出 = 预算内人均财政支出 + 预算外人均财政支出。

本文第三部分将给出分权指标的统计描述，这里对各地区该指标的差异进行比较。图1显示了支出分权指标变异系数的变化趋势，同时还显示了以同样方法计算的收入分权指标的变异系数。通过两个指标变异系数的对比，可以对各地区财政收支状况的差异有大致了解。

从图1中不难看出，各地区支出分权指标的地区差异在逐渐降低。实际上自1994年分税制改革以来，中国地方政府相对于中央政府的支出比例大幅度提高了，省级财政支出十几年来一直维持了全国财政支出将近70%的比率④，虽然各地的支出能力在很大程度上受制于财政收入水平，但是在"财权上移、事权下移"的情况下，很多支出为地方政府根据国家规定而不能减少或规避的（陶然、刘明兴，2007），由此不难理解各地区支出分权指标的不均等程度逐渐降低。与之对比，收入分权指标的不均等状况要高于支出分权指标，这意味着各地区财政收入的不平衡状况要比支出的不平衡更为严重（人均层面），其背景就是分税制改革以来，各地区之间财政收入不平衡加剧。如黄佩华（2005）指出，因为分税制下中央与地方共享税和税收返还的主体是增值税，而增值税主要来

① 中华民营企业联合会会长保育钧深刻分析过地方政府对于国企和民企的不同偏好所造成的影响，参见财经网报道，http://www.caijing.com.cn/2010-01-20/110361856.html。

② 1994年之后，财税、金融、外汇管理体制，国有企业等重大领域的改革措施开始实施，经济体制改革的深度和广度不断加强。

③ 例如，1995年实际预算外收入是原来官方统计的1.6倍（Zhang, 1999）。

④ 20世纪90年代发达国家的这一比例为30%左右，发展中国家平均为14%，转型经济为26%（张军，2008）。

自制造业和服务业部门，因而分税制实际上更有利于发达地区从而扩大财政收入差距。图1中还显示出收入分权指标的不均等程度总体上不断上升，表明各地区财政收入不但差距较大，而且地区不平衡程度呈上升趋势。考虑到支出分权指标地区差异的下降，这将意味着那些财政收入较少、财政能力较低的地区，财政负担日益增加，这无疑会从财政层面影响各地经济发展。

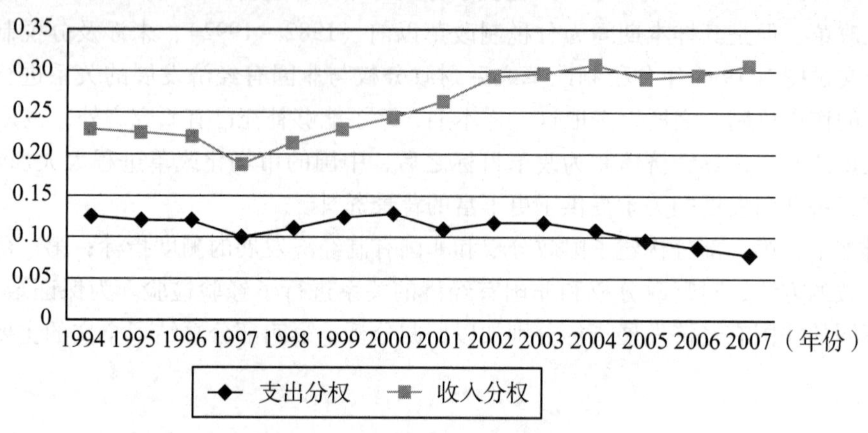

图1　财政分权指标的变异系数

资料来源：根据《中国统计年鉴》和《中国财政年鉴》中相应年份数据计算。

（二）非国有制经济发展指标

根据中国《宪法》和党的十六届三中全会有关概念，非国有制经济指的主要是个体和私营经济，以及港澳台地区和外商投资企业，即社会中国有和集体经济部门之外的所有经济类型。非国有经济发展指标可以用非国有部门在经济活动中的比重来度量，最为直接的是使用非国有经济部门的生产总值或增加值在国内生产总值中的比重来表示。然而由于统计口径等问题，无论是国家还是地区层面，都缺少这一比重的连续和系统数据①（个别地区，如上海等除外）。各种统计资料中最为常用的三个指标是：非国有经济部门在工业产值、固定资产投资和就业中分别所占的比重。

为了利用现有资料进行研究，本文把上述三个指标，即非国有经济部门的工业产值比重、固定资产投资比重和就业比重进行加权平均，作为非国有经济部门发展水平的测度指标，来近似代替非国有经济在国内生产总值中的比重。各个指标的权重采用樊纲和王小鲁等（2003）测度各地区市场化指数时对这三项指标所使用的权重，分别为0.288（工业产值比重）、0.377（固定资产投资比重）、0.335（就业比重）。在缺乏直接数据的情况下，使用均值的合理性在于：首先，上述三个指标虽然都能反映非国有经济的发展水平，但毕竟不是国内生产总值中非国有经济的比重，如果直接使用其中某一个代替该比重，可能导致较大误差。而且国内生产总值中非国有经济的比重又确实与这三项指标有关，或者说这三项指标各自都能够反映出非国有经济发展的内容，所以，综合使用这三项指标应该相对能够比较充分的代表非国有经济发展水平。其次，本文计算了不同指标与能够搜集到的一些地区非国有经济在地区生产总值中"真实"比重的相互关系，表1和表2分别提供了相关系数和偏离程度的计算结果②。

① 关于中国非国有制经济"家底"的统计问题，可参见报道"发改委困惑：谁清楚非国有经济家底？"，http: www. jste. gov. cn/jjyx/cjxx/103410658. htm。

② 各地区非国有制经济实际比重的数据根据《中国私营经济年鉴》、《中国中小企业发展年鉴》，以及各地区统计年鉴中直接的统计结果或相关数据计算得到，其余指标依据《中国统计年鉴》中相应年份的数据计算得到。受统计资料限制，得到的各地区非国有经济比重数据缺乏完整性和连续性。在表1和表2的计算中，选取了1994~2007年间可获得的非国有经济比重数值在5个及以上的地区作为样本，共得到98个样本。由于样本数量较少，使用这些样本验证指标选择具有一定可行性，但使用这些样本进行计量回归则难以保证可靠性，因此必须对非国有经济比重选择替代指标。

表 1　　不同指标与非国有经济实际比重的相关系数

类　别	非国有经济比重	工业产值比重	投资比重	就业比重	平均比重
非国有经济比重	1.0000				
工业产值比重	0.7687	1.0000			
投资比重	0.7309	0.7489	1.0000		
就业比重	0.6243	0.6596	0.8361	1.0000	
平均比重	0.7774	0.8833	0.9437	0.9096	1.0000

从各指标与非国有经济实际比重的相关程度来看，平均比重相关度最高，其次是非国有经济工业产值比重，就业比重相关度则最低。

表 2　　不同指标与非国有经济实际比重偏离程度的统计

类　别	均　值	标准差	最小值	最大值
工业产值比重	0.1525732	0.2317581	0.0002115	1.734978
投资比重	0.3145124	0.6643842	2.61e-06	4.495681
就业比重	0.2846135	0.4672856	1.58e-07	2.005934
平均比重	0.1601787	0.2263649	0.0000271	1.218142

从各指标对于非国有经济实际比重偏离程度来看，工业产值比重偏离程度均值最小，其次是平均比重，另外，平均比重偏离程度波动最小，其次是工业产值比重。

所以综合考虑表 1 和表 2 中的数据信息可以认为，选择三项指标的加权平均值作为非国有经济实际比重的替代具有一定合理性，是在缺乏数据情况下较好的近似。非国有经济工业产值比重的近似性也较好，本文使用这一指标进行稳健性检验。各地区以三项指标加权平均值作为替代的“非国有经济比重”①。

三、模型设计和经验检验

本文通过估计生产函数的方法来检验财政分权对于非国有经济发展的影响。

（一）模型设计

首先，借鉴巴罗（Barro，1990）等的研究将政府支出引入生产函数的方法，假设非国有制经济部门的生产函数形式为：

$$Y_P = AF(K,\ L,\ G) = AK^{\alpha}L^{\beta}G^{\gamma} \tag{1}$$

其中，$0<\alpha<1$，$0<\beta<1$ 即生产函数对于资本存量和劳动力水平都是严格凹的。设全国总产出为 Y_T，即非国有制经济部门与国有制经济部门产出之和，则非国有制经济部门在经济活动总产出中的比重可以表示为：

$$Y_P/Y_T = AK^{\alpha}L^{\beta}G^{\gamma}/Y_T \tag{2}$$

对上式两边取对数，可以得到：

$$\ln Y_P/Y_T = \ln A + \alpha\ln K + \beta\ln L + \gamma\ln G - \ln Y_T \tag{3}$$

本文意图考察财政分权对于非国有制经济部门的影响，所以需要在（3）式中引入财政分权变

① 详细数据略，如感兴趣请和笔者联系。

量。对于政府公共支出 G，地方政府的支出水平和支出比例在很大程度上由国家以分税制为基础的财政分权体系安排所决定（当然也会受制于地方经济发展水平，但毕竟需要在既定财政制度下进行支出活动），为此，本文考察公共支出 G 与财政分权的经验关系。以 fd 表示财政支出分权，图 2 显示了政府公共支出（对数）与财政分权的统计关系图形（阴影区域为 95% 的置信区间）。从图 2 中不难看出，政府支出对数 $\ln G$ 与财政分权之间呈现出倒 U 型的二次曲线特征，因此，可以用财政分权指标的二次项来替代（3）式中 $\ln G$①：

$$\ln(Y_P/Y_T) = \ln A + \alpha\ln K + \beta\ln L + \gamma(a \cdot fd + b \cdot fd^2 + c) - \ln Y_T$$

$$= \ln A + \gamma c + \alpha\ln K + \beta\ln L + \gamma a \cdot fd + \gamma b \cdot fd^2 - \ln Y_T \quad (4)$$

（4）式正是对财政分权作用进行检验的基础。

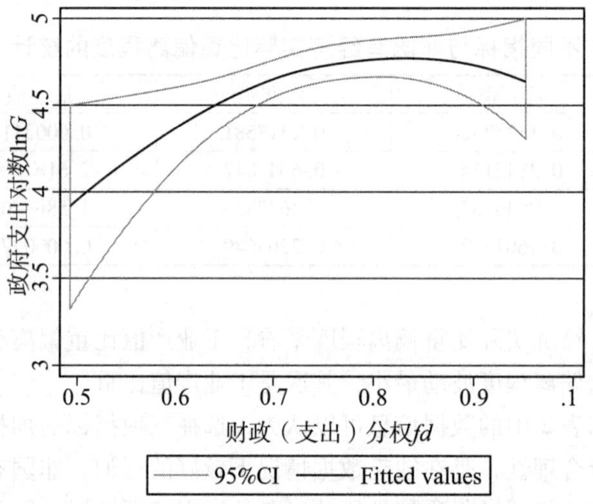

图 2　政府财政支出与财政分权的关系

（二）计量检验

根据前文推导，可以设定如下形式的计量检验模型②：

$$\ln(Y_P/Y_T)_{it} = \alpha\ln K_{it} + \beta\ln L_{it} + \delta^* fd_{it-1} + \theta^* fd^2_{it-1} - \ln Y_{T,it} + \eta + \mu_{it} + \nu_t + \varepsilon_{it} \quad (5)$$

财政分权是本文主要关注的变量，为了尽量避免可能的内生性问题，财政分权变量采用滞后一期的形式。各变量具体含义如下（下脚标 i 表示地区，t 表示年份）：

①$(Y_P/Y_T)_{it}$：各地区非国有经济的比重，表示非国有制经济发展水平。如前所述，因为限于数据，所以本文以非国有经济的工业产值比重、固定资产投资比重和就业比重三项指标的加权平均来近似替代。

②K_{it}：各地区非国有制经济部门不变价格（1978 年价格）的资本存量。本文各地区资本存量的数据取自张军等（2004）对省际资本存量的估计，并依据其方法延伸到 2007 年，然后根据国有制经济部门与非国有制经济部门历年固定资产投资的相对比例，估计出非国有经济部门的资本存量③。

① 以 $\ln G$ 为因变量，以财政分权 fd 为自变量的简单回归也显示出二者之间确实呈现出倒 U 型曲线特征，但是本文重点并不在于详细考察两者之间的关系（这将会是另外一个重要问题，涉及很多因素），因此只要说明二者的经验关系特征即可。本文此处意在说明引入财政分权二次项形式的合理性。

② 财政分权对于非国有经济发展的作用并不能以财政分权对于政府支出的作用替代，所以需要引入财政分权变量后对（4）式进行经验检验，即（5）式。

③ 这种估计方法难免会有误差，但根据资本存量估计的永续盘存法，在国有和非国有经济部门资本折旧率相同（或接近）的情况下，这样估计有一定合理性，不会有系统性偏差。较为准确的估计非国有经济部门资本存量已超出本文范围。

③L_{it}：各地区非国有经济部门的劳动力数量，以城乡就业人口中在非国有经济部门工作的人数计算。

④fd_{it-1}：财政分权指标，如前述，以包括预算外支出的支出分权指标计算。

此外，μ_{it}表示不随时间变化的个体效应；ν_t表示只和时间有关的时间效应；η为常数项；ε_{it}是与其他解释变量无关的随机扰动项。

1. 数据统计描述。本文样本区间为1994～2007年，各个变量中，财政分权的数据基于相应年份的《中国财政年鉴》，被解释变量和非国有经济部门劳动力数量均基于相应年份的《中国统计年鉴》，根据前文中叙述的方法计算得到。非国有经济部门资本存量依据②中方法计算得到。表3给出了主要变量的统计描述。

表3　　变量统计描述

变　量	观测值	最大值	最小值	均　值	标准差	变异系数
被解释变量						
非国有经济比重 Y_P/Y_T	390	0.822962	0.077855	0.385778	0.159904	0.414497
解释变量						
财政（支出）分权 fd	390	0.948391	0.49135	0.747892	0.088956	0.118942
非国有经济部门资本存量 K	390	15146.95	1.778537	1228.568	1779.154	1.448153
非国有经济部门劳动力数量 L	390	6077.485	96.2	1835.74	1442.339	0.785699

注：重庆市数据并入四川省。

2. 回归结果。本文要回归的基本方程是：

$$\ln(Y_P/Y_T)_{it}=\alpha\ln K_{it}+\beta\ln L_{it}+\delta^* fd_{it-1}+\theta^* fd_{it-1}^2-\ln Y_{T,it}+\eta+\mu_{it}+\nu_t+\varepsilon_{it}$$

因为限于数据，本文采用均值指标来替代各地区非国有经济比重，为保证结果的可靠性，需要进行稳健性检验。如前计算分析可知，在通常使用的指标中，非国有经济的工业产值比重相对而言也是一个比较接近的指标，所以本文还将采用这一指标作为非国有经济比重的近似估计来进行稳健性检验，即式（6）：

$$\ln(Y_P/Y_T)'_{it}=\alpha\ln K_{it}+\beta\ln L'_{it}+\delta^* fd_{it-1}+\theta^* fd_{it-1}^2-\ln Y'_{T,it}+\eta+\mu_{it}+\nu_t+\varepsilon_{it} \quad (6)$$

为保持对应性，在稳健性检验中，相应的总产出Y_T将改为工业部门总产值Y'_T，劳动力数量也将使用非国有工业部门的就业人数L'（根据各地区三次产业的就业比例近似估计）。非国有工业部门的资本存量则仍使用原来对非国有经济部门资本存量的估计，这样做，一是由于缺乏数据而难以计算；二是由于资本存量主要集中于工业部门，这样近似不会有系统性问题。因此稳健性检验实际相当于考察财政分权与非国有工业部门发展之间的关系。

经过豪斯曼检验，使用固定效应模型，表4给出了具体的回归结果。

表4　　财政分权与非国有经济部门发展

解释变量	被解释变量：非国有制经济部门产出比重	
	模型（5）	模型（6）
财政分权 fd	3.574413* （1.672118）	6.566747（4.3813）
财政分权平方 fd^2	−2.52254** （1.198585）	−5.233347* （3.140877）
资本存量 K	0.8051651*** （0.0110531）	0.7847974*** （0.0278867）
劳动力数量 L	0.4943391*** （0.0599244）	0.7108625*** （0.1202115）
组内 R^2	0.9783	0.8751
豪斯曼检验值	122.03	24.24
P 值	0.0316	0.0000

注：系数后面括号内数字为估计值的标准差，*、**、***分别表示10%、5%、1%的显著性水平。

从上述回归结果不难看出，财政分权确实对于非国有经济部门的发展具有显著影响，具体而言，我们可以得到以下结论：

第一，财政分权对于非国有制经济的发展具有非线性影响，呈现出倒U型曲线特征。分权指标的二次项系数显著为负，说明在一定范围内的分权可以促进非国有经济产出比重的提高，有利于非国有经济发展，然而分权程度超过一定水平后，反而会对非国有经济发展起到抑制作用。造成这种现象的作用机制前面已有所论述：地方政府出于“为增长而竞争”的激励，有动力推动经济发展。财政分权体系赋予了地方政府相应的权力，使其有能力通过财政支出积极进行基础设施建设等（张军等（2007）认为，分权竞争是使中国拥有较高水平基础设施的重要原因），以改善经济环境，吸引生产要素，为经济发展创造良好环境，并且从政策层面上对于非国有经济的发展持肯定和鼓励态度，这无疑都是有助于推动非国有制经济发展的有利条件。然而这只是问题的一个方面，我们还必须注意到在中国单一政治体制下，政府是引导乃至主导经济发展的关键力量，地方政府对于当地经济发展具有巨大影响力，“为增长而竞争”的晋升锦标赛会激励地方政府为了提高经济绩效而可能采取扭曲市场机制的行为，如广为诟病的地方保护主义和重复建设，以及对于不同经济部门的歧视性政策（如选择性税收优惠）等，财政分权同样赋予了地方政府采取这些行为的权力和自由度，因此过度的分权反而可能使地方政府拥有过大的权力来干预经济运行，扭曲市场机制，从而不利于非国有经济部门的发展。这意味着财政支出的作用不仅与其水平（支出量）有关，更重要的是与支出背后的政府激励有关。分权激励下的政府支出结构和支出方向，特别是财政支出所支持的政府行为等，对于经济发展的影响重大。除此之外，财政分权的另一作用机制还在于，相对于巨大的财政收入差异，各地区财政支出差异相对较小（见图1），因此，财政支出分权越大，意味着地方支出比重越高，从而使财政能力较为薄弱地区的非国有经济部门承担更大的税负，这也不利于其发展①。财政分权上述作用机制反映在回归结果上，就是表现为倒U型曲线特征。

图3显示了财政分权与非国有制经济产出比重之间关系的拟合曲线（阴影区域为95%的置信区间）。根据回归系数不难算出，在给定资本和劳动力的情况下，最优分权度为0.7085，而在所有的390个样本中一，只有138个样本的分权指标低于这一数值，比例仅为35%，而在2007年，所有地区的分权指标均超过了这一数值（最低分权指标也达到了0.7121）。因此可以认为单就分权而言，各地区的财政支出分权程度超过了最优水平。当然这并不意味着非国有经济部门产出比重将一定会

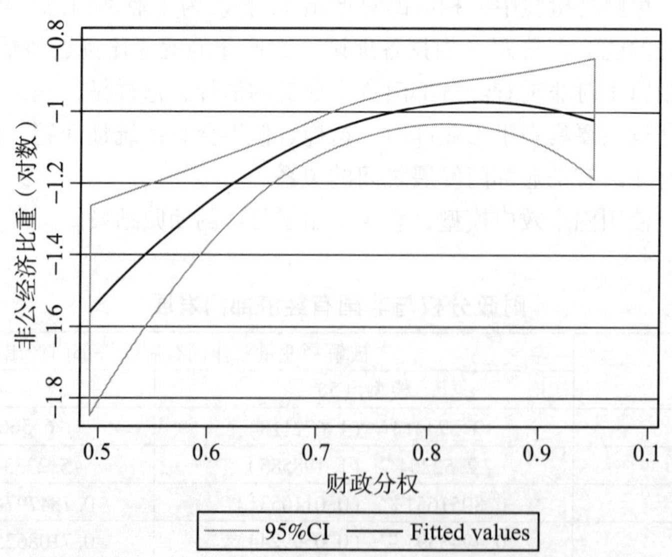

图3　财政分权与非国有制经济发展的关系

① 陈抗等（2002）认为财政收入上移导致地方政府的财政行为甚至已经演变成“攫取之手”。

下降，因为还可以通过要素投入，即增加资本或劳动投入来提高产出水平。事实上，通过对样本进行统计，发现各地区平均非国有经济比重不断上升，而且要素投入也在不断提高。非国有经济比重与财政分权、资本存量、劳动力投入的相关系数分别为0.220、0.698和0.284，说明非国有经济的发展在更大程度上可能是依靠要素投入，特别是资本投入来推动的，而与财政分权程度深化的（线性）相关性相对较小。

第二，要素投入，特别是资本投入对于非国有经济发展的促进作用非常显著。资本和劳动的回归系数显著为正，而且资本的估计系数明显高于劳动系数。从回归结果看，资本投入每提高1个百分点，非国有经济比重将会提高0.8个百分点，劳动投入的对应数值则是0.5个百分点。这充分说明了要素投入在非国有经济发展中的作用，也支持了前面的分析：在绝大多数地区的财政分权程度已经超过最优水平的情况下，要素投入是推动非国有经济发展的重要力量。由此自然产生一个问题：如果非国有经济发展主要依靠要素投入支持，那么其效率和发展可持续性如何？虽然这一问题已超出本文范围，但无疑具有重要的意义①。

稳健性检验模型式（6）的回归结果支持了以上结论：虽然由于数据不同导致回归系数有所差异，但财政分权的二次项系数依然在5%的显著性水平上为负，说明其对于非国有经济发展仍然呈现出倒U型曲线特征，而一次项系数不显著，这是和模型式（5）的最大差别，但其符号依然为正。根据模型式（6）回归系数可以算出最优分权水平为0.6274，同样也是低于绝大多数地区的实际分权水平，说明目前单就分权本身而言，已难以起到推动非国有经济发展的作用。资本和劳动的估计系数显著为正，并且依然是前者高于后者，显示出要素投入的重要性。这都和模型式（5）的结论一致。可见，稳健性检验巩固了前述结论，保证了结果的可靠性。

四、主要结论和政策建议

本文基于分税制改革之后，即1994~2007年的省级面板数据，对于财政分权和非国有制经济发展之间的关系进行了经验检验。本文也为理解财政分权如何影响经济增长提供了视角：财政分权通过影响非国有经济发展进而可以作用于经济增长。

就财政分权本身而言，其对于非国有经济发展的影响较为复杂。以钱颖一、威格斯特等学者为代表的第二代财政联邦主义认为，中国自上而下的经济分权和地区之间的竞争为地方政府发展经济提供了“正确的激励”（Easterly，2005），诱发了非国有经济部门的快速成长，不仅促进了经济迅速发展，也推动了市场化改革的深入。分权化使中国表现出“维护市场的经济联邦制”的特征。然而，中国毕竟是中央集权制国家，所谓的“联邦主义”根本不同于典型的联邦制国家形态，这只是一种原始语言学的现实性运用，意在描述在以分权为逻辑起点的改革过程中，地方政府所享有的自治与分享治理状态，以区别于地方政府单一代理人角色的情形（如苏联模式）（杨光斌，2007）。在政治单一制下，地方政府“为增长而竞争”带有浓重的政治“晋升锦标赛”的色彩，这种政治激励的作用甚至强于分权的经济激励（周黎安，2007）。分权程度越大，政府基于竞争激励而干预经济的能力也就越强，于是就出现了地方政府利用分权体系所赋予的权力干预市场和经济活动的现象，对于非国有经济发展乃至市场化起到了抑制作用。本文的经验检验证明了财政分权作用的非单一性，而是具有显著的倒U型曲线特征，这印证了财政分权上述作用的复杂性，是其各种作用机制的综合反映。与此同时，中国绝大多数地区的财政分权水平都已超过倒U型曲线所对应的最优值，这意味着单就分权本身而言，已经可能对非国有经济发展产生消极影响，单纯的分权手段已

① 张军（2002）考察了中国乡镇企业的利润和资本深化趋势，认为乡镇企业自20世纪90年代以来出现了资本—劳动比提高和利润下降的现象，为研究相关问题提供了借鉴和参考。

难以推动非国有经济发展。然而，这并非意味着非国有经济部门的发展会停滞，实际上在样本期间内，各地区非国有经济的比重总体上都在不断上升，其推动力量就是要素投入，特别是资本投入，与非国有经济发展相关度最高。模型的系数估计充分说明了资本和劳动投入的重要性，尤其是资本的产出弹性达到0.8，是促进非国有经济部门发展的重要力量。

本文结论意味着政府支出的作用不仅在于总量水平，更是与相应的支出激励有关。分权竞争的激励在很大程度上决定了包括财政支出在内的政府行为，因此在今后的经济发展和制度建设中，应当着重关注地方政府的职能定位，规范地方政府行为，减少地方政府对于经济的不当干预，由“生产型”政府向“服务型”政府转变，从而推动非国有制经济发展，培育市场主体力量，真正为市场化转型提供良好的政策环境和发展平台。与此相对应的一个问题就是，财政分权与市场化之间存在着怎样的关系？非国有经济的发展虽然与市场化密切相关，但两者毕竟不等同，市场化的测度比非国有经济部门的发展度量更为复杂，涉及内容更为丰富，而相关问题的研究也将会为理解和完善我国财政体制等制度安排提供重要参考。此外，本文也显示了与分权相比，非国有经济部门的发展主要是依靠要素投入。这当然与变量选择有关，比如，本文并未考虑技术进步的因素，那么非国有经济部门的发展路径究竟具有怎样的特征？其发展是否具有可持续性？非国有制经济部门通常被认为是经济中最具有活力和效率的部分，因此对这些问题进行研究必将对理解中国经济的转轨特征具有重要意义。

参考文献：

1. 陈抗、Arye L.，Hillman、顾清扬：《财政集权与地方政府行为变化：从援助之手到攫取之手》，载于《经济学（季刊）》2002年第2卷第1期。

2. 樊纲、王小鲁、张立文、朱恒鹏：《中国各地区市场化相对进程报告》，载于《经济研究》2003年第3期。

3. 傅勇、张晏：《中国式分权与财政支出结构偏向：为增长而竞争的代价》，载于《管理世界》2007年第3期。

4. 黄佩华：《21世纪的中国能转变经济发展模式吗?》，载于《比较》2005年第18辑。

5. 李晓西等：《2005中国市场经济发展报告》，中国对外经济贸易出版社2005年版。

6. 林毅夫、刘志强：《中国的财政分权与经济增长》，载于《北京大学学报（哲学社会科学版）》2000年第4期。

7. 陶然、刘明兴：《中国城乡收入差距，地方政府开支与财政自主》，载于《世界经济文汇》2007年第2期。

8. 王小鲁、樊纲、朱恒鹏：《中国的市场化进程及其对经济增长的贡献》，载于《中国市场化与经济增长》第三章，社会科学文献出版社2007年版。

9. 杨光斌：《中国经济转型时期的中央—地方关系新论：理论、现实与政策》，载于《学海》2007年第1期。

10. 张恒龙、陈宪：《财政竞争对地方公共支出结构的影响：以中国的招商引资竞争为例》，载于《经济社会体制比较》2006年第6期。

11. 张军：《增长、资本形成与技术选择：解释中国经济增长下降的长期因素》，载于《经济学（季刊）》2002年第1卷第2期。

12. 张军、吴桂英、张吉鹏：《中国省际物质资本存量估算：1952~2000》，载于《经济研究》2004年第10期。

13. 张军、高远、傅勇、张弘：《中国为什么拥有了良好的基础设施？——分权竞争、政府治理与基础设施的投资决定》，载于《经济研究》2007年第3期。

14. 张军：《为〈为增长而竞争〉而写》，《为增长而竞争》序言，上海人民出版社2008年版。

15. 张晏、龚六堂：《分税制改革、财政分权与中国经济增长》，载于《经济学（季刊）》2005年第5卷第1期。

16. 周黎安：《晋升博弈中政府官员的激励与合作：兼论我国地方保护主义和重复建设问题长期存在的原因》，载于《经济研究》2004年第6期。

17. 周黎安：《中国地方官员的晋升锦标赛模式研究》，载于《经济研究》2007年第7期。

18. Barro Robert J.，1990，“Government spending in a simple model of endogenous growth”，Journal of Polotical Economicas 98：pp. 103 – 125.

19. Easterly，William，2005，“The Elusive Quest for Growth：Economists' Adventures and Misadventures in the Tropics”，The MTT Press.

20. Jin, H., Qian, Y., and Weingast, B. 2005, "Regional decentralization and fiscal incentives: Federalism, Chinese style", Journal of Public Economics 89: pp. 1719 - 1742.

21. Jing Jin, Heng-fu Zou, 2005, "Fiscal decentralization, revenue and expenditure assignments, and growth in China", Journal of Policy Reform 1: pp. 149 - 185.

22. Qian, Y., and Weingast, B., 1996, "China's Transition to Markets: Market-Preserving Federalism, Chinese Style", Journal of Policy Reform 1: pp. 149 - 185.

23. Qian, Y., and Roland, G., 1998, "Federalism and the soft Budget Constraint", American Economic Review 77: pp. 265 - 284.

24. Zhang, T. and H. Zou, 1998, "Fiscal Decentralization, Public Spending, and Economic Growth in China", Journal of Public Economics 67: pp. 221 - 240.

（本文载于《金融研究》2010 年第 5 期）

我国食盐业专营垄断之变异、危害及其纠补

孙晋 范舟 秦丽

摘　要：我国食盐业实行实质为政策性垄断的专营制度，即国家对食盐实行指令性计划管理，由盐业行政部门主管食盐生产、分配计划及盐业运行的监督和处罚，盐业公司只负责食盐批发。然而现实中由于立法缺漏、行政权力不当让与而导致盐业公司合法垄断的变异，带来了权力寻租和食盐安全隐患等种种弊端。本文对盐业公司专营性质及垄断力扩张的成因进行了分析，并对完善食盐专营制度从食盐体制改革引入竞争和完善食盐立法两个角度提出了具体建议。

关键词：食盐专营　政策性垄断　食品安全　食盐体制改革

一、我国食盐专营本原分析：政策性垄断

在我国，食盐业与烟草行业一样一直实行专营制度。所谓“专营”，是指某种产品的市场销售是由政府指定的唯一厂商来执行，其他厂商不得介入的市场格局。今天人们更多地使用“国家垄断”或“合法垄断”来指代“国家专营”。

我国食盐专营制度，主要由国务院1990年发布的《盐业管理条例》以及1996年发布的《食盐专营办法》进行规范与调整。《盐业管理条例》规定，国务院盐业行政主管部门主管全国盐业工作，省及省级以下人民政府盐业行政主管部门主管本行政区域内的盐业工作；开发盐资源、开办制盐企业经省级盐业行政主管部门审查同意，报同级政府核准；食盐的批发业务由各级盐业公司统一经营，食盐的零售业务由企业及个人等零售单位负责。由此可以明确，在食盐业制度运行中，存在两类最基本的主体——行政主体和市场主体，行政主体即担负行政职能的政府盐业主管机构，而市场主体则包括盐资源的开发生产企业、负责批发的盐业公司及食盐零售企业或个人。《食盐专营办法》将这一基本制度在食盐运行领域中具体细化，该办法规定，中央盐业行政主管部门的主要职责有：主管全国食盐专营工作，确定食盐定点生产企业，组织实施由国家计划主管部门下达的食盐年度生产计划及分配调拨计划等；地方各级盐业行政主管部门则主要负责地方食盐专营工作，确定食盐定点生产企业、批发企业的合理库存及负责违反规定的行政处罚工作等。该办法还对食盐销售作出具体规定，与《盐业管理条例》中的相关规定相符。根据以上规定，我国食盐专营制度主要表现为：在某一地理范围（通常按行政省区划分），食盐产品的生产由政府特许的少数几个厂商按政府下达的计划来进行，食盐的销售则只由政府指定唯一的一家经销商来执行，食盐产品的生产商只能把产品按政府确认的价格卖给政府指定的经销商，而不能直接在市场上进行销售。

由此可见，专营的实质是凭借行政权力通过法律正当赋权而形成对某种产品的合法垄断经营。那么垄断在何时或何种条件下合法，何时或何种条件下不合理或违法？这需要对垄断的性质进行具体分析。

《布莱克法律辞典》对垄断的解释是：一是指赋予某（些）人或公司的特权或特别优势，这种

特权或特别优势表现为从事某种特定商业或贸易、生产某种特定的物品或控制某种特定商品全部供应的排他性权利；一是指一种市场结构形式，在此种市场结构形式中，一家或少数几家企业左右着某项产品或服务的全部销售。前一种垄断是基于某种法定权利而产生的、为法律所允许的垄断即合法垄断；后一种垄断是经济学中的一般意义上的、为反垄断法所反对的垄断。今天人们越来越认识到，“垄断”本是市场的一种结构或状态，就其本身而言，它是一个中性概念（尤其是该垄断结构或状态并非通过损害社会公共利益和消费者利益而形成的，比如，国家为了社会公共利益而赋权的垄断经营），只有当占据垄断状态的市场主体滥用市场优势而实施排除或限制竞争并损害其他市场主体和消费者利益时，该垄断才被认为有违公平竞争的市场秩序和破坏市场资源优化配置而应受到法律规制。那么在各国反垄断立法中为了妥善处理和分别对待这两种不同的垄断，纷纷在反垄断立法中规制非法垄断的同时规定或另行规定对合法垄断的反垄断适用除外制度。

在我国，理论界一般认为反垄断法适用除外的情形主要包括两类：一为自然垄断；二为政策性垄断。其中，政策性垄断是指国家基于政策性考虑，对于某些特定行业、特定主体和特定行为的垄断予以法律许可，或法律规定予以鼓励和扶助，或实行国家垄断。通过对我国食盐专营制度本身进行分析，不难得出食盐专营制度形成的垄断属于国家垄断的结论：国家垄断是政策性垄断的一种表现形式，它是指国家基于社会经济总体和长远利益及政治、国防和其他国计民生等方面的政策性考虑，法律规定某些特殊的重要经济领域由国家直接投资经营，并在一定程度上排除非国家资本的进入。国家垄断作为一种特殊的垄断，除了垄断的一般特征外，还有以下三个特点：第一，出于国家利益或社会公益的考虑；第二，国家为投资经营主体；第三，一般有法律规定的明确授权。

《食盐专营办法》第一条规定：“为了加强对食盐的管理，保障食盐加碘工作的有效实施，保护公民的身体健康，制定本办法。”由此可见，我国目前实行的食盐专营制度最重要的目的在于针对我国普遍缺碘而普及碘盐，是基于社会公益的考虑；中国盐业总公司是国务院国资委管理的、由国家直接投资经营的国有大型企业，而各级盐业公司则是由各级地方政府直接投资经营的国有企业，国家是投资经营主体；《食盐专营办法》和《盐业管理条例》是国务院颁布的行政法规。因此，食盐专营形成的垄断是符合国家垄断特征的，属于国家垄断。

综上可见我国食盐专营所形成的垄断除外适用《反垄断法》是有理论依据的。而从立法层面来看，我国《反垄断法》第七条第一款也明确规定：“国有经济占控制地位的关系国民经济命脉和国家安全的行业以及依法实行专营专卖的行业，国家对其经营者的合法经营活动予以保护，并对经营者的经营行为及其商品和服务的价格依法实施监管和调控，维护消费者利益，促进技术进步。”根据该规定，可以看出《反垄断法》也在一定程度了承认了专营专卖的合法性。

二、我国食盐专营步入误区：由合法垄断到滥用垄断

我国实行食盐专营制度的主要目的在于确保食盐安全和战略储备，这一制度本身无可厚非，但在现实运行中却产生了巨大偏差，甚至出现盐业公司非正常纵向垄断食盐市场的不合理现象，使食盐业运行背离制度的应然状态。

我国食盐垄断主要体现为以食盐专营制度为基础的盐业公司垄断。根据《盐业管理条例》以及《食盐专营办法》的相关规定，盐业公司在实施食盐专营的过程中，依法在食盐批发环节具有垄断力，这主要体现在：

1. 在获得盐业主管机构审查批准食盐批发许可证中没有竞争对手，只要符合一定条件便可获得许可。《盐业管理条例》规定盐的批发业务由各级盐业公司统一负责，《食盐专营办法》规定了国家实行食盐批发许可证制度、食盐批发许可证的管理规则以及取得食盐批发许可证应具备的条件。上述规定相结合，共同确立了盐业公司在食盐批发领域的垄断经营地位及获得方式。

2. 在规定的销售范围内销售食盐，没有竞争对手。《食盐专营办法》第十三条规定："食盐批发企业应当按照国家计划购进食盐，并按照规定的销售范围销售食盐。"这条规定具有两层含义：第一，盐业公司在购进食盐以后到销售食盐的过程中没有其他形式的企业与之竞争，处于垄断经营地位；第二，各个地方的盐业公司为本地区的食盐批发的唯一经营主体，不仅没有其他形式的企业与之竞争，而且该地区范围以外的盐业公司也不得与之竞争。

根据以上分析，我们可以得出结论，即盐业公司在食盐专营中的食盐批发环节具有排除盐业公司以外的其他企业竞争的垄断地位，而各个不同地区的盐业公司则在本区域内具有排除其他盐业公司竞争的垄断地位。

但这种垄断力也是有限制的：首先，关于食盐购进的数量受到国家计划控制；其次，食盐购进及批发销售的价格受到国家价格管制，《食盐专营办法》第十五条规定了国家对食盐价格规定；另外，我国《反垄断法》第七条在规定对专营专卖经营者的合法经营活动予以保护的同时，也要求对经营者的经营行为及其商品和服务的价格依法实施监管和调控，并维护消费者利益。在此，我们可以得出盐业公司合法垄断的特征：第一，仅在食盐批发环节具有排他经营的能力；第二，仅在规定地区范围内具有排他经营能力；第三，没有购进数量的决定权；第四，没有购进及批发销售的定价权；第五，自觉维护消费者利益。

以上五点，便是盐业公司依法具有的垄断力的合法界限。如果严格按照这样的制度规定来运行，盐业公司的垄断便有法律依据，属于合法的政策性垄断，而且这一制度在我国普遍缺碘的国情下也具有合理性。那么，为什么这一制度却受到越来越多的指责呢？国资委迫于压力在 2008 年也表示下一步改革的重点就包括盐业体制改革，究其原因，在于制度的现实运行已偏离了初衷，食盐运营的中间环节即食盐经销商——盐业公司的垄断力膨胀，突破了合法界限仍不断纵向扩张，因而产生了种种弊端。集中体现在：盐业公司垄断力突破食盐批发环节，对上游生产领域及下流零售领域也具有控制权，从具体市场的专营（合法垄断）扩张成为盐业产供销全行业的垄断。这种纵向垄断行为直接导致在确定的市场上，盐业公司作为食盐产品唯一的经销商，在政府的明示或默许下对专营产品具有垄断定价的权利，在欠缺制度约束下，食盐专营经销商得以压低生产商的供货价格，并凭借垄断地位尽可能地抬高产品的市场销售价格，实现其垄断利润。

三、我国盐业公司违法垄断的成因及危害

（一）盐业公司违法垄断的成因

1. 行政权力的不当让与。盐业公司垄断力扩张，本质是其权力的扩张，即盐业行政监督管理的相关权力由市场经营主体不恰当地承载和具备了。而行政权力的不当让与，正是盐业公司垄断力扩张的根本原因。根据《盐业管理条例》、《食盐专营办法》以及《国家发展和改革委员会盐业管理办公室主要职能》中的规定，国家发展和改革委员会为国务院授权的国家盐业行政主管部门，盐业管理办公室是具体办事机构，其职能范围包括三个方面：盐行业的整体发展与管理；食盐专营的计划分配和调拨；盐政监督和执法。但在实践中，由于国家发改委盐业办缺乏相应的人员编制和力量配备，盐业办的行业管理和食盐分配计划在很大程度上要依靠中国盐业总公司的协助。在实际工作中，中国盐业总公司协助国家发改委盐业管理办落实食盐专营，组织和推进普及碘盐供应，建立食盐生产销售网络体系，受国家发改委委托编制全国年度计划建议草案，并负责组织国家食盐计划的落实。因此，实际上中国盐业总公司履行了相当一部分政府行政职能。而在地方层次上，绝大多数省、市、区实行政企合一的管理模式，即盐务局和盐业公司是"一套机构、两块牌子"，形成事实

上的“利益共同体”。因此，虽然法规规定了盐政管理和执法的权力属于国家发改委盐业办公室，但在现实运作中，该权力并没有统一到国家发改委盐业办手中，而是形成了盐业公司参与甚至代行盐政管理和执法的政企不分、以企代政的直接后果。

2. 立法的缺漏。行政权力之所以能够介入盐业公司，主要是由于缺少法律对政府行政部门“缺位行为”进行约束，并对盐业公司的运营进行具体规制。

第一，盐业制度构建权威法律缺失。在食盐管理与运营上我国首先是缺少一部权威的法律。从现行有关中国盐业管理的法律法规来看，我国目前尚无专门规范盐业管理的综合性法律。中国盐业管理最高层次的法律规范是行政法规。国务院颁布的行政法规有：《盐业管理条例》、《食盐专营办法》；国务院部门规章有：《食盐价格管理办法》；国务院部门规范性法律文件有：《关于改进工业盐供销和价格管理办法的通知》、《国家计委办公厅关于工业盐价格管理有关问题的通知》、《国家发展改革委盐业管理办公室主要职能》等；同时，地方各级人大、政府也相应制定出台了配套政策法规和规定。此外，其他相关法律中也有盐业资源管理等方面的法律规范，这些规范性文件组成了我国盐业管理的法律规范体系。从我国的盐业管理法律体系来看，没有专门的法律规定，效力层次相对较低，也造成各项法律文件冲突的问题难以解决，法律欠缺统一性和权威性。

第二，现有法律规定未对盐业公司的运营规则进行细化。即使我国现行的盐业管理法律体系比较庞大，但是却没有一部法律文件对盐业公司的运营制度进行详细规定，也使盐业公司在现实运营中具有较大的空间和弹性，而缺乏切实的约束和管理，从而也导致其垄断力逐渐扩张膨胀。

第三，盐业行政管理部门设置及权力配置不规则。前面已有述及，中央盐业行政管理部门（国家发展改革委盐业管理办）没有完全行使其监督管理职能，此处不再赘述。从地方盐业行政管理来看，由于历史上全国盐业管理体制变动频繁，受盐业公司隶属不同的影响，盐业行政主管部门的设置也不同，截至2006年底，省一级盐务管理局（盐业管理办公室）有4个隶属当地政府、18个隶属发改委、2个隶属粮食厅、4个隶属商务厅（局）、2个隶属供销合作社、1个隶属工业厅、2个隶属商贸委。3个计划单列市中，1个隶属当地政府、2个隶属轻工厅（局）。各省、市、自治区和计划单列市的盐务局、盐管办绝大多数与食盐经营企业是“一套人马、两块牌子、合署办公”——董事长（总经理）任局长（主任），副董事长（副总经理）任副局长（副主任），具体负责盐政管理。食盐经营、管理、执法一体运作，结合紧密，市（地）、县一级更是如此，即使极少数政企分开的，在人员和费用上也与食盐经营企业存在着“剪不断理还乱”的关系。在这种体制下，食盐经营企业一身二任：作为盐业行政主管部门，它要追求“公平优先”；作为企业，它要追求“效率优先”。角色经常错位，很难做到公平优先与效率优先的平衡，以行政权为企业谋利不可避免。这种制度安排也严重制约了执法队伍的专业化。在政企合一的运行机制下，盐政管理人员与经营管理人员身兼数职，身份不一、不分彼此或者频繁交换岗位。亮证执法、收证销盐，执法人员的业绩考核以销售指标完成高低为标准，收入与其挂钩，上岗下岗甚至升迁都受其制约。受此影响，在地方特别是市、县两级，很难建立起专业化的盐政执法队伍。

而行政权力的不当让与和立法的缺漏，归根结底都可以认为是政府管制失灵（也有学者称之为政府干预失灵或政府失败）。实践证明，不仅市场是有缺陷的，政府干预也会失灵，低效率、寻租、分配非公平性等大量问题在政府直接管制下凸显。前文所论述的盐业公司权力垄断所导致的弊端，都是政府失灵的具体体现。

（二）食盐专营之垄断力扩张带来的危害

1. 私盐泛滥，严重威胁食盐安全。由于盐业公司垄断力的扩张，食盐销售环节产生的巨大垄断利润，成为私盐泛滥的一大诱因。目前，食盐每吨出厂价约为400~500元左右，经过三级盐业公司后，最终以每吨1500元左右的价格到零售点，卖到消费者手中每吨就到了2000元左右，盐业公司通过计划和定价控制食盐生产企业，在整个食盐生产流通环节获取了高额垄断利润。如此暴利诱发了一个庞大而又顽固的私盐市场，而且，不乏私盐贩卖者与官办盐业公司勾结，甚至盐业公司自己直接贩卖私盐的行径。

食品安全问题目前是全中国乃至全世界都密切关注的问题，在人们加强对牛奶、鸡蛋等各种食品的安全检测时，也许忽略了我们每天都要食用的盐安全问题。我国实行食盐专营制度的主要目的是为了消除和防止碘缺乏病。我国地域广阔，经济发展极不平衡，如果将食盐市场化经营，根据市场经济的基本规律，许多经济欠发达地区往往也是碘缺乏严重的地区，由于经营成本巨大而可能游离于市场范围之外，因此，专营制度是保障碘盐供应、防止碘缺乏病最有力的手段。

然而，私盐不仅对防止碘缺乏病起了反作用，长期食用还会危害人体健康。私盐是未经加工处理的矿井盐，其特点是其中一般不含碘或含量极微，且往往含有过量的矿物元素和有害杂质，长期摄入对健康极为有害。更严重的是，由于我国老百姓的饮食中摄入碘元素普遍较低，食用碘盐是改变这种状况的最佳方法。如果经常食用私盐可能导致地方性甲状腺肿，母亲缺碘，可致婴儿智力低下，生长缓慢、痴呆，成年女性缺碘，可影响生长发育。很明显，私盐泛滥，食盐安全没有保障，存在极大的社会危害性。

2. 权力寻租，导致行政腐败。权力寻租概念源于寻租理论——一个解释特定腐败现象的重要理论。具体来讲，权力寻租是指政府各级官员或企业高层领导人利用手中的权力，避开各种制度监控，从而寻求并获取自身经济利益的一种非生产性的活动。

前文已经提到，事实上中国盐业总公司履行了国家发改委盐业管理办的一部分行政职能。而在地方层次上，绝大多数省、市、区盐务局和盐业公司是“一套机构、两块牌子”。由于食盐生产供大于求，因此在实际的专营环节存在着寻租等较大的腐败现象，一些地方和部门权力行为有着强烈的利益导向性，借执法之名或行保护违法之实，或挖空心思“设租”，以非法利益供养执法队伍，形成执法与违法相互依存的黑色“执法产业”。

3. 控制生产流通，攫取垄断利润，损害生产者和消费者利益。

一方面，盐业公司控制着食盐生产。如前所述，中国盐业总公司掌握着食盐分配计划和属于盐业行政部门职权的食盐生产许可证的发放。由于盐场生产工业盐和食盐成本相差不大，但加碘后出厂的食盐价格要远远高于工业盐，因此，生产企业的效益主要取决于食盐计划，这便等于是盐业公司掌握着食盐定点生产企业的“命门”，具体体现在：在制定食盐计划中，盐业公司向制盐企业索要各种补贴、回扣；在食盐计划执行过程中，各地盐业公司以运费补贴、仓储补贴、回笼货款奖励、销售奖励等名目降低了被列为国家指令性价格的食盐价格。

另一方面，盐业公司在食盐流通阶段攫取了高额的垄断利润。由于在确定的市场上，食盐的经销商是唯一的，在政府的许可下对食盐具有垄断定价的权利，他们常常倾向压低生产商的供货价格，凭借垄断地位尽可能抬高产品的市场销售价格，从而实现垄断利润。正如前文提到的，食盐的出厂价格，与实际销售到消费者手中的价格，从 400 ~ 500 元到 2000 元，差额相当巨大。

四、完善我国现行盐业运营体制化解违法垄断行为

面对当前食盐业政府失灵的局面，有人发出了废除食盐专营制度的呼声，提出让政府取消对食盐业的干预和控制，认为食盐不具有排他性和非竞争性，是私人产品而非公共产品，应该选择市场交易方式；加碘可以通过市场与政府的双重监管来实现，并不成为开放市场的障碍。

但笔者认为，立即取消食盐专营制度的条件还不成熟，目前，食盐专营制度还有其存在的合理性与必要性：

从我国国情来看，我国属于碘缺乏较为严重的国家，病区波及 29 个省、自治区、直辖市，病

区人口4亿多人，占世界病区人口的40%。食盐加碘是全世界公认的持续消除碘缺乏病行之有效、简易、安全的主导措施。我国西部地区、边远地区和贫困地区合格碘盐食用率仍然较低，充分认识消除碘缺乏病工作的重要性、艰巨性、反复性和长期性，可以进一步认清食盐专营的必要性。

从各国的盐业管理制度来看，西方国家如英国、法国、美国、日本，均实行盐业团体集中统一经营。美国产销一体，盐厂生产，有6家公司负责销售，各公司与用户签订长期供货合同，再向所属盐厂下达生产计划，产、销保持绝对均衡，比我国的计划管理还要严苛。日本实行委托专卖，由大藏省授权专卖事业部统一管理，全国实行统一价格和包装。中外之间虽社会制度不同，历史、文化、习俗均有差异，但对食盐实行严格的专卖计划管理则异曲同工，实行盐业垄断经营也是由食盐行业的特殊性所决定的。笔者认为，尽管我国食盐业的政府管制出现了一些问题，但全盘推翻政府干预也是不现实的。在现阶段，主要应该从以下两个方面来完善我国的食盐专营制度，对扭曲的制度予以纠补。

（一）进行食盐体制改革

随着中共十七届二中全会审议通过《关于深化行政管理体制改革的意见》，中国迎来了第六次行政体制改革，而食盐体制改革无疑也是行政体制改革的一部分。行政体制改革有广义和狭义之分。广义的行政体制改革包括了一切与国家公共行政权力的归属及其行使相联系的，而不仅仅是与国家公共权力的归属及其行使相联系的改革；我国的行政体制改革是狭义的行政体制改革，即以政府为中心的国家行政管理体系的改革。政府行政体制改革本身不是目的，它是达到各种目的的手段。这些目的包括节省公共开支、提高公共服务的质量和对社会公众负责的责任心、避免政府越位、缺位和错位，使政府的作用更有效力以及增强人们有效选择政策和贯彻政策的机会。我国目前行政体制改革的方向应该是建设服务型政府。我国政府过去是一个管制型政府，以政府为主导，导致全能政府善权专权、职能无限扩张，失去监督。在当前的新形势下，建设服务型政府就成为行政改革的方向。服务型政府要求政府适应经济全球化和世界贸易规则的需要，坚持公开、公正、合法、透明等原则，用市场经济的观点和方法解决机构设置重叠、职能交叉、政出多门、重复管制等问题，努力把政府工作重心转移到加强市场调节、社会监管、依法行政、公共服务等职能上来。具体到食盐体制改革上，我们必须注重以下几个方面：

第一，引入竞争机制。目前全国食盐生产实行计划分配，在这种计划分配方案中，企业不分大小、技术装备好坏、产品质量高低，都可以从中得益，这样就排斥了来自市场的竞争，优胜劣汰更加无从谈起。20世纪80年代以前，在美国等经济发达国家和我国，政府管制被政府倚重，但政府管制带来了自身难以解决的问题，所以在全球又掀起了放松和解除管制、用竞争政策取代管制的改革浪潮，这股浪潮同样波及到我国。其实在现阶段我国的食盐业领域，可以考虑逐步实行产销直接见面，在生产和销售环节适当引入竞争，以缩小出厂价与销售价之间不合理的高达4~5倍的差价，这也是符合广大消费者的根本利益的。另外，在市场经济的今天，作为市场主体的食盐生产者也应该树立起自己的品牌。换而言之，我们在食盐业领域完全可以注重政府管制与反垄断规制的协调。

第二，政企分开，打破“一套机构、两块牌子”的格局。政企分开包括三个方面的内容：（1）政府与企业的社会职责分开。政府的社会职责是对国家和社会公共事务进行有效的管理，而企业的社会职责是依照国家法律和市场规则，以最少的投入向社会提供最多最好的产出；（2）企业所有权与经营权的分开；（3）政府国有资产所有者职能与行政职能分开。在政企分开上，广东省早有先例——2004年，广东省将盐业行政管理职能由省盐业总公司划入省经贸委，撤销食盐专卖的牌子，结束了广东省长达30年的盐业管理政企不分的历史。

第三，正确处理政府、企业与协会的关系，充分调动方方面面的积极性。政府主要负责有关法规、政策的制定，并监督执行，进行宏观调控；盐业企业是专营的主体，食盐专业的法律法规与政策要通过企业的生产、经营、运销来体现；盐业协会则是联系政府与企业之间的纽带和桥梁，政府可以将一部分事务委托给盐业协会管理，并经常听取盐业协会对食盐管理的建议和意见，盐业协会也有责任及时地将问题与建议反映给政府。

（二）完善食盐业立法

体制的运行也必须依靠法律的强制力作保障。面对上述立法上的缺漏，我们可以从以下四个方面来加以完善。

第一，提高食盐业的立法层次，在法律层面制定一部富有权威的专门的《食盐专营法》，或《盐业法》，并在其中专章规定食盐专营的有关内容。

第二，提高盐业法的可操作性。如对盐业公司的运营规则进行细化，再如要明确盐产品的基本定义，对不同盐产品的内涵、外延给出较为明确的规定。

第三，在明确食盐专营主管机构基础上，合理设置盐业行政管理部门并明确其职能范围，规范食盐专营的管理工作，从根本上杜绝以企代政、政企不分现象。

第四，建立违反食盐专营法律法规的责任体系。我国目前食盐专营法律法规的法律责任规定层次不分明，《食盐专营办法》、《食盐加碘消除碘缺乏危害管理条例》中对违反食盐专营管理法规的责任规定过轻，既起不到处罚应有的作用，也无法与有关非法经营食盐的刑法规定很好地衔接起来，不利于食盐专营管理的执法工作。因此，在对立法进行完善时，可以适当加大处罚力度，建立层次分明的责任体系。

参考文献：

1. 龙超：《论我国食盐专营体制及其未来变革》，载于《经济问题探索》2005 年第 12 期。
2. 张穹：《反垄断理论研究》，中国法制出版社 2007 年版。
3. 漆多俊：《经济法基础理论》（第四版），法律出版社 2008 年版。
4. 孙晋：《反垄断法适用除外制度构建与政策性垄断的合理界定》，载于《法学评论》2003 年第 5 期。
5. 李雪萍、库东方：《透析盐业腐败》，载于《先锋队》2008 年第 8 期。
6. 姜在忠、殷耀、柴海亮：《盐行业黑幕重重》，载于《政府法制》2006 年第 3 期。
7. 朱家贤：《反垄断立法与政府管制》，知识产权出版社 2007 年版。
8. 吕福玉：《论盐业管理体制改革的可能性》，载于《四川理工学院学报（社会科学版）》2007 年第 1 期。
9. 唐肖霞：《第六次行政体制改革浅谈》，载于《南方论刊》2008 年第 4 期。
10. 柴进：《食盐专营的必要性及其法律规范问题的探讨》，载于《社科纵横》2004 年第 10 期。

（本文载于《中南大学学报（社会科学版）》2010 年第 2 期）

产融结合的经济力过度集中及其反垄断规制

孙　晋

摘　要： 伴随着20世纪末金融业和工商产业跨业经营在全球范围重新兴起，产融结合及其集团化渐成主流趋势。产融结合及其集团化容易导致市场经济力过度集中、形成市场垄断势力，可能妨碍市场有效竞争并损害消费者福利。在对产融结合以及产融型企业集团经济力过度集中进行反垄断规制时，应适当区分“首次集中”和“再集中”对竞争的不同影响，坚持竞争政策优先于产业政策，规制的价值目标定位于实现维护消费者利益、提高经济运行效率和保障金融安全的三者统一，在产融结合过程中加强反垄断审查，规制的主体应以产融一体化集团整体为主，以排除或限制竞争效果为规制的实体标准。

关键词： 产融结合　产融型企业集团　经济力（过度）集中　反垄断（法）规制

一、产融结合的法学内涵及其反垄断法律规制的意义

产融结合首先是一个经济学概念，与早期的“金融资本”概念具有直接传承关系。在美国一般称之为“银行与商业混业”（the Mixing of Banking and Commerce），日本称之为“融资系列”或“金融系列”，在欧洲主要表现为“金融集团”和“全能银行”，它一般是对资本市场上金融资本与产业资本在趋利动机下相互融合现象的抽象概括。在法学领域，所谓产融结合，一般指金融业与工商企业通过信贷、股权、人事兼任等方式走向结合，形成产融一体化运作的企业集团。它是工商企业充分市场化和银行业充分商业化的必然产物，是产业投入产出过程与金融业融通资金过程的结合。产融结合的动因来自于金融资本和产业资本都追求资本增值这一共同目标[①]，市场是产业资本与金融资本追求资本增值的最佳场所，竞争机制是产融有效结合的启动器。产融结合从根本上说是社会化大生产条件下资本集中和垄断联合的必然产物，列宁很早就指出了产融结合即时称“金融资本”的本质——“生产的集中；由集中而成长起来的垄断；银行和工业的融合或混合生长——这就是金融资本产生的历史和这一概念的内容。”由此不难看出，产融结合总是伴随着生产集中（现代反垄断法称之为经营者集中）和垄断。实际上，市场经济发达国家历来重视运用法律手段规范产融结合及其法律载体产融结合型企业集团[②]（以下简称产融型企业集团或产融集团），以保障实现产融结合的有效性。所谓产融有效结合是指通过相关法律来规范产融结合以趋利避害，实现利用金融功能促进产业经济发展和产业经济效益提高的过程。应该说任何围绕产融结合的法律制度构建及其完善都是为了实现产融结合的有效性。

① 参见［德］鲁道夫·希法亭：《金融资本》，商务印书局2007年版，第93页。早期金融资本理论把归银行支配和由产业资本家使用的货币形式的资本称之为金融资本，实际上就是我们今天所说的产融结合的结果。

② 美国对产融结合的规制最具代表性，19世纪末20世纪初产融结合的金融托拉斯兴起不久即催生了《谢尔曼法》、《克莱顿法》等反托拉斯法，产融结合遭到反垄断规制；1933年《格拉斯—斯蒂格尔法》和1956年《银行控股公司法》使产融结合受到金融分业和产融隔离政策的制约；20世纪80年代以来的金融自由化要求金融管制放松，最终1999年的《金融服务现代化法》确认美国重返金融综合经营和有限的产融结合。

根据产业部门与金融部门之间是仅有债权关系还是在债权外兼有股权关系，产融结合的理解有广义与狭义之分。广义的产融结合除了包括狭义的概念所提及的股权关系以外，还包括产业部门与金融部门之间以业务为纽带而保持的密切的信用联系，其基础为业务纽带。即表现为工商企业与银行、证券公司、保险公司等金融机构之间的借贷、持股、控股和人事兼任关系①。从狭义上来说，产融结合主要表现为控股关系和人事兼任关系，包括金融资本向产业资本（或产业资本向金融资本）的单向渗透和产业资本与金融资本的相互、双向渗透，最终形成产融型企业集团（属于反托拉斯经济学上所谓的联合大企业组织）。其中，产业资本指制造企业、运输企业、商业企业等非金融企业所持有的资本；金融资本是指银行、保险、信托、证券、基金、风险投资机构等金融机构占有和控制的资本。狭义的产融结合是深层次成熟的产融结合，是20世纪80年代以来发达国家产融结合的主流和我国未来产融结合的必然发展趋势，所以本文主要以狭义的产融结合作为论述对象。实际上，产融结合既指产业资本与金融资本融合的过程，还包括资本融合之后的一种持续存在的状态即产融型企业集团。

探求产融结合法学内涵的关键就是在不同的法学学科范畴考察“结合”以及规制因“结合”所引起的法律问题。研究产融结合的法学意义可以从公司法、企业集团法、金融法、反垄断法等几个方面进行考察。在企业公司法领域，工商产业与金融业的产融结合表现为企业吸收合并、资产收购和董事兼任，涉及产融结合的组织形态（如企业合并与营业重整）与法人治理、资本转投资限制、关联交易规范、母子公司关系诸方面法律问题。产融结合的组织形式主要表现为产融型企业集团，这就需要我们加强企业集团法、金融控股公司法等相关经济组织立法并在立法中完善法律责任体系。产融结合还涉及税法的问题，比如，集团整体纳税申报和结合企业之间“非常规交易”规避课税，都是现实的课题。产融结合形成事实上的金融业与工商业的跨业混合联营，这给世界各国的金融监管带来巨大挑战，往往成为一些国家实施产融隔离政策的理由。这种跨业经营对我国金融分业监管体制形成的挑战更为严峻——分业监管应对银、证、保综合经营已是捉襟见肘，更罔谈监管产融混业经营以防范金融风险了。所幸的是，我国金融监管当局已经认识到这个问题，近几年我国“一行三会”（央行和银监会、证监会、保监会）的合作协调执法机制初步形成以应对金融综合经营，我国金融体系在这次国际金融危机冲击之下表现稳健，与此即有紧密联系。

与金融监管相比，产融结合经济力过度集中的危害以及反垄断规制的意义还普遍没有被人们所认识，所以笔者认为产融结合面临最为紧迫的法律问题乃该领域的反垄断法律规制。在反垄断法范畴，产融结合是经济力集中形成垄断的具体表现和途径②。法国、日本在反垄断法的学理上就将企业经济力集中称之为“结合”。产融结合不完全等同于企业的横向合并（Horizontal Merger）和垂直合并（Vertical Merger），即不完全是生产相同或类似产品公司之间的合并，也不主要是互为供应商的经营者的集中，而主要表现为在一个集团企业即控股或控制公司之下多个金融与非金融法人企业混合合并、跨业经营组成的混业公司群体③。各企业间通过相互持股、共同被控股以及人事兼任等各种方式达成经营者集中，形成紧密联系、拥有共同利益、彼此影响重大的以金融企业为龙头或者由工商业控股的企业集群，协同提供多种经营或多元服务。所以就其实质而言，产融结合是产融跨业经营即工商企业与金融企业之间混合合并的产物，且产融结合容易形成支配力量或巩固市场垄断力量并易于滥用市场优势以妨碍或限制竞争。所以这种经营者集中需要各国运用反垄断法从控制企

① 就广义而言，产融结合还应包括集团母公司和集团内部成员投资设立财务公司这种情况，但是这种情况是集团内部产业资本向金融资本的转化，只涉及金融风险而不涉及资本集中，所以无须经营者集中规制，故不是本文研究的对象。但是一旦集团或集团控股公司通过其财务公司对外兼并控股其他金融机构即发生“再集中”情况，则因属于狭义的产融结合而成为本文研究的对象了。

② 市场经济力集中也叫企业结合，我国《反垄断法》称之为经营者集中。企业合并是经营者集中最重要也最常见的形式。在没有特别注明情况下，本文将这几个概念混同使用。

③ See Jeffrey Church, Conglomerate Merers, in 2 Is-Sves in Competition Law and Policy 1503 (ABA Section of Antitrust Law 2008).

业合并角度进行规制，以避免经营者过度和不当集中。有效规制产融型企业集团滥用市场支配地位和排除市场竞争障碍，非反垄断法莫属。在反垄断司法执法具体实践中，则不必像对待横向合并那么严厉，可根据欧美经验主要依据潜在竞争理论对产融结合这种特殊的混合合并案件具体分析具体对待。

综上所述，产融结合当无疑问是企业结合的具体表现，它在带来经济学意义上的规模经济、范围经济和协同效应的同时，还容易产生垄断和限制竞争问题。法律应该主要关注通过反垄断规制等具体制度构建与运作，使产融结合合乎法律规范并确保市场竞争机制和价格机制正常发挥作用，从而达到产融结合的有效性。虽然产融结合带来包括金融监管等在内的诸多法律问题，但是从反垄断法规制经营者过度集中的视角关注产融结合可能产生的弊害无疑具有极大的理论价值，在我国反垄断法制亟待进一步细化完善和面对全球金融危机冲击的情况下，研究这个问题以探求实现产融结合的有效性更具重大的现实意义。

二、产融结合之经济力集中及过度集中

（一）产融结合之经济力集中——“首次集中”与“再集中”

经济力集中在我国反垄断法上谓之经营者集中，它是一个宽泛的概念，也称为结合、合并、兼并、并购等，包括企业合并、企业收购、企业联营和企业的间接控制。企业合并行为属于最典型的经营者集中情形。当然，这里的“结合”或“合并”应做广义理解。美国《谢尔曼法》和《克莱顿法》规定，企业合并泛指一个企业取得其他企业的财产和股份的情况。日本一般将结合区分为“牢固的结合”和“基于契约的结合（不安定的卡特尔）”：前者包括商法上的合并和事实上的合并，兼任管理职务、派遣管理人员也被视为企业牢固性结合的一种；后者包括营业的让受、租赁营业、受托经营以及共负盈亏的契约。在我国，与2006年《外资并购境内企业规定》中“外资并购境内企业”仅指“股权并购”和“资产并购”相比，《反垄断法》的“经营者集中”有着比较广泛的含义，即除“股权并购”和“资产并购”之外，还包括两个或者两个以上企业之间的合并，以及一个企业以合同或者其他方式取得对其他企业的控制权或者施加支配性影响的情况。实际上，经营者之间形成的支配与被支配或控制与被控制的新关系，资产购买、股份收购、企业合并、合同约定、人事安排、企业联营等，都是市场经济力量集中的重要方式。

本文阐释的产融结合其外延非常宽泛，其经济力集中同样包括合并、收购、联营和控制等诸多方式。前文已经提到，运用动态和发展的眼光来审视产融结合，它不仅指产业资本与金融资本融合的过程，应该还包括资本融合之后持续经营运作状态下的产融型企业集团。那么产融结合的经济力集中自然也是动态和发展的，它同样包括两个方面[①]：一是产业资本与金融资本融合过程所必然带来的经济力集中；一是作为产融结合的结果和法律载体的产融型企业集团在运作过程中对外兼并、控制、扩张所导致的经营者集中，即产融型企业集团的控股、控制企业和成员企业在经营过程中产生的对集团外经营者施加支配性影响的联合方式。为了区别起见，笔者把前者称之为“首次集中”，后者则称之为“再集中”。

首先让我们来看“首次集中”，作为工商资本与金融资本的联营结合，这种结合既不是同业竞争者之间的横向合并，也不是同一产业链的上下游经营者之间的纵向合并，而是典型的混合合并，

① 严格说来，产融结合的经济力集中还有第三个方面即在产融型企业集团内部企业之间的并购、合营、人事兼任也可以看作是经营者集中。由于这种集中发生在集团内部，参与集中的企业之间已经形成控制与被控制关系或者事实上的利益共同体，其在竞争法上一般被视为同一个经营者，且对集团外部的市场竞争影响有限，所以本文没有将其纳入研究视野。

就金融业而言，是金融业与工商业混业实施跨业经营的具体表现①。我们知道，各国反垄断法一般对混合合并采取较为宽松的态度，所以产融结合应当不是反垄断法规制的重点②。同时，在产融结合还是产融分离的全球论争中③，争论主要聚焦于银行体系的稳定、利益冲突、最佳银企关系与市场效率、银行道德风险、维护自由市场公平竞争五大方面，前四个方面皆指向金融监管，只有“维护自由市场公平竞争”一个方面涉及反垄断法。很显然，产融结合的“首次集中”主要涉及的法律问题不是妨碍或破坏市场竞争的反垄断问题，而是以防范产融跨业联营的风险传递为主的金融监管完善问题。在产融结合的法律规范中，应当以金融监管为主、以反垄断规制即经营者集中控制为辅。

再来看产融结合的“再集中”即产融型企业集团的对外兼并扩张。产融型企业集团对外兼并之经营者集中有多种表现，主要表现为产融结合型企业集团的集团控股公司（母公司）或集团实质控制公司与集团外企业（集团）的合并行为，这种合并可以包含横向合并和非横向合并（纵向合并和混合合并）。在横向合并情况下，因为集团控股或控制公司一般自身已是规模庞大实力雄厚，再兼并或控制同业经营者，将直接导致很可能本来就不充分的市场竞争实质性减少，所以这种集中行为对竞争的影响最大，应该成为反垄断规制的重点。而恰恰在“再集中”中，金融风险的危害已退居次席，主要的问题已然转变为不断膨胀的市场势力对市场竞争的妨碍及对竞争秩序的威胁和破坏。此时就应当以反垄断规制即经营者集中控制为主、以金融监管为辅了④。

具体到结合反垄断规制对产融结合之“再集中”展开分析，反垄断法对不同的“集中类别”其规制态度应有所界别。根据产融型企业集团具有企业集团的兼有“企业属性”与“市场属性”的“二重性”⑤，可以将产融型企业集团的经济力集中即合并行为进行两类划分：一类是把产融型企业集团合并划分为集团内企业之间的合并行为和企业集团（控股控制企业或成员企业）与集团外企业（或企业集团）之间的合并行为；另一类是把产融型企业集团的合并划分为“企业属性”的合并与“市场属性”的合并。在第一类划分中，企业集团内部企业的合并多属于集团内的资产、业务重组行为，对市场竞争影响有限，反垄断法一般不加干涉；而企业集团与集团外企业（集团）之间的合并行为中的横向合并必然成为经营者集中控制的重中之重。在第二类分类中，判定合并对市场竞争的危害程度，主要看该合并是属于“企业性”还是“市场性”行为——如果属于“企业性”，则应将企业集团视为统一经济体，在反垄断执法时就按统一经济实体的原则确定反垄断法上的合并主体，即法律主要规制“企业属性”强的合并；当企业集团借“市场性”的幌子，按“企业性”行事，就需要揭破其“市场性”，恢复其“企业性”。综合以上分析我们可以得出这样的结论，即反垄断法主要控制产融型企业集团与集团外经营者的“企业属性”强的合并，尤其是与其主

① 在我国，与金融业“分业经营”对应的概念称谓一直较为混乱，前几年基本称之为“混业经营”，自 2008 年开始多见“综合经营”。笔者主张银行、证券、保险等金融业务混业称之为“综合经营”，金融业与工商业混业称之为“跨业经营”或“跨业联营”。

② 笔者还是要指出，产融结合不能完全等同于普通的混合合并，因为参与产融结合的产融双方尤其是控股方往往实力超群，其联营融合势必导致经济势力集中（Concentration of Economic Power），使社会经济实力集中在少数产融型企业集团手中，从而易于形成市场垄断妨碍或破坏竞争。反垄断法不能完全“无为而治”。

③ 以德国为代表的欧洲大陆诸国和亚洲的日本实行产融结合制度；以美国为代表的一些国家坚持产融分离政策，然而美国自 1999 年以来逐步实施有限度的产融结合。可是无论在德国还是美国，关于产融结合还是产融分离的争论从来就没有停止过。我国的产融结合的发展自 20 世纪 90 年代以来逐渐步入快车道。

④ 就“首次集中”与“再集中”二者区别而言，笔者认为可以简单归纳为以下几点：前者是混合合并，后者三种合并方式都可能存在，但法律主要规制横向合并即水平合并；前者以事前集中之审查为主，后者以事中监督和事后惩戒为主；前者以金融监管为主以反垄断合并控制为辅，后者以反垄断规制为主以金融监管为辅；在规制措施上前者以行政手段为主，后者以法律手段为主；法律对其规制前者重效率与安全，后者重竞争与秩序；前者主要盯防产融跨业经营与风险传递，后者主要规范横向合并与经济力过度集中。

⑤ 企业集团的“企业属性”是指集团内部在对各企业的管理协调中强调管理，整个集团具有一般单个企业的层级管理特征，企业集团“企业属性”越强，意味着集团对所属每个独立企业的控制力就强，每个独立企业的经营自主性就弱；对应的是，企业集团的“市场属性”是指集团内部在对各企业的管理协调中强调协调，协调手段主要依靠市场价格机制存在市场交易关系，集团对所属独立企业的控制力较弱。

营业务同一或相近的同业竞争者之间的横向合并行为①。

其实产融结合除了有“首次集中”与“再集中”之分外，还有一种划分在反垄断法上比较有意义，即产融结合的“市场集中”与“一般集中”。这种划分实际上由日本反垄断法所采用。“市场集中”发生在每个特定的市场内，一个或少数事业者占据了大部分份额，直接影响到相应市场内的竞争；与其相对应的“一般集中”则是少数个人或大企业在整个国民经济中占有了较大的份额，经济力集中意味着整个国民经济的集中度，一般间接地与竞争发生关系。所以，日本反垄断法分别对这两种不同的集中采取不同的规制方针：总体而言，产融结合大多数属于“一般集中”，法律对产融结合的“市场集中”规制要比对“一般集中”严厉。为了集中笔墨论述产融结合的“首次集中”与“再集中”不至于论述过于分散，本文不打算展开论述“一般集中”和“市场集中”。

（二）产融结合之经济力过度集中

产融结合无论是其“首次集中”还是“再集中”，由于在集中完成后的产融型企业集团内有多家金融机构和非金融机构，集团总资产一般要远大于独立的金融机构和工商企业，且集团内所有金融非金融机构在集团总目标下协调运作，可以产生 1 +1 >2 的协同效应，所以集团在经济金融运行中的影响往往也大于一般独立的工商企业和金融机构，集团通过集中形成市场垄断力量后，不仅实质性减少竞争，其在逐利动因驱使下还极易滥用市场优势妨碍市场有效竞争或限制竞争。

经济学理论普遍认为，产融型企业集团资源整合的优势在于增强集团核心竞争力，极大提升其市场地位：首先，产融跨业经营可以产生规模经济效益；其次，产融结合可以带来范围经济效益；最后，产融跨业联营还能产生协同效应。总之，伴随着产融结合的经济力集中带来巨大经济效益的同时，这种集中对竞争秩序的潜在或现实的威胁也为各国市场监管机构所充分认识。基于国家经济的不同发展阶段和产业政策的不同倾向，各国对于经济力集中、企业合并的法律态度也不尽相同。一般来讲，在国家经济处于相对上升时期，国家的整体经济水平处于快速发展阶段，国家便倾向于对企业合并尤其是民族产业集中的纵容和保护；当国家的经济处于发达阶段，产业链条相对完善，政府便会考虑企业合并对于市场秩序的消极影响，对其予以规制。笔者认为，现阶段的我国确有必要推动和发展具有国际竞争力的大企业和企业集团，但这并非意味着国家必须通过发展垄断企业或者维护垄断集团的方式去实现。产融结合之前的控股企业本来就实力不凡，尤其是集中后的产融型企业集团更是容易成为具有明显市场支配地位或经济优势地位的企业集群，其存在的本身就不可避免地对经济自由和经济民主起着现实的或潜在的损害作用，并且还通过合并等扩张手段不断地将集团外的其他经济实体纳入集团内进行资产和利益的统一配置和协调，因此，这种企业集团在相当程度上就成为带有垄断因素的经济组织，从而对整个地区或国家的经济产生不利的影响②。如果集团在市场上所占的份额过大，而且又通过合并导致经济力持续集中，以致形成限制竞争的垄断市场地位，它们对国家的经济和技术发展就会产生不利的影响，也就是有悖于有效竞争的市场秩序。换而言之，反垄断法并不反对规模经济和范围经济，对产融结合的经济力集中一般不予干涉，但是对形成垄断的经济力过度集中必须持反对态度。那么何为集中“过度”？这里显然有一个“度”的认定即反垄断规制标准的问题，国外反垄断法律制度对是否禁止经营者集中主要有两种标准：一是“实质性减少竞争标准”或曰“实质性限制竞争标准”，意指经济力集中形成、维持或强化市场的支配

① 笔者认为，对产融型企业集团的反垄断规制主要是为了防止或禁止经济力过度集中妨碍市场有效竞争和保护消费者，所以规制的对象主要是对竞争危害最明显的横向合并行为；而产融型企业集团的金融监管主要是为了防范利益冲突、阻隔风险传递和维护金融稳定，所以，监管的焦点是产融结合跨业经营的非横向合并行为。这是产融结合领域反垄断规制与金融监管的价值分野和实践分歧，也成为二者互补的基础。

② 经济学分析告诉我们，金融集团规模过大在相关市场占据垄断地位，其与一国的金融稳定呈负相关关系。

力能够排除竞争或者支配其他经营者的经营活动，[①] 反垄断执法机构通过审查认为经营者集中将会或者可能会对市场竞争造成实质性影响，则对该经营者集中予以禁止，或对该集中实施附加限制条件；美、日、英、澳诸国采用这一标准。二是“加强支配地位标准”，即对那些可能产生或者强化经营者市场支配地位的集中行为予以禁止；1989 年欧共体集中控制条例采用的就是该标准，但欧盟 2004 年新修订的集中控制条例已将其改为实质性减少竞争标准。由此看来，实质性减少竞争标准日益成为国际共同标准。就我国产融结合的经济力集中而言，笔者认为更适于适用实质性减少竞争标准，因为该标准与市场经济对鼓励竞争、防止和制止垄断、鼓励经营者做大做强、发展规模经济的本质要求相一致[②]。掌握该标准的关键在于集中是否可能产生严重妨碍或阻止相关市场有效竞争的效果以及是否明显削减消费者的福利，这个问题在后面“规制的实体标准”部分将予以详论。

三、产融结合之经济力过度集中的危害

根据经济学理论和反垄断实证分析，产融结合和产融型企业集团的适当集中可以带来规模经济和范围经济，并且能够加大抵御风险能力和分散金融风险。但是如果经济力过度集中，则会产生许多弊端，需要反垄断法的介入和控制。产融结合之经营者过度集中主要针对产融结合的“再集中”情形而言：

（一）产融结合之经营者过度集中，导致市场机制失灵

产融结合之“再集中”引起经济力过度集中，容易导致集团内企业间或集团间的协调。产融结合之企业（集团）间的协调是指生产相同或同类产品的企业（集团）出于各自的盈利目的，相互就市场行为方面达成限制竞争的协议。在集团控股公司协调下和逐利目的驱使下为了共同的利益，很容易形成这样的协议。协议一般涉及产品或服务的价格、价格构成、市场销量或对各自销售地域的限制等内容。在市场条件不变的情况下，产融结合的“再集中”可以提高市场的集中度，从而使市场上有着独立地位的企业（集团）数目越来越少，便于它们为了实现垄断利润共同达成企业（集团）间的协调，外部市场内部化[③]，使竞争机制这只“看不见的手”失去作用，即市场失去其优化配置社会资源的功能。这就需要依赖经济力集中控制制度事先对集中可能引起的市场结构的变化有一个确定性的分析，以限制那些可能对市场有效竞争构成严重危害的集中。另外，政府为银行设置了安全网（存款保险制度），在产融结合情形下，工商企业就可以利用政府安全网补贴，导致银行安全网扩大，给银行及产融型企业集团带来不公平竞争优势，扭曲市场竞争秩序；最后还有一点在我国特别值得关注，那就是在国有银行主导的产融结合即“由融而产”情形下，由于银行的巨大规模和其掌握的丰富资源即其在国内的垄断地位[④]，会通过产融结合而延伸到其他领域并在新领域抑制竞争，同时又反过来进一步巩固其金融领域的垄断地位。上述两种情况同样可能导致市场机制失

① 形成支配力一般指的是产融结合“首次集中”的直接后果；而维持和加强支配力则是“再集中”的后果。

② 在产融结合领域一定要摒弃纯粹规模意识，因为产融结合一般规模很大，如果仅以规模而论，那么几乎每一起产融结合的首次集中与再集中都会要求审查并被禁止，既浪费司法执法资源又限制了规模经济发展。

③ 我国金融与工商跨业经营刚刚试水，但我国金融行业的垄断问题一直比较严重。中国人民银行曾长期独霸银行业，改革开放后，四大国有商业银行又垄断了银行业的绝大部分市场。可以说，我国国内“由融而产型”企业集团在发展中背负了垄断这一沉重的道德负担。

④ 我国金融与工商跨业经营刚刚试水，但我国金融行业的垄断问题一直比较严重。中国人民银行曾长期独霸银行业；改革开放后，四大国有商业银行又垄断了银行业的绝大部分市场。可以说，我国国内“由融而产型”企业集团在发展中背负了垄断这一沉重的道德负担。

灵，需要借助反垄断法经营者集中规制制度予以干预和矫正。

（二）产融结合之经营者过度集中，导致技术发展迟缓和管理质量欠佳

当产融性企业集团规模过大，集中程度过高时，不但不能获得规模经济效益和协同效益，不能保证企业具有创新动力，而且还会导致企业内部资源分配的非效率性，即 X－非效率。虽然规模较大的企业（集团）一般因为资金充足，经济实力和技术力量雄厚，有能力扩大生产，开发新技术和新产品，从而在市场上具有较强的竞争力，但是大企业（集团）和高效率并不必然画等号，这里同样存在一个最佳规模或适度规模与经济力适度集中的问题。在企业（集团）规模过大，市场集中度过高的情况下，由于企业（集团）没有市场竞争的压力，失去了为不断适应市场而开发新技术、改善产品质量、增加产品品种等方面的积极性，从而就会缺乏技术创新的动力，其结果是生产和技术停滞。另外，这些企业（集团）既然可以在其垄断的市场中通过涨价和限制生产数量轻易获得高额利润，它们也就失去了改善经营管理和降低生产成本的动力。我国正在稳步推进集团化战略的四大国有银行的低效率服务（比如，存取款排长队现象）长期为消费者诟病即是一个很好的例证。

（三）产融结合之经营者过度集中，封闭特定市场

产融结合之“再集中”的横向合并最容易实现外部市场内部化，这种行为导致特定市场封闭的效果也最为明显，这里无须赘述。非横向合并集中对市场的封闭一般不易为人所认识，所以这个问题需要重点阐述。

产融结合的“首次集中”属于混合合并，“再集中”的一部分也表现为非横向合并。按照欧洲理事会的理解，非横向合并对于竞争所造成的重大障碍可以从两个方面来衡量：非合作效应和合作效应。非合作效应主要出现在非横向合并产生封锁效果的情形里①。因为造成了封锁效果，合并各方（同时也有可能包括其竞争者）有可能通过提高其对消费者收取的价格而获取利润。这种情形极大地窒息了有效竞争，所以竞争法上将其定性为“反竞争的封锁效果”。合并还有可能使得以往就有合作行为的厂商可以更容易、更持久或是更有效地协调其行为②。产融结合的垂直合并中，通过封锁上游市场的竞争对手有可能对下游市场和消费者产生损害。通过阻止竞争对手的（上游）产品销售给广大客户，合并有可能损害了对手在可以预见的将来进行竞争的能力。结果便是竞争对手在竞争中有可能处于劣势，例如，需要承受不断上升的成本。总而言之，这使得被合并实体可以在下游市场上通过提高价格或减少产出来攫取利润。如果合并会提高下游市场潜在竞争者进入的门槛，则其也会对上游市场的有效竞争造成重大障碍。在产融结合的混合合并中，大部分混合合并不会造成竞争问题，但封锁问题仍然值得关注。因为相互关联的市场上的产品如果形成组合，则整合后的实体可能有能力利用自己在一个市场上的强大地位而在另一个市场上取得杠杆效应，具体方式则是从事捆绑销售、搭售或者其他排他行为。所以封锁策略是否会对竞争造成重大的阻碍、是否严重到损害消费者的程度是决定反垄断执法机关对待混合合并态度的关键。在产融型企业集团，成员公司既为了确保稳定的供货关系，往往利用相互持股与贸易伙伴形成稳定的关系，在整个企业集团中也形成多层次的互补性组织结构，从而控制某一产品的开发、生产、销售和服务过程。而集团外的其他公司要想参与该行业的竞争，不但要面对巨大的进入壁垒如巨额资金需求、先进的技术、封闭的购销渠道，而且还有可能面对集团内相关行业中垂直关联的公司之间的纵向控制，如固定转售价格、搭售、独家经营等限制交易方营业自由的行为，因为相对于产融型企业集团内部而言，外部参

① “封锁效果”是指：由于发生了合并，实际或潜在的竞争对手获取供应或进入市场时遇到障碍，或者完全无法获得供应或进入市场，进而损害了这些厂商进行竞争的能力或意愿的情形。

② 参见欧洲理事会 2007 年 11 月发布的《非横向合并评估指南》。

与竞争性公司在经济实力、技术水平和营销网络等各个方面皆处于不利地位。这样，特定市场的开放度和竞争度也就必然变得越来越小，从而有效竞争被损害的危险也就越来越大。

（四）产融结合之经营者过度集中，不利于消费者福利增长

对于金融领域包括产融型企业集团之经营者过度集中的危害，我国有学者归纳为相互串通收费形成价格联盟、滥用市场支配地位损害小企业和消费者、行政权力限制市场竞争等几个方面，结论是每种行为最终都侵害了消费者利益。集团企业为了维护其优势地位，获得垄断利润，就很有可能通过限制产品生产数量等方法维持垄断高价而向消费者转移负担，或用其他手段使市场无有效竞争，使消费者利益受到损害。上面我们也分析了产融结合之经营者过度集中导致特定市场的封闭，进而催生搭售、固定转售价格等损害有效竞争的行为，其实质同样是危害了消费者的利益。

提到产融结合的反垄断制度就不得不提起金融消费者保护，因为反垄断能促使消费者享有增加的社会福利，所以金融消费者保护便作为产融结合反垄断制度的必然延伸，多数资本主义国家的金融监管机构往往被赋予保护金融消费者的职责。美国国会就于 2007 年 11 月 15 日通过《抵押改革和反掠夺信贷法案》，确定以美联储为主导的金融监管当局对滥用及不公平信贷行为的查处职责，再次重申了金融消费者权益保护。2007 年 11 月 19 日，在中国人民银行要求下，全国范围内小额支付系统跨行通存通兑业务正式营运，此项原本旨在方便金融消费者、提高金融运行效率、整合金融资源、减缓银行排队压力的惠民政策却因“高费率”（占市场主导地位的工、农、中、建四大国有商业银行的费率竟然“高度巧合”均按每笔金额的 1% 收取）而受到金融消费者的冷遇，这起事件在国内被很多人解读为这恰恰是金融垄断导致的罔顾消费者利益的恶果。当前，国内广大消费者对金融垄断导致的诸如搭售、捆绑销售、小额账户收取年费等意见最大。

此外，还有学者从金融安全观的角度提出包括银行并购在内的产融型企业集团经济力过度集中还会危及国家金融安全，强调在全球化环境下，维护国家金融安全已成为反垄断法规制金融领域经济力过度集中的核心内容。此处不再赘述。

四、产融结合之经济力过度集中反垄断规制应该注意的主要问题

（一）反垄断规制的前提即明确竞争政策和产业政策的关系

在对产融结合之集中进行反垄断规制立法时，必须对竞争政策与产业政策之间的关系予以明确规定。欧、美、日、澳等发达国家和地区在经营者集中反垄断控制方面坚持竞争政策优先产业政策的做法可资借鉴[①]。借鉴他国经验并结合我国的实际情况，笔者认为，除特殊情况以外，在我国也应坚持竞争政策居于首要地位、产业政策处于从属地位。德国在《反对限制竞争法》之外还专门制定了《企业集团法》（康采恩法），在两法并举的情况下实行企业集团的反垄断政策优先。美国无论金融机构是否为内国法人，具备特定规模及资质的银行、信托公司、金融控股公司等金融机构及其分支机构的成立、并购、退市均应得到金融反垄断监管当局的批准，在诸多审查要素中，竞争问题总是其关注的重要环节。

① 例如，澳大利亚竞争和消费者委员会 2009 年 3 月 25 日宣布其通过中国铝业公司注资力拓交易的反垄断审查后，再交由澳大利亚外国投资审核委员会进一步从交易是否影响国家利益层面进行产业政策审查。

产业政策是特定时期国家为优化产业组织和产业结构做出的宏观安排，它体现社会整体经济利益，是合并规制标准宽严的决定性因素。应该说，较之发达国家而言，制定并施行相关的产业政策对于包括中国在内的广大发展中国家来说显然更有必要。

在银行、证券、保险等金融领域，跨国金融企业运营时间长、经验丰富、规模庞大，随着我国2001年“入世”和2007年底金融市场完全开放，海外金融大鳄对国内市场的冲击可想而知。为了扭转这种不利局面，我国从中央到地方许多省市纷纷针对我国和各地区具体的产业状况制定相应的产业政策，并希望据此来组建我国具有国际竞争力的金融集团乃至产融型企业集团与境外众多的跨国巨头相抗衡[①]。因此发展具有国际竞争力的大企业集团是我国当前一项重要的经济政策。我国刚刚颁布的《反垄断法》也体现了这个精神，如第五条规定，“经营者可以通公平竞争、自愿联合，依法实施集中，扩大经营规模，提高市场竞争能力。”第七条规定：“国有经济占控制地位的关系国民经济命脉和国家安全的行业以及依法实行专营专卖的行业，国家对其经营者的合法经营活动予以保护……”2006年底国资委提出到2010年培育出30～50家具有国际竞争力的大企业集团的目标。因此，正是基于以上理由，中国管理国有企业的政府官员、大企业的领导甚至很多学者均认为中国的产业尤其是金融产业领域，对于经济力集中行为应当予以宽容，应当充分考虑到企业协同所带来的竞争力的提升和巨大的经济效益。所以，一般都认为应当在法律适用上优先考虑产业政策，其次再考虑竞争政策的影响，甚至认为需要国有资本控制的领域及行业不应当适用《反垄断法》。笔者并不完全赞同这种观点，理由有两个：一是实践已经表明，绝大多数的垄断包括企业垄断和行政垄断都是不合理的现象，其本质不过是限制价格机制调节社会生产和优化配置资源的功能。从短期看，垄断会导致价格上涨和质量下降，损害消费者利益；从长期看，垄断会导致企业生产效率低下和国家经济短缺。更重要的是，垄断会遏制一个国家和民族的竞争精神，而竞争精神才是国家经济发展的真正动力。二是在我国加入WTO之后，金融行业的全面开放使我国金融企业遭遇到发达国家优势金融企业的强烈竞争——这些金融企业大部分都是产融一体化经营的金融控股集团（即“由融而产型”企业集团），它们提供各种完备的、个性化的服务和金融产品，在管理上和市场手段上都较之国内先进[②]；同时，这种“金融百货公司”的整体实力较强，在进入中国市场之后便通过外资并购等方式快速扩张，从发展趋势上看会对我国的金融市场的秩序造成不良后果。所以，无论是出于培育国家长远发展所需要的竞争精神，还是出于规制外资金融集团妨碍竞争或影响消费者福利的角度，都应该在法律适用上，让竞争政策优先于产业政策。

（二）反垄断规制的价值目标是实现维护消费者利益、提高经济运行效率和保障金融安全的三者统一

正如前面所分析的，产融型企业集团内部企业间并购重组活动事实上是企业集团内部的交易行为，尤其当集团内部集中行为“市场属性”较强时，其对消费者利益和市场竞争一般不会产生重要影响。对于这种集中情况，我国《反垄断法》第二十二条规定经营者可以不向国务院反垄断执法机构申报。

我国《反垄断法》在总则部分阐明了反垄断法的宗旨[③]。由于各个国家的经济、社会及法律传统有所不同，其竞争政策也不尽一致。美国用了一个世纪才使其竞争政策由最初的保护弱小的竞争者原则，演变为今天的提高经济效率和保护消费者为其宗旨，欧盟也是直到最近才正式把经

① 中央政府出台《加快金融服务行业发展的指导意见》之后，一些地方政府在本地区内有相应的政策予以响应和细化。具体可参见《河南省人民政府办公厅关于印发郑州区域性金融中心建设规划纲要的通知》。

② 美国爆发金融危机只能说明其金融监管机制有缺陷尤其表现在对金融创新和金融衍生品监管不力，并不能说明美国金融机构的内部管理和创新能力也一无是处，其实恰恰这些方面最值得我们学习。

③ 即保护市场公平竞争，提高经济运行效率，维护消费者利益和社会公共利益，促进社会主义市场经济健康发展。

济效率的提高作为其目的之一[①]。相应的，随着我国逐步建立完善以市场为主导的经济体制，这种转变要求在竞争政策上应以建立社会主义市场经济体制、促进经济发展和保护消费者为政策主导。

随着金融综合经营乃至产融跨业经营的不断发展，金融市场全球化竞争的不断深入，各国越来越重视本国金融行业的市场竞争力。我国金融行业要在国际市场竞争中立于不败之地，就必须实现规模经济，依靠规模取得生存和发展将在一个较长时期成为我国重要的战略。产融结合之路是世界主要发达国家实现规模经济和增强金融业国际竞争力的主要途径。

企业合并控制法律制度作为市场经济法律体系的重要组成部分，必然要体现效率优先的价值，以经济效率作为基本的评判标准也是世界各国竞争法的发展趋势。发展规模经济与企业合并控制并不矛盾，相反，发展规模经济是反垄断的必然要求。但是，经济规模的扩大并不必然形成规模经济，企业合并也并非都有利于形成规模经济。同时，企业经济规模的无限制扩张，企业的交易成本也将上升。企业之所以替代市场存在，是因为通过市场交易是需要成本的，而通过企业内部化的层级制管理结构加以阻止，可以将这部分成本内部化。但如果管理幅度过大，或者层次太多，也会导致效率低下，规模不经济，所以生产规模和企业的效率并非始终成正比。从本质而言，规模经济是效率经济，是资源的优化配置，应该是反垄断法关注的重点。所以，反垄断法应该在确保本国企业市场竞争力的基础上，充分提高经济效率。经济效率提高了，有效竞争维护了，消费者的合法权益和社会公共利益自然会得以体现。另外，当前肆虐全球的金融危机再次提醒我们，维护金融安全不仅是金融监管当局监管产融型企业集团的最大价值目标，对产融型企业集团经济力集中的反垄断规制同样要注重效率与安全的平衡。

（三）在产融结合过程中加强反垄断审查及建立完善相关程序性规定

在产融结合过程中主要通过经营者集中申报制度加强反垄断审查。经营者集中申报主要有三种形式：自愿申报、事前申报和事后报告。我国《反垄断法》第二十一条规定的经营者集中申报，采用了事前申报制度，并规定了申报的事项，对有效控制产生或增强垄断妨碍有效竞争的集中具有重要价值。集中前申报可以有效避免事后因不符合企业合并标准而被强制拆分局面的出现，产融型集团牵及金融安全，拆分损失严重，不利市场信心和市场稳定。但是，我国法律对经营者集中的事后报告没有规定。在产融结合领域，可以考虑在对主要表现为控股关系和人事兼任关系的狭义产融结合即日本法所谓的“牢固结合”进行事先申报的同时，对依据暂时的协定即基于契约的结合可采事后报告制度[②]，这样事前申报和事后报告组成完整的经营者集中申报制度，才不会出现企业集中控制的法律漏洞。

工商产业和金融业相结合的过程中，特别是对结合前已经具有市场支配地位的工商产业和金融业之间的结合，显然对市场构成潜在抑或现实的威胁，形成一种更加强大的市场势力，其内部错综复杂的关系和监管上的漏洞等都可能导致对其失去监管控制，产融结合即“首次集中”之前的申报和审批非常必要；依次推论，产融集团在经营过程中对外扩张的“再集中”行为更应主动和强制申报审批。欧盟为了有效监控企业合并，其企业合并控制法确立了企业合并申报制度，要求达到一定标准的企业在合并前要向欧盟委员会申报，并提供关于合并的准确翔实的信息，且在申报合并行为之前和申报之后的 3 周内，不得实施合并行为。这种事前控制机制为企业合并提供了有效的政策导

① 美国总统奥巴马在上任前就多次表示将加强反托拉斯执法力度和保护消费者利益。See Neal R. Stoll and Shepard Goldfein, President Obama's Centrist Atitrust Enforcement, New York Law Journal, November 19, (2008). 另外，欧盟2004 年以来其竞争法也一再强调增进消费者福利的重要性。竞争法保护消费者利益俨然成为全球共识。

② 此外，在我国由于产融结合的“由融而产型首次集中”主要防范金融风险传递，所以以金融监管为主，则在反垄断法上可采事后报告，“由产而融型首次集中”仍需事前申报；产融结合的“再集中”应以事前申报为主。日本《禁止垄断法》对合并及营业让受规定事前申报，对股份保有则采用事后报告制度。

向，同时，事前申报制度对企业合并实行了有力地监督控制，避免了合并后给共同体市场带来的损害，维护了共同体市场的竞争秩序。我国《反垄断法》也规定了经营者集中达到申报标准的应当事先向反垄断执法机构申报。所以，达到标准的产融结合在我国需要向反垄断执法机构申报当无异议。只是我国产融结合的申报标准还有待另行规定，后面将具体讨论这个问题。

集中当事方申报后就要面临反垄断执法机构对集中的审查。审查分为两个阶段：初次审查和第二阶段审查。我国《反垄断法》第二十五条规定，反垄断执法机构应自收到经营者提交的符合规定的全部文件、资料之日起30日内，对申报的经营者集中进行初步审查，作出是否实施进一步审查的决定，并书面通知经营者。那些不损害有效竞争的经营者集中在第一阶段就可以终止审查，这就提高了反垄断机关的工作效率，也避免了不必要的麻烦。该法第二十六条规定，反垄断执法机构决定实施进一步审查的，应自决定之日起90日内审查完毕。审查期间，经营者不得实施集中。该条还规定，必要情况下，反垄断执法机构可以延长不超过60日的第二阶段审查时限。与之前的《反垄断法》送审稿和2006年《外资并购境内企业规定》中90天的审查期相比，2007年《反垄断法》关于两个阶段审查期的规定有很多优点。首先，两阶段审查期可以使绝大多数于市场竞争有利或者于市场竞争无害的企业并购早日得到批准。其次，《反垄断法》中审查期的规定有很大灵活性。例如，在某些情况下反垄断法执法机构可将90天的审查期延长至150天，这就给企业并购得到批准创造了条件。再次，对作出禁止经营者集中的决定时要说明理由的规定增加了执法的透明度。当然，《反垄断法》还应进一步提高透明度，即执法机构根据第二十五条作出批准并购的决定时，也应说明理由。我国在审查期限方面与国际规定一致，在程序上对当事人的期限利益的保护和国际接轨。产融结合之经营者集中规模一般较大，行业跨度大，牵涉利益主体众多，笔者认为在审查时应当增设一个延缓期限如30日，且应当向商务部递交延期申请获批后方可延期。在具体的操作上可以对延期申请设立若干延期事由加以细化。

另外，产融结合组织即产融型企业集团在反垄断法上一般应看作是一个经营实体。产融结合组织一般是由一个核心企业即控股公司或实质控制公司及其所控制的附属企业组成的市场力量强大的企业集群即企业集团，其成员一般是其子公司，具有独立法人资格，然而作为结合载体的企业集团在公司法和证券法上不具有法人人格。但是这并不妨碍企业集团作为统一行动和具有共同利益的主体从而在反垄断法上具有独立的法律地位①，换而言之，产融型企业集团在反垄断法上可以被看作是一个完整的市场主体和独立的市场经营者。认可这一点在反垄断法的具体运用中非常关键。

（四）以排除或限制竞争效果为反垄断规制的实体标准

前面已经提到，产融结合之经济力过度集中必然受到反垄断法经营者集中控制制度约束，美国欧盟日本等主流反垄断法律制度对是否禁止经营者集中主要采取“实质性减少竞争标准”，即反垄断执法机构通过审查认为经营者集中可能会对市场竞争造成实质性影响，产生排除或限制市场竞争的效果，则对该经营者集中予以禁止，或对该集中实施附加限制条件。我国商务部于2009年3月18日根据《反垄断法》第二十八条规定，认定可口可乐公司收购汇源公司将对竞争产生不利影响，做出禁止此项集中的决定，该案例说明我国同样采用该标准。各国实质性减少竞争标准又主要依据集中申报标准来进行量化。

我国国务院在《反垄断法》实施第3天即2008年8月3日就颁行了《关于经营者集中申报标

① 我国1998年国家工商管理总局发布的《企业集团登记管理暂行规定》明确规定企业集团不具备法人资格。然而在反垄断法主体认定和税法整体申报上又把企业集团当作一个完整的市场主体看待。如1998年国家税务总局发布的《关于汇总（合并）纳税企业所得税若干基本问题的通知》规定，汇总（合并）纳税是一个企业总机构或集团母公司和其分支机构或集团子公司的经营所得，通过汇总或合并纳税申报表，由汇缴企业统一申报缴纳企业所得税。

准的规定》，规定了需要申报的经营者集中的两项标准①。经营者集中达到其中一项，即应当事先向国务院反垄断执法机构申报。同时，我国商务部曾于2006年8月出台了《关于外国投资者并购境内企业的规定》，其中对企业并购的相关规定比较详细，由于该《规定》目前并未废止，因此日后的涉及外资并购境内企业还将较大程度地依照该《规定》。

正如前面所指出的，产融结合的经营者集中有利于形成规模经济，提高经营者的竞争力尤其是国际竞争力；但又可能产生或者加强市场支配地位，对市场竞争产生不利影响。然而，《关于经营者集中申报标准的规定》和《关于外国投资者并购境内企业的规定》都没有对产融型企业集团的营业额计算专门做出规定，这大概是考虑到产融集团的经营者资产构成比较复杂。为了使申报标准符合特殊行业、领域经营者的实际情况，国际通行做法是对其营业额的计算专门作出规定。因此，我国《关于经营者集中申报标准的规定》借鉴国际通行做法，在确立统一申报标准的同时明确规定："营业额的计算应当考虑银行、保险、证券、期货等特殊行业、领域的实际情况，具体办法由国务院商务主管部门会同国务院有关部门制定。"产融型企业集团尤其是"由融而产型"集团在市场经济国家一般被视为金融机构，可一般适用该条规定②。笔者主张，由于产融集团的经营者集中涉及的资金额较高，日后的专门细则应该更宽松些，标准应该适当提高，并适时进行调整。因为反垄断法只应禁止那些于市场竞争有严重损害的产融集团之经济力过度集中，如果集中申报门槛太低，就会给那些对市场竞争有利（尤其是有利于参与国际市场竞争的集中）或者中性的合并带来不必要的成本。另外，产融集团经营者集中是优化企业组织结构和提高企业市场竞争力（特别是国际竞争力）的一个重要方式，也是挽救濒临破产的企业的一个重要方式。因此，如果产融集团经济力集中没有达到规模标准或属于非横向合并，应该像欧美一样免除集中或合并申报义务③。

根据我国《反垄断法》规定，我们只对经营者集中具有或者可能具有排除、限制竞争效果的合并，才做出禁止经营者集中的决定。在评估经营者集中是否具有排除或限制竞争效果的时候，应当考虑下列因素：参与集中的经营者在相关市场的市场份额及其对市场的控制力；相关市场的市场集中度；经营者集中在相关市场内排除、限制竞争的可能性；经营者集中对市场进入、技术进步的影响；经营者集中对消费者和其他有关经营者的影响；经营者集中对国民经济发展和社会公共利益的影响；国务院反垄断执法机构认定应当考虑的其他因素。依据法律规定，产融型企业集团的具有或者可能具有排除、限制竞争效果的经营者过度集中（一般是横向合并）才被禁止，规模在产融结合领域仅是一个参考因素。

那么，如何界定产融型企业集团相关市场，如何确定市场集中度，又如何考虑对国民经济和社会发展的影响，这些专业问题都很难确定。金融市场专业化程度更高，产融跨业经营模式下市场集中度判断非常复杂，在执法时更加困难。伴随着金融业合并和竞争的浪潮，产融型企业集团的经营者集中正不断挑战着传统的产业组织理论，市场结构的度量方法远远不能满足市场复杂性的需要，竞争、集中与金融效率之间的关系理论不断被颠覆，变得越来越复杂。所以，在实际操作中应当借重行业监管部门的专家意见予以认定。笔者认为我国应该在《关于经营者集中申报标准的规定》和《关于外国投资者并购境内企业的规定》之外由反垄断执法机关会同中国人民银行尽快颁布一个类

---

① 具体标准：一是参与集中的所有经营者上一会计年度在全球范围内的营业额合计超过100亿元人民币，并且其中至少两个经营者上一会计年度在中国境内的营业额均超过4亿元人民币；二是参与集中的所有经营者上一会计年度在中国境内的营业额合计超过20亿元人民币，并且其中至少两个经营者上一会计年度在中国境内的营业额均超过4亿元人民币。

② 产融结合跨业集中的情况到底属于哪一类将直接决定法律适用问题。属工商产业等一般类，就应该适用《关于经营者集中申报标准的规定》，属金融类就要等待国务院或有关部门的"另行规定"。那么在具体适用中会不会出现"由融而产型"产融集中就"另行规定"而"由产而融型"产融集中就适用该《规定》呢？笔者认为这不失为一种解决方案，但有效性尚有待检验。

③ 现在回过头反思国务院法制办2005年11月的《反垄断法（草案）》，其第十七条中的申报标准很有可取之处：（1）集中交易额超过4亿元，参与集中的一方经营者在中国境内的资产总额或者上一年度销售总额超过15亿元，且其他任何一方经营者在中国境内的资产总额或上一年度销售总额超过5亿元；（2）中国境内集中的交易额超过15亿元；（3）经营者集中没有交易额的，或者集中的交易额未达到第（1）、第（2）项数额的，参与集中的所有经营者在中国市场上的资产总额或者上一年度销售总额超过50亿元。这个申报标准与2006年《反垄断法（草案）》相比，更多地考虑到被并购企业的情况和并购交易额。

似欧盟《横向（或非横向）合并评估指南》的《产融型企业集团经营者集中评估细则》，在市场界定、衡量市场集中度方面引入微观的经济分析。在专门的反垄断机构中设定一个负责经济分析的部门，类似欧盟的首席经济学家和美国的经济局，并强调执法机关的独立性。在对产融型集团经济力集中控制的具体分析方法上，更多考虑全球市场因素。如对相关市场界定、合并的反竞争效果的认定、市场进入障碍的分析都不再局限于国内狭小的市场。具体到相关市场的认定，一般主要从产品市场、地理市场两个方面加以综合界定。产品市场界定的越小，认定构成垄断的可能性就越大，产品市场界定的越大，认定垄断可能性难度就越大。所以对于产融型企业集团的相关市场认定，是比较复杂的。我们只能就产融结合集团内部的银行、证券、保险、基金等金融业务和工商产业部门分别做出产品市场认定，而不宜混合认定，否则容易造成相关市场过大而无法断定垄断。地理市场是特定产品销售的地域范围，地理市场的大小也是决定企业是否有市场支配地位的决定因素。

在美国法和欧盟法中，为使企业对其合并计划有可预见性，为了给执法机关分析和评估合并提供指导，“过度集中”或者“排除和严重限制竞争”都有量化标准。如美国反托拉斯行政执法机关使用 Herfindahl-Hirshmann-Index（简称 HHI）来区分高度集中、中度集中和没有集中的市场。我国反垄断法禁止合并的标准有了《关于经营者集中申报标准的规定》作为指南，但也应有相关的实施细则，以提高执法的透明度。

另外，在对实体标准的具体适用上，可以借鉴欧盟、美国的经验，对不同类型的合并采取不同的态度。重视对产融结合之水平集中（横向合并）、再集中、市场集中、紧密型结合的控制，而弱化对非横向集中（垂直合并和混合合并）、首次集中、一般集中、松散型结合的控制，以实现既维护有效竞争又促进经济效率提高的法律目的。可以在以后逐步颁布的法律规章中有所体现。

最后，确定产融结合反垄断规制实体标准时还必须考虑到跨国并购是最新一轮全球并购的主要特征这个因素。目前我国市场已经成为跨国企业集团（包括金融集团）进行投资的重要选择，跨国公司合并内资企业的步伐明显加快，如果不对其并购行为进行合理规制，采取和国际一致的做法，我国只能在新的合并浪潮中遭受重大的损失。此外，外国大型跨国公司进入我国国内市场，对民族产业冲击很大，为了更好的保护民族产业，与国内市场的产融结合相比，我们有必要对跨国公司对国内企业实施的产融结合进行重点规制。大的跨国公司或金融集团在对东道国的经济起到促进作用的同时，往往会利用自己的优势地位，给经济和竞争带来不利影响。一般来说，大的跨国公司或金融集团通常会选择购并本地企业的形式进入本国市场，这是几乎所有跨国公司惯用的做法。我国必须防范跨国并购后可能造成的消极影响，因此，应该在外资并购反垄断领域作更深入的研究。简单来讲，产融结合的跨国因素使得市场集中的分析、反垄断的判断即实体标准的设计和运用更为复杂。

参考文献：

1. 孙晋：《我国产融结合领域反垄断法律规制初探》，载于《法学评论》2009 年第 6 期。
2. ［德］鲁道夫·希法亭：《金融资本》，商务印书馆 2007 年版。
3. 孙晋：《企业混合合并的竞争法分析》，载于《时代法学》2009 年第 5 期。
4. 张穹：《反垄断理论研究》，中国法制出版社 2007 年版。
5. ［日］根岸哲、舟田正之，王为农等译：《日本禁止垄断法概论》，中国法制出版社 2007 年版。
6. 王晓晔：《〈中华人民共和国反垄断法〉中经营者集中的评析》，载于《法学杂志》2008 年第 1 期。
7. 杨勇：《金融集团法律问题研究》，北京大学出版社 2004 年版。
8. 于左：《企业集团引发的反垄断难题》，载于《中国工业经济》2007 年第 12 期。
9. 张庆亮等：《产融型企业集团：国外的实践与中国的发展》，中国金融出版社 2005 年版。
10. 黄隽：《商业银行：竞争、集中和效率的关系研究》，中国人民大学出版社 2008 年版。
11. 焦艳芳、陈建平：《关联企业引发的反垄断法上的问题》，载于《经济研究导刊》2007 年第 7 期。
12. ［美］奥利弗·E·威廉姆森著，张群群、黄涛译：《反托拉斯经济学——兼并、协约和策略行为》，经济科学出版社 1999 年版。

13. 卫新江：《欧盟、美国企业合并反垄断规制比较研究》，北京大学出版社 2005 年版。

14. Walter, John R., *Financial Restructuring, Leach Circulates GAO Study Criticizing Mixing of Banking and Commerce* [R]. Banking Policy Report, April 7, 1997, P. 11.

15. 席月民：《我国银行业反垄断执法难题》，载于《法学杂志》2008 年第 1 期。

16. 李震：《从通存通兑费率看金融反垄断制度》，载于《经济导刊》2008 年第 1 期。

17. 高晋康、唐清利等：《反垄断法中银行业合并规则的重构》，载于《政治与法律》2007 年第 1 期。

18. Ming Xian Ge, Zhen Li, *China Financial Antitrust System Preview: PBC's New Function and China Financial Constitution* [J]. The Law Review of East Asia, 2006 (3): pp. 34 - 39.

19. 王婷：《应对反垄断，金融业准备好了吗》，载于《中国证券报》2008 年 8 月 1 日（A03）。

20. Neal R. Stoll and Shepard Goldfein, *President Obama's Centrist Antitrust Enforcement* [J]. New York Law Journal, November 19, (2008).

21. 刘和平：《欧盟并购控制法律制度研究》，北京大学出版社 2006 年版。

22. 王婷、邢佰英：《金融领域申报标准须考虑实际情况》，载于《中国证券报》2008 年 8 月 5 日（A02）。

（本文载于《上海交通大学学报（哲学社会科学版）》2010 年第 1 期）

企业集团在反垄断法中的主体地位之界定

孙　晋　廉静韵

摘　要： 经济全球化和经济转轨中的我国正处于企业集团化高峰期。企业集团有可能利用对外合并、内部共谋以妨碍或阻止市场竞争，不同类型的企业集团对竞争的影响大不相同。与单体企业相比，企业集团的反垄断法规制具有主体认定的特殊性，表现为企业集团在反垄断法上的主体地位界定具有复杂性和困难性，这导致我国"婴儿期"的反垄断法对企业集团规制明显存在制度供给不足，有可能对市场有效竞争形成损害。我国亟待构建完备的对企业集团进行反垄断规制的制度体系，核心是企业集团在反垄断法上的主体地位甄别与认定；主体地位的界定应当借鉴美欧成熟的理论，对企业集团的限制竞争行为展开准确有效地规制。

关键词： 企业集团　法律主体　限制竞争　集团共谋理论　企业实体理论

一、引　言

市场经济的特点是集中过程。① 19 世纪到 20 世纪"二战"前这一过程表现为卡特尔和托拉斯，"二战"后则主要表现为企业集团。如果说 20 世纪各国反垄断法主要关注卡特尔和托拉斯、准确地说是卡特尔和托拉斯垄断组织催生了反垄断法，那么在 21 世纪各国反垄断法不得不把关注的目光转向企业集团或者说企业集团现象必然会推动反垄断法的进一步发展。经济转轨和经济全球化成为我国企业向集团化方向发展的内外两大推动力，2008 年至今因应国际金融危机的产业振兴计划实施，又进一步促进了我国的企业并购，② 我国企业集团化进入高潮期，这个发展趋势必然给我国新生的《反垄断法》带来严重挑战。企业集团一般规模大，集团内成员企业关系复杂，其所引发的反垄断问题更为复杂，企业集团在反垄断法中的主体地位之甄别就是亟待解决的理论问题，也是解决对企业集团限制竞争和垄断行为进行反垄断规制的基础性问题。

法律行为都是由主体、内容和客体组成，反垄断法中的垄断行为也不例外。我国《反垄断法》将该法的规制对象，也即从事经济活动中垄断行为的主体统一界定为"经营者"，将其界定为"从事商品生产、经营或者提供服务的自然人、法人和其他组织"。从中可以得出这样一个结论：即判断一个市场主体是否属于经营者，关键在于它是否作为法律上和经济上独立的行为主体参与了相关市场经济活动，而不在于它的具体组织形态。这样的界定也为我们思考企业集团在反垄断法上的主体地位提供了探讨空间和思路指引。作为企业发展总体趋势的企业集团能够创造出巨大的规模经济效益，从而降低经营成本；然而，企业集团的成员企业在集团公司的统一协调和管理之下，往往会达成产量、价格、人事等方面的协议，使得其间实质上不存在竞争，并在市场上形成垄断势力，这

① 原著原文为"现代资本主义的特点是集中过程"，笔者认为"现代"资本主义的实质是市场经济，所以本文此处笔者用更具有包容性也更准确的"市场经济"替代了"资本主义"。

② 2008 年，上海联合产权交易所成交金额首次突破人民币 1000 亿元，企业并购交易涉及全国 30 个省市，6000 余家企业，各类企业股权类并购项目已占全部成交宗数的 93.5%。

种交易价格和其他交易条件的形成是市场内部化所致，资源得不到优化配置，有违自由竞争和资源优化配置的市场原则。同时由于企业集团自身组合的复杂性和行为的多面性决定了反垄断执法机构难以对其进行审查。企业集团在反垄断法上的主体地位认定需要具体问题具体分析和分别对待。

二、企业集团在反垄断法中的内涵

（一）企业集团的含义和特征

日本最早在法律上界定“企业集团”，金森久雄等人于1986 年出版的《经济词典》中将企业集团定义为“多数企业相互保持独立性，并相互持股，在融资关系、派遣人员、原材料供应、产品销售、制造技术等方面建立紧密关系而协调企业行动的企业集体。”日本公平交易委员会将企业集团概括为七项特征：社长会、相互持股、互派高级管理者、系列融资、集团内交易、共同投资、统一的商标和标记符号。欧美等国虽没有明确的“企业集团”概念，但作为类似的企业联合组织形式则早已在各国产生发展，继卡特尔、辛迪加、托拉斯、康采恩等垄断组织之后，自 20 世纪六七十年代以来以垄断形式存在的控股公司（集团）和联合大企业组织，在西方各国的经济生活中一直扮演着企业集团的角色。

我国直到 1998 年才由国家工商总局发布的《企业集团登记管理暂行规定》给出企业集团法律上的定义，即“以资本为主要联结纽带的母子公司为主体，以集团章程为共同行为规范的母公司、子公司、参股公司及其他成员企业或机构共同组成的具有一定规模的企业法人联合体”。

虽然各国对于企业集团及与企业集团性质相同的企业联合组织的概念有不同的界定，但对于企业集团所具有的特征基本上达成共识。首先，企业集团本身不具备法人资格，其内部成员企业均具有独立的法人资格，因此，企业集团作为一个整体不能直接对外发生经济关系并独立担责；其次，企业集团内部成员之间通过资本和合同的形式结合在一起；最后，它通过其内部成员企业按照集团的统一经营战略同外部市场主体进行市场交易。尽管有些企业集团设有“管理机构”或“联合组织”，但它们只行使一些协调职能。

（二）企业集团的不同类型及其反垄断法对应的不同规制态度

根据不同的分类标准我们可以把企业集团进行以下三种划分：

1. 合并是企业成长扩张组成企业集团最常用的方法，根据形成企业集团的不同合并方式，可以将企业集团划分为横向合并型、垂直合并型和混合合并型三种类型。

（1）横向合并型企业集团。其通过处于同一行业或者其产品属于同一市场的企业之间的合并实现的。参与合并的诸企业的产品或服务具有替代性即企业之间具有一定的竞争关系，这种合并方式也称为水平合并。在反垄断法产生之前和产生初期横向合并最为常见，至今在反垄断法实施较为宽松的国家此类企业集团仍较常见。

（2）垂直合并型企业集团。垂直合并也称作纵向合并，在反托拉斯经济学上叫做纵向一体化。参与此类合并的企业彼此之间为前后工序关系或上下游关系，相互之间位于供应链的不同层次，如产品的制造商同其销售商之间的合并。纵向合并可以使得企业之间的投入—产出环节直接纳入企业的内部进行管理和规划，使得两个企业之间的讨价还价的契约关系变成企业内部的行政管理关系，可以提高企业对于市场的控制能力。

（3）混合合并型企业集团。混合合并产生于多为没有关联关系的企业之间，通常发生在某一产业的企业试图跨入利润较高的另一个产业，这种合并往往具有互补性，其目标主要在于分散风险和获取利润。

由于横向合并直接减少甚至消灭竞争，而非横向合并的垂直合并与混合合并一般是互补性合并可以形成效率抗辩，所以各国反垄断法都侧重对横向合并的严厉规制，而对非横向合并比较宽容，甚至为了增强企业国际竞争力而纵容和鼓励该类合并。但这并不能说明反垄断法对非横向合并就无所作为，近年来国际立法趋势说明反垄断法仍然需要对包括垂直合并与混合合并在内的非横向合并行为对竞争的实质损害有进行规制的必要。①

2. 依企业集团组成成员间相互关系的形成途径可将企业集团分为资本型企业集团和合同型企业集团。资本型企业集团以资本为结合的纽带，母公司或者其他处于控制地位的子公司甚至是孙公司，通过企业间相互投资、股权收购或股份置换等方式，持有其从属企业的全部或部分股权，形成控股或参股关系，从而对从属企业的生产经营施加影响，建立起控股或参股关系。

合同型企业集团的内部各成员之间不是控股参股关系，而是以签订的契约为基础结合成统一的集团。相比较资本型企业集团，合同型企业集团各成员间的关系多处于较不稳定的状态，故仅依靠合同形成的外部结合来维系集团各成员间长期稳定的关系并实现集团的整体利益相对困难。

基于以上分析，与合同型企业集团成员企业之间控制与依附关系较为松散相比，反垄断法显然更应该把目光主要锁定在资本型企业集团范畴，防止该类企业集团发生完全以内部化即内部资源调配和内部统一（对内对外）限制竞争行动以代替外部市场竞争机制的行为。

3. 按照成员企业在集团中的地位和成员企业之间的参股、控股方式可以将企业集团划分为单点辐射型和多元复合型两种组织形式。

单点辐射型企业集团以实力雄厚的大型或特大型企业为核心，核心企业通过控股控制一批子公司，子公司再通过投资控股一大批孙公司，孙公司还可以控股更大一批重孙公司。这样通过股份参与制，实行层层控股，就会形成以实力雄厚的大型企业为核心并辐射、控制众多的企业，组成金字塔形的企业集团。核心企业作为集团母公司处于金字塔的最顶端，是整个集团的最高决策者和管理者，它有权支配和控制集团的其他企业。

多元复合型企业集团由若干个实力相当的大中型企业或公司联合而组建，集团内部各企业不仅具有自主的法律地位，而且地位平等，不存在依附关系，但所有企业必须置于一个统一领导之下。这种企业集团在德国被称为平行康采恩。集团成员企业之间可能存在着相互参股或交叉持股关系，但是就集团整体而言任何一个企业均无法占据主导的地位，从而拥有控制其他所有集团成员的能力。因此，成员企业必须通过协商成立集团的最高权力机构，才能将成员企业置于集团的统一领导之下。

与企业集团的第二种划分之反垄断分析一致，单点复合型企业集团因为控股、控制公司对集团其他成员企业具有更强的控制力，从而更容易形成市场实力或达成对外一致行动以有效限制竞争，也就更容易引起反垄断问题。

三、企业集团在反垄断法规制中的特殊性

要分析企业集团在反垄断规制中的特殊性，就必须要对企业集团同反垄断规制最常见的一般对象即单体企业加以区分。

单体企业是反垄断法律关系的一般主体，无论其是否具备法人资格，都具有独立的意思决策和

① 2007年欧盟颁布《非横向合并评估指南》，接着澳大利亚于2008年发布《合并指南》，都提高了非横向合并对竞争实质性损害的反垄断警惕性。我国《反垄断法》的经营者集中控制制度同样强调反对有可能产生实质性限制竞争或损害竞争的各种形式的经营者集中，其中包括非横向合并这种集中形式是应有之意。

实施能力并能独立承担法律责任。在市场中，不仅可以实施单方限制竞争行为，如滥用市场支配地位行为，也可以实施双方或多方限制竞争行为，如与其他企业达成限制竞争协议或者与其他企业发生可能“产生或加强市场支配地位”的合并行为，反垄断法将对该单体企业进行制裁，并使其独立承担相应刑事、行政或者民事法律责任。

企业集团则不同。首先从法律层面讲，企业集团不是法人，它没有独立的意思决策机关，集团企业或集团协调机构作为整个企业集团的总指挥部，它的作用只是规划和协调。企业集团也没有一个专门代表企业集团对外从事市场交易活动和竞争活动的机关，它的战略决策主要依靠其成员企业各自独立的交易和竞争活动来实现，也就是说，在对外交易中，企业集团不能以自己的名义开展活动。再从经济层面来看，规模经济和范围经济的诱惑，企业之间的联合成为现代企业发展的主要趋势。当企业发展成为企业集团并拥有相当程度的市场控制力时，企业集团又容易依靠其非单一法人的特性实施限制竞争行为。企业集团的限制竞争行为实际上是由集团母公司以及各成员企业所实施的，无论是集团母公司还是各个子公司所实施的限制竞争行为实际上都是以企业集团整体利益为出发点，经过企业集团统一协调和安排而做出的，因此，企业集团的出现使市场垄断更经常出现且垄断行为更加隐蔽。譬如，我们在采取“结构规制标准”评判限制竞争行为时，企业集团可以通过其控制的众多企业共同协定瓜分市场，从而规避法律监控；而实行“行为规制标准”进行评判时，企业集团又可以通过企业合并、内部利益转移或制定统一定价等方式垄断市场，同样达到规避法律规制的目的。

以企业集团内部限制竞争协议为例，美国《谢尔曼法》在第 1 条中对限制竞争性协议行为做出明确禁止规定，宣布任何形式的以限制竞争为目的的联合、共谋行为均为非法，没有例外情况。对于企业集团成员企业之间的共谋问题的处理上，美国法院在早期坚持的是“企业集团内部共谋原则”，该原则使得《谢尔曼法》第 1 条在规制拥有共同所有权的母公司和子公司之间的共谋即企业集团的内部共谋时也依然发生效力。如 1947 年法院在 United States v. Yellow Cab Co. 一案中认为：这一协议为《谢尔曼法》所禁止。问题的焦点是，是否存在限制州际贸易的协议或者说这一协议是否能从拥有共同控制的企业之间产生？法院认为本案中众多公司之间即使存在共同所有权或控制也不能使该协议逃脱《谢尔曼法》的影响。但事实上企业集团任何涉及贸易的协议或策划，其实质都是一种内部约束和对外限制，如果都将其宣布为非法，将会阻碍大量的贸易活动的开展，也否定了企业集团的效率优势。1984 年美国法院对 Copperweld Co. v. Independence Tube Co. 的判决真正改变了企业集团内部共谋受反垄断法追究这种状况，该案最终的判决认为一个母公司和一个全资子公司之间的共谋不违反《谢尔曼法》，这一判决结果，打破了最高法院以往的做法，是关于母公司和全资子公司之间的联合行为的里程碑式的判决。法院认为，母公司 Copperweld 和全资子公司 Regal 的反竞争行为并不违反《谢尔曼法》。因为母公司和其全资子公司总是存在完全统一的经济利益，如果法院认为它们的共谋行为违反了《谢尔曼法》，则母公司只能被迫将子公司转变为没有独立法人人格的分支机构，其结果是此种“激励”措施对反垄断目的的实现没有任何帮助作用，这样做反而剥夺了客户和生产商原本能够从子公司那里获得的好处。法院还认为，《谢尔曼法》所禁止的行为必须是复数的当事人，在本案中只存在最终利益是一致的一个经济实体。如果子公司不为母公司的最大利益活动的话，母公司可在任何时候对其进行全面的控制。法院还认为早期“集团共谋”理论，仅仅注意了一个企业的结构形式而忽视了经济现实。实际上，一个全资子公司与一个法人内部的分支机构的功能是一致的。不过，美国法院也非常清楚，这里的处理只是一个特例，法院明确表示：我们不能认为在任何情况下，比如母公司和一个并没有完全控制的子公司之间的共谋也是合法的。

从这一判决结果中我们可以看到企业集团在反垄断法主体地位上的复杂性。企业集团还可将其划分为母公司和全资子公司、母公司和非全资子公司、姐妹公司等各种类型。现实情况纷繁复杂，对一项协议是否禁止，单纯通过制定法的简单规定是远远不够的。

四、认定企业集团垄断主体地位的必要性

企业集团本身在反垄断法中的地位界定有其复杂性，但是甄别认定企业集团的垄断主体地位在法律实践中又是非常必要的，其原因在于：

其一，从我国现行立法来看，《反垄断法》是我国社会主义市场经济的基石。但是也应该看到该法整部条文仅五十七条，规定过于简略。体现在反垄断法规制的主体上，主要在第十二条对“经营者”进行了界定。反垄断法对企业集团的规制主要体现在：

1. 本法第十三条对垄断协议的界定。该条第二款规定：本法所称垄断协议，是指排除、限制竞争的协议、决定或者其他协同行为。其中“决定”一词中蕴含了对企业集团或其他形式的企业联合体以决议的形式，要求其成员企业共同实施的排除、限制竞争的行为。当然企业集团内部各企业之间也可以通过虽无达成书面或口头协议、决议，但相互之间进行了沟通，从而实施的排除或限制竞争行为。

2. 本法第三章第十九条对“滥用市场支配地位”的垄断行为的规制。然而，该法条规定缺陷在于，如果是针对企业集团这种特殊的市场主体，法条在适用上就会陷入困境，经营者该如何界定？是将企业集团本身作为一个经营者对待，从而确定其市场份额，还是将企业集团的内部成员企业分别作为经营者对待？这种主体的划分标准不同则会导致企业集团在责任承担上的不同。甚至会影响到企业集团的继续存续。因此笔者认为，该法条对企业集团的适用模糊不清，存在广泛的解释空间。

3.《反垄断法》第四章的规定对企业集团具有重要意义。其对于“经营者集中”的规定，直接涉及企业集团是否能够形成，一个企业集团还能不能再进一步扩大。然而，该章规定似乎采取了“一刀切”的办法。在实践中，不同企业集团的组织形式，其实施的行为对市场垄断状态的影响大不相同。

通过上面的分析知道，企业集团的主体认定是我国反垄断立法继续完善和在执法中准确把握立法精神的现实需要。

其二，从我国实践看，涉及需要对企业集团的反垄断规制的情形越来越频繁。一方面，国内20世纪末启动的企业集团化战略和当前因应国际金融危机实施的产业振兴计划带来的产业整合趋势以及近年来外资并购加速了国外企业在我国市场上进行市场集中行为。三股力量在我国催生大量企业集团。尤其是外资并购，进入20世纪90年代以来，在第五次跨国并购浪潮席卷全球的国际大环境下，外资并购国内企业的潮流汹涌而至。收购、兼并国内企业（尤其是国内行业龙头企业）一跃成为外商对华投资的主要形式，即从合资合营独资创建企业为主转为并购企业为主，并夹杂着一些跨行业、跨部门的并购。外资并购是一把“双刃剑”，它在推动国内企业实现规模经济与经营制度创新以及增强市场竞争力的同时，也为我国经济发展带来了一定的负面影响，尤其严重的是很多外商趁机挤占国内市场，排挤国内企业，致力获得并维持垄断地位，形成对内资企业发展的障碍。种种迹象表明，外资通过控股某一行业翘楚进而实现其行业垄断，已成为外商来华投资的重大策略之一。如被商务部反垄断局于2009年3月18日叫停的可口可乐并购汇源案就是典型一例。而另外一方面，我国反垄断法律制度仍旧不够完善，执法经验严重不足，无疑为外资实现这种与我国经济发展相悖的战略目标提供了绝佳时机，为我国今后经济的发展埋下了隐患，如何克服其所带来的垄断市场的弊端，已成为立法部门和执法机关急需解决的重大课题。

跨国企业集团在华并购以及通过外资并购在华形成企业集团，这些企业集团如果在反垄断法上不能确认其主体地位，那么外资利用集团组织形式逃脱我国反垄断法律监控将成为现实，这必然为我国的市场竞争带来极大的隐患。由此看来，企业集团的反垄断法主体地位的确认事关国内市场有效竞争的维护和对外资在华并购的规范。

五、企业集团反垄断法主体地位的界定

既然对企业集团在反垄断法上的主体地位的界定很复杂但同时又是必须的，那么在法律实践中，我们应该如何认定呢？笔者认为我们应该透过现实的重重迷雾，把握住对企业集团进行反垄断规制的实质所在，只有这样才能准确界定企业集团在反垄断法中的主体地位。

（一）从反垄断法的基本原则出发加以认定

反垄断立法与司法的鼻祖美国在其反垄断判例法中相继创设了两个重要原则：本身违法原则和合理原则，这使美国的反垄断制度既富有弹性又不乏可操作性，对其他国家的反垄断制度产生了很大影响。

依据本身违法原则，当某种具有垄断性质的行为一旦被认定为反垄断法明文规定的类型，则无须对这种行为的经济理由和经济后果进行进一步调查便可认定其非法。本身违法原则体现了反垄断法的严厉。依据合理原则，只有当该行为或状态限制了竞争，造成了垄断弊害时，才加以限制和规制。合理原则充分体现了反垄断制度的终极价值目标——社会整体效益价值目标的要求，即以经济效益比较为核心，通过合理原则来判断垄断带来的负经济效应与正经济效应何者为大，以便决定是否适用反垄断制裁。这使得合理原则具有很强的适应性和灵活性。

当然这两种原则的运用并非一成不变，而是随着经济发展情况并结合本国国情，在不同领域分别进行适用。笔者认为同样需要用这两个原则来指导我们分析企业集团实施反垄断行为的主体问题。我国《反垄断法》第五条、第十五条、第十八条和第二十八条，均体现了合理原则在反垄断规制中的运用。在对企业集团内部成员之间和企业集团同集团外企业实施的反竞争行为做出是否规制的决定时，我们应充分考虑该行为的正面经济效应和负面经济效应，而不是单纯地否认企业集团内部的某些反竞争行为，但是在某些必须适用本身违法原则的情况下也必须适用该原则。另外还必须看到，合理原则相较于本身违法原则，其不确定性程度高，审查耗费的时间长，精力多，同时需要当事人提供高额的费用。在这两个原则的应用过程中，我们必须加以综合考虑。

（二）从企业集团本身实施的行为和多样的组织形式中界定

反垄断法将垄断行为大致分为三类：垄断协议、滥用市场支配地位和经营者集中。这三类行为均有自身不同特点，在企业集团实施上述三类行为时应分别对待。

1. 在分析企业集团实施的垄断协议和滥用市场支配地位行为时（这里主要涉及企业集团内部成员企业之间实施的行为），笔者认为欧盟的经济实体理论和美国的集团共谋理论对企业集团主体地位的认定有重大的借鉴意义。

（1）欧盟的经济实体理论。根据《欧盟条约》第 81 条，① 欧盟委员会和欧盟法院在适用欧盟竞争法的实践中，发展出了“经济实体原则”，这一原则对处理母子关系起到了指导作用，经济实体原则又称经济一体化原则，具体是指在欧共体境内认定某些企业或企业联合组织是否属于竞争法中的企业时，不限定于某种特定的组织形式，尤其是在由几个法人或几个自然人以及自然人和法人组成的经济组织的情况下，主要看这些成员企业是否是具有自主决策功能的经济实体。欧盟竞争法

① 第一款规定：“下列因与共同市场冲突而予以禁止：行为人之间的任何协议、行为人团体的所有决议和协同行为，其可能影响成员国之间的贸易并且具有阻止、限制或者扭曲共同市场的竞争的目的或者效果的。”

意义上的企业必须是具有自主决策功能的经济实体，企业的重要特点不是其法律上的独立性而是其经济上的独立性。经济的独立性与法律的独立性并非在任何情况下都是一致的。

如完全受母公司控制的全资子公司就不是竞争法中的企业。在竞争法中一般将它与母公司视为一个企业，它们之间的协议实际上是一个经济实体的单方行为，并不具有反垄断法意义上的协议的基本特征，故不受反垄断法规制。欧盟竞争法上认为虽然母公司与全资子公司是法律上的独立企业，但是由于它们之间存在完全控制关系，子公司在经济上没有独立性，不能为自己的利益而只能为母公司利益为竞争行为，所以，母公司和子公司在经济上是连为一体的从而成为一个实体。该“经济实体原则”不仅适用于对母子公司之间的共谋问题的处理上，还同样适用于对滥用市场支配地位问题的处理。

在考量企业集团实施的滥用市场支配地位行为时，首先是对经营者是否具有市场支配地位的认定，其次是对具有市场支配地位的经营者从事的行为的认定。其中对前者的认定更为关键。我国《反垄断法》第十八条和第十九条对经营者具有市场支配地位应当考察的因素和如何推定该市场支配地位作了规定。根据该规定，相关市场的界定和市场份额的认定是解决该问题的关键。那么如何认定企业集团的市场份额呢？实践中，欧盟竞争法在规制企业集团成员企业的滥用市场支配地位行为时，是将企业集团作为一个整体来计算市场份额进而确定是否存在市场支配地位的。德国反垄断法也明确规定，在处理垄断案件时，如果存在企业集团则以集团为单位，即在认定企业集团是否应受反垄断法管辖时，应把企业集团作为一个单一实体来对待。

（2）美国的企业集团内部的经营安排理论——针对企业集团的限制竞争协议。美国法律体系中更多是用母子公司的概念来表征存在控制关系的经济实体，限制竞争协议在美国反垄断法中则被称之为共谋。正如前文在分析企业集团在反垄断法规制中的特殊性时所提到的，“企业集团共谋”理论仅仅注意了一个企业的结构形式而忽视了经济现实。实际上，一个全资子公司与一个法人内部的分支机构的功能是一致的。由此可见，在认定企业集团在限制竞争协议中的主体地位时，美国开始放弃了结构主义的本身违法原则的应用，并开始重视企业集团成员企业之间的经济现实。在认定母子公司到底是不是一个独立的经济实体时（尤其在母公司与非全资子公司的情形）美国学术界存在不同的观点。美国司法部则接受了“企业集团内部的经营安排”理论，主张不论是被部分拥有或全部拥有股权的企业集团内的子公司，都不是反托拉斯法规制的对象。实践中不少法院的判决结果也是大相径庭。

（3）对于企业集团滥用市场支配地位的行为。实践中，判断企业是否已经获得市场支配地时，也是将企业集团作为一个整体予以考察的，最高法院对美国标准石油公司的判决，美国政府就该案向法院提起反垄断诉讼时，石油大亨洛克菲勒及其合伙人在19世纪最后的1/4实际已经控制了美国石油提炼业的90%。这一份额的计算，显然是以集团为单位的。

（4）欧盟的企业实体理论和美国的企业集团内部经营安排理论在我们分析企业集团主体地位上的缺陷。

欧盟及其成员国的普遍做法，对我国反垄断执法机构在企业集团实施上述行为时的认定上，提供了宝贵的借鉴意义。但必须看到的是虽然欧盟和美国在处理该类问题上摒弃了机械的结构主义分析方法，开始注重个案分析的合理性原则的应用。但不可否认的是合理性原则本身具有的灵活性和对经济实体的独立性标准分析的模糊性，决定了我们不能制定统一的标准，采用“一刀切”的办法分析问题。另外在法律的具体应用过程中，应更多的重视经济学家在其中的作用。对企业集团实施的这些行为是否加以控制，更多需要依靠经济数据的分析。

在具体分析时应对不同的母子公司类型加以严格区分，甚至还要考虑到对某一垄断协议行为的规制是否会严重影响到企业集团自身经济的发展，必须在企业自身利益的发展和社会公共利益的维护之间作出权衡。

2. 对于企业集团实施的经营者集中行为，这种行为也可以认为是企业集团实施的内部组织行为，但这种组织行为有可能产生垄断的效果。根据前文对企业集团进行的归类，企业集团的组织行为可以划分为两种类型：其一是企业集团内部成员企业之间实施的经营者集中行为，根据我国《反垄断法》第二十二条的规定：参与集中的每个经营者50%以上有表决权的股份或资产被同一个未参与集中的经营者拥有的，可以不向国务院反垄断执法机构申报。这是因为子公司之间或成员公司彼此间进行股份和资产重新组合，不影响市场总体竞争状态；其二是企业集团内部成员企业同外部企业实施的经营者集中行为。这种行为只要达到了反垄断法规定的申报标准，就要进行申报的，但是在审查的过程中，各个国家又有不同的审查标准。我国《反垄断法》第二十七条规定，审查经营者集中应当考虑参与集中的经营者在相关市场和市场份额及其对市场的控制力、相关市场的集中度、集中对市场进入和技术进步的影响、集中对消费者和其他有关经营者的影响、集中对国民经济发展的影响诸因素。另外，在审查过程中，还应当注意不同经营者集中方式所产生的潜在竞争程度是不同的。比如，控股较之于参股、通过取得股权较之于通过合同方式进行的经营者集中，对竞争的影响都是不同的，这些因素都应当在我们考察和权衡的范围之内。

另外企业集团根据不同的划分标准可以分为不同的类型，反垄断法对不同类型的企业集团的规制程度也是不同的。这一点前文已经做了分析，此处不再赘述。

（三）结合我国的国情进行考察

我国反垄断法在对企业集团的主体地位进行界定时应充分考虑到我国的国情。行政性垄断是我国旧体制下以及旧体制向新体制转轨的产物，它严重阻碍我国经济发展，因此，对企业集团涉及行政性垄断行为应当适用严厉的本身违法原则。对于经济性垄断，则宜适用合理原则，因为并非所有的经济性垄断都会带来弊害。尤其应看到目前我国企业总体规模不大，很少企业实现真正意义上的规模生产，新兴产业发展较晚，尚不足以与国外同行业展开竞争。因此在对企业集团进行规制时要以追求社会整体效益为主要目标并充分考虑我国企业发展现状。

（四）反垄断法豁免企业的界定

反垄断法豁免制度，系指出于公共利益和社会整体利益考虑对某些领域或某项事项本应受到法律追究的行为不适用反垄断法；就广义而言还包括适用除外即某些特定行业或领域中法律允许一定的垄断状态及垄断行为存在，也即对某些虽属限制竞争的特定协调或联合或单独行为，不适用反垄断法。从经济学上讲，反垄断法豁免制度的基础在于垄断对经济发展的影响具有正负两面性。在某些自然垄断领域，垄断对经济发展，对效率的提高都是有益的。从法理学上讲，反垄断法豁免制度体现了效率与公平的兼顾，不仅可以使资源得到最优化的配置，更体现了对社会整体效益价值目标的追求。

一般而言，反垄断法豁免制度适用的领域主要包括：（1）自然垄断行业；（2）银行、保险业；（3）知识产权领域；（4）对外贸易领域；（5）农业、林业、渔业。另外在某些涉及垄断协议审查的情况下，但是如果某些协议，没有产生限制竞争的效果，反而提高了市场的竞争力，则不应受到反垄断法的追究，应受到法律的保护，适用豁免制度。

对于涉及这些领域并从事上述所为的经济行为的企业集团，笔者认为可以不用考虑反垄断法的规制，而直接适用反垄断法的豁免制度，从而有效维护公共利益和社会总体利益。但并非在这些领域内的企业集团一律得以豁免，我们还需要考虑企业集团所从事的相关行为是否具有可豁免的性质。这就需要结合上述第二点的内容加以具体分析。

参考文献：

1. ［德］鲁道夫·希法亭：《金融资本》，商务印书馆 2007 年版。

2. 沈四宝、刘彤：《美国反垄断法原理与典型案例研究》，法律出版社 2006 年版。

3. 于左：《企业集团引发的反垄断难题》，载于《中国工业经济》2007 年第 12 期。

4. 宋建明：《金融控股公司理论与实践》，人民出版社 2007 年版。

5. 王长斌：《反垄断法视角下的企业集团》，载于《法制与社会发展》2000 年第 3 期。

6. 詹昊著：《〈反垄断法〉下的企业并购实务》，法律出版社 2008 年版。

7. 张仁友：《现代企业集团法律制度构建之探讨》，http：//www.chinalawedu.com/huangye/viewArticle.asp？id = 2520。

8. 何之迈：《公平交易法专论》，中国政法大学出版社 2004 年版。

9. 王志乐：《2008 跨国公司中国报告》，中国经济出版社 2008 年版。

10. 孙晋：《对我国外资并购的反垄断法思考》，载于《新疆大学学报（社科版）》2009 年第 3 期。

11. 赵万一等：《论我国反垄断法的价值目标界定及制度架构》，载于《社会科学研究》2006 年第 1 期。

12. 焦海涛：《论〈反垄断法〉中经营者的认定标准》，载于《东方法学》2008 年第 5 期。

13. 焦艳芳、陈建平：《关联契企业引发的反垄断法上的问题》，载于《经济研究导刊》2007 年第 7 期。

14. 孙晋：《反垄断法适用除外制度构建与政策性垄断的合理界定》，载于《法学评论》2003 年第 3 期。

（本文载于《上海财经大学学报》2010 年第 1 期）

电信产业管制分析：基于管制激励理论的视角

田 宇 马钦海

摘 要： 本文利用管制激励理论的最新成果，建立了一个电信产业管制模型，并通过放松电信管制机构的激励相容约束条件，分析在此约束条件不能保证的情况下立法者的最优管制政策。研究结果表明：(1) 立法者采取的最优管制政策由两种相反方向的力量决定：一是电信管制机构能被激励相容的概率的大小；二是电信运营商贿赂的成本的大小。(2) 提高电信运营商行贿成本和管制机构的风险偏好，可以使被管制企业如实地显示出其成本信息。

关键词： 电信产业 管制 激励相容 管制激励

一、问题的提出与文献综述

电信产业传统上由于其自然垄断性质，政府通过对市场结构、市场准入、价格、普遍服务等做出规定，对市场中的垄断企业行为进行管制，以期电信垄断企业能够在提高效率、合理投资的基础上，避免垄断定价、侵占消费者剩余，提高社会福利，是政府正式地干预经济的行为在电信产业内的体现。在电信产业实行管制是各国政府的通行做法，但对如何管制电信产业却存在很大的争议。随着市场需求、技术、交易和信息特征的变化，电信产业发生了深刻地变化，对电信管制提出了新的要求。同时，管制理论的不断发展，对电信产业管制改革实践提供了很好的理论指导依据。

管制理论的产生和发展过程实际上就是产业组织理论的发展过程，分为四个阶段：规范分析的实证理论、管制俘获理论、管制经济理论和管制激励理论。

（一）规范分析的实证理论

规范分析的实证理论认为管制的理论依据本质上是市场失灵，即市场均衡偏离帕累托状态，主要指公共产品、外部性、信息不对称、不完全竞争等方面，产生生产效率和分配效率的冲突，因此通过政府的干预来实现帕累托改进或者在约束条件下达到一种次优的配置效果。网络型公用事业最明显的市场失灵是公共性、外部性及自然垄断性的存在，产生政府与市场、管制与竞争关系的问题。但市场失灵只是一个假设，在现实中是无法检验的，而且经济学家研究表明现实大量被管制产业既不是自然垄断产业，也不具有外部性，管制与市场失灵并没有很强的相关性，因此存在着许多自相矛盾的情况。

（二）管制俘获理论

管制俘获理论（Capture Theory）指的是政府管制的提供是为了满足特定利益集团的需要（即立法者被产业所俘获），管制者被特定的利益集团所俘获，其所设计和实施的管制政策有利于该产业，提高的是产业利润而不是社会福利。管制俘获理论认为管制与外部经济或不经济以及垄断的市场结构之间并没有正相关性，主要差别只是各利益集团之间的利益分配，即管制者起到重新分配社会财富作用，各利益集团更有寻租行为的激励。最终管制政策的决定性因素是各利益集团对政府施加影响力的相对大小，或者说政府管制是在各利益集团之间组织交易的一种方法，种种精心设计的管制机制至多改变垄断租金的分布，从而引导当事人寻租方式的改变。俘获理论假设管制双方都是纯粹的经济人、具有理性预期以及管制无成本，其最大的挑战是无法解释为什么管制是被生产者这个利益集团所俘获，而不是被消费者或其他的利益集团所俘获，俘获理论同样也无法解释被管制产业既然有能力俘获现存的管制机构，那它为什么不能在最初的时候就阻止这个管制机构的产生。

（三）管制经济理论

管制经济理论从一套假设前提出发，论述了谁是管制的受益者，谁是管制的受害者，管制应该采取什么样的形式以及管制对配置资源的影响。斯蒂格勒（Stigler）是这一理论的创始者，他在1971年发表的《经济管制论》一文中提出，管制通常是产业自己争取来的，管制的设计和实施主要是为管制产业自己服务的。后来派尔特兹曼（Peltzman，1976）和拜克（Becker，1983）在其研究的基础上，进一步发展和完善了管制经济理论。除此之外，海蒂克和温奈尔（Hettich and Winer，1988）在前人研究的基础上，发展了管制的税收模型，以解释谋求选票最大化的立法者可能决定的各种税收结构。在各类管制模型中最重要的假设是利益集团直接影响管制决策，但在现实中并非这么简单，其他角色同样在管制过程起到重要的作用。管制立法者不可能完全被利益集团俘获，管制立法者也不可能完全控制管制执行者，现实经济中管制也并不是一味地偏袒被管制者。因此，管制经济理论也在一定程度上受到了质疑。

（四）管制激励理论

20世纪80年代以来，自然垄断产业的技术进步和市场条件发生了巨大的变化，西方国家普遍意识到，放松管制并不是完全取消管制，而是为了实现获得竞争性收益、减少垄断的非效率、降低交易成本和防止管制所造成的低效率等目标。因此，必须引入激励机制，对现有管制的形式进行改进。在这种思维的指引下，英国在20世纪80年代初首先引入了激励性管制实践，到90年代，各种具体的激励性管制措施已经在欧、美等西方国家得到了广泛应用。另外，管制实践的变化也促进了管制理论的发展。从20世纪80年代中期开始，随着经济学家们将微观经济学理论中的新理论、新方法引入管制理论，管制经济学不断从产业组织理论、信息经济学等相关学科的发展中汲取养分，在理论基础及分析方法上均取得了明显进展。其中，拉丰（Laffont）等人将激励理论和博弈论应用于激励性管制理论分析，创立了管制激励理论。他们将管制看作一个最优激励机制设计问题，在管制者和被管制企业的信息结构、约束条件和可行工具的前提下，分析了管制双方的行为和最优权衡，对管制涉及的诸多问题给出了一般的理论解释。

拉丰等人的管制激励理论代表了西方从利益集团视角来研究政府管制问题的最高成就。然而，他们的理论仍然存在着缺陷，主要表现在使用委托—代理理论框架时，拉丰和泰勒（Laffont and Tirole）认为管制机构和生产者的参与约束和激励相容约束条件是能够被满足的，并在这些约束条件下推导出社会福利最大化时的最优管制政策。问题在于，当把委托—代理理论框架应用于政府管制领域时，需要分析这些约束条件是否真的能够被满足。目前，中国的电信管制机构工业和信息化部、国家广播电视总局、国家发展和改革委员会以及国有资产监督管理委员会等都是国务院下属的行政管理机构，由于中国政体法定权力的转移，电信立法的立法起草机构实际上是由工业和信息化部组织实施。工业和信息化部是准立法机构，是立法机构的代理人。当管制机构作为立法者的代理人出现时，激励相容约束条件却并不总是能够被满足，或者说能够被满足的概率通常小于1。这是因为：首先，在现实生活中，由于受到财政、法律、文化等因素的制约，为了使管制机构说真话而给予其足够数量的转移支付通常是不可能的，实际上，转移支付的数量往往是有限的（比如固定的年收入、每年大致相等的奖金等）。其次，不同管制机构成员的风险偏好类型通常会不同，从而激励相容约束条件的满足需要的条件存在很大的差异。如果我们相信可以通过给予管制机构一定数量的转移支付使其能够满足激励相容约束条件，那么，在实践中就不会发生管制机构被产业俘获的现象以及各种贪污腐败行为，这种假设显然与观察到的事实不符。因此，在使用委托—代理理论框架时需要认真分析各种约束条件是否真的能够被满足并与现实相对照。

本文在拉丰和泰勒（1991，1993）模型的基础上，在考虑信息不对称和将管制体系分为立法者、管制机构和生产者的情况下，建立了一个电信产业管制模型，并通过放松管制机构的激励相容约束条件，分析在此约束条件不能保证的情况下立法者的最优管制政策。在此基础上，对中国电信产业的管制激励进行了分析。

二、模型构建与分析

在电信管制的博弈当中，政府针对的是垄断电信运营商的经营行为和发展方向，使其能够在管制约束下，提高投资效率、避免垄断定价。同时，垄断电信运营商的经营行为和发展方向的变化，同样影响到政府对市场中企业的管制行为。在现代市场中，一个起决定性作用的博弈方是消费者。但由于消费者分布较散以及“搭便车”现象的存在，相对组成强有力的组织直接参与某一项涉及自身利益的谈判的可能性基本上没有。这样，整个电信管制体系就由电信运营商、电信管制机构、电信立法者构成。

（一）电信运营商

电信运营商成本可以划分为以下三类：沉没的建设成本、固定运营成本、边际生产成本。电信运营商的成本构成特点可以概括为：庞大的沉没成本、高昂的运营成本和低廉的边际成本。沉没成本主要指用于基础设施建设所消耗的成本；固定成本指的是除基础设施费用外与产量不相关的费用，包括人员工资和运营管理费用，在短期内这部分费用与产量无关；边际成本包括交换成本和网间互联成本，这部分费用与产量相关。由于固定运营成本短期内也与产量无关，所以可以将该成本与沉没成本合并为固定成本，这样电信运营商成本函数可以简单表示为：$C=cq(p)+F$，边际成本 c 为常数，F 为固定成本。假设电信运营商的固定成本是完全信息，但边际成本不是。边际成本有两个可能的实现值，$c\in(c_L, c_H)$，取决于投产时的一些不确定因素。假设 c_H 实现的概率为 γ，$\gamma\in(0, 1)$，c_L 实现的概率为 $1-\gamma$。立法者只知道边际成本的概率分布，而电信运营商知道自己的真实边际成本。令 $\Delta c=c_H-c_L$ 表示边际成本之差。电信运营商通过选择立法者提供的价格—转移支付组合（p_i，TE_i）来最大化自己的效用或租金 $R_i(i=H, L)$，其中 $R_i=\pi_i(p_i)+TE_i$，$\pi_i(p_i)=(p_i-c_i)q(p_i)-F$ 为电信运营商的经营利润。

（二）电信管制机构

管制机构的任务是向立法者传递电信运营商的生产信息并办理立法者交代的其他工作，如宣传产业政策、监督企业的生产和销售、处理消费者的投诉等。管制机构从立法者那里获得收入 s。为了激励管制机构说真话，当管制机构报告电信运营商的边际成本为 c_L 时，立法者向管制机构支付数额

为 TR_L 的转移支付；当管制机构报告的信息为 c_H 时，得不到任何转移支付，即 $TR_H=0$。那么管制机构的效用为 $V=s+TR_i\geqslant 0$。

（三）电信立法者

电信立法者是管制政策的制定者，并通过管制政策的实施来实现社会福利的最大化。立法者的效用函数或社会福利函数由电信运营商、电信管制机构和电信消费者剩余之和构成。立法者通过价格—转移支付组合（p_i，TE_i）来对电信运营商进行管制，并通过转移支付 TR_i 来激励电信管制机构说真话。

行动时序如下：首先，电信立法者发出对电信行业进行管制的信号并成立相应的管制机构；受管制的电信运营商收到这个信号后，开始尝试收买电信管制机构，使其向立法者传递有利于自己的信息；接着，电信管制机构向立法者报告企业的成本信息，立法者根据管制机构的信息来设计产品价格—转移支付组合（p_i，TE_i）供电信运营商选择。随后电信运营商选择一个能最大化租金的组合，立法者根据电信运营商的选择向其进行支付，最后电信运营商按照选择的产品价格开始生产和销售。

由于高成本类型的电信运营商伪装成低成本类型的电信运营商得不到任何好处，因此没有动力去贿赂管制机构。而低成本类型的电信运营商通过伪装成高成本类型可以得到的租金为 $\Delta c\cdot q(p_H)$，因此，低成本类型的电信运营商有动力去贿赂管制机构。假设低成本类型的电信运营商试图通过支付数额为 $(1+\theta)S$ 的资金来收买电信管制机构（其中 θ 为企业进行贿赂的成本，即电信运营商每花费 $1+\theta$ 元资金，电信管制机构就可以得到 1 元）。那么电信管制机构从电信运营商那里所能得到的最大贿赂资金 S_M 必须满足下列等式：

$$(1+\theta)S_M=\Delta c\cdot q(p_H) \tag{1}$$

立法者知道当转移支付 $TR_L<S_M$ 时，电信管制机构有可能被电信运营商俘获。假设由于受到法律、财政和社会环境等因素的制约，立法者对管制机构的转移支付数额是受限制的，即 TR_L 不能无限大。为了分析的简化，假定 TR_L 为一个固定的常数并且 $TR_L<S_M$。在这种情况下，电信管制机构仍有可能满足激励相容约束，这取决于电信管制机构风险偏好的类型。由于电信运营商的贿赂金是有风险的资产，因此存在一个贴现率 ρ，使得贿赂金带给电信管制机构的效用为 ρS_M。ρ 的大小取决于电信管制机构风险偏好的类型，电信管制机构越是风险规避，ρ 的取值就会越小。

假设立法者对电信管制机构能否被激励相容并不完全清楚，但对此有一个概率分布：电信管制机构能被激励相容（说真话）的概率为 β（当 $TR_L\geqslant\rho S_M$ 时）；不能被激励兼容的概率为 $1-\beta$。电信管制机构向立法者报告电信运营商边际成本为 c_H 的概率 $\phi=\gamma\beta$，电信管制机构向立法者报告电信运营商边际成本为 c_L 的概率为 $1-\gamma\beta$。

标准化电信运营商的参与约束条件为：

$$R_i\geqslant 0,\ i=L,\ H \tag{2}$$

由于低成本的电信运营商可能假装成高成本的电信运营商，为了让低成本的电信运营商报告自己的真实类型，立法者向它提供的转移支付 TE_L 必须不小于高成本电信运营商得到的转移支付 TE_H 加上低成本企业以价格 p_H 进行销售得到的额外利润 $\Delta c\cdot q(p_H)$。由于高成本类型的生产者伪装成低成本类型的生产者得不到任何好处，因此立法者不向它提供的转移支付。

因此，电信运营商的激励相容约束条件为：

$$TE_L\geqslant\Delta c\cdot q(p_H) \tag{3}$$

$$TE_H=0 \tag{4}$$

电信管制机构除了需要向立法者报告生产者的成本信息之外，还是电信管制政策的具体执行者以及产业政策的宣传者。也就是说，电信管制机构是必不可少的。因此，立法者不能仅仅因为怀疑电信管制机构说谎话而将其撤销，况且很难找到确切的证据来证明电信管制机构说谎。这样，立法者必须满足电信管制机构的参与约束条件。

由于电信运营商的租金是有成本的，在最优解处电信运营商的激励相容条件一定是“紧”的，即必有：

$$TE_L = \Delta c \cdot q(p_H) \tag{5}$$

标准化管制机构的保留收入（职员愿意工作的最低收入）为零，因此在最优解处电信管制机构的参与约束条件必然是“紧”的，即：

$$s = 0 \tag{6}$$

令 $v_i(p_i)$ 表示在状态 $i(i=L,\ H)$ 时产品价格为 p_i 时消费者的总剩余；$v_i(p_i) - T_E - T_R$ 表示状态 i 时消费者的净剩余。那么在状态 i 时立法者的目标函数为：

$$\begin{aligned} v_i(p_i) - TE_i - TR_i + R_i + TR_i &= v_i(p_i) - TE_i - TR_i + \pi_i(p_i) + TE_i + TR_i \\ &= v_i(p_i) + \pi_i(p_i) \end{aligned} \tag{7}$$

如果电信管制机构向立法者报告电信运营商的边际成本为 c_L，这种情况一定发生在电信运营商电信贿赂管制机构没有成功的时候，那么立法者可以肯定电信运营商的边际成本一定是 c_L，也就是说这时的信息是“真实”的。立法者会采取完全信息情况下的最优管制政策，这时必有：$p_L = c_L$，低成本电信运营商的租金 $R_L = \pi_L(p_L) + TE_L$，电信管制机构获得数额为 TR_L 的转移支付。如果电信管制机构向立法者报告电信运营商的边际成本为 c_H，立法者将不能确定电信运营商边际成本的真实类型，只能根据相应的概率判断向电信运营商提供选项（p，TE_i）。

因此，在满足电信管制机构的参与约束条件以及电信运营商的参与和激励相容约束条件的情况下，立法者最大化期望社会福利：

$$\max_{p_H,\ p_L} W = \phi\{\beta w_H(p_H) + (1-\beta)[w_L(c_L) - \theta S_M]\} + (1-\phi) w_L(c_L) \tag{8}$$

上式关于 p_L 和 p_H 求最大化，经整理，得到最优管制结果为①：

$$p_H = \frac{\theta(1-\beta)\Delta c}{\beta(1+\theta)} + c_H \tag{9}$$

$$p_L = c_L \tag{10}$$

$$TE_H = 0 \tag{11}$$

$$TE_L = \Delta c \cdot q(p_H) \tag{12}$$

可见，p_H 的高低由两种相反方向的力量决定：一是电信管制机构能被激励相容（说真话）的概率 β（也就是 $TR_L \geqslant \rho S_M$ 的概率）的大小；二是电信运营商行贿的成本 θ 的大小。一方面，β 越大，立法者认为电信运营商是高成本类型的概率越高，从而价格 p_H 越接近边际成本 c_H；另一方面，电信运营商行贿的成本越大，立法者越希望提高 p_H，从而减少低成本电信运营商的租金，减少无谓损失。

上述结论隐含着如下政策建议：

1. 在制度允许的范围内尽量提高电信管制机构的收入，从而提高 $TR_L \geqslant \rho S_M$ 的概率，来减少电信管制机构被俘获的可能性，即所谓的“高薪养廉”。

2. 加强对电信管制机构的财务进行审计的频率和强度，加大对电信管制机构违规行为的处罚力度；强化电信管制机构办公的透明度和各项信息公开制度以及设法加强电信消费者对管制机构的监督等，通过降低参数 ρ 的值来增大激励相容的概率。

3. 通过加强对电信运营商的财务管理、加大对电信运营商违法活动的惩罚力度来提高参数 θ 的值，从而通过提高电信运营商行贿的成本来降低电信管制机构被俘获的可能性。由于电信管制机构能够得到的最大贿赂资金 $S_M = \frac{\theta}{1+\theta}\Delta c \cdot q(p_H)$，当 θ 增大时，S_M 会减少，从而提高电信管制机构被

① 具体推导过程见附录。

激励相容的概率。

4. 通过委任与电信运营商存在更少相关利益的管制机构的官员，来提高电信管制机构被激励相容的概率。当电信管制机构的官员在企业中的相关利益更少时，既可能增大电信运营商行贿的成本 θ，又可能降低电信管制机构从电信运营商可能得到的好处 S_M，从而降低电信管制机构被俘获的概率。

三、中国电信产业管制激励分析

自改革开放以来，中国电信市场经历了从行政性管理到通过引入竞争、企业重组和调整企业产权结构而逐步实现市场竞争和开放的渐进发展历程，形成目前的三大全业务运营商（中国移动、中国电信和中国联通）的竞争格局。

（一）中国电信产业管制的特点

目前中国电信产业行业管制机构是工业和信息化部和国家广播电视总局，价格及投资项目管制机构是国家发展和改革委员会，此外，基础电信运营商的资产属于国务院国有资产监督管理委员会管理，市场准入涉及国外资本需要商务部审批等。不同的管制部门从市场准入、价格管制、实施监控，包括事后管制、奖罚等整个过程对电信市场的管制起作用。中国电信产业管制行为是一个政府部门间政治权力的相互制衡、博弈、平衡的结果。在中国电信市场的实际管制过程中，管制机构既怕电信运营商的垄断定价侵害公众利益，在设计市场竞争结构时尽可能地保持竞争的均衡和竞争程度的有限，又怕电信运营商的收益不高影响到另一目标（国有资产的保值和增值）的达成或自身的政治前途。因此，中国电信管制机构把电信市场的竞争结构设计成分业、分区域经营的事实上的垄断经营或双寡头垄断经营，以及移动通信对固定电话的补贴式互联互通原则，竞争程度由管制机构严格控制，同时控制电信价格，形成所谓的由管制机构引起的市场企业间被动的“价格合谋”。中国电信产业的管制机构希望在自己有效控制的状态下，逐步降低电信价格，平衡公众利益和国有资产保值增值的目标。

（二）中国电信产业的信息不对称

获得成本信息是中国各个电信产业管制机构共同的需求。产业管制机构工业和信息化部和价格管制机构国家发展和改革委员会获得成本信息，可以更好、更公平地制定和实施价格管制方案；国有资产监督管理委员会获得成本信息可以更好地制定国有资产的考核体系。但中国电信运营商经理人并没有这样的激励。目前中国的三大电信运营商都是由原国有垄断机构分拆出来，由于涉及国家的信息安全，中国政府对于电信运营商的管理态度非常明确，保证国家对基础电信业务市场的绝对控制。除了在股权的绝对控制以外，在三大电信运营商的最高管理层任命也由政府的资产代表人国有资产监督管理委员会负责管理，实质上是由政府统一进行管理和安排并成为国家高级干部的一部分。因此，中国电信运营商的经理人具有经济学中的经理人（代理人）和政用公职人员（委托人）双重身份。经理人个人的目标函数内含了其政治前途，因此经营业绩最为关键。而在经营业绩中，企业规模相比企业利润要在首位，这与中国人的文化思维模式以及中国政府管理、中国企业管理的思维模式是相匹配的，这也是中国电信运营商更乐于打价格战的根本原因。

因此，无论中国电信管制结构如何，管制机构和电信运营商之间有如何的产权联系和人际之间的密切关系（以前的同事），两者都是管制与被管制关系，同时也是政府的两个不同“部门”，管制机构无法获取电信运营商内部的真实信息。同时，管制机构自身信息的缺乏也导致了电信运营商的逆向选择问题。这也是目前中国电信市场上，电信运营商主导价格战，以各种各样的方式阻碍互联互通的实现，而管制机构试图阻止又无法根除此类问题的根结所在。从中国电信市场改革的短短时间分析，只有电信运营商才有可能获得电信业务的成本信息。因此，目前中国电信运营商经理人的激励问题不仅有管制激励理论中的使其公布成本信息，而且更应该有使其获得自身成本信息的激励。

（三）中国电信产业管制激励

管制激励理论中，管制机构通过设计管制激励方案并付诸实施来达到管制目标，使得被管制企业显示其私人信息。对自然垄断的管制常常是一个多期的重复博弈过程。由于中国电信管制机构对基础网络业务市场的禁入或限入，使得博弈的参与方始终是不变的，被管制运营商始终可以先期行为，再在事后与管制机构博弈（如中国电信推出"小灵通"业务），使得管制方案向有利于自己的方向发展。同样，管制机构也可以通过事后的修改管制方案而对电信运营商进行剥夺，包括通过更换经理人的方式。这使得管制的承诺问题预期始终无法保证，这会抵消代理人在实施管制激励方案是显示自己真实信息的动力。因此，提高管制承诺的可信性是中国电信管制要解决的首要问题。这一点可以通过建立独立电信管制机构来解决。独立电信管制机构最基本的要求是要独立于被管制的电信运营商，即管制者不能和被管制者混为一体，否则就失去了管制的意义。其次，独立电信管制机构要求独立于相关的政府部门，这是保证独立性的更高要求。独立管制机构的职责是"管制"电信行业，而政府部门的职责是促进电信行业"发展"，这是两项可能发生冲突的职责，因此，为了保障管制机构管制的公平性，这两项职责必须分离。

此外，电信管制机构可以通过审核手段来检查电信运营商是否显示真话，并对说谎者进行惩罚。现实中审核手段既可以是委托人付出成本进行的审计行为，也可以是通过现代资本市场的企业治理机制。

无论是设立独立的电信管制机构，还是加大对管制机构和电信运营商的审核，都是想通过激励方案的设计（降低参数的值，提高参数的值），在多期博弈过程中，使被管制企业如实地显示出其私人信息。

参考文献：

1. 张磊：《产业融合与互联网管制》，上海财经大学出版社 2001 年版。

2. 常欣：《放松管制与规制重建——中国基础部门引入竞争后的政府行为分析》，载于《经济理论与经济管理》2001 年第 11 期。

3. Fudeberg，D.，Tirole，J. J. Moral Hazard and Renegotiation in Agency Contracts [J]. Econometrics，1990（58）：pp. 1279 – 1320.

4. 陈甬军、胡德宝：《西方自然垄断产业管制理论的发展与述评》，载于《南京财经大学学报》2008 年第 3 期。

5. Stigler G. J. The Theory of Economic Regulation [J]. Journal of Economics and Management Science，1971（2）：pp. 3 – 21.

6. Peltzman S. Toward a More General Theory of Regulation [J]. Journal of Law and Economics，1976，19（2）：pp. 211 – 240.

7. Becker G. A Theory of Competition among Pressure Groups for Political Influence [J]. Quarterly Journal of Economics，1983，98（3）：pp. 371 – 400.

8. Hettich，W.，Winer S. L. Economic and Political Foundation of Tax Structure [J]. American Economic Review，1988（78）：pp. 701 – 712.

9. Laffont J. J.，Tirole J. The Politics of Government Decision-Making：A Theory of Regulatory Capture [J]. Quarterly Journal of Economics，1991，106（4）：pp. 1089 – 1127.

10. Laffont J. J. , Tirole J. A Theory of Incentives in Procurement and Regulation [M]. Cambridge: MIT Press, 1993.

11. Laffont J. J. , Martimort, D. Separation of Regulation against Collusive Behavior [J], RAND Journal of Economics, 1999, 30 (2): pp. 232 -262.

12. Laffont J. J. M artimort D. The Theory of Incentives: The Principal-Agent Model [M]. Princeton: Princeton University Press, 2002.

13. 张新杰:《政府管制的决策分析——委托代理模型的一个应用》，载于《浙江国际海运职业技术学院学报》2008 年第 3 期。

14. 徐云鹏、张旭昆:《政府管制模型研究：基于消费者参与的理论视角》，载于《技术经济》2008 年第 8 期。

15. Armstrong M. , Sappington D. Recent Developments in the Theory of Regulation [M]. Handbook of Industrial Organization, 2005.

附录：

$$\max_{p_H, p_L} W = \phi\{\beta w_H(p_H) + (1-\beta)[w_L(c_L) - \theta S_M]\} + (1-\phi) w_L(c_L) \tag{1}$$

由于式（1）的第二项为常数，因此要想最大化期望社会福利，只需要最大化式（1）的第一项。将 $w_H(p_H) = \nu_H(p_H) + \pi_H(p_H)$、$S_M = \frac{\theta}{1+\theta}\Delta c \cdot q(p_H)$ 代入式（1）的第一项，有：

$$\begin{aligned}
&\beta w_H(p_H) + (1-\beta)[w_L(c_L) - \theta S_M] \\
&\quad = \beta[\nu_H(p_H) + \pi_H(p_H)] + (1-\beta)\left[\nu_L(c_L) + \pi_L(c_L) - \frac{\theta}{1+\theta}\Delta c \cdot q(p_H)\right] \\
&\quad = \beta[\nu_H(p_H) + \pi_H(p_H)] - \frac{\theta(1-\beta)}{1+\theta}\Delta c \cdot q(p_H) + (1-\beta)[\nu_L(c_L) + \pi_L(c_L)] \qquad (2)
\end{aligned}$$

可以看到式（2）第三项为常数，因此要想最大化式（2），只需要最大化式（1）的第一、第二项。将 $\pi_H(p_H) = (p_H - c_H)q(p_H) - F$ 代入式（2）的第一、第二项，有：

$$\begin{aligned}
&\beta[\nu_H(p_H) + \pi_H(p_H)] - \frac{\theta(1-\beta)}{1+\theta}\Delta c \cdot q(p_H) \\
&\quad = \beta[\nu_H(p_H) + (p_H - c_H)q(p_H) - F] - \frac{\theta(1-\beta)}{1+\theta}\Delta c \cdot q(p_H) \\
&\quad = q(p_H)\left[\beta(p_H - c_H) - \frac{\theta(1-\beta)\Delta c}{1+\theta}\right] + \beta[\nu_H(p_H) - F] \qquad (3)
\end{aligned}$$

当 $p_H = \frac{\theta(1-\beta)\Delta c}{\beta(1+\theta)} + c_H$ 时，式（3）达到最大。

（本文载于《中国软科学》2010 年第 3 期）

横向兼并合谋效应评价方法的批判性审视及前沿问题

王继平　郑少华

摘　要： 通过评判性地审视国外、特别是美国反垄断当局和产业组织经济学家所提出的用来评价横向兼并合谋效应的主要方法发现，合谋效应模拟是反垄断经济学和竞争政策研究的一个前沿问题。合谋效应模拟用客观的、可证实的计算代替了主观的、不可证实的直觉，是改进当前合谋效应分析的一条充满希望的有效途径。合谋效应模拟的研究将有助于中国反垄断执法机构更好地进行兼并合谋效应的审查。

关键词： 横向兼并　合谋效应　兼并模拟

一、引　　言

市场中企业间的兼并可以分为横向、纵向和混合兼并三种类型。其中，横向兼并是指竞争对手之间的兼并。概言之，横向兼并可能产生两方面的影响：一方面是效率增进效应；另一方面是反竞争效应，即横向兼并可以通过单边效应和合谋效应两种方式来威胁和损害市场竞争。单边效应（Unilateral Effects）是指在不需要其他竞争对手协同行动的情况下，兼并企业有能力单独有利可图地索取较高价格或生产较低产量的效应。合谋效应（Coordinated Effects）是指横向兼并能够提高相关市场上企业就价格、市场份额或其他重要的决策变量合谋的可能性和稳定性的效应。

在美国，1992年横向兼并指南颁布之前，合谋效应是禁止一项兼并的唯一原因。换言之，如果当局认为兼并使得默契合谋的可能性增大，那么该兼并将被阻止。例如，著名法官和经济学家理查德·波斯纳（Richard Posner）曾强调，反垄断兼并审查的"根本问题"是被质疑的兼并是否使得企业能够更容易进行明示的或默契的合谋，进而迫使价格提高到竞争水平之上，最终损害了消费者。但是，正如掌管美国反垄断局的查尔斯·A·詹姆斯所分析的那样，与合谋效应相比，由于兼并的单边效应可以预测和在经验上证实，因此，从1992年美国横向兼并指南颁布开始，美国反垄断当局的兼并审查变得过于倚重单边效应，对合谋效应的关注似乎衰落了①。然而，最近风向发生转变，美国反垄断当局又开始重视兼并的合谋效应了。在欧盟，竞争法最初强调兼并是否可能使兼并企业成为适当定义的反垄断相关市场的优势企业，而现在则更多地关注所谓联合占优（Collective Dominance）②。美国司法部部长副助理（Deputy Assistant Attorney General）威廉姆·J·科拉斯基（Kolasky）曾说：在过去的10年中，随着美国反垄断当局对单边效应的强调以及欧盟竞争当局对合谋效应的更多关注，美国和欧盟的横向兼并分析方法在本质上已经趋同。正是美国反垄断当局对合谋效应的重新重视以及欧盟竞争当局对集体优势的关注，使得如何评价和证明兼并案件中的合谋效

① 美国经济学界和法学界对于为什么反垄断执法当局不太关注兼并的合谋效应的问题，存在不同的看法：一些学者（Gurrea and Owen，2003）认为是政治风向转变的结果，而另一些学者（Baker，2003）认为是单边效应经济分析工具显著改进的结果。

② 合谋效应是经济学术语，而联合占优是法律术语。在美国，研究者和反垄断执法当局一般用术语"合谋效应"，而在欧洲则通常用术语"联合占优"，其实，这两个术语指的是一个意思。

应成为欧美产业组织经济学家近几年所研究的热点问题。

中国的反垄断法刚刚于2009年的8月1日颁布实施，与西方发达国家、特别是美国相比，尚处于婴儿时期。很多学者都已敏锐地认识到中国反垄断法的实施面临诸多困难，其中之一是技术层面的难题。毋庸置疑，作为反垄断执法实践的“后起之国”，中国反垄断执法机构如何才能科学有效地落实反垄断法的纲领性规定已成为亟待研究和解决的问题。古人云：“精于术而以道为本，守于道而以术御事”。反垄断法是原则性、纲领性的，是“道”，是根本，而这个“根本”的落实需要解决技术层面的问题，需要科学有效的方法和手段——“术”。本文的主旨在于探讨如何评价横向兼并合谋效应的“御事”之术。他山之石，可以攻玉。正如林平、臧旭恒在《反托拉斯革命——经济学、竞争与政策》一书的译者序中所说的那样：“如果说历时13载的讨论、修改而铸成的中国《反垄断法》是先进国家法律条文和中国具体情况相结合的结晶的话，那么，反垄断先行国家执法经验和智慧的引进，将是中国下一步实施《反垄断法》的一个合乎逻辑的任务。”本文试图通过评判性地审视国外、特别是美国反垄断当局和产业组织经济学家所提出的用来评价横向兼并合谋效应的主要方法，进而探寻我们应该如何在着手改进合谋效应分析评价方法的问题。

二、结构推定方法的衰落和影响因素逐项评价法的兴起

在美国，自费城国民银行案引入结构推定到1982年横向兼并指南颁布的20年间，结构推定一直是评价和证明兼并案件中合谋效应的主要方法。**所谓结构推定**（Structural Presumption），是指如果一起拟议中的兼并会导致相关市场集中度水平的实质性提高，那么就推定该兼并会损害竞争。结构推定方法背后的逻辑很简单：相关市场的企业越少合谋就越容易越有效。贝克尔（Baker）将之类比为**“宴会的故事”**：安排朋友们到餐馆聚会，四人比五人相聚更容易协调聚会时间，而且到场的人通知还没有到场的其他人也更容易些。结构推定的经济学基础是盛行于20世纪60年代的所谓“哈佛学派”的产业组织经济学范式“结构—行为—绩效”方法（Structure-Conduct-Performance，SCP）。该方法基于拥有市场势力的产业是可以通过简单的、易于观测的指标（特别是集中指标）来识别的思想。但是，结构推定的经济学基础在被芝加哥学派的经济学家动摇了。由于如下三方面的原因，经济学家在很大程度上放弃了这个简单的范式。在经验方面，将市场集中度与价格、利润和绩效联系起来的大量跨产业经验研究的证据受到了严峻的挑战：一方面经验经济学文献无法确定一个可靠的精确的普适于不同产业的集中度水平门槛，另一方面经验研究表明，除集中度之外，特定企业和特定产业的其他因素在决定高集中度是否将导致高价格的问题上也起重要的作用；在理论方面，斯蒂格勒（Stigler）关于寡头理论的开创性论文以及随后的进一步研究，使人们认识到默契合谋的成功取决于市场中的企业能否克服达成关于价格或市场份额协议的困难，以及能否及时发现对协议的背叛和能否对背叛实施可信的有力的惩罚。简言之，斯蒂格勒所开创的现代寡头理论使人们认识到，即使是在寡头市场上默契合谋也不是必然就会发生；在概念上，人们越来越认识到拥有高市场份额的企业有利可图，既可能是行使其市场势力的结果，也可能是由于实现了低成本或其他效率。

美国1982年兼并指南回应了对结构推定兼并分析方法的批判，采取了折中的观点①：市场集中仍然是非常重要的，在评价横向兼并时，首先要考虑兼并后的市场集中度以及兼并企业的市场份额。但是，市场集中不再是决定性的了，还要考虑市场进入的难易程度和其他市场特征是否使企业很难达成默契合谋。在有关反垄断研究文献中，研究者一般将该方法称之为影响因素逐项评价法

① 里根总统任命威廉姆·巴克斯特（William Baxter）掌管美国司法部反垄断局。巴克斯特是一位具有芝加哥学派倾向的法律学者，他面临着如何协调已有的横向兼并判例（Precedent）和芝加哥学派的经济学方法的问题。巴克斯特负责起草了美国1982年兼并指南。

（Checklist Approach）①。该方法意味着仅仅赫希曼—赫芬达尔指数（HHI）是不能保证诉讼获胜的，市场定义和市场份额已经变得不再像兼并分析的结构推定时代那么重要了，传统的结构推定方法已经走向衰落。1992 年兼并指南的一个重要创新是首次引入了兼并的单边效应分析，但是，对合谋效应的分析基本延续了 1982 年指南所采用的方法。影响因素逐项评价方法是以斯蒂格勒开创的现代寡头理论的**“协议—监控—惩罚”**范式（Consensus-Detection-Punishment Paradigm）为基础的，它要求考察和检验一起拟议中的兼并是否使得达成协议的可能性增加、是否使得更容易监控卡特尔成员背离协议行为以及是否使得对背叛行为可以实施更有效的惩罚。更具体地讲，这种方法要求识别影响合谋可能性和有效性的主要变量以及确定兼并是如何改变了这些变量。在实践中，用于识别合谋效应的经验方法关注少数几个市场特征参数：竞争者的数量、价格并行（Price Parallelism）、不正常行为（Deviant Behaviour）、某种非对称性（产能、市场份额、成本等）、产品差异等。

与传统的结构推定方法相比，影响因素逐项评价方法更为科学合理。但是，这种方法远未尽如人意。一方面，该方法涉及各种证据的权衡，给予了执法者很大的自由决定权（Discretion），引发了兼并审查和裁决的不确定性。比如，正如施蒂格勒所认为的那样，竞争者的数量在达成一项协议中起至关重要的作用：首先，市场中的企业越多，寻找一个一致同意的价格或数量结构就越困难；其次，参与者越多，欺骗的可能性越大（Ivadi et al.）。然而，我们不知道竞争者数量与合谋可能性之间到底存在怎样的准确关系②，因此，我们无法预测随着市场中企业的减少合谋可能性到底是增加了还是减少了。另一方面，该方法使兼并合谋效应的评价变得更为复杂和困难，进而加大了执法成本。在芝加哥学派革命之前的结构推定时代，没有必要分析和解释市场中一个竞争对手被兼并是如何促进合谋的，因为这种联系被认为是理所当然的。结构推定简单易行，但是，容易引发禁止有利于竞争的兼并的错误。这种错误的成本可能是非常可观的。与之相反，在影响因素逐项评价方法中，兼并与合谋之间的联系不再是理所当然的假定而是一种可以分析的关系。为了挑战一项拟议中的兼并，反垄断当局必须解释和回答市场中一个竞争对手被兼并是在什么情况下和如何促进合谋的问题。换言之，反垄断当局必须解释横向兼并促进合谋的机制。

针对影响因素逐项评价法存在的问题，一些国家的反垄断当局和经济学家着手改进合谋效应分析的方法。从当前的文献看，这种努力包括两条研究路线：一条是由曾任联邦贸易委员会经济学局主任的著名的法学家、经济学家乔纳森·贝克尔（Baker）所倡导的以不合作企业为中心的方法分析方法。另一条路线是像对单边效应的模拟一样，试图模拟兼并的合谋效应。下面我们分别讨论这两条研究路径。

三、以不合作企业为中心的方法

贝克尔所倡导的以不合作企业为中心的方法（Maverick-centered Approach）在解释市场中一个竞争对手被兼并在什么情况下和如何促进合谋时，特别关注所谓的不合作企业（Maverick Firm or Industry Maverick）③。对于反垄断经济学家而言，不合作企业的概念并不陌生。事实上，在美国 1992 年横向兼并指南中已经明确地提到在分析兼并的反竞争效应时应该考虑不合作企业的作用。所谓不合作企业是指与其他竞争对手相比有更强的经济动机背离合谋的企业。换言之，一个不合作企业是具有特殊好斗（Aggressive）精神的企业，它对于市场竞争的重要性比其规模或市场份额所显

① 有些学者（Baker，2002）也将之称为环境综合分析法（Totality-of-the-circumstances Approach）。

② 除了泽尔腾煽动性的论文（Selten，1973）之外，很少有研究考察竞争者数量与合谋可能性之间的准确关系。

③ 依据《美国传统词典》，英文“Maverick”作为名词时意思是“独来独往者”，拒绝遵守规定或与群体疏远的人，作为形容词时意思是“闹独立的”，在思想和行动上独立的。在马西莫·莫塔的《竞争政策——理论与实践》一书的中译本第 190 页的注释［11］中，沈国华将“Maverick”直译为“闹独立企业”。从我们所阅读的大量英文文献来看，似乎译为“不合作企业”更为贴切一些。

示的要大得多。

在实践中，以不合作企业为中心的方法的运用，首先要识别和确定在兼并之前相关寡头市场中是否存在一个不合作企业。贝克尔提出了三种识别一个产业中不合作企业的方法：第一种方法是所谓的“显示偏好”（Revealed Preference）方法，这种方法基于企业过去的行为和声誉。贝克尔依据该方法认定西北航空公司是美国航空产业的不合作企业。第二种方法是“自然实验”（Natural Experiments）。例子是最好的说明方法，我们可以用一个例子来说明自然实验的思想。识别和确定政府如何影响经济增长的最好方式是不同国家的成对比较。如果所比较的国家除了政府不同之外，其他方面都相同，那么，不同国家增长绩效的差别就是由政府的不同所导致的。第二次世界大战后的朝鲜和韩国、民主德国与联邦德国的增长绩效的巨大差距就是一个很好的自然实验的例子。由于这两组国家除了政府的不同之外，影响经济增长的其他因素大致相同，于是，可以得出政府的不同是造成不同国家增长绩效的差异原因。这种思想也可以用于“检验”哪一个企业是不合作企业。例如，在一家潜在的不合作企业并不在所有的地理市场与其他对手竞争的情况下，如果可以得到不同地理市场的定价数据，我们就可以通过识别该企业对价格或其他竞争结果的影响来确定它是否是不合作企业：第三种方法是先验因素法（A Priori Factors Approach），这种方法基于对一家企业偏好高价或低价的原因的理解。譬如，一个产业拥有的过剩产能会造成企业降价的压力。据此推论，具有更大过剩产能的企业更可能成为该产业的不合作企业。

其次，要说明横向兼并是如何通过改变相关市场中不合作企业的激励结构而影响合谋的可能性和有效性的。对此可以分两类情形讨论：第一类情形是拟议中的兼并包括不合作企业。此类情况下的兼并可能产生两种相反的效果：一种效果是放松或消除了不合作企业对合谋的限制和约束作用，促进了企业之间的合谋；另一种效果是兼并加强了不合作企业对合谋的约束作用。当不合作企业与其他企业兼并后所形成的新企业与兼并前的不合作企业相比，有更强的背离合谋的激励时，兼并便具有了有利于竞争而不是合谋的后一种效果。不过，这种情况很少，因为要产生这种有助于竞争的效果，拟议中的兼并必须带来巨大的可变成本节约或是其他有利于消费者的重大的效率提高，并且兼并后所形成的新企业降价的激励要大于提价的激励。

第二类情形是拟议中的兼并不包括不合作企业。此类情况下的兼并对竞争的影响可能有多种情形：（1）如果拟议中的兼并并没有改变对不合作企业的激励，那么，该兼并将不影响竞争；（2）如果拟议中的兼并改变了不合作企业的激励（增强或减弱其背叛动机），那么，对竞争的影响要依具体情况而定：既可能有利于合谋，也可能有利于竞争；（3）如果拟议中的兼并由于提高效率而产生了一个新的不合作企业，进而破坏和瓦解合谋，那么，兼并可能有利于竞争；（4）如果兼并将不合作企业排挤出市场或者将其变为一个微不足道的竞争者，那么，该兼并将有害于竞争。

毫无疑问，贝克尔所发展的方法，有助于提高反垄断横向兼并合谋效应分析的精度，使法院更好地理解什么情况下一个企业的消失可能促进默契合谋，而在什么情况下则不会促进合谋。依据迈克尔·雅克布（Jacobs）教授的报告，在1998～1999年间，澳大利亚竞争与消费者委员会基于被兼并的目标企业是对维持市场竞争不可缺少的不合作企业而禁止了几起拟议中的兼并。但是，该方法的适用范围由于并非总能发现不合作企业而受到了很大的限制，因此，需要另辟蹊径，寻求改善合谋效应分析的其他方法。不少经济学家认为，合谋效应的模拟就是改进合谋效应分析的另一条有效途径。

四、量化横向兼并的合谋效应

尽管自沃顿和弗罗博（Werden and Froeb）和豪斯曼（Hausman）等开创性的研究以来，越来越多的产业组织经济学家加入到兼并模拟研究的行列中来，有关兼并的单边效应模拟的研究文献已经很多了，并且这些方法已经运用于美国和欧盟的兼并审查和反垄断司法实践之中，但是，与此形成鲜明的对比，关于合谋效应模拟的研究目前还很少。英国沃里克（Warwick）大学的产业经济学家玛格丽特·斯莱德（Slade）曾说，“尽管合谋效应是竞争当局必须面对的重要问题，但是，与单边效应的模拟相比，合谋效应的计量经济评估较少受到关注。”意大利竞争局的经济学家萨贝蒂尼（Sabbatini）指出，“最近 10 年，应用于反垄断兼并控制的经验分析方法的长足进步，主要体现在单边效应的评价方面。相反，在合谋效应的经验评价方面进展很小。”美国密歇根大学的库恩（Kühn）在《反垄断经济学手册》第 3 章“兼并的合谋效应”中也写道：“几乎没有关于兼并合谋效应的经验研究，这与其重要地位是不相称的。”由此可见，如何量化横向兼并的合谋效应是反垄断经济学和竞争政策研究的一个前沿问题。

从我们所能获得的国外文献来看，目前有三种思路可用于量化或模拟兼并的合谋效应。

第一种思路是比较兼并前后的合谋利润。该研究思路由美国联邦贸易委员会的经济学家科瓦希克等（Kovacic et al.）所倡导，他们试图通过模拟横向兼并如何改变合谋利润来量化合谋可能性的大小。该方法的基本假定认为，合谋利润是驱动合谋行为的根本动力。在这个假设下，如果一个拟议中的兼并可以增加相关市场的合谋利润，那么，企业将有更大的激励解决经济学家的所谓“卡特尔问题”，并通过合谋来实现这个利润。于是，反垄断当局可以推断，该拟议中的兼并将会提高市场中企业合谋的可能性。

第二种思路是分解勒纳指数。该研究思路由加利福尼亚大学伯克利分校的经济学家奈沃（Nevo）最早提出、英国沃里克大学的产业经济学家玛格丽特·斯莱德对此做了改进。尽管分解勒纳指数的具体计算比较复杂，但是，其基本思想很简单：兼并对价格的总效应由单边效应和合谋效应所组成。如果我们可以计算总效应和单边效应，那么，二者之差便是合谋效应了。利用勒纳指数分解法，奈沃研究了美国早餐食品产业兼并的合谋效应，斯莱德考察了英国酿酒产业兼并的合谋效应。勒纳指数分解法的应用，需要外生的、可观测的成本数据，而这个条件并不总能满足。

第三种思路是比较兼并前后的临界贴现因子。该研究思路最早由法国经济学家卡姆帕特（Compte）等提出。之后，伦敦经济学院经济政策研究中心彼特·戴维斯（Davis）博士和意大利竞争局的经济学家萨贝蒂尼分别探讨了如何利用临界贴现因子方法模拟兼并的合谋效应的问题。现代合谋经济学表明，只有在每个企业愿意选择合谋，而不是背离（背离要受到惩罚）的条件下，合谋才可能发生和维持。因此，对于达成合谋协议的每个企业来说，合谋的激励兼容约束条件必须成立。更具体地说，只有在贴现因子大于某一“临界贴现因子”时，合谋才会出现和维持。临界贴现因子越大，合谋越困难也越难维持。因此，可以通过计算兼并对临界贴现因子的影响来模拟兼并的合谋效应。如果兼并后的临界贴现率比兼并前低，那么，可以推断该兼并具有亲合谋效应。卡姆帕特等（2002）用该方法考察了法国瓶装水市场雀巢矿泉水和毕雷矿泉水（Nestlé/Perrier）兼并案的合谋效应。戴维斯和萨贝蒂尼用假设的数值例子说明如何通过计算兼并对临界贴现因子的影响来模拟兼并的合谋效应的问题。

我们的初步研究发现，与前两种思路相比，第三种思路更有发展前景，理由如下：第一种思路没有直接量化兼并前后合谋可能性发生的变化，而是通过量化合谋利润的变化来间接提供合谋可能性的信息。在该思路中，一个至关重要的假设是，随着合谋利润的增加合谋可能性增大。乍一看，该假设似乎很在理，毕竟，合谋时获得利润越大解决卡特尔问题的动力也就越大。但是，仔细考察，随着合谋利润的增加合谋可能性增大的假设是有问题的。对于能否成功合谋、合谋是否稳定而言，合谋利润的分配比利润总量的大小更重要。在现实中，卡特尔常常因瓜分利润的问题而难以形成或破裂，因此，不能简单地从兼并前后合谋利润的变化来得出合谋可能性和稳定性变化的结论来。对于第二种思路，即通过分解勒纳指数来获得兼并的合谋效应的思路，该方法运用的前提是研究者可以获得外生的、可观测的、可信的成本数据，而这个条件并不总能满足，因此，其应用范围受到了很大的限制。

鉴于以上考虑，我们的研究主要沿着第三种思路展开，即通过模拟兼并前后合谋的临界贴现因子来评价兼并的合谋效应。现代合谋经济学表明，只有在每个企业愿意选择合谋，而不是背离（背离要受到惩罚）的条件下，合谋才可能发生和维持。因此，对于达成合谋协议的每个企业来说，合谋的激励兼容约束条件必须成立。更具体地说，只有在贴现因子大于某一“临界贴现因子”时，合谋才会出现和维持。临界贴现因子越大，合谋越困难也越难维持。因此，可以通过计算兼并对临界贴现因子的影响来模拟兼并的合谋效应。如果兼并后的临界贴现率比兼并前低，那么，可以推断该兼并具有促进的合谋效应。

五、结论性评论

正如我们在导言中所提及的那样，作为反垄断执法实践的“后起之国”，中国反垄断执法机构如何才能科学有效地落实反垄断法的纲领性规定已成为亟待研究和解决问题。本文的主旨在于探讨如何评价横向兼并合谋效应的技术层面的问题。我们通过评判性地审视国外、特别是美国反垄断当局和产业组织经济学家所提出的用来评价横向兼并合谋效应的主要方法发现，合谋效应模拟是反垄断经济学和竞争政策研究的一个前沿问题。合谋效应模拟用客观的、可证实的计算代替了主观的、不可证实的直觉，是改进当前合谋效应分析的一条充满希望的有效途径。合谋效应模拟的研究将有助于中国反垄断执法机构更好地进行兼并的合谋效应的审查。

参考文献：

1. James, C.. Rediscovering Coordinated Effects [EB/OL]. http://www.usdoj.gov/atr/public/speeches/200124.htm., 2002-08-13.

2. Baker, J. B. Why the Antitrust Agencies Embrace Unilateral Effects? [J]. George Mason Law Review, 2003, 12 (1): pp. 31-37.

3. Kolasky, W. J.. Coordinated Effects in Merger Review: from Dead Frenchmen to Beautiful Minds and Mavericks [EB/OL], http://www.usdoj.gov/atr/public/speeches/11050.htm. 2002-04-24.

4. 于立、吴绪亮、刘慷：《反垄断法的经济学基础：历史、趋势与难题》，载于《产业组织评论》2007 年第 1 期。

5. J. E. 克伍卡，L. J. 怀特，林平、臧旭恒等译：《反托拉斯革命——经济学、竞争与政策》（第四版），经济科学出版社 2007 年版。

6. Baker, Jonathan B. (2002). Mavericks, Mergers, and Exclusion: Proving Coordinated Competitive Effects Under the Antitrust Laws [J]. New York University Law Review, 2002, 77: pp. 135-203.

7. Salinger, M.. The Concentration-Margins Relationship Reconsidered [J]. Brookings Papers on Economic Activity: Microeconomics, 1990, P. 287.

8. Stigler, G.. A Theory of Oligopoly [J]. Journal of Political Economy, 1964, 72: pp. 44-61.

9. Demsets, H.. Industry Structure, Market Rivalry, and Public Policy [J]. Journal of Law and Economics, 1973, 16: pp. 1-10.

10. Ivaldi, M., B. Jullien, P. Rey, P. Seabrigh, and J. Tirole. The Economics of Tacit Collusion, Final Report for DG Competition, European Commission, IDEI, Toulouse, 2003.

11. Jacobs, M. S.. Second Order Oligopoly Problems with International Dimensions: Sequential Mergers, Maverick Firms, and Buyer Power [J]. Antitrust Bulletin, 2001, 46: P. 537, pp. 548-549.

12. Werden, G. J., Froeb, L. M.. The Effects of Mergers in Differentiated Products Industries: Logit Demand and Merger Policy [J]. Journal of Law, Economics, and Organization, 1994, 10: pp. 407-426.

13. Hausman, J. A., G. K. Leonard, J. D. Zona. Competitive Analysis with Differentiated Products [J], Annales D'Economie et Statistuque, 1994, 34: pp. 159-180.

14. Slade, M. E.. Market Power and Joint Dominance in U. K. Brewing [J]. Journal of Industrial Economics, 2004,

52：pp. 133 – 163.

15. Sabbatini. P.. How to Simulate the Coordinated Effects of a Merger，*Working paper*，Italian Antitrust Authority，November 2006.

16. Kuhn，Kai-Uwe. The Coordinated Effects of Mergers ［M］. Paolo Buccirossi ed.. Handbook of Antitrust Economics，MIT Press，2008.

17. Kovacic，W. E.，R. C. Marshall，L. M. Marx and S. P. Schulenberg. Coordinated Effects in Merger Review：Quantifying the Payoffs from Collusion，FTC Working Paper. 2006.

18. Nevo，A.. Measuring market power in the ready-to-cereal industry ［J］. Econometrica，2001，69：pp. 307 – 342.

19. Compte，O.，F. Jenny and P. Rey. Capacity Constraints，Merger and Collusion ［J］. European Economic Review，2002，46：pp. 1 – 29.

20. Davis，P.. Coordinated effects merger simulation with linear demand ［EB/OL］，http：//www. appliedeconomics. com. 2005.

（本文载于《天津商业大学学报》2010 年第 4 期）

中国银行业的效率现状及动态效率分析

文玉春

摘　要： 利用数据包络分析（DEA）对我国银行业1999~2008年的经营效率进行总体分析与评价，并利用曼奎斯特指数（Malmquist Index）对其效率变动进行测算，结果表明，我国银行业生产经营效率呈现上升趋势，但整体水平仍然相对较低，商业银行存在与自身规模不相适应的管理能力。同时，银行业结构、区域分布、规模大小以及企业类型等因素会使银行业在综合技术效率、纯技术效率与规模效率方面存在差异。银行业生产率改进大部分来自于技术进步。

关键词： 数据包络分析法　银行业　动态效率分析　商业银行

银行业在金融体系中占有主导地位，其效率高低决定着我国整个金融体系的效率。从整体上看我国银行业资产质量近几年有了大幅改观，生产资源配置渐趋合理，市场竞争能力不断提高。同时也要认识到，我国商业银行在资本充足率、资本回报率、不良贷款率等指标方面很不理想，在经营效率方面和国外发达国家银行相比还存在很大差距。效率是银行竞争力的集中体现。在国外既有研究的基础上，我国部分学者也尝试对我国银行业效率进行研究。但目前对我国现阶段银行业效率的研究还不够深入，尤其对银行业效率的动态变化研究不够。

一、文献综述

银行效率是银行对其资源的有效配置，是银行市场竞争能力、投入产出能力和可持续发展能力的总称，在业务活动中具体表现为投入或成本与产出或收益之间的比率。国外学者评价银行业效率时用到的方法可分为两类：一类是参数方法。如估计银行业效率的因子分析法（Noulas-David，1999），利用多元回归分析建立银行业绩效和效率分析模型（Shun and Stephen，2002），利用路径分析方法估计银行业的绩效（Louis，2004），彻丽尔（Cheryl，2005）通过产品周期模型探讨银行业的绩效，熊俊峰（Jason-Hung，2005）估计银行业的全要素生产率。另一类是非参数方法。通过大量的实际生产点数据基于一定的生产有效性标准找出位于生产前沿包络面上的相对有效点，主要是利用数据包络分析模型。该方法无须指定投入、产出间的特定技术函数关系适合银行业这样具有复杂投入、产出关系的决策单位的绩效评价。沃辛顿（Worthington，1998）分别利用数据包络分析法的规模报酬不变（CCR）和规模报酬可变（BCC）模型研究了1990~2005年期间澳大利亚的九大商业银行的效率值。莫达斯和则内斯（Maudos and Zenios，2000）对银行资产规模、组织形式、市场集中度、资本化程度等因素对银行效率的影响作了详细的研究。杨和陈（Yong and Chen，2004）采用数据包络分析中的规模报酬不变、规模报酬可变和规模报酬非增（NIRS）模型，对2001年美国50个州的银行业发展进行了效率排名。

从研究的内容看，银行效率的研究可以简单划分为两个阶段：早期的研究集中于规模经济和范围经济的研究上，近期则倾向于生产效率。亨特和蒂姆（Hunter，W. C. and S. G. Timme，1986），阿什顿和约翰（Ashton and John，1998）、伯杰（Berger，A. N.，1998）、哈克和孔特（Harker and Kunt，1999）等在规模经济方面做了大量的研究。较为一致的结论是，银行业具有比较平坦的U型成本曲线，中型银行的效率通常高于大型银行和小型银行，技术进步使银行业的效率在最近几年有了大幅度的提高。对我国银行业规模经济的研究主要在1998年以后。于良春和鞠源（1999）、赵旭（2000）、徐传湛等（2002）以及阚超、王付彪等（2004）进行了研究。研究结果多数认为，国有银行和股份制银行在规模经济状态和发展趋势方面存在一定的差异，股份制银行规模经济状态要好于国有银行，但其存在的非理性规模扩张行为已经导致其规模经济递减。20世纪80年代初，各国银行为摆脱金融管制而实施金融创新，注意力集中在金融业的综合经营模式和分业经营模式上，对银行效率的研究重点也转向了银行范围经济，但研究结果存在分歧。德姆塞茨和斯特拉恩（Demsetz and Strahan，1987）认为无论大银行还是小银行都存在联合生产经营中的业务范围效率，而冈萨雷斯（Gonzalez，1996）研究认为银行的范围经济随各国银行规模的不同而有所差异，没有数据能证明存在全球性范围经济。

生产效率研究最早由法雷尔（Farrell，1957）从微观角度研究企业效率，并首次引进前沿面生产函数的概念开始。克拉克和基利（Clark and Keeley，1965）对美国银行业的微观经营效率进行了开创性研究，而后大量经济学家对此产生了兴趣。国内这方面的研究主要在1999年以后，归纳起来大体上集中在两个领域：一是我国商业银行效率测度研究，魏熠和王丽（2000）、赵旭（2000）、姚树洁（2004）等研究结果整体上认为我国银行效率是稳步递增的，股份制商业银行效率要高于国有银行。二是影响我国银行效率的因素研究，凌亢（2000）、黄宪（2003）等从银行体系稳定性的角度论证了与银行效率的关系，朱南和陈敬学等（2004）从股本收益率、所有制和总部所在地等三方面分析了产生效率差异的原因，认为较低的盈利能力和产权主体单一是国有商业银行效率低下的重要原因。但目前的研究成果只能揭示在某个特定的期限内，一定范围的决策单位效率相对比较情况，无法看出某一决策单位随着时间变化其效率改进情况。

利用数据包络分析法研究我国银行业的主要文献是陈刚（2002）运用数据包络分析模型的曼奎斯特指数，对我国商业银行1994～1999年间生产有效性的动态变化进行了分析，认为我国商业银行一直在创新但是收效并不显著。张健华（2003）认为我国商业银行效率在1997～2001年期间呈逐年上升趋势，但其分析结果未对我国银行效率指数上升来源作更进一步的分析。王付彪、阚超、沈谦和陈永春（2006）对我国商业银行1998～2004年的针对技术绩效进行了实证研究，认为银行业的技术损失率主要源自规模效率损失，缺乏系统研究。

以上对银行业效率问题的研究存在着不足：首先，对银行业绩效评价或者用截面数据或用时序数据，应用面板数据进行分析的相对很少。其次，样本结构及数据分组不合理。我国银行业，从地域分布看，既有东部经济发达地区的，又有中西部经济欠发达地区的；从企业所属关系看，既有国有银行也有股份制银行；从银行规模和资产总量看，既有经营规模、资产总额较大的银行，也有中小型银行。这些都可能是影响银行业生产效率的重要因素。本文在充分考虑上述特征的基础上，系统、全面地评估我国银行业的效率问题及效率变动情况。

二、模型、变量与数据

效率水平是由生产过程投入产出关系的技术水平或技术状态决定的。数据包络分析一般分为投入导向模型和产出导向模型两种。本文研究的角度是投入导向型。

（一）实证模型

1. 数据包络分析。Data Envelopment Analysis（简称DEA）方法最先由查恩斯、库珀和罗兹

（Charnes，Cooper and Rhodes，1978）提出，主要通过运用线性规划方法来构建一个非参数前沿，从而可以对相对于前沿面的效率进行计算测度。假设存在规模报酬不变的生产技术，基于投入的数据包络分析方法其实就是对下面线性规划问题进行求解：

$$\min \theta, \lambda\theta$$
$$\text{s. t.} \ -y_i + y\lambda \geqslant 0, \ \theta x_i - x\lambda \geqslant 0, \ \lambda \geqslant 0 \tag{1}$$

其中，x_i 和 y_i 分别是第 i 个生产决策单位的投入和产出向量，x 和 y 则分别为 $K \times N$ 矩阵和 $M \times N$ 矩阵，表示所有生产决策单位的总投入和产出量。θ 的值就是第 i 个生产决策单位的效率值。若 $\theta = 1$，则说明其具有完美的技术效率，否则就说明其位于生产前沿之下，存在着 $1-\theta$ 的技术效率损失。由于不完全竞争、资金约束等问题，决策单位并不会在最优规模上进行生产，而是存在一定的规模效率损失问题。班克、查莫斯和库珀（Banker，Chames and Cooper，1984）提出了规模报酬可变模型。该能将纯粹技术效率和规模效率区分开来，可以衡量受评估单位在既定的生产技术情况下，是否处于最适生产规模状态，模型测度技术效率过程如下：

$$\min \theta, \lambda\theta$$
$$\text{s. t.} \ -y_i + y\lambda \geqslant 0, \ \theta x_i - x\lambda \geqslant 0$$
$$N1'\lambda = 1, \ \lambda \geqslant 0 \tag{2}$$

其中，$N1$ 是 $N \times 1$ 向量，其他符号同上。此方法得到一个包络观测点在内的截面凸包，比规模报酬不变方法得到的圆锥包更紧。该技术效率值 θ，大于或等于规模报酬不变模型得到的 θ 值。用规模报酬不变模型下计算的技术效率值除以规模报酬可变计算的纯技术效率值，就得到各决策单位的规模效率值。

2. 曼奎斯特指数。它是用距离函数来定义的，指第 t 期及第 $t+1$ 的曼奎斯特生产率指数的几何平均数。假设（x^t，y^t）和（x^{t+1}，y^{t+1}）分别为 t 期和 $t+1$ 期的投入产出关系。基于投入的生产率指数就是投入产出关系从（x^t，y^t）向（x^{t+1}，y^{t+1}）生产率的变化。

$$M_i^t(x^{t+1}, y^{t+1}, x^t, y^t) = \left\{ \left[\frac{D_i^t(x^t, y^t)}{D_i^t(x^{t+1}, y^{t+1})} \right] \left[\frac{D_i^{t+1}(x^t, y^t)}{D_i^{t+1}(x^{t+1}, y^{t+1})} \right] \right\}^{1/2} \tag{3}$$

生产率的变化既来自技术进步又来自综合技术效率。综合技术效率是生产技术的利用效率，也就是生产前沿面和实际产出量之间的距离。假设 EC 代表综合技术效率变动，则有：

$$EC = \frac{D_i^t(x^t, y^t)}{D_i^t(x^{t+1}, y^{t+1})} \tag{4}$$

技术水平的变化就是生产前沿面的移动。假设 TC 代表技术进步，则有：

$$TC = \left[\frac{D_i^{t+1}(x^{t+1}, y^{t+1})}{D_i^t(x^{t+1}, y^{t+1})} \cdot \frac{D_i^{t+1}(x^t, y^t)}{D_i^t(x^t, y^t)} \right]^{1/2} \tag{5}$$

曼奎斯特生产率指数可以分解为综合技术效率变动及技术进步的乘积，同时，技术效率又可以进一步分解为纯技术效率和规模效率。

$$M_i^t(x^{t+1}, y^{t+1}; x^t, y^t) = EC(x^{t+1}, y^{t+1}; x^t, y^t) \cdot TC(x^{t+1}, y^{t+1}; x^t, y^t) \tag{6}$$

若 $EC > 1$，表示效率改善，意味着银行管理方式与决策正确、得当；反之 $EC < 1$，效率低下，管理方式与决策不当。TC 表示银行业从第 t 期到第 $t+1$ 期的生产技术变化率，由银行第 $t+1$ 期的生产技术变动量和第 t 期的生产技术变动率的几何平均数计算得到。在生产函数中表示为两个时期内生产前沿面的移动。如果 $TC > 1$，表明银行业的生产技术呈现上升趋势，实现了金融创新；反之，表示银行的生产技术有所衰退。

（二）资料说明

本文研究的银行，主要指经营吸收存款、发放贷款、办理结算等业务，以利润为主要经营目标的金融机构，而不包括政策性银行。样本区间为 1999 ~ 2008 年 10 年的经营数据，研究对象包括 4 家国有商业银行和 10 家全国性股份制商业银行[①]，分布在全国各省会的各大银行的分行作为具体研究的决策单位。所有数据来源于 2006 ~ 2009 年的《中国金融年鉴》。

（三）投入产出变量选择

输入、输出指标的选取直接影响到数据包络分析模型的检验效果。投入—产出变量的选择必须能够反映被比较样本的竞争环境（Oral and Yolalan，1990）。银行作为特殊的企业，其投入—产出与其他企业存在很大的不同。本文在综合考虑生产法、中介法及资产法的基础上，采用王付彪和阚超等（2006）的研究方法，把银行贷款、净利润及存款作为银行生产的产出变量，把银行固定资产净额、利息支出及各种经营费用作为投入变量。之所以将存款列为银行的产出变量：第一，存款是银行发放贷款的主要资金来源，具有产出功能；第二，把吸收来的存款贷放出去获得的利息收入要远远大于吸收本笔存款所支付储户利息，有增加收入的功能。

三、实证结果与分析

将每家银行看作一个生产决策单位，运用上述模型来构造在每一个时期生产最佳实践前沿面，把每一家行的生产同最佳前沿面进行比较，从而进行经营效率测度。

（一）基本效率分析

1. 总体的规模效率、技术效率分析。将 14 家银行 10 年的投入产出数据经过数据包络分析软件 DEAP2.1 运行计算所得到的综合效率值、纯技术效率值和规模效率值的结果进行整理，可以得到年度各效率的平均值，如表 1 所示。

表 1　　1999 ~ 2008 年我国银行业的平均效率值

年份	综合效率平均值	纯技术效率平均值	规模效率平均值
1999	0.6328	0.7914	0.8849
2000	0.6450	0.7632	0.8124
2001	0.6109	0.6378	0.7696
2002	0.5543	0.6745	0.7349
2003	0.6965	0.7152	0.7207
2004	0.6376	0.7243	0.7075
2005	0.7105	0.8162	0.7317
2006	0.7248	0.8461	0.6843
2007	0.7384	0.9046	0.6548
2008	0.7021	0.8713	0.6354

从表 1 看出，尽管我国银行业综合效率平均值呈现增长的趋势，但还是一直徘徊在相对较低的水平上，2006 年和 2007 年达到最高水平，也只有 0.7248 和 0.7384。我国银行业综合技术效率低的原因是规模效率相对较低。具体到本文而言，主要表现为追求粗放式经营，各大银行将发展重点放

① 中国人民银行依据资产总额、从业人员数和利润额三项指标把我国的各种商业银行划分为大中小型银行。

在规模快速扩张上，战略多有模仿的倾向，银行功能趋于同质化，缺乏差异化服务战略；缺乏市场竞争力，理财产品和资本运营没有优势；缺乏浮动性的、针对高端客户的产品，网上银行的经营效率低。规模效率从1999年的最高点下降到2008年的最低点。纯技术效率虽然在1999～2001年却出现了下降，但从2002年起表现出了上升趋势。规模效率跟纯技术效率相比在这10年中平均低7个百分点左右。纯技术效率表示在同一规模产出下，最小的要素投入成本。实证数据显示我国商业银行整体技术效率呈现改进趋势，这一结果与在1999～2008年间，信息技术的应用和普及，积极推广业务电子化和网络化的事实相符合，由此带动了我国银行业的整体效率改进。尽管我国银行业改革力度不断加大，改革进入加速阶段，但在资金规模、技术创新、盈利水平方面与发达国家相比，仍然存在较大差距。据《银行家》杂志2005年度对世界1000家大银行排名，我国四大国有商业银行按照一级资本排名均排在前30名以内，按资产总额排名均排在前40名以内。但是按照代表效率的经营指标排名，则都排在730名以后，都属于经营最差的30%之列。2009年，进入世界500强的全球银行有68家，美国有9家，日本有6家，中国只有5家，且几乎都是国有企业，政府扶持在其中发挥了重要的力量，银行业离真正依靠市场竞争和规模经济优势提升竞争力还有不小的差距。

2. 各大银行的效率分析。

（1）综合技术效率。利用规模报酬不变模型计算出14家银行的综合技术效率得分，如表2所示。

表2　　1999～2008年14家银行的综合技术效率

年份	工商银行	农业银行	中国银行	建设银行	交通银行	中信银行	光大银行	华夏银行	民生银行	广发展	招商银行	深发展	兴业银行	浦发展
1999	0.427	0.575	0.683	0.183	0.479	0.567	0.437	0.931	0.802	0.864	0.596	0.336	0.591	0.821
2000	0.538	0.506	1	0.427	0.506	0.653	0.579	0.692	0.759	1	0.734	0.685	0.864	0.704
2001	0.606	0.389	0.479	0.390	0.551	0.690	1	0.735	0.638	0.731	0.729	0.349	0.685	0.690
2002	0.742	0.607	0.405	0.203	0.310	0.732	0.702	0.866	1	0.648	0.604	0.486	0.733	0.634
2003	0.789	0.731	0.599	0.487	0.473	0.708	0.674	0.703	0.843	0.609	0.589	0.602	0.904	0.720
2004	0.846	0.411	0.637	0.179	0.518	0.842	0.831	0.654	1	0.714	0.703	0.376	0.612	0.740
2005	0.703	0.596	0.492	0.532	0.276	0.584	0.654	0.542	0.732	0.566	0.680	0.297	0.727	0.767
2006	0.647	0.606	0.577	0.215	0.719	0.735	0.595	0.719	1	0.675	0.832	0.406	0.618	0.865
2007	0.532	0.642	0.541	0.383	0.642	1	0.489	0.684	0.860	0.802	0.489	0.618	0.810	0.921
2008	0.589	0.703	0.650	0.287	0.579	0.893	0.508	0.560	0.935	0.674	0.847	0.365	0.684	1
平均	0.714	0.574	0.637	0.394	0.465	0.746	0.635	0.771	0.873	0.689	0.648	0.428	0.716	0.806

由表2可以看出，民生银行绩效表现相对最高，其平均综合技术效率值为0.873，该行在2002年、2004年和2006年的绩效表现很好，综合技术效率值为1，但是其效率值也有波动。浦东发展银行的综合技术效率从2003年0.720上升到2008年的1，从2003年起，其一直处于效率前沿，但由于1999～2002年效率值有起伏，它的平均综合技术效率值为0.806，位居第二。华夏银行在1999～2003年综合技术效率保持在较高的水平，但综合效率值在其余年份从0.654下降到0.560，它的综合效率平均值为0.771，居于第三。工商银行的综合效率值变化趋势呈现两个阶段：第一阶段由1999年的0.427上升至2004年的0.846；第二阶段由2005年的0.703下降到2007年的0.532，在考察期的最后一年达到0.589，它的综合效率平均值为0.714，列居第六位。建设银行的综合效率值只是在2005年达到0.532，其余年份的综合效率值在0.179～0.487之间波动，其综合效率平均值为0.394，位居最后。

按综合技术效率平均值的排名看，股份制商业银行的平均效率值普遍高于国有商业银行。在前6强当中，只有工商银行是国有银行且排名靠后。其他3家国有银行在总排名中也都相对靠后，分别在第9位、第11位和第14位。且逐一年度进行比较，股份制商业银行的优势也比较明显。这说明国有商业银行在综合技术效率方面还存在很大的提高空间。

（2）纯技术效率。用VRS模型计算不考虑样本规模因素的纯技术效率，如表3所示。不管是国有银行还是股份制银行的纯技术效率都处在相对较高的水平上，两类银行纯技术水平差距很小。尤其在2002～2009年间，我国银行业的纯技术效率一直处于纯技术效率的有效区域，这与此期间我国银行业加大了技术投入力度、技术边界不断扩张的事实相吻合。与表2的排序比较，除了华夏银行和浦发展、建设银行和深发展排名分别换位以外，其他银行的纯技术效率平均值与它们的综合技术效率的排名顺序一致。国有商业银行内部，工商银行的效率较高，其平均效率值为0.749，有1年处于生产前沿面上。股份制银行内部，民生银行表现非常突出，有3年处于生产前沿面上，在技术效率方面应该说是我国目前最好的银行。

表3　　1999～2008年14家银行的纯技术效率

年份	工商银行	农业银行	中国银行	建设银行	交通银行	中信银行	光大银行	华夏银行	民生银行	广发展	招商银行	深发展	兴业银行	浦发展
1999	0.633	0.489	0.548	0.536	0.417	0.696	0.579	0.742	0.751	0.606	0.792	0.478	0.605	0.726
2000	0.592	0.613	0.486	0.629	0.532	0.795	0.735	0.725	1	0.694	0.649	0.389	0.765	0.731
2001	0.658	0.576	0.776	0.405	0.538	0.717	0.547	1	0.746	0.791	0.654	0.689	0.642	0.684
2002	0.819	0.537	0.738	0.732	0.608	0.702	0.637	0.803	1	0.893	0.743	0.636	0.791	1
2003	1	0.712	0.605	0.679	0.715	0.658	0.608	0.785	0.780	0.874	0.723	0.719	0.716	0.774
2004	0.854	0.705	0.851	0.697	1	0.748	0.695	0.786	0.815	0.854	0.764	0.597	0.839	0.658
2005	0.717	0.574	0.629	0.625	0.711	0.823	0.852	0.809	0.874	0.718	0.861	0.847	0.728	0.789
2006	0.937	0.771	0.834	0.844	0.784	0.839	0.730	0.931	0.943	0.735	0.902	0.506	0.952	1
2007	0.806	0.833	0.903	0.715	0.816	0.963	0.936	0.837	1	0.915	0.827	0.744	0.803	0.807
2008	0.936	0.842	0.815	0.834	0.827	0.956	0.807	0.906	0.897	0.926	0.708	0.802	0.920	0.927
平均	0.749	0.688	0.707	0.638	0.656	0.793	0.692	0.841	0.894	0.736	0.712	0.620	0.755	0.838

（3）规模效率。利用规模效率等于综合技术效率除以纯技术效率，可以得到各行的规模效率。表4显示，我国商业银行在规模效率方面不是很理想。浦发展的规模效率除在期末较低外，绝大多数年份接近于1，规模效率平均值为0.883，该银行在考察期内的规模效率平均值表现最好。中信银行的规模效率表现与浦发展遵循了同一个模式，也是期末效率降低，其他年份的规模效率都在0.7左右，其规模效率平均值为0.795，位居第二。民生银行和光大银行的规模效率都在最近两年才达到规模效率前沿，其他年份的规模效率上下波动，平均值分别为0.737和0.689。中国银行的规模效率值在0.275～0.427之间波动，其平均值为0.385，规模效率最差。数据研究表明，我国银行的现有规模和效率值之间尚未形成明显的匹配关系。

在规模报酬方面，只有极少数商业银行在考察期内的个别年份处于规模报酬递增区域，其经营效率可以通过扩大自身规模进一步提高，而绝大部分的银行一直处于规模报酬递减或规模报酬不变区域。这就充分反映，造成我国银行业整体规模效率值不高的主要原因是：过大的资产规模，超出了银行现有的经营管理水平，结果导致规模无效。

既然各个商业银行的纯技术效率值都比较高，那么经营效率损失主要来源于规模效率。生产规模过大，会造成平行部门之间的协调、上下部门之间的配合难度增大，自然会出现内部管理水平滞后，造成效率损失。这表明我国银行业在过去几年非理性快速规模扩张导致效率损失，尚未形成符合发展要求的合宜经济规模。银行业的发展不能一味地追求规模扩张。

3. 不同区域的商业银行效率分析。为简化问题研究，我们把位于不同省会的各个分行分别作为一个独立核算经营单位，从地域分布来考察我国银行业的效率问题，探讨区域因素对银行效率的影响，计算结果如表5所示。

表 4　　1999～2008 年 14 家银行的规模效率和规模报酬

年份	工商银行 SE RTS	农业银行 SE RTS	中国银行 SE RTS	建设银行 SE RTS	交通银行 SE RTS	中信银行 SE RTS	光大银行 SE RTS	华夏银行 SE RTS	民生银行 SE RTS	广发展 SE RTS	招商银行 SE RTS	深发展 SE RTS	兴业银行 SE RTS	浦发展 SE RTS
1999	0.542；D	0.707；D	0.275；D	0.378；D	0.766；D	0.657；C	0.612；C	0.514；D	0.631；C	0.616；C	0.750；C	0.574；D	0.558；C	0.895；C
2000	0.539；D	0.634；C	0.380；D	0.421；D	0.571；I	0.611；C	0.745；I	0.751；D	0.578；C	0.734；C	0.643；C	0.621；C	0.713；C	1；C
2001	0.676；D	0.529；D	0.427；D	0.346；D	0.692；D	0.820；C	0.538；C	0.678；C	0.732；C	0.609；C	0.579；C	0.706；C	0.635；C	0.723；C
2002	0.397；C	0.650；C	0.294；D	0.578；D	0.702；D	1；D	0.664；D	0.735；C	0.690；C	0.887；C	0.504；I	0.493；C	0.729；C	0.816；C
2003	0.478；D	0.496；D	0.336；D	0.519；D	0.589；D	0.782；C	0.537；D	0.813；C	0.539；C	1；C	0.587；C	0.547；C	0.597；C	1；D
2004	0.515；D	0.588；C	0.415；D	0.362；D	0.641；D	0.665；C	0.596；D	0.670；D	0.706；C	0.524；D	0.735；D	0.478；C	0.648；C	1；C
2005	0.631；D	0.642；C	0.326；D	0.451；D	0.749；I	0.714；C	0.771；C	0.597；C	0.788；C	0.533；C	0.684；C	0.602；C	0.652；D	0.710；I
2006	0.588；D	0.593；D	0.413；D	0.358；C	0.597；D	1；C	0.695；C	0.784；D	0.816；C	0.717；D	0.743；D	0.557；D	0.438；C	0.969；C
2007	0.642；C	0.726；I	0.370；D	0.315；D	0.741；C	0.871；D	1；I	0.752；C	1；I	0.695；C	0.648；C	0.481；C	0.729；C	0.891；C
2008	0.390；D	0.459；D	0.404；D	0.420；D	0.605；C	0.603；C	1；D	0.581；I	0.921；C	0.660；C	0.546；C	0.625；C	0.694；C	0.832；C
平均	0.591	0.543	0.385	0.451	0.648	0.795	0.689	0.672	0.737	0.670	0.638	0.564	0.636	0.883

注：SE 和 RTS 分别代表规模效率和规模报酬；I、C、D 分别是 IRS、CRS 和 DRS 的简写，表示规模报酬递增、不变和递减。

表5　　不同区域的商业银行效率

年份	东部			中部			西部		
	TE	PTE	SE	TE	PTE	SE	TE	PTE	SE
1999	0.6785	0.7542	0.6752	0.6235	0.7542	0.5937	0.7042	0.7432	0.6381
2000	0.7029	0.7803	0.7243	0.5741	0.7807	0.6217	0.6489	0.7520	0.5603
2001	0.6368	0.6387	0.7735	0.6975	0.8256	0.5683	0.5741	0.8148	0.6146
2002	0.6077	1	0.7902	0.5842	0.6684	0.6437	0.6169	0.6857	0.7248
2003	0.5801	0.8326	0.6851	0.7057	1	0.6085	0.6873	0.6906	0.7071
2004	0.6763	0.7783	0.7349	0.5321	0.7348	0.4670	0.7158	0.7347	0.8139
2005	0.7312	0.8589	0.6317	0.6127	0.8251	0.6115	0.5329	1	0.5326
2006	0.7625	1	0.6456	0.5058	0.8357	0.5549	0.6237	0.8671	0.6327
2007	0.6940	0.9246	0.6899	0.6935	0.9115	0.6237	0.6721	0.7932	0.6406
2008	0.7257	0.8933	0.7402	0.6211	0.8327	0.5972	0.5856	0.8854	0.6113
平均	0.7314	0.8652	0.7108	0.5759	0.8218	0.5489	0.6631	0.8475	0.6274

注：TE、PTE和SE分别代表综合技术效率、纯技术效率和规模效率。下同。

由表5可以看出，各区域的银行效率并不相同。东部地区综合技术效率平均值在三个区域中相对最高，其次是西部地区，最后是中部地区。东部地区规模效率平均值也高于中西部地区的平均值。这与东部地区具有雄厚的经济基础，并由此带来的资金、人才、配套环境等多方面的优势密不可分。中西部地区的银行在上述几方面的劣势使得其平均生产效率落后于东部地区。三个区域的纯技术效率平均值相差无几，接近效率前沿，说明三个区域银行单位的经营管理理念和管理方法趋同，通过计算机互联网采用相同的办公操作系统，都相对有效。

4. 不同规模的商业银行效率分析。根据2009年各大银行的年度公司报表，依据资产总量把我国的银行分为了大中小三种类型①，以此来考察不同规模的银行效率，经过DEAP2.1运行计算，得出结果列于表6。

表6　　不同规模的商业银行效率

年份	大型			中型			小型		
	TE	PTE	SE	TE	PTE	SE	TE	PTE	SE
1999	0.5856	0.7891	0.5829	0.5973	0.8052	0.6541	0.7943	0.8319	0.7075
2000	0.7127	1	0.6538	0.8012	0.8174	0.7428	0.6795	0.7947	0.7364
2001	0.6082	0.8168	0.6724	0.7275	0.6957	0.7615	0.6637	0.6435	0.7132
2002	0.5398	0.7803	0.7813	0.6328	1	0.6402	0.7643	0.8809	0.7813
2003	0.5425	1	0.5742	0.5487	0.9063	0.5738	0.6462	0.8217	0.6942
2004	0.6074	0.7465	0.5427	0.6685	0.8446	0.5346	0.7204	0.8462	0.7217
2005	0.4961	0.9046	0.4136	0.7129	1	0.5742	0.7538	0.9036	0.6535
2006	0.6705	1	0.5704	0.7683	0.7539	0.6345	0.7537	1	0.7403
2007	0.7366	0.8931	0.5861	0.5869	0.9124	0.6017	0.6843	0.8135	0.5937
2008	0.6840	0.8264	0.6438	0.7462	0.8394	0.6740	0.7470	0.7968	0.7604
平均	0.5633	0.8649	0.5806	0.6275	0.8511	0.6351	0.7089	0.8391	0.7243

从表6看出，除纯技术效率在大中小型银行中相差无几且大型银行稍占优势以外，综合技术效率平均值和规模效率值在大中小型银行当中依次升高。大型银行的综合技术效率平均值和纯技术效率平均值比中型企业差，中型银行比小型银行差。原因可能有：一是中小型银行及其分支机构主要

① 限于篇幅，这里只列出1999～2008年间的变动指数，其他年间的数据从略，若读者需要，可向笔者索取。

集中在经济发达的城市，经营能力相对较强，宽松的管理环境比大型银行的行政等级制度更有利于创新活动的开展和管理效率的提高；二是自身资产规模的原因，与大型银行相比中小银行资产和存款投入规模相对较小，其产出指标相对较高，以投入产出来衡量的技术效率也比较高。这进一步说明规模是影响我国商业银行效率的主要因素。

5. 不同经济类型的商业银行效率分析。经济类型的不同也可能成为影响整个银行业效率的重要环境变量。目前我国银行业由国有银行和股份制商业银行两大类构成，不同经济类型的银行业效率如表 7 所示。

表 7　　不同经济类型的商业银行效率

年份	国有			股份制		
	TE	PTE	SE	TE	PTE	SE
1999	0.5976	0.8179	0.6432	0.6067	1	0.6278
2000	0.6208	0.8627	0.6127	0.7271	0.8819	0.6359
2001	0.5027	0.8033	0.7308	0.6825	0.8264	0.6275
2002	0.5390	0.7925	0.8825	0.5478	0.7037	0.7714
2003	0.6413	1	0.6247	0.5812	0.7546	0.6731
2004	0.7146	0.8168	0.6186	0.7407	1	0.7243
2005	0.4875	0.9276	0.5037	0.5619	1	0.5892
2006	0.6258	0.8931	0.6103	0.5026	0.9035	0.6873
2007	0.7114	1	0.6315	0.7461	0.8806	0.5907
2008	0.5713	0.8378	0.7289	0.6407	0.8158	0.8316
平均	0.5975	0.8563	0.6124	0.6352	0.8701	0.7265

表 7 说明，在企业类型与生产效率的关系上，无论纯技术效率、规模效率还是两者乘积的综合技术效率，股份制银行都高于国有银行。1999 ~ 2008 年期间，股份制银行比国有银行的综合技术效率平均值高出 3.77%。主要是由于股份制银行具有生产规模适度、经营管理较为规范的良好发展基础，机制比较灵活，部门之间的协调更便利一些，更容易形成商业合作，无论是服务体系的支撑，还是网点、渠道等，股份制银行都比国有银行转得快，反应也快。

（二）我国银行业动态效率分析

动态效率考察的是在生产技术可变条件下的效率变动，生产力变动的曼奎斯特指数可用两个曼奎斯特指数 EC 和 TC 的几何平均值来计算。EC 指数测度时期 t 到 $t+1$ 每个观察对象到最佳实践边界的追赶程度。TC 测度技术边界从时期 t 到 $t+1$ 之间的移动，运行结果整理如表 8 所示。

表 8　　1999 ~ 2008 年我国银行业曼奎斯特指数及其各项效率变动

银行 \ 变量 \ 年份	2004 ~ 2005			2005 ~ 2006			2006 ~ 2007			2007 ~ 2008		
	M_i	EC	TC	M_i	EC	TC	M_i	EC	TC	M_i	EC	TC
工商银行	1.012	1.010	1.000	1.034	1.027	1.034	1.042	1.020	0.917	1.039	1.017	1.014
农业银行	0.895	1.000	1.021	1.328	1.009	1.012	1.013	0.986	1.042	0.967	0.979	0.926
中国银行	1.124	0.931	1.010	1.119	1.104	1.099	1.235	1.216	1.089	1.201	1.172	1.145
建设银行	1.058	1.037	1.049	1.061	1.038	1.046	1.068	1.045	1.036	1.124	1.122	1.086
交通银行	1.107	1.067	1.051	1.108	1.089	1.103	1.116	1.107	1.100	1.128	1.089	1.047
中信银行	0.993	1.000	0.985	1.050	1.037	1.026	1.063	1.045	1.029	1.017	1.014	1.005
光大银行	1.015	1.014	1.007	0.971	0.968	0.887	1.028	1.017	1.015	1.034	1.028	1.015

续表

银行 \ 年份 / 变量	2004～2005			2005～2006			2006～2007			2007～2008		
	M_i	EC	TC	M_i	EC	TC	M_i	EC	TC	M_i	EC	TC
华夏银行	1.018	1.051	1.016	1.019	1.015	1.014	1.035	1.024	1.020	1.021	1.019	0.974
民生银行	1.046	1.000	1.039	1.057	1.042	1.038	1.066	1.048	0.942	1.073	1.062	1.035
广发银行	1.063	1.043	1.011	1.071	1.035	1.046	1.084	1.067	0.895	1.088	1.056	1.037
招商银行	0.847	0.910	0.856	0.906	0.896	0.847	0.892	1.032	0.856	0.934	0.983	0.762
深发展	0.984	1.084	0.995	1.005	1.004	0.982	0.992	1.010	1.003	1.015	0.967	0.858
兴业银行	1.126	1.067	1.137	1.139	1.126	1.125	1.122	1.115	1.096	1.104	1.102	1.089
浦发展	0.679	0.832	0.712	0.734	0.695	0.589	0.705	0.876	0.925	0.891	0.747	0.735
国有银行平均	1.077	1.017	1.069	1.079	1.032	1.156	1.108	1.084	1.093	1.101	1.106	1.079
股份制银行平均	1.058	1.045	0.973	1.062	1.045	1.055	1.052	1.067	1.105	1.067	1.085	1.048
总体平均	1.062	1.033	1.035	1.063	1.039	1.084	1.068	1.072	1.102	1.073	1.094	1.057

分析表 8 的数据可以归纳出我国银行业动态效率变化的特征：首先，总体上看，自 1999 年以来整个银行业的效率呈现出积极的发展趋势，年平均增长率达到 1.063，每年提高 6.3 个百分点，其中效率的相对改善为 1.8 个百分点，技术进步为 4.5 个百分点，银行效率的提高主要由技术进步带动。说明在这期间，大量先进技术的引入和推广对我国银行业产生了积极效应，如数据集中、先进计算机操作程序的运用和金融衍生工具的开发，大大地促进了商业银行效率的改进。其次，两大类银行对比分析，与综合效率水平恰好相反，我国国有商业银行的效率改进幅度远远超过股份制银行，在 10 年考察期内，国有商业银行平均效率水平升高了 11.3%，股份制银行提高了 4.7%。且这两类银行效率改善的绝大部分同样来自于技术水平的提高，分别为 9.1% 和 3.5%，这与银行整体变化趋势是一致的。最后，从单个银行来考察，银行间的效率改进情况差异非常大，除深圳发展银行和招商银行在考察期曼奎斯特指数小于 1 效率出现了恶化外，其余 12 家银行效率都得到了改善。在 14 家行中，中国银行的效率改进最为突出，其年均曼奎斯特指数达到 1.209，其效率改进来源也主要是技术进步。同时，大多数银行的效率改进过程中伴随着大小程度不一的波动性，产生波动性的绝大部分原因来自于规模效率损失，剩余部分可能是经济运行情况或宏观环境的冲击。

四、结　论

研究结果表明：第一，我国的银行业整体上效率较低，纯技术高效率和规模低效率同时并存。商业银行在借鉴吸收国外银行先进操作技术和经营方式来提高综合效率水平上还存在很大的改进空间。当前国内银行业还处于不断扩张外延规模的阶段，内部管理水平、经营理念和发展方式相对滞后，制约了综合经营效率水平的提高，这是造成国内银行规模无效率的根源。第二，由各大银行的效率比较发现，各家银行的效率水平和效率改进程度并不均衡，且在效率提高过程中出现规模效率损失，伴有一定的波动性。第三，从地理区位对效率的影响来看，位于东部地区的银行的平均效率值都要高于位于中西部的银行的平均效率值。三个区域的银行在技术效率方面差异不大，规模效率差异是造成东中西部高技术产业经营效率差异的主要原因。第四，从银行规模的效率比较来看，大型银行除在纯技术效率上和中小型银行水平相当外，总体效率和规模效率全部低于中小型银行，充分证明了目前我国银行业过大的经济规模。第五，不同经济类型的银行效率不同。股份制银行总体经营效率比国有银行高 3.77%。第六，动态效率评价结果表明，银行生产率的增长主要是由技术进步导致的，而不是来自效率的改善。规模的迅速扩张导致管理能力不能及时跟上，资源必然不能得到合理的配置，规模效率变化指数出现下降趋势是影响效率下降的主要因素。因而，我国银行业的发展不仅要大力推动生产技术的自主创新、大力开发运用金融衍生产品，更为重要的是通过在业务扩张时及时提高管理能力、规模调整时及时提升市场竞争力来提高银行业的综合效率。

参考文献：

1. Noulas, Athanasios G. , Miller Stephen M. Return to Scale and input Substitution for Large U. S. Banks [J]. Journal of Money, Credit, and Banking, 1990, 24 (8): pp. 1039 - 1042.

2. Leigh Drake, Maximilian J. B. Hall. Efficiency in Japanese banking: An empirical analysis [J]. Journal of Banking and Finance, 2003, 27: pp. 891 - 917.

3. George J. Benston, Gerald A. Hanweck. Scale Economies in Banking: A Restructuring and Reassessment [J]. Journal of Money, Credit and Banking, 2005, 23 (5): pp. 415 - 417.

4. Keeley, M. C. Deposit insurance, risk, and market power in banking [J]. American Economic Review, 1990, 9 (4): pp. 101 - 105.

5. Ihsan Isik, M Kabir Hassan. Techical, Scale and allocative efficiencies of Turkish banking industry [J]. Journal of Banking and Finance, 2002, 26: pp. 719 - 766.

6. Hellmann T. , Murdock. Liberalization, Moral Hazard in Banking, and Prudential Regulation: Are Capital Requirements Enough? [J]. American Economic Review, 2000 (90): pp. 147 - 165.

7. 阚超、王付彪、沈谦、陈永春：《我国商业银行规模经济实证研究（1992 ~ 2003）》，载于《金融研究》2004 年第 11 期。

8. 姚树洁、冯根福、姜春霞：《中国银行业效率的实证分析》，载于《经济研究》2004 年第 8 期。

9. 刘宗华：《中国银行业规模经济的实证检验》，载于《统计研究》2003 年第 11 期。

10. 魏煜、王丽：《中国商业银行效率研究：一种非参数的分析》，载于《金融研究》2000 年第 3 期。

11. 汪祖杰：《商业银行生产函数的定义与规模效应的方法论研究》，载于《金融研究》2004 年第 7 期。

（本文载于《上海财经大学学报》2010 年第 4 期）

中国食品安全监管的激励机制分析

肖兴志　胡艳芳

摘　要：中国食品安全事故的频频发生直接暴露出食品安全监管体制存在诸多漏洞，亟待完善。引发食品安全问题的原因很多，本文从政府监管的角度出发，认为食品安全事故频发多发的内在原因在于信息不对称引发的各级监管机构与食品企业各方利益不对等，通过分析中央监管机构—地方监管机构、地方监管机构—食品企业两个层次的委托代理关系，研究各主体之间利益趋于一致的条件，并以此为基础，针对完善中国食品安全监管的激励机制提出一些政策建议。

关键词：食品安全　激励相容　政府监管

一、引　言

"民以食为天，食以安为先"，食品安全事关国计民生，直接维系着亿万人的生命健康，关系到整个社会的稳定与发展。自2001年以来，中国食品安全事故频频见诸报端："毒大米"、"瘦肉精"、"地沟油"、"毒狗肉"、"毒火腿"、"苏丹红一号"……2008年9月中旬爆发的"三鹿奶粉"事件震惊全国：石家庄"三鹿奶粉"因三聚氰胺超标导致十余省份的数以万计的婴儿出现肾结石，而后伊利、蒙牛、光明等包括众多知名企业在内的22家厂商纷纷被查出奶粉中三聚氰胺超标，随后检查不合格的产品更延至液态奶、奶糖、巧克力、饼干等；10月中旬，四川广元"蛆虫柑橘"引发国民恐慌，随后各地陆续发现"蛆虫柑橘"，柑橘产业损失惨重；此后仅半个月时间，大连输港鸡蛋被查出三聚氰胺，后又有多款鸡蛋被查出问题，"蛋白精"饲料被指为肇事祸首……接二连三的食品安全事故再次严厉拷问中国食品安全监管体制。

近年来，食品安全事故的多发频发使得食品安全被越来越多的人所关注。众多学者多年来对于产生食品安全问题的原因做了细致深入的研究，随着食品产业链条的不断延伸，影响食品安全的因素也日益复杂，涉及动植物种植、养殖，食品生产、加工、包装、贮藏、运输、销售等方方面面。从目前研究方向看，这些因素大体可以从以下三个方面分类：一是表征因素：陈君石认为目前影响中国食品安全的主要原因是微生物污染所造成的食源性疾病以及化肥、农药、生长激素的使用不当致使有害化学物质在农产品中的残留。二是过程控制因素：食品供应链各环节的不安全因素是导致食品安全问题的主要原因，比如，生产和加工过程中的不安全因素、包装容器的污染及生产者掺假的"败德"行为；中国食品流通市场的规范化标准化程度不高、食品安全控制的技术水平和管理水平低下导致食品在流通中的二次污染；另外，王志刚、周洁红等对消费环节的食品安全问题做了研究。三是制度体制因素：林镝等比较研究中美食品安全监管体制后认为，中国食品安全体系尚在法律标准、组织体系、技术保障等方面存在差距；李怀则系统分析了中国食品安全法律法规体系的建设；陈兴乐则认为政府监管体制与机制不到位、监管信息不畅、部分监管人员缺乏责任感、监测与预警机制缺失等是中国食品安全监管中存在的主要问题。

尽管很多研究人员开始关注中国食品安全监管体制上的缺陷，但是关于如何激励中央和地方各个监管部门高效实施监管的研究涉及较少。而近年来中国食品安全事故频发的内在原因正是由于监管的激励机制缺失。中国现有体制下主要负责食品安全的监管机构，如农业部、卫生部、商务部等，按一般化对等分权的纵向配置原则，各级监管机构受地方政府的直接领导，上级监管机构只负责业务上的监督，地方政府出于增加地方财政收入的考虑以及对本地国内生产总值（GDP）的过分追求，强力干预地方各监管机构的监管活动，使得中央监管机构的目标被扭曲，监管政策无法落到实处；于此同时，各地食品企业利润最大化的终极目标可能会使其减少对安全生产的投入以求降低生产成本。这样一来，中央监管机构、地方监管机构和食品企业等主体追求的利益不一致，导致对有关食品安全政策的理解和落实存在差异，也就是说，目前中国的食品安全监管仍处于一种激励不相容的状态，因此，亟须在是规制过程中引入激励相容机制，使得各方利益趋于一致，令监管更有成效，从而减少食品安全事故的发生。

二、中国食品安全监管的激励相容条件

在市场经济中，每个理性“经济人”都会尽力追求自身利益的最大化，个人行为按有利于自身利益的规则行动，在这种情况下，如果能有一种制度安排，使“经济人”追求个人利益的行为恰好与集体实现价值最大化的目标相吻合，这种制度安排就是所谓的“激励相容”。任何有效的激励相容机制的设计，均需要满足两个约束条件：第一，参与约束，即代理人执行契约后所获得的效用不能低于其预定效用；第二，激励相容约束，即代理人以自身效用最大化原则选择的行动其结果也使委托人的效用最大化。激励相容理论已经逐渐被认识和接受为是任何经济体制都需要具备的性质。

在食品安全监管中引入激励相容机制，需要确定涉及到的相关利益主体。从监管链条来看，主要涉及三个主体：中央监管机构、地方监管机构和食品企业。中国目前食品安全监管机构主要有农业部、卫生部、国家食品药品监督管理局、国家工商行政管理局、国家质量监督检验检疫总局、商务部等，为了分析问题和建立模型的需要，本文将所有在中央层面负责食品安全监管的部门统称“中央监管机构”。而在地方，由各部门的直属机构及分支机构负责监管，地方政府负责组织协调工作，因此模型中将地方层面的监管机构加以合并，统一由“地方监管机构”来代替，且限定为县一级政府。模型中“食品企业”仅指食品生产和加工企业。本文在此基础上，建立中央监管机构—地方监管机构、地方监管机构—食品企业两个层次的激励相容模型。

食品安全是一项纷繁复杂的系统工程，从本质上说，是监管机构与食品企业之间长期反复博弈的结果。一个符合资源帕累托最优配置的食品安全规制可以被描述为：在科学的激励和约束机制下，中央监管机构完善监督制度，政策得当，措施得力，奖惩合理；地方监管机构对食品企业监管及时、有效，奖罚分明且力度适中，严格控制成本，最大程度减少监管人员渎职和腐败等问题；食品企业遵守相关法律法规，安全生产，诚信可靠，尽一切努力确保产品合格进入消费市场。也就是说，充分调动三方的积极性，在实现每个主体自身利益的同时，也使得社会福利达到最大化。

三、中央监管机构与地方监管机构之间的激励相容机制设计

根据中国目前的实际情况，中央监管机构委托地方监管机构对食品企业进行监管，中央监管机构从降低食品安全事故发生率得到的效用为 $U(q)$，q 为食品安全事故发生数，其中，$U'<0$，$U''>0$。

中央监管机构无法观察到地方监管机构对食品企业的真实监管成本，但以下的事实是双方的共识：即地方监管机构的监管成本可以分为直接成本和间接成本两部分。直接成本是其对食品企业是否安全生产进行监督所发生的成本；间接成本是由于地方监管机构的监管力度不够或没有完成监管

任务被中央监管机构发现后，对其进行处罚所发生的成本。为使分析方便，设地方监管机构的直接成本为$F(e)$，间接成本为$C(e)$；并设其自身的努力程度为e，$e\in\Theta=\{e_h, e_l\}$，即地方监管机构可能是高效努力的（e_h），也可能是低效努力的（e_l），概率分别是m和$1-m$。那么，在概率为m的情况下，地方监管机构的成本函数为：

$$c(q, e_h)=C(e_h)+F(e_h)$$

在概率为$1-m$的情况下，地方监管机构的成本函数为：

$$c(q, e_l)=C(e_l)+F(e_l)$$

其中，$\Delta e=e_h-e_l>0$为地方监管机构努力程度不确定幅度。

在此，根据让·雅克·拉丰（Jean Jacques Laffont）的委托代理理论，中央监管机构委托地方监管机构针对食品安全实施监管，并提供一组契约，对于后者是否高效努力完成监管任务等信息，前者无从获得，即契约提供之时，两级监管机构之间已经存在信息不对称。

作为分析的起点，如果二者之间的信息是对称的，那么最优的食品安全事故发生数可以在中央监管机构的边际效用等于地方监管机构的边际成本处得到，则最优的食品安全事故的发生数（$\underline{q}^*$，$\bar{q}^*$）可由以下一阶条件表示：

$$MU(\underline{q}^*)=C'(e_h)+F'(e_h)$$

$$MU(\bar{q}^*)=C'(e_l)+F'(e_l)$$

因此，从理论上讲，如果最优的食品安全事故的发生数$\underline{q}^*$和$\bar{q}^*$所带来的社会福利$\underline{W}^*=U(\underline{q}^*)-C(e_h)-F(e_h)$和$\overline{W}^*=U(\bar{q}^*)-C(e_l)-F(e_l)$都是非负的，则两种类型的委托代理交易都可以实现。且当中央监管机构对低效努力的地方监管机构的处罚力度足够大使得$C(e_h)+F(e_h)\leqslant C(e_l)+F(e_l)$时，有$\underline{W}^*\geqslant\overline{W}^*$。也就是说，对于整个社会而言，高效努力的地方监管机构创造的社会福利大于低效努力的地方监管机构创造的社会福利。这里，只需要确保低效努力的地方监管机构的劳动是具有社会价值的，即$\overline{W}^*\geqslant 0$，则交易总是可以达成的，最优食品安全事故发生数分别为$\underline{q}^*$和$\bar{q}^*$。

而现实的情况通常是，令地方监管机构效用最大化的目标通常与中央监管机构保证全国食品安全的最终目标不一致，从而不能达到最优的食品安全事故发生数。为了确保地方监管机构高效努力完成监管任务，需要引入激励相容机制，使得地方监管机构自利的行为选择其结果也使中央监管机构的利益最大化。则中央和地方两级监管机构需要订立一种契约，若后者按前者的各项要求高效努力的实行监管，使得本地食品安全事故发生数控制在一个合理范围内，前者则给予后者奖励——增加对该地区用于食品安全监管方面的转移支付，此时形成二者之间的正向激励；而对于地方监管机构不予以配合的事项，比如，表面接受任务而实际上消极懈怠，疏于监管，甚至与食品企业合谋结成利益共同体等，中央监管机构相应地予以处罚，减小相关的转移支付数额，甚至予以罚款，以此形成中央监管机构与地方监管机构之间的负向激励。那么在这种奖罚分明的契约机制下，中央监管机构每年根据地方监管机构的工作表现和工作效果给予其一定的转移支付（可正可负，罚款即看成是转移支付取负数），转移支付的多少与地方食品安全事故发生数直接联系，故设中央监管机构对地方监管机构的转移支付为$t(q)$，且与食品安全事故发生数q呈反向关系。

由于信息不对称的存在，中央监管机构评价地方监管机构是否高效监管只能通过对地方食品安全事故发生数的观测。假设q在符合现实的范围内有n个不同的取值，且满足$q_1<q_2<$，…，$<q_n$，设p_{ik}表示在地方监管机构努力程度为$e_k(k=h, l)$的情况下，食品安全生产事故为q_i的概率，其满足$p_{ik}\geqslant 0$，$\sum_{i=1}^{n} p_{ik}=1$。

中央监管机构和地方监管机构的期望效用函数分别可以表示为：

$$EU(q)=EU[q-t(q)]$$

$$EU_0(q)=EU_0[t(q)]-C(e)-F(e)$$

在此假定中央监管机构和地方监管机构都是风险规避的偏好者，那么最优风险分担要求每一方都承担一定的风险，则中央监管机构激励相容的最优规划问题可以表示为：

$$\max_{t(q)} \sum_{i=1}^{n} p_{ih} EU[q_i - t(q_i)]$$

该激励相容问题的约束条件为参与约束（IR）和激励相容约束（IC）。二者共同定义了一个激励可行的配置集：

$$(IR) \quad \sum_{i=1}^{n} p_{ih} EU_0[t(q_i)] - C(e_h) - F(e_h) \geqslant \bar{u}_0$$

$$(IC) \quad \sum_{i=1}^{n} p_{ih} EU_0[t(q_i)] - C(e_h) - F(e_h) \geqslant \sum_{i=1}^{n} p_{il} EU_0[t(q_i)] - C(e_l) - F(e_l)$$

其中，$\bar{u}_0$为地方监管机构表面接受契约而实际不付出行动所得到的保留效用水平。

下面利用拉格朗日乘数法求解这个最优化问题。令 λ、$\mu(\lambda, \mu > 0)$ 分别为 IR 和 IC 的拉格朗日乘数，构造拉格朗日方程并对 $t(q)$ 求导，一阶条件为：

$$\frac{EU'[q - t(q)]}{EU_0'[t(q)]} = \frac{\lambda p_{ih} + \mu(p_{ih} - p_{il})}{p_{ih}} = \lambda + \mu\left(1 - \frac{p_{il}}{p_{ih}}\right)$$

在完全信息的条件下，中央监管机构实施委托是没有成本的。其得到的效用水平相当于亲自执行监管任务，因此，若 $C(e) = C(e_h)$，$F(e) = F(e_h)$，则中央监管机构的最优契约为（$\underline{t}^* \underline{q}^*$）；若 $C(e) = C(e_l)$，$F(e) = F(e_l)$，则中央监管机构的最优契约为（$\bar{t}^* \bar{q}^*$）。

而在不完全信息条件下，中央监管机构可以选择一个参照的食品安全事故发生数 q^*，可以肯定的是，中央监管机构期望地方监管机构总是高效努力（e_h）的，但在信息不对称的条件下，地方监管机构实际的努力程度只能是 e^*（e^* 的具体数值中央监管机构无从获得），从而有 $\sum_{i=1}^{n} p_{ie^*} q_i = q^*$。则中央监管机构的最优规划问题可以简化为：

$$\max_{t(q)} \sum_{i=1}^{n} p_{ih} EU[q_i - t(q_i)]$$

约束条件为：

$$\sum_{i=1}^{n} p_{ie^*} EU_0[t(q_i)] - C(e^*) - F(e^*) \geqslant \bar{u}_0$$

同样利用拉格朗日乘数法，设参与约束条件的拉格朗日乘数为 $\lambda(\lambda > 0)$，通过对 $t(q)$ 求导，可得最优化问题的一阶条件为：

$$\frac{EU'[q - t^*(q)]}{EU_0'[t^*(q)]} = \lambda$$

从而得到一个在 q^* 发生时，中央监管机构对地方监管机构的转移支付最优值 $t^*(q)$，我们称之为参照的地方监管机构最优收入。

设 $\nu = p(e_h)(\nu > 0)$ 为中央监管机构认为地方监管机构选择了 e_h 的先验概率，$\nu' = p(e_h \mid q_0)(\nu' > 0)$ 是中央监管机构在实际观测到食品安全事故发生数为 q_0 时认为地方监管机构选择了 e_h 的后验概率，根据贝叶斯法则可以推出：

$$\frac{EU'[q_0 - t(q_0)]}{EU_0'[t(q_0)]} = \lambda + \mu\left[\frac{\nu' - \nu}{\nu'(1 - \nu)}\right]$$

由于 $t(q)$ 与 q 呈反向关系，则当 $q_0 > q^*$ 时，有 $t(q_0) < t(q^*)$，即地方监管机构在其被观测到的产出（食品安全事故发生数）为 q_0 时所获得的收入小于参照的最优收入，则可以认为地方监管机构选择 e_l 时 q_0 出现的概率大于其选择 e_h 时 q_0 出现的概率，也就是说，$p(q_0 \mid e_l) > p(q_0 \mid e_h)$，即 $p_{il} > p_{ih}$，则 $1 - \frac{p_{il}}{p_{ih}} < 0$，那么由：

$$\frac{EU'[q_0 - t(q_0)]}{EU_0'[t(q_0)]} = \lambda + \mu\left(1 - \frac{p_{il}}{p_{ih}}\right) = \lambda + \mu\left[\frac{\nu' - \nu}{\nu'(1-\nu)}\right]$$

可知$\frac{\nu' - \nu}{\nu'(1-\nu)} < 0$，由于$\nu$，$\nu'$均大于零，则有$\nu' < \nu$。因此，当被观测到的食品安全事故实际发生数$q_0$大于参照的发生数$q^*$时，中央监管机构认为地方监管机构选择高效努力$e_h$的后验概率小于先验概率。鉴于此，完全可以认为此时地方监管机构没有以高效努力实施监管，应该受到处罚。

中央监管机构按照地方监管机构监管不力的严重程度予以不同的处罚，对于严重失信的地方监管机构，除了减少转移支付及罚款之外，相关人员还应该被免职，情节严重的追究其刑事责任。这样就使得地方监管机构的监管成本$C(e)$趋于无穷大，从而使其获得的净效益$t(q) - C(e) - F(e)$趋于负无穷。面对这种契约，地方监管机构如果存在侥幸心理，则很有可能付出极大的代价，因此，其最优选择就是按照中央监管机构的要求高效努力的对食品企业实施监管。

四、地方监管机构与食品企业之间的激励相容机制设计

在地方监管机构与食品企业形成的委托代理关系中，假定地方监管机构总是高效努力实施监管以期降低事故发生率，而食品企业通常受经济利益驱使为了降低成本而减少在安全生产方面的投入。由于食品企业拥有自身是否安全生产等私人信息，为保证二者目标和利益趋于一致，地方监管机构需要同食品企业签订一项契约：对于一定时期内，安全生产并且无食品安全事故的食品企业，地方监管机构应奖励其一定数额的资金，并适当提供税收减免或税率优惠的政策，鼓励该企业继续提供安全可靠的食品；而对于那些违规生产且时有安全事故发生的食品企业，地方监管机构应视情节严重程度给予其相应的处罚：罚款、勒令停产整顿甚至吊销营业执照并追究相关责任人的刑事责任（由于这里需要将惩罚的力度量化，因此模型中涉及的处罚仅包括罚款）。在这种奖罚分明的契约机制下，设食品企业最终所能获得的奖金为T，$T \in \Theta\{\underline{T}, \overline{T}\}$。

为了方便分析问题，设食品企业自身努力程度为e，$e \in \Theta = \{e_h, e_l\}$，由于其努力程度属于私人信息，处于信息弱势的地方监管机构无法获得，因此，地方监管机构只能通过观测食品企业在安全生产方面的投资额（I）（其中包括安全生产的设施建设、设备投入、为确保生产工人的健康做出的努力等投资）来进行监督。设在实际生产中合理的范围内，I有n个不同的取值，且有$I_1 < I_2 < I_3 <, \cdots, < I_n$；令$p_{ik}$表示食品企业在努力程度为$e_k(k = h, l)$的情况下，企业安全生产投资额为$I_i$的概率，并且满足$p_{ik} \geqslant 0$，$\sum_{i=1}^{n} p_{ik} = 1$；地方监管机构从食品企业加大安全生产投入中获得的效用为$U_0(I)$，其中，$U_0' > 0$，$U_0'' < 0$。则地方监管机构和食品企业的期望效用函数可以分别表示为：

$$EU_0(I) = EU_0[I - T(I)]$$

$$EU_f(I) = EU_f[T(I)] - I(e)$$

其中，$I(e)$是食品企业保证安全生产方面的投资支出，是企业生产成本的一部分；$T(I)$是食品企业所获得的总奖金，可能是正数，也可能是负数，且与I呈正向关系。一般而言，当食品企业在高效努力（e_h）的情况下，$I(e)$比较高，同时$T(I)$也比较大；当食品企业在低效努力（e_l）的情况下，$I(e)$比较低，同时$T(I)$也比较小。

按照我们前面所假设的契约时序，委托人地方监管机构在获知代理人食品企业的类型前向后者提供一组契约，因此，地方监管机构采用期望效用的形式计算其收益，则其激励相容的最优规划问题可以表示为：

$$\max_{T(I)} \sum_{i=1}^{n} p_{ih} EU_0[I_i - T(I_i)]$$

约束条件为：

$$(IR) \quad \sum_{i=1}^{n} p_{ih} EU_f[T(I_i)] - I(e_h) \geqslant \overline{u}_f$$

$$(IC) \quad \sum_{i=1}^{n} p_{ih} EU_f[T(I_i)] - I(e_h) \geqslant \sum_{i=1}^{n} p_{il} EU_f[T(I_i)] - I(e_l)$$

其中，$\overline{u}_f$为食品企业的保留效用水平。下面利用拉格朗日乘数法求解这个最优化问题。令 λ、$\mu(\lambda, \mu>0)$ 分别为参与约束和激励相容约束的拉格朗日乘数，构造方程并对 $T(I)$ 求导，可得上述最优化问题的一阶约束条件为：

$$\frac{EU_0'[I-T(I)]}{EU_f'[T(I)]} = \frac{\lambda p_{ih} + \mu(p_{ih} - p_{il})}{p_{ih}} = \lambda + \mu\left(1 - \frac{p_{il}}{p_{ih}}\right)$$

在完全信息条件下，即地方监管机构与食品企业之间所有信息均为二者共识，若食品企业是高效努力的，地方监管机构的最优契约为（$\underline{T}^*$，$\underline{I}^*$）；若食品企业是低效努力的，地方监管机构的最优契约则是（$\overline{T}^*$，$\overline{I}^*$）。

而在不完全信息条件下，地方监管机构为了得到食品企业的努力程度，可以选择一个参照的安全投资额 I^*，且食品企业的实际努力程度为 e^*，从而有 $\sum_{i=1}^{n} p_{ie^*} I_i = I^*$。则地方监管机构的最优化问题可以简化为：

$$\max_{T(I)} \sum_{i=1}^{n} p_{ih} EU_0[I_i - T(I_i)]$$

其约束条件为：

$$\sum_{i=1}^{n} p_{ie^*} EU_f[T(I_i)] - I(e^*) \geqslant \overline{u}_f$$

利用拉格朗日乘数法，设参与约束的拉格朗日乘数为 $\lambda(\lambda>0)$，通过对 $T(I)$ 求导，可得该最优化问题的一阶条件为：

$$\frac{EU_0'[I-T^*(I)]}{EU_f'[T^*(I)]} = \lambda$$

设 $\nu = p(e_h)(\nu>0)$ 为地方监管机构认为食品企业选择了 e_h 的先验概率，$\nu' = p(e_h \mid I_0)(\nu'>0)$ 为地方监管机构在实际观测到食品企业在安全生产方面的投资额为 I_0 时认为其选择了 e_h 的后验概率，根据贝叶斯法则有：

$$\frac{EU_0'[I_0 - T(I_0)]}{EU_f'[T(I_0)]} = \lambda + \mu\left[\frac{\nu' - \nu}{\nu'(1-\nu)}\right]$$

由于 $T(I)$ 与 I 呈正向关系，则当 $I_0 < I^*$ 时，有 $T(I_0) < T(I^*)$，即食品企业在被其观测到用于安全生产的投资额 I_0 小于参照的投资水平 I^* 时，该企业所获得的总奖金 $T(I_0)$ 小于参照的最优奖金 $T(I^*)$，则可以认为，食品企业选择低效努力时 I_0 出现的概率大于其选择高效努力时 I_0 出现的概率，也就是说，$p(I_0 \mid e_l) > p(I_0 \mid e_h)$，即 $p_{il} > p_{ih}$，则有 $1 - \frac{p_{il}}{p_{ih}} < 0$，那么由：

$$\frac{EU_0'[I_0 - T(I_0)]}{EU_f'[T(I_0)]} = \lambda + \mu\left(1 - \frac{p_{il}}{p_{ih}}\right) = \lambda + \mu\left[\frac{\nu' - \nu}{\nu'(1-\nu)}\right]$$

可知$\frac{\nu' - \nu}{\nu'(1-\nu)} < 0$，由于 ν，ν'均大于零，则有 $\nu' < \nu$。因此，当食品企业实际用于安全生产的投资额 I_0 小于参照的投资水平 I^* 时，地方监管机构认为食品企业选择高效努力的后验概率小于先验概率。鉴于此，完全可以认为，食品企业没有以高效努力来保证安全生产，将会受到处罚。面对这样的契约，食品企业的最优选择只能是以高效的努力来保证安全生产的设施完备，确保食品生产一线工人健康上岗，竭力确保食品生产的各个环节都符合安全标准，提供安全可靠的食品。

五、结论及政策建议

本文构建了中央监管机构—地方监管机构、地方监管机构—食品企业两个层次的激励相容模型，试图从中寻求各方主体利益趋于一致的条件。在两个模型中可以看到，从中央监管机构到食品企业，符合激励相容的主要是负向激励，比如，对地方监管机构公务人员渎职的责任追究以及对食品企业无视安全隐患进行生产的严厉惩罚。由于食品安全规制是一项系统性的、多主体的复杂工程，本文是在诸多假设条件下对现实情况进行简化后构建的委托—代理模型，仅仅是对激励相容理论在食品安全监管领域运用的初步理论探析，实际情况会复杂得多，有待于日后的研究逐步放松假设条件，使模型更加贴近现实。根据本文建立的模型，可以得到如下几点启示：

（一）应由中国食品安全委员会统领食品安全监管工作

通过前文模型分析可以看出，只有中央层面各监管机构统一其目标和利益，才能在各自职权范围内领导和激励下属机构开展地方食品安全监管工作。目前，负责食品安全监管的部门多达十余个，由于采取分段监管为主、品种监管为辅的方式，容易造成多头管理，部门利益冲突等问题，同时又缺少一个真正能够协调各监管部门利益的机构，中央层面的监管机构之间的目标和利益都不尽相同，指导并激励地方监管工作高效开展更是无从谈起。2009 年 2 月 28 日出台的《食品安全法》中虽然提出由国务院成立食品安全委员会，但是并未对其具体职责做出详细规定，负责综合协调的仍是卫生行政部门。而卫生部、农业部、商务部等部门在横向配置上属于平级关系，由卫生部门协调彼此之间的关系难免遇到阻碍，不利于监管工作的有效开展。因此，为了协调中央各监管机构间的利益，加强部门交流与合作，可以考虑由中国食品安全委员会协调相关各部委的责任，统一组织、协调、管理与食品安全有关的全部工作。

（二）中央和地方监管机构之间实行垂直管理

前文设计的地方监管机构—食品企业的模型中，假定地方监管机构总是可以排除地方政府的干预，高效努力的实施监管，从而采取奖罚分明的手段激励食品企业安全生产。然而现实情况是，现有体制的主要监管机构受地方政府的直接领导，上级监管机构只是业务和技术上的领导，而食品安全法草案的三审稿中也规定地方政府作为地方各监管机构的协调者，在增加本级财政收入及提高本地国内生产总值的利益驱使下，地方政府难免会为了保护本地食品企业而干预甚至阻碍食品安全监管工作。因此，可以考虑推行主要监管机构各个层级之间实行垂直管理，不受地方监管机构管辖，直接由上级监管机构全面领导。

（三）加大对违规食品企业的惩罚力度

从模型中可以看出，在地方监管机构与食品企业之间订立的契约中，只有加大对违规生产的食品企业惩罚力度，使得其成本趋于负无穷，才能激励企业加大安全投入保障安全生产。新出台的《食品安全法》中规定的对于违规食品企业处罚金额大多是 2000 元以上 5 万元以下人民币，最多的不过涉案金额的 10 倍，相对于违规操作攫取的高额利润来说，这样的处罚力度仍然显得过轻。马克思早在《资本论》里说过：“资本家有了 50% 的利润就会铤而走险，有了 100% 的利润就敢践踏人间一切法律，有了 300% 的利润就敢冒上绞刑架的危险。”因此，应该继续加大对企业的处罚力度，比如，发现一次严重食品造假行为，按国际通则永远逐出本行业；由于产品质量不合格甚至含有对人体有害物质并危害到人体生命健康的企业，应当予以重罚，情节特别严重的，吊销其营业执照，并且企业主要负责人终身不得从事食品行业；对无证无照的“黑窝点”要追究当事人的刑事责任等。

（四）在食品安全监管体制中引入问责制

通过前文建立的模型，得出的结论是，对于地方监管机构及食品企业的激励主要是负向激励。若地方监管机构没有高效努力完成监管任务从而使该地食品安全事故频发，上级监管机构应视严重程度对其进行处罚，追究相关人员的责任。因此，在各级监管机构中引入问责制十分必要。不仅对滥用、误用公共权力的越职行为和未利用公共权力的缺职行为问责，而且要对故意推诿扯皮的不作为问责。问责制的引入，不仅可以防止寻租行为，还可以激励各级监管部门的公职人员认真履行职责，加强对食品安全事故的预防和处理，更好的实现政府的监管目标。

参考文献：

1. 刘为军、潘家荣、丁文锋：《关于食品安全认识、成因及对策问题的研究综述》，载于《中国农村观察》2007 年第 5 期。

2. 陈君石：《食品安全——现状与趋势》，第三届中国食品与农业科学技术研讨会会议资料，2004 年。

3. 柏振忠、王红玲：《对食品安全的再认识》，载于《湖南大学学报（社科版）》2004 年第 3 期。

4. 刘文、王菁、许建军：《我国流通消费领域食品安全现状及对策》，载于《中国食物与营养》2005 年第 5 期。

5. 王志刚：《食品安全的认知和消费决定：关于天津市个体消费者实证分析》，载于《中国农村经济》2003 年第 4 期。

6. 周洁红、姜励卿：《影响生鲜蔬菜消费者选择政府食品安全管制方式的因素分析——基于浙江省消费者的实证研究》，载于《浙江统计》2004 年第 11 期。

7. 林镝、曲英：《中美食品安全管理体制比较研究》，载于《武汉理工大学学报》2004 年第 6 期。

8. 李怀：《中国食品安全规制的制度分析》，载于《天津商学院学报》2005 年第 1 期。

9. 陈兴乐：《从阜阳奶粉事件分析我国食品安全监管体制》，载于《中国公共卫生》2004 年第 10 期。

10. 让·雅克·拉丰、大卫·马赫蒂摩：《激励理论》（第一卷），中国人民大学出版社 2002 年版。

11. 肖兴志、王钠：《转型期中国煤矿安全规制机制研究》，载于《产业经济评论》2007 年第 1 期。

12. 张维迎：《博弈论与信息经济学》，上海人民出版社 2004 年版。

13. 王耀忠：《食品安全监管的横向和纵向配置——食品安全监管的国际比较与启示》，载于《中国工业经济》2005 年第 12 期。

14. 岳中刚：《信息不对称、食品安全与监管制度设计》，载于《河北经贸大学学报》2006 年第 5 期。

（本文载于《中南财经政法大学学报》2010 年第 1 期）

测量要素折扣对企业规模效率的贡献：基于 DEA 的研究

杨 锋 夏 琼 梁 樑 吴华清

摘 要：规模效率分析是传统数据包络分析（DEA）领域的重要问题之一，但现有成果未曾对规模收益的影响因素及其影响力进行研究。本文引入可变权重数据包络分析模型，将要素权重用分段线性函数表示，揭示了要素折扣是企业产生规模效率的一种原因，并测量了要素折扣对于规模效率的贡献。实例研究显示，不同企业及不同折扣率对于规模效率的贡献存在差异性。部分企业的规模效率随着折扣率增加而增加，而部分企业的规模效率则随着折扣率的增加而减少。

关键词：数据包络分析 规模收益 可变权重 效率评价

一、引 言

规模效率分析是生产力研究中的重要课题。在技术水平不变的条件下，企业可能呈现规模收益递增、规模收益不变和规模收益递减现象。产生规模收益递增现象的原因众多，现有研究已承认如下原因：固定成本（如大型设备）的充分利用、准备成本与试产成本的摊薄、劳动者的熟能生巧带来技术进步、平均交易费用的降低、产品市场垄断能力的加强等。反之，规模收益递减的原因一般认为与企业组织成本有关，如信息处理、组织协调无法适应生产规模的迅速扩大。追求最优规模效率是企业发展战略中的一个重要问题。数据包络分析（Data Envelopment Analysis，DEA）在测量决策对象的规模效率方面已经得到了广泛应用。

数据包络分析是一种用来评价决策单元（Decision Making Unit，DMU）之间相对效率的数学规划方法，已经被普遍接受并获得广泛应用。第一个数据包络分析模型由著名运筹学家查恩斯等（Charnes et al.）于 1978 年提出，即规模报酬不变（CCR）模型。至此以后，数据包络分析在理论创新与模型发展上，以及在实际应用领域都获得了长足的发展。我国学者在数据包络分析领域中取得了丰硕的研究成果，研究视角包括复杂系统效率评价、供应链绩效管理、成本与资源分摊、财务困境预测、多属性拍卖等。

现有运用数据包络分析方法进行规模效率分析的研究集中于规模效率的测度与最优生产规模的判定，未对规模效率的来源展开研究。本文的主要工作包括两个方面：首先，揭示要素折扣是企业产生规模效率的一种原因；其次，利用可变权重数据包络分析模型来测量要素折扣对于规模效率的贡献。

二、利用数据包络分析模型测量规模效率

假设有 n 个生产决策单元，每个决策单元消耗 m 种固定权重的投入 x，以及另一种投入要素 z，该投入要素从市场购买，无购买折扣。上述投入可生产出 s 种产出 y。对于第 j 个决策单元而言，这

些投入、产出数据分别为 x_{ij}，z_j 与 y_{rj}（$i=1, 2, \cdots, m$，$r=1, 2, \cdots, s$，$j=1, 2, \cdots, n$）。

传统数据包络分析规模报酬不变方法评价决策单元 k 的技术效率可通过如下规模报酬不变模型进行：

$$\begin{aligned} \theta_k^{TEC} &= \min\ \theta \\ \text{s. t.}\quad & \sum_{j=1}^{n} \lambda_j x_{ij} \leqslant \theta x_{ik} \qquad i=1, 2, \cdots, m \\ & \sum_{j=1}^{n} \lambda_j z_j \leqslant \theta z_k \\ & \sum_{j=1}^{n} \lambda_j y_{rj} \geqslant y_{rk} \qquad r=1, 2, \cdots, s \\ & \lambda_j \geqslant 0 \qquad j=1, 2, \cdots, n \end{aligned} \tag{1}$$

规划式（2）被用来测量第 k 个生产决策单元的纯技术效率：

$$\begin{aligned} \theta_k^{PTE} &= \min\ \theta \\ \text{s. t.}\quad & \sum_{j=1}^{n} \lambda_j x_{ij} \leqslant \theta x_{ik} \qquad i = 1,2,\cdots,m \\ & \sum_{j=1}^{n} \lambda_j z_j \leqslant \theta z_k \\ & \sum_{j=1}^{n} \lambda_j y_{rj} \geqslant y_{rk} \qquad r=1, 2, \cdots, s \\ & \sum_{j=1}^{n} \lambda_j = 1 \quad \lambda_j \geqslant 0 \qquad j=1, 2, \cdots, n \end{aligned} \tag{2}$$

于是，上两个规划式的最优目标值的比值可用以测量该生产单元的规模效率：

$$\theta_k^{SE} = \theta_k^{TEC} / \theta_k^{PTE} \tag{3}$$

如果 $\theta_k^{SE}=1$，则表示该生产决策单元规模效率为最优，即处于最优生产规模；反之，则生产规模偏大或偏小。然而，具体属于何种规模收益类型尚未可知。

规划式（2）的对偶规划为：

$$\begin{aligned} \theta_k^{PTE} &= \max \sum_{r=1}^{s} u_r y_{rk} + \mu_k \\ \text{s. t.}\quad & \sum_{r=1}^{s} u_r y_{rj} - \sum_{i=1}^{m} v_i x_{ij} - w z_j + \mu_k \leqslant 0 \qquad j=1, \cdots, n \\ & \sum_{i=1}^{m} \nu_i x_{ik} + w z_k = 1 \\ & u_r,\ \nu_i,\ w \geqslant 0 \qquad \mu_k \text{ 无约束} \qquad r=1, \cdots, s,\ i=1, \cdots, m \end{aligned} \tag{4}$$

于是，如下定理用来判断该决策单元的规模收益类型：

定理1：记 μ_k^* 为式（4）的最优解，则：

（1）如果式（4）存在最优解满足 $\mu_k^*=0$，则第 k 个生产单元为规模收益不变；

（2）如果对式（4）的所有最优解均有 $\mu_k^*>0$，则第 k 个生产单元为规模收益递增；

（3）如果对式（4）的所有最优解均有 $\mu_k^*<0$，则第 k 个生产单元为规模收益递减。

寻找规划式（4）的全部最优解非常困难。实际上，无须求解所有的最优解，只需通过求解下列两个规划，再利用定理2即可判断各决策单元的规模收益状况：

$$\begin{aligned} \hat{u}_k^+ &= \min \hat{u}_k \\ \text{s. t.}\quad & \sum_{r=1}^{s} u_r y_{rj} - \sum_{i=1}^{m} \nu_i x_{ij} - w z_j + \hat{u}_k \leqslant 0 \qquad j=1, \cdots, n \quad j \neq k \\ & \sum_{r=1}^{s} u_r \hat{y}_{rk} - \sum_{i=1}^{m} \nu_i \hat{x}_{ik} - \hat{w} z_k + \hat{u}_k \leqslant 0 \qquad j=k \end{aligned}$$

$$\sum_{i=1}^{m} \nu_i \hat{x}_{ik} + \hat{w}z_k = 1$$

$$\sum_{r=1}^{s} u_r \hat{y}_{rk} + \hat{u}_k = 1$$

$$\nu_i,\ u_r \geqslant 0 \text{ 且 } \hat{u}_k \geqslant 0 \tag{5}$$

$$\hat{u}_k^- = \max \hat{u}_k$$

$$\text{s. t.} \quad \sum_{r=1}^{s} u_r y_{rj} - \sum_{i=1}^{m} \nu_i x_{ij} - wz_j + \hat{u}_k \leqslant 0 \qquad j=1,\ \cdots,\ n \quad j \neq k$$

$$\sum_{r=1}^{s} u_r \hat{y}_{rk} - \sum_{i=1}^{m} \nu_i \hat{x}_{ik} - \hat{w}z_k + \hat{u}_k \leqslant 0 \qquad j=k$$

$$\sum_{i=1}^{m} \nu_i \hat{x}_{ik} + \hat{w}z_k = 1$$

$$\sum_{r=1}^{s} u_r \hat{y}_{rk} + \hat{u}_k = 1$$

$$\nu_i,\ u_r \geqslant 0 \text{ 且 } \hat{u}_k \leqslant 0 \tag{6}$$

这里，$\begin{cases} \hat{x}_{ik} = \sum_{j=1}^{n} x_{ij}\lambda_j^* & i=1,\ \cdots,\ m \\ \hat{z}_k = \sum_{j=1}^{n} z_j\lambda_j^* & \\ \hat{y}_{rk} = \sum_{j=1}^{n} y_{rj}\lambda_j^* & r=1,\ \cdots,\ s \end{cases}$ 且 λ_j^* 为式（2）的最优解。（7）

定理2：记 $\hat{u}_k^+$ 与 $\hat{u}_k^-$ 为式（5）和式（6）的最优目标值，则：

（1）如果 $\hat{u}_k^+=0$ 或 $\hat{u}_k^-=0$，则第 k 个生产单元为规模收益不变；

（2）如果 $\hat{u}_k^+>0$，则第 k 个生产单元为规模收益递增；

（3）如果 $\hat{u}_k^+<0$，则第 k 个生产单元为规模收益递减。

由定理1可知，定理2显然成立。

三、考虑投入要素折扣的规模效率

在传统的数据包络分析研究体系中，作为待决变量的投入、产出权重均被视为独立变量。在每个决策单元被评价时，该决策单元可自由选择最适合自身偏好的权重，以最大化自身效率值。为了减少权重的完全自由性给评价带来的主观影响，权重约束（Multiplier Bounds）和保证域（Assurance Regions）方法被提出以减少权重自由性。然而，在上述方法中，同一种投入或者产出的权重在评价单个决策单元的时候仍然是固定不变的。

数据包络分析效率评价模型中投入、产出变量的权重对应于现实生活中相关要素的价格或者价值，对于同种要素而言，这种价格或者价值是可变的。例如，在评价若干个零售商的效率时，进货量通常视为一种投入，但进货量的价格或价值并非恒定不变，其大小与进货量大小是不独立的。较大的进货量往往会被赋予各种优惠，如较大的销售折扣、较高的产品质量、减免运输成本、退货保证等；较大的进货量也通常对应着较为稳固的供求客户关系。因此，较大的进货量往往对应较低的单位价格，而较小的进货量往往对应较高的单位价格。所以，在这种情形下，在对应的数据包络分析评价模型中，同种变量的权重可能是可变的。

在本节中，假设要素 z 的权重为一类分段线性函数。z 可划分为 q 个区间 $[0,\ l_1]$，$(l_1,\ l_2]$，…，$(l_{q-2},\ l_{q-1}]$，$(l_{q-1},\ +\infty)$，每个区间因为享受不同的折扣率，于是对应的指标权重是不同的，分别为 w_1，w_2，…，w_1。对于这组权重，基于折扣率随订购量递增而递增的假设，赋予如下假设：

$$\frac{w_{k+1}}{w_k} \leqslant \alpha_k \leqslant 1 \quad k=1, \cdots, q-1 \tag{8}$$

若 $l_{t-1} < z_j \leqslant l_t$，则令：

$$z_{pj} = \begin{cases} l_p & p=1 \\ l_p - l_{p-1} & p=2, 3, \cdots, t-1 \\ z_j - l_{t-1} & p=t \\ 0 & p=t+1, \cdots, q \end{cases} \tag{9}$$

于是，决策单元 j 的投入变量 z（值为 z_j）与其权重 W（值为 w）的乘积，不再是规划式（8）中的 wz_j 的形式，而是如式（10）所示的加权和：

$$wz_j = \sum_{p=1}^{q} w_p z_{pj} \tag{10}$$

于是，决策单元 k 的技术效率可通过式（11）计算得到：

$$\begin{aligned} \beta_k^{TEC} &= \max \frac{\sum_{r=1}^{s} u_r y_{rk}}{\sum_{i=1}^{m} \nu_i x_{ik} + \sum_{p=1}^{q} w_p z_{pk}} \\ \text{s. t.} \quad & \frac{\sum_{r=1}^{s} u_r y_{rj}}{\sum_{i=1}^{m} \nu_i x_{ij} + \sum_{p=1}^{q} w_p z_{pj}} \leqslant 1 \quad j=1, \cdots, n \\ & \frac{w_{p+1}}{w_p} \leqslant \alpha_p \leqslant 1 \quad p=1, \cdots, q-1 \\ & u_r, \nu_i, w_p \geqslant 0 \quad r=1, \cdots, s, \; i=1, \cdots, m, \; p=1, \cdots, q \end{aligned} \tag{11}$$

规划式（12）评价此种情形下的纯技术效率：

$$\begin{aligned} \beta_k^{PTE} &= \max \frac{\sum_{r=1}^{s} u_r y_{rk} + \eta_k}{\sum_{i=1}^{m} \nu_i x_{ik} + \sum_{p=1}^{q} w_p z_{pk}} \\ \text{s. t.} \quad & \frac{\sum_{r=1}^{s} u_r y_{rj} + \eta_k}{\sum_{i=1}^{m} \nu_i x_{ij} + \sum_{p=1}^{q} w_p z_{pj}} \leqslant 1 \quad j=1, \cdots, n \\ & \frac{w_{p+1}}{w_p} \leqslant \alpha_p \leqslant 1 \quad p=1, \cdots, q-1 \\ & u_r, \nu_i, w_p \geqslant 0 \quad r=1, \cdots, s, \; i=1, \cdots, m, \; p=1, \cdots, q \\ & \eta_k \text{ 无约束} \end{aligned} \tag{12}$$

规划式（11）与式（12）的最优目标值的比值用以测量此种情形下的规模效率：

$$\beta_k^{SE} = \beta_k^{TEC} / \beta_k^{PTE} \tag{13}$$

四、算例演示

本节通过一个例子来研究要素折扣对规模收益的贡献。某地区某行业存在5个主要企业，主要的生产要素为原材料 x_1 与劳动力 x_2，主要产出为产品 y。各指标的观测数据如表1所示。

表1后两列给出了5个企业在无折扣情形下的规模收益状态，前3个企业均处于最佳生产规模；企业4呈现出规模收益递增，故其生产规模尚未达到最优；企业5呈现出规模收益递减，即其生产规模较大，有必要减小规模方能提高生产能力。

表1　　无折扣情形下5个企业的规模收益估计

企业	原材料（x_1）	劳动力（x_2）	产品（y）	规模收益状态	$[\mu^-, \mu^+]$
1	2	5	2	规模收益不变 CRS	$[-7, 1]$
2	2	2	1	规模收益不变 CRS	$[0, 1]$
3	4	1	1	规模收益不变 CRS	$[-5/3, 1]$
4	2	1	0.5	规模收益递增 IRS	$[1/2, 1]$
5	6	5	2.5	规模收益递减 DRS	$(-\infty, -3/37]$

假设各企业的单位劳动力价值和单位产品价值均相等且不变，而原材料的单位价值则存在多种可能：情形1假设无论原材料进货量为多少均不享受折扣，而后面各种情形则假定原材料进货量在小于1、1与4之间、大于4三个区间分别享受零倍、单倍和双倍的折扣。表2给出了各种假设下的折扣率。

表2　　原材料单位价值假设

编号	假设	折扣率	分段单位价值（原材料≤1）	分段单位价值（1≤原材料≤4）	分段单位价值（原材料≥4）
1	无折扣	0	w	w	w
2	有折扣	0.05	w	$0.95w$	$0.9w$
3	有折扣	0.10	w	$0.9w$	$0.8w$
4	有折扣	0.15	w	$0.85w$	$0.7w$
5	有折扣	0.2	w	$0.8w$	$0.6w$
6	有折扣	0.25	w	$0.75w$	$0.5w$
7	有折扣	0.3	w	$0.7w$	$0.4w$
8	有折扣	0.35	w	$0.65w$	$0.3w$

基于如上假设，求解规划式（11）~（13），可得到各种假设条件下各个企业的规模效率，如表3所示。

表3　　各种假设下5个企业的规模效率值

假设	企业1	企业2	企业3	企业4	企业5
假设1	1	1	1	0.75	0.9375
假设2	1	0.9971	1	0.7457	0.9464
假设3	1	0.994	1	0.7411	0.9562
假设4	1	0.9907	1	0.7361	0.9672
假设5	1	0.987	1	0.7308	0.9794
假设6	1	0.9831	1	0.725	0.9932
假设7	1	0.9707	1	0.716	1
假设8	1	0.9512	1	0.7044	1

从表3和图1可知，企业1和企业3在所有情形下都是规模收益最高，均处于最佳生产规模，

并未受到投入要素折扣的影响，这主要是因为，此两个企业的生产能力较高，一种生产要素的折扣对其生产方式没有产生过大影响。

企业2与企业4的规模效率随着折扣率的增加而减少。以企业4为例说明。在无折扣情形下，企业4即处于规模收益递增阶段，即其投入要素还未达到最佳生产规模；从某种意义上讲，折扣率的增加意味着企业4投入要素的降低，故该企业距离最佳生产规模更加遥远，于是规模效率降低。企业2与之唯一不同之处是其在无折扣情形下处于最佳生产规模。

企业5的规模效率随着折扣率的增加而增加。在无折扣情形下，该企业处于规模收益递减阶段，即其投入要素过多，超过了最优生产规模。随着折扣率的上升，其投入要素相当于减小，生产规模呈现递减态势，故规模效率逐渐增加，直至最终达到最优生产规模。

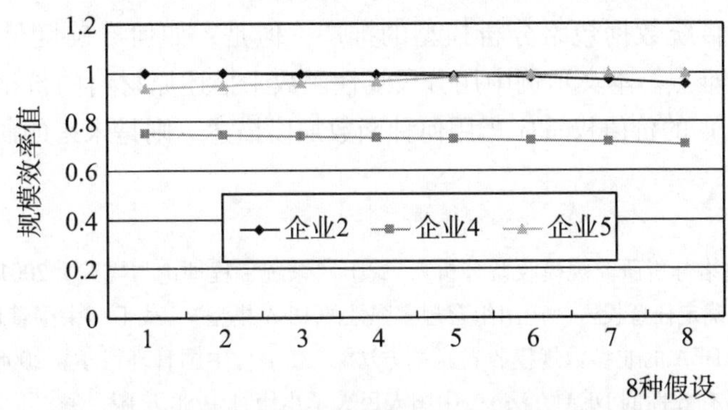

图1 企业2、企业4、企业5的规模效率值趋势

为衡量折扣率对规模效率的平均贡献，本文引入如下计算方法：

折扣率对规模效率的贡献 =（折扣前规模效率 − 折扣后规模效率）/折扣率

折扣率对规模效率的平均贡献 = 折扣率对规模效率的贡献累计值/实验次数

于是，可以得到如表4所示的结果。

表4 折扣率对规模效率的贡献

实验方式	企业1	企业2	企业3	企业4	企业5	5个企业平均
折扣率0.05	0	−0.058	0	−0.0860	0.1780	0.0068
折扣率0.1	0	−0.06	0	−0.0890	0.1870	0.0076
折扣率0.15	0	−0.062	0	−0.0927	0.1980	0.0087
折扣率0.2	0	−0.065	0	−0.0960	0.2095	0.0097
折扣率0.25	0	−0.0676	0	−0.1000	0.2228	0.0110
折扣率0.3	0	−0.0977	0	−0.1133	0.2083	−0.0001
折扣率0.35	0	−0.1394	0	−0.1303	0.1786	−0.0180
平　均	0	−0.0785	0	−0.1010	0.1975	0.0036

由表4可知，各企业以及各种折扣率对于规模效率的贡献均是不同的。对于同一个企业而言，不同折扣率对其规模效率的影响是较为稳定的；对于整个行业而言，折扣率对于所有企业的规模效率平均影响也是存在的。从总体来看，折扣率对于所有企业的规模效率的影响是0.36%，如表4最后一个数据所示。

五、结　语

为了更合理地对决策单元的规模效率进行评价，以及测量要素折扣对于规模效率的贡献，本文研究了如何将有关投入、产出变量的权重信息融入效率评价模型。实例研究显示，要素折扣对于规模效率的影响的确存在，且不同企业及不同折扣率对于规模效率的贡献存在差异性。部分企业的规模效率随着折扣率增加而增加，如企业 5；而一些企业的规模效率则随着折扣率的增加而减少，如企业 2 与企业 4。在一定的市场折扣条件下，企业可以依据特定的财务目标及本文方法揭示的最佳生产规模作出有关增产或减产的决策。总之，本方法可以较为合理地测量折扣率对于企业规模效率的影响，为企业制定有关决策提供支撑依据。

本文方法适用于投入要素折扣函数已知情形下的企业规模收益测量及最佳生产规模判定。本文在数据包络分析相关研究中有两条新意：其一，通过新视角（要素折扣）关注数据包络分析研究领域中的经典问题（规模效率）；其二，在数据包络分析评价模型中改变权重单一的假设而使用可变权重假设，这种改变适合本问题的实际背景（即市场折扣）。

本文提出的模型是传统数据包络分析模型的推广。但是，如何准确度量要素权重并将其函数化，是本文模型应用的难点。本文示例中用分段线性函数来描述原材料的价格折扣是合理的，但另一种投入要素（劳动力）的价值权重应当用何种函数加以描述，则是未来的研究方向之一。

参考文献：

1. 吴文江：《用数据包络分析研究规模收益分析》，载于《系统工程理论与实践》2001 年第 9 期。

2. 蓝伯雄、鲁国华：《确定任意投入—产出组合规模弹性的 DEA 模型》，载于《中国管理科学》2006 年第 6 期。

3. 魏权龄、张倩伟：《DEA 的非参数规模收益预测方法》，载于《中国管理科学》2008 年第 2 期。

4. 魏权龄：《评价相对有效性的 DEA 方法》，中国人民大学出版社 1988 年版。

5. 盛昭瀚、朱乔、吴广谋：《DEA 理论、方法与应用》，科学出版社 1996 年版。

6. 杨锋、梁樑、凌六一、查勇：《并联结构决策单元的 DEA 效率评价研究》，载于《中国管理科学》2009 年第 6 期。

7. 杨锋、梁樑、凌六一、杜少甫：《供应链前沿生产函数的 DEA 估计研究》，载于《中国管理科学》2008 年第 5 期。

8. 李勇军、梁樑、凌六一：《基于 DEA 联盟博弈核仁解的固定成本分摊方法研究》，载于《中国管理科学》2009 年第 1 期。

9. 徐晓燕、李桃、陈华：《考虑投入产出效率的中小企业财务困境预测方法》，载于《中国管理科学》2009 年第 1 期。

10. 刘树林、王明喜：《多属性采购拍卖理论与应用评述》，载于《中国管理科学》2009 年第 1 期。

11. 杨锋、梁樑、毕功兵、查勇：《基于可变权重的 DEA 效率评价模型》，载于《中国管理科学》2008 年第 s1 期。

12. Banker, R. D. and R. M. Thrall, Estimation of returns to scale using Data Envelopment Analysis, European Journal of Operational Research, 1992, 62: pp. 74 – 84.

13. Thompson, R. G., Langemeier, L. N., Lee, C. -T., Lee, E., Thrall, R. M.. The role of multiplier bounds in efficiency analysis with application to Kansas farming [J]. Journal of Econometrics, 1990, 46: pp. 93 – 108.

14. Thompson, R. G., Brinkmann, E. J., Dharmapala, P. S., Gonzalez-Lima, M. D., Thrall, R. T., DEA/AR profit ratios and sensitivity of 100 large U. S. banks [J]. European Journal of Operational Research, 1997, 98 (2): pp. 213 – 229.

15. Liu S. T., A fuzzy DEA/AR approach to the selection of flexible manufacturing systems [J]. Computers & Industrial Engineering, 2008, 54 (1): pp. 66 – 76.

（本文载于《中国管理科学》2010 年第 4 期）

合作性竞争对市场结构的影响：基于全球汽车产业的经验研究

杨蕙馨　冯文娜

摘　要： 以全球汽车产业76个战略联盟的数据为样本，从市场势力、市场范围、产品差异等角度考察合作性竞争对市场结构产生的短期与长期影响。研究发现，合作性竞争的组织形式不同对市场结构产生的影响也不同，合作性竞争并不必然导致市场垄断程度的提高。从长期看，以关联联盟形式进行的合作性竞争更能导致企业相对市场势力的改变，以规模联盟形式进行的合作性竞争更有利于产品差异化，而在市场进入方面两种形式的合作性竞争没有显著差异。

关键词： 合作性竞争　市场势力　市场范围　产品差异

一、引　言

长期以来对企业竞争态势的争论一直存在竞争与合作两种不同的范式。竞争范式的支持者认为，竞争是最有效率的一种范式，竞争可以从三方面产生经济效率，即竞争可以使企业合理的分配稀缺资源，竞争可以推动企业不断创新，竞争可以减少合作产生的交易费用。但是，合作范式的支持者却认为在越来越复杂、越来越动荡的市场环境中，合作可以带来风险规避，合作同时也可以带来更高的生存机会。

希尔（Hill，1995）在考察了众多企业后指出，企业要想在市场上获得成功就必须同时实施竞争与合作两种行为，一方面企业为实现竞争力提升而与其他企业合作，另一方面企业又要为了保持独立而与合作伙伴不断竞争。奥古斯丁（Augustine，1997）通过寻租行为①分析了企业如何获得经济租以及如何从合作性竞争中获得长久的高绩效。奥古斯丁依据企业的竞争倾向与合作倾向两个维度给出了企业竞争态势的描述性模型，如图1所示。该模型表明企业可供选择的竞争态势共四种，分别是合作、竞争、垄断以及合作性竞争。

合作倾向		竞争倾向：低	竞争倾向：高
	高	合作性寻租行为	混合性寻租行为
	低	垄断性寻租行为	竞争性寻租行为

图1　寻租行为的混合模型

资料来源：Augustine，A. Lado. Competition，Cooperation，and the Search for Economic Rents：A Syncretic Model Behavioral［J］. Academy of Management Review，1997，22（1）：pp. 110－141.

合作性竞争是有别于竞争、合作与垄断的一种博弈关系，奥古斯丁认为，合作性竞争行为（混合性寻租行为）比单纯的竞争或合作更有利于知识创新、技术进步以及经济与市场的增长。并且，与其他三种寻租行为相比，合作性竞争行为更有利于企业取得高绩效、实现重组以及避免冲突，更

① 寻租就是指寻找能够给企业产生价值增值从而带来高价值回报的资源与能力的过程。

能使企业在关系、市场等资源的投资上达到平衡。但是，奥古斯丁同时也指出，当维持合作性竞争所花费的成本超出企业能够从合作性竞争中获得的收益时，合作性竞争对企业竞争地位的改变就成为空谈。此外，当联盟中的企业目标与预期不一致，或一方从联盟中获取知识的速度显著低于另一方，或一方有意识地实施保守秘密、阻止信息流动的行为时，合作性竞争就难以产生经济租，合作性竞争可能就会宣告失败。

合作性竞争与传统竞争相比，不仅要学会容忍竞争对手的存在，更要认识到竞争对手存在的价值，并能够加以有效利用。经济全球化步伐的加快以及科学技术的蓬勃发展，使得合作性竞争成为企业必须遵循的竞争规则。越来越多的企业意识到同竞争者合作能给自己带来战略利益，从而同竞争者采取一种合作的姿态。以全球汽车产业为例，2007 年全球最大的 22 家整车制造商发生及持续的同业企业间合作性竞争关系共计 169 起①。企业可以通过与竞争者进行合作性竞争整合组织资源、促进企业发展，并使竞争在更高的层次上展开。

合作性竞争强调为了竞争而学会必要的妥协与合作，建立互利互惠的合作竞争关系，在竞争中寻找一切合作机会，进而起到在合作过程中强化竞争的作用。合作性竞争最主要的组织形式是战略联盟。杜尚哲等人（Dussauge，2000）根据企业对联盟的贡献将同业企业间的战略联盟划分为规模联盟（Scale Alliance）和关联联盟（Link Alliance）。规模联盟中的成员企业为联盟提供了相同的资源，并在联盟中从事同一价值链环节的活动。规模联盟可以使单个企业获得规模经济，压缩过剩生产能力，实现竞争者之间的成本分摊。研发合作、联合生产组装、下包等都属于规模联盟的范畴。沃尔沃、雷诺与标致为了共同研发 V6 型发动机在 1971 年成立的 PRV 联盟、1991 年空中客车与 4 家欧洲飞机制造商联合开发适用于欧洲市场的商用客机属于规模联盟的范畴。与规模联盟不同，关联联盟中的成员企业为联盟提供了异质化互补性的资源和能力，且成员企业在联盟中分别从事价值链的不同环节。关联联盟实现了竞争者之间的资源、技能共享。如一个企业为另一个企业新开发的产品提供市场准入。通用汽车与五十铃汽车在 20 世纪七八十年代结成的联盟以及通用与丰田在 1983 年构建的 NUMMI 合资企业都属于关联联盟的范畴。

按照产业组织理论的结构行为绩效（SCP）范式，合作性竞争行为的发生势必对市场结构产生影响。本文以全球汽车产业的 76 个汽车整车制造商之间战略联盟为研究对象，考察企业合作性竞争行为对市场结构产生的影响。本文研究的汽车整车制造商主要是生产汽车（Motor Vehicle）的，包括乘用车（俗称轿车）和商用车辆，并不严格区分这些整车制造商具体生产什么型号、什么档次的汽车②。因为无论什么型号、什么档次的汽车之间都具有替代关系，发生在提供替代性产品厂商之间的合作自然是合作性竞争行为。本文从市场势力、市场范围和产品差异化程度三方面探讨企业合作性竞争行为的实施给市场结构带来的影响。

二、研究假设

（一）合作性竞争对市场势力的影响

一般来说，合作性竞争会使联盟双方同时受益。如麦康奈尔和奈特（McConnell and Nantell，

① 资料来源：根据汽车新闻网（http：//www. autonews. com）相关数据整理得到。

② 按照 2002 年 3 月 1 日正式实施的中华人民共和国汽车分类的两个新国标 GB/T3730. 1 - 2001 和 GB/T15089 - 2001 规定，汽车的分类是：（1）汽车（Motor Vehicle）包括乘用车（俗称轿车）、商用车辆；（2）挂车（Trailer）包括牵引杆挂车、半挂车、中置轴挂车；（3）汽车列车（Combination Vehicles）包括乘用车列车、客车列车、货车列车、牵引杆挂车列车、铰接列车、双挂列车、双半挂列车、平板列车（GB/T15089 - 2001 主要用于型式认证，是型式认证各技术法规适用范围的依据；GB/T3730. 1 - 2001 是通用性分类，适用于一般概念、统计、牌照、保险、政府政策和管理的依据。两个新国标在按用途划分的基础上，建立了乘用车和商用车概念，尤其是在轿车的划分上改革较大，解决了管理和分类的矛盾，是和国际接轨的标准。可参见 http：//www. chinazyqc. com/html/jis/203. html）。

1985）认为组建合资企业可以同时提高合资双方的股票价值；米切尔和森尔（Mitchell and Singh，1996）证明联盟会增加企业的存活几率；森尔和米切尔（Singh and Mitchell，1996）分析联盟解体对企业造成的影响，发现当联盟停止运行或更换新成员时联盟双方的死亡率会大幅提升，联盟不稳定会使双方同时受损。合作性竞争同时有益于联盟双方是因为，合作性竞争的基础是双方拥有互补的资源，联盟中的企业可以利用从合作者那里得来的资源去改变自己的竞争地位，尤其是在市场集中度比较高的产业更为明显，故企业可以通过合作提高自己的市场势力（Stuart，2000）。

但是，戴姆勒与克莱斯勒的分手让前人研究结论的合理性受到了质疑，与此同时，新近一些经验分析也发现合作性竞争与"双赢"收益之间的对等关系并不一定成立。克莱纳姆（Kalaignanam，2006）发现联盟中较大企业和较小企业在收益上存在显著差别，虽然从短期看大企业和小企业都获得了一定收益，但是这种收益并不是对称的，企业从合作性竞争中获得的收益与联盟特性、企业特性以及合作伙伴特性三方面因素有关。他发现在新产品开发联盟中，合作伙伴间的关系并不一定是"双赢"的，事实上，多数情况下合作伙伴间的关系是"非得即失"（Win-lose），即一方得益一方损失。鲍威尔（Powell，1996）认为大企业更能从合作性竞争中获得高收益，因为大企业拥有领先的技术资源，合作性竞争能够提升大企业的市场份额，并帮助大企业进入新的市场领域。但是，也有研究表明合作性竞争对小企业更有利。尤（You，1995）发现同业企业之间的合作是决定小企业竞争和发展最重要的因素，这种合作性竞争既可以发生在小企业之间，也可以发生在小企业与大企业之间。斯图尔特（Stuart，2000）更是证明，企业市场销售额的增长主要取决于联盟伙伴的规模和创新性，故小企业更能从与大企业的合作中获益。

本文认为企业能否通过合作性竞争改变自己的市场竞争地位，进而影响市场结构，与合作性竞争的组织形式有关。如前所述，战略联盟是合作性竞争的主要组织形式。根据联盟构建的基础，可分为规模联盟和关联联盟。当企业以不同联盟形式实现合作性竞争时，将对企业市场竞争地位的变化产生不同的影响。规模联盟的两个企业提供相同的资源，在联盟中实施相同的行为，因此构建规模联盟的两个企业不用通过干中学就可以使企业在联盟中获得对称的收益。但是，关联联盟的组成是基于双方所提供的不同资源，这就为彼此进入新商业领域提供了机会，哪个企业更能够通过经验积累、相互学习使自身竞争力获得提升，更有效的利用这个进入机会，哪个企业就将从联盟获得更多收益，这就产生了不对称的私人收益。同时，考虑到从行为发生到结果生成必然存在一定时滞，即合作性竞争行为对企业市场势力的影响存在一定滞后性。根据以上分析，**提出假设1：以关联联盟形式进行的合作性竞争比以规模联盟形式进行的合作性竞争更能导致企业相对市场势力的改变，并且这种趋势从长期来看更显著。**

（二）合作性竞争对市场范围的影响

杜尚哲等（Dussauge et al.，2004）认为，与规模联盟相比，关联联盟为企业进入新商业领域、进入新市场提供了契机，更能实现企业市场范围的扩张。在进入中国市场时，三洋笔记本电脑选择了与海信计算机公司组成战略联盟，三洋看重的是海信完善的销售网络和其产品在中国市场的巨大影响力，海信计算机公司主要看好三洋的技术，三洋笔记本的设计超薄超小，科技含量高，市场前景好。毫无疑问，三洋与海信的关联联盟有利于三洋笔记本市场范围的扩张，海信也确实可以从合作中获得新技术。

规模联盟是一个成本分摊的过程，根据规模经济理论，规模联盟将使产品更具成本优势，成本领先战略的实施将使企业更容易抢占市场，尤其是低廉的产品价格将使企业在进入市场时更具竞争力。库尔潘（Culpan，1993）发现，合作性竞争比企业单独实施合作或竞争战略更能实现市场扩张，美国、日本和法国在商用飞机上的合作恰恰验证了这一点。希尔（Hill，1995）也发现丰田汽车通过与一系列汽车厂商的合作，改变了丰田在全球汽车产业中的市场地位，同时也使丰田汽车市场范围得以扩大，逐渐成为全球最具影响力的汽车厂商之一。

可见，合作性竞争确实会影响到企业的市场范围，尤其是在厂商进入新市场时。合作性竞争帮助企业克服市场进入壁垒的阻碍，更快地完成市场进入，从而扩大其市场范围。在进入新市场过程中，关联联盟可以显著改变新进入厂商的市场范围，而对在位厂商的市场范围影响较小。同时，市场进入者也可以通过组建合资企业、联合生产等规模联盟的方式进入新市场，但是，并不是所有的规模联盟都能改变联盟双方的市场范围。从相对市场范围看，关联联盟产生的不对称影响更显著。同样考虑到时滞的作用，**提出假设 2：以关联联盟形式进行的合作性竞争比以规模联盟形式进行的合作性竞争更有利于市场进入，更能导致企业相对市场范围的改变，并且这种趋势从长期来看更显著。**

（三）合作性竞争对产品差异的影响

产品差异化是市场结构的主要要素，除了完全竞争市场（产品同质）和寡头垄断市场（产品单一）以外，通常产品差异是普遍存在的。产品差异化程度越高市场越趋近于垄断，反之，产品差异化程度越低市场越趋近于完全竞争。产品差异化构筑了市场进入壁垒，不仅迫使外部进入者耗费巨资去“克服”现有客户的忠诚性，而且又在同一市场上使本企业与其他企业区别开来，帮助企业争夺市场竞争的有利地位。

关联联盟有利于企业吸收新的知识与技能，为企业创造立足新市场、进入新商业领域的机会，因此，关联联盟可以为产品差异化程度的加深及品牌市场价值的增加提供有利条件。但是，经济全球化条件下的合作性竞争更多地表现为标准竞争，而为了使市场接受标准，企业往往构建规模联盟，标准形成后，企业就会围绕标准开发出差异化的产品。也就是说，通过规模联盟形式进行的合作性竞争也会使产品差异化程度加深。众所周知，为统一家庭网络系统标准和平台，实现 3C 信息资源的共享和互联互通，由海尔集团、清华同方等 7 家公司发起组建家庭网络标准产业联盟。目前由该联盟创建的闪联标准对产品差异化的贡献已初见成效，2005 年各种闪联终端（PC、笔记本、手机、电视、投影机等）的销量接近 100 万台。

可见，规模联盟对产品差异化的影响高于关联联盟，尤其是在标准竞争中。鉴于合作性竞争行为对产品差异影响的滞后性，**提出假设 3：以规模联盟形式进行的合作性竞争比以关联联盟形式进行的合作性竞争更能导致企业产品差异化程度的加深，并且这种趋势从长期来看更显著。**

三、数据来源、变量测量与模型选择

（一）数据来源

以全球汽车产业 76 个战略联盟为研究对象，所有数据均来自现有的二手文献资源，主要包括产业报告、企业年报以及从汽车新闻网[①]数据中心下载的全球汽车产业主要厂商合作伙伴的相关数据，全部数据截至 2008 年。为了验证联盟的类型，通过查阅大量相关网页收集有关联盟组建目的、联盟双方资源投入类型的信息。

另外需要说明的是，研究考察的是合作性竞争行为发生后在行为发生地该行为对当地市场结构产生的影响，所以使用的数据均为地区性数据，而不是全球数据，尽管这些汽车制造商均是跨国经

① 汽车新闻网是介绍全球汽车产业相关新闻的官方网站，网址为：http：//www. autonews. com。

营的全球性厂商。换言之，本文认为厂商的一次合作性竞争行为直接改变了该行为发生地的市场结构，对全球市场结构的影响是间接的，直接与间接影响的方向与程度并不一定等同。如 2005 年丰田与福特在美国就混合动力车以及环保型燃料电池领域进行了合作，研究需要分析的就是该联盟存续期内丰田与福特在美国市场的各项经营数据的改变，而不是两个公司全球经营数据的变化。

（二）变量选择与测量

被解释变量：联盟存续期内联盟企业相对市场势力、相对市场范围以及相对产品差异化的改变是研究需要进行说明的被解释变量。因为合作性竞争行为从发生到对市场结构产生影响，其间必定经过一个过程，所以，研究分别测量联盟存续 3 年（短期）及 7 年（长期）时，合作性竞争引起的市场结构变化，并以此为依据验证企业间合作性竞争行为对市场结构产生的动态影响。

公式 $dRMP_t = |RMP_t - RMP_o| / RMP_0 (t=3, 7)$，用以计算企业在联盟存续期内相对市场势力的变化。$RMP_o$ = 较小企业初期销售毛利率/较大企业初期销售毛利率，即用销售毛利率的比值衡量联盟建立初期企业市场势力的差异；RMP_t = 较小企业 t 期销售毛利率/较大企业 t 期销售毛利率。RMP 越接近 1，说明两个联盟的同业企业竞争地位越接近，反之越接近 0，则说明两个企业竞争地位差异越显著。$dRMP_t$ 值等于 0，说明存续期内联盟企业的相对市场势力没有发生任何改变，合作性竞争对于市场结构没有任何影响，合作前后相比，两个企业没有从合作中获得任何市场影响能力的改变。$dRMP_t$ 的值越大，存续期内联盟企业相对市场势力改变越显著，竞合结果背离“双赢”越远，说明联盟初期与联盟后比较，企业之间的差距不是缩小了而是增加了，即一个企业对市场的影响能力越来越大，另一个企业对市场的影响能力却在降低。为便于数据分析，将被解释变量定义为二分类变量，计算全部样本 $dRMP_t$ 的平均值，单个样本 $dPMP_t$ 值大于平均值说明存续期内联盟企业的相对市场势力改变显著，计为 1，小于平均值说明存续期内联盟企业的相对市场势力改变不显著，计为 0。

公式 $dRMS_t = |RMS_t - RMS_o| (t=3, 7)$，用以计算企业在联盟存续期内相对市场范围的变化。$RMS_o$ = 较小企业初期本地市场销售收入/较大企业初期本地市场的销售收入，即以本地市场销售收入的比值衡量联盟建立初期企业相对市场范围的差异。RMS_0 等于或接近 0 说明较小企业是本地市场的新进入者，较大企业是本地市场的在位企业，否则认为较小企业与较大企业都是本地市场的在位企业；RMS_t = 较小企业 t 期本地销售收入/较大企业 t 期本地销售收入。$dRMS_t$ 值越大且 RMS_0 等于或接近 0，说明存续期内联盟企业的相对市场范围改变显著，计为 1，合作性竞争行为成功地帮助企业实现了新市场的进入，其余情况计为 0，说明合作性竞争没有引起市场范围大的改变。

公式 $dRPD_t = |RPD_t - RPD_o| / RPD_0 (t=3, 7)$，用以计算企业在联盟存续期内相对产品差异的变化。$RPD_o$ = 较小企业初期广告投入/较大企业初期的广告投入，即用广告投入的比值衡量联盟建立初期企业间的相对产品差异。RPD_t = 较小企业 t 期广告投入/较大企业 t 期广告投入。RPD 越接近 1，说明两个同业企业的相对产品差异不显著，反之越接近 0，则说明两企业相对产品差异越显著。$dRPD_t$ 的值越大，说明存续期内联盟企业相对产品差异改变的越显著。计算全部样本 $dRPD_t$ 的平均值，单个样本 $dRPD_t$ 值大于平均值说明存续期内联盟企业的相对产品差异改变显著，计为 1，小于平均值说明存续期内联盟企业的相对产品差异改变不显著，计为 0。

解释变量：企业合作性竞争行为的类型即联盟的形式，根据规模联盟与关联联盟的区分将合作性竞争行为以 0，1 进行赋值。

控制变量：研究选择的控制变量包括：（1）联盟企业间的股权参与，即联盟是以契约还是合资企业的形式构建，以契约形式构建的联盟赋值为 1，以合资企业形式构建的联盟赋值为 0；（2）联盟发生地，即合作性竞争行为发生在较小企业的本地市场，还是较大企业的本地市场，发生在较小企业本地市场赋值为 1，反之赋值为 0；（3）企业联盟初期相对市场势力、相对市场范围以及相对产品差异的值。

（三）模型选择

根据被解释变量、解释变量以及控制变量的性质，选择二分类逻辑（Logistic）回归模型分析合作性竞争的类型对市场结构产生的影响。逻辑回归模型可以直接观测测量相对于某一事件的发生几率，模型为 $\log P/(1-P)=b_0+b_1x_1+b_2x_2+\cdots+b_nx_n$，其中，$b_0$ 为常数项，b_1，b_2，…，b_n 为回归系数，x_1，x_2，…，x_n 分别是自变量联盟的类型以及各控制变量，自变量与控制变量可以是连续变量也可以是分类变量。数据处理采用统计分析软件 SPSS13. 0 完成。

四、数据分析结果

（一）合作性竞争对市场势力影响的分析结果

为区分合作性竞争对市场势力产生的短期与长期影响，对样本进行了遴选，截至 2008 年联盟存续时间大于等于 7 年的样本共计 47 个，存续时间超过 3 年的样本共计 76 个，即共有 76 个符合条件的样本进入短期影响的模型分析，47 个样本进入长期影响的模型分析。分别采用强制进入法进行二分类逻辑回归，短期影响模型的总预测准确率达到 72. 4%，卡方值为 61. 104，显著性水平为 0. 000，伪决定系数为 0. 798；长期影响模型的总预测准确率达到 57. 4%，卡方值为 41. 699，显著性水平为 0. 000，伪决定系数为 0. 790。表明两个模型的拟合优度较好，模型的解释力良好。模型分析结果如表 1 和表 2 所示。

表 1　短期相对市场势力变化的强制进入逻辑回归结果

解释变量	模型结果		
	β_i 回归系数	OR 值的 95. 0% 置信区间	
		下限	上限
合作性竞争类型	1. 930* （1. 129）	0. 753	62. 979
股权参与	−0. 587（1. 000）	0. 078	3. 947
本地市场	−1. 445（1. 060）	0. 030	1. 881
初始相对市场势力	5. 297*** （1. 434）	12. 013	3317. 759
预测准确率　72. 4%			
常数项　3. 741*** （1. 296）			
拟合优度 χ^{2***} = 61. 104，似然比值（−2 log likelihood）= 28. 491，伪决定系数 = 0. 798			
样本　$n=76$　$t=3$			

注：***、**、* 分别表示在 0. 01、0. 05 和 0. 1 水平上显著，括号内是标准误（S. E. ）。

表 2　长期相对市场势力变化的强制进入逻辑回归结果

解释变量	模型结果		
	β_i 回归系数	OR 值的 95. 0% 置信区间	
		下限	上限
合作性竞争类型	2. 371* （1. 424）	0. 657	174. 562
股权参与	−0. 798（1. 119）	0. 050	4. 035
本地市场	−0. 283（1. 263）	0. 063	8. 955
初始相对市场势力	4. 891*** （1. 599）	5. 799	3056. 105
预测准确率　57. 4%			
常数项　0. 860（1. 372）			
拟合优度 χ^{2***} = 41. 699，似然比值（−2 log likelihood）= 22. 410，伪决定系数 = 0. 790			
样本　$n=47$　$t=7$			

注：***、**、* 分别表示在 0. 01、0. 05 和 0. 1 水平上显著，括号内是标准误（S. E. ）。

比较两个模型的结果发现，关联性合作竞争、企业初始相对市场势力与企业相对市场势力变化显著正相关，股权参与以及联盟是否发生在较小企业的本地市场对企业相对市场势力的改变没有影响。根据回归系数判断，关联性合作竞争对企业相对市场势力的长期影响更显著，这意味着以关联联盟形式进行的合作性竞争比以规模联盟进行的合作性竞争更能导致企业相对市场势力的改变，并且这种趋势从长期来看更显著。假设1获得支持。

关联联盟较规模联盟更能导致企业相对市场势力改变的可能原因是，关联联盟为单个企业创造了更多争夺异质化知识、信息以及资源的机会，企业能够从关联联盟中获得改变现有市场势力的要素，因此，较之以获得规模经济、追求成本分摊为目的的规模联盟，关联联盟更能产生改变企业相对市场势力的结果。如丰田与福特在美国市场就混合动力车领域达成关联联盟，丰田向福特提供混合动力和燃料电池技术，福特则通过与丰田建立伙伴关系帮助丰田缓解与美国汽车业的摩擦。销售数据显示，2007年美国市场丰田销量达到262.08万辆，同比增长3.1%，主要原因是新车型如坦途（Tundra）皮卡以及混合动力车销量大涨，2007年丰田在美国共销售了27.78万辆混合动力汽车，同比增长44%。2010年3月即使受到召回门事件的影响，丰田汽车依然是美国混合动力车销量冠军，主打车型普锐斯在美国销量上涨了32.1%，而福特翼虎（Escape）和马里纳（Mariner）混合动力车型美国销量下跌了6.3%[①]。事实上，2007年福特在美国市场上的优势地位被丰田所取代，丰田已成为美国市场上仅次于通用的第二大汽车厂商，结束了福特公司连续76年占据这一位置的历史。

此外，值得注意的是，控制变量企业初始相对市场势力通过验证，证明以联盟形式实施合作性竞争行为会促使企业间原本不均等的市场势力更加失衡。而当联盟企业势均力敌时，合作性竞争将使联盟双方呈现一荣俱荣、一损俱损的竞争格局。换言之，市场势力差异显著的大企业与小企业通过组建关联联盟进行合作性竞争，不仅不会使大企业与小企业同时受益，反而会增大彼此间市场势力的差异。因为企业在资源争夺博弈中既可能获得成长机会也可能失去现有优势地位，所以，究竟是大企业还是小企业的市场势力获得增强具有不确定性。一种可能是大企业越来越大，小企业越来越小，合作性竞争产生更有利于大企业的结果；另一种可能是小企业在合作性竞争中反超大企业，随着联盟存续时间的增加这种反超愈加显著，终使企业相对市场势力显著改变，联盟初期较小的企业在联盟存续一段时间后反而成为对当地市场具有显著影响力的大厂商，合作性竞争产生了更有利于小企业的结果。

（二）合作性竞争对市场范围影响的分析结果

同样采用强制进入法就合作性竞争对相对市场范围变化的短期与长期影响进行二分类逻辑回归。短期影响模型的总预测准确率达到69.7%，卡方值为56.033，显著性水平为0.000，伪决定系数为0.738；长期影响模型的总预测准确率达到53.2%，卡方值为36.999，显著性水平为0.000，伪决定系数为0.728。表明两个模型的拟合优度较好，模型解释力良好。模型分析结果如表3和表4所示。

比较两个模型的结果发现，不论是长期影响模型还是短期影响模型同时通过检验的只有企业初始相对市场范围一个变量。联盟类型与企业相对市场范围变化之间不存在相关关系。同时，控制变量股权参与对企业相对市场范围的改变也没有影响，但是从短期看，联盟是否发生在较小企业的本地市场却与相对市场范围的变化显著负相关。这意味着关联联盟与规模联盟在影响企业相对市场范围方面不存在显著差异，合作性竞争不论采取哪种形式都可能产生企业相对市场范围改变的结果，且这种改变在企业进入新市场时尤为显著。经验验证没有发现支持关联联盟比规模联盟更能扩张企

① 资料来源：盖世汽车网，2010年4月，http：//auto.cnfol.com/100407/169，1691，7489491，00.shtml。

业市场范围的证据。假设2未获得支持。

企业初始相对市场范围通过检验意味着，当企业进入新市场时，合作性竞争行为能够有效帮助企业克服进入壁垒的阻碍，在不同程度上打破或削弱地方保护及非关税壁垒对企业的影响，成功实现市场进入，甚至有助于企业的产品以多种属性的身份进入某一市场，变外来产品为自产产品，变防范对象为受保护的对象。在这一过程中，企业选择组建规模联盟还是关联联盟不存在显著差异。以丰田与一汽的合作为例，2002年一汽与丰田汽车公司签署了战略合作协议，一汽看重的是丰田家用小型车的生产能力，而丰田则看重一汽广布的销售渠道，自一汽丰田的合作平台构筑起来后，一汽先后引进了丰田的霸道、陆地巡洋舰、花冠、威驰等多个车型，从SUV到家用轿车，产品逐一进入市场，丰田完成了对中国市场的全面进入。同样是组建关联联盟，2007年菲亚特与克莱斯勒就出租克莱斯勒美国生产线及分享在美市场零售分销渠道达成了协议，这一行为致使自20世纪80年代退出美国市场的菲亚特重返美国。而通用汽车通过组建规模联盟同样实现了市场进入。2002年通用汽车公司通过与俄罗斯最大的汽车制造商阿夫托瓦兹汽车制造厂组建合资企业，使通用汽车在俄销量激增了75%，实现了通用向俄罗斯市场的大举进入。

表3　　短期相对市场范围的强制进入逻辑回归结果

解释变量	模型结果		
	β_i 回归系数	OR值的95.0%置信区间	
		下限	上限
合作性竞争类型	1.028（0.974）	0.414	18.879
股权参与	-0.506（0.916）	0.100	3.630
本地市场	-1.665^{*}（0.970）	0.028	1.268
初始相对市场范围	3.436^{***}（0.884）	5.489	175.720
预测准确率　69.7%			
常数项　3.015^{***}（1.064）			
拟合优度 $\chi^{2**}=56.033$，似然比值（-2 log likelihood）=37.155，伪决定系数=0.738			
样本　$n=76$　$t=3$			

注：***、**、*分别表示在0.01、0.05和0.1水平上显著，括号内是标准误（S.E.）。

表4　　长期相对市场范围的强制进入逻辑回归结果

解释变量	模型结果		
	β_i 回归系数	OR值的95.0%置信区间	
		下限	上限
合作性竞争类型	0.212（1.163）	0.126	12.079
股权参与	-0.183（1.158）	0.086	8.052
本地市场	-1.570（1.131）	0.023	1.911
初始相对市场范围	2.518^{***}（0.775）	2.715	56.686
预测准确率　53.2%			
常数项　2.103^{*}（1.175）			
拟合优度 $\chi^{2***}=36.999$，似然比值（-2 log likelihood）=27.965，伪决定系数=0.728			
样本　$n=47$　$t=7$			

注：***、**、*分别表示在0.01、0.05和0.1水平上显著，括号内是标准误（S.E.）。

（三）合作性竞争对产品差异影响的分析结果

同样采用强制进入法就合作性竞争对产品差异的短期与长期影响进行二分类逻辑回归。短期影响模型的总预测准确率达到64.5%，卡方值为41.296，显著性水平为0.000，伪决定系数为0.576；长期影响模型的总预测准确率达到63.8%，卡方值为24.450，显著性水平为0.000，伪决定系数为0.556。表明两个模型的拟合优度在可接受的范围内，模型具有一定的解释力。模型分析结果如表5和表6所示。

比较两个模型的结果发现，从短期影响看，联盟类型、股权参与与产品差异化显著负相关，即以规模联盟形式进行的合作性竞争比以关联联盟进行的合作性竞争更能导致产品差异化程度的加深，并且存在股权参与的联盟比没有股权参与的联盟更利于企业创造差异化的产品。而从长期影响看，联盟类型、初始相对产品差异与产品差异化显著负相关，即随着合作性竞争的深入，规模联盟较之关联联盟更有利于产品差异化，但是股权参与的优势已荡然无存，取而代之的是联盟初期的相对产品差异。这表明规模联盟比关联联盟更有利于产品差异化程度的加深，并且根据回归系数判断，这种趋势从长期看更显著。假设3获得支持。

表5　　短期相对产品差异的强制进入逻辑回归结果

解释变量	模型结果		
	β_i 回归系数	OR值的95.0%置信区间	
		下限	上限
合作性竞争类型	-3.667*** (0.853)	0.005	0.136
股权参与	-1.429** (0.694)	0.061	0.933
本地市场	-0.614 (0.702)	0.137	2.143
初始相对产品差异	3.436 (0.884)	0.008	1.731
预测准确率　64.5%			
常数项　2.851*** (0.993)			
拟合优度 χ^{2***} =41.296，似然比值（-2 oog likelihood）=57.602，伪决定系数=0.576			
样本　$n=76$　$t=3$			

注：***、**、*分别表示在0.01、0.05和0.1水平上显著，括号内是标准误（S. E.）。

表6　　长期相对产品差异的强制进入逻辑回归结果

解释变量	模型结果		
	β_i 回归系数	OR值的95.0%置信区间	
		下限	上限
合作性竞争类型	-4.084*** (1.233)	0.002	0.189
股权参与	-0.852 (0.891)	0.074	2.444
本地市场	-0.243 (0.869)	0.143	4.308
初始相对产品差异	-3.062* (1.786)	0.001	1.549
预测准确率　63.8%			
常数项　3.042** (1.353)			
拟合优度 χ^{2***} =24.450，似然比值（-2 log likelihood）=37.063，伪决定系数=0.556			
样本　$n=47$　$t=7$			

注：***、**、*分别表示在0.01、0.05和0.1水平上显著，括号内是标准误（S. E.）。

规模联盟较之关联联盟更有利于产品差异化的原因可能是，规模联盟参与双方从事相同或类似的活动，这种活动同时发生在生产与开发两个领域，技术上的合作研发为企业实施产品差异化创造了平台，生产上的业务合作为新产品的规模化提供了条件。一项新技术的开发可以应用到不同产品系列中，在全球汽车产业中混合动力系统与发动机技术的合作研发普遍存在，新技术的开发使产品差异化更易实现。如2002年宝马汽车公司协同标致—雪铁龙公司共同开发和生产新一代汽油发动机，以安装在标致、雪铁龙和迷你（Mini）等车型上，目前宝马已开发出面对不同客户群体的三种系列产品。

需要进一步说明的是，存在股权参与的联盟在短期内更有利于产品差异化，因为股权约束有效保障了联合生产或联合研发的资源投入，股权参与成为取信对方的重要手段。故在联盟存续初期具有股权参与的合作性竞争更具短期效率，对产品差异造成的影响也更突出。随着合作时间的延续，信任的来源转变为对长期合作关系的信赖，故股权参与的长期效率不再显著，合作契约同样可以实现对机会主义行为的约束，致使股权参与对产品差异的长期影响削弱。

五、结论与启示

上述分析显示，假设 1 和假设 3 获得支持，假设 2 没有通过检验。这说明合作性竞争的组织形式不同对市场结构产生的影响也是不同的，合作性竞争并不必然导致垄断程度的提高。竞争双方出于对“双赢”收益的追求而展开的合作性竞争行为并不一定能够带来“双赢”的结果。由此得到以下三点结论：（1）从市场势力看，以关联联盟形式进行的合作性竞争比以规模联盟进行的合作性竞争更能导致企业相对市场势力的改变，且这种趋势从长期看更显著。合作性竞争既可能产生更有利于大企业的结果，也可能产生更有利于小企业的结果，甚至致使联盟双方呈现一荣俱荣、一损俱损的竞争结局。（2）合作性竞争能够帮助企业克服进入壁垒的阻碍，成功实现市场进入，但是，合作性竞争的组织形式与相对市场范围的改变没有相关关系，即在进入新市场时两种联盟形式的合作性竞争不存在显著差异。（3）从产品差异看，关联联盟在提供差异化产品方面不具优势，规模联盟较之关联联盟更有利于产品差异化，特别是当联盟双方具有股权参与时，合作性竞争在短期内就可对产品差异化程度的加深产生显著影响。

经济全球化条件下，中国企业如何理性选择合作性竞争行为及实施策略以参与国际竞争成为亟待解决的问题。通过本文的分析得到以下几点启示：

第一，国内企业与跨国公司进行合作必须谨慎为之。合作性竞争并不完美，并不必然产生双赢结果，特别是在合作双方实力悬殊的情况下，关联联盟形式的合作竞争的风险尤为突出，小企业很可能成为合作性竞争的“受害者”。如不能掌握核心技术、提升自主创新能力，一旦跨国公司终止合作关系，国内企业就会丧失竞争能力，“以市场换技术”战略的失败是对国内企业尤其是小企业参与国际竞争的警示。中国汽车业的发展充分体现了这一点。虽然中国汽车企业凭借渠道优势，在与跨国公司合作中迅速崛起，但在高端技术和核心专利方面却不得不长期“仰人鼻息”，使得中国汽车业的许多企业沦为专利拥有者的“高级打工者”。对国内企业而言，只有当自身具备了与跨国公司旗鼓相当的竞争力时，合作才是稳定的，合作性竞争的风险才会降低。所以，国内企业与跨国公司进行合作不能仅贪图短期利益，更要考虑合作性竞争的长期影响，双赢只是竞合双方的良好愿望，并不是所有的良好愿望都能成真。

第二，组建合作研发等规模联盟更有利于中国企业实现产品创新、生产差异化产品、提升品牌的市场价值。自主创新并不意味着闭门造车，事实上，全球化为科学技术知识的全球流动创造了非常有利的条件，以规模联盟形式进行的合作性竞争为企业充分利用全球知识储备、做到为我所用创造了条件。实践证明，跨国公司不会轻易将主流的核心技术转让给中国企业，企业不掌握核心技术，革命性创新也很难，如此中国企业在与跨国公司的合作中很容易形成技术依赖。中国企业不妨另辟蹊径，与市场上掌握替代性技术的弱势企业构建规模联盟，这类企业拥有只能通过规模化生产才能显现效益的技术专利。这种合作一旦形成新的技术标准，更加丰富、更加深化的产品创新及产品差异化就成为可能。

第三，当企业实施市场进入战略，特别是当中国企业进入国际市场时，无论是规模联盟还是关联联盟形式的合作性竞争均不失为企业的最优策略选择。全球化虽然降低了传统贸易壁垒，却在不同程度上提高了经济性壁垒，通过组建合资企业或是通过关联联盟换取市场渠道都能帮助企业有效克服进入壁垒的阻碍，为中国企业打开国际市场大门、提高国际影响力奠定成功的基础。虽然合作性竞争有助于中国企业进入国际市场，但是，企业市场范围的扩张并不意味着企业国际竞争力的提升。中国企业要成为“著名”的跨国公司不仅表现为市场范围的扩张，更表现为市场势力和市场竞争力的改变。所以，从长远来看，只有产生市场势力提升的市场进入才更具意义。

参考文献：

1. Augustine, A. Lado. Competition, Cooperation, and the Search for Economic Rents: A Syncretic Model Behavioral [J]. Academy of Management Review, 1997, 22 (1): pp. 110 - 141.

2. Culpan, Refik. Multinational Business Alliance [M]. Binghamton: International Business Press, 1993: P. 193.

3. Dussauge, Pierre, Bernard Garrette, Will Mitchell. Learning from Competing Partners: Outcomes and Durations of Scale and Link Alliances in Europe, North America and Asia [J]. Strategic Management Journal, 2000, 21 (2): pp. 99 - 126.

4. Dussauge, Pierre, Bernard Garrette, Will Mitchel. Asymmetric Performance: The Market Share Impact of Scale and Link Alliances in The Global Auto Industry [J]. Strategic Management Journal, 2004, 25: pp. 701 - 711.

5. Hill, C. W. L. The Toyota Corporation in 1994 [A]. In C. W. L. Hill & G. R. Jones (Eds.), Strategic Management: An Integrated Approach [C]. Boston: Houghton Mifflin, 1995: pp. 249 - 263.

6. Kalaignanam, Kartik, Venkatesh Shankar, Rajan P. Varadarajan. Asymmetric New Product Development Alliance: Win-Win or Win-Lose Partnership? [Z]. Working Paper, The Pennsylvania State University, 2006.

7. McConnell, J. J., T. J. Nantell. Corporate Combinations and Common Stock Returns: The Case of Joint Ventures [J]. Journal of Finance, 1985, XL (2): pp. 519 - 536.

8. Mitchell, W., K. Singh. Survival of Businesses Using Collaborative Relationships to Commercialize Complex Goods [J]. Strategic Management Journal, 1996, 17 (3): pp. 169 - 196.

9. Powell, W. W., K. W. Koput, L. Smith-Doerr. Interorganizational Collaboration and the Locus of Innovation: Networks of Learning in Biotechnology [J]. Administrative Science Quarterly, 1996, 41 (1): pp. 116 - 145.

10. Singh, K., W. Mitchell. Precarious Collaboration: Business Survival after Partners Shut Down or form New Partnerships [J]. Strategic Management Journal, 1996, 17: pp. 99 - 115.

11. Stuart, Toby E. Interorganizational Alliances and the Performance of Firms: A Study of Growth and Innovation Rates in a High-Technology Industry [J]. Strategic Management Journal, 2000, 21 (8): pp. 791 - 811.

12. You, Jung-Ⅱ. Small Firms in Economic Theory [J]. Cambridge Journal of Economics, 1995, 19: pp. 441 - 462.

13. 中国汽车技术研究中心：《世界汽车工业发展年度报告（2008）》，中国汽车工业协会，2008 年。

（本文载于《中国工业经济》2010 年第 6 期）

寡头垄断市场下的企业技术创新策略选择研究

杨建君　张　钊

摘　要： 建立双寡头静态博弈模型，重点讨论了企业之间策略和行为相互依存、作用条件下产品类别的技术创新策略选择及机理。模型表明：在一定的条件下，企业的技术创新策略选择受到与其在策略和行为上相互依存、作用的其他企业的影响。

关键词： 寡头垄断　博弈分析　技术创新策略

各种投资和贸易壁垒的逐步取消，经济全球化的趋势进一步加强将导致更加自由的国际贸易环境，竞争日益加剧，我国企业面临巨大挑战。尤其是对于之前外资限制较大的电信、石油等重要的寡头垄断行业的影响更大。自2004年以来政府将企业自主创新提高到国家发展战略的高度，技术创新将成为我国企业应对挑战，实现生存和发展的根本。

目前关于企业技术创新策略选择的研究已取得了丰富的成果，而关于寡头垄断市场下企业创新策略选择及机理的研究相对较少。寡头垄断市场下的企业作为一种特定类型的企业，其创新策略选择过程是否具有新的特点、新的影响因素。对于这些问题的思索将为技术创新策略选择的研究打开新的视野。研究在什么条件下，影响寡头企业选择何种创新策略以更好的实现创新目标，维持企业的生存和发展将非常具有实践价值。

一、相关文献综述

已有的技术创新文献中关于技术创新策略选择的研究非常多，不同的学者从各自的角度考虑创新策略的选择及影响因素和作用机理。

皮萨诺（Pisano）、罗伯逊（Robertson）等从交易成本的角度考虑了企业对于不同创新策略选择的影响。皮萨诺用交易成本分析的方法实证研究了制药公司采用内部研发还是市场契约的创新模式生产新的生物药品的决策。罗伯逊、加蒂尼翁（Gatignon）以交易成本理论作为基础，研究了一个更大范围（涉及多个行业）内企业内部研发和技术联盟两种创新模式的选择，建立了实证模型。怀特（White）从交易成本，资源依赖，组织能力的角度考察了中国国有制药企业对于开发（Make）、买（Buy）、联盟（Ally）三种新产品技术获取方式的选择过程。

怀特的研究除考虑交易成本的因素外，还包括了组织的资源和能力因素，从组织理论的角度考察企业创新策略选择。徐（Xu）、宋（Song）的研究讨论了资源弹性和能力弹性在技术创新方法选择中扮演的角色。拉姆（Lam）比较了两种支持不同类型的学习和创新的组织结构“Operating Adhocracy”和“J-form”对于突破创新和渐进创新的影响。

技术和创新本身（创新成本）的特征也影响着创新的选择。巴约纳（Bayona）、加西亚（Garcia）、韦尔塔（Huerta）的研究表明技术的复杂性和创新的高成本和不确定性促成了合作研发。阿伦德尔（Arundel）等则从国家创新系统的层面实证研究了欧盟成员国的企业工作组织方式和创新模式的关系。

目前关于技术创新策略选择的研究已经比较深入和广泛，并取得了丰富的研究成果。现有的研究是在一个广泛层面的探索，本文所考察的是寡头垄断市场下的企业这一特定类别，这类企业之间在策略和行为上高度依存，这种特性决定了以往更一般化的研究不能完全地解释这些企业技术创新策略选择的现实。

寡头市场中的企业之间策略和行为紧密依存和作用。在寡头垄断市场上，厂商们之间的行为相互影响，每一个厂商在采取行动之前都需要推测或了解其他厂商对于自己这一行动的反应，在这个前提下，再采取最有利于自己的行动。博弈论作为描述和研究行为者之间策略相互依存和相互作用的一种决策理论将为我们的研究提供基础。

技术创新策略按照不同的标准和角度可以划分不同的类型。根据技术创新的程度可分为渐进性创新和根本性创新。依据不同的创新源划分，主要的创新策略是自主、合作、模仿创新策略这三种基本类型。本文主要研究企业产品创新对于自主创新和模仿创新策略的选择，分析的重点将是自主创新策略。

二、博弈模型的提出

寡头是指少数几个出售者提供某一产业相似的或有差别的产品。我们假定寡头垄断市场上有两个企业，企业1和企业2，两个企业都是理性的，追求利润最大化，在对某一新产品A项目技术创新策略选择上同时决策，若两个企业产品创新都成功，企业同时决定各自的产量（上述的“同时”并不一定是在时间上的同时，可以是先后决策，但在决策时，两个企业各自都不知道对方的策略选择）。

模型部分其他假设如下：

新产品A项目自主创新成本对于两个企业相同，为c_z，企业1和企业2对于新产品A项目自主创新的成功率分别为f_1和f_2。

对两企业而言，模仿创新的收益为ν_m，成本为c_m，$\nu_m > c_m$。选择模仿创新策略的企业将向自主创新的企业支付技术购买引进费用，支付c_m（即模仿创新的成本），模仿创新的成功率为1。

每个企业在该博弈中都只有一次决策，并同时决策。

新产品的市场出清价格P是市场总产量Q的函数$P = P(Q) = a - Q$，a为大于0的常数。

两个企业同时自主创新成功与一个企业自主创新成功而生产新产品A的成本相同，这两种情形下，自主创新的企业生产新产品的边际成本都为c，固定成本为0。

（一）市场上只有一个企业的情形

如果市场上只有企业1时，企业1根据利润最大化的目标来确定新产品A的创新策略。

不妨假设，若其不创新，收益和成本均为0。若创新成功，在市场上出售新产品A所获得的最大利润就等于该项目自主创新的收入ν_z。

根据前面的假设条件可知企业1在产量q_1时可获得的利润为：

$$u_1 = (a - q_1)q_1 - cq_1 \tag{1}$$

当$q_1 = \frac{a-c}{2}$时，企业有最大利润：

$$\nu_z = u_1^* = \frac{(a-c)^2}{4} \tag{2}$$

u_1^*是在新产品A项目创新成功后的最大利润，企业1选择自主创新获得的利润为：

$$f_1(\nu_z-c_z)+(1-f_1)(-c_z) \tag{3}$$

当$f_1(\nu_z-c_z)+(1-f_1)(-c_z)>0$时，企业1将选择创新，即满足如下条件：

$$f_1>\frac{c_z}{\nu_z} \tag{4}$$

（二）市场上有两个企业的情形

假定市场上有两个寡头企业1和企业2均自主创新成功，那么市场上出现两个企业同时确定产品A的产量，以追求各自利润最大化。此时市场总产量$Q=q_1+q_2$，q_1和q_2分别为企业1和企业2的产量。

两个企业的利润为：

$$u_1=(a-q_1-q_2)q_1-cq_1 \tag{5}$$

$$u_2=(a-q_1-q_2)q_2-cq_2 \tag{6}$$

当$q_1^*=q_2^*=\frac{a-c}{3}$时两企业有相同的最大利润$u^*=\frac{(a-c)^2}{9}$，此时的最大利润可视为两个企业同时选择自主创新而且获得成功的收入u_z。

从式（2）可知：

$$u_z=\frac{4}{9}\nu_z \tag{7}$$

从式（7）可知，当两个企业同时创新后都生产A产品而不改变市场需求情况时，每个企业的收入相比于一个企业创新的收入有所减少，而两者的比值为一固定常数。

企业1和企业2自主创新的利润分别为：

$$f_2(f_1u_z-c_z)+(1-f_2)(f_1\nu_z-c_z) \tag{8}$$

$$f_1(f_2u_z-c_z)+(1-f_1)(f_2\nu_z-c_z) \tag{9}$$

若企业1创新且成功，企业2模仿（如企业1在产品的衰退期前将技术出售给企业2，自己停止产品A的生产和销售，或其他创新—模仿情形），企业2向企业1支付技术购买引进费用c_m以弥补企业1的潜在损失，自己获得ν_m的收入。由于两个企业是理性的，都追求各自利润最大化，那么对于企业1来说企业2支付的费用c_m应当至少维持其独自生产和销售的获利水平u_1^*，不然企业1不会响应企业2的模仿行为；对于企业2而言，其目标就是在保证可模仿的前提下，使支付费用最小，而使模仿利润最大。所以，企业1自主创新后新产品销售获得的最大利润将依然等于u_1^*，企业2模仿创新后利润为ν_m-c_m。

由于企业1自主创新成功的收入等于u_1^*；企业2模仿创新的收入为ν_m。则企业1自主创新的利润为$f_1(u_1^*-c_z)+(1-f_1)(-c_z)$。企业2模仿创新的利润为$f_1(\nu_m-c_m)$。

若企业2创新且成功，企业1模仿，同样得出企业1模仿创新的利润为$f_2(\nu_m-c_m)$，企业2自主创新的利润为$f_2(u_1^*-c_z)+(1-f_2)(-c_z)$。

将$u_1^*=\nu_z$和$u_z=\frac{4}{9}\nu_z$代入相关结果，得出企业1和企业2创新行为博弈的支付矩阵如表1所示。

（1）不论企业1的选择如何，企业2总会选择自主创新的条件

$$f_2\nu_z-\frac{5}{9}f_1f_2\nu_z-c_z>f_1\nu_m-f_1c_m\Rightarrow f_2>\frac{c_z+f_1\nu_m-f_1c_m}{\left(1-\frac{5}{9}f_1\right)\nu_z}\text{且}f_2\nu_z-c_z>0\Rightarrow f_2>\frac{c_z}{\nu_z}$$

因为$\frac{c_z+f_1\nu_m-f_1c_m}{\left(1-\frac{5}{9}f_1\right)\nu_z}>\frac{c_z}{\nu_z}$即$f_2>\frac{c_z+f_1\nu_m-f_1c_m}{\left(1-\frac{5}{9}f_1\right)\nu_z}$时，企业2总会选择自主创新策略。

表 1 **创新博弈支付矩阵**

企业 1 \ 企业 2		企业 2 自主创新	企业 2 模仿创新
企业 1	自主创新	$f_1\nu_z-\frac{5}{9}f_1f_2\nu_z-c_z$，$f_2\nu_z-\frac{5}{9}f_1f_2\nu_z-c_z$	$f_1\nu_z-c_z$，$f_1(\nu_m-c_m)$
	模仿创新	$f_2(\nu_m-c_m)$，$f_2\nu_z-c_z$	0，0

在此条件下，企业 1 选择自主创新的条件是：

$$f_1\nu_z-\frac{5}{9}f_1f_2\nu_z-c_z>f_2\nu_m-f_2c_m\Rightarrow f_1>\frac{c_z+f_2\nu_m-f_2c_m}{\left(1-\frac{5}{9}f_2\right)\nu_z} \tag{10}$$

满足式（10）时，企业 1 也总是选择自主创新策略。

（2）不论企业 1 如何选择，企业 2 总会选择模仿创新的条件

$$f_2\nu_z-\frac{5}{9}f_1f_2\nu_z-c_z<f_1\nu_m-f_1c_m\Rightarrow f_2<\frac{c_z+f_1\nu_m-f_1c_m}{\left(1-\frac{5}{9}f_1\right)\nu_z}\text{且}f_2\nu_z-c_z<0\Rightarrow f_2<\frac{c_z}{\nu_z}$$

同样的，由于$\frac{c_z+f_1\nu_m-f_1c_m}{\left(1-\frac{5}{9}f_1\right)\nu_z}>\frac{c_z}{\nu_z}$即$f_2<\frac{c_z}{\nu_z}$时，企业 2 总会选择模仿创新策略。

在此条件下，企业 1 选择自主创新的条件是：

$$f_1\nu_z-c_z>0\Rightarrow f_1>\frac{c_z}{\nu_z} \tag{11}$$

三、模型分析

从博弈模型可知，当满足$f_1>\frac{c_z+f_2\nu_m-f_2c_m}{\left(1-\frac{5}{9}f_2\right)\nu_z}$或者$f_1>\frac{c_z}{\nu_z}>f_2$时，企业 1 将选择自主创新策略。

在企业 1 自主创新的条件中，自主创新收益和成本分别位于不等式分母和分子位置，没有一个单独的自主创新利润项 v_z-c_z。自主创新利润不对企业 1 的选择产生直接影响，自主创新收益和成本都对企业技术创新选择产生影响。因为自主创新需要大量的技术研发投入和市场开发费用，这是企业选择自主创新首先必须跨过的一道壁垒。有足够的资金和实力跨越这道壁垒的企业才能谈论创新成功和获得高额收益。

对比式（10）和式（11）可知，在外界具有可模仿对象的条件下，模仿创新的利润越高，企业选择自主创新策略的可能性越小。

企业 2 的自主创新成功率较低（低于实际自主创新成本收益比$\frac{c_z}{\nu_z}$，只能选择模仿创新策略），相对而言降低了企业 1 选择自主创新策略的条件，只需$f_1>\frac{c_z}{\nu_z}$。此时企业 1 自主创新成功率f_1及实际自主创新成本收益比$\frac{c_z}{\nu_z}$为影响其策略选择的主要因素，这与市场上只有一个企业时，其自主创新选择情形相同，如式（4）。

当企业 2 自主创新成功率f_2较高时$\left[f_2>\frac{c_z+f_1\nu_m-f_1c_m}{\left(1-\frac{5}{9}f_1\right)\nu_z}\text{，总是选择自主创新策略}\right]$。

企业 1 选择自主创新策略必须满足：

$$f_1 > \frac{c_z + f_2 \nu_m - f_2 c_m}{\left(1 - \frac{5}{9} f_2\right) \nu_z}$$

由$\frac{c_z + f_i \nu_m - f_i c_m}{\left(1 - \frac{5}{9} f_i\right) \nu_z} > \frac{c_z}{\nu_z}$（$i=1$，2）可知，当$f_2$增加到一定程度，而$f_1$保持不变时，企业 1 自主创新策略选择受到企业 2 的抑制。

王玉灵、夏国平在双头寡占竞争结构下构建了过程创新的定量分析模型，对技术创新双头寡占静态博弈进行了分析，认为两个企业同时实施创新较单一企业实施创新会增加企业之间的竞争程度，竞争强度的增加减弱了对企业实施技术创新的激励。

本文产品创新的模型表明，当企业 2 总是选择模仿时，相对于其一定选择自主创新，企业 1 更容易实施新产品的自主创新，即企业 2 从模仿创新到自主创新行为的选择降低了企业 1 实施新产品自主创新的可能性。

从$f_1 > \frac{c_z + f_2 \nu_m - f_2 c_m}{\left(1 - \frac{5}{9} f_2\right) \nu_z}$可知，企业 2 自主创新成功率$f_2$越大，不等式中$\frac{c_z + f_2 \nu_m - f_2 c_m}{\left(1 - \frac{5}{9} f_2\right) \nu_z}$的值也越大，而企业 1 的自主创新成功率$f_1$保持不变时，该式成立的可能性变小，企业 1 选择自主创新策略的可能性也变小。

因此，从模型推导出：

当竞争对手自主创新成功率f较高时$\left[f_2 > \frac{c_z + f_1 v_m - f_1 c_m}{\left(1 - \frac{5}{9} f_1\right) v_z}\text{，总是选择自主创新策略}\right]$，竞争对手的自主创新成功率对企业自主创新策略的选择倾向有负向作用，竞争对手的自主创新成功率越高，企业选择自主创新的可能性越小。

本模型所指的自主创新成功率f是指企业对于某一个产品创新选择自主创新而取得技术和商业化的成功的预期可能。影响某一项自主创新成败的因素很多，如企业资金实力、现有设备技术水平、企业技术积累、企业营销能力、企业经营管理能力、技术特点、宏观政策，等等。如行业技术的变化速度，技术更新周期较快的条件下，技术的探索具有更高的不确定性和失败率。

从企业内部来讲，技术发展具有积累性时，一个企业实施一个特定类型的研发项目的效率依赖于其先前从事相似项目的经验。一个研发项目的学习曲线表明，需要在$t+1$时间创新的技术诀窍依赖于t时间研发过程中学到的东西。

在本文的模型中，如果企业 2 在进行新产品 A 项目创新之前已经有大量相应的技术积累，那么其 A 产品自主创新取得技术和商业化成功的可能性相对较大，此时企业 1 选择模仿创新或其他创新策略的可能性更大。

当市场上存在一个与本企业在策略和行为上相互依存、相互作用的强大竞争对手时，企业的技术创新选择不再仅仅从创新项目的特点和本企业自身考虑，这个与自己相关联的竞争对手也是一个非常重要的影响因素，甚至可能是一个关键的影响因素。本文的研究正是揭示出这样一种关系，并对其过程和机理作了初步的探讨。

四、结　　语

目前关于技术创新策略选择的研究是在一个广泛层面的探索，集中在组织内部的资源、结构或组织外部技术不确定性，需求不确定性等因素对企业技术创新策略选择的影响。寡头垄断市场下的企业之间在策略和行为上高度依存，这种特性决定了以往更一般化的研究不能完全地解释寡头企业技术创新策略选择的现实。

本文的模型分析表明，在产品类别的创新选择过程中，当两个企业同时自主创新成功而不改变市场需求情形（相对于只有一个企业自主创新成功时的市场需求情形）时，在一定的条件下，企业的自主创新策略选择受到与其在策略和行为上相互依存、作用的其他企业的影响。

本文尚未对两个企业同时自主创新而改变市场需求情形进行分析，后续的研究可以进一步放宽本文模型的假设，系统地考虑其他因素的影响。

参考文献：

1. Pisano, G. P.. The R&D Boundaries of the Firm: An Empirical Analysis [J]. Administrative Science Quarterly, 1990, 35: pp. 153 – 176.

2. Thomas, S.. Robertson, Hubert Gatignon. Technology Development Mode: A Transaction Cost Conceptualization [J]. Strategic Management Journal, 1998, 19: pp. 515 – 531.

3. White, S.. Competition, Capabilities, and the Make, Buy, or Ally Decisions of Chinese State-owned Firms [J]. Academy of Management Journal, 2000, 43 (3): pp. 324 – 341.

4. Xu, R., Song, X. M.. Research on Organizational Innovation [A]. 2007 Proceedings of International Conference on Enterprise Engineering and Management Innovation [C]. Marrickville: Orient Acad Forum, 2007.

5. Lam, A.. Organizational Innovation, in J. Fagerberg, D. Mowery and R. Nelson (eds), Handbook of Innovation [M]. Oxford: Oxford University Press, 2005.

6. Bayona, C., Garcia-Marco, T., Huerta, E.. Firms' Motivations for Cooperative R&D: An Empirical Analysis of Spanish Firms [J]. Research Policy, 2001, 30 (8): pp. 1289 – 1307.

7. Arundel A., Lorenz E., Lundvall B., Valeyre A. How Europe's Economies Learn: A Comparison of Work Organization and Innovation Mode for the EU – 15 [J]. Industrial and Corporate Change, 2007, 16 (6): pp. 1175 – 1210.

8. 保罗·萨缪尔森、威廉·诺德豪斯著，萧琛等译：《经济学》，中国发展出版社 1999 年版。

9. 王玉灵、夏国平：《双头寡占技术创新静态博弈分析》，载于《科学学研究》2003 年第 6 期。

10. 杨德林、陈春宝：《模仿创新自主创新与高技术企业成长》，载于《中国软科学》1997 年第 8 期。

11. Nelson, Richard, Winter, S.. In Search of Useful Theory of Innovation [J]. Research Policy, 1977: pp. 36 – 76.

（本文载于《软科学》2010 年第 12 期）

我国电信行业经济效率分析

杨秀玉

摘　要： 本文采用对数形式的时变技术效率随机前沿生产函数模型，对我国电信行业的全要素生产率进行了分解与实证研究，并与37个大中型工业企业的总体情况进行了对比；接着分析了垄断与经济效率之间的关系，结果显示当电信行业垄断程度降低时，全要素生产率的增长速度放慢，前沿技术进步加快，资源配置效率加强，规模总报酬递减。

关键词： 全要素生产率　时变技术效率　随机前沿生产函数　垄断　电信

一、引　言

20世纪90年代以来，我国电信行业经历了飞速的发展和巨大的变革。政府先后对电信行业进行了政企分开、破除垄断、企业重组等一系列战略性改革，这些举措在一定程度上促进了市场的竞争，推动了产业的发展。据工业和信息化部统计，截至2008年底全国电话用户总数已达到9.82亿户，移动电话用户总数也达到6.41亿户，网络规模和用户数量均位于世界前列。尽管我国的电信业务量增长迅速，但在发展过程中还存在着许多无效率现象，如电信网互联互通不畅、恶性价格竞争屡禁不止等。与此同时，网络融合正在对电信业传统的网络结构和商业模式形成巨大的冲击。在此背景下，分析我国电信行业的经济效率及其变动趋势、研究影响我国电信经济效率的深层因素就显得十分迫切。

本文运用对数形式的时变随机前沿生产函数模型，以全要素生产率的增长率以及全要素增长率的分解形式——前沿技术进步、相对前沿技术效率的变化、资源配置效率的变化、规模经济性改善（前三种分解形式对应于缺乏竞争压力对经济效率的影响，后一种分解形式对应于成本可加性对经济效率的影响）来测算我国电信行业的经济效率，从总体上对我国电信行业的经济效率进行评价，探索电信行业飞速发展的主要动力；最后分析了电信行业固有的垄断现象对其经济效率的影响。

二、方 法 介 绍

近年来，有关我国整体和各行业经济效率分析的研究越来越多，涉及的方法主要有指标评价法、非参数法和参数法等。指标评价法是指选定一个或数个单指标或综合指标，通过连续观察该指标与规模收益变化的关系来确定经济规模，具体方法主要有会计分析法、生存技术法，指标评价法虽然简单方便，但单纯使用一个或数个指标来度量规模经济不够全面和科学，因此这种方法在使用上还存在较大局限性。非参数方法主要有数据包络分析法（Data Envelopment Analysis，DEA）、无界分析法（Free Disposal Hull，FDH）、指数法（Index Numbers，IN）、混合最优策略法（Mixed Optimal Strategy，MOS）。目前，运用非参数方法研究经济效率的成果也很多。参数法是指使用一定的方法建立生产函数或者成本函数，通过分析生产函数或者成本函数确定经济规模的方法，主要可以分为生产函数法和成本函数法。随着经济研究中数学知识的融入，学者们对参数方法进行了不断的丰富，本文运用的随机前沿生产函数模型就是目前较先进的生产函数方法来测度电信行业的经济效率，它不仅可以分析技术进步效率，还可以分析研究对象的资源配置效率和规模经济性改善。

随机前沿生产函数模型理论由艾格纳、拉瓦和施密特（Aigner，Lover and Schmidt，1977）、梅森和万登·布罗克（Meeusenm and Vanden Broeck，1977）最初提出。随机前沿生产函数认为由于组织、管理与制度等非价格因素会导致生产过程中经济效率损失，从而达不到最优的前沿技术水平。

尼什尼瑟和佩奇（Nishinizu and Page，1982）提出全要素生产率的增长率分解为前沿技术变化和相对前沿技术效率变化。鲍尔（Bauer，1990）提出将全要素生产率的增长分解为前沿技术进步、相对前沿技术效率变化与规模经济改善等。克姆哈卡（Kumbhakar，2000）提出将全要素生产率（Total Factoe Productivity，TFP）的增长分解为前沿技术进步（Frontier Technology Progress，FTP）、相对前沿技术效率（Technical Efficiency Relative to the Frontier，TERTF）的变化、资源配置效率（Allocative Efficiency，AE）的变化、规模经济性（Scale Economy，SE）。所谓前沿技术进步，是指在投入要素保持不变的条件下，前沿产出随时间的变化率。所谓相对前沿技术效率，是指在某一技术水平下，一组要素投入得到的实际产出与相同要素投入下的前沿产出之间的比例。相对前沿技术效率的变化，是指相对前沿技术效率随时间的变化率。所谓资源配置效率的变化，是指要素投入结构的变化对全要素生产率增长的贡献的变化。所谓规模经济性改善，是指在其他条件不变的条件下，要素投入的规模报酬对全要素生产率增长的贡献的增加。

在应用上，不少学者运用截面数据或面板数据来研究经济效率或全要素生产率及其分解。姚洋和章奇（2001）采用随机前沿生产函数模型估计生产函数，利用1995年工业普查的数据对影响企业技术效率的所有制形式、企业规模、外溢效应、公共研究机构和企业的R&D、地理位置五个因素进行了检验。颜芮（Yanrui，2000）使用1981～1995年27个省市的面板数据分解了生产率。涂正革、肖耿（2005）选择随机前沿生产函数，采用中国大中型工业企业1995～2002年期间的年度企业数据，系统地研究了37个大中型工业企业的全要素生产率的增长，并按照克姆哈卡提出的方法进行分解。王志刚、龚六堂、陈玉宇（2006）选取超越对数生产函数的随机前沿模型，利用我国1978～2003年分省统计数据，对改革开放以来中国东、中、西部地区生产效率演进进行了研究。然而，他们的注意力主要集中于制造业与农业，对于成本次可加性较强的电信行业研究较少。本文采用对数形式的时变技术效率随机前沿生产函数模型，将全要素生产率的增长分解为前沿技术进步、相对前沿技术效率变化、资源配置效率变化、规模经济性改善四个因素，以更全面、更深入、更细分地探讨我国电信行业的动态经济效率变化。

三、对数形式时变技术效率随机前沿生产模型与数据选择

随机前沿生产函数模型有很多种，为了刻画技术非效率、技术效率、技术非中性的存在及变化特征，所以选择如下对数形式的时变技术效率随机前沿生产函数模型。

$$\ln y_{it} = \alpha_0 + \alpha_L \ln x_{Lit} + \alpha_K \ln x_{Kit} + \beta_{TL} t \ln x_{Lit} + \beta_{TK} t \ln x_{Kit} + \nu_{it} - u_{it} \tag{1}$$

其中，y_{it}是行业产出，用经过价格调整的行业业务量表示；x_{Lit}是劳动要素投入量，用行业从业人员年均人数表示；x_{Kit}是资本要素投入量，用行业生产用固定资产净值年平均余额表示；时间趋势变量$t=1, 2, 3, \cdots, T$，反映技术变化。误差项u_{it}是行业技术非效率造成的产出损失（不可观测），要求大于或等于0，统计误差ν_{it}与u_{it}相互独立。

根据随机前沿生产模型式（1）与前沿技术进步的定义，前沿技术进步对产出与全要素生产率增长的贡献为：

$$FTP=\frac{\partial f(x_{Kit},\ x_{Lit},\ t)}{\partial t}=\beta_{TL}\ln x_{Lit}+\beta_{TK}\ln x_{Kit} \tag{2}$$

在随机前沿生产函数式（1）下，劳动与资本的产出弹性为：

$$\varepsilon_L=\alpha_L+\beta_{TLt} \tag{3}$$

$$\varepsilon_K=\alpha_K+\beta_{TKt} \tag{4}$$

设总规模报酬弹性 $RTS=\varepsilon_L+\varepsilon_K$，那么，规模经济性改善为：

$$SE=(RTS-1)(\lambda_K\cdot\dot{x}_{Kit}+\lambda_L\cdot\dot{x}_{Lit}) \tag{5}$$

其中，$\lambda_K=\frac{\varepsilon_K}{RTS}$，$\lambda_L=\frac{\varepsilon_L}{RTS}$，$\dot{x}_{Kit}=\frac{\partial\ln x_{Kit}}{\partial t}$，为资本投入要素增长率，$\dot{x}_{Lit}=\frac{\partial\ln x_{Lit}}{\partial t}$，为劳动投入要素增长率。

资源配置效率的变化为：

$$AE=(\lambda_K-S_K)\cdot\dot{x}_{Kit}+(\lambda_L-S_L)\cdot\dot{x}_{Lit} \tag{6}$$

其中，S_K、S_L 分别是资本要素与劳动要素在要素总成本中的份额，且两者之和为 1。

设相对前沿技术效率的变化为：

$$\dot{TE}=-\frac{\mathrm{d}u}{\mathrm{d}t} \tag{7}$$

定义产出增长率为 $\dot{y}=\frac{\mathrm{dln}\ y_{it}}{\mathrm{d}t}$，将其分解为前沿技术进步、投入要素增长对产出增长的贡献、相对前沿技术效率的变化，即：

$$\dot{y}=\frac{\mathrm{dln}\,f(x_{Lit},\ x_{Lit},\ t)}{\mathrm{d}t}-\frac{\mathrm{d}u}{\mathrm{d}t}=FTP+\varepsilon_K\dot{x}_{Kit}+\varepsilon_L\dot{x}_{Lit}-\frac{\mathrm{d}u}{\mathrm{d}t}=FTP+\varepsilon_K\dot{x}_{Kit}+\varepsilon_L\dot{x}_{Lit}+\dot{TE} \tag{8}$$

按照增长核算方法，全要素生产率的增长为：

$$\dot{TFP}=\dot{y}-S_K\dot{x}_{Kit}-S_L\dot{x}_{Lit} \tag{9}$$

将式（8）代入式（9），整理可得：

$$\begin{aligned}\dot{TFP}&=FTP-\frac{\mathrm{d}u}{\mathrm{d}t}+(\varepsilon_K-S_K)\dot{x}_{Kit}+(\varepsilon_L-S_L)\dot{x}_{Lit}\\&=FTP-\frac{\mathrm{d}u}{\mathrm{d}t}+(\lambda_K-S_K)\dot{x}_{Kit}+(\lambda_L-S_L)\dot{x}_{Lit}+(RTS-1)(\lambda_K\dot{x}_{Kit}+\lambda_L\dot{x}_{Lit})\\&=FTP+\dot{TE}+AE+SE\end{aligned}$$

新中国成立以来，我国电信行业取得了令人瞩目的成就。新中国初建时，我国电信行业总体水平较低。经过多年恢复和建设，电信行业有了一定程度的发展，但直到改革开放前，电信生产力仍然落后。改革开放以后，电信行业发展速度明显加快，尤其是 20 世纪 90 年代以后，其增长速度远远大于国民经济增长速度，成为国民经济增长最快的行业之一。所以，本文选取 1999 ~ 2007 年的数据为研究对象，即电信行业业务收入（y）、电信行业固定资产投资额（k）和电信行业就业职工人数①（l）。为了消除价格因素对全要素生产率及分解的影响，以 1998 年的价格为基准，用商品零售价格指数对电信行业业务收入进行处理，用固定资产价格指数对固定资产投资额进行处理。为了便于同其他垄断产业中的完全垄断经营的产业进行比较，以中国 37 个大中型工业企业的总体情况为参照系。这些代表企业每年创造的增加值，占全行业增加值的 50% 以上，具有统计分析意义上的代表性。

四、电信行业经济效率计算结果及分析

根据选取时间段的有关数据，可得到我国电信行业对数形式的时变技术效率随机前沿生产函数

① 包括其他信息传输服务业职工人数。

模型的拟合结果［式（10）］、全要素生产率增长的分解（见表1）以及作为参考的37个大中型工业企业的全要素生产率总体增长分解结果（见表2），分别如下：

$$\ln y_t = 9.240653 + 0.066633 \ln l - 0.230248 \ln k - 0.090711 t \ln l + 0.071103 t \ln k \quad (10)$$

表1　电信行业全要素生产率及分解情况

年份	$\dot{TFP}$	FTP	$\dot{TE}$	AE	SE	RTS
2000	-0.111323686	0.158822208	-0.014405736	-0.107118318	-0.146199075	-0.202831
2001	-0.004407859	0.174109946	0.000703733	-0.160523473	-0.018398146	-0.222439
2002	0.338385847	0.153819981	0.030885505	0.242340089	-0.08726007	-0.242047
2003	0.03680715	0.146286501	0.021683398	0.094030552	-0.221693461	-0.261655
2004	0.145478657	0.134846124	0.003806614	0.207484688	-0.197587957	-0.281263
2005	0.145639244	0.126374868	0.023993039	0.17426456	-0.176295262	-0.300871
2006	0.045519703	0.124615067	0.006321805	0.013206401	-0.097159093	-0.320479
2007	0.072873362	0.122604899	-0.02348705	0.04248955	-0.067728329	-0.340087
平均	0.083621552	0.142684949	0.006187664	0.063271756	-0.126540174	-0.271459

注明：在计算AE时，用到的S_k和S_l分别是资本要素与劳动要素在要素总成本中的份额，由于电信行业属于高科技含量的行业，资本投资较大，即资本要素在要素总成本中的份额较大，按照以往经验，S_k和S_l两者的比例大体为3:1，即S_k为0.75，S_l为0.25。

资料来源：作者计算所得。

表2　我国37个大中型工业企业的总体情况

年份	$\dot{TFP}$	FTP	$\dot{TE}$	AE	SE
1997	-0.007	0.0594	-0.065	0.00198	-0.0063
1998	0.03	0.0901	-0.066	-0.00205	-0.0007
1999	0.075	0.123	-0.067	-0.00046	-0.0004
2000	0.112	0.153	-0.07	0.0037	0.0006
2001	0.082	0.189	-0.074	-0.0026	-0.0053
2002	0.14	0.226	-0.079	0.00285	-0.0052
平均	0.075	0.1395	-0.071	0.0019	-0.0033

资料来源：涂正革、肖耿：《中国的工业生产力革命》，载于《经济研究》2005年第3期。

（一）全要素生产率的增长（$\dot{TFP}$）

2000～2007年，我国电信行业的全要素生产率增长率呈现波动逐渐减小的趋势（见图1），从2000年的－11.13%，增长到2007年的7.29%，8年的平均增长率为8.36%。而1997～2002年37

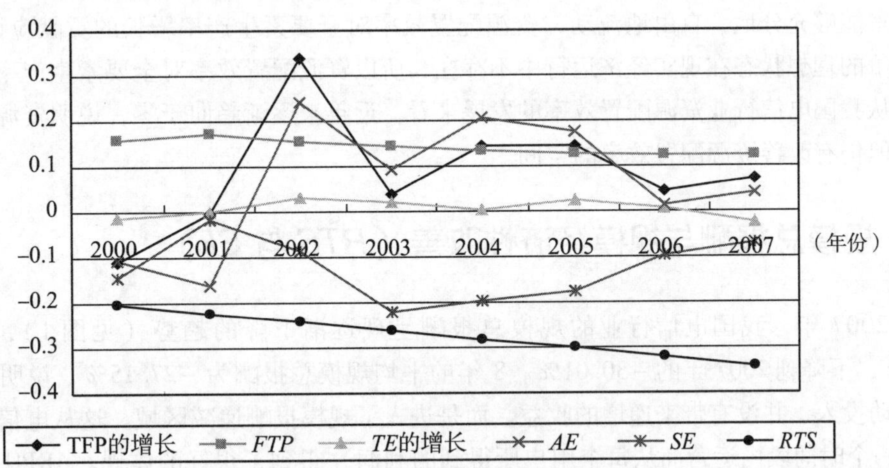

图1　电信行业全要素生产率及分解指标趋势

个大中型工业企业全要素生产率总体增长率平均为7.5%。可见，电信行业的全要素生产率的增长总体略高于全国总体水平。近年来，电信行业加大管理体制和运行机制的改革，激发工作员工主动性、积极性和创造潜能的竞争机制、激励约束机制逐渐形成。在逐渐加剧的企业竞争压力下，电信企业纷纷采取新技术来确保市场份额，所以，电信行业的技术进步速度较快。

（二）前沿技术进步（*FTP*）

2000~2007年，我国电信行业的前沿技术进步平均水平为14.27%，而1997~2002年37个大中型工业企业的前沿技术进步的总体增长率平均为13.95%。电信行业的前沿技术进步总体水平也略高于全国总体水平。从每年数值可以看出，电信行业前沿技术进步都呈现正值，说明由于行业内部的竞争使得我国电信企业积极促进前沿技术进步，但前沿技术进步呈略微递减趋势，表明电信企业在外部竞争压力逐渐加大的背景下，虽然采取了相应的提高前沿技术进步的措施，但成效不明显。

（三）相对前沿技术效率变化（$\dot{TE}$）

2000~2007年，我国电信行业的相对前沿技术效率的变化率呈现先增后减的趋势（见图1），除在2000年和2007年以外，都为正值，且8年的平均变化率为0.62%。而1997~2002年37个大中型工业企业的相对前沿技术效率的变化率平均为-7.1%，且每年数值均为负值。由于相对前沿技术效率表示的是在既定技术条件下，实际产出占随机前沿产出的比例，如果随机前沿技术进步快，即使实际产出较原来有所增加，但增加的幅度没有随机前沿技术进步的幅度大，那么，相对前沿技术效率的变化率便会是负数。所以，竞争性越强的行业，随机前沿技术进步越快，其增长的幅度超过了实际产出的增长幅度，因此相对前沿技术效率的变化率就越低，甚至为负数。与37个大中型工业企业相比，电信行业属于行业内部竞争比较激烈的行业，这使其相对前沿技术进步效率的变化率为负值。

（四）资源配置效率的变化（*AE*）

2000~2007年，我国电信行业的资本配置效率的变化呈现波动逐渐减小的趋势（见图1），从2000年的-10.71%，增长到2007年的4.25%，8年的平均变化率为6.33%。而1997~2002年37个大中型工业企业的资本配置效率的平均变化率为0.19%。由于在完全竞争的理想情况下，资本要素和劳动要素能够充分地、自由地流动，资源配置效率对全要素生产率增长的贡献应该趋近于零。但是完全竞争的理想状态在现实经济运行中不存在，所以资源配置效率对全要素生产率增长的贡献可正可负。从我国电信行业资源配置效率的发展来看，近年来逐渐趋向于零，说明资源配置效率在不断提高，但仍有改善资源配置效率的空间。

（五）规模总报酬与规模经济性改善（*RTS*与*SE*）

2000~2007年，我国电信行业的规模总报酬呈现逐渐下降的趋势（见图1），从2000年的-20.28%，下降到2007年的-30.01%，8年的平均规模总报酬为-27.15%，说明电信行业增加资本和劳动投入，并没有带来递增的收益，而是进入了规模报酬递减区域。这从电信行业每年的ARPU值（一个时间段内运营商从每个用户所得到的利润）得到了很好的体现。ARPU值下降的原因，对于固定通信而言，是固话受到移动电话的替代，固话长途也受到IP电话的冲击；对于移动通信而言，主要是价格战导致资费不断下降，同时新增用户中低端用户比较多。这也从另一个方面反映出现在移动市场缺乏新的业务来拉动消费需求。从信息技术普及的S型曲线来看，第二代移动通信将逐渐进入稳定期，需要新的技术来推动移动通信的进一步快速发展。

2000~2007年，我国电信行业的规模经济性改善均呈现负值，8年的平均改善为-12.65%，而1997~2002年37个大中型工业企业的规模经济性平均改善为-33%，说明不具有规模经济报酬的电信行业，其规模经济性改善对全要素生产率增长的贡献为负值。

综上所述，虽然我国电信行业整体经济效率高于全国平均水平，但就其自身发展趋势来看，自2002年以来，除资源配置效率不断提高外，各指标大部分都呈现下降趋势。

五、垄断与经济效率关系的实证分析

电信行业是大众普遍认为垄断程度较高的行业，其较高的垄断程度造成了电信行业整体的低效率和电信用户社会福利的净损失。随着学者们研究的深入，人们开始从垄断形成的规模经济、范围经济等角度切入，探讨垄断在降低成本、技术创新过程中所起的作用。电信行业存的的垄断会对其经济效率产生什么样的影响呢？下面，就这个问题进行深入研究。

我们用描述市场结构的一些指标来衡量电信市场的垄断情况。市场结构是指特定的市场中企业数目与企业规模分布以及市场力量的分化程度。对市场结构主要是市场垄断势力的衡量主要采用市场集中度的衡量指标，市场集中度是市场结构的一个主要决定因素，一般而言，集中度越高，某个企业市场支配势力越大，竞争程度越低。本文采用赫芬达尔—赫希曼指数（HHI）进行电信市场结构的分析，进而近似代替其垄断的程度。

根据历年通信发展统计公报数据计算并整理，可得到我国2000年以来电信市场的赫芬达尔—赫希曼指数指数（见表3）。这里，在计算各基础运营商市场份额时是按照他们各自的业务收入。

表3　　2000年以来我国电信市场的HHI指数

年份	2000	2001	2002	2003	2004	2005	2006	2007
HHI	0.4238	0.4049	0.2845	0.2941	0.2883	0.3009	0.3021	0.3181

资料来源：笔者整理所得。

我国电信行业的垄断程度经历了逐渐下降的趋势。2000年以来，随着中国移动的进入及中国联通业务范围及竞争能力的不断提高，中国电信市场独家垄断经营的市场格局被打破，市场竞争格局初步形成，赫芬达尔—赫希曼指数逐渐降低，但仍大于0.4。从2002年起，由于中国电信南北拆分、一分为二（即中国网通的成立），使赫芬达尔—赫希曼指数降到0.3以下，中国的电信竞争程度加强。近几年，赫芬达尔指数出现逐步上升的趋势，这主要是由于：一方面，移动业务对固定业务的分流造成的，我国的移动用户数已经超越了固定电话数，并且移动用户的增长速度比固定用户的要高，固网运营商面临着用户发展速度下降的问题；另一方面，单在移动业务方面，中国移动的市场份额要比中国联通要高出不少，同时移动的用户增长速度也比联通的要快。可以说，指数的变化主要是由中国移动不断增加的市场份额引起的。

下面将代表垄断程度的赫芬达尔—赫希曼指数（HHI）作为自变量，分别将全要素生产率的增长（$T\dot{F}P$）、前沿技术进步（FTP）、相对前沿技术效率的变化（$\dot{TE}$）、资源配置效率的变化（AE）、规模总报酬（RTS）和规模经济性改善（SE）作为因变量进行分析。计量结果如式11~式16所示。

$$\dot{TFP}=0.6695-1.7912HHI \tag{11}$$
$$(0.0211)\quad(0.0334)$$
$$F=7.5525,\ \Pr ob(F)=0.0334$$
$$FTP=0.0690+0.2252HHI \tag{12}$$
$$(0.0910)\quad(0.0727)$$
$$F=4.7236,\ \Pr ob(F)=0.0727$$
$$\dot{TE}=0.0693-0.1930HHI \tag{13}$$
$$(0.1217)\quad(0.1479)$$
$$F=2.7577,\ \Pr ob(F)=0.1479$$
$$AE=0.8283-2.3388HHI \tag{14}$$
$$(0.0025)\quad(0.0035)$$
$$F=21.6239,\ \Pr ob(F)=0.0035$$
$$RTS=-0.4545+0.5597HHI \tag{15}$$
$$(0.0024)\quad(0.0865)$$
$$F=4.1922,\ \Pr ob(F)=0.0865$$
$$SE=-0.2928+0.5082HHI \tag{16}$$
$$(0.1137)\quad(0.3285)$$
$$F=1.1310,\ \Pr ob(F)=0.3285$$

可以看出，在5%的置信水平下，垄断程度和全要素生产率的增长、资源配置效率、规模总报酬具有明显的线性关系，参数和方程均能通过检验；而在10%的置信水平下，前沿技术进步也可以通过各项检验，使其与垄断程度具有一定的线性关系；而相对前沿技术效率的变化和规模经济性改善在理想的置信水平下没有通过各项检验。从变动方向上看，当电信行业垄断程度降低时，全要素生产率的增长速度放慢，前沿技术进步加快，资源配置效率加强，规模总报酬递减，这也与前面的分析相一致。

六、结论及政策建议

在一个竞争日益激烈的环境下，优胜劣汰的规律使得效率较高的企业才能生存和发展，市场竞争的压力迫使企业想方设法努力降低生产成本，提高生产效率。电信行业作为关系国计民生的支柱行业，其经济效率的高低至关重要。经过本文的分析，随着电信行业的发展，其经济效率的大部分指标都高于国内平均水平，但就其自身发展趋势来看，大部分指标进入增长率降低的区域，虽然在增长但增长速度放慢。是其存在的垄断性阻碍了其快速发展的趋势。所以，应尽快采取行之有效的措施促进经济效率提高，重点可以从以下几方面着手：

1. 打破电信行业垄断，进入有效竞争机制。打破垄断，建立有效竞争的电信市场结构是世界各国电信改革的基本目标。从20世纪80年代开始，各国进行了不同的改革尝试，其做法大都是放松管制，引入竞争主体。在我国，电信行业政府管制较为严格，尤其是在进入退出方面。下一步，需要逐渐消除电信行业进入壁垒，使电信行业呈现真正相互竞争的局面。

2. 制定相关政策措施，鼓励电信企业创新。我国加入WTO后，不仅国内企业间的竞争迫使电信企业进行技术创新，而且愈演愈烈的国际竞争压力也将需要电信技术的创新。因此，在这种完全开放的过渡时期，我国政府应重视电信技术发展，增加电信技术的研发费用，制定出推动和鼓励技术创新的政策措施。

3. 电信企业注重自主研发，提高产品技术含量。从某种意义上说，科技是电信行业竞争的重要支点。国际间、区域间的激烈竞争归根到底是知识创新、技术创新和高新技术发展上的竞争，所以，电信企业必须加强自主研发，避免牵制于人，逐渐提高产品科技含量。

4. 完善电信政策法规，规范电信市场运作体系。面对全球电信业开放竞争的格局，寻求中国电信行业的健康发展，既包括技术和业务的创新，也包括制度秩序和规则的重建。目前，我们迫切需要针对电信市场竞争、资费标准、资源配置、体制规范等内容，制定全面和切实可行的法律规范，对电信业务的使用、收费等进行规范化管理。

参考文献：

1. Dennis Aigner, C. A. Knox Lovell, Peter Schmidt. Formulation and estimation of stochastic frontier production function models. Journal of Econometrics, 1977, 6 (1): pp. 21 - 37.

2. W. Meeusenm and J. Van Den Broeck. Efficiency Estimation from Cobb-Douglas Production Functions with Composed Error. International Economic Reviews, 1977, 18 (2): pp. 72 - 90.

3. M. Nishimizu and J. M. Page. Total Factor Productivity Growth, Technical Progress and Technical Efficiency Change: Dimension of Productivity Change in Yugoslavia, 1965 - 1978. The Economic Journal, 1982, 92: pp. 35 - 53.

4. Bauer. Recent Developments In the Econometric Estimation of Frontiers. Journal of Econometrics, 1990, 46 (1 - 2): pp. 39 - 56.

5. S. C. Kumbkakar. Estimation and Decomposition of Productivity Chang when Production Is not Efficient: Apanel Data Approach. Econometric Review, 2000, 19: pp. 169 - 174.

6. 姚洋、章奇：《中国工业企业技术效率分析》，载于《经济研究》2001 年第 10 期。

7. Yanrui Wu. Is China's economic growth sustainable? A productivity analysis. China Economic Review, 2000, 11: pp. 278 - 296.

8. 涂正革、肖耿：《中国的工业生产力革命——用随机前沿生产模型对中国大中型工业企业全要素生产率增长的分解及分析》，载于《经济研究》2005 年第 3 期。

9. 王志刚、龚六堂、陈玉宇：《地区间生产效率与全要素生产率增长率分解（1978 ~ 2003）》，载于《中国社会科学》2006 年第 2 期。

10. 顾建国、张文修：《基于随机前沿生产函数的我国烟草企业效率分析》，载于《当代经济科学》2007 年第 7 期。

11. 吴双：《全要素生产率测算的参数方法与非参数方法之比较》，载于《时代经贸》2008 年第 2 期。

12. 许冰、章上峰：《全要素生产率测算的半参数估计方法及其应用》，载于《统计与信息论坛》2008 年第 4 期。

（本文载于《北京交通大学学报（社会科学版）》2010 年第 3 期）

中国行业性行政垄断的强度与效率损失研究

于良春　张　伟

摘　要： 本文构建了对转轨经济条件下行业性行政垄断问题进行分析的ISCP框架，考察了行业性行政垄断的维持及传导机制，并形成了对行业内行政垄断强度及其效率影响进行测算的指标体系。使用统计年鉴及实际调查采集的数据，本文对电力、电信、石油及铁路等四个典型的行政垄断行业中行政垄断的强度进行了实际的测算，对行政垄断所导致的资源配置效率降低的程度进行了估算。通过分析可以看到，行业性行政垄断在各个层面上均造成了较大的效率损失。本文的研究充分说明，消除行政垄断，促进产业内竞争，对于提高产业效率，促进经济增长有着巨大的现实意义。

关键词： 行业性行政垄断　ISCP分析框架　行政垄断强度　效率损失

一、引言：行业竞争中的行政垄断

中国的市场化进程是一个渐进深化的过程，这一过程所体现出的一个明显的特征为经济系统中各参与方的不断分权。但目前在中国许多重要的行业部门中，行政权力仍在进入限制、产品定价等方面发挥着重要的、甚至是决定性的作用。对这一现象，我们可以使用行业性行政垄断进行描述，也即政府机构运用公共权力对市场竞争的限制和排斥（于良春，2008）。作为转轨过程中的一种特定现象，行政垄断不但刻画了诸多行业的产业特征，而且构成了转轨经济国家进行竞争政策设计时所必须考虑的问题（Laffont，2005）。在行政垄断下，竞争机制受到压制，资源配置效率被扭曲，特别重要的是，在一个介于市场经济体制和计划经济体制的制度环境中，行政垄断可能会更容易地导致掌握公共权力的微观个体与垄断厂商进行共同的设租及寻租，这将引发大腐败（Abed and Davoodi，2000）的产生。

行政垄断的概念在20世纪80年代就被提出，但学术界一直没有能够展开深入的研究，其中的主要原因在于中国30年来经济高速增长带来的福利普遍提高掩盖了行政垄断问题的重要性；同时，由市场竞争而产生的民营经济主体还难以具备进入规模经济性较强产业领域的能力。随着市场经济体制建设的深入，行政垄断由于其有悖于市场经济机制的要求而引起了重视①，在对待行政垄断问题上，学术界达成的一个共识为行政垄断是转轨过程中的一种制度现象，戚聿东（1997）、王晓晔（1996）分别从竞争政策设计的角度进行了研究，其中王晓晔（1996）明确提出了对行政垄断进行限制的法律条款。但这些研究尚未展开对行政垄断维持机制及经济学影响的分析。由行政垄断的概念本身我们就可以发现，这一问题包含着制度及产业两个维度的特征，制度的因素体现在行政所代表的公共权力之中，而垄断则构成经济学长期深入讨论的一种市场结构。延续着这一思路，过勇、

① 这一点在反复酝酿15年而颁布的《反垄断法》中有所体现，但同时《反垄断法》的立法说明也坦白地承认行政垄断问题的解决并不是《反垄断法》所能够承担的任务（曹康泰，2007），这证实了戚聿东（1997）早先的判断。

胡鞍钢（2003）将行政垄断看作为经济转轨过程中最严重的腐败形式之一，并从寻租的角度考察了行政垄断的维持机制及经济损失。但这一研究方法难以对行政权力在行业竞争中系统性、结构性的存在给出完整的解释，而且腐败也只是行政垄断可能会造成的结果之一，仅从租金耗散的角度来计量行政垄断损失也不全面。在一份反垄断政策的背景报告中，周其仁（2004）观察到中国基础设施现行体制的主要特征是行政垄断，这导致了市场秩序的混乱。他采用产权的概念对各种垄断形式进行了分析，并由此给出了相关的政策设计，其中最为重要的一点是放松对行业进入的限制。拉丰（Laffont，2005）对转轨经济国家竞争政策设计中的行政垄断问题也给予了特别的关注，在具体分析中，他将制度性因素总结在了公共资金影子成本这一变量中。由对文献的回顾可以发现，目前对行政垄断问题的研究仍局限于新古典经济学的比较静态分析框架内，也即将行政垄断作为外生的制度环境，并在给定制度环境下研究行政垄断对市场竞争机制的影响，在这一框架下我们难以对同时融合了制度因素及行业性因素的行政垄断进行全面的分析。

本文将制度、制度变迁的研究引入对行政垄断的分析中，明确地将行业性行政垄断作为模型的内生变量，讨论它和参与市场竞争主体之间的相互影响，这是一种将制度及制度变迁理论引入产业组织理论研究的尝试。制度变迁理论已经越来越重视经济制度变迁与政治制度变迁之间的关联，而且也认识到任何一种经济制度都是与政治制度相互嵌入并通过这种嵌入而影响着市场中的交易主体。本文在对行政垄断的研究中将转轨经济中相关主体参与行业竞争博弈时受到的政治及经济约束考虑进来，在这一基础上提出了研究行业性行政垄断问题的 ISCP 分析框架。使用 ISCP 分析框架，我们可以更好地研究制度因素对市场结构的影响，同时也能够研究市场结构的改变对制度环境影响的反馈机制，这使得 ISCP 分析框架立足于新制度经济学的研究基础之上，并结合产业组织理论的研究传统具备了很强的可操作性。对于行业性行政垄断来说，在理论及应用层面上特别令人感兴趣的两个问题是，不同行业内行政垄断强度变化的趋势以及行政垄断到底造成了什么样的影响。本文在 ISCP 分析框架内系统地回答了这两个问题，应当指出的是，由于本文对行业性行政垄断进行的是全面考察，与从单个角度进行的研究相比，各行业由于产业特征方面的明显差异，在对行政垄断所造成的效率损失进行横向比较时应更注重定性的分析。此外，分析结果可以对某一特定行业的效率损失在时间序列上进行纵向的考察和比较。

在本文第二部分中我们介绍对行业性行政垄断进行研究的 ISCP 分析框架的形成，并分析行业性行政垄断的维持机制；第三部分使用行业统计数据及调查数据对典型行业中的行政垄断强度进行测算；第四部分对行政垄断在典型行业中造成的效率损失分别从微观层面、产业层面及宏观层面上进行研究；上述研究能够使我们观察哪些因素导致了行业性行政垄断及其经济学影响的变化，并由此得到解决行业性行政垄断问题的政策设计，这一内容总结在本文的第五部分中。

二、行业性行政垄断的分析框架

由于行政垄断是政府机构运用公共权力对市场竞争的限制或排斥，因此在这个研究领域内政府与市场之间的关系成为非常自然的考察对象，行政垄断概念的引入容易使人们想到施莱费尔和维什尼（Shleifer and Vishny，1998）所构造的掠夺之手模型。一般来说，如果假设政府追求自身利益最大化，则享有政治垄断权的政府有很大的冲动利用手中的权力进行设租及寻租。但若政府能够通过良好的制度设计使经济维持高速、稳健增长并由此获利的话，那么掠夺之手模型的解释力将下降，而对于行业性行政垄断问题的研究来说，掠夺之手模型则泛化了研究对象。此外，奥地利学派认为“政府，而不是市场，是垄断之源。……拥有垄断能力的特殊经济组织便不再参与公开竞争”（Armentanono，1990）。可以看到，以上研究更多地强调了政府对于市场竞争的影响，与这一思路相反，施蒂格勒（Stigler，1971）认为规模巨大的垄断厂商在获得强大市场势力的同时也将具备与政府，特别是行业管制部门进行讨价还价的能力，厂商将主动地争取符合自身利益管制方案的设计。我们对行政垄断问题的研究同时考虑了以上两个方面的因素，也即行业主管部门与垄断厂商之间的相互影响，我们认为它们之间存在着的某种关联使得行政垄断在行业竞争中持续存在，这种关联实质性地影响着行业内的市场结构，并导致垄断厂商采用竞争机制下无法使用的竞争策略。而强大的垄断厂商进一步通过自身的影响强化这种关联，使之成为行业内的一种结构性特征。

为了能够对行政垄断使用一个可操作性的模式进行分析，我们借鉴产业组织理论中的SCP范式构造了ISCP分析框架（见图1），这一分析框架是在考虑中国转轨期制度因素、产权结构和垄断行为等特定现象基础上构建起来的，它同标准的SCP范式具有较大不同。在ISCP分析框架中，I（Institution）表示行政垄断得以形成和持续的制度性因素；S（Structure）表示反映行业性行政垄断的市场结构和产权结构；C（Conduct）表示政府和厂商的行政垄断行为；P（Performance）为有行政垄断特征行业的绩效，包括微观层面、产业层面和宏观层面上的效率。由分析框架的设计可以发现它特别适合对行业性行政垄断进行实证研究，而且在这一分析框架内可以研究掌握公共权力的行政主体与产业内厂商之间的策略互动，从而寻找行政垄断产生及持续的微观基础。

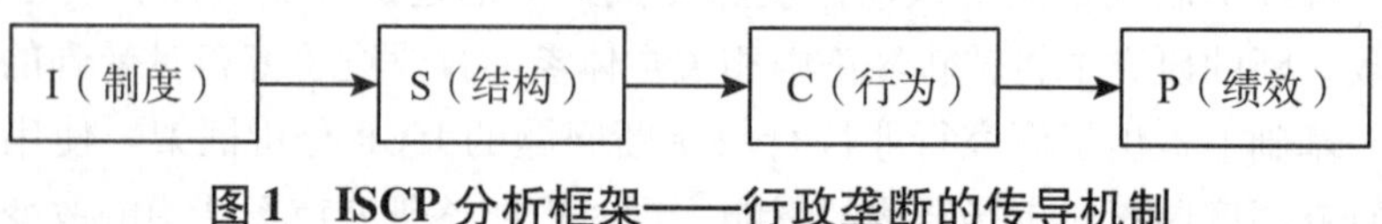

图1　ISCP分析框架——行政垄断的传导机制

如图1所示，将制度与结构、行为及绩效作为并列的因素进行考察使得这一分析框架具备较强的弹性，能够使我们对行政垄断的形成原因及运行机理进行研究。由这一分析框架可以看到，制度性因素作为行政垄断的一个重要特征在传导机制中起着决定性作用，正是转轨经济所形成的特定政治、经济环境决定了某些行业内的市场特征。在这里，我们没有再去深究国有企业性质、产权特性或产权约束等众多理论性问题，因为这样的思考势必将研究引向以往对这些问题的讨论所遇到的困境。此外，单纯从行政垄断的角度来看，利益集团间的策略互动分析能够使我们很好地了解行政权力限制和排斥市场竞争的过程。行政垄断所形成的进入壁垒往往带有经济性力量难以突破的性质，人事上的流转使利益集团间联盟的组织成本降低，联盟效率大大提高。对行政垄断制度特征的刻画在反垄断经济学中似乎反映为旋转门现象，虽然旋转门现象只构成了行政垄断制度特征的一个方面，但它明显的优点在于数据及资料获取上的便利性。因此，在研究中我们将使用这一指标来反映行政垄断的制度特征的一个方面。

此外，ISCP分析框架在形成一个反映行业性行政垄断程度及效率影响的指标体系方面同样具有操作上的便利性。因为如果我们分别从制度、结构、行为、绩效的角度来观察的话，能够获得行政垄断强度判断的结论，为能更为全面地反映行政垄断对市场竞争的影响，可以同时考察这四个方面并拟合在一起以形成相对全面的指标。虽然这一指标体系可能无法覆盖行政垄断所有的方面，但我们认为它们能够刻画行政垄断最为重要的特征，图2具体地描述了我们的这一思路。

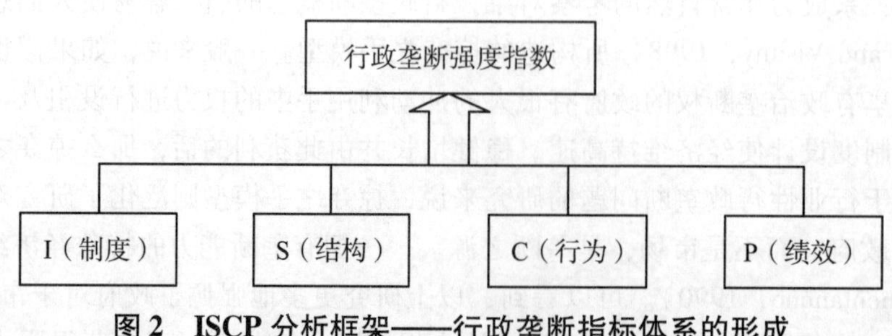

图2　ISCP分析框架——行政垄断指标体系的形成

如图2所示，在ISCP分析框架下，我们考虑设置以下几大类指标形成对行业性行政垄断程度进行测算的指标体系：制度指标、结构指标、行为指标以及绩效指标。在本文第三部分，我们将以这四个指标为基础构造一个行政垄断指数并进行测算。对这四类指标来说，不同指标对不同行业行政垄断的测算具有不同的代表意义，我们可以赋予不同类别指标不同的权重。此外，每一类指标内的参数也将被赋予不同的权重，并最终将不同测算单位的参数都转化为百分比的形式来对不同产业领域内的行政垄断程度进行度量。

三、行业性行政垄断强度的测算

为对不同行业内行政垄断的强度进行比较，我们需要设计一个适用于各行业的指标体系，根据指标体系设计的基本框架和原则，我们设置了转轨经济条件下中国行业性行政垄断程度测算的三级指标体系，这一指标体系由4个一级指标、12个二级指标及31个三级指标构成，能够覆盖行业性行政垄断的主要特征。其中一级指标分别为制度指标、结构指标、行为指标以及绩效指标，其中制度指标由行业主管部门、限制和排斥竞争的法律法规及数量、进入壁垒、价格规制以及旋转门现象5个二级指标构成；结构指标包括产权结构、市场结构2个二级指标；行为指标包括厂商利用行政垄断的谋利行为以及厂商经营活动的自主权2个二级指标；绩效指标由配置效率、生产效率及厂商提供的服务质量3个二级指标构成。

1. 制度指标。由上面的指标设计可以看到，我们为制度指标设计了数量较多的二级指标，目的是为了突出行业性行政垄断作为一种制度现象对各行业竞争机制的影响，在5个二级指标下，我们共设置了11个三级指标来进行考察。

（1）行业主管部门。这一指标明显地反映了由计划经济体制向市场经济体制的过渡，在计划经济体制下，几乎所有的行业均受相关主管部门管理，市场化进程启动以来，由于制度惯性的原因，存在主管部门的行业具备了较强的行政垄断的可能。在这一指标下，我们考虑了3个三级指标：（a）行业主管部门设置状况；（b）行业主管部门对所属行业的管理权限，主要考察投资、生产规划及人事任免三个方面；（c）行业主管部门对所属行业的管理方式，管理方式主要有指令性管理、指导性管理及无作为等三种方式。

（2）限制和排斥竞争的法律、法规及法律法规的数量。这一指标考察行业性行政垄断以显性方式的存在，是公共权力在市场竞争中最为彰显的一个方面。

（3）进入壁垒。本文主要考察由非经济因素所形成的进入壁垒形式，这一点构成了转轨经济中行政垄断与成熟市场国家中反垄断判断的一个不同。这一指标包括以下3个三级指标：（a）投资限制，包括对内资及外资的开放程度；（b）进入管制方式，主要考察对行业的进入是否存在行政许可、核准或备案等强度不同的进入管制；（c）进入资质要求。

（4）价格规制。主要考虑行政垄断行业中各类产品及服务价格制定中政府的参与方式与程度。它包括以下2个三级指标：（a）费率结构设计透明性和其他利益集团的参与度；（b）产品及服务价格形成方式，目前价格的形成主要有政府定价、政府指导价、市场定价等三种方式。

（5）旋转门现象。一般将厂商与政府之间的人员流动称作为旋转门现象，在转轨经济条件下，这一指标通过考察公共权力部门与垄断厂商之间的人事流转及关联来刻画行业性行政垄断强度的一个方面。它包括：（a）行业主管部门进入垄断厂商的高层管理人员人数所占比重及权力分布；（b）垄断厂商进入行业主管部门高层管理人员人数所占比重及权力分布2个三级指标。

2. 结构指标。为了描述行业性行政垄断的强度，我们分别从行业内的产权结构及市场结构两个方面来进行考察。其中使用产权集中度来测算行业内的产权结构，它指的是行业内规模最大的前n个国有厂商所占市场份额，体现了行业中国有产权的市场控制力。对市场结构我们考虑了：（a）产业集中度；（b）产业一体化程度 2 个三级指标。

3. 行为指标。行政垄断的一个典型特征是垄断厂商能够采用非经济手段来实现更高的利润水平，同时，参与行政垄断的另一主体——公共权力部门也会采取某些行为来对垄断厂商进行控制，或者帮助垄断厂商打击潜在的进入厂商。因此，我们将行为指标分解为厂商利用行政垄断谋利的行为以及厂商经营活动自主权 2 个二级指标，对厂商的谋利行为，本文考虑搭售、合谋、歧视性定价等 3 个三级指标，而厂商经营活动自主权则包括生产、投资、定价、销售、人事、分配、资产处置等 7 个三级指标。

4. 绩效指标。对绩效指标我们设置了配置效率、生产效率以及服务质量 3 个二级指标来进行描述，配置效率是考察资源的组合是否达到最优的指标，我们用投资缺口、供需缺口及职工收入与社会平均收入之比等 3 个三级指标进行刻画；而生产效率则由劳动生产率、要素利用率、产业利润率、全要素生产率等 4 个三级指标构成。应当特别指出的是，行政垄断的存在并不必然意味着垄断厂商具备较高的利润水平或处于亏损状态，特定行业内垄断厂商具体的绩效表现不但取决于行政垄断的影响，而且取决于垄断厂商的产业特征。

测算行政垄断强度的指标体系所面临的另外一个重要的问题是各指标之间权重关系的设置。通过对 ISCP 分析框架的研究，我们认为应对制度及行为指标赋予较高的权重水平。因为制度指标体现了行政垄断最为本质的特征，在行政垄断下无论厂商的行为还是政府部门的行为都体现出与市场竞争环境下不同的模式，其原因在于公共权力的运行方式与市场力量的运行方式存在着很大的差别。而结构与绩效在所有类型的垄断结构中都有类似的指标进行衡量，体现出的产业组织特征更为明显，因此赋予相对较小的权重①。在分析和调研的基础上我们初步将制度及行为指标的权重设定为各占 30%，而将结构及绩效指标的权重设定为各占 20%。对于一级指标下的二级指标以及二级指标下的三级指标，我们则加权平均地赋予各指标相同的权重水平。在此基础上，我们可以对所有行业内行政垄断强度进行衡量，为使计算结果具有代表性，并同时考虑数据的可获得性等多种因素，我们选择了电力、电信、石油及铁路四个行业进行实际的测算②。

在转轨过程中，不同行业内各产业环节之间存在着差异较大的产业及制度特征，如果对产业环节不加区分而计算整个行业行政垄断强度的话，则会掩盖不同产业环节的真实面貌。基于这一考虑，我们对电力行业分发电、输电、配电及售电等环节分别进行了测算，对石油行业则重点测算了产业上游的开采领域及下游的石油炼化领域两个典型环节，而对电信及铁路行业，由于其产业一体化程度较高，我们对整个行业的行政垄断强度进行了测算。

表 1 给出了电力行业各产业环节行政垄断强度的测算结果。可以发现发电环节的行政垄断强度明显地低于其他三个产业环节中的行政垄断强度，而且在 2002 年《电力体制改革方案》③ 出台后，发电环节行政垄断强度有了明显的下降，其中的主要原因在于这次改革在发电环节形成了可竞争性的市场结构。而由 2004 年出台的《国务院关于投资体制改革的决定》关于电力项目的审批规定可

① 对于各指标权重的确定，我们主要采用了专家打分及主成分分析相结合的方法。专家打分主要来自两个途径，2007 年 11 月，我们在山东大学召开的“反行政垄断与促进竞争政策国际研讨会”上通过调查问卷的形式征求了 50 余名反垄断与规制领域国内外专家的意见。二是通过信函进行调查研究，2007 年 12 月至 2008 年 5 月，我们先后发出专家调查函 76 份，回收有效问卷 52 份。通过对专家建议的统计，得到的赋值为制度指标 0.3，结构指标 0.2，行为指标 0.3，绩效指标 0.2。另一方面，通过主成分分析的方法所得到的各指标权重为：制度指标 0.27603，结构指标 0.26152，行为指标 0.31196，绩效指标 0.15049。应该说这两个结果非常接近，也符合我们之前的分析，在这个基础上，我们确定了各指标的最终权重水平。

② 我们同时由国有化比重、行业集中度、价格规制存在程度、垄断行为程度及产业利润率等五个相对成熟且适用于所有行业的指标构造了一个行政垄断存在强度的简化版本，使用这个简化版本可以对所有规模以上工业企业所在行业中的行政垄断强度进行排序研究。此外，我们对简化版本计算的结果分别使用二维分析法、综合加权分析法、主成分分析法进行了检验，结果显示电力、电信、石油、铁路的行政垄断强度排名均在前 8 位之内，这与周其仁（2004）关于基础设施行业基本为行政垄断的判断相吻合。

③ 2002 年的电力改革，把原国家电力公司拆分重组，新组建了国家和南方二大电网公司、五大发电集团和四大辅业集团，这五家发电集团资产规模、资产质量相当，地域分布均衡，其装机容量列全国前 5 位，从发电厂商数量和规模分布来看，每一家的市场份额都不占主导地位，属于可以形成有效竞争的市场结构。这次改革打破了以往电力行业“省为实体”的管理体制，对抑制地方保护、降低省间壁垒、推进全国联网和优化电力资源配置创造了一个有利条件。

以看到，发电投资项目的审批权主要集中在中央政府，而地方政府也有一定的项目审批权。也即从市场进入这个角度来说，电力行业发电环节行政垄断强度的降低主要是掌握着公共权力的中央政府与地方政府之间讨价还价的结果。而在输电、配电和售电环节仍实行严格的进入规制，目前我国输配售环节一体化垄断经营，国家电网公司和南方电网公司分区域垄断经营，分别约占全国电网的80%和20%。从市场结构来看，虽然我国存在着两个电网厂商，但二者之间并不存在竞争，而是在各自的市场范围内形成了完全的垄断，这些特征导致电力行业输配售环节的行政垄断强度较大且没有明显的改善。

表1　　　　　　　　　　　电力行业各环节行政垄断强度

发电环节行政垄断强度		输电环节行政垄断强度		配电环节行政垄断强度		售电环节行政垄断强度	
2002年前	2002年后	2002年前	2002年后	2002年前	2002年后	2002年前	2002年后
72.1%	61.3%	78.1%	78.1%	78.1%	78.1%	78.1%	78.1%

资料来源：根据本课题研究成果整理。

为了便于行业之间行政垄断强度的比较，本文给出我们对电力、电信、石油及铁路行业使用2006年的数据所做出的结果①。使用本文所设计的指标体系，测算结果为：电力行业发电环节行政垄断强度为63.1%，输配售环节行政垄断强度为78.1%；电信行业行政垄断强度为78.4%；石油行业中上游石油开采领域中行政垄断强度为88.3%，而石油炼化领域中行政垄断强度为62.1%；铁路行业行政垄断强度为87.8%。应该指出的是，目前在铁路行业内基本上只存在一家垄断厂商，独特的产业结构使得在这一行业中厂商获得了更强的讨价还价能力，这种能力使厂商能够实施其他产业内厂商所难以运用的行政垄断行为。对于这种现象，我们可以将其称作为结构性行政垄断，以区别于在其他行业内所存在的行政垄断，这种行政垄断与计划经济体制相距更近，而与市场经济体制则相距更远。从这些结果来看，石油开采领域与铁路行业的行政垄断强度基本持平而且维持在一个非常高的水平上，同时它们也是目前进入管制最为严格的领域。此外，由表2中以厂商销售收入统计的电信行业市场结构来看，电信业内的市场集中度非常高，虽然1999年的电信改革对原中国电信进行了分拆，并向新进入厂商网通、吉通及铁通颁发了电信运营许可证，但电信行业内有效竞争的市场结构并未形成。由于电信具有明显的网络型产业特征，只有当市场规模基础建立起来之后厂商才能够实现赢利并维持下去，但电信行业中的投资限制使得新进入厂商难以实现有效的网络基础投资。在电信行业中，给予经营许可但对投资进行限制只构成了局部进入许可。此外，联通公司成立的过程（张宇燕，1995）也充分证明了只有在动员起相当大的公共权力情形下才有可能对一个

表2　　　　　　　　　　电信行业各厂商销售收入　　　　　　　　单位：亿元

年份	总收入	移动	联通	电信	网通	铁通
2007	7280.1	3569.6	1004.67	1786.6	840.1	166
2006	6483.8	2953.58	804.8	1701.22	869.21	155
2005	5799	2430.41	761.1	1625.29	858.6	130
2004	5188	1923.81	707.39	1612.1	649.2	100
2003	4610	1586.04	597.98	1515.5	599	80
2002	4116	1285.06	394.78	1409.1	544.4	57.3

资料来源：根据中国工业及信息化网站、国家统计局网站、各运营商门户网站整理。

① 由数据可得性以及行业发展历史的不同，课题研究对不同行业的数据采集年度也有所差别，对于电信行业我们测算了2001~2007年间各年度的行业行政垄断强度，石油行业为2003~2006年，铁路行业为1992~2007年。此外，为了进行比较，我们选择了各行业均有具体计算结果的年份（2006）来进行说明。

由行政垄断保护严密的行业形成冲击。而且，借助公共权力进入市场的厂商在取得市场地位后也有可能与在位垄断厂商在寻求行政垄断保护方面达成一致，共同压制其他厂商的进入与发展。由我们所设计的行政垄断强度指标体系进行测算的结果能够对不同行业进行比较，并通过这些比较深入分析强度差异背后的原因。

四、行业性行政垄断对效率的影响

行政垄断对效率造成的影响是人们所关注的一个重要问题。由市场经济体制的分权特征可以大体判断，行业性行政垄断在资源配置效率方面造成了一定的损失。因此，反行政垄断成为进一步深化市场经济体制建设的自然要求。此外，行政垄断构成了《反垄断法》关注的一个重要问题，行政垄断所具有的反竞争效应最终将体现为行政垄断厂商在效率方面的影响，这将成为反垄断执法机构进行案件判断的一个标准。

为了能够全面地反映行政垄断对资源配置效率的影响，我们在微观效率、产业效率以及宏观效率层面上进行考察，在此基础上将上述三个层面分解为相应的二级指标，在每个二级指标项下我们又分设了不同的三级指标，以便更加细致地说明问题。在下面的部分中，限于篇幅，对研究中经常使用的指标我们不再详细地说明计算方法。此外，与上面的分析相对应，我们选择电力、电信、石油以及铁路作为样本行业对行政垄断的资源配置效率影响进行估算。

在微观层面上，我们设置了要素使用效率、技术进步率以及企业盈利能力来反映行业性行政垄断对厂商的影响。与设计衡量行业性行政垄断程度指标体系的思路相同，在二级指标下，我们尽量全面地使用能够反映二级指标的三级指标。此外，不同行业在三级指标的选择上也会有所不同，这同产业特征联系在一起。在要素使用率下，我们设置劳动使用效率、全员劳动生产率、劳动的边际收益、劳动产出贡献率、资本使用效率、总资产贡献率、资本边际收益率及资本产出增长贡献率等三级指标，这些指标在经济学中都有明确的计算方法可以直接应用。一般认为，对于基础产业而言，较强的垄断地位会降低在位厂商的技术创新的动力，而产业竞争的核心在很大程度上是技术的竞争，垄断厂商一旦能够运用垄断势力使自己避免竞争的话，对于通过技术进步来保持产业内领导地位的热情也就会降低。因此我们考察在行政垄断下厂商的技术进步率是否受到了影响。我们应用研发投入占比、企业拥有专利数量、新产品占销售收入比重、X 效率以及年技术进步速度来对厂商的技术进步率进行衡量。对于厂商来说，盈利情况是表现竞争力的一个重要指标。在行政垄断下，厂商的盈利也许并不是来自有效管理、高效运营、或者技术上的创新，高额回报也许是行政垄断通过对厂商的保护所获取的，这一过程类似于在全社会范围内对厂商进行转移支付。但厂商盈利能力与其他二级指标通过加权还是能够在一定程度上反映行业性行政垄断对资源配置效率的影响。因此，我们在企业盈利能力下设置了净资产收益率、总资产收益率、单位资本亏损增长率、单位资本盈利增长率、成本费用利润率等 5 个三级指标来进行衡量。

在产业层面上，我们使用管制成本、劳动效率以及资产效率 3 个二级指标来进行衡量。我们在这里对管制成本的定义较为宽泛，这为构成它的 3 个三级指标所说明，这些三级指标分别为寻租成本、厂商内部生产效率损失，以及社会福利净损失。其中寻租成本为寻求垄断特权的成本，因为获取或保持垄断地位可以使厂商获得超额利润，因此可以将这部分超额利润看作垄断地位这种特别的“资产”所带来的租金。它近似于垄断利润，也即塔洛克四边形（塔洛克，1999）的面积。对于厂商内部生产效率损失，我们使用 DEA 方法测算行业内部生产效率损失，得出厂商生产的相对效率值（L），由于 L = 最小成本/实际成本，而实际成本与最小成本之差即为厂商内部生产效率损失的绝对值，因此内部生产效率损失的估计值可由实际成本 $\times (1-L)$ 得到。社会福利净损失我们则采用了哈伯格（Harberger，1954）方法进行测算①。其他两个二级指标，劳动效率以及资产效率则使用标准的方法进行衡量。其中我们使用人均增加值、人均利税、每元工资增加值、每元工资利税来衡量劳动效率；使用净资产收益率、总资产贡献率、固定资产产出率以及流动资产周转次数来衡量资产效率。

在宏观层面上，我们设置了资本配置效率、收入分配效应以及能源效率 3 个二级指标。对于资本配置效率，可以使用投资效率以及投资反应系数来进行衡量，其中投资效率使用增量资本产出率及资本产出率进行测算；行业投资反应系数是武勒（Wurgler，2000）提出的衡量资本配置效率的重要指标，该指标值越高说明资本配置效率越高，其计算方法为：

$$\ln\frac{I_{i,t}}{I_{i,t-1}}=\alpha_i+\beta_i\cdot\ln\frac{V_{i,t}}{V_{i,t-1}}+\varepsilon_{i,t}$$

其中 $I_{i,t}$ 与 $I_{i,t-1}$ 分别为行业 i 第 t 年及第 $t-1$ 年的固定资产存量，$V_{i,t}$ 与 $V_{i,t-1}$ 分别为行业 i 第 t 年及第 $t-1$ 年利润总额或工业增加值，α_i 为常数项，β_i 为弹性指标，即投资反应系数，表示固定资产的追加（或撤出）对于行业增长量的弹性变化，$\varepsilon_{i,t}$ 为随机干扰项。收入分配效应是衡量研究对象对社会收入分配造成的扭曲程度的指标，我们使用行业收入差距及行业收入合理性程度两个三级指标来进行说明。其中，行业收入差距衡量行政垄断行业与非行政垄断行业间的收入差距状况，它反映了行业性行政垄断造成的行业间收入分配不平等的程度；而行业收入合理性程度为行政垄断行业职工收入水平与其应获得的收入水平相当的程度，它反映了行政垄断对行业内收入分配造成的影响，可以使用职工收入增长率与产出的增长速度来进行判断。能源效率是一个开放性指标，并不是在所有产业中必须使用的一个二级指标，它是一个衡量研究对象能耗高低的指标，反映了研究对象的可持续发展能力。通过指标体系的构建，我们可以对行业性行政垄断在效率损失方面所造成的影响有一个全面的把握，下面我们以电力行业的测算过程进行简单的说明，其他三个行业则直接给出最终结果。

从微观层面来看，我们计算了全部国有及规模以上非国有电力企业、三资电力企业以及全部工业企业实现的税前总资产利润率和税前净资产利润率（1999～2006 年），来说明我国电力产业的资产收益率状况，结果发现三资电力企业的资产盈利能力明显好于整个电力产业的资产盈利能力。此外，我们计算了 1993～2006 年间电力产业实现利润与营运成本之比，来说明我国电力产业的成本费用利润率状况，结果显示以 2002 年为分界点，我国电力企业的成本费用利润率在 2002 年前高于全部工业企业均值，而 2002 年后趋于工业企业均值；全部电力企业与三资电力企业相比，前者成本费用利润率明显低于后者。与世界其他国家 26 个大型电力企业相比，我国的电网企业资产产出率较高，但劳动生产率及资产利润率均很低，这说明在电力行业中存在着较为严重的人员过剩问题，而且电力行业粗放型经营特点明显。由于行政垄断的保护，电力行业内部厂商的生产效率有着巨大的释放空间。对电力行业的要素使用效率，我们测算了资本使用效率、劳动使用效率及技术进步率，其中以火电发电设备的年平均利用小时数作为资本使用效率的替代指标。国际上一般火电发电设备平均利用小时数以 4200 小时/年为合理水平，而我国火电发电设备平均利用小时数即使在最低年份也高于 4700 小时/年，这说明我国长期总体处于缺电状态，我国电力产业只能保持对数量有限的资本很高的使用效率。从人均销售额表示的劳动使用效率来看，我国国家电网与南方电网分别只实现了 10.3 万美元/人和 13.74 万美元/人的水平，仅为世界大型电力企业平均水平的 1/7。采用 DEA 和马姆奎斯特（Malmquist）生产率指数方法测算的中国电力产业在 1996～2003 年间的全要素生产率变动发现，在考察期间我国电力产业的全要素生产率以年均 2.1% 的速度增长，这主要得益于技术进步，而效率总体上并没有提高，表现为 X 无效率。

从产业层面上来看，由于行政垄断的存在使受保护的厂商免受竞争的压力和威胁，因此垄断厂

① 使用哈伯格三角形对垄断造成的社会福利净损失的估计结果可能会偏低，因为这个结果中没有包括为获得超额利润而进行的寻租活动所导致的资源浪费。考林和穆勒（Cowling and Mueller，1978）给出了一种替代性方法，但我们认为他们的方法并不适用于对自然垄断厂商福利损失的计算，因此我们仍采用了哈伯格的方法，同时在三级指标中单列寻租成本来进行弥补。

商比竞争性厂商更难以提高其内部效率。同时，电力垄断厂商为了维护行政垄断而进行的努力会使整个行业受益，因此，我们也在产业层面上计算了寻租成本。使用上述指标体系中的计算方法我们得到的我国电力行业X－非效率的损失值及寻租成本，具体结果在表3中给出。从结果可以看出，电力行业中的行政垄断造成了巨大的损失，而且2002年电力改革前后的数据相比也没有发生明显的变化。

表3　　2001～2006年我国电力产业X效率损失及寻租成本估算

类别 \ 年份	2001	2002	2003	2004	2005	2006
当年GDP（亿元）	109655.2	120332.7	135822.8	159878.3	183867.9	210871
电力产业X非效率损失（亿元）	1017.25	1187.484	1467.351	2097.923	2531.992	2998.128
电力产业X非效率损失占GDP比重（%）	0.93	0.99	1.08	1.31	1.38	1.42
寻租成本（亿元）	529.97	576.29	699.26	708.17	1157.73	1689.34
寻租成本占当年GDP比重（%）	0.48	0.48	0.51	0.44	0.63	0.80

资料来源：GDP数据来自历年《中国统计年鉴》，电力产业X－非效率损失及寻租成本由课题研究资料计算而得。

从电力产业劳动效率来看，测算结果发现以2002年为界，在1993～2006年间的两个时间样本中，劳动效率有了明显的改进，2002～2006年间的平均指标达到了1993～2001年间的2.44倍，其中2006年为1993年的3.45倍。但是，与国际上的大型电力企业相比，我国两大电网企业的劳动生产率则极为低下，作为资本密集型产业，电力产业劳动生产率应该提高得更快。此外，我们使用DEA方法对1996～2003年的电力产业效率进行了相关分析，分析结果发现在样本时间区间内，我国电力产业纯技术效率（PTE）均值在98.1%和99.1%之间，标准差在2.0%～3.5%之间，各省电力企业纯技术效率处于较高水平，与生产前沿接近，相互之间差别较小。这说明我国电力产业发展过程中在纯技术效率方面比较注重整体的提高，在技术发展和应用方面则没有较大的差别。相对于纯技术效率，各省电力企业的规模效率（SE）均值较低且相互间差异较大，这8年的规模效率范围在92.9%～95.0%之间，标准差在7.9%～11.4%之间，且多数年份的规模效率均值处于0.9以下。将纯技术效率和规模效率的描述性统计指标进行对比可以看出，各省电力企业历年的纯技术效率均值系统性地显著大于规模效率均值，并且前者的标准差小于后者的标准差，说明各省的效率差异主要表现在规模效率上，而非纯技术效率上。

宏观层面上，我们考察了电力行业的收入分配、电力产业投资效率以及能源效率损失等方面。收入方面，电力行业的平均工资远高于全国平均工资水平，并且这一差距近年来有扩大的趋势。根据2004年中国经济普查的统计数据，全国人均工资福利之和为1.6561万元，而电力生产环节人均工资福利之和为2.9708万元，为全国平均数的1.7939倍；电力供应环节人均工资福利之和为3.3986万元，为全国平均数的2.052倍。此外，垄断行业的高福利也是行业收入差距扩大的重要来源，这些数据无法体现在统计过程中，但如果将这一部分考虑进来的话，那么电力行业与其他工业企业职工实际收入的差距还将扩大。使用投资反应系数考察电力行业投资效率的研究发现，使用利润数据通过回归模型进行计算得到的投资反应系数为0.204，并且在10%的水平下显著，投资反应系数远小于1，将这一结果与武勒（2000）对65个国家的计算结果平均值（资本配置效率均值为0.429，其中美国为0.723）进行比较，可以看出该结果与65个国家的均值比较都是偏低的。因此，可以认为中国电力产业投资效率低下，这表明中国电力产业资本配置效率需要实质性的提高。另外，我们使用电力产业的发电厂用电率、线路损失率和供电标准煤耗率来对电力行业能源利用效率进行考察。首先，使用《中国电力年鉴》等提供的数据分析发现，我国发电厂用电率在1985～1991年间处于缓慢上升趋势，到1992年开始大体上呈缓慢下降趋势，但在这期间发电厂用电率一直变化不大。1998 年我国开始试点在发电侧引入竞争，发电厂用电率开始以较快的速度下降。特别是2002 年全面推行“厂网分开，竞价上网”以后，发电厂用电率下降到了6% 以下。这说明在发电环节引入竞争产生了一定的预期效果，起到了促进发电企业提高效率的作用。第二，我国电网的线路损失率在 1985 ~ 1990 年间有所波动，但波动幅度很小；从 1991 年开始直到 1995 年线路损失率呈现上升趋势，1995 年达到最高 8. 77%，1996 年依然维持在高位。从 1997 年开始处于下降趋势，但下降很缓慢，2002 年厂网分离，从原国家电力分拆出两大电网公司后，2003 年和 2004 年的线路损失率没有下降，反而有所上升，2005 年后才开始有所下降，但下降很缓慢。可以看出，2002 年的电力体制改革并没有真正打破电网企业在局部地区的完全垄断地位，也没有产生竞争效应。第三，从供电标准煤耗率来看，我国的供电标准煤耗在 1985 ~ 1990 年间基本处于稳定状态，从 1990 年开始，由于发电设备技术水平的提高，供电标准煤耗一直处于下降的趋势，到 2006 年供电煤耗已经由 1985 年的 431 克/千瓦时降低到 2006 年的 367 克/千瓦时，供电煤耗在 2002 年后没有出现较大幅度的下降。

综合以上分析可以看到，行业性行政垄断在电力行业各个层面上均造成了较大的效率损失。在电力改革之后，虽然电力行业在压力之下改善了许多三级指标的表现，但无论是在微观层面、产业层面还是宏观层面上来看，行政垄断所造成的反竞争效应都是明显的，特别是在与世界其他国家的大型电力企业进行横向比较时更为显著。同时由分析也可以看到，在发电领域行政垄断所造成的效率损失要低于电网领域，这为行政垄断必然会损害效率这一结论给出了一个实证上的支持。在 ISCP 分析框架下，我们汇总可得数据对电力行业行政垄断效率损失的测算发现，在 2001 ~ 2006 年间，行政垄断在电力行业中平均每年造成了约 4804. 4 亿元的损失，而且损失额占当年 GDP 比例有逐年上升的趋势。使用同样的测算体系我们对电信、石油及铁路行业进行了相关测算，具体结果由表 4 给出。

表 4 中的测算结果发现，在本文考察的电力、电信、石油及铁路行业中，行政垄断均导致了资源配置效率方面的巨大损失，而且各行业在 2001 ~ 2006 年间行政垄断的效率损失都经历了较大规模的增长。其中电力及石油行业内的行政垄断所造成的效率损失额明显高于电信及铁路行业；从效率损失增长率的角度看，电力与石油行业也明显高于电信及铁路行业。另外一个明显的特征是电信及铁路行业内行政垄断造成的效率损失额占当年 GDP 的比重在 2001 ~ 2006 年间基本保持稳定，但电力及石油行业内的行政垄断造成的效率损失额占当年 GDP 的比重却稳步上升。结合本文前面给出的各行业行政垄断强度测算的结果，我们发现行业性行政垄断强度与行业性行政垄断所造成的效率损失额之间并不呈现简单的线性正相关关系。其中重要的原因在于不同行业的产业特征不同，各个行业改革方案的设计及产业组织结构形成的历史路径不一致，这就使得不同行业间的行政垄断在绩效方面并没有呈现出与行政垄断强度的统计一致性。其中最为明显的是电力及石油行业与电信行业之间的比较，电力行业在 2002 年实现了厂网分离的纵向分拆，但输配售环节仍一体化经营，由于电力产品具有不可储存性及强烈的网络效应特征，因此对输配售环节的控制将根本地影响整个行业的绩效；1988 年石油部撤销后，石油行业形成了中石油、中石化及中海油三家垄断厂商，但三家厂商均脱胎于原石油部，而且在业务上并没有形成实质性竞争。对电信行业，由张宇燕（1995）提供的资料来看，联通公司成立之初便在电信行业内形成了不同利益集团之间的激烈竞争，由于各电信公司在产品种类提供方面大同小异，在这种情形下，如果我们不考虑各电信公司提供产品质量方面差异的话，则在电信产品价格方面可以得到标准的伯川德（Bertrand）竞争结果，市场绩效呈现出良好的指标，反映在行政垄断造成的效率损失方面也自然比较低。但由联通公司的成立来看，它也经过了严格的行政审批过程，整个行业仍处在较强的行政垄断控制之下。不同行业行政垄断强度与行政垄断造成的效率损失之间关系的分析可以发现，从经济学所强调的资源配置效率角度来看，重要的并不是强调行政垄断在特定行业中所形成的超越市场的力量，而是在于是否存在与之相匹配的力量与之竞争——为本集团利益进行同样超越市场范围的竞争。简单地说，这也正是本文给出的

在转轨经济时期对待行政垄断问题的方案，也即只有权力才能够制约权力，在渐进式改革路线下，只有同样由公共权力支撑的利益集团才能够与在位行政垄断利益集团进行实质性竞争。另外，表 4 的结果显示从 2001 ~ 2006 年间铁路行业的效率损失额由 614. 2 亿元上升到 1079. 1 亿元，6 年间效率损失额占当年 GDP 比重稳定在 0. 5% 左右，虽然其各年效率损失占 GDP 的比重并不高，但这是铁路运输业长期奉行政府低运价政策的一种结果，是行政垄断的一种特殊表现形式。

表 4　　典型性行政垄断行业效率损失　　单位：亿元

行业 \ 年份		2001	2002	2003	2004	2005	2006	总计
电力	效率损失额	2713. 9	3160. 3	3913. 7	5129. 6	6009. 2	7899. 5	28826. 2
	占当年 GDP 比重（%）	2. 5	2. 6	2. 9	3. 2	3. 3	3. 7	
电信	效率损失额	1584. 6	1822. 5	2041. 3	2297. 1	2567. 5	2871	13184
	占当年 GDP 比重（%）	1. 4	1. 5	1. 5	1. 4	1. 4	1. 4	
石油	效率损失额	3403. 5	3865. 3	5256	7424. 7	9574. 9	12094. 6	41619
	占当年 GDP 比重（%）	3. 1	3. 2	3. 9	4. 6	5. 2	5. 7	
铁路	效率损失额	614. 2	648. 3	677	818. 9	921. 5	1079. 1	4759
	占当年 GDP 比重（%）	0. 5	0. 5	0. 5	0. 5	0. 5	0. 5	

注：由于数据可得性问题，我们对不同行业效率损失测算时的时间跨度也不相同，如对电信行业我们测算了 1995 ~ 2008 年间行政垄断所造成的效率损失额，为了便于比较，我们统一给出了典型性行政垄断行业在 2001 ~ 2006 年间的效率损失额。本文给出的测算结果为各行业中行政性垄断造成效率损失的可量化部分构成，包括社会净福利损失、X - 非效率损失及寻租成本三部分。

资料来源：根据课题研究结果整理而成。

五、结　　论

借鉴制度经济学及产业组织理论的研究成果，本文对转轨经济条件下的行业性行政垄断设计了 ISCP 分析框架，在这个分析框架下我们对行政垄断的维持机制进行分析，并寻找行政垄断在产业竞争中持续性、结构性存在的原因。在 ISCP 分析框架下，本文对具备行业性行政垄断特征的典型行业内的行政垄断强度进行了实际测算，分析结果显示，在电力、电信、石油及铁路行业内，石油行业中的石油开采领域行政垄断强度与铁路行业行政垄断强度最高，而在放开进入限制的电力行业的发电环节及石油炼化领域内行政垄断强度则较低。此外，电信行业与电力行业内输配售环节在行政垄断强度方面非常接近，这与只考察市场结构等产业特征得到的结果有很大的不同，而这正是 ISCP 分析框架同时考虑了制度因素及产业特征因素后得到的一个结论。

本文回答的第二个重要问题是行业性行政垄断究竟造成了多大的效率损失，以及是否强行政垄断一定代表了更大水平的损失。通过对电力、电信、石油、铁路四个行业的深入研究，本文发现无论是在微观层面上，还是在产业以及宏观层面上，行政垄断均造成了巨大的效率损失，而且跨期考察发现这一损失额占 GDP 比重有不断增长的趋势。同时，分析还显示行政垄断强度与行政垄断造成的效率损失之间并不存在简单的线性正相关关系。

由本文的分析自然引出的一个问题是如何解决行业性行政垄断问题。由于行政垄断问题不仅仅是一个竞争政策设计问题，同时它还涉及转轨经济过程中深层次的体制改革问题，限于篇幅，我们无法在本文中对这一问题进行详细讨论。但由本文上面的分析可以看到，解决行业性行政垄断问题的一个基本出发点应是以权力制约权力的滥用。放松产业进入、对在位垄断厂商进行横向分拆，特别是彻底实现政企分离，这些措施能够使行政垄断问题得到明显的缓解。以往的研究对这些措施也多有讨论，但我们认为问题的关键在于这些措施实行的共时性方面，也就是说这些措施应在相对较短的时间内同时实施，否则将会使行政垄断问题转变为隐性的利益集团之间的相互串谋。同时，鉴于目前行业性行政垄断问题较为严重，我们认为私有化并不是解决行政垄断问题的一个好的方法，因为由于行政垄断所导致的信息方面的不透明将有可能导致国有资产的流失以及市场势力过于强大的私有垄断厂商的出现。总之，我们认为在解决行业性行政垄断方面，由公共权力推动的、渐进式市场化的方案更具备可操作性。

参考文献：

1. 曹康泰：《关于〈中华人民共和国反垄断法（草案）〉的说明》，《中华人民共和国反垄断法》，中国民主法制出版社 2007 年版。

2. 陈学云、江可申：《航空运输业规制放松与反行政垄断——基于自然垄断的强度分析》，载于《中国工业经济》2008 年第 6 期。

3. 国家统计局：《中国统计年鉴》各年份，中国统计出版社。

4. 国家统计局：《中国工业统计年鉴》各年份，中国统计出版社。

5. 国家统计局：《中国大型工业企业年鉴》各年份，中国统计出版社。

6. 过勇、胡鞍钢：《行政垄断、寻租与腐败——转型经济的腐败机理分析》，载于《经济社会体制比较》2003 年第 2 期。

7. 江小涓：《体制转轨与产业发展：相关性、合意性以及对转轨理论的意义——对若干行业的实证研究》，载于《经济研究》1999 年第 1 期。

8. 戚聿东：《资源优化配置的垄断机制——兼论我国反垄断立法的指向》，载于《经济研究》1997 年第 2 期。

9. 塔洛克，《寻租——对寻租活动的经济学分析》，西南财经大学出版社 1999 年版。

10. 王俊豪、王建明：《中国垄断性产业的行政垄断及其管制政策》，载于《中国工业经济》2007 年第 12 期。

11. 王晓晔：《社会主义市场经济条件下的反垄断法》，载于《中国社会科学》1996 年第 1 期。

12. 杨开忠、陶然、刘明兴：《解除管制、分权与中国经济转轨》，载于《中国社会科学》2003 年第 3 期。

13. 于良春：《反行政性垄断与促进竞争政策前沿问题研究》，经济科学出版社 2008 年版。

14. 张宇燕：《国家放松管制的博弈——以中国联合通信有限公司的创建为例》，载于《经济研究》1995 年第 6 期。

15. 中电联等：《中国电力年鉴》各年份，中国电力出版社。

16. 周其仁：《竞争、垄断与管制——“反垄断”政策的背景报告》，载于《产权与制度变迁》，北京大学出版社 2004 年版。

17. Abed G. and Davoodi H., 2000, “Corruption, Structural Reforms, and Economic Performance in the Transition Economies”, International Monetary Fund, IMF Working Paper WPP00P132.

18. Anne O., Krueger, 1974, “The Political Economy of the Rent-Seeking Society”, The American Economic Review, Vol. 64, No. 3, pp. 291 – 303.

19. Armentano, D. T., 1990, Antitrust and Monopoly: Anatomy of a Policy Failure, 2nd ed. San Francisco: Independent Institute.

20. Cowling and Mueller, 1978, “The Social Costs of Monopoly”, Economic Journal 88, pp. 727 – 748.

21. Harberger Arnold, 1954, “Monopoly and Resource Allocation”, American Economic Review Proceedings , pp. 77 – 87.

22. Laffont, J. J., 2005, Regulation and Development, Cambridge University Press.

23. Qian, Yingyi and Barry R. Weingast, 1997, “Federalism as a Commitment to Preserving Market Incentives”, Journal of Economic Perspectives, Vol. 11 (4), pp. 83 – 92.

24. Shleifer and Vishny, 1998, The Grabbing Hand, Government Pathologies and Their Cures, Cambridge, MA: Harvard University Press.

25. Stigler, G, 1971, “The Theory of Economic Regulation”, Bell Journal of Economics, Vol. 2 (1), pp. 3 – 21, Spring.

26. Tirole, J, 1988, The Theory of Industrial Organization, MIT Press.

27. Wurgler Jeffrey, 2000, “Financial Markets and the Allocation of Capital”, Journal of Financial Economics, Vol. 58, pp. 187 – 214.

（本文载于《经济研究》2010 年第 3 期）

反垄断法实施中相关市场界定的 SSNIP 方法研究

——局限性及其改进

余东华

摘 要： 20 世纪 80 年代以后，世界主要国家和地区在反垄断法实施中越来越多地采用 SSNIP 方法来界定相关市场。SSNIP 方法也称做“假定的垄断者测试”，检验的是“小而显著的非暂时性价格上涨”是否能使假定的垄断者有利可图。SSNIP 方法在理论上明显优于产品功能界定法，然而在反垄断司法实践中，SSNIP 方法也存在着明显的局限性。为了弥补 SSNIP 方法的缺陷，欧美国家的反垄断当局在司法实践中对 SSNIP 方法进行了改进，并采用多种辅助测定方法，形成了相互映照的相关市场界定的方法体系。我国在刚刚颁布的《相关市场界定指南》中采用了 SSNIP 方法。考虑到中国的特殊国情，在反垄断司法实践中需要对 SSNIP 方法进行改进和完善，以保证反垄断政策的有效实施。

关键词： 并购规制　相关市场界定　SSNIP 方法

一、引言：相关市场与相关市场界定

相关市场（Relevant Market）是反垄断理论中的基本概念之一，通常是指当事人在其中从事经营活动时的有效竞争范围或在各当事人所经营的商品或服务之间存在竞争约束的场所。一般情况下，相关市场由商品、地理和时间三个基本要素组成。与这三个基本要素相对应，相关市场可具体划分为产品市场（Product Market）、地域市场（Geographic Market）和时间市场（Time Market）。产品市场是由能够与某种产品发生竞争关系的同类产品或紧密替代品所组成的市场，主要判定的是一定的空间和时间范围之内的数个商品或服务是否处于具有竞争关系的场所之内。也就是说，产品市场包括消费者依据产品特征、价格和用途认为可以互换和替代的所有产品或服务。界定产品市场的中心问题是确定判断商品或服务是否具有“同一性”和“替代性”的标准。地域市场是指在相关产品市场内的商品或服务所能展开竞争的空间范围，是发生产品或服务的供给和需求的区域，该区域内的竞争条件充分同质，据此可以将该区域与其他邻近区域区分开来。时间市场通常是指在相关产品市场内的商品或服务所能展开竞争的时间范围。在反垄断执法实践中，通常需要界定的是相关产品市场和相关地域市场。美国反托拉斯成文法中虽然有界定相关市场的概括性规定①，但没有相关市场的定义性表述，也没有使用过相关市场这一概念。美国反托拉斯判例法中，最早使用相关市场这一术语的是美国最高法院于 1948 年对哥伦比亚钢铁公司案的判决。但是，直至此时，相关市场的界定依然很不明确，没有统一的界定标准和明确的界定方法。

① 《谢尔曼法》第 2 条及《克莱顿法》第 7 条中所论及的相关市场，实际上是被作为了事实上的问题和判定违法性问题的基本前提而加以规定的。

合理界定相关市场是有效实施反垄断法，尤其是实施企业并购规制政策的基础环节①。因为从逻辑上讲，一个完整的企业并购规制过程包括三个阶段，即市场界定、计算市场份额或市场集中度、依据有关市场份额或市场集中度信息进行企业并购规制的实体分析。科学合理地界定相关市场，对识别竞争者和潜在竞争者、判定经营者市场份额和市场集中度、认定经营者的市场地位、分析经营者的行为对市场竞争的影响、判断经营者行为是否违法以及在违法情况下需承担的法律责任等关键问题具有重要作用。一旦界定了相关市场，则在该市场内的企业之间所存在的竞争关系以及具有相互竞争可能性的商品或服务的范围，也就随之被确定下来。因此，相关市场的界定对并购案件的审查和评估具有决定性影响，往往成为最引人注目的诉讼焦点之一。鉴于相关市场界定在企业并购规制中的重要性，为克服企业并购规制当局在市场界定方面的随意性，同时提高相关市场界定的透明度，美国在 1982 年及以后的《并购指南》中都对相关市场界定进行了专门规定，欧盟在 1989 年《并购条例》和 1997 年《市场界定通告》中对相关市场界定标准和方法进行了明确规定。中国在 2009 年也专门颁布了《相关市场界定指南》，对界定相关市场的基本依据、一般方法和分析思路做了明文规定。

界定相关市场的方法可以划分为两大类：一类是传统的产品功能界定法；另一类是 SSNIP 界定法②。产品功能界定法主要是依据产品功能上的替代性或用途上的合理互换性来完成对相关市场的界定。在实践中产品功能界定法主要采用相似产品间的交叉价格弹性来判断两种产品是否属于同一市场，如果两种产品的价格间存在着接近于 1 或更高的交叉价格弹性且没有明显的时滞，那么这两种产品就属于同一市场。传统的产品功能界定法涉及到多个判定标准，主要包括需求交叉弹性（Cross Elasticity of Demand）标准、合理的互换可能性（Reasonable Interchangeable）标准、特有性质及用途（Peculiar Characteristics）标准、次级市场（Sub-market）标准和商品群市场（Cluster of Product Market）标准等，不同的标准对应不同的亚类界定方法。随着越来越多的产品具有多样化的物理特征和预期功能，要判断两种产品是否属于合理替代品，具有不同专业知识背景的人可能做出不同的、甚至相反的判断。因此，传统的产品功能界定法具有很强的主观随意性。20 世纪 80 年代以后，随着经济学的发展和经济理论在反垄断领域的应用，另一种新的更为精确和可计量的相关市场界定方法——SSNIP 方法得以产生，并且世界主要国家和地区越来越多地采用 SSNIP 方法来界定相关市场。本文主要介绍 SSNIP 方法的理论原理和相关程序，分析 SSNIP 方法的缺陷和欧美的改进及替代措施，并对中国企业并购规制中相关市场界定方法的采用提出建议。

二、相关市场界定的 SSNIP 方法：原理与程序

为了克服传统的产品功能界定法所固有的主观任意性，美国在 1982 年颁布的《横向并购指南》中率先采用了 SSNIP 方法定义了“反垄断的相关市场”，这一定义被公认为是相关市场界定的里程碑：“一个市场是指一种产品或者一组产品以及生产或者销售这种或这组产品的一个地域范围。在该地域范围内，一个假设无须服从价格管制并且是追求利润最大化的企业，作为这些产品在当前和今后唯一的生产者或销售者，在所有其他产品的销售保持不变的条件下，它可能会进行一个‘数目不大但显著的、且为期不短的’涨价。一个相关市场就是一组产品和一个范围刚好满足这一检验标准的地域”。1997 年欧盟也在其《市场界定通告》中明确放弃传统的产品功能界定法转而采用 SSNIP 界定法。SSNIP 方法全称为“小而显著的非暂时性价格上升（Small but Significant and Non-transitory Increase in Price）”，也叫做“假定的垄断者测试”（The Hypothetical Monopolist Test），是

① 总体而言，各国反垄断法规制对象主要包括卡特尔、滥用市场支配地位和企业并购等三类行为，而一般情况下这三类行为的规范都需要进行相关市场的界定。

② 传统的产品功能界定法依据的是交叉弹性原理，而 SSNIP 方法采用的是针对自身弹性的分析方法。

指假设存在一个垄断性企业，当该企业明显地、且非暂时地小幅度提高其商品或服务的价格时，如果有相当数量的需求者仅因提价失去了利益而转向其他商品或服务，那么，这些商品或服务也包含在相关市场之内。即使在相邻商品一方进行同样的测定，只要发生了向相邻商品转换的现象，则该商品就包含在相关市场之内；如果不发生转换，则无须继续测试，可以界定为一个相关市场。也就是说，SSNIP 方法考察的关键问题是，对于商品自身的提价，企业的商品销售量减少了多少，也就是进行自身价格弹性分析。

SSNIP 方法采用了针对自身弹性的分析思路：从并购后企业的一个假定的狭小产品市场出发，逐步分析在价格发生小幅、显著和非短期性变化的情况下[①]企业盈利水平的变化情况。如果价格上涨后有足够多的消费者转向其他产品，那么企业就不能从涨价中获得盈利，原先作为分析起点的产品市场就应当被扩大到消费者拟转向的目标市场，这个测试过程要一直进行下去，直到最后出现某一产品市场，在这个市场上企业可以通过涨价实现盈利。SSNIP 测试是一种有效地反复测试过程，一般分为四个步骤：（1）确定最初的候选市场，通常情况下仅包括与并购有关的产品及其密切替代品；（2）假定整个候选市场的产品处于假设垄断者的控制之下，确定垄断者提价（幅度一般在 5% ~ 10%）后会出现的情况；（3）如果有足够多的消费者因为涨价而转向了其他替代品时，涨价本身无利可图，则表明其他替代品对候选市场中的产品构成了足够大的竞争压力，可以认为候选市场太过狭窄，没能将密切替代品都包括进去，需要增加次优替代品。在得到一个更大的候选市场以后，重复以上步骤；（4）当大部分消费者面对这个小幅且显著的非暂时性涨价而不再转向购买其他替代品，从而使得假设垄断者涨价变得有利可图时，停止检验。这时得到的市场就是反垄断机构所需要确定的相关市场。SSNIP 测试实际上体现了一种思想测试，在测试的每个阶段，那些被认为是最接近的替代品都将纳入相关市场中来，直到最终形成一个组合，这个组合就是竞争分析所要界定的相关市场。

SSNIP 方法所提供的“假定垄断者测试”给出了一个可以收集相关市场证据并进行分析的结构框架（董红霞，2007）。下面我们用一个简单数学模型来表示这一分析框架的原理和程序。假定价格上涨前的利润、平均成本、价格、产量分别为 π_0、C_0、P_0、Q_0，且满足 $\pi_0=(P_0-C_0)Q_0$；价格小幅上涨后的利润、平均成本、价格、产量分别为 π_1、C_1、P_1、Q_1，且满足 $\pi_1=(P_1-C_1)Q_1$；则价格变化为 $\Delta P=P_1-P_0$，需求数量变化为 $\Delta Q=Q_1-Q_0$，平均成本变化为 $\Delta C=C_1-C_0$，价格上涨前后的利润变化为：

$$\Delta\pi=(P_1-C_1)Q_1-(P_0-C_0)Q_0=\Delta PQ_1+(P_0-C_0)\Delta Q-Q_1\Delta C \quad (1)$$

在 SSNIP 测试过程中，当 $\Delta P>0$ 时，我们希望 $\Delta Q<0$，并主要关注 $\Delta\pi$ 不大于零的情况。因而将式（1）两边同时除以 P_0，可以得到：

$$\frac{\Delta\pi}{P_0}=\frac{\Delta P}{P_0}Q_1+\frac{P_0-C_0}{P_0}\Delta Q-\frac{Q_1}{P_0}\Delta C \quad (2)$$

式（2）中，$\Delta P/P_0$ 是假设的价格上涨（一般被设定为 5% ~ 10%）。当平均成本不变，即 $\Delta C=0$ 时，则式（2）可变为：

$$\frac{\Delta\pi}{P_0}=\frac{\Delta P}{P_0}Q_1+\frac{P_0-C_0}{P_0}\Delta Q \quad (3)$$

从式（3）可以看出，当 $\frac{\Delta P}{P_0}Q_1>\frac{P_0-C_0}{P_0}\Delta Q$ 时，对新产量（比涨价以前低）收取的价格上涨后的收益大于数量减少所损失的收益，价格上涨就是有利的。这时就可以界定受测试的市场为相关市场。如果存在规模经济导致平均成本下降，那么只需要解出 $\frac{Q_1}{P_0}\Delta C$，就可以对价格上涨是否有利进行判断，从而继续以上过程，直到界定出相关市场。

① 一般情况是假设在可预见的未来价格上升 5% ~10%。

SSNIP 方法在理论上明显优于传统产品功能界定法中依据需求交叉弹性理论笼统地分析商品间合理互换可能性和需求替代性的分析方法：（1）SSNIP 方法提供了一个连贯一致的分析框架，该框架考虑了被调查企业所面对的竞争约束的相关问题，并最终有助于使分析中的争论明确集中于需求或供给方面的替代性等关键概念；（2）SSNIP 方法能将市场界定与识别市场中的竞争者区别开来，在市场界定的地理维度和价格歧视方面有所创新，并能将越来越多的经济学数量分析方法引入到市场界定中来，丰富了市场界定的量化标准。正因为如此，20 世纪 80 年代中期以后，SSNIP 方法开始在反垄断司法实践中得到广泛应用，成为世界大多数国家和地区界定相关市场的主要方法。

三、SSNIP 方法的局限性分析

在进行 SSNIP 测试时，如果假定的垄断者在最小市场中实施价格上涨而不能盈利，就把下一个最接近的替代品加入相关市场中再次运用 SSNIP 方法进行测试，这个过程一直持续到假定的垄断者可以盈利地施加一个 5% ~10% 的价格上涨，这样界定的产品范围或地理区域就构成相关市场（Kamerschen and Kohler，1993）。SSNIP 方法的经济学理论依据较为充分，内在逻辑简单明确、较易理解，已经成为企业并购规制中受到国际广泛认可的相关市场界定方法。然而，在反垄断司法实践中，SSNIP 方法的局限性也是很明显的。

（一）基础价格选择不当可能导致评估失误

基础价格为 SSNIP 测试中的价格上涨提供了一个基准，它影响着消费者作为对价格上涨反应转向其他可供选择商品，进而影响到市场份额和市场力量评估中的最小市场确定。美国司法界在基础价格选择上存在较大争论，在司法实践中多数情况下采用竞争价格作为基础价格。欧盟一般采用主导市场价格作为基础价格，当主导价格不是竞争价格时，则采用竞争价格作为基础价格。但是，主导价格和竞争价格不一致时，基础价格选择的差异可能导致测试结果的背离。在主导价格明显高于竞争性水平，可能的未来价格更加接近竞争性水平的情况下，采用主导价格作为 SSNIP 方法的基础价格将导致对并购的错误评估。另外，在一些类似建筑、高速公路建设合同等所谓的招投标市场以及国防等产业中，一般不存在作为 SSNIP 界定法基础的主导价格或基础价格。此时，SSNIP 方法难以使用。

（二）价格上涨幅度的不确定性使得测试具有较大随意性

自美国司法部 1982 年《并购指南》发布以来，5% 标准被视为测定某种产品需求替代的主要方法。美国司法部在其并购指南中提出的这一数额不大、但持续性涨价的幅度虽然是 5%，但也指出可以根据不同行业的不同性质，这个涨价幅度可以大一点或者小一点。1992 年美国司法部和联邦贸易委员会共同发布的《横向并购指南》对此作了修改。因为设想不同相关市场上的产品可能会有不同的涨价幅度，新指南指出，这个幅度不需要做出统一的规定。对不同的相关产品的涨价幅度不作统一规定虽然在理论上是正确的，但这种做法会大大提高界定相关市场的难度。因为不同的企业和不同的产品有着不同的价格政策，如果法律上不规定统一的涨价幅度，参与并购的企业和执法机构便难以在无数个似乎有理的涨价幅度中进行选择。如果涨价幅度定得过大，所界定的市场范围就大；如果涨价幅度定得过小，市场的范围也小。这样，企业并购指南便失去其作为“指南”对执法机构和当事人应当具有的可预期性优点，并由此增加了指南的不确定性，降低其指导的价值，增大执法机构的随意性。

（三）SSNIP 方法可能导致“玻璃纸谬误”

SSNIP 方法在评估并购的竞争效果时，主要关注的是并购是否将导致价格上涨到主导水平之上。为此，竞争评估集中于对并购企业目前商业行为的竞争约束上。在此意义上，并购调查所进行的分析是面向未来的，并且是在主导价格水平上确定竞争约束。利润最大化的厂商总是力图将价格设定在不能通过进一步提价而获利的水平上，这意味着产品之间彼此产生竞争约束的程度部分地依赖于目前的相对价格。当产品在一个价格水平上可以构成替代品时，在一个更低的价格水平上可能就不构成替代品。如果垄断产品的价格足够高，即使劣质的替代品对消费者也将具有吸引力。这就意味着在目前的价格水平上，一个企业面对着来自其他产品或企业的竞争约束时，并不能表明该企业是否拥有市场势力以及是否在行使其市场势力。换句话说，一个企业具有一个特定的相对高的需求价格弹性的事实，并不意味着该企业不具有任何将其价格提高到竞争水平之上的市场势力。在有效竞争的价格水平上，该企业特定的需求价格弹性实际上可能相当低，从而该企业能够将那个有效竞争的价格提高到目前的价格水平；在目前的价格水平上，由于存在其他企业需求方面或供给方面的替代性而导致进一步涨价无利可图。因此，按照 SSNIP 方法确定的相关市场可能过宽，从而弱化反垄断执行。这一问题在反垄断司法中被称为“玻璃纸谬误”。在 1956 年美国政府指控杜邦公司垄断玻璃纸生产案中，因为玻璃纸为杜邦公司独家生产和销售，政府认定该公司在玻璃纸产品市场上占有 100% 的市场份额，并且实行了垄断价格。在垄断高价下，价格的任何细微提高都会导致消费者转向其他柔性包装材料。美国最高法院在这个案件中将玻璃纸看作包装材料中一种材料，而在包装材料这一产品市场上，杜邦公司仅占 18% 的市场份额。因此，政府在该案中败诉。“玻璃纸谬误”的关键问题是，在现存价格上确定的替代品并不必然就是那些在竞争价格上有效的替代品，而竞争价格才是并购案件中界定相关市场的基准点。

（四）SSNIP 方法在具体操作中存在缺陷

这些缺陷包括：（1）SSNIP 方法主要测度的是自身弹性，而要想对自身弹性进行准确分析，必须拥有足够的相关经济数据支撑。可是在现实中要想获得能够用于进行 SSNIP 测定的经济数据却是相当困难的，而且数据的可靠性值得怀疑。在重复检验过程中，每增加一种替代产品或者一个地理区域，都要对利润的最大化水平进行比较，这就要求对产品成本数据的正确预测和计算。由于取得准确数据的难度很大，往往出现利润水平计算的信度不够，使得 SSNIP 方法的准确性不够。（2）SSNIP 方法中次优替代品的认定是一种简单的“是与非”的判断，有时候与实际情况并不相符。当产品具有多种使用功能，而两种产品的所有用途并不能完全替代时，就会发生矛盾，此时相关市场可能被扩大，也可能被缩小，导致相关市场界定的不确定性。（3）新型产业的出现以及产业创新与转型对 SSNIP 方法提出了挑战。例如，在新经济行业中，由于产品品质的竞争或技术的竞争已经远大于价格的竞争，以价格理论为基础的 SSNIP 测度标准根本不能有效界定相关市场。因此一些学者建议运用 SSNIP 测度标准的原理，以产品性能的变化取代价格的波动来测试需求弹性，进而界定相关市场，即所谓的产品性能测试法。（4）随着高新技术产业的发展，技术创新成为提高企业竞争力的核心，如何界定创新市场，协调创新与竞争之间的矛盾，也成为 SSNIP 方法面临的一大问题。

四、SSNIP 方法的改进

美国 1992 年和 1997 年《横向并购指南》中相关市场界定继续沿用了 1984 年指南中的 SSNIP

测定法，但做了两点充实和修改：一是在界定相关市场时，仅考虑来自需求方的反应，而在识别该相关市场的参加者时才考虑来自供给方的反应；二是根据供给方的反应将供给者分为“不受约束的参加者”和“受约束的参加者”，并将“不受约束的参加者”作为相关市场的构成企业，“受约束的参加者”则作为新加入市场的企业。这两类企业所生产和销售的商品在价格、品质及用途等方面，被认为具有合理的互换可能性。欧盟在其1997年颁布的《市场界定公告》中明确规定采用SSNIP方法界定相关市场，但在具体司法实践中仍然经常采用传统的产品功能界定方法来弥补SSNIP方法的缺陷。受数据、程序、方法等因素的制约，SSNIP方法在司法实践中的应用遇到很多困难。尤其是，随着宏观环境的变化、技术进步的加快和创新因素的凸显，SSNIP方法的局限性日益明显。为了弥补SSNIP方法的缺陷，欧美国家的反垄断当局在司法实践中对SSNIP方法进行了改进，并采取了一些其他替代的辅助测定方法，以形成相互映照的方法体系。

（一）共同分析法

共同分析方法（Co-integration Analysis）是以竞争商品的价格间的长期均衡关系为焦点的分析方法。即使存在短期的不可预测的价格变动，但也并非是持续的，当两个价格像长期均衡那样收敛时，共同形成竞争商品的价格体系，则可以说这些商品处于作为替代品的可能性很高的统一市场内。美国反托拉斯案例中广受争议的大陆制罐（Continental Can）案就是从共同分析的实证角度，证明了该判例所界定的相关市场的正确性。

（二）EH测定法

EH测定法（Elzinga-Hogarty Analysis）是肯尼斯·艾尔津加和托马斯·霍格蒂（Kenneth Elzinga and Thomas Hogarty，1973）提出的界定地域市场的一种实证分析方法。这种测定方法是对进出作为测定对象地域的产品的出厂数据进行分析，如果该地域是“自我封闭”的，那么该地域就有可能被界定为一个相关地域市场。在界定时，通常依据两组统计数据，即LIFO（Little In From Outside）统计和LOFI（Little Out From Inside）统计。其中，LIFO统计主要测定位于对象地域以外的销售者向对象地域输送对象产品的程度，计算的是对象地域之外的销售者投放产品的数额在对象地域内的购买者的购入额中所占的比率。LOFI统计则主要测定对象地域内的销售者向对象地域外的购买者输送产品的程度，计算的是对象地域之外的购买者购入的数额在对象地域内的供应者所销售的数额中所占的比率。当EH数值中两个统计数额在25%以下（强关联性场合下为10%）时，通常可以将对象地域界定为一个相关地域市场。这一测定方法曾经应用于1999年的特尼特医疗保健（Tenet Health Care）案等医院并购案中。

（三）临界弹性分析法

临界弹性（Critical Elasticity）是指“假想的垄断者通过实施明显的且非暂时的小幅度提价可以获得利益的价格弹性的最大值”。一般而言，如果并购前的需求价格弹性值小于临界弹性值，那么商品提价而导致的需求减少的幅度就会较小，因此提价将会使当事人获益，这也就意味着假想的垄断者极有可能决定实施提价。这样的商品（地域）市场将构成假想垄断者可以行使其市场支配力的所谓相关市场。相反，如果需求价格弹性值大于临界弹性值，那么提价就会造成需求大幅度地减少，这就意味着提价不能给当事人带来利益。这样的商品（地域）市场就不会被界定一个相关市场。临界弹性分析包括三个步骤：（1）计算临界弹性值。如果假定需求曲线是线性的，假想的垄断者是利润最大化，那么使用纯粹的计算公式就可以计算出临界弹性值。（2）推算实际的需求价格弹性值。通常以可能得到的数据为基础，模拟演算需求曲线，进而推算实际弹性值。测算中需要注意弹性值同其他定量和定性证据之间的相互印证，在计量分析过程中对参数、变量和模型的选取需要动态调整。(3) 将推算的需求价格弹性值与临界弹性值进行比较，进而界定相关市场。如果实际需求弹性值小于临界弹性值，说明需求是非弹性的，提价能够带来利益，那么将该商品市场界定为相关市场就是适宜的。反之，就需要实施 SSNIP 测定。

（四）临界损失分析法

临界损失（Critical Loss）是指“假想的垄断者决定实施明显的且非暂时的小幅度提价仍然可以获利的销售量减少的最大值”。临界损失分析法就是通过分析当假想的垄断者提价时，伴随着价格的上涨而引起涨价商品的市场占有率下降，对于由此造成的损失（临界损失），提价起了多大作用，来比较精确地判断现实中的企业能否实施提价的一种分析方法。一般而言，如果提价造成的实际销售量的损失值小于临界损失值，这就意味着假想的垄断者将决定实施提价，因此将这样市场界定为相关市场是适宜的。反之，如果提价造成的实际销售量的损失大于临界损失值，这就意味着提价没有给假想的垄断者带来利益，因此将这样的商品市场界定为相关市场，就将是一个过于狭窄的市场。临界损失分析法与临界弹性分析法的步骤大体相同，临界损失分析法多用于数据较少、提价幅度较大的场合。1995 年的唐纳利（Donnelley）案中，反垄断当局就是使用临界损失分析法来界定相关市场的。

（五）UPP 测试法

UPP 测试法（Upward Pricing Pressure Analysis）是对并购带来的价格上涨压力（Upward Pricing Pressure）进行测试，它是由美国经济学家法雷尔和夏皮罗（Farrell and Shapiro，2008）提出的一种横向并购反垄断评估中针对相关市场界定的替代方法。UPP 测试法的目的是，鉴别给定的横向企业并购是否会带来价格上涨压力。该方法需要权衡两种力量：一是由并购方带来的直接竞争损失而产生的价格上涨力量；二是由并购带来的边际成本节约而产生的价格下降力量。如果两种力量的净效果是产生价格上涨压力，而价格上涨力量将会导致市场价格上升，这样就可以判断该项并购具有反竞争效应。UPP 测试法的思路是，通过比较单边效应和并购带来的效率大小，来判断并购对价格的净效果。如果单边效应大于并购所带来的成本节约，那么，并购带来的生产成本的降低不足以抵消其单边效应，并购的净效果是导致价格水平的上涨；反之，价格在并购后会下降，因而有利于竞争。UPP 测试法最大的实践价值在于，该方法在计算价格变动趋势时主要依赖于并购前的价格和成本数据以及需求的关键特征，而这些数据具有相对易获得性。更值得一提的是，UPP 测试法不需要测试并购企业产品间的流转系数（The Pass-through Rate），只需要计算并购企业产品间的“流失比例”（Division Ratio）和并购产品的“价格—成本边际”（Price-cost Margin），测试程序较为简单，尤其是在价格竞争和差异化产品下的企业并购中，比传统的“结构主义”市场界定方法更简洁、更准确。

五、对中国反垄断法实施中相关市场界定的借鉴与启示

反垄断法实施中的相关市场界定是一项实践性很强的法律制度，它所关注的是每一个具体的市场以及市场上的竞争状态，而不是抽象的市场。相关市场是各国反垄断法中非常关键的一个概念，界定相关市场是判定企业并购活动是否具有严重限制竞争等违法性问题的基本前提和核心（Baumann and Godek，1995）。一般而言，如果将相关市场的范围界定的比较狭窄，那么并购企业构成严重限制竞争违法性问题的可能性就比较大；反之反是。从这个意义上讲，界定相关市场对于当事企业实施的并购将会引起的法律后果具有潜在的决定性作用。2008 年中国商务部反垄断局对于可口可乐与汇源案判定所引起争议的焦点之一，就是对于饮料相关市场的界定不够清晰和明确。在该项并购案中，相关市场被界定为果汁类饮料，商务部的理由是："此次相关市场界定采用了国际上普遍使用的两种方法即需求替代和供给替代。商务部高度注重经济学分析，对果汁类饮料和碳酸类饮料之间可替代性以及三种不同浓度果汁饮料之间的可替代性进行了深入分析，根据市场调查和搜集的证据，将此案相关市场界定为果汁类饮料市场"。以上解释给人的印象是，中国缺乏具体的有关反垄断相关市场界定的标准，相关市场的界定缺乏法律依据和说服力。

中国在 2008 年颁布实施的《反垄断法》第十二条对相关市场进行了如下规定："本法所称相关市场，是指经营者在一定时期内就特定商品或服务（以下统称商品）进行竞争的商品范围和地域范围"。《反垄断法》是"经济宪法"，法律条文的原则性很强，对相关市场的规定比较模糊，一方面它并没有说明基于什么样的关系，商品可以界定为是一个相关市场；另一方面它给执法机关较大的自由裁量权限，不利于反垄断审查中的市场份额以及市场垄断势力的界定。为了有利于实际操作，国务院反垄断委员会于 2009 年 5 月颁布了《相关市场界定指南》，指南借鉴了欧美国家并购指南中相关市场界定有关规定，采用了"假定垄断者测试"（SSNIP）分析方法①。SSNIP 方法是受到国际广泛认可的相关市场界定方法，同时，从市场界定的严密性要求和经济分析的角度出发，SSNIP 方法无疑可以作为我国界定相关市场的重要分析工具。然而，在反垄断司法实践中，需要在借鉴国际经验的同时，结合我国具体情况进行改进和完善。

（一）认清 SSNIP 方法的局限性，在司法实践中不断完善和改进

经过长期的司法实践，欧美在如何界定相关市场方面已经积累了相当成熟的经验和应遵循的基本准则，尤其是 SSNIP 方法，受到了世界上已经建立反垄断法律制度的国家和地区的普遍关注和借鉴。但是，很多国家已经意识到了该方法的缺陷，在司法实践中开始采用多元化的界定方法以弥补该方法的缺陷。中国是发展中大国，与欧美等发达国家相比较，在法律意识的培养、竞争文化的建设、反垄断司法实践和经验积累等方面还存在较大差距。再加上我国还存在着统计数据的科学性、及时性不足，社会整体信誉程度不高，消费者行为尚未达到应有的理性程度，行政力量限制市场竞争的现象较为普遍等问题，使得我们很难对市场的发展趋势、消费趋势、价格变动趋势做出比较客观的评价和判断。因此，欧美的成功做法和成熟经验并非完全适合我国国情，需要进行适应性改进和创新。尤其是相关市场界定的 SSNIP 方法，需要在反垄断司法实践中结合中国国情进行改进和完善。管制的放松、法律的变化以及技术的进步，使得 SSNIP 方法的适用环境不断发生变化。我国可以借鉴欧美国家已经使用的剩余需求弹性测试、自需求弹性测试、临界弹性分析、临界损失计算等方法对 SSNIP 方法进行改进的同时，结合中国转型经济的特殊性，在 SSNIP 方法的定量测试中引入表示制度属性的变量，适当考虑企业并购对发展社会主义市场经济的定性影响。在不断改进和完善 SSNIP 方法的同时，还应认识到界定相关市场的方法不是唯一的。SSNIP 方法只是众多方法中的一种。在反垄断执法实践中，可以根据实际情况使用不同的方法。界定相关市场时，可以基于商品的特征、用途、价格等因素进行需求替代分析，必要时进行供给替代分析。在经营者竞争的市场范围不够清晰或不易确定时，可以采用 SSNIP 方法来界定相关市场。在拥有差异性产品的厂商并购中，只要能够证明在并购后一个市场里的厂商能够有效地通过单边行为实质性减少竞争，就可以对此项

① 2009 年 5 月 24 日颁布实施的《国务院反垄断委员会关于相关市场界定的指南》第七条明确提出采用"假定垄断者测试"的分析思路来界定相关市场，并在第十条中对"假定垄断者测试"的分析思路进行了具体说明。

并购的竞争效果做出确定的判断而不必按照传统的并购规制模式先进行相关市场界定。

（二）在相关地域市场的界定中，需要协调好竞争政策与产业政策的关系

确定了具体的相关市场的界定标准，一方面避免了反垄断执法机关有过大的自由裁量权，从而使得相关市场的界定更具有公正性；另一方面在这种界定标准中运用数理分析方法，研究商品价格变化对其他替代商品的影响，用数据说话，使得出的结果更具有客观性和说服力。并购规制的目的是建立统一、开放和竞争性的市场结构，界定相关市场时可以从经济分析的角度出发，公正、详细地考虑对市场界定有影响的各种因素，协调好竞争政策与产业政策的关系、发展国内市场与发展国际市场的关系、保护民族产业与加强国际经济技术的交流与合作的关系。由于我国正处于转轨过程中，地方保护和市场分割导致各省市区都有自己"大而全，小而全"的产业体系，重复投资、重复建设现象比较突出。因此，考虑到推动企业联合和产业集中的产业政策以及突破区域经济结构、提升产业竞争力的目的，我国相关地域市场的范围应该适度放宽。因为市场范围越大，特定企业并购被批准的可能性就越大；反之，被批准的可能性越小。在反垄断司法实践中应用 SSNIP 方法界定相关市场时，可以在价格上涨的幅度上区别对待。例如，国内企业之间的并购可以倾向于选择 10% 的涨价幅度进行 SSNIP 测试，以鼓励打破地区封锁的企业并购；外资并购可以考虑应用 5% 的涨价幅度进行测试，以阻止外资在中国市场上可能出现的排除和限制竞争的行为。为了保护本国经济的发展，增强本国企业在国际市场中的竞争力，世界各国在界定相关市场时都将国家的经济政策考虑在内。只要并购有利于提升产业竞争力，且不会阻碍企业之间的自由有序竞争，企业规模再大也不予以禁止。也就是说，相关市场的界定同样应当遵循有利于竞争的原则。如果企业并购确实有助于降低生产成本，提高经济效率，而且在更大的市场范围内能够提高企业的竞争力，从而对竞争起着促进作用而不是阻碍作用，那么该相关市场就应当采取较大范围的确定方法。当今社会，随着科学技术的飞速发展，运输成本不断降低，国际贸易规模与日俱增，跨越边境的贸易在国家的国民经济中占的比例越来越大，市场范围也越来越大，竞争已不局限于一国境内，特别是一些国家为了实现其经济政策，增强其国际竞争力，往往也趋向于使用更加灵活的相关市场界定方法。

（三）中国在使用 SSNIP 方法界定相关市场时需要考虑的特殊因素

中国是一个地域广阔、交通运输不是十分发达、民族风俗习惯具有很大差异且存在区域经济分割现象的国家。在企业并购审查中应用 SSNIP 方法界定相关市场时需要考虑一些特殊因素。（1）产品特性。包括产品的独特物理性能和不同程度要求的产品质量。如果产品具有类似的物理特性，消费者就可能认为其具有相互替代性。产品特性可以通过国家制定的相关技术标准及规范或行业内部的技术标准及规范来确认，保证认定工作的合法性、权威性和可靠性。（2）预定的用途。一种情况是产品的特性是既定的，而产品的用途则可能是多方面的，其中任何一个用途都可能构成一个不同的独立市场。另一种情况是产品的特性有所不同，则其用途不同，自然就可能归属于不同的市场。（3）价格的差异。价格是决定产品市场的重要因素。如果两类产品价格的差异非常明显以至于需求方根本不把它们放在一起挑选比较，对于要在哪类产品中选择购买早已根据自身的消费水平作出了选择，那么这样的两类产品就不应该归为同一个市场。（4）供应方的情况。供应方的情况并不能独立的作为界定相关市场的一个标准，而只是界定相关市场的一个环节或者说是一辅助性的因素，它只提供了一种可能性。在评估供应方因素时，还应注意到地方上的行政管制措施对其产生的影响。（5）新经济行业的网络外部性因素。网络时代本身以及因特网在技术和应用方面的复杂性、不稳定性和快速发展的特征，再加上网络外部性、正反馈效应及锁定等规律的作用，消费者很难转而使用其他产品或服务，使得消费者需求具有部分可替代性，因而在应用 SSNIP 方法界定相关市场时需要

考虑到创新因素和网络外部性的影响。(6) 广泛听取商业协会和行业协会的意见，处理好国内市场和世界市场的关系，特别是界定相关地理市场时要处理好全球化和保护本国产业的关系。另外，由于受经济学理论的影响，很多相关市场界定标准是随着经济学的发展而产生的，而且很多经济学标准之间本身就存在冲突。所以保持竞争政策的动态性，不断改进和完善相关市场界定的 SSNIP 方法，也是理论和实践发展的需要。

参考文献：

1. 董红霞：《美国欧盟横向并购指南研究》，中国经济出版社 2006 年版。

2. 金朝武：《论相关市场的界定原则和方法》，载于《中国法学》2001 年第 4 期。

3. 尚明：《企业并购的反垄断控制：欧盟及部分成员国立法执法经验》，法律出版社 2008 年版。

4. 尚明：《中国企业并购反垄断审查相关法律制度研究》，北京大学出版社 2008 年版。

5. 王晓晔：《企业合并中的反垄断问题》，法律出版社 1996 年版。

6. 卫新江：《欧盟、美国企业合并反垄断规制比较研究》，北京大学出版社 2005 年版。

7. Baumann M. G. and P. E. Godek, 1995. "Could and Would Understood Critical Elasticity and the Merger Guidelines." the Antitrust Bulletin, P. 885.

8. Dennis C. Mueller, 1996. "Lessons from the United States' Antitrust History." International Journal of Industrial Organization, Vol. 14: pp. 415 – 445.

9. Farrell J. and Carl Shapiro, 2008. "Antitrust Evaluation of Horizontal Mergers: An Economic Alternative to Market Definition." A revised version of the paper prepared for the Federal Trade Commission's February 2008 "Unilateral Effects Analysis and Litigation Workshop."

10. Kamerschen, D. R. and J. Kohler, 1993. "Residual Demand Analysis of the Ready-to-Eat Breakfast Cereal Market." Antitrust Bulletin, Vol. 38 (4): pp. 903 – 942.

11. Elzinga Kenneth G. and Thomas F. Hogarty, 1973. "The Problem of Geographic Market Delineation in Anti-merger Suits," The Antitrust Bulletin, 18 (1), Spring.

12. May, James 1996. "Redirecting the Future: Law and the Future and the Seeds of Change in Modern Antitrust Law." Mississippi College Law Review, Vol. 17: pp. 43 – 52.

（本文载于《经济评论》2010 年第 2 期）

双边市场中平台企业搭售行为分析

张 凯 李向阳

摘 要： 搭售是现实中双边平台企业常用的促销策略之一。通过构建一个两阶段完全信息动态博弈模型，将买方分为搭售喜好型和搭售无差异型，从垄断和竞争两种情形研究了双边平台企业采取搭售策略时，具有不同搭售偏好的买方对最优均衡解的影响以及相应的社会福利变化。研究发现：不论是垄断情形还是竞争情形，搭售对买卖双方均衡进入价格的影响都不确定，而搭售产品的定价则按照传统单边市场的定价方式制定；垄断情形下，搭售能增加买方数量、卖方数量及双边平台企业的利润，而竞争情形下，搭售产品成本较小的双边平台企业将获得较大买方数量、卖方数量及利润。在两种情形下的买方总效用、卖方总效用以及社会总福利均随搭售喜好型买方数量的增加而增加。

关键词： 双边市场 平台企业 搭售 社会福利

一、引 言

搭售或绑售（Tie-in Sale and Bundling，是指将不同产品捆绑在一起销售）是现实中双边平台企业常用促销策略之一。所谓双边平台企业（Two-sided Platforms）是指这样一类企业，它们并不提供交易的商品和服务，而是利用"平台"对交易双方产生的相互吸引作用，通过制定合理的收费将买卖双方聚集在平台中进行交易。常见的双边平台企业有银行卡组织、中介企业（如房屋租赁中介、婚介所、酒吧）、电视媒体、期刊杂志、搜索引擎、B2B/B2C、大型超市等。双边平台企业通常采用以下三种方式搭售：一是伴随某种消费的免费赠送，如购买纸版书籍获得的光盘、超市购物获得的购物袋等；二是将竞争性互补产品绑定在垄断产品上一起销售，如微软（Microsoft）的窗口（Windows）操作系统对网络探索者（Internet Explorer）和窗口媒体播放器（Windows Media Player）绑定销售等；三是对两边用户中的一方提供免费服务，如谷歌（Google）和百度（Baidu）等为互联网用户提供的免费搜索业务。

传统单边市场（Single Markets）中的企业采取搭售的动机在于，它可产生提高经营效率、规避信息不对称、防止逆向选择等一些正的效应。然而，一些学者认为，搭售是通过变相的价格歧视（Price Discrimination）、市场圈定（Markets Foreclosure）、排斥效应（Exclusion）等不正当的竞争手段来实现其正的效应，因此，传统单边市场中的搭售行为一直受到反托拉斯当局及反垄断政策制定者的关注。然而，双边市场中双边平台企业独有的特征——交叉网络外部性（Cross Network Externality），能否帮助平台企业在采取搭售策略时只产生正的效用而避免负的效应，国内学者主要集中于双边平台企业定价方式的研究，对平台企业的搭售行为研究较少。如程贵孙（2010）将组内网络效应引入一般双边市场定价模型中；曲创等（2009）发现具有双边市场性质的大型零售商，对交叉网络外部性较大的一方，即消费者采取低价策略，而对交叉网络外部性较小的一方，即供应商采取高收费策略；胥莉等（2010）发现具有较高品牌价值评价的双边平台企业将设定更加倾斜的价格结构（交换费），并且通过这种倾斜价格结构的强化机制削弱竞争对手。国外学者中，Choi（2006）

首次对双边市场中的搭售行为展开了分析，其分析的焦点集中于搭售与用户多归属之间的关系。研究得出，搭售将导致更多的消费者转变为多归属，进而导致买方、卖方和双边平台企业均获利。同时，若存在多归属，搭售能提高社会福利。阿梅里埃和朱琳（Amelio and Jullien，2007）认为搭售除了温斯顿（Whinston，1990）分析的进入阻止效应和亚当和叶轮（Adams and Yellen，1976）、斯莫伦斯（Schmalensee，1984）认为的价格歧视效应外，还有第三种效应，即刺激需求。他主要研究了当双边平台企业制定非负价格时，纯绑售和混合绑售对买卖双方以及平台企业所产生的效应。纯捆绑（Pure Bundling）是指按固定比例将搭售产品捆绑在一起出售，而混合捆绑（Tying and Mixed Bundling）是指搭售产品既能一并出售，也能单独出售。罗伯特和梯约尔（Rochet and Tirole，2008）研究了支付卡市场上将信用卡（Credit Card）和借记卡（Debit Card）绑在一起的搭售行为，并认为搭售有利于提高双边平台企业效率。

现有这些研究为我们了解双边平台企业的搭售行为提供了非常有价值的见解。但不难发现，上述文献存在一个共同的假设：双边平台企业两边用户中的所有买方都偏好搭售，即搭售给所有的消费者均带来正效用。然而，理论研究和现实生活均表明，所有消费者都偏好搭售并不是完全一致的，某些消费者对搭售的偏好是无差异的，即这类消费者不太关注搭售，搭售对他们的效用不产生任何影响。本文以阿姆斯特朗（Armstrong，2006）的研究框架为基础，通过构建一个两阶段完全信息动态博弈模型，研究双边市场中平台企业的搭售策略对最优均衡解产生的影响以及平台企业的最优搭售量，同时对其相应的社会福利进行分析。

本文与现有文献的不同之处在于：（1）本文放松消费者对搭售促销策略一致性偏好的假设，将消费者区分为搭售喜好型和搭售无差异型两种类型，研究消费者不同的搭售偏好对平台企业竞争所产生的影响；（2）从部分覆盖和竞争两种情形，分析不同市场结构下平台企业采取搭售策略所产生效果的异同。前者表示平台企业能够形成（部分）垄断；而后者则表示平台企业须与其他平台企业竞争。

二、问题描述及模型建立

（一）问题描述

考虑某一市场上存在两个均选择搭售促销策略的双边平台企业 $k(k=1, 2)$，它们分别位于线性城市［0，1］的两端。不妨设平台企业1位于端点0处，而平台企业2位于端点1处。每个平台企业面临两组不同的用户 $i(i=A, B)$，记用户 A 为买方，用户 B 为卖方。买卖双方只能在平台中展开交易，但买方可以选择是否购买搭售产品，即存在搭售喜好型（Tying Preference）和搭售无差异型（Tying Indifference）两种类型的买方，而卖方只是单一的无差异型（见图1）。

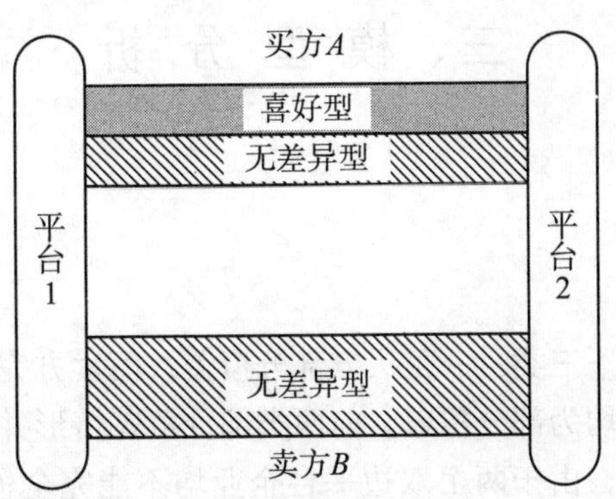

图1　双寡头双边平台企业搭售模型

（二）基本假设

假设 1 双边平台企业可能发生的成本有：固定成本、每接受一个买方和卖方所产生的边际成本、搭售产品的生产成本以及采取搭售策略而产生的额外费用等其他费用。为了计算方便及集中研究搭售行为，设双边平台企业仅有搭售产品的生产成本，记为：$c_k(k=1,2)$，且令 $c_1<c_2$。

假设 2 由于买方购买搭售产品的数量小于 1，即买方会按照固定比例购买搭售产品，纯绑售和混合绑售之间不存在区别。因此，本文认为搭售产品和买卖双方交易的产品可完美匹配，对纯绑售和混合绑售不作区分，并统称为搭售。

假设 3 买卖双方总的人数均标准化为 1，均匀地分布在两个平台之间，且任一买方和卖方最多只能选择加入一个双边平台企业，即买卖双方均为单归属。搭售喜好型的买方，即选择购买搭售产品的买方占总买方数量的比例为 $\lambda(0\leqslant\lambda\leqslant1)$。

假设 4 距离双边平台企业 1 为 x，搭售喜好型 U_{Ak}^P 和搭售无差异型 U_{Ak}^I 的买方效用函数为：

$$\begin{cases}U_{Ak}^P=\nu_A+\Delta\nu_A-(p_{Ak}+p_{Tk})-t_Ax+\alpha_An_{Bk}\\U_{Ak}^I=\nu_A-p_{Ak}-t_Ax+\alpha_An_{Bk}\end{cases}$$

其中，ν_A 表示内在收益（Intrinsic Benefit），即买方无论加入平台 1 还是平台 2 均可获得的基本效用；$\Delta\nu_A$ 表示由于买方购买搭售产品而获得的额外效用；p_{Ak} 表示买方为了在双边平台企业 k 中交易而支付的一次性费用；p_{Tk} 表示买方购买双边平台企业 k 的搭售产品而支出的费用；t_A 表示买方到达双边平台企业所耗的边际运输成本；α_A 表示买卖双方之间的交叉网络外部性的强度；n_{Bk} 表示买方加入双边平台企业 k 时，卖方加入 k 的实际数量。

另外，由于所有卖方均为无差异型，因此卖方的效用函数为：

$$U_{Bk}=\nu_B-p_{Bk}-t_Bx+\alpha_Bn_{Ak}$$

式中各个变量的含义类似于买方效用函数中各变量的含义。

假设 5 令 $\Delta\nu_A=\theta\nu_A(0<\theta<1)$，即偏好搭售的买方所获得的额外效用是基本效用的某个比例。特别地，当 $\lambda=0$ 时，必有 $\theta=0$。

（三）所建模型

本文所建模型是一个两阶段完全信息动态博弈。博弈顺序如下：第一阶段两个双边平台企业对买卖双方同时制定进入价格；第二阶段买卖双方同时决定是否加入平台。此外，考虑到两个双边平台企业的规模，会产生市场完全覆盖和部分覆盖两种情形，因此，下面从以上两种情形展开分析双边平台企业的搭售行为。

三、模型分析

（一）部分覆盖

部分覆盖情形具体分为以下三类：一是买方部分覆盖，而卖方完全覆盖；二是买方完全覆盖而卖方部分覆盖；三是买卖双方均为部分覆盖。前两类部分覆盖情形并不存在均衡解，本文将集中研究第三类部分覆盖情形。另外，由于两个双边平台企业均不能完全覆盖所有的买方和卖方，因而，形成局部地区的完全垄断。其分析过程类似于市场上只存在一个双边平台企业垄断情形，区别在于

前者需满足 $n_{ik}<0.5$，而后者并不需此条件。为了简单和节省变量，本文考虑只有一个双边平台企业的完全垄断情形。

不论是搭售喜好型还是搭售无差异型的买方，距双边平台企业为 x 的买方，加入该平台需满足 $U_A\geqslant 0$。取其临界值有：

$$\begin{cases}x^P=[(1+\theta)\nu_A-(p_A+p_T)+\alpha_A n_B]/t_A\\ x^I=(\nu_A-p_A+\alpha_A n_B)/t_A\end{cases}\tag{1}$$

即任何小于 x 的买方都会加入平台。由于搭售喜好型买方得比例是 λ，而搭售无差异型买方的比例是 $1-\lambda$，因而，买方在双边平台企业的总需求函数为：

$$\begin{aligned}n_A&=\lambda x^P+(1-\lambda)x^I\\&=[\nu_A-p_A+\alpha_A n_B+\lambda(\theta\nu_A-p_T)]/t_A\end{aligned}\tag{2}$$

式中，$\lambda(\theta\nu_A-p_T)/t_A$ 表示由于双边平台企业采取搭售策略而增加的买方数量。

同样，卖方加入双边平台企业也需满足 $U_B\geqslant 0$，因而，卖方的需求函数为：

$$n_B=[\nu_B-p_B+\alpha_B n_A]/t_B\tag{3}$$

将式（1）、式（2）和式（3）代入双边平台企业利润函数：

$$\pi=p_A n_A+p_B n_B+(p_T-c)n_T\tag{4}$$

式中，$n_T=\lambda x^P$。

求解 $\partial\pi/\partial p_j=0(j=A,\ B,\ T)$。当满足 $4t_At_B>(\alpha_A+\alpha_B)^2$ 时，双边平台企业为买卖双方制定的均衡价格及搭售产品的均衡价格分别为：

$$p_A^*=\frac{\nu_A}{2}+\frac{[\nu_A+\lambda(\theta\nu_A-c)](\alpha_A^2-\alpha_B^2)+2\nu_B t_A(\alpha_A-\alpha_B)}{8t_At_B-2(\alpha_A+\alpha_B)^2}$$

$$p_B^*=\frac{\nu_B}{2}+\frac{2t_B[\nu_A+\lambda(\theta\nu_A-c)](\alpha_B-\alpha_A)+\nu_B(\alpha_B^2-\alpha_A^2)}{8t_At_B-2(\alpha_A+\alpha_B)^2}$$

$$p_T^*=\frac{\theta\nu_A+c}{2}$$

结论1：垄断情形下，双边平台企业采取搭售策略对买卖双方各自均衡价格的影响不能确定。同时，搭售产品均衡价格仅与额外效用及搭售产品的成本相关。

证明：当双边平台企业不采取搭售策略时，买卖双方的均衡价格分别为：$p_A^*|_{\lambda=0}$ 和 $p_B^*|_{\lambda=0}$。搭售策略与无搭售策略的均衡价格差为：

$$\Delta p_A^*=p_A^*-p_A^*|_{\lambda=0}=\frac{\lambda(\theta\nu_A-c)(\alpha_A^2-\alpha_B^2)}{8t_At_B-2(\alpha_A+\alpha_B)^2}$$

$$\Delta p_B^*=p_B^*-p_B^*|_{\lambda=0}=\frac{2t_B\lambda(\theta\nu_A-c)(\alpha_B-\alpha_A)}{8t_At_B-2(\alpha_A+\alpha_B)^2}$$

根据假设4，ν_A 和 $\theta\nu_A$ 及 p_{Ak} 和 p_{Tk} 能够完全分离，即当企业实施搭售策略时，买方购买搭售产品所获得效用 $\theta\nu_A$ 必定大于其付出的价格 p_T^*，否则买方将不会购买搭售产品，因而，$\theta\nu_A>c$。

因此，Δp_A^* 和 Δp_B^* 的符号取决于 α_A 和 α_B 的大小。当 $\alpha_A>\alpha_B$ 时，$\Delta p_A^*>0$，$\Delta p_B^*<0$；当 $\alpha_A<\alpha_B$ 时，$\Delta p_A^*<0$，$\Delta p_B^*>0$。

得证。

该结论还表明，搭售喜好型买方的数量对买卖双方均衡价格的影响也不确定。若 $\alpha_A>\alpha_B$，则 $\partial p_A^*/\partial\lambda>0$ 和 $\partial p_B^*/\partial\lambda<0$，即搭售喜好型买方数量的增加将导致买方均衡价格的提高，卖方均衡价格的降低。即双边平台企业采取搭售策略会转移卖方的部分成本而让买方承担，即搭售对卖方有利；若 $\alpha_A<\alpha_B$，则 $\partial p_A^*/\partial\lambda<0$ 和 $\partial p_B^*/\partial\lambda>0$，即搭售喜好型买方数量的增加导致买方均衡价格降低，卖方均衡价格的提高。即搭售对买方有利。特别的，当 $\alpha_A=\alpha_B$ 时，买卖双方均按照市场最大潜在需求量 v_i 的一半定价，λ 不影响 $p_i^*(i=A,\ B)$，即双边平台企业是否采取搭售策略不影响其制定的均衡价格。

另外，搭售产品的均衡价格为 $(\theta\nu_A+c)/2$，且与 λ 无关，意味着，平台企业对搭售产品并未表现出“双边市场”的特性——交叉网络外部性，其均衡价格是基于传统单边市场中完全垄断企业的定价方式制定。

将 $p_j^*(j=A,\ B,\ T)$ 代入式（1）、式（2）和式（3）得，均衡时，加入双边平台企业的买方数量、卖方数量以及购买搭售产品的买方数量：

$$n_A^*=\frac{2t_B[\nu_A+\lambda(\theta\nu_A-c)]+\nu_B(\alpha_A+\alpha_B)}{4t_At_B-(\alpha_A+\alpha_B)^2}$$

$$n_B^*=\frac{2t_A\nu_B+[\nu_A+\lambda(\theta\nu_A-c)](\alpha_A+\alpha_B)}{4t_At_B-(\alpha_A+\alpha_B)^2}$$

$$n_T^*=\frac{\lambda(\theta\nu_A-c)}{2t_A}+\frac{\lambda^2(\theta\nu_A-c)(\alpha_A+\alpha_B)^2+4\lambda\nu_At_At_B+2\lambda\nu_B(\alpha_A+\alpha_B)}{2t_A[4t_At_B-(\alpha_A+\alpha_B)^2]}$$

将 p_j^* 和 $n_j^*(j=A,\ B,\ T)$ 代入式（4）得，均衡时，双边平台企业的利润：

$$\pi^*=\frac{\lambda(\theta\nu_A-c)^2}{4t_A}+\frac{[2t_A\nu_B+\lambda(\theta\nu_A-c)(\alpha_A+\alpha_B)]^2}{4t_A[4t_At_B-(\alpha_A+\alpha_B)^2]}$$
$$+\frac{\nu_A\nu_B(\alpha_A+\alpha_B)+t_B\nu_A^2+2\lambda t_B\nu_A(\theta\nu_A-c)}{4t_At_B-(\alpha_A+\alpha_B)^2}$$

结论2：垄断情形下，搭售可增加进入平台的买方数量和卖方数量，并增加平台企业的利润。同时，三者均随 λ 的增加而增加。

证明：当双边平台企业不采取搭售策略时，买卖双方的均衡数量，双边平台企业的利润依次为 $n_A^*|_{\lambda=0}$，$n_B^*|_{\lambda=0}$和 $\pi^*|_{\lambda=0}$。搭售策略与无搭售策略的均衡数量差为：

$$\Delta n_A^*=n_A^*-n_A^*|_{\lambda=0}=\frac{2\lambda t_B(\theta\nu_A-c)}{4t_At_B-(\alpha_A+\alpha_B)^2}$$

$$\Delta n_B^*=n_B^*-n_B^*|_{\lambda=0}=\frac{\lambda(\theta\nu_A-c)(\alpha_A+\alpha_B)}{4t_At_B-(\alpha_A+\alpha_B)^2}$$

$$\Delta\pi^*=\pi^*-\pi^*|_{\lambda=0}=\frac{\lambda^2(\theta\nu_A-c)^2(\alpha_A+\alpha_B)^2}{4t_A[4t_At_B-(\alpha_A+\alpha_B)^2]}+\frac{\lambda(\theta\nu_A-c)^2}{4t_A}$$
$$+\frac{\lambda(\theta\nu_A-c)[2t_B\nu_A+\nu_B(\alpha_A+\alpha_B)]}{4t_At_B-(\alpha_A+\alpha_B)^2}$$

由于 $4t_At_B>(\alpha_A+\alpha_B)^2$ 和 $\theta\nu_A>c$，所以 Δn_A^*、Δn_B^*、$\Delta\pi^*>0$。即搭售可增加买方数量、卖方数量和平台企业的利润。

由于$\partial n_i^*/\partial\lambda>0(i=A,\ B)$ 及$\partial\pi^*/\partial\lambda>0$，因此，买方数量、卖方数量和平台企业的利润均随搭售喜好型买方数量的增加而增加。

得证。

很显然，买方数量增加的原因不同于卖方数量增加的原因。二者除了共同受 λ 和（$\theta\nu_A-c$）影响外，前者还受 t_B 的影响，即相同的运输成本可以获得更多的效用，进而导致买方数量的增加；而后者还受（$\alpha_A+\alpha_B$）的影响，即卖方数量的增量是由买卖双方的交叉网络外部性之和造成。该结论解释了现实中一些大型超市［如沃尔玛（Wal-Mart）、家乐福（Carrefour）等］、B2C（如淘宝、卓越网等）、各类中介（房地产中介、电视购物等）等不定期采取搭售的原因。同时，该结论意味着，双边平台企业可以通过广告、增加搭售产品的效用等其他一些促销手段来影响搭售喜好型买方的比例来提高双边平台企业的利润。

（二）竞争情形

该情形下，两个双边平台企业完全覆盖买方市场和卖方市场。此时，不论是搭售喜好型还是搭售无差异型的买方，距离平台1为x的买方，无差异选择加入两个平台需满足$U_{A1}=U_{A2}$，即：

$$\begin{cases} x^P=\dfrac{1}{2}+\dfrac{p_{A2}+p_{T2}-p_{A1}-p_{T1}+\alpha_A(n_{B1}-n_{B2})}{2t_A} \\ x^I=\dfrac{1}{2}+\dfrac{(p_{A2}-p_{A1})+\alpha_A(n_{B1}-n_{B2})}{2t_A} \end{cases} \tag{5}$$

同样，根据假设3，λ的买方是搭售喜好型，$1-\lambda$的买方是搭售无差异型，因而，买方在双边平台企业$k(k=1,2)$的需求函数为：

$$\begin{cases} n_{A1}=\lambda x^P+(1-\lambda)x^I=\dfrac{1}{2}+\dfrac{(p_{A2}-p_{A1})+\alpha_A(n_{B1}-n_{B2})+\lambda(p_{T2}-p_{T1})}{2t_A} \\ n_{A2}=\lambda(1-x^P)+(1-\lambda)(1-x^I)=\dfrac{1}{2}+\dfrac{(p_{A1}-p_{A2})+\alpha_A(n_{B2}-n_{B1})+\lambda(p_{T1}-p_{T2})}{2t_A} \end{cases} \tag{6}$$

同理，卖方选择加入双边平台企业也需满足$U_{B1}=U_{B2}$，因而，卖方的需求函数为：

$$\begin{cases} n_{B1}=\dfrac{1}{2}+\dfrac{p_{B2}-p_{B1}+\alpha_B(n_{A1}-n_{A2})}{2t_B} \\ n_{B2}=\dfrac{1}{2}+\dfrac{p_{B1}-p_{B2}+\alpha_B(n_{A2}-n_{A1})}{2t_B} \end{cases} \tag{7}$$

将式（5）、式（6）和式（7）代入双边平台企业$k(k=1,2)$的利润函数：

$$\pi_k=p_{Ak}n_{Ak}+p_{Bk}n_{Bk}+(p_{Tk}-c_k)n_{Tk} \tag{8}$$

式中，$n_{T1}=\lambda x^P$，$n_{T2}=\lambda(1-x^P)$。

令$\partial\pi_k/\partial p_j=0(k=1,2,j=A,B,T)$得，竞争情形下，双边平台企业为买卖双方所制定的均衡价格以及搭售产品的均衡价格：

$$p_{Ak}^*=t_A-\alpha_B+\frac{\lambda(c_k-c_{-k})(\alpha_B-\alpha_A)(\alpha_B+2\alpha_A)}{3(9t_At_B-2\alpha_A^2-2\alpha_B^2-5\alpha_A\alpha_B)}$$

$$p_{Bk}^*=t_B-\alpha_A+\frac{\lambda t_B(c_{-k}-c_k)(\alpha_B-\alpha_A)}{9t_At_B-2\alpha_A^2-2\alpha_B^2-5\alpha_A\alpha_B}$$

$$p_{Tk}^*=\frac{c_{-k}+2c_k}{3}$$

式中，c_{-k}表示非k平台的成本。

结论3：竞争情形下，双边平台企业采取搭售策略对买卖双方均衡价格的影响不确定，但$\Delta p_{i1}^*+\Delta p_{i2}^*=0$。同时，搭售产品成本较小的平台企业，对搭售产品制定较高的价格。

证明：同结论1的证明。

根据假设1，有$c_1<c_2$，因而，若$\alpha_A>\alpha_B$，则$p_{i1}^*>p_{i2}^*$；若$\alpha_A<\alpha_B$，则$p_{i1}^*<p_{i2}^*$；特别地，若$\alpha_A=\alpha_B$，则$p_{i1}^*=p_{i2}^*$。该结论表明，当$\alpha_A<\alpha_B$时，搭售产品成本较小的双边平台企业对买方将制定较低的价格，而对卖方制定较高的价格，搭售产品制定较低的价格；反之，若$\alpha_A>\alpha_B$时，搭售产品成本较小的双边平台企业对买方将制定较高的价格，而对卖方制定较低的价格，搭售产品制定较高的价格。特别地，若$\alpha_A=\alpha_B$时，两双边平台企业对买卖双方制定相等的均衡价格。

将$p_j^*(j=A,B,T)$代入式（5）、式（6）和式（7）得，竞争情形下，加入双边平台企业的买方、卖方均衡数量以及购买搭售产品的买方均衡数量：

$$n_{Ak}^*=\frac{1}{2}+\frac{3t_B\lambda(c_{-k}-c_k)}{2(9t_At_B-2\alpha_A^2-2\alpha_B^2-5\alpha_A\alpha_B)}$$

$$n_{Bk}^*=\frac{1}{2}+\frac{\lambda(c_{-k}-c_k)(2\alpha_A+\alpha_B)}{2(9t_At_B-2\alpha_A^2-2\alpha_B^2-5\alpha_A\alpha_B)}$$

$$n_{Tk}^*=\frac{\lambda}{2}+\frac{3\lambda^2t_B(c_{-k}-c_k)}{2(9t_At_B-2\alpha_A^2-2\alpha_B^2-5\alpha_A\alpha_B)}+\frac{\lambda(1-\lambda)(c_{-k}-c_k)}{6t_A}$$

$$\pi_k^* = \frac{t_A + t_B - \alpha_A - \alpha_B + \lambda(c_{-k} - c_k)}{2} + \frac{\lambda(c_{-k} - c_k)^2}{18t_A} + \frac{\lambda(c_{-k} - c_k)[\alpha_B^2 + 2\alpha_A\alpha_B - 3t_At_B + t_B(\alpha_A - \alpha_B)]}{2(9t_At_B - 2\alpha_A^2 - 2\alpha_B^2 - 5\alpha_A\alpha_B)} + \frac{\lambda^2(c_{-k} - c_k)^2(2\alpha_A^2 + 2\alpha_B^2 + 5\alpha_A\alpha_B)}{18t_A(9t_At_B - 2\alpha_A^2 - 2\alpha_B^2 - 5\alpha_A\alpha_B)}$$

结论4：竞争情形下，搭售产品成本小的双边平台企业将吸引更多买方和卖方，并获得较大的利润。同时，搭售产品成本较小的双边平台企业的买方数量、卖方数量以及平台利润均随的增加而增加。

证明：据假设1，$c_1 < c_2$。因而，$n_{A1}^* - n_{A2}^* > 0$，$n_{B1}^* - n_{B2}^* > 0$，$\pi_1^* - \pi_2^* > 0$。

另外，$\partial n_{ik}^* / \partial\lambda > 0 (j = A, B, T, k = 1, 2)$ 及$\partial\pi_k^* / \partial\lambda > 0 (k = 1, 2)$。

得证。

该结论表明，当两个双边平台企业为买方提供相同的额外效用，成本较小的双边平台企业将吸引更多的买方和卖方，同时获得较大的利润。特别地，当 $c_1 = c_2$ 时，$n_{Ak}^* = n_{Bk}^* = 0.5$，即两个平台企业平分买方市场和卖方市场。

四、福利分析

双边市场中，社会福利的衡量通过买卖双方获得的效用和平台企业获得利润之和来衡量。因而，垄断情形下，买方获得的总效用为：

$$\sum U_A = \sum U_A^P + \sum U_A^I = \lambda \int_0^{x^P} U_A^P \mathrm{d}x + (1 - \lambda) \int_0^{x^I} U_A^I \mathrm{d}x$$

式中，$\sum U_A^P$ 表示搭售喜好型买方获得总效用，$\sum U_A^I$ 表示搭售无差异型买方获得总效用。

垄断情形下，卖方获得的总效用为：

$$\sum U_B = \int_0^{n_B^*} U_B \mathrm{d}x$$

因而，在完全垄断的双边市场结构下，社会总福利为：

$$W_m = \sum U_A + \sum U_B + \pi$$

同理，双寡头竞争情形下，社会总福利为：

$$W_c = \sum_{i=A, B; k=1}^{2} \sum U_{ik} + \sum_{k=1}^{2} \pi_k$$

结论5：无论是垄断情形还是竞争情形，双边平台企业采取搭售策略均可增加社会福利，且均随搭售喜好型买方数量的增加而增加。

证明：垄断情形下，搭售喜好型买方以及搭售无差异型买方的总效用分别为：

$$\sum U_A^P = \frac{\lambda(\phi + \varphi)^2}{8t_A} \qquad \sum U_A^I = \frac{(1 - \lambda)\phi^2}{8t_A}$$

式中：

$$\varphi = (\theta\nu_A - c) + \frac{4t_At_B(\theta\nu_A - c)}{4t_At_B - (\alpha_A + \alpha_B)^2}$$

$$\phi = \frac{\lambda(\theta\nu_A - c)(\alpha_A + \alpha_B)^2 + 4t_At_B\nu_A + 2t_A\nu_B(\alpha_A + \alpha_B)}{4t_At_B - (\alpha_A + \alpha_B)^2}$$

因而，垄断情形下，买方获得的总效用为：

$$\sum U_A=\frac{\phi^2}{8t_A}+\frac{\lambda(2\phi\varphi+\varphi^2)}{8t_A}$$

卖方获得的总效用为：

$$\sum U_B=\frac{t_B}{2}\left[\frac{(\theta\lambda\nu_A+\nu_A-\lambda c)(\alpha_A+\alpha_B)+2t_A\nu_B}{4t_At_B-(\alpha_A+\alpha_B)^2}\right]^2$$

由于，$\varphi>0$ 且 $\phi>0$，因此：

$$\sum U_A-\sum U_A|_{\lambda=0}>0\quad \sum U_B-\sum U_B|_{\lambda=0}>0$$

此外，根据结论 2，有 $\pi-\pi|_{\lambda=0}>0$。因此：

$$W_m-W_m|_{\lambda=0}>0$$

即垄断情形下，双边平台企业采取搭售策略可以增加社会福利。

同时，$\partial\sum U_A/\partial\lambda>0$，$\partial\sum U_A/\partial\lambda>0$，$\partial\pi/\partial\lambda>0$，所以，$\partial W_m/\partial\lambda>0$。

同理，可以证明竞争情形下，双边平台企业采取搭售策略也可以增加社会福利。

得证。

该结论说明：反托拉斯当局及反垄断政策制定者对双边平台企业采取搭售策略的过分关注是没有道理的。双边平台企业采取搭售策略，不仅可以使得自身的利润增加，而且还能够提高平台两边用户的效用，进而导致社会整体福利水平的提高。另外，社会福利水平随搭售喜好型买方数量的增加而增加意味着，理论上鼓励双边平台企业采取各种策略，如广告宣传、增加搭售产品、提高搭售产品效用等，来刺激更多的消费者转变为搭售喜好型。

五、数值分析

为了进一步对本文结论进行说明，下面通过一个具体算例，对本文所得结论进行验证。在满足 $4t_At_B>(\alpha_A+\alpha_B)^2$ 的条件下，各个变量的初始赋值均随机给定。假设：$\nu_A=1$，$\nu_B=1.2$，$t_A=1$，$t_B=1.2$，$\theta=0.3$，$c=c_1=0.1$，$c_2=0.3$。具体计算结果如表 1 所示。其中，在竞争情形中，第一个数字表示双边平台企业 1 的计算结果，而第二个数字表示双边平台企业 2 的计算结果。

从表 1 可以得出，在垄断情形下，不论 $\lambda=0.5$ 还是 $\lambda=0.8$，搭售都能提高加入双边平台企业的买方数量、卖方数量、平台企业的利润、买方总效用、卖方总效用及社会总福利，且均随 λ 的增加而增大。但搭售对均衡价格的影响不具此特性，当 $\alpha_A=0.3$，$\alpha_B=0.5$ 时，p_A^* 随 λ 的增加而减少，p_B^* 随 λ 的增加而增加；当 $\alpha_A=0.5$，$\alpha_B=0.3$ 时，p_A^* 随 λ 的增加而增加，p_B^* 随 λ 的增加而减少。

表 1　结果分析

类别	变量	$\alpha_A=0.3$，$\alpha_B=0.5$			$\alpha_A=0.5$，$\alpha_B=0.3$		
		$\lambda=0$	$\lambda=0.5$	$\lambda=0.8$	$\lambda=0$	$\lambda=0.5$	$\lambda=0.8$
垄断情形	p_A^*	0.423	0.421	0.420	0.577	0.579	0.580
	p_B^*	0.680	0.687	0.690	0.520	0.513	0.510
	p_T^*	0	0.200	0.200	0	0.200	0.200
	n_A^*	0.808	0.865	0.900	0.808	0.865	0.900
	n_B^*	0.769	0.788	0.800	0.769	0.788	0.800
	n_T^*	0	0.458	0.736	0	0.458	0.736
	π^*	0.865	0.952	1.004	0.865	0.952	1.004
	$\sum U_A$	0.326	0.431	0.496	0.326	0.431	0.496
	$\sum U_B$	0.355	0.372	0.384	0.355	0.372	0.384
	W_m	1.546	1.755	1.884	1.546	1.755	1.884

续表

类别	变量	$\alpha_A=0.3$，$\alpha_B=0.5$			$\alpha_A=0.5$，$\alpha_B=0.3$		
		$\lambda=0$	$\lambda=0.5$	$\lambda=0.8$	$\lambda=0$	$\lambda=0.5$	$\lambda=0.8$
竞争情形	p_{Ak}^*	0.500，0.500	0.499，0.501	0.498，0.502	0.700，0.700	0.702，0.698	0.703，0.697
	p_{Bk}^*	0.900，0.900	0.905，0.895	0.907，0.893	0.700，0.700	0.695，0.705	0.693，0.707
	p_{Tk}^*	0，0	0.167，0.233	0.167，0.233	0，0	0.167，0.233	0.167，0.233
	n_{Ak}^*	0.500，0.500	0.535，0.465	0.555，0.445	0.500，0.500	0.535，0.465	0.555，0.445
	n_{Bk}^*	0.500，0.500	0.511，0.489	0.517，0.483	0.500，0.500	0.512，0.488	0.520，0.480
	n_{Tk}^*	0，0	0.275，0.225	0.449，0.351	0，0	0.275，0.225	0.449，0.351
	π_k^*	0.700，0.700	0.719，0.684	0.730，0.673	0.700，0.700	0.722，0.681	0.735，0.668
	$\sum U_A$	0.400	0.501	0.534	0.250	0.319	0.382
	$\sum U_B$	0.250	0.250	0.251	0.400	0.440	0.451
	W_c	2.050	2.154	2.188	2.050	2.162	2.236

在竞争情形下，搭售对均衡价格的影响同垄断情形一样，具有不确定性。但搭售可以提高双边平台企业 1 的买方数量、卖方数量及平台获得的利润，且三者均随 λ 的增加而增大。相应地，双边平台企业 2 的买方数量、卖方数量及平台获得的利润均随 λ 的增加而减少。另外，同垄断情形一样，搭售可以提高买方总效用、卖方总效用及社会总福利，且也随 λ 的增加而增加。

六、结　　语

双边平台企业中的搭售行为是现实中普遍存在的问题。本文以阿姆斯特朗（2006）的研究框架为基础，将买方区分为搭售喜好型和搭售无差异型两类，从垄断和竞争两种情形研究了当双边平台企业采取搭售策略时，具有不同搭售偏好的消费者对最优均衡解产生的影响以及相应的社会福利变化。通过研究得出如下结论：（1）不论双边平台企业规模如何，即买卖双方是竞争还是局部垄断，搭售对买卖双方均衡价格的影响不确定，主要取决于交叉网络外部性强度的差。（2）两种情形下，双边平台企业对搭售产品的定价是按照传统单边市场定价方式制定，即双边平台企业的搭售产品并未表现出“双边市场”的特征。（3）垄断情形下，搭售能增加买方数量、卖方数量及双边平台企业的利润，并且三者随搭售喜好型买方比例的增加而增加。而在竞争情形下，搭售产品成本较小的企业将获得较大买方数量、卖方数量以及利润。（4）无论是垄断情形还是竞争情形，双边平台企业采取搭售策略均可提高买方总效用、卖方总效用以及社会总福利。这些结论解释了为何生活中搭售现象是如此的广泛，如当当网（Dangdang）和亚马逊（Amazon）两企业相继展开了免运费活动，家乐福和沃尔玛均提供免费班车服务，各个大型超市会提供免费购物袋等。

然而，本文的研究是初步的，为了简化分析，文中主要研究了两个双边平台企业的搭售产品给予消费者相同的额外效用的情形。这与现实中双边平台企业可以搭售不同产品产生不同的额外效用的情形相差甚远，因此，将文中模型扩展到与现实相符的情形是以后研究的方向。另外，文中为了研究方便，并没有考虑价格歧视对搭售行为的影响，这也是现实中普遍存在的一个问题，也将是未来研究方向之一。

（本文载于《中国管理科学》2010 年第 3 期）

非横向并购中的相关市场界定

张昕竹

摘　要： 在非横向并购中，由于并购主体向下游的纵向关系，或者并购主体提供的不同产品具有需求互补性，并购主体在相关市场的市场支配力会受到显著影响，因此需要在竞争分析中予以考虑。建议反垄断执法部门在评估非横向并购案例时，首先采取与横向并购相同的方法，界定非横向并购所涉及的不同相关市场，再考虑纵向一体化或需求互补性对市场支配力可能带来的影响。

关键词： 相关市场　非横向并购　需求互补性

一、非横向并购的定义及其划分

在非横向并购中，包含纵向并购和混合并购（Conglomerate）两种并购活动。所谓纵向并购是指，并购主体提供的产品涉及产业链中，具有上下游供需关系的不同层面。在纵向并购案例中，最有趣也是竞争机构最为关注的主要情形是，并购主体提供一种基本投入品，并且由于种种原因，该并购主体在这种基本投入品市场具有市场支配力，也就是说，这种投入品不但为并购主体生产另一种产品所必需，同时也是在同一产品市场上，竞争者提供最终产品所需要的必要投入品，也称基本设施。市话网络、高压电离传输网络、港口、计算机操作系统等，都属于提供电话、供电、水运、计算机应用等服务的基本设施。很显然，一家长话和市话合一的电信公司，收购另一家长话公司就属于纵向并购。

除了纵向并购以外，在所有非横向并购中，一般将排除纵向并购以后的非横向并购统称为混合并购。混合并购也分为两类：一类是不同并购主体提供的产品具有需求独立或弱需求替代关系。很显然，此时横向并购中的相关市场界定方法同样适用；另一类是不同并购主体提供的产品具有需求互补关系。所谓需求互补性是指，当一种产品的价格降低或消费增加时，另一种产品的消费增加。这种需求互补性的特殊表现是网络外部性，这种网络外部性在具有网络特征的产业中普遍存在。比如在具有双边市场特征的银行卡支付市场，持卡人是否愿意持卡和消费依赖于是否有收单机构愿意接受银行卡；在电话市场，一次电话是否接通不仅依赖于主叫的需求，还依赖于被叫是否接听等等。当并购企业同时生产具有需求互补性的产品时，需求互补性可能会减少市场支配力的影响，这是因为在一种产品价格提高时，不仅改种产品消费量降低，由于需求互补性的存在，其他产品的消费量也降低，因此在其他条件不变时，相对于不存在互补性的情形，这种产品的涨价更无利可图。此时，如果按照一般的方法界定相关市场，得到的相关市场范围可能过小，从而过高地估计并购企业的市场支配力。

二、纵向并购引起的竞争问题及对相关市场界定的影响

根据前面纵向并购的分类，纵向并购主要指控制基本设施的企业，与相邻的竞争产业实行纵

向一体化。纵向一体化产生的竞争影响，一直是经济学家争论的一个话题，其中最有影响的芝加哥学派经济学家。他们认为，纵向一体化主要是出于效率原因，比如减少交易成本，避免搭便车行为等，只有在极其特殊的情形下，比如为了逃避政府管制，纵向一体化一般不会带来排除竞争问题。对此，他们的主要论据是，在一个产业链中只存在一个垄断利润，垄断企业完全可以通过控制基本设施的接入价格，获得全部垄断利润，而不需要借助纵向整合，通过垄断延伸来获得。但随着现代经济学的发展，后芝加哥学派的经济学认为，纵向整合确实可以带来排斥竞争问题。

为了理解纵向并购可能产生的竞争影响，首先需要理解排除竞争的概念。所谓排除竞争（Foreclosure）是指，具有市场支配地位的企业，为了将其在基本设施的垄断地位，延伸到相邻的竞争性产业，而拒绝向竞争对手提供其生产的基本产品。根据前面纵向并购的分类，纵向并购可能引起的排除竞争问题，即有可能当基本设施在产业链的上游时产生（作为投入向下游产业出售），也有可能当基本设施在产业链的下游时产生（向消费者出售）。

由于纵向并购意味着拥有基本设施的企业与竞争产品的企业实行纵向一体化，因此纵向一体化的企业可以通过直接拒绝向竞争对手提供基本投入，或者使基本投入品在技术上与竞争对手的产品不兼容，或者通过搭售或拒绝飞捆绑销售等间接方式，拒绝向竞争对手出售基本产品，也就是说，纵向并购既有可能产生纵向排除竞争问题，也有可能产生横向排除竞争问题。

由此可见，纵向并购引发的竞争问题是，通过横向排除竞争行为或者纵向排除竞争行为，纵向一体化会增加控制瓶颈的并购主体，在与瓶颈产业相邻的竞争产业的市场支配力。很显然，如果在竞争分析时，将不同相关市场割裂开来考虑，而不考虑这种市场支配力的变化，那么就会低估纵向并购可能产生的破化竞争的效果。由此引发的问题是，在分析并购企业市场支配力时，如何将纵向排除竞争的因素考虑进来？

对此，有关横向并购相关市场界定的讨论可以提供一定的借鉴。很显然，一种可能的选择是，通过改变相关市场的界定，得到一个相对较小的相关市场，或者较大的市场份额和市场集中度，从而将排除竞争效果考虑进来。为了说明这种方法，假设一个控制基本设施的企业与一个下游企业并购，并在下游与其他企业竞争。假定上游企业可以通过某种方法，将垄断势力延伸到下游，那么下游相关市场的界定将在完全排除竞争对手，与不考虑上游对下游的垄断延伸的影响之间。

不难看出，使用这种方法界定市场，会遇到很多操作上和概念上的问题：首先，很难得到一个统一的易于操作的方法。在横向并购中，尽管在很多情形，SSNIP 方法需要做出适当调整，但在很多情况下，这种方法都很有用，并且容易操作；但是在纵向并购中，由于产生竞争问题的原因不同，很难用一个统一的方法来度量纵向关系对竞争的影响，而需要对于具体的案例具体分析。

其次，在纵向并购中，改变相关市场界定会产生一些概念上问题。如果在界定相关市场时需要考虑具体情况，假设可以做到这一点，那么就需要分析具体的竞争影响，比如说是横向排斥竞争，还是纵向排斥竞争；产生的竞争影响是保护垄断利润，还是利用恶性竞争排斥竞争对手等。很显然，通过这样的竞争分析，可以直接分析市场支配力乃至竞争影响，而不需要再反过来，通过界定相关市场达到同样目的。

另一种选择是，不改变相关市场界定，但是寻找一种能够充分考虑纵向整合带来的市场支配力变化的新的市场支配力的度量。对于这种方法，学术界目前有一些讨论，但相比横向并购的计算方法，这种方法一方面过于依赖于理论模型，也就是说，对于竞争环境建立不同的理论模型，就会得到不同的度量，另一方面操作难度比较大。

最有可能的选择是，既不需要改变相关市场界定，也不需要建立市场支配力的新的度量，而是通过具体的竞争分析，分析纵向整合对市场支配力的影响。这种做法的好处是，可以根据每个案例的具体情况，把纵向整合带来的破坏竞争影响与效率影响综合考虑，以得出每个案例总体上是不利于竞争，还是会促进竞争、从而增加消费者或社会福利。

三、结论与建议

根据现有反垄断经济学研究成果，在非横向并购中，由于并购主体向下游的纵向关系，或者并购主体提供的不同产品具有需求互补性，并购主体在相关市场的市场支配力会受到显著影响，因此需要在竞争分析中予以考虑。

但需要强调的是，这种市场支配力的影响并非一定通过相关市场界定的变化来反映。实际上，尽管在业界或反垄断经济学理论界存在不同的看法，但目前世界上主要做法，还是在界定相关市场后的竞争分析中，再根据具体的案例进行具体分析，而不是在相关市场界定中考虑这些因素。

为此，在目前尚没有更好的解决办法前，我们建议我国未来的反垄断执法部门在评估非横向并购案例时，首先采取与横向并购相同的方法，界定非横向并购所涉及的不同相关市场，然后在经济分析中，再考虑纵向一体化或需求互补性对市场支配力可能带来的影响。

（本文载于《西部金融》2010 年第 5 期）

政府对港口投资竞争的规制研究

郑士源

摘　要：建立了港口投资竞争的微分博弈模型，研究了政府的税收或补贴政策对港口投资竞争的影响。通过政府不同规制目标下港口投资、规模和利润的比较表明：从考虑社会福利的角度出发，政府应该对港口进行补贴，从而增加港口的投资和规模；而港口差异化程度、利率、折旧率、投资边际成本等因素对政府规制政策的效果会产生一定的影响。

关键词：港口　投资　竞争　规制　微分博弈

一、引　言

随着我国经济和对外贸易的不断发展，我国的港口有了长足进展，各港口在加快自身发展的同时也带来了激烈市场竞争。港口的部分设施具有公益性质，特别是港口的投资巨大，因此港口间的竞争对港口所在地区和周边地区会的社会福利产生重要的影响。为防止港口间的过度投资导致社会资源的浪费，政府应该对港口的竞争，特别是投资竞争进行适度的规制。

关于港口竞争和投资的研究仅从港口自身出发，未考虑港口的竞争和投资策略对社会的影响，也未涉及政府对港口竞争和投资的规制。而本文从政府的角度出发，着重研究政府如何采用一定的规制措施来控制港口间的投资竞争，并比较政府的不同规制目标给港口的投资竞争造成的影响。

二、模型设定

本文考虑双寡头的港口竞争市场。港口服务的需求函数由式（1）所示，港口 i 的服务价格由自身及竞争对手 j 的产量决定。而港口的产量由其码头泊位、仓库堆场等生产设施的规模所决定，因此我们认为港口 i 的服务价格与自身及竞争对手 j 的规模 k_i、k_j 负相关。其中参数 b 表示港口 i 与 j 因码头泊位、地理位置和集疏运条件等的不同所带来的服务的差异化程度，因港口之间的服务不能被完全替代，故 $b \in (0, 1)$，b 增加表示港口间服务差异化程度的减小。港口 i 规模的变化由港口的投资 a_i 及折旧率 ρ 决定［式（2）］。港口投资的成本由式（3）决定。本文中政府的规制政策为基于港口产量的税收政策（流转税）。由于港口服务具有一定的公益性质，从提高社会福利的角度出发，政府也可根据其产量对港口进行补贴，因此政府向港口 i 征收的税率 w_i 可以为负，当 $w_i < 0$ 时，我们认为政府对港口 i 进行了补贴。考虑港口的动态投资决策问题，港口的跨期利润总和由式（4）决定。本文模型中的变量和参数含义如表 1 所示。

$$p_i = d - k_i - bk_j \tag{1}$$

$$\frac{\mathrm{d}k_i}{\mathrm{d}t} = a_i - \rho k_i \tag{2}$$

$$C_i = \frac{1}{2}ca_i^2 \tag{3}$$

$$\pi_i = \int_0^{\infty} e^{-rt}[(p_i - w_i)k_i - C_i]dt \tag{4}$$

表 1　　变量和参数表

p_i：港口 i 的价格； k_i：港口 i 的设施规模； k^{1*}、k^{2*}、k^{3*}：政府不规制、政府追求税收最大化和政府追求社会总福利最大化下的港口均衡规模； d，b：需求函数的参数； ρ：资产折旧率； r：利率； c：港口投资的边际成本； C_i：港口 i 的投资成本； π_i：港口 i 的利润	π^{1*}、π^{2*}、π^{3*}：政府不规制、政府追求税收最大化和政府追求社会总福利最大化下的港口均衡利润； a_i：港口 i 的投资； a^{1*}、a^{2*}、a^{3*}：政府不规制、政府追求税收最大化和政府追求社会总福利最大化下的港口均衡投资； w_i：政府向港口 i 征收的税率； w^{2*}、w^{3*}：政府追求税收最大化和政府追求社会总福利最大化下的对港口税率或补贴率

三、政府对港口投资的规制

本文讨论政府的规制政策对双寡头港口市场的作用，分别就政府不对港口进行规制、政府的规制目标为税收收入最大、政府的规制目标为社会总福利最大这三种情形下的港口的投资、规模和利润进行比较，从而反映出政府对港口的规制政策所带来的影响。

政府与港口之间的博弈是斯塔克尔伯格（Stackelberg）博弈，政府是领导者，其博弈策略是税收 w_i；港口 i 与 j 是追随者。港口 i 与 j 之间是同时行动的伯川德（Betrand）博弈，他们通过各自的投资策略影响各自的规模，进而影响各自的价格。上述政府与港口之间的博弈关系如图 1 所示。按照斯塔克尔伯格博弈的逆向求解法，我们首先分析港口 i 与 j 之间的博弈，求出他们的最优投资及港口规模（产量），然后再由港口产量求出政府的最优税率。

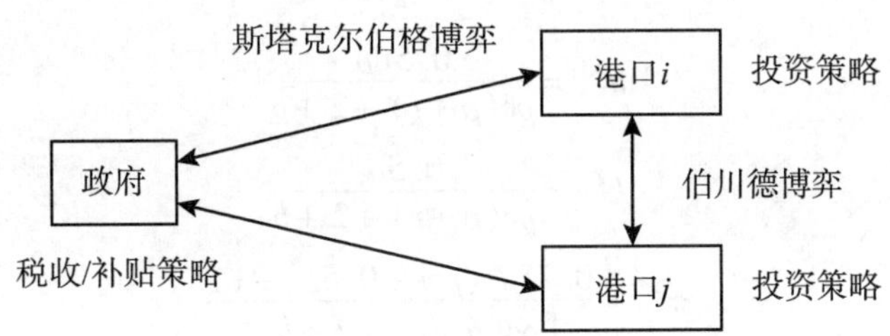

图 1　政府与港口之间的博弈关系

（一）政府不进行规制时港口的投资、规模和利润

考虑港口 i，其最优投资策略由式（5）~（6）所构成的最优化问题所决定。当政府不对港口进行规制时，$w_i = 0$。

$$\max \int_0^{\infty} e^{-rt}\left[(d - k_i - bk_j - w_i)k_i - \frac{1}{2}ca_i^2\right]dt \tag{5}$$

$$\text{s. t. } \frac{dk_i}{dt} = a_i - \rho k_i \tag{6}$$

求解上述最优化问题，结论如下：

命题1：港口的最优投资和规模由式（7）~（8）所组成的微分方程组确定。式（7）~（8）所组成的系统为鞍点稳定系统，存在唯一的平衡点。港口的均衡投资、规模和利润由式（9）~（11）所决定。当政府不进行规制时港口的均衡投资、规模和利润由式（12）~（14）所决定（证明见附录）。

$$\frac{\mathrm{d}a}{\mathrm{d}t}=(\rho+r)ca+(2+b)k+w-d \tag{7}$$

$$\frac{\mathrm{d}k}{\mathrm{d}t}=a-\rho k \tag{8}$$

$$a^{*}=\frac{(d-w)\rho}{\rho c(\rho+r)+2+b} \tag{9}$$

$$k^{*}=\frac{d-w}{\rho c(\rho+r)+2+b} \tag{10}$$

$$\pi^{*}=\frac{(\rho cr+0.5\rho^{2}+1)(d-w)^{2}}{[\rho c(\rho+r)+2+b]^{2}} \tag{11}$$

$$a^{1*}=\frac{\mathrm{d}\rho}{\rho c(\rho+r)+2+b} \tag{12}$$

$$k^{1*}=\frac{d}{\rho c(\rho+r)+2+b} \tag{13}$$

$$\pi^{1*}=\frac{(\rho cr+0.5\rho^{2}+1)d^{2}}{[\rho c(\rho+r)+2+b]^{2}} \tag{14}$$

（二）政府目标为税收收入最大化时港口的投资、规模和利润

当政府目标为税收收入最大化时，政府的目标函数为$\max 2wk^{*}$。求解上述问题，结论如下：

命题2：当政府目标为税收收入最大化时，税率由式（15）确定，港口的均衡投资、规模和利润由式（16）~（18）所决定（证明见附录）。

$$w^{2*}=\frac{d}{2} \tag{15}$$

$$a^{2*}=\frac{0.5\mathrm{d}\rho}{\rho c(\rho+r)+2+b} \tag{16}$$

$$k^{2*}=\frac{0.5d}{\rho c(\rho+r)+2+b} \tag{17}$$

$$\pi^{2*}=\frac{0.25d^{2}(\rho cr+0.5\rho^{2}+1)}{[\rho c(\rho+r)+2+b]^{2}} \tag{18}$$

（三）政府目标为社会总福利最大化时港口的投资、规模和利润

社会总福利为消费者的净剩余和港口利润之和，而消费者的净剩余可表示为消费者的效用减去支出，而港口利润为收入减去成本，因此社会总福利为消费的效用减去港口投资成本。根据塞恩和韦弗（Singh and Vives，1984）提出的效用函数可得消费者的效用函数为：

$$U(k_1,\ k_2)=d(k_1+k_2)-\frac{k_1^2+2bk_1k_2+k_2^2}{2}$$

此时的社会总福利为：

$$U(k_1,\ k_2)-\frac{1}{2}ca_1^2-\frac{1}{2}ca_2^2$$

此时政府的目标为：

$$\max_{w}\left[U(k_1,\ k_2)-\frac{1}{2}ca_1^2-\frac{1}{2}ca_2^2\right]$$

求解上述问题，结论如下：

命题3：当政府目标为社会总福利最大化时，税率如式（19）确定，税率为负，即政府对港口进行补贴，港口的均衡投资、规模和利润由式（20）~（22）所决定（证明见附录）。

$$w^{3*}=-\frac{1+\rho cr}{1+b+\rho^2 c} \tag{19}$$

$$a^{3*}=\frac{d\rho}{1+b+\rho^2 c} \tag{20}$$

$$k^{3*}=\frac{d}{1+b+\rho^2 c} \tag{21}$$

$$\pi^{3*}=\frac{(0.5\rho^2 cd+\rho cr+1)d}{(1+b+\rho^2 c)^2} \tag{22}$$

（四）政府不同目标下港口的投资、规模和利润的比较

总结上面的结论，政府不同目标下港口投资、规模和利润的比较如表2所示。比较政府的不同规制政策对港口经营的影响，结论如命题4所示。

表2　　政府不同目标下港口投资、规模和利润

政府目标	港口投资 a^*	港口规模 k^*	港口利润 π^*
无规制	$\frac{d\rho}{\rho c(\rho+r)+2+b}$	$\frac{d}{\rho c(\rho+r)+2+b}$	$\frac{(\rho cr+0.5\rho^2+1)d^2}{[\rho c(\rho+r)+2+b]^2}$
税收最大	$\frac{0.5d\rho}{\rho c(\rho+r)+2+b}$	$\frac{0.5d}{\rho c(\rho+r)+2+b}$	$\frac{0.25d^2(\rho cr+0.5\rho^2+1)}{[\rho c(\rho+r)+2+b]^2}$
社会总福利最大	$\frac{d\rho}{1+b+\rho^2 c}$	$\frac{d}{1+b+\rho^2 c}$	$\frac{(0.5\rho^2 cd+\rho cr+1)d}{(1+b+\rho^2 c)^2}$

命题4：各种情况下港口的均衡投资、规模和利润关系如下：$a^{2*}<a^{1*}<a^{3*}$、$k^{2*}<k^{1*}<k^{3*}$、$\pi^{2*}<\pi^{1*}$（证明见附录）。

从命题4可以看出，与政府不对港口进行规制相比较，当政府的规制目标为社会总福利最大时，由于港口服务的公益性质，政府必须对港口进行补贴，这样导致港口加大投资，扩大生产规模，但对港口利润的影响不定。当政府追求税收最大化时，政府的征税政策会降低港口投资的积极性，从而使港口的生产规模缩减，并且会降低港口的利润。

四、参数变化对政府的规制效果的影响

为考察政府对港口规制政策的效果，我们就港口差异化程度、利率、资产折旧率和港口投资边际成本这四个参数对税率（补贴）、港口投资、规模和利润的影响进行分析，结论如命题5~命题8所示。

命题5：随着港口差异化程度的增加，若政府不采取任何规制措施，则港口的投资、规模和利润均上升；若政府目标为税收收入最大化，则税率不变，港口的投资、规模和利润均上升；若政府目标为社会总福利最大化，则政府对港口的补贴增加，港口的投资、规模和利润均上升（证明见附录）。

命题6：随着利率的增加，若政府不采取任何规制措施，则港口的投资和规模下降；若政府目标为税收收入最大化，则税率不变，港口的投资和规模下降；若政府目标为社会总福利最大化，则政府对港口的补贴增加，港口的投资和规模不变，港口利润上升（证明见附录）。

命题7：随着资产折旧率的增加，若政府不采取任何规制措施，则港口的规模和利润下降；若政府目标为税收收入最大化，则税率不变，港口的规模和利润下降；若政府目标为社会总福利最大化，则港口的规模上升（证明见附录）。

命题8：随着港口投资边际成本的增加，若政府不采取任何规制措施，则港口投资和规模下降；若政府目标为税收收入最大化，则税率不变，港口的投资和规模下降；若政府目标为社会总福利最大化，则港口的投资和规模下降（证明见附录）。

上述命题5～命题8的总结如表3～表6所示。

表3　港口差异化程度增加（b 减少）对税率（补贴）、港口投资、规模和利润的影响

政府目标	税率（补贴）w^*	港口投资 a^*	港口规模 k^*	港口利润 π^*
无规制	—	上升	上升	上升
税收最大	不变	上升	上升	上升
社会总福利最大	上升	上升	上升	上升

表4　利率增加（r 增加）对税率（补贴）、港口投资、规模和利润的影响

政府目标	税率（补贴）w^*	港口投资 a^*	港口规模 k^*	港口利润 π^*
无规制	—	下降	下降	不定
税收最大	不变	下降	下降	不定
社会总福利最大	上升	不变	不变	上升

表5　折旧率增加（ρ 增加）对税率（补贴）、港口投资、规模和利润的影响

政府目标	税率（补贴）w^*	港口投资 a^*	港口规模 k^*	港口利润 π^*
无规制	—	不定	下降	下降
税收最大	不变	不定	下降	下降
社会总福利最大	不定	不定	上升	不定

表6　投资边际成本增加（c 增加）对税率（补贴）、港口投资、规模和利润的影响

政府目标	税率（补贴）w^*	港口投资 a^*	港口规模 k^*	港口利润 π^*
无规制	—	下降	下降	不定
税收最大	不变	下降	下降	不定
社会总福利最大	不定	下降	下降	不定

从上述分析可见，在政府的各种规制政策下，港口差异化程度的增加对于港口投资、规模和利润均有促进作用，即通过差异化服务程度的加强，港口之间的竞争可以获得“双赢”的局面。从鼓励港口进行差异化竞争和增加社会福利的角度出发，政府应增加对港口的补贴。

五、数 值 模 拟

取 $d=100$，$b=0.1\sim0.9$，$\rho=0.02$，$r=0.06$，$c=1$ 进行模拟，限于篇幅，本文仅显示港口差异化程度变化对税率（补贴）、港口投资、规模和利润的影响，如图 2 ~ 图 5 所示。

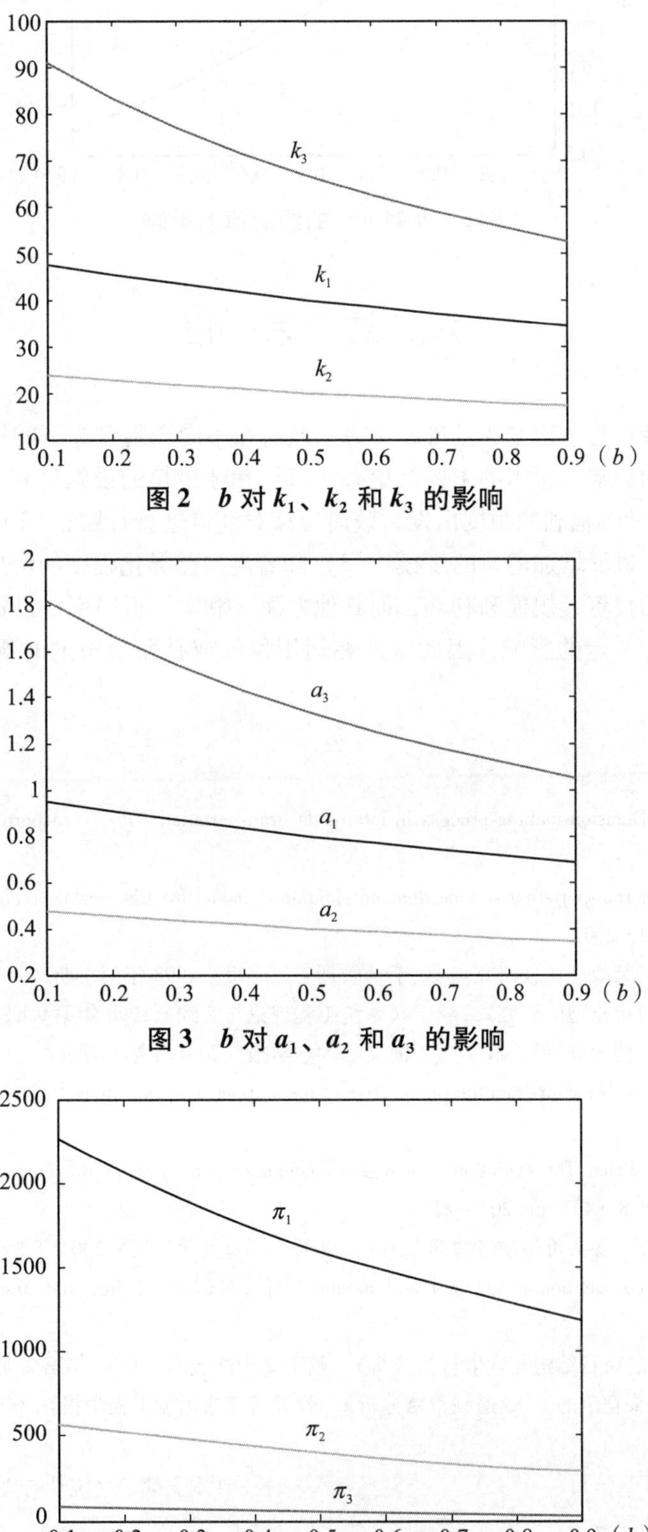

图 2　b 对 k_1、k_2 和 k_3 的影响

图 3　b 对 a_1、a_2 和 a_3 的影响

图 4　b 对 π_1、π_2 和 π_3 的影响

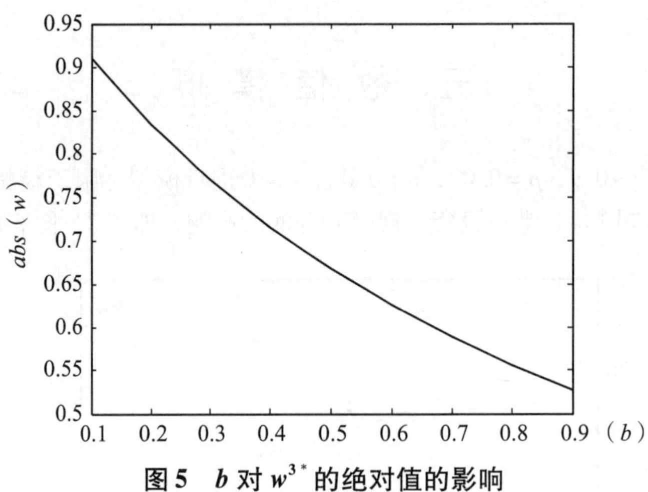

图5　b 对 w^{3*} 的绝对值的影响

六、结　束　语

本文以双寡头的港口竞争市场为基础，考虑了政府在不同规制目标下的税收或补贴政策对港口的投资、规模和利润的影响，得出的主要结论有：（1）由于港口的设施具有一定的公益性质（正的外部性），因此从考虑社会福利的角度出发，政府应该对港口进行补贴；（2）政府对港口的补贴会促进港口的投资热情，进而增加港口的规模；（3）随着港口差异化程度的增加，政府对港口的规制政策进一步增加港口的投资、规模和利润，而其他方面（利率、折旧率、投资边际成本）对政府规制政策的效果也会产生一定的影响，因此政府在运用税收或补贴政策的时候应考虑到上述因素的影响。

参考文献：

1. Tsamboulas et al.. Decision-making process in intermodal transportation [R]. Transportation Research Record 1707, Paper No. 00 – 1304, 2000.

2. Luo, M.. Container transportation service demand simulation model for US coastal container ports [D]. Dissertation of University of Rhode Island, 2002.

3. 施欣：《港口竞争对策模型比较研究》，载于《管理工程学报》1998年第4期。

4. 施欣：《港口竞争对策模型的研究》，载于《系统工程理论与实践》1998年第9期。

5. 施欣：《港口合作的博弈分析》，载于《上海交通大学学报》2001年第6期。

6. Nir A et al. Port choice behavior-from the perspective of the shipper [J]. Maritime Policy and Management, 2003, 30 (2): pp. 165 – 173.

7. Wang James, Slack Brian. The evolution of a regional container port system: the Pearl River Delta [J]. Journal of Transport Geography, 2000, 8 (4): pp. 263 – 275.

8. 周慧等：《港口企业双寡头价格质量博弈分析》，载于《河海大学学报》2004年第7期。

9. Song, D. W.. Port co-opetition in concept and practice [J]. Maritime Policy and Management, 2003, 32 (1): pp. 32 – 37.

10. 施欣：《港口竞争的市场结构与竞争行为分析》，载于《中国航海》1998年第2期。

11. 施欣：《港口双寡头竞争的进入/遏制策略分析》，载于《交通运输工程学报》2001年第6期。

（本文载于《统计与决策》2010年第4期）

公用事业市场化的特殊性及其含义

邹 燕

摘 要： 公用事业的准公共物品性质，在促进社会利益方面的独特价值，以及政府激励措施和政府能力的显著重要性，使得公用事业的市场化表现出不同于一般竞争领域的特殊问题。政府在多种市场化方式中进行选择时，应根据自身维护公共利益的能力把握市场化的限度，从而尽量避免市场失灵，维护公用事业的社会价值。

关键词： 公用事业 市场化 公共政策目标

“公用事业”（Public Utilities）是对公共利益产生广泛影响的，为公众或不特定的多数人提供必需的基础服务的产业和活动，包括供水排水和污水处理、供气、供热、供电、邮政、电信、城市道路和公共交通、环境卫生和垃圾处理以及园林绿化等。公用事业具有自然垄断性、基础性、公益性、政治敏锐性和可替代程度低的特点，很难严格按照支付能力的高低来进行配置。在现实中，直到20世纪70年代末，世界上绝大多数政府承担着公用事业的供给责任，并以公有制的形式来实现公用事业的社会目标。

20世纪70年代末以来，在发达国家，经过整个80年代，传统上由政府控制的公用事业，在所有权和经营主体方面发生了巨大变化；许多发展中国家也开始在公用事业领域推行市场取向的政策。在中国，自2002年建设部印发《关于加快市政公用行业市场化进程的意见》，提出要“加快推进市政公用行业市场化进程，引入竞争机制，建立政府特许经营制度”之后，公用事业改革也进入了快车道。

公用事业的市场化往往是更广泛的以市场为基础的经济改革的一部分。然而，与一般竞争性领域的市场化改革不同，虽然公用事业的市场化改革取得了一些成果，但也产生了效率与社会责任的冲突、腐败滋生、私人垄断、民主被削弱等“并发症”和“后遗症”。这些问题导致人们对市场化方向的怀疑，在有些地方甚至带来市场化的反转，如著名的玻利维亚科恰班巴事件。

继《关于2009年深化经济体制改革工作的意见》要求“加快推进市政公用事业改革”之后，2010年5月27日，国务院又批转了国家发展改革委《关于2010年深化经济体制改革重点工作的意见》，进一步要求“支持民间资本投向基础产业和基础设施、公用事业、社会事业、金融服务等领域。”为了在接下来的改革中避免上述“并发症”和“后遗症”，笔者试图从以下几个方面进行探讨。

一、为何公用事业的市场化会成为问题

（一）公用事业不同于一般竞争领域

根据是否具有排他性和竞争性，其物品可分为四类：私人物品、公共物品、共有资源和自然

垄断。

对于私人物品来说，竞争性市场能够有效地配置资源。通常所说的一般竞争性领域，即是针对私人物品而言。将物品类型划分与公用事业的范围相对比可以发现，公用事业不同于一般竞争领域。例如，涉及管线铺设的供水、供气、供热、供电，涉及固定线路和道路铺设的公共交通运营，如地铁、轻轨、铁路运输等，具有自然垄断特征；道路、桥梁等市政工程，根据收费与否和拥挤与否，可以是公共物品（不收费、不拥挤）、共有资源（不收费、拥挤）或者自然垄断（收费、不拥挤）；城市绿化和部分环境卫生服务，如除蚊、灭鼠等，属于公共物品。

由于公用事业不是私人物品，因此，仅凭其市场价值无法反映出其内在价值和社会利益。对于其中涉及自然垄断的部分，由于家庭用户一般只可能接受一家企业的服务，竞争被限制了；没有有效的竞争，市场机制就无法发挥良好的作用。

（二）公用事业承担着重要的社会目标

公用事业，特别是供排水和污水处理、供电、环境卫生和垃圾处理等基本服务，是人们维持生活、健康和尊严所必需的，在促进广泛的社会利益方面十分重要；以较低的价格和收费提供这些服务，是政府维持社会公平、减少贫困的重要手段。

市场化使公用事业屈从于商业需要；与市场化相联系的价格上升和服务下降加剧了贫富分化。例如，20 世纪 90 年代晚期，巴西电力私有化使得居民消费价格上升了 65%，远高于通货膨胀率；秘鲁的私营电力公司在 1992 ~ 2002 年期间将实际价格提高了 14 倍。许多非洲国家的公用事业在结构调整计划中实现了商业化，这为参与其中的私营公司带来了大量利益。由于私营公司的兴趣集中在高回报领域，因此，市区居民和中高收入阶层能够因服务的扩大而受益，但郊区居民和低收入人群的利益却受到损害。在最为必需的供水领域，中国的水价上涨被认为是外资溢价收购水务资产的结果和上市水务公司回报股东利益的手段，因为“羊毛出在羊身上”。

鉴于公用事业独特的社会贡献，如果控制市场失灵的手段并不成熟、促进社会公平的替代机制并不完善，则市场化必然侵害到低收入阶层合理获得基本服务的权利，从而遭到怀疑和抵制。

（三）吸引私人投资的激励措施可能难以持续

公用事业领域的投资，特别是建设网络、管线、基础设施的投资，具有规模大、周转周期长的特点。公用事业市场化的典型动机是节约财政资金、提高经济效率。当政府必须提供财务激励来吸引私人投资时，这些目标或许难以实现。一方面，这些激励措施带给政府的“预算外”义务在以后的若干年中会引发持续的财政压力，甚至不亚于公有制下的预算负担，或者从长期来看，以这样的代价吸引私人投资和获得出售公用企业的短期收益甚微；另一方面，这些免除了私营企业市场风险和财务风险的措施也会使它们失去规避风险、降低成本、提高效率的积极性。当政府要靠财务激励吸引私人资本时，如果没有认真评估这些激励措施到底意味着多高的代价，是否具有可持续性，则结果通常是若干年后重议或取消合同，并常常伴随着对市场化方向的怀疑。

（四）公用事业市场化的成功需要一个强有力的政府

基于网络和管线的公用事业，如供排水系统、电力和燃气的输送，具有自然垄断性质。这些公用事业在市场化时往往需要先进行分拆，将适合于接受竞争的部分与非竞争性部分分离开来，将不同阶段的产业活动划分给不同的组织，并在此基础上引入竞争和实施管制。这个过程可能产生如下问题：第一，什么是合理的分拆或许并非显而易见，行业特点、可获得的技术水平、需求特征、潜在竞争环境等都是需要考虑的因素，难以一概而论；第二，对于可竞争的部分，政府可以通过放开准入控制、引进私营竞争者、转让公有资产经营权甚至所有权的方式来刺激竞争，并保证竞争者能够公平地得到提供服务所需的资源（如建立中立的电力调度机构，确保发电企业公平地竞价上网），这要求事先做好大量的准备工作，包括制定和修改相关规则；第三，对于仍然保持垄断的部分（如水、电、气的配送网络），政府要决定是否适宜以及如何将特定时段的管理权、经营权、部分或全部收益权（甚至一定时期的所有权）进行公开招标，实现“为赢得市场而竞争”，并确保在“为市场而竞争”中取胜的企业的垄断地位只是暂时的——这也需要事先的大量准备工作；第四，分拆使得原来在同一企业内进行的产业活动分裂开来，给这些活动之间的专业联系带来了冲击，这时政府必须确保产业活动的不同部分能够很好地连接和整合起来，如燃气、电力的生产、输送和配送必须协调一致；第五，在市场中追求利润的企业不会再承担原先内化于公有制企业的公共政策目标（除非政府提供相应的“对价”，如财务激励），这要求政府以新的形式实现公共目标，确保市场化后的公用事业能够为居民提供普遍服务。

由此可见，一个强势的、有效的政府是公用事业市场化成功的关键。现实中的案例也说明了这一点：电信服务的私有化在墨西哥取得了良好的结果，在阿根廷的结果却很差；乌拉圭是所有南美国家中电话线路渗透率最高的，该国的电信部门由政府掌握。在墨西哥和乌拉圭，政府保持着强有力的地位——墨西哥政府的公共管制为提高服务质量、实现现代化和保障工人权利提供了保证；乌拉圭政府为迅速实现国家的现代化而进行了毫不犹豫的投资。而在阿根廷，政府处于弱势，私营者取得了区域垄断地位，用户不得不为垄断引起的低效支付代价。因此，如果政府没有足够的能力建立相关法规并监控法规的执行情况，没有足够的能力在市场化中和市场化后实施有效的管制，没有足够的能力规范私营者的行为、确保公共目标的实现，则公用事业的市场化难以取得最终的成功。

二、公用事业市场化的特殊内涵

尽管公用事业的市场化在实践中不断出现问题，但各国的探索仍在继续。这种探索是和学术反思并行的。当引领公用事业市场化浪潮的新自由主义并没有使奉行它的国家增长更快，反而加剧了收入不平等甚至引起贫穷国家和低收入阶层的抵触时，一种新的干预主义——新凯恩斯主义在西方主流经济学内部崛起了。新凯恩斯主义认为，不完全竞争和不完全信息等因素妨碍了市场的完美运行，因此需要通过政府干预来创造一种让市场在其中能够更好运行的氛围。新凯恩斯主义强调政府在改善市场运行中的作用。这些见解为不同环境下政府与市场的不同“合作”与“组合”方式奠定了理论基础，并开始融入各国的政策实践和国际经济组织的政策建议。公用事业市场化的内涵在学术反思和实用主义探索过程中变得更加广义，市场化的方式也更加多样了。

（一）公用事业市场化内涵的广义性

虽然当英国掀开公用事业市场化序幕之时，主要方式是直接出售大型公用事业，但随着各国的实用主义探索以及人们对失败案例的反思，公用事业市场化的内涵拓展了：从政府作为供给主体的一端，到完全依靠自由市场的另一端，可以得到一个市场化程度由低到高的公用事业供给方式谱系。在这个谱系中，任何由低到高的移动都可以称之为公用事业的市场化，因为它意味着更多依赖市场机制。萨瓦斯分析了10种公共服务提供的制度安排，它们按市场化程度由低到高的排列为：政府服务、政府间协议、政府出售、合同承包、补助、凭单制、特许经营、自我服务、志愿服务和自由市场。在一个特定辖区，还可以利用混合安排来提供特定服务，如政府补助特许经营的公交线路。这可以看作一个粗略的公用事业供给方式谱系。我们还可以描绘出更细致的谱系，例如，特许经营还可以细分出LBO（租赁—建设—经营）、BTO（建设—转让—经营）、BOT（建设—经营—转让）、BBO（购买—建设—经营）、BOO（建设—拥有—经营）等方式。每种方式都是具有某种特定适用性的“政府—市场”组合方式。

随着公用事业市场化内涵的拓展，一些文献在使用“私有化”的说法概括公用事业领域和更广的经济领域的变革时变得十分小心，力图避免被误解为是在强调所有权从公共部门向私营部门的转移。例如，萨瓦斯在《民营化与公私部门的伙伴关系》中区分了狭义和广义的私有化，并写道：“广义而言，私有化可界定为更多依靠私营机构，更少依赖政府来满足公众的需求。它是在产品/服务的生产和财产拥有方面减少政府作用，增加社会其他机构作用的行动”。《私有化的局限》在私有化的“一大堆重叠的含义”中使用了“最广泛的含义，指的是通过减少或限制政府当局在使用社会资源、生产产品和提供服务中的职责来增加私营企业在这些事务中的职责的一切行为和倡议”。一些国家和学者选择使用较少引起争议的词，中国学者更倾向于使用“市场化”或“民营化”。

（二）公用事业市场化方式选择的权变性

公用事业具有规模经济、缺乏弹性、普遍服务、政治敏锐性这些共性，但不同行业（技术特点）、不同地区和收入水平（需求特征）以及不同市场环境下（潜在竞争程度）的公用事业还具有各自的特性，不存在通行的改革方法。政府应为利益相关者提供正规的渠道，使其在选择市场化方案的早期就能够参与进来。进行选择时，应综合考虑以往案例的背景、鉴别出成功和失败的决定因素以及本地的特定因素。

政府在选择合适的公用事业市场化方式时，最好列出一个清单，包括备选方案的优缺点和适用性、实现公共政策目标的其他方式、改革对象的技术特点和发展趋势、可能引起的竞争程度、可能实现的经济利益和社会效益、财政状况和可能提供的财务支持，以及别处的经验等。这个清单应该接受各利益相关者的补充，并作为讨论和选择的基础。

三、公用事业市场化的限度

推动公用事业市场化的力量是多方面的，包括新自由主义学说对市场价值的重新发现和对政府失灵的认识逐渐深入人心、政府的财政收支矛盾甚至财政危机、某些公用事业的自然垄断特性由于科技进步和人们观念的变化而改变、人们对公用企业效率的关注、公有制以外的其他公共目标实现方式的可获得性、全球化以及私营部门力量的壮大、国际组织和多边机构的推动等。

许多关于公用事业市场化的研究都会论及政府角色的转变——因为这是市场化的“要求”，包括建立相关制度环境，主持合同谈判、签订和授予过程，进行价格规制，设立绩效评价标准并进行监测，提供财务支持，等等。这其实暗含着一个关于“政府能力的悖论”：之所以要进行公用事业的市场化改革，是因为原有的以政府控制为特征的公用事业提供方式存在效率低下、服务不佳、成本高昂和资金不足等问题，政府没有能力通过内部改革的方式扭转这一局面；而要获得公用事业市场化改革的成功，又要求政府足够有效，能采取一系列措施防止市场失灵。要解决这一悖论，我们不能仅仅提出市场化要求政府的角色转变成什么，而要根据现实中的政府能力所决定的市场化限度选择市场化方式。也就是说，由于公用事业独特的社会价值，在对其进行市场化改革时，要从政府目前有能力做什么的视角出发选择市场化的限度和方式，而不是将政府定位为市场的拾遗补缺者，因为政府治理市场失灵的能力不能一蹴而就。这一思路有助于避免公用事业市场化改革出现重大的失误。具体而言，市场化的限度主要取决于以下与政府能力相关的因素：

（一）实现公共政策目标的手段的可获得性

商业上最有利的行为对于公共目标来说往往并不是最佳的。当政府没有找到合适的替代性的实现公共政策目标、平衡各方利益的手段时，不适宜推进市场化或选择市场化程度较高的改革方式，虽然这样做可能对于政府财政更为有利。由于政府要在总体上对社会负责，因此，对于某个特定的公用事业项目，在决定是否推行市场化和选择市场化方式时，政府应考虑可获得的政策手段能否保证弱势群体的利益，兼顾结果的公平。

（二）政府的支付能力和意愿

若政府没有能力或不愿意为相关服务付费，可选择的市场化方式将受到限制。例如，合同承包是由政府付费向私营企业购买某一具体服务的公用事业市场化方式，在供水、污水处理、垃圾填满、道路维修和养护、环境卫生、园林绿化等领域有着广泛的运用。采取这一方式时，政府仍承担着安排相关服务的责任，但生产和经营交由私营企业，以利用它们的专业技术和效率优势。除了效率方面的好处外，合同承包还能让政府在价格和服务质量方面保持良好的控制，实现普遍服务的政策目标。当政府不能或不愿支付相关费用时，就无法采取这种方式。再如，为了吸引私人部门的投资，增加某些公用事业市场化项目的商业吸引力，政府往往会制定一系列财务激励措施。这一做法可能在短期内增加了投资、减轻了财政负担，甚至带来财政收入（如特许权费、出售相关资产的收入）；但如果缺乏提供长期财务支持的能力和意愿，为了确保相关服务的稳定性，政府应慎重确定是否适宜推进市场化。

（三）政府设计、组织和管理市场化过程的能力与经验

当政府处于相对弱势时，如促进竞争的法律、法规和政策不完善时，政府缺乏与私营机构谈判的经验时，监管机构还未建立或力量薄弱时，选择市场化程度较高的改革方式是不适宜的。如果不能确保公平而有意义的竞争，市场化不但无法提高效率，还会滋生腐败；当政府在信息和经验方面处于劣势时，所确定的市场化方案往往会使公众的利益受损；当监管力量薄弱时，市场化可能仅仅是由私人垄断替代政府垄断，并引起价格的上升和服务质量的下降。这时，管理合同、租赁合同等政府保持较高控制程度的市场化方式可能更为适宜。

可见，选择公用事业市场化方式的过程，也是政府责任明确化的过程。当然，随着政策手段的改进、财政实力的增强、法律的健全、政府经验的增长、监管体制的完善、国内私营部门的壮大和资本市场的发展，政府选择公用事业市场化方案时受到的限制会减少。因此，最好把公用事业的市场化看作一个动态的进程，它可以随着政府的“干中学”、政府能力的增强和外部环境的变化而逐步推进。

四、结　　论

在《关于2010年深化经济体制改革重点工作的意见》发布之前刚刚公布的《国务院关于鼓励和引导民间投资健康发展的若干意见》，指明了鼓励民间资本参与市政公用事业建设的方式和深化市政公用事业体制改革的要点。政府希望通过包括公用事业市场化在内的一系列改革，实现带动民间投资、扩大内需、提高投资效率的目标。

然而，由于效率本身并不能促进社会公平、实现公共政策目标，因此，我们对公用事业改革的市场取向的坚持，要以不妨害公用事业的社会价值为基础。公用事业市场化的特殊性和复杂性要求我们辨别不同行业、不同地区、不同市场环境下公用事业的特性，以及各种市场化方式的特点，然后根据政府维护公共利益的能力，选择恰当的市场化方式。如果执着于讨论某种一般的改革方式，或者一味追求较高程度的市场化，忽视了政府应对市场失灵的能力，那么，市场竞争的效率优势将难以获得，公用事业市场化改革也难以取得广泛的成功。

（本文载于《武汉大学学报（哲学社会科学版）》2010年第6期）

第三部分

重要学术论文观点摘录

[1] 安果，伍江．产业特性、市场结构与产业创新分析——基于固定成本的古诺创新模型．广东社会科学．2010（03）．

技术创新与市场势力、企业规模和竞争程度等因素的关系，不是单纯的因果关系，技术创新实际上受到生产过程中技术特性和产业特性等其他因素的影响。文章用固定成本、研发成本的大小反映产业特性，从数理逻辑和经济学上证明了克里斯·弗里曼、罗克·苏特关于技术创新受到产业特性的影响的经验型观点。实际上在现代经济条件下，无论是劳动密集型中小企业，还是大中型资本密集型企业都面临着最为严重的竞争，越是大中型企业投入的 R&D 费用越高正好说明了这一点。同时也说明，随着社会分工的深化，现代生产体系日益复杂，技术体系也日益成熟，研发新技术、新工艺、新产品所需要的条件更为多样化，为了分摊日益上升的固定费用、研发费用，需要扩大企业规模给予支持，生产过程出现 21 世纪的再度集中化恰好反映了现代化生产下产业特性对技术创新和企业规模的要求。从我国来看，汽车工业、钢铁工业、石油化工和大型装备制造业等资本密集度较高的产业在生产特性上均属于这一类，实行兼并重组，提高产业集中度是有利于他们技术创新的。但是，对于机械工业、电子工业等兼有资本密集与劳动密集型特征的企业，应当考虑垄断竞争的结构，不宜“一刀切”地推行兼并重组。而对于纺织工业和轻工业等劳动密集型产业是企业数越多，竞争越充分，创新激励越强。提高集中度反而影响创新。因此，在实施产业结构调整与振兴应对危机的过程中，应当分类指导。特别地，对于固定成本极高，研发成本巨大，影响国家安全的高技术产业，应当由政府直接进行研发，以避免市场失灵导致国家关键技术创新供给不足。

[2] 安华，燕红忠．寻租理论与传统社会的官商关系——晋商与政府结合的经济动因探析．山西大学学报（哲学社会科学版）．2010（04）．

在寻租社会的背景下，由于特定的社会产权结构和无法取得独立的法人地位，使晋商走上了一条官商结合的发展商业之路，这也是当时社会条件下商人谋求商业利益最大化的一种理性选择。官商结合既为晋商的兴起和发展提供了契机，使其得以成为明清时期最有影响的地方商帮之一，同时也决定了其难以顺利地实现近代化的转型。政府的商业专卖制度和对商品流通的限制，以及对商人人身和财产权利的界定不清，使晋商处于一个寻租社会的背景之中。晋商按照当时特定的产权结构和自身的社会地位，走上了一条官商结合的发展商业之路。在当时的社会背景下，官商结合为晋商的兴起和发展提供了契机，同时也决定了其近代化转型过程中的坎坷历程。正是由于寻租、垄断和腐败所造成的资源浪费，以及社会分配不均，传统社会的商业繁荣并没有有效地推动经济增长和人们生活水平的普遍提高。

[3] 蔡皓．我国输配电成本监管问题研究．现代商贸工业．2010（04）．

输配电成本是制定输配电价的基础，对其监管的好坏程度影响着我国电力体制改革的进程，因此，我国非常重视电力监管机构对输配电成本的监管。完善输配电成本监管的对策包括：（1）将电力财务监管的职权集中于独立的电力监管机构。电网企业价格监管与成本监管不可分割，目前中国由国家发展和改革委员会与财政部分头实施具体监管的状况必须尽快改变。建议电力行业具体的价格和成本监管职责由电监会统一承担。（2）完善电网企业输配电成本核算办法。完善后的输配电成本核算办法，应当能把输配电业务发生的成本和电网企业辅业发生的成本划分开来，能够较合理地反映出输电成本和配电成本，为电力监管机构提供清晰、透明的成本信息，也可以为中国电力体制改革主辅分离、输配分开打下基础。（3）建立一套系统、详尽的信息系统。电监会应该考虑到设计并执行任何一种信息系统都是一个复杂而且耗时的过程。成功执行所需时间远非一眨眼的工夫。要进行的工作包括：①信息需求的确认：信息需求的界定应该考虑现有的和潜在的监管，电监会应该分析所有监管任务中的详细程序；②详尽的信息路线：一旦与目标相关的信息需求达成一致，电监会应该准备好详尽的信息需求以供彼此所需。③监管信息管理系统的框架：如果要让一套非常全面的监管信息管理系统得以执行，电监会应该制定自己的财务监管方针。④执行与训练：执行不仅仅包括技术问题（例如硬件和软件问题），也包括培训监管职员和别的使用者如行业服务公司或别的政府层面的利益相关者之类的问题。运行测试周期至少要包含各种形式的建议，这几乎是必需的。执行周期至少不能少于一年。至于如何推进这个进程，一些好的实践表明同涉及公司和别的利益相关者进行磋商不仅必要，同时非常有益。要考虑来自服务企业的反馈，以防止对公司造成过重负担（高成本），从而减轻该系统的发布压力。

[4] 蔡建刚，叶泽，钟宏．电力价格水平规制理论文献述评．吉首大学学报（社会科学版）．2010（02）．

有关价格水平规制的理论很多是基于完全信息的假设，也就是说规制者能够准确获取关于企业生产成本以及市场需求方面的信息，即使是标尺竞争规制也存在着同类型企业成本难以收集的问题。同时，某些理论模型中很多因素依旧难以确定，比如说投资回报率、X因素等，这样就导致了在现实实施过程中缺乏操作性与可控性。而我国学者关于电力价格规制模型的研究很多也是对国外理论的引用、整合与改造，如张宗益、杨世兴（2002）在对价格上限管制在实践应用中经验和教训的基础上，提出了结合绩效标杆方法和标尺竞争理论的价格上限管制的综合激励性管制机制；魏学好、周浩（2003）吸取了英国的零售价格指数法（RPI－X）和美国的回报率法（ROR）两种监管思想，将最高限价同动态调整机制联系起来，提出了利润上限模型；张粒子、张集（2006）在对投资回报率规制和价格上限规制对比研究的基础上，讨论了发电侧市场价格上限的影响因素、制定方法和我国电力市场建设初期实行发电侧价格上限管制的基本原则等。这些研究没有很好地结合我国电力行业发展的实际情况，因为成熟期的电力市场与过渡期的电力市场其电价改革的目标是不一样的，由此得到的结论便不适合应用于我国的电力行业。因此，电力价格的规制模型应充分考虑信息不完全的条件，并结合我国现阶段电价改革的目标进行研究，从而使得到的结论更具有现实意义。同时，在现有的文献中很少有将价格水平与价格结构结合起来研究的，毕竟合理的价格应是价格水平和价格结构的有机结合。因此，把电价水平与电价结构整合在一起加以研究将成为今后研究的重点。

[5] 蔡敏．中国煤层气产业规制与产业发展．资源与产业．2010（04）．

国家经济政策对产业发展影响重大。煤层气作为一种高效、清洁能源，在中国储量丰富但利用率低，其产业发展需要合理的政府经济政策的保驾护航。微观经济学领域的规制理论对我国的煤层气产业发展起着保护和引导作用，同时也随着产业的发展和需要进行着调整。合理的规制政策将促使中国的煤层气产业快速发展，这对中国的国民经济发展、能源结构调整、环境保护等诸多方面影响深远。制度经济学认为：制度是重要的，制度影响着经济绩效；制度是内生的，没有放之四海皆准的“最优制度”。基于此，笔者认为，尽管“放松规制”的浪潮使得越来越多的国家开始不同程度地放开对能源产业的规制，但就我国煤层气产业来说，最迫切的改革并不是像美国等煤层气产业发展成熟的国家那样放松规制而是在现有的规制基础上进行规制的制度建设——完善的规制立法才是保障规制执行和产业发展的必由之路。我国的能源市场价格并没有完全放开，能源价格不能准确反映能源资源的稀缺性和供求状况；因为能源的开发利用而破坏环境所带来的环境成本也被忽略，所以在煤层气勘探、开采、管输到销售的所有环节，仅仅依靠企业的力量和市场的自我调节是无法完成其良性运转的。政府需要对现有的政策进行更进一步的细化，从执行的角度进行系统更新，使煤层气产业规制更具可操作性和执行性。

[6] 蔡跃洲．财政再分配失灵与财政制度安排——基于不同分配环节的实证分析．财经研究．2010（01）．

财政再分配职能有效发挥的前提条件是市场机制的完善，包括商品市场和要素市场的完善。完善的市场机制才能保障商品和要素的自由流动，通过价格调节供需、配置资源。由于微观主体的自然禀赋先天就存在差异，因此必然导致收入差距的扩大。政府通过各种再分配手段的实施，通常能够有效调节社会各阶层的收入水平，将收入差距控制在一个较为合理的范围之内。当代公共财政理论正是建立在市场机制基础之上，因此强调财政再分配调节功能也在情理之中。然而，就我国实际情况而言，虽然社会主义市场经济体制已经初步建成，但各项制度远未完善，在某些领域计划体制的惯性和影响也尚未完全消除，这使得财政对收入差距的影响不仅体现在再分配环节，财政性制度安排对要素（资源）配置、要素分配（初次分配）两个环节的影响也非常直接。（1）财政性制度安排及收支政策对收入分配的影响体现在要素资源配置、初次分配及再分配等不同环节。传统的统收统支财政体制及其他计划性安排都能直接作用于要素资源配置和初次分配环节。这种体制的惯性至今仍未完全消除，突出表现为行政垄断性资源配置、二元财政结构、资源能源和劳动力要素价格扭曲，以及各种有利于资本要素的财政税收政策等。这些因素与市场经济体制下的逐利原则相结合，使得我国的收入分配从源头上就出现了扭曲，也是财政再分配手段无法有效调节收入差距的根源。（2）社会福利支出、政策性补贴支出等财政再分配支出对缓解收入差距扩大有较为明显的作用。但从实证结果看，加大此类支出力度取得的效果不如改善初次分配状况。加上要素配置环节表现出的显著性，这意味着当前我国收入差距扩大的根源还在于再分配环节以外的扭曲，今后包括财政制度安排和财政政策在内的各项改革和调控措施，着力点还应围绕理顺再分配以外环节展开。（3）加大教育、医疗等公共服务领域的支出，从理论上讲应该能够有助于社会各收入阶层居民的人力资本积累，并在长期中改善居民的要素分布结构，进而促进收入差距的缩小。但取得上述政策效果的前提条件是基本公共服务的均等化，即全体公民都能很公平地享受到教育、医疗等方面的基本公共服务，从而保障所有公民都具备进行人力资本积累的前提条件。一旦上述前提条件缺失，那么加大这方面支出反而可能加剧收入分配差距的扩大。

[7] 仓平，吴军民，王宏．三方模型下政府采购寻租监管的演化博弈分析．贵州财经学院学报．2010（06）．

通过对政府采购活动中的采购方和监管部门的演化博弈分析，在博弈双方有限理性的假设下，可得出结论：（1）政府采购的监管部门和采购方的行为策略选择是一个动态博弈的过程，监管部门选择稽查的比例、采购方选择与供应商寻租的比例受到监管部门成功证实寻租行为的概率 p 的影响。因模型假设 R，$(Y-V)$ 为固定变量，因此该概率 p 与稽查成本 C、对寻租采购方和寻租供应商的处罚力度 K、L 相关。减少采购方寻租行为的比例，可以从上述几个影响因素考虑。（2）当监管部门成功证实采购方与供应商寻租的概率较小情况下，尤其是在稽查成本较大，对寻租采购方和寻租供应商的处罚力度较小时，即 $p<c/kR+(Y-V)(L+1)$ 成立，经过多次博弈，监管部门最终会选择不稽查策略，采购方最终会选择与供应商寻租策略。（3）当监管部门成功证实采购方与供应商寻租的概率较大的情况下，即使稽查成本较小，但如果只严惩寻租供应商，而对寻租采购方的惩罚力度不够时，经过多次博弈，虽然监管部门最终会选择稽查策略，采购方最终却选择寻租策略。因此，减少采购方寻租行为应当采取的策略是：①严惩寻租供应商和寻租采购方，增加其违法成本。对严重违法的采购从业人员可以取消其从业资格，对寻租供应商可以将其纳入政府采购黑名单中情节严重的，可以取消其参与政府采购竞争的资格。②政府监管部门不断强化监督机制，提高稽查能力。监管部门可以建立内部自律机制、外部监督机制，借助社会力量，形成全方位的长效联动监管机制，同时对稽查人员进行定期不定期培训，提高成功稽查寻租行为的能力。

[8] 曹会勤，储小平．非生产性努力、政府规制与私营经济发展．南方经济．2010（06）．

本文基于企业家的选择是对自身生存环境的最佳反应这一事实，论证了政府规制的完善程度与企业家所需要付出的非生产性努力相关：良好的市场秩序和政府规制，会促使企业家从事创造性生产活动，地区经济发展也较快；当政府的政策不完善或经常发生变化，会增加现有企业家的非生产性努力程度，经济陷于无效率的低均衡状态。如果私营企业能够通过一定的渠道和方式将自己的群体意见传递给政府，而地方政府定位于服务者和规范规制的角色，那么私营企业家的非生产性努力会减少，这一方面促进现有企业的发展，另一方面也能够吸引更多的企业家进入创造性活动领域，促进地区经济的活跃程度和增长速度，增加地方政府的收益。这是双方互为促进的帕累托优均衡的演进路径。但是，如果私营企业依靠寻租获取资源，那么，企业家的非生产性努力程度较高，且政治关系对资源配置的影响使其他企业面临不平等的市场竞争，经济必然不活跃。政治关系对企业的影响迫使关系寻租的盛行，进一步阻碍经济的自由发展。私营企业与地方政府之间的互动陷入相互报酬递减的劣均衡中。本文尚未考虑现实中政府是由多部门组成的多目标任务的主体，改革不可避免地造成部门之间的利益非均衡现象。其中，成为既得利益者的部门会形成进一步改革的阻力，而另外一些部门则希望继续推进改革。因此，形成双股力量的对立和纠缠。如果改革力量占主导，则会进一步增加高质量的制度供给，促进政府与企业之间的报酬递增。如果既得利益者阻碍进一步的规制优化，则政府与企业之间就形成了相互报酬递减的局面。对博弈中地方政府的角色应该进一步剖析，各职能部门对经济活动规制的范围和深度不同，在企业中所得到的、所拥有的或可寻租的利益是不同的，因此不同部门的利益也会影响私营企业的发展，部分职能部门和少数官员的既得利益会降低他们进一步推进体制改革的动机。如果地方政府中的主要政务官素质高，为政廉洁并严谨治吏，则政府行为规范度高，政府组织与非公有制企业之间的相互报酬递增的路径就会进一步增强。

[9] 曹俊浩，陈宏民，石彼得．基于双边市场理论的 B2B 垄断平台自网络外部性分类及其强度研究．上海交通大学学报．2010（12）.

通过引入竞争自网络外部性和示范自网络外部性，基于双边市场理论模型，分析了 B2B 垄断平台自网络外部性的内生性问题。通过分析发现，在 B2B 垄断平台中，双边用户的自网络外部性始终给平台带来负效应，即竞争自网络外部性总是强于示范自网络外部性；总是存在卖方的竞争和示范这两类自网络外部性水平要相应地强于买方的。此外，平台的利润与自网络外部性呈负相关关系。基于上述理论分析，建议：（1）B2B 垄断平台立足于提高交叉网络外部性强度，强化服务水平，通过高效服务来提高平台的交易效率；（2）扩大平台的示范自网络外部性效应，从侧面降低平台整体的自网络外部性；（3）通过倾斜定价、买方用户价格补贴等方式尽可能扩大平台的买方用户规模，并控制或降低卖方用户规模。通过以上策略，达到弱化平台自网络效应，提高平台利润水平的目的。

[10] 曹葵，王玉振，曹凤中．地方政府环境行为的经济学分析及建议．环境经济．2010（10）.

解决中国环境问题的关键在于解决环境执法失灵，地方保护主义是造成我国环境污染严重的重要因素。本文建议：（1）把转变经济发展方式与节能减排落到实处；（2）改革现行地方政府干部考核制度；（3）充分发挥市场的作用，制定有关环境的经济政策；（4）政府主导型的经济增长方式必须改变；（5）建立政府—企业—公众—共同治理的架构。

[11] 曹阳．专利许可的反垄断规制．湖南社会科学．2010（06）.

专利与竞争之间的关系不是对立的。一般情况下对专利许可行为应采取经济分析方法。专利许可的反垄断审查认定包括本身违法以及合理原则。同时对专利许可的反垄断审查还需要考虑“安全区”制度，这主要包括基于市场份额的安全区、基于替代个数的安全区及基于创新实体个数的安全区。基于市场份额的安全区以许可各方（如果为竞争关系）共同占有的市场份额 20% 为标准，超过 20% 不能享受豁免。而如果许可各方不具有竞争关系，那么其各自占有的市场份额一般要求大于 30%。各国对创新市场的安全区存在一定的分歧，但是总体来看，各国对创新市场的干预较少。对于专利许可中的限制竞争行为，各国的合理性判断规则基本以经济分析的视角，考量该行为是否从实质上减少了竞争，判断依据就是将竞争效果与反竞争效果进行比较，如果结果是有效率的，那么该限制行为一般被认为是合理的，不会受到反垄断调查。而在判断反竞争效果时，各国指南基本是从市场地位、市场竞争条件以及是否存在效率抗辩等方面进行评估，这基本与各国评估企业合并的反竞争效果一致，也就是说，在评估专利许可的反竞争效果时，各国基本借鉴了其并购指南的相关规定。因而，从某种意义上讲，并购指南是可以用于专利许可的合理性判断的。对于专利的合并的反垄断审查而言，其可以适用相关知识产权许可指南的分析方法，而大多数许可指南的分析方法基本上借鉴了各国并购指南的分析框架，都采取本身违法性原则与合理性原则的分析方法，而合理性原则的分析框架基本一致。但专利合并毕竟不同于专利许可行为，大多数许可指南并未明确规定对专利合并的反垄断审查方法。因而，对于专利技术的合并而言，借鉴各国成熟并购指南相关规定就成为必然选择，事实上，大多数国家的并购指南并没有排除对专利技术合并的控制。

[12] 曹玉书，尤卓雅．环境保护、能源替代和经济增长——国内外理论研究综述．经济理论与经济管理．2010（06）．

20世纪70年代以来，很多学者基于增长模型的角度对能源消耗和经济增长的关系进行了研究，但所得到的结论都较为悲观。近年来，经济学者开始考虑通过政府管制、技术进步和能源替代来纠正污染问题和资源过度消费带来的经济扭曲。本文基于新经济增长理论的视角，从三个方面（不同环境管制工具的政策效果及其对经济体和能源系统的影响，能源技术创新对经济增长的影响，能源替代对实现可持续发展的作用）对国内外涉及能源、环境和经济增长的研究进行梳理。本文涉及的关于能源、环境和经济关系的研究基本上是围绕以下两个问题展开的：一是如何通过环境政策来纠正能源消耗产生的污染问题；二是如何通过节能技术进步和可再生能源开发来突破能源约束和增长极限。目前在新增长理论框架下，探讨能源替代对经济增长影响的文献还很少。鉴于可再生能源所具有的各项特性，分析其在经济增长和能源系统中所扮演的角色，将为经济增长理论提供新的研究课题，这不仅有助于可再生能源研发的经济性分析，而且亦有助于掌握经济增长的动态过程。关于资源消耗、环境管制、能源替代和经济增长的相关研究尚未形成完整的理论体系，有待不断深入和拓展。国内对于经济增长中的能源安全、环境安全的研究，起步较晚，运用增长模型来阐述能源、环境与经济发展的文献更是有限，还谈不上理论发展和创新。在我国工业化进程中，对能源的大量消耗不可避免，引进和消化国外研究成果，对促进我国能源结构的调整，积极开发和应用可再生能源，推进可持续发展具有重要的理论和现实意义。

[13] 陈炳辉，宋浩亮．美国衍生品监管的改革与启示．现代管理科学．2010（09）．

衍生品本源于风险控制，但它具有高杠杆、高风险的特征，并曾在多次金融危机中充当了发起源或传染者的角色，而被巴菲特称为"大规模杀伤性金融武器"（Financial Weaponsof Massive Destruction），使其广为人所诟病。美国衍生品市场的发展与监管改革经历，对我国有如下启示：（1）衍生品是市场经济深化的必然，应充分认识与重视衍生品的积极价值。风险与市场经济相生相伴，市场主体无时无刻不在面临着包括价格变动风险、交易对手信用风险在内的各种风险。古往今来的制度创新，如保险、分散化等，并没有解决市场主体的风险问题。衍生品将风险从市场主体上转移开来、并实现定价，创造了一个风险配置的市场，满足了市场主体的需求。（2）处理好衍生品创新与监管的关系。衍生品有风险配置价值，但这并不能否认衍生品的高杠杆、高风险特性。因此，对于衍生品市场，一方面要鼓励衍生品的创新来满足市场不断增长的风险管理需求；另一方面也需要通过适当的监管来控制衍生品市场的风险，规范衍生品市场的运行。但是市场总有动机通过创新来规避监管、降低监管成本，这就需要监管体系根据市场创新的步伐而及时调整。（3）重视立法，编织衍生品市场的监管体系。美国早在1922年就有对期货市场的立法，并在市场状况的变化之中不断得到修正，这些立法确立的制度框架和风险控制体系，促进了风险的合理配置和期货市场的快速发展。因此，我国发展衍生品市场，首当其冲的是要构筑一套完善的衍生品监管体系。当前，我国的场内衍生品市场形成了以国务院《期货交易管理条例》为核心，以《期货交易所管理办法》等部门规章为内容细化的法律法规体系。但场外衍生品市场仍缺乏有体系的制度框架，零星地散落在部门规章中。在我国市场经济不断推进，与国际市场联系更加紧密的背景下，及时出台《期货交易法》构建完整的衍生品监管框架和手段具有现实紧迫性和重要性。（4）确立以场内衍生品为基础的衍生品市场发展思路。美国的经验表明，场外衍生品市场容易受到信用风险和流动性风险的冲击，而可能在金融事件当中充当市场波动的放大器和金融风险的传导器。将中央结算方引入到场外衍生品市场当中，隔离交易双方的信用风险，成为美国改革场外衍生品市场的核心举措。这就表明衍生品的场内交模式获得了市场及监管方的认可。

［14］陈成．后金融危机时代中央银行与金融监管问题研究．法制与社会．2010（13）．

金融危机的步伐虽已渐渐远去，但在这场浩劫的余波中，在后金融危机时代，我们更应时时提高警惕，及时完善中央银行的金融监管，切实推进我国整个金融体系防范危机，抗风险能力的提高。中央银行金融监管面临的挑战及不足包括：分业监管体制不合理，监管真空和重复监管并存；监管程序轻重安排不合理；金融风险防范难度加大；监管的手段和方式单一。完善金融监管的建议包括：（1）加强金融监管立法工作，健全金融法规。一方面，应积极借鉴外国先进的金融监管法规，弥补监管上的不足。另一方面，制定并完善适合我国国情的金融监管法规，保证监管工作有法可依，有法必依，使监管机构和被监管机构都受到必要的法律制约。同时，要提高立法的层次和相关法律的实际可操作性。而且还要适应金融创新的需要，配置相应的监管法律，尽量避免监管真空的出现。（2）推动我国金融监管体制的变革，使金融监管从“金融机构”分业监管向“金融服务功能”统一监管模式转变。采取渐进的方式建立新的监管模式，可实行牵头监管，如可指定央行作为牵头单位，建立及时磋商协调机制，相互交换信息，待时机成熟后，再将银监会、证监会、保监会统一在一个全国性的综合性的金融监管机构内。这样不仅可以解决金融机构分类监管各自为政、沟通协调困难的问题，而且能够覆盖我国各类金融机构，防止出现监管真空和重复监管的局面。（3）借鉴美国“宽进严管”的先进理念。“宽进严管”即宽市场准入，严金融监管的理念。宽市场准入，一方面，可以使更多的市场主体参与到金融市场竞争中来，促进金融市场的多元化和创新业务的发展，增添了金融市场的活力。另一方面，宽市场准入可以降低市场进入的门槛，这样在一定程度上不仅抑制了寻租腐败现象的产生，而且也降低了国家的审批成本，提高了审批效率。（4）完善金融风险预警机制。中央银行要站在宏观的角度，对银行运行的整个系统进行评价。（5）加强我国金融市场信息披露制度建设。通过建立有效地信息披露制度，将银行置于市场的监督之下，使得市场参与者能够在充分了解银行状况的基础上作出理性的判断，从而避免了交易前的逆向选择和交易后的道德风险，有助于形成政府监管和市场监督相结合的科学监管体系，创造一个真正安全公开的金融市场秩序。

［15］陈福中，叶瑶．网络型产业并购绩效评估体系构建与研究展望．当代经济管理．2010（11）．

网络型产业所提供的产品满足以下特点：（1）互补性、兼容性和标准性；（2）存在消费外部性；（3）存在转换的成本；（4）生产存在显著的规模经济性。结合传统经济学和新经济学对网络型产业的认识，可认为通信服务及相关设备制造业和计算机应用服务及其相关设备制造业等信息技术行业具有网络型产业的典型特征，属于网络型产业的研究范畴。企业的并购绩效与并购方企业和目标方企业在并购发生后的整合情况有重要关系。并购按照并购方企业与目标方企业的行业关系可划分为横向并购、纵向并购和混合并购。从上述三类并购的定义来看，发生横向并购和纵向并购的并购方企业和目标方企业，他们的关联度较高，混合并购则相对次之。企业的并购行为在一定程度上壮大企业规模的同时，也提高了企业在本行业的垄断水平。因此，企业之间的并购就会对发生并购的企业产生两方面影响。一方面，并购扩大了企业的规模可以将更多的资金投入到企业的研发中，促进生产技术的改进，维持企业的长期高速发展；另一方面，并购强化了并购企业的市场势力，会造成社会总福利水平的损失。尤其值得注意的是本文关注的以信息技术业为代表的网络型产业，其发展与科技水平的相关性较高。因此，科技能否在并购过程中进步对于网络型产业并购绩效具有重要影响。企业之间的并购在导致行业集中度提高的同时，必然引致消费者集中水平的提高。网络型产业并购绩效领域可从以下视角开展进一步研究。(1) 结合短期绩效与长期绩效。网络型产业并购行为的发生可从短期和长期两个角度对此行业企业的经营进行影响。短期时，该行业企业并购，可改变投资者预期及相应的投资行为，从而影响并购企业之短期绩效；而长期中，该行业企业并购发生后，在一定时期内（如1~5年）其经营与财务情况是否因并购而得到改善，从而影响企业之长期绩效。(2) 结合网络型产业并购绩效影响的传统因素与特有因素。网络型产业并购绩效的传统影响因素包括企业规模、企业协同整合情况与委托代理问题等三个方面，对应之特有影响因素包括科技水平与外部性效应。(3) 结合应用市场分析方法与产业分析方法。对网络型产业并购绩效进行探讨涉及短期市场投资者反应与长期产业内企业之自身经营两个方面，因此须结合市场分析与产业分析的相关方法进行研究。(4) 结合理论分析与实际应用探讨。网络型产业在国民经营发展中的地位举足轻重，之所以开展相应理论研究是对该行业企业实际经营提供应用指导。

[16] 陈刚，李树．中国的腐败、收入分配和收入差距．经济科学．2010 (02).

中国的收入差距常年居高不下已对社会稳定和建设和谐社会构成了严重威胁，虽然中央政府为缩小居民收入差距做出了诸多努力，但各项政策的效果至今看来尚不能令人满意，主要原因可能是因为“中国居民收入不平等主要是由腐败造成的机会不平等导致的”（吴敬琏，2006）。本文基于中国2000~2007年的官方统计数据，系统考察了腐败的收入分配效应。我们发现，腐败的确是造成城镇居民收入差距的最主要原因，就样本区间内而言，腐败对城镇居民收入差距的贡献要远远高于财政支出、经济开放和城市化率等因素；腐败的收入分配效应具体表现为：腐败增加了城镇20%最高收入组居民收入，但同时降低了城镇其他收入组居民收入。此外，由于我们测算城镇居民收入差距的数据摘自官方统计资料，其没能将大量与腐败租金相关联的“非法收入”和“灰色收入”包括进来，因此我们的研究还意味着陈宗胜（2001）和王小鲁（2007）的早期研究很可能是低估了腐败对居民真实收入差距的影响。现有研究证实，如果收入差距主要是由劳动者的个体努力差异造成的，其将被普遍接受是公平的（Alesina and Angeletos，2005）。公平的收入差距不仅有助于激励人们更多的从事生产性活动从而对经济增长具有积极效应，而且通过政府的制度调节也完全可以控制在社会能够普遍接受的范围之内。腐败造成的收入差距则是“不公平”的，“不公平”的收入差距不仅蕴藏着巨大的社会经济风险，而且政府的制度调节也难以获得令人满意的效果，因为腐败行为可能扭曲政府再分配政策的制定和执行，各项政策的实际效果也可能偏离事先预定的目标，甚至产生逆向分配效应。如果本文的研究结论是成立的，这就意味着缩小中国居民收入差距的最关键环节就是抑制腐败。滋生腐败的基础是行政权力对社会资源的垄断以及对市场经济活动的干预（吴敬琏，2006），中国当前高腐败的主要原因是政府管理体制和相关制度建设的相对滞后。因此，中国今后控制和缩小居民收入差距的战略就需要同腐败抑制战略相结合，基础性工作就是消除滋生腐败的制度基础，包括重视和继续推行全面的政府管理体制改革，建立透明的政府资源配置和运作体制，完善政府监督机制和问责机制，将行政权力的获得和使用置于社会公众的民主监督之下；同时，继续深化要素市场和产品市场的市场化建设，减少行政性的资源垄断以及政府对经济活动不必要的干预和管制等。

[17] 陈季修，刘智勇．我国食品安全的监管体制研究．中国行政管理．2010 (08).

改革开放以来，我国的食品安全体制一直实行多部门的分段监管模式，2009年通过的《食品安全法》仍然继续沿用了分段监管模式。这种监管体制存在三个主要的问题：一是行政组织法体系不健全，对监管主体职责、权限的规定都是由大量的法律层级较低的行政规范性文件做出；二是由于多部门监管，造成监管真空和监管重叠。这种体制不顺的多头监管模式是我国监管混乱、食品安全问题频发的根本原因；三是监管主体权责不对等导致监管过程中监管失职和监管不力的现象普遍存在，这也是造成我国食品安全问题频发的重要原因。我们认为，应从三个方面来解决监管体制的问题，即完善行政组织法体系、建立集中统一的监管体制和权责一致的监管责任制度。因为，第一，大量地使用规范性文件对监管主体进行行政权的分配与法治原则相违背，所以应该完善行政组织法，为监管主体提供切实的法律依据；第二，实质上，监管模式的选择也就是行政权的分配。长远来说，我国应该建立统一的食品安全监管体制，将各个环节的监管权集中到一个部门，这样才能彻底解决多头监管的问题。现实的选择是自下而上在地方层面将各环节的监管权逐步划入食品药品监督管理局，将食品药品监督管理局逐步建成一个纯粹的食品执法监督机构，同时增强在国家层面的食品安全委员会的职权，将食品安全委员会建成一个级别高、拥有实权、协调权威的常设机构；第三，需加强监管机关的责任设置，为监管机构带上紧箍咒，减少监管失职和监管不力情形的发生，避免由于监管失职而导致的食品安全事故。需要从行政层面完善行政约束机制和加强行政监管失职的行政问责；需要从司法层面加强对监管过程中的玩忽职守行为进行刑事追究和允许对监管失职的监管主体提起行政诉讼。需要注意的是，虽然逐步减少了监管的“段数”，这种逐步统一监管主体的方式短期内并不能彻底解决食品安全问题，监管部门多头的现象还会继续存在。在这一逐步完善的过程中，食品安全委员会应发挥其真正的作用，充分协调好各部门。部门整合的速度也需加快，否则食品安全形势不会有质的变化。总之，中国食品安全监管机构整合可行的办法是采取渐进式的办法，首先通过加强部门之间的协调与合作，然后再向统一机构迈进。鉴于监管事务、监管部门千丝万缕的联系，在“统一化”的过程中，监管机构的独立性、专业性以及监管组织之间的协调性均是我们应该考虑的问题，而不能采取简单合并的做法。

［18］陈明．“土地财政”的多重风险及其政治阐释．经济体制改革．2010（05）．

自从分税制改革以来地方对“土地财政”呈现出依仗日重之势，时至 2009 年，全国的土地出让金总额已经逼近 1.6 万元亿人民币。“土地财政”支撑着快速发展中的中国不断走向前进，然而巨额土地出让金的背后所隐藏的是巨大的社会和经济风险，而这些风险本身又触及到国家的合法性宣称。与许多的社会冲突一样，“土地财政”亦由于其政治敏感性，往往让学者望而却步。于建嵘教授提出这种做法会产生两个相互联系的不良社会后果：其一，执政者不能正视社会各群体的利益诉求，特别是不能正确认识地方为处于社会弱势的群体所进行的抗争活动具有积极意义，并企图以高压的方式将他们排斥于体制性利益表达之外；其二，空泛的政治说教取代了实事求是的政治路线，导致执政者的合法性在快速流失，客观上不断为社会动荡积累爆发的能量。防范大规模动荡出现和将民众权利纳入到体制范围之内正是本文揭示“土地财政”之政治危机的核心目的所在，面对“土地财政”问题既不能坐视不管，又不可操之过急，放任其发展那么危机和风险就会扩大，而处置不当会引起社会的间断和休克。从更深层次上讲，发现并阐述其冲突风险背后的政治因素，可为今后改革的方向提供有益的借鉴，此或即为于建嵘教授所谈的社会冲突的积极意义。

［19］陈明，胡雪芹．城市公用事业特许经营中的政府监管研究．现代管理科学．2010（10）．

城市公用事业，作为现代经济体系的重要组成部分，属于国民经济和社会发展的基础性行业，与公众的社会生活联系密切。近年来，城市公用事业市场化改革已成为一个重要趋势，尤其特许经营制度的引入推动了城市公用事业的迅猛发展，然而，在城市公用事业的改革进程中，新的运营方式也对政府的监管职能提出更高的要求。由于城市公用事业本身的垄断特性和政府监管中存在的各种问题，在城市公用事业特许经营制度的运营中，如何建立一个完善的政府监管体制，成为社会关注的重点。本文加强政府监管的建议包括：（1）整合政府各部门监管职能，建立专业、独立的监管机构。专门的监管机构可以避免管制职能分散带来的混乱，提高监管职能的专业性；而独立的监管机构确保了监管职能公正性。监管机构的独立性体现在其与政府和被监管者的独立，三者应成为互相制衡的不同主体。监管机构除了要独立于被监管者，同时也要独立于政府的政策制定机构，以保证其监管是公正透明的。（2）建立信息公开制度，确保监管机构以一种透明和民主的方式发挥功能。政府在制定和颁布规制政策之前，应当拟定规制计划，并及时面向社会公开发布，充分征求有关方面的意见和建议；政府制定有关规制的法律性文件，应当在充分征求社会各个层面的意见的基础上，形成正式文件。（3）完善合同设计，加强基于合同的监管。在我国正式的法律法规制度不完善的条件下，政府和投资者应注重在对可能产生的各种政治风险、商业风险、法律风险进行充分论证的基础上，本着风险共担、利益共享的公平、公正原则完善合同的设计，尽量减少合同的不完备性，预设纠纷解决机制和风险保障机制，加强基于合同的监管。（4）政府遵守诺言，及时承担相应的责任。政府应该根据具体国情，确定哪些风险可以由政府承担，进而确定由哪一级的政府承担。由于公用事业特许经营项目一般来说，投入比较大，回收周期比较长。投资者要承担巨大的商业风险，在投资公用事业时一般要求政府提供固定回报率之类的担保，政府应该在充分考虑各种风险因素的基础上给投资者提供适当的担保。（5）完善公用事业产品和服务的定价方式。（6）努力建立良好的正式制度体系。

[20] 陈琴．论垄断效应之双面性．法制与社会．2010（12）．

在现实的反垄断法运用中，对于那些直接、明显影响竞争或贸易自由的行为，可以在不考虑这些行为造成的影响的情况下，直接根据行为本身即断定其违法，并禁止这些行为；与此同时，应该清醒的认识到垄断效应具有双面性，垄断结构及其行为对经济带来一系列的弊害，但是从另一个角度看，许多情况下又存在其对经济的效率性。因此，对于除却本身违法的限制竞争行为，反垄断法应依个殊情状，综合衡量垄断之双面效应，确认其不仅具有反竞争性，更造成了垄断弊害，进而损害了社会效率后，方可运用反垄断法对其进行规制，以实现反垄断法的有效运行。反垄断法所追求和保护的市场竞争，应该是公平的、适当的有效竞争，反对任何不合理的、没有法律依据的限制竞争的行为，以此达到社会资源的最佳配置、发挥最大的社会效应。促进和保护有效竞争才应该是反垄断法所应该保护的市场竞争秩序。

[21] 陈硕．分税制改革、地方财政自主权与公共品供给．经济学（季刊）．2010（04）．

本研究采用来自中国的数据实证地验证了财政分权和地方公共服务水平之间的因果关系。自1978年以来，中国逐步摆脱计划经济，同时地方政府也享受到了前所未有的财政自主权。但是中央政府在1994年推行了旨在加强自身财政权力的分税制改革却极大地改变了这种趋势。这次集权化的财政努力为我们考察财政分（集）权对其他领域内的变化的影响提供了难得的机会。本次研究的样本同时覆盖了1994年改革前后，相对于其他仅仅考察分税制改革前或者改革后的研究，其结论具有普遍性并更令人信服。研究发现相对于分税制改革前，公共服务在地方的供给水平在改革实施之后有显著的下降。同时，较高水平的公共品供给一般和较高的财政自主性联系在一起。此外，该关系并没有地区性的差别，因此其背后的解释机制应是一种全国性因素。本文用来自中国的数据得到的结论支持了那些认为财政分权而不是集权将改善公共品水平的观点。此领域中大部分的研究都是描述性而不是分析性的工作，得出的结论也多为变量间的相关关系而非因果关系（Bardhan，2002）。以上的研究却清楚地揭示了中国语境下分权对公共品供给的影响机制：首先，改革开放以后，地方政府提供公共品换取中央政府政治支持一直是解释中国地方政府公共支出的逻辑，同时，经济绩效对于地方政府官员的政治前途也发挥着重要的作用。以上逻辑和标准（制度设置）适用于整个中国的中央地方关系，并在1994年以后保持不变。其次，1994年的分税制改革使得地方政府失去了很多财政收入来源。这些措施不可避免地造成地方政府的财政压力，但是改革更多地涉及中央地方对整个财政收入的再分配，并没有导致中央地方支出责任的再划分。最后，20 世纪 90 年代中期以后，外来资本逐渐成为地方政府新的经济增长点。地方政府围绕吸引外资展开的竞争日益加剧。考虑到上述政治逻辑，面临财政压力和同级政府竞争的地方政府自然会改变其支出结构：在保证自身运转的前提下，将有限的资源优先投入到基础设施建设，以此来吸引外来投资，推动任内经济增长，而其他外溢性比较高或者不作为晋升决定因素的领域则被忽略。本文并没有检验蒂布特和奥茨（Tiebout and Oates）等学者关于财政分权促进公共服务的模型在中国的适应情况。中国经验明显呈现出另外一种图景：1994 年后地方公共服务水平恶化的原因是地方政府支出结构变化导致公共服务财政支出不足。

[22] 陈小林，李青．市场秩序、产权性质与企业效率．经济经纬．2010（03）．

国内已有文献普遍发现市场秩序对微观经济体产生了积极作用，这些文献主要集中于两种视角：一是公司治理角度，二是公司财务角度。笔者发现，市场秩序与新制度经济学中的核心概念“交易费用”联系紧密，却极少有研究直接从交易费用经济学的角度研究市场秩序的作用。一般地，在任何一个交易市场上，由于市场秩序混乱将导致市场信息阻塞或充斥虚假信息，市场上的交易者将不得不花费更多的信息搜寻成本、契约签订成本以及契约监督和维护费用；反之，在有序的市场秩序下，交易者能够互相信任，将以所需付出的最小成本实现交易过程。本文以 1999～2002 年共 2869 个中国上市公司为样本，考察了市场秩序、产权性质对交易费用及企业运行效率的影响。研究结果显示，市场化进程、政府与市场的关系、法制建设水平这三个外部环境因素均与交易费用显著负相关，说明市场秩序越有序，企业的交易费用越少；同时，市场化进程、政府与市场的关系、法制建设水平均与企业运行效率呈显著的正相关关系，说明市场秩序的改善将帮助提高企业的运行效率；但是，本研究没有发现产权性质差异对交易费用、企业运行效率产生了显著的影响。研究的贡献在于，首先，采用了会计核算中的“营业费用”来衡量经济学意义上的“交易费用”，使得对交易费用相关问题的定量分析实现了“可操作化”，这一创新对后续关于交易费用的经验研究具有借鉴意义。其次，本研究在夏立军、方轶强（2005）研究结论的基础上，进一步指出市场秩序会提高企业价值，是因为节约了交易费用和提高了企业的运行效率，间接支持了已有文献的结论并拓展了市场秩序领域研究的深度。本研究的政策含义是帮助企业节约交易费用并在此基础上提高企业的运行效率，应加快改善市场秩序，尤其是促进政府与企业关系的健康发展，减少政府对企业的行政干预。

[23] 陈小毅，周德群．中国煤炭产业市场集中度的实证研究．当代财经．2010（02）．

运用中国煤炭行业产业面和公司面数据，放置于整个市场经济加速发展和经济周期起落的大背景下，结合产业特性，研究市场结构特征，考察产业绩效与市场集中度之间的关系，得到如下结论：（1）首次测算了 1979～2008 年中国煤炭行业市场集中度，认为 2008 年煤炭行业出现类似寡头竞争的趋势；通过计算集中度距离指数发现，从 2002 年开始，龙头企业规模明显高于平均水平。（2）从产业集中度的视角，把煤炭行业自市场化改革以来经历的时期分为两个阶段：1993～1997 年集中程度下降，1998 年至今集中度稳步提升。（3）根据我国煤炭行业的特殊性，提出影响产业绩效理论模型的关键因素如下：产业集中度、供需基本面、安全研发投入。（4）运用标准 SCP 检验证实，产业利润率与集中度显著正相关。（5）运用行业百强数据，证实了公司利润率与市场份额显著正相关，而煤炭企业利润率与研发费用率显著负相关。（6）运用 CDW 方法初步判定，目前中国煤炭行业产业绩效主要得益于效率因素，而市场势力的作用甚微。为了保持国民经济的长足发展，考虑到煤矿建设周期长的特点，应提前加大对国有大中型煤矿的投资，保持煤炭适度供过于求的状态，以减少经济周期波动对产业的冲击。以保证国家能源安全为最大目标，依托大型煤炭基地，支持大型及特大型煤炭企业集团的兼并重组，提高产业集中度；同时鼓励大型煤炭企业之间的基于高效运作、技术性竞争策略、规模经济性和范围经济性的充分竞争。只要龙头企业之间处于有效的市场竞争之下，集中度的提高就可以提升产业整体盈利能力，增加全行业的产量，确保能源安全和增加社会福利。因此，寡头竞争的市场结构是未来发展的方向。

[24] 陈新业，彭静．公用事业垄断特征与价格监管对策．价格理论与实践．2010 (03).

在公用事业领域通常只有网络具有自然垄断性质，并非所有的业务都具有自然垄断性。随着以信息技术和其他高新技术为中心的技术革命的迅猛发展，随着资源的新发现和替代资源的出现，一些传统上被认为是属于自然垄断的领域，也发生了性质上的变化，也会失去垄断优势。所以公用事业垄断并非是固定不变的，必须摒弃对公用事业垄断进行绝对保护的观念，科学区分垄断性与非垄断性环节，对公用事业垄断企业进行垂直分割，细化公用事业垄断业务，在此基础上依业务不同予以剥离。加强对垄断行业的成本约束应当从三个方面入手：一是抓紧制订成本核算办法，根据不同垄断行业的特点，分别制定成本核算办法，明确成本构成及主要费用的计算标准或分摊办法。确定企业成本控制参数，根据企业产品零售价格指数，参考社会平均职业收入增长率等因素，确定企业成本上升率。二是建立垄断企业定期成本监审制度。依据成本核算办法对每年的成本水平进行调查审核，得到每年实际的、合理的成本，通过建立历史成本数据库，重点审查企业成本分摊是否合理、间接费用是否过高、工资成本是否超过社会平均工资等内容。三是严格实施定调价成本监审。在定价过程中按照成本核算办法的规定严格审核，并与定期成本监审数据相互比较，在此基础上测算出合理的定价成本，以此确定产品价格。

[25] 陈莹．我国信用评级业监管研究与监管体系构建．南京财经大学学报．2010 (02).

信用评级有助于解决信息不对称和委托代理问题，但是由于信用评级具有准公共产品特性及内在的利益冲突，仅靠自律及市场机制难以保证评级机构的独立性及评级的质量，因此，西方发达国家特别是欧盟强化了对评级业的监管。本文借鉴欧盟的做法，分析了目前我国评级业监管中存在的问题，就构建符合中国特色的评级业监管体系提出对策建议。由于评级存在准公共产品特性及内在的利益冲突，加上我国评级行业机构数量众多，发展不均衡；评级机构公信力尚未得到树立，缺乏进行良性竞争的基础等现状，借鉴欧洲监管模式，研究建立统一高效的监管体制，完善我国信用评级监管是现实选择。我国对于信用评级的管理规定散见于各部委的相关部门规章、办法中，缺乏系统性，法律效力不高、内容不够完善、适用范围有限，难以对信用评级业形成有效的法律约束。如国家发改委未发布过信用评级管理的专项规定；人民银行发布的《信用评级管理指导意见》、《信贷市场和银行间债券市场信用评级规范》等规定均为规范性文件，不具法律约束力；证监会发布的《证券市场资信评级业务管理暂行办法》仅对信用评级机构在证券市场从事信用评级业务的行为进行规范。我国信用评级业一直处于多头管理状态，2009 年 10 月，国务院法制办《征信管理条例(征求意见稿)》面向社会征求意见，虽然其中明确“人民银行为国务院征信业监督管理部门”，赋予了人民银行管理征信业（包括信用评级）的法定职责，但同时规定“法律、行政法规规定征信机构有关业务接受其他监管部门监督管理的，依照其规定”，三个部门在信用评级监管实践中的权限还有待进一步界定。由于没有部门对行业的制度供给绩效承担责任，出台的规章制度缺乏统一性、系统性，容易出现“各自为政、政出多门”等现象，也就造成了实质上的监管缺位。信用评级业作为需要加强监管的特殊行业，缺乏制度供给主体，自律及市场机制失灵得不到及时纠正，必将阻碍行业的健康发展。要提高我国评级机构的独立性及执业质量，整顿信用评级市场秩序，需要借鉴发达国家信用评级行业监管的经验和教训，健全评级业监管法律规定，统一监管主体和监管制度，完善对评级机构的准入及“监管认可”，强化对信用评级机构执业行为及规避利益冲突的监管，从而构建符合中国特色的评级业监管体系。

[26] 陈志广．商务部“汇源案”的反垄断思考．东岳论丛．2010（05）．

“汇源案”的最大成功是市场界定，它充分借鉴了世界各国或地区的经验，相关内容经过完善可以流传于后面的反垄断，作为市场经营活动的指示。“汇源案”的最大不足是没有充分运用市场界定的成果，没有运用最简单的市场份额标准。出于一些可知不可知的目的，“汇源案”没有抓住“汇源案”的并购性质，模糊性地融入了混合、横向甚至纵向并购逻辑，也没有运用对应并购性质的一般分析模式，最后判罚更是偏离了国际通用的市场份额标准。这一方面使得商务部自己的证明存在很大“缺口”，由于偏离国际通用的市场份额标准太多，许多推理、结论例如杠杆作用和进入壁垒等都难以令人信服，另一方面也使“汇源案”本身的价值下降，由于没有明确且易于形成一致意见的依据和标准，“汇源案”的判罚很难在今后反垄断和市场竞争中发挥指示作用。“汇源案”的第二个不足是不适当地运用了杠杆原理、品牌提升进入壁垒等相对复杂的经济学内容。对于一个没有反垄断基础的国家，不仅一般企业难以理解、把握复杂经济学的运用，就是反垄断机构、反垄断专家在相关使用中也容易出错，如文中提及的具体原理应用的要件不足和问题把握的偏差等。“汇源案”的第三个不足是没有审慎权衡并购利弊和充分重视相关当事人的权利。在“汇源案”中，我们看到的只有并购可能产生垄断问题的一面，没有并购的好处及其与并购不利的权衡。并购肯定有利有弊，而纵向和混合并购更主要是好处，所以反垄断实践不能先预设垄断问题的存在，然后寻找相关理论和证据去证明，而是应该审慎评估、权衡并购利弊，以在公正公平裁决下，充分利用并购好处，促进市场良性竞争。“汇源案”的一些信息应该会逐步被公开，它对于今后反垄断和我国市场运营的影响也会越来越大。

[27] 成功．试论外资并购的反垄断法规制．法制与社会．2010（05）．

如何确定市场份额或市场占有率却是个复杂的问题。我国现阶段采用市场份额来衡量市场集中度是可取的，但从长远来看，随着市场经济的发展与完善，可以借鉴美国等国家的做法，采用赫芬达尔—赫希曼指数来反映市场的集中度。同时，在确定市场集中度时，诸如并购后能否将多数竞争者排挤出市场能否构成市场进入障碍等因素也要予以考虑。由于反垄断法实施不久，在程序放面仍有待完善，这包括申请程序、调查程序、上诉程序等。在这些方面不妨借鉴国外的经验。美国的企业并购反垄断程序规范确立了事前申报、事前评估制度，并将听证程序作为并购程序规制架构的中心环节。并购当事人和联邦贸易委员会可以进行对抗式的质证和抗辩，以实现程序规制的客观与公正。我国可以效仿美国引入听证程序，以避民族保护主义之嫌。我国现有反垄断执法机构可总结为由反垄断委员会牵头、三部委相关部门协调运作。一部专业法律，多头执法，动用如此庞大、复杂的管理机构，多部门齐抓共管，实际上谁都不管，易形同虚设，执行效果不佳。法律没有明确执法主体，具体到“谁来管这件事”没有界定，那么，谁来执法就成了问题。这部反垄断法由多家部门执法，从市场管理实现上看是难于操作的。因为一个棘手或协调问题，需要召开“相关部门”联系会议，这期间碰头、筹措的时间比较漫长，缺乏有效沟通，会延误办事效率。此外，法院在司法实践中能否依据《反垄断法》判案，也是一个模糊的问题。

[28] 程鹏飞，刘新梅．移动通信行业的规模经济性检验——基于105家运营商面板数据的研究．软科学．2010（02）．

本文使用34个国家105家运营商1999～2004年的经营数据，从利润率分析法的视角对移动通信行业的规模经济性进行了检验。实证结果显示，移动通信行业确实存在规模经济，但是这种规模经济仅在一定范围内存在，过大的规模反而不经济，具体表现在规模与利润率的关系上就是两者呈现倒U型关系。本文还估算了最优经济规模，认为1.24亿用户是最优的经济规模。移动通信产业作为一个具有自然垄断性的基础设施产业，必须在政府规制下才能有效运行。管制机构的目的是促进行业竞争和提升社会福利，因此在管制政策的制定过程中必须要考虑行业的技术经济特点，其中规模经济性是非常重要的考虑因素。从本文的研究结果来看，运营商的最优经济规模是1.24亿注册用户，超过该范围后会表现出规模不经济。就我国的实际情况来看，我国移动电话用户总数超过6亿，其中中国移动一家就超过4亿，已经到了规模不经济的区域，而新进入移动通信行业的中国电信的用户规模只有3000万左右，远未达到最优规模经济。所以从规模经济方面看，这次电信重组为削弱中国移动一家独大的市场格局提供了契机，但是3家运营商之间的巨大差距仍然制约我国移动通信行业规模经济性的发挥。所以，规制机构今后一个重要工作就是缩小3家运营商之间的市场份额差距，尤其是通过非对称管制来鼓励处于弱势地位的运营商的发展。

[29] 程鹏飞，刘新梅．经济增长、替代效应及规制对电信发展的影响——基于创新扩散的视角．中国软科学．2010（01）．

从创新扩散的视角出发，对创新扩散模型进行了拓展，把扩散速度看作是关于经济增长、替代效应以及规制这些因素的函数。利用我国电信市场的用户数据进行了实证研究，结果表明，经济增长有效地推动了我国电信用户的扩散速度，但固定电话与移动电话之间存在替代效应，削弱了各自的用户扩散速度。我国在电信规制方面采取的放松管制并未有效地提升用户扩散速度。另外，本文运用C－test统计检验方法，证明了拓展模型的拟合优度显著优于原模型。这表明，将经济增长、替代效应和规制政策因素引入创新扩散模型能够更好地解释我国电信市场的发展过程。本文认为造成替代效应的主要原因是在语音业务上的直接竞争，要削弱替代效应就必须发展数据、增值业务，降低语音业务的比例。运营商可从以下几方面来采取措施：（1）在移动通信方面，利用3G技术来拓展数据和增值业务。运营商需要借助3G的实施引导消费，逐渐改变用户的消费结构，增大增值和数据业务的比例。可以通过低价策略来吸引用户使用增值业务和数据业务，较快将移动通信增值业务和数据业务市场做大。（2）在固定电话方面，加快互联网的发展。固定电话网络是互联网最主要的物理网络，作为新兴的通信技术，互联网在我国的发展还处于初步阶段，未来的发展空间巨大，因此固网必须将互联网作为下一个增长点。互联网技术可提供从文本、语音到视频以及应用的全方位信息服务，可以为固定电话的增值服务和数据通信提供最广阔的技术平台和发展空间，新一代的VoIP技术为语音业务的大幅度降低成本提供了可能，而Wi－Fi和WMiax技术为固网终端无线化提供了技术支持。（3）加快固网移动融合（Fixed-mobileconver-gence，FMC）。固网移动融合是指固定电话网络和移动通信网络的融合，它能够为用户提供多样的高质量的通信、信息和娱乐等业务，已经成为电信行业的发展趋势。新一轮电信重组形成了三家全业务运营商，可以说为固网移动融合扫清了产权制度障碍。3G牌照的发放以及日益成熟的VoIP、Wi－Fi、WMiax技术为固网移动融合的实现提供了技术支持。加速固网移动融合可以将固话与移动通信之间的替代效应转化成为互补效应，充分发挥各自的技术优势，为消费者提供低成本、丰富、快速、可靠的综合通信服务。

[30] 程然然．论银行业反垄断的相关市场界定．安徽工业大学学报（社会科学版）．2010（02）．

银行业掌控着国家的经济命脉，关涉国计民生，因而在如此重要的行业内制定和适用反垄断政策具有极大复杂性和专业性。这种复杂性和专业性具体体现在银行业反垄断的产品市场和地域市场的界定中。美国银行业的反垄断执法在实践中发展出的产品组合原则和本地市场原则等，对于当前我国银行业反垄断执法具有重要的参考价值。产品组合原则以集合的方式对银行产品整体考量，简化了产品市场界定的难度，有效地解决了金融产品多样性导致的产品市场界定混同问题，对于提升经济分析的效率，准确认定行为的限制竞争效果等具有重要意义。滥用市场支配地位类案件中也并不排除某个银行在整体市场未占据支配地位，但在某项重要产品上具备支配力量，这就决定在具体适用该原则时，必须结合案件的不同类型考虑是否组合产品以及组合范围大小等。在确定银行产品地域市场时，各国亦存在不同的做法。笔者认为美国反托拉斯法确定的本地市场原则具有一定的代表性。本地市场原则的核心在于界定地域市场时将竞争范围限定在分支机构的经营地区，而非考虑总行的辐射范围。如今的国际银行巨头基本都在全球范围开展业务，相较于以整个国家乃至全球范围作为地域市场，本地市场更为集中。对于仅仅只在部分州开展业务的银行，如果将国家作为考察范围，并购方面整体市场 HHI 指数将非常之低，使得可能产生限制竞争效果的并购轻易通过审查。滥用市场支配地位的监管中，也将因为支配地位的难以确定而放纵事实上在本地已经具备支配地位企业的垄断行为。决定银行竞争本地化的原因很多，其中最重要的是消费者喜好和较高的潜在进入成本。该原则有效地解决了银行业看似激烈的全国市场竞争与实际强度较弱的各地市场竞争间的矛盾，实现了执法上的统一。将在银行业反垄断实践中，不同的违法行为所需要运用的分析方法和标准也不尽相同。以卡特尔为例，核心卡特尔一般适用本身违法原则，因此，除具备豁免卡特尔的相关事由外，一般情况下无需判断产品市场与地域市场。当然，如果存在中小企业卡特尔等与市场结构有一定联系的豁免事由，也需要就相关市场做出界定。所以，必须灵活对待各种限制行为在银行市场上产生的反竞争效果，根据不同的情况结合产品组合原则和本地市场原则区别运用。

［31］程然然．论银行卡市场的反垄断．哈尔滨工业大学学报（社会科学版）.2010（05）.

随着电子支付系统的日益发展，以银行卡为代表的新兴支付工具开始逐渐成为人们生活中最常使用的支付手段。银行卡市场的蓬勃发展促使 Visa、万事达等国际支付巨头的势力不断膨胀。这些组织固定交换费率，设定禁止额外收费以及引导支付等规则，不仅损害了消费者的利益，同时对银行卡市场自由竞争产生了严重阻碍。从银行卡交易的基本模式出发，结合发达国家和地区的执法经验，从反垄断的角度分析交换费以及相关限制的不合理性，并给出交换费的替代方案。从实践中来看，交换费能否取消，取决于是否可以找到一种既能够提高支付效率，又能符合反垄断要求的替代性收费方式，将发卡行的成本通过这种方式回收。取消交换费能够降低开放式网络的支付成本。然而由于封闭式网络的收费结构中没有交换费的存在，所以无法对其价格构成直接产生影响。但随着开放式网络竞争力的不断增强，封闭式网络卡组织也必须降低商户扣率才能在支付市场上生存和发展。取消交换费能够为实现支付体系的最佳状态迈出坚实的第一步。不可忽略的是，通过交换费而捆绑的各利益群体并不会轻易放弃既定的分配规则。打破目前已经形成的分配格局必然会损害以银行卡组织为首的支付市场参与主体既得利益。完成这项艰巨的任务，不仅需要反垄断执法机构参与，更需要银行业监管机构强有力的配合与支持。从目前情况来看，这显然还有一段很长的路要走。

［32］慈向阳，赵德余．中国电力市场的非均衡研究——制度偏好差异的视角．工业技术经济．2010（03）.

中国电力市场处于非均衡状态，这种非均衡本质上是制度的非均衡，即没有建立与社会主义市场经济相适应的电力市场制度。中国的电力体制改革形成了相应的利益集团，这些既得利益集团在很大程度上掌握了电力改革进程的规划权。因此，（1）严格界定电网企业的功能。目前电网企业利用其垄断地位在很大程度上掌控了电力体制改革的话语权，成为电力体制改革中的一个获利较大的利益集团。这种利益集团的形成对于电力行业的制度变迁产生较大影响，使得制度变迁路径偏离电力体制改革的初衷。制度矫正的一个重要方面就是要严格界定电网企业在电力改革进程中的功能：作为输电企业，电网企业对于所输送电力拥有一定的定价权是合理的，这也符合经济法则，但这种定价权也应仅限于经济法则，且是受到约束的部分经济权。（2）进一步推进输电和配售环节的分离。电网企业垄断输、配电的各个电力交易环节，这对维护电力市场的公平竞争是不利的。可以先对输配电资产进行准确度量，根据成本收益原则，合理测定输电价和配电价，将输电和配电环节作为准独立的企业进行核算，进行输配电环节准分离，在此基础上最终实现输电和配售电环节的分离。这是深化电力体制改革、进行制度矫正的一项攻坚环节，政府应起主导作用。只有厂网分离，没有输配分离的改革是不彻底的。另外，输电技术与市场制度很难完全割裂，如中国目前对特高压输电就存在很大争议，担心这会加强国家电网的市场垄断地位。（3）改善政府的监管模式。改善政府的监管是建立完善的电力市场制度的内在要求，也是进一步推进电力体制改革的保证，这也是中国政府主导的强制性制度变迁的内在要求。政府的监管应由对终端电价的监管转移到对电力市场的公平竞争的维护，维护竞争性的市场定价机制，在稳定发电量的同时，推动电力交易模式的改革，建立电力库和大用户直销共存、有序竞争的电力交易模式，推动供电侧的竞争。在电力产业的各个环节，应该管住中间，放开两头，即将监管的重点放在具有自然垄断特征的输配电环节，放开发电和供电环节。

［33］崔惠民，李文庆，米强．自然垄断行业改革之规制与竞争平衡研究——一个手段与目标交叉指向的结论．经济问题探索．2010（11）．

垄断的存在说明市场在运行过程中存在着失灵，因此政府规制的存在就具有相当必要性，而自然垄断行业因其成本劣加性和规模经济性更应受到政府普遍规制，该行业的改革涉及全社会福利的提高和各产业主管部门政府职能的转变，成为当前中国经济体制改革的焦点和难点。我们应该通过规制手段去实现原本应经由竞争手段来实现的资源优化配置目标，而通过竞争手段来实现原本应经由规制手段来实现的公共利益最大化目标。规制政策的科学有效可以更好地促进竞争的效率，而竞争的有效展开可以促进规制政策的完善，只有这样，才能解决规模经济与竞争活力的矛盾，摆脱马歇尔困境，真正实现自然垄断行业规制与竞争的良性互动与平衡。本文在分析我国自然垄断行业负面效应及政府规制当前存在问题的基础上，有针对性地提出我国自然垄断行业改革应设置独立规制机构、引入竞争机制、促进规制与竞争的互动平衡等政策建议，以期供政府相关管理部门决策参考。

［34］崔卓兰，宋慧宇．论我国食品安全监管方式的多元化．华南师范大学学报（社会科学版）．2010（03）．

我国目前的食品安全监管体制脱胎于计划经济体制。由于改革的渐进性，使监管方式具有混合的性质，既有市场经济现代监管理念的探索，又有计划经济管理模式的痕迹。但总体来讲，宏观监管政策和监管模式已有现代监管体制的雏形，但微观监管方式仍然没有脱离传统计划经济模式，基本上是以强制为基础的单一监管方式。尽管存在食品安全监管主体自身的局限性以及既有落后制度的制约，但行为者的观念在制度选择和变迁中有着至关重要的作用。当前我国食品安全监管方式的选择与更新应当贯穿服务理念。为顺利实现行政管理，运用某些命令、强制手段固然必不可少，但由于其主观决断性强，追求显效，方式较简单粗暴，若使之成为独一无二的行政行为方式，势必引起行政摩擦的加剧，造成不必要的矛盾与对抗。现代市场经济的发展赋予了政府监管以新的内涵，监管者与被监管者已不再是不可调和的对立状态，而应当以一种多元主体参与、非强制性、更多融入专业技术与激励机制的多元监管方式来调动公民的积极主动性，自愿服从并参与监管，以达到服务、引导、监督、有序的和谐状态。食品安全涉及社会整体利益，传统监管方式已经不适应当前社会对监管的需求，为此我们通过对现有食品安全监管方式的分析，积极探索新型多元食品安全监管方式以提高食品安全监管的有效性；但这并不代表一些传统监管方式不重要，而是希望将强制监管与非强制监管、过程监管与结果监管、硬性手段与软性手段多方结合，以取得更好的监管效果。

［35］戴璐．部分民营化改革的研究述评与理论启示．中央财经大学学报．2010（08）．

部分民营化是国有股份没有完全退出改制企业的一类改革形式，包括国有股仍然保持控股地位与剩余国有股仅是小股东两类具体情况；与之相对应的是完全民营化，即国有股份全部退出，原国企在产权性质上转变为彻底的民营或外资企业。从现实发展来看，部分民营化于20世纪70年代在发达国家兴起，如英、德等国推动大型国企改制上市。相应地，新兴市场国家和转型经济体自 90 年代以来也陆续开启了部分民营化改革。就最终结果而言，这类改革在很多国家是过渡性举措，一定时期之后国有股权往往会最终退出。与众不同的是，中国的国企改制却成为渐进式改革的代表，一些大型国有企业的改革最终止于部分民营化。从改革的成效来看，部分民营化面临的主要问题是企业没有割断同政府的产权关系，国企的积弊有难以消除的风险。目前，已有的理论研究和文献述评主要集中于完全民营化或国企改制中各类效果的比较方面，专门关注各国部分民营化改制动机以及相关背景的研究回顾较为少见。理论研究表明，部分民营化的出现是效率目标、财政收入目标与经济安全、政治稳定等多重目标相互妥协达成的平衡。在两类国有股减持中，政府让出控制权和保留控制权反映了上述因素的不同权重。除了带有普遍性的改革动因，发达国家和发展中国家也分别源于本国的特定背景而赋予了部分民营化改革以额外的使命。对于部分民营化的改制效果，大量的实证研究证实了改制本身带来了积极的影响；而如果将部分民营化的改制效果与完全民营化比较，绝大多数研究都证实后者将会有更好的业绩改善。主要的原因在于政府保留控制权之下，部分民营化没有完全摆脱传统的行政干预和预算软约束的问题；政府放弃控制权后，剩余国有股份又表现比较消极，无法与新任民营股东制衡。此外，在新兴市场和转型经济国家，制度环境的不完善，债务约束等外部治理机制无法奏效，导致了部分民营化后新任民营股东自身也存在新的代理问题。本文通过对已有研究的回顾表明，部分民营化作为国企改革和发展经济的一项重要措施，是无法单独奏效的。改制的效果需要政府重新定位角色，放松管制、硬化预算约束、推动金融部门改革以及完善法制等一系列外部条件的协同效应。

［36］单春红，刘晓丽．掠夺性定价的 KMRW 声誉模型分析．山东经济．2010（06）．

模型的结论说明不完全信息条件下掠夺性定价是理性的，企业有动力采取该行为，但从全社会福利的角度来看，掠夺性定价会影响正常的市场竞争秩序，造成社会福利的损失，所以多数国家都针对掠夺性定价行为制定了相应的规制措施。本文针对我国掠夺性定价方面存在的问题，针对性地提出以下几条政策建议。（1）从市场角度来说，①不断发展完善我国的市场经济结构，为企业提供一个规范竞争的外部环境。②充分发挥市场在产业结构调整中的主导作用。我国掠夺性定价集中发生在供需结构矛盾突出、生产能力过剩、市场集中程度不高的行业，为改变这些行业恶性价格竞争的局面，就必须充分发挥市场机制在价格产量调整方面的作用。（2）从政府角度来说，①加强信息服务，提高行业透明度，鼓励企业之间的交流和学习，减少掠夺性定价发生可能性。②完善掠夺性定价立法，设立专门的执法机关。③随着经济形势的发展及时调整认识，提高对掠夺性定价的鉴别力，努力做到不漏过、不错判，既有效维护市场的公平和效率又不打击企业的积极性。④发挥政策引导作用，鼓励专家学者加强对掠夺性定价的研究，为执法实践提供更强大的理论支持。⑤在执法方面做到一视同仁，合理把握执法尺度。对采取掠夺性定价的企业按照相同的标准进行规制，同时对那些以打击掠夺性定价为名、对其他企业的正当价格竞争行为进行打击报复的企业采取严格的处罚措施。⑥完善私人诉讼机制，提供更多救济途径。充分考虑到私人诉讼面临的困难并在案件受理、举证责任承担等方面采取一定的便利措施，便于受损害的经营者提起诉讼，从而发挥私人诉讼在制止掠夺性定价中的独特作用。（3）从行业协会角度来说，①充分发挥行业协会的作用，建立对行业内企业竞争行为的约束机制，该机制的内容既要包括各企业在价格竞争中应当遵循的规则，还要包括违反规则后受到的惩罚及对受损方的应做的经济赔偿等规定。②行业协会内部设立专门机构，对企业的价格竞争进行监督和管理，同时积极协助政府管理部门对企业的掠夺性定价行为的规范和治理。（4）从企业的角度来说，①拓展经营思路，摆脱单纯以价格武器参与竞争的局面，重点从技术升级、管理创新等方面来提高竞争优势。②提高公平竞争和长远意识，强化社会责任感。③受到侵害的企业应积极通过举报、协助有关机关调查等形式反对掠夺性定价，也可以直接通过诉讼要求制止掠夺性定价行为并要求实施者赔偿损失，维护自身的合法权益。

[37] 单洪国，鹿永华，赵俏俏．我国食品安全存在的问题及对策分析．经营管理者．2010（08）．

食品安全直接关系到公众的身体健康和生命安全，关系到一个国家经济的可持续发展，关系到社会的和谐稳定和政府的威望，但近年来我国发生了一系列的食品安全事件，严重影响了我国经济社会的发展。加强食品安全管理已经刻不容缓。(1) 完善微观农民组织的基础上，建立食品市场准入和管理的新型制度。解决食品安全问题必须解决农业生产规模小，千家万户分散经营的问题关键要在完善微观农民组织的基础上，建立食品市场准入和管理的新型制：建立一乡一社制度，在每个乡成立一个专业合作社，由合作社制定统一的生产标准，分户生产，合作经营；建立统一品牌制度。每一合作社都根据自己的比较优势搞一个品牌，每一合作社的产品都注册一个品牌。食品采取品牌标识准入制度。食品，进入正规市场都必须标识，标识可以识别到谁生产的、在哪块地（或车间或操作台）上生产的、什么时间生产的。(2) 加速建立食品安全标准体系。参照《国际食品法典》，从食品安全的全程监控着眼，把标准和规程落实在食品产业链的每一个环节。同时，把食品的质量和卫生标准合二为一。组织完善现行国家、行业和地方标准的清理，通过清理，解决标准之间交叉、重复和矛盾的问题，并对已备案企业产品标准进行清理：以食品安全标准为重点，以提高我国食品标准的整体水平；积极开展标准的宣传和培训活动，提高企业执行标准的自觉性，加强对食品生产加工企业标准的备案管理，引导和监督企业严格执行强制性标准，严格按照标准组织生产。(3) 健全法律和法规提高执法队伍的综合素质加强社会监管。依法调整工作思路，创新工作手段，进一步转变工作思路，研究新的工作方法；加强机关公务员的培训，提高执法队伍的综合素质；加强企业的培训，使管理者知法而守法；加强社区宣传，针对基层街镇领导和协管员开展学习活动，提高法律意识，充分发挥一线人员的力量。

[38] 邓菁，韩超．中国寡占研究进展：2007～2009 年．东北财经大学学报．2010（06）．

博弈分析方法的引入，使得经济学对寡占市场的分析进入一个崭新的时期。随着重复博弈，多阶段博弈，以及不完全信息等分析技术引入寡占模型，经济学家对寡占领域的研究逐步深入。中国经济问题研究与西方经济问题研究的显著不同在于中国是一个转轨经济，相对于西方国家，中国的经济问题要复杂得多，涉及的影响与被影响因素也更为广阔。对中国经济高速发展秘密的解释需要依靠新经济增长理论对制度以及政治问题的探讨。从这个角度，我们发现，要解释中国的经济问题，制度不可以简单地设成外生变量，而是一个内生变量。由计划经济向市场经济的转变，由国有独资向股份制的改革，这些重大的制度变迁尤其是产权的改变深刻地影响了中国经济发展的方向与步伐。这种改变在寡占领域有着明显的表现。中国寡头市场结构的形成并非纯粹的市场调节的结果，而是伴随着行政垄断和行政壁垒的制约。对制度、改革以及政府规制方面的研究仍将是寡占领域的重点关注方向。在研究方法上，国内文献追随国外文献的痕迹十分明显。近年来，国内研究方法的“先进”程度正逐步缩短与国外文献的时间差，但这个差距总体来看仍有 10 年之久。这一方面说明国内的学术研究要想取得令人称道的成果仍需要走很长的路，对创新性不足这一缺点的克服，仍需要经济学家们的努力；另一方面，我们也应该看到学者们的努力正渐渐看到成效，对计量分析工具的掌握表现在国内学术文献中的大量运用。依作者拙见，计量与数理的分析工具在今后依然是国内文献的主要方法。但是，随着经济学家们的不断努力，以及各大高校、科研院所对国外先进研究工具的教育培养，博弈论、实验研究等方法以及这些方法与计量数理方法的结合将是国内学者逐步偏向采用的研究方法。

[39] 丁启军．行政垄断行业高利润来源研究——高效率，还是垄断定价？．产业经济研究．2010（05）．

行政垄断对劳动生产率并没有显著影响；行政垄断对 DEA 方法测得的成本效率没有显著影响——其中对技术效率的影响为负，而由于国有企业面临的要素投入优势，对配置效率的影响则表现为正，总的成本效率是二者综合的结果；回归分析中，行政垄断与动态效率没有显著的关系，而在分组分析中，行政垄断甚至会导致动态低效率。综合三方面来看，在不考虑行政垄断行业先天禀赋优势的情况下，行政垄断要么是对生产效率没有显著影响，要么就是会降低企业生产效率，没有证据表明行政垄断会导致企业具有较高的生产效率。因此，行政垄断导致的较高的行业利润，不能解释为是企业高效率的结果，而应该归结为垄断定价带来了高利润；相应地，垄断行业的高工资高福利存在的合理性基础也就不攻自破。行政垄断行业员工的高工资福利并不是其企业高效率的反映，而是企业凭借其行政垄断地位制定垄断高价获取超额利润并据此进行分配的结果。因此，只要存在行政垄断，就很难根除这些行业不合理的高收入状况；而消除这种情况的根本办法，就是降低行政垄断程度直至彻底破除行政垄断。然而，由于行政垄断行业大多是涉及市场失灵、国民经济命脉、国家安全等因素的行业，再加上各行业既得利益集团的阻挠，短期内想要彻底破除行政垄断困难重重。虽然行政垄断短期内还是很难彻底破除，但是中央政府也不是没有任何办法来应对垄断行业的高收入问题。在行政垄断既定的条件下，解决垄断行业高收入的关键在于政府进行有效的规制调节。政府进行有效的规制调节也有很多困难，这一方面是由于政府规制部门可能与垄断企业已经结成某种利益同盟，进而缺乏进行有效调节的动机；另一方面，即使不存在政企合谋，政府规制部门进行有效的规制调节也面临着信息不对称的难题，从而没有足够的能力对企业进行有效的规制调节措施。为了政府规制措施的有效实施，规制机构的进一步改革不可避免：第一，为了防止规制机构与垄断企业之间可能发生的规制俘获行为，一定要维持规制程序的公开性和透明性，而且必要时要成立专门机构以监管规制者（反垄断法虽然对大部分行政垄断行业豁免，但是中央政府可以考虑授予反垄断法执法机构监督规制机构的权力，从而实现部门政府的权力制衡，必要时甚至可以直接对行政垄断行业问题提起法律诉讼）；第二，规制机构实现有效规制，最重要的就是能获得企业相关成本信息，当规制机构没有能力单独获得时，建议加大规制机构和第三方机构诸如国家审计署等的合作行为，以提高政府规制的有效性。在这二者基础上，政府规制部门采取同时控制利润水平与员工工资的方式，不但可以调节垄断行业高收入，还可以降低产品和服务的价格，从而增加社会福利，最终实现帕累托改进。

[40] 丁启军．论政府规制与中国的行业性行政垄断．湖北经济学院学报．2010（04）．

行政垄断的重要基本问题都可以从规制经济学的角度进行有效研究。从政府规制的角度出发，行政性进入规制存在且程度严重的行业，即可被判定为行政垄断严重的行业。当然，政府进入规制往往以法律、法规的形势存在，并不容易直接测量，但是政府进入规制一般会直接导致较高的行业国有化比重与较高的行业集中度以及造成一些其他影响，我们可以从这个角度进行间接定量研究。规制均衡和行政垄断的存在机制问题本质上是相通的——规制均衡点往往偏离社会利益最大化时的均衡点，这导致了不合理的行政垄断可以长期持续存在。具体地说，行政垄断产生的博弈各方都是追求自身利益最大化的行为主体，尤其是规制部门追求其自身利益导致了不合理行政垄断的产生；规制部门并不完全是公共利益的代表，允许企业向其寻租，这应该是行政垄断产生与存在的最重要的原因。行政垄断有其内在的形成和存在的机制，是相关利益各方相互博弈达到的一种均衡状态，在影响均衡的诸多因素没有变化的情况下，这种均衡就会持续下去。传统的政策建议研究有个最大的弊端，那就是不能指出政策建议的实施主体。笔者认为，政府部门不是铁板一块，部门政府往往是行政垄断的强烈偏好者，而中央政府则更代表公众利益，因此中央政府应是破除行政垄断建议的实施主体。由于不合理的行政垄断主要是规制失灵造成的，因此与其他政策建议不同，本文认为放开禁入、引入竞争虽然也很重要，但不是行政垄断行业的改革重点；在政府对这些行业保持控制的前提下，如何提高规制效率才是破除行政垄断问题的关键所在。市场微观失灵的存在，引申出政府对市场干预的必要性，而行政垄断这种制度安排正是这种逻辑的产物之一；但政府也不是万能的，政府干预也同样存在失灵，这就导致了行政垄断存在很多问题。本文认为政府的公正、高效的运行是解决行政垄断问题的根本所在，即寄希望于通过降低政府失灵的程度来解决行政垄断问题。但是政府失灵到底可以多大程度上被纠正？可以预期，政府失灵不可能完全解决，市场失灵又同时存在，这也就意味着行政垄断问题无法根本解决；最终，人们面临的其实还是一个在市场失灵和政府失灵之间进行选择的问题，而这也正是经济学研究的永恒话题之一。

[41] 丁增稳．基于政府管制视角的企业价值问题研究．北京工商大学学报（社会科学版）．2010（03）．

如果政府管制服从“公共利益论”假说，那么它的总体目标就是解决市场缺陷，实现社会福利最大化，具体目标则应区分产业的特点和管制的性质来分析。针对自然垄断产业的经济性管制，其目的可能是限制垄断带来的不公平收益，会让产业内的企业价值受损；而针对竞争性产业的经济性管制，其目的可能是维护市场的公平竞争，产业内的多数企业应该因此受益。对于社会性管制，无论在什么产业，其目的是解决生产中的安全与健康问题、环境问题、产品质量问题等，等于强制企业承担一定的社会义务，一般在实行管制后的短期内会引起企业价值的下降，长期的价值影响则不确定。如果政府管制服从“管制俘虏论”，则管制机构经过一段时间之后将被产业俘虏，受管制的产业将赢得有利的管制政策，企业价值会因此得到提升。如果政府管制服从“收费亭论”，则管制机构和官员是管制最大的受益者，受管制的产业很可能会因此受损。如果政府管制服从“政治工具论”，则管制就是政府用来替代税收和补贴等行为的一种政治工具，企业可能会被要求向政府缴付一定的费用，或者以低于市场的价格向特定的消费者提供产品，会对企业的价值产生负面影响。政府管制动机的不同会给企业价值带来不同的影响。但无论何种动机，政府管制都会通过各种途径影响企业的现金流量和资本成本，并最终对企业的价值产生巨大的影响。政府管制实际作用的对象不外乎市场、企业和消费者三类。通过改变市场配置机制而影响企业价值的另一个重要的管制途径是政府对公司治理机制的影响。为了实现企业价值最大化的目标，政府在一些情况下需要削弱管制，针对市场机制和企业经营的管制削弱就是放松管制；在另外一些情况下需要设置新的管制或加强原有管制，针对企业经营的管制强化就是激励性管制，而对市场机制的管制强化就是为培育市场机制的管制。

[42] 董金阳，高希宁．我国食品安全问题的博弈分析及相关解决措施．财经界（学术版）．2010（02）．

理性的经济人当然会选择正和博弈，双方都会有收益，所以不管我们的监管部门还是惩罚部门只要有一方面忽略这个问题，那么我们国家对违法部门的惩罚就形同虚设。因此唯一受到危害的就是我们消费者，购买商品身体受到伤害，却追讨公道无门。生产经营者与消费者之间、政府与生产经营者之间的信息不对称，是我国食品行业信用缺失产生的原因之一。诚信问题不解决，食品安全风险分析就难以开展。应完善食品安全信用披露制度，使消费者能方便地查阅食品安全信用状况。与此同时加大对食品行业违法行为的打击力度，使其违法成本远远大于违法收益，最大限度地防止造假、虚假宣传等违法行为的发生，从而维护市场经营秩序，恢复市场消费信心。

[43] 董梅生，洪功翔．上市公司高管薪酬与普通职工收入及其差距的实证分析．华东经济管理．2010（09）．

高管薪酬与普通职工收入差距过大，已是普遍现象。董事长与普通职工收入比平均值为 17.47 倍，远远高于我国人力资源与社会保障部规定的国企老总薪酬不能超过职工平均工资的 12 倍，所以我们认为董事长与普通职工的薪酬差距过大。尽管样本中高管平均薪酬与普通职工收入差距平均值为 8.43 倍，但是也显著高于 2007 年城乡居民收入比 3.33 倍，考虑到高管有很多隐性福利，因此，高管与普通职工收入比要远远高于我们统计的数字，所以我们认为高管与普通职工薪酬差距也过大。另外从属性变量来看，高管薪酬与普通职工收入差距与行业、省份、地域划分无关，这说明高管与普通职工薪酬差距过大是普遍现象。监事会平均薪酬在高管中是最低。总体而言，董事长薪酬>董事会平均薪酬>高管平均薪酬>监事会平均薪酬，这说明监事会平均薪酬在高管中是最低的，这从侧面验证了我国监事会确实存在职能虚设情况。但是从最终实际控制人来看，中央和中外合资的公司更注重监事会功能发挥，而民营企业监事会的监督功能是最弱的。金融保险行业的高管薪酬与普通职工薪酬显著高于其他行业。从行业上来看，只有金融保险行业的高管薪酬与普通职工薪酬显著高于其他行业，说明互联网上对金融保险行业的“天价薪酬”的质疑有其合理的成分，有必要对其进行限制。上市公司高管薪酬与普通职工收入差距过大是普遍现象。这是因为上市公司薪酬委员会成员虽然有独立董事和职工监事参加，但是我国上市公司国有股东由于主体缺位，实际控制权由高管层“内部人”控制，独立董事和监事会监督功能由于各种各样的原因最终流于形式，使得董事会替代了公司治理结构，因而存在董事会“专断薪酬”自由决定的现象。因此，高管的利益更多被诉求，而普通职工利益多被忽视，从而高管薪酬与普通职工收入差距的拉大成为普遍现象。但是高管薪酬与普通职工收入差距过大将会使我国居民收入更加向两极分化，不利于社会和谐稳定。因此，我们建议对于上市公司薪酬委员会制定薪酬标准进行适当限制是有必要的，或者政府部制定出切实可行的操作措施真正发挥独立董事和监事会的监督功能以遏制住董事会“专断薪酬”自由决定的现象。

[44] 杜仲霞．反垄断法视野下的外资并购．法治研究．2010（02）．

外资并购对我国市场竞争产生了重要的影响，对于我国经济的发展具有非常重要的作用，主要表现为：第一，外资并购可使我国企业股权多样化，尽快建立现代企业制度，可推动国有企业改革，从而增强我国国有企业的市场竞争力。第二，外资并购有利于我国企业产品结构的升级和产业结构的优化，外资企业带来了先进的生产技术，使得产业结构更加合理。第三，外资并购有助于培育市场竞争。我国反垄断法和“合并指南”在规制外资并购时存在不少的问题，主要表现为：第一，对于合并需要申报的标准，“合并指南”只规定了合并公司上一年度在全球或者在中国的年销售额，未对合并企业市场份额达到多少必须申报作出规定，市场份额是推定企业是否具有垄断地位的重要依据，并购如果不考察市场份额，必然使得一些涉及并购市场份额较大但年销售额达不到反垄断法标准的合并逃脱监管，因为有些行业属于本身规模较小，但合并企业涉及市场份额较大的行业。第二，反垄断法及“合并指南”未对合并企业的交易规模作出规定，这可能导致只要年销售额达到指南规定标准的企业之间的任何合并，都要按照反垄断法的规定进行申报。但有时即使是大企业实施的合并，也可能涉及的交易额较小。这一方面导致企业合并的成本加大，企业合并的不确定加大，同时也可能使得许多原本不需要申报的合并也要申报，大大加重了商务部审查合并案件的数量，造成审查机构大量的资源浪费。第三，要求合并企业事先申报的目的是事前预防，但纵观欧美国家企业合并制度，还应建立事后补救的监督制度，防止企业合并后实施垄断行为。而我国反垄断法及指南并未对外资并购后滥用市场支配地位进行的垄断行为建立实时监控，对外资并购后从事的垄断行为监管不够。

[45] 段俊丽．资本市场监管．消费导刊．2010（08）．

目前，中国资本市场存在市场失灵与监管失效，这种现状破坏了资本市场的资源配置功能。研究我国资本市场监管现状并加强我国资本市场监管体制建设，对促进我国资本市场健康发展具有重要的现实意义。中国现行金融市场监管体系的特征就是分业监管。中国金融体系分别由银监会、证监会、保监会监管。但在资本市场上就是多头管理，政出多门。中央和地方各管一块，不同品种证券的市场管理者不同。现行我国的监管机制主要是集中型监管体制，在分业集中监管的基础上，财政部、中国人民银行实行适度的统一监管。资本市场监管机构分为中央监管机构和地方证券监管机构。在我国资本市场监管体制中，地方政府在本地区证券管理中占有重要的地位，尤其是上海、深圳市政府和证监会一起管理沪、深证券交易所，其对证券市场的影响是巨大的，在公司上市、股票交易流程上都有可能影响其正常操作。加强我国资本市场监管体制建设可以从各个不同的层次入手：（1）主板市场。在证券交易所监管职能的设计上，应从两方面着手：①合理分配证券交易所、证监会、证券业协会之间的职权。修订相关的法律条文，明确规定交易所应负的自律监管职责。②完善证券交易所的自律监管，改善政府的行政监管，做到自律监管与政府监管并重，逐步形成多层次的证券监管体系。（2）地方性证券交易所。为了保持地方证券交易所的独立性和特殊性，我们在区域性产权市场的监管制度的设计上，要注意以下几点：①产权交易的监管是一个全新而艰巨的任务。②产权交易市场在监管制度设计上可实行许可制。③尽快建立双重自律组织，以法律或法规的形式确认自律机构的法律地位，赋予其制定相关规则的权力，使市场的自律机构充分发挥相应功能。（3）创业板市场。①监管运作与规则独立于主板市场。②信息披露为主。③依照买者自负原则。④柜台交易市场。此外，要加强证券自律组织的作用，发挥行业协会的作用，通过将政府监管与证券行业协会的自律管理相结合，形成完善、有效的监管体系，推动我国 OTC 市场的健康和稳定发展。

[46] 樊慧玲，李军超．嵌套性规则体系下的合作治理——政府社会性规制与企业社会责任契合的新视角．天津社会科学．2010（06）.

保障生产与消费安全、实施环境保护既是企业社会责任的内在要求，又是政府社会性规制的基本内容。安全的生产场所、健康的消费与服务、良好的自然环境等公共需求，单靠企业治理或政府治理是无法满足的，唯有多方协同合作方能完成。本文在嵌套性规则体系的分析框架下，引入公共事务治理的新逻辑——合作治理，在此基础上，通过分析社会性规制与企业社会责任契合的路径与模式选择，探讨了政府、企业和社会如何实现合作治理，以及社会性规制与企业社会责任的有效契合，进而推动实现公共事务的有效治理。合作治理有以下三个突出的优势：其一，有利于为公民提供多种选择。其二，有利于提高公共产品或服务的供给效率。其三，有利于公共决策的民主性和有效性。通过分析社会性规制与 CSR 契合的路径与模式选择，本文探讨了政府、企业和社会如何实现合作治理，尤其是政府和企业间的合作，进而达到社会性规制与 CSR 的有效契合。具体来说，可以利用政府提供正式制度的比较优势以及对非正式制度演进的影响，规范企业文化及其伦理道德，实现政府社会性规制的企业化和 CSR 的普适化；通过政府社会性规制对企业竞争力的影响，即通过政府社会性规制对企业生产成本和产品价格的影响，将政府社会性规制内化为企业行为的决定因素，实现政府社会性规制与 CSR 的契合；企业在政府社会性规制的指导下，通过授权型自我规制、共同规制以及参与回应型规制体系中来强化对企业行为的控制，避免由政府社会性规制造成企业竞争力的波动，通过 CSR 的履行实现政府社会性规制的目标。此外，还要通过外部信息的供给以及传导机制为政府社会性规制与 CSR 的契合提供外部监督机制和信息平台。通过一系列非政府组织（NGOs）的建立与完善，构建政府社会性规制与 CSR 契合的外部渠道，使得政府社会性规制和 CSR 以非政府组织（NGOs）为媒介，形成契合的开放式的循环路径。然而，社会性规制与 CSR 的契合是一项极其复杂的工程，本文仅就二者契合的治理基础进行了尝试性的探讨，还需要进一步探索如何构建二者契合的关系模型、二者契合度的确定，并对二者契合所实现的绩效进行评估，这已是笔者另文要探讨的问题了。

[47] 樊瑞莉．我国垄断性服务业规制中的问题及对策．河南科技学院学报．2010（01）.

我国许多行业竞争机制的引入仅停留在“分拆”原垄断企业的层面，引入竞争机制的应有之义不仅是“分拆”后的企业之间的竞争，更重要的是新的竞争者的进入和潜在竞争者的存在。对于中国服务业来说，相当多的自然垄断和行政垄断的服务产业，由于这些部门垄断难以打破，政府的规制又不够有效，服务产品的生产和供应效率还比较低。对中国垄断性产业现行规制机构来说，由于规制机构普遍存在缺乏独立性和法律授权、规制机构的目标多重性、规制机构的权力和职能交叉重叠、规制政策制定过程缺乏透明度和公开性，尚未形成科学的规制结构绩效考评体系等问题，这些都导致对中国垄断性产业规制机构难以实现可问责性，同时也为政府部门争夺规制权力而不承担相关的责任提供了一个基本解释。本文提出的对策有：（1）放松进入规制；（2）转变价格规制的方式；（3）完善政府规制的相关法律；（4）构建独立的规制机构。

[48] 范合君．放松规制对垄断产业收入影响的理论与实证研究．财经问题研究．2010（08）．

垄断产业高工资产生的原因在于“垄断＋信息不对称”。垄断与信息不对称的双重条件才导致垄断产业的高收入。如果只有垄断，不存在政府与国有企业之间的信息不对称，政府通过制度设计完全可以把垄断产业的高利润收归国有，进而在全社会范围内进行分配。但是，由于政府与国有企业之间的信息不对称导致垄断企业可以占有租金，享受高工资与高福利。由于国有企业的垄断经营，垄断企业可以向消费者征收较高的价格，获得较高的利润。虽然从理论上说，政府可以通过企业分红的形式把垄断企业过高的利润拿走。但是由于政府与垄断企业之间的信息不对称导致垄断企业还是可以得到较高的租金，进而转化为垄断企业经理与员工的高工资与高福利。另外，由于国家特别强调垄断产业在国民经济中的重要地位，这样就助长了垄断企业在与政府的讨价还价过程中的优势地位，更加变本加厉地为企业员工争取更大利益。工资总额预算管理方法就是希望通过控制垄断企业工资总额来遏制垄断产业的高工资，即首先由垄断企业向政府报告企业运营成本，然后由政府确定企业工资总额与工资水平。但是由于政府与垄断企业之间的信息不对称以及由此导致的垄断企业道德风险问题，工资总额预算管理办法不可能解决垄断产业的高工资问题。因此，在设计解决垄断产业高收入的机制与政策时，必须考虑政府与垄断企业之间的信息不对称。本文认为，垄断产业高收入的主要原因在于信息不对称下政府对垄断企业的垄断保护。在信息不对称的情况下，政府在对垄断产业实施严格进入规制的同时，无法对价格施行有效的规制，导致垄断产业国有资产、社会财富向垄断企业集中，致使垄断企业的经理人员和职工的工资与福利迅速膨胀。因此，在设计解决垄断产业高收入的机制与政策时，必须考虑政府与垄断企业之间的信息不对称。本文认为，解决我国垄断产业高工资问题的根本出路在于放松规制、引入竞争。工资总额预算管理方法由于无法克服政府与垄断企业之间的信息不对称问题，无法根治垄断产业高工资问题。本文建立了委托代理模型分析放松规制对垄断企业收入的影响，发现放松规制能够降低垄断产业的高收入，有利于缓解收入分配不均现象。并且发现，如果我国放松对垄断产业的规制，达到 OECD 国家对垄断产业规制的平均水平，就可以使我国基尼系数下降 16.7%，大大缓解我国收入分配不均的现状。通过放松规制，特别是进入规制，引入竞争者，让在位国有垄断企业与新进入者同台竞争，就可以缓解政府与垄断企业之间的信息不对称程度，有利于政府设计良好的机制约束垄断企业行为。政府可以通过设计科学、合理的企业分红机制，减少垄断性国有企业占有的租金，缓解收入分配不均的现状。同时，竞争企业的进入也对在位垄断企业形成竞争压力，在位垄断企业将会在降低产品或服务价格的同时主动限薪，自觉纠正收入过高的问题。

[49] 范合君．英、美垄断产业放松规制改革的历程及特点．经济与管理．2010（03）．

20 世纪 70 年代以来，美国、英国等成熟市场经济国家纷纷对本国垄断产业开始了放松规制的改革。在改革时间、改革力度方面，美国和英国的改革有许多相同点。但是在改革路径上，美国与英国截然不同。美国采取渐进式改革路径而英国采取激进式改革路径。放松规制使垄断产业的效率得到提高，但是价格却不断降低。放松规制是我国自然垄断产业改革的方向。我国对垄断行业实行规制的初衷是好的，但是近年来的规制效果却与规制初衷恰恰相反。对垄断行业而言，国有制和加强规制是相互替代的两种手段。在我国，垄断行业的运营既保留纯粹的国有制（国有独资公司），同时又是加强政府规制，可谓双管齐下。中国（海南）改革发展研究院进行的“改革进程评估与展望——‘2006’中国改革问卷调查报告”中对垄断行业改革的评价最低，66.28%的专家认为没有进展，10.95%的专家甚至认为有所倒退。据报道，我国中央政府一年需要完成行政规制28000件，而日本只有2800件，韩国3000件（杜钢建，2005）。由此可以想象我国政府规制成本之高昂。事实上，对垄断行业的规制会产生许多不利影响：规制导致企业的低效率，不利于经济增长与国际竞争力的提高；规制导致行政垄断、造成巨大经济损失；规制导致垄断行业员工的过高收入，不利于社会稳定；规制导致产品价格高而质量低，加重了居民特别是贫困居民负担。面对国外放松规制的浪潮，我国也应该顺应国际潮流，总体上采取放松规制取向的改革。面对“市场失效”和“规制失效”这种“甘瓜苦蒂，天下物无全美”的境地，我们只能采取“两害相权取其轻”的态度，宁可容忍“市场失效”，不一定非要进行规制不可。加强规制是与世界潮流背道而驰的，而且也和我国国情与现实矛盾不符。

[50] 范建亭. 我国建筑业市场进入壁垒为何失效. 财经科学. 2010 (02).

分析结果显示，建筑业总体上属于进入门槛较低的竞争性产业，规模经济、产品差异化等结构性进入壁垒没有起到限制企业进入的有效作用。企业资质管理制度构成了建筑市场最主要的进入壁垒，对于优化产业组织结构起到了一定的促进作用，但长期来看对于抑制市场过度进入的实际作用较为有限。建筑产品作为关系到公共安全、城镇规划和道路交通等各个方面的特殊产品，要求政府通过资质管理等行政干预手段来维护市场竞争环境。但资质管理应充分体现等级标准的层次性和管理上的适度性，做到既要有一定的市场准入限制，同时也应调整专业划分并适当降低专业市场的进入门槛，促进总承包企业与专业分包企业之间的分工协作。另一方面，有必要提高对高资质等级企业的专业技术要求，以抑制过多企业进入高端市场的过高欲望，促使大型企业集团由规模型向技术型、效益型方向转变。长期以来，我国建筑业存在规模结构不合理的现象，无序竞争状况比较突出。因此，通过适度提高进入壁垒来调整和完善建筑业的产业组织结构，对于推动我国建筑业的可持续发展具有重要意义。但是，产业组织的合理化不能过度依赖以行政主管部门为主导的资质管理制度。因为企业资质管理制度作为一种行政管理手段明显缺乏长期性和稳定性，等级标准制定和专业划分等往往滞后于市场的动态变化。再者，资质管理制度所涉及的范围毕竟是有限的，只有在一些高端和专业工程市场才会起到限制进入的作用，而建筑市场容量的不断扩大也在弱化资质管理壁垒的实际作用。产业政策和政府规制的根本目的不是为了消除进入壁垒或提高进入壁垒，而是在于维护市场的公平竞争机制和提高行业的整体运行效率。建筑业产业组织合理化的目标在于形成统一的全国性市场以及规模经济与竞争兼容的有效竞争市场，使不同规模和类型企业之间形成基于专业化分工的竞争格局。因此，在市场条件成熟后应逐步弱化资质等级管理制度的市场准入作用，建立和完善市场信用体系以及从业人员执业资格制度，形成以市场竞争为主要手段优化产业组织结构的机制。

[51] 范小云，肖立晟，王博. 银行监管对银行业结构演进的影响——基于市场准入与经营范围监管视角的研究. 财经研究. 2010 (04).

利用110个国家的面板数据从银行业准入限制和经营范围两个方面考察了银行监管与银行业结构之间的关系，研究发现：对国内银行的市场准入限制越严格，则一国银行业集中度就越高；而对外资准入的放松则也会使银行业集中度进一步上升。通过对发达国家和发展中国家分组进行实证分析，本文发现：发展中国家的银行业结构对于银行从事证券业务的限制更敏感；而发达国家的银行业结构则对银行从事保险和房地产业务的限制更敏感。这反映了经济发展阶段的差异也会作用于银行业结构的变化。银行业务经营范围的变化会对银行业结构造成较大的冲击，因此，有必要考虑逐步放开银行业的业务经营范围，而不是一次性允许银行从事所有经营业务。在我国金融体制改革过程中，银行业集中程度呈现稳步下降的趋势。虽然现阶段我国对银行准入和业务经营范围并没有完全放开，外资银行的业务开展也受到种种约束，但是，我国金融市场化的路径存在着金融开放和金融自由化的趋势，而未来银行市场准入和业务经营范围的变动都将对我国的银行业结构产生较大程度的影响。特别是放松外资银行准入后可能会对我国银行业结构产生完全相反的双重效应：一方面，外资银行会通过与国内原本占据较大份额的大型银行合作，增强其市场竞争力，促进银行业集中度进一步攀升；另一方面，外资银行的进入会强化银行经营范围监管对银行业集中度的边际效应，有利于银行业集中度的下降。因此，本文对于我国不断完善的监管改革政策提出以下建议：循序渐进开放银行准入行业，对外资银行的进入应持谨慎态度，在保持金融稳定的基础上，促进非四大国有商业银行的股份制商业银行等银行市场份额的上升。

[52] 范子英，张军. 财政分权、转移支付与国内市场整合. 经济研究. 2010 (03).

财政分权体制下产生的市场分割和地方保护主义不利于经济的发展，但却是地方政府的一个理性选择。本文认为给予落后地区更多的财政转移支付，使其可以分享发达地区经济增长的好处，并且当转移支付的量能够使得落后地区参与分工的效用超过分割时的效用时，则即使是在分权的体系下，落后地区也会主动放弃市场分割，而采取策略性分工的政策，进而提高了市场的规模效应。利用1995~2005年间的中国省级面板数据，本文验证了转移支付能够显著带来国内市场整合；并且三大转移支付中的专项转移支付的作用最显著也最大，而财力性转移支付和税收返还的作用并不明显。本文的结论表明中央政府确实在利用专项转移支付协调地方政府的行为，但该政策的负面作用不容忽视。

始于20世纪80年代初期的财政分权对中国的经济增长有不可磨灭的贡献，中央政府将事权和财权下放到地方政府，地方政府有足够的经济激励来发展本地经济，然而同时也不可避免地采取了地方保护主义政策，重复建设和市场分割严重，同时区域和城乡差距也随之扩大。1994年的分税制开始将财权集中，两个比重也随之提高，中央政府有足够的能力来进行宏观调控和推行市场化建设，出于平衡区域经济的考虑，1999年开始实行“西部大开放”战略，其中一个具体的措施就是通过财政转移支付来实行区域的平衡发展，这一措施虽然并没有带来地区经济的收敛，也没有显著促进中西部地区经济的快速增长（马栓友、于红霞，2003；张军、范子英，2009），但间接使得这些地区放弃地方保护主义策略，分工得以在全国水平上演进，提高了经济整体的效率。虽然转移支付间接促进了国内市场整合，但这一作用机制是在既定的分权框架体系之下发生的，转移支付会造成效率损失和扭曲效应（Weingast，2000；Besley and Coate，2003），增加政府间的交易成本和不透明性，并且其作用随着时间的推移变得非常微弱。未来的改革应该要改变这个分权的框架，在此框架下的财政转移支付政策对于缩小区域差距的作用非常小，财政体制要向公共财政转型，转移支付应该立足于公共服务的均等化，在教育、社会保障等方面给予欠发达地区更多的支持。首先要深化要素市场的改革，促进要素的自由流动来达到人均意义上的平衡，而不是以财政转移支付的形式达到总量上的平衡；其次要降低地方官员干预经济的政治动机，改革目前以GDP来考核官员绩效的指标体系，增加民生和公共服务等方面的考核（周黎安，2004）；最后要进行市场化建设，消除国内地方保护主义，以形成全国统一的市场，要让市场这“无形之手”来配置资源，而不是通过给予地方政府经济激励的方式来发展经济。

[53] 傅勇. 财政分权、政府治理与非经济性公共物品供给. 经济研究. 2010 (08).

分权下的地方政府更接近居民需求，也面临着竞争压力，因而被认为能更有效地供给公共物品。在中国，虽然我们能看到分权体制在基础设施建设等方面所带来的巨大推动力，但非经济公共物品领域并不是分权体制的受益者。分权赋予了地方政府很强的自主性，可是如果地方政府的兴趣不在于提供非经济性公共物品，这种自主性反而会导致对公共部门效率的更大偏离。基础教育和城市公用设施能够提升居民福利，但不是招商引资和GDP竞争的重点。笔者相信，尽管中国的分权体制有其显而易见的成功之处，但它也是导致非经济性公共物品供给不足和低效率的重要制度根源。

本文的实证研究发现：财政分权显著且可观地降低了基础教育的质量，也减少了城市公用设施的供给。在控制住地方财政资源状况之后，这个结论不变。这意味着，分权降低了非经济性公共物品供给的效率，而不是公共投入本身。此外，规模缺乏弹性的地方政府未能发挥分权所蕴含的灵活调整优势，对非经济性公共物品供给产生了负面影响；反腐败力度的增强，改善了基础教育的质量，却减少了城市公用设施的供给，这显示出公共部门存在明显的寻租空间。要改善一些非经济性公共物品的供给，重点不在于抛弃分权体制，而在于增加其合意性。研究显示，加大反腐败力度是提高非经济性公共物品供给效率的有效途径。此外，随着户籍制度的松动，以及异地入学和社会保障跨地转移方便性的提高，“用脚投票”机制将得到强化，并可以对地方政府行为构成约束。在政绩考核时，更多地参考辖区居民的意见，有助于地方政府向非经济性公共物品提供者的角色归位。研究还表明，中央政府的向下转移支付促进了非经济性公共物品的有效供给，这支持了中央集中一部分收入再返还给地方的必要性（范子英等，2009）。基础教育存在明显的规模经济效应，因而中央财政应发挥更大的作用。最后，地方政府的预算外收入也能帮助地方政府承担非经济性公共物品供给的职责。这表明，预算外收入并不一定就代表着掠夺之手（陈抗等，2002）。从这个角度说，在将地方预算外收入逐步纳入预算内管理的同时，需要对中央—地方间的明显偏离国际经验的支出责任安排重新分配。

[54] 高诚森．政府采购寻租行为及对策探讨．福州大学学报（哲学社会科学版）.2010（04）.

政府采购中的寻租问题早已引起世人的关注。政府采购存在与发展的经济理论依据主要包括“市场失灵”和“政府失灵”。西方市场经济国家已形成较为完备的政府采购制度体系。中国政府采购开始于20世纪90年代中后期，实践中存在一些问题。政府采购寻租行为源自特殊利益集团的狭隘利益、法制不完善、寻租成本过低、监管机制不健全、采购信息不够透明、公开、高效等。借鉴西方发达国家政府采购制度的科学因素，建立健全符合中国国情的政府采购制度应在理论和实践上进行丰富和改良。

实践中，中国政府采购存在的主要问题主要包括：（1）政府采购机制缺失或亟待完善，采购计划的编制和执行欠科学与严谨。（2）政府采购信息支持系统亟待建立健全。（3）政府采购质量缺乏有效监督，缺少科学的绩效考核和评价机制。作者认为，一个成熟的制度不可能一蹴而就。政府采购度在中国的建立和完善，是一个渐进的过程。借鉴西方发达国家政府采购制度的科学因素，建立健全符合中国国情的政府采购制度，应在理论实践上把握好以下内容：其一，明确政府采购制度的目标和原则。其二，完善立法，建立有效的异议、申诉和救济机制，健全政府采购管理模式。其三，改进现行的行政、事业单位的财务管理体系和具体操作方式。其四，建立有效的监督、约束机制，保证政府采购的规范运作。总体而言，建立健全政府采购制度是中国预算管理体制改革的一项重要举措，也是完善中国公共财政体制框架、加强财政支出管理的一项重要内容。中国还没有真正构建出公共财政体系，政府采购的改革还没有完全同财政改革同步。真正建立起高效、先进、健全、符合市场经济发展规律的财政资金分配、使用、管理制度，使政府采购得以有效、高效运行，任重道远。

[55] 高秦伟．美国食品安全监管中的召回方式及其启示．国家行政学院学报.2010（01）.

作为一种积极有效的补救措施，食品主动召回方式在美国食品安全监管过程中发挥了重要的作用。目前为了强化政府的责任，美国学界与实务界要求增加责令召回的方式，由此引发了争论。这些做法与争议对于中国《食品安全法》的实施及其召回方式的合理运作具有借鉴意义，从而促进有关部门在执法时注意企业责任与政府责任的平衡、寻求企业与政府的协作。

在美国联邦的法律体系中，食品召回的方式仅有一种，即主动召回，联邦政府并没有强制性或责令性的食品召回权力。为此，关注美国食品安全的群体中有人提议相关行政机关应增加责令性的召回方式，由此引起了持续的争议。支持现行主动食品召回制度的人认为政府已经具有了充足的执行权力，而强制召回权将会削弱现有的政府与私人产业之间的协作关系。而支持责令性召回的人则认为主动或自愿召回制度无法适应现代食品安全的挑战与需要，为了保障公共健康，政府应该拥有责令性召回的权力。主张坚持现行制度的论者主要包括了食品产业的成员与代表；而主张进行改革的论者则包括消费者协会以及相关的行政机关。

美国之所以坚持实行主动性的食品召回方式，而否定强制性召回，原因在于其具有完善的法律体系以及较好的法律实施与司法审查体制，同时还有被企业视为生命的产品质量、诚实守信规则和自律制约机制，这是企业对社会、公众健康所承担的义不容辞的责任。政府的责任在于弥补市场的不足，在于化解自律的不足。对于那些不自愿召回不安全食品或不及时召回不安全食品的企业，行政机关可以去责令召回，这是一种强制性的行为。

借鉴美国及其他国外的经验，完善食品召回制度，首先要完善两种召回方式的程序；其次要正确认识与确立两种召回方式中企业与政府之间的合作关系；再次要完善配套的制度，如食品溯源制度、食品召回委员会制度、食品安全中的信息收集制度与食品召回责任保险制度等，让食品召回制度充分发挥其应有的作用。无论是哪种召回方式，企业责任与政府责任均不可缺失。主动召回过程中也需要政府前期介入与后期监督，而在责令召回过程中，企业积极配合更是必不可少。主动抑或责令并不是问题的关键，关键是行政机关是否实施了良好的监管。

[56] 高伟凯，徐力行，魏伟．中国产业链集聚与产业竞争力．江苏社会科学．2010（02）．

产业集聚与产业竞争力有着深刻的内在联系，本文根据投入产出表计算并制作了中国产业链图谱。在此基础上划分了三种产业链类型，而后采用江苏采掘和制造业数据测算了其产业集聚度和相对竞争力指数，按产业链三种类型分别分析了区域产业集聚度与竞争力的关系，得出了以下结论：第一，一国（地区）产业链具有多重交叉排列方式，产业集聚度与产业竞争力并非强相关，其相关程度还受到产业链状况的影响；第二，同一产业链条上的各链环产业集聚度越接近，对产业竞争力的提升效果越明显。但集聚度相差较大，对产业竞争力的影响并不确定，它还取决于链环产业是否为多条产业链的交叉节点；第三，不同产业链的交叉链环产业，其产业竞争力普遍大于其产业集聚的强度，其竞争力基本不受产业集聚度的影响。

由此可见，一个地区要提升产业竞争力，一个重要的途径就是调整产业链条上各链环产业的集中度配比，使整条产业链上各链环产业同步发展，而不能只单纯提高某个链环产业的集中度，推动其所谓的跨越式发展，但对多产业链交叉的结点性产业却是例外。另外，虽然不同产业链的交叉结点产业集聚度虽并不与其自身竞争力有多少相关，但其产业关联性较强，对其所在产业链的完整性意义重大，缺乏了这些产业的足够支持，整条产业链将难以充分形成和发展，因此，对这些产业的成长应该予以高度的重视。不过，由于其在区域集聚度方面具有较高的弹性，因此其发展策略可以不拘一格，寻求单点突破。至于某个地区到底选择哪些产业链或交叉节点产业作为发展重点，具体给予多大的政策扶持力度，则取决于当地的其资源禀赋、经济发展阶段、最大需求方向、政策意愿甚至偶然机遇等多重因素。

[57] 高锡荣，刘卉．中国自然垄断行业消费者满意度分析．统计与信息论坛．2010（10）．

本文利用消费者问卷数据，分析中国自然垄断行业的消费者满意度差异及其影响因素。研究表明，消费者满意度以供电和供水行业最高，航空客运、固定电话和移动电话行业较高，供气、有线电视和邮政服务行业居中，宽带上网行业较低，铁路客运和公路客运行业最低。从统计显著性看，消费者质量感知、缴费方便性感知和重要性感知对消费者满意度有显著的正向影响，消费者价格感知对消费者满意度有显著的负向影响。从实际影响程度看，对消费者满意度影响最大的是质量感知，其次是缴费方便性感知，再次是价格感知，而重要性感知的影响很小。消费者个体特征对消费者满意度有不同程度的影响。

[58] 高岩，彭征波．行政性垄断、外资进入与市场排斥——从壳牌收购统一石油事件谈起．贵州财经学院学报．2010（01）．

石油行业是一个资本和技术高度集中的行业，石油从来与政治有着紧密的联系，其特点为石油行业实行产业一体化和垄断提供了理论依据。中国的石油市场就是在这样的理论基础上实行了由“两大”集团高度垄断的特殊市场，由此形成的石油产业上下游一体化的制度安排，导致了民营石油企业举步维艰，对行业的健康发展和社会总福利构成伤害。事实上，在 WTO 条件下的，维持石油产业的行政垄断成本巨大，这种格局对中国未来的能源安全、经济安全乃至经济发展无疑会产生极大的负面影响。根据产业组织理论，在 WTO 环境下我国应该打破行政垄断，实行以追求社会福利最大化为目标的产业政策。

从理论和国内外的实践来看，对于传统的自然垄断行业，如电信、电力、石油等，政府管制者的目标和角色定位都应该是促进竞争。即使垄断不可避免，也要保持有效竞争机制，其中最重要、最关键的就是要在法治的前提下限制行政性垄断，不能以行政手段限制进入。针对市场排斥和纵向一体化，一般化的处理方法通常有：结构化政策、价格管制（接入价格控制、价格联系机制）、接入数量控制、信息披露要求等。本研究为上述基本观点提供了新的例证，而这些一般化的处理方法也可以为我们所借鉴。消除行政性垄断，为企业创造平等竞争环境，提供稳定可预期的政策体系至关重要。在研究过程中，我们注意到，目前世界上所有的大型石油企业都是全行业一体化经营，其业务范围同时覆盖石油勘探开采、石油炼制和流通领域。这是否属于必然现象？这个问题的另一面就是，非一体化的下游企业是否能够独立生存，如果可以，需要什么条件？要回答这个问题我们需要对石油行业的行业特征进行更详尽的考察。从石油行业各环节来看，为什么通常是先开放下游的进入和竞争，而不是先开放上游的勘探和开采业？进一步来看怎样才能形成全行业的开放竞争格局？这种格局对于行业发展和宏观经济稳定有何影响？

[59] 龚锋，雷欣．中国式财政分权的数量测度．统计研究．2010（10）．

中国式财政分权包含了复杂的政府间财政关系信息，仅从单一视角对中国式财政分权进行评估，得到的结论是不完全的，甚至具有误导作用。本文以 1997 ~ 2007 年中国省一级的数据为样本，构建了由财政收入自治率、财政收入占比、财政支出自决率、财政支出占比、税收管理分权度、行政管理分权度 6 个指标组成的多维财政分权衡量指标体系，同时采用基于 Bootstrap 的 Shannon-Spearman 测度方法，选择信息损失最小的组合指标作为中国式财政分权的有效衡量指标，实现了对中国式财政分权全景式的评估，在此基础上，本文还应用分权指标，检验财政分权与中国经济增长的关系。实证结果显示：中国省一级的财政分权程度在样本期间呈逐步降低的态势；中国式财政分权整体上不利于地方经济增长，但不同维度的分权指标对中国经济增长的影响效应并不相同。

本文最大的贡献在于：通过构建多维财政分权衡量指标体系以及对多维分权指标的综合，更为全面和准确地对中国式财政分权水平进行了评估，从而为进一步的实证研究提供了丰富的基础数据。本文的不足之处在于：第一，受数据可获性的限制，在构建财政分权衡量指标体系时，并未考虑财政转移支付的结构，这可能会导致部分财政分权指标出现低估实际分权程度的问题；第二，受 Shannon-Spearman 测度方法的限制，只选取了 4 种指标加总方法进行比较，并未考虑其他更为复杂的指标综合方法。进一步的研究应当在上述两个方面有所突破，从而使财政分权指标的构建和组合更为科学合理。

[60] 龚秀全．医疗服务生产中的保障机制：基于政府与市场分工．改革．2010（06）．

医疗服务市场有诸多特性，存在市场失灵，但公共生产同样存在政府失灵。医疗服务的生产应谋求政府与市场的合作协调。在医疗服务生产链中的不同节点，政府与市场的功能定位不同，医生在医疗服务生产中居于主导地位，是有缺陷的代理人，应实行有管理的多点执业。我国医疗服务生产中促进政府与市场合作协调需要完善相应的保障机制。一是建立公私伙伴合作机制。当前，我国医疗机构以公立医院为主，在医疗市场处于垄断地位，会面临政府失灵，引进民间资本进入医疗领域迫在眉睫，但当前门槛仍比较高。打破公立医院垄断，必须建立公立、民营医院的平等竞争环境。通过对公立医院进行产权改革或委托管理等方式，建立公私伙伴合作关系，促进医疗机构之间的竞争与合作。二是完善医疗机构和医生的声誉形成机制。毫无疑问，医生声誉信息能反映出医生作为代理人存在缺陷的程度，减少医患之间信息不对称。因此建立良好的声誉机制有利于发挥市场的资源配置功能。我国应逐步完善医院和医生的声誉信息机制，主要根据治疗水平、服务态度和治疗效果来评定声誉。评定权应主要掌握在患者手中，政府可以发挥现代互联网技术的功能，资助建立权威的非营利性的医生评定网，把政府监督和检查信息以及患者提供的信息在信息平台上充分展示出来。通过市场来评定医生和医院声誉。三是完善医疗服务的补偿机制。当前，医生的挂号费、诊疗费和手术费等价格主要由政府定价，但价格往往低于成本价，而对药品新仪器和新设备检查价格允许按成本制定收费标准政府给予一定的控制，允许医疗服务机构在一定幅度内调整。这样造成医生的劳务价值在相应的收费中并没有得到全部补偿，而药品和检查等能获取一定的利润。同时，一些医院为了增加经济效益，将经济指标层层分解给各科室，把医务人员的个人收入与经济指标挂钩，对医务人员按开单收入比例提成，这种机制给予了医疗机构和医务人员较大的利益驱动，增大了医疗机构和医生诱导需求。为此，必须在尊重医生劳务价值的前提下切断医生与其他收入的利益关系。在加大财政对提供基本医疗服务的医生直接补偿的基础上，发挥市场调节医生劳务价格的功能，使医生的劳务价值得到合理的直接补偿。

[61] 巩永华，李帮义．非线性需求下具有网络外部性的二级歧视定价研究．中国管理科学．2010（01）.

本文研究了产品存在网络外部性特征，需求函数为非线性的条件下，垄断企业进行二级歧视定价的策略。给出了分段定价的最优需求区间分段点及相应的价格的计算公式。本文与现有研究的不同有两点，一是认为消费者的需求是可变的，而非至多需求一个单位的商品，二是网络效应的刻画依赖于该商品的市场购买总量，而非该商品的用户数，更确切地描述了，如在线交易等问题的网络外部性。研究表明，非线性需求下最优需求区间分段长度满足递增的性质，而且网络外部性不会影响该单调递增关系，但会使相应需求区间段的价格提高。因为随着外部性的增强消费者的支付意愿提高，垄断企业为获取更多的收益制定的价格因此也相应提高。而当垄断企业从长期效应考虑分两阶段动态定价时，同一需求区间分段在第一时间段的价格要高于第二时间段的价格，否则本打算在第二阶段购买的消费者将提前到第一阶段购买。本文的研究对于电信企业、电力企业、航空、在线信息服务的定价具有一定的指导意义。然而该模型假定的是单个企业，单一维度（数量）上的歧视定价，但是大多数价格歧视都是发生在寡头垄断市场上的，消费者有时也不仅选择数量变量，还会选择质量变量。因此向寡头垄断市场、多维度的延伸是一个重要的研究领域。

[62] 顾允涛．我国自然垄断行业治理制度设计．合作经济与科技．2010（09）.

本文以我国自然垄断行业为研究对象，结合其自身特点，着重分析自然垄断行业在我国经济转轨时期存在的问题，并提出对策。

我国自然垄断行业具有自然垄断的一般特征和特点，如规模经济、范围经济、大量沉没成本、普遍服务性，但由于我国正处于转型经济和不完全市场经济的大环境中，与西方国家相比，我国自然垄断行业拥有诸多自身特点。包括：自然垄断行业大都是基础产业、自然垄断与行政垄断交织、自然垄断行业的国有企业改革滞后。我国自然垄断行业存在的主要问题包括：自然垄断行业的存在导致社会福利损失、政府型自然垄断的角色冲突和影响、自然垄断行业价格管制成效不显著、自然垄断与行政权力结合导致寻租问题深化。完善我国自然垄断行业治理主要思路：(1) 政府治理职能与经济职能分离，建立高效率的政府管制机构和独立于管制机构的运营企业，实现政企分离是自然垄断产业改革的关键。(2) 科学区分自然垄断与非自然垄断性业务。政府仍然要控制进入非自然垄断性业务领域的企业数量，并要求这些企业必须达到最小经济规模，以避免低水平的过度竞争现象的出现。而对于自然垄断性业务，由于这些业务需要投入大量管网等固定资产，其中相当部分是固定成本，如果多家企业进行重复投资，不仅会浪费资源，而且会使企业管网系统不能得到充分利用，应由国有企业经营，政府管制的基本政策是严格控制新企业进入这些业务领域。(3) 探索激励性规制的实现方式。在传统自然垄断领域剥离出非自然垄断性业务后，自然垄断业务仍然要由国有经济控制，这也就在很大程度上决定了继续强化管制的必要性及合理性。但以往的管制方式越来越受到挑战，管制方式的改革是大势所趋。由于现行的管制方式不能有效解决企业内部无效率的产生，管制关联费用的增加，管制滞后使企业损失产生，管制部门的自由裁决权和寻租成本的增加，所以激励性管制结合我国国情是可以借鉴的。(4) 提高自然垄断的社会治理效果。管制分为经济管制和社会管制，而目前采取的各种管制主要是经济管制，在重视经济管制的同时，更应加强对自然垄断行业的社会管制。

[63] 关华．不完全竞争市场的纵向合并及其效应．财经理论与实践．2010 (02).

企业间的纵向合并减少了产业中厂商的数量，提高了市场产品垄断能力，在一定程度上消除了双重加价对市场价格的扭曲，提高了企业生产效率，使社会总福利得到改善。通过以产量为决策变量对不完全竞争市场的纵向合并进行分析，结果表明：纵向合并并不是总能使厂商获利，它取决于上下游厂商数量及行业的市场结构，而消费者福利总能得到改善。

近年来，企业之间的兼并重组增多。就纵向兼并而言，一方面，减少了产业中的厂商数量，提高了产品市场垄断能力，在一定程度上消除了双重加价对市场价格的扭曲，从而提高了企业生产效率，并使社会总福利得到改善。另一方面，纵向合并并不是总能使厂商获利，还取决于上下游产业的市场结构。只有当下游产业通过横向兼并达到一定的垄断程度时，根据市场需求变化，通过纵向合并，才能优化产业结构，从而改善企业生产效率和消费者剩余，这时厂商进行的纵向兼并才会有效率。

[64] 管乃生．在垄断中引入竞争：烟草行业规制改革的路径抉择．产业经济研究．2010 (05).

烟草行业的垄断集中表现在商业环节，具有"双侧"垄断、地方垄断、独家垄断等特征，企业的经营成本居高不下，运营效率难以提升。要保持烟草专卖制度，又能改变这一困境，需要从工商两方面着手，一是加快工业企业的横向兼并，形成寡占市场，提升工业企业对商业企业的谈判能力；二是从商业系统内部引入竞争，可以效仿政府部门的标尺竞争和晋升激励机制，促进各行政区的烟草公司展开追逐业绩的竞争。进一步的设想是，对烟草商业系统实施南北分拆，鼓励双寡头到对方经营区域交叉竞争，迫使在位企业降低成本、减少寻租、提升绩效。对于非耐用消费品行业而言，随着生产规模和经营地域的扩大，运输成本递减曲线和分销成本递增曲线加总后的总成本 (ATC) 曲线为扁平的 U 型曲线，存在最低点，这就为生产企业的纵向一体化提供了一个理论依据。但是，烟草行业规制改革中，让工业企业持有销售网络和零售终端将对专卖政策造成巨大冲击，改革的阻力异常之大，故笔者的规制改革政策建议中放弃了纵向一体化策略，采取了相对温和的标尺竞争和南北分拆。

[65] 郭德忠．特许经营领域反垄断问题探析．北京理工大学学报（社会科学版）．2010 (03).

特许经营协议中可能有一些限制竞争条款，这就会带来反垄断法的规制。考虑到特许经营统一性的特点，对该领域出现的诸如划分市场、固定或者变更价格、限制产量或者销量等表面上的横向垄断协议通常应给予豁免；然而，对特许人固定被特许人转售价格或限定被特许人转售最低价格的纵向垄断协议还是应该严格禁止；在特许经营领域，相关市场不能仅由某一家特许经营体系的产品、服务或原材料等构成；而应该由同行业具有替代性的各家特许经营体系的产品、服务或原材料构成；特许人并不当然地因为拥有一系列知识产权而具有市场支配力。

我国《反垄断法》中并没有明确提及特许经营问题。商务部 2004 年出台了《商业特许经营管理办法》，其中第 10 条规定："除专卖商品及为保证特许经营品质必须由特许人或者特许人指定的供应商提供的货物外，特许人不得强行要求被特许人接受其货物供应，但可以规定货物应当达到的质量标准，或提出若干供应商供被特许人选择"。之后，随着 2007 年国务院《商业特许经营管理条例》的出台，前述商务部的管理办法失效。在现行的《商业特许经营管理条例》中并没有明确提及限制竞争的问题，前述商务部管理办法第 10 条的规定也没有被吸纳。2005 年商务部、国家发展和改革委员会、国家工商总局还联合出台了《汽车品牌销售管理实施办法》，但是该办法给人的印象主要在于确立、维护汽车品牌经销的秩序，也没有涉及对限制竞争行为的规制。因此可以说，我国目前在特许经营领域的反垄断立法基本还是空白。尽管我国《反垄断法》可以适用于特许经营领域，但毕竟有关法条还非常原则，现在商务部、国家发展和改革委员会、国家工商总局等都在就本部门在反垄断方面的指责制定操作性强的部门规章，特许经营领域也应如此，即由相关部门联合出台规章或者由最高法院出台司法解释。在这方面，欧美的相关立法、司法实践可以给予我们若干启示，基于前文的讨论，我们可以得出以下结论性意见、建议：考虑到特许经营高度统一性的特点，对特许经营领域出现的诸如划分市、固定或者变更价格、限制产量或者销量等表面上的横向垄断协议通常应网开一面给予豁免。然而即使要考虑特许经营高度统一性的特点，对特许人固定被特许人转售价格或限定被特许人转售最低价的纵向垄断协议还是应该严格禁止。在特许经营领域，相关市场不能仅由某一家特许经营体系的产品服务或原材料等构成，而应该由同行业具有替代性的各家特许经营体系的产品、服务或原材料构成，特许人并不当然地因为拥有一系列知识产权而具有市场支配力。

[66] 郭海星，万迪昉．政府干预、控制权私人收益与国有企业并购研究．华东经济管理．2010 (07)．

随着股权分置改革的临近完成和全流通时代的到来，敌意收购逐渐增加，因此需要重点研究国有企业的并购问题。需要指出的是，在股权分置改革后的初期，出现在西方的完全遵循市场化原则出现的敌意并购浪潮并不会迅速出现。这是因为股权分置改革只解决了股权的性质问题，即全流通问题，并没有从根本上解决国有股的绝对控股的股权结构问题，而只要国有股绝对控股，就不可能对其形成控制权竞争的威胁与压力，因此并购低效的现象仍会在很长一段时期内存在。在国有企业并购实践中，由于政府与企业内部人起着关键的作用。因此如何发挥政府的职能对管理者形成有效约束，抑制其过度获取控制权私人收益，保护投资者利益，成为当前提高国有企业并购效率的根本出发点。完善治理结构并不是要优化特定主体行为，而是要维持均衡，实现利益相关者的利益共享与互惠均衡。因此，在当前国有企业的并购实践中，维持利益相关方的收益均衡，可以显著的提高并购效率。本文从控制权收益视角分析了国有企业并购实践中的管理者收购与反收购动机问题，模型分析结果表明，如果政府干预补偿了管理者的控制权私人收益，则管理者倾向于维持现状，越容易从事反收购行为；如果政府干预降低了管理者控制权私人收益，这表明国有企业有较完善的监督管理体系，则管理者没有反收购动机。这说明了在管理者控制权私人收益存在的前提下，由于政府干预增加或降低了控制权收益，管理者有很强的动机去从事收购与反收购行为，从而降低了企业并购效率。因此，充分发挥适度的政府干预行为是必要的。具体到实践中，一方面，国有股减持工作需要循序渐进进行，在资本市场并不十分完善的情况下，政府仍需要保留对企业的适度控制与干预，同时给予管理者适度的控制权私人收益是必要的，这弱化了管理者参与无效的企业收购或反收购行为；另一方面，本文还发现管理者持股比率、公司规模、自然世界状态都显著地影响企业的并购行为。这表明在未来的国有企业改革中，要继续强化国有企业经理人的激励监督约束机制，逐渐完善国有企业上市公司股权激励机制，同时积极完善资本市场建设，为敌意收购的发生创造良好的平台，这对于提高企业并购效率有显著的作用。当然，本文的结论并非表明我国资本市场不存在西方的并购动机假说，而是说明我国当前的国有企业并购活动受政府干预行为和管理者控制权私人收益的影响。本文的学术意义在于，在对转型经济中国有企业的并购行为进行研究时，不得不考虑政府干预和企业内部人控制权私人收益的影响。当然，在后续的研究中，将进一步对本文的研究结论进行实证检验。

[67] 郭永丰．知识产权滥用行为的反垄断法规制．黑龙江省政法管理干部学院学报．2010（07）．

建立公平、有序的市场竞争格局是我国社会主义市场经济建设的必然要求。其中健全的竞争法体系是社会主义市场经济的重要保障。而正确处理知识产权和垄断法之间的关系，正是完善竞争法的一个重要内容。虽然与知识产权有关的反竞争行为在我国还不十分突出，但随着经济竞争的加剧、科技进步因素对经济增长的作用力增大和利益格局的变化，这类行为在我国显有存在和蔓延的条件。因此，完善规制知识产权垄断行为的有关法律法规颇具前瞻性。

《反垄断法》未出台以前，我国现行的有关法律法规中有一些对滥用知识产权进行规制的规定，但没有专门规制知识产权滥用的反垄断法律制度。2008 年我国《反垄断法》的出台，填补了知识产权领域里反垄断法律法规的空白状态。《反垄断法》第 55 条将合法行使知识产权的行为视为反垄断法适用的豁免范围，又对知识产权的滥用行为进行禁止。正如有些学者所言：这是一种合理的规定，它正确地把握和处理了反垄断法与知识产权之间的关系；这是一种比较明确的规定，因为一些国家和地区的相关条件需要作所谓的反面理解才能得出后一方面的结论来，本条则直接作出了正、反两方面的规定，为我国知识权垄断权的滥用行为进行法律规制提供了法律依据。尽管如此，我国《反垄断法》第 55 条的规定过于抽象，不具有可操作性。再加上，《反垄断法》不可能完全解决实际法律适用中的所有问题，尤其是不可能全面、具体地阐述知识产权与反垄断法之间的复杂关系、《反垄断法》在知识产权领域适用的具体问题，同时，由于不同时期的经济政策不同，《反垄断法》对知识产权的态度在不同时期差别也很大，这就使得反垄断执法具有很强的政策性，因此，我国应该借鉴美国、欧盟、日本等国家在这方面的做法和经验，根据我国的具体国情，制定知识产权领域内反垄断指南。

[68] 韩华为，苗艳青．地方政府卫生支出效率核算及影响因素实证研究——以中国 31 个省份面板数据为依据的 DEA – Tobit 分析．财经研究．2010（05）．

本文用数据包络分析方法核算了中国 31 个省份 1997 ~ 2007 年政府卫生支出的三种效率得分。通过对核算结果的分析，我们发现：第一，从时间趋势看，31 个省份的平均综合技术效率、纯技术效率和规模技术效率大体上都经历了先下降后上升的过程；第二，从横向看，中国政府卫生支出效率存在显著的地区差异。与东部地区和西部地区相比较，中部地区地方政府卫生支出的综合技术效率更高。利用核算得到的综合技术效率得分，我们进一步通过随机效应 Tobit 回归模型分析了影响各省份政府卫生支出效率的因素。我们得到的主要结论是：人口密度对政府卫生支出效率有微弱的负影响，人均 GDP 和文盲率对政府卫生支出效率的影响都为正。在控制了人口、经济和社会因素之后，财政分权对政府卫生支出效率的影响为负，适度的财政集权有利于缩小东、中、西三个地区之间的效率差异。与此相反，2003 年前后的医疗体制改革则显著促进了中国地方政府卫生支出效率的提高，而且这些卫生政策的实行有利于缩小东、中、西三个地区之间的政府卫生支出效率差异。由本文结论得出的政策建议是：第一，从财政政策看，东部地区地方政府可以通过优化政府支出结构来消除效率损失，而西部地区省份则需要进一步增加政府卫生投入来改善其效率；同时，在现有制度框架内，适度的财政集权有助于提高政府卫生支出效率，可以考虑将这一方面的财政支出责任从目前的较低政府层级转移到较高的政府层级。第二，从卫生政策看，不断深化医疗卫生体制改革，更为合理地配置各种卫生资源也是提高中国政府卫生支出效率的重要手段。

[69] 韩晶. 中国装备制造业上市公司生产力和生产效率研究. 财经问题研究. 2010 (01).

本文利用数据包络分析模型、Malmquist 生产率指数对中国主要装备制造企业的经营效率进行分析，研究结果表明：第一，2003～2008 年，中国主要装备制造企业综合技术效率平均值除在 2007 年有一个拐点之外，一直处在上升的通道中，说明中国装备制造企业整体处在一个良性的发展状态上。但应该看到，2007 年、2008 年装备制造业的规模效率相对于 2004 年都有一个明显的下降幅度，但仍处在规模无效状态，装备制造产业的资源整合空间非常大，通过资源整合来减少装备制造企业数量，提高装备制造企业质量将会大幅度提高装备制造企业的规模效率，从而提高整体经营效率。第二，通过将中国主要装备制造企业进行板块划分进一步分析，可以发现，东部地区装备制造企业效率最高，中部次之，西部再次之。为了提高装备制造企业的综合技术效率，西部地区和中部地区的侧重点是不同的，西部地区装备制造企业尤其应该注意资源整合，发挥规模经济优势；而中部地区在纯技术效率上还有很大的改善空间，因此应该转变增长方式，提高管理水平。第三，中国装备制造企业的动态效率评价结果显示，研究期间中国主要装备制造企业 Malmquist 指数都大于 1，这表明中国装备制造企业的生产率从总体上呈现改善的趋势。装备制造企业生产力的改善总体上源于综合技术效率的提高，而装备制造业技术水平的提高则比较令人遗憾。中国装备制造业未来发展的重点应该加强科技创新能力的培养，加强创新体系建设，这对于提高中国制造业的竞争力，实现中国经济的可持续发展都是至关重要的。Tobit 回归模型表明，我国主要装备制造企业的效率与区域 GDP、企业生产规模、行业外资和港澳台投资总额、区域科技支出及区域技术市场交易额都有着显著的正相关关系。通过本文的实证研究，我们认为未来我国装备制造企业提高生产力的主要方向是：加强创新体系建设，夯实装备制造业发展的基础；做好企业集团战略，提高产业集中度；积极促进技术市场发展，创造良好的投资环境；提高政府对装备制造产业的支持力度，维护产业安全。

[70] 韩明. 西方企业并购的反垄断规制对我国的启示. 中国西部科技. 2010 (17).

竞争是市场经济生机与活力的来源，竞争所导致的优胜劣汰在一定程度上实现了资源的优化配置。而并购是市场竞争的结果之一，并购是市场竞争的必然产物，并购实现了市场经济优胜劣汰的内在要求，同时也实现了规模经济。但是，并购在增强生产的集中度，增强企业市场竞争力的同时，其负面影响也是显而易见的，无序的并购可能形成垄断，损害市场的有序竞争，最终威胁到市场经济的正常运转。正因为如此，各国一般把并购作为本国反垄断法的规制对象之一。西方国家对企业并购的反垄断规制的立法和实践，对我国有一定的借鉴价值。首先，明晰反垄断规制中的相关定义，制定明确的可操作性较强的界定方法。鉴于我国现有的法律法规在并购规制方面的规定的不明确，判定标准的不完善，我国政府和反垄断执法部门应积极参考美国和欧盟对相关市场的定义和界定方法，借鉴其判例方法和实体分析方法，结合我国企业和行业市场的具体情况，制定明确的可操作性较强的判定方法。明确界定相关市场，为进一步确定市场份额或市场集中度等指标做出参考，同时提高市场界定的透明度，进行公正合理的企业并购规制的实体分析。其次，制定科学合理的垄断判定标准，并采取差别对待、正确引导的方法。制定科学合理的定性和定量相结合的垄断审查判定标准，并针对不同的并购个案和特定行业的实际情况，综合多重指标和因素分析，采取不同的审查方法。对已具有较强的国际竞争力或对国计民生影响不大的产业，可以适当放松并购审查和反垄断审查的力度，有意识地鼓励企业并购，以提高我国企业的市场竞争力；对国际竞争能力较弱并关系国计民生的产业，适当增强保护，考虑长远效应和社会因素，对企业并购的审查和批准严格把关。最后，建立企业并购反垄断审查监督的执法机构。随着中国经济的发展和外商对华直接投资的日益增加，跨国并购案例将会增多，鉴于其涉及的社会经济关系乃至国际经济关系复杂，对执法的水平和效率要求较高，因此，有必要设立具有高度独立性和权威性的反垄断执法机构。联邦卡特尔局、联邦经济部和垄断委员会都是德国的反垄断执法机构，垄断委员会是控制市场企业或企业兼并的一个专门鉴定机构。我国可以借鉴国外经验，设立委员会形式的执法机构，直接隶属于国务院，其成员应从具有经济学、法学理论知识和实际工作经验的资深专家中选聘。在进行反垄断审查时，各相关部门需要积极配合。

[71] 韩忠伟，李玉基．从分段监管转向行政权衡平监管——我国食品安全监管模式的构建．求索．2010（06）．

分段监管易产生行政权的碎片化，引致职能部门对监管权行使的掣肘与推诿。行政权衡平监管具有内在的合理性与科学性，有效的公共行政资源得以有效配置。在相互推诿与掣肘中无谓地耗损与抵消了权力的威慑力度与执行力度。“多管”与“少管”甚至“不管”业已成为我国食品安全事故频仍的根源。因为“多管”源自我国食品安全法分配的权力不均。不均衡的行政权结构诱发“争权夺利”的冲动。在权力争夺过程中必然损伤良性的行政权架构，导致低效率，甚至行政权运行限于停滞。美国、日本对食品安全监管的行政执法体制反映了行政权衡平监督对食品安全的有用性，这为我国食品安全监管模式的构建提供了有益的启示。我们建议，从以下方面完善立法，确立起对食品安全监管行政权衡平结构：（1）赋予食品安全委员会以规则制定权，使之成为制度供给的正式主体；同时赋予其惩处权力，对违反规则的食品经营者可以实施处罚；（2）赋予其加强风险评估与风险管理之职责，在其下设立食品质量安全风险评估专家委员会，受其领导；同时要把风险评估和风险管理职能分开，促使工作程序化。避免风险评估者和风险管理者既当“裁判员”，又当“运动员”的双重角色，减少利益冲突，确保风险评估的科学完整性；（3）建议食品安全委员会实行垂直监管。食品安全监管职能弱化是造成潜在食品安全隐患的主要弊端。食品安全委员会实行垂直监管能够统一管理、协调指导其他部门，提高对食品安全的监管力度，这一点在日本的成功践行可以得到验证。

[72] 郝书辰．评《公用事业的市场运营与政府规制》．东岳论丛．2010（01）．

潍坊学院王广起博士在他主持的国家社科基金项目“公用事业的市场运营与政府规制研究”（06BJY001）结题报告基础上撰写的《公用事业的市场运营与政府规制》（中国社会科学出版社2008年版），对这一重大理论和现实问题进行了深入研究，分析了我国公共事业市场化改革的现实背景、对象与途径、趋势特征、市场绩效和投融资体制构建问题，论述了公用事业投融资体制的实现形式和运作模式，并在此基础上研究了我国公用事业运营政府规制的目标原则、主要问题和路径选择。该书的特点是观点鲜明、针对性强，在理论深度和研究结论、政策建议的可操作性上都取得一定突破。该书有如下创新点：（1）在分析了有效竞争理论中存在的公共产品属性与供给的冲突之后，提出了有效市场假说，认为从市场的角度，而不是单从竞争的角度思考自然垄断产业效率，在自然垄断产业的各个环节、各个要素之间建立协调、平衡、有效的市场体系，是进一步提高自然垄断产业效率的必然要求。（2）在分析了我国公用事业与西方市场经济国家存在极大差异性的基础上，运用一般理论、结合我国实际提出的公用事业市场化运作的对策具有更强的针对性和可操作性。国外对公用事业的研究是在自然垄断理论的研究框架内进行的，围绕公用事业的自然垄断性问题、政府规制问题、结构行为问题、运营机制问题、治理结构问题、投融资体制问题等层层展开。而国内原有对公用事业市场化改革的研究，一般是局限于对国外理论的挖掘、消化、吸收上。（3）在分析了目前公用事业存在的问题之后，指出问题本身并不能说明公用事业必然是一个亏损的行业，经营者可以通过收费或成本补偿机制获得一定的预期收益。在具体分析BOT投融资方式时，创造性提出了BOT模式的四阶段论、三主体论，描绘了不同主体在不同阶段的风险、风险曲线及其防范措施。（4）在分析公用事业运营的政府规制方面，认为政府规制的实质：一是政府主体的一种行政行为；二是一种制度安排或结构；三是一种利益分配、调整和平衡。认为政府规制的路径选择应是：产权改造、合理选择经营模式、科学设置规制机构、科学运用规制手段、制定完备的应急预案、建立政府规制效益的评价体系。

［73］禾祺夫．中国民航产业市场绩效与市场结构浅析．学理论．2010（24）．

本文定量分析我国主要航空公司市场份额的变化情况，计算出我国航空运输业市场 2006～2008 年的行业集中度 HHI 指数，认为我国航空运输业是一个集中程度较高的寡头垄断型产业，同时分析民航业的市场行为，对我国民航业的绩效以及现状进行阐述。从定量的数据分析可以看出，我国民航业发展速度较快，始终保持持续健康快速发展的势头，整个行业的利润空间仍较大，在经历金融危机的冲击之下，我国民航业已经走出低谷，营运收入大幅上扬，利润不断攀升，反映出整个民航产业基础牢固，自我整合恢复能力较强，长期发展趋势明朗，整个民航产业已进入成长期的快速发展阶段。同时，我国民航业是一个典型的集中度很高的寡头垄断市场，国有特大型的航空集团公司对于整个航空运输市场的影响力度尤为突出，但是最近几年的垄断程度减小，同时从哈佛学派的 SCP 的分析范式角度可以发现，我国的民航业竞争主要是价格竞争，整个产业的进入壁垒极大，而产品差异化程度较低，这样在价格上相互竞争的结果，会较大程度影响各家企业利润最大化获得。因此，要着力优化我国航空公司的结构，引导航空公司尽快形成差异化的市场和战略定位，转变企业利润增长模式，打造具有不同运营模式的高品质航空公司，重点培育具有国际竞争力的大型网络型航空公司；加快推进行业经济结构优化调整，进一步完善行业发展的战略规划及政策，保持良性的竞争机制与适度的垄断控制，提升产业优势，保持产业国际竞争力还要加快培育具有国际竞争力的大型航空客货枢纽，逐步形成功能完善的枢纽干线支线机场体系，完善与产业发展相适应的基础设施的建设。

［74］何力武，罗瑞芳．农民工工资决定的微观行为机制研究．经济纵横．2010（01）．

我国现阶段“工资谈判中雇佣双方市场势力的悬殊对比”是造成农民工“低工资”的关键，我们认为，提高农民工工资的关键在于改善农民工在工资谈判中的不利地位，而提高农民工议价能力的关键在于改变农民工在市场力量对比中的劣势地位。（1）经济手段：①针对于农民工，降低农民工在城市生活的必要开支在农民工积蓄或借贷能力中的相对份额，具体措施可多种多样，主要有：一是提高农民在家务农的净收益，这有双方面的效应：一方面如果在家务农的净收益较高，必然提高农民工进城工作的预期收益，就不会轻易接受低工资的工作；另一方面，进城找工作的农民口袋中的钱相对充裕，也不会因生活所迫而无奈接受低工资。而现实中，国家也在积极做这方面的努力，如确立粮食的最低收购价格，以及取消农业税等措施，体现了国家在提高农民在家务农净收益方面的努力。二是降低农民工在城市生活的必要开支，这可帮助农民工摆脱在找工作过程相对被动的局面，取得一定的主动权。具体措施有：首先，设立专门的进城农民工招待中心，提供相对低廉和便利的食宿服务，这一措施不仅会有经济上的效果，还可让在异地的农民工切实感受到社会的关怀和温暖，缓解农民工较为普遍的心理问题。其次，在招待中心的基础上，定期开展进城农民工就业培训，一则可增加农民进城找工作的经验，降低农民求职的搜寻成本；二则增加农民找工作过程中的权益保护意识。最后，招待中心有助于形成进城农民有效的权益保护组织，这就涉及后面的非经济手段。②针对包工头，可建立有效的用工制度，提高包工头辞退工人寻找替代者的额外成本，具体手段有：由包工头承担农民工上岗证的办理费用；规定一定数额的辞退抚恤金，即在辞退工人时不仅要清付工资，还要支付一笔与工作时间成比例的抚恤金，以保障没有工作期间农民工的基本生活；推广包工头和农民工之间的用工合约，也同样会增加包工头的时间成本。（2）非经济措施：关于非经济措施，主要体现为组织建设和制度建设这两个方面：一是构建有效的农民工组织。因为一个社会集团的力量大小，并不取决于它的人数多少，而取决于它的组织程度。相对于包工头，农民工的人数显然多于他们，因此市场势力的劣势地位就与组织程度有关。事实上，长久生活在自然经济环境中的中国农民历来缺乏“组织自己的能力”。另外，从国家立法角度，也没有给予农民自发组织的合法地位。二是建立工资定期复议制度，这样农民工就可以根据当期的市场行情、政策导向和工作强度，要求更为合理的工资收入。

[75] 何伟，张朝霞，贺芳．关于加强和改进垄断行业价格监管的几点思考．价格理论与实践．2010（07）．

近年来，行业垄断问题被社会广为诟病。不论是自然垄断、行政垄断，还是经济垄断，往往以垄断价格为表征，进而引发一系列的社会问题，诸如分配不公、效率低下、阻碍创新等。2008 年 8 月 1 日开始实施《中华人民共和国反垄断法》，在力求解决这些问题方面做了艰苦的努力，但仍然任重道远。从长远看，对垄断行业实施有效的价格监管，最终还是要通过强有力的法律手段、可操作的制度设计和整个社会的发展进步来实现：(1) 修改完善《价格法》和《反垄断法》。要通过修改完善这两部法律，进一步加强垄断行业价格监管的法律手段建设。《价格法》要着重对垄断行业的价格监测制度和信息披露制度方面提出明确的要求，为消除垄断行业信息壁垒提供法律支持。《反垄断法》要针对第七条有关允许国有经济在重要行业和关键领域占据控制地位的规定进行细化，避免有关企业无限引用，出现权利扩大化的现象。(2) 完善机构建设。目前，对垄断行业的价格监管主体来讲，尚处于多头监管状态。多头监管，就容易责任不明，建议设立国家垄断行业监管机构，统一行使垄断行业监管职能，该机构不承担垄断行业发展职能，专司预防和制止垄断行为，保护市场竞争，高经济运行效率，维护消费者权益和社会公共利益，促进社会主义市场经济健康发展。从层级上看，该机构可分国家、省两级设置，国家级机构对省级机构是业务指导关系，省级机构独立开展工作；省以下设分支机构，隶属省级机构领导，省级机构名义开展活动。(3) 支持发展消费者权益维护组织和行业公会。价格听证制度目前存在的问题，除了制度本身需要完善外，也需要良好的外部环境支持。在没有适格的消费者权益维护组织和行业公会的情况下，即使在价格听证会上安排更多的消费者和利益相关者，他们也只是散兵游勇，无法形成拳头效益。因此，要从整个社会发展进步的角度看消费者权益，维护组织和行业公会的发展，不断提高整个社会的文明程度，为垄断行业价格监管创造良好的外部环境。

[76] 何霞，刘闯，曹珅珅．电信市场差别定价中的反垄断问题．北京工商大学学报（社会科学版）．2010（02）．

我国电信业已基本形成三家国有综合电信运营商竞争的市场格局，但市场结构欠合理，存在一些垄断行为及监管制度的缺陷。《反垄断法》出台后，电信运营商通过差别定价进行市场营销已成为是否违反《反垄断法》讨论的重点，也成为消费投诉的集中指向。本文基于 SCP 的研究框架，对电信市场的竞争结构、行为与绩效进行研究，以确定电信公司的垄断性质；针对不同差别定价对市场结构及消费者福利的影响，提出：(1) 针对不同形式差别定价的监管。区别对待不同的差别定价，基本原则是禁止网内外语音与短信的差别定价，但允许运营商网内针对用户差别定价，这是企业市场营销的基础。同时，更要关注当前在新的竞争格局之下，有可能产生新的差别定价的形式，以及这些差别定价是否会有损消费者利益和社会利益。一旦发现违背竞争规则的差别定价立即制止。(2) 针对运营商行为的监管。当前主导运营商滥用市场优势地位的行为比较普遍，并愈演愈烈。我们要强调不能忽视电信行业的技术经济特征，除非电信技术有突破性的革命，否则基础设施层面上的自然垄断属性仍将在相当长的时间内继续下去。因此，面对垄断的市场必须建立主导运营商的监管体系，这是加强对运营商行为监管的基本出发点和电信监管的重要制度建设。建立针对主导运营商的监管体系，可参考欧盟的经验，首先界定电信细分市场、然后判定主导运营商以及出台管制措施。在此基础上，电信监管机构还要不断提升监管能力，完善监管手段和监管依据，提高监管机构的权威性和威慑力。(3) 加强监测，督促企业规范营销行为。要加强市场监测工作和监管政策规划工作，并通过明示来达到提高企业自我规范、自我引导的目的。一方面监管机构可以定期对国内外电信市场的发展、竞争状况进行研究并发布，引导我国企业的发展和竞争行为；另一方面通过政策来约束和规范企业的竞争行为，例如，可以对不同市场格局或竞争行为下所采用的不同力度的监管政策进行调整，并将相关思路或方案进行公布，以规范企业的竞争行为。（4）贯彻《反垄断法》。电信管制主要是经济性管制，表现为事前监管；反垄断法管制是对垄断行为进行事后的管制。电信管制目标从打破垄断发展到促进竞争，而电信管制不足以调整竞争性的电信市场，原先的经济性管制也不足以适应鼓励竞争的目标。用《反垄断法》的原则与方法监管电信市场竞争行为是目前各国的普遍趋势，尤其我国在电信市场全业务经营环境下，电信公司市场竞争行为的复杂性与综合性在加剧，电信监管机构需要利用《反垄断法》的原则与内容检查监督电信市场的竞争行为。因此，要在行业内贯彻《反垄断法》的内容，将法律监管与行业监管结合起来，从而提高电信市场竞争的规范度。

［77］何莹．环境规制与我国化工行业国际竞争力研究．China's Foreign Trade. 2010（16）.

化工行业在我国的国民经济中占有重要地位，是我国的基础产业和支柱产业。我国化工行业经历了半个世纪的发展，已经形成了门类比较齐全、品种大体配套并基本可以满足国内需要的化工行业体系。我国化工行业的国际竞争力正在不断提高，随着产量的不断扩张，近年来化工产品对外贸易迅速增长。橡胶制品、无机化工品以及以化学农药和生物化学品为代表的具有较高技术含量和较高附加值的精细化学品的出口增长迅速。此外，我国的烧碱、纯碱、化肥等行业的出口量一直占国内产量的20%以上，轮胎出口量占国内产量的50%以上，无机盐、染料、农药也是我国出口的优势产品。在快速发展的同时，化工行业也对环境造成了严重污染。由于化工行业门类繁多、工艺复杂、产品多样，生产中排放的污染物种类多、数量大、毒性高，化工行业是污染大户；化工产品在加工、贮存、使用和废弃物处理等各个环节都有可能产生大量有毒物质而影响生态环境、危及人类健康。环境污染和资源浪费较为严重也恰恰反映出我国化工行业产业竞争力状况的一个重要方面。20世纪90年代开始，中国政府对环境问题的关注逐渐加深，1989～2004年间集中制定了包括《环境保护法》、《大气污染防治法》在内的31部相关法律法规。同时通过政策、法律、金融等手段加强环境管制。以企业的信贷审批为例，凡是涉及污染的行业都将受到歧视，并被要求出具相关的环保文书。改革开放30多年来，我国化工行业相关主管部门十分重视化工企业的环境治理与环保管理工作，各级部门和大中型企业都建立了环境保护管理机构，原化工部建立了化工环保监测中心，各地化工部门建立了化工环保二级监测站，各大中型企业建立了三级化工环保监测站，目前，全国化工行业已形成完整的化工环保管理和监测体系。多年来，化工行业逐步试行SO14000系列标准，并积极创建化工清洁文明工厂，推行清洁生产。其中，ISO14000环境管理系列标准已逐渐成为国际市场的绿色通行证，对消除国际贸易中的绿色壁垒将起到非常积极的作用。因此，需要运用环境规制提高化工行业的国际竞争力：一是从政策上推动环境保护和化工企业协调发展；二是优化行业布局，建立行业的规模优势；三是推动技术创新，制定环境保护策略。

［78］胡春燕．零售商抗衡势力假说研究评述．商业经济与管理．2010（05）.

本文从产业链纵向关系的视角评述了零售商抗衡势力假说研究文献，相关研究认为抗衡势力对社会福利影响的关键因素包括纵向市场结构、零售市场竞争程度以及产业特征等。从目前的研究来看，零售商抗衡势力对产业链效率及社会福利的影响在理论和实证研究上均存在一定的分歧。许多学者指出主要原因在于，不同的研究模型假设条件不同。但是影响结果的关键假设是什么？不同的假设会导致哪些可能的结果？对于这些问题的研究，需要进一步建立统一的经济分析框架和社会福利评价基准。

根据纵向结构效率以及零售业的产业特征，应考虑以下规制原则：第一，面对国际零售巨头迅速占领国内零售市场，本土零售商市场份额不断降低的事实，国家应鼓励我国零售企业迅速重组做强。面对国际零售巨头加紧瓜分中国零售市场的现状，我国政府可以像烟草工业那样动用甚至包括行政力量在内的各种力量组建中国的零售航母。第二，鼓励零售商用抗衡势力抑制制造商垄断势力。面对具有垄断势力的制造商，具有买方势力的零售商可以有力限制制造商垄断势力的滥用。要使社会福利最大化，理想的市场结构是在制造商和零售商构成的中间产品市场属于完全竞争市场结构，在零售商和消费者构成的消费品市场上也是完全竞争的市场结构。但是目前中间产品市场上，制造商垄断势力越来越强的现实已经形成，强行分拆制造商使之回到原子状制造商形态已不可能。对抗制造商滥用市场势力降低社会福利的对策是增强零售商的买方势力，以减少社会福利损失。对具有市场势力的制造商和买方势力的零售商的福利分析表明：大型零售商买方势力的存在使得制造商最终选择合作。第三，禁止零售商将抗衡势力转化为对消费者的卖方势力行为。理想的中间产品市场和消费品市场都是完全竞争的状态由于制造商和零售商的垄断势力的存在而不可能成为现实，但在消费品市场，消费者成千上万，只要保持零售商之间的有效竞争，维持竞争性市场是有可能的。2000 年英国竞争委员会的调查也主张只要大型连锁超市间保持竞争性就有利于降低市场价格。因此政府应着力规制零售商在消费品市场商滥用市场势力的行为。第四，禁止零售商针对中小供货商滥用买方势力。目前在一些中小型供应商对零售商供货的市场上，常见零售商滥用买方势力，如向中小供应商收取各种通道费、无理占用供应商资金及限制供应商各种权利。零售商这种滥用买方势力的行为，严重损害了市场有效竞争性，应成为政府目前监管的重点领域。

［79］胡德宝．我国垄断产业垄断势力的测度及比较——基于传统 SCP 范式的扩展研究．价格理论与实践．2010（08）．

传统的 SCP 范式是以完善的市场经济为前提假设的，对其进行扩展后才能适用于处在转型期间的我国。本文以 SCP 范式为基础，对垄断势力的测度方法进行扩展，结合相关的产业数据，利用实证方法得到各行业的垄断势力的大小，并进行行业间比较，在此基础上为产生行业差距的原因提供了经济学解释。

实证研究发现，垄断势力较大的行业依次为电力蒸汽业、石油加工及炼焦业、烟草加工业、石油天然气开采业、自来水生产与供应业，这些行业为古诺式产业结构，主要是自然垄断产业或与自然垄断产业有很强关联的产业，大多采用的是国有经济形式，具有明显的垄断色彩。由于生产方在供销双方中处于主导地位，它们利用优势地位以及很强的市场势力向购买方索取高价。而纺织业、服装及其他纤维制造业、皮革、毛皮、羽绒及制品业、木材加工业、家具制造业、印刷业、金属制品业、电子及通信设备制造业等行业接近于原子型市场结构，竞争程度十分激烈，因此垄断势力接近于零，几乎不具备价格操纵能力。

行业间的差距根源在于环境因素，从影响程度来看，制度环境是最为重要的因素。自 20 世纪 50 年代开始，我国电力、航空等自然垄断产业一直实行国有产权制度和垄断经营制度。在国有制下，由于所有者虚位，机制不够灵活且存在缺陷；在垄断经营制度下，在位企业限制其他新进入者尤其是非国有企业的进入，或者是行业主管部门设置过高的进入壁垒，阻止新进入者，导致行业内竞争不足行业内部激励不足，产品和服务质量低下，导致供给不足的问题，规模经济没有得到发挥，从而出现单个企业垄断性强与行业总体集中度不高并存的现象。因此，对此类垄断型产业，应加大改革进度和深度，除了减少行政垄断之外，还应允许民营经济进入相关领域，以降低垄断程度。

［80］胡汉辉，万兴，周慧．网络融合下中国数字电视产业的规制与发展．产业经济研究．2010（04）．

技术的发展和需求的变迁导致了网络融合。在这种背景下，还处于成长期的中国数字电视产业既面临规制的挑战，也面临产业发展的问题。针对前者，需要我们着眼于数字电视的特点和网络融合的背景，建立适合我国国情的规制制度；针对后者，我们须要制定相关的产业政策，鼓励数字电视的发展。在这两方面，国外的理论和实践都给我们提供了有益的借鉴。目前在中国，数字电视既肩负传统的电视媒介职能，同时也是关系众多行业孕育巨大市场价值的一个产业，因此国家对数字电视产业规制的同时，也采取了许多措施鼓励、扶持该产业的发展。政府的激励政策主要包括税收、贷款、补贴等财政手段以及帮助网络运营企业整体平移等行政手段，这些政策既有中央政府的政策，也有各级地方政府的政策。政府激励政策主要从以下几方面考虑：第一，电视服务具有公益性，市场在提供这类公共产品的时候会发生市场失灵的现象，因此需要政府提供帮助，以满足社会对数字电视服务的质量和数量的需求。第二，如果单靠市场手段，则在较短时间内很难形成一定规模，没有规模则各项服务和产品的成本将很高，不利于数字电视的推广。第三，由于从原来的模拟电视向数字电视转换需要投入大量的资金对原来的终端和网络进行改造，对于企业来说这笔投入资金巨大，风险较高，通过政府支持，比如低息贷款、提高基本收视维护费等降低企业风险。

［81］胡甲庆．论美国掠夺性定价的认定标准．国际经贸探索．2010（10）．

在美国，掠夺性定价属于《谢尔曼法》第 2 条规定的垄断化或图谋垄断化行为，同时也受《罗宾逊—帕特曼法》第 2 条第 2 款关于“低价销售”价格歧视规定的约束。但是，美国现行法律并没有对掠夺性定价的概念及构成要件做出明确的规定，也没有对什么样的低价销售行为才构成掠夺性定价的法律标准进行规定。掠夺性定价的认定标准主要由判例法生成和发展。美国在掠夺性定价的反垄断规制中所形成的判例共识是：一方面崇尚自由市场理念，主张应由垄断者自己定价，以避免使法院变成价格管制机构的危险；另一方面法院又不得不为掠夺性定价行为确定一个标准，即“深口袋”的垄断者能够在短时间内将其价格定在自己和竞争对手的成本之下，当被惩罚或者破产的竞争者退出市场之后，再将价格提高到竞争价格水平之上。由于掠夺性定价概念上的笼统性、模糊性，再加之掠夺性定价行为性质的复杂性、福利效果的不确定性，以及因掠夺性定价行为与市场结构因素、正常竞争因素的微妙关系所形成的掠夺性定价行为类型的多样性，因此，掠夺性定价一直是美国反垄断经济学和法学研究的热点问题，也是一个极富争议的研究领域，特别是在掠夺性定价是否合乎理性及其认定的法律标准问题上更是呈现出不同的理论观点。近三十年来，经济学界和法学界对产生无效率结果的削价行为的环境条件以及法院对掠夺性定价的认定标准，都进行了大量而深入的研究，取得了丰硕的成果。本文从理论和实践的角度考察掠夺性定价的具体认定标准，即“什么样的低价销售行为构成掠夺性定价”，而不是从构成要件的角度考察“什么样的低价销售行为构成反垄断法上的掠夺性定价行为”。美国掠夺性定价的理论和司法实践表明，美国对掠夺性定价行为的认定，设定了较为严格的标准，即只有低价销售行为同时满足“价格低于边际成本或增量成本、平均可变成本等其他近似替代性成本”以及“行为人能收回掠夺性定价投资的合理预期”这两个标准时，才构成掠夺性定价。此外，在掠夺性定价认定标准上，十分注重以成本分析为基础的量化分析，具有强烈的实证色彩。

［82］胡甲庆．论合并反垄断审查中的临界损失分析．国际经贸探索．2010（03）．

在合并反垄断审查程序中，临界损失分析是“假定垄断者标准”的具体应用与量化。文章探讨了“临界损失分析”的法律依据、内在逻辑、基本内涵及其演算，揭示了现行“临界损失分析”的理论缺陷，并提出了具体的理论修正方法。由于“标准临界损失分析”仅仅是一种简单的算术计算，因而对数据的要求低，操作起来简便易行，因而大大简化了 SSNIP 范式。但是，反垄断机构及法院在运用“标准临界损失分析”界定相关市场时，不仅将“假定垄断者”视为备选市场上所有替代品的唯一生产商或销售商，而且还将备选市场上所有企业生产或销售的存在替代关系的产品视为一种完全同质的具有相同成本、价格和需求结构的产品，在这一严格假定条件下施以统一的涨价幅度，以检验“假定垄断者”涨价是否有利可图。如果有利可图，那么这些替代品构成同一相关市场，否则将“下一个最好的替代品”纳入备选市场，直到按“最小市场原则”确定相关市场时才完成“假定垄断者检验”。此外，在界定相关市场和分析合并竞争效应时，由于“标准临界损失分析”没有考虑备选市场内不同企业产品之间的替代关系，也没有考虑合并企业涨价时备选市场内非合并企业的价格反应。因此，如果不对“标准临界损失分析”进行适当调整，就很可能得出误导性结论。关于 SSNIP 范式中的产品涨价，是应该选择“假定垄断者”所控制的多产品中的一种产品涨价？还是一些产品涨价？或者所有产品涨价？美国 1982 年、1992 年横向合并指南对此都没有明确规定。比如美国 1992 年《横向合并指南》第 1.11 节只概括地规定，“在反复进行的涨价检验中，‘假定垄断者’在决定对其所控制的新纳入备选市场的任何一种产品或所有产品涨价时被假定为追求利润最大化者”。因此，SSNIP 范式的涨价有两种基本方式：一是“对称性涨价”，即对“假定垄断者”控制的所有产品同时涨价；二是“非对称性涨价”，即对“假定垄断者”所控制的一种或部分产品涨价。在不考虑转换率的情况下，不论是“对称性市场”（即“假定垄断者”所控制的产品具有相同的价格、成本和需求结构）还是“非对称性市场”（即“假定垄断者”所控制的产品的价格、成本或需求结构不相同），使用“对称性涨价”都会产生过宽界定市场的结果，因为在“对称性涨价”条件下的实际损失与临界损失都低于在“非对称性涨价”条件下的实际损失与临界损失，而“标准临界损失”分析采用的正是“对称性市场的对称性涨价”方式。

[83] 胡凯．规制合谋防范理论述评．湖南财经高等专科学校学报．2010（01）．

将信息不对称引入具有层级代理关系的规制体系中，是新规制经济学在规制合谋研究上的独到之处，并因此较为彻底的解释了规制合谋的机理，提出了有针对性的激励契约设计、组织形式变更、分权制和承诺能力建设等治理建议。但新规制经济学的规制合谋研究并非已接近完美，事实上它还存在一定的局限性，并因此提出了未来的主要研究方向。规范研究上存在的突出问题是规制合谋私下交易（支合同）的实施机制问题。所有的规制合谋模型都假定支合同能得到有效实施。但是，和一般契约相比，私下契约的可实施性是一个更为严重的问题。一般来说，私下契约的执行依靠的是非司法机制，其中重要的是声誉机制，而声誉机制是在长期重复博弈中形成的。这就形成了这样一种观点：合谋是与长期关系联系在一起的，并且通过一系列的互利互惠确保得到实施。但是，这种观点首先将对短期静态模型造成伤害，其次，长期重复动态博弈并非单期静态博弈的简单叠加，而反过来，一个静态模型下的均衡是否就等价于重复博弈动态框架下的均衡主要取决于博弈双方要有足够的耐心（折现因子接近于 1），但规制机构的有限任期和承诺能力、规制机构和被规制者共享的信息量多少等无疑增加了双方对未来的不确定性。因此，如何有效地解释支合同的实施机制仍是一个有待探讨的问题，它直接关系到规制合谋的实施和治理。应该看到，既有研究在很大程度上缺乏产业实证分析支持，比如对某一产业规制合谋的实证描述、该合谋对产业规制政策实施绩效的影响、对竞争政策的影响、对社会福利结构和剩余分配的影响等。正如拉丰和梯若尔（Laffont and Tirole）指出的那样，通过合谋活动来干预规制决策制定仅是“冰山一角”，更大的部分在于企业组织对规制合谋的反映，政府对规则和政策的制定主要是考虑规制收买的可能性以及规则和政策对产业绩效的影响。实证研究的缺乏一方面使理论“悬空”，另一方面与产业组织理论注重实证分析的主流似乎有些偏离。当然，这可能主要是由于合谋的私下交易特征使相关数据难以获取，但是如果不能在这方面有所突破，规制合谋的研究是缺乏说服力的。针对规制合谋产生的信息基础以及我国政府规制的特殊产权基础和体制基础，对规制合谋的治理应该着重加强以下几个方面：一是实施产权结构改革。二是减少规制机构与委托人之间的信息不对称。三是约束规制机构的自由裁量权。四是规制合谋威胁下的规制政策选择。

[84] 胡凯．自然垄断产业规制改革的本质与市场化攻坚．四川理工学院学报（社会科学版）．2010（04）．

自然垄断产业规制是规制机构对垄断厂商市场行为的微观干预，自然垄断引起的市场失灵需要引入政府规制，但政府规制低效乃至规制失灵则催生出规制改革，市场失灵和规制失灵并存需要妥当处理自然垄断产业的政府干预与市场竞争的关系。规制改革的本质是双重失灵下政府与市场关系的再调整。规制不是为了替代竞争而是为了促进竞争，政府规制是面向竞争的规制。当前我国自然垄断产业的市场化改革进入攻坚阶段。规制改革的主要任务是促进民营资本进入和构建规制下的有效竞争。

自然垄断产业的市场失灵为政府规制提供了必要条件；但引入政府规制后，又出现了规制失灵。市场失灵和规制失灵并存表明，单纯依靠市场或政府都不能实现对自然垄断产业的有效治理，市场机制和政府规制都是实现自然垄断产业有效治理的重要机制。而要从根本上提高自然垄断产业的经济效率，必须将二者结合起来，并准确定位二者在自然垄断产业治理中的范围、主次、切入点、实施机制等。理论研究和规制改革成功国家的实践表明，规制改革是一个市场的基础性作用不断扩张、市场竞争方式不断强化、政府干预范围不断缩小且干预方式不断调整的过程。政府规制并非是为了代替市场，而是为了促进市场的有效竞争，即在市场竞争难以发挥作用的自然垄断性业务环节，通过模拟市场的方式如特许投标、价格上限规制等，尽量利用间接竞争获取的有用信息来实施规制，从而使规制决策贴近市场决策。因此，自然垄断产业规制改革的本质是双重失灵下政府与市场关系的再调整，规制不是为了替代竞争而是为了促进竞争，政府规制是面向竞争的规制，以竞争为导向的规制。在规制改革中，为了实现自然垄断产业的资源配置效率和社会公共利益，一方面需要更加强调政府规制的市场基础，即在自然垄断产业的运行中，凡是市场能够发挥作用的领域，应该不断增强市场的积极作用，通过引入竞争，发挥市场配置资源的基础性功能，这与非自然垄断产业的市场运行具有内在的一致性；另一方面，与政府规制的市场基础增强相适应，政府规制的范畴和方式也应该做出积极的调整，政府规制不再是为了替代市场竞争而是为了促进有效竞争，通过政府规制与规制下的竞争之间的合作、互动、共同实现社会公共利益。在自然垄断产业的市场化改革攻坚阶段，为实现自然垄断产业的有效竞争，当前需要以规制改革来重点解决的问题有两个：一是促进民营资本进入；二是构建竞争秩序。

［85］胡晓．收入差距与中国房地产价格：理论与实证——兼论当前房地产调控的有效性．财经科学．2010（12）．

中国持续较大和扩大的收入差距对房地产价格的上升具有重要的影响。首先，中国持续较大的收入差距深刻地影响了经济的增长模式。收入差距的持续扩大造成了消费和储蓄比例的失衡，中国的消费率从1991年的62.4%下降到2008年的48.6%，下降幅度为22%，特别是2000年之后加速下降。消费和储蓄比例的失衡导致了中国投资驱动型和外贸驱动型的增长模式。2005年以来，中国投资对经济增长的贡献率下降，而外贸的贡献率上升，2005年达到24.7%，改革开放以来净出口的总量略微超过10万亿元人民币，其中7.4万亿元是2005年以后创造的。外贸驱动型的增长模式造成了大量的外汇储备积累，外汇占款规模巨大，央行被迫释放大量的基础货币，形成了大量的货币供给和超额的货币流动性。2008年我国外汇占款规模为168431亿元，而同期M1的规模为166217.1亿元，说明了外汇占款在我国货币供给中的绝对主导地位。这些超额的流动性在虚拟经济内寻求投资和投机机会。基于对中国房地产市场的良好预期和发展前景，吸引了大量的流动性在房地产领域进行投资和投机活动，影响了对房地产价格的预期，从而推动了房地产价格的快速上涨。其次，中国持续较大的收入差距影响了房地产的有效消费需求，当前房地产市场的主要有效消费需求来源于高收入阶层，他们的收入水平对房地产的消费需求具有重要影响，在房价的决定中具有重要的作用。因此，通过提高首付比例，提高融资成本来限制需求的调控政策对抑制房地产价格的作用将非常有限。在收入差距得不到控制的情况下，对出口的依赖程度不会减轻，流动性过剩问题也还会比较突出，因此，未来房地产价格整体上涨的压力较大；在重点城市和一线城市，由于受到土地资源的制约，房地产供给有限，由于收入差距的持续扩大造成的流动性过剩，对重点城市和一线城市的消费需求和投资需求将会非常强劲，房价继续快速上涨的压力和空间非常大。解决中低收入家庭的住房问题将面临巨大的挑战。近年来中国房地产价格的快速上涨虽与中国经济的快速增长、人们收入快速提高，以及由于土地价格快速上涨而导致的房屋建造成本的快速上升有较大的关系，但当前的高房价收入比说明了仅从基本面还无法解释房价的过快上涨，也意味着当前的房地产调控措施只能治标，不能治本。收入差距对中国房价的影响是决定性的，在收入差距得不到控制和改善的情况下，中低收入家庭购房将面临巨大的挑战。

［86］华慧．反垄断法对电信业的规制研究——以《反垄断法》实施对电信业的影响为中心．求索．2010（07）．

实施不久的《反垄断法》在对处于不断改革和重组的电信业的规制中，存在一些需要探讨的问题。首先，针对《反垄断法》第七条的特殊行业的适用除外规定，无论是从经济、技术理论还是国家政策的分析来看，中国电信产业已经是一个竞争性产业，因此应适用反垄断法，并遵循“一般适用，例外豁免”的原则。其次，《反垄断法》的制度规定对电信业产生了重要影响，而且不同时期反垄断法规制电信业的重点是不同的。《反垄断法》对电信业的影响表现为以下四个方面：（1）约束电信企业签订垄断协议的行为，保护消费者权益。（2）为涉外并购以及电信市场准入提供了法律保障。（3）禁止滥用市场地位，鼓励电信企业合法经营来做大做强。（4）有助于消除行政垄断。在重组前，中国电信业虽然有六家企业进行市场竞争，但是，市场力量相差悬殊，中国移动、中国电信、中国网通分别在不同的市场中具有市场支配地位，而铁通、联通、卫通则处于市场弱势地位，在此情形下，要建立正常的市场竞争秩序，则反垄断的重点，即对垄断行为规制的重点应当是对滥用市场支配地位垄断行为的控制。重组后成立的三家电信企业，由于都拥有相应的移动和固话网络，市场力量得到平衡，有利于进行有效竞争，为防止消除市场竞争的现象出现，对重组后的电信业的反垄断法规制重点应当是对经营者达成垄断协议的监控，以使消费者能充分享受到电信市场充分竞争带来的福利，促进电信业的技术进步。当然，除电信业经营者达成垄断协议行为应受重点监控外，由于三家电信企业在不同的区域市场发展存在不平衡性，市场力量对比不同，有的企业可能在一些区域市场拥有市场支配地位。因此，还需对三家企业在区域市场中的滥用市场支配地位的限制竞争行为进行有效的法律规制。总之，《反垄断法》作为市场经济和法治社会的标志，注定要与中国市场经济发展和整个社会法治环境的完善共同成长。《反垄断法》在具体产业电信业的适用上有待细化，特别是在中国电信业正处急速转型和向下一代网络的过渡时期，全行业正在与互联网和传媒业融合，未来随着3G牌照的发放，携号码转网等政策的出台，以及VoIP等革命性技术应用，电信业务将越来越开放，电信市场的竞争将更趋充分，《反垄断法》作为关系到整个国计民生的大法，只有不断完善，才能更好地发挥其作为经济“宪法”对电信业的规制作用。

［87］黄东晶．环境绩效与财务绩效双赢的规制研究．工业技术经济．2010（12）．

企业环境绩效与经济绩效的关系一直是企业战略管理研究关注的重要问题。传统观点认为：环境规制与经济效益是相互矛盾的，经济发展必须以破坏环境为代价，而若要保护环境则会限制经济的发展。实践证明，环境规制与经济效益并不是矛盾的，而是由于制度设计的不当造成的。本文通过对我国环境规制现状的分析，针对我国现行的环境规制进行改革和创新，给经济主体提供充分的激励，将环境规制与经济主体的利益最大化行为相关联，从而实现环境绩效与财务绩效的双赢。中国作为发展中国家，在经济转轨进程中，伴随经济的高速增长，环境问题也日趋严重。2007年以来，政府将节能减排作为当前加强宏观调控的重点，作为完成“十一五”规划目标任务，调整经济结构、转变增长方式的突破口。国务院有关部门出台和采取了一系列严控高耗能、高污染行业过快增长的措施及相关行动，八部委联合开展全国性清理高污染高耗能行业的专项大检查，力度之大前所未有。但是，环境规制在改善环境绩效的同时，会导致环境污染支出的上升，一方面，环境规制将迫使企业改变生产工艺和生产技术或增加生产工艺流程，这都可能增加企业成本。另一方面环境规制可能会引起资源生产率的降低。在这种静态条件下，从企业的角度来看，环境绩效与财务绩效目标将陷入两难困境，这可能导致企业与政府之间的非合作博弈，企业力求规避环境规制，导致污染问题屡禁不止，而政府虽投入大量资源进行规制，收效却未能如意。所以必须进行合理的规制设计，使政府规制向减少企业成本和提高其竞争力方向转化，引导企业与政府建立合作博弈关系；建立的市场机制要能激励企业进行积极的环境管理，而且在动态中能获得竞争优势和可持续的收益增加，实现环境绩效与财务绩效的双赢。通过研究显示，在现有供需条件下，作为企业一方，应该在同行业的竞争压力、绿色消费者的动力、环境税的约束力、融资渠道的源头活力等因素影响下，引进环保型经营模式，把环境成本纳入企业生产或投资成本中，促使从单纯以营利为目的的“经济人”转变为经济效益和环境效益双赢的“环境人”。作为规制方的政府，当务之急就是重新思考现行的环境保护制度，实现制度创新，引入激励与约束机制，从制度设计上保证企业会从自身效用或利润最大化角度出发，选择有利于环境保护的政策措施，最终实现经济发展与环境保护的和谐一致。

［88］黄含其，张婵．从“三鹿奶粉”事件看我国政府的食品安全监管．湖北经济学院学报（人文社会科学版）．2010（01）．

“三鹿奶粉”事件的发生将公众的注意力再次集中到政府的监管层面上。文章从四个方面深入分析了我国食品安全监管的突出问题：初级原料生产者监管缺失、监测预警体系缺位、农产品加工产业链失衡以及政府监管失控，并从政府监管组织结构、综合监管手段以及政府监管外部环境等方面提出了我国政府监管食品安全的对策。目前，我国的食品行业正逐步在食品安全方面与国际标准接轨，正处于一个新的发展时期。食品安全涉及多部门、多层次、多环节，是一个复杂的系统工程，所以加强食品安全，既要从源头抓起，打下良好的基础，又要有针对性地在几个薄弱的环节上，有计划、系统地进行。为此，我们必须从多个层面综合解决食品安全政府监管问题，建立统一、高效、权威科学的食品安全监管体系。（1）完善政府监管组织结构。科学、合理的食品安全监管体系对于确保我国人民的身体健康和财产安全至关重要。建立和完善统一协调、权责明晰的食品安全监管体制是有效监管的前提条件。要建立我国的食品安全保障体系，必须首先改革我国现有的食品安全监管体制，最终建立一个以法律为保障，政府、中介组织、企业和消费者各负其责，政府各监管部门之间统一协调、权责明晰的食品安全监管体制，可着重从以下几个方面考虑：第一，成立国家食品安全委员会。第二，重新设计政府部门在食品安全监管中的分工。第三，深化卫生监督体制改革。（2）加强研究，提高综合监管手段运用。建立健全高效、权威监管手段是政府实现食品安全有效监管的保障和基础。有效的监管手段可以起到控制危险的作用，而完备的监督管理手段应该包括：第一，建立和完善我国食品安全法律法规体系。第二，完善统一全面的食品安全标准体系。第三，进一步完善专业化的食品安全检验检测体系。第四，完善我国食品安全认证认可体系。第五，建立较为完善的食品安全应急处理体系。第六，建立食品安全信息监测、通报、发布的网络体系。（3）建立良好的政府监管外部环境。要建立统一、高效、权威、科学的食品安全监管体系，仅靠政府层面一方的努力是不够的，还需要整个社会共同努力。第一，初步建立我国食品安全信用体系。第二，充分发挥新闻舆论、网络信息平台和消费者的监督作用。第三，发挥行业协会等中介组织的作用。第四，建立食品安全宣传教育体系，提高公众食品安全意识。

［89］黄娟．政府干预引致的中国式经济周期论．江西社会科学．2010（01）．

本文试图首次定义何谓“政府干预引致的中国式经济周期”以及描述其形态，并在此定义下，从经验上分析本轮中国式经济周期发生的原因，估计本轮中国式经济周期的度量指标并预测先行6个月即2009年第四季度到2010年第一季度经济处于收缩期或扩张期的概率，最后得出结论：本轮中国经济周期70%的概率仍将维持在收缩期并据此提出政策建议。中国式经济周期是由政府干预过度或干预不足造成的，主要表现为政府对消费干预无力和对投资干预过度，以及对GDP贡献大的行业的政策偏好导致供给过度，使得经济产生的周期性波动。而政府为了抑制经济衰退，被动的或不得不采取的通过创造新泡沫以抵消旧泡沫破裂引发经济衰退的政策，这种由被动政策导致的经济波动称为被动型经济周期，中国经济目前正处在这种被动型经济周期中。政府干预引致的中国式经济周期相比发达国家，波峰持续时间长于波谷时间。而本轮中国式经济周期正好和世界经济周期重叠，在上轮经济周期的过剩产能还没有得到消化的情形下，本轮经济周期中政府又刺激了过剩产能的增长，将推迟本轮经济周期的复苏，使得未来两年内经济处于复苏阶段，复苏时间长于之前的中国经济周期。运用 SPSS 软件作 Logistic 回归模型，从 2009 年 10 月份开始向前预测 6 个月。2009 年第四季度和 2010 年第一季度中国经济处于扩张期的概率为 30%，而本轮中国经济周期 70% 的概率仍将维持在收缩期。政府大规模的投资支出，已经产生大规模的挤出效应，同时也加剧了经济波动，从而对经济的长期发展带来不利影响。在当前一些行业的生产能力已经过剩的背景下，国内的投资需求也面临着巨大风险，政府应弱化其作为投资主体的角色，强化其作为市场管理者的职能，对资源利用准入及环境保护、产业技术、安全性方面加强管理，引导资金流向有利于产业结构升级、有利于社会事业发展的领域，降低政府干预不足和过度对经济周期的破坏性。有效的政府干预要建立在干预成本—效益分析基础上，任何政策的出台，管理者都要考虑政策的效率，政策的效率即政策投入与政策效果之间的比例，放弃干预成本高和效益差的政策。干预是有成本和破坏性的，由于政府偏好干预 GDP 贡献大的行业，政策的刺激导致这些行业的产能过剩和泡沫，造成生产与消费脱节，市场经济参数混乱。当市场生产者和消费者对于经济生活的预期仍然围绕政府的政策去组织生产和消费，一旦预期发生偏差，企业和市场无法对经济形成稳定的预期，发生干预破坏经济，影响经济周期的复苏。

[90] 黄君洁．财政分权与经济增长关系的文献综述．产经评论．2010 (02).

(1) 财政分权理论的研究方法：规范研究和经验研究的结合。财政分权理论作为宏观经济学和公共经济学的一个分支，其研究所覆盖的范围较广，财政分权理论试图解决的问题几乎涉及了除货币政策以外的所有政府政策问题。然而，财政分权的相关理论无法给出一个关于要不要分权以及如何分权的指导原则，直接经验和间接经验分析的结论也各不相同，乃至相互矛盾。之所以出现这种情况，除了缺乏一致的理论支持外，还可以从经验研究过程来探究其中的原因。由于不同国家在具体国情和政治制度上存在差异，不同学者研究的立足点有所不同，对财政分权的认识和数据的提取，以及选取衡量财政分权程度的指标就各不相同，这也许是他们得出不尽相同的研究结论的重要原因之一。这样，财政分权理论的国别比较研究就缺乏可比性。而且，即使是研究同一国家的财政分权问题，不同的研究者也可能得出迥然相异的研究结论。因为财政分权本身的复杂性决定了仅用单一的指标是很难全面衡量一国财政分权状况的，即便是使用多个指标也不能囊括财政分权的各个方面，只是从各个不同的侧面或角度对财政分权的基本状况予以近似地反映。(2) 财政分权指标的选择。影响财政分权决策的因素有很多，财政分权本身也是多维的，所以，很难给出一个准确无误的标准定义。不同的学者对财政分权的定义有不同的理解和偏重，从而影响其对财政分权指标的选择。而财政分权程度的度量对经验检验十分重要，财政分权指标的非唯一性，可能会影响到经验分析的结论。在目前的文献中，受各种因素的影响，研究者在度量财政分权时一般只采用简单的收支份额度量财政分权。而事实上，对财政分权程度的衡量除了要考虑财政权力在各级政府之间的配置之外，还受到各国的历史传统、文化背景、体制变革等多种因素的影响。(3) 根据实际情况合理建立模型。在研究财政分权与经济增长关系的相关文献中，一般是根据巴罗（Barro，1990）或索罗（Solow，1956）的理论建立回归模型的，但是，长期经济增长应该是许多变量的函数。储蓄、投资、人力资本、技术进步、法律法规和制度等许多因素都会对经济增长和效率产生影响。同时，财政分权是一个渐进的过程，如若经验研究的时间跨度较大，则其样本可能包含了政策和体制等各方面的变化。如果所选择的样本恰好包括经济高速增长时期，则更容易得出负面影响的结论。

[91] 黄俊，张天舒．制度环境、企业集团与经济增长．金融研究．2010（06）．

针对经济转轨的实际，利用地区企业集团数据，本文对我国企业集团的形成及对地方经济发展的影响进行了考察。研究发现，我国企业集团的构建既是对外部制度缺失的一种反应，也显著受到政府干预的作用。当产权保护较弱、市场越不发达时，为规避市场交易的高成本和降低对外融资需求，集团经营模式被更多地采用；处于发展经济、履行社会职能及强化区域经济垄断的目的，政府财政赤字越大、地方保护主义越严重的地区，更易构建企业集团。在我国现行制度环境还较落后的状况下，企业集团利用内部市场取代外部交易，降低了交易成本及缓解了企业的融资约束，促进了地区经济的发展。需要说明的是，在得到上述研究结论的同时，我们也意识到本文的研究存在一定的局限。首先，我们采用省级层面数据考察产权、市场和政府等因素对企业集团构建的影响，为更好地认识企业集团的形成，进一步的研究需针对个体微观企业进行分析，我们今后将朝着这个方向努力。此外，本文以员工数来衡量地区企业集团的发展，雇员只是企业经营的一个方面，在数据可获得前提下，未来的研究可以从资产规模、营业收入和投资总额对企业集团进行多维度考察。

转型经济的重要特征是，制度的发展相对落后，表现在产权保护、市场发展和政府干预等方面。这种制度上的缺陷影响到企业的经营行为和组织结构，其中集团经营模式的采用就是一个重要表现。本文的研究表明，产权、市场和政府等制度因素显著影响了企业集团的形成，因此在认识新兴市场的企业组织时，不可忽视制度环境的作用。进一步地，本文研究发现，基于外界制度环境的企业组织变迁还会作用于地方经济，对地区经济增长产生显著影响。因此，今后的改革应重视制度的建设，加强对产权的保护，努力发展市场和减少政府干预，从根本上降低市场交易的成本，为我国经济的持续、健康和稳定发展创造良好的外部环境。

[92] 黄速建，刘建丽．社会反响、竞争规则及其变动趋势：自大型国企垄断切入．改革．2010（08）．

中国改革开放 30 多年，国有企业改革始终处于经济体制改革的核心。2002 年以后，国有企业进入了深化改革、完善制度的新阶段。一方面，垄断行业的体制改革不断推进，取得了重大成效；另一方面，为促进我国经济的又好又快发展，居于国民经济支配地位的国有企业承担了发展方式转变的重要任务，国有企业的创新发展获得持续关注。2005 年，自主创新上升为国家战略以来，社会各界对大型垄断国有企业的关注更多地投向其创新能力的提高。2006 年以来，国资委多次强调，中央国有企业应当担负起自主创新的重要任务。2007 年，科技部报告指出，我国国有企业自主创新机制不健全，自主创新动力不足；在现行国有企业绩效考核指标中，比较重视对国有资产保值增值等经济指标的考核，没有恰当地对企业技术创新的考核指标；国有企业尚未成为技术创新的主体；国有企业技术研发投入明显不足，这些都是国有企业在科技自主创新过程中亟待解决的问题。1992 ~ 2003 年，我国国有企业改革基本上处于体制转型与制度转轨过程，通过体制创新释放企业效率是企业改革的主题。因此，在相当长的时期内，官、产、学、研各方普遍将注意力放在国有企业脱困与利润指标的改善方面。随着改革的推进，国家不断调整国有经济战略性布局，随着国有企业不断从竞争性领域退出，在自然垄断行业和涉及国家经济安全的战略性行业，国有企业的影响力进一步提升。从作用发挥来看，社会反响是一种重要的垄断型国有企业外部治理机制，也是收入分配制度改革的重要参照系。相关部门应高度重视社会反响所反映的社会问题，深入分析社会反响产生的根源，科学运用社会反响的扩散机制，有的放矢地消除垄断国有企业所造成的负面社会反响，形成国家安全目标、社会公平目标与经济效率目标的相对调和。

[93] 黄鑫，陶小马，覃朝勇，等．能效认证机制设计与合谋防范．经济学家．2010（05）．

在能效认证机制中，引入第三方认证机制具有现实的必要性和合理性。第三方利用其专业化和规模经济的优势向节能证书市场各方提供服务，是一个帕累托改进。发展独立、专业性的第三方认证机构可以降低社会交易成本，经济上更有效率。监管机构要建立和完善相关的监管法律与法规，如第三方认证机构准入制度、认证机构资质认定标准等。大力发展和培育相当数量的第三方认证机构和审核专业人员。保证市场的充分竞争，为节能市场提供及时、完善的专业化服务；避免因认证机构和审核人员的不足而导致合格能效项目的积压，挫伤市场各方投资能效项目的积极性；也能加快合格项目的审批速度。同时，为了扶持一些中小型企业积极参与节能，在市场运行初期，可以通过财政补贴或者费用减免等方式减少其能效项目审定和核证的费用。制定和完善能效认证机制的基础性相关法律和标准。制定能效项目测量和认证方法学指南，它为第三方认证机构提供测量和认证的规范标准，有章可循；能减少第三方认证机构认证过程中随意夸大的行为，使得限定在一定范围之内；且指南中类似项目的经验取值能提高项目核证报告的透明性，及时发现核证报告的异常情况。有效运用激励机制，建立多层次的监督体系。其一，要积极采用市场导向的监督体制，加强监督机构和人员的组织化和专业化建设；对监管者稽查“合谋”行为须给予适当的经济激励，提高监管者稽查“合谋”行为的积极性。其二，发挥多重外部监督的作用，利用网络、媒体等手段公示能效项目认证报告；鼓励社会公众和行业内部人员参与监督，并予以相应的经济激励；从而建立立体的监督体系，显著增大合谋被发现的概率。要设计有利于全程监管的能效认证机制。构建能效项目认证的事前防范、事中控制和事后惩罚的监督与合谋防范机制。其一，监管者可采用审批制，提高第三方认证机构的准入门槛；从制度上分别引入两家认证机构分别承担审定与核证业务，减少合谋的发生，起到事前防范的作用。其二，合理设计能效项目认证审核流程，做到每一环节都受到监督的原则。其三，提高惩罚力度，严厉打击合谋行为；要加大对违规第三方认证机构和人员的执法和惩戒力度，对不能保持独立性的第三方认证机构和负有相应责任的机构和个人处以相应的罚金，严重的则处以终身禁入认证行业，净化认证市场的环境。要充分运用声誉机制激励和惩罚的双向功能。声誉机制对治理认证合谋非常重要，尤其声誉激励机制在重复博弈中对控制博弈参与者的欺骗行为很有效，要合理设计声誉机制的激励和惩罚的双向功能。首先要建立企业与从业人员的诚信状况档案，限制具有不良记录的企业（认证机构）与从业人员随意进出认证市场并约束其行为，增大合谋成本；二是建立第三方认证机构声誉指标评价体系。高声誉的认证机构则就会更加重视树立和维护自己的声誉即提高市场信誉度，从而抢占市场份额。

[94] 黄云翔. 我国公用事业民营化与政府规制. 法制与社会. 2010 (24).

我国的公用事业民营化处在一种中间状态，处在探索之中，也就是说建立在新的体制尚未完全建立，政府对公共事业的原有规制不适应等情况下进行的，又由于公用事业本身所具有的公益性、地域性等特性，因此在这种情况下，我国的公用事业民营化面临着重大的问题，对于中国这样处于经济转型的国家，要想建立和改善与市场经济相适应的新的规制，就要放松或者是取消对旧体制的破除，引入市场竞争的机制，秉着公平公正的原则，通过各种激励的措施，在组织结构、合同内容非等方面加强灵活性，也要为公用民营化提供良好的政策支持，放松价格规制，依靠市场定价，为其提供好的社会环境，维护公平有效的市场竞争体制。

要将公用事业民营化与政府规制体制联系起来，就要首先明确民营化后公用事业规制的需要，还要建立有助于推进公用事业民营化的改革规制体制。公用事业民营化首先要明确规制的相关的机构和体制，有一定的保障来减少减少投资者的投资风险，在规制体制后其次要推进民营化进程，组建相对公正的规制机构，值得注意的是不能搞政企一体化，规制机构与被规制的企业要保持相对的独立性，政府机构在进行规划是也要同其他政府机构相互独立，同时完善公用事业民营化的法律体系，按照一定的法规对民营企业进行监管。在进行公用事业民营化的过程中，政府机构在进行规制的过程中往往会存在一些领导凭借权力进行非法的占有财产的活动，将会影响民营化的公平公正合理的展开，使国家和企业的财产受到损害，增加了民营化过程中的交易成本，为了保障资金得到正常合理的使用，这所以就必须加强全方位的监管。一是要通过立法以及各项政策规范政府行为，加强惩罚的力度；二是加强政府主管部门的工作审查力度，对违法的行为及时的曝光和惩处，通过提高政府监管人员的素质，建立一支高效廉洁的监管队伍；三是要鼓励企业和群众加强对政府规制人员的监督和举报，以此达到高效的规制，促进公用事业民营化的进程。我国的公用事业民营化既然是一个过程，就需要一个漫长的时间来解决，在这个过程中要循序渐进，分析问题产生的原因结果，全方位的分析问题，以科学的理论为指导，有计划、有步骤地统筹安排，政府在维护各方面稳定的情况下，合理地进行公用事业的民营化改革，促进市场经济的繁荣发展，以促进社会的进步。

[95] 及志松，吴秀敏．农产品质量安全管制的进化博弈分析．中国集体经济．2010（24）．

生产者是否积极执行农产品质量安全标准，政府监管部门是否积极监管，均与各自的行为成本息息相关，成本与罚款或者损失的比较决定了策略的选择。因此，要达到生产者积极执行农产品质量安全标准，政府监管部门积极监管的目标，有以下几个措施：一是降低生产者执行农产品质量安全标准的成本，加强对生产者的技术培训；二是加大对生产者消极执行农产品质量安全标准的处罚力度，杜绝机会主义行为；三是加大生产者出现安全事故后的损失，如增加对消费者的补偿数额等；四是加大对监管部门消极监管的处罚力度，增加其作为的压力。

[96] 纪平维．我国煤矿安全规制理论及其对策分析．黑龙江对外经贸．2010（09）．

规制者在实施煤矿安全规制时包含有两个目的，即确保煤矿开采的安全水平和煤炭产业的经济效益。为了保障矿业开采的安全水平，实施安全规制，规定煤炭企业增加安全费用的投入。“经济人”假设下的煤炭企业作为政府的代理人进行煤矿的开采，其行动的准则会以自身利益最大化来选择，因此煤矿企业在对安全投入水平的选择上，衡量安全投入的成本收益，进而确定安全投入的水平。当煤矿安全投入带来的收益大于投入成本时，则会增加对煤矿安全的投入；反之，便不会增加安全投入。煤炭企业依据自身准则确定的煤矿安全投入水平与规制者规定的安全投入水平会存在差距。地方政府在执行煤矿安全规制时，也会以自身利益最大化来行动，如果严格遵守中央煤矿安全规制的政策对自己有利，便会严格执行；反之，则会根据自身利益最大化来“修正”规制政策，甚至出现官商勾结和权力滥用的非官方活动。双重委托代理关系下，由于关系三方（中央政府、地方政府和煤炭企业）目标的不一致，会导致委托人煤矿安全规制的失效。将煤炭产业调整界定为规制者运用行政力量调整煤炭行业企业规模和数量；煤矿安全监管界定为对煤矿安全生产的监督和管理。煤矿安全规制则为考虑煤炭产业结构调整和煤矿安全监管的新的规制概念。将煤炭产业调整和煤矿安全监管放置于统一的框架内分析煤矿安全规制，在制定煤矿安全规制制度的时候，要充分考虑到煤炭产业调整和煤矿安全监管的相互影响，以及两者对煤炭产业经济效益和煤矿安全生产状况的影响。无论是调整煤炭产业还是监管体系，最理想的水平是使得煤矿安全规制的边际成本（包含煤炭产业可能的经济损失）等于安全规制的边际收益。地方政府既要保证经济的增长，同时对煤矿安全实施监管，使地方政府面临两难选择，尤其是在以煤炭为主要经济的地区。地方政府作为“理性经济人”，会以自身利益最大化来选择行为。官员的晋升、调动主要会较多地考虑到经济政绩，因此地方官员会有很大的动机选择牺牲监管来换取经济增长的短视行为，即使选择监管从社会角度来看是较优的。通过改革地方官员的政绩考核指标，降低GDP在指标中的比重，选择多重加权指标来进行考核，来限制地方官员在煤矿安全规制中的短视行为以及变向规制行为。

[97] 贾俊雪，郭庆旺．市场权力、财政支出结构与最优财政货币政策．经济研究．2010（04）．

构建了一个不完全市场竞争条件下的动态随机均衡模型，并在此基础上以中国经济作为样本进行了数值模拟分析，深入剖析了不同经济条件下Ramsey最优配置包括最优财政货币政策、主要宏观经济变量、政府债务规模的周期特征，以及市场权力、公共服务拥挤程度和风险厌恶程度等因素的影响。研究表明，即使是在完全市场竞争条件下，弗里德曼货币政策规则也并非最优，这主要归因于政府生产性服务的生产外部性。数值模拟分析进一步支持了这一结论，同时表明，最优劳动所得税率在整个周期内的波动幅度很小且具有较强的持续性，最优通货膨胀率具有高度波动性，持续性很弱；政府生产性支出比重对通货膨胀率的冲击影响很弱，对产出和消费则具有相对较大的影响；当进一步考虑政府生产性支出比重作为内生政策变量时，模拟结果表明最优政府生产性支出比重的变化幅度较小且具有较强的持续性；市场权力和公共服务拥挤程度对 Ramsey 最优配置的周期特征具有重要影响，而风险厌恶程度的影响相对较弱，但对政府债务规模的影响则十分突出。此外，本文的数值模拟还表明，政府支出对消费具有较为明显的正向冲击，这与已有的先验证据保持了较好的一致性，意味着生产性支出的引入有助于解决目前此类研究关于政府支出对消费影响的理论预测与先验证据明显不符的缺陷。为了更好地实现宏观经济的持续平稳运行，就短期而言，中央政府应充分考虑到我国社会主义市场经济的具体特点（包括市场竞争程度、公共服务状况以及居民风险偏好程度等），一切从实际出发，选择具有针对性的财政政策和货币政策措施和政策力度，有效避免对国外调控政策特别是货币政策的盲目遵从。就长期而言，我国政府应采取有效措施削弱各种市场垄断权力，加大公共服务提供力度，有效缓解公共服务拥挤现象，营造更加良好的市场竞争和运行环境，以确保财政政策和货币政策效力的良好发挥。最后需要指出的是，本文主要考察了不完全市场竞争条件下最优财政政策和货币政策的周期特征，而引入名义刚性包括价格和工资刚性以更好地刻画现实经济运行环境，将是今后我们进一步改进的方向。此外，引入资本积累以及其他税种如消费税和资本利得税以更全面地揭示最优财政政策特征也是非常值得深入研究的方向。

[98] 贾康，刘军民，张鹏，等．中国财税体制改革的战略取向：2010～2020. 改革．2010 (01).

中国财税体制改革在渐次创造出一个具有中国特色的现代化财税体系的同时，更为改革开放整体事业的不断深化提供了重要的支持和保障。从中国现阶段经济运行情况来看，以一揽子经济刺激计划应对世界金融危机冲击之后，整体经济形势企稳向好，推进中国财税改革存在较大的操作空间和回旋余地，应在进一步完善公共财政体系的基础上，按照科学发展观和建设和谐社会的要求深入进行。

未来改革思路需要综合考虑客观经济环境、改革总体取向和改革措施间的搭配与协调。根据对现行财税体系的实证分析，未来财税改革的重点应包括理顺关系、优化结构和提高效率三个方面。未来 5～10 年中国财税体制改革总体思路：建立“扁平化”的财政层级框架，合理划分中央、省、市县三级事权和支出责任，改进转移支付制度，建立健全财力与事权相匹配、财权与事权相呼应的财税体制；实行促进增长方式转变、践行科学发展观的税制改革；深化财政预算管理制度的改革并强化绩效导向。(1) 减少财政层级，为落实省以下分税制和深化配套改革铺平道路。通过“省直管县”、“乡财县管”等改革，除少数边远地区外，把五级财政框架调减为三级，并带动减少行政层级的配套改革，形成省以下实质性进入分税制状态的前提条件。(2) 建立健全财力与事权相匹配的财税体制改革。财力与事权相匹配的财税体制是维护各级政府实施公共服务、配合主体功能区建设的重要内容，改革的主要内容包括：明晰划分中央与地方的事权和支出责任，逐步由粗到细形成中央、省、市县三级事权与支出责任明细单；以物业税等适当壮大地方税收收入；加快发展健全规范的中央、省两级自上而下的财政转移支付制度和生态补偿和横向转移支付制度；改革和健全省以下财政体制。(3) 促进增长方式转变践行科学发展观的改革。进一步改革流转税，健全所得税，实行以房地产税（物业税）为重点的财产税改革，推进资源税制改革，完善特定目的税。在全国范围内实施消费型增值税的基础上，合理调整中小企业的税收结构，促进扩大内需，公平税负。完善高耗能、高污染、资源性产品的出口退（免）税政策推动资源节约和环境保护。健全加工贸易税收政策，促进转变外贸发展方式。扩大消费税的征税范围并提高特定产品的税率，增强其促进节能减排的功能。(4) 深化财政预算管理制度的改革。加强和落实综合预算管理，逐步发展绩效预算管理，更好地发挥财政职能作用，提高财政资金使用效率。积极探索和掌握财政工作规律，健全法律法规完善岗责体系，运用现代管理方法和信息化手段，力求精确、细致、高效地实施管理，并把公开透明体现在各项财政工作中，全面推进财政管理的科学化、精细化、民主化，提高财政管理水平。

［99］姜晓川，杨建锋．我国民航运输业垄断现状分析与政策建议．特区经济．2010（08）．

法律法规应当是监管的依据，可以极大地减少政策和规制行为的随意性及波动性。首先，针对民航运输业中存在的自然垄断领域，应当在相关立法中明确规定适用除外。我国《反垄断法》第七条的规定太过笼统。笔者建议通过制定相关司法解释或者是修订《民用航空法》来对豁免范围做出规定。需要注意的是，民航业的某些自然垄断环节本身虽然豁免，但也要根据《反垄断法》有关禁止“滥用市场支配地位”的条款，防止民航企业不当延伸垄断势力、排除或限制竞争。其次，对于极大阻碍民航业发展的行政垄断，我们要依据《反垄断法》对其进行破除。具体到我国航空领域：在自然垄断领域，政府应从维护社会公共利益的角度出发，在价格和安全等方面制定相关标准或指导意见，以防垄断势力的滥用；在可竞争领域，政府可运用间接的调控手段，如投入资金用于提高产业竞争力的技术开发，制定政策扶持中小企业，以鼓励企业创新和有效竞争格局的形成。我们应认识到在经济一体化和贸易自由化的背景下，我国产业政策的运用将受到极大的限制，不可能完全照搬日本全面实施产业政策的老办法。并且，产业政策在我国有被行政权力所滥用的危险，易诱发新的不正当竞争行为。所以，我们应当认识到完善的市场机制必然是成熟的法治经济，产业政策的实施只是我国经济转轨时期的次优选择，不能过于夸大其作用，而应将其实施控制在合法合理的限度之内。考虑到我国民航业的发展水平，经济性的垄断并未成为实质问题。恰恰是行政垄断因为其覆盖广、影响深，应当是我国现阶段反垄断的重点。行政垄断的要害在于通过行政权力排斥潜在竞争者。我国的航线运输应当是可竞争领域，但盈利大的干线运输几乎由国有航空公司所包办，民营航空公司只能去争夺客源少得多的支线运输。政府部门凭借着对航线的分配权，常常不当干预民营航空公司的重组并购等内部业务，使得中小航空公司的生存更加艰难。尽管《反垄断法》明令禁止行政垄断行为，可要打破行政垄断单凭一部反垄断法是远远不够的。在法律上，我们可以界定行政垄断的性质和构成要件、根据行政垄断的强度来厘清合法与非法的界限、明确对行政垄断的执法标准。而要彻底地肃清行政垄断，还有赖于我国的政府规制改革和经济体制改革的进一步深化。只有解开了监管机构和民航业之间千丝万缕的利益纠葛，才能实现有效的监管，才能真正提高产业的竞争力。

［100］蒋岩波，孙浩．垄断行为犯罪化的司法实现．江西财经大学学报．2010（04）．

在现代社会，垄断行为犯罪化已经成为一个不可逆转的历史潮流。尽管我国早已实现垄断行为犯罪化，但至今我国仍然鲜有相关规范司法机构行为的规范。司法权在垄断行为犯罪化的过程中应该保持一定的克制，这要求立法机构必须进一步明确对垄断行为犯罪化的态度及司法机构不能肆意扩大犯罪圈。要使垄断行为犯罪化在司法中恰当实现，除了必须在司法过程中秉持刑法谦抑的理念，并要借鉴宽恕制度及承诺和解制度的相关规定，明确如何定罪及如何量刑的具体操作规范。在认定本罪时，还应该注意复数主体之间是否独立、在经济上是否可被视为同一体。如果是同一体则不构成本罪，否则可以构成本罪，因为“同一体的单边行为没有违反《谢尔曼法》”。本罪侵犯的客体是复杂客体。它不仅包括市场竞争秩序，还包括消费者及其他经营者的合法权益。当市场上极容易形成寡占甚至寡头的结构，那么在位的经营者就不会积极进行技术革新，从而延缓企业生产经营管理、技术进步发展，最终不利于优胜劣汰、行业整体的创新发展和素质的提高，浪费大量社会资源，客观上起到保护落后的作用。这些到最后又会严重损害消费者对产品的选择权及公平交易权。本罪在主观上只能由故意构成。即行为人明知自己的行为会破坏市场竞争秩序、损害消费者利益及其他经营者的合法权益，仍然希望并追求这种结果的发生从而实施犯罪行为。过失不构成本罪。公诉人必须证明“在行为之时，嫌疑人知道或者有意参与共谋，并且共谋没有对贸易产生影响”不仅仅是一种合理怀疑。刑事自由裁量权既存在于定罪阶段，又存在于量刑阶段，量刑情节和法官在量刑阶段的自由裁量权存在区别，量刑情节能够对法官量刑的自由裁量予以节制。但是，要彻底区分这二者其实是不太现实的，因为量刑的自由裁量权只有通过量刑情节才能得到合理地实现。在对垄断犯罪量刑的过程中，首先应该考虑犯罪嫌疑人是不是一个合格的告密者及其可以获得法定的减免幅度。宽恕制度与承诺和解制度是司法机构在处理垄断案件中应该特别考虑的因素。当然，这些不是司法机构在量刑之时应该考虑的唯一因素。垄断犯罪毕竟不能脱离犯罪藩篱，所以它必须承载对犯罪进行定罪、量刑的一般规律。

［101］杰西·马卡姆．中国《反垄断法》下的知识产权保护——价格管制和不确定性问题．环球法律评论．2010（04）．

中国的《反垄断法》明确承认通过保护知识产权促进竞争和创新的重要性。《反垄断法》第55条已从立法角度确立，行使知识产权的行为不在竞争法的禁止事项之列。另外，多家反垄断执行机构已经公布的实施细则草案中，均反映了《反垄断法》的此条规定。但是，这些实施细则的草案内容却包含一些模棱两可的用语，它们可能被解释为允许反垄断执法机构剥夺知识产权所有人，决定是否许可他人使用其知识产权并确定许可条款的权利以及其他权利。

本文旨在探讨在中国的反垄断法律制度下，消除知识产权保护方面的不确定性的重要性。保护知识产权的政策植根于一个理念，即承诺对创新和发明成果提供可信赖的保护的法律制度，也旨在促进创新和发明。中国不仅认同这个各国公认的政策原理，而且有更多原因确保在其整个经济体中保护知识产权。原因之一是由于中国曾出现盗版等情况，曾一度令其他发达工业国家质疑中国遵守《与贸易有关的知识产权协议》（TRIPS）项下要求的中国实施和执行法律的承诺以及其他承诺。

专利保护的全部意义在于：鼓励为获得具有经济意义的发明而进行风险投资，确保投资者能获得由市场因素所决定的回报。真正基于知识产权的经济性垄断不应被谴责也不应被削弱，因而就会产生下列问题：如何保护这些知识产权不被政府通过滥用竞争法进行干涉。这个问题实质上是从竞争中获得的短期利益和长期利益之间的对峙，有时被称为动态竞争和静态竞争之间的区别。

中国的竞争法律和政策基本上反映了上述经济学原理。《反垄断法》第55条规定，该法不适用于“经营者行使知识产权的行为”，但是该行为须“依照有关知识产权的法律、行政法规规定”。该条还规定，《反垄断法》适用于“经营者滥用知识产权，排除、限制竞争的行为”。这个限制应按照美国处理这个问题的方法解读，以便使滥用知识产权不被含糊地解释，同时也使这个限制不会导致政府不可预知地剥夺知识产权。否则，《反垄断法》第55条就彻底成为一个循环规定。

与欧美相比，中国经济目前处于快速发展阶段，这就会产生以下问题：在实施其相对较新的反垄断法时，中国是否应该更严格地保护知识产权或不必那么严格地保护知识产权？至少有两个原因支持中国应与欧美在相同的程度上尊重专利权。第一，中国一直致力于打击盗版行为，但曾经很长一段时间效果并不明显。第二，坚定地保护知识产权，有助于培育创新，并且中国的经济已经发展到中国国内创新对于中国经济的长期繁荣非常关键的时刻。

［102］解百臣，徐大鹏，刘明磊，等．基于投入型 Malmquist 指数的省际发电部门低碳经济评价．管理评论．2010（06）．

文章应用在DEA模型基础上发展起来的基于动态效率的投入型Malmquist指数，对我国1997～2007年30个省市区发电部门运行状况进行低碳经济评价。研究过程中将二氧化碳排放作为投入指标纳入评价指标体系，突破了传统效率评价重经济效益轻可持续发展能力的局限。结果表明：发电部门总体低碳经济评价值稳步上升；区域间发电部门效率差异较为显著；纯技术效率和表征研究期间决策单元投入产出相对生产前沿面移动情况的技术进步及其分解指标均呈现东、中、西部依次递减的趋势，而规模效率中、西部差距不明显。文章最后分析形成这种现象的内在机理，提出促进发电部门未来发展的政策建议。

低碳经济是指在不影响经济发展的前提下，通过技术创新和制度创新，降低能源和资源消耗，尽可能最大限度地减少温室气体和污染物的排放，实现减缓气候变化的目标，促进人类的可持续发展。要实现经济发展的低碳化，最主要的是降低高能耗产业的碳排放。改革开放以来，随着自动化、现代化程度的不断提高，经济发展对电力的依赖越来越大，由此造成的二氧化碳排放迅速增长。如何科学有效地评估各地发电部门的工作效率和减排努力，以更好地优化电力结构，进行节能减排指标分解，成为当前决策者面临的重要科学问题。

发电是电力系统的核心环节，也是形成二氧化碳、二氧化硫等污染物排放的直接原因，其效率水平直接影响到电力系统的整体效率。以往发电部门的效率评价，大多通过计算决策单元生产效率分析提高其经济效益的途径，少量研究在效率评价中综合考虑了经济效益和碳排放的影响。文章采用基于动态效率的 Malmquist 指数方法对我国各省市区发电部门进行效率评价，并将二氧化碳等非理想产出作为投入指标纳入评估指标体系。文章采用的 Malmquist 指数方法是在广泛应用于静态效率评价的传统 DEA 模型基础上发展起来的，既能够横向比较不同决策单元同一时期的效率差异，又可以纵向比较同一决策单元不同时期的效率变化。通过介绍投入型 Malmquist 指数的基本原理，根据效率评价的指标选择原则确定投入产出指标，进行实证结果分析，最后得出结论并提出政策建议：（1）发电部门应持续不断地进行技术改进，继续淘汰落后产能、推进火电生产“上大压小”工作；（2）进一步深化电力体制改革，形成稳定的电价调整机制；（3）形成并出台对电力输出省份的财政转移支付机制；（4）制定清洁能源发展激励政策，多样化发电来源。

［103］金洪飞，金荦．国际石油价格对中国股票市场的影响——基于行业数据的经验分析．金融研究．2010（02）．

本文以2001年1月至2009年12月的数据为样本，用双因子 GED—GARCH（1，1）—M 模型研究了国际石油价格对中国14个行业股票收益率的影响。研究结果表明，国际石油价格对中国石油和天然气行业的股票收益率有显著的正向影响，对汽车和零件行业、建筑和材料行业、金融行业、卫生保值行业、个人与家庭用品行业、旅游与休闲行业、公用事业行业的股票收益率有显著的负向影响，但其他行业的股票收益率对国际石油价格没有显著反应，与国际油价的接轨程度逐步提高，未来的国际油价必然影响企业未来的利润，而作为未来所有现金流贴现的股票价格也应当对国际油价做出反应。因此，我们可以认为这些行业的股票价格至少存在一些非理性的因素。

本文主要目的是用石油价格变化率和整体股市收益率为因子，通过实际数据估计中国各行业股票收益率的双因子 GED—GARCH（1，1）—M 模型，得到以下结论：

（1）所有行业的回归方程的拟合优度都在0.7以上，而且基础资源、建筑材料等8个行业的拟合优度更是在0.8以上，说明尽管本文模型的解释变量不多，但已经解释了各行业收益率的百分之七八十的变化；（2）每个行业的股指收益率都和整体市场收益率之间存在显著的正向关系，而且基础资源行业、建筑和材料行业、金融行业、零售行业、旅游和休闲行业等五个行业的股市风险显著地高于整体市场，汽车和零件行业、食品和饮料行业、卫生保健行业、工业用品和服务行业、石油和天然气行业、公用事业行业等六个行业的股市风险显著低于市场整体水平，而化工制品行业、个人和家庭用品行业、科技行业的股市风险与整体市场风险没有明显差异；（3）汽车和零件行业、化工制品行业、金融行业、食品和饮料行业的股指收益率和自身的波动之间是正相关的，说明这四个行业的股指收益率体现了自身波动的风险溢价；（4）石油价格的上涨会显著地降低汽车和零件行业、建筑和材料行业、金融行业、卫生保健行业、个人与家庭用品行业、旅游与休闲行业、公用事业行业的股票收益率，却会显著地提高石油和天然气行业的股票收益率，说明这八个行业的股票价格对石油价格变化做出了显著反应，投资者对这八个行业的股票进行估值时考虑了石油价格因素的影响；（5）从理论上讲，基础资源行业、化工制品行业、工业用品和服务行业等行业也是石油敏感性行业，石油价格的上涨会对这些行业产生显著的不利影响，从而降低它们的股票收益率。回归结果却显示石油价格的变化对这些行业的股票收益率并没有产生显著影响，说明这些行业的股票价格并没有体现石油价格的变化。或许有人会认为，中国股票市场没有对国际油价变化做出反应是由于中国的成品油价格与国际油价并不一致。但这种理由并不充分，因为对于像化工制品这样的行业，由于其原料主要来自原油，因而影响其利润的主要是原油而不是成品油的价格。

[104] 金铁，杨涛，柏汇崧．数字产品定价问题的探讨．中国集体经济．2010 (34).

文章阐述了网络经济及数字产品基本特性，在经济学理论指导下，分析了影响数字产品的定价问题的诸多因素，为认识数字产品这一新兴事物提供了理论探讨。

我们可以把网络经济概括为一种建立在计算机网络（特别是 Internet）基础之上，以现代信息技术为核心的新的经济形态。它不仅是指以计算机为核心的信息技术产业的兴起和快速增长，也包括以现代计算机技术为基础的整个高新技术产业的崛起和迅猛发展，更包括由于高新技术的推广和运用所引起的传统产业、传统经济部门的深刻的革命性变化和飞跃性发展。它实际上是一种在传统经济基础上产生的、经过以计算机为核心的现代信息技术提升的高级经济发展形态，诸如知识经济、信息经济、后工业经济、新经济、注意力经济等等。网络经济的核心是数字产品，人们通过使用数字产品享受新技术带来的成果，网络信息的生产者以数字产品的形式服务于客户，获取利润，并投入再生产。网络经济的发展十分迅猛，以至于人们还没有认清它的面目之时，就已经被网络经济中的那只“看不见的手”所左右了。

数字产品的范围非常广阔，而且还在迅速扩展。随着可数字化的产品越来越多，数字产品带来的问题越来越引起人们的关注，其中主要有数字产品的定价问题，数字产品的版权问题等。产品定价是企业最重要的决策之一，也是产业生存与繁荣的前提。关于数字产品定价问题，网络经济下，数字产品的价值实现更多地依赖于消费者的选择，如果有更多的人使用的话，这种商品的价值分增加，生产者必须实施各种各样的竞争策略去影响消费者的选择，这也成了创造价值的行为。而现实市场中，同类产品或者技术之间的竞争和替代性产品存在等问题，使得数字产品定价问题，显得更加扑朔迷离，更加复杂。数字产品网络外部性的客观存在使得顾客在购买前就受到了约束，网络外部性的存在极大地影响消费者的行为和选择，成为数字产品定价时必须考虑的因素。数字产品开发成本很高，一旦研制成功，可以长期使用，大量复制，平均成本都有明显递减趋势。考虑到数字产品，在前期开发完成之后，为了对用户的选择施加影响，还需要大量的投入，边际成本逐步分摊，会呈下降的趋势。数字产品的生产不仅可以获得一般的投资报酬，还可以获得信息累积的增值报酬，这是由于数字产品所承载的信息具有保值性、共享性和不可磨损的特点。信息与知识具有可分享性，这一特点与实物显然不同，一般实物商品交易后，出售者就失去了实物，而信息、知识交易后，出售信息的人并没有失去信息，而是形成出售者和购买者共享信息与知识的局面，正如托夫勒指出的：“土地、劳动、原材料，或许还有资本，可以看作是有限资源，而知识实际上是不可穷尽的。”网络经济是一种可持续发展的经济，数字产品正是网络经济的核心。

[105] 靳卫东．人力资本与产业结构转化的动态匹配效应——就业、增长和收入分配问题的评述．经济评论．2010 (06).

产业结构转化是一个动态过程，其本质是对生产要素的重新配置。人力资本是产业结构转化的基础，决定了产业结构转化的速度、方向和效果。在数量、结构和类型上，人力资本与产业结构转化不匹配，是造成失业增加、经济波动和收入差距扩大的重要原因。中国人力资本的总体水平较低，并且低层次人力资本占有很大比重，人力资本的区域分布也不平衡，所以劳动力在产业之间的自由流动受到了很大限制。这妨碍了各种要素生产力的充分发挥，制约了技术进步以及知识和资本密集型产业的发展，造成了不同产业之间生产要素使用效率的差异，由此产生了结构性失业，阻碍了经济增长，扩大了收入差距。

产业结构转化是经济增长的内在要求，其动因是技术进步、产品需求变化和市场竞争加剧等，它的本质是对各种生产要素进行重新配置。这些要素既包括自然资源和物质资本，也包括劳动力和人力资本。其中，人力资本是产业结构转化的重要基础，也是决定经济增长的核心因素（Hausmann，Hwang and Rodrik，2007）。改革开放 30 多年来，随着国民经济的快速增长，我国的自然环境不断恶化，资源压力逐步增大，劳动力成本持续上升，国际市场竞争日益加剧，所以，调整产业结构，实现经济增长方式的转变，就成为我国经济未来发展的必然选择。

全文从三个问题方面展开讨论。第一，就业问题。在总量上，我国的人力资本水平较低，在类型和结构上，我国人力资本的调整滞后。第二，增长问题。人力资本决定了产业结构转化的速度，人力资本决定了产业结构转化的方向。第三，收入分配问题。产业结构转化的收入分配效应，收入分配对产业结构转化的反馈性影响。最后，文章得出结论及政策寓意：产业结构转化是一个自然过程，它不是政府部门可以随意决定的外生变量，任何脱离人力资本基础的产业政策都不可能实现真正的产业结构优化，反而可能带来失业增加、经济波动和收入差距的扩大。根据人力资本状况制定产业政策，同时，根据产业结构转化的需要，从数量、结构和类型上调整人力资本投资，以实现人力资本与产业结构转化的动态匹配，是我国调整产业结构、转变经济增长方式和实现经济又好又快发展的必然选择。产业政策方面：应该根据实际情况适时调整，产业结构调整不可能存在一劳永逸的解决方法。人力资本政策方面：增加国民的人力资本投资，增加农村劳动力的人力资本投资，要加强要素市场建设，促进劳动力等生产要素在产业、部门和地区之间的流动。收入分配政策方面：根据经济发展的需要，不断改善收入分配状况，在初次分配和再分配中都要尽力处理好公平与效率的关系。这有利于形成合理的投资与消费比例，调整社会需求结构，从而有利于产业结构的优化。

［106］井立娜，马振华．自然垄断产业反行政垄断与促进竞争问题．河北理工大学学报（社会科学版）．2010（02）．

自然垄断会限制竞争，降低产业的资源配置效率。分析了自然垄断产业的产生及其特征，指出我国自然垄断产业最显著的特征是自然垄断和行政垄断并存，同时阐述了我国自然垄断产业中自然垄断和行政垄断并存的原因和影响，在此基础上提出了我国自然垄断产业反行政垄断与促进竞争的相关对策。

自然垄断产业的一般特征主要表现在以下几个方面：（1）规模经济性显著；（2）范围经济性较强；（3）效应性明显。由于我国市场经济没有经历过自由竞争时期，很少有生产的集中和积累，因此中国的自然垄断行业和一般国家的垄断行业有所不同，它同时存在着自然垄断和行政性垄断。行政性垄断是凭借公共权力形成的垄断，也就是运用非经济的强制力量，排除竞争对手，保持对市场的排他性独占，也可以理解为公共权力对垄断厂商的选择以及对市场结构的设计。行政垄断与自然垄断并存是中国自然垄断性产业最显著的特点，究其原因，有以下几个方面：（1）一体化的垂直垄断。我国自然垄断环节与附着在自然垄断环节的可竞争环节为同一个行政管理部门或行业所拥有，实行一揽子统一管理或经营。（2）较多的行政干涉。在我国，处于自然垄断地位的人多为国有独资或国家控股企业，一些承担着行政管理或资本控股职能的公司甚至直接就是政府部门，他们既是行业的管理者，也是经营者。（3）多元的经营目标。与一般竞争性行业相比较，我国自然垄断行业的经营目标多元性更突出，除了要追求利润最大化，还要兼顾国家的一些其他带有公共性的目标。（4）较强的国家计划约束。我国自然垄断行业的资源配置往往带有较强的计划性。

行政性垄断的危害：（1）阻碍公平竞争秩序的形成；（2）行政垄断造成社会福利的损失；（3）同业竞争者和消费者的利益损失；（4）行政垄断导致低效率；（5）行政垄断滋生腐败。我国自然垄断产业反行政垄断与促进竞争的对策：（1）实现政企分开，区分政府的规制政策制定者和监管者职能；有效的政企分开不仅要求把政府职能从企业中剥离出去，而且要求政府职能的进一步分离，主要是政府作为规制者、监管者和国有资产者三个职能的分离。应成立相应的监管机构，独立行使监管职能，以国家最高利益为准则，贯彻实行和监督实施颁布的方针政策。（2）构建投资主体多元化的企业为民营资本进入竞争性业务提供法律保护。（3）区分垄断性业务和竞争性业务，重新界定规制的内容和范围，对于竞争性业务，政府应放松进入壁垒，允许多家企业进入，发挥竞争机制的作用。而对于垄断性业务，控制新企业进入这些企业领域，避免多家企业进行重复建设，造成资源浪费。

[107] 柯健．我国商业银行市场结构和市场绩效的实证分析．产经评论．2010（01）.

本文运用DEA模型从市场结构和市场绩效两方面对我国商业银行进行检验分析，显示我国银行业的集中度、市场份额与绩效呈负相关关系，原因主要在于我国银行业市场结构较高的集中度不是市场自发作用的结果，大的银行规模并不意味着更高的利润回报。我国银行集中度和绩效之间不存在结构理论中所假设的因果关系，银行业市场结构对绩效的促进作用不明显。建立和完善我国银行业绩效考核体系时着重强调的应该是效率，而非银行规模和市场份额。本文选用CRn和HHI这两个操作性较强的市场集中率衡量指标，分别对中国商业银行业2004～2008年期间的资产、资本、存款、贷款、利润、机构和人员等主要项目的市场集中率进行测定。实证结果为，中国商业银行市场结构正在经历一种从高度垄断到竞争程度不断增强的变化过程，但到目前为止，该市场的垄断程度仍然较高。同时，我国金融发展在很大程度上表现为数量型的金融增长，金融发展水平偏低的一个重要方面是金融组织结构的不合理。在建立和完善我国银行业绩效考核体系时着重强调的应该是效率，而非银行规模和市场份额。为了提高我国银行业的绩效，就必须优化银行业市场结构，发挥市场结构对绩效的积极促进作用：降低进入壁垒，抑制行业垄断，完善产业退出机制、防范放松管制过程中的风险，大力发展中小商业银行。

对中国商业银行市场集中率的测定是描述该市场结构的一种最为常见的方法。所谓市场集中率，即某一特定市场中少数几个最大的企业所占的份额。一般来说，集中率越高，少数企业的市场权力就越大，市场的竞争程度就越低。

我国银行业市场结构与绩效之间的作用不明显，关键在于现有的市场集中度和国有银行的巨大规模是来自于传统的体制，而非效率的结果，同样也不能保证效率的提高。而实证研究表明，效率的提高有助于银行绩效的改善。因此，我们在银行绩效考核体系中强调的应是效率，而非银行规模和市场份额。经济体制改革使中国银行业市场结构得到了逐步优化，银行市场集中度下降，垄断竞争格局初步形成，银行体系效率有所提高。这种优化是来自传统体制外新兴商业银行的发展，以增量带动存量的优化。但目前我国新兴商业银行规模偏小，抗风险能力弱，扩充规模受到限制。为了提高银行业的绩效，就必须优化银行业市场结构，发挥市场结构对绩效的积极促进作用。

[108] 孔群喜，石奇．通道费的市场规则：基于弱自然垄断行业特征的解释．商业经济与管理．2010（06）.

现代零售商既具有明显的网络产业特征，又具有双边市场特征的竞争性交易平台，进场费的费率可以视作供货商接入零售商网络向消费者提供产品时的接入价格。同时，连锁零售商具有显著的弱自然垄断行业特征，对于通道费规制效应的研究应当从这一重要特征入手。文章研究结论认为针对大型零售商通道费的规制行为违背了经济理性，而大型专业零售商的通道费水平则需要相关机构进行经济性规制。

本文基于零售市场的弱自然垄断行业特征，给出了大型零售商通道费制定过程中非对称价格结构的形成过程。本文的分析结论认为，零售商针对供应商和消费者制定的非对称价格结构是由零售商产品用户需求的联合性与交叉网络外部性共同作用的结果，通道费水平不仅反映了零售商市场上供应商和消费者对于零售商提供服务需求弹性的差别，而且反映了零售商之间以及零售商与替代厂商之间的竞争状况，对于零售商通道费的规制将违反零售商的市场规则，并且会降低社会福利水平，因而对于大型零售商的经济性规制缺乏存在的必要性。与大型零售商不同，大型专业零售商由于所经营产品的特殊性（耐用品消费的网络效应），市场竞争的结果将导致通道费水平偏离社会最优的价格结构，因而存在经济性规制的必要性，经济性规制的结果有利于市场机制的完善以及社会福利的提升。

现代零售商连锁性的特征决定了其作为连接供应商和消费者双方的交易平台，能够依据现实市场的竞争状况等对通道费进行自动的市场调节，其结果是形成供应商和消费者双方非对称的价格结构，总体上看具有增加消费者剩余、提高产品销售量的作用，最终实现了社会福利的提升。相关机构通过限制收取通道费等对零售商通道费的规制行为，其实质上违反了零售商市场的市场规则，不仅破坏了零售商平台对于通道费的自发调节机制，而且侵害了零售商的利益（无法达到销量最大化的目的）。另一方面，从零售商用户需求的联合性与交叉网络外部性的角度来考虑，通道费不仅不会减弱零售商之间或制造商之间的竞争，而且我们可以认为零售商之间的竞争才能够进一步引导通道费水平向社会福利最大化的水平逼近。就《零售商供应商公平交易管理办法》而言，在规制失败的情况下，是否需要进一步投入源、强化规制，或者说，有没有明确和正当的目标需要更多地投入资源来强化规制，本文在考虑零售市场行业特征的基础上给出了我们的解释。对于本主题未来的研究方向，我们认为应当在对零售市场行业特征进行深入考察的基础上，对我国不同区域的零售市场进行实证检验，以验证相关规范研究结论的有效性。

［109］李彬华．试析中国铁路行业竞争机制的引入．经济与管理．2010（01）．

中国的铁路行业长期实行的是政府直接投资、垄断经营的规制体制，但是由于规制体制的不健全以及规制机构和被规制企业之间的信息不对称，使得该行业存在着社会福利损失、政府规制失灵等问题。在技术进步、需求增长、管理成本上升、替代性竞争存在的情况下，铁路行业引入竞争机制成为可能。区分自然垄断业务和非自然垄断业务，实现“网运分离”则是中国铁路行业引入竞争机制的必由之路。

铁路行业作为自然垄断产业之一是产业经济学领域最为活跃的研究课题之一，也是当前中国经济体制改革的热点问题。由于铁路行业自然垄断的经济特征以及政府规制的失灵，导致该行业存在许多问题，造成了社会福利的损失。因此，迫切需要对该行业进行改革，引入竞争机制，但由于中国的经济正处于转轨时期，制度建设还不完善，导致了在该行业引入竞争机制困难重重。但由于需求及自身技术特点的变化，铁路行业已经失去了原来全行业自然垄断的性质。只是在其中的路网部分具有自然垄断性质，而在路运部分不再具有自然垄断的特征，从而通过区分这两部分业务，实现“网运分离”，使得在该行业引入竞争机制成为可能。

对于铁路行业的改革，其方向应是减少垄断，加强竞争，但是由于存在规模经济和竞争活力的两难选择，使得实现有效竞争依然是中国铁路行业治理的目标。但由以上的分析可知，由于制度建设的不健全，使得中国铁路行业要实现有效竞争困难重重，因此，首先必须从制度建设方面着手，如完善市场体系和市场竞争机制、完善反垄断法律、设立相对独立的政府规制机构。其次，寻求适宜的治理模式，即“网运分离”的治理模式。政企不分是困扰中国铁路的一大顽症，铁路运输是一个比较特殊的行业，它兼有基础性、公益性、企业性、网络性等多重属性。在“网运合一”的管理体制条件下，这些属性相互交织，难以区分。政府和企业在铁路运输方面的权责利界限不清，铁路的社会效益和经济效益无法各得其所，政府干预使得企业难于适应不断变化的市场需求。“网运合一”为社会各方面从事铁路运输、参与铁路市场竞争树立了强大的壁垒，使铁路运输业内部无法展开有效的竞争。解决上述问题的有效办法，就是要突破传统“网运合一”体制的约束，通过推动运输制度变迁，建立一种全新的，适应市场发展的企业制度模式——“网运分离”，即具有自然垄断性的国家铁路路网基础设施与具有生产竞争性的铁路客货经营实行分开管理、独立核算的经营模式。

[110] 李博．关于中国石油产业规制改革的研究．消费导刊．2010（03）．

政府之所以要对石油产业进行规制，一是基于从过去的传统观点来看石油产业属于自然垄断产业，二是基于石油是一种关系国民经济命脉和国防安全的重要战略资源。然而随着科学技术的进步和市场需求的不断变化，石油产业作为传统的自然垄断产业的边界也发生了新的变化，即政府对石油产业规制的重要理由之一发生了变化，那么对于规制规则也应进行相应的改革。

对石油产业实行规制主要是基于以下两点：第一，从过去传统的观点来看石油产业是自然垄断性产业，而由于自然垄断产业自身所具有的“定价悖论”，会使社会陷入效率与公平无法兼顾的两难困境，因此，必须由政府出面进行规制；第二，石油其本身是一种重要的战略资源，它不仅关系到一个国家的经济安全，还关系到一个国家的国防安全，因此出于对公共利益保护的需要必须由政府出面进行规制。然而随着科学技术的进步和市场需求的不断变化，石油产业作为传统的自然垄断产业的边界也在不断发生着新的变化，当代自然垄断已经收敛到仅具有网络经济特性的产业上来。这种变化使得政府对石油产业的规制仅限于石油产业的某个具有自然垄断的环节和战略安全的考量。鉴于此我们不得不对石油产业的规制进行现实的改革，从而提高石油产业的整体经济效益和国际竞争力。

本文借鉴我国于良春教授的研究成果，将行政垄断定义为政府机构运用公共权力对市场竞争的限制或排斥。这样定义行政垄断突出了其凭借公共权力、运用非经济手段排斥竞争、独占市场的本质特征。一般认为行政垄断是当前中国特有的现象，存在于我国从过去长期实行单一的高度集中的计划经济模式向市场经济转型时期，而在西方发达市场经济国家行政垄断已不再是社会经济的主要矛盾。中国石油产业现行的垄断实质是行政垄断，石油产业行政垄断下的弊端：（1）冗员庞大、生产效率低下；（2）缺乏公平竞争、扭曲石油产品价格；（3）政监不分、监管缺位；（4）经济特权、权责不相对应。对中国石油产业的规制改革：（1）打破行政垄断，放松规制，引入竞争；（2）政监分开，建立独立的规制机构；（3）实施不对称规制；（4）实施激励性规制。

[111] 李昌玉．对我国食品安全监管体制的思考．长江大学学报（社会科学版）．2010（02）．

食品安全监管是衡量政府社会管理水平的重要指标之一。以我国现行食品安全监管体制为研究对象，以政府监管理论为理论基础论证政府成为食品安全供给主体的必然性；在食品安全监管体制基本构成要素的分析框架内分别从机构设置、权力配置、职能分配、运行机制四个方面系统地剖析现行食品安全监管体制存在的弊端及其原因，结合我国的实际情况，理性分析了对我国食品安全监管体制的启示。我国现阶段对食品安全监管采取“分段监管为主、品种监管为辅”的方式，按照一个监管环节由一个部门监管的原则，实行综合监管与具体监管相结合的多部门共同监管的体制模式。

我国食品安全监管方面存在的问题：（1）监管模式存在较大漏洞；（2）食品标准体系不健全；（3）财政投入不足，检测机构资源配置不合理。在美国，负责食品召回的是农业部食品安全检疫局（FSIS）及食品和药品管理局（FDA），这两个部门在法律的授权下监管食品市场，召回缺陷食品。美国按照食品问题可能导致的危害程度将食品召回分为三级，并详细制定了食品召回的具体步骤，分为：企业提交可能存在缺陷食品书面报告、FSIS 或 FDA 对可能存在缺陷食品的评估报告、制订召回计划、实施召回计划 4 个步骤。欧盟委员会于 2000 年 1 月正式发布了《食品安全白皮书》。《食品安全白皮书》是欧盟和各成员国制定食品安全管理措施以及建立欧洲食品安全管理机构的核心指令，奠定了欧盟食品安全体系实现高度统一的基础。欧盟《食品安全白皮书》提出了完善欧盟“从农田到餐桌”一系列食品安全保证措施的改革计划，内容包括食品安全原则、食品安全政策体系、欧盟食品安全专项管理机构、食品法规框架、食品管理体制、消费者与食品安全的国际合作等。

发达国家食品安全监管具有值得我国借鉴的共同特点。这些国家在食品安全监管方面都具有体系完备、监管严格、措施到位等共同特征，对我国政府加强食品安全监管有如下启示：（1）建立食品安全的统一立法体例；（2）多部门联合监管模式向独立监管模式转换；（3）建立食品安全信用体系；（4）建立健全食品安全法律体系和技术标准体系建设；（5）让市场在食品安全监管中扮演执行者角色；（6）注重信息交流。

［112］李国龙，张英杰．煤炭行业上市公司技术效率与公司治理．云南财经大学学报（社会科学版）．2010（03）．

本文通过对2008年我国煤炭行业25个上市公司进行DEA技术效率分析，得出煤炭行业要重点从规模方面着手来改善经营效率。通过选取资产负债、独立董事、管理层持股、董事、监事及高管年薪及为股本结构等指标来衡量公司治理对技术效率的影响。加强公司治理，改善激励机制设计避免逆向选择问题，依靠技术创新，继续实施促进先进节能技术的研发，走集约式发展的道路，促进可持续发展。

激励设计明显影响综合技术效率和规模效率，独立董事比例和管理层持股比例有利于提高公司的技术效率，而公司董事、监事及高管年薪比例则不利于提高综合技术效率。公司激励的设计对纯技术效率pte和规模效率se的影响与对te的影响一样，独立董事比重depden和管理层持股比例share显著为正，公司董事、监事及高管年薪比例的影响显著为负。因此，我们可以判断激励设计主要是提高规模效率来影响总的技术效率，这可能是因为独立董事人数和比例较高，越有利于对企业生产经营的监督，从而提高生产效率；管理层持股的比例和公司决策者年薪比例越低，对公司决策者的逆向激励越小，因而有助于抑制粗放经营，避免盲目投资而导致的资源浪费从而提高规模效率。后面的这一结论意味着，尽管对公司高层的股权激励和薪金激励固然在某种程度上能够提高公司业绩，但是业绩的取得可能要花费更大的代价，因为公司决策者在决策时往往还会考虑自身利益，从而产生逆向选择问题，降低公司效率。

本文采用DEA方法，分析了2008年煤炭上市公司的技术效率及其影响因素，总体上我国煤炭行业的技术水平有待提高，中等规模的煤炭上市公司的规模效应得到了体现（其规模报酬处于递减阶段），如神火股份；而小规模的以及超大规模的煤炭公司规模效应仍有提升的空间，如国际实业、美锦能源、中煤能源。对于煤炭行业上市公司技术有效而规模与综合技术效率无效说明造成这些公司技术失效的原因主要在于公司的规模报酬情况，因此中国煤炭行业要重点从规模方面着手来改善经营效率。在对上市煤炭企业效率的基础上，本文对公司治理对技术效率的影响进行了模型分析。结论是：资本结构与综合技术和纯技术负相关的，因此公司适当控制公司的资产负债比例。对于股本结构而言，加强股本的流动性，提高企业运行的效率。激励设计模式影响综合技术效率和规模效率，建立良好的激励模式有助于避免逆向选择，减少盲目投资冲动，从而提高技术效率和规模效率。依靠技术创新，继续实施促进先进节能技术的研发，把规模扩张与内涵发展结合起来，优化整合内部资源、提高综合管理水平。通过市场机制和政府干预的手段实现优胜劣汰，淘汰落后产能，实现产业组织结构优化，推动行业的管理水平的提升，促使资源合理配置，提高资源的综合利用效率。

［113］李航，侯琳琳．从SCP范式看我国快递产业的发展．商业文化（学术版）．2010（02）．

从产业发展的整体水平来看，目前中国的快递业正处于产业发展的快速期，并且在新《邮政法》的实施下，将出现新的市场格局。本文在SCP产业组织理论的框架下分析当前的中国快递产业，并在此基础上提出对应的建议。

通过对我国快递产业的SCP分析，可以看出我国的快递业正处于发展前景广阔的朝阳阶段。据有关部门预测，未来十年中国的快递产业仍将保持20%的增长率，这块蛋糕市场已足够大，并且在不断扩张。随着新《邮政法》的出台，整个产业还将出现新的局面，具体的建议措施如下：（1）强化服务意识打造企业品牌。企业要想实现品牌化发展，首先，要建立以塑造服务品牌为起点，构建融合服务品牌、文化品牌、公司品牌的三位一体的品牌体系。其次，通过明确品牌定位和识别系统，加强品牌认知和品牌忠诚来提高品牌的外部价值；通过改善品牌的管理模式，形成具有竞争力的价值观来提高品牌的内部价值，使公司成为具有强大品牌影响力的快递企业。（2）投资先进技术建立服务平台对于一类注重操作和服务的产业而言——将一个快件在一个正确的时间送到一个正确的地点，这其中先进技术的价值就立刻凸显出来。因此我国的快递企业应该在原有的网络优势的基础上认识差距，增强战略意识，加大科技投入。一是通过高科技来加快货物递送水平，提高管理运作效率，减低运营成本，增加货物运送过程中的透明度，以便客户能实时掌握信息，最终实现以高科技领先市场、吸引客户。二是应加强快递渠道的信息化建设，从接受订单、订单处理以及快件、包裹的报价、查询、信息反馈到与战略联盟之间的战略合作计划，改进用户界面，实现信息与客户共享，扩大用户群，从而提高企业运作效率，提升企业服务形象与竞争优势。（3）加强产业联盟谋求长期发展从中国当前的快递产业来看，若只是以自身的力量开拓国际市场，必然受现有条件限制，发展较慢，不能形成竞争优势。相对有实力的民营快递企业，若条件成熟，应该加强与国外快递巨头之间的合作，实现双赢，学习其先进的企业管理理念，利用其资金、技术、设施等优势，改进快递企业装备，扩大国际网络，构建完善的客户服务体系，在与其合作中逐步扩大自己，从而跻身于国际市场。鉴于我国民营快递企业整体规模偏小，数量众多和社会需求日益多样化，现有中小民营快递企业有必要根据不同区域、不同企业的特点有选择地进行并购重组，目标是建立大型专业化快递企业。为此，国家邮政局可以出台相应的政策。一方面，通过并购重组，优势互补，建立大规模、综合型快递企业集团；另一方面，中小民营快递企业间可以组成战略联盟，以实现其规模效应与协同效应，提高整体抗风险能力，增强本土快递企业的整体竞争优势。

［114］李劼．反价格垄断法理释义五题．贵州社会科学．2010（05）．

在市场活动中经营者实施垄断的诸多方式里，价格手段最为普遍，危害性亦较为严重。结合我国《反垄断法》及相关立法，对价格垄断之起源、价格垄断的法理内涵、反价格垄断立法的必要性、法律负成本及其立法价值原则诸问题进行分析，可揭示价格垄断与反价格垄断的矛盾关系及其法理内涵。

发达的商品经济和激烈的市场竞争，是产生或形成价格垄断的社会基础。经营者受经济利益最大化的心理驱动、淡薄的法制观念与缺乏职业道德，是价格垄断产生的直接原因。经济学范畴的价格垄断是指：垄断厂商凭借自身的垄断地位（即在一个行业内，某些企业所占份额很大，既可决定产量，又可操纵产品价格），为谋求自身利益最大化而制定垄断高价或垄断低价的行为。从法律的角度看，价格垄断可以理解为：经营者通过相互串通或者滥用市场支配地位，操纵市场调节价，扰乱正常的生产经营秩序，损害他经营者或者消费者合法权益，或者危害社会公共利益的行为。法学意义上的价格垄断概念渗透着国家意志和利益取向，其法律特征有三：其一，行为性质的违法性；其二，实施主体的特定性；其三，实施手段的多样性和叠加性。

反价格垄断的法律成本有两层含义：一是为实施对价格垄断行为的制裁在任何时候都存在的人、财、物的合理付出。例如，反价格垄断立法的过程需要立法部门、实务界、学界和社会广大群体的参与、听证、研讨和拟定草案，这自然要付出一定的人、财、物力资源；执法调查和取证横向固定价格违法行为的过程也必须付出相应的人力、财力和物力；在制裁价格垄断案件的诉讼中，法院也必须付出相应的成本。这种成本可称为法律的正成本，或者称为法律的有效成本。二是在实施对价格垄断违法行为的司法过程中经常会发生与立法精神相背离的负效应，或者产生不合理的法律成本。对此，笔者称其为法律的负成本。

反价格垄断的立法价值原则：反价格垄断应当维护社会各主体阶层的公共利益。从社会本位所维护的实际利益上看，社会本位要保护的利益不仅仅涵盖国家利益，更是一种国家利益之上的社会公共利益。反价格垄断应当重点表现在对弱势群体的扶持上。就反垄断立法而言，反价格垄断表面上是要规制那些制约、限制竞争的企业价格联合行为，实质上是为了保护中小企业的健康发展，确保市场上有足够多的竞争者，使市场机制能充分发挥作用。反价格垄断的目的应在于对市场秩序的维护。维护竞争秩序意味着反价格垄断立法所关心的并不是价格本身的高与低，而是关心价格是否在竞争中制定出来。若价格不是竞争中产生，就要对其规制。而价格自身合理与否并不在反价格垄断立法的视野之内，它属于反不正当竞争的范畴。

［115］李瑾，杨利琼，秦向阳，等．信息不对称与食品安全监管策略分析．湖北农业科学．2010（09）．

食品安全事故的频频发生，根本原因是信息不对称。在食品产业链中，生产要素供给者、生产者、加工商、销售商、消费者之间均存在不同程度的信息不对称问题。要解决这一问题，应借鉴发达国家的做法和经验，通过健全政府信息监管体系、信息传播体系、搭建信息综合管理平台以及实施信息追溯和预警制度来对食品安全信息进行全程监管，以有效保障食品质量安全。

食品安全信息是国家制定食品安全政策、法规的依据，也是政府对食品市场进行质量安全管理的政策工具之一。由信息缺失所引发的信息不对称直接导致了市场失灵和食品安全问题。本文以信息不对称理论为基础，深入论述了食品安全管理中的信息不对称问题以及实施信息化监管的对策措施。食品市场是典型的“柠檬市场”，消费者与生产者、生产者与生产者之间的信息不对称导致了高质量的食品被低质量的食品从市场上“驱逐”出去，使得市场安全食品的有效供给和需求不足。食品安全管理是通过市场机制的调节以及政府的强制监管来实现的，而信息不对称正是通过破坏市场调节机制、降低政府监管能力来影响食品安全管理的。

对国外食品安全信息管理体系的研究表明，食品安全信息的采集、分析、评估系统对食品安全信息的披露提供强有力的信息资源；信息平台网络化为食品安全信息的共享提供了方便、快捷的通道；权责明晰的披露主体为信息披露提供了信用保障；食品溯源与预警管理是预防和控制食品质量问题的重要手段。由于我国的食品安全信息管理起步较晚，在信息采集、风险评估、信息披露、信息共享等方面还存在种种弊端。借鉴国外发达国家的经验，加强我国食品安全信息化监管应从以下几个方面着手。建立健全权责一致的食品信息监管体系，中央机关各部门和地方政府应按照各自职责分工，依法行使职权，承担责任，逐步形成中央和地方相互衔接、相辅相成的信息监管体系。充分发挥媒体的舆论导向作用，媒体在食品安全信息传播中，应自觉地、理性地把握形势大局，引领人民群众正确认识、对待和努力改善食品安全问题。建立统一的食品安全信息管理和综合服务平台，开发食品安全监管信息管理软件，建立食品检测信息库、食品经营主体备案信息库和食品安全标准信息库，实现信息的实时可查询，通过电话、短信和互联网等多种渠道，实现市民与食品安全信息网络服务平台的互动。实施食品可追溯制度，通过追溯系统强化食品生产、流通与服务企业的责任意识、信用意识和质量意识，预防食品安全事故的发生。

［116］李俊峰．中国企业合并反垄断审查的展开——对商务部“异议案例”公开信息的研究．国际经贸探索．2010（09）．

商务部公开的“异议案例”信息表明，在法律规范不明确、执法能力和资源有限等制约因素下，中国的企业合并反垄断审查实践呈现出渐进式的发展脉络，而且执法效率也维持在可接受的范围之内。但在反竞争影响的分析判断、限制性条件的设置和实施方面，商务部的审查决定存在显著缺陷。对企业合并实施反垄断控制和禁止垄断协议、禁止滥用市场支配地位，三者并列为反垄断规制的基本类型。在我国，关于后两种规制类型的立法与实务实践，早在20世纪80年代就已经出现，但针对企业合并的反垄断执法，却是2008年8月1日《反垄断法》生效后萌生的全新事物。本文试图透过商务部“异议案例”的公开信息，探寻我国现阶段企业合并反垄断审查活动的整体特征和演化趋势，揭示其中凸显的问题，为今后的执法活动、理论探讨和制度建设，提供某些可资参考的方向。

本文的研究材料，是《反垄断法》实施以来至2009年9月29日之前，商务部通过其官方网站发布的关于企业合并反垄断审查的全部案例审查公告、相关的“数据统计”和“答记者问”。本文研究的公告共涉及五起案例，按照公告发布时间的先后顺序排列依次为：英博集团公司收购AB公司案（简称“案例一”）；美国可口可乐公司收购中国汇源果汁集团有限公司案（简称“案例二”）；日本三菱丽阳公司收购璐彩特国际公司案（简称“案例三”）；美国通用汽车有限公司收购美国德尔福公司案（简称“案例四”）；美国辉瑞公司收购美国惠氏公司案（简称“案例五”）。本文的研究方法，是对研究材料中的信息加以抽象和归纳，运用文本分析、量化分析、比较研究，透视反垄断审查公告形式演变的表征意义，考察商务部的反垄断执法效率，并指出在反竞争影响判断与救济的实体问题方面，可能存在的认识偏差和制度缺憾。

反垄断审查的实体性、关键性问题，是如何判断经营者集中具有反竞争的影响，附加什么样的条件才能有效排除反竞争影响。在这两个方面，商务部公告提供的答案包含了比较多的模糊与歧义之处，这些有待澄清的问题，既凸显了我国反垄断法研究未能满足执法实践需要的现实状况，也预示了未来研究应当着力的某些重要方面。

五起异议案例的公开信息表明，在《反垄断法》生效后短短13个月里，商务部从近乎空白的起点开始，在实践中学习，反垄断审查的工作方法、能力与经验，经历了不断摸索，呈现出清晰的发展脉络和渐进的提升趋势。面对企业合并反垄断审查中的种种不足，商务部的应对之道可能有两种相反的思路，一是限制案例公开信息的形式与内容，使执法活动“密室化”、执法依据“秘笈化”，尽量不在技术性问题上给批评者提供把柄；二是加大案例信息的公开力度，坦诚听取国内外各界的建设性意见，不断纠正和弥补执法工作中的种种不足，迅速提升企业合并反垄断审查工作的水平。但愿会是后者。

[117] 李凯，陈俊华．基于垄断的商品住宅市场价格均衡分析．经济视角（下）．2010（10）．

住房市场不同于其他商品市场，其垄断的特性也和其他垄断市场有别。本文通过一个价格均衡的函数模型对均衡情况下的供给和需求进行分析，由此提出在住房市场垄断情况下涉及短期需求变化时价格的相应调整。本文认为，在住房高端市场存在过高需求（住房需求和投资需求）的情况下，住宅均衡价格由需求弹性的高低决定。由此，对我国当前房价高涨及住房保障措施进行阐述和分析。

国内学者对住房市场分析大都认为房地产市场是一个非均衡的市场。季朗超认为，由于市场信息的非完备性、市场的垄断性以及投机性，房地产市场运行具有非均衡的特点，这必然存在需求过剩或者供给不足等状态。只要存在非均衡，市场力量就会促使其向均衡的市场发展。也就是说，这个均衡在理论上是存在的。因此，研究垄断情况下住宅市场均衡，分析市场均衡价格的形成，对住房市场的价格和市场调控具有重要的指导意义。

均衡房价是由需求决定的。在垄断的住宅市场上，开发商具有最终定价权。在住宅市场上，房价上涨的本质原因是住房需求发生变化。凡是影响住宅需求的因素都会导致最终住宅价格的变化。显然，当前国家制定的廉租房、限价房还有经济适用住房政策都有力地冲击了住宅市场的垄断格局。当然，不排除在高档、高价位的商品房需求上仍有巨大的需求，需求是影响房价的关键。需求增加，住房的释放是需要成本的。在房市低迷时，开发商一般很难选择调低价格策略，一般都是在等待政府的救市政策出台，而政府的政策最有效的就是刺激住房需求。政府对低收入群体的住房保障要尽量发挥市场力量。在房价压力不断加大的情况下，政府住房保障的需求越来越迫切，特别是城镇低收入群体对保障性住房的需求，这部分群体收入低、资产有限。住房压力导致各种社会问题，虽然政府近些年不断加大对城市中低收入群体的住房保障，但其投入极其有限，还不足以解决所有中低收入群体的住房问题，而且随着收入差距的不断扩大，政府财政压力也不断出现，因此发挥市场作用显得尤为重要。根据本文分析，在住房市场垄断的前提下，政府应该降低进入低端住房建设的边际成本，比如利用减免税费以及土地出让优惠等措施激励低端住房市场发展。

［118］李连芬，刘德伟．我国公共教育供给短缺的原因分析．经济体制改革．2010（05）.

改革开放以来，我国教育事业取得了显著成效，但公共教育的实际供给无法满足公共教育实际需求的状况并没有得到明显改变。其中，教育部门利益集团与其他部门利益集团之间的竞争是导致我国公共教育供给总量性短缺的重要原因，而教育部门内部各利益集团之间的竞争是导致我国公共教育供给结构性短缺的重要原因。为了改变短缺的状态，政府应该转变职能，调整财政资金投入方向；界定财政教育投入范围，建立公平的竞争机制；优化合理配置教育资源，积极推进公共教育服务均等化。

教育公共品供给的总量不足、形式单一和使用低效以及地区之间、城乡之间、不同阶层之间教育公共服务的不均等是我国当前教育公共品供给的突出问题，在公共选择理论看来，这些问题都是政府垄断公共品供给体制的必然产物。因此，系统分析政府行为本质，研究政府提供公共教育投入的影响因素，有利于正确理解我国当前教育公共品供给中所存在问题，从而采取恰当、有效的措施来解决这些问题。政府在教育资源的分配中起着主导作用，甚至直接决定着教育资源如何配置。如果政府能够合理地配置教育资源，提高教育资源的利用效率，将会极大地促进劳动力素质的提高；反之，政府行为一旦失灵，就会使教育资源配置无效率，产生教育供给短缺等问题。

改革开放以来，我国的教育事业取得了显著成效，教育投入一直保持较高的增长速度，但公共教育的实际供给无法满足公共教育的实际需求的状况并没有明显改变。本文研究发现，教育部门利益集团与其他部门利益集团之间的竞争是导致我国公共教育供给总量性短缺的重要原因；而教育部门内部各利益集团之间的竞争是导致我国公共教育供给结构性短缺的重要原因。

为了改变我国公共教育供给短缺的状况及其带来的不利影响，本文建议政府相关部门需要从以下几个方面做出调整：（1）转变政府职能，调整财政资金投入方向。为了扭转政府在公共教育供给方面存在的失灵，政府在通过制定相关政策配置资源的过程中，需要转变政府职能，要“有所为、有所不为”，适当地从过多的基础建设生产性投资中退出，鼓励私人资本和社会资本进入基础投资领域，与此同时，把更多的公共财政资金投入到教育、国防、卫生等公共事业领域。（2）界定财政教育投入范围，建立公平的竞争机制。要打破政府的独家垄断地位，为公众提供良好的投资环境，并建立公平的竞争机制，通过吸引更多的社会资金促进我国教育事业的发展。（3）优化合理配置教育资源，积极推进公共教育服务均等化。加大对教育部门以及教育内部最弱势教育群体的投资力度，补偿他们所遭受的教育投资不公正待遇，缩小公共教育资源和教育机会分配在城乡之间、区域之间和不同阶层之间的差距，以缓解公共教育供给不足的矛盾。

［119］李乾贵，刘吉旭．民航运输业引入竞争机制的反垄断规制．北京航空航天大学学报（社会科学版）．2010（03）.

长期以来，民航运输业作为豁免使用反垄断规制的自然垄断行业，其经营效率低下，盈利能力不强。伴随着市场经济体制的不断建立与完善，人们越发对自然垄断行业豁免使用反垄断法产生质疑。实践中，传统的自然垄断行业有些已经引入竞争机制。对此，笔者认为，中国应当鼓励民航运输业引入竞争机制，但基于该行业的特殊性，对其进行竞争立法时应当采取谨慎的态度，而相关法律法规的出台与完善则应当成为民航运输业反垄断规制的关键。民航运输业作为交通运输业的范畴，长期以来中国对其豁免适用反垄断控制。伴随着改革的不断深入和市场经济体制的建立和完善，对传统的自然垄断行业继续实行反垄断豁免越来越受到人们的质疑。尤其是在航空自由化的背景下，民航运输业豁免适用反垄断控制的弊端日益显现。鉴于有的自然垄断行业已经或正在引入竞争机制，为此，笔者认为，对中国民航运输业也应该逐渐放松管制，鼓励其引入竞争机制。

民航业能够形成目前的垄断状态，其更深层次的原因还在于行政性垄断。行政性垄断是一个学理概念，对其确切含义学术界一直存有争论。总体来看，中国学者对行政性垄断含义的理解主要有两种：一种理解是将行政性垄断理解为滥用行政权力的非法行为。认为行政性垄断是国家经济主管部门和地方政府滥用行政权力，排除、限制或妨碍企业之间合法竞争，是因政府支持而妨碍企业自由的非法垄断。另一种理解认为，行政性垄断是政府凭借公共权力的行使来消除或限制市场竞争的行为，行政性垄断只是对政府凭借公共权力来排除或限制竞争的一种表达，它并不以违法为前提。笔者认为，中国民航运输业的垄断主要表现在：票价协议、独家交易行为及滥用市场支配地位几方面。

中国现行法律对民航企业垄断行为的规制，主要散见于《中华人民共和国反不正当竞争法》和《中华人民共和国价格法》。这些法律，对民航企业的垄断行为所作出的回应比较笼统，因不成体系且针对性不强，故而在实践中缺乏可操作性。因此，有必要对民航运输业的垄断行为做出更为合理的制度设计。

引入市场竞争机制对于民航运输业来说不但可行，而且还在总体上提高了航空公司效率，形成了航空运营方式和相关业务领域的市场化，使资源得到了更加优化的配置。民航运输业本身就是一个可竞争性的行业，在中国，必须冲破传统观念的束缚，以一种市场化的理念去审视现有民航运输业的运营制度。同时，也必须看到，由于中国的具体国情，应当本着积极、渐进、有序的原则，有保障地推进中国航空运输自由化进程。航空运输企业的成本要受相关政策、管理方法和手段以及相关生产要素和市场价格的影响，航空市场应该是一个不完全竞争的市场，不能简单地以自由竞争的观点去要求它。因此，应在保证航空安全的前提下，尽可能地降低民航运输企业运营成本，而且需要处理好成本管理与控制、国家政策配套和其他相关措施之间的关系，以确保航空运输自由化的推进和发展。

[120] 李青．我国公用事业成本加成定价：现状评价与对策建议．价格理论与实践．2010(06).

在公用事业管制当中，价格管制直接影响着被管制企业与消费者的切身利益，关系到维护消费者福利这一管制目标能否实现。长期以来，我国对公用事业产品与服务定价采用的是成本加成方法，这种方法之下，企业的产品或服务定价以补偿成本费用支出、获得合理利润为原则，有利于维持企业的生存和发展。然而，在成本加成定价管制当中，由于诸多因素导致其结果背离其初衷。在当前公用事业开放市场、引入竞争机制、促进产权多元化的背景之下，我国是否需要转变价格管制模式，尽快在公用事业引入新的价格管制方法，本文将对我国公用事业成本加成定价的现状与应用前景进行分析，从而给出结论。

目前，我国公用事业体价格管制模式主要可为分为三种：（1）直接定价加财政补贴。即政府确定公用事业产品或服务的价格，企业亏损通过财政补贴弥补。公交、供水等大部分公用事业都采用这种定价方法。（2）比较标准的成本加成定价模式。根据企业可以回收成本且获得一定利润的原则确定价格。20世纪80年代我国电力行业对新建电厂实行一厂一价就属于这种模式。（3）固定成本加成管制。与第二种方法一样，也属于直接的成本加成定价。但不同之处在于，第三种方法中的服务价格与固定投资回报率是通过投标者在对特许经营权的竞争形成的。2003年以前这种方法广泛应用于实行特许经营的公用事业。以上三种价格管制模式尽管各有特点，但从基本原理上看都属于成本加成定价，能够保证企业在一定程度上实现财务平衡甚至获得一定收益，从而稳定地提供公用事业产品，而且在公用事业发展不足的时期还能够产生投资的激励效应。然而，由于当前公用事业企业在经营过程中面临着很大的成本快速上升的不确定性，在以上价格管制模式下，企业主动降低成本、提高效率的动力是不足的。原材料价格上涨、工资水平上升、城市化进程加快导致的固定资产投资规模扩大等因素造成了公用事业成本的快速大幅攀升，在成本加成机制下，被管制企业要么通过调价转嫁给消费者，要么通过与政府博弈获得更多的财政补贴。

［121］李瑞华．国有企业高管寻租性腐败分析——基于云铜原董事长邹韶禄受贿的案例研究．云南财经大学学报（社会科学版）．2010（03）．

采用案例分析研究方法，以国有企业高管寻租性腐败为出发点单独分析云铜原董事长邹韶禄受贿案。只有健全国有企业内外部管理制度环境、构建有效的监管机制和加快制度创新，才能从根本上杜绝国有企业高管寻租性腐败的产生。通过文献梳理，已有研究主要从两个角度来分析国有企业高管寻租：一个是制度性因素；另一个是非制度性因素。

国有企业高管寻租性腐败产生的主要根源在于制度缺陷，单有经济人自利性动机并不足以构成寻租行为。我国现行的上市公司治理结构主要由两种模式，即控股股东模式和内部人控制模式，这两种模式常常在一个企业中复杂地重叠在一起而形成一种形式，即关键人控制模式。关键人通常为公司的最高管理者，他们独揽大权，集控制权、执行权和监督权于一身。再加上国有企业内部控制机制不完善、监督和制约体制不健全，使得国有企业如同一个小社会，企业领导人拥有广泛而巨大的权力，包括企业的财权、经营权、人事任用权。正如邹韶禄受贿案中，下属公司经营活动、公司与其他企业合作、公司干部任免等等，都为其提供了寻租的机会。通过以上分析发现可以从两个主要方面说明云铜邹韶禄腐败案的产生原因。第一，国有企业内部控制体系的薄弱。国有企业治理结构虽已基本形成了现代企业制度所要求的雏形，但董事会、监事会并没有真正起到对经营管理者的监督约束作用；业务决策控制方面缺乏对高层重大决策行为的及时有效监督，在国有企业重大资产流失案件中，政府部门、董事会和监事会不能代表国家出资者利益进行监管。第二，外部环境及监管的不完善。外部市场环境不完善主要包括产品市场的不完善、资本市场的过度行政化，都弱化了市场力量对公司高管形成的约束机制。作为国有企业经营的决策者和管理者，国企高管对公司的经营成果和国有资产的保值增值起着不可忽视的作用。从这方面来说，监管的作用更不可小觑。

通过分析云铜集团邹韶禄腐败案对其寻租性腐败的真实动机进行研究，得到的启示如下。一是针对国有企业内部控制体系的薄弱，结合我国实际，建立适合我国国有企业具体情况的内部控制制度，规范国有企业行为，促进国有资产的安全，提高国有资产的保值增值能力，从制度上遏制各种寻租性腐败的产生。二是针对外部环境及监管的不完善，要打造合理有序的外部环境和规范监督国有企业高管的行为。具体来说，一方面要建立和完善相关法律法规，更重要的是促进市场的发展，加大对公司高管重大经营管理行为的监管，包括重要合同、重大投融资、信息披露、关联交易等，发挥出资人、党组织、监事会、审计、纪检等监察主体的作用；另一方面积极推进高管与企业的激励相容机制，如现阶段有选择地尝试推行单独针对国有企业高管的养老金计划，有效监督和抑制高管短期行为，引导国企高管行为长期化，使其更关注公司可持续发展；最后严肃查处由于高管寻租性腐败而监管不力造成的国有资产流失的案件，对企业管理人员利用职权侵害相关利益的案件予以坚决惩治和处理。

［122］李世英，李延平，蒋飞龙．企业进入阻止行为与市场绩效关系的实证研究——基于中国29个四位数制造业产业的面板数据．上海经济研究．2010（09）．

本文利用中国2003～2007年29个四位数制造业产业的数据考察了企业进入阻止行为对市场势力及净进入率，进而对市场绩效产生的影响。本文的主要发现及结论是：过剩生产能力的存在确实提高了限制性价格，市场需求增长率对价格成本差也会造成一定的侵蚀，然而这两个发现并没有支持企业主动利用过剩生产能力实施进入阻止的假设，却支持了我国产业普遍存在的过度进入及退出壁垒过高引致的过度竞争的推测；较高的过剩生产能力导致了较高的价格成本差，这支持了企业利用限制性价格维持其市场势力的假设；广告支出可能会侵蚀企业的超额利润，这会降低潜在企业进入的激励，较高的广告密度还会增加新的进入者进入的困难；研发支出使得在位企业得以维持较高的价格成本差，保证了在位企业的市场势力，而研发支出对净进入的影响却是不显著的。

在本研究中，我们的兴趣在于，为了维持自己的市场势力，保证较高的盈利能力，在位企业会对潜在进入采取怎样的行为，进而这些行为会对潜在进入者的决策造成怎样的影响，又会对市场绩效产生何种影响。基于此，利用中国 29 个四位数制造业产业的面板数据，我们对在位企业可能采取的策略性行为对市场势力，进而对市场进入及市场绩效的影响进行了实证分析。在方法上，我们建立了一个两方程模型，首先从静态上对我国企业是否采取了策略性行为来阻止进入进行了检验，接着从动态上就这些行为可能对净进入造成的影响进行了分析，并基于这些结果分析了这些行为对市场绩效的可能影响。

本文利用中国 2003 ~ 2007 年 29 个四位数制造业产业的数据考察了过剩生产能力、限制性价格、广告密度、研发密度和市场需求增长率对市场势力及净进入率，进而对市场绩效产生的影响。

本文的结论表明，我国的许多产业确实存在着过度竞争、进入壁垒失效及退出壁垒过高等问题，同时，企业主动利用市场手段进行竞争的程度已经有所提高，这说明我国的市场化改革进程已经有所成效。但是，本文的许多结论同时预示着，我国产业市场化改革仍然任重道远。假如我们用企业主动实施进入阻止策略的成熟程度来代表一般市场的成熟度，那么我国的产业市场化程度显然还处在较低水平。如果加入全球化竞争的条件，我们的结论将会对中国企业的进一步成长更有现实意义。

本文的不足之处主要表现在：由于数据所限，我们所用的面板数据存在着时间序列较短的缺陷，无法对自回归问题进行更深入的探讨。而由于 2003 年实行了新的行业标准分类，统计数据可能不完整或者失真的现象，这可能会对我们的结果产生不利影响。另外，由于无法直接对企业是否主动采取了进入阻止策略进行考察，我们对企业策略性行为的判断是推测性的，这也是我们研究的缺陷之一。

［123］李眺．产业专用化行为及其激励研究——来自中国证券审计市场的检验．产业经济研究．2010（02）．

本文从产业组织的视角，研究了中国证券审计市场上会计师事务所的产业专用化行为及其投资激励。我们发现，仅仅在 5 个二位数行业代码的产业中，一些事务所具有产业专用化行为和行业专家才能。进一步对产业专用化行为的激励研究表明，那些具有行业专家才能的行业领导者通过产业专用化行为实行了差异化的市场策略，收取了更高的审计费溢价。但是非行业领导者通过产业专用化行为实现了规模经济，并将这种成本节约与客户分享以提高其市场份额。因此，会计师事务所的产业专用化行为的激励取决于其实施的市场策略。

本文实证研究了国内会计师事务所的行业专家才能及其产业专用化行为激励。研究表明：（1）在中国审计市场，会计师事务所的产业专用化行业并不普遍，我们发现仅仅只有五个行业的会计师事务所具备产业专用化投资和行业专家才能，他们分别是 C11 纺织业、C65 黑色金属冶炼及压延加工业、H11 零售业、J01 房地产开发与经营业和 M 综合类产业。并且，仅仅在 C65 产业中国际“四大”之一的安永华明具有行业专家才能，而在其余 4 个产业，国内事务所进行了产业专用化投资，获得了行业专家才能。（2）国内会计师事务所具有不同的产业专用化行为激励。行业领导者通过产业专用化投资成功实现了产品差异化，使得客户认为其审计质量更高，据此收取更高的审计费溢价。而非行业领导者的事务所投资产业专用化获得了规模经济，进而将成本节约与客户分享以进一步提高市场占有率。

本文的局限性在于：（1）会计师的行业专家才能的识别有多种方法，不同的识别方法可能会得出不同的结论，这会影响结论的普适性。（2）我们仅仅采用了一年的审计数据，这使得样本量有些偏少。更多年度的数据检验将有助于得到更稳健的结论。

［124］李晓红，李晓梅．中国食品安全监管体制完善之探析．兰州学刊．2010（12）．

近几年一系列食品安全事件的发生及2009年6月1日食品安全法的实施，使食品安全监管成为从中央到地方各级政府考虑的重要问题。文章深入分析了中国食品安全监管体制的现状和存在的问题，同时介绍了食品安全监管比较成功的美国、欧盟的情况，在此基础上提出了中国食品安全监管体制完善的建议。

中国当前的食品安全监管体制和法律体系是在充分吸收其他国家的成功经验，并结合中国监管历史和国情提的，可以说具有一定的先进性和创新性。但是，与世界上食品安全监管做得非常好的国家相比还有很大差距，今后在立法和实践操作中还要多借鉴其他国家的先进经验，以提高我国的食品安全监管水平。

笔者建议可从如下几方面加以完善。（1）完善我国的食品安全法律体系，引入“日落条款”。制定机关应当在规范性文件有效期届满前一定期限内进行评估，认为需要继续施行的应当重新公布；需要修订或废除的按相关程序办理。（2）树立正确的监管理念。政府对产业经济的监管部门在具体的执法、司法中必须要考虑如何促进市场经济的可持续发展问题。政府的经济管理和市场操作更应该做到公开、公平、公正，不得违背和破坏市场公平竞争的客观法则。监管人员在发现不合格时所开出的不仅是一张罚单，更是要通过这张罚单，看到整改后的食品企业成为一个良性的市场主体在运作。监管人员必须树立食品安全、公众的身体健康和生命安全重于泰山的意识，一旦发现违法经营的行为，要严厉查处，而不能怕招惹是非，事不关己，高高挂起，以至于实质上姑息养奸。对违法者监管不力、不闻不问，甚至纵容包庇，危害的不仅是公众的身体健康和生命安全，还是食品企业的前途和命运以及食品行业的可持续发展，更是监管者对社会公众的公信力。廉洁自律是对执法人员公平、公正、公开执法的基本要求。尤其在涉及国计民生的食品安全监管工作中，监管人员能否做到廉洁自律，可以说是监管工作成败的关键所在。在政府行使其市场监管职能时，监管人员的服务理念对融洽官民关系、节约社会成本、提高政府工作效能更是非常关键。（3）建立食品安全问责制，增强监管中的透明性。

《食品安全法》同时强调了新闻媒体的公益宣传和舆论监督作用。当前，尤其要营造食品安全社会监督的平台（如公开透明的投诉体制），同时加强对举报人员的安全保护，鼓励公众的举报积极性。只有将政府监管与行业自律、社会监督有机结合，才能形成全方位的立体监管体系，以推进全社会共同关心、共同监督的食品安全新局面尽快形成。

［125］李新义，汪浩瀚．双边市场横向兼并的定价及福利研究——以中国网络传媒业为例．财经研究．2010（01）．

文章基于大量的调查统计，采用双重差分的方法探讨网络传媒业横向兼并的定价及福利问题，获得了以下结论：（1）横向兼并对兼并发起方的定价没有显著影响；（2）横向兼并显著提高了兼并发起方的福利；（3）现阶段我国网络传媒业的横向兼并是有益的。

传媒业（网络传媒业）是一种典型的双边市场：市场的一边是受众，另一边是广告主，两种类型迥异的客户通过传媒平台相互作用。由于双边市场的特殊性，兼并乃至横向兼并对平台企业的影响可能表现出与单边市场不同的结果，所以有必要将其区分开来研究。目前学界对双边市场的研究多集中于双边市场中平台企业的价格结构、竞争策略等，对平台企业兼并的考察不多，而研究横向兼并的更是少之又少；除此之外，学界关于双边市场的研究基本都是基于数学模型获得理论结果，根据现实数据进行实证分析的研究鲜有涉及。本文借助相关调查数据，采用更为有效的双重差分估计方法，实证分析了中国网络传媒业横向兼并的定价及平台福利效应问题，获得以下结论：（1）平台企业间的横向兼并对兼并发起方向广告主的定价无显著影响；（2）横向兼并也不会影响对受众的定价；（3）平台企业间的横向兼并对于兼并发起方的短期盈利水平无显著影响，但对其长期影响显著为正；（4）中国网络传媒业现阶段的横向兼并是有益的。从中国经济发展的现实来看，我们应该积极鼓励和推动我国网络传媒业的整合。原因有三：（1）中国网络媒体的国际竞争力仍然较弱，像Yahoo. com一样的全球性的大型网络媒体尚没有，横向兼并可以被认为是网络传媒跨国经营的捷径；（2）中国网络媒体集中度 CR_4 虽然仍高达38. 97%，但下行通道明显，表明目前的兼并多由相对较小的媒体或垂直媒体参与，网络传媒行业的整合处于较低水平，因而也充满并购机遇；（3）实证结果表明，现阶段中国网络媒体间的并购会对媒体本身带来显著的正的福利效应，网络传媒业正处于兼并的获利时期。

[126] 李雪．出租车行业的政府管制研究．商业文化（学术版）. 2010（10）.

由于出租车市场存在市场失灵，加之行业利益集团的游说，所以对出租车市场进行政府管制具有其现实需要和理论基础。近几年来，随着油价的飙升，人们交通需求的增加，出租车行业的矛盾凸显，产权混乱，黑车泛滥早已成为该行业的诟病，之所以出现各种问题其根源还在政府管制的失灵。本文结合近几年的新型政府管制模式，通过对政府管制内容和模式利弊分析，笔者建议政府合理定位，调整管制内容，放松对出租车行业的准入管制、数量管制及租价管制，将管制重心放在质量和安全的管制上来，同时应发挥行业协会的自治作用，完善执法的正当性，发挥好政府的服务功能。

市场经济不等于自由放任。相反，市场经济的某些领域必须强化管制，以弥补市场经济的缺陷。但是政府管制需要有把握好一个“度”。市场经济与政府管制之间存在着相互制约的关系，是天平上的两个重要砝码。政府管制与市场机制功能的发挥不是一种简单意义上的相互替代，而是一种不断调整的动态过程。因此，作为服务大众的政府应该在市场经济与政府管制两者的不断调整中寻找到最佳的平衡点。在前文已讲到，我国出租车管制制度本身还有许多不足，以及在管制过程中存在主体的“缺位”“越位”或“错位”，导致行业中存在种种矛盾和问题，出租车行业现状已令人担忧，加大对行业体制和“的哥”群体的关注已经上升到了维护社会稳定的重要程度。

就当前的状况而言，必须对出租车经营模式进行必要的改革。（1）放松准入、数量和租价的管制。具体可以从以下三方面着手：①消除“准入歧视”，加强个体化经营；②改进数量控制，实现动量动态调节；③放松租价管制，推行政府指导性价格。（2）调整管制重心，提高质量和安全管制。长期以来，政府对出租车行业的管制的重心放在准入管制、价格管制上，并且主要是把这些管制联系在审批和收费相关的项目上。对于安全管制和价格管制却重视不够。政府管制的基本理论告诉我们，政府管制应该着眼于社会效益，增进社会福利既是管制追求的目标，也是进行管制的根本原因和设计管制的制度的出发点。在诸多的管制中，质量与安全的管制是与公共利益关系最紧密的。在出租车行业，只有管住了质量，消费者才能享受到更加优质、安全的服务，只有管好了安全，出租车驾驶员才能安心工作，只有消费者和出租车驾驶员的权益都得到了保障，才能促进社会福利的增长。因此，出租车行业政府管制应以增进社会福利为目标，加强质量和安全的管制。（1）加强质量管制；（2）加强安全管制。

[127] 李垚葳．论反垄断法私人实施之集团诉讼制度——从“百度竞价排名”事件谈构建我国反垄断法领域中集团诉讼模式．重庆工商大学学报（社会科学版）. 2010（01）.

百度竞价排名事件可能成为反垄断适用于网络垄断的第一个案件，已由律师代表受屏蔽的网络运营公司向国家工商总局提起反垄断审查，而本文则主要讨论私人实施的适用问题。从私人实施角度切入，假定占有市场垄断地位的百度公司被证实确实利用网络引擎搜索技术设置竞价排名来强制交易并且提供虚假信息给消费者而给消费者受到损害，那么由于网络的特殊性，该起事件涉及的当事人范围之广，百度可能面临大规模的私人诉讼。而我国反垄断才颁布不久，虽然有规定民事责任的条款，但是具体配套实施细则尚待公布。许多紧迫而现实的问题需要我们去解决，法院如何应对如此大规模的诉讼？我国现有的民事诉讼法所规定的代表人诉讼可否应对？是否可以考虑引入美国集团诉讼相关环节的相应制度？如何确立当事人的资格，等等。就百度案件，从比较法角度，通过比较代表人诉讼制度和集团诉讼制度的诉讼程序，借鉴美国集团诉讼制度的优势并结合我国代表人诉讼制度，将其本土化移植于我国反垄断法私人实施领域，构建适用于反垄断法领域的新型集团诉讼制度。

本文姑且不论及百度公司是否实施了滥用市场垄断地位的行为，因为对滥用行为的判断还有待客观具体的证据去证明，如，百度是否在客户不续费时就恶意屏蔽其网站，是否人为干涉搜索结果，享受搜索体验的用户是否因为虚假信息而受到的损害，等等。我们在此需关注的核心问题是：如果法院面临大规模的百度的客户和用户的起诉，该如何处理这样的特殊性群体诉讼问题，这也是反垄断法私人实施的核心问题。

在我国反垄断法私人实施领域引入移植集团诉讼，可以平衡诉讼主体之间的责任，实现诉讼激励与约束对等，有效利用司法资源；能够直接应用于立法、执法实践，以推进反垄断法的实施，实现反垄断法预防和制止垄断行为，保护市场公平竞争，提高经济运行效率，维护消费者利益和社会公共利益，促进社会主义市场经济健康发展的立法宗旨。

［128］李振佑．我国自然垄断产业规制改革的背景变化与规制体制重构．甘肃理论学刊．2010（01）．

我国自然垄断产业结构与规制体制的形成是建立在传统计划经济体制之上的。改革开放以来，科学技术的进步、市场需求扩张导致的自然垄断性弱化以及政府规制的失灵等，使得我国自然垄断产业规制改革的背景出现了新的变化，为此必须从规制机构、立法建设、微观企业基础的构建、激励性规制的推进等方面重构我国自然垄断产业的规制体制。

传统经济学认为，政府的职能在于矫正市场失灵。政府将社会福利最大化作为自己的政策目标，并向社会提供公共产品，传统的政府规制理论是建立在这一基础上的。但从规制的实践过程来看，规制的实际效果并不如理论所分析的那样好。由于在现实的规制过程中，存在着信息不对称、委托代理关系、缺乏外部竞争压力等原因，致使规制本身也存在着失灵。公共选择理论对政府行为的分析也同样得出政府存在失灵现象。

随着自然垄断产业规制改革背景出现新的变化，必须重构我国自然垄断产业规制体制。（1）建立独立的规制机构，彻底实现政企分离。在各自然垄断产业中建立既独立于企业又独立于政府各部委的规制机构，从而既实现政企分开，又减少行政力量对规制过程的过度干预。改革过程中，仍然政企不分的产业可先致力于规制机构相对于企业的独立；政企已完成形式上分离的产业可致力于规制机构相对于政府部门的独立。（2）加强规制立法建设，为政府提供规制准则。规制机构和反垄断机构的相互合作，在规制权和反垄断权的划分和协调方面，必须由规制法和反垄断法共同加以规定。（3）加快自然垄断产业国有企业产权改革，构建规制改革的微观企业基础。加快自然垄断产业中国有企业产权制改革，有利于提高企业效率，为自然垄断产业规制构筑富有效率的微观基础。（4）放松规制，引入竞争机制。我国自然垄断产业应借鉴发达国家经验，积极推进放松规制改革，实现有效竞争。（5）对规制者进行规制，减少其机会主义行为。有必要建立一套针对政府规制失灵的规范体系：一是重新规范行政职权，对现有政府规制的法律合理性进行调整和完善。二是建立对政府规制制度实施结果的奖励和处罚机制，这将有利于减少具体规制部门以权谋利的机会主义倾向。（6）完善价格听证会制度，形成理性决策平台。当前首先要改变代理人的代理主体虚化和缺位现象。其次，要建立相应的激励约束机制，使民意代理人更好地履行职责，要保证听证会代表拥有便利的信息获得渠道，降低其代理民意的交易成本。（7）借鉴国际经验，积极推进激励性规制改革。目前，我国电力、自来水和煤气供应等产业均是由地区性企业垄断经营的，对此，中央与地方政府都可以运用区域间比较竞争模型，激励地区性企业降低效率，提高规制科学性。区域间比较竞争模型在我国有较可观的应用前景。

[129] 梁樑，赵洪顺．法定垄断行业实现有效竞争的实证研究．湘潭大学学报（哲学社会科学版）．2010（06）．

有效竞争是产业组织理论的基础概念之一，我国烟草行业具备了法定垄断的特性，但以竞争为导向的市场化改革是专卖体制下烟草行业发展的方向。实现法定垄断行业有效竞争的路径可以从五个方面着手：第一，建立有效竞争机制和体系；第二，确认有效竞争主体和载体，并实现经济与活力、效率的不断均衡发展；第三，搭建公平竞争平台；第四，营造公平竞争市场环境和统一市场体系；第五，完善管理机制，资源配置和宏观调控机制。

我国最典型的行政（法定）垄断行业应该是中国烟草行业，《烟草专卖法》决定了我国烟草行业具备了法定垄断特性，但以竞争为导向的市场化改革是专卖体制下烟草行业发展的方向。烟草行业采取的是有效竞争中特殊概念——适度竞争，而不是过度竞争与充分竞争。过度竞争将造成国家财政收入减少，资源大量浪费。

基于我国烟草行业有效竞争的实际，参考梅森、索斯尼克为有效竞争设定的标准以及国内学者研究的成果，构建我国烟草行业有效竞争的描述性特征：（1）从市场结构上看。烟草行业的有效竞争必须具备规模经济与竞争活力的适度垄断。竞争主体是工业企业，竞争载体为品牌。（2）从市场绩效来看。有效竞争既可维持竞争活力，有效地推动技术创新、推进品牌竞争力，激发行业活力，提升内部效率，又能通过在竞争中不断地联合重组，使竞争主体充分利用和获得规模经济。

法定垄断行业实现有效竞争的路径：（1）建立有效竞争机制和体系。从烟草行业来说，专卖体制和竞争应该同时并存。如果没有竞争，市场机制就不可能对资源进行有效配置，只有有效竞争，才能避免竞争过度、竞争乏力和恶性竞争，保证国家利益和消费利益，确保社会效率。（2）确认有效竞争主体和载体，并实现规模经济与活力、效率的不断均衡发展。面对国际竞争压力，形成规模经济，尽快形成2个以上超过1000万箱、3个品牌超过300万箱、5个超过200万箱的规模性品牌，形成规模经济的竞争力。（3）搭建公平竞争平台。通过保持有效竞争状态，让企业和品牌在规模发展过程中保持竞争活力和效率，避免大企业病、行政性整合以及品牌定位模糊等规模发展中的通病。（4）营造公平竞争市场环境和统一市场体系。通过区域间竞争，形成商业流通企业竞争并营造公平的竞争市场环境。负责区域市场的商业流通企业，其所需要努力的是将品牌竞争的市场压力进行延伸，以服务品牌发展为目标建立区域间有效竞争的体系，围绕品牌的有效竞争去实现占领消费者资源。（5）完善管制机制、资源配置和宏观调控手段。以地方利益协调发展，突出品牌的需要导向，推进跨省联合重组，更好地发挥优化资源、改善提高资源配置的作用，在有效竞争中起到资源调配和推动作用。

[130] 林卫斌，陈东，胡涛．垄断行业市场化改革的经济机理与潜在风险——以电力行业为例．经济学家．2010（11）．

本文提出一个垄断行业生产效率与交易成本相权衡的分析框架，通过产业重组引入市场竞争在解决政府失灵问题、提高生产效率的同时也带来新的效率损失，改革增加了交易成本。英、美等国电力改革实践表明，市场化改革的主要风险在于现货市场上的价格操纵所导致的市场失灵。基于本文的分析，对于探索中的中国垄断行业市场化改革提出三点政策建议。

不同于一般的竞争性行业，电力、电信、民航、铁路和天然气等基础产业和公用事业具有特殊的技术经济属性，其生产环节所提供的产品或服务需要通过特定的网络来传输给终端消费者，因此通常被称为“网络型产业”（NetworkIndustries）。

由于存在政府失灵，无论是国有化还是政府管制下的传统垄断行业的普遍特征是生产效率低下，这是导致20世纪80年代以来世界各国纷纷对垄断行业实施引入竞争的市场化改革的根本原因。但是市场化改革在解决生产效率低下的同时也带来新的效率损失，改革增加了交易成本。英、美等国电力改革及电力市场运行的实践证明了市场化改革对提高生产效率、降低生产成本的作用。但是，交易成本的增加在一定程度上抵消了来自生产效率提升的效益。交易成本的最主要组成部分是非效率定价带来的社会福利净损失，垄断行业市场化改革的核心问题是产业重组后市场交易如何完成、价格如何制定。如果市场交易不能在较低的交易成本下完成，如果价格因存在严重的市场势力而被过度抬高，则市场失灵将导致改革失败。这对于探索中的中国垄断行业市场化改革具有重要的启示意义，基于本文的分析，我们提出如下几点对策建议：（1）在对垄断行业进行市场化改革前，要求对潜在的市场运行特征进行充分地分析和模拟，在此基础上制定良好的市场交易规则，这是决定改革成败的关键。这一点对于中国电力、铁路等行业的市场化改革尤其重要，只有充分认识产业重组后各市场交易主体之间的行为特征和市场环境，才能避免如加州电力危机、英国铁路改革后出现一系列问题等潜在风险。（2）产业重组时需要保证生产环节足够的分散性以及市场进入和退出的自由性，以最大程度地降低竞争性环节的市场操纵问题。这一点对中国当前的航空、电信等行业尤其重要，由于生产环节的过度集中以及市场进入壁垒的存在，我国航空、电信市场上存在严重的市场势力。（3）在市场有效竞争充分实现之前，不宜完全放开价格，要求对现货市场进行价格上限管制。垄断行业市场化改革带来的交易成本最主要组成部分在于非效率定价带来的社会福利损失，为了防止市场操纵带来的风险，对于需求波动性较大的现货市场应该进行价格上限的管制。

［131］刘冰．煤电纵向交易关系：决定因素与选择逻辑．中国工业经济．2010（04）．

专业化经济可以带来长期平均成本节约，整合化经济可以产生交易费用节约，两条费用曲线的交叉点决定了煤、电纵向交易关系最优形式的选择。影响专业化经济效率的主要因素是生产技术和专用性人力资本价值，影响整合化经济效应的主要因素是交易技术和制度环境。对应于不同的因素特征，煤、电企业纵向交易关系最优形式选择存在差异，并随影响因素特征变化而动态演化。

本文采用杨—黄模型的基本方法和分析要素，但考虑到，一方面本文重点研究现有制度环境下煤电纵向交易形式的选择问题，另一方面煤电双方专业性资产相对不变，并有一定的可替代性。因此，本文假定资产专用性对煤电纵向交易关系形式的选择已内化并保持不变，不再分析资产专用性的影响。对交易技术的关注，我们更多的集中于不确定性上。准确地讲，更多的关注需求波动给煤电企业纵向关系带来的影响。不过，我们认为，需求波动对煤电企业纵向交易关系的影响只是表象因素，真正影响煤电纵向交易关系的不确定性因素是煤电企业纵向谈判能力。

本文重点讨论煤电纵向交易关系具体形式选择方法、选择标准和可能出现的选择模式。文中借用杨—黄专业化经济模型和威廉姆森的交易费用经济学模式，采用长期平均成本曲线和交易费用节约曲线交叉选点的方法，寻找能给煤电纵向交易关系双方带来总成本节约最大的均衡点。影响长期平均成本曲线变动的主要因素，是生产技术和专用性人力资本投资；影响交易费用节约曲线变动的主要因素，是交易技术和制度环境。纵向交易关系理论告诉我们，纵向交易关系形式多种多样，但现实中，企业选择纵向交易关系的形式偏少。究其原因，一方面企业选择纵向交易关系时思路还不解放，应进一步拓宽思路，寻找成本更小、更有利于企业长期发展的具体合作形式；另一方面，由于政策环境和改革摇摆等原因，导致合作双方，如煤电纵向合作，交易成本过大，决策过于短期化企业完全自主发展和“极端化”发展的倾向十分严重。通过分析，我们得到电价受控和电价放开情况下不同状态有关煤电纵向交易关系形式选择的产业决定。从分析结果看，影响煤电纵向交易关系形式选择的关键变量，是煤、电企业产品的市场化程度，加深煤、电企业产品的市场化可以更有利于实现总成本节约的增加，是国家改革能源政策的应选方向。

本文在一些方面有待进一步深入，如分析过程中出于分析问题和降低分析难度的考虑，简化掉了运输因素，而在我国运力紧张的情况下，运输是影响电煤价格和煤电产业纵向交易关系形式选择的十分重要的因素。又如设定电网与发电企业合一，未单独考虑电网企业对煤电纵向交易关系的影响，而在我国，实际上发电企业和电网企业是利益不同的企业主体，电网企业的独立市场行为也会直接影响选择结果。这些问题留待今后进一步的研究。

[132] 刘凤朝，姜滨滨．中国企业跨国并购的国家安全审查：以美国为例．科学学与科学技术管理．2010（03）．

金融危机的爆发使一些处于技术前沿或领先地位的国外企业陷入困境，为中国企业走出国门进行跨国并购提供了契机。以美国为例，研究其针对外资并购的国家安全审查，重点分析国家安全审查的程序及范围，结合外国投资委员会最新年报阐明近年来外国企业并购美国企业的趋势，并对中国企业并购美国企业提出相关建议。

2006～2007 年，外国投资委员会所列 14 个关键技术领域中成功的并购为 869 项，而中国企业参与的交易仅为 5 项，占总数的 0.6%。中国企业参与的并购分别属于先进材料及工艺、微电子技术和信息技术等三个领域。中国只有一个企业参与先进材料及工艺的并购，占 1.72%，相比于日本、英国、德国等国家还有很大差距。在科技含量较高的信息技术领域，2006 年和 2007 年两年中共完成 415 项交易，英国企业参与了其中的 108 项交易，加拿大 87 项，可见各国都侧重于通过并购美国企业来获取其先进技术，实现自身技术进步。而中国只有 2 项，占总数的 0.48%，对于中国处于落后地位的企业，可以通过对处于技术领先地位的企业的并购来获取技术。在微电子技术领域，2006～2007 年间成功的并购为 47 项，中国企业仅参与了 2 项，占 4.26%。而在电信、化学制品、生物技术、空间技术和海洋技术等其他关键技术领域，中国企业没有参与对美国企业的并购或曾参与的并购未成功，对于中国相关领域的企业来说，不是自身已经具有较高的技术水平或处于产业或领域的领先地位，而是因为仍处于相对落后的地位，所以中国企业应乘借着金融危机，在对自身优势合理评估的基础上，寻求通过对关键技术领域企业的并购获取先进技术，营造自己领先地位，实现技术进步。

目前，日本、韩国等国的企业已着手部署对美国一些科技型企业的并购，美国一些具有优势的企业也借着金融危机完成并购，鉴于此，中国企业必须加快制定应对策略免于进一步在技术上落后。中国企业准备并购美国企业时，需要依据《国防生产法》第 721 节、《艾克森·弗洛里奥修正案》和《外国投资与国家安全法》等法律来确定是否为受管辖交易，威胁美国国家安全。通过对受管辖交易情形的分析，采取合理的措施规避并购过程中可能面临的国家安全审查。若中国企业参与的交易为受管辖交易，且外国投资委员会做出审查的决定后，中国企业发现提交的书面通知中有信息遗漏、错误等情形时，其可做出撤回书面通知的申请，并在规定的时间内重新提交通知。而委员会在相关交易方做出撤回通知后仍将对其通知进行监督，对于通过谈判或缓冲协议而达成的交易将进行后续的监督和执行以确保相关交易方按照协议执行交易，并不再对美国国家安全构成实质或潜在威胁。

[133] 刘桂清．反垄断执法机构新论——竞争政策与产业政策协调发展的视角．天津法学．2010（02）．

反垄断执法机构的设置模式和权限配置是否科学合理，与竞争政策和产业政策能否协调发展关系密切，从竞争政策与产业政策协同发展的视角来看，反垄断机构应采取法律执行与政策职能相统一的机构设置模式，应与产业监管机构共同行使政策管制行业的反垄断执法权，还应具有监督与竞争政策相悖的政府产业政策行为的权限。

在竞争政策与产业政策的协调中，反垄断执法机构扮演了关键的角色，而这一机构的设置是否科学、权限配置是否合理，又是其能否实现这一重要的政策协调功能的先天制约因素。鉴此，本文从竞争政策与产业政策协调发展的视角，对反垄断执法机构的科学设置和权限的合理配置问题进行初步探讨。在发展中国家和经济转型国家中，竞争促进职能具有特别重要的意义。因为在这些国家广泛的市场化改革过程中，各种规则大量出台，通过竞争主管机关与规则制定者之间在较早阶段进行接触和对话，能够在很大程度上确保竞争成为规则制定的基础，最起码成为一个重要的考量因素。另外，由于反垄断机构与其他经济政策部门之间及时的接触和对话，竞争政策的制定和实施也会考虑到产业政策的合理要求，并注意协调二者之间的关系，从而不会对这些国家政府主导下的市场经济发展体制造成威胁，政府也不必担心其经济政策的强势地位受到根本动摇。在我国《反垄断法》对管制行业竞争执法问题缺乏规定的情况下，应该在对相关行业性法律，如铁路法、电信法、民航法等进行制定或修改时，对反垄断机构与产业监管机构就竞争事项的共同管辖权加以规定和调整。当然，立法上的规定不可能事无巨细，一应俱全，还需要反垄断执法机构在实践中发挥能动作用，与相关产业监管机构进行沟通和交流。

是否赋予反垄断执法机构直接针对政府部门限制竞争的产业政策行为以监督权，各国的做法并不一致。有的国家有明确的法律规定，有的则仅停留在反垄断执法机构的“能动”执法实践中，有的甚至还主要是执法机构的一相情愿。然而，在市场经济国家，反垄断法的“经济宪法”地位已基本得到公认，虽然其毕竟不是宪法，不能依宪法的效力约束政府行为，但作为各国议会的立法，仍可依照上位法的效力约束政府决策。在机构设置上，为维护竞争政策的一般优先地位，各国也都强调反垄断主管机构的权威性和独立性，特别是赋予其更强大的执法权力。因此，赋予反垄断执法机构对政府部门不正当限制竞争的经济政策特别是政策实施行为以监督权是正当合理的。

[134] 刘尚希. 资源价格改革如何迈步. 改革. 2010 (08).

资源价格改革在市场经济体制的构建和完善过程中是一个关键环节，也是转换国民经济发展方式、推进两型社会建设的一个前提条件。资源价格在整个价格体系中发挥“基础价格”的作用。基础价格一旦被扭曲，整个价格体系产生的信号都将是扭曲的。不言而喻，在扭曲的价格信号引导之下，生产要素的流动、配置、组合以及现实的生产过程、产业结构、消费结构、分配结构都会产生巨大的扭曲性。作为基础价格，资源价格具有两个特点：一是在长期趋势上，资源价格具有向上的刚性。自然形成的资源具有耗竭性，随着资源开采、使用的不断扩大，各种资源都会随之减少。另外，资源具有专属性和垄断性。二是资源价格构成的不完全性。另外，资源开采的过程实际上同时是对大自然的破坏过程，如水土流失、生态损害、环境污染、地质灾害等。从资源价格的两个特点不难看出，任凭市场来决定资源的成本价格，或者说价格构成，往往就会出现资源的过度开采和无序开采，加快资源的衰竭，同时，带来巨大的公共风险，并衍生出更大的其他公共风险，如经济的不安全性、经济的脆弱性、发展的不可持续性等。因此，资源的成本价格就应当由政府来进行干预。

政府干预资源的成本价格，可以着重从以下几个方面考虑：一是公共资源地租应归政府所有。现行做法实际上是大部分归企业所有，不论是国有企业，还是私营企业。地方政府在招商引资过程中，公共资源的地租实际上补贴给了投资者，以此来吸引外来资金和企业。这对短期的地方公共资源开发以及地方经济增长是有利的，但加大了地方公共风险，使地方经济、财政变得脆弱，难以持续。其实，在公共资源的货币化、资本化过程中，完全可以带动大量投资，无需以补贴的方式来开发资源，拉动经济增长。二是资源开采过程中的外部成本以资源税的方式内部化。这是一种经济强制手段，迫使微观主体的资源成本价格提高，即通过“楔入”方式改变资源的成本价格构成。一方面，成本价格提高，压缩了资源开采的利润空间，提高了资源开采的门槛，有利于抑制对资源开采的冲动和盲目投资。同时，改变了价格信号，对下游企业的决策也会产生连带性的影响，有利于节约使用资源。另一方面，通过税收收回的公共风险成本，为补偿生态、环境、水土等资源的可能损害提供了财力准备。既是对公共利益的一种补偿，也是对代际利益的一种平衡。三是建立资源企业的准备金制度。资源开采企业普遍只考虑眼前，未建立起资源枯竭之后转产、转型的准备金，资源一旦耗尽，开采企业就会陷入绝境。政府应当建立强制性的准备金制度，可为企业及其员工的未来作准备，同时也为企业应尽的社会责任做准备。

[135] 刘盛蓉．从国美并购永乐案探讨成熟企业的横向合并动机．技术与创新管理．2010（01）．

中国零售业延续了高速增长的势头，以国美、永乐、苏宁等民营企业为代表的零售连锁企业迅速成长起来。2006 年 7 月 25 日的国美并购永乐案例正是零售连锁企业高速发展过程中具有里程碑意义的事件。这桩并购案浓缩了中国家电连锁企业的发展历程，集中反映了中国连锁行业的运营特点，对它的研究将带给人们很多对于行业健康发展的有益思考，本文首先从理论上分析成熟行业的横向合并动机，然后对国美并购永乐案的动因进行探讨。

横向合并通常发生在公司产品处于生命周期中成熟期的产业和市场，这些市场的增长率较低，而且公司的生产能力远远超过需求。较低的市场增长率和过剩的生产能力一起给公司施加压力，促使公司通过横向合并实现规模、范围以及学习型经济，取得成本效率的提高，激化彼此的资源和能力。

作为典型的横向并购，国美并购永乐后最直接的影响是规模的迅速扩大。新国美门店总数达到了 838 家，覆盖全国，60 多个城市，其中进入一级城市 26 个、二级城市 134 个。并购之后的新国美门店数比竞争对手苏宁的 520 家多 318 家。同时，新国美销售额为 869 亿元，而苏宁为 609 亿元，多出 260 亿元。中国的家电连锁业实质上停留在了卖场阶段，他们更像是一群现代化的集贸市场，依靠租金而非自身连锁所形成的采供差价获利，企业规模成为决定企业收益的最大要素，国美并购永乐案就体现了这一盈利模式——规模即利润。永乐在上海、浙江、江苏三地的门店数量占总数的 52.4%，而且永乐在华东地区的销售额占总额的比例高达 82% 以上。而国美在长江三角洲地区的市场影响力大为逊色。因此国美并购永乐后获得的好处将包括迅速拓展在以上海为中心的长三角地区的市场份额。而且这种扩张是低成本的，避免了同行间为争夺上海市场展开的恶性竞争。永乐的营业成本一直比国美要高，仅以并购前的 2006 年计算，永乐的每平方米销售管理费用比国美要高 40.6%。这样的差别对国美并购而言意味着巨大的改善空间，并购后两家公司可以采取步调一致的营销计划，整合现有的营销资源，从而降低营销成本。从商品销售结构来看，国美与永乐呈现很大的相似性，这为整合管理，营销、采购提供了有利条件。因此，国美并购运营效益较低的永乐可以带来运营方面的协同。

[136] 刘武朝．1999 ~ 2010 年反垄断法领域博士论文选题实证分析．产业与科技论坛．2010（07）．

博士论文能够在一定程度上反映了一个学科的基本学术动向。通过对我国反垄断法领域博士论文选题的统计与分析，可以看出选题范围不断拓展，时间上也体现出了与立法互动的特点，不少论文的学术观点最终成为立法结论。但这一阶段选题的视角基本以立法论为主，也存在重复性与创新不足等问题。博士是我国学位教育的顶点，博士论文作为导师全程参与下完成的成果也是一个学科研究的重要组成部分，并在某种程度上能够反映出该领域的基本学术动向。由于我国反垄断法学的研究较之其他法学学科起步晚，有关该领域的发表的学术成果中很大一部分是在博士论文基础上完善或延伸而成。通过分析一定时期内反垄断法领域的博士论文选题来管窥该学科的研究路径或趋势更具有典型意义。当然，这一统计与分析也能为相关研究者迅捷的找到所需要的文献提供一个简要的索引。

通过对 1999 ~ 2010 年博士论文的选题领域分布、学科分布和时间分布等方面统计分析，我们了解了反垄断法领域博士论文研究选题的总体状况。一些初步结论也在上面行文中有所阐释，以下更多的是笔者个人意愿的期待与展望。（1）立法论与解释论。反垄断法发展的不同时期，所需要解决的理论和实务问题侧重点不同，在我国反垄断法颁布实施之后，学界应更多的关注反垄断法的现实状态，运用解释论的方法分析既存的规范，为反垄断法的适用提供理论资源和参考。(2) 制度性选题与理论性选题。分析这些制度性选题，也不难看出存在的一个代表性的问题：多数制度性研究基本停留在介绍和评介国外反垄断法相关制度上，然后直接论述我国该怎么办，缺乏对我国制度适用的理论解释力。反垄断法适用面临的最大问题是中国的特殊背景问题，更需要中国式问题的理论解释。期待更多的具有学术生命力的理论性选题，来提升反垄断法乃至经济法的学术水准。(3) 重复性与超越性。任何一个新兴学科的成长过程都是一个在前人研究基础上不断拓展广度与深度的历史。对同一问题或现象的关注并不当然排斥创新，关键是能否对同一问题选择了不同的视角或得出了不同的结论，而不是对既存的理论或成果进行解读或辩护。社会科学的研究永远不会有终点，总是在行进的过程中通过不断的“破与立”来实现超越，我们期待对反垄断法的研究也能如是。

[137] 刘细良，王耀中．跨国公司在华并购规制的成本收益分析．财经理论与实践．2010 (01).

跨国公司采取直接投资进入东道国有两种方式：跨国并购和新建投资。在进入方式的选择上，在不同的约束条件下跨国公司和东道国具有不同的收益和成本，但现有的跨国公司直接投资规制的理论研究和政策分析没有区分这两种进入方式。文章认为，东道国政府在制定跨国公司直接投资的规制政策时，要综合权衡各种进入方式的积极效应和负面影响，制定适宜的规制政策，从而在引资过程中获得最大利益。文章还对跨国公司在华直接投资规制的实践进行了回顾，并提出了进一步的政策取向的建议。

关于跨国公司和外国直接投资规制的理论和政策研究基本上经过了两个阶段：第一阶段，国际直接投资理论中利用新古典的方法以跨国公司直接投资的收益和成本的比较作为制定政策的出发点，政府干预和制定政策的理论依据是市场的不完全性。第二阶段，对跨国并购和国内并购的福利比较作为规制的依据。有关规制理论持续深入的研究大大推动了这一领域的研究，施蒂格勒和植草益等人的研究为政府规制领域的研究提供了重要的方法。东道国政府和外国企业的利益不一致是政策分析的前提，在技术转让成本较低时，外国企业倾向于选择并购进入，而东道国倾向于选择新建进入；在技术转让成本较高时，外国企业倾向于选择直接新建进入，而东道国政府鼓励并购进入。政策含义是东道国政府在制定政策时，要综合考虑进入方式的竞争影响和技术转让的影响，发展中国家政府制定的很多限制外资股权收购比例以鼓励外国新建投资的政策有很大的风险。我国政府对外资并购规制的政策取向：(1) 建立和完善以反垄断法为主的规制跨国公司的法律体系。应加大反垄断法的域外适用原则的研究力度，即当位于本国领土以外的外国企业在境外实施的协议或行为，对本国的相应的市场内的竞争产生了不利影响时，本国的反垄断法可以行使适用于该外国企业的行为的国家管辖权。(2) 及时调整我国对外资的激励政策。当前对外资并购国内低效率企业以及面临破产倒闭的国有企业给予一定优惠政策，对在我国国内从事尖端技术和先进技术研发的外国企业优先准入，等等。(3) 在高技术行业领域，政府应通过限制外资新建进入，鼓励并购进入的规制方式，这样可以得到外资向国内企业转移较高技术的益处。(4) 进一步细化和规范外资并购的产业导向。(5) 修改外资控制的有关法规和政策，减少外国企业在国内开展交易的有关程序，鼓励旨在提高效率的外国企业通过新建投资或并购方式进入，为正常的外国企业交易活动节约成本。

[138] 刘小峰，陈国华，盛昭瀚．不同供需关系下的食品安全与政府监管策略分析．中国管理科学．2010 (02).

供需物流不平衡是引发食品安全的问题的一个重要因素，本文从最基本的物流平衡出发，构建一个从原材料供应到消费者最终消费完整过程的食品风险传播模型，采用计算实验方法探讨不同供需关系对食品安全以及供应链成员策略选择的影响。研究发现，不同的供需关系会导致不同的食品安全情况，供需关系越紧张，食品安全事故发生的可能性越大，从物流平衡的角度解释了一些食品安全事故发生的必然性。在供需极度失衡的情况下，政府监管能在一定程度上控制有害物质的恶性传播，但不能从根本上保证食品的安全。政府监管策略方面，与静态的监管策略相比，弹性、动态的监管策略能更有效的控制食品安全。此外，物流供需关系、监管策略对食品供应链的上游影响较大，对下游影响相对较小。

通过多次实验，本文主要分析了在统一的政府监管机制下，原材料供应能力与消费者需求比例变化引起的有害物质在食品供应链中传播的成功率变化以及原材料供应商、生产加工商和零售商的策略变化；其次，我们分析了在不同政府监管策略下，有害物质在食品供应链中传播的成功率变化以及供应链成员策略的变化情况；最后，我们根据模型和实验结果，分析了政府抽检机制的改进、政府宏观调控供需关系以及消费者公众意识的崛起和法律保证体系的健全对于保障食品安全的有效性。政府的监管并不能有效控制有害物质在食品供应链中的传播，但在供需物流极度失衡的情况下，还是能在一定程度上控制食品的安全，保证食品安全不随供需失衡的加剧而出现更糟糕的情况。结果也表明了在供需关系不平衡的情况下，政府监管只能在某种程度上缓解有害物质的危害率，并不能从根本上保证食品的安全。也就是说，在物流供需极度不平衡时，很难仅仅通过正常监管措施来保证食品的安全，从供需物流平衡的角度反映了“三鹿毒奶粉”事件爆发的必然性。

本文所构建的模型仅适用于带有已逝性特征的日常食品，并不适用于那些可以长期存储或者需求弹性较高的食品。此外，本文没有考虑掺假成本对食品安全的影响，掺假成本的估算是一个复杂的现实问题，比如“三鹿奶粉”事件中，三聚氰胺作为一种常见的化学用品，较为容易作为掺假剂，而在其他的一些食品中，掺假难度不尽相同，对食品安全的影响也会不一样。

[139] 刘艳婷．我国低集中度市场结构的形成原因及对策．商业研究．2010（09）．

受我国传统计划经济体制影响，在完善的社会主义市场经济体制尚未建立情况下，我国产业组织与市场结构呈现出集中度偏低、市场结构分散的状况。通过低集中度市场结构的表现，造成的效率损失和形成原因分析，旨在为优化市场结构，消除体制障碍，促进大规模企业形成，并实行宽松的反垄断规制政策提供参考。

20 世纪 90 年代以来，随着市场经济改革和我国工业化进程的逐渐深入，我国市场结构不断演变，中国工业市场集中程度有所上升。但受我国传统计划经济和经济转轨期间表现出来的特点影响，我国市场结构呈现出一些问题，主要表现在两方面，一方面，市场集中度偏低，市场结构分散，过度竞争。必要的垄断寡占市场结构形成不足。另一方面，市场机制不能充分发挥作用，在一些产业形成政府干预下的行政垄断结构。从而造成我国目前过度竞争与行政垄断并存的市场结构。在此本文主要对我国低集中、分散型市场结构的形成与原因对策进行分析。我国几个部门的市场集中度，均和发达国家有不小的差距。我国市场的分散性，使一些规模经济性产业无法形成适度集中的垄断寡占结构或无法达到必要的集中度，造成我国市场结构中必要的经济性垄断结构的不足，同时还造成生产率低下，国际竞争力缺乏等问题。

我国目前低集中、分散型市场结构的形成，原因是多方面的，与我国当前不完善的市场经济体制分不开的：地方政府的地区封锁与重复投资，从而造成企业数目过多，市场分散；市场体系不完善，企业扩张规模、并购的机制不健全；产业组织政策如反垄断法作用乏力等。(1) 条块分割的经济管理体制没有得到根本改革。(2) 现代企业制度不完善，政企未分开。(3) 低进入壁垒与高退出壁垒的影响。(4) 我国现有产业组织政策的作用乏力。

借鉴发达国家反垄断规制的演变，我国也应该建立以“效率目标”和“行为主义”为宗旨的反垄断法，反垄断法的目的应该是维护公平有序的竞争秩序，是为了“保护竞争而不是保护竞争者”。同时，对我国来说，并不只是放松反垄断规制的问题，而是由于我国长期以来缺乏完整、正式的反垄断法，因此我国首先面临的是反垄断法的建设问题。我国的反垄断政策的形成经历了一个较为长期的演变过程：我国较早具有反垄断性质的法律是 1993 年的《反不正当竞争法》，后逐渐施行了《消费者权益保护法》、《价格法》、《电信条例》、《关于整顿和规范市场经济秩序的决定》等法律条例等，这些法律法规，缺乏统一、完善的法律体系，内容不完整，执法效率差。鉴于此，我国于2007年8月30日通过了《反垄断法》，并于2008年8月起施行，是我国第一部真正法典意义上的反垄断法。该法律确立了“行为主义”的垄断控制模式。反垄断法矛头所指应该是那些利用不当手段谋求垄断地位或滥用垄断地位损害竞争机制和消费者权益的垄断行为。综上，为了促进我国市场结构的适度集中，实现市场结构的优化，需要体制改革、产业政策和反垄断政策共同发挥作用。

［140］刘元龙．我国应当健全行政垄断法律责任制度——以《反垄断法》第五十一条为基点展开的探讨．当代经济管理．2010（10）．

我国《反垄断法》第五十一条对行政垄断法律责任追究方面的规定尚有两个重大缺陷，即“法律责任形式单一”和“执法主体悖论”。行政垄断能否得到有效规制，很关键和重要的一点就是能否建立起一套行之有效的法律责任制度。健全我国行政垄断的法律责任制度具体包括建立有效的民事责任制度、完善行政垄断的行政责任制度、设置明确的刑事责任制度和完善行政垄断法律责任的执法机制。

“法律责任形式单一”和“执法主体悖论”在该法第51条得到“完美的呈现”，其做了如下之规定：“行政机关和法律、法规授权的具有管理公共事务职能的组织滥用行政权力，实施排除、限制竞争行为的，由上级机关责令改正；对直接负责的主管人员和其他直接责任人员依法给予处分。反垄断执法机构可以向有关上级机关提出依法处理的建议”。该条仅规定了行政垄断的行政责任，未规定民事责任和刑事责任。而“执法主体悖论”则表现为在没有外界力量监督的情况下，“由上级机关责令改正”要切实发挥其应有的效果可谓困难重重。发达国家往往对行政垄断行为不作特殊规定，而是将其纳入《反垄断法》规制的一般主体之列，无论是承担的法律责任还是救济程序，行政主体与普通自然人、法人并无区别。总体而言，由于体制的原因，与我国国情相似的经济转轨国家与社会主义国家关于行政垄断法律责任的相关规定对我国借鉴意义较大。同时，美国和欧盟等完全市场经济国家和地区实际也存在着和行政垄断的法律责任相关的具体法律规定，对我国亦具有一定的借鉴意义。

关于如何设置刑事责任，笔者认为行政垄断主体不能承担刑事责任，承担刑事责任的主体仅是直接负责的主管人员和其他直接责任人员。根据我国《刑法》规定，对单位犯罪一般都采取了双罚制，即对直接负责的主管人员和直接责任人员判处刑罚，而单位承担刑事责任的方式只有一种，就是判处无限额的罚金。“执法主体悖论”意指由一个行政机关负责对另一个行政机关执法，由于单位属性的一致性，难免导致反行政垄断制度似乎成了“自己反自己、自己剥夺自己利益”的一种制度。仅靠“上级机关的良心去公正执法”在实践中根本行不通。为保证省级反垄断执法机关的独立性，反垄断执法机关宜实行垂直领导，地方反垄断执法机关与地方政府之间没有任何隶属关系。其经费与人员任免也完全由中央反垄断执法机关统一掌握，这样反垄断执行机构就更好地实行对行政垄断案件的管辖。

［141］刘占川．我国自然垄断行业的政府管制问题研究．现代商贸工业．2010（09）．

我国自然垄断行业由于市场失灵原因和政府管制机制存在缺陷，使得自然垄断领域普遍存在低效率、寻租和分配不公以及损害消费者利益之问题，不利于经济之发展。因此，有必要对自然垄断行业之政府管制进行改革和制度重构，适度放松管制和引进有限竞争。

自然垄断的政府管制主要体现在市场进入管制、价格管制和产量管制三方面。进入管制主要是限制产业中的厂商数目，以避免恶性竞争。价格管制主要是由政府确定自然垄断企业产品或者服务的价格或收费标准，以防止自然垄断企业损害消费者利益。数量管制主要是在产品或服务的数量上的限制，以防止因投资过多（过少）或产出过多（过少）所造成的价格波动、资源浪费或有效供给不足。基于自然垄断之经济正当性及政府管制的必要性，我国有必要对某些自然垄断行业实行适度的垄断经营，同时，对该种自然垄断管制进行必要的改革。

自然垄断行业具有规模效应和资本密集等特点，这极大地阻碍了竞争者的进入。同时，由于国有企业，产权结构单一，国家资本独大，因此也难以形成投资主体多元化之格局，制度性的造成了行业低效而垄断利润高之结果。基于存在垄断利润，使得我国相关行业失去了创新之动力。还有其对资本、技术之垄断及信息不对称，使得自然垄断行业缺乏激励和竞争，制约了本领域技术进步和效益提高。同时，在我国自然垄断领域有着浓重的官僚作风，消费者利益往往会受到极大的损害而投诉困难。我国行政垄断与发达国家法定垄断的最大区别是西方国家的法定垄断一般都有自然垄断色彩、没有自然垄断性的法定垄断很少，而我国行政垄断却很多。在承认垄断有合理性后，才有必要设计与垄断相适应的政府管理制度。否则对没有合理垄断理由的行为进行管制，尤其是对市场准入进行管制，管制就成为垄断存在的原因，导致行业发展的低效率并影响公共福利。国家应积极监督管制机构的行政行为，立法保证监督机构独立性以及增强行政执法力度以增进管制效果，促进自然垄断行业健康发展。在自然垄断领域，垄断定价现象较为普遍，如果不受外部约束，在垄断利润之驱动下，其定价将大大高于成本，从而扭曲分配效率，损害社会福利，因此尤其需要政府对自然垄断行业之价格实施管制，以维护消费者之利益。

［142］刘志阔．晋升激励和财政分权下的环境管制：一个文献综述．中国城市经济．2010（10）．

改革开放 30 多年来，中国经济取得了迅猛发展，但也带来了严重的环境污染，由此使得环境管制越来越重要，而环境管制本身便是一种制度安排，其又内生于我国的治理模式。本文旨在通过对以晋升激励和财政分权为特征的中国治理模式的相关文献整理，从这种治理模式的正面激励和负面影响两个角度加以评述与归纳，重点关注其对于环境污染和环境管制的影响，并在此基础上探讨其未来的发展方向。

环境管制的法律法规和具体执法机构当然是必要的，可是相关环境政策能否有效实施则更为重要。在我国，环境管制主要是由中央政府制定标准，具体由各级地方政府分别执行，因此环境管制能否有效实施取决于是否与地方政府行为激励相容。

钱颖一等从政府体制角度解释中国经济增长奇迹，提出了著名的“中国特色的联邦主义”理论，该理论认为，中国地方政府的强激励有两个基本原因：第一个是行政分权，中央政府从 20 世纪 80 年代初开始就把很多经济管理权力下放到地方，使地方政府拥有相对自主的经济决策权；第二个是以财政包干为内容的财政分权改革，中央把很多财权下放到地方，而且实施财政包干合同，是地方可以与中央分享财政收入。财政收入越高，地方留存就越多，其中预算外收入 100% 的留存。正是这两方面的激励使得中国地方政府有那么高的热情去维护市场，推动地方经济增长。周黎安（2007）指出，晋升锦标赛作为一种地方官员的治理机制提供了中国特色的产权保护和其他有助于企业发展的政府服务，它主要不是通过司法的彻底改革实现的，而是通过改变政府官员的激励实现的。从而，“为增长而竞争”也就成为地方官员的必然选择。我国政治体制的特点是地方政府主要不是对下负责，而是对上负责，在政治集权和政绩考核机制下，地方政府每年不仅要保 GDP 的高增长，还要根据 GDP 等指标排名，地方政府为了政绩有竞争 GDP 增长率的激励，从而形成了一种基于上级政府评价的“自上而下的标尺竞争”（张晏、龚六堂，2005）。

通过上文的分析可知，以晋升激励和财政分权为特征的中国式分权治理结构，强劲的促进了中国经济的持续增长，同时也带来了环境治理中一系列的问题。可是，中国式分权与环境治理的关系，目前主要强调财政分权与环境污染之间的关系，而较少考察其影响机制。环境污染是由于中国式分权下过快的经济增长引致的，还是由于分权结构下地方政府降低环境管制导致的，并没有给出相关回答。因此，对于中国式分权与环境污染之间的关系仍需进一步考察，这更能有助于理解我国城市化与工业化过程中的环境治理问题。

[143] 刘智勇．从“三鹿”事件透视政府监管机制的缺陷．商业文化（学术版）.2010（06）.

三鹿问题奶粉事件以其范围广、手段劣、危害大而震惊全国，并由此引发了中国乳品行业的连锁危机、“中国制造”的品牌危机，以及政府的信任危机。政府监管防线的步步溃败，使假虫草、毒黄花、伪饮料之类的事件一直层出不穷，揭示出国人生活中的食品安全潜在的风险是系统的而非偶然的。“三鹿奶粉事件”之所以酿成，向鲜奶中添加三聚氰胺的不法奶农或奶源供应商固然是利欲熏心的肇事者，但毒物竟然能“一路绿灯”地经过奶源生产、收购、加工等多个环节，进入销售终端，直达数万个婴幼儿腹中，不能不说政府监管的缺位和我国现行食品安全监管机制的缺陷也是非常重要的因素。“三鹿事件”透视出政府监管职能的缺失、异化，以及食品安全监管机制的缺陷。

监管的缺失是造成食品安全的主要原因。一是食品生产源头控制缺失。二是企业内控不严。三是外部政府监管不力。长期以来，在发生食品药品安全事件后，各级政府及相关部门就会迅速集中力量，采取最严厉措施进行亡羊补牢的监管，结果却治标不治本，这反映了政府监管方式的不科学。这种“运动型”的监管往往重复的是民众投诉、媒体揭黑、部门查处的模式，这次“三鹿事件”的过程同样循此模式。政府的日常监管存在跟着文件走、跟着问题走、跟着媒体走的现象，缺少事前、事中的日常过程监管。另一方面，政府相关职能部门热衷于为企业评优、授牌，为“三鹿”之类的企业借政府授予的光环来提升企业及产品的身价、蒙骗消费者提供了行政保护的条件。这从一个侧面反映了政府监管部门的角色错位和异化。

“三鹿事件”透视出政府监管职能的缺失、异化，以及食品安全监管机制的缺陷。解决的基本途径一是强化政府的监管职能，调整监管体制，建立食品安全监管的大部制，实行适应大市场的大监管，建立从农田到餐桌、能控制全过程、各环节风险的食品安全监管体系。要相对集中监管力量，破除条块分割、部门所有的技术支持格局，建立统一的专业化监管队伍，改变部门各自行动，越位与缺位并存的局面。二是强化大部制内各机构的分工，努力避免部门利益争夺和责任推诿，落实问责制。三是要建立中央政府和地方政府既相互独立又相互协作的食品安全监管体系，逐步实现食品监督管理机构的垂直管理。四是保证食品监督管理机构执法的独立性，使其能不受其他部门的干预，不受地方保护主义和经济利益因素的影响而独立进行食品监管并作出决定，以确保大部监管的效能。

[144] 娄丙录．论行政垄断的可豁免性．河南社会科学．2010（05）.

长期以来，学界对行政垄断进行了反复的、多视角的研究论证，基本是以否定的态度评价行政垄断，认为行政垄断具有诸多危害性，应当彻底消除。但笔者认为，这种观点违背了辩证唯物主义关于一分为二的原理，只看到了行政垄断消极的一面，而没有正视其积极的一面，即忽视了行政垄断在一定条件下的正当性。从一些国家和地区实践来看，在特定时期、对特定行业实施行政垄断不仅是必要的，而且是必需的，对于维护国家的经济安全和社会公共利益具有不可替代的作用。因此，对这种行政垄断应当在一定条件下豁免适用反垄断法。

笔者认为，影响行政垄断正确界定的关键在于主体和方式两个因素。行政垄断的主体应该包括行政机关及其所属部门和企业、组织，行政垄断的方式是借助于行政权力来排除、限制竞争的行为或状态。因此，行政垄断应当是指行政机关及其所属部门和有关企业、组织，利用或者借助行政权力，排除、限制竞争的行为或状态。基于这种认识，在界定行政垄断时应特别注意以下几个方面的问题：行政垄断主体的范围不能随意扩大。在涉及行政垄断的界定问题时，有学者将行政垄断解释为“公权力限制竞争行为”、“国家垄断”等，明显泛化了行政垄断的主体，不但包括行政机关，还将立法机关和司法机关也纳人行政垄断主体的范围。但从目前我国的实际情况来看，立法机关和司法机关在排除、限制竞争方面并不存在借助或滥用行政权力的问题。这种无谓扩大行政垄断主体的观点，必然会影响对行政垄断的准确界定，从而影响对行政垄断的正确、有效规制。因而，对行政垄断主体的界定应当客观、适当，而不能因其具有危害性就主观地任意扩大。一分为二是辩证唯物主义的基本原理，也是我们对待任何事物都应采取的科学态度。市场经济固然需要充分、自由的竞争，需要市场规则作用的充分发挥，以此来换取市场的活力和效率，但市场因素的复杂性决定了在某些领域、某些时期市场机制的作用会明显弱化，甚至完全丧失，这就需要有一种外在的力量予以弥补。否则，一味地追求市场竞争的自由和市场的完全开放，由于市场主体的逐利性，必然导致竞争的无序和重大的社会成本的付出，更会影响国家的经济安全，损害社会公共利益和消费者的福利。因此，承担有社会经济管理职责的政府，基于国家经济安全和社会公共利益的维护而在特定时期，对特定行业、特定部门采取限制或排除竞争的措施不仅是必要的，也是必需的，对其予以有限豁免不仅符合反垄断法的宗旨，也是对待市场竞争所应当采取的灵活性，它确保了整个社会经济健康发展的客观要求。

[145] 鲁运超．从汇源并购案看我国反垄断法的作用．法制与社会．2010（06）．

《中华人民共和国反垄断法》是一部“经济宪法”，其精髓是保护市场公平竞争，维护消费者利益和社会公共利益。然而在2008年9月发生的可口可乐并购汇源果汁案却引起理论界和实践中的广泛讨论。在这起收购案的背后折射出的是外国公司对我国民族企业的巨大挑战，也是对我国《反垄断法》的巨大考验。

实践表明，反垄断法对域外行为所能产生的效力可分为两种：一种是有限的管辖权效力，即主要的市场、资本和经营机构均在域外以及垄断行为也发生在域外，但对本国市场会产生一定影响，而本国法律只能对这种行为起到部分的效力；另一种是实质性的管辖效力，即主要的市场、资本和经营机构部分或均在域内以及垄断行为的影响主要发生在本国域内。可口可乐并购汇源就属于后一种行为，所以必须要接受我国反垄断法的制约。

伴随着经济全球化的发展，跨国并购是一个必然的趋势。充分利用外资是我国经济迅速发展的重要因素，而利用外资的同时必然会引起国外企业并购我国民族企业，通过并购可以实现资本的快速增长，提高资源利用效率，有利于技术创新和制度创新，从而提高国际竞争力。跨国公司拥有雄厚的资本、研发能力、先进的技术、先进的经营理念和管理方法。通过外资并购，国内企业可以引进知识资本，促进我国企业战略重组和技术升级。外资并购对我国民族企业发展确实存在有利的因素，但我们也必须清醒地看到，外资并购也正逐渐吞噬我国的民族企业。例如，美加净、小护士、乐百氏、大宝、中华牙膏、乐凯……这些曾经是中国人家喻户晓的品牌被外资收购后，销量日益下降、市场不断萎缩、影响力一落千丈。当民族品牌被外资收购后，等待他们也许只有是从消费者的目光中逐渐淡去。国人辛辛苦苦培养几十年甚至是上百年的民族品牌，最后沦为外国企业发展的垫脚石。经济全球化是不同国家、民族之间经济竞争新的形态，而品牌则是竞争的重要力量，正如一句广告词所说的：相信品牌的力量。没有自己的品牌，就只能出卖自己的廉价劳动力，同时还要出巨额的费用去买从自己手中制作出去的名牌。而这种“剪刀差”最终导致的结果就是自己永远被锁定在产业链的低端。我国现在应当提高利用外资的质量，重视科学技术是第一生产力的作用，努力提高国民科学文化素质。同时也应当注意保护民族品牌企业的发展，争取培养一批具有世界竞争力的民族企业。

汇源并购案虽然已结束，但这件并购案对我国民族产业的影响远未结束。通过这件案例，使国民尤其是企业家对民族品牌的发展又有了重新的审视和更为理性的认识。同时它也是对我国反垄断法的一次考验，通过这次的交锋，以后再遇到相似的案件，也为我国反垄断执法机构提供了宝贵的经验。

[146] 吕明瑜．知识经济引发的反垄断法新问题探析．甘肃政法学院学报．2010（01）．

现代各国反垄断法是工业经济时代的产物，重在规制以垄断为核心的各种危害竞争的行为或状态，维护工业经济条件下市场竞争的充分与自由。但知识经济的兴起和发展，使社会的经济结构和经济增长方式发生了根本变化，与经济具有密切关系的反垄断法也因此遇到了许多与工业经济时代完全不同的新问题，主要包括：市场份额与其他因素在垄断力认定中的作用需重新评估；结构主义与行为主义的控制方法在新经济形态中需重新选择；本身违法原则与合理分析原则的适用范围在技术创新的考量中受到质疑；对传统垄断的宽容和对新型垄断的关注引发反垄断法制度创新需求。

本文基于对结构主义方法在控制垄断中不可替代的“治本”功能的重视，并不认为结构主义应该完全放弃。但在新的经济形态中，传统反垄断法中的结构主义与行为主义规制体系确实面临一个新的选择与修正，这主要体现在两个方面：第一，对传统结构主义规制进行修改和完善。第二，在结构主义与行为主义两种不同方法的适用程度上，应以行为主义为主，结构主义为辅，在充分考虑知识经济条件下结构性垄断的正效应的基础上，给予其最宽容、最灵活的弹性控制。

反垄断法的核心在于控制过度集中的经济力量。在反垄断法产生并发展的相当一段时间内，各国主要致力于通过反垄断法的实施来控制国内的经济集中。但自20世纪80年代以来，随着市场全球化趋势的发展，竞争法赖以存在的经济环境已从国内竞争走向国际竞争，从国内经济集中走向国际经济集中。各国从现实出发，基于增强本国企业国际竞争力的考虑，对国内垄断的控制表现出温和与宽容的态度，逐渐放松垄断控制，放松反垄断法的实施，使得许多垄断行为在很大程度上趋于合法化。这种对垄断的温和与宽容控制，具体体现在以下几个方面：（1）对垄断的控制方法，由较为严厉的结构主义转向较为宽容的行为主义；（2）企业合并的管制范围，由实行横向合并、垂直合并和混合合并全面干预转向重点选择横向合并予以管制，对垂直和混合合并给予足够的宽容；（3）对垄断与合并的认定标准，由以国内市场或国内某个区域的市场作为相关市场的认定范围，扩展到超越国界确定市场范围，使得企业的国内合并变得更为容易；（4）对效率性企业合并，由过去的反对态度转向支持；（5）增强国际竞争力的企业合并在反垄断法上普遍得以豁免等。在美国、德国、日本等竞争法比较发达的国家，这种变化尤为突出。

作者认为，应在反垄断法现有制度体系内增加新的具体制度规则，以适应规制新型垄断的要求。知识经济条件下的新型垄断呼唤反垄断法的制度创新，而反垄断法控制内容的增加与制度体系的拓展，也正是反垄断法在知识经济条件下不断发展的表现。

［147］罗春华．寻租社会成本的构成及其扩张——公共选择分析视角．宏观经济研究．2010（02）．

寻租是利用资源通过政治过程获得特权从而构成对他人利益的损害大于租金获得者之收益的行为。寻租理论从一开始便沿着国际贸易纲领和公共选择纲领这两个独立的研究分支进行。

事实上，对寻租的社会成本进行公共选择分析还涉及更为深入的一些方面。本文的重点就在于厘清寻租社会成本的构成、解释寻租社会成本扩张到现在这种估算规模的理由和途径。从总体上而言，寻租社会成本由三个部分构成：一是哈伯格三角形所代表的社会净损失；二是寻租消耗的实际资源所代表的额外社会成本；三是塔洛克四边形所代表的转移性社会成本。其中第二部分的额外社会成本又包括消耗的资源本身、该资源本可以生产的社会福利和该资源用于寻租所造成的社会损害三个方面；而第三部分的转移性社会成本又包括竞争性租金耗散成本和低效率生产技术成本两个方面。寻租社会成本的扩张就是沿着第二和第三部分社会成本的几个方面进行的，其直接的诱因是租金耗散和采用低效率生产技术，而根本原因则涉及寻租产生的根源，本文只提及选民意识形态和理性的无知。从公共选择分析的视角看，寻租产生的根源在于政治市场中强制性财富转移的可能性，这种可能性所引发的各个参与方之间在权力和利益上的复杂博弈，以及决定这种博弈过程的心理和意识因素，等等。这是一个值得进一步研究的领域。

[148] 罗汉云. 国有企业产权运作监督问题刍议. 长沙铁道学院学报（社会科学版）. 2010（03）.

认识国企产权变更中所出现的问题，对于加强国有资产的管理和监督意义重大。谁来看住国有资产的钱包？不仅关系到国有资产的流失，还涉及到产权的增值升值。在管理中，要善于发现产权运作中的薄弱环节，针对不断变化的特点，实施过程管理，较好地发挥产权监督作用。要充分认识产权运作中监督的盲点，提升对国有企业产权交易监督的有效性。

在我国社会正处于空前变革的过程中，社会阶层日益分化，利益多元化趋势日益复杂，而国有企业产权出现的形式也呈多元，并且与其他资本产权一样，变更繁多，运作手段多样。当前，已有的许多案例告诉我们，谁来看住国有资产的钱包？不仅是指国有资产的不流失，还有产权以多种形式表现的巨大增值价值，还有经营空间的预测和产权在表现形式方面的其他潜力估算。私有资本的产权会有私有者自己负责，并会尽最大努力充分放大价值，国有企业若要做到这一点，笔者以为，重要的在于充分认识产权运作中监督的盲点，并在产权实际运作中以科学的方法和不断改进的制度措施，全方位提升监督的有效性。

浙江的万向集团在美国接受UAI公司发行价值280万美元的A类优先股及收购UAI公司160万股股票期权，其负责收购的美国万向公司不仅要向美国有关部门报告资产存有记录情况、债务情况、经营动作报表，等等，还要每3个月呈交一次会计账目，有关部门还要定期考察其信誉度。搜狐公司在美国寻求上市时，每3个月要把在中国的经营情况作总结，对具体的财务数据作归纳，由总裁专赴美国作汇报，以防上市公司出现损害股民利益的行为或会计欺骗的事发生。其招致总裁张朝阳感叹，在美国上市，公司几乎被剥得体无完肤，条件太苛刻，要求太严厉，要透明的东西太具体。这两则事情告诉我们，一是产权交易有技巧，但不能没有透明；二是产权交易讲透明要有制度维持，成为法律。如果透明规则仅限于有关部门的规定要求，就会缺乏硬度和力度，约束过程也会时软时硬，其尺度容易出现变化，甚至给产权交易带来负面影响；三是透明并不是将交易向社会新闻媒体公开，更不是裸体相向竞争对手。从以上三点我们可以获得启示：第一方面是国企产权变更讲究透明与交易的全面公开不是一回事，其过程中有些内容可能要公开，例如，利益分配的基本做法，投资选择和盈利及发展目标制定都需向有关利益的各方公开，但具体细节在讲透明时要有层次把握，这种层次把握与电冰箱操作决然不同，而是为了便于国有资产的审核、监管。政府审核监管部门对其所肩负的责任应纳入法律。第二方面是产权交易没有透明就没有监督管理。透明是监督的先期条件，但在透明和监管方面要有专门立法。这一点不仅对国企产权而言，对所有经营资本产权也是如此。第三方面是产权交易讲透明要有程序规则。交易中哪一笔账目是否存在问题，其确认要有公正的行权过程，作出司法解释，而不是由政府部门走出消息，因为政府有关监管部门处理问题只是内部的个别纠正。产权交易中的问题大多是资产或是经济渎职的大问题，既要作界定，也要作审核，每一结论都要与法律条款挂钩，若不这样，除非监督对象是依法按程序行事。

[149] 马海涛，程岚. 论促进节能减排的财税政策. 财经论丛. 2010（02）.

改革开放以来，我国经济在快速稳定发展的同时，也带来了资源短缺和环境质量恶化等问题，节能减排是促进经济结构调整、实现国民经济可持续发展的重要举措。本文从分析我国实现节能减排的现实压力入手，探讨了节能减排与财政的关系，深入研究了目前财税政策存在的缺陷，以此提出了促进我国节能减排的财税政策体系的基本思路和相关的建议。

节能减排应该是财政支持的重要内容之一，因为在市场条件下，节能减排所带来的效益属于公共产品并且具有很大的外部性，以利润最大化为目标的企业以及以效用最大化为目标的消费者不愿意在节能减排方面增加投入，而且节能产品还存在信息不对称问题，这样就需要政府的干预来弥补市场的不足。在政府干预中，财税政策是主要手段。然而，我国现行财税政策在促进节能减排工作上还存在许多不足，亟须进一步的补充和完善。（1）财政用于支持节能减排的投入总量不足，使用效率不高；（2）激励性财税政策手段单一，难以完全发挥其应有的政策力度；（3）现有财税政策存在逆向激励问题；（4）针对节能减排的收费亟待完善和改革；（5）税制设计滞后于节能减排发展需要。

面对严峻的节能减排形势，我国的财税政策亟须进一步的补充和完善，这些财税政策应当包括以下几个部分：（1）加大政府财政资金投入力度，提高使用效率。财政应当加大对节能减排产业的投入，建立独立的节能减排专项资金，加大在节能减排产品销售、使用、服务、回收及信息传播等方面的投入。同时国家可以设立节能减排专项基金，为节能减排产业提供优惠贷款。（2）打破激励性财税政策形式单一的局面，利用多种形式的财税政策促进节能减排。制定有利于节能减排发展的财政补贴政策，充分发挥政府采购的导向作用，进行政府绿色采购，制定和完善促进节能减排发展的税收优惠政策。（3）按照激励相容原则制定和完善促进节能减排的财税政策。（4）补充和完善现有税制体系，建立有助于节能减排的税制。

［150］马金华，李国锋．我国地方政府债务监管中存在的问题及对策分析．中央财经大学学报．2010（07）．

近年来，地方政府债务问题已成为影响中国经济长期稳定增长不可忽视的重要因素。地方政府债务问题的显性化，暴露了我国当前地方债务监管存在的问题，本文分析了我国对地方债监管不利的原因，在借鉴国外经验的基础上，从立法、财政、信息化等方面对地方债监督机制提出对策。

完善我国地方政府债务监管的建议：首先，将财政监督提高到立法层次。目前我国的财政监督基本上还偏重于行政范畴，没有提到足够的立法高度，财政监督存在一些执法空白，且其独立性具有不足之处，还有很浓厚的内部监督色彩，经常出现对违反财经秩序的行为处罚力度不够或是处罚不力的现象，只有将财政监督提高到立法层次，立法机关对政府的监督会强化政府对自身行为的监督意识与责任，加强政府的监督力度。鉴于目前我国财政监督立法层次不高，缺乏专门的财政监督法律，因此可借鉴国际经验，尽快出台财政监督方面的法律法规，通过立法程序，将政府行为的目标、途径、约束、补偿等内容以法律条款的形式纳入规范的制度框架，减少其随意性，增强其权威性。其次，建立相互制约的财政监督机制。改变目前审计署隶属于国务院和地方各级审计机关隶属同级政府的管理模式。只有这样才能从根本上改变人大监督有心无力的局面。再次，财政内部监督和外部监督并重。财政内部监督是财政部门和有关预算部门和单位的监督，主要是通过预算编制、执行及相互分离、相互制约的权力制衡机制来实现。内部监督和外部监督有效结合可以从不同层次对财政分配行为进行监督，有利于提高财政监督的有效性。因此，在将地方政府债务纳入预算管理的同时，还应考虑引入市场中介机构对地方政府的约束，例如引入律师事务所、证券评级机构等市场中介组织的监督和制约。最后，加强财政监督的信息化建设。只有高度信息化才能降低财政监督的成本，提高财政监督的效率。在政府部门建立全国计算机联网，实现内部及各部门之间、政府与纳税人、财政拨付与使用单位之间的信息共享，强化财政资金的收缴、拨付与使用，进行全过程的跟踪监督。具体到地方政府债务管理监督，只有有了科学的统计管理系统，才能更加科学、清楚、完整地检查出其问题所在。

有效的地方政府债务监督体制，是地方政府债务管理问题的基础与核心。当前健全地方政府债务监督体制已显得相当紧迫，但依然有很长的路要走，这一体制必须综合考虑本国政治、经济、文化的实际情况，需要国家、民众、企业、社会等各方力量的相互配合，对于我国来说，地方政府债务监督机制将是一个长期、艰巨、循序渐进的过程。

［151］马苏，李红．网络经济条件下企业组织架构的优化．东北财经大学学报．2010（06）．

网络经济条件下，企业的生存和发展不仅有赖于组织的内部平衡和外部的适应，而且还面临着不断地调整。本文从企业组织及其制定组织架构的意义分析入手，探讨网络经济条件下企业组织架构的重塑和模型建立，研究网络化层级组织的含义。在对网络化层级组织的发展现状进行论述的基础上，提出网络经济条件下企业网络型组织架构重构的设想。

现代企业管理理论认为，管理者可以通过企业组织架构和企业发展的目标合理安排人力资源的配置，预测每一个职能部门人力资源的需求，对员工的工作绩效进行监督和评估，并通过人的思想转变及其激励机制的形成而消除组织的内部智障，从而保持企业持续的竞争能力。同时，管理者还可以通过企业组织架构为企业员工提供有挑战性的工作，扩大其工作责任范围和独立性，丰富其工作内容，增加其为企业作贡献的机会和条件，使其在工作中不断地创造出成绩，受到人们的赏识，成就其自我实现的需要，使得每个员工都能从企业的每一点进步中获得成就感并从中获益，IBM、通用、福特和微软等的成功实践已经对此作了诠释。

现代企业管理理论认为，在理想的企业架构中，企业目标思想既有自上而下流动，也有自下而上流动，在流动中变得更有价值，参与和分担目标的责任比管理者的命令更为重要。因此，在网络经济时代，企业对周围环境的反应速度和本身组织架构的弹性，就成为企业能否持续生存和发展的关键所在。(1) 组织架构的扁平化。组织架构是企业管理的重要组成部分，是企业生存和发展的基础，在网络经济时代，组织应选用尽可能少的层次架构，即拥有一个尽可能"平面"的架构。(2) 组织架构的网络化。组织架构的网络化，使各个行为主体之间通过传递资源、扩散技术，最终实现资源有效的利用与优化组合，在此过程中，参与活动的网络中各个行为主体的作用和功能也会得到进一步强化，且通过网络实现了增值与创新。(3) 组织架构的知识化。网络经济和知识经济的发展在促进知识与经济一体化的同时，也使得组织的竞争优势必须建立在知识的基础之上成为一种共识，知识管理和组织架构的知识化也因此成为一种趋势。(4) 组织架构的无边界化。(5) 组织架构的多元化。W 型组织架构作为一种高效灵活的企业组织形式，由于它割断了层级组织单一的权力链条，而将权力分布在组织内部的相关结点上，从而增强了组织的弹性，提高了组织的适应力，使企业内部不同部门、不同地域的组织架构不需要统一的模式，而是可根据具体环境及组织目标来构建不同的组织架构。

[152] 马中东，陈莹．环境规制、企业环境战略与企业竞争力分析．科技管理研究．2010 (07).

选择不同的企业环境战略会使环境规制对企业竞争力产生不同的影响。在短期内，消极的环境战略使环境规制政策效率低下甚至失效，但并不会对企业竞争力造成威胁；但在长期内，企业会面临较高的规制成本和机会成本，将不利于企业的竞争力提升。企业选择机会追求型环境战略，通过技术创新和制度创新主动进行污染防治和产品管理，不仅可以使企业获得成本优势，而且可以使企业实现竞争力和环境保护的双赢。

不是所有的环境规制都能使企业产生创新，也不是所有的技术创新都会提升企业的竞争力。由于技术创新是企业战略决策的产物，那么环境规制能否引起企业的创新的关键就在于环境规制对企业环境战略产生何种影响。因此，本文就以企业的环境战略作为传导机制，研究企业在环境规制下，选择不同的环境战略会对竞争力产生的影响。企业环境战略可以分为积极和消极两大类，消极的环境战略又分为规制应对型和消极策略型，积极的环境战略分为分险规避型和机会追求型。假设企业环境战略的选择与企业所采用的治污方法有以下对应关系：规制应对型——采取末端治理技术或缴纳排污费；风险规避型——更新改造设备或建立专门的污染治理设施；机会追求型——环境技术创新。再假设企业竞争力的决定因素主要取决于成本。那么，不同企业环境战略对企业竞争力产生不同影响。

企业在环境规制的约束下被动的进行环境管理，虽然花费了大量的污染处理设施的建设投资，但水来土掩式的事后弥补方式却没有从根本上杜绝环境问题的产生，企业也陷入了边污染边治理、边治理边污染的循环中。而且由于企业很少在环境技术创新上投资，因此不可能处于一个使用其环境姿态去赢得一个竞争优势的战略立场，对其竞争力的改善不显著（甚至可能损害）（李旭颖，2008）。我们将三种环境战略进行比较，当更新改造设备或建立污染治理设施的一次性投入低于末端处理费用时，风险规避型的企业比规制应对型的企业具有成本优势，而当技术创新使企业成本的增量小于更新改造设备或建立污染治理设施的一次性投入时，机会追求型的企业比风险规避性企业更具有成本优势，技术创新是企业的最优选择。只有机会追求型的环境战略可以使企业获得成本优势，从而获得环境保护与企业竞争力的双赢。

[153] 马中东，宁朝山．环境规制与企业低碳竞争力分析．统计与决策．2010（18）．

低碳经济时代强调通过环境规制提升企业低碳竞争力，而选择不同的企业环境战略会使环境规制对企业低碳竞争力产生不同的影响。外生型环境战略不仅使环境规制政策失效，而且在长期内会使企业面临较高的规制成本和机会成本，使企业不能提升低碳竞争力，最终被市场淘汰。内生型环境战略是企业通过技术创新和制度创新主动进行污染防治和产品管理，不仅可以使企业获得成本优势，而且可以提升低碳竞争力，从而实现环境保护与企业竞争力的双赢。

在低碳经济时代，只有企业低碳竞争力才能成为企业可持续的竞争力，而低碳竞争力的培育，必须通过环境规制才能实施，通过技术创新完成，而技术创新与环境规制和企业环境战略密切相关。企业环境战略决定企业创新行为与绩效，进而影响企业低碳竞争力的培育。此外，随着动态竞争力理论的发展，企业竞争处于动态变动中，也为企业技术创新提供了新的空间。本文基于企业之于环境规制传导机制的不同选择，将企业环境战略分为外生型环境战略和内生型环境战略，并且假设企业竞争力的决定因素主要取决于成本，进而分析了不同企业环境战略对企业低碳竞争力产生的不同影响及其之间的内在联动机理。外生型环境战略是指企业将环境规制仅仅视为实现利润最大化目标的一种外在约束条件或障碍因素。企业面对政府环境规制采取消极对抗或者不自愿的应对措施，尽力逃避环境规制，或者是依靠游说、寻租等策略性行为改变规制的环境和方向，阻止现有环境规制政策的广化和深化，使环境规制倾向于个别的利益集团，而让社会承担这种行为产生的负的外部影响。企业实施这种战略的目的主要是为了满足环境规制的基本要求，避免或减少因违反环境规制而给企业带来的损失。内生型环境战略是指企业把政府环境规制视为一种生产要素，就像劳动、资本，把环境规制同样刻画进企业的生产函数，重组原有生产要素，重构产品或生产工艺，主动采取环境治理措施，积极进行低碳技术创新，视环境管理为企业战略管理的重要组成部分，实现两者有效结合，把环境规制理解为企业生产转型进而创造低碳竞争优势的契机。这种战略诱发的内源性技术创新（诱发性技术创新）必定成为企业获得可持续的竞争力（低碳竞争力）的源泉。

综上所述，将两种不同企业环境战略进行比较，只有内生型企业环境战略才可以使企业克服低碳经济时代的碳锁定，释放出更加清洁高效的低碳创新技术，降低生产过程中的“X”非效率，提高生产效率，汲取过程补偿和产品补偿收益，从而获得竞争优势，提升企业可持续的低碳竞争力，促进环境保护由外延型向内涵型转变，实现环境保护与企业竞争力的双赢，因此，实施内生型环境战略，积极进行环境技术创新是企业的最优选择，可以为企业的逆势发展提供有效支撑和不竭动力。

[154] 孟昌．规模经济不需要行政性进入壁垒的保护．经济理论与经济管理．2010（05）．

我国的很多垄断性产业处于市场内生性的结构性进入壁垒和政府设置壁垒的双重保护下。政府设置进入壁垒的原因被认为是保护在位企业的规模经济。本文的分析表明，这类企业的规模本身就构成了进入壁垒，并不需要行政性壁垒的保护。为弱化行政性进入壁垒下企业内生的低效率，有必要放松乃至解除行政性壁垒，但这并不必然导致竞争性低效率。

在位企业的资本沉淀率是判断其规模是否构成潜在进入者进入壁垒的关键。由于行政性垄断部门存在高的资本沉淀率，因而存在高的结构性进入壁垒，政府没有必要再设置一道行政性壁垒。所谓通过行政性壁垒来保护规模经济、防止竞争性低效率的主张，得不到足够的理论支持。关于放松行政性壁垒，引入和允许竞争后，是否必然导致竞争性低效率，或者说，过剩的生产能力是否一定意味着资源浪费，分析表明，在理论上，放松乃至解除行政性进入壁垒会硬化在位企业的预算约束，促使企业获得竞争性高效率，通过竞争对企业实施自我执行的（Self-enforced）监督和可信的惩罚。一些实证研究为我们关于放松行政性进入壁垒的分析提供了证据。周业安和赵坚毅的实证研究表明，中国经济改革中凡是政府退出和放松管制的领域都获得了高增长。日本移动通信业放松进入管制后取得了巨大发展，成为日本经济低迷中最有活力的产业，而管制下的邮政业效率很低。英国的电信业在民营化和放开市场准入的行政性限制后，在服务质量提高的同时资费下降了5.1%。电信行业的很多实证研究表明，引入竞争者改进了企业绩效，提高了服务质量。美国航空业允许更多竞争者的进入使社会福利每年增加了约60亿美元。行政性垄断企业的垄断租金会因为进入的发生和竞争而降低乃至消失。毫无疑问，引入竞争者或者允许竞争会遭到在位企业的强烈抵制，这将是一场在位企业、试图进入的企业、消费者利益集团和政府之间的博弈。如果试图进入者和消费者利益集团对政治决策的影响力足够强，引入竞争者就可能变为现实。

［155］倪娜，万欣．论我国反垄断实施机制的完善．中州学刊．2010（02）．

反垄断实施机制具有较强的国别性和现实性，我国不能照抄照搬外国模式，要充分考虑我国多个反垄断机构分头执法的现状等实际国情，从我国反垄断的内容、特点及现行法律、法规关于反垄断执法的规定来通盘考虑现阶段我国反垄断实施机制的模式选择问题。要尽快制定反垄断指南等配套规范，进一步理顺反垄断执法机构与行业监管部门之间的关系，合理配置中央和地方政府有关部门的反垄断执法职权。

《反垄断法》的制定、出台是我国社会经济生活和法制建设中一件具有里程碑意义的大事，具有重要而深远的影响。我国《反垄断法》实施两年多来，三大反垄断执法机构全面贯彻落实《反垄断法》，取得了初步成效。但是，反垄断执法与一般行政执法有很大不同，这种执法在我国总体上还是一个新事物，实践经验还不够充分。我国反垄断执法机构的职责已基本确定，但反垄断实施机制仍需进一步研究和完善。

完善我国反垄断实施机制的设想：（1）尽快制定反垄断指南等配套规范，建立健全反垄断执法机构的内部工作机制。反垄断指南是指导、规范反垄断执法和其他反垄断工作的规范性文件的总称。反垄断执法具有较强的专业性和政策性，涉及经济生活的各个行业和领域，因此，除高度重视反垄断立法外，许多国家都制定了大量的反垄断指南，对反垄断执法进行指导和规范。从国外的情况来看，反垄断指南的内容十分广泛，既包括实体性规定，也包括程序性规定，涉及反垄断工作的各个方面，一些国家还根据实际需要和情况的变化，不断制定新的反垄断指南或者修订已有的反垄断指南。（2）建立专家咨询机制，发挥专家在反垄断执法工作中的作用。反垄断执法具有较强的专业性，其所要判断的对象是市场主体在市场经济活动中的经济行为，其任务不是对该种经济行为作出一般性、简单的是非判断。（3）整合现有执法资源，加强反垄断执法机构之间的协作与配合。反垄断执法由三个部门共同负责，具体执法中可能存在职责交叉、重叠的领域，因此，反垄断执法机构应当在国务院反垄断委员会的组织、协调、指导下加强沟通、密切配合、通力协作，这对于保证反垄断工作的顺利进行具有非常重要的意义。（4）培养反垄断执法的专门人员和队伍，提高反垄断执法机构的执法水平。由于反垄断执法的专业性和政策性较强，执法过程复杂，所以国外对反垄断执法机构组成人员的选任相当严格，使反垄断执法具有专家执法的特点。（5）进一步理顺反垄断执法机构与行业监管部门之间的关系。反垄断涉及各个行业、领域和众多管理部门，这些行业、管理部门和反垄断执法机构之间同样需要建立有效的职能衔接和协作机制。（6）合理配置中央和地方政府有关部门的反垄断执法职权。

［156］聂佳佳，熊中楷，曹俊．双寡头市场中品牌广告竞争和大类广告合作策略研究．中国管理科学．2010（02）．

本文利用微分对策理论研究了一强一弱双寡头垄断市场中的品牌广告竞争和大类广告合作策

略，提出了一个斯塔克尔伯格（Stackelberg）博弈模型，采用汉密尔顿—雅可比—贝尔曼方程求得了模型的均衡品牌广告、大类广告和价值函数，给出了市场份额计算公式。研究发现：与非合作策略相比，大类广告合作策略下，无论强者还是弱者，他们的销售量都增加了，同时两个企业的品牌广告投入也增加了；通过大类广告合作策略，无论强者（领导者）还是弱者（追随者），他们的利润都得到了提高；强者、弱者和行业的大类广告投入分别高于非合作下强者、弱者和行业的大类广告投入。

利用微分对策理论研究了由一个强势企业和一个弱势企业组成的双寡头垄断市场中的品牌广告竞争和大类广告合作策略。本文的主要贡献在于设计了一个合作广告策略，以此来引导一个行业中的弱势企业投入更多的大类广告。扩展了巴斯等（Bass et al.，2005）的双寡头竞争模型，提出了一个斯塔克尔伯格博弈模型，采用汉密尔顿—雅可比—贝尔曼方程求得了模型的均衡品牌广告、大类广告和价值函数。给出了市场份额计算公式，发现当企业的销售量存在衰减时，市场份额与销量分享比例是相关的。同时研究发现：通过大类广告合作策略，无论强者（领导者）还是弱者（追随者），他们的利润都得到了提高，而且在两个企业差异化比较大时，弱者的利润比强者的利润更多，表明企业之间的差异化程度越大，弱者更加偏好大类广告合作策略。另外，强者、弱者和行业的大类广告投入分别高于非合作下强者、弱者和行业的大类广告投入，而且当企业之间差异化程度不大时，大类广告合作下弱者的大类广告投入大于非合作下强者的大类广告投入。由于本文没有考虑企业价格对销售量的影响，因此，本文的研究适应于高新技术产品，特别是具有一些新功能的新产品，如高端电脑、3D 电视机，这类产品的销售量很大程度上受到企业广告的影响，而购买此类产品的消费者对价格并不敏感。可以从以下几个方面对本文进行扩展：（1）本文中的大类广告投入所带来需求增加的分配系数 λ 为常数，可以考虑与企业销售量的关系，如考虑 $\lambda = Si(t)/(SF(t)+SL(t))$，或者是考虑 i 与企业大类广告投入的关系，如 $\lambda = ai(t)/(aF(t)+aL(t))$；（2）本文的市场总需求量是一个随时间变化的常量，可以考虑价格对市场总需求量的影响，可以参考曹文彬（2006）的研究；（3）考虑随机因素也是一个有意义的研究方向，研究随机干扰因素对大类广告合作和市场份额的影响。

[157] 欧阳静波．公司并购动因理论综述．金融经济．2010（02）．

兼并与收购是资本市场永恒的主题。国内外学者对于公司并购的动因进行了深入的研究。本文从理性及有限理性行为角度，以及价值创造和价值转移的视角对国内和国外并购动因理论进行了综述。国内对于并购动因的研究主要是结合中国国情，运用国外的并购理论对中国并购现象进一步补充解释，由于并购中政府干预政策较多，因此中国的并购动因可总结为：政府策动、消业、替代破产、要素优化组合，获取土地、低价购买资产、获取优惠政策，冲破体制束缚、获取新的融资渠道，管理者或厂长经理效应最大化，分散风险、低成本多元化扩张，组建集团，长远的发展战略等。周凌霄、王禾军（2002）研究表明，在 20 世纪 90 年代，全球大规模的企业并购浪潮的主要的并购动机有：构建企业核心竞争能力、巩固技术领先优势、加强垄断地位、拓展新业务领域等。刘阳（2003）认为当前公司并购主要是为了实现企业的战略目标，这些战略目标也包括增强市场占有率、多元化经营等。综合上述，对公司并购动因理论的研究，国外已形成相对完善的动因理论体系，从理性和有限理性、价值创造和价值转移视角，主要分三类，第一类为并购创造价值动因理论，包括协同效应理论、价值低估理论、交易费用理论、公司控制权市场理论；第二类为并购价值转移理论，包括代理问题与自由现金流假说、税盾效应、掠夺者理论等；第三类则从有限理性行为分析，自大假说理论认为并购并不创造价值；而战略决策过程理论是着重强调并购中存在的不确定性，介于价值低估理论与自大假说理论之间。国内的研究由于起步较晚尚未形成较为系统的理论体系，主要结合中国国情借鉴国外理论进行解释。对于并购的动因理论，不同学者持有不同的观点，但常常用几个经典的理论来阐明。由于不同的背景环境导致并购目的迥异，如为获得目标公司的组织经验、组织资本、雇员技能，等等，而最终是否创造价值也因情况而异，因此，较难得出一致的结论。

[158] 庞铁力．我国石油行业垄断的法律规制．求索．2010 (01).

在国际原油价格持续下跌的情况下，我国国内成品油价格却迟迟不见大降。中国石油市场与国际油价频繁的、大幅的波动形成强烈反差，究其原因，与其行业自身的垄断性质有密切联系。与此同时，我国的《反垄断法》实施一年多来，并未对石油行业垄断进行有效的控制，原因在于其对于石油行业的垄断行为的规定过于原则，可操作性不强。因此，必须完善成品油的价格机制、完善市场竞争机制以及加快制定《石油天然气法》等举措。

我国在石油方面的立法仍然存在着很多问题，主要有以下几个方面：(1) 我国石油立法没有形成完整的法律体系。我国经过多年的努力，已制定了一些条例和规章。虽然取得了一定的成就，但还没有形成完整的体系，如我国没有独立的《石油天然气》，目前调整石油的规范只有条例和规章，立法的效力层级低，这与石油工业的重要地位不相符合。(2) 我国石油立法工作仍有很多空白。这些空白主要是在石油的加工、冶炼、销售、运输和储备等方面，而这些方面对加强石油的管理极其重要。目前这些方面基本上是由国务院或有关部委制定的政策性文件加以保护。(3) 我国石油立法难以适应当今社会的发展。

从法学理论的角度看，石油应当归属自然资源法来调整，但是与其他自然资源相比，石油所具有的稀缺性和基础性特征，又决定了石油资源的市场配置离不开政府这只“有形之手”。因此，在以法律规制我国石油行业垄断时，既要反映市场规律，又要符合我国的基本国情。(1) 完善成品油价格机制；(2) 完善市场竞争机制。

石油资源具有重要战略意义，我国对石油行业一直采取着严格的行政管制，1998 年三大石油公司重组，竞争机制才初步引入了中国石油行业。随着我国加入 WTO 后，石油行业才真正的开始了市场化进程，但是由于我国历史上遗留问题，给石油行业留下了深刻的行政垄断的烙印。虽然我国在 2007 年已经通过《中华人民共和国反垄断法》，但是由于《反垄断法》并没有对石油行业进行特殊规定，因此，没有起到对石油行业垄断应有的规制。基于此，我国应当着手制定《石油天然气法》，对石油行业进行统一规制，这样才能保证石油行业安全、健康的发展。

[159] 齐振法，赵坚．规模经济、组织成本与铁路企业边界．北京交通大学学报 (社会科学版). 2010 (01).

绝大多数铁路企业的规模经济是通过相互交换运量形成的，相互交换运量又需要通过一定的组织形式来实现。问题的关键是采取何种组织形式，才能将所耗费的总的组织成本降到最低，从而使得规模经济的净收益最大，这又涉及铁路企业的合理边界问题。本文从规模经济与组织成本相结合的视角，研究了两种情况下的铁路企业边界问题，得出了一些对于铁路重组和改革具有启发意义的结论。

研究铁路企业边界应同时考虑规模经济和组织成本，在保证实现规模经济的前提下，按照整个产业组织成本最小化原则划分铁路企业边界。我国铁路实行全路统一调度指挥，铁道部对运输收入进行“统收、统支、统分”，全国铁路实质上是一家企业。这种组织形式虽然有助于提高设备利用效率并促进规模经济的形成，但这种巨无霸式的企业内部会产生巨大的代理成本，这种巨大的代理成本与我国铁路特有的政企不分联系在一起，会使整个铁路产业的组织成本高得超乎想象，甚至会超出整个铁路的规模经济收益，使我国铁路实质上处于一种“有规模、无经济”的状态，表面上红红火火，实际上经济效率非常低下。因此，我国铁路改革和重组的关键是如何从总体上降低这种庞大的组织成本。这涉及如何对我国铁路进行合理切分问题。那么，我国铁路到底重组为几家区域性企业比较合适？是 3 家还是 4 家？

本文认为，这关键取决于对铁路内部管理成本和交易成本的权衡，不论重组为几家都不是绝对的和一成不变的。对此，本文按照总的组织成本最小化原则，试探性地建立了一个理论模型，试图为回答这一问题提供一些启示。

存在较高交易成本的情况下，一个铁路企业只有依靠管内运量达到最低规模经济运量，才具备实行独立运营的条件。如果不能依靠管内运量达到最低规模经济运量，而又由于较高的交易成本不能从与其他铁路相互交换运量中获取规模经济净收益，则这个铁路企业必然会在经营上出现问题。因此，我国铁路要成功地推进投融资体制改革，关键是尽快实行政企分开，在政企分开的基础上，由包括国铁在内的所有铁路企业本着平等协商的原则，制定能够为各方所接受的清算规则和调度指挥规则。这样，能够极大地降低铁路内部交易成本，改善合资铁路的生存环境，从而为吸引更多的社会资本进入铁路创造条件。

[160] 钱岩松．国有垄断企业经营者业绩考核研究．财贸研究．2010（04）．

国有垄断企业是国民经济的支柱，关乎国家经济政治安全。国有垄断企业经营者业绩考核目前还存在诸如考核指标无法准确反映经营者业绩、考核导向极易产生短期行为等问题。解决问题的关键在于合理界定考核内容，建立科学的考核指标体系，改进考核方法等。

国有垄断企业经营者业绩考核，是国有资产监督管理委员会（以下简称国资委）或企业董事会运用特定的考核指标和方法，对国有垄断企业经营者业绩的考核评价活动。国有垄断企业一般是指那些依靠国家特殊政策或专有技术垄断整个行业生产与经营的企业，主要包括石油、电信、电力、民航、铁道、公路、金融保险、烟草、公用事业等产业。国有垄断企业是国民经济的支柱，关乎国家经济政治安全。研究国有垄断企业经营者业绩考核，建立有效的经营者业绩考核评价、激励和约束机制，不仅有助于解决国有垄断企业存在的代理问题，正确引导经营者的经营方向和经营行为，而且有助于科学考察经营者的素质和能力，加强国有垄断企业领导班子建设。

我国目前对国有垄断企业经营者的业绩考核包括年度经营业绩考核和任期经营业绩考核。考核依据主要是国务院国资委2003年11月制定，并于2006年12月修订的《中央企业负责人经营业绩考核暂行办法》。2009年12月国务院国资委再次对其进行修订，并于2010年1月1日起施行。

国有垄断企业经营者的业绩考核，对于客观评价国有企业经营者的业绩，激励和约束经营者的行为，促进国有资产保值增值和企业经济效益的提高，起到积极的作用。但同时也应看到，国有垄断企业经济效益的增长固然与经营者的努力程度有关，但主要还是得益于国有垄断企业的垄断地位及中央宏观调控政策的有效。国有垄断企业经营者业绩考核在实践中还存在以下几个方面的问题：（1）考核指标无法准确反映经营者业绩；（2）考核导向可能产生短期行为；（3）考核方法容易导致舞弊行为。为全面、综合反映国有垄断企业经营者的努力程度、风险控制和经营业绩，国有垄断企业经营者的业绩考核应从以下几个方面来进行：①风险控制及其考核指标。企业应保持一个合理的资产负债率，既把企业风险控制在一个合理的范围，又能够使企业价值最大。②经营业绩及其考核指标。③企业成长及其考核指标。企业成长能力包括两个方面，一是企业现在的成长能力，二是企业未来的成长能力。成长能力体现了企业竞争能力的大小和未来发展空间。成长能力可以用三年平均销售收入增长率、研究与开发支出投入比率及效果等指标加以衡量。④社会责任及其考核指标。由于单一指标无法全面反映经营者业绩，而且极易导致经营者短期或造假行为，因而，对国有垄断企业经营者应采用综合业绩考评方法。

[161] 乔岳，周利华．中国电力产业的绩效研究——基于随机前沿模型的分析．山西财经大学学报．2010（12）．

本文在回顾国内对电网的实证研究和随机前沿模型发展的基础上，分别运用了随机前沿分析的五个相关模型，即固定效应模型、随机效应模型、混合模型、真实随机效应模型和调整后的随机效应模型，基于1994~2008年我国29个省（市）的面板数据对我国省际电网的效率进行了测度。从模型的估计结果发现，虽然电网具有行政垄断因素，但其自然垄断特征仍非常明显，网络规模对产出的影响十分显著。时间虚拟变量的变化说明2002年的电网改革是富有成效的，但对效率的测度则显示我国电力传输网络的效率依然十分低下，仍有很大的改进空间。

本文首先测度我国电网的规模经济特征，以检验行政垄断是否改变了电网的行业特征。其次，应用随机前沿分析相关的五个模型对我国的省际电网生产效率进行测度，分析比较了各种测度方法的特点。最后，应用1994～2008年中国共29个省（市）15年的数据对我国省际电网的生产效率和改革绩效进行测评。

本文在回顾国内对电网的实证研究和随机前沿模型发展的基础上，运用与随机前沿相关的五个模型对我国省际电网的效率进行了测度。从模型的估计结果我们可以看出，电网是网络型产业，并且网络规模对产出的影响十分显著。时间虚拟变量的变化也说明了2002年的电网改革是富有成效的，但非效率的测度则说明了我国电网产业的效率依然十分低下，仍有很大的改进空间。本文结果与DEA方法所得结论基本相似。目前，发电企业基本实现了主体多元化，但整个电力行业绝大部分主体仍然是国有垄断型企业，政府监管国有垄断型电力企业仍然存在着体制缺陷。例如，我国电力投资和电价控制权仍在国家发改委，绝大部分国有电力企业绩效管理职能在中央或地方国资委，电力环保监管职能在环保总局，电力安全和电力市场监管在电监会。这种横向职能的分散配置，看似各部门各负其责，互不影响，但从近几年来的实践来看，这种多头、分散式的监管，使得对电力企业的监管能力减弱，垄断电网企业进一步加强集约化管理，增强了电网的垄断势力，而垄断势力导致了电网生产的低效率。本文的结论对我国电力改革中实施对电网的规制提供了一些启示：（1）加强对垄断电网企业的监管；（2）逐步打破电网企业单一买卖电格局，建立多种交易模式并存的区域电力市场。

[162] 青年研究专项课题组，姜楠，刘登伟，等．我国水利发展改革中政府与市场关系的初步探讨．水利发展研究．2010（08）．

政府与市场的关系是政治、经济和社会领域的热点话题，也是各国政府致力于妥善解决的问题。水利作为国民经济的有机构成，同样面临如何用好政府有形之手与市场无形之手的挑战。特别是在社会主义市场经济体制不断完善的背景下，水利面临的经济和社会条件都发生了深刻变化，处理好政府与市场的关系，对深化水利改革，推动水利事业又好又快发展具有重要的现实意义和长远意义。

在正确认识水利发展改革中政府与市场关系的基础上，要着力增强二者之间的互补关系。一方面，要加快政府职能转变，进一步简化行政审批，使政府逐步从经营性水利活动中脱离出来，减少对市场机制起作用的水利领域的干预，突出抓好水利发展的宏观战略、规划布局、法规制度建设，在受益面广、社会影响大、群众期待高的水利领域发挥好主导作用，维护好人民群众的合法涉水利益。进一步理顺中央与地方之间、部门之间的关系，形成促进水利发展改革的合力。进一步丰富政府发挥作用的手段和方式，更多地运用好法律、经济手段，借鉴公共产品和服务提供方面的最新研究成果和成功实践经验，研究采取特许经营、公私合营等方式引入市场机制，使政府以更高的效率、更低的成本、更加有效地提供水利公共产品和服务。另一方面，针对市场发育程度不高，加快市场机制建设，重点理顺价格体系，建立反映水资源稀缺程度、水环境代价的水价形成机制和公平合理的水费分担机制，培育公正、诚信的市场主体，积极稳妥推进水市场建设，健全水利投融资市场，进一步畅通和拓宽民间资本进入水利建设的渠道。强化第三方力量弥补政府与市场在水利领域的缺陷。

鉴于水利领域政府职能尚在深入转变，市场机制还有待进一步完善，当务之急是适应水利发展改革的实际需要，加快培育和扶持有关第三方力量，将不必由政府承担的职能，通过向社会转移或委托代理等方式交给行业协会、社会组织等非政府、非营利组织，通过提供资助补贴、减免税收优惠等方式，鼓励非营利、非政府组织提供水利公共产品和服务，履行政府做不了、市场不能做的水利社会管理职责，构建政府、市场和第三方共同推进水利发展改革的合作关系，有效弥补政府与市场的缺陷。

[163] 邱国侠，张红生. 与专利权滥用有关的反垄断诉讼研究. 经济研究导刊. 2010 (27).

专利权的不当行使导致权利滥用，因而给其他经营者造成损失时，不免引发与专利权滥用有关的反垄断诉讼。但鉴于中国反垄断实践起步晚、基础理论储备不足、相关制度设计牵扯面大、涉及法律关系复杂等原因，《反垄断法》尚不完备，此类案件审理亦不成熟。从司法实践出发，借鉴国际成熟理论和做法，详细探讨了专利权滥用的具体形态及包括反垄断法在内的法律如何规制，核心思想在于使救济途径具体化。

权利的行使与滥用往往相伴而行。20世纪90年代开始，外国企业利用专利与技术标准在中国跑马圈"知"，布设"雷区"、"陷阱"。在专利部署完毕以后，外国企业就迫不及待地对中国一些市场占有率较高，在产品中采纳了国际技术标准，自身又不具备专利筹码的高科技企业发动专利战攻势，使中国企业在知识产权领域特别是在专利问题上遭遇的跨国纠纷越来越多，而这些纠纷中，有相当一部分是由专利权滥用引起的。然而，专利法作为私法，其基本性质是私权，强调私权保护，强调按照个人意志行使权利。因此，试图依赖专利法规制专利权滥用，无异于隔靴搔痒，专利法固有的调整缺陷，使其不能有效解决个体的营利性和社会公益性之间的矛盾，无法强有力地防止和控制专利权滥用的情形，因此，引入公法性质的反垄断法，控制和制裁垄断行为，维护自由竞争势在必行。然而中国反垄断法的相关规定具有较强的原则性和抽象性，涉及人民法院的操作条款相对比较简单。有鉴于此，本文结合市场经济发达国家的相关立法、司法实践，揭示专利权反垄断规制中的诸多情形，以期为上述问题的解决提供些许参考。

专利法侧重于专利权保护，对滥用专利权问题则语焉不详。中国《反垄断法》对专利权滥用行为予以了规范，规定经营者滥用知识产权，排除、限制竞争的行为，适用本法。不可否认的是，如此区区一条款，寥寥数言，显然过于简单、抽象，缺乏可操作性，尚不能充分应对专利权滥用形态的多样性、复杂性；显然难以全面应对反垄断法国际化的发展趋势。实有必要将该条款予以丰富、明确，使其发挥应有功能，否则原本立意颇佳的《反垄断法》可能因条文内容过于抽象，而不免流于空洞化，无法发挥其规范专利权使用、维护竞争秩序的实际效果。

可以预见的是，以反垄断法为纲，并辅以相关的实施细则以及司法解释，针对不同的情形，灵活运用本身违法原则、合理原则，积极合理地使用自由裁量权，或许是知识产权法官审理各类反垄断民事案件的较佳途径。

[164] 曲创，秦阳洋. 价格底线、谈判势力与中国煤电关系. 山东大学学报（哲学社会科学版）. 2010 (06).

煤电关系的实质是一种以合作为目标的谈判博弈关系，因而煤电冲突的解决也应以合作为前提。我国煤炭企业和发电企业之间谈判的空间取决于双方各自的价格底限，而交易价格的最终达成取决于双方谈判势力的相对大小。电煤市场的供求状况会改变双方的价格底线，但对谈判空间没有实质性影响。我国煤电冲突的根源并不在于电煤市场的短缺，而是煤电双方基于市场势力和政府背景两方面获得的谈判势力，减少政府对煤电关系的不合理干预是解决煤电冲突的可行之路。

由于发电用煤占据了我国煤炭需求的相当大比例，同时火力发电至今仍是我国最主要的电力生产模式，因此煤炭企业和发电企业二者之间其实存在相当高的经济依赖性，如果双方之间交易最终无法完成，对双方都将是巨大的损失。煤电谈判破裂表面上看来意味着双方已经接近价格底线，无法再继续让步，但事实并非如此。本文试图以合作为基础来分析煤电双方的博弈关系和谈判空间，探讨煤电冲突的实质和解决途径。

本文应用纳什谈判模型对中国煤电双方的价格底限、谈判空间等进行分析，可得到以下基本结论：(1) 煤炭企业和发电企业各自威胁点的位置决定了双方在谈判中的价格底线，同时也决定了双方可能达成最终交易的谈判空间。电煤市场的供求状况对双方的谈判空间并没有重要影响，因此煤电冲突的根源并不在于电煤市场的短缺和价格上涨，而在于双方的谈判势力。(2) 煤电双方都具有一定的谈判势力，这是煤电谈判能够形成僵局的必要条件。双方的谈判势力一方面源自于所在市场的市场势力，更重要的是来自于政府。煤企和电企双方与政府都具有密切的关系，政府力量的作用实质上是在加剧煤电冲突。基于市场势力的谈判势力短期内无法改变，因此明确中央和地方政府在我国煤电关系中的职能，减少对煤电关系的不合理干预，是我国短期内缓解煤电冲突、保证能源正常供给的可行方向。(3) 基于市场势力、政府的不对等规制和企业所属等原因，电企具有的谈判势力较之煤企更强。由于我国目前电力行业的市场化程度远远低于煤炭行业，造成煤电双方的不对等地位。无论是基于效率还是公平的考虑，我国电力行业的市场化改革进程都应加快，消除基于政府因素而获得的谈判势力，使煤电双方能够在平等的基础上进行交易，使市场机制成为这两个重要的基础性能源行业中资源配置的主导因素。

[165] 任晓刚，樊晓军．知识产权滥用行为的反垄断法律规制．重庆三峡学院学报．2010 (02)．

现代科技发展前后延续性日益明显，社会公共利益甚至是人类整体利益均需要知识产权的公开推广，垄断性与公开性之间的矛盾、专有行为的滥用等已经严重影响经济社会发展，以反垄断法来平衡两者关系是极为必要的。

对于知识产权的反垄断法规制，其对象主要是滥用知识产权行为。反垄断法中禁止知识产权滥用是诚信原则在知识产权行使领域的适用，属于民事行为的约束规则，也是一项市场自治规则。美国学者在区分专利权滥用和垄断时指出，“滥用原则不限于违反反托拉斯法。依传统，该原则以专利权人违反相对明确的公共政策为基础。”权利滥用不是市场失灵的体现，只要诚信的市场规则得到遵守，滥用就不会发生。垄断是市场失灵的体现，垄断状态的形成是市场竞争中强者胜出的自然后果，是市场自身无法消除的不足，只能由国家强制地以干预手段进行弥补，这一根本性区别决定了反垄断法的公法属性。

知识产权滥用不以权利人具备市场支配地位为前提，也未必造成市场弊害，所以对于知识产权的反垄断法律规制完善应注意以下三方面：第一，应坚持在反垄断法的框架下处理涉及知识产权的反竞争行为。反垄断法的宗旨是维护竞争、保护市场竞争机制，这与知识产权法鼓励促进创新、提高效率并最终利于消费者的立场是一致的，因此，拥有知识产权这一事实本身并不破坏市场机制，也并不违反反垄断法。但是，当知识产权与反竞争的行为结合在一起，损害竞争时，就应由反垄断法统一进行规制，而不是由与知识产权相关的法律、法规再对知识产权加以限制。第二，应运用“合理原则”的分析方法，对那些涉及知识产权的反竞争行为进行分析和评价。反垄断法中的合理原则（Ruleofreason）是指市场上某些被指控为反竞争的行为不被视为必然非法，而需要通过对企业或者经营者在商业或贸易领域的行为本身及其相关背景进行合理的分析，以是否在实质上损害有效竞争、损害整体经济或实现财富最大化（Value of Wealth Maximization）、增进社会公共利益等目标为违法标准，在反竞争的潜在效益以及相关的法价值之间作出平衡和选择的一项法律确认原则，其最为中心的内容即是对排挤竞争行为和产生潜在效益的比较，但具体的判断规则要在立法当中加以明确的规定，而非在执法阶段的具体运用。第三，反垄断法在实行过程中，国家工商管理总局、反垄断法委员会、国家发改委三机关应针对知识产权的特点发布更具有操作性的指南。

[166] 任玉珑，杨菲菲，周滢露．从经济学视角看电力监管合谋．能源技术经济．2010 (04)．

从经济学的视角，运用委托—代理理论、扩展的“经济人”假设以及信息不对称理论对电力监管合谋行为及其成因进行了系统描述。论证表明，电力监管合谋有可能存在于电力行业的发电、输配电以及市场交易各环节，监管者作为扩展意义上的“经济人”，有可能与企业形成合谋联盟；而信息不对称的存在则为合谋这种违规行为创造了实现的机会。

鉴于电力行业的自然垄断属性，为切实保护用户的利益，规范参与者的市场行为，保证电力安全运行，政府成立专门的电力监管机构，委托其对电力行业进行专业化监管。而在公共监管领域中，凡是动用第三方作为监管者而不是委托人直接监管的，监管者与被监管者就可能合谋攫取委托人利益。我国自然垄断行业的企业大都是从政企合一的计划经济经营管理体制下转制而来，它们与监管机构和相关政府部门有着千丝万缕的联系，这为电力监管过程中可能的合谋行为提供了生长的土壤。因此，监管机构介入带来的风险，加上现阶段我国电力监管领域特有的国情，使得合谋问题无法回避。认清这一问题并予以防范，有助于政府制定电力产业监管政策，具有重要的现实意义。

本文对电力监管合谋的经济学描述和分析表明，电力监管合谋有可能存在于电力企业市场进入、产品生产以及产品销售的每个环节，其广泛性必须引起重视，因为这是一个影响监管效率的重要问题。监管者作为扩展意义上的“经济人”，他可能跟企业达成合谋联盟；而信息不对称的存在则为合谋这种违规行为创造了实现的机会。依据分析结果，可从三个方面着手来防范上述合谋行为：承认监管者正当的利益诉求，通过给予优秀的监管者物质奖励或者是荣誉奖励，在合理范围内满足他们的需求，使监管者有积极性努力实现委托人的利益；同时，加强精神文明和职业道德建设，提高监管者的思想和职业修养，强化监管者对合谋行为风险的认识，从道德规范上约束其合谋行为；要求监管对象按有关规定如实披露有关信息，通过信息披露，监管机构才能通过对信息真实性的监督实现对其行为的监管，其他市场主体、社会公众才能参与对信息优势者的监督，从而消除各市场主体之间的信息不对称，减少信息不对称带来的社会福利损失。

［167］尚明．中国反垄断法初见成效．中国经贸．2010（09）．

《反垄断法》一共是8章57条，规定了反垄断法的基本原则、宗旨、适用范围以及一些基本制度，同时规定了反垄断法所规制的对象，包括市场上经常看到的企业串谋，企业滥用市场支配地位，对经营者集中的规制，同时也对滥用行政权力反垄断的竞争行为进行了规制。

截至2010年6月底，商务部一共立案受理了140多件，90%的案件已经审结。已经审结的案件有以下三个特点：（1）大部分案件是在初步审查阶段完成的，即在第一个审查阶段30天内完成，因为任何一个经营者集中案件都有很强的时间要求。（2）95%案件是无条件的通过审查。现在仅有5个案件附加了限制性条件，一个案件是禁止的，即可口可乐并购汇源。（3）大部分案件属于横向集中。所谓横向集中即指同业竞争者之间，本来应该是竞争的，但是由于他们相互并购，可能消除了市场上的竞争，所以横向的并购特别引起关注，这种横向的并购占案件总数约62%。纵向并购通俗来讲就是企业上下游之间的并购，一般来说对竞争的影响相对小一些，但有时会产生上下游之间的封锁效应，例如某经营者只向一个客户供货，不向其他人采购或者供货，也会影响竞争，这种案件约占14%。另外还有一些混合并购案件，既不是纵向，也不是横向，但是这两个产品之间有互补关系，比如碳酸饮料和啤酒之间都属于饮料，虽然不是同业竞争，也不是上下游，但是之间有互补关系，这样的案件叫混合并购。这种案件占总数的约23%。（4）大部分案件都发生在制造业领域。在审结的案件中，制造业的比重超过了80%，并且有3/4的案件涉及上市公司。

法律的完善是一个长期的、渐进的过程。美国的反垄断法已经有100多年的历史，但到现在为止还在不断完善，横向并购指南最近还在修订。由于反垄断具有其特殊的复杂性，它的完善是一个相当长的过程，因为它和经济的发展及一个国家的国情紧密相关，随着经济发展，随着企业特点的变化，随着并购形式不断的变化，以及垄断行为的不断变化，反垄断法要不断地调整。所以，建立一个完善的或者健全的反垄断法律体系需要一个相对较长的时间。中国的《反垄断法》颁布比较晚，但是我们的步伐相对较快。在短短一两年时间里，我们已经出台了不同层次的很多配套的法规规章，同时还颁布指南予以补充，应该可以看到中国政府在反垄断法的完善与实施上的态度与决心。

[168] 邵宁．我国城市公用事业市场化改革中的风险分析．安徽工业大学学报（社会科学版）．2010（03）．

城市公用事业在市场化过程中会面临各种风险，其中最直接和最主要的是竞争缺失带来低效率、国有资产流失等经济风险和社会公平、公共安全等方面的社会风险，这些风险将会影响到公用事业市场化的执行效果。

所谓公用事业市场化，就是在公用事业领域，通过引入竞争等市场机制，打破长期以来由政府垄断的经营模式，转变为由政府、社会及私人等通过竞争实现的多种形式的投资和经营模式。公用事业在市场化过程中将会面临经济风险、社会风险和政治风险，这些风险都会直接影响到公用事业市场化的执行效果。目前我国城市公用事业改革正在进行中，因此有必要对城市公用事业市场化存在的风险予以分析，为我国的城市公用事业改革提供借鉴。

在公用事业市场化浪潮呈席卷之势时，需要对公用事业市场化可能带来的问题进行更多的理论研究，尽可能防范与控制各种潜在的风险。根据公用事业市场化相关理论的分析和国内外的实践经验，在公用事业市场化中，潜在的公共风险主要表现在经济、社会、政治等诸方面。公共事业的公共属性，决定其提供方式的市场化所带来的风险最直接和最主要的是在经济方面和社会方面。公用事业市场化的经济风险：（1）竞争的缺失带来的效率风险。垄断企业没有加强内部管理和技术创新的动力，从而导致生产低效率。简言之，公用事业市场化后如果没有市场竞争的压力，可能仍是低效率的。因此，对任何产业来说，真正促进效率提高的是市场竞争机制的引入而不是经营主体及所有制的改变。（2）国有资产流失风险。由于政府出售国有资产，减少了政府所掌握的能为全体公民谋利益的资源，实际上是在出售未来的收益权，因此，国有资产若以低价出售，也就是变相地减少了政府未来的收益，从而造成国有资产严重流失。公用事业市场化社会风险：（1）社会公平风险。在我国，公用事业市场化后，违反普遍服务原则的情形已越来越突出。近年来，大多数城市的管道煤气、天然气、工业以及居民用水、电的价格均有伴随着公用事业市场化进程的加深而有提高之嫌，有人甚至把提升价格看作是公用事业市场化改革的第二特征。公用事业市场化后价格提升的直接受害者无疑是当地普通的民众和贫困的弱势群体，这与提供公用事业的初衷即实现普遍服务相违背，严重影响了社会的公平和正义。（2）公共安全风险。从更广阔的角度看，供水、供气、供电、电信等行业不仅关系到“民生”，也关系到“国计”，是国家安全的战略性节点。如果把这种完全以利润为主导的产品开发设计理念应用到诸如国家电网这样的大系统中，就等于埋下了定时炸弹，随时都可能引爆，从而造成不可估量的重大损失。

总之，城市公用事业是城市经济社会发展的载体，我国城市公用事业的市场化改革实践正在推行，对其间可能产生的风险进行分析，并在此基础上对风险进行评估和建立风险控制机制，是保证广大民众享用良好公共事业的前提。

[169] 佘源．中外市场监管比较研究及启示．学术论坛．2010（11）．

中外市场监管体制归结起来主要有三种，以政府主导监管为核心的集中型监管体制、以自律组织为重心的自律型监管体制、以政府监管和自律管理相结合的中间型监管体制。我国采用的主要是以政府主导监管为核心的集中型监管体制，这种体制对我国市场经济的有序发起到了积极的作用，但也存在着不足。当前我国市场监管体制的改进应突出创新监管方式与方法，并强化市场监管中的自律机制等。

结合各国市场监管的有益经验，对我国当前的市场监管的启示是：第一，适应社会主义市场经济的客观要求建立适合我国市场经济发展的市场监管体制。要在市场监管中使各种行业协会积极参与进来，从事前、事中、事后进行全程参与，同时利用行业协会内部的信用体系，积极开展企业信用评价，使行业的自律性和主动性得以发挥，在此基础上，才能促使市场经营主体自觉按照市场监管的要求，主动承担市场经营中的各项义务，自觉抵制各种违法行为，只有这样，才能创造出市场监管中的和谐局面，进而营造出一种内和外顺的市场环境。第二，按照市场经济规则，积极探索新的管理方式和方法。在市场监管过程中，首先要实现从以直接管理为主向以间接管理转变，不直接干预市场主体的生产和经营行为，通过监督、备案、审查的方式达到维持市场正常秩序的目的；其次要实现从事后查处向对经营过程的监管转变，把事前的宣传教育、事中的指导和事后的查处三个环节贯穿到市场监管的全过程中，以最大限度实现监管的目的。第三，明确市场监管主体的角色定位。明确了市场监管主体的角色地位，就可以使市场监管主体积极履行行政人的主体地位，从而把市场监管权力的行使作为一种为公众服务的手段，避免以权谋私，产生公共权力的异化；最后，可以培养市场监管主体的高尚行政人格。第四，根据我国现实的社会经济状况，加快市场监管的立法工作。市场监管必须根据实际情况，对现行的管理法规进行重新审议清理，该废除的废除，该修订的修订，需要新订的法规应当尽快地制订出来，从而使市场监管有法可依。第五，要按照国际惯例，实现我国市场监管同世界各国市场监管的接轨。

总之，如何使我国市场监管方式保持与世界一致，从而使市场监管更有利于市场经济的发展，更有利于市场经营主体的成长是我国市场监管工作的当务之急，这也需要我们在市场监管体制的改进上进行更多的比较研究和理性思考。

［170］沈宏亮．规制资本主义及其兴起探源：一个马克思主义的解释．河北经贸大学学报．2010（04）．

20世纪70年代以来的资本主义进入了规制资本主义阶段。与之前的福利资本主义不同，规制资本主义建立在政府提供规则与规则约束下企业间竞争的基础上。对于规制资本主义的兴起，西方经济学或将之归因于市场失灵或解释成利益集团之间的博弈。马克思则从资本主义国家职能的二重性、自由竞争与生产集中的矛盾、单个企业生产的有组织性与社会生产无政府状态之间的矛盾、生态环境恶化等方面做出了更为全面科学的解释。

从各国实践来看，放松规制不是减少规制，而是对规制重点和方式的调整，其中经济性规制的重点由价格和进出入规制转向质量、标准和反垄断规制；规制方式则从传统的命令规制转向重视成本收益分析的激励性规制。与此同时，各国都加强了涉及健康、安全、消费者保护、环境等方面的社会性规制。这种情形显然与要求减少乃至解除规制的新自由主义相矛盾。基于此，近来兴起的一种观点认为，资本主义进入了规制资本主义新阶段，其中，政府和企业之间进行了新的分工，政府减少直接干预并回归到提供规则和承担控制（Steering）责任的角色，企业则承担产品、服务供应和技术创新的职能。

20世纪70年代以来的世界经济发展往往被归结为新自由主义意识形态的体现，目标是向自由市场解决一切问题的经济模式回归。这种观点忽视了政府规制尤其是社会性规制日益增多的事实。规制资本主义作为一种资本积累体制较为准确地概括了资本主义经济的发展动态：与之前的政府刺激需求甚至代替市场的福利资本主义不同，在规制资本主义条件下，作为资产阶级利益维护者的政府与资本之间进行了新的分工：重新确立私人资本的市场主体地位；同时为了资产阶级的整体利益和长远利益，根据技术、经济和政治形势的发展，通过规制机构的规则设定与监督执行职能，抑制垄断、维护资本家之间的自由竞争，降低资本贪婪本性和无政府状态给资本本身造成的威胁。规制资本主义兴起的根本原因在于，资本主义内生的竞争与生产集中之间的矛盾、单个企业生产有组织性和社会生产无政府状态之间的矛盾等造成的问题迫切需要资本主义国家加强规制，并根据资产阶级的需要及时调整规制模式，以维持资本主义生产方式的顺利运行。

[171] 石榴红，施阳．公共产品和垄断产品的关系刍议．山东省青年管理干部学院学报．2010（06）．

从历史来看，政府提供公共产品，可以避免许多不利的因素，便于管理，易于统一调配资源。但是久而久之，人们认为公共产品必然由政府来提供，即公共产品具有天然垄断性。正是由于这种天然垄断性，笔者认为有必要对二者加以区分，从而为公共产品变成竞争性产品奠定理论基础。

笔者将从公共产品和垄断产品二者的供给者、需求者、供给方式以及二者的产品范围等方面进行比较分析，明确二者的不同，以便进行进一步的研究。公共产品的提供者一般只能是公共部门，也就是政府，而垄断产品的提供者可以是政府也可以是私人部门，这是二者的不同之处之一。公共产品的需求者是全体消费者组成的整体（或者某一区域内的全体消费者），而垄断产品的需求者可以是全体消费者组成的整体（这是对于垄断的公共产品来说的），而更多的则是消费者的某一部分组成的整体，这体现了二者在需求者上的不同。公共产品一般由政府提供，这需要说明，由政府提供，但并不见得是政府生产。就是说，可以是政府生产，比如军工企业，但是也可以不由政府生产，比如市政建设，政府可以通过招标的形式进行招商，不由自己生产，政府充当监督的角色，这也是以后公共事业改革的方向。大多数的垄断是由人为因素造成的，在这里大多数的垄断厂商都是生产和销售一体的，就是说垄断产品的生产者同时也是该产品的提供者，这样厂商才有动力去提高本企业的管理效率，加快资金周转，使自己成为垄断厂商，获取高额的回报。

公共产品和垄断产品虽有相通之处，但是二者在许多方面是不同的，有些公共产品由于自身的特性，是垄断产品，有些公共产品本来可以引入竞争，但是却处于一种垄断状态，成为垄断产品，二者的概念和内涵是不同的。只有科学地界定二者的含义，才能更加明确地将二者区分开来，为公共产品变成竞争性产品奠定理论基础。

[172] 石涛．国外电信业规制新动向及其对我国电信业改革的启示．生产力研究．2010（06）．

随着技术变革、需求演化以及全球经济一体化程度的加深，西方主要发达国家的电信业市场出现了许多新变化，相应地对电信业的规制改革也出现了一些新动向，这主要表现在规制思路的不断调整、规制重点随着市场变化而转移以及对应的规制机构不断重构、相应的规制法律也在不断变化。国外电信业规制的新动向启示我国电信业在规制改革过程中要正确处理好规制和市场的关系，积极完善规制内容以适应变化的电信市场，并不断完善电信规制的法律框架，从而更好地推动我国电信业发展。

随着技术变革、需求演化以及全球经济一体化程度的加深，西方主要发达国家的电信业市场出现了许多新变化，相应地对电信业的规制改革也出现了一些新动向。电信市场的新变化代表着世界电信市场发展的潮流，而电信业规制的新动向则代表着世界电信业规制改革的方向。这些新变化、新动向也必将对我国电信业发展产生重要影响，及时分析、总结这些新变化、新动向中所体现出来的规律性，将有助于我国电信业规制改革的顺利推进。

当前，主要发达国家电信业规制改革过程中出现了一些新动向，突出表现在以下四个方面：（1）规制思路的转变。随着全球经济一体化程度的不断提高，以及对电信业本身规律性认识的深入，西方主要发达国家调整了规制思路：最大程度地发挥市场作用，最低限度地利用规制作用，使市场竞争和政府规制在各自的机制范围内发挥作用，实现竞争与规制的有机协调。（2）规制重点的突出。随着世界电信市场竞争程度的不断提高，一些电信业发达国家相应将规制重点放在对主导运营商的规制和加强普遍服务这两方面，以此来促进市场有效竞争、维护社会公平。在规制主导运营商方面，各国根据电信市场的实际竞争情况进行了积极实践。（3）规制机构的重构。一方面，以往根据技术或业务性质建立起来的单一职能的规制机构已经不能适应融合变化，一些西方发达国家开始逐步对原有的规制机构进行重构；另一方面，随着市场竞争环境日益复杂，出现了规制机构与其他经济管理机构加强协调的动向。(4) 规制法律的调整。为了适应急剧变化的电信市场，许多国家纷纷制定新电信法或调整原有法律中不适应市场的地方。

目前，我国电信业面临两大任务，即一方面要不断深化规制改革，推动电信业从行政垄断向市场竞争转变，实现电信市场有效竞争；另一方面，要积极调整业务、实现资源整合，努力提高电信企业的国际竞争力（王俊豪，2005）。因此，要不断及时总结发达国家电信业规制过程中的经验教训，为我所用，以推动我国电信业健康发展。(1) 正确处理规制和市场的关系；(2) 积极完善规制内容以适应变化的电信市场；(3) 进一步加强电信规制机构的地位建设和改进规制职能；(4) 积极完善电信规制法律框架。

[173] 石涛．美国微观规制改革的演变及启示．现代经济探讨．2010（09）.

美国微观规制改革先后经历了自由放任时期的规制松弛阶段、凯恩斯主义规制强化阶段以及后凯恩斯主义的规制放松阶段。在规制改革的过程中，政府和市场的双螺旋始终是规制改革的内生动力，而经济性规制和社会性规制始终相伴而行，同时政府微观规制行为始终被纳入到规制法律中，依法规制的特点突出。借鉴美国微观规制改革的经验，处于转型时期的我国政府规制改革必须根据市场发育的情况渐进式调整政府微观规制行为，推进经济性规制和社会性规制的协调发展，规范政府规制行为，建立独立、高效、透明的规制机构。

在全世界市场经济国家中，美国经济具有与其他国家市场经济不同的、独具特色的特点，主要表现为市场经济发育的起点最高、市场经济最自由化、政府干预程度最小。当然，这些特点并不能对美国经济作出全面概括，但从中可以看出，这些特点通过“看不见的手”和“看得见的手”的双螺旋而得以深化。与之相应的是美国政府微观规制先后经历了自由放任时期的松弛、凯恩斯主义的强化和后凯恩斯主义的放松三个阶段。这三个阶段的背景不同，规制演变的路径也不同，从而表现出不同的规制特点。

作为世界上市场经济最发达、规制体系最完善的国家，美国微观规制改革的演变历程表现出以下三个主要的特征。(1) 政府和市场的双螺旋始终是规制改革的内生动力；(2) 在规制改革的过程中，经济性规制和社会性规制始终相伴而行；(3) 政府微观规制行为始终被纳入到规制法律中，依法规制的特点突出。

借鉴美国规制改革经验，推动我国政府微观规制改革的几点启示：(1) 必须根据市场发育的情况渐进式调整政府微观规制行为。美国政府微观规制演变历程告诉我们，政府微观规制行为不论是来自当局的主动实施还是被动地应急表现，当市场发育到一定程度的时候，客观上要求政府职能必须与市场功能进行重新界定，在转型时期就要求政府职能不断“复归”，市场功能不断延伸，这就要求政府微观规制行为必须及时进行调整，以适应政府和市场关系的动态平衡。(2) 推进经济性规制和社会性规制的协调发展启示我们政府微观规制体系内部的两大部类，即经济性规制和社会性规制必须要根据经济社会发展的实际情况进行紧密协调，才能发挥政府微观规制的最大作用。(3) 规范政府规制行为，建立独立、高效、透明的规制机构。随着改革向纵深方向发展，政府微观规制必须要实现向公共利益的转变；逐步实现“全能政府”向“有限政府”转变，从替代市场向服务市场转变；从直接干预向通过政策、法律等间接干预的方式和手段、途径转变；实现禁止性、限制性规制思路向竞争性、激励性规制思路的转变。

[174] 宋晶．纵向一体化垄断问题与反垄断政策研究．中国工商管理研究．2010（04）.

随着我国产业结构及企业组织结构调整步伐的不断加快，包括纵向一体化在内的企业间的并购、重组呈方兴未艾之势，实施纵向一体化经营的企业也在不断增多，如中石油凭借资源优势，在天然气市场形成纵向一体化的经营格局就是突出一例。中石油在天然气产业中的纵向一体化经营，不仅在石油和天然气产业领域引起了震动，同时也引起了社会各界的垄断质疑。企业为什么要实施纵向一体化，其引发的垄断表现形式何在及如何正确评价，如何对其引发的垄断进行有效规制，这些问题需要从理论和实践上做出解答。

企业实施纵向一体化在带来交易成本的降低、垄断利润的提升及规避政府管制等好处的同时，也容易导致垄断问题的产生。美国著名经济学家奥利弗·威廉姆森、乔治·斯蒂格勒等在研究纵向一体化的福利效应时，都注意到了纵向一体化引发垄断的问题，并把其概括为纵向一体化的垄断效应。事实上，正如企业的横向并购会带来垄断问题一样，企业的纵向一体化也会引发垄断问题。

纵向一体化引发垄断的表现：（1）价格歧视；（2）限制竞争；（3）阻止进入。纵向一体化反垄断政策构塑的核心问题：（1）建立反垄断审查的实质性标准；（2）界定相关市场；（3）界定市场支配地位。要对纵向一体化进行有效的反垄断规制，必须制定完备的反垄断法律法规体系。目前在我国，作为这个反垄断法律法规体系的主干——《中华人民共和国反垄断法》已经出台，接下来还应制定若干配套法律法规或规章。

纵向一体化反垄断政策的取向：（1）适当宽松。对纵向一体化不必采取过于严格的政策，在指南中可以考虑对纵向一体化设定更高的安全港临界值，或重点审查在市场集中度较高市场上的交易，提高反垄断政策的效率和准确性。（2）采用合理推定原则。考虑到纵向一体化对竞争影响的不确定性及在效率改进方面的突出作用，我国在纵向一体化反垄断政策制定中，也应采用合理原则，在政策执行中实行个案分析，不同情况区别对待。（3）重视经济分析并吸收各种理论观点之长。我国在制定纵向一体化反垄断政策中，也应重视经济分析，尽管有学者认为中国反垄断执法中经济分析属“三难之一”（即机构协调之难、经济分析之难、市场界定之难），但对企业的纵向一体化的规制仍然要坚持重视并强化经济分析，以防“错杀”。

[175] 宋丽萍．垄断条件下我国低碳经济的发展．经济导刊．2010（10）．

就垄断的危害而言，传统经济学主要强调了垄断对于自由竞争的限制，从而带来社会效率的净损失，以及垄断带来的寻租行为而产生的社会腐败等社会代价。就中国实际而言，垄断有三大方面的危害：首先，垄断妨碍了自由竞争，妨碍了市场机制充分发挥作用。垄断企业制约了中国中小企业的发展，制约了民间资本的活力。其次，更严重的是基于行政垄断而产生的寻租，以及对社会公平程度的损害。最后，垄断妨害了技术进步，尤其是低碳环保节能技术的发展。在中国行政垄断超越经济垄断的情况下，行政势力高于一切，企业管理者对科技研发尤其是低碳环保技术研发不重视，企业的技术研发部门从资金、权益上无法获得保障，技术进步就是空谈。

中国资源型企业垄断特点：首先，行政势力强大。国家的资源开发和利用程度在很大程度上决定了一国的经济发展能力，尤其对于发展中国家而言更是如此，因此主权型国家通常以国有形式独占该国重要的生产资源；其次，资源型企业是当地经济的支柱资源型企业还有一个很重要的特征，大都是当地经济的重要支柱产业，这与当前中国处于工业化阶段有关；最后，企业自身利益与社会责任不对称。资源型企业的垄断特点以及强大的行政势力背景使其自身利益和社会责任存在极大的不对称性。

数据显示，2009 年中国单位国内生产总值能耗较上年下降 2.2%，其能耗降幅不仅远远小于 2008 年，还远低于政府设定的5%的年目标降幅，使得政府设定的2006～2010 年期间单位国内生产总值能耗下降20%的目标的实现压力更大。要实现我国低碳经济的目标，改善经济增长与环境保护的关系，营造清洁的人类生存环境任重道远。资源型企业更需承担艰巨责任，建议从以下几个方面对资源型企业加以限制和监管。第一，降低门槛，鼓励民间环境监测机构的设立，尤其是充分利用高校等科研单位的环保检测技术资源，既避免政府“球员和裁判”双重角色，也有利于加强社会对资源型企业的外部监督。第二，尽快建立企业生态补偿机制，对于垄断的资源型企业，强制要求这类企业缴纳环境保护基金，并提高其环保方面的纳税额，用环境保护基金和环保税来保障环境灾难的治理和受害者获得相应的补偿。第三，加强环保立法和环保执法，加大对企业环境污染的惩罚力度，对于存在环境隐患的企业一定给予及时督促改正。第四，加快发展碳金融，通过碳金融创新使有限资源投入低碳经济，促进低能耗、低排放、低污染的绿色经济的发展，例如，对环保技术研发和积极力行低碳方式的企业给予贷款等优惠和帮助等。

[176] 宋晓雪．当前中国民营资本进入电信市场的壁垒分析．北方经济．2010（02）.

电信行业的进入壁垒是影响电信市场结构和电信市场绩效的重要因素，对我国民营资本进入电信市场的壁垒进行研究，对正在引入竞争、提高效率的电信行业有着十分积极的意义。

关于民营资本进入中国电信市场的壁垒分析：（1）规模经济进入壁垒。对于新进入的厂商，由于本身用户的数目较少，因此很难吸引其他的用户加入新的网络，新用户即使因为资费较低而加入网络，但由于新旧网络之间互联互通的限制，再加上客户对其人际资源的依赖性，将会使新的厂商的用户规模限制在很低的水平上，难以实现规模经济。尤其是民营资本，由于本身的实力限制，很难达到规模经济状态；（2）绝对成本优势；（3）产品差别化壁垒。

政策建议：（1）适当放松对经营许可证的申请条件。《电信业务经营许可管理办法》（2009 年 2 月 4 日）规定申请经营基础电信业务的，应当符合经营者为依法设立的专门从事基础电信业务的公司，并且公司的国有股权或者股份不少于 51%。国家应该逐渐个放松对民营资本的限制，增加民营资本的持股比例，提高民营资本在电信行业的竞争力。在允许、提倡适度竞争的同时充分把握市场的准入规则，反对市场垄断，实现有效率的竞争。（2）完善法律法规，成立更为独立的电信监管机构。监管机构的功能应由管制逐渐转向监督，在降低政府的行政性进入壁垒的同时，营造公平竞争的市场环境，切实保障电信市场的效率、公平。（3）弱化或取消不对称的规则。许多国家包括我国电信业在引入竞争的初期都实行了不对称的政策，但它完全是一种行政手段，会对市场运行产生一定的不利影响。当前，中国移动、中国联通、中国电信三家厂商已经基本形成了较为稳定的竞争格局，应取消对中国联通或者电信的不对称规则，对其他新进入厂商尤其是民营资本应弱化不对称规则。（4）交叉进入。交叉进入是指电信运营商可以进入其他电信运营商的业务领域。允许交叉进入有利于企业的资源共享，适应电信行业规模经济和范围经济特点，也适应用户对电信业务综合、全方位的需求。民营资本在进入电信市场时要尽量避免与在位国有企业的同质化竞争，而要多关注信息内容服务和增值服务，如互联网业务、游戏、音乐试听、下载等，避免与在位厂商的正面交锋。

[177] 苏宗敏．垄断行业收入问题研究．全国商情（理论研究）. 2010（18）.

当前，中国企业分配及薪酬管理中还存在较多亟待研究解决的问题，特别是行业之间工资差距过大，垄断行业员工工资过高、增长过快的问题比较突出，尤其是垄断行业的一般岗位，其收入水平与其贡献和价值背离，影响了社会分配秩序、分配关系乃至社会稳定，急需我们认真研究，通过深化改革切实加以解决。

遏制垄断行业收入过高的措施：

1. 引入市场竞争机制追根溯源，造成垄断行业收入过高的主要原因就在于，垄断行业缺乏公平竞争和投资自由，产品市场上的行业垄断维持了企业的超额利润，而劳动力市场进入障碍则造成机会不公平，这使得特定行业的超额利润能够转化为个人收入。应在产品市场和劳动市场上引入市场竞争机制，规范并促进垄断行业深化体制改革，实现企业与企业、人与人之间的机会平等。完全竞争市场实现了最有效的资源配置，它是一种理想的市场组织；而不完全竞争市场都没有实现最有效的资源配置，其中，垄断市场资源配置的有效性是最低的。在电力、电信、铁路、民航、石油等行业和领域，引入竞争机制，允许非公资本进入这些领域。同时，加快完善政府特许经营制度，规范招投标行为，支持非公有资本参与各类公用事业和基础设施的投资、建设和运营。只有打破垄断行业的坚冰，才能彻底消除其不合理的高收入。

2. 减少政府的行政管制中国的垄断行业，基本上都带有行政色彩，一些行业准入标准的全国性文件都是由垄断企业起草的，他们会不自觉地以国家政策的方式来保护自己行业的利益，把部门利益法制化。因此，在中国现阶段，解决行政垄断的问题，就是解决管制的问题。一方面，要通过政府的体制改革，公开监管制度，规范监管行为，提高监管水平，迅速控制行业间收入差距，这已成为当务之急；另一方面，要提高经济活动的竞争性，垄断性行业的产品的价格不能由其自我定价，需要得到社会公众组成的价格听证会的认可。

3. 完善税收的调节功能要建立平等公开的收入分配秩序，离不开国家税收的调节功能。从理论上讲，对垄断行业的收入分配进行调节最好，也是最合理的方法就是对企业利润课以专项暴利税。同时，税收优惠政策应当适时地向低收入行业倾斜；防止低收入行业，尤其是关系民生问题的基础性行业税负过重。除此之外，强化对垄断企业高管收入的税收监督，是企业内部收入监督的一种有效形式。对垄断行业的加薪进行公布，对企业高管的个人及家庭财产进行申报，尤其是个人所得税的缴纳要接受社会的监督，防止企业内部暗加薪、暗福利、暗奖金等偷税漏税的违法行为。

[178] 隋映辉. 高端并购：理论阐释及系统界定. 科学学研究. 2010 (02).

高端并购是实现产业经济可持续发展和提高创新能力的主要方式，也是企业参与全球战略重组以及争夺科技与市场竞争制高点的一种资本运作手段及其战略行为。具体而言，高端并购的核心竞争力就是通过对独有品牌、专有人才、行业标准和专利技术等进行战略性并购，使企业在市场竞争中处于竞争优势地位。通过并购达到获得核心技术、人才积聚和产品领域扩张，实现规模扩张、产业结构升级和企业效益递增的目的。本文从高端战略的研究视角，系统阐述了高端并购的理论构成，详细界定了高端并购的基本内涵，重点阐释了高端并购的特征、类型及领域等。

随着全球产业价值链的前移，企业竞争进入了高端战略阶段。其战略竞争形态出现了以利润、成本与知识为中心的变化。以高端并购推进资产重组，加快结构性、差异化和高端位的战略运作，成为产业结构升级及战略转型，实现企业跨越式发展的重大课题。作为产业转型升级、获得核心竞争力的战略手段之一，高端并购不仅是实现高端战略的重要组成部分，也是实现产业可持续发展和提高企业竞争能力的主要形式。本文正是基于高端并购在实现高端战略中的作用和地位，以及通过对全球科技产业转型趋势的分析，着重诠释了实现高端战略的系统内涵，描述了产业高端战略要素的构成、运作模式、流程与策略，深入分析了跨国公司的高端战略及其运作路径，为产业并购与转型提供了一种理论架构和分析依据。

一般并购理论研究主要是从不同角度，诠释并购的动因，分析如何通过并购来实现规模经济扩张和社会效益。这些理论虽然从经济学、管理学领域提供一些并购理论基础，但大多数理论研究的着眼点还局限于企业、市场与管理等微观层面，以及实现提高效率、降低成本、规模经济等狭义目标。而高端并购不仅涉及企业、市场和管理等微观领域，更多的涉及宏观领域的科技产业、知识服务、人力资本和市场资本等层面，研究目标主要体现在从高端战略角度抢占科技、经济和市场的竞争制高点等。

[179] 孙晋，余喆. 我国外资并购反垄断规制的不确定性及对策——从被禁止的可口可乐并购汇源案谈起. 东方法学. 2010 (03).

外资并购对我国社会经济发展而言是一把双刃剑，为了降低可能构成垄断或恶意的外资并购对我国市场竞争的不利影响，我国《反垄断法》规定对包括外资并购在内的经营者集中进行反垄断审查。但由于现行《反垄断法》对外资并购的规定过于弹性和原则，反垄断审查中对于甄别违法行为的界限和标准的不确定，导致我国《反垄断法》确定性缺失。在可口可乐并购汇源案中，何为相关市场？市场份额如何计算？经营者集中所产生的影响如何推定？对此我国《反垄断法》并没有明确规定，因此使得企业和社会公众对法律后果缺乏明确及合理的预期，必然会对依据模糊而弹性的法律所得出的法律结果产生当然性质疑。如何化解这一矛盾是亟待我们解决的重要课题。

随着全球经济一体化的继续发展和中国经济对外开放的持续深化，外资并购逐步取代传统的直接投资方式演变为外商在华投资的主要方式。外资并购为我国企业带来了资金、技术和管理经验，对我国生产要素优化重组和产业结构战略性调整起到了促进作用。但是外资并购是一把“双刃剑”，它在促进经济发展的同时往往成为外资企业在华借以改变市场结构、形成市场支配力量、限制公平竞争的手段。外资并购可能导致经营者过度集中而造成垄断，威胁我国经济安全，需要我国《反垄断法》及相关法律对其进行规制。但通过可口可乐并购汇源案，笔者发现，由于相关立法对于外资并购的规定过于弹性和原则，在反垄断审查中对于甄别违法行为的界限和标准的不确定，导致我国《反垄断法》的确定性缺失。

现阶段反垄断审查机关可以利用《反垄断法》提供的细化空间，结合我国现阶段实际市场竞争状况及行业特点，尽快制定完善反垄断法实施细则或相关操作指南，对于相关市场、市场集中度、经营者集中的标准作出明确界定，并根据市场的变化及时调整，从而弥补《反垄断法》确定性的缺失，同时又维护了《反垄断法》作为我国“经济宪法”的稳定性地位。我们已欣喜地看到，2009年7月15日，商务部发布了《经营者集中申报办法》和《经营者集中审查办法》，在早前的3月13日还公布了《关于对未依法申报的经营者集中调查处理的办法》、《关于对未达申报标准涉嫌垄断的经营者集中调查处理的暂行办法》的草案。这几部规章（草案）全部与“经营者集中”的判定相关，对于未来类似可口可乐并购汇源等案例，这些规章将提供更为明细的裁判指引，反垄断决定的公信力和权威性就会因反垄断规则的确定性而大大增强。

［180］孙敏．利益集团与中国药品安全规制制度变迁．吉林工商学院学报．2010（02）．

制度改革涉及多个利益主体，制度变迁取决于制度改革中相关利益主体的力量对比。在药品安全规制制度变迁中涉及的相关利益集团主要有消费者集团、制药企业集团、规制者集团。负责监管药品安全的部门和制药企业是旧药品安全规制制度的既得利益者，它们会采取行动抵制新的药品安全规制制度安排。作为药品安全规制制度创新原动力的国家，应该根据实际适时地、主动地推进制度变迁，以满足制度的需求，解决制度缺口。

制度改革涉及多个利益主体。制度改革与否，改革的程度如何，改革采取何种目标模式以及改革的进展程度，取决于赞同、支持和推动这种改革的行为主体集合在与其他抵制这种改革的相关利益主体的力量对比中是否处于优势地位。在药品安全规制制度变迁中涉及的相关利益集团主要有消费者集团、制药企业集团、规制者集团，规制者集团还可以分为制度设计的政治（制度）企业家集团和制度执行者的规制机构中的官僚集团。与制度中的其他人一样，政治企业家可以被看成是在现存的制度和其他约束条件下寻求效用最大化的决策制定者。因此，他们总是试图用理想的制度规则来换取政治上的支持。而规制机构中的官僚有独立于政治企业家之外的经济利益和政治利益追求，其效用函数与政治企业家的效用函数并非保持一致。因此，把规制者集团分为政治企业家集团和规制机构官员集团是非常合理的，因为这对于解释制度改革进程和药品安全规制效果非常有用。显然，药品安全规制制度通过政策工具会在不同利益集团之间分配成本和收益，导致各利益集团在药品安全规制制度变迁中有着冲突的利益和目标。他们对改革采取不同的态度和行动策略，从而对改革进程产生不同程度的积极或消极的影响。

通过分析可以发现，负责监管药品安全的部门和制药企业是旧的药品安全规制制度的既得利益者，因此它们会采取行动抵制新的药品安全规制制度安排。因此，作为药品安全规制制度创新原动力的国家，应该根据实际适时地、主动地推进制度变迁，以满足制度的需求，解决制度缺口。这不仅从宏观上谋取经济、政治和社会的最大收益，还从微观上对不同主体的行动空间及其权利、义务和具体责任进行界定，有效约束主体行为，缓解社会利益冲突。

［181］孙涛，景晓朋．电信业规制改革研究：基于利益集团视角．求索．2010（01）．

利益集团的出现是市场经济发展和民主政治进程中，社会利益分化及利益实现群体化的必然趋势。基于利益集团的视角，考察电信运营商、规制机构、电信消费者等利益群体在电信业改革中的策略互动，探讨电信业深化改革的动力机制，促进各利益主体对社会资源的合理使用和博弈正效用的发挥，提升电信业政府规制的有效性。

纵观电信业20世纪90年代以来的发展，电信业监管体制不断发展的动力源于自下而上的多元利益诉求、自上而下的体制规制改革方案安排及加入世贸组织后面对国际竞争三个方面，但改革的主导力量始终来自于政府。一方面，这是电信业的开放潮流、技术进步、需求扩张等多种因素综合作用的反映，另一方面也是业内各利益集团（群体）博弈的结果。因而，通过探究影响电信业监管的非经济因素，尤其是电信行业内各利益集团的性质、规模、政治影响力和博弈方式等特征，有助于理解深化中国电信业改革的动力机制。

从利益集团的视角分析，制约电信业健康发展的关键，表现为不同利益表达主体间结构和影响力失衡造成的竞争不充分和规制体系不完备。对此，应当着手制定和实施竞争性规制政策。（1）培育电信业市场的有效竞争。打造行业内多元利益主体，应包括调整国有资本存量以及合理发展民营、外资增量两个方面，以重塑市场关系和市场结构，构建产业内企业间多元和谐的运营关系。为此，要有步骤地放松行政垄断限制，扩大市场准入，培育行业多元化利益表达主体；（2）构建相对均衡、和谐的利益格局。监管机构要从利益集团的政治影响和政府能力的提高两个方面着眼，一方面建立制度化、规范化、程序化、公开、公正、透明的利益表达机制和决策参与机制，保持利益诉求渠道的畅通，使博弈过程公开化；另一方面，有意识地提高政府在利益集团政治的自主性，实现利益调控的制度化、民主制度的程序化、调控行为的法制化；（3）构建适应全业务经营模式的规制政策。改革需要建立一个超越部门利益、与企业无行政隶属或产权关系的中立性国家规制机构，破除规制机构与被规制企业间的利益纽带，使规制机构能够依法超然地行使其正当的职能，政府角色转变为竞争性规制的组织者和维护者，兑现在《中国入世议定书》中的“管理当局独立，保证与任何电信经营者分离”的承诺；（4）加强制度建设和规制立法。现阶段，电信业立法的主要形式是效力等级较低的规范性文件，如部门规章，至今没有颁布规制电信行业的基本法——《电信法》。而且，现行规制立法带有明显的“头痛医头，脚痛医脚”的特点，使电信规制改革缺乏一个明确的愿景。鉴于电信业规制改革在未来一个时期仍将是政府主导型的，中央政府、规制方的决策决定规制结构，由此带来的各利益集团（群体）的策略互动和博弈正效用的发挥，在很大程度上将决定电信业的市场格局。因此，出台较为完善的监管立法是电信业监管改革和制度建设的当务之急。

［182］汤吉军．沉淀成本与政府管制政策．产经评论．2010（02）．

新古典一般均衡理论的假设前提是完全的产品和要素市场，这是一个没有沉淀成本的经济模型。一旦我们放松新古典经济学资源流动性的假设前提，引入沉淀成本概念，就会发现，沉淀成本不仅导致要素市场失灵，造成进入壁垒，而且还为政府管制奠定了理论指导。为了提高市场绩效，政府管制必须将沉淀成本管制（进入壁垒）、产权管制（外部性）和信息不完全管制（交易成本）有机结合起来。

由于新古典一般均衡理论充满着完全竞争、完全理性、零交易成本等假设前提，这意味着在制度、禀赋、技术一定的条件下，人们的决策是理性的，对未来的预期是没有偏差的。海和莫瑞斯（2001）指出：“遗憾的是，沉淀成本迄今为止几乎没有得到明确的重视。”因此，在非新古典环境下，由于不确定性或信息不完全的普遍存在，沉淀成本就会发挥重要作用，导致市场失灵。沉淀成本的存在对政府管制政策的含义如下：第一，需要完善有形资产和无形资产市场制度，促进生产要素充分流动，减少沉淀成本。例如，保护产权，尊重契约，打破地区或行政垄断等，促进自由竞争。第二，要大力发展企业间的非市场制度形式，鼓励私人企业管理沉淀成本。例如，私人企业投资教育和培训，可以减少人力资本专用性，进而改进劳动的流动；私人企业之间的垂直一体化、长期契约也可以降低不确定性，减少沉淀成本，在这种情况下，契约比市场更重要，只有当交易双方无法解决问题时，才需要作为第三方的政府的法律介入。第三，政府可以管理沉淀成本，降低交易成本。政府对公共基础设施、教育、培训以及研发和市场信息等方面的投资可以减少交易成本。第四，政府可以采取税收减免或加速折旧等经济政策，减少沉淀成本，或者建立稳定的预期环境，保障沉淀成本稳定地得以回收。第五，在某些情况下，沉淀成本可间接地由私人或政府管理，减少它们出现的概率。例如，私人保险和政府保险、社会安全网（食物和福利计划）、价格支持计划（最低生活保障标准）以及有限责任制等，都可以减少沉淀成本以及资源不流动的不利影响。

总之，我们不能简单地停留在新古典微观经济学价格理论中，而应该研究沉淀成本的存在及其价值。对于正处于新、旧体制转型的中国来说，更需要从非新古典角度考察沉淀成本对国有企业战略重组的影响，包括破产、软预算约束等，以及渐进经济体制改革的战略问题，更清楚地认识到沉淀成本对于这些问题研究的理论与现实意义。因此，在要素和产品市场不完全条件下，加强沉淀成本管理，创造出一个可持续发展的产业结构，对于构建社会主义市场经济体制十分重要。

［183］汤吉军．可竞争市场理论及其对我国自然垄断行业改革的启示．产业经济评论．2010（02）．

本文通过对可竞争市场理论的假设前提、推导过程以及主要结论等进行梳理，使我们对市场机制与政府管制问题有了更深刻的了解。在此基础上，借鉴可竞争市场理论，特别是运用沉淀成本概念，我们突破了规模经济（报酬递增）导致市场失灵的传统认识，为我国自然垄断行业改革提供一些新的管制政策设计，关键在于加强沉淀成本与风险管理，从而创造出一个自由进入与自由退出的可竞争市场环境，使沉淀成本、产权和信息不完全管制之间形成互补关系，更好地应用于我国自然垄断行业的改革实践中。

在自然垄断行业改革过程中，并不能简单地实行私有化就能解决一切问题。这是因为所有权的改变，一方面，无法使专用性资产配置到最佳用途上；另一方面，因沉淀资产重组带来困境。在这里，我们以电信行业和电力行业为例说明，虽然同处于国有制之下，因引入竞争机制所产生的沉淀成本数量不同，从而导致经济效率的不同。其中，电信行业沉淀成本极小可以忽略不计，而电力行业沉淀成本则十分显著。

在我国自然垄断行业改革过程中，如何引入市场可竞争性，创造出一个自由进出环境显得十分重要，而降低和管理沉淀成本是引入市场竞争，以及政府管制的最基本原则。虽然沉淀成本并不是不可逾越的进入壁垒，但却可以采取多种方式降低沉淀成本促进市场可竞争性。

总而言之，为了构建有效率的市场经济体制，政府要提供激励人们创造性和生产率更高的规则和管制政策。同时，还要随着技术和市场条件的变化而不断改变，不断地更新现有规则。因此，依据可竞争市场理论，特别是强调没有沉淀成本的自由进入与自由退出机制的重要性，挖掘市场制度自身蕴藏的力量，防止自然垄断行业利用自身垄断地位扩展其对市场控制的能力，这对于体制转型时期我国自然垄断行业改革来说，其借鉴意义十分巨大，从而不再囿于企业规模的大小和企业数目之多寡，而是根据可竞争市场理论进行民营化和国有化之间的取舍，包括国内竞争和国际竞争。因此，不仅需要完善市场价格制度和非市场制度，而且还需要政府相关的管制政策，其最终目的是补偿或者降低沉淀成本，提高自然垄断行业的市场可竞争程度，借助政府管制充分发挥市场竞争机制，从而通过可竞争市场提高社会福利水平。因此，管理沉淀成本和降低不确定性，提高市场可竞争性程度，是我国自然垄断行业未来改革的基本指导原则。

［184］唐雪松，周晓苏，马如静．政府干预、GDP增长与地方国企过度投资．金融研究．2010（08）．

本文研究地方国企投资中政府干预的动因以及相应后果。以上市公司（2000～2006年）为样本研究表明，为了实现当地GDP增长，地方政府干预导致了地方国企过度投资；在市场化进程越慢的地区或GDP增长相对业绩表现越差时，政府干预动机越强烈，使该地区国企过度投资问题越严重。而且，政府干预并未因政府持股方式变化而变化，政府间接持股的与直接持股的地方国企同样受到政府干预而发生过度投资。文本结论也为2010年来中国政府官员政绩考核模式转变提供支持。可竞争市场理论开始关注进入壁垒和行为特征，不再拘泥于对结构唯一决定绩效的强调。这一理论不仅不受规模经济和范围经济的影响，而且也可应用到多产品企业的产业结构分析中去，现实性特别强。即使现实中不出现可竞争性，运用完全可竞争市场也比完全竞争市场更具有指导现实意义。

本文的创新之处：第一，通过对地方国企投资中政府干预的动因及相应后果的研究，发现地方政府为了实现当地GDP增长，进行干预并导致地方国企过度投资，在市场化进程越慢或GDP增长相对业绩表现越差时，政府干预动机越强，由此也拓展了对国企过度投资行为的认识；第二，为政府“掠夺之手”产生的原因提供了企业投资领域的证据，为理解市场化进程如何影响政企关系提供了新材料；第三，研究结论表明政府官员为实现整机目标干预地方国企投资行为，这为近年来中国政府官员政绩考核模式转变提供了理论和证据支持。

［185］仝亚娜．垄断企业为何没有得到垄断利润？中国机电工业．2010（02）．

人们常说，不要在追逐过程中忘记目的，同样地，如果市场占有率的提高要以牺牲利润或利润率为代价的话，是不是还是算了？最后，为使话题的讨论不走偏，需要做如下几点说明：第一，没错，企业追求的是利润最大化，而非利润率最大化，但这两者之间有一个平衡。一家下功夫将利润率维持在一定水平的企业，其盈利情况通常也都很不错。利润率看上去只是一个简单的数字，却能折射出企业经营战略的方方面面：对客户的挑选，定价战略，维持适度的市场规模等。第二，利润率并非越高越好，但任何一家想要长治久安的优秀企业，必然都需要维持一个与之相称的利润率水平。这样，它的抗风险能力才会增强，在经济低谷或者产业变革出现时，才有足够的财力来应对。一般来说，如果一家企业的净利润率低于5%，那就不能算是一种“健康”的经营状态，因为它很容易遭受亏损。第三，有时候，有选择地放弃一些市场份额，利润反而会增加。在经济不景气之下，净利润率有所下降是可以理解和接受的，但就是有那么一批企业，净利率不降反升。

举两个例子，2009年前三季度，知名家电生产商格力电器在主营收入下降12.64%的情况下，净利润同比上升41.97%；还有机电行业内有“黑马”之称的某公司，也是在主营收入小幅下降1%时，净利润同比增长13%——收入下降，利润增加，显然净利润率是上升的。他们是怎么做到的呢？无外乎调整结构，重点销售附加值高的产品。比如，格力电器就是放弃了部分为国外品牌的代工，加强自主品牌的营销。而之前提到的那匹“黑马”公司，也是开发了大量迎合市场需要的新产品，对冲原有品类的下滑。那么，垄断企业就一定不能获得垄断利润吗？当然不是，这要看你的垄断地位是如何形成的。如果仅凭成本优势依靠低价从竞争对手那里攫取大量市场份额，那么，赚取垄断利润的可能性不大（比如中国服装行业）；而如果是以知识产权和技术专利为核心形成的垄断，比如医药和医疗设备行业，往往都可以获得高额利润——作为对创新能力的回报，本来就应如此。

［186］万玺，汪涛，李钦．中国成品油市场结构与生产者行为博弈分析．西南石油大学学报（社会科学版）．2010（01）．

对中国成品油市场进行具体分析，认为中国成品油市场是一个由中国石油和中国石化两大巨头主导的、多种投资主体参与的双寡头垄断有限竞争市场。对双寡头博弈行为进行分析，得出产量博弈的状况近期不会出现，价格博弈将使企业走入“囚徒困境”的结论。进一步对成品油其他生产者的行为进行分析，得出它们不具备产量与价格优势的结论，为消费者尤其是集团消费者相关决策提供参考。

中国成品油市场结构，首先，从市场占有率来看，中石油、中石化仍然掌握着大部分市场份额；其次，从成品油存量资源掌握程度来看，国内成品油资源主要集中在中石油、中石化两大集团，在成品油零售和批发双放开的今天，中国成品油市场仍是典型的寡占竞争市场。

中国成品油市场是一个特殊的市场，其特殊性主要表现为两点：首先，成品油价格是在政府控制下与国际市场的有限接轨；其次，成品油市场双寡头是国有控股企业。中石油和中石化是国家控股特大型企业，承担着维护社会稳定的责任，不能完全追求经济利益。

目前中国成品油市场是两大巨头主导的双寡头垄断有限竞争市场。寡头市场中企业行为的本质特征在于其行为的相互依存性，每个企业必须考虑自己的行为对竞争对手有何影响，以及如何对竞争对手的反应采取行动。因此，研究互动行为的博弈论是适用于分析寡头市场中企业决策行为的恰当工具。在成品油双寡头市场中，成品油生产者通过产量和价格博弈影响消费者的消费行为。

由于目前国内油价双倒挂，从企业主观角度讲，不具备产量博弈的内在需求。所以，中石油与中石化理论上可能采取的竞争策略只能是价格竞争，通过局部的、有限的价格竞争来保持或实现市场份额的扩大。根据价格博弈分析的前提假设，完全信息有限次重复动态博弈的均衡结果必然是降价、降价，无法走出博弈的“囚徒困境”。只有在参与人具有不完全理性时才可能出现合作行为，这个合作行为就是寡头签订价格合作协议。

在成品油零售和批发双放开的今天，中国成品油市场仍然是两大巨头主导的、多种投资主体参与的双寡头垄断有限竞争市场。在中石油、中石化内部不具备产量博弈的内在需求，只能通过局部的、有限的价格竞争来保持实现市场份额的扩大。其他国有石油生产企业、跨国公司或者是民营企业等成品油生产者对于双寡头而言既不具备产量优势，也不具备长期价格优势，无法与其竞争，只能采取跟随策略。对于成品油消费者而言，可以采取设立专门的采购风险基金，或利用团购争取合理价格等方法来维护自己的利益。

［187］万兴，胡汉辉，徐敏．一种间接网络效应下网络运营商价格竞争研究——基于数字电视和 IPTV 竞争的分析．管理科学学报．2010（06）．

数字电视产业中的接入服务/内容提供范式具有一种间接网络外部性，但是不同于硬件/软件范式，前者网络运营商处于核心地位，后者消费者是系统组装者。首先通过防降价均衡研究了用户数和频道商数外生情形下的网络运营商之间的价格竞争，然后基于纵向差异化模型研究了用户数和频道商数内生情形下的网络运营商之间的价格竞争。研究发现，在外生情形下，网络运营商定价对某市场份额的影响依赖于另一市场中的份额；在内生情形下，随着频道商多属度的增加，在上游市场中，高质量网络运营商和低质量网络运营商间的价格差距将逐渐加大；而在下游市场中，高质量网络运营商和低质量网络运营商间的价格差距将逐渐减小。

现有文献对间接网络外部性的考察大都基于硬件/软件范式，较少触及接入服务/内容提供范式。而且现有文献对多属的讨论大都假定双边市场中一方用户全部多属，另一方用户全部单属，或者将用户分为两类，对网络外部性评价高的用户多属，其余单属，较少考虑用户多属度的变化对市场均衡特征的影响。本文将尝试在这两方面做出改进。

硬件/软件范式和接入服务内容提供范式都具有间接网络外部性的特点，前者中消费者是系统的组装者，后者中网络运营商提供了频道商和观众互动的平台。基于上述分析，接入服务/内容提供范式的竞争特点要求如下相应的厂商竞争策略和管制机构的管制措施。第一，由于部分频道商具有多属的特点，而观众一般只会选择一个网络运营商，这决定了网络运营商往往在下游市场收取比较低的价格，以尽可能地吸引更多的观众，从而借助间接网络外部性吸引更多的频道商，通过提高上游市场的价格提高自己的总利润。第二，随着频道商多属度的增加，网络运营商在下游市场的竞争加剧。第三，为了保护消费者的利益，管制机构应该限制电视网络运营商的合并行为。第四，纵向一体化的网络运营商和频道商会排斥和其他独立网络运营商或频道商的合作，这将导致多属度降低，从而减少下游市场的竞争，同时高质量、低质量运营商在下游市场的份额都有所下降。因此，为了鼓励网络运营商之间的竞争，管制机构应考察网络运营商和频道商纵向一体化所带来的垄断效应，约束网络运营商和频道商之间的一体化行为，要求纵向一体化的网络运营商和频道商为独立网络运营商或频道商提供公正、合理和非歧视的服务。

[188] 王炳江，施榕娜．合理原则的合理性探微——基于反垄断法的视野．中国商界（下半月）．2010（03）．

合理原则产生于英国而发展、完善于美国，而后逐渐于各国之反垄断法中得以确立为基本的反垄断指导原则。这种趋势的发展恰在于该原则的合理性：印证了经济法克服市场失灵以提升市场效率的宗旨、整合了经济法公平与效益的两大价值取向、尝试克服垄断的相对性和平衡垄断的两面性。

合理原则又被称为合理分析规则或合理性原则。纵观国内外反垄断法著作，国外学者对合理原则没有一个统一的概念，而国内对合理原则进行定义的学者甚少，且各种观点也不尽一致。笔者认为，合理原则首先是一个判断限制竞争的行为合理与否的分析规则，同时它又是一个以合理竞争、整体经济效益、社会公共利益为标准的认定限制竞争的行为违法与否的司法确认标准。由此，笔者在参考有关学者的观点后，试对合理原则做出以下定义：它是指对于市场上某些限制竞争的垄断行为，根据反垄断法的规定和立法精神，并不必然视其为违法，而是根据行为主体的市场状况、行为目的以及行为后果等因素来分析该限制竞争的行为是否在实质上损害了市场竞争秩序、社会整体经济效益和社会公共利益的一种法律确认标准。综观世界各国的反垄断立法和司法实践，将合理原则确立为垄断和垄断性行为违法确认标准的反垄断法基本原则似乎已成为了理智的选择。然而，这一趋势并非“存在就是合理的”这一简单的哲学论断就可以加以表述，其确立并得以发展恰恰是源自于事物内在的质的规定性。为此，笔者试图从经济法的宗旨、反垄断法的价值取向、垄断的特性三个层面来对合理原则存在的合理性加以探析。

反垄断法中的合理原则具有多重正效应：印证了经济法克服市场失灵以提升市场效率的宗旨、整合了经济法公平与效益的两大价值取向、尝试着克服垄断的相对性和平衡垄断的两面性。是故，将合理原则作为反垄断法的基本原则，并结合本身违法原则和豁免制度，能有效确保反垄断法在市场经济条件下的高效运行。对此，我国的《反垄断法》也充分利用了合理原则的这些正效应，如《反垄断法》第十七条在规定禁止滥用市场支配地位时，在内部的多项条款中使用了“没有正当理由”这一体现合理原则本质要求的条件；而对于经营者集中，《反垄断法》甚至没有直接予以禁止，只是规定了达到一定集中程度的经营者负有申报的义务，而此申报规定的目的在于对大规模的经营者集中进行审查以最终决定是否予以禁止，这一规定同样体现了我国《反垄断法》对合理原则的采用。

[189] 王国红．外资银行在华并购的反垄断规制政策研究．湖北经济学院学报．2010（02）．

中国目前既缺乏专门的法律来规范外资银行的并购行为，也没有专门的管制权威机构去评估审查其行为可能带来的反竞争效应，因此迫切需要加强对外资银行在华并购行为的反垄断规制。应从合理原则和国家金融安全与金融竞争力目标，高效的组织管理体系和合作有序的管制协调机制，统一的《银行并购法》，科学合理的对竞争效果的经济分析体系，激励性和约束性相容的反垄断规制政策，专业化、国际化的人才培养与激励机制等几方面进行政策设计。

中国目前既没有专门的法律来规范外资银行的并购行为，也没有专门的管制权威机构去评估审查其行为可能带来的反竞争效应，由此带来的后果很可能是外资银行并购的反竞争效果的产生，造成对中国金融体系的稳定性和金融安全的严重损害。因此对外资银行并购进行反垄断经济学分析，进而设计中国对外资银行并购的反垄断规制政策非常必要。

本文拟从外资银行在华并购的现状及中国反垄断规制的缺陷出发，借鉴美国的经验，设计国对外资银行并购的反垄断规制政策。

外资银行并购中的反垄断政策目标应优先考虑国家金融安全和提升金融竞争力。由于金融在国民经济中的特殊地位，不仅美国，世界各国都将金融反垄断的目标定为保护国家金融安全和提升金融竞争力，在中国金融竞争力不强、金融反垄断规制体系尚未建立之际，将保护民族金融安全、提升金融竞争力作为目标尤其具有重要意义。在金融全球化的竞争环境中，中国银行业反垄断规制政策的制定和实施不仅要考虑维护市场竞争活力，也应将国家战略利益和国内产业竞争力的提升纳入反垄断法所参照的目标体系当中。在设置高效的银行反垄断机构的同时，合作有序的管制协调机制也是必需的。这种协调包括：（1）反垄断局与中央银行和银监会间的协调。其中，银监会与反垄断局之间是特殊管辖权与一般管辖权的关系，银监会的管辖权属于特殊管辖权，反垄断局的管辖权属于一般管辖权。特殊管辖权确定的意义在于限制行业监管部门依据特别法排除反垄断机构管辖权的可能，从而明确反垄断法对行业竞争事项上的一般适用原则和只在特定事项不予适用的例外原则。（2）国内外银行管制机构的信息沟通与协调。外资银行并购的反垄断由于涉及境外金融机构，因此需要加强与国外金融管制机构的合作与协调，这种协调不仅有利于获得境外金融机构的信息，而且有利于避免与国外金融管制部门的冲突，有利于调查取证。银监会一直致力于加强与境外相关部门和机构的合作，实行信息共享和统一行动，建立与境外金融监管部门之间的监管合作沟通机制。目前我们迫切需要做的是，设计约束外资银行并购行为的激励政策，提高其他市场参与者的信息搜集与编码能力，加强银行管制权威的反垄断分析与审查能力。

［190］王国红．银行并购的反垄断经济学文献述评．经济评论．2010（05）．

20世纪60年代以来，银行并购的反垄断问题日益受到各国反垄断权威机构的关注，相应的经济学研究文献大量涌现，研究主要集中在银行并购的相关市场界定、银行并购的竞争效应、银行并购的效率抗辩、缓释因素分析以及银行分拆效应五个方面。国内对银行并购反垄断的经济学研究非常薄弱，缺乏对银行并购的单边效应与协调效应的研究，缺乏对银行并购反垄断的效率研究，也缺乏对银行并购补救的研究。因此，研究西方银行并购的反垄断经济学成果，对于中国的反垄断经济学理论研究以及构建中国自身的对银行并购的反垄断管制体系具有重要的现实意义。

综观银行并购反垄断研究的经济学文献，根据并购反垄断分析的程序，我们可以发现以下五条主线：银行并购的相关市场界定、银行并购的竞争效应、银行并购的效率抗辩、缓释因素分析以及银行分拆效应研究。本文拟对这五个方面的国外研究成果及其发展趋势加以考察，并分析其对中国的银行并购反垄断经济学研究的理论意义和现实意义。

构建中国银行业并购反垄断管制体系，是一个迫在眉睫、具有重要应用价值的前沿课题。其理论意义在于，从中国目前的银行产业组织理论研究现状看，缺乏对银行并购进行反垄断经济学研究的理论成果，大多数对银行业反垄断的研究是从法律视角的分析，而在美国和欧盟等反垄断管制较为发达的国家或地区，经济学方法已成为反垄断管制分析的主流。因此，引入国外先进的分析方法，有利于补充和完善中国的银行产业组织理论和反垄断经济学理论。

自20世纪90年代中期开始，外资并购逐渐成为中国吸引外资的重要方式，中国商业银行改革也把引进境外战略投资者作为巩固银行的资本基础、促使中资银行股权结构多样化、提升银行业的公司治理和全面管理水平的重要举措。但我们必须看到，金融机构跨国并购，很大程度上是为了迅速获取市场上的相对垄断地位，以获得定价权或提供领先服务的竞争优势。大的跨国并购带有明显的增强市场力的效果和潜在的滥用支配力问题。当跨国银行并购本国银行时，发展中国家直接被跨国银行并购的垄断力影响，也被发达国家内部的并购间接影响。发展中国家由于不完善的法律制度框架、信息、操控价格的证据等原因，不能有效地约束跨国银行的垄断行为，因此加强对外资银行并购的反垄断审查和管理日显重要。

[191] 王国红，何德旭．外资银行进入中国市场的竞争效应研究．财经问题研究．2010 (07).

本文运用 Panzar – Rosse 模型计算了 1995 ~ 2006 年间中国银行业的 H 值及每年的 Ht 值，并以 Ht 值为被解释变量，以市场集中度（CR_4）、外资银行机构数、外资银行资产份额和市场不稳定程度（Ht）为解释变量，分析外资银行进入对中国银行业市场竞争程度的影响。结果表明：1995 ~ 2006 年间中国银行业市场结构是垄断竞争型市场结构；外资银行进入强化了中国银行业市场竞争程度，但作用有限；外资银行资产份额与市场竞争程度存在较弱的正相关关系，而机构数与竞争程度不相关；市场集中度与市场竞争程度负相关，验证了 SCP 假说；市场稳定程度与市场竞争程度呈现出很弱的负相关。相应的政策建议是：加大引进外资银行的力度；提高国内银行业的创新能力；完善对外资银行的竞争性管制。

实证结果表明：(1) 中国银行业市场结构是垄断竞争型市场结构，中国银行业仍然属于传统的信用中介，利息收入是其主要收入来源；可喜的是，中国银行业竞争程度正逐步提高。(2) 目前外资银行进入一定程度上加强了中国银行业市场的竞争，但作用有限，其中，外资银行的机构数与市场竞争不存在格兰杰因果关系，其资产份额与市场竞争存在一定的正相关关系。(3) 1995 ~ 2006 年间，中国银行业市场支持"市场力假说"，即市场集中度越高市场竞争程度越低。(4) 市场稳定程度与市场竞争程度（Ht）存在很弱的负相关，这破除了一些人担心引进规模大、实力强的外资银行可能对中国银行业的稳定性带来不利影响的顾虑。

相应的政策建议是：(1) 坚持市场结构改革取向，大力引进规模大、实力强的外资银行。本文证明：外资银行，特别是资产规模大的外资银行进入确实提高了中国银行业的竞争程度，但目前作用有限。因此，从目前来看，引进外资银行的力度还应加强，包括：优化市场的信用环境和法制环境，减少对外资银行的审批手续，加强银行业外向型人才的培训，等等。(2) 加强银行业务创新，增强本土银行竞争力创新是银行利润的源泉，是体现银行核心竞争力的关键因素。中国银行业的利润主要来自利差收入，创新动力与创新能力不强，当面临外资银行咄咄逼人的竞争态势时，心有余而力不足，最终会在这场竞争实力的较量中败下阵来。因此，中国银行业的当务之急是加强业务创新，拓展中间业务，切实有效地增强本土银行的竞争力。(3) 加强对外资银行的竞争性管制，优化本土市场竞争环境。在放开对外资银行的地区限制和业务限制后，在外资银行已大量进入中国的今天，建立对外资银行反竞争行为的管制体系已是刻不容缓。

[192] 王红梅．环境规制国际化对我国外贸出口的影响及对策．宏观经济管理．2010 (06).

目前，多数发达国家已制定了一系列环境规制，以控制生产对于资源和环境的破坏，并积极开展绿色技术创新。为了将附加环保新技术的商品或服务向世界其他国家推广，以获取国际贸易的竞争优势，发达国家借助各种国际公约、多边环境协议和世贸组织框架下有关环境保护的各项相关内容，使环境与贸易直接挂钩，从而推动了环境规制国际化，并将对我国外贸出口产生深刻影响。对此，应当引起足够重视。

对我国外贸出口的影响：(1) 对出口市场范围的影响。(2) 对出口产品结构的影响。我国是最大的发展中国家，环境敏感型产品是具有比较优势，这种出口产品结构决定了我国出口贸易较易受环境规制国际化的影响和冲击。(3) 对出口企业成本和竞争力的影响。进口国严格的环境规制标准意味着我国出口企业成本和费用的提高，从而降低出口产品在国际市场上的竞争力。(4) 对我国相关行业产品出口的影响。

对策建议：（1）健全环保技术标准体系，努力将国内标准提升为国际标准。我国应加快环境保护技术法规体系的建立，健全企业技术标准体系，努力将国内标准提升为国际标准。一是建立起全国各行业、各地区协调统一的技术标准法规体系，完善我国的合格评定程序和认证制度；二是建立专门的环保技术标准信息收集和咨询体系，发挥驻外经商机构、经贸研究机构的优势，定期收集、整理、研究和发布主要贸易伙伴的有关环境保护方面的技术标准和技术法规等信息，并提出相关对策；三是充分利用世贸组织赋予成员方的权利，依据《技术性贸易壁垒协议》的规定，利用产品法规、标准、认证和检验制度方面非歧视的规定，防止发达国家对我国企业的出口商品实行双重标准，并运用多边贸易体制下的争端解决机制，清除明显的歧视性绿色壁垒；四是积极参与国际标准化组织，熟悉和掌握其已有的标准，积极向其推荐国内标准，努力将国内标准提升为国际标准；五是鼓励支持民间咨询机构参与技术标准体系的建立，提供技术标准信息，接受出口企业的咨询。（2）注重优化出口产品结构，加大力度发展环保产业。从研究经费、税收和信贷等多方面支持环保产业的研发活动，积极推广和应用清洁生产技术和工艺，加强环保产业的国际交流与合作，加快绿色技术创新人才的培养，激励企业的绿色技术创新行为。

［193］王红茹．破解民资准入“双重门”．中国经济周刊．2010（Z1）．

“民营投资准入难问题会不会有新突破?”当记者把国家或将出台推动民间投资新政的消息告诉中国新多集团董事长程新贵时，电话那头的他迫不及待地抛出了他所关心的问题。“国内的销量可以弥补国外市场销量的损失，基本上困难的时期已经过去了。”程新贵告诉记者，他掌管的中国新多集团是一家集设计、制造、投资、进出口贸易为一体的现代化企业集团，主要经营五金防盗门系列产品，产销量在业内名列前茅，出口量连续多年处于全国领先地位。“现在是想扩大投资方向，多样化发展，可是就是找不到合适的投资机会。”程新贵告诉记者。

2005 年“非公经济 36 条”出台后，民间投资领域得到了进一步拓宽，但现在谈到民间投资，准入难题依然首当其冲。黄孟复非常形象地表示，“在一些领域，民营经济还有一些看得见却进不去的‘玻璃门’，或进去了又不得不在非市场因素干扰下被迫退出的‘弹簧门’”。“其实垄断行业明令禁止民资进入的很少，都是在实际操作执行中因为种种原因，比如各方面的理解、认识不一样，制度不够完善等，使得电信、石油、航空等行业民营资本很少进入。现在需要在操作上出台一些配套措施。”一位知情人士分析说。

对此，张汉亚也表示认同，“现在的较大问题是大民营企业有钱却没地投，依然存在着准入难问题。”“制造业基本上过剩，电信业很挣钱，但民营企业进不去，石油也很挣钱，但国家规定上游的勘探开采不允许民营企业介入，钢铁现在可以介入，但国家对钢铁的政策是抓大压小，小的不许上，铁路是国家鼓励民间资本投入的，但是民营企业又不愿意投，因为挣不着钱，而且没有经营权。”张汉亚说。

国家发改委副主任穆虹对这一问题也不讳言，他指出，目前民营投资准入难问题突出表现在一些传统的垄断行业，如基础产业和基础设施、市政设施、社会事业、金融服务、商品批发和物流等行业和领域。穆虹称，按照国务院的部署，国家发改委正在与国务院有关管理部门积极研究努力破除行业垄断，扩大投资范围，降低准入门槛，为民间投资扫除障碍。据记者了解，按国务院的部署，目前国家发改委正与相关部门研究行业管理体制改革的政策，主要是通过股份制改造、企业业主招标、特许权转让、政府采购，制定优惠的税收和信贷政策等，为民间资本进入扫清障碍。

［194］王宏，陈宏民．竞标者合谋均衡分析：从单期静态拍卖到重复动态拍卖．产业经济评论．2010（02）．

本文假设合谋竞标者在拍卖之前采用第二价格预拍的合谋机制，分别在单期静态拍卖和重复动态拍卖的背景下，求解了第一价格拍卖和第二价格拍卖下的合谋均衡。我们不但考虑了拍卖方对于合谋的最优策略性响应，而且考虑了参与合谋的竞标者与没有参与合谋的竞标者之间的策略性响应，主要结论表明：（1）没有参与合谋的竞标者为了抵消合谋竞标者对于自己的不利影响，在竞价时考虑到合谋的存在会比不存在合谋条件下的竞价更具有进取性；（2）与第一价格拍卖相比，第二价格拍卖下的合谋更容易实现；（3）在重复动态拍卖中，给定保留价格，强卡特尔下的合谋比弱卡特尔下的合谋更容易实现；（4）无论在单期静态拍卖还是重复动态拍卖下，拍卖方合理的设定保留价格对于合谋的难易均有重要影响。

本文的结构安排如下：第二部分是基本模型假定；第三部分求解了基于第二价格预拍的第一价格拍卖中的合谋均衡，包括竞标者的竞标策略，拍卖方在保留价格上的最优策略性响应，均衡时卡特尔的最优规模；第四部分求解了对应的基于第二价格预拍的第二价格拍卖中的合谋均衡；第五部分对两种拍卖模式下的合谋均衡进行了比较分析；第六部分是重复拍卖中的合谋均衡分析，分别求解了强卡特尔和弱卡特尔下能有效防范合谋的临界折现因子，卡特尔成员的期望收益以及拍卖方的最优保留价格；第七部分是结论及进一步研究展望。

本文分别在单期静态拍卖和重复动态拍卖中分析了拍卖方的保留价格策略对于竞标者合谋的影响。现有的部分文献也关注于保留价格对于合谋的影响，但是其缺陷主要有：（1）大部分相关文献都是在静态拍卖的背景下进行考察的，而实际上拍卖方在保留价格上对于竞标者合谋的策略性反应在多期重复动态拍卖的环境下加以考察更有意义。（2）许多文献为了分析的简化，都假设卡特尔包括所有的竞标者，而实际上合谋均衡时卡特尔的最优规模是在策略性互动中内生决定的，本文研究表明在不考虑“搭便车”问题的情况下第二价格拍卖下合谋均衡时的卡特尔应该包括所有的竞标者，但是一旦存在“搭便车”行为，卡特尔应该采取一定的进入阻止策略以维持合谋的稳定性，而在第一价格拍卖下即使假设不存在“搭便车”行为，合谋均衡时也只有部分竞标者加入到卡特尔中。（3）现有的关于拍卖中合谋的文献只考虑了卡特尔和拍卖方之间的策略性互动，而没有考虑到合谋竞标者和非合谋竞标者之间的策略互动，而一旦考虑到这后一种互动将会对所有卡特尔代表以及其他非合谋竞标者的竞标策略产生影响，而且在这种情况下，第一价格拍卖和第二价格拍卖下拍卖方的期望收益相等，这就将经典的收益等值原理推广到存在合谋时的情形。

[195] 王宏，陈宏民．拍卖中的合谋与防合谋的最优机制设计：理论与实证研究的新进展．产业经济研究．2010（03）．

标准拍卖理论不考虑竞标者合谋，而实际上合谋在标准拍卖中普遍存在并对拍卖结果（包括配置效率、竞标策略、最优保留价格、参与者收益等）有重要影响。最近相关的研究日益增多，目前研究主要关注了各种不同拍卖模式下合谋的难易及其对拍卖结果的影响，对合谋的侦测与控制，防合谋的最优机制设计。本文旨在反映关于拍卖中合谋研究的现状与最新进展，并展望了未来的研究方向。

理论和实证研究都表明标准拍卖机制容易出现合谋问题，但由于缺少数据和有效的应对措施，规制当局要想对这种反竞争性行为进行控制常常比较困难。更为严重的问题是，依赖于合谋的组织方式以及拍卖市场环境，合谋与腐败常常紧密联系而且会同时发生：竞标者合谋的同时可能会涉及竞标团伙与拍卖商联合以达成腐败协议，而一旦腐败的公共实体存在时就可能有助于维持稳定的合谋策略。给定上面这些结论，一种有效的方法可能就是通过将机制内生化，进行防合谋的最优机制设计，而这正是当前理论界的焦点和难点。

对于有关拍卖中合谋问题的未来研究，可以考虑在以下四个维度上进行扩展。第一，我们可以在研究中考虑合谋者对于当局为了侦查合谋要对竞标进行审查的信息的策略性响应。目前的研究还没有考虑这种策略性响应或者将这种响应作为外生给定的。第二，由于拍卖中的合谋与腐败问题是紧密联系且常常会同时发生，这就很有必要将合谋与腐败放在同一个模型框架下进行分析，并对防合谋与腐败的最优拍卖机制设计问题进行深入研究，现有分析的重要缺陷就是将这两者割裂开来分别进行建模。第三，我们应该更多的关注于对多物品拍卖以及重复拍卖中合谋问题的研究，这两种拍卖模式下更容易出现合谋。同时升价拍卖是销售多物品的一种常用机制，可能还存在着其他更不容易受到合谋影响的机制。此外，需要在重复拍卖下对动态竞标过程中可能出现的合谋进行全面地审查。第四，为了使我们的经验和实验分析更加有效，我们应该认真探究现有的用于侦测合谋的计量工具的稳健性。这涉及需要在具有相当长持续期的市场中引入合谋的机会，在这样的市场中随机的成本和需求冲击对预测的结果产生足够的可变性，从而就允许对这些技术进行有意义的应用，使我们获得一些关于这些工具的准确性和适用性的关键性的洞见。相信沿着以上路径进行的理论和经验研究工作，可以为我们提供对于在不同的拍卖模式下不同形式的合谋在什么时候会发生、怎样发生以及所产生的后果的一个比较全面的认识，从而可以帮助我们制定相对有效的防合谋的措施和政策。

[196] 王宏，陈宏民，顾巧明．基于第二价格预拍的竞标者合谋均衡分析．中国管理科学．2010（03）.

本文假设合谋竞标者在拍卖之前采用第二价格预拍的合谋机制，求解了第一价格拍卖下的合谋均衡。我们不但考虑了拍卖方对于合谋的最优策略性响应，而且考虑了参与合谋的竞标者与没有参与合谋的竞标者之间的策略性响应，研究表明，没有参与合谋的竞标者为了抵消合谋竞标者对于自己的不利影响，在竞价时考虑到合谋的存在会比不存在合谋条件下的竞价更具有进取性，而且拍卖方合理的设定保留价格对于合谋的难易有重要影响。

本文使用第二价格预拍的合谋机制，在单期静态的第一价格正式拍卖下考察了拍卖方对于竞标者合谋在保留价格上的策略性响应，与现有文献不同的是我们还考虑了没有参与合谋的竞标者与合谋竞标者之间在竞标策略上的策略性响应，并求解了合谋均衡。研究表明，没有参与合谋的竞标者为了抵消合谋者对于自己的不利影响，在竞价时考虑到合谋的存在会比不存在合谋时的竞价更具有进取性（Aggressive）从而增加赢标的可能性，而合谋者和没有参与合谋的竞标者从拍卖中获得的期望收益相等。合谋均衡时只有部分竞标者加入到合谋中，但是拍卖方最优的保留价格是建立在包含所有竞标者的卡特尔的基础上设定的。

本文分析了拍卖方的保留价格策略对于竞标者合谋的影响。现有的部分文献也关注于保留价格对于合谋的影响，但是其缺陷主要有：(1) 许多文献为了分析的简化，都假设卡特尔包括所有的竞标者，而实际上合谋均衡时卡特尔的最优规模是在策略性互动中内生决定的，本文研究表明，在第一价格拍卖下，合谋均衡时也只有部分竞标者加入到卡特尔中。(2) 现有的关于拍卖中合谋的文献只考虑了卡特尔和拍卖方之间的策略性互动，而没有考虑到合谋竞标者和非合谋竞标者之间的策略互动，而一旦考虑到这后一种互动不仅会对所有卡特尔代表以及其他非合谋竞标者的竞标策略产生影响，也对卡特尔的最优规模产生影响。文章最后的数值分析结果与本文得到的主要结论也是吻合的。当然本文的研究只是对单物品的对称 IPV 拍卖模型的推广，我们应该更多的关注于对多物品重复拍卖中合谋问题的研究，这两种拍卖模式下更容易出现合谋。同时升价拍卖是销售多物品的一种常用机制，可能还存在着其他更不容易受到合谋影响的机制。此外，为重复拍卖下对动态竞标过程中可能出现的合谋进行全面的审查，我们需要借助于一些计量工具在经验分析中对于竞价数据进行数据挖掘从而发现合谋的有力证据，当然这只是一种事后的补救措施，更为重要的是我们需要借助机制设计的理论工具在事前设计出一种能够有效防止合谋的最优拍卖机制。这也是本文未来的研究方向所在。

[197] 王怀勇，刘中杰．转型期社会性管制模式的变革与创新——基于食品安全的法学分析．北京工业大学学报（社会科学版）．2010（04）.

针对近年来食品安全对我国民生的困扰问题，结合我国转型期的时代背景，从社会管制的角度出发，系统解读了我国食品存在问题的根本因由，探索了食品领域中社会性管制模式的变革与创新，以期对建立我国食品安全保障体系和维护民生基本权益提供理论依据与现实指导。

我国食品领域中社会性管制的问题诊断：（1）管制者自身基本理念、定位和权力配置存在偏差；（2）管制模式变革尚未有效细化，多头管制的协调仍未真正解决；（3）社会性管制手段尚不健全，管制水平有待提高；（4）针对管制者的监督机制尚未建立；（5）行业协会功能尚未有效发挥。

对食品安全管制的程序规制尤为重要。首先，应建立政府食品安全信息施效的“谋”、“断”分离机制，即通过设立专门的谋略班子，用集体的智慧为政府食品安全决策提供咨询服务，从而避免政府管制的随意性和主观性。其次，加强对管制权利配置的监督。强化立法机构的立法监督职能，强化司法机关的司法监督职能。最后，由于我国质检、工商等部门的食品安全检查程序存在一定程式化而非程序化，或定期检查，或让商家主动送检，难以检出安全漏洞。

食品安全之社会性管制配套机制的完善：首先，食品安全标准机制的完善刻不容缓。应对各部门之间的检验能力建设进行进一步统一部署，科学配置，并督促县级上地方各级人民政府加强区域性规划，提高监管资源利用效率。其次，政府应当进一步完善我国的食品安全信用体系，广泛收集食品生产经营主体准入信息、食品安全监管信息、消费者申诉举报信息等，完善食品生产经营主体诚信分类监管制度，并对食品安全情况进行跟踪监测，进一步建立健全具备查询、评价和反馈功能等在内的可追溯科学服务系统。最后，提升我国面对突发性食品安全事件的风险预警能力。应组建国家食品安全风险评估中心，在有能力的地区建立风险评估中心，加快建立覆盖全国的监测网络，充分发挥风险监测评估对食品安全监管的科学指导作用。

［198］王健．关于推进我国反垄断私人诉讼的思考．法商研究．2010（03）．

反垄断私人诉讼虽然在我国已经取得了一定的成就，但也存在着案件类型单一、成功率不高、损害赔偿的象征性等诸多不足之处。为了进一步推进我国反垄断私人诉讼，必须树立反垄断私人诉讼优先理念，同时借鉴国外的有益经验，采全面促进为主、适当金钱激励为辅的模式。在落实具体的推进措施时，不应该照搬民法、民事诉讼法的一般原则和规定来设计反垄断私人诉讼制度，而应充分考虑反垄断法的特殊性，在扩大原告范围、激励私人诉讼、增强私人诉讼成功可能性、促进更为全面的私人诉讼、提高私人诉讼的信心和决心、减轻私人诉讼的风险等六个方面作出适应性的制度安排。

反垄断法的实施既可以通过执法机构来进行，也可以通过私人来进行。前者称为反垄断法的公力实施，后者称为反垄断法的私力实施。这里的私人除了个人以外，还包括公司、合伙以及其他商业实体。私人参与反垄断法的实施主要有两种途径：一是向反垄断执法机构举报；二是直接提起反垄断诉讼。从反垄断法的百年实践情况来看，反垄断私人诉讼对于全面激活反垄断法的有效实施发挥了重要作用。中华人民共和国反垄断法（以下简称反垄断法）自 2008 年 8 月 1 日起开始施行。从目前情况来看，反垄断私人诉讼虽然已经取得了一定的成就，但也存在着案件类型单一、成功率不高、损害赔偿的象征性等诸多不足之处，亟须通过树立正确的理念、借鉴国外模式以及完善相关制度来进一步推进我国反垄断私人诉讼向纵深发展。

我国反垄断私人诉讼虽然现状不佳，但毕竟已经迈出了可喜的一步，未来的发展空间还是很大的。实践给予的启示是，反垄断法有其特殊性，我们不应该照搬民法、民事诉讼法的一般原则和规定来处理私人提起的反垄断诉讼。展望未来，笔者认为应在以下六个方面作出适应性的制度安排。（1）规定间接购买者的起诉资格，扩大反垄断私人诉讼原告的范围。（2）在归责原则和举证责任方面作特殊的制度安排，增强反垄断私人诉讼成功的可能性。（3）规定私人集体诉讼制度或私人代表诉讼制度，促进更为全面的反垄断私人诉讼。私人诉讼不应该是少数人的事情，要鼓励广大受到违法垄断行为影响的一切人参与诉讼。只有这样，才能充分体现并发挥私人诉讼的优越性。（4）规定双倍赔偿制度及计算方式，激励私人提起反垄断诉讼。其他国家的实践已经证明，如果仅仅规定实际损害赔偿规则，那么私人当事人提起诉讼的意愿一般不会太高。（5）规定约束力规则，提高反垄断私人诉讼的信心和决心。（6）改造诉讼费规则，减轻反垄断私人诉讼的风险。

［199］王俊豪．中国城市公用事业民营化的若干理论问题．学术月刊．2010（10）．

“民营化”是一个很有争议的重要概念，民营化比私有化具有更为广泛的内涵，城市公用事业的民营化不能等同于私有化。民营化和促进竞争是推动城市公用事业改革的两个轮子，缺一不可。城市公用事业改革的目标是实现多种所有制企业的竞争，国有企业与民营企业在城市公用事业分布的总体格局是：国有企业主要分布在自然垄断性业务（网络性业务）领域，而民营企业主要分布在竞争性业务领域。由中国的国情所决定，城市公用事业民营化应是一个渐进的过程。民营化的结果是，一方面减少甚至消除政府对城市公用事业的直接经营，另一方面需要有效的政府管制政策的支持。

城市公用事业民营化是一个在城市公用事业领域逐渐扩大民营企业的经营范围和比重，相应缩小国有企业经营范围和比重的过程。中国城市公用事业的民营化改革已取得一定的成效，但在一些城市也产生了不少负面效应，表现为对民营化改革的目标不明确，改革的重点和路径选择发生偏差，特别是少数城市政府对公用事业一卖了之，缺乏有效管制，从而发生一系列混乱现象。因此，为深化城市公用事业民营化改革，有必要对相关重要理论问题进行探讨，为制定有关改革政策提供理论依据，这也是撰写本文的主要目的。

从理论上分析，“民营”是一个与“政府直接经营”（或称官营）相对应的概念，“民营”的实质在于“非政府”、“非官方”直接经营。在生产资料民有的情况下，当然实行“民有民营”，但即使在生产资料国有的条件下，也可以实行“国有民营”。也就是说，“民营”与生产资料所有制没有必然联系，“民营”不等于“私有”，民营化也就不等于“私有化”。

从中国一些垄断性产业的现实看，虽然电信、电力、民航等产业已在多年前就开始改革，在形式上目前已形成多家企业竞争的格局，但这些产业中的主导企业基本上是国有企业，这些企业之间的竞争还是同一国家所有制下的竞争，不存在破产倒闭的经营风险，难以形成市场经济中优胜劣汰的竞争机制，竞争对提高经济的促进作用比较有限。因此，中国城市公用事业改革的一个重要内容是实行民营化改革，而在民营化改革的同时，政府要相应制定与实施一系列促进竞争的政策，形成有效竞争的格局。竞争与民营化相互促进、相互协调，这是中国城市公用事业改革缺一不可的两个轮子。

从中国的现实情况看，城市公用事业的民营化改革还受以下几个主要因素的制约：（1）对城市公用事业民营化改革需要有一个观念转变过程；（2）城市公用事业的法律制度建设严重滞后；（3）尚未形成有效的市场竞争秩序。

［200］王明虎．政府经济人行为与国有产权流动性——基于北京产权交易所数据分析．财贸研究．2010（03）．

在中国，政府为了自身利益，会对转让的国有资产设置各种条件，从而影响到国有产权的流动性。本文利用北京产权交易所公布的 2007 年 12 月、2008 年 12 月的 742 项产权交易项目数据，对国有产权流动性及其影响因素进行分析，结果发现：转让产权比例越高，挂牌价格越高，标的企业员工越多，产权流动性越小，产权市场成交时间越长；从受让条件看，对意向受让方资本要求越高，支付期限要求越短，承担债务压力越多，产权流动性越小。此外，产权转让监管机构级别越高，产权流动性越小。

在国有企业改革进程中，通过产权转让实现国有产权的有效配置，对优化国有产权的战略布局具有十分重要的意义。而国有产权有效转让的重要条件之一是国有产权要具有一定的流动性。在国有产权转让的过程中，作为产权所有者的各级政府出于各种动机考虑，在产权交易市场中要进行一定的行为选择。这些行为选择会影响到国有产权的流动性，进而影响到国有产权转让的效率和国有企业改革的成败。本文主要从各级政府在产权转让中的行为分析出发，研究其对国有产权流动性的影响，进而提出政策建议。

通过上述分析，本文得到如下结论：（1）受国有企业改革的成本和收益影响，在确定国有产权上市转让的条件时，地方政府会从自身利益角度出发，选择上市转让项目，并根据标的企业情况确定受让条件，转移风险。（2）国有产权在产权交易市场的流动性受多种因素影响。从转让产权本身情况看，转让产权比例越高，挂牌价格越高，标的企业员工越多，产权流动性越小，产权市场成交时间越长；从受让条件看，对意向受让方资本要求越高，支付期限要求越短，承担债务压力越多，产权流动性越小。此外，产权转让监管机构级别越高，产权流动性越小。根据本文的研究结论，我们提出如下政策建议：（1）从提高国有产权转让的效率角度出发，地方政府在进行国有产权转让时，应事先进行国有企业的现代企业制度建设，完善公司治理结构，降低隐性负债，提高经营效率，从而提高产权项目对市场投资者的吸引力。（2）为提高国有产权流动性，加快改革的顺利实施，地方政府在提出产权转让受让条件时，可根据地方财政状况，适当降低受让条件，比如延长支付期限，适当放宽受让方资本限制，简化审批程序等，从而使国有产权在市场上流动性更强，增加市场的资源配置能力。

[201] 王琪，战旗．我国食品安全监管体系的主体分析．中国集体经济．2010（24）．

食品安全事件的发生不仅扰乱人们的正常生活，还威胁到一个国家的经济和政治的发展以及社会的稳定。改革开放以来，我国在提高食物供给总量、增加食品多样性及改进国民营养状况方面取得了瞩目的成就，食品安全水平也不断提高，但食品安全事件仍频频发生。造成这些现象的原因很多，政府在食品安全监管体系中起到举足轻重的作用，但其他主体如社会媒体、公众、企业等的作用同样不能小视。

政府监管的必要性：

1. 食品安全属于公共物品。食品安全属于一种准公共物品，而政府有责任为公众提供安全可靠的公共物品。

2. 食品安全信息存在不对称性。食品安全信息不对称包括生产者和消费者之间的信息不对称、生产者和政府间的信息不对称以及政府和消费者之间的不对称。为了缓解信息不对称造成的市场失灵，政府必须对食品市场进行监管。

3. 食品安全问题具有外部性。这体现在：一是食品市场上的正规（生产安全食品）企业对消费者和非正规企业产生的正的外部性；二是非正规企业对于消费者和正规企业产生的负的外部性。外部性是非排他的，不能通过市场机制自主解决，势必要求政府予以干预。

政府监管存在的问题：

1. 政府监管部门信息不充分。政府监管部门的人员在人数上和技术上与企业中具体的专业生产人员相比处于劣势；信息来源于政府监管部门基层工作人员，层层上报，需要大量费用和成本。

2. 政府能力有限。食品安全监管不是政府的唯一工作，政府不可能把全部精力放在食品监管上，监管什么、如何监管等所有问题都由政府负责要耗费大量人力、财力、物力。

3. 政府行政人员也是理性的经济人。政府的各监督部门也是由个人组成，他们并不比私营部门中的人员更加高尚。政府内部人员主动或被动的寻租行为将导致食品安全监管工作不能发挥应有作用。

政府对食品安全的监管有着无可推卸的责任，但更需要其他主体的介入来弥补。

公众：公众与食品安全利益关系最大，对食品安全监管的动力最强。公众具有与监督相关的基本权利，有参与监管的动力和优势。

社会媒体：媒体报道能及时传递民众的信息和意见，也能为政府提供信息。

企业自我管理：企业要对消费者承担社会责任，保证生产食品的安全可靠，把好食品安全的第一关；企业要形成持久竞争力，满足消费者越来越高的食品安全要求，也应该加强自律。

食品安全的监管主体多元化有利于发现各个环节存在的安全隐患，最大程度减少食品安全事故发生，但是各个监管主体并非出于平等关系。政府是主导者，企业是第一道关口，公众、社会媒体是第三方，这样形成政府主导下的食品安全综合监管体系。

[202] 王强．构建现代国资监管制度的依据及路径．经济社会体制比较．2010（06）．

以2003年以来各级国有资产监督管理委员会（简称“国资委”）成立为标志，国有资产监管工作进入一个全新的历史阶段。但人们对国资委的身份确认不时出现困扰，对国有企业的监管方式简单等同于传统的行政监管模式。本文在综述有关国资监管研究文献的基础上，对国资委存在的依据、地位及效能做出深度分析，提出建立现代国资监管制度的观点。

国资监管制度变迁：文献综述。

有关国资监管及国企运营问题研究的主流结论是（易纲、林明，2003；宋立刚、姚洋，2005；白重恩、路江涌、陶志刚，2006）：国有独资企业的效率不如国有控股公司，国有控股公司的效率不如国有参股或非国有控股公司，而导致国有独资或控股公司效益低下的根源则在于国有企业难以形成有效的委托代理机制。但这些都是依据2003年前的数据或事件得出的结论，且一直受到质疑。如何破解国资监管体制的低效甚至失效问题，理论界主要有三种思路：第一种是否定性思路；第二种是分类处置思路；第三种是组建“出资人”专设机构思路。伴随着市场经济体制改革进程，国资监管体制的改革路径实际上是沿着上述第二和第三种思路相结合的方式在持续推进的。

国资监管事实上存在三重核心的委托代理关系：一是国有资产的本源所有者（即全体国民）与国有资产的事实所有者（即各级政府）间的委托代理关系；二是各级政府与各级国资委（国有资产的代理所有者）间的委托代理关系；三是代理所有者（各级国资委）与企业经营管理者间的委托代理关系。国资委作为委托代理链的中间环节，与政府和监管企业间都存在委托代理关系。

从公司治理机理看国资委应有两大职能：国资委拥有国有公司“三会”职能配置的主动权，股东的应有职能就是国资委的职能。

如何构建基于公司治理结构安排的现代国资监管制度？现代国资监管制度的具体特征可以概括为“政资分开，主体到位，权能完整，职责匹配，治理规范”。现代国资监管制度是对国有企业实现科学监管的制度保证，对国有企业得以实现科学监管的首要体现就是真正做到公司善治。第一，确保对代理人威慑的真实性和激励的充分性；第二，重建规范的董事会；第三，构建立体的监督体系；第四，健全信息获取与披露机制；第五，实现内外部治理的有机协调。

[203] 王秋良，刘金妫．反垄断法宽恕制度实施条件比较．东方法学．2010（04）．

宽恕制度（Leniency Policy/Programme）是指参与卡特尔的行为主体或其他知情人员，在反垄断执法机构开始调查前，提供可启动调查程序的证据，或开始调查后，提供增强案件事实认定的证据，且持续、全面配合调查时，执法机构依法免除或减轻该行为主体因从事卡特尔行为所应负的刑事、行政或民事责任（统称“处罚”）。宽恕制度的有效实施基础主要包含以下四个方面的内容：严厉的制裁措施、有梯度的奖赏措施、透明的适用规则和有力的执法手段。

各国现代竞争法都致力于制定适合本国的实施条件，以更好地发挥宽恕制度的激励机制。通过分析比较现代竞争法对宽恕制度实体条件的规定，本文归纳为共有条件和特殊条件。

共有的实体条件：

1. 提出申请的顺序条件：第一个提出申请是取得免除处罚的首要条件。

2. 提出申请的数量条件：各国都十分严格限制获得免除处罚奖励的主体数量，往往仅规定只有第一位提出申请者可以赋予豁免。在减免适用对象的数额也有一定的限制。

3. 提供相关证据或信息：现代竞争法都无一例外地规定申请者需提供涉案卡特尔的相关证据或信息，但是关于信息或证据所能证明的程度及其性质却呈现一定的差异。

4. 停止侵害：宽恕申请者及时停止侵害是减免其处罚的必要条件，现代竞争法都有明确要求，但是存在一定的例外。

5. 持续、全面、诚实的协助调查：申请者协助调查是及时查处案件的关键。

6. 有强迫其他主体参加卡特尔：对申请者范围进行一定限制的主要目的在于防止企业实施不道德行为。

7. 有梯度的减轻幅度：免除处罚是指符合条件的告密者无需承担任何责任，但是减轻处罚就依不同情况给予有梯度的优惠。

特殊的实体条件：

1. 提出申请的时间条件：根据宽恕申请提出时间不同，分为调查开始前和调查开始后申请两种情形。

2. 排除特定主体：对于告密者是否必须排除卡特尔的领导人或发起人存在立法差异。

3. 保护证据：保护相关信息或证据是申请者的一项潜在义务，但是仅欧盟在 2006 年修订的《关于卡特尔减免罚款的告示》中特别指出该项义务。

4. 保护受害人权益的良好合作：真正将这一义务落实的是美国 2004 年的《刑事处罚增加和改革法》，而其他国家或地区都没有设定此限制条件。

文章同时对提出申请、初步决定、最终决定、监督履行协议的程序条件进行了比较。

宽恕制度实体条件的评价。实体条件的客观化，限制执法机关自由裁量权。申请者数量的有限性，彰显宽恕制度的本质。减轻程度的差别性，表明各国不同的优惠政策。我国《反垄断法》涉及的宽恕制度较为笼统，国家工商行政管理总局出台的《关于禁止垄断协议行为的有关规定》（征求意见稿），细化了该制度的适用条件。然而该征求意见稿不仅未获得通过，而且仅是部门规章，因此健全与完善我国宽恕制度显得尤为重要和必要。

［204］王喜爱．自然垄断行业引入竞争机制探究——基于电信行业的演绎．商丘师范学院学报．2010（11）．

电信业作为一个持续变革的产业，与天然气、自来水、铁路、电力等传统的网络型自然垄断行业相比，走在了改革的前列，并取得了优异的成果。回顾电信行业在引入竞争机制方面所进行的探索，总结与分析电信行业在这个过程中的得与失，具有指导意义。同时电信行业的经验教训在类似于电信的自然垄断行业中也具有较强的演绎空间和借鉴价值。

我国电信业曾经一直是政企合一，由原邮电部独家垄断经营的，但是我国电信业正在从垄断向有效竞争转变。具体而言，我国电信业已经和正在经历三个阶段：独家垄断阶段、垄断优势企业阶段和有效竞争阶段。

中国电信行业旨在引入竞争的改革和重组，走的是一条独特的道路，具有以下几个特点：第一，从电信行业引入竞争的整个过程上来看，电信行业内的垄断业务表现出逐步被打破的特点。第二，从电信行业实施各次改革措施的操作层面来看，电信行业引入竞争的层次逐步提升。第三，从电信行业各次改革的执行手段上来看，主要以政府的行政手段为主。第四，从电信行业各次改革重组对政府部门与电信企业关系的调整效果来看，政府对于电信行业的管理和经营正在逐渐分离。

尽管我国电信行业正逐步转变为可竞争行业，但实际上竞争机制的引入是个极其复杂的问题，引入竞争机制遇到很多障碍。首先，竞争机制的引入可能会受到政府主管部门的阻碍；其次，竞争机制的引入可能会受到现有企业的阻碍。

在电信行业从垄断向竞争转变的过程中，我们在肯定改革重组所取得的正面成果的同时，也应该清楚地认识一些负面影响。首先，在电信行业引入竞争机制造成了某些领域内的无序竞争，某些领域吸引了过多的竞争者，重复投资造成资源浪费，某些领域内过多的竞争者之间大打价格战，进而恶化了电信行业发展的外部环境。其次，电信行业引入竞争机制与其所应履行的“普遍服务义务”相矛盾。

尽管我们不能清楚地描述出未来国内电信改革的变动轨迹，但改革的方向却是明白无误的。就电信行业如何进一步进入竞争机制，本文有以下三点结论：第一，在电信行业内一些市场机制可以较充分发挥作用的领域，通过进一步适当引入竞争来促使市场机制发挥作用；第二，进一步引入竞争的同时，保持一定的政府规制，避免无序竞争；第三，建立电信普遍服务成本补偿机制和融资机制，避免企业“普遍服务义务”缺失。

总体而言，中国的自然垄断行业具有较强的政府垄断特点，在讨论如何引入竞争机制的时候，应该清楚地意识到转变政府角色的必要性和紧迫性。应正确识别出自然垄断行业的非垄断环节，放开这些领域的市场准入，允许愿意进入这些行业或环节的经营者进入形成竞争。

[205] 王先林．论反垄断民事诉讼与行政执法的衔接与协调．江西财经大学学报．2010（03）．

一、反垄断法实施中的行政执法与民事诉讼

《中华人民共和国反垄断法》（以下简称反垄断法）在2007年8月30日获得通过，自2008年8月1日起施行。我国反垄断法的实施主要是指专门的反垄断执法机构依法调查处理垄断行为所进行的行政执法活动，而较少涉及有关主体（经营者、消费者）就垄断行为追究民事责任而依法向人民法院提起的民事诉讼。实际上，这两者都是反垄断法实施的表现和机制，它们相互配合、相互补充，共同维护市场竞争秩序。

在我国反垄断法的实施中，专门的反垄断执法机构是处于主导地位的，但是，反垄断民事诉讼也具有重要的意义和作用。首先，反垄断民事诉讼有利于推动反垄断法的有效实施。其次，允许利害关系人直接提起民事诉讼可以弥补反垄断执法机构本身的局限性。此外，通过反垄断民事诉讼，还可以对专门机构的反垄断执法活动起到一定的制约作用。

二、反垄断民事诉讼中原告资格的确定与行政执法前置问题

在承认和利用反垄断民事诉讼机制的前提下，解决其与行政执法在程序上的衔接问题非常重要。其核心问题是反垄断民事诉讼的提起是否需要经过行政执法的前置程序。

反垄断民事诉讼制度首先需要确定谁有权在什么条件下提起诉讼，即原告的资格问题。我国的经营者或者消费者提起反垄断民事诉讼不需要以反垄断执法机构调查和认定经营者违法为前提。但是，对于非法的经营者集中行为来说，只有被反垄断执法机构依法认定为非法垄断行为的经营者集中，当事人才能向法院提起反垄断民事诉讼。对反垄断执法机构正在调查的涉嫌垄断行为，当事人应被允许提起反垄断民事诉讼，但是法院在一定的条件下应当中止民事诉讼程序。在实行经营者承诺制度和宽恕制度时，反垄断执法机构将会对涉嫌违法的经营者采取中止调查、免除或者减轻处罚的措施。

三、反垄断民事诉讼中法院与行政执法机构的协调与合作问题

我国反垄断民事诉讼制度的有效实施在很大程度上有赖于在民事诉讼中法院与行政执法机构之间的协调与合作。强调法院与反垄断执法机构之间的协调与合作也是很多国家和地区的普遍要求和做法。反垄断民事诉讼中的一个关键和复杂的问题是当事人如何有效举证问题，这直接关系到诉讼的胜负。而反垄断民事诉讼中的当事人举证又是非常困难的，相对来说，反垄断执法机构在证据收集方面具有其独特的优势，如果反垄断执法机构能在证据方面给私人原告以帮助，法院又原则上认可这些证据的效力，这将有利于当事人民事诉讼权利的实现。反垄断执法机构不仅在证据的搜集上具有优势，而且在有关行为性质的认定上也具有优势，所以其关于违法行为的裁决对于民事诉讼同样十分重要。

总之，反垄断行政执法和民事诉讼这两大反垄断法实施力量的衔接和协调，可以有助于反垄断法的制度功能得到最大程度的发挥。

[206] 王贤彬，聂海峰．行政区划调整与经济增长．管理世界．2010 (04).

行政区划具有巩固基层政权、促进经济发展和加强民族团结三个方面的功能。我国作为单一的中央集权制国家，行政区划的经济功能比较突出。行政区划与区域经济发展具有内在的联系，行政区划的合理与否直接影响着区域经济的发展。行政区划变动，不仅涉及到地方市场范围调整，也影响地方政府行政和财政管理权限的调整和变动。行政区划调整究竟对区域经济发展产生了怎样的影响就是一个重要的理论和实证问题。

最近的一次省级行政区划调整发生在 1997 年，重庆成为我国的第四个直辖市，我们拟选择重庆直辖这一事件作为案例样本。由于大四川行政区划调整具有外生性，我们可以将大四川行政区划调整以及由此带来的相关经济活动看作是对大四川地区经济增长的一次实验。本文采用项目评价（Program Evaluation）文献中最新出现的合成控制法（Synthetic Control Methods）估计了大四川行政区划调整对大四川地区经济增长的影响，从行政分权、财政分权、地方官员政治激励与地区竞争等方面对此进行了合理解释。

按照项目评价文献，我们可以说大四川 1997 年之后就位于处理组（Treat-ment Group），国内其他地区就是没有行政区划变迁的对照组（Control Group）。基于合成控制法，可以根据没有行政区划调整的其他地区的组合来构造出一个良好的对比组。我们使用 1978 ~ 2007 年的省级平衡面板数据来分析行政区划调整对大四川经济增长的影响，重庆数据归并到四川数据中，因此我们使用了不包括香港、澳门和台湾的其他 30 个省区市的数据。我们选择的预测变量包括固定资产投资占 GDP 比重、第一产业增加值占 GDP 比重、从业人口占全部人口比重、实际人均产出以及实际人均产出增长率。

通过合成控制法，我们发现行政区划调整对大四川的经济增长路径有一定的正面影响。具体而言，重庆从四川分离出去对四川的经济增长路径没有影响；重庆直辖对其经济增长路径有一定正面影响。这种促进作用在统计上具有显著性，在时间上具有持续性。因此，行政区划调整并没有损害原地区的经济增长，对新成立地区经济增长的促进作用随时间推移不断显现。

上述发现为我们带来一系列的启示：省级行政区划调整，既有收益也有成本。将一个省区一分为二，需要协调两个新省区之间的经济利益，平衡两地的经济实力，甚至要考虑到对其他地区的外部影响。行政区划调整需要与行政、财政体制改革以及干部人事体制改革有机结合起来。我国的地方经济增长竞争往往带来重复建设和市场分割等问题，设立新的省级行政单位需要重视这方面的问题。设立新的省级行政单位，中央也需要给予其一系列的扶持政策和试验机会，中央和地方都应该着眼于长远和大局，合理赋予和运用这些政策和机会。这些启示，也部分阐析了为何过去 20 年间只有重庆成为新的省级行政单位。总之，行政区划调整的经济影响是复杂的，应该深入论证和慎重执行。

[207] 王秀玲．反垄断法中的滥用市场支配地位制度研究．青海社会科学．2010 (01).

不同国家对于滥用市场支配地位表述模式不尽相同，但其主要内容不外乎以下几方面：如何界定相关市场；如何认定市场支配地位；如何认定市场支配地位的滥用；滥用市场支配地位行为的法律责任。

一、界定相关市场

我国《反垄断法》第 12 条第 2 款规定：“相关市场是指经营者一定时期内就特定商品或者服务进行竞争的商品范围和地域范围。”这说明，界定相关市场需要考虑三个因素：相关产品范围、相关产品的地域范围和时间范围。对于如何界定产品、地域和时间范围反垄断法并没有做出明确规定。对于相关市场界定中的具体问题，国家工商总局这类反垄断法执法机构在制定具体规则时应该对此做出详尽规定，国家工商总局《关于禁止滥用市场支配地位行为的有关规定（征求意见稿）》第 4 条规定，“市场支配地位的认定和推定，应当在界定相关市场的基础上进行”。并没有对如何界定相关市场做出具有可操作性的规定。这样一来，会造成执法依据不明，执法过程不透明。

二、认定市场支配地位

对于市场支配地位的认定，西方国家曾经有过不同的标准，包括市场结果方案、市场行为方案和市场结构方案等。我国《反垄断法》第 17 条第 2 款规定了市场支配地位的定义：市场支配地位是指经营者在相关市场上能够控制商品的价格、数量或者其他交易条件，或者能够阻碍、影响其他经营者进入市场的一种能力。为了使这个定义具有可操作性，《反垄断法》第 18 条提出了认定市场支配地位的一系列因素。为了提高法律稳定性和当事人可预见性，《反垄断法》第 19 条还规定了可以推定经营者具有市场支配地位的几种情形。国家工商总局《关于禁止滥用市场支配地位行为的有关规定（征求意见稿）》第 5 条较充分地细化了《反垄断法》第 18 条认定的各项因素。

三、滥用市场支配地位行为的法律规制

只有经营者为了维持或取得市场支配地位，在没有任何合法理由的情况下，其所实施的排挤竞争对手并对竞争对手造成不必要损害的行为才是滥用市场支配地位的行为。《反垄断法》第 17 条第 1 款规定了滥用市场支配地位的类型。第 7 项作为兜底条款外，其他 6 项规定了 6 类滥用市场支配地位行为——垄断高价和垄断低价、掠夺性定价、拒绝交易、强制交易、搭售、差别待遇，后 5 项明确以“没有正当理由”作为认定滥用市场支配地位的要件之一。我国反垄断法没有对如何界定“正当理由”做出明确规定，国家工商总局《关于禁止滥用市场支配地位行为的有关规定（征求意见稿）》对于“正当理由”的实体标准和程序要求也没有具体规定。这样一来，反垄断执法机构在适用相关规定的过程中会无所适从。只有对以上实体和程序内容做出详尽的规定，有关各方才能有效预测各自行为在反垄断法上可能产生的效果。

［208］韦静．相关市场认定的反垄断法分析．长江大学学报（社会科学版）．2010（02）．

相关市场是指经营者在一定时期内就一定的商品或者服务从事竞争的范围或者区域，主要包含了商品市场和地域市场两个要素。不同的界定对于市场份额的统计有天壤之别，可直接影响垄断与否的判定。根据《中国指南》，中国“相关市场”的界定将传统的功能界定法法（产品功能界定法）和各国通行的“假定垄断者测试（SSNIP）”方法相结合。

产品功能界定法。《中国指南》第三条规定保留了界定产品市场的标准是根据商品的特性、用途及价格等因素，由需求者认为具有较为紧密替代关系的一组或一类商品所构成的市场。产品功能界定法主要做法是：在界定产品市场的证据上，首先是对产品的用途和特征进行分析，将其调查范围限制在可能的替代品。而在评价两种产品的替代性时，主要考察的是近期的替代证据、消费者和竞争者的观点、消费者的偏好、需求转向潜在的替代产品所面临的市场壁垒和成本等问题。在从需求替代角度界定相关商品市场的考虑因素中，《中国指南》增加了“需求者因商品价格或其他竞争因素变化，转向或考虑转向购买其他商品的证据”。

采用传统的产品功能界定法简便易行，相对于 SSNIP 界定法，传统分析方法似乎更符合中国国情。所以，《中国指南》中传统分析方法需求替代与必要的供给替代仍然优先适用。

SSNIP 界定法。传统分析方法在涉及相当大数目的差别产品时，很难确定替代产品链条上的界限到底在哪里。SSNIP 也称为“假定的垄断者测试”（The hypothetical monopolist test），用于确定企业并购反垄断规制的相关市场范围。SSNIP 是界定相关市场的一种分析思路，可以帮助解决相关市场界定中可能出现的不确定性，目前为各国和地区制定反垄断指南时普遍采用。SSNIP 也是一种思想试验，在实验的每一阶段那些被称为“最好的替代品”都将纳入产品市场中来。同时，SSNIP 界定法又可以理解为一种程序，依该程序得到的相关市场可以说是能从涨价中获利的厂商的最小组合。SSNIP 一般先界定相关商品市场。首先从反垄断审查关注的经营者提供的商品开始考虑，它把市场看作是一组产品群或一个区域，如果假定的垄断者在最小产品群中实施价格上涨而不能盈利，就把下一个最接近的替代产品加入相关市场中并再次运用 SSNIP 测试分析，这个测试过程反复进行一直持续到假定的垄断者可以盈利性地施加一个 5% 的价格上涨为止，这样界定的产品范围或地理区域就构成相关市场。《中国指南》规定 SSNIP 界定法适用于企业合并规制，垄断协议、滥用市场支配地位等行为。

[209] 魏华林，彭晓博．医疗保险改革的征途及其境界——奥巴马医改方案评述．保险研究．2010（03）．

医疗改革的背景。奥巴马总统进行医疗改革的直接原因在于，美国的现行医疗保险制度在发展过程中暴露出诸多弊端，需要政府从制度层面进行必要的修补。美国的医疗保险覆盖不全，公平性差；费用升高，效率低下；模式更替，问题不断；金融危机，矛盾加剧。

医疗改革的内容。奥巴马为医疗改革确定的原则主要是削减成本，保证质量，公立保险选择。具体包括以下七个方面：第一，保证选择性；第二，控制成本；第三，维护家庭财务稳定；第四，增加疾病预防和保健方面的投入；第五，增加医疗保险的可流动性；第六，保证全民享有医疗服务；第七，增加经费投入，保证医疗质量。众议院通过的医疗改革方案，其核心是创建一个由联邦政府监管的医疗保险市场，出售医疗保险的事情交由政府成立的公共保险机构去完成。参议院通过的医疗改革法案规定，所有美国人都应拥有医疗保险，联邦政府会向低收入人群提供医保补贴。众议院和参议院通过的两个医疗改革方案核心内容基本相同，但相互之间在细节上尚有一些分歧，归纳起来有三点：第一，财政来源上的分歧；第二，公立保险选择上的分歧；第三，堕胎问题上的分歧。2010 年 2 月 22 日公布的新的医疗改革方案弥合了众、参两院的医疗改革法案分歧并采用了共和党的部分主张。新方案首次提出了建立“医疗保险费率管理局”。奥巴马医疗改革的目标主要有三个方面：一是给那些已有医疗保险的人提供安全保护；二是给那些没有医疗保险的人提供医疗保险；三是控制医疗费用。

医疗改革的悬念。（1）医疗改革成效是否会受到公立保险选择缺失的影响不得而知；（2）大额医疗保险是否会因征税而受到抑制尚未知；（3）既得利益集团是否支持医疗改革有待观察；（4）已有医疗保险者的既得利益能否得到保护不甚明朗；（5）医疗改革能否改变美国人的价值观尚需时日；（6）医疗改革是否会降低现有医疗水平不得而知。

医疗改革的启迪。通过医疗改革逐步实现国家医疗保险制度的“三个转变”，即由疾病保险向医疗保险转变；由医疗保险向健康保险转变；由健康保险向健康管理转变。医疗保险的目的主要是对发生疾病的被保险人的治疗费用提供补偿；健康保险的目的主要是对发生疾病的被保险人提供治疗服务；健康管理则是对没有发生疾病的被保险人提供健康风险管理，使之不发生疾病或少生病。三者之间既有联系，又有区别。在未来一个时期，世界范围内存在的医疗保险、健康保险与健康管理并存的局面，不会发生根本性的改变。医疗改革的征途还很长。医疗改革，国度有别，路径不同，殊途同归。通过医疗改革，推广健康管理，提升健康水平，既是大家对奥巴马医疗改革的一种共同期盼，也是世界所有国家医疗保险改革的共同目标和最高境界。

[210] 魏琼．论混合型行政性垄断及其规制．法学家．2010（01）．

混合型行政性垄断既是具体行政性垄断，也是抽象行政性垄断。它业已成为我国行政性垄断的常态之一，对市场竞争秩序的损害尤甚。由于《反垄断法》未就混合型行政性垄断做出专门的规定，笔者认为，在法律禁止行政性垄断之际，有必要重点关注如何对混合型行政性垄断进行法律控制。

一、混合型行政性垄断的构成要件

（一）必要的构成要件

1. 主体要件。混合型行政性垄断包括两类实施主体：一类可称为“必然主体”，即抽象行政性垄断必须是由行政机关实施；另一类可称为“或然主体”，即具体行政性垄断的实施主体既可以是行政机关，也可以是法律、法规授权的具有管理公共事务职能的组织。

2. 行为要件。混合型行政性垄断的行为要件由以下三个环节共同组成：一是滥用行政权力；二是制定垄断规定；三是实施一个或若干个排除、限制竞争的具体行为。

（二）辅助性的构成要素

主观要件。混合型行政性垄断中的行政机关滥用行政权力是否存在主观故意或者过失，混合型行政性垄断实施主体之间是否存在共谋的意图，都不是混合型行政性垄断的必要构成要件。

结果要件。混合型行政性垄断的行为或者状态结果是否存在，这并不是混合型行政性垄断的必要构成要件。

二、混合型行政性垄断的表现形态

（一）混合型强制限定交易

《反垄断法》第32条是关于强制限定交易的禁止性规定。行政机关实施强制限定交易行为表现为滥用行政权力，以制定垄断规定的方式限定或变相限定单位及个人只能经营、购买、使用指定的经营者提供的商品，即构成了混合型强制限定交易。

（二）混合型地区封锁

《反垄断法》第33条是关于地区封锁的规定，同时该条还列举了地区封锁的四类情形和兜底情形。根据《反垄断法》第51条有关法律适用转致规定，国务院2001年第303号令《关于禁止在市场经济活动中实行地区封锁的规定》第4条对妨碍商品在地区间流通的行为作了较为详尽的规定。

（三）混合型限制跨地区招投标

《反垄断法》第34条是关于禁止滥用行政权力排斥或限制外地经营者招投标行为的规定。其行为表现为，以设定歧视性资质要求、评审标准或者不依法发布信息等方式，排斥或者限制外地经营者参加本地的招标投标活动。

（四）混合型限制跨地区投资

《反垄断法》第35条是关于滥用行政权力排斥或限制外地经营者在本地投资或设立分支机构的规定这类不平等待遇或称歧视性待遇既可以表现为直接针对外地经营者施加消极影响，也可以表现为赋予本地经营者更为优厚的待遇。

（五）混合型强制从事垄断行为

《反垄断法》第36条是关于禁止滥用行政权力强制经营者从事垄断行为的规定。行政机关更倾向于通过以“合法形式掩盖非法目的”的形式，而且往往以行政机关滥用行政权力的垄断规定为基础而发生的具体行政性垄断最为常见，因而构成了混合型强制从事垄断行为。

三、反混合型行政性垄断的制度建设任重道远

对于行政机关滥用行政权力而生成的混合型行政性垄断，其基本对策是以依法行使行政权为核心，从三个角度加以全面规范与控制：从行政组织法的角度规范行政权，从行政程序法的角度控制行政活动，从行政救济法的角度监督依法行政。《反垄断法》要制止混合型行政性垄断，亟待配套的反垄断法释义性的实施条例尽早颁行，反混合型行政性垄断的制度建设任重道远。

[211] 文玉春，文贵涛．产权配置、特许权价值与银行规模效率．广西财经学院学报．2010(06).

我国的银行，不论是国有银行还是股份制银行，资产总额、自有资本额以及机构数量都在不断膨胀，加之追求规模经济是商业银行的经营目标之一，那么对规模扩张下的经济效率研究以及对两类银行效率的差异的理论和实证分析是十分必要的。本文试图引入了特许权价值为银行的产出，即为银行产出的衡量纳入了风险的因素，来分析不同产权制度下银行规模经济问题。

对于不同产权的国有银行和股份制银行，不同的学者选择了不同的指标对其规模效率及其影响

因素进行比较分析，这些指标包括经营效率指标、成本费用指标、资产收益率、市场集中度等。加之分析方法，研究样本的不同，指标的差异，模型的区别，效率影响因素的差别，目前的研究都没能得出关于此的一致结论。这其中可能是因为忽略了一些相关的影响因素。本文尝试着为规模效率的衡量引入风险因素——特许权价值，并在此基础上，探索宏观经济因素和资产规模对不同产权配置的银行效率的影响。

本文选取超越成本对数法（TCF）来测量银行的规模效率。总成本，其数值为银行损益表上的营业费用，利息支出，手续费支出和其他营业支出之和。用国民收入账户衡量法衡量银行的产出，引入特许权价值作为银行最终产出的衡量标准，在计算特许权价值时，选用税前利润法。投入分两种：劳动力价格，为营业费用/资产总额；资金价格用利息支出/存款余额来表示。据此，我们建立两种投入和一种产出的模型。本文选取我国 4 家国有商业银行和 10 家股份制商业银行，样本区间为 1994 ~ 2003 年 7 年的经营数据，所有数据来源于 1999 ~ 2004 年的《中国金融统计年鉴》。

通过对银行的规模效应进行计算，得出规模经济系数。实证结果表明：在这种产出衡量标准下，国有银行的效率仍是显著低于股份制银行。通过对不同产权下的其他影响因素进行比较分析，可以看出，两类银行风险偏好的差异对规模效率的影响是无差异的。宏观经济对国有银行和股份制银行的经营效率影响是相反的。资产规模的上升给银行的规模效率带来了负效应。

文章的结论对实践的意义存在于，用规模效率证明了股份制的这种多元产权安排较之于单一的国有产权安排是种更为有效的资源配置制度。同时，在不同产权的银行经营中，在考虑了外部宏观环境因素和资产规模因素的影响后，不同风险偏好对银行规模效率的影响是无差异的。所以对于商业银行而言，一味地追求规模上的扩大并不是合理的决策，而应该通过业务扩张来提高管理能力、规模调整来提升市场竞争力。

[212] 文玉春，文贵涛．中国银行业动态效率分析．金融发展研究．2010（05）．

本文试图通过构造数据包络分析（DEA）模型，对 1999 ~ 2008 年中国银行业的生产效率在地域分布、规模、银行类型等层面进行多方位的考察；进一步通过计算 Malmquist 指数对我国银行业的效率变动进行动态分析，寻找效率差异和效率变动的影响因素。

本文的样本区间为 1999 ~ 2008 年的经营数据，研究对象包括 4 家国有商业银行和 10 家全国性股份制商业银行，分布在全国各省会的各大银行的分行作为具体研究的决策单位。所有数据来源于 2006 ~ 2009 年的《中国金融年鉴》。本文将银行的经营费用、利息支出和固定资产净额作为银行生产投入要素，将存款、贷款和净利润作为产出要素。

实证结果及其分析。

（一）基本效率分析

1. 总体的规模效率、技术效率分析。本文主要采取投入导向的 BBC 模型。尽管我国银行业综合效率平均值呈现增长的趋势，但还是一直徘徊在相对较低的水平上。规模效率从 1999 年的最高点下降到 2008 年的最低点。纯技术效率虽然在 1999 ~ 2001 年出现了下降，但从 2002 年起表现出了上升趋势。

2. 各大银行的效率分析。

（1）综合技术效率。利用 CRS 模型计算出 14 家银行 1999 ~ 2008 年的综合技术效率得分，股份制商业银行的平均效率值普遍高于国有商业银行。

（2）纯技术效率。我们用 VRS 模型计算了不考虑样本规模因素的纯技术效率，不管是国有银行还是股份制银行，其纯技术效率都处在相对较高的水平上，两类银行纯技术水平的差距很小。

（3）规模效率。利用规模效率等于综合技术效率除以纯技术效率，可以得到各行的规模效率。我国商业银行在规模效率方面不是很理想。

3. 不同区域的商业银行效率分析。计算结果表明，各区域的银行效率并不相同。东部地区的综合技术效率平均值在三个区域中相对最高，其次是西部地区，最后是中部地区。东部地区的规模效率平均值也高于中西部地区的平均值。

4. 不同规模的商业银行效率分析。计算结果表明，除了纯技术效率在大中小型银行中相差无几且大型银行稍占优势以外，综合技术效率平均值和规模效率值在大中小型银行当中依次升高。

5. 不同经济类型的商业银行效率分析。计算结果表明，从企业类型与生产效率的关系来看，无论是纯技术效率、规模效率，还是作为两者乘积的综合技术效率，都是股份制商业银行高于国有银行。

（二）我国银行业动态效率分析

动态效率考察的是在生产技术可变条件下的效率变动情况。表示生产力变动的 Malmquist 生产率指数可以用两个曼奎斯特生产力指数 EC 和 TC 的几何平均值来计算。从分析数据可以看出以下几个特征：一是我国商业银行整体效率呈现改进趋势；二是国有商业银行的效率改进程度明显要强于股份制商业银行；三是多数银行的效率改进年度间波动较大。

[213] 吴竑．政府监管对出口企业环境成本决策的影响．长江大学学报（自然科学版）理工卷．2010（01）．

一直以来，我国外贸发展遵循着“资源消耗—工业产品—污染排放”的高碳模式，本文从经济学原理出发，通过建立数学模型，探究政府监管对出口企业环境成本决策的影响，找到我国外贸企业发展低碳经济的对策。

一、“碳关税”未实施的情况下，政府监管对出口企业环境成本决策影响

现假设第 i 个企业销售该产品 g_i 件，$g_i \in (0, +\infty)$ $(i=1, 2, \cdots, n)$，n 个企业的总销售量为 $G=\sum_{i=1}^{n} g_i$。市场的最大需求量为 M，每件产品的平均价格为 P，每件产品的成本函数为 $C=c_i(G)$。此时每个企业都可以选择适当的销售量，以使自己的利润最大化。在 P 为常量时，企业成本最小时，利润最大。设第 i 个企业利润函数为：

$$R_i = g_i P - g_i c_i(G) \quad i=1, 2, \cdots, n \tag{1}$$

若第 i 个企业每次治理前的利润率为 α_i，治理费用率为 β_i，则第 i 个企业的治理费用为 $\beta_i R_i$，企业高碳时的罚款为 F，设企业低碳的概率为 p，则高碳的概率为 $1-p$；政府监管的概率为 q，则政府不监管的概率为 $1-q$，因而第 i 个企业的期望利润函数为：

$$\begin{aligned} E(p) &= pq(\alpha_i-\beta_i)R_i + (1-q)(\alpha_i-\beta_i)R_i + (1-p)q(\alpha_i R_i - F) + (1-q)\alpha_i R_i \\ &= p(\alpha_i-\beta_i)R_i + (1-p)(q\alpha_i R_i - qF) \end{aligned} \tag{2}$$

企业的目的是实现期望盈利最大化，对式（2）求导可得：

$$\frac{\partial E}{\partial p} = qF - \beta_i R_i \tag{3}$$

令式（3）为0，得：

$$q = \frac{\beta_i R_i}{F} \tag{4}$$

当 $q<\frac{\beta_i R_i}{F}$ 时，政府的监管概率较低。

将式（4）对 β_i 求导，可得到：

$$\frac{\partial q}{\partial \beta_i} = \frac{R_i}{F} > 0 \tag{5}$$

政府监管的概率与 i 成正比。在污染成本很低的情况下，所有企业都会从利己目的出发，选择以牺牲环境换利润的高碳决策。

当 $q>\frac{\beta_i R_i}{F}$ 时，政府的监管概率较高。

将式（4）对 F 求导，可得到：

$$\frac{\partial q}{\partial \beta_i} = -\frac{\beta_i R_i}{F^2} < 0 \tag{6}$$

可以看出，政府监管概率与罚款成反比，企业生产污染环境越重，受到的惩罚越大，因此，低碳决策是出口企业的必然选择。

二、在“碳关税”实施的情况下，政府监管对出口企业环境成本决策影响

在“碳关税”实施的情况下，若出口企业生产受到政府有效监管，通过对低碳企业给予绿色税收优惠 b，对高碳企业增加征收“绿色税收” F，而进口国征收“碳关税” d，那么将会导致出口企业的新决策。

三、结论

1. 政府监管对出口企业的环境成本决策有直接的影响。在政府缺乏监管时，企业会实行高碳决策，环境成为企业利润的牺牲品；在政府实现有效监管、合理调节绿色税收时，企业会实行低碳决策，增加治理污染的投入，实现环境保护与企业利润双赢。

2. 推行低碳经济，需要加强政府监管，政府要促使出口企业承担发展低碳经济的社会责任，形成促进低碳经济发展的“集体行动”。

[214] 吴群，李永乐．财政分权、地方政府竞争与土地财政．财贸经济．2010（07）．

中国地方政府倾向于选择土地财政的一个根源是 1994 年分税制改革后财权和事权的不匹配。本文以分税制带来的地方政府追求财源行为变化和官员晋升考核制度带来的地方政府追求政绩行为变化的分析为基础，对地方政府选择土地财政的行为给出合理的解释，并通过实证分析为理论推理提供经验支持。

通过对分税制与地方选择土地财政的内在逻辑、政府间竞争与地方土地财政的内在逻辑的分析，本研究认为：分税制改革后，各个地区的地方政府都拥有更加强烈的激励扩大预算外收入、加大对地区经济的攫取，土地财政逐渐成为地方政府的“第二财政”；地方政府为增长而竞争的努力进一步驱动了地方政府依赖土地取得财政收入，主要是通过吸引外商直接投资获得税收来实现。以下将通过构造财政分权和政府竞争的指标，通过 1999～2007 年中国的省际面板数据（Panel Data）实证检验分税制和政府间竞争对地方土地财政的影响。

基于以上理论分析和本文的研究目标，建立如下计量经济模型：

$$MON_{it} = \beta_0 + \beta_1 FD_{it} + \beta_2 COM_{it} + \rho M + \eta D + \varepsilon_{it}$$

式中，下标 i 和 t 分别代表第 i 个省份和第 t 年，样本包括 31 个内地省、自治区、直辖市。其中，β_0是常数项、β_1和 β_2是系数，ρ 和 η 是系数矩阵，ε 是残差项。被解释变量 MON 是省级土地出让金收入，FD 是财政分权指标，COM 是地方政府竞争指标，M 是一组控制变量，D 为虚拟变量。

本文采用固定效应模型进行结果估计。为了消除截面异方差的影响，我们对计量方程进行广义最小二乘法（GLS）估计。

主要结果分析如下：

财政分权和地方政府间竞争对地方政府选择土地财政均具有显著的正向影响。地方政府在分税制改革后拥有更加强烈的激励扩大预算外收入，尤其是从土地出让金中获得财政收入，地方政府为晋升而竞争的努力进一步驱动了地方政府依赖土地取得财政收入。

2002 年的政策调整对地方政府选择土地财政具有正的影响。2002 年恰巧是土地有形市场走上正轨的时候，此后的几年土地出让已成为地方政府的预期稳定收入，使地方政府做到心中有数，并不是盲目追求土地出让高收入，在制定年度支出计划时，可能已把土地出让预期收入纳入计划之中。

财政分权对地方政府选择土地财政的激励存在地区差异。可以从以下几个方面解释：（1）除 4

个直辖市外，西部地区地方基础设施建设占预算内财政支出的比重并不低，因此通过土地财政从事建设的激励较小。(2) 西部地区尤其是少数民族地区还有国家转移支付收入和特殊财政补贴，对土地财政的激励减小。(3) 由于地区间的差异，各地区为争取资本而付出的努力对不具有先天优势的地区而言激励较弱。

[215] 吴晓明．烟草商业垄断中利益相关者的经济学分析——基于卷烟价格决定、投放结构、税收选择的考察．经济体制改革．2010 (03).

烟草商业的国家垄断表现为中央和地方两级分权后，中央保留了调整垄断定价的权限，地方获得了货源组织、市场投放的安排权，最终形成了“价由中央制定，量由地方安排”的分权体制。因此，微观垄断主体的经营行为依然受到明显的制衡，其经济行为亦不同于一般意义上的垄断企业。

我国卷烟产品价格体系是由卷烟出厂价格、调拨价格、批发价格、零售价格四大类价格组成，行业垄断的关键节点在于各区域烟草商业企业对众多零售户的批发价。烟草商业企业的成本可以分为调拨成本（C_1）、网建运营的固定成本（C_2）和可变成本（C_3）。在调拨价格和技术水平一定时，C_1 和 C_2 恒定，但 C_3 具备一定的弹性，故边际成本曲线 SMC 和平均成本曲线 SAC 可在一定限度内发生变动。现实经济运行中，首先是由上级垄断企业通过行政手段制定固定的价格 P_1，相应地可实现市场销量 Q_1，地方垄断企业在特定限度内调整短期成本曲线。垄断企业的成本确定为 $SMC-SAC$ 组合，可实现 $SMC=MR$，市场实现垄断条件下的短期均衡，此时垄断企业获得了超额利润。长期中，专卖体制决定了不会有新的企业进入调拨市场，可变费用率趋于稳定，边际成本和平均成本持续降低，最终在 $LMC=AR$ 处实现了利润最大化的价格 P_2 和产量 Q_2。但由于上级垄断企业对零售和批发价格的行政性控制，价格依然维持在 P_1，垄断企业对卷烟的市场投放不能从 Q_1 扩展至长期均衡水平下的 Q_2。考虑到消费者收入水平和物价水平的持续上升，当上级垄断组织维持卷烟批发、零售环节的名义价格不变，则意味着实际价格 P_1/CPI 已有一定幅度的下调，商业企业的销售增长空间相应地有所放大。

为了说明商业企业的货源组织与投放结构，笔者引入了更具体的变量：

$$Y_i=\alpha+\beta_1X_{1i}+\beta_2X_{2i}+\beta_3X_{3i}+\beta_4D_i+u_i$$

上式中，Y 为烟草商业系统向工业系统调拨量，α 和 u 分别为截距项和扰动项，X_1 反映卷烟产品的税收负担，由于差异化的税率主要反映在工业环节的消费税，因此 X_1 为工业环节消费税率；X_2 为平均毛利率水平，五类卷烟共用四个档次的不同毛利率；X_3 为反映市场终端需求变化的存销比，当由于供不应求而导致存销比过低时，即便该类卷烟税负重、毛利低，其调拨量也可能增加；D 反映品牌培育的政策指令因素。

对于税收选择，首先结合卷烟产品的消费者属性来看，卷烟产品是缺乏价格弹性的商品。根据拉姆齐法则，这种低价格弹性的商品应课以较高税率的商品税，所以对卷烟产品整体征收较高的消费税是符合最优税收原理的。政府在保持烟草行业高税收政策的同时，对烟草商业系统实施的“利改税”政策，有以下三方面政策效应：一是有利于调整烟草商业企业的利税结构；二是有利于调节垄断企业的收入分配；三是进一步测试了烟草边际税率的承受力度。

[216] 吴新民，汪涛．中国石油产业集中度与市场绩效关系的实证分析．理论月刊．2010 (02).

现代经济学认为，一个产业竞争和垄断程度极大地影响着这个产业的企业行为，从而影响产业的绩效。根据产业组织理论的观点，在某些产业中，生产和销售的适度集中有利于提高产业资源的效率与效益。影响产业集中度的因素可归结为产业进入壁垒。

研究开放条件下我国石油产业的集中度对我国石油资源产业的发展具有重要的意义。下面采用尤顿（Utton）和摩根（Morgan）提出的考虑到国际贸易因素的绝对集中度测定模型。据 2003～2005 年四大石油公司（中石油集团、中石化集团、中海油集团和中化工公司）在国内外市场上的总销售额和总出口额，对我国的石油资源产业进行市场集中度分析。我国石油资源产业的市场结构属于高中度寡占型，开放条件下我国石油产业目前属于中度寡占型市场结构。我国四家最大石油资源企业的绝对集中度逐年下降的趋势，意味着市场竞争将会越来越激烈，我国企业对石油产业市场的控制能力正在逐渐被吞噬。要解决石油产业集中度下降的问题，就必须围绕着对石油进口过度依赖的问题制定积极利用国外油气资源、降低开采成本、实行技术创新、完善市场和政策侧重的战略。

根据前人的研究成果，假设我国石油产业集中度与市场绩效之间存在着线性关系；以市场绩效为因变量，我们用销售利润率来表示；以影响产业集中度的一些进入壁垒因素为自变量，自变量包括：期初集中度（*CR*）、场容量增长率（*M*）、企业进入率（*Q*）、生产扩张能力（*S*）、进口依存度（*E*）、产业政策（*P*）；建立回归模型，进行定量分析。数据的时间起止为 1994～2005 年。将这 6 个影响因素全都带入方程进行回归，进行拟合优度检验、回归方程的显著性检验（*F* 检验）、模型中各个回归系数的 t 检验，筛选出变量进行二次回归。

结果表明：期初集中度对石油产业市场绩效的影响是负向，我国石油产业较高的期初集中度并不是市场作用的结果，企业的规模也不是有规模效益长期积累转化而来的，大的规模也就不意味着高的利润回报；生产扩张能力对石油产业市场绩效的影响是正向，因此，需巩固和完善我国石油企业的市场地位，促进石油企业的规模经济效益明显的提高；市场容量增长率对石油产业市场绩效的影响是负向，因此，如何提高生产能力，解决供需矛盾是提高市场绩效的途径之一。总而言之，生产扩张能力、期初集中度和市场容量增长率对我国石油产业的市场绩效有着重要的影响，其中影响最大的是生产扩张能力。据此，我们可以根据不同的侧重，从以上三方面来探讨优化我国石油产业市场结构，提高石油产业集中度和市场绩效的途径。

[217] 吴绪亮．纵向市场结构与买方抗衡势力研究．产业经济研究．2010（01）．

本文所要研究的核心问题实际上可以表述为：在双边垄断存在的情况下，下游企业双侧垄断与单侧垄断对于竞争和消费者福利有何不同影响。

文章建立了双侧垄断模型、单侧垄断模型和动态优化模型。

进行静态结果的符号分析，结果表明：在双侧垄断的情形下，纵向一体化企业的终端价格要低于纵向分离企业的终端价格，纵向一体化企业的最终产量要高于纵向分离企业的最终产量。纵向分离时两个企业的利润之和要低于纵向一体化时的总利润。这就是所谓的双重加价带来的问题，即上下游每一家都增加一次垄断加成。此外，零售商的“学习效应”没有改变这种趋势的方向，反而加剧了双重加价的程度。从这个角度考虑，企业之间纵向分离政策反而会同时损害消费者福利和生产者福利，而零售商“学习效应”的存在则会进一步加剧这种福利损害。

进行静态结果的数例分析，结果表明：在双侧垄断的情形下，纵向一体化企业的终端价格要低于纵向分离企业的终端价格，最终产量要高于纵向分离企业的最终产量，这符合前面讨论的双重加价情形。在单侧垄断的情形下，纵向一体化企业的终端价格要高于纵向分离企业的终端价格，最终产量要低于纵向分离企业的最终产量，可知单侧垄断的纵向市场结构有效地克服了双重加价问题。

进行动态结果的数值分析，结果表明：考虑到跨期因素，买方抗衡势力的作用更明显，参数 *r*（即零售单位成本随着累积销量上升而下降的速率）影响的仅为价格调整的速度，从长期来看不会影响价格变动的真实水平。

进行反垄断政策讨论：关于中国反垄断立法及执法的讨论往往未能将垄断区分为买方垄断和卖方垄断来加以考察，中国《反垄断法》以及随后的有关配套规定和法律解释中也没有关于买方垄断的明确条款，这种政策思路无疑存在弊端。实际上，中国的许多产业领域，例如零售、煤电、医药、石油、电信等均不同程度地存在买方垄断势力，有些产业问题还比较尖锐，例如零供冲突。

本文研究有助于理解加尔布雷斯所提出的买方抗衡势力假说，即在单侧垄断的纵向市场结构下，买方抗衡势力假说成立的可能性比双侧垄断的情形更大。从反垄断政策角度来看，如果纵向市场结构符合上游卖方垄断程度很高，零售商具有很高的买方垄断势力且不具有卖方垄断势力，那么只要零售业并购行为只是进一步增强其买方垄断势力，而不会显著影响其卖方竞争格局，则均将有利于消费者福利。考虑到现实经济生活中，大型连锁零售商全国统一采购，具有很强的买方垄断势力，但是在各个区域（城市）市场面临众多当地区域零售商很激烈的卖方竞争，这时鼓励零售业并购以形成大型连锁零售商的政策可能有利于消费者利益。

[218] 吴玉岭，张长琦．专利滥用的反垄断规制——美国经验与中国借鉴．南京工业大学学报（社会科学版）．2010（04）．

专利滥用是指专利权人试图以违法方式将其合法的垄断权（支配市场地位）拓展到相邻市场或为了确保其自身的垄断地位而阻止新市场的形成。本文以美国反垄断法对专利滥用的规制为主要考察对象，对我国出现的专利滥用情况进行研究，以求有裨于未来我国知识产权反垄断指南的制定。

专利滥用起源于美国1917年的Motion Picture案，最高法院，判决专利权人滥用专利权，许可协议违反反垄断法。之后，各级法院掀起了扼制专利滥用的热潮。专利滥用非法的根本原因，一是设立专利制度的宗旨是以公开换取有限的垄断，而专利滥用不适当地将权利扩展至合法范围以外，有悖于专利制度的初衷；二是在市场经济条件下，专利作为一种私权和经营者谋取优势地位的竞争工具，其滥用势必会破坏竞争机制正常功能的发挥。

当今中国不仅存在着专利权保护不足的问题，更存在着权力滥用的问题。我国之所以成为专利滥用的天堂，不仅在于我们缺乏与跨国公司抗衡的技术力量，更在于我国法律体制在规制专利滥用方面存在严重的缺陷。滥用专利的构成比垄断专利的构成几率高，原因在于专利滥用的标准较垄断的标准低，专利滥用的范围比触犯反垄断法要大、专利滥用并不必然进入反垄断法的视野，只有滥用行为已经或可能产生危害竞争的后果时，才应受到反垄断法的规制。

专利滥用的典型类型包括：（1）搭售，主要表现为搭售非专利产品、强制性一揽子许可和限购；（2）回授要求，包括独占性回授、排他性回授和开放式回授；（3）超出专利期限收取使用费，如果权利人在专利期满以后，仍然索取使用费，无疑是非法延长了专利法赋予的有限时段；（4）对使用领域的许可限制，如果这种限制涉及被许可人生产、销售专利产品的数额，其反竞争性是不言而喻的；（5）歧视性使用费，它是价格歧视在专利许可中的反映。专利滥用的方式还有多种多样，有待于人们未来持续的探索。

参照国外经验，结合我国实际，建立和完善以反垄断为核心的规制专利滥用的法律制度迫在眉睫。反垄断法有两个基本的适用原则：一是本身违法原则；二是合理原则。除了固定价格、限制产出、联合抵制等明显具有反竞争性质的行为，应受制于本身违法原则以外，其余的都适用合理原则。《专利滥用改革法》明确将专利滥用与市场力量挂钩。中国应当秉持“竞争优于产权（知识产权）”的立场，以社会本位的反垄断法干预属于私权的专利及其滥用行为。无论如何，在知识经济日益彰显的大背景下，适当处置专利滥用与反垄断法的关系已经成为促进市场竞争秩序和推动经济发展的重要一环。

[219] 武鹏．中国行业收入差距研究述评．上海经济研究．2010（08）．

综观现有的中国行业收入差距问题的相关研究，在差距水平的测度和来源的解释等方面尚有诸多不足或可改进之处，但迄今为止尚没有对之进行综合考述的文献，本文的写作便是对这一空白的添补。

目前对中国行业收入差距的研究主要考察的是两个层次的问题，即“是什么”和“为什么”。所谓“是什么”，是指对中国行业收入差距水平、分布、演进趋势的实证测度与判断；所谓“为什么”，是指对中国行业收入差距的形成进行解释，就具体影响因素展开分析并予以量化。

本文首先就两个层次所共同面临的数据问题展开了分析。本文比较了 1994 年修订形成的《国民经济行业分类与代码》（GB/T4754 - 1994），2002 年修订形成的《国民经济行业分类》（GB/T4754 - 2002）和国际标准产业分类（ISIC/Rev3）的行业分类情况。我们认为行业大类较之行业门类的层次划分在对中国行业收入差距的测算中更适合被采用。本文将既有研究所利用的行业收入数据可归为三种：一是历年统计年鉴所公布的数据；二是五年一次的经济普查数据；三是微观调查数据。我们认为三类数据来源各有适用的研究领域，需要研究者根据研究目的和科研条件斟酌选用。参照国际上的行业收入差距研究，我们未来主要应致力于拓展微观调查数据的应用范围。

就“是什么”的层次来看，鉴于现有研究的结论较具一致性，本文将主要精力放在了结论获取所用的测度指标和方法之上，经分析本文认为：第一，应用较广的绝对指标缺陷明显，不宜再用；第二，加权与不加权的测算结果对于行业收入差距的研究均很有意义，不可偏废；第三，非参数核密度估计是研究收入分布的一个良好方法，但需注意应用不同层次的数据所带来的结果差异；第四，不同于既有研究所用的方法，均值化方法能够使个体行业收入水平实现横向纵向的可比。

就“为什么”的层次来看，本文主要致力于将中国行业收入差距的既有解释性结论与系统的经济理论框架相参照，客观地指出其缺陷与误区：首先，本文对中国行业收入差距的原因解释做了一个总结；其次，我们梳理了对行业收入差距进行解释的理论框架；最后，将上述两个部分相对照，我们可以看到，关于中国行业收入差距的研究在原因解释方面存在着研究范围狭窄、观察归纳得到的部分解释因素不符合理论演绎结果等缺陷与不足。

应该说，未来我国行业收入差距领域的研究颇为任重道远，一方面要解决实证研究中的数据基础薄弱问题，另一方面要追踪理论前沿，探索行业收入差距的成因。

[220] 武庄．行政垄断行业改革的政策分析．商场现代化．2010（35）．

行政垄断行业，是指既具有一定自然垄断特性，又带有较强的行政垄断色彩，通常以国有独资或控股形式存在的企业集合，如电信、电力、民航、铁路、烟草、食盐等行业。行政垄断行业改革，就是要在这些行业内，构建以市场经济意义上的企业为基础，引入必要竞争，同时受到合理管制的新架构。本文将对行政垄断行业改革的政策进行分析。

行业行政垄断是国家行业经济管理部门主要凭借行使行政权力，在其他公共权力的影响/限制其他部门的经营者或本行业部门内其他经营者参与从事某种经营活动，使其所支持的企业实现垄断和限制竞争的违法行为。此类垄断大多体现为具有行政管理和生产经营双重身份的企业或企业集团具有垄断地位，宏观上讲，合理的行业垄断具有一定积极意义，而合理的行业垄断应界定为在自然垄断的行业以及其他关系到国计民生的特种行业内，垄断主体排除了市场支配地位的滥用和交易中优势地位的滥用，利用其市场支配地位强化企业的整体经济实力，为实现行业经济的繁荣与稳定而实施的行政垄断。

借鉴西方发达国家改革的成功经验，结合我国的历史实践和基本国情，进一步深化我国行政性垄断行业改革，建议按照以下四条思路展开：

1. 转换政府职能，政企分开。这是打破行政垄断的前提和关键。政企分开的具体思路是：（1）产权改革，实现投资主体多元化；（2）把总公司改组为国家控股公司，对于总公司下属的各级公司改组为母子公司体制；（3）进行公司治理结构创新，完善公司股东会、董事会、监事会和经理层的职能；（4）进行有效的激励和约束。

2. 放松市场管制以期形成公平合理的竞争机制。具体表现为实现“政府本位”到“市场本位”的转变，放松进入管制、引入竞争机制，并适时对行政垄断性行业进行结构重组，实现行政性垄断业务与竞争性业务相分离，但要将竞争限制在一定的程度内。

3. 引入激励性规制，提高效率，促进垄断性产业的发展。激励性规制方式，就是针对原有的公正报酬率规制不利于促进企业降低成本、提高效率的弊端，给被规制企业在削减成本、技术革新方面以更多的激励，促进企业内部效率化的一种政府规制方式。

4. 建立和健全反行政垄断的法律、法规体系。一是将行政垄断改革纳入法制化轨道；二是通过修订、完善宪法制度，规范政府部门的职责并授予相应的法定权力；三是加大对行政垄断行业腐败行为的依法监管和处理。

［221］奚宾．并购中过度自信的动因及效应分析——基于中国上市公司的实证研究．财经论丛．2010（05）．

美国历史上曾经发生过五次并购浪潮，中国的上市公司近几年也进行了大量的企业并购。行为金融学认为管理者的过度自信是并购的一个主要动因，国内外学者采用不同的代理变量对该理论进行实证，基本上都支持该理论。但中国的上市公司有其特殊的经济环境，促使管理者在并购过程中表现过度自信的因素与国外不同。

为简单起见，我们只考虑不存在竞争市场条件下的并购。本文做出以下假设：

假设 1：国有股在上市公司股权中所占比例越低，管理者在并购中表现的过度自信程度将越高。

假设 2：过度自信管理者进行的并购活动将会破坏收购公司的价值。

我们将管理层持股作为过度自信的代理变量；以（$t+1$）期 Tobin Q 值与 t 期 Tobin Q 值的比值来衡量并购绩效 Q，Tobin Q 是企业市场价值与重置成本的比值，它反映了企业的市场价值；我们还选取了市盈率、净资产增长率、现金流动负债比率、公司规模、行业虚拟变量以及年度虚拟变量（YEAR）等控制变量。

本文的样本选自 2004 ~2007 年沪、深上市公司，并购数据来源于 CSMAR 数据库，公司财务数据来源于 CCER 数据库。我们只选取了上市公司并购样本，剔除了金融业及占目标公司价值 50% 以下的并购活动（按 GICS 行业标准），以保证目标公司的控制权发生转移，最终得到 1105 起并购活动，其中 302 起并购的管理者持股是增加的，也即过度自信样本为 302。

实证结果表明，国有股比重对管理者过度自信的影响系数为负且在 1% 水平显著，说明随着国有股占上市公司股权比重下降，管理者在并购中的自信程度提高，也即民营化的公司中管理者在并购中表现出过度自信。同时，现金负债比率和公司规模都对管理者过度自信有负的显著影响，意味着小规模和现金并不充裕的公司的管理者更会冒进地并购，以快速实现企业的扩张。过度自信代理变量的系数为负且在 5% 水平显著，说明管理者过度自信进行并购破坏了公司价值。公司资产增长率与企业价值呈显著负相关，说明并购活动虽然提高了公司规模，却并不创造价值。企业规模与公司价值在 1% 水平显著负相关，说明规模小的公司更希望通过并购快速扩张，但并购活动显著降低了公司的价值。

本文研究结果表明国有股比重低的公司的管理者受到股东的约束较少，在经营活动中表示出过度自信并进行更多的破坏公司价值的并购活动。中国资本市场历史较短，上市公司治理水平不高，管理者的经营管理行为无法得到有效的监督和控制，并购绩效难以保证，实证结果反映了管理者过度自信进行的并购活动会破坏收购公司的价值。中国资本市场虽然为上市公司募集了大量资金，但仍处于较低发展水平，只有提高中国企业的公司治理水平，采用恰当的激励方式，加强对管理者经营行为的监督，才能促使企业并购活动趋于理性并为股东创造财富。

［222］夏黑讯．我国食品安全监管协调机制的现状与完善．科学经济社会．2010（03）．

分工是引发部门间协调的根本原因。在食品安全的监管上，由于我国采取“分段监管为主、品种监管为辅”监管体制，使得各食品安全监管部门之间在实践中缺乏有效协调，无法形成统一的有机的监管协调机制。如何解决协调问题以进一步有效地保障食品质量安全，已成为国家与社会关注的焦点。

目前我国已经形成了由两纵两横四种不同的监管协调模式组成的较为离散的监管协调机制。纵向协调模式强调上级机关以特殊行政指令或规范指定或专门授权某一下级机关或部门负责对各食品安全监管部门进行协调，分为上级“指令”协调模式与个案应急型协调模式。上级“指令”协调模式中上下级之间信息不对称性，会导致监管以及监管协调的低效或无效，指令发布的集权型与非民主性，更有可能加重结果的失望性。个案授权协调模式具有事后性、临时性、案件针对性特点，所以其无法对食品安全进行事前长期有效的预防监控。

而横向协调模式则强调某一特殊食品安全监管部门依据法律授权对同级各监管部门进行协调，或以自身职权或需要而自行与同级监管部门进行协调的一种模式，分为特定机构的统一协调模式与自行合作型协调模式。特定机构统一协调模式只能软性协调，对市场信息主动反应较为滞后，常常面临着协调失灵的问题。自行合作型协调模式下部门间自行合作过多地依赖某项较为集中短期的食品安全监管行动或某一食品安全事件的防范或处置，机会主义色彩较为浓厚。

监管协调机制可从以下几条路径进行完善：

1. 监管协调模式的选择。我国应当以立法形式确立以具有强制效力为保障的专门监管协调机构统一协调为核心、以个案应急协调与监管部门自行协调为补充的综合性协调模式，实现整个监管协调机制的制度化与规范化。

2. 监管协调目标的确立。各监管部门间冲突的解决在于协调或共识的达成。作为共识达成的重要表现之一，就是协调目标准确定位与确立、协调目标准确定位与确立有助于缓和或解决冲突。

3. 监管协调规则的制定与标准的统一。监管协调法律规则的制定要尽可能全面准确，并具有一定的灵活性与开放性，避免法意表达的歧义性或模糊性。在规则体系的基础上，监管的有效协调需要监管标准的统一化为依据与保障。

4. 食品安全信息的获取与沟通机制的完善。目前食品监管部门已经形成了多种不同的市场信息获取或收集方式与途径，但没有完整的信息收集与获取系统，缺乏相关的配套立法制度。食品安全监管部门之间缺乏规范的信息沟通机制，信息分享机制几乎完全空白。

5. 监管协调的激励与惩慑机制的确立。监管协调机制最主要的激励方式是对良性行为结果的有偿回报的承诺与履行，惩慑机制的确立与完善的核心主要在于惩慑方式、惩慑主体与职权、惩慑程序等制度化、规范化、合理化。

[223] 谢朝斌．打破行政垄断，加快推进公共服务市场化和社会化——试论“十二五”时期政府公共服务职能转变与改革．北京市经济管理干部学院学报．2010（04）．

必须正视的客观现实：我国公共服务领域的行政垄断。行政垄断在公共服务方面突出表现在：提供主体单一，政府大包大揽，公共服务意识淡漠；政府主导性过强，公众参与过少；公共服务的提供能力受限，总量严重不足，结构失衡；公共服务成本过高，质量和效率低下，地区之间、城乡之间分布严重不均等；法制建设薄弱，一些社会矛盾积而成累，腐败问题突出。

必须顺应的全球性趋势：政府公共服务市场化和社会化。在理论研究新发展的有力支持下，在公共服务改革实践的强力推动下，在客观现实需求中，公共服务市场化和社会化已然成为一种全球性趋势。公共事务的有效治理决不仅仅单纯依赖于政府，需要将传统的由政府主导和控制的地方公共服务舞台变成多重组织和个人与政府共同表演的场所。

必须积极把握的历史性机遇：我国社会矛盾变化为推进公共服务市场化和社会化带来良好的机遇。我国公共需求的全面快速增长对公共服务市场化和社会化改革提出了现实需求，公民社会的发展趋势将凸显公共服务市场化和社会化的重要性，缓解和逐步化解公共服务的现实供求矛盾需要市场化和社会化改革。

必须尽快确立的公共服务新理念：“区分供应与生产”和政府购买服务的理念。公共产品和服务供给，本是政府职能所在；公共产品和服务的生产，是指如何将一系列的输入资源转化为产品和服务的技术过程。这些产品和服务依其性质和特点，有的既可以由社会组织或私人部门提供，也可由政府公共部门提供，但有的更适宜于由政府公共部门提供。

必须研究实施的现实对策：如何推进公共服务市场化和社会化改革。转变政府职能，实现从“全能政府”和“无限政府”向“有限政府”和“效能政府”转变，从“管制型”政府向“服务型”政府转变；放宽市场准入管制，扩大公共服务开放领域，引进市场竞争和行政合同机制；以社会化改革为目标，全面增强事业单位的公共服务功能。

必须明确和强化的责任：政府应承担理性决策、科学管理和有效监督之责，确保公共服务市场化和社会化改革取得实效。政府的责任要体现在：以公众公共服务需求为导向，对市场化和社会化公共服务实行有效监管的责任；科学和理性化决策，减少和避免改革盲目性的责任；强化对政府工作人员法律和制度约束，防范腐败滋生的责任；为公共服务市场化和社会化改革提供法律保障的责任；建立完善的市政公用事业特许经营制度，合理调控市场运行的责任。

综上所述，在新的历史条件下，努力打破行政垄断，加快推进公共服务市场化和社会化改革，是我国社会经济发展和深化改革开放的必然选择，这对改善政府公共管理和服务既具有现实迫切性，也具有长远战略意义。

［224］谢奕，施正文．论反垄断法中的地域市场界定．广东商学院学报．2010（04）．

相关市场指企业在其中从事经营活动时的有效竞争范围和判定在各个当事人所经营的商品或服务之间是否存在着竞争关系的场所，各国的规定大都确立了“产品市场”和“地域市场”的概念。产品市场和地域市场是相关市场界定的不同维度，是界定的两个不同步骤，地域市场为产品市场提供了空间范围的约束。

笔者认为，将地域市场界定方法确定为合理的需求替代性、供给替代性，并在此基础上考虑需求交叉弹性考察方法（SSNIP）是正确的，我国《关于相关市场界定的指南》第7条的规定也是如此。产品的需求替代性是市场界定的首要方法，但在地域市场中供给替代性更为重要，与需求替代性具有同样的市场反应水平。从供给替代角度界定相关地域市场，可以考虑的因素包括但不限于以下几个方面：商品的运输成本、商品特征和运输特征；商品价格差异；地域间的贸易壁垒；进入成本与潜在竞争因素；其他影响产品质量或销售所导致的成本。从需求替代角度来看，要考虑多数需求者选择商品的实际区域和主要经营者商品的销售分布、特定区域需求者偏好等，即地域差异与服务的供求关系相互联系在一起。

本文用个案分析法进行地域市场的国际分析。

1. 地域市场竞争约束的讨论路径。在第二次世界大战之后到20世纪90年代之前，美国多将地域市场限制在某一州或全国范围内，在国际范围内，第二次世界大战以后的一段时期里市场只能以国别为单位。

2. 商品性质标准与供给替代性方法的个案分析。商品特征对地域市场的界定范围有很大影响。日本将其地域市场限制在国内，而将出口交易构成一个单独的特定交易领域以外，欧盟和美国对消费品产品和资本—技术密集型产业地理市场的界定都是相同的，这两类产品（业）处于地理市场界定的两个极端——地区性市场和全球性市场。软件商品市场范围往往就是全球市场。

3. 区域市场的界定问题。区域市场界定需要考量的因素不外乎本文之前讨论的相关地域市场分析的因素与标准。通过阅读相关案例，笔者提出一个典型案例——米其林公司诉欧共体委员会案。

4. 经济全球化对地域市场界定的要求——潜在竞争的强调。差异性产品生产市场的出现使潜在竞争原则的影响越来越大。这应该考虑时间性因素，以多长时间为宜来判断市场进入的障碍程度，需要根据个案的具体情况加以考虑。

5. 全球市场界定中的证据问题。这些证据包括：订单转移到其他地区的过去证据；汇率变动、税收和产品差异下的国际价格差异、基本需求特性与顾客和竞争者的看法；当前的购买地域类型、贸易流通情况及运输方式、将订单转移到位于其他区域的公司所涉及的障碍和转换开支等。

6. 同属几个地理市场的情况。在某些情况下，一起合并交易还可以涉及两个以上的地理市场，一是反垄断机构整个管辖权范围内的市场；二是反垄断机构管辖权内的区域市场。

［225］邢祖礼，刘传初．寻租与中国转型经济的宏观特征．宏观经济研究．2010（03）．

中国转型经济呈现的宏观特征及形成原因，一直是转型经济学研究的焦点，然而现有的研究文献并未能发展出一个逻辑统一的主题。本文创见性地提出“寻租产权”的理论框架，对中国转型经济呈现的几个核心特征进行解释，为理解中国转型经济寻找一个可供选择的“微观基础”。

遵循经济研究的一般“范式”，本文分析的逻辑起点也是假定：所有人都是理性的。笔者把非生产性的产权称为“寻租产权”。在中国经济市场化的过程中，寻租产权比比皆是，这是人们在“约束条件下”作出最大化选择的结果。本文概括出两个“约束条件”：第一，分权式改革释放出大量的个体产权，这些个体产权的价值越来越大；第二，法定产权与经济产权严重背离成为“常态”。在中国转转型过程中，当存在大量的寻租产权时，一个拥有一定初始禀赋的个体，将趋向分配更多的禀赋以获得寻租产权，较少的禀赋投入生产，以实现二者的边际价值相等，从而实现寻租产权均衡。

笔者在对中国转型经济宏观特征进行微观解释时认为，用“产权价值最大化”代替“利润最大化”，能够解释更多的转型经济现象，并为理解转型经济的宏观特征铺平了道路。第一，寻租产权会引起产量扩张，这种产量扩张是低效率或无效率的，这为中国宏观经济的高增长和低效率作出了解释。笔者用企业的产量边际成本、边际收益曲线和均衡产量对寻租产权的扩张效应进行了深入探讨。如果寻租产权作为需求方加入企业则会增加对产品的需求；如果它直接将部分成本转移到企业之外，会导致价格下降，从而产出增加。第二，寻租产权侵蚀“弱势”产权：不良资产积累与收入差距扩大。在转型经济中，在资本和劳动等要素产权中加进一个“强势”的寻租产权，与它相比，资本、劳动都是“弱势”产权，寻租产权对后二者的侵蚀是不良资产积累和收入差距的扩大的根本原因。寻租产权在实现其价值的过程中，促使产出“异常”扩张，造成的不利后果通过向后“侵蚀”，最终由银行和劳动者来承担。

综上所述，本文构造了一个寻租产权模型，对近二十年来中国转型经济的宏观特征作出解释。笔者认为，由于中国转型经济面临的“约束条件”，产生出大量寻租产权，寻租产权为了实现其产权价值，造成企业的产出“异常”扩张和低效率，然后寻租产权通过侵蚀“弱势”产权，将这种低效率转嫁给银行和劳动者，从而带来银行不良资产的积累和居民收入差距的扩大。因此政策研究者和执行者必须看到，中国经济高速增长的代价是相当大的，如果我们想在政策层面改变粗放式增长方式、减少贫富差距，必须对寻租产权高度重视，加大政治体制改革力度。

［226］熊伟，骆巍．国有企事业单位工资分配制度改革探讨．中国经贸导刊．2010（19）．

在国有企、事业单位改革中，工资分配制度改革一直备受关注。目前，经过二十多年的努力，国有企、事业单位工资分配制度改革虽然已经取得了重大进展，但是随着国有企、事业单位的体制转换以及结构调整进入关键时期，国有企、事业单位分配制度中存在的一些深层次问题和矛盾也充分暴露出来，进一步改革势在必行。

国有企、事业单位工资分配制度改革取得的成效体现在：基本实现了工资的正常晋升和动态调整；不断完善了工资政策，实施了津贴制度，兑现了年终一次性的奖金政策；初步建立了向关键岗位和特殊人才倾斜的激励机制和津贴机制等等。

国有企、事业单位工资制度改革面临的问题主要表现在以下几方面：第一，工资形式过于单一，内部分配平均主义仍然严重；第二，垄断性国有企、事业单位与其他行业职工工资收入差距仍有扩大趋势；第三，经营管理者的收入与普通职工收入差距进一步扩大；第四，国有企、事业单位工资增长机制不完善，还没有真正做到全面地与市场机制相衔接；第五，工资制度改革不配套，缺乏完善的检查监督机制。

国有企、事业单位工资分配制度改革的路径可从以下几方面入手：第一，实行市场化定价，拉开合理的收入差距；第二，对经营管理者应实行责任年薪制；第三，建立职工工资正常增长机制，切实保障基层职工的利益；第四，推行工资集体协商制、谈判工资制或特殊工资制；第五，建立健全检查监督机制，切实搞好配套改革。

总之，国有企、事业单位工资制度改革是一项复杂的系统工程，做到开拓创新的同时也要注意配套进行，只有这样不断地探索，分步实施，才能逐步到位并取得最后的胜利。

［227］胥小芳．简论我国银行业监管存在的问题及对策．科技信息．2010（03）．

金融危机背景下，按照《新巴塞尔资本协议》（以下简称为“新协议”）的要求对银行业进行有效监管显得更为重要。只有正视存在问题，采取有效监管措施，才能使我国的金融安全与金融繁荣建立可持续发展的基础之上。

我国银行业监管存在的问题主要体现在：第一，我国银行业监管还未能将“新协议”提出的权威性监管理念完全落到实处；第二，以风险为基础的有效银行监管体系的建立与完善工作步伐迟缓；第三，我国银行业风险防范制度的细化以及实践中的监督环节还有较大的进一步完善的空间；第四，在银行业监管方法上，我国对“新协议”相关要求的落实与实践中的需要存在距离；第五，我国银行业有效并表监管工作存在不少问题，我国不仅存在与外资银行母国监管者的合作力度不够的问题，而且，对外资银行监管的国际合作问题上，我国相关立法规定不明确。

解决我国的银行业监管存在问题的对策包括：第一，全面、尽快落实“新协议”提出的权威性监管理念及其具体要求。监管当局应该从客观角度对整个监管系统进行评价，坚决执行“新协议”第61条的六个标准，并从现在起就应着手开发完善内部评级法。第二，必须按照“新协议”的要求，全面建立起以风险为基础的有效监管体系。全面建立银行风险预警体系，采取切实措施完善商业银行的内部控制制度，建立起有助于公平解决争议的长期实施的法律体系，建立国际普遍接受的综合、明确的会计准则和规定，建立安全、有效的支付和清算系统。第三，根据“新协议”中有关风险权重的要求，我国应尽快完善存款保险制度和市场退出机制。建立该制度，将有利于维护金融安全，营造公平竞争的市场环境，完善银行退出机制，从而提高金融业的效率。第四，银行与监管当局双方要共同努力，重视持续性监管，切实提高监管效率。这需要要完善法人治理结构，提高现场检查的效率，尽快建立监管信息系统。从组织机构合力充分发挥的角度看，要积极推进资本监管，探索风险监管，扬弃规则监管，探索金融综合监管。第五，针对中国“入世”后我国外资银行增多的现状，中国商业银行海外上市的实际，以及金融业务国际化趋向愈发明显的背景下，我们应加强对外监管合作，实施有效监管。

总之，我国银行业监管面临着“入世”后金融市场的国际化和“新协议”提出银行业监管更高要求的新形势，在当前金融危机的背景下，我们应当吸取美国银行业监管失控的教训，学习行之有效的国际通行的监管制度，立足中国实际，确保银行业监管工作落到实处、收到实效。

［228］徐刚．基于价值嵌入的垄断组织人力资本估价．财经科学．2010（06）．

尽管国内外对企业人力资本估价机制研究成果蔚然，并显明企业人力资本估价规划强调公平效用、重在激励机能的要义，但未专注于垄断组织人力资本个体特点、需求特征而建构人力资本估价机制，且少有运用人力资本估价技术和工具进行以实施为导向的可供操作的机制设计。因之，本文尝试基于垄断组织现行人力资本估价现实，以问题解决及落实为研究目标来设计基于价值嵌入的人力资本估价机制，以为垄断组织人力资本估价机制创新提供实效性思路。

关于垄断组织人力资本估价，目前存在着众所周知的不足之处，而归纳起来主要在于水平失衡和结构失调两方面。在垄断组织人力资本估价上需要考虑真实体现人力资本的价值意蕴，这一般包括职位价值、竞争价值和贡献价值三个层面。此三种价值各自分工，分别体现于工作条件、过程和结果之中，又相互作用，通常是竞争价值作用于职位价值进而产生出贡献价值。然而，在实际人力资本估价机制上，垄断组织常仅考虑垄断组织人力资本职位价值。笔者认为，垄断组织在人力资本估价机制的构建上，不仅考虑企业总体人力成本与其核心竞争能力及对社会所创造的价值效用间的联动效应，同时也考虑企业内部个体人力成本与其相应的竞争能力和业绩贡献间的联动效应。

基于价值嵌入的人力资本估价的联动效应主要体现在：第一，与竞争和贡献价值的内外联动。这强调垄断组织员工收入与行业水平密切联动，并依据经由科学化标准和方式所评估的产出水平来确定其人力资本总体报偿额度，以体现垄断组织人力资本总体估价的外在性横向和纵向的公平目标。第二，“P+2C”联动性构架模式。在人力资本估价框架中，正是因为对垄断组织人力资本地位状态估价之外，内外在人力资本竞争状况估价和贡献状况估价功用的特别重视，可共同构建起垄断组织人力资本估价的“P+2C”双维度架构状态，从而为垄断组织人力资本估价机制提供一种实效性的操作模式。第三，基于“VP”基准的联动性测度模型。在进行人力资本估价的实际测度上应从“付出—报偿”角度考虑人力资本估价内涵，充分重视竞争价值和贡献价值嵌入而形成的价值点（Value Point，即 VP），并以其为基准彰显人力资本估价机制联动效应。

基于人力资本的联动估价目标，其应当在动态化导向中渐趋达致垄断组织人力资本估价机制的全面性、均衡化及市场化。当然，要解决垄断组织人力资本估价既有问题，还需调整资格垄断及政策倾斜，在消除人力成本估价失衡失调体制根源中彰显其估价机制的效率效用。

[229] 徐刚．国有垄断企业人力资源报偿的价值偏差及因应策略．经济与管理研究．2010（07）．

本文基于深受质疑的国有垄断企业现行人力资源报偿状况对其人力资源报偿由价值层面进行切入，以问题解决和落实为研究目标来探究国有垄断企业人力资源报偿中价值偏差及适宜取向，并在此逻辑进路上构设国有垄断企业人力资源报偿机制创新的因应策略。

国有垄断企业人力资源报偿的价值偏差主要体现在以下两方面：第一，人力资源报偿的价值错位。人力资源报偿要解决的是价值分配问题，目前我国国有垄断企业的传统薪资结构中把职务状况作为人力资源报偿的基本依据，体现的是职务差别，而不是工作差异；第二，人力资源报偿的价值缺位。这一方面表现为国有垄断企业的人力资源报偿结构上未涵纳反映工作性质的基本能力薪资，另一方面则是垄断企业报酬结构中的奖金部分通常有名无实。

国有垄断企业人力资源报偿的价值取向表现为：第一，人力资源报偿价值的公平性要求。公平性激励追求比例公平，不仅强调企业内部不同职位任职者之间的回报公平，也要求实现不同能力和不同绩效者之间的公平。第二，人力资源报偿价值的竞争性趋势。应当实行将国有龙攒企业人力资源产出考虑在内的人力资源水平的行业比较，着力于改变现行员工收入与行业水平和服务产出水平非同于其他类型企业报偿机制那样的必然联系状况。

笔者提出的国有垄断企业人力资源报偿的因应策略包括方面：

一是“整体式”人力资源报偿结构规划。在人力资源报偿结构和水平规划中，职位价值、能力价值和绩效价值作为基础性价值缺一不可，是薪资层级确定的基本依据。同时顾及职位定等、能力定级和绩效定档的人力资源报偿层级要求，形成规范化的人力资源报偿结构等级体系框架。由于所涉及的报偿结构层面及构成要素系统性和全面性，充分体现了国有垄断企业人力资源报偿结构的整体性需求。由此，就由职位、能力和绩效薪资类别和薪资层级共同构建起国有垄断企业人力资源报偿机制的“整体式”结构模型。

二是“柔性化”人力资源报偿水平规划。在进行国有垄断企业人力资源报偿水平规划上应对人力资源价值的能力和绩效因素由忽视转向重视，将围绕能力价值、绩效价值和职位价值共生共存、相互作用而形成的价值点作为人力资源报偿水平规划的核心，并充分考虑该价值点所受的各类因素的影响。在以价值评估作为人力资源报偿水平规划基点的基础上，全面考虑与成本控制要求、行业水平、历史水平的均衡互动。由于所涉及的报偿水平层面及影响因素的发展性和动态化，充分体现了国有垄断企业人力资源报偿结构的柔性需求。

[230] 徐海霞. 我国新医改的战略选择与全民医保相关措施探讨. 管理现代化. 2010 (03).

过去30年中，中国的医药卫生事业取得了长足的发展。然而，现行医药卫生体制依然存在种种弊端，远远不能满足人民群众对于医药卫生健康服务日益增长的需要。因此，加快新一轮的医药卫生体制改革（以下简称“新医改”）已成为建设和谐社会的重中之重。

我国新医改的战略方向选择上主要是两条道路：一条是回归计划体制，另一条是探寻政府主导与市场机制相结合的新路。回归计划体制的最终目的是实现全民公费医疗，但在中国现行财政体制下，这一所谓的“英国模式”根本不具有实现的可能。走向全民医疗保障、探索政府购买医疗服务才是中国新医改的突破口。医疗保障的全民覆盖不仅有其伦理学上的意义，对一国的经济发展也有重要影响。

从全球性医疗体制改革的实践来看，实现全民医疗保障可以殊途同归。目前相对成熟的医疗保障模式主要有三种，即俾斯麦模式、贝弗里奇模式和商业保险模式。医疗保障的制度创新包含横向和纵向的两个方面：横向是指医疗保障体系向无保障的人群拓展，以泰国为代表；纵向则指按照不同的社会和个人需求将保障分为不同层次，以新加坡为代表；最后以墨西哥作为横向创新与纵向创新相配合的代表。

覆盖不足是我国现阶段医疗保障改革面临的首要问题。引起保障覆盖不足的原因，一方面是现有各种社会医疗保障计划还没有覆盖所有应保障对象；另一方面在于保障制度本身的可得性不足。

结合中国国情，我们认为当前是实现医疗保障全面覆盖的最好时机。为实现医疗保障的全民覆盖，我们可以建立起以公共医疗保险、社会医疗救助和商业健康保险为主要内容的“三支柱”的全民医疗保障体系。对未来的城镇居民基本医疗保险的改革，本文认为，第一，在资金筹集方面，居民和政府各按一定比例共同分担缴费责任，随着政府财政筹资能力的增强，可适当增加政府的缴费比例；第二，在保障模式方面，与城镇职工基本医疗保险模式并行，设立统筹账户和家庭账户；第三，在保障范围方面，根据“优先定”的方法设定居民医保所提供的“保险利益包”；第四，在购买服务方面，可以采用预先设定支付率的支付方式；第五，在基金管理方面，城市居民基本医疗保险基金管理可以与城镇职工基本医疗保险管理并轨，以节省管理成本。

笔者认为，在我国这样的发展中国家通过制度创新实现全民医疗保障并非遥不可及，关键在于借鉴发达国家和后起国家的成功经验并结合国情，通过横向和纵向两方面创新，建立起覆盖全民的医疗保障体系。

[231] 徐进，黎明，王鑫. 对政府采购中寻租行为建立监督惩罚机制的几点思考. 法制与社会. 2010 (22).

随着政府采购规模的不断扩大，政府采购中的一些“寻租”行为如商业贿赂等也不断增多，这些“寻租”行为对政府采购的发展造成了巨大的损害，也在很大程度上影响着政府的公信力。如何有效地防范这些“寻租”行为已成为政府采购相关研究中的一个重要课题。

有关寻租的理论和分析方法是由戈登·塔洛克（Gordon Tullock）教授正式提出来的。他认为寻租是指那种利用资源并通过政治过程获得特权从而对他人利益的损害大于租金获得者收益的行为，这一概念几乎涵盖了寻租的基本含义。政府采购寻租，本文给出的定义是：是指在政府采购的过程中，供应商及政府采购人员等利益主体通过讨价还价、贿赂、买通等非生产性活动谋求直接获取供应权等非生产性利益的行为。

政府采购寻租行为产生的原因主要有三点：第一，在政府采购过程中，存在严重的信息不对称问题。在采购过程中委托人获得的信息往往只是代理人所掌握信息的一部分，在做决策时，往往受制于作为信息提供者的代理人。第二，政府采购涉及金额巨大。自20世纪90年代以来，政府采购规模不断扩大，2007年则突破了4000亿元。部分供应商不计代价，不择手段地想通过商业贿赂行为买通政府官员，从而谋取到非生产性利益。第三，政府采购机构权力过于集中。我国采取的政府采购模式为集中采购，采购机构却往往隶属于承担政府采购监督管理职能的本级财政机关的内设部门。

建立严格的监督惩罚机制，遏制政府采购寻租行为可以从以下几方面考虑：第一，扩大监督主体范围，提高寻租查处概率。我们需要把党内监督、法律监督和群众监督结合起来，特别是要充分发挥舆论监督的作用，将批评、建议监督、举报监督、控告和申述监督等群众监督形式纳入监管机制当中，使寻租行为无处藏匿。第二，采用第三方监督方法，降低监督成本。要实行由政府用户作为第三方的第三方监督方式，要加强监督立法，扩大监督核查政府采购权力运行的权限，使其作为“利益攸关者”有权力和能力对政府采购权力的运行情况进行有效监督，第三方监督是成本较低的监督方式，由政府用户作为监督寻租行为的主力，不但可以提高寻租的查处概率，还能大大降低监督成本。第三，健全事后惩罚机制，增大寻租心理成本。首先要通过立法规定从重从严处罚非法创租、寻租活动；其次要在社会上形成一种排斥和鄙视寻租者的道德风气和信用制度；再次要利用“囚徒困境”中的惩罚理念让采购人员与供应商时时刻刻有所顾忌。

［232］徐丽枝．论协调反垄断法公共实施与私人实施关系的必要性．吉林师范大学学报（人文社会科学版）．2010（03）．

我国《反垄断法》第一章规定反垄断法的公共实施机关是反垄断委员会和反垄断执法机构。我国的反垄断法实施机制是一元实施机制，立法机关关注的重心是公共实施问题。《反垄断法》第50条规定：“经营者实施垄断行为，给他人造成损失的，依法承担民事责任。”学界一致认为该规定确立了私人实施的法律基础。虽然私人实施反垄断法有了法律的支持，但该规定过于模糊，操作性不强。可见，我国在反垄断法的实施上过分强调公力救济而偏废私权救济尤其是私权的司法保护。现在，世界上大多数国家都认识到了私人实施与公共实施分工合作的重要性，正在通过各种途径不断完善二者的关系。

笔者认为，我们必须协调反垄断法公共实施与私人实施的关系，原因如下：第一，公共实施的局限性决定了私人实施的补充地位；第二，私人实施能较好地弥补公共实施的缺陷；第三，行政与司法并行是世界上反垄断法救济的通行模式和趋势。

协调反垄断法公共实施与私人实施关系应做到：第一，尊重公共实施的主导地位。反垄断机构拥有广泛的公权力资源，能够具备比私人更有效的信息收集手段。因此，对于涉及国家的宏观经济调控，并对社会有着特别重要的政治、经济或法律价值的案件，应当以反垄断执法机构的执法为主导，当事情查清楚后，私人主体可以提起民事诉讼；对一些影响市场主体经济利益并且很容易调查的案件，私人主体可以直接提起赔偿诉讼。第二，逐步完善私人实施制度中存在的问题。首先是受害人的原告资格问题。在界定原告范围时应贯彻和坚持适当放宽的原则，只要受害人能够表明其与案件在实质上存在联系，即可确认其原告资格。其次是举证责任的分担问题。反垄断诉讼的被告往往在本行业或本区域占据统治地位，原告取证难度大，我国应借鉴他国经验适当减轻原告的举证责任，再次是损害赔偿责任问题。美国《克莱顿法》规定私人可以获得3倍于损失的赔偿及诉讼费和合理的律师费，德、法、俄、日则采用补偿性的3倍损害赔偿。中国台湾则主张由法院在损害赔偿额以上、损害额3倍以下酌情自由裁量，笔者认为这种方法较为合理。

总之，私人实施与公共实施是反垄断法实施体制中的两大组成部分，缺一不可。在完善我国的反垄断法时，我们要充分考虑目前我国的发展阶段、发展水平和市场状况，使法律制度适应我国社会主义市场经济的特点和经济体制转轨时期的国情。

［233］徐清．从不对称信息角度看美国次贷危机．世界经济与政治论坛．2010（03）．

不对称信息是指，买卖协议的双方对于影响协议达成和实施的重要信息掌握的程度不同，其中一方具有更多的信息，并能由此占据信息优势地位。以往在金融领域研究不对称信息主要是在银行和借贷人之间进行分析的。而要研究美国次贷危机，则不仅要看银行和借贷人之间的不对称信息，更要看卖方银行和买方银行之间的不对称信息，因为银行和银行之间的传导才是次贷危机的重要特征。

信贷资产衍生品交易中存在不对称信息。信贷资产衍生品有许多种类，它们的交易条件和特点各有不同，买卖双方承担的责任和风险也不尽相同，本文以资产支持证券为例分析其交易中的不对称信息问题。现实中，资产支持证券的交易量非常高，不对称信息几乎完全没有影响到买卖双方达成协议。这是因为有不少手段可以减轻双方的信息障碍：释放信号，由卖方采用某种方式来使买方信服出售商品的质量；信用评级，买卖双方都对评级非常重视；声誉，好的声誉往往与高额的售价是密切联系的；卖方银行中的放贷部门和出售信贷资产部门之间不互通信贷的关键信息。

不对称信息问题在实践中未能得到有效解决。

从发放贷款环节看，在当时美国房地产市场持续升温的环境下，银行不用担心房贷问题，因为即使无法收回贷款，银行依法拍卖房屋的所得仍然能完全补偿损失，而当时较低的利息率也降低了借贷成本。这两个外部条件加速了银行信贷的发放规模，这反过来又进一步刺激银行放贷量的扩大，导致很多原本没有还贷能力的人也能从银行获得房贷，使房贷质量大幅下降。一旦房价下跌，利率上升，房贷坏账立刻显现，且所有持有房贷资产证券的银行和其他金融机构都因此受到冲击。

从信用评级环节看，危机爆发后，评级公司一再修正原有评级结果，评级公司落后的评级手段，特别是以历史数据为主要评级参数的方法广受批评，评级公司的中立性也令人质疑。

从二次交易环节看，此时的买卖双方实际上都不拥有评价证券优劣的“私人信息”，在第一次买卖时就已造成资产池的组成结构异常复杂，难以进行评估。

从交易之后的环节看，卖方银行在交易之后常常将股权级暗自卖出，卖方银行没有将这种事后行为向买方通报的义务，因此造成的信息不对称又将买方重新推到信息的劣势地位，但此时已是买卖协议达成之后，所以其带来的恶果更加严重。

从风险决策环节看，激励经理人行为的机制造成经理人的短期高风险偏好，他们考虑自身能否从中获益，而不是整个银行的长期利益。另外，银行在整个经济中的特殊地位也使银行有“大而不倒”的心理。

今后要预防这类危机的发生，最重要的就是从体制机制和监管上着手，另外还要谨慎评估风险，预留足够的资本。

［234］徐秋慧．试论城市住房市场失灵与政府规制．经济体制改革．2010（02）．

业内人士指出，城市住房市场出现了比 2007 年更严重的泡沫，市场失灵再度恶化。城市住房市场失灵的首要表现是价格垄断。判断垄断价格的主要依据有两条，一条是收入房价比，北京市的收入房价比已远远超过合理的界限；另一条是经济利润水平，从胡润版的富豪排行榜看，从 2003 年房价攀升开始，房地产业以惊人的速度生产着富豪。城市住房市场失灵的另一个表现是价格歧视。可以观察到，在城镇商品房市场上，事实上存在着两种价格：经济适用房价格和商品房价格。有些公务员可通过权力寻租，这样，商品房事实上就有了两种价格：公务员的经济适用房价格和普通市民的商品房价格。城市住房市场失灵还有一个表现就是城市住房配置两极分化，即少数人拥有多处住房，许多房子空着，或出租取利，多数人则没有房子住或住房条件很差。

城市住房市场失灵同其特殊的市场结构有关。笔者从供给结构和需求结构两个方面入手。从供给结构看，城市住房市场有以下三个明显特征：首先，城市住房市场是一个多头垄断市场。其次，政府垄断供给住房建设用地。再次，住房是有差别的同种产品。以上供给结构方面的特殊性，决定了城市住房的供给曲线比较陡峭，且右移较慢。考察城市住房的需求结构，可以有不同的视角。最一般的视角是购房主体。以北京市为例，买房者大体上有外地的炒房客、外地的富人、本地精英、国家公务人员及芸芸众生，他们的需求完全不同。从购房资金来源考察，北京市的购房需求可以区分为外地人的需求和本地人的需求。从住房功能上考察，住房需求还可以分为正常需求和奢侈需求两类。在上述市场供求结构中，市场机制显然不能充分发挥作用。如果政府不作为，听任市场调节，房价高企、不断攀升、资源配置低效，是必然的。

中央政府必须对失灵的住房市场进行规制，着力点是控制过高的住房价格，基本思路是构建双轨制住房市场。对于商品房市场，政府只控制供地总量和区位，其余的任由市场调节。对于保障住房市场，政府主要是组织建设廉租房、双限房和经济适用住房，并规制开发商的定价行为和剔除投资性住房需求。

需要看到的是，上述市场规制举措涉及不同利益集团的利益矛盾和利益调整。城市的房子问题，实际上是一个政治问题。一个不争的事实是，在经济步入下行区，全力保增长的形势下，政府接二连三地出台拯救房市措施，相关部门和地区也一个接一个地推出护盘办法。地方政府如此救市，住房价格如此走势，证明人们对于政府失灵的忧虑绝非杞人忧天。

[235] 薛白，赤旭．土地财政、寻租与经济增长．财政研究．2010（02）．

在中国，土地所有权和使用权流转与地方政府密切相关。政府和市场的功能与边界模糊为企业竞争性寻租留下了空间。寻租活动对企业在市场之外寻求资源最佳配置起到关键作用，间接影响经济增长。故本文以企业寻租作为切入点，构建一个两要素、三部门模型、试图厘清土地财政与经济增长间的关系。

本文从狭义的土地财政角度进行分析。本文仅以国有土地供应出让收益（预算外收入）和城镇土地使用税、耕地占用税、土地增值税、契税（预算内收入）之和简单衡量狭义的土地财政收入。分析表明，地级市土地出让金占财政收入比重与地区生产总值增速存在弱负相关性；从长期来看，狭义土地财政收入占财政收入比重与地区生产总值增长率亦表现出弱负相关性。然而，并非所有数据结果都支持这一论断；从短期来看，两者的关系呈现出不确定性。仅据直观的统计观察并不能断言土地财政与经济增长的关系。接下来，本文将通过理论模型对土地财政与经济增长的关系加以分析。

本文将经济活动简化为两种投入要素（土地和资本）和三个经济部门（土地经营部门、房屋经营部门和其他生产部门）。政府仅能通过土地所有权垄断和财政收支两种途径作用于经济。本文模型通过对企业生产及寻租活动的刻画，将土地财政和经济增长纳入统一分析框架中。对土地分配的寻租活动构建模型后发现，在价格加成和利息不变的情况下，企业经营土地的收益取决于其寻租能力；对税收及政府收入的公共池构建模型，得到政府收入的公共池总量；对外部性及财政支出的分配构建模型，得到均衡状态时、寻租活动影响下土地财政与各部门企业经济表现之间的数量关系。

接下来结合模型均衡解对各行为主体在土地财政和经济表现之间作用进行分析。第一，关于政府行为。中央及地方政府是创租的主体，本文从土地财政问题上涉及的土地征用、土地分配和公共池分配三方面进行了分析。第二，关于企业行为。本文对土地分配过程中的企业寻租活动和公共池收入分配过程中的企业行为进行了分析。第三，关于社会福利。土地财政中，企业公共池寻租对生产活动产生了挤出效应，该过程中全社会的寻租活动不仅带来的直接净损失，还带来社会间接损失，包括社会总产出减少及部分产品价格上涨所带来的居民福利损失。

通过分析得出如下结果：在弱制度环境和“消极的”政府假定下，土地财政占财政收入的比重与经济总产出呈现反向关系；寻租的挤出效应是导致土地财政和经济增长弱反比统计关系存在的主要原因。

[236] 阎桂芳．横向垄断协议的反垄断规制政策．学理论．2010（27）．

禁止垄断协议是各国《反垄断法》的重点内容，已成为世界各国《反垄断法》的三大支柱内容之一。按照参与主体之间的相互关系来对垄断协议进行分类，它可以分为横向垄断协议和纵向垄断协议。以下主要围绕横向垄断协议的有关内容，通过各国关于横向垄断协议规制政策及实践的展开，分析我国横向垄断协议规制政策的现状，并提出完善我国横向垄断协议规制制度的建议。

横向垄断协议对竞争的限制是直接的，对消费者利益的损害尤为严重，是各国反垄断法规制的重点。各国立法或者实践对横向垄断协议的称谓不相同，但在本质上相同，都是指两个或两个以上生产或销售同一类型产品，或提供向一类服务而具有竞争关系的经营者，通过协议、决定或其他协同方式而实施的排除、限制竞争的行为。

各国关于横向垄断协议的规制政策及实践不同。美国关于横向垄断协议的法律规定主要体现在《谢尔曼法》第1条之中，但只是对横向垄断协议作出原则性的规定。司法实践中，美国法院逐渐发展出了本身违法原则和合理原则。欧共体对联合限制竞争行为的实体规定主要是《欧共体条约》第81条，程序规定则体现在1/2003号条例之中。欧共体委员会和欧洲法院则在执法和司法实践活动中通过判例和法律解释使上述规定变得十分具体。

我国已于2008年8月1日起实行的《中华人民共和国反垄断法》明确了对横向垄断协议的规制，包括概念、适用原则、具体类型、赦免制度等。但我国横向垄断协议规制制度还有很多方面需要完善。第一，建议在《反垄断法》的基础上，设置一个专门的、独立的反垄断执法机构，在具体的机构设置上、管辖范围划分上发挥其应有的职能，更好地为市场的公平竞争保驾护航。第二，确立横向垄断协议豁免程序制度，有利于我国企业之间开展各种有益的合作。卡特尔适用除外程序主要有两种模式，即事先核准与事后审查相结合的模式和事后审查主导模式。笔者认为，事先核准与事后审查相结合的模式更适合我国。第三，规定横向垄断协议的经济法责任。笔者认为，横向垄断协议是一种典型的排除、限制竞争的行为，这种行为违反经济法的规定，侵害了整体经济利益，侵权行为人应当承担惩罚性损害赔偿责任。第四，实行对横向垄断协议的双罚制。对横向垄断协议行为，仅由经营者承担行政责任是远远不够的，应该实行双罚制，确立参与横向垄断协议活动的自然人责任。这样，加上关于酌情减轻或免除处罚的规定，才能够更加有效地提高违法风险，并增加申请赦免的可能性。

[237] 羊淑青．产业政策与竞争政策的冲突与协调．求索．2010（02）．

现代产业政策与竞争政策在规制垄断和促进市场竞争过程中存在着差异甚至冲突。我国应当尽快制定和颁布竞争政策指南和反垄断法实施细则，及时协调和回应当前国家的经济发展情况以及产业政策现状。

我们将产业政策界定为国家（政府）为了克服市场原有的缺陷，使经济发展符合本国经济发展客观规律，从而对产业及产业间关系进行调节的各种政策、法律的总称。现代竞争政策包含二层含义：首先，我国反不正当竞争法、反垄断法是竞争政策的应有之意；其次，与竞争法律制度相比，竞争政策具有政策性、原则性。

产业政策与竞争政策存在着冲突。首先，它们的具体目标不同。产业政策秉承赶超的理念以促进产业的发展为最终目标，而竞争政策以市场理性为基础，以实现市场自由秩序为己任。其次，他们的实现路径不同。产业政策是通过事前事中的规范来控制竞争行为的过程，从而弥补市场机制的失灵。而竞争政策是通过事后的规则来弥补造成的后果。再次，它们的调整手段不同。政府实施产业政策的手段有间接诱导、直接管制及行政、信息指导手段，而竞争政策通过对相关市场、市场占有率及市场集中度的界定，从而综合权衡企业竞争行为的效果。最后，它们实施的对象及作用的时间不同。产业政策的对象针对特定的行业，而竞争政策针对一般企业；产业政策具有短期性，而竞争政策具有长期性、稳定性。

但是，产业政策与竞争政策的最终目标是一致的，都是为了更提高本国产业的竞争力；产业政策与竞争政策具有共同的功能，都具有补充市场机制缺陷的作用；产业政策与竞争政策还具有相互促进作用。因此，它们之间的矛盾是可以协调的。笔者认为，具体的协调措施包括：第一，确立竞争政策为基础的原则。在竞争政策与产业政策实施过程中，坚持竞争政策为基础，发挥产业政策的补充作用，也就是我们放大竞争，缩小干预的过程，也是在有效竞争的形式下实现规模经济，提升产业的国际竞争力的过程。第二，充分合理利用“适用除外”制度。竞争政策规制垄断过程中，“适用除外”制度的运用直接体现了一国特定的产业政策，但与竞争政策具有内在契合性。我国政府就必须借助产业政策，运用间接诱导、直接管制及相关行政手段对特定产业实行倾斜，集中扶持部分大型企业，从而加快我国产业升级，扩大企业规模，实现规模经济效益。

[238] 杨波，马骊．垄断竞争格局下中小型财险公司的竞争策略研究．中国市场．2010（31）．

中小型财产保险公司市场份额低，数量众多，发展潜力不容小觑，是推动财险市场由垄断竞争模式向完全竞争模式转变的主要动力。因此，本文对中小型财险企业采取 SWOT 分析，探讨在垄断竞争格局下最适合其健康、稳定、持续发展的竞争策略。

截至 2009 年年底，中国财产保险市场共有财产保险公司 52 家，其中中资财险公司 34 家，外资财险公司 18 家。2009 年中国财险公司的总保费收入为 29928. 99 亿元，处于市场前四位的财险公司的保费收入总额为 21161. 51 亿元，市场集中度指标高达 70. 71，对比贝恩市场结构分类表，市场结构属于寡占Ⅱ型市场，即垄断竞争型市场。

通过对中小型财产保险公司进行 SWOT 分析发现，其优势（S）表现为没有强烈的路径依赖和过重的历史包袱，经营体制灵活，组织结构简单；其劣势（W）表现为资本实力较弱，投资渠道相对狭窄，没能及时地抢占客户资源，缺乏先进的管理理念和投资经验；其机会（O）表现为处于垄断地位的财险公司承保能力即将饱和，巨大的财险需求缺口将由众多的中小型财险公司进填补，且我国政府相继出台了一系列的法律法规，为中小型财险公司营造了良好的政策环境；其威胁（W）表现为大型财险公司对中小型财险公司进行挤压，外资财险企业纷纷入境抢滩。

中小型财产保险公司可采用如下竞争策略：第一，优化管理成本，拓展利润空间。中小型财险公司没有稳定的市场地位，不具有规模效应，只能发挥组织结构简单、管理成本较低的优势，在不同环节积极采取控制措施，降低经营费用和管理成本。第二，增强品牌意识，提升顾客价值。中小型财险公司应重视企业形象的建立，积极承担社会责任；积极转变承保理念，将“宽承保、严理赔”的理念逐步转变为“严承保、宽理赔”的理念；从业务、价格、情感等方面努力为客户开展增值服务。第三，注重市场细分，转战夹缝市场。中小型财险公司应结合自身的资源和技术优势，集中力量拓展某一类专业市场，逐渐形成专业化优势，同时应当更加重视企业的内部风险控制和外部行业变化。第四，改进新型产品，创新营销渠道。笔者建议在产品种类创新上，中小型财险公司依据“智猪博弈”的原理，让市场份额领先的财险公司承担产品开发责任，然后对新产品进行产品类型和包装组合的改进；在营销渠道创新上，应充分利用互联网开展业务，无限增加了企业和潜在客户的接触机会。第五，建立战略联盟，实现融合优势。中小型财险公司可建立行业内部的战略联盟，也可以与资产管理公司形成战略联盟。

[239] 杨合岭，王彩霞．食品安全事故频发的成因及对策．统计与决策．2010（04）．

文章通过构建两组博弈模型，分析了大企业和小企业生产不安全食品的深层制度原因；重点指出了在财政分权背景下，地方政府保护是造成大规模食品生产企业生产不安全食品的关键原因；在此基础上提出了治理食品安全问题的政策建议。

地方食品安全规制机构与小规模食品生产企业之间会进行博弈。我们将涉及食品安全事故行为方分为两方，即私人经济方（小规模食品生产企业）和公共经济方（地方食品安全规制机构）。地方规制机构追求自身收益最大化，其收益由社会声誉和经济绩效共同组成，但进行规制要支付规制成本，在综合考虑规制收益和成本的基础上，决定是否进行规制。小规模食品生产企业以利润最大化为目标，在综合考虑生产不合格食品的收益和规制机构惩罚的基础上做出是否生产合格食品的决定。中国生产不安全食品的小企业分布分散、隐蔽、流动性强，导致了地方食品规制机构查处小规模食品生产企业的成本非常大。同时，对这些企业的处罚金额通常较小。再者，公众对小规模食品生产企业可能会生产不安全食品具有心理预期，因此食品规制机构从查处小规模食品生产企业中获得的声誉收益也较小。综上所述，食品规制机构查处小规模企业的收益将会小于不检查的收益，因此，食品安全规制机构没有激励去检查小规模食品生产企业。

地方食品安全规制机构与大规模食品生产企业之间也会进行博弈。分析主体思路同上，但在这里我们将地方政府与地方食品安全规制机构区分开来，地方食品安全规制机构受地方政府领导，但在履行检查职责时又有一定的独立性。我们假定地方政府可以从本地大规模食品生产企业中获得利益。经过分析可以得出，地方食品安全规制机构重视消费者的生命健康安全，不断对大规模食品生产企业进行食品安全检查，同时，对生产不合格食品的企业进行罚款，有力地遏制了食品安全隐患。在这种情况下，企业为了确保食品生产合格，所进行的食品安全成本投资越多，合格食品的生产就越有保障。但是，地方政府在大规模食品生产企业中存在利益，形成地方食品安全规制机构对企业进行食品安全检查的阻力，食品安全风险增大。当规制机构官员与食品生产企业串谋时，必然导致食品安全事故频繁发生。

通过上述两组博弈模型分析可知，导致大企业和小企业生产不安全食品的诱因并不相同。因此，针对大规模食品生产企业，要改革财政分权体制，构建政府规制机构的声誉评价体系，制定全方位惩罚机制，对安全生产成本不同的食品生产企业应采取不同的检查频度和惩罚力度；对小规模食品生产企业，应构建社会监督体系，拓宽公众监督小食品生产企业的渠道，以规制成本的微小增加甚至是下降来规制企业安全生产。

[240] 杨俊．中国保障性住房制度与房地产业的发展．浙江社会科学．2010（03）．

中国房地产市场高速增长的过程中出现了增长过热的迹象，存在很多问题，这些问题如果不及时解决会对国民经济产生巨大的负面作用。首先，房地产市场中存在市场失灵的现象。房地产市场的市场失灵体现在房价过高，失去了合理反映房屋供求的经济信号的功能，这导致供给和需求之间严重脱节，所以出现了一方面大量的城镇居民买不起房，而另一方面大量高价格房屋空置或被作为炒房投资对象。其次，房地产市场中分配低效率将导致金融系统的风险加剧。过高的房价导致房屋资源分配效率很低，这种低效率配置是市场单方面无法解决的，房地产市场内在孕育着的危机一旦爆发将会导致整个金融业，甚至使宏观经济陷入困境。再次，高房价挤出消费需求，影响国民经济长期可持续发展。目前在国民收入中居民用于购房的开支占用了收入的很大比例，为了购买价格高速增长的商品房，中国居民不得已将收入更多的部分用于储蓄，这严重影响中国内部的消费需求，对中国经济长期可持续发展造成了不利的影响。

为了解决房地产业发展中市场失灵带来的一系列问题，政府采取政策进行调控是必然选择。直接调控政策的效果有很大不确定性，而间接调控政策，如政府提供廉租房或公共住房等保障性住房政策的效果要明确很多。我国政府采取了以间接调控为主的住房保障政策，经济适用房成为保障性住房的主要内容。利用经济适用房投资与消费相关的数据进行实证研究发现，经济适用房的建设有助于提高居民的消费水平，这就是保障性住房提升消费能力，改善宏观经济的表现。

但是我国目前保障性住房发展缓慢，一是因为地方政府兴办保障性住房的激励不足；二是保障性住房开发的管理效率有待提高；三是政府对居民购买保障性住房的资金补贴政策需改善。

综上所述，为了弥补房地产市场在满足我国居民住房需求方面的不足，同时也为了有效推动我国消费需求和国民经济的理性增长，本文建议首先需要重新划分中央政府和地方政府的财权和事权，改变地方政府对土地收入的过分依赖；其次要提高保障性住房开发的管理效率，增加企业参与保障性住房建设的积极性；最后要加大保障性住房的供给并不断完善居民购买保障性住房的资金保证。通过这些措施解决保障性住房发展缓慢的问题，逐步建立以廉租房，经济适用房和商品房作为三大支柱的中国房地产发展规划，这三大支柱之间梯次推进，分层保障，将政府和市场有效结合，在保证国民经济良性发展的基础上推动房地产市场的长期繁荣和稳定发展。

[241] 杨骞．我国烟草产业行政垄断的社会成本估算．当代财经．2010 (04).

随着市场化水平的不断提高及卷烟需求趋于饱和，烟草市场日渐陷入“优不胜、劣不汰”的低水平均衡状态。在这种情势下，行政垄断必然导致高昂的社会成本。对行政垄断社会成本的估算可以反映烟草产业行政垄断对社会的危害程度，从而为打破烟草产业行政垄断提供有力的实证依据。本文的研究内容是借鉴国外测算垄断效率损失的理论和估算模型，对我国烟草产业行政垄断的社会成本进行估算。

本文将中国烟草产业行政垄断所造成的社会成本的构成分为几大类：无谓损失——由于烟草行业管理部门对烟草制品限产限价，导致了生产过剩，而且所导致的无谓损失远远大于垄断条件下单纯限制产量的无谓损失；X－低效率——不通过市场交换的投入要素是导致我国烟草产业X－低效率最重要的原因之一，地方保护排斥与限制了市场却保护了低效率；寻租成本——我国烟草产业的垄断地位是行政力量赋予的，垄断利润的存在必然会导致非生产性的寻租活动。

已有对无谓损失DWL的估算方法通常有两种：一种是哈伯格（1954）提出的计算方法，另一种是柯林和穆勒（Cowling and Mueller，1978）提出的估算方法。我们将第一种方法作为垄断的最低限估计，第二种方法作为垄断损失的最高限估计。对X－低效率的估算，我们采用综合技术效率的分析架构。对寻租成本，我们将烟草产业的管理费用与主营业务成本之比高出合理的费用成本比的部分粗略的看作是烟草产业的寻租成本。

经过实证分析可以得出如下结论：第一，行政垄断制度下，限制产量即使起到间接控制烟草消费的作用，但更直接的是迫使消费者支付了更多的货币。从这一角度看，行政垄断实际是损害了消费者的利益。第二，行政手段配置资源的低效率是X－低效率最重要的表现形式，占总的效率损失的一半以上；以地方保护与地区分割为主要特征的地区性行政垄断所导致的效率损失也异常突出。第三，寻租成本是社会总成本三项构成中比重最小的，但其年均增幅却是最大的。

针对以上实证得出的结论，本文提出以下政策建议：第一，提高烟草制品价格而非限制其产量；第二，引入市场机制，减少地方政府的行政干预；第三，提高烟草主管部门规制过程的公开性和公正性。

[242] 杨骞．地区行政垄断与区域能源效率——基于2000～2006年省际数据的研究．经济评论．2010 (06).

当前各地政府在制定本地区经济增长目标的同时，纷纷制定相应节能目标，以此提高本地区的能源效率。为此，我们有必要研究中国地区能源效率的差异及影响因素，在此基础上采取对策措施，以促进国家节能减排目标的实现。本文借鉴于良春和余东华（2009）构建的地区行政垄断指数评价体系，从理论和实证两个方面考察地区行政垄断对中国区域能源效率的影响。

效率概念包括两部分：技术效率和配置效率，本文考察的能源效率更多的是能源技术效率。首先假定某个国家仅有两个地区1和2，两个地区均拥有某种单一的能源；两个地区分别仅生产单一产品，且产品市场是竞争性的，产量等于销售量；两个地区的生产技术水平相同。在存在地区行政垄断的情况下，区域产业同构导致了产品价格降低，价格信号失灵提高了单位产品能耗。总之，地区行政垄断的存在降低了区域能源效率。

本文用DEA（数据包络分析）方法对能源效率进行测算。在测算过程中，我们以2000～2006年间中国28个省、市、自治区的劳动力、资本存量、能源消费量作为投入要素，以各地区GDP作为产出要素。根据DEAP2.1软件包，我们测算出2000～2006年中国28个省份的能源效率值。为了进一步评估效率值受哪些因素的影响及影响程度，我们用Tobit模型进行回归分析。本文对地区行政垄断指标的选取借鉴了于良春和余东华（2009）的研究成果。于良春和余东华所构建的“转型时期中国地区性行政垄断指数评价体系”由三级指标体系构成。根据已有文献，本文将经济结构、对外开放程度、技术进步也纳入回归模型中。

通过理论模型和实证检验，可以得出以下结论：第一，地区行政垄断的存在不利于能源效率的提升。地区行政垄断对能源效率具有显著负效应，这说明打破地方政府对市场机制的干预，恢复能源要素在地区之间的自由流动，将有利于能源效率的提高。而消除地区行政垄断，特别是在能源效率低的地区消除行政垄断，将是我国日后提高能源效率的关键所在。第二，我国能源效率仍存在相当大的提升空间。近年来国家施行节能减排的能源政策实际并没有达到预期效果，如果各地区都能达到能源效率前沿，全国仍有约20%左右的节能潜力。因此，国家应采取更为积极的节能举措，加大节能工作力度，制定更为合理的节能经济政策。第三，除了打破地区行政垄断，还应从调整产业结构、加大对外开放程度、提升技术水平等多个方面入手全面提升能源效率。在提高能源效率的过程中应因地制宜，积极配合使用多种提高能效的手段。

［243］杨秀云，郭永，周鑫．资产专用性强度、买方抗衡势力与战略联盟——对航空公司拖欠机场费用案例的考察．产业经济研究．2010（05）．

本文基于企业间纵向关系框架，分析伴随民航业改革的深化，机场与航空公司之间纵向关系的演化，进而分析二者之间欠费问题产生的根源和演变，认为民航业的阶段性改革最终导致了机场与航空公司所有权的分离，使两者之间由内部关系转变为纵向市场交易关系。2002年开始的机场属地化改革，分离了机场和航空公司的资产所有权，将双方在航空产业链中的关系由内部关系变为市场交易关系。航空公司的基地机场的搬迁形成了对机场的“可置信的威胁”，其航线的自由选择权使得航空公司的资产专用性强度大为降低，从而使机场和航空公司的资产专用性强度不再对称，创造了航空公司对机场进行“敲竹杠”的条件。在纵向关系中，若每个市场主体都具有资产专用性特征，则市场主体在市场交易中的平等地位依赖于双方资产专用性强度的对称性。当双方的资产专用性强度由于外部原因（如改革等）的影响而出现非对称时，资产专用性强度较强的一方将被另一方要挟。此外，航空公司的资产重组使航空运输市场演化为一个典型的具有买方抗衡势力的市场，导致了航空公司欠费问题的激化。

选择何种有效的纵向关系安排来协调机场和航空公司之间的分工，以提高产业链的稳定性，减少航空公司欠费对机场的影响，对于航空业健康发展而言是一个亟须解决的问题。前文分析表明，机场与航空公司之间的航空运输服务产品无法通过公平市场交易有效地进行。同时因机场的规模经济性、区域自然垄断性和政府管制等原因亦无法通过纵向一体化来解决。因此，寻找介于市场和企业之间的适合的纵向关系安排是解决航空公司欠费问题的主要思路。为说明机场和航空公司建立战略联盟的优势，本文提出4个基本假设，建立分工协作关系模型，模拟比较机场和航空公司在市场交易和战略联盟中的市场绩效。两种模式下，机场和航空公司都在资源禀赋、产权制度、生产技术约束下追求自身利益的最大化。

由于机场生产的规模经济性、天然的区域垄断性和政府管制，机场和航空公司在现实中并未进行纵向一体化的安排；航空公司和机场集团内部治理的不完善使得维持它们之间的紧密半正式关系很难；航空公司的欠费动摇了与机场在纵向分工条件下建立长期隐含契约的信任基础。所以，机场与航空公司之间最优的选择是建立战略联盟。战略联盟不仅可提高机场和航空公司的市场绩效，而且还会产生正的外部性，提高社会福利总水平，是解决航空公司欠费问题的根本途径。

[244] 杨友孝，陈云．珠三角行政垄断的宏观成本效率损失研究．国际经贸探索．2010（11）．

地区性行政垄断是中国经济转轨时期的一种特殊现象，它严重影响了资源配置效率。本文试图采用行政垄断的概念统一解释市场分割、重复建设、产业同构、恶性引资、扭曲要素价格等，给出行政垄断的作用机理。并用郑毓盛、李崇高（2003）构建的模型基于投入型数据包络分析测度珠三角1999～2008年间的行政垄断的经济效率损失。本文用珠三角国有及规模以上非国有工业增加值、固定资产净值年均余额以及从业人数作为计量数据，计算珠三角1999～2008年间宏观成本效率（CE）并将其分解为珠三角各市的技术效率（TE），各市的资源配置效率（AE）和市间的资源配置效率（RE）。试图揭示行政垄断与珠三角宏观成本效率的一些深层次的问题并提出相应的政策建议。

从测算结果可以看出珠三角CE从1999年到2002年呈U型，2002年珠三角宏观成本效率最高，这样的趋势可用亚洲金融危机解释。2002年后珠三角经济进入高速增长时期，作为外向型经济地方政府拉开了争夺外资大战，加大对经济的干预，是2002年开始宏观成本效率总体上呈下降趋势的主要原因。珠三角TE从2000年到2006年的提高和国有企业的改革使得企业运行效率不断提高相吻合。AE的损失从1999年到2007年不断下降，表明政府在经济发展中对经济干预的程度越来越强。RE从1999年到2007年都是1，表明珠三角城市的一体化程度很高，产品和要素的流动畅通无阻，这一点值得肯定。2008年比2007年的各项结果要好，是政策的滞后性所致。还可从结果中看出，珠三角各地方政府行政垄断的空间越来越小，这说明中央政府在理清中央与地方之间的关系以及规范地方政府行政行为方面取得了显著成绩，而珠三角各地方政府在发展地方经济的竞争下，想尽办法利用制度软约束干预经济，竞争的加剧和干预的增强呈正相关关系。

未来珠三角在提高技术效率的同时，重点在于打破这种各市政府恶性竞争的“囚徒困境”局面，建立一个全新的竞争制度框架来规范政府间的竞争，进而提高珠三角宏观成本效率。具体政策建议如下：第一，继续深化国有企业改革，国企改革对技术效率的提高具有显著的影响，应继续深化包括产权、委托—代理问题等方面的改革，打破国企的行业垄断格局。第二，改善政府的治理和绩效评估机制，实现政府目标与宏观经济绩效目标的激励相容。第三，转变政府角色。政府有责任利用国家权利维护市场秩序，提供适当的法律和社会制度安排以及组织之间的正式安排，降低交易成本，促进市场活动的繁荣。第四，继续深化行政制度改革，加强有关行政过程的程序化和行政决策公开化的制度建设，让公权置于民众的监督之下，强化制度对地方政府的行为约束力。

[245] 杨振宇．公用事业市场化的跨区域运作及其市场边界．改革．2010（11）．

公用事业市场化改革模式探索，是一个涉及公用产品供给服务、影响社会福利、关系国计民生的基础产业发展方向的重大现实问题。我国公用事业运行体制变革的根本出路，应当是一种引入有效竞争机制的市场导向式改革。基于要素市场化路径的竞争治理模式，分散割据的公用企业通过兼并，组建大规模集中化公用事业集团，以跨区域经营权竞争的资本运作整合市场，形成横向一体化的空间并置结构，对打破产业行政垄断，提升本土企业市场竞争力，实现公共服务均等化等福利目标，有持续的促进作用。

基于马歇尔“建设性的竞争和联合形式的优越性”的逻辑，公用事业体现激励规制的市场化路径，是一种竞争治理导向的要素市场化模式，关键要打破现有阻碍要素流动的区域分割运行的体制制约，以跨区域经营权竞争方式构建规模集中化的产业兼并整合格局。从规制经济学的视角考察，公用事业实行自由放任的市场竞争与价格调节机制，并不能自动引向配置效率，规制的逻辑支点在于纠正和改善“市场失灵”。事实上，跨区域兼并在实现的技术手段上，总是与形式各样的资本运作密切关联，而资本运作无疑是典型的要素市场化方式。由此推演，公用事业唯有依靠要素市场化方式才能绕开辖地割据的垄断封锁。

本文运用绩效模型对公用事业跨区域兼并的市场绩效机制进行分析：首先分析了大规模一体化

兼并整合对效益的改进作用；其次分析了跨区域经营权竞争的激励传导机制及其对产业协同发展的影响；最后分析了跨区域兼并下产业竞争力升级与区域协同发展的耦合效应。本文还对深圳水务企业异地兼并进行了实证分析。异地并购项目经营状况前后对比数据显示，跨区域兼并令企业生产能力和经营效益指标快速上升；本、外地经营规模指标对比分析表明，异地水务经营为深圳水务企业规模提升所贡献的份额日益增大。

理论和实证分析表明，以经营权竞争方式实施跨区域兼并是公用事业市场化改革的合意选择，这一要素市场化模式导向一种更合理化的产业组织结构形态，最终提升了市场绩效。公用事业引入有效竞争，是基于规模效应与竞争活力的一种均衡机制，最终为经济效益与公共福利的综合性目标服务。事实上，经济制度改革其动力源泉离不开效率这一终极目标，绩效导向就成为公用事业市场化改革的基石。当前制约我国公用行业发展的突出症结在于市场集中度偏低，地域分割行政垄断，二者互为因果。从区域分割型垄断向大规模一体化经济集中型垄断形态的演进，从政策意义上看，它启示了一个实现有效竞争的市场化方向。

[246] 杨志学．地方保护、产业集聚与地区收入差距．财经问题研究．2010（10）．

本文利用新经济地理学的分析框架，考察了地方保护对地区收入差距的影响。分析结果显示，地方保护造成地区间贸易成本提高，进而影响产业分布，引起地区间收入分配不均。地方保护在现阶段利于缩小地区收入差距，中央政府允许发达地区县级以上地方政府通过制定差别政策对本地区适当保护，将有利于欠发达地区的经济发展，缩小其与发达地区的收入差距。

本文分三部分进行阐述。第一部分为文献回顾，主要对国内关于地区间存在收入差距，怎样能够消除这种差距等方面的问题进行了梳理和综述。通过对原先的分析，作者发现大部分学者把地区收入的差距原因归结为有差别的地区政策，并对相关文献进行了梳理。随后，对这种差异如何影响收入的相关研究结果进行了综述。在此基础上作者总结得到以下内容：地区收入差距的存在是实施差别政策（如地方保护）的记过，而地区收入差距的扩大又与产业集聚有密切联系。因此，要对地区性收入差距产生和扩大的原因进行系统分析，找到缩小地区收入差距的方法，必须建立起能够反映差别政策、产业集聚和地区收入差距的模型。作者选择借用新经济地理学的研究方法，建立一个空间经济模型并进行数值模拟，以此来分析地方保护对地区收入差距的作用机制。最终的模拟结果显示，地方保护在现阶段有存在的必要性。

本文第二部分主要对模型进行分析。作者以藤田—克鲁格曼—维纳布尔斯建立的两地区“中心—外围”模型为出发点。该模型的基本假定是不完全竞争的市场结构和厂商规模报酬递增。作者沿着这一思路同时考虑到劳动力跨地区流动的实际障碍，文章假定存在劳动力流动壁垒和政府干预的两个地区，以中间产品代替劳动力流动作为地区间的联系。在此基础上，作者得到了最终的几轮即地方保护造成地区间贸易成本提高，进而影响产业分布，引起地区间收入分布不均。

最后，作者在分析结论的基础上提出了两条政策建议：（1）从维护社会稳定的角度出发，地方保护的消除应当是阶段性的工作，不能一蹴而就；当然，地方保护主义不可能永远实行，在经济发展的过程中必然要求消除差别政策带来的不平等，实现要素价格均等化。（2）2010~2020年是我国经济发展的重要十年，中西部地区由于历史原因、自然条件等落后于东部地区，要改变中西部现状，除中西部自身努力外，还需国家加大财政支持力度，给欠发达地区一些政策倾斜。

[247] 殷继国．自然垄断行业不对称规制研究．广东商学院学报．2010（03）．

不对称规制是规制机构对自然垄断行业处于不同市场条件下的经营者予以区别对待的规制。实施不对称规制的经济学理论依据是有效竞争理论，法理依据是公共利益理论和实质公平理论，前提条件是不对称竞争的存在。主导经营者的认定标准主要有市场份额及竞争者数量、控制关键的网络系统资源、市场进入壁垒、利润水平和对竞争者的影响力。不对称规制与反垄断规制均为自然垄断行业的规制手段，两者既有联系又有区别，需要采取措施予以协调。

中国大陆的不对称规制政策始于 1994 年中国联通的成立。由于中国联通与中国电信实力相差悬殊，电信市场竞争出现了不对称，电信主管机构开始采取扶持联通的不对称规制政策，该政策分为两大块：结构性不对称规制和行为性不对称规制。从不对称规制的实践来看，不对称规制的精髓是“政府规制机构针对市场上不同竞争力的经营者予以不对等规制，借由限制市场主导者的市场行为，以使新经营者得以在市场中生存”。

不对称规制因规制的“非对称性”，自产生以来就成为一项极具争议的制度。从理论上看，不对称规制制度存在深厚的经济学和法理依据：一是不对称规制的经济学依据：有效竞争理论；二是不对称规制的法理依据：公共利益理论和实质公平理论。不对称规制对处于不同市场条件下的经营者予以区别对待，符合“不同情况不同对待”的要求，它扶持和保护非主导经营者并对主导经营者施加更为严格的限制，从形式上看似乎违背了形式公平的要求，但正是经济法实质公平理论的体现。

不对称规制是以扶持和保护处于弱势地位的新进入厂商或非主导经营者，并对处于市场支配地位的在位厂商或主导经营者实施限制为基本特征的，因此必然以主导经营者与非主导经营者之间存在不对称竞争为前提，即不对称规制的前提条件是自然垄断行业存有不对称竞争。如果规制机构仍然实施对称规制，仅凭非主导经营者自身的实力是很难与主导经营者展开有效竞争的。而且规制机构在引入不对称规制时，必须找出导致主导经营者与非主导经营者不对称竞争的主要初始条件，然后有针对性地制定具体的不对称规制规则，这样才能保证不对称规制的有效性。

不对称规制促进市场竞争普遍采取的做法是限制主导经营者，扶持非主导经营者；限制在位厂商，扶持新进入厂商。本文认为，在确定自然垄断行业主导经营者的认定标准时，应遵循以下原则：第一，应借鉴欧美关于主导经营者的认定标准，但应考虑到欧美与中国在实施不对称规制时的环境差异；第二，认定标准不能过于宽松或过于严格，应以市场的有效竞争为最高目标，兼顾适度规模与适度竞争；第三，我国现有的规定在相关市场的认定上存在分歧，因此，应当以细分市场为基础；第四，虽然主导经营者与市场支配地位在概念内涵、适用范围、认定目的、认定主体、救济手段上存在诸多不同，但在确定主导经营者的认定标准时也需要参考《反垄断法》在认定经营者的市场支配地位时所依据的因素；第五，主导经营者的认定标准是动态的，应随着规制环境的变化适时调整。

[248] 殷继国．自然垄断行业不对称规制理论与实践．经济经纬．2010（04）．

不对称规制是规制机构对自然垄断行业处于不同市场条件下的经营者予以区别对待的规制。实施不对称规制的经济学依据是有效竞争理论，法理依据是公共利益理论和实质公平理论，前提条件是不对称竞争的存在。主导经营者的认定标准主要有市场份额及竞争者数量、控制关键的网络系统资源、市场进入壁垒、利润水平和对竞争者的影响力。不对称规制与反垄断规制均为自然垄断行业的规制手段，两者既有联系又有区别，需要采取措施予以协调。

中国大陆的不对称规制政策始于 1994 年中国联通的成立，由于中国联通与中国电信实力相差悬殊，电信主管机构开始采取扶持联通的不对称规制政策。该政策分为两大块：结构性不对称规制和行为性不对称规制。从不对称规制的实践来看，不对称规制的精髓是政府规制机构针对市场上不同竞争力的经营者予以不对等规制，借由限制市场主导者的市场行为，以使新经营者得以在市场中生存。本文认为，不对称规制，是指在自然垄断行业由垄断向竞争转型初期，政府规制机构为了应对不对称竞争，对处于不同市场条件下的经营者予以区别对待，制定有利于非主导经营者的倾斜政策和法规，从而在一定时期内人为地制约主导经营者对市场的控制力，放宽对非主导经营者的规制，以达到所有经营者公平竞争的目的。

不对称规制，因规制的“非对称性”，自产生以来就成为一项极具争议的制度。本文认为不对称规制确实存在一些弊端，但正如市场失灵和政府失灵并不能否认市场机制和政府干预机制的积极作用一样，不对称规制并未发挥出规制机构希望的效应并不能说明不对称规制已经过时或无存在的必要，只是说明不对称规制制度的设计有欠科学。从理论上看，不对称规制制度存在深厚的经济学和法理依据。

当前，我国的自然垄断行业均需要实施不对称规制和反垄断规制，以维护市场的有效竞争，实现实质公平。但不对称规制与反垄断规制毕竟是两种不同的规制方式，它们的区别主要有：第一，规制的行为不同。不对称规制主要是针对自然垄断行业中的不对称竞争行为；反垄断规制的行为有四类，即垄断协议、滥用市场支配地位、经营者集中以及行政垄断。第二，规制时间不同。不对称规制属于事前和事中规制，主要是事中规制，事前规制主要体现在市场准入规制上。而反垄断规制有事前规制和事后规制，但绝大部分属于事后规制，事前规制主要体现在反垄断执法机构对经营者集中的审查上。第三，规制机构不同。不对称规制的规制机构是各个行业的主管部门；反垄断规制机构包括反垄断委员会和反垄断执法机构。第四，规制的法律依据不同。不对称规制的法律依据是各个行业的行业管理法，而反垄断规制的法律依据是《反垄断法》。

不对称规制是政府规制的重要内容。我国目前仅仅在电信业有不对称规制的实践，不对称规制的理论也极其缺乏。不对称规制有利于促进我国自然垄断行业的有效竞争，也关系到我国经济体制改革工作的成败。现阶段，我国不对称规制理论研究和法律实践的方向是：丰富并深化不对称规制的理论，细化原有领域的不对称规制，扩张新领域（即将不对称规制扩张到所有的自然垄断行业）的不对称规制，并建立起比较完善的不对称规制制度。

[249] 尹晓海．行政垄断的危害性分析．改革与开放．2010（02）．

行政垄断严重破坏了正常的市场竞争，制约了整个社会福利的提高，对经济自由和经济民主造成严重的损坏，并且行政垄断很容易形成权力寻租导致腐败。对于行政垄断的危害性分析，有利于我们充分认识行政垄断，坚定我们反行政垄断的信心。行政垄断问题可以说是由来已久，行政垄断是指行政机关（包括享有行政权的组织）滥用行政权力干预市场竞争的行为。

行政垄断主要有以下两种：一是地区封锁，又称地方保护主义；行政垄断是政府及其所属部门滥用行政权力干预竞争、排斥竞争，形成人为的市场壁垒，是其他企业难以进入该地区或行业市场，其最直接的危害是破坏了正常的市场竞争。二是行业垄断，也可以称为行业壁垒、部门垄断。前一种属于横向垄断，主要是各级地方政府或其授权的具有管理公共事务职能的组织滥用行政权力排斥或者限制竞争的行为；后一种，主要是指政府或者政府的相关行业主管部门为了保护其特定行业的企业及其利益而实施的排斥或限制竞争的行为。

通过以上分析，我们可以看出行政垄断是由于行政权力的滥用而产生的，其危害性比其他任何垄断形式都要严重，主要表现在：（1）行政垄断严重破坏正常的市场竞争。（2）行政垄断制约了整体社会福利的提高；行政垄断损害了消费者的合法权益，行政垄断造成了资源的严重浪费和经济效率的低下，阻碍了社会整体福利提高的可能性。（3）行政垄断是对经济自由和经济民主的严重破坏；经济民主是经济民主化的产物。所谓“经济民主”是指民主由政治领域跨入经济领域，或者说经济领域引入政治领域的民主机制。（4）行政垄断极易形成权力寻租导致腐败。寻租指的是那种利用资源通过整治过程获得特权从而构成对他人利害的损害大于租金获得者收益的行为。行政垄断与政府腐败是一对孪生姐妹。行政垄断由于行政权力控制着经济资源的配置，而资源的行政性配置又具有极强的随意性，在没有相应法律处规范约束的情况下，行政人员就会滥用手中的权力，出现以权谋私的现象。企业为了获得行政垄断的保护，就将大量的费用用于行贿，必然产生官商勾结，权钱交易的腐败现象。

行政垄断问题很早就引起了社会各界的强烈关注，对于行政垄断的危害性的探索和研究，能够使我们从更深的层次认识行政垄断，对于我们研究如何规制行政垄断有重要意义。

[250] 游钰. 论反垄断执法之规范与比例原则. 甘肃政法学院学报. 2010 (03).

垄断规制的复杂性与反垄断规则的不确定性决定了反垄断执法具有很大的弹性，而反垄断执法机构则具有广泛的自由裁量权。反垄断执法失范和自由裁量权滥用会给相对人利益造成极大的损害，也不利于反垄断法目标的实现。因此，应当对反垄断执法进行规范和约束，并保护相对人的合法利益。比例原则作为行政法上的一项基本原则，与反垄断执法相契合，有助于规范反垄断执法。我国应当引入比例原则对反垄断执法进行规范。垄断规制的复杂性与反垄断规则的不确定性决定了反垄断执法具有很大的弹性，而反垄断执法机构则具有广泛的自由裁量权。反垄断执法失范和自由裁量权滥用会给相对人利益造成极大的损害，也不利于反垄断法目标的实现。因此，应当对反垄断执法进行规范和约束，并保护相对人的合法利益。比例原则作为行政法上的一项基本原则，与反垄断执法相契合，有助于规范反垄断执法。我国应当引入比例原则对反垄断执法进行规范。

反垄断执法的弹性与自由裁量权，主要包括垄断规制的复杂性与反垄断执法弹性和自由裁量权——反垄断执法弹性的必然要求。反垄断执法的弹性使反垄断法规则具有更大的现实适应性，而巨大的自由裁量权则是反垄断执法弹性的必然要求。

反垄断执法中相对人的利益保护，主要是指反垄断执法中相对人利益保护的必要性在反垄断法领域中，由于反垄断执法具有很大的弹性，反垄断执法机构拥有巨大的自由裁量权，具体的反垄断执法活动对相关主体的利益影响极大。如果反垄断执法出现偏差，就可能对相对人利益造成巨大损害。因此，在反垄断执法活动中强调保护相对人利益是非常必要的。此外，反垄断执法失范对相对人利益的侵害，在反垄断执法中，反垄断执法机构拥有巨大的执法权力和自由裁量权，这意味着反垄断执法机构可以根据反垄断法规定和实际情况决定执法对象、执法尺度、执法手段、执法措施、制裁措施，等等。当反垄断执法出现权力滥用或执法偏差时，相对人利益就可能受到侵害，而反垄断法的目的也将无法很好地达成。

对我国反垄断执法贯彻比例原则的思考，主要包括比例原则与反垄断执法的契合性。比例原则是指行政机关实施行政行为应兼顾行政目标的实现与保护相对人的权益，如果为了实现行政目标可能对相对人权益造成某种不利影响时，应使这种不利影响限制在尽可能小的范围和限度。此外，提出了反垄断执法贯彻比例原则的基本要求：第一，执法尺度合理，制裁力度适中；第二，严格限制和规范选择性执法；第三，执法措施运用得当。

[251] 于立. 中国反垄断经济学的研究进展. 广东商学院学报. 2010 (05).

反垄断经济学是基于产业组织理论（或产业经济学）的一门应用经济学学科，同时也是法律经济学的主要分支学科。中国的反垄断经济学研究中，反垄断执法原则、自然垄断、过度竞争、行政垄断等问题取得了较重要成果，而经营者集中反垄断经济分析、反垄断执法机构的协调效率分析、反垄断与宏观经济运行、反垄断执法案例效果评估等问题是该学科需要进一步关注的研究重点。

关于反垄断经济学的学科定位，国内学者逐渐取得以下共识：一是反垄断经济学是基于产业组织理论（或产业经济学）的一门应用经济学学科。准确的产业经济学就是产业组织理论，反垄断经济学是产业组织理论与政策的自然延伸。国内学界对产业经济学的理解逐渐回归本源。二是反垄断经济学是法律经济学的主要分支学科。法律经济学就是研究法律问题的经济学。三是反垄断经济学与规制经济学是紧密相关的姐妹学科。较早时期，反垄断与规制的区别不够明确，但近些年来，二者已经出现明显分工。四是反垄断经济学是反垄断立法和执法过程中进行经济分析的基础。反垄断立法中对一些基本法律原则和执法指南或实施细则的确定离不开反垄断经济学。五是反垄断经济学的主要研究方法是经济计量学、博弈论和案例研究。这与产业组织理论的研究方法是完全一致的。六是反垄断经济学同大多数其他经济学科一样，不以国别为界，但对于中国这样的转型经济，在较长的时期内，其研究对象内容（如对国企垄断和行政垄断的关注）会有较大的中国特色。

中国的反垄断经济学研究中，有一些经济学家对几个重点问题进行了深入研究，取得了较重要成果。（1）反垄断执法原则经过多年的反复讨论和草案修改，中国终于在 2007 年出台并于 2008 年正式开始实施《反垄断法》。（2）自然垄断 20 世纪 70 年代以来，开始于发达国家的自然垄断产业实行放松规制、引进竞争的改革潮流波及到全世界。（3）过度竞争与垄断是市场经济的永恒主题。（4）行政垄断行，政垄断问题在中国反垄断立法前后广受关注。有的学者认为，在我国当前滥用行政权力限制竞争十分普遍的国情下，反行政垄断应当成为我国反垄断法的主要任务。有学者甚至认为，不实行反行政性垄断，反垄断法就没有意义。另有部分学者则认为不能一概而论。（5）并购申报作为各国反垄断执法中实施并购控制的通行制度，企业并购申报制度是指当一项计划实施的并购满足一定条件时需按照反垄断法或并购指南的规定，向反垄断机构申报。（6）其他研究现实经济中存在大量与纵向产业关系有关的垄断现象，其中具有典型意义的如电信、电力、铁路、民航四大垄断行业的反垄断执法，超市与供应商之间的定价，制造商与分销商之间的价格和非价格控制等，都需要运用反垄断经济学加以深入分析。

中国反垄断经济学研究需要继续关注的重要问题：（1）经营者集中反垄断经济分析；（2）反垄断执法机构的协调效率分析；（3）反垄断与宏观经济运行；（4）反垄断执法案例效果评估；（5）反垄断与国际竞争；（6）知识产权相关的反垄断执法与民族品牌保护问题。

[252] 于林，于良春．地区性行政垄断的经济增长效应．当代财经．2010（06）．

地区性行政垄断是指地方政府运用行政权力对市场竞争的限制和排斥，往往造成了要素价格扭曲，进而诱致地方保护和市场分割。本文基于一个经济增长模型，并将地区性行政垄断指数纳入该模型中，实证研究了地区性行政垄断对经济增长的影响以及这种影响在开放程度不同的地方会发生什么样的变化。结果表明，地区性行政垄断与经济增长呈倒 U 型关系，而且经济开放程度越高，地区性行政垄断越不利于经济增长。

本文认为地方保护和市场分割仅仅反映了区域之间的地区性行政垄断，并没有涵盖区域内部的地区性行政垄断。因此，本文在一个增长的框架下，开创性地引入地区性行政垄断指数，实证探讨了地区性行政垄断的经济增长效应。

理论假说提出与实证模型设定，本文提出假说 1：地区性行政垄断与经济增长呈现倒 U 型关系，即在地区性行政垄断程度较低时，提高地区性行政垄断的程度有利于当地的经济增长，而当地区性行政垄断程度较高时，提高地区性行政垄断的程度则会损害当地的经济增长。假说 2：经济开放程度越高，地区性行政垄断越不利于经济增长。实证模型我们将采用一个基于巴罗（Barro，2000）经济增长的实证模型，并在此基础上增加了地区性行政垄断指数作为解释变量。

本文将于良春、余东华（2009）的地区性行政垄断指数纳入巴罗（2000）回归方程，系统地实证研究了地区性行政垄断对经济增长的影响以及这种影响在开放程度不同的地方会发生怎样的变化。结果证明，地区性行政垄断与经济增长呈现倒 U 型关系，这说明地区性行政垄断程度存在一个临界值，只有将地区性行政垄断程度控制在临界水平之下，提高地区性行政垄断程度，才会促进当地的经济增长。实证结果还表明经济开放程度越高，地区性行政垄断越不利于经济增长。在改革开放和经济全球化的新形势下，保持适度的地区性行政垄断，不仅有利于提高我国的国际竞争力，而且有利于平衡区域经济发展。基于经济增长目标的实现，本文提出以下几点政策建议。（1）建立和完善科学规范的政绩考核机制；（2）硬化制度约束，制约地方政府的不当行为；（3）建立地方政府间利益协调与合作机制，促进地方政府之间的良好沟通。

[253] 余东华．价格歧视、经销商串货与反垄断分析——以“诺基亚事件”为例．财贸经济．2010（04）．

实施歧视性定价策略是生产商在面对具有不同价格弹性的市场需求时获取最大化利润的常用手

段。价格歧视压缩了经销商获利空间，侵蚀了消费者剩余，可能引致经销商之间的串货行为，进而引发生产商和经销商之间的纠纷。价格歧视和经销商串货都属于策略性商业行为，可能改变剩余分配状况和社会福利水平，限制公平竞争，扰乱市场秩序。本文首先分析价格歧视和经销商串货的主要动因、发生机制和福利效应，然后以诺基亚手机串货事件为例，结合反垄断法的相关条文，对价格歧视、串货和反串货行为进行反垄断分析。本文应用经济学的相关理论对价格歧视、串货和反串货行为的主要动因、发生机制和福利效应进行分析，并结合反垄断法的相关条款分析和判断“诺基亚事件”中相关行为的法律性质。

文章共分五部分。第一部分对过去有关价格歧视等内容的文献进行了分析。第二部分主要对价格歧视及其福利效应分析，并通过一个简单模型的推导和演算，表示与价格歧视相关的福利变化的最大值和最小值，即福利效应的边界。第三部分主要对经销商串货及其福利效应分析，主要分析有经销商串货及其动因，包括生产商价格体系中价格差别的出现为经销商串货行为提供了获利的操作空间，市场渠道发展不平衡，销售管理政策失误，经销商缺乏诚信，通过串货“搭便车”，争夺他人利益，品牌拉力过大而渠道建设没有及时跟上，可能导致经销商串货，其次对经销商串货的福利效应进行分析。第四部对价格歧视与经销商串货的反垄断分析，主要包括价格歧视的反垄断分析、串货与反串货的反垄断分析。第五部分以诺基亚案例为例，对其串货行为进行了分析。

最后得出文章的结论：价格歧视是具有一定市场势力的生产商为了获得最大化利润而采取的差别定价策略，串货是经销商为了谋取超额利润而采取的交叉销售的市场行为。一般而言，价格歧视有利于生产商而不利于消费者，导致社会福利水平下降，但给经销商提供了串货的获利空间。价格歧视对社会福利水平的影响程度，需要联系具体市场的需求状况、价格差别程度和价格—成本边际进行具体分析。《反垄断法》并不禁止所有的价格歧视行为：具有市场支配地位的生产商的价格歧视行为应当受到《反垄断法》的严格管制；不具有市场支配地位的生产商的价格歧视行为，如果限制了公平竞争，损害了社会福利，也应接受竞争政策的管制；临时、非系统的价格歧视行为可能促进效率，因而不被禁止。经销商串货有利于经销商而不利于生产商，但可能产生传递效应增加消费者剩余。经销商串货是地区经销商违反代理和销售协议的违约行为，属于民事领域的纠纷，生产商完全可以据合同起诉串货销售的经销商，只要所串货物是真货，并且不存在侵害消费者权益的问题，行政权不宜介入。从目前状况分析，诺基亚手机价格歧视行为和诺基亚经销商的串货行为均未违反《反垄断法》。但是，持久而又系统的价格歧视行为、恶意的串货和恶意的反串货行为都有可能限制公平竞争，扰乱正常的市场秩序，损害消费者权益，甚至构成违法。

[254] 余东华，乔岳，张伟．横向并购反垄断规制中的安全港规则研究．产业经济研究．2010 (03).

安全港规则的实施能够改进反垄断当局执行企业并购政策的可预期性，降低在企业并购领域反垄断法执行的不确定性，提高并购审查效率，降低执法成本。中国是一个正处于转型时期的发展中大国，在经营者集中竞争评估指南中设置安全港规则，除了具有一般意义上的必要性以外，还可以协调竞争政策与产业政策的关系，加快民营经济和中小企业发展，推动国民经济战略性调整，提升产业国际竞争力。本文在比较分析世界主要国家和地区横向并购指南中的安全港规则及其量化标准的基础上，研究了中国经营者集中竞争评估指南中设置安全港规则的必要性，测算了符合中国国情的安全港规则的量化标准，为制定并购规制政策提供了理论依据。

中国正在酝酿制定经营者集中竞争评估指南，在指南中是否设置安全港规则，如何设置安全港规则，如何确定安全港规则的量化标准，各界存在较大争议。本文将对安全港规则进行深入探讨。

一是横向并购反垄断规制中设置安全港规则的主要依据，主要包括：设置安全港规则可以更好地发挥企业横向并购指南的作用，提高法律的确定性和可靠性；设置安全港规则可以提高并购审查效率，降低执法成本；安全港规则能够增加执法的透明度，更好地传递反垄断当局的政策意图，引导和规范企业的并购行为；在并购指南中设置安全港规则符合反垄断政策效率化转向的总体趋势；设置安全港规则能够增强反垄断政策的机动性，有利于优化产业结构，提升产业竞争力。

二是中国横向并购反垄断规制中安全港规则的量化准则。借鉴世界主要国家和地区在企业并购规制方面的立法和执法经验，以中国特殊国情为基本依据，经过典型行业的测算验证，我们确定采用 HHI 指数来确立中国经营者集中竞争评估指南中安全港规则的量化标准。

三是中国企业横向并购反垄断规制中安全港规则的实施。实施安全港规则的实质是根据市场份额、市场集中度水平、并购引起的集中度提高幅度，参考相关市场的行业状况、发展阶段和发展前景等因素，初步判断经营者的市场控制力，为是否对经营者集中进行进一步审查提供依据。安全港规则的实施，有利于把握和处理反垄断审查中的"度"，使得并购规制政策的松严适度。其中科学界定相关市场是实施安全港规则的基本前提，保持安全港规则实施中的稳定性与动态性相统一，合理使用安全港规则的门槛值，明确安全港规则实施中的例外和可能出现的缺陷。

[255] 余佳. 反垄断法对企业并购的实体规则与完善. 黑龙江对外经贸. 2010 (02).

新近出台的《反垄断法》针对当前迅猛发展的企业并购作出了具有进步意义的规定，该法的实施将对企业并购所形成的垄断行为进行依法规制，但是，其中相关市场的确定，并购形成垄断的确定，域外效力有待进一步完善。通观新近出台的《反垄断法》，笔者并未发现立法者区别外资在华并购与我国境内企业间的并购，而是适用相同的反垄断法律规定，集中体现在反垄断法的实体规则（相关市场、垄断的确定、除外制度、域外效力等）以及程序规则（申报制度、审查制度、司法救济、法律责任等）。虽然反垄断法对企业并购所产生的垄断问题进行了较为详细的规定，但仍有不足。

完善反垄断法对企业并购的实体规则。我国《反垄断法》第 12 条对相关市场作了这样的规定："相关市场是指经营者在一定时期内就特定商品或者服务（以下统称商品）进行竞争的商品范围和地域范围"。

作者建议在原有的相关市场的定义后增加对"商品范围"和"地域范围"的进一步解释的内容，即"商品范围是指……"，"地域范围是指……"。界定商品范围（相关产品市场）是界定相关市场的第一步，也是最重要的一步。如何判断产品市场，主要看产品的相互竞争关系。对竞争关系的分析则主要是通过对产品的替代关系的分析来完成的，两个产品彼此之间的替代程度越高，竞争关系就越强。竞争关系的考察包括产品的需求替代性、供给替代性和潜在竞争。此外建议在单独制定的我国的反垄断法的行为指南中可以同样适用上述的经济分析的方法，同时增加考察相关的因素，包括关税税率、产品检验标准和其他贸易壁垒；自然垄断和行业垄断的因素；进入的营销成本、运输及相关费用、产品特性等。另外，还要依据各个行业实际情况的不同来界定地域市场。此外，我国在相关市场的定义中却未能体现出时间市场的因素，因而有必要在立法中增加相关时间市场的概念和内容，从而在具体确定相关市场的问题时将时间因素考虑进去。包括产品的使用期限；产品的生产周期；产品的季节性；知识产权的保护期。

通过对《反垄断法》的分析，笔者仅仅结合目前企业并购的表现及特点提出反垄断法的相关规定中可能存在的问题，但由于反垄断法对企业并购行为的适用还没有可以借鉴的案例，在将来反垄断法实际适用到企业并购（包括外资并购）的垄断行为时还会有更多的问题出现，这需要立法者不断地去发现并完善。同时，为了避免陷入一贯的"重实体，轻程序"的错误，需要立法者在反垄断法中对企业并购的程序规则进行研究和完善。

[256] 余明桂，回雅甫，潘红波. 政治联系、寻租与地方政府财政补贴有效性. 经济研究. 2010 (03).

本文可能在以下三个方面丰富了已有文献：第一，大多数有关中国民营企业政治联系的研究认为，在我国，民营企业建立政治联系有助于克服法律、产权和金融发展等制度落后和政府失灵对自身发展的阻碍。第二，寻租理论认为：一方面，企业具有很强的动机与政治家结成同盟，并通过影响政治环境和政治过程来使特殊利益集团获得“租金”；另一方面，政治家利用行政干预的手段人为“创租”，诱使企业向他们“进贡”作为得到这种租的条件。本文为这些理论提供了新的证据。第三，我们从企业的政治联系这一新的视角来分析和评估地方政府财政政策的经济效应，可以更深刻地分析和评估政府财政政策的经济后果的深层次原因。

本文分析与地方政府建立政治联系的民营企业是否能够从地方政府获取更多的财政补贴，以及这种补贴对企业效益和社会效益的作用，由此来判断民营企业的政治联系是具有效率促进作用还是阻碍稀缺资源有效配置的寻租手段。我们以 2002～2007 年的民营企业为样本，以企业的总经理、董事长或董事现在或曾经在地方政府担任官员或共产党干部来判断企业是否具有政治联系，检验结果发现，在其他条件相同的情况下，这些有政治联系的企业确实比无政治联系的企业获得更多的财政补贴；在市场化程度越低、政府支配资源越多、产权保护越差和法治水平越低的地区，政治联系的这种财政补贴获取效应越强。进一步以企业的总资产收益率和经营现金流表示企业效益，以企业的税收贡献和就业贡献来表示社会效益，检验结果发现，有地方政府政治联系的民营企业获得的财政补贴越多，企业的经营效益和社会贡献越低；而无政治联系的企业获得的财政补贴越多，企业绩效和社会贡献越大。这说明与地方政府建立政治联系的企业获得的财政补贴是寻租的结果，而无政治联系的企业获得的财政补贴具有一定的效率促进作用。

本文的研究结果支持政治联系的寻租假设，而不支持政治联系的效率假设。一些研究认为，“关系”是中国经济快速成长的关键因素之一。而我们的研究表明，政治联系作为一种重要的关系，很可能成为民营企业俘获政府的一种手段，这种关系有助于企业获得对政府财政补贴决策的影响力，进而从腐败的政府官员那里获得更多的补贴收入。这种基于政治联系的寻租活动导致整个社会稀缺资源配置的扭曲。所以，地方政府的财政补贴支出决策过程应该受到更加严格的监督，相关的信息披露应该更加透明，对于有政治联系的民营企业来说，授予其财政补贴时相应的信息披露和监督尤其重要。

［257］余淑均．金融危机下企业并购效应的经济学思考．湖北社会科学．2010（02）．

企业兼并是指两个或两个以上相互独立的企业，在自愿的基础上依照当事者所制订的契约，并根据法律所规定的程序及权利义务关系，归并为一家企业或重新设立一家新企业的企业重组行为。企业收购是指一个企业通过某种方式购买另一个企业的资产或股权，从而获得对该企业的控制权的行为。并购按照收购企业与被收购企业的关系可分为横向并购、纵向并购及混合并购。

企业并购的正效应：（1）规模报酬递增效应。并购对于优势企业而言，其最大的优点就是能形成规模经济。马歇尔将规模经济的概念定义为：在一定限度内生产规模扩大而导致单位产品成本降低收益增加。（2）获得效率优势。引入效率理论来说明这个问题。效率理论有两个基本的要点：一是企业并购活动的发生有利于改进管理层的经营业绩；二是企业并购将导致某种形式的协同效应，所谓协同效应是指并购活动能提高企业经营绩效，即所谓 2+2>4 的效应，并购后企业的总体效益要大于两个独立企业效益的算术和，同时也能够增加社会福利。（3）交易成本节约。交易成本理论中兼并的理想条件是企业边际交易成本节约额等于边际组织费用增加额。根据科斯的理论，在竞争条件下实现的兼并能促使企业生产和分配的有效组织和资源的有效配置。（4）扩大市场份额。市场势力理论认为，企业并购会导致企业数量减少、规模增大和市场集中，可以增强大企业的市场控制力量，并可以通过对价格的控制来增加利润，增加长期获利的机会。仅仅在下面几种情况下通过并购活动可以增强市场势力：①在需求下降、服务供给过剩的削价竞争的情况下。②在国际竞争使国内市场遭受外资金融机构的强烈渗透和冲击的情况下，企业之间通过大规模联合，对抗外来竞争。③由于法律变得更为严格，使企业之间包括合谋等在内的多种联系成为非法。（5）提高股票价格。对上市企业而言，并购往往能提高参与并购公司（尤其是目标公司）的股票价格。因为股票收购传递了目标公司被低估的信息，并购要约的公布或关于并购的谈判将传达某种信息，告知目标公司的管理层应从事更有效率的经营活动。（6）获取税负节省。税收上的好处能够部分解释并购的产生，尤其是在公司合并上，当公司有过多账面盈余时，通过合并另一公司可以降低赋税支出。

企业并购的负效应：（1）并购的效果不确定。企业并购的效果具有不确定性，只有当平均成本超过了价格上升比率的平方、需求弹性的一半和最初产出比率三者的乘积，并购的净配置效应才为正。（2）K 的确定无法量化。（3）技术进步问题。在相关市场同一行业，并购导致了技术进步趋缓的问题。（4）时滞问题。尽管并购可能具有直接净效应，即成本节省超过总福利损失，但存在内部扩张时，这种影响可能最终是负的。

［258］余向华，陈雪娟．垄断与行业工资差距问题研究——基于中国行业工资决定因素的微观计量分析．税务与经济．2010（04）．

近年来，中国的收入差距问题日益突出，除了备受瞩目的城乡收入差距之外，另一个广为关注的焦点就是行业间工资收入差距的持续扩大。自 1990 年起，行业工资基尼系数的变化趋势开始逆转为缓慢上升，表明行业间工资差距又开始拉大。2008 年，行业工资基尼系数已提高至 0.2 以上。那些工资增速明显高于其他行业的，多为垄断或半垄断性的行业。

本文采用的工资方程为基本的明瑟方程，利用这个方程，通过总体样本和行业分组样本的 OLS 估计，可得出不考虑自选择问题时各变量对工资收入的影响。$\ln Y_i = \beta S_i + \gamma X_i + u_i$。其中，下标 i 指第 i 个样本，$\ln Y_i$ 为对数化的小时工资，S_i 为表示垄断行业的 0 ~ 1 虚拟变量。因素向量 X_i 中各分量的选择，本文参考相关文献的做法，选取了教育年限、工作经验、性别、年龄、职业、地区、户口等变量。

本文的实证结果表明，即使考虑到进入垄断行业与非垄断行业的系统性差异，行业的垄断性对于行业工资决定进而行业间工资差距的影响较大且显著，垄断行业的平均工资水平高于非垄断行业的平均工资水平 39%。行业的垄断性所造就的垄断行业进入困难，显著地拉大了垄断行业与非垄断行业间的收入差距。此外，这种较高垄断溢价的存在，也将扭曲人们就业时围绕行业问题所进行的理性抉择。正如本文实证模型中所发现的，为突破屏障进入垄断行业而获取垄断溢价，在人力资本的理性选择上出现了教育高学历选择和居住地向中心城市集中等现象，这可能形成并强化垄断既得利益集团，而使这种垄断溢价得到进一步自我强化，并进而加大中国劳动力市场改革的阻力。鉴于中国垄断性行业的垄断地位大都是市场化改革不充分的结果，通过借助行政权力这种体制性的力量屏障，将垄断行业的工资水平隔离在了范围广大的非垄断行业的竞争冲击之外，因此造就的是一种体制性的行业收入不公平，而这种不公平在垄断溢价诱导出的人力资本理性选择趋势下，还会延缓甚至固化这种收入差距和体制性的不公平。因此，为改变这种困局，从短期来看，对垄断行业的收入规制势在必行；而从长期看，需要真正推进行业的市场化改革，打破各种对垄断的体制性保护，提高这些行业就业岗位对整个社会的开放度。

［259］余向华，胡平，陈雪娟．不完全监管下股市投机性的博弈均衡与演化动态．南方金融．2010（04）．

股市投机，从买者角度看，是指其购买股票不是旨在获取由实际绩效带来的未来溢价，而是旨在通过各种手段博取价差；从发行者看，其发行股票旨在通过集资圈钱并以炒作等方式来吸引资金，而非出于扩大再生产和提升真是极小的需要。其一定程度上活跃市场，增强股市流动性，但也违股市的发展宗旨，其过度盛行会扭曲资源配置。各国都会采取各种手段抑制投机。投机和约束投机的博弈推动了相关制度的建设，构成股市发展的主要线索。中国股市的投机性非常明显，体现在换手率过高，市盈率和财务指标相关性低，股指涨跌幅度较大且频繁，上市公司包装上背市、炒作概念题材、随意配送股增资扩股流行等。

基于微观主体间的博弈互动，本文认为作为最终供求主体的股民（包括散户和机构）和上市公司之间的博弈是故事中最基本的博弈，其他主体间博弈对股市的最终影响，大都是通过直接或间接影响这对最终供求主体之间的博弈行为来体现。通过考察这种非对称的最终供求群体间的博弈，较之单一投资群体内的博弈分析，更能凸显股市中这样一种基本关系：在一定的监管制度下，股民的投机性与上市公司的投机性是相互影响的，而能否形成整体层面的投机性均衡，则与初始状态和监管有关。

股市的整体表现，是众多市场微观主体在竞争与模仿等博弈互动中逐渐演化形成的结果，且双方的行为倾向相互依存相互影响。在现实股市中，由于监管的不完全，某种程度的投机性表现确实会作为一种博弈均衡而出现，投机的程度以及演化的方向取决于股市监管的完备程度，以及股市发展的初始状态。在一定监管制度下，初始状态在一定程度内决定了股市投机性后来的演化方向，而有关监管制度，对于市场主体的风险规避态度、收益的期望和方差都会产生影响从而改变博弈结局在演化动态图中的位置，改变博弈均衡及其长期演化稳定性。在中国股市一开始实质上主要被用作为国有企业开辟新的融资渠道，因此不仅发展初始期投机性很浓，而且监管一直很不完备，这就使中国股市很长时间以来陷入一种近乎投机性锁定的状况之中，股市宗旨被扭曲，资源配置效率被降低甚至传导引发整个宏观经济的不稳定。要改变这种投机性局面，使股市日益朝着健康稳健的方向演化，首先应着眼于从各个角度提升监管的完备程度，将股市从投机锁定中拉拽出来，使投机均衡不再成为一种演化稳定的博弈均衡结果。尤其随着融资融券这种投机性更强的交易方式的推出，提高监管的完备程度变得尤为迫切。

[260] 余晓钟，钟曹彬．国家定价的油气资源垄断经营效率纵向比较分析．经济问题探索．2010（01）．

效率是指在给定投入和技术的条件下，经济资源没有浪费，或对经济资源做了能带来最大可能性的满足程度的利用。弗桑德（Forsund）等在法瑞尔（Farrell）的基础上把经营效率分为资源配置效率、规模结构效率和技术创新效率。油气资源经营效率的评价主要从资源配置效率、规模结构效率与技术创新效率三方面进行。结合油气资源经营的特点，笔者采用了13个指标来评价油气行业的经营效率，同时由于数据收集原因，本文只运用了一个指标来测算油气行业的技术创新效率。资源配置效率指标：（1）流动资产比率；（2）固定资产比率；（3）资产负债率；（4）资产—劳动比率。规模结构效率指标：（1）资产周转率；（2）固定资产周转率；（3）流动资产周转率；（4）劳动生产率；（5）人均利润；（6）主营业务成本费用利润率；（7）销售净利率；（8）资产生产率。技术创新效率评价指标：百元成本所实现的产值。

通过对我国油气行业历年的数据及效率指标的比较分析后得出如下结论：

第一，竞争对油气资源经营行业的资源配置有不同的影响。重组后，上游开采业注重固定资产的投资，扩大了资产劳动比率，降低了流动资产比率与资产负债比率，充分地利用了资源，实现了资源的优化配置。下游加工业降低了固定资产比率，扩大了流动资产比率与资产劳动比率，根据资源配置效率的检验，可知竞争并没有使下游加工业的实现优化资源配置，资产劳动比率的扩大不但没有促进资产生产率的提高，相反却降低了资产生产率。

第二，竞争对油气行业的经营效率有不同的影响。对于上游开采业而言，从单因素上看，市场竞争使得资产周转率、固定资产周转率、流动资产周转率、成本费用利润率都得提高；从产出结果上看，劳动生产率、资产生产率、销售净利率也得到提高，总体来说，竞争对油气资源开采业的经营效率有促进作用。对下游加工业而言，虽然重组使得周转率、资产生产率、劳动生产率、资本生产率都得到提高，但从提高销售净利率、降低主营业务成本上来说，却没有实现效率目标要求。

第三，对于生产效率与规模经济的关系而言，通过对油气行业的经验数据分析显示，我国油气资源开采业存在规模经济效应，并且对生产效率的提高有积极作用，因此石油开采业不存在过度投资或者说过度投资不严重。下游加工业虽然存在规模经济效应，但从生产效率的提高方面而言，与资本投入相比，规模经济的作用并不明显，这说明在市场竞争的压力与缺乏投资约束的共同作用下，行业出现了过度投资与成本浪费的现象，因此过度的市场竞争对下游加工业效率的提高有阻碍作用。

第四，有效的市场竞争能够促进技术创新效率的提高，过度的市场竞争会阻碍技术创新的发展。从技术创新效率而言，我国油气行业的市场结构与技术创新效率是一个 U 型关系，而非线性关系。当垄断由一个较高的程度下降时，技术创新效率将随着垄断程度的下降而上升，到垄断下降到一定程度后，技术创新效率将随着垄断程度的下降而下降。因此，有效的市场竞争有助于技术创新效率的提高。相反，过度的竞争将障碍技术创新效率的提高。

［261］余英．航空公司的管制和放松管制之争．产经评论．2010（02）．

防止垄断势力的滥用和破坏性竞争是各国对航空公司进行管制的理由，但与其他产业一样，航空公司的管制效果并不令人信服，即使是激励性管制也是如此。不能否认，管制本身就存在一些固有的缺陷，正是这些缺陷和放松航空公司管制的三大理论支柱，支持了各国的放松管制政策。虽然放松航空公司管制的理论支柱受到了诸多质疑，但经济现实并不因此而改变，在民航业全球化的今天，放松航空公司管制已成了一个不可逆转的世界性潮流，它不但冲击了各国政府的航空运输管制政策，而且影响了各国政府间的双边和多边航空协议以及服务贸易总协定（GATS）中的航空服务谈判。从政府对航空公司的管制实践与理论争鸣中可以看出，发达国家对民航运输产业特征的认识大致经历了三个阶段。在民航业发展早期，由于市场需求狭小、航线开发缓慢，人们认为这一行业具有自然垄断性。随着民航市场的扩展，以上两个约束被逐一打破，加上铁路、公路等运输方式的竞争与替代，经济学家开始倾向于认为民航运输不具有自然垄断性，一些人甚至认为这是一个典型的竞争性行业，而且规模经济不明显。随着政府对航空公司管制的放松，出乎经济学家意料的是民航运输对规模经济性的要求逐渐显露。由于放松管制后形成的中枢轮辐式网络和营销网络对规模性的要求，使得世界航空市场越来越朝着规模经济的方向发展，逐渐形成了寡头市场结构。美国航空公司放松管制后的大量兼并和破产还说明，当航空网络之间的竞争充分激烈时，竞争均衡也许并不存在。

从我国民航运价的管制改革中可以看出，中国对航空公司管制的总体趋势也是从严格管制到逐渐放松。但我国政府对航空公司的管制政策总在反反复复，甚至朝令夕改，缺乏连续性的制度安排，这部分抵消了改革的成果和收益。造成这一后果的重要原因之一，是政策制定者缺乏对航空公司管制理由的清晰认识和界定。而国外在确定航空公司的管制政策之前，管制机构和相关的政府部门、理论界都根据民航运输的经济特征，对管制的原因、目标、方法等开展了广泛的讨论，最后的管制框架总是建立在充分的理论基础之上。而在没有广泛征求被管制企业、消费者以及其他理论研究和实践部门的意见时，管制机构是不会随意改变管制政策的。但是，在我国航空运价管制中，除 2003 年的机票价格听证外，民航总局等政府部门一般是发布了“规章”和“通知”后，才引起各界的广泛讨论，甚至引起航空公司、消费者的不满和抵制。

产业组织研究领域随处可见的“管制失灵”使我们对政府的管制政策产生怀疑，民航业在全世界不断地放松管制更强化了我们的这种感受。但是，到目前为止，在大部分国家，航空运输的竞争并没有随着管制的放松很快到来。而且，放松管制后出现的高集中度市场结构以及导致巨额财务损失的破产事件说明，管制最终是否会被竞争替代还不得而知。所以，我国政府对民航业的管制政策，无论是在理论还是实践方面，都需要总结和确定管制改革的理论根据，制定稳定、连续的管制政策。

［262］袁东，张显未．特许经营模式产生的原因分析——基于资源—市场匹配能力观点解析．华东经济管理．2010（06）．

特许经营通常被理解成是支持品牌企业快速扩张的新型商业模式。企业进行扩张的战略考虑中，最关键性的因素是市场和资源。市场是有进取心的企业决意是否进行扩张的外部环境诱因，资源则是决定企业能否实施扩张举措的内在条件。只有这两方面的因素都能匹配时，扩张才会成为企业行为。因此，辨析企业认知市场和资源的方式就成为探寻特许经营模式产生原因的重要切入点。

认知市场是指企业阶段时间内所能清晰界定并判断凭借自身现有能力能够为之服务的市场。受到认知时间、认知条件和研析工具等因素的制约，企业在某时点上对市场的认知可能与理论上的目标市场特征存在差异。与认知市场相关的另一个概念是阶段性时间约束。资源调用能力就是阶段时间内，为在竞争性、开放式的目标市场上达成目标，企业能自主并有效利用一切资源总量的能力。阶段时间内，企业所能发现、保有和充分利用的资源是有限的，即资源调用能力也存在阶段性时间约束。企业资源调用能力与认知市场规模形成的对应关系就是资源—市场的匹配关系，企业服务客户需要耗用资源，平均分摊到每位客户身上的资源越多，客户就越能得到服务上的满足，企业在市场竞争中的地位才越能稳定下来并逐步提高。

随着社会经济的发展，特许经营模式本身也经历了三代演化阶段。其模式核心完成了从知识产品和有形产品叠加直到以知识产品为主要内容的流通转变。总体上说，销售渠道和商品、服务生产能力都在不同时期和不同程度上从特许人所拥有的资源中剥离了出来，特许人则将注意力向品牌和经营模式的研发、控制上归核收缩，从而依靠特许经营模式成功地解决了自身资源调用能力的瓶颈问题，并通过与受许人的联盟实现了特许人在不断扩张的认知市场上的影响力。这种现象就是特许经营模式中资源—市场匹配关系一系列复杂运动的最终结果。此外，资源—市场匹配能力观也可以通过现代特许经营模式本身的设计上得到支持。特许经营是建立在特许权授权契约基础上的一种商业运营模式，模式设计以特许人的知识产品的许可授权为核心，特许人仅从事特许权研发和体系管理等工作，而知识产品的再生产和再销售工作则交由加盟的受许人完成。由此，在特许人和受许人之间围绕特许权的许可授权问题就形成了一种战略联盟。在联盟中，特许人将单店、商品销售渠道等作为刚性资源交由外部联盟解决，自己则专注于品牌、运营模式等知识产品的开发、授权和管理。随同刚性资源一并让渡解决的还包括部分资金和生产能力等弹性资源。这样，特许经营不仅实现了特许人知识产品的快速复制与扩散，还在客观上解决了面对市场广阔且地理分散的特许人如何实现自身在新市场上的利益问题。

[263] 袁文榜，赵新良，陈忠全．基于垂直产品差异的垄断厂商广告投入分析．东北大学学报(自然科学版)．2010（01）．

对于经验品，消费者只能根据对产品的预期质量进行选择，厂商信誉及广告投入是影响这一预期的主要因素。特伦布莱（Tremblay）认为广告能够创造主观上的垂直产品差异。这种主观上的垂直差异便是对产品质量的一种预期。泰培罗（Tapiero）的研究同样表明，消费者的首次购买行为会受到广告的影响。如果消费者从产品广告投放中所产生的预期大于产品的实际质量，就称厂商所投放的广告为高强度广告，否则便为低强度广告。这一广告强度的概念不同于一般文献中提到的广告供给过多或不足的概念。后者是相对于社会所需要的最佳广告水平而言的，它一般会受到产品差异程度的影响。特伦布莱等也曾提到广告强度的概念，但那里的广告强度是针对两厂商的广告水平的比较而言的，而没有涉及消费者预期质量的比较。除广告投放量之外，厂商商誉也是影响消费者质量预期的主要因素之一，而庇古（Piga）的研究表明商誉主要来自于厂商的长期广告投入积累，从长远的角度看，为了维护商誉，广告支出越多的厂商，越加注重产品质量的保证，因此，更高水平的广告投入可看做是产品高质量的一个信号。

由于本文的分析针对垄断市场，且假定厂商只在第一期对产品进行广告宣传，这两方面在很大程度上限制了与现实的对照，但现实中很多产品由于其独特的商品特性，在一定程度上可以近似地看做是垄断的，特别是新推出的产品，市场上尚无替代产品的情况下。对于新推出的产品如何进行宣传？根据本文的分析，如果厂商商誉很低，不宜选择广告投入，这种情况主要针对新成立的厂商，一个新成立的厂商在市场中没有任何商誉，也没有充沛的资金通过广告投入很快地构建商誉，只能够通过其他营销策略把产品销售出去，通过产品建立口碑以达到生存下来的目的，这种情况下，厂商利润很低，生存也很艰难，所以能够存活下来的厂商比率很低，如果是很有发展空间的新产品，很有可能被具有很高商誉的大企业收购。如果厂商能够熬过艰难的创业期，在这期间它已经在市场中积累了一定的商誉，在成长期再推出新产品时就可以根据自身情况做高强度或低强度的广告宣传；而在成熟期，厂商已经具有很高的商誉了，对于新推出的产品厂商一般会大力进行广告投入，进行高强度的广告宣传本文在垂直产品差异框架内分析了具有不同商誉厂商的广告投放策略，研究结果表明，除商誉很低的企业不进行广告投资的情况外，投资于高强度广告总是不劣于低强度广告。但如果厂商商誉不是很高，此时广告决策就要考虑到厂商自身的实际情况；如果厂商资金充沛的话，进行高强度广告投资总是有利于厂商的进一步发展的，否则的话也只有选择低强度广告了。无论是何种情况，也无论是采取何种广告形式，都要保证相应产品的质量水平，否则随着商誉程度的降低，厂商就有被驱逐出市场的可能，但是质量水平的提高是有成本的，这就要求无论什么形式的广告都要有相应产品的质量范围，厂商必须在这范围内决定其最佳质量水平。

[264] 岳中刚．零售商抗衡势力的理论与实证研究综述．产业经济研究．2010（01）．

买方垄断势力产生于制造商不具有市场势力的情况下，零售商通过将采购量限制在竞争水平下以降低交易价格，或者通过独占交易等纵向约束方式排斥竞争者的能力。零售商抗衡势力则是在制造商也具有一定市场势力的情况下，零售商通过对不少于一个制造商实施可置信的威胁，该威胁给制造商造成的长期机会成本在比例上明显大于零售商承担的机会成本，以此获得制造商在交易条件上进行折让的谈判能力。

威勒和赫斯（Wheeler and Hirsh）基于欧美国家营销渠道发展状况的研究表明：在各个行业，对消费者购买行为能够产生影响的力量，已经从产业链的上游转移到下游。零售商掌握消费终端的优势逐渐转变为产业链纵向结构的抗衡势力，并且随着零售业市场集中度的显著提高，零售商的抗衡势力越来越显著，致使一些零售商与制造商的关系不断陷入危机。零售商抗衡势力对市场绩效带来的冲击，不仅仅表现在市场价格层面上，更为关键的是要考虑其对纵向结构效率的影响，尤其是在目前出口增长大幅度下降的背景下，纵向结构效率对于制造业企业“出口转内销”以及扩大居民消费需求至关重要。

本文从产业链纵向关系的视角综述了零售商抗衡势力的理论和实证研究，相关研究认为抗衡势力对社会福利影响的关键因素包括纵向市场结构、零售市场竞争程度以及产业特征等。从目前的研究来看，零售商抗衡势力对产业链效率及社会福利的影响在理论和实证研究上均存在一定的分歧。许多学者指出主要原因在于，不同的研究模型假设条件不同。但是影响结果的关键假设是什么？不同的假设会导致哪些可能的结果？对于这些问题的研究，需要进一步建立统一的经济分析框架和社会福利评价基准。此外，已有的文献大多运用为分析单一市场而构造的理论和模型，以这种处理方式来研究纵向结构关系是不恰当的，因为抗衡势力跨市场行使的作用效果更加复杂。相关文献研究零售商抗衡势力时，仅考虑一种纵向市场结构和一个关键假设，而忽略了纵向市场结构以及其他假设的变化对于市场均衡结果的影响，使得研究缺乏系统性和全面性。因此，还需要深入、系统地研究零售商抗衡势力跨市场行使对产业链绩效的影响，为规制政策的制定提供可靠的理论和实证依据。

根据纵向结构效率以及零售业的产业特征，应考虑以下规制原则：（1）实施反垄断的同时要在流通领域兼顾规模经济发展，对于我国零售业的发展，应该首先以促进为主，鼓励零售企业做大做强，组建大型零售企业集团和区域零售龙头企业，实现规模经济和效率提升，而非过于严厉的反垄断政策；（2）反垄断机构应在不影响市场效率的情况下，防止大型零售商滥用抗衡势力，向中小零售商转嫁不合理费用或进行市场封锁，导致中小零售商的采购条件更趋恶化。从长期来看，中小零售商对于零售市场形成有效竞争的格局至关重要，否则消费者最终必然会支付更高的价格；（3）规制机构应关注大型零售商是否针对中小制造商实施买方垄断势力，如过度延迟付款、货款提成、任意更改合同条款等，这将使中小制造商的投资和创新活动受到破坏，减少了消费者产品多样化的选择。多布森和沃特森（Dobson and Waterson）、结合英国零售业反垄断的实践经验，提出零售业的反垄断应高度关注弱小制造商和消费者的价格水平以及多样化选择；（4）依据《反垄断法》对大型零售商的兼并行为进行绩效评估和审查。

［265］云凌志，王凤生．混合寡占之下的负外部性对策：国有化兼并还是行政监管——兼评山西省煤炭业资源重组方案．中国工业经济．2010（01）．

公有还是私有，两种企业产权形式的抉择是各国政府在经济管理实践中不容回避的现实问题，而产权研究也是经济学研究中一贯的热点。2009 年初，山西省政府以（私有）煤炭企业“破坏生态、浪费资源、草菅人命、腐蚀干部”为由，对其辖内煤炭业企业进行“兼并重组整合”，大部分私有煤炭企业、私有小煤矿将被国有煤炭企业兼并。目前，山西省煤矿整合已经完成 70%。据业内人士分析，截至 2009 年底，90% 左右的煤矿将完成整合。此次对小煤矿的整合力度之大前所未有，被称之为煤炭资源领域的“国进民退”。

本文基于近期国内及国际范围内大量出现的国有化现象系出于对生产负外部性的规避这一判断，在既有研究尤其是混合寡占领域研究的基础上，构建了混合寡占格局之下负外部性对策优劣分析的一般框架，并归纳了行政监管政策、国有化兼并政策及其组合政策各自的可行性及较其他政策为优的条件。研究认为：行政监管政策虽然产量效应不佳，但只要外部性成本较高或相对较高，其对社会总福利的改善却最有效。如果兼并所引致的规模经济效应较强，国有化兼并政策可以改善产量并在兼并力度不大的情况下具有正的福利效应。双管齐下政策作为两种政策的综合，其政策效果也处于两种政策的居中水平，而不是二者优势的叠加。

以模型框架为基础，本文进而分析了山西省煤炭业资源重组的案例，并认为只有加强政府监管，使当前粗放的生产方式得以切实转变，才是消除山西煤炭业生产中所隐含的安全及生态隐患的最优途径。而当局目前选择的国有化兼并政策不仅政策效果较差，甚至未必可以使目前的状态得以改善，因此，值得进一步商榷。需要说明的是，模型终归只是对现实世界的模拟和近似，究竟不能顾及现实实践中的所有因素，因此，本文对山西省煤炭业资源重组方案的评价未必准确。本文评论的价值只在于，如果本文模型与实际情况尚有相似之处的话，那么，本文的结论不失为一种警示或建议，对当局政策的拟定或有借鉴意义，仅此而已。另外，本文的分析框架并未否认通过国有化政策消除生产负外部性的合理性。如果外部性成本（相对）较低，或（且）兼并力度适当，国有化的政策效果亦有可能为最优。

限于篇幅和研究者能力的不足，本文的研究尚余不少改善之处，如为表征规模经济效应的 δ 设定为被兼并企业比例 $(n-m)/n$ 的函数应该更为合理、兼并后剩余企业数目 m 可以内生化决定及未考虑部分私有化情形等。如果这些考虑得以纳入模型框架，本文结论或将为之改变。

［266］曾春燕，胡跃红，卿前龙．自然垄断、竞争与规制——兼论我国自然垄断行业规制改革的方向．吉首大学学报（社会科学版）．2010（02）．

早期的自然垄断概念和资源的集中条件有关，主要是指由于资源条件和分布集中而无法竞争或不适宜竞争而形成的垄断。而现代自然垄断的定义建立在成本次可加性的基础上，成本的次可加性才是自然垄断的必要条件。在现实的经济中，自然垄断行业一般是指具有如下三个特点的产业：一是规模经济非常明显；二是有大量的“沉淀成本”；三是大多是公众所需要的基本服务部门。这类行业主要存在于第三产业中。西方各国对自然垄断行业进行规制的手段中最重要的是价格规制和市场进入规制。价格规制又可分为两种情况，其一是规制机构依据被规制对象的会计成本来确定其收益率，即通常所说的公正报酬率规制；其二是根据历史价格水平制定最高限价，允许企业价格在这个限度下自由波动。

由于个人私利、信息不对称等原因，加之规制机构本身也是追求利益最大化的经济人，使政府规制往往成为限制正当竞争保护垄断者既得利益的制度安排，从而出现规制无效现象，规制本身也存在失灵问题，因此规制并不是提高效率的一种最优方法，在公正报酬率规制下，企业会产生运用过多资本的激励，从而造成生产的低效率，即A－J效应，这也是规制失灵的表现。规制失灵还有更深层次的原因，这就是规制俘获。斯蒂格勒通过实证研究发现，受规制产业并不比无规制产业具有更高的效率和更低的价格。

除了政府因认识到规制失灵而主动放松规制外，日益渗透的竞争压力也正在慢慢削弱自然垄断行业的自然垄断性。这日益渗透的竞争压力主要来自如下几个方面：第一，产业间替代竞争的压力，替代产品的存在使得垄断产业的市场力量不可能不受约束地发生的作用。第二，经济全球化、国际间经济交往的迅猛发展带来的竞争压力，经济全球化带来的市场容量和范围的扩大，使平均成本达到最低的厂商产量水平相对于扩大了的市场规模而言比较小，该产业就具备了多家企业竞争的技术基础。第三，可竞争市场压力，可竞争市场理论认为，只要保持市场进入的自由，不存在特别的进出市场的沉没成本，即使没有众多竞争企业的存在，甚至哪怕只有一个企业独家垄断，潜在的市场竞争压力将会迫使任何市场结构条件下的企业采取竞争行为。在这种环境条件下，包括自然垄断在内的高集中度的市场结构仍然是可以和效率并存的。他们一方面主张要积极研究能够减少沉没成本的新技术新工艺，另一方面要排除一切人为进入和退出壁垒。

放松规制毕竟不是要完全取消规制，至少在竞争性还没有从根本上取代其自然垄断性之前，对自然垄断行业进行适当的规制仍是必要的。但是，如何在规制和放松规制间寻找一个动态最优均衡点，至今仍是规制理论没有很好解决的问题。

［267］张晨．国有企业绩效提高主要来源于垄断吗．经济理论与经济管理．2010（05）．

面对国有企业绩效的改善和提高，一些学者认为，这并非源自于企业效率的提高，而主要包括国有企业所拥有的垄断地位。笔者认为，判断一个企业的盈利是否来源于垄断，首先要看该企业在其所处的行业中是否具有市场支配地位。其次，还要看该企业是否利用其市场支配地位进行了排除、限制竞争的行为从而获取垄断利润。

从资产角度看，我国国有资产主要分布在工业、交通运输业和邮电通信业，笔者使用了2006年的数据对这些行业的CR4和HHI指数进行了估算，电网、石油石化、电信基础运营具有一定的垄断因素，但发电、钢铁、煤炭等其他行业则属于竞争性行业。因此，国有资产占比较大且利润贡献较多的行业并不都是垄断行业。

我们可以看到，认为“国有企业绩效提高主要来源于垄断”的说法从逻辑到事实都难以成立。第一，“国有垄断企业”的概念具有误导性。从国有企业的行业分布上看，分布于竞争型行业的国有企业占国有企业总数量的90%以上。一些学者常混淆了市场结构和所有制结构。另外，在全球化时代，对于垄断的理解也应置于全球竞争的背景之下。从石油石化和通信基础运营这两个行业的特点来看，市场集中程度较高、企业规模较大的情况在世界范围内普遍存在。这说明这两个行业的技术特点决定了其巨大的规模经济效应。第二，“国有企业盈利来源于垄断”的判断是缺乏依据的，一方面，垄断企业获取垄断超额利润必须通过制定垄断价格等垄断行为实现，因此，企业盈利是否来源于垄断，不应以企业是否具有垄断的市场地位作为标准，而应以企业是否有“滥用市场地位”的垄断行为作为标准。另一方面，事实上国有企业利润来源集中于上述行业的最重要原因在于，这些行业同时也是国有资产分布的主要行业。另外，我国其他行业的国有企业业绩的增长也很迅速。因此，“国有企业绩效提高主要来源于垄断”这一说法在概念上有误导性，在判断上缺乏依据。国有企业绩效提高的原因是多方面的，认为其主要来源于垄断的说法是不符合实际的。

国有企业改革的进程与我国市场化改革的进程是相互交织的，国有企业的改革增强了市场竞争而不是减少了市场竞争。我国在进行国有企业改革、改组的过程中，也考虑到了反垄断的因素，不断探索并引入竞争机制。反垄断的进一步推进需要依靠国有企业的改革而不是否定国有企业改革来实现。当前，一些垄断性国有企业确实存在诸如“霸王条款”、“肆意涨价”、“职工收入过高”等问题，对于这些问题，一方面需要进一步健全和完善政府相关部门对这些国有企业的有效监管和规制，使其行为符合社会经济发展要求，促进技术进步，并承担相应的社会责任；另一方面需要进一步推进垄断性行业的改革，适当引入竞争机制和非公有制经济，破除制约非公有制经济发展面临的体制障碍，调动各方面的积极性，鼓励竞争，进一步增强经济发展的活力，通过竞争不断提高企业的经营效率和服务水平。

[268] 张洪辉，王宗军．政府干预、政府目标与国有上市公司的过度投资．南开管理评论．2010（03）．

企业投资是公司理财中的核心问题之一，对于公司投资的基本观点是，公司投资是独立的，公司投资的目的是实现公司价值的最大化。现实中，公司投资活动往往偏离了该目标，公司往往投资于负净现值的项目。过度投资现象也存在于中国上市公司之中。辛清泉等发现，国有上市公司的经理薪酬过低容易引发企业过度投资行为。唐雪松等也找到了经理机会主义引发过度投资行为的证据。这些对于企业过度投资的解释，均认为所有权与控制权分离所产生的代理问题，导致经理为了满足自身私利而从事过度投资。罗尔（Roll）从经理行为角度，提出“骄傲自大假说”来解释过度投资问题。马尔蒙德和泰特（Malmendier and Tate）则认为，经理的过度自信导致了公司投资（包括并购）过度现象。拉·波塔（La Porta）等的一系列研究表明，宏观制度环境对公司治理产生重要影响。法律制度的不同，股权结构的不同，这些都能对公司产生巨大影响。

我国上市公司的治理结构、外部环境与西方不同，考虑中国上市公司的投资行为，更需要融入中国特有的制度环境背景。中国政府在整个经济活动中，包括企业投资行为，都发挥着显著作用。国有上市公司的过度投资，很可能是政府干预的结果。这是因为国有上市公司的投资行为，可以提供更多的工作岗位、更多的税费等，这些都是政府本身追求的目标。这种如就业、税收等目标的追求，使得国有上市公司目标多元化，其结果就是公司运营效率不是首位，无效率的过度投资就有存在的必要。

我们认为，国有上市公司的过度投资行为是为了实现各级政府目标而发生的。在中国现有的制度背景下，各级政府为了实现稳定就业、增加税收、提高 GDP 目标，会对其控制的上市公司进行干预，引导国有上市公司过度投资。利用理查德森（Richardson）的过度投资水平计量模型，本文实证检验了过度投资与政府相关政治目标，如就业、税收等之间的关系。本文的研究结论表明，政府控制的国有上市公司存在着过度投资，这种过度投资行为是由各级政府推动的。通过投资项目，企业规模扩大可以吸纳更多的劳动力，帮助政府解决当地就业压力；企业新项目上马能够给当地政府带来更多的税收、财政收入。这些都是政府的“经济参与人”的经济利益。另外，新项目上马能够阻止其他地方同一行业的业绩上升，这可以阻止基于“锦标赛式”的其他地方官员的晋升。这就实现了各级政府的“政治参与人”目标。另外，本文实证研究表明，国有企业的过度投资与现金流不存在显著的相关性，债务也没有能够约束过度投资行为，反而促进了过度投资。这一结论并不支持自由现金流的过度投资假说。由此可见，政府控制的国有上市公司的过度投资，并不一定是因为经理个人私利引起的，而是各级政府、政府官员将其经济、政治目标内部化到其控制的企业的结果。

[269] 张剑．我国药品市场寻租行为的法律规制研究．山西煤炭管理干部学院学报．2010（01）．

“寻租”广义上讲是维护既得经济利益或对既得利益进行再分配的非生产性活动；狭义上讲是

利用行政、法律的手段来阻碍生产要素在不同产业之间的自由流动、自由竞争的办法来维护既得利益。第一，寻租是一种利用资源，构成对他人利益的损害，从而自己获取租金收益的行为。第二，寻租者所利用的资源是通过行政过程获得的特权或基于其垄断地位获得的特权。第三，寻租行为的利益后果是对他人利益的损害大于寻租获得者收益。第四，寻租关系的主体可以分为利益主体和受害主体。由政府相关管制部门的优势地位及其强制力所产生的租金，我们称之为管制租。各国的经验均表明，只要存在着政府管制，就会发生寻租，腐败问题就会随之而来。管制越多，寻租问题越严重。

药品市场的寻租规制：

1. 规范药品市场，破坏寻租温床。其大致包括以下几个制度：市场准入——药品注册制度：新药申报和审批制度；进口药品的审批与注册。市场调节——价格控制机制：建立一个科学、完善、有效的药品价格控制机制势在必行。市场透明——信息公开制度：市场透明是市场完全竞争的基础，透明程度的高低直接关乎市场竞争充分与否。信息公开透明，市场竞争就无障碍且公平有效；反之，信息不对称，必然导致市场失灵和政府失败。市场维护——准经济管理主体：市场规制法中的准经济管理主体往往对规范药品市场起着重要的作用。市场净化——药品广告规范制度。

2. 强化监督体系，制约寻租行为，主要包含三个方面：一是对药品市场主体的监督：对进入某地市场的药品进行检验；药品检验应该尽量减少和避免人为因素的任意性和检验行为的盲目性；要坚决杜绝将抽检工作送检化的倾向；抽查检验不得收取任何费用。二是对医疗机构的监督：医院内部医师之间的监督；医师行业协会的监督；第三方监督，与潜在的“医患纠纷”利益无涉的“第三方”，主要指独立的司法系统。三是对药检等相关部门的监督。对药检部门的监督与约束机制主要有两条途径：一方面建立国家机关控权、社会控权与行政权自控机制相结合的控权机制，强化事前监督与事后惩罚机制，对药检部门实施有效的社会监督。另一方面建立实体控权、程序控权、救济控权相结合的控权机制。

3. 完善医疗保险，增强抗租免疫，首先要形成一个覆盖全民的、多层次的、一体化的医疗保障体制，满足不同层次人群的医疗需求，提高医疗保障的公平可及性。其次要尽快落实病患者看病、购药的自主选择权。建立医生职业保险，完善医疗保险费用结算办法。

[270] 张剑虹．从可口可乐并购汇源案看我国反垄断法的发展．长白学刊．2010（06）．

2008年9月初可口可乐与汇源果汁联合发布公告称，可口可乐旗下全资子公司将以总价179.2亿港元现金收购中国汇源果汁集团有限公司。该并购案是目前涉及外资并购金额最大、影响最大的案子，也是我国《反垄断法》自2008年8月1日实施以来第一个未通过反垄断审查的案例，引起了国内外的高度关注。根据《反垄断法》第28条和第29条，商务部认为，此项经营者集中具有排除、限制竞争效果，将对中国果汁饮料市场有效竞争和果汁产业健康发展产生不利影响。因此，决定禁止此项经营者集中。

本案实际上是两个外国公司之间的并购，我国《反垄断法》第2条明确规定了反垄断法的域外适用效力，因此，反垄断法可以适用于该项并购事宜。反垄断法的立法目的和宗旨也是企业并购反垄断审查的目标。西方经济学界普遍认为，反垄断法的首要目标是促进经济福利，包括生产者的福利和消费者福利，这要靠保护竞争、提高经济效率来达到。我国《反垄断法》刚刚开始实施，又一直笼罩在行政垄断的阴影之下，更应该强调竞争政策的独立性，尽量排除反垄断因素之外的考虑；对第1条的“社会公共利益”应狭义解释，保持与基本目标的一致性。在本案中，商务部是基于《反垄断法》第27条规定的6个因素对经营者集中做综合性考量，从而做出是否禁止决定，以防止由于经营者集中导致的相关市场过度集中，和由此而可能产生的限制或排除市场竞争的行为。企业的市场份额和集中度无疑是最主要的审查点。根据市场调研公司的数据，汇源果汁在中国纯果汁市场占有46%的市场份额中浓度果汁也占到39.8%的市场份额，是毫无争议的行业龙头，可口可乐旗下的果汁子品牌占有 25.3%，位居第二。两者若合并，将占市场份额 70% 以上，将对“统一”等其他企业形成很大的竞争压力。所以商务部在审查时就要严格把握反垄断审查标准及综合考虑“经营者集中”的几个因素，最大程度地实现反垄断审查的目标，以此达到维护建设中国健康、有序、稳定的开放市场的目的。

我国的反垄断法起步较晚，注意研究国际反垄断法的有益经验，确立了禁止垄断协议、禁止滥用市场支配地位以及控制经营者集中三大制度。我国《反垄断法》中存在一些问题。首先，《反垄断法》的部分条文之间存在矛盾，反垄断执法机构做出禁止或者批准经营者集中的基本依据是竞争政策还是产业政策？其次，《反垄断法》具有不确定性，缺乏反垄断实践中的具体判定标准，可操作性有待于完善。最后，《反垄断法》对于关键性概念的界定不明确。

我国《反垄断法》的完善当务之急在于制定实施细则，出台《反垄断法》配套法规，增强其可操作性和确定性。其一，制定相关实施细则，明确有关程序类的制度。其二，制定相关实施细则，明确关键性概念及其界定标准。其三，制定实施细则，选择具体判定反垄断的实践标准。视汇源案所反映的立法缺陷，参照国外成熟市场的相关立法，从而完善我国反垄断法，才能使对我国企业并购的反垄断规制满足现实的需要。

[271] 张金灿，周晓唯．相关市场界定问题研究．西安财经学院学报．2010（04）．

相关市场一般可以分为相关商品市场和相关地域市场，还需要考虑相关时间市场、相关技术市场。界定相关商品市场的时候主要考虑两个因素：一是合理的可替代性；二是需求的交叉弹性。国际上分析相关商品的可替代性一般需要考虑如下因素：其一，涉案商品的性能和用途；其二，涉案商品的价格；其三，消费者的偏好；其四，供给的可替代性。相关地域市场实际上就是回答市场竞争的地域范围有多大的问题。界定相关地域市场时需要考虑以下因素：其一，涉案商品的运输成本和商品的特性；其二，消费者的偏好；其三，市场的进入障碍。

相关市场界定的所有方法都是从替代着手的。交叉价格弹性法：如果两种商品之间的需求交叉价格弹性足够大，并且没有时滞，则两种商品就属于同一市场。但是存在许多缺点。SSNIP 法：称为“假定的垄断者测试”，该方法是目前国际上最盛行的一种界定相关市场的方法，寻找一个最小的市场，假定的垄断者实施一个微小的非短暂的重要提价，并检验这样一个垄断者是否可以在至少一年内维持 5% 的价格增长。如果提价是有利可图的，则该市场就构成一个相关市场；反之，则有足够多的替代者。但是它的缺陷也是明显的。SSNIP 测试法提价的前提是已经知道竞争性均衡市场价格，但是在反垄断执法实践中很难知道完全竞争条件下的均衡价格，一般都是使用当前市场价格。临界损失分析法：临界损失是用来衡量使假定的垄断者涨价无利可图所必须减少的销售额。临界损失分析法是通过比较假定垄断者的实际损失和临界损失来确定是否将原来确定的“相关市场”进行扩大。临界损失分析法忽视了商品之间替代程度的重要性。

三种方法都有自身的长处和不足。交叉价格弹性法比较直观、容易理解、易于操作、能够兼顾国家的产业政策，但是标准不能统一，这样就容易引起观点的分歧。SSNIP 测试法标准统一、论证严密、计算科学、不容易产生分歧，但是操作比较复杂，执法成本比较高。临界损失分析法对 SSNIP 测试法做了有益的补充。同时临界损失分析法主要依赖商品的初始价格和平均可变成本，数据容易获得，计算也比较简便。

笔者认为，我国可以采用如下步骤来界定相关市场：第一步，界定相关市场之前，反垄断执法机构通过专家座谈或者行业协会、企业检举的方法来划定最大可能的几种相关商品的范围。第二步，在所划定的几种商品范围内，使用交叉价格弹性法测定相关商品和涉案商品的交叉价格弹性系数。第三步，如果测定的交叉价格弹性系数小于 1，我们使用 SSNIP 测试法来测定相关市场。第四步，经过 SSNIP 测试显示涉案商品生产者无利可图时，如果商品生产者生产两种以上相关商品，则假定两种商品属同一市场再进行 SSNIP 测试。

［272］张磊．市政基础设施政府监管与社会监督中的问题．合作经济与科技．2010（16）．

市政基础设施工程事关城市功能、载体能力、政府形象，涉及公共利益和公众安全，是营造和谐人居环境不可或缺的重要保证。作为城乡统筹环境下的西部直辖市，由于各级行政主管部门不断加强市政基础设施工程的监督管理，增强了工程参建各方责任主体的法律意识和质量意识，市政基础设施工程质量水平正在逐步提高，重庆市政基础设施在面临着前所未有的快速发展的同时，在市政基础设施工程政府监管和社会监督公众参与方面，也存在着很多问题亟待解决。

当前市政基础设施政府监管和社会监督中存在的问题：第一，法律法规在市政设施市政基础设施维护管理单位的监管上尚属空白，缺失市政设施市政基础设施维护管理市场准入条件和相应管理制度。第二，城市建设与日常管理并重的指导思想未能在政府监管体系中得以体现，市政基础设施并联审批制度有待完善。第三，市政基础设施监管主体过多、缺位、错位导致的监管效果不佳。第四，监管过程和效果缺乏成本—效益分析，经济性和科学性不强。第五，政府信息公开存在的若干问题：形式上公开多，实质上公开少；结果公开多，过程公开少；原则方面公开多，具体方面公开少；公众被动接受的多，主动参与的少；公开政府正面信息多，负面信息公开少。第六，公众参与存在的若干问题。

市政基础设施政府监管和社会监督中存在的问题成因分析：第一，地方性法规难以适应当前新形势发展需要或法规暂时空白。第二，政府身兼市场监管、投资主体双重角色，形成依法监督的“瓶颈”局面。第三，城市基础设施的自然垄断性质。第四，导致消费者天然的弱势地位。

市政基础设施问题解决之道：第一，住房和城乡建设部对市政基础设施作的相关新规定，需要在地方性法规中结合实际情况予以衔接。第二，城市建设与日常管理并重的指导思想不仅体现在立法的体例结构上，在市政基础设施的实际操作中也要充分体现。第三，加快推进政府非经营性投资项目代建制，为创新基础设施建设和公共服务提供模式。第四，在推行招投标和特许经营制度基础上，加大市政设施监督检查力度，进行成本—效益分析，适应市政设施市场化改革趋势。第五，建立与各协办部门之间的定期和不定期联席会议制度和建议反馈机制。第六，转变政府信息公开理念：建立政府信息公开的激励、监督及考核机制；构建政府监管的信息平台，减少信息不对称；建立公众参与的激励机制，降低公众参与成本；在必要的时候，扩大公众参与的途径，可借助座谈会、论证会、甚至网络等方式。

［273］张木娟．掠夺性定价行为的法律规制研究．赤峰学院学报（汉文哲学社会科学版）．2010（06）．

所谓掠夺性定价，是指占有市场支配地位的企业对自己生产的产品采取低于成本的价格措施以达到将竞争对手挤出相关市场的目的一种销售行为。低定价的目的是夺取市场。这种滥用行为的主要特点是有选择地降低价格，以图排挤竞争对手，进一步强化和维持自己的垄断地位。

在美国，掠夺性定价一般由《谢尔曼法》和《鲁滨逊 - 帕特曼法》加以规范。1936 年出台的《鲁滨逊 - 帕特曼法》对《克莱顿法》有关价格歧视的内容进行修正和补充，也为掠夺性定价的规制提供了新的法律依据。根据该法规定，如果价格歧视的结果实质性地限制竞争或者旨在形成任何商业领域的垄断，则是非法的。20 世纪 80 年代以后，美国法院关于掠夺性定价的态度发生了明显的改变，趋于宽松。在 1986 年，美国法院认为在被告不具有合理补偿其损失可能性的情况下，指控是不能成立的。在欧共体竞争法的实践中，有关掠夺性定价的典型案例是 AKZO 案。欧共体法院认为，意在排挤竞争对手的低于平均可变成本的价格可被视为滥用行为，而高于平均可变成本而低于平均总成本的定价，如果是作为意在排挤竞争对手的周密计划的一部分，则该定价也可以被视为滥用。

“掠夺性定价”在我国常被称为“低于成本销售”，“不正当削价竞销”或者是“低价倾销”。我国关于该行为的规定是比较分散地见于《反垄断法》、《价格法》、《反不正当竞争法》。我国法律对掠夺性定价采取的硬性标准，具体地说是以成本和意图为基础来判断一个行为是否构成掠夺性定价。虽然有关部门也试图通过对法律的解释和补充规定使这些标准更具有可操作性，但是总体看来这些规定仍过于原则、抽象、简单，缺乏可操作性，主要体现在：其一，立法目的有所偏差；其二，掠夺性定价的判定标准不科学。

完善我国掠夺性定价的建议：第一，具体明确掠夺性定价行为的刑事责任承担，《刑法》中应增加“滥用市场支配地位（破坏社会主义市场经济秩序罪）”罪名，并具体规定刑事处罚幅度。另外，还需要通过司法解释进一步规定滥用市场支配地位至何种程度即构成犯罪的问题。第二，完善立法标准，对于具体的执行标准，我们虽然给予政府主管部门自由裁量权，但是我们本着保护竞争的原则，使得受害者得到充分的保护，可以通过司法解释等手段来弥补不足，确定科学、明确、可操作性的判定标准。第三，完善受损者诉讼机制，提供更多救济途径，在反垄断法执行的过程中，我们应该充分考虑到私人诉讼面临的困难，并在案件受理，举证责任承担等方面采取一定便利措施，使受到该行为侵害的经营者可以通过举报、协助有关机关调查等形式反对掠夺性定价，也可以直接通过诉讼要求制止掠夺性定价行为并要求实施者赔偿损失。

［274］张森富，赵婷．现阶段我国食品安全问题的成因及其对策研究．长春理工大学学报（社会科学版）. 2010（01）.

食品安全是指对食品按其原定用途进行制作和食用时不会使消费者受害的一种保证。我国食品安全主要有两方面的含义：一是政府给人民群众提供食品安全的保障；二是食品中有害物质对人体安全的影响。食品安全问题极大地损害广大消费者的利益，直接影响到广大人民群众的身体健康和生命安全。挫伤了消费者的食品消费积极性，进而导致不能有效扩大内需拉动经济增长。

现阶段我国食品安全问题严重的原因：（1）我国食品安全问题存在的法律原因，现阶段我国食品安全相关法律体系缺乏系统性和完整性，法律法规比较零散，相关立法比较滞后；（2）我国食品安全问题存在的技术原因，我国食品安全的技术支撑体系不完善。限于科技发展水平，相关食品安全检测技术、检测设备都还比较落后。我国食品安全管理水平比较低；（3）我国食品安全问题存在的经济原因，在社会主义市场经济条件下，从事农产品种植、食品生产、加工、销售的个人或企业都追求自身的经济利益；（4）我国食品安全问题存在的思想原因，广大消费者对自己所消费食品的安全性的辨别能力有限，食品安全意识比较淡薄。

解决现阶段我国食品安全问题的对策建议：（1）建立和完善食品安全相关的法律法规体系。国家立法部门要根据现阶段我国食品安全问题的实际情况，针对新情况、新问题，一是对现有的食品安全法律、法规、条例、标准、规范等进行整合，使之系统化；二是制定、出台相应的新食品安全法律法规，拒绝法律的空白或薄弱环节和领域，使之完整化。（2）改善食品安全监督管理模式，加大食品安全的技术支持。一是要整合执法力量，形成统一、权威、高效的食品安全监管模式，解决多头执法、重复执法等问题。二是要加快食品安全标准体系建设。三是要努力提高食品安全检测、控制技术，完善检测网络体系。（3）加大投入，建设更有效的政府监管队伍，一方面要加大对有关责任人的处罚力度，要针对具体问题同时采取经济、行政、法律处罚措施，提高管理效率和效果；另一方面，要借已发生的食品安全事件教育其他的食品生产、销售企业和个人，起到警示作用，同时积极检讨自身监督管理的不足从而及时弥补完善。（4）加强食品行业自律，提高消费者的食品安全意识，一是要培养食品生产、经营企业人员的责任意识，提高他们的职业道德。二是建立以质量和信誉为核心的食品安全信用管理机制，运用市场规律把食品企业对社会的食品安全责任真正化为自己的自觉意识，使食品行业从种植、养殖、加工、储存到经营销售等各个环节都置于社会的诚信监督之下。三是积极发挥食品协会等中介组织的作用，同时，努力提高消费者的食品安全意识。

［275］张森林，屈少青，陈皓勇，等．大用户直购电双边交易最新进展情况．华东电力．2010（05）．

《关于完善电力用户与发电企业直接交易试点工作有关问题的通知》明确了直购电必须按照自愿协商原则开展，缩小了直购电厂规模，明确了直购电量的性质。此外，直购电用户需继续缴纳基金和附加，改变了输配电价测算原则，输配电价按电网企业平均输配电价扣除电压等级差价后的标准执行，其中 110 kV（66 kV）输配电价按 10% 扣减，220kV 按 20% 扣减，明确了偏差电量的电价执行标准，直购用户多用时，网供电量按目录电价的 110% 执行。电厂多发时，电网公司消纳的多发电量按批复电价的 90% 执行，依然没有解决现有电价交叉补贴问题。在三个方面有所突破：对电网垄断经销电量的突破，对计划电量和政府定价的突破，对输配电价政策的突破。

在南方电网区域，目前试点方案制定工作基本处于停滞状态。在国家电网区域，中、西部等经济落后地区直购电进展较快，但长三角、环渤海等经济较发达地区进展较慢。各省政府希望通过直购电试点来实现变相电价优惠的意愿非常强烈，归根结底，当前直购电试点的实质涉及各方利益的调整，最终以电价的形式体现。

大用户直购电试点将会对电力系统传统运营机制产生重大冲击，打破原有的电力电量和电价平衡机制，使得直购电大用户和其他非直购电大用户电价达到新的水平，改变现有利益格局，对参与各方产生重大、潜在的深刻影响。大规模开展直购电工作可能对电网公司产生 4 个层面的影响：经济效益、运营机制和地位、在国民经济中的控制力合影响力、电网管理。以贵州开展大用户直购电为例进行说明，按照平均成本测算，贵州发电企业在超过 5500 利用小时数基础上的电量，发电企业产生利润 1.6 亿元。通过大用户直购电，鼓励符合国家产业政策的大用户合理、有序增加用电，有效拉动内需，对增强大型工业企业活力，促进重要工业复苏和经济发展，具有明显的拉动效应。大用户直购电的本质是放开用户的选择权，我国的“大用户直购电”则是指大用户直接向发电商购电，往往变异为地方政府实施优惠电价的一种手段，大用户直购电是市场化的手段之一，大用户直购电并不一定会导致用户电价降低，电价水平应是根据市场变化而有升有降。坚持开展大用户直购电的几条原则：严格控制大用户直购电规模、购售联动，维持电网公司现有输配电价空间不变、合理解决电价交叉补贴问题、维持现有购售电、供用电、结算关系不变。

为保证直购电工作顺利开展，可以考虑采取适当的调控措施，包括：限量措施、限价措施、电量分割措施。大用户直购电是建设电力市场的步骤之一，建议下一步改变现有大用户直购电的场外交易模式，将大用户交易纳入到电力市场体系进行统一管理，所有棘手问题特别是交叉补贴和输配电价问题都通过电力市场交易平台来解决，这样有利于建立长效机制，避免直购电的无序开展。初步考虑可以让大用户像电网企业一样作为购电主体进入市场报价，采用撮合交易模式竞争购电。

［276］张维，王雪莹，熊熊，等．公司并购中的“羊群行为”：基于中国数据的实证研究．系统工程理论与实践．2010（03）．

公司并购重组的效率对证券市场有效配置资源这一根本职能的实现至关重要。中国证券市场上的公司并购开始成为企业间资源重新配置和企业外部治理的重要手段。然后，相对于我国证券市场目前的规模和发展水平而言，我国上市公司并购重组的数量和金额似乎异常的大。部分学者的研究显示，并购并没有提高这些上市公司的经济效益，反而降低了经济效益，特别是主并公司的绩效水平。导致这些“无效并购”的原因有很多，一部分涉及信息不对称、宏观经济环境变动、市场的不确定性、公司治理结构等“外部因素”；另一部分则涉及资本市场上投资者和公司经理人的非理性行为等“内部因素”。

本文首次从“羊群行为”这一行为金融的角度研究了经理人心理偏差对公司并购行为的影响，在首先建立一个理论分析模型的基础上，利用中国证券市场的数据验证了公司并购中经理人“羊群行为”的存在性及其对并购极小的影响，发现经理人的“羊群行为”对并购极小的变化具有较好的解释能力。本文结论的理论贡献在于从一个全新的角度拓展现有文献中对于并购公司原因的分析。由于中国股票市场的有效性缺陷和经理人“做大做强”的特殊情节，传统上的行为金融学视角（如过度自信、市场择时等）在解释并购行为方面还不是那么充分。相比之下，本文提出的“羊群行为”因素是对现有文献中原因分析的有效补充。本文结论的实践意义可能在于：既然经理人的“羊群行为”对公司无效并购具有刺激作用，若想减少这种非理性行为对于并购绩效的不利影响，就应当改进对经理人能力和绩效水平的评价方式和激励措施，使其在面对巨大的行业压力和不确定的经济环境时仍有坚持自己判断的动力，从而做出对公司发展最为有力的决策。此外，监管当局应加强对公司并购的监管，尤其是对于那些集中出现大量并购活动的行业，相应的处置措施要更加谨慎。

尽管本文已经取得上述有益的结论，但还存在以下一些局限性，需要进一步的研究。首先，在研究对象方面，碍于数据获取的指标设计的限制，本文的实证样本在规模和代表性上还存在一定局限。其次，本文的实证工作仅验证了公司并购中的“羊群行为”的存在性，但尚未更深入探究导致这一现象存在的深层次原因，即无法判断经理人为何（例如是迫于声誉的压力，还是由于不确定环境中信息获取的障碍，抑或是其他原因）选择与行业中其他经理人的行为保持一致。最后，文中理论模型的预期与实证检验的结果并不完全一致，这可能主要归咎于理论模型的静态性，没有给出对不同时期经济环境背景下的公司并购绩效进行比较的基准。因此，若要使理论模型与实证结果完美统一，就需要对理论模型进一步地修正、细化，同时改进原有的实证方法。

［277］张小军，石明明．基于竞争约束的市场力量与福利损失测度理论述评．产经评论．2010（05）．

市场力量其最本质的含义主要落实到“是否具有有效的市场竞争约束”的条件上来。市场力量研究首先面临的关键问题是市场范围的确定。综合起来看主要包括商品替代性或需求替代性、供给替代或厂商之间的替代性、空间市场替代性、跨期替代性等。市场替代的一个重要方法是考虑空间套利与一价律，利用弹性概念与格兰杰因果性检验来验证价格变动之间的关系就成了一种确定市场同一性的重要方法。在反垄断实践中，集中体现为“SSNIP”检验法。

考察一个市场的垄断程度，一个直接的测度指标是使用企业价格边际成本差的加权平均值来衡量，也即勒纳指数。直观的结论是：市场集中度越高，市场力量也越大。勒纳指数的一个根本缺陷是企业的边际成本难以观察，为了克服这一局限，新实证主义产业组织理论基于“推测变差模型”，设定 $L=\theta\frac{H}{\varepsilon}$，$\theta$ 反映了对市场竞争约束的基本推测。实际工作中，集中度的值可以由销售额测算，而需求弹性则需要价格和需求量，以及其他一些影响成本函数的变量。但是合谋水平 θ 的值则很难直接获得。尽管根据边际成本数据可以由 L 逆向求出，但同样与勒纳指数一样，我们很难获得边际成本数据。杨明常和威克特·J·特伦布莱（Yang-MingChang and Victor J. Tremblay）研究了垄断环境中要素市场的竞争约束与经济绩效，提出了新的企业与产业指数以测度由于实施垄断力量而导致的要素市场价格扭曲。贝克尔和布莱斯纳汉（Baker and Bresnahan）于 1985 年和 1988 年提出了测度市场力量的一个极为精巧的方法，既剩余需求函数法，直接刻画竞争对手对其产生的竞争约束，从而避免对企业边际成本与推测残差的度量。剩余需求法巧妙地回避了边际成本的测度难题，同时赋予了系数以实际的经济含义，因此在许多案例中得到了相对广泛的应用传统上对市场力量导致的福利变化的测度直接采用马歇尔剩余，另一种度量剩余的方法是采用希克斯剩余。利用 Lavergne-Réquillart-Simioni 模型，上述结果也意味着应用马歇尔需求函数去评估市场力量往往可能夸大了实际的负面影响。同时，我们也注意到，不同的模型假定，也将会对估计结果产生显著影响，这也提示我们：合理刻画产业内的竞争状态是正确实证评估市场力量的关键之一。

本文在“是否具有竞争约束”的逻辑线索下对市场力量与福利测度的现有文献做了一个梳理与讨论。需要注意的是，在实际分析中，不同的估计模型隐含着关于市场竞争状态的不同的认知与知识假定，模型合理性与数据可得性是正确推论的基础，无论采用哪一种方法，都必须结合现实的案例，把讨论的重点放在企业与产品间的“竞争约束”上。目前，国内对于市场力量的理论讨论仍然比较初步，同时也很少注意到各种模型后的知识假定与严格的理论逻辑，因此很多计算仍然比较粗略，也缺乏进一步讨论的理论基础。希望本文的综述能够厘清一些概念，为我们进一步地讨论提供一些富有意义的启发。

［278］张新平．论中央与地方对企业国有资产的监管权益．长沙理工大学学报（社会科学版）．2010（02）．

中外改革实践已证明，在社会变革和经济转轨时期，一个权威性中央政府的存在能够以较小代价确保社会经济快速平稳发展。从宪政建设和法治市场经济发展的需要出发，在中央与地方政府之间实现恰当、有效的权力配置，合理界定中央与地方政府的权能，尤其是在经济和社会事务管理方面的权责利关系，构建稳定、协调的中央与地方政府关系，已成为时下各国政治和经济体制改革乃至社会发展所必须面对的重大问题。科学合理地划分中央与地方政府在企业国有资产方面产权关系及确立相应法治化监管和经营体系不仅事关企业国有资产监管成功与否，而且对于我国政治经济社会健康和谐发展具有重要的现实意义。

目前，理论界关于企业国有资产在中央与地方划分存在三种基本观点：第一，坚持“统一所有、分级管理”，国有资产所有权统一归国家所有，实行中央政府和地方政府分级管理，中央政府为国有资产所有权唯一主体，地方政府只具备国有资产的管理权，而不具备国有资产的所有权。第二，主张“分级所有”，一方面在政府所有制基础上的中央政府和地方政府分级所有；另一方面在全民所有制基础上的分级所有。第三，“统一所有，分级出资”，国有资产所有权统一归国家所有，中央政府和地方政府分别代表国家履行出资人职责。

综合理论界关于企业国有资产归属划分的不同理论观点，我们认为，我国企业国有资产在中央与地方划分应该实行“国家统一所有，中央与地方分级产权”标准。在坚持国家所有的前提下通过正确处理企业国有资产管理中中央与地方的产权关系，正确处理全民整体利益和局部利益的关系，能更好地实现全民的共同利益，更好地实现企业国有资产全民所有即国家“统一所有”，这对与我国民主宪政建设和经济成功转型有极为重要的现实意义。

在“国家统一所有，中央与地方分级产权”下，中央在对地方在行使企业国有资产产权过程中监管权益主要表现在以下几个方面：第一，制定企业国有资产监管和经营基本法律法规；第二，对企业国有资产监管和经营情况进行监督检查；第三，确定企业国有资产布局和结构调整及收益分配。第四，构建全国统一企业国有资产转让环节基础组织平台。在遵从“国家统一所有，中央与地方分级产权”前提下，地方对归属于自己行使产权的企业国有资产享有以下权益：第一，根据法律规定制定符合本地企业国有资产监管和经营实际的法规和规范性文件；第二，在不违背国家法律情况下对本地企业国有资产享有监管和经营自主权，中央在没有法律根据的情况下不得干预地方企业国有资产监管和经营；第三，在不违反国家法律前提下对企业国有资产收益享有自主分配权，使地方国有企业成为促进地方经济健康发展的重要手段；第四，除非在战争及自然灾害等特殊情况下中央不得采取无偿划拨及其他同等方式将地方企业国有资产收归中央或者划拨给其他地方。

［279］张增国．政府规制框架下的“家电下乡”政策分析．广西经济管理干部学院学报．2010（03）．

笔者认为对“家电下乡”进行有效的市场规制，是“家电下乡”政策目标顺利实现的关键。政府规制是现代政府管理市场经济的主要职能之一，笔者以为政府规制的基本含义在于它直接对微观经济主体以及其活动的规范、约束和限制，其目标是为了实现资源有效配置和社会福利最大化，进而实现国民经济的和谐发展。政府规制是对市场失灵的反应，同时，政府规制是政府向社会提供的一种特殊的公共产品。有学者运用公共产品的特征对政府规制予以分析，政府规制满足公共产品的基本特征，是一种典型的公共产品。它主要是指由规制者（政府）对被规制者（主要是企业）所采取的一系列管理与监督行为。

对“家电下乡”进行市场规制，主要基于信息不对称性的理论假设。就目前而言，农村消费者对“家电下乡”的政策知晓度仍然较低，同时，一些经营者利用农民对“家电下乡”政策一知半解，采取“搭便车”手段打着“家电下乡”的旗号贩卖家电、倾销库存的现象不断出现。

“家电下乡”不只是送去适宜农民需要的产品，更需要做好两个“下乡”的配套工作：其一是售后服务下乡，解决农村地区的售后服务问题；其二是营销渠道下乡，引导经销商健全农村家电流通网络。通过政府予以引导，将会有效减少“交易摩擦”，尽快实现开发农村市场、扩大内需的目标。具体来说，首先要科学制定“家电下乡”市场进出制度：在政策推广过程中，完善政策、平衡各方利益，同时真正发挥市场竞争的作用则是必须要解决的问题。及时清理那些不符合“家电下乡”规则，试图以次充好，企图浑水摸鱼，借机将残次品处理的不良企业，成为政府规制的重中之重。其次要强化“家电下乡”信息管理，各省市要建立、健全“家电下乡”信息管理系统，信息管理系统的正常运行是实施“家电下乡”工作的关键。最后要强化“家电下乡”的产品质量管理。家电下乡”不是倾销库存，唯有保障产品和服务质量，才能实实在在落实政策。国家质监部门要严格按照国务院全面推进“家电下乡”工作的要求，进行“家电下乡”产品质量监督工作。

笔者认为，政府有关部门必须通力合作，通过制定“家电下乡”市场进出制度、强化产品信息和质量管理，从而及时清除不法经营者，切实保障农民利益，使“家电下乡”工程真正成为“惠民工程”、“民心工程”。

[280] 赵磊．价格歧视理论在出租车行业的应用研究．经济师．2010（01）.

价格歧视是指具有垄断能力的厂商生产的同一产品对同一消费者收取不同的价格，或同一产品对不同消费者收取不同的价格。价格歧视的划分最早由庇古在1920年的《福利经济学》中作出，即一级价格歧视、二级价格歧视和三级价格歧视。厂商无论实施哪一类型的价格歧视，必须具备三个基本条件：第一，厂商在某一行业中必须具有相当程度的垄断势力，能有控制价格的能力。第二，厂商应该具有信息上的优势，了解不同类型消费者偏好、对价格敏感性等信息；第三，厂商在具备以上两点的基础上，还应有能力通过适当的机制把不同的产品或不同的消费者区别开来，让其只选择适合自己类型的产品。

我国出租车行业的现状及改革建议在我国现阶段，出租车行业是一个由政府管制的垄断行业。政府通过控制出租车数量和颁发许可证的制度来间接控制出租车市场，因此出租车行业资费标准较为单一，无法反映出市场真实的供求状况。建设部和公安部联合颁发的《城市出租汽车管理办法》第十七条规定：“执行由城市的物价部门会同同级建设行政主管部门制定的收费标准，并且使用由城市客运管理机构会同税务部门印制的车费发票。”国家对出租车行业进行管制主要是基于司机和乘客在定价方面信息不对称的考虑，防止司机哄抬价格敲诈乘客，以及低价竞争扰乱市场秩序，而制定了行业标准便可以减少司机和乘客的交易成本。

笔者对我国出租车行业计价模式提出几点改革建议：第一，基于不同时段的时间价格歧视。采取时间价格歧视主要利用了在不同时段消费者有不同的需求弹性这一特征，其中适合于出租车行业的定价做法是峰值定价。采取峰值定价策略不但能把不同时段具有不同弹性的消费者区分出来采取价格歧视，改进出租车司机和消费者的福利水平，更重要的是通过这一区分可以有效改变资源的配置状况，在短期内无法改变交通供给的情况下，让那些价格需求弹性较低的消费者在高峰期优先享用有限的资源，而价格需求弹性较高消费者可以改乘其他交通工具或在其他时段出行，缓解交通拥堵压力的同时也利用了空闲时段的资源。与此同时，采取时间价格歧视时还可考虑季节性因素。第二，基于不同车型的质量价格歧视。在一个城市应该对不同类型的消费者采取不同档次的车型，收取不同的票价，而不应该千篇一律。第三，基于不同地段的空间价格歧视。在城市中心地段由于出租车需求量较大，消费人群收入水平较高，因此在这一区段运营的出租车可提高资费标准，同时出租车经营的公司应适当提高在这一区段跑车司机上缴的“份钱”；而在一些大城市的外围路段或是城乡结合部等地，消费者收入普遍较低，在这一区段运营的出租车可考虑适当降低资费标准，满足该地区消费者用车需求，出租车司机收入减少的部分应由经营公司给予补贴或降低该路段跑车司机上缴的“份钱”。

［281］赵秀丽．网络经济学视域中的“网络”——对网络经济学基石的透视．福建论坛（人文社会科学版）．2010（02）．

“网络”是网络经济和网络经济学的核心范畴，网络是由要素结构而成的系统，显而易见，借助于系统论中的“自组织”概念和方法来透视网络具有可行性。因为从经济学特定视角看，网络，在特定的时空条件下，很符合自组织的各种规定性。网络及其相关问题本身就是与外部经济环境系统互动的复杂系统，而这些复杂关系都始基于网络自组织本身内部的张力和矛盾性。网络经济理论作为对网络经济活动的理论抽象，是以研究网络经济活动中最具有普遍意义的范畴和最具有普遍意义的具体问题作为研究对象。

具有普适意义上的网络是由节点和链路组成的动态系统，本质是具有整体性、交互性、自主性特点并有规律地进行相互作用的复杂集合或动态系统。必须从网络具有的整体性与交互自主性的系统性质出发来阐明网络的特性，才能把握网络经济蕴含的新内容。网络系统内在的根本特性在于它的自组织特性，自组织使得网络内元素即使在没有外部力量驱动的条件下也能是协调动作，在空间上、时间上或功能上实现一种联合行动网络的自组织反映出了网络内部具有自我调节、自我繁衍与自我复制的功能。

网络的自组织特性必然使网络具有开放性和融合性特征。网络由时间、空间、动态三维坐标构成，动态性使网络不受时空限制而演化、吸纳新的元素，成为一个耗散结构和开放的系统。而开放的网络相互互联时就会产生网间的融合现象，智慧地球的形成关键就在于网络之间的融合性特征。网络间在链接与互动过程中，后来者依然具有后发优势，能够打破先到者优势并超越路径依赖，形成非对称网络结构，并在其中成长和扩张，与原有网络形成竞争或合作关系。在非对称网络中，随着新加入成员的力量的不同，网络增长与结构会出现分化和不平增长现象，网络自组织的随机性和不规则性使网络具有了复杂性与非线性特征。网络的有序性就体现在网络的层级性之中。正是因为网络具有互动性，才使网络经济具有一个非常重要的特性——网络外部性，这也是网络活力的体现。整体性网络并非直线型而是立体型空间结构，由三部分组成：节点、链路和场。

网络就是链接微观经济与宏观经济的桥梁。网络的动态演进使“网络”与“经济”的有机结合形成网络经济，这种结合是通过一定的机制来实现。网络的动态演化不仅把个体联结成了整体，而且使个体和整体、微观与宏观链接起来，把微观经济演化成宏观经济，网络从而成为维系微观经济与的宏观经济一种机制或桥梁，由此也可以演绎出网络经济的总图景。

［282］赵学刚，罗一耘．消费者保护视野下的食品安全监管．贵州社会科学．2010（06）．

食品安全之民生价值和对消费者权利的维护，体现出不可忽视的现实意义。食品安全监管作为维护消费者权利的“保护伞”登上舞台，既是市场的需求，更是国家不可推卸的责任。首先，信息不对称在消费者食品安全问题中表现最为显著，在食品行业信息不对称的现象尤为突出，甚至可能在整个食品供应链的每一个环节存在。另外，在市场经济中，食品供应阵营在快速组织化，而消费阵营却在日益分化，供需双方阵营力量严重失衡，体现出分散的食品消费者与有组织的食品供应者间的力量对抗。

矫正消费者弱势的食品监管路径：（1）强化食品安全信息公布制度和风险预警机制。食品安全信息公布仍存在复杂的行政程序，导致信息公布不及时，消费者食品安全难以得到及时保障。应强化食品安全信息公布制度，对信息实行强制披露制度，简化信息公布程序，让消费者在第一时间了解食品安全信息。（2）强化监管机构对消费者权利的保护与救济，食品安全的积极监管将极大地增强消费者维护权利的信心。（3）加强消费者维权组织与监管机构的沟通，我国应该还原消费者协会的民间性组织性质。

消费者保护视野下的食品安全监管的完善：（1）分段监管模式下的横向无缝对接，实践中“分段监管”存在各监管部门之间协调性差的问题。笔者认为，强化消费者的参与，或许可以在一定程度上弥补分段监管可能存在的监管真空。（2）监管机构的纵向协调，笔者认为，应明确国家食品安全委员会的具体职责并在其领导下设立省一级的食品安全委员会。国家食品安全委员会是由国务院设立的专门委员会，是全国性、综合性的监管机构，目的是为了协调食品安全的执法工作。在省一级设立食品安全委员会统领省级的食品安全监管工作，把食品安全监管这个复杂的体系简化，国家食品安全委员会对省级食品安全委员会进行监管，使各监管机构之间有更好的协调，保障食品监管机构之间可以更好地发挥执法效率。（3）健全对监管者的监管，我国的食品安全监管机构属于国家行政执法机关，对食品安全的监管就是行政执法机关的执法行为，现实中出现食品安全监管主体较多、职能交叉、责任权利不统一等问题，因此，食品安全监管机构在执法过程中，应当依法保障消费者当事人和利害关系人的知情权、监督批评权等。笔者认为应建立主管领导问责制度，用与其权力相对应的责任追究或承担机制以及各种监督手段加以监督，强化食品安全监管中监管机构和监管责任人的职责意识。

[283] 赵宇恒．国有企业管理者激励补偿效应——政府的角色．经济管理．2010（01）．

本文以 2001～2004 年 1054 家国有上市公司为样本，检验了政治干预对管理者薪酬激励效应的影响。本文综合考察了政府干预和管理者权力对薪酬激励的补偿效应，并比较了激励对盈余管理前后业绩的敏感度。政府对市场经济主体——企业的决策影响力表现为两个方面：一方面，政府帮助企业获得稀缺资源，如提供便利的融资贷款，给予财政补贴，进行税收减免等。同时，政府可以作为不良公司治理结构的替代，以降低股东与管理者之间的代理问题。另一方面，政府会利用企业来实现其政治和社会目标，如纠正市场失灵，减少地区间不均衡，增加就业等国有企业的高管实行委派制，而作为股东的“全体国民”基本是一个虚泛的概念，只能通过政府管理国有资产，从而形成了双层委托代理，即全民委托政府，政府又授命于国有企业高管。这种扭曲的股东与管理者关系，不仅无法实现政府作为一种公司治理方式以降低代理成本，反而增强了副作用。国有经济的腐败问题恰恰是第二等级的委托人和代理人，即政府与国有企业高管共谋租金的结果。

我们提出如下假设：随着政府干预程度的降低，国有企业管理者薪酬与企业绩效的相关性提高；但管理者权力越大，这种相关性的提高越不显著。通过实证分析，我们发现，政府干预程度越低，盈余管理的空间越有限，薪酬与企业真实绩效的敏感度越强，但这一结论只适用于管理者权力较小的企业。在管理者权力较大的企业，薪酬自定现象明显，政府干预的减少并未弱化管理者的权力，也没有提高薪酬激励效应。

这一结论说明，我国在完善公司治理的进程中，要重视制度环境的影响。经济基础决定上层建筑，在经济由计划向市场转轨的过程中，政府也要转轨，做一个有效而又有限的政府，提高市场化程度。但同时，激励机制的改革也并不是一市场化就灵，还要从契约安排本身着手，限制管理者权力的蔓延，既保证管理者在经营管理上不受束缚，又能有效阻止管理者权力过度而进行租金萃取，这一点至关重要。否则，管理者一旦形成了路径依赖，即使今后薪酬管制取消，他们仍旧会习惯于追求过高的权力收益。本文对政府作用的分析仅限于政府对企业干预的层面，而企业寻求政治关联则反映了另一方向的政治影响力，对薪酬激励效应也会有所影响。另外，本文的研究样本区间为 2001～2004 年，从 2005 年开始，股权分置改革成为了另一项重要的制度因素，制度变迁将对管理者薪酬契约带来何种变化，这些将成为我们未来的研究方向。

［284］赵正堂．从行为经济学视角看巨灾保险市场失灵及矫正．财政研究．2010（04）．

传统理论认为，保险供给失灵主要是由于保险市场的信息不对称而产生的。这种解释认为，有两种因素可以导致一种风险不可保，即逆选择和道德风险。逆选择通过螺旋式的费率上升导致保险人退出，道德风险也因为成本太高，以致大大降低了保险的效用。保险人不提供某个产品是因为他们担心购买该险种的人都面临着高风险（如逆选择），或是他们担心该险种会对被保险人的行为产生影响（如道德风险），改变事故发生频率和损失分布。然而，现实中大量的实证研究表明，在保险市场上信息不对称的影响远不及想象的严重。以巨灾保险市场为例，被保险人并不比保险人更清楚巨灾事件发生的概率和特定财产可能面临的损失。显然，此时被保险人的决策行为便与风险无关。此外，投保人或被保险人的风险厌恶程度也非常重要，对于极为厌恶风险的人来说，其希望的保险保障水平要相对高得多。就道德风险而言，在其他很多险种中，非货币性未保损失常常对道德风险有很大的抑制作用。

卡特勒和泽克豪斯（Cutler and Zeckhauser，2003）认为，在现实中，保险公司股东的保险决策近乎风险中性，但保险公司的经理们却不是，其风险厌恶被认为是非传统重大风险如恐怖主义、长期护理等不被承保的重要原因之一。对于大多保险公司而言，巨灾保险业务与其常规业务相比，既不能自主提高费率而且这些业务一旦出现损失则难以预计，因此许多公司简单地选择不提供该业务以避免风险和保持其在业界的竞争地位。桑斯坦（Sunstein，2003）认为巨灾保险市场失灵的部分原因应归于公众对巨灾的过度反应。由于巨灾事件的发生会大大改变公众对未来的预期公众对巨灾风险的过度反应，使得资本市场不愿以合理的条件提供资金。因此，只有在收益率特别高的情况下，市场才会为承保巨灾风险提供资本。

从行为经济学的角度来说，巨灾保险市场的失灵主要应归于保险人对风险的厌恶以及公众对风险的过度反应。由于这种原因是非理性的，因而市场失灵也只是暂时的。在这种情形下，政府便无须亲自去替代市场，政府可以充当最后再保险人和最后贷款人的角色，以此为保险业提供资本或者某种保证，从而使市场恢复平静以吸引社会资本的再流入。从行为角度来看，此角色是政府作为“便利者”而存在的最好体现。一方面采取切实有效的防损减损措施来减小巨灾发生的概率及其造成的损失。另一方面更新预灾设备，提高预报灾害的能力，尽早发布灾情预告，同时还要时常进行突发事件演习，提升居民应对巨灾的能力。这样便可消除保险人的后顾之忧，使得保险人真正成为风险中性者，为市场提供巨灾风险保险保障。政府的另一角色是作为“监管者”而存在。

［285］郑佳宁．美国电力能源监管的中国借鉴．中国对外贸易．2010（09）．

美国能源的主要管理机构为能源部，能源部内设电力输送和能源可靠性办公室、能源效能和可持续能源办公室、环境管理办公室等部门对各种项目进行政策性的协调和管理，其中电力输送和能源可靠性办公室主要负责全国范围电力能源的相关工作。与此同时，能源部还设有独立的联邦能源监管委员会直接受能源部首长的管理，行使与能源监管相关的职权，其所有决定由联邦法院直接审议。与联邦能源监管委员会同时行使能源监管职责的是州公共事业委员会，各州公共事业专员又共同构成了全国范围的公共事业监管委员会组织。

我国的能源政策的制定权力分散在十几个部门，2008年我国设立了国家能源局以加强国家对能源管理的力度，但是能源局作为发改委属下的子机构对能源进行全面管理的力度孱弱。我国的能源管理和监管尚处于不发达、不均衡的阶段。

随着我国经济的不断发展，对能源的保护、开发和合理运用成为亟待规制的课题，在《能源法草案》讨论的大背景下我们希望本文可以通过对美国能源尤其是电力资源监管的简单介绍为我国相关领域的制度和法规建设提供一些借鉴的可能性。首先，美国在经济发展的探索中逐渐形成了由能源部集中统一管理联邦能源事务，由联邦能源监管委员会对能源的管理、使用进行监管的格局，其特殊之处在于能源部同监管委员会的彼此独立而又相互关联的关系。监管委员会并不听命于能源部，不直接向能源部首长汇报和负责，但是能源部首长却可以管理和宏观协调能源部的政策和监管委员会的意见，这种特别的设置既保证了对政策制定和实施的监督与管理，又在一定程度上避免了分权、制衡可能带来的对抗和低效率等负面影响，为我们提供了可借鉴的极大的制度创新空间。其次，在监管体制中联邦与各州之间依据各自的优势进行明确和细致的分工，不仅可以避免行使职权的冲突、资源的重复配置和浪费，而且可以发挥不同政治实体各自的优势、扬长避短，使资源得到最大化的利用。比如对于电力资源使用的监管，联邦负责对跨州际之间的电力交易，而各州负责本州的电力零售业务和各电力实体设施建设的监管。当然，由于美国的特殊政治体制，联邦和各州政府具有较大的独立性，监管实体彼此间也更多地体现为职责划分的不同，而我国的中央与地方之间可能在明确的权责划分之外还需要在一定程度上体现管理与服从的关系。最后，建立统一的能源管理以及监管实体，除去可以将分散于各个不同部门的与能源相关的权力集中、统一、协调行使，使科研及其数据得以总结、分析和不断发展，还可以使与能源使用息息相关的相邻部门的成本和因素被及时地考量并吸收融入到相关能源政策的制定和监管当中。比如电力资源使用过程中的环境问题，美国在20世纪90年代的法律政策调控结果证明，这种协调统一管理使得环境得到了高效的改善。因此建立一个统一的能源管理、监管平台，同其他部门之间进行紧密的信息共享与研讨、有效的联合管理和策略制定可以达到事半功倍的效果。

［286］郑鸣，李思哲，肖健．公司并购理论：回顾与评述．湘潭大学学报（哲学社会科学版）．2010（01）．

现代公司并购理论的研究最早是从管理学角度开始的，其中最具代表性的要属协同效应理论。美国经济学家安索夫（Ansoff）最先提出协同效应概念，后经威斯通对公司并购协同效应的概念、类型以及作用机制做了系统归纳才得以完善。并购过程中会产生各种各样的协同效应，这些协同效应的存在有利于公司效率的改进，所以总体上公司并购是一个帕累托改进过程。概括而言，协同效应意味着“1+1>2”。但是，在实证检验方面，该理论却未得到一致性的结论。

公司并购理论的新古典经济学派认为公司并购是公司追求价值最大化的具体行为。在研究中，坚持了新古典经济理论的经济人、完全信息等假设，采用边际分析的建模思路，推导公司并购的价值形成过程，探寻公司并购的动机与价值规律。曼尼（Manne）将公司并购视为高效率公司对低效率公司的一种替代机制。按照托宾（Tobin）的观点，公司并购实质上是对实体投资机制的一种替代。斯密特（Smit）认为，公司面临的运营环境充满着不确定性，公司通过横向并购能够使公司实现多元化经营，好比一个有效的投资组合，这样做可以降低公司的运营风险，使得公司能够获得一个较稳定的收益率。

公司并购理论的新制度经济学派科斯（Coase）认为公司并购行为所产生的价值来自于某些交易活动内部化所获得的交易成本节省。格罗斯曼和哈特（Grossman and Hart）认为，交易成本产生于契约的不完全性，当这种不完全契约所产生的交易成本过大时，通过公司并购有利于减缓交易中的摩擦。威廉姆森（Williamson）在信息不对称理论的基础上提出了内部资本市场理论。当信息不对称问题达到一定程度时，公司就可以通过并购来解决此问题，否则将支付高昂的财务成本。

公司并购理论的治理经济学派，这一学派又分出两个分支，一个是从并购的治理效应角度出发，公司并购被视为一种重要的外部治理机制，从而将并购行为与公司价值有机地联系起来。詹森（Jensen）认为公司内部治理机制从根本上是失败的，公司并购便成为公司治理的重要机制。另一个是从代理关系角度出发，认为管理者策动的并购活动是以追求个人利益最大化，而非以公司价值最大化为目标的。管理者在个人利益驱动下存在强烈的规模扩张动机，出现了一种新的观点，认为大股东与小股东之间也存在代理冲突，失败的并购也可能缘自大股东的自利性。大量的研究一致发现，公司大股东要比其他股东得到更多的收益，从而大股东更具有动机策动并购活动，而不顾并购是否为公司创造了价值公司并购理论的行为经济学派以管理者自负理论和投资者非理性理论为典型代表。罗尔研究发现，现实中管理者难以保持经济理性，常常会因个人野心、骄傲自大或者过度自信等心理因素导致错误的并购决策。施莱弗和威士尼（Shleifer and Vishny）提出了一个“市场想象的协同效应”概念，认为公司并购一经公告，市场投资者则会认为产业多样化经营、市场垄断势力、效率改进、治理改善等将会使公司预期价值显著增长。但是，这仅是投资者想象出来的协同效应，通常与真实驱动因素无关。

公司并购理论的实证主义范式，詹森和卢拜克（Jensen and Ruback）认为公司并购总体上能够创造公司价值。曼德尔克（Mandelker）认为购价值效应显著存在。并购是否存在价值的实证结论也存在相当大的分歧。笔者判断冲突行为可能成为未来公司并购理论研究的一个新视角，这一冲突行为包括了管理者与所有者之间的冲突行为和大股东与小股东之间的冲突行为两个基本方面。在并购价值创造过程中，综合考察了“人与物的关系”和“人与人的关系”的影响。在理论基础上，实现了冲突理论和公司金融理论的融合。

［287］郑宗汉．加强国有资产监管．当代经济研究．2010（07）．

国有资产是我国现代化建设最重要的物质技术基础，也是我国社会主义制度最重要的生产关系基础。2007年，全国国有资产总额达到34.7万亿元。我国国有资产规模巨大，地位作用重要，但运行管理中仍存在不少问题和漏洞，不断受到侵犯和流失。一是国企改制中的漏洞和流失。通过对国有资产不评估、低估、漏估、错估，把优质资产估为劣质资产，把账内资产划为账外资产，制造假账假亏损等手法，把大量国有资产转移到个人手里，造成了国有资产的严重流失。二是与外资合资合作中的漏洞和低价出让国有资源，低估入股国有资产造成的流失。一些外资用少量投资控制我国众多重要行业造成的国有资产流失难以计算。三是海外资产管理、国有资产海外上市和投资中的漏洞和流失。四是经营管理中的漏洞和造成的流失。不做认真调查论证，仅凭少数人拍脑袋决策，随意投资，乱上项目，搞低水平重复建设，严重污染环境建设，错误转让兼并，盲目为别人担保，盲目举债或外借，造成国有资产有去无回，投了白投，还要付出新成本治理。五是对工作人员管理中的漏洞。这些年来，每年因贪污受贿犯罪的国家干部和国有企业一二把手达上千人，每年造成国有资产流失上千亿元。

监管具有监督与管理的双重职能；一方面要进行监督，另一方面要进行管理；一方面监督管理生产力，另一方面监督管理生产关系，使监管结合，对生产力的监管与对生产关系的监管结合，通过对国有资产从决策投资、发展方向、发展内容，到经营管理制度、方法以及整个经营运行过程的监督管理，发挥国有经济发展生产力方面在现代化建设中的支柱作用，发挥国有经济实现社会主义生产关系方面的主体作用。监管的第一任务是保证国有资产安全。但监管的职能绝不限于保证国有资产安全，其本职职能是使国有资产进一步发展壮大，在发展社会生产力和社会主义生产关系方面发挥更大更好的作用。建立严密科学的国有资产包括国有自然资源的经营管理制度，并严掹执行，是监管好、发展好国有经济的前提。监管包括所有制、经营决策、经营过程及经营成果使用分配等几个重点环节。加强风险管理制度，要看到国内外尤其是境外上市投资是有风险的，盲目跟风、引诱上钩就会遭受巨大损失，一定要有风险观念。完善选人用人机制，管好国有资产管理人员，尤其是第一把手，德才兼备，德第一位，人到位尽责，国有资产才能管好。建立完善国有资产产权制度，规范国有企业改制行为，防止国有资产继续流失。保值增值，杜绝防止资产流失和备受侵蚀，是国有资产监管的重要职能和第一任务，监管的更重要职能和任务在于，通过监管，提高国有资产运营效率和质量，扩大规模，改善结构，更好地发挥公有制经济的主体支柱作用。

[288] 钟刚．我国反垄断法豁免的程序控制模式研究——事先控制，抑或事后控制？．经济法论丛．2010（01）．

立法的发展呼吁着实践操作的规范和进步。反垄断法豁免制度是反垄断法的当然组成部分，其设计、取舍和把握也成为各国反垄断立法和具体执行必须面对和必须解决的难题。如何构建、运行和控制反垄断法豁免将极为重要。

"没有任何竞争政策完全建立在不惜以任何代价维持竞争的基础之上"。我们必须正视反垄断法豁免的客观存在。反垄断法豁免分为法定豁免和酌定豁免。法定豁免是指明确而直接地表达出来的或者能够直接推断出，对特定主体的特定行为授予以该法律认可的豁免。酌定豁免是由国家反垄断法执法机构以行政执法方式，或司法机构以法官的判决方式而动态产生的豁免。法定豁免通过确定性条款强制性条款来实现。豁免都是具有相对性的，法定豁免也是需要进行适当程序控制的。酌定豁免体现为一个授权性条款。对于具体的反垄断法豁免，各国基于不同的选择而实施不同的程序控制模式。这种控制模式有时候时依赖于具体的豁免类型而存在。

随着欧共体竞争法 2003 年第 1 号条例的实施，欧共体竞争法中反垄断法豁免的程序控制模式已经由事先控制向事后控制过渡。欧共体委员会调查权力增加、调查责任加重，但处理通知的负担减轻。如果预先审查机制缺位，对反垄断豁免的执行将通过事后控制程序得到实现，将受到以下因素的制约：被授予豁免的可能性；事后控制的成本；豁免决定的误差问题；寻找执法依据的难度；行为者对相关信息的掌握程度。如果通过预先审查而对经营者的行为实施事先控制，所有以上事后控制机制所产生的问题原则上都是可以避免的。进一步而言，预审程序没有社会成本而且迅捷及时，豁免决定是最终决定并且具有约束力，能被行为者遵守并一次性解决掉关于该垄断行为合法性的所有问题，那么通过实现预审的豁免机制将是一个完美的机制。实现控制模式也存在着以下问题：豁免决策机构缺乏信息；社会成本；事先豁免决定的性质及约束力。

我们从四个方面分析哪种豁免控制模式更适合我国现有既定的实体法：控制的有效性；行为者和审查机构对预期行为是否会被豁免的相关认知程度；风险承担成本；个案控制与整体控制的成本。本文认为，以事后控制模式为主，以预先审查的事先控制模式为辅，是更符合豁免控制要求同时也更符合我国实践需求的模式。法定豁免可以采取事后控制模式，而酌定豁免则可以考虑两者的结合模式，我们可以通过考虑风险负担的不同或者法律知识的不同，鉴别哪一种行为或行为者的豁免需要预先审查，从而决定哪些必须预先审查，哪些可以选择性预审：一部分强制性预先审查，决定权在立法机关和执法机关。另一部分则是资源性或者选择性预选审查，决定权在行为当事人。总之，我国现行《反垄断法》第 15 条的规定，是不符合并难以满足我国反垄断法实施客观需求的，考虑先由社会公众较弱的竞争法知识以及不堪发达的竞争执法，本文建议，应该进一步规定垄断协议豁免的授予程序，并赋予经营者启动预先审查的自由选择权，逐步提升反垄断机构的执法水平，在时机成熟后再像欧共体一样完全过渡到统一的事后控制，从而实现反垄断法豁免程序的良好运行。

[289] 钟海燕，冉茂盛，文守逊．国有控股、治理特征与公司投资．山西财经大学学报．2010（08）．

本文在代理理论框架下，基于中国转型经济时期的制度背景，实证考察了国有控股对自由现金流的过度投资的影响以及它的制度根源。研究发现，国有控股上市公司存在明显的自由现金流代理问题，公司过度投资规模与内部自由现金流量呈显著的正相关关系。进一步的研究表明，政府干预、薪酬管制和债务软约束这三大治理弱化是导致国有公司出现过度投资并降低投资效率的制度根源。

本研究对已有的文献构成了两个方面的发展：其一，通过从国有产权这一视角考察政府干预以及由其衍生出的薪酬管制和债务软约束对自由现金流的过度投资的影响，为理解政府干预下公司目标及激励机制扭曲所导致的经济后果提供了进一步证据；其二，本文系统地分析了国家控股对公司投资决策的影响，以及形成这种影响的制度根源。我们的证据表明，“三大治理弱化”（政府干预、薪酬管制和债务软约束）是导致国有公司出现过度投资、降低投资效率的制度根源。该发现对资本市场的监管设计有重要的启示：加快推进相关制度变革，着力解决内部治理弱化问题，才是改善国有公司投资行为的治本之策。

正处于经济转轨期间的国有企业的投资行为常常被冠以“扩张冲动”、“投资饥渴”等不理性的标签。作为公司极为重要的战略决策的投资活动，很可能受到政府干预或政府管制等与产权相关的制度安排的影响。企业投资效率的高低主要取决于股东和债权人基于监督内部人、保护自身产权利益的制度安排的有效性，但是，我国国有公司脱胎于计划经济模式，缺乏契约协商形成治理制度的自发过程，虽然经历了十多年的现代企业制度改革，但政府影响的烙印仍深深地留在国有控股公司中，其主要契约的典型特征是：地方政府与市场经济主体的企业的界限不清；政府部门对国有企业薪酬水平的直接管制；政府承诺不可置信；国有银行监督激励机制弱化。由此，很容易形成政府干预、薪酬管制和债务软约束等治理弱化问题。地方政府可能为了实现自身的政绩目标而加强干预公司的决策，政府部门对薪酬水平的直接管制弱化了国有企业以业绩为基础的薪酬契约激励，国有商业银行由于激励和制度安排上的问题，债务的治理功能遭到严重削弱。上述的治理弱化势必会传导到公司的投资决策上，导致国有公司非效率投资行为的发生。

本研究对资本市场的监管设计有重要的启示。国有公司的非效率投资行为，很大程度上根源于其自身的“治理弱化”，要想从根本上规范国有公司的投资行为，提高投资效率，单纯强调产权改革和外部治理机制的完善可能效果有限。监管层唯有从解决“内部治理弱化”的根源入手，通过弱化政府干预动机、薪酬改革以及深化银行体制改革等制度变革，构建起股东—经理层—银行之间的市场化契约治理模式，提高契约主体（股东、债权人）完善治理机制、监督内部人的自发动机，从治理层面真正规范国有公司自身的投资行为。

[290] 周俐萍．从非价格制度谈对市场经济内涵的再认识．改革与战略．2010（03）．

市场经济是一种以市场为主体，以市场机制调控供求平衡的资源配置方式。在市场经济中市场价格的变动就是显示产品稀缺程度的信号。但是，随着市场经济的发展，市场失灵造成的社会不良现象相继出现，暴露出了市场经济自身无法弥补的不足，价格不是万能，价格机制也不是万能的，正是在这个角度上提出了非价格制度。非价格制度的运用和在市场经济中的地位日益突出，从而促使我们要对市场经济这个原本认为价格机制作为调控手段的经济形式重新认识。

市场经济的正常运行，总体上表现为以下四个特征。第一，经济主体独立自主地分散决策。第二，契约自由和消费者主权。契约自由表现为消费者选择自由、开业自由、择业自由和交易自由；消费者主权则表现为消费优先权。第三，市场价格与竞争机制调控经济运行过程。第四，按生产要素贡献和市场效率分配。在市场经济的运行中，一种非价格因素——非价格制度，在发挥着非常重要的作用，所谓非价格制度，主要包括政府干预和非政府组织的作用两个方面：政府干预是市场机制发挥作用的前提，是经济体系有序运作的前提；非政府组织是对市场机制和政府作用的必要补充。

对于发展中国家，由于物质生活水平目前不高，在环境保护方面，政府需要发挥非价格制度的功能。第一，加强宣传，提高人们的环境意识，让全人类共同行动起来，保护好自己的家园。环境资源是全人类的共同财富，只有更多的人认识到环境对人类生存和发展的重要性，了解我们的现实环境状况，关注环境质量，环境事业才会有希望。第二，转变生产方式，发展经济，控制人口，消灭贫困。发展经济不能再以过去原始积累方式，以破坏环境为代价，这就需要利用自然资源，保护环境，这样，既达到发展经济的目的，又不至于引起环境问题。第三，鼓励企业与研究机构开发与改进生产与环保技术。改进技术主要是改进生产技术和环境保护技术。改进生产技术可以提高环境资源的利用效率，减少生产对环境造成的损害。改进环保技术，更好地治理已形成的环境问题。第四，政府监督与调控。纯粹依靠市场，这不是万能的。尤其是在环境问题上，市场在很多时候无能为力。政府所做的工作包括：制定有关的法律和政策、确保环境资源的有效利用、监督和控制损害环境的行为；通过产业政策、税收政策、外贸政策和人口政策等引导环境资源的利用；建立相关的组织监督企业行为，收集环境政策研究；为环境技术开发研究提供资金，建立合理的环境评估体系，推动环境事业的发展；处置已经形成的环境退化现象等。

[291] 周亮，郑雯洁．论我国企业并购反垄断审查中的利益考量——关于可口可乐并购汇源案的法律思考．经济法论丛．2010（01）．

竞争者利益、消费者利益、公共利益成为现代反垄断法主要服务的目的。“公共利益”的引入，充分体现出现代反垄断法立法价值目标多元化的趋势。我国《反垄断法》中的国家安全审查，从一个侧面拓展和实现了反垄断法上的“公共利益”之保护，笔者认为这种多元化利益的保护是有限度的，必须限定为“通过维护竞争机制而能间接实现的利益”之范围内，笔者认为：应当区分并购行为本身涉及的民族品牌和并购完成后可能危及的其他民族品牌两个方面做出不同的对待，作为被并购方的民族品牌，反垄断法不应当给予特别优待。只有在正常的市场竞争机制遭到破坏而导致的民族品牌竞争力下降，才可以成为反垄断审查考量的利益。与国家安全相似的一国产业和投资政策也有理由进入反垄断法的视野之中，但受限于反垄断法的立法原理和运行机制，只能借助于对自由竞争机制的审查而间接地促进一国产业和投资政策的实现。无论如何，通过对公共利益及其与竞争机制之间关系的解释，“经济民族主义”得以成为企业并购反垄断审查的考量利益。

程序缺失和过程的不透明，引发了外界对商务部审查公正性和结论正当性的质疑。笔者认为，建立反垄断审查中有关听证的信息披露制度十分必要，听证会应当以公开为原则，在特定情形下可以不公开进行，但无论是否公开都应有不同程序的信息披露。

需求替代性、供应替代性和潜在竞争是界定相关市场的三大基本原则。我国《反垄断法》没有给出相关市场的界定方法，《界定指南》存在诸多不足。笔者认可商务部界定相关市场时所提出的碳酸饮料、果蔬汁饮料之间的需求可替代性较低的观点，但笔者认为中高浓度的果汁饮料和低浓度的果汁饮料之间的可替代性较低。

《反垄断法》规定的规制经营者集中的标准是“具有或者可能具有排除、限制竞争效果”，这种“可能限制竞争”标准实际造成了反垄断法立法价值的冲突。反垄断法限制竞争行为的目的是建立和维持有效竞争的市场体制，提高企业的竞争力。只有当企业滥用市场支配地位，才予以禁止。企业并购反竞争效果的类型有单边效果和协同效果。可口可乐并购汇源案中，笔者认为只能说明并购对现有竞争格局产生了一些冲击，而不能说明已经产生单边效果或协同效果。在分析某项并购能否产生单边效果或者协同效果时需要考虑市场份额与市场集中度，市场集中度比市场份额指标更为组合准确。由于缺乏相关的数据，笔者尚无力对该案的市场集中度做出测算和评价。

只有在立法层面和执法层面的问题都有所解决的基础上，反垄断法所规定的公共利益原则才能发挥其用武之地，并在合法且公认的范围内实现对诸如民族品牌、投资和产业政策等社会整体利益的维护。

[292] 周权雄，朱卫平．国企锦标赛激励效应与制约因素研究．经济学（季刊）．2010（02）．

本文尝试从锦标赛的角度为我国国企竞争理论提供标准的信息经济学模型解释和实证支持。为了达到这一目的，本文从政府干预和共同代理的角度对经典的锦标赛模型进行细化和拓展，以揭示出国企锦标赛的激励效应和转型期国企锦标赛激励的制约因素，并收集地方国有上市公司披露的薪酬差距数据对理论模型进行实证检验。理论模型表明，薪酬差距的扩大和国企经营者赢得经济锦标赛激励的强化会提高国企经营者的努力水平，因而有利于公司绩效的提升。不过，国企经营者赢得经济锦标赛的激励却受到政府行政干预和共同代理问题的制约。实证结果表明，我国地方国有上市公司薪酬差距与公司绩效显著正相关，而与地方政府行政干预和共同代理问题的严重程度显著负相关，从而实证结果支持了本文的理论模型。

应该说，国企能不能搞好与所有制没有必然联系，在市场经济条件下国有企业是完全可以搞好的。中国国有企业问题的根源在于国有企业普遍都承担着政策性负担，并由此带来了企业的预算软约束问题和企业的“自生能力”问题（林毅夫、李志赟，2005）。要想从根本上实现国有企业改革的成功，在政策建议上，就必须坚持市场化的改革方向，剥离国有企业的政策性负担，解决国有企业的自生能力问题（林毅夫、李志赟，2005）。要规范政府的职能定位，理顺政府行业管理、国资委资产管理和企业经营之间的关系，减少各级政府官员对其所控制的国企薪酬决策的行政干预，实现真正意义上的政企分开和政资分开。政府及有关部门应该集中精力进行宏观调控，创造良好的市场环境，而不是直接干预企业生产经营活动。国有企业要以提高经济效益为中心，不断地提高自身的生存与发展能力，努力谋取利润并实现企业价值最大化是企业最大的“政治”，应该以“追求较高的效率”为目标。此外，在多个政府官员目标不一致的情况下，为了更好地激励国企经营者，必须精简代理链条，避免对国有企业政出多门、多头管理的现象，使企业领导班子更专心于生产经营和创造利润。

在政企分开和改变对国有企业多头管理的基础上，必须尽快建立一套科学合理的国企经营者绩效考核指标体系，实现经营者报酬与其经济绩效表现挂钩。同时，改革长期以来形成的国企干部管理体制，改变传统的把国企作为国家干部进行委派的制度，引入市场竞争经营者选拔机制，推进国企经营者的职业化，通过经营者竞争的优胜劣汰机制形成一种压力，使经营者进行有效的自我激励约束。此外，我们还主张大多数国有企业应当适度提高薪酬差距以维持足够的锦标赛激励能量。

[293] 周小梅．我国食品安全管制的供求分析．农业经济问题．2010（09）.

食品安全管制需求的理论分析：（1）外部性与食品安全管制需求；（2）信息不对称与食品安全管制需求；（3）公共品与食品安全管制需求。根据分析可得出结论：第一，只有当价格充分高的时候，企业才提供高质量产品。当价格高的时候，企业害怕失去掌握信息的消费者的高利润，这使得低质量的吸引力较小。因此，当存在掌握信息的消费者时，对不掌握信息的消费者，高价格可表明高质量。从问卷调查结果看，面对“如果您愿意，您愿意为安全食品多支付的价钱?”这一问题，有 46.8% 为高质量食品表示出支付意愿，但是愿意加价的数量比例较低，选择加价 10% 及以下和 10% ~20% 的人数较多，占 91.2% 之多。第二，掌握信息的消费者比重越高，条件越可能得到满足。因为正是掌握信息的消费者阻止企业降低质量。因此，增加掌握信息的消费者数量有利于提高效率。这个结论提供了政府管制的理由。消费者掌握信息，并不取决于成为掌握信息者的相对成本。但是，当决定是否要掌握信息时，消费者仅仅考虑私人成本和收益，并不考虑这样的事实：通过较好地掌握信息促使企业提供高质量产品。因此，应该鼓励消费者信息超过其私人最优水平，对相应的信息提供补贴。从问卷调查结果看，对于食品安全的了解程度，52.6% 被调查者选择了一般，也就是对食品安全状况的认知处于比较模糊的状态；有 27.6% 被调查者选择了不熟悉，即对食品安全状况缺乏基本的了解。结果表明，掌握信息的消费者比重较低。这是目前我国食品企业提供高质量食品激励不足的原因之一。通过对企业与管制者以及企业与消费者的博弈分析可以看出，政府对食品安全实施管制是确保食品企业健康发展的必要条件。

目前我国食品安全管制主要存在的问题是供给不足和管制效率低下。具体反映在以下几方面：（1）食品安全法规尚不健全，执行难度大；（2）食品安全管制机构职责不清；（3）食品安全检测手段和管理技术落后；（4）食品安全信息体系不完善；（5）食品安全教育和培训体系滞后。

为满足公众对食品安全管制的需求以及提高我国食品安全管制供给的效率，本文提出重构我国食品安全管制供给体系的政策建议。（1）完善食品安全管制法规体系；（2）重构高效的食品安全管制机构；（3）改进食品安全检测手段和提高管理技术水平；（4）搭建食品安全信息共享平台；（5）加快建立食品安全管制教育培训体系。

[294] 周小梅，边旭．我国房地产企业的合谋行为与反垄断政策．价格理论与实践．2010（01）．

改革开放至今，我国房地产业逐步走向市场化。特别是自1998年住房体制改革以来，房地产行业的市场化进程进一步加快。然而，从总体上看，目前我国房地产需求价格弹性总体比较小，这使得我国房地产企业具有相当的市场势力，容易通过控制房地产供给量操纵房价，获取垄断利润。尤其是土地资源的区域性，使房地产市场具有明显的区域性寡头垄断特征。基于这种市场结构特征，我国房地产企业具有合谋行为倾向。

在房地产业蓬勃发展的同时，我国现行房价一定程度上超过了居民的承受能力。而区域性寡头垄断导致企业的合谋行为，是其中的一个重要原因。企业合谋是指产业内的独立企业自愿联合起来，通过限制产出或维持价格来获取垄断利润的行为。根据合谋协议达成的方式，合谋大体上可分为显性合谋和隐性合谋。显性合谋是指企业之间达成一个可实施的协议。隐性合谋则指寡头企业之间相互依赖，有意识地采取协调一致的行为。与显性合谋不同的是，隐性合谋之间没有具体的协议。由于我国房地产业寡头垄断的市场结构，以及房地产异质性和空间固定性的特征，房地产市场结构十分类似于环形竞争结构，即房地产开发商之间的竞争主要是与项目区位邻近的房地产商的竞争，与项目区位较远的开发商之间竞争较弱。因此，在房地产二级市场上，面对需求弹性低且具有“追涨杀跌”心理特质的消费者，有相当市场势力的房地产企业以“价格合谋”的形式行使市场势力，维持垄断高价，攫取超额垄断利润。而房地产企业间的价格合谋行为主要以隐性合谋为主。此外，从房地产市场的进入壁垒来看，我国房地产业在必要资本量、规模经济和产品差异等方面的进入壁垒较小，而主要的进入壁垒除了政府的土地出让政策，还有在位房地产企业对潜在进入者人为构造的战略性壁垒。

具体到我国的情况，在我国房地产一级市场上，以利润最大化为共同目的的开发商之间存在着压低标价、排除竞争的强烈动机。由于我国房地产一级市场的政策约束，以及区域内寡占的特征，在位本地开发商为了维护在本区域的垄断势力和利润，在面对潜在进入者的竞争威胁时，往往以“合谋”构筑强大的战略性进入壁垒以阻止其进入。引导房地产企业进行有效竞争的反垄断政策：（1）针对房地产企业的合谋行为，应尽快完善并有效执行《反垄断法》；（2）实施阻止和瓦解房地产企业合谋行为的激励性宽大政策。

[295] 周颖．网络经济条件下的产业反垄断规制探讨．河南财政税务高等专科学校学报．2010（05）．

网络外部性是指某一产品对用户的效用随着采用相同产品或可兼容性产品用户的增加而增加的现象，网络产品的边际效用递增是对消费者群体而言的，随着消费者人数的增加，潜在消费者购买产品获得的效用将大于已购买者在购买该产品时获得的效用，产品生产得越多，产品的平均成本越低，获得利润就越容易。在边际成本几乎为零的网络产业中，企业的平均成本是锐减的，企业的供给方规模经济异常显著。网络外部性导致的需求方规模经济和具有新特性的供给方规模经济，两者在信息产品中得以结合，结果就产生了“双重作用”，即需求方的增长既减少了供给方的成本，又使产品对其他用户更具吸引力——进一步加速了需求的增长。结果是极强的正反馈效应，使整个产业的产生和毁灭都远远快于工业时代。

在网络经济中转换成本和消费者锁定是规律，而不是例外。在网络经济条件下，互补产品之间的兼容程度直接影响网络规模的大小，从而影响该产品的市场地位。网络经济下垄断的市场结构并没有降低市场竞争程度，反而加大了整个市场的竞争程度，是一种竞争性垄断的市场结构。网络经济条件下，信息产品和服务的平均成本递减是没有边界限制的，垄断者倾向于扩大产量来满足所有消费者的需求以获取最大的网络效应，而且按最后一个边际消费者的保留价格来确定产品的售价。网络经济下具有垄断势力的企业反而愿意为消费者提供高性能、低价格的商品，从而提高了消费者福利。网络经济条件下潜在竞争者进入市场成为可能，潜在进入者的进入威胁刺激了在位者多投资于创新。

政府反垄断规制的目的，就是保护市场竞争而不是竞争者。由于网络外部性、正反馈效应以及需求方规模经济的存在，网络经济下的垄断有了新的变化。网络经济下的垄断是竞争性垄断，它在一定程度上提高了消费者的福利水平并促进了技术创新。因此，面对网络经济下垄断的新特征，相应的反垄断政策应及时调整。（1）反垄断的目标取向：注重维护市场竞争秩序。因此，政府规制的目标应进行调整，从限制垄断地位、保护竞争者利益转为限制市场垄断势力，促进技术进步，维护消费者利益；（2）反垄断的内容：注重限制厂商的垄断行为而非垄断地位。因此，政府规制的目标应进行调整，从限制垄断地位、保护竞争者利益转为限制市场垄断势力，促进技术进步，维护消费者利益；（3）反垄断的方式选择：建立新的垄断衡量指标体系。在网络经济时代，信息产品市场结构本身就具有一定的垄断特征，判断垄断与否的依据不再是市场集中度，而主要看厂商行为。

［296］朱富强．中国的房价问题：现状、问题、成因及解决方向——现代社会是如何偏离“住者有其屋”这一理想的．当代经济管理．2010（03）．

当前国内的房价已经高到了一般民众望洋兴叹的地步，然而有相当一部分“主流”经济学家却不主张抑制房价。第一个流行观点是高房价有助于维护穷人利益。理由是富人会搭穷人的便车，最后就成了实质穷人在“补贴”富人，因此，如果维持高房价，就可以防止这种搭便车现象的发生，但实际没有出现这些经济学家所成的这种“搭便车”情形。尽管当前房价在不断上涨，但把房价当作投资品或投机品的需求却在不断上升，从而出现了富人搭“房价上涨”之便车的情况，富人成了最终的受益者。一些经济学家还主张，在维护高房价的同时在政策上把从富人身上多收的钱反过来补贴穷人，但问题是如果没有细致地考虑相应的制度安排就岌岌乎鼓噪高房价，那么，最终的结果必然是房价节节攀升，而普通大众的处境则日益困顿。第二个流行观点将高房价归咎于相关领域没有实行完全市场化。理由是：因为土地等领域没有市场化和私有化，导致住房供应受到了土地的制约而房价高涨。因此，这些经济学家鼓吹放弃耕地保护法规以及土地私有化等。问题是，在没有完善法律制约的情况下，强势者就会充分利用一切优势来占有和使用资源，最终导致社会发展必然出现依靠资源投入粗放型特征。在缺乏耕地保护的情况下，土地必然会出现重新的分配，而再分配的最终均衡必然是基于社会力量的对比。因此，土地将会在很短时间内集中到少数人手中，这种严重的土地分配不平衡不仅不会有助于城镇房价的最终下降，甚至最终会瓦解农民的生存基础，从而使得社会问题更为严重。红线的存在首先是对强势者大肆掠夺资源之行为的制约，从而维护整个社会的长远规划和发展。相反，尽管放松土地闲置可能有助于缓和当前所面临的问题，但最终却会破坏整个社会发展的有序性。当前中国解决住房问题所需要做的，不是占用更多的农村耕地，而是需要提高土地利用效率。

当前的房价飞涨根本上源于土地关系的扭曲、土地资源的错误配置以及收入差距的拉大：土地关系的扭曲使得本属于所有人的土地为一小部分人占有，从而人为强化了土地的供求紧张；而收入差距的拉大则是形成目前这种巨大土地级差租的根源原因，使得少数大城市房价飙升的同时另一些地方却非常廉价。显然，在人地关系极为紧张的当前中国社会，要有效地解决住房这个问题，就必须有效发挥政府的作用。它可以对房屋土地和人口之间关系进行合理布局，从而使得土地资源得到更为经济和有效地利用；同时，它也可以努力解决公共设施发展不平衡的问题，从而防止目前这种社会大众的房屋需求畸形地集中在特定地域的情形。住房的根本问题主要不是在于耕地的保护等原因。如果不认识到这一点，我们就根本不可能实现“住者有其屋”的理想，而那些把住房和粮食等问题都推给市场的建议和措施只会进一步强化问题的失范现象。

[297] 朱明，谭芝灵．西方政府规制理论综述——兼谈金融危机下我国规制改革建议．华东经济管理．2010（10）．

公共利益理论是一种建立在规范分析框架基础上的理论。该理论以市场失灵和福利经济学为基础，认为规制的动因是由于市场机制不完善及存在市场失灵，如自然垄断、外部性、信息不对称等。政府假定代表的是公众利益，规制的目的是通过纠正市场失灵及外部性来提高资源配置效率，实现社会福利最大化，且这是政府追求的唯一目标。由于公共利益理论自身存在的一些缺陷，遭到一些学者的批评。规制俘虏理论核心内容是：具有特殊影响力的利益集团（被规制企业）进行寻租活动，使规制者成为被规制者的“俘虏”，并参与共同分享垄断利润，这就使政府规制成为企业追求垄断利润的一种手段。

斯蒂格勒（Stigle）开创了规制经济理论，该理论把规制看成经济系统的一个内生变量，指出规制的真正动机是政治家对规制的供给与产业部门对规制的需求相结合，以各自谋求自身利益最大化。斯蒂格勒相信一集团能用来争取一项政策的资源随两因素增长而增加：一是该集团预期从该政策中获得的总收益；二是该集团的人均收益，但还没有把握推测个人间收益分配的区别会形成什么效应，以及不同的政治体制（比例代表制，抑或单一选区制）的作用。

放松规制理论包括可竞争市场理论、政府规制失灵理论和X效率理论。

激励性规制理论作为一种新的规制理论，运用了信息经济学和博弈论等前沿理论和分析方法。该理论认为规制问题实质上是一个委托—代理问题，规制者与被规制企业间存在着信息不对称，双方进行的是非对称信息博弈。而解决问题的关键是设计出既能充分激励被规制企业，又能有效约束其利用特殊信息优势谋取不正当利益的激励规制合同或机制。西方国家的激励性规制理论主要包含特许投标规制理论，区域间竞争规制，价格上限规制，延期偿付率规制，利润分享规制，菜单规制等。

笔者认为，我国的规制改革策略可采取专组主导，整体推进，重点突出的思路。具体地说，专组指导就是成立专门规制改革专家小组，职责是接受总理咨询；综合审议需要改革的规制制度，调查审议规制实施中的政策失效和行政主管权限调整等重大事项；整体推进是对通过审议的各个项目、层面的规制措施通过权力机关赋予整体实施；重点突出是对能够缓和、消除金融危机影响，改善国计民生的领域，要及时、重点研制相关对策，例如，当前金融危机下的财政刺激方案、货币政策、税收政策、金融监管、社会保障规制、行政审批规制等热点问题。

[298] 祝琼．试论国有企业监管的问题与对策．经营管理者．2010（14）．

国有企业进入快速发展期，与此同时，国有企业反腐倡廉工作也出现诸多新情况和新特点。企业改革力度在加大，企业规模不断扩大，作业区域不断拓宽，母（总）公司对子（分）公司管控难度加大；国有企业产值不断扩大，效益增长较快，投资力度加大，国有资产监管任务加重。与这种变化不相适应的是，国有企业法人治理结构不完善，监督不到位；收入分配制度改革相对滞后，激励和约束机制还不健全；管理上还有这样和那样的疏漏，有效预防腐败的措施和办法尚不完备，监督机制和能力还不能完全适应新时期反腐败斗争的需要，执行上还不够得力，对反腐败斗争的长期性、复杂性没有充分认识等。因此，国有企业反腐工作面临诸多挑战，反腐倡廉任务非常艰巨。

目前国有企业在监管方面所存在的问题：第一，相关的制度建设存在不足。主要有以下几种：（1）对企业领导人的业绩评价主要依靠目标责任书，但目标责任书重定量指标的完成，轻定性评价。（2）对企业的清产核资和改制资产评估，一般由国资委指定中介机构审计，但委托人仍然是企业。（3）投融资控制不严。如虽有严禁企业以非自有资金从事委托理财、期货投资以及在二级市场上购买股票、基金和债券的规定，但却没有相应的控制措施。（4）企业的内部收入分配管理也存在盲点。第二，监管工作力度不够，效率低下。国资委集出资人职责和行政职能于一身，不仅不符合权力制衡的基本原则，实践中也会因管理幅度过大而发生管不过来的尴尬局面。第三，审计监督没有发挥应有的作用。审计监督的事后性，审计结果落实不到位，社会审计的质量有待进一步提高。

完善国有企业监管的几点建议：第一，加快法规制度建设，确保监管活动有法可依。第二，强化对权利的制约和有效监督。一方面要严肃组织人事纪律，坚决反对和纠正用人上的不正之风。通过选人的制度化和科学化，加强对企业干部选拔任用全过程的监督，真正把政治思想好、业务能力强的干部提拔到领导岗位上来。另一方面要扩大企业权力作用的透明度，实行公开办事制度，接受广大干部和职工的监督。第三，根据企业发展，不断优化企业的治理结构。按照建立现代企业制度要求，公司制企业要建立健全股东会、董事会、监事会、经理层，形成相互制衡的监督控制机制。第四，加大考核力度，最大限度地激发领导者的工作积极性。企业要加大收入分配制度改革力度，建立激励保障机制，企业高管人员的收入应与其承担的责任及业绩指标的增长紧密挂钩。同时，又要避免高管人员收入与一般职工收入差距过大。第五，加强审计工作力度，确保其发挥应有的作用。国家审计、社会审计和内部审计各有所长，应协调好三者的关系，充分发挥各自在审计监督体系中的作用。

[299] 卓志，段胜．巨灾保险市场机制与政府干预：一个综述．经济学家．2010（12）．

在理想化的条件下，私营或商业巨灾保险市场即使没有政府干预，在各个市场主体追逐自身经济利益最大化的过程中，通过市场机制的供给方和需求方相互作用，在费率信号的引导下可以自发调节，实现资源的最优配置。巨灾保险市场存在失灵问题，不少学者将巨灾风险与风险可保条件对照，认为巨灾风险属于超额损失，已经超越可保风险的承保条件，进而认为这是造成巨灾保险市场失灵的基础原因。巨灾保险市场运行机制中的诸多难题：（1）产品供给有限与需求不足；（2）定价与风险聚散效应问题；（3）机会主义与“搭便车”；（4）非纯公共物品。

巨灾保险市场与政府行为的研究，带给我们如下的几点启示。第一，从巨灾保险市场与政府的关系看。自亚当·斯密的经济自由主义与限制国家干预，到凯恩斯的有效需求不足与国家干预主义，再到以哈耶克为代表的新自由主义与反对政府干预学说，围绕市场机制与政府干预这个命题的争议从未间断。然而，巨灾保险制度的建立和机制的运行，靠单纯的市场或单纯的政府都过于偏激。相反，借助市场和政府的共同力量已成一种趋势。第二，从分析的基本理论和基本工具看。一方面将经济学中的基本原理和基本分析工具应用于巨灾保险领域，对巨灾保险市场进行检验和评述，侧重经济学的理论基础分析；另一方面则是应用保险经营中的基本经营原则和核心技术分析巨灾保险市场，对巨灾保险经营行为进行阐述和论证，侧重风险管理理论的操作分析。第三，从分析范式和研究的方法论看。研究方法上注重规范主义与实证主义、经验主义与制度分析的结合，实验性的调查研究以及实证性的可靠性检验成为近年研究中惯用的分析范式，制度比较分析、公共决策行为以及投保人的心理行为分析已成为研究中的新的亮点。第四，从研究的发展走势与方向看。以期权定价为核心的金融经济学、委托代理激励模型为重点的产业组织结构理论、非同质风险和掉期现金流折现的精算模型等，将更强有力地支撑风险转移和损失分担的分析，同时政策性和制度性的比较研究也会受到更大的关注。建立兼顾公平与效率、有效可持续并具可操作性的巨灾保险制度，既是研究的目标又是研究的方向。第五，从我国巨灾保险制度研究看。我国十余年前兴起的巨灾保险的理论研究，无论理论研究还是实践，可谓时断时续、波折起伏，至今仍没有建立起巨灾保险制度。为此，结合国情，协同合作，学习国外经验，开展理论研究，正确处理市场与政府的关系，建立具有中国特色的巨灾风险与保险管理制度和体系，具有重要的学术价值和迫切的现实意义。

[300] 邹燕．公用事业市场化的问题与反思．宏观经济研究．2010（04）．

公用事业和社会的普遍需要联系在一起，具有基础性、公益性和政治敏感性，这些特点决定了公用事业所涉及的产品和服务基本都不是纯粹私人物品，因此，传统观点认为，政府应该承担公用事业的供给职责。20 世纪 70 年代末以来，在新自由主义理念的引领下，从发达国家到发展中国家，都掀起了公用事业市场化改革的浪潮。价格上涨、私人垄断、腐败滋生、企业逐利行为与公共责任和社会安全的冲突，等等，这一系列市场化的“并发症”和“后遗症”值得我们反思。

由于新自由主义推崇自由市场的好处并认为政府干预会错配资源，因此其各方面政策实践的共同目的就是削弱政府在经济中的作用，巩固自由市场制度，最大限度地让私人活动取代公共行为。新自由主义对市场价值的重新发现和对政府失灵的认识为公用事业市场化提供了理论基础。随着新自由主义支配地位的确立，作为其政策实践一部分的公用事业市场化也获得了广泛地推行。

公用事业市场化的典型动机是通过增强竞争来提高效率、改善服务，也确实在缓解财政压力、满足迅速增长的公用事业需求、降低成本和提高效率方面取得了不少成就，但同时也产生了一些问题：（1）企业逐利与公共责任之间的矛盾；（2）价格上升和服务下降；（3）私人垄断；（4）腐败的滋生；（5）公共服务的普遍性受到挑战；（6）民主被削弱。

既然公用事业市场化带来了以上问题，那么，我们是否还应该坚持市场化方向呢？西方主流经济学内部也在进行反思，一种新的干预主义——新凯恩斯主义崛起了。具体到公用事业上，一方面实用主义赋予了市场化更广的内涵，另一方面政府的立约责任获得了理论上的说明，使市场化的方式从早期的直接出售（狭义的私有化）变得更加多样化。公用事业市场化的方式呈现出多样性的面貌。可以通过将财产或财产所有权部分或全部由公共所有转为私人所有来实现，但也可以通过安排政府向私营供货商购买产品或服务来实现，或者通过用许可证、执照、特许权、租赁或特许合同等方式，将资产使用或融资权或者服务提供权移交给私营企业，尽管从法律上说所有权还保留在公共手中，甚至还可以包括诸如“建造—经营—移交”合同这样的情形。政府最好成立专门部门承担这项职能，并着重注意以下几方面：（1）明确责任的合理分配和承担方式；（2）对公用事业市场化的目标有准确的定位；（3）选择适宜的市场化领域和市场化方式；（4）促进竞争；（5）对市场化的设计应事先公开；（6）承担起事后监管的责任。

第四部分

重要学术著作观点摘录

[1] [美] 戴维·E·麦克纳博著，常健，符晓薇，郭薇，翟秋阳等译．公共事业管理：面对21世纪的挑战，中国人民大学出版社．2010.

在当今社会，政府行政体系与市场体系成为控制社会、影响社会的最大的两股力量。理论研究和实践经验表明，政府公共行政与公共管理体系在创造和提升国家竞争优势方面具有不可替代的作用。一个民主的、负责任的、有能力的、高效率的、透明的政府行政管理体系，无论是对经济的发展还是对整个社会的可持续发展都是不可缺少的。

像大多数产业一样，公用事业部门已经发展出了一些不同的应用领域，包括电力、天然气、供水、污水处理、电信以及有线电视。在一些地区，公用事业部门也包括公共交通、民用燃料油配送、公共仓储以及其他公用服务。每一个领域都有一些文献来研究这些领域所面临的特定问题。但是，现在还没有什么文献来研究这些产业所面临的共同问题和挑战。本书的写作就是为了满足这一需求。它包括了电力、天然气能源部门以及供水与污水处理部门所面临的个别和共同的问题。

这项对于公用事业管理的研究有两个主题。第一个主题涉及新公共管理运动（NPM）对公共服务管理的理解，以及这一概念对共有的和投资者所有的公用企业所提出的挑战。与新公共管理运动相关的基本管理范式的转变，是将原有的一度被绝大多数公有的和投资者所有的公共服务产业共同采用的官僚制方式替换为新的“变革的”方式，它由四个主要部分构成。这四个主要部分包括：(1) 限制行政部门的自主性，以便使政府更积极地回应政治要求；(2) 从私人部门引入基于绩效的管理原则和做法，以改善管理效率、效能和责任承担；(3) 在运作上更加透明，让个人、消费者团体和地方社区更多地参与设计和输送所有的公共服务；(4) 更广泛地放松对投资者所有的公用企业的管制。当我们进入这个新世纪时，这四项中的每一项都在公用事业管理方面发挥着重要的作用。

与其他产业不同，公用事业的经济部门既包括公有的组织，也包括投资者所有的组织，其中一些还相互竞争。尽管在大萧条时期公有电力产权取得了一些胜利，但在美国，超过3/4的电力工业仍然属于私人部门。然而，大多数欧洲国家的情况正好相反：在那里，国家的、地区的和地方的政府拥有和经营着所有的电力网络、输水系统、电话，甚至无线电和电视广播。但是，从20世纪70年代开始，欧洲的公用事业开始发生了转变。20世纪80年代和90年代，世界上大部分地区，包括新西兰、英国、挪威、瑞典、澳大利亚、加拿大、巴西、智利等国家，许多国有的公用企业开始被私有化，对私人部门开始放松管制。在美国也出现了同样的情况。

私有化和放松管制运动是公共行政领域中更广泛的新公共管理运动的一部分。新公共管理运动的关键内容是卖掉许多国有产业，放松相关的国家经济结构一度实施的许多严格管制，从总体上缩小国家政府的规模和管辖范围。它对于投资者所有的公用企业的管理方式也有着很大的影响，因为该运动逐渐打破了垂直一体化的公用企业结构，并将市场竞争引入那些曾经被严格管制的产业。尽管许多公用企业仍然控制在私人投资者手中，但实行新公共管理的公共部门所强调的那些概念与所有的公共服务组织都是相关的，而不论其所有制如何。因此，讨论新公共管理运动在公共部门所带来的基本管理任务的改变，对投资者所有的公用企业也是适用的。

第二个主题是战略管理的概念以及它所包括的所有具体内容。战略管理是指为实现组织目标而制订和实施计划而进行的决策和行动。这一过程涉及确认组织的长期目标、提出适合这些目标的战略以及选择用于各种相互联系的任务（策略）的各种资源。前两项任务是密切相关的：第一项任务讲的是公司要做什么，第二项任务讲的是组织是什么。

对管理的战略研究涉及一些相关的行动，它引导管理者确认战略机遇和环境威胁，评价组织的优势和劣势，制定工作目标、策略、绩效标准和调整方式。战略管理方法包括环境分析、政策分析、机会分析、使命和愿景制定、项目的整合计划以及其他的管理活动。

本书由三个部分组成。第一编“公用事业管理的基本问题”，为后来讨论公用事业组织的管理方式建立分析框架。这一部分包括四章，提出了在本书其余部分所涉及的基本概念。第1章“充满挑战与冲突的公用事业"，向读者介绍公用事业的规范和范围。该章简要地回顾了该产业在美国的成长历史，并进一步就公用事业如何及为何发展成为一种力图服务于公众利益的具有"自然垄断"特征的部门发表观点。第 2 章"公用事业面临的政策挑战"，概述了公共政策的职能，追踪了近 100 年来一些重大的公用事业政策所发生的变化。该章简要介绍了在电力、天然气、饮用水和污水处理方面的政府政策。第 3 章"公用事业道德的挑战"，简要介绍了当组织无法提出、员工不能遵循道德标准时会出现什么状况。之后概述了员工和组织领导者道德行为的一些基础。第 4 章"公用事业监管的挑战"，先谈了公用事业管制的一些重要问题。最后，该章概述了在公用事业放松管制和（或）重组方面的一些相互冲突的观点。

本书的第二编"公共事业管理的各项挑战"，包括八章，它们聚焦于当今在公用事业职能和行为管理方面一些突出的主要问题。开始的第 5 章"迎接公用事业规划的挑战"，先回顾了战略规划过程所强调的各个重要概念。除了给出战略规划的定义之外，又带着读者简要回顾了实施战略规划的各个步骤，并对如何导致了对战略管理的应用进行了讨论。该章最后讨论了公用企业如何应用联邦政府推荐的"资源整合规划"，这是与公用事业紧密相关的一种战略计划。第 6 章"公用事业管理和领导的挑战"，先简要回顾了管理的一些基本原则，然后转向讨论与公用事业管理者特别相关的一些问题。第 7 章"公用事业确定价格和费率的挑战"，涉及在公用事业管理中人们理解得最不深刻的一个问题：在一个管制与非管制混杂在一起的产业中确定批发和零售价格。这一章所包含的内容是非常基本的，它向读者介绍了在制定费率方面的关键概念。如果读者希望更深入地钻研这部分的经济学内容，可以在许多专门研究费率确定问题的经济学著作中去寻求进一步的阐释。

第 8 章"公用事业营销的挑战"，也许可以加一个副标题"需求的分析与管理"。如今，绝大多数公用企业更关心对现存需求的管理，而不太关心如何增加对其产品的需求。在这种情况下，对需求的管理可以意味着放缓增长，也可以意味着引导更多的消费。放缓增长要减少安装更多生产设施的需求。它也有助于管理者们努力拉平更多的供应期之间的需求差别。该过程的一个重要组成部分，是联邦政府下达的关于制定和坚持实施成本高昂的资源保护、安全保障和环境项目的强制性要求。

第 9 章"公用事业管理者面临的信息挑战"，讨论的是信息技术，包括实时计量以及其他重要的交流管理信息系统的概念。第 10 章"公用事业财务与会计的各种挑战"，讨论公用事业管理者当今在为替换磨损和报废的旧系统所需要的大量投资寻求财政资金时所面临的一些主要挑战。近来，由于加利福尼亚重组过程的破裂所导致的危机，以及其后出现的该产业某些部门的破产，使资本的成本提高，它更直接地反映了人们对公用事业证券风险的感知。第 11 章"公用事业人力资源管理的各种挑战"，聚焦于公用事业在接替许多已接近退休年龄的熟练和专业员工方面所面临的问题；它还讨论了由于美国人口在文化和种族上的多样化而导致的劳动力性质的改变。第 12 章，也是这一编的最后一章，涵盖了"公用事业治理的各种挑战"。这一章既讨论了监管治理与公司治理，也讨论了由于该产业的重组给治理带来的各种挑战。

第三编"公用事业系统的挑战"，用一些章节来讨论该产业三个特殊部门所面临的关键性挑战，它讨论了该产业投资者所有的公有的一些部门的所有管理者都面临的一些正在出现的挑战。第 13 章讨论"电力产业中的挑战"。第 14 章涵盖"天然气产业中的挑战"。第 15 章聚焦于"供水与污水处理产业中的挑战"。第 16 章"公用产业管理者面临的未来挑战"中所涉及的课题，包括全球化、安全、放松管制的间断以及新公共管理的各种问题，如私有化和外包、对技术引进和创新的管理。

［2］［美］N. 史普博，A. 萨巴奇著，周耀东译．水资源经济学——从管制到私有化，世纪出版集团上海人民出版社．2010.

第一编考察水资源管理四个主要部分之间的相互关系：水供给的数量和差异；水需求的数量和

质量；污染；再循环和再利用。作为供给一方的企业，以追求利润最大化为目标，根据不同的来源生产和配置不同类型和质量的水，每个来源地都满足不同的约束，包括质量水平、能力约束、生产和配置成本。消费者需求的各种不同类型的水，根据质量、价格和特殊用途而分类，如饮用、洗涤、休闲、产业、农业和其他目的；每一个类型都需要满足适当的质量等级，采用特定的处理方法。水道也常常作为一种环境渗入对质量形成复杂影响，它将所有生产和消费国的废水和残余物、点源和非点源的废弃物都混合在一起传输到环境之中。经济得益和效用被认为是影响市场交易的动力。作为供给者的企业和有质量等级需求的消费者都被假定为在市场交易和自身决策中，能够完全追求自身利益和福利。政府和监管者的角色就限定于利用产权的界定和实施、通过与水资源私有化相适应的监管以及有效管理方式，推动私人决策行为的实现。

质量为基础的水需求和供给可以在一般均衡框架中得到检验。市场效率被认为是在水资源配置和污染控制中，评价和监督各个要素之间的相互关系，以及分析质量差异化定价、公共政策和复杂监管的基础。

在第一编分析水资源管理过程时，本书着重将水资源视为最终消费品或者中间产品要素投入。但是消费者和生产行为过程中形成的非意愿的副产品，也就是排放到环境和水流中的污水，就成为影响水源的可利用性和质量的重要因素。正如专家所述，如果美国西部发生水危机，其主要原因不在于水的短缺，而是污染、废水和过度需求造成的。因此在水资源管理分析中，本书不仅仅要分析不同质量水平的需求和供给，而且还要讨论废水的特征、重要性和来源，以及它们的排放和污染过程中的成本和危害。

从历史上看，水质政策主要着重用于发展和执行水质量的标准，以保护人们的健康水平，防止人们的健康受到家庭和工业污水排放的影响。后来的公共政策扩展到包括大量不同的受益主体行为。尽管这些政策的最终目的就是要形成最优的污水管理体系，主要强调为实现最小化污水的损害，限制污水的产生。目前这种方法已经发展到在污水进入河道之前，限制污染和污水处理的成本方面。但是，水通常被认为是单一产品；研究主要集中在水质量监管的污染损害和污染控制成本方面，忽略了各种质量水平水的机会成本。根据本书的观点各种方法会形成低水平的最优均衡。

在第二编，本书将水污染作为生产和消费行为过程中形成的副产品，在多产品体系的水概念下，这种副产品将对各种类型的水源产生负效应。本书将河道作为工业、农业和其他生产过程的环境接收器；将其视为具有吸收污染能力，并且能够自我净化和自我清洁的过滤体系，并且最终能作为不同质量水的供给水源。采用成本收益分析方法，本书在一般均衡的生产/运行和消费行为的投入产出框架内，分析水污染控制和其他水质量问题。给定水不同质量水平和多用途的特征，本书采用了市场化的方式综合分析水供给和需求过程中的数量和质量问题。在这个框架下，循环水和再生水成为水的另一种重要来源，尤其在干旱和半干旱地区，它成为多渠道配置体制中的重要部分。

正如所强调的水资源的供给方法，水资源的公共所有权形成了传统意义上的公共政策和行政管理框架，而市场机制决定水价值的程度和范围非常狭窄。目前已经大力推进了水市场的建设，但是由于为了阻止外部性效应而设计出体制约束和行政控制，市场在评估和配置水资源方面的作用仍然十分有限。由于这些因素削弱了政策工具在水资源管理过程中的效能，从而导致了次优的选择。在这一编中，本书针对水资源管理的基本问题扩展了更为广泛的框架。在第八章中，本书指出了公共行政管理、监管和强制执行的问题和根源。第九章中，本书强调了水资源私有化在提高水资源配置中的作用和角色，并且进一步讨论在多维质量的水服务过程中的多渠道配置体系。在第十章中，本书分析了流域管理者作为一种制度安排，作为一位合格的协调和区域监管主体在保护和捍卫公共利益中的作用。最后在第十一章中，本书分析了水资源管理中的质量差异化定价在自由市场框架下是一种有效率的机制。

简而言之，在这一编中本书强调了水资源部门私有化的意义，综合水供应和废水处理运行体系，在保留必要的传输（管网）网络下，与建设、安装环节分离，形成独立的、追求最大化利益的私营公司的运行主体。然后本书指出所有这些相关环节的协调效率都需要建立在流域规模层面。当然在流域层面上，所有的活动并不仅仅是强调了互联互通，主要问题在于克服地区狭隘主义、充分满足水质量需求、富有深远意义的资源配置和项目资源的可投资性、相关产业发展的规划以及避免错误一再发生，这都需要建立一个区域范围内的共同管理框架，本书将在下面进行详细讨论（如第十一章）。

在分析水资源管理问题中，本书在第一部分主要分析水需求，不管是最终消费品还是作为中间生产要素，它都涉及不同类型的用水，根据不同的质量水平、用水价格和目的划分为多种层次。

在分析污染问题中，它作为消费和生产的衍生品，本书在第二部分强调了在更为广泛内容框架中的水需求和供给分析，有必要整合水质量和数量问题，即将水作为多产品的商品。

为达到水资源的有效利用，本书在第三部分表明一定要废除公共所有权和行政配置系统，采用私有化水服务体系，推进在流域层次上这些服务的更为有效的协调和管理。

最后，在第四部分，本书让读者关注与私有化过程中的效率含义，既要在一定程度上受到监管者的限制，还要尽可能发挥特许经营权竞争作为提高竞争和效率的适宜工具的角色。

[3]［美］W. 基普·维斯库斯，小约瑟夫·E·哈林顿，约翰·M·弗农著，陈甬军，覃福晓等译．反垄断与管制经济学，中国人民大学出版社．2010.

第一编根据反垄断理论的新发展和近年刚发生的、重要的反垄断案例进行了重大的修订。价格联盟一章也增加了近期“公司宽恕政策”和联邦判罚指南修正案引起了法律事实和政策上改变的内容。本书评论了公司宽恕政策背后的经济学——它怎样在抓住搞价格卡特尔（价格联盟）的人时发挥了作用——还有近期决定给予何种惩罚的时间。虽然当局在禁止价格卡特尔上不遗余力，但最惹人争议和引人注目的还是垄断案子。思考这些案子和围绕对垄断的新观念，本书对第 8 章、第 9 章做了重大的更新。用简单的例子、现代博弈理论对提高竞争对手成本、捆绑销售、排他性交易等进行分析，并将其与时代华纳和特纳广播集团的合并、与威士和万事达适用的排他行为联系起来。接着在第 9 章，本书分析了掠夺性定价得逞的原因，并点明了近期几个判决的深刻含义。对被称为“拒绝交易”的排他行为也给予充分的注意，特别是其与知识产权的相互关系——这也是联邦贸易委员会在针对英特尔的案子里提及的问题。对微软案的论述特别突出网络外部性的经济学分析。最后，本书还深入分析了售后市场经济学的意义及其与美国联邦最高法院对柯达所做出的具有历史意义的判决的关系。

本书对经济学原理方面的强调绝不意味着要忽略相关的制度的特征。本书中包含了反垄断和管制领域中的许多案例，包括整章用于讨论诸如政府的兼并政策、有线电视管制和交通管制等方面的案例。的确，这本教材在对这类问题的广泛覆盖方面和对一些如白宫管制监督过程中的作用等问题的探讨方面是独一无二的。虽然本书讨论了这些管制及其实施方面的基本问题，但是本书的目的不仅仅给学生们提供一个案例的清单、政府法规的清单以及另外一些制度的细节，相反，本书希望提供给学生的不仅是对现实的精确的洞察力，而且还有经济学工具，用以分析管制和反垄断政策今后 10 年可能产生的影响。将来的政策也许与现在的政策具有完全不同的结构，然而，本书用来分析这类问题的经济学框架倒是具有久远的价值。

第二编探讨经济管制。这一编更新了原先论述过的电信和电力行业重组的内容，还对 2000 ~ 2001 年间加州能源所出现的问题进行了分析，同时就如何在州一级的能源市场上放松管制作了广泛的论述。为适应技术的不断演进和发展，1996 年《电信法》得以通过，这是联邦通信委员会于 1934 年组建一关于该市场的第一个重大立法项目。法案产生的影响可以说是“仍在持续当中”，本书更新了有关这种影响是如何提高有线电视价格和降低长途电话费用的资料。激励性管制——目的在于控制价格同时又促使被管制企业有效率——正在不断地被用来取代传统的管制方法。本书将研究范围扩大到股本收益、价格上限、标尺管制，在提供详细的调查数据的同时，关注这些管制方法是如何被应用到电力输送服务和当地市话服务中去的。新的管制案例研究被增加进来，例如，利客满酒业（Liquormart）的44个裁决，在该裁决中联邦最高法院撤销了其所在州禁止对酒的价格做广告的禁令。最后，增加了建立对自然垄断进行规制的简单模型的附录（第10章）和有关利益集团之间的竞争如何影响管制的内容（第16章）。

第三编探讨社会管制。它包括了乔治·布什政府最初几年里不同的政府管制下解救每一生命所需成本的证据。第20章现在包括了国际上有关统计学意义上的生命价值，以及关于风险—风险分析的讨论。最大变化是第21章关于环境管制的讨论，这方面的变化大都是合理的，因为新的环境管制依然是成本最高的管制行为。该章包括目前受到热议的环保工作中的代际关系问题。在环境污染上，是让年轻一代受威胁还是让夕阳西下、所剩时日不多的老年人受到威胁？让将来的一代受到威胁还是让当代人受到威胁？怎么样看待我们一方面觉得环保产品有实用价值，另一方面这些产品很少在市场上交易，尽管人们从来就没用上它们，它们的存在本身就是价值。关于环保的一章，还增加了核废料问题及对环保风险评估实践的评价。关于第22章研究的产品质量问题的最新发展趋势，是通过诉讼活动使其得到规制。该章用隆胸诉讼作为主要案例，对这种现象进行了探讨和研究。在关于产品可信度的案例中，该章还包括一个关于正确利用统计数字来确定产品安全度的陈述。第23章还对职业安全与卫生管理局在克林顿和乔治·W·布什当政时期执法策略上的变化做了讨论。

这本教科书开始有两个介绍性的章节，后面的主要内容分成三编。教科书的开头设置了一个场景来介绍一些面临的问题，例如，判断政府管制部门要达到的最主要的目标，以及考虑在各州政府和联邦政府之间如何划分工作职责。

接下去的三编是分析材料的核心。第一编集中于反垄断政策。第二编致力于经济管制。第三编重点在社会管制和医疗政策。每一编都是建立在相同的结构之上的。每一编的第一章都要提供一个关于本编关键经济问题和对将要应用的相关方法论的基本介绍。在本书中讨论主要的市场缺陷，以及如何运用经济分析方法来解决它们。

第一编集中讨论反垄断政策。它包括一个现代产业组织的分析工具的合适分量。第3章是对反垄断政策和第一编中其他章节的一个概述。效率和技术进步在第4章中是作为一个评估政策的工具来介绍的。至少这一章的前半部分可能是理解第5~9章所必需的知识准备。

关于寡头垄断和串谋定价（第5章），先是运用博弈论理论进行分析，接着将相关的理论模型运用于反垄断案例，用这样的方法来介绍寡头垄断，有其新颖之处。关于市场结构和进入壁垒（第6章）主要是分析性的。当重点在于反垄断案例且时间紧张的情况下这些内容可以略掉不讲。剩下来的三章——关于横向和混合兼并（第7章）、垂直兼并和限制（第8章）及垄断与价格歧视（第9章）都是相对独立的。

第二编的重点是讨论经济管制。正如在这一编的十多个案例所证明的，经济管制已经是美国经济整体中一个不可或缺的部分。虽然对航空、卡车运输和长途电信方面实际上已经解除了管制，但是关于什么是合适的管制，以及哪方面需要恢复管制之类的讨论仍然是相当热烈的。

第10章提供了一个对经济管制的概述，包括它的历史发展和管制实践的总结。这一章还提供了一个有相当深度的社会科学家理解政府管制努力程度的讨论。第二编的剩余部分包括两个方面。第11~15章是对自然垄断管制的讨论。第11章介绍了近年来自然垄断理论的发展。第12章评述了对电力设施和市话企业所采取的管制措施。虽然管制是美国政府对自然垄断所做出的标准反应，但仍然存在替代选择。这些内容在第13章和第14章中进行讨论。第13章提出了一个新的、有前途的方法——特许经营权招标，并且还提供了一个详细的关于有线电视的案例研究。另外一个更为传统的选择是由政府的企业进行经营。这个问题在第14章中通过对电力设施的政府拥有和政府管制的比较进行了分析。接着在第15章，通过对急剧变化的长途电话市场的案例分析，对关系到垄断管制的一些动态问题进行了探讨。

第二编剩下的三章对具有潜在可竞争市场的管制进行了深入的讨论。第16章提供了一个对于管制效果的理论调查。这些观点接着被运用到对运输和能源产业管制的研究当中。在第17章仔细研究了航空运输和地面货运业（尤其是卡车和铁路业）。而第18章讨论了原油和天然气行业。

第三编主要致力于1970年以后出现的风险和环境管制方面的新形式。第19章介绍了主要的方法论问题，包括如外部性和不充分的风险信息之类的市场失灵，还包括用于这一领域的主要的经济标准即收益—成本分析，以及经济学家面临的一些更加艰巨的任务，比如由于全球变暖导致气温增高了5度，在这种情况下如何正确确定美元的币值等。

第20章讨论如何为一些本身无法通过充分的市场交易形成价格的服务定价的问题。主要的案例集中研究经济学家如何尝试确定人类生命风险的美元价值。它说明经济学家是如何尝试确定一个应该用于评估政府政策的交易比率。接下来的四章探讨各种类型的社会管制政策，包括环境保护管制（第21章）、产品安全管制（第22章）、职业安全管制（第23章）和药品安全管制（第24章）。第22章提出了一个最大类型的社会管制问题，它长期以来一直引起产业组织学者和法经济学家的兴趣。这些章节的一个主要着力点在于，它们探讨的都是一些当下的热点政策问题，包括全球变暖、产品责任法的地位、吸烟的社会后果等。

第24章探讨专利和药品，把专利理论和案例研究相结合，即将专利理论应用在美国最具有技术进步性的产业领域之一。这是非常及时的一章，因为当前人们对医疗改革很感兴趣。

[4]［英］奥利弗·布莱克著，向国成，袁媛等译．反垄断的哲学基础，东北财经大学出版社．2010.

反垄断是一组法律与政策，用来促进或至少是保护经济竞争。关于这一主题，有许多法律与经济学的书籍。但据我所知，至今还没有一本书对这一概念进行哲学层面的认真审视，以对其固本强基。反垄断的哲学思想可能是玄奥的，但是并不令人费解。可以把哲学设想成对一级学科进行的形式上的研究：心理学是精神哲学，数学是数学哲学，道德思想是哲学上的伦理学等（这不是说一个学科与其哲学之间的界限是或本应是泾渭分明的）。至于法学，也有其法哲学，法学的不同领域有与之相应的不同哲学分支相联系：反垄断哲学就是这样一个分支。

本书所研究的概念构成反垄断的基础，但不为反垄断所特有。例如，竞争、协议与联合行动等概念出现在各种理论与实践之中。所以，作者希望本书能使那些不是专门关注反垄断的人——经济学家、哲学家、政治学家以及其他人——感兴趣。至于那些对反垄断给予关注的人，本书锁定的目标不仅是学者，而且是政府、律师事务所、经济咨询公司及其他领域的从业人员，他们需要对他们所从事的领域有更深的理解。尽管本书的主要目标是理论上的，但它对实践也是有用的，特别是，当一个至关重要的概念能不能得到恰当运用时，它所阐述的模型可以提供指导。如果说一种情形远远偏离第5章给出的协同行为模型，就有理由认为它不是一种协同行为。

鉴于目标读者的范围，在语言风格上有一定的表述规则。在某种意义上，作者用分析哲学来理解、表述它们：有一些编号的命题，注意它们之间的逻辑关系；使用各种简略缩写，最常见的是用“X”、“Y”代表人、企业或团队；“Ax”、“Ay”代表各自的行动；“Gx”、“Gy”代表各自的目标；“P”、“Q”代表句子与命题。这种方式不是风格主义：风格主义因其冗长枯燥而使人无法接受，好像用散文来写一本数学书似的。但本书不包含数学，不应被它的符号所吓倒。它没有以任何哲学知识为前提，只是在少数情形下，作者使用哲学上的专门术语，并解释它的含义。如果你觉得一些章节难以理解，请你不要失去耐心跳过它们，每一章是以详尽的概述开始的。

这里，对本书作一个简要概述。本书所讨论的概念及其衍生概念出现在所有反垄断体系中，但因为作者研究的是英国与欧洲法律，会非常频繁地提到那些司法中的法规与案例（第3章例外）。事实上，可以把本书视为对《罗马条约》第81款（以下简称EC81款。1957年3月25日，法国、联邦德国、意大利、卢森堡、比利时和荷兰6国在罗马缔结了建立欧洲经济共同体的条约，《罗马条约》被视为欧盟的“出生证明”，这一天也就成了欧盟的法定“诞生日”——译者注）的思考。在 EC81 款的第一段说道：

如下与共同市场不匹配的情况将被禁止：所有可能影响成员国之间贸易的企业间的协议、企业联盟的决定以及协同行为，在它们的目标或效果上，阻止、限制或扭曲共同市场内的竞争。

所以，第 1、2 章分析竞争；第 3 章分析对竞争的阻止、限制或扭曲；第 4 章分析协议；第 5 章分析协同行为；第 6 章分析或多或少接近协同行为的各种经营方式。

第 1 章回答竞争的本质，这是反垄断的理论家和实践者经常考虑的一个问题。对这个问题的回答采用竞争模型，中心思想是 X 与 Y 竞争，除非 Y 不实现其目标，X 才能实现其目标。这个模型描绘了竞争（Competition）与对抗（Rivalry）之间的差别。作者揭示这个模型怎样应用于经济竞争，然后用它来阐明竞争与两种合作形式（即联合行动与协议）之间的关系。这种讨论揭示了竞争与合作存在内在冲突的论断既有正确的一面，也有谬误的一面。

作者从竞争本质转到竞争正当理由的阐述。流行的传统观念认为竞争是可取的，因为它使福利最大化。第 2 章与其他章节不同，具有纯粹否定的目的，批判这种传统观念。论点是“福利”或者具有福利是有价值的，但竞争并不使福利最大化的含义，或者具有竞争使福利最大化的含义，但即使如此，这也不是竞争的正当理由，因为在这种意义上，福利不值得最大化。

反垄断强烈地反对对竞争的限制，但在所禁止的限制中进行选择是可行的。在美国，选择原则被植入本身违法原则与合理推定原则的教义之中。在欧洲共同体反垄断是否存在或应该有类似的教义还有争论，就是美国，对本身违法原则和合理推定原则的适用范围还存在争论。第 3 章通过分析这两种原则，鉴别它们之间的关系，来廓清这些争论。

本书的其余部分涉及双边行为的各种形式。第 4 章提出两个协议模型，模型所发展的思想是如果一方给出有条件的承诺，另一方以无条件的承诺来回应，那么协议就存在。协议模型包含缔结并遵守协议的正当理由。然后，考察了 EC81 款所描绘的协议目标与效果之间的差别，通过把它们与直觉观念比较来评价这种差别上的不同观念。作者所说的直觉观念是 EC81 款的目标部分反映了协议而效果部分没有反映（反之亦然），除非至少由目标推导出效果来（但反过来不成立）。第 4 章的最后部分讨论了不诚实协议的概念，这一概念是通过《公司法》（Enterprise Act）的“卡特尔犯罪”条款引入英国反垄断之中的。在最重要的案例 Ghosh 中，对不诚实的解释陷入了循环论证的批评之中。作者的结论是最好把不诚实概念从卡特尔犯罪中剔除掉。

从效果来看，反垄断不仅适用于正式合约，而且适用于比较宽松的非正式协议，这就是 EC81 款为什么不仅提到协议而且提到协同行为的缘由。第 5 章提出了两个协同行为模型，一个模型应用来自语言哲学的思想，另一个模型以信赖概念为基础，依次模型化。基本主张为信赖是核心，协同行为是联合行动的特例。作者揭示了联合行动与协议是截然不同的现象，所以，把协同行为视为一种较弱的协议是一种误导。这两个模型在两个方面有交汇：两者都意味着协同行为包含参与者之间的交流，而都不意味着参与者负有责任。在第一个方面，模型与法律当局是一致的，在后一个方面，模型与法律当局是不一致的，但是作者坚持认为法律当局关于责任的论点是混乱且误入歧途的。在第二个模型中，协同行为不涉及责任的论点是基于这样的命题：不存在有吸引力的把信赖与道义责任联系起来的条件性关系。这个命题对许多法律领域都是重要的，在第 5 章的附录中加以讨论。反垄断涉及从独立行动到合谋的一系列情形。不同类型的干预对应这个序列中的不同点，中间情形是“寡头垄断问题”，即寡头垄断者可能表现出相似的行为，这些行为是反竞争的，但源自参与者各自独立的决策。问题在于适合这个序列末端合谋情形的干预类型，如运用 EC81 款，是否能够推广到这种寡头垄断情形。为了获得原则性的答案，需要对这个序列本身进行认识。第 6 章对这个序列模型化，在某种程度上揭示各种行为在其中所属的位置以及它们彼此之间的关系。引进一些语言规则来分析其结果，阐明寡头垄断问题以及相关的“协调效应”概念。因为这一概念在《欧盟委员会关于横向兼并的指南》中被使用。

显然，本书不打算涵盖构成反垄断基础的所有重要概念，作者选择了那些最感兴趣的概念。一些读者可能对缺少单边行为的分析感到遗憾：处理这类行为的方法得到了广泛讨论，正如理论家与实践者试图把经济事实的复杂性与粗糙的法学调和起来一样（最近审判庭在英国航空和米其林第二案（the British Airways and Michelin Ⅱ cases）中的裁决反映法官了解激励组织经济学的程度。）但是，尽管对单边行为的反垄断是令人感兴趣的，不过这种兴趣并不能像哲学一样使作者感到震撼，所以，本书省略对单边行为的分析。

对于所提出的各种模型进行方法论上的评论是有价值的。这些模型——竞争、协议、协同行为等——旨在描绘主要概念的主要论据，如可能存在其他的竞争概念（并且它们之间的界限难以划清）。而且，对于给定的概念，这种模型不打算详细说明该概念每次运用时的必要及充分条件。因此，除非发现一种情形既不适合模型的某些条款，又没有与该概念应用相关的某些特征（模型没有阐述的），才会拒绝该概念。是否能够对任何概念阐明必要及充分条件还存在争论，但是以概念来详细说明概念的愿望是异想天开的，正如这里所讨论的那些概念，已经以费解、混乱和对立的方式被描述与运用。对于这样的概念，模型把它们看做是约定俗成的，综合成我们的直觉判断。然而，与这些判断相一致是模型的优点，但如果模型偏离判断太远、太多，则应该加以拒绝。用罗尔斯（Rawls）的话说，目标是直觉与理论之间的校正均衡（Reflective Equilibrium）。

[5]［荷］亨利·W·狄雍，［美］威廉·G·谢泼德主编，蒲艳，张志奇译．产业组织理论先驱——竞争与垄断理论形成和发展的轨迹，经济科学出版社．2010.

本书是为创造“产业组织”（在英国和欧洲，也称为“产业经济学”）这个经济学领域的学者即产业组织理论先驱所写。该领域的核心包括两个方面：（1）竞争，它是大多数现代市场的驱动力；（2）垄断力量，它会破坏竞争带来的良好结果。

该领域同时关注公共政策。产业组织理论先驱分析旨在阻止、打击或限制垄断的政策。这些政策主要包括：防止或削弱垄断力量的反垄断政策；限制自然垄断的规制政策；通过取消规制，以期实现竞争的政策；针对竞争不能实现时可以增进公共福利的公用事业政策等。

产业组织研究可以追溯至 19 世纪 70 年代，对这一领域的研究一直是全球性的。19 世纪 70 年代以来，最负盛名的先驱主要出现在欧洲、英国、美国和加拿大。大约自 1900 年以来，美国先驱对该领域的研究方法做了大量贡献，不过在此之前，英国与欧洲已开始进行早期的研究工作。20 世纪，这一领域的理论不断发展，在此也一并提及。

虽然源远流长，但产业组织的现代研究却是从 19 世纪 80 年代和 90 年代才开始出现的。那时，随着新的“新古典”微观经济理论迅速出现，产业组织的基本概念得以确立。许多现实的行业动荡也推动该领域的创新性研究，在这些行业，兼并、反竞争行为和新技术导致垄断。

对此，美国颁布反垄断政策和规制政策，便于公众阻止和扼制不断出现的垄断问题。这些反垄断措施在 1900 ~ 1920 年间在美国隆重登场，结果就是反垄断官员将那个年代许多最大的公司诉诸法庭，新成立的规制委员会也开始对新形成的、强大的电力和电话垄断企业实施限制政策。与此相反，20 世纪 20 年代，欧洲与英国政府却鼓励那些固定价格和操纵市场的行业卡特尔组织的发展。

20 世纪 30 年代，随着新理论的出现，该领域进入一个更加现代的发展时期，在随后的几十年里又出现了许多变化。有些新思想促进该领域的巨大进步，而有些新思想却鲜有价值，甚至还有一些思想导致研究倒退或走上弯路。所有这些创新工作引起激烈的争论，大多数新思想的核心都在于提高竞争水平。

在导论中，将回顾全球范围内该领域的主要创新成果和时间。然后，在第一部分，介绍英国和欧洲的产业组织理论先驱。第一部分包括 8 章，第 1 章是市场理论与欧洲先驱导论，第 2 章回顾 13 ~ 19 世纪期间该领域早期的主要发展情况。接下来用 6 章的篇幅按不同的国家（地区）介绍先驱们的情况，包括德语区国家、低地国家、法国、意大利、英国和斯堪的纳维亚国家。此外，第一部分还提供了9位重要先驱的人物介绍。

接下来，第二部分介绍北美地区的先驱。首先介绍美国和加拿大的早期发展情况，提出了即将重点介绍的43位重要先驱和大约51位创新者。接下来是关于43位北美重要先驱的详细介绍。

前面曾经说过，该领域的核心是竞争与垄断，以及竞争与垄断对市场和经济的影响。本书把这一核心分成下述几个主要议题：

（1）竞争和垄断的程度。在特定的市场上，竞争与垄断的力量有多大？通常情况下，市场结构对竞争与垄断力量有重要影响。

（2）竞争或垄断的决定因素。决定竞争强度的重要因素有技术、规模经济和规模不经济。

（3）厂商行为。竞争与垄断怎样影响厂商行为？通常情况下，居支配地位的厂商或寡头厂商的定价等经营策略对市场有重要影响。

（4）市场绩效。竞争强度和垄断力量怎样影响利润、价格、创新和其他绩效指标？

在这些议题的背后，隐藏着产业组织领域最基本的因果关系问题，即市场结构和市场绩效何为“因”，何为“果”。学者们对这个问题有两种看法，第一种看法是市场结构决定厂商行为与市场绩效。第二种看法与此相反，认为是厂商的市场绩效决定其市场地位。主流学者赞成第一种观点，即有什么样的市场竞争（或垄断力量），就会产生什么样的厂商行为和绩效。他们还认为，通常情况下，市场竞争将使厂商具有更加出色的表现，而垄断只会损害市场绩效（提高价格和减少创新）。如在不完全竞争市场中，厂商就可以获得和实施垄断力量，从而损害社会福利。

自由市场拥护者认为，厂商只有在比别人更有效、更有创新精神的情况下才能真正获得市场力量。为此，市场必须没有任何缺陷，而自由市场拥护者确实认为市场是完美无缺的。所以，他们赞成第二种因果关系，即市场绩效决定市场结构和厂商行为。他们声称真正的垄断很少发生；而且即便确实存在垄断，其益处也大于坏处；除非政府以干预政策保护垄断，否则垄断不会持续很长时间。

产业组织领域的基本思想早在古代就已深入人心。通过研究，本书了解到13世纪经院学派理论的诞生过程。那时候的经济学家认为，竞争使厂商更加勤奋，并大大激发了他们的创造性。他们还认为，能对市场施加影响的厂商将会限产提价从而获得巨大财富；同时，为维持自己的垄断力量，厂商可能也会采取一些不正当的竞争行为。理查德·坎蒂隆和亚当·斯密对市场竞争曾提出类似的看法，认为消费者有权力在市场上众多或少数竞争厂商之间进行选择，这是经济效率的保证。

在接下来的100年里，即从18世纪70年代至19世纪70年代，更加深刻的观点出现了。海因里希·冯·杜能（Heinrich Von Thunen）将源自斯密的动态均衡思想和大陆国家对企业家动机的分析统一起来。不过，杜能强调生产力的增长是解决“社会问题”的主要途径，所以最后他陷入新古典的静态分析泥潭不能自拔。有些政治家使用并不成熟的曼彻斯特学派“竞争市场”的观点，为新工业资本主义普遍存在的社会危害开脱。不过，即便到了这个时候，产业组织理论仍旧不是一个独立的研究领域。19世纪30年代，古诺关于双头垄断的研究问世，但数十年间这一著作一直无人问津；美国学者埃利特进一步深化了有关定价的早期思想，尽管他的分析非常精辟，但同样无人关注。

然而，在19世纪70年代当新古典经济学突然出现时，经济学家们开始详细分析完全竞争和完全竞争在现实经济中的演化。学者们逐渐将竞争定义为一组关于均衡价格和成本的精确的技术条件，此外，学者们也开始对垄断的条件和影响进行理论分析和实证研究。

1880～1900年是产业组织理论的形成时期。在这段时期，部分行业的实际情况加剧了研究的紧迫性。大企业的代言人声称，新的规模经济必然导致兼并浪潮和居支配地位厂商的出现，尽管这将会削弱市场中的竞争。这迫使当时为数不多的学者去思考和分析该领域的核心议题，探讨反垄断政策和公用事业规制的必要性。截至1900年，产业组织领域大多数主要的、持久的问题已一一呈现在公众面前，包括市场不完全、以不正当竞争行为获得市场支配地位、垄断的益处与害处、规模经济与自然垄断、价格共谋与歧视、创新等。学者们对这些问题进行了理性探讨。尽管垄断的危害已经是尽人皆知，但欧洲、英国和美国的新自由主义学派中自由市场的拥护者们却为垄断百般辩护。

从广义上来看，到 1900 年为止，产业组织领域的研究既有纯理论研究，也有应用性研究，此外还有学者对许多重要的产业进行了现实考察。总的来看，该领域的主流研究属于应用性研究。

这个部分为本书后面的内容构建了一个框架。本书的安排如下：首先介绍欧洲与英国的先驱，接下来介绍北美地区的先驱。这种安排纯属巧合，既不表示欧洲先驱比北美先驱更重要，也不表示二者之间具有一定的从属关系。1900 年前，欧洲与英国的学者为产业组织理论做出了重要贡献，1900 年后，北美先驱在理论与政策方面取得了大量创新成果。欧洲各国早期的产业政策比较宽松，直到 20 世纪 50 年代之前，欧洲各国一直对垄断与共谋采取非常宽容的态度。随后，欧洲各国不动声色地把公用事业垄断问题（定价、效率与创新）转化为谁来经营公共企业的问题。

从 20 世纪 50 年代开始，欧洲的产业组织研究出现了重要的创新。1970 年后，美国的自由市场拥护者和学者逐渐主导了美国的反垄断政策，而欧洲保护和促进竞争的政策却由宽松变得严厉，更好地体现了产业组织领域主流学派的理论主张。

[6] 毕颖著，网络型基础产业法律管制研究，北京交通大学出版社 . 2010.

网络型基础产业是指需要固体物理网络来传输其产品和服务的基础设施产业，主要包括煤气、铁路、自来水、电力、电信、邮政等产业。网络型基础产业大体由两部分组成：一是传输网络如城市供水和排水管网、市话网、电网、煤气管网、铁路基础设施网络；二是具体产品生产或服务提供的部分，如电力部门的电力生产（发电）和电力供应；铁路部门的客运和货运等。由于这些产品或服务必须通过固定网络来传输，所以这些传输网络部分还被称为网络型产业的“瓶颈”或基础设施。之所以将这些所提供的产品和服务的经济技术性质具有根本差异的产业统称为网络型基础产业，就是为了强调这些产业的网络特征，并以传输网络环节为切入点来分析这些产业的管制与竞争问题。

网络型基础产业的发展和该行业的效率直接关系到国民经济的健康发展和人民的日常生活，在现代经济中具有重要作用，它们不仅构成 GDP 的较大比重，而且作为基本投入要素和生活必需品直接影响经济竞争力和人民生活质量，各国对此都极其重视。

传统理论认为，网络型基础产业由于投资成本巨大，资产专用性强，投资回收期长，存在明显的规模经济效益，因此，被视为自然垄断产业。对于这些自然垄断产业，由于其巨大的规模经济的存在，由一家或少数几家企业来提供产品或服务，有利于发挥规模经济效益。但垄断经营又会导致企业制定垄断高价，使消费者利益受损，这就为政府进行管制提供了理由，表现在法律管制模式上，采用的是严格的政府管制和反垄断法豁免的方式，以此来维护社会公共利益、确保经济健康发展。在 20 世纪 80 年代以前，各国对网络型基础产业的管制主要采取的是两种模式，一是国家垄断经营模式，通过政府对网络型基础企业的全面控制，回避了投资者与消费者之间的紧张关系，国家垄断经营作为一种特殊的管制框架，不仅是当时社会主义国家典型的制度特征，而且很多发达资本主义国家，如法国和英国（私有化改革前）也采用了这种模式；二是“私有经营 + 政府管制”模式，即由私有企业垄断经营，同时设立专门的机构对其进行管制，美国、加拿大等国家在网络型基础产业领域采取的正是这种所谓的“管制资本主义”。

严格的政府管制模式，并不如人们预期的那样发挥作用，由于管制下的垄断经营往往使企业缺乏竞争压力，从而使企业缺乏降低成本、提高效率和推动技术进步的动力，企业处于低效率的运行状态。同时由于管制者和被管制者信息的不对称、政府被俘虏及寻租等因素，使得管制的实际效果与政府所宣称的或传统管制理论所认为的保护公众利益、制约企业的不正当获利的管制目标并不一致，这类行业垄断经营的实际效果与目标相距甚远。实践说明这种经营方式遏制了竞争，降低了生产效率，损害了消费者利益和社会整体效率，同时还使国家背上了沉重的财政负担，因而各国都在对传统法律管制模式进行反思和变革。

到20世纪七八十年代，自然垄断理论取得了新的进展，鲍莫尔、潘札和威利格用成本劣加性（也被称为成本的弱增性或部分可加性）重新定义了自然垄断，鲍莫尔在成本劣加性的基础上，提出了可竞争市场理论。施蒂格勒根据研究提出了管制失效理论。这些理论的提出，为西方的网络型基础产业改革提供了理论基础。同时，对网络型基础产业进行管制改革的客观条件也已经具备，人们认识到某个产业或者产业的某个环节的自然垄断性质并不是一成不变的，总体而言，自然垄断特性有不断弱化的趋势。随着经济发展水平的不断提高，以及经济全球化进程的加快，对自然垄断产品或服务的市场需求的大幅度增加，社会最优产量提高，原来的网络型基础产业的某些环节不再具备自然垄断的特征。此外，随着现代科学技术的飞速发展，生产成本函数发生变化，改变了社会最优产出水平和企业的最优规模，从而使得自然垄断的边界逐渐缩小。

20世纪70年代中期开始，英美等发达国家在网络型基础产业领域开始了轰轰烈烈的放松管制改革，在价格和进入方面都大大放松了管制，并积极引入竞争，建立竞争机制。改革的重要举措是开放网络接入，允许不拥有网络设施的进入者通过接入现有厂商的网络提供服务，以及在竞争中实行普遍服务。以此为契机，许多国家都对铁路、电信和电力等部门进行了重组，打破了国家垄断经营的管理体制，形成了新的市场结构，网络型基础产业纵向一体化、垄断经营格局发生了根本的变化。网络型基础产业在放松政府管制，引入竞争机制的同时，美国、英国、日本等发达市场经济国家先后进行了管制立法变革，使政府管制模式发生了重大变化，由原来严格的政府管制转变为政府的放松管制，由反垄断法豁免转变为反垄断法介入，由原来单纯的政府直接管制转变为政府直接管制与反垄断法管制的双重管制方式，这样，就出现了以经济管制为重要内容的政府直接管制和与维护竞争秩序的反垄断法管制的融合与互动的趋势。

随着竞争的引入，网络型基础产业反垄断法的适用范围必然扩大，经济管制将主要存在于剩余的自然垄断环节或者自然垄断环节与竞争环节交叉的界面，经济管制也趋于以促进有效竞争为导向。与改革以前注重进入管制和价格管制相比较，法律管制的内容发生了很大的变化，在自然垄断环节的业务领域，如电力、煤气、自来水供应产业中的线路、管道等输送网络业务，铁路运输中的铁轨网络业务和电信产业中的有线通信网络业务领域，根据自然垄断的性质，采用激励性的管制方式，对其互联互通、普遍服务作出规定；尤其还对引入竞争后的网络在位者的滥用网络优势地位的行为给予了反垄断法管制。在非自然垄断环节的业务领域，随着科技进步和产业发展，原有的自然垄断特性逐渐消退，竞争制度正逐步引入，网络型基础产业因其竞争特性的加强而将会受到反垄断法更为严格的管制。因此，各国反垄断立法不再把整个网络型基础产业完全排除在外，而是与一般企业的垄断行为同等对待，即使对需要豁免的垄断行为也设定了严格的条件，以保证政府放松管制后网络型基础产业的发展。在不断的改革探索中，多数国家的网络型基础产业从衰退再次走向了新的繁荣，取得了良好的经济效益和社会效益。

就我国而言，网络型基础产业的经营效率低下、服务质量不高、获取高额利润是有目共睹的，根本原因是由于网络型基础产业固有的自然垄断性所致的独占经营，加上长期的政企不分等体制因素造成的，长期以来，在对网络型基础产业管制模式的选择上，我国一直采取严格的政府管制体制。自20世纪80年代特别是90年代以来，随着建立社会主义市场经济体制这一改革目标的确立和市场取向改革的深入，特别是我国已经加入了世界贸易组织，其体制下的竞争规则对我国网络型基础产业垄断的现状产生了极大冲击，网络型基础产业的问题日益突出，我国开始注重该产业的改革，并取得了阶段性进展。实践中不乏在网络型基础产业的一些领域引入竞争机制的实例，如电信业改革形成包括中国网通、中国电信、中国移动、中国联通、中国铁通和中国卫星通信集团在内的市场格局；电力行业实行“厂网分开，竞价上网”，形成了国家电网公司、南方电网公司两大电网公司及华能、华电、大唐集团公司等五大发电公司的新格局。这些行业在实行政企分离、业务分拆等方面，取得了比较明显的成效，对国有经济改革和政府职能转变具有积极的推动作用。政府在开放市场准入方面的力度也在不断加大，民间资本和外资纷纷进军该领域，放松管制作为一种新的制度安排和政策工具在一些产业得到应用。

与产业改革相比，我国目前对网络型基础产业的管制立法方面还相当滞后，从政府直接管制的行业立法来看，铁路、电力、航空等行业虽然有管制立法，但是立法质量较低，原则性较强，缺乏可操作性，有明显的行业保护特色，已经不能适应当前管制的要求。从反垄断法管制来看，我国的《反垄断法》对网络型基础产业的管制规定还有待于进一步完善。而网络型基础产业的改革趋势是放松政府的经济性管制，引入竞争机制，而新机制的引入又急需法律对该产业的行为进行规范和引导，如改革后的竞争性业务与非竞争性业务分离，政府的立法管制取向如何？对某些网络传输环节的自然垄断企业和处于垄断地位的网络运营商如何采用激励机制进行管制？对于自然垄断与竞争的过渡状态下的企业如何进行不对称管制，以保护弱势竞争者？对于网络型基础产业中的网络在位者滥用市场支配地位的行为如何从反垄断法的角度进行管制等均需要立法作出规定，放松管制作为一种新的制度安排和政策工具应当在法律上很好地体现，等等。因此，重新认识和研究网络型基础产业自身的典型特征和发展规律，借鉴西方发达国家的改革和立法的经验，结合我国的产业现状，建立符合我国国情的网络型基础产业的法律管制体系，完善政府直接管制与反垄断法管制的立法，构建科学的网络型基础产业的法律管制体系和管制制度已是当务之急。而科学的法律管制体系和管制制度的构建都需要在理论和实践上进行深入的探讨，这也就是写作本书的初衷。

网络型基础产业是一个关系到广泛公众利益的基础性经济领域。从法律角度而言，它是公法理论和私法理论、管制理论和竞争理论既临界又汇合的领域，无论在何种市场体制条件下，它都是各国法律管制干预范围最广、干预时间最长、干预力度最强、干预形式最复杂的一个产业领域。目前，我国对网络型基础产业的研究大多是从经济学的角度进行的，经济学的研究为该领域提供了许多可以借鉴和移植的规则；而法学视角的研究及成果却不多见，虽然已有学者作了开拓性研究，但与经济学研究相比，法学理论研究仍处于初始阶段。因此，对网络型基础产业竞争与管制立法问题的研究是一个非常具有理论探讨价值和实践指导意义的课题。

本书正是在我国网络型基础产业放松管制的改革背景下，以构建网络型基础产业法律管制制度为研究主题，以网络为中心，从该行业的竞争视角来研究网络型基础产业的竞争与管制问题。著作在相关理论评述的基础上，对各国政府已采取的一系列竞争与管制的法律制度进行理论和实证上的分析和评价，并结合国外对网络产业管制改革立法的成功经验和教训，试图抽象出各个网络产业所面临的共同立法问题，在论证了发达国家先进的立法经验的基础上，探讨在我国如何完善政府直接管制和反垄断法管制的立法问题，以期达到对我国网络型基础产业的有效管制。

本书采取跨学科的研究方法，借鉴经济学的研究成果，采用产业经济学、管制经济学、制度经济学的观点，以法学分析为主，并涉及政治学、社会学等相关领域，在内容的安排上共分为九章，以网络型基础产业的网络经济特征为中心，以竞争为视角，在肯定网络型基础产业的管制方式为政府直接管制（主要指政府经济性管制）与反垄断法管制相结合的方式的基础上，提出放松管制后，双重管制的方法应当成为对网络型基础产业的管制方法，并以此为基础构建完整的网络型基础产业的法律管制制度。通过对发达国家网络型基础产业竞争与管制立法的发展及引入竞争机制后法律的变革取向的研究，指出我国应当借鉴发达市场经济国家的立法经验，在引入竞争时加强立法，并从我国的实际出发提出完善政府直接管制和反垄断管制的立法建议，尤其是从网络的经济特性上提出自然垄断环节和非自然垄断环节法律管制的不同取向与不同内容。

[7] 曹建海，江飞涛著．中国工业投资中的重复建设与产能过剩问题研究，经济管理出版社．2010.

产能过剩此前被称为“重复建设”、“过度投资”或者“过度竞争”，它一直困扰着中国经济，近年来产能过剩问题更是引发各方高度关注，并再次成为政策部门的工作重点。有学者认为，产能过剩是市场经济中的正常现象，无须治理，对于这一观点，回顾科尔奈的经典理论非常有必要，科尔奈指出：由于传统投资计划与配额管理机制的逐步拆除，而经济主体投资的自我约束机制（市场约束机制）尚未建立或远未完善，转轨经济体制往往加重了社会主义经济体制固有的投资领域过热倾向。已有关于产能过剩形成机理的理论研究存在不少缺陷，以这些理论为基础的治理政策效果不佳，并导致许多不良效应，对于产能过剩形成机理、治理政策效果的实证性研究也很缺乏。钢铁工业是中国国民经济的基础性支柱产业，一直是政策部门防治“重复建设”或“产能过剩”的重点行业，在钢铁工业实施的投资规制政策也一直是中国防治“产能过剩”的主要政策。鉴于此，本书重新审视产能过剩形成机理的相关理论研究，从理论、实证两方面探讨中国钢铁工业产能过剩的形成机理和治理政策。

在研习相关经典文献的基础上，本书重新审视关于产能过剩形成的主要理论，指出：（1）低集中度市场结构导致重复建设、过度竞争、产能过剩的观点，是缺乏严谨的理论基础；（2）低进入壁垒、高退出壁垒的产业特征导致重复建设的观点，在理论上存在根本性矛盾；（3）“过度进入定理”的成立实际上严格依赖于两个基本假设，即“商业盗窃效应”和“规模收益递增”，以此解释行业产能过剩，首先应该判断此行业是否满足这两个基本假设；（4）以保有过度产能可以促进企业间合谋来解释产能过剩形成的模型中，只考虑过度产能投资促进企业间合谋后产生的收益，而没有考虑过度产能投资所需要的成本，在理论上存在根本性缺陷；（5）试图通过证明企业进入与利润率无关来表明“盲目进入”导致产能过剩形成的实证研究，在方法上不严谨，需要进一步改善。

中国财政分权改革后地方政府具有独立的经济利益以及以考核 GDP 增长为核心的政府官员政治晋升体制，使得地方政府具有强烈的干预企业投资和利用各种优惠政策招商引资的动机。中国土地所有权的模糊产权问题和金融机构的软约束问题，使低价土地等投资补贴措施、帮助企业获取金融资源的措施成为地方政府在招商引资中的主要手段。进一步的建模分析表明，地方政府低价供地行为提供的投资补贴，企业低价所获土地的抵押功能、地方政府干预金融体系信贷等造成的投资企业自有资本投入过低，进而导致严重的风险成本外部化问题，造成企业过度的产能投资和全行业产能过剩，并以此解释产能过剩的形成机理。

本书就“过度进入定理”和“盲目进入”解释中国钢铁工业产能过剩形成的适用性进行实证检验。其一，重点大中型钢铁企业是钢铁市场主要在位企业，其总产量一直呈现单边上升趋势，钢铁工业并不存在显著的“商业盗窃效应”；以数据包络法测算中国钢铁企业的相对效率和规模效率，进一步采用线性回归研究规模对效率的影响，结果表明中国钢铁工业并不存在“规模收益递增”特征；“过度进入定理”不能用来解释中国钢铁工业产能过剩的形成。其二，采用协整分析、格兰杰因果检验、脉冲响应和方差分解分析的方法对钢铁工业行业利润率与企业进入进行实证研究，结果表明利润率对企业进入有显著的驱动作用，不能用“盲目进入”来解释钢铁工业产能过剩。

对于钢铁工业投资规制政策合意性的理论探讨和借助于 HP 滤波方法的实证研究表明：其一，投资规制政策不能从根本上治理钢铁工业产能过剩；其二，政策部门由于不可能获取和整合所需的信息和知识，也就不能进行准确的市场预测和制订合意的投资计划；其三，这一政策由于阻碍市场的发现过程和自发调整过程，使得较长时间内中国钢铁工业固定资产投资严重不足，阻碍了钢铁产品结构的迅速调整与技术装备的及时更新，并引起钢铁工业固定资产投资剧烈波动。

从中国产能过剩形成机制来看，合意的治理政策应该从三个方面着手：（1）改革财税体制和以考核 GDP 增长为核心的政府官员政治晋升体制，降低地方政府不当干预企业投资的强烈动机；（2）改革现有土地管理制度，明晰土地产权，使地方政府无法通过低价供地为企业投资提供补贴；（3）进一步硬化银行约束、理顺地方政府与银行的关系，提高企业投资中自有资本金比例，降低企业投资行为中的风险外部化问题。

［8］陈小洪，李兆熙．中国企业并购重组，中国发展出版社．2010.

本书的主题是研究中国企业在国内并购和"走出去"并购投资的情况及有关政策。文章的基础是企业所承担国务院发展研究中心的两个重点课题《中国企业并购重组及政策研究》（2008 年度）和《经济调整时期推动企业并购重组的政策研究》（2009 年度）。两个课题的负责人为陈小洪，协调人为张文魁。将两课题与本书主题有关的研究成果合并出版，是因为这些内容，合并出版后能更全面地反映我们的观点。两课题中还有部分论文报告，研究外商和跨国公司在华并购的问题，拟另外结集出版。

本书分为三个专题。专题一：中国企业本土并购，包括第一至第十三章。第一章到第四章分别讨论了各方面积极推进并购的动向和存在的主要问题，提出有关改进建议。第五章到第九章讨论了钢铁、制药、物流、彩电、液晶产业的并购情况，探讨了多种因素对不同行业的影响，亦有针对性的建议。第十章到第十三章综合地讨论了影响中国企业有效并购的政策层面的问题，对有关的法律、政府融资机构作用和机制设计等问题进行了较深入的探讨，一些建议已被国家有关方面采纳。

专题二：中国企业海外投资和并购，包括第十四章至第二十一章。第十四章到第十六章讨论了中国企业海外并购及投资的基本情况和模式。第十七章到第十九章涉及两类主题，第一类主要讨论有关政府管理和政策体系及法律问题，主题多与政府有关，第二类主要讨论企业层面的问题，包括企业社会责任、通过并购获取及整合技术、利用战略联盟并购发展专题。

专题三：跨国投资和并购的国际经验，包括二十二章至二十四章。这三章分别讨论了日本企业在海外投资矿山和澳大利亚对外国公司在澳投资矿山的管理做法，以及米塔尔并购发展的情况。

国内和海外并购有很多不同之处。从企业层面看，企业缺乏经验、能力不足及存在机制问题，是中国企业海外并购中尤其值得重视的突出问题；从政策法律层面看，国内并购中存在的主要问题，包括资本市场、财税体制等问题及其影响，多数已有共识，缺的是更全面的分析和相应的配套改革；在海外投资和并购中，对一些基本问题，如对外投资审批体制、国有企业海外投资监管等，及其解决问题的方向模式等，甚至还没有形成基本共识。

对国内和海外并购问题，诸位作者亦有以下共识及建议：

1. 中国企业在国内及海外都已日益重视通过并购发展，并且已有成果。

2. 影响企业并购行为和绩效有多种内外因素。法律和政策环境因素对国内外并购的进行及效果都有重要影响。

3. 如何解决阻碍有效并购的政策问题，可有不同办法。部分问题只涉及单项规定，个别调整就能解决。部分涉及基本的体制和政策体系问题，需要系统解决。对前类问题，如限制贷款用于收购、不允许股权出资等问题，如资本市场、公司法、对外投资管理体系等方面存在的一些基本问题，本书也进行了讨论，提出了建议，但要真正解决，还需要高层和各方面的共识，需要有系统配套的制度变革与调整。本书希望能加快有关规则的完善乃至调整变革进度。

企业并购及有关政策、法律问题，是值得认真研究的重要课题。本书的研究只是起步，唯愿这些抛砖之见能引来更多的真知灼见。作者诚恳地希望各方面不吝赐教，希望在并购及有关的政策研究方面能和同行一起做出更多有价值的成果。

［9］陈湛匀．中国引进服务性外资并购福利效应研究，经济管理出版社．2010.

本书研究目标根据跨国并购理论，结合重点服务企业和行业调查研究，分析了中国服务业三大行业（劳动力密集型零售业、技术密集型汽车业、知识密集型服务业）引入服务业跨国并购投资者的福利效应和实践经验。为了实现服务业协调发展和国民经济福利最大化，首先，要测度不同类型的国际服务业转移的福利效应。其次，按照产业发展趋势，根据服务业的分类研究，建立服务业竞争力的综合效应评价体系，提出引入服务业跨国并购的具体思路、策略和政策实施力度。

本书第二篇探讨了我国服务业引入FDI的动因，从服务业自身的特点和全球产业大转移的背景进行分析。主要观点如下：(1) 全球经济由大规模生产向大规模生产与客服的方向转变，促进了国际产业向服务业大转移。(2) 信息技术的发展为服务业吸收FDI提供了新的技术背景。(3) 新兴市场经济国家投资环境的改善是推动FDI向服务业转移的重要因素，成本差异是影响服务业FDI的直接驱动因素。同时，FDI对我国服务业的经济影响分别表现在产业结构效应、技术外溢效应、制度变迁效应三个方面。

对我国服务业竞争力的国际比较分析，按科学性原则、可行性原则和过程指标与状态指标相结合原则，选取8个国家2003～2007年的统计数据进行了实证分析，得到服务业竞争力评价得分及排名。结论如下：

1. 生产产值在世界上排名靠前的老牌工业化国家在服务业竞争力排名具有比较优势。

2. FDI流量大的国家，其服务业竞争力的比较优势明显。

3. 服务业就业人口比重高、产业结构优化的国家，其服务业竞争优势也较强。

4. 服务业的GDP比重间接反映了一国服务业的总体竞争力。服务业的GDP贡献比重通常与工业产值比重、服务业产业结构、服务业就业人口和服务业资本投入等因素相关。

同时，本篇还提出了我国服务业竞争力提升的五个方面的思路和对策：(1) 服务业要依托产业的发展。(2) 要优化现代服务业的产业结构。(3) 缩小服务业空间发展的不平衡。(4) 要通过进一步放宽服务领域市场准入和提高服务领域利用外资的水平来加大服务业的对外开放程度。(5) 对政府政策与体制改革方面的建议。

第三篇是生产性服务业。通过相关数据收集和整理，就生产性服务业发展对我国经济影响进行实证研究，建立了多元回归模型，并得到如下结论：

1. 生产性服务业增加值是积极影响我国GDP的重要因素。

2. 工业增加值与我国经济发展呈显著正相关。

3. 科研投入对我国生产性服务业发展的“瓶颈”问题，主要观点如下：(1) 政策体制不完善制约生产性服务业发展。由于体制、政策的原因，生产性服务业的市场准入门槛普遍高于制造业，管制过多、市场化程度低的问题较为突出。(2) 制造业生产方式落后，生产性服务关联程度较低。(3) 要积极支持行业协会的发展，发挥其对生产性服务业的引导作用。(4) 要优化产业布局，大力推进生产性服务业的集聚式发展。(5) 要推进生产性服务业自主创新，塑造核心竞争力。(6) 要完善发展生产性服务业的社会环境，加大对人力资本的投入力度。

第四篇是知识密集型服务业。通过对知识密集型服务业（KIBS）相关现状研究（对我国KIBS发展研究、区位商计算、KIBS承接状况研究和SWOT分析）和实证研究（KIBS人均劳动生产率、三大经济圈知识服务业FDI引资评价指标体系），对FDI国际转移下的知识密集型服务业的发展战略进行研究，并分别对宏观政策和地区政策给出了一些建议。主要观点如下：

1. 我国知识服务业发展的总体水平有以下两个特点：(1) 我国知识密集型服务业与世界发达国家相比尚处于初级发展阶段。(2) 近年来我国的知识密集型服务业发展速度较快。

2. 通过整理1999～2006年中国知识服务业FDI实际数据的行业分布，总结出如下特点：(1) 总体来看，知识密集型服务业引资规模保持了稳定增长的势头，占服务业外商直接投资整体的比重稳步上升，特别是自我国加入世界贸易组织后呈现加速流入的态势。(2) 从知识密集型服务业引资的行业分布来看，各细分行业均保持了较为稳定的增长。(3) 通过知识服务业增加值构成与外资流入构成的比较，需要通过加大或降低一些领域引资的优惠度来重新配置FDI的流向，使得知识服务业自身发展的速度与吸引外商直接投资的规模相匹配。

3. 通过SWOT分析KIBS发展现状，显示我国知识密集型服务业具有良好的外部环境、广阔的市场需求，但又面临激烈的国际市场竞争，应该走有中国特色的发展道路——实施多元化战略，利用自身优点，改善自身的劣势，在引资、人才储备等多方面培育承接国际KIBS转移的软环境。

4. 通过 FDI 对我国知识服务业劳动生产率的实证研究，得出以下结论：（1）知识密集服务业外商直接投资的行业参与度是积极影响 KIBS 人均劳动生产率的重要因素。（2）知识密集型服务业的资本密集度是影响 KIBS 人均劳动生产率的重要因素。（3）知识服务产业工人与非知识服务产业工人的劳动报酬比率对 KIBS 平均劳动生产率的影响不显著。

5. 从四个维度对我国三大经济圈（环渤海湾、长三角和珠三角）的知识密集型服务业 FDI 的区位选择因素做出分析，并利用主成分分析法对三大经济圈引资效果和排名做出评价。

第五篇是技术密集型服务业（汽车业）。从竞争力理论与跨国并购的绩效理论出发，对我国汽车业的外资并购进行研究。重点探讨外资在我国汽车业跨国并购对汽车产业竞争力的市场绩效产生的影响，分析目前我国汽车业外资并购存在的问题，并对现阶段我国面临世界金融风暴的挑战给出了建设性意见。主要观点如下：

1. 适时考虑逆向跨国并购，提高国际竞争力。中国汽车行业应考虑趁低收购国外一些汽车企业，借机扩大自己的市场和国际竞争力。

2. 防止过度扩张，建立风险预警机制。应及时监测国际市场的变化，关注企业的现金流，密切注意汽车金融创新的风险性。

3. 调整产业链结构，延伸上下游产业链。中国一直处于世界汽车产业链的下端，要抓住机遇，扩大整车出口，提升产业链价值。

4. 依靠国内市场，细分市场。国际金融危机使中国的外部需求减弱，将不可避免地对中国汽车产业造成影响。但只要不断扩大汽车的消费内需，向中西地区发展，中国的汽车产业就有着持续增长的较大潜力。

5. 加大 R&D 投入，加快技术进步。R&D 是中国汽车工业的薄弱环节，要加大力度推进、提升我国汽车业国际竞争力。

第六篇是劳动密集型服务业（零售业）。主要以消费者剩余和生产者剩余作为切入口建立相关模型，解析跨国公司并购我国零售企业所引起的福利效应变化，应用定量的技术对外国跨国零售企业并购我国零售企业做相关研究。同时，从企业和政府两个视角，分析我国零售业面对外资并购的措施。

从企业的角度分析我国零售业面对外资并购，主要观点如下：

1. 积极汲取外国零售企业的先进管理技术，注重长远发展的策略。

2. 本土零售企业应该运用自己的“天然”优势。比如，我国的本土企业相比于外国的大型零售企业，能够更好地了解我国消费者的需求偏好。我国的零售企业与本土的商品生产厂商之间也存在着更为紧密的关系。

3. 本土零售企业应该树立自己的品牌，通过零售企业产品“差异化”，能够吸引消费群体，创造竞争优势。

4. 积极开拓中西部地区的零售业，尤其是农村地区的消费潜能开发，零售业应实施多元化发展战略。

5. 当前零售业企业应该关注金融风险防范和控制，提前做好准备。

从政府的角度分析我国零售业面对外资并购，主要观点如下：

1. 利用法律手段规范外资进入我国零售业。我国应借鉴西方发达国家对于垄断方面制定相关的法律，以此来保护我国的当地零售企业以及其他原材料生产企业。

2. 加大政府扶持力度，将我国国民资本引入零售市场，努力培育出一些能够与外国零售企业相抗衡的零售企业。

3. 提高连锁零售企业的行业标准。我国的相关部门应重新审查相关资格，整顿零售企业，从而能够有效地清理那些不具备经营条件的零售企业。

4. 取消对外国零售企业的一些优惠待遇。

[10] 丁瑞莲．金融发展的伦理规制，中国金融出版社．2010.

货币作为一般等价物，其产生源于经济发展所导致的交易量剧增而形成的交易困境。随着交换过程的扩大，“货币的使用就是这样流行起来的，这是一种人们可以保存而不至于损坏的能耐久的东西，他们基于相互同意，用它来交换真正有用但易于败坏的生活必需品”。正如马克思所说：“货币是交换过程的必然产物。”这里暗含了这样一个事实：当人们将一种具有使用价值的物品兑换成某种历史形态的货币时，就是把自己的劳动成果变成了一种符号——特殊的符号，它逻辑上内含了一种道德上的认同约束，即该货币符号代表着一定量的劳动价值，用它可以为自己兑换到等值的新物品。不难看出，货币是带着伦理因子来到商品经济世界里的。与货币的产生一样，信用存在于交易双方之间，它首先表现在对货币的信任上，“凡是博得人们信任的东西都可以当作货币使用，而并不是必须有内在价值才是可以接受的”。因而，在信用或者信任链的背后，体现出来的是诚信所反映的道德力量。“当货币的运动和信用的活动虽有密切联系却终归各自独立发展时，这是两个范畴。而当两者不可分解地联结在一起时，则产生了一个由这两个原来独立的范畴相互渗透所形成的新范畴——金融。当然，金融范畴的形成并不意味着货币和信用这两个范畴已不复存在”。金融范畴的产生使货币和信用以它们结合的作用力推动商品经济的发展，到17世纪新式银行建立，金融范畴正式形成。“新式银行的成立，在促进金融范畴形成的同时，也使金融成为一支相对独立的力量”。银行区别于非银行企业的本质是信誉，即为存款者提供一种信誉以吸收存款，这里同样蕴涵着一种强大的道德约束。这就是说，金融从独立出现那一刻开始，就内在地具有伦理性质；并且，这种伦理性质相对而言比较容易观察和认识。

在金融技术化趋势的掩盖下，金融的伦理秩序隐含在金融运行的背后，常常为人们所忽视，尤其是金融市场处于繁荣时期时更是如此。在这里，我们通过一些事实数据和现象来说明金融领域的伦理冲突。

一、全球化背景下的国际金融伦理冲突

在金融全球化的过程中，微观领域金融资本的全球竞争和风险分配越来越技术化。尽管金融竞争规则是共同的，但是由于参与者的条件、经验和资金实力的差异，各个参与者的需求和实际享有的利益也存在显著不同，并引发多种形式的伦理冲突。

伴随着国内社会经济的市场化改革，人们对金融伦理的认识开始转向一些感性的事实，诸如社会弱势群体融资难、金融腐败、上市公司财务信息造假、股票市场违规操作、企业逃废金融债务等。这些事实反映了金融发展中不同层面的伦理问题。

如前面已经分析的，货币是带着伦理因子来到商品经济世界里的，信用也天生是基于信任所产生的道德力量，相应地，作为货币和信用融合而形成的金融，从独立出现的那一刻开始，也内在地具有伦理性质。在传统社会里，由于金融作用的有限性以及交易的简单性，伦理因素和金融因素几乎是直接统一的，人们相对比较容易观察和体认到金融的伦理性质，因而金融领域的伦理问题并没有成为一个“问题”。但现代社会已经发生了变化，反映到金融领域，至少可以概括为：这是一个可以被称为金融社会的时代，是一个与科技全面融合的科技时代，是一个向往着环境友好的低碳时代。这种特殊的时代不仅凸显了金融对经济、社会和环境的特殊意义，也由此对金融发展提出了更高的伦理规制诉求。

作为应用伦理学和金融经济学的交叉研究领域，金融伦理是社会经济活动中的金融关系与伦理关系融合而形成的一种伦理形态，是对金融发展及其运行机理的伦理把握。全书以金融与经济、社会、环境、人的和谐发展为基本价值取向，以金融与伦理内在统一为理论建构的核心命题，以金融制度、金融市场、金融组织和金融个体等金融学术文本为经，以各层面伦理规制生成、运行、演进合乎逻辑的展开为纬，遵循从历史到现实、从抽象到具体、从一般到特殊、从理论到实践的叙述逻辑，揭示金融伦理规制的可能性、必要性和可操作性，形成金融伦理规制的理论框架，总结中国金融发展伦理规制的现实，导出中国金融发展的伦理规制机制和方法。

二、基本框架

根据研究的基本思路，全书除了导论和结束语外，共设计了八章，大致可以分成四部分：第一、二章为第一部分，界定了金融伦理规制的相关概念，梳理了古今中外金融伦理思想观点，为课题的全面展开作理论铺垫；第三、四章为第二部分，揭示了金融伦理规制的内在根据和作用机理，从理论上回答了金融伦理规制何以可能的问题；第五、六章为第三部分，重点考察了转型期中国金融发展的伦理规制现状及其制约因素，回答了金融伦理规制为何必要的问题；第七、八章为第四部分，构建了中国金融伦理规制的实现机制和方法体系，回答了金融伦理规制如何操作的问题。

导论通过案例从三个不同角度揭示现代金融领域突出的伦理资源供求矛盾，从而引入金融发展的伦理规制问题。首先，现代主流金融理论的“去价值化”倾向把金融发展的动力机制过多地引向金融技术创新，忽略了金融伦理资源的开发和供给；其次，国际国内金融实践中存在激烈的伦理冲突现象，这说明除了技术创新外，金融发展更需要伦理规制来抑制金融之恶；最后，金融社会、科技时代和低碳时代的到来，凸显了金融伦理在整个社会伦理体系中的突出地位，金融发展还需要伦理规制来高扬金融之善。

第一章主要界定金融伦理、伦理规制和金融伦理规制三个核心概念。金融伦理是协调和控制金融体系内部各利益主体之间以及金融资源和风险分配与经济、社会、环境、人的自由发展之间关系的道德原则和规范，包括金融制度伦理、金融市场伦理、金融组织伦理、金融个体道德以及国际金融伦理，其价值不仅在于提高金融本身的效率，而且在更广意义上表现为通过伦理化的金融制度安排和金融活动促进经济正义和社会和谐，并最终增强人的可行能力，实现人的全面而自由发展。伦理规制既是基于一定伦理关系的具有社会强制力的静态规则，又是一个内化伦理规范，推进人类精神从伦理向道德升华，并彰显其自律能力和道德自主开发能力的动态过程。金融伦理规制是从传统的法律规制和行政规制中拓展出来的，它有两大目标，中间目标是建立和维护金融伦理原则和规范，提升金融发展的伦理环境，终极目标则是增强金融主体的道德选择和开发能力，使之成为有德性的人，从中间目标到终极目标反映了金融伦理规制由外在道德向内在道德依次推进的动态过程。

第二章概括总结古今中外金融伦理思想和观点，为建立金融伦理规制的理论框架提供资源。具体包括：归纳和提炼中国传统金融活动中的伦理思想，认为中国古代思想家们是从关注民生、维护社会稳定、完善人性等伦理视角看待金融，以诚信、智勇、节制与和谐等来规范金融活动的；概括总结马克思主义经典作家关于货币、信用和资本的伦理批判，认为马克思主义经典作家不仅把金融看做一种物的要素，更把它看做一种人与人的关系，其中蕴涵着伦理关系；评述西方现代金融伦理研究的新进展，认为西方学者对金融微观层面的伦理研究取得了积极成果，但受西方社会伦理文化影响，对金融制度特别是资本全球化背景下国际金融体系本身的伦理批判较弱；概括总结国内现代金融伦理研究的新进展，认为受金融自身发展尚处于新兴和转轨之中的影响，国内金融伦理研究整体上还需从现象描述向深度反思推进。

第三章主要揭示金融伦理规制的内在根据。金融发展不只是金融效率的改进，它体现了金融要素与伦理要素的融合，其本身内在地具有伦理性质，具体表现为：金融理论的伦理假说引发了金融理论构建的不断创新；金融制度既是金融技术发展的自然结果，更是金融实践主体对金融关系所做的“应然”价值判断和基本价值取向；金融市场的有效性不仅在于交易的规模，更在于交易的正当合理性，因而由公开、公平和公正构成的伦理支点是撬动金融市场发展的杠杆的着力点；金融机构资本结构的特殊性、金融交易的非透明性和金融监管的严格性内在地决定了其治理机制的价值核心是一种伦理治理。

第四章主要探讨金融伦理规制的作用机理，也就是揭示金融伦理规制如何从外在道德转化为金融个体的内在道德。这里有三种作用机理：一是从金融制度伦理到金融个体道德，认为制度正义是革新金融伦理秩序的原动力，而通过金融伦理秩序的变革又可以提升金融伦理环境，从而诱导金融主体的道德行为；二是从金融市场伦理到金融个体道德，认为金融市场的伦理激励对市场效率的改进支持了交易主体的伦理行为及长期预期，市场交易规范就逐步演化为各个交易主体的习惯行为；三是从金融组织伦理到金融个体道德，认为贯穿于组织全过程的伦理决策可以引导金融市场主体组织创立道德发展模式，形成一整套改进组织伦理行为的政策。

第五章主要考察转型期我国金融改革和发展中的伦理规制状况，意在准确把握我国金融改革和建立现代金融体系过程中的伦理环境。本书根据伦理考查的标准、依据和方法，从三个层面对我国金融改革与发展的伦理规制状况进行了考查：一是以银行体系演进为例，考查我国金融制度演进的国家利益价值取向，以及由此引发的效率和公平矛盾；二是以资本市场为例，考查我国金融市场主体关系的伦理冲突和主体行为的不道德性；三是通过个体金融道德状况的实证分析，进一步考查我国金融伦理规制环境，其中农村和城郊社区居民的金融道德状况映射出我国宏观金融制度安排的伦理水平，金融从业人员的金融道德状况反映了金融组织的价值取向和伦理文化，财经（商学）专业大学生的金融道德认知水平影响到我国未来金融伦理环境走势。

第六章重点分析了转型期中国金融伦理规制的制约因素，为推进金融伦理规制实践提供事实依据。转型期中国金融伦理规制被嵌入社会政治、经济、文化环境之中，并受到这些因素的制约，具体表现在：金融与实体经济关系的扭曲性、金融道德风险的易发性、金融信托责任的模糊性和个体交易行为的易偏性等金融市场本身的缺陷导致金融市场环境恶化；来自经济、政治和社会领域的共时性关联和历时性关联约束了金融制度的选择；传统诚信文化的滞后、现代契约精神和职业精神的缺失以及社会伦理治理的缺位对转型期中国金融伦理规制构成了文化制约；普通个体投资者的道德认知残缺、大学商业道德教育的盲点、金融从业人员尤其是金融高管的道德信念动摇等个体道德修养则是制约金融伦理规制的主观因素。

第七章提出了关于金融伦理规制实现机制的基本构想，主要有四种机制：一是价值引导机制。金融技术化的进程需要通过建立金融与经济、社会、环境和人和谐发展的价值观，合理引导金融实践主体的行为。二是制度强制机制。金融制度是引导金融资源走向和分配金融市场风险的优先力量，金融伦理规制作为合理规范金融活动利益关系和有效协调利益冲突的方式，需要制度伦理的强制。三是文化提升机制。再造传统金融伦理的现代价值，提升金融伦理文化，引导人们在金融活动中合理追求财富，抑制私欲、贪婪和浮躁的金融行为是金融伦理规制的重要机制。四是教育疏导机制。道德教育有助于发展个体、组织的道德推理能力并改善社会道德风貌。推进人们参与金融活动的道德行为，必须构建学校、社区和职业培训等多层次的金融伦理教育机制。

第八章结合我国金融发展实际及其特殊的生成环境，阐述了金融伦理规制的方法和创新路径。具体方法包括：（1）根据我国的制度优势，编制金融市场道德指数，在指数标准的确定、指数覆盖范围和权重选择以及内容设计上体现其特殊性。（2）按照构建和谐社会的发展理念，扩大金融伦理产品的开发。（3）在伦理评估的基础上，构建伦理预警体系，引导金融市场微观主体组织的道德行为并使之对市场道德指数作出积极反应。

结束语主要强调，关于中国金融发展的伦理规制问题，我们既要放眼世界，从国际金融市场的相互依赖性和金融发展的普遍规律出发，预防西方发达国家金融领域的伦理问题，随着我国金融市场化、多元化和国际化的演进，又要立足中国，从我国金融发展的现实需求及其特殊的生成背景出发，构建合理的金融伦理秩序，抑制我国金融领域伦理问题的发生和恶化。

面对国际金融危机对世界经济和社会已经发生和可能还要发生的威胁，越来越多的人呼吁，我们不仅需要“金融救援”，更需要“道德救援”，而“道德救援”的首要任务是通过金融伦理规制构建一种合理的金融伦理秩序。实现金融的健康和稳定发展以及金融与社会的和谐是一个系统工程。其中，一个至关重要的因素就是以伦理的方式解决金融发展中存在的各种利益冲突。金融伦理作为金融运行的一个“潜在映射”往往隐藏在现实金融关系和金融变量的背后，当利益冲突积累到一定程度就会引起金融关系的混乱和金融变量的危害性变化，这个“潜在映射”就会转化为金融秩序的现实混乱，甚至引发金融危机。金融伦理规制的有效实施，将改变“潜在映射”的分布状态，形成合理的伦理秩序，并“反射”到金融运行的实践上，使金融系统呈现出一种健康、有序的运行状态。

［11］樊建强．收费公路产业规制制度改革，社会科学文献出版社．2010.

公路属于社会先行资本，在一国的经济和社会发展中具有十分重要的地位。本书主要研究了收费公路产业的技术经济特征及规制需求、收费公路产业发展的多维困境及原因、国外基础设施产业规制改革考察及启示、收费公路产业规制改革路径的选择、收费公路产业市场化改革的制度设计、收费公路产业规制体制改革的制度设计、收费公路产业规制改革中的利益机制等相关问题。

首先，通过研究，认为收费公路产业的技术经济特征决定了规制需求，即收费公路产业具有俱乐部物品属性、自然垄断属性、显著的外部性属性、级差效益属性、基础产业属性、社会公益属性、网络经济属性等。基于上述属性，收费公路产业应定位于网络型基础产业，同时技术经济特征也决定了收费公路产业实施政府规制制度的必要性。收费公路产业政府规制可采取多种模式，既可以选择由政府免费提供或由国有性质的企事业单位提供的内生性规制模式，也可以选择由社会资本有偿提供，同时配以适当的规制措施的外生性规模模式。不同规制模式产生的经济效率不同，因此应该结合产业特点和经济发展阶段采取适宜的规制模式。

其次，本书分析了中国收费公路发展现状中存在的突出矛盾，如公共财政不足与规模持续扩张的矛盾、商业属性与公益属性的矛盾、管理幅度与规模经济效应的矛盾、“政监、政事、政企”三合一的矛盾、垂直一体化垄断经营与有效竞争格局的矛盾、政府规制缺失与公众利益保护的矛盾等。论文认为诸多矛盾的凸显，其主要原因是由于地方政府出于自身利益考虑而形成的行政垄断造成的。同时指出，鉴于中国经济的飞速发展，适当发展收费性质的公路基础设施是必要的，也符合“用者付费”的公平原则。目前研究的重点不是探讨其应不应该发展，而是探索如何打破收费公路产业行政垄断的利益链，寻求其规范化发展的制度安排。同时，通过对国外基础设施产业规制改革的考察，发现国外基础产业自 20 世纪 70 年代以来，均致力于引入市场机制、形成有效竞争的努力，这就为中国收费公路产业指出了改革方向。

再其次，结合中国经济发展的实际，指出收费公路产业应该实施政府规制框架下的市场化改革路径，而市场化改革应该从产权结构、市场结构以及公司治理结构等三个方面展开，缺一不可。其中产权结构的多元化，从而为收费公路产业引入竞争机制创造制度条件；市场结构改革的理论基础是竞争机制理论，主要目的是打破垄断，创建市场竞争机制；企业治理结构改革的理论基础是超产权理论，主要目的是实现商业化动作，建立规范的现代企业制度，实现“政事分离、政企分离”。收费公路产业改革框架的设计必须兼顾产权结构、市场结构以及企业治理结构三个系统，争取实现三个系统的良性互动和耦合。

基于上述规制改革路径的指导，本书从收费公路产业的融资、投资、运营、养护等环节出发，探讨了收费公路市场化改革的具体措施。指出开拓多元化融资渠道是产权多元化和有效竞争的基础，PPP 投资管理模式是产权多元化和有效竞争的实现载体。同时指出，收费公路产业市场化改革离不开政府规制，而现有的规制体制无法适应收费公路产业的市场化改革需求，因此应该重构中国收费公路产业的规制体制。具体而言，要建立相对独立的规制机构，实现政监分离，完善规制法规，明确规制内容等。

最后，通过研究指出，规制改革的终极目标是追求公平与效率的均衡与协调，而公平与效率关系的实质是强弱两大利益集团之间的博弈。基于此，从产权、竞争、治理结构、规制体制等角度入手构建收费公路产业规制改革框架，但这恐怕只是浅层次的问题。如果要彻底规范公路收费制度，促使其可持续发展，还应分析规制改革中的利益机制问题，尤其是要通过构建完善的利益机制，保护弱势利益群体的利益。

本书的主要内容由七个方面组成，即收费公路产业技术经济特征及规制需求、收费公路产业发展的多维困境及原因、国外基础产业规制改革考察及启示、收费公路产业规制改革路径的选择、收费公路产业市场化改革的制度设计、收费公路产业规制体制改革的制度设计、收费公路产业规制改革中的利益机制等问题。

（一）收费公路产业技术经济特征及规制需求

首先，从理论角度出发，分析了收费公路产业的技术经济特征，认为收费公路产业具有俱乐部产品属性、自然垄断属性、公益属性、外部性属性、基础产业属性、网络属性、级差效益属性等，因此应该将其定位为具有自然垄断性质的网络型基础产业；其次，鉴于上述诸多属性，公路基础设计的发展离不开政府规制，政府规制制度可以采取内生性模式，也可采取外生性模式，即公路可以由政府利用财政资金免费提供或利用国有资本有偿提供，也可以通过市场机制利用社会资本进行公路的建设、运营及养护，同时配以适当的政府规制措施；最后，指出尽管收费公路产业政府规制制度可采取多种模式，但是不同模式产生的经济效率不同。因此，应该结合产业特点和经济发展水平选择适宜的规制模式。

（二）收费公路产业发展的多维困境及原因

本节主要分析了中国收费公路发展中所存在的突出问题，指出收费公路之所以出现诸多问题，其原因主要是因为垄断经营，造成垄断经营的根源并不全是由于收费公路产业的自然垄断属性，而是由于地方政府出于自身利益的追逐人为形成的行政垄断所造成的。同时指出，鉴于中国经济的飞速发展，发展收费公路性质的公路基础设施是必要的，也符合“用者付费”的公平原则，目前研究的重点不是探讨其应不应该发展的问题，而是探索如何打破收费公路行政垄断的利益链，寻求其规范化发展的规制制度安排。

（三）国外基础设施产业规制改革考察及启示

本章期望通过考察国外基础产业规制制度改革实践，从而为中国收费公路产业规划改革提供有益的借鉴和启示。通过考察，发现国外基础产业自20世纪70年代以来，均致力于引入市场机制、放松规制、形成有效竞争的努力，这就为中国收费公路产业规制改革指出了一个发展方向。

（四）收费公路产业规制改革路径的选择

本章结合中国收费公路发展实际，分析了收费公路产业规制改革的理论背景和实践背景，指出收费公路应该实施外生性规制模式，即“政府规制”框架下的“市场化”改革路径。同时，进一步指出收费公路产业“市场化”改革应该从产权结构、市场结构以及治理结构等三个方面展开；政府规制体制改革则要从规制机构、规制依据、规制措施等角度入手，从而从理论上构建了收费公路规制改革路径的基本框架。

（五）收费公路产业市场化改革的制度设计

主要从收费公路融资、投资、运营、养护等产业环节出发，探讨了收费公路市场化改革的具体措施。指出开拓多元化融资渠道是产权多元化和有效竞争的基础，PPP（公私合作伙伴关系）投资管理模式是产权多元化和有效竞争的实现载体，股份制收费公路公司治理结构是产权多元化和有效竞争的实现途径。同时指出，收费公路产业市场化改革应该致力于实现其产权结构、市场结构及治理结构三方面的耦合。

（六）收费公路产业规制体制改革的制度设计

收费公路产业市场化改革离不开政府规制，而现行的规制体制无法适应收费公路产业的市场化改革，因此应该重构中国收费公路产业的规制体制。具体而言，要建立相对独立的规制机制，实现“政监分离”，健全规制法规，完善规制措施等。

（七）收费公路产业规制改革中的利益机制

规制制度改革的终极目标是追求公平与效率的均衡与协调，而公平与效率之间关系的实质是强弱两大利益集团之间的博弈。基于此，从产权结构、竞争结构、治理结构、规制体制等角度入手构建收费公路产业规制改革框架固然重要，但这恐怕只是浅层次的问题。如果要彻底规范公路收费制度，促使其健康、可持续发展，还应注意规制改革中的利益机制问题。鉴于此，本书分析了收费公路产业利益群体的划分和各利益群体之间博弈的失衡，在此基础上，设计了收费公路产业规制改革中利益均衡机制。通过分析，进一步探讨了如何保护公路使用者利益，从而完善了收费公路产业规制制度改革的研究。

[12] 范合君．中国垄断产业放松规制与机制设计博弈研究，首都经济贸易大学出版社．2010.

一、研究背景与意义

垄断产业改革的一个重要趋势就是放松规制（Deregulation），让市场经济机制在更多的领域发挥资源配置的基础作用（OECD，1997）。我国对垄断产业不断进行改革，积极探索适合我国国情的垄断产业改革模式与路径并取得了一些成绩，特别是进入 21 世纪以来，电力、电信、民航等产业旨在培育竞争市场结构的分拆重组改革得以大规模推进。经过多年的改革重组，部分垄断产业初步形成了多家市场主体相互竞争的市场格局。但由于历史原因，我国垄断产业改革缺乏战略性设计，具有偶然性、非连续性、不彻底性、反复性和非路径依赖性等特点（余晖，2000）。我国垄断产业改革刚刚起步，效果还不显著，与竞争目标相联系的众多深层次问题在相当程度上还制约着改革的深入。在这种背景下，党的十七大报告中提出了“深化垄断行业改革，引入竞争机制，加强政府监管和社会监督”的重要任务。垄断行业竞争机制的有效运行需要建立竞争型的市场结构，使运营企业成为自主经营的主体，同时还需要高效的规制机构的科学规制。因此，今后我国垄断产业改革的一个重要方向就是放松规制并重塑科学、高效的规制体系（戚聿东等，2008）。

新时期、新阶段，垄断产业放松规制改革目标能否顺利实现取决于利益关系的改革和调整，需要把全面调整利益关系作为新阶段垄断行业改革攻坚的重大课题和重要任务。放松规制的过程会对国家、规制机构、垄断企业以及消费者四个利益主体（集团）产生重要影响。有的利益主体从中受益，有的利益主体从中受损，并且各利益主体受益与受损的程度各不相同。这样，利益受损主体可能会阻止放松规制的顺利进行，导致放松规制改革的流产。因此，全面系统地研究放松规制对各利益主体的影响，研究各利益主体对放松规制的态度、策略性反应以及影响力，研究他们之间的博弈均衡，并设计可行的利益兼容机制，保证各利益主体都能够支持改革，保证放松规制的顺利进行，实现各个利益主体的多赢，是摆在我们面前的一项重要而紧迫的任务。

本书将研究我国垄断产业放松规制的改革，利用博弈论方法全面分析我国垄断产业放松规制对国家、规制机构、垄断企业、消费者等各个利益主体（集团）的影响，建立利益兼容机制，系统研究放松规制改革中改革推动者选择、改革战略选择、改革时机选择以及改革时序设计等重要问题，设计可行的放松规制机制与路径，保证放松规制改革的顺利实施。因此，本书的研究既有重要的现实意义，又有一定的理论价值。

二、主要内容

（一）放松规制对国家的影响

国家是垄断产业放松规制改革中一个特别重要的利益主体，国家主要关心经济增长与国家竞争力的提升。放松规制对国家经济影响的短期与长期机制不同。短期内，放松规制对宏观经济的影响主要是通过垄断产业的投资变化引起的。通过建立动态优化模型分析放松规制对投资进而对短期宏观经济的影响，发现放松规制、降低进入壁垒会促进企业投资增加，最终会促进经济增长；放松规制、降低企业的行政符合成本也会促进投资增加，最终会促进经济增长。通过建立两部门经济增长动态博弈模型，分析放松规制对长期经济增长的影响。分析发现，长期内放松规制对经济增长与国际竞争力的影响主要是通过降低垄断产业产出的价格，进而降低国民经济其他部门投入的成本，最终增加社会总产品的需求与供给而实现经济增长。

（二）放松规制对规制机构的影响

规制机构是具体规制政策的制定者与执行者，在垄断产业放松规制改革的过程中有着重要的影响，起着上传下达的作用，是一个特殊的利益集团。我国规制机构的目标并不仅仅是社会福利最大化，它的目标是多维的。在分析我国规制机构的特点以及垄断产业放松规制的艰难历程的基础上，建立三阶段动态博弈模型，分析放松规制对规制机构的影响。从长期来看，放松规制后规制机构的效用可能会提高；但是在短期内，放松规制会使规制机构的效用瞬间下降。即放松规制过程中规制机构存在“惊险一跳”，这可能会导致规制机构不支持放松规制改革。通过对模型的分析，发现产生这一现象的根本原因在于规制机构要实现国有资产保值增值的目标。因此，为了使规制机构能够支持放松规制的改革，需要对规制机构职责与考核目标进行重新定义。

（三）放松规制对垄断企业的影响

垄断企业是国家与规制机构的规制对象，也是最终产品或服务的生产者与提供者。我国垄断产业都是由清一色的国有企业构成的。国有垄断企业的一个重要目标是实现尽可能多的租金，并提高管理人员与员工的福利水平。通过建立委托代理模型分析国有垄断企业高租金产生的原因，发现国有企业分红制度并不能从根源上消除国有垄断企业的高租金。通过建立讨价还价模型，分析国有垄断企业的高租金如何转化为企业员工的高工资福利。模型分析发现，垄断是国有垄断企业工资福利水平过高的根源，放松规制、引入竞争能够改善收入分配不均的现状，有利于和谐社会的构建。

（四）放松规制对消费者的影响

消费者是最终产品的使用者，在垄断产业的规制体系中处于弱势地位。消费者追求的目标就是以较低的价格享受到一定质量的服务。通过建立博弈模型，比较放松规制前后普遍服务率水平，发现在低成本地区放松规制能够提高普遍服务水平，提高消费者福利水平。通过建立委托代理模型，比较规制与放松规制情况下产品的价格，发现在高成本地区放松规制也能够降低产品价格，提高消费者福利。

（五）放松规制机制设计研究

最后，我们把国家、规制机构、垄断企业、消费者四个利益主体放在一起进行系统分析，研究它们之间的博弈均衡，设计可行的放松规制机制与路径，系统研究放松规制改革中改革推动者选择、改革战略选择、改革时机选择以及改革时序设计等重要问题。

三、结论与政策建议

（一）中国垄断产业放松规制的过程应当分层次、分步骤地进行

由于我国垄断产业的特殊性，目前阶段下，垄断产业放松规制的过程应当分层次、分步骤地进行。我国垄断产业放松规制最主要的并不是放松价格规制与投资规制，而是要首先放松进入规制。层次一，在价格规制与投资规制保持不变的情况下，放松进入与退出规制，允许符合条件的各类企业自由进入，并对这些企业一视同仁，公平对待。层次二，在放松进入规制、形成竞争市场结构格局的基础上，再逐步放松价格规制和投资规制。

（二）国家应当是我国垄断产业放松规制改革的推动者

放松规制的过程会对国家、规制机构、垄断企业以及消费者四个利益主体产生不同影响，四个利益主体对放松规制改革有不同的策略性反应。在一个正处在由非市场经济向市场经济过渡过程中或市场经济极端不发达的国家向发达国家过渡过程中，政府仍是一个重要的制度变迁的推动者。国家作为一个特殊的利益集团，它处于规制层级结构的最高层，是许多规制政策改革的重要参与者。国家应当是我国垄断产业放松规制改革的推动者，应当在放松规制改革中设计科学、合理的改革方案，系统、全面地考虑放松规制对各个利益集团的影响，做到统筹兼顾，使改革能够顺利推进。

（三）我国垄断产业放松规制改革应当选择渐进式改革战略

自然垄断产业的改革要比竞争性产业的改革困难得多。由于自然垄断产业在我国国民经济中的特殊地位和作用，同时我国垄断产业放松规制改革对规制机构、垄断企业影响很大，改革成本很高，改革阻力较大，因此，我国垄断产业放松规制改革应当选择渐进式改革战略。

（四）我国垄断产业放松规制改革的实施需要满足一定条件，选择合适时机

国家在积极推动改革执行的过程中，需要吸引其他利益集团的积极参与，形成改革的合力，共同推动改革的顺利进行。放松规制改革的实施需要满足放松规制改革的净收益大于补偿受损利益集团的社会成本这一硬性约束条件，并且规制机构与垄断企业都能得到正的租金。

（五）我国垄断产业放松规制改革需要系统设计改革时序

我国垄断产业放松规制改革应当分为三个阶段：阶段一，规制机构职能与目标的重订。阶段二，放松进入规制的，引入竞争机制，建立竞争性市场结构。阶段三，重构并建立科学规制体系。

［13］高世楫，俞燕山著．基础设施产业的政府监管——制度设计和能力建设，社会科学文献出版社．2010.

中国也正在迅速进入现代工业社会。市场的急速扩张和交易复杂性的增加，要求我们必须进行相应的制度调整。只要有市场失灵，就必须实施政府监管，对此我们要有紧迫感。我国的国情与西方国家，包括拥有大量国有企业的欧洲福利国家有本质的不同。在西方市场经济国家，即使政府对国有企业进行管理，政府的行为、企业的运行以及政府和国有企业之间的关系都受到严格的法律约束，政府和企业的行为相对规范。在美国早期监管型国家兴起的过程中以及欧洲和东亚发达市场经济体监管型国家兴起的过程中，监管改革是由事后法庭参与逐步走向事前、专业化干预，是国家在“制度可能性边界”上从更“无序”向更“集权”方向的迁移。中国监管改革的起点是政府垄断一切，然后逐步放开市场，扩大市场准入，逐步建立市场并鼓励市场配置资源，这是一个政府逐步退出直接经济活动的过程，是一个国家在“制度可能性边界”上从更“集权”向更“无序”方向的迁移。同时，我国的法治建设尚处在不断强化的过程之中，我们希望在政府有序减少或退出干预经济的同时，尽快建立政府通过监管以矫正市场失灵的机制。更为重要的是，我们并不主张简单移植西方发达市场经济国家监管体系的模式和方法，而主张创新性地吸收包括发达国家监管改革的经验，充分结合本土的制度要素进行制度创新。

（一）监管改革在探索中起步

中国经历了30年的改革发展，并在1992年明确了建立市场经济体制的目标。15年来政府逐步改变了政府参与、主导、干预经济的方式，在建立市场监管体系方面进行了一系列尝试，建立了我们所熟知的一系列监管委员会，比如银监会、证监会、电力监管委员会、环保总局、食品安全局等。总体上讲，我国的监管制度建设滞后于市场发育和扩张的进程，比如这一年来出现了许多食品、药品安全的问题，生产安全问题，证券市场违规问题，环境监管不力问题等，这表明我们的监管职能没有得到充分发挥。所以，我国所面临的市场监管的挑战是非常严峻的。

中国的监管改革同发生在美国的监管改革不同，中国的改革不是简单地减少政府对企业和市场干预，而是从根本上重新定义政府与企业和市场的关系、转变政府的职能和行为方式，政府从原来拥有、直接运行、宏观管理国有或集体企业，转向监管市场、使各种不同所有制企业充分竞争，保护消费者。我们建立监管体系的过程，就是重塑政府与市场关系、转变政府的职能、走向按法律法规对企业行为和市场秩序进行合法干预的过程，是建立法治政府、有限政府和责任政府的过程。所以，中国的监管改革承载了推动中国行政管理体制改革的重要使命，监管制度建设的进程就是中国建立现代国家制度的进程。

现代市场经济要在法治的框架下运行，政府必须依法行政、按规则行事。对于我们过去的行政主导的管理体制，民间对其弊端有比较形象的说法，即政府部门“说你行你就行不行也行，说不行就不行行也不行”。而基于规则的政府监管，就说是如果规则规定了行，政府部门说不行，企业可以援引法律规则起诉政府。此时的监管是一种基于规则的干预。另外，现代监管体系遵从专业性原则，针对复杂的市场，设立专门机构、雇佣专业人员、秉承公共公平的原则实施有效监管，程序要透明，决策要独立，规则要一致而不能朝令夕改。特别重要的是，对监管机构要能够充分问责。获

得授权的监管机构应该按照规则办事，无作为要被追究，乱作为也要被追究。所以说，以规则为基础和可问责性，是现代监管体系同传统政府行政管理相区别的最重要特征；建立现代管理体制，是中国行政管理体制改革和建设法治政府、责任政府的重要内容。

随着市场经济的发展，中国最近10多年成立了一系列的监管机构，既包括经济性监管机构如电力监管委员会、证监会，也包括社会性监管机构如环保部、食品药品监管局；从机构的性质和组织形式上看，既有独立的专业监管机构，也有政府部门。从职能上看，既有专门执行监管任务的专业机构，也有政策和监管职能合一的机构。比如，在电信行业引入竞争后，政府成立了政策和监管职能一体化的管理机构——信息产业部（即现在的工业与信息化部），其电信管理局实际上就是电信业的专业监管部门。目前虽然出台了《电信监管条例》，但“电信法”仍然缺位；这个领域内根本大法的缺失，为完善监管体系带来了一定的困难。

另外，虽然电信产业有政策与监管合一的政府部门，电信监管职能并不是由这个部门单独承担，而是由多个部门共享。比如说电信行业的准入主要归发展改革委管，工业与信息化部监管互联互通问题、普遍服务等等。而互联网监管，更有中宣部、广电总局等机构参与。我们正走向一个信息通信领域大融合的时代，有效监管非常重要。但目前多部门共同监管的模式，由于监管权责范围不明，协调机制不顺，监管能力不足，网络设施的互联互通、行业准入等方面存在很多问题，所以监管效率较低，不能满足市场发展的需求。

考虑到我们国家目前市场竞争规则还不完善，诸多企业治理机制不完善，所以出了问题之后，把相关的部门都动员起来进行管理，这也许是目前我们不得不采取的办法。这样，我们就可以理解2003年政府关于加强电信监管的文件中有关互联互通监管的分工与协作安排。由中央6个部门共同发布一个具有法律效力的文件，有管行业的（发展改革委、信息产业部），有管企业高管帽子的（比如国资委、中组部），有管违纪的（如监察部），有管钱的（如财政部）这就充分体现了现阶段中国产业监管的特色。

网络行业内成立的第一个独立的监管机构是国家电力监管委员会，但是它一直没有行业的准入监管权和价格监管权。多年来电监会虽然看来没有什么实权，但它对于制定和维护电力行业的竞争秩序、促进电力发展，包括推动电价改革和透明监管，还是起了相当积极的作用。在供水行业，地方政府对这种地域性较强的网络公用设施的监管是缺位的。金融行业里，我们成立了证监会、银监会、保监会。金融监管机构中，成立最早的是证券监管委员会，但成立之初就是一个传统的政府管理部门，多年来沿袭了行政管理体制的做法，主要精力放在以行政审批的方式批上市指标、市盈率、确定上市价格，而没有尽快发展其监管交易合规性的能力，证券市场出现了许多违规交易、操纵市场、虚假信息的问题却没有得到及时、严格的查处。自21世纪初起，证监会的工作才开始努力向监管交易活动和信息披露的监管本原复归。

在社会监管领域，我国成立了生产安全、环境、卫生等多家监管机构，但这些领域事故不断，劳动者、消费者都没有得到有效保护。虽然政府下了非常大的力气理顺监管体制，但食品、药品监管方面事故频发。目前主要问题是，在多家参与、分段管理的模式下，不同责任主体的责任不清、问责不严，出问题后在完善制度和手段上的工作不到位。在环境监管领域，环保总局变成了环保部，在传统行政管理的思维模式下、在地方政府的干预下，环境监管难以有效。

中国监管体制建设所面临的第一个挑战，是还没有建立现代市场经济、法治社会环境下依法监管的理念。已经成立的许多监管机构，仍然没有摆脱过去行政管理体制中政府权力无边、不受约束的思维。这与我国长久缺乏依法行政的传统是分不开的。第二是缺乏对监管机构有效问责的机制。完整的问责机制并不是在出现事故后撤换某个责任人了事，而是要系统全面地检查规则是否完善合理、责任人在履行职责过程中是否渎职、是否贪赃枉法，然后再对相关责任人问责，并及时完善规则。第三是监管职能和政策职能不分，而且监管机构缺乏必要的监管资源来保障监管的有效性。其他问题还包括法律基础薄弱，缺乏消费者保护的意识等。

（二）监管改革意义重大、任重道远

中国监管改革已经开始起步。随着法律环境的逐步完善，政府职能定位的逐渐清晰，政府将能够切实履行“经济调节、市场监管、市政管理、公共服务”的基本职能，监管体系建设得到逐步推进，政府监管工作会逐步走上正轨。

正是基于这种考虑，作者认为，在垄断行业改革过程中，建立依法监管的现代监管体系，是政府行为法治化的起点。通过类似于“增量改革”的方式，使新成立的监管机构从一开始就遵从公正、透明、专业和诚信的原则，创造中国监管体制建设的初始路径，完善政府的市场监管职能。在过去 10 多年间，我国根据经济社会发展的需要成立了一批专业化的监管机构，这是我们市场经济制度建设的必然要求。专业监管机构因其任务明确、范围清楚、具有专业化管理的特征，且是新机构，应该率先严格依照《行政许可法》减少和简化准入监管，按照《全面推进依法行政实施纲要》、《政府信息公开条例》要求，遵从公正、透明、专业、独立、诚信、可问责的原则，有效履行监管责任。监管机构应该也能够率先将政府依法行政和阳光行政的理念落到实处。同时，在需要政府实施专业监管的领域，形成一套政府监管机构有效监管、行业协会主动自律、消费者权益保护组织积极参与、传媒充分发挥监督作用、全社会参与监督的新型治理机制。这将为推动我国行政管理体制改革、实现法治政府建设作出贡献，为我国建立现代国家制度探索新道路。

监管改革的实质就是推动政府从传统的行政管理方式转向依法行政、严格问责的管理方式。政府内部以一种增量改革的形式进行更新，按照明确的职能分工，设立专门机构负责某个领域的监管，新机构得到充分授权、配备必要的资源，但必须按照制定的规则、及时高效地完成监管任务，监管的过程受到社会、特别是传媒的监督，并有效问责。这可以为老的政府部门的行为转变提供一个新的榜样。我们希望通过推进监管改革达到政府转变职能和工作方式的目的，建立法治、透明、效能和问责的政府。

最后有一个设想，就是可以把加强政府内监管作为推进我国行政管理改革和政治改革的一个突破口。政府内监管就是由一个政府机构监管另外一个政府机构的行为，同样地，它也必须遵从前面所一再强调的现代监管体系的几大规则（Hood et al.，1999）。我国已经制定了建设法治政府、服务政府和责任政府的目标，并明确了将政策的制定、执行、评价分开，这正是加强政府内监管的内容。我们完全可以通过这种方式推动我们的现代监管体系建设，最终在中国的基本政治制度和社会环境下，建设中国独有的高效的行政管理体制。

中国确立了法治国家、市场经济、民主政治、和谐社会的现代国家的目标，明确了政府在经济调节、市场监管、社会管理和公共服务方面的职能。要完成建设现代国家这一伟大目标，需要大胆深化改革、推进全面制度建设，既要提高政府能力，又要释放人民的创造精神。中国的现代监管体系的建设，是这项宏大制度建设工程中的重要组成部分，同时也一定会影响新的全球化时代的制度形式和竞争格局！

［14］郭磊著．公用事业：放松规制与市场支配力的防范，上海三联书店．2010.

本书中公用事业是狭义的公用事业。为了避免产生歧义，本书将公用事业定义为：满足具有普遍需求的、需要通过物理网络实现其产品传递，或者需要通过虚拟网络完成其服务项目的产业。如自来水、污水处理、电力、管道煤气（天然气）、城市轨道交通、地面公共交通、通讯、邮政和供热等。作者所称的虚拟网络既指一些客观存在但无法被人感触的网络，如无线电通信网络实际上是由各地域的信号机站互联而成；也指那些仅存在于人们的主观意念当中的网络，如地面公共交通的行车线路网络、邮政服务网络等。

与公用事业相近的几个有关概念是公共服务业、网络型产业和自然垄断产业。

公共服务（Public Service）是几个相关概念中外延最大的一个，它可以涵盖全部公用事业以及多种非网络、非必需的公共需求。社会生活中可以被称为公共服务的项目不仅包括电力、供热、供水、固定电话以及公共交通等网络型服务业，还可以包括诸如养老、助残、扶贫、卫生防疫、城市绿化、农村科技推广等非网络型服务。

网络型产业（Network Industry）是一个目前在学术文献中还没有明确定义的概念，一般来说那些全部或大部分环节的物理结构类似于“一张网”的产业就可被称为网络型产业。网络型产业这一概念的相当一部分外延与公用事业是重合的，不过从研究传统来看，铁路以及与互联网相关的一些产业在研究中被划归网络型产业，但它们却不属于公用事业。有线电视产业是否属于公用事业目前还存在争议，不过依笔者拙见，在三网融合达到一定水平的基础上，有线电视将同互联网以及未来的智能电网一道被纳入公用事业的范畴。

自然垄断产业（Natural Monopoly Industry）可被理解为由于非竞争因素而形成的垄断，它与公用事业的外延几乎是重叠的，但也有一些细微的差别。如自然垄断产业的研究领域包括铁路、海空港等，而公用事业一般不涉及这两个产业；一些学者将邮政也纳入公用事业的研究范畴，但自然垄断产业的研究很少涉及邮政。此外，在放松管制后，一些产业将不同环节进行拆分，这样一来就出现了自然垄断产业仅包含一个产业某个或某些环节的情形，如电力产业仅有输电网络属于自然垄断产业，而其发电和销售环节则不再具有自然垄断的特征。

在接下来的几章中，本书是这样安排的：

第二章：自然垄断理论与公用事业。

公用事业所属的各行业都具有一定的自然垄断属性。对公用事业的研究必须建立在自然垄断理论的基础之上。由于自然垄断的营运历史上形成了国有模式和规制模式，因而对二者的福利分析和比较也是理解和揭示公用事业变迁的基础。

第三章：公用事业的规制。

规制是针对私有的自然垄断行业福利改进的有效手段之一。根据阿姆斯特朗、库万和维克斯等学者的观点，这种公有模式属于内生规制（Implicit Regulation）的范畴，因而对公用事业的研究又需要借助有关的规制理论。通过观察规制的历史不难发现，规制和它所调控的行业一般都不是同龄的。如果一些行业在其初始阶段并不属于自然垄断行业，那么我们很自然就会提出目前属于自然垄断的行业在未来还是否会属于自然垄断的范畴？如果自然垄断的范围是在不断变化的，那么驱使它发展变化的力量又是什么？

本章的主旨在于回答这样的问题。

第四章：公用事业规制的放松。

本章将对近 20 多年来公用事业放松规制潮流和放松规制后公用事业领域出现的问题进行分析。20 世纪 70 年代之后，世界各国先后出现了放松规制的浪潮。其中，公用事业公有运营模式呈现出民营化的特点，而私有加规制模式则呈现出放松进入和放松价格规制的特点。自 20 世纪 80 年代中期开始，我国也开始了公用事业放松规制的探索。公用事业放松规制后有福利改进，也出现了不少问题。在分析现象的基础上本章得到了几点规范性的结论。

第五章：电力产业的市场支配力。

在公用事业放松规制出现的各类问题中，市场支配力是影响较为严重的一个方面，本书选取电力行业作为具体的分析载体。在本章中，作者对发电厂商的市场支配力进行了简单界定，并在简单分析其成因的基础上提出了防范的思路。发电厂商行使市场支配力是效率的损失，也是对消费者福利的一种剥夺，因此非常有必要对电力市场的潜在市场支配力加以控制和防范。

第六章：电力产业的技术特征和电力市场。

为了对所研究的对象有一个准确地把握和恰当的抽象，在文献综述之前作者首先扼要地介绍电力产业的技术特征和联营体模式电力市场的一些特点。

该章分为三节：第一节介绍负荷的不确定性、发电技术组合等电力产业的技术特征；第二节介绍电力市场的基本模式及发端于英国的电力产业的市场化改革；第三节介绍我国电力产业的市场化改革。

第七章：市场支配力的理论分析。

该章是下篇电力行业发电厂商市场支配力防范的理论基础。作者将对作为全文论证基础的供给函数理论和需求侧响应理论进行系统地介绍，同时还将介绍对英国电力市场的实证研究。该章分为四节：第一节介绍供给侧的理论模型，重点是 Klemperer 和 Meyer 的供给函数理论在电力市场中的应用与发展；第二节介绍需求侧的理论模型，其脉络是高峰负荷模型到需求侧响应思想的发展与完善；第三节介绍对英国 E&W 电力市场的分析，目的是为本书第八章的实证研究提供一个参考；第四节介绍我国学者在电力市场方面的研究。

第八章：我国试点省区市场支配力的实证分析。

该章是对我国试点电力市场中发电厂商市场支配力行使与否的一个实证分析。是否存在市场支配力以及厂商采用何种手法施用市场支配力，是本书防范机制设计的必要性前提。如果我国的电力市场在设计中已经汲取了其他国家的经验从而杜绝了发电厂商行使市场支配力的可能性的话，那么本书后续章节的防范机制分析将是画蛇添足的。

该章分为两节：第一节首先明确在什么样的空间范围内考察发电厂商的市场支配力；第二节作者采用机组运行提出了一个检验发电厂商行使容量囤积策略的方法。

第九章：差别价格拍卖——发电厂商市场支配力防范的供给侧措施。

该章是从供给侧来提出一项抑制市场支配力的措施。由供给函数模型可知，发电厂商在需求不确定环境下的供给策略可以表达为一个供给函数。这样一来，我们可以通过比较不同拍卖机制下总供给函数的价格弹性，来分析市场支配力的抑制效果。作者通过对统一价格拍卖和差别价格拍卖方式下供给函数的推导与对比分析，发现后者更加具有价格弹性。

该章分为三个小节：第一节作者直接根据供给函数理论建立两种拍卖体系下供给曲线的函数；第二节作者对统一拍卖机制下联营体的供给曲线进行推导和分析；第三节作者对差别拍卖机制下联营体的供给曲线进行推导和分析，进而对比两种机制下价格波动的幅度。

第十章：需求侧响应——发电厂商市场支配力防范的需求侧措施。

该章是从需求侧来提出抑制市场支配力的措施。一旦在需求侧建立起响应定价，发电侧的价格尖峰就可以及时地传递给消费者，这样一方面可以通过价格杠杆来抑制需求侧的用电负荷，另一方面需求的降低也将减少发电厂商抬高电价获得的超额利润，从而削弱发电厂商行使市场支配力激励。

该章分为四个小节：第一节介绍分时电价的经济效率和需求侧响应对发电厂商市场支配力抑制的机理；第二节分析需求侧响应实现效率最大的前提条件及当前我国在需求侧施行实时定价的障碍；第三节作者基于当前我国零售电价的现状提出一个替代方案——可中断负荷定价；第四节作者将证明可中断负荷定价与实时定价等价性。

第十一章：全文的总结与研究展望。

该章对本书的结论进行归纳并指出本书未尽事宜。该章同时提出一些针对发电厂商市场支配力防范的其他的辅助措施，如继续拆分市场份额过大的发电厂商、输电扩容和价格上限规制等。这些措施作为差别价格拍卖的配套治理措施，可更好地防范发电厂商的市场支配力。

[15] 何海燕，赵飞，乔小勇等著．中国反垄断研究，北京理工大学出版社．2010.

垄断，作为一种扰乱经济竞争秩序的经济现象，被世界上许多国家明令禁止。而作为打击垄断行为的利器——反垄断法则被许多国家奉为保护其国家内部经济自由竞争的基石。世界上许多国家在反垄断实践基础上建立起了自己的反垄断立法体系，并推动了世界反垄断政策的发展。

1. 从结构主义走向行为主义。反垄断法立法原则有结构主义与行为主义之分。结构主义的反垄断法不仅规范占市场支配地位企业的市场行为，而且更担负着对阻碍市场经济的市场结构予以调整的任务。

行为主义的反垄断法则以控制限制竞争和形成垄断的市场行为为重点，即通过判断竞争者的行为而决定是否需要采取相应的措施。只要企业的行为可能会带来破坏竞争的后果，或属于不正当或欺骗性的做法或行为，就需要通过反垄断法予以制止。1992 年美国司法部颁布的横向合并指南进一步降低了市场集中度在判断垄断性合并中的地位，把它与潜在的反竞争效果、市场进入、效率和破产并列为判断垄断性合并的五大判断标准，行为主义色彩越加浓厚。目前，许多国家反垄断法的制定和实施主要都采用这种思路，行为主义立法模式已经成为反垄断立法的主流。

2. 合理原则优于本身违法原则。合理性原则与本身违法原则的区分源于垄断的二重性，即反垄断法并不反对或禁止一切垄断行为，它仅反对那些对竞争构成严重威胁的垄断行为。本身违法原则是指某些协议或行为本身具有明显的反竞争性质，一旦出现即为非法。

由本身违法原则转向合理原则方向，给企业的竞争行为以很大的活动余地，法庭在应用合理原则时，要考虑诸多方面的因素。例如，被指控的限制行为对竞争所具有的正反两方面影响；该行业中的竞争结构；被指控的企业的市场份额及市场力量；被指控企业的限制行为的历史情况及时间长短等。合理原则有利于反垄断法更好地适应复杂的经济情况，避免机械地执法可能对正常经济活动造成的消极影响。

3. 由维护公平竞争转向关注国家战略利益。反垄断政策的目标不仅是要处理好国内市场上垄断与竞争的关系，更重要的是在全球范围内寻求资源的合理配置，在国际竞争中展示本国优势。

4. 反垄断法域外适用趋于普遍。随着贸易自由化和全球化的发展，一些跨国限制竞争行为，例如国际卡特尔、外国企业参与国内卡特尔、由外国企业参与的带有垄断目的的合并，等等，引起了越来越多的关注。当外国企业的行为影响了一国国内的商业或贸易，该国的反垄断法能否适用于外国企业，就成为反垄断法的域外适用问题。

5. 从全面干预到有选择干预。企业合并有横向合并、垂直合并、混合合并之分。在企业合并反垄断实践的很长一段时间内，各种合并行为都遭到了一定程度的限制。但是，现在许多国家不约而同地选择只干预横向合并，对垂直合并和混合合并则较为宽松。例如，1992 年美国司法部的合并指南改名为横向合并指南，这充分说明美国对企业合并的控制已经从全面干预逐渐转化为有选择干预。

6. 加强对知识产权滥用的规制。由于知识产权在现代社会中具有越来越重要的地位，因此在现代社会，无论是知识产权被滥用的可能性，还是被滥用后造成后果的严重性都会大大增加。所谓知识产权垄断（滥用）是指在以知识、信息为主要资源的知识经济时代，知识产权拥有者凭借其知识、信息的优势地位限制竞争、损害社会利益而形成和发展的市场垄断。知识产权滥用的反垄断问题不仅成为西方反垄断法律制度中的一个重要问题，而且也是近年来反垄断法理论研究的一个重要问题。

目前，加强对知识产权滥用的控制已经受到许多国家和地区反垄断政策的重视，并开始对这种滥用行为予以规制。美国、欧盟、日本和我国台湾地区不仅适用其反垄断法中有关规范对知识产权滥用行为进行规制，而且还在具体的行政执法和司法实践中形成了一些操作性较强的专门性规范。例如，美国司法部和联邦贸易委员会联合发布的《知识产权许可的反托拉斯指南》、欧盟颁布的《技术转让规章》、日本公正交易委员会颁布的《专利和技术秘密许可协议中的反垄断法指南》以及我国台湾公平贸易委员会发布的《审理技术授权协议案件处理原则》等都颇具代表性，反映了国际上规制知识产权滥用的最新发展趋势。

与西方市场经济国家的垄断相比，我国现阶段的垄断现象除了具有一般垄断的特点以外，还具有自身的特殊性，这与我国当前转型发展的阶段性特征是分不开的。由于过去在计划经济时代，政企不分，行政命令对企业的经营有着直接的影响，导致企业对行政依赖过强。改革开放以后，各行业逐渐政企分开，独立核算。但是实际上，各政府部门与其主管下的企业仍有着不同程度的联系。

特别是国有企业，其人事任免、重大经营行为都需要获得主管部门的首肯。这也就为这些企业利用行政权力获取垄断地位埋下了伏笔。事实上，不管是我国的经济垄断还是自然垄断，其背后总有行政垄断的影子，三者相互交织，构成了中国转型时期垄断的现状和特征。

一、中国转型时期垄断的特点

1. 行政性垄断泛滥，且已成为转型时期其他两种垄断方式的主导力量。行政性垄断指的是政府凭借公共权力的使用来消除或限制市场竞争的行为。在我国现阶段，这样的行政垄断集中表现在地区性行政垄断和行业性行政垄断两个方面。地区性行政垄断指的是地方政府为本地区利益，滥用行政权力，以排斥、限制所辖市场的行为，是典型的地方保护主义。在这种行政垄断下，地方政府利用各种行政权力实施对本地企业的特殊保护，如不符合政策的减税退利、设置壁垒阻碍外地企业进入本地市场、责令流通领域优先销售本地企业产品等，助长了地方企业在地方市场的垄断。行业性行政垄断与地区性行政垄断类似，不过其实施主体变为了国家经济主管部门。改革开放以后，中央统一管理的国家垄断逐渐转变为有些部门独立经营的部门垄断，主管部门的绩效便与其管辖下企业的经济利益挂钩。这就可能使得主管部门为其管辖企业形成和维持垄断力量开绿灯。以上两种行政性垄断限制了其他企业和产品的进入，破坏了市场的竞争性，妨碍了生产要素的正常合理性流动，是我国目前打击行政垄断的主要规制对象。

2. 经济集中性垄断不足，表现为我国垄断与产业集中度低、企业绝对规模偏小和规模效应不明显并存。经济规模集中度是产业组织理论中关于市场结构分析的一个重要概念，它是指生产、销售同类商品的制造商、销售商业经济、技术、市场竞争实力，对市场份额的占有程度。在同类商品的市场结构和大中小企业中，少数大型制造商、销售商所拥有的市场占有率越高，表明资源配置向少数企业集中的程度越高，企业的经济规模也就越大。经济规模集中度的逐步提高，取决于产品产业特点、经济技术特点和市场竞争水平等许多因素。一般而言，规模集中度的提高，是在长期的市场竞争、优胜劣汰筛选中，通过资本积聚和资本集中来逐步实现的。

目前，我国各产业不同程度存在绝对规模小、生产分散化和企业市场集中度低的特点。在汽车、钢铁等需要一定规模生产的领域，我国企业的集中度不高，规模效应难以发挥，在国际市场上普遍缺乏竞争力。以汽车领域为例，2006 年，全国生产汽车 728 万辆，其中乘用车 523.3 万辆、商用车 204.7 万辆，已成为仅次于美国和日本的世界第三大汽车生产国。然而，整车生产企业过多，达到 161 家，能够跻身世界 500 强的只有上汽和一汽两家企业。可见，我国汽车工业由于企业数目过多，厂家过于分散，大批量生产能力不足，造成汽车生产的规模不经济，从而与世界汽车大企业集团的差距明显。

需要注意的是，尽管集中程度不高，在这些领域却依然出现了不同程度的垄断。如生产、销售同类产品的某些国有企业之间，以“落实文件精神、规范市场秩序”为理由，试图代行政府职权，公开组织价格联盟，联手操纵市场价格，试图控制市场份额、锁定利润收益；某些行业组织背靠主管机关，以自律为名，保护落后，限制会员企业之间的正当竞争，同时制造歧视，对非会员企业进行排斥；借口反对重复建设，阻止新企业正当进入，实行保护主义，等等。

二、中国转型时期垄断形成的原因分析

1. 生产力水平低下，商品经济欠发达。我国的经济体制是建立在生产力水平相对较低和商品经济相对不发达基础之上的。这使得生产要素在不同产业部门之间流动不畅，特定部门的进入障碍不易克服，垄断局面容易形成且不易消除。生产力水平相对低下使得潜在的进入者难以得到进入市场所需要的技术、人力等要素和条件，进入市场的障碍由此形成。

2. 体制问题和政企分离不彻底导致行政权力被滥用，形成行政垄断，并进一步导致其他垄断的产生。我国目前所处的阶段决定了我国在经济体制领域的两个特点：一是过去的计划经济体制下政府部门运用行政权力和职能干预经济的现象大量存在；二是随着市场经济的逐渐发育成熟，经济性垄断有了成长的空间。两者相互结合，形成了我国目前垄断的主要形式。另外，政企在改革开放后并没有做到彻底的分离。纵观我国改革开放的全过程，实际上是政府垄断和国家垄断的范围和层次不断缩小的过程。但在这一过程中，以地区性行政垄断和行业性行政垄断为代表的各式行政性垄断时有显现。一方面，各主管部门考虑到自己小团体的利益，把自己管辖的企业视为自己的附属物，不愿放权，甚至通过各种方式维持对企业的控制；另一方面，各企业没有充分转变自己的经营机制和经营理念，为获得稳定和超常的利润，依然热衷于对政府的依靠，这不仅使政企分离的成果大打折扣，而且酝酿了行政垄断的土壤。

3. 利益因素是形成行政垄断的内生驱动力。中国原有的经济体制属于排斥市场机制、高度集中的计划经济体制，经济运行和资源配置高度依赖政府机构和行政力量，因此天然带有国有化趋势和国家垄断的特点。而行政权力是由各级行政“负责人”具体承担的，因此各级行政官员不同程度地影响和控制经济运行。而经济运作又与各级政府和官员的自身利益息息相关的。这就容易导致两方面的问题，一方面滥用自身占有的权力以获取政绩、地位、荣誉等非经济利益；另一方面通过设租寻租、乱收费获得经济利益。从这个意义上讲，垄断利润所诱惑的，不仅仅是企业，还包括相关的行政管理机关及其各级各类政府官员。

总之，中国特有的行政垄断形式多样，危害较大，而剔除行政垄断的难度较大。从反垄断理论的角度理解，改革的阻力来自条块式利益集团的抵抗。行政垄断在很大程度上使中国的市场状态发生了变异，即市场交易中被不断营造、复制和异化出某种非市场因素，从形式上看似乎很像普通的商品交易，但实质上不是按照效率、公开、公正、公平的市场原则行事。于是，市场本应具有的资源高效配置功能和公平竞争环境受到损害和削弱，有限资源不再按照效率原则，而是按垄断市场的“权力网”来配置。故此，行政化垄断限制了中国经济的健康成长，阻碍了竞争力的提高，因而反行政垄断是中国的当务之急，是规范市场秩序的关键。

[16] 何霞著．网络时代的电信监管，人民邮电出版社．2010.

从 1994 年以来，互联网的发展对我国的政治、文化、经济与社会都产生了极大的影响。通过一系列事件我们看到，互联网在推动政府的信息公开化、透明化以及政府治理方面的巨大改进；互联网也在潜移默化中推动我国的经济增长。作为幅员辽阔、人口众多、地区发展不平衡的国家，商业发展面临的最大挑战之一，是信息上的不对称和过高的交易成本，而互联网能够在全国乃至全球实现买主与卖主的直接对接，寻找到最为低廉的成本；同时，网络付费服务的商业模式使得规模效应越发显现，我国超大规模的用户群使得网络游戏、网站广告以及其他层出不穷的网上商业模式有了更大的用武之地；此外，互联网还对相关行业的发展与管理方式产生巨大冲击，导致行业监管都必须要做出相应的反应。可以说，互联网作为一次革命已对我国的方方面面都产生了重大影响。

针对电信业，冲击与挑战不仅来自于信息经济，新的网络信息技术也同时对电信发展与监管产生了重大影响。纵观电信技术演进的历程，半个多世纪以来经历了传输、交换、移动通信和网络技术的多次更新换代。其中，互联网技术和应用的创新无疑是电信技术演进中最具革命性的里程碑，并将继续对人类社会造成深远的影响。

在互联网网络经济与技术的冲击下，即使在国外，传统的电信产业也遇到了前所未有的挑战。这主要是因为电信与计算机技术高度融合之后，迅速发展起来的网络经济正在对传统电信的网络结构、发展政策、市场竞争、赢利模式以及监管方式与政策形成强烈的冲击。同时，对过去我们所熟悉的经济理论提出质疑。可以说，在互联网时代，我国面临的问题与全球是一致的，解决的基本路径也是一致的，具体方法各有差异，但是，都是在努力探索新的体系。

我们可以看到，各国的三网融合正在加速推进。与此相适应，通信与广播产业的监管改革在加速。欧盟正在通过法律的推动以纵向产业划分为核心的管制体系向以横向功能划分的竞争体系过渡。更多的国家正在探索通过融合性监管机构，统管所有网络和内容事务。

随着电信技术和电信市场的发展，围绕促进电信竞争这一电信监管的核心，各国电信监管发展出更为完善的竞争监管体系。电信竞争监管已经从早期的注重互联互通、电信资费、普遍服务等经济性监管发展到注重资源公平接入和一些社会性监管方面，近期焦点问题为功能性拆分和网络中立。

随着社会对ICT应用依赖性的增加，不仅网络信息安全的保护逐渐上升到国家高度，成为监管的新重点；个人信息和隐私的保护是网络信息安全管理的另一重要方面。此外，防止网络诈骗、控制垃圾信息等也成为网络信息安全管理的重要内容。

2009年，构建高速宽带的下一代信息通信基础设施被列为世界主要发达国家应对金融危机的发展重点和国家政策的优先议程，美国、英国、德国等纷纷出台国家战略，并加大政府财政补贴以构建支持经济社会可持续发展的下一代宽带网络。可以看到，ICT产业发展与监管又一次被提到前所未有的重要地位。

本书力求在互联网迅速发展的背景下，用全球视角研究共同面对的电信监管面临的新问题，并通过长期对电信监管的研究的积累与感悟，分析研究相关问题，并对未来政府监管走向提出自己的判断。本书分为4个部分：第1部分有2章，主要介绍电信经济学特性和电信监管的内涵与外延；第2部分有6章，主要对电信竞争与监管的理论与实践，以及监管能力、产权结构、垄断延伸及政策评估做了介绍；第3部分有5章，主要介绍消费者权益保护、电信资费、网间互联结算、网络时代的普遍服务、无线频率监管等内容；第4部分是回顾与展望，重点描述电信监管的10年回顾，存在的问题与改革建议，并探索未来将走向融合监管的发展模式与路径。

"管制"的英文应该是"Regulation"，又译为"监管"、"规制"，描述的是在市场经济的制度环境下政府对企业行为的直接干预，反映的是一种政府与企业的关系，即政府运用具有法律效力的规章控制企业的行为。虽然目前出现了行业"自我管制"、"联合管制"等新趋势，但这里所说的"管制"仍然指传统意义上的政府管制。

在经济学上关于管制有许多描述，但是，所有关于管制的定义包含一个共同的行为特征，即政府依据法规对企业的市场进入、价格决定、产品质量和服务条件施加直接的行政干预。这是"管制"的基本特征。

为全面理解管制的概念，《管制与市场》的作者史普博给出了3个定义，可以帮助我们全面理解管制的含义：管制是由行政机关制定并执行的直接干预市场配置机制或间接改变企业和消费者供需决策的一般规则或特殊行为；管制的过程是由被管制市场中的消费者、企业、消费者偏好和企业技术、可利用的战略以及规则组合来界定的一种博弈；管制学研究的是管制存在下的管制过程及作为其结果的市场均衡。

在理想状况下，管制规则应该是相关利益各方（管制者、被管制者和其他利益相关者）共同协商讨论确定的，再由政府的机构或其他组织负责监督实施。因此，"管制"从本质上讲，是基于规则的管理。"管制"的根本问题，就是制定明确的规则并按照一定的程序对违背规则者按照规则所定义的尺度加以惩处。

"管制"所体现的理念，就是法治的理念和精神，其目的是维护市场竞争，在实施过程中体现公正和透明性的原则。在发达的市场经济国家，管制是国家管理市场和企业的主要手段，其目的是解决由于规模经济、外部性和信息不对称所导致的市场失效。监管内容包括准入、价格、服务质量、安全、卫生、环保、市场行为等。监管的行业主要有在网络、金融、卫生和环境保护等。例如，在市场经济最发达的美国，联邦政府对基础设施、金融、专业服务、环境、安全、食品和卫生等实施经济性和社会性管制的机构达56个，这些机构的雇员超过13万人，每年有上万个新规则出台生效。可见，现代监管体系是市场经济健康运行的重要制度保证。

电信管理体制是电信监管目标确定的制度基础；而一个国家的电信业所处的发展阶段是电信监管目标的产业基础；行政管理体制改革和政府职能转变决定电信监管目标的政治基础。这三大基础决定电信监管目标的基本属性。

由于电信产业的特殊性和复杂性，电信管制的目标呈现出层次性与多重性。

1. 监管目标的层次性。电信管制目标有终极目标和直接目标两个层次：终极目标是增进社会福利，这是政府管制的根本出发点；直接目标包括维护电信用户利益、促进电信市场公平有效竞争和促进电信行业发展等。

《中华人民共和国电信条例》中明确规定了电信监管目标：规范电信市场秩序；维护电信用户和电信业务经营者的合法权益；保障电信网络和信息的安全；促进电信业的健康发展。这些既是直接目标，也是实现终极目标的手段。

2. 电信监管目标的多重性。我国电信市场正处于业务迅速普及、有效竞争格局逐步形成的阶段，电信监管者同时承担多重使命。在此前提下，管制目标具有多重性；同时，不可避免地存在不同监管目标间的冲突。这需要我们根据电信发展的不同阶段，确定首要和次要的目标。在《中华人民共和国电信条例》中确定的 4 个目标之中，保障国家信息安全是监管机构的长期目标。在电信业打破垄断、引入竞争的时期，促进公平、有效的市场竞争应该是首要目标：在电信市场竞争格局基本形成以后，电信监管的首要目标应该是维护消费者权益和促进电信行业的健康发展。

3. 电信监管目标实施的特殊性和复杂性。在具体实施中，电信监管面对的问题往往在法律法规条文中并没有明确的规定，甚至没有先例可循，对具体事务的处理时限也要求很紧，这使得对电信监管目标的实施表现出特殊性和复杂性。

首先碰到的就是监管实施中效率与公平的两难选择。电信监管面临大量的新情况、新问题，在实践探索和实证研究不足的情况下作出的判断有可能提高了工作效率，但却忽略了市场主体间的均衡和社会公平；而如果过于追求实践检验和理论论证，虽可保证稳妥可靠，却也可能造成决而不断，错失良机。因此，效率与公平两者兼顾是在电信监管工作中必须考虑的重要原则。当电信监管的重点在进行调整时，监管目标的内涵随之变化。随着电信监管从电信网向互联网扩展，在电信业服务于国民经济和社会信息化的定位下，电信监管的价值取向也越来越倾向于全社会的利益和福利最大化，以社会责任和社会影响为指向的社会性监管越来越成为电信监管的核心任务。即便电信监管目标在表述上并未作太大的调整，其内涵却随形势的发展具有了新的含义。

［17］胡汉辉，顾成彦著．网络融合与交叉业务竞争研究，科学出版社．2010.

自 2001 年拉丰和泰勒尔合著的《电信竞争》被翻译为中文版以来，电信、电力、航空等具有（或部分具有）自然垄断特性的产业的竞争和垄断状况发生了很大变化。其中，网络融合现象越发受到人们的关注，从多个角度开拓了人们的视野，较大地改变了人们以往对自然垄断产业竞争与规制问题的传统看法。作为网络之间的需求功能整合过程，网络融合从纵向可以被视为网络运营商之间商业模式的融合过程，从横向可以被看做网络运营商的平台包络市场进入过程。本书将以现实中涌现的网络融合现象为背景，研究网络融合环境下运营商之间的交叉业务竞争问题。

网络融合模糊了传统的产业边界，原隶属不同产业的运营商得以利用自身的网络资源媒介交叉进入相互的业务领域，进而与在位运营商携手合作或展开竞争。网络融合改变了传统的网络运营商之间的竞合关系与方式，因而对网络经济的发展具有重要的现实意义。面对现实中日新月异、层出不穷的新问题，由于缺乏与现实契合的、相对统一的研究范式，已有的网络融合文献虽涉猎广泛却未成体系，理论研究显得相对滞后。本书试图解决横亘于网络融合现象描述与理论发展之间的矛盾，通过针对网络融合问题的“量化”分析，为网络融合建立统一的、基于主流分析方法的研究范式。

为阐明融合趋势下的竞争问题，本书首先从现实的融合现象中归纳出网络融合的主要特征。与传统的网络经济问题不同，网络融合复合市场将更多地体现出多维空间性、网络外部性和系统竞争性。融合中网络间的交叉业务竞争通常发生在多个维度上，如市场维、产品维、时间维和地域维等，运营商需要综合考虑多个维度上的竞争情况以做出符合自身利益最大化的策略选择；在网络融合时代，运营商将不再局限于传统的一维或二维网络外部性联系，而是面临一个由网络外部性联系构成的价值体系，它可以遵循用户需求间的网络外部性联系找到更多的业务市场和用户群体；与传统的网络系统竞争不同，融合中的网络运营商的系统竞争性不仅体现了纵向特征，还呈现显著的横向特征，其策略成败取决于纵横双向多维的共同作用和影响。

随后本书研究了网络的纵向融合问题，讨论了网络运营商内部化用户之间网络外部性联系的动力机制。在网络融合时代，网络外部性收益将成为用户效用的关键价值所在；进一步地，融合赋予了网络运营商更多的网络外部性机会，此时运营商商业模式更迭重构的关键就在于发现这些网络外部性，并以此找到新的利润源。当运营商采取相同的商业模式时，其内部化用户之间的网络外部性联系的行为将加剧运营商之间的竞争；当运营商采取不同的商业模式时，通过定价手段以内部化间接网络外部性的商业模式将具有更大的竞争优势。特别是，当不对称的商业模式共有的收费边际市场的产品差异化水平下降时，该模式的竞争优势将进一步凸显。简言之，在网络融合时代，以用户之间的网络外部性联系为纽带，发现更多的"利润源"，并以此建立相应的商业模式，将成为运营商获取竞争优势的关键所在。

本书还研究了网络的横向融合问题，讨论了网络运营商横向平台包络进入多个产品维度的动力机制。在内部化网络外部性以获取更多收益的激励下，网络运营商将可以利用用户之间的外部性联系进入其他市场；此时平台包络策略可以被抽象为一个基于捆绑销售的市场进入过程，它可以为运营商建立起横向的多产品市场间的联动机制。当包络进入发生在单向且不存在进入成本时，运营商可以在多个产品维上实施"杠杆效应"，它随着直接网络外部性影响的增大而增大，而随着兼容性的增加而减小；当包络进入发生在双向且存在进入成本时，基于自备设施的进入将造成社会总福利的损失，而基于分项租用的进入将造成消费者剩余的损失；若运营商的沉没成本业已发生，此时鼓励运营商之间的交叉业务竞争将增进消费者的福利水平。

本书的一项主要工作是试图统一网络的纵向和横向融合模型，并在此基础上分析网络运营商在动态中进行投资创新的激励强度。在融合时代，任何运营商想要完全占据某一市场维都是十分困难的，将时刻面临着来自于其他维度运营商的包络进入威胁；运营商有足够的激励利用多边市场与多产品维之间的联动机制去为自身牟利，其影响因素主要有垄断剩余水平、产品兼容性和间接网络外部性等。在融合趋势下，运营商的研发收益体现在多边市场维度上。对于多产品运营商，当其采用了包络策略时研发激励较高。对于单一产品运营商而言，多产品运营商的包络策略降低了其研发激励，这意味着多产品运营商通过包络策略实施了动态杠杆效应。此时，间接网络外部性成为了多产品运营商在多维竞争中施展"杠杆效应"的"杠杆"。

相应地，作为理论研究的应用性考虑，本书还讨论了政策融合问题：政府监管机构应该如何适应和推动网络融合进程。在阐明了融合时代的规制对象应该是多维运营商及其网间关系后，通过分析网络中性规制验证了规制的必要性：在融合时代，政府不仅需要规制网络之间的横向关系，还要规制网络之间的纵向的利益分配。而后本书通过共同代理模型说明了融合时代规制机构分立与融合的收益。在理论分析的基础上，本书利用多维激励理论为规制者设计了一份适用于多维运营商的规制合约：既然多维运营商可以利用其多维属性甄别消费者的需求信息以赚取更多的消费者剩余，那么规制者也可以利用多维运营商的多维属性甄别运营商的成本信息以抽取更多的信息租。此时，为保证高效运营商付出有效的努力，规制者需要部分的向下扭曲低效运营商的合约产量水平。

本书是针对网络融合问题进行规范理论分析的初步尝试，还留下了许多极有价值的问题有待进一步的研究，如网络融合的福利效应命题、异质消费者的影响命题、混合捆绑包络策略命题以及存在于网络外部性条件下的共同代理命题等。

本书将以现实中涌现出的大量网络融合现象为背景，研究网络融合趋势下运营商之间的交叉业务竞争问题。通过分析网络融合复合市场的多维空间性、网络外部性以及系统竞争性特征，从纵向融合和横向融合两个角度分析网络运营商之间的竞争行为；而后本书对纵向和横向融合的相关模型进行了统一，并应用统一模型讨论了网络融合趋势下运营商的投资创新激励问题。最后，本书讨论了网络融合时代的政府竞争与规制政策设计命题。

为阐明融合趋势下的竞争问题，作者首先在第 1 ~ 2 章从现实中的融合现象中归纳出了网络融合的主要特征。与传统的网络经济问题不同，网络融合复合市场将更多地体现出三个特征：首先是多维空间性。融合中网络间的交叉业务竞争通常发生在多个维度上，此维度可以是市场维、产品维、时间维和地域维等，运营商需要综合考虑多个维度上的竞争情况以做出符合自身利益最大化的策略选择。其次是网络外部性。在网络融合时代，运营商将不再局限于传统的一维或二维网络的外部性联系。此时它将面临一个由网络外部性联系构成的价值体系，它可以遵循用户需求间的网络外部性联系找到更多的业务市场和用户群体。最后是系统竞争性。与传统网络的系统竞争不同，融合中的网络运营商的系统竞争性不仅体现出纵向特征，还呈现出显著的横向特征，其策略成败取决于纵横双向多维的共同作用和影响。

第 3 章主要研究网络的纵向融合问题，讨论了网络运营商内部化用户之间网络外部性联系的动力机制。在网络融合时代，网络外部性收益将成为用户效用的关键价值所在；进一步的，融合赋予了网络运营商更多的网络外部性机会，此时运营商商业模式更迭重构的关键就在于发现这些网络外部性，并以此找到新的利润源。当运营商采取相同的商业模式时，其内部化用户之间的网络外部性联系的行为将加剧运营商之间的竞争强度，但却会增进社会总福利水平；当运营商采取不同的商业模式时，通过定价手段以内部化间接网络外部性的商业模式将具有更大的竞争优势。特别的是，当不对称的商业模式共有的收费边市场的产品差异化水平下降时，该模式的竞争优势将进一步凸显。

第 4 章主要研究网络的横向融合问题，讨论了网络运营商横向平台包络进入多个产品维度的动力机制。在内部化网络外部性以获取更多收益的激励下，网络运营商将可以利用用户之间的外部性联系进入其他市场；此时包络策略可以被抽象为一个基于捆绑销售的市场进入过程，它可以为运营商建立起多产品市场间的联动机制。当包络进入发生在单向且不存在进入成本时，运营商可以在多个产品维上实施“杠杆效应”，它随着直接网络外部性影响的增大而增大，而随着兼容性的增加而减小；当包络进入发生在双向且存在进入成本时，基于自备设施的进入将造成社会总福利的损失，而基于分项租用的进入将造成消费者剩余的损失；若运营商的沉没成本业已发生，此时鼓励运营商之间的交叉竞争将增进消费者的福利水平。

第 5 章统一了网络的纵向和横向融合模型，并在此基础上分析了网络运营商在动态中进行投资创新的激励强度命题。在融合时代，任何运营商想要完全占据某一市场维都是十分困难的，它将时刻面临着来自于其他维度运营商的包络进入威胁；运营商有足够的激励去利用多边市场与多产品维之间的联动机制去为自身牟利，其影响因素主要有垄断剩余水平、产品兼容性和间接网络外部性等。在融合趋势下，运营商的研发收益体现在多边市场维度上；对于多产品运营商，当其采用了包络策略时研发激励较高；对于单一产品运营商而言，多产品运营商的包络策略降低了其研发激励，这意味着多产品运营商通过包络策略实施了动态杠杆效应。此时，间接网络外部性成为多产品运营商在多维竞争中施展“杠杆效应”的“杠杆”。

第 6 章主要研究政策融合问题，讨论了政府监管机构应如何适应和推动网络融合进程。在阐明了融合时代的规制对象应该是多维运营商及其网间关系后，通过分析网络中性规制验证了规制的必要性。在融合时代，政府不仅需要规制网络之间的横向关系，还要规制网络之间的纵向利益分配；而后通过共同代理模型说明了融合时代规制机构分立与融合的收益；最后利用多维激励理论为规制者设计了一份适用于多维运营商的规制合约，既然多维运营商可以利用其多维属性甄别消费者的需求信息以赚取更多的消费者剩余，那么规制者也可以利用多维运营商的多维属性甄别运营商的成本信息以抽取更多的信息租。此时，为保证高效运营商付出有效的努力，规制者需要部分的向下扭曲低效运营商的合约产量水平。

第 7 章为全书的结论与展望。在回顾全书主要结论的基础上，指明了未来研究的方向。

[18] 金碚等著．资源环境管制与工业竞争力，经济管理出版社．2010.

资源开发利用是中国工业化的初始条件之一。尽管在中国是否“地大物博”的问题上存在众多不同的意见，而且，相对于巨大的人口规模，没有人认为中国工业化可以长久地走依靠自然资源优势的道路，但是，不可否认的事实是，自然资源的大规模开发利用是中国工业化的初始条件之一。中国绝大多数工业生产集聚地区，在历史上都是某些工业资源的丰富地区或者易得地区。如果不是特殊的历史原因，经济发展的自发倾向可能会使中国的工业生产活动更集中于沿海地区。而矿藏资源更多分布于内陆地区，却没有使那里成为中国经济率先发展的地方。但这些都不能证明中国工业化并不依赖于“地大物博”。而恰恰说明，只有工业生产技术的不断提高（包括由其所决定的交通运输能力的提高）和工业需求的不断增长，才使得无论是沿海还是内陆的物质资源都可以成为中国工业化的基础条件。中国工业化的技术路线同西方工业化没有本质的区别。

因此可以看到，中国绝大多数地区，至少是在其工业化的初期，都是高度重视本地区的自然资源状况的。充分发挥资源优势，都是各地区发展战略的重要内容之一。

当然，承认资源开发利用是工业化的初始条件之一，并不是说资源是唯一条件。工业化的本质需要资源，但更需要的是资源的开发利用能力。工业化过程的基本特征主要不是资源投入的数量，而是有多大的技术能力能使得地球物质更多地成为资源。也就是说，在“资源开发利用”这个词组中，工业化更强调的是“开发利用”。因为，如果没有开发利用能力，也就无所谓“资源”，即使是卖“资源”也要有基本的工业条件。也正因为这样，如果走上单纯依赖资源的道路，即形成“资源依赖”路径，也是不可取的。

巨大人口规模和全球化规则的不彻底性所产生的资源环境矛盾。与一般国家相比，中国工业化的一个最突出特点是有 13 亿人口，劳动人口要占世界总劳动人口的 1/4。进入工业化时期后，农业劳动力向非农化方向转移，必然要进入工业生产领域，也就是说，大多数的劳动人口将以工业生产为生计。但正如马丁·沃尔夫所指出的，“富裕国家的选民希望保护自己对于人力资本、物质资本以及技术诀窍的特权地位，结果，与 19 世纪晚期相比，如今的全球化的最大不同是对于移民的限制。”

这样，中国工业化所处的国际经济规则体系与发达工业化国家当年处于同今天的中国同样的工业化阶段时所处的国际经济规则体系是非常不同的。工业化要求经济全球化，彻底的经济全球化应有四条基本原则：贸易自由化（商品和服务的国际自由流动）、投资自由化（资本的国际自由流动）、技术流动自由化（技术的国际自由交易转移）和移民自由化（劳动力的国际自由流动）。但今天的现实则是“跛足的全球化”：只强调贸易和投资自由，而技术转移受限，特别是国际移民的严格受限。因此，13 亿中国人不可能通过完全的经济全球化机制来实现要素在世界范围的高度有效配置。

于是，尽管中国在总量上完全可以称得上“地大物博”，但在人均意义上却是一个土地和资源缺乏，环境承载压力巨大的国家。问题是，除了工业化，中国没有其他的道路可走。也就是说，占世界总劳动人口 1/4 的中国劳动人口中的大多数必须进入工业领域，进行大规模的工业生产。而工业产品所面对的国内市场的人均收入将长期处于较低水平，所以，大规模的工业产品必须出口进入人均收入较高的发达国家市场。实际上，其经济实质就是以劳动密集型工业产品出口的方式，实现劳动力的有效国际配置。

因此，在中国国土上，巨大的工业生产规模与有限的资源和环境承载能力之间必然形成严重的不平衡现象。目前，尽管经过 30 年的高速增长，工业生产和出口规模大幅度扩张，但是，占世界人口 21% ~22% 的中国人口产生的 GDP 虽不足世界的 6%，却已经处于十分“拥挤”的状态。前面的路还要如何走？难道中国工业化的路已经走完了吗？很显然，中国工业化还远远没有完成。如果不继续走过工业化的历程，中国面临的所有重大问题均无法解决，其中也包括资源和环境问题。

以资源解决资源，以发展保护环境。如前所述，地球物质并无天生的资源和非资源，即废物之别，起决定作用的是现实的工业技术路线和工业技术水平，能够使得哪些物质可以并需要进行大规模的工业性开发利用。而任何工业生产活动的实质都是实现物质形态的转化，即将一定形态的物质转化（采掘、加工、制造、包装等）为另一定形态的物质（产品）。所以，工业化的基本逻辑是以高效率的方式开发和利用资源，以科学技术的运用来解决资源稀缺问题。与传统农业相比，工业是一种更加节约资源的生产方式，它远比农业更节省土地和水资源；而且，工业使得对于传统农业毫无用处的物质大规模地“变废为宝”，成为宝贵的资源。例如，如果没有工业技术，煤炭、石油、矿石等都是无用之物，而工业的发展却使它们成为财富的源泉。

那么，在中国所要继续推进的工业化进程中，这一基本逻辑将仍然成立，即必须以更高效率的工业开发和工业利用方式，来解决中国面临的资源短缺问题，而绝不可能用放弃工业化的方式，或者不再使用工业资源的方式来解决资源问题。实际上，这一基本逻辑在发达国家中也得到了坚持。例如，欧洲一些国家相继制定了节能义务。“英国于 1994 年第一个引入了节能义务，意大利 2002 年引入（推迟到 2005 年），比利时佛兰芒地区 2003 年引入，法国同意引入国家义务，于 2006 年开始实施。”“它们需要应用一些节能技术在若干时间内将能源消耗减少到一定程度，这些技术应能够提供与其替代的技术能提供的相同水平的能量服务（如照明、室内温度和生产水平）。换句话说，应该通过节能技术投入而不是通过减少能源使用来进行节能。”也就是说，作者不是以放弃工业文明的方式来实现资源节约，而是要通过工业资源的更有效开发利用，来实现和保持工业文明的成就。

同样的逻辑也适用于应对环境问题，即必须以发展来实现环境保护。因为，除了继续推进发展，完成工业化进程，没有其他更有效的方式来解决 13 亿人口的中国环境保护问题。必须承认，以发展来实现环境保护和优化，不是一条平坦而轻松的道路。经济发展不可能不影响环境，因为，中国处于工业化的现阶段，不可能不使用煤炭、石油、钢铁、化学产品等，而这必然会产生一定程度的污染。但是，持久地改善和优化环境的努力，实际上也绝对离不开工业技术基础，包括煤炭、石油、钢铁、化学产品等的开发和利用。

中国现代经济发展的基本性质是：在总体上沿着世界工业化的总体路径持续推进，是世界工业化合乎逻辑的历史延伸。中国工业化不可能逾越世界工业化过程所须经历的各主要发展阶段，也难以另辟蹊径实行完全不同于西方发达国家的基本工业技术路线，更不可能脱离经济全球化背景和居主导地位的资本主义国际经济规则。此外，中国工业化又是人类工业化进程中的一个非常独特的现象，具有显著的“中国特色”。

总之，中国目前处于工业化时代，解决资源环境问题的方式必须是积极进取式的，而绝不可以是消极回避式的。必须走的道路是绕不过去的，必须经历的发展阶段是逾越不了的。这就是中国面临的基本现实。一切都必须面对现实、承认现实，科学地应对现实的挑战。

[19] 李春玲，张玉清，柳青著 . 挺进产权交易市场——中国民航业的兼并重组，航空工业出版社 . 2010.

正如美国经济学家施蒂格勒所说：“纵观美国著名大企业，几乎没有哪一家不是以某种方式、在某种程度上应用了兼并、收购而发展起来的。”伴随着世界范围内民航企业大规模的重组和并购，目前我国民航企业资本运作方兴未艾，骨干航空公司、地方航空公司及民营航空公司之间的上市、兼并、收购、股份制改造、分立、剥离、公司控制等各种资本运作方式层出不穷，重组开始成为民航业提高竞争力的重要手段和发展趋势。

重组并购的本质是企业之间的产权流动，产权交易市场作为一个信息聚散、价格发现、投融资和资产流动的平台，是多元化、多层次资本市场的重要组成部分。产权交易市场参与重组并购是实现资源优化配置的过程，使企业通过交易等方式获得新的生产经营资源。重组并购使企业业务、资产、债务和企业内部制度发生了一系列变化，如中国国际航空公司通过北京产权交易所挂牌出售了所持的华西证券 1.3 亿股股权，从而使其专注于主业——航空运输业的运营。东方航空公司自 2003 年进入上海联合产权交易所后，一共进行了 20 多次产权交易，顺利实现了主辅分离，为企业带来了将近 6000 万元的资产升值，成为产权交易市场发挥资源配置功能的成功案例。

产权交易市场作为引导资本流动、激活存量、优化增量的最直接、最迅速、最有效的市场调节渠道，应该成为民航业战略性重组及企业并购的一个重要途径。但由于产权交易市场在我国的发展时间尚短，法律法规等各方面尚不成熟，通过各地产权交易市场参与的民航业重组并购无论从规模、交易量还是交易方式等方面与其应发挥的作用还有较大差距。必须通过研究产权交易理论，为充分发挥产权交易市场在民航企业战略性重组中发挥资源配置作用提供思路和建议。

正是在这样的背景下，本书作者在承担了天津市滨海产权研究院的中国和德国合作建设项目——《中国产权交易市场体系项目》研究课题的基础上，系统探索了产权交易市场参与航空公司重组并购的作用机理、国内航空公司进入产权交易市场的程序、方式和重组方案等理论与实践问题，架起了产权交易和民航企业重组并购之间的桥梁。

党的十六届三中全会《中共中央关于完善社会主义市场经济体制若干问题的决定》明确指出：为了推动国有经济布局和结构的战略性调整，发展和壮大国有经济，要逐步建立“归属清晰、权责明确、保护严格、流转顺畅”的现代产权制度。要依法保护各类产权，健全产权交易规则和监管制度，加强企业国有资产产权的监督管理，促进企业国有资产的合理流动，防止企业国有资产流失。要以现代产权制度为基础，加快形成统一开放、竞争有序的现代市场体系。因此，建立健全产权交易市场、充分发挥产权交易市场的功能事关国有经济的发展和壮大。

纵观世界民航运输业的发展历程，可以看出民航发展的历史就是重组并购的历史。伴随着全球化的经济环境和激烈的市场竞争，航空公司间的不断重组并购成为造就大型优势航空公司强劲竞争力的有力手段。从国外实践看，航空公司经营和发展有两个重要途径：一个是通过改善经营管理，提高企业内部资源配置的有效性，增强航空公司的竞争力。另一个是通过资本市场进行重组和扩张，这是更大范围、更高层次的资源重新配置。国外航空公司经过历次并购浪潮的洗礼，资本积累愈加雄厚，财富聚集愈加集中，核心竞争力越来越强，航空集团化的新格局正在形成。国内航空公司无论从规模、资本和市场，还是从技术、管理和效率方面都难以与之进行有效的抗衡。在国内天空不断向外资航空公司开放的背景下，随着外资的进入，中国航空公司正面临着一定的竞争压力和生存危机。

我国的航空运输企业多为国有控股企业，由于行业自身规模经济、网络经济、密度经济的特点，资金需求量大，资本技术密集，资本扩张有一定现实需求。而一个较为成熟的产权交易市场不但可以为航空公司提供优秀的重组方案，如引进战略投资者、企业融资、主辅分离、改善资本结构等，而且产权交易市场还可以为众多非上市航空公司架起企业上市的桥梁，引导更多的优良资产实现扩张，以应对日趋激烈的市场竞争环境。产权交易市场作为引导资本流动、激活存量、优化增量的最直接、最迅速、最有效的市场调节手段，应该成为民航业战略性重组及企业并购中的一个重要途径。

第一章介绍产权基本理论。通过对西方产权理论的一般性回顾，结合马克思产权理论学说，提出了产权的一般概念，重点分析了产权交易市场的特点与功能。

第二章从产权交易理论入手，结合我国产权交易市场的发展现状，分析目前国内几大区域产权交易市场存在的问题，提出未来产权市场发展的趋势和路径。

第三章从国际民航业发展趋势入手，剖析国际上航空产业重大并购重组事件的背景及过程，总结国外航空公司重组的经典案例的经验和启示。

第四章通过对我国航空业发展现状、特征及行业竞争格局的分析，从不同角度分析中国民航业的市场状况、未来发展的趋势以及民航业面临的形势。通过分析我国国内航空公司面临的外部环境、发展特点以及企业竞争力等现状，结合中国航空企业历史上并购重组的实践，考虑现阶段我国航空公司重组模式以及可能的重组方案。

第五章研究航空公司进场重组的政策法规，通过对民航业不同产权主体的归类，分析国内现有各类航空公司的产权主体类型，深刻剖析现阶段影响航空公司进场交易的困难，阐述航空公司进场交易的重要意义。

第六章结合对国内航空公司重组模式和重组方案的研究，为我国的民航企业可能的重组方式设计进场交易路径。阐述航空公司在产权交易市场实现战略性重组的实现方式。从理论上提出了一些创新产权交易市场业务功能的方案。这些方案立足民航业的需求，结合企业的运营实践，为产权交易市场的自身发展以及更好地在民航企业产权交易中发挥作用提出一些措施和建议。

附录介绍了国内近10年来各地区产权交易的经典案例，其中不乏获奖案例，从不同角度、不同行业、不同交易方式为民航企业进入产权交易市场提供参考，也进行充分论证，每个案例都附有简单的评述和分析。

[20] 李青著，自然垄断行业管制改革比较研究，经济管理出版社.2010.

20世纪80年代以前，世界上大多数国家都信奉传统自然垄断理论的教条，对电信、电力、铁路、供气供水等传统理论认定的自然垄断行业实行严格的市场进入管制，以保证实现规模经济的效率，并通过价格管制来维护消费者利益。从20世纪80年代初开始，以美国和英国为代表的许多发达国家纷纷放松管制，实行开放与竞争的政策，积极引入市场竞争机制，并通过管制方法的变革来促进企业绩效的改善。自然垄断行业独家垄断经营的原有格局被打破，私有化的趋势日益显现。

我国自然垄断行业的改革也起步于20世纪80年代。不过，与发达国家大刀阔斧的改革相比，我国的改革是从局部微调开始的。20世纪80年代前期的改革集中在价格上，为了消除价格中的大量隐性补贴及由此产生的扭曲，政府对某些行业的价格进行了调整。80年代中后期和90年代初期为了提高企业的生产积极性和效率，进行了分配制度方面的改革，实行了承包制，如铁路行业的大包干、电信行业的利润承包等。从90年代开始，自然垄断行业的改革开始触动到实质性问题。这个时期的改革是以塑造竞争格局，构建市场型的管制体制为主题的。例如，民航业在政府的主导和协调下，实施了大范围的企业重组，其五大集团竞争局面基本形成；在电信业，从最初向中国联通发放基础电信牌照，扶植其成为中国电信的第一个竞争对手，到后来对中国电信先纵向拆分，再横向拆分，以及向中国铁通、中国网通开放基础电信市场，使我国电信业的长话、移动和增值服务形成了一定程度的竞争；在电力业，鼓励集资办电和其他各种融资方式，试行厂网分开的改革，在发电领域引入竞争机制，2002年全国电网的拆分以及国家电力监管委员会的成立，近年来大用户直购电试点的实施则更是表明了政府打破自然垄断行业改革坚冰的决心；在铁路业，从20世纪90年代末起不少地方铁路局相继实行了组建“网运分开”的改革，取得了初步成效。

自然垄断行业一直是我国市场化改革的边缘地带，改革进展缓慢。尽管20世纪90年代中后期以来，改革在局部领域已经取得了较为显著的成绩，但是从总体上来看，无论是与国内其他行业，还是与发达国家的同一领域相比，我国自然垄断行业的改革步伐仍然明显落后。

与国内其他行业相比，经过30年的市场化改革，一般工商业的国有垄断格局已经被打破，市场竞争激烈，产权多元化程度高，而在自然垄断行业，收费不合理、服务水平偏低、企业成本费用居高不下等与垄断密切相关的弊端依然较为突出。

虽然我国与美国、英国等发达国家自然垄断行业改革的起步时间相近，但是，发达国家的自然垄断行业已经完成了从自然垄断走向竞争的过程，像电信这样技术发展迅速的行业的市场结构甚至出现了从竞争走向经济性垄断的趋势。而我国目前还处于从垄断走向竞争的探索阶段，市场机制的作用仍然在较大程度上受到抑制，如曾经出现的铁路票价上涨与听证、民航机票禁折、手机单向收费与漫游费争议等事件，无一不反映出改革过程中的种种矛盾、纠葛和束缚。此外，法制是管制的题中应有之义，在这方面我国也明显落后于发达国家。立法先行是发达国家改革实践的一大特点，如美国基础电信领域的开放就是以 1996 年新《电信法》为依据的，它对促成美国电信业改革的成功具有里程碑式的意义。而我国到目前为止，能够指导改革实践的真正意义上的法律还相当缺乏，先实践再改革似乎已成为我国自然垄断领域改革的锁定路径。立法滞后导致交易成本和人为因素加大，增加了改革的不确定性。

改革落后的结果是企业的低效率与高回报共存，不但损害了经济效率，还造成了严重的社会不公，引起了社会公众的普遍不满。据学者测算，2003～2005 年我国电力、电信、民航、铁路年均垄断社会成本分别高达 1806.998 亿元、1617.03 亿元、61.90 亿元、83.975 亿元，占 GDP 比例分别达 1.216%、1.042%、0.025%、0.078%，合计占 GDP 达 2.361%，垄断租金为垄断行业企业的低效运营和高收入提供了条件。

如果说自然垄断行业的垄断弊端给国内经济和社会造成的社会福利损失是深化改革的内在要求，那么，经济对外开放带来的国际竞争则是现实的外在压力。加入世界贸易组织标志着我国经济与世界经济融为一体的趋势不可逆转。随着经济开放程度的日益增大，我国的自然垄断行业不可避免地将迎接前所未有的竞争和挑战，竞争对手中将有相当一部分是拥有巨额资本，管理和技术水平居世界一流的跨国企业巨头。著名的《财富》全球 500 强排名显示，尽管我国自然垄断大型企业已经跻身于世界一流企业，但在上榜的同行业企业中，仍然排名较后，竞争实力表现出劣势。根据 2009 年《财富》全球 500 强排名，在电信行业中，中国移动、中国电信公司、中国联通公司分别居于第 99 位、第 263 位、第 419 位，在同行业中无论是营业收入还是利润额都排在美国电话电报公司（第 29 位）、日本电话电报公司（第 54 位）、德国电信（第 61 位）、法国电信（第 77 位）等公司之后；在电力行业中，中国国家电网公司排在第 15 位，显出大国垄断企业的实力。但从发电企业来看，五大集团中仅有中国华能上榜，排在第 425 位，落后于法国电力集团（第 57 位）、意大利国家电力公司（第 62 位）、日本东京电力公司（第 124 位）、南苏格兰电力公司（第 178 位）、韩国电力公司（第 305 位）、日本关西电力公司（第 324 位）；在铁路行业中，中国中铁公司排名第 242 位，在同行业中落后于德国联邦铁路公司（第 151 位）、德国国营铁路公司（第 209 位）。自然垄断行业是国民经济的命脉，关系到国计民生，改革怎样继续，将直接影响我国自然垄断行业的生存和发展乃至整个国民经济的运行。

总之，我国自然垄断行业改革已经到了关键时期，迫切需要找出当前改革中的症结，在立足国情的基础上，借鉴和吸取美英等发达国家的经验教训，确立清晰的总体框架和切实可行的具体方案，以提高企业的效率和竞争力，消除社会不公，增进社会福利。

［21］李晓蓉著．市场界定与反托拉斯政策研究，南京大学出版社．2010.

经济全球化以及不断深化的创新活动使得现代市场竞争日益激烈，建立和完善反托拉斯法，维护竞争自由、保护市场机制，已经成为发达国家与发展中国家都倍加关注的事情。反托拉斯研究的理论来源一般有三个：社会学、政治学和经济学。20 世纪 70 年代以后，由于产业组织理论（欧洲称之为产业经济学）的兴起和迅速的发展，经济学已经异军突起成为其最主要的理论框架。

本书基于产业组织理论的分析框架，以经济学说思想发展为线索，对相关市场（Relevant Market）理论范式的演变及其对反托拉斯实践的影响进行了深刻的讨论。研究目的在于从西方百余年的反托拉斯历史演变过程中整理出经济学思想的发展路径，并在理论评述的基础上，就中国在反托拉斯理论与实践中如何借鉴西方理论提出建议。

本研究选取了与市场界定紧密相关的历史环境因素及经济学价值观作为主要的外生变量，以产业组织理论学派为中介变量，描绘市场界定理论演变的轨迹，探索其范式特征及政策含义。

主要的研究问题有以下 4 个：

（1）在市场界定理论演变的过程中存在哪些理论模型或者理论范式？

（2）历史环境和价值观是如何影响这些市场界定理论范式演变的？

（3）不同的市场界定理论范式之间存在何种关系？

（4）应该如何评价不同的市场界定理论范式所具有的反托拉斯政策效应？

在其余的各章中，通过对大量的理论文献、实证研究结论的比较分析，本书将以市场界定理论的动态演化以及对反托拉斯政策福利含义的影响为主要线索，按照以下逻辑和基本框架进行讨论：

第二章是经济学与反托拉斯政策，通过对反托拉斯政策的历史回顾，分析经济学在反托拉斯政策中的地位与作用，并简要地提出市场界定与反托拉斯政策演进的三个历史阶段。

第三章研究结构主义学派的古典市场界定理论及反托拉斯政策。古典市场界定方法是最早萌芽的、以古典经济学为基础的市场界定理论，充分体现着静态的完全竞争观念。在论证结构主义的范式作用之后，通过典型案例分析经济学理论与司法实践的矛盾，以此为基础评价古典理论及其对反托拉斯政策的作用。

第四章以价值观和方法论为切入点，重点论证芝加哥学派理论范式对动态的竞争概念的理解，并在经济学模型分析的基础上结合司法案例评价理论的先进性与局限性及对反托拉斯政策的作用。

随着新经济时代的到来，由创新引致的技术进步等变量对市场结构变迁产生了重大的影响，从而对传统的市场界定理论形成了重大的挑战。第五章以创新市场为背景，重点剖析后芝加哥学派时代的竞争特征以及市场界定理论的动态化发展。本章论证了后芝加哥学派理论的形成及方法论特征，并以此为基础分析其市场界定理论的动态特征，通过典型案例的分析，归纳市场界定理论发展的新趋势。

第六章首先对市场界定理论演变的过程进行历史归纳，并提出若干的基本结论。其次讨论经济全球化对市场界定理论及反托拉斯政策的影响和挑战。最后以反托拉斯全球化的趋势为背景，针对中国市场中存在的垄断及反托拉斯问题，讨论了转轨时期完善中国反托拉斯政策的若干基本原则。

研究的主要结论可以简要地归纳为以下几个方面：

（1）市场界定理论及反托拉斯政策是历史的产物，是服务于特定历史时期的社会经济政治背景的，具有鲜明的时代特征。

（2）在产业组织理论基础上发展起来的市场界定理论对现实的解释能力是有局限性的，因而只在一定的范围内有效。

（3）市场界定理论是发展的理论，新经济时代的到来，使得结构—行为—绩效的理论范式受到了极大的冲击和挑战，长期性、创新、动态竞争等变量的引入必将引起市场界定理论的重大变革。

（4）产业组织理论以及以其为指导的竞争政策是辩证的发展关系，理论与实践的不断结合为市场界定理论的发展提供了更为广阔的空间。

（5）每一种市场界定理论都是基于其学派的理论范式之上的，并具有独特的政策含义。

（6）在研究反托拉斯问题的领域中，产业组织理论与微观经济学更加紧密地结合在一起，从而形成了"反托拉斯经济学"。微观经济学的发展为市场界定理论的发展提供了理论基础。

（7）历史的分析发现，产业组织理论对反托拉斯法的影响越来越显著，尽管经济理论对法律的介入滞后了很多。

（8）市场界定理论及反托拉斯政策研究的问题是发展中国家在经济转型、产业创新过程中面临的重要问题，如何应用西方经济理论及政策必须建立在对中国经济环境进行深刻的历史分析基础之上。针对中国在转型期经济垄断广泛、自然垄断行业管制放松期待竞争政策的介入及行政垄断根深蒂固、危害严重等特点，建议中国反托拉斯政策以经济效率为唯一目标，最少干预为基本原则，可以考虑以消费者利益为最终判定标准。结合发达国家的经验，中国现阶段的反托拉斯政策应以粗线条为宜，重视反竞争行为，慎用结构主义，以控制行政垄断为重点。

可能存在的不足主要体现在以下几个方面：首先，本研究将对理论线索进行梳理，需要大量的史料分析，由于跨学科知识的局限、收集数据资料的困难等，容易导致疏漏甚至错误的发生；其次，现有的知识框架跨度不够，可能会影响本研究的理论深度；最后，市场界定动态标准模型的设计以及中国反托拉斯政策体系的具体构架等问题，由于本书的研究主题及范围的限制不可能进行更深一步的讨论，而只能作为未来研究的方向。

［22］刘大伟著．公用事业价格听证中消费者参与的经济法学研究，法律出版社．2010.

本书在坚持利益集团的框架下，将公用事业价格听证中的消费者和厂商视为两个利益集团。其中，由于公用事业价格听证中的厂商处于自然垄断地位，因此假设只有一个厂商。对于消费者，本书承认消费者利益集团内部的利益分化，但将消费者严格界定为普通消费者（Average Consumer），而不包括工业消费者（Industry Consumer）。在此前提下，选取“公用事业价格听证中的消费者参与”作为本书的研究主题，其依据及意义主要体现在理论价值和实践意义两个方面。

本书的基本命题是：作为厂商与消费者利益集团博弈的基本机制，相关信息的获取、运用能力及其保障是两个利益集团在价格听证得以有效施加影响的关键；由于消费者利益集团与厂商各自的特征差异，两者在相关信息的获取和运用方面存在巨大的差异。因此，在承认科学的价格决策需要消费者有效参与的前提下，探讨如何通过制度设计实现消费者利益集团与厂商利益集团在这两方面的平衡并保证消费者信息真正对价格决策具有影响力。

其基本内容如下：

第一章：公用事业的价格管制、价格听证与消费者参与。在这一章中，本书主要论述了价格管制的目标、价格听证的基本关系与基本模型、消费者参与价格听证与公用事业价格管制的关系，从而为全书的论述打下了基础。

第二章：信息、能力和制度框架与价格听证。在这一章中，本书首先界定了信息、能力和制度框架，在此基础上，本书探讨了信息、能力和制度框架与价格听证中消费者参与的关系，从而为全书的论述确定了主线。

第三章：信息与消费者参与。在这一章中，本书着重论述了信息与消费者参与的关系。本书认为，获取信息是消费者参与公用事业价格听证的首要条件。本书还探讨了保证消费者获取信息的相关制度设计。

第四章：能力与消费者参与。在这一章中，本书着重论述知识与消费者参与的关系。本书认为，知识是被理解了的信息。因此，必须在认识消费者“规模命题”的前提下，通过相关的制度设计将这一问题转化为消费者组织的参与。同时，本书还论述了消费者代表的选拔标准和对其的激励与约束。

第五章：制度与消费者参与。在这一章中，本书着重论述了制度与消费者参与的关系。本书认为，在公用事业价格听证中，权力表现为获取和运用信息后的话语权（影响力），为了切实保证消费者在公用事业价格听证中的话语权，必须通过相关的制度设计来实现。本书着重对这些制度进行了探讨。

第六章：中国公用事业价格听证中消费者参与的改进。在这一章中，本书着重论述了中国公用事业价格听证消费者参与的现状，分析了其主要缺陷，并在此基础上提出了相应的改进路径。

1. 从信息的角度对公用事业价格听证中消费者参与的作用进行了定位，已有文献对公用事业价格听证中消费者参与作用的研究侧重于对管制机构的监督和与厂商之间的对抗，但并没有从信息——这一消费者对抗厂商、监督管制机构的根本因素的角度予以论述。论文从信息的角度界定了消费者参与公用事业价格听证的双重作用：一是提供价值信息；二是以自己获取和运用的信息来参与公用事业价格决策过程，从而有效地制约管制机构与厂商之间的合谋行为。

2. 提出了公用事业价格听证中消费者参与的信息、能力和制度框架。管制机构的主要活动是收集信息，而听证是管制机构获取信息的主要渠道（史普博，1999）。因此，信息是公用事业管制的媒介。对于消费者利益集团而言，消费者的有限理性、其天然的与厂商之间的信息不对称和由于“规模命题”而引起的较低的参与意愿共同决定了消费者利益集团在信息获取和运用方面与被管制厂商无法形成有效的对抗，并进而直接限制了公用事业价格听证的效果。对于这个问题，论文创造性地提出了信息、能力和制度框架，即通过制度设计使博弈主体能够尽量拥有平等（但并不要求相同）的信息，保证博弈主体（尤其信息运用弱势群体）的信息运用能力，实现博弈主体在信息充分运用的基础上的有效对抗。这一框架可以对公用事业价格听证中消费者参与予以系统的阐述，是对王锡锌教授权力——知识框架的扩展和深化。

3. 用实证研究的方法对公用事业价格听证中的消费者参与进行了论述。论文选取以客运铁路这一典型的公用事业为暗含假设，分别通过调查问卷的形式调查了大学生、商务人士和民工三大主要客源对象。通过调查问卷及其分析，笔者得出了消费者对于公用事业价格听证参与意愿与能力的第一手资料。这些内容构成对公用事业价格听证中消费者参与相关理论的检验，具有一定的实证价值。

[23] 史建三，钱诗宇等著．企业并购反垄断审查比较研究，法律出版社．2010.

对世界上很多国家来说，企业并购早已成为企业迅速扩张、提高规模经济效益和国际竞争力的有效途径。但由于并购交易后经济力量的集中和市场结构的改变，使并购者容易产生或加强市场支配力量，从而排除或限制市场有效竞争。一方面，企业并购容易导致相关市场中竞争者数目的减少，从而降低相关市场的竞争程度，如果达到能够支配或控制市场的程度，那么就很有可能排除或限制这一市场上的有效竞争；另一方面，即使并购交易不能致使参与的当事方企业产生或加强市场支配地位，但市场上竞争者数目的减少将吸引企业做出协调一致的行为，共同采取某种手段以减少竞争、损害消费者的利益。

为了预防企业通过并购活动产生或加强市场支配地位、维护市场竞争秩序，对一定规模以上的企业并购交易进行反垄断审查，已经成为市场经济国家反垄断法律制度的通行做法。目前已经有至少一百多个国家建立了企业并购反垄断审查制度。各国企业并购控制的经验告诉作者，一个好的企业并购控制制度可以在维护有效的市场竞争环境的同时，促进企业通过并购的方式获得发展，进一步提高社会的整体经济效益。

企业并购控制制度与禁止垄断协议制度、禁止滥用市场支配地位制度并列为反垄断法的三大基本实体制度，这是国际范围内比较普遍的现象。如果说禁止滥用市场支配地位是对已经形成的、现实的市场支配力（垄断力）予以事后监督和控制，那么企业并购控制制度主要就是对企业形成或加强潜在市场支配力或者滥用该支配力以损害市场有效竞争的交易行为采取事前预防和控制，旨在维护合理的市场结构，防止市场力量的过度集中。这两种制度本身都属于行为规制，但又都与市场结构密切相关，它们分别从企业所处的不同经济阶段和市场环境入手，共同维护自由公平的市场竞争秩序。

具体来讲，本书将全部内容分为十一章，大致内容分别如下：

第一章企业并购反垄断审查的法律框架与主管机构——主要介绍各国企业并购反垄断审查制度的法律框架、立法形式、立法特点，还列举了豁免适用企业并购控制规则的特殊行业及领域。同时，集中论述了各国具体负责实施本国企业并购反垄断审查的主管机构，涉及这些机构的设置模式、法律地位、职权范围以及机构性质等，特别对其调查权限进行了描述与比较。在此基础上，介绍与评论我国经营者集中反垄断审查的法律框架和执行机构。

第二章企业并购反垄断审查法律制度的调整对象——针对企业并购反垄断审查法律制度的具体规制对象“企业并购”展开研究。鉴于各国对企业并购的称谓各不相同，如“（经济）集中化”、“合并”、“兼并”等，为了避免歧义，特别介绍了国际上对于“企业并购”的普遍措辞，辨析了“企业并购”与相近术语的法律含义，并说明了“企业并购”在本书中的特定含义。同时，还介绍了企业并购的各种类型和具体内容，并指出了在企业并购控制制度意义上的并购交易的豁免情形。最后是对我国经营者集中审查制度调整对象的介绍与建议。

第三章企业并购反垄断审查的申报标准与申报义务——在企业并购反垄断领域采用法定申报制度的国家，都会设定一条标准，要求达到该标准的并购交易必须向监管机构申报（事前或事后）。本章重点就此标准整理研究，归纳出了不同的申报标准类型、申报义务类型及其具体内容，还涉及了充满争议的企业并购控制制度的“域外适用原则”。在总结归纳了各国的申报标准和申报义务之后，对我国的相关规定提出了建议。

第四章企业并购反垄断审查的申报程序——在对比研究了申报制度的实体问题之后，对申报制度的程序规定进行了国际化研究，涉及申报义务人、申报期限、申报材料的格式要求和内容要求、申报费用等方面。除此之外，作者将与申报程序紧密联系的申报前咨询程序和申报后通告程序也一并纳入对比研究的范围，使得整个申报程序更为丰满。最后总结出一些合理的做法，来完善我国经营者集中申报程序的具体规定，或用以填补法律的空白。

第五章企业并购反垄断审查中的等待期——主要介绍了自动等待期的基本概念、性质特点、主要类型，以及各国对于自动等待期的具体规定。自动等待期问题与企业并购控制制度中的事前控制和事后监督密不可分，本章也突出了这个问题。同时，介绍了自动等待期的适用除外情形。因为关于自动等待期的研究向来比较薄弱，作者希望通过该章的论述对明确与完善我国经营者集中审查制度中相对模糊的自动等待期制度有所助益。

第六章企业并购反垄断的实质审查：实体篇——实质审查向来是企业并购控制制度的重中之重。由于企业并购审查的实体标准内容繁多、篇幅冗长，为了在有限的篇幅内兼顾论述的条理性，作者按照一般企业并购实质审查的步骤为主线，将该章内容分布到各个步骤中。具体的顺序是：(1) 实质审查标准，主要介绍了现今国际上的两大标准“市场支配地位标准”和“实质性减少竞争标准”，同时也比较了其他标准，最后阐述了企业并购实质审查标准的国际化发展趋势和我国的实质审查标准；(2) 相关市场界定，涉及国际上对相关市场的一般划分类型以及界定相关市场时最常使用的几个标准，并比较了我国有关相关市场界定的法律规定；(3) 市场份额和市场集中度评估，主要介绍了判断市场结构和竞争状况的市场份额标准和市场集中度标准；(4) 反竞争效果考量，分别介绍了单边效应和协调效应的内涵、具体分析因素；(5) 抗辩情形分析，主要针对国际上最为流行的几大抗辩事由，即市场进入抗辩、效率抗辩和破产企业抗辩展开理论分析与案例介绍。成功的抗辩能够使一桩触犯了实质审查标准的并购交易免于禁止，因此具有重大的实证意义。这对于我国已经初步建立的“市场进入抗辩”、“效率抗辩”和尚未得到明确确认的“破产企业抗辩”制度具有重要的借鉴意义。以上基本涵盖了企业并购实质审查中的主要实体问题。

第七章企业并购反垄断的实质审查：程序篇——研究对象是企业并购实质审查的程序性内容。首先从实质审查程序的结构和类型出发，然后是审查期限的规定，再者是实质审查程序中包含的一系列小程序，诸如调查程序、要求进一步信息程序、听证程序等，作者归纳出了企业并购实质审查程序体现出的国际化特点，并详细整理了我国经营者集中的实质审查程序。

第八章企业并购反垄断审查机构的最终审查决定——针对监管机构在实质审查程序结束之时对问题并购交易可能作出的审查决定，一般是无条件许可决定、附条件或义务的许可决定、禁止决定，其中又以附条件或义务的许可决定最为复杂，因而重点介绍。另外，归纳了监管机构最终审查决定的几大特点，最后是对我国反垄断执法机构的三大最终审查决定的分析讨论。

第九章对违反企业并购反垄断控制规则的行为的制裁——描述各国对违反各自企业并购审查制度的行为所施加的法律责任，责任主体仅限于参与企业并购的当事方企业。本章不但研究了在企业并购领域最为常用的行政制裁，也将视线落到了相关的民事责任和刑事责任之上；不但研究了作为主要制裁主体的监管机构，更涉及了相关的法院或其他机构，也聚焦了我国对违反经营者集中审查制度的行为的法律制裁，对相关法律空白提出了立法建议。

第十章不服企业并购反垄断审查机构决定的救济途径——行政复议（申诉）及司法审查——鉴于监管机构的行政主体性质，在其对企业并购活动进行规范的过程中，为了保障当事方企业及相关第三方的合法利益，必须对监管机构的执法行为进行制约，方法之一就是为当事方企业或相关第三方反对其所作的决定引入救济手段。企业并购审查领域的救济手段主要包括行政系统内部的救济和司法机关的介入两种方式，本章对该两种方式进行了具体的考察，并在各国救济制度的基础上归纳了不同类型，也研究了复审审查的内容。同时涉及救济制度中的诸多程序性问题有如申请救济人、受理救济的机构、申请救济需要提交的材料、提出救济的最晚期限等。最后归纳了救济制度中的国际化特点及普遍存在的问题，以期完善我国经营者集中审查制度中的行政复议和行政诉讼体制。

第十一章企业并购反垄断审查的国际合作——本章考察了一些国家的企业并购监管机构和相关国际组织在其职权范围内开展的各项合作。在国际范围内，合作的方式更是多种多样，双边合作、多边合作、区域性合作和国际组织都是不同的企业并购监管机构之间开展合作的有效载体。本章对这些合作形式都进行了考察，并列举了合作成果。企业并购控制的国际性合作日渐频繁和卓有成效。与之相对应的是，我国该领域的国际合作才刚刚起步，因此如何借鉴别国的先进经验，以完善我国的经营者集中审查制度，是一项紧迫的工作。

[24] 宋文昌著．金融市场秩序、伦理规制与有效监管，中国金融出版社．2010.

金融市场是国民经济的重要中介，联结着各个部门和领域，在现代经济生活中发挥着广泛的作用。但是由于市场失灵和政府规制失灵，更由于伦理缺失，金融市场失序和无序现象始终伴随着现代金融的发展，诱发的金融危机给现代经济的发展造成严重危害，阻碍社会经济的发展、人类的进步，甚至导致严重的经济衰退。随着我国经济进一步发展，中国金融市场也处于快速发展和深化改革的进程中，在经济和金融体系中的地位和作用日益增强。然而主体行为不规范、信用环境恶劣、行政干预过多、制度不完善等转型期体制问题，也常常困扰着我国金融业发展，阻碍金融市场发挥作用。为维护金融市场秩序，保证我国金融市场持续健康发展，本书基于金融伦理学研究范式，提出金融市场本身对伦理学的诉求这一研究主题，探寻金融伦理与金融市场秩序的关系、金融伦理与有效监管的关系，通过研究我国金融市场现状，构建我国金融伦理体系，推动我国金融市场有序发展。本章介绍全书的研究背景、研究意义、思路及方法，并给出全书的结构安排。

金融市场是现代市场经济体系中的一个极其重要的组成部分，它联结着国民经济的各个部门和环节，在现代经济生活中发挥着广泛的作用。从深层次意义上讲，金融市场不仅仅指金融商品的交易场所，还包括了一切由于金融交易而产生的关系。其中最主要的是金融商品的供求关系，以及金融交易的运行机制——价格机制，也就是金融产品的价格和资金借贷的利率。在金融市场上，利率就是资金的价格。在利率信号的引导下，促进社会资金以最小的成本流向使用效率最高的地方，从而优化资源配置，推动经济持续快速发展。

金融市场对于一国的经济发展具有多方面的功能：

第一，融资功能是金融市场的最基本的功能，通过金融市场，使资金的多余单位和资金的短缺单位建立了联系。

第二，金融市场的发展，有助于降低横截面风险对经济发展的负面影响。

第三，金融市场是资金供求的“调节器”。中央银行可以通过发行央行票据、对金融机构再贷款、再贴现等公开市场业务，调剂货币供应量，从而控制信贷规模。

金融市场在现代经济社会中的作用是毋庸置疑的，它促进了经济增长。同时，金融领域也是市场经济体系中竞争最激烈、风险性最高的领域。由于市场失灵和政府规制失灵，现代金融市场也经常处于失序和无序状态。在金融交易活动中，市场主体会违背社会共同承认的金融规则体系，使得金融市场体系在配置资源中呈现出一种不和谐、不稳定、不可预见的运行状态。亚当·斯密在《道德的情操》中认为，如果人们追求金钱和名利超过对智慧和道德的追求，整个社会便会产生道德和情操的堕落，结果便是公正性原则被践踏，市场经济趋于混乱。市场经济发生混乱，必然大大降低市场配置资源的效率和质量，经济发展成果有可能毁于一旦。远不说英国“南海事件”，美国华尔街列文、西格尔、布埃斯基的“金融界最大的犯罪阴谋”，以及安然、世通和施乐的“联合造假”，仅这两年高盛、美林一批投行“虚夸 CDO”产品，纳斯达克前主席麦道夫玩弄庞氏骗局，美联储监管不力，以及更多监管当局的监管寻租等事件，就已经使自由市场经济失去了“帕累托最优”通径光环。一时间金融市场充斥着大量的败德行为、反伦理现象，整个金融市场陷入无序状态。拨开层层乱象，透过无序状态表面，作者可以发现无序的两个主要诱因：社会变革、转型造成的伦理缺失；政府越位、缺位造成的监管不力。

中国金融市场发展正处于关键阶段，金融市场发展中存在着无序的现象以及潜在的危机，主要表现为：首先，我国监管制度的建设还不完善。银行、证券、基金、信托和保险等各类金融业务的法律边界需要进一步明确，市场长期发展和创新的制度规范基础还不牢固，风险案例常有发生。同时，我国金融机构非理性行为仍然大量存在，金融监管缺位、金融腐败、金融诈骗、地方政府过度干预、大股东侵占小股东利益现象、券商违规行为、上市公司造假现象、金融欺诈、内部人交易、金融贿赂等金融违法行为依然层出不穷。

其次，我国目前金融市场发展的协调性还有待加强。股票市场、期货市场在金融市场中的地位还有待提高，份额有待增加。否则，发展程度不一的市场体系不利于金融市场效率的提高，也会给宏观调控和监管增加难度，提高调控和监管的成本，甚至可能导致调控和监管无效。

再其次，我国不良的金融生态环境影响着金融业的平衡发展。例如，我国信用环境还不够成熟，金融业发展不均衡；行政干预过多，降低金融案件执法力度；利率和人民币汇率机制不健全，不能给市场主体提供有效的价格发现机制，更不利于货币政策的顺利传导和监管政策的有效发挥；中介体系不完善，影响金融运行的效率。

最后，我国尚缺乏一套系统性的金融风险预警、处置、缓冲、补救机制，不能防患于未然。风险不断累积，可能演变成更大风险，甚至导致金融危机。

当前的中国经济体制改革，已经进入社会主义思想与市场经济体制相结合的重要阶段，如何吸取发达国家的经验与教训，从伦理层面对经济关系的变化加以辨明和阐述，从而构建社会主义和谐社会，是当前经济理论界和实务界都应该重视的一项重要任务。其中，至关重要的是把伦理学应用到金融领域，分析金融市场，研究金融市场上伦理缺失的表现及危害，多渠道寻求解决问题的方法，这对于我国金融市场的持续发展，对于金融改革和发展具有重要意义。

为此，本书从金融市场本身对伦理学的诉求角度出发，从金融市场秩序、金融市场制度和金融市场主体行为方面进行研究，探寻金融伦理与金融秩序的关系、金融伦理与有效监管的关系，通过分析我国金融市场现状，构建我国金融伦理体系，从而治理金融市场无序问题；构建有效监管体系，推动我国金融市场健康有序发展。

本书包含三层次内容：第一层次是理论基础分析，包含有市场秩序理论、金融伦理理论、金融监管理论；第二层次是现实分析，涵盖了现代金融市场的失序、金融伦理缺失特征和金融监管现状；第三层次是政策建议，针对现实分析出的问题，提出了解决的办法。鉴于金融市场秩序、伦理规制和有效监管是本书的研究主题，则要求作者站在全球金融市场角度，在我国金融市场发展的背景下，运用规范和实证分析相结合的办法，构建一个中国金融市场伦理规制和监管的分析框架。

本书的具体结构安排如下：

第一章，提出研究背景、意义，分类梳理与本书主题相关的已有文献，并给出必要的判断和评论；介绍本书的研究思路、结构。

第二章，阐述市场秩序理论与金融市场秩序，通过对金融市场体系的功能、分类和历史沿革的分析，探讨金融市场有序发展的决定性因素，并研究了发达国家不同金融制度与金融市场秩序的关系。

第三章，介绍金融伦理与伦理规制的理论，对金融伦理的基本问题、金融伦理规制的特性进行了归纳。分析在金融市场上，进行伦理规制的必要性、可行性。本章还讨论伦理规制发展的三级结构，为伦理规制建设勾画了不同发展阶段。

第四章，以金融市场为线索，分别对信贷市场、证券市场和货币市场中存在的失序和伦理缺失现象进行分析。中心观点是金融市场伦理缺失现象较为严重，突出地表现为金融市场的无序运转，并引发金融危机，严重阻碍国民经济稳定、健康发展。本章分析了金融市场无序的具体表现和后果，讨论了现代金融市场危机的成因。同时研究了金融市场伦理缺失的特征和原因，以及发达国家为保证金融市场有效运转，而制定的伦理规制的目标和采取的方法。

第五章，介绍金融伦理与有效监管的关系，分析监管的成本，介绍金融监管的伦理基础，为构建金融监管体系提供理论基础。对于金融市场的有效监管，最终目的就是形成一个公开、公平、公正的市场环境，保护金融市场中各参与主体的正当利益，这是社会公众对于金融监管的伦理诉求。处理好效率与公平、竞争与合作、程序化与人性化三个方面的关系，是对金融市场实施有效监管的伦理基础。

第六章，分析现代金融监管的有效性，研究发达国家金融监管体系的特点，发展历程以及对发展中国家的启示。本章认为有效监管可以推动金融体系发挥作用，促进经济发展，可以维护健全有序的金融体系，并保护中小存款人利益。而监管的有效性也依赖于一定的市场基础架构，它们分别是公司治理结构、审慎的会计制度、信用信息系统和社会信用环境、信息披露和透明度、社会中介体系、健全的货币市场和资本市场、市场退出机制。发达国家监管实践对我国构建有效监管体系具有很大的指导意义。

第七章，考察、总结我国金融市场发展的历史进程，剖析我国金融市场面临的主要问题；讨论我国金融市场的伦理现状；探讨我国金融监管体系面临的问题。

第八章，在前几章研究的基础上，建议从加快金融市场信用建设、构建金融职业伦理体系两方面入手，构建我国金融市场伦理规制体系。同时，提出构建我国金融有效监管体系的重要措施，分别是提高监管国际化水平、加强金融主体的诚信建设、提高金融监管的协调配合、加快存款保险制度建设和推进金融监管的法律建设。

[25] 孙晋著．反垄断法——制度与原理，武汉大学出版社．2010.

“垄断”一词出自于希腊语，意思是“一个销售者”即唯一的供货商，也就是指某一个人或企业控制了一个产品的全部市场供给。为了排除“唯一供货商”这一概念的潜在误导性，美国学者强调人们更应关注市场状态，并认为垄断地位的核心特征是“缺乏来自于其他企业的竞争”。现代意义上垄断的概念首先来自于经济学。在经济学上，垄断是指在生产集中和资本集中高度发展的基础上，一个大企业或少数几个大企业对相应部门产品的生产和销售的独占或联合控制。经济学中通常把市场上的竞争状况分为完全竞争和不完全竞争。不完全竞争包括完全垄断、寡头垄断和垄断竞争三种情况。所谓完全垄断，是指市场上不存在竞争，只有一个厂商，它供给整个市场，这是一种极端状态，是经济学意义上的垄断，自然垄断接近于这个状态。然而完全垄断是一种理论上的假设，实践中多数市场是垄断竞争市场和寡头垄断市场。在寡头垄断的情况下，即有几个厂商为市场提供商品，因而具有某种程度的竞争；而在垄断竞争下，厂商的数量多于寡头垄断的厂商数量，但又没有达到完全竞争的数量。市场上大多数产业都是处于这两种状态之中，反垄断法所调整的也主要是这两种市场结构。

然而在法学上，对于垄断的含义有不同的理解。从狭义上来说，垄断是指赋予某个（些）人或企业的一种特权或特别优势，正是由于这种专有权力（或实力）的存在，上述人或企业才能从事一种特别的事业或贸易，制造某种特别的产品或控制某种特殊产品的整个供应规模，垄断是一种市场结构形式，在这种市场结构中，一个或仅仅少数几个人或企业支配着某项产品或某项服务的总供应规模。从广义上来说，垄断包括垄断状态和垄断行为两个方面。

综上所述，经济学上的垄断是从微观层面即企业这个市场主体来探讨垄断的含义，而法学上的垄断是从宏观的层面上即市场竞争秩序上来理解垄断的概念；经济学上对垄断的规制目的是确保效率，而法学上对垄断的规制目的兼具效率与公平。

一般来说，限制竞争行为主要有三种表现形式，即包括三种类型：限制竞争协议即垄断协议、滥用市场支配地位和经营者集中。值得注意的是，在中国、俄罗斯等转型国家，在转型的现阶段还存在严重的行政性垄断问题，行政性垄断除了具有行政权的滥用和不当行使这一特征之外，受行政权庇护的市场主体在市场上限制竞争的行为还是表现为垄断协议、滥用市场支配地位和经营者集中三种情形。我国《反垄断法》总则第三条规定的垄断行为包括：经营者达成垄断协议；经营者滥用市场支配地位；具有或者可能具有排除、限制竞争效果的经营者集中。这其中没有把行政性垄断作为第四种垄断行为予以并列。该法在第二章“垄断协议”、第三章“滥用市场支配地位”、第四章“经营者集中”之后，第五章为“滥用行政权力排除、限制竞争”。另外，鉴于我国市场中限制竞争的主要表现是行政性垄断，所以作者可以据此把行政性垄断作为我国垄断行为的一种具体类型。反垄断法就是对各类限制竞争行为进行规制的法律，所以我国《反垄断法》包括禁止垄断协议制度、禁止滥用市场支配地位制度、禁止经营者不当集中制度和行政性垄断规制制度。

经合组织（OECD）对“反托拉斯法”的界定是：“反托拉斯法是指一个有关垄断和垄断行为的经济政策和法律的领域。反托拉斯法或反托拉斯政策主要是美国使用的术语，而在其他国家则使用竞争法或者竞争政策一词。一些国家使用公平交易法或者反垄断法。大多数反托拉斯法或者竞争法既有关于结构的规定，如合并独占、市场独占地位和集中，又包括行为的规定，诸如合谋、固定价格和掠夺性定价。”

作者认为，在经济法范畴内，反垄断法属于市场规制法，是调整国家对垄断和限制竞争行为进行规制过程中发生的社会关系的法律规范。由于反垄断法是市场自由竞争和经济民主的根本保障，所以反垄断法素有“自由企业宪章”和“经济宪法”的美誉。它既能维护市场经济国家的自由竞争体制，又能促进经济转轨国家向市场经济体制顺利转型。

从理论上来看，反垄断法和反不正当竞争法构成一国竞争法体系；从法律渊源角度来看，从宪法中的有关条款，到专门的竞争法典，民法典或商法典以及其他立法中有关竞争的规则，再到司法判例、行政机关的条例、命令等，往往形成一个颇为庞杂的竞争法体系；而从各国立法实践来看，由于政治、经济、社会、历史乃至法律传统和文化等方面的不同，导致目前各国竞争法体系构成不尽相同，甚至可以说差别相当大。

关于反垄断法和反不正当竞争法之间的关系，学者们有着不同认识，这主要与他们对于不正当竞争行为和垄断及限制竞争行为的性质是否相同的看法相关。

一般认为，由于以下原因，将反垄断法与反不正当竞争法合而为一更为合理。

从以上有关支持合并立法与分别立法的理由可以看出，二者均有相当的理论依据，也有海外的立法及执法实践经验作为支撑，令人一时难以辨别其高下。当然，我国立法者的实际选择是分别立法，应该说有其必然性。

就各个国家或地区的立法实践而言，最终的结果是由该国（地区）的历史传统、立法背景以及立法者的主动选择所决定的，并不存在某个必然的、决定性的理论因素。考虑到当今中国的实际情况，笔者认为当代中国竞争法采取分别立法模式的确更好一些。

从我国竞争立法的过程来看，最初起草的思路是合并立法模式，但是由于在反垄断条款方面争议太大、无法统一，而于 1993 年先行出台了的主要是为了解决市场竞争无序问题、解决微观竞争秩序问题的《反不正当竞争法》。至于涉及宏观竞争秩序的反垄断条款，大多被拿掉，仅保留了现实中亟待规范的若干限制竞争行为，有关反垄断法的原则性规定及企业合并控制、卡特尔控制等基本制度未涉及。因此，我国《反不正当竞争法》是一部主要调整不正当竞争行为、兼及部分限制竞争行为的法律，可以称为综合的或混合的立法模式。至于反垄断问题，按照当时有关人士的看法，应“单独研究完善，争取在三四年中也能立法”。此后，反垄断法被列入全国人大常委会的立法规划，有关国家机关一直在进行起草、论证工作，经过艰苦努力，终于在 2007 年通过。显然，我国选择了分别立法的竞争立法模式。这是一个符合中国国情的、现实的选择。当然，作者也不能否认，随着我国社会经济条件的变化、法学理论研究的深入和立法技术的提高，在总结有关立法、执法经验的基础上，若干年后可再重新考虑我国竞争法的立法模式。也许届时作者可以将反不正当竞争法与反垄断法予以合并，称为《竞争法》；甚至以消费者利益为中心，全面平衡消费者、竞争者（企业）及社会整体利益，对包括反不正当竞争法、反垄断法乃至消费者权益保护法在内的法律规范进行全面的整合，制定出一部“市场行为法”或者“公平交易法”。从消费者在现代经济生活中的中心作用以及尊重消费者权利、提高消费者福祉等角度来看，当有此必要。

对市场竞争秩序进行有效控制以协调企业竞争自由和限制竞争之间的冲突，是反垄断法一般要达到的目标。美国经济学家萨缪尔森曾经说过：“反垄断法在企业变成一头垄断的野猪时，防止它到处乱窜。”实际上，确定合理的反垄断法功能即立法目的是构建反垄断法体系的前提条件。反垄断法的一般目的也应反映为经济目的、社会目的和政治目的，而提高经济效率和提高消费者福利已经日益成为反垄断法的主要目的。

作为市场规制法的主体，反垄断法从19世纪末20世纪初诞生以来就具有与传统私法不一样的性质，它是国家针对市场出现垄断力量限制竞争导致市场自我调节机制失灵时，国家运用强制力干预市场排除市场竞争障碍的立法。有人认为反垄断法属于公法，笔者不完全同意这种观点，反垄断法具有强烈的公法性，但同时也具有一定的私法性，这与强调维护统治阶级利益而不强调维护社会公共利益、强调政治性而不强调社会性和经济性的传统公法显然不完全一致。正因为如此，结合19世纪末20世纪初社会法学派的兴起，德国、法国等大陆法系国家的一些学者认为反垄断法这样的法律和社会保障法、环境法一样，同属于第三法域——社会法法域。其实19世纪末20世纪初逐步兴起的社会法法域包括作为部门法的经济法和社会法。从小的视角看，反垄断法属于经济法这一部门法，也是经济法的核心；从大的视角看，反垄断法属于社会法法域。

[26] 陶爱萍著．网络产业的结构、行为与绩效研究，合肥工业大学出版社．2010.

20世纪90年代以来，伴随着计算机、通信等技术的发展，全球经济经历了一场巨大的变革，美国著名社会学家阿尔文·托夫勒（Alvin Toffler）预言的继农业化浪潮、工业化浪潮之后的第三次浪潮业已到来。在这场大变革中，计算机网络以其超强的渗透力把它的触角延伸到社会经济生活的方方面面，网络已经成为经济增长的重要驱动因素之一，互联网正成为全球经济的神经中枢。伴随着个人联网用户的持续增长和互联网商务用户的普及，互联网用户正在以超过以往一切信息媒体的速度发展；互联网信息流量也以惊人的速度增长；互联网电子商务的发展势头迅猛，呈现出与传统贸易方式相抗衡的态势。经济网络化和网络经济化已经成为不可抗拒的两股潮流，猛烈地冲击着传统的工业经济及其运行规则，把人类由工业经济时代带入网络经济时代。网络经济已经成为当今时代经济发展的主旋律，网络的广泛应用催生了一个新的产业——网络产业。

网络对社会和经济的影响是富有革命性的，它不仅在宏观层面上对经济运行模式和运行规则产生巨大而深远的影响，而且在微观层面上对企业的运作机制和竞争策略提出了更新更高的要求。网络经济的到来，改变了网络产业的市场结构，网络企业的市场行为及其经济效率也发生了相应的变化。这些新变化无疑对传统的产业组织理论提出了新的挑战，迫使人们对市场结构、企业行为和经济绩效的有关理论进行重新认识。网络产业虽然是一个新兴产业，但其发展成长的速度却令其他产业难以望其项背，网络产业已经成为新一轮经济起飞的驱动器，忽视或无视网络产业的发展必然会错失经济发展的机遇。网络经济运行的特殊规律和网络产业不同于传统产业的组织结构虽然已经引起越来越多国内外学者的关注，但从目前的状况来看，对网络经济和网络产业的理论研究要滞后于网络经济和网络产业的发展速度，有关网络经济时代的产业组织研究还没有形成系统的理论框架，已有的关于网络经济下产业组织的文献多集中在对网络经济下企业行为的研究；对网络产业市场结构的研究虽有涉猎，但为数不多；对网络产业经济绩效及相关公共政策的研究则相对欠缺，多散见于对前两个问题进行研究的文献中。正是在这样的背景下，本书选择《网络产业的结构、行为与绩效研究》作为研究主题，力图在扩展的 SCP 范式即 SCP－R 范式框架下对网络产业的市场结构、企业行为、经济绩效以及政府对网络产业的规制进行系统完整地研究。

SCP 范式是研究产业组织的经典范式，为经济学界所熟悉，无须赘述。这里对 SCP－R 范式中 R 作一简要解释，R 是英文“Regulation”或“Regulatory Constraint”的第一个字母，“Regulation”或“Regulatory Constraint”被翻译成“规制”是日本经济学家精心打造的译名，其含义是有规定的管理，或有法规条例的制约。我国学者习惯把它们翻译成“管制”，但不太符合原意。经济学家普遍认为政府规制的经济学理由是市场失灵，但这里的市场失灵不仅指狭义上的垄断、不完全竞争、公共物品、外部性、信息偏在、风险性等市场失灵情况，而且包括在市场机制运行中产生的经济不稳定、分配不公平、非价值物品存在等非效率问题，因而是广义上的市场失灵。

本书在 SCP－R 范式框架下，首先对网络产业的市场结构进行规范和实证分析，在市场结构分析结论的基础上重点对网络产业的定价行为和非定价竞争行为以及由此产生的经济效率进行探析，并就政府对网络产业的规制机制和相关规制措施进行探讨。把产业组织理论与现行的网络经济环境和网络产业特征结合起来进行研究，不仅可以丰富和拓展网络经济理论和产业组织理论，而且为网络产业及相关企业的管理层提供决策的依据，为政府对网络产业的公共政策选择提供有力指导。

本书由引言、主体部分和后记三大部分组成。引言部分对研究的背景、意义、方法以及国内外研究现状等进行了简要的概述。主体部分由七大章组成。第一章为理论基础和理论概述部分，首先对论文的理论基础即产业组织理论按照历史演进的顺序进行梳理，接着对网络经济和网络产业的有关理论进行概述，内容涉及网络经济的内涵、网络产业的界定、网络经济的特征以及网络产业的运行规律。第二章探索网络产业垄断形成的机理，分析网络产业垄断的特征、竞争的特征以及垄断和竞争的关系，并对网络产业的市场结构进行实证分析，得出网络产业市场结构多数情况下为寡占型垄断结构的结论。第三章在指出传统均衡价格决定论和定价策略在网络产业失灵的基础上，探究网络产业的免费定价、渗透定价和歧视定价模式。第四章对网络产业中的竞争行为及策略选择进行研究，内容涉及争夺市场份额的竞争与主流化策略、用户基数的稳定与锁定策略、标准化与标准竞争策略以及差别化竞争与兼容策略。第五章在前三章对网络产业市场结构和企业行为研究的基础上，分析网络产业的经济效率，包括静态的资源配置效率和 X 效率、动态的技术创新和技术进步效率。第六章对网络产业中政府规制机制的构建、网络产业中可能存在的非效率问题及其规制措施选择以及政府规制的有效性等问题进行探讨。第七章对我国网络经济中的四大核心行业即网络游戏、网络广告、搜索引擎、电子商务的现状进行分析，并在此基础上对各大行业的发展趋势作出预测。

本书以 SCP－R 范式为研究框架，对网络产业的市场结构、企业行为、经济效率及政府对网络产业的规制进行较为全面系统的研究。在研究中没有局限于结构—行为—绩效的单向决定关系，而是注重对它们之间相互影响关系的研究，并引入新产业组织理论的博弈分析方法，这既是本书的特色也是本书最大的创新点。另外，本书的创新还表现在：（1）在探讨网络产业中垄断形成的机理时，分规模型垄断、技术型垄断、内生型垄断三种类型进行探讨，以显示网络产业垄断与传统产业垄断及其成因的不同。（2）通过对移动增值、网络游戏、网络广告、搜索引擎、电子商务五个网络经济核心行业市场集中度的测算，得出网络产业的市场结构多数情况下属于寡占型市场结构的结论。（3）在对网络产业的策略性行为进行研究时，突破了传统经济学对策略性行为的限定，研究了适合网络产业特征的策略性行为，如主流化策略、锁定策略、标准竞争策略和兼容性策略等。（4）对市场势力和垄断势力进行了辨析和区分。（5）提出适合网络产业特征的政府规制机制。

网络经济下的产业组织研究是一个比较新的课题，SCP－R 范式为本书提供了一个较为完整的研究框架，使本书具有系统完整性。然而，由于网络产业是一个新兴产业，历史数据较为匮乏，近期的数据又可能因为统计口径上的原因不适宜采用，由此导致计量分析的缺乏，需要在今后的研究中加以完善。

[27] 万斌著．新中国烟草专卖制度成本收益研究，江西人民出版社．2010.

本书的核心观点是当前的中国烟草专卖制度应当采取渐进式的“去专卖化”政策。理论支点是制度变迁理论，即制度的成本和收益关系的变化产生制度供需失衡，制度供需失衡导致制度变迁。正因为中国烟草专卖制度的制度成本超过制度收益，故应进行去“专卖化”改革；正因中国烟草专卖制度的变迁成本较高，而应采取渐进式改革。

本书共分为五章。

第一章为导论。首先阐明了本书的背景和意义。中国烟草专卖制度是一项重要的经济制度，对国民经济影响重大，烟草产业的发展与中央、地方政府财政收入密切相关，同时烟草产业链涉及农工商三大产业，影响广大烟农、卷烟经营户和消费者、各级政府的利益。由于环境的变化，当前的烟草专卖制度已经越来越不适应形势的发展，必须以改革面对挑战。本书以中国烟草专卖制度改革为研究对象，在学术价值上可为制度变迁理论提供一个案例分析，从而丰富制度变迁理论；在实践意义上可以为中国烟草产业的下一步改革和发展提供一个评判思路，从而为决策部门提供决策参考。在梳理已有关于中国烟草专卖制度改革研究成果的基础上，本书认为有必要以制度变迁理论为指导，从制度的“成本—收益”视角来研究中国烟草专卖制度的改革。

第二章为新中国烟草专卖制度的沿革及其制度特征。将中国烟草专卖制度沿革分为试建时期（1949~1982 年）、建立时期（1983~1999 年）和改革时期（2000 年至今），其中试建时期的制度特征为区域专卖、统购包销、多头管理，其间历经“大跃进”和“文革”的反复；建立时期的制度特征是法定专卖、计划管理和高度集权，其间衍生出“地方专卖”、市场分割的制度变异；改革时期的制度特征是市场取向、工商分离和订单供货，但仍未触及计划管理和烟草财税两大专卖制度的根基。本章进而对烟草专卖制度下的诸多经济主体，包括国家烟草专卖局（含中央政府）、地方烟草专卖局（含地方政府）、烟草工业企业、烟草商业企业和卷烟经营户、烟农、烟民之间的利益关系及其博弈进行了分析，认为烟草专卖制度下的多重博弈提高了制度成本，最后从计划管理、财税体制、政企合一、寻租等几个方面剖析了现行烟草专卖制度所存在的弊端。

第三章为新中国烟草专卖制度成本和收益的理论分析。运用制度变迁理论，为对沿革中的中国烟草专卖制度进行成本—收益分析作必要的理论准备和铺垫。在分别阐述了制度、专卖制度和烟草专卖制度各自的成本和收益内涵的基础上，指出制度变迁、专卖制度变迁以及烟草专卖制度变迁均是因为制度的成本和收益关系发生变化，当制度、专卖制度、烟草专卖制度的制度成本超过制度收益时，必然导致制度低效率和制度供需失衡，进而引起制度变迁。本章重点阐述了烟草专卖制度的成本和收益，认为烟草专卖制度的成本是寻租成本、社会无谓损失、X 低效率和专卖管理成本；其收益是超额垄断利润、少偷逃的税款、控烟收益和保护烟农。国家对烟草产业管理的方式从分散管理到集中管理，以及专卖管理到工商分离和按客户订单组织货源，均是为了降低制度成本，提高制度收益。

第四章为新中国烟草专卖制度成本和收益的实证分析。在定性分析的基础上，首先明确了烟草专卖制度的成本和收益估算方法。烟草专卖制度总成本为寻租成本、社会无谓损失、X 低效率、专卖管理成本四者的加总。其中，寻租成本为烟草产业管理费用占主营业务成本比率高出其他市场竞争行业（食品制造业）的比率之差乘以烟草产业的管理费用；社会无谓损失采用哈伯格计算公式：

$$DWL = 1/2r^2 \varepsilon P_m Q_m$$

（其中，$P_{m1}Q_{m1}$、$P_{m2}Q_{m2}$ 为烟草工业企业成本费用利润率或烟草商业企业销售成本费用利润率，ε 为价格需求弹性系数）；X 低效率，采用技术效率计算程序（DEA），分别估算出烟草产业因管理技术造成的效率损失、因行政手段配置资源产生的效率损失、因地区分割造成的效率损失，三者加总为烟草专卖制度的总效率损失。专卖管理成本的估算方法为烟草专卖局（烟草商业企业）经营管理费用比例 35%。烟草专卖制度总收益为超额垄断利润、少偷逃税款、控烟收益和保护烟农收益的加总。其中超额垄断利润的估算采用烟草产业成本费用利润率超出轻工业企业平均成本费用利润率之差乘以成本费用；少偷逃税款的估算以烟草产业税款乘以 25%（1995～2000）和 15%（2000～2008）计算。控烟收益的估算采用烟民每年因减少吸烟导致的医疗支出下降来计算；保护烟农的收益估算采用种粮与种烟的税后每亩收益之差乘以种植面积，或者用收购价之差乘以烟叶收购量来估算。经过估算，得出新中国烟草专卖制度在 1998 年、2004 年、2005 年、2006 年、2007 年、2008 年的制度收益分别为 4397651 万元、9489836 万元、11350876 万元、13926428 万元、14151413 万元和 18357604 万元，制度成本分别为 6114413 万元、12146733 万元、14801826 万元、15512584 万元、19520425 万元和 2271979 万元，净收益均为负，分别为 －1716762 万元、－2656597 万元、－3450950 万元、－1586156 万元、－5369012 万元、－4362191 万元，因此亟待改革。最后，对烟草专卖制度成立的三大理论基石展开成本—收益分析，认为烟草专卖制度在保证国家财政收入、保障消费者和烟农利益方面缺乏制度绩效，已不能支撑烟草专卖制度的存在合理性。

第五章为新中国烟草专卖制度改革的建议。首先对各国烟草专卖制度改革的经验和国内学者关于烟草专卖制度改革的建议进行了归纳和评述，认为中国烟草专卖制度与其他国家的烟草专卖制度受共同的经济规律支配，其必然经历产生、完善和衰亡各个阶段，取消烟草专卖制度是历史的必然。同时通过成本—收益分析，认为中国烟草专卖制度的改革应采取渐进式的去专卖化改革方式。即在保留烟草专卖制度的前提下，先使烟草专卖局与烟草商业企业分开，即政企分开，然后改革烟草财税体制，切断烟草企业与地方政府财政收入的利益关联，最后对中国烟草工商业企业进行整合，集中为中国烟草集团这一托拉斯形式，将原料采购、烟草制品生产和销售全部纳入该集团，有效降低制度运行的成本，提高烟草专卖制度绩效。在中国烟草集团各项职能整合、机构重组完成并稳定运行后，即可取消烟草专卖制度。取消烟草专卖制度以后，政府仍需承担烟草产业管制的职能，如保护烟农、消费者利益免受垄断集团伤害。新制度安排的净收益超过旧制度（烟草专卖制度）净收益。

［28］王俊豪等著．深化中国垄断行业改革研究，中国社会科学出版社．2010.

本书讨论的垄断行业主要是电信、电力、铁路运输、民航、邮政、自来水和管道燃气等具有网络性的自然垄断行业。如何有效地管理这些垄断行业，一直是国内外政府管理中的一个难点问题。由这些行业的自然垄断性、显著规模经济性、外部性和关系国计民生等特征共同决定，垄断行业是最为典型的市场失灵的领域。传统理论认为，在垄断行业，社会最优目标是实现较高的生产效率和社会分配效率，即垄断企业以较低的成本向社会提供产品或服务，并按照成本加正常利润定价。如果由私人企业垄断经营，私人企业在追求利润最大化过程中，有可能具有较高的生产效率，但不能保证私人垄断企业会自觉地按照成本加正常利润定价。相反，私人垄断企业往往会制定大大高于成本的垄断价格，以取得垄断利润，从而造成消费者剩余的严重损失。为了从根本上解决上述问题，主张由国有企业来经营垄断行业，因为国有企业是代表社会利益的政府所有并通常由政府经营的企业。国有企业可以不像私人企业那样以追求利润最大化为目标，而是以追求社会福利最大化为目标。国有企业会自觉以成本（甚至低于成本）为基础制定价格。因此，国有企业是处理垄断问题的一种较优方法。根据这种传统经济理论，在垄断行业应该实行由政府直接投资、国有企业垄断经营的管理体制。但长期的实践证明，这种高度集中的管理体制是一种低效率的体制，导致垄断企业缺乏竞争活力，单一的投资渠道造成垄断行业投资严重不足，其供给能力远远不能满足社会经济快速发展的需要。国有垄断企业通常也不是以追求社会福利最大化为目标。因此，20 世纪 70 年代以来，日本、英国和许多其他欧洲国家对垄断行业实行了以放松进入管制，积极运用竞争机制和国有企业民营化为主要内容的改革，同时强调政府有效管制，探索用新的途径解决垄断行业的市场失灵问题。

中国在相当长的时期里，垄断行业实行国有企业垄断经营、政企合一的管理体制，不存在真正意义的政府管制问题。只是从 20 世纪 90 年代以来，中国才开始对垄断行业实行了一系列以引进并强化竞争机制和放松进入管制，鼓励非公有制经济（民营企业）进入为主要内容的实质性改革。例如，中国对长期以来居主导地位的传统经济理论进行了反思，“打破垄断，促进竞争”成为垄断性产业政府管理体制改革的指导思想。在政策实践中，中国也对电信、电力等行业实行市场结构重组，例如，在1998年和2002年，中国先后两次对原中国电信实行纵向和横向分割，电信行业的长途电话、本地电话、移动电话等各个业务领域已存在若干家竞争性企业；2002年中国对电力行业也实行了较大幅度的市场结构重组，将原国家电力公司拆分为几家发电、输配电和供电企业；2002年中国对民航业也进行了市场结构重组，组建了几家大型航空集团公司；中国对铁路运输行业的市场结构重组也在酝酿之中；中国许多城市还对自来水和管道燃气行业的市场结构重组也作了积极的探索。特别是近几年来，中国鼓励非公有制经济（民营企业）进入垄断行业的改革政策导向越来越明确。例如，2003年11月，党的十六届三中全会强调，加快推进和完善垄断行业改革，大力发展和积极引导非公有制经济，放宽市场准入，允许非公有资本进入法律法规未禁止的基础设施、公用事业及其他行业和领域。2004年7月，国务院颁布了《关于投资体制改革的决定》，进一步提出：放宽社会资本的投资领域，允许社会资本进入法律法规未禁止的基础设施、公用事业及其他行业和领域。鼓励和引导社会资本以独资、合资、合作、联营、项目融资等方式，参与经营性的公益事业、基础设施项目建设。2005年3月，国务院又颁布了《关于鼓励支持和引导个体私营等非公有制经济发展的若干意见》（以下简称“三十六条”），通过有关条款，贯彻平等准入、公平待遇原则。允许非公有资本进入法律法规未禁入的行业和领域，允许外资进入的行业和领域，也允许国内非公有资本进入，并放宽股权比例限制等方面的条件，允许非公有资本进入垄断行业和领域，允许非公有资本进入公用事业和基础设施领域。国家有关部门与地方人民政府要尽快完成清理和修订限制非公有制经济市场准入的法规、规章和政策性规定工作。在这些政策导向下，一些经济实力和管理能力较强的民营企业已进入或将进入垄断行业，成为新的市场竞争主体。此外，中国加入世界贸易组织后，电信等垄断行业必须对外开放，允许国外企业进入；同时，中国垄断行业中的许多全资国有企业通过股份制等途径，改革成为混合所有制企业。这些都将打破国有企业独家经营垄断行业的格局，这也在客观上要求改革原有垄断行业的管理体制，建立新的政府管制体制，通过制定或修订有关法规，设立职责明确、运行高效的管制机构，对垄断行业不同所有制企业实行公平、公正、透明、有效的政府管制。

但至今中国垄断行业改革的实践与预期目标还存在较大的差距。中国垄断行业还没有实现有效竞争，尚未充分发挥市场竞争机制的积极作用；在民营企业进入垄断行业的过程中还存在许多有形和无形的障碍；在垄断行业普遍存在法律体系不完整、管制机构缺位或缺乏独立性、监督约束不到位等问题，难以实现有效管制；垄断行业的价格形成机制还不适应市场经济的要求，经济效率还有待提高。因此，对处于经济转型的中国而言，以科学发展观为指导，研究垄断行业如何通过深化改革，实现有效竞争，提高效率，并让消费者分享改革之利，这具有重要的现实意义。

垄断行业是国民经济的基础行业，提供有关国计民生的重要基础产品。党的十七大针对中国垄断行业的现状和特点，提出要深化垄断行业改革，引入竞争机制，加强政府监管和社会监督。深化垄断行业改革是中国整个经济体制改革的攻坚部分，也是落实科学发展观，建设和谐社会的核心内容。深化中国垄断行业改革不仅要体现垄断行业的经济特性，还要符合体制转轨和经济转型的要求，充分考虑许多复杂的经济、社会和体制等影响因素。因此，本书需要综合运用经济学、法学、公共管理学、政治学、社会学等多学科前沿成果，以丰富研究内容、拓展研究领域，推动多学科的交叉融合。这也是本书研究的理论意义。

本书分总论篇和深化垄断行业改革专题研究篇两部分，总论篇由第一章至第三章组成，主要从垄断行业的经济体制、基本制度和运行机制的角度，分析科学发展观与垄断行业改革的相关性；在回顾垄断行业改革历程的基础上，分析垄断行业改革的基本特征和当前存在的主要问题；重点探讨了深化垄断行业改革的基本思路。专题研究篇由第四章至第九章组成，从促进垄断行业竞争、鼓励非公有制企业进入垄断行业、完善垄断行业价格形成机制、落实垄断行业的普遍服务、形成垄断行业有效管制体制、构建垄断行业改革绩效评价体系六个重要方面，对如何深化垄断行业改革作了专题研究，为基于科学发展观深化垄断行业改革提供较为系统的政策思路和具体政策措施。

本书试图以新兴的管制经济学为基本理论，以科学发展观为指导，理论联系实际，为深化中国垄断行业改革提供基本政策思路和相关政策措施。深化垄断行业改革涉及许多理论与实践问题，本书努力在以下方面有所创新：

1. 提出并论证科学发展观对深化垄断行业改革的作用机理。针对垄断行业存在的体制性问题，本书提出了从管理体制构建的科学性、管制目标的调整以及产权结构多元化等角度入手进行改革；以政权与产权关系变迁、能否适应快速工业化为切入点，分析了垄断行业存在的制度性问题，强调改革的重点要放在强化公司治理的规范性与投资人利益保障的信息披露制度建设，建立规范的政府管制制度，完善社会监管制度以及重建利益相关者制度；从定价机制、创新能力集成机制和企业社会回应机制三个方面揭示垄断行业存在的机制性问题，分析了如何按照科学发展观要求，对这三大机制进行改革。

2. 提出并论证深化垄断行业改革的基本政策思路。强调法律制度是深化垄断行业改革的先导；促进竞争与民营化是深化垄断行业改革的两大主题；深化垄断行业改革应以提高效率为基本目标；高效率的管制体制是深化垄断行业改革的保障；科学的绩效评价是深化垄断行业改革的导向等观点。

3. 分析垄断行业的竞争状况并重点论证促进垄断行业的竞争政策。经过分析认为，中国垄断行业总体上是竞争不足，因此需要进一步促进垄断行业的市场竞争；垄断行业促进竞争的政策重点是：继续推进垄断行业结构重组，构建多主体、多层次、多业务领域的有效竞争格局；深化市场化改革和行政体制改革，消除行政垄断降低企业进入垄断行业的壁垒，创造不同所有制企业公平竞争、平等发展的市场环境；在自然垄断性业务领域实行激励性管制政策，激励垄断业务经营企业提高效率。

4. 提出并论证鼓励非公有制企业进入垄断行业的必然性及其政策措施。非公有制企业进入垄断行业有利于提高垄断行业的供给能力，壮大非公有制企业，促进不同所有制企业间的竞争，从而提高垄断行业的经济效率；而中国的一些非公有制企业已具备了进入垄断行业的经济实力和经营能力。这为非公有制企业进入垄断行业提供了必然性和可行性。针对目前非公有制企业进入垄断行业面临的一系列壁垒，提出要以制度创新形成非公有制企业进入垄断行业的长效机制，探索非公有制企业进入垄断行业的援助机制，构建垄断行业的退出机制，创新非公有制企业进入垄断行业的形式以提高进入的成功率等政策措施。

5. 设计并论证中国垄断行业最高限价管制模型，为完善价格形成机制提供了可操作的政策措施。在借鉴发达国家最高限价管制模型的基础上，针对中国垄断行业价格形成机制改革的实际，综合考虑价格指数、生产率增长速度、利润率、基期价格和服务质量等因素，设计了适合中国垄断行业的最高限价管制模型，并讨论了这一模型在中国垄断行业的适用和实施问题。

6. 提出并论证落实垄断行业普遍服务的政策取向及其政策措施。针对中国垄断行业体制改革后普遍服务面临的新问题，在借鉴发达国家经验的基础上，强调以建设和谐社会为导向加强垄断行业普遍服务；建立与社会主义市场经济体制相适应的垄断行业普遍服务机制；加强垄断行业普遍服务的法律制度建设；采取与特定垄断行业改革相适应的普遍服务形式，并主张在垄断行业逐步推行普遍服务基金政策。

7. 论证如何构建垄断行业有效管制体制问题。提出有效管制体制的建立应遵循定位合理、依法管制、公众参与、高效运行、有效监督、动态适应等基本原则。中国垄断行业有效管制体制建设的核心是：形成管制体制建立和运行的法律基础和管制机构依法管制的法律制度保障，实现依法管制；通过改革形成权责明确统一、分工合理、运转有效的管制机构体制；形成确保管制体制有效的社会监督体制，实现管制的公众参与、信息公开和社会监督。

8. 设计垄断行业改革绩效评价体系，并实证评价了当前中国电力行业改革的绩效。针对目前中国垄断行业改革的具体情况，将垄断行业改革内容划分为产权改革、竞争改革和管制改革三个领域；根据垄断行业改革绩效的评价标准，设计了相应的评价指标体系；归纳了目前比较流行的改革绩效评价方法；用规范的计量经济学方法对电力行业改革绩效做出评价，并对其中关键变量做了技术性处理，使绩效评价更为科学合理。

[29] 王万山，伍世安，徐斌著．中国市场规制体系改革的经济学研究，东北财经大学出版社．2010.

我国从计划经济体制向市场经济体制转型过程中存在着一个明显现象，“计划”松绑后一些该放松规制的市场领域依然保留着强大的政府规制，而一些需要规制的市场领域则出现明显的规制短缺，即存在突出的过度规制和规制短缺并存的市场规制失效现象，结果是市场秩序较为混乱，市场信用危机四伏，钱权交易和地下交易盛行。出现这样的结果的主要原因是对市场规制体系建设认识不足，当政者有把“放手让市场自由运行”看做是市场经济的认识误区，理论界也有部分学者把宏观调控与市场规制混为一谈。因此，研究如何改革、规范和完善我国的市场规制体系对于扭转我国市场体系失序的状况和我国的市场经济体制建设有着重要的现实意义。本书的选题正是定位于此。

本书研究分四大部分展开。第一部分为理论研究，包含第1章“市场规制理论发展述评”和第2章“市场规制体系建设的理论构建”。第1章主要阐述了市场规制理论演进的三个阶段，包括公共利益理论、俘虏理论和新兴市场规制理论。公共利益理论认为市场规制的起因是市场机制本身存在一定的失灵，需要政府进入纠正，因而政府的规制具有经济上的合理性。俘虏理论则认为市场规制的起因是政府被产业利益和厂商利益所俘虏，指出受市场规制产业并不比无市场规制产业具有更高的效率和更低的价格。新兴市场规制理论包括寻租理论、可竞争性市场理论和新制度经济学规制理论等，从制度、市场结构和交易契约方面研究了市场规制的特性和提高规制效率的制度途径。本章最后对市场规制理论作了总结性的评论。第2章论述了市场和市场规制的内涵，指出市场的基本要素为产权、契约和交易制度，核心框架是产权制度、契约制度和交易制度所构成的基础制度。市场规制体系除了完善产权、契约和交易制度，使其有效和安全运行外，还需要建立起外部的规制和监护体系，这一体系由法律制度、政策制度和伦理制度所构成。所以，对市场规制的新理解，必须上升到各个制度完善的高度。在此基础上提出了我国市场规制体系的内容框架，包括三个层次：第一层次是市场规制基础制度的建立和完善；第二层次是整体市场规制体系的建立和完善；第三层次为具体市场规制。

第二部分为整体市场研究，包含第3、4、5、6章。第3章研究我国市场规制体系要素存在的主要问题及解决途径。市场规制体系要素由市场规制主体、规制手段、规制领域和规制法规等组成。其中，规制主体主要研究政府的规制职能如何改革和如何对政府实行反规制，重点是行政垄断和政企同盟问题；规制手段主要研究规制主体在实施市场微观规制时所需使用的行政、经济和法律手段；规制领域指市场规制体系中因市场失灵需要规制主体进入规制的各领域，如垄断、外部性、信息不对称、搭便车等，重点是政府错位的领域；规制法规则指市场规制所需要的反垄断法、保护知识产权法等法律体系，重点研究反垄断法和保护知识产权法。第4、5、6章分别从公共品、混合物品和私人品三个产品类别来研究不同类别产品市场的规制问题，探讨其共性与特殊性。第4章首先从市场新内涵上论述了公共品市场的存在及其形态，指出由非竞争性和非排他性引起的产权联结度越大，公共品特征越明显，即公共品纯度越大。在此基础上探讨了公共品供给的成本与效益及其最优制度安排，以非再生资源为例论述了公共品规制的难点及优化措施。第5章首先分析了混合物品“公私混合”的几个特征，指出混合物品大多可在政府规制下由市场提供，政府规制的成功与否在于价格补偿的准确度。在此基础上论述了可竞争性准公共品（混合物品Ⅰ）、自然垄断物品（混合物品Ⅱ）、外部性物品（混合物品Ⅲ）的混合物品价格形成与规制优化的各种措施。第6章从市场交易形态扩展起步研究市场交易产权的多样化及其交易价格的“现实规则”，指出现实的价格形成机制是在一定的制度、交易成本约束下交易双方基于“谈判力”而达成的博弈均衡。私人品市场秩序取决于市场的基本制度、监护制度和市场规制体系的完备性，任何环节上出现问题都会导致私人品市场失序。在此基础上从垄断、信用缺失、信息不对称三方面研究了私人品市场的失序与规制的对应措施。

第三部分为具体市场规制调研分析，包含了第 7 章至第 14 章，分别调查研究了 8 类具体市场。第 7 章研究食品市场安全规制问题，指出食品安全保障体制低效、食品标准化工作滞后、食品生产者过度分散等是造成今天“谈食色变”的主要原因，对应的规制关键措施是建立一套行之有效的食品监管体制并严格执法，在此基础上采取强化企业法人作为食品安全的责任承担者，将食品安全标准化管理纳入法制化轨道，建立食品安全风险信息公开披露法律法规制度等措施。第 8 章调研了房地产市场炒卖规制，揭示目前房地产炒卖盛行的主要原因是民间投资流量大而投资渠道少，地方政府的纳税利益鼓动和房地产及炒家的各种违规操作，指出有效规制房地产炒卖应在土地供应方面严格按照中央要求的招、拍、挂的政策以实行市场化运作制度；在房屋转卖方面，严禁转让“期房”，严禁“炒楼花”的现象存在；在房地产税制方面，我国应尽快改革当前税收制度等。第 9 章调查研究了证券市场投机规制，指出中国证券市场投机规制中存在的主要问题有证券交易市场存在政府过度干预和强制性信息披露制度不完善。规制失效的主要原因是制度缺陷，包括法律缺陷和监管体系缺陷等，强调应从规范上市公司的行为、完善证券法律、加强金融产品创新等方面扼制证券市场投机行为。第 10 章调研分析了借贷市场的失信规制，指出中国借贷市场失信规制失效的基本原因在内部体现为企业或个人的信用理念淡漠和产权改革不彻底引发国有企业的道德风险等；在外部则体现为借贷市场的失信代价过小和市场惩罚存在时滞且力度不够等，提出了加强对信贷市场征信的法律规制，健全并完善信用信息的透明和开放制度，建立覆盖全社会的信用记录和监督体系以及建立失信惩戒机制，加大对借贷市场失信者的惩罚力度等措施。第 11 章调研分析了家电市场假冒规制，指出目前家电市场假冒伪劣猖獗的主要原因是地方保护主义严重、现有法律体系存在制裁不严、监管体系中监管主体不明确，并且监管权力太分散等，提出了克服地方保护主义的阻挠、加大执法力度和打击力度、加大名牌产品的宣传力度、解决信息不对称问题等对策。第 12 章调研分析了保险中介市场的欺诈规制，指出保险中介市场欺诈规制失效的主要原因是保险中介法律规制体系不完善，保险诚信体系不健全和司法机关对保险中介欺诈打击不力等，提出了完善市场准入规制、完善从业人员的资格规制、完善保险中介法律规制体系、完善保险行业自律规制和加强对保险中介的行政执法规制等措施。第 13 章调研分析了药品市场的价格规制，指出中国药品市场长期存在价格虚高的主要原因是行政垄断和经营垄断糅合，信息不对称规制失效和交易地位不对称规制失效，提出破除药品销售中的行政垄断和经营垄断、加大监管力度、改进监管方法、放手市场竞争和支持平价药店发展等解决药品价格虚高的对策。

第四部分为国外经验借鉴和总体改革设想，包括第 14 章“各国市场规制体系建设和改革比较与经验借鉴”和第 15 章“中国市场规制体系改革的总体方略”。第 14 章首先介绍了美、英、日、韩的市场规制体系建设及特点，然后阐述了主要西方发达市场经济国家市场规制改革的共同点，包括放松进入规制、拆分原垄断厂商的纵向一体化结构、价格规制越来越趋于市场化等共同规律和放松规制的共同趋势等。第 15 章首先总结出西方发达市场经济国家市场规制体系建设和改革经验对我国的几点启示：一是我国的政府规制模式的变革首先要考虑到政府与市场和社会关系的发展与变革。二是合理分割原有自然垄断型企业，引入竞争机制。三是基于市场化方法建立符合市场经济体制的规制框架。四是行政主管部门每年对已经生效的规章进行评估。五是提出中国市场规制体系改革的总体方略，包括完善政府管理体制，加强政府立法，强化对规制者的规制，完善市场规制法律体系并加强执法力度，调整规制的范围与领域，对不同类别的市场采取不同的规制经济手段，依据市场失灵特征有针对性地对具体市场实施规制等。

本书研究采用了以下理论实证、案例经验实证、点面结合、成本—效益分析、调研分析和规范分析等研究方法：主要创新点包括创新阐释市场和市场规制的内涵；创新解释三类产品的市场结构、产权交易形态及市场规制的特殊性；完整地提出了市场规制体系的三个层次及其所包含的主要内容，对公共品市场和混合物品市场规制进行了创新性的分析，同时提出创新性的解决措施。

本书研究得出的基本结论是目前我国市场规制体系还很不完整，不管是规制的法律制度、行政法规，还是规制的手段和规制者的素质等，都离市场经济规范的国家相差甚远，很需要对整个市场规制体系做全面性的修建，并在修建中完善。与此现状相对应的是，许多政府官员甚至是学者错误地把宏观调控当成是市场微观规制，并没有意识去建立这样一个体系，对市场的管理方法简单，手段生硬，在部门或个人利益的促动下偏好行政权力的运用，这也是当今中国市场秩序较为混乱的主要原因。因此，应尽早把市场规制体系的建设和完善提上政府的议事日程。

[30] 王学龙著．银行管制与市场约束关系研究，冶金工业出版社．2010.

本书研究主要基于以下内容而进行：

第 1 章绪论。本章主要涉及市场约束与银行监管关系的研究依据及意义、国内外研究现状、研究思路及研究方法等内容，从而对两者的关系有一个总体认识。

第 2 章市场与管制的博弈——理论分析。银行监管并非生来就有，而是银行运营发展到一定阶段的产物。从一定意义上讲，银行监管理论的产生与发展实际上应当是对各国银行监管实践进行不断总结和浓缩的过程。银行监管有着深厚的理论动因，并演绎出曲折的发展历程。从监管理论的发展历程来看，银行监管的理论发展呈现着政府监管与市场力量的相互博弈，并揭示出监管与市场的相应变化。应当讲，银行监管理论的发展是进行分析两者关系的基本平台。

第 3 章银行运营风险承担及激励。当今的银行运营是与各种风险交织在一起而进行的。鉴于银行运营风险的高度传染性及巨大破坏力，各国都相应地采取了多种措施来加以应对。从某种意义上讲，银行运营的高风险铸就了银行监管以及市场约束的产生和发展。同时，应当注意的是，此时的运营风险并不是一般意义上的概念，而是银行运营的风险过度。根据戴蒙德（Diamond，1984）的金融中介理论，银行运营天生就有着很强的不稳定性。然而，银行运营风险除了与其自身所具有的运营特性相关之外，还与当事人的利益冲突以及政府的外在激励有着很大关联。根据莫迪利亚尼和米勒所提出的资本结构理论（MM 定理），各种融资方式对于银行机构而言都是无差异的。然而，在现实的、充满各种摩擦的世界中，银行资本结构的选择必须考虑委托代理等问题。基于委托代理的银行运营动机则具有明显的趋风险性。此外，各国政府所实施的“大而不倒”政策以及各种救助措施都在一定程度上对银行运营产生风险激励。应当讲，银行运营风险是探讨银行监管与市场约束关系的基础。

第 4 章政府管制对银行运营风险的抑制。20 世纪 80 年代以来，伴随着金融全球化、自由化以及创新浪潮的快速发展，银行业的监管重点发生了明显的转变。起初，银行业的监管重点逐渐注重以资本充足要求和资产业务管制为核心的监管体系的完善等方面上来。但后来的监管实践表明，资产业务的管制，不仅没有达到监管的初衷，反而在付出了较高的监管成本后增加了金融机构的经营风险以及整个金融体系的系统风险，并且金融机构可以通过各种金融工具的创新绕过管制，从而使得资产管制失效。1988 年《巴塞尔协议》的推出，使最低资本充足率要求成为主要市场经济国家银行监管的主要工具。进入 20 世纪 90 年代中后期，伴随着金融领域各种风险的不断积聚以及金融危机的频繁爆发，此时的银行监管已全面转移到以风险为本的监管阶段。尽管银行监管对银行运营的过度涉险行为具有一定的抑制作用，但鉴于监管自身存在的诸多缺陷，有效银行监管尚需其他方式进行有效补充。

第 5 章市场约束对银行运营风险的惩戒。20 世纪 90 年代以来，银行业的稳定与效率已逐渐成为监管当局必须面对的两大课题。通常而言，尽管两者之间存在一定程度的不协调，但两者的融合还是可期的，只不过此时的银行效率应当建立在稳定的基础之上。由此，监管当局规范银行运营行为时所面对的风险就不是一般意义上的风险概念，而是过度的涉险行为（Exclusive Risk-taking），否则，银行发展会面临困境。很显然，如果单纯依靠基于规则的外部监管是很难实现上述融合的。正如博格（Berger，1991）所指出的那样，规则与银行机构面临的实际风险并非充分相关。当基于规则的银行监管缺乏足够的灵活性时，银行机构通过市场约束来检查银行实际运营的依赖性正在不断增加。通过银行利益相关者的相关行动，银行运营的过度涉险行为就会得到很好的抑制。事实上，对过度涉险行为的抑制实际上也是对银行业稳步发展的有力促进。与此同时，我们也应看到，市场约束功能的发挥在很大程度上需要面对金融市场普遍存在的信息不对称、存款人“搭便车”以及显性或隐性存款保险制度等因素的影响。

第 6 章市场约束对银行管制的辅助。尽管市场约束在帮助监管当局实现目标时的作用是明显的，但必须强调，市场约束并不可能替代监管检查。保罗·哈马雷恩（Paul Hamalainen，2006）指出，尽管基于规则的银行监管仍然是有效银行监管体系的基本组成，但只有做到规则与激励的相融（Mixed），银行监管才能变得更加高效。从银行监管的发展轨迹看，当今的银行监管已全然基于全面风险管理之上，但严格的资本要求无疑仍是其中的重中之重。资本充足要求尽管可以提高银行应对风险的能力，但却未必能降低银行管理层对过度风险的追求。因此，基于激励之上的市场约束可以很好地发挥利益相关者的功能，从而减轻监管当局面临的压力，为进一步提高监管效率创造良好的条件。

第 7 章金融自由化与银行监管。20 世纪 70 年代以来，伴随金融自由化的快速发展，世界各国的银行监管逐渐发生了一些重大变化。一方面，金融自由化要求放松银行监管，另一方面，却又需要加强监管，这使得金融自由化与银行监管成为一对辩证统一的矛盾体。金融自由化并没有否定银行监管的基础，即市场失灵，相反，它却强化了银行监管的必要性，即应对不断增加的金融风险。由于金融自由化对传统银行监管手段形成了强烈的冲击，因此，世界各国纷纷对监管方式进行调整，以适应银行业的发展。

第 8 章金融创新与银行监管。20 世纪 80 年代以来，伴随金融自由化进程的不断加快以及科学技术、通讯手段的突飞猛进，金融机构之间的竞争日趋白热化，相互间的业务渗透及交叉愈来愈广泛。在发展中国家加快金融改革的步伐，推动本国货币自由兑换、开放金融市场、放松外资银行进入管制的同时，发达国家相继放松了金融监管，并进行金融创新。这些措施改变了整个金融业的面貌，促进了全球金融市场整体效率的提高；但同时，不断爆发的金融危机，也严重制约了全球经济的发展，不论是发展中国家，还是发达国家，都深受其害。从一定意义上讲，“监管—创新—再监管—再创新”仿佛是一道难以逾越的屏障。然而，我们应看到，针对金融创新的监管不应只是约束，而应是极力支持和鼓励，为金融企业的创新创造条件，并对创新行为进行规范。应当讲，金融企业的创新推动着银行监管的创新，同样，银行监管的创新又反过来推动金融企业的创新。

第 9 章我国银行业监管。从我国银行业发展的实际情况看，当今银行运营的冒险行为依然是十分强烈的，其中的原因除了与现行的管理体制相关外，也与政府在一定程度上所给予的全额担保有着一定关联。尽管我国银行业监管在抑制银行机构的过度涉险行为方面取得了很好的进展，但同样也存在着不少问题。因此，有效的银行监管仍然需要市场约束的有力补充。然而，我国银行业利益相关者制约银行冒险运营的动机及行为相对缺乏，市场约束的作用还很脆弱。只有做到强化银行内部管理，确保利率市场化，减少或取消政府担保，市场约束的作用才能很好地发挥，并对银行业的稳健运行打下坚实基础。

[31] 王玉辉著．垄断协议规制制度，法律出版社．2010.

正如古典经济学家亚当·斯密在其《国富论》中指出的：“从事相同贸易的人们即使是为了娱乐和消遣也很少会集会在一起，但是聚会的结果，往往不是阴谋对付公众，便是筹谋抬高价格。”

“尽管法律不阻止从事同种贸易的人们有时一起集会，但是法律应当不给这样的集会提供便利。”这里亚当·斯密描述的即是垄断协议的一种体现。经营者一旦联合起来，实施垄断协议行为，就意味着在经营者间签订了“停战”协定，使原本不具有市场垄断力的经营者通过相互约束具有了控制市场的能力。该种联合不但毁坏企业革新进取的热情，给社会经济整体发展带来停滞，还严重地限制了市场上的自由竞争，阻碍了市场调节机制作用的发挥，并使消费者福利遭受损害。因此，基于此各国均对该类限制竞争的协议予以明确规制。作为反垄断法三大支柱之一的垄断协议法律规制问题也由此成为了各国反垄断立法及理论研究的重点问题。作为资本主义国家市场经济基石的反垄断法，从促进社会经济效率、增加社会整体经济利益及消费者福利的角度出发，对垄断协议的法律规制作出了系统、详尽的规定。在国外，美国、德国、日本等市场经济较为发达的国家是世界上较早运用反垄断法对垄断协议进行规制的国家，例如，美国在1890年就通过《谢尔曼法》对经营者间以“合同”（Contract）、联合（Combination）和“共谋”（Conspiracy）进行的行为予以规制；日本通过“不正当交易限制”予以严格规制。这些国家一般均认为垄断协议行为是一种严重破坏市场竞争机制作用的行为，该行为严重地破坏了和谐的竞争秩序，是反垄断法首当禁止的垄断行为之一。

目前，美国、日本、德国等市场经济较为发达的国家对垄断协议法律规制制度的研究较为完善，研究成果十分丰富。其不仅体现于对垄断协议法律法规的基础理论的研究上，更为重要的是在垄断协议的具体、有效规制上、相关制度的细化研究上、配套制度的协调支撑上都进行了系统、深入的构建与研究。具体来看，国外对垄断协议规制制度的研究成果主要体现为以下几个方面：（1）充分认识垄断协议相互约束的本质属性，从本质属性入手明确垄断协议的构成要件及认定方法，为执行机构的认定与规制提供清晰、准确的识别基准；（2）针对垄断协议行为的隐蔽性及取证的困难性，美国、加拿大、德国、日本、EU等国家或国际组织纷纷创设“宽免制度”，经合组织（OECD）竞争法与政策委员会也于2001年予以认可，从而促进案件检举揭发，提高发现率，实现有效规制；（3）针对垄断协议直接证据获取的困难性，扩展证据范围，通过信息交换等情况证据寻求有效规制，建立完善的情况证据证明规则；（4）强化恶性垄断协议的法律制裁，建立行政处罚、刑事制裁和民事损害赔偿完备的法律制裁体系，并提供充分的程序保障，实现合法、有效的规制。

另外，各国还根据各自的实际情况，纷纷创设了具有本国特色的规制制度。例如，在美国，本身违法的垄断协议被认为是一种严重的犯罪行为（Felony），主要通过刑事制裁予以规制，同时通过活用三倍损害赔偿制度，在弥补损害利益之余有效地抑制了垄断协议行为的发生。而日本、德国等国家的处罚方式主要是通过行政处罚来进行。此外，在垄断协议的违法判定规则上，美国通过判例创设了本身违法（Per se Illegal）和合理原则（Rule of Reason），而日本、德国和欧盟等国家或组织则通过反垄断法明确规定原则、违法原则和豁免制度予以规制，不过两者在合理分析及附随性限制上也呈现出一定的共性。

在我国，20世纪80年代以来，随着市场经济体制的确立，联合限价、联合限产等垄断协议行为开始出现。对此，国务院颁布《关于开展和保护社会主义竞争的暂行规定》（1980年）等法规明确禁止价格垄断。之后，随着我国市场经济体制的深入发展，“行业自律价”、“市场分割协议”、“串通投标”、“维持转售价格协议”等垄断协议行为进一步蔓延，并在一定程度上呈现出“公开性”、政府背后推动、行业协会授意指引的特点。为此，国家先后颁布《反不正当竞争法》、《价格法》、《标投标法》和《反倾销条例》对该行为予以规制。2007年《中华人民共和国反垄断法》的颁布、实施，为我国垄断协议的法律规制确立了基本的法律制度框架，使该行为在一定程度上得到抑制。同时，《反垄断法》的实施在一定程度上也促使我国的垄断协议行为由“公开”转向“隐蔽”，对我国反垄断的立法和执法提出了新的挑战。

在我国，反垄断法治刚刚起步，垄断协议的规制制度尚不十分健全，我国学者对垄断协议法律规制制度的研究与当前构建和谐竞争秩序的需求还存在明显的差距。目前我国在垄断协议相互约束的本质属性、协议与协同行为的行为要件、情况证据及其证明规则、垄断协议的宽免制度、罚款认定的基准及计算方法、制裁措施与程序保障制度等方面还需要进行深入的研究与完善。因此，如何从反垄断法视角准确界定垄断协议并实现有效规制，建立起健全的违法判定规则、情况证据证明规则、宽免制度、制裁制度及程序，对完善我国现行反垄断法律制度具有重大意义。同时，垄断协议规制制度的完善也会为我国市场主体识别、发现垄断协议、规制机关认定、制裁违法行为提供科学的判断基准；为垄断协议的预防提供有效的识别方法和防范途径。从而在我国构建起良好有序的市场竞争秩序，促进市场主体自由竞争，提高社会整体经济效率，增加和保障消费者利益。

[32] 吴振球著．政府经济规制理论研究，湖北长江出版集团湖北人民出版社．2010.

现代意义上的政府经济规制实践活动，一般认为起源于19世纪70年代。西方发达资本主义国家经济规制实践经历了“规制—放松规制—规制多元化”这样一个动态变迁过程。对政府经济规制的理论研究，最早可以追溯到19世纪40年代。1848年，约翰·斯图尔特·穆勒就谈到自然垄断问题。对政府经济规制的理论研究，可以分为经验研究阶段、传统规制理论研究阶段、现代激励性规制理论研究阶段三个阶段。在经验研究阶段，经济学家们研究的中心是在规模报酬递增的情况下的定价与费率结构问题。在传统规制理论研究阶段，经济学家们研究的中心是政府应不应该进行经济规制、政府为什么进行经济规制、如何提高经济规制效率的问题。在现代激励性规制理论研究阶段，经济学家们研究的中心是在信息不对称条件下，分别在规制机构是公共利益者和自利者的假设下，在拉丰和梯若尔创立的能同时处理逆向选择和道德风险的规制分析框架下，如何提高经济规制效率的问题。

在传统规制理论研究阶段和现代激励性规制理论研究阶段，先后出现了规制公共利益理论、利益集团规制理论、规制价格理论、可竞争性理论、非市场组织理论和新古典经济学规制理论、有效竞争理论、非委托—代理框架下激励性规制理论、现代激励性规制理论。这些理论对于政府应不应该进行经济规制、政府为什么进行经济规制、如何才能提高经济规制效率的回答是冲突的或相异的，而且每一理论都不同程度地存在着缺陷。

本书主要采取经济学的研究方法，尤其是现代产业组织理论研究方法、博弈论、最优动态规划、机制设计理论、时变技术效率随机前沿生产模型，站在20世纪90年代以来经济规制理论最新学术成果的高度，从基础理论研究的视角，试图在全面、系统地梳理、评论已有经济规制理论的基础上，对相关理论进行比较、分析，并且紧密结合经济规制实践的特点，放松一些严格的假设条件，或者在模型中加入应该予以考虑的另外一些关键因素，或者根据实际情况进行新的机制设计，使不同理论关于同一命题的观点分歧缩小或一致起来，对经济规制现实具有更强的解释力和预测力，根据经济规制理论提出的经济规制政策建议更有说服力，更加有效。本书将重点、深入地研究三个问题，希望有所突破和创新：第一，希望能辨明规制公共利益理论与可竞争性理论的差异所在，缩小两者的分歧，更加科学地回答“政府应不应该进行经济规制”这个基本理论问题，进而提出如何进行经济规制的建议；第二，在技术演进和通货膨胀的动态环境下，在信息不对称条件下，在平均成本递减的自然垄断产业，设计出能诱导企业进行次优定价的定价方式；第三，在规制机构合谋模型中，考虑国会、生产者利益集团、消费者利益集团、规制机构、法院五者在经济规制活动中较为现实的互动与约束关系，建立新的规制机构合谋模型，提出更加合理的政策建议。

本书的研究共分六个部分。

第一部分是界定相关概念。在分析卡恩、施蒂格勒、萨缪尔森、斯蒂格利茨等学者对经济规制的定义后，指出经济规制的定义有广义和狭义之分，给出了经济规制的描述性定义。探讨了经济规制的内容和方法，指出世界各国现在一般对公用事业、邮政广播电视电信业、交通运输业、金融业进行经济规制，主要采取进入与退出、价格、产量、投资控制等方法。研究了美国和日本经济规制的结构与程序。分析了经济规制法律与政策的地位与体系。比较了宏观经济政策与经济规制政策的异同等。

第二部分是对经济规制理论的发展脉络进行梳理和归纳。本部分遵循简单、精练的原则，按照每一理论的来龙去脉，简要地介绍了规制公共利益理论、利益集团规制理论、规制价格理论、可竞争性理论、非市场组织理论和新古典经济学规制理论、有效竞争理论、非委托—代理框架下激励性规制理论、现代激励性规制理论的发展历程、主要内容、存在缺陷与发展趋势。

第三部分详细地介绍了规制公共利益理论与可竞争性理论、规制经济理论、有效竞争理论与现代激励性规制理论，并比较了规制公共利益理论与可竞争性理论，有效竞争理论与现代激励性规制理论。本部分认为，规制公共利益理论与可竞争性理论的区别在于：规制公共利益理论认为实际竞争会损失成本次可加性的效率，因而主张禁止其他企业进入。可竞争性理论认为潜在竞争的威胁、压力就足以使在位企业在可维持价格上制定价格，因而主张规制机构应该尽可能地创造可竞争性环境，反对禁止其他企业进入。前者认为政府保护会产生经济效率，后者认为政府放任（但不是完全的）会产生经济效率。规制公共利益理论与可竞争性理论的相同之处在于：规制公共利益理论的禁止进入，在客观上消除了实际竞争，通过规制实现了最优定价。可竞争性理论的创造可竞争性环境，利用潜在进入的“威慑力”，厂商“被迫”采取最优定价，也消除了实际竞争。手段相反，但达到的目的是一样的。

本部分认为，探寻、追溯规制经济理论的发展足迹，从单一压力集团对规制决策者的作用，到多个压力集团对规制决策者的作用；从静态模型、一期模型，到动态模型、多期模型；从将经济规制当作外生变量，到将经济规制当作内生变量，经济规制理论基本上遵循的是同一假设和同一内在逻辑。规制经济理论是对规制公共利益理论的彻底否定。规制公共利益理论的假设前提基本上脱离现实，因此，它遭到人们的怀疑与否定是理所当然的。规制过程模型对规制经济理论提出了批判。规制经济理论没有在不完全信息委托—代理框架下思考和分析问题；规制经济理论没有将规制过程当作一个博弈过程来分析，这些都是它的缺陷。

本部分认为，有效竞争理论与以拉丰等为代表的现代激励性规制理论都是在成本次可加性的前提下，来研究如何提高被规制企业生产效率与分配效率的理论。但是，两种理论提高经济效率的方法与途径是截然不同的。有效竞争，主要是通过企业的实际竞争或虚拟竞争，直接竞争或间接竞争，提高企业的经济效率。激励性规制理论与有效竞争理论不同，它主要通过规制机构设计好激励机制，引导企业经济效率的提高。但是，特许权竞标，会造成被淘汰在位企业沉淀性资产难处理问题，会造成“胜者的悲剧”问题，会造成合同期限难确定问题。标尺竞争会带来很难运用回归分析技术“离析”出不同区域内企业经营环境的差异，因而难以运用标尺竞争的问题。它还会带来如果被规制企业为了对付标尺竞争，形成串谋联盟，标尺竞争会失去效用的问题。直接竞争带来的问题是如果竞争带来经济效率的提高不能补偿成本次可加性的效率损失，直接竞争就是一种失败的决策选择。以拉丰等为代表的现代激励性规制理论，从纯理论的角度来看，是无懈可击的，但是完美信息要求是它的“软肋”。它要求规制者拥有某些贝叶斯先验信念，要求知道关于技术、努力、成本的函数和一些需求函数，这在实践中往往是难以做到的。

第四部分研究了经济规制中定价方式的演进。本部分主要介绍了边际成本定价、拉姆齐—布瓦德定价、资本投资回报率定价、成本加成定价、固定价格定价、价格上限定价、芬辛格—沃格尔桑动态定价、按比例调整的最优线性定价八种定价方式，并且详细分析了每种定价方式的优缺点。在信息不对称条件下，设计出了诱导企业进行次优定价的定价方式。

第五部分对英国、美国和日本的经济规制改革与经验进行了研究和比较，对中国民用航空运输业进行了实证研究。实证研究是为了验证理论，国际研究与比较既是为了再一次验证理论，也是为我国的经济规制改革提供借鉴。在进行实证研究前，本书提出了完全规制情况下成本—收益分析法和竞争性规制情况下成本—收益分析法的计算公式。第五部分还对中国自然垄断性行业全要素生产率增长与分解进行了研究，指出随着资本存量的递增与劳动存量的递减，国家铁路运输业、自来水生产与供应业、电力蒸汽热水生产与供应业资源配置改善的空间尚有一些，但已经不大；自然垄断性行业垄断生产经营的生产效率与分配效率是低下的，但是低下的程度远没有人们想象的那样大；在传统上被认为是自然垄断性的行业引入有限竞争，能够提高全要素生产率增长率、前沿技术进步，但降低了规模经济性改善。

第六部分总体上评论了经济规制的理论成果，分析了实证研究和国际比较研究在实践上对经济规制改革的启示，重点分析了中国经济规制存在的问题，根据理论和实践研究的成果，对中国经济规制改革提出了 10 条政策建议。

本书主要在以下方面有所突破和创新：第一，本书大胆地突破了“理想”的可竞争性理论的三大假设，并且假定信息不对称存在，引入了进入企业沉淀成本的先验性分布函数和信息搜寻成本关于发现新企业进入的概率函数，将可竞争性理论的结论推广到现实情况。对“政府应不应该进行经济规制”这个基本理论问题进行了详细的论证和明确的回答：政府应该进行经济规制，主要应该采取进入规制和价格规制手段，并且要采用先进的设计方案和方法。这种回答不是对规制公共利益理论的简单重复，而是在研究了几乎所有的规制经济理论和经济规制实践经验后的必然结论。第二，借鉴拉丰和梯若尔在平均成本递增产业征收价格变化税的设计思路，在平均成本递减产业设计了同时征收价格变化税和成本税的方案，以诱导被规制企业按照拉姆齐价格定价。这种设计不仅信息要求不高，而且具有可操作性，并且在模型中考虑了技术进步和通货膨胀两个关键因素。由于针对的产业领域不同，本模型与拉丰和梯若尔的拉姆齐定价诱导模型构成了一种互补关系，从而从整体上完善了拉姆齐定价诱导模型。第三，本书建立的模型将拉丰等人创立的规制机构合谋模型中被规制企业的成本函数由离散型推广到连续型情形，假定国会如果发现被规制企业与规制机构合谋，会依据虚报成本的程度来处罚规制机构，考虑到了国会、规制机构、被规制企业、消费者、法院之间复杂的互动关系，因此模型更加接近现实，得出的政策结论增加了，而且更有说服力和针对性。

[33] 郗伟明著．经济全球化下中国反垄断执法专题研究，法律出版社．2010.

现代市场经济国家基于其“公平与效率”的社会发展目标，无不以竞争法律制度作为其市场经济有序运行的基石。中国《反垄断法》的颁布正逢建立健全社会主义市场经济体制之时，社会主义市场经济是一种体现经济民主与经济集中、“市场调节”与“政府调节”共同发挥作用的经济运行模式。作为市场经济基本法律制度的反垄断法，理应体现现代市场经济的内在要求。众所周知，市场经济运行的核心机制是竞争。但私法保障下的自由竞争，在给社会带来福祉的同时，也会产生限制、排挤、窒息、破坏竞争的垄断与垄断行为。这些垄断与垄断行为不可能由市场本身来消除与禁止，必须由国家以法律的名义对其进行消除与禁止。为此，市场经济国家大多制定反垄断法以法的形式界定国家所要反对与禁止的垄断行为范畴，中国也不例外。中国于 2007 年制定颁布《反垄断法》，其根本目标在于创制一个有序竞争的格局、环境和体系，并在有序竞争的过程中保护竞争者的竞争权利，维护消费者利益和社会公共利益，提高经济运行效率，促进社会主义市场经济健康发展。

实现有序竞争目标的途径，在于既要充分尊重并发挥市场竞争的功效，又要消除与禁止因自由竞争而产生的反竞争行为；既要在竞争过程中提高企业和国家的竞争力，又要保证这种竞争力的提高符合国家的战略安排，从而形成经济基础与上层建筑共同并有效作用于市场竞争运行的局面。对此，基于市场竞争的共性和国情，借鉴他国规范竞争秩序的经验与教训，中国创制了反垄断法律制度。这有利于市场经济体制的完善，符合“法律是治国工具”的基本属性及发展趋势，更顺应社会经济发展的时代要求。在反垄断法的框架下，市场主体的行为就有法可依，加之反垄断机构的认真执法，就能有效地克服与消除垄断给社会经济发展带来的消极震荡。因而，中国反垄断法的实施将具有“市场经济保护神”的社会效应，也是我国奉行市场经济体制的一个根本性的标志。

但中国反垄断法是个新鲜事物，反垄断执法更是个新生儿。在计划经济时期，一切经济活动都依赖于国家行政指令，生产、分配、交换和消费等各个经济环节都须按国家计划进行。在此情形下，市场无所作为，甚至也谈不上市场，当然，就更谈不上竞争机制的作用与功能了。但国家实行经济体制改革后，全面贯彻、落实建立健全社会主义市场经济体制大政方针，将一切经济行为纳入市场经济轨道，要求充分尊重市场规律、按市场规律办事。此时，市场的作用，尤其是竞争机制的作用，日渐被人们重视。但竞争是柄“双刃剑”，往往埋下毁灭自身的种子。在我国市场经济建设中，出现了大量困扰市场参与者、市场管理者的限制、排除竞争现象，从而降低市场本应有的效率和效益。这就激发官方和民众以法治手段去调整市场竞争关系、规制市场竞争行为、规范市场竞争秩序，力求营造一个良好的市场竞争环境。这是官方的理想，也是民众的期望。

竞争是市场经济运行的核心机制。但在市场经济条件下，竞争却是一柄“双刃剑”，即竞争在产生积极效应的同时，也会产生消极影响如垄断行为，而这些垄断行为若不消除与禁止，就会影响到正常的竞争秩序。这些消极影响因竞争本身而产生，却无法单靠竞争本身去消除与禁止。这就形成了市场经济需要国家介入或干预的前提，国家须高屋建瓴地通过法治手段消除与禁止垄断行为，反垄断法便是最佳选择。与此同时，国家在反垄断执法活动中以此为契机实现既定的竞争政策、实现经济增长的目的。尚处于转型期的中国正全面落实建立健全社会主义市场经济体制的各方面政策，反垄断立法、执法是社会主义市场经济体制建设进程中不可避免的法治活动。

一、反垄断法是市场经济正常运行的客观要求

任何社会都面临着生产什么、如何生产、为谁生产的三大基本经济问题。“经济是人们的生产、分配、交换、消费活动的总称……由经济活动形成的各种具体经济关系，则构成一定社会的经济秩序和整个社会秩序……因此，对经济的调整是法的首要任务，经济的法律调整与国家和法共始终。”市场经济是生产关系的总和，体现着各种各样的经济关系。因此，市场经济中所产生的经济关系应由法律予以调整，使其成为一种人人遵守的规范。这种要求确立社会生活有序模式的倾向，绝不是人类所作的一种任意专断或违背自然的努力。事实上，从简单商品经济开始，各国就试图通过法律的手段，规范商品经济生产与交换的整个过程，使人们够按照既定的要求从事具体的经济行为，并通过相应的法律程序保障市场经济有序运行。但随着市场经济的发展，国家规定的法律内容则有所不同。

二、反垄断法是国家经济管理职能的必然

从理论上说，在市场经济条件下，基于竞争机制的作用，有限的社会资源应沿着满足社会需求的轨迹流动，紧缺的社会资源就能获得有效配置。但市场经济的实践并不总与这一理论设计相吻合。由于竞争本身的“双面性”时常导致“市场失灵”，而在“市场失灵”的情况下，资源配置就不可能达到有效配置。此时，源于国家职能的要求，国家由原来自由竞争状态下的“守夜人”、“仲裁人”角色，演变成直接介入市场的“组织者”。在市场竞争领域，国家通过反垄断法律规范，不仅要达到制止垄断行为的基本目的，而且还以此为契机，贯彻国家竞争政策，规范市场竞争秩序，以实现国家社会经济发展之目标。由于反垄断法体现了“市场调节之手”和“国家调节之手”的结合适用，因此，现代市场经济的国家，均以反垄断法来规范市场竞争秩序。

三、反垄断法中的竞争

竞争是市场经济正常运行和发展的动力源泉，但由于“竞争往往埋下毁灭自身的种子”，因此，国家借此通过反垄断法对市场竞争予以规制，这已成为市场经济国家的惯例或实践。市场经济的运行依赖于竞争机制发挥作用。竞争机制如何运行，直接涉及市场经济体制的运行。在市场经济条件下，竞争从其产生的那一天起就是一种包含着正常竞争与非正常竞争的“双胞胎”现象。依据正常竞争所应具备的前提条件为标准，非正常竞争中的垄断行为，主要从下列几个方面影响正常竞争的开展：

（1）排挤或消灭竞争者，如不当的经营者集中行为。

（2）提供不真实的价格信息。

（3）提供不真实的供求信息。

（4）侵害消费者的权益。

因此，如何消除与制止竞争过程中出现的垄断行为，保障市场竞争机制的正常运行，便成了各国市场经济立法的重点。如果说，在自由竞争的初期，国家还有可能通过已有零星的、不成体系的有关法律规范去调整以消除、制止垄断行为中的不正当竞争行为的话（事实上是不可能的），那么，在竞争日趋激烈、复杂的情况下，这种可能性自然也就荡然无存了。为了适应市场经济发展的要求和规范竞争秩序，国家创制了反垄断法律制度。从发展经济、促进竞争角度而言，反垄断法的最基本目标，就是通过反垄断法的具体规定，消除与禁止垄断行为及其所带来的消极的社会后果，鼓励正常的竞争行为，以发挥竞争的积极作用，实现市场经济运行的正常化，并保护消费者的合法权益。

四、《反垄断法》及其使命

与西方国家相比，我国市场经济的发展背景和路径不同，我国是从计划经济转变为市场经济，从引入竞争到限制竞争行为的出现，再到反垄断。因而，我国《反垄断法》的产生与发展亦与众不同。其是在建立与完善社会主义市场经济体制这一历史变革过程中，国家根据社会经济发展状况，并在借鉴其他市场经济国家反垄断经验与教训的基础上，适时颁布的。我国《反垄断法》是我国经济体制改革日趋深化的产物，没有市场经济这一社会条件，就不可能产生预防与制止垄断行为、保护竞争的反垄断法律制度。因此，它不仅要保护竞争，更要培育和促进竞争，肩负着维护市场竞争机制和促进国民经济健康发展的双重历史使命。

［34］肖兴志，齐鹰飞，郭晓丹等著．中国垄断产业规制效果的实证研究，中国社会科学出版社．2010.

加快推进和完善中国垄断产业的改革，是完善社会主义市场经济体制的重要内容之一。党的十六届五中全会通过的《关于制定国民经济和社会发展第十一个五年规划的建议》指出，要“深化垄断产业改革，放宽市场准入，实现投资主体和产权多元化”。自 20 世纪 90 年代以来，中国对垄断产业从产权、竞争、规制等方面进行了一系列改革，取得了一定进展。近十余年的规制改革实践迫切需要开展规制效果的评价工作。从根本上讲，对垄断产业规制效果进行评价研究对提升中国政府规制质量，改善规制决策，促进垄断产业改革与发展具有重要价值，必须加强对中国垄断产业规制效果的实证研究。

从更宽泛的意义上讲，对中国垄断产业规制效果进行评价研究具有重大的理论意义和现实指导价值。

其一，从规制经济学发展历程角度讲，由拉丰、泰勒尔发展起来的新规制经济学理论已经把垄断产业规制研究推向较高水平，为政府对垄断产业规制政策的实施奠定了坚实的理论基础。但是，各国在实施具体规制政策时，还是出现了各种各样的问题。如何结合自身情况，制定出最优的规制政策，已经成为规制经济学研究的重点内容。因此，在国内进行垄断产业规制效果实证研究具有较强的理论意义，有利于规制经济学学科的完善与发展。

其二，垄断产业规制效果评价是巩固垄断产业改革成果的必然要求，制度选择往往受制于国家的发展战略与现实约束，中国垄断产业改革是在改革和发展的大背景下进行的，垄断产业的每一次改革无不与国家发展战略息息相关。每一次改革均要适时地对政策进行综合评价，以修正改革政策与措施。切实加强垄断产业规制效果的评价研究，对进一步提高中国垄断产业规制质量具有重要作用。

其三，垄断产业规制效果评价是完善政府绩效评价的重要内容。规制效果评价作为规制政策分析的一种方法，其目的是通过对规制政策的效果进行评价，对规制政策的实施和改进等方面发挥作用。中国政府绩效评价工作正处于成长时期，而垄断产业规制效果评价则是政府规制绩效评价的重要组成部分。因此，建立科学完善的规制效果评价体系不仅是推进垄断产业改革的必然要求，也是对传统的政府绩效评价内容的一种补充。

垄断产业规制效果评价研究是一项系统性工程，不仅要对规制效果的评价标准、评价程序与方法、评价支持体系等方面进行研究，还要对具体垄断产业的规制效果进行计量检验。本书主要基于对中国垄断产业规制改革实践的深刻了解，结合相应规制效果评价的基础理论与评价方法，对中国主要垄断产业的规制效果进行综合细致的实证考察。本书包括总论篇与专题篇两部分。总论部分对垄断产业规制效果评价的基础理论、基本方法、支持体系等基础内容进行了深入研究，专题部分则基于总论篇研究的理论和方法支撑，对代表性的垄断产业的规制效果进行实证分析，并实证检验的基础上给出相应的政策含义。总论与专题两篇前后呼应，紧密结合，总论是专题的理论基础，专题是理论的具体运用与体现。

总论篇主要就垄断产业规制效果评价的理论、评价体系、支持体系等进行详尽分析。首先，从规制效果评价的理论出发，结合垄断产业基本特性，对垄断产业规制目标实现程度进行理论考察。其次，基于前述理论基础，从垄断产业规制效果评价标准、评价指标、评价程序与方法等来探讨垄断产业规制效果评价标准、评价指标、评价程序与方法等来探讨垄断产业规制效果的评价体系，这是进行规制效果评价的基本准绳。最后，规制效果评价是目的，包括支持体系在内的制度构建则是规制效果评价的有力支撑。本书在剖析发达国家规制效果评价支持体系的经验基础上，结合中国现实制度约束，从机构设置、法律法规、评价过程等方面给出中国垄断产业规制效果评价支持体系的构建思路。

专题篇主要运用计量经济学方法，对代表性垄断产业的规制效果进行经验分析，以考察垄断产业改革与规制效果，分析中兼顾定量与定性结合、局部与整体综合的原则，既考察规制效果，又分析非规制方面的影响。结合中国垄断产业规制实践，本书选取电力、电信、民航、燃气、煤炭、银行、水务产业作为分析对象分别进行实证研究。

其一，电力产业规制效果研究表明，明确的规制框架、独立规制机构和不断成熟的规制对象在统计意义上显著地提高了电力产业总量和效率，降低了电价水平和垄断利润，但在改善服务质量方面尚未发挥有效作用。

其二，针对电信产业，从总量、价格、利润和普遍服务水平四个方面对其规制效果进行实证研究。分析结果表明，虽然中国电信产业规制已取得很大成效，表现为市场结构趋于合理，普遍服务质量得到了较大改善，但是在总量增长方面效果并不显著。

其三，民航产业的规制效果检验表明，良好的规制提高了中国民航产业的服务质量，降低了垄断利润，但民航产业规制并没有在提升业务总量方面产生明显效果。

其四，针对燃气产业，运用BP神经网络分析方法，以价格和市场准入两方面为切入点，拟合燃气产业中规制与其他变量的关系，深入考察了现行规制政策对燃气产业的影响程度。

其五，通过对银行业规制进行维度细分分析银行业规制的效果。实证结果显示，银行业规制总体上是有效的，促进了银行业业务规模的发展，提高了银行经营效率，降低了银行业面临的风险水平，但具体到规制的维度上，“政府拥有银行的比例”检验效果不明显，“市场力量参与规制”不是很理想。

其六，采用VAR模型实证检验中国煤矿安全规制效果。揭示规制机构在煤矿安全规制中面临短期效果和长期效果之间的权衡的规制本质。

其七，运用VAR等多种现代计量方法对水务产业规制效果进行评价研究，结果表明，放松规制过程对水务产业总量具有显著的促进作用，并且呈现出近似的周期性，以收益率规制模式为基础的价格规制产生了显著的A－J效应。

本书的创新之处主要体现在研究方法和理论开拓两个方面。在研究方法的采用上，尽管数据的准确性与科学性对评价效果至关重要，但中国数据统计环节发展滞后，许多对评价有价值的数据没有被统计出来，即使已有一些数据，也存在连续性较差等问题。同时，中国垄断产业规制改革的时限较短，造成大部分统计数据的长度较短，这就大大限制了研究方法的使用，特别对时间序列及面板数据等计量方法的影响很大。此外，由于垄断产业特性决定的信息不对称等问题，垄断企业没有足够的激励去公布其有关经营数据，即使公布，相关数据的可靠性与准确性也难以保证。为克服规制数据的“不足”与“污染”，本书在专题部分对电力、电信、民航、燃气、煤炭、银行、水务这 7 个垄断产业规制效果进行具体评价时，从数据挖掘和研究方法等角度，使用了虚拟变量、替代变量、VAR 模型、神经网络等处理方法，为以后相关研究的深化奠定了基础。

在理论创新方面，本书把握了规制效果评价的主流和前沿，在总结归纳前人研究成果的基础上，进一步完善和发展了规制效果评价理论。其一，研究视角具有系统性。在规制效果评价的规范性研究方面，从乔斯科和诺尔（Joskow and Noll，1981）总结的规制效果评价的四种经验方法，到美国企业协会布鲁金斯规制研究联合中心有关规制收益分析的经典论文和研究报告，再到国内学者开始关注的规制效果评价研究，综合发达国家规制效果评价方面的经验，并使用经济计量等方法对中国垄断产业规制效果进行较为系统的评价研究。其中一些研究领域或者研究方法在国内具有较强的创新意义。比如，对于中国垄断产业规制效果的界定问题。规制效果的界定应该是评价规制效果的前提和基础。尽管有美国、英国等少数发达国家的经验可借鉴，但中国是一个体制转轨的发展中大国，垄断产业规制问题有着自己的特征，其行政垄断的色彩相对而言要重一些，普遍服务义务和社会责任考虑要多一些；同时，规制效果评价的认知水平、数据质量和技术基础在各区域和部门间有着较大的差别，中国垄断产业规制效果评价的复杂性较大，所以，对于垄断产业的经济收益和社会收益等规制效果的界定更应遵循中国的现实情况。

其二，构造了开放的规制效果评价理论框架。本书在国内较早系统地对垄断产业规制效果评价的相关理论和方法进行梳理和创新，可以弥补垄断产业规制研究的一个关键环节缺失。作为政府规制领域的一个基础研究创新，研究成果可以广泛应用于更为广阔的公共管理领域的定量分析。同时，在秉承规制效果评价的主流研究过程中，本书又加入了一些新思想和新观念。比如将“规制失效”进一步区分为规制无效果（不能实现修正市场失灵的规制目标）和规制无效率（规制的代价过高）两个方面。多数学者在具体操作过程中，视规制成本和规制收益的相关指标往往只能定性分析，很难进行量化。本书专注于规制效果的分析与评价，同时又将它同规制影响评价区别开来。规制影响评价在国外如火如荼，但是，这种规制影响包括事前影响评价和事后影响评价两个部分，事前的规制影响仅仅是对规制政策的实施将会产生什么结果进行估计，真正的规制效果评价应该是源于规制政策实施的事后效应。规制效果奠定了规制政策的前提，又以具体的形式来表现规制政策的实施状况。因此，如何设计出合理的适合本国国情的评价指标至关重要。本书在明确研究对象之后，另辟蹊径，将目光锁定在总量标准、价格标准、利润标准和公平标准四个主要评价指标方面，深入地对垄断产业的规制效果评价进行分析，同时也在很大程度上解决了数据的可靠性和可获得性等问题，有利于实现保证规制效果评价研究的准确性和真实性。

其三，构建了有特色的规制效果评价支持体系。多年来，中国在垄断产业规制改革中存在着一些不能令人满意的现象，规制收效甚微甚至没有成效。由于现实制度的约束，中国对规制效果评价的对象、内容和方法的理解上还缺乏统一、规范的认识，总体上更未形成一套系统的规制效果评价的支持体系。考虑到中国本身所具有的制度约束，在支持体系的构建上要力求消除“中国式”规制评价的劣根性，通过支持体系的构建着力解决规制评价的封闭性、盲目性、形式化等问题，改变政府只对程序负责，不对效果负责的习惯。国外实践经验表明，良好的评价支持体系必须能够保证规制评价的独立、透明、公正和持续。根据中国现有规制评估现状和机构配置特征，本书探索构建了中国垄断产业规制效果评价的支持体系。一是设立垄断产业规制效果评价机构；二是构建系统的评价监督机制；三是确定透明的规制效果评价和评议程序；四是注重规制效果评价体系的连续性、透明性与公正性的实现；五是建立健全规制效果评价的相应法律法规。现阶段，规制效果评价的理念还没有正式引入，理念的吸收与传统行政文化的冲突还可能会持续很长的一段时间。因此，意识的转型决定了现阶段对垄断产业规制效果评价仍要依赖于中央政府的推动。随着政府服务理念的推广和政务信息的公开，对规制效果进行评议的工作今后可以交由外部评价机构实施。

［35］肖兴志，齐鹰飞等著．转型期中国工作场所安全规制研究，东北财经大学出版社．2010.

中国正处于由计划经济体制向社会主义市场经济体制转型的关键时期。转型期的中国在经济增长和社会进步的同时，出现了一些不和谐的现象和矛盾，特别是在部分地方政府过度追求 GDP 的过程中，引发了生产规模盲目扩大、资源需求急速增加等问题，进而导致企业与各级政府利益化倾向日益严重的局面。改革开放 30 年来，中国保持了高速的经济增长，取得了令世人瞩目的成就，但是也应当清醒地意识到我们付出的巨大代价。我们不得不面对环境的日趋恶化，不得不面对食品安全事故的此起彼伏；而且，还要面对一起起工作场所安全事故，一串串耸人的死亡数据。在经济利益驱动下，我国一些地方造成群死群伤的重特大事故层出不穷。工作场所安全问题不仅给劳动者生命造成了重大损失，而且严重影响到社会和谐与经济社会的健康发展。只有确保工作场所安全，才能真正实现人身的和谐，实现人与自然的和谐，实现人与人及人与社会的和谐，实现国家内部系统诸要素的和谐。

以发达国家先行实践和经验为鉴，转型期的中国通过设立安全生产规制机构、完善相关法律法规、加强监管监察等方式，力图改变工作场所事故多发的严峻态势。然而，虽已付出如此巨大努力，中国依然是伤亡事故发生频率最高的国家。事实上，工作场所安全事故频发的起因是极其复杂的，制度规则的模糊性、所有权与使用权保障的缺失、规制对象和规制机制的缺陷、生产企业的产权扭曲等均是影响工作场所安全规制的重要因素（张维迎，2005；朱忠厚，2005；王绍光，2004；周其仁，2005）。虽然工作场所安全事故频发的起因是多元的，但是，作为对市场失灵治理的重要工具，安全规制无疑是诸多因素的核心所在。那么，中国工作场所安全规制效果为什么如此不尽如人意？是因为规制体制不合理，还是因为安全标准制定偏低？是因为相关机构规制强度不够，还是因为生产企业的安全投入太少？或者是因为工人的安全意识不足？对以上问题的科学回答，绝不能凭空而来，只有坚持以科学的理论为指导、以实践为准绳的研究原则，才能给出科学、有力、实践操作性强的应对方案。

本书以产业组织与规制理论为基础，综合使用委托—代理理论、新制度经济学、计量经济学等分析方法，研究转型期中国工作场所安全规制。以转型期中国工作场所安全规制体制变迁为基本立足点，本书从产权、工人素质、工人逆向行为等角度对影响安全规制的相关因素进行了系统的分析，并给出实证结论。已有文献（Viscusi，1979，1986；McCaffrey，1983；Ruser and Smith，1991）表明，规制的有效性从来没有定论，对中国工作场所安全规制的有效性进行研究是本书的一项重要内容。理论研究只有落实到实践中才能实现更大效用，基于此，本书还对具体行业工作场所安全规制进行逐个剖析，通过系统的梳理以及系统的分析，为具体工作场所安全规制提供机制设计基础。近年来，规制经济学的相关研究在国内得以迅速发展，涌现了不少优秀成果，为规制经济学在国内的发展起到了至关重要的作用。但是，就工作场所安全规制进行研究的专著还不多见，即使涉及工作场所安全规制的，研究重点也主要集中在煤矿安全规制领域，在非煤工作场所安全方面也主要侧重于技术管理层面，从规制经济学乃至经济学视角分析工作场所安全问题的较少，关于工作场所安全规制的实证研究更是缺乏。本书将在以下几个方面进行一些探索性的研究。

1. 尝试性地建立一个系统的工作场所安全规制分析框架。本书致力于通过一个经济学逻辑的分析框架，以期能对工作场所安全规制的研究及具体规制体制的完善提供直接的理论支持和政策参考。本书将从工作场所安全规制理论、规制体制分析、规制影响因素、规制效果等方面进行研究（在国内尚属首次），形成较为系统、完整的工作场所安全规制研究框架，并得出一般性的结论。

2. 综合多因素进行安全规制分析，拓宽工作场所安全规制研究思路。在治理工作场所安全方面，规制并不是独立发挥作用，孤立、片面地进行规制研究势必引致研究成果的片面性与绝对性。

本书在具体分析过程中，摒弃了“就规制谈规制”的研究思路，把影响工作场所安全以及安全规制的主要因素纳入到分析框架中，在梳理相关影响因素间关系的基础上，研究并设计了未来的中国工作场所安全规制体制。在把相关因素引入分析的过程中，模型的建立异常重要。研究过程中，本书通过调研分析、征求专家意见等方式，最终形成了用以分析的模型，这既是研究工作的难点，也是本书的创新点之一。

3. 对工作场所安全规制实证进行有益尝试，促进规制实证研究在国内的发展。规制效果的实证研究是规制研究的一项前沿课题，更是转型期中国工作场所安全规制研究的重要方面，可以为修正与完善工作场所安全规制体制提供坚实的基础。对工作场所安全规制进行实证分析的过程中，我们面临着统计数据缺乏、数据收集困难等诸多瓶颈问题，在努力克服以上约束的前提下，本书通过采用联立方程法、VAR 法、工具变量法等将误差尽力降到最低。在国内，本书亦属首次在工作场所安全规制领域采用计量经济方法对规制效果进行研究。

目前有关转型期中国工作场所安全规制的系统研究还比较薄弱，本书在规范的经济理论分析、严谨的逻辑推理、科学的实证研究基础上，对转型期中国工作场所安全规制进行了广泛、深入的研究，以期能够得到科学结论，指导中国工作场所安全规制的建设，完善安全规制体制。本书将从工作场所安全规制理论、规制体制分析、规制的影响因素、规制效果等方面进行研究，形成较为系统、完整的工作场所安全规制研究框架，并得出一般性的结论。本书后半部分，还将对转型期中国非煤矿山、建筑、道路交通、危险化学品、道路交通等具体领域安全规制体制进行研究。鉴于应急管理体制在安全规制中的重要地位，在书末，本书还将对转型期中国工作场所安全规制中的应急管理体制进行分析。

全书共分 10 章：

第 1 章：导论。这一部分主要是提出本书的基本问题，阐述选题的理论意义与实践意义，进行相关文献综述，介绍本书的研究方法和结构安排。

第 2 章：工作场所安全规制的理论分析。需要从理论视野来剖析转型期中国工作场所安全规制问题，才可为选择合适的规制政策提供较为坚实的认知基础。本章首先将从经济学视角对工作场所安全规制进行界定，然后在分析中结合法学、政治学对工作场所安全规制的界定进行比较，还将从市场交易和责任安排两个角度来分析安全治理的方法，以加深对工作场所安全规制的理解。随后，本章将分析中国工作场所安全规制的理论基础，研究安全规制标准分类及制定。

第 3 章：转型期中国工作场所安全规制体制分析。本章将从制度变迁的角度分析转型期中国工作场所安全规制体制的演进过程，为中国工作场所安全规制制度的完善提供实证依据，同时，将从安全规制放松以及企业内部管理落后等因素进行深入分析，力求寻找转型期中国工作场所安全规制制度的症结所在。

第 4 章：转型期中国工作场所安全规制的影响因素。在治理工作场所安全方面，规制并不是独立地发挥作用。如果孤立、片面地进行转型期中国工作场所安全规制研究，那么由此引致的研究成果也必然是片面、绝对的，即丧失了科学研究应有的严谨性与缜密性，因此进行工作场所安全规制影响因素研究也是转型期中国工作场所安全规制研究的重要方面，是研究者所不能回避的课题。本章在诸多影响工作场所安全水平进而影响工作场所安全规制的因素中，选取工人素质水平、产权差异、工人行为等进行分析，以探究其对工作场所安全规制的影响，然后在研究的基础上分别给出其政策含义。

第 5 章：转型期中国工作场所安全规制效果研究。规制效果的实证研究是规制研究的一项前沿课题，更是转型期中国工作场所安全规制研究的重要方面，可以为修正与完善工作场所安全规制体制提供坚实的基础。本章在系统研究规制影响评价理论与方法的基础上，采用 VAR 模型实证检验中国工作场所安全规制效果，在实证研究的基础上，提出改进中国工作场所安全规制效果的政策含义。

第6~9章：转型期中国工作场所安全规制体制设计。在前述研究内容的基础上，结合博弈、激励相容等分析方法，对中国各领域工作场所安全规制进行分析，并借鉴西方国家工作场所安全规制经验，对转型期中国非煤矿山、建筑、危险化学品、道路交通等安全规制的体制与机制设计加以完善。

第10章：转型期中国工作场所安全应急管理体制设计。应急管理是治理安全事故、建立完善的政府应急管理体系的重要组成部分。本章力图把应急管理理论知识与工作场所安全规制理论融合起来，综合深入探讨转型期中国工作场所安全应急管理体制。

[36] 颜海娜著．食品安全监管部门间关系研究——交易费用理论的视角，中国社会科学出版社．2010.

一、食品安全问题：经济和社会发展的严峻挑战

近些年来，随着我国“由长期食物短缺转向食物相对剩余时期，由重点解决食物供需转向主要解决食品质量安全问题时期”，食品安全问题的社会关注度越来越高，阜阳劣质奶粉事件、烟台“龙口粉丝案”、广州毒白酒事件、河北“红心咸鸭蛋”、“苏丹红”事件、“孔雀石绿”事件等一系列的重大食品安全事件相继发生，危害程度日益加深。尤其是2009年波及全国、直接撼动整个乳制品行业、造成近30万名“肾结石婴儿”的中国乳业“9·11”事件——“三鹿奶粉”事件，更是严重挫伤国人对食品安全的信心。有学者用“井喷”来形容国内一再发生的食品安全事故，用“食品恐怖主义”来形容不安全食品的危害。有识之士甚至发出了“谁在拿食品安全赌民族未来”的拷问。

随着食品工业的一体化和食品贸易的全球化，基因工程和辐照等高新技术在食品生产中的使用，城市化进程的加快以及由此带来食品生产和销售方式的变化，影响食品安全的风险和隐患因素越来越复杂，各种食源性疾病发生的概率大大增加，食品安全的治理形势越来越严峻，这是现代公共事务治理的普遍发展趋势，也是现代各国政府面临的共同问题。在食品安全治理环境日趋严峻以及日益复杂化的同时，我国近年来的食品安全危机事件频频发生，对人体健康、经济和社会造成的负面影响也越来越大。食品安全问题是困扰当前处于发展阶段的中国的一个重大问题，也是对我国政府食品安全治理能力的一个极大的考验。

二、食品安全多部门监管体制的现实困境

在食品安全问题日益复杂化以及严峻性加剧的同时，我国食品安全治理却陷入了严重的“碎片化”状态。虽然政府为确保食品安全在制度安排上进行了种种努力和尝试，尤其是在2004年确立了以“分段管理为主，品种管理为辅”的食品安全监管体制，希望通过调动农业、质检、工商、卫生、食品药品监管等多部门的监管力量与执法资源，以实现更有力的食品安全控制。然而，多部门分段监管体制下的食品安全监管在现实中并没有按照制度设计者的意愿运行；相反，监管职能交叉重叠，职责模糊不清。部门间相互抵触与损耗，相互掣肘与推诿，造成重复监管或无人监管；多头执法、责任不明、监管链条“断裂”；监管资源浪费严重，监管成本居高不下，监管效率低下等一系列的问题屡见不鲜，人们甚至常常用“十几个部门管不好一桌饭”、“七八个部门管不好一头猪”等形象的比喻来描述目前我国食品安全监管的困境以及严重的“碎片化”状态。

因此，本书采取交易费用的理论视角，将研究的焦点集中在我国食品安全监管部门间关系上来，核心研究问题是，我国食品安全监管部门间合作困境背后的原因是什么？与核心问题相关的几个问题是：（1）我国食品安全多部门监管体制是如何形成的？它演变过程中的背后原因是什么？（2）为什么多部门分环节食品安全监管体制在现实中遭遇“十几个部门管不好一桌饭”的困境？部门间合作困境背后的原因是什么？（3）如何突破食品安全监管部门间合作的困境，迈向“整体政府”？

笔者在探讨部门间关系这一古老而又新颖的话题的时候，是把它置于西方交易费用理论的视角

下进行考察，以当前社会的热点问题——食品安全监管作为切入点，围绕着“我国食品安全监管部门间合作困境背后的原因是什么?”这个核心问题对食品安全监管部门间关系进行全面的研究，也即本书的研究焦点是：在食品安全监管中，部门之间相互掣肘和推诿、各自为政、“有利争着管，无利都不管”背后的深层次原因是什么，为什么“十几个部门管不好一桌饭”。围绕着上述问题，本书尝试从食品安全监管体制的历史演变、部门间关系的制度设计以及部门间合作关系的具体运作三个角度对部门间的这种合作困境进行剖析。

第一章：导论。本章从食品安全治理环境的严峻性以及食品安全问题日益严重的危害后果入手，对我国食品安全的多部门监管体制的现实困境进行铺叙，从而引出本书的研究问题，对研究目的以及研究意义进行了交代。接着界定了核心概念，在国内外文献评估的基础上，进一步明确了研究的理论意义。最后对本书的结构安排进行简要介绍。

第二章：分析框架与研究设计。本章分为两个小节，其中第一节是把食品安全监管部门间关系放在交易费用的理论视角下进行考察，从部门间合作的特点、基本途径、保障部门间合作的基本条件、部门间关系变革的动力和阻力，以及变革部门间关系基本取向等维度，构建一个食品安全监管部门间关系的分析框架。第二节是研究设计，先提出本书的三个研究假设，然后对本书的研究方法进行交代。对抽样、资料收集方法以及分析方法等进行简要的介绍。

第三章：食品安全多部门分环节监管体制的形成及其特征。本章从食品安全监管体制变迁的潜在收益以及需要克服的成本（即部门间关系变革的动力和阻力）的角度，对我国食品安全监管体制的历史演变过程进行系统的梳理，试图为我国目前多部门分环节监管体制的形成提供制度解释，探究我国食品安全监管“碎片化”的历史成因以及支撑多部门监管体制运行的制度性原因，并从部门间关系的角度考察这种多部门分环节监管体制的特征。

第四章：食品安全监管部门间关系的制度设计与分析。本章通过对食品安全监管部门间关系现有制度设计的考察，从组织结构的设计、职能的分配、权力的配置、职责的分工以及现有的合作制度等角度，来探析我国食品安全监管部门间关系存在的主要问题及其原因，试图从制度设计本身探究我国食品安全监管部门间合作困境背后的原因。

第五章：食品安全监管部门间合作关系的具体运作与分析。本章通过对食品安全部门间合作关系的具体运作的考察，对食品安全监管部门间合作过程中，存在的主要问题以及合作困境背后的机理进行深入探究，试图从治理结构的实践运作，来探究我国食品安全监管部门间合作困境背后的原因。

第六章：迈向“整体政府”：突破部门间合作的困境。本章首先对国外发达国家食品安全“碎片化”治理的实践经验进行考察，接着以“整体政府”作为控制外部性与部门机会主义行为，进而降低交易费用的可行之策，探寻突破我国食品安全监管部门间合作困境的出路。最后，笔者对如何突破“十几个部门管不好一桌饭”的监管困境展开了进一步的反思。

[37] 杨永忠著．民营经济进入垄断行业的制度性壁垒，经济管理出版社．2010.

针对我国体制转轨过程中和社会主义市场经济条件下关于民营经济进入垄断行业从制度视角缺乏系统的理论研究的状况，本书拟以马克思历史唯物主义与唯物辩证法为指导，借鉴新制度经济学关于内在制度（Internal Institutions）与外在制度演化的分析框架（柯武刚、史漫飞，2001），把垄断行业作为社会的一个动态子系统，分析我国民营经济进入垄断行业存在的内在和外在的制度壁垒，系统探讨现阶段支持我国民营经济进入垄断行业的内在和外在制度的结构安排和优化设计。

本书共分六篇。其中，第一篇是总论，主要介绍本书的研究背景、文献综述、研究思路、研究方法。在此基础上，分析了我国民营经济进入垄断行业的主要制度模式，在认识制度作用的同时，也发现制度存在的障碍，从而引入制度壁垒问题。

第二篇分析了一般性制度壁垒。内在制度壁垒和外在制度壁垒是制度性壁垒中最单纯的两种壁垒，本篇结合我国铁路运输业，阐述铁路产业的制度变迁过程和其中存在的内在和外在制度性进入壁垒特征。在此基础上，根据有效竞争和可竞争性市场等理论，分析了铁路产业边缘性进入的形成、机理与效率。并以衢常铁路为例，说明衢常铁路边缘性进入模式的起源、制度安排，以及尚存在的制度性壁垒，为我国铁路行业的民营化进入提供了启示。

第三篇研究了结构性制度壁垒。结构性制度壁垒是制度性壁垒中最复杂的一种形式，本书定义并设计了结构性制度壁垒的判别模型。以航空运输业为例，分析了春秋航空进入我国航空运输业的结构性制度壁垒特征。在此基础上，进一步展开了民营航空公司结构性制度壁垒的一般性研究。

第四篇从主导性制度壁垒角度进行了分析。主导性制度壁垒是结构性壁垒中有关替代性壁垒的一种主要表现。本书提出了民营经济进入电力行业的主导性制度壁垒“三阶段”假说，以新中国成立后我国电力行业的发展为背景，研究了民营经济进入电力行业的主导性制度壁垒演变，并运用交易费用理论对不同阶段主导性制度壁垒的形成机理进行了分析。

第五篇研究了锁定性制度壁垒。一国封闭条件下的路径依赖容易导致锁定性制度壁垒。本篇基于开放视角，分析了锁定性制度壁垒的特征，研究了水务行业民营经济、外资经济双重进入的机理，并对我国水务行业双重进入的市场结构、行为、绩效和制度的演变进行了分析，揭示了双重进入的制度安排对避免锁定性制度壁垒和促进产业可持续发展的意义。

第六篇是制度优化与设计。既然存在制度壁垒，制度必然面临优化问题。本篇首先分析了民营经济进入垄断行业的制度主导模式优化，将模块化的思路引入制度的优化设计，提出制度模块化结构，并对不同制度主导模式下的制度优化设计提出相关建议。在此基础上，具体探讨了民营经济进入垄断行业的制度设计原则和不同垄断行业的制度重构。

（1）现阶段我国民营经济进入垄断行业存在三种制度主导模式。“制度主导”意味着在某一地区经济改革发展的某一阶段，某种制度对经济改革发展起导向和带动作用，代表制度总体结构的演变方向和趋势。民营经济进入垄断行业的制度主导模式，就是对民营化进程起导向和带动作用的制度模式。根据垄断行业民营化过程中的内外制度效用的相对大小和变化，可以将民营经济进入垄断行业的模式总结为三大类：外在制度主导型模式、内在制度主导型模式、内外制度共同主导型模式。当内在制度处于“幼稚”状态时，尚不具备主导民营经济的进入，这时外在制度的主导不可避免。例如，在垄断行业开放的早期，多数民营化案例属于外在制度主导的模式，具有强制权力的政府担当起我国垄断行业的民营化“启动器”。民营化进入一定阶段后，外在制度处于稳定状态，而社会对民营化的支持程度不断提高，企业也积累了丰富的“学习曲线”，各种中介组织发展迅速并发挥协助功能，内在制度的影响力凸显，开始呈现内在制度的主导特征。相比前两种制度主导模式，内外制度合作主导模式出现在内在制度不断积累并具备了诱致性的推动力，而外在制度在取得发展的同时也面临新的制度收益，这时，改革表现出内外制度共同主导的制度特点。

（2）边缘性进入是制度性壁垒下民营经济进入垄断行业的渐进式路径。研究认为，边缘性进入是指在国有经济为主体的市场中，作为非主体的民营经济为克服制度性进入壁垒而采取的差异化进入行为。垄断产业的基本属性、有效竞争理论和可竞争性市场理论，构成了垄断产业边缘性进入的理论基础。在边缘性进入条件下，民营企业的进入填补了在位者的剩余市场，增加了消费者福利，扩大了管制者的权力边界，易于获得在位者和管制者的容纳。随着民营经济相关法律、法规的出台、市场需求水平的变化、融资制度的创新、观念的转变和知识的积累等，我国垄断产业的制度需求与制度供给发生了变化，从而有利于促进垄断产业的边缘性进入，促进我国垄断行业改革实现渐进曲线式目标。对铁路运输业的分析说明，由于垄断行业传统的组织模式和运行惯例，使得垄断产业边缘性进入的效率有限。

（3）结构性制度壁垒是制度性壁垒中最复杂和最重要的壁垒。因为外在制度与内在制度存在着联系，外在制度进入壁垒与内在制度进入壁垒通常不是独立发生，它们会以“联合体”的形式发生作用，共同阻碍民营经济的进入。这种内在制度和外在制度间相互影响形成的制度性进入壁垒就是结构性制度壁垒。本书设计了结构性制度壁垒的分析框架，通过制度合力和制度弧弹性，建立了判别制度间关系的数学模型，从而得出结构性制度壁垒存在的三种类型：互补性进入壁垒、替代性进入壁垒和中性进入壁垒。研究进一步提出了测量和评价结构性制度壁垒的方法，认为结构性壁垒以互补为主，说明了进入壁垒间广泛存在着的相互作用关系，它们相互交织、相互促进，以网络的形式发生影响；以替代为主，说明具有主导特征的制度壁垒广泛存在，它们控制着其他进入壁垒，进而控制进入壁垒的整个系统。对于以互补性进入壁垒为主的情况，要找出交叉点最多的进入壁垒集合，即保持互补关系最多的进入壁垒，通过引发它们的制度变迁进而引发其他制度的连锁反应，由此达到降低进入壁垒的目的；对于以替代性进入壁垒为主的情况，则要理清哪些是主导的进入壁垒，然后按照进入壁垒主导程度的排序实现政策相应资源投入的排序。研究发现，民营经济进入航空运输业的结构性壁垒以替代关系为主，互补关系的结构性壁垒次之，说明转型经济条件下制度壁垒的主导特征更加明显。研究提出，应重视进入壁垒间的替代与互补关系，通过制度组合和制度传导，以及正确的制度改革顺序以寻求降低民营经济进入垄断行业的结构性制度壁垒的路径。

（4）提出民营经济进入垄断行业的主导性制度壁垒依次经历中央政府主导、地方政府主导以及市场微观主体主导的三阶段假说。主导性制度壁垒是指在影响企业进入以及进入后参与市场公平竞争的诸多制度要素中起主导作用的制度壁垒。主导性制度壁垒具有明显的阶段性特征，基于制度的发展演变，主导性制度壁垒也处于不断地更新替代中。以电力行业为例，根据主导性制度壁垒的特征，将主导性制度壁垒分为外在制度主导壁垒和内在制度主导壁垒，其中外在制度主导壁垒又分为中央政府主导的制度壁垒和地方政府主导的制度壁垒，内在制度壁垒主要是微观主体主导的制度壁垒。在此基础上，提出民营经济进入电力行业的主导性制度壁垒演变的三阶段假说。本书构造了主导性制度壁垒识别体系，同时运用交易费用理论，从机会主义、有限理性以及资产专用型三个角度分析了各阶段交易费用产生的原因，对主导性制度壁垒的产生进行了理论阐释。

（5）对内对外开放条件下民营经济和外资经济的双重进入是降低锁定性制度壁垒的重要途径。锁定性制度壁垒系指一国或一地区内部由于路径依赖导致制度僵化而对他国或其他地区进入者所形成的制度性壁垒，包括功能锁定性制度壁垒、认知锁定性制度壁垒、政治锁定性制度壁垒三种形式。其中，功能锁定性制度壁垒是指长期而稳定的产业网络关系，逐渐在产业群体内部形成相对封闭、稳固的信息圈和联系规则，削弱企业到网络外部获取新信息的动机，限制了新进入者有效进入，在维护群体既有功能的同时，最终降低了群体创新、市场创新的可能性；认知锁定性制度壁垒是指企业、其他组织机构的高度空间集聚使得它们之间可以进行频繁的互动，并在此基础上形成一种关于本地经济、技术、生产活动等方面高度趋近、同质性的群体性思维，在一定的程度上将排斥其他组织信息，并降低创新幅度；政治锁定性制度壁垒是指本地区的政府及其他组织如果构成了一个强有力的“政治行政系统”，这种紧密的网络联系赋予了本地区特殊的生产使命与功能定位，将阻碍区域生产系统根据市场时机进行自我更新和业务转型。以水务行业为例的分析说明，功能锁定性制度壁垒、认知锁定性制度壁垒、政治锁定性制度壁垒在水务行业普遍存在。面对锁定性制度壁垒带来的产业发展风险，在开放条件下，鼓励外资经济和民营经济的双重进入，引入先进的国际惯例和管制理念，成为突破一国或一个地区封闭状态下形成的锁定性制度壁垒的有效形式。

（6）优化民营经济进入垄断行业的制度主导模式可以采取制度模块化的思路。借鉴模块化结构原理，本书提出民营化制度设计的模块化思路，以传统结构的模块化分解与集中来重组制度体系内部的组织结构，通过组织结构模块化，整个制度体系更具灵活性和创新性，进而提高制度的运行效率。研究提出，处理制度系统信息的“舵手”——由内外制度的协调机制承担，通过协调制度间的相互关系来协调民营化过程中的各方利益，减少摩擦，是整个制度系统的“润滑剂”。

研究认为，在转型经济背景下，对我国不同地区，通过外在制度主导、内在制度主导或内外制度共同主导模式进一步推动民营经济进入垄断行业仍然具有现实意义，而制度模块化思路可以进一步优化这三种制度主导模式。具体而言，制度模块化的差别体现在内外制度协调机制的设计上，外在制度主导模式应实行以政府政策性协调为核心的制度协调机制，内在制度主导模式应实行以市场性协调为核心的制度协调机制，内外制度共同主导模式应实行以中介组织协调为核心的制度协调机制。通过制度协调机制、制度联系规则、内在制度、外在制度和系统信息的模块化整合，最终降低垄断行业的进入壁垒，实现民营经济的充分进入。

［38］叶明著．行业协会限制竞争行为的反垄断法规制，法律出版社．2010.

一、关于行业协会与限制竞争的关系

行业协会的俱乐部性质决定其具有天然的排他性，容易实施限制竞争行为；经过会员的相互博弈，行业协会为了会员的共同利益或行业利益，可能从事固定价格、限制数量等限制竞争行为；行业协会的经济人属性及代表利益的非公共性，可能诱导限制竞争行为的发生。行业协会在主观上具有限制竞争的动因。另外，影响限制竞争决议成功的因素很多，主要包括厂商人数、产品同质性、成本差异、行业协会介入、产业稳定性、限制竞争决议的强制力。行业协会在客观上具备促进限制竞争决议成功的因素。因此，行业协会在理论上易于限制竞争。

实证研究也证明行业协会易于限制竞争。考察数据显示，美国、日本等国行业协会介入限制竞争案件的比例颇高。我国1987～2007年的反垄断案例表也显示，行业协会介入反垄断案例的比例较高。

因此，行业协会与限制竞争关系密切，行业协会易于限制竞争。这警示立法者、执法者、司法者、理论研究者等在反垄断法制理论研究和实践中，都应该正视行业协会与限制竞争之间的密切关系，理性认识行业协会限制竞争行为。

二、关于行业协会限制竞争行为

行业协会限制竞争行为是一种不同于经营者限制竞争行为的一种独立的限制竞争行为。行业协会限制竞争行为是指行业协会机构在其权限范围内，依照协会章程规定的程序或者法定程序，做出限制竞争的意思表示，并且将此意思表示付诸实践的活动。行业协会限制竞争行为与经营者限制竞争行为相比具有主体复杂、行为方式特殊、社会危害性更大等特点。针对行业协会限制竞争行为是一种独立的限制竞争行为的情况，《反垄断法》应该设立专章规定行业协会限制竞争行为，理论界也应该重视对其特殊性的研究。

行业协会限制竞争行为的样态颇丰，包括统计资料搜集与流通、标准与认证、自律规约的制定和执行、集体抵制、联合采购、干预价格、限制产出、客户或市场范围的限制、许可证的发放与资质审查、会员资格管理等行为。

行业协会限制竞争行为的本质乃是行业协会自治权的滥用，具有明显的二重性：一方面具有防止过度竞争、减少资源浪费、提高行业整体竞争力等合理性；另一方面也具有侵害自由竞争机制、损害经济民主、降低经济效率、危害社会公共利益、损害消费者利益等危害性。反垄断法在规制行业协会限制竞争行为时，必须处理好行业协会自治与反垄断法规制之间的关系，做到适度规制。适度规制要求：规制范围的划定要合理，不能把所有行业协会限制竞争行为都纳入反垄断法规制范围；违法性认定要谨慎，不能将反垄断法规制的行业协会限制竞争行为一概认定为违法；追究法律责任要宽严相济，使法律责任与行业协会限制竞争行为的性质与危害程度相适应。

三、关于反垄断法规制的行业协会限制竞争行为的范围

工业、商业行业协会具备限制竞争之功能，应受反垄断法规制。农业行业协会虽有特殊性，但也可能限制竞争，反垄断法应把它纳入规制范围之内，这和国外立法并不冲突。由于职业行业协会并不必然代表公共利益、其会员（专业人士）的专业服务具有商业化特征、专业人士“对客户特殊个人责任感”常被夸大、职业一体化更易于限制竞争、职业自律具有限制竞争的功能，因此反垄断法规制的行业协会应包括职业行业协会。反垄断法对其规制范围内的工业、商业、农业、职业行业协会并无法人资格的限制。

反垄断法适用除外的行业协会限制竞争行为包括：行业协会在外贸活动中的限制竞争行为、农业行业协会的部分限制竞争行为、中小企业组成的行业协会的限制竞争行为、法律授权行业协会从事的其他限制竞争行为。

国外反垄断法规制的行业协会限制竞争行为包括组织本行业的经营者从事垄断协议行为和组织实施滥用共同优势地位行为两种。我国反垄断法还应规制行业协会滥用行政机关或者法律授予的管理权力而实施的限制竞争行为。

四、关于行业协会限制竞争行为的违法性认定

应该分别适用本身违法原则和合理原则来认定不同种类的行业协会限制竞争行为的违法性。适用本身违法原则直接认定为违法的行业协会限制竞争行为包括以下四类：（1）行业协会直接固定价格行为，主要包括行业协会设定最低销售价格或涨价百分比的行为，通过统计计价公式而实施的固定价格行为，经由行业协会交涉决定价格的行为；（2）典型的行业协会集体抵制行为，主要包括具有市场支配力行业协会集体抵制供应商和客户以阻止他们与竞争对手进行交易的行为，横向抵制行为，纵向涉及价格的行业协会集体抵制行为；（3）横向划分市场行为，主要包括行业协会划分顾客范围、限制销售区域、限制投标对象行为；（4）直接限制会员的产量及销售量的行为，包括直接设定会员生产和销售量的行为、控制会员的原料供应量行为。对行业协会的其他限制竞争行为，则适用合理原则来认定其是否违法，认定时一般需依次作如下判断：（1）行业协会限制竞争行为是否可能实现其合法目的；（2）行业协会是否采取对竞争限制最小的手段；（3）行业协会限制竞争行为的正功能是否大于负功能。对同时满足可能实现合法目的、对竞争限制最小和正功能大于负功能的行业协会限制竞争行为，认定为合法，否则认定为违法。在判断时，需综合分析行为的目的、后果及相关市场情况等因素。

认定行业协会标准化行为的违法性，主要考察该下因素：标准化行为的目的、标准制定者或实施者的市场影响力、被标准排除的商品和经营者的竞争能力、标准的制定程序是否正当以及标准的认证程序是否公正。

认定行业协会信息交换行为是否违法，主要考察信息本身的特征、相关市场环境和信息交换行为对相关当事人的影响程度三个因素。

认定行业协会会员资格管理行为是否违法，主要考察行业协会会员资格管理行为的目的、是否遵循相应的程序要求以及经营者从会员资格中所能获得的利益三个要素。

五、关于行业协会限制竞争行为的法律责任

行业协会限制竞争行为的责任主体包括行业协会与会员。具言之，如果行业协会限制竞争行为只停留在决议达成阶段，责任主体包括行业协会和赞成决议的会员；如果行业协会限制竞争决议已然实施，责任主体不仅包括行业协会和赞成决议的会员，而且包括实施该决议的会员。

追究行业协会限制竞争行为的行政责任、民事责任和刑事责任皆有必要性，但应遵循“先民事、行政责任，后刑事责任”的原则。适用于行业协会的行政责任形式有罚款、撤销登记、责令改正、行政处分，适用于会员的有罚款、责令停止违法行为、没收违法所得等。

行业协会限制竞争行为的民事责任是一种共同侵权责任，归责原则为过错推定原则，责任形式主要包括损害赔偿与排除侵害两种。行业协会限制竞争行为的损害赔偿责任形式包括等额赔偿和惩罚性赔偿两种，对会员可以适用惩罚性赔偿，对行业协会本身只能适用等额赔偿。对行业协会限制竞争行为损害赔偿责任的请求权人不应该作具体限制，凡是因行业协会限制竞争行为而遭受损害的人，不论是竞争对手，还是协会会员或者消费者，都可以成为损害赔偿的请求权人。行业协会限制竞争行为的损害赔偿义务人包括行业协会和会员，二者承担连带责任。

应该用“双罚制”追究行业协会限制竞争行为的刑事责任，既处罚行业协会本身，又处罚会员。适用于行业协会本身的刑事责任形式包括罚金和没收财产，通常适用的是罚金。适用于行业协会代表人的刑事责任形式包括徒刑、监禁和罚金等。对具有单位形态的会员，可以处以罚金或者没

收财产，并对该会员的领导或者其他直接责任人员处以徒刑或者罚金。对不具有单位形态的会员，则直接处以徒刑和罚金。

［39］余东华著．地方保护论——测度、辨识及对资源配置效率的影响研究，中国社会科学出版社．2010.

1978年开始启动的改革开放标志着中国进入了经济转型和体制转轨的双重转型时期。由计划经济体制向市场经济体制转轨的过程本质上是一种渐进式分权和有条件放权的过程，中央政府的分权式改革在促进经济快速发展的同时，也导致了地方政府作为独立经济利益主体的形成与壮大。地方政府作为地方利益的“法人代表”，为了保持和扩大地方利益，一方面积极推进有利于市场化的制度创新；另一方面又利用市场经济初期制度的不完善性和行政力量的强制性，排斥、限制、扭曲甚至替代市场的资源配置功能，攫取“制度租金”，从而形成了中国转型过程中特有的地方保护和市场分割行为。作为地方政府限制、阻碍市场竞争的主要表现形式，地方保护往往破坏公平竞争，扰乱正常市场秩序，不利于全国统一大市场的形成；损害消费者利益，导致收入分配不公，降低资源配置效率和社会福利水平；引致政府失灵和权力异化，滋生设租寻租和贪污腐败现象；并且与世界贸易组织规则相冲突，容易引起贸易摩擦。转型时期，政府及其相关部门利用行政权力限制、排斥市场竞争的地方保护主义现象仍然比较普遍，打破地方保护、形成全国统一大市场是现阶段中国反垄断和经济体制改革的一项艰巨任务，也是建设社会主义和谐社会的一项重要内容。

本书首先从转型时期的特殊制度背景出发，界定地方保护的理论内涵，分析地方保护的形成原因和维持机制，研究地方保护的主要表现形式；从理论和实证两个角度分析地方保护与区域市场整合的动态机制，应用理论模型分析地方保护的形成机制和区域市场整合趋势，并综合采用相对价格法和区域贸易流量数据实证分析中国商品市场的分割与整合程度，以反映地方保护和市场分割的动态演进趋势。在此基础上，应用价格法、边界效应法、问卷调查法等多种实证分析方法对地方保护和市场分割进行了测度与辨识，测算了转型时期中国各省份（即省、市、区，下同）的地方保护程度指数，并进行了横向和纵向比较分析。然后，从产业效率、产业集聚、产业竞争力、区域自主创新能力等方面实证研究了地方保护对于资源配置效率的影响。最后，从财税体制改革、区域政府竞争制度、构建区域合作机制、改革地方政府激励考核机制、推进行政体制改革、完善法律体系等方面提出了打破地方保护、建立全国统一大市场的对策建议。根据以上研究思路，本书重点研究了以下内容：

其一，从理论和实证两个角度分析了地方保护、市场分割与区域市场整合之间的作用机制，建立起一个较为完整的理论和方法体系，对中国国内市场的地方保护和市场分割程度及其演变趋势进行了测度和分析。按照有利于正确测度与辨识地方保护和市场分割程度及其变化趋势、保证测度和辨识的有效性的原则，我们设计了测度地方保护和市场分割的指标体系，对转型时期中国地方保护和市场分割的程度和演变趋势进行了实证测度。从测度结果看，我国自20世纪80年代中期到20世纪90年代后期经历了省际贸易壁垒大幅度上升的过程，此后，随着市场经济建设的逐步完善和对外开放进程的加快，省际贸易壁垒的上升幅度开始趋于缓和，由此体现出地方保护程度从快速加重转向趋于稳定和缓慢下降的趋势。我们利用1985～2005年的商品零售价格指数测度了我国国内商品市场的分割程度及变化趋势。实证分析的结果显示，随着改革开放的深化、经济的高速发展，中国国内商品市场的整合趋势日渐明显，市场一体化程度得到提高，但市场分割现象依然存在。为准确地说明转型时期中国各省、市、区地方保护程度的动态演进，我们构建了中国地方保护程度指数，根据指标体系设计的基本框架和基本原则，我们设置了转型时期中国地方保护程度测度的三级指标体系。通过问卷调查、实证数据获取、统计数据分析等多渠道、多途径、多方法测算，我们分别计算了各年份的各级指标值，然后采用主成分分析法综合测算了转型时期中国各省、市、区地方保护程度指数。通过对转型时期中国各省、市、区地方保护程度指数的测度和分析，我们得到以下主要结论：

第一，1985～2008 年，全国的地方保护程度呈现出下降的总体趋势，其中 1992～2002 年中国地方保护程度指数下降最为明显。2002～2005 年，由于一些软性地方保护措施的抬头，地方保护程度指数有小幅回升，但是总体水平仍然低于改革开放初期。2006 年以后，地方保护程度又趋于下降，这主要得益于区域和次区域合作的兴起。

第二，1985～2008 年，东部省、市、区的地方保护程度下降幅度较大，高于全国的平均水平。改革开放初期，全国各省、市、区的地方保护程度差距不大。随着改革的深入，东部地区率先发展，经济竞争能力显著增强，在国内的竞争优势逐步凸显，因而其实施地方保护的必要性显著下降，地方保护程度有了较大幅度的下降。

第三，1985～2008 年，中部省、市、区的地方保护程度下降幅度与全国平均水平基本一致。改革开放以来，中部地区的地方保护程度的波动幅度较大。随着国家振兴东北等老工业基地和中部崛起等战略的实施，中部省市迎来了新一轮良好发展机遇，中部地区企业竞争力得到明显提升，中部省市的地方保护程度出现下降趋势。

第四，1985～2008 年，西部省市区的地方保护程度下降幅度较小，低于全国平均水平。改革开放初期，西部地区的相对劣势并不明显，地方保护程度与东部地区和中部地区基本持平。随着时间的推移，西部地区在竞争能力上与东部地区的差距逐渐拉大，因而其实施地方保护的必要性显著增大，地方保护程度下降趋势并不是十分明显。

其二，从产业效率、产业集聚程度、产业竞争力和区域自主创新能力等方面对地方保护的资源配置扭曲效应进行了实证研究。

第一，地方保护对于产业效率的影响。我们构建了产业受保护程度指数和产业效率指数等无量纲化变量，研究了地方保护、市场分割与产业受保护程度以及产业效率之间的关系。实证分析结果验证了“地方保护和市场分割损害了产业效率”的假说，地方保护和市场分割对产业效率存在负向影响，产业受地方保护和市场分割影响的程度越高，产业的效率反而越低。并且，地方保护对产业效率存在滞后的负向影响。

第二，地方保护对于产业集聚的影响。我们利用 E－G 指数，测算了我国制造业 20 个行业 1999～2006 年的集聚程度及发展趋势，着重研究了地方保护、市场分割对于产业集聚的影响机制。研究结果发现，市场机制的完善与健全已经在产业空间分布中发挥了重要作用，20 个行业的集聚程度整体呈上升趋势，但有 4 个行业的集聚趋势并不明显，集聚度增速为负。其中，技术密集型的行业集聚现象最为明显且集聚速度最快；其次是以纺织业、食品加工业为代表的部分劳动力密集型行业，其集聚程度较为显著。部分资本密集型行业以及产业关联度较低、技术外部性较小的行业，集聚程度较低。国有经济比重、总资产贡献率、国有或国有控股工业企业的劳动生产率、国内市场分割程度、行业的出口创汇能力、行业外部性以不同的程度影响着产业的空间分布。其中，地方保护、市场分割对产业布局的影响显著，政府控制或影响较强的行业，集聚程度相对较低。

第三，地方保护对于地区产业竞争力的影响。我们构建了区域产业竞争力指数、地方保护程度指数、区域市场化程度指数、区域技术效率指数和反映区域经济发展水平的人均 GDP 指数等变量，使用 2002 年中国各省市区的横截面数据，构造了 8 个回归模型对理论假设进行实证检验。结果表明，地方保护并不能够提高区域产业竞争力，反而有碍于区域竞争优势的形成和产业竞争力的提高。地方保护程度越严重的地区，区域产业竞争力越弱；地方保护导致市场分割和封锁，阻碍区域市场化进程，地方保护程度越高，地区市场化水平越低。

第四，地方保护对于区域自主创新能力的影响。我们在界定地方保护和区域自主创新能力等变量的基础上，实证分析了地方保护对区域自主创新能力的影响。实证研究发现，国有工业企业比重和“三资”工业企业比重对地区专利发明数量存在不同影响，国有经济比重越高的地区专利发明数量越少、创新效率越低。这说明地区性地方保护阻碍了区域自主创新能力的提升。通过利用随机效用模型和双固定效应模型分析，我们发现各地区国有工业企业比重对区域自主创新能力影响具有区域差异性。

其三，从制度、体制、分权式改革、地区本位论等方面系统分析了转型时期中国国内市场地方保护和市场分割形成的深层次原因，并在此基础上提出了打破地方保护、建立全国统一市场的对策建议。我们认为，制度转轨和行政性分权是地方保护形成的体制基础。当前仍在进行的由高度集权的计划经济体制向市场经济体制的转轨和逐步分权而形成的特殊制度环境，为地方保护的形成和维持提供了土壤。地方政府作为利益主体、经济主体和管理主体的“三位一体”，是地方保护形成的现实原因。现行的财税制度下财政的事权与财权不对称、转移支付体系不健全、预算外收入膨胀和财政收支的不透明等不合理性的财税制度是地方保护形成的经济原因。投融资体制改革不彻底，进入门槛低、退出门槛高，政绩考核方式不合理，地方政府市场管理不规范等也会强化地方保护和市场分割。打破地方保护、建立全国统一大市场，需要从以下几个方面入手：一是深化财税体制改革，完善区域政府竞争制度；二是引导区域合作，实现多方共赢；三是树立科学政绩观，改革激励考核机制；四是转变政府职能，处理好政府、企业与市场的关系；五是推进行政体制改革，消除地方保护隐患；六是完善法律体系，强化法制约束。

[40] 张昕竹，冯永晟，马源著．中国电网管理体制改革研究，江西人民出版社．2010.

一、关于电网市场功能与电网价值的主要结论

第一篇的研究首先从当前我国电网发展面临的社会经济形势出发，指出电网具有保障能源安全、缓解能源输送瓶颈、缩小区域差距和破解环境约束的重要作用。在这种形势下，电网除其本身具有的物理功能外，还被赋予了其他重要的经济社会功能。本篇从电网的技术特征入手，对其经济特征进行了详细的分析，指出电网作为网络产业，存在显著的沉没成本、规模经济、范围经济等属性，具有较强的自然垄断性质。结合产业经济学、电力经济学等多学科的基础理论，本篇从电力市场、能源市场、国民经济和社会发展三个方面系统阐明了电网的市场功能。这些功能具体表现为：

第一，电网具有促进电力市场竞争、组织交易、参与交易、系统运营和引导投资的五大功能。其中，最为重要的功能是促进竞争，因为这从市场结构的角度来说明电网的地位。组织交易、参与交易、运营系统和引导投资则围绕着促进竞争的功能展开，是从市场体系和市场规则角度来界定电网的具体功能，是促进竞争功能的具体体现。这五大功能共同决定了电网在电力市场建设中的核心地位，以及其在电力产业发展中的基础地位。

第二，电网具有提高能源利用效率、保障能源安全的功能。能源市场运行的两个基本目标是提高效率和保障安全。这两个方面相辅相成，确保安全是提高效率的前提，而提高效率则能够更好地确保能源安全。电网优化能源配置，提高能源利用效率的功能主要表现为对适宜发电的能源，电网能充分发挥其成本优势，提高利用效率，优化电源结构；对不适宜发电但却关系国计民生的能源，电网则能够实现一次能源之间的替代，优化终端能源消费结构。电网保障能源安全的功能主要表现为促进相关能源市场建设和调节能源终端消费结构。这两大功能共同决定了电网引导能源市场各种能源资源优化配置的基础性作用，以及其在确保能源安全中不可替代的地位。

第三，电网具有促进国民经济发展、实现普遍服务、促进可再生能源利用、缓解环境压力以及维护国家安全的社会功能。这五方面的功能表明电网是国民经济命脉，是实现效率与兼顾公平的社会目标的重要手段，以及维护国家安全的坚强基石。

电网市场功能是研究电网价值的基础，电网价值不过是市场功能的延伸。研究电网价值并对其进行评估，对于优化电网投资结构、协调电源和电网共同发展、引导能源消费结构转变、实现产业结构升级具有重要意义。

第一，电网价值评估是优化投资资金结构的前提。电力产业的公用属性以及电力行业的投资部分地被赋予了国家投资的属性的现实，客观上要求评估投资资金的使用效率。通过对比单位投资在不同行业的边际社会收益高低，即可实现社会投资资金的最优配置。

第二，电网价值评估是优化经济结构的先导。电力市场交易中，电网（或独立调度机构）在面临峰值负荷需求或系统故障时，需迅速地决定切断部分电力用户的负荷，这需要评估负荷损失所带来的国民产出损失。政府机构在实施区别定价，借用经济手段来实现宏观调控目标，同样需要测算调控带来的价值损失，都需要进行电网价值评估。

第三，电网价值评估是改变能源消费结构的先导。电网价值除体现在自身的价值增加外，还间接地拉动了上游产业增长，推动了下游产业发展。通过对比不同类型能源投入所带来的产出增加，即可看出是否需要逐步引导能源消费结构的改变。另外通过评估电网价值，可以判断出电网发展滞后对能源消费结构的扭曲效应。

第四，电网价值评估是促进电源和电网协调发展的要求。电力市场化之后，电源主体和电网主体分别从自身盈利出发，两者决策的不匹配性更进一步加大了网络阻塞的可能性。通过电网的边际投资价值评估，可以促进电源和电网的协调发展，促进市场竞争。

电网价值包括市场价值、经济价值和社会价值三个维度。其市场价值关注企业自身盈利性，经济价值关注整体社会福利的提高和资源配置效率的改善，社会价值关注普遍服务、污染减少等附加价值。本章按照电网价值内涵的分解维度，分别以新建电网项目和电网整体作为评估对象，给出其价值评估的要点和主要方法。

对于电网新建项目，其市场价值的评估主要基于企业自身收益状况，经济价值的评估主要是从政府角度评估对电网企业和用户福利的整体改善程度，侧重于资源的配置问题，而社会价值的评估则侧重于普遍服务的收益、污染减少的收益等。在对电网新建项目的市场价值评估时，主要有价值预评估和后评估两类方法。市场价值评估多基于现金流折现方法，但当市场环境不确定时，现金流的判断就容易出现偏差，折现率的确定更是受到宏观政策波动的影响。更重要的是，投资者可能因环境的波动，改变自己的投资和管理策略，实物期权评价方法恰恰能够很好地处理这些问题，因此已逐渐成为电网市场价值评估的新工具。

对于电网整体，其市场价值关注电网企业的市值，经济价值侧重电力失负荷给国民经济及各产业带来的经济损失，社会价值关注普遍服务和提供的就业岗位等。在对电网整体的经济价值评估时，评估方法多采用投入产出技术。另外还可以采用用户调查法，直接询问被访对象失负荷对其生产生活所带来的经济损失；也可以根据用户的实际电力消费行为，采用计量手段推断用户对电力消费的弹性和支付意愿，来模拟失负荷的价值影响；最后还可以根据国外对失负荷的研究成果，建立基准回归分析模型，评估失负荷的价值影响。

二、关于充分发挥电网功能，实现电网价值的建议

根据第一篇研究关于电网功能和电网价值的分析，并结合我国电网目前发展现状的问题，为了充分发挥电网的市场功能，建立一个统一、坚强、大规模的国家电网从而促进电力产业健康发展、保证能源安全、促进国民经济和社会发展，以下几个方面的工作需要特别注意。

第一，深化电网市场功能的研究，统一各界认识。目前由于我国电力市场和经济发展水平，各界对电网市场功能的认识还不够深入。加强电网市场功能的研究，引导各界对电网市场功能的重视，既是加快我国电力市场发展的必要条件，也是我国目前经济发展的内在要求。

第二，加大电网投资，提升电网建设水平。电网市场功能的发挥依赖于坚定不移地加强投资建设。目前电网发展相对滞后是我国电力发展中的突出问题。加大对电网的投入，促进电网弥补历史欠账使其与电源以及经济协调发展已经成为迫在眉睫的任务。完成这一任务必须采取措施解决电网建设资金不足的问题，一方面要尽快理顺输配电价机制，建立独立的、合理的输配电价机制，另一方面要改革电网建设现有投融资模式，进一步拓展电网的投融资渠道。

第三，加强区域互联，构建全国大电网。电网市场功能的发挥还取决于电网互联的程度。区域市场之间的有效互联将在更大范围内资源优化配置，并能逐步缩小东西部经济差距。我国电网加强区域互联，既要进行东西方向电网的互联，也要进行南北方向电网的互联。随着电网间省际互联和

跨区域互联的发展，资源的优化配置功能必将进一步体现。

第四，坚持输配一体化经营，坚持经营、调度和交易三位一体的电网组织体系。合理的管理体制改革和电力市场设计机制是保证电网市场功能的有效发挥的重要前提。输配电网之间具有明显的规模经济、范围经济等属性，表明包括输配在内的整个电力输送环节也是自然垄断性质，适合一体化经营。结合我国目前电网发展现状，应大力坚持输配一体化的电网集中管理模式以及电网经营、调度和交易三位一体的电网组织体系。

第五，发展开放公平的电网，实施有效的电网监管。不论从理论上还是从各国的成功经验上看，有效的监管始终是电网市场功能充分发挥的重要保障。监管的关键一方面是要保证输配电网的开放和公平接入，采用有效的接入定价管制的方法来规范输配电企业的对竞争者的公平接入，从而促进我国电力市场的竞争；另一方面要加强对电网调度、交易等其他方面的监管以及对输配电价合理的管制，尽快建立独立的、合理的输配电价机制。

三、关于输配管理体制的主要结论

本篇的主要内容是输配管理体制的相关理论研究。具体而言，本篇主要从理论角度为分析了中国输配管理体制改革的多种路径选择，建立起分析比较不同改革方案的基本框架，并对目前输配管理体制的争论做出评价。本篇所做的工作包括：深入分析了输配电网的技术特征和经济属性，分析了输配电网的自然垄断性质；在此基础上，界定了输配管理体制的含义，并结合中国的实际情况，考察了输配一体化和输配分离两种管理体制下的多种可能市场模式；从市场效率、交易费用和现实条件三个方面综合比较了两种输配管理体制的效率表现，并分析和强调了接入监管在促进电力市场竞争方面的重要作用。概括总结本篇的主要结论，包括以下几点：

第一，输配电网的规模经济和范围经济决定了输配电网具有显著的自然垄断属性，这是输配管理体制改革的理论基础。不过在不同管理体制下，自然垄断的具体形式有所不同。在输配一体化下，自然垄断表现为一个大垄断环节，而在输配分离下，则表现为一个垄断链。

第二，两种输配管理体制改革方案都有可行的目标市场模式。输配一体化下，通过有效的接入监管，能够实现售电侧竞争，建立转售竞争模式。输配分离能够实现竞争性的销售竞争模式。更重要的是，不论何种输配管理体制，最终都能够实现零售竞争模式，当然形式略有差别。

第三，输配管理体制的综合表现可以从三个方面作综合考察：市场效率标准、交易费用标准和现实条件。从交易费用标准和现实条件的比较来看，输配一体化的管理体制要优于输配分离的管理体制。而在不考虑监管的条件下，输配分离下的销售市场效率较高。

第四，电力市场引入竞争本质上是一个如何实现公平接入的问题。有效的接入监管能够在保持输配一体化下，建立转售竞争市场，实现售电侧的有效竞争，而这正是输配分离观点所忽视的。虽然输配分离能够解决公平接入问题，但是仍需要对接入进行监管。

第五，总体来看，输配分离的改革方案跨度较大，涉及面较广，而国内外的相关理论研究仍在发展当中，改革的成本和风险都比较大。保持输配一体化、放开售电侧竞争改革跨度较小，因而改革和风险也较小，这样既有利于取得阶段性成果，又有利于改革的进一步深化。

两种输配管理体制改革方案都不是问题的最终解决方案，仍面临许多需要进一步改革的问题。相关研究还需要进一步深入。

四、关于配电网规模经济属性的实证研究结论

输配电网规模经济研究的重要性不言而喻，第二篇的研究在以往研究成果的基础上，以配电网的规模经济属性为例，对配电网产出和成本结构这一根本问题上给出了比较完整的解释，并为规模经济研究建立了比较完整的分析框架。本篇研究得出主要结论如下：

第一，配电网是多产出产业，配电产出是复合产出，由多个维度的需求特征共同刻画。配电网的网络特征、组织结构等其他因素对企业成本有重要影响。

第二，需求特征变量，即实际产出变量与其他影响成本的变量进入成本函数的方式不同，需求

特征变量通过有效产出函数进入，其他变量作为成本位移变量进入。

第三，解释规模经济时，应确定一种基准实际产出，并控制所有共同定义有效产出的其他需求特征。根据研究重点的不同，研究者可以根据实际需要确定基准的实际产出。

第四，由于有效产出函数更加精确地刻画了不同需求特征之间的作用关系，因此，通过享乐成本函数计算得出的规模经济度量更加准确。

当然，本章所做的工作仅是初步的，仍未涵盖所有问题，细节部分还有待进一步完善。中国目前相关基础理论研究大大滞后于电力改革的实践，希望本章能够起到抛砖引玉的作用，为以后的研究提供帮助或借鉴，以便为电力体制改革方案的设计和电力产业的发展提供依据或指导。

五、关于输配电网分离的实证研究结论

第三篇的研究则以产业组织理论和电力经济理论为基础，利用计量经济学方法，估计了国家电网公司各省网公司层面的成本函数、定价方程以及工业和居民用户的电力需求函数，并以此估计结果为基础，模拟了输配分离的生产效率损失和社会福利损失。总结本篇研究的主要结论，主要包括以下几个方面：

第一，国家电网公司各区域电网的成本差异非常显著，表现在中西部电网成本（西北、华中）明显低于东部电网（华北、东北和华东），这为西电东送和特高压输电发展战略提供了经济依据。

第二，输配电网之间具有显著的纵向经济性，输配分离会造成巨大的纵向经济损失。如果2009年以后推进输配分离改革，纵向经济损失约在3000亿~4500亿元之间，损失比例约在35%~50%之间。不同改革方案下的纵向经济损失不同，情景1下损失较小，为2543亿元，损失主要来自其他固定效应和可变成本效应；情景2损失较大，达3693亿元，损失主要来自要素价格效应和可变成本效应。

第三，输配分离将国家电网由单一垄断环节分割为垄断链，由此造成双重加价损失。该损失与输配环节的加价比例有关，在情景1下，加价每提高10%，损失总量约增加300亿元；情景2下，加价每提高10%，损失总量约增加600亿元。

第四，输配分离的纵向经济损失主要与产出水平有关，随着产出水平的提高，纵向经济损失会增加，因此输配分离改革开始越晚，纵向成本损失越大。但必须强调的是，这并不意味着可以得出应尽早进行输配电网分离的改革的结论，这不但是因为我们的计算没有考虑时间的机会成本因素，更重要的是，我们得出的计算结果的真正含义是，输配电网具有显著的规模经济，所以不论在何时实行输配分离，都会产生巨大的福利损失。

第五，输配分离带来巨大的社会福利损失。输配电网分离对消费者产生成本增加效应和无谓福利损失效应，最关键的是，无谓损失构成了社会福利损失的主要部分，因此，输配分离的社会成本非常显著。

需要注意的是，本篇研究主要关注了输配电网结构分离所带来的纵向经济损失，并没有考虑以输配分离为基础的电力市场建设的改革收益（如竞争带来的效率提高）。根据本篇研究的计算结果，如果要推进输配电网分离，那么相关改革的收益至少要大于本篇计算的福利损失，否则的话，这样的改革就不满足成本收益基本原则。而根据相关研究我们可以判断，电力市场改革很难带来这么大的收益。比如斯托弗特（Stoft，2002）认为，引入零售竞争带来的收益不超过10%，再考虑到交易成本和改革成本，我们可以得出的一个判断是，输配分离改革带来的收益很可能小于我们计算得出的福利损失。因此在下一步电力改革中，推进输配电网分离缺乏经济基础。

电力改革的收益涉及市场机制设计问题，不过这部分改革收益还是个未知数。如果这部分收益能通过改革（健全市场体系与完善市场规则）顺利实现，那么输配分离的纵向一体化损失不但可以得到全部弥补，还可能促进福利的增加；但是如果改革的收益不能实现，那么输配分离的结构改革就会失去改革的意义。

令人遗憾的是，中国电力市场建设和改革仍缺乏一个明确的前景规划，在这种情况下，我们认为通过输配电网结构分离来推进电力改革并不是一个最佳的选择。收益不确定，但却需要先付出明确的改革成本，这显然会增加这种改革方案的风险。

根据上面的基本结论，本篇研究提出如下建议：第一，大力加强电网基础设施建设，特别是通过大力发展特高压输电网和切实贯彻“西电东送”发展战略，加强跨区域电网建设；第二，在加强各级电网基础设施建设的同时，重视企业内部管理，优化电网运营调度机制，充分发挥各级电网间的纵向经济，强化输配电网之间的成本互补性，充分发挥电网优化资源配置的功能；第三，积极探索输配一体化体制下，电力市场改革和建设的新途径，尽量避免不必要的体制改革所带来的成本。

由于数据不够丰富甚至某些数据缺失等方面的限制，我们认为以本篇研究为基础，未来可以沿着下面几个方向进一步研究：首先，随着数据的进一步丰富，可以采用更完善的设定来改善研究结果；其次，可以研究不同区域电力市场互联所产生的经济影响；最后，可以研究输配一体化下，电力市场改革模式的定量模拟等。我们认为，这些研究对于深入理解电网企业的属性，为电力体制改革提供坚实的理论支撑具有十分重要的意义。

六、关于金融传输权的主要研究结论

第五篇的研究主要关注了电力市场改革。本篇的介绍我们可以看出两条研究主线：一条是研究金融传输权的竞争效应，另一条则是研究不完全竞争电力市场的均衡状态。作为竞争性电力市场不可分割的组成部分，研究市场均衡状态时必然要考虑金融传输权的影响，从鲍恩斯坦、布什奈尔和斯托弗特（Borenstein，Bushnell and Stoft，2000）到琼、伯迪克和桑（Joung，Baldick and Son，2008）的文献已经对这一问题做出了深入的探讨。然而在研究金融传输权竞争效应时，研究者往往抛弃了对市场均衡状态的讨论，而只从金融传输权本身的性质出发考察其对市场势力的影响。须知金融传输权的作用与市场均衡状态是密不可分的，因为电能市场均衡状态的变化是市场主体面临风险的经济根源，也是金融传输权存在的前提。因此，如何将市场均衡状态的变化，即市场主体面临的不确定性，引入对金融传输权竞争效应的研究仍是一个空白。

针对这一问题，国内学者冯永晟（2009）对此进行了讨论，并指出金融传输权是否会影响市场势力，关键取决于厂商对市场均衡状态的预期。金融传输权对厂商而言具有规避价格风险和获取金融传输权收益两种功能，厂商对市场均衡状态的预期决定了金融传输权在两种功能间的分配。在金融传输权配置市场（包括拍卖市场和二级流通市场）能够实现有效套利的假设下，如果厂商预期市场长期处于阻塞状态，那么金融传输权的配置结果不会影响持有者的市场势力；如果厂商预期不确定，那么厂商一方面会采取策略性的报价行为，以最大化其所持金融传输权的价值，另一方面则会根据其预期的价格购买金融传输权，这样在阻塞均衡状态下，金融传输权会强化输入节点厂商的市场势力，削弱输出节点厂商的市场势力。本篇还指出，厂商持有金融传输权的行为受到电力市场多种条件的影响，厂商是否持有金融传输权及持有数量，归根结底要受到电力市场客观条件的限制。这也与达戴尔、海甘特和赫（Dardell，Hitt and Hogan，1997）的观点一致。

国外的成功经验对中国正在进行的电力市场改革提供了借鉴作用。电力市场改革的目标可以选择四种基本模式：双边交易模式、电力库交易模式、PJM 交易模式，以及混合电力库与 PJM 模式特点的区域交易模式。根据中国实际情况，中国电力市场改革的远期目标更可能是建立 PJM 模式，不过短中期内还存在许多问题，不具备相关条件，可行的短期目标是形成真正的单一买方市场结构，建立电力库交易模式。同时，如何合理设计使用金融传输权以实现我国电力市场实现有效运营也将是我国下一步电力市场改革的一个重要探索方向。中国电力市场改革仍然任重道远，因此需要加强相关理论的研究，并尽快形成清晰的改革方案。

[41] 周学荣著．政府规制论，湖北人民出版社．2010.

政府规制（Government Regulation）又称为政府管制。国内外学者先后对政府规制的概念提出了各自不同的认识，目前比较规范的定义是在公共规制定义的基础上给出的，政府规制是在以市场机制为基础的经济体制中，政府（包括准政府组织）依照一定的规则（主要是法规）对市场经济主体的活动和市场经济关系进行限制和管理的行为。总的来说政府规制是具有法律地位的、相对独立的政府规制机构，依照一定的法律法规对被规制者所采取的一系列行政管理与监督行为。

规制的产生是与市场失灵相联系的，当市场机制不能实现资源的有效配置，即出现市场失灵时，政府就通过规制以矫正和改善市场机制存在的缺陷，干预资源配置。通常引起市场失灵的因素主要有：市场势力（如垄断）、信息不对称、外部性、内部性、不完全竞争、公共物品、公正分配失灵、非价值物品的生产（如毒品、武器等形成的交易市场）、风险与收益的市场失灵（如高技术行业由于风险与收益的不对称，从而缺乏与社会发展需求相吻合的投资）。这些市场失灵现象为政府干预经济活动提供了前提条件。

政府规制是政府干预市场的活动总称，政府与市场是两种资源配置的方式或者手段。尽管完全竞争的市场机制在资源配置方面是迄今为止所能证实的最有效的一种机制，但完全市场机制的发挥是建立在一些假设条件之下。根据新古典经济学一般均衡理论：在一个完全竞争的市场中，厂商进入和退出市场自由；信息充分；产品是同质的；买者和卖者都有无数个，谁都无法影响市场价格。在这样的市场环境中，信息是完全的，人是完全理性的，竞争是充分的，资源配置也就达到最优，即实现了帕累托最优，在这里，市场是万能的。进一步的任何生产活动的私人成本和社会成本都完全统一，即二者总是相等的，人们只需考虑一个笼统的“生产成本”。尽管这是一个非真实的陌生世界，但却是市场机制充分发挥作用的一个充要条件。在现实世界中，这些假设前提条件是不能真正成立的，或者要实现这些假设的成本是高昂的，因此要实现帕累托最优是非常困难的。这些条件与真正现实之间的差异性决定了市场机制功能不能得到完全发挥，存在种种缺陷，导致市场失灵。也因此，政府规制的两条主要思路：第一，强调竞争性市场的运作，强调我们应当确保竞争所需要的前提条件成立，从而使资源能够有效率地配置，政府在创造市场前提条件上应发挥充分的作用；第二，强调竞争的前提条件不一定能成立，因而我们应当注重于如何对付市场失灵。

在市场经济体制中，政府干预企业经济活动的方式主要有以下几种：第一，利用普通法、反托拉斯法经过法院间接干预企业经济活动；第二，利用宏观调控手段通过市场间接干预企业经济活动；第三，通过国有化直接干预企业经济活动；第四，通过规制机构直接干预微观经济主体活动。其中，通过普通法、国有化和宏观调控干预经济的活动基本上可以归为政府的宏观行为，反托拉斯和规制属于政府的微观行为。因此，总的来说政府干预从经济性质来看，可以分为两大方面：宏观调控与微观规制。

如上所述，规制是政府直接干预微观经济主体活动的一种行为方式，那么，按照政府对微观经济活动干预的路径来看，通常可分为直接规制和间接规制。直接规制，是政府的相关机构通过有关进入、价格、许可、认可、标准、收费等法规而直接对企业市场行为施加的规制。间接规制，是指由政府的司法机构通过一定的法律程序而对企业的不正当竞争和垄断行为进行的规制。其中，政府的直接规制又可分为经济性规制与社会性规制。经济性规制是根据不同产业在市场中的活动特点所引起的市场失灵状况，如垄断、不完全竞争、信息不完全等弊端，直接针对特定产业制定规制规则；受规制产业要接受准入规制、价格规制、费率规制、投资规制等经济性规制，是政府根据产业行为特点的一种纵向制约机制。社会性规制主要是从环境保护、安全、健康保证等目标出发而对企业活动所实施的规制。通常随着一个社会人们的生活水平的提高，对环境、安全、健康的社会需求增大，即需求的收入弹性较大。社会性规制不分受规制产业还是不受规制的产业，任何一产业内的任何企业的行为如果不利于改进社会或个人的健康、安全，不利于提高环境质量，损害了社会福利，都要受到相应的规制，它是政府根据社会行为的一种横向制约机制。无论是经济性规制还是社会性规制，其终极目的都是为了纠正和弥补“市场失灵”，解决由市场失灵导致的资源配置的非效率性和分配的不公正性，增加社会福利以及实现社会福利最大化。

政府克服市场失灵是一种代替竞争政策的治理机制。政府规制与市场机制之间的相互替代不是静止不变的，这种替代是一种动态的过程。也就是说，当政府行为不能实现资源的最佳配置，而且产生了寻租、腐败等扭曲资源配置的市场绩效，也就会出现规制失灵现象。这时的市场要求是希望政府放松规制。

政府规制与市场机制功能发挥不是一种简单意义上的相互替代，而是一种不断调整的动态变迁过程。也即市场经济的发展和规范运行，必须有政府广泛、深入和系统的规制，同时，规制也必须随着市场的竞争强度、交易规模、产业结构和经济水平的变化做出适时的改革。

市场失灵是政府规制的必要条件，但不是充分条件，因为政府规制也有可能失灵。从这个意义上讲，制度的调整、变迁和改革是克服两种“失灵”寻求新的制度均衡的演变过程。

政府规制的重要手段是行政立法，发布规章。

政府规制的目的是为了解决市场失灵，维持市场经济秩序，促进市场竞争，最终扩大公共福利。

政府规制的绩效是一个绕不开的话题。从理论上讲政府规制与市场机制相互替代的机理是：市场失灵对政府规制产生了需求，当政府规制的预期收益大于规制成本时，政府规制便替代市场机制干预微观经济活动。政府规制的预期收益与市场失灵的程度正相关，即市场失灵的程度越高，通过政府规制所获得的预期收益越大，反之越小。最近二十多年间，美国政府规制的成本—效益分析的市场方法，对评估政府工作绩效方面带来了很大的冲击。政府行为的收益和成本衡量一直受到两种极端政治力量的攻击。极“左”派攻击的理由是，不可能每一项政府干预的计划都能通过成本—收益的检验；而极右派反对的理由是，当可能的收益超过预期成本时，这种方法能够证明政府的干预。尽管这种方法在操作上遇到了很多麻烦，比如，对任何一个总统来说，为了解决问题，指示一个制定规章的政府机构去选择“最有效成本的方法”来制定环境和工作安全领域的法规，往往是不起作用的。但是，尽管如此，成本—收益分析比大多数的选择方法具有更少观念上的包袱。把成本—收益分析纳入公共决策的主旨，是通过像私人部门那样同样类型的数量约束引导公共部门更有效地配置政府资源。

政府规制的发展趋势：在20世纪70年代以前，国外市场经济国家的政府规制及其研究主要集中于经济性规制，但在这之后，一方面在经济规制领域出现了放松规制的改革运动；另一方面社会性规制却日益得到加强。我国政府也已融入这一浪潮中。一方面在转变经济职能，规范政府干预经济的行为，使政府角色从“越位”向“定位”转变；另一方面，加强政府社会性规制职能，使政府角色由“缺位”向“到位”转变。与经济发达国家相比较，目前，中国的经济性规制还不规范，规制效率较低。借鉴发达国家的经验，首先，法律制度是政府规制的基本准则，我国应不断完善政府规制体制的法律框架；其次，规范政府规制的基本前提是政企分开，因此理顺政企之间的关系非常关键；再其次，政府规制的政策取向应有利于有效竞争；最后，政府制定的规制价格应符合经济原理。在加强社会性规制方面，我国同样要不断完善社会性规制的法律体系，增强法律的有效性；设立具有相对独立性的社会性规制机构，提高执法效果；充分发挥社会监督的重要作用，建立社会监督体系。对政府规制失败同样是一个不能回避的重要问题。尽管对政府规制的需要是对市场失灵问题的回应，但即使在最发达的美国，大量研究文献显示政府规制并没有达到上面的目的，不但没有克服市场失灵，反而大大增加了消费者、企业和社会的成本。比如由于立法者和规制机构也追求自身利益最大化，因而某些特殊利益集团能够通过“俘虏”立法者和管理者而使政府提供有利于他们的规制。匹兹曼（Peltzman，1976）将利益集团简化为企业和消费者，规制者简化为立法者；利益集团和规制者是经济人，企业追求利润最大化，消费者追求剩余最大化，规制者寻求最广泛的政治支持，进一步体现为追求选票数量最大化；利益集团以提供他们对规制者的政治支持作为获取有利于他们自己的规制立法的交换条件。因此，从社会福利改善的角度来看，大多数规制是不划算的，划算的只是那些规制者和被规制的企业，此时，政府规制就变成了利益集团之间利益再分配的手段，而不是市场机制的维护者和市场失灵的替代者。由于政府规制涉及政治、经济、法律、行政管理和社会学等方面的内容，这决定了政府规制是一个需要借助多学科支撑的一项综合活动。在传统研究理论中，不同的学科对政府规制的认识有所侧重。政府作为公权力部门，政治学更多地将规制看做是政府为保护公共利益而制定的控制私人行为的政策，它是与政治家寻求政治目的有关的政治过程，强调规制决策的政治与行政内容。法学关于规制的研究则主要是从市场规则、执法以及行政程序的角度进行的，讨论的焦点是规制的行政程序及对规制机构行为的司法控制，体现的是政府规制的法治性。在经济学中，将政府规制看做是政府的经济职能之一，目的是为了克服市场失灵，从不同层次上直接干预市场配置机制或间接影响市场主体决策的约束和激励行为，使整体社会资源得到合理配置，最终实现社会福利的最大化。由以上可以看出政治学注重过程，法学注重规则，经济学注重效率，各有侧重，而本书认为，对这些影响政府规制的内生和外生变量，应该综合起来考虑，不能有所偏废。

［42］朱国华，张青著．期货业反垄断与竞争政策研究，上海财经大学出版社．2010.

2008 年 8 月 1 日，我国开始正式实施《中华人民共和国反垄断法》（简称《反垄断法》），由此拉开了完善我国市场经济建设的又一序幕。目前我国《反垄断法》实施的主要焦点是在实体经济领域，但实际上我国虚拟经济领域也广泛存在着垄断问题。以我国期货业为例，由于规制过度以及期货业本身发展处于初级阶段，期货业的垄断问题是比较突出与尖锐的。随着我国衍生品市场改革的逐步深化，以及全球衍生品市场竞争的不断加剧，期货业的反垄断问题被提上日程。

综合来看，我国期货业的垄断问题主要表现在三个层面：其一，行政性垄断；其二，交易所的垄断行为，即交易所凭借优势地位，侵占下游经纪公司的利益；其三，经纪公司的垄断行为，具体又可分为经纪公司间的横向价格协议以及市场操纵行为。上述垄断问题之所以存在，根源既在于政府规制过度与规制失当所致的期货市场欠发达，又在于我国期货业尚未渡过导入期，诸多不确定性因素令垄断有隙可乘。总之，期货业的垄断问题已极大地阻碍了我国期货业的进一步发展，因此，我们必须加快反垄断的进程。

欧美发达国家期货业的反垄断经历了一个相当长的时期，为我们提供了大量的研究素材与经验借鉴，如反垄断的动机、发展趋势以及各国反垄断的基本内容和手段等。深入挖掘、研究、分析，乃至吸收国外期货业反垄断的经验和教训，能够为我国期货业反垄断进程的实施提供很多有益启示。然而，中国期货业的发展历程有其特殊性，这注定了我们要走出一条与西方发达国家迥然不同的道路，这决定了我们不可能完全照搬照抄国外现成经验。另外，期货业相比于一般竞争性行业也存在诸多特殊性，这决定了我们更不可能照搬、照抄国内其他行业的反垄断经验，而是要因地、因时制宜。

期货业反垄断进程的推进，面临的首要问题就是反垄断实施主体的构建。不同于一般竞争性行业，期货业是受监管的特殊行业，因此其反垄断实施主体的构建也具有特殊性。我国现行《反垄断法》规定，我国反垄断实施主体采用“反垄断委员会”和“反垄断执法机构”的“双层架构”模式。这种双层架构的模式实质上确立了我国反垄断执法机构的多头格局：国家工商行政管理总局、商务部、发改委以及受规制行业的监管部门，都在各自权限内拥有反垄断的执法权。这也进一步决定了我国期货业的反垄断职能主要赋予了行业监管机构。因此，行业监管机构本身设置是否合理、监管理念是否先进、决策机制是否高效等因素，也就相应地决定了期货业反垄断进程是否能够顺利的推进。但是，将期货业反垄断的管辖权赋予行业监管机构即证监会，并不意味着其独享期货领域内的反垄断权利。倘若证监会完全排除工商行政管理部门、商务部、发改委对期货业的反垄断权利，那么期货业就很有可能会因为部门利益以及规制者被规制者俘获等原因，导致反垄断的执行效果大打折扣，甚至根本无法实施。因此，为了保证《反垄断法》的顺利实施，必须赋予《反垄断法》执法机构对期货业拥有一定的监管权，建立两种机构之间共同管辖的权利配置模式，只有充分加强两者之间的协调与配合，才能构建出有效的期货业反垄断实施主体。

从产业组织理论的角度来看，期货业可进一步细分为期货交易所与期货经纪两个子行业。期货业反垄断进程的推进，必须要在两个子行业内同时推进，二者相得益彰，相辅相成，不可厚此薄彼。对于交易所行业，重塑微观主体、进行公司化改革是其反垄断进程推进的重要环节。目前我国各大期货交易所不具有真正的独立性，实际上是作为证监会的一个下属机构而存在，这是中国交易所市场行政性垄断的基础。因此，要打破行政性垄断，提高交易所行业的效率，首要步骤就是对交易所进行公司化改革，重塑期货交易所行业的微观主体。除此之外，加强交易所行业的内部竞争，积极引入替代竞争，并通过逐步放开国内市场引入潜在竞争，不仅可以进一步促进“政企分开”，打破行政性垄断的基础，更可以促进交易所行业竞争性市场结构的形成，减少交易所相对于下游期货公司的市场势力，遏制其对经纪公司的利益侵占行为。而在当前我国期货市场业务比较单一的情况下，整个行业表现出一种明显的无序状况。期货公司为了生存陷入了恶性竞争的泥潭，由此导致横向价格协议、市场操纵等垄断行为屡见不鲜。因此，期货经纪行业反垄断的核心内容是放松政府规制，允许期货公司经营多种业务。只有实现了期货公司经营模式的转型，才能满足投资者日益增强的综合资产管理的需要，增强期货公司的核心竞争力，并且只有在满足这种需要的基础上，才能避免期货公司之间低层次恶性的竞争，完善我国的投融资体系，充分发挥期货市场在提高资源配置方面的重要作用。另外，为了有效遏制期货公司的市场操纵行为，监管机构必须要强化相应的制度建设与法制建设，并加强国际的合作。

反垄断政策的实施，其目的是为了充分发挥竞争机制对资源的优化配置作用，但这并不意味着就可以有效提高行业的国际竞争力。根据产业组织理论，一个产业竞争力的来源可以归结为竞争活力与规模经济两方面。竞争活力来源于反垄断政策的实施，而行业规模效应的发挥，则需通过行业整合才能实现。从国际期货业发展来看，近几年掀起了行业内大规模的并购狂潮，行业整合已成为大势所趋。随着我国期货业对外开放的步伐不断加快，将与国际期货业巨头针锋相对，直接竞争，由此我国期货业实施行业整合，做大做强就显得尤为重要。另外，从反垄断的角度来看，以芝加哥学派为代表的现代反垄断理论，焦点是垄断行为，而不是市场结构、鼓励企业做大做强。因此，在实施期货业反垄断政策的同时，我们应适时推动行业整合，注重行业规模经济效应的发挥，促进有效竞争格局的形成，以此来提升中国期货业的国际竞争力。

所谓“期货”，是指由买卖双方通过交易所签订合约进行交易并指定在未来的某一特定时期交割的货物。一般而言，期货交易并不涉及实际货物所有权的转移，所转移的只是与这种所有权有关的、由商品价格变动带来的风险。这是期货与现货的主要区别。

需要说明的是，期货市场往往会被片面地等同于期货交易所，认为期货市场就是进行期货合约买卖的场所。如《现代英汉期货和期权词典》认为，期货市场是买卖标准化合约的市场，它的交易是由生产经营者和风险投资者（又称投机者）在商品交易所内依法公平竞争而进行的，并有保证金制度为其交易作保障。对生产经营者来说，其目的是通过套期保值交易来转移价格风险，这是期货市场的基本功能之一；对风险投资者来说，其目的是通过套利交易来赚取风险利润。两者相结合，保证了一个稳定而灵活的期货市场的持续存在。而《经济大辞典》则干脆将期货市场定义为：“按照一定规则买卖代表一定数量商品的期货合同的场所。现代商品交易所，尤其是美国的商品交易所，除个别外，绝大多数是买卖期货合约的场所。故以期货市场作为商品交易所的代称。”这种看法有一定的道理，但严格来说不够全面，只看到了事物的表面。从深层意义上讲，期货市场是市场经济发展过程中围绕期货合约交易而形成的一种特殊的经济关系，是一种特殊的交易活动，这种交易活动必须按照特定的规则和程序，在特定的场所内集中进行。因此，它应该包括期货交易所、期货结算机构、期货经纪公司和期货交易者。

现代期货业的基本特征主要有三：期货市场是衍生市场，期货市场的存在是因为存在相应的现货市场；并非每种现货市场都相应的存在期货市场；期货市场具有高度的组织性和很强的流动性。现代期货市场的主要功能是规避风险、发现价格和降低交易成本。

第五部分

学位论文摘要索引

1. 博士论文观点摘录

[1] 毕金平．反垄断法中的宽恕制度研究．安徽大学．2010.

卡特尔违法行为是一种最普遍和对市场危害最为严重的反竞争行为，因此其历来是世界各国反垄断法严厉限制的对象。而违法者为躲避执法机构的查处，其协议的形态往往相当隐秘，因此反垄断执法机构通常很难发现和查处卡特尔。以反垄断法实施最为严厉著称的美国采取了一项独特的卡特尔侦查工具—宽恕制度，实践证明该制度在打击和威慑卡特尔违法行为方面起到非常显著的作用。由于美国宽恕制度的成功，一些市场经济较为成熟和竞争法制较为发达的国家和地区，开始仿效美国规定了本国或本地区的宽恕制度。为有力查处卡特尔（我国反垄断法称之协议垄断），我国反垄断法也引进了宽恕制度。本文就国外关于反垄断法中宽恕制度的立法规定和实施状况，论述了该制度的理论基础、实体规范和程序规则等，并分析了影响该制度实施的因素和相关制度，最后针对我国现状，指出我国相关立法的不足和实施该制度存在的困境并提出了对策建议。本文采取的研究思路是遵循从理论到制度再到实践，从外国再到中国这样的逻辑进路，而在研究中运用的方法主要有利益分析法、价值分析法、比较分析法、历史考察法和经济分析法等。本文分为六个部分展开论述。

宽恕制度存在多种英文表述，同样，在我国此制度也有不同的中文称谓。结合我国实情和研究需要，采取“宽恕制度”这一术语比较妥当。目前，世界大多数市场经济国家实施了宽恕制度，所以宽恕制度的形态多种多样，对此可以依据不同标准将其分类。反垄断法中的宽恕制度基本思想源远流长，但是其诞生背景是美国严格实施反垄断法时期，而其规则来源是美国的辩诉交易制度。受美国成功实施宽恕制度的影响，其他一些发达国家也引入了该制度。宽恕制度在引入国经历从不成熟到逐步完善的过程。晚近诞生并广泛传播的反垄断法中的宽恕制度充分体现了反垄断法的基本价值追求。从经济学角度来看，宽恕制度可以节约执法资源，而其作用机理在于利用卡特尔参与者间的不信任而创造能迫使他们进行利益博弈的“囚徒困境”。当然，在实践中宽恕制度也受到一些批评和质疑。从法学角度，批评者认为，一是宽恕制度违反了公平原则；二是宽恕制度会导致执法机构推脱责任；三是宽恕制度会产生告密信息的信誉问题；四是宽恕制度会形成伦理道德问题。此外，从经济学角度，批评者主张宽恕制度降低了对卡特尔的惩罚水平并助长了卡特尔的产生和维持。

宽恕待遇主要包括减免行政处罚和免除刑事处罚，而在这两种情形中宽恕制度的实施机构及其职权是不同的。一般而言，宽恕制度适用的行为对象是卡特尔违法行为。卡特尔违法行为的严重危害性、隐蔽性以及执法资源的有限性等因素是宽恕制度适用于卡特尔违法行为的必要性理由，而卡特尔违法行为具有一般经济组织犯罪的特征以及其本身所具有一定的特殊性，即卡特尔是竞争者之间的合作，这使得宽恕制度适用于卡特尔违法行为成为可能。宽恕制度适用的主体对象是实施卡特尔违法行为的从事生产经营活动的市场主体。在实践中，出于公平考虑和防止宽恕制度被不当利用，反垄断执法机构往往排除在卡特尔实施中起重要作用者适用宽恕待遇。不能获得宽恕待遇的主体主要包括两种类型，即胁迫者消极适用主体和领导者消极适用主体。相比较而言，第一种类型较为合理，因为其更加有助于宽恕制度的实施。依据各国反垄断法中宽恕制度的规定，申请者要获得宽恕待遇必须满足以下要求：第一，申请者是最先提出申请的：第二，申请者提供的证据符合证据门槛；第三，申请者应提供其掌握的信息证据：第四，申请者要承担合作义务；第五，申请者应该终止违法行为。宽恕制度的实施后果主要有减轻和免除对公司的处罚和免除对公司职员的处罚等。

宽恕制度在实施中存在咨询、申请、受理、审核、实施和撤销等程序性规则。卡特尔违法者在正式申请宽恕之前，可以进行事前咨询，以便其决策是否进行宽恕申请。往往在实际情形中，有的申请者并不掌握申请宽恕所要求的充分证据，为了能够获得最先申请的位置，其可以先申请获取标记。申请标记的门槛条件较低。这些条件的设置目的主要在于明确申请者的身份以及让反垄断执法机构初步知悉涉嫌卡特尔违法行为的相关信息。各国关于标记时效期限的规定不一。申请人在正式提出申请时应该提交足以使得申请者满足的宽恕条件的证据和信息。为了保护申请者，申请者往往还可以口头申请。无论最终给予宽恕待遇是由反垄断执法机构决定还是由检察机关决定，但受理宽恕申请的机构主要是反垄断执法机构。实施宽恕待遇方式主要存在契约型和行政决定型两种。为避免宽恕制度因实施期限过长而挫伤申请者的积极性，许多国家的实施机构通常采取两步走方式来实施宽恕待遇。宽恕待遇在被给予申请者之后，如果反垄断执法机构发现申请者有不符合宽恕条件情形的，那么其将会撤销宽恕待遇。

反垄断法中的宽恕制度作为反垄断法的一项微观制度，就一国的宽恕制度来讲，其能否有效运行要受制于许多因素。一个国家要确保宽恕制度取得成功必须存在一些恰当的先决条件，而这些条件是宽恕制度有效实施的基石。首先，要确保宽恕规则透明和确定。只有透明和确定的规则才可以让潜在申请者具有可预期性，其才能决策是否向反垄断执法机构报告违法行为以获得宽恕。其次，具有严厉的反垄断法律责任。只有面临严厉的法律制裁，违法者才一有必要考虑去申请宽恕。最后，保持较高卡特尔被查处率。只有在卡特尔被查处率较高的情况下，违法者才会现实感到被查处的威胁，在此威慑下，违法者才有可能去申请宽恕。实现卡特尔较高被查处率主要取决于反垄断执法机构具有较高权威和有效运用卡特尔调查工具。此外，一国的非正式制度、腐败以及法制水平也都影响宽恕制度实施。同时，反垄断法中的宽恕制度作为一项较为独特的卡特尔查处工具，其还应与相关的法律制度尤其是反垄断民事损害赔偿制度相协调。在实践中，后继损害赔偿往往会对宽恕制度实施产生冲击，为此，世界各国采取了一些针对措施。相较于国外关于宽恕制度的规定，我国反垄断法中宽恕制度的立法规定存在一些问题。第一，个人、行业协会以及实施串通投标行为的违法者没有资格申请宽恕；第二，在宽恕待遇规定方面，一方面，没有引入自动宽恕，另一方面，没有将减轻处罚进行差别化规定；第三，我国反垄断法并未详细规定宽恕制度的适用条件和程序。就我国目前现状而言，我国反垄断法中的宽恕制度在实施中会面临这些困境。一是多元执法机构会削弱宽恕制度的实效，二是协议垄断受处罚的严厉性不足，三是协议垄断受查处率不高，四是非正式制度不相容、腐败现象严重以及法制水平较低，五是反垄断宽恕制度与民事损害赔偿制度关系不清。为解决我国反垄断法宽恕制度立法和实施中存在问题，我国应该采取一些措施。一方面，我国应该完善宽恕制度规则。一是扩大宽恕制度的适用对象，即修改招标投标法增加宽恕制度内容，同时允许个人和行业协会提出宽恕申请。二是合理规定宽恕待遇，即在决定宽恕待遇的裁决上应该减少执法机构的自由裁量空间，同时，应该将减轻罚款幅度进行差别化规定并确定适用对象。三是明确具体适用条件和适用程序。在适用条件上，我国要规定“最先上门者原则”、不同的证据标准、申请者合作义务和终止违法行为义务等。在适用程序上，我国应该规定事前咨询程序、标记制度、正式申请程序以及受理、审核、实施和撤销程序等。另一方面，我国应该构建能够促使宽恕制度有效实施的外部环境。一是加重反垄断法律责任；二是重新配置反垄断执法机构职权；三是加大对协议垄断的查处；四是构建协调的非正式制度并打击腐败和垄断市场的黑恶势力；五是厘清宽恕制度和民事损害赔偿之关系。

［2］曹俊浩．基于双边市场理论的 B2B 平台运行策略及其演化研究．上海交通大学．2010.

商业全球化的发展加强了全球上下游企业之间的联系，企业间协作变得越来越频繁，高效快速的参与市场交易、获取原材料成为企业制胜的关键，网络信息技术的不断完善以及信息服务专业程度的持续提高使得企业传统经营与互联网业务的融合发展成为可能，商业全球化、企业协作需求、企业竞争制胜要求、网络技术日臻完善以及信息服务专业化程度持续提高推动了网络经济的快速发展。以 B2B 电子商务市场为代表的网络经济为企业供应链延伸、成本控制、盈利能力提高以及品牌辐射提供了途径，以效率高、成本低、纽带强、辐射广的内在特征促其成为现代市场经济体系的一个重要组成部分。

2003 年以来，我国网络经济市场规模的年平均增长率达到 57.36%，基于此背景，B2B 电子商务市场的产业规模、平台数量、服务水平都取得了长足的进步，正在逐渐形成有序、规范的市场体系。但与之形成鲜明对比的是，我国对 B2B 平台的研究才刚刚兴起，在研究方法上，已有的研究忽视了 B2B 平台本身所具有的双边市场特征，缺乏运用双边市场这一现代产业组织理论对 B2B 平台行为进行系统性研究；在研究内容上，主要集中在 B2B 平台的分类、功能、定价策略等方面，忽视了平台竞争这一市场主题，对平台投资行为、平台自网络效应也鲜有涉及。双边市场理论是进入 21 世纪后才引起国际经济学界和产业界广泛重视的新理论，是基于网络外部性理论和多产品定价理论而发展起来的对某一类产业进行研究的新学说。我国从 2004 年开始，在网络外部性研究的基础上开展了对于双边市场理论的研究，其理论体系正在逐步形成的过程中，但尚不完善。这些不完善体现在两个方面：其一是研究内容的不完善。已有研究主要集中在银行卡、传媒和操作系统等领域，对于具有双边市场特征的 B2B 电子商务市场的研究相对较少，尤其是基于所有权属性展开的平台演化和平台竞争研究几乎是空白。其二，研究方法和工具上的不完善。当前双边市场的研究过多地依靠静态模型的方式来刻画和分析双边市场问题，以比较分析、动态视角作为研究的手段和方法需要进一步丰富和拓展。

纵观全文，本文在双边市场理论框架下，以 B2B 平台的微观结构及其行为特征分析为逻辑起点，按照市场竞争程度和平台所有权属性两个维度展开，对不同所有者结构 B2B 平台的双边用户规模、价格结构、平台利润、剩余及社会福利、多平台竞争以及网络效应等相关问题进行深入研究，填补了双边市场领域 B2B 平台演化和平台竞争的研究空白，发现了垄断市场和竞争市场平台演化的趋势，构建了 B2B 平台应对不同市场环境的竞争体系，提出了一套新建或投资 B2B 平台的策略组合。与此同时，与国内对 B2B 平台的研究相比，本文的研究在研究手法上进行了较大的突破，也为建立我国“电子商务 B2B 平台理论”研究开创了新的研究范式。

本文主要的研究工作可以归纳如下：

（1）明确研究的主体和理论基础。基于国内外超过 200 个 B2B 平台调查，将 B2B 市场上的主流平台划分为公共平台和私有平台两类，并刻画了两类平台的具体特征，包括所有者结构、双边用户规模、所有权变更等，明确公共平台（中立平台和独占平台）是本文的研究主体；基于双边市场理论，总结归纳了 B2B 平台的双边市场特征，包括结构非中性、网络外部性、多平台接入以及需求互补等，明确了本文研究的理论基础。在上述分析的基础上，形成本文研究的 B2B 平台的核心特征。

（2）平台收费形式选择及垄断市场和竞争市场定价策略。通过构建注册费、交易费和两部收费三种收费形式的 Hotelling 模型，探讨了不同收费形式下平台的最优定价问题，并在此基础上分析了平台的定价模式选择问题；结合平台的所有权属性和接入方式，分别探讨了垄断市场和竞争市场平台的定价策略。

（3）不同所有者结构 B2B 平台比较及其演化趋势。通过以中立、买方以及卖方三种不同的所有者结构平台为研究主体，分别对中立平台的均衡以及独占平台的长期与短期均衡进行分析，比较不同所有者结构平台的最优注册费收费水平、双边市场份额、平台利润、服务水平、双边用户剩余以及社会总福利，总结归纳垄断市场中平台的演化趋势。

（4）三维度分析多平台竞争及其演化趋势。基于接入方式（单平台接入和多平台接入）、所有者结构（中立平台和独占平台）、竞争形式（对称竞争和非对称竞争）三个维度来分析 B2B 平台竞争策略，总结归纳出了平台接入方式、所有者结构对于平台竞争策略的影响，揭示竞争市场中平台的演化趋势。

（5）理论成果在平台新建或投资中的应用。在前文研究成果的基础上，基于不同的所有者结构和B2B市场的行业特性进行进一步归纳总结，依据所有者结构分类、行业竞争激烈程度、接入方式构建不同的平台组建者或第三方投资机构的投资经营策略组合，并提出了一些指导性的建议。

（6）平台网络效应和动态视角的拓展研究。基于B2B平台市场的现实情况，重点分析B2B平台是否存在自网络效应、自网络外部性内部结构和强弱关系、不同商业模式下的自网络外部性问题，并结合自网络效应理论分析，评判平台双边一致性收费标准的合理性问题，提出改进策略和建议；以动态视角进一步丰富、拓展研究手段和方法，构建基于双边市场的B2B平台网络扩散模型，分析不同视角下平台策略的变化。

本文的主要创新点有：

（1）平台定价：以不同的收费形式（注册费、交易费和两部收费）为基础，研究了平台收费形式选择倾向问题，发现平台收费形式选择完全依存于单位服务网络强度比这一相对量，单位服务网络强度比越大，选择注册费倾向会越强；以所有者结构和接入方式为基础，分析垄断市场和竞争市场平台定价策略，发现所有权变更导致垄断平台定价向主导权一方倾斜，而平台竞争导致倾斜幅度变小，即价格结构基于双边市场理论的B2B平台运行策略及其演化研究扁平化；通过构建B2B平台双边网络扩散模型，研究动态定价问题，得到了与传统研究不一致的观点：平台动态定价主要受双边累计用户规模的影响。

（2）平台演化：以中立、买方以及卖方三种不同的所有者结构平台为研究主体，通过对三种不同所有者结构平台的短期和长期均衡分析，发现垄断市场中独占平台的双边用户规模、收费水平、利润水平、服务水平、剩余水平以及社会总福利都具有比较优势，得出了在垄断市场中中立平台会向独占平台反向演化的结论；分析Single－homing和Multi－homing条件下竞争市场中的平台策略，得出与垄断市场不一致的结论：在竞争性市场中，网络外部性不强时中立平台总是能够获得相对竞争优势，独占平台会向中立平台正向演化。

（3）平台竞争：按照接入方式（Single－homing和Multi－homing）、所有者结构（中立平台和独占平台）、竞争形式（对称竞争和非对称竞争）三个维度展开分析平台竞争策略，总结归纳出了平台接入方式、所有者结构对于平台竞争行为的影响。通过与垄断市场的比较发现，平台竞争将导致平台所有者数量扩大化、双边市场份额扩大化、价格结构扁平化、接入方式退化；通过不同接入方式的比较发现，多平台接入将扩大平台的双边市场份额、将使得价格结构更加复杂但并不必然提高平台的收费水平、并不必然增加或者降低平台的利润水平。

此外，本文将理论成果延伸到应用层面，结合理论体系中不同所有者结构B2B平台的定价、平台演化以及Single－homing和Multi－homing下竞争市场平台策略，提出了一套针对不同环境因素（服务水平、行业特性、支付意愿、竞争程度）的新建或投资B2B平台的策略组合。

［3］车圣保．效率视角下的自然垄断规制研究．江西财经大学．2010.

自然垄断在传统分析框架中因为其“垄断性”排斥竞争，偏离帕累托效率而被“公认”为典型的“市场失灵”领域，需要政府规制予以修正“市场失灵”和挽救效率，似乎已“盖棺定论”。然而规制产生的自然垄断行业产品质次价高、效率低下且服务低劣，又一直为人们所诟病，传统规制并没有替代市场给社会带来效率，实践表明自然垄断规制是令人大失所望的。也就是说，规制仅仅是“以政府失灵替代市场失灵”。这样，自然垄断产业规制成为一个世界性难题，围绕要不要规制和如何规制等问题学者们争论不休，而政府也在规制还是不规制以及如何规制上反复权衡，政策随风飘摆。现代经济学理论对自然垄断的认识和对规制的解释，自从约翰·穆勒第一次描述至今200多年，并没有给人们提供一个明确的答案和令人信服的解释。

本文正是从这个“迷惑”入手，展开对自然垄断及其规制的研究，去重新认识自然垄断及其规制，希望揭开所谓“市场失灵”和“政府失灵”这个“两难”的谜底。破解难题的关键在于寻找路径和钥匙，这个路径和钥匙就是效率理论。传统自然垄断和规制理论都是在传统理论框架中生成的，即以新古典经济学的帕累托效率作为判别自然垄断及其规制合理性的准绳。在传统理论框架中，人们难以走出自然垄断这个“迷宫”，也难以解开市场失灵与政府失灵“两难”之谜。本文创新性地提出社会总效率理论，并以此作为论文的理论支点，否定帕累托效率的狭隘标准，突破传统理论的束缚，终于找到了打开“迷宫”的路径和钥匙，重新解释自然垄断及其规制，一切困扰人们的难题迎刃而解。

本文以社会总效率理论为分析框架，以论证本文核心论点为线索，重新认识生产效率与配置效率、生产成本与交易成本、分工与合作、竞争与垄断、市场结构与市场行为、自然垄断与政府规制等一系列重要理论问题，并作出新的解释。全文共分6章。第1章为导论。正文部分共5章，可归纳为三部分，即第一部分（为第2章）认真梳理以往理论文献，找出以往研究的空白和不足；第二部分（包括第3、4章）建立和阐述效率理论，起承上启下的作用；第三大部分（包括第5、6章）是社会总效率理论的运用，用于对自然垄断和规制的分析，论证核心论点，提出政策措施。全文内容简介如下：

第1章，提出本文研究的论题，在分析该论题的研究背景和研究意义的基础之上，提出了本文的核心论点和理论支点以及逻辑框图（“两点一框”），并对本文的研究内容和研究方法以及观点创新和不足进行了简要介绍。

第2章，对效率理论与自然垄断、规制理论进行了述评，首先对以往的效率理论与自然垄断、规制理论进行了综述回顾，梳理了理论的发展脉络和观点之争，之后对这些理论予以简要评论，指出其研究的不足和空白之处。效率理论是现代经济学的核心部分，由古典效率理论开始，发展到主流的新古典效率理论—帕累托效率，在对帕累托效率理论进行批判时，新奥地利学派和新制度学派的动态效率理论引人注目。帕累托效率的静态方法和狭隘性，忽视现实经济生活中丰富多彩的效率现象，对真实世界缺乏解释力；而动态效率理论在否定帕累托静态效率理论的同时，也显得单调，不能全面、合理解释经济现象。

第3章，研究生产效率与配置效率。在对效率概念进行界定和分析的基础上，分别研究了生产效率与配置效率的影响因素，生产效率与生产成本、配置效率与交易成本的关系，生产和配置中的竞争与垄断，市场结构与市场行为的关系等理论问题，得出了生产效率决定市场结构、四种市场形态均有效率、竞争和垄断各有利弊等重要结论，为下文分析铺垫了理论基础。

第4章，提出社会总效率理论。社会总效率是在前一章分析的基础上，在对生产效率和配置效率的对立统一和转化关系进行分析以及对“马歇尔冲突”进行剖析之后提出的新概念。本章的中心就是社会总效率概念，在对其内涵和外延予以界定的基础上，重点分析了社会总效率的四种形态。社会总效率是生产效率与配置效率的总和，由于生产效率和配置效率的不一致而呈现高低各不同的四种形态，即社会总效率Ⅰ（生产高效率 + 配置高效率）、社会总效率Ⅱ（生产低效率 + 配置低效率）、社会总效率Ⅲ（生产高效率 + 配置低效率）和社会总效率Ⅳ（生产低效率 + 配置高效率）。社会总效率是比帕累托效率更全面刻画经济体系效率状况、更好地解释真实世界的概念。在社会总效率分析框架里，“马歇尔冲突”有解，完全竞争、垄断竞争、寡头垄断和完全垄断四种市场形态均有效率，不存在哪种市场形态缺乏效率或“市场失灵”的问题。社会总效率理论颠覆了帕累托效率标准，其作为本文的理论支点，是分析自然垄断及其规制和规制改革的理论基础。

第5章，对自然垄断的效率进行分析。从效率视角界定自然垄断，提出自然垄断是指在所有相关产出范围内，在任意的产出水平，生产总成本具有严格劣加性以及社会总价值或总效用函数或社会净收益函数具有严格优加性，使得整个产业由独家企业提供市场所需要的全部产出最有效率的产业。同时通过对自然垄断的社会总效率分析，可将自然垄断分为自然垄断Ⅰ和自然垄断Ⅱ。自然垄断Ⅰ是真正意义上的自然垄断，由于生产效率较高并且配置效率较高，因而拥有社会总效率Ⅰ；而自然垄断Ⅱ由于夹杂着行政垄断而缺乏效率，特别是中国自然垄断产业的社会总效率可能主要表现为社会总效率Ⅱ（即生产效率和配置效率均低）和Ⅳ（即配置效率高而生产效率低）两种状态，与自然垄断Ⅰ所具有的社会总效率Ⅰ相去甚远。自然垄断Ⅰ由于其生产总成本的严格劣加性和社会净收益的严格优加性，是由市场内生的，随着市场的动态竞争，自然垄断Ⅰ必将收敛到网络经济上来，最终将达到网络“大一统”；而现实经济生活中存在的源于行政垄断而不是市场动态竞争的“自然垄断”产业并不是真正意义上的自然垄断，对其所实施的规制有必要修正。从效率视角对自然垄断的深入剖析，特别是对自然垄断Ⅰ和自然垄断Ⅱ的区分，为第6章——基于效率的自然垄断规制的研究作了理论准备。

第6章，研究了基于效率的自然垄断规制。以社会总效率理论为分析框架，对以往自然垄断规制理论进行了批判，提出对于自然垄断Ⅰ（真正意义上的自然垄断）和自然垄断Ⅱ（现实中的自然垄断）应采取不同的治理态度。自然垄断Ⅰ由于拥有社会总效率Ⅰ（高生产效率+高配置效率），没必要也无法进行规制，所需要规制的是自然垄断Ⅱ（现实中存在的自然垄断产业）。在对自然垄断Ⅱ的规制进行分析时，以社会总效率为评价标准，分别对自然垄断结构方面的规制，包括进入规制、投资规制和退出规制和对自然垄断企业行为的规制如价格规制、信息规制、质量规制和普遍服务规制进行了研究，得出前者的规制是缺乏效率的，而后者的规制是有效率的结论。最后提出“以效率为目标的我国自然垄断产业规制改革”的政策建议，主张对自然垄断的规制对象、规制基础和规制方式进行修正，逐步放开体制性障碍规制，健全完善不正当垄断行为规制，积极推进激励性规制，大力强化社会性规制，动态调整规制政策组合。

[4] 程其明．小产权房规制政策研究．武汉大学．2010.

近年来，在全国几乎所有大中型城市及其近郊，均出现以旧城改造、城中村改造、新农村建设、设施农业、城乡统筹等名义违规开发建设、非法入市交易的小产权房。从媒体报道、学界探讨及有关机构调查数据看，小产权房数量大、分布广、问题多、争议大、影响深，成为政府、媒体、学者、开发商及广大民众普遍关注的住房问题之一。

小产权房的形成、发展壮大，既有城乡土地人为分割成二个体系的不合理的土地管理体制、分税制导致的财权与事权不匹配的财税管理体制、农民土地宪政权利的虚置等体制性根源，也有住房市场化改革中城市高企的房价、住房保障的缺失、城市扩张带来的土地级差收益显化及其分配的不合理、法不责众以及法难责众的社会心理和社会经验等经济、社会根源，还有地方政府监管缺位、权力寻租等管制性因素。此外，客观上小产权房买卖方市场已经形成并颇具规模，主观上不同利益主体急欲利用小产权房进行套利、逐利、分利，也是小产权房迅速蔓延并逐步做大做强的一个重要因素。

小产权房合法性问题、房屋产权法律属性问题等，关涉到现行法律法规的适足性问题。小产权房现实的热销与政策的限制，使其成为当前不容忽视的关乎国计民生的一个重大问题，其对民生利益的危害已经引起了管理层高度重视，合理与否，取决于各方利益博弈的考量。小产权房面临着开发风险、交易风险、产权风险以及安全风险，无法上市交易，无法办理抵押，无法继承，无法对抗政府的征地和拆迁。小产权房还折射出农村集体建设用地的使用权能的缺失、户籍制度的非理性以及公民能否自由迁徙并自由选择居所等深层次问题。

针对不断蔓延并违规入市流转的小产权房，中央及有关部门先后颁发了一系列法规和政策文件，既从宏观上调控小产权房开发，更从微观上规制小产权房建设或销售，同时要求各地坚决制止、依法严肃查处。小产权房问题比较突出的城市，地方政府及其有关部门，也在设法进行规制，先后分别发布小产权房开发禁令、购买风险提示或禁止性规制政策。总体上看，小产权房现行宏观调控政策和微观规制政策，都没有取得预期效果；出于耕地保护、民生改善和农民权益保障等对小产权房进行社会性规制的政策供给明显不足；规制政策的执行，经常遭遇“上有政策下有对策”之困境。当然，一些地方政府对小产权房规制似有松动迹象，探索小产权房处置的路径有借鉴意义。

目前，学术界有关小产权房规制政策的研究，或是基于土地政策的视角，或是基于住房政策的视角。有研究主张承认小产权房开发及其入市交易的合法性，有研究主张限制或取缔，有研究折中主张合法化，但不一定商品化，多数研究主张应区分不同类型的小产权房作不同处理。有关小产权房合法化的政策主张，或是出于解决城市居民住房难问题，或是考量资源可利用性问题，或是审视法律法规适足性问题，而有关禁建禁售小产权房的政策主张，或是出于耕地保护与粮食安全，或是着眼农民长远生计，或是重申既有法律法规权威性，都不足以根治错综复杂的小产权房问题。

鉴于小产权房问题已经远远超越了单一的法律、政治或管制层面而衍生为综合性社会问题，妥善解决之，需要高度的政治智慧和适足的规制政策。规制的基本路径，可以选择法律的、政治的和管理的路径。

从法理上建构小产权房规制政策：

一是循国际之通则，在《中华人民共和国宪法修正案》中重新确立公民自由迁徙权与住房权等宪制原则；

二是参《中华人民共和国物权法》等保护已拥有房屋财产人权利的法律，出台能够保障没有房屋之公民居住权的《中华人民共和国住宅法》或《中华人民共和国住房保障法》；

三是因应时事变迁和环境变化，整合修订《中华人民共和国土地管理法》、《中华人民共和国农村土地承包法》、《中华人民共和国城市房地产管理法》、《中华人民共和国城乡规划法》等法律及其配套规定。

以政治的路径建构小产权房规制政策：

一是要在小产权房相关的法律立法和决策程序中，以制度化的方式率先建构起小产权房利益相关方的利益诉求渠道和民意表达渠道，以切实、充分、有效地反映民意，整合其利益诉求；

二是政府必须重视小产权房利益相关方的参与式合作共治；

三是政府必须衡平与保护小产权房各方利益，妥善解决利益冲突，避免矛盾激化可能带来的社会不稳定。

以管理的路径建构小产权房规制政策：

一是改户籍制为居住制，允许城乡居民自由选择居住地和住所；

二是改农村土地承包制为永佃制，赋予乡居民以“恒产”，同时建立健全包括乡居民宅基地在内的集体建设土地交易机制与开发利用机制，增加乡居民“财产性收入”；

三是严格控制和规范政府征地，允许乡居民依法通过多种方式参与开发经营城镇建设用地范围外的非公益性项目用地；

四是重新建构城乡居民住房开发与供给模式，将重新审视后原则上符合规划的小产权房合法化，并将之纳入合法的住房开发与供应体系。

[5] 迟建．基于控制论的我国电信运营企业竞争力系统研究．北京邮电大学．2010.

2008 年，中国电信业再度重组。中国移动兼并中国铁通，中国网通和中国联通的 GSM 网络合并形成新联通，中国电信获得联通的 CDMA 网络，由于之前卫通与中国航天科技组建了中国直播卫星公司，退出了电信运营商阵营，这样，六大运营商将演变为中国移动、中国联通和中国电信三家全业务运营。随着 3G 牌照发放，三家运营商未来的发展方向也变得清晰可见。在各方实力趋于均衡的前提下，电信市场的竞争会日趋激烈。如何通过有效地利用资源来提高自身的竞争力，充分发挥综合运营商的独特优势，从而在未来 3G 市场的竞争中占据有利地位是运营企业需要解决的关键问题。

本文正是基于以上的电信行业发展背景，以影响其竞争力的几个关键因素以及这些因素在运营企业的市场竞争中对竞争力的贡献程度为切入点，重点研究讨论了在运营企业系统的内部各因素相互间的作用的过程，并借助控制论的相关理论，建立了电信运营企业竞争力系统模型，运用实际的财务数据对模型进行了验证并从理论上对提高电信运营企业竞争力提出了建议。

如果把电信运营企业看成是一个复杂的系统，它由很多不同的资源元素如人力、物力（网络）和财力以及其他的一些职能部门和管理因素所组成，组成该系统的因素之间有复杂的定性和定量的关系，它们之间是相互作用而又相互联系的。电信运营企业有明确的发展目标，即增强企业竞争力，追求市场领先。为达到这一目标，企业系统把自己的元素组成一个有机整体，相互作用、相互影响，电信运营企业系统的内部因素还会与外部环境进行交流，如管制政策、替代品的出现、消费者的消费习惯改变等，整个系统将对这些新生变量的进行反应，以适应环境的变化，保持自我平衡。系统视角下的电信运营企业是一类复杂的系统，对内部构成的有效控制是其能够有序发展和稳定运转的基本要求。具有开放式结构的企业更需要不断构建和完善控制系统，以使企业适应复杂环境，提升企业竞争力，实现企业目标。

本文通过对控制论系统模型的分析，量化了不同的关键因素的变化对运营企业竞争力的影响程度，阐明了在运营企业的市场竞争过程中，各种资源所起的作用以及他们对竞争力的影响的关键路径，从而为运营企业在市场竞争过程中如何调配并有效利用资源提高自己的竞争力提供了理论参考依据。主要研究内容如下：

1. 对企业竞争力和影响因素的理论进行了综述。对企业竞争力分析理论的演进过程、波特一般竞争战略理论以及企业竞争力的影响因素理论进行阐述，并运用上述理论对影响电信运营企业竞争力的关键因素进行了定性的分析说明；

2. 从系统的角度分析影响企业竞争力的内部关键因素，将这些关键因素分成基础资源、成长能力，这些关键因素形成的结果就是企业竞争力的显性特征，并据此建立电信运营企业竞争力的动态模型，分析了系统内部各关键因素相互之间的作用机理以及他们对竞争力的影响路径；

3. 通过利用层次分析法对企业竞争力进行评价，从定量的角度去分析各因素对企业竞争力的影响程度。首先建立我国电信运营企业竞争力评价的指标体系；然后利用层次分析法对各指标对竞争力影响的重要程度进行定量分析；

4. 利用系统控制论建立系统模型，建立各关键因素之间的耦合关系，结合前面得出的重要程度和实际数据，确定了系统的传递函数方程。并利用实际数据对系统模型进行了实证分析，得出如何通过对资源分配比例的调整优化模型输出的结论；

5. 综合前述分析研究成果，对电信运营企业有效整合和利用资源提高企业竞争力提供理论依据。

本文的创新点主要是通过相关理论分析，确定影响企业竞争力的内部关键因素，并量化了各关键因素对企业竞争力的贡献程度，并利用经济控制论建立企业的系统模型，通过引用某电信运营企业的数据，对模型进行了实证检验和优化分析。

［6］程子阳．电信业务资费均衡与定价模式研究．北京邮电大学．2010.

电信产业的基础设施性使其成为了社会再生产和整个社会活动的共同外部条件，电信业广泛的外部经济性使其能够对国民经济的发展起到很大的推动作用。

本文从中国电信市场存在的实际问题出发，在全面分析国内外电信资费及其规制理论与实践的基础上，采用理论分析与实证分析相结合的方式，运用经济博弈论、市场营销学、产业经济学和经济数学等理论与方法对电信业务资费均衡与定价模式问题进行研究。主要包括三部分的内容：电信资费竞争的均衡与合作的可能性；电信业务定价的基础，包括电信资费的影响因素和电信业务资费结构的发展趋势；有效定价模式下的定价策略。

第一，根据构建的价格竞争博弈模型，本文研究了电信运营商之间出现价格战的原因，指出了价格竞争的纳什均衡点，均衡点是产量相对小的运营商的单位边际成本加上单位固定成本之和，即 $(C_2+C_l/q_j,\ C_2+C_l/q_j)$；资费均衡点是电信业务定价模式的参照点。同时根据价格合作博弈分析，指出了电信运营商之间出现价格合作的条件，而随着运营商数量的增大，维持垄断高价必然越来越困难；价格合作是在偏离均衡点，虽然价格合作具有不稳定性，但还是有存在的可能性。根据博弈分析的结果，本文证明了电信业务宜实行上下限规制，以实现政府宏观调控下主要由市场形成价格的机制。

第二，根据本文的研究结论，结合他人的相关研究成果，提出了“电信资费影响因素模型”。

根据构建的动态博弈模型，用重复博弈的方法预测了2008年电信业重组前移动通信的市场份额，并用数据证明了预测结果的正确性；基于三大运营商当前的实力差别，用动态博弈模型预测了重组后稳定状态下中国移动、中国电信和中国联通的市场份额（用户数）之比为4∶2∶1。指出了在国内市场份额趋于稳定的情况下，理性竞争是良策，中国的电信企业必须开拓国际市场才能得到更大的发展。本文指出，由于中国当前以及预期的电信市场结构失衡，虽然在全球范围内不对称规制逐渐变弱，但在中国还有存在的必要；电信资费不对称规制是给规模小的运营商更多存活空间。

科特勒认为公司在进行综合定价时要建立一种价格结构，它可以反映诸如地区需求和成本、市场细分要求、购买时机和其他因素的变化情况；对电信业而言，价格结构就是资费结构，包括总体电信业务资费结构和单项电信业务资费结构，电信资费结构是电信业务定价的基础；文章指明了电信资费结构的发展趋势，同时指出政府规制、技术进步、市场竞争和其他因素，都在促使电信资费结构从严重脱离电信资费均衡点到向电信资费均衡点进行靠拢。

第三，根据科特勒对价格竞争的经典论述，推论出了中国电信企业有效的定价原则是“关注竞争者，兼顾消费者福利和自身利润，主动应对竞争”，而“循环式战略导向定价流程”符合这种定价原则。而在这种定价原则指导下的定价模式是“兼顾消费者福利和电信企业利润”的双赢定价模式，这种定价模式强调以顾客为中心，是电信企业和消费者之间的正和博弈。

双赢定价模式能够增加电信业务使用总量，在规模经济性和网络外部性效应的正反馈作用下增加社会总福利。

依据双赢的定价模式，本文研究了以企业为中心的定价策略和以客户为中心的定价策略，指明了电信业务定价策略的发展趋势。

［7］楚序平．中国钢铁产业规模经济研究．南开大学．2010.

本文共分六章。研究紧紧围绕我国钢铁企业的规模经济和钢铁产业的有效竞争问题展开。通过与美国、日本、韩国这三个最有代表性的、不同发展阶段的钢铁产业强国的对比研究分析，研究我国钢铁产业规模经济存在的问题。本文采用了产业组织学“市场结构—市场行为—市场绩效”研究方法分析了美国、日本、韩国钢铁产业的市场结构和绩效。运用数据包络分析方法（Date Envelopment Analysis）分析了44家钢铁企业样本，运用MALM模型对36家钢铁企业规模经济性进行了测试。运用博弈论方法对首钢搬迁案例进行了博弈分析，得出了很有意义的研究成果。

本文认为，中国钢铁产业在产量规模和市场规模急剧快速扩张发展的同时，多数企业没有实现相应的规模经济，钢铁产业没有达到“有效竞争”（J. M. Clark，1940）。问题的根本原因在于制度环境和参与主体激励不相容。中央政府由于有限信息和有限理性，制度设计与实现规模经济激励不相容，产业规制与钢铁规模经济具有正负双向作用；地方政府在收入激励、政治激励下，与钢铁产业发展速度正相关，与钢铁产业规模经济负相关；大型国有钢铁企业缺乏内在发展激励和动力，实现了工厂规模生产，而更庞大的组织规模部分抵消了钢铁产业的规模经济效率；非公有制钢铁企业在多方作用的柠檬市场中取得了快速发展，实现了较高的效率，但是发展的外部性严重，对实现规模经济的可持续发展具有负面的作用。中央政府、地方政府和钢铁企业的个体理性选择和行为，在总体上形成了合成谬误，导致了我国钢铁产业整体的规模不经济。不改善制度环境和规制政策，钢铁产业实现整体上的规模经济不可能；不改善中央政府宏观调控手段和方式，钢铁产业实现整体上的规模经济不可能；不进行国有钢铁企业产权、治理、管理改革，钢铁企业实现规模经济不可能；不改善非公有制钢铁企业的产权、治理、行为改革，钢铁企业实现规模经济不可能。改革的政策选择方向是，按照激励相容原则，配套推进政府规制、财税体制、企业改革，才能推动、改善我国钢铁产业的规模经济水平。

本文六章的具体内容是：第一章，导论。主要介绍了研究我国钢铁工业规模经济存在的主要问题，研究钢铁工业规模经济的重要意义。介绍了我国钢铁产业规模经济研究文献综述，包括国外有关产业经济学研究和对我国钢铁产业的研究，重点介绍了国内学术界对我国钢铁产业规模经济的研究。简要介绍了本文的核心观点、研究思路、基本框架和创新之处。第二章，介绍了规模经济问题的理论观点。综述了马克思的有关理论观点，介绍了哈佛学派、芝加哥学派、新奥地利学派有关钢铁产业规模经济的观点。对钢铁工业最优规模进行了理论度量，初步提出了钢铁产业最优规模的指标。对我国钢铁产业的最优规模问题，对钢铁产业国际竞争力进行了初步评估。第三章，发达国家钢铁工业规模经济的经验研究。分别研究了美国、日本和韩国钢铁工业规模经济特征、钢铁工业的市场结构、钢铁工业的制度环境，对发达国家钢铁产业的规模经济进行了评估，提出了钢铁产业最佳规模的市场基准、行为基准和绩效基准。第四章，对我国钢铁产业市场结构进行了实证分析。分析了我国钢铁产业的历史发展与规模特征，对我国钢铁产业的规模经济进行了测量和评价，对我国钢铁产业的市场集中度进行了新的评估。第五章，实证分析了我国钢铁产业的绩效。运用 DEA 模型选择 44 家钢铁企业 2004 ~ 2007 年数据，进行了测试分析。运用以 MALM 模型，并选择有代表性的 36 家钢铁企业进行了 MALM 模型测试分析，检验我国钢铁产业的规模有效性，进而检验不同钢铁企业的规模有效性问题，得出了新的结论。对大型特大型钢铁企业规模经济不显著问题，选择劳动生产率、用工、薪酬、福利等系列数据进行了深入的分析验证，得出了规模不经济的原因。第六章，实证分析了影响我国钢铁产业规模经济的主要因素。实证分析了中央政府主管部门对钢铁产业的规制政策，验证了规制政策的有效性；实证分析了地方政府的投资行为，分析了地方政府在钢铁产业投资的激励诱因，验证了对规模经济的影响；实证分析了国有钢铁企业的行为特征，并选择首钢搬迁案例，进行了博弈分析，论证了钢铁产业规模经济的制度原因，并在博弈中通过给出制度变量，提出了帕累托改进路径。结束语，总结概述全文的基本结论。

本文力求使每一个结论有所创新，主要是：对中国钢铁产业市场结构进行了新的研究，分析了我国钢铁产业市场结构的特殊现象——单体大规模企业的数量和产量比例持续上升与整体产业集中度持续下降并存；提出“产业集中度弹性系数”的指标并进行了计算分析，较好地说明了集中度下降的原因，解释了中国钢铁产业的特殊现象，改进了原有市场集中度指标，对于在中国特殊的国情下，理性、客观、全面认识钢铁产业集中度的变化提供了新的视角；提出“钢材产品集中度”的概念，对中国钢材产品集中度进行了计算，发现存在“高端产品集中度高却消耗量小、低端产品集中度低却消耗量大”的特点：对中国钢铁产业规模经济的市场绩效进行了新的研究评估，对中国重点大中型钢铁企业 2005 年和 2007 年的经营数据，进行了数据包络分析（DEA）模型效率测算分析。发现、总结、归纳出中国大部分钢铁企业是规模有效或接近于规模有效、大型和特大型钢铁企业在与中小钢铁企业比较中没有显示出显著的效率优势、重点大中型钢铁联合企业之间的效率差异非常大等 8 项结论；运用 MALM 模型对有代表性的 36 家钢铁企业进行了 MALM 模型测试分析，得出影响 M 指标的主要因素是管理因素，钢铁企业管理水平低，是影响我国钢铁产业总体竞争力的关键；进而对国有大型特大型钢铁企业规模经济不显著问题进行分析，选择劳动生产率、用工、薪酬、福利等系列数据进行了深入的分析验证，得出了国有大型特大型钢铁企业内部存在 X—非效率问题；对影响我国钢铁产业规模经济的政府行为进行了实证分析，并对首钢搬迁典型案例进行了博弈分析，证明：中国钢铁产业规模的不经济，是局中人中央政府、地方政府、钢铁企业博弈的均衡结果，局中人的个体理性选择，产生了集体谬误，导致了整个钢铁产业的规模不经济；在博弈分析中加入制度变量，分析了钢铁产业规模经济的帕累托改善路径。

[8] 代锐．我国电信市场有效竞争的理论与实证研究．北京邮电大学．2010.

20世纪80年代开始，对于电信行业垄断经营引致的种种弊端的批评日益激烈，世界电信市场打破垄断、引入竞争、放松管制的改革浪潮风起云涌。实现市场有效竞争成为电信业改革的主要目标。我国政府自20世纪90年代初启动了电信业破除垄断、引入竞争的体制改革以来。通过引入竞争者、纵向拆分垄断者、横向拆分垄断者，以及市场重组，到目前基本形成了实力相对接近的三家全业务运营商进行寡头竞争的局面。但是贯穿每一次改革而喧嚣不息的都是从改革之初关于改革动因和必要性的激辩，以及改革之后关于改革成效和影响的争论和反思。

本文通过对当前关于有效竞争理论，特别是电信市场有效竞争研究的深入探索发现，当前对于电信市场有效竞争的研究还存在一些不足：第一，最大的问题是对于"有效竞争"概念的本质理解不到位，也就无法得出明确的衡量标准，从而对历次改革是否实现了有效竞争无法得出令人信服的评价结论；第二，关于有效竞争的衡量标准，大多是从电信运营商的经济效益的角度来分析，使用企业经济效益指标来评价，而忽视了对消费者剩余的考量；第三，关于电信市场历次改革是否达到了有效竞争，大多是定性的论述，由于缺乏可计量可操作的衡量标准，鲜有对电信市场有效竞争实现程度的实证研究。因此，本文致力于对有效竞争理论的本质、理想状态、衡量标准进行研究，并针对电信行业的固有行业特征，对我国历次电信市场改革的有效竞争程度，或者说竞争的有效性，做全面深入的研究，提出具有一定参考价值的政策建议。

本文的主要结论是：有效竞争的本质是社会福利的改善，对于电信市场，有效竞争的理想状态是在最优经济规模下，相同市场份额分布的寡头竞争状态；实证研究的结论是在电信市场上引入中国联通和拆分中国电信都使社会福利得到了改善，企业规模经济水平也得到了提高，在一定程度上实现了电信市场的有效竞争。

本文第一章为绪论，阐述研究背景、研究的目的和意义，以及主要成果。

第二章是对有效竞争理论的深入研究。主要包括：有效竞争理论产生的背景；有效竞争理论的概念、衡量标准及其发展和丰富的过程；本文对有效竞争理论的思考和对有效竞争目标的论述，提出了有效竞争应以社会福利改善为目标和衡量标准；决定有效竞争的主要变量及其对实现有效竞争的影响。

第三章中研究了电信市场实现有效竞争的改革实践。主要包括国内外以实现有效竞争为目的的电信市场改革实践；电信行业的经济和技术特征；重点分析了电信市场实现有效竞争的本质和目标，以及电信市场有效竞争的理想状态。

第四章中重点从理论和实证两方面研究了我国电信市场历次改革对实现有效竞争的影响。主要包括对中国电信市场改革历程的定性分析和评价；引入中国联通后，市场有效竞争实现情况的模型分析和实证数据分析；对原中国电信进行纵向和横向拆分后，市场有效竞争实现情况的模型分析和实证数据分析；电信运营商重组为三家全业务运营商后，市场有效竞争实现情况的模型分析。

第五章是对实现有效竞争的关键政策措施——互联互通政策所进行的研究。其中对互联互通的重要原则，即非绑定原则建立了模型进行分析，提出有参考价值的政策建议。

第六章是对本文研究过程中的主要成果和存在不足的总结，并提出进一步研究的建议。

[9] 范斌．电价规制方法与应用研究．华北电力大学．2010.

电力工业是国民经济的基础产业之一，电能商品涉及面广，社会影响大，关系国计民生。在国家调整经济结构、转变经济发展方式的大背景下，电价规制既要维系电力企业的"生命线"，又必须维护整个社会利益，使社会福利最大化，促进电力企业与经济社会协调发展；还要促进节能减排，降低发电煤耗和线损，引领电力工业自身结构调整，促进核电、可再生能源等新能源的发展，等等。由此，电价成为电能商品供需关系中的主要和关键问题。在市场经济迅速发展的大环境下，宏观经济政策、社会要求中国的电力工业进行全新的改革，建立全新的、适合中国的电价规制机制和体系。与此同时，我国现行电价规制研究比较零散，理论性、实践性没有有效结合。为此，本论文对电价现状进行了全面的分析，针对各环节电价存在的问题，从政府价格规制角度，系统、深入地研究发电（上网）电价、输配电价和销售电价中的居民阶梯式递增销售电价规制机制，提出了我国电力工业各环节电价形成机制规制的理论依据、目的、模型（手段）和方法。论文对相关电价形成机制规制的设计、实施及促进电力行业健康稳定有效发展具有重要的理论意义和实践价值，取得了如下研究成果：

（1）在研究和归纳国外价格规制理论的基础上，分析、比较了中外电价规制的异同，论述了建立适合中国国情的电价规制的重要性；运用经济学理论，明确提出电价规制的四大目标：有效配置资源、提高生产效率、防止过度补贴和适当超前发展；从实践角度对激励型电价规制的两种模型——价格上限、收入上限进行了系统的利弊分析，明确了它们的适用范围；运用投入产出模型，对电价总水平与物价指数之间的关系进行了研究。

（2）对我国发电环节电价机制的历史沿革与现状进行了总结，分析了现行发电电价存在的问题和不足；针对发电价格的电价政府定价与市场定价长期并存的实际，提出了电价规制对策。一是在政府规制方面，运用区域标尺竞争理论，提出确立在区域范围内的火电机组政府定价规制模型，以促进资源在区域内省间的优化配置，鼓励节能调度，从而推动降耗减排、有效抑制限制“跑马圈地”、无效投资的行为，使区域内电厂步入良性循环，实现发电市场的有效竞争。算例分析表明，如果采用区域标尺定价，在实行节能发电调度前后对电力企业的利益调整相对小，更能调动各方参与节能发电的积极性，与现行分省标杆电价相比更适于节能发电调度的推行。二是在市场定价机制方面，针对现行发电市场领域电价“双轨制”结算信息缺失、各方高度关注的特点，进行电价结算规制的研究。通过设计华东电力市场结算的时序安排，验证发电市场电量安排、电价竞价机制设计的准确性，并进而验证发电侧市场竞争的有效性和合理性程度，以保证发电电力市场的健康发展。三是鉴于我国抽水蓄能电站实行租赁制面临的理论问题，提出现行的抽水蓄能租赁制包括租赁关系和委托代理关系，因而电价规制机构除了需要制定租赁费标准之外，还需要对电网租赁费回收分摊机制和抽水蓄能电站的过度使用进行必要的规制，并提出了相应的规制机制，以促进电源结构调整和电网安全稳定运行。

（3）根据我国现行输配电价规制的各项政策，结合电网体制，全面阐述了输配电环节定价结构（共用网络电价结构、专项服务、接网）和定价方法；重点论述了共用网络输电价规制机制，提出了共用网络三部制电价结构：输电可靠性价格反映安全成本，输电电度电价回收输电线路损耗等变动成本，其余部分输电纳入容量电价；提出了区域共用网络三部制电价的计算方法。并以华东区域为例，进行实例测算和分析，验证了输电价格三部制的合理性和有效性；设计了输配电价平衡账户和传导机制，以有效调控电网企业的收入，使之受控、在控。鉴于各区域共用网络网架结构强弱不一，各区域也可以将可靠性电价并入输电容量电价，即转化成共用网络两部制输电电价。由此共用网络输电价具备了具有很强的运用性、实用性、可操作性。

（4）鉴于电力商品具有普遍服务的义务，电价交叉补贴的存在具有一定的合理性。但是居民用电的高速增长，使得交叉补贴范围、程度急剧扩大，造成电力用户之间的不公平，从促进居民节约用电、合理用电、节能减排、公平负担角度出发，需要采取适当措施予以引导。论文以拉姆塞定价和价格的需求弹性理论为基础，对实行居民阶梯式递增电价的必要性、设计原则等进行了论述，提出了保留现行居民峰谷电价，同时对居民高峰用电实行阶梯式递增电价的新观点，并据此建立了电价规制改进模型。仿真计算与分析表明，采用该模型定价既可以回收电力公司成本，还可以有效发挥电价调节需求的杠杆作用，以促进节能环保、社会公平和谐。

[10] 高岳．利率管制与发行主体偏好下企业债券风险的假说与验证——基于沪深交易所数据的实证研究．南京理工大学．2010.

企业债券是企业融资的重要手段，而对企业债券市场的参与者而言，市场风险与信用风险是企业债券市场上的主要风险，作为市场监管主体，政府为了控制企业债券市场的这两类风险，对企业债券市场进行了严格的管制，对于中国这样一个制度变迁政府主导型的国家来说，制度方面的瓶颈是中国公司债券市场滞后的根本原因。这种事实不但限制着企业债券市场的发展，并且有可能对企业债券的市场风险与信用风险产生深远的影响，在所有企业债券监管规制中，“利率管制”与“发行主体偏好”正是市场监管的两大特征，因此，本文试图从这两个监管特征的视角展开对企业债券市场风险与信用风险的实证研究，探求两类监管特征条件下企业债券的市场风险与信用风险的具体表现与特征。

首先，对市场监管的两个最明显的制度瓶颈特征“利率管制”与“发行主体偏好”进行归纳与分析，分别从两个特征入手，给出了对企业债券的市场风险与信用风险实证研究的七个总体假设。主要涉及企业债券的市场风险与信用风险趋势特征、市场风险的行业差异与国债相似性、不同行业与所有制发行主体的信用风险差异几个方面。提出假设之后，针对实证研究方法对风险度量的理论基础作了有针对的介绍与评述。实证研究分为四部分，前两部分主要研究市场风险，后两部分主要研究信用风险。

实证研究的第一部分主要针对利率管制特征下的市场风险长期趋势特征，与发行主体偏好特征下企业债券的市场风险是否具有类似国债的属性特征。首先采用模型 GARCH 模型估计动态 VaR 序列对我国企业债券的宏观与微观市场风险作了全面研究；研究结果验证了利率管制下的企业债券市场风险具有逐渐上升的趋势性：企业债券的市场风险与行业特征本身无关；市场监管对发行主体的偏好确实造成了企业债券与国债的市场风险表现的相似性，主要体现在绝对数量上接近。

实证研究的第二部分主要针对利率管制特征下各类重大事件对市场风险的影响效应。首先，采用改进后的事件分析方法进行不同事件的研究，结果显示企业债券市场风险受到来自于基准利率与存款准备金率调整事件的影响显著地超过其他事件，主要体现在事件发生窗口期间的平均超额收益的显著性，事件窗口前后期为 VaR 序列差异的显著性，事件窗口前后期 VaR 序列均值变化的幅度三方面，两率调整事件均超过其他事件。实证研究的第三部分主要针对利率管制特征下信用价差的趋势特征，与发行主体偏好条件下不同行业的发行主体信用风险差异两方面。首先，对非上市公司发行主体样本债券的信用价差进行趋势与期限结构研究，同时对信用价差进行多元因素分析；其次，通过改进参数估计方法后的 KMV 模型对上市公司企业债券发行主体的违约概率研究了不同行业发行主体的违约风险，并且同时采用行业发行主体的个体违约概率与发行主体间的联合违约概率分析行业信用风险的差异。研究结果显示利率管制条件下，信用价差的趋势与基准利率调整呈明显的反向关系，信用价差的期限结构并非随期限单调递增：以个体违约概率和以组合违约概率表征的行业风险存在明显差异，但是两者均显示信用风险存在明显的行业差异，而发行主体的规模特征并未造成显著的信用风险差异。实证研究的第四部分主要针对发行主体偏好下的不同所有制特征主体的信用风险差异。选择了两大类发行主体进行研究：其一，发行主体为上市公司，这里选择其违约概率作为对比的信用风险测度；其二，发行主体为非上市公司，这里选择企业债券的二级市场信用价差作为信用风险的测度，同时，为了对所有制特征与债券的信用风险研究拓展，还对不同担保主体的所有制特征与企业债券信用风险差异进行研究。国企发行主体违约概率明显低于非国企发行主体，并且 2007 年以后的期间更加明显；层级较高的国企发行主体与层级较低相比，信用价差较低但是并没有显示出较低的违约概率；担保主体层级与信用价差表现没有直接关系，投资者并不关注担保主体身份特征。

[11] 韩蕾．中国医疗服务业政府规制研究．辽宁大学．2010.

医疗服务业是信息高度不对称的行业，与此同时对人民的健康具有十分重要的作用，政府应对其实行有效规制。随着外部环境的迅速变化，传统体制已无法满足人们对医疗服务的数量和质量迅速增长的需求，在改革开放与发展市场经济的背景下，医疗服务业的规模扩大，医疗服务内容开始多样化发展，医疗服务的能力和质量不断提高。但随着政府对医疗服务业规制的放松以及对其市场化改革方向的确立，一系列严重的问题又接踵而来：医疗服务费用上涨过快，“以药养医”、“以设备养医”，以及医疗服务质量不高。看病难、看病贵、看不起病更是成了群众热议的话题。上述问题使医疗服务业的发展陷入了两难境地，由此出现了对医改失败原因的两大对立观点，从而产生了对医疗服务业加强规制与放松规制的不同主张。实际上，单纯的政府全面严格规制或是完全的市场化都难以保证医疗服务公平与效率目标的实现，市场与政府不应该完全对立，现代市场经济应是政府规制与市场机制的有效结合。

本文从我国医疗服务业规制的理论基础出发，运用一般经济理论分析了医疗服务的特点和市场失灵的表现，并结合医疗服务的公益性和公平性要求提出了我国医疗服务业规制的目标。在分析我国医疗服务业规制的现状、主要问题和成因的基础上，通过对主要发达国家医疗服务业规制经验的比较和借鉴，分别从规制体制和规制体系提出了我国医疗服务业规制改革的对策和建议。

本文共七章，除绪论外，主要分为五个部分。

第一部分，即第 2 章：国内外文献综述。从医疗服务业的内涵和特点、医疗服务业规制需求、规制内容以及规制效应四方面对国内外相关文献进行了梳理，以此作为论文分析的基础和前提。

第二部分，即第 3 章：医疗服务业政府规制的理论基础。结合规制理论的演进分析我国医疗服务业规制的历史变迁，然后对医疗服务业的含义及研究范围进行界定，运用一般性经济理论对医疗服务的特点及市场失灵特征进行分析，并结合医疗服务公平性的要求，得出医疗服务业政府规制的依据，并提出医疗服务业规制的目标。

第三部分，即第 4、5 章：医疗服务业规制的现状、问题和成因。第 4 章回顾了我国医疗服务业规制的历史演进，把其归纳为三个阶段，继而分析了我国医疗服务业规制体制和规制体系的现状，并分析了我国医疗服务业规制目前面临的困境；第 5 章分析了我国医疗服务业规制的主要问题及内在机理，并挖掘导致政府规制问题出现的原因。

第四部分，即第 6 章：主要发达国家医疗服务业规制的经验及启示。对美国、英国、德国、新加坡的医疗服务业规制的实践经验进行了比较，指出其成功和不足之处，从而从规制机构的建立以及价格规制、进入规制、质量规制等方面得出有益于中国医疗服务业规制改革的启示。

第五部分，即第 7 章：深化我国医疗服务业规制改革的主要对策。针对我国医疗服务业规制的问题并借鉴发达国家的经验，从规制体制和规制体系两个方面，对中国医疗服务业如何规制提出了相应的对策和建议。

[12] 黄海涛．销售电价非线性定价模型和实现方法研究．华北电力大学．2010.

论文应用非线性定价理论，针对政府严格管制：非政府补偿条件下如何更好地兼顾经济效率和成本回收的问题出发，系统、深入地研究销售电价定价模型和实现方法，提出了容量成本分摊、最优非线性定价、最优多部制定价、用户自选择菜单式及居民阶梯递增式电价等一系列销售电价模型。论文取得了以下主要研究成果：

（1）分析了发、输、配各环节共同成本的传统分摊方法，着重针对传统容量成本分摊方法不能反映用户用电负荷特性差异的问题，构建了考虑负荷模式的发电容量成本分摊模型。该模型在最优电源规划和最优发电运行的基本假设条件下，应用高峰负荷定价理论，分析表明单位负荷发电容量成本责任取决于用电发生的时间；以边际容量支付意愿确定各时期用电负荷的发电容量责任，建立了各时期单位负荷发电容量成本分摊近似计算模型；结合工程实际，构建了考虑用电负荷模式的发电容量成本分摊模型；算例验证了该模型能够有效克服传统方法只与单一时刻用户用电负荷大小有关的不足，合理反映用户用电负荷特性的差异。另一方面，针对今年 5 月启动的内蒙古大用户双边交易可能引起系统网损增加或者减少的分摊或补偿问题，根据两节点间边际损耗系数相对值的比例关系与平衡节点位置无关的特点，提出一种基于交易的边际网损分摊方法，该方法保持了节点边际损耗系数能够提供合理经济信号的优点，同时克服了分摊结果与平衡节点选择相关的不足；并根据等效双边交易原则，简化处理少量的集中交易的网损分摊问题。

（2）深入分析差别定价和统一定价的效率，提出尽管差别定价常常作为一种增加企业利润的定价策略和手段，但是它也可以作为解决价格规制中成本回收和效率两难困境的可选择途径；在销售电价管制工作中，应当允许以差别价格回收成本和提高经济效率的定价行为，同时严格管制以差别价格获取超额利润的垄断行为，有利于引导和鼓励不同需求特性的电力用户改变用电模式，促进能源的高效使用。

（3）针对销售电价分类改革后中小电力用户执行统一价格将引起的低效率问题，应用非线性定价理论，以二元需求特征函数和基于参数类型的消费者需求函数二种方式描述增量细分市场，建立了适合于中小电力用户的非线性销售电价模型和多部制销售电价模型。该模型在满足成本回收要求的同时，以用户购电量差异，甄别消费者间异质的需求特性，最大化社会福利，减少了统一定价的无谓损失。算例验证了该模型能够有效提高统一定价的经济福利。

（4）实际销售电价结构调整工作，虽然能够提高总社会福利，但通常会引起部分用户利益受损，从而遭受反对而不宜推进；另外，处于信息劣势地位的管制者，也常常难以判断电网公司是否从中攫取了超额利润，而对销售结构调整持谨慎态度。针对实际销售电价结构调整遇到的这种困难，探讨了多种电力用户自选择菜单形式，并建立了相应的定价模型；以满足成本回收要求和不损害任何消费者现有利益为约束，提高统一价格的效率，实现帕累托改进，消除用户和管制者对结构调整的反对；为减少销售电价结构调整工作的阻力，提供了一条销售电价结构改革的新途径。

（5）针对我国即将推行的居民阶梯式递增电价政策，提出了一整套定价方法。首先，基于密度聚类技术、概率统计分析和居民家庭电器设备估算法，建立了科学的居民阶梯电价分段电量的综合制定方法；该方法合理确定了不同收入家庭的生活用电需求，同时避免分段电量边界的确定存在一定的人为因素和随意性。然后，提出了我国居民阶梯分段电价水平的科学制定方法，即第一档，建立了考虑用户经济承受力的“生命线电价”定价方法；第二档，应用各电压等级输配电成本传递方法和基于边际成本的分类用户比价关系模型建立了反映供电成本的定价模型；第三档及以上，应用拉姆齐定价和非线性定价理论，建立了考虑消费者需求差异的分段定价模型。实例验证了该方法的合理性。

［13］黄亮．上市公司反收购法律规制研究．吉林大学．2010.

本文以上市公司反收购法律制度中涉及的多方主体的利益冲突为出发点、以相关反收购理论的价值判断为基础，对上市公司反收购法律规制这一核心问题进行了分析与论述。就写作思路和逻辑线索而言，本文首先界定了反收购制度的价值及理论，提出了利益评价机制和法律调整的理念，并进一步分析了反收购措施的合法性及其反收购的司法审查标准，为司法介入与反收购的融合建构了理论基础，进而考察了世界各国的反收购的立法模式并对我国反收购的实践进行了实证分析，从而进一步对我国反收购相关立法展开批判与反思，最后在利益协调的基础上，提出了我国反收购法律规制的完善建议。具体而言，本文的主体分五部分：第一部分从上市公司反收购的逻辑起点——上市公司收购的含义入手分析了上市公司反收购的基本内涵和价值取向，对反收购的合理价值进行了辩证分析；第二部分论述了上市公司反收购过程中的各种利益主体的冲突及表现形式，进而以股东利益保护为中心、反收购决定权为关键点，重点阐述了法律调整的利益评价机制，对反收购法律规制的必要性与法律调整的理念进行了论证；第三部分深入分析了反收购措施的类型及具体的表现形式，之后对反收购措施的合法性进行了评估以及在我国与具体制度的结合与适用；第四部分通过反收购措施司法审查标准的考察，论述了反收购司法审查的具体规则的选择，探讨了在我国反收购审查标准与司法介入的法律融合；第五部分通过对国外反收购立法模式的考察以及对我国反收购司法实践的实证分析，就我国立法对反收购法律规制的现状与缺陷进行了阐述与反思，最后提出了我国上市公司反收购法律规制的选择与完善建议。

［14］黄献松．寡头垄断下电力歧视定价决策均衡模型及应用研究．南京理工大学．2010.

近十几年来世界电力工业的市场化改革正逐渐成为主流，改革的目标在于打破电力行业垄断，在发电、售电环节逐步引入竞争，从而提高整个电力行业的生产效率。但是，由于担负着非常重要的经济和社会功能，电力工业的市场化改革又受到了许多的限制，在很大程度上仍呈现一个寡头竞争的格局。正是由于电力产业的这种特殊性，不管是对处于正在运营中的国外电力市场，还是对处于转型期的国内电力市场，如何根据不同用户群体的经济和社会功能对电力产品进行歧视性定价以提高电力工业的生产效率，进而使其得到可持续发展就成为一个政府、理论界和企业界共同关注的十分重要的理论和现实问题。

在这样的背景下，基于对中国电力工业和电力市场实际情况的分析，本文通过对Cournot模型和Stackelberg模型进行扩展来系统和深入地研究产业放松管制趋势下厂网分开后的电力产品的歧视性定价问题，建立了寡头垄断竞争下的电力歧视定价均衡模型，并根据该模型得到了如下主要结果：

第一，本文证明，造成电价水平巨大差异的原因是价格管制而不是价格歧视。单一电网企业垄断定价追求利润最大化，价格最高、社会福利最小、扭曲了资源配置效率和损害了消费者利益。而在管制定价的情况下，如果信息对称，那么，可以找到一组次优价格，从而使在企业不亏损的前提下提高资源配置效率并实现社会福利最大化；但在信息不对称的情况下，管制定价则会导致管制失效，造成垄断企业效率低下、管制成本上升和寻租等问题，反而在更大范围内损害了社会福利。

第二，本文还证明，通过对电力市场的进入管制，如果把寡头电力企业控制在3~5家，并允许它们拥有价格管制约束下的有限定价权，那么，通过对用户实施按时段和用电量进行歧视定价，电力企业、消费者和它们的加总福利会同时得到改进（即帕累托改进），这样既可使行政定价下垄断企业效率低下的问题得到改善，也可避免过度竞争带来的社会资源配置效率的损失。

第三，本文发现，实行价格歧视后寡头垄断电力企业会扩大产量以使平均成本和边际成本下降，而随着产量的增加和价格下降，消费者福利则会相应增加。如果寡头电力企业通过提高自身的技术水平与生产组织管理能力以降低成本函数中的各次项系数，那么，它就能在竞争中取得优势并实现利润最大化。

第四，本文还发现，在寡头垄断的电力市场，当电力供不应求时，影响社会福利最大化的原因在于电力产品配置方面的无效率；当电力供过于求时，影响社会福利最大化的原因则在于发电生产方面配置的无效率。

总之，本文的研究成果不仅在理论和方法上具有较强的创新性，而且还可应用于建立发电上网市场和配电市场电力价格体系，以及对供电企业的二级和三级歧视定价进行分析，从而有助于厘清中国电价体系和电力市场的现状。在应用方面，本文的结果对研究中国电力价格形成的影响因素、电力市场模式及结构的演化趋势具有重要的理论和实际意义，对制定电力工业中的管制定价和进入管制政策具有较强的借鉴作用，本文以此为基础提出的对中国电价改革的建议也具有较强的针对性和可操作性。

［15］黄学利．中国煤矿劳动安全规制问题研究．辽宁大学．2010.

所谓煤矿劳动安全规制就是指政府为保障煤矿工人在劳动过程中的安全和健康，在法律、技术、组织制度和教育等方面采取的各种措施，属于日益兴起的社会性规制中的工作场所安全规制的范畴。近年来，煤矿劳动安全规制在发达国家引起了政界与学界的广泛关注，取得了一系列的研究成果。国内学者近来也开始关注工作场所安全规制领域的研究，而对煤矿劳动安全规制的研究则主要集中于分析煤矿事故的原因、现行煤矿劳动安全规制政策的弊端以及煤矿劳动安全规制体制的改进措施等方面。但是，由于理论上的不足，尤其是从规制经济学视角来研究煤矿劳动安全规制的研究成果还较为缺乏，不够深刻和系统，从而在很大程度上影响了对煤矿劳动安全规制体制与体系改革的认识。

本文对于煤矿劳动安全规制改革研究的重要意义主要有两个方面：从理论分析的角度看，本文的研究既更加细化了我国对社会规制问题的研究，又明确了理论分析路径；从现实意义的角度看，当前我国矿难的频繁发生，严重阻碍了我国煤炭资源开采工作的健康有序发展，并危害到矿工的劳动安全，因而，对我国煤矿劳动安全规制问题作进一步的深入探讨，对于实现人与自然的和谐、人与人及人与社会的和谐，实现国家内部系统诸要素的和谐，都具有重要的现实意义。本文的创新点主要体现在：一是提出中国煤矿劳动安全规制的中观框架，从而为研究中国煤矿劳动安全规制提供了一个新视角；二是通过分析规制者、被规制者和规制受益者三方博弈分析了中国煤矿劳动安全规制的问题及深层次原因；三是从规制体制和规制体系两个方面，提出了深化中国煤矿劳动安全规制改革的政策性建议。

本文的研究方法主要以煤矿劳动安全规制为研究对象，运用规制经济学、博弈论、制度经济学、法经济学等相关理论作为分析工具，结合中国煤矿劳动安全规制的发展现状，参考其他国家的成功经验，为完善中国煤矿劳动安全规制提出了相应的对策建议。

全文除绪论外共分为五个部分，对我国煤矿安全问题进行了深入的探讨：第一部分是煤矿劳动安全规制理论综述。对国内外煤矿劳动安全规制相关研究进行了总结与归纳，并从实证分析的角度出发，对国内外主要理论观点予以评述。

第二部分是煤矿劳动安全规制的经济学分析。运用动态博弈理论，对我国煤矿劳动安全规制进行了深入细致的经济学分析，并提出了我国规制政策优化的路径选择。

第三部分是对中国煤矿劳动安全规制现状、问题和成因的分析。通过对我国煤矿安全规制的历史演进及问题和成因的剖析，指出了中国煤矿安全规制中存在的深层次背景。

第四部分是主要发达国家煤矿劳动安全规制比较与借鉴。一些发达国家在煤矿劳动安全规制治理方面已经取得了一定的成果，对其借鉴并与我国实际情况相结合，对于我国煤矿劳动安全规制的完善具有重要意义。

第五部分是中国煤矿劳动安全规制的改革对策研究。在前面研究与借鉴国外经验基础上，本文对我国煤矿劳动安全规制未来改革和完善提出了一些具有建设性的意见和建议。

[16] 贾俊秀．供应链网络中订购和定价策略研究．西安电子科技大学．2010.

产品的定价和订购量决策一直都是企业的重要问题。随着供应链商业模式的广泛应用，链中所有成员的订购和定价决策如何能让大家都满意变得更加重要，且更加复杂。供应链是由不同企业组成的，随着供应链由“链”向“网”的转变，企业间关系越来越复杂，不仅存在着同级企业间的竞争，还包括不同供应链的核心企业间的竞争问题，不同供应链结构类型和供应链系统外部因素对竞争决策的影响等问题。因此，这种环境下订购和定价问题的研究显得非常重要。

近年来，运作管理的研究推动了订购和定价研究的发展，而且人们越来越认识到人的行为在管理决策量化研究中的重要性。这一点在本文中体现为研究消费者行为对供应链成员均衡决策的影响。本文就供应链网络中的竞争问题，采用优化建模方法，分析供应链成员的均衡决策及其间的关系。在供应链结构逐级复杂化的过程中给出均衡决策变化情况，然后运用由内到外的系统思想讨论供应链外部的消费者行为因素对均衡决策的影响。

本文的主要研究工作，包括如下6个方面：

1. 论文首先就供应链决策的主要内容、影响决策的因素和不同产品类型供应链中的决策问题等方面进行综述，特别给出与本文密切相关的联合订购/定价问题的相关文献综述。

2. 从供应链网络的基本单元出发，解决1－1型这种基本的供应链结构中企业竞争决策问题。

针对易腐产品，建立1－1型供应链中动态竞争问题的决策模型及其求解分析方法。在消费者需求为随机需求的假设下，主要研究有限阶段下供应商的定价策略和零售商的联合订购/定价策略，并给出算例验证；分析无限阶段的问题和任意固定生命周期下的订购和定价模型；最后给出需求可替代情形下的决策分析。在有限阶段下零售商和供应商间的博弈相当于一个单周期博弈；新鲜产品的定价和订购决策均依赖于当前周期的批发价格，其间具有固定的关系；证明加性需求下不同需求分布对应最优定价策略的单调性和订购量的唯一性。在无限阶段下、在任意固定生命周期的情形，有与前面相同的结论。

3. 研究2－2型供应链网络中各级企业均衡策略。对由两个生产商和两个零售商构成的供应链网络，建立生产商和零售商的利润最大化模型。生产商的决策为制定批发价格和生产量，零售商的决策为制定零售价格和订货量。生产商间存在生产能力的竞争、零售商间进行零售价和订购量竞争。在零售价对随机需求有影响的条件下，证明零售商的最优定价和最优订货策略的存在性；当批发价是生产量的函数且生产商不采用价格歧视策略时，存在生产商的最优生产量策略。数值分析进一步显示，某个零售商的最优定价策略不仅由生产商的批发价决定，而且还受另一个零售商对此品牌定价的影响；零售商最优定价随批发价及另一零售商的定价单调递增；最优订购量随批发价及另一零售商的定价单调降低。

4. 将2－2型网络结构从横向扩展为$m-n$型，对由多个生产商和多个零售商构成的供应链网络结构，建立生产商和零售商的利润最大化模型。成员决策与上述研究相同。在同样的需求条件下，推得如下结论：多个零售商间的竞争实质上就是他们对每个品牌的竞争；在$m-2$供应链网络中，生产商不采用价格歧视策略时，只要给定一个批发价格，就可以得到零售商定价的一个范围；在一定条件下可以获得零售商的均衡定价和订货策略；生产商采取按订单生产，如果批发价格是所有在生产商生产量的函数，在一定条件下，生产商的均衡生产量可以获得。

5. 将2－2型网络结构从纵向扩展为$m-2-n$型，对由多个生产商、两个分销商和多个零售商构成的供应链网络结构，建立每个成员的利润最大化模型。经求解分析，得到如下有意义的结论。首先，三级供应链网络系统中，下游同层企业间的竞争均可转化为对每个品牌产品的竞争，且在一定条件下可以获得各级成员的均衡策略；其次，找到单位产品成本间的重要关系。例如，分销商处单位产品残值等于单位生产成本与分销商处单位产品存储成本之和；不仅分析相邻上下游企业决策间关系，也给出链条首尾两层成员决策间的关系。

6. 考虑供应链网络系统外部因素和内部成员决策间的关系。以耐用品为例，分析多代耐用产品的推出过程和消费者购买过程，建立生产商批发价和产品质量等级决策模型、零售商订购和定价决策模型，体现消费者购买某代耐用品的价格敏感度和质量敏感度的效用模型。得到如下结论：在任一购买期，零售商对某代产品订购量确定的情况下，最优定价与产品质量等级、消费者质量敏感度和价格敏感度具有确定的关系；零售商的最优订购量在一定的条件下可以获得。生产商的最优定价和产品质量等级在一定条件下可以获得。总之，零售商最优定价决策直接受消费者行为变化的影响，其订购量决策是通过生产商的决策而间接受到消费者行为的影响；生产商的产品质量决策直接受消费者行为的影响。

[17] 江珂．中国环境规制对外商直接投资的影响研究．华中科技大学．2010.

自1978年以来市场导向型的经济体制改革使我国成为世界上吸引外商直接投资最多的国家之一，但同时我国的环境状况也日益恶化，政府开始制定并实施环境规制政策，并且关注如何在进行环境规制的同时提高引进外商直接投资的质量，优化产业结构，推动技术进步，实现经济的可持续发展。

本文以国际贸易理论、外商直接投资理论及环境规制理论为基础，主要采用理论分析与实证分析相结合的方法，运用扩展的相关理论模型，对中国环境规制对外商直接投资的影响从投资来源国、地区和行业三个角度分别进行实证分析，并根据结论对引资政策及环境规制政策的制定与实施提出相应的对策建议。

首先，从投资来源国的角度研究环境规制对外商直接投资的影响，把投资来源国分为发达国家与发展中国家两类，研究结论认为相对于投资来源国，中国的环境规制越严格，来自发展中国家的外商直接投资流入量就越少，而来自发达国家的外商直接投资流入量并不受影响。这一结论为我国如何选择外商直接投资的类型提供了理论依据。

其次，从地区的角度实证研究环境规制对外商直接投资的影响，并得出结论：外商直接投资在中国各省进行区位选择时会综合考虑各投资地的要素禀赋，其中资本要素禀赋是吸引外商直接投资的重要因素，宽松的环境规制政策不会成为吸引外商直接投资流入的唯一因素。这一结论为地区政府制定引资政策提供了理论依据。

再次，从行业的角度实证研究环境规制对外商直接投资的影响并得出结论：环境规制对 20 个污染密集型行业外商直接投资在中国的行业份额没有影响，这意味着中国行业层面的环境规制对投资于污染密集型行业的外商直接投资没有起到约束的作用，环境规制政策的效率不高。这一结论为行业环境规制政策的改进方向提供了理论依据。

在以上实证研究结论的基础上，本文结合中国的国情对引资政策及环境规制政策的制定与实施提出了相应的对策建议，以期实现中国环境规制与引进外商直接投资政策的协调发展。

［18］李冠宇．中国电信市场有效竞争规制研究．北京邮电大学．2010.

在电信重组和 3G 牌照发放的全业务运营大背景下，电信竞争日益加剧，如何促进电信有效竞争，如何对电信竞争进行有效规制具有十分重要的现实意义。关于有效竞争的研究较多，但研究多集中在针对市场准入、互联互通和价格管制进行研究，缺乏系统性。因此，系统地建立适合我国国情的有效竞争目标体系、监测体系、措施体系和评估体系，从而使我国电信业形成“在保持一定产业集中度，发挥规模经济效益的同时，促进产业内企业间适度竞争活力”的有效竞争态势，这正是本文研究的基点。

基于上述研究目的，本文使用定性、定量和对比研究的方法，综合运用模糊综合判断法和层次分析法等理论工具对有效竞争规制进行了理论研究。本文先后建立了电信市场有效竞争目标体系，该体系主要包括电信市场结构、运营商的市场行为、电信市场绩效和消费者福利四个指标；有效竞争监测体系，该体系包括定性指标的监测和定量指标阀值的确定，其中对市场集中度、市场份额及价格上限三个核心指标进行了定量的测算；有效竞争措施体系，本文认为仅靠结构性管制措施短期内难以见效，必须结合一系列非对称管制措施，各措施相互补充，相互协调；有效竞争评估体系，本文采用模糊综合判断法和层次分析法，主要用于政策措施实施后的后评估，建立了有效竞争政策评估的一般框架。

本文首次从有效竞争目标体系、监测体系、措施体系和评估体系四个角度系统地探讨了我国电信市场的有效竞争规制，结合各国经验和我国当前实际，引进模糊综合判断法和层次分析法，做了大量创新性工作，弥补了现有研究的不足。

［19］李旭颖．资源类产品价格管制的经济学研究．北京交通大学．2010.

工业社会以来，资源类产品的供给和消费的缺口日益扩大，特别是天然气等不可再生资源，资源已经形成社会经济发展的约束。资源类产品不仅是以该资源为原始自然状态为加工品的工业制成品，而且作为生产生活要素再次被投入社会再生产，构成国民经济基础价格水平。资源类产品的配置机制成为一个在制度范围内考察的问题。

本文应用租值消散理论，以资源类产品属性为基点，研究资源类产品价格管制引起租值消散的治理机制。并在理论分析的框架下，对美国和中国天然气价格管制进行了案例分析和对具有代表性的天然气产地和消费地的价格、产量（供应量）进行了实证分析。论文的主要内容和结论是：

第一，对产业经济学的一般定价方法和价格管制理论进行了综述。国内外的研究集中在新古典经济学框架下力图“发现”或“找到”价格管制下使资源类产品达到最优配置的均衡价格。资源定价无法在新古典经济学体系内得到解决的根本原因有两点，一是资源类产品具有时间和空间属性，但新古典经济学抽离了时间和空间因素。二是新古典经济学不涉及价值判断。资源类产品价格需要放弃主观效用论，回归质价相当的价值理论的认知。

第二，从两个角度推论出资源类产品不适用一般产品定价，而需价格管制进行资源配置。第一个角度，本文放弃主流经济学使用会计成本定义自然垄断来解释价格管制成因的传统思路，采用属性分析的角度，并阐明了资源类产品属性的经济学含义。资源类产品具有时间属性、社会属性、地理属性，三种属性互相结合、互相作用。不可再生、耗竭的时间属性要求考虑代际之间的最优开采、环境生态的污染成本和资源的使用效率；在资源商品化的情况下，社会属性客观上需要有一个公允的角色（现代社会通常以政府的形式出现）保障低收入公民平等使用的权利；天然分布的地理属性，使资源的分享需要以运输的方式实现，运输过程本身具有高度不确定性，运输成本需要巨额投入；这些供给和需求依靠单纯的市场价格机制无法完成，需要实施价格管制。第二个角度，本文使用分工理论检验出：资源类产品价格并没有像一般工业品那样由于分工与市场规模的扩展而带来价格的下降，因此不同于一般工业产品。

第三，本文放弃传统经济学的产权治理的思路，应用租值消散理论和价格管制理论，分析由于资源的约束，对天然气等资源类产品实行价格管制的制度安排的需要，提出了“租值消散—租值消散最小化”的治理思路。

第四，因为管制中性，即不同产权国家都对天然气实施价格管制，所以本文放弃了一般性的私有化、国有化、集体自主治理的产权治理模式。选择了制度分析的角度，以租值消散最小化为中心，构建了一个“价格管制带来租值消散—法律体系及其他管制制度约束租值消散趋向最小化”的制度嵌套结构。即资源类产品实施价格管制带来租值消散，为使租值消散最小化，法律体系、管制制度与价格管制形成一体化的制度结构，以固定和减低租值消散的方向和程度。

第五，由于资源面向未来的不确定性，价格管制制度成为解决不确定性的选择。法律是价格管制的首要约束条件，通过法律体系界定国家、市场、企业的权利，减少资源租值的消散。并以正式规则的形式解决复杂的社会经济系统的度量、实施、判断的成本和收益问题，降低信息、监督及实施的成本，使租值消散趋向最小化。

第六，资源类产品价格管制、资源法律体系、其他管制制度构成使租值消散最小化的制度结构。由规制客体——资源类产品、规制主体——专业的规制机构、规制的规则——法律及其他的管制制度安排构成资源类产品的价格管制三维结构，其运行的规则是法治，依法而治可以解决两个问题：一是确定租值消散最小化的路径，即在不同的比选方案中对所需支付的成本的确定；不只需要考虑所需支付成本的高低，还需要综合考虑效率与公平，法律是可以明确确定成本的途径。二是使管制机构的效用函数符合租值消散最小化的制度实施要求，即法律等正式规则对管制机构行为的约束将会优化管制的效用函数，使价格管制带来的租值消散在一体化的嵌套制度结构下趋向最小化。本文考察租值消散的最小化途径，使用产业经济学传统的 SCP 分析范式，从归属租值考察进入限制，从外部成本内在化考察社会性规制对租值消散最小化的影响。

第七，针对构建的“价格管制带来租值消散—法律体系及其他管制制度约束租值消散趋向最小化”的制度嵌套结构，分别对美国、中国的天然气价格管制进行了实证考察和边际分析。美国天然气管制的循环首先说明，现代管制是社会各利益冲突方进行协调的产物；其次，价格管制和一定社会的经济发展水平、市场需求密切相关，价格管制的政策取向和天然气资源的供给能力密切相关，即价格管制受资源约束的影响。中国没有专业的天然气管制机构，一直被包含于能源管理体制中。在不同的历史时期，国家建设任务和目标的不同影响了天然气产业发展和价格管制政策。公有产权下，为达到国民财富的最大化积累，价格管制更是一种有力的制度工具。为消解资源约束，价格管制下效率的改进采用边际渐进式，保持相对价格的稳定，以获得连续的收益。进行市场经济建设以来，价格管制基本上能够起到正面激励被管制企业增加产出、增加供给的作用。

[20] 李云雁．企业应对环境管制的战略与技术创新行为．浙江工商大学．2010.

随着工业化进程的加速，传统的粗放型经济增长方式对经济社会的破坏作用正日益凸显，自然资源和环境对经济社会发展的约束变得越来越紧迫。如何改善生态环境、转变经济增长方式，成为现阶段摆在政府和企业面前亟待解决的问题。无疑，加强环境管制将成为我国环境保护制度建设的发展趋势。

如果我国企业能充分运用环境管制加强的契机，发挥后发优势，积极参与环境技术创新活动的话，企业将能实现经济与环境绩效的“双赢”。但从实际情况看，现阶段，我国企业主动参与环境管理的积极性不高，以被动和防御型的环境战略为主，偏重于末端治理技术的创新行为，环境管理加重了企业负担，并不能提升企业的可持续竞争优势。现有的研究多是对环境管制、环境战略和环境技术创新行为进行孤立的研究，对三者的整合性研究较少。

鉴于此，本文尝试在经济增长与环境保护协调发展的目标约束下，通过宏观制度和微观机制的相互转换，分析企业应对环境管制的战略与技术创新行为，以建立环境管制、企业环境战略与环境技术创新行为的良性互动，为形成环境保护促进经济增长方式转变的长效机制提供了微观基础，为企业实施环境管理、提升可持续竞争优势提供了有效路径。因此，无论从理论上，还是从实践上来说，该研究对于转型期的中国而言都具有重要的学术价值和实践意义。

全文分为五部分共6章内容，具体如下：

第一部分，提出问题（第1章），导论。首先，通过分析现实背景和理论背景，逻辑地推出本文的选题，确立本文的理论意义和现实意义。其次，介绍本文的结构安排、各章节的主要内容及其内在的逻辑关系。随后提出企业应对环境管制的战略与技术创新行为的分析框架。在此基础上，指出本文的主要创新点。

第二部分，理论基础（第2章），文献综述。本章主要从环境管制的理论与实践、企业环境战略、企业环境技术创新以及环境管制与企业的关系等四方面进行文献综述。具体分析了企业环境战略与环境技术创新的制度背景，环境战略理论的历史沿革和影响因素，环境技术创新的概念、内涵和实现过程，以及企业应对环境管制可能采取的态度。

第三部分，理论论证（第3章和第4章），全文主体。

第3章，管制约束下的企业环境战略。首先，在确立概念的基础上，明确了企业环境战略的四种类型：被动型、防御型、适应型和主动型，并从计划系统、组织结构和管理控制三方面对企业环境战略的体系架构进行了分解。其次，从制度、市场和组织等三方面分析了企业环境战略的影响因素。最后，运用博弈论的分析方法和工具，通过建立单层和双层委托代理模型，模拟了企业环境战略选择的决策过程，动态地分析了在环境管制约束下，企业环境战略选择的路径和效果。

第4章，环境管制约束下的企业环境技术创新行为。本章首先分析了企业环境技术创新的成本和收益和面临的困境：有限理性、外部性和不确定性。然后，具体分析了环境管制会对企业环境技术创新产生怎样的影响，是如何影响的，可以采取哪些政策，以及不同的政策所产生的影响效果如何等。最后，研究了企业环境技术创新的技术选择和模式匹配问题，并在此基础上，从环境管制、环境战略、可持续竞争优势与环境技术创新等四者之间的互动出发，描述了企业环境技术创新行为的动态演化轨迹。

第四部分，实证检验（第5章）。本文主要从浙江、广东、上海、江西等地选取污染密集型企业作为样本，通过深度访谈和调查问卷的方式，运用因子分析、聚类分析、多元线性回归和方差分析等方法，对企业环境战略和环境技术创新的选择及关键影响因素进行实证检验，并将检验结果与理论分析的结论进行比较、分析和讨论。

第五部分，结论与展望（第 6 章）。在前面各章节理论论证和实证检验的基础上，得出研究结论和政策建议，并提出本文在理论和方法上存在的不足及对未来研究的方向的展望。

本文的主要创新点如下：

1. 建立了企业应对环境管制的战略与技术创新行为的分析框架。本文以实现环境保护与经济增长的协调发展为总体目标，以环境保护和企业可持续竞争优势的提升为抓手，建立了企业应对环境管制的战略与技术创新行为的分析框架，重点考察在环境管制的制度约束下，企业如何制定环境战略和实施环境技术创新行为，既满足环境管制的目标要求，又实现企业可持续竞争优势的提升。

2. 模拟了管制约束下企业环境战略的动态选择过程。本文首先论证了制度对企业环境战略的重要影响作用，在此基础上，运用博弈论的方法和工具，通过构建“政府—企业”单层委托代理模型和“中央政府—地方政府—企业”双层委托代理模型，模拟了企业应对环境管制的战略决策过程，动态地分析了环境管制影响企业环境战略选择的路径和效果。

3. 揭示了管制约束下企业环境技术创新的动态演化规律。本文从环境管制的约束入手，通过建立环境技术创新的供需均衡模型，讨论了环境管制影响企业环境技术创新的作用和路径，并推导了不同的环境管制政策或政策组合对企业环境技术创新的方向、规模等方面的影响效果存在差异。同时，借鉴传统技术创新动态演化的研究方法和结论，研究了企业环境技术创新的技术决策、模式选择和匹配，并描述了企业环境技术创新行为的动态演化轨迹，进而揭示了企业环境技术创新的动态演化规律。

4. 实证检验了企业应对环境管制的战略与技术创新行为。本文通过聚类分析和因子分析对企业环境战略与环境技术创新行为的现状及其特征进行了描述，通过多元线性回归和方差分析对企业环境战略与环境技术创新行为的关键影响因素进行了甄别。弥补了我国对环境管制、企业环境战略与环境技术创新行为等问题缺乏经验研究的空白，为政府制定环境管制政策提供了数据支撑，为企业制定适宜的环境战略和实现环境技术的自主创新提供了指导。

［21］梁周．电力市场环境下我国输电服务定价及费用分摊机制研究．华北电力大学．2010.

世界范围内的电力工业产业重组使输电网的功能和角色都发生了重大的变化。市场环境下，输电公司允许包括发电公司、电力销售商和购电用户在内的所有用户能够公开、公平地使用输电网，并将电能安全、经济、优质地输送达用电终端，最终对其用户收取合理的输电服务费用。如何有效、合理、公平地进行输电定价并合理分摊相应成本的问题是我国电网企业必须面对的重要课题，也是保证我国电力工业市场化改革能够成功进行下去的关键问题之一。针对上述问题，本文系统分析了市场环境下电网的功能转变，界定了输电服务机构的职能和其关键的技术经济与管理问题。在此基础上，重新界定了市场环境下区域输电的成本分类，明确了市场环境下需要重点关注的定价及费用分摊问题。

考虑到我国目前已形成的区域市场框架，研究了区域定价机制的经济学原理，结合我国未来可能存在的集中——双边交易共存的市场模式，对比分析了两种交易模式所形成的区域电价的异同，从而为我国未来电力市场建设提供相应的理论依据。在理论分析的基础上，研究了市场环境下三类输电服务费用的分摊方法及其相应的定价机制。第一，结合市场环境下输电网络的交易特点，提出了基于安全经济调度和线路影响的阻塞成本分摊步骤，建立相应模型，并通过算例进行了模型检验；第二，考虑到市场环境下我国即将启动大量双边交易的发展趋势，结合人工智能和博弈论中的相关理论提出了一种兼顾市场公平和谈判因素影响的输电网损分摊方法；第三，基于保证输电服务机构合理回收成本以及保证市场中长短期内成本效率的目标，运用边际成本的思想，应用灵敏度矩阵，初步建立了电网使用费的分摊模型及其应用方法。

针对我国电力工业市场化改革阶段输电服务的特点，提出了适用于过渡阶段的输电定价监管模型，提出基于输电服务质量的价格上限模型，并通过算例进行了应用性分析。

上述研究充分考虑了我国未来区域电网可能存在的交易类型和技术发展情况，研究成果对开展“发电企业与电力用户直接交易的模式和规则”在定价与成本分摊机制方面具有重要的理论价值和实践意义。

[22] 刘畅．日本食品安全规制研究．吉林大学．2010.

日本在2003年开始实施的食品安全规制改革中，引入风险分析手法，分离风险评估与风险管理职能，促进食品安全相关主体之间的风险交流。并在此基础上，通过一系列的改革，形成了较为完善的食品安全法律体系。这些无疑将对刚刚实施《食品安全法》的中国具有重要的借鉴意义。鉴于此，本文从行政法学的角度入手，以日本食品安全法律规制为研究对象，综合运用语义分析、比较分析和实证分析等研究方法，对日本食品安全法律规制体系的历史演进、规制模式、基本理念、基本原则、保障制度、管理机构等方面进行了系统、全面的分析，以期对完善中国食品安全规制体系有所裨益。

[23] 刘飞翔．生物质能产业发展中政府规制与激励——基于福建省燃料乙醇的实证研究．福建农林大学．2010.

能源消费增长强劲态势与传统化石资源有限性间的矛盾，对一国或地区经济发展水平与经济增长模式有着深远影响，能源安全、替代能源等正成为全球范围内的核心战略问题，满足日益增长的能源消费需求是中国现代化进程中的重大命题。如何提高能源消耗总量及利用效率，选择一条清洁环保的能源道路迫在眉睫，通过加快发展生物质能这一绿色能源产业，对解决能源短缺，倡导生态文明，建设生态家园具有重要的战略意义。

1990年以来，福建省能源生产投资建设逐步加强，但能源供给仍跟不上能源需求的快速增长，导致供需缺口加大，对外省调入及进口能源依赖性强，能源安全供应压力显现。而福建省拥有发展生物质能源的优势和特色，具有地理气候独特、光热资源充足、生态环境优美、技术人才雄厚、生物质资源丰富、政策支持等优势，燃料乙醇发展空间更是巨大。政府应借鉴国际先进经验，明确生物质能产业发展的战略定位，提出具体的促进策略，制定相应的法律、法规或条例，完善政策扶持体系，加大对公共技术研发的投入，引导市场需求和推动发展，考虑对传统化石燃料课征碳税达成国家减量目标，同时通过适应性补贴等奖励诱因与绿色权证交易等制度安排，扩大生物质能源供应网络，实现新能源生产、运输、采购、贸易及利用的全球化，构建有竞争性的产业链，对生物质能源发展进行整合性推进，提供其发展的重要驱动力。

近年来，尽管生物质能源这一新兴产业引起社会重大关注与热点探讨，但在学术研究领域，对如何运用产业经济学理论促进其产业化发展方面尚缺乏系统研究。本文正是基于此提出研究思路，以福建这一典型区域和甘蔗、薯类等燃料乙醇产业为主要研究对象，具有重要的意义。

本研究的思路为：首先，以能源安全问题与生态文明崛起为切入点，引发对新能源生存机理与生物质能源政策的思索。通过对国内外生物质能、激励性规制理论与实践、国内外对可再生能源规制与激励研究动态及成果的综合评述，结合福建能源消费状况、供需缺口分析及发展生物质能源的优势与潜力为研究背景，强调走绿色能源道路是福建省社会经济发展的必然选择和在生物质新兴产业发展中政府激励性规制的重要条件。并基于粮食安全视角下对福建生物质能发展的审视，通过生物质能源推广影响粮食安全的机理分析，支持政府非粮原料产业规制方向的政策思路。其次，在福建生物燃料的主要作物及技术经济分析的基础上，建议福建以利用甘蔗、甘薯、木薯发展燃料乙醇为突破口，加快发展生物质绿色能源产业。最后，通过对生物质能产业政府规制与激励的主要工具选择、国外生物质能政策推进路线及典型案例分析，构建出福建生物质能源政策永续发展模型与指标体系，对福建生物质能政策整体绩效做出评价，就如何加强相关能源政策的拟定与推动提出对策建议。按照研究思路，得到以下结论：

1. 福建能源供需缺口。福建省是一个能源资源相对短缺的省份，随着福建省经济快速增长，福建省能源消费总量年均递增6.83%，目前全省能源自给率只能达到40%，并且呈逐年下降的趋势，能源供需矛盾显现。

通过调入量时间序列的线性回归模型，显示福建能源缺口每年以506.32万吨标准煤的速度增长。特别是近几年，伴随工业化和城镇化进程的加快，钢铁、机械、化工、水泥等重工业部门的发展，能源需求快速增长，能源不足成为常态，能源供求矛盾更加突出。改变传统能源路径依赖，发展循环经济，建设节约型社会任重而道远。

2. 玉米价格与乙醇价格的因果关系。运用格兰杰因果检验和误差修正模型来研究玉米价格与乙醇价格的因果关系，说明乙醇价格和玉米价格两者的关系既无长期因果联系也无短期因果联系。即乙醇价格的上升并不必然导致玉米价格的上升，意味着也不一定会带来玉米生产积极性的提高和产量的增加，反而由于对有限土地资源的竞争加剧了用于食物链的粮食供需矛盾，从而带来粮食危机。福建生物质燃料的原料来源非常广泛，只要合理开发，发展生物能源不但不会对粮食安全构成威胁，反而能在一定程度上保障粮食安全。

3. 福建生物燃料的主要作物及技术经济分析。研究对福建生物燃料产业资源条件，福建利用甘蔗、木薯发展燃料乙醇的经济技术，燃料乙醇的项目效益，不同原料的能源效率及国内外竞争力比较，福建生物燃料产业发展障碍因素以及福建生物燃料产业发展的路径选择进行综合分析，建议福建以能源甘蔗等糖类原料和甘薯、木薯等非口粮的淀粉类原料为主，以利用甘蔗、甘薯、木薯发展燃料乙醇为突破口，加快发展生物质绿色能源产业，保证原料的需求，建立燃料乙醇的产业体系和设备制造基础，推进纤维素燃料乙醇的工业化进程。制定发展生物质能源的激励政策，明确甘蔗、薯类乙醇在非粮燃料乙醇中的主体地位。

4. 福建生物质能源政策永续发展模型建构与评价。针对生物质能源政策的特点，建立一个由四个层次指标构建的福建生物质能源政策永续发展评价指标体系，由1个一级指标（生物质能源政策永续性发展）、4个二级指标（生物质能决策系统科学性、生物质能供给系统稳定性、生物质能消费系统持续性、生物质能科技研发与教育）、8个三级指标、22个四级指标构成的评价体系，尽可能准确地反映生物质能源政策内部构成、发展现状和变化趋势，努力揭示生物质能源政策永续性发展的主要本质特征和内在规律。评价显示福建生物质能政策整体绩效尚处于永续发展的起步阶段，发展的道路还很长，政府在生物质能产业有效规制与激励方面，加强能源市场机制建设与发展绿色能源消费等政策，应是未来最优先推动的永续能源策略之一。此外，推动生物质能教育宣传与科技研发、加大政府公共研发、强化公众参与、发展人力资本素质也是未来的努力方向。

5. 对策与建议。结合福建省省情和资源特点，提出可行的对策建议：建立福建省生物质能产业宏观决策支持系统；采取激励性政策，培育生物质能源市场，推行市场诱因工具，鼓励绿色能源消费投资；加强能源市场机制建设，拓展交易网络空间；组建生物燃料龙头企业，探索适合行业特点的经营管理模式；创新生物质能源科技研发与教育等保障措施。

基于上述研究，本文的创新主要表现在以下三方面：

在理论上，重视政府能源政策创新在生物质能这一新能源产业成长中的重要促进作用，并依据国外生物质能产业兴起中政府对产业适当的管制和经济诱因推动的成熟经验，运用产业经济学的产业规制与产业政策理论，从政府激励性规制的角度对福建燃料乙醇产业发展做整合性分析。

在研究方法上，主要体现在：所进行实证分析的数据均来自权威的年鉴数据和项目调研数据，通过时间序列的线性回归模型，显示福建能源缺口；借助格兰杰因果检验方法和误差修正模型来研究玉米价格与乙醇价格的因果关系；采用比较研究的方法，对福建生物燃料的主要作物及技术经济分析；通过案例分析，对主要生物质能发达国家的技术路线图分析、总结与获得启示；构建生物质能源政策永续性评价指标体系，通过专家问卷法确定各指标权重值，选用综合评分法评价福建生物质能政策整体绩效。

在研究成果上，从市场机制中生物质产业组织方式、市场准入制度、价格激励性管制、社会性管制四个领域展开政府规制与激励的主要工具选择研究，提出生物质产业激励的方向、手段和领域，并结合福建省省情和资源特点，为政府生物质能产业政策拟定提供参考。

[24] 刘细良．跨国公司在华并购与政府规制研究．湖南大学．2010.

随着我国经济结构的战略性调整，国有企业深化改革，跨国公司在华并购势头强劲，呈现出新的动向和特点。由美国次贷危机引发的金融危机导致国际市场需求萎缩，也使我国面临严重冲击。跨国公司在华并购对我国究竟有何影响？政府规制与跨国并购的关系如何？政府如何适度规制外资并购？系统研究跨国公司在华并购与政府规制问题，不仅对入世过渡期结束后、新的全球金融危机期间，我国政府适度规制外资并购、维护国家经济安全具有重大理论意义；而且对深入贯彻党的十七大精神，实施互利共赢开放战略、有效防范全球金融风险有着积极的现实意义。

本文运用规范分析与实证分析、比较研究、案例研究等方法，对跨国公司在华并购与政府规制问题进行了理论研究与实证分析，并在借鉴国际经验的基础上提出了我国政府规制跨国公司在华并购的总体思路与政策建议。

在理论研究方面，进一步丰富了跨国并购与政府规制理论。基于 FDI 与企业并购两个视角分别探讨跨国并购的动因理论，前者除系统分析传统的六大 FDI 理论外，还增加了逆向技术溢出动因这一最新理论、后者增加了产业组织与速度经济性动因理论；提出了跨国并购对东道国的“双刃效应”（正、负效应）这一新名词，并从经济、环境两个方面，从国家宏观、产业中观与企业微观三个层面细化了跨国并购的效应理论；在公共利益、公共选择、契约规制、利益集团与激励规制等理论研究的基础上，跟踪西方规制经济学的最新发展（如规制公共实施论），从经济性规制与社会性规制两方面入手，找到适合我国国情的外资并购规制理论。在实证研究方面，重点剖析了跨国公司在华并购与政府规制现状以及两者之间的关系。探讨了外资并购对我国的“双刃效应”，包括市场结构、资本形成、就业、出口竞争力等宏观经济效应，技术外溢与转移、自主品牌、资产价格、公司治理结构等微观经济效应以及产业中观经济效应，为对其进行经济性规制奠定基础；同时基于可持续发展与低碳经济的要求，更注重研究其环境效应，为适度强化对外资并购的环境规制奠定基础；列举了主要行业近年来跨国公司在华并购典型案例，着重分析其规模、来源、主体、区位、方式与行业变化等新动向，为规制外资并购找到现实理由；在系统梳理我国规制跨国公司在华并购的产业政策、竞争政策、外资政策与审查制度后，剖析了其中存在的主要问题；通过建立计量经济学模型，实证分析经济性规制、社会性规制与跨国公司在华并购的关系。实证结果表明，政府规制对跨国公司在华并购产生重要影响，只是影响程度和大小不一。其中，经济性规制对跨国公司在华并购存在显著影响，而社会性规制特别是环境规制与跨国公司在华并购之间不存在显著相关关系，表明强化环境规制对跨国公司在华并购不会产生实质性抑制作用。

基于理论研究与实证分析，在借鉴国家、国际两个层面跨国并购规制经验基础上，本文认为，要处理好跨国公司在华并购与政府规制的关系，必须从四个方面着手：首先，基于低碳经济背景与跨国公司在华并购的经济效应与环境效应，应调整我国外资并购经济性规制与适度强化社会性规制，尤其是环境规制；其次，提出了规制跨国公司在华并购的多元化总体目标、近期目标与远期目标；再次，引入规制成本收益分析方法，提出了跨国公司在华并购规制收益最大化的初步构想；最后，提出了改革跨国公司在华并购规制的国内协调机制与国际协调机制的政策建议，一方面应立足本国，着力完善我国规制外资并购的产业政策、外资政策、竞争政策与安全审查制度及其相互协调；另一方面应积极参与跨国并购规制的国际协调，掌握话语权，从根本上维护国家经济安全。

[25] 吕成．水污染规制之行政合作研究．苏州大学．2010.

水污染规制之行政合作是指不同行政主体为了提高效率以合作的方式对水污染进行规制。水污染规制是政府根据一定的规则对水污染的矫治，其实质是行政权力对私主体行为的干预或调控。由于水污染问题涉及多个部门乃至不同地区，单一行政主体在进行水污染规制时往往力不从心，为此需要进行行政合作。行政合作是两个乃至多个行政主体对行政权力的行使，是“公与公”的合作。

水污染规制之行政合作既有实践基础，也有理论支撑。水污染规制之行政合作是行政主体的一种“交易”，制度决定了交易成本的大小，决定了行政合作的“绩效”。然而，我国水污染规制之行政合作却存在着大量的制度障碍，包括正式规则、非正式规则以及它们的实施。

进行水污染规制之行政合作首先确立流域综合管理的理念，并以此为背景，理顺当前水污染管理体制，选择恰当的合作模式。在合作模式中，较为核心的是流域管理机构的模式。行政协议是水污染规制之行政合作的重要工具，然而，当下行政协议的法治化程度不高，这和行政协议本身不完善有十分密切的关系。完善行政协议至少应当从内容、效力、履行模式、责任机制和争端解决几个方面入手。进行水污染规制之行政合作要依赖制度建设，落实于通过制度实施而形成的具体机制之中。合作规划机制、联合监测机制、联合执法机制、生态补偿机制和信息共享机制是当前亟待建立的几种合作机制，这几种机制实则是制度化或法治化的规制行为合作。

[26] 马洪娟．产品市场竞争、公司治理与公司绩效．暨南大学．2010.

有关公司治理的大部分研究成果主要集中在源于古典“两权分离”所引起的企业所有者和管理者的冲突上，主要研究内容涉及公司控制权市场、董事会、管理者报酬、所有权结构以及公司债务治理等方面。然而，事实证明，这些治理机制并没有实现人们所想象的目标。随着公司治理机制研究的深入，竞争也被认为是公司治理机制的重要组成部分。在激烈的产品市场竞争中，一方面，管理层面临着经营失败和失去职位的风险，从而被迫减少败德行为、提升管理效率；另一方面，竞争还以标杆的方式传递有关管理层经营绩效的信息，降低委托者与代理者之间的信息不对称。作为一项重要的外部治理机制，产品市场竞争与公司内部治理之间有着怎样的关系？本文基于公司治理内生的视角探讨了产品市场竞争、公司治理与公司绩效的关系，通过研究发现：

1. 产品市场竞争影响公司的代理成本。产品市场竞争与代理成本的回归结果显示，产品市场竞争的提高能降低代理成本，提高代理效率。

2. 产品市场竞争对公司治理的不同维度影响不同。从公司治理综合指数来看，产品市场竞争与公司治理综合指数正相关，产品市场竞争越强则公司综合治理强度越高，产品市场竞争越强则董事会治理越强，监事会治理越强，高管激励越强，但是控股股东行为和股东权益指数越低，因此，产品市场竞争对公司治理不同维度的影响不同。

3. 从总体上来看，产品市场竞争和公司治理存在显著的互补关系，但产品市场竞争与公司治理四个不同维度的关系又存在不同，和董事会治理、监事会治理、高管激励是互补的，而与控股股东行为和股东权益之间是替代的。在提高产品市场竞争程度的同时也应加强公司治理的改善，二者兼顾才能有效地提升公司绩效。

4. 竞争可以多维度衡量。本文在实证分析中用三个指标衡量产品市场竞争情况，并得出了一致的结论，这说明产品市场竞争可以多维度的衡量。

5. 对不同产品市场竞争程度与公司治理搭配下的公司绩效的差别分析发现，产品市场竞争程度较高、公司治理强度较高的搭配下公司绩效较好，同时改善产品市场的竞争状况和完善公司治理二者兼顾才能有效地提高公司绩效和公司价值。

本文通过实证分析发现产品市场竞争对公司治理产生影响，公司治理内生于公司所处的客观环境，而且，产品市场竞争对不同的公司治理机制影响不同，并发现产品市场竞争在对公司绩效的影响方面和公司治理是互补的，丰富了产品市场竞争影响公司绩效的途径的研究。这对于经济转型过程中中国企业治理机制的选择和相关政策的制定具有重要的启示意义。在公司治理实践中，一刀切式的公司治理模式并不适用，公司治理应根据不同的环境而不同，各种治理机制之间的合理搭配才能取得良好的治理效果。

[27] 马乐．国际知识产权贸易中平行进口法律规制研究．吉林大学．2010.

国际知识产权贸易中的平行进口是平行进口诸多类型中较为复杂的一类，也是难于进行有效规制的一类。既有的法律规制方法虽能对国际知识产权转让以及非独占许可中的平行进口起到一定规制作用，但对于更为普遍的国际知识产权独占许可与国际特许经营中的平行进口，包括知识产权法、合同法及反不正当竞争法在内的法律依据，都未能对其中的知识产权贸易关系以及独占被许可人的独立地位与利益给予足够的关注，从而无法对此类平行进口进行有效规制。以知识产权贸易关系为调整对象的国际知识产权贸易法能够弥补这一不足。尽管国际知识产权贸易法并不直接对平行进口做出规定，但由于知识产权贸易关系与平行进口联系密切，国际知识产权贸易法中的规则能够成为此类平行进口的规制依据。这种以国际知识产权贸易关系为视角的规制路径能够克服既有规制方法在应对国际知识产权贸易中平行进口时存在的局限，从而对此类平行进口进行有效规制。

[28] 潘丹丹．反垄断法不确定性的意义追寻．吉林大学．2010.

与其他的法律比较而言，反垄断法所具有的不确定性更为典型。文章改变以往仅从经济学进路和法学进路对不确定性进行研究的做法，从公共政策学的进路对此问题进行研究。这种研究路径的优势在于：第一，能够澄清反垄断法不确定性发生的中介机制—政策，即弹性的政策可以反映政治经济社会情势的变更，反垄断审判过程中，通过对政策的适用，最终做出切合实际的判决。由于政策传递了情势变更，所以反垄断法律的适用表现出结果的不确定性。第二，能够回应反垄断现实的复杂性，换句话说，可以透过政策背后的政治、经济、价值等因素看待反垄断法。因此反垄断法的不确定性更符合对反垄断案件具体情势的确切描述：政策导向背后的利益变动、政策导向背后的价值分析、政策导向背后的知识工具分析。可见，反垄断法不确定性的真正价值和意义是达致反垄断判决的合理性，但与之相应的风险是：反垄断法容易蜕变为反垄断政策、法治蜕变为人治。因此，对反垄断法的不确定性进行合理限制，就是要在法学理论层面澄清法律与政策的关系。根据“商谈论证理论”，通过给政策提供一个由限定的论证规则约束的论证程序，通过司法场域的限定和法律论证程序的制约，以保证政策对判决施以影响的程序确定性。这种理论表明，反垄断法不确定性的属性直接决定了未来反垄断法发展的程序主义倾向，反垄断法的未来一定不是实体规则的丰富和完善，而只会是程序规则的创新和丰富。只有这样才能保证：反垄断法的不确定性既可以达致合理性的要求，又可以通过论证程序的约束达致程序的确定性。

[29] 潘振锋．资源视角的铁路产业竞争壁垒研究．北京交通大学．2010.

铁路产业的改革长期以来一直是备受关注的领域，竞争效率、网络经济和交易成本等重要因素影响着世界铁路产业改革的模式和方向，而引入竞争始终是铁路改革重组的核心议题，尤其是中国铁路产业正面临着改革重组、打破垄断、引入竞争的现实和压力。

引入竞争是一个市场化过程，实质上也是竞争壁垒的打破与重构过程。资源壁垒是非常重要的竞争壁垒，并且以资源为基础、通过策略性行为的竞争壁垒构建与利用，对于铁路产业资源配置效率有着重大的影响。

论文在综述国内外铁路产业引入竞争文献的基础上，以资源为研究视角，以运输经济理论和进入壁垒理论为理论支撑，运用前沿的网络形态分析框架来分析铁路产业的竞争壁垒问题。通过分析铁路产业的资源及资源壁垒特性，提出规制型壁垒、线网与设施型壁垒是最重要的铁路产业竞争壁垒。论文研究了铁路产业中资源壁垒的构建行为和利用行为，并在此基础上分析了旨在促进竞争引入的铁路产业关键资源的配置制度安排。最后，在理论分析的指导下，总结了国外铁路产业引入竞争的一般规律，对我国铁路产业引入竞争和改革重组提出建议。论文主要研究内容和结论如下：第一，分析了铁路产业的资源特性。将铁路产业的资源特性归结为四个主要方面。一是网络经济性。网络经济性不仅包括成本角度的密度经济与幅员经济，还可以体现为需求角度的频率经济与平台经济。二是共同使用性。铁路产业中的资源尤其是路网等基础设施资源，只有在共同使用中才会实现规模经济与范围经济。但是，在共同使用情况下可能会面临拥挤问题，从而资源共同使用中的调度指挥成为必不可少的活动。三是互补性。这种互补性不仅体现在路网资源与信号系统之间，机车与列车资源之间，更重要的是体现在下部基础设施资源与上部运营资源之间的互补。四是自然垄断性。这种自然垄断性不仅体现在单个设施生产的规模经济，而且还体现在多个设施之间生产中的范围经济以及较高的沉淀成本。

第二，分析了铁路产业在不同的引入竞争方案下面临的竞争议题及竞争壁垒。提出在综合运输发展的当前，铁路产业引入竞争的基本方案分成两大类：一类是从铁路产业内部引入竞争，另一类是从铁路产业外部引入运输方式间竞争。产业内竞争包括纵向分离和区域分割两种基本方案。纵向分离方案下的竞争重点是路网基础设施的规制以及上部运营公司之间构建与利用资源壁垒的行为。区域分割方案下的竞争重点则是互联互通议题，包括接入定价、调度指挥和财务清算等。虽然从外部引入其他运输方式竞争并不是目前我国铁路产业引入竞争的首选方案，但是作为补充以促进竞争效率则是一种较好的选择，尤其是在我国综合交通比较发达的东部沿海地区。

第三，分析了铁路产业中资源壁垒的利用与构建行为。一是分析了网运分离方案下资源壁垒的构建与利用行为。此方案下，资源壁垒构建行为的核心是路网资源和牌照资源的囤积，具体包括纵向一体化、横向兼并、市场交易等市场手段，以及抢先占位和寻租游说等非市场手段。资源壁垒利用行为的核心是路网资源和牌照资源出售中的对象歧视，具体包括针对强竞争对手的拒绝交易、针对弱竞争对手或互补者的限制性交易，以及资源出售过程中的垄断性定价等。二是分析了区域分割方案下资源壁垒的构建与利用行为。此方案下，资源壁垒构建行为的核心是路网资源的扩张，具体包括通过自有资金或横向兼并来扩张网络的市场手段，以及通过向政府游说寻求更严格进入规制的非市场手段。资源壁垒利用行为的核心是路网资源的接入垄断，具体包括提高接入价格、降低接入质量、控制调度指挥权、延迟财务清算，甚至直接拒绝物理设施的接入等。

第四，分析了旨在促进竞争引入的铁路产业资源配置的制度安排。一是分析了网运分离方案下资源配置主体和方式。此方案下，基础设施路网的生产者以及政府，均不适合成为配置主体；而是应当建立一系列公企业，这些公企业至少包括路网资源及调度指挥的公企业和受补贴的基础设施建设公企业。资源初始配置方式中，拍卖和定价的方式对上部运营公司专用性投资激励的影响，以及对分配过程本身的成本，限制了它们的广泛使用。资源二次配置方式中，二级市场交易在促进资源流动的同时，也面临着资源流动中出现资源囤积的风险，因此需要引入反竞争的市场交易机制。二是分析区域分割方案下资源配置主体和方式。此方案下，存在区域公司之间通过重复博弈或一次性博弈中购进外部中介来实现合作的可能，即通过市场交易谈判来实现互联互通中具体交易规则的订立与执行，此时区域公司自身或独立商业性外部中介就成为配置主体。当然，当这些博弈合作结果的条件无法满足时，引入政府来对互联互通进行规制则是必要的，从而政府就成为配置主体。如果区域公司之间实现合作，那么对互联互通中交易规则是一种市场行为，因契约不同而不同。否则，政府就应当对接入的关键维度进行规制，尤其是接入价格、调度指挥、安全与财务清算等接入质量进行详细的规制。

第五，分析了以美国和欧盟为代表的铁路产业引入竞争的过程。国外铁路引入竞争或产业重组过程就是打破或重构竞争壁垒的过程。随着运输化进程的加快，公路、民航、水运、管道等对铁路构成方式间竞争，并且从网络形态来看，在线网及设施层、运营及服务层、企业及组织层、政策及体制层四个层面上，铁路竞争壁垒都有不同程度的松动。

第六，研究了中国铁路产业中的资源壁垒及引入竞争的措施。一是铁道部"政企合一"使规制型壁垒很高，从而有必要实行"政企分开"；二是不同运输方式的发展正在打破铁路产业的企业及组织型壁垒，从而进一步依靠市场力量约束铁路产业垄断的可能性不断提高；三是路网分割严重，从而有必要进行组织形态调整，减少铁路局数量，组建铁路控股总公司，然后再逐步剥离铁路业务；四是交易规则不完善，铁路产业引入竞争必须建立在交易规则完善基础之上，否则线网及设施型壁垒和运营及服务型壁垒会使国铁对其他铁路运输企业形成不公平竞争。

[30] 齐振法．我国铁路运输业模块化重组研究．北京交通大学．2010.

铁路改革是世界性难题。我国铁路改革的核心是解决发展与效率问题，但经过三十几年改革，远没有达到这一目标。本文引入模块化的思想和方法，试图通过对我国铁路运输业模块化重组的研究，为解决这一问题提供新的思路和理论视角。

研究我国铁路运输业模块化重组首先涉及对现有理论的创新。由于现有模块化理论大多针对有形的实体产品，但服务产品具有无形性，要研究服务产品的模块化必须深入其生产运作过程。为此，本文首先建立了组织模块化的一般分析框架。

研究我国铁路运输业模块化重组必须回答三个核心问题：即我国铁路运输业为什么、能否、如何进行模块化重组。本文以上面建立的分析框架为基础进行了研究。主要结论是：由于我国铁路现行的体制和组织模式使铁路运输业内部产生了巨大的代理成本，这种巨大的代理成本吞噬了本应由高设备利用效率所产生的规模经济收益，使我国铁路运输业实质上处于一种“有规模”而“无经济”的状态。因此，进行模块化重组是必要的；铁路运输业与计算机产业的生产运作过程具有同构性，我国铁路运输业内部在横向上和纵向上都有交易界面的存在，而且还具有形成模块化组织的基础，因此，进行模块化重组完全可行；我国铁路运输，业模块化重组应分两步进行。第一步是横向模块化，第二步是纵向模块化。横向模块化一方面要在综合考虑规模经济、交易成本以及管理成本的基础上，按照总的组织成本最小化原则将绝大多数铁路划分成若干个区域铁路公司；另一方面要将一些能够单靠管内运量实现规模经济的铁路变为独立运营的铁路公司；纵向模块化是在横向模块化基础上进行的，纵向模块化的组织模式是核心企业协调下的模块化组织与长期契约。

我国铁路运输业模块化重组必然会遇到一些深层问题，本文也对此进行了研究。

最后是案例研究，通过案例研究验证了前文所提出的理论观点。本文的主要创新之处是首次将模块化理论运用到铁路运输业领域；建立了组织模块化的一般分析框架；提出按照整个产业的组织成本最小化原则，确定铁路企业边界。

[31] 秦宇兴．中国电信市场环境下的中颗粒 IP 网络工程成本模型．北京邮电大学．2010.

快速变迁的通信技术以及企业与监管机构之间固有的信息不对称，使得准确测算目标企业的电信成本十分困难。相比普遍采用的会计成本分析方法，自下而上的工程成本分析方法摆脱了历史成本记录的束缚，较好地解决信息不对称问题，能够在合理的精度范围内预测企业的前瞻性成本。20 世纪 90 年代以来，自下而上的电信业工程成本分析方法逐渐在美国发展演进并趋于成熟。在美国的引领下，德、法、日等国相继建立了各自的电信网络成本测算模型用于支撑电信管制决策。在近十年时间里，中国电信管制机构及相关学者正致力于电信网络工程成本模型本土化的工作。

从总体上看，国外有关电信网络工程成本的研究普遍低估了 IP 技术对于电信成本的影响。一种观点认为：尽管需要做出部分调整，传统网络技术条件下的工程成本优化模型仍然可以较好地描述当前以至未来一段时期的电信成本结构。相比之下，中国电信管制领域关于电信网络工程成本模型的研究，虽然明确地指出技术变迁（尤其是 IP 技术）对电信成本结构的潜在影响并富有战略性地设计出 IP 城域网工程成本模型，却始终未能在建模方法的精确性上取得突破性进展，以至于模型对实际电信网络工程成本的解释并不十分理想。归结起来，当前中国电信网络工程成本研究还待解决的问题，更多地集中在提高模型准确性方面。出于管制分析的需要，一种针对 IP 电信网络的更为准确的前瞻性工程成本模型亟待建立。

本文开创性地将电信网络工程过程系统建模过程置于粒计算理论体系下，通过分析电信网络工程过程这一复杂问题空间的粒化过程，创建出一种根据颗粒度评价模型建模方式及建模过程（亦即粒化过程）优劣的理论体系。将标志着电信网络工程成本分析方法两次飞跃的 LECOM 及 HCPM 模型分别作为粗颗粒和细颗粒模型的代表，本文从仿真场景设计、网元成本结构以及工程过程表述三个维度，详细阐述了二者在建模方式上的差异，并分别给出了基于三个维度的工程成本模型颗粒度的定义。鉴于 HCPM 所代表的细颗粒模型对输入数据的苛刻要求，本文并未定位于细颗粒模型的构建，而是在 LECOM 粗颗粒建模方式与 HCPM 细颗粒方式之间进行权衡，致力于寻找出一种具有合理精度且实用的建模方法。对此，中颗粒工程成本模型的概念得以建立并贯穿于后续的系统建模过程中。

为了弥补中国现有电信网络工程成本模型理论基础的不足，本文从系统科学的高度对 IP 电信网络工程过程系统的边界、系统元素以及元素秩序进行了详细的描述，构建出一张较完备的 IP 电信网络工程成本优化模型的蓝图。根据这一蓝图，本文致力于在仿真场景设计、网元成本结构以及工程过程表述三个维度的颗粒度方面有所突破。在仿真场景设计阶段，本文创造性地提出以用户单元为单位描述目标电信市场区域、用户以及市场结构特征的设计方法，将模型仿真场景的颗粒度定位于 LECOM 与 HCPM 之间。模型对于网元成本结构的定义源自系统描述过程中关于 IP 电信网络各层级的详细讨论，无论在网元类型数量还是网元成本量化程度上都较 LECOM 有较大提高。在工程过程描述方面，模型充分借鉴了 HCPM 关于配线/主干设施的工程表述以及 LECOM 对交换局选址算法的设计，在兼顾准确性与灵活性的同时，将模型颗粒度全面推进至中颗粒的范畴。在数据资源稀缺的情况下，中颗粒模型理论体系能够更好地指导电信网络工程成本建模过程；而对于刚刚经历大规模产业重组、“三网融合”蓄势待发、运营商纷纷转型全业务经营的中国电信产业，本文所构建的中颗粒 IP 网络工程成本模型能够更好地反映电信网络的前瞻性成本，具有广阔的应用前景。

[32] 饶爱民．专利联营反垄断规制研究．安徽大学．2010.

在知识经济时代，创新成为推动经济发展的最重要动力。作为促进创新的两种政策工具，反垄断法与知识产权的意义尤其重大。反垄断法与知识产权行使之间的相互作用不仅对于经济活力的影响重大，而且也引发了许多重要的法律问题。在专利权与反垄断法关系上，一个特有的挑战是：专利联营被诸多公司越来越多地使用并有可能带来反竞争的效果，反垄断法应如何对此类知识产权联合许可行为进行有效规制。专利联营是两个或两个以上的专利权人通过某一实体组织将其组合专利相互许可或共同许可给第三方的协议。根据不同的标准，专利联营可以分为不同的类型，不同类型的专利联营具有不同的竞争效果。在 150 多年的历史中，反垄断法成为影响专利联营发展的重要因素。对专利联营进行经济学分析可以有助于了解专利联营正当性的理论基础。对这些基本问题的深入研究有助于加深对专利联营与反垄断法关系的正确认识。

专利联营具有促进竞争和损害竞争的双重效应，两种效应的复杂交织历来成为各国公共政策关注的核心问题。一方面，专利联营降低了交易成本，促进了技术的利用和传播，通过分散研发风险激励了创新，提高了企业的竞争力及促进了规模经济的形成，从而产生了促进竞争的重大效率；另一方面，专利联营也具有反竞争的效果，如协助或固定价格、阻碍创新、排斥竞争性技术，或者造成市场进入的障碍等。民法上的禁止权利滥用原则、专利法上的利益平衡原则、经济法上的效率原则提供了规制这种负面竞争效应的法理依据。从规制方式上看，对专利联营的法律规制既有来自专利法内部的限制，也有来自民法和反垄断法等外部的限制。反垄断法的性质与特点决定了它是规制专利联营最重要的工具。从规制模式上看，对专利联营的法律规制存在单一式和混合式之分。尽管规制的方式和模式可能不同，但规制的目的都是为了促进其正面效应，抑制其消极影响。

美国、欧盟、日本和我国台湾地区运用反垄断法规制专利联营的历史向人们展示了这些国家或地区法律规制路径的演变。在美国，专利联营的反垄断规制经历了一个由基本豁免—本身违法为主——合理原则为主的演进过程。在欧盟，专利联营曾在很长时间内被排斥在集体豁免之外，但随着个别豁免的终止以及2004年指南的出台，附条件的集体豁免开始走上了欧盟历史的舞台。日本对专利联营从严格管制到积极扶持的态度，体现了一个技术落后国家成长为技术先进国家的反垄断政策的演变，而中国台湾地区的反垄断规制则提出了更多的现实层面问题。所有这些，都为我国反垄断法如何规制专利联营提供了重要的借鉴和启示。

近年来，专利联营已经成为我国热烈讨论的一个话题。在过去，人们过多关注的是专利联营的反竞争效果，如DVD专利联营、MPEG－2专利联营、ATSC专利联营等收取的垄断性高价和歧视性待遇等。但近年来，人们开始日益重视专利联营促进竞争的效果，国内企业组建专利联营的活动正在如火如荼地开展。在信息技术领域和其他领域，都出现了专利联营的身影，其中，AVS专利联营由于较好地兼顾了许可人、被许可人和社会公众的利益，因而堪称我国专利联营当中的典范。尽管我国专利联营在抵制跨国专利联营过高收费等方面具有积极的意义，但是其在组建和运作中产生的法律问题也不容忽视。目前，我国已经初步建立起了以反垄断法为主的法律规制制度，但由于这些法律都或多或少地存在一定的局限性，因此有必要从体系上加以协调。

我国反垄断法实施后，如何运用反垄断法来分析专利联营成为一个重要而迫切的问题。在知识经济时代，对知识产权的充分保护和对滥用行为的有效规制同等重要，这方面的挑战主要在于如何将专利联营的合法行为与限制竞争的非法行为区分开来。只有当知识产权持有人行使这些权利时超出法律的范围，反垄断法才应当限制他们的行为，这就要求反垄断法应当谨慎以防止限制知识产权的合法行使。对反垄断法来说，专利联营本身并不违法，专利联营不应被推定为具有市场支配力，衡量合法与否的重要标准是看其是否有利于技术的传播和利用。在进行具体分析时，相关市场的确定意义重大，它是反垄断分析的起点。联营专利的性质、许可协议的条款以及联营的管理都可能会引发特定的竞争问题，这也决定了它们都是反垄断分析的基本要素。对我国来说，对专利联营涉及的主要反竞争行为进行分析尤其意义重大，这可以给我国的反垄断执法提供重要的参考价值。

[33] 任雅威．互联网市场竞争的若干模型研究．大连理工大学．2010.

本文以微分系统建模理论和复杂网络相关的理论为基础，运用非线性系统全局定性分析方法、计算机数值仿真方法以及统计物理学领域的相关方法针对互联网市场上网站之间的竞争过程开展了如下研究工作：

第三章，建立了具有一个细分市场的互联网市场网站竞争模型，并对参数均衡的网站系统以及由一强两弱网站组成的非均衡系统的全局渐近性态进行了分析，分别给出了网站通过进行市场细分改善自身生存状态的条件及市场竞争过程可能出现的均衡结果及其稳定性条件，以求为参与竞争的网站改善其生存状态提供参考。

第四章，把传统广告营销模型与网站竞争模型相结合，考虑了传统广告推广模式对网站竞争过程的影响，建立了混合推广策略下的网站竞争模型，并对双寡头垄断竞争条件下的系统全局渐近性态进行了分析，给出了市场竞争过程可能出现的均衡结果及其稳定性条件。

第五章，通过把访问网站的客户分为用户和访问者两类，建立了区分用户和访问者的网站竞争模型，并综合运用稳定性分析和计算机仿真的方法，分别对双寡头条件下、n维参数均衡条件下和n维参数非均衡条件下的系统全局渐近性态以及n维参数非均衡条件下的系统复杂性进行了分析，给出了市场竞争过程可能出现的结果及其稳定性条件。

第六章，通过引入复杂网络相关的理论与方法，分别建立了描述由ZR算法生成的BA无尺度网络上的网站推广和网站竞争过程的演化模型。利用商务部网站群的访问量统计数据验证了网站推广模型的适用性，用连续域方法给出了各系统可能的均衡状态，并运用计算机仿真的方法对均衡出现的条件及网络结构特征对均衡结果的影响进行了分析。

[34] 沈秀芹．人体基因科技立法规制研究．山东大学．2010.

21世纪人类进入生物技术时代。基因科技，尤其是人体基因科技，是生物技术的核心，对人类生活产生巨大影响。随着基因检测、基因治疗、胚胎干细胞研究、基因复制器官以及克隆技术的不断发展与应用，人们可以根据基因偏好选择新的生命；目前被视为绝症的遗传性疾病和癌症有可能被治愈；通过体细胞研究可以复制任何需要的器官，器官移植的来源不再紧缺；长生不老不再是梦想，死去的人也可以“复活”。人体基因科技能够对人的出生直至死亡的全过程进行干预和操控，人类将僭越“上帝”的权力，人人健康长寿，生活质量大大提高。然而，与此同时，人性尊严、生命权、健康权、平等权、身体完整权、隐私权、知情同意权、专利权等为宪法所保护的基本权利以及基本的宪政秩序也受到了前所未有的挑战。科学家们问的是：什么是能够做的？而伦理和法律问的则是：什么是应该做的？允许做的？显然，技术上能做到的并不都是应该做的，需要伦理和法律对行为设定边界，进行规范。只是伦理属于道德范畴，主要靠内心自律，而法律则具有国家强制力，更为有效，属于他律。在人体基因科技研究中，有两大对垒的宪法法益发生了巨大的冲突：一方面是人体基因科技研究的自由；另一方面是公民的各项基本权利。究竟如何进行规制才能够使人体基因科技的良性发展与保障公民基本权利之间保持一种动态平衡？这已经成为当代法学面临的重要课题之一。规制，具体可分为立法规制、行政规制以及司法规制，其中立法规制无疑是首要前提，并且决定着其他规制的实施。各个国家和地区在重构符合人体基因科技发展的伦理规范进行约束的同时，纷纷制定相应的人体基因科技法律、法规等进行规制。其路径有二：一是对传统的法律进行调整和修改，以适应人体基因科技的发展要求；二是制定专项人体基因科技法，以对某项基因技术的实际研究和应用进行规范和保障。我国也于20世纪90年代开始基因科技立法规制建设。但是，随着人体基因科技的飞速发展，已有法律越来越滞后于技术的发展；并且已有的法律、法规多关注于动物、植物、转基因食品、农业等的安全问题，而很少注重对关涉生命和健康的人体基因科技立法；并且，已有人体基因科技的法律层次比较低，多数是法规或规章，需要提高法律位阶。随着人体基因科技在现实生活中的大量应用，又带来很多新的伦理、法律问题，很多领域产生了新的社会关系，存在大量“法律调整的真空”，不利于社会秩序的稳定和人民基本权利的保障。在这种背景下，本文尝试着对人体基因科技的立法规制进行系统研究，分析人体基因科技对法律的挑战及其立法规制的必要性；阐述人体基因科技立法规制的伦理基础与法理基础；在考察国外人体基因科技立法规制和我国人体基因科技立法规制现状的基础上，尝试构建我国人体基因科技规制法律体系，拟定其核心内容《人体基因科技基本法》的基本框架和主要内容。

本论文由导论、正文和结语三部分组成，其中正文部分共分为六章：导论部分，主要叙述基因科技的历史发展及其对人类医疗、素质以及寿命带来的影响，提出研究问题和意义；介绍我国目前研究的现状、本文研究范围与文章整体思路；最后说明研究方法和几个创新点。人体基因科技的发展在给人类健康带来巨大福祉的同时也可能带来毁灭性的灾难后果，如何进行规范和控制才能促进其在良性发展的同时最大限度地造福人类减少负面影响？各国在重构相适应的伦理规范的同时，纷纷立法进行规制。本论文专门对人体基因科技的立法进行水平层面的系统研究。

第一章，关于人体基因科技对法律的挑战及其立法规制必要性。首先，人体基因科技由于在分子水平上实现了对人类遗传物质的修饰和操纵，它对法律最根本、最深层次的挑战体现在对人性尊严方面。其次，在人体基因科技研究条件下，享有权利承担义务的法律主体“自然人”不再是毫无争议，什么是“人”？人的生命始于何时？胚胎是否享有尊严和权利等都需要作出明确界定。再次，生命健康权、平等权、隐私权、知情权、专利权等各项基本权利和法律秩序都遇到前所未有的冲击，为了应对新型生命社会关系、促进人体基因科技良性发展、防范人体基因科技的滥用，迫切需要对其进行立法规制。

第二章，关于人体基因科技立法规制的伦理基础。首先，分析人体基因科技发展带来的伦理问题及论争，主要围绕着基因生殖、基因检测与治疗以及基因克隆技术引起的优生、基因隐私与歧视、技术异化等问题展开，指出对人体基因科技进行伦理调节的必要性和对其问题解决的伦理途径；其次，分析人体基因科技立法规制中的伦理价值冲突及选择；再次，用康德义务论、功利主义后果论等伦理学基础理论，以克隆人为例进行伦理分析，指出对克隆人进行立法的伦理依据；最后，提出了适应人体基因科技发展的伦理原则。

第三章，关于人体基因科技立法规制的法理基础。首先，介绍了人体基因科技研究自由的含义及结构；其次，分析人体基因科技发展引发的法益之间的冲突，主要包括人体基因科技研究自由与人性尊严之间的冲突，人体基因科技研究自由与生命权、健康权、身体权等其他基本权利之间的冲突，以及基因本身引起的财产法益与人格法益之间的冲突；再次，分别阐述对人体基因科技研究自由的保障和对其限制的宪法和法律依据及界限，主要包括维护人性尊严的内在限制、遵守法律保留原则、比例原则和目的原则等。

第四章，关于人体基因科技立法规制的国外考察。首先，分析国外对基因科技进行立法规制的几种模式，包括单独立法模式、制定管理标准和规则模式、结合立法模式和无单独立法，依其他部门法规范模式；其次，以基因治疗、胚胎干细胞和克隆三种人体基因科技为例对国外的立法规制进行了考察；最后，对国外立法模式和立法内容进行比较分析与借鉴。

第五章，关于我国人体基因科技立法规制现状及不足。首先，介绍我国人体基因科技的历史发展及其立法概况：其次，介绍我国目前几个核心人体基因科技法律规范的主要内容；最后，分析我国目前人体基因科技立法存在的不足，主要是缺乏核心理念、立法层次低、系统性不强、新型权利保护缺位及存在法律漏洞等五个方面。

第六章，关于我国人体基因科技规制法律体系构建。首先，应确立人性尊严为人体基因科技立法规制的核心理念，在宪法中明确人性尊严保护条款，以及保护人体基因科技引起的新型相关权利规定，并以此为指导构建人体基因科技规制法律体系；其次，应当制定专门的《人体基因科技基本法》作为人体基因科技规制法律体系的核心内容，并指导其他人体基因科技专门法律、行政法规以及规章的制定，以刑法为最后底线共同构成我国人体基因科技规制法律体系；最后，规划和设计《人体基因科技基本法》的基本架构和主要内容，拟定《人体基因科技基本法》的主要条款。

[35] 孙海婧．地方政府环境规制中相关利益主体的互动关系．暨南大学．2010.

本文基于中外学者从代内维度对地方政府环境规制过程的研究成果，从代际维度，论证了环境规制在一般意义上的公共品属性之外，所具有的代际公共品属性，并将当代地方政府、企业和社会公众视为地方层面环境规制这一代际公共品的供给主体，从代际公共品供给的理论视角，分析了地方政府环境规制过程中三方相关利益主体各自的地位和它们之间的互动，并从代际维度探讨三方主体在现实中的行为选择的影响因素及其可能产生的代际后果。

本文的主要结论是：通过地方政府环境规制供给的代际间成本一收益模型分析，论证了三方利益主体的互动作用使得地方政府环境规制代际外部性内部化的作用机制，而由于现实中诸多因素的干扰，该作用机制却不能充分实现。这些干扰因素在代际维度的体现有：由于地方政府官员任期限制造成的地方政府官员的代际结构与人口学意义上代际结构的不一致性，从而导致了地方政府的短期行为；由于代际责任追溯机制和代际补偿机制的缺失造成了企业排污动机强烈而污染减排激励不足；作为与后代人有着天然密切联系的代理人，当代公众虽然能在一定程度上缓解政府和市场在环境问题上的“双失灵”，但由于“搭便车”行为动机等因素的限制，也难以充分发挥积极作用。因此，要避免地方政府环境规制过程与公众利益和代际公平原则的偏离，有必要通过一系列政策措施协调当代三方供给主体的关系：建立有效的地方政府生态环境政绩考核体系，建立和完善地方官员的责任追溯机制；加强企业环境管理，注重对企业服从环境规制行为的激励和政策引导；提高公众的环保参与意识，充分发挥对地方政府和企业的监督和督促。

[36] 孙敏．中国铁路重组利益相关者利益需求及协调研究．北京交通大学．2010.

随着世界铁路重组改革的进行，中国铁路在十多年前也开始了轰轰烈烈的理论界和实务界的探讨，学者们依据新古典经济学关于铁路规模经济、范围经济理论，新制度经济学关于铁路制度变迁理论，交易成本经济学关于企业组织边界理论，以及现代竞争理论，对中国铁路重组所可能选择的模式进行了广泛深入的探讨，并说明每种重组模式都有采用的充分理由，也都同时指出了每种模式的弊端。但近几年铁路重组这个“古老”的话题似乎被人们遗忘了，是铁路重组改革所涉及的问题都解决了吗？还是中国铁路不再选择重组改革了呢？答案当然是否定的。

中国铁路重组改革毫无疑问是要进行的，但为什么在对每种重组模式的利弊都进行了详细的分析之后，中国铁路仍然无视世界铁路的改革步伐，无视其他网络型产业改革的步伐，维持着目前的铁道部政企合一管理体制下的管理模式呢？这不能不让人进一步思考，这个“古老”的，但没有真正解决中国铁路现实问题的重组话题，是值得进一步变换角度进行研究的。

本文正是基于这样的背景，以利益相关者理论为基础，变换研究角度，通过对中国铁路重组利益相关者及其需求的界定，对中国铁路重组需要协调的关键利益需求进行探讨，期望从利益相关者角度对中国铁路重组提供一些新的思路。尽管某些学者在论述中国铁路重组模式时，或多或少提到了铁路重组改革对利益相关者的利益会造成一定的影响，但都没有能够系统地运用利益相关者理论的理念，对中国铁路重组所涉及的利益相关者进行具体的界定，对其利益需求进行具体的分析。

本文认为任何一种重组模式都有一定的限制条件，在不同的条件下，可以采取不同的重组模式，而这种条件又会随着宏观经济环境的变化，随着铁路的发展而变化，可能以前不适用的模式，会在条件发生变化后，又适宜采用。因此，本文认为铁路重组改革的关键是找出铁路重组最关键的利益相关者，并对他们的利益需求进行分析，因为这些关键利益相关者的利益需求往往体现了中国铁路重组的关键因素，只有关键因素分析清楚了，中国铁路重组模式才能够确定，只有关键利益需求协调好了，中国铁路重组才能够顺利地进行下去。

论文的主要研究内容如下：

1. 对中国铁路重组相关研究文献以及利益相关者理论进行综述。论文首先对中国铁路重组已有的研究成果进行回顾和总结，在此基础上指出尽管学者们无论是从理论上还是从重组模式上都对中国铁路重组进行了较深入的研究，但现实的问题是中国铁路仍然没有迈出实质性重组的步伐，这在一定程度上说明需要变换角度对中国铁路重组进行研究。

论文同时对利益相关者理论进行了回顾和总结，说明以利益相关者理论为基础研究铁路重组所涉及的利益相关者及其需求是可行的。

2. 对中国铁路重组利益相关者进行了界定和分类。论文首先采用专家评分法界定出中国铁路重组的十二类利益相关者，并在试问卷的基础上形成关于铁路重组利益相关者的正式问卷。所设计的调查问卷表向铁路各个部门发放，包括铁道部、铁路局/公司以及基层站段，同时向路外单位/公司（包括政府相关部门、银行、学校学者、地方政府、机车车辆等铁路供应单位、民航等竞争者以及普通的消费者）发放。

论文针对调查问卷的统计数据，采用描述性统计、均值比较、配对样本T检验和单因素方差分析方法，对铁路重组的利益相关者按照积极性和重要性两个维度进行分类。最终将铁路重组利益相关者分为三类，关键利益相关者、重要利益相关者和一般利益相关者。关键利益相关者包括铁道部、中央政府和铁路运输企业。重要利益相关者包括地方政府、铁路管理人员、铁路员工和其他投资者。一般利益相关者包括竞争者、债权人、消费者、供应商与分销商。

3. 对铁路重组利益相关者的利益需求进行分析排序。论文利用调查问卷的数据对十二类利益相关者的利益需求的内容进行实证研究。首先，根据铁路重组的相关理论和实务研究文献，对各利益相关者的利益需求进行归纳总结，将总结出来的各项利益需求列在试问卷中；其次，向7位具有多年研究铁路运输企业改革的专家学者以及高级别的铁路实务工作者征求意见；最后，按照专家的意见进行修改，形成了最终的正式问卷。

根据问卷的统计结果，对各类利益相关者的利益需求进行排序。统计结果说明中央政府一直把确保铁路安全作为利益需求的第一位，其次是构建铁路运输市场有序竞争，确保铁路产业安全，维持/增加政府的国防需要，维持/增加社会福利；地方政府在铁路重组过程中最重要的利益需求是确保区域铁路运输能力，其次是争取中央政府给予的各方面政策；铁道部对铁路重组的利益需求将调度指挥集中统一放在最重要的位置，其次是保持对铁路产业的监管与平稳过渡；铁路运输企业最重要的利益需求是“国家对公益性造成的亏损的承担以及相应的政策”，而且显著区别于其他选项；铁路员工最主要的利益需求是维持/增加工资福利待遇，其次是不被解雇；债权人对铁路重组的利益需求中，保障债权不受损失是最重要的；消费者将方便购票/运货与安全放在第一位；其他投资者在铁路重组过程中对未来企业的盈利前景最关注，其次是“良好的行业政策”与“透明、科学、公正、公平的程序和规则”；铁路管理人员将“高额薪酬”与“稳定的工作”作为最重要的利益需求；竞争者对铁路重组最重要的需求是建立透明、科学、公正、公平的程序和规则；供应商的最重要的利益需求是“稳定的需求”与“及时付款”，其次是建立透明、科学、公正、公平的程序和规则；分销商最重要的利益需求是稳定的政策，其次是“透明、科学、公正、公平的程序和规则”与“企业的可持续发展”。

4. 铁路重组利益相关者关键利益需求的协调。铁路重组利益相关者的利益需求是不同的，也可能存在冲突，而铁路重组的关键就是对这些利益相关者的利益需求进行协调。论文在关键利益相关者、重要利益相关者以及一般利益相关者的界定的基础上，结合各类利益相关者的利益需求的排序结果，确定了铁路重组需要考虑的最关键的利益需求，包括：（1）铁路运输安全需求；（2）铁路的调度指挥集中统一需求；（3）公益性运输需求。既包括铁路运输企业规范市场化运作所带来的公益性问题，也包括中央政府对铁路运输在国防、增加社会福利等方面的需求的满足；（4）铁路运输市场有序竞争的构建需求；（5）透明、科学、公正、公平的程序和规则需求。包括各项完善的法律制度以及行业政策等；（6）对铁路运输能力的需求。包括相对于消费者的整体运输能力，也包括相对于地方政府的区域运输能力；（7）各利益相关者与铁路运输企业保持长期合作关系的需求。

针对利益相关者的关键利益需求，论文对如何满足和协调利益相关者的关键利益需求进行了深入的分析，得出了制约中国铁路重组进程缓慢的关键原因是作为关键利益相关者的中央政府、铁道部与铁路运输企业之间在利益需求方面存在着不易协调的矛盾冲突，即调度指挥集中统一与铁路竞争，公益性运输的承担与补偿等，认为中国铁路重组现阶段最关键的问题是解决公益性运输问题以及运输能力不足问题，并在此基础上对中国铁路重组提出了原则性的建议。

[37] 孙薇 . 中国网络电视规制问题研究 . 辽宁大学 . 2010.

在网络电视（IPTV）的发展过程中，其准公共物品属性日益凸显，同时又由于其兼具自然垄断属性，单纯依靠市场机制已不能实现资源的有效配置和社会福利水平的提高，因而需要政府的规制。然而，作为一门新兴产业，网络电视的规制问题在国内外都处于起步阶段，我国网络电视规制的专门研究更是几近空白。理论研究与指导的不足已经严重影响了我国网络电视产业的发展。正是在这种背景下，本文以对我国网络电视产业的经济学分析为切入点，以规制经济学的基本理论为框架全面分析了我国网络电视规制的现状、存在的问题及深层原因，并借鉴国外网络电视规制模式，提出了深化我国网络电视规制改革的对策性建议，以期促进我国网络电视产业健康有序的发展。

本文的第一部分是绪论，介绍了论文写作的背景、研究意义、研究方法、基本结构与主要内容，并说明了论文的主要创新点及不足。

第二部分是国内外网络电视规制的文献综述。虽然这部分对本文研究思路的形成具有重要的意义，但由于网络电视出现时间短，相关研究过少，尚未形成完整、系统的理论体系，因而使本文的写作具有较大的挑战性。

第三部分根据网络电视产业的特点，结合规制经济学的相关理论，分析了网络电视基础环节所具有的自然垄断属性及准公共物品属性，在此基础上对网络电视的规制作了理论上的系统分析。

第四部分应用博弈论与信息经济学的知识，在网络电视进入、技术标准制定和内容规制领域进行了相关方之间的博弈分析。

第五部分以我国网络电视规制的现实为基础，详细分析了我国网络电视存在的有效竞争不足、部门利益冲突严重等问题，进而对问题的成因作了较为深入的分析。

第六部分对主要国家和地区的网络电视规制进行了比较研究，主要分析了英国、美国和我国香港地区的网络电视规制情况，并分析了对我国网络电视规制的借鉴意义。

第七部分在规制经济学基本理论的指导下，借鉴国外的先进经验，针对我国网络媒体规制存在的问题，主要从规制体制的改革和规制体系两方面提出了完善我国网络电视规制的相关构想和建议。主要包括建立独立融合的规制机构、构建和完善网络电视的法律规制体系以及在内容规制、进入规制、价格规制和服务质量规制方面的相关对策和建议。

总的来说，本文利用多学科综合的研究方法，进行了实证分析和规范分析，通过与主要发达国家和地区的比较，从规制体制和规制体系两个层面系统分析和考察了我国网络电视规制的现实发展状况，探析问题所在及其深层成因，在借鉴欧美等发达国家和地区网络电视规制经验的基础上，为我国网络电视规制的完善提出了一些对策性建议，以最终促进我国网络电视产业的发展。

[38] 滕顺祥. 基于互联网的行业综合治理机制与策略研究. 北京交通大学. 2010.

随着我国经济的快速发展，互联网在各个行业中的应用更加迅速，基于互联网的行业发展形成了新的产业链条，同时也使得互联网的治理趋于复杂。随着互联网在各行业应用规模不断扩张，互联网治理的滞后性阻碍了我国互联网应用行业的快速发展，甚至产生了一些负面的影响，特别是对金融业、电子商务业等行业而言，由于这些行业的主营业务对互联网依赖度高并不断增强，随之而来的风险也在加大，基于互联网的行业治理变得重要而紧迫。

本文研究的主要目的是通过对各行业与互联网的关联度分析，为不同关联度的行业构建相应的治理模型，为互联网的行业综合治理提供理论及实施依据。本文运用了定性分析与定量分析相结合、规范分析与实证分析相结合以及系统动力学等研究方法，以产业经济学基本理论为指导，构建了基于互联网的行业综合治理机制与策略。

本文的主要研究内容如下：

1. 通过建立互联网与相关行业的关联模型，按照关联度的强弱，将现有行业分为强关联行业、弱关联行业，便于确定不同行业的治理需求。通过对我国经济发展的现状和各个行业对国民经济贡献率的指标数据，本文选取了具有互联网应用行业发展特征、经济规模属于我国的支柱性产业的行业，如电子商务业、软件业、信息通信业、网络媒体业、金融业、装备制造业、采矿业、建筑业和物流业、采矿业等行业作为本文实证研究的对象。

2. 在建立“互联网—行业”关联模型的基础上，构建基于互联网的行业治理的总体框架，建立以法规因素、政策因素、技术因素、关联度、行业自律等为自变量的行业综合治理机制。根据互联网强关联以及弱关联行业的治理需求，分别探讨基于互联网的行业综合治理的硬治理和软治理机制。

3. 分析我国互联网及相关行业在政策法规、技术环境和行业自律等方面的发展现状，针对强关联和弱关联行业的不同需求，分别从行业政策法规、技术环境和行业自律等方面提出具体的完善建议。

4. 通过基于互联网的行业综合治理评价指标体系与治理效度模型，分别对互联网强关联行业（电子商务业、软件业、信息通信业、网络媒体业和金融业）和弱关联行业（装备制造业、建筑业、物流业、冶金业和采矿业）进行评价研究，以论证“互联网—行业”关联模型以及基于互联网的行业综合治理效度模型的有效性。

[39] 万斌．新中国烟草专卖制度改革：成本与收益分析．江西财经大学．2010.

烟草专卖制度是中国对烟草产业管理的一项重要经济制度。自1983年中国烟草专卖制度建立以来，烟草产业为国民经济发展做出了重要贡献。烟草产业链的上下游涉及农业、工业、商业三大产业部类。中国是世界烟叶种植大国、卷烟生产大国和卷烟消费大国，烟叶种植量、卷烟生产量及消费量均占世界份额近三分之一。中国烟草专卖制度在为中央财政提供巨额税利，连续十几年位居各行业贡献之首的同时，已面临深化改革的国内呼声和“去专卖化”的国际潮流，到了改革发展的关键时期。研究烟草专卖制度的改革不但可为烟草产业的改革发展出谋划策，而且还可为丰富制度变迁理论提供案例分析，具有一定的理论和实践意义。

本文以制度变迁理论为理论支点，以成本—收益分析为主线，认为中国烟草专卖制度应当采取渐进式的去专卖化改革，并据之提出了相关对策和建议。文章的主体分析包括制度沿革及其特征、理论分析、实证分析以及对策建议四部分。

本文首先对中国烟草专卖制度的沿革历史及其制度特征进行了阐述，具体分析了各个时期烟草产业的产供销关系、制度特征以及利益分配的变化。认为中国烟草专卖制度可分为三个时期，即制度试建期（3～1982年）、制度建立期（1983～1999年）、制度改革期（2000年至今），各时期均表现出不同的制度特征。制度试建时期的制度特征为区域专卖、统购包销、多头管理。该时期里，烟草产业的管理由多个部门负责。供销社系统负责烟叶调拨、轻工业部门负责卷烟生产、商业部门负责卷烟调拨，多头管理造成了烟草产业低效率。其间，为提高烟草产业的效益，1963年中国烟草产业试建托拉斯，建立了供产合一的管理体制，但是卷烟的调拨权和批发权仍在地方。尽管该方式发挥了一定的集中管理的优势，但仍未建立产供销一体化的产业体系。制度建立时期的特征是法定专卖、计划管理和高度集权。烟草专卖制度建立后，对卷烟生产、调拨和批发实行严格的计划管理和专卖管理，从烟叶收购调拨、卷烟生产批发到卷烟配送，国家垄断了每一个生产经营环节，使烟草产业高度垄断。由于烟草财税体制与计划体制的共同作用，烟草税收与地方政府利益密切相关，国家烟草专卖制度在发展过程中逐渐异化为地方烟草专卖制度，形成对烟草产业发展的阻碍。制度改革时期的制度特征为市场取向、工商分家和订单供货。该时期的改革以市场化为导向，进行工商分家和订单供货改革。工商分家使各省卷烟厂重组为省级中烟工业公司，订单供货对卷烟供应流程作了优化，目的在于使计划供给更加符合市场需求。但这两种改革都未触及烟草专卖制度的根本，即计划体制和财税体制，故无法彻底打破地方保护，提高产业效率。在阐述了中国烟草专卖制度沿革的三个时期产供销关系后，对制度下的不同利益主体在不同时期的利益争夺进行了博弈分析，以说明烟草专卖制度下存在多重博弈，产生了大量的交易成本，加重了制度成本负担。中国烟草专卖制度所存在的根本弊端，表现为政企合一、计划管理和财税体制。

其次是对中国烟草专卖制度的成本和收益进行理论分析。分别阐述了制度、专卖制度、烟草专卖制度的概念及其成本和收益，认为制度、专卖制度、烟草专卖制度的变迁源于其成本和收益关系的变化。制度成本包括内在制度成本、外在制度成本和制度演进成本。制度收益包括协调行为及加强信任、保护各类产权、避免及化解冲突、平衡权利。制度效率递减规律必然导致制度的供给和需求失衡，因此各利益主体为获得新制度下的潜在收益，可能会推动制度变迁。制度变迁的成功取决于新制度净收益大于旧制度净收益加制度变迁成本。专卖制度的成本包括内部成本（运行成本）和外部成本，前者主要为机关运行成本，也称为代理成本，后者包括专卖机构内部上下级之间的交易成本、专卖机构与其上级管制者之间的交易成本以及专卖机构与社会之间的交易成本。专卖制度的收益包括垄断利润、少偷逃的税款以及供给公共服务所产生的外部性等。专卖制度的变迁亦为其成本—收益关系变化所致，并以中国古代禁榷制度为例，证明了历朝统治者为降低制度成本、提高制度绩效而使禁榷制度由完全国家垄断逐步转变为国家许可下的商人专营制度，国家退出是为降低禁権制度运行成本。烟草专卖制度属于专卖制度，其制度成本结构与专卖制度成本结构相同，具体表现为寻租成本、无谓损失、X－低效率和烟草专卖管理成本，其收益是超额垄断利润、少偷逃的税款、控烟收益以及保护烟农收益。烟草专卖制度变迁的原因也是由于旧制度成本高于收益，且旧制度净收益加上制度变迁成本小于新制度潜在的净收益。总之，制度、专卖制度、烟草专卖制度的变迁皆源于其成本—收益关系的变化，这种关系也是制度变迁能否成功的决定因素。

进而对中国烟草专卖制度的成本和收益进行实证分析。通过分别估算烟草专卖制度的总成本和总收益，得出中国烟草专卖制度因总成本超过总收益而需要改革的判断。中国烟草专卖制度的成本是寻租成本、无谓损失、X－低效率、专卖管理成本的加总。其中寻租成本为其管理费用与主营业务成本之比超出其他市场竞争行业（食品制造业）正常比例的部分，乘以其管理费用。无谓损失（DWL）的估算采用哈伯格公式 $DWL=1/2r^2\varepsilon P_mQ_m$ 计算，r 是烟草产业的经济利润率、ε 是卷烟产品的价格需求弹性，P_mQ_m 是烟草产业销售收入。X－低效率估算按照“综合技术效率”的分析架构，采用DEA程序分析。专卖行政管理成本估算为烟草商业企业的经营管理费用乘以35%。烟草专卖制度收益为超额垄断利润、少偷逃的税款、控烟收益和保护烟农收益的加总。其中超额垄断利润为烟草产业超过一般行业平均利润的超额利润，估算方法为烟草成本费用利润率超出其他行业的部分乘以成本费用。少偷逃税款的比例用烟草工商税收乘以其他行业在相应时期的偷税避税比率。控烟收益为烟草专卖制度下烟民因吸烟数量的减少而少产生的医疗支出。保护烟农收益为农民种烟超出种粮的收益。最后经过估算，得出新中国烟草专卖制度在1998年、2004年、2005年、2006年、2007年、2008年的制度收益分别为4397651万元、9489836万元、11350876万元、13926428万元、14151413万元和18357604万元，制度成本分别为6114413万元、12146733万元、14801826万元、15512584万元、19520425万元和22719795万元，净收益均为负，分别为－1716762万元、－2656897万元、－3450950万元、－586156万元、－5369012万元和－4362191万元，因此需要进一步改革。

在对中国烟草专卖制度的成本和收益进行理论和实证分析之后，在总结国内烟草专卖制度变迁规律以及国内学者对烟草专卖制度改革建议的基础上，通过比较激进式和渐进式改革的成本和收益，认为中国烟草专卖制度的改革应该走渐进式的去专卖化道路。要在保留烟草专卖专营的前提下，以政企分开、烟草财税制度改革为突破口，使烟草产业由行政垄断转变为经济垄断，形成烟草托拉斯，提升烟草专卖制度绩效，待烟草托拉斯正常运转后方可取消烟草专卖制度。烟草专卖制度取消后，政府还应该保留对烟草产业的适当管制，如构建“税收—利润—价格”联动机制使烟草托拉斯只能获得平均利润，以及建立烟叶拍卖中心和第三方烟叶评级机构来保护烟农的利益。从理论上说，新制度的净收益高于旧制度的净收益。

[40] 汪梦．论网络诽谤的政府规制．中国社会科学院．2010.

科学技术一直以来是人类社会进步的推进力，从古老的“四大发明”至今，人类社会的每一次飞跃都离不开科技革命的动力。20世纪90年代，互联网络从军事转入民用，以其为代表的新科技革命迅速发端，深刻地改变了人类工作、生活和思维方式，加速了社会的进步。可以说，在当今，网络空间已经成为现代人类不可或缺的工具甚或已经成为人类社会的一个有机组成部分。

诽谤，捏造事实毁损他人名誉的一种侵权行为，自古即有，绵延数个世纪。当诽谤遭遇互联网络，新型的网络诽谤逐渐蔓延，伴随着互联网络的不断发展壮大，触角延伸到互联网络遍及的每一个角落。它借助互联网络温床发端，依附于网络空间的各种论坛之中，不仅直接损害他人的人格尊严，而且间接地破坏人与人之间信息的交流和共享。

政府，作为代表公共利益的公权力一方，随着互联网络的社会化，也开始与其他部门一起共同参与互联网络的治理。关注互联网络的安全性、多样性、开放性、资源以及能力建设等问题，倡导互联网络治理的多方利益主体的协同合作。

本文正是在这一情境下，将互联网络、诽谤、政府这三个面结合，选取网络诽谤的政府规制作为研究的对象，在探讨了网络诽谤的现实性和主要特征等基本属性的基础上通过分析和比较中西方的传统和时新的网络诽谤的规制模式，阐述多元化的解决网络诽谤问题的途径，着重考量政府一方的规制作用。

第一章和第二章作为引子，分析和比较传统诽谤法律制度与网络诽谤法律制度之间的异同，经由对传统诽谤法律制度的回顾引出网络诽谤的现实问题和其基本特征，通过简述传统诽谤法律制度的一般规制途径引出目前网络诽谤问题的一般规制手段，强调其依托现实性外衣下的古老身份。第三章着重论述网络诽谤的政府规制，通过对网络治理和互联网络的政府规制两个部分的概述，提出网络诽谤的行政解决机制。指出目前政府作为代表公共利益的公权力一方也开始涉足网络诽谤问题，并且取得的一些成效。

第四章和第五章进入到本文的重心所在，即我国网络诽谤的现状和政府规制与完善。诽谤在我国由来已久，过去“诽谤罪”和“妖言罪”皆是封建帝王钳制舆论，炮制思想大一统的利器。网络诽谤却是随着互联网络的普及而产生的新兴现象。两章的目的在于除却阐述网络诽谤的现状与规制之外，也是探讨行政规制的完善。吸取西方发达国家的经验和教训，综合我国自身的国情，为探寻适合我国国情的规制机制提供理论上的参考。

[41] 王常雄．转轨过程中地区性行政垄断对微观资源配置效率的影响分析．山东大学．2010.

在转轨过程中，政府行为是一个绕不过去的话题。中国经济改革的成功被广泛理解为“扶持之手”（Helping Hands）对经济发展的支持，钱（Qian，1997）更是从财政分权的角度，将中国政府定位为保护市场的联邦型政府（Market-preserving Federalism Government），强调政府在经济发展中积极培育市场力量、以身作则逐渐建立社会信用、努力完善契约机制过程中扮演的重要角色。中国政府的“积极而不干预”被公认为中国经济发展成功的关键之一，地方政府在发展经济上的确有着极大的积极性，且地方政府之间为发展本地区经济展开积极的竞争，这使得地方政府对亏损国有企业的改革力度加大，同时加大招商引资力度，发展本地经济。

改革开放以来，我国的市场化改革持续深入，但地方政府干预经济的行为也更加普遍，其中，地区性行政垄断就是其中的一种。本文遵循于良春、余东华（2009）的分析框架，将地区性行政垄断界定为政府利用行政权力排斥竞争的行为。在经济发展的初期，依靠资源的投入即可取得较快的发展。在转轨的前期，一定的市场激励即可达到提高部分效率的效果，但随着改革进入深水区，产权等基础性制度的作用将会逐步显现。此时，地区性行政垄断对我国经济发展的消极作用更加凸显，对其产生根源和作用机制的研究也更加重要。目前，大部分研究集中在以下几方面：地区性行政垄断的各种表现形式、对宏观经济的影响方式以及影响程度。关于地区性行政垄断对微观层面企业的影响分析并不多，即使有也基本没有考虑到各地区的地区性行政垄断结构的差异，以及这种差异对不同类型的企业经营的影响。本文尝试针对地区性行政垄断对微观资源配置的影响进行系统的研究。

本文结构安排如下：

第一章是引言。本章介绍了研究意义、研究思路、研究方法、本文的创新之处和不足之处。

第二章是文献综述。本章梳理了地区性行政垄断、转轨政府中的行为以及转轨过程中的公司治理、金融歧视以及法经济学等相关的文献，并对各类文献进行了简要的评述，进而为后面的研究提供理论支撑。

第三章简要分析了地方政府利用地区性行政垄断干预微观资源配置效率的主要原因和动机。制度缺失下的财力事权不对等、不合理的政府官员考评机制和不合理的经济增长方式使得地区性行政垄断成为政府的合理选择，通过一个简单的数理模型表明，对地方政府的财政激励不足则可能导致地方政府干预市场的动机增强。预算外收入、转移支付、地方债、土地财政以及财政不透明等预算软约束因素可能影响地方政府干预市场即地区性行政垄断的强度。

第四章分析了地区性行政垄断影响微观资源配置效率的方式和逻辑。本章通过一个两企业模型表明，只要存在寻租因素和考虑本地居民的利益，地方政府就会通过地区性行政垄断干预企业经营，使得本地企业扩大产量，促使外地企业减少产量，但总产量增加，进而引发过度投资，这打破了原有的市场均衡。对地方政府而言，如果某企业或行业能够为本地区居民提供更多的福利，即对地方政府的战略意义越重要，为政府官员提供更多的寻租收益，地方政府将会加大对该企业的地区性行政垄断，保护本地企业。同时，本文从歧视性强弱的角度对地区性行政垄断进行分类，并对各地区的地区性行政垄断程度和结构性差异进行了描述，并对结构性差异对企业和经济发展的影响进行了分析，阐释了地区性行政垄断变化的可能趋势，即歧视性限制行为的减少可能对外地企业产生更大的激励效果，但对本地企业的影响相对较小；而非歧视性限制的减少则导致对区域内企业和区域外企业的管制减少相似。由于经济结构的差异，地方政府在消除地区性行政垄断的市场化改革路径选择上也存在较大的差异，放松普遍性的管制即消除非歧视性限制是如浙江省等私有部门较强的省份较好的改革方式，而对主要依靠外资企业投资拉动的地区，如江苏、广东等沿海主要依靠加工贸易起步的地区，给予外资企业国民待遇即消除歧视性限制是更合适的选择。而对于民营企业和外资经济不发达、国有经济比重较高的地区，地区性行政垄断的改革往往陷入激励不足的困境。不同类型的地区性行政垄断行为对价格产生作用，这些价格均高于正常的市场价格。地区性行政垄断使得企业选址并不一定遵循市场规律，地区性行政垄断导致的市场分割将对企业投资选址产生很大的影响，即企业实现规模经济的可能性降低。

地区性行政垄断对市场的干预可以理解为对市场机制运行的干预，以及对法制完善进程的阻碍。从公司治理的角度看，地区性行政垄断可以看作一种外部治理机制。沿着 LLSV 的法与经济学的思路，作者对地区性行政垄断对国有企业股权结构、公司负债和公司绩效的影响进行了理论和实证分析。具体而言，作者试图回答三个问题：首先，地区性行政垄断对企业的股权结构有什么样的影响？考虑到近年来国有企业改革的争论较多，作者主要分析地区性行政垄断对国有企业股权结构的影响，并指出国企改革的政策建议；其次，地区性行政垄断对企业债务结构有什么样的影响？并从地区性行政垄断角度对目前我国的金融歧视进行分析；最后是地区性行政垄断如何影响企业的治理机制，进而影响企业的绩效？第五章至第七章将重点解答以上三个问题。

第五章主要考察地区性行政垄断对国有企业股权结构的影响。在以 2004～2006 年的上市公司为样本进行混合数据分析后发现，地区性行政垄断程度越高，地方政府直接控股国有企业的概率越大；地区性行政垄断程度越低，地方政府间接控股国有企业的概率越大；地区性行政垄断程度越高，地方政府对国有企业的控股比例越高；地区性行政垄断程度越低，地方政府对国有企业的控股比例也越低。因此，要加快国有企业的改制，除了完善内部机制，加强民营化之外，还要消除地区性行政垄断，减少政府对市场发展的抑制。

第六章主要分析地区性行政垄断对公司负债结构的影响。地区性行政垄断使得政府干预信贷市场的运行成为可能。实证发现：地区性行政垄断程度与该地区公司的资产负债率成正比；地区性行政垄断程度与该地区公司的银行贷款占公司负债的比重成正比；地区性行政垄断程度与该地区公司的长期负债率成正比。本文认为，目前的信贷歧视部分程度上是地方政府直接或间接干预信贷决策的结果。地区性行政垄断使得国有企业获得的信贷资源高于私有企业，地区性行政垄断导致的信贷歧视使得地方政府往往会改变企业的产业进入方式，即能获得资金的企业选择进入资本密集型行业，以及对资金需求较高的原材料等上游行业，而中小企业和民营企业则只能选择竞争性或劳动密集型行业或市场终端服务行业。此外，地区性行政垄断对信贷市场的干预可能会带来金融风险。

第七章主要分析地区性行政垄断对公司绩效的影响。通过实证发现，地区性行政垄断程度对公司绩效有着消极影响，此外，地区性行政垄断对国有企业利润的负面影响大于民营企业。地区性行政垄断微小的变化将对微观企业造成较大的影响：随着我国改革的动力从劳动力、资本转移至制度性因素，地区性行政垄断对企业绩效的影响可能会加大。

第八章从微观资源配置的角度提出消除地区性行政垄断的思路。为消除地区性行政垄断，从微观资源配置的角度，本文提出了若干建议：加快财政体制改革，确保地方政府财力事权的对称；规范投融资体系，避免政府的预算软约束；加大财政支出的透明度，减少政府干预的经济支撑；减少行政审批，加快政府职能转型；提升经济的开放程度；规范地方政府官员的政绩考核和激励机制。最后是本文的结论及启示。在总结全文的基础上，提出了后续研究的思路：作者将地区性行政垄断影响微观资源配置效率的计量样本从上市公司转向中小企业，尽管数据的搜集难度将加大很多，但能够给予新的启发将表明这种付出是值得的：同时，作者将从公司治理结构中的董事会规模及结构、企业并购市场、管理层激励、信息披露等方面来考察地区性行政垄断影响微观资源配置效率的方式和程度。

[42] 王会宗．中国铁路运输业行政垄断与引入竞争问题研究．山东大学．2010.

根据中国对世贸组织的承诺，我国铁路运输市场正逐步对外开放，经过改革后重获活力的国外铁路运输企业将与国内铁路运输企业展开激烈的竞争；与此同时，我国铁路运输业还要面临来自国内其他运输方式的严峻挑战。在这种情况之下，我国铁路运输业仍然依靠其行政垄断体制排斥和限制着行业内竞争，致使整个行业日益陷入困境。

在上述背景之下，对我国铁路运输业行政垄断与引入竞争问题进行深入分析，既有助于推进铁路运输理论研究，又能为在铁路运输业内部贯彻实施《反垄断法》提供现实依据，具有重要的理论和现实意义。然而，通过对相关文献进行梳理就会发现，国内外学者虽然对行政垄断问题进行了许多非常有意义的研究，但其深度略显不足；国内外学者虽然对铁路运输业相关问题进行了许多极具价值的研究，但对该行业行政垄断问题的系统深入研究却较为少见。为了将现有研究进一步推向深入，本文对我国铁路运输业行政垄断与引入竞争问题进行了一些尝试性的分析，以期为我国铁路运输业进行旨在提高行业整体效率的行政垄断改革提供更充分的理论和实证依据。本文的研究主要分为以下几个部分：

第一部分，包括第1章和第2章。首先，第1章介绍了论文的选题背景、研究意义、行政垄断与相关概念的界定与辨析、论文的研究内容和研究方法：其次，第2章通过对国内外行政垄断和铁路运输业相关研究文献的梳理，提出了对中国铁路运输业行政垄断问题进行深入研究的必要性。

第二部分，包括第3章、第4章和第5章。首先，第3章对我国铁路运输业行政垄断的形成过程进行了回顾，并运用新制度经济学中的国家理论和路径依赖理论对铁路运输业行政垄断的成因进行了分析；其次，第4章以于良春等（2008）建立的行业性行政垄断测度指标体系为基础，对转轨期中国铁路运输业的行政垄断程度进行了测度；再次，第5章根据于良春等（2008）设计的行政垄断对资源配置效率影响分析的指标体系，对近年来我国铁路运输业在行政垄断之下的效率状况进行了指标体系评价，并运用数据包络分析方法（DEA）测算了我国铁路运输业的综合生产效率状况和生产效率损失。

第三部分，包括第6章和第7章。首先，第6章基于对行业性行政垄断作用机制的推演分析了行政垄断导致铁路运输业效率低下的“双重路径”，并指出若要改善我国铁路运输业的效率状况，必须改革其行政垄断体制，引入竞争机制；然后，第7章在总结国外铁路运输业改革经验教训的基础上，对我国铁路运输业开展有效竞争的三大效应进行了分析，并提出了我国铁路运输业进行有效竞争的前提条件和政策建议。

第四部分，是论文的第8章。这一章对全文内容进行了总结，指出了论文的不足之处和未来的研究方向。

在对我国铁路运输业行政垄断及引入竞争问题进行分析的过程中，本文主要使用了以下几种研究方法：历史分析法、新制度经济学的分析方法、定量分析与定性分析相结合的方法、统计分析与计量分析相结合的方法、数理推导与实证相结合的分析方法、比较的方法。

本文对我国铁路运输业行政垄断与引入竞争问题的分析对前人的相关研究可能会有所补充，其主要创新点可简要概括如下：

第一，测度了转轨期我国铁路运输业的行政垄断程度，并对该行业在行政垄断下的效率状况进行了评估，从而为我国铁路运输业的行政垄断改革提供了一些实证依据。

第二，归纳了行政垄断导致铁路运输业效率低下的“双重路径”，并对铁路运输业有效竞争的效应进行了分析，对我国铁路运输业引入竞争机制有一定的参考价值。

第三，将国家理论用于阐释中国铁路运输业行政垄断的形成，分析了铁路运输业行政垄断实行与否给政府带来的收益和成本，对丰富行政垄断的成因解释有一定贡献。

[43] 王仁富．中国竞争法律体系及其协调性研究．安徽大学．2010.

随着中国《反垄断法》的颁布和实施，中国竞争法律体系已基本形成，但这些竞争法律规范是针对不同时期经济发展和市场竞争的实际状况而制定的，相互间难免会产生矛盾和冲突。这些矛盾和冲突严重制约着中国竞争法律制度的有效实施，对于维护自由公平的市场竞争秩序极为不利。为适应经济全球化和竞争国际化所导致的竞争规则的巨大变迁，为确保我国竞争法律更为有效的实施，需要对我国竞争法律体系及其协调性进行系统的分析和研究，以化解竞争法律制度中的诸多冲突，实现竞争法律体系的协调统一。

正是基于以上考虑，本文以中国竞争法律体系及其协调性为研究对象，并以中国竞争法律体系协调机制的构建为重心，从规范分析到实证考察，从借鉴国外经验到结合本土资源，努力构建真正符合中国市场竞争实际需要的协调统一的竞争法律制度，以期推动中国竞争法制建设，有效保障市场竞争的自由与公平，维护消费者的合法权益和社会公共利益。

第一章是竞争法律体系的一般问题。首先对竞争法律体系的内涵及内容加以界定，明确指出竞争法律体系是由诸多以保护竞争、增进效率以及维护社会公共利益为目标、以市场竞争关系和市场秩序管理关系为主要调整对象的现行全部竞争法律规范组成的有机联系的整体，具有逻辑性、开放性、协调性和交叉性等特点；并指出竞争法律体系一般由反不正当竞争实体法、反垄断实体法、竞争规制程序法以及竞争相关法等部分组成。然后就中国竞争法律体系的基本构成及其不协调的表现和成因进行阐述，明确指出中国竞争法律体系是由竞争基本法和竞争附属法（或竞争相关法）所构成；并指出目前中国竞争法律体系不协调主要表现为各项竞争法律规范之间的不协调、各竞争法律位阶的不协调、各竞争执法机构间的不协调、竞争执法体制的不协调、竞争实体规则与程序规则的不协调以及国内外竞争规则的不协调等方面；进而分析了导致这些不协调的原因，主要包括客观原因、主观原因和制度原因三方面。

第二章是国外竞争法律体系的考察与启示。随着中国市场经济体制的日趋完善，在完善和协调竞争法律体系的过程中，有必要借鉴一些发达国家成功的立法与执法经验。基于此，本章通过对美、德、日、英、韩等五国的竞争法律体系的考察和分析，指出在构成要素、规制对象、法律责任、执法机构、执法模式以及发展模式等方面对完善和协调中国竞争法律体系具有重要启示。

第三章是中国竞争基本法之间的关系及其协调。指出作为中国竞争基本法组成部分的《反垄断法》与《反不正当竞争法》，在竞争保护上虽有共同的价值取向和积极作用，但在作用机制上和实体内容方面仍存在重要差别，并针对二者在调整范围、主体范围、行为标准、执法机关以及法律责任等方面的不协调，分别提出了处理办法。第四章至第六章是反垄断法与相关法律之间的关系与协调。我国竞争立法的分别式体例，决定了《反垄断法》从颁布之日起，就必须面对与现行相关法律中的反垄断规则的协调问题。通过对我国反垄断法与消费者权益保护法、行业监管法、知识产权法、对外贸易法、产品质量法、招标投标法以及刑法之间的关系和协调的论述，为解决反垄断法律规范之间冲突提供了可行的方法。第七章是反不正当竞争法与相关法律的关系与协调。随着我国市场经济的深入发展，市场经济的一些不正当竞争行为已充分暴露，《反不正当竞争法》中的许多规定已不适应经济发展的需求。除了现行《反垄断法》与《反不正当竞争法》亟须协调之外，一些现行的竞争相关法如知识产权法、消费者保护法、价格法、产品质量法、民法等法律均含有规范不正当竞争的条款，但由于立法时间上的差距和立法技术上的疏漏，这些法规难免与《反不正当竞争法》之间存在交叉和重叠，需要进行协调。以上第三章至第七章均采用了规范分析和实证分析相结合的方法，对中国现行竞争法律体系各部分之间的一般关系和冲突的协调分别进行分析和探寻。

第八章是中国竞争法律体系协调机制的构建。要构建竞争法律体系的协调机制，不仅要勾勒出竞争法律体系协调化的目标模式，更为重要的是要设计出实现这一目标模式的具体路径。为此，本章主要围绕“什么是协调的竞争法律体系，如何科学构建协调的竞争法律体系”这两个基本问题进行开拓性研究，从系统的角度设计出我国竞争法律体系协调化的目标模式和实现路径，最终实现对中国竞争法律体系协调机制的构建。本部分既是全文的重点和难点，也是集中体现本文的创新和特色之处。本章首先指出了经济全球化下的竞争法律制度在空间效力、价值功能、调整对象、调整范围以及调整方法上的新变化。然后指出竞争法律体系协调性是由竞争法律调整目标的协调性、竞争法律原则的协调性、调整对象的协调性、执法体制的协调性以及法律责任的协调性所决定的；进而通过对竞争法律规范冲突危害性的分析，说明对中国竞争法律体系进行协调的意义。接着从应然角度归纳和论证了中国竞争法律体系协调化的标志应当具备形式、内容和价值三个要件。最后，结合中国的本土资源，对中国竞争法律体系的目标模式及协调路径进行设计。就目标模式而言，中国竞争法律体系的确立应该高度重视竞争法的立法、执法与司法的协调一致，以竞争法的立法为主导，以竞争法的执法与司法来实现和检验立法；就协调路径而言，不仅要注重同一层级的竞争法律法规的协调，而且要注重不同层级的竞争法律法规的协调，还要考虑国内竞争规则与国际竞争规则的协调。不仅包括竞争立法协调，而且还包括竞争执法协调和竞争司法协调以及竞争立法、竞争执法、司法相互间的协调。总之，中国竞争法律体系的协调路径应从竞争立法、竞争执法、竞争司法以及国际协调等多层面进行设计，同时针对竞争法律规范出台前后的不同情况来加以分析（即事前协调与事后协调相结合），从而构建一个全方位、立体化的中国竞争法律体系协调机制。详言之，具体协调路径主要有：竞争立法协调主要表现为事前协调与事后协调两方面。其中，事前协调措施主要包括明确竞争立法权限、完善竞争立法程序、提高竞争立法文件质量、注重竞争法律规范逻辑结构的和谐等方面；事后协调措施主要包括完善竞争立法、从立法上确立竞争法律法规之间的关系、赋予有权机关必要的裁决权以及加强与 WTO 竞争规则的立法协调等方面。竞争执法协调主要表现为竞争执法机构之间的协调以及执法程序的协调等方面。竞争立法与执法、司法的协调主要体现在自由裁量权的运用以及对竞争法律的解释等方面。竞争执法与司法的协调主要体现在竞争法律适用原则的设置、竞争行政执法机构与法院的协调以及竞争法律责任体系的协调等方面。竞争法的国际协调主要包括实体规则的协调和竞争执法程序的协调。

总之，经过科学、合理的协调而形成的中国竞争法律体系理应是一个体系内各要素即反垄断法律制度、反不正当竞争法律制度以及其他相关竞争法律制度之间的相互联系、相互配合、相互制约，从内容到形式、再到功能作用上的高度和谐统一的有机整体，是一个能充分发挥其最佳效能的法律制度体系。

［44］王淑娟．中国药品安全规制研究．辽宁大学．2010.

随着社会发展和人类健康意识的增强，药品安全问题受到广泛重视，近年来成为经济学、法学等各学科共同关注的课题。药品安全规制即从公共利益角度出发，在法律授权范围内，对药品研发、生产、经营和使用全过程进行的行政监督与技术监督。在这一过程中，如何调整政府、企业与消费者三者关系，确定各自利益合理阈值成为改革的难题。

中国自 1998 年以来，药品安全规制共历经两次较大的体制变革。2008 年政府机构改革，将原有药品监管体制由省以下垂直管理改为地方政府分级管理。这种旨在强化地方政府责任、确保药品监管部门相对独立执法的改革思路，在实践中取得了突出成绩。然而，诸如假劣药品、ADR 以及不合理用药等药品安全问题却并未因此而得到有效解决，特别是近年来，出现的“齐二药”、“山西疫苗”等药害事件，给公众健康、生命安全和社会稳定造成了极大的损害和负面影响。为此，中国急需加强药品安全监管，提高规制能力，以改善药品安全现状，保障消费者健康免遭损害、确保公众用药安全。

文章从规制经济学的视角，在对药品安全规制国内外文献梳理、评价的基础上，着重对药品安全规制进行了经济学分析，构建了药品安全规制博弈模型，对政府与企业、企业与药品消费者之间的博弈关系进行了深入探讨，揭示出了药品安全规制改革的制约因素，从而分析得出结论：（1）政府与企业之间纯策略纳什均衡的结果是理想状态，虽然在法律框架内，以及舆论和医药行业协会等社会中介组织的监督与制衡下，规制部门持续进行药品安全监管执法表现为一种常态，但理性人假设条件下，双方都会依据对方策略前提下采取最优策略，致使只能存在混合策略纳什均衡。（2）规制机构与企业合谋情况下的最优监督概率比没有合谋的要高；企业的违规概率也相应增大。规制机构致命性的罚款，能够有效地震慑企业违规行为；同时迫于舆论压力、考虑长期发展的需要，企业会积极配合规制机构的监管。（3）在企业与药品消费者博弈过程中，消费者信息劣势地位决定了 n^*（消费者购药可能性）尽可能大、而 a^*（企业以次充好概率）尽可能小的理想状态无法实现。长期下去，易导致整个市场“劣药驱逐良药”的逆向选择，使社会总福利降低。理论分析解释了中国药品安全规制的历史轨迹及其发展成效，同时也反映出中国药品安全规制存在的主要问题：多部门规制、政府行政执法不作为、中介组织不尽责等药品安全规制体制问题；法律体系不健全、药品市场准入制度实施不严格、药品价格规制失效以及药品标准与 ADR 监测等技术监督不足等药品安全规制体系问题。药品安全规制博弈分析也揭示了当前中国药品安全规制问题的主要原因，主要表现为规制主体、客体以及体系等方面的原因，具体包括规制主体责任不明确、地方保护主义盛行、规制机构执法资源配置不合理、被规制者自律性差、医药卫生体制改革影响价格规制、多环节供应链导致药品供应效率下降等。

文章还运用比较研究方法，剖析典型发达国家药品安全规制体制以及规制实践，并加以借鉴。发达国家比较完善的药品安全规制体制、法律体系、健全的药品召回制度等为中国规制改革提供了经验：建立独立、高效的药品安全规制机构，完善法规体系，严格执法，发挥专家咨询委员会的作用，健全药品召回制度，提高技术支撑能力等。同时，也要认识到发达国家药品安全规制也存在一定的缺陷，有些规制经验也不一定适合中国国情。

另外，文章结合中国发展实际，依据博弈分析结果，提出了完善中国药品安全规制的主要对策：（1）健全药品安全规制体制。如选择恰当的药品安全规制机构改革方案，改善规制效果：加快培育市民社会，充分发挥中介组织的补充监管作用。（2）完善药品安全规制体系。如完善法律体系建设，提高规制效率；注重药品质量安全规制，提高规制水平；加强农村药品安全规制，改善农村药品市场环境；深化医药卫生体制改革，确保规制质量；鼓励公众参与，加强社会监督；健全药品安全责任体系，提高政府公信力。

[45] 王霞．价格规制下的发电企业投资研究及监管建议．西南交通大学．2010.

以“厂网分开、竞价上网”为核心的中国电力工业改革方案的初步实施，使电力产业微观市场结构和管理体制发生了深刻变革，而中国电力工业“上游竞争、下游垄断”的混合产业结构却进一步扩大了电力市场的不可控风险与发电企业投资的非理性预期，弱化了发电企业投资的激励与约束机制。在传统成本加成法的价格规制模式下，我国发电资产投资呈现出了“缺电—上项目—过剩—减少投资—缺电”的非均衡发展状态。发电资产特殊的产业经济性质及其所担负的特殊政策性、战略性任务，使对上网电价的价格规制政策将影响到发电侧电力市场投资状态、竞争状态及输电网接入政策的设计，对我国现行的电力体制改革意义重大。本文对当前国际上电力产业所采用的两种最主要的价格规制工具进行分析研究，为改革和完善现阶段我国电力产业价格规制政策、监管政策提供参考，具有重要的理论价值和迫切的现实意义。本文从价格规制的特性入手，着重研究两种价格规制工具的特点、局限性及适用范围；阐明电力产业价格规制对发电资产投资的影响方式及运行中存在的问题，并针对存在的问题结合我国电力产业价格规制现状，提出相应的对策及监管建议，其中的重点问题主要包括：（1）具体的规制方法对发电企业投资的影响、具体的规制方法对发电企业投资的引导机制、价格规制下发电企业的策略性投资行为以及适合我国发电侧放开、销售侧未放开的初级电力市场价格规制模型的构建；（2）我国的发电资产准入规制现状、准入规制对发电企业投资的影响，以及价格规制与准入规制双重影响下的发电企业投资行为；（3）价格规制工具的规制滞后效应对发电企业投资的影响以及规制滞后效应下发电企业的策略性投资行为；（4）价格规制信用对发电企业投资的影响、价格规制信用下发电企业的投资行为、价格规制信用下的发电企业容量投资博弈分析、基于价格规制信用的激励机制设计政策建议；（5）在新的能源观下，如何基于产业安全、能源安全对我国价格规制下的发电企业投资进行合理的激励与监管。在评析英、美国家电力产业价格规制改革及监管理论与实践的基础上，根据价格规制的新古典契约特征与价格规制下发电企业的投资行为，从价格规制的激励约束机制、执行程序、规制执行的相机抉择等具体可执行角度，对价格规制下的发电企业投资监管提出政策建议，以规范发电企业投资行为，合理安排基于能源安全的发电资产结构，投资者利益与消费者利益保护并重，处理好产业利益均衡，为我国的发电资产投资营造一个优越的行业体制机制与投资环境。

［46］王小梅．反垄断司法审查管辖研究．中国社会科学院．2010.

反垄断司法审查作为反垄断行政执法权的监督机制和当事人权利的救济机制，关系到反垄断法的实施效果，在反垄断法中具有重要地位。有关反垄断司法审查的诸多问题中，管辖是前提，所以，域外反垄断立法均对管辖有明确规定。但是，我国《反垄断法》并没有明确规定反垄断司法审查的管辖，而《行政诉讼法》所确定的管辖体制还存在诸多问题。因此研究反垄断司法审查管辖，对于丰富我国反垄断司法审查理论和指导司法实践都具有重要意义。本文在借鉴域外经验的基础上，立足我国实际，围绕我国反垄断司法审查管辖法院的确定展开研究，并对反垄断行政执法体制、司法管辖改革、行政授权、反垄断复议机关的重构以及监管机构与竞争机构的关系进行重点论述。本文包括四章内容：

第一章探讨反垄断司法审查管辖的含义与范围。从梳理域外司法管辖的概念与制度入手，分析我国目前司法管辖制度存在的问题，界定我国反垄断司法审查管辖的概念与范围，并指出反垄断司法审查的管辖不仅仅指初审法院之间的分工，还包括法院类型的确定与审级制度的重构。

第二章研究域外反垄断司法审查管辖模式。分析普通法院上诉审模式、行政法院模式和专门法院模式的含义、特点和原因，指出对确定我国反垄断司法审查管辖模式的启示，即反垄断司法审查管辖法院的确定一方面与反垄断行政执法体制息息相关，另一方面也与本国的法院制度和司法传统相适应。

第三章讨论我国反垄断司法审查管辖模式选择。分析并总结我国现行的反垄断行政执法体制与司法管辖制度的特点，论证我国不能采用行政法院模式和专门法院模式的原因，指出我国应该在改革行政诉讼审级制度和完善反垄断行政执法体制的基础上采取普通法院上诉审模式，并进一步提出由高级人民法院成立专门反垄断法庭对反垄断案件进行集中审理的整体框架。

第四章论述几种特殊情况下反垄断司法审查管辖。通过探讨地方反垄断行政案件、反垄断行政复议案件以及监管行业反垄断案件管辖法院的确定，对行政授权、反垄断复议机构的重构以及监管机构与反垄断机构的关系作重点研究。

［47］王艺．中国特色的房地产市场与政府管制研究．武汉大学．2010.

房子是人类生存和发展最基本的生活资料，也是衡量一国经济发展和人民生活水平的重要标志之一。在我国的文化传统中，“安居方能乐业”的思想根深蒂固，“居者有其屋”更是成为文人墨客追求的理想境界。因此，有关房子的问题就显得至关重要，成为从中央到地方各级政府关注的主要问题之一。我国房地产行业自市场化改革之后，经过三十多年的发展，房地产行业的产业规模不断扩大，不仅带动了国民经济的增长，同时对改善城镇居民居住环境、促进城市化进程做出了积极的贡献。但是，由于我国房地产行业发展时间较短，发展经验不足，在为国民经济发展做出巨大贡献的同时，房地产市场所表现出来的价格上涨过快等问题，已经成为困扰社会各界的一大难题。尽管政府对房地产市场实施了严厉的调控措施，但收效甚微。本文正是在这样的背景之下，从供给和需求两个方面，对影响房地产价格的各个因素进行深入剖析。

供给是房地产市场非常重要的影响因素之一，它直接决定了房地产市场上的商品的供给数量和供应结构，进而影响到房地产的价格。一般来看，影响房地产市场供给的因素主要有土地、建安成本、其他开发成本、二手房市场、租赁市场等。在这些因素中，土地价格的提高、拿地难度的增加、政府管制、建安成本和其他开发成本的上涨，都直接造成了成本和房价的上涨；作为增量房市场重要补充的二手房市场和租赁市场，因为种种原因发展不完善，也未能有效地缓解住房市场的压力，对房价上涨的约束作用不明显。从需求因素来看，不断提高的收入、膨胀的人口、城镇化进程的加快，都进一步刺激了住房市场的需求。而我国特殊的消费心理和消费方式加剧了房地产市场的供需矛盾，成为助推房价上涨非常重要的因素。再加上媒体对房地产市场的报道有失公正和客观，造成了整个社会对房地产行业的过度打压。因此，中国房地产市场的总体情况就是，市场上的供给存在问题，而不健康不理性的需求进一步加剧了供需之间的矛盾，媒体的参与更加大了市场博弈的剧烈程度，房地产价格就在这多重推动力下不断上涨。

由此可见，中国的房地产市场是一个非常复杂的市场。它的运行不仅受到了来自市场内部因素的影响，还受到来自市场外部的制约。正是在这多种力量的共同推动力下，才造成房地产市场今日的困局。房地产市场呈现出的复杂性，要求政府必须立足于国情，树立正确的指导思想，建立起一整套针对房地产市场的系统化、规范化、科学化的政策和法律体系，运用市场化的调节手段引导房地产市场健康发展；对消费者来说，健康理性的消费观念尤为重要；而媒体更应该站在公正客观的基础上，促进市场规范的建立。

首先，本文最大的创新点在于对供给因素的全面揭示，综合分析了土地供给、住房一级市场、二级市场、租赁市场、空置率、保障房、自建房和合作建房对房地产市场的影响，深刻剖析了房地产价格上涨的动因。房地产市场化改革之后，社会各界对房地产价格上涨的原因进行了分析，但由于理论研究和现实的脱节，学术界对房地产价格的构成并未窥见全貌，因此所提出的政策建议也未有实际效果。而本文通过对供给因素的全面揭示，深入剖析房地产价格上涨的内在动因，并依次提出政府宏观调控政策。其次，本文的第二个创新点在于，对政府调控房地产市场的指导思想、调控措施进行了深刻的反思。指出今日房地产市场局面的形成，并不是由开发商单方面造成的。在市场一轮轮的博弈过程中，政府、消费者、媒体对今日局面的形成都附有不可推卸的责任。因此，政府需要进行全面的深刻的反思，积极推进市场秩序的建立。再次，本文在基于基本事实、基本数据、基本国情的基础上，对房地产市场目前的形势、今后的走势进行了分析，并提出了自己的看法：在今后相当长的一段时间内，房地产市场依然没有健康平稳发展的趋势。

[48] 魏彬．我国网游市场管制体系研究．武汉大学．2010.

21世纪是数字科技高速发展的时代，先进的数字技术带给了人类以更多新的娱乐方式。网游市场的出现和发展就是一个典型案例。自20世纪90年代后期以来，我国网游市场的发展不仅创造了良好的经济效益，也带来了巨大的社会影响。在这一过程中，我国网游企业在网游产品的研发、营销手段的创新等方面，都摸索出了适合自身的发展道路。有的成果还达到了世界领先水平，引来国外出版界前来学习借鉴，方兴未艾的中国网游市场呈现出了一派欣欣向荣的大好形势。

但是从整体角度来看，我国网络游戏市场发展中还面临着一些亟待解决的难题。其中，消费者对网游产品的过度消费、不同网游企业之间进行恶性竞争等问题都是非常突出的现象。这些情况的存在对于我国网游市场的长远发展十分不利。因此，如何对网游市场的竞争进行规范、如何保护消费者的合法权益和科学引导他们的消费行为，成为业界颇为关注的问题。

在我国社会主义市场经济的发展过程中，解决这种市场失灵的一个重要方法就是由政府对市场活动进行管制。在这一过程中，相关主体之间通过互动将会形成一种具备合理结构和功能的管制体系。市场管制体系的建构和运转适应了时代的需求，它在吸纳已有的市场监管理论的基础上，更多地强调不同管制功能之间的协调、政府管制机构和市场之间的互动，以及外部因素的参与等方面的内容。本文通过应用政治学、行政法学、制度主义等理论，对我国网游市场管制体系的功能、相关制度的运作、各种主体的活动进行深入的分析，从而建立一个具备合理性和可靠性的逻辑分析框架。论文的具体内容结构如下：

第一部分：绪论。首先在概述研究背景的同时，阐明研究的主要目的及意义。然后总结了市场管制理论的研究概况，介绍了国内外学者对网游市场管制活动研究的进展情况，并对国外网游市场管制活动的发展及其对我国网游市场管理的意义进行了总结，最后提出了本文的研究方法和创新之处。

第二部分：我国网络游戏市场管制体系的内涵。本章首先对网游市场管制体系的概念进行界定，然后介绍了我国网络游戏市场管制体系的内部组成情况及这一体系和外部环境的关系，最后对网游市场管制体系的发展历程进行了分析。

第三部分：我国网游市场政府管制机构和参与主体。在这一部分中，首先对我国网游市场管制体系中政府管制机构的具体情况进行了分析，接着探讨了此类机构和国家权力机关、其他国家机构之间的关系，然后从社会参与的角度出发，探讨了参与到网游市场管制过程中的各种社会主体的特性、作用和存在的问题。

第四部分：我国网游市场经营资格管制。在这一部分中，首先介绍了网游市场经营资格管制的含义和作用，接着对我国网游市场经营资格管制中的差异化管制策略的要求和形成原因进行了分析，然后分别介绍了有关我国网游市场企业经营资格管制和产品经营资格管制的不同活动和相应评价标准。

第五部分：我国网游市场经营管制。本章对我国网游市场经营管制领域所包括的知识产权管制、市场推广管制、价格管制、标准管制，以及激励性管制活动进行了逐一的探讨，然后对网游市场的行政处罚制度进行了深入分析。

第六部分：我国网游市场消费者管制。在这一章里，分析了我国网游市场管制体系下消费者所享有的权利和应履行的相应义务，并指出了目前这一领域中存在的问题。

第七部分：总结和未来研究展望。对于前文得出的一些重要观点进行了总结，并明确了作者在下一步研究中所要努力的方向。

[49] 魏科科．中国电力行业规制改革研究．华中科技大学．2010.

当今世界很多国家都在经历着电力行业规制放松或重建规制的实验，改革的动因可能源于技术、需求、经济约束或执政理念的变化。拆分垂直垄断的电力企业、发电侧和售电侧引入竞争，对具有自然垄断性质的输配电进行政府规制，以及引入独立的监管机构，这几乎是全球电力行业改革的标准套路；中国 2002 年出台的电力体制改革方案（5 号文）对于规制改革的设计也是如出一辙。之后，改革并没有按预想的进程推进，某些环节甚至出现倒退。为了找寻中国电力行业规制改革滞后的原因，探求一条适合本国电力发展的道路，本文基于西方规制理论和经验研究，从经济学、法学、行政管理等多学科视角，对中国电力行业规制历史、规制框架和规制内容进行了分析和思考。

研究发现，我国电力行业一直以来都是“先改革，后立法”，规制改革缺乏相应的法律依据和规范。单纯依靠行政力量不利于改革的推进，容易引发腐败和寻租问题，改革涉及利益关系的调整，没有专门法对规制机构、职能和程序等的授权，在面对既得利益集团阻挠时，监管机构束手无策，而电监会颁布的电改法规，由于没有上位法的立法授权条款，缺乏足够权威性。从电力行业规制机构来看，存在规制职能错位，规制职能配置不当，多头管制等问题。规制职能的分散并非出于权力制衡的考虑，而是计划经济条件下生产式管理的继承物。同时，电力规制机构权力纵向配置不当，地方保护主义和市场分割现象突出。监管方式一般应与政治组织形式相适应。我国地方官员评价体系和分税制的财政制度安排，给予了地方干预市场的激励。目前分权型的电力监管绩效低，容易导致规制合谋。对电力行业经济性规制的研究发现，电力市场准入监管实务中存在所有制歧视，政企不分、政监不分，法律缺位等问题。未来市场准入条件或逐步转向规划、环保和资质审查，变“不确定的政府行为＋确定的市场”为“确定的规则＋竞争性的市场”。电价规制则一直延续政府定价模式，既充当着宏观调控的工具，又是利益集团讨价还价的产物，两者都主要依靠行政命令和法规来发挥作用。没有科学定价方式，电价不能反映能源稀缺，弥补环境成本，调节供给和需求。规制改革的目标一般是在发电和售电引入竞争，由市场力量决定价格；而输配电价则由政府规制。目前发电部门有一定程度的竞争，但输配售尚未解耦。近几年5大发电和国家电网的过度投资行为，其风险防范机制就是政府定价，一旦国有电力企业面临经营困难或金融风险，可以通过游说政治家涨电价来弥补。

综上，电力行业规制改革取得进展需要相应的配套改革的支撑，否则，制度和政治程序的障碍会减缓改革的实际进程。电力产业规制应该考虑政府和市场的边界，中央和地方集权和分权，国家和企业的关系等深层次问题，将规制改革与构建完善的法律体系、简化行政、引入竞争以及国有产权制度改革等问题结合在一起，寻找一条符合我国发展道路的规制体系。

［50］吴磊．环境管制对FDI影响研究——基于中国的实证．华中科技大学．2010.

随着经济全球化的蓬勃发展，各国的环境问题日趋恶化，许多国家实行了越来越严厉的环境管制措施。这些措施在取得环保绩效的同时，也对各国的经济增长方式产生重大影响。FDI作为国际资本流动的主要形式之一，对推动经济全球化，促进东道国经济增长起到了重要的作用，但是FDI也可能给东道国带来严重的环境问题。各国在环境资源有限的情况下，只有一方面加强环境管制，另一方面大力引进高质量的FDI，调整产业结构，促进经济增长方式的转变，才能够获得可持续的发展。本文以国际贸易学、产业经济学以及国际投资学的相关理论与方法为基础，采用理论分析与实证研究、静态分析与动态分析相结合的方法，研究环境管制影响FDI的内在规律，并按照规范的经济学研究范式，运用或扩展相关理论模型，使用现代计量经济学的研究方法，对中国环境管制对FDI的影响进行实证分析。本文的研究表明环境管制不仅影响FDI的流入数量，更影响FDI的资本质量。环境管制对FDI流入数量的影响动态体现在FDI数量的空间分布和行业分布上；而环境管制对FDI的资本质量的影响则动态体现在FDI内含的技术水平提升与FDI资本效率的提高上面。本文通过研究环境管制对FDI的空间分布、技术水平提升与产业结构变动的作用而将流入的FDI数量与质量有机联系起来，从而形成本文的整体研究框架。

本文的研究得出了以下四个主要结论：（1）我国的环境管制对FDI的区位分布具有显著的负效应，环境管制强度越高的地区，FDI流入的数量将越少，同时FDI的相对密度也越低；（2）我国的环境管制对各个地区和各个行业FDI的技术水平提升具有显著的正效应；（3）我国的环境管制对FDI第二产业比重提升具有显著的正效应，对FDI第三产业比重提升具有显著的负的影响，而与FDI第一产业比重变动无明显关联；（4）我国的环境管制对FDI二次产业内结构的变动具有显著的正效应。本文的研究对于协调环境保护政策、自主创新政策与招商引资政策具有重要的意义。中国各地区与各行业应该尽快提高环境管制标准和强度，加强环境保护，促进FDI技术水平提升与产业结构升级，弥补因为环境管制而导致的FDI数量流出的损失，从而达到调整产业结构、转变经济增长方式和社会协调发展的战略目的。

[51] 吴丽丽. 国际原油价格变动对中国经济的影响研究. 东北财经大学. 2010.

在21世纪初，原油等大宗商品价格快速上涨。全球化为原油价格影响中国经济提供了更多可能，中国转型经济现实又使这种影响可能不同于完全市场经济国家。本文借鉴国外文献资料，立足中国实际，从全球经济运行角度审视中国经济，在生产、贸易与金融的相互联系中讨论原油价格对中国经济的影响。各章内容如下：第1章：导论；第2章：文献综述；第3章：原油价格变动的原因；第4章：原油价格变动影响中国经济的逻辑分析；第5章：原油价格变动对中国经济增长的影响；第6章：原油价格变动对中国价格水平的影响；第7章：原油价格变动对实体经济与虚拟经济交互作用的影响：第8章：原油价格变动对财富转移的影响；第9章：结论、建议及待研究的问题。其中，第5章和第6章是一枚硬币的两面，两章结论一致；第5~7章是原油价格变动影响中国经济的实证与模拟分析。第8章是对第5~7章研究结论的总结和升华，也与第4章的逻辑分析遥相呼应。

本文工作特点如下：

1. 选择全球视野。认识事物的角度有多种，可以单独观察自身特点，也可以观察它与外界联系。以厦门为例，可以说它有多少人口，分几个区，有没有机场，也可以将厦门与大连比较，其文明和开放程度是否更高？对外交往是否更多？空气环境是否更好？可是，在国内研究工作中，除非主题是对两个事物进行比较，人们较少从联系的角度分析问题。当然，选择哪个角度视具体情况确定。中国开放政策和全球化浪潮是本文选取全球视野审视中国经济的现实基础，也是理解中国经济的捷径。将原油价格变动对中国经济影响研究放在国内外比较联系之中，这是时代要求。

全球视野在本文各章均有反映。第4章在国内外联系中展开逻辑分析；第5、6章在中美联系中研究原油价格变动对中国经济增长、价格水平的影响；第7章将中美经济抽象为实体经济与虚拟经济展开研究。

2. 以问题为导向。原油价格变动影响一系列中国经济问题，这些问题环环相扣。本文就是一个不断提出问题和回答问题的过程。

3. 以数据为基础，并在此基础上形成判断。

本文创新如下：

1. 提出并回答了在和平开放条件下原油等大宗商品价格上涨如何通过生产、贸易、金融活动影响国际财富分配。

国际利润分配是和平、开放条件下中国宏观经济管理面临的现实问题，本文选择的角度是在生产、贸易及金融联系中研究原油价格变动对国民财富的影响，它不同于以往的仅从不同国家存量原油资源及原油国际贸易价值量变动角度考虑问题。

原油价格上涨导致中国财富转移的历史条件包括：（1）发达国家货币及金融监管法规政策；（2）原油价格上涨致使国内能源处于较低水平，最终形成国内能源资源低价管制局面；（3）出口产品缺少定价权。财富转移途径主要是铸币税、进出口贸易、风险交易。

在原油价格对财富转移影响问题上，本文讨论了中国重工业出口产品生产和贸易链上各类企业之间的利润变动情况，提出利润转移理论，这不同于“收入转移理论”中认可的消费和投资途径。

2. 从国内外制度差异角度，解释了2002~2008年中国GDP及出口高增长之谜。

中国经济增长举世瞩目。2002~2008年中国每年GDP增速都在9%以上，超过1998~2001年的任何一年，其中，2007年中国GDP增长率达到13%；同期美国除了在2004年GDP增速为3.6%，其余年份在2%~3%之间。中国2002~2008年何以实现如此高速增长？

美国货币及金融监管政策引起原油等大宗商品价格变化，进一步引起国内外能源资源价格差异变化，以及中国高耗能及资源型产品价格优势变化，原油价格上涨促使中国高耗能及资源型产业快速扩张及其产品出口高速增长。

3. 发现在 21 世纪初中国 CPI 和工业品出厂价格指数长期偏离的原因与原油价格上涨及国内外能源资源定价制度差异有关。

本文建议如下：

1. 在宏观经济管理中重视国民财富增长，协调经济增长与国民财富增长关系。

2. 掌握进出口产品定价权。

3. 协调财富各构成要素关系，适时增加黄金储备。

4. 在财富管理中协调财富创造与人的因素，当前的任务进行收入分配体制改革，增加社会总消费。

5. 督促世界货币发行国家通过货币政策及金融监管措施维护原油等大宗商品价格稳定。

6. 协调中国与其他国家货币政策。

7. 运用全球视角分析中国问题。

8. 通过改革能源资源定价体制，调整经济结构，实现经济增长方式转变。改革能源资源定价体制可以经过三个步骤：第一，协调国内外能源资源价格关系。协调的目的是抑制国内能源资源过度开采，抑制能源资源型产业过度投资和产品过度出口。第二，在中国经济进入平稳运行轨道之后实行能源资源高价管制。提高国内能源资源价格对经济结构调整将起到事半功倍的效果。可以实施普遍的能源资源高价管制，或者只针对能源资源型出口生产企业实施高价管制。第三，市场定价。

价格调整对象主要包括成品油、电煤、电力、水等能源资源价格。2008 年末中国已经及时调整了成品油定价机制，协调国内外成品油价格，效果很好。今后一段时期的任务是电力、水等资源价格调整及体制改革，改革必须充分考虑“三农”及弱势群体利益。

9. 主要通过利益诱导方式调控经济运行。相对于行政命令、行政考核、道德说教等，利益诱导的调控方式更好。

10. 发展对外商业。

此外，本文还提出如下问题：

1. 如何协调中国与其他国的货币政策？

2. 如何超越衍生资本？

3. 如何在原油等大宗商品价格及资产价格快速变动条件下调整收入分配体制？

[52] 薛狄．国际法对生物燃料问题的多维规制．吉林大学．2010.

现代生物燃料是一种新能源产业，生物燃料问题是国际政策和国际法领域的新问题，生物燃料问题的有效治理是各国和国际社会面临的新挑战。本文从国际关系和国际法中“安全”概念和“安全化”理论出发，判定生物燃料问题已成为和非传统安全相关的全球公共问题；国际社会逐步认识到生物燃料问题带来的多种威胁，提出了采取紧急治理行动的要求。国家和私人市场主体目前产业行为的性质、地位说明在生物燃料问题治理上存在政府干预失灵和市场失灵。国际法理性选择工具性作用和利益重塑的建构性作用降低治理的国际合作成本，促使国家发展生物燃料产业所要实现的利益和人类可持续发展相统一。《联合国气候变化框架公约》和《生物多样性公约》缔约方大会，联合国粮农组织自愿准则，经济、社会和文化权利委员会一般评论，食物权特别报告员机制，WTO 部长会议和公共论坛，这些具体领域的国际法工具不断澄清生物燃料问题同气候变化、生物多样性、粮食安全和经济发展的关系，明确国际法规制的范围、问题。现有的减排和保护生物多样性流失的国际义务、资金技术援助义务，尊重、保护、实现食物权义务的框架和 WTO 关税、补贴、技术壁垒规则，为生物燃料产业朝可持续方向发展提供了治理框架和规则体系。

[53] 杨莉．信息显示、价格形成管制与严格执法——中国工程招投标领域的问题与对策．山东大学．2010.

招标投标的交易方式其主要思想是以拍卖理论为依据，拍卖实质是通过调节和确定市场出清价格来实现资源在竞争代理之间的均衡分配，因此可以实现价格的发现功能。确定激励机制是解决招投标制度中存在问题的关键。

从招标投标的概念中可以看出，要使招标投标发挥应有的作用，首先，招标人必须具有市场属性，即必须在一定的条件下追求采购成本的最小化，这样他才有积极性去选择报价最低的承包商或供应商；其次，投标人必须严格遵守市场竞争规则，以保证报价是充分竞争下的最低价；最后，当招标投标双方出现争议时要有公平、公正的处理机制和救济办法。完全理性条件下，采购者能够获得选择报价最低的合格承包商或供应商的所有收益，因此他有积极性去监督投标人，使其严格遵守市场竞争规则，投标人也有积极性去严格遵守市场竞争规则，否则他将不能获取该项交易的收益。但实际条件下，特别是在公共项目招投标中，没有私人主体获得选择报价最低的承包商或供应商的所有利益，这就影响了招投标的效率；另一方面，如果政府官员与承包商、供应商串谋起来，通过规避招标、明招暗定等手段向政府隐瞒真实的采购成本然后由双方分享，这样在监督力度不够的情况下，采购官员就能够获得更大的利益。也就是说，如果采取串谋行为而又不会付出太大的代价，或者付出代价的概率很小，则采购官员是完全有积极性去从事这类腐败活动的。所以，在以政府为采购主体的招标投标活动中，政府必须给出相应的制度保障，才能保证招标投标制度真正发挥作用。

招投标制度的激励机制的设计也必须满足两个约束条件，一个是参与约束，如果让个理性的投标人有兴趣接受设计的规则，投标人在该机制下得到的期望效用必须不小于他在不接受这个机制时得到的最大期望效用，要使得投标人在该机制下所得到的期望收益更高，这样才能保证投标人愿意接受该机制并在其中行动。这个约束称为参与约束或个人理性约束。在招投标中个人理性约束是指业主设计的招标机制应当使承包商参与后能从中得到好处，否则承包商可能会放弃接受这个合同而去接受可以从中得到更多收益的其他合同。要实现个人理性约束，就需有一个合理的招标机制，使有竞争力的优秀企业报出有竞争力的价格，又能让这些企业有利可图，以实现业主与承包商双赢。

第二个是激励相容约束，假定招标人不知道投标人的情况下，投标人在所设计的机制下必须有积极性选择招标人希望他选择的行动，在不知道投标人的情况下所设计的机制。激励相容约束是指在最优激励机制下能够使承包商在追求自己最大收益的同时也能使业主的最大收益得以实现；应使投标人有积极性按照招标人的意图进行工程建设。要实现激励相容约束，建设工程合同管理就应成为一种激励手段，它应能促使合同双方努力去达到目标。招标人通过招标机制的设计和事后的监督机制来达到诱使投标人真实地披露信息，招投标机制的设计其实质是一种特殊的不完全信息博弈机制，招标人通过投标人之间的激烈竞争达到以最低的代价、满意的质量、合理的时间购买建筑产品，实现投资目标。

论文首先梳理了从招标投标制度初步建立的80年代，我国招标投标经历了试行—推广—兴起的发展过程，到2000年《中华人民共和国招标投标法》颁布后现在招投标制度的运行监管发展历程。在上述分析的基础上，论文介绍了招投标制度的安排与研究进展，重点探讨了招投标制度中由于招投标双方信息不对称而导致的招投标制度难以有效地执行的问题，力图从信息显示方面解释为什么要选择招投标制度，从理论上解释要进行招投标活动的必要，以及如何进行招投标活动主体的保护两方面问题。另外，政府对建筑工程招投标制度的干涉也对其发展造成很大的影响，现在很多工程的招标投标只是一种形式，原因就是在于政府部门对它的内部干预，在众多问题中目前急需解决的是什么？重点应解决什么问题？应该怎么样完善现在的招投标制度使其走上正规的程序和道路？怎么样使其创造更多的经济效益？文章通过理论与实证研究，对这些问题一一作出解答。

其中，招投标制度执行过程本身就是个价格形成的过程，由于信息无法全部揭示，导致的招投标活动中的投标方串谋或者招投标双方的合谋问题，论文还试图从制度影响理论和监管理论中解释招投标制度对于招投标活动中价格形成过程的管制，针对信息不对称，合谋等问题，如何从制度执行角度严格执法，对制度在招投标活动中所起的作用作了基础性的解释，最后提出可行的政策建议。本论文要解决的问题是：(1) 从理论与实证研究上解释了为什么要选择招投标制度？招投标制度的机理何在。(2) 招投标者制度如何保护招投标双方的利益？是否保护条文体系愈完备就意味着保护制度越起作用。(3) 如何完善招投标制度克服合谋的问题。

[54] 杨淑云．中国电力产业行政垄断及其效率影响分析．山东大学．2010.

电力产业是国民经济的重要基础产业，对整个国民经济的发展起着强大的支撑和辐射作用，自从我国改革开放以来，特别是近十几年来，我国对传统上垂直一体化垄断经营的电力产业采取了一系列的市场化改革，也取得了一定成效，但是政府垄断经营的基本格局和长期存在的低效率问题并没有从根本上改观，市场作为配置资源的基础性地位远未建立，市场配置资源的基础性作用远未得到发挥，中国电力产业行政垄断包括行业性行政垄断和地区性行政垄断，二者彼此交错，对电力市场形成条块分割的行政垄断格局，对资源配置效率产生严重的危害。正确认识、客观分析中国电力产业存在的症结和问题并提出正确的改革方向，不仅关系到整个电力产业的健康发展，而且对整个国家的国民经济运行息息相关。基于上述背景，文章采用微观经济学、规制经济学和产业经济学的研究方法和判断标准，对当前我国电力产业的行政垄断及其效率影响进行了较为系统的分析和实证研究，并在研究结论的基础上提出相应的政策建议。

从具体的研究内容来看，本文包括七章。

第一章是导论，提出选题的背景、研究的理论意义和现实意义，对相关文献进行了梳理，并介绍了文章的研究方法、主要内容和创新点。

第二章是中国电力产业行政垄断测度指标体系。在理论分析的基础上，介绍了中国电力产业行政垄断 ISCP 三级评价指标体系的构建。

根据第二章的指标体系，本文在第三章对中国电力产业行政垄断进行了测度，得出如下结论：一是中国电力产业呈现明显的行政垄断特征，中国电力产业的垄断本质上是行政垄断。二是中国电力产业不同的环节行政垄断表现和程度不同。发电环节的行政垄断表现为行业性行政垄断与地区性行政垄断交织并存，行业性行政垄断具体表现为发电项目审批制下的国有产权寡头垄断以及电价审批制下的电价行政垄断，地区性行政垄断具体表现为地方保护导致的“省间壁垒”。输电、配电环节具有自然垄断性质，同时存在行政垄断，行政垄断与自然垄断交织在一起，表现为电力专营制度下行业性行政垄断，具体表现为输电和配电专营制度下的国有产权完全垄断以及电价审批制下的电价行政垄断。我国售电环节技术上不具有自然垄断性，是电力专营制度下行业性行政垄断，具体表现为以国有产权为主体的完全垄断以及电价审批制下的电价行政垄断。相对于输电、配电和售电环节，发电环节的行业性行政垄断程度较弱，而输电、配电和售电环节维持着高度的行政垄断。三是我国电力产业行政垄断程度在动态演变，随着市场化改革逐步深化，发电环节的行政垄断程度朝向减弱的方向演化，而输电、配电和售电环节一直维持高度的行政垄断。

文章第四章是中国电力产业行政垄断对效率影响的理论分析。中国电力产业行政垄断通过制度性进入壁垒造成中国电力产业各环节因国有产权比重过高形成的低度竞争的政府完全垄断市场，对电力产业微观层面、产业层面和宏观层面效率产生负面影响，导致效率低下。

接下来第五、六章是中国电力产业行政垄断对效率影响的实证研究。第五章实证研究了中国电力产业行政垄断在微观层面、产业层面和宏观层面上对效率的影响。研究显示，从微观层面来看，行政垄断下的电力企业经营无效率，冗员严重，发电企业获得了超额利润，电网企业的盈利能力低下。从产业层面来看，电力产业由于行政垄断造成的产业效率损失是非常大的，2001 ~ 2006 年产业效率损失分别占当年 GDP 比重的 2.48% ~ 3.74% 之间。从宏观层面来看，行政垄断造成电价涨幅高；电力产业职工工资和福利收入水平长期高于社会平均水平，造成社会收入分配不公平；电力产业投资结构扭曲，电网建设滞后，水电发展滞后，而同时火电又盲目发展，投资资源配置无效率，资本配置效率低下；电力产业内能源效率低下；电力资源配置效率低下；电力短缺给国民经济造成巨大损失；从动态效率来看，电力产业创新和技术进步速度缓慢，动态效率低下。得出的结论是，经济转轨时期，电力产业行政垄断对微观层面、产业层面和宏观层面效率产生负面影响，导致效率低下。第六章实证研究了行政垄断电价对中国地区能源效率的影响。研究发现，电力产业行政垄断电价及由地区性行政垄断导致的电力产业地方保护和“省间壁垒”是导致地区能源效率差异的重要原因，行政垄断阻碍了电力资源在地区间的优化配置。

最后，在政策研究方面，文章认为行政垄断是造成电力产业资源配置效率低下的制度性原因，行政垄断不仅以牺牲电力产业微观效率和产业效率为代价，而且长远来看，不利于整个国民经济的持续健康发展。要打破行政垄断，在减少政府干预、规范监管权力的同时，需要深化电力产业的市场化改革和制度创新，具体政策建议如下：

1. 为打破电力产业的地区性行政垄断，迫切需要推进售电环节的市场化改革，放开售电环节的市场准入、实现售电环节的市场化是打破电力产业地区性行政垄断的关键。阻碍电力资源跨省跨区优化配置的制度性因素是地区性行政垄断，这是通过电网企业对售电权的垄断来实现的，推进售电环节的市场化改革，实现零售竞争，使得电力消费者可以自由选择售电商和发电企业，电力产业的地区性行政垄断也就失去了生存的土壤。具体措施如大力促进“大用户直购电”的推广，降低“直购电”门槛等。

2. 尽快推行售电环节和输电、配电环节分开的市场化改革，确定输电、配电电价形成机制，这是实现售电市场公平竞争的前提和保证。

3. 深化上网电价市场化改革，逐步消除上网电价中水电对火电的补贴，促进水电和火电“同网同价”、“同质同价”，甚至“优质优价”，以促进水电的开发和水电产业的发展。

4. 打破行政定价，推行终端销售电价的市场化改革，逐步消除终端销售电价中工业对居民的交叉补贴，以提高电力资源配置效率。

5. 放松民营资本在电力产业各环节的市场准入，促进投资主体和产权多元化，以提高投资效率和解决资金不足问题。特别是对民营资本放开输电和配电环节的投资，以促进电网发展，实现更大范围的电力资源优化配置。

6. 在自然垄断环节，可以引入间接竞争（Competition for Markets，对市场的竞争）和激励性规制，如标尺竞争、特许投标、价格（或收益）上限规制等，切断企业的成本和收益的直接联系，给各个经济主体提高效率的激励，世界上其他国家的改革经验已经表明，组合使用这些激励性规制工具并随时间适当调整可以取得较好的产业绩效。

7. 从产权结构入手，引入现代企业制度，通过对国有电力企业实行股份制改造，形成有效的公司治理结构，使国有电力企业成为适应市场经济的现代企业。按照建立现代企业制度“产权明晰、权责明确、政企分开、管理科学”的要求，使之真正成为治理结构完善、运行机制健全、经营目标明确、财务状况良好、具有较强国际竞争力的市场竞争的主体，提高其效率。

8. 加强和完善电力监管委员会的职能，增强其权威与独立性，使其成为真正的意义上的电力规制机构。

[55] 杨秀玉．中国电信行业行政垄断与竞争政策研究．山东大学．2010.

在我国社会主义市场经济建立和完善过程中，行政垄断问题引起了社会各界的普遍关注，成为我国当代经济学的研究前沿领域之一，也成为我国政治体制改革和经济体制改革的焦点。行业性行政垄断是计划经济的产物，大多发生在关系国计民生的基础设施性行业，带来的后果是效率低、服务差，缺乏竞争性，甚至限制了新技术的开发和应用。

电信行业是一个国家国民经济的重要组成部分，覆盖全国的电信网络是保证其他行业顺利发展的主要基础设施之一。因此，电信行业的发展状况对其他行业乃至整体经济产生的影响不可小视。长期以来人们一直把电信行业视为自然垄断行业，认为电信服务的基础性、网络的完整性、固定资产的沉没性以及电信运营的规模经济决定了电信行业自然垄断特性。但是在我国，电信行业一直是在政府的严格控制之下发展的，带有明显的行政垄断色彩。电信行业的行政垄断造成了很多的不利影响，制约着电信行业的健康发展，所以，对电信行业行政垄断问题的深入研究和探讨具有较强的理论价值和现实意义。

本文运用理论与实践相结合、抽象与具体相结合和比较分析的方法，以电信行业行政垄断为研究对象，以产业组织理论和西方规制理论为基础，结合我国电信行业发展改革历程，对电信行业行政垄断问题进行了全面深入的分析，提出了电信行业行政垄断程度的测算指标体系，并对行政垄断对电信行业造成的影响进行了实证分析，通过博弈模型分析了电信行业价格竞争和非价格竞争情况。最后，提出打破电信行业行政垄断、促进竞争格局形成的政策建议，以期推动我国电信行业的健康、快速发展。

本文主要可分为七章，第三、四、五和七章是论文的主要部分：

第一章主要介绍论文的研究背景和意义，国内外学术界对行政垄断问题和行政垄断对资源配置效率的影响的研究现状及其存在的主要问题，在此基础上，说明了本文的学术价值。接着论述了论文的研究思路和方法，最后提出了本文各章节的逻辑体系与主要内容及论文的创新点。

第二章为中国行业性行政垄断形成原因及作用机理分析。论文从体制成因和经济主体原因两方面分析了我国行政垄断形成的原因，通过对市场失灵、政府规制和规制失灵相关理论的回顾，提出行业性行政垄断的形成机理。并在新产业组织理论的基础上，将政府因素内生到是整个系统中来，构成对行政垄断分析的 G－SCP 研究框架。其中，G 表示政府的有关政策和行为；S 表示由一系列参数指标构成的产业特征矩阵；C 表示在位垄断厂商的行为：P 表示绩效。

第三章主要是介绍我国电信行业的发展现状，各运营商的发展前景，分析我国电信行业发展面临的机遇与挑战，并运用统计方法预测未来几十年的电信业务量，并结合我国电信行业的发展实情，对我国电信行业存在的垄断类型进行了判断，分析了其形成的原因和造成的后果。

第四章为中国电信行业行政垄断程度测度。首先回顾了国内外学者在垄断程度测度方面的研究现状，提出本文的测算方法。然后运用 G－SCP 分析框架，设置政府、结构、行为和绩效四大类的指标，在四大类指标下分设 12 个二级和 33 个三级指标，建立测量电信行业行政垄断程度的指标体系，并测量出 1990～2008 年我国电信行业行政垄断程度。

第五章为中国电信行业行政垄断造成的影响分析。分别从电信企业的经营绩效、电信行业技术进步、电信行业经济效率和社会福利四方面分析行政垄断对电信行业资源配置效率造成的影响。电信企业经营绩效方面，我国电信行业的网络技术水平、设备先进性已经超过了不少发达国家，但运行效率、运行质量和经济效益则相差太远，我国电信运营商在高利润的背后是高成本，高浪费，并且缺乏国际竞争力。电信行业技术进步方面，电信行业行政垄断程度对全要素生产率贡献率的贡献系数为－1.327，负面影响较大。电信行业经济效率方面，当电信行业垄断程度降低时，全要素生产率的增长速度放慢，前沿技术进步加快，相对前沿技术效率降低，资源配置效率加强，规模总报酬递增，规模经济性改善降低。社会福利方面，从电信行业的垄断福利、管制机构非正常开支、电信企业的寻租成本以及行政垄断造成的社会净福利损失四方面考察了电信行业行政垄断造成的社会福利影响。

第六章为中国电信行业竞争政策研究。论文结合我国电信行业的竞争现状，运用价格博弈模型和非价格博弈模型进行分析，认为价格竞争带来的结果是恶性的价格战，长期而言对大家都是不利的，只有紧跟技术进步，不断推陈出新，通过服务和产品的升级换代来满足消费者的新需要，从长期动态发展的角度寻找各自不同竞争优势的竞争战略，才能促进整个电信行业有效竞争格局的形成和整个行业竞争力的提升。最后通过对国外电信行业在促进竞争方面的经验的介绍，提出对我国电信市场竞争格局形成的启示。

第七章为结论、政策建议与研究展望。对本文的主要观点和结论进行了总结，根据前文研究提出了几点打破电信行业行政垄断、促进竞争格局形成的政策建议。最后，在此基础上明确了下一步研究的方向。

[56] 杨洋．我国非银行金融机构退出规制改革研究．辽宁大学．2010.

金融规制作为政府经济调控职能之一，越来越受到重视并发挥着重要的作用。各国对历次金融危机的救助和治理就充分说明了这一点。尽管对政府之手调控宏观经济的能力存在着较多的争议和诟病。但不可否认的是，在危机来临时，政府大规模的救援计划和重振经济的政策措施仍然是危机机构的救命稻草。所以对政府在经济中的地位和作用问题已基本达成了共识，那就是虽然政府也会失灵，金融规制的种种政策效果还不尽如人意，仍然需要动用社会的必要资源去纠正市场失灵造成的各种不合意现象。

金融规制按阶段不同，划分为事前规制—预防性规制，事中规制—经营性规制，事后规制—退出规制。在以往的金融规制实践中，人们过于重视了金融规制部门的事前规制职能而忽略了金融规制的事后职能。虽然事前规制和事中规制很重要，但从某种意义来说，事后规制即非银行金融机构退出规制的地位和作用更加重要。因为，非银行金融机构退出规制是整个金融安全网的最后环节，对个别问题机构处理不当将会导致“传染效应”，局部危机会扩散至整个金融体系，造成系统性危机。结果会造成债权人心理恐慌，打击人们对金融机构的信心，拖累经济体系的运行。非银行金融机构退出规制是政府微观经济规制职能的体现，其目的在于防范问题机构退出造成的金融体系动荡，维护金融稳定，从而保护金融市场的有效竞争。金融规制部门根据自身的原则，采取相应的手段，对非银行金融机构退出进行规制。并有权依据法律法规，对符合标准的非银行金融机构采取必要的救助措施和市场退出措施。

研究非银行金融机构退出规制的理论框架包括：规制部门、规制体系和有关法律法规体系三个层次。规制部门是处置非银行金融机构退出的权责机构。规制体系包括规制目标与原则、规制手段和规制措施等。法律法规在非银行金融机构退出规制中有重要的作用，是整个规制的依据和标准。通过加强立法和执法可以有效约束和规范被规制者的行为。同时，法律法规对规制部门的行为也起到约束和规范的作用。

我国经过改革开放三十多年的发展，逐步建立起了较为完整的金融体系。各类非银行金融机构在经济建设中发挥着越来越重要的作用。但受传统计划经济的影响，我国目前的金融规制仍然存在着“跛行”态势，一方面，人们过于重视金融机构的进入规制，为金融机构设置了严格的市场进入门槛；另一方面，我国没有建立起相应的金融机构退出制度。受国家信用保护，金融行业垄断现象较为严重，市场竞争不足。金融机构经营状况较差，无法通过正常渠道退出市场，加剧了金融体系的风险。规制部门没有相应的预警机制及时发现存在问题的非银行金融机构。在危机出现时，往往不知所措，只能层层上报，逐级请示，最后延误了退出的时机。此外，由于缺乏必要的规制手段和措施，规制部门只能通过行政手段加以干预。在“维稳”的一元目标下，采取封闭处理的方式，不计成本地将大量社会资源投入到非银行金融机构拯救中，造成社会资源的浪费。这样做的结果导致社会公众的心理恐慌和对非银行金融机构的不信任。究其原因，作者认为中国的金融规制制度变迁是强制性制度变迁和诱致性制度变迁相结合的过程。其中，正式制度供给不足和非正式制度变迁缓慢是问题的症结所在。在制度演进过程中，由于利益集团的目标函数并不一致，所以在非银行金融机构退出过程中表现为复杂的利益交织和利益冲突现象。在经济全球化和金融机构竞争日益加剧的今天，非银行金融机构作为市场微观主体，必然要经历市场优胜劣汰的选择，出现危机导致破产也会是正常现象。金融规制部门不能被动应对，而应探索出一套行之有效的办法主动出击。因此，完善非银行金融机构退出规制对于当下处于转型时期的中国来说，具有十分重要的意义。我国非银行金融机构退出规制改革应以稳定金融市场秩序，保护债权人合法利益为目的，以透明、及时、依法和审慎为原则。同时，要以市场化为导向，以成本收益为衡量标准。首先，完善非银行金融机构退出规制体制。要改革现有规制部门机构设置模式，建立以“一行三会”为主体，其他权责机关为辅的规制组织机构模式，重点发挥人民银行在退出规制中的核心作用，加强规制部门间协调，建立完善的联席会议制度，实现信息交流和共享。其次，完善非银行金融机构退出规制体系。按照事前规制、事中规制和事后规制的标准，建立包括风险预警体系、风险救助体系和应急处理机制在内的非银行金融机构退出规制体系。再次，完善有关非银行金融机构退出的法律法规体系，加强对非银行金融机构负责人的追查力度。最后，要加强规制环境的治理和完善。从改善社会信用环境，建立社会信用体系的角度出发，努力营造和谐良好的金融生态环境。

[57] 于化龙．移动国际漫游市场定价及结算模式研究．北京邮电大学．2010.

本文通过对移动国际漫游业务市场（简称国际漫游市场）的梳理、对相应的定价和结算模式进行研究，探寻其中的规律与特点，力争为移动国际漫游业务的运营、发展做出贡献。

根据惯例将国际漫游市场整体划分为两个部分开展研究：零售市场和批量结算市场。“定价”指国际漫游零售市场中归属运营商确定给用户提供的漫游业务资费，“结算”指归属运营商与其他国家的合作伙伴间协商确定结算资费。对归属运营商来说，结算价格是其提供给漫游用户零售价格的成本。本文梳理国际漫游业务市场特点、按照市场结构及合作方式对国际漫游的零售及批量结算市场进行细分。借鉴均衡分析思想，综合分析影响国际漫游零售市场定价和批量结算市场结算的各类影响因素、提炼关键因素，重点研究了具体市场场景下国际漫游业务开展的定价和结算方式及其对运营商收益及市场稳定性的影响。

论文分为六个章节，其中第三章和第四章是本文的研究重点。

第一章为绪论，给出研究背景、分析框架，介绍国际漫游业务和市场。

第二章是对国际漫游定价及结算方式的综合整理研究，梳理分析相关文献、基于六力分析法分析漫游市场的竞争环境、划分批量结算市场的合作方式、提出对零售及批量结算市场的研究模型。

第三章研究国际漫游零售市场的定价模式，基于转换成本影响划分不同市场结构类型，分别研究垄断及寡头情况下的定价模式，进行了模型分析、数据仿真、实证数据验证。

第四章研究国际漫游批量结算市场。对结算模式的分析基于三种合作场景：运营商间直接合作、漫游代理合作、联盟合作。针对各具体场景分别分析其合作方式并建立数学模型，其中利用了合作博弈理论模型、委托代理理论模型、借鉴供应链市场分析思路设计了漫游合作中的折扣返还机制。通过模型分析、数据仿真、实证数据验证的方法推导和分析了相应合作场景下的结算实现模式。

第五章基于前面研究基础及实际市场影响因素，给出运营商开展国际漫游业务的策略分析框架建议。

第六章是全文总结和后续研究建议。

本文的贡献在于完成了对国际漫游市场中零售市场定价和批量结算市场结算一次比较系统化的梳理和研究。论文的创新点如下：（1）通过数学建模及数据仿真分析得到国际漫游零售市场上寡头市场结构下，漫游业务零售定价与顾客转换成本及运营商市场份额的关系，相关结论与实证数据分析相一致。（2）建模分析国际漫游批量结算市场上拜访运营商与归属运营商直接合作形式，得到不同细分合作方式下的市场均衡和最优结算价格实现条件。（3）针对运营商间国际漫游合作的折扣返还现象，设计了一种折扣返还机制模型，通过模型分析和数据验证得到折扣返还场景中运营商漫游业务收益提升的实现条件、折扣返回系数的影响因素。（4）对国际漫游批量结算市场中的漫游代理合作方式进行建模分析和数据仿真，分析得到信息不对称条件下的最优激励实现条件。（5）提出了国际漫游基于联盟合作情况下的策略选择建议和模型化决策条件，通过模型及数据仿真方法分析并给出了相关因素对最优联盟结算价格的影响。

[58] 尤利群．中国粮食国际贸易政府规制研究．西北农林科技大学．2010.

国以民为本，民以食为天，食以粮为源。政府行为以民众利益最大化为目标，民众生活以食物资源为保障，食物安全又以粮食供给为基础。作为仅占有世界7%左右的耕地却有着21%人口且处于发展中的大国，中国必须以其独特的战略解决粮食问题。粮食产业的资源高度依赖性、弱质性和公共性特征及其政治经济地位决定了政府对粮食产业实施规制的必要性；粮食国际贸易环境与中国的大国效应决定了中国粮食国际贸易规制必要性与重要性。中国加入WTO后，粮食国际贸易更为频繁，其政府规制问题将面临新的挑战。如何在正确的战略思想指导下科学制定规制政策，事关中国未来粮食产业发展、粮食安全、农民收入、国民福利和国家政治经济地位。本论文基于粮食产业的经济特征和国际贸易的新环境，运用规制经济学理论，从战略性、经济性、公共性和安全性的视角研究粮食国际贸易规制问题，剖析国际贸易规制作用机理和决策选择机制，力图解决粮食国际贸易的两个难点问题，即如何在保障国家粮食安全前提下有效利用国际市场资源；如何在粮食国际贸易政策上平衡贸易自由与贸易保护，平衡相关利益者利益。论文研究在理论上将规制经济学理论应用于粮食产业及国际贸易领域，拓宽了规制经济学的研究领域，丰富了规制经济学的研究内容；在实践上为政府制定和完善相关政策提供参考。

研究中国粮食国际贸易政策规制问题，其关键是要解决为什么要规制，即规制的必要性；规制什么，即规制的对象与内容；如何规制，即规制的方法、策略与政策；如何实施，即规制政策的制度化、法规化及实施；效果如何，即政策实施收益与损失等问题。本论文集中研究前三个问题。研究首先遵循规范分析方法，在收集与分析大量国内外文献的基础上，进一步界定问题，提出政府以本国国民福利最大化为目标的假说。其次，利用产业经济学理论与规制经济学理论，研究粮食产业经济学特征，论证粮食国际贸易政策规制存在的经济学缘由，确立研究的理论基础。论文从战略体系的角度，确立了规制的战略目标和内容框架体系。基于国际贸易理论，采用福利分析模型，研究各类国际贸易规制方法的预期福利影响效应，为合理选择规制方案建立基础。通过对中国粮食产业环境、粮食国内市场状况、粮食国际贸易环境、WTO相关规则等内容的实证分析，在合理借鉴国外成功经验的基础上，兼顾粮食国际贸易经济性效率、国家粮食安全性和国际政治经济关系，提出具有针对性的政策建议。

本论文研究第一从规制经济学的角度分析论证了中国粮食国际贸易政府规制存在的机理，得出规制必要性结论；第二确定粮食国际贸易政府规制理论基础、战略目标和研究框架；第三分析得出各种粮食国际贸易规制方法内涵、福利影响及适用性；第四在规制战略目标约束下，兼顾各方利益，确定相机而择的规制策略；第五借鉴各国经验，结合中国具体情况，针对性地提出中国粮食国际贸易规制政策建议。

本文的创新之处：(1) 国际贸易规制是贸易保护主义思想的体现，在自由贸易思潮和WTO环境下，规制政策的选择是多目标利益均衡的结果。(2) 政府应区分内外市场规制决策标准，对内适度放松规制，促进市场化与竞争，优化资源配置；对外适度强化规制，争取国家利益最大化。(3) 具有大国效应的中国粮食国际贸易其进口数量规制是基于粮食安全底线强规制前提下的适度放松规制。

限于篇幅，论文未对粮食国际贸易的垄断企业规制问题和政府俘虏问题展开研究。

[59] 张凤兵．自然垄断产业市场结构多元化演进研究．山东大学．2010.

传统经济理论认为自然垄断产业不宜引入市场竞争机制，但现实市场需求和技术进步使得传统自然垄断产业面临的经济环境发生了变化，传统一家独占的自然垄断市场结构逐步被侵蚀，自然垄断产业存在引入竞争的可能性与需求。20世纪70年代末以来，发达国家纷纷对传统自然垄断产业进行改革，积极引进和不断强化市场竞争的力量，市场结构多元化重构成为目前各国自然垄断产业改革的一种趋势。以电力产业的市场化改革为例，既有英国电力改革的典型成功经验，也有美国加州电力市场改革失败的惨痛教训。在各国自然垄断产业市场化改革以及国内经济体制转轨的大背景下，中国电力、电信、铁路等传统自然垄断产业引入竞争的市场化改革也纷纷展开。

市场结构多元化重组是当今各国自然垄断产业市场化改革的首选方式，其目的是通过引入市场竞争机制来提高产业效率、配置效率与社会福利，而有效竞争的形成需要结构完善且有组织的市场。本文认为，仅具有多元厂商的市场结构外衣但不能或难以形成有效市场竞争的自然垄断产业市场结构变革不是真正的市场结构多元化，外在的结构需要内在的制度做保障。自然垄断产业的市场化改革追求的是外在结构上的多元主体与内在合意制度保证下的竞争相融合的多元化市场结构。

文章以自然垄断产业的市场结构调整作为研究主线，在分析自然垄断市场结构的终结以及多元化重构可能性与合理性的基础上，从理论角度分析自然垄断产业市场结构演进，提出了“楔形市场进入”的自然演进模式与路径，提出并论证了自然垄断产业市场化改革的“有效”市场结构多元化，指出了市场结构调整与制度变革配合的重要性。最后，将理论发展与实证研究相结合，以电力产业改革作为典型案例，在借鉴发达国家电力市场改革经验与教训的基础上，分析中国电力产业引入竞争的市场结构多元化演进轨迹，考察市场化改革后电力的产业发展状况、市场绩效及其存在制度错位的问题，对当前中国电力产业的市场结构多元化重塑改革作出评价。

根据以上研究思路，本文主要包含以下几部分内容：

第一章首先根据现实自然垄断产业发展提出了本文的研究命题；接下来，为避免可能的误解，对相关概念进行了界定；然后对本文的研究思路、方法、内容、技术路线以及主要创新点进行了简要说明。

第二章梳理了产业组织理论对自然垄断及自然垄断产业变革与市场结构演进问题的认识与发展，简要总结了自然垄断产业发展中政府规制、产权结构变革与竞争三者之间的关系及其重要性等问题的相关文献，通过对理论与文献的简要评述，引出本文所研究的问题。

第三章从理论上分析了传统自然垄断市场结构存在的理由，指出自然垄断产业的一元市场结构存在的弊端，自然垄断市场结构在促进社会福利最大化的同时，可能会引起社会福利的巨大损失，即存在“一元化悖论”，传统的自然垄断市场结构不稳定。接下来，从理论发展和现实支撑两方面分析了多元化市场结构出现的可能性，指出自然垄断市场结构的终结和多元市场经营主体重构是自然垄断产业发展的必然，论证了自然垄断产业市场结构多元化重构的合理性，描述了市场结构调整的可能途径以及 OECD 对自然垄断产业市场结构重组的五种模式。

第四章从经济条件变化引起的厂商市场进入出发，抽象出理想条件下自然垄断产业市场结构调整与多元化自然演进的经济机制——“楔形市场进入”；逐步放松前提假设，指出制度变革与市场结构相匹配对多元化调整的重要性，提出了自然垄断产业“有效”市场结构多元化的概念及其四个基本判别准则；然后，基于博弈视角，分析了厂商的市场竞争策略对非自然垄断领域厂商数目调整的影响机理，指出为防止市场失灵带来的过度进入，政府仍不能放弃对自然垄断产业的市场进入规制。

第五章以电力产业市场化改革作为典型案例，对自然垄断产业的市场结构演进与变革进行分析。首先通过对比分析英国电力市场结构多元化改革成功的正面典型与美国加州电力市场结构重组失败的反面教训，研究了发达国家电力产业市场结构多元化的有效性与重组中的问题；其次，考察了中国电力产业的市场结构演进进程与市场结构多元化重塑改革，以经验数据为基础，对改革后的市场结构状况作出评判。

第六章对中国电力产业的市场结构多元化重塑改革作出评价。本章实证考察市场化改革后中国电力的产业发展状况、市场绩效，指出目前市场结构调整中的结构偏差与诸多制度错位。经过市场结构多元化塑造的中国电力产业获得了一定的发展，但其市场绩效的提高主要由生产规模的扩大和技术进步导致，而非由人们所期望的市场竞争程度提高所引致；中国电力产业市场结构调整过程中，存在“利益集团博弈陷阱”现象，导致社会公众的社会福利增进有限，大部分改革收益被电力产业集团所获得；市场化改革过程中，存在政府对市场的过分领导。在结合前文理论发展的基础上，本文认为，目前中国电力产业的市场结构重构只是在发电侧初步具备多元化的外部市场结构而尚未形成实质性有效竞争的“低效”市场结构多元化；最后，在以上分析的基础上，有针对性地提出今后中国电力实现“有效”市场结构多元化的相应政策建议。

第七章对文章进行了简要总结，并根据本文的研究不足，提出对该命题的未来研究展望。

[60] 张海霞．国家公园的旅游规制研究．华东师范大学．2010.

自然遗产是大自然馈赠予人类最珍贵的自然财富，维系自然遗产的可持续性是人类文明进程的重大责任。在世界一些主要国家实践的自然遗产管理的国家公园模式是一种有效的模式，值得中国借鉴。自然遗产资源的公共物品属性和中国社会的制度安排，决定了旅游规制问题研究的紧迫性。中国经济社会发展正处在转型发展期。因此，进一步揭示国家公园模式与实现公民游憩权的相关关系，总结国家公园旅游规制发育发展的基本规律和基本经验，探讨中国自然遗产地实现统一的国家公园模式的可行性，具有重要的理论价值和实践意义。

国家公园是为人类福祉与享受而划定的具有国家意义的公众自然遗产公园，它的建构、运营与维系均有坚实的理论基础。围绕“公民游憩权”，政治学和福利经济学领域先后出现了“福利主义游憩观”和“新自由主义游憩观”。福利主义游憩观是以公共游憩供给为根本价值追求与逻辑出发点，主张为保证公民基本游憩权，应不断增加和保障对公众的公共休闲游憩供给；新自由主义游憩观则更加推崇响应多样化游憩需求的市场化游憩供给。实质上，无论是福利主义游憩观，还是新自由主义游憩观，关注的焦点依然是公共游憩供给与社会政策的关联关系。作为一种公共社会福利政策的实施载体，国家公园是公民游憩权空间供给的重要保障和平台。

在倡导推进生态文明的新历史时期，国家公园建构有着明确的政治伦理指向。人类关系伦理已经从强调“人与人”关系的社会契约论，上升到强调“人与自然”关系的“大自然权利”理论，国家公园正是通过人为建构自然保护空间来保障大自然权利实现。彰显公共性为目标的公共哲学，是生态环境维护和公共游憩进入公共政策领域的理论依据，明确地将国家公园纳入了公共政策的领域。生态政治理论强调政治与生态保护的相关性，在理论上确定了生态保护的政治价值和生态文明的合理性，为国家公园的创设提供了理论土壤。资源经济学的自然资本论和环境生态学的生态服务理论，它们迎合了政治伦理取向，构成了国家公园营运的理论基础。有关市场失灵、政府规制及制度伦理以及可持续发展理论则是国家公园旅游规制的基本依据，并且支撑着旅游规制成为维系自然遗产地可持续性的重要理论工具。

自19世纪70年代国家公园理念产生以来，其在尊重“大自然权利”、彰显“公民游憩权”、激发国民凝聚力等方面的积极意义被越来越多的国家所接受，在全球掀起了一场国家公园运动，有150多个国家和地区建立了各种类型的国家公园。解读国家公园理念产生的历史过程发现，人类对于自然空间的生态保护与自然游憩需求是其发展的内在动力，而国家公园理念能得以维系的助力则在于各国政府对国家公园及相关保护地的政策支持。全球范围内，自然保护地呈现总量增长的趋势和多样化的类型分布格局。国家公园的空间扩散与发展呈现出萌芽期、发展期和繁荣期三个特征鲜明的阶段。由于国情和地区发展水平的不同，国家公园发端的驱动力类型有着明显的差异，出现了以美国和加拿大为代表的民族认同感驱动型、以英国和德国为代表的自然游憩驱动型、以澳大利亚与日本为代表的景观环境保护驱动型、以东非和南非为代表的野生动物保护驱动型的分异。

国家公园的发育、发展和空间分布受经济发展水平、环境关注度、旅游发展水平和公益化价值取向等多重因素的影响。旅游发展价值取向的分析表明，全球旅游行政管理有着双轨化的特征，一方面，为保障旅游市场化的有序进行，保持对旅游全行业的推动和监督作用（主要面向普通景区）；另一方面，各国政府逐渐意识到自身的社会和环境责任，关注焦点向遗产类景区转移，角色定位亦向保护者和规制者转变，公益化价值取向日益彰显。基于公益化的价值取向，国家公园成为政府公共服务职能的有效作为空间，有着坚实的实践基础和光明的发展前景。

国家公园的旅游规制属于自然遗产旅游规制的范畴。国家公园的公共品特性决定了旅游规制可以减少外部不经济性、减轻替代效应与交叉补贴、消除信息不对称等负面影响。本质上，国家公园的旅游规制是以维护公民权为要务的保护性规制，是强调政府积极作用的直接旅游规制，是以社会性规制为主的综合性规制，是规制加强而非规制放松。一些西方国家和 IUCN 等国际组织在关注国家公园建设的经验总结基础上，形成了从管理与治理两个层面解读国家公园旅游规制的常见思路，目标管理和有效治理是判断国家公园绩效的两大指标，由此形成了“IUCN 判断矩阵”。

国家公园的管理与治理与经济性规制、社会性规制及其细化分支之间存在交错对应的复杂关系。为此，建构国家公园旅游规制的基本框架是非常必要的。国家公园的旅游规制在国家宏观公共政策支持下，可分为管理与治理两个层面，以及机构设置、规制启动和反馈监管三个环节，主要包括面向“有效治理”的产权规制与资格规制，以及面向“目标管理”的价格规制、数量与质量规制、环境规制、教育规制、安全规制、信息公开等基本内容。

随着各国管理水平的普遍提高、立法网络一致强化、财政支持格局多样化，为国家公园旅游规制的良性发展奠定了较好的基础。但也存在不利因素，如多尺度旅游规制的协调性偏差、国家公园管理的“去中心化”导致管理低效，以及财政支持困难重重等。不同的国家公园治理类型对应着不同的旅游规制模式，其中，以美国为代表的中央集权型模式、以澳大利亚为代表的分散治理型模式、以日本为代表的混合治理型模式，是世界范围内国家公园旅游规制的三种主要模式。

中国自然遗产资源类型多样，自然遗产地的国家级标签地行动与相应的法律法规和保护规划，取得了初步成效。但中国自然遗产地管理的公益性价值取向比较欠缺，部门分割的治理格局容易造成“规制失灵”，相应的法律法规有待于进一步健全，各类自然遗产地对推动自然资源保护的成效有限。刚刚起步的黑龙江汤旺河、云南省等国家公园试点，也存在着市场失灵与部门主义倾向。中国自然遗产地的旅游规制基本处于弱规制的状态，突出表现在宏观政策保障不稳定、管理目标与有效治理的认知不统一、规制程序的不完整等层面。模糊的产权规制与部门分割的资格规制是引起中国自然遗产地低效治理的原因之一；而价格规制、质量与数量规制、教育规制、环境规制等基本层面，存在着中央与地方、部门与地方、地方与企业的多元格局的权益博弈，对门票经济的追逐，导致自然遗产的公益性价值流失。

因此，为维系自然遗产的可持续性与保障公民游憩权益，缓解自然游憩空间减少和公民游憩需求激增之间的矛盾，建构统一的中国自然遗产地国家公园模式是必要的。基于中国自然遗产资源的多样性、公民日益增长的公共自然游憩需求、旅游民生化价值取向、公有制为主体的制度安排等基本层面考察，中国实施自然遗产地治理的国家公园模式是可行的。采取“从零开始、逐一纳入”为主的国家公园培育路径和“中央政府直管”的治理模式，是中国实施国家公园模式的体制创新；而构建以保障自然景观与生物多样性、维护生态环境系统完整性、服务公共游憩为目标的国家公园旅游规制体系，是实现国家公园目标和推进有效治理的机制创新，由此而推进中国特色的自然遗产地旅游规制理论的完善和发展。

[61] 张玉珍．基于核心竞争力的石油石化上游企业并购研究．上海交通大学．2010.

在经济全球化的大背景下，企业必须应对来自内部和外部的竞争压力，企业必须在发展中提升自己的核心竞争力，在竞争中发展壮大自己，并购活动作为知识经济时代资本运作的主要方式，已经成为企业扩张发展的一条有效途径。斯蒂格勒（Stigaler）曾指出，没有一个美国大公司不是通过某种程度、某种方式的兼并而成长起来的，几乎没有一家大公司主要是靠内部扩张成长起来的。就石油公司而言，两百多年来，西方石油公司已经成功地在持续的并购和竞争中发展成长起来，其成长的道路就是并购之路，其成功之道就是基于核心竞争力的并购之道，因此，对中国石油石化上游企业进行基于核心竞争力的并购与重组研究，不仅能帮助和引导我国石油石化上游企业制定正确的竞争成长战略，实现资源的扩张和企业的快速成长，而且还能为企业选择正确的并购策略和并购路径提供理论指导，这些研究对我国能源战略企业—石油石化上游企业的发展具有重要现实意义。

在石油石化上游企业核心竞争力识别的基础上，以竞争基础协同为标准正确地选择并购目标，是做好并购活动的基础，为此建立起一套适用石油石化上游企业并购目标选择的评价标准，对于正确评价企业的核心竞争力，认识目标企业和自身企业，实现成功的并购，具有重要意义。同时，建立石油石化上游企业的评价体系，对于评价企业并购前后的资源、技术和管理等单项能力的改善情况，综合评价并购。

前后企业核心竞争力的变化，以及最终评价并购的效果，具有重要意义。

论文尝试以核心竞争力为分析工具和主线，力图把核心竞争力的理论从抽象走向具体，并使其与石油石化上游企业的实际并购行为有机结合，使核心竞争力成为企业并购活动的出发点和落脚点。这不仅是对核心竞争力研究在理论上的总结、补充和完善，而且有利于更好地利用核心竞争力理论和并购理论指导石油石化上游企业并购战略和并购实践的操作，提高石油石化企业的并购成功率，最终使企业能够通过成功的并购行为不断培育和强化自己的核心竞争力。本研究在结合国外研究成果和我国实际情况的基础上，从统计分析和实证研究的角度出发，对石油石化上游企业并购发展状况作出全面的定量分析和评价，并在此基础上建立具有实用意义的我国石油石化上游企业并购目标评价体系。

论文进一步完善石油石化上游企业并购理论和方法，有助于指导我国石油石化上游企业实施并购战略。论文首次将路径依赖法引入并购的研究之中，提出了从并购时间的前点分析并购行为的新思路，通过分析并购对企业利润的影响来分析并购产生的动力，并加入时点因素，分析企业在过去时点的并购决策是否会增加未来并购的可能性，同时提出了计算企业并购协同系数的具体方法。这些研究将在一定程度上丰富并购理论和路径依赖理论的内涵，能够较好地指导企业对并购目标选择的决策及并购后整合效果的评估。

论文建立了石油石化上游企业核心竞争力模型、目标评价模型，利用灰色理论以及对石油企业的并购进行定量的分析，为并购的科学量化决策提供理论上的指导。同时提出了石油石化上游企业并购后的要素整合及并购的政策建议。

论文主要做了以下研究工作：

1. 对核心竞争力理论和评价体系进行了研究。对企业竞争力理论、并购理论的研究成果，进行了系统的回顾归纳，研究了企业核心竞争力的性质特别是石油石化企业核心竞争力的特质，研究并构建了由规模（资源）实力、盈利能力、持续发展能力、技术创新能力、国际化经营能力和经营管理能力六项大指标组成的石油石化企业核心竞争力指标体系，给出了一般企业核心竞争力评价方法，以石油石化上游企业为例给出了具体评价体系。利用 B－P 神经网络模型对核心竞争力进行了理论上的定量研究。

2. 战略资源的获取是核心竞争力提升的重要途径。归纳梳理了战略资源的内涵和特征，归纳了其判定识别方法，指出基于战略资源的并购重在提高双方企业资源的匹配性。研究了基于战略资源的并购战略，给出了并购战略流程图。

3. 研究了基于竞争基础协同的并购目标选择，给出了竞争基础要素图，分析给出了基于竞争基础协同的并购目标选择模型，对实现成功并购具有重要指导意义，具有一定创新性。在基于竞争基础协同的条件下，“兼并—整合”两阶段博弈模型分析解释了并购企业达到什么边界才有并购动机和并购愿望。

4. 利用模糊数学和灰色系统理论对并购目标的选择进行了建模，并进行了分析。给出了基于路径依赖法的并购决策分析模型，首次将时间因素引入并购决策目标的选择之中。利用中国石油石化企业的数据，进行了实证分析。

5. 石油石化上游企业并购模式与核心竞争力的研究。通过并购前、并购后的博弈分析研究了横向并购与核心竞争力，纵向并购与核心竞争力，分析研究了石油石化上游企业的横向并购以及纵向并购。研究了石油石化上游企业的跨国并购和企业核心竞争力的内在联系。给出了石油石化上游企业并购方式的比较及抉择。通过企业并购定价决策的博弈分析，分析了我国石油石化上游企业在并购定价决策中应注意的问题。

6. 基于核心竞争力提升，分析了不同并购模式下并购整合的特点，对并购后要素整合研究。对石油石化上游企业并购后整合的战略进行了分析。

［62］张中辉．我国电信产业评价及规制策略研究．北京邮电大学．2010.

2008年的电信重组在资源配置方面调整了市场格局，但由于电信重组政策实施效果的滞后性和电信市场的复杂性，实现有效竞争和公平竞争的目标并没有在短期内实现；相反，在分业领域市场结构失衡的局面变得更加严重，使得市场机制不能有效的发挥配置资源的作用，主导运营商如果制定垄断价格或者滥用市场优势进行恶性竞争，会存在扰乱市场竞争秩序和社会福利减少的风险，从而影响产业的长期效益和整体竞争力。因此，有必要对电信产业绩效进行科学评价并且针对市场结构失衡的现状进行政府规制。

我国电信产业发展已有几十年的历史，对以往电信产业的市场结构和绩效、效率及电信规制效果的评价是制定符合我国国情的电信规制政策的基础。在对我国电信产业绩效、效率以及以往规制政策进行科学评价的基础上，针对我国电信市场的实际和三网融合进程的推进，对我国三网融合背景下的规制政策和市场准入规制以及电信资费规制进行了研究。

1. 本文从电信产业市场结构、业务发展、投资效益、通信能力等几个维度对电信产业的市场机构和绩效进行了研究和分析，发现电信重组虽然使得电信产业的发展水平逐年提高，服务水平快速提高，资费水平继续下降，但由于重组效果的滞后性和移动业务对固定业务的替代作用，使得市场结构失衡的状况变得更加严重，中国电信和中国联通的实力和中国移动相差甚远，难以与中国移动展开有效竞争。

2. 利用数据包络分析方法对我国电信产业的技术效率、规模效率、纯技术效率、动态效率、静态效率等从时间和地域两个维度进行了系统的实证研究和定量评估。研究结果表明，我国电信产业效率存在地区差异，以往电信重组和规制政策的实施对电信产业的效率存在影响。利用基于评价得出的电信产业的效率变化曲线，分析了历次电信重组和规制政策对我国电信产业效率的影响，例如我国电信产业的实施政企分开、放松资费规制、中国电信集团拆分、技术的进步等促进了电信产业的技术效率或者规模效率的提高。

3. 在借鉴经济合作与发展组织（OECD）电信规制指标体系的基础上，结合对电信专家的访谈以及文献研究的结果，建立了我国电信产业规制效果评价指标体系，利用层次分析法对我国电信产业近期规制政策的实施效果进行了科学的评估。根据评估结果得出国家规制政策应重点关注市场结构失衡的调整和加大对TD产业的扶持力度，为电信规制政策的制定提供决策支撑。

4. 在三网融合方面，通过对国内外三网融合规制的研究和分析，提出国家首先应该完善和健全三网融合法律体系，并建立独立的三网融合规制机构。在市场准入规制方面，通过建立博弈论模型从产业和企业层面对广电产业和电信产业的市场交叉进入情况进行了研究，得出在三网融合背景下必须严格限制进入电信运营领域的广电企业数量，否则既会使得互联互通难度增大，又会严重影响在位的电信运营企业的产量和利润，阻碍电信产业的持续健康发展。

5. 在电信资费规制方面，认为互联互通资费规制和资费规制是快速解决市场结构失衡的有效规制手段。在借鉴国外互联互通资费规制成功经验的基础上，提出了有效解决我国电信市场结构失衡的互联互通资费规制建议。利用曼奎斯特生产率指数——DEA模型对我国电信资费上限规制模型中的X参数进行了测算，并建立了资费调整依据数学模型得出了我国电信产业最优价格调整规律，在给定初始价格和终期价格的情况下，确定实现利润最大化的价格调整的时间点。从市场竞争的视角基于古诺模型进行电信资费博弈分析，得出了电信产业的市场集中度、产业平均边际成本、价格需求弹性和市场价格之间的关系。接着根据研究结果提出了我国电信产业规制的政策建议，为电信规制部门制定规制政策提供理论依据和决策支撑。

[63] 郑剑锋．网络产业的市场结构、竞争政策与政府规制研究．北京邮电大学．2010.

随着全球网络经济的迅猛发展，网络产业在社会经济中扮演越来越重要的角色。从20世纪90年代起，国内外掀起了对网络经济和网络产业理论研究的热潮，但相比于网络经济和网络产业的发展速度，理论研究是滞后的。网络产业兼容规模经济和竞争活力的市场结构使以“马歇尔冲突”为研究核心的传统产业组织理论面临严重挑战，网络产业不同于传统产业的运行环境、主导要素及经济规律呼唤产业组织理论的创新。在传统经济中孕育诞生的产业组织理论必须与时俱进，才能顺应网络经济和网络产业发展的需要。因此，把产业组织理论与现行的网络经济环境和网络产业特征结合起来进行研究以丰富和拓展产业组织理论和网络经济理论显得迫切而必要。

本论文以“网络产业的市场结构、竞争策略与政府规制研究”为题，对网络产业的市场结构、企业行为、经济绩效以及政府对网络产业的规制进行了比较系统完整地研究。全文共分六章：

第一章为理论基础和理论概述部分，对论文的理论基础进行了梳理，对相关概念进行了界定。第二章探讨网络产业的市场结构。第三章在第二章讨论的基础上，探究了网络产业的免费定价、渗透定价和歧视定价模式，指出传统均衡价格决定论和定价策略在网络产业失灵。第四章是第三章内容的延伸，重点研究网络企业的非定价行为。第五章研究了网络产业的经济效率，指出网络产业中市场竞争的非对称均衡结果使网络产业的市场结构在多数情况下表现为寡占垄断型，为数不多的企业占据相对较大的市场份额，对市场和产业发展有一定的掌控能力即拥有市场势力。第六章在讨论网络产业市场结构及网络企业竞争行为的基础上，重点研究了网络产业中的规制重构和放松规制，指出政府规制的必要性，合理的政府规制有利于效率改进，但有效的政府规制机制必须根据网络产业的运行特征来设计。

通过研究本文得出如下五点结论：

第一，参照贝恩和植草益的市场结构类型划分法，对网络经济核心行业市场集中度的测算结果表明网络产业的市场结构在多数情况下是寡占型垄断结构，其表现为规模型垄断、技术型垄断和内生型垄断。网络经济中的垄断与竞争是相容共生、相互强化的关系，垄断是绝对竞争中的一种暂时垄断。

第二，为招揽消费者“稀缺的注意力”，达到启动正反馈的临界容量，网络企业常采用免费定价和渗透定价策略；定价导向由卖方边际成本向买方支付成本转移，使得根据消费者的不同支付意愿确定有差别价格的歧视定价成为网络企业中的一种普遍定价策略。

第三，网络企业不同于传统企业的竞争优势来源及决定竞争胜负的因素，使得网络企业采取有异于传统企业的竞争策略。如为扩大市场份额而采取的主流化策略，为稳定市场份额而运用的锁定策略。

第四，网络产业的寡占垄断市场结构是在动态竞争中形成的一种暂时垄断，网络垄断企业虽在一段时间一定程度上拥有市场势力，但由于垄断的暂时性和难以维持性，这种市场势力很难上升为垄断势力，网络垄断企业不可能像传统垄断企业那样操纵市场、滥用垄断行为，因而网络产业寡占垄断市场结构下的经济效率要优于传统垄断或寡头垄断市场结构。

第五，网络产业运行中可能产生的一些非效率问题使得政府规制仍有必要，但由于经济规律已经发生变化，依据传统产业的经济规律而制定的反垄断法和设计的政府规制机制不能完全适用于网络产业，政府规制的价值取向、目标、内容等要根据网络产业的特征进行适当调整。网络经济时代经济的全球化和网络产业中比完全竞争更能实现经济效率的动态竞争型寡占垄断市场结构，客观上要求政府规制改革的最终趋向是放松规制。

本文的创新体现在，在研究中没有局限于结构—行为—绩效—规制的单向决定关系，而是注重对它们之间相互影响关系的研究，并引入新产业组织理论的博弈分析方法。这既是本文的特色也是本文最大的创新点。另外，本文的创新还表现在：（1）在探讨网络产业中垄断形成的机理时，分规模型垄断、技术型垄断、内生型垄断三种类型进行探讨，以显示网络产业垄断的成因和形成过程与传统产业垄断的不同。（2）通过对移动增值、网络游戏、网络广告、搜索引擎、电子商务五个网络经济核心行业市场集中度的测算，得出网络产业的市场结构多数情况下属于寡占型市场结构的结论。（3）在对网络产业的策略性行为进行研究时，突破了传统经济学对策略性行为的限定，研究了适合网络产业特征的策略性行为，如主流化策略、锁定策略、标准竞争策略和兼容性策略。（4）对市场势力和垄断势力进行了辨析和区分。（5）提出适合网络产业特征的政府规制机制。

2. 硕士论文索引

[1] 安桂君．垃圾短信规制的法律思考．中国政法大学．2010.

[2] 安娜．区域市场同类竞争品牌生态位影响因素及控制策略．山东大学．2010.

[3] 白磊．“住宅商用”法律规制研究．河南大学．2010.

[4] 白耀鹏．小水电接入电网对系统运行影响的研究．北京交通大学．2010.

[5] 曹焕．政府规制下不同议价能力主体的博弈分析——关于三鹿案例的分析．上海师范大学．2010.

[6] 曹建．由“英特尔诉讼案”谈滥用市场支配地位独占交易行为．上海交通大学．2010.

[7] 曹希增．日本法上董事自我交易之法律规制研究．山东大学．2010.

[8] 曹向志．电信行业反不正当竞争问题研究．兰州大学．2010.

[9] 曹小刚．道路交通管制的法制化研究．中国政法大学．2010.

[10] 柴荣．我国废弃电器电子产品法律规制研究．西安建筑科技大学．2010.

[11] 车宁．经营者市场势力衡量的反垄断法分析——以案例分析为视角展开．中国政法大学．2010.

[12] 陈仓柱．中国烟草消费税制研究．安徽大学．2010.

[13] 陈婧．商业银行“管制性破产”制度比较研究．北方工业大学．2010.

[14] 陈雷．论商标商品平行进口的法律规制．中国政法大学．2010.

[15] 陈默．我国反垄断法域外适用实施机制研究——以美国为参照．吉林大学．2010.

[16] 陈倩．中国电力行业市场结构变化及其效率的实证研究．南京理工大学．2010.

[17] 陈维．论反垄断调查中相关市场的界定问题．中国政法大学．2010.

[18] 陈文琳．上市公司经营者薪酬法律规制研究．中国政法大学．2010.

[19] 陈旭初．论我国消费者问题的法律规制．湖南师范大学．2010.

[20] 陈萱．反垄断法宽恕制度研究．中国政法大学．2010.

[21] 陈昱嘉．中国电信3G无线宽带产品竞争战略分析．上海交通大学．2010.

[22] 池雁红．不同竞争形态下上市公司股权集中度与公司绩效的实证研究．西南大学．2010.

[23] 仇文彦．版权技术保护措施及法律规制研究．吉林大学．2010.

[24] 楚菲菲．合营企业的反垄断法规制．中国政法大学．2010.

[25] 丛江．我国民用航空运输机场管理体制改革研究．山东大学．2010.

[26] 崔巍．环境保护行政管理体制研究．河南大学．2010.

[27] 戴立辉．工商行政管理机关反垄断执法若干问题研究．河北大学．2010.

[28] 丁曜．协商规制视野下的柔性执法方式研究——以上海市水务行政执法为实证对象．上

海交通大学.2010.
[29] 丁元强.韩国反垄断法研究——以历史演进为视角.暨南大学.2010.
[30] 董方.论土地征收中的公共利益及其规制.山东大学.2010.
[31] 董芳.著作权集体管理组织垄断行为的法律规制.湖南师范大学.2010.
[32] 杜好晨.房地产业市场结构与价格竞争行为研究.西安建筑科技大学.2010.
[33] 杜美丽.外资进入对中国零售业集中度的影响及绩效研究.浙江工商大学.2010.
[34] 樊志华."傍名牌"行为及其法律规制.上海交通大学.2010.
[35] 方红涛.基于比较优势理论的电信企业竞争策略.北京交通大学.2010.
[36] 方玉.人体器官移植危害行为的刑法规制.中国政法大学.2010.
[37] 冯洁.公共行政民营化的政府规制——基于行政法的视角.兰州大学.2010.
[38] 冯巧丽.煤气行业的价格规制研究.辽宁大学规制经济学.2010.
[39] 冯研秋.滥用知识产权反垄断法规制研究.西安交通大学.2010.
[40] 付伟.3G时代我国电信业反垄断规制研究.中国政法大学.2010.
[41] 付晓辉.竞争法视域下的商业贿赂及其法律规制.黑龙江大学.2010.
[42] 付永生.专利许可限制性条款及其法律规制研究.中国政法大学.2010.
[43] 嘎娃.外商投资市场准入法律制度比较研究.北京交通大学.2010.
[44] 高磊.论足球比赛中暴力犯规行为的刑法规制.中国政法大学.2010.
[45] 高志诚.特许经营中限制竞争条款的分析——以东南汽车价格纠纷案为例.兰州大学.2010.
[46] 葛雨今.《两个细则》对电力市场竞价影响研究及对策.华北电力大学.2010.
[47] 弓敏.中国成品油价格机制改革研究.上海师范大学.2010.
[48] 龚敬农.泰安移动网络竞争战略研究.山东大学.2010.
[49] 郭爱周.恶意欠薪刑法规制问题研究.河北师范大学.2010.
[50] 郭超.中国民航运输业中政府管制问题探析.黑龙江大学.2010.
[51] 郭栋.企业合并的反垄断规制.河南大学经济法学.2010.
[52] 郭晓鹤.我国上市公司高管薪酬规制研究.河北大学.2010.
[53] 韩蓉.房地产开发企业的准入研究.西安建筑科技大学.2010.
[54] 侯磊.安徽电信战略管控系统的设计与实现.北京交通大学.2010.
[55] 侯鹏.三联家电竞争战略研究.山东大学.2010.
[56] 胡春育.我国反垄断法的博弈分析.安徽大学.2010.
[57] 胡继.中国风电产业竞争力分析模型及对策研究.华北电力大学.2010.
[58] 胡树月.大型零售商滥用相对市场优势地位的竞争法规制.上海交通大学.2010.
[59] 花小安.地方政府投资行为、地区性行政垄断与经济增长.山东大学.2010.
[60] 黄海平.我国药品定价的法律规制研究.吉林大学.2010.
[61] 黄晖.国际人道法框架下对私人军事公司的规制探究.中国政法大学.2010.
[62] 黄力.中国石油行业现存主要问题及对策研究.中国地质大学.2010.
[63] 黄荣业.基于政府内部激励下兼容视角的中国食品市场管制失灵现象研究.浙江工商大学.2010.
[64] 霍迎.论行政规划的法律规制.中国地质大学.2010.
[65] 江章桥.论经营者集中反垄断审查中经营者程序权利的保障.中国政法大学.2010.
[66] 姜桦.我国出租汽车行业的规制研究.西南交通大学.2010.
[67] 姜琪.中国铁路运输业规制效率问题研究.山东大学.2010.
[68] 金盈.基于市场主体准入的政府流程再造研究.上海交通大学.2010.

［69］黎书文．国际技术转让限制性条款的反垄断法规制．中国政法大学．2010.

［70］李春杰．网络版权技术措施滥用的法律规制．河南大学．2010.

［71］李芳龙．城市供水行业的政府规制研究——以济南市为例．山东大学．2010.

［72］李娟．论反垄断法中相关市场的界定．中国政法大学．2010.

［73］李军．我国成品油定价机制改革和市场行为分析——基于新产业组织理论的研究．暨南大学．2010.

［74］李蕾．反垄断法域外管辖制度研究．中国政法大学．2010.

［75］李丽．地区性行政垄断对区域产业竞争力的影响分析．山东大学．2010.

［76］李琳．新加坡竞争法研究——以执行机构和制裁手段为视角．暨南大学．2010.

［77］李淼．环境管制下北京制造业全要素生产率研究．首都经济贸易大学．2010.

［78］李弢．经营者集中的反垄断审查实体制度研究——以商务部2009年第22号公告为切入点．暨南大学．2010.

［79］李天琪．外资并购我国国内企业的垄断问题研究．北京交通大学．2010.

［80］李伟．基于不同产品市场竞争程度的资本结构特征实证研究．北京林业大学．2010.

［81］李秀峰．水电站计价费用及计价电量的研究．华北电力大学．2010.

［82］李亚威．公益信托税收优惠与避税规制研究．中国政法大学．2010.

［83］李钊．中小煤矿安全生产管制的效果及其影响因素研究——基于主体建模与仿真的方法．江苏大学．2010.

［84］李志锋．北京市出租车行业准入管制的效应及改革途径．北京科技大学．2010.

［85］里玛达．大湄公河次区域经济合作及法律规制问题研究．安徽大学．2010.

［86］廖明兵．准入规制对企业业务选择的影响研究．上海交通大学．2010.

［87］林华．实时电力市场事后定价机制研究．上海交通大学．2010.

［88］林进效．反垄断法宽免制度及其效率研究．中国政法大学．2010.

［89］林木．公共事业民营化的行政法规制．长春理工大学．2010.

［90］刘菲．跨国并购中反垄断问题的制度探究．北京交通大学．2010.

［91］刘静．我国环境规制效率测评研究．西安理工大学．2010.

［92］刘俊．我国职业体育运动的反垄断法研究．安徽大学．2010.

［93］刘立萍．论我国水务业民营化进程中的政府规制．湖南师范大学．2010.

［94］刘莎日娜．中国铁路重组关键利益相关者及其需求研究．北京交通大学．2010.

［95］刘薇．WTO对法律服务贸易的规制及中国的应对．中国政法大学．2010.

［96］刘旭．我国垄断行业收入分配合理化研究．辽宁大学．2010.

［97］刘阳．“问题专利”反滥用法律规制探析．中国政法大学．2010.

［98］刘艺红．专利联营的政府监管研究．湖南师范大学．2010.

［99］刘元昌．电动自行车的社会规制困境与对策研究．南京理工大学．2010.

［100］刘源．论反垄断法对标准中专利权滥用的规制．上海交通大学．2010.

［101］卢玲玲．基于供求视角研究中国食品安全管制问题．浙江工商大学．2010.

［102］芦守义．景观生态学在中心城区空间管制的应用研究——以山区小城镇丹凤县为例．西安建筑科技大学．2010.

［103］陆以军．风电接入对配电网的影响及对策研究．山东大学．2010.

［104］陆勇伟．自然垄断产业放松管制条件下公司治理结构的演化研究——以中国电信产业和民航产业为例．浙江工商大学．2010.

［105］鹿欣．反垄断法域外适用问题研究．中国政法大学．2010.

［106］罗世民．反垄断公诉问题研究．安徽大学．2010.

[107] 马宏亮．我国建筑节能政府规制研究．西安建筑科技大学．2010.
[108] 马洪达．《反垄断法》中“经营者集中”量化标准研究．北京交通大学．2010.
[109] 马晓丹．虚假广告法律规制研究．北京交通大学．2010.
[110] 宁凤贞．我国公用事业特许经营机制研究．湖南师范大学．2010.
[111] 牛海鹏．论我国私募基金的法律规制．河北大学．2010.
[112] 牛帅．转轨经济中行政性垄断的成因及其影响．山东大学．2010.
[113] 牛元秀．我国小作坊食品质量安全的市场准入制度研究．中国政法大学．2010.
[114] 庞贞．大用户直购电准入机制研究．华北电力大学．2010.
[115] 钱昱如．农村土地流转与用途管制研究——以重庆市忠县为例．西南大学．2010.
[116] 秦立红．我国电信行业重组的协同效应分析．北京交通大学．2010.
[117] 秦阳洋．中国煤电纵向关系研究．山东大学．2010.
[118] 秦泽峰．我国纺织产业政府管制研究．东华大学．2010.
[119] 邱春霖．经营者集中反垄断规制的程序性问题研究．浙江工商大学．2010.
[120] 邱跃辉．医疗商业贿赂行为的反不正当竞争法规制．湖南师范大学．2010.
[121] 裘陈．食品安全领域社会中间层主体法律规制研究．浙江财经学院．2010.
[122] 任龙凤．铁通互联网增值业务竞争战略研究．北京交通大学．2010.
[123] 任同志．论竞争法与消费者保护法的协作．中国政法大学．2010.
[124] 任学谦．主权财富基金国际法律规制研究．湖南师范大学．2010.
[125] 尚玉敏．河北省新能源产业发展竞争力评价研究．华北电力大学．2010.
[126] 邵静程．论专利联营的反垄断法规制．南京理工大学．2010.
[127] 佘洪光．电信企业重组期铁通业务战略选择研究．北京交通大学．2010.
[128] 沈庆芳．陕西省土地用途管制制度的耕地保护绩效分析．西北农林科技大学．2010.
[129] 沈玉阁．烟草专卖行政执法研究．首都经济贸易大学．2010.
[130] 盛静怡．外商直接投资对我国汽车产业市场结构的影响．上海师范大学．2010.
[131] 史冯旭．从禁榷制度的两面性透视当今我国的烟草专卖制度．中国人民大学．2010.
[132] 寿欣玥．经营者集中反垄断规制中的审查标准问题研究．上海交通大学．2010.
[133] 宋晓莹．《反垄断法》框架下对知识产权垄断的法律规制．首都经济贸易大学．2010.
[134] 苏涛．秘密侦查立法规制研究．中国政法大学．2010.
[135] 苏锡滨．中国私募股权基金法律规制研究．首都经济贸易大学．2010.
[136] 孙彬．反垄断法宽恕制度研究．安徽大学．2010.
[137] 孙国军．环境管制对企业创新激励的比较研究．浙江工商大学．2010.
[138] 孙晶．跨国并购法律规制研究．大连海事大学．2010.
[139] 孙新宇．基于竞争态模型和集中度的中国入境旅游目的地市场分析．北京交通大学．2010.
[140] 唐旭．反垄断法域外适用研究．中国政法大学．2010.
[141] 陶长洲．论版权技术措施滥用的法律规制．湖南师范大学．2010.
[142] 田佳．分布式发电对配电网继电保护的影响及对策研究．山东大学．2010.
[143] 田松景．反垄断法损害赔偿制度研究．河南大学．2010.
[144] 王传辉．反垄断法私人诉讼制度研究．河南大学经济法学．2010.
[145] 王丹．环境规制对工业生产效率的影响——基于江苏省面板数据的实证研究．南京理工大学．2010.
[146] 王芳．我国政府监管的问题与对策研究——以“三鹿奶粉事件”为例．西安理工大学．2010.
[147] 王刚．论格式条款的规制．河北大学．2010.

[148] 王海生. 城市房屋拆迁制度的缺陷及法律规制. 中国政法大学. 2010.
[149] 王贺娟. 论行政垄断的反垄断法规制. 山东大学. 2010.
[150] 王嘉彧. 铁路运输市场准入法律制度研究. 北京交通大学. 2010.
[151] 王甲同. 反垄断执法和解制度研究. 中国政法大学. 2010.
[152] 王军. 环境规制对浙江省制造业国际竞争力的影响. 浙江工商大学. 2010.
[153] 王珂. 反垄断法之宽恕制度研究. 河南大学. 2010.
[154] 王乐萌. 大型零售商滥用相对优势地位的法律规制. 山东大学. 2010.
[155] 王琳颖. 我国铁路客运供给能力分析与市场竞争力研究. 北京交通大学. 2010.
[156] 王敏. 中石油某区成品油零售市场竞争策略研究. 华北电力大学. 2010.
[157] 王能晓. 我国汉江流域生态保护法律规制研究——以水资源保护为主线. 西安建筑科技大学. 2010.
[158] 王奇. 我国银行卡平台企业的反垄断法规制——联网通用视角. 上海交通大学. 2010.
[159] 王然. 异质寡头企业的古诺竞争与伯川德竞争. 山东大学. 2010.
[160] 王瑞玲. 我国保险公司合作竞争研究. 山东大学. 2010.
[161] 王思宁. 外资并购中的经营者集中申报审查标准. 上海交通大学. 2010.
[162] 王婉琳. 试论专利权滥用的反垄断法规制. 中国政法大学. 2010.
[163] 王伟娜. 反垄断法的违法确认原则. 河南大学经. 2010.
[164] 王潇伟. 地方政府反竞争行为的审查分析——法律模式及审查机关. 中国政法大学. 2010.
[165] 王晓丽. 我国食品工业食品安全规制模式研究. 山东经济学院. 2010.
[166] 王晓娜. 河北移动通信资费定价机制研究. 河北大学. 2010.
[167] 王晓旭. 中国电信业监管问题研究. 吉林大学. 2010.
[168] 王秀峰. 高青迎宾馆竞争战略研究. 山东大学. 2010.
[169] 王烜. 石油行业政府监管机制的法经济学分析. 吉林大学. 2010.
[170] 王彦. 我国金融衍生品的政府监管研究. 河南大学. 2010.
[171] 王咿人. 国企高管薪酬法律规制的合理路径. 中国政法大学. 2010.
[172] 王轶群. 电网广义限流的初步研究. 山东大学. 2010.
[173] 王兆强. 我国天然气输配管网准入制度研究. 中国地质大学. 2010.
[174] 韦雪梅. 我国离岸公司避税的法律规制. 暨南大学. 2010.
[175] 吴蓓. 中国动漫期刊竞争力与竞争策略研究. 湖南师范大学. 2010.
[176] 吴育彩. 由“德隆系”案反思我国上市公司关联担保的法律规制. 兰州大学. 2010.
[177] 武健. 人类辅助生殖技术的刑法规制. 山东大学. 2010.
[178] 武美娜. 发电商在电力市场中的竞价策略研究. 江苏大学. 2010.
[179] 厦蕊. 我国电信产业的发展与政府规制. 首都经济贸易大学. 2010.
[180] 向洪华. 食品安全行政许可监管问题探讨. 湖南师范大学. 2010.
[181] 肖潇. 论技术标准中知识产权滥用行为的反垄断规制. 中国政法大学. 2010.
[182] 熊聃. 联合抵制中的反垄断法问题研究. 中国政法大学. 2010.
[183] 徐桂萍. 我国反不正当竞争法律制度研究. 黑龙江大学. 2010.
[184] 徐佩祎. 中国电信海阳农村市场开发策略研究. 北京交通大学. 2010.
[185] 徐珊珊. 基于马克思的竞争和价值理论的非均衡石油价格模型研究. 中国地质大学. 2010.
[186] 徐曦. 基于CRM的移动通信企业区域营销战略研究. 北京交通大学. 2010.
[187] 徐拥山. 论食品安全问题的国际法规制. 安徽大学. 2010.

[188] 许开国．地区性行政垄断的效率损失研究．山东大学．2010.
[189] 薛珂．美国反垄断法的域外适用研究．中国政法大学．2010.
[190] 学时晋．国有控股上市公司高管薪酬的法律规制．中国政法大学．2010.
[191] 严丽英．中国民用机场政府规制研究．上海交通大学．2010.
[192] 杨超．双边市场下大型零售商的竞争策略研究．山东大学．2010.
[193] 杨光．论企业并购反垄断规制的域外效力．中国政法大学．2010.
[194] 杨坤．公司登记的法律规制研究．中国政法大学．2010.
[195] 杨立滨．电力市场下的输电定价与监管．山东大学．2010.
[196] 杨锐．我国自然垄断法律规制探究．河南大学．2010.
[197] 杨婷婷．企业合营行为的反垄断法规制研究．浙江财经学院．2010.
[198] 杨晓敏．论规制影响评价——以我国规制影响评价制度的建构为视角．中国政法大学．2010.
[199] 杨新波．电力数据网传输模式研究．山东大学．2010.
[200] 杨扬．中国电信企业文化建设评价体系设计及应用研究．北京交通大学．2010.
[201] 杨毅．我国中小企业的政府规制研究．河南大学．2010.
[202] 杨宇峰．哈尔滨市食品安全监管存在的问题及对策研究．黑龙江大学．2010.
[203] 姚秋月．中小城市医疗服务市场结构分析及发展对策研究——以镇江市为例．江苏大学．2010.
[204] 叶恒．中国网络游戏产业的产业组织理论分析．湖南师范大学．2010.
[205] 叶洋．北京市建筑市场市场结构及规制研究．首都经济贸易大学．2010.
[206] 易文博．事实劳动关系之界定及其法律规制．吉林大学．2010.
[207] 易湘戈．我国烟草经营中的政府监管研究．湖南师范大学．2010.
[208] 尹冬生．网络外部性下的我国电子支付产业竞争策略研究．山东大学．2010.
[209] 尹晓海．论我国行政垄断法律责任制度的构建．河北大学．2010.
[210] 于瑞宁．出租车行业管制效应研究．北京交通大学．2010.
[211] 袁野．论知识产权滥用的反垄断规制．黑龙江大学．2010.
[212] 曾丹．金融输电权市场参与者竞价策略研究．上海交通大学．2010.
[213] 詹玲．电力市场环境下发电企业成本分析及竞价策略研究．华北电力大学．2010.
[214] 张冬．我国反垄断司法审查机制研究．北京交通大学．2010.
[215] 张帆．某省联通公司3G竞争战略研究．华北电力大学．2010.
[216] 张帆．中国银行业进入壁垒研究．山东大学．2010.
[217] 张丰智．中国石油行业行政垄断问题研究．山东大学．2010.
[218] 张慧．我国行业协会垄断行为及损害赔偿责任研究．天津师范大学．2010.
[219] 张慧婷．竞争法视阈下的行业协会法律规制．黑龙江大学．2010.
[220] 张康建．浙江省县（市）域空间管制理论方法研究．浙江大学．2010.
[221] 张可佳．基于委托代理理论的容量电价规制模型研究．华北电力大学．2010.
[222] 张蕾．中国企业跨国石油并购研究．首都经济贸易大学．2010.
[223] 张林．我国民办高校重组和退出机制的立法研究．上海交通大学．2010.
[224] 张璐．论行政规划变更的法律规制．山东大学．2010.
[225] 张楠．论跨国并购对我国的影响及反垄断法律规制．吉林大学．2010.
[226] 张卫红．郑州市房地产业市场结构、效率与绩效关系实证研究．西安建筑科技大学．2010.
[227] 张文静．关于交织于技术标准的专利权滥用导致垄断的案例分析．兰州大学．2010.

［228］张熙政．建设次优制度：一套适合中国发展路向的竞争政策．中国政法大学．2010.

［229］张晓慧．论我国混合并购反垄断审查制度的构建——以可口可乐并购汇源案为视角．兰州大学．2010.

［230］张笑滔．行政许可的滥用与规制——以“山西煤改”为例．中国政法大学．2010.

［231］张学杰．我国自然垄断行业的法律规制探析．山东大学．2010.

［232］张燕．保证保险合同的法律性质与规制体系研究．山东大学．2010.

［233］张燕龙．人肉搜索的刑法规制．中国政法大学．2010.

［234］张永娜．我国电力市场化改革中输配电价管制研究．华北电力大学．2010.

［235］张志雷．论我国国有企业管理层收购的法律规制．山东大学．2010.

［236］章一多．中国银行业市场竞争结构研究——基于修正的模型设定．浙江工商大学．2010.

［237］赵大鹏．论我国的反垄断执法机构．山东大学．2010.

［238］赵华从波音/麦道并购案透视反垄断法的域外适用．山东大学．2010.

［239］赵厉珍．技术措施滥用的版权法规制研究．西安理工大学．2010.

［240］赵媛．关于可口可乐并购汇源的案例分析．兰州大学．2010.

［241］赵在勋．中国《反垄断法》中的经营者集中制度研究．中国政法大学．2010.

［242］郑雪梅．中国民航业规制对航空运输业效率的影响．山东大学．2010.

［243］郑艳．论食品质量的政府监管．长春理工大学．2010.

［244］周满意．基于进入壁垒下的手机业企业竞争战略分析．暨南大学．2010.

［245］周新．竞争法理念影响下的非对称管制研究——以电信行业为视角．湖南师范大学．2010.

［246］朱江艳．基于 Repast 仿真平台的发电商演化博弈竞价策略研究．华北电力大学．2010.

［247］朱松涛．我国上网电价管制问题研究．上海交通大学．2010.

［248］朱希军．中国移动渠道协同系统的设计与实现．山东大学．2010.

［249］郏小红．我国反垄断法损害赔偿制度研究．安徽大学．2010.

［250］祝伟．论行业协会限制竞争行为之反垄断法规制．上海交通大学．2010.

第六部分

学术论文索引

[1] 艾·里斯，杰克·特劳特．市场竞争中不可忽视的3个定律．领导文萃．2010（02）．

[2] 艾华，袁玎．我国电力产业管制制度演进综述．商业时代．2010（11）．

[3] 安果，伍江．产业特性、市场结构与产业创新分析——基于固定成本的古诺创新模型．广东社会科学．2010（03）．

[4] 安华，燕红忠．寻租理论与传统社会的官商关系——晋商与政府结合的经济动因探析．山西大学学报（哲学社会科学版）．2010（04）．

[5] 岸本千佳司，彭雪．日本北九州市的环境政策演变：从克服公害到创建环境首都．当代经济科学．2010（06）．

[6] 白湘霖．积极探索食品药品科学监管的有效途径．中国食品药品监管．2010（04）．

[7] 白艳娟．我国市政公用事业特许经营障碍及其对策分析．北京市经济管理干部学院学报．2010（02）．

[8] 本刊编辑部．李毅中：中国钢企深受三巨头垄断之害．创新科技．2010（08）．

[9] 本刊编辑部．积极探寻财政集权与分权的均衡点．地方财政研究．2010（08）．

[10] 边红彪．2010年度日本进口食品监控制度对我国的启示．WTO经济导刊．2010（08）．

[11] 蔡皓．美英对自然垄断产业的价格管制模式比较以及对我国的启示．企业家天地下半月刊（理论版）．2010（02）．

[12] 蔡皓．我国输配电成本监管问题研究．现代商贸工业．2010（04）．

[13] 蔡建刚，叶泽，钟宏．电力价格水平规制理论文献述评．吉首大学学报（社会科学版）．2010（02）．

[14] 蔡亮．监管缺失影响民资金融准入．产权导刊．2010（07）．

[15] 蔡敏．中国煤层气产业规制与产业发展．资源与产业．2010（04）．

[16] 蔡翔．中国省级政府的财政支出效率研究——基于DEA方法分析．海南大学学报（人文社会科学版）．2010（05）．

[17] 蔡晓．我国报业市场结构分析．商业文化（学术版）．2010（11）．

[18] 蔡跃洲．财政再分配失灵与财政制度安排——基于不同分配环节的实证分析．财经研究．2010（01）．

[19] 蔡志荣，张玉路．农村土地流转的现实障碍及其对策．经济与管理．2010（07）．

[20] 仓平，吴军民，王宏．三方模型下政府采购寻租监管的演化博弈分析．贵州财经学院学报．2010（06）．

[21] 曹春．略论社保基金监管存在的问题与对策．新视野．2010（04）．

[22] 曹会勤，储小平．非生产性努力、政府规制与私营经济发展．南方经济．2010（06）．

[23] 曹军，王芳．政府审计部门激励与监督机制研究——基于博弈均衡模型的分析．财会通讯．2010（30）．

[24] 曹俊浩，陈宏民，石彼得．基于双边市场理论的B2B垄断平台自网络外部性分类及其强度研究．上海交通大学学报．2010（12）．

[25] 曹葵，王玉振，曹凤中．地方政府环境行为的经济学分析及建议．环境经济．2010（10）．

[26] 曹淼孙．基于SCP框架下的CBA市场分析．吉林体育学院学报．2010（06）．

[27] 曹文慧．财政分权问题研究——关于地方政府发行公债问题分析．商场现代化．2010（18）．

[28] 曹晓飞．收入分配的政治经济学分析．兰州学刊．2010（03）．

[29] 曹阳．专利许可的反垄断规制．湖南社会科学．2010（06）．

[30] 曹阳．知识产权集中的反垄断规制——兼评辉瑞惠氏并购案反垄断裁决．企业经济．2010（11）．

[31] 曹玉书，尤卓雅．环境保护、能源替代和经济增长——国内外理论研究综述．经济理论与经济管理．2010（06）．

[32] 曹裕，陈晓红，马跃如．城市化、城乡收入差距与经济增长——基于我国省级面板数据的实证研究．统计研究．2010（03）．

[33] 常磊，余莉．垄断行业社会责任的再思考．中国商界（上半月）．2010（01）．

[34] 常帅，刘景章．中国电信业地区效率研究——基于31个省市数据的DEA实证分析．北方经济．2010（02）．

[35] 常燕．我国工业化中后期企业大型化趋势与特征．产经评论．2010（05）．

[36] 常晔．国际金融危机背景下甘肃省银行业经营绩效变化特征研究．甘肃金融．2010（02）．

[37] 常寅仲，李学良．国内大型钢铁企业规模与绩效的实证研究．消费导刊．2010（07）．

[38] 车维汉，张琳．市场结构、政府行为与技术创新关系研究．中国社会科学院研究生院学报．2010（01）．

[39] 车雯雯．网络购物C2C平台盈利影响因素研究——基于垄断平台收取交易费的视角．科学技术与工程．2010（02）．

[40] 陈安平．我国收入差距与经济增长的面板协整与因果关系研究．经济经纬．2010（01）．

[41] 陈宝东，于一，曲莉莉．产业安全的政府监管研究．经济师．2010（01）．

[42] 陈本强，彭志远．自然垄断规制理论：一个文献综述．时代金融．2010（05）．

[43] 陈炳辉，宋浩亮．美国衍生品监管的改革与启示．现代管理科学．2010（09）．

[44] 陈朝玉．法治视野下的反垄断问题研究．吉林广播电视大学学报．2010（07）．

[45] 陈晨．浅谈市场化下的中国医疗改革困境及原因分析．商场现代化．2010（18）．

[46] 陈成．后金融危机时代中央银行与金融监管问题研究．法制与社会．2010（13）．

[47] 陈冲．我国省际间农民收入差距的趋势及其结构分解：1996～2008．经济经纬．2010（05）．

[48] 陈辞，李炎杰．保险监管的经济学动因——保险市场失灵及其表现．技术经济与管理研究．2010（05）．

[49] 陈福中，叶瑶．网络型产业并购绩效评估体系构建与研究展望．当代经济管理．2010（11）．

[50] 陈刚，李树．中国地方政府的社会性支出：效率及其决定因素．南方经济．2010（10）．

[51] 陈刚，李树．中国的腐败、收入分配和收入差距．经济科学．2010（02）．

[52] 陈华森．自由主义国家观：国家监管缺失的理论基础——基于马克思主义的理论审视．生产力研究．2010（05）．

[53] 陈季修，刘智勇．我国食品安全的监管体制研究．中国行政管理．2010（08）．

[54] 陈佳．浅谈三网融合的动力和阻力．硅谷．2010（09）．

[55] 陈健，陆梦龙．晋升锦标赛起了多大作用？——兼论地方官员的激励导向．河北经贸大学学报．2010（03）．

[56] 陈晶晶．互联网反垄断第一案虚实．法人．2010（12）．

[57] 陈凯，黄小强．垄断与危机——美国北卡州Sanford-herald社区日报采访记．传媒．2010（11）．

[58] 陈亮．中国电信最小有效规模效应初现"新三国"格局逐渐成型．通信世界．2010（23）．

[59] 陈璐．高房价背后的利益集团因素探索——基于新制度经济学的视角．现代商贸工业．2010（12）．

[60] 陈美忠，王一流．论民意与反垄断执法——以可口可乐收购汇源案为例．广西民族大学学报（哲学社会科学版）．2010（06）．

［61］陈梦晓．探讨反垄断私人实施中举证责任制度之构建．中国商界（下半月）.2010（10）.

［62］陈明．城市公用事业民营化中的有效竞争标准研究．商业时代.2010（31）.

［63］陈明．“土地财政”的多重风险及其政治阐释．经济体制改革.2010（05）.

［64］陈明，陈永法，邵蓉．英国网上药店的监管及对我国的启示．中国执业药师.2010（07）.

［65］陈明，胡雪芹．城市公用事业特许经营中的政府监管研究．现代管理科学.2010（10）.

［66］陈平．互联网电视受制牌照“垄断”彩电企业新思路又遇行标难题．IT时代周刊.2010（13）.

［67］陈琦涛，熊艳．特许经营下的城市供水行业政府监管模式探讨．今日南国（中旬刊）.2010（04）.

［68］陈倩．证券市场集中度、规模对效率的影响．东方企业文化.2010（15）.

［69］陈琴．论垄断效应之双面性．法制与社会.2010（12）.

［70］陈清．政府干预与经济发展方式转变——发达国家与地区的经验及启示．中共福建省委党校学报.2010（11）.

［71］陈清．公共产品：基于政府失灵的市场化运营研究．经济研究导刊.2010（06）.

［72］陈蓉芳，李洁．欧盟食品安全监管体系研究及启示．上海食品药品监管情报研究.2010（03）.

［73］陈生桂．中国语境下虚拟货币监管体系的完善——以中央银行为核心的思考．商品与质量.2010（S6）.

［74］陈剩勇，李继刚．后金融危机时代的政府与市场：角色定位与治理边界——对当前中国经济和社会问题的观察与思考．学术界.2010（05）.

［75］陈士林．我国证券投资基金：监管模式与监管措施．上海金融.2010（08）.

［76］陈硕．分税制改革、地方财政自主权与公共品供给．经济学（季刊）.2010（04）.

［77］陈涛，臧志彭．中国行业收入差距问题研究综述．青海社会科学.2010（06）.

［78］陈望秋，宋先彦，熊杰华．制衡授信审批权利寻租的“三三”方略．学习月刊.2010（02）.

［79］陈伟．基于SCP范式的我国风电产业分析．网络财富.2010（12）.

［80］陈伟．网络经济中产业垄断程度分析模型构建．商业时代.2010（11）.

［81］陈伟锋，罗宇．佛山高明填埋场“第三方”监管的实践．广东科技.2010（10）.

［82］陈卫华．我国旅游价格规制模式演变与制度创新．合作经济与科技.2010（09）.

［83］陈文，游钰．论区域经济一体化与竞争机制的完善．武汉大学学报（哲学社会科学版）.2010（03）.

［84］陈曦．中国社会贫富分化加剧问题的对策．法制与社会.2010（03）.

［85］陈弦．中东欧转轨国家不动产税制改革的实践及其启示．经济体制改革.2010（02）.

［86］陈宪．市场自由、政府干预和“中国模式”．杭州（下旬刊）.2010（06）.

［87］陈小林，李青．市场秩序、产权性质与企业效率．经济经纬.2010（03）.

［88］陈小毅，周德群．中国煤炭产业市场集中度的实证研究．当代财经.2010（02）.

［89］陈晓红，万光羽，曹裕．行业竞争、资本结构与产品市场竞争力．科研管理.2010（04）.

［90］陈晓玲．美国次贷危机对中国金融监管的启示．知识经济.2010（04）.

［91］陈晓毅．城市化、工业化与城乡收入差距——基于SVAR模型的研究．经济经纬.2010（06）.

［92］陈新业，彭静．公用事业垄断特征与价格监管对策．价格理论与实践.2010（03）.

［93］陈旭华，夏良圣.SCP视角下的浙江风险投资行业发展现状调查．今日科技.2010（06）.

［94］陈怡．医疗“广告杂志”的问题与监管．新闻世界.2010（06）.

[95] 陈莹. 我国信用评级业监管研究与监管体系构建. 南京财经大学学报. 2010 (02).

[96] 陈莹. 我国对企业的环境规制效率分析. 改革与战略. 2010 (09).

[97] 陈勇. 基于循环经济的企业与政府行为模式研究. 经济体制改革. 2010 (02).

[98] 陈雨露，马勇. 地方政府的介入与农信社信贷资源错配. 经济理论与经济管理. 2010 (04).

[99] 陈玉岩. 我国房地产信贷监管现状和对策研究. 开放导报. 2010 (05).

[100] 陈志广. 商务部“汇源案”的反垄断思考. 东岳论丛. 2010 (05).

[101] 陈志武. 民有化改革如何实现. 新经济导刊. 2010 (08).

[102] 陈周宁. 政府与市场的博弈——干预主义与自由主义的斗争与选择. 消费导刊. 2010 (07).

[103] 成功. 试论外资并购的反垄断法规制. 法制与社会. 2010 (05).

[104] 成婧. 后危机时代我国政府治理模式的转型与定位——以政府与市场关系为观察视角. 特区经济. 2010 (10).

[105] 诚然，韩锋，臧盛英. 政府投资项目招投标过程中的权力寻租问题——基于静态混合策略的博弈分析. 企业经济. 2010 (12).

[106] 程林林，黄旭. 隐性利益与体育利益格局演化分析框架（上）. 体育与科学. 2010 (06).

[107] 程鹏飞，刘新梅. 移动通信行业的规模经济性检验——基于105家运营商面板数据的研究. 软科学. 2010 (02).

[108] 程鹏飞，刘新梅. 经济增长、替代效应及规制对电信发展的影响——基于创新扩散的视角. 中国软科学. 2010 (01).

[109] 程群. 基于金融危机视角的资本外逃监管研究. 现代商贸工业. 2010 (15).

[110] 程然然. 论银行卡市场的反垄断. 哈尔滨工业大学学报（社会科学版）. 2010 (05).

[111] 程然然. 论银行业反垄断的相关市场界定. 安徽工业大学学报（社会科学版）. 2010 (02).

[112] 程世勇. 地价失灵条件下的经济发展模式转型. 经济问题. 2010 (07).

[113] 程晓芳. 浅探我国高校国有资产政府监管新模式. 法制与社会. 2010 (15).

[114] 迟杰. 中国电信产业激励规制改革研究. 合作经济与科技. 2010 (05).

[115] 初立辉. 深化收入分配制度改革：现状分析与政策思路. 经济研究参考. 2010 (39).

[116] 楚迤斐. 中国公用事业市场化的政府规制途径探析. 河南师范大学学报（哲学社会科学版）. 2010 (02).

[117] 褚春良. 山西煤矿产业市场失灵解析——基于外部不经济的分析. 现代商贸工业. 2010 (03).

[118] 褚有为. 我国现阶段经济体制改革的效率与公平分析. 当代经济. 2010 (08).

[119] 慈向阳，赵德余. 中国电力市场的非均衡研究——制度偏好差异的视角. 工业技术经济. 2010 (03).

[120] 从佳佳. 基于非主流经济学视角的反垄断评析. 现代商贸工业. 2010 (19).

[121] 崔惠民，李文庆，米强. 自然垄断行业改革之规制与竞争平衡研究——一个手段与目标交叉指向的结论. 经济问题探索. 2010 (11).

[122] 崔静，李宁. 试论我国衍生金融交易监管的路径选择. 贵阳学院学报（社会科学版）. 2010 (01).

[123] 崔晓红. 垄断才是那颗“毒瘤”. 新财经. 2010 (09).

[124] 崔秀花. 论竞争法对知识产权的附加保护. 理论月刊. 2010 (05).

[125] 崔瑛，齐兰. 推进科技金融工作需要重视金融监管理论及其实践. 中国科技论坛. 2010

(06).

[126] 崔照辉．次贷危机：诚信与监管．边疆经济与文化．2010 (09).

[127] 崔卓兰，宋慧宇．论我国食品安全监管方式的多元化．华南师范大学学报（社会科学版）．2010 (03).

[128] 笪薇．后危机时代我国金融业实施混业经营的路径思考．中国城市经济．2010 (12).

[129] 大风．"监管为镜"策略互重．中国石油石化．2010 (22).

[130] 戴斌．经济法视野下食品安全市场中的政府角色．合肥学院学报（社会科学版）．2010 (04).

[131] 戴璐．部分民营化改革的研究述评与理论启示．中央财经大学学报．2010 (08).

[132] 戴志勇．国企存在为了什么．商周刊．2010 (25).

[133] 丹青．论政府官员的寻租性腐败．现代商贸工业．2010 (03).

[134] 单春红，刘晓丽．掠夺性定价的 KMRW 声誉模型分析．山东经济．2010 (06).

[135] 单东．美中两国市场经济体制比较．浙江经济．2010 (11).

[136] 单洪国，鹿永华，赵俏俏．我国食品安全存在的问题及对策分析．经营管理者．2010 (08).

[137] 单钰惠．论我国金融信用缺失的原因及对策．内蒙古民族大学学报．2010 (04).

[138] 党曼．范围经济研究．网络财富．2010 (04).

[139] 邓菁，韩超．中国寡占研究进展：2007—2009 年．东北财经大学学报．2010 (06).

[140] 邓可斌．多元化经营悖论与中国企业选择——一个政治经济学的解释框架．经济与管理研究．2010 (02).

[141] 邓可斌，丁菊红．户籍管制、经济增长与地区差距．制度经济学研究．2010 (01).

[142] 邓蕾．浅析电子商务的税收征管．商场现代化．2010 (13).

[143] 邓练兵．自主创新政策的经济合理性及"政策失灵"现象研究．科技进步与对策．2010 (11).

[144] 邓路．环渤海经济圈地方保护与产业同构的理论与实证研究．大连理工大学学报（社会科学版）．2010 (01).

[145] 邓路遥，莫初明．论我国企业滥用市场支配地位的法律责任．经济师．2010 (01).

[146] 邓蓉敬．我国农村市场监管机制的创新和发展．生产力研究．2010 (03).

[147] 邓蕊．排污权交易制度理论问题研究．特区经济．2010 (02).

[148] 邓涛．发达国家的环境税制及对我国的启示．商业会计．2010 (10).

[149] 邓涛，韩百灵，战晓燕．北部湾建立排污权交易制度的理论分析．改革与战略．2010 (10).

[150] 邓童卉．基于我国小额信贷市场垄断经营的思考．经营管理者．2010 (05).

[151] 邓小梅．论我国反垄断法的规制模式．咸宁学院学报．2010 (05).

[152] 邓晓兰，马保明，黄玉．制度经济学视角：我国债券市场分割问题研究．广西财经学院学报．2010 (03).

[153] 邓泽宏，谭力．论我国企业社会责任缺失的原因及其矫正——以国内近年发生的系列企业社会责任缺失案为例．湖北社会科学．2010 (10).

[154] 邓泽辉．论我国农村合作金融发展过程中的政府干预．东北农业大学学报（社会科学版）．2010 (03).

[155] 邓真红．浅谈食品安全监管模式的构建．网络财富．2010 (13).

[156] 邸晶鑫．化解地方政府债务风险的政策选择．国家行政学院学报．2010 (04).

[157] 邸磊．金融危机下的全球金融监管反思．商场现代化．2010 (07).

[158] 刁华清．论我国非营利组织会计制度及监管机制的改革方法．商场现代化．2010（23）．

[159] 刁目广，傅鸿源，陈兰．经济适用房制度下的寻租行为博弈分析．现代商业．2010（14）．

[160] 丁春玲，田芯，刘婧．我国地方政府无序竞争行为的制度原因初探．商业时代．2010（11）．

[161] 丁航，徐丽朱．食品监管的公共选择理论依据．东方企业文化．2010（04）．

[162] 丁焕峰，曾宝富．中国区域公共服务水平均等化差异演变：1997～2007．城市观察．2010（05）．

[163] 丁辉侠．制度因素与区域经济增长——基于中国地方数据的实证分析．山西财经大学学报．2010（07）．

[164] 丁康．完善社会保险基金监管制度的几点思考．社会保障研究．2010（03）．

[165] 丁黎蕾．规模经济与股权融资约束下的企业高负债融资行为研究．金卡工程（经济与法）．2010（10）．

[166] 丁敏．日本如何增进"共享式增长"．中国市场．2010（42）．

[167] 丁启军．行政垄断行业高利润来源研究——高效率，还是垄断定价？．产业经济研究．2010（05）．

[168] 丁启军．论政府规制与中国的行业性行政垄断．湖北经济学院学报．2010（04）．

[169] 丁少玲．环境治理与内生经济增长模型．山西财经大学学报．2010（S1）．

[170] 丁晓钦，尹兴．格林斯潘货币政策、金融监管与房地产泡沫分析．学习与探索．2010（03）．

[171] 丁怡舟．房产中介的合理规制浅析．经济研究导刊．2010（26）．

[172] 丁毅，赵洪丹．我国证券投资基金的规模和范围经济研究．商业时代．2010（21）．

[173] 丁元竹．创新分配方式的公平正义价值．改革．2010（10）．

[174] 丁增稳．基于政府管制视角的企业价值问题研究．北京工商大学学报（社会科学版）．2010（03）．

[175] 丁振寰．新会计准则下寿险行业市场结构及竞争展望．中国保险．2010（03）．

[176] 丁振辉，王振，蔡伟．中国移动垄断势力度量——多个指数看中国电信业垄断．全国商情（理论研究）．2010（01）．

[177] 丁志春．论我国食品安全监管中政府与行业协会的良性互动．江苏教育学院学报（社会科学版）．2010（01）．

[178] 丁卓丽．我国食品安全现状及存在的问题．价值工程．2010（19）．

[179] 东润．美监管大银行说易行难．现代企业文化．2010（04）．

[180] 董柏．大型国企如何进行战略重组与转型升级．中国机电工业．2010（04）．

[181] 董超．垄断行为入罪之实体与程序问题研究．福建警察学院学报．2010（06）．

[182] 董超刚．浅谈零售行业如何控制食品安全．中国商贸．2010（04）．

[183] 董锋，谭清美，周德群，等．技术进步对能源效率的影响——基于考虑环境因素的全要素生产率指数和面板计量分析．科学学与科学技术管理．2010（06）．

[184] 董国俊，张萃．医药产业可持续发展的内涵及现状分析．中国药业．2010（02）．

[185] 董慧娟．搜索引擎商的屏蔽行为构成垄断吗？——从百度被诉垄断一案谈起．知识产权．2010（01）．

[186] 董金阳，高希宁．我国食品安全问题的博弈分析及相关解决措施．财经界（学术版）．2010（02）．

[187] 董莉军．论独立审计公共物品背景下的管制困境．财会通讯．2010（03）．

[188] 董琳，孙宏伟．市场、政府和法治对就业公平保障之比较研究．法制与经济（下旬）.2010(03).

[189] 董梅生，洪功翔．上市公司高管薪酬与普通职工收入及其差距的实证分析．华东经济管理.2010(09).

[190] 董树理，李靖．我国市场化进程中政府干预及调整方向．佳木斯大学社会科学学报.2010(02).

[191] 董新凯，朱雨晨．基于反垄断法视角的金融危机预防与救助分析．广东商学院学报.2010(03).

[192] 董秀成，佟金辉，李君臣．我国天然气价格改革浅析．中外能源.2010(09).

[193] 董秀成，周仲兵，李君臣，等．基于库诺特模型的天然气管道一体化研究．中国石油大学学报（自然科学版）.2010(06).

[194] 董秀海．我国环境“软治理机制”分析和建议．经营与管理.2010(07).

[195] 董志强，汤灿晴．审计市场竞争与审计合谋：历史与理论考察．审计与经济研究.2010(05).

[196] 董志强，汤灿晴．收入波动与基尼系数：关于收入不平等的一个讨论．统计研究.2010(09).

[197] 窦静静．我国食品安全存在的问题及对策．河南农业.2010(17).

[198] 杜超．略论财政分权与市场自发演化制度和政治体制之一致性及相容性．现代财经（天津财经大学学报）.2010(10).

[199] 杜娟．三网融合中的互联网角色．互联网天地.2010(06).

[200] 杜丽华．公用事业民营化与安徽省经济发展．赤峰学院学报（自然科学版）.2010(03).

[201] 杜丽华，杨启生．中国公用事业民营化研究综述——基于障碍与突破的视角．经济研究导刊.2010(13).

[202] 杜平．财政分权、土地财政与收入分配改革——以中央与浙江为例．宏观经济管理.2010(09).

[203] 杜平，孟凡敏．产业组织理论视角下的石油垄断．经营管理者.2010(21).

[204] 杜树章．中国皇权专制社会治乱循环现象的经济学解释——基于租金耗散的视角．江苏社会科学.2010(03).

[205] 杜昕．起点造神垄断灭神．电脑爱好者.2010(15).

[206] 杜艳．民营银行市场准入问题研究．现代经济信息.2010(20).

[207] 杜宇，卢继青．企业兼并效益及替代兼并措施的研究．企业导报.2010(07).

[208] 杜仲霞．反垄断法视野下的外资并购．法治研究.2010(02).

[209] 段冰，韩丹丹．价格歧视在高等教育中的应用研究．科教导刊（上旬刊）.2010(09).

[210] 段常瑞，孙蕾，陈菊红，等．中国股份制商业银行并购的动力与条件．企业家天地下半月刊（理论版）.2010(01).

[211] 段聪慧．浅析经营者集中申报规模标准．金卡工程（经济与法）.2010(12).

[212] 段东南．两次金融危机背景下的政府行为比较分析——以菲律宾政府为例．企业导报.2010(06).

[213] 段俊丽．资本市场监管．消费导刊.2010(08).

[214] 樊帆．我国发展循环经济的绿色制度体系构建．经济研究导刊.2010(20).

[215] 樊桦．我国客运需求增长与结构演变的发展趋势．综合运输.2010(05).

[216] 樊慧玲．政府消费者保护规制的方式、成效与趋势分析．山东工商学院学报.2010(05).

[217] 樊慧玲，李军超．嵌套性规则体系下的合作治理——政府社会性规制与企业社会责任契合的新视角．天津社会科学．2010（06）．

[218] 樊继达．财政分权——增长竞争双重激励下的县域科学发展．国家行政学院学报．2010（06）．

[219] 樊建强，李丽娟．收费公路产业发展的多维困境及其根源．长安大学学报（社会科学版）．2010（02）．

[220] 樊瑞莉．我国垄断性服务业规制中的问题及对策．河南科技学院学报．2010（01）．

[221] 范合君．放松规制对垄断产业收入影响的理论与实证研究．财经问题研究．2010（08）．

[222] 范合君．英、美垄断产业放松规制改革的历程及特点．经济与管理．2010（03）．

[223] 范建双，李忠富．中国上市建筑企业规模经济和范围经济评价——一种随机边界成本函数方法．数理统计与管理．2010（05）．

[224] 范建亭．我国建筑业市场进入壁垒为何失效．财经科学．2010（02）．

[225] 范洁．美国“三网融合”发展现状及监管政策分析．广播与电视技术．2010（10）．

[226] 范瑞星．国际债券二级市场监管框架比较研究．中国货币市场．2010（01）．

[227] 范小云，肖立晟，王博．银行监管对银行业结构演进的影响——基于市场准入与经营范围监管视角的研究．财经研究．2010（04）．

[228] 范云飞．论我国银行保险的风险及监管引导．上海保险．2010（10）．

[229] 范子英，张军．财政分权、转移支付与国内市场整合．经济研究．2010（03）．

[230] 方桂荣．发达国家投资基金监管法律制度的比较分析．现代经济信息．2010（21）．

[231] 方桂荣．论中国投资基金监管的基本原则．企业研究．2010（18）．

[232] 方桂荣．基金“老鼠仓”行为引发的思考——兼论我国投资基金法律监管的进路．黑龙江省政法管理干部学院学报．2010（08）．

[233] 方化雷．中国经济增长与环境污染之间关系的理论解释与贝叶斯回归分析．华东经济管理．2010（09）．

[234] 方建德，杨扬，熊丽．国内外城市可持续发展指标体系比较．环境科学与管理．2010（08）．

[235] 方明月，聂辉华．中国工业企业规模分布的特征事实：齐夫定律的视角．产业经济评论．2010（02）．

[236] 方齐云，王斌．中国电信行业的规制模式与选择．当代经济．2010（23）．

[237] 方少林．环境成本内在化的制约因素及对南北贸易关系的影响．当代经济．2010（01）．

[238] 方涛，杨波，王剑．推进电力建设工程质量监督管理的路径探析．商品与质量．2010（SB）．

[239] 方迎风，郑浩．政府行为对不平等的作用机制考察．商业时代．2010（15）．

[240] 方宇，李良，杨世民，等．药品安全监管的动态博弈分析．中国药房．2010（25）．

[241] 方智毅．政府监管与非公有制经济发展．经济界．2010（06）．

[242] 房光友．市场结构与银行稳定性研究．经济问题．2010（10）．

[243] 房巧红．基于垄断环境的两时期联合定价与再制造决策．深圳信息职业技术学院学报．2010（01）．

[244] 房树人．转轨时期中国银行业的进入与退出壁垒分析．山东教育学院学报．2010（02）．

[245] 冯必扬．垄断—竞争型社会功能探析．江苏行政学院学报．2010（05）．

[246] 冯果，王伟．再论竞争政策与产业政策调和机制的构建——从企业合并控制的视角看我国反垄断法的改进．南都学坛．2010（04）．

[247] 冯海波，陈聪．反垄断民事纠纷案件的诉讼时效．人民司法．2010（07）．

[248] 冯海宁．垄断不除药价难降．中国医院院长．2010 (14).

[249] 冯玲．对日本反垄断法的历史回顾与思考．法制与社会．2010 (36).

[250] 冯蕊．我国居民收入差距扩大的因素分析及对策建议．经济研究导刊．2010 (29).

[251] 冯涛，王永明，宋艳伟．地方社会稳定、地方政府干预与信贷资源配置．西安交通大学学报（社会科学版）．2010 (06).

[252] 冯卫．浅议我国食品安全监管模式．中国城乡企业卫生．2010 (04).

[253] 冯昭奎．质量问题不能仅靠市场机制解决．中国质量万里行．2010 (05).

[254] 付东．浅议我国小额信贷市场垄断．现代经济信息．2010 (08).

[255] 付丽莎，金泳锋．对反垄断法中"相关市场"界定的思考——可口可乐收购汇源案评析．科技与法律．2010 (02).

[256] 付全高．从市场失灵和政府失灵角度看我国的药价虚高问题．科技创业月刊．2010 (06).

[257] 傅伟男．金融全球化下构建我国金融监管的设想．现代营销（学苑版）．2010 (01).

[258] 傅勇．财政分权、政府治理与非经济性公共物品供给．经济研究．2010 (08).

[259] 傅勇．分权治理与地方政府合意性：新政治经济学能告诉我们什么？．经济社会体制比较．2010 (04).

[260] 傅毓维，李栋梁．民航运输业规模经济性研究．理论探讨．2010 (03).

[261] 盖希娟，王邵军．我国当前收入分配的现状及其改善的思路．商场现代化．2010 (13).

[262] 甘峰．公司民主化规制探析．中国特色社会主义研究．2010 (06).

[263] 甘霞．转型经济中的地方政府竞争与"招商引资"策略．经济论坛．2010 (08).

[264] 甘宣明，卢文忠．试析农民增收与政府行为缺位问题．中共杭州市委党校学报．2010 (02).

[265] 高诚森．政府采购寻租行为及对策探讨．福州大学学报（哲学社会科学版）．2010 (04).

[266] 高春芽．方法论变迁视野中的动态利益集团形成理论．上海行政学院学报．2010 (03).

[267] 高峰，崔本强．跨国并购与反垄断法的冲突与协调．商业经济．2010 (20).

[268] 高歌．中美食品安全监管差异及对策建议．中国食物与营养．2010 (11).

[269] 高海青，高惠珠．公平与效率的必要张力——基于三元均衡范式研究．西部商学评论．2010 (01).

[270] 高汉．美国信用评级机构的责任演变与监管发展——从安然事件到次贷危机．华东政法大学学报．2010 (05).

[271] 高鸿鹰，赵娴．我国物流业成长中的市场失灵与产业政策分析．经济与管理研究．2010 (04).

[272] 高辉．我国银行业规模效率现状及对策研究．国际商务财会．2010 (03).

[273] 高建刚．"最小差异化原则"还是"最大差异化原则"？——兼论 Hotelling 模型及其发展．产业经济评论．2010 (02).

[274] 高健．我国保障性住房价格规制的研究．价格月刊．2010 (11).

[275] 高连水，周云波，武鹏．中国农村地区收入差距解释：1997～2005．当代经济科学．2010 (03).

[276] 高其法，王莉．金融危机背景下中国企业跨国并购的现实路径分析．安阳师范学院学报．2010 (03).

[277] 高麒．欧盟竞争法概述．知识经济．2010 (22).

[278] 高秦伟．美国食品安全监管中的召回方式及其启示．国家行政学院学报．2010 (01).

[279] 高琴．市场调节与政府干预相结合的就业观——对西方失业理论的分析．经济视角

（下）. 2010（05）.

［280］高世楫. 有效竞争的市场须精细设计制度. 改革. 2010（12）.

［281］高树棠，薛林木. 我国借鉴海外代表性证券经纪人制度及其监管的意义. 知识经济. 2010（24）.

［282］高松. 有关“自然垄断与行政垄断”的若干思考. 城市. 2010（10）.

［283］高同彪，刘力臻. 关于构建国内统一市场问题的若干思考. 东北师大学报（哲学社会科学版）. 2010（05）.

［284］高伟. 潜在的进入对垄断有多大的影响——基于进入障碍以及产品差异的探讨. 科教导刊（中旬刊）. 2010（06）.

［285］高伟凯，徐力行，魏伟. 中国产业链集聚与产业竞争力. 江苏社会科学. 2010（02）.

［286］高锡荣，刘卉. 中国自然垄断行业消费者满意度分析. 统计与信息论坛. 2010（10）.

［287］高晓虎，张少敏，邹粤，等. 发电商不正当竞标行为分析及综合评判. 电力系统保护与控制. 2010（05）.

［288］高秀娟. 在华外资企业与国有企业员工收入差距及其影响因素的研究. 消费导刊. 2010（07）.

［289］高雪莲. 中国各区域城市工业用电效率的分解与比较. 统计与决策. 2010（12）.

［290］高岩.《食品安全法》对我国食品安全监管的影响. 理论学刊. 2010（05）.

［291］高岩，彭征波. 行政性垄断、外资进入与市场排斥——从壳牌收购统一石油事件谈起. 贵州财经学院学报. 2010（01）.

［292］高永祥. 垄断、寻租、不平等与经济增长：基于中国房地业的分析. 西安电子科技大学学报（社会科学版）. 2010（04）.

［293］高远至. 国企改革怎样再出发. 现代企业. 2010（05）.

［294］高智勇. 土地调控，需供地与监管双向发力. 房地产导刊. 2010（12）.

［295］戈文鲁. 从捆绑销售的视角探讨药价虚高问题. 卫生经济研究. 2010（04）.

［296］戈文鲁，易琳琳. 刍议第三部门参与药品价格虚高的治理. 卫生经济研究. 2010（05）.

［297］葛佳男，高远，翟海青，等. 上海电源结构优化研究. 华东电力. 2010（10）.

［298］葛伶燕. 我国城市商业银行规模经济研究. 金融纵横. 2010（05）.

［299］葛守昆，李慧. 制度变迁、有效需求、环境保护与转型期中国经济增长. 江海学刊. 2010（01）.

［300］葛顺奇，李圆圆. 外商直接投资对我国制造业市场集中度的影响. 国际经济合作. 2010（09）.

［301］葛藤藤. 民营航空公司的行政审批制度研究. 金卡工程（经济与法）. 2010（10）.

［302］葛晓春，徐惠娟. 中国企业跨国并购外部动因的实证分析. 特区经济. 2010（07）.

［303］葛晓飞. 浅析新古典主义的垄断观点. 经济研究导刊. 2010（14）.

［304］葛昕厂. 国内生态住宅市场失灵分析. 决策. 2010（12）.

［305］耿力坤. 浅议食品安全的社会监督. 中国市场. 2010（32）.

［306］耿仁波. 地方政府竞争范式下的产业集中度提升困境研究——以钢铁行业为例的理论模型分析. 山东财政学院学报. 2010（04）.

［307］龚锋，雷欣. 中国式财政分权的数量测度. 统计研究. 2010（10）.

［308］龚鹏程. 论私募基金监管制度的建构. 法学杂志. 2010（09）.

［309］龚秀国. 中国式“荷兰病”影响中国财政收支格局的实证分析. 财经科学. 2010（08）.

［310］龚秀全. 医疗服务生产中的保障机制：基于政府与市场分工. 改革. 2010（06）.

［311］龚志民，胡志军. 基尼系数计算的误差估计与中国居民收入差距分析. 统计研究. 2010

(03).

[312] 巩顺龙，白丽，王向阳，等．合作监管视角下的我国食品安全监管策略研究．消费经济．2010 (02).

[313] 巩艳芬，徐航，杨倩．提升我国石油企业环保力度的战略思考．科技和产业．2010 (07).

[314] 巩永华，李帮义．不同博弈构式下三寡头差异化竞争和歧视定价策略．系统工程．2010 (04).

[315] 巩永华，李帮义．非线性需求下具有网络外部性的二级歧视定价研究．中国管理科学．2010 (01).

[316] 谷少永．网络银行的发展与监管分析．中国商界（上半月）．2010 (10).

[317] 谷亚光．关于当前我国金融体系改革发展方向的思考．中国流通经济．2010 (08).

[318] 谷燕．成长性视角下上市公司多元化并购绩效研究．价值工程．2010 (08).

[319] 顾功耘．国资监管难题剖解．上海市经济管理干部学院学报．2010 (02).

[320] 顾光海．基于层次分析法的电信运营商竞争力评价．求索．2010 (02).

[321] 顾剑华．公共财政分权体制下地方政府公共支出结构偏向研究．商业时代．2010 (13).

[322] 顾俊灵，朱世英．浅析儒家“天人合一”思想与现代社会的环境保护．河北企业．2010 (11).

[323] 顾列铭．调节分配：必须拿垄断行业“开刀”．中关村．2010 (04).

[324] 顾巧明．市场分割下的货币政策博弈——基于通货膨胀预期的视角．经济与管理研究．2010 (06).

[325] 顾秀林．有事实，无阴谋？有垄断，无操纵？——与叶敏华、陈祥生同志商榷．探索．2010 (04).

[326] 顾允涛．我国自然垄断行业治理制度设计．合作经济与科技．2010 (09).

[327] 关华．不完全竞争市场的纵向合并及其效应．财经理论与实践．2010 (02).

[328] 官永彬．分权体制下地方政府公共服务供给能力的区域差距分析．重庆师范大学学报（哲学社会科学版）．2010 (04).

[329] 管宏友，毕春伟．环境管理中信息不对称问题研究．资源与产业．2010 (03).

[330] 管乃生．在垄断中引入竞争：烟草行业规制改革的路径抉择．产业经济研究．2010 (05).

[331] 广德春，温树东，矫洪伟．提高铁路在我国货运市场占有率的探讨．商业文化．2010 (04).

[332] 桂彬翔．基于哈伯格模型下的湖南省电力行业社会福利损失分析．改革与开放．2010 (06).

[333] 呙智义．做好刚性监管、和谐监管、阳光监管三篇文章．中国食品药品监管．2010 (04).

[334] 郭超利．农产品价格波动的产业组织化原因解析．价格理论与实践．2010 (11).

[335] 郭朝红，江彦桥．我国对中外合作办学监管的现状、问题与对策．高教发展与评估．2010 (05).

[336] 郭琛．食品安全监管：行业自律下的维度分析．西北农林科技大学学报（社会科学版）．2010 (05).

[337] 郭毳．对改革开放三十年我国收入分配政策的回顾与展望．学理论．2010 (29).

[338] 郭大鹏，葛飞．关于加强农民专业合作社监管的思考．中国工商管理研究．2010 (12).

[339] 郭丹云，刘顺英．商品房预售市场中的政府规制研究．人民论坛．2010 (23).

[340] 郭德忠. 特许经营领域反垄断问题探析. 北京理工大学学报（社会科学版）. 2010 (03).

[341] 郭海星，万迪昉. 政府干预、控制权私人收益与国有企业并购研究. 华东经济管理. 2010 (07).

[342] 郭洪业. 对话白重恩：认清机会不平等的根源. 董事会. 2010 (08).

[343] 郭会梅. 论我国外资并购的反垄断法律规制. 金卡工程（经济与法）. 2010 (02).

[344] 郭江龙. 浅析金融衍生品监管失灵. 时代金融. 2010 (05).

[345] 郭菁华. 基于战略的大型零售企业竞争优势分析. 金融经济. 2010 (16).

[346] 郭婧. 中国证券公司竞争格局变化及发展战略分析. 经济研究导刊. 2010 (27).

[347] 郭军华. 浅议价格竞争的形成及应对策略. 吉林广播电视大学学报. 2010 (12).

[348] 郭凯，刘海风. 基于DEA的我国煤炭上市公司并购绩效研究. 中国煤炭. 2010 (06).

[349] 郭莉，黄柯. 权力制约视野下的高校行政权力的内部监督. 江西青年职业学院学报. 2010 (02).

[350] 郭娜，祁怀锦. 中国行业收入差距与经济增长的实证研究. 未来与发展. 2010 (03).

[351] 郭楠，宋佳. 试论调节居民收入差距的财税对策. 合作经济与科技. 2010 (14).

[352] 郭庆. 基于SCP的我国银行业发展现状分析. 中国商界（上半月）. 2010 (09).

[353] 郭庆然. 政府环境规制与企业环境责任的契合性研究. 企业经济. 2010 (04).

[354] 郭昕. 完善我国行政性垄断的法律责任. 安徽警官职业学院学报. 2010 (04).

[355] 郭训. 我国证券业市场寡头垄断趋势分析. 财经界（学术版）. 2010 (10).

[356] 郭永丰. 知识产权滥用行为的反垄断法规制. 黑龙江省政法管理干部学院学报. 2010 (07).

[357] 郭又莲. 制度缺失、政策偏向——收入差距过大的关键. 商场现代化. 2010 (31).

[358] 郭云. 由"国美之争"看中国上市公司的治理结构. 东方企业文化. 2010 (15).

[359] 郭宗杰. 日本禁止私人垄断及确保公正交易法最新发展研究. 价格理论与实践. 2010 (08).

[360] 国家工商总局反垄断执法赴德国培训团，赵国彬. 借鉴德国做法推动我国反垄断执法. 工商行政管理. 2010 (02).

[361] 国家外汇管理局赴英国考察团，韩玉亭，王彦君. 英国替代性汇款监管的经验及其对我国的启示. 南方金融. 2010 (04).

[362] 韩博. 我国国内区际贸易自由化的博弈分析. 商业时代. 2010 (32).

[363] 韩朝华. 国有工业的产业比重、效率与进退. 探索与争鸣. 2010 (04).

[364] 韩东京. 公司治理与并购模式的选择研究. 财会研究. 2010 (21).

[365] 韩红梅. 农地征用—出让过程中政府公共权力寻租行为分析. 中国集体经济. 2010 (36).

[366] 韩华为，苗艳青. 地方政府卫生支出效率核算及影响因素实证研究——以中国31个省份面板数据为依据的DEA - Tobit分析. 财经研究. 2010 (05).

[367] 韩家彬，陈文新，于鸿君. 经济权利视角下城乡收入差距成因的实证分析——以新疆为例. 人口与发展. 2010 (06).

[368] 韩晶. 中国装备制造业上市公司生产力和生产效率研究. 财经问题研究. 2010 (01).

[369] 韩磊，窦彩兰. 中国电信业区域经营效率和影响因素研究——基于两阶段的DEA - Tobit的方法的实证研究. 消费导刊. 2010 (02).

[370] 韩丽卿. 对政府采购中寻租行为的思考与分析. 河北企业. 2010 (11).

[371] 韩凌，杨成. 全球三网融合政府监管机制概览——以美国和英国为例. 中国数字电视. 2010 (11).

[372] 韩龙，许明朝．风险模型之殇与对金融风险监管的审视——根植于这场金融危机的考察．国际金融研究．2010（07）．

[373] 韩明．西方企业并购的反垄断规制对我国的启示．中国西部科技．2010（17）．

[374] 韩仁月．中国省级税制结构变动的主导动因——基于面板门限模型的检验．中南财经政法大学学报．2010（03）．

[375] 韩松立．企业跨国并购的文化冲突与整合——以挪威电信公司对丹麦 Sonofon 的跨国并购为例．重庆科技学院学报（社会科学版）．2010（06）．

[376] 韩晔．汇源收购案中透视出的民营企业资本运营问题分析．商业经济．2010（09）．

[377] 韩增华．财政分权与中国经济增长：理论探讨及其启示．当代经济管理．2010（06）．

[378] 韩镇．建立科学有效的监督体系．中国质量技术监督．2010（06）．

[379] 韩忠伟，李玉基．从分段监管转向行政权衡平监管——我国食品安全监管模式的构建．求索．2010（06）．

[380] 郝东青．试从古代监察制度角度分析我国政府投资监管问题的应对．现代经济信息．2010（17）．

[381] 郝冀．浅谈垄断理论的演进及我国的反垄断问题．四川经济管理学院学报．2010（02）．

[382] 郝书辰．评《公用事业的市场运营与政府规制》．东岳论丛．2010（01）．

[383] 禾祺夫．中国民航产业市场绩效与市场结构浅析．学理论．2010（24）．

[384] 何斌．对我国零售业过度竞争的市场分析．品牌（理论月刊）．2010（11）．

[385] 何丞．完善价格形成机制推进垄断行业良性运行．市场经济与价格．2010（07）．

[386] 何慧爽．产品差异化、竞争类型与合谋稳定性分析．经济数学．2010（02）．

[387] 何京君．金融危机后银行监管制度的改革．经营管理者．2010（07）．

[388] 何力武，罗瑞芳．农民工工资决定的微观行为机制研究．经济纵横．2010（01）．

[389] 何林．社会主义市场经济下的公平与效率问题研究．甘肃科技．2010（02）．

[390] 何玲玲．基于工商行政视角的流通领域食品安全监管实证研究．江苏商论．2010（09）．

[391] 何鸣，柯善咨，王华．引力模型与商品市场分割研究综述．浙江社会科学．2010（10）．

[392] 何庆光．财政分权对地方公共投资的长期和短期影响效应研究——基于省级面板数据的实证分析．经济理论与经济管理．2010（07）．

[393] 何庆光，崔志坤．以“和谐”理念完善中国财政分权的思考．经济研究参考．2010（29）．

[394] 何威风．财政分权、制度环境与企业债务期限结构．管理学报．2010（07）．

[395] 何伟．国有企业改革遇到新难题．中国流通经济．2010（03）．

[396] 何伟，张朝霞，贺芳．关于加强和改进垄断行业价格监管的几点思考．价格理论与实践．2010（07）．

[397] 何霞，刘闯，曹珅珅．电信市场差别定价中的反垄断问题．北京工商大学学报（社会科学版）．2010（02）．

[398] 何小伟，高进．巨灾保险市场为什么失灵？——一个研究综述．保险职业学院学报．2010（01）．

[399] 何晓波．关于中国农村劳动力影子工资的实证研究．无锡商业职业技术学院学报．2010（05）．

[400] 何行．谈“经济租”的内涵、规制及演化．商业时代．2010（34）．

[401] 何莹．环境规制与我国化工行业国际竞争力研究．China'sForeignTrade．2010（16）．

[402] 何治中．反垄断法实施的反垄断——论中国反垄断法的私人执行．南京师大学报（社会科学版）．2010（05）．

［403］贺金娥．“三网融合”的反垄断法思考．知识经济．2010（13）.

［404］贺礼军．论我国金融监管制度及改革趋势．知识经济．2010（23）.

［405］洪定鹤．股权投资基金法律规制的路径探析．法制与社会．2010（29）.

［406］洪峰．管理层权力、治理结构与薪酬业绩敏感度．云南财经大学学报．2010（05）.

［407］洪锦．多层次资本市场监管法价值论．法制与社会．2010（05）.

［408］洪科，朱真伟．电力产业融资机制文献述评．中小企业管理与科技（下旬刊）．2010（09）.

［409］洪兴建．基于S基尼系数的中国行业工资差距分析．统计研究．2010（05）.

［410］侯亮，郭灵．电力市场的有效竞争和规制改革分析．科学决策．2010（01）.

［411］胡春燕．零售商抗衡势力假说研究评述．商业经济与管理．2010（05）.

［412］胡春燕．中国医疗服务市场规制体系构建：理论与路径选择．湘潭大学学报（哲学社会科学版）．2010（04）.

［413］胡德宝．经济转轨背景下改革的路径和模式选择——以中国自然垄断行业为例．兰州学刊．2010（01）.

［414］胡德宝．我国垄断产业垄断势力的测度及比较——基于传统SCP范式的扩展研究．价格理论与实践．2010（08）.

［415］胡汉辉，吕魁，万兴，等．基于转换成本和两类用户的多市场竞争：以电力零售市场为例．系统工程理论与实践．2010（09）.

［416］胡汉辉，万兴，周慧．网络融合下中国数字电视产业的规制与发展．产业经济研究．2010（04）.

［417］胡甲庆．论美国掠夺性定价的认定标准．国际经贸探索．2010（10）.

［418］胡甲庆．论合并反垄断审查中的临界损失分析．国际经贸探索．2010（03）.

［419］胡剑宁．从次贷危机看中国金融衍生品的监管．科技信息．2010（21）.

［420］胡凯．自然垄断产业规制改革的本质与市场化攻坚．四川理工学院学报（社会科学版）．2010（04）.

［421］胡凯．论垂直价格挤压下的接入定价规制．当代经济管理．2010（05）.

［422］胡凯．规制合谋防范理论述评．湖南财经高等专科学校学报．2010（01）.

［423］胡凯．市场失序的根源及其治理．郑州轻工业学院学报（社会科学版）．2010（03）.

［424］胡兰．机场特许经营模式——机场业发展的方向．新闻天地（下半月刊）．2010（12）.

［425］胡枚玲，张鹏，孟渠．行业协会限制竞争行为的反垄断法规制．黑龙江省政法管理干部学院学报．2010（10）.

［426］胡娜．浅议政府对公用事业的监管．商业文化（学术版）．2010（11）.

［427］胡倩．中国居民收入差距的定量分析及政策建议．市场论坛．2010（05）.

［428］胡晓．收入差距与中国房地产价格：理论与实证——兼论当前房地产调控的有效性．财经科学．2010（12）.

［429］胡晓东．主角与配角：市场与政府在区域一体化中的角色．中共云南省委党校学报．2010（03）.

［430］胡星斗．“国进民退”的十大危害．银行家．2010（03）.

［431］胡宇吉，薛雷．浅淡商业银行的内外部监管方式改革．中国商界（下半月）．2010（11）.

［432］胡泽平．食品安全问题的政府监管分析．中国管理信息化．2010（13）.

［433］胡志刚．品牌作为进入壁垒的经济学分析．经济与管理．2010（10）.

［434］华慧．反垄断法对电信业的规制研究——以《反垄断法》实施对电信业的影响为中心．求索．2010（07）.

[435] 华伟. 中国电信如何突破拐点?. 信息网络. 2010 (Z1).

[436] 黄丹丹. 我国食品安全监管机构的问题及对策. 法制与社会. 2010 (01).

[437] 黄东晶. 环境绩效与财务绩效双赢的规制研究. 工业技术经济. 2010 (12).

[438] 黄范章. 要警惕的是在"国进"或"民进"掩护下的"官进"——兼论改进国有资产管理与营运体系并建议成立国家资源委员会. 中共宁波市委党校学报. 2010 (06).

[439] 黄含其, 张婵. 从"三鹿奶粉"事件看我国政府的食品安全监管. 湖北经济学院学报(人文社会科学版). 2010 (01).

[440] 黄凰. 我国省以下财政体制完善的分权化取向及原则. 地方财政研究. 2010 (08).

[441] 黄建军. 我国城市商业银行与地方政府关系. 财经科学. 2010 (05).

[442] 黄娟. 政府干预引致的中国式经济周期论. 江西社会科学. 2010 (01).

[443] 黄君洁. 财政分权与经济增长关系的文献综述. 产经评论. 2010 (02).

[444] 黄俊, 张天舒. 制度环境、企业集团与经济增长. 金融研究. 2010 (06).

[445] 黄科宏, 关山, 慕朝师, 等. 市政公用事业监管研究概述. 企业科技与发展. 2010 (12).

[446] 黄玲, 李钒. 浅析欧盟竞争法及其在体育领域的适用. 法制与经济(中旬刊). 2010 (03).

[447] 黄敏, 洪琳. 农民专业合作社内部监督博弈分析. 安徽农业科学. 2010 (15).

[448] 黄俏梅. 我国航运市场现状研究. 海峡科学. 2010 (09).

[449] 黄庆华, 牛飞亮. 企业网络理论与新古典主义企业理论范式异同——基于演化经济学视角. 南京社会科学. 2010 (02).

[450] 黄榕. 浅谈电力企业医疗保险基金管理的难点. 经营管理者. 2010 (24).

[451] 黄速建, 刘建丽. 社会反响、竞争规则及其变动趋势: 自大型国企垄断切入. 改革. 2010 (08).

[452] 黄挽澜. 金融危机下的外资并购监管制度研究. 商场现代化. 2010 (01).

[453] 黄苇町. 深化改革要摆脱既得利益集团的掣肘. 同舟共进. 2010 (10).

[454] 黄吓珠. 房地产市场失灵的经济学分析. 上海房地. 2010 (09).

[455] 黄新建, 徐小芳. 政府干预、金融业发展和企业债务期限结构——基于我国民营上市公司的研究. 技术经济. 2010 (03).

[456] 黄鑫, 陶小马, 覃朝勇, 等. 能效认证机制设计与合谋防范. 经济学家. 2010 (05).

[457] 黄雪成, 张君. 辽宁省基本公共服务发展评价. 统计教育. 2010 (12).

[458] 黄雪群. 我国政府采购中的寻租行为分析. 合作经济与科技. 2010 (01).

[459] 黄亚男. 对我国食品企业社会责任的探讨. 商场现代化. 2010 (23).

[460] 黄阳平. 区域经济协调发展与地方财政支出结构调整. 中国经济问题. 2010 (02).

[461] 黄怡, 王廷丽. 有关食品安全问题的国外理论研究综述. 生产力研究. 2010 (10).

[462] 黄应绘, 揭磊. 基于内容分析法的收入分配公平测度研究. 生产力研究. 2010 (05).

[463] 黄勇. 反价格垄断几个基本问题的探讨. 价格理论与实践. 2010 (01).

[464] 黄勇. 融合对广电系统意味着什么. 新闻战线. 2010 (05).

[465] 黄勇斌. 国企高管薪酬规制的路径融合. 探索与争鸣. 2010 (06).

[466] 黄勇斌. 上市公司监管的政府角色定位. 法制与社会. 2010 (06).

[467] 黄云飞, 刘美美. 反垄断法对企业合并规制问题的中外比较研究. 科技信息. 2010 (25).

[468] 黄云翔. 我国公用事业民营化与政府规制. 法制与社会. 2010 (24).

[469] 黄振宇. 中国住宅市场结构与住宅价格的关系分析. 宏观经济研究. 2010 (05).

[470] 及志松，吴秀敏．农产品质量安全管制的进化博弈分析．中国集体经济．2010（24）.

[471] 吉庆华．我国地区间税收分配存在的问题及解决策略．商业时代．2010（15）.

[472] 计京旺．浅谈我国目前的金融监管．法制与社会．2010（28）.

[473] 纪宝成．中国模式与中国经济复苏．经济学动态．2010（05）.

[474] 纪华．财政监督与财务信息披露．会计师．2010（03）.

[475] 纪平维．我国煤矿安全规制理论及其对策分析．黑龙江对外经贸．2010（09）.

[476] 季鸣，王林．中国农村公共品供给效率的现状及影响因素研究．现代管理科学．2010（05）.

[477] 贾海涛．金融制度安排、中小企业融资困境与政府行为．西北工业大学学报（社会科学版）．2010（03）.

[478] 贾俊雪，郭庆旺．市场权力、财政支出结构与最优财政货币政策．经济研究．2010（04）.

[479] 贾康，刘军民，张鹏，等．中国财税体制改革的战略取向：2010～2020．改革．2010（01）.

[480] 贾苏绒．浅谈我国收入差距过大的原因及对策．价值工程．2010（11）.

[481] 贾智莲．地方政府财政能力解析：基于财政维度的逻辑顺序．科学与管理．2010（01）.

[482] 贾智莲，卢洪友．财政分权与教育及民生类公共品供给的有效性——基于中国省级面板数据的实证分析．数量经济技术经济研究．2010（06）.

[483] 江兆昱．浅析金融危机下的资本市场监管．商场现代化．2010（20）.

[484] 姜国强．经济发展方式转变的结构失衡与矫正．财经科学．2010（11）.

[485] 姜惠娜．由特许品牌到有限授权：重塑政府规制的“置信度”．中国商界（下半月）．2010（09）.

[486] 姜林．产业集中、市场结构与经济绩效关系的实证研究．特区经济．2010（10）.

[487] 姜孟亚，史际春．我国地方税权的确立及其运行机制研究．法学家．2010（03）.

[488] 姜明慧，朱闻冬．我国村镇银行市场准入制度研究．今日南国（理论创新版）．2010（03）.

[489] 姜倩倩，杨丽华．基于HHI的浙江外贸市场结构的实证研究．改革与战略．2010（01）.

[490] 姜熙，谭小勇．职业体育联盟准入限制的反垄断考察——基于美国反垄断司法实践．体育科学．2010（11）.

[491] 姜晓川，杨建锋．我国民航运输业垄断现状分析与政策建议．特区经济．2010（08）.

[492] 姜轩平．中国民航与高速铁路竞争分析．商场现代化．2010（08）.

[493] 蒋海，罗瑶．基于信号传递模型的风险资本退出的并购定价分析．管理学报．2010（06）.

[494] 蒋海燕，谢柳芳．新准则下上市公司会计信息披露监管探析．财会研究．2010（22）.

[495] 蒋华剑，潘洪林．我国水权市场中行政垄断理论探析．河海大学学报（哲学社会科学版）．2010（04）.

[496] 蒋丽春．我国国有中小企业管理层收购的监管措施．商场现代化．2010（13）.

[497] 蒋丽丝．基于网络外部性的厂商兼容性问题研究．科学技术与工程．2010（33）.

[498] 蒋岩波，孙浩．垄断行为犯罪化的司法实现．江西财经大学学报．2010（04）.

[499] 焦建．谷歌退出与“中国式监管”．青年记者．2010（04）.

[500] 焦志伦，陈志卷．国内外食品安全政府监管体系比较研究．华南农业大学学报（社会科学版）．2010（04）.

[501] 杰西·马卡姆．中国《反垄断法》下的知识产权保护——价格管制和不确定性问题．环

球法律评论 . 2010 (04).

[502] 解安，黄羽新 . 南平机制：一种有效解决“三农”问题的政府规制 . 中共中央党校学报 . 2010 (02).

[503] 解百臣，徐大鹏，刘明磊，等 . 基于投入型 Malmquist 指数的省际发电部门低碳经济评价 . 管理评论 . 2010 (06).

[504] 解建立 . 城乡公共服务供给均衡化及其约束条件分析 . 河北经贸大学学报 . 2010 (01).

[505] 金福海，李地 . 论合法垄断行业的调控与监管 . 经济法论坛 . 2010 (00).

[506] 金国藩，蒋士强，王静，等 . 从“海南毒豇豆”事件看农产品食品安全监管与农残检测 . 食品安全导刊 . 2010 (04).

[507] 金洪飞，金荦 . 国际石油价格对中国股票市场的影响——基于行业数据的经验分析 . 金融研究 . 2010 (02).

[508] 金杰 . 纺织业国际市场结构及我国纺织业竞争策略选择 . 中国市场 . 2010 (19).

[509] 金乐琴 . 中国低碳发展：市场失灵与产业政策创新 . 北京行政学院学报 . 2010 (01).

[510] 金乐琴，潘登科 . 企业社会责任视角下的食品安全分析 . 石家庄经济学院学报 . 2010 (02).

[511] 金铁，杨涛，柏汇崧 . 数字产品定价问题的探讨 . 中国集体经济 . 2010 (34).

[512] 金蔚红 . 略论当前资源配置方式的有效选择 . 综合竞争力 . 2010 (06).

[513] 金蔚红 . 经济转型期应关注政府与市场关系 . 陕西行政学院学报 . 2010 (04).

[514] 金小芳，丁涛，余剑梅 . 零售业连锁经营理性解读 . 经济视角 (下). 2010 (12).

[515] 金晓霞，夏熙 . 中国农业产业化的形成及其制度缺陷的研究——基于新制度经济学相关理论的视角 . 现代商业 . 2010 (18).

[516] 金鑫 . 网络广告监管的思考 . 合作经济与科技 . 2010 (04).

[517] 金烨 . 药监寻租调查 . 中国经济和信息化 . 2010 (13).

[518] 金志奇 . 产权、激励与收入 . 河北经贸大学学报 . 2010 (03).

[519] 晋利珍 . 改革开放以来我国行业工资差距及其决定因素实证研究——兼论对企业技术创新的影响 . 经济问题探索 . 2010 (12).

[520] 靳卫东 . 人力资本与产业结构转化的动态匹配效应——就业、增长和收入分配问题的评述 . 经济评论 . 2010 (06).

[521] 靳卫东，何丽 . 我国公共人力资本投资的收入分配效应研究 . 财经论丛 . 2010 (01).

[522] 井华 . 寻找经济发展和环境保护的共赢路径 . 国际融资 . 2010 (10).

[523] 井立娜，马振华 . 自然垄断产业反行政垄断与促进竞争问题 . 河北理工大学学报 (社会科学版). 2010 (02).

[524] 鞠敬，沈冬军 . 非互助化证券交易所监管权的功能定位 . 经济体制改革 . 2010 (06).

[525] 剧宇宏 . 基于企业集团视角的绿色企业制度研究 . 山东社会科学 . 2010 (12).

[526] 康纪田，黄永香 . 矿业市场进入管制研究——基于全国性矿产资源整合运动的发现 . 资源与产业 . 2010 (05).

[527] 康婧 . 从环境税制国际实践看我国污染税制度建设 . 环境卫生工程 . 2010 (01).

[528] 康晓蓉，廖慧，刘亚菲，等 . 更微观地交易和管理——专访 2009 年诺贝尔奖得主奥利弗·威廉姆森 . 西部广播电视 . 2010 (07).

[529] 柯健 . 我国商业银行市场结构和市场绩效的实证分析 . 产经评论 . 2010 (01).

[530] 柯善咨，郭素梅 . 中国市场一体化与区域经济增长互动：1995 ~ 2007 年 . 数量经济技术经济研究 . 2010 (05).

[531] 孔繁利，杜普政，舒威 . 我国钢铁业集中度的研究——基于铁矿石谈判接连失利的视角 .

内蒙古民族大学学报（社会科学版）.2010（06）.

［532］孔晗，陈志刚．金融发展与城乡居民收入差距关系研究——基于湖北省 1978～2007 年数据．金融理论与实践 .2010（07）.

［533］孔刘柳，谢乔昕．财政分权对地方政府规模影响的区域差异实证．上海经济研究 .2010（02）.

［534］孔群喜，石奇．通道费的市场规则：基于弱自然垄断行业特征的解释．商业经济与管理．2010（06）.

［535］孔润年．贫富差距与分配公正．唐都学刊 .2010（06）.

［536］孔小霞．论国际服务贸易的国家管制．郑州航空工业管理学院学报 .2010（01）.

［537］邝兵．关于深圳市市场监管体制改革的思考．中国工商管理研究 .2010（07）.

［538］赖丹馨，费方域．公私合作制（PPP）的效率：一个综述．经济学家 .2010（07）.

［539］赖光耀．关于激发民间资本活力的思考．现代审计与经济 .2010（03）.

［540］赖红波，吴泗宗，王建玲．拥挤状态下企业寻租行为与产业集群的自我调节．同济大学学报（社会科学版）.2010（01）.

［541］赖厚志，李朝辉，柳征．企业从垄断到自由．法制与社会 .2010（21）.

［542］赖立宁．试论环境会计在发电企业中的运用．商场现代化 .2010（04）.

［543］郎佩娟．农村土地流转中的深层问题与政府行为．国家行政学院学报 .2010（01）.

［544］雷爱先，王卫真，孟迪宇，等．协调与监管并重——国土资发〔2010〕151 号文件相关土地政策解读．国土资源通讯 .2010（18）.

［545］雷鼎鸣．市场要多一点，政府要少一点．同舟共进 .2010（12）.

［546］雷辉，吴婵．董事会治理、管理者过度自信与企业并购决策．北京理工大学学报（社会科学版）.2010（04）.

［547］雷辉，赵海龙，邵华伟，等．基于面板数据的不同产业并购对公司劳动力需求影响实证研究．财经理论与实践 .2010（04）.

［548］雷辉，赵海龙，肖玲．并购对公司劳动力需求的影响效应研究——基于面板数据的实证分析．华东经济管理 .2010（07）.

［549］雷宁．运输范围经济与规模经济比较．交通科技与经济 .2010（04）.

［550］雷琼芳．加强我国网络广告监管的立法思考——以美国网络广告法律规制为借鉴．湖北社会科学 .2010（10）.

［551］雷珍．浅谈中国居民收入差距的问题．经济研究导刊 .2010（15）.

［552］雷震，彭欢．银行业市场结构与中小企业的生成：来自中国 1995～2006 年的证据．世界经济 .2010（03）.

［553］雷征，陈建军．土地征用过程中的政府公信力缺失及信用体系完善研究．广东土地科学．2010（01）.

［554］黎晨曦，胡改琴．中国产险市场业务结构的研究和分析．现代物业（中旬刊）.2010（06）.

［555］黎江虹．知识论视域下政府与市场关系之辨思．中外法学 .2010（01）.

［556］黎精明，郜进兴．财政分权、要素价格扭曲与国有企业过度投资．中南财经政法大学学报 .2010（01）.

［557］黎新华．高铁对我国航空运输的影响．中国民用航空 .2010（09）.

［558］黎煦，周伟．金融危机对我国就业影响的传导机制与对策．商业时代 .2010（20）.

［559］李．放宽市场准入是加快垄断行业改革的重中之重．当代社科视野 .2010（04）.

［560］李，笑蜀．我们需要打一场跟特殊利益集团的硬仗．当代社科视野 .2010（04）.

［561］李爱平．金融监管理论综述．合作经济与科技．2010（08）．

［562］李百吉，郭正权．中国建筑业市场发展现状与优化措施研究——基于SCP范式视角的中国市场建筑业发展现状与优化措施研究．前沿．2010（19）．

［563］李宝伟．美国的金融自由化与经济虚拟化．开放导报．2010（01）．

［564］李贝雷．基于中国企业社会责任缺乏的研究．理论界．2010（12）．

［565］李宾，苏宁光．我国循环经济发展中的金融支持问题及对策．大众科技．2010（12）．

［566］李彬．我国食品市场中的柠檬市场与逆向选择问题．消费导刊．2010（08）．

［567］李彬华．试析中国铁路行业竞争机制的引入．经济与管理．2010（01）．

［568］李斌，李书辉．湖南省各市州全要素生产率增长率的实证研究．工业技术经济．2010（11）．

［569］李斌，赵新华．科技进步与中国经济可持续发展的实证分析．软科学．2010（09）．

［570］李滨．CES模型的浙江省产业集聚效应分析．经济研究导刊．2010（05）．

［571］李秉强．寻租对社会影响的定量研究述评．重庆工商大学学报（社会科学版）．2010（03）．

［572］李炳炎，袁灏．以利益分享机制重建经济增长动力结构．财经科学．2010（06）．

［573］李波，张嘉，王众众．探析中国金融若干问题．企业导报．2010（01）．

［574］李伯涛．环境分析与地方性环境税的征收研究．商业时代．2010（35）．

［575］李博．关于中国石油产业规制改革的研究．消费导刊．2010（03）．

［576］李昌玉．对我国食品安全监管体制的思考．长江大学学报（社会科学版）．2010（02）．

［577］李长庚，江岱．盐业垄断下的“碘之忧”．中国质量万里行．2010（10）．

［578］李长英，王君美．跨国公司对东道国企业技术创新的影响．世界经济研究．2010（04）．

［579］李朝晖，李安．农民工工伤保险相关利益集团行为取向的影响因素——基于湖南五个城市的调查．湖南农业大学学报（社会科学版）．2010（05）．

［580］李朝敏．供应链竞争中的企业跳链行为及规制研究．统计与决策．2010（15）．

［581］李晨．基于寻租理论看我国的商业贿赂．科教导刊（中旬刊）．2010（02）．

［582］李闯．社会分层对中国经济发展的影响．辽宁工程技术大学学报（社会科学版）．2010（05）．

［583］李德元．国民收入分配：问题、影响与对策．宏观经济管理．2010（11）．

［584］李德智，李启明．房地产开发的生态补偿机制框架．城市问题．2010（04）．

［585］李二旺．城市房屋拆迁中的政府失灵及其矫治．理论导刊．2010（12）．

［586］李凡，王利军．论特许经营的反垄断规制．黑龙江对外经贸．2010（02）．

［587］李芳芳．财政政策对收入不平等与经济增长影响最新研究成果的政策启示．石家庄经济学院学报．2010（06）．

［588］李芳尚．深化收入分配制度改革促进社会公平正义．学理论．2010（33）．

［589］李飞．外商直接投资对我国产业安全的影响及对策分析．中国经贸导刊．2010（21）．

［590］李飞．外商直接投资对我国民族品牌的风险及防范．中国商贸．2010（17）．

［591］李菲．环保社会责任的区域性规则及其运行——关于金融业环保风险管理几种方法．中国城市经济．2010（09）．

［592］李菲，曾光．武汉城市圈制造业行业专业化实证分析．湖北经济学院学报．2010（02）．

［593］李凤辉．我国电力行业的自然垄断效率分析．价值工程．2010（07）．

［594］李凤辉．中国自然垄断产业绩效的理论分析——以电力行业为例．企业导报．2010（02）．

［595］李福恩．工程监理寻租行为分析及对策．郑州航空工业管理学院学报（社会科学版）．2010

(03).

[596] 李刚，何文婷，陈迪．基于双寡头价格博弈的银行竞争策略解释．会计之友（下旬刊）．2010 (06).

[597] 李刚，李海军．发展中国家实现可持续发展的基本思路．知识经济．2010 (07).

[598] 李冠宇，林鹏辉，吕廷杰．评价我国电信市场有效竞争的指标框架构建．北京邮电大学学报（社会科学版）．2010 (01).

[599] 李光斗．警惕中国出现品牌寡头．纺织服装周刊．2010 (43).

[600] 李光绪．上市公司兼并的方式及其利益流动研究．特区经济．2010 (09).

[601] 李广东，邱道持，王平．耕地保护机制建设的机理、特征与挑战探讨．中国农学通报．2010 (11).

[602] 李国军，宋国梁．中国钢铁企业发展现状、问题及对策研究．江苏科技信息．2010 (03).

[603] 李国龙，张英杰．煤炭行业上市公司技术效率与公司治理．云南财经大学学报（社会科学版）．2010 (03).

[604] 李国强，李初．我国民企并购进程、特征、类型、动因及政策．重庆理工大学学报（社会科学）．2010 (06).

[605] 李国璋，刘津汝．财政分权、市场分割与经济增长——基于 1996～2007 年分省面板数据的研究．经济评论．2010 (05).

[606] 李国璋，周彩云，江金荣．中国区域间生产效率差异和 TFP 增长率分解：1978～2007．统计与决策．2010 (10).

[607] 李海宝．寻租理论与腐败问题分析．学理论．2010 (24).

[608] 李海宝．基层政府在退耕还林过程中的行为分析——以 A 县为例．法制与社会．2010 (23).

[609] 李海斌．基于市场权力的垄断优势思考．科技资讯．2010 (33).

[610] 李海莲．促进中国保税监管区域发展的税收政策研究．中央财经大学学报．2010 (06).

[611] 李函晟，吴崇攀，韩芳．浅议寿险公司保全业务的反洗钱监管．海南金融．2010 (04).

[612] 李涵，李文洁．地方保护对企业国际化程度的影响——基于上市公司制造业的实证研究．宏观经济研究．2010 (08).

[613] 李航，侯琳琳．从 SCP 范式看我国快递产业的发展．商业文化（学术版）．2010 (02).

[614] 李昊．反垄断宽恕制度及其中国化．研究生法学．2010 (02).

[615] 李浩．政府与公众关系的经济学分析——基于交换权力的普遍视角．现代商业．2010 (36).

[616] 李浩，钱永坤．企业规模经济衡量方法的选择与构建．商业时代．2010 (10).

[617] 李红梅，刘昕．国际银行业并购问题研究．辽宁省社会主义学院学报．2010 (02).

[618] 李红权，张春宇．政府采购的寻租风险及其防控．理论探讨．2010 (04).

[619] 李虹瑾．浅议外资并购的反垄断规制．金卡工程（经济与法）．2010 (12).

[620] 李厚刚．党政化而非行政化：我国高等教育体制症结的实质与核心．高等农业教育．2010 (10).

[621] 李厚江．浅析监理工作中存在的问题、产生的原因及解决方法．四川水力发电．2010 (05).

[622] 李华，陈晨，金冬梅．绩效考核引起企业员工间过度竞争的研究．现代商业．2010 (33).

[623] 李华敏，马红梅．FDI 技术溢出失效与市场规制转型．改革．2010 (12).

[624] 李济广. 居民财产收入的范围、统计及其对个人收入的影响. 中国地质大学学报（社会科学版）. 2010 (06).

[625] 李继刚. 加快农村剩余劳动力转移的一个经济解释. 吉林工商学院学报. 2010 (01).

[626] 李继民，胡坚. 中国银行业市场结构、绩效与规模经济——基于2004～2007年面板数据的实证研究. 金融理论与实践. 2010 (06).

[627] 李佳锜. 我国银行业监管中存在的主要问题及对策分析文献综述. 中国商界（下半月）. 2010 (05).

[628] 李佳云. 从制度上规范在监管上着力. 行政事业资产与财务. 2010 (07).

[629] 李建斌. 对政府与市场关系的再认识. 内蒙古财经学院学报（综合版）. 2010 (01).

[630] 李建涛. 我国商业银行业的产业组织分析. 江西金融职工大学学报. 2010 (02).

[631] 李建涛. 我国商业银行绩效和效率关系的假说检验——基于2002～2008年14家商业银行的面板数据. 广西财经学院学报. 2010 (06).

[632] 李建新. 金融危机背景下政府与市场关系的重新审视. 长白学刊. 2010 (03).

[633] 李剑. 如何制约反垄断执法机构——反垄断执法机构的独立性与程序性制约机制. 南京师大学报（社会科学版）. 2010 (05).

[634] 李剑. 双边市场下的反垄断法相关市场界定——"百度案"中的法与经济学. 中国检察官. 2010 (23).

[635] 李剑，唐斐. 转售价格维持的违法性与法律规制. 当代法学. 2010 (06).

[636] 李将军. 西方国家企业国有化和私有化问题研究. 经济论坛. 2010 (04).

[637] 李节，张焱秋，李由鑫. 对扩大内需下的中央财政支出监管的思考. 特区经济. 2010 (04).

[638] 李劼. 反价格垄断法理释义五题. 贵州社会科学. 2010 (05).

[639] 李金静，高海天. 我国食品安全监管制度探析. 经营管理者. 2010 (13).

[640] 李金明，何雅菲. 基于DEA模型的我国商业银行运作效率的评价. 金融经济. 2010 (08).

[641] 李瑾，杨利琼，秦向阳，等. 信息不对称与食品安全监管策略分析. 湖北农业科学. 2010 (09).

[642] 李景海，陈雪梅. 产业集聚经验研究进展及展望. 经济问题探索. 2010 (11).

[643] 李娟，方新普，张勇. 试论转型期体育利益矛盾与社会体育融合. 武汉体育学院学报. 2010 (05).

[644] 李娟，贺小林. 我国房价治理的利益集团视阈分析. 经济问题探索. 2010 (08).

[645] 李君华，彭玉兰. 城市发展的路径选择：专业化还是多样化？. 商业研究. 2010 (05).

[646] 李君华，彭玉兰. 中国制造业空间分布影响因素的实证研究. 南方经济. 2010 (07).

[647] 李俊峰. 中国企业合并反垄断审查的展开——对商务部"异议案例"公开信息的研究. 国际经贸探索. 2010 (09).

[648] 李俊丽. 香港土地市场的政府干预模式探析. 科技信息. 2010 (28).

[649] 李凯. 政府控制、市场环境与会计稳健性. 经济经纬. 2010 (05).

[650] 李凯，陈俊华. 基于垄断的商品住宅市场价格均衡分析. 经济视角（下）. 2010 (10).

[651] 李鲲. 社保基金监管存在的问题. 价值工程. 2010 (04).

[652] 李立周. 区域政府合作的动因、问题及对策——关于建设海峡西岸经济区的思考. 福建省社会主义学院学报. 2010 (02).

[653] 李丽. 食品安全规制成本收益分析研究述评. 泰山学院学报. 2010 (04).

[654] 李丽辉. 为什么我国劳动收入占比持续下降. 决策与信息. 2010 (08).

[655] 李丽霞．经济管理体制的完善及其发展．经营管理者．2010（12）.

[656] 李连芬，刘德伟．我国公共教育供给短缺的原因分析．经济体制改革．2010（05）.

[657] 李凌．“三垄断”导致苏联解体．党建．2010（04）.

[658] 李萌．我国在实施和制定环境税时应注意的几个问题．经济师．2010（07）.

[659] 李濛．市场为王：新徐工的应变之道．中国机电工业．2010（09）.

[660] 李妙，齐虹丽．浅议我国《反垄断法》视野中的《钢铁产业调整和振兴规划》．中国商界．2010（02）.

[661] 李名峰．我国农地征用中的寻租问题研究．华中师范大学学报（人文社会科学版）．2010（02）.

[662] 李明．对弗里德曼自由市场经济理论的批判．商业文化（学术版）．2010（05）.

[663] 李明，李慧中．政治资本与中国的地区收入差异．世界经济文汇．2010（05）.

[664] 李明志，谭丝竹，刘启．视频游戏产业中垄断平台定价策略．清华大学学报（自然科学版）．2010（06）.

[665] 李沫萱．现代中国保险市场结构的目标模式．中国国情国力．2010（04）.

[666] 李牧群．收入分配制度改革向哪里去．人力资源．2010（08）.

[667] 李南南，高凛．从“三鹿奶粉事件”评述我国食品安全监管制度．内蒙古电大学刊．2010（01）.

[668] 李鹏．对我国反垄断执法机构设置的思考．连云港职业技术学院学报．2010（01）.

[669] 李鹏，保继刚．国家名义之下的旅游资源垄断与产权困境——以从化温泉风景区为例．地理科学．2010（05）.

[670] 李鹏，王文昌，王秦俊．农地流转中政府行为失范的成因及对策探究．山西农业大学学报（社会科学版）．2010（03）.

[671] 李平，王春晖，田朔．环渤海经济圈的自主创新路径选择——基于国际技术扩散和内生需求视角．经济经纬．2010（06）.

[672] 李乾贵，刘吉旭．民航运输业引入竞争机制的反垄断规制．北京航空航天大学学报（社会科学版）．2010（03）.

[673] 李黔胜，李璐．农村先行：邮政储蓄银行的竞争优势路径．西南金融．2010（02）.

[674] 李黔豫．境外反垄断法刑事责任规定的比较与借鉴．经济研究导刊．2010（29）.

[675] 李钦，许云霞．增长源泉、结构变迁与贸易互补——对中哈贸易发展的多视角分析．国际商务（对外经济贸易大学学报）．2010（03）.

[676] 李勤昌．美国农业保护制度的政治经济学分析．东北亚论坛．2010（03）.

[677] 李青．我国公用事业成本加成定价：现状评价与对策建议．价格理论与实践．2010（06）.

[678] 李青，辛群，张炜，等．部分国家（地区）滥用市场支配地位的价格垄断行为及其执法实践．中国价格监督检查．2010（11）.

[679] 李青平．深度分析美国金融危机——贫富悬殊是根本原因．辽宁经济管理干部学院（辽宁经济职业技术学院学报）．2010（05）.

[680] 李青原，潘雅敏，陈晓．国有经济比重与我国地区实体经济资本配置效率——来自省级工业行业数据的证据．经济学家．2010（01）.

[681] 李清源，沈秀丽．西部经济快速增长态势下环境趋向优化问题研究．青海社会科学．2010（02）.

[682] 李庆保，梁平．我国电力行业环境税制问题研究．学术论坛．2010（01）.

[683] 李庆华．较低进入壁垒下企业策略性行为研究——基于汇源集团的案例分析．现代商贸

工业.2010（17）.

［684］李琼．群体性利益冲突的博弈分析．江苏社会科学.2010（06）.

［685］李然．基于“逆选择”和博弈模型的食品安全分析——兼对转基因食品安全管制的思考．华中农业大学学报（社会科学版）．2010（02）.

［686］李瑞红．商业银行公司治理与混业经营．贵州农村金融.2010（06）.

［687］李瑞华．国有企业高管寻租性腐败分析——基于云铜原董事长邹韶禄受贿的案例研究．云南财经大学学报（社会科学版）.2010（03）.

［688］李瑞琴．国际产品内贸易对发展中国家劳动收入分配效应的理论分析．财经科学.2010（06）.

［689］李莎．安永报告：监管与合规仍是企业面临最大风险．国际融资.2010（09）.

［690］李尚骜．跨国收入差距的收敛性．经济研究.2010（05）.

［691］李绍东．中国库兹涅茨曲线的拐点何时出现？——基于基尼系数的预测．重庆工商大学学报（社会科学版）.2010（03）.

［692］李升，张强．中德电力垄断规制模式比较．华北电力大学学报（社会科学版）.2010（05）.

［693］李胜会，李红锦．要素集聚、规模效率与全要素生产率增长．中央财经大学学报.2010（04）.

［694］李实，李婷．库兹涅茨假说可以解释中国的收入差距变化吗．经济理论与经济管理．2010（03）.

［695］李世敏．地方债务为何不断膨胀．人民论坛.2010（01）.

［696］李世新，刘慷．中国软件产业市场结构分析与战略调整．北华大学学报（社会科学版）.2010（04）.

［697］李世艳．公用事业民营化中的黄金股制度研究．法制与经济（中旬刊）.2010（12）.

［698］李世尧．利益集团视角下国有银行不良资产处置的拖延与突破．重庆工商大学学报（社会科学版）.2010（06）.

［699］李世英，李延平，蒋飞龙．企业进入阻止行为与市场绩效关系的实证研究——基于中国29个四位数制造业产业的面板数据．上海经济研究.2010（09）.

［700］李帅.4S汽车销售模式的SCP分析——中国家用轿车市场研究．东方企业文化.2010（01）.

［701］李双燕，万迪昉．基于控制权利益的企业并购支付合约选择模型．管理学报.2010（10）.

［702］李双燕，万迪昉．可转换债券对并购双边道德风险防范的实验研究．管理科学.2010（03）.

［703］李松龄，岳文焕．收入差距扩大的市场原因及其理论注释．财经理论与实践.2010（03）.

［704］李谭君，文超．财政分权、激励结构与专项转移支付．当代财经.2010（09）.

［705］李天生．国际海运业反垄断豁免的法经济学分析——从“THC风波”谈起．现代法学．2010（01）.

［706］李眺．产业专用化行为及其激励研究——来自中国证券审计市场的检验．产业经济研究.2010（02）.

［707］李挺．弥补监管漏洞缺陷，建立长效机制，出重拳抓实效维护中国食品安全——对金浩茶油致癌物质超标事件的反思．经营管理者.2010（24）.

［708］李彤．垄断有功如“狼羊同圈”．商界（评论）.2010（10）.

[709] 李婉．中国式财政分权与地方政府预算外收入膨胀研究．财经论丛.2010 (03).

[710] 李薇，龙勇．企业间竞合关系的市场效应研究．华东经济管理.2010 (11).

[711] 李伟．外汇指定银行合规性监管问题研究．山东理工大学学报（社会科学版).2010 (03).

[712] 李伟华．我国《反垄断法》关于知识产权滥用的现行规定．法制与社会.2010 (06).

[713] 李伟华．知识产权经营者集中的认定及其表现形式．法制与社会.2010 (05).

[714] 李炜光．以民主监督破除垄断行业收入畸高．人民论坛.2010 (23).

[715] 李文臣，李盛玲．政府行为与产业集群生命周期的匹配性分析．华东经济管理.2010 (04).

[716] 李文东，尹传文．低碳经济与环境规制的实证分析．经济研究导刊.2010 (13).

[717] 李文鸿，胡嘉卉，孙劭文．基于对跨国公司在中国市场占有率预测的数学模型分析．江汉大学学报（自然科学版).2010 (02).

[718] 李文莉．上市公司外资并购的反垄断审查标准探寻．佳木斯大学社会科学学报.2010 (03).

[719] 李文娜，吴玮．我国反垄断审查对跨国公司并购的影响分析．中国商贸.2010 (14).

[720] 李西垚，弋亚群，苏中锋．社会关系对企业家精神与创新关系的影响研究．研究与发展管理.2010 (05).

[721] 李夏影．中国式分权与地方政府财政风险形成机理分析——基于财政激励的视角．经济论坛.2010 (04).

[722] 李香丽，孙绍荣．中国证监会的监管与上市公司违规概率分析．金融理论与实践.2010 (08).

[723] 李向安．论美国食品安全监管体系对我国的经验借鉴．商品与质量.2010 (S7).

[724] 李小鹤．源于地方保护的市场分割对市场结构的影响．特区经济.2010 (07).

[725] 李小鹤．市场分割条件下企业的经营战略选择——以烟草行业红塔集团为例．时代金融.2010 (03).

[726] 李小鹤．我国质量技术监督管理运行模式改革与民营化问题探究．商业时代.2010 (25).

[727] 李小鹤．规制与民营化——国有产品质量检验部门改革问题探究．商场现代化.2010 (03).

[728] 李小明，徐祎．论我国经营者集中审查制度的缺陷与完善．湖南大学学报（社会科学版).2010 (05).

[729] 李晓红，李晓梅．中国食品安全监管体制完善之探析．兰州学刊.2010 (12).

[730] 李晓琼．我国资源节约和环境保护的经济学分析．再生资源与循环经济.2010 (07).

[731] 李欣．传媒业进入壁垒分析．中国广播电视学刊.2010 (04).

[732] 李新艳，徐园园．试论有效公共物品自愿供给机制的建立．China'sForeignTrade.2010 (Z2).

[733] 李新义，汪浩瀚．双边市场横向兼并的定价及福利研究——以中国网络传媒业为例．财经研究.2010 (01).

[734] 李杏果．论政府介入劳动关系的内在逻辑与界限．现代经济探讨.2010 (10).

[735] 李秀娟．美国专利损害赔偿中的相关市场认定．法制与经济（中旬刊).2010 (11).

[736] 李秀娟，董丽，刘皓．过度医疗行为的理论、实证与管理式医疗制度．中国药物经济学.2010 (04).

[737] 李雪．出租车行业的政府管制研究．商业文化（学术版).2010 (10).

[738] 李亚男．优化民营经济发展环境的对策研究．法制与社会．2010（34）．

[739] 李亚楠，巴一．秩序自由主义对欧共体竞争法的影响．China'sForeignTrade．2010（Z2）．

[740] 李亚楠，巴一．德国竞争法的演变原因简析．中国市场．2010（44）．

[741] 李延喜，陈克兢，龙静．制度环境与过度投资——来自中国上市公司的经验证据．当代经济管理．2010（08）．

[742] 李艳玲．香港食品安全监管体系．经营与管理．2010（09）．

[743] 李燕，张卫国．论我国规制内幕交易行为过程中对域外经验的借鉴．牡丹江大学学报．2010（03）．

[744] 李垚葳．论反垄断法私人实施之集团诉讼制度——从"百度竞价排名"事件谈构建我国反垄断法领域中集团诉讼模式．重庆工商大学学报（社会科学版）．2010（01）．

[745] 李怡．反垄断法适用除外制度在我国体育业的运用．武汉体育学院学报．2010（02）．

[746] 李翼．青岛啤酒扩张并购的市场反应和财务分析．中国证券期货．2010（01）．

[747] 李寅秋，陈超，唐力．品种权保护制度对我国种业集中度影响的实证研究．南京农业大学学报（社会科学版）．2010（02）．

[748] 李英，李成仁，段燕群．我国电价水平的国际比较．中国电力企业管理．2010（27）．

[749] 李颖．寡头垄断市场下本土企业的竞争策略分析——以我国的巧克力行业为例．企业导报．2010（06）．

[750] 李勇军．我国政策过程中的双重、多重领导现象研究．福建行政学院学报．2010（03）．

[751] 李友根．论公私合作的法律实施机制——以《反不正当竞争法》第6条为例．上海财经大学学报．2010（05）．

[752] 李苑，张剑，曾剑秋．三网融合现状及发展策略．中国通信．2010（03）．

[753] 李越冬，张会芹．产权性质、企业社会责任与资本市场认可度．宏观经济研究．2010（01）．

[754] 李泽广，王群勇，巴劲松，等．分省投资与信贷关系中的"门槛效应"：审视投资增长的新视角．金融研究．2010（05）．

[755] 李振佑．我国自然垄断产业规制改革的背景变化与规制体制重构．甘肃理论学刊．2010（01）．

[756] 李志铭，经婷．关于物流外包监管的重复博弈分析．中国商贸．2010（06）．

[757] 李孜孜，钟毅，奉兰，等．资源企业反垄断法律问题探讨．天然气技术．2010（01）．

[758] 李子联．制度、激励与增长：一个经验总结．社会科学．2010（05）．

[759] 李祚海，王雷．权力资本及其背后的寻租探讨．商场现代化．2010（25）．

[760] 栗超．国内旅游产业规制研究综述．东方企业文化．2010（14）．

[761] 栗明辉．在经济学与经济法之间——后危机时代对国际金融危机的再诠释．理论界．2010（09）．

[762] 梁栋．英国铁路考察报告．铁道经济研究．2010（04）．

[763] 梁国越．可信承诺、预算软约束与国企改革．上海市经济管理干部学院学报．2010（04）．

[764] 梁海霞．发达地区与不发达地区区域经济合作的政府行为分析．西安邮电学院学报．2010（02）．

[765] 梁海音，高鹤文．市场失灵与政府失灵．经济视角（下）．2010（08）．

[766] 梁樑，赵洪顺．法定垄断行业实现有效竞争的实证研究．湘潭大学学报（哲学社会科学版）．2010（06）．

[767] 廖平之．农信社改革发展及监管之我见．中国农村金融．2010（04）．

［768］廖启勇．旅行社业削价竞争的思考——以广东省肇庆市为例．中国商界（上）.2010（04）.

［769］廖顺平，谭红专．对食品安全监管工作的探讨．中国社会医学杂志.2010（03）.

［770］廖运凤．中国零售业上市公司并购绩效实证研究．北京工商大学学报（社会科学版）.2010（05）.

［771］林爱庆．住房租赁市场亟待规范和监管．城乡建设.2010（11）.

［772］林春亮．我国垄断行业的收入分配与公共政策调节．广州广播电视大学学报.2010（03）.

［773］林珏．中国石油安全状况分析——2006～2008 年中国石油安全指标测度．亚太经济.2010（02）.

［774］林克敬．竞争法于电力产业之适用——以台湾为例．山东科技大学学报（社会科学版）.2010（03）.

［775］林鲁杰．我国汽车产业集中度与市场绩效关系研究．商场现代化.2010（35）.

［776］林佩辉，郭碧珠．实效源自监管的强化．福建质量技术监督.2010（08）.

［777］林瑞鑫．中国行业集中度与利润相关性分析——SCP 模型在中国汽车产业分析中的应用．东方企业文化.2010（04）.

［778］林卫斌．政府失灵与市场失灵：网络型产业市场化的理论检讨与启示．学术交流.2010（01）.

［779］林卫斌，陈东，胡涛．垄断行业市场化改革的经济机理与潜在风险——以电力行业为例．经济学家.2010（11）.

［780］林肖立．完善我国金融监管体制的若干思考．财经界.2010（03）.

［781］林秀．论水电站的影响和作用．现代经济信息.2010（09）.

［782］林秀杰．论中国证券市场监管现状．经营管理者.2010（16）.

［783］林秀梅，徐光瑞．我国高技术产业竞争力省际比较．当代经济研究.2010（05）.

［784］林雪毓．如何加强我国股指期货市场的监管．科技资讯.2010（17）.

［785］林依标，颜志平．征地补偿市场化研究——以晋江市为例．中国国土资源经济.2010（06）.

［786］林毅夫．中国改革的成功关键和成本．上海经济.2010（03）.

［787］林桢，段文哲．基于供电企业需求侧管理的电力可持续发展研究．科技创业月刊.2010（03）.

［788］林志芳．和谐社会视野下中国收入分配制度面临的矛盾及对策．中南林业科技大学学报（社会科学版）.2010（06）.

［789］林志伟，胥佚萱，郭琳．投资者监督、政府干预与企业价值——基于机构投资者的经验证据．上海立信会计学院学报.2010（05）.

［790］林中燕．基于互联网的网络外部性分析．石河子大学学报（哲学社会科学版）.2010（02）.

［791］林竹．西方利益集团在政策制定过程中的利益表达．理论界.2010（09）.

［792］林宗保．跨国公司并购的制度效应与实证探析．经济师.2010（04）.

［793］凌洁雯．完善我国廉租房准入退出机制的思考．中国房地产金融.2010（06）.

［794］凌雪松．浅谈如何促进道路运输市场有效竞争．黑龙江交通科技.2010（11）.

［795］刘爱民．广告的争夺性和开发性对企业竞争博弈的影响．世界经济情况.2010（02）.

［796］刘白兰，李江涛．政府掠夺、内部人合谋与公司治理——兼论中小投资者保护．广东金融学院学报.2010（03）.

[797] 刘宝. 企业社会责任与企业竞争力——兼论从微观、中观、宏观三个层面共同推进企业社会责任竞争力. 四川经济管理学院学报. 2010 (02).

[798] 刘冰. 煤电纵向交易关系：决定因素与选择逻辑. 中国工业经济. 2010 (04).

[799] 刘冰，张燕，杨海波. 经济型酒店竞争战略探析——以扬州为例. 全国商情（理论研究）. 2010 (01).

[800] 刘兵，杨志远，陈拓西，等. 多频次危机背景下的食品安全保障机制三阶段模型研究. 中国集体经济. 2010 (25).

[801] 刘兵，邹树梁，陈甲华，等. 我国 CoPS 市场结构与进入规制体系刍议——以核电项目投资为例. 南华大学学报（社会科学版）. 2010 (03).

[802] 刘博，孙超英. 区划调整视角下的行政壁垒问题研究——以跨省区的成渝经济区为例. 四川行政学院学报. 2010 (01).

[803] 刘灿. 从经济自由主义和国家干预的纷争与现实看市场经济模式. 中国经济问题. 2010 (01).

[804] 刘昌胜. 会计准则制定中的公平和效率：经济稳定视角. 宏观经济研究. 2010 (01).

[805] 刘畅. 效率与公平关系问题之认识. 商品与质量. 2010 (SA).

[806] 刘超. 对我国航运协议反垄断豁免规制的探讨. 经济研究导刊. 2010 (17).

[807] 刘超. 我国证券投资基金的宏观管理——制度分析与政策建议. 经济社会体制比较. 2010 (05).

[808] 刘琛君. 跨国公司垄断性并购的影响及对策研究——基于市场结构效应视角. 中国商贸. 2010 (06).

[809] 刘成. 对搭售行为的法律规制——从美国和欧盟的角度进行比较分析. 经营管理者. 2010 (03).

[810] 刘达. 论反垄断法执法主体的设置——从执法权分配角度分析. 行政与法. 2010 (02).

[811] 刘大洪，殷继国. 金融危机救助的反垄断法思考. 经济法论丛. 2010 (01).

[812] 刘丹丹. 独立董事的监管及相应策略研究. 财经界（学术版）. 2010 (08).

[813] 刘德伟，李连芬. 过度竞争与贫困化增长——基于同质产品的产业内贸易的研究. 世界经济研究. 2010 (06).

[814] 刘顶军. 论我国金融控股公司的监管. 现代商业. 2010 (07).

[815] 刘东，贾愚. 食品质量安全供应链规制研究：以乳品为例. 商业研究. 2010 (02).

[816] 刘东皇，沈坤荣. 收入分配、居民消费与经济发展方式转变. 华东经济管理. 2010 (11).

[817] 刘多金. 我国高校行政管理存在的问题及对策分析. 黑龙江史志. 2010 (07).

[818] 刘飞. 银行并购影响银行稳定的机制研究. 中国证券期货. 2010 (08).

[819] 刘锋. 美国政府对航空公司经营的反垄断监管（二）. 中国民用航空. 2010 (02).

[820] 刘凤朝，姜滨滨. 中国企业跨国并购的国家安全审查：以美国为例. 科学学与科学技术管理. 2010 (03).

[821] 刘光俊，王云诚，毕红霞. 财政分权下中央政府与地方政府的博弈分析. 生产力研究. 2010 (09).

[822] 刘桂清. 反垄断执法机构新论——竞争政策与产业政策协调发展的视角. 天津法学. 2010 (02).

[823] 刘桂清. 助推器抑或绊脚石——经济危机时期的反垄断法实施. 经济法论丛. 2010 (01).

[824] 刘桂荣，殷杰，李娜，等. 韩国食品安全管理体系及进口食品监管制度简介. 检验检疫

学刊 . 2010（02）.

[825] 刘海潮 . 基于集中度特征的战略、环境双向一致性研究 . 科研管理 . 2010（04）.

[826] 刘晗 . 浅析反垄断法的保护竞争作用 . 今日南国（中旬刊）. 2010（05）.

[827] 刘晗 . 浅论国有企业的改革与发展——反垄断立法下对国企未来的思考 . 法制与社会 . 2010（03）.

[828] 刘浩 . 市场垄断程度对社会福利的影响——基于价格不确定性 . 林业经济 . 2010（04）.

[829] 刘宏，闵丹 . 基于产业组织理论的商业银行盈利能力研究 . 税务与经济 . 2010（03）.

[830] 刘洪华 . 论中国金融衍生品市场的建立和监管——来自美国金融危机的启示 . 云南大学学报（法学版）. 2010（03）.

[831] 刘鸿 . 论我国经济改革中的社会公正问题 . 学术交流 . 2010（05）.

[832] 刘华 . 政府作用与经济发展：国际比较视域下的考察与启示 . 求实 . 2010（11）.

[833] 刘焕珍，彭小云，翁明明 . 关于产生寻租行为动力的探讨 . 现代商业 . 2010（23）.

[834] 刘会洪，袁蕾 . 我国房地产市场结构测度及影响因素——基于地区面板数据的实证分析 . 工业技术经济 . 2010（03）.

[835] 刘慧 . 试论财政分权下我国地方政府间税收竞争规制 . 地方财政研究 . 2010（08）.

[836] 刘佳，朱罗敬，谢飙 . 我国体育资源配置中的政府行为研究 . 中南林业科技大学学报（社会科学版）. 2010（05）.

[837] 刘检华，褚雁冰，汪秀亮 . 中国收入分配差距的制度研究 . 中国商界（下半月）. 2010（11）.

[838] 刘建平，乌兰察夫 . 科学监管新曲在舟曲萦回——甘南州局确保舟曲灾后饮食用药安全跟踪报道 . 中国食品药品监管 . 2010（10）.

[839] 刘建勋 . 我国土地征用及失地农民问题探析 . 齐鲁学刊 . 2010（02）.

[840] 刘江会，唐东波 . 财产性收入差距、市场化程度与经济增长的关系——基于城乡间的比较分析 . 数量经济技术经济研究 . 2010（04）.

[841] 刘金，王庆 . 政府与市场替代交易制度的调整及展望 . 中国商界（下半月）. 2010（04）.

[842] 刘金枝 . 行会商会组织在市场监管中的作用机理分析 . 知识经济 . 2010（15）.

[843] 刘金州，何静雪 . 我国政府采购中的寻租行为原因及其对策研究 . 中国商界（下半月）. 2010（12）.

[844] 刘锦芳，刘爱东，何举智 . 防范审计合谋的动态博弈分析 . 系统管理学报 . 2010（03）.

[845] 刘晶 . 权力膨胀的垄断化新论——以山西煤炭整合为例 . 法制与社会 . 2010（32）.

[846] 刘军，武鹏，刘玉海 . 中国电信产业产出效率分析 . 统计与信息论坛 . 2010（05）.

[847] 刘军杰 . 我国农村民间金融监管及法律完善 . 中国商界（下半月）. 2010（06）.

[848] 刘克，蒋力 . 对我国现有经济增长模式的反思及未来的发展建议 . 中州学刊 . 2010（02）.

[849] 刘磊，杨蕊 . 非正式制度与不同所有制企业人力资本收入差异 . 当代财经 . 2010（03）.

[850] 刘磊，杨蕊 . 人力资本博弈能力与不同所有制企业收入差异 . 兰州商学院学报 . 2010（01）.

[851] 刘莉，白人朴 . 我国拖拉机制造业市场集中度研究 . 中国农业大学学报 . 2010（06）.

[852] 刘流 . 地方政府“土地财政”行为分析 . 中共贵州省委党校学报 . 2010（03）.

[853] 刘淼，李大明 . 从儒道佛传统文化看我国财政分权的演进特征 . 山西财政税务专科学校学报 . 2010（03）.

[854] 刘明宇，芮明杰，姚凯 . 生产性服务价值链嵌入与制造业升级的协同演进关系研究 . 中国工业经济 . 2010（08）.

[855] 刘明智. 试析当前地方保护主义的新特点. 潍坊教育学院学报. 2010 (05).

[856] 刘娜, 王金花. 浅析食品安全监管中的政府失灵——以三鹿婴儿奶粉事件为例. 知识经济. 2010 (17).

[857] 刘宁, 刘贞, 鲜康. 电网建设外部环境中主要利益群体特征分析——电网建设外部环境中的冲突及互适应机制研究之二. 电力学报. 2010 (01).

[858] 刘巧娟. 国有企业改革中的国企性质及作用研究. 劳动保障世界 (理论版). 2010 (08).

[859] 刘巧雅, 汪虎山. 论网络经济中边际效用递增规律与规模经济. 技术与市场. 2010 (09).

[860] 刘青海, 王忠. FDI 规模、政府行为与贫困化增长的防范. 当代财经. 2010 (03).

[861] 刘清华, 刘文华. 宏观经济政策对不同所有制性质企业的影响. 网络财富. 2010 (14).

[862] 刘蕊. 中国国有商业银行规模经济的影响因素实证研究. 内蒙古农业大学学报 (社会科学版). 2010 (05).

[863] 刘瑞波, 马冉. 改革开放以来我国银行业并购效率的实证分析. 东岳论丛. 2010 (11).

[864] 刘润庆. 论市场经济条件下政府职能的界定. 中共山西省直机关党校学报. 2010 (02).

[865] 刘尚希. 资源价格改革如何迈步. 改革. 2010 (08).

[866] 刘胜军. 欧盟电子货币监管制度最新发展及其启示. 金融与经济. 2010 (03).

[867] 刘胜军. 正视中国利益集团. 沪港经济. 2010 (06).

[868] 刘盛蓉. 从国美并购永乐案探讨成熟企业的横向合并动机. 技术与创新管理. 2010 (01).

[869] 刘叔申. 政府预算的科学性与软约束——基于中国财政预算执行情况的实证分析. 中国行政管理. 2010 (02).

[870] 刘姝琛. 我国煤炭产业组织内的市场绩效分析. 商业文化 (学术版). 2010 (07).

[871] 刘树枫, 刘晓君. 我国房地产市场结构与技术创新关系探究. 统计与决策. 2010 (10).

[872] 刘水林. 反垄断法的挑战——对反垄断法的整体主义解释. 法学家. 2010 (01).

[873] 刘天虎, 黄武军, 许维胜, 等. 基于拓展 Tullock 模型的开发商寻租博弈均衡策略. 同济大学学报 (自然科学版). 2010 (12).

[874] 刘微, 刘智明. 公共产品垄断经营领域的消费者权益保障. 商场现代化. 2010 (26).

[875] 刘伟. 经济学视角下的产业集群理论综述. 商业时代. 2010 (17).

[876] 刘文琼, 钟波, 汪满满. 基于监管发电商报价行为的 FSS - SVM 模型. 能源技术经济. 2010 (09).

[877] 刘文智. 食品安全: 行业自治管理不应缺位. 现代商业. 2010 (23).

[878] 刘武朝. 1999 ~ 2010 年反垄断法领域博士论文选题实证分析. 产业与科技论坛. 2010 (07).

[879] 刘细良, 王耀中. 跨国公司在华并购规制的成本收益分析. 财经理论与实践. 2010 (01).

[880] 刘霞, 汤万金, 刘道远. 刍议限制商品过度包装的监管模式选择. 标准科学. 2010 (05).

[881] 刘现伟. 我国国有经济的功能定位与调整方向. 全国商情 (理论研究). 2010 (20).

[882] 刘小峰, 陈国华, 盛昭瀚. 不同供需关系下的食品安全与政府监管策略分析. 中国管理科学. 2010 (02).

[883] 刘晓峰. 从银行涨价看行政性行业垄断. 黑龙江省政法管理干部学院学报. 2010 (10).

[884] 刘晓凤, 郭慧芳. 地方债管理: 理论命题与机制转变——以湖北为例. 山东经济. 2010 (02).

［885］刘晓明，吕廷杰．我国电信市场的非对称管制措施探讨．北京邮电大学学报（社会科学版）.2010（01）.

［886］刘新同，谢超峰．城乡居民收入差距的制度因素——基于省级面板数据的实证分析．生产力研究．2010（05）.

［887］刘秀．重建商业贿赂法律责任机制．法制与社会．2010（21）.

［888］刘秀兰．我国收入分配差距扩大对经济运行的影响．物流工程与管理．2010（03）.

［889］刘旭霞，李洁瑜，朱鹏．转基因食品监管模式探析．科学对社会的影响．2010（02）.

［890］刘旋，李辰光．美国新金融监管法案对中国的借鉴意义．现代商贸工业．2010（19）.

［891］刘严萍，江书军，张宝忠．基于委托代理理论下的政府采购寻租行为研究．物流科技．2010（12）.

［892］刘艳婷．跨国公司跨国垄断行为及其反跨国垄断规制．四川职业技术学院学报．2010（04）.

［893］刘艳婷．我国低集中度市场结构的形成原因及对策．商业研究．2010（09）.

［894］刘谚武．资本形成率与收入差距实证研究．生产力研究．2010（04）.

［895］刘燕．创业板潜在进入者角度竞争力指标体系研究．中国商界（下半月）.2010（11）.

［896］刘燕．动漫产业数字版权监管中的政府角色．消费导刊．2010（05）.

［897］刘燕．国际银行业公用事业融资的经验教训——以欧洲复兴开发银行为例．上海金融．2010（06）.

［898］刘燕．公共选择、政府规制与公私合作：文献综述．浙江社会科学．2010（06）.

［899］刘燕玲．谁来监管医药物资这块空白．中国现代中药．2010（07）.

［900］刘扬．招拍挂制度对城市房地产市场结构的影响——基于上海住宅市场的实证研究．经济论坛．2010（02）.

［901］刘洋．李保民：央企兼并地方企业就像谈恋爱．中国经济和信息化．2010（21）.

［902］刘洋．开放与管制：Android 左右为难的审核机制．电子设计技术．2010（12）.

［903］刘业进，邝红军．政府干预教育：为什么？怎么样？——哈耶克论政府与教育的关系．当代教育科学．2010（05）.

［904］刘毅．我国高速公路政府规制的供需研究．金卡工程（经济与法）.2010（08）.

［905］刘寅斌，马贵香，李洪波．我国网络广告监管创新模式研究．科技管理研究．2010（16）.

［906］刘颖．将财政分权嵌入我国经济制度——《财政分权的经济与社会发展影响研究》评介．经济研究参考．2010（30）.

［907］刘永刚．地方融资平台监管意见“难产”．中国经济周刊．2010（13）.

［908］刘玉刚．地区性行政垄断与过度投资．科技经济市场．2010（12）.

［909］刘玉伟．石油企业应对石油危机的应对策略．科技资讯．2010（22）.

［910］刘元龙．我国应当健全行政垄断法律责任制度——以《反垄断法》第 51 条为基点展开的探讨．当代经济管理．2010（10）.

［911］刘远熙．合理规制竞业禁止，构建和谐劳动关系．法制与经济（下旬刊）.2010（01）.

［912］刘云，魏喜武．经济学视角下的中国零售产业市场结构研究．贵州商业高等专科学校学报．2010（02）.

［913］刘云凤，李江．交易特征对中国上市公司并购绩效的影响．商业经济．2010（18）.

［914］刘运国，吴小蒙，蒋涛．产权性质、债务融资与会计稳健性——来自中国上市公司的经验证据．会计研究．2010（01）.

［915］刘占川．我国自然垄断行业的政府管制问题研究．现代商贸工业．2010（09）.

[916] 刘贞，刘宁，鲜康．电网建设外部环境中的利益群体关系分析——电网建设外部环境中的冲突及互适应机制研究之三．电力学报．2010 (02)．

[917] 刘贞，刘宁，鲜康．电网建设外部环境中多方利益群体博弈模型．电网与清洁能源．2010 (04)．

[918] 刘志．浅谈反垄断法与知识产权保护．法制与经济（下旬刊）．2010 (01)．

[919] 刘志阔．晋升激励和财政分权下的环境管制：一个文献综述．中国城市经济．2010 (10)．

[920] 刘志琳．地方公共物品多元化供给模式分析．现代物业（中旬刊）．2010 (10)．

[921] 刘智勇．从"三鹿"事件透视政府监管机制的缺陷．商业文化（学术版）．2010 (06)．

[922] 刘忠慧．关于在反垄断行政执法中实施行政指导的思考．工商行政管理．2010 (08)．

[923] 刘卓珺，于长革．中国财政分权演进轨迹及其创新路径．改革．2010 (06)．

[924] 刘自新．食品安全政府微观规制机构的重建．中共浙江省委党校学报．2010 (02)．

[925] 刘作毅，沈利利．群雄割据纵横交错——细述水泥市场竞争新格局．中国建材．2010 (05)．

[926] 柳江．中国地区经济差距的形成原因：对2004年以来研究文献的述评．经济研究导刊．2010 (27)．

[927] 柳铁峰．我国房地产市场存在问题及成因．黑龙江科技信息．2010 (05)．

[928] 柳铁峰．房地产市场中政府行为存在问题及对策．中小企业管理与科技（下旬刊）．2010 (01)．

[929] 柳亦博，朴贞子．我国乳品安全的政府规制研究．湖北农业科学．2010 (04)．

[930] 龙建辉．企业政治关联前沿研究述评．江西社会科学．2010 (05)．

[931] 龙学锋，黄媛，马丽丽，等．环境税征收的博弈分析．中国传媒大学学报（自然科学版）．2010 (01)．

[932] 娄丙录．论行政垄断的可豁免性．河南社会科学．2010 (05)．

[933] 娄丙录．反垄断法宽恕制度的理论基础与实效保障．法律科学（西北政法大学学报）．2010 (05)．

[934] 娄莹，马苒．中国电信业改革的效率分析．消费导刊．2010 (07)．

[935] 娄峥嵘．财政不完全契约下我国财政支出优先次序的选择——兼论我国公共服务型财政的构建．理论探讨．2010 (01)．

[936] 卢建锋．合成谬误、过度供给与萧条——基于竞争负外部性视角的考察．中国经济问题．2010 (03)．

[937] 卢剑，孙勇，耿宁，等．我国食品安全问题及监管模式建立研究．食品科学．2010 (05)．

[938] 卢剑峰，于涛．辽宁民营企业的政府关系治理研究．沿海企业与科技．2010 (07)．

[939] 卢佩琳，王峰．论计量国有企业高管报酬的合理性依据．陕西教育学院学报．2010 (03)．

[940] 卢现祥，罗小芳．政府的"三多"制约我国转变经济发展方式．财贸经济．2010 (11)．

[941] 卢兴佳．环境税的经济学理论分析．知识经济．2010 (23)．

[942] 卢正刚．"政府俘获"：权力寻租的高级形态．领导文萃．2010 (14)．

[943] 鲁国强．论新古典经济学的政府干预思想．经济界．2010 (05)．

[944] 鲁爽．中国与日本对原料药监管的比较．中国临床药理学杂志．2010 (04)．

[945] 鲁炜，胡超．A股、H股市场分割影响因素实证．南京理工大学学报（社会科学版）．2010 (03)．

[946] 鲁晓妹，胡敏．完善我国现行环境税征管的探析．商场现代化．2010（30）．

[947] 鲁学武．外资保险市场准入监管法制的区域合作——以CAFTA为视角．前沿．2010（16）．

[948] 鲁月棉．非公经济党组织内生机制研究．求实．2010（02）．

[949] 鲁运超．从汇源并购案看我国反垄断法的作用．法制与社会．2010（06）．

[950] 陆静，龚珍．基于行为资产定价模型的A、B股市场分割研究．统计与决策．2010（14）．

[951] 陆岷峰，张玉洁．完善我国商业银行声誉风险监管体制的探讨．鄂州大学学报．2010（03）．

[952] 陆文婷，张翀，方婷，等．当前我国食品安全监管存在的问题及对策．才智．2010（15）．

[953] 陆亚琴．日本外资、产业结构与环境保护的冲突与协调．西安石油大学学报（社会科学版）．2010（01）．

[954] 陆正飞，张会丽．所有权安排、寻租空间与现金分布——来自中国A股市场的经验证据．管理世界．2010（05）．

[955] 陆正飞，祝继高．电网企业输配电成本核算的国际经验与启示．会计之友（下旬刊）．2010（10）．

[956] 鹿中山，杨善林，杨树萍．基于寻租理论的工程安全监理博弈分析．工程管理学报．2010（03）．

[957] 吕超．由结构到行为：网络时代反垄断的法律思考——以即时通讯市场为例．网络法律评论．2010（01）．

[958] 吕成哲．当前国有企业社会责任的履行情况．商业文化．2010（04）．

[959] 吕福玉．特许经营：盐业政企分开的制度选择．江苏商论．2010（11）．

[960] 吕关心．试论政府对成人教育市场的干预．河北大学成人教育学院学报．2010（03）．

[961] 吕康银，王文静，张丽．行业工资的性别差异研究．山东社会科学．2010（06）．

[962] 吕梦浪，张町，卓玉施．论市场失灵的市场自治与政府管制——以汶川大地震彭州灾区建材市场为例．中国集体经济．2010（09）．

[963] 吕淼．对城市燃气价格监管的思考．城市燃气．2010（01）．

[964] 吕明瑜．知识经济引发的反垄断法新问题探析．甘肃政法学院学报．2010（01）．

[965] 吕施羽．从“中国反垄断法第一案”看反垄断法的行为性特征．金卡工程（经济与法）．2010（05）．

[966] 吕婷婷，宋良荣．从美国次贷危机看金融衍生品风险的监管．市场周刊（理论研究）．2010（05）．

[967] 吕伟建．香港外汇对冲基金的激励与监管研究．生产力研究．2010（09）．

[968] 吕秀芬．珠三角地区经济系统与环境系统和谐度评价研究．企业经济．2010（12）．

[969] 吕阳．中国轿车市场差异化进入壁垒探析．技术经济与管理研究．2010（03）．

[970] 吕瑜．关于电信运营商经营预算管理实践的研究．现代电信科技．2010（08）．

[971] 罗春华．寻租社会成本的构成及其扩张——公共选择分析视角．宏观经济研究．2010（02）．

[972] 罗福群．从多方入手破解分配不公难题．南方经济．2010（06）．

[973] 罗公利，李静．浅析我国西式小家电行业进入壁垒．青岛科技大学学报（社会科学版）．2010（03）．

[974] 罗国强．论离岸金融市场准入监管法制．上海金融．2010（06）．

[975] 罗汉云．国有企业产权运作监督问题刍议．长沙铁道学院学报（社会科学版）．2010

(03).

[976] 罗琪，陈雨杏．谈政府行为对广东信息产业竞争力的提升．商业时代．2010 (08).

[977] 罗伟卿．财政分权是否影响了公共教育供给——基于理论模型与地级面板数据的研究．财经研究．2010 (11).

[978] 罗先觉．美国、欧盟、韩国、日本微软案件比较研究——以软件产业中滥用支配地位的认定和规制为视角．河北法学．2010 (12).

[979] 罗向阳，解飞厚，支希哲．公立大学的契约结构、相关的机会主义及其规制——基于新制度经济学的分析．福建师范大学学报（哲学社会科学版）．2010 (04).

[980] 罗小东．市场规则与媒体规制．当代传播．2010 (05).

[981] 罗新阳．金融危机背景下的地方政府职能变革实证研究．北方经济．2010 (01).

[982] 罗雁君．客运专线车站特许经营初探．铁路工程造价管理．2010 (04).

[983] 罗扬．河北钢铁集团舞钢大厚度水电用钢打破国外垄断．上海金属．2010 (05).

[984] 马保明，邓晓兰，张旭涛．从制度经济学视角解析我国债券市场分割问题．金融与经济．2010 (04).

[985] 马光荣，杨恩艳．打到底线的竞争——财政分权、政府目标与公共品的提供．经济评论．2010 (06).

[986] 马光荣，杨恩艳，周敏倩．财政分权、地方保护与中国的地区专业化．南方经济．2010 (01).

[987] 马海涛，程岚．论促进节能减排的财税政策．财经论丛．2010 (02).

[988] 马晖．厉以宁：民营经济当前有两个大机遇．中国民营科技与经济．2010 (06).

[989] 马建莫．投资项目监管：问题成因分析及应对措施．新疆农垦经济．2010 (01).

[990] 马洁．中国转基因农产品进口安全管理存在的问题及对策．经济研究导刊．2010 (33).

[991] 马金华，李国锋．我国地方政府债务监管中存在的问题及对策分析．中央财经大学学报．2010 (07).

[992] 马进，谢巧燕．市场化进程中我国公用事业定价机制设计．社会科学家．2010 (06).

[993] 马晋平．何谓过度监管？——从 CIEM 经费管理引出的话题．世界科学．2010 (01).

[994] 马骏．“国进民退”五大案例背后．中国经济周刊．2010 (12).

[995] 马磊，刘欣．中国城市居民的分配公平感研究．社会学研究．2010 (05).

[996] 马骊．行业收入差距的形成机理实证研究——以浙江省为例．技术经济与管理研究．2010 (S2).

[997] 马明明．论我国出版市场不正当竞争行为的规制．商业经济．2010 (13).

[998] 马乃毅，姚顺波．美国水务行业监管实践及其对中国的启示．亚太经济．2010 (06).

[999] 马鹏．从三九企业集团看我国公司并购．物流工程与管理．2010 (07).

[1000] 马鹏翔，杨金锋，虞孔卡．产业集中度视角下长江上游化工产业发展研究．三峡大学学报（人文社会科学版）．2010 (S1).

[1001] 马思思，孙棱．中国省域电信业运营效率的分析．知识经济．2010 (04).

[1002] 马苏，李红．网络经济条件下企业组织架构的优化．东北财经大学学报．2010 (06).

[1003] 马苏南，吉伦奇．我国商业银行发展绿色金融存在的问题及对策建议．金融经济．2010 (14).

[1004] 马涛，李绍东．儒家的“均平”观与现代经济分配和增长理论．复旦学报（社会科学版）．2010 (05).

[1005] 马文军．核电准入——安全之“槛”．中国核工业．2010 (04).

[1006] 马文中．普通劳动者工资偏低的成因与加强分配调控．现代企业．2010 (09).

［1007］马霄．基于 SCP 范式的中国煤炭产业组织分析．煤．2010（01）．
［1008］马幸荣．如何规制中国银联的垄断行为．经济导刊．2010（06）．
［1009］马幸荣，刘国胜．中国银联暂时性垄断地位的合理性分析．特区经济．2010（11）．
［1010］马永娇，蔡苍．农产品、食品安全监管与农残检测．食品安全导刊．2010（04）．
［1011］马永义．漫谈“前期差错”更正原则在监管过程中的具体应用．财务与会计．2010（03）．
［1012］马瑜．公共产品市场化与政府角色演变．人民论坛．2010（14）．
［1013］马中东，陈莹．环境规制、企业环境战略与企业竞争力分析．科技管理研究．2010（07）．
［1014］马中东，宁朝山．环境规制与企业低碳竞争力分析．统计与决策．2010（18）．
［1015］马忠，刘宇．企业多元化经营受政府干预、企业资源的影响．中国软科学．2010（01）．
［1016］迈扎尼，阿瓦古丽·阿不都拉．企业预算管理寻租的成因及对策分析．财会通讯．2010（23）．
［1017］迈扎尼，刘文敬．企业预算制定过程中寻租行为的博弈分析．中央财经大学学报．2010（09）．
［1018］麦玮琛．我国食品质量安全问题现状分析及监管体系模式展望．广东科技．2010（02）．
［1019］毛慧．公铁竞争：思路决定出路．运输经理世界．2010（11）．
［1020］毛克盾．知识产权角度审视下的我国外资控制研究．湖北民族学院学报（哲学社会科学版）．2010（06）．
［1021］毛文晋．我国电力行业垄断的经济学分析及市场化改革．特区经济．2010（03）．
［1022］毛小平．市场分割、家庭资本与住房分化．兰州学刊．2010（12）．
［1023］茅于轼．收入差距的新视角．今日科苑．2010（17）．
［1024］梅林海，蔡永刚．基于实验经济学方法的环境外部性问题研究．中国市场．2010（27）．
［1025］梅煜．市场经济时代我国公共服务的供给模式．西安文理学院学报（社会科学版）．2010（05）．
［1026］门玉峰．我国现行食品安全监管体系的问题与对策研究．黑龙江对外经贸．2010（07）．
［1027］蒙英华．GATS 下中国电信服务贸易的市场准入研究．经济研究导刊．2010（13）．
［1028］孟昌．规模经济不需要行政性进入壁垒的保护．经济理论与经济管理．2010（05）．
［1029］孟昌．结构性进入壁垒与行政性进入壁垒——基于租金分析范式的理解．中国流通经济．2010（05）．
［1030］孟大钧．互联网药品经营监管机制比较研究．中国药事．2010（03）．
［1031］孟繁盛．新加坡竞争法“过渡制度”研究．黑龙江省政法管理干部学院学报．2010（05）．
［1032］孟梅．对滥用市场支配地位的思考．经济研究导刊．2010（10）．
［1033］孟艳秋．市场失灵情况下的环境保护——以江苏省沛县唐楼村为例．畜牧兽医科技信息．2010（04）．
［1034］苗建萍，熊梓杰．构建我国科学合理的食品安全大监管体制．山西财经大学学报．2010（S2）．
［1035］苗世迪，滕春贤，鄢章华．基于 SCE 的汽车制造业网络竞争模型研究．统计与决策．2010（19）．
［1036］苗雨峰，张琳．经济危机下对市场经济中政府因素问题的反思——国有商业银行的视角．上海金融．2010（03）．
［1037］闵亮．政府干预、负债融资和实体经济在衰退期的价值波动——以次贷危机冲击下的

上市公司为例．财贸研究．2010（02）．

［1038］明昕．多层立法全程监管——国外食品安全保障措施启示．农村实用技术．2010（03）．

［1039］缪春艳．实现经济增长和收入分配良性互动的政策建议．财经界（学术版）．2010（07）．

［1040］莫晨宇．我国收入分配不公问题的研究．生产力研究．2010（09）．

［1041］牟雪江．并购：取长补短共存利益．中国石油企业．2010（07）．

［1042］木云．互联网电视：开放的监管．中国数字电视．2010（05）．

［1043］木子．碧螺春茶产业在监管保护下起飞——记苏州市吴中区质监局探索碧螺春茶品牌之路．农产品加工．2010（05）．

［1044］慕亚平，肖小月．我国反垄断法中经营者集中审查制度探析．学术研究．2010（04）．

［1045］穆峰．白酒价格飙升背后的危机．中国酒．2010（02）．

［1046］穆咏梅，禹丽芳．可口可乐并购汇源果汁的思考．金卡工程（经济与法）．2010（11）．

［1047］南永晨．金融危机下的市场经济制度属性研究．商业时代．2010（03）．

［1048］倪磊．我国个人收入公平分配的伦理思考．现代商业．2010（15）．

［1049］倪娜，万欣．论我国反垄断实施机制的完善．中州学刊．2010（02）．

［1050］倪志超．试论我国企业跨国并购战略的构建．商业经济．2010（04）．

［1051］聂飞舟．我国房地产市场的反垄断法适用和规制．中国房地产．2010（11）．

［1052］聂佳佳，熊中楷，曹俊．双寡头市场中品牌广告竞争和大类广告合作策略研究．中国管理科学．2010（02）．

［1053］聂颖．劳动力市场分割中的大学生就业问题．现代教育管理．2010（01）．

［1054］牛成喆，贺敬豪．浅析会计政策选择中的寻租行为．中国管理信息化．2010（23）．

［1055］牛芳．海外市场频遇“监管门”黑莓独创安全体系惹争议．世界电信．2010（11）．

［1056］牛星，吴冠岑．我国土地资源配置的“双失”问题及对策研究．中国农业资源与区划．2010（03）．

［1057］欧阳静波．公司并购动因理论综述．金融经济．2010（02）．

［1058］欧阳静波，张功富．投资体制变迁与上市公司投资特征分析．会计之友（上旬刊）．2010（05）．

［1059］欧阳青东，邹朋飞．竞争降低了中国寿险业的稳定性吗？．南方金融．2010（08）．

［1060］欧阳荣化，田春林，田茂平．对我州食品药品监管体制改革的思考．中国药事．2010（06）．

［1061］欧元军．论食品安全监管的科技保障．科技管理研究．2010（03）．

［1062］欧元军．论社会中介组织在食品安全监管中的作用．华东经济管理．2010（01）．

［1063］潘红，马春生，周洪英，等．环境保护市场化的探索与研究之路．科技资讯．2010（01）．

［1064］潘华实．民营经济发展中的政府行为研究．特区经济．2010（08）．

［1065］潘建伟．中国区域收入不均等动态分析与路径选择——基于广义熵视角的分析．经济与管理研究．2010（07）．

［1066］潘卢宏，苏丽萍．美国次贷危机对我国资产证券化的启示．福建金融管理干部学院学报．2010（04）．

［1067］潘淑岩．论我国食品安全的监管体制——《食品安全法》之探析．经济师．2010（02）．

［1068］潘松挺，蔡宁．企业创新网络中关系强度的测量研究．中国软科学．2010（05）．

［1069］潘伟．判断经营者滥用市场支配地位问题研究——“百度搜索引擎服务”垄断纠纷案评析．科技与法律．2010（06）．

[1070] 潘伟尔. 论国资委成立国新公司的不可行性. 经济研究参考. 2010 (72).

[1071] 潘武华. 电子商务：政府的监管和税收. 上海经济. 2010 (12).

[1072] 潘夏霖. 基于合理市场定位的产品开发——民航应对高铁挑战的营销对策研究. 中国民用航空. 2010 (09).

[1073] 潘祥辉. 植入式广告与媒介寻租的楚河汉界. 浙江传媒学院学报. 2010 (03).

[1074] 潘勇，邢燕. 论我国网上银行的监管及其完善. 河南省政法管理干部学院学报. 2010 (05).

[1075] 潘玉荣. 寡头垄断市场下企业竞争策略. 内江师范学院学报. 2010 (06).

[1076] 潘振，郭昆鹏，岳淑梅. 加强我国医药营销监管的思考. 中国药业. 2010 (02).

[1077] 潘志强. 发挥行业协会对房地产市场的维护功能研究. 经济师. 2010 (08).

[1078] 潘自强，戴咪. 论促进我国循环经济发展的税制改革. 经济论坛. 2010 (04).

[1079] 盘骐瑜. 财政分权与偏好显示关系的实证分析. 商业时代. 2010 (30).

[1080] 庞健琦. 我国现行环境经济政策存在的问题. 合作经济与科技. 2010 (24).

[1081] 庞仁芝，张爱平. 发达资本主义国家新科技革命中的政府行为. 理论学刊. 2010 (10).

[1082] 庞铁力. 我国石油行业垄断的法律规制. 求索. 2010 (01).

[1083] 庞潼新. 创新监管机制做好食品流通环节监管. 工商行政管理. 2010 (20).

[1084] 庞晓波，刘延昌，彭波. 中国轿车业 X 效率研究——基于三阶段 DEA 模型的分析. 财经问题研究. 2010 (05).

[1085] 庞志臣. 加强农机安全监督管理的措施. 现代农业装备. 2010 (04).

[1086] 彭迪云，郑克强，许涵，等. 医疗商业贿赂的博弈新论及其治理对策——结合新医改方案的思考. 南昌大学学报（人文社会科学版）. 2010 (02).

[1087] 彭范. 我国艺术品拍卖业市场结构分析. 东方企业文化. 2010 (06).

[1088] 彭芳春，耿康顺. 绿色投资对经济增长贡献的实证研究. 改革与战略. 2010 (07).

[1089] 彭刚. 东盟主要玩具市场准入与认证制度. 玩具世界. 2010 (05).

[1090] 彭刚，王玫. 东盟 6 国的准入认证制度. 中外玩具制造. 2010 (04).

[1091] 彭徽，徐春祥. 基于铁矿石进口代理制的思考. 资源与产业. 2010 (03).

[1092] 彭娜. 主从厂商市场共分理论分析. 商业研究. 2010 (12).

[1093] 彭萍萍. 浅析欧盟利益集团的形成与发展. 当代世界与社会主义. 2010 (06).

[1094] 彭述辉，冯爱军. “先发制人”的食品安全监管体系探讨. 广州城市职业学院学报. 2010 (01).

[1095] 彭树宏，汪贤裕. 纵向差异化下的双寡头说服性广告竞争. 数学的实践与认识. 2010 (06).

[1096] 彭穗，何燕子. 影响我国产业集群竞争优势的主因与要策分析. 求索. 2010 (06).

[1097] 彭文辉. 小产权房监管的博弈分析. 中国住宅设施. 2010 (11).

[1098] 彭晓娟，朱远超. 出租车行业鼓励个体经营的应然性分析. 江汉论坛. 2010 (04).

[1099] 彭心倩. 欧共体竞争法产生的法律历史社会学分析. 湖南社会科学. 2010 (01).

[1100] 彭怡岑. 基于效率边界的纵向一体化分析——以中国船舶集团兼并整合为例. 中国经贸导刊. 2010 (08).

[1101] 彭义. 企业并购风险抗衡. 企业导报. 2010 (01).

[1102] 彭颖. 产业组织理论演进及其对我国产业组织的启示. 资源与产业. 2010 (05).

[1103] 彭真明，方妙. 规制与自治之间：方便面集体涨价事件引发的思考. 法学杂志. 2010 (03).

[1104] 皮建才. 中国式分权下的环境保护与经济发展. 财经问题研究. 2010 (06).

[1105] 皮天雷．经济转型中的法治水平、政府行为与地区金融发展——来自中国的新证据．经济评论．2010（01）．

[1106] 浦徐进，唐建荣，诸立超．网络经济条件下多渠道营销问题的研究综述．江南大学学报（自然科学版）．2010（01）．

[1107] 普书贞，吴文良，张新民，等．我国有机农产品市场失灵原因分析．农业经济．2010（12）．

[1108] 漆亮亮．地方政府"土地财政"模式的成因．经济研究参考．2010（70）．

[1109] 祁伟．我国农村经济组织反垄断豁免解析．南京人口管理干部学院学报．2010（01）．

[1110] 齐凤祥．市场经济体制下经济危机的形成及对策分析．泰山乡镇企业职工大学学报．2010（02）．

[1111] 齐琪．黑莓遭遇"监管门"．信息网络．2010（08）．

[1112] 齐玮．我国汽车制造业的竞争效应：国际经验及启示．改革．2010（10）．

[1113] 齐新宇，徐志俊．政府行为对两大部类增长率的影响——基于一个扩大的马克思再生产模型．马克思主义研究．2010（03）．

[1114] 齐兴利，闫小莉，徐中华．审计市场结构的现实状况、深层成因与对策建议．江海学刊．2010（01）．

[1115] 齐永兴．内蒙古自治区羊绒产业组织的SCP分析．经济论坛．2010（01）．

[1116] 齐振法，赵坚．规模经济、组织成本与铁路企业边界．北京交通大学学报（社会科学版）．2010（01）．

[1117] 綦书纬．我国《反垄断法》中法律责任制度之检视．中国物价．2010（01）．

[1118] 钱伯章．新型防腐材料打破国外垄断．石油化工腐蚀与防护．2010（04）．

[1119] 钱春海．如何解决竞争性？——公用事业市场化改革发展方向的重新思考．城市公用事业．2010（01）．

[1120] 钱贵霞，郭晓川，邬建国，等．中国奶业危机产生的根源及对策分析．农业经济问题．2010（03）．

[1121] 钱海燕，李嘉，杨忠．横向关系、纵向关系与中小企业国际化——一个跨案例研究．科学学与科学技术管理．2010（05）．

[1122] 钱峻峰，李建军，蒲勇健．电力能源利用效率及其收敛性——基于中国省际面板数据的实证研究．山西财经大学学报．2010（12）．

[1123] 钱水土，刘芸．区域金融中介发展与产业结构升级——来自浙江省市级面板数据的证据．浙江学刊．2010（04）．

[1124] 钱锡红，徐万里，杨永福．企业网络位置、间接联系与创新绩效．中国工业经济．2010（02）．

[1125] 钱岩松．国有垄断企业经营者业绩考核研究．财贸研究．2010（04）．

[1126] 钱曾．影响我国房价上涨的供给因素的实证分析．财经界（学术版）．2010（07）．

[1127] 乔生，汪洁．后危机时代产业振兴与环境保护．山东社会科学．2010（06）．

[1128] 乔小勇，何海燕．美国反补贴立案调查的趋势与产业损害指标体．经济管理．2010（02）．

[1129] 乔岳，周利华．中国电力产业的绩效研究——基于随机前沿模型的分析．山西财经大学学报．2010（12）．

[1130] 乔智．企业边界确定的影响因素分析．经济论坛．2010（12）．

[1131] 秦川，谭鹏．地方政府效率实证分析：基于财政分权视角．会计之友（上旬刊）．2010（05）．

[1132] 秦大伟，赵彦辉．规制理论在自然垄断行业的应用．合作经济与科技．2010（01）.

[1133] 秦洪军，刘忠燕．美国场外交易市场监管及启示．金融教学与研究．2010（05）.

[1134] 秦晖．有没有“中国模式”？．中国市场．2010（24）.

[1135] 秦金中．我国物流产业市场结构现状分析．物流科技．2010（12）.

[1136] 秦强．中国财政分权度测量方法的实证分析．社会科学家．2010（03）.

[1137] 秦泗凯．WTO 与环境保护的冲突及其协调对策研究．中国市场．2010（28）.

[1138] 秦小强，陇小渝．我国移动通信市场的结构及其绩效影响研究．西安邮电学院学报．2010（04）.

[1139] 秦亚．我国社会性规制的问题及对策．金卡工程（经济与法）．2010（03）.

[1140] 青年研究专项课题组，姜楠，刘登伟，等．我国水利发展改革中政府与市场关系的初步探讨．水利发展研究．2010（08）.

[1141] 邱国侠，张红生．与专利权滥用有关的反垄断诉讼研究．经济研究导刊．2010（27）.

[1142] 区伟斌．我国企业内部控制中合谋问题分析及防范．中国乡镇企业会计．2010（12）.

[1143] 曲波．我国企业整合战略中非市场行为诠释．现代经济探讨．2010（11）.

[1144] 曲创，秦阳洋．价格底线、谈判势力与中国煤电关系．山东大学学报（哲学社会科学版）．2010（06）.

[1145] 曲创，臧旭恒．供应商规模、产品差异与通道费定价策略．财经问题研究．2010（12）.

[1146] 曲亮，刘铎．中国转型的微观机理研究：基于地方政府规制企业的视角．经济社会体制比较．2010（02）.

[1147] 曲腾，李晶晶．浅谈搭售的法律规制．金卡工程（经济与法）．2010（07）.

[1148] 曲玮婷．从独播剧到自制剧——浅析省级卫视电视剧市场的竞争趋势．新闻世界．2010（05）.

[1149] 曲小杰．论我国反垄断法损害赔偿责任制度的完善．山东省青年管理干部学院学报．2010（04）.

[1150] 曲卓．我国金融体制改革的现状分析．现代经济信息．2010（24）.

[1151] 屈小博，都阳．中国农村地区间居民收入差距及构成变化：1995—2008 年——基于基尼系数的分解．经济理论与经济管理．2010（07）.

[1152] 全林，杨辉．基于规模经济和范围经济的品牌协同效应研究．理论与改革．2010（03）.

[1153] 冉光和，鲁钊阳．地方政府财政能力不均衡的研究述评．江苏社会科学．2010（05）.

[1154] 冉婷．浅谈我国食品安全现状及其问题产生原因．经营管理者．2010（21）.

[1155] 冉亚辉．高校行政化的问题、实质及其控制．现代教育管理．2010（10）.

[1156] 饶世琦．经济发展与保护环境的对立统一．海峡科学．2010（06）.

[1157] 饶曦．网络购物中的消费者购买行为分析．现代企业．2010（06）.

[1158] 饶晓辉．参数异质性、财政分权与区域经济增长的不平衡性．统计研究．2010（03）.

[1159] 人力资源和社会保障部劳动科学研究所课题组，游钧，张丽宾．中国绿色就业研究．经济研究参考．2010（33）.

[1160] 任海军，郭冬．东西部居民收入差距的金融影响因素研究．当代经济．2010（15）.

[1161] 任浩明．论地方政府的环境伦理责任——以广西北部湾经济区为例．桂海论丛．2010（06）.

[1162] 任红梅．基于环境保护的排污费制度改革探析．渭南师范学院学报．2010（04）.

[1163] 任惠华，马方．垄断黑金与暴力魅影——王兴强黑社会性质组织犯罪评析．西南政法大学学报．2010（02）.

[1164] 任俊英．金融危机中西方政府干预行为分析．商丘师范学院学报．2010（10）.

［1165］任俊英．政府干预是有效应对金融危机的良方．决策探索（下半月）.2010（01）.

［1166］任龙洋．对药价虚高现象的多方利益主体博弈分析——兼论公立医院改革的关键．财经界（学术版）.2010（01）.

［1167］任闵．我国贫富差距正在逼近社会容忍“红线”．决策与信息.2010（08）.

［1168］任铭．中国电信产业管制机构的设立与运行对策研究．法制与经济（中旬刊）.2010（06）.

［1169］任萍．广电人面临的三个观念转变．新闻传播.2010（05）.

［1170］任伟，李研，高秀春．金融危机下中国钢铁企业兼并重组问题．河北理工大学学报（社会科学版）.2010（02）.

［1171］任相栋．我国农业巨灾债券监管研究．陕西农业科学.2010（02）.

［1172］任晓刚，樊晓军．知识产权滥用行为的反垄断法律规制．重庆三峡学院学报.2010（02）.

［1173］任亚东，任振东．解决我国当前房价过高的一种新的思路方法——政府参与市场建房并按成本加正常利润定价销售．中国城市经济.2010（10）.

［1174］任玉珑，杨菲菲．基于信号博弈的环境监管合谋机理分析——以中国电力行业环境监管为例．科技管理研究.2010（07）.

［1175］任玉珑，杨菲菲，周滢露．从经济学视角看电力监管合谋．能源技术经济.2010（04）.

［1176］任远．对收入差距不能只看差距本身．理论学习.2010（10）.

［1177］任中玉．基于新制度经济学的我国经济转轨时期政府职能探析．现代商贸工业.2010（19）.

［1178］容东林，胡雪黎．高校管理有效性研究．科教导刊（上旬刊）.2010（09）.

［1179］阮京文．媒体竞争激化广告主营销转型．广告大观（综合版）.2010（02）.

［1180］阮娴静．汽车制造企业投资有效性的DEA效率研究．企业经济.2010（03）.

［1181］阮直．收入的最大不公是“制度保护”着的不公．学习月刊.2010（13）.

［1182］阮梓坪，李明涛．MBO寻租行为成因分析．财会通讯.2010（17）.

［1183］阮梓坪，李明涛．基于管理层收购（MBO）的寻租行为研究．财会通讯.2010（12）.

［1184］阮梓坪，宁利兰．基于增值税转型的寻租行为分析．会计之友（上旬刊）.2010（05）.

［1185］阮梓坪，宁利兰．增值税转型过程中寻租行为的成因分析．中国总会计师.2010（02）.

［1186］芮永锋．我国经济发展中的收入分配差距问题．合作经济与科技.2010（19）.

［1187］若曦．网店实名制：做好监管莫急收税．走向世界.2010（21）.

［1188］萨米尔·阿明，希桐，李楠．理解世界金融危机的本质．国外理论动态.2010（02）.

［1189］萨仁托娅．关于正蓝旗非公有制经济发展现状的调研报告．内蒙古统战理论研究.2010（02）.

［1190］沙景华，李娜．西部地区矿业产业市场结构分析．资源与产业.2010（01）.

［1191］沙艳荣，宋娜．如何打破我国饭店业的进入壁垒．中国商贸.2010（02）.

［1192］善婧．中国式财政分权问题探讨．经济论坛.2010（07）.

［1193］上官飞，江凡．基于新经济地理学视角的工业集聚探析——以浙江省为例．中国证券期货.2010（10）.

［1194］尚洁，林予宇．网络金融服务产品定价能力与定价策略述评．商场现代化.2010（10）.

［1195］尚洁，张丽芳．网络经济下的寡头垄断市场结构分析．今日科苑.2010（10）.

［1196］尚明．中国反垄断法初见成效．中国经贸.2010（09）.

［1197］邵建忠．浅议新准则环境下会计寻租的行为、成因及其治理．经济与社会发展.2010（11）.

[1198] 邵军，吴祥福．公共选择理论文献综述．技术与市场．2010（11）．

[1199] 邵宁．我国城市公用事业市场化改革中的风险分析．安徽工业大学学报（社会科学版）．2010（03）．

[1200] 邵青．财政分权视角下政府间财政关系分析——以加拿大地方政府为例．经济研究导刊．2010（06）．

[1201] 邵全权，解强，陈月．保险保障基金对中国保险业产业组织的影响．数量经济技术经济研究．2010（02）．

[1202] 邵祥东．我国福彩公益金管理存在的问题和解决对策．党政干部学刊．2010（10）．

[1203] 邵宜航，刘雅南，张琦．存在收入差异的社会保障制度选择——基于一个内生增长世代交替模型．经济学（季刊）．2010（04）．

[1204] 佘传奇，曹胜林．当前我国农村民间金融规范化发展的再思考．中国集体经济．2010（09）．

[1205] 佘时飞．商品质量、企业利润与市场结构分析．市场经济与价格．2010（03）．

[1206] 佘源．中外市场监管比较研究及启示．学术论坛．2010（11）．

[1207] 沈爱梅．丰县加强肉食品安全监督管理的措施．养殖技术顾问．2010（08）．

[1208] 沈赤，应尧刚，周旗江．政府科技资源配置的职能相关性及实证分析——以绍兴市为例．绍兴文理学院学报（哲学社会科学）．2010（06）．

[1209] 沈浩．新疆服务业外部规模经济探索．商业经济．2010（03）．

[1210] 沈宏飞，范斌，黄晓苏，等．净化招投标市场治理串围标难题——江苏省启东市创新招投标体制机制成效显著．中国政府采购．2010（03）．

[1211] 沈宏亮．规制资本主义及其兴起探源：一个马克思主义的解释．河北经贸大学学报．2010（04）．

[1212] 沈华．技术风险规制的影响与策略研究．企业经济．2010（08）．

[1213] 沈佳丽，郗永勤．矫正循环经济发展中"政府失灵"的路径探析．中国集体经济．2010（21）．

[1214] 沈剑宏，于玲．广告产业的经济学分析．知识经济．2010（05）．

[1215] 沈鲸．中国中小企业国际市场进入模式选择研究．改革与战略．2010（11）．

[1216] 沈静．不同类型产业集群发展中地方政府行为的比较研究．人文地理．2010（02）．

[1217] 沈俊青．让权力在阳光下运行——记杭州市权力阳光运行机制电子政务系统建设．信息化建设．2010（03）．

[1218] 沈满洪，谢慧明．生态经济化的实证与规范分析——以嘉兴市排污权有偿使用案为例．中国地质大学学报（社会科学版）．2010（06）．

[1219] 沈能．基于知识溢出的我国政府R&D支出空间布局特征．科学学研究．2010（06）．

[1220] 沈如卫．我国虚拟货币市场现状及存在的问题分析．商业文化（学术版）．2010（02）．

[1221] 沈瑞山．我国中小企业品牌建设研究．中国商贸．2010（24）．

[1222] 沈思晨．我国汽车工业发展现状及前景简析．人民论坛．2010（08）．

[1223] 沈思思．当代跨国公司发展趋势及其对中国企业国际化经营的启示．企业导报．2010（08）．

[1224] 沈拓．电信运营业云计算发展6大趋势．通讯世界．2010（Z1）．

[1225] 沈卫平．加快改革收入分配制度及其着力点．山东社会科学．2010（11）．

[1226] 沈小红．我国社会主要市场经济条件下收入分配不公问题探讨．经营管理者．2010（15）．

[1227] 沈悦，徐有俊，赵旖旎．委托—授权、工会合并及企业合并行为选择研究．管理学报．

2010 (03).

[1228] 沈志韬. 从国际经验看中国反垄断私人执行制度的建立. 世界贸易组织动态与研究. 2010 (03).

[1229] 沈志远. 中国船舶发动机市场双雄暗战. 广东造船. 2010 (01).

[1230] 盛宝柱. 规制经济学视野中的高等教育运营——以独立学院为例. 南京师大学报 (社会科学版). 2010 (06).

[1231] 盛世豪, 包浩斌, 郑剑锋. 产业集群与供应链耦合理论研究述评. 西部论坛. 2010 (06).

[1232] 盛翔. "集中配送" 还是 "垄断专卖". 浙江人大. 2010 (07).

[1233] 盛延军. 怎样有效控制和管理公路工程造价. 交通世界 (建养·机械). 2010 (10).

[1234] 师萍, 韩先锋, 宋文飞. 我国省际 R&D 活动的相对效率与规模效率. 中国科技论坛. 2010 (08).

[1235] 师萍, 韩先锋, 宋文飞. 我国电信行业相对效率与规模效率研究. 西安邮电学院学报. 2010 (02).

[1236] 施京京. RoHS 监管范围或将开放. 中国质量技术监督. 2010 (03).

[1237] 施克宇. 中外金融监管的比较与启示. 湖北函授大学学报. 2010 (03).

[1238] 施琦良. 我国餐饮业特许经营的问题及发展对策. 经济视角 (下). 2010 (06).

[1239] 施双艳, 曹阳. 基于 SCP 范式的通化医药产业集群市场结构分析. 现代商贸工业. 2010 (05).

[1240] 施雪华, 汤静蓉. 后金融危机时代政府与市场关系的趋势及中国的应对策略. 行政论坛. 2010 (04).

[1241] 石峰. 基于省际面板数据及 DEA 的区域创新效率研究. 技术经济. 2010 (05).

[1242] 石高超, 田志宏, 都娟. 基于消费者选择的产品迭代模型. 统计与决策. 2010 (11).

[1243] 石华军, 吴剑凌, 闫亮, 等. 电网建设政策处理中的博弈分析. 华东电力. 2010 (06).

[1244] 石慧. 地方煤矿各利益集团行为模式分析. 合作经济与科技. 2010 (13).

[1245] 石建中. 中国企业规模分布的形态及特征分析. 华东经济管理. 2010 (12).

[1246] 石榴红, 施阳. 公共产品和垄断产品的关系刍议. 山东省青年管理干部学院学报. 2010 (06).

[1247] 石龙. 法经济学视角下的创业板市场及其监管. 金融与经济. 2010 (01).

[1248] 石路明. 住房价格: 形成机制探析. 贵州财经学院学报. 2010 (06).

[1249] 石明. 媒介事件中潜伏的力量——浅析媒介事件的垄断性. 渭南师范学院学报. 2010 (03).

[1250] 石淑华. 基于市场化的我国公用事业产业竞争力研究. 综合竞争力. 2010 (06).

[1251] 石涛. 美国微观规制改革的演变及启示. 现代经济探讨. 2010 (09).

[1252] 石涛. 政府规制过程中的寻租行为探析. 岭南学刊. 2010 (02).

[1253] 石涛. 国外电信业规制新动向及其对我国电信业改革的启示. 生产力研究. 2010 (06).

[1254] 石天, 席利艳, 李好朋. 对建国以来我国公平与效率问题的几点思考. 消费导刊. 2010 (08).

[1255] 石晓军, 张顺明. 商业信用、融资约束及效率影响. 经济研究. 2010 (01).

[1256] 石兴. 试论自然灾害巨灾保险市场失灵与干预. 中国保险. 2010 (08).

[1257] 石英, 袁日新. 金融危机背景下的反垄断政策分析. 经济法论丛. 2010 (01).

[1258] 时俊丽. 中国银行卡产业的 SCP 分析及发展对策. 科技和产业. 2010 (11).

[1259] 时立. 德国社会市场经济对我国构建和谐社会启示. 现代商贸工业. 2010 (16).

[1260] 史芬芬．中国移动通信市场的寡头博弈分析．企业导报．2010（10）．

[1261] 史红亮，陈凯，朱炜．上海城乡居民收入差异与协调增长研究．技术经济与管理研究．2010（01）．

[1262] 史建梁．排污权可交易中企业环境资产的确认及其会计处理．现代财经（天津财经大学学报）．2010（12）．

[1263] 史建平，杨如冰，周欣．中小企业商业信用地位与资产规模相关性研究．财贸经济．2010（11）．

[1264] 史琳．国外三网融合监管现状及发展趋势．通信管理与技术．2010（04）．

[1265] 史征，李文兴．民营资本介入与我国民营图书流通业变革——以产业规制演变的视角．物流技术．2010（20）．

[1266] 史志斌，李轶民，陶志国．关于我国煤炭企业兼并重组的思考．煤炭经济研究．2010（07）．

[1267] 疏礼芳．食品安全问题的分析．江苏调味副食品．2010（04）．

[1268] 舒畅．政府主导型旅游产业发展论析．经济视角（下）．2010（11）．

[1269] 舒利敏．上市公司会计信息监管的问题与对策探讨．会计之友（下旬刊）．2010（08）．

[1270] 舒婷玮．高校行政化倾向下权力监督机制构建研究．煤炭高等教育．2010（04）．

[1271] 舒文琼．透视腾讯与360冲突：监管尚存空白地带．通信世界．2010（42）．

[1272] 双海军，孟卫东，幸昆仑．网络外部性下基于溢出效应的企业合作研发动机研究．现代管理科学．2010（04）．

[1273] 双振旺．国有企业并购后的财务资源整合．中国商界（下半月）．2010（04）．

[1274] 司晓琍．浅谈电信运营企业应收账款监管．价值工程．2010（20）．

[1275] 斯义金，杨桂元．基于DEA方法的我国证券公司效率的实证分析．科技和产业．2010（07）．

[1276] 佀连涛，张秉福．政府社会性管制视角下的农村土地资源保护研究．民办教育研究．2010（02）．

[1277] 姒琪莹．中国互联网搜索引擎市场结构、产业环境及竞争趋势分析．东南传播．2010（09）．

[1278] 姒依萍．中小企业政策创新研究——以浙江应对金融危机为个案．青海社会科学．2010（02）．

[1279] 宋爱仙．企业并购财务问题研究．企业科技与发展．2010（12）．

[1280] 宋宝莉．基于回归分析的企业生态责任行为创造股东价值研究．科技管理研究．2010（12）．

[1281] 宋彬．基于路径依赖的民营企业发展分析．现代商业．2010（11）．

[1282] 宋勃．房地产价格波动与政府的干预政策．价格月刊．2010（11）．

[1283] 宋福铁，吴晔．政府行为对中国股市影响的实证研究．华东理工大学学报（社会科学版）．2010（01）．

[1284] 宋桂霞，齐晓安．我国现阶段经济利益分化及其向经济利益和谐转化的对策研究．未来与发展．2010（05）．

[1285] 宋桂祝．利益集团理论与中国的利益组织化．党政干部学刊．2010（06）．

[1286] 宋海军，梁立刚．对现行国企领导人薪酬激励机制的探讨．四川建材．2010（01）．

[1287] 宋辉，魏晓平．资源租与可耗竭能源资源开采模式研究．软科学．2010（11）．

[1288] 宋晶．纵向一体化垄断问题与反垄断政策研究．中国工商管理研究．2010（04）．

[1289] 宋丽萍．垄断条件下我国低碳经济的发展．经济导刊．2010（10）．

[1290] 宋莲花．加快完善中国“绿色证券制度”刍议．大连民族学院学报．2010 (06).

[1291] 宋林．试析城镇住房保障中政府的角色定位．河海大学学报（哲学社会科学版）. 2010 (02).

[1292] 宋敏，徐明春，王海祥．中国行业体制改革的成败新论：新自由主义的视角．云南财经大学学报．2010 (05).

[1293] 宋宁．探析电信巨头沃达丰的营销管理．经营管理者．2010 (20).

[1294] 宋佩宗．房地产市场金融风险分析．现代商贸工业．2010 (18).

[1295] 宋奇成，王永涛．重庆城市居民收入差距现状、原因及对策．重庆理工大学学报（社会科学）. 2010 (04).

[1296] 宋前．调控、监管的量与度．今日财富（金融版）. 2010 (01).

[1297] 宋琴，胡凯．政府干预、银行信贷与企业融资——基于激励与抽租权衡的模型分析．甘肃金融．2010 (08).

[1298] 宋善文．区别两类不同性质的收入差距——公平收入差距和不公平收入差距的理论分析．现代经济探讨．2010 (03).

[1299] 宋树仁，李玲，韩景元．中国居民收入差距影响因素的计量分析——基于多元回归模型．河北科技大学学报（社会科学版）. 2010 (01).

[1300] 宋铁波，陈国庆．企业跨区域扩张动机与进入方式选择——基于合法性的视角．学术研究．2010 (10).

[1301] 宋旺，钟正生．理解金融脱媒：基于金融中介理论的诠释．上海金融．2010 (06).

[1302] 宋维娜．政府在中小企业融资中的作用分析．今日财富（金融发展与监管）. 2010 (07).

[1303] 宋晓雪．当前中国民营资本进入电信市场的壁垒分析．北方经济．2010 (02).

[1304] 宋雪莲．网络、电话售彩，监管有了《办法》专家称门槛太低．中国经济周刊．2010 (40).

[1305] 宋妍妍．特许经营中的反垄断法律规制研究．北京劳动保障职业学院学报．2010 (01).

[1306] 宋一帆，刘欣．浅析我国家电行业并购的现状与问题．中国商贸．2010 (29).

[1307] 宋毅．我国体育用品制造市场结构分析．经营管理者．2010 (08).

[1308] 宋迎法，杜林．低碳经济发展中的政府角色定位研究．石河子大学学报（哲学社会科学版）. 2010 (04).

[1309] 宋莹莹，黄嫚丽，王欢．基于制度基础观的中国民营企业多元化并购动因分析．科技管理研究．2010 (24).

[1310] 宋玉智，王立飞．多层立法全程监管——国外食品安全保障措施启示．北京农业．2010 (07).

[1311] 宋志刚．中美贸易摩擦的博弈分析框架：以轮胎特保案为例．吉林大学社会科学学报．2010 (02).

[1312] 苏保涛．我国食品安全管制机构的问题及对策．中国商界（上半月）. 2010 (08).

[1313] 苏春静，张凯．小型市场中价格歧视的两个视角．中国商界（上半月）. 2010 (06).

[1314] 苏海南．收入分配改革之路漫长而艰难．群言．2010 (09).

[1315] 苏海涛．论我国企业绿色竞争力构建．现代商贸工业．2010 (01).

[1316] 苏号朋．我国食品安全监管之检讨．政法论丛．2010 (02).

[1317] 苏卉．文化创意产业集群中的政府行为研究．科技管理研究．2010 (17).

[1318] 苏建兰，陈建成．非木材林产品市场失灵、纠正及政府干预．中国林业经济．2010 (04).

[1319] 苏娟．百度的移动互联网企图．IT经理世界．2010（18）．

[1320] 苏明．中国应对气候变化现行财政政策分析．中国能源．2010（06）．

[1321] 苏南宏．区域信贷政策与区域经济发展研究——以环鄱阳湖生态经济区为例．金融管理与研究．2010（10）．

[1322] 苏素，宋云河．中国各地区城乡收入差距及其影响因素研究．技术经济．2010（12）．

[1323] 苏晓杰，郭华．如何加强财政补贴购机的监管．中国农机监理．2010（03）．

[1324] 苏永照．技术进步偏向对中国劳动力市场的影响．财贸研究．2010（01）．

[1325] 苏宗敏．垄断行业收入问题研究．全国商情（理论研究）．2010（18）．

[1326] 隋映辉．高端并购：理论阐释及系统界定．科学学研究．2010（02）．

[1327] 孙蚌珠，刘翰飞．中国财政分权的数量化度量及其地区间差距——基于1979~2008年省级面板数据．经济理论与经济管理．2010（05）．

[1328] 孙诚．政府激励、熊彼特创新与经济增长．世界经济情况．2010（02）．

[1329] 孙大海．完善上市公司会计政策选择监管．北方经贸．2010（10）．

[1330] 孙德斌．企业兼并的效应研究．商业时代．2010（34）．

[1331] 孙德申．家电业疯狂扩张的深层思考．现代商贸工业．2010（04）．

[1332] 孙广明，程卫．加强行业协会收费监管之我见．中国价格监督检查．2010（09）．

[1333] 孙国华，龚刚强．求解权力寻租．中国报道．2010（08）．

[1334] 孙浩，柴跃廷，刘义．电子货币运营模式的影响及监管指标分析．国际金融研究．2010（03）．

[1335] 孙红燕．跨国零售商与本土制造商的纵向限制关系研究．经济论坛．2010（02）．

[1336] 孙甲．保障性住房项目实施中的寻租行为分析．商业文化（学术版）．2010（09）．

[1337] 孙建亮，李永华，于文栋．浅谈规模饲养场监管．中国畜禽种业．2010（12）．

[1338] 孙健．中国车企多品牌：捷径还是畏途？．商学院．2010（05）．

[1339] 孙晋，余喆．我国外资并购反垄断规制的不确定性及对策——从被禁止的可口可乐并购汇源案谈起．东方法学．2010（03）．

[1340] 孙晋，张军．金融集团及其内部限制竞争协议研究．武汉理工大学学报（社会科学版）．2010（02）．

[1341] 孙敬水，顾晶晶．行业收入差距监测预警研究——以浙江省为例．财经论丛．2010（05）．

[1342] 孙敬水，张周静．人力资本对城乡收入差距及其收敛性的影响——基于我国省际面板数据分析．农业技术经济．2010（09）．

[1343] 孙静．我国电池产业的市场集中度分析．中国商界（上半月）．2010（05）．

[1344] 孙立国．国有企业全面预算管理寻租问题及对策．商业会计．2010（09）．

[1345] 孙林．行政事业性国有资产监管立法初探．法制与社会．2010（02）．

[1346] 孙林霞，陈雪梅．西部地区环保产业发展的潜力——基于陕西省数据的实证分析．经济研究导刊．2010（23）．

[1347] 孙凌云．论市场支配地位之认定．河南省政法管理干部学院学报．2010（05）．

[1348] 孙龙林．中国汽车企业海外并购的机遇与风险．汽车工业研究．2010（08）．

[1349] 孙曼曼．论行政垄断之反垄断法律责任．行政与法．2010（02）．

[1350] 孙美玲．改革关键时期对政府经济职能转变的思考．现代经济信息．2010（02）．

[1351] 孙敏．利益集团与中国药品安全规制制度变迁．吉林工商学院学报．2010（02）．

[1352] 孙明魁．计算机网络如何成为经济发展催化剂．人民论坛．2010（23）．

[1353] 孙南申，彭岳．技术创新的法律保障与制度建构．理论参考．2010（05）．

[1354] 孙群力．中国地方政府规模影响因素的实证研究．财政研究．2010 (01).

[1355] 孙涛．能源转换与可持续发展．环境与可持续发展．2010 (02).

[1356] 孙涛，景晓朋．电信业规制改革研究：基于利益集团视角．求索．2010 (01).

[1357] 孙涛，李婷婷．江苏新农村建设中环境治理价值度量的实证研究．农村经济与科技．2010 (06).

[1358] 孙威．用法律手段规制垄断高价的研究．价格理论与实践．2010 (09).

[1359] 孙喜平．上市公司环境治理的现状与对策研究．武汉大学学报（哲学社会科学版）．2010 (02).

[1360] 孙晓．基于市场竞争态的河南旅游市场分析．河南理工大学学报（自然科学版）．2010 (06).

[1361] 孙晓娜．我国初次分配领域的分配不公现象举隅．人文杂志．2010 (06).

[1362] 孙秀华．民俗在环境保护中的有效作用．玉溪师范学院学报．2010 (06).

[1363] 孙妍．从实际失业率看我国行业劳动力市场买方垄断．经济导刊．2010 (06).

[1364] 孙艳深．我国公共基础设施供给中的政府行为分析．北方经济．2010 (10).

[1365] 孙燕玲，刘晓森．知识产权的《反垄断法》规制．山东工商学院学报．2010 (02).

[1366] 孙燕铭．我国政府干预下的市场壁垒对产业绩效的影响．经济理论与经济管理．2010 (10).

[1367] 孙燕铭．政府干预在东北亚经济发展中的作用——基于韩国政府与企业关系的思考．国际经济合作．2010 (06).

[1368] 孙杨青，李晓山．《食品安全法》实施后存在的问题及对策．中国社区医师（医学专业）．2010 (34).

[1369] 孙永强，万玉琳．中国对外贸易与城乡居民收入差距的关系研究——基于1978~2008年省际面板数据的实证分析．经济经纬．2010 (06).

[1370] 孙瑜，四海．"地上地下通吃"的运营商李利民回应新媒体垄断．英才．2010 (03).

[1371] 孙照广，张昌平．深水静流波澜起伏——中国啤酒业成本之压价格战管窥．啤酒科技．2010 (07).

[1372] 孙振武．延迟效应对寡头市场稳定性的影响．上海电机学院学报．2010 (06).

[1373] 孙忠娟，谢伟，李培馨．基于核心能力的企业并购研究综述．技术经济．2010 (06).

[1374] 孙作青，刘亚臣．房地产价格政府干预机制研究．特区经济．2010 (09).

[1375] 孙作青，刘亚臣．房地产业政策性垄断探究．中国经贸导刊．2010 (10).

[1376] 谈多娇，张兆国，刘晓霞．资本结构与产品市场竞争优势——来自中国民营上市公司和国有控股上市公司的证据．中国软科学．2010 (10).

[1377] 谈铭斐，方华．基于进化博弈论的银行信贷资金违规入市监管问题研究．企业经济．2010 (12).

[1378] 谭繁华．浅析外资在华并购的管制与治理．价值工程．2010 (35).

[1379] 谭建立，马宁．中央与地方财权、事权关系对社会公平影响的实证研究．财贸经济．2010 (02).

[1380] 谭秋成．农民为什么容易受政策歧视．中国农村观察．2010 (01).

[1381] 谭太平．国内外银行业绿色金融实践的比较研究．生态经济．2010 (06).

[1382] 谭伟，张建升．中国主要旅游公司运营动态效率探析．经济与管理．2010 (06).

[1383] 谭小芳，吕倩．利益集团与金融发展——对中国国有商业银行改革的研究．改革与战略．2010 (06).

[1384] 谭晓．论基于公共选择理论的我国公共政策制定机制．现代商贸工业．2010 (07).

[1385] 谭孝权．Hotelling 模型的网内外差别定价分析．工业工程．2010 (01).

[1386] 谭彦红．转型期导致城乡居民收入差距扩大的“四大指标”定量分析．现代财经（天津财经大学学报）．2010 (05).

[1387] 谭正航，韩伟．我国政府干预金融危机绩效评价与对策．青海社会科学．2010 (02).

[1388] 谭中明，尚晓勇．略论金融衍生品的风险及其监管问题．商业时代．2010 (25).

[1389] 汤，陈炳才，王小广，等．产能过剩为何成为长期性难题．当代社科视野．2010 (01).

[1390] 汤，项俊波．后金融危机时代欧美大型银行的新动向．当代社科视野．2010 (Z1).

[1391] 汤二子，刘海洋，邵莹，等．论中国移动的市场类型特征．湖南工业职业技术学院学报．2010 (03).

[1392] 汤吉军．可竞争市场理论及其对我国自然垄断行业改革的启示．产业经济评论．2010 (02).

[1393] 汤吉军．沉淀成本与政府管制政策．产经评论．2010 (02).

[1394] 汤吉军．预期沉淀成本理论及其现实意义．学术月刊．2010 (09).

[1395] 汤吉军．个人理性与沉没成本悖论．当代经济管理．2010 (05).

[1396] 汤景辉．基于寻租视角的国企领导人经济责任审计的博弈分析．中国乡镇企业会计．2010 (10).

[1397] 汤美芳．论内需不足之深层原因——垄断．理论界．2010 (04).

[1398] 汤肖．我国制造业上市企业规模与多元化程度关系研究．湖北社会科学．2010 (12).

[1399] 唐蓓．管理者过度自信对上市公司并购投资的影响．审计与经济研究．2010 (05).

[1400] 唐彩虹．信息寻租问题探析．现代情报．2010 (07).

[1401] 唐德鑫．美国和欧盟信用评级监管制度改革比较及其启示．武汉金融．2010 (07).

[1402] 唐丁祥，蒋传海．定价模式、产品差异化与企业的创新激励研究．财经研究．2010 (08).

[1403] 唐海军，叶振环．商业银行零售业务的长尾特性．南方金融．2010 (02).

[1404] 唐金成，刘昕晰，秦丽丽，等．打破我国出口信用保险垄断模式的思考．区域金融研究．2010 (03).

[1405] 唐久芳，李启平．低碳经济模式下环境信息披露的实证研究——以湖南上市公司为例．产经评论．2010 (06).

[1406] 唐宋．谁来管？如何管？．理财．2010 (06).

[1407] 唐滔智．A 股审计市场过度竞争及其治理．财会通讯．2010 (12).

[1408] 唐滔智．审计市场低价揽业行为之实证研究——来自上市公司 2004 ~ 2006 年的经验证据．财会月刊．2010 (09).

[1409] 唐喜林．基于寡头市场的供应链链间合作与协调研究．技术与创新管理．2010 (02).

[1410] 唐夏韵．中国资源性商品贸易媒介转换及影响的实证研究．生产力研究．2010 (04).

[1411] 唐晓云．内生性、生产分割与国际贸易中心的新兴起——以上海为例．亚太经济．2010 (03).

[1412] 唐欣瑜．自然垄断适用除外：从法经济学角度分析．知识经济．2010 (02).

[1413] 唐雪松，周晓苏，马如静．政府干预、GDP 增长与地方国企过度投资．金融研究．2010 (08).

[1414] 唐沿源．财政分权、经济增长与地区经济收敛——基于 1997 ~ 2007 年省级面板数据模型的实证分析．天府新论．2010 (05).

[1415] 唐炎钊，唐蓉．中国企业跨国并购文化整合模式多案例研究．管理案例研究与评论．2010 (03).

[1416] 唐艳琴. 市场支配地位应成为经济政策追求的支点. 决策与信息. 2010 (07).

[1417] 唐云. 产品免检制度的行政法思考. 金卡工程 (经济与法). 2010 (04).

[1418] 唐在富. 我国财权集中度的理论分析与现状评鉴. 财政研究. 2010 (04).

[1419] 唐正明, 骆念蓓. 贸易保护的政治经济学分析及其外部制约——基于利益集团的视角. 福州大学学报 (哲学社会科学版). 2010 (02).

[1420] 陶爱颖. 产品内分工理论简介. 中国市场. 2010 (35).

[1421] 陶春海. 浅析外部性对医疗服务市场的影响. 经济研究导刊. 2010 (05).

[1422] 陶丹. 我国高速铁路运输与航空运输的比较研究. 交通企业管理. 2010 (11).

[1423] 陶海飞, 杨性民, 鞠芳辉. 企业社会责任视角的食品供应链安全机制构建. 消费经济. 2010 (03).

[1424] 陶海青. 联想国际并购反思. 对外传播. 2010 (10).

[1425] 陶厚永, 李燕萍, 骆振心. 山寨模式的形成机理及其对组织创新的启示. 中国软科学. 2010 (11).

[1426] 陶坤玉, 张敏, 李力行. 市场化改革与违法: 来自中国土地违法案件的证据. 南开经济研究. 2010 (02).

[1427] 陶能虹. 商业银行并购风险的识别与防范研究. 金融论坛. 2010 (01).

[1428] 陶庆华. 旅行社产品差异化博弈分析. 经济研究导刊. 2010 (01).

[1429] 陶涛. 企业并购绩效评价方法研究. 科技经济市场. 2010 (12).

[1430] 陶涛, 翟振武, 夏亮. 中国地区间收入差距分析. 人口与经济. 2010 (05).

[1431] 陶婷婷. 美国医改带给制药企业的机遇研发及推广模式或改变仿制药市场前景看好. 中国处方药. 2010 (04).

[1432] 陶喜红, 王灿发. 中国期刊广告市场集中度实证分析. 编辑之友. 2010 (10).

[1433] 陶晓波. 区域人力资源流动研究——兼论政府与市场的相互作用. 科学管理研究. 2010 (01).

[1434] 陶雪. 中国政府采购中存在的问题及对策. 经济研究导刊. 2010 (34).

[1435] 陶冶. 物联网产业商业模式的探索与创新. 南京理工大学学报 (社会科学版). 2010 (04).

[1436] 陶永诚. 小额信贷运行机制研究——基于小额信贷正规化的思考. 中央财经大学学报. 2010 (01).

[1437] 陶跃华, 张晓峰. 从“三鹿奶粉事件”浅析我国食品安全监管现状及对策. 中国卫生监督杂志. 2010 (04).

[1438] 陶志平. 关于企业环境信息强制公开制度的若干问题. 十堰职业技术学院学报. 2010 (04).

[1439] 滕漫. 重庆零售业集中度状况研究. 中国商界 (上半月). 2010 (05).

[1440] 滕祥国. 我国烟草行业问题及对策分析. 现代商贸工业. 2010 (24).

[1441] 田东芳. 提升我国汽车产业竞争力的对策分析. 商场现代化. 2010 (22).

[1442] 田丰. 城市工人与农民工的收入差距研究. 社会学研究. 2010 (02).

[1443] 田海. 略谈我国私募基金的法律规制. 西安欧亚学院学报. 2010 (02).

[1444] 田洪星. 政企分开不符合国企改革的内在逻辑. 中外企业家. 2010 (08).

[1445] 田江. 寻租理论及中国寻租问题的治理对策. 财经界 (学术版). 2010 (09).

[1446] 田静怡. 国际资本流动对国内商业银行的影响及监管. 郑州大学学报 (哲学社会科学版). 2010 (05).

[1447] 田昆. 地方政府在统筹城乡发展中作用. 经济导刊. 2010 (11).

[1448] 田满文．我国上市公司并购融资制度优化新探．宏观经济研究．2010（01）.

[1449] 田松青．农民工城市劳动力市场地位变迁研究．中国流通经济．2010（12）.

[1450] 田甜．我国行业间收入差距状况分析．企业导报．2010（09）.

[1451] 田为付．由档案信息隐形垄断再思其服务产业化．淮海工学院学报（社会科学版）．2010（08）.

[1452] 田瑜．中国审计市场结构及其优化．现代经济信息．2010（08）.

[1453] 田远芬，卢军．网络效应与反垄断抉择的两难问题浅析．当代经济．2010（07）.

[1454] 田振洋，江心英．我国产业外资垄断趋势问题探析．商业时代．2010（35）.

[1455] 仝亚娜．垄断企业为何没有得到垄断利润？．中国机电工业．2010（02）.

[1456] 佟强，支海宇．排污权交易应用于我国民航业污染减排研究．生态经济．2010（06）.

[1457] 佟欣秋．基于国家主权的反垄断法域外管辖权的实现机制．大连海事大学学报（社会科学版）．2010（04）.

[1458] 童克军，黄炜．日本汽车产品市场准入召回制度．广东交通职业技术学院学报．2010（03）.

[1459] 童伟．我国国有企业并购中的政府行为研究．当代经济．2010（03）.

[1460] 童文俊．论金融业反洗钱监管的理论基础．山西财政税务专科学校学报．2010（02）.

[1461] 童文俊．国际金融业反洗钱监管：发展、挑战与政策趋势．金融纵横．2010（02）.

[1462] 童小琴．刍议行政性行业垄断改革的渐进性．南昌航空大学学报（社会科学版）．2010（03）.

[1463] 涂燕子．公共政策制定中的利益集团及其影响．吉林广播电视大学学报．2010（07）.

[1464] 涂咏梅．刍论我国地方公债制度的构建．财会月刊．2010（20）.

[1465] 宛超．保健食品监督管理之我见．中国食品卫生杂志．2010（04）.

[1466] 万冬．地方政府行为与房地产发展——基于上海市的实证研究．中南大学学报（社会科学版）．2010（01）.

[1467] 万方．绿色消费偏好形成的理性过程及其对外部性问题的纠正——基于环境标志制度的分析．消费经济．2010（06）.

[1468] 万郝磊．基于外部性视角的非营利组织研究——以行业协会为例．商业经济．2010（17）.

[1469] 万华林，陈信元．治理环境、企业寻租与交易成本——基于中国上市公司非生产性支出的经验证据．经济学（季刊）．2010（02）.

[1470] 万柯，岳晓．财政分权下地方政府行为的文献综述．山西财政税务专科学校学报．2010（02）.

[1471] 万珂．浅谈行业监管部门加强行政指导的必要性．湖南行政学院学报．2010（01）.

[1472] 万睿，卢山冰，吴航．三鹿事件引发对我国食品安全规制的思考．生产力研究．2010（05）.

[1473] 万寿义，崔晓钟．制定成本会计准则的必要性——基于价格管制和政府采购的视角．上海立信会计学院学报．2010（03）.

[1474] 万婷．基于公平与效率的国有企业改革研究．中国集体经济．2010（19）.

[1475] 万玺，汪涛，李钦．中国成品油市场结构与生产者行为博弈分析．西南石油大学学报（社会科学版）．2010（01）.

[1476] 万孝红．规范和监管房地产中介机构行为的思考．中国房地产．2010（04）.

[1477] 万兴，胡汉辉，徐敏．一种间接网络效应下网络运营商价格竞争研究——基于数字电视和IPTV竞争的分析．管理科学学报．2010（06）.

[1478] 万学军，何维达．中国钢铁产业政策有效的影响因素分析——基于政策制定与实施过程的视角．经济问题探索．2010 (08).

[1479] 万瑶华．如何完善我国资本市场的监管．经济导刊．2010 (10).

[1480] 万莹仙．企业的环境责任与环境业绩评价．内蒙古科技与经济．2010 (01).

[1481] 汪冰．市场条件下的政府角色与功能分析．荆楚理工学院学报．2010 (08).

[1482] 汪福伟．关于中国稀土出口定价权的问题探讨．中国集体经济．2010 (07).

[1483] 汪冀澧．谈中国贫富差距．现代商业．2010 (26).

[1484] 汪丽萍，于清．寡头垄断市场准入理论对我国自然垄断产业改革的启示．商场现代化．2010 (09).

[1485] 汪伟全．区域经济圈内的地区发展不均衡与对策研究．求实．2010 (09).

[1486] 汪玮．经济法：市场失灵与政府失灵的双重矫正之法．法制与经济（下旬刊）．2010 (02).

[1487] 汪小红．农村社区外部权力结构：演进与现代重塑．昆明理工大学学报（社会科学版）．2010 (03).

[1488] 汪咏梅，戚海东，陆生华．地方政府融资平台运行存在的主要问题．西部金融．2010 (10).

[1489] 王宝娜．完善网上银行法律监管制度．合作经济与科技．2010 (16).

[1490] 王宝莹．初探国内贸易管制措施的规制．法制与社会．2010 (19).

[1491] 王保国，宋湛．新时期外商直接投资的问题与对策．中国行政管理．2010 (07).

[1492] 王保谦．国际金融危机背景下金融监管理论研究思考．石家庄经济学院学报．2010 (06).

[1493] 王保忠，王保庆，徐兴兵．我国会计制度环境变迁分析——基于利益集团视角．财会通讯．2010 (27).

[1494] 王必达，张兵兵．经济增长与环境保护双赢的理论与实证分析——以兰州市为例．科学经济社会．2010 (02).

[1495] 王碧淼．利益相关者视角下的企业社会责任模型．东岳论丛．2010 (07).

[1496] 王斌，陈璋．“工商分离”后烟草行业发展所面临的问题．合肥工业大学学报（社会科学版）．2010 (01).

[1497] 王冰睿．竭力维护信用评级垄断地位美国设障拒绝中国机构入围．IT 时代周刊．2010 (Z2).

[1498] 王兵，王高伟．中国证券行业市场结构研究．内蒙古金融研究．2010 (02).

[1499] 王炳江，施榕娜．合理原则的合理性探微——基于反垄断法的视野．中国商界（下半月）．2010 (03).

[1500] 王勃．利益视角下西部欠发达地区乡镇政府行为模式研究——以土地征用为例．河西学院学报．2010 (04).

[1501] 王博．银行并购浪潮成因．合作经济与科技．2010 (20).

[1502] 王长斌．企业合并反垄断审查中的经济分析方法．法学杂志．2010 (12).

[1503] 王超．报纸零售市场影响因素分析．新闻前哨．2010 (10).

[1504] 王成城，李晋，高先锋．基于组织身份冲突与模糊的并购有效性分析．现代管理科学．2010 (05).

[1505] 王成勇．基于成本效率的排污权初始分配模型试建．技术与市场．2010 (06).

[1506] 王冲．我国自然垄断产业中的政府规制及制度改革．中国商界（下半月）．2010 (04).

[1507] 王楚．从《反垄断法》的颁布看市场竞争机制的法律构建．黑龙江省政法管理干部学

院学报.2010（02）.

［1508］王传兵，杨代虎.循环经济与制度建设.宿州学院学报.2010（06）.

［1509］王春雷，黄素心.跨国市场竞争企业合并决策研究.商业研究.2010（08）.

［1510］王春莹.新市场环境下的发电商监管.价值工程.2010（30）.

［1511］王聪，宋慧英.我国证券市场集中度研究.南方金融.2010（08）.

［1512］王聪聪.71.3%的人认为中国品牌目前最缺“灵魂”.中国品牌与防伪.2010（09）.

［1513］王丹，张昱.并购效率抗辩因素分析.东方企业文化.2010（14）.

［1514］王丹丹，蒋德启.审计合谋的博弈分析.商业经济.2010（15）.

［1515］王道才，张文.关于食品安全信用体系建设的几点思考.医学信息.2010（07）.

［1516］王德亮，黎少鹏，田茂生，等.浅析对价格垄断行为的监管.中国价格监督检查.2010（03）.

［1517］王德维.对实现社会公平的几点思考.沈阳干部学刊.2010（01）.

［1518］王德祥.农信社改革存在的问题及对策.南方金融.2010（09）.

［1519］王冬梅.浅析政府失灵和市场失灵.全国商情（理论研究）.2010（10）.

［1520］王冬明，李道强.美国PJM电力容量市场分析.浙江电力.2010（10）.

［1521］王芳，周兴.中国地区间居民收入差距变动的分解与分析.当代财经.2010（05）.

［1522］王芳，周兴.城乡居民家庭收入流动与长期收入均等.财经科学.2010（03）.

［1523］王芳芳，董骁.地方政府的“土地财政”及其弊端.城市问题.2010（02）.

［1524］王枫，德萍.“三网合一”开启合作新时代.资源与人居环境.2010（05）.

［1525］王峰虎，谢小平.农村金融发展中的市场失灵、政府失灵与财政对策.软科学.2010（05）.

［1526］王福重.收入分配是中国最大挑战.现代审计与经济.2010（04）.

［1527］王甫勤.人力资本、劳动力市场分割与收入分配.社会.2010（01）.

［1528］王甫雄.对煤矿安全生产监管的思考.经营管理者.2010（19）.

［1529］王刚，付文阁.中国饲料行业集中度分析.饲料工业.2010（17）.

［1530］王高辉.从资源环境角度分析资源诅咒现象.能源环境保护.2010（04）.

［1531］王高尚.后危机时代矿产品价格趋势分析.地球学报.2010（05）.

［1532］王冠.试论高校创新型科研团队建设的制度创新.教育研究.2010（06）.

［1533］王冠.我国高等学校创新型科研团队存在的问题与对策.教育科学.2010（02）.

［1534］王贵芳.收入差距扩大化探源.金卡工程（经济与法）.2010（11）.

［1535］王桂花.建立高校国有资产全方位监管体系的思考.中国商界（上半月）.2010（08）.

［1536］王桂花.我国食品供应链的安全管理策略研究.江苏调味副食品.2010（05）.

［1537］王桂生.住宅经济发展中的信息不对称问题.价值工程.2010（18）.

［1538］王国存.电子货币发行监管问题初探.电脑知识与技术.2010（32）.

［1539］王国红.银行并购的反垄断经济学文献述评.经济评论.2010（05）.

［1540］王国红.外资银行在华并购的反垄断规制政策研究.湖北经济学院学报.2010（02）.

［1541］王国红，何德旭.外资银行进入中国市场的竞争效应研究.财经问题研究.2010（07）.

［1542］王海春，徐广.证券公司监管中信息系统应用与研究.才智.2010（25）.

［1543］王海军.构建财政监督新机制的探索.中国监察.2010（22）.

［1544］王红梅.环境规制国际化对我国外贸出口的影响及对策.宏观经济管理.2010（06）.

［1545］王红茹.破解民资准入“双重门”.中国经济周刊.2010（Z1）.

［1546］王红茹.国企是“做大”还是“垄断”？.中国经济周刊.2010（11）.

［1547］王宏，陈宏民.竞标者合谋均衡分析：从单期静态拍卖到重复动态拍卖.产业经济评

论.2010 (02).

[1548] 王宏，陈宏民．拍卖中的合谋与防合谋的最优机制设计：理论与实证研究的新进展．产业经济研究.2010 (03).

[1549] 王宏，陈宏民，顾巧明．基于第二价格预拍的竞标者合谋均衡分析．中国管理科学.2010 (03).

[1550] 王宏伟．关于我国金融市场发展的若干思考．商业时代.2010 (25).

[1551] 王宏新，周小平，柴铎．中国土地一级市场中的过度竞争及其效应——基于古诺模型的分析．经济经纬.2010 (01).

[1552] 王洪亮，蔡则祥，王丽爱．我国金融发展与城乡收入差距关系的实证研究．南京审计学院学报.2010 (01).

[1553] 王厚芹，车士义．推进我国三网融合势在必行．电视技术.2010 (06).

[1554] 王华．城乡收入差距的制度性分析．山西经济管理干部学院学报.2010 (02).

[1555] 王华民，田兆雪．我国矿业权市场的培育与规制．资源与产业.2010 (S1).

[1556] 王怀德．企业缺失社会责任原因探讨．价值工程.2010 (20).

[1557] 王怀勇，董广绪．我国农村信贷市场深化的路径选择：以村民委员会为中心．求实.2010 (06).

[1558] 王怀勇，刘中杰．转型期社会性管制模式的变革与创新——基于食品安全的法学分析．北京工业大学学报 (社会科学版).2010 (04).

[1559] 王晖．提高食品安全监管有效性的对策研究．质量技术监督研究.2010 (05).

[1560] 王惠玲.3G 业务对电信市场结构的影响．贵州商业高等专科学校学报.2010 (02).

[1561] 王惠卿．浅谈推进我国林业可持续发展的策略措施．黑龙江科技信息.2010 (23).

[1562] 王慧．环境税立法的困境及其破解之道．环境保护与循环经济.2010 (09).

[1563] 王慧．环境税收和环境补贴——比较研究与政策选择．财会研究.2010 (13).

[1564] 王慧．环境保护与自由贸易的冲突及其经济根源．资源与人居环境.2010 (02).

[1565] 王慧敏．高校学术新风在自由与规制间徜徉．黑龙江科技信息.2010 (13).

[1566] 王纪华，许奕华，陆安祥，等．农产品质量安全监控信息化的思考与实践．上海农业学报.2010 (01).

[1567] 王纪平，雪洁，张敬玉．浅谈反向购买下合并财务报表的编制．商业会计.2010 (10).

[1568] 王继东．信贷业务集中度风险管理与对策分析．今日财富 (金融发展与监管).2010 (09).

[1569] 王建军．产业组织演进与优化的理论依据：分工经济．广东社会科学.2010 (03).

[1570] 王建立．经济法对市场经济的干预与调控．才智.2010 (07).

[1571] 王建勋，高旭．户外广告特许经营的问题研究．现代经济信息.2010 (06).

[1572] 王健．关于推进我国反垄断私人诉讼的思考．法商研究.2010 (03).

[1573] 王健，刘新明．论中国证券市场的“铁公鸡”现象及其规制．国家行政学院学报.2010 (05).

[1574] 王江石．股权分置改革对我国上市公司并购的影响分析．产业与科技论坛.2010 (06).

[1575] 王杰，何明升．基于技术性贸易壁垒保护功能两重性的经济效应分析．浙江学刊.2010 (02).

[1576] 王金胜，赵英杰．转变经济发展方式中的政府与市场关系研究．中国物价.2010 (10).

[1577] 王金洲．跨国并购管制的国际比较研究．当代经济.2010 (01).

[1578] 王京滨．中国的产业结构调整与环境保护．攀登.2010 (04).

[1579] 王菁．基于 DEA 模型的上海内河运输供给系统资源配置效率评价．物流科技.2010

(04).

[1580] 王菁，田满文．上市公司并购整合效率的影响因素新探．四川大学学报（哲学社会科学版）.2010 (01).

[1581] 王隽．我国私募基金各个环节的监管探讨．现代商业.2010 (29).

[1582] 王军．我国成品油定价机制改革中的若干问题研究．中外能源.2010 (06).

[1583] 王军．程序失灵的揭秘与拯救——以“六连号”事件为例．行政法学研究.2010 (02).

[1584] 王军．如何完善油价形成机制．中国石油石化.2010 (01).

[1585] 王俊，仲震康，彭千卉．美国医疗改革中的财政收支政策研究．财政研究.2010 (10).

[1586] 王俊豪．中国城市公用事业民营化的若干理论问题．学术月刊.2010 (10).

[1587] 王开田，何玉．中国民营企业履行社会责任的意愿、方法与效果研究：一项探索性调查．江西财经大学学报.2010 (06).

[1588] 王凯．美国高校内部管理体制的特征及对我国的启示．江西金融职工大学学报.2010 (05).

[1589] 王科．房价畸高：收入差距持续扩大的重要推手．中国房地产金融.2010 (09).

[1590] 王颗星．观国际风电展及对我国风电行业的思考．大众用电.2010 (01).

[1591] 王坤．银行业准入的博弈分析．现代商贸工业.2010 (13).

[1592] 王腊芳，文雯，赖明勇．中国铁矿石产业面临的安全威胁及其产业安全度的测算．财经理论与实践.2010 (05).

[1593] 王乐攀．论中国出版物市场准入制度的特点及建议．中国市场.2010 (26).

[1594] 王骊．浅议我国房地产市场的监管．商场现代化.2010 (29).

[1595] 王力．经济增长的竞争对收入差距的影响分析．科技信息.2010 (32).

[1596] 王立国．重复建设与产能过剩的双向交互机制研究．企业经济.2010 (06).

[1597] 王立国，张日旭．财政分权背景下的产能过剩问题研究——基于钢铁行业的实证分析．财经问题研究.2010 (12).

[1598] 王丽萍，李新武，谢维，等．考虑省间经济差异的区域电力市场调节分析．电力系统保护与控制.2010 (02).

[1599] 王利月，张丙宣．企业重组、政府作用与市场秩序——对近年来国内几个钢企并购案的分析．浙江大学学报（人文社会科学版）.2010 (06).

[1600] 王亮．禁止知识产权滥用：公法与私法的价值契合——以知识产权法与反垄断法为视角．商业经济.2010 (08).

[1601] 王鲁宁，张爱荣．完善我国商业银行市场退出监管的法制——银监会应着力解决的问题．中国农业银行武汉培训学院学报.2010 (02).

[1602] 王梅华．基于博弈理论视角的上市公司审计串谋分析．西安电子科技大学学报（社会科学版）.2010 (06).

[1603] 王明虎．政府经济人行为与国有产权流动性——基于北京产权交易所数据分析．财贸研究.2010 (03).

[1604] 王铭梵．上市公司并购中存在的问题及对策．现代经济信息.2010 (08).

[1605] 王娜．浅议我国高速公路特许经营中的BOT模式．价值工程.2010 (20).

[1606] 王娜，谭力文．平台产业研究进展——基于SCP范式的分析．电子科技大学学报（社会科学版）.2010 (05).

[1607] 王能，王慧萍，郭军，等．监管新规下中国银行业业务趋势与建议．银行家.2010 (06).

[1608] 王宁．中国低成本发展模式的演进、困境与超越．学术研究.2010 (10).

[1609] 王鹏．从经济增长方式角度探讨我国居民收入差距扩大的原因．科技情报开发与经济．2010（08）．

[1610] 王鹏，李菁．开征物业税对我国房地产市场的影响分析．税务与经济．2010（01）．

[1611] 王萍．我国企业对外并购中政府的导向作用及建议．商业经济．2010（14）．

[1612] 王萍．外资并购我国上市公司绩效的实证分析．生产力研究．2010（04）．

[1613] 王萍，朱庆文，张婷婷．对中国寻租负效及其有效监督的思考．社科纵横．2010（11）．

[1614] 王珀雨．论政府机构改革与中国行政体制改革．现代商贸工业．2010（12）．

[1615] 王其和，夏晶，王婉娟．产业集群生命周期与政府行为关系研究．当代经济．2010（20）．

[1616] 王琪，战旗．我国食品安全监管体系的主体分析．中国集体经济．2010（24）．

[1617] 王倩玮，张向前．金融危机背景下我国产业安全及策略．理论与改革．2010（05）．

[1618] 王强．国网帝国．商务周刊．2010（05）．

[1619] 王强．构建现代国资监管制度的依据及路径．经济社会体制比较．2010（06）．

[1620] 王强．中国教育为何效率与公平双输．商务周刊．2010（Z1）．

[1621] 王俏荔，唐志军．大国地方政府竞争与区域经济增长．内蒙古社会科学（汉文版）．2010（02）．

[1622] 王俏荔，唐志军．比较优势背景的大国优势与机制催生．改革．2010（02）．

[1623] 王青，张岄．财政分权对农村居民消费影响的实证研究——基于地方政府竞争视角．税务与经济．2010（05）．

[1624] 王青，张岄．分权后财政支出与居民消费关系研究——基于省际面板数据的广义矩估计分析．经济经纬．2010（04）．

[1625] 王清军，YangTseming．中国环境管理大部制变革的回顾与反思．武汉理工大学学报（社会科学版）．2010（06）．

[1626] 王庆华．政府控制收入差距的理论逻辑与政策安排．内蒙古民族大学学报（社会科学版）．2010（02）．

[1627] 王庆年．从财政性存款缴存情况看基层央行监管难问题．长春金融高等专科学校学报．2010（04）．

[1628] 王秋良，刘金妫．反垄断法宽恕制度实施条件比较．东方法学．2010（04）．

[1629] 王全宝．摘除行政官帽回归学术治校．政府法制．2010（12）．

[1630] 王蕊娟．基于SCP框架的我国物流产业组织现状分析．中国证券期货．2010（08）．

[1631] 王瑞红．加强《食品安全法》监管工作的几点思考．辽宁公安司法管理干部学院学报．2010（04）．

[1632] 王胜．新农村建设中政府制度供给与农民主体作用的发挥．理论与改革．2010（03）．

[1633] 王诗柠．浅析规模经济与跨国兼并的相关问题．才智．2010（04）．

[1634] 王世民．浅析产业政策与贸易政策的配合．经营管理者．2010（14）．

[1635] 王世民．浅析国际贸易中的绿色壁垒．经营管理者．2010（14）．

[1636] 王世群，何秀荣，王成军．农业环境保护：美国的经验与启示．农村经济．2010（11）．

[1637] 王世涛．论单一制中国的财政联邦制——以中央与地方财政关系为视角．北方法学．2010（05）．

[1638] 王书红，张少杰．金融危机背景下企业并购投资决策体系构建．现代管理科学．2010（10）．

[1639] 王书宏．从“村账镇管”到“账、财”双监管．农村财务会计．2010（09）．

[1640] 王思洋，吴昊．论商业银行的公司治理困境与政府作用——基于公司治理理论和商业

银行特殊性的分析．长白学刊．2010（06）.

［1641］王涛，欧阳剑，张莉．我国财政分权对垂直财政状况的影响——协调失灵将导致财政赤字的产生．价值工程．2010（06）.

［1642］王韬，底偃鹏．中国财政分权与区域经济增长的实证分析．武汉理工大学学报（社会科学版）．2010（06）.

［1643］王廷丽，黄怡．有关食品安全问题的国内理论研究综述．生产力研究．2010（08）.

［1644］王婷．国际银行业并购的主要策略分析．现代商业．2010（24）.

［1645］王薇薇，王雅鹏，孙凤莲，等．跨区域粮食销售市场中各主体利益的协调分析．农业现代化研究．2010（01）.

［1646］王巍栋．谷歌退出中国为哪般．现代商业．2010（13）.

［1647］王文，刘伟．生产性物流服务对制造业市场竞争力的价值贡献分析法．软科学．2010（06）.

［1648］王文剑．中国的财政分权与地方政府规模及其结构——基于经验的假说与解释．世界经济文汇．2010（05）.

［1649］王文举，范合君．企业价格串谋识别的博弈分析及模拟．商业研究．2010（05）.

［1650］王文龙．社会资本、发展机会不均等与阶层固化．吉首大学学报（社会科学版）．2010（04）.

［1651］王文龙，金丽馥．利益集团、逆市场选择与国进民退．现代经济探讨．2010（05）.

［1652］王闻媛，李斌．论反垄断法框架下我国行业协会垄断行为的规制．中国商界（下半月）．2010（08）.

［1653］王喜爱．自然垄断行业引入竞争机制探究——基于电信行业的演绎．商丘师范学院学报．2010（11）.

［1654］王先林．论反垄断民事诉讼与行政执法的衔接与协调．江西财经大学学报．2010（03）.

［1655］王贤彬，聂海峰．行政区划调整与经济增长．管理世界．2010（04）.

［1656］王献义．第三方支付准入门槛绊倒了谁．人力资源．2010（10）.

［1657］王湘萍．跨国并购的协同效应分析．商业经济．2010（24）.

［1658］王翔．Oracle收购Sun后的蝴蝶效应．程序员．2010（04）.

［1659］王小鲁．我国收入分配现状、趋势及改革思考．中国市场．2010（20）.

［1660］王小朋，赵伟彦．我国财政转移支付均衡效果及解决思路研究．河北青年管理干部学院学报．2010（01）.

［1661］王晓枫，熊海芳．基于市场结构的银行竞争力实证分析．大连海事大学学报（社会科学版）．2010（05）.

［1662］王晓燕．基于SCP模式的我国连锁超市行业发展分析．市场周刊（理论研究）．2010（07）.

［1663］王晓燕，王宏剑．对区域钢铁产业并购重组的再思考——产业链纵向整合视角．冶金经济与管理．2010（03）.

［1664］王晓燕，郑媛，李丽娟．我国民间资本投资研究综述．兰州大学学报（社会科学版）．2010（S1）.

［1665］王新军，赖敏晖．财政分权、地方公共支出结构与区域经济增长——基于1979~2006年省际面板数据的分析．山东大学学报（哲学社会科学版）．2010（05）.

［1666］王秀玲．反垄断法中的滥用市场支配地位制度研究．青海社会科学．2010（01）.

［1667］王秀云．我国收入差距扩大的深层原因及治理对策．经济问题探索．2010（12）.

［1668］王旭东．新能源汽车不能让“垄断”驱动．观察与思考．2010（09）.

［1669］王旭玲．相对优势地位滥用理论研究．科技信息.2010（24）.

［1670］王雪．特许经营中搭售行为的法律规制探析．鸡西大学学报.2010（01）.

［1671］王雪丽．城市拆迁中政府行为的理性选择问题初探．云南行政学院学报.2010（03）.

［1672］王雪梅．我国寿险业市场结构、效率与市场绩效关系研究．西安石油大学学报（社会科学版）.2010（04）.

［1673］王雪莹．中国资本市场公司并购动因分析．社会科学家.2010（02）.

［1674］王雅琴．论我国劳动合同法实施过程中行政权力责任的实现——以劳动者行政权利救济与我国劳动争议案件解决机制的完善为视角．法律适用.2010（11）.

［1675］王娅楠．伦理道德视域下的食品安全与企业发展．金卡工程（经济与法）.2010（10）.

［1676］王妍．浅析高等教育市场失灵现象．中国市场.2010（40）.

［1677］王妍玲，甘丽凝．政府干预、终极控制人股权特征与盈余质量关系研究．商业时代.2010（15）.

［1678］王彦明，张翼飞．金融危机下国家干预经济的反思与对策——以国家干预行为的程序理性为视角．广东社会科学.2010（03）.

［1679］王艳萍．金融危机以及政府救市行为的对比分析——以瑞典和日本为例．生产力研究.2010（04）.

［1680］王烨．房地产市场垄断、供给失灵及其治理．南方金融.2010（10）.

［1681］王一平．新时期加强证券市场监管的研究．现代经济信息.2010（12）.

［1682］王艺明，蔡翔．财政支出结构与城乡收入差距——基于东、中、西部地区省级面板数据的经验分析．财经科学.2010（08）.

［1683］王莺桦．外国并购法律冲突问题研究——我国《反垄断法》域外适用的视角．法制与社会.2010（16）.

［1684］王莹，叶倩瑜．中国环境治理中的政府干预．上海金融学院学报.2010（04）.

［1685］王莹莹．论跨国企业并购对我国经济带来的影响．才智.2010（36）.

［1686］王永刚．谈我国上市公司曲线 MBO 的监管问题．安阳工学院学报.2010（05）.

［1687］王永刚．对我国上市公司超募资金使用监管的建议．商业会计.2010（17）.

［1688］王永桂．政府行为与人才生态环境的改善．重庆科技学院学报（社会科学版）.2010（21）.

［1689］王永明，宋艳伟．地方政企合谋与信贷资源配置．广东金融学院学报.2010（05）.

［1690］王永培，袁平红．工资差异、劳动力流动与工业集聚——基于新经济地理学的解释和实证检验．财经科学.2010（03）.

［1691］王勇．流域水环境保护的市场型协调机制：策略及评价．社会科学.2010（04）.

［1692］王勇，纪熠．中国汽车产业上市公司生产效率研究．商业研究.2010（12）.

［1693］王尤．扼住利益集团寻租之手．董事会.2010（03）.

［1694］王宇辉，李托明．中国钢铁行业粗钢市场集中度问题研究．冶金管理.2010（07）.

［1695］王雨濛，吴娟，张安录．城乡收入差距与耕地非农化的关系研究——基于耕地库兹涅茨曲线扩展的省级面板数据研究．水土保持研究.2010（01）.

［1696］王雨婷．网络银行的监管．现代经济信息.2010（10）.

［1697］王玉辉．行业协会垄断协议行为的法律规制．信阳师范学院学报（哲学社会科学版）.2010（06）.

［1698］王玉辉．欧盟卡特尔案件宽大制度及启示．河北法学.2010（12）.

［1699］王玉娇，权永辉．金融危机背景下我国金融监管体制建设的对策建议．中国市场.2010（28）.

［1700］王玉丽．有关商业银行效率研究的文献综述．现代商业．2010（18）．

［1701］王玉萍，尚聪．对商业银行代理支库业务监管问题的思考．金融与经济．2010（01）．

［1702］王玉燕．基于演化博弈理论的我国加盟连锁经营研究．运筹与管理．2010（04）．

［1703］王元道．收入差距、社会稳定与经济增长的面板协整研究．山西财经大学学报．2010（S2）．

［1704］王元凯．政府行为、金融效率与经济增长关系的实证研究．商业时代．2010（22）．

［1705］王昭慧，忻展红．双边市场中的补贴问题研究．管理评论．2010（10）．

［1706］王兆君，关宏图．基于集群系统结构的企业集群成长与政府行为研究．商业研究．2010（08）．

［1707］王喆，宁维．浅析政府干预及其法制化——国际金融危机语境下的思考．经济视角（下）．2010（05）．

［1708］王珍，袁梅．地方政府食品安全监管绩效指标体系的重要性分析．粮食科技与经济．2010（05）．

［1709］王聂．浅议反垄断法与反不正当竞争法的关系——以其他国家和地区相关法律作参考．法制与社会．2010（31）．

［1710］王正军．租金的替代：企业成长机制的一种解释．生产力研究．2010（06）．

［1711］王志刚．完善我国公用企业经营机制的路径探析．太原大学学报．2010（03）．

［1712］王志刚，李新潮．当前分配制度存在的问题、原因及对策．经营管理者．2010（22）．

［1713］王志岗．企业合并反垄断审查中的破产企业抗辩——金融危机背景下破产企业抗辩的适用．甘肃联合大学学报（社会科学版）．2010（02）．

［1714］王志平．生产效率的区域特征与生产率增长的分解——基于主成分分析与随机前沿超越对数生产函数的方法．数量经济技术经济研究．2010（01）．

［1715］王志平，陶长琪．我国区域生产效率及其影响因素实证分析——基于2001～2008年省际面板数据与随机前沿方法．系统工程理论与实践．2010（10）．

［1716］王中美．公用服务业垄断正当性之伪逻辑与管制的改良主义．学术月刊．2010（03）．

［1717］王中美．危机干预与新特征保护主义．财贸研究．2010（06）．

［1718］王紫东，杨江潮．我国农地非农化中政府行为分析．广东农业科学．2010（04）．

［1719］王宗荣，崔玮，苗建军．论城市政府竞争、制度创新与知识溢出．经济问题．2010（03）．

［1720］韦静．相关市场认定的反垄断法分析．长江大学学报（社会科学版）．2010（02）．

［1721］韦英华，李茜．政府采购中的地方保护现象研究．中国商界（下半月）．2010（09）．

［1722］卫德佳，周秋旭．我国石油天然气立法探析．西南石油大学学报（社会科学版）．2010（03）．

［1723］卫涵瑜．从微软案看欧盟法律对知识产权领域拒绝许可行为的规制．经营管理者．2010（10）．

［1724］卫玮，辛超举．企业社会责任：中国当下的解析与规制．重庆科技学院学报（社会科学版）．2010（12）．

［1725］卫星．钢铁企业准入门槛将提升可能加速淘汰落后产能．上海金属．2010（03）．

［1726］卫莹．加强节能环保：转变经济发展方式的关键环节——转变经济发展方式系列评论之九．江淮．2010（10）．

［1727］魏华林，彭晓博．医疗保险改革的征途及其境界——奥巴马医改方案评述．保险研究．2010（03）．

［1728］魏华林，吴韧强．对保险集团交叉销售的再认识——基于客户份额的思考．保险研究．

2010 (02).

[1729] 魏瑾瑞，陈楠．直接消耗系数连续性修订——加入规模经济的扩展．统计研究．2010 (07).

[1730] 魏静．行业协会卡特尔行为的《反垄断法》规制．法治研究．2010 (01).

[1731] 魏军．行业收入分配的公平性解析．清华大学学报（哲学社会科学版）. 2010 (S1).

[1732] 魏丽丽．反垄断法适用除外制度探讨．山东行政学院．山东省经济管理干部学院学报．2010 (05).

[1733] 魏琼．论混合型行政性垄断及其规制．法学家．2010 (01).

[1734] 魏守华，吕新雷，从海燕．地方经济结构与制造业增长：来自对比苏浙两省的经验证据．阅江学刊．2010 (02).

[1735] 魏天飞．市场竞争促企业创新．中国包装工业．2010 (10).

[1736] 魏婷婷．浅析网络银行的监管方式及监管缺位．法制与社会．2010 (16).

[1737] 魏巍．我国彩电产业组织问题与对策思考．现代商贸工业．2010 (24).

[1738] 魏岩．电子银行领域反洗钱工作难点及对策．中国内部审计．2010 (10).

[1739] 魏中许．行为演化视角下民航飞行劳动契约稳定性分析．商业时代．2010 (08).

[1740] 温国山．中国证券审计市场结构研究．中国注册会计师．2010 (03).

[1741] 温辉．基于交易费用视角的政府规模与行为分析．商业时代．2010 (31).

[1742] 温娇秀．分税制改革与我国财政分权经济增长效应的跨区差异．华东经济管理．2010 (04).

[1743] 温娇秀，王延军．中国农村地区收入差距与教育差距的动态研究．经济经纬．2010 (01).

[1744] 文玉春，文贵涛．产权配置、特许权价值与银行规模效率．广西财经学院学报．2010 (06).

[1745] 文玉春，文贵涛．中国银行业动态效率分析．金融发展研究．2010 (05).

[1746] 文玉春，文贵涛．中国银行业曼奎斯特指数研究．内蒙古财经学院学报．2010 (02).

[1747] 翁杰，周礼．中国工业部门劳动收入份额的变动研究：1997～2008 年．中国人口科学．2010 (04).

[1748] 翁智刚，汪海燕，王萍．服务扩展对公司价值影响研究．财贸经济．2010 (02).

[1749] 乌兰．海洋生态旅游与环境保护关系研究．山东社会科学．2010 (10).

[1750] 邬玉蓉．汇源果汁产品线扩张面临的进入壁垒分析．现代商贸工业．2010 (24).

[1751] 邬云霞．论我国行政垄断法律规制的完善．北京工业职业技术学院学报．2010 (04).

[1752] 巫强．收入差距、人工成本与劳动力价格．中国物价．2010 (12).

[1753] 吴滨．机场非航空性经济发展模式浅析．国际商务研究．2010 (03).

[1754] 吴波．网络经济下的垄断与政府规制研究．中国商界（下半月）. 2010 (08).

[1755] 吴长军．外资并购反垄断审查与国家安全审查制度比较研究．阜阳师范学院学报（社会科学版）. 2010 (05).

[1756] 吴晨．政府价值观调整与农地产权制度变迁：一个数理模型及其推论．新疆农垦经济．2010 (02).

[1757] 吴晨映．市场经济运行中宏观调控政策的演变及思考．中国商贸．2010 (28).

[1758] 吴承晖．论网店“实名制”与完善税收征管．现代商贸工业．2010 (16).

[1759] 吴承忠．政府参与休闲服务业管理的必要性与类型．哈尔滨学院学报．2010 (07).

[1760] 吴迪．监管新命题．新理财．2010 (07).

[1761] 吴迪，侯文哲．上市公司会计寻租行为的动因及控制对策．商业经济．2010 (20).

[1762] 吴凤芝．我国外资并购的反垄断思索．知识经济．2010（24）．

[1763] 吴刚，米本家．基本公共服务均等化及其政府角色担当．改革．2010（09）．

[1764] 吴岗．从三聚氰胺奶粉再曝细说“问题食品重新入市”的法律应对．法制与经济（下旬）．2010（03）．

[1765] 吴桂林，刘艳艳，韦宝秀．产业政策制定和执行过程中的政府行为分析．中国集体经济．2010（01）．

[1766] 吴国建．从“三鹿事件”看我国食品安全政府监管现状和对策．金卡工程（经济与法）．2010（03）．

[1767] 吴国艳，徐健．电信业规制与竞争问题分析．时代金融．2010（05）．

[1768] 吴汉洪，孙耀祖．反垄断领域中的宽大政策：实践、理论及中国的对策思考．中国人民大学学报．2010（04）．

[1769] 吴汉洪，孙耀祖．廉价交谈文献综述．湖北经济学院学报．2010（01）．

[1770] 吴竑．政府监管对出口企业环境成本决策的影响．长江大学学报（自然科学版）理工卷．2010（01）．

[1771] 吴江．金融生态、政府行为与信贷资本配置效率——来自重庆市各区县面板数据的检验．经济经纬．2010（03）．

[1772] 吴江．绿色发展：转型之路．中国电力企业管理．2010（16）．

[1773] 吴金忠．担保渗透、产业控制与融资便利：蓝山案例．金融发展研究．2010（07）．

[1774] 吴景海．我国铁路行业的经济特性分析．铁道经济研究．2010（02）．

[1775] 吴景海．北美铁路货运发展对我国铁路货运的启示．铁道运输与经济．2010（05）．

[1776] 吴敬琏．政府抓经济应该有管有放．理论学习．2010（11）．

[1777] 吴娟．环境效益审计在地方领导干部经济责任审计中的应用．审计与理财．2010（05）．

[1778] 吴娟，陈欣．城乡居民收入差距与农业经济增长关系的实证研究．农业技术经济．2010（12）．

[1779] 吴军民，仓平．基于演化博弈的政府采购寻租监管分析．中国市场．2010（45）．

[1780] 吴磊，李广浩，李小帆．中国环境管制与FDI企业的行业进入．中国人口．资源与环境．2010（08）．

[1781] 吴梦，李继民．我国银行业市场结构、绩效与规模经济之间的关系研究．财会月刊．2010（24）．

[1782] 吴佩飞，吴俊兴．财政对循环经济的支持：文献综述．企业家天地下半月刊（理论版）．2010（01）．

[1783] 吴鹏．论我国反行政性垄断机构的设置．淮南师范学院学报．2010（01）．

[1784] 吴倩．团购领域寡头之争．互联网周刊．2010（23）．

[1785] 吴青劼，洪涛，马骏．长尾理论综述．周口师范学院学报．2010（01）．

[1786] 吴清．网络经济下分工与专业化演进机理研究．科技与经济．2010（05）．

[1787] 吴庆阳．我国居民收入差距问题研究．当代经济．2010（11）．

[1788] 吴丘林．浅谈网络经济效应．现代经济信息．2010（23）．

[1789] 吴秋璟，陈福中．网络企业长期并购绩效研究现状及思考．价格月刊．2010（02）．

[1790] 吴秋实，李兆君．银行业竞争、特许权价值与风险承担研究述评．中南财经政法大学学报．2010（03）．

[1791] 吴群，李永乐．财政分权、地方政府竞争与土地财政．财贸经济．2010（07）．

[1792] 吴水亭，徐扬．管制条件下的跨境上市公司市场时机研究．华东经济管理．2010（11）．

[1793] 吴水亭，徐扬．发行管制下政治关系对民企再融资择时行为的影响．系统工程．2010

(02).

[1794] 吴甜甜，杨光霞．浅析政府介入产业集群发展中的角色定位．中国商界（下半月）. 2010 (03).

[1795] 吴伟．政府管制的法经济学解释：一个文献综述．北京航空航天大学学报（社会科学版）. 2010 (06).

[1796] 吴文斌，杨鹏，唐华俊，等．一种新的粮食安全评价方法研究．中国农业资源与区划．2010 (01).

[1797] 吴文洁，佗敏华．资源型经济问题的成因：资源收益分配视角的研究．特区经济．2010 (01).

[1798] 吴小丁，王晓彦．对零售业过度竞争解释的理论缺陷．浙江大学学报（人文社会科学版）. 2010 (01).

[1799] 吴小节，汪秀琼，龙志和，等．基于商誉的双寡头企业广告与产品质量竞争策略．管理学报．2010 (08).

[1800] 吴晓明．烟草商业垄断中利益相关者的经济学分析——基于卷烟价格决定、投放结构、税收选择的考察．经济体制改革．2010 (03).

[1801] 吴晓云．我国各省区生产性服务业效率测度——基于DEA模型的实证分析．山西财经大学学报．2010 (06).

[1802] 吴筱．卫生服务市场中的需求、市场特征和政府干预原则．中国卫生政策研究．2010 (02).

[1803] 吴新华．论证券市场监管的现状及对策研究．中国商界（上半月）. 2010 (09).

[1804] 吴新民，汪涛．中国石油产业集中度与市场绩效关系的实证分析．理论月刊．2010 (02).

[1805] 吴鑫．“继续深化市场化改革”——专访陈志武．新经济．2010 (07).

[1806] 吴旭东，李静怡．改善我国公共服务不均等状况的财政政策着力点探讨．现代财经（天津财经大学学报）. 2010 (02).

[1807] 吴绪亮．纵向市场结构与买方抗衡势力研究．产业经济研究．2010 (01).

[1808] 吴学军．构建政府采购监督体系．中小企业管理与科技（上旬刊）. 2010 (04).

[1809] 吴言林，程丽丽．市场发育、农民经济理性与农村经济发展．审计与经济研究．2010 (06).

[1810] 吴义慈，赵泽洪．决策中寻租行为的成因分析．行政论坛．2010 (06).

[1811] 吴义爽．制度安排、企业家才能配置与中国持续经济增长．理论探讨．2010 (01).

[1812] 吴迎新，徐淑一．基于随机前沿生产函数的纺织业技术效率分析．广东社会科学．2010 (01).

[1813] 吴颖雯．我国零售企业国际化经营的战略研究．金融经济．2010 (10).

[1814] 吴玉岭，张长琦．专利滥用的反垄断规制——美国经验与中国借鉴．南京工业大学学报（社会科学版）. 2010 (04).

[1815] 吴钰乾．论网络经济下的经营管理模式．汽车维修技师．2010 (02).

[1816] 吴铮．中国银行业“差钱”是好事．经济研究参考．2010 (24).

[1817] 吴芷静．论企业自主创新过程中的政府行为转变问题．商业时代．2010 (22).

[1818] 吴志刚，樊瑞丽，常文英．试论环境保护与可持续发展．山西广播电视大学学报．2010 (04).

[1819] 仵明丽．收入差距中的国企垄断行业研究．法制与社会．2010 (26).

[1820] 伍桂松．煤制天然气产业发展的几点思考．现代化工．2010 (07).

［1821］伍宏，刘士平，江丹，等．论烟草行政执法协同管理机制创新．企业技术开发．2010（17）．

［1822］伍萌，高囡囡，张晓梅．当前我国经济结构失衡的表现及对策．中国市场．2010（28）．

［1823］伍巧芳．外资并购与反垄断法律规制的思考．理论月刊．2010（11）．

［1824］伍世安，杨青龙．论市场失灵的判别标准．贵州财经学院学报．2010（01）．

［1825］伍文中．财政支出竞争与省际基础设施建设趋同性研究．经济经纬．2010（01）．

［1826］伍玉林．美日政府技术创新支持政策的比较及对我国的启示．理论参考．2010（05）．

［1827］伍玉玲．广东省居民收入差距现状．现代商业．2010（09）．

［1828］武海艳，刘亚洲．我国贸易发展与收入分配差距关系的分析．中国商界（下半月）．2010（11）．

［1829］武静．《反垄断法》对电信行业影响的法律问题研究．科学之友．2010（09）．

［1830］武力，肖翔．工业化、市场化与收入差距变化趋势研究．甘肃社会科学．2010（06）．

［1831］武丽明．对网络经济的思考．东方企业文化．2010（12）．

［1832］武鹏．中国行业收入差距研究述评．上海经济研究．2010（08）．

［1833］武鹏，余永泽．我国国家级高新区的产出效率及其影响因素．西安交通大学学报（社会科学版）．2010（05）．

［1834］武鹏，余泳泽，季凯文．市场化、政府介入与中国高技术产业R&D全要素生产率增长．产业经济研究．2010（03）．

［1835］武鹏文．金融危机下中国企业并购面临的挑战与对策．改革与开放．2010（10）．

［1836］武玉坤．市场祖护型财政联邦主义：财政分权下的地方政府行为解释．湖南科技学院学报．2010（06）．

［1837］武庄．行政垄断行业改革的政策分析．商场现代化．2010（35）．

［1838］奚宾．并购中过度自信的动因及效应分析——基于中国上市公司的实证研究．财经论丛．2010（05）．

［1839］奚宾．政府经济职能与金融危机．经济导刊．2010（06）．

［1840］奚君羊，贺云松．中国货币政策的福利损失及中介目标的选择——基于新凯恩斯DSGE模型的分析．财经研究．2010（02）．

［1841］席友．财险市场价格竞争有效性研究．保险研究．2010（05）．

［1842］席友．保险市场价格竞争无效性研究——以我国财险市场为例．金融理论与实践．2010（03）．

［1843］夏冠军．实际汇率、进出口贸易和我国城乡收入差距——基于结构VAR模型的动态分析．经济地理．2010（04）．

［1844］夏光．环境保护能够优化经济发展．农村工作通讯．2010（24）．

［1845］夏黑讯．我国食品安全监管协调机制的现状与完善．科学经济社会．2010（03）．

［1846］夏珑．中美电力管理体制比较分析．华北电力大学学报（社会科学版）．2010（01）．

［1847］夏珑，史红民．规制博弈与产品质量．企业经济．2010（02）．

［1848］夏庆杰，宋丽娜，AppletonSimon．经济增长与农村反贫困．经济学（季刊）．2010（03）．

［1849］夏巍．商誉本质的研究．中国商界（下半月）．2010（06）．

［1850］夏徐斌．大股东寻租利益驱动及法律监督机制研究——基于我国上市公司股权再融资偏好的分析．哈尔滨商业大学学报（社会科学版）．2010（03）．

［1851］夏业良．中国财富集中度超过美国．商周刊．2010（13）．

［1852］夏永仕．浅析"可口可乐并购汇源案"——兼谈《反垄断法》的实施．法制与社会．2010（19）．

[1853] 夏志超．我国钢铁行业并购财务风险问题研究．消费导刊．2010 (02).

[1854] 向爱兵，肖昭升．交通运输资源配置中政府和市场作用定位初探．综合运输．2010 (04).

[1855] 向冰洁．跨国公司在华并购阻碍因素探讨．现代商贸工业．2010 (17).

[1856] 向东，郭广辉．知识产权滥用的法律规制——以反垄断法为视角．理论探索．2010 (04).

[1857] 向东春．从高度内聚到分工合作：西方大学内部权力配置模式的发展历程．湖南师范大学教育科学学报．2010 (04).

[1858] 向东梅，黄先智，沈以红．重庆市蚕桑生产组织模式的调查分析与调整建议．蚕业科学．2010 (06).

[1859] 向琳，李季刚．基于 DEA 模型的中部地区金融支农效率评价．云南财经大学学报（社会科学版）．2010 (04).

[1860] 向琳，李季刚．转型发展期我国中部地区金融支农效率评析——利用 DEA 模型的方法．北华大学学报（社会科学版）．2010 (04).

[1861] 向敏，冯明君．基于全面风险管理的网络银行经济资本配置方法及调整．改革与战略．2010 (02).

[1862] 向青春，张彦志．政府采购中的若干问题思考．实验技术与管理．2010 (08).

[1863] 向群，岳长鸿．简评中国农村金融研究中的误区——对农村金融改革的反思．商业时代．2010 (28).

[1864] 向锐．金字塔终极控制权、制度环境与公司现金持有水平——来自中国家族上市公司的经验证据．石家庄经济学院学报．2010 (05).

[1865] 向贤敏．环境税的价值探析．黄河科技大学学报．2010 (04).

[1866] 向玉兰，周津．论附条件折扣的反垄断规制．法学杂志．2010 (07).

[1867] 向志容，颜蕾．城镇居民收入差距扩大：根源与对策．西部金融．2010 (04).

[1868] 项继友．自主品牌轿车产品及发动机配置规划策略研究．北京汽车．2010 (06).

[1869] 项义军，刘欢．中韩产业内贸易的实证分析．黑龙江对外经贸．2010 (12).

[1870] 萧国亮．萧国亮：要约束政府行政开支．新财经．2010 (09).

[1871] 肖蓓蕾．试论中国食品安全监管体系问题．知识经济．2010 (05).

[1872] 肖灿夫．市场分割对我国区域间技术扩散的影响．广东海洋大学学报．2010 (02).

[1873] 肖长峰，SpringPeter，PickardJulesTaylor. 能源利用效率、环境和食品安全．国外畜牧学（猪与禽）．2010 (04).

[1874] 肖传亮．谁动了我的信用——警惕信贷行为异化加剧中小企业贷款难．国际融资．2010 (08).

[1875] 肖凡．浅谈贷款集中度问题．金融与经济．2010 (06).

[1876] 肖浩，夏新平．政府干预、政治关联与权益资本成本．管理学报．2010 (06).

[1877] 肖静．论我国滥用相对优势地位行为的反垄断规制及其限度．经济论坛．2010 (02).

[1878] 肖俊伟．政府干预住房市场的必要性分析．中国商界（下半月）．2010 (01).

[1879] 肖卫．工业化和城市化过程中的城乡收入差距研究——基于中国改革 30 年的实证分析．产经评论．2010 (03).

[1880] 肖卫东，杜志雄．中小企业集群发展创新平台构建：鲁省案例．改革．2010 (02).

[1881] 肖文，殷宝庆．中国民营企业投资欧盟的模式选择．中共浙江省委党校学报．2010 (03).

[1882] 肖文，周明海．贸易模式转变与劳动收入份额下降——基于中国工业分行业的实证研

究．浙江大学学报（人文社会科学版）.2010（05）.

［1883］肖旭，傅盈，张利艳．中国铁路提速前后规模经济浅析．大连交通大学学报.2010（02）.

［1884］肖雪慧．已然过大的贫富差距怎能否认．小康.2010（08）.

［1885］肖莹涓．中国经济制度安排与经济增长的经验研究．商场现代化.2010（28）.

［1886］肖雨．基于期权理论的公司兼并效应分析．中国经贸导刊.2010（11）.

［1887］肖增敏，罗凤琦．家庭过期药品回收中的市场失灵原因分析与对策研究．黑龙江医药.2010（02）.

［1888］肖治国．促进我国网络经济快速健康发展探讨．现代商贸工业.2010（06）.

［1889］肖作平．所有权和控制权的分离度、政府干预与资本结构选择——来自中国上市公司的实证证据．南开管理评论.2010（05）.

［1890］谢朝斌．打破行政垄断，加快推进公共服务市场化和社会化——试论“十二五”时期政府公共服务职能转变与改革．北京市经济管理干部学院学报.2010（04）.

［1891］谢枫．庇古和科斯对环境外部性治理研究的比较分析——以环境污染为例．经济论坛.2010（04）.

［1892］谢富胜，秦韬．效率分析与经济增长方式转变．经济理论与经济管理.2010（02）.

［1893］谢光华．国企经理人努力行为激励与污染治理——基于多任务委托代理理论分析．中国证券期货.2010（05）.

［1894］谢桦．我国药品广告监管的法律现状及思考．中国药师.2010（07）.

［1895］谢慧．处理好效率与公平的关系是收入分配改革中的关键问题．决策探索（下半月）.2010（08）.

［1896］谢敬，刘侃．农村居民收入差距影响因素的实证研究．农业经济.2010（07）.

［1897］谢娟娟．由医改的“市场化”之争看公共政策的视界．经营管理者.2010（02）.

［1898］谢涓，许漪．对外贸易影响下的环境效应分析．经济问题.2010（09）.

［1899］谢军，赵秀丽．基于跨国公司网络的企业间网络合作研究．生产力研究.2010（08）.

［1900］谢陆山．电信社会渠道建设——全业务背景下的关键环节．通信世界.2010（13）.

［1901］谢琦．食品安全对中国食品出口企业的影响分析．商场现代化.2010（30）.

［1902］谢骞．反垄断民事诉讼原告资格制度研究．长春理工大学学报（社会科学版）.2010（04）.

［1903］谢茹．关于住房公积金监管的几点思考．商丘职业技术学院学报.2010（06）.

［1904］谢盛纹，孙俊奇．制度环境、审计行业专业性与审计质量——一项实证研究．当代财经.2010（07）.

［1905］谢晓彬．外资并购国内上市公司反垄断法律规制的困境解析．河北法学.2010（02）.

［1906］谢欣沂，房洁．苏北农民饮食状况和食品安全意识解析——以经济学的视角．安徽农业科学.2010（33）.

［1907］谢言，高山行，江旭．外部社会联系能否提升企业自主创新？——一项基于知识创造中介效应的实证研究．科学学研究.2010（05）.

［1908］谢奕，施正文．论反垄断法中的地域市场界定．广东商学院学报.2010（04）.

［1909］谢作诗．价格扭曲与配置效率：哈伯格三角形的性质与原因．学术月刊.2010（09）.

［1910］辛波，于淑俐．对土地财政与地方经济增长相关性的探讨．当代财经.2010（01）.

［1911］辛春梅，谢峰．我国保险市场竞争格局分析．企业导报.2010（05）.

［1912］辛红．食品安全风险监测网络将延伸至农村．北京农业.2010（25）.

［1913］辛琳．收入分配改革：路在何方？．产权导刊.2010（06）.

[1914] 辛正果．关于国际贸易与环境保护的问题探讨．金卡工程（经济与法）.2010（04）.

[1915] 新华社课题调研组．坚守我国贫富差距的“红线”．农村·农业·农民（A版）.2010（06）.

[1916] 邢勃．加快完善现代金融服务业监管的思考．经济研究导刊.2010（16）.

[1917] 邢鸿飞，徐金海．中国公用事业立法论纲．江苏社会科学.2010（02）.

[1918] 邢乐勤，顾艳芳．中国利益集团政治参与的特点分析．浙江学刊.2010（02）.

[1919] 邢守志，赵明刚．剖析网络时代的社会发展与网络化经济．中国集体经济.2010（30）.

[1920] 邢祖礼，刘传初．寻租与中国转型经济的宏观特征．宏观经济研究.2010（03）.

[1921] 幸莉仙，马玲．国际主要价格规制制度比较及对我国的启示．商业时代.2010（05）.

[1922] 熊彬，邓新军．公用企业价格垄断行为及反垄断规制．价格月刊.2010（10）.

[1923] 熊柴，黄薇．行政分权、财政分权与劳资收入不平等．制度经济学研究.2010（02）.

[1924] 熊经肇，李宗显．资源垄断价格有效监管的对策思考．价格与市场.2010（06）.

[1925] 熊莉．中国自然垄断产业结构的文献综述．经营管理者.2010（19）.

[1926] 熊素宜．从寻租理论浅议会计信息失真．金融与经济.2010（05）.

[1927] 熊涛，车斌．安全事故频发背景下我国中小型食品企业质量管理研究．黑龙江农业科学.2010（07）.

[1928] 熊伟，骆巍．国有企事业单位工资分配制度改革探讨．中国经贸导刊.2010（19）.

[1929] 熊学华．我国城乡居民收入差距过大的根本原因探析．黑龙江对外经贸.2010（07）.

[1930] 胥小芳．简论我国银行业监管存在的问题及对策．科技信息.2010（03）.

[1931] 徐安．医改新政蕴含无限安防商机．中国安防.2010（05）.

[1932] 徐岸峰．集群式寡头垄断模式研究．统计与决策.2010（08）.

[1933] 徐彬．转型收益分享的身份决定机制：偏差及其矫正．社会科学.2010（05）.

[1934] 徐斌．规模经济、范围经济与企业一体化选择——基于新古典经济学的解释．云南财经大学学报.2010（02）.

[1935] 徐斌．纵向一体化选择的动因：理论与模型．经济问题探索.2010（01）.

[1936] 徐博嘉．竞争法与消费者权益保护刍议．天津市工会管理干部学院学报.2010（03）.

[1937] 徐彩．关于推进我国利率市场化的探讨．镇江高专学报.2010（03）.

[1938] 徐超．比较视角下的反垄断法之宽恕制度．重庆科技学院学报（社会科学版）.2010（09）.

[1939] 徐超，李胜利．法经济学视野下的反垄断法之宽恕制度．广东商学院学报.2010（02）.

[1940] 徐承红．聚集经济理论研究新进展．经济学动态.2010（06）.

[1941] 徐承红，李文洁．地方保护主义与区域中小企业的发展．宏观经济研究.2010（12）.

[1942] 徐传谌，艾德洲．中国国有企业社会责任研究．吉林大学社会科学学报.2010（06）.

[1943] 徐传谌，王健男，刘凌波．中国烟草行业转变经济发展方式探讨．知识经济.2010（15）.

[1944] 徐从才，丁宁．分工深化、贸易理论发展与贸易战略选择．财贸经济.2010（06）.

[1945] 徐东平．我国股指期货推出对证券市场的影响及政策建议．商场现代化.2010（08）.

[1946] 徐刚．国有垄断企业人力资源报偿的价值偏差及因应策略．经济与管理研究.2010（07）.

[1947] 徐刚．基于价值嵌入的垄断组织人力资本估价．财经科学.2010（06）.

[1948] 徐海霞．我国新医改的战略选择与全民医保相关措施探讨．管理现代化.2010（03）.

[1949] 徐寒．网易在网游市场的竞争力分析．新闻爱好者.2010（04）.

[1950] 徐洪军．基于物联网的动产质押监管研究．现代商贸工业.2010（24）.

［1951］徐华，谢宁，刘平．我国产险公司特许权价值自律效应的实证分析．保险研究．2010（06）.

［1952］徐慧．中国与前苏联、东欧转型国家居民收入差距变化的比较．经济纵横．2010（10）.

［1953］徐慧．转型期中国三大居民收入差距的变化及趋势．统计与决策．2010（02）.

［1954］徐嘉祥．从证券市场乱相对市场监管思维模式的思考．金卡工程（经济与法）．2010（08）.

［1955］徐建利．选择排污权交易制度的优势分析．经营管理者．2010（04）.

［1956］徐姜．垄断市场诚信体制利益——“气荒”启示录．中华建设．2010（12）.

［1957］徐进，黎明，王鑫．对政府采购中寻租行为建立监督惩罚机制的几点思考．法制与社会．2010（22）.

［1958］徐静怡．由信用评级机构监管引发的思考．时代金融．2010（06）.

［1959］徐娟，何奇伟，闫燕．卡力思：保障食品安全，企业心态是关键．食品安全导刊．2010（08）.

［1960］徐俊杰．大型民营快递并购重组研究．物流科技．2010（10）.

［1961］徐丽枝．论协调反垄断法公共实施与私人实施关系的必要性．吉林师范大学学报（人文社会科学版）．2010（03）.

［1962］徐琳．开放、扩展与市场分割：近代国内市场的形成与特征．上海经济研究．2010（05）.

［1963］徐玲．论规制专利权滥用的法律选择．四川经济管理学院学报．2010（04）.

［1964］徐凌云，裘露露，焦小伟．我国资源型企业跨国并购目标定位实证分析．中国矿业．2010（07）.

［1965］徐炉清．从信贷、监管入手，让高企房价止步——解读房地产新政及对策．中国房地产信息．2010（07）.

［1966］徐佩，乐真如．安徽省汽车产业的优劣势及发展对策分析．现代商贸工业．2010（15）.

［1967］徐钦层．我国金融控股公司监管存在的问题评析．金卡工程（经济与法）．2010（02）.

［1968］徐琴．社区“共治”中的冲突与协调．江海学刊．2010（06）.

［1969］徐沁．国美争端：民企控制权争夺的现实样本．人力资源．2010（11）.

［1970］徐清．从不对称信息角度看美国次贷危机．世界经济与政治论坛．2010（03）.

［1971］徐秋慧．试论城市住房市场失灵与政府规制．经济体制改革．2010（02）.

［1972］徐任．产业效应对中国上市公司并购行为和绩效影响的实证研究．中国市场．2010（48）.

［1973］徐上峰．“国进民退”折射扭曲的商业生态．IT 时代周刊．2010（18）.

［1974］徐上峰．企业社会责任谨防披着羊皮的狼．IT 时代周刊．2010（22）.

［1975］徐尚昆．中国企业社会责任的概念维度、认知与实践．经济体制改革．2010（06）.

［1976］徐士英．“亚洲竞争法论坛（2009）”学术研讨会综述．华东政法大学学报．2010（01）.

［1977］徐淑红，王永华．我国 29 个省市农村基础设施投资效率测度．建筑经济．2010（02）.

［1978］徐舒．劳动力市场歧视与高校扩招的影响——基于信号博弈模型的结构估计．经济学（季刊）．2010（04）.

［1979］徐维，贾金荣．企业食品安全监管存在的问题及改进研究．农产品质量与安全．2010（04）.

［1980］徐伟康．寡头垄断、非线性定价与市场分割．云南财经大学学报．2010（03）.

［1981］徐晓春．江苏制造业“新型化”分析——基于环境保护的视角．产业与科技论坛．2010

(07).

[1982] 徐晓军，张华．下岗职工再就业中的弱关系运用：强关系失效下的替代选择．社会保障研究.2010 (02).

[1983] 徐艳晴．公共服务供给主体多元化的理论来源．兰州学刊.2010 (05).

[1984] 徐扬．食品安全系统性风险和区域性风险的特点及防范措施．中国工商管理研究.2010 (11).

[1985] 徐杨．股权分置改革对AH股市场信息传导与联动性影响．沈阳师范大学学报（社会科学版).2010 (03).

[1986] 徐洋，潘星．国外调整收入分配的主要政策及其借鉴意义．学习月刊.2010 (13).

[1987] 徐垚，张国宁．从政府与市场关系的视角分析南京过江隧道收费问题．中国经贸导刊.2010 (16).

[1988] 徐叶香．基于市场、政府失灵理论的住宅市场问题原因分析．商业时代.2010 (33).

[1989] 徐艺桐．我国汽配行业产业集群探索与出口策略．企业家天地.2010 (06).

[1990] 徐镱菲，李春明．缩小我国收入分配差距的财税对策思考．中国经贸导刊. 2010 (23).

[1991] 徐寅骞．不同行业机构投资者持股对独立董事薪酬及公司绩效的影响研究．现代经济信息.2010 (22).

[1992] 徐银燕．高校治理结构研究综述．保定学院学报.2010 (04).

[1993] 徐英华，李志刚．新市场环境下我国民营石油企业发展的目标及途径．企业活力.2010 (06).

[1994] 徐颖科．防范我国能源供给体系失灵的公共政策．地方财政研究.2010 (01).

[1995] 徐宇，李思怡．工程监理寻租行为的经济学分析．企业技术开发.2010 (15).

[1996] 徐元．知识产权型技术贸易壁垒的影响及其规制．经济视角（下).2010 (11).

[1997] 徐源，王丽英，罗旭．我国房地产市场政府干预的模式及其有效性分析．现代财经(天津财经大学学报).2010 (07).

[1998] 徐远火，姜娜．论高校内部管理体制的权力整合与制度创新．经济体制改革.2010 (03).

[1999] 徐云鹏．标尺竞争理论述评．河南财政税务高等专科学校学报.2010 (04).

[2000] 徐志远，毕丽芳．关于推进动产融资担保的思考．中国科技信息.2010 (13).

[2001] 徐自臣，卜丹．强化食品安全监管保障公众饮食安全——漯河市食品安全监管工作纪实．中国食品药品监管.2010 (06).

[2002] 许斌．社会工作行政视角下的民间组织与政府关系构建．社会工作（下半月).2010 (05).

[2003] 许波．论滥用市场支配地位反垄断司法审判中的法律适用——以“百度案”和“网通案”为视角．电子知识产权.2010 (05).

[2004] 许传军．教育寻租视角下的“校长实名推荐制”．教学与管理.2010 (31).

[2005] 许菲菲．试论城市经济与环境的协调发展．经营管理者.2010 (07).

[2006] 许光耀，肖静．《谢尔曼法》第2条意义上的“垄断”．时代法学.2010 (05).

[2007] 许广永．提高海外并购成效中国企业需要“瞻前顾后”——基于人力资源整合视角．淮阴工学院学报.2010 (04).

[2008] 许桂华．我国国有商业银行规模经济的因素分析．金卡工程（经济与法).2010 (01).

[2009] 许恒周．市场失灵与耕地非农化过程中耕地生态价值损失研究——以江苏省为例．中国生态农业学报.2010 (06).

[2010] 许宏棉，华稳建．浅谈平阳县农村水电的现状和发展思路．中国水能及电气化.2010

(03).

[2011] 许锦英．粮食产区规模经营路径创新研究．山东社会科学．2010 (01).

[2012] 许娟．加强工程保证担保市场监管工作的思路和对策．保山学院学报．2010 (05).

[2013] 许昆林．在全国节能减排电力价格大检查部署动员大会上的讲话．中国价格监督检查．2010 (06).

[2014] 许青萍．规避恶性竞争：中小企业“延年益寿”之道．前沿．2010 (08).

[2015] 许庆，尹荣梁．中国农地适度规模经营问题研究综述．中国土地科学．2010 (04).

[2016] 许圣荣，林海春．创新网络经济监管模式研究．信息化建设．2010 (11).

[2017] 许世建，于劲．税务征管中寻租的需求和供给分析．江西金融职工大学学报．2010 (06).

[2018] 许树辉．循环经济模式的企业利益博弈与行为激励．工业安全与环保．2010 (10).

[2019] 许嵩．嬗变中的全球配套产业格局．中国船检．2010 (05).

[2020] 许铁夯，孙利广．走在国家与市场之间——当代西方政治思潮视角下的非政府组织．改革与开放．2010 (02).

[2021] 许先华，余磊，范彬彬，等．外向型农业发展中的政府行为探析——以随州市发展出口食用菌产业研究为例．湖北农业科学．2010 (10).

[2022] 许郁煌．风力发电产业的技术创新模式探讨．机械研究与应用．2010 (06).

[2023] 许再成，李伟伟．掠夺性制度、自由与经济发展．经济研究导刊．2010 (02).

[2024] 许志明．新能源的发展对石油行业的影响．中小企业管理与科技（下旬刊）．2010 (10).

[2025] 许中秋．黑龙江省经济适用房采用回报率价格规制的实证分析．商业经济．2010 (01).

[2026] 宣璇．信用评级机构的缺陷及完善．商品与质量．2010 (S8).

[2027] 宣溢．农村金融机构“效率困惑”的解析．知识经济．2010 (18).

[2028] 薛白，赤旭．土地财政、寻租与经济增长．财政研究．2010 (02).

[2029] 薛诚，杨向荣．从美国救市措施看美国经济政策的转变．青岛农业大学学报（社会科学版）．2010 (02).

[2030] 薛姣，田杰姮．股权分置改革前后我国上市公司治理比较．东方企业文化．2010 (01).

[2031] 薛茂云．新形势下我国食品安全风险防范机制探析．华东经济管理．2010 (12).

[2032] 薛培莉．金融发展对国际贸易的影响——一个文献综述．金卡工程（经济与法）．2010 (10).

[2033] 薛晓红，施娜．宁夏出版业的市场结构与优化．宁夏大学学报（人文社会科学版）．2010 (01).

[2034] 薛艳冰，任民．铁路可持续发展评价体系研究．铁道经济研究．2010 (05).

[2035] 薛艳丽．银行并购微观效应的实证分析．南方金融．2010 (03).

[2036] 薛有志，张鲁彬，李国栋．民营企业多元化战略、政治资源与公司绩效．商业经济与管理．2010 (06).

[2037] 薛禹胜，李天然，尹霞，等．广义阻塞及市场力的研究框架．电力系统自动化．2010 (21).

[2038] 亚生·吾拉木．试论我国上市公司信息披露的监管问题．中国管理信息化．2010 (11).

[2039] 鄢斌．排污权资产证券化及其制度构建探析．环境经济．2010 (11).

[2040] 鄢露林．网络经济条件下建立企业技术联盟的效应分析．企业导报．2010 (11).

[2041] 闫安明．履行餐饮服务安全监管新职能的几点体会．中国食品药品监管．2010 (12).

[2042] 闫晨，朱小明．论滥用市场支配地位行为及其规制．太原城市职业技术学院学报．2010

(07).

[2043] 闫庆中，贾欣宇．区域产业生态系统管理综合评价及对策建议．北方经贸．2010 (12).

[2044] 闫莹，陈建富．网络关系强度与产业集群竞争优势关系的实证研究．软科学．2010 (12).

[2045] 闫紫燕．零售业价格歧视及福利分析——基于零售商的歧视战略选择分析．现代商贸工业．2010 (24).

[2046] 闫邹先．上海市装备制造业产业安全的实证研究．石家庄经济学院学报．2010 (01).

[2047] 闫邹先．我国金融业产业安全实证研究——以上海市为例．新疆财经大学学报．2010 (03).

[2048] 严骏．戴姆勒-克莱斯勒公司的并购启示．审计月刊．2010 (02).

[2049] 严也舟，黄庆阳．大股东—管理者合谋影响因素的理论分析．经济与管理．2010 (12).

[2050] 严也舟，王祖山．中国上市公司过度投资的实证研究．河北经贸大学学报．2010 (03).

[2051] 严振书．转型期中国社会组织基本问题研究．重庆社会主义学院学报．2010 (02).

[2052] 阎桂芳．横向垄断协议的反垄断规制政策．学理论．2010 (27).

[2053] 阎桂芳，刘红．滥用市场支配地位的反垄断规制研究．生产力研究．2010 (10).

[2054] 阎海霞．结合信息的不对称透视我国经济生活中的寻租问题及其治理．内蒙古科技与经济．2010 (19).

[2055] 颜梅林．从法律适用层面解析滥用市场支配地位——采用经济指标与案例分析法．青岛农业大学学报（社会科学版）．2010 (03).

[2056] 颜士梅．并购中员工离职原因的理论解读：一个文献综述．浙江大学学报（人文社会科学版）预印本．2010 (12).

[2057] 颜烨．当前收入差距持续扩大的动因和机制．长白学刊．2010 (02).

[2058] 晏炳利，钱言平．我国高校传统行政型教学管理的弊端浅析．中小企业管理与科技（下旬刊）．2010 (04).

[2059] 晏飞．农业保险市场失灵的系统性风险因素分析．企业家天地．2010 (09).

[2060] 羊淑青．产业政策与竞争政策的冲突与协调．求索．2010 (02).

[2061] 阳白云．我国企业实施绿色营销的困境和出路．中南林业科技大学学报（社会科学版）．2010 (05).

[2062] 阳建勋．政府干预与市场调节之间的重新平衡——金融危机责任费的经济法反思与启示．现代法学．2010 (06).

[2063] 阳立高，廖进中，杨沿平．汽车产业 R&D 投入与自主创新能力实证研究．汽车工业研究．2010 (10).

[2064] 阳盼盼．论《民工老何》中的三个寻租现象．经营管理者．2010 (24).

[2065] 阳玉琼．环境关税的贸易效应分析．经济研究导刊．2010 (15).

[2066] 杨波．电信业的规制及竞争力问题研究．现代经济信息．2010 (03).

[2067] 杨波，马骊．垄断竞争格局下中小型财险公司的竞争策略研究．中国市场．2010 (31).

[2068] 杨菠．国内移动终端市场管制政策变迁的原因分析．现代电信科技．2010 (05).

[2069] 杨博琼，陈建国．跨国公司投资对东道国环境影响的研究．国际经济合作．2010 (03).

[2070] 杨昌红，刘丽君，石秀萍．环境成本资本化问题探讨．财会月刊．2010 (15).

[2071] 杨东，姚璐．我国村镇银行规模问题的研究．金融经济．2010 (20).

[2072] 杨东清，曾祥欣．试析创业板退市的法律监管．金卡工程（经济与法）．2010 (06).

[2073] 杨恩宝．石化企业价格决策分析．南方论刊．2010 (12).

[2074] 杨帆．美国是如何把日本导入泡沫经济的——读黄树东先生《选择与崛起》一书有感．

中国税务 . 2010 (09).

[2075] 杨芳 . 我国拖拉机市场发展态势分析 . 农机科技推广 . 2010 (10).

[2076] 杨菲菲，任玉珑 . 防范输配电市场中规制合谋的“I + P”机制 . 系统工程 . 2010 (09).

[2077] 杨凤义，葛书环，刘楠 . 民办高等学校的行政主体地位的理论价值 . 法制与社会 . 2010 (34).

[2078] 杨福军，宋爱东 . 老矿山的升级改造与可持续发展 . 现代矿业 . 2010 (12).

[2079] 杨富民 . 美国中小银行倒闭的原因及启示 . 经济纵横 . 2010 (04).

[2080] 杨耕身 . 三聚氰胺卷土重来是最大监管丑闻 . 现代班组 . 2010 (03).

[2081] 杨国川 . 中加贸易互补性及贸易潜力探析 . 经济经纬 . 2010 (02).

[2082] 杨海军，黄新建 . 产业经济视角下的循环经济：体系、驱动及对策 . 江西社会科学 . 2010 (05).

[2083] 杨海生，聂海峰，徐现祥 . 我国 FDI 区位选择中的“第三方效应”——基于空间面板数据的实证研究 . 数量经济技术经济研究 . 2010 (04).

[2084] 杨海英 . 试论我国民营银行发展问题 . 知识经济 . 2010 (18).

[2085] 杨汉明，付博，李翔 . 政治关联与现金股利政策——基于外部治理环境的视角 . 财政监督 . 2010 (22).

[2086] 杨合岭，王彩霞 . 食品安全事故频发的成因及对策 . 统计与决策 . 2010 (04).

[2087] 杨衡超，伍建平 . 我国财政体制改革研究进展述评 . 财政监督 . 2010 (01).

[2088] 杨红雨 . 浅议解决和处理消极腐败与经济发展环境的关系 . 价值工程 . 2010 (04).

[2089] 杨宏力 . 寻租理论的发展流变及其方向瞻望——兼论隐匿权威寻租的源起与治理 . 经济学家 . 2010 (08).

[2090] 杨宏力 . 隐匿权威关系：产生、范围与理论应用 . 华东经济管理 . 2010 (03).

[2091] 杨环，杨苏 . 浅谈我国房地产中介的现状和发展 . 内蒙古科技与经济 . 2010 (05).

[2092] 杨慧 . 收入差距、寻租与公共教育资源分配不平等的相关性分析 . 学习与实践 . 2010 (08).

[2093] 杨慧芳 . 服务业集聚的形成机制及发展对策研究 . 中国商界 . 2010 (02).

[2094] 杨慧勤 . 试论煤炭企业环境成本审计 . 财经界（学术版）. 2010 (09).

[2095] 杨蕙馨，吴炜峰 . 经济全球化条件下的产业结构转型及对策 . 经济学动态 . 2010 (06).

[2096] 杨火青 . 生态效率下企业环境成本核算问题探讨 . 财会通讯 . 2010 (26).

[2097] 杨继 . 自然资源国有控制力的调查与思考 . 毛泽东邓小平理论研究 . 2010 (04).

[2098] 杨继慧 . 完善我国商品房预售制度的立法建议 . 辽宁公安司法管理干部学院学报 . 2010 (01).

[2099] 杨建淮 . 行政垄断的危害、成因及其规制 . 中共山西省直机关党校学报 . 2010 (03).

[2100] 杨建淮 . 论行政垄断 . 厦门特区党校学报 . 2010 (02).

[2101] 杨建平 . 美国次贷危机探源 . 生产力研究 . 2010 (02).

[2102] 杨键 . 论制度建设是收入分配体制改革的关键 . 现代商贸工业 . 2010 (18).

[2103] 杨江 . 更高层将挂帅破除“地方保护” . 中国经济和信息化 . 2010 (06).

[2104] 杨洁 . 对我国反垄断法有关垄断协议规制的理解与认识（三）. 工商行政管理 . 2010 (01).

[2105] 杨洁 . 鱼与熊掌能否兼得——公平与效率 . 学理论 . 2010 (01).

[2106] 杨洁 . 规避国有商业银行信贷风险 . 经济研究参考 . 2010 (70).

[2107] 杨洁 . 政治控制、财政分权与国有银行信贷风险 . 地方财政研究 . 2010 (11).

[2108] 杨金华 . 区域视角下的国内外饭店业研究进展 . 人文地理 . 2010 (01).

［2109］杨晶，刘静暖，李茁．发展中国家的国有经济改革．税务与经济．2010（02）．

［2110］杨婧，周发明，兰勇．中国制造业产业内贸易与经济增长关系的实证研究．软科学．2010（06）．

［2111］杨静光．腐败："合成谬误"的恶之花．廉政瞭望．2010（05）．

［2112］杨娟，彭韵程．新欧盟电子货币机构审慎监管的经验及对我国的启示．华北金融．2010（10）．

［2113］杨军．被裹挟还是合谋？．南风窗．2010（16）．

［2114］杨军，巫思凡，景茗．从三个案例看大监管体系下风险防控策略的优化．上海海关学院学报．2010（03）．

［2115］杨军敏，徐波．外资并购的国家经济安全规制研究．东华大学学报（社会科学版）．2010（02）．

［2116］杨俊．中国保障性住房制度与房地产业的发展．浙江社会科学．2010（03）．

［2117］杨克领．浅析网络经济对中国经济发展的影响．商场现代化．2010（07）．

［2118］杨昆鹏，李娜，安绪华．发挥基层经管主导作用全面实行农村财务"四监管"．河南农业．2010（13）．

［2119］杨蕾．美金融监管改革问责评级"寡头"．金融博览．2010（07）．

［2120］杨莉，陈玉文，黄哲，等．罕用药独占制度研究．中国药事．2010（01）．

［2121］杨丽，金秀．企业激励制度探析——基于博弈论视角．现代经济信息．2010（14）．

［2122］杨丽艳．我国收入分配失衡的原因及解决对策．吉林工商学院学报．2010（06）．

［2123］杨廉平，姚强，张新平．对违法药品广告监管的思考．医学与社会．2010（07）．

［2124］杨炼．我国现阶段利益集团的特征及其在立法中的利益表达．中共山西省委党校学报．2010（05）．

［2125］杨林．建立食品安全追溯体系是确保食品安全的最佳思路——以HACCP认证为基础，导入GS1系统．标准科学．2010（08）．

［2126］杨琳．我国寿险业发展格局、变化趋势及政策建议．中国保险．2010（03）．

［2127］杨柳．燃油税征收对交通运输业影响的经济分析．科学之友．2010（06）．

［2128］杨龙．国际金融危机背景下政府与市场关系的反思．行政论坛．2010（02）．

［2129］杨萌，郑志柱．论出租车经营中的垄断问题．政法学刊．2010（02）．

［2130］杨明洪．西藏村庄整体搬迁绩效评估：基于德吉新村连续四年的观察——兼论大型社会工程命运的斯科特逻辑．中国藏学．2010（03）．

［2131］杨培源．现代农业功能拓展中的政府、市场与社会．国土与自然资源研究．2010（05）．

［2132］杨佩含．浅析可持续发展理念与环境保护的关系．黑龙江科技信息．2010（35）．

［2133］杨其静，李小斌，方明月．市场、政府与企业规模分布——一个经验研究．世界经济文汇．2010（01）．

［2134］杨骞．地区行政垄断与区域能源效率——基于2000～2006年省际数据的研究．经济评论．2010（06）．

［2135］杨骞．我国烟草产业行政垄断的社会成本估算．当代财经．2010（04）．

［2136］杨青．运用劳动价值论指导分配公正．学理论．2010（25）．

［2137］杨青贵．农民专业合作社限制市场竞争行为探究——限制外来经营者收购农产品行为的反竞争性．农业经济问题．2010（08）．

［2138］杨然．全球三网融合发展现状．信息网络．2010（Z1）．

［2139］杨荣，王哲博．滥用市场支配地位的解读．金卡工程（经济与法）．2010（01）．

［2140］杨锐，李伟娜．网络结构、关系互动对创新活动的影响——苏州IT产业集群实证分析．

科学学研究. 2010 (07).

[2141] 杨瑞龙，王宇锋，刘和旺. 父亲政治身份、政治关系和子女收入. 经济学（季刊）. 2010 (03).

[2142] 杨邵娟. 浅谈会计寻租利弊与对策分析. China'sForeignTrade. 2010 (12).

[2143] 杨树琪，刘向杰，廖楚晖. 政府行为影响财政性融资项目绩效的实证研究. 财政研究. 2010 (11).

[2144] 杨树琪，杨箫菡. 政府非税收入征管秩序治理与模式选择研究. 经济问题探索. 2010 (12).

[2145] 杨涛. 独立审计市场政府管制失灵：理论分析与现实选择. 财会通讯. 2010 (30).

[2146] 杨涛. 政策性金融改革需要厘清思路. 中国金融. 2010 (16).

[2147] 杨万春. 区域竞争的负效应与政府理性行为分析——源于不同区域打造投资环境竞争实践的思考. 企业经济. 2010 (10).

[2148] 杨万春. 区域竞争中的政府行为透视. 学理论. 2010 (08).

[2149] 杨威佳. 试论社会主义市场经济条件下的政府干预. 黑龙江史志. 2010 (03).

[2150] 杨维磊，马明琮，李雪白. 如何正确看待当前收入差距拉大问题. 湖南农机. 2010 (07).

[2151] 杨伟民，胡定寰. 食品安全背景下的乳业产业链与组织模式创新研究. 内蒙古大学学报（哲学社会科学版）. 2010 (06).

[2152] 杨伟文，李飞星. 食盐体制改革背景下的食盐企业战略定位分析. 中国井矿盐. 2010 (03).

[2153] 杨卫东. 建设市场主体监管服务平台提高综合监管服务效能. 工商行政管理. 2010 (02).

[2154] 杨文. 企业并购对其全球营销战略的影响研究——以联想并购IBMPC业务为例. 知识经济. 2010 (06).

[2155] 杨先明，刘岩. 中国国内市场分割动因研究. 思想战线. 2010 (02).

[2156] 杨湘云. 江苏社会和谐度分析——基于苏州、南通、徐州的比较. 北方经贸. 2010 (02).

[2157] 杨小川. 关于"国进民退"的争论. 市场经济与价格. 2010 (04).

[2158] 杨小林. 居民收入差距与宏观经济失衡. 经济导刊. 2010 (05).

[2159] 杨晓荣，周爱兰. 收入差距与寿险需求的相关分析——以宁夏地区为例. 中国集体经济. 2010 (31).

[2160] 杨欣. 香港最低工资立法述评. 经济研究导刊. 2010 (34).

[2161] 杨秀萍，郭丽婷. 县域中小企业融资市场失灵与政府干预. 中国市场. 2010 (40).

[2162] 杨秀云，郭永，周鑫. 资产专用性强度、买方抗衡势力与战略联盟——对航空公司拖欠机场费用案例的考察. 产业经济研究. 2010 (05).

[2163] 杨秀云，卓少杰，王新安. 中国机场业管制改革的演进与有效性. 西安交通大学学报（社会科学版）. 2010 (05).

[2164] 杨学伟，徐爱军，陆荣强，等. 医药行业中的寻租行为及其治理措施. 中国药业. 2010 (22).

[2165] 杨艳玲. 企业合并对企业股价变动的影响分析. 企业导报. 2010 (05).

[2166] 杨洋. 公交优先背景下城市公交补贴的效率分析. 综合运输. 2010 (10).

[2167] 杨洋. 电子商务信息不对称问题研究. 生产力研究. 2010 (07).

[2168] 杨洋. 中国商业银行资本充足率管理的回顾与展望. 人口与经济. 2010 (S1).

［2169］杨洋，栾福茂．我国金融机构退出中的利益集团结盟与冲突探析．理论界．2010（07）．

［2170］杨洋，欧国立．自然垄断是否导致市场进入壁垒的理论探析．物流技术．2010（15）．

［2171］杨叶飞．关于自然垄断的几点认识．经济师．2010（03）．

［2172］杨叶飞．信息不对称视角下的流通领域商品质量监管思路的探讨．生产力研究．2010（07）．

［2173］杨宜勇，池振合．我国收入分配面临的主要问题及其对策．税务研究．2010（09）．

［2174］杨怡．保障环保政策执行有效性的生态税设计．中国农业银行武汉培训学院学报．2010（04）．

［2175］杨义红．关于企业合并的相关论述．现代经济信息．2010（14）．

［2176］杨永．在医疗改革背景下对我国中小型医药流通企业的思考．时代金融．2010（02）．

［2177］杨永．浅析我国面对的绿色壁垒及应对措施．中国乡镇企业会计．2010（01）．

［2178］杨友孝，陈云．珠三角行政垄断的宏观成本效率损失研究．国际经贸探索．2010（11）．

［2179］杨有成．寡头垄断保险市场模式下中小保险公司的经营策略．开放导报．2010（02）．

［2180］杨有成．中国财产保险市场结构实证分析．开放导报．2010（04）．

［2181］杨余．论社会责任对提升我国企业国际竞争力的影响．现代商业．2010（27）．

［2182］杨玉龙．国际铁矿石价格不断上涨对钢铁业的影响及应对之策——基于垄断理论角度．中国科技信息．2010（11）．

［2183］杨玉新．价格战策略在企业竞争中的应用．辽宁经济．2010（10）．

［2184］杨湛，卢远萍．浅谈会计市场的分类监管．商场现代化．2010（05）．

［2185］杨振，刘薇，陈东升．浅析政府在土地储备制度中的作用．科技信息．2010（24）．

［2186］杨振宇．公用事业市场化的跨区域运作及其市场边界．改革．2010（11）．

［2187］杨征．民企竞争力不可小视．中国有色金属．2010（11）．

［2188］杨之强．产业集群基础理论研究．消费导刊．2010（07）．

［2189］杨志学．地方保护、产业集聚与地区收入差距．财经问题研究．2010（10）．

［2190］杨自强，李燕，郭燕杰．威胁农村水电安全运行的因素浅析．中国水能及电气化．2010（11）．

［2191］杨祚培．对非医疗机构使用医疗器械的监管亟待加强．中国药事．2010（06）．

［2192］姚丹凤．论内河航运发展的环境影响及征收环境税的可行性．中国水运（下半月刊）．2010（12）．

［2193］姚海放．论市场规制权的行使与问责制的落实．中国工商管理研究．2010（03）．

［2194］姚华．电力建设项目环境经济效益研究．中国市场．2010（45）．

［2195］姚军．浅谈如何实现环境保护和经济发展互利共赢．泰州职业技术学院学报．2010（02）．

［2196］姚乐．转变经济发展方式的三大阻力及解决路径．当代经济．2010（13）．

［2197］姚力．新中国城镇职工医疗保障制度的历史考察．党的文献．2010（03）．

［2198］姚娜，崔日明．我国应对国际铁矿石定价机制变动的博弈分析．价格理论与实践．2010（08）．

［2199］姚鹏．锦州市农产品质量安全监管的实践与思考．农业科技与装备．2010（03）．

［2200］姚琴，潘巧兰，袁霖波．企业可持续发展案例分析与讨论．北方经济．2010（11）．

［2201］姚秋月，何有世，周绿林．中小城市医疗服务市场结构分析与改革策略．商业时代．2010（19）．

［2202］姚壬元．菲律宾政策性农作物保险的做法及其启示．保险职业学院学报．2010（02）．

［2203］姚世斌．基于技术创新的中小企业成长性实证研究．科技管理研究．2010（05）．

[2204] 姚伟达．从长三角私企倒闭现象看有效政府的构建．中国市场．2010（22）.

[2205] 姚文英，刘丹．广义“资源诅咒”在我国省域尺度的案例检验——以新疆为例．新疆财经．2010（02）.

[2206] 姚阳，齐绍洲．中欧制成品产业内贸易影响因素的稳定性检验与回归分析．法国研究．2010（01）.

[2207] 姚洋．小农体系和中国长期经济发展．读书．2010（02）.

[2208] 姚耀军．政府干预、银行中介发展与经济增长．财经问题研究．2010（08）.

[2209] 姚玉龙．浅析企业社会责任与可持续发展．商场现代化．2010（07）.

[2210] 姚原．香港居民和中国大陆居民纳税意识差距及深层原因剖析．特区经济．2010（01）.

[2211] 叶安珊．新兴产业发展与环境保护——以光伏产业为例．江南论坛．2010（09）.

[2212] 叶波．WTO 对食品安全问题的规范及对中国的启示．世界贸易组织动态与研究．2010（05）.

[2213] 叶纯颐．基金产业经济学：基于美国基金产业实证研究的文献综述．中国物价．2010（05）.

[2214] 叶翠娟．财政分权对中国教育支出的影响及其原因分析．经济论坛．2010（06）.

[2215] 叶栋梁，刘滔，马莎．中国上市公司的市场位势与银行信贷关系的实证研究．武汉金融．2010（08）.

[2216] 叶飞文．对经济发展方式转变的若干思考．发展研究．2010（06）.

[2217] 叶高芬．欧美忠实折扣比较研究及其对中国的启示．比较法研究．2010（05）.

[2218] 叶华光．通过进口贸易改善我国资源环境的路径与政策取向．对外经贸实务．2010（04）.

[2219] 叶丽娟，邝国良．基于公共物品供给视角下政府与市场的角色认识——以广东产业转移承接地的基础设施建设为背景．科技管理研究．2010（18）.

[2220] 叶青，张丽，拓广忠，等．基于实验机制的电力交易与市场秩序研究．华北电力技术．2010（11）.

[2221] 叶仁荪，郑延智，黄顺春．转型期四大经济带收入差距变迁实证分析．江苏商论．2010（02）.

[2222] 叶蓁．中国出口企业凭什么拥有了较高的生产率？——来自江苏省的证据．财贸经济．2010（05）.

[2223] 衣尚锦．完善市场机制是保障畜牧业安全的根本途径．哈尔滨商业大学学报（社会科学版）．2010（05）.

[2224] 易刚，张双喜．基于 SWOT 模型的县级土地资源及环境保护研究．安徽农学通报（上半月刊）．2010（11）.

[2225] 易华，王蕾．企业兼并动因分析．商业文化．2010（04）.

[2226] 易金，王兴元．中小企业品牌成长机制研究．山东社会科学．2010（05）.

[2227] 易凌，罗俊杰，林建原．信息非对称条件下食品安全的法治对策——基于信息经济学若干模型的分析．浙江万里学院学报．2010（05）.

[2228] 易显奇．源头反腐须着力权力监管薄弱环节．国土资源导刊．2010（10）.

[2229] 易宪容．收入差距为何越来越悬殊？．商周刊．2010（23）.

[2230] 易杏花，卢现祥．企业家：寻利还是寻租？．企业管理．2010（10）.

[2231] 易有禄．《反垄断法》实施中新法与旧法关系的处理．江西科技师范学院学报．2010（03）.

[2232] 易元红．中小企业实现规模经济的途径探讨——以武汉城市圈为例．黄河科技大学学

报.2010 (03).

[2233] 易元红.武汉城市圈中小企业如何实现规模经济.企业活力.2010 (05).

[2234] 易中坤.百度的沉沦.广告大观(综合版).2010 (11).

[2235] 殷博乔，冯爱霞.企业资源配置战略之产品内分工.商场现代化.2010 (11).

[2236] 殷德生.学习效应、规模经济与内生增长.当代财经.2010 (08).

[2237] 殷红.基于“囚徒困境”博弈的防范国企经营者合谋研究.技术经济.2010 (10).

[2238] 殷继国.反垄断执法和解制度的经济机理——基于法经济学的分析范式.广东商学院学报.2010 (05).

[2239] 殷继国.自然垄断行业不对称规制理论与实践.经济经纬.2010 (04).

[2240] 殷继国.自然垄断行业不对称规制研究.广东商学院学报.2010 (03).

[2241] 殷俐娟.政府干预矿产资源开发.中国矿业.2010 (08).

[2242] 殷明.公路事业的发展必须坚持可持续发展的原则.交通世界(建养·机械).2010 (10).

[2243] 尹碧波，刘长庚.国企分配模式表征及其现实检验.改革.2010 (03).

[2244] 尹建设.浅议我国社会基本养老保险监管体制.市场周刊(理论研究).2010 (12).

[2245] 尹明.民营企业并购效果的评价方法分析.大连海事大学学报(社会科学版).2010 (04).

[2246] 尹小平，崔岩.日美半导体产业竞争中的国家干预——以战略性贸易政策为视角的分析.现代日本经济.2010 (01).

[2247] 尹晓海.行政垄断的危害性分析.改革与开放.2010 (02).

[2248] 尹晓敏.高校公权力规制——信息公开的视角.教育发展研究.2010 (07).

[2249] 尹新.基于绿色物流发展铁路运输的探讨.铁道运输与经济.2010 (03).

[2250] 尹业香，石文静.三种类型利益集团的含义、成因与特征辨析.长江大学学报(社会科学版).2010 (02).

[2251] 应品广.《图书公平交易规则》的法学分析——兼论我国图书行业的竞争与垄断.理论导刊.2010 (10).

[2252] 应品广.萧条时期的竞争执法：转变与反思.天府新论.2010 (05).

[2253] 应品广.经营者集中反垄断效率抗辩的适用条件分析.西部法学评论.2010 (06).

[2254] 颖一.李健熙权力的十字路口.英才.2010 (02).

[2255] 尤尔根·鲁特布赫，马丁·汉德苏.“聚沙成塔式”并购.21世纪商业评论.2010 (02).

[2256] 游聪，李天天.国际贸易对长三角产业集聚的影响的实证分析.知识经济.2010 (02).

[2257] 游闽键.如何理解《反垄断法》中的滥用市场支配地位——从中国第一例反垄断判决谈起.今日财富(中国知识产权).2010 (02).

[2258] 游伟.长效监管才能保证公共食品安全.检察风云.2010 (05).

[2259] 游钰.论反垄断执法之规范与比例原则.甘肃政法学院学报.2010 (03).

[2260] 于斌.电信清理违规接入或为更垄断.法人.2010 (11).

[2261] 于长革.财政分权、政府间竞争与经济社会发展失衡.地方财政研究.2010 (08).

[2262] 于晨.美国与欧共体经营者集中反垄断审查的比较.商场现代化.2010 (05).

[2263] 于晨.消费者意愿价格不同时价格管制的额外福利损失——基于资源随机分配条件下的分析与总结.经济研究导刊.2010 (11).

[2264] 于成龙.浙江工商网络经济监管服务工作专题.工商行政管理.2010 (16).

[2265] 于成松.加强债务监管着力防范财政风险.群众.2010 (11).

[2266] 于广军．药价虚高实质是市场与政府双重失灵．中国医疗保险．2010（12）．

[2267] 于海宁．论海洋行政执法中的地方保护主义．经营管理者．2010（05）．

[2268] 于晶．我国现行的上市公司会计监管模式及其存在的问题．黑龙江科技信息．2010（11）．

[2269] 于婧．我国高等院校规模经济的探讨及建议．现代经济信息．2010（10）．

[2270] 于立．中国反垄断经济学的研究进展．广东商学院学报．2010（05）．

[2271] 于丽萍．在药品安全监管领域引入风险管理意识．首都医药．2010（20）．

[2272] 于林，于良春．地区性行政垄断的经济增长效应．当代财经．2010（06）．

[2273] 于涛．市场势力对企业边界确定的影响．现代商业．2010（05）．

[2274] 于涛．关于环境保护与可持续发展的研究．科技资讯．2010（18）．

[2275] 于同奎，李红刚．信贷市场不完美，产业转型升级和经济增长．南方经济．2010（09）．

[2276] 于晓光，宋慧宇．论《食品安全法》对我国食品安全监管体制的影响．行政与法．2010（01）．

[2277] 于秀丽．浅析电子商务对商品价格的影响．商场现代化．2010（14）．

[2278] 于衍叶，张晓伟．广告传播中的信息不对称及规制．新闻世界．2010（05）．

[2279] 于杨．环境保护与经济的可持续发展探讨．中国城市经济．2010（06）．

[2280] 于一多．我国农业保险市场失灵及政策建议．上海保险．2010（12）．

[2281] 于熠．公司承担社会责任的应然性探讨——以环境保护为例．法制与经济（中旬刊）．2010（12）．

[2282] 于印辉．基于区域经济一体化的公共产品横向供给模式探讨．东北财经大学学报．2010（02）．

[2283] 于泳洋．我国证券审计市场的会计师事务所市场势力分析．企业导报．2010（06）．

[2284] 于源．中国财政分权合意度研究：经济发展阶段论．经济研究参考．2010（44）．

[2285] 余东华．价格歧视、经销商串货与反垄断分析——以“诺基亚事件”为例．财贸经济．2010（04）．

[2286] 余东华，乔岳，张伟．横向并购反垄断规制中的安全港规则研究．产业经济研究．2010（03）．

[2287] 余官胜．经济开放和城乡收入差距的非线性关系：基于省际面板数据的实证研究．电子科技大学学报（社会科学版）．2010（01）．

[2288] 余辉，徐毅宏．发展循环经济的制度设计——基于政府与企业间的博弈分析．企业经济．2010（03）．

[2289] 余佳．反垄断法对企业并购的实体规则与完善．黑龙江对外经贸．2010（02）．

[2290] 余剑平．长株潭“两型社会”建设背景下政府管理的困境与出路．文史博览（理论）．2010（08）．

[2291] 余菁．“国进民退”：实质、利弊与演化——兼对2009年几个典型案例的探讨．学习与实践．2010（01）．

[2292] 余静文，赵大利．城市群落的崛起、经济绩效与区域收入差距——基于京津冀、长三角和珠三角城市圈的分析．中南财经政法大学学报．2010（04）．

[2293] 余敏．在华外资并购绩效实证分析——以饮料、洗涤用品、化妆品和汽车制造业为例．四川理工学院学报（社会科学版）．2010（01）．

[2294] 余明桂，回雅甫，潘红波．政治联系、寻租与地方政府财政补贴有效性．经济研究．2010（03）．

[2295] 余淑均．金融危机下企业并购效应的经济学思考．湖北社会科学．2010（02）．

［2296］余向华，陈雪娟．垄断与行业工资差距问题研究——基于中国行业工资决定因素的微观计量分析．税务与经济．2010（04）．

［2297］余向华，胡平，陈雪娟．不完全监管下股市投机性的博弈均衡与演化动态．南方金融．2010（04）．

［2298］余晓．我国节能环保税收优惠政策的思考及必要性分析．经营管理者．2010（24）．

［2299］余晓钟，钟曹彬．国家定价的油气资源垄断经营效率纵向比较分析．经济问题探索．2010（01）．

［2300］余新民，毛勇．住房公积金亟待破解制度瓶颈．创新．2010（04）．

［2301］余耀东．政府干预、市场竞争对内部治理机制的影响——基于结构方程模型的路径分析．天津市财贸管理干部学院学报．2010（04）．

［2302］余英．航空公司的管制和放松管制之争．产经评论．2010（02）．

［2303］余莹．设立农产品特殊保障机制的思考——兼论我国农产品贸易保护规则的局限性．甘肃政法学院学报．2010（02）．

［2304］余莹靖．出租车市场价格管制效应的调查分析——以武汉出租车市场为例．中国商界（下半月）．2010（11）．

［2305］余竹旗．消费卡法律规制问题比较研究．华北金融．2010（01）．

［2306］余壮雄，林建浩．谁推高了房价？开发商、置业者还是地方政府．经济学家．2010（05）．

［2307］余卓，于善虎．美国汽车产品市场准入制度．广东交通职业技术学院学报．2010（02）．

［2308］余宗辉，康锐，李婧博．金融监管视角下商业银行信贷资产转让风险透析．上海金融．2010（12）．

［2309］於晓华．试论依法行政视角下我国非税收入改革的思路．财经界．2010（12）．

［2310］俞栋．绿色信贷：国内商业银行转型与发展的“制高点”．金融管理与研究．2010（06）．

［2311］俞洁．母国市场效应理论及其影响因素．经营管理者．2010（09）．

［2312］俞路．产业集聚视角下的中国制造业特征研究．企业经济．2010（12）．

［2313］虞同文．对上海汽车租赁管理若干问题的思考．城市公用事业．2010（05）．

［2314］禹英花．浅析网络经济下的第三方支付问题．科技信息．2010（32）．

［2315］郁乐．关于公平概念之认识误区探析——超越公平与效率的二元对立．学术论坛．2010（02）．

［2316］喻厚伟．网络经济中3G业务竞争的特点及对策．山东工商学院学报．2010（01）．

［2317］喻玲．运用声誉激励机制破解卡特尔的稳定性——完善宽恕制度的一条路径．法商研究．2010（01）．

［2318］喻婷婷．公共权力市场化：影响收入分配的关键因素．知识经济．2010（16）．

［2319］喻微锋．地方政府行为、区域金融发展与经济增长——基于广西与江苏的比较视角．区域金融研究．2010（11）．

［2320］喻晓平．金融资源不平衡、金融效率与城乡收入差距——基于省级面板数据的实证分析．财务与金融．2010（06）．

［2321］原娟娟．对发展我国网络经济的思考．特区经济．2010（11）．

［2322］原庆丹，安祺，王瑶，等．如何完善上市公司环境监管？．环境经济．2010（11）．

［2323］原毅军，杨祎．民营企业持续创新能力的决定因素——基于系统动力学模型的构建．科技管理研究．2010（03）．

［2324］原迎利．我国企业社会责任缺失及对策研究．郑州牧业工程高等专科学校学报．2010

(04).
[2325] 袁博．浅析发电企业环境成本管理．企业导报．2010 (09).
[2326] 袁博．从福利经济学角度看“新医改”政府与市场的关系．全国商情（理论研究）．2010 (04).
[2327] 袁淳，刘思淼，薛蔚，等．国有产权、政府干预与财务困境成本．证券市场导报．2010 (02).
[2328] 袁东，张显未．特许经营模式产生的原因分析——基于资源—市场匹配能力观点解析．华东经济管理．2010 (06).
[2329] 袁桂秋，张玲丹．我国制造业的规模经济效益影响因素分析．数量经济技术经济研究．2010 (03).
[2330] 袁浩然．科技创新财税政策的合理边界研究．科技进步与对策．2010 (01).
[2331] 袁建国．美国宏观经济政策与金融危机．企业导报．2010 (02).
[2332] 袁静，耿照源．农村公共品的有效供给研究．中小企业管理与科技（下旬刊）．2010 (09).
[2333] 袁鹏，程施．中国城市工业环境效率度量与分析．大连理工大学学报（社会科学版）．2010 (04).
[2334] 袁溥，陈少克．我国增强稀土定价话语权的对策研究．价格理论与实践．2010 (11).
[2335] 袁维．论最低工资制度在我国的现实意义．中国商界（下半月）．2010 (07).
[2336] 袁维海，张兄来．后危机时代放松国内经营者集中规制问题探析．安徽行政学院学报．2010 (02).
[2337] 袁文榜，赵新良，陈忠全．基于垂直产品差异的垄断厂商广告投入分析．东北大学学报（自然科学版）．2010 (01).
[2338] 袁文榜，赵新良，陈忠全．基于 Salop 模型的厂商兼并行为分析．运筹与管理．2010 (03).
[2339] 袁文艺．广告产业的负外部性和负内部性及其管制政策分析．湖北经济学院学报．2010 (06).
[2340] 袁颖．中国上市商业银行全要素生产率研究．北方经济．2010 (10).
[2341] 袁园，庄权．西溪辖区中小餐饮食品安全现状调查．浙江预防医学．2010 (01).
[2342] 袁正新，黎克双，彭国庆．政府与旅游企业环境保护效率的博弈分析．管理学家（学术版）．2010 (10).
[2343] 袁志刚，邵挺．国有企业的历史地位、功能及其进一步改革．学术月刊．2010 (01).
[2344] 苑春媛．规模经济对企业竞争力的影响．中小企业管理与科技（下旬刊）．2010 (03).
[2345] 苑文萍，朱晓宁．铁路行包运输特许经营模式探讨．物流技术．2010 (15).
[2346] 岳靓，苏宁，刘鸣镝．过度自信理论在中国公司并购中的应用——文献综述与评述．经济研究导刊．2010 (01).
[2347] 岳芃．论中国传媒产业市场结构特征——以电视产业为例．统计与信息论坛．2010 (04).
[2348] 岳远祐，漆雁斌．我国乳品制造业市场结构分析．农村经济与科技．2010 (05).
[2349] 岳中刚．零售商抗衡势力的理论与实证研究综述．产业经济研究．2010 (01).
[2350] 云凌志，王凤生．混合寡占之下的负外部性对策：国有化兼并还是行政监管——兼评山西省煤炭业资源重组方案．中国工业经济．2010 (01).
[2351] 臧华忠．价格战背后的玄机．中国自行车．2010 (03).
[2352] 臧敏，季任天．日本肯定列表制度探析——以食品安全标准为视角．标准科学．2010

(03).

[2353] 曾超群，曾福生．土地流转的动力机制及模式分析．湖南社会科学．2010 (02).

[2354] 曾春燕，胡跃红，卿前龙．自然垄断、竞争与规制——兼论我国自然垄断行业规制改革的方向．吉首大学学报（社会科学版）．2010 (02).

[2355] 曾光，李菲．武汉城市圈制造业行业专业化的实证分析．统计与决策．2010 (14).

[2356] 曾红艳．论股票市场分割对投资组合效应的影响．商业时代．2010 (24).

[2357] 曾建平．企业的环境责任及其道德选择．中州学刊．2010 (03).

[2358] 曾杰杰，曾华锋，杨红强，等．家具产业集聚均衡性的实证分析——基于家具相关子产业省级角度的多个滞后期的研究．林业经济问题．2010 (04).

[2359] 曾进．公司治理对企业风险—回报的影响——来自中国上市公司的经验证据．管理评论．2010 (07).

[2360] 曾康华．地方竞争造就了高房价？——财政分权视角下的焦点问题辨析．人民论坛．2010 (15).

[2361] 曾平，刘爱华．城市化和利益集团视角下的地方政府对农村养老保险投入研究．经营管理者．2010 (05).

[2362] 曾绍伦．食盐专营及盐业管理模式比较研究．四川理工学院学报（社会科学版）．2010 (05).

[2363] 曾绍伦，王伟．我国盐业管理体制之负面效应探析．四川理工学院学报（社会科学版）．2010 (03).

[2364] 曾伟民，梁霭中．汽车并购的安与危．金融博览．2010 (05).

[2365] 曾兴亮，任超锋．全球外资并购市场的形成及规律研究．经济问题．2010 (05).

[2366] 曾艳，陈通．基于利益相关者的高校腐败治理研究．高教探索．2010 (06).

[2367] 曾亦钢．“免费”也藏“玄机”交叉补贴引爆超市销售．现代营销（经营版）．2010 (01).

[2368] 曾勇．试论对虚假药品广告的监管．中国药事．2010 (02).

[2369] 曾友中．论企业的经济自由及其对政府经济规制的诉求．湘潭大学学报（哲学社会科学版）．2010 (01).

[2370] 曾佑新，刘海燕．促进人与自然和谐发展的税收政策探析．江南大学学报（人文社会科学版）．2010 (05).

[2371] 曾裕杨，敖翔．我国商业银行资本充足率管理研究——基于《新巴塞尔协议》的分析．商业文化（学术版）．2010 (05).

[2372] 翟宏飞．中北大学文印市场价格卡特尔分析．中北大学学报（社会科学版）．2010 (01).

[2373] 翟继亮．大石头林业局：监管层层落实责任问责到人．吉林劳动保护．2010 (12).

[2374] 翟进步，贾宁，李丹．中国上市公司收购兼并的市场预期绩效实现了吗？．金融研究．2010 (05).

[2375] 翟伶俐．浅谈公共财政与市场经济．市场论坛．2010 (06).

[2376] 翟新明，门玉琨．我国市场价格监控中存在的问题与应对策略．商业时代．2010 (14).

[2377] 詹富强．不要浪费基层药品检验所的监管资源．中国食品药品监管．2010 (06).

[2378] 詹何为．当前我国居民收入差距的政府调节．现代商业．2010 (36).

[2379] 詹君恒，庄培章．纺织服装“后配额”时代的监管与预警．中国商贸．2010 (04).

[2380] 詹骏萍，王志强．我国商业银行并购存在的问题与对策．商场现代化．2010 (10).

[2381] 詹文斌．我国生产者服务业发展存在的问题与对策．审计与理财．2010 (07).

［2382］占硕．信用评级监管：后危机时代的变革与借鉴．征信．2010（03）．

［2383］战建华．卡尔·波兰尼：《大转型：我们时代的政治与经济起源》．公共管理评论．2010（01）．

［2384］战晓燕，韩百玲，邓涛．北部湾排污权拍卖交易建立的可行性分析．生态经济（学术版）．2010（02）．

［2385］张宝良．和谐视阈下的民营企业社会责任缺失及其规制．特区经济．2010（05）．

［2386］张保胜．共同创造：一种新的创新模式．科技进步与对策．2010（07）．

［2387］张保胜．自主创新促进经济发展方式转变的实证分析——以河南省为例．中国科技论坛．2010（03）．

［2388］张奔，戴铁军．环境治理中寻租的经济学分析．中国市场．2010（44）．

［2389］张彬．守望者还是终结者——试论面对食品安全，媒体所扮演的角色．轻工标准与质量．2010（02）．

［2390］张彬，李俊杰．我国三网融合业务发展研究．信息系统工程．2010（12）．

［2391］张波．金融市场准入监管理念的多维视域．经济导刊．2010（01）．

［2392］张灿迎．商业银行金融创新监管．知识经济．2010（06）．

［2393］张超．我国经济波动福利损失的经验估计．经济学动态．2010（08）．

［2394］张超．从食品安全谈新闻舆论监督的时效性．才智．2010（26）．

［2395］张超．民营企业管理中的客观问题与对策．现代商业．2010（29）．

［2396］张超，张权，张鸿．中国电信业改革历程及效率评价．统计与信息论坛．2010（07）．

［2397］张朝锋．构建我国“四位一体”的农村金融监管体系．商业经济．2010（15）．

［2398］张朝勇．代建制实施中合谋行为的博弈分析和监管机制设计．建筑经济．2010（02）．

［2399］张晨．国有企业绩效提高主要来源于垄断吗．经济理论与经济管理．2010（05）．

［2400］张晨，张宇．“市场失灵”不是国有经济存在的依据——兼论国有经济在社会主义市场经济中的地位和作用．中国人民大学学报．2010（05）．

［2401］张程．中国车险市场的卡特尔问题研究．南京理工大学学报（社会科学版）．2010（02）．

［2402］张翀，常峰，邵蓉．假劣药管制——举报奖励制度．首都医药．2010（16）．

［2403］张楚廷．从反对“产业化”到反对“去行政化”说明什么．大学教育科学．2010（03）．

［2404］张翠梅，谢海霞．美国反垄断分析方法研究．经济研究导刊．2010（32）．

［2405］张丹，王笑言．企业并购的效应分析．经济视角．2010（11）．

［2406］张丹丹，程果．企业合并中的会计寻租行为研究．财会月刊．2010（02）．

［2407］张定乾．结合西方企业并购理论谈我国国有企业并购问题．网络财富．2010（15）．

［2408］张冬．论我国的创业板市场监管法律制度完善．中国证券期货．2010（03）．

［2409］张冬至．会计监管与审计的关系．现代经济信息．2010（24）．

［2410］张二翠．搭售行为的反垄断法规制．法制与社会．2010（33）．

［2411］张发树，何建坤，刘滨，等．基于博弈的技术转移与清洁发展机制捆绑．清华大学学报（自然科学版）．2010（09）．

［2412］张凡勇．我国汽车工业并购目标的选择策略探讨．经营管理者．2010（11）．

［2413］张芳雪．浅析企业监管与创新的关系——以食品生产企业为例．商场现代化．2010（23）．

［2414］张菲，赵凯．陕西城乡收入差距影响因素分析——基于二元经济视角的实证分析．华中农业大学学报（社会科学版）．2010（01）．

［2415］张峰．产权残缺与利益公共补偿——基于市场与政府职能边界的理论探讨．中南财经

政法大学学报.2010 (04).

[2416] 张凤超.全球性危机背景下的产业政策.华南师范大学学报(社会科学版).2010 (02).

[2417] 张复明.矿业寻租的租金源及其治理研究.经济学动态.2010 (08).

[2418] 张刚亮,岳田利.我国食品安全主要问题分析及对策.黑龙江科技信息.2010 (36).

[2419] 张革伟.我国居民收入分配差距现状及对策.合作经济与科技.2010 (23).

[2420] 张耿,杨力.货币政策的边界:经济波动福利成本.上海金融.2010 (02).

[2421] 张冠甲,刘维刚.现行财政分权制度下中央和地方政府收入和支出分配关系及特点.东方企业文化.2010 (15).

[2422] 张光飞,赵建华,肖玲.工程招投标串通行为研究及其防治建议.工程管理学报.2010 (03).

[2423] 张光辉,黄志启.政策激励对资本区位选择和福利影响的研究.预测.2010 (03).

[2424] 张光慧.高校去行政化问题研究.人民论坛.2010 (20).

[2425] 张广仁,傅燕凤,蒋国华,等.基于风险管理原理加强角膜接触镜流通使用环节监管的探讨.上海食品药品监管情报研究.2010 (05).

[2426] 张贵峰.还有多少食品未被“潜规则”.质量探索.2010 (11).

[2427] 张红凤,宋颖.政府规制视角下的高校负债问题分析.理论学刊.2010 (04).

[2428] 张洪辉,王宗军.政府干预、政府目标与国有上市公司的过度投资.南开管理评论.2010 (03).

[2429] 张洪丽.我国食品安全存在的问题及保证食品安全应采取的对策.中国商界(上半月).2010 (01).

[2430] 张茳.西方两大主流学派政府干预观的形成及启示.山西财经大学学报.2010 (S1).

[2431] 张卉,朱永亮.基于SCP分析框架的我国体育旅游产业分析.武汉体育学院学报.2010 (08).

[2432] 张会娟.关于企业应对绿色壁垒策略的思考.经济师.2010 (07).

[2433] 张惠敏.企业合并在同一控制下和非同一控制下的差异.企业导报.2010 (10).

[2434] 张惠荣,张颖.我国公路工程招标投标模式存在问题.知识经济.2010 (13).

[2435] 张佳文.我国技术市场的失灵与对策研究.中国地质大学学报(社会科学版).2010 (03).

[2436] 张佳兴.企业内部经济效益的考核与评价.知识经济.2010 (02).

[2437] 张建平.浅谈国际贸易中私人限制竞争行为的法律规制.经济师.2010 (09).

[2438] 张建平.浅谈如何加强乡镇学校卫生监管.医学信息.2010 (01).

[2439] 张剑.我国药品市场寻租行为的法律规制研究.山西煤炭管理干部学院学报.2010 (01).

[2440] 张剑虹.从可口可乐并购汇源案看我国反垄断法的发展.长白学刊.2010 (06).

[2441] 张剑虹.论我国反垄断法的缺陷及完善——以可口可乐并购汇源案为例.南华大学学报(社会科学版).2010 (05).

[2442] 张剑荣.对电力经济运行及经营的分析.经营管理者.2010 (19).

[2443] 张杰,黄泰岩.中国企业的工资变化趋势与决定机制研究.中国工业经济.2010 (03).

[2444] 张杰,张培丽,黄泰岩.市场分割推动了中国企业出口吗?.经济研究.2010 (08).

[2445] 张洁.政府采购电子化对寻租的防范.人民论坛.2010 (23).

[2446] 张婕.浅析电信行业垄断及其法律规制.淮北职业技术学院学报.2010 (02).

[2447] 张捷.地方政府行为与区域经济发展——“温州模式”与包头“强政府”模式的比较

研究．经济研究导刊．2010（22）．

［2448］张金灿，周晓唯．相关市场界定问题研究．西安财经学院学报．2010（04）．

［2449］张金评，戴志忠．加强财政支农资金监管的对策与建议．安徽农学通报（上半月刊）．2010（17）．

［2450］张金鑫，段嘉尚，张秋生．并购套利理论研究．经济纵横．2010（03）．

［2451］张金鑫，刘岩．并购相关性假说研究综述．北京交通大学学报（社会科学版）．2010（01）．

［2452］张劲楠．国有商业银行低效的原因及对策——经济转轨时期银行业反垄断思考．学理论．2010（09）．

［2453］张晋京．我国的化妆品法规、监管及挑战．日用化学品科学．2010（08）．

［2454］张景华．碳税的经济效应分析．现代经济探讨．2010（02）．

［2455］张璟，沈坤荣．转型期中国经济增长方式转变的金融支持——基于经济学文献的探讨．经济理论与经济管理．2010（11）．

［2456］张璟霖，汪浩．美国银行卡产业发展特征及启示．合作经济与科技．2010（22）．

［2457］张婧，郭爱萍．教育投资对我国社会分层结构的影响分析．企业家天地．2010（02）．

［2458］张军生，范黎波．我国机电产业国际竞争力的内生演进：基于 1993～2008 年面板数据的实证分析．国际贸易问题．2010（10）．

［2459］张俊霞，王佐仁．我国居民收入分配差距趋势的预测研究．西安财经学院学报．2010（04）．

［2460］张凯，李向阳．部分重叠业务的双边平台企业竞争模型．系统工程理论与实践．2010（06）．

［2461］张乐柱，孟兆娟．基于外部性视角的农业巨灾保险市场失灵分析．南方金融．2010（03）．

［2462］张磊．后起经济体为什么选择政府主导型金融体制．世界经济．2010（09）．

［2463］张磊．市政基础设施政府监管与社会监督中的问题．合作经济与科技．2010（16）．

［2464］张磊．我国现行资源环境税制存在的问题与对策．会计师．2010（09）．

［2465］张蕾．反垄断法私人诉讼制度初探．金卡工程（经济与法）．2010（08）．

［2466］张莉．国外移动支付业务监管现状分析与启示．西部金融．2010（11）．

［2467］张莉莉．产业链整合的影响因素．物流科技．2010（12）．

［2468］张力，李雪铭，张建丽．经济适用房空间分布及福利损失研究——以大连市为例．云南地理环境研究．2010（05）．

［2469］张立新．收入分配制度改革：难点与出路．领导之友．2010（04）．

［2470］张丽，周茜，李志学．我国环境责任保险制度构建中存在的问题与对策．西安石油大学学报（社会科学版）．2010（03）．

［2471］张丽红．财政政策如何促进循环经济发展分析．现代商贸工业．2010（23）．

［2472］张粒子．我国居民阶梯式递增电价制度的探讨．价格理论与实践．2010（02）．

［2473］张林海．借鉴国外经验完善我国资源税制度．涉外税务．2010（11）．

［2474］张琳．创新政策干预合理性的演进及其对政策干预的影响．中国科技论坛．2010（11）．

［2475］张岭泉．治本之策：投资主体的多元化和市场化——垄断行业收入分配改革误区分析．人民论坛．2010（23）．

［2476］张铃艳．网络经济时代审计面临的挑战及对策思考．电子商务．2010（05）．

［2477］张茂林，陈小琼．对商业银行绩效考核的冷思考．湖北师范学院学报（哲学社会科学版）．2010（05）．

［2478］张梅荷，张学高，扶涛．我国经济适用房市场存在的问题及对策研究．云南行政学院学报．2010（03）．

［2479］张美云．区域关怀视角下晋陕豫黄河金三角经济一体化对策研究．三门峡职业技术学院学报．2010（02）．

［2480］张猛．当代中国经济发展模式研究——基于循环经济发展模式问题探讨．东方企业文化．2010（01）．

［2481］张梦．转移价格避税及其监管．人口与经济．2010（S1）．

［2482］张米尔，冯永琴．标准联盟的兴起及诱发技术垄断的机制研究．科学学研究．2010（05）．

［2483］张敏，于富生，蒋光超．基于价值链的并购事前分析．财政监督．2010（12）．

［2484］张敏，张一川．我国城镇居民收入差距适度性分析．郑州航空工业管理学院学报．2010（01）．

［2485］张明．论与社会公平背道而驰的农村基础教育．当代教育理论与实践．2010（06）．

［2486］张明珅．论产融集团的发展与监管．上海金融．2010（02）．

［2487］张鸣．产业组织理论视域下的区域报业市场研究．当代传播．2010（05）．

［2488］张木娟．掠夺性定价行为的法律规制研究．赤峰学院学报（汉文哲学社会科学版）．2010（06）．

［2489］张乃文，贾婷婷．卡特尔宽恕制度之比较研究．高等函授学报（哲学社会科学版）．2010（04）．

［2490］张南．运营商“跨界并购”趋势渐现．通信世界．2010（02）．

［2491］张宁，胡森，孙海鹏．中小民营企业向国际化发展的理论分析．科技经济市场．2010（03）．

［2492］张盼．专利权滥用的反垄断法规制．商业文化（学术版）．2010（08）．

［2493］张培兰，张敏，刘威，等．现代烟草种植的模式研究、效率分析和政策启示——来自重庆市黔江和武隆的实证调查．中外企业家．2010（08）．

［2494］张鹏，陈关聚．打破代建公司、监理公司和供应商隐性联盟对策．项目管理技术．2010（06）．

［2495］张鹏，陈关聚，王艳．基于占优战略均衡的代建公司与监理公司串谋研究．生产力研究．2010（10）．

［2496］张期陈，胡志平．征地议价：政府与市场的和谐构建．财经科学．2010（05）．

［2497］张期陈，胡志平．征地活动中政府与市场的作用问题研究．经济经纬．2010（02）．

［2498］张启发，张会敏，刘秀玲．论经济增长与环境保护的共生．中国环境管理干部学院学报．2010（02）．

［2499］张前程，张庆亮．农村非正规金融的市场风险及其监管研究．海南金融．2010（08）．

［2500］张前程，张庆亮．农业合作保险中政府支持的经济学分析．阜阳师范学院学报（社会科学版）．2010（06）．

［2501］张茜．基于市场势力的主导零售商纵向约束：效应分析与规制思路．河南商业高等专科学校学报．2010（06）．

［2502］张茜．我国电力市场营销策略分析．中国市场．2010（31）．

［2503］张清津，宿淑玲．宗教市场中政府管制的经济分析．东岳论丛．2010（03）．

［2504］张清亮．美欧为保证食品安全建立完善保障体系．农业技术与装备．2010（19）．

［2505］张晴．金融危机下航运企业联盟的经济分析及其对策．物流科技．2010（05）．

［2506］张庆华．市场监管路在何方——以市场监管的职、权、责为中心的探讨．经济研究导

刊. 2010 (23).

[2507] 张庆龙. 反向并购: 非 IPO 型公司上市的捷径. 财务与会计（理财版）. 2010 (01).

[2508] 张庆伟. 美国对英国石油公司漏油事件的管制分析——兼论跨国公司的国籍问题. 中共济南市委党校学报. 2010 (04).

[2509] 张庆一, 李贵春, 踪程. 网络经济下供应链管理模式的创新与构建. 现代财经（天津财经大学学报）. 2010 (02).

[2510] 张庆芝, 何枫, 赵晓. 基于 DEA 的钢铁企业能源及水资源消耗与生产效率研究. 软科学. 2010 (10).

[2511] 张秋. 企业环境社会责任缺失的制度机理研究. 自然辩证法研究. 2010 (02).

[2512] 张秋华. 中国政府经济管理权类型化内容分析. 社会科学战线. 2010 (07).

[2513] 张群. 银行业监管与监管者声誉——基于监管者目标函数和信息约束的分析. 北方经济. 2010 (03).

[2514] 张娆. 谈会计工作对金融衍生业务监管的支持. 当代经济. 2010 (05).

[2515] 张蕊, 尚巾. 关于我国食品安全委员会制度的几点思考. 商业文化. 2010 (04).

[2516] 张三峰, 王非. 基于 Logit 模型的农民土地调整意愿分析——来自 2006 年中国综合社会调查的证据. 经济评论. 2010 (02).

[2517] 张森富, 赵婷. 现阶段我国食品安全问题的成因及其对策研究. 长春理工大学学报（社会科学版）. 2010 (01).

[2518] 张森林, 屈少青, 陈皓勇, 等. 大用户直购电双边交易最新进展情况. 华东电力. 2010 (05).

[2519] 张姗. 行政伦理视角下的我国贫富差距问题与公平正义原则的深度思考. 商场现代化. 2010 (26).

[2520] 张少军, 刘志彪. 我国分权治理下产业升级与区域协调发展研究——地方政府的激励不相容与选择偏好的模型分析. 财经研究. 2010 (12).

[2521] 张师允. 政府在加快经济发展方式转变中的作用. 天津市财贸管理干部学院学报. 2010 (04).

[2522] 张矢宇. 基于范围经济理论的高速公路网络效益评价. 武汉理工大学学报. 2010 (21).

[2523] 张士斌. 日本社会养老保障制度变革对我国的启示. 开放导报. 2010 (02).

[2524] 张士斌, 梁宏志. 中国社会养老保障制度改革——一个劳动力市场的视角. 学术探索. 2010 (05).

[2525] 张世谦. 奔流助力运营商应对三网融合标准化与开放化. 通信世界. 2010 (37).

[2526] 张世银, 龙莹. 我国收入差距扩大的影响因素及其实证分析——以行业收入变动为视角. 经济经纬. 2010 (04).

[2527] 张世祖. 加强农发行县级支行人力资源管理的思考. 甘肃金融. 2010 (03).

[2528] 张书亭. 论科学整合并购中小型采掘企业的意义——兼议整合并购中小型采掘企业引发的"国进民退"论. 今日国土. 2010 (05).

[2529] 张淑娟. 地方政府科技投入绩效分析——以广东省为例. 郑州航空工业管理学院学报. 2010 (04).

[2530] 张述. 谷歌退出的影响盘点. 中国外汇. 2010 (10).

[2531] 张树强. 规模经济在施工企业中的具体应用. 商场现代化. 2010 (16).

[2532] 张双礼. 网络环境下的企业财务管理研究. China'sForeignTrade. 2010 (14).

[2533] 张硕. 基于 DEA 的我国商业银行效率实证分析——以 2006 ~ 2008 年 13 家商业银行为例. 经济研究导刊. 2010 (17).

[2534] 张思思．城市管理法治化和政府信用制度．中国商界（下半月）. 2010 (07).

[2535] 张松林．中国区域市场分割的成因及其化解——基于弗里德曼城市发展理论的分析．首都经济贸易大学学报. 2010 (05).

[2536] 张素芳．从政府主导转换为市场主导是转变经济发展方式的根本．江汉论坛. 2010 (08).

[2537] 张婷．外贸豁免制度的贸易保护功能研究．西南政法大学学报. 2010 (02).

[2538] 张婷．正视中国的“利益集团”．经营管理者. 2010 (05).

[2539] 张唯实，李国璋．中国区域生产效率与经济发展差距研究．统计与信息论坛. 2010 (08).

[2540] 张维，王雪莹，熊熊，等．公司并购中的“羊群行为”：基于中国数据的实证研究．系统工程理论与实践. 2010 (03).

[2541] 张维炜．收入分配改革：突破利益集团干扰是关键．中国人大. 2010 (19).

[2542] 张维迎．权力腐败导致企业家不走正道. IT 时代周刊. 2010 (18).

[2543] 张伟．制度环境、激励结构与垄断行业收入规范．当代经济管理. 2010 (05).

[2544] 张伟．全国各地区公共事业的综合分析与对策．科技管理研究. 2010 (22).

[2545] 张伟龙，刘畅．药品辐照：亟需扫除监管盲点．中国质量万里行. 2010 (10).

[2546] 张玮．基于网络效应理论的生物基因制药产业分析．北方经济. 2010 (12).

[2547] 张卫国，任燕燕，侯永建．地方政府投资行为对经济长期增长的影响——来自中国经济转型的证据．中国工业经济. 2010 (08).

[2548] 张卫红，汪圣．我国房地产业市场结构、效率与绩效关系实证研究——以郑州市为例．科技经济市场. 2010 (01).

[2549] 张卫华．浅析“人肉搜索”的利弊与监管．科技信息. 2010 (12).

[2550] 张樨樨．我国东、中西部人才集聚对行业收入差距和就业影响的比较分析．软科学. 2010 (10).

[2551] 张曦，周方召．资产剥离的合意性：基于消费者福利标准的分析．财经研究. 2010 (12).

[2552] 张喜才，张利庠，徐莎．中国奶业产业链整合的市场绩效分析．中国乳业. 2010 (05).

[2553] 张宪东．地方政府债券发行的作用及其风险控制．知识经济. 2010 (09).

[2554] 张相宏．惠农补贴监管科学化和落实到位之我见．中国乡镇企业会计. 2010 (07).

[2555] 张小蒂，张弛．基于销售型集群的市场势力形成机理研究——以浙江义乌为例．经济地理. 2010 (02).

[2556] 张小和．浅谈汛洲岛供电方案的选择．广东科技. 2010 (10).

[2557] 张小军，石明明．基于竞争约束的市场力量与福利损失测度理论述评．产经评论. 2010 (05).

[2558] 张小兰．高新技术与循环经济关系的考察．工业技术经济. 2010 (01).

[2559] 张小妹．中国轿车企业国际化路径研究．科技和产业. 2010 (03).

[2560] 张晓冬，陈许阳．长三角区域轻纺行业知识溢出效应分析．南通职业大学学报. 2010 (04).

[2561] 张晓慧，牛晓琴．企业并购中的民族品牌保护．经济导刊. 2010 (11).

[2562] 张晓晶．中国经济复苏之道：提高经济体的弹性．理论参考. 2010 (01).

[2563] 张晓明，刘军．网络化产业组织结构的效率分析．吉林工商学院学报. 2010 (01).

[2564] 张晓平，朱源，王云珠．关于推进山西综合配套改革的思考．经济问题. 2010 (11).

[2565] 张晓朴．系统性金融风险研究：演进、成因与监管．国际金融研究. 2010 (07).

[2566] 张晓舟，王淼．浅析高房价下的政府行为选择．学理论．2010（18）．

[2567] 张筱曼．航空运输中的物流业发展趋势．网络与信息．2010（11）．

[2568] 张孝梅，戚聿东．中国航空运输行业改革的竞争模式探讨．商业时代．2010（35）．

[2569] 张昕宇．美对华贸易政策制定中利益集团的影响研究．商业时代．2010（21）．

[2570] 张新．城乡居民收入差距扩大的人力资本因素分析．山西经济管理干部学院学报．2010（01）．

[2571] 张新平．论中央与地方对企业国有资产的监管权益．长沙理工大学学报（社会科学版）．2010（02）．

[2572] 张新强．浅谈网络经济下的企业管理创新．商场现代化．2010（32）．

[2573] 张新亚．城镇化进程中农村金融改革的路径选择．北方经济．2010（17）．

[2574] 张新艳，张岩．我国收入分配现状及其解决思路．现代商业．2010（18）．

[2575] 张新艳，张岩，苏春静．浅谈企业环境成本．现代商业．2010（07）．

[2576] 张信艳．"政府—社会"互动模式下的食品安全治理研究——以"海南毒豇豆事件"为例．现代经济信息．2010（04）．

[2577] 张秀敏．煤矿企业兼并重组模式选择及相关问题．山西能源与节能．2010（02）．

[2578] 张旭光，李一凡．垂直网络广告市场前景探析．合作经济与科技．2010（20）．

[2579] 张璇，陈福中．我国食品安全政府管制模式转型的路径选择．经济研究导刊．2010（08）．

[2580] 张璇，耿弘．南京市食品安全监管中公民参与问题的实证分析．价格月刊．2010（05）．

[2581] 张璇，杨杨．我国食品安全政府管制模式转型选择研究——基于公民参与的有效决策模型．现代商贸工业．2010（05）．

[2582] 张学礼，孙海军，赵国龙，等．城乡收入差距变化趋势及其影响因素研究——以廊坊市为例．北华航天工业学院学报．2010（05）．

[2583] 张雪超．电子支付产业：需出台政策加大监管．互联网天地．2010（03）．

[2584] 张雪健，裴必达，王晓峰．高等学校规模分析．企业技术开发．2010（17）．

[2585] 张雪青．基于民营化理论的道路运输规制改革途径探讨．商业时代．2010（29）．

[2586] 张迅雷．中外食品安全法律制度的比较研究——以完善我国食品安全监管体系为视角．华北科技学院学报．2010（04）．

[2587] 张雅，王璐璐．协同管理：对地方政府债务风险监管的探讨．科教导刊（中旬刊）．2010（07）．

[2588] 张妍．企业并购的影响因素与控制评价研究．绿色财会．2010（08）．

[2589] 张彦，田建红，郝洪霞．国有烟草专卖企业财务管理存在的问题及对策．科技创新与生产力．2010（11）．

[2590] 张艳丽，巴一．食品安全监管体制的不足与完善．商场现代化．2010（33）．

[2591] 张艳梅．中国实施可持续发展战略的现状及路径．山西社会主义学院学报．2010（03）．

[2592] 张艳萍．从ST雅砻重组并购看反向购买的会计处理方法．财会通讯．2010（25）．

[2593] 张艳艳．促进区域产业分工的制度创新．全国商情（理论研究）．2010（04）．

[2594] 张焱，高赐威，王磊．华东电力节能减排监管现状及措施分析．电力需求侧管理．2010（04）．

[2595] 张焱秋．对财政分权化管理改革的理性思考——基于对蒂博特模型的分析．金融与经济．2010（08）．

[2596] 张杨波．住房转型过程中的国家、市场与社会——一项基于广州地区案例的考察．兰州大学学报（社会科学版）．2010（04）．

[2597] 张怡平．我国民营经济发展难题及解决途径．山西建筑．2010 (09).

[2598] 张乙明，原毅军，熊隆华．钢铁行业投资趋同的羊群效应研究．大连理工大学学报(社会科学版). 2010 (03).

[2599] 张义之．和谐社会构建中 NGO 治理的比较优势分析．经济研究导刊．2010 (20).

[2600] 张译匀，沈璟璟．基于波特竞争力模型的宝洁竞争策略分析．商场现代化．2010 (36).

[2601] 张意翔，胥朝阳，成金华．基于 VaR 方法的中国石油企业跨国并购的价格风险评价．管理学报．2010 (03).

[2602] 张翼，何有良．中国产业增长的要素重置效应研究．经济论坛．2010 (03).

[2603] 张银昆，张永远．我的 HR 年度关键词：破解收入分配改革难题．管理@人．2010 (12).

[2604] 张银霞．大学内部管理泛行政化：利益相关者的视角．大学（学术版). 2010 (06).

[2605] 张英杰．建立农村大型聚餐监管长效机制的实践与探索．河南预防医学杂志．2010 (01).

[2606] 张影强，袁伦渠．发达国家缩小收入差距的策略．中国劳动．2010 (04).

[2607] 张永波．地方政府干预金融发展问题分析．中国证券期货．2010 (06).

[2608] 张永刚，方振邦．俄罗斯政府与大型企业关系模式演变研究．俄罗斯中亚东欧研究．2010 (04).

[2609] 张永辉．区域经济一体化下政府协调机制研究．东方企业文化．2010 (05).

[2610] 张永胜．论大学治理权合法性的危机与重建．国家教育行政学院学报．2010 (09).

[2611] 张勇，苏奕．经济责任审计遏制权力寻租的理论分析．财会月刊．2010 (30).

[2612] 张勇，周违．提升我国炼油工业国际竞争力探讨．中国商界（上半月). 2010 (02).

[2613] 张余文．中国行业收入差距的实证分析．经济理论与经济管理．2010 (08).

[2614] 张宇，王丽娜．我国反垄断执法体系的缺陷和重构．黑龙江省政法管理干部学院学报．2010 (12).

[2615] 张宇驰．政府行为与产业重组——基于山西煤炭业整合的分析．理论界．2010 (02).

[2616] 张玉．成本协同、内部竞争与兼并效应分析．科技管理研究．2010 (07).

[2617] 张玉琛．从生态伦理视野对当今企业管理的疏解．石家庄经济学院学报．2010 (03).

[2618] 张裕民．应用恩格尔系数分析我国居民实际消费水平的几点思考．中国商界（上半月). 2010 (06).

[2619] 张裕民．目前我国收入分配存在的问题及对策建议．辽宁经济．2010 (04).

[2620] 张裕民．优化我国财政支出结构的思考．辽宁经济．2010 (05).

[2621] 张毓慧．浅论市场与政府．商品与质量．2010 (S9).

[2622] 张月盈．高校学术管理与行政管理的比较分析——兼论学术管理的人文性．思茅师范高等专科学校学报．2010 (01).

[2623] 张云河．劳动契约自治、管制及其正义实现．厦门特区党校学报．2010 (05).

[2624] 张泽一．基于企业能力理论的产业政策局限性分析．现代经济探讨．2010 (12).

[2625] 张增，李平．绿色 GDP 核算研究综述．科技经济市场．2010 (10).

[2626] 张增国．政府规制框架下的“家电下乡”政策分析．广西经济管理干部学院学报．2010 (03).

[2627] 张昭庆，张陆庆，闫博慧，等．河北省民营经济法制化道路．现代商业．2010 (03).

[2628] 张召春，刘晓亮．国美、永乐并购对消费者福利的影响——基于威廉姆森的福利权衡理论．价值工程．2010 (01).

[2629] 张照志，王安建．欧佩克卡特尔特征研究．资源与产业．2010 (06).

［2630］张照志，王安建．欧佩克石油生产配额制度与油价关系研究．地球学报．2010（05）．

［2631］张哲．新自由主义与环境治理——以拉丁美洲的水权私有化为例．石家庄经济学院学报．2010（06）．

［2632］张喆．中粮集团入主蒙牛乳业杠杆收购研究．现代商贸工业．2010（16）．

［2633］张振成，曾祥展．中国A股与H股溢价的分析．企业导报．2010（10）．

［2634］张振华．三重弱势：购房者群体利益受损地位形成的政治经济分析．福建论坛（人文社会科学版）．2010（03）．

［2635］张振华．高房价是经济问题还是政治问题——分析中国房价的政治经济视角．西北师大学报（社会科学版）．2010（02）．

［2636］张正国．股权集中度、股权构成与盈余质量．技术经济与管理研究．2010（03）．

［2637］张正荣．对华反倾销的特征及应诉公共品的集体供给策略分析．国际商务研究．2010（01）．

［2638］张正瑞．零售业特许经营风险防范探析．中国商贸．2010（16）．

［2639］张志翔，江健健．撮合交易模式下大用户参与竞价机制研究．现代电力．2010（03）．

［2640］张志勇．医疗服务领域中市场失灵与政府干预的关系．赤峰学院学报（自然科学版）．2010（08）．

［2641］张子健，刘伟．不同竞合模式下企业研发投资决策及绩效——基于不确定条件的分析．管理工程学报．2010（02）．

［2642］张作民．证券市场会计舞弊与监管的博弈分析——基于“经济人”假设的思考．财会通讯．2010（27）．

［2643］章兢，徐少华．基于协调学术权力与行政权力的管理体制和运行机制设计．中国高教研究．2010（11）．

［2644］章文光，覃朝霞．地方政府经济行为变异问题研究．北京师范大学学报（社会科学版）．2010（03）．

［2645］章向平．凯恩斯的基本经济思想及政府干预论．北京政法职业学院学报．2010（03）．

［2646］章晓莉．现代大学制度下大学内部权力结构的制衡．苏州大学学报（哲学社会科学版）．2010（05）．

［2647］章新蓉，唐敏．不同动机导向下的公司并购行为及其绩效研究．经济问题．2010（09）．

［2648］章一春．经济法视野下的证券发行审核制度．经济导刊．2010（09）．

［2649］章颖杰．试析美国金融监管缺陷查漏——对上海建立国际金融中心的金融监管启示．金卡工程（经济与法）．2010（04）．

［2650］赵爱玲．医改、信息技术等共同驱动医疗行业商业模式何处去?．中国对外贸易．2010（04）．

［2651］赵蓓．浅谈我国食品安全问题现状及对策．科技传播．2010（06）．

［2652］赵冰，于丽娜，张清春．农民违法占地建房监管难题该如何破解．资源与产业．2010（03）．

［2653］赵兵锁，陈凤兰．对石油工程项目分包商管理的探讨．石油工业技术监督．2010（09）．

［2654］赵纯．我国政策市的制度性成因探讨．商业时代．2010（27）．

［2655］赵道致，韩敬稳，秦娟娟．基于转换成本的供应链成员讨价还价能力研究．中国管理科学．2010（04）．

［2656］赵德余．粮食市场调控的多重政治目标及其政策工具的选择：建国初期的经验．中国市场．2010（33）．

［2657］赵芬．我国茶饮料行业市场挑战者竞争战略选择研究．现代商贸工业．2010（24）．

［2658］赵刚．市场经济中政府干预的边界分析．经济师．2010（08）．

［2659］赵光明．我国银行业的 PE 业务模式及其监管问题探讨．商业时代．2010（26）．

［2660］赵广高．搭售的利与弊——从自身违法到合理性分析．山西高等学校社会科学学报．2010（06）．

［2661］赵桂芝．中国税收对居民收入差距分类分层调节效应研究——基于城镇居民视角的分析．北京工商大学学报（社会科学版）．2010（03）．

［2662］赵国宇．经济转轨中企业多元化战略的约束与前景展望．企业活力．2010（12）．

［2663］赵国宇，唐红．审计合谋的预警视角：舞弊公司的异常财务特征．湘潭大学学报（哲学社会科学版）．2010（06）．

［2664］赵海云，刘发春．救市困境与政府行为研究．武汉金融．2010（07）．

［2665］赵红梅．跨国公司监管的困境与对策——以发展中国家为视角的探讨．辽宁行政学院学报．2010（10）．

［2666］赵红梅．全球化背景下跨国公司监管机制探讨．湖北大学成人教育学院学报．2010（04）．

［2667］赵华．美日德俄制造业研发中的政府行为比较与启示．高科技与产业化．2010（04）．

［2668］赵华杰．论政府干预与金融发展的协调问题——吕梁市为例．华北金融．2010（04）．

［2669］赵吉，赵娜．民营快递监管：地方邮政局没法管？．中国经济周刊．2010（27）．

［2670］赵继新，孙道银．北京发展商务金融产业要做好风险防范．北京观察．2010（04）．

［2671］赵佳佳．供给公共服务的财政分权模式国际比较．吉林工商学院学报．2010（05）．

［2672］赵佳荣．农民专业合作社“三重绩效”评价模式研究．农业技术经济．2010（02）．

［2673］赵建辉．浅析缩小城镇居民收入差距与刺激消费．经营管理者．2010（08）．

［2674］赵剑治，陆铭．关系对农村收入差距的贡献及其地区差异——一项基于回归的分解分析．经济学（季刊）．2010（01）．

［2675］赵金岭，张淑香．经济学视角下体育腐败之研究——基于权力寻租理论的分析．山西师大体育学院学报．2010（01）．

［2676］赵晋琳．对我国企业跨境并购重组税收政策的一些看法．涉外税务．2010（03）．

［2677］赵经纬．RedBend 并购 VirtualLogix 进军移动虚拟化．通信世界．2010（35）．

［2678］赵晶．中国钢铁产业集中度的实证研究——基于企业“合纵连横”行为．中外企业家．2010（06）．

［2679］赵靖寅．浅析知识产权领域的反垄断问题——兼谈“微软垄断案”．金卡工程（经济与法）．2010（07）．

［2680］赵静．美国金融风暴对我国金融衍生品监管的启示．特区经济．2010（02）．

［2681］赵军．网络市场不正当竞争行为的法律规制初探．中国集体经济．2010（04）．

［2682］赵雷，薛白．强化第三方责任打破医院双向垄断：改变“以药养医”体制的路径选择．中国卫生经济．2010（07）．

［2683］赵磊．价格歧视理论在出租车行业的应用研究．经济师．2010（01）．

［2684］赵蕾，戴天柱．我国环境保护投融资主体多元化的发展趋势．改革与战略．2010（09）．

［2685］赵丽．中央与地方关系的若干思考．管理工程师．2010（01）．

［2686］赵丽莉，井西晓．政府在知识产权管理中的职能．理论探索．2010（05）．

［2687］赵利，崔跃，陈亮．工程项目管理的政府监管研究．项目管理技术．2010（04）．

［2688］赵琳，陈慧祥．银监会出台法规《商业银行资产证券化风险暴露监管资本计量指引》的经济解析．财经界（学术版）．2010（06）．

［2689］赵玲玲，高超平．珠三角产业转移机理研究．特区经济．2010（11）．

[2690] 赵梦琪．我国酒市场现状浅析．中国市场．2010（49）．

[2691] 赵明霏，杨莹．天津产业集聚的新经济地理学分析．产权导刊．2010（02）．

[2692] 赵乃骥．我国食品安全政府监管制度探讨．现代商贸工业．2010（09）．

[2693] 赵培尧．农村土地流转中行政干预之法律规制．农村经济．2010（04）．

[2694] 赵鹏．中国钢铁行业的一体化．知识经济．2010（01）．

[2695] 赵全新．对不正当价格行为的认识及治理路径选择．价格理论与实践．2010（06）．

[2696] 赵全新．正确认识和加强对不正当价格行为的监管．中国价格监督检查．2010（08）．

[2697] 赵然．试论我国食品安全的社会监督．中国卫生法制．2010（01）．

[2698] 赵若楠．倾销判断方法及贸易保护行为负面影响的探究——由中美轮胎特保案引发的思考．价格理论与实践．2010（06）．

[2699] 赵升社．陕西省民间金融问题研究．新西部．2010（11）．

[2700] 赵世磊．贵州创新型企业发展中的政府行为研究．理论与当代．2010（08）．

[2701] 赵世勇，香伶．制度环境与民营企业发展地区差异——中国大型民营企业地区分布不平衡的解析．福建论坛（人文社会科学版）．2010（11）．

[2702] 赵栓林．对金融监管十个常用指标的剖析．河北金融．2010（09）．

[2703] 赵顺利．我国烟草专卖体制存废及发展前景研究．中国集体经济．2010（01）．

[2704] 赵思雨．论德国社会市场经济反垄断政策对我国的启示．现代经济信息．2010（23）．

[2705] 赵维丝．我国审计市场结构及其优化——与美国审计市场结构相比较．经济研究导刊．2010（14）．

[2706] 赵伟伟，白永秀．资源诅咒传导机制的研究述评．经济理论与经济管理．2010（02）．

[2707] 赵霞．不对称信息、双边激励与最佳特许经营合约．中南财经政法大学学报．2010（06）．

[2708] 赵霞，周殿昆．零售企业连锁扩张的边界分析．财贸经济．2010（07）．

[2709] 赵显洲．关于“刘易斯转折点”的几个理论问题．经济学家．2010（05）．

[2710] 赵祥．集聚还是分散——兼论中国区域协调发展的策略．产业经济评论．2010（03）．

[2711] 赵向萍．最优所得税理论视域下的中国个人所得税法．法制与社会．2010（23）．

[2712] 赵小玲．基于马尔可夫链的手机市场份额的预测及销售策略．上海商学院学报．2010（02）．

[2713] 赵小茜，寇志博．中国商业银行市场结构与效率的关系研究．中国市场．2010（35）．

[2714] 赵晓红．战略成本管理视角下的企业环境成本研究．科学之友．2010（18）．

[2715] 赵晓娟．高校市场带刺的玫瑰？．中国商贸．2010（15）．

[2716] 赵晓平．欧洲三国公用事业经营模式给予的启示．科技创业月刊．2010（09）．

[2717] 赵秀丽．跨国公司生产网络的形成机制解析．西安交通大学学报（社会科学版）．2010（03）．

[2718] 赵秀丽．网络经济学视域中的“网络”——对网络经济学基石的透视．福建论坛（人文社会科学版）．2010（02）．

[2719] 赵秀丽，张成．跨国公司生产网络与生产性服务业网络的嵌入性分析——以物流网络与金融网络为例．上海经济研究．2010（03）．

[2720] 赵学刚，罗一耘．消费者保护视野下的食品安全监管．贵州社会科学．2010（06）．

[2721] 赵学刚，周游．欧盟食品安全风险分析体系及其借鉴．管理现代化．2010（04）．

[2722] 赵学义．论质量目标约束下大学行政权力和学术权力的相互依赖．教育发展研究．2010（05）．

[2723] 赵延永．经济学视角下的出版社电子图书现状．科技与出版．2010（01）．

[2724] 赵艳丰. 大型中央空调企业竞争策略的启示. 家用电器. 2010 (08).

[2725] 赵艳鑫. 对县级供电企业现行电价的思考. 农村电工. 2010 (05).

[2726] 赵莹. 财政分权：促进国有企业效率提高的可置信承诺机制. 现代财经 (天津财经大学学报). 2010 (05).

[2727] 赵莹雪. 珠海国内旅游客源市场空间结构演变与优化. 热带地理. 2010 (04).

[2728] 赵永超. 药价猛涨是一种违法行为. 经济研究参考. 2010 (48).

[2729] 赵永强. 政府规制外资并购的相关理论分析. 商业时代. 2010 (14).

[2730] 赵予新. 粮食安全的经济属性与成本补偿模型分析. 学理论. 2010 (05).

[2731] 赵宇恒. 国有企业管理者激励补偿效应——政府的角色. 经济管理. 2010 (01).

[2732] 赵宇翔, 李洁, 张磊, 等. 上海市食品安全事件趋势分析及对策研究. 上海食品药品监管情报研究. 2010 (03).

[2733] 赵媛, 郝丽莎, 杨足膺. 江苏省能源效率空间分异特征与成因分析. 地理学报. 2010 (08).

[2734] 赵岳阳. 制度变迁视角下的利益集团理论. 当代经济研究. 2010 (12).

[2735] 赵云阁. 基于单边效应影响因素的横向并购控制分析. 中国集体经济. 2010 (22).

[2736] 赵泽洪, 邱比力. 跨越式发展不能跨越社会公平和权力的边界. 领导科学. 2010 (10).

[2737] 赵哲, 王意明. 辽宁省高等院校规模发展中存在的问题与对策. 现代教育管理. 2010 (07).

[2738] 赵珍. 我国经济增长中农业生产效率的灰色关联分析. 安徽农业科学. 2010 (24).

[2739] 赵振宽. 企业环境影响研究：外资企业与国有企业的比较. 生产力研究. 2010 (02).

[2740] 赵正堂. 从行为经济学视角看巨灾保险市场失灵及矫正. 财政研究. 2010 (04).

[2741] 赵志伟. 要做好渠道体系中各环节的利益分配. 现代家电. 2010 (05).

[2742] 赵忠龙. 公共交通管理与政府管制——以铁路客运为视角. 江西社会科学. 2010 (11).

[2743] 赵忠奇. 南太行旅游生态建设与可持续发展. 河南商业高等专科学校学报. 2010 (02).

[2744] 赵紫雄, 陈于后. 非法经营食盐入罪问题探析. 甘肃理论学刊. 2010 (04).

[2745] 赵祖新. 财政分权与经济增长研究. 武汉理工大学学报. 2010 (02).

[2746] 折振琴. 灰色消费问题研究. 西南农业大学学报 (社会科学版). 2010 (03).

[2747] 甄俊柱, 刘宏. 辽宁省装备制造业规模经济的实证分析. 经济师. 2010 (01).

[2748] 郑冬晓, 齐晓安, 袁竹. 收入分配制度改革应重在形成造血机制. 经济纵横. 2010 (07).

[2749] 郑风田, 董筱丹, 温铁军. 农村基础设施投资体制改革的“双重两难”. 贵州社会科学. 2010 (07).

[2750] 郑风田, 阮荣平. 对我国农村医用药品供应网和监督网建设情况的调查. 经济纵横. 2010 (04).

[2751] 郑红, 徐佩. 中国移动推出飞信业务中的网络经济学分析. 现代商贸工业. 2010 (19).

[2752] 郑宏星, 顾冬梅. 中国产业集群演进与制度选择. 沈阳师范大学学报 (社会科学版). 2010 (01).

[2753] 郑辉灿, 吴蔚诗. 国美之争, 谁是最大赢家. 新闻天地 (上半月刊). 2010 (10).

[2754] 郑佳宁. 美国电力能源监管的中国借鉴. 中国对外贸易. 2010 (09).

[2755] 郑嘉伟, 卜正学. 经济增长、投资与城乡收入差距互动关系的实证分析. 特区经济. 2010 (11).

[2756] 郑江淮. 理解战略性新兴产业的发展——概念、可能的市场失灵与发展定位. 上海金融学院学报. 2010 (04).

[2757] 郑锦荣，徐福缘．非合作状态下制造商与垄断供应商之间的谈判博弈研究．管理学报．2010（03）．

[2758] 郑瑾．浅析国有燃气企业体制改革——西安市天然气总公司合资改制中的分析与思考．城市燃气．2010（04）．

[2759] 郑景昕．基于知识、信息视角的企业一体化效率增进机理研究．黑龙江对外经贸．2010（02）．

[2760] 郑靖．基础设施运营的制度路径：引入竞争，放松管制．中国集体经济．2010（22）．

[2761] 郑君君，许明娠．基于风险投资防范串谋的激励模型研究．武汉大学学报（哲学社会科学版）．2010（01）．

[2762] 郑磊．财政分权对教育服务提供效果的影响．财经科学．2010（11）．

[2763] 郑龙．加强征地补偿费监管维护农民的土地权益．福建农业．2010（09）．

[2764] 郑鸣，李思哲，肖健．公司并购理论：回顾与评述．湘潭大学学报（哲学社会科学版）．2010（01）．

[2765] 郑宁，薛晓光，张慈．产业内贸易研究现状．河北理工大学学报（社会科学版）．2010（06）．

[2766] 郑茜，许晓东，李显玉．重庆农村居民区域收入差距现状及影响因素．重庆理工大学学报（社会科学版）．2010（08）．

[2767] 郑强，徐丙振．有限理性企业市场占有率的混沌分析．宁波大学学报（理工版）．2010（03）．

[2768] 郑群峰．从城乡投资差异视角看我国城乡收入差距形成的原因．海南金融．2010（03）．

[2769] 郑少霖，余爱云．民用航空市场垄断协议研究．合肥工业大学学报（社会科学版）．2010（03）．

[2770] 郑石桥，王建军．贫困和财政预算寻租关系研究：基于我国省际面板数据的实证分析．财政监督．2010（08）．

[2771] 郑双胜．化解城乡居民收入差距路径探析——基于农村社会保障视角．安徽农业科学．2010（28）．

[2772] 郑小霖．我国城乡居民收入差距的现状和对策研究．漳州职业技术学院学报．2010（03）．

[2773] 郑小霞．我国食品安全监管现状及对策．法制与经济（下旬）．2010（04）．

[2774] 郑晓青．利益相关者视角下环境信息披露研究．财会通讯．2010（10）．

[2775] 郑筱婷．BAMs的均衡报价性质及其对合谋的激励．南方经济．2010（03）．

[2776] 郑孝华．大陆法系国家劳动法对劳动合同期限制度的影响．法制与经济（中旬刊）．2010（09）．

[2777] 郑昕．流通领域商品质量问题的博弈分析与监管对策．中国市场．2010（36）．

[2778] 郑兴无．中国航空运输产业国际竞争力研究．未来与发展．2010（04）．

[2779] 郑循刚，胡培．四川省农户农业生产全要素生产率增长分解——基于2005～2007年的面板数据分析．农村经济．2010（06）．

[2780] 郑祎华．当前我国保险营销存在的问题及其建议．党政干部学刊．2010（11）．

[2781] 郑祎华．我国银行保险的发展及监管．党政干部学刊．2010（03）．

[2782] 郑滢滢．正确看待当前经济环境下的海外并购——腾中重工，吉利事件给我们的启示．现代商业．2010（11）．

[2783] 郑又源．我国信用评级机构规制与监管问题研究．兰州大学学报（社会科学版）．2010（06）．

［2784］郑宇洁．浅析银行入股保险公司对金融混业经营的影响及建议．中国商界（下半月）．2010（04）．

［2785］郑宇明．日本金融控股公司立法、监管及变革趋势的启示．金融发展研究．2010（06）．

［2786］郑跃华．征地过程中的利益分配．经营管理者．2010（21）．

［2787］郑云．论经营者集中的反垄断法问题．湖北广播电视大学学报．2010（04）．

［2788］郑云．浅析经营者集中反垄断规制的实质性标准．红河学院学报．2010（02）．

［2789］郑震．湖南省城乡居民收入差距测度研究．财务与金融．2010（05）．

［2790］郑征平．内蒙古保险市场结构分析及监管建议．中国保险．2010（02）．

［2791］郑子远．基于财政分权与经济增长之间的关系探究最优财政分权度．财政监督．2010（19）．

［2792］郑宗汉．加强国有资产监管．当代经济研究．2010（07）．

［2793］支大林．东北农村地下金融现状调查与发展对策．经济学动态．2010（05）．

［2794］植志刚，何真．政府与市场间互动制度探析——以汶川地震灾后住房重建为分析对象．人民论坛．2010（35）．

［2795］中国人民银行大同市中心支行课题组，张启文．宏观审慎监管政策框架及央行作用．内蒙古金融研究．2010（04）．

［2796］中国人民银行哈尔滨中心支行青年课题组．我国商业银行X效率实证研究：2001～2006. 黑龙江金融．2010（10）．

［2797］中国人民银行昭通市中心支行课题组，杨丽英，贺丹．县级国库内控监管制度建设调查与分析——以云南省昭通市县支库为例．时代金融．2010（02）．

［2798］钟春洋．我国重复建设的历史回顾、形成机理与治理路径．华东经济管理．2010（06）．

［2799］钟甫宁．劳动力市场调节与城乡收入差距研究．经济学动态．2010（04）．

［2800］钟甫宁，易小兰．消费者对食品安全的关注程度与购买行为的差异分析——以南京市蔬菜市场为例．南京农业大学学报（社会科学版）．2010（02）．

［2801］钟刚．我国反垄断法豁免的程序控制模式研究——事先控制，抑或事后控制？．经济法论丛．2010（01）．

［2802］钟海燕，冉茂盛．制度环境、所有权性质与负债的治理效应．技术经济．2010（07）．

［2803］钟海燕，冉茂盛，文守逊．国有控股、治理特征与公司投资．山西财经大学学报．2010（08）．

［2804］钟恒．QDⅡ基金似遭冷遇？．大众理财顾问．2010（09）．

［2805］钟巨全．兼并重组整合条件综合评述及可行性分析．山西煤炭．2010（10）．

［2806］钟源，朱方策．电子货币风险分析及其对央行监管的影响．青海金融．2010（03）．

［2807］种晓丽，张金隆，聂磊，等．具有纵向差异的移动服务产品定价策略．情报杂志．2010（06）．

［2808］仲春．金融危机与反垄断法实施．西南政法大学学报．2010（04）．

［2809］仲春．金融危机带来的反垄断法难题——各国的做法及对我国的启示．行政与法．2010（02）．

［2810］仲玉洁，张吉国，刘静．中国苹果产业组织结构、行为和绩效分析．山东省农业管理干部学院学报．2010（06）．

［2811］周柏旭，于千千．餐饮业集中度影响因素实证研究．企业研究．2010（12）．

［2812］周蓓．我国民航客运价格规制的绩效评价与改革思路探讨．特区经济．2010（01）．

［2813］周必彧，潘明．浙江行业职工工资收入差距变动趋势及成因．统计科学与实践．2010（08）．

［2814］周冰．谷歌的中国式败局．新经济杂志．2010（03）．

［2815］周彩霞．监管失灵导致的共有信念扭曲：对食品安全问题频发的经济学分析．长春市委党校学报．2010（05）．

［2816］周婵，金志安，赵延东．浅析金融与环境保护．中国科技信息．2010（12）．

［2817］周超．审计寻租问题研究．吉林农业．2010（10）．

［2818］周超．浅谈对工程项目内部承包制度的监管．黑龙江交通科技．2010（02）．

［2819］周春辉．企业并购动因理论综述．现代商业．2010（05）．

［2820］周春慧．互联网电视，路在何方？．电子知识产权．2010（09）．

［2821］周春宇．政府如何有效监管和引导企业积极履行社会责任．企业研究．2010（16）．

［2822］周丹，王树武．政府部门与企业组织人力资源管理比较研究．学理论．2010（28）．

［2823］周东升，穆瑞田．钢铁行业中委托代理问题．河北理工大学学报（社会科学版）．2010（04）．

［2824］周风娟．基于博弈视角的中小企业融资探究．企业导报．2010（02）．

［2825］周浩明．民营银行并购国有银行的动机、成本与风险探析．财务与金融．2010（01）．

［2826］周灏，祁春节．美国对华蜂蜜反倾销效应分析．生态经济．2010（07）．

［2827］周红，李莫愁．财政转移支付、市场化进程与地区间收入差距．行政事业资产与财务．2010（07）．

［2828］周宏春，李新．中国的城市化及其环境可持续性研究．南京大学学报（哲学·人文科学·社会科学版）．2010（04）．

［2829］周鸿升，郭保香，李玉杰，等．中美核桃发展历程及产业政策对比研究．林业经济．2010（03）．

［2830］周后红．基于中国—东盟自由贸易区的产业内贸易探讨．南宁职业技术学院学报．2010（06）．

［2831］周虎城．打破食品安全问题的利益共同体．小康．2010（04）．

［2832］周建波，刘源．农业保险市场中政府责任定位的经济学分析．农业经济问题．2010（12）．

［2833］周建双，王建良．国外天然气定价与监管模式比较．中国物价．2010（11）．

［2834］周金朝．我国的财政分权与经济增长述评．财政监督．2010（09）．

［2835］周金龙．房地产市场主体利益目标及其规制分析．经济研究导刊．2010（23）．

［2836］周经纬．我国资产评估寻租行为分析．会计之友（下旬刊）．2010（08）．

［2837］周九常．竞争情报在连锁经营和特许经营中的作用．情报杂志．2010（03）．

［2838］周俊生．央企“退房”应谨防更大垄断．商周刊．2010（08）．

［2839］周开宁，黄永涛．农产品质量安全问题中的市场失灵与政府干预．中共福建省委党校学报．2010（09）．

［2840］周莉，刘九洲，李黎明．儿童使用网络游戏的规制依据和指标探讨——来自上海、深圳、长沙三地的实证调查．浙江师范大学学报（社会科学版）．2010（05）．

［2841］周立．央企扩张背后．上海国资．2010（04）．

［2842］周俐萍．从非价格制度谈对市场经济内涵的再认识．改革与战略．2010（03）．

［2843］周亮，郑雯洁．论我国企业并购反垄断审查中的利益考量——关于可口可乐并购汇源案的法律思考．经济法论丛．2010（01）．

［2844］周琳，昌烨．中国居民收入差距的实证分析．黑龙江对外经贸．2010（05）．

［2845］周鹭．并购双方战略匹配分析模型研究．中国流通经济．2010（08）．

［2846］周满意．制度性进入壁垒与手机企业竞争战略分析．企业活力．2010（01）．

[2847] 周敏．中国对决：家乐福与沃尔玛．沪港经济．2010（11）．

[2848] 周明．我国信托业治理整顿的深层原因研究．当代经济．2010（12）．

[2849] 周培奇．医疗支出与宏观经济：中国和美国的比较．上海商学院学报．2010（06）．

[2850] 周鹏．解读"义乌产业布局之谜"——基于政府行为与社会资本的视角．发展研究．2010（04）．

[2851] 周平．联合重组：浙江民营中小企业发展路径探析．中国集体经济．2010（08）．

[2852] 周倩．我国高校学生权力研究10年：观念演变与合理模式．现代大学教育．2010（04）．

[2853] 周清，龙永保．西方国家应用规制理论的经验对规制我国垄断行业收入分配行为的启示．企业活力．2010（09）．

[2854] 周清杰，徐菲菲．第三方检测与我国食品安全监管体制优化．食品科技．2010（02）．

[2855] 周权雄，朱卫平．国企锦标赛激励效应与制约因素研究．经济学（季刊）．2010（02）．

[2856] 周如美．特许经营模式的制度分析架构：研究综述．经济研究导刊．2010（12）．

[2857] 周韶莎，武云亮．论地方政府在推动特色农业产业集群发展中的作用——以寿光为例．农村经济与科技．2010（03）．

[2858] 周少晨．第三方跨境支付：发展态势、风险与监管．中国信用卡．2010（16）．

[2859] 周少甫，亓寿伟，卢忠宝．地区差异、城市化与城乡收入差距．中国人口．资源与环境．2010（08）．

[2860] 周绍杰，王有强，殷存毅．区域经济协调发展：功能界定与机制分析．清华大学学报（哲学社会科学版）．2010（02）．

[2861] 周晟，高福君．"新农合"与"新医改"双重背景下公立医院的财务管理——以L市医院为例．皖西学院学报．2010（01）．

[2862] 周世厚，孙启林．美国高等教育协会组织的内部协调机制解析．外国教育研究．2010（05）．

[2863] 周寿英．百度和奇虎走向决裂兄弟情反目成仇．中国品牌．2010（10）．

[2864] 周叔莲．改革分配制度才能扩大内需．中国流通经济．2010（11）．

[2865] 周树勇．垄断行业收入分配改革刻不容缓．太原城市职业技术学院学报．2010（08）．

[2866] 周四军，冯岑．基于HLM模型的中国商业银行规模效率研究．统计与信息论坛．2010（09）．

[2867] 周天荣．当前食品安全监管工作存在的问题及对策．中国卫生法制．2010（06）．

[2868] 周天勇．人口流动是缩小城乡差距的重要途径．农村工作通讯．2010（11）．

[2869] 周万中，鲁丽莎．在华跨国公司寻租问题的治理思考．特区经济．2010（06）．

[2870] 周炜桢．麦当劳中国再遭食品安全质疑．中国品牌与防伪．2010（08）．

[2871] 周玮．政治密度、在职消费与制度环境．软科学．2010（08）．

[2872] 周文兴，周特立，杨建西．基于委托—代理机制的电力企业污染治理研究．技术经济．2010（01）．

[2873] 周雯．农村公共事业民营化改革的模式探索．现代物业（中旬刊）．2010（10）．

[2874] 周五七．中部地区承接沿海产业转移中的制度距离与制度创新．经济与管理．2010（10）．

[2875] 周小梅．关于民间投资进入垄断性行业进程中的管制问题．管理现代化．2010（01）．

[2876] 周小梅．我国食品安全管制的供求分析．农业经济问题．2010（09）．

[2877] 周小梅，边旭．我国房地产企业的合谋行为与反垄断政策．价格理论与实践．2010（01）．

[2878] 周小明．论经济民主与反垄断法——兼评我国反垄断执法机构的设置．特区经济．2010

(04).

[2879] 周晓丽，党秀云．论公共服务的政府供给．商丘师范学院学报．2010 (02).

[2880] 周晓唯，赵娜．经济学视角下商业贿赂成因及治理探析．经济经纬．2010 (04).

[2881] 周兴，王芳．中国城乡居民的收入流动、收入差距与社会福利．管理世界．2010 (05).

[2882] 周兴，王芳．中国城市与农村基尼系数变动的分解研究．经济科学．2010 (01).

[2883] 周行．浅析“ABC”分类法在外汇主体监管中的运用．金融发展研究．2010 (09).

[2884] 周行，陈涛．外汇管理中涉汇休眠企业监管工作研究．安徽电子信息职业技术学院学报．2010 (01).

[2885] 周行健．美国金融监管改革法案对我国银行业的影响及对策．海南金融．2010 (11).

[2886] 周雄杰，宁立盛．市场经济条件下的收入分配问题研究——基于实证分析的视角．经营管理者．2010 (14).

[2887] 周旋．基于ARMA预测方法的中国石油企业跨国并购价格风险分析．湖北财经高等专科学校学报．2010 (05).

[2888] 周学峰．析监管视角下“保险”的含义．山东社会科学．2010 (04).

[2889] 周学梅．试析经济公平与社会公平在收入分配中的实现．宿州学院学报．2010 (10).

[2890] 周雪藜，程永杰．从市场与政府关系的视角论发展经济学的发展．当代经济．2010 (22).

[2891] 周艳春．青海省城乡居民收入差距的实证分析．商品与质量．2010 (S7).

[2892] 周阳军．X运输集团内部审计问题研究．现代经济信息．2010 (14).

[2893] 周业旺，张庆年，万凤娇．中国上市公司并购绩效的困惑分析．武汉理工大学学报(社会科学版)．2010 (01).

[2894] 周莹莹，刘传哲．环境成本对煤炭价格形成机制的影响．价格理论与实践．2010 (10).

[2895] 周颖．网络经济条件下的产业反垄断规制探讨．河南财政税务高等专科学校学报．2010 (05).

[2896] 周永源．大学制度建设研究——以权力结构与组织结构为视角．北京科技大学学报(社会科学版)．2010 (01).

[2897] 周永源，高俊山．钢铁企业规模与绩效的实证研究．科技与管理．2010 (05).

[2898] 周宇杰，仇爱云．家电零售寡头企业并购中的不正当竞争行为．中国商贸．2010 (10).

[2899] 周宇琼．基尼系数在中国失灵的原因分析．商业文化（学术版)．2010 (08).

[2900] 周玉艳．基于DEA的我国商业银行效率分析．经济界．2010 (06).

[2901] 周渊．可口可乐收购汇源的垄断之辩．市场周刊（理论研究)．2010 (01).

[2902] 周元英，魏远明．问罪第三方支付．IT时代周刊．2010 (15).

[2903] 周媛媛．浅谈政府采购过程中的问题与对策．中国商贸．2010 (25).

[2904] 周月．保险产品监管机制的完善．法制与社会．2010 (13).

[2905] 周云波．我国收入差距变化何时迎来倒U轨迹的拐点．经济纵横．2010 (04).

[2906] 周云波，马草原．城镇居民收入差距的“倒U”拐点及其演变趋势．改革．2010 (05).

[2907] 周云龙，王芳．我国农产品质量安全监管的困境和突破研究——基于广东、广西两省的实地调研．农产品质量与安全．2010 (03).

[2908] 周曾．媒体行业的市场集中度分析．湖南大众传媒职业技术学院学报．2010 (05).

[2909] 周震宇．食品小作坊整合的必要性和约束条件分析．中国质量技术监督．2010 (10).

[2910] 周正，许鑫，张曦．基于Bertrand模型的横向兼并单边效应分析．黑龙江对外经贸．2010 (04).

[2911] 周志刚，周明磊，蒋文．正规企业制假的内在机理及政策选择．现代管理科学．2010

(11).

[2912] 周志强，张争艳，谭斌斌．政府在零供关系管理中的作用．中国商贸．2010 (16).

[2913] 周子实．论市场秩序与国家管理秩序的界线——以扰乱市场秩序罪的客体为对象．湖南公安高等专科学校学报．2010 (04).

[2914] 朱柏铭．建构前向纠错与后向纠偏的预算控制系统．财贸经济．2010 (01).

[2915] 朱柏蓉，何璐．浅析网络虚拟货币的本质及影响——以Q币为例．现代商业．2010 (12).

[2916] 朱兵，王文平，张廷龙．新兴企业知识网络中最优关系强度．系统工程．2010 (07).

[2917] 朱婵敏．反垄断法视野中的通道费现象．法制与社会．2010 (07).

[2918] 朱成章．关于我国实行阶梯电价的建议和设想．中外能源．2010 (05).

[2919] 朱成章．阶梯电价：电力工业市场化改革的必由之路．大众用电．2010 (03).

[2920] 朱成章．我国阶梯电价的路径选择．中国电力企业管理．2010 (01).

[2921] 朱德礼．关于加强食品安全保障监管力度的建议．内蒙古统战理论研究．2010 (01).

[2922] 朱冬琴，陈文浩．控制权、控制权与现金流权偏离度对并购的影响——来自中国民营上市公司的经验证据．财经研究．2010 (02).

[2923] 朱峰．独立审计激励机制模式及外部监督机制研究．财会月刊．2010 (27).

[2924] 朱凤云．提高效率："注重公平""更加注重公平"的前提．西南农业大学学报（社会科学版）. 2010 (05).

[2925] 朱福兴．区域非均衡发展与地方政府适度干预——以江苏省实施"区域共同发展"战略为例．改革与战略．2010 (09).

[2926] 朱富强．中国的房价问题：现状、问题、成因及解决方向——现代社会是如何偏离"住者有其屋"这一理想的．当代经济管理．2010 (03).

[2927] 朱伽林，周国光．发达国家采用特许经营制度发展收费公路的经验借鉴．公路交通科技．2010 (04).

[2928] 朱光武，郑功成，赵振铣，等．推进分配制度改革共享经济发展成果．群言．2010 (05).

[2929] 朱国泓，赵佳俪，杜兴强．大股东资金占用的监管博弈：模型建构与应用．管理评论．2010 (09).

[2930] 朱国华，方毅．商品期货交易所的竞争优势．现代管理科学．2010 (08).

[2931] 朱颢东，李红婵，钟勇．基于特征集中度和差别对象对集的特征选择方法．信息与控制．2010 (02).

[2932] 朱合理．我国大学领导体制的理性思考．当代教育论坛（管理研究）. 2010 (12).

[2933] 朱恒鹏．费用过高：缘于垄断而非逐利．中国医院院长．2010 (01).

[2934] 朱华．证券市场市场势力的分析．现代物业（中旬刊）. 2010 (06).

[2935] 朱华．食品药品监管局：探索建立大监管模式打造食品药品最安全城市．杭州（下旬刊）. 2010 (02).

[2936] 朱慧，董雪兵．地方政府竞争与区域对外开放——基于我国省级面板数据的实证研究．浙江社会科学．2010 (04).

[2937] 朱纪红．绿色GDP核算内容及方法研究．经济研究导刊．2010 (01).

[2938] 朱家谊．政府干预与企业债务期限结构研究——来自我国上市公司的经验数据．财经科学．2010 (10).

[2939] 朱建民，魏大鹏．我国产业自主创新的现状、问题及路径选择．经济与管理研究．2010 (01).

[2940] 朱杰，程超．并购海外汽车企业所引起的文化碰撞．汽车工程师．2010（04）.

[2941] 朱金艳，魏晓平．黑龙江省矿业产业资源配置效率评价．资源与产业．2010（02）.

[2942] 朱劲松．中国农民和农民工的边缘化——基于农民工收入与数量等实证数据的分析．西北农林科技大学学报（社会科学版）．2010（04）.

[2943] 朱劲松．城乡收入差距、农民工数量与农民收入：基于实证数据的分析与思考．孝感学院学报．2010（02）.

[2944] 朱劲松，陈浩．失地农民市民化的途径：基于土地征用制度的思考——以湖北省为例．生产力研究．2010（06）.

[2945] 朱婧婧，沈军斌，辛万里．强化异体问责提高问责效率．中国工商管理研究．2010（12）.

[2946] 朱俊峰，李迅，王健．后危机时代新兴市场国家外资银行的监管策略．中国金融．2010（22）.

[2947] 朱凯．论产业政策与竞争法的冲突与协调．菏泽学院学报．2010（01）.

[2948] 朱磊．台湾资本市场对大陆开放现状与效果．海峡科技与产业．2010（10）.

[2949] 朱丽婉．GDP锦标赛与绿色信贷的推行．中国商界（下半月）．2010（08）.

[2950] 朱丽颖．企业技术创新中的政府行为：诱因、动机及其耦合．东北大学学报（社会科学版）．2010（05）.

[2951] 朱璐璐，寇恩惠．我国社会保障支出与城镇居民收入差距——以江苏省为例．上海财经大学学报．2010（03）.

[2952] 朱美丽．公共治理视角下农村合作医疗困境及出路分析．湖南税务高等专科学校学报．2010（04）.

[2953] 朱明，谭芝灵．西方政府规制理论综述——兼谈金融危机下我国规制改革建议．华东经济管理．2010（10）.

[2954] 朱铭来，奎潮．我国企业财产保险经营与发展战略分析．中国金融．2010（05）.

[2955] 朱沛智，陈浩．关于我国反垄断执法机构设置模式的思考．天津师范大学学报（社会科学版）．2010（05）.

[2956] 朱七光，李安巧．基于审计人员独立性与投资者保护的财务披露商业保险模式构建．财会月刊．2010（06）.

[2957] 朱琪．上市公司控股股东和高管变更是否改善了企业绩效？．管理工程学报．2010（01）.

[2958] 朱丘祥．我国中央与地方税权划分的转型期特征及其法治走向．当代财经．2010（06）.

[2959] 朱秋．论城市供暖的非盈利性及其监督和监管．商业时代．2010（14）.

[2960] 朱莎．对公用企业在反垄断法上的性质地位的思考．金卡工程（经济与法）．2010（01）.

[2961] 朱四海．水电火电到底该不该同价？．中国三峡．2010（01）.

[2962] 朱甜甜．连锁超市实施成本领先战略的必要性研究．现代商贸工业．2010（08）.

[2963] 朱卫卫．格力打死美的员工背后的行业恶性竞争．IT时代周刊．2010（22）.

[2964] 朱文鑫．略论我国反垄断私人执行体制的建构．安顺学院学报．2010（03）.

[2965] 朱文鑫．浅谈我国区域经济一体化进程中的行政协议．湖北成人教育学院学报．2010（04）.

[2966] 朱小川．英国寿险抵押贷款产品的失败与监管．金融教学与研究．2010（05）.

[2967] 朱小川．美国场外衍生品监管规则的演变与改革述评．区域金融研究．2010（02）.

[2968] 朱小平，娄欣轩，陈仲威．环境会计信息披露的困境与出路．财会通讯．2010（10）.

［2969］朱晓明．加强消防产品监管的思考．柴达木开发研究．2010（06）．

［2970］朱晓宁．“国进民退”：现实的选择——论“国进民退”在当前经济形势下的必然性．经济与社会发展．2010（10）．

［2971］朱晓霞．企业实施多元化经营应注意的三个问题．经营与管理．2010（02）．

［2972］朱晓雨，张瑞萍．从哥本哈根会议再看企业社会责任．才智．2010（11）．

［2973］朱新枝．绿色贸易壁垒对中国出口贸易的影响．经营管理者．2010（13）．

［2974］朱兴宏，汪传雷．义务教育学校绩效工资制度（激励机制）研究．皖西学院学报．2010（04）．

［2975］朱秀敏．从检验着手提高小作坊的食品安全．中国质量技术监督．2010（05）．

［2976］朱亚光．成本收益分析视角的低碳经济简单模型研究．中国证券期货．2010（05）．

［2977］朱燕．对外贸易对中国产业结构升级影响研究．特区经济．2010（03）．

［2978］朱颐和，肖利君．从寻租理论探讨经营性国有资产流失与监管．现代商贸工业．2010（11）．

［2979］朱艺林．从“高盛养猪”到“老牛装哭”——从两则故事看民族企业面对外资入侵．东方企业文化．2010（03）．

［2980］朱轶，吴红宇．论财政分权引发的地方政府引资竞争与 FDI 挤出效应．现代财经（天津财经大学学报）．2010（06）．

［2981］朱意秋，陈倩倩．海洋运输强国与航运自由化．中国海洋大学学报（社会科学版）．2010（03）．

［2982］朱毅．国际汽车市场分析和对我国开拓国际市场建议．汽车与配件．2010（41）．

［2983］朱毅．欧盟汽车产品市场准入制度重大变革．安全与电磁兼容．2010（01）．

［2984］朱毅．证券市场流动性风险防范问题探析．华北金融．2010（09）．

［2985］朱应平．论宪法对高校招生地域名额分配的规制——基于德国判例的对照分析．浙江学刊．2010（01）．

［2986］朱永红，何强，董慧．吉安市农村土地流转中政府行为初探．商场现代化．2010（24）．

［2987］朱玉方．水电项目购并工作研究．红水河．2010（02）．

［2988］朱玉林，周杰，刘旖．以 DEA 法为工具的商业银行效率指标体系构建与评价．现代财经（天津财经大学学报）．2010（11）．

［2989］朱玉玲．多晶硅产业发展与环境保护问题探析．理论界．2010（11）．

［2990］朱云鹃，洪天求，王侠．铁矿消费弹性与垄断定价机制的分析及启示．预测．2010（06）．

［2991］朱云平．转型期市场秩序制度变迁中的博弈．五邑大学学报（社会科学版）．2010（01）．

［2992］朱云章．城乡劳动力流动对收入差距变化的影响——机理分析与实证检验．华东经济管理．2010（11）．

［2993］朱云章．我国城乡劳动力流动影响收入差距变化的机理分析．科学经济社会．2010（01）．

［2994］朱耘．在线广告：谁与谷歌争锋？．商学院．2010（Z1）．

［2995］朱正余．基于博弈理论与演化均衡的企业招标监管分析．统计与决策．2010（24）．

［2996］朱钟棣．我国贸易品结构和行业收入差距之间的双向影响关系．当代财经．2010（05）．

［2997］诸江，周训芳．我国环境税费制度改革的具体税制设计．求索．2010（05）．

［2998］诸粤珊，毛丹．发电企业基层员工思想问题调查及对策研究．中国电力教育．2010

(06).

［2999］祝爱民，姚凯．企业资源控制和依赖程度对非市场战略的分类与实际应用探讨．企业导报．2010（06）.

［3000］祝琼．试论国有企业监管的问题与对策．经营管理者．2010（14）.

［3001］祝思华，王静．我国旅行社低价竞争浅谈．老区建设．2010（06）.

［3002］祝伟，汪晓文．中国省际间农村居民收入结构和收入差距分析．中国人口·资源与环境．2010（04）.

［3003］祝志勇，高扬志．财政压力与官员政绩的牵扯：细究地方政府投融资平台．改革．2010（12）.

［3004］庄洪艳，周春华．会计寻租的危害及其对策分析．现代商贸工业．2010（22）.

［3005］庄巨忠．包容性增长的政策含义及对中国构建和谐社会的启示．金融博览．2010（11）.

［3006］庄琼民．农村药品市场监管存在的问题及对策．海峡药学．2010（05）.

［3007］庄伟．从iPhone引入中国看政府与企业的博弈．中国商界（下半月）．2010（01）.

［3008］庄玉平．煤业会计信息市场的适度监管．经营管理者．2010（21）.

［3009］卓萍．基于SSP范式的公共组织绩效差异研究．厦门理工学院学报．2010（02）.

［3010］卓玉施，吕梦浪．从农房重建看差异产品与规模经济——以彭州市农房重建为例．当代经济．2010（09）.

［3011］卓岳．金融危机下中国中小企业的经济状况与发展机遇浅谈．现代经济信息．2010（16）.

［3012］卓志，段胜．巨灾保险市场机制与政府干预：一个综述．经济学家．2010（12）.

［3013］訾达，周峰．我国环境税费改革．企业导报．2010（05）.

［3014］宗寒．正确认识国有经济的地位和作用——与袁志刚、邵挺商榷．学术月刊．2010（08）.

［3015］宗晓华．财政分权、人口外流与地方政府义务教育投资的实证检验．统计与决策．2010（15）.

［3016］宗学花．解决食品安全问题需标本兼治．中国牧业通讯．2010（22）.

［3017］宗颛．美国："反托拉斯"运动重创亚洲液晶面板业．中国数字电视．2010（08）.

［3018］邹国庆，高向飞，高春婷．组织间关系的作用机制：基于合法性与交易费用的研究视角．软科学．2010（02）.

［3019］邹国庆，倪昌红．管理者的社会关系与企业绩效——组织学习的中介作用．山西财经大学学报．2010（05）.

［3020］邹俊伟，杨中全，段谋娟．财政分权、转移支付与地方政府教育投入努力．中央财经大学学报．2010（01）.

［3021］邹科．绿色壁垒对我国纺织品贸易的影响及对策．市场论坛．2010（04）.

［3022］邹琳．基于纳什谈判的供应链环境成本分摊研究．商业时代．2010（25）.

［3023］邹冉冉．网络经济的出现对企业传统贸易的影响探析．科技创新导报．2010（13）.

［3024］邹巍．中国商业银行规模经济的实证研究——基于2006～2008年面板数据模型的分析．经济经纬．2010（05）.

［3025］邹文杰．产业组织合作新范式探析．中国经济问题．2010（01）.

［3026］邹文杰．能力互补、联盟效应与企业竞争优势．商丘师范学院学报．2010（07）.

［3027］邹燕．公用事业市场化的问题与反思．宏观经济研究．2010（04）.

［3028］邹阳．城市住房不平等理论及困境分析——一个集体消费的视角．淮北煤炭师范学院学报（哲学社会科学版）．2010（04）.

［3029］祖明．竞争优势的内涵、构成要素及可持续性问题思考——以通用汽车为例．江苏大学学报（社会科学版）.2010（02）.

［3030］左玲．反垄断法视野下的消费者权益保护．世纪桥.2010（11）.

［3031］左新敏，蒲春玲，赵芸君．新疆食品经营主体信用监管模式研究．新疆农业科学.2010（03）.

第七部分

反垄断与规制重要事件介绍

[1] **百度被河北企业投诉涉嫌垄断　反垄断法成焦点**

2009年12月18日，北京市第一中级人民法院（“法院”）公开开庭宣判了原告唐山市人人信息服务有限公司（“人人公司”）诉被告北京百度网讯科技有限公司（“百度公司”）垄断纠纷案，判决驳回原告人人公司的诉讼请求。

相关事实

原告人人公司是一家从事医药信息咨询服务的公司。其诉称：由于其降低了对百度搜索竞价排名的投入，被告百度公司即对其所经营的全民医药网在自然排名结果中进行了全面屏蔽，从而导致了全民医药网访问量的大幅度降低。而百度公司这种利用中国搜索引擎市场的支配地位对其网站进行屏蔽的行为，违反了我国《反垄断法》的规定，构成滥用市场支配地位强迫其进行竞价排名交易的行为。为此，人人公司请求法院判令被告百度公司赔偿其经济损失人民币1106000元，解除对全民医药网的屏蔽并恢复全面收录。

被告百度公司辩称，其确实对原告人人公司所拥有的全民医药网采取了减少收录的措施，实施该措施的原因是人人公司的网站设置了大量垃圾外链，搜索引擎自动对其进行了作弊处罚。但是，该项处罚措施针对的仅仅是百度搜索中的自然排名结果，与原告人人公司所称的竞价排名的投入毫无关系，亦不会影响其竞价排名的结果。其次，原告人人公司称百度公司具有《反垄断法》所称的市场支配地位缺乏事实依据。百度公司提供的搜索引擎服务对于广大网民来说是免费的，故与搜索引擎有关的服务不能构成《反垄断法》所称的相关市场。因此，被告百度公司请求人民法院判决驳回原告人人公司的诉讼请求。

判决分析

与上海市第一中级人民法院于2009年10月23日就北京书生诉盛大旗下起点中文网所作出的判决相比，本案的判决对以下方面提供了更为详尽的解读与分析：（1）相关市场的界定；（2）市场支配地位的认定；（3）滥用市场支配地位行为的认定及其正当性之认定。

（1）相关市场的界定

法院认为“中国搜索引擎服务市场”是本案中《反垄断法》意义上的“相关市场”，理由如下：

（a）相关产品市场：法院认为，由于“搜索引擎服务所具有的快速查找、定位并在短时间内使网络用户获取海量信息的服务特点，是其他类型的互联网应用服务所无法取代的，即作为互联网信息查询服务的搜索引擎服务与网络新闻服务、即时通讯服务等其他互联网服务并不存在构成一个相关市场所必需的紧密的需求替代关系。因此，‘搜索引擎服务’本身可以构成一个独立的相关市场。”

（b）相关地域市场：法院认为：“考虑到文化背景、语言习惯等因素，中国的网络用户选择并可以获取的较为紧密替代关系的搜索引擎服务一般来源于中国境内，即中国境内相关服务的提供者会表现出较强的竞争关系”，因此，其将本案的相关地域市场界定为中国境内市场。

（c）最后，尽管被告百度公司提出抗辩：由于搜索引擎服务相对于广大网络用户而言是免费的，而免费服务不是《反垄断法》所约束的领域，因此，本案不存在《反垄断法》意义上的相关市场，但是，法院对此观点不予支持，理由如下：“搜索引擎服务商向网络用户提供的免费搜索服务不能等同于公益性的服务，它仍然可以通过吸引网络用户并借助广告等营销方式来获得现实或潜在的商业利益。”

（2）市场支配地位的认定

在本案中，原告人人公司试图依据《反垄断法》第十九条第（一）项的规定去证明百度公司在“中国搜索引擎服务市场”具有市场支配地位，即百度公司在相关市场上的市场份额达到50%以上，从而推定百度公司具有市场支配地位。

为了证明百度公司在相关市场的市场份额超过50%，人人公司提交了以下证据：（a）刊登在

《中国证券报》2008 年 9 月 17 日第四版题为《百度坐拥中国搜索市场近 2/3》的文章，该文章述称：根据某咨询公司的调查结果，百度在搜索引擎市场以 65.8% 的市场份额遥遥领先；（b）百度公司于 2008 年 10 月 23 日在其网站上刊登的《百度 Q3 客户数欲破 20 万大关付费搜索增长稳健》之文章。百度公司在该文章中声称其在搜索引擎市场稳稳占据 70% 以上的市场份额。

尽管原告人人公司提供了以上证据，但法院认为其提供的证据不足以证明被告百度公司确实占据了"中国搜索引擎服务市场"二分之一以上的市场份额，即不足以证明百度公司获得了市场支配地位，理由如下：

（a）上述两篇文章所提到的"市场份额"所依据的相关市场的范围与本案所定义的相关市场的范围是否一致无法确定，而相关市场范围的大小与市场份额的计算直接相关，因此，法院不能确定上述两文中市场份额的计算是以范围相同的相关市场为依据。

（b）由于本案中的相关市场是中国搜索引擎服务市场，原告人人公司仅提交了两篇有关被告市场地位的新闻报道，未提供具体的计算方式、方法及有关基础性数据的证据能够使法院确信该市场份额的确定源于科学、客观的分析。

综上，在证明经营者是否具有市场支配地位的过程中，法院要求原告承担标准较高的举证责任，比如，原告不能仅仅依据新闻报道或公司宣传资料中所述称的市场份额而证明某一经营者具有市场支配地位，而是需要提供具体的分析。

此外，法院在本案中强调："认定经营者是否具有市场支配地位，原则上应当根据《反垄断法》第十八条所规定的市场份额、竞争状况、控制销售市场和原料市场的能力等因素进行判断。"由此可见，在缺乏相关反垄断执法机构对市场支配地位的认定之情形下，法院将对经营者是否具有市场支配地位的认定采取较为谨慎的态度。

滥用市场支配地位行为的认定及其正当性之分析。

根据《反垄断法》第十七条的规定，部分商业行为如具有正当理由，其将不构成滥用市场支配地位的行为。然而，《反垄断法》并未对"正当理由"进行规定，相关的实施细则或指南亦未出台。因此，本案判决中为如何理解和适用"正当理由"提供了一个很好的例子。

首先，法院强调："《反垄断法》并不禁止企业通过自身的发展形成规模经济，从而占据一定的市场支配地位，《反垄断法》禁止的是占据市场支配地位的企业所实施的，能够影响市场结构，破坏市场竞争秩序的行为和措施。如果经营者所实施的行为具有正当理由，也没有产生破坏市场竞争秩序的后果，即不构成《反垄断法》所禁止的滥用行为。"

接着，法院认定本案中的被告百度公司屏蔽原告人人公司的网页之行为具有正当理由，如下：

（a）总体而言，法院认为原告人人公司所经营的全民医药网被百度搜索减少收录的原因是其网站本身存在的"垃圾外链"被搜索引擎识别后，搜索引擎的反作弊机制对其进行了"减少收录数量"的处罚措施所致。

（b）其次，百度公司通过在其网站上登载相关内容，从而在一定程度上向社会公布了其搜索引擎的算法规则及针对作弊行为的处罚方式。

（c）再者，百度公司的处罚措施针对的是所有设置了"垃圾外链"的被搜索网站而非单独指向原告人人公司所经营的全民医药网。

（d）最后，法院还强调百度公司所采取的反作弊措施是为了使搜索结果更为真实和可靠，从而保护广大搜索引擎用户的利益。

本质而言，法院在本案的分析主要集中在被告百度公司采取的上述措施对原告人人公司而言是否存在歧视性或者胁迫性。

此外，法院认为：原告人人公司未能举证证明被告百度公司系因其降低了对竞价排名部分的投入而减少了对其所经营网站自然排名部分的收录，为此，对原告人人公司以其减少竞价排名投入而推定自然排名的结果也受到了影响的主张，法院不予支持。

事件启示

自《反垄断法》于2008年8月1日生效实施起，若干反垄断民事诉讼纷纷诉至法院。比如，2009年10月23日，上海第一中级人民法院一审判决，由于无法认定盛大旗下的起点中文网利用其市场支配地位胁迫其他网络写手，法院驳回了原告北京书生公司的所有诉讼请求。又如，2009年10月26日，中国移动被诉滥用市场支配地位一案在法院的支持下获得和解：在中国移动同意原告携号转为不收取“月租费”的移动通讯服务用户、并以“奖励”名义支付原告1000元补偿后，原告进行了撤诉。

百度公司被诉滥用市场支配地位案与上述民事案件的不同之处在于：

（a）法院第一次对以下问题进行了具体分析：相关市场的界定、市场支配地位的推定及认定、滥用市场支配地位行为之认定及其正当性之分析；

（b）对被告百度公司的行为采取了商业和经济分析的方法，而不是基于空泛的“公共利益”及“保护消费者利益”之概念；

（c）针对《反垄断法》项下的民事诉讼，法院设定了较高标准的举证责任。

总而言之，随着《反垄断法》的不断完善，以及相关司法解释的后续出台，中国的反垄断民事诉讼将面临重大的发展，在某一市场具有较大市场份额（如超过50%）的公司有必要做好应对的准备。

同时，这些案例也要求反垄断的相关立法部门加快立法的进程，避免出现这些案例中所出现的虽然有相关的法律条文，但是现实中却出现无法操作或者是操作困难的现象，比如本案中出现的何为“正当理由”的问题。这些都是《反垄断法》执法过程中的关键。

（资料来源：www. caijing. com. cn；china. findlaw. cn）

［2］北京网通区别对待用户被诉垄断

背景资料

李方平，北京瑞风律师事务所的律师，从1998年6月以来就在北京工作生活，但是户籍还在外地。

2006年，李方平在中国网通（集团）有限公司北京市分公司处报装固定电话时，只能接受北京网通官方网站公布的格式合同——《中国网通（集团）有限公司北京市分公司客户服务合同》。该合同第2条规定“客户户籍所在地或注册登记地不在北京市的，客户应按北京网通要求办理相应的担保手续，或者办理预付费的业务（服务）”。李方平因为找不到、也不愿求具有北京户籍的市民办理所谓的担保，于是选择办理预付费业务。

2007年5月，北京网通开始推广“亲情1+”业务，然而只限于后付费普通固定电话公众客户办理。这一差别待遇导致李方平无法享受北京网通所宣称的“月租归零、得通话时长、获增值服务、合账交费等诸多优惠和便捷”。

对于自己所受到的区别对待，李方平认为，北京网通凭借其在北京地区无与伦比的垄断地位，一直借口技术原因或者故意拖延计费平台系统的软件改进，借以维持对预付费用户的差别待遇，其行为不仅违背了公平、等价、诚实信用的民法原则，也完全符合《中华人民共和国反垄断法》第十七条第六款之规定的垄断行为。

案情进展

李方平在《反垄断法》正式实施的第一天2008年8月1日，就将北京网通起诉至了法院。要求法院确认被告利用其垄断地位在“亲情1+”服务条件上对原告实行差别待遇的格式合同条款及业务公告违法；判令被告向原告提供“亲情1+”业务的服务；并判令被告向原告支付赔偿金1元。

对于要求在京外地人安装预付费电话的做法，网通方面这样解释：“预付费电话是一项新业务，与普通电话业务没有优劣之分，只是受目前平台设备能力的限制，才先选择了非北京籍用户试行。……因为外地人相对而言流动性强，欠费追缴难度大，所以要求外地人安装预付费电话属无奈之举，而非故意歧视外地人。”

本案中原告诉被告滥用市场支配地位，2009年12月18日，北京市第一中级人民法院做出一审判决。

原告李方平（执业律师）就一审判决对中国网通集团有限公司北京分公司（简称“北京网通”，一家基础电信运营商）提出上诉，认为北京网通在其电话安装业务上滥用市场支配地位。2010年6月9日，北京市高级人民法院维持了一审判决。

北京网通就其电话安装服务业务制定了两种收费计划：“预付计划”和“先使用后付费”计划。北京网通网络服务合同标准版第二条规定：非北京户籍客户不得选择使用“先使用后付费”计划。李方平虽然在北京工作、居住多年，但其并无北京户籍。李方平曾向北京网通提出申请，要求使用“先使用后付费”计划，但遭到对方的拒绝，原因是其没有北京户籍。李方平诉称：北京网通的大量有关电话安装的优惠政策（包括“先使用后付费”计划）仅针对北京籍客户，此种做法明显是滥用其市场支配地位。他尤其强调，北京网通利用其市场支配地位在电话安装业务上对北京籍客户和非北京籍客户实施差别待遇。

一审判决的依据和关键

以下是一审判决中有关本案事实和法律分析的一些关键点：

法院认为原告对“市场”如何定义、被告在相对市场处于支配地位负有举证责任。李方平向法庭提交了两份证据：一家名为“电信排名”的网站上公布的北京网通的排名和网络上一篇关于北京网通在网络线路安装行业如何成功的文章。法院认为李方平提供的证据不充分，不足以证明北京网通在相关市场处于支配地位，同时，李方平亦未提供证据证明何为“相关市场”。

李方平诉称：北京网通没有合理理由即对北京籍客户和非北京籍客户实施差别待遇，明显违法了《中华人民共和国反垄断法》第十七条第六款的规定。

北京网通辩称：李方平提出的关于北京网通对北京籍和非北京籍客户实施差别待遇的说法与事实不符。如果非北京籍客户在北京拥有自己的房产，同样可以享受北京网通的各项优惠政策。北京网通如果不对非北京籍客户做某些限制，则将直接面临“经营风险”。法院采纳了北京网通的此种说法。

评析

很明显，李方平并未提出充分有力的证据证明北京网通在电话安装业务方面滥用市场支配地位，也未提出任何证据证明何为“相关市场”。根据中国法律规定，原告应就其诉讼请求提供充分的证据。网站上的排名和网络文章并不能证明北京网通在相关市场上处于支配地位。由此便引发一个问题，到底什么样的证据才能达到证明效果？我们认为，最好可以提供一些比较权威的调查数据，或者是来自权威经济学家或者经济代理机构统计的数据。

法院认为北京网通以“经营风险”为理由对不同客户差别待遇的理由成立也值得商榷。在其他一些司法区域，法院和反垄断机构通常认可“合理的商业理由”作为滥用市场支配地位的免责理由。

（资料来源：法律教育网；中国法院网）

［3］金税卡：特许的垄断

事件起因

一套被称为“金税卡”的软件是国家税务部门近几年一直推行的，用于规范税收的软件。

只要你是一般纳税人，申请报税资格时，可能会毫无防备地遇到一个隐蔽的垄断行业，你必须花费1万多元，只为购买一台老式电脑和配套设备。

你没法说“不”，只因为你需要一张装配在电脑上的“金税卡”。

这是一个有着惊人利润的国家特许行业。2007年，金税卡及配套设备销售已有16亿多元。“现在全国一般纳税人如果按300万计算，年新增率为20%，那么，金税卡配套的电脑和打印机的销售可能有60多亿元。”一名曾经从事金税卡销售的业内人士估算。

这已沉疴多年。2010年初，国税总局一个调查组终于低调前往贵阳听取企业意见。

国家大力推行税制改革，力图在金融危机之际，减少企业税收负担。在此背景下，国税总局的调查行动更意味深长。

一个字：贵

2009年7月，贵阳一家投资公司的会计小唐在国税服务大厅办理一般纳税人资格时，看到贴在墙上的一张通知：开具发票的电脑要安装金税卡，上面有服务单位的地址和电话。

小唐去到贵州爱信诺航天信息有限公司，这是航天信息股份有限公司（下称航天信息）在贵州的省级服务单位。

首先要上培训课，学习报税等常用知识，培训费500元/人，“要求要有两个人参加”，小唐说。她们交了1000元。

上课时，老师发了一份销售清单，上列17项产品，包括金税卡、电脑、打印机、U盘、WindowsXP操作系统、计算机桌椅、报税清单纸，还有各类杀毒、财务软件。

“老师说，上课看一下要买什么，下课来签合同。”小唐回忆。

教室里有二十多人，是来自不同公司的会计、出纳。现场小声骚动。小唐听到旁边有个女孩叹了口气，说：“我们都已经买好了，现在完了，要重复买了。”

“所有纳税人心里就是一个字：贵。”一家办公设备批发公司的陈总说。

陈总公司在一家电脑城。清单上列出供选择的3款“长城酷睿”电脑，价格都在5000元左右。“这样的配置只要2500多块钱就能在电脑城买到，还带操作系统。实际上，电脑城都不卖这样的配置，前年就已经是淘汰的机型了。”陈总说。

清单产品远远高于市场价。她举例，报税清单纸150元/箱，市场价只要50多元；一个系统隔离卡680元，“在电脑城也就200多元，你要我可以马上拿货。”她说。

2月20日下午，陈总从办公桌抽屉里翻出一张WindowsXP正版光盘，包装完整无缺，这是她从爱信诺花1080元买下的。但爱信诺的技术人员在上门安装、维护时，却是用盗版光盘。她打开从爱信诺花5080元购来的电脑，系统明显表明，这是盗版市场上流行的“风木雨林”版。“盗版碟市场上两块钱一张。”陈总说，“我们问技术人员，为什么不用正版的，他说你们也知道，盗版的一样好用。我们都笑了。”

在使用的近半年时间里，这台电脑反应速度太慢，陈总只能自己加了一块内存条，马马虎虎用着。

陈总原想廉价接收朋友的一套电脑和打印机，也是从服务单位购买的。她询问爱信诺，得到的答复是，要把设备拿来检测，时间是10天；另外，必须提交这套设备的来源和票据。“天哪，这怎么可能！”陈总觉得耗不起时间成本，而且是老设备，找不到来源凭证。

小唐也遇到类似问题。她们抬着一台同样机型的旧长城电脑去爱信诺咨询，对方一定要来源凭证。

这两家企业“谈判”耗了近一个月时间，无果而终。“我们耗不起时间，就当是一次性被宰一次了。”小唐说。她的遭遇和大部分企业一样：如果不购买足够多的设备，那么就无法拿到税控系统的操作合格证，也无法到国税局办理资格申请。

很多企业不明白服务单位和税务机关的关系，都抱着“怕得罪人”的心态，讨价还价购买了其中一部分产品，大部分都购买了电脑和打印机，而这些都可以从市场上以更低价格购到。

小唐所在公司花费了11000多元，陈总是13000多元。记者从另一些企业查询到，有的花费了18000多元。

以后，企业还要交495元/年的设备维护费。“现在买电脑都是免费维修，这样的收费不合理。”陈总觉得不可理喻。

贵州属于经济欠发达地区，企业不多，一般纳税人为 1 万多户，光维护费就近 500 万元。每年新增户可能近 2000 户，金税卡和配套设备的销售可达到近 2000 万元。如在企业云集的沿海发达地区，这项销售额将是一个天文数字。

购买金税卡的“重重关卡”

2 月 19 日上午，小唐同事小文上网搜索，在全国各地的论坛上，有许多类似投诉的帖子，都是在办理金税卡过程中，遭到百般刁难，最终只能忍气吞声。

新闻媒体也在介入调查。2009 年底，广州媒体曝光了东莞一家服务单位，有纳税人投诉称，这家服务单位“强行高价搭售电脑。网友认为该行为是‘霸王条例’，垄断敛财”。

东莞企业遇到的难题如出一辙，自家电脑无法安装金税卡，必须购买服务单位 5300 元，而市场价才 2500 元的电脑。报道引用一名税务机关工作人员的话，称这家服务单位是东莞唯一指定单位，但无须购买电脑，只要是符合软件安装要求的电脑就行。“这种问题在全国都很普遍。”贵阳、青岛一些曾在金税卡销售行业工作过的内部人士愿意向记者透露内幕。这其中夹杂着暴利行业的各地利益之争，但也终能使内幕大白于天下。“金税卡就像一把刀，想剁谁就剁谁。”贵阳一名业内人士称。“如果企业自己买电脑，可以动手脚，也可以拖时间，一两个月，企业拖不起。”业内人士称。

他拿出一块金税卡——如同声卡、显卡一般插在电脑主板上的电子设备，他把一只很小的跳线帽按到卡的跳线上，这如同在电路板上形成了一个“短路”，电脑便无法识别金税卡。“我们做手脚的速度很快，一般别人察觉不到。我们就可以跟企业说，你自己的电脑不兼容，烧坏了金税卡还得赔。”

以前，也有一些电脑确实无法兼容金税卡，是因为卡插槽类型已经被市场淘汰。“在 4 年前市场就没有了，现在通用的插槽速度更快、更稳定。”陈总说。不过，现在这个问题已不存在。“现在市场上的电脑都可以装金税卡。”业内人士称。

另外的办法是：“反复说要检验，企业跑烦了，也就办了。以前有个企业一连拿了十多台机器来试，都不行，他自己还不相信。”贵阳业内人士说。

如果上网搜索，在不少论坛上有网民自发提供的解决方案，共享与服务单位“斗争”的经验，如何解决“跳线问题”、“软件驱动升级”、“插槽问题”，等等。

业内人士称，在培训考试完毕后，企业去领操作合格证时，还可以设一道关卡：如果企业不签销售合同，就无法领证。

矛盾在逐渐激化，特别是在近两年来，金税卡在全国统一进行升级。企业以前在服务单位购买的电脑普遍老化，又必须在服务单位购买新设备。

2009 年底，国家增值税改革进一步推进，降低了增值税一般纳税人的门槛，目的之一便是要减轻企业税收负担。但在大量中小企业申请之际，就面临着同时购买配套设备的“霸王条款”。

配套设备：暴利的来源

金税卡是国家特许产品，是增值税防伪税控系统的核心加密技术硬件，这套系统是国家“金税工程”的重要组成部分。在 20 世纪 90 年代，国家开始试点，到了 2002 年底，已在全国全面推广。

据税务官员介绍，防伪税控系统改变了 20 世纪 90 年代虚开增值税泛滥的现象，确保了国家税收。它的加密技术至今无人能破解。

这套系统由航天信息研制，它由中国航天科工集团公司等 12 家航天领域的企业和科学研究院共同出资成立，承担了“金税工程”、“金卡工程”、“金盾工程”等国家重点工程。2003 年 7 月，航天信息在国内 A 股市场挂牌上市。

目前，金税卡是航天信息的主营业务，它在全国构建了庞大的服务网络，共有 36 家省级服务单位，700 余家基层服务单位。

一名会计师为记者分析了航天信息的 2007 年终报表。防伪税控系统及配套设备收入 16 亿多元，但成本才8亿多元，毛利约为收入一半。“这说明这项是公司的主要利润来源，处于垄断地位，所以利润高。”

相比另一项计算机销售21亿多元，但成本达到了19亿多元，毛利只有2亿多元。“这更能说明上面垄断项目的利润非常大。”

报表无法完全体现各地子公司在销售配套设备——电脑、打印机等的盈利情况。航天信息在各省的服务单位有多种模式：全资公司、合资公司，或者毫无股权关系的当地企业。近年来，航天信息试图在全国建立服务网络，一些当地企业被迫放弃金税卡业务，产生了商业纠纷。

据业内人士透露，航天信息以全价1410元向服务单位提供金税卡，服务单位的利润主要来源于维护费450多元/年的分成，以及配套设备的高价销售。

航天信息要求服务单位不得搭售配套设备。实际上，业内人士认为这只是“虚招”。

据贵阳业内人士透露，航天信息内部有口头传达的销售指标，2002~2005年，贵州的配套率是25%，也就是搭售电脑和打印机的比率。“由北京订货，发货过来。我们电脑进价是4200多元，卖5000元左右，一般加价10%~15%。”

据青岛业内人士介绍，他作为当地服务单位负责人时，配套率是30%~35%。“当时配套率高的地区，能达到70%、80%。做得好的，有些时间段都能达到100%。”

另外，航天信息在逐步开发属于自己的软件，如安全杀毒软件、系统隔离卡、电视棒（用于接收、录制电视节目）。在贵阳的销售清单上，记者采访的企业大部分购买了这些产品。

特许还是垄断?

贵州省国税局流转税管理处官员赵利坤坦言，他接到不少企业的投诉。不过，税务机关只能“多沟通，多向企业宣传”。

早在2005年，国税总局发文《增值税防伪税控系统服务监督管理办法》（下称管理办法），其中禁止服务单位借服务便利或假借税务机关名义向企业强行销售计算机、打印机等通用设备，及其他软件或其他商品的行为。

另外，满足安装条件的企业向服务单位提出安装要求后，服务单位要在5个工作日内完成开票系统的安装、调试，不能影响企业开票。

这些国家规定在实际操作上形同一纸空文。

按照“管理办法”规定，各地税务机关是服务单位的监督部门，接受企业投诉，每半年组织一次企业满意度问卷调查。

然而，这无法形成有效监督。据贵州省国税局官员介绍，问卷调查反映的问题，他们也只能汇总向上一级报告。

“我们的地位很尴尬，服务单位做得不好，我们也没法取缔，只能提醒。”贵州省国税局赵福增副局长说。

“而且，税务机关要靠服务单位提供金税卡，只能向它妥协。”业内人士称。

这种尴尬监督来源于税务机关没有权力指定当地服务单位。

2000年，国税总局发文《关于推行增值税防伪税控系统若干问题的通知》，规定：防伪税控系统省级服务单位和省内服务网络应由航天金穗高技术有限公司负责建立和管理，各级税务机关不得指定服务单位，也不得参与相关的商业经营。

“通知”中所提到的“航天金穗”是航天信息的前身。

事件评论

许多股评文章在论及这家公司时，往往与“垄断”相挂钩。一篇2007年建议股民增持的文章称：“主营业务是增值税专用发票防伪税控系统及配套设备，在国内具有垄断地位。”

2008年，另一篇股评认为：“防伪税控的垄断地位短期内不会被打破。同时，公司本质上是国内领先的特殊行业解决方案提供商……税制改革尤其是增值税的改革提供了公司重大发展机遇。”

在金税卡系统一机多票升级、一般纳税人降低门槛时，这只股票得到了业内的追捧。

很多纳税人依然对国税机关抱有偏见，认为国税机关和服务单位有着“特殊关系”，而这套服务体系也不得不让人浮想联翩。如国税机关没有告知纳税人，只有金税卡是必买的，其他设备可以自由选择；又如是国税局提示纳税人去服务单位办卡，而非通知服务单位去为纳税人服务。

2010 年初，国税总局调查组在贵阳座谈时，当地税务官员谈到了“垄断”问题。“我们希望总局能向国务院报告，通过财政转移支付，统一向航天信息购买金税卡，免费发放给纳税人，免费为企业培训。纳税人已经交了那么多税，不应该还要他们拿钱买卡。”

金税卡的问题牵扯到的利益集团方方面面，我们在这里不难看到行政垄断的影子，这个问题的后续和发展值得大家持续地关注。

（资料来源：www. infzm. com；《南方周末》）

[4] 律师举报银行涉嫌价格垄断　请求两委进行调查

事件起因

2010 年 4 月以来，银行因收费暗涨而遭到网络、媒体的狂轰滥炸，但银行我行我素。银行因收费不合理和乱涨价而招致的“口诛笔伐”，导火索是四大国有银行“偷偷”地提高自动取款机的跨行取款费用，将每笔 2 元的交易费大幅提高至 4 元，涨幅高达 100%。而后多家商业银行陆续提高跨行 ATM 取款手续费、账单打印费，新增小额账户管理费等收费项目，甚至在收费涨价幅度上都基本一致。面对凭什么大幅涨价的追问，涉事银行抛出跨行交易“成本论”，不过，此借口并不令人信服。随后，银行涉及储户的一些收费项目被一一罗列出来，高昂的往年账户清单打印费、网银转账手续费、密码重置费、小额账户等多项争议收费成为大家诟病的对象。

随着被媒体曝光的争议收费项目越来越多，而作为“当事人”的银行三缄其口。虽说国家发改委表示银行要审慎地涨价，银监会表示银行要自查，试图平息这场越吵越热的“口水战”，但结果却落下一个“袒护孩子”的印象。至此，面对强势的银行，这一次储户和舆论终于开始不依不饶。

事件过程

在这样的背景下，北京市惠诚律师事务所王斌、王兴两位律师以公民身份向国务院反垄断委员会、国家发展和改革委员会寄函，举报中国银行业协会及各商业银行涉嫌价格垄断，请求两委进行调查。

惠诚律师事务所合伙人王斌律师声称，虽然中国银行业协会公开表示“商业银行收费合法合规”，但是，他和同事王兴律师在浏览中国银行业协会的官方网站时却发现了一些问题。比如，中国银行业协会 40 家会员单位代表早在 2005 年就共同签署了《中国银行业自律公约》等三个文件。其中明确载明开展中间业务要加强同业之间的沟通，杜绝恶性竞争、垄断市场等行为，不得以减免或承担相关费用为条件进行不正当竞争；严格执行业务收费标准，不得擅自提高和降低政策规定的收费标准，收费标准要对外进行公示等。

2006 年中国银行业协会自律工作委员会常务委员会会议提出研究制定银行卡及电子银行业务、结算类业务和代理类中间业务等行业收费标准，分别由工商银行、建设银行和交通银行牵头。

此后，从 2007 年至 2010 年，中国银行业协会多次组织召开了由银行相关人员参加的银行业务收费标准课题研究座谈会和收费联席会议。中国银行业协会的年度报告中还提到建立了服务收费联席会议制度。

两位律师认为，商业银行在银行中间业务收费问题上有达成垄断协议以变更服务价格或固定价格变更幅度的重大嫌疑，限制、排除了正常竞争。《自律公约》规定商业银行收费需进行同业之间的沟通，不得擅自变更收费标准。这一规定明确要求进行价格协同。商业银行就服务收费问题召开过研讨会、座谈会和联席会议。行业组织还直接组织制定行业服务收费标准，限制排除行业竞争。利用行业组织优势创造沟通及协同机制，为经营者达成价格垄断协议提供便利条件。“这些线索足以表明，经营者之间在变动价格前有可能进行沟通协同，符合认定经营者之间达成了价格协议或者协同行为的标准。行业协会则促成或促进了经营者之间价格垄断行为的形成。”

两位律师表示，各商业银行不应该在市场竞争本不充分的国内市场，通过各种名目的收费自肥。行业组织更不应该利用组织优势，通过制度安排在行业收费上协调行动，限制和排斥竞争，完全背离了行业组织存在的意义，不利于中国银行业的长远发展。

由于国务院反垄断委员会负责统一组织、指导、协调反垄断工作，国家发改委负责涉及价格垄断行为的调查和处罚。因此，两名举报人分别向两委寄函，请求两委根据他们提供的线索，依法调查有无价格垄断行为存在，依法作出相应处理。

事件评论

从举证本身看：

单从其论据来说，举报函似乎并没有捏住银行业协会的硬伤，举证稍嫌牵强。

两位举报人在举报中的论证之一为：《中国银行业自律公约实施细则（试行）》第十七条“开展中间业务应加强同业之间的沟通；不得擅自提高和降低政策规定的收费标准等”，虽然自律公约中提到了各银行“不得擅自提高和降低”收费标准，但关键讲明了是“政策规定的收费标准”，因此从字面上看不出违反《反垄断法》。

国家工商总局2009年曾就《关于禁止垄断协议行为的有关规定》和《关于禁止滥用市场支配地位行为的有关规定》向社会各界征求意见和建议。根据这两个规定的征求意见稿，今后，两个或两个以上经营者达成的排除、限制竞争的协议、决定或者其他协同行为，即使是口头约定，也被定义为垄断协议。

两位举报人另一个论据为：银行业协会“建立了商业银行服务收费的联席会议制度，多次召开各种收费会议，并研究制定行业收费标准”，是严重违反《反垄断法》的价格垄断行为，应当受到查处。根据工商总局的规定：“禁止行业协会以下列方式组织经营者从事垄断协议，包括发布行业协会规则、决定、通知等；召集协会成员讨论并形成协议、决议、纪要等；为经营者达成垄断协议提供沟通和讨论、协调等便利条件”。但是，银行业协会网站上确实能反映其召集各家银行举行了一些会议，却并没有证据显示其“以协议等串通方式来确定一个收费价格”，而行业协会开会研究行业发展，本身并没有问题。

从行业的垄断看：

行业价格垄断协议，是指两个以上经营者以书面或者口头形式达成的，在价格方面排除、限制竞争的协议、决定，或者其他协同行为（《反价格垄断规定》征求意见稿）。直接固定或者限制商品价格的垄断协议是最基本、最原始也是对竞争危害最大的价格垄断行为，是各个反垄断当局重点打击的垄断行为，因为竞争者通过这种协议共同固定或提高价格，使得参加垄断协议的成员得以收取更高的价格，消弭改进产品的压力，不必寻找更有效率的生产方法。而垄断成员的顾客（既包括企业，也包括消费者）最终要承受质次价高的产品，并且没有选择余地。这对于总体经济具有负面影响。

所以，反价格垄断首先要做的就是要禁止经营者之间就商品或服务的价格进行沟通或协商，不管是为了确定行业指导价、最高价还是最低价。即便是看上去对消费者有利的比如限制商品或服务的最高价格，也是不被允许的。虽然这种行为看上去对消费者有利，但它限制了市场竞争，扭曲了市场的资源配置，最终还是对国民经济及消费者的利益不利。另外一种对于低于成本价销售也就是通常所说的倾销的限制，也是不被允许的，这是因为《反垄断法》保护的不是竞争者个体，而是竞争的格局。如果某一竞争者用低于成本价销售的办法损害其他经营者利益，自然有《反不正当竞争法》规制。一言以蔽之，反价格垄断严格禁止经营者对价格进行协商。

而银协作为行业组织，作为一个绝大多数的商业银行都是其会员的行业自律组织，不仅为商业银行的价格沟通创造便利条件，甚至通过行业公约及收费标准的制定推行固定价格或变动价格的一致行动。而且公然将这样的事情当做自己的业绩来宣传。显然这种行为本身就构成了垄断。也理应成为《反垄断法》约束和管制的对象。本来在经历了早期彩电企业高调的“价格同盟”以及2007年方便面行业“涨价协议”的教训之后，更加上《反垄断法》已经在2008年生效实施，相关行业或行业组织会在相关价格事宜上老老实实，至少也要遮遮掩掩小心翼翼，但没想到时至今日，银协仍然不认为这样的协商沟通存在问题，仍然堂而皇之地报道，这真不知道是我们的幸运还是不幸。要说是幸运，那就是留下了一些他们可能确实进行了价格串通的线索；要说不幸，那就是银协要么对自己应付质疑调查的能力有自信要么对价格垄断问题没概念。不管是哪一种情况，都说明我国在反垄断工作上任重而道远。

附：《中国银行业自律公约》

第一条　为保证我国银行业依法合规经营，维护银行业合理有序、公平竞争的市场环境，共同抵制行业内不正当竞争行为，促进银行业健康运行，根据《中华人民共和国商业银行法》、《中华人民共和国反不正当竞争法》以及《银行业协会工作指引》等有关法律法规，经中国银行业协会会员单位共同协商，制定本公约。

第二条　严格执行国家有关法律、法规和规章，在平等、自愿、公平和诚实信用的原则下开展业务，不得损害国家利益、社会公共利益、客户利益和行业利益。

第三条　遵循公平竞争原则，维护正常的市场秩序，遵守商业道德，不得以诋毁行业内其他单位的商业声誉、泄露其商业秘密等不正当手段争揽业务。不得利用政府行政资源干预或影响市场竞争，不得不计成本地争揽客户，扰乱正常的经营秩序。

第四条　严格执行国家有关利率、汇率政策，严格执行国家规定的利率及汇率浮动标准，不得违规或变相提高利率吸收存款，不得向客户承诺法律法规、政策许可之外的利益。

第五条　严格执行贷款审批程序，认真履行尽职调查义务，不得向关系人发放信用贷款，发放担保贷款的条件要一视同仁，不得采取降低贷款条件等不正当手段发放贷款。

第六条　开展中间业务要加强同业之间的沟通，杜绝恶性竞争、垄断市场等行为，不得以减免或承担相关费用为条件进行不正当竞争。针对不同客户实行的差异化定价策略，其浮动范围应符合国家有关规定。

第七条　严格执行有关账户和现金管理规定，不得违反规定强拉客户开立账户，不得为不符合开户条件的客户开立银行账户，不得以放松现金管理为条件进行不正当竞争。

第八条　制定科学的银行卡业务财务管理规定，规范收费标准，防范支付风险，严格成本核算。在银行卡业务规定中不得有同业内排斥性条款。

第九条　建立健全以资本金管理为核心的约束机制。加大不良资产的清收处置力度、依法提取贷款损失准备，建立长效的资本补充机制，不断提高整体竞争力。

第十条　完善公司治理和内部控制机制，强化内控文化建设，提升风险管理能力，针对信用风险、市场风险、操作风险等制定积极可行的防范措施。建立重大案件责任追究制度，深入开展案件综合治理，确立防范案件风险的长效机制。

第十一条　及时、准确、充分地披露年度报告等信息，真实反映利润及不良资产状况。在推出新业务、新产品时，应在产品推广的同时强化信息披露，及时向客户和投资者提示相关风险。

第十二条　不得对产品进行弄虚作假、故意夸大、引人误解或有歧义的宣传，不得贬低同业内其他单位的产品或服务。

第十三条　互通信息、团结互助、加强合作、共谋发展，共同维护银行业在全社会的良好形象。支持和促进人员的有序正常流动，不得录用尚未与原单位依法解除劳动合同的人员和其他依法不得录用的人员。

第十四条　各会员单位有责任和义务督促分支机构及全体员工按照本公约的约定加强自我约束，实现自我管理，将诚信意识贯穿于各项业务的各个环节，共同营造良好的行业氛围。

第十五条　加强对员工的教育和培训，提高从业人员的整体素质和业务水平。

第十六条　加强员工职业道德行为规范教育，倡导无私奉献和克己奉公。强化廉洁自律，坚决反对以权谋私、贪污受贿等不法行为，严格遵守党纪、政纪和廉洁从业有关规定，加大反腐倡廉的工作力度，完善有关规章制度。

第十七条　中国银行业协会可根据本公约制定相关的实施细则，组织对会员单位公约执行情况的监督检查。

第十八条　本公约经中国银行业协会第五次会员大会审议通过并签约后实施。

（资料来源：www. findlaw. cn；www. cfi. net. cn）

［5］诺华股份收购爱尔康

事件开端

2010 年 4 月 20 日，商务部收到诺华收购爱尔康的经营者集中申报申请，经审核，商务部认为申报材料达到了法定标准，予以立案。

在眼科抗炎和抗感染化合物方面，诺华和爱尔康在中国销售的品牌分别为易妥芬（硫酸庆大霉素/氟米龙）和典必殊（妥布霉素/地塞米松）。申报材料表明，交易双方集中后在全球的市场份额超过 55%，在中国的市场份额超过 60%。目前，爱尔康在中国的市场份额超过 60%，诺华在中国的市场份额不足 1%。根据申报材料，诺华已经做出决策，将策略性地退出全球和中国市场。

分析表明，诺华仍是中国市场竞争的参与者，如果诺华仅是为本次交易做出的策略性退出，在交易后有能力重新加大该产品在中国的投放，达到一定程度后，可能会在中国范围内产生排除、限制竞争的效果。

附条件批准

商务部反垄断局的公告显示，商务部与申报方充分磋商后，就消除不利影响的解决方案达成共识，最终商务部决定附条件批准此项集中。

继 8 月 10 日，欧盟监管机构批准诺华制药收购爱尔康公司股权交易后，中国商务部 8 月 13 日发布公告附条件批准诺华股份公司（简称诺华）收购爱尔康公司（简称爱尔康）的经营者集中反垄断申报，这是我国反垄断法实施两年多来第 6 个附加限制性条件批准的经营者集中案件。接连获批，让对爱尔康图谋多年的诺华兴奋不已。美国东部时间 16 日消息，诺华已经暗示，将会提出 98 亿美元的报价，向爱尔康股东收购剩余股权。

有分析指出，若诺华实现对爱尔康 100% 收购，全球眼科用药市场以及中国市场的格局均将因此生变。由于商务部此次批准带有附加条件，中国本土企业将会获得一定的缓冲期，但等待他们的将是更加激烈的市场竞争。

公告称，在进一步审查阶段，商务部认为此项集中可能在用于治疗眼睛发炎/眼部感染的眼科抗炎/抗感染化合物以及隐形眼镜护理产品两个商品市场产生排除、限制竞争的不利影响。其中，前者交易双方集中后在全球的市场份额超过 55%，在中国的市场份额超过 60%；后者交易集中后在全球的市场份额接近 60%，中国境内双方的市场份额接近 20%。

此外，由于诺华的全资子公司上海视康贸易有限公司（简称上海视康）与中国隐形眼镜护理产品市场中第一大生产销售企业海昌隐形眼镜有限公司（简称海昌）签署了《销售和分销协议》，可能导致集中后的企业和海昌在销售此类产品时，在产品价格、数量、销售区域等方面进行协调，从而可能具有排除、限制竞争的效果。

公告称，商务部针对审查中发现的排除、限制竞争问题，与申报方进行了充分磋商，并就消除不利影响的解决方案达成共识。商务部决定附条件批准此项集中，要求诺华和爱尔康履行如下义务：

截至2010年底，诺华全面停止向中国销售易妥芬产品（诺华在中国销售的眼科抗炎/抗感染化合物的品牌）；同时，在商务部审查决定生效之日起5年内，诺华不得重新将易妥芬产品或以新名称出现的同样产品投放中国市场，不得将其在本交易交割前所拥有的，诺华在中国之外的其他国家销售的眼科抗炎/抗感染化合物产品投放中国市场。在此5年期内，自审查决定生效之日起的每一周年，诺华应向商务部汇报履行承诺的情况。在商务部审查决定生效之日起12个月内，诺华终止上海视康与海昌之间的《销售和分销协议》。诺华应在终止该协议一周之内向商务部汇报履行承诺的情况。

公告称，决定生效之日起，商务部有权对上述限制性条件的实施进行监督检查。

8月18日，记者联系上了诺华中国公司的公关经理宋欣荣，她表示，是在国内媒体记者向她询问商务部有条件批准诺华收购爱尔康案件后，上网查询后才获悉此事，至于涉及反垄断的问题，诺华中国公司暂时没有可对外披露的信息，因为“收购工作一直是诺华总部在负责”。宋欣荣向本报提供的诺华总部今年1月份发出的资料显示，诺华于2008年4月与雀巢达成协议，斥资110亿美元收购了专业眼科制药公司爱尔康25%的股份。按照既定计划，诺华将收购爱尔康公司的全部所有权全股。

上述资料显示，爱尔康公司和诺华在眼部护理领域的产品具有很强的互补性，强强联合后，两公司将覆盖超过70%的全球视力保健市场份额。

有分析人士指出，随着欧盟和中国相继批准诺华收购爱尔康的反垄断申报，中国眼科用药市场必将随之发生变化。商务部虽然提出了附加条件，但诺华并购爱尔康后，外资眼科用药在中国市场的份额必然将进一步提高。

据不完全统计，目前，国内眼科市场被外企占了75%的份额，且绝大部分高端眼科产品都由外企独占。目前，国内能够跻身市场份额前20名的药企，所占份额也不大。

据了解，我国眼部疾病主要以眼部炎症、白内障、青光眼、干眼病视疲劳、近视眼为主，各疾病症状患病率绝对值均不高。但市场虽小，却存在较大的增长潜力。市场统计数据显示，近几年这一市场的规模正在呈现逐年增长趋势，年均保持了两位数的增长。

据国外媒体2010年12月报道，诺华制药已经完成了对美国眼科药品制造商爱尔康公司的全额收购，在提高了最初的现金报价后，诺华以129亿美元买断了爱尔康剩余的股份。

瑞士制药商诺华自2010年初起就致力于100%控股爱尔康，但是诺华最初2.8换1的购买报价遭到了爱尔康独立董事委员会的抵制，并多次称这一报价“严重不足”。

而目前的报价则提高到2.8换1，并且诺华表示为了确保每一股爱尔康股份的持有者能获得168美元，如有必要诺华还将提供现金贴补。诺华集团还补充表示，如果2.8股诺华股份价格超过168美元，诺华提供的股票数量将相应减少，并随之启动回购计划以最小化收购爱尔康对诺华股份的稀释。

诺华董事长魏思乐在声明中表示：“诺华在获得需要的全部控制权后，正在成为全球眼科治疗领域的领军人，在老龄化人口不断增长的需求推动下，我们将建立一个迅速壮大的创新平台。”

总部在瑞士巴塞尔的诺华希望这笔总价达516亿美元的交易能够帮助公司实现多样化，并且冲销公司专利药品保护过期以及畅销药可能出现销量下降带来的损失。诺华此举完成了对爱尔康这家眼科药品制造商的漫长完全控股的最终一步。爱尔康在价值数十亿美元的人工晶体市场以及白内障治疗领域处于领先地位，而随着人口老龄化的趋势这一市场规模还在变大。

分析师认为诺华的这一报价剔除了导致诺华最近几个月来交易价格波动的因素，再加上宣布的回购计划将会对诺华的股价起到支撑。这是我国反垄断法实施两年多来第6个附加限制性条件批准的经营者集中案件。此案件进一步提高了中国眼科用药市场的集中度，同时外企在该市场的市场占有率也进一步上升，在某些眼科用药市场领域双方集中后在全球的市场份额接近60%。

附：中华人民共和国商务部公告2010年第53号，公布关于附条件批准诺华股份公司收购爱尔康公司经营者集中反垄断审查决定

中华人民共和国商务部收到诺华股份公司（简称诺华）收购爱尔康公司（简称爱尔康）的经营者集中反垄断申报。经过审查，商务部决定附条件批准此项经营者集中。根据《中华人民共和国反垄断法》第三十条，现公告如下：

一、立案和审查程序

2010年4月20日，商务部收到诺华收购爱尔康的经营者集中申报申请，经审核，商务部认为申报材料达到了法定标准，予以立案，开始初步审查。初步审查过程中，商务部认为此项集中可能存在排除、限制竞争的问题，于5月17日决定实施进一步审查，进一步审查截止日期为8月14日。

二、审查内容

根据《中华人民共和国反垄断法》第二十七条，商务部从如下几个方面对此项经营者集中进行了全面审查：

（一）参与集中的经营者在相关市场的市场份额及其对市场的控制力；

（二）相关市场的市场集中度；

（三）经营者集中对市场进入、技术进步的影响；

（四）经营者集中对消费者和其他有关经营者的影响；

（五）经营者集中对国民经济发展的影响。

三、审查工作

立案后，商务部书面征求了相关政府部门、行业协会的意见，对申报材料及相关补充材料的真实性、完整性进行了审核，要求申报方对特定问题进行了补充和澄清。审查中，商务部要求申报方就集中双方的重叠产品在中国和全球的市场份额情况、产品定价机制与销售模式、产品的性能和品质、行业监管政策以及市场参与者与申报方的关联关系等问题提供相关文件与证据。为了解相关方面意见，商务部还就关注问题向同行竞争者征求意见，对个别企业进行了电话调查。针对审查中发现的排除、限制竞争问题，商务部与申报方进行了充分磋商，并就消除不利影响的解决方案达成共识。

四、竞争问题

经审查，商务部认为此项集中可能在以下两个商品市场产生排除、限制竞争的不利影响：

（一）眼科抗炎/抗感染化合物

眼科抗炎/抗感染化合物适应症为抗炎和抗细菌，用于治疗眼睛发炎/眼部感染，特别适用于眼科手术后的眼睛发炎/眼部感染。经审查，该类产品构成独立的相关商品市场，诺华和爱尔康在中国销售的品牌分别为易妥芬和典必殊。申报材料表明，交易双方集中后在全球的市场份额超过55%，在中国的市场份额超过60%。目前，爱尔康在中国的市场份额超过60%，诺华在中国的市场份额不足1%。根据申报材料，诺华已经作出决策，将策略性地退出全球和中国市场。分析表明，诺华仍是中国市场竞争的参与者，如果诺华仅是为本次交易做出的策略性退出，在交易后有能力重新加大该产品在中国的投放，达到一定程度后，可能会在中国范围内会产生排除、限制竞争的效果。

（二）关于隐形眼镜护理产品

申报材料表明，交易双方集中后在全球的市场份额接近 60%，远高于其他竞争对手。在中国境内双方的市场份额接近 20%，集中后的企业将成为中国市场中第二大企业。海昌隐形眼镜有限公司（简称海昌）为中国市场中第一大生产和销售企业，市场份额超过 30%。

审查查明，2008 年，诺华的全资子公司上海视康贸易有限公司（简称上海视康）与海昌签署了《销售和分销协议》，海昌成为上海视康在中国境内唯一的经销商。通过该协议双方建立了战略性合作伙伴关联关系。

该协议有可能导致集中后的企业和海昌在销售此类产品时，在产品价格、数量、销售区域等方面进行协调，从而可能具有排除、限制竞争的效果。

五、附加限制性条件的商谈

为了解决上述竞争问题，根据《反垄断法》第二十九条的规定，2010 年 8 月 6 日、8 月 9 日，商务部与申报方就限制性条件进行了多次商谈。2010 年 8 月 9 日，申报方提出了减少集中对竞争产生不利影响的最终救济措施。经过评估，商务部认为该最终救济措施可以减少此项集中对中国市场可能造成的不利影响。

六、审查决定

鉴于诺华与爱尔康的经营者集中可能对眼科抗炎/抗感染化合物和隐形眼镜护理商品市场产生排除、限制竞争效果，为了减少集中对市场竞争产生的不利影响，商务部决定附条件批准此项集中，要求诺华和爱尔康履行如下义务：

（一）关于眼科抗炎/抗感染化合物。

截至 2010 年底，诺华全面停止向中国销售易妥芬产品；同时，在商务部审查决定生效之日起 5 年内，诺华不得重新将易妥芬产品或以新名称出现的同样产品投放中国市场，不得将其在本交易交割前所拥有的，诺华在中国之外的其他国家销售的眼科抗炎/抗感染化合物产品投放中国市场。在此 5 年期内，自审查决定生效之日起的每一周年，诺华应向商务部汇报履行承诺的情况。

（二）关于隐形眼镜护理产品。

在商务部审查决定生效之日起 12 个月内，诺华终止上海视康与海昌隐形眼镜公司之间的《销售和分销协议》。诺华应在终止《销售和分销协议》一周之内向商务部汇报履行承诺的情况。

自本决定生效之日起，商务部有权对上述限制性条件的实施进行监督检查；诺华应当根据商务部《关于实施经营者集中资产或业务剥离的暂行规定》，委托监督受托人对其履行义务的情况进行监督。

本决定自公告之日起生效。

（资料来源：www. mofcom. gov. cn）

[6] 盛大网络的频繁收购

背景资料

盛大文学有限公司作为上海盛大网络发展有限公司的全资子公司，是中国网络文学的知名品牌。盛大文学有限公司成立于 2008 年 7 月，由原新浪网副总编辑侯小强担任首席执行官，旗下起点中文网创始人吴文辉担任总裁。

盛大文学有限公司专注于运营文学版权，为电子付费阅读、线下出版、电影、游戏、动画等提供有版权的内容。

盛大文学有限公司目前拥有日发布量超过 4000 万字，拥有 30 万部以上的原创小说版权，并签有中国最有商业价值的近万名作家的全版权。

盛大文学收购行动

（1）起点中文网是全球领先的中文原创文学平台，专门从事网络原创文学及其相关业务。

起点中文网建立了完善的创作、培养、销售为一体的电子出版机制，并且与国内多家权威出版机构合作，成为国内优秀文学作品的版权运作中心。

2004 年 10 月，盛大全资收购起点中文网；2007 年 3 月，盛大向起点中文网追加投资 1 亿元。

（2）红袖添香创建于 1999 年，是目前最具影响力的华语纯文学网站、女性言情阅读第一品牌。

2008 年 3 月红袖添香被盛大文学有限公司收购。

（3）晋江文学城是领先的女性文学网站，专业致力于提供最完善的用户阅读写作以及交流服务，在其服务所涵盖的网络平台运营，作者经纪代理，跨区、跨国版权贸易等方面，晋江文学城始终领先于行业竞争者，取得了骄人的成绩。

2007 年 11 月晋江原创网被盛大文学有限公司收购。

（4）2009 年 12 月 24 日，盛大文学正式宣布控股曾经的中国第一文学网站“榕树下”。

（5）小说阅读网成立于 2004 年 5 月，成立之初，就以其独特的风格和丰富的内容受到广大文学小说爱好者的推崇，靠广大会员自发的推荐等，目前日访问量近 6000 万人，每天在线用户 200 万人，原创作品达 280 万人，小说阅读网全球流量排名历史最高 171 名。

2010 年 2 月 11 日小说阅读网被盛大文学有限公司收购。

（6）言情小说吧成立于 2005 年，从建立之初至今，一直秉承着为用户提供最好的言情小说阅读体验平台，打造全球华语言情小说阅读基地的理念，在网络文学界走出了一条专业化的独特发展道路。经过 5 年的快速发展，言情小说吧日浏览次数超过 6300 万次；拥有 350 万注册用户；2009 年 7 月，言情小说推出付费阅读业务，在短短 7 个月内，实现了业务飞速发展。

2010 年 3 月，言情小说吧被盛大文学有限公司收购。

（7）潇湘书院成立于 2001 年，是最早发展女生网络原创文学的网站之一，也是最早实行女生原创文学付费的网站。经过多年的辛勤耕耘，潇湘书院已发展成国内最大的女生原创网站之一。潇湘书院的 VIP 订阅量一直稳居同类女生原创网站之首，在女生原创文学领域培养出了一批批优秀的原创作者，在成就了无数作者文学梦想的同时，也成就了无数个单本作品稿酬收入超过十万的神话。潇湘书院目前每天的访问用户达到近百万次，页面浏览量接近千万，每天用户点击率超过 500 万，固定用户超过 600 万，在国内文学类网站名列前茅。

2010 年 3 月 31 日，潇湘书院被盛大文学有限公司收购。

频繁收购之后的影响

至此，盛大文学完成自己在网络文学行业的扩张。在网络文学的有关统计数据上，盛大文学体现出不容置疑的领先地位。艾瑞咨询发布的 2010 年 2 月垂直文学网站行业数据显示，目前垂直文学网站总日均覆盖人数 859 万人，盛大旗下起点中文网日均覆盖人数达 204 万人，在垂直文学网站中处于绝对领先地位。此外，盛大旗下的晋江原创网、小说阅读网、小说吧、潇湘书院和红袖添香排名分别为第三、第四、第五、第六和第七，累计日均覆盖人数超 300 万人。网站广泛覆盖人群数为其准备效仿亚马逊开发完整的电子书产业链打下了良好的基础。

盛大文学旗下通过收购所拥有的 7 家文学网站一共拥有超过 93 万名作者，累计 500 亿字的内容储备，每天新增内容达 6000 万字，占有网络文学领域 90% 以上的资源。

一方面，盛大文学的扩张对竞争对手而言意味着巨大的压力。从目前市场上的文学网站来看，覆盖用户较多的大中型网站基本已经被盛大文学收购。包括淘宝刚推出文学频道时曾合作的小说阅读网也于 2 月份被盛大收购，目前淘宝文学上已找不到来自小说阅读网的文学作品，以致难以保证淘宝文学有充足的文学作品供淘宝用户阅读。

另一方面，人们担心盛大独占九成网络文学市场资源一事对网络文学定价权的影响。相关人士表示如果大部分资源全都掌握在盛大文学手中，其未来就掌握了在线阅读的定价权和收费模式话语权，这对广大消费者和原创作者来讲都不是一个好的结果。

面对关于盛大文学垄断的质疑，盛大文学 CEO 侯小强表示，网络文学的出现只有短短 10 年的时间，在市场仍处在不成熟的时期就谈论垄断显然并不现实。这跟 10 年前当首个文学网站榕树下成立时就说它垄断是一个道理。

对于定价权问题，侯小强表示，一直以来，盛大文学都只为旗下各子公司提供服务，并不干涉具体业务，各文学网站的定价都是自主的。盛大文学配合“一人一书计划”（OPOB）推出的“云中图书馆”更是一个开放的平台，内容商可以自由接入，自由定价。

（资料来源：IT 商业新闻网；www. baidu. com）

［7］太极集团召回曲美

背景资料

2010 年 2 月 26 日国家食品药品监督局发布题为“药品不良反应信息通报（第 25 期）关于西布曲明的最新国际安全性信息”的通报和“国家食品药品监督管理局密切关注西布曲明安全性信息”的通告。

在“药品不良反应信息通报（第 25 期）关于西布曲明的最新国际安全性信息”的通报中，国家食品药品监督管理局介绍了关于西布曲明的最新国际安全性信息。

内容总结如下：

2010 年 1 月 21 日，欧洲药品管理局（EMA）在其网站发布信息称，其人用药品专家委员会（CHMP）依据一项有关西布曲明（Sibutramine）的安全性评估（SCOUT 研究的初步结论）得出：该产品风险大于效益，建议在欧盟范围内暂停上市许可。

2010 年 1 月 21 日，欧洲药品管理局（EMA）建议在欧盟范围内暂停西布曲明上市许可；英国基于欧盟的评估结果，要求企业停止西布曲明的销售；美国食品药品监督管理局（FDA）要求企业在西布曲明的说明书中加入新的禁忌，包括冠脉疾病、中风、短暂性脑缺血发作、心律失常等；澳大利亚医疗产品局（TGA）强调了西布曲明产品说明书中已有的建议，新添加了有关对 SCOUT 研究的描述信息和一项警告，即建议患者在使用西布曲明适当疗程后没有减肥效果应停止用药，并要求企业发布了致医务人员的信，警告西布曲明相关风险。

在“国家食品药品监督管理局密切关注西布曲明安全性信息”的通告中，国家食品药品监督管理局介绍了关注西布曲明安全性信息的举措。

内容总结如下：

国家食品药品监督管理局已要求国家药品不良反应监测中心立即分析含西布曲明成分的减肥药在我国的不良反应报告和监测情况，并对该类药品在我国应用的安全性情况进行分析评价，药品评价中心于今日发布信息通报。

国家食品药品监督管理局要求药品生产企业立即采取适宜的方式将现在已知的用药风险“心血管高危患者服用西布曲明可能导致严重后果”告知医生和患者；针对已知和潜在的风险立即修改完善说明书，提示安全合理用药；同时制定一份上市后药品警戒计划，主动开展盐酸西布曲明的上市后研究和系统评价工作。

国家食品药品监督管理局正在密切关注西布曲明心血管终点试验（SCOUT）研究的最终结果，并将根据其结果，参考其他国家药监当局的监管措施，结合我国的情况，采取相应的监管措施。

太极集团简介及其应对措施

重庆太极实业（集团）股份有限公司成立于 1993 年 11 月 18 日，是以四川涪陵制药厂为主体进行改制而组建的股份有限公司。公司于 1997 年 10 月 25 日在上海证券交易所挂牌上市，注册资本为 25260 万元，现总资产 60 多亿元。拥有重庆桐君阁股份有限公司、西南药业股份有限公司、太极集团重庆涪陵制药厂有限公司等 39 家控股子公司。公司主要从事中成药、西药、保健用品加工、销售，医疗包装制品加工，医疗器械销售，中草药种植，商品包装，旅游开发等业务。

太极集团股份有限公司的前身是 1972 年由国家投资 11 万元建成的四川省涪陵中药厂，1988 年更名为四川涪陵制药厂，1993 年改组为太极实业股份有限公司，1994 年改组建成太极实业集团股份有限公司，1997 年 10 月上市，1998 年 3 月收购重庆中药的国有股成为重庆中药的控股股东。

自 1992 年以来，伴随着改革开放，太极集团连续多年实现产值利税翻番，取得迅猛发展，各项经济指标跃居国内同行业前列。

截至 2010 年，“太极”（TAIJI）已成为中国驰名商标；中国企业 500 强之一；资产 160 亿元。拥有三家上市公司：“太极集团”、“桐君阁”、“西南药业”。企业拥有 13000 名员工、9 家制药厂、12 家医药商业公司；2009 年集团销售额 120 亿元，成为国内医药产业链条最为完整的大型企业集团。

太极集团现有中西药品种 1000 多个，全国独家生产的品种 50 多个、获得国家专利 59 项、获得国家中药保护的品种 30 多个、年销售额逾亿元的品种 6 个。

风靡市场的曲美减肥药以西布曲明为主要成分。西布曲明 1997 年在美国上市，2000 年获准在中国上市。曲美自 2000 年上市以来，10 年间销售额突破 50 亿元。

2010 年 10 月 29 日晚太极集团董事会发布公告，宣布从当日起，公司主动停止减肥药“曲美”在中国的销售，并宣布公司已在全国各大零售药店设置“曲美”退换货点，如产品包装完整，消费者可凭购物小票直接到药店退货；如已拆封或购物小票遗失，消费者可拨打热线电话 4008877698 联系退货。

国家食品药品监督管理局下达禁令

2010 年 10 月 30 日国家食品药品监督管理局发布“关于停止生产销售使用西布曲明制剂及原料药的通知”。

通知表示，欧盟、澳大利亚等国家和地区进行了一项旨在研究西布曲明心血管不良事件的国际多中心临床研究，结果显示使用该药可增加受试者严重的心血管风险。为保障公众用药安全，国家食品药品监督管理局组织相关专家对西布曲明在我国使用的安全性进行了评估，认为使用西布曲明可能增加严重的心血管风险，减肥治疗的风险大于效益。

根据《药品管理法》第四十二条和《药品管理法实施条例》第四十一条，现决定停止西布曲明制剂和原料药在我国的生产、销售和使用，撤销其批准证明文件，已上市销售的药品由生产企业负责召回销毁。

至此，包括曲美在内的多种含有西布曲明的减肥药均停止生产。

事件启示：

这次的曲美召回事件凸显出我国药品质量安全管理与规制中的不足。

以曲美事件为例，美国食品和药物管理局（Food and Drug Administration，FDA）早在 5 年前就已经对西布曲明提出消费警示。国内外在药品的安全评估上还存在诸多时间差，这样就很容易造成某一种药品国外早就已经禁止生产了，可我国依然允许上市销售的情况。常作为减肥药的另一种成分芬氟拉明，国外早在 20 世纪末就已经禁止生产了，而我国是在 2009 年 1 月才正式对其叫停的。

有关专家分析认为，之所以会出现这类情况，确实与国内外药品质量安全评估体系不同有关，其中关键在于我国的药物不良反应监测体系还不够完善。

美国的不良反应病例报告中 60% ~70% 来自企业，而我国 2009 年收到的不良反应病例报告只有不到 10% 来自药品生产、经营企业。以西布曲明为例，从严格意义上说，国内网络只监测到 298 例不良反应报告，而服用含有西布曲明成分减肥药的患者人数却很多，如果单靠这些数据，不足以让国家药监局对含有西布曲明的减肥药作出退市的决策。

因此，我国针对 99% 的药物不良反应所推出的措施，都是在 FDA 或国外其他相关机构发出警告的情况下，药监局才跟着推出类似的措施，这就导致了时间差的出现。

曲美的召回并不意味着曲美事件的结束。这次的曲美召回反映出政府在健康、安全方面的社会性规制依然有待完善。

有关专家提出如下建议：

（1）提高健康、安全规制机构的规制能力。规制能力是指能够使政府规制制度和程序的运行有利于实现企业、消费者和政府三者间利益合理平衡的能力，它主要包括规制政策的制定能力和执行能力。我国健康、安全规制领域存在的诸多问题与政府规制机构的规制能力不足有密切关系，因此，必须提高我国政府规制机构的规制能力。

①要改革规制机构的人事制度，建立综合性的、高质量的管理队伍，这是提高规制机构能力的关键。因为政府规制机构必须根据所需的规制知识以及对规制领域的合理理解来组建，一个有能力的政府规制机构包括以下人员：技术、产业（行业）、经济、法律专家以及能够把民众意愿转化为公共决策的政治家。而我国健康、安全规制机构的现实情况与此有一定的差距。规制人员结构不合理，一般多为政府行政管理人员和技术人员，财务、审计、经济、法律方面的专业人才较少，掌握现代经济理论和规制理论的专业人才更少，难以适应市场化进程中社会性规制政策的专业性、时效性的要求。

②要逐步将执业资格制度、标准认证制度、收费补偿制度、信息公开制度、营业活动限制制度等各种适应市场经济要求的政府社会性规制方式，引入到健康、安全规制领域中。因为我国现行的健康、安全规制中，政府规制技术含量较低，现代化的、适应市场竞争要求的规制方式运用较少，从而影响了政府规制的效率和能力。

（2）加强市场责任规制。市场责任包括买方责任和卖方责任，因此，市场责任规制包括生产者规制和消费者规制。生产者规制是侧重于生产者的制造行为，从技术特征上保证产品安全和健康的政府规制，主要包括产品制造前检验和产品安全与健康标准规制两方面的措施。消费者规制是侧重于消费者的消费行为，从使用方法上保证产品安全和健康的政府规制，主要包括消费者使用或操作安全规程和加强商品使用的安全与健康教育方面的措施。通过市场责任规制对生产者和消费者的行为进行有效制约，是市场经济中安全和健康规制的重要内容。

附：重庆太极实业（集团）股份有限公司董事会公告

本公司及董事会全体成员保证公告内容的真实、准确和完整，没有虚假记载、误导性陈述或者重大遗漏。

2010年10月8日，美国食品药品监督管理局（FDA）根据西布曲明心血管结果（SCOUT试验）的临床试验，该项试验以55岁以上，BMI指数大于等于27、同时患有心血管疾病（冠状动脉疾病、外周动脉疾病、中风、2形糖尿病伴心血管并发症）的患者为对象，在持续用药时间长达6年，用药剂量高达15～20毫克/天的情况下，得出试验结果：西布曲明可能提高潜在的心血管及中风的不良反应发生率。因此，FDA建议诺美婷自愿撤出美国市场。

西布曲明胶囊（商品名：曲美）是公司2000年经国家药品监督管理局正式依法注册，生产质量完全符合国家标准的合格产品，在中国安全使用超过10年，根据国家药品监督管理局不良反应监测中心的数据，国内未发生超过产品说明书的严重不良反应。在获悉FDA的决定后，公司极为重视，在坚持公众利益第一的宗旨下，决定从即日起，主动停止盐酸西布曲明胶囊在中国的销售。

西布曲明于2000年8月在中国上市，临床使用已长达10年，多年临床研究及10年使用的监测结果显示，本品在有效减重的同时可改善高血脂症和高胰岛素血症。截至2010年3月，国家药品监督管理局不良反应监测中心收集大西布曲明不良反应298例，不良反应仅为口干、便秘、失眠等其他不良反应较少，且呈一过性。

为切实保障人民群众用药健康，公司将始终坚持“消费者为核心、消费者利益第一”的原则，配合相关部门开展有关后续工作。针对西布曲明胶囊的使用者，拟写了《关于停止使用西布曲明胶囊的致歉信》；并在全国各大零售药店设置西布曲明胶囊退换货点；还开通了应急事件处理热线

4008877689，及时解决消费者关于西布曲明胶囊的疑问及退换货咨询。在做好退市工作后，公司将申请在国家食品药品监督管理局的监管下，继续开展西布曲明胶囊的后续安全性研究工作。

经初步测算，本次停止销售西布曲明胶囊，将影响公司今年销售收入近4000万元，约占公司销售收入的0.8%；对利润的影响还需进一步核实。

特此公告！

重庆太极实业（集团）股份有限公司

二〇一〇年十月三十日

国家食品药品监督管理局密切关注西布曲明安全性信息

近期，国家食品药品监督管理局已经注意到，欧盟人用医药产品委员会（CHMP）依据一项有关西布曲明的安全性研究的可能增加服用者患心脏病及中风几率的初步结果，于2010年1月21日暂停所有含西布曲明成分的减肥药在欧盟地区的销售和使用。美国食品药品监督管理局（FDA）、澳大利亚医疗产品局（TGA）均要求完善修改说明书，警示用药风险。

国家食品药品监督管理局已要求国家药品不良反应监测中心立即分析含西布曲明成分的减肥药在我国的不良反应报告和监测情况，并对该类药品在我国应用的安全性情况进行分析评价，药品评价中心于今日发布信息通报。

国家食品药品监督管理局要求药品生产企业立即采取适宜的方式将现在已知的用药风险“心血管高危患者服用西布曲明可能导致严重后果”告知医生和患者；针对已知和潜在的风险立即修改完善说明书，提示安全合理用药；同时制定一份上市后药品警戒计划，主动开展盐酸西布曲明的上市后研究和系统评价工作。

国家食品药品监督管理局正在密切关注西布曲明心血管终点试验（SCOUT）研究的最终结果，并将根据其结果，参考其他国家药监当局的监管措施，结合我国的情况，采取相应的监管措施。

国家食品药品监督管理局提醒医疗机构和公众，所有含西布曲明成分的减肥药都是处方药，必须严格按照适应症和用法用量用药，严密监测用药后的反应，以保障用药安全。

关于停止生产销售使用西布曲明制剂及原料药的通知

近年来，欧盟、澳大利亚等国家和地区进行了一项旨在研究西布曲明心血管不良事件的国际多中心临床研究，结果显示使用该药可增加受试者严重心血管风险。为保障公众用药安全，国家食品药品监督管理局组织相关专家对西布曲明在我国使用的安全性进行了评估，认为使用西布曲明可能增加严重心血管风险，减肥治疗的风险大于效益。

根据《药品管理法》第四十二条和《药品管理法实施条例》第四十一条，现决定停止西布曲明制剂和原料药在我国的生产、销售和使用，撤销其批准证明文件，已上市销售的药品由生产企业负责召回销毁。

请各级食品药品监督管理部门立即通知辖区内相关药品生产、经营和使用单位，并监督落实各项要求。

国家食品药品监督管理局

二〇一〇年十月三十日

（资料来源：www. sda. gov. cn；重庆太极实业股份有限公司）

［8］腾讯与360之争

事件始末

根据官方数据，腾讯即时通讯服务的活跃账户数达6.125亿。凭借庞大的用户规模和天然的客户端资源，腾讯也逐步将业务延伸到互联网的诸多领域，如网络游戏、新闻门户、电子商务、电子邮件、影音播放等，均抢下较大的市场优势，让人不得不感叹腾讯的扩张力之大。

360 公司于 2006 年 7 月推出主打互联网安全的“360 安全卫士”软件，不到一年即成为国内最大的安全软件。据官方数据，其用户数量已经超过 3 亿，覆盖了 75% 以上的中国互联网用户，成为国内第二大桌面客户端软件。以该客户端为基础，360 延伸出免费杀毒软件、浏览器等产品，均获得了成功。

第一阶段

腾讯推出 QQ 医生 1.0 Beta 版本，此后很长一段时间内只作为查杀盗号木马的小工具。随后 QQ 医生 3.2 推出，界面及功能酷似 360，同时宣布赠送诺顿防病毒软件半年试用。之后 QQ 医生利用春节期间强行推广。敏感的 360 很快意识到 QQ 医生的威胁，一些正在休假的员工被紧急召回以应对这起突发事件。360 快速反应，加上 QQ 医生本身产品并不成熟就匆忙上阵，很多用户陆续卸载 QQ 医生，其市场份额也快速降至 10% 以下。360 成为此次交锋的胜利者。

第二阶段

5 月 31 日，腾讯悄然将 QQ 医生升级至 4.0 版并更名为“QQ 电脑管家”。新版软件将 QQ 医生和 QQ 软件管理合二为一，增加了云查杀木马、清理插件等功能，涵盖了 360 安全卫士所有主流功能，用户体验与 360 极其类似，腾讯这招让 360 和金山措手不及。

周鸿祎在微博上扔出 40 多条消息，自曝 360 与金山的多年积怨，金山随即强烈回应。两家公司随后互诉对方，口水战诉讼战不止。就在这时，腾讯的出手让 360 措手不及。周鸿祎在接受专访时，建议腾讯应该加大投入解决 QQ 内部安全问题。

第三阶段

中秋节期间，“QQ 软件管理”和“QQ 医生”自动升级为“QQ 电脑管家”，涵盖了云查杀木马、系统漏洞修补、安全防护，系统维护和软件管理等功能，而这也是目前 360 安全卫士的主流功能。而凭借着 QQ 庞大的用户基础，QQ 电脑管家将直接威胁 360 在安全领域的生存地位。

9 月 27 日，360 发布直接针对 QQ 的“隐私保护器”工具，宣称其能实时监测曝光 QQ 的行为，并提示用户“某聊天软件”在未经用户许可的情况下偷窥用户个人隐私文件和数据，引起了网民对于 QQ 客户端的担忧和恐慌。

第四阶段

10 月 14 日，针对 360 隐私保护器曝光 QQ 偷窥用户隐私事件，腾讯正式宣布起诉 360 不正当竞争，要求奇虎及其关联公司停止侵权、公开道歉并做出赔偿。法院已受理此案。

针对腾讯起诉，360 随即回应三点，表示将提起反诉。在回应中，360 称“各界对腾讯提出的质疑，腾讯一直回避窥探用户隐私，这时候起诉 360，除了打击报复外，不排除是为了转移视线，回避外界质疑”。

第五阶段

10 月 27 日，腾讯刊登了《反对 360 不正当竞争及加强行业自律的联合声明》。声明由腾讯、金山、百度、傲游、可牛等公司联合发布，要求主管机构对 360 不正当的商业竞争行为进行坚决制止，对 360 恶意对用户进行恫吓、欺骗的行为进行彻底调查。

10 月 29 日，360 公司推出一款名为“360 扣扣保镖”的安全工具。360 称该工具全面保护 QQ 用户的安全，包括阻止 QQ 查看用户隐私文件、防止木马盗取 QQ 以及给 QQ 加速、过滤广告等功能。72 小时内下载量突破 2000 万，并且不断迅速增加。腾讯对此做出强烈说明，称 360 扣扣保镖是“外挂”行为。

第六阶段

11 月 3 日傍晚 6 点，腾讯公开信宣称，将在装有 360 软件的电脑上停止运行 QQ 软件，倡导必须卸载 360 软件才可登录 QQ，这是 360 与腾讯一系列争执中，腾讯方面迄今为止最激烈的行动。

此举引发了业界震动，网友愤怒，业内认为，腾讯这招是逼迫用户作出二选一的选择。据360CEO周鸿祎称被迫卸载的360软件用户达到6000万。晚上9点左右，360公司对此发表回应“保证360和QQ同时运行”，随后360公司“扣扣保镖”软件在其官网悄然下线，4日360发表公开信称：愿搁置争议，让网络恢复平静，360扣扣保镖正式下线。在国家相关部门的强力干预下，QQ已与360开始恢复兼容。4日上午，360公司发出弹窗公告宣布召回“扣扣保镖”，请求用户卸载。此举似乎有了和解的迹象。

第七阶段

副总裁刘峻证实，工信部通信保障局和公安部已经介入此事，4日分别找到两家公司问询。11月5日上午，工信部、互联网协会等部门开会讨论此事的应对方案。政府部门已经介入，用行政命令的方式要求双方不再纷争。知情人称，360方面也在此形势下宣布召回“扣扣保镖”软件。两家公司不得再发布煽动此事的新闻和信息。

第八阶段

奇虎360于11月10日宣布QQ和360已经恢复兼容，并在官方网站发布名为《QQ和360已经恢复兼容　感谢有您!》的公告，感谢广大用户对360软件的支持，公布了有关部门的联系方式，提醒用户若发现二者软件出现冲突可向相关部门举报。腾讯公司尚未有任何消息。

这场缠斗让中国互联网市场一些变化已经发生——QQ和360的竞争对手们正希望借两位大佬互搏受伤之际，在它们的市场中分得更大份额。其他变化还在酝酿——有传闻称，有反垄断专家正研究“分拆腾讯的可能性”；同时，腾讯和360本身也在考虑改变过去颇受诟病的行事方式。

3Q之争的启示

2010年11月3日，QQ窗口弹出一段通知：“当您看到这封信的时候，我们刚刚做出了一个非常艰难的决定。在360公司停止对QQ进行外挂侵犯和恶意诋毁之前，我们决定将在装有360软件的电脑上停止运行QQ软件。”标志着360和腾讯QQ的斗争进入白热化，随着工信部的介入，双方的战争暂时告一段落。当然，3Q之争是互联网行业这一蓝海行业竞争日趋白热化的最好注脚，但我们也能从中学习到互联网等新媒体的商业模式、发展趋势以及我国政府相关管理部门的越位、缺位和错位的管理现状，南方报业集团就此次腾讯与360的争斗给予传统媒体发展新媒体总结了以下几点启示。

(1) 新媒体采取的是“免费+收费”的商业模式

网络经济有其不同于其他经济的鲜明特点：先期成本很高（或者说沉没成本很高），后期成本较低，逐步为零。因此，根植于网络经济的网络媒体等新媒体，其前期需要投入大量的设备来搭建平台和研发先进的技术来保障平台的正常运行，当用户达到一定量的时候，每增加一个用户只需要增加一点点设备，而且这种设备的价格也在快速下降，可以说用户的边际成本基本可以忽略不计，用户数量越多越经济。正是由于网络经济的边际成本趋向于零的显著特点，网络经济可以构建海量的巨型网络平台。由于网络媒体的前期投入巨大，而后期成本投入较小，其就可以在基础业务平台方面利用免费的优势来尽可能地吸引用户，并在此基础上搭建巨型平台。由于其平台的空间是海量的甚至是无限量的，成本低廉，网络媒体就有能力和意愿最大限度地吸引用户，而且由于其存储空间海量，它就能更好地满足用户的个性化需求。具体来说，就可以充分利用其巨型平台发挥长尾效应，把各种个性化和小众化的用户吸引到巨型平台上来。

网络媒体采取的是“免费+收费”的商业模式：充分发挥规模经济和范围经济效用，利用免费优势吸引巨量的用户，进而搭建大型平台进行资源协同和共享，并在此基础上开展增值业务。具体来说，网络媒体常常采取交叉补贴的模式，即付费的给不付费的提供补贴，一方面，同质化的信息变得免费，而客户定制化的信息则要变得昂贵；另一方面，第三方给获得免费信息和服务的用户付费。以谷歌为例，谷歌对使用其一般搜索业务的用户免费，而通过广告等第三方收费来补贴免费，或者把读者的流量转移到第三方的网站上，采取和第三方分成广告收入的方式来补贴免费。再以腾讯为例，普通使用 QQ 的用户免费，而购买昂贵的 QQ 道具的用户是收费的，而在大量用户基础上开展的网络游戏等增值业务带来的收入更能很好地补贴免费。具体来说，网络媒体的收入来源一般是广告、深层次信息服务等增值业务和售卖用户数据等。

腾讯公司是这种商业模式的范本。首先致力于打造巨型平台，截至 2010 年 6 月 30 日，即时通信服务活跃账户数达到 6.125 亿，即时通信服务最高同时在线账户数达到 1.094 亿，“QQ 空间”活跃账户数达到 4.585 亿，“QQ 游戏”门户最高同时在线账户数（仅包括小型休闲游戏）为 620 万，互联网增值服务付费包月用户数为 6320 万，移动及电信增值服务付费包月用户数为 2410 万。其次，借助于免费策略建立起来的巨型平台，实行增值业务收费，腾讯赚了个盆满钵满：2010 年上半年，腾讯总收入为人民币 88.952 亿元（13.099 亿美元），比 2009 年同期增长 65.3%；互联网增值服务收入为人民币 69.694 亿元（10.263 亿美元），比 2009 年同期增长 71.6%；移动及电信增值服务收入为人民币 12.924 亿元（1.903 亿美元），比 2009 年同期增长 42.1%；网络广告业务收入为人民币 6.019 亿元（8860 万美元），比 2009 年同期增长 54.5%；毛利为人民币 60.839 亿元（8.959 亿美元），比 2009 年同期增长 66.1%。毛利率由 2009 年上半年的 68.0% 升至 68.4%；经营盈利为人民币 45.198 亿元（6.656 亿美元），比 2009 年同期增长 76.3%。经营盈利率由 2009 年上半年的 47.6% 升至 50.8%。在腾讯的收入结构中，互联网增值业务收入和移动及电信增值服务收入占了其总收入的 92.88%。

综上所述，新媒体的商业模式就是“免费 + 收费”，利用免费策略吸引流量，打造大型平台，然后利用收费策略获得高额收入。这次 3Q 之争的本质是公司利益，360 公司通过“扣扣保镖”，可以过滤掉腾讯的广告和其他增值业务页面，也就是说，从根本上对腾讯的商业模式造成了冲击。

（2）用户导向、技术驱动和平台基础是新媒体发展的总体趋势

成立于 1998 年 11 月的腾讯公司，其战略目标是为用户提供“一站式在线生活服务”，通过即时通信 QQ、腾讯网（QQ.com）、腾讯游戏、QQ 空间、无线门户、搜搜、拍拍、财付通等中国领先的网络平台，腾讯打造了中国最大的网络社区，满足互联网用户沟通、资讯、娱乐和电子商务等方面的需求。可以说，腾讯在产品和用户体验上下了很大工夫，也取得了丰硕的成果。但这一次与奇虎 360 的冲突则无疑抛弃了其一贯坚持的“用户导向”理念，以自身的优势，强迫用户做“二选一”的选择，不仅显示了其市场公关工作的稚嫩，也遭到了很多用户的唾弃和抛弃。因此，用户至上和用户导向不仅要体现在产品和用户体验中，而且要体现在一个企业所有的细节中。技术驱动是新媒体发展的趋势，谷歌、facebook、微软、雅虎、腾讯、新浪、搜狐等新媒体莫不是新技术公司，新媒体作为全新的颠覆性媒体，新技术在其中起着巨大的推动作用。腾讯在技术开发上采取的是“模仿”策略，即当出现新的产品和技术时，依靠自身的强大技术实力，迅速推出更好、更强大的技术和产品，能达到迅速占领市场的目的。当然，这种“模仿”策略也被同行们鄙视为抄袭，并沦为互联网公敌。腾讯公司通过“模仿”创新不断创新产品形态和优化用户体验，取得了良好的效果。平台为基础在腾讯公司方面得到了最大的呈现。当其他公司推出新的产品时，腾讯就随后推出，并采取“捆绑销售”的销售策略，不断扩大其用户群，打造了巨型平台。当然，凭借着强大的用户基础和“后发制人”战略，腾讯几乎涉足了互联网上的所有服务，收入和净利润都快速增长。

综上所述，用户和市场导向、技术驱动、平台基础是互联网发展的三大趋势，腾讯在这三点上精益求精的追求使得其快速发展，但是这次“裹胁用户”的行为是对其“用户导向”理念的背弃，失败也在所难免。

（3）政府缺位、越位、错位是互联网管理混乱的直接原因

我国的互联网行业发展迅速，但是相关管理部门的管理远远滞后于新媒体的发展，一方面，缺乏相关的互联网产业发展的整体规划；另一方面，缺乏科学有效的管理体制和制度，导致互联网市场混乱。因此，传统媒体的网络媒体首先要解决体制问题。当前，传统媒体创办的区域性网络媒体多采取的是传统媒体的附属品方式，体制和机制上存在诸多严重的制约问题，而且在经营机制上很

多采取的是传统媒体代理网络媒体的经营方式。由于网络媒体具有良好的发展前景、较大的风险以及具有和传统媒体不同的特点，因此，必须采取全新的体制、机制来发展网络媒体。首先，要在企业制度选择上，采取现代企业制度，成为独立的子公司，实现“自主经营、自负盈亏”。由于网络媒体等新媒体风险大、未来收益也可能高，采取子公司制度，这样能够充分激发整个公司团队的积极性、主动性和创造性。其次，在激励约束制度上，实施管理层持股制度。网络媒体等新媒体自身风险大，又属于初创的前景巨大的行业，因此，只有实施了管理层持股制度，才能使得管理层发挥最大的能动性，实现跨越式发展。此外，相关主管部门也要建立健全传统媒体和新媒体的管理体制，做到不缺位、不越位、不错位，为新媒体的发展和传统媒体的成功转型营造良好的外部环境。

洪波说，腾讯一年的营收规模可达200亿元，这几乎等于整个中国互联网产值的五分之一。尽管从体型上看，腾讯已经十分庞大，“但在心智上，远不成熟，常常挤占别人的空间，却从不节制，终于把自己弄成了中国互联网的‘公敌’”。

洪波表示，微软是被PC产业链保护的，谷歌是被互联网流量的产业链保护的，甚至连一向封闭的苹果，也懂得分享利益给产业链。腾讯未来应该在一些领域与其他公司分享利益，以免树敌太多。

不过，这次争斗对两者名誉的损害，恐怕不是一时能够抚平的。在某网站一项关于腾讯与360纠纷调查中，已获得超过145万人次的投票。近八成用户认为两家公司均因私利而忽视用户利益。

通过腾讯与360的争斗，可以看出网络上涉及的垄断问题应该引起反垄断与规制部门的进一步重视。

（资料来源：www. soso. com）

[9] 图书“限折令”被指行业行政垄断

事件起源

2010年1月8日中国出版工作者协会、中国书刊发行业协会、中国新华书店协会联合发布《图书公平交易规则》。作为出版行业的第一部行业规范，一出台即遭到炮轰，争议的重点集中在《图书公平交易规则》的第六章，认为促销中的“限折令”极不合理。例如，莫之许指出：“事实上，《图书公平交易规则》有三点值得商榷：一是师出无名，出版业的问题应由出版业自己解决，而要解决定价合理性问题，应从改革出版体制中找答案；二是与民争利，只要不违背法律法规，能给经营者和消费者带来双赢的商业行为不应该受到约束；三是涉嫌垄断，已经有论者指出，这样的《规则》有违反《反垄断法》的嫌疑。按照《反垄断法》第十六条的规定，‘行业协会不得组织本行业的经营者从事本章禁止的垄断行为’，图书三协会的行为也正好是符合这条规定的主体。”

事件结果

9月1日，由中国出版工作者协会、中国书刊发行业协会和中国新华书店协会重新修改后的《图书交易规则》正式发布。与2010年1月8日首次发布的“前身”相比，原先备受争议的“促销”一章已全部删除，即“新书一年内不准打折；仅在机关团体采用竞标方式采购、网上书店或会员制销售等四类‘特殊情况’下，经销商可以优惠促销，优惠价格不准低于定价的85%”等曾备受争议的条款已告作废。而这一部“行规”的正式名称，也从1月份的《图书公平交易规则》悄然变为了现在的《图书交易规则》。

事件评论

在市场经济条件下，图书作为一种商品不仅具有经济性，也具有精神性。图书的这种双重属性以及图书市场中不可避免存在的市场失灵问题，是对图书市场进行干预的主要理论依据。这种干预的出发点一方面是出于意识形态保护的需要，另一方面则是为了保持图书市场的多样性和丰富性，继而维护图书消费者的利益。但是，图书产品的双重属性和图书市场的市场失灵并非是固定图书价格的合理性依据。图书市场的失灵现象可以归结为垄断、公共产品供应不足、信息不完全和负外部性这几个方面，而这些失灵都对应一定的制度和法律设计，其中并不一定需要借由价格控制得以实现。首先，图书市场中存在的垄断行为，不管是垄断协议、滥用市场支配地位还是经营者集中，都应该受反垄断法的规制，除非法律存在明确的适用除外或豁免性规定。其次，图书公共产品供应不足的问题，则主要存在于与历史文物保护和传承（如某些古籍的复制与出版）、公共信息发布（如政府文献）、某些重要知识及记录的传播（如部分历史档案的复制与传播）等相关的出版活动，以及与增进国民文化素质、促进信息传播、传播并承继卓越文化相关的图书收藏行为（如公共图书馆），这完全可以通过政府直接供给或政府规制下的非政府出版机构供给的方式得以解决。再次，图书市场的负外部性问题，如亵渎国家主流意识形态或危害公共秩序的问题，在我国已经通过出版行业的进入规制、图书内容审查和书号制度等加以有效克服。最后，图书市场的信息不完全问题，则主要集中于教材特别是中小学教材领域，在这一领域不仅需要建立严格的市场准入和内容控制制度，出于普及性教育的目的，也需要对价格进行一定控制。综上，除了中小学教材市场等特殊领域，价格控制并非是解决市场失灵的必要途径，反而可能导致市场机制的扭曲，不能切实反映市场的供需情况。在其他管制措施行之有效的情况下，意识形态的控制和社会公益的保护不需要借助价格控制得以实现。

然而，国外很多国家在立法和司法实践中默认甚至鼓励图书价格固定行为的现象，仍然不可避免地导致了“向西方学习”和遵循“国际通行做法”的惯性思维。殊不知在图书定价问题上并不存在“国际通行做法”，而是各国文化发展模式和利益团体博弈的综合结果。在英国、美国、瑞典、比利时和澳大利亚等国家，实行的是出版物自由定价制度，图书价格完全由销售商根据市场需求情况灵活调整。即使法、日等实行图书统一定价的国家，其做法亦受诟病。由此可见，国际发展趋势并非图书统一定价制度，而是取消定价制度。维持图书转售价格的机制并非真正出于保护消费者利益和社会公益，而是“自由主义”与“干预主义”之文化传统以及大小出版商、经销商和消费者之间动态博弈的结果。

若将图书限折令的出台放在我国当前图书行业的市场格局下来考虑，会发现造成图书高价格的现象并非如限折令制定者所言的是来源于“低折高价”的倒逼现象，而是来源于我国上游出版业的垄断和上下游经营者之间的纵向合谋。网络书店的兴起和价格战只是图书限折令出台的导火索，而其真正动因实际上是现有垄断经营者为了维持既得利益，借助行业协会行使“准公权力”，增大市场壁垒，迫使竞争者和潜在竞争者退出市场。截至2006年，我国共有出版社573家，与其他国家相比，我国出版社的数量是非常少的。造成这种现象的原因并非是出版业存在强大的经济性壁垒，而是因为政府对出版业设置了严格的进入管制。政府规制机构的规制战略和基本意图极为鲜明，那就是禁止非国有出版社进入市场，在各省（市）、高校、各部委办局、行业协会、民主党派等机构的出版社门类基本设置齐备后，原则上不再批准新的出版社进入市场。这使得我国当前的出版社无一例外都具有行政色彩，与行政部门千丝万缕的联系也使得它们能够借助政府力量变相地行使“行政垄断”的权力。而且，在我国实行书号配额制度的情况下，出版社借由其利益归属关系或寻租手段一旦获得稀缺性的书号资源，就能够获得丰厚的利润回报。这种上游出版业的垄断地位，与下游经销商特别是掌握了出版物全国总发行权和教材发行权的新华书店相结合，必然会产生垄断的利益激励。然而，随着体制改革的深入，民营书店特别是网络书店的崛起，以及加入世贸组织以后外国资本的逐步渗透，国有背景的出版商和经销商的市场和利润遭遇分割，竞争性压力和“行政性”路径依赖都迫使其转而寻求公共力量的支持。行业协会的“自律性规定”很好地满足了这一需求：既非政府的规范性文件，不存在法律意义上的强制性，又能够借助现有行业协会实际上的“二政府”功能，实现“名为自律、实为强制”的结果。在限折令中，尽管多处存在“自律”的字眼，但是第26条对供货商和经销商采取的从“责令停止违规行为”到“建议新闻出版行政部门依法给予暂缓通过年检或不予年检等处罚”的六项措施，实际上意味着限折令本身已经不是单纯的自律性规定，而是自我授权的“行政规章”。而且，这种超越“自治”权限的行为，在我国当前的法制环境下还存在良好的生长空间。

由此观之，图书限折令的出台并非是冠冕堂皇之“维护公益”，而是现有的垄断既得利益者为了削弱竞争压力，维护出版业的垄断地位和上下游利益相关者之间纵向合谋的垄断利益，借助行业协会之“二政府”定位和职能而实施的反竞争行为。其本质，是通过牺牲消费者福利和社会利益的方式，实现垄断图书出版商和经销商的既得利益。

图书本身的“精神”和“商品”双重属性以及图书市场存在的失灵现象，决定了对图书市场进行一定的政府规制是符合实际需求的。但是针对不同的市场失灵和规制目标应该建立不同的规制手段。价格机制作为市场经济运行的基础性机制和资源配置的有效方式，应该在最小的程度内被干预和扭曲。图书市场的可持续发展需要构建充分的竞争机制，而不是维持和巩固现有市场的垄断格局。

在政府主管部门对图书市场进行政府规制的过程中，首先应当秉持“市场经济”的基本理念，尊重市场自发形成的价格规律。在市场经济条件下，图书产品的价值只有通过供求关系和价格机制才能得以最佳体现。寡占性的垄断和纵向合谋控制价格，只会降低创新激励，最终损害消费者福利和社会公益。实际上，民营书店和网络书店的发展和壮大是不可逆转的历史潮流。在因特网日趋普及和消费多元化趋势不可逆转的今天，实体书店唯有实施特色经营（如采取会员制、打造文化会所）并与网络书店形成合作关系（如在实体书店体验，在网络书店购物），才能够适应市场和时代的发展趋势。

其次，考虑到图书的精神属性和特定需求主体的特殊利益，有必要建立分类图书制。图书分类总的可以分成社会效益性图书（主要包括教材类、学术专著类和政治类图书）和经济效益性图书两大类。对于前者而言，学术著作面临的是小而专的市场，教材面临的是大而不完全的市场，政治类图书面临的则是一个国家的主流意识形态和政治考虑因素，对于这类图书可以实施一定的价格控制，以部分地化解图书市场的负外部性和信息不完全问题。但是对于市场上绝大多数的经济效益性图书，有必要完全放开定价机制，让市场自身发现图书的价值所在。图书限折令固定一揽子图书价格的做法显然与此相违背，不可能实现社会效益和经济效益的最佳结合。

再次，图书市场应该构建市场竞争与政府规制的良性合作机制。在现代社会，政府与社会的关系已经不再是过去各自为政的状态，而是一种“互动合作”关系。这种互动合作的典型就是借助社会中间体如行业协会的力量，实现政府与市场的有效对接，但是这种交互“影响”必须建立在各主体皆相对自由且独立的基础之上。现有政府对行业协会和市场的“过度”干预，必须如《国务院办公厅关于加快推进行业协会商会改革和发展的若干意见》所言，应坚持行业协会发展的“市场化方向”和“政会分开”，使得政府、社会团体和市场之间能够通过既竞争又合作的关系，实现社会各层次之间的和谐共存。如此一来，才能真正实现“保持行业协会与政府组织的适度联系，尽可能减少政府对市场行为的微观干预，确保《反垄断法》在规制行业协会中的作用得到正常发挥”。

图书定价与图书售价实际上存在明显的差别。出版商在图书上标定价格的做法在很大程度上其实是出于降低交易费用、方便版税结算等目的。在出版和经销领域都存在充分竞争的情况下，图书定价的价格刚性就能够借由图书售价的价格弹性加以化解。通过统一“定价”机制和分别“售价”机制，出版商和经销商都能够对市场做出灵活反应，而消费者也能通过价格折扣得到真正的实惠。因此，唯有借由图书出版和零售环节的进一步市场化改革，形成充分有效的竞争机制，才能够真正给消费者带来好处，实现我国图书产业乃至整个文化产业的健康和可持续发展。

附：图书交易规则

第一章　总　　则

第一条　为规范图书交易行为，维护图书市场秩序，保障消费者和供货商、经销商的合法权益，根据《中华人民共和国民法通则》、《中华人民共和国合同法》、《中华人民共和国反不正当竞争法》、《中华人民共和国反垄断法》、《出版管理条例》、《出版物市场管理规定》等有关法律法规，特制定本规则（以下简称规则）。

第二条 凡在中华人民共和国境内从事图书交易活动的供货商和经销商，应遵守本规则。

第三条 供货商和经销商在图书交易中，要严格执行《书刊征订发行委托书》制度，鼓励使用新闻出版行政部门推荐的《出版物供销合作协议文本》。

供销双方建立业务关系须签订具有法律效用的书面协议，对订货方式、发货折扣、发货方式、收货验货要求、购销形式、销售上架周期、退货比率、结算方式与时间，以及违约责任等事项有明确的约定，严格按协议进行公平、诚实、守信的图书交易活动，共同创造良好的市场环境。

第四条 本规则为行业自律行规，立足行业，面向社会，接受行业和社会监督，鼓励、支持、保护行业各界、媒体和个人，对违反本规则的行为进行监督、举报。

第五条 从事图书交易活动的供货商和经销商，必须守法经营，不得经营国家明令禁止进入市场的图书，不得参与盗版、盗印等违法、违规活动。

第六条 规范图书交易行为，是完善社会主义市场经济体制、规范图书市场经济秩序的需要。要大力遏制图书交易过程中的各种违法违纪行为，打击失信行为，保障交易各方权益，改善外部环境，促进竞争和创新，维护图书市场的正常秩序，促进图书市场的稳定和发展。

第二章 订 货

第七条 各级经销商须从具有经营许可资质的供货商订货，不得向零售企业、个人以及无合法证照的企业和个人订货。

第八条 供货商可与独立经营的、具备图书经营资质的经销商直接建立订货业务关系，但应审核经销商的《出版物经营许可证》和工商营业执照，不接受无图书经营资质的经销商订货。

第九条 经销商以书面、电话、网络或其他形式向供货商订货，经供货商确认后签订协议。订货一经确认，未经供货商同意，不得无故取消订货。若因此给供货商造成经济损失，经销商应按合同约定给予供货商赔偿。

第三章 供 货

第十条 经协议确认后的订货，供货商未征得经销商同意，不得无故不供、少供或推迟约定的时间供货。若由此给经销商造成经济损失，供货商应按合同约定给予赔偿。

第十一条 供货商要按照国家法律法规供货，并本着公平、合法、诚实守信的原则合理定价，自觉抵制虚高定价的不良行为，建立合理的供货折扣体系。

第十二条 供货商向连锁经营的集团企业供货时，只与其总部采购机构发生业务关系；在连锁经营总部统一采购、结算的前提下，经双方协议约定，供货商可以按照连锁经营总部提供的发货单，向其所属连锁分销店直接供货；已经确立独家代理经销的区域，在确定的区域内经销。

第十三条 供货商向经销商发货须按照出厂包及行业标准包样式包装，注明收货企业、收货人、地址、邮政编码及联系电话等内容；发运清单中图书的品种、书名、数量、定价、折扣及实洋、码洋、供货商等相关内容必须齐全，单据清单须随包同行，并在附清单的包上注明“清单附内”。

第四章 收、验货

第十五条 经销商不得无故拒绝供货商的正常发货。未经经销商确认的发货，未按出厂包及行业标准包包装致使无法点验的发货，以次充好、新老版本混杂、已在市场流通过的陈旧图书作为新书的发货，在发货运输过程中严重污损的图书除外。

第十六条 经销商收货后，须及时验货。如发现差错，应在收货一周内告知供货方，双方确认纠错；如发现图书印装质量问题，应及时与供货商联系，作相应处理。

第十七条 经销商验货时发现货物在发货运输中丢失，应由供货商负责查询；无法查明丢失原因的发货，其损失由供货商承担。

第五章 退 货

第十八条 供货商应按双方的订货协议接受经销商的正常退货。因经销商自身原因造成污损的图书、非供货商供货的同版图书、同版同品种有添订的图书等退货除外。经销商退货时，应按发货包装的同一标准办理，退货丢失，由经销商负责查询，无法查明丢失原因的退货，其损失由经销商承担。

第十九条 包销的图书若无错发、脱期、图书质量等问题，原则上不退货，双方约定同意的除外。

第六章 结 算

第二十条 供货商与经销商应遵守合同约定按期结算货款。结算周期一般不超过收货后180天、开具增值税发票后不超过90天。结算时，双方不得随意改变合同约定折扣。

第二十一条 结算时，供货商须提供合法发票和加盖公章的结算清单。否则经销商可以拒付货款。

第七章 监 督

第二十二条 对于自觉严格遵守本规则的供货商和经销商，协会将在业内进行宣传，推荐其参加各项评优评奖活动，优先参与利用协会搭建的各种平台，突出的企业给予奖励。

对于违反本规则的供货商和经销商，视情节采取以下措施：

（一）责令停止违规行为，并消除影响；

（二）在出版发行行业内通报批评；

（三）向社会媒体曝光，并记入诚信档案；

（四）对违规情节严重者，提交新闻出版行政部门取消其评优、评奖和享受优惠政策的资格。

（五）对违规情节严重的供货商和经销商，建议新闻出版行政部门依法给予暂缓通过年检或不予年检等处罚。

第二十三条 中国出版工作者协会、中国书刊发行业协会和中国新华书店协会联合成立《图书公平交易规则》咨询核查机构，其职责如下：

（一）接受新闻出版行政部门指导，监督规则的实施；

（二）建立图书供货商和经销商诚信档案，准确、及时、全面地记载和反映供货商、经销商的信用状况，引导供货商、经销商加强自律，合法经营；

（三）负责违规行为的投诉和举报受理，并对投诉和举报事项进行调查和调解；

（四）定期向社会公布违规企业名单及其不诚信行为；

（五）关注市场，不断研究新情况、新问题，探索新的自律机制，为政府行政部门提供决策依据。

第八章 附 则

第二十四条 本规则所称供货商指经新闻出版行政部门批准设立的图书出版单位、图书总发行企业、图书批发企业；经销商指经新闻出版行政部门批准设立的图书总发行企业、图书批发企业、图书批零兼营企业、图书进出口企业、图书零售企业、读者俱乐部、网上书店等。

第二十五条　本规则由中国出版工作者协会、中国书刊发行业协会、中国新华书店协会解释。

第二十六条　本规则对全国从事图书交易活动的供货商、经销商具有自律约束力，自公布之日起执行。

（资料来源：www. chinanews. com；www. findlaw. cn）

［10］VISA封杀银联不成反惹麻烦　面临反垄断调查

事件背景

VISA是全球最负盛名的支付品牌之一，VISA与世界各地的VISA特约商户、ATM以及会员金融机构合作，使VISA全球电子支付网络——VISANet成为世界上覆盖面最广、功能最强和最先进的消费支付处理系统。目前，全世界有超过2000万个特约商户接受VISA卡，还有超过84万个ATM遍布世界各地。VISA卡可在世界各地2400多万个商户交易点受理，并能够在100万台自动提款机提现。全球流通的VISA卡超过10亿张。VISA国际组织本身并不直接发卡。在亚太区，VISA国际组织有超过700个会员金融机构发行各种VISA支付工具，包括信用卡、借记卡、公司卡、商务卡及采购卡。在中国大陆，几乎所有的商业银行都发行VISA卡。如今摩根大通银行是全球最大的VISA卡发行银行。VISA分别于1993年和1996年在北京和上海成立代表处。VISA在国内拥有包括银联在内的17家中资会员金融机构和5家外资会员银行。截至2009年底，VISA在中国大陆发行的VISA卡约5800万张，自动柜员机达17000台，VISA在中国大陆交易额达32亿美元。在此之前，VISA是最早一批进入中国银行卡业的“拓荒者”。早在1993年VISA组织在北京开设代表处时，中国银行卡行业还处于“蛮荒时代”。从20世纪80年代至今，VISA和万事达两大国际品牌一直是中国银行卡市场的领导者和培育者，包括建立中国第一家银行卡研究培训中心，投资数百万元设立VISA奖励基金，培训了数以千计的中国商业银行卡系统的员工。1985年中国银行发行的第一张银行卡就是VISA卡。2002年3月，国内80多家金融机构共同发起成立了中国银联。作为当时国内唯一的支付清算组织，中国银联成立之初即与国际银行卡组织展开合作。2002年6月，中国银联成为VISA、MasterCard两大国际组织的主会员，其清算系统同VISA、MasterCard的全球清算网络系统连接，中国银联的成员机构可以通过全球清算系统完成国际交易。此后VISA对银联的扶持又持续了很长一段时间。2005年的数据显示，截至2005年底，中国使用以4字开头的VISA标准卡和银行卡数量已经达到2.8亿张，而以6字开头的中国银联卡当时仅为8600万张。其后随着中国经济的快速增长，2007年上半年，银联标准卡发卡量进入爆发性增长阶段，交易量持续激增。截至2009年底，银联境外发卡总量为700万张，境内发卡总量则超过20亿张。2003年下半年在香港铺设网络之后，中国银联开始酝酿逐步拓展海外市场，希望国内近8亿张人民币借记卡能够走出国门，实现国际联网通用。银联方面希望借助VISA或者万事达的全球网络来实现这一设想，但遭到了VISA和万事达的一致反对，他们均以不符合国际标准和当初协议为由表示拒绝。而早在银联成立之初，作为国际上最大的支付清算组织之一的VISA曾寄望于通过入股中国唯一的支付清算组织中国银联，从而获得内地银行卡共享网络资源，但未能如愿。2006年底银联新一轮增资扩股启动时，国际卡组织再次表达入股意愿。但囿于政策限制和竞合策略的考虑，银联方面始终不愿松口接纳外方。由于无缘入股中国银联公司，VISA决定以合资组建公司作为落地中国市场的次优选择，在中国大陆发行显示双币标识的VISA银联卡，成为VISA在中国市场上的特例。目前，VISA卡的主要盈利来源是国内持卡客户境外刷卡消费以及境外客户在中国内地刷卡消费产生的交易服务费。随着2008年3月VISA成功上市，VISA也由此前的非营利性组织变身为需要寻找利润增长的公众持股公司。对于VISA来说，在中国市场争取利益最大化变得更为重要。而作为最早一批进入中国市场的银行卡组织的VISA，虽然已经在中国市场培育和投入多年，却并不能从双币卡境内业务中获得收益，因为国内的人民币银行卡清算网络仍然维持银联独家运营状况；另外，双币卡的境外交易还面临着在海外的“清算通道”竞争。由于在海外刷银联卡无须兑换费用，费用低廉，中国的出境游客基本都将银联卡作为首选支付工具，令 VISA 和万事达等国际卡组织始终处在中国高达 4.93 万亿人民币（约合 7227 亿美元）的支付流程市场之外。而在国内一家独大的银联近年来积极的海外扩张政策加深了 VISA 等国际银行卡组织对其未来利益版图的担忧。2010 年 3 月 27 日，美国三大发卡商维萨（VISA）、美国运通（AmericanExpress）和万事达（MasterCard）要求美国贸易官员采取行动，迫使中国开放信用卡市场，并声称会就信用卡准入问题向世界贸易组织（WTO）投诉。中国市场的银行卡交易额自 2002 年以来增长超过 25 倍。据估计，到 2012 年，中国的银行卡支付额将达到 8.4 万亿元人民币。而中国目前不允许外国银行卡组织独立发行人民币银行卡。外方组织必须通过总部设在上海的中国银联提供银行卡服务来进行交易支付，银联之前的封闭国内市场的做法必然引起国际银行卡组织的反弹，此次 VISA 封堵银联清算通道事件也只是二者利益之争的后续，在中国彻底开放国内金融市场之前，以 VISA 为代表的国际银行组织将不会放弃努力。

事件过程

2010 年 5 月初，VISA 国际组织向全球会员银行发函，要求从 2010 年 8 月 1 日起，凡是在中国大陆境外受理带 VISA 标志的双币种信用卡时，不论是刷卡消费还是 ATM 取现，都不得走中国银联通道，否则 VISA 将重罚收单银行。VISA 一纸公函意图封杀银联海外结算通道。顾客手中持有的信用卡即使是同时印有银联和 VISA 字样的双币卡，但只要是以“4”字开头，那就意味着其交易将选择通过 VISA 的支付网络进行处理。如果在海外消费刷卡或是取现，顾客就要为此承担两次汇率波动的风险与兑换的费用：先将消费的港币金额换算成美元，再换算成人民币进行还款。另外还需要承担 1.5% 的货币兑换费用。据测算，国内将有超过 5000 万张信用卡将为此受到影响。而在此消息发出之前，只要持卡人声明走银联结算通道，银联就会根据当日的港币对人民币的牌价，在账户中直接扣除相应的人民币数目，而无须兑换手续费用。很显然，这对于普通消费者而言是最为经济实惠的付款方式。VISA 的“封杀门”在 2010 年 6 月闹得沸沸扬扬。VISA 当时向全球会员银行发函强调，从 2010 年 8 月 1 日起，凡在境外受理带 VISA 标识的双币种信用卡时，不论是刷卡消费还是 ATM 取现都不得走中国银联的清算通道。VISA 声称将对境外违规收单银行做出惩罚，第一次罚款 5 万美元，如果收单行再犯将每月罚款 2.5 万美元。

而中国银联则针锋相对地回应，任何一方都无权单独对持卡人选择境外支付通道做出限制，持卡人拥有选择境外支付通道的权利。对于 VISA 单方面禁止双币卡使用银联通道，中国银联表示，“银联、VISA”双标识卡不是纯粹的单品牌银行卡，标识双方均有责任和义务为持卡人提供境外受理服务，这也直接关系到持卡人的权益和发卡银行对持卡人的承诺等。任何一方都无权单独对持卡人选择境外支付通道做出限制，持卡人拥有选择境外支付通道的权利。目前，银联国际受理网络已经延伸至境外 90 个国家和地区，能够基本满足中国人在经常到访的国家和地区进行商务、旅游、留学等支付需要。银联国际网络不仅可以受理单标识银联卡，也可以受理双标识银联卡。特别是 62 字头单标识银联卡目前已经在境内外广泛发行和使用。在境外交易使用单标识银联卡，不仅可直接走银联网络，免收占交易金额 1% ~2% 的货币转换费，而且可以享受银联提供的多种增值服务。据了解，如果双币卡持卡人在境外消费用 VISA 和 MasteCard 进行结算的话，要先将消费额由当地货币转成美元，再用美元兑换成人民币进行结算，结算的汇率是由 VISA 和 MasteCard 根据当日全球的汇率进行综合而定，同时要加收 1% ~2% 的货币转换费，而银联则免去了其中的“烦琐”。持卡人境外通过中国银联消费，是将消费额直接由当地货币兑换成人民币，结算的汇率是按照中国外汇管理局公布的当日人民币汇率中间价为准。尤其是目前银联在境外进行结算时不收取任何的货币转换费，显然，选择银联通道进行支付有着很大的优势。

各方反应

虽然 8 月份已进入 VISA“封杀令”期限，但双币信用卡的持卡人在海外仍可通过银联通道刷卡，银联卡在境外仍可以正常使用，无论取现还是刷卡都与之前没有任何变化。

相关银行业内人士表示，VISA 虽然在与银联的博弈中没有占优，但是其不断加强了与国内商业银行的合作。从建设银行的2009年报中可以发现，该行获赠VISA的0.02%股权，期末账面值为8285万元。另外，VISA还与工商银行推出全球转账服务。

在VISA发布封杀令之后，中国银行业协会也在密切注意事态的发展，从而可以在适当的时机出面调停。

VISA面临反垄断调查：据相关银行业内人士介绍，VISA的首席执行官近日表示该公司正与美国司法部进行谈判，试图避免遭遇法律诉讼或赔偿损失。美国司法部发言人表示反垄断部门的调查涉及信用卡支付形式，目的是判断这些规则是否属于反竞争行为。而VISA原本要从2010年8月1日开始封杀银联卡境外通道的计划面临泡汤，很可能与这一反垄断调查有关。

（资料来源：www.findlaw.cn；www.zaobao.com）

［11］维C银翘片安全性问题

事件起因

2010年9月19日，国家药品不良反应监测中心发布第32期《药品不良反应信息通报》，关注中西药复方制剂维C银翘片安全性问题，提醒医务工作者、药品生产经营企业以及公众了解该品种以及该品种安全性问题，以降低用药风险。

“维C银翘片”是含有化学成分维生素C、马来酸氯苯那敏（又称扑尔敏）、对乙酰氨基酚（又称扑热息痛）的中西药复方制剂。

2004年1月1日至2010年4月30日，国家药品不良反应监测中心病例报告数据库（以下内容称“病例报告数据库”）中有关维C银翘片的病例报告数共计1885例，严重病例报告共计48例，无死亡报告。其严重病例的不良反应表现为：全身发疹型皮疹伴瘙痒、严重荨麻疹、重症多形红斑型药疹、大疱性表皮松解症；肝功能异常；过敏性休克、过敏样反应、昏厥；间质性肾炎；白细胞减少、溶血性贫血等。

上述病例报告数据库信息分析提示，该产品的安全性问题与其所含的相关成分有一定关联性。此外，还显示该产品存在超说明书使用现象，表现为未按照说明书推荐的用法用量使用，同时合并使用与本品成分相似的其他药品以及对本品所含成分过敏者用药。

国家食品药品监督管理局建议医生处方或药店售药时，提示维C银翘片为中西药复方制剂，含马来酸氯苯那敏、对乙酰氨基酚、维生素C，对本品所含成分过敏者禁用，过敏体质者慎用。

国家食品药品监督管理局提醒患者严格按说明书用药，避免超剂量、长期连续用药。用药后应密切观察，出现皮肤瘙痒、皮疹、呼吸困难等早期过敏症状应立即停药并及时处理或立即就诊。出现食欲不振、尿黄、皮肤黄染等症状应立即停药并监测肝功能，及时就诊。

国家食品药品监督管理局要求生产企业完善产品说明书和包装、标签，增加相关安全性信息，并加强上市后安全性研究，确保产品的安全性信息及时传达给患者和医生。

后续发展

在国家药品不良反应监测中心发布第32期《药品不良反应信息通报》后，人们开始关注感冒时的用药选择。由于担心维C银翘片的副作用而选择其他感冒药。

但有关人士表示维C银翘片仍可以作为感冒药服用，只是应该严格按照说明书服用。中国中医科学院首席研究员翁维良表示，由于每个人体质不同，对同一种药，并非所有人都能发生不良反应。类似不良反应在其他感冒药中也不同程度存在，并非维C银翘片本身有什么质量问题。

国家药品不良反应监测中心药品不良反应监测处副处长田春华在接受媒体采访时对为什么众多感冒药当中只发布维C银翘片安全性提示进行了解释。田春华表示，在我们日常监测过程中，我们觉得这个产品存在一些安全的隐患。我们觉得这些安全隐患在感冒药尤其是中西复方感冒药中具有一定的代表性，所以我们觉得需要进行发布这样一个警示信息。在我们评估过程中，我们认为维C银翘片的不良反应多数是由它的化学成分的已知不良反应构成的，但是我们在评估过程中也发现公众甚至一些医务工作者可能忽视其中含有的化学成分，这样可能会带来一些额外的风险。

对于外界对维C银翘片提出的安全质疑，现年71岁的维C银翘片处方设计者、高级工程师张荣认为维C银翘片至今的反响都很好，如果按照说明书上的方法来用，就不会有问题。“凡是药都是有一定的副作用，单纯从维C银翘片来说，中西药成分只有协同作用，没有冲突作用。”张荣表示，药都有偏性，维C银翘片适合在感冒初期服用，对于治疗高烧，其功效就没有那么显著了。

事件启示

维C银翘片事件是近年来药害事件的最新一瞥。国家食品药品监督管理局在维C银翘片事件上的检测和监督体现了社会性规制在食品和药品安全方面的重要性。

社会性规制是指以保障劳动者和消费者的安全、健康、卫生、环境保护、防止灾害为目的，对产品和服务的质量以及随之而产生的各种活动制定一定标准，并禁止、限制特定行为的规制。社会性规制偏重于处理行为主体的活动可能给消费者、生产者和社会带来的不健康和不安全问题。

在现代风险社会，风险具有泛在性、不确定性以及危害性，由于风险涉及大量的科学政策问题，因此，欠缺知识和信息的个人和自由市场都很难去扮演“决策于未知之中”的预测者角色，去对诸多社会现象所蕴涵的风险和收益进行评估，在难以相互权衡的不同价值之间进行衡量。为此要求必须结合国家和社会的力量，进行有效率的风险规制。食品和药品规制就是在此背景下，为了从制度上保障公众的健康权益，保证公众食品安全、降低因药品带来健康风险而设定的政府规制。

随着经济发展水平的提高，人们对食品和药品安全问题的关注日渐加强，社会性规制在政府规制中的地位与作用越来越重要。政府在食品和药品安全方面社会性规制的重视在某种程度上是社会进步、生活质量提高的反映，体现了对消费者利益的保护与对社会可持续发展问题的关注。

附：药品不良反应信息通报（第32期）关注中西药复方制剂维C银翘片的安全性问题

维C银翘片是由金银花、连翘、荆芥、淡豆豉、牛蒡子、桔梗、薄荷油、芦根、淡竹叶、甘草、维生素C、马来酸氯苯那敏、对乙酰氨基酚13味药制成的中西药复方制剂，具有辛凉解表、清热解毒的作用。用于流行性感冒引起的发热头痛、咳嗽、口干、咽喉疼痛。

2004年1月1日至2010年4月30日，国家药品不良反应监测中心病例报告数据库中有关维C银翘片的病例报告数共计1885例，不良反应/事件主要累及中枢及外周神经系统、消化系统、皮肤及附属器官等。其中维C银翘片严重病例报告共计48例，约占所有报告的2.55%，无死亡报告。

一、严重病例的临床表现

维C银翘片严重病例的不良反应/事件表现如下：皮肤及附属器官损害占75%，表现为全身发疹型皮疹伴瘙痒、严重荨麻疹、重症多形红斑型药疹、大疱性表皮松解症；消化系统损害占12.50%，表现为肝功能异常；全身性损害占10.1%，表现为过敏性休克、过敏样反应、昏厥；泌尿系统损害占4.17%，表现为间质性肾炎；血液系统损害占4.16%，表现为白细胞减少、溶血性贫血。

典型病例1：患者，男性，42岁，因“咽痛1天”自购维C银翘片，口服2小时后出现“皮肤瘙痒，呼吸困难，胸闷”，立即就诊。查体：血压90/40毫米汞柱，脉搏104次/分，不齐，二联律，全身皮肤红斑疹，压之退色，两肺呼吸音清，心律不齐，未闻及杂音。立即给予地塞米松注射剂10毫克静脉推注，异丙嗪注射剂25毫克肌注，5%葡萄糖250毫升+10%葡萄糖酸钙注射剂20毫升静脉滴注，1小时后，症状减轻，测血压110/60毫米汞柱。

典型病例2：患者，女性，33岁，因“发热，咽喉痛”到药店购买维C银翘片，口服3次/日，每次3片，服药3天后，体温未降反而上升至39度以上，伴厌食、上腹部不适。前往医院就诊，实验室检查报告显示：谷丙转氨酶364U/L，谷草转氨酶265U/L，r－谷氨酰转肽酶189U/L，碱性磷酸酶259U/L，总胆汁酸58.8μmol/L，乳酸脱氢酶407U/L，甲肝抗体、丙肝抗体、戊肝抗体均阴性。患者1月前体检肝功能正常，乙肝表面抗体阳性。停用所有药品，给予垂盆草颗粒、肌苷口服液、维生素C治疗，三个月后复查肝功能正常。

二、超说明书用药分析

国家中心数据库中维C银翘片不良反应/事件报告分析显示，该产品存在超说明书使用现象，主要表现如下：

1. 未按照说明书推荐的用法用量使用

维C银翘片说明书提示：用于成人时，每次2片，每日3次；国家中心接收的病例中约14%的患者使用维C银翘片每次3~4片，每日3次。

典型病例3：患者，男性，38岁，因“感冒”到当地诊所就诊，予维C银翘片口服3次/日，每次4片。3天后，患者全身泛发红斑，自觉轻微瘙痒。前往医院就诊，查体：T36.8℃，P88次/分，BP152/82毫米汞柱，神智清楚；四肢躯干泛发红斑，部分融合，压之退色，米粒至蚕豆大小，皮温不高。诊断：发疹型药疹。给予甲基强的龙松20毫克静脉滴注，开瑞坦10毫克口服等治疗，患者好转出院。

2. 同时合并使用与本品成分相似的其他药品

维C银翘片说明书提示：本品不能同时服用与本品成分相似的其他抗感冒药。国家中心收到的维C银翘片严重病例报告中有部分病例同时合并使用其他成分相似的抗感冒药。

典型病例4：患者，男性，8岁，因“发热，咽痛”口服维C银翘片和百服宁（通用名为对乙酰氨基酚）3天后，双唇出现糜烂，伴疼痛，躯干、四肢出现散在红斑伴瘙痒，体温开始升高至39℃，前往医院就诊。查体：面部、四肢、躯干散在0.3~1.0厘米大小的水肿性暗红色斑，圆形或椭圆形。予以甲基强的松龙、琥珀酸氢化可的松、强的松治疗，10天后痊愈。

3. 对本品所含成分过敏者用药

维C银翘片说明书中提示：对本品过敏者禁用，过敏体质者慎用。国家中心数据库分析显示，个别对本品所含某些成分过敏的患者，使用后出现严重不良反应。

典型病例5：患者，男性，28岁，因“上感”自服C银翘片及板蓝根冲剂，用药后第二天发现双手臂、双侧下肢、胸背部及阴囊部出现数个圆形紫红色斑片，直径3~6厘米，无痒痛感，未就诊。第三天部分紫红色斑片中心出现水疱，水疱直径最大约2厘米，疱壁薄、易破，阴囊部出现糜烂，遂就诊于急诊科，诊断为“多形红斑型药疹”，患者有青霉素、对乙酰氨基酚过敏史，为进一步诊治收入院治疗。入院后给予甲基强地松龙40毫克静脉滴注，氯雷他定10毫克，1天1次，黄连素液、硼酸液外用湿敷等治疗，10天后病情明显好转，水疱结痂，糜烂面渗液减少，好转出院。

三、影响维C银翘片安全性因素分析

维C银翘片是由13味药制成的中西药复方制剂，其所含成分对乙酰氨基酚（又称“扑热息痛”）的不良反应主要表现为皮疹、荨麻疹、药热、肝肾功能损害以及严重过敏反应等；其所含成分马来酸氯苯那敏（又称“扑尔敏”）的不良反应主要表现困倦、虚弱感、为嗜睡、口干、咽喉痛、心悸等。目前，国家中心数据库维C银翘片病例分析提示，该产品的安全性问题与其所含的相关成分有一定关联性。

四、相关建议

（1）建议医生处方或药店售药时，提示维C银翘片为中西药复方制剂，本品含马来酸氯苯那敏、对乙酰氨基酚、维生素C。对本品所含成分过敏者禁用，过敏体质者慎用。服用本品期间不得饮酒或含有酒精的饮料；不得同时服用与本品成分相似的其他抗感冒药；肝、肾功能受损者慎用；膀胱颈梗阻、甲状腺功能亢进、青光眼、高血压和前列腺肥大者慎用；孕妇及哺乳期妇女慎用；服药期间不得驾驶机、车、船，不得从事高空作业、机械作业及操作精密仪器。

（2）建议严格按说明书用药，避免超剂量、长期连续用药，用药后应密切观察，出现皮肤瘙痒、皮疹、呼吸困难等早期过敏症状应立即停药并及时处理或立即就诊；出现食欲不振、尿黄、皮肤黄染等症状应立即停药，及时就诊，并监测肝功能。

（3）建议生产企业应完善产品说明书和包装、标签，增加相关安全性信息，并加强上市后安全性研究，确保产品的安全性信息及时传达给患者和医生。

（资料来源：www. sda. gov. cn；京华时报）

[12] 振华石油原油进口权打破中国石油和中国石化的寡头垄断

2010 年 6 月 21 日，关于振华石油获得原油进口权的消息得到了证实，由此中石油、中石化对于原油进口的垄断正式被打破。中国兵器工业集团（下称“兵工集团”）下属的振华石油控股公司（下称“振华石油”）已经获批拥有了真正意义上的原油进口权。

2010 年 6 月 21 日之前，振华石油就已经拥有非国营贸易进口原油的资质，但根据现行的原油进口政策，非国营贸易进口原油并不能直接在国内市场流通，只能由中石油、中石化两家的炼厂负责加工。

今后配额内的非国营贸易进口原油，振华石油可以直接进口，自己支配。振华石油也成为继两大石油集团之后，国内第三家为自有炼化企业供给原油的国内企业。

兵工集团在海外有丰富的油气资源，而下游炼厂在国内已布局多年。进口原油支配权的获得，意味着兵工集团打通了整个石油产业链。河北省工商业联合会石油业商会会长齐放称，两大集团之外的央企正在改变石油垄断的格局，这也将给民营企业更多生机。

突破垄断

2009 年振华石油拥有的非国营贸易进口原油配额约 120 万吨，2010 年配额肯定大于这个数。振华石油公开数据显示，2010 年进口原油约 400 万 ~ 500 万吨，涉及金额约 250 亿元人民币左右。

振华石油进口的原油主要供应给兵工集团控股的华锦集团，华锦集团是辽通化工的大股东，兵工集团在 2006 年初收购了华锦集团 60% 的股份，从而间接控股辽通化工，成为辽通化工的实际控制人。

辽通化工的油源主要供应方正是振华石油。资料显示，辽通化工于 2009 年 5 月至 2009 年 9 月与兵器下属公司签署了 5 份《原油采购合同》。采购原油 78 万吨，需支付采购款约 29 亿元。同时，公司预计 2010 年进口原油约 400 万 ~ 500 万吨，涉及金额约 250 亿元人民币左右。

目前，中国原油进口分为国营贸易和非国营贸易。包括中石油、中石化在内的 5 家国有石油企业从事国营贸易进口。从 2003 年入世后，这部分进口没有限制。

根据入世的承诺，中国从 2002 年起开始，每年下达非国营贸易配额，允许非国营贸易企业从事部分数量原油的进口，并逐年增加配额。目前拥有非国营贸易原油进口资质的企业有 22 家，但其中有国营背景的企业占据了 2/3。

非国营贸易进口原油只能用于中石油、中石化两大集团的炼厂加工，不得供应给地方炼厂或流通，这也是非国营贸易原油进口管理的核心和关键。

此次振华石油获批直接进口使用的正是这部分非国营贸易原油进口配额。2010 年商务部下发的非国营贸易原油进口配额总量为 2530 万吨。此前，包括地炼企业、工商联等不断上书，要求放开的也正是这部分油源。

神秘公司

兵工集团北方公司（下称“北方公司”）实际上早在 2001 年就开始从事石油贸易。在振华石油成立前的很长一段时间，北方公司有很多次石油交易的机会。

2001 年，北方公司就做成了第一笔石油生意。2001 年，伊拉克同意北方公司可以采购伊石油，参与联合国石油换食品计划。当时伊拉克的一桶油能赚 1 美元。但当时的北方公司没有石油经营资质，只能将石油业务委托给第三方。

北方公司当时的合作伙伴是美国桑普拉能源公司，第一次石油贸易，北方公司就赚取了 80 万美元。2003 年中国政府根据入世规定，承诺允许一批企业以原油非国营贸易名义进入石油进口贸易领域，北方公司就此成立了振华石油。

利用兵工集团在海外贸易的口碑和各种资源，振华石油将目标锁定在资源丰富的中亚，此后迅速发展，管理着 4 个海外油田，2009 年，销售收入达到 214 亿元，并先后与伊拉克国家石油公司签订长期合同，成为伊拉克原油亚洲地区的第二大买家，还先后与巴西国家石油公司、刚果（布）国家石油公司，美国康菲公司等石油生产商和能源巨头签订原油采购合同。

丰富的上游油气资源也坚定了兵工集团做强炼化行业的决心。2006 年兵工集团成为辽通化工第一大股东，2007 年 4 月，辽通化工投资 107 亿元，兴建 45 万吨乙烯及其配套的 400 万吨原料炼化项目。据了解，该项目已经于 2010 年初全面投产，开工率达到 100%，公司每年将需要 400 万吨原油。

相关影响

据相关人士分析，兵工集团获得直接原油进口资格，对于独立于两大集团外的其他央企也是个触动，也希望能够获得直接原油进口资格。“但目前还没有迹象显示会有其他企业获得这一资格”。中石油、中石化对于放开原油进口限制政策，提出了反对意见。

一位民营油企负责人认为，兵工集团获得原油直接进口资格，有助于民营企业突破原油进口贸易的垄断，形成多元化进口格局。“至少我们现在寻找油源的机会多了，不用再看着两大集团脸色，他们不给，我们还可以找兵工。”辽宁一家民营石油公司总经理称。

上述人士介绍，实际上在 2009 年 9 月份华锦集团就已经在盘锦市举行了首次产品推介洽谈会，来自全国从事油品、化工的 160 多家企业负责人出席会议。华锦集团销售公司经理付振龙在会上提出了利益共享、风险共担的合作原则。记者了解到，通辽化工的 400 万吨炼油装置已经建成，在 2009 年 10 月份就已经投产。

随着中海油惠州 1000 万吨炼油项目的投产，以及中国化工、兵工集团的进入，民营企业油源渠道选择更多了。这些央企虽然上游布局完整，但缺乏营运网点和销售渠道，这是它们与民营企业合作的基础。

相关分析

长期以来，国家对原油和成品油的进口实行国营贸易管理，由政府进行总量调控，统一安排进口量，同时允许非国营贸易企业从事少量进口。

在原油方面，原油进口国营贸易实行自动进口许可管理，进口关税为零。

原油进口国营贸易企业共有四家，分别是中国中化集团公司、中国联合石油有限责任公司、中国国际石油化工联合有限责任公司、珠海振戎公司。

按照商务部的规定，所有进口原油必须交由中国石油、中国石化两大公司炼厂加工，进口时需持有两大公司排产证明方可入关。两大公司以外的原油进口经营企业往往因此贻误商机，只好将进口许可证以逐年下降的低价卖给两大公司或者干脆作废。

从市场主体和机制上看，目前中国石油、中国石化等石油公司下属油田和炼油厂作为“成本中心”，是完全的生产车间，特别是石油公司改制上市后，进一步强化了对下属企业的控制力。所以，在出现成品油严重供不应求的情况下，石油行业集团往往会优先考虑到自身的利益，在面对成品油供应短缺问题时，很容易提出涨价的建议。国家的宏观调控和价格约束，只能治标而不能治本。

从供应方看，市场主体严重缺乏。两大集团以外的其他社会成品油经营单位在资源等方面依附于两大集团，整体上呈现出主体竞争不充分的局面，民营石油企业在进入、资质审查、经营等多方面面临一系列问题。另外，由于民营石油企业在物资流、资金流、信息流等三方面存在缺陷，把大量的精力和资金用在获得油源和贸易许可方面，而无暇顾及改进经营管理，使其在各方面都缺乏与垄断企业竞争的实力。而且，相对石油产业的下游市场，民营石油企业更难介入上游市场。

此次振华石油获得原油进口权意味着政府在逐步放开对社会石油经营企业的进口控制，并在非国营贸易进口配额方面进行尝试。石油产业上游市场不再完全由两大公司控制，这将推动建立健康、公平的石油进口市场秩序，促进民营企业与上游市场的合作。石油进口权的逐步放开是市场开放的关键。

总之，在两大集团的强烈反对下，兵工集团仍然获得了进口原油的自主支配权，虽然从量上来说对两大集团的业务影响不大，但是国家开放进口原油自由支配的态势，将打破两大集团对原油进口的垄断。

此次兵工集团获得自由支配进口原油的资格，打破了两大集团对油源的垄断，为民营企业、地炼企业增加了一条油源渠道，有利于形成多元化的进口格局。这对民营油企来说，拓宽了它们的生存空间。另外，兵工集团虽然获得了进口原油的自由支配权，并且也拥有自己的炼化企业，但是在运营网点和销售渠道建设方面却不具备民营企业的优势，因此两者间正好可以形成优势互补，改善民营企业“无米之炊”的窘况。

（资料来源：经济观察报；财新网）

[13] 中国或对必和必拓收购加拿大钾肥展开反垄断调查

事件的起源

全球最大的矿业巨头必和必拓（BHPBilliton）2010 年 8 月 24 日宣布，公司发起收购全球最大钾肥生产商加拿大钾肥（Potash）已获得美国联邦贸易委员会批准。这是自 8 月 19 日，必和必拓发起以 390 亿美元敌意收购加拿大钾肥以来获得的首个监管部门的批准。该项收购还需面临加拿大钾肥股东方的批准以及加拿大政府的外资审查。但加拿大钾肥公司的公告表示，必和必拓开出的收购价格严重低估了该公司的价值，无法反映公司在该领域的关键地位和未来的发展潜力，因此建议投资者拒绝必和必拓的收购要约。

必和必拓与加拿大钾肥公司同是美国上市公司，收购必须获得美国反垄断机构联邦贸易委员会的批准。据了解，必和必拓收购成功将控制全球近一半的钾肥供应量，并可能对今后全球市场的钾肥价格形成垄断。中国则是目前全球最大的钾肥进口国。

中国的态度

必和必拓宣布，公司发起收购加拿大钾肥生产商加拿大钾肥公司获得美国联邦贸易委员会批准后，下一步，上述交易还需要通过加拿大和中国相关部门的审批。

2010 年 9 月 1 日《第一财经日报》引述未具名消息人士的话报导称，中国可能对必和必拓敌意收购加拿大钾肥公司展开反垄断调查。消息人士说，中国反垄断部门还将对俄罗斯两大钾肥巨头 Uralkali 和 Silvinit 正在进行的合并案展开调查。

必和必拓拒绝对《第一财经日报》的报道发表评论。该公司发言人表示，这笔交易只需要得到加拿大和美国政府的批准，因为该公司钾肥产量的一半以上都销往了这两个国家，对中国的销量在公司总产量中所占的比例不足 7%。

中国最大的化肥生产商——中化化肥控股有限公司（Sinofert Holdings Ltd）上周公开发表声明对必和必拓收购加拿大钾肥的交易表示担忧，公司担心这笔交易将使中国在钾肥进口中处于更加不利的地位。不过，声明中并没有提及该公司的母公司中化集团（Sinochem）是否会参与必和必拓对加拿大钾肥的竞购。

《第一财经日报》援引消息人士的话说，政府相关部门正在与中化集团研究相关对策，但目前还没有明确结果。行业分析人士认为中化集团和中国投资公司都有可能提出对加拿大钾肥的收购。

加拿大钾肥周二发表声明说，公司对“中国主权投资基金或国有公司可能提出的收购提议非常感兴趣。”该公司股票价格昨天收报每股 147.25 美元，已经较必和必拓开出的收购报价高出 13%，如果必和必拓想完成收购交易的话就必须开出更高的报价。

针对必和必拓收购加拿大钾肥一事，中国钾肥业秘密集会商议对策。国家相关部委也曾就此事向协会了解，要求钾盐分会拿出一个态度。

《华夏时报》9 月 25 日的报道称，必和必拓公司此前对全球最大的肥料生厂商发起 390 亿美元敌意收购。该消息一经传出就受到媒体的持续关注，均衡的局面之下，各种利害关系在当事者算计之中，也为当事人的下一步动作提供了权衡空间。

此事给涉及竞购加拿大钾肥公司的中国相关机构带来了巨大压力，原本计划的记者招待会也被取消。

9 月 21 日，中国无机盐协会钾盐分会的齐秘书长告诉记者，因为此事目前关注度太高，担心记者的在场给国家相关部委、企业带来太大压力，无法达成有效沟通的效果，所以最后取消了记者招待会。

而据了解，9 月 20 日，中国无机盐协会钾盐分会召开了一次会议，其中当下热炒的必和必拓收购加拿大钾肥公司的事情是会议的主要内容之一。据了解，国内钾肥行业诸如中化化肥、盐湖钾盐等主要进行钾肥生产、贸易的企业，相关部委、业内专家等都参加了这次会议。

据钾盐分会的工作人员介绍，现在这个事情被炒得过热，各种说法都有，都担心钾肥走了铁矿石老路。由于涉及上市公司，协会目前并不方便说，但是国家相关部委曾经就此事向协会了解过，要求钾盐分会拿出一个态度，而在前述会议中，相关部门的工作人员还就加拿大钾肥出售一事专门在会上向与会者阐述了目前我国关于反垄断调查的一些情况。

“事情很快会明朗化，几天后，我们可能会按既定的思路，针对这次加拿大钾肥公司出售事件，做一些披露。”钾肥分会的工作人员说。

与此同时，9 月 20 日必和必拓在其官网上表示，由于加拿大要求其提供有关收购加拿大钾肥公司的更多信息，必和必拓已将收购加拿大钾肥的要约有效期限从原来的 10 月 18 日延期至 11 月 18 日晚上 11 点 59 分。

对此，齐秘书长认为，目前由于无法获得股东的支持，必和必拓并没有掌握收购的局面，还需要做很多工作。除了之前媒体多次提到的收购价格的因素外，一向擅长做市场的必和必拓现在的态度是不希望接手对方的销售公司，而是通过自己的现有网络建立新的销售渠道，重新布局。由于情况比较复杂，往后一个月还会出现新的情况，如果到了 11 月 18 日还未获得股东支持，要约有效期可能还会往后推，收购价格也会提高，同时必和必拓还可能接收对方的销售公司。

据悉，国外企业和投行机构一直以来都在通过各种渠道对国内的钾肥市场做持续了解。必和必拓和力拓几年前也都开始调研国内的钾肥市场，了解产业布局、企业信息等，这种前瞻性的研究做得很细，为此还向钾盐分会了解过情况。

钾盐分会工作人员说：“国外企业和机构是想尽一切办法来获取国内市场的信息，为此不惜开出高价雇佣国内机构帮助他们了解国内行业情况。”据他介绍，北京、上海就有很多咨询公司承接了这种业务。在一些公开的会议场合都会看到这样的咨询公司，他们会制作一些手册，上面很明确地写上帮助国外机构了解国内市场，并会通过口头或问卷单的形式提出一系列很具体的问题，包括企业成本、原料来源、市场。

该工作人员还表示，此次必和必拓收购加拿大钾肥公司并不是一个简单的收购行为，其背后有很多资金的支持，是一个金融财团的全球资源布局。

“如果收购，需要将近 600 亿美元的资金，风险太大。”中国无机盐协会钾盐分会前会长魏成广对记者说，目前全球钾肥产能过剩一半以上，如果收购成功，钾肥价格每吨需要至少涨价到上千美金，他们才能收回成本，这几乎是不可能的，还会将海外投资的成本转移到农民身上。而中化集团公司副总裁韩根生也曾在 9 月中旬对媒体表示，即便是 100 亿美元的收购价也不划算。

“2008 年，国内企业以自己的利益为逻辑认为粮食涨价，没有充分估计到百姓的消费需求，高价引进大量钾肥。”魏成广说，当时国内企业看到粮食涨价，简单地认为钾肥相应也会涨，结果进口的钾肥都没有用完，亏了五六十个亿。

正因为前车之鉴，一些业内人士在接受采访时表示，对加拿大钾肥公司出售要关注，但是不能凑热闹就上。

商务部研究院跨国公司研究中心的专家9月26日在接受《每日经济新闻》记者采访时表示，该交易是否能通过商务部反垄断机构的批准，还存在很大的不确定性。中国无机盐协会钾盐分会有关负责人士表示，从企业到政府以及相关企业，都已经做好了应对必和必拓收购加拿大钾肥公司成功的各项准备。

中方是否批准存在不确定性。有专业人员称，此收购案得到加拿大竞争监管机构的批准才至关重要。商务部研究院跨国公司研究中心何曼青认为，按以前商务部审批的几个例子看，商务部对外国公司收购交易一般不会设置太多障碍，如果涉嫌垄断，有时会在批准时增加一些附加条款。但是，如果中国企业最终确定加入对加拿大钾肥的收购战，可能就另当别论了。因此，批准与否，目前存在很大的不确定性，只能视事态如何发展而定。

钾盐分会的工作人员也告诉记者，目前对加拿大钾肥出售的关注主要受铁矿石进口谈判影响，害怕钾肥成为铁矿石第二。但是钾肥情况和铁矿石不一样，钢铁行业现有的过剩产能不能停下来，必须引进矿石。而钾肥有替代品，同时钾盐进入土地之后，有部分还会存留在土地中，不会很快流失。因此，农作物对钾肥的需求是弱周期性的，有弹性。

不仅如此，中国相关部门从2000年、2001年开始就已经对钾肥产业作出了布局，并设计了境内、进口、境外（境外投资）三个路径渠道，目前在老挝、乌兹别克斯坦、刚果等国家都有国内企业的投资。钾盐分会工作人员还告诉记者，中国领域海水含氧化钾估计就达550亿吨，国内经过几十年攻关研究，现在技术成本已经从2009年的2000多元/吨降到了2010年的1600多元/吨。如果加上已经开工和现正在建设的新增300万吨以上的产能，魏成广乐观估计中国钾肥自给率将超过七成。

加拿大的态度

事态发展出现转折，加拿大萨斯喀彻温省省长布拉德·沃尔9月30日上午在多伦多重申，坚决反对澳大利亚必和必拓公司对萨斯喀彻温省钾肥公司的恶意收购，态度强硬令联邦政府骑虎难下。沃尔是在加拿大经济俱乐部举行的午餐会上做出如上表述的。他强调，钾肥是战略性资源，对加拿大非常重要。必和必拓收购钾肥公司将无法给加拿大带来净效益。

沃尔在接受采访时称：“必须否决收购提议。原因有三：首先，我们认为交易不符合国家的经济效益；其次，联邦政府否决这项交易与加拿大的自由贸易并不相悖；最后，我们认为这宗收购是否可行应由省府决定。”

沃尔表示，曼尼托巴省省长格莱格·塞林格对萨斯喀彻温省反对必和必拓公司收购表示支持。埃尔伯塔省省长埃德·施特默和魁北克省省长夏雷也于早些时候加入到反对收购的队伍中。他再次敦促联邦政府否决必和必拓的收购要求，保护加拿大的矿业生产。

作为回应，加拿大联邦工业部长托尼·克莱门特同日下午在渥太华表示，联邦政府将不会延长对此次收购的审查时间，将在11月3日公布是否批准必和必拓公司收购钾肥公司的决定。

钾肥作为农作物肥料，对粮食生产至关重要。萨斯喀彻温省的钾肥生产量占全球总产量的一半，而萨省近一半的钾肥又产自钾肥公司。澳大利亚矿业巨头必和必拓公司于2010年8月提出以385亿美元的价格收购加拿大钾肥公司，但此收购提议遭到萨斯喀彻温省政府的反对。该省认为这宗交易将对省内就业、税收构成伤害。

之前，萨省政府就已向克莱门特明确表示，坚决抵制必和必拓公司收购萨斯喀彻温省钾肥公司的要求，没有商讨的余地。萨斯喀彻温省能源和资源厅厅长博伊德上此前在渥太华和克莱门特举行的一场闭门会议中，回绝了联邦政府就萨斯喀彻温省省府和必和必拓公司就收购一事进行协商的建议。

事件的结局

但这项交易的最终决定权在联邦政府手中。加拿大联邦政府表示，将根据《加拿大投资法》的规定，审查该交易是否会给加拿大带来经济效益，最终做出独立判断。不过，目前联邦政府陷入两难境地，其最终决定既不能损毁加拿大倡导自由贸易吸引外商投资的声誉，又要保护国内资源产业的利益。同时，保守党执政的联邦政府还要顾及违反萨斯喀彻温省政府意愿所带来的政治后果。

加拿大政府于11月3日宣布否决必和必拓公司的收购方案，根据规定，后者有30天的时间用于提出申诉。加拿大政府此前表示，将加拿大钾肥出售给必和必拓公司并不能为加拿大带来净福利。目前，加拿大钾肥是全世界最大的化肥生产商。最终必和必拓公司11月14日发表声明，宣布放弃收购全球最大钾肥生产商加拿大萨斯喀彻温钾肥公司。必和必拓公司在本周一向澳大利亚股票交易所提交的声明中表示，由于该公司无法满足《投资加拿大法案》（Investment Canada Act）所规定的相关内容，因此最终决定放弃此次收购计划。与此同时，必和必拓公司还宣布重启激活其股票回购项目，而这是其整个130亿美元股票回购项目的一部分。

必和必拓公司首席执行官高瑞思（Marius Kloppers）在声明中表示："我们仍然致力于加拿大业务的发展，我们计划加大对加拿大钾肥行业的投入。"2010年9月份，高瑞思已经筹集了450亿美元的贷款，以完成对加拿大钾肥的收购，但是事实上，这一交易自提出以来就遭到了政客及投资者的反对。必和必拓公司称，此次收购计划的失败将使公司发生3.5亿美元的交易费用。

由必和必拓要约收购加拿大钾肥最终以放弃而告终可以看出，经营者集中对国民经济发展有重大影响，涉及外资企业并购以及国家安全时，国务院反垄断机构除了依照反垄断法规定进行经营者集中审查之外，还应当按照国家有关规定进行国家安全检查。这是一次以失败告终的案件，从中体现了经营者集中的成功与否是各方利益团体竞价博弈的结果。

（资料来源：中新网；新华网）

第八部分

中国反垄断与规制机构介绍

国家电力监管委员会

一、内设机构及其职能

办公厅（国际合作部）：组织机关日常工作；负责公文处理和新闻宣传工作，承办重要会议；管理机关财务、档案、资产、保密、安全保卫、后勤服务和其他行政事务；负责电力市场统计，统一对外发布信息，负责组织建立电力监管信息系统；负责电力监管机构的内部审计工作；负责电力监管国际比较研究；管理电力监管派出机构的涉外事务和有关国际合作项目；负责组织国际交流合作活动、安排人员出访和接待国（境）外人员来访；负责办理人民来信来访。

政策法规部（电改办）：草拟电力监管法律法规，提出制定或修改建议；负责授权范围内的电力法律法规的解释和宣传工作；统一审核会内各类规章、规则和管理办法；按照国家对电力体制改革的决定和部署，组织实施电力体制改革方案，提出深化改革的建议；组织办理涉及电力监管机构的行政复议案件、行政诉讼案件和国家赔偿案件的应诉工作。

市场监管部：制定发电业务许可证管理办法，颁发和管理发电业务许可证；拟定电力市场运行规则；审定电力市场运营模式和电力调度交易机构设立方案；监督检查容量电价的执行情况；监管电力调度交易机构的调度、信息披露、结算等行为；查处操纵市场价格的行为；参与制定电源发展规划；参与制定发电企业技术、安全、定额和质量标准并监督检查；监管非竞争性发电业务。

输电监管部：制定输电及相关业务许可证管理办法，颁发和管理输电及相关业务许可证；参与制定输电企业技术、安全、定额、质量标准并监督检查；监督输电企业无歧视和公平开放电网；监督检查输电企业成本规则和输电电价执行情况；参与制定并监督实施电网发展规划，监督电网企业的投资行为。

供电监管部：制定供电业务许可证管理办法，负责指导供电营业区的划分，颁发和管理供电业务及其相关业务许可证；参与制定供电企业技术、安全、定额、质量标准并监督检查，制定供电服务投诉及处理程序，监管电能及供电服务质量；监督检查供电企业成本规则和销售电价的执行情况；监管供电企业信息披露；根据国家有关政策制定电力普遍服务计划并监督实施。

价格与财务监管部（稽查局）：研究提出容量电价、输电配电电价和销售电价的定价建议；监管各项辅助服务收费标准；按照国家规定，拟定输电和供电企业成本规则；协同环保部门对电力行业执行环保政策、法规和标准进行监督检查；按照公平竞争原则，对电力企业兼并重组提出建议；负责电力行政执法；拟定电力争议纠纷解决程序，处理投诉、申诉和电力争议纠纷；组织调查电力市场违法违规案件并提出处理意见，执行国家电力监管委员会对违法违规案件的处理决定。

人事培训部（机关党委）：拟定电监会机关及派出机构的人事管理制度；承办干部调配、任免、考核、培训、奖惩、交流、出国政审以及机关工作人员的工资福利、社会保险、离退休干部管理等工作；管理人事档案；负责机关、派出机构专业技术职务评聘工作；负责机关及在京直属单位和代管单位的党群工作。

党组纪检组（监察局）：监督检查本系统贯彻执行国家法律、法规、政策的情况；依法依纪查处违反国家法律、法规和政纪的行为；受理对监察对象的检举、控告和申诉；领导本系统纪检（监察）工作。办公厅承担的“负责电力监管机构的内部审计工作”，改由监察局负责。

安全监管局：负责全国电力安全及可靠性的监督管理工作；组织制定电力安全生产有关规章和标准，并对实施情况进行监督检查；组织电力安全生产大检查，督促落实安全生产各项措施；组织对电力企业安全生产状况进行检查、诊断、分析和评估；负责全国电力安全生产信息的统计、分析、发布；对全国电力行业发生的重大及以上安全生产事故组织调查；负责全国电力安全的业务培训、考核和宣传教育工作；组织安全生产管理新技术的推广应用；承办领导交办事项。

二、主 要 职 责

根据国务院批准《国家电力监管委员会职能配置内设机构和人员编制规定》，国家电力监管委员会按照国务院授权，行使行政执法职能，依照法律、法规统一履行全国电力监管职责。

（一）负责全国电力监管工作，建立统一的电力监管体系，对国家电力监管委员会的派出机构实行垂直领导。

（二）研究提出电力监管法律法规的制定或修改建议，制定电力监管规章，制定电力市场运行规则。

（三）参与国家电力发展规划的制定，拟定电力市场发展规划和区域电力市场设置方案，审定电力市场运营模式和电力调度交易机构设立方案。

（四）监管电力市场运行，规范电力市场秩序，维护公平竞争；监管输电、供电和非竞争性发电业务。

（五）参与电力技术、安全、定额和质量标准的制定并监督检查，颁发和管理电力业务许可证，协同环保部门对电力行业执行环保政策、法规和标准进行监督检查。

（六）根据市场情况，向政府价格主管部门提出调整电价建议；监督检查有关电价；监管各项辅助服务收费标准。

（七）依法对电力市场、电力企业违法违规行为进行调查，处理电力市场纠纷。

（八）负责监督电力社会普遍服务政策的实施，研究提出调整电力社会普遍服务政策的建议；负责电力市场统计和信息发布。

（九）按照国务院的部署，组织实施电力体制改革方案，提出深化改革的建议。

（十）承办国务院交办的其他事项。

三、部 门 规 章

国家电力监管委员会行政复议办法

承装（修、试）电力设施许可证管理办法

供电监管办法

电网企业全额收购可再生能源电量监管办法

电力可靠性监督管理办法

电力监管报告编制发布规定

电网运行规则（试行）

电力并网互联争议处理规定

电力监管机构现场检查规定

电力监管执法证管理办法

电力监管机构投诉处理规定

电力监管机构举报处理规定

电力监管机构行政处罚程序规定
电工进网作业许可证管理办法
电力企业信息披露规定
电力企业信息报送规定
电力监管信息公开办法
电力市场监管办法
电力市场运营基本规则
电力业务许可证管理规定
电力争议调解暂行办法
承装（修、试）电力设施许可证管理办法
电力二次系统安全防护规定
电力生产事故调查暂行规定
水电站大坝运行安全管理规定
电力安全生产监管办法
《供电监管办法》释义
电力市场标准化设计和评价体系
电力监管统计工作指南
电力用户向发电企业直接购电试点暂行办法
华东电力市场运营规则
华东电力市场技术支持系统功能规范
跨区跨省电力优化调度暂行规则
购售电合同（示范文本）
电力市场技术支持系统功能规范（试行）
供电营业规则
用电检查管理办法
供电营业区划分及管理办法
供用电监督管理办法
电网调度管理条例实施办法
电力设施保护条例实施细则
（资料来源：www. serc. gov. cn）

国家工商行政管理总局反垄断与反不正当竞争执法局

一、内设机构

内设综合处、反垄断执法处、反垄断法律指导处、反不正当竞争处、案件督查协调处。

二、主要职责

拟订有关反垄断、反不正当竞争的具体措施、办法；承担有关反垄断执法工作；查处市场中的不正当竞争、商业贿赂、走私贩私及其他经济违法案件，督查督办大案要案及典型案件。

承办总局交办的其他事项。

三、法律法规

中华人民共和国反垄断法
中华人民共和国公司登记管理条例
中华人民共和国公司法
中华人民共和国公务员法
中华人民共和国行政许可法
中华人民共和国商标法
特殊标志管理条例
奥林匹克标志保护条例
中华人民共和国个人独资企业法
中华人民共和国行政复议法
中华人民共和国合同法
中华人民共和国合伙企业法
中华人民共和国乡镇企业法
中华人民共和国广告法
中华人民共和国反不正当竞争法
中华人民共和国中外合作经营企业法
中华人民共和国全民所有制工业企业法
中华人民共和国外资企业法
中华人民共和国食品安全法实施条例
物业管理条例（2007 年修订）
信息网络传播权保护条例
北京市政府关于印发《实施细则》的通知
娱乐场所管理条例
国务院办公厅关于做好贯彻实施修订后的公司法和证券法有关工作的通知
中华人民共和国公司登记管理条例
直销管理条例
禁止传销条例
国务院办公厅关于推行行政执法责任制的若干意见
世界博览会标志保护条例
无照经营查处取缔办法
知识产权海关保护条例
互联网信息服务管理办法

产品质量认证管理条例

中华人民共和国国家工商行政管理局关于《烟草广告管理暂行办法》修改意见

国务院办公厅关于进一步做好工商行政管理和质量技术监督部门经费保障工作的通知

中华人民共和国商标法实施条例

国务院办公厅关于开展集贸市场专项整治工作的通知

指导外商投资方向规定

奥林匹克标志保护条例

国务院办公厅转发工商总局关于工商行政管理机关限期与所办市场彻底脱钩有关问题意见的通知

国务院办公厅关于继续深入开展严厉打击制售假冒伪劣商品违法犯罪活动联合行动的通知

商用密码管理条例

国务院清理整顿经济鉴证类社会中介机构领导小组、国家工商行政管理局关于经济鉴证类社会中介机构与政府部门实行脱钩改制的意见

中华人民共和国台湾同胞投资保护法实施细则

国务院关于全面推进依法行政的决定

国务院办公厅关于严格查禁非法进口“红油”的紧急通知

娱乐场所管理条例

期货交易管理暂行条例

饲料和饲料添加剂管理条例

房地产广告发布暂行规定

事业单位登记管理暂行条例（修正）

民办非企业单位登记管理暂行条例

社会团体登记管理条例

非法金融机构和非法金融业务活动取缔办法

国务院关于禁止传销经营活动的通知

中华人民共和国合伙企业登记管理办法

罚款决定与罚款收缴分离实施办法

营业性演出管理条例

中共中央、国务院关于治理向企业乱收费、乱罚款和各种摊派等问题的决定

印刷业管理条例

出版管理条例

特殊标志管理条例

国务院办公厅关于对在我国境内举办对外经济技术展览会加强管理的通知

国务院办公厅转发国家经贸委等部门关于深入开展打击生产和经销假冒伪劣商品违法行为意见的通知

企业国有资产产权登记管理办法

国务院办公厅关于大中城市工商行政管理分局执法权限问题的复函

国家赔偿费用管理办法

音像制品管理条例

中华人民共和国外资金融机构管理条例

国务院办公厅关于调整缉私部门罚没收入上交办法的通知

中华人民共和国城镇集体所有制企业条例

劳动就业服务企业管理规定

中华人民共和国档案法实施办法

国务院关于鼓励华侨和香港澳门同胞投资的规定

法规汇编编辑出版管理规定

中华人民共和国乡村集体所有制企业条例

外商投资开发经营成片土地暂行管理办法

盐业管理条例

国务院关于完善化肥、农药、农膜专营办法的通知

中华人民共和国种子管理条例

国务院关于化肥、农药、农膜实行专营的决定

中华人民共和国私营企业暂行条例

广告管理条例

城乡个体工商户管理暂行条例

汽车交易市场管理暂行规定

国务院关于严禁淫秽物品的规定

中华人民共和国中外合资经营企业法实施条例

城乡集市贸易管理办法

工商行政管理机关制止滥用行政权力排除、限制竞争行为的规定

工商行政管理机关禁止滥用市场支配地位行为的规定

工商行政管理机关禁止垄断协议行为的规定

工商行政管理机关查处垄断协议、滥用市场支配地位案件程序规定

工商行政管理机关制止滥用行政权力排除、限制竞争行为程序规定

工商行政管理规章制定程序规定

关于对《反不正当竞争法》第五条第（四）项所列举的行为之外的虚假表示行为如何定性处理问题的答复

商标印制管理办法

证券市场禁入规定

整顿和规范盐业市场秩序工作方案

总局刘玉亭副局长在全国工商行政管理系统开展整顿和规范盐业市场秩序专项行动工作会议上的讲话

整顿和规范盐业市场秩序工作方案

卫生部、国家中医药管理局、公安部、国家工商总局关于开展严厉打击非法行医整顿医疗服务市场秩序专项治理工作的通知

国家工商行政管理局关于对企业及其产品在境外的市场占有率、排序的内容在广告中使用问题的答复

国家工商行政管理局关于《反不正当竞争法》第二十三条和第三十条“质次价高”、“滥收费用”及“违法所得”认定问题的答复

国家工商行政管理局关于集贸市场个体工商户短尺少秤行为适用《城乡个体工商户管理暂行条例》规定进行处罚是否恰当问题的答复

国家工商行政管理局关于工商行政管理机关应当依照《反不正当竞争法》查处邮政企业强制他人接受其邮政储蓄服务的限制竞争行为的答复

国家工商行政管理局关于贯彻国务院反假币工作会议精神的通知

国务院关于进一步整顿和规范期货市场的通知

国家工商行政管理局关于加强市场监督管理严厉惩治扰乱市场秩序违法行为的通知

国家工商行政管理局关于抽奖式有奖销售认定及国家工商行政管理局对《反不正当竞争法》具体应用解释权问题的答复

国家工商行政管理局关于在市场监管工作中推行市场巡查制的通知

国家工商行政管理局关于强化市场日常监督管理工作的通知

国家计委、国家经贸委、国家体改委、财政部、供销合作总社、中国纺织总会、中国人民银行、铁道部、农业部、中国农业发展银行、中国工商银行、国家工商行政管理局、国家技术监督局关于印发《全国棉花交易市场交易管理暂行办法》的通知

国家经贸委、国家工商行政管理局、海关总署、国家技术监督局、卫生部、国家商检局关于印发《进口酒类国内市场管理办法》的通知

国家工商行政管理局关于立即配合查缴反动、淫秽 VCD 故事片《97 风流梦》的紧急通知

国家工商行政管理局关于金霸王电池广告图案是否违反《广告法》有关条款的答复

国内贸易部、国家计委、国家经贸委、财政部、国家工商行政管理局关于印发《加强民用煤市场管理　进一步做好民用煤供应工作的意见》的通知

建设部、国家工商行政管理局关于禁止在工程建设中垄断市场和肢解发包工程的通知

国家中医药管理局、国家医药管理局、卫生部、国家工商行政管理局关于严格执行《整顿中药材专业市场标准》加强中药材专业市场管理的通知

国家工商行政管理局关于纠正违反国家规定登记注册外商独资商业企业等问题的通知

国家工商行政管理局关于金霸王电池广告图案是否违反《广告法》有关条款的答复

国家工商行政管理局关于进一步贯彻实施《反不正当竞争法》的若干意见

国家工商行政管理局对《关于北京市集贸市场市场管理员着装的请示》的答复

四、重要规章附录

2010 年 12 月 31 日，国家工商总局公布了《工商行政管理机关禁止垄断协议行为的规定》、《工商行政管理机关禁止滥用市场支配地位行为的规定》、《工商行政管理机关制止滥用行政权力排除、限制竞争行为的规定》三个《反垄断法》配套实体规章。

附录一：工商行政管理机关禁止垄断协议行为的规定

第一条　为了制止经济活动中的垄断协议行为，根据《中华人民共和国反垄断法》（以下简称《反垄断法》），制定本规定。

第二条　禁止经营者在经济活动中达成垄断协议。

垄断协议是指违反《反垄断法》第十三条、第十四条、第十六条的规定，经营者之间达成的或者行业协会组织本行业经营者达成的排除、限制竞争的协议、决定或者其他协同行为。

协议或者决定包括书面形式和口头形式。

其他协同行为是指经营者虽未明确订立书面或者口头形式的协议或者决定，但实质上存在协调一致的行为。

第三条　认定其他协同行为，应当考虑下列因素：

（一）经营者的市场行为是否具有一致性；

（二）经营者之间是否进行过意思联络或者信息交流；

（三）经营者能否对一致行为作出合理的解释。

认定其他协同行为，还应当考虑相关市场的结构情况、竞争状况、市场变化情况、行业情况等。

第四条　禁止具有竞争关系的经营者就限制商品的生产数量或者销售数量达成下列垄断协议：

（一）以限制产量、固定产量、停止生产等方式限制商品的生产数量或者限制商品特定品种、型号的生产数量；

（二）以拒绝供货、限制商品投放量等方式限制商品的销售数量或者限制商品特定品种、型号的销售数量。

第五条　禁止具有竞争关系的经营者就分割销售市场或者原材料采购市场达成下列垄断协议：

（一）划分商品销售地域、销售对象或者销售商品的种类、数量；

（二）划分原料、半成品、零部件、相关设备等原材料的采购区域、种类、数量；

（三）划分原料、半成品、零部件、相关设备等原材料的供应商。

第六条　禁止具有竞争关系的经营者就限制购买新技术、新设备或者限制开发新技术、新产品达成下列垄断协议：

（一）限制购买、使用新技术、新工艺；

（二）限制购买、租赁、使用新设备；

（三）限制投资、研发新技术、新工艺、新产品；

（四）拒绝使用新技术、新工艺、新设备；

（五）拒绝采用新的技术标准。

第七条　禁止具有竞争关系的经营者就联合抵制交易达成以下垄断协议：

（一）联合拒绝向特定经营者供货或者销售商品；

（二）联合拒绝采购或者销售特定经营者的商品；

（三）联合限定特定经营者不得与其具有竞争关系的经营者进行交易。

第八条　本规定未明确规定的其他垄断协议，除价格垄断协议外，由国家工商行政管理总局依法认定。

第九条　禁止行业协会以下列方式组织本行业的经营者从事本规定禁止的垄断协议行为：

（一）制定、发布含有排除、限制竞争内容的行业协会章程、规则、决定、通知、标准等；

（二）召集、组织或者推动本行业的经营者达成含有排除、限制竞争内容的协议、决议、纪要、备忘录等。

第十条　经营者违反本规定第四条至第八条规定，达成并实施垄断协议的，由工商行政管理机关责令停止违法行为，没收违法所得，并处上一年度销售额百分之一以上百分之十以下的罚款；尚未实施所达成的垄断协议的，可以处五十万元以下的罚款。

行业协会违反本规定第九条规定，组织本行业的经营者达成垄断协议的，工商行政管理机关可以对其处五十万元以下的罚款；情节严重的，工商行政管理机关可以提请社会团体登记管理机关依法撤销登记。

工商行政管理机关确定具体罚款数额时，应当考虑违法行为的性质、情节、程度、持续的时间等因素。

经营者之间串通或者行业协会组织经营者串通，尚未达成垄断协议的，工商行政管理机关应当及时予以制止。

经营者主动停止垄断协议行为的，工商行政管理机关可以酌情减轻或者免除对该经营者的处罚。

第十一条　经营者主动向工商行政管理机关报告所达成垄断协议的有关情况并提供重要证据的，工商行政管理机关可以酌情减轻或者免除对该经营者的处罚。

工商行政管理机关决定减轻或者免除处罚，应当根据经营者主动报告的时间顺序、提供证据的重要程度、达成、实施垄断协议的有关情况以及配合调查的情况确定。

重要证据是指能够对工商行政管理机关启动调查或者对认定垄断协议行为起到关键性作用的证据，包括参与垄断协议的经营者、涉及的产品范围、达成协议的内容和方式、协议的具体实施情况等。

第十二条　对第一个主动报告所达成垄断协议的有关情况、提供重要证据并全面主动配合调查的经营者，免除处罚。对主动向工商行政管理机关报告所达成垄断协议的有关情况并提供重要证据的其他经营者，酌情减轻处罚。

第十三条　本规定第十一条、第十二条所称的减轻或者免除处罚，主要是指对《反垄断法》第四十六条规定的罚款的减轻或者免除。

第十四条　经营者能够提供材料，证明所达成的协议符合《反垄断法》第十五条规定的，经工商行政管理机关认定，不适用本规定。

第十五条　对工商行政管理机关依照本规定作出的行政处罚等决定不服的，可以依法申请行政复议或者提起行政诉讼。

第十六条　工商行政管理机关反垄断执法人员应当按照《工商行政管理机关查处垄断协议、滥用市场支配地位案件程序规定》的规定，严格依法办案。

工商行政管理机关反垄断执法人员滥用职权、玩忽职守、徇私舞弊或者泄露执法过程中知悉的商业秘密的，依照有关规定处理。

第十七条　农业生产者及农村经济组织在农产品生产、加工、销售、运输、储存等经营活动中实施的联合或者协同行为，不适用本规定。

第十八条　本规定所称商品包括服务。

第十九条　本规定由国家工商行政管理总局负责解释。

第二十条　本规定自 2011 年 2 月 1 日起施行。

附录二：工商行政管理机关禁止滥用市场支配地位行为的规定

第一条　为了制止经济活动中的滥用市场支配地位行为，根据《中华人民共和国反垄断法》（以下简称《反垄断法》），制定本规定。

第二条　禁止具有市场支配地位的经营者在经济活动中滥用市场支配地位，排除、限制竞争。

第三条　市场支配地位是指经营者在相关市场内具有能够控制商品价格、数量或者其他交易条件，或者能够阻碍、影响其他经营者进入相关市场能力的市场地位。

本条所称其他交易条件是指除商品价格、数量之外能够对市场交易产生实质影响的其他因素，包括商品品质、付款条件、交付方式、售后服务等。

本条所称能够阻碍、影响其他经营者进入相关市场，是指排除其他经营者进入相关市场，或者延缓其他经营者在合理时间内进入相关市场，或者其他经营者虽能够进入该相关市场，但进入成本提高难以在市场中开展有效竞争等。

第四条　禁止具有市场支配地位的经营者没有正当理由，通过下列方式拒绝与交易相对人进行交易：

（一）削减与交易相对人的现有交易数量；

（二）拖延、中断与交易相对人的现有交易；

（三）拒绝与交易相对人进行新的交易；

（四）设置限制性条件，使交易相对人难以继续与其进行交易；

（五）拒绝交易相对人在生产经营活动中以合理条件使用其必需设施。

在认定前款第（五）项时，应当综合考虑另行投资建设、另行开发建造该设施的可行性、交易相对人有效开展生产经营活动对该设施的依赖程度、该经营者提供该设施的可能性以及对自身生产经营活动造成的影响等因素。

第五条　禁止具有市场支配地位的经营者没有正当理由，实施下列限定交易行为：

（一）限定交易相对人只能与其进行交易；

（二）限定交易相对人只能与其指定的经营者进行交易；

（三）限定交易相对人不得与其竞争对手进行交易。

第六条　禁止具有市场支配地位的经营者没有正当理由搭售商品，或者在交易时附加其他不合理的交易条件：

（一）违背交易惯例、消费习惯等或者无视商品的功能，将不同商品强制捆绑销售或者组合销售；

（二）对合同期限、支付方式、商品的运输及交付方式或者服务的提供方式等附加不合理的限制；

（三）对商品的销售地域、销售对象、售后服务等附加不合理的限制；

（四）附加与交易标的无关的交易条件。

第七条　禁止具有市场支配地位的经营者没有正当理由，对条件相同的交易相对人在交易条件上实行下列差别待遇：

（一）实行不同的交易数量、品种、品质等级；

（二）实行不同的数量折扣等优惠条件；

（三）实行不同的付款条件、交付方式；

（四）实行不同的保修内容和期限、维修内容和时间、零配件供应、技术指导等售后服务条件。

第八条　工商行政管理机关认定本规定第四条至第七条所称的正当理由，应当综合考虑下列因素：

（一）有关行为是否为经营者基于自身正常经营活动及正常效益而采取；

（二）有关行为对经济运行效率、社会公共利益及经济发展的影响。

第九条　本规定未明确规定的其他滥用市场支配地位行为，除价格垄断行为外，由国家工商行政管理总局依法认定。

第十条　认定经营者具有市场支配地位，应当依据下列因素：

（一）该经营者在相关市场的市场份额，以及相关市场的竞争状况。

市场份额是指一定时期内经营者的特定商品销售额、销售数量等指标在相关市场所占的比重。

分析相关市场竞争状况应当考虑相关市场的发展状况、现有竞争者的数量和市场份额、商品差异程度以及潜在竞争者的情况等。

（二）该经营者控制销售市场或者原材料采购市场的能力。

认定经营者控制销售市场或者原材料采购市场的能力，应当考虑该经营者控制销售渠道或者采购渠道的能力，影响或者决定价格、数量、合同期限或者其他交易条件的能力，以及优先获得企业生产经营所必需的原料、半成品、零部件及相关设备等原材料的能力。

（三）该经营者的财力和技术条件。

认定经营者的财力和技术条件，应当考虑该经营者的资产规模、财务能力、盈利能力、融资能力、研发能力、技术装备、技术创新和应用能力、拥有的知识产权等。

对于经营者的财力和技术条件的分析认定，应当同时考虑其关联方的财力和技术条件。

（四）其他经营者对该经营者在交易上的依赖程度。

认定其他经营者对该经营者在交易上的依赖程度，应当考虑其他经营者与该经营者之间的交易量、交易关系的持续时间、转向其他交易相对人的难易程度等。

（五）其他经营者进入相关市场的难易程度。

认定其他经营者进入相关市场的难易程度，应当考虑市场准入制度、拥有必需设施的情况、销售渠道、资金和技术要求以及成本等。

（六）与认定该经营者市场支配地位有关的其他因素。

第十一条　有下列情形之一的，可以推定经营者具有市场支配地位：

（一）一个经营者在相关市场的市场份额达到二分之一的；

（二）两个经营者在相关市场的市场份额合计达到三分之二的；

（三）三个经营者在相关市场的市场份额合计达到四分之三的。

有前款第二项、第三项规定的情形，其中有的经营者市场份额不足十分之一的，不应当推定该经营者具有市场支配地位。

第十二条　被推定具有市场支配地位的经营者，能够根据本规定第十条所列因素，证明其在相关市场内不具有控制商品价格、数量或者其他交易条件，或者不具有能够阻碍、影响其他经营者进入相关市场的能力，则不应当认定其具有市场支配地位。

第十三条　涉嫌滥用市场支配地位行为的经营者，在工商行政管理机关规定的期限内，可以陈述其行为合理性的理由并提供有关证据。

第十四条　经营者违反本规定第四条至第七条、第九条规定，滥用市场支配地位的，由工商行政管理机关责令停止违法行为，没收违法所得，并处上一年度销售额百分之一以上百分之十以下的罚款。

工商行政管理机关确定具体罚款数额时，应当考虑违法行为的性质、情节、程度、持续的时间等因素。

经营者主动停止滥用市场支配地位行为的，工商行政管理机关可以酌情减轻或者免除对该经营者的处罚。

第十五条　对工商行政管理机关依照本规定作出的行政处罚等决定不服的，可以依法申请行政复议或者提起行政诉讼。

第十六条　工商行政管理机关反垄断执法人员应当按照《工商行政管理机关查处垄断协议、滥用市场支配地位案件程序规定》的规定，严格依法办案。

工商行政管理机关反垄断执法人员滥用职权、玩忽职守、徇私舞弊或者泄露执法过程中知悉的商业秘密的，依照有关规定处理。

第十七条　本规定所称商品包括服务。

第十八条　本规定由国家工商行政管理总局负责解释。

第十九条　本规定自2011年2月1日起施行。

附录三：工商行政管理机关制止滥用行政权力排除、限制竞争行为的规定

第一条　为了制止滥用行政权力排除、限制竞争行为，根据《中华人民共和国反垄断法》（以下简称《反垄断法》），制定本规定。

第二条　行政机关和法律、法规授权的具有管理公共事务职能的组织不得滥用行政权力，排除、限制竞争。

第三条　行政机关和法律、法规授权的具有管理公共事务职能的组织不得滥用行政权力，从事下列行为：

（一）以明确要求、暗示或者拒绝、拖延行政许可以及重复检查等方式限定或者变相限定单位

或者个人经营、购买、使用其指定的经营者提供的商品或者限定他人正常的经营活动；

（二）对外地商品执行与本地同类商品不同的技术要求、检验标准，或者采取重复检验、重复认证等歧视性技术措施，阻碍、限制外地商品进入本地市场；

（三）采取专门针对外地商品的行政许可，或者对外地商品实施行政许可时采取不同的许可条件、程序、期限等，阻碍、限制外地商品进入本地市场；

（四）设置关卡或者采取其他手段，阻碍、限制外地商品进入本地市场或者本地商品运往外地市场；

（五）以设定歧视性资质要求、评审标准或者不依法发布信息等方式，排斥或者限制外地经营者参加本地的招标投标活动；

（六）采取不平等待遇等方式，排斥或者限制外地经营者在本地投资或者设立分支机构或者妨碍外地经营者在本地的正常经营活动；

（七）强制经营者之间达成、实施排除、限制竞争的垄断协议，强制具有市场支配地位的经营者从事滥用市场支配地位行为。

第四条　行政机关不得滥用行政权力，以决定、公告、通告、通知、意见、会议纪要等形式，制定、发布含有排除、限制竞争内容的规定。

前款规定适用于法律、法规授权的具有管理公共事务职能的组织。

第五条　经营者不得从事下列行为：

（一）以行政机关和法律、法规授权的具有管理公共事务职能的组织的行政限定为由，达成、实施垄断协议和滥用市场支配地位；

（二）以行政机关和法律、法规授权的具有管理公共事务职能的组织的行政授权为由，达成、实施垄断协议和滥用市场支配地位；

（三）以依据行政机关和法律、法规授权的具有管理公共事务职能的组织制定、发布的行政规定为由，达成、实施垄断协议和滥用市场支配地位。

第六条　行政机关和法律、法规授权的具有管理公共事务职能的组织违反本规定第三条、第四条规定的，国家工商行政管理总局和省、自治区、直辖市工商行政管理局依照《反垄断法》第五十一条的规定，可以就行政机关和法律、法规授权的具有管理公共事务职能的组织滥用行政权力排除、限制竞争的行为表现及其后果，向其有关上级机关提出依法处理的建议。

第七条　经营者违反本规定第五条规定从事垄断行为的，依照《工商行政管理机关禁止垄断协议行为的规定》、《工商行政管理机关禁止滥用市场支配地位行为的规定》处理。

第八条　经营者达成并实施垄断协议的，由工商行政管理机关责令停止违法行为，没收违法所得，并处上一年度销售额百分之一以上百分之十以下的罚款；尚未实施所达成的垄断协议的，可以处五十万元以下的罚款。经营者滥用市场支配地位的，由工商行政管理机关责令停止违法行为，没收违法所得，并处上一年度销售额百分之一以上百分之十以下的罚款。

第九条　法律、行政法规对行政机关和法律、法规授权的具有管理公共事务职能的组织滥用行政权力实施排除、限制竞争行为的处理另有规定的，依照其规定。

第十条　工商行政管理机关反垄断执法人员应当按照《工商行政管理机关制止滥用行政权力排除、限制竞争行为程序规定》的规定，严格依法办案。

工商行政管理机关反垄断执法人员滥用职权、玩忽职守、徇私舞弊或者泄露执法过程中知悉的商业秘密的，依照有关规定处理。

第十一条　本规定所称商品包括服务。

第十二条　本规定由国家工商行政管理总局负责解释。

第十三条　本规定自2011年2月1日起施行。

（资料来源：www. saic. gov. cn）

国家食品药品监督管理局

一、主 要 职 责

（一）制定药品、医疗器械、化妆品和消费环节食品安全监督管理的政策、规划并监督实施，参与起草相关法律法规和部门规章草案。

（二）负责消费环节食品卫生许可和食品安全监督管理。

（三）制定消费环节食品安全管理规范并监督实施，开展消费环节食品安全状况调查和监测工作，发布与消费环节食品安全监管有关的信息。

（四）负责化妆品卫生许可、卫生监督管理和有关化妆品的审批工作。

（五）负责药品、医疗器械行政监督和技术监督，负责制定药品和医疗器械研制、生产、流通、使用方面的质量管理规范并监督实施。

（六）负责药品、医疗器械注册和监督管理，拟订国家药品、医疗器械标准并监督实施，组织开展药品不良反应和医疗器械不良事件监测，负责药品、医疗器械再评价和淘汰，参与制定国家基本药物目录，配合有关部门实施国家基本药物制度，组织实施处方药和非处方药分类管理制度。

（七）负责制定中药、民族药监督管理规范并组织实施，拟订中药、民族药质量标准，组织制定中药材生产质量管理规范、中药饮片炮制规范并监督实施，组织实施中药品种保护制度。

（八）监督管理药品、医疗器械质量安全，监督管理放射性药品、麻醉药品、毒性药品及精神药品，发布药品、医疗器械质量安全信息。

（九）组织查处消费环节食品安全和药品、医疗器械、化妆品等的研制、生产、流通、使用方面的违法行为。

（十）指导地方食品药品有关方面的监督管理、应急、稽查和信息化建设工作。

（十一）拟订并完善执业药师资格准入制度，指导监督执业药师注册工作。

（十二）开展与食品药品监督管理有关的国际交流与合作。

（十三）承办国务院及卫生部交办的其他事项。

二、下设机关司局

办公室（规划财务司）；政策法规司；食品许可司；食品安全监管司；药品注册司（中药民族药监管司）；医疗器械监管司；药品安全监管司；稽查局；人事司；国际合作司（港澳台办公室）；直属机关党委；驻局纪检组监察局；离退休干部司。

三、部令、局令

药品生产质量管理规范（2010 年修订）

关于废止和宣布失效《改水防治地方性氟中毒暂行办法》等 48 件部门规章的通知
药品类易制毒化学品管理办法
餐饮服务食品安全监督管理办法
餐饮服务许可管理办法
医疗器械广告审查发布标准
医疗器械广告审查办法
药品召回管理办法
药品注册管理办法
药品广告审查办法
药品广告审查发布标准
药品流通监督管理办法
蛋白同化制剂、肽类激素进出口管理办法（暂行）
药品说明书和标签管理规定
国家食品药品监督管理局听证规则（试行）
进口药材管理办法（试行）
国家食品药品监督管理局药品特别审批程序
医疗机构制剂注册管理办法（试行）
保健食品注册管理办法（试行）
医疗机构制剂配制监督管理办法（试行）
药品注册管理办法【失效】
医疗器械注册管理办法
医疗器械经营企业许可证管理办法
药品生产监督管理办法
医疗器械生产监督管理办法
直接接触药品的包装材料和容器管理办法
生物制品批签发管理办法
互联网药品信息服务管理办法
医疗器械说明书、标签和包装标识管理规定
国家食品药品监督管理局关于涉及行政审批的行政规章修改、废止、保留的决定
药品不良反应报告和监测管理办法
药品经营许可证管理办法
医疗器械临床试验规定
药品进口管理办法
药物非临床研究质量管理规范
药物临床试验质量管理规范
药品监督行政处罚程序规定
生物制品批签发管理办法（试行）【废止】
药品生产监督管理办法（试行）【废止】
药品注册管理办法（试行）【废止】
国家药品监督管理局行政复议暂行办法
国家药品监督管理局行政立法程序规定
中药材生产质量管理规范（试行）
医疗器械说明书管理规定【废止】

医疗器械标准管理办法（试行）
药品监督管理统计管理办法（试行）
咖啡因管理规定
医疗机构制剂配制质量管理规范
药品行政保护条例实施细则
药品包装、标签和说明书管理规定【废止】
一次性使用无菌医疗器械监督管理办法（暂行）
医疗器械生产企业质量体系考核办法
药品经营质量管理规范
药品包装用材料、容器管理办法（暂行）
医疗器械新产品审批规定（试行）
医疗器械注册管理办法【废止】
医疗器械分类规则
药品非临床研究质量管理规范【废止】
药品临床试验管理规范【废止】
麻黄素管理办法（试行）
戒毒药品管理办法
药品生产质量管理规范（1998 年修订）
处方药与非处方药分类管理办法（试行）
药品流通监督管理办法（暂行）【失效】
新生物制品审批办法【废止】
进口药品管理办法【废止】
新药审批办法【废止】
仿制药品审批办法【废止】
新药保护和技术转让的规定【废止】
国家药品监督管理局行政立法程序的规定【失效】
（资料来源：www. sfda. gov. cn）

国家质量监督检验检疫总局

一、主要职责

（一）质量管理

根据《产品质量法》及其实施条例，国家质检总局组织实施国家关于质量振兴的政策措施，对全国质量管理工作进行宏观指导，组织实施国家质量奖励制度和推进“名牌战略”的工作，推广先进的质量管理经验和科学的质量管理方法，承办建立重大工程设备质量监理制度有关事宜，实施缺陷产品召回制度，推进开展“质量兴市”工作，组织国家宏观质量水平测评工作，组织建立企业质量信用制度，组织质量专业技术人员职业资格考试，组织重点产品质量事故的调查并提出整改意见，负责产品防伪的监督管理工作。

（二）计量管理

根据《计量法》及其实施条例，国家质检总局对进出口计量器具进行检验和监督管理，主要包括：进口计量器具的型式批准、进口计量器具的审批和进口计量器具的检定等。负责推行法定计量单位和国家计量制度，组织建立、审批和管理国家计量基准和标准物质，制定计量器具的国家检定系统表、检定规程和计量技术规范，组织量值传递。负责规范和监督商品量的计量行为。

（三）通关管理

国家质检总局参加国家对外开放口岸的规划和验收等有关工作，依法制定《出入境检验检疫机构实施检验检疫的进出境商品目录》，对涉及环境、卫生、动植物健康、人身安全的出入境货物、交通工具和人员实施检验检疫通关管理，在口岸对出入境货物实行“先报检，后报关”的检验检疫货物通关管理模式。

出入境检验检疫机构负责实施进出口货物法定检验检疫，并签发“入境货物通关单”和“出境货物通关单”，海关凭此放行；签发出境检验检疫证书至100多个国家和地区；依法对出入境检验检疫标志和封识进行管理；负责签发普惠制原产地证、一般原产地证、区域性优惠原产地证和专用原产地证及注册等相关业务。

2001年开始实行“大通关”制度，提高通关效率。国家质检总局通过“三电”工程建设，即出入境货物电子申报、电子监管、电子放行，大大提高了口岸通关速度，并实现了报检、检验检疫、签证通关、统计汇总的网络化管理，作为“金质工程”的重要组成部分，已在建设中的“中国电子检验检疫”，将形成整套电子执法系统，实现检验检疫执法管理的科学化、规范化和制度化。

（四）出入境卫生检疫管理

根据《国境卫生检疫法》及其实施条例，国家质检总局负责在我国口岸对入出境人员、交通工具、集装箱、货物、行李、邮包、尸体骸骨、特殊物品等实施卫生检疫查验、传染病监测、卫生监督和卫生处理，促进国家对外开放政策的实施，防止传染病的传入和传出，保证出入境人员的健康卫生。

（五）出入境动植物检疫管理

根据《进出境动植物检疫法》及其实施条例，国家质检总局对进出境和旅客携带、邮寄的动植物及其产品和其他检疫物，装载动植物及其产品和其他检疫物的装载容器、包装物、铺垫材料，来自疫区的运输工具，以及法律、法规、国际条约、多双边协议规定或贸易合同约定应当实施检疫的其他货物和物品实施检疫和监管，以防止动物传染病、寄生虫病和植物危险性病、虫、杂草以及其他有害生物传入传出，保护农、林、牧、渔业生产和人体健康，促进对外贸易的发展。

检疫的措施主要包括：风险分析与管理措施、检疫审批、国外预检、口岸查验、隔离检疫、实验室检测、检疫除害处理、预警和快速反应、检疫监管等。

（六）进出口商品检验管理

根据《进出口商品检验法》及其实施条例，国家质检总局对进出口商品及其包装和运载工具进行检验和监管。对列入《出入境检验检疫机构实施检验检疫的进出境商品目录》中的商品实施法定检验和监督管理；对《目录》外商品实施抽查；对涉及安全、卫生、健康、环保的重要进出口商品实施注册、登记或备案制度；对进口许可制度民用商品实施入境验证管理；对法定检验商品的免验进行审批；对一般包装、危险品包装实施检验；对运载工具和集装箱实施检验检疫；对进出口商品鉴定和外商投资财产价值鉴定进行监督管理；依法审批并监督管理从事进出口商品检验鉴定业务的机构。

（七）进出口食品安全管理

根据《食品卫生法》和《进出口商品检验法》及相关规定，国家质检总局对进出口食品和化妆品安全、卫生、质量进行检验监督管理，组织实施对进出口食品和化妆品及其生产单位的日常监督管理。对进口食品（包括饮料、酒类、糖类）、食品添加剂、食品容器、包装材料、食品用工具及设备进行检验检疫和监督管理。建立出入境食品检验检疫风险预警和快速反应系统，对进出口食品中可能存在的风险或潜在危害采取预防性安全保障和处理措施。

参与制定并实施《中华人民共和国动物及动物源食品中残留物质监控计划》及《中华人民共和国动植物源性食品农药残留物质监控计划》，参与在全国范围内对动物及动物源性食品进行农兽药残留监测。

（八）特种设备安全管理

根据国务院颁布的《特种设备安全监察条例》（国务院总理令第373号），国家质检总局管理锅炉、压力容器、压力管道、电梯、起重机械、客运索道、大型游乐设施、场（厂）内机动车辆等特种设备的安全监察、监督工作；拟订特种设备安全监察目录、有关规章和安全技术规范并组织实施和监督检查；对特种设备的设计、制造、安装、改造、维修、使用、检验检测等环节和进出口进行监督检查；调查处理特种设备事故并进行统计分析；负责特种设备检验检测机构的核准和相应检验检测人员、作业人员的资格考核工作。

（九）产品质量监督管理

根据《产品质量法》及其实施条例，国家质检总局组织实施国家产品质量监督抽查。拟订国家重点监督的国内产品目录并组织实施监督。组织实施QS标志制度。管理和协调产品质量的行业监督、地方监督与专业质量监督。管理质量仲裁的检验和鉴定工作。监督管理产品质量检验机构，管理国家产品质量监督抽查免检工作；管理工业产品生产许可证的工作。

（十）食品生产监管

根据《产品质量法》、《食品卫生法》及其实施条例，国家质检总局组织实施国内食品生产加工环节质量安全卫生监督管理。组织实施国内食品生产许可、强制检验等食品质量安全准入制度。负责调查处理国内食品生产加工环节的食品安全重大事故。

（十一）执法督查管理

根据《产品质量法》、《标准化法》、《计量法》及其实施条例，国家质检总局组织查处违反质量、标准化和计量法律法规的行为。根据国务院授权，负责组织协调全国有关专项打假活动。组织本系统开展打击假冒伪劣产品的活动。负责组织协调跨省（自治区、直辖市）案件的查处和大案要案的督察督办工作。管理、指导质量技术监督行政执法机构和队伍建设。

（十二）国际合作

国家质检总局负责管理质量监督检验检疫方面的国际合作与交流。国家质检总局与世界大多数国家和地区的相关主管部门建立了合作关系，与许多国家和地区建立了双边磋商合作机制；积极参与双边、多边及区域经济体的合作，单独或参与外交部、商务部与有关国家进行磋商和谈判；以备忘录、议定书、会谈纪要、合作协议等多种形式，与50个国家和地区签署了多项双边合作文件。

国家质检总局参与许多国际组织和区域组织的活动，主要包括：世界贸易组织（WTO）、国际标准化组织（ISO）、国际电工委员会（IEC）、联合国食品法典委员会（CAC）、国际植物保护公约（IPPC）、国际米制公约组织、国际法制计量组织（OIML）、亚太经合组织（APEC）、亚欧会议（ASEM）、上海合作组织（The Shanghai Cooperation Organization）、亚太法制计量论坛（APLMF）等。

经国务院批准，国家质检总局为全国技术性贸易措施部级联席会议的牵头单位，负责全国技术性贸易措施的协调工作。国家质检总局负责WTO《TBT协定》和《SPS协定》的实施和国家通报咨询的国内协调工作。中国WTO/TBT、SPS国家咨询点设在国家质检总局。

（十三）科技管理

国家质检总局作为专业技术性强、专业学科门类齐全、专业技术人员为基础的系统，始终坚持实施“科技兴检”战略，加大科技和财力投入，重视专业技术人才队伍建设，在国内和国外具有较好的科学技术水平。国家质检总局根据质量监督检验检疫工作的需要，在全国共建有食品安全、动植物检疫、卫生检疫、工业品检测等出入境检验检疫实验室近700个，其中国家级重点实验室188个，区域性中心实验室318个，综合性常规实验室190个；计量、质量检验、标准服务、特种设备检验、纤维检验等实验室3473个，其中国家产品质量监督检测中心260个。这些实验室拥有先进的仪器和经验丰富的技术人员，执行质量监督检验检疫的各项检验、检疫、检测任务，保证进出口贸易顺利进行，为总局决策提供有效技术支持，为我国国民经济建设和对外开放各个领域提供重要的检测技术服务。

（十四）认证认可监督管理

依据《中华人民共和国认证认可条例》，国家认监委负责制定、发布和执行国家认证认可、安全质量许可、卫生注册和合格评定方面的法律、法规和规章，协调并指导全国认证认可工作，负责监督管理认可机构和人员注册机构。

负责拟定国家实施强制性认证与安全质量许可制度的产品目录，制定并发布认证标志、合格评定程序和技术规则，组织实施强制性认证与安全质量许可工作。负责进出口食品和化妆品生产、加工单位的卫生注册登记的评审和注册工作，办理注册通报和向境外推荐事宜。

依法监督和规范认证市场，监督管理认证有关的中介服务和技术评价行为。负责认证有关机构的资质审核和监督，受理认证认可的投诉并组织查处。

负责管理相关校准、检测、检验实验室技术能力的评审和资格认定工作，组织实施实验室评审、计量认证、注册和资格认定工作。负责对承担强制性认证和安全质量许可的认证机构、检验机构和实验室的审批。

管理和协调以政府名义参加的认证认可国际合作活动，参加许多认证认可国际组织的活动，签署与合格评定有关的协议、协定和议定书。

（十五）标准化管理

依据《标准化法》及其实施条例，国家标准委负责起草、修订国家标准化法律法规的工作，拟定和贯彻执行国家标准化工作的方针和政策，拟定全国标准化管理规章，制定相关制度，组织实施标准化法律法规和规章制度。

负责制定国家标准化事业发展规划，负责组织、协调和编制国家标准的制定和修订计划。负责组织国家标准的制定和修订工作，负责国家标准的统一审查、批准、编号和发布。

负责协调和管理全国标准化技术委员会的有关工作，协调和指导行业、地方标准化工作，负责行业标准和地方标准的备案工作。

参加国际标准化组织（ISO）、国际电工委员会（IEC）和其他国际或区域性标准化组织的活动，负责组织ISO、IEC中国国家委员会的工作。负责管理国内各部门、各地区参与国际或区域性标准化组织活动的工作，负责签订并执行标准化国际合作协议。管理全国组织机构代码和商品条码工作。

二、组织机构

中华人民共和国国家质量监督检验检疫总局（简称国家质检总局）是中华人民共和国国务院主管全国质量、计量、出入境商品检验、出入境卫生检疫、出入境动植物检疫、进出口食品安全和认证认可、标准化等工作，并行使行政执法职能的直属机构。

国家质检总局内设20个司（厅、局），即：办公厅、法规司、质量管理司、计量司、通关业务司、卫生检疫监管司、动植物检疫监管司、检验监管司、进出口食品安全局、特种设备安全监察局、产品质量监督司、食品生产监管司、执法督查司（国家质检总局打假办公室）、国际合作司（WTO 办公室）、科技司、人事司、计划财务司、督察内审司、机关党委和离退休干部局。另外，中共中央纪律检查委员会和国家监察部向国家质检总局派驻了纪律检查组和监察局。

国家质检总局对中国国家认证认可监督管理委员会（中华人民共和国国家认证认可监督管理局）（简称国家认监委）和中国国家标准化管理委员会（中华人民共和国国家标准化管理局）（简称国家标准委）实施管理。国家认监委（副部级）是国务院授权的履行行政管理职能，统一管理、监督和综合协调全国认证认可工作的主管机构。国家标准委（副部级）是国务院授权的履行行政管理职能，统一管理全国标准化工作的主管机构。

国家质检总局下设 15 个直属事业单位，即：机关服务中心、信息中心、国际检验检疫标准与技术法规研究中心、中国纤维检验局、中国检验检疫科学研究院、中国标准化研究院、中国计量科学研究院、中国质量认证中心、中国合格评定国家认可中心、中国特种设备检测研究中心、人力资源开发培训中心、中国质量报社、中国国门时报社、中国标准出版社和中国计量出版社，为质检决策和实施提供技术等方面的支持。

中华人民共和国 WTO/TBT 国家通报咨询中心和中华人民共和国 WTO/SPS 国家通报咨询中心设在国家质检总局。

经国家民政部批准，10 个行业学、协会挂靠在国家质检总局，即中国出入境检验检疫协会、中国国际旅行卫生保健协会、中国质量检验协会、中国计量协会、中国认证认可协会、中国标准化协会、中国计量测试学会、中国防伪行业协会、中国设备监理协会、中国质量万里行促进会。

为履行出入境检验检疫职能，国家质检总局在全国 31 省（自治区、直辖市）共设有 35 个直属出入境检验检疫局，海陆空口岸和货物集散地设有近 300 个分支局和 200 多个办事处，共有检验检疫人员 3 万余人。质检总局对出入境检验检疫机构实施垂直管理。

为履行质量技术监督职责，全国共设有 31 个省（自治区、直辖市）质量技术监督局，并下设 2800 多个行政管理部门，共有质量技术监督人员 18 万余人。质检总局对省（自治区、直辖市）质量技术监督机构实行业务领导。

1. 国家质量监督检验检疫总局内设机构：办公厅、法规司、质量管理司、计量司、通关业务司、卫生检疫监管司、动植物检疫监管司、检验监管司、进出口食品安全局、特种设备安全监察局、产品质量监督司、食品生产监管司、执法督查司（国家质检总局打假办公室）、国际合作司（WTO 办公室）、科技司、人事司、计划财务司、督察内审司、机关党委、离退休干部局。

2. 国家质量监督检验检疫总局直属事业单位：机关服务中心、信息中心、国际检验检疫标准与技术法规研究中心、中国纤维检验局、中国检验检疫科学研究院、中国标准化研究院、中国计量科学研究院、中国质量认证中心、中国合格评定国家认可中心、中国特种设备检测研究中心、人力资源开发培训中心、中国质量报社、中国国门时报社、中国标准出版社、中国计量出版社。

3. 国家质量监督检验检疫总局挂靠单位：中国出入境检验检疫协会、中国国际旅行卫生保健协会、中国质量检验协会、中国计量协会、中国认证认可协会、中国标准化协会、中国计量测试学会、中国防伪行业协会、中国设备监理协会、中国质量万里行促进会。

三、法律法规

国家质检总局负责组织起草有关质量监督检验检疫方面的法律、法规草案，制定和发布有关质量监督检验检疫方面的规章和制度。负责组织实施与质量监督检验检疫相关的法律法规，指导和监督质量监督检验检疫的行政执法工作。

主要依据以下法律法规履行质量监督检验检疫职责：

中华人民共和国进出口商品检验法
中华人民共和国进出口商品检验法实施条例
中华人民共和国国境卫生检疫法
中华人民共和国国境卫生检疫法实施细则
中华人民共和国进出境动植物检疫法
中华人民共和国进出境动植物检疫法实施条例
中华人民共和国认证认可条例
中华人民共和国农产品质量安全法
中华人民共和国可再生能源法
中华人民共和国水法
中华人民共和国广告法
中华人民共和国节约能源法
中华人民共和国农业法
中华人民共和国行政诉讼法
中华人民共和国消费者权益保护法
中华人民共和国反不正当竞争法
中华人民共和国行政处罚法
中华人民共和国国家赔偿法
中华人民共和国公民出境入境管理法
中华人民共和国外国人入境出境管理法
中华人民共和国海关法
中华人民共和国环境保护法
中华人民共和国进出口关税条例
中华人民共和国对外贸易法
中华人民共和国出境入境边防检查条例
中华人民共和国大气污染防治法
中华人民共和国固体废物污染环境防治法

此外，国家质检总局的局令、公告等部门规章及其他规范性文件也具有法律强制力。截止到2005年8月，现行有效的部门规章共316个，形成基本适应行政执法需要的质量监督检验检疫法规体系。

（资料来源：www. agsig. gov. cn）

中国保险监督管理委员会

一、机构设置

中国保险监督管理委员会（简称中国保监会）成立于1998年11月18日，是国务院直属事业单位。根据国务院授权履行行政管理职能，依照法律、法规统一监督管理全国保险市场，维护保险业的合法、稳健运行。2003 年，国务院决定，将中国保监会由国务院直属副部级事业单位改为国务院直属正部级事业单位，并相应增加职能部门、派出机构和人员编制。中国保险监督管理委员会内设 15 个职能机构，并在全国各省、直辖市、自治区、计划单列市设有 35 个派出机构。其中，15 个内设部门为：

1. 办公厅（党委办公室、监事会工作部）。拟定会机关办公规章制度；组织协调机关日常办公；承担有关文件的起草、重要会议的组织、机要、文秘、信访、保密、信息综合、新闻发布、保卫等工作。拟订派出机构管理、协调工作的规章制度，负责派出机构工作落实情况检查和信息收集整理等工作。负责保险信访和投诉工作；承办会党委交办的有关工作；负责国有保险公司监事会的日常工作。

2. 发展改革部。拟订保险业的发展战略、行业规划和政策；会同有关部门拟订保险监管的方针政策及防范化解风险的措施；会同有关部门研究保险业改革发展有关重大问题，提出政策建议并组织实施；会同有关部门对保险市场整体运行情况进行分析；对保监会对外发布的重大政策进行把关；归口管理中资保险法人机构、保险资产管理公司等的市场准入和退出；负责规范保险公司的股权结构和法人治理结构，并对公司的重组、改制、上市等活动进行指导和监督；负责保监会对外重要业务工作与政策的协调。

3. 政策研究室。负责保监会有关重要文件和文稿的起草；对保监会上报党中央、国务院的重要文件进行把关；研究国家大政方针在保险业的贯彻实施意见；研究宏观经济政策、相关行业政策和金融市场发展与保险业的互动关系；根据会领导指示，对有关问题进行调查研究；开展保险理论研究工作，负责指导和协调中国保险学会开展研究工作。

4. 财务会计部。拟定保险企业和保险监管会计管理实施办法；建立保险公司偿付能力监管指标体系；编制保监会系统的年度财务预决算；审核机关、派出机构的财务预决算及收支活动并实施监督检查；审核会机关各部门业务规章中的有关财务规定；负责机关财务管理。

5. 财产保险监管部（再保险监管部）。承办对财产保险公司的监管工作。拟定监管规章制度和财产保险精算制度；监控保险公司的资产质量和偿付能力；检查规范市场行为，查处违法违规行为；审核和备案管理保险条款和保险费率；审核保险公司的设立、变更、终止及业务范围；审查高级管理人员任职资格。承办对再保险公司的监管工作。拟定监管规章制度；监控保险公司的资产质量和偿付能力；检查规范市场行为，查处违法违规行为；审核保险公司的设立、变更、终止及业务范围；审查高级管理人员的任职资格。

6. 人身保险监管部。承办对人身保险公司的监管工作。拟定监管规章制度和人身保险精算制度；监控保险公司的资产质量和偿付能力；检查规范市场行为，查处违法违规行为；审核和备案管理保险条款和保险费率；审核保险公司的设立、变更、终止及业务范围；审查高级管理人员的任职资格。

7. 保险中介监管部。承办对保险中介机构的监管工作。拟定监管规章制度；检查规范保险中介机构的市场行为，查处违法违规行为；审核保险中介机构的设立、变更、终止及业务范围；审查高级管理人员的任职资格；制定保险中介从业人员基本资格标准。

8. 保险资金运用监管部。承办对保险资金运用的监管工作。拟订监管规章制度；建立保险资金运用风险评价、预警和监控体系；查处违法违规行为；审核保险资金运用机构的设立、变更、终止及业务范围；审查高级管理人员的任职资格；拟订保险保障基金管理使用办法，负责保险保障基金的征收与管理。

9. 国际部。承办中国保险监督管理委员会与有关国际组织、有关国家和地区监管机构和保险机构的联系及合作。负责中国保险监督管理委员会的外事管理工作；承办境外保险机构在境内设立保险机构，以及境内保险机构和非保险机构在境外设立保险机构及有关变更事宜的审核工作；承办境外保险机构在境内设立代表处的审核和管理事宜；对境内保险及非保险机构在境外设立的保险机构进行监管。

10. 法规部。拟订有关保险监管规章制度；起草有关法律和行政法规，提出制定或修改的建议；

审核会机关各部门草拟的监管规章；监督、协调有关法律法规的执行；开展保险法律咨询服务，组织法制教育和宣传；承办行政复议和行政应诉工作。

11. 统计信息部。拟订保险行业统计制度，建立和维护保险行业数据库；负责统一编制全国保险业的数据、报表，抄送中国人民银行，并按照国家有关规定予以公布；负责保险机构统计数据的分析；拟订保险行业信息化标准，建立健全信息安全制度；负责保险行业信息化建设规划与实施；负责建立和维护偿付能力等业务监管信息系统；负责信息设备的建设和管理。

12. 稽查局。负责拟订各类保险机构违法违规案件调查的规则；组织、协调保险业综合性检查和保险业重大案件调查；负责处理保险业非法集资等专项工作；配合中国人民银行组织实施保险业反洗钱案件检查；调查举报、投诉的违法违规问题，维护保险消费者合法权益；开展案件统计分析、稽查工作交流和考核评估工作。

13. 人事教育部（党委组织部）。拟订会机关和派出机构人力资源管理的规章制度；承办会机关和派出机构及有关单位的人事管理工作；根据规定，负责有关保险机构领导班子和领导干部的日常管理工作；负责指导本系统党的组织建设和党员教育管理工作；负责会机关及本系统干部培训教育工作；会同有关部门提出对派出机构年度工作业绩的评估意见。

14. 监察局（纪委）。监督检查本系统贯彻执行国家法律、法规、政策情况；依法依纪查处违反国家法律、法规和政纪的行为；受理对监察对象的检举、控告和申诉。领导本系统监察（纪检）工作。

15. 党委宣传部（党委统战群工部）。负责本系统党的思想建设和宣传工作；负责思想政治工作和精神文明建设；负责指导和协调本系统统战、群众和知识分子工作。机关党委。负责会机关及在京直属单位的党群工作。

二、主要职责

1. 拟定保险业发展的方针政策，制定行业发展战略和规划；起草保险业监管的法律、法规；制定业内规章。

2. 审批保险公司及其分支机构、保险集团公司、保险控股公司的设立；会同有关部门审批保险资产管理公司的设立；审批境外保险机构代表处的设立；审批保险代理公司、保险经纪公司、保险公估公司等保险中介机构及其分支机构的设立；审批境内保险机构和非保险机构在境外设立保险机构；审批保险机构的合并、分立、变更、解散，决定接管和指定接受；参与、组织保险公司的破产、清算。

3. 审查、认定各类保险机构高级管理人员的任职资格；制定保险从业人员的基本资格标准。

4. 审批关系社会公众利益的保险险种、依法实行强制保险的险种和新开发的人寿保险险种等的保险条款和保险费率，对其他保险险种的保险条款和保险费率实施备案管理。

5. 依法监管保险公司的偿付能力和市场行为；负责保险保障基金的管理，监管保险保证金；根据法律和国家对保险资金的运用政策，制定有关规章制度，依法对保险公司的资金运用进行监管。

6. 对政策性保险和强制保险进行业务监管；对专属自保、相互保险等组织形式和业务活动进行监管。归口管理保险行业协会、保险学会等行业社团组织。

7. 依法对保险机构和保险从业人员的不正当竞争等违法、违规行为以及对非保险机构经营或变相经营保险业务进行调查、处罚。

8. 依法对境内保险及非保险机构在境外设立的保险机构进行监管。

9. 制定保险行业信息化标准；建立保险风险评价、预警和监控体系，跟踪分析、监测、预测保险市场运行状况，负责统一编制全国保险业的数据、报表，并按照国家有关规定予以发布。

10. 承办国务院交办的其他事项。

三、部门规章

旅行社责任保险管理办法
保险资金运用管理暂行办法
再保险业务管理规定
保险公司信息披露管理办法
保险公司股权管理办法
中国保险监督管理委员会行政处罚程序规定
人身保险业务基本服务规定
财产保险公司保险条款和保险费率管理办法
中国保险监督管理委员会行政复议办法
保险公司董事、监事和高级管理人员任职资格管理规定
《保险公司营销服务部管理办法》废止令
保险公估机构监管规定
保险经纪机构监管规定
保险专业代理机构监管规定
保险公司中介业务违法行为处罚办法
人身保险新型产品信息披露管理办法
保险公司管理规定
保险公司财务负责人任职资格管理规定
中国保险监督管理委员会政府信息公开办法
保险保障基金管理办法
保险公司偿付能力管理规定
保险公司养老保险业务管理办法
保险公司总精算师管理办法
保险资金境外投资管理暂行办法
保险许可证管理办法
金融机构客户身份识别和客户身份资料及交易记录保存管理办法
健康保险管理办法
保险公司设立境外保险类机构管理办法
非保险机构投资境外保险类企业管理办法
外国保险机构驻华代表机构管理办法
保险公司董事和高级管理人员任职资格管理规定
保险营销员管理规定
保险资金间接投资基础设施项目试点管理办法
中国保险监督管理委员会规章制定程序规定
财产保险公司保险条款和保险费率管理办法
中国保险监督管理委员会行政处罚程序规定
再保险业务管理规定
中国保险监督管理委员会信访工作办法
保险保障基金管理办法【失效】
保险经纪机构管理规定

保险代理机构管理规定
保险公司非寿险业务准备金管理办法（试行）
保险机构投资者股票投资管理暂行办法
保险统计管理暂行规定
保险公司次级定期债务管理暂行办法
保险外汇资金境外运用管理暂行办法【失效】
国保监会行政许可事项实施规程
中国保险监督管理委员会派出机构监管职责规定
人身保险产品审批和备案管理办法
中国保险监督管理委员会行政许可实施办法
中华人民共和国外资保险公司管理条例实施细则
保险公司管理规定【失效】
保险资产管理公司管理暂行规定
外国保险机构驻华代表机构管理办法
保险业重大突发事件应急处理规定
关于修改《保险公司高级管理人员任职资格管理规定》有关条文的决定
保险公司偿付能力额度及监管指标管理规定
再保险公司设立规定
保险公司高级管理人员任职资格管理规定
保险公司营销服务部管理办法
人身保险新型产品信息披露管理暂行办法
保险公估机构管理规定
中国保险监督管理委员会行政复议办法
关于印发《财产保险条款费率管理暂行办法》的通知
关于印发《保险兼业代理管理暂行办法》的通知
关于印发《长期健康险法定分保条件》的通知
关于重新印发《向保险公司投资入股暂行规定》的通知
关于印发《人身保险产品定名暂行办法》的通知
关于印发《人身险法定分保条件实施细则》的通知
关于下发《分红保险管理暂行办法》、《投资连结保险管理暂行办法》的通知
（资料来源：www. circ. gov. cn）

中国银行业监督管理委员会

一、机构设置

办公厅（党委办公室）；政策法规部（研究局）；银行监管一部（负责监管国有商业银行）；银

行监管二部（负责监管股份制商业银行、城市商业银行和城市合作信用社）；银行监管三部（负责监管外资银行）；银行监管四部（负责监管资产管理公司、政策性银行和邮政储蓄银行）；非银行金融机构监管部（负责监管信托投资公司、财务公司和金融租赁公司等非银行金融机构）；合作金融监管部（负责监管农村信用社和农村商业银行）；业务创新监管协作部；银行业案件稽查局（银行业安全保卫局）；融资性担保业务工作部；统计部；财务会计部；国际部（港澳台事务办公室）；监察局（纪委）；人事部（党委组织部）；宣传工作部（党委宣传部）；监事会工作部；机关党委；党校；银监会系统工会；系统团委；处置非法集资办公室；信息中心；培训中心；机关服务中心；金融工会；博士后工作站。

二、主 要 职 责

依照法律、行政法规制定并发布对银行业金融机构及其业务活动监督管理的规章、规则；

依照法律、行政法规规定的条件和程序，审查批准银行业金融机构的设立、变更、终止以及业务范围；

对银行业金融机构的董事和高级管理人员实行任职资格管理；

依照法律、行政法规制定银行业金融机构的审慎经营规则；

对银行业金融机构的业务活动及其风险状况进行非现场监管，建立银行业金融机构监督管理信息系统，分析、评价银行业金融机构的风险状况；

对银行业金融机构的业务活动及其风险状况进行现场检查，制定现场检查程序，规范现场检查行为；

对银行业金融机构实行并表监督管理；

会同有关部门建立银行业突发事件处置制度，制定银行业突发事件处置预案，明确处置机构和人员及其职责、处置措施和处置程序，及时、有效地处置银行业突发事件；

负责统一编制全国银行业金融机构的统计数据、报表，并按照国家有关规定予以公布；对银行业自律组织的活动进行指导和监督；

开展与银行业监督管理有关的国际交流、合作活动；

对已经或者可能发生信用危机，严重影响存款人和其他客户合法权益的银行业金融机构实行接管或者促成机构重组；

对有违法经营、经营管理不善等情形银行业金融机构予以撤销；

对涉嫌金融违法的银行业金融机构及其工作人员以及关联行为人的账户予以查询；对涉嫌转移或者隐匿违法资金的申请司法机关予以冻结；

对擅自设立银行业金融机构或非法从事银行业金融机构业务活动予以取缔；

负责国有重点银行业金融机构监事会的日常管理工作；

承办国务院交办的其他事项。

三、银监会监管工作所遵循的主要工作经验

必须坚持法人监管，重视对每个金融机构总体风险的把握、防范和化解；必须坚持以风险为主的监管内容，努力提高金融监管的水平，改进监管的方法和手段；必须注意促进金融机构风险内控机制形成和内控效果的不断提高；必须按照国际准则和要求，逐步提高监管的透明度。

四、银监会监管工作目的

通过审慎有效的监管，保护广大存款人和消费者的利益；通过审慎有效的监管，增进市场信心；通过宣传教育工作和相关信息披露，增进公众对现代金融的了解；努力减少金融犯罪。

五、银监会监管工作标准

良好监管要促进金融稳定和金融创新共同发展；要努力提升我国金融业在国际金融服务中的竞争力；对各类监管设限要科学、合理，有所为，有所不为，减少一切不必要的限制；鼓励公平竞争、反对无序竞争；对监管者和被监管者都要实施严格、明确的问责制；要高效、节约地使用一切监管资源。

六、部 门 规 章

商业银行董事履职评价办法（试行）
信托公司净资本管理办法
融资性担保公司管理暂行办法
个人贷款管理暂行办法
流动资金贷款管理暂行办法
固定资产贷款管理暂行办法
汽车金融公司管理办法
中国银行业监督管理委员会非银行金融机构行政许可事项实施办法
中国银行业监督管理委员会关于修改《商业银行集团客户授信业务风险管理指引》的决定
中国银行业监督管理委员会关于修改《商业银行资本充足率管理办法》的决定
中国银行业监督管理委员会关于修改《金融机构衍生产品交易业务管理暂行办法》的决定
单位定期存单质押贷款管理规定
中国银行业监督管理委员会关于修改《金融许可证管理办法》的决定
商业银行信息披露办法
商业银行内部控制指引
中国银行业监督管理委员会关于修改《中国银行业监督管理委员会行政处罚办法》的决定
个人定期存单质押贷款办法
信托公司受托境外理财业务管理暂行办法
农村信用社不良资产监测和考核办法
农村资金互助社示范章程
信托公司集合资金信托计划管理办法
信托公司管理办法
金融租赁公司管理办法
企业集团财务公司管理办法（修订）
中国银行业监督管理委员会中资商业银行行政许可事项实施办法（修订）

中华人民共和国外资银行管理条例实施细则
电子银行业务管理办法
中国银行业监督管理委员会外资金融机构行政许可事项实施办法
中国银行业监督管理委员会合作金融机构行政许可事项实施办法
中国银行业监督管理委员会中资商业银行行政许可事项实施办法
中国银行业监督管理委员会行政许可实施程序规定
中国银行业监督管理委员会法律工作规定
金融机构信贷资产证券化试点监督管理办法
商业银行个人理财业务管理暂行办法
货币经纪公司试点管理办法
商业银行市场风险管理指引
商业银行内部控制评价试行办法
中国银行业监督管理委员会行政复议办法
中国银行业监督管理委员会行政处罚办法
银行业监管统计管理暂行办法
企业集团财务公司管理办法
中华人民共和国外资金融机构管理条例实施细则
商业银行与内部人和股东关联交易管理办法
商业银行资本充足率管理办法
金融机构衍生产品交易业务管理暂行办法
境外金融机构投资入股中资金融机构管理办法
商业银行集团客户授信业务风险管理指引
汽车金融公司管理办法
商业银行服务价格管理暂行办法
金融许可证管理办法
关于调整银行市场准入管理方式和程序的决定
（资料来源：www. cbrc. gov. cn）

中国证券监督管理委员会

中国证监会为国务院直属正部级事业单位，依照法律、法规和国务院授权，统一监督管理全国证券期货市场，维护证券期货市场秩序，保障其合法运行。

中国证监会设在北京，现设主席1名，副主席4名，纪委书记1名（副部级），主席助理3名；会机关内设18个职能部门，1个稽查总队，3个中心；根据《证券法》第十四条规定，中国证监会还设有股票发行审核委员会，委员由中国证监会专业人员和所聘请的会外有关专家担任。中国证监会在省、自治区、直辖市和计划单列市设立36个证券监管局，以及上海、深圳证券监管专员办事处。

一、内部职能部门

办公厅；发行监管部；创业板发行监管部；非上市公众公司监管部；市场监管部；机构监管部；风险处置办公室；上市公司监管部；基金监管部；期货监管一部；期货监管二部；稽查局（首席稽查办公室）；法律部（首席律师办公室）；行政处罚委员会办公室；会计部（首席会计师办公室）；国际合作部；人事教育部；派出机构工作协调部；监察局；网络信息监控办公室。

二、主 要 职 责

依据有关法律法规，中国证监会在对证券市场实施监督管理中履行下列职责：

1. 研究和拟订证券期货市场的方针政策、发展规划；起草证券期货市场的有关法律、法规，提出制定和修改的建议；制定有关证券期货市场监管的规章、规则和办法。

2. 垂直领导全国证券期货监管机构，对证券期货市场实行集中统一监管；管理有关证券公司的领导班子和领导成员。

3. 监管股票、可转换债券、证券公司债券和国务院确定由证监会负责的债券及其他证券的发行、上市、交易、托管和结算；监管证券投资基金活动；批准企业债券的上市；监管上市国债和企业债券的交易活动。

4. 监管上市公司及其按法律法规必须履行有关义务的股东的证券市场行为。

5. 监管境内期货合约的上市、交易和结算；按规定监管境内机构从事境外期货业务。

6. 管理证券期货交易所；按规定管理证券期货交易所的高级管理人员；归口管理证券业、期货业协会。

7. 监管证券期货经营机构、证券投资基金管理公司、证券登记结算公司、期货结算机构、证券期货投资咨询机构、证券资信评级机构；审批基金托管机构的资格并监管其基金托管业务；制定有关机构高级管理人员任职资格的管理办法并组织实施；指导中国证券业、期货业协会开展证券期货从业人员资格管理工作。

8. 监管境内企业直接或间接到境外发行股票、上市以及在境外上市的公司到境外发行可转换债券；监管境内证券、期货经营机构到境外设立证券、期货机构；监管境外机构到境内设立证券、期货机构、从事证券、期货业务。

9. 监管证券期货信息传播活动，负责证券期货市场的统计与信息资源管理。

10. 会同有关部门审批会计师事务所、资产评估机构及其成员从事证券期货中介业务的资格，并监管律师事务所、律师及有资格的会计师事务所、资产评估机构及其成员从事证券期货相关业务的活动。

11. 依法对证券期货违法违规行为进行调查、处罚。

12. 归口管理证券期货行业的对外交往和国际合作事务。

13. 承办国务院交办的其他事项。

三、部 门 规 章

期货公司期货投资咨询业务试行办法

关于修改《证券发行与承销管理办法》的决定
证券期货业反洗钱工作实施办法
中国证券监督管理委员会行政复议办法
中国证券监督管理委员会行政许可实施程序规定
关于修改《证券登记结算管理办法》的决定
证券投资基金评价业务管理暂行办法
关于修改《证券发行上市保荐业务管理办法》的决定
关于修改《中国证券监督管理委员会发行审核委员会办法》的决定
首次公开发行股票并在创业板上市管理暂行办法
证券期货市场统计管理办法
证券期货规章制定程序规定
证券发行上市保荐业务管理办法
关于修改上市公司现金分红若干规定的决定
关于修改《上市公司收购管理办法》第六十三条的决定
关于修改《证券公司风险控制指标管理办法》的决定
上市公司并购重组财务顾问业务管理办法
上市公司重大资产重组管理办法
关于修改《外资参股证券公司设立规则》的决定
基金管理公司特定客户资产管理业务试点办法
证券市场资信评级业务管理暂行办法
关于缴纳证券投资者保护基金有关问题的通知
期货从业人员管理办法
期货公司董事、监事和高级管理人员任职资格管理办法
上市公司国有股东标识管理暂行规定
国有股东转让所持上市公司股份管理暂行办法
第3号——半年度报告的内容与格式（2007年修订）
第5号——公司股份变动报告的内容与格式（2007年修订）
金融机构客户身份识别和客户身份资料及交易记录保存管理办法
合格境内机构投资者境外证券投资管理试行办法
关于实施《合格境内机构投资者境外证券投资管理试行办法》有关问题的通知
关于基金从业人员投资证券投资基金有关事宜的通知
关于证券投资基金执行《企业会计准则》估值业务及份额净值计价有关事项的通知
关于印发《期货公司财务监管报备表》的通知
境外证券交易所驻华代表机构管理办法
中国证券监督管理委员会限制证券买卖实施办法
证券公司为期货公司提供中间介绍业务试行办法
期货公司风险监管指标管理试行办法
期货公司金融期货结算业务试行办法
期货投资者保障基金管理暂行办法
中国证券监督管理委员会行政处罚听证规则
关于会计师事务所从事证券、期货相关业务有关问题的通知
期货公司管理办法
期货交易所管理办法

关于境外上市公司非境外上市股份集中登记存管有关事宜的通知
证券公司缴纳证券投资者保护基金实施办法（试行）
第 13 号——季度报告内容与格式特别规定（2007 年修订）
证券投资基金销售业务信息管理平台管理规定
关于贴现国债实行净价交易的通知
律师事务所从事证券法律业务管理办法
关于废止部分证券期货规章的通知（第六批）
关于进一步规范上市公司募集资金使用的通知
关于完善证券投资基金交易席位制度有关问题的通知
第 7 号——新旧会计准则过渡期间比较财务会计信息的编制和披露
第 9 号——净资产收益率和每股收益的计算及披露（2007 年修订）
第 15 号——财务报告的一般规定（2007 年修订）
第 1 号——非经常性损益（2007 年修订）
上市公司信息披露管理办法
基金管理公司提取风险准备有关事项的补充规定
第 3 号——保险公司招股说明书内容与格式特别规定
证券公司董事、监事和高级管理人员任职资格监管办法
关于实施《证券公司董事、监事和高级管理人员任职资格监管办法》有关问题的通知
关于审计机关查询被审计单位在金融机构账户和存款有关问题的通知
关于进一步做好清理大股东占用上市公司资金工作的通知
基金管理公司投资管理人员管理指导意见
关于改革方案未获相关股东会议通过重新启动股改程序时间间隔问题的通知
证券发行与承销管理办法
关于规范证券投资咨询机构和广播电视证券节目的通知
合格境外机构投资者境内证券投资管理办法
关于实施《合格境外机构投资者境内证券投资管理办法》有关问题的通知
关于证券公司参与申购关联方承销的证券有关事宜的答复意见
关于基金管理公司提取风险准备金有关问题的通知
关于外国投资者并购境内企业的规定
第 15 号——权益变动报告书
第 16 号——上市公司收购报告书
第 17 号——要约收购报告书
第 18 号——被收购公司董事会报告书
第 19 号——豁免要约收购申请文件
关于已完成股权分置改革的上市公司原非流通股股份转让有关问题的通知
上市公司收购管理办法
中国证券监督管理委员会上市公司并购重组审核委员会工作规程
证券公司风险控制指标管理办法
关于发布证券公司净资本计算标准的通知
关于基金投资非公开发行股票等流通受限证券有关问题的通知
国债承销团成员资格审批办法
证券公司融资融券业务试点管理办法
证券公司融资融券业务试点内部控制指引

关于证券公司变更持有5%以下股权的股东有关事项的通知
证券结算风险基金管理办法
证券投资基金管理公司治理准则（试行）
证券市场禁入规定
公布关于个人债权收购有关问题的补充通知的通知
保荐人尽职调查工作准则
关于进一步加快推进清欠工作的通知
第1号——招股说明书
第9号——首次公开发行股票并上市申请文件
中国证券监督管理委员会发行审核委员会工作细则
中国证券投资者保护基金有限责任公司受偿债权管理办法（试行）
首次公开发行股票并上市管理办法
关于证券投资基金投资资产支持证券有关事项的通知
中国证券监督管理委员会发行审核委员会办法
第10号——上市公司公开发行证券申请文件
第11号——上市公司公开发行证券募集说明书
关于规范基金管理公司设立及股权处置有关问题的通知
证券投资基金管理公司督察长管理规定
上市公司证券发行管理办法
进入风险处置程序证券公司信息系统交接技术指引
关于证券公司信息公示有关事项的通知
第3号——弥补累计亏损的来源、程序及信息披露（2006年修订）
证券登记结算管理办法
关于印发《上市公司章程指引（2006年修订）》的通知
关于发布《上市公司股东大会规则》的通知
证券投资者保护基金申请使用管理办法（试行）
关于在打击证券期货违法犯罪中加强执法协作的通知
关于办理基金管理公司设立分支机构、变更名称及修改章程等行政许可事项有关问题的通知
关于基金管理公司设立分支机构、变更名称及修改章程等行政许可事项审核有关问题的通知
关于规范期货保证金存取业务有关问题的通知
关于贯彻落实《证券法》全面履行证券公司监管职责有关问题的意见
上市公司股权激励管理办法（试行）
外国投资者对上市公司战略投资管理办法
关于查询、冻结从事证券交易当事人和与被调查事件有关的单位和个人在金融机构账户的通知
中国证券监督管理委员会冻结、查封实施办法
关于发布《上市公司高级管理人员培训工作指引》及相关实施细则的通知
证券投资基金信息披露内容与格式准则第7号——托管协议的内容与格式
第2号——年度报告的内容与格式（2005年修订）
关于证券公司借入次级债务有关问题的通知
关于发布《会员制证券投资咨询业务管理暂行规定》的通知
会计师事务所与资产评估机构证券期货相关业务监管责任制
关于货币市场基金投资银行存款有关问题的通知
创业投资企业管理暂行办法

关于规范上市公司对外担保行为的通知
关于转发《证券公司证券自营业务指引》，加强证券公司自营业务监管的通知
关于印发《对证券公司自营、资产管理业务账户和投资行为加强监管的职责分工方案》的通知
关于上市公司股权分置改革涉及外资管理有关问题的通知
关于发布《证券投资基金管理公司监察稽核报告内容与格式指引（试行）》的通知
关于进一步加强期货公司内部管理制度建设，完善法人治理结构的通知
关于做好申请人民法院冻结资金账户、证券账户工作的指导意见
关于货币市场基金投资短期融资券有关问题的通知
上市公司股权分置改革管理办法
关于上市公司股权分置改革的指导意见
关于香港、澳门服务提供者参股期货经纪公司有关问题的通知
关于股权分置改革中证券投资基金投资权证有关问题的通知
关于印发《中国证券监督管理委员会信访工作规则（试行）》的通知
上市公司与投资者关系工作指引
证券投资基金监管职责分工协作指引
证券投资者保护基金管理办法
关于证券公司个人债权及客户证券交易结算资金收购有关问题的通知
关于上市公司控股股东在股权分置改革后增持社会公众股份有关问题的通知
上市公司回购社会公众股份管理办法（试行）
关于进一步完善证券投资基金募集申请审核程序有关问题的通知
关于进一步做好股权分置改革工作的通知
关于基金管理公司运用固有资金进行基金投资有关事项的通知
关于做好股权分置改革试点工作的意见
关于进一步协助做好个人债权甄别确认工作的通知
关于转发《关于明确认定、查处、取缔非法集资部门职责分工的通知》的通知
中国证监会新闻发布暂行办法
关于规范类证券公司评审与监管相关问题的通知
关于废止部分证券期货规章的通知（第五批）
证券投资基金信息披露编报规则第 5 号——货币市场基金信息披露特别规定
关于货币市场基金投资等相关问题的通知
商业银行设立基金管理公司试点管理办法
国际开发机构人民币债券发行管理暂行办法
关于印发《证券公司高级管理人员诚信经营承诺书》的通知
关于保险机构投资者股票投资交易有关问题的通知
证券期货业网络与信息安全信息通报暂行办法
关于在股票、可转债等证券发行中申购冻结资金利息处理问题的通知
个人债权及客户证券交易结算资金收购实施办法
关于进一步加强对客户交易结算资金划转过程监控的通知
关于进一步做好《证券发行上市保荐制度暂行办法》实施工作的通知
上市公司股东大会网络投票系统技术管理规范（试行）
关于加强社会公众股股东权益保护的若干规定
证券投资基金托管资格管理办法
个人债权及客户证券交易结算资金收购意见

证券公司股票质押贷款管理办法
保险机构投资者股票投资管理暂行办法
关于证券公司开展集合资产管理业务有关问题的通知
关于修改《证券公司债券管理暂行办法》的决定
关于进一步加强证券公司客户交易结算资金监管的通知
关于企业年金基金证券投资有关问题的通知
关于实施《证券投资基金行业高级管理人员任职管理办法》有关问题的通知
证券投资基金行业高级管理人员任职管理办法
关于实施《证券投资基金管理公司管理办法》若干问题的通知
证券投资基金管理公司管理办法
证券投资基金信息披露内容与格式准则第 6 号——基金合同的内容与格式
关于期货经纪公司高级管理人员任职资格核准有关问题的通知
关于信托投资公司开设信托专用证券账户和信托专用资金账户有关问题的通知
关于对证券公司结算备付金账户进行分户管理的通知
货币市场基金管理暂行规定
关于推进证券业创新活动有关问题的通知
证券投资基金信息披露内容与格式准则第 5 号——招募说明书的内容与格式
关于报送《期货经纪公司监管报表》的通知
关于规范境内上市公司所属企业到境外上市有关问题的通知
期货经纪公司保证金封闭管理暂行办法
关于做好下放派出机构行政许可项目实施工作的通知
关于实施《证券投资基金销售管理办法》有关问题的通知
关于实施《证券投资基金运作管理办法》有关问题的通知
中国证券监督管理委员会行政许可实施程序规定（试行）
证券投资基金运作管理办法
证券投资基金销售管理办法
关于做好第三批行政审批项目取消后的后续监管和衔接工作的通知
中国证券监督管理委员会关于取消第三批行政审批项目的通告
证券投资基金信息披露管理办法
证券投资基金信息披露内容与格式准则第 1 号——上市交易公告书的内容与格式
证券投资基金信息披露内容与格式准则第 2 号——年度报告的内容与格式
证券投资基金信息披露内容与格式准则第 3 号——半年度报告的内容与格式
证券投资基金信息披露内容与格式准则第 4 号——季度报告的内容与格式
证券投资基金信息披露编报规则第 3 号——会计报表附注的编制及披露
证券投资基金信息披露编报规则第 4 号——基金投资组合报告的编制及披露
国有涉棉企业期货套期保值业务管理制度指引
关于开展国债买断式回购交易业务的通知
期货经纪公司治理准则（试行）
企业年金基金管理试行办法
关于发布《关于做好股份有限公司终止上市后续工作的指导意见》的通知
中国证券监督管理委员会股票发行审核委员会审核工作指导意见
关于依法做好证券、期货合同纠纷仲裁工作的通知
关于进一步提高上市公司财务信息披露质量的通知

关于证券公司执行《金融企业会计制度》有关事项的通知
关于实施《证券发行上市保荐制度暂行办法》有关事项的通知
证券发行上市保荐制度暂行办法
证券公司客户资产管理业务试行办法
证券公司治理准则（试行）
证券公司内部控制指引
关于加强证券公司营业部内部控制若干措施的意见
关于印发《派出机构监管工作职责》的通知
第 19 号——财务信息的更正及相关披露
关于废止部分证券期货规章的通知（第四批）
关于加强期货交易编码管理工作的通知
关于印发《关于证券期货审计业务签字注册会计师定期轮换的规定》的通知
证券投资基金信息披露编报规则第 1 号——主要财务指标的计算与披露
证券投资基金信息披露编报规则第 2 号——基金净值表现的编制与披露
资信评级机构出具证券公司债券信用评级报告准则
证券公司定向发行债券信息披露准则
第 20 号——证券公司发行债券申请文件
第 21 号——证券公司公开发行债券募集说明书
第 22 号——证券公司债券上市公告书
关于规范上市公司与关联方资金往来及上市公司对外担保若干问题的通知
关于向外商转让上市公司国有股和法人股职能分工的公告
《注册会计师执行证券期货相关业务许可证管理规定》的补充规定
关于合格境外机构投资者境内证券交易登记结算业务有关问题的通知
关于进一步做好合格境外机构投资者境内证券投资登记结算业务有关问题的通知
证券期货规章制定程序规定（试行）
关于由中国期货业协会承担期货经纪合同文本备案审查职责的通知
关于做好第二批行政审批项目取消及部分行政审批项目改变管理方式后的后续监管和衔接工作的通知
关于取消第二批行政审批项目及改变部分行政审批项目管理方式的通告
第 18 号——商业银行信息披露特别规定
关于执行《亏损上市公司暂停上市和终止上市实施办法（修订）》的补充规定
关于发布《证券公司年度报告内容与格式准则（2002 年修订）》及报送补充监管报表的通知
关于贯彻落实《国务院关于取消第一批行政审批项目的决定》有关问题的通知
关于取消律师及律师事务所从事证券法律业务资格审批的通告
关于第一批取消行政审批项目（32 项）的通告
证券业从业人员资格管理办法
证券投资基金管理公司内部控制指导意见
中国证券监督管理委员会行政复议办法
关于实施《外资参股证券公司设立规则》和《外资参股基金管理公司设立规则》有关问题的通知
关于向外商转让上市公司国有股和法人股有关问题的通知
关于赋予中国证券业协会部分职责的决定
关于发布《证券公司统计报表制度》的通知

关于进一步完善境外上市外汇管理有关问题的通知

关于社会保障基金理事会委托投资涉及的证券账户、交易席位和结算资金账户有关问题的通知

外资参股证券公司设立规则

关于授权证券交易所对面临退市的上市公司财务报告被出具非标准无保留审计意见进行调查处理的通知

关于废止部分证券期货规章的通知（第三批）

关于调整证券交易佣金收取标准的通知

第 17 号——外商投资股份有限公司招股说明书内容与格式特别规定

关于加强对通过发审会的拟发行证券的公司会后事项监管的通知

关于对《期货经纪公司年度报告参考内容与格式》做出部分调整的通知

上市公司治理准则

证券公司管理办法

第 6 号——支付会计师事务所报酬及其披露

第 14 号——非标准无保留审计意见及其涉及事项的处理

证券交易所管理办法

关于上市公司重大购买、出售、置换资产若干问题的通知

关于发布《亏损上市公司暂停上市和终止上市实施办法（修订）》的通知

关于证券公司增资扩股有关问题的通知

关于缩短新股发行结束到上市所需时间有关事宜的通知

第 5 号——分别按国内外会计准则编制的财务报告差异及其披露

关于发布《首次公开发行股票辅导工作办法》的通知

关于规范面向公众开展的证券投资咨询业务行为若干问题的通知

国有企业境外期货套期保值业务管理制度指导意见

关于执行《客户交易结算资金管理办法》若干意见的通知

关于上市公司涉及外商投资有关问题的若干意见

关于做好证券公司内部控制评审工作的通知

关于加强对上市公司非流通股协议转让活动规范管理的通知

关于股票发行上市辅导政策有关问题的通知

关于期货经纪公司营业部监管工作有关问题的通知

超额配售选择权试点意见

关于以公开征集形式转让上市公司非流通股有关问题的通知

关于在上市公司建立独立董事制度的指导意见

第 2 号——中高层管理人员激励基金的提取

关于做好非法证券期货交易和证券期货诈骗有奖举报工作的通知

国有企业境外期货套期保值业务管理办法

关于证券公司证券营业部跨省区迁址问题的通知

客户交易结算资金管理办法

关于证券公司担保问题的通知

关于对证券公司参与风险投资进行规范的通知

前次募集资金使用情况专项报告指引

上市公司董事长谈话制度实施办法

上市公司检查办法

关于发布《证券公司从事股票发行主承销业务有关问题的指导意见》的通知

证券公司公开发行股票监管意见书的内容和出具程序
第 12 号——公开发行证券的法律意见书和律师工作报告
关于规范证券投资基金运作中证券交易行为的通知
关于证券经营机构从事 B 股业务若干问题的补充通知
境内上市外资股（B 股）公司非上市外资股上市流通的办理程序
关于境内居民个人投资境内上市外资股若干问题的通知
第 10 号——从事房地产开发业务的公司招股说明书内容与格式特别规定
第 11 号——从事房地产开发业务的公司财务报表附注特别规定
关于加强证券投资基金交易行为监控有关问题的通知
关于首次公开发行股票公司招股说明书网上披露有关事宜的通知
证券公司高级管理人员谈话提醒制度实施办法
期货交易所、期货经营机构信息技术管理规范（试行）
第 8 号——证券公司年度报告内容与格式特别规定
证券公司检查办法
关于证券公司申请设立证券服务部有关问题的通知
第 5 号——证券公司招股说明书内容与格式特别规定
第 6 号——证券公司财务报表附注特别规定
关于清理规范证券营业网点问题的通知
关于境内上市外资股（B 股）公司非上市外资股上市流通问题的通知
关于做好全国证券回购债务清欠收尾工作的意见
关于加强证券服务部管理若干问题的通知
注册会计师执行证券、期货相关业务许可证管理规定
关于上市公司为他人提供担保有关问题的通知
财政国债中介机构转制为证券营业部审批工作实施细则
关于加强证券投资咨询机构变更与咨询人员流动管理的通知
关于上市公司股份分类有关业务处理事项的通知
上市公司向社会公开募集股份操作指引（试行）
证券公司网上委托业务核准程序
关于废止部分证券期货规章的通知（第二批）
关于加强期货经纪公司内部控制的指导原则
关于发布《网上证券委托暂行管理办法》的通知
关于规范证券开户代理业务有关问题的通知
关于协助做好地方登记公司清理改组工作有关问题的通知
关于安排上市公司转配股分期、分批上市的通知
关于做好期货经纪公司年度审计和报告工作的通知
关于报送《外资证券机构驻华代表机构年度工作报告表》的通知
关于印发《〈期货经纪合同〉指引》和《期货交易风险说明书》的通知
关于废止部分证券部门规章的通知
关于上市公司做好各项资产减值准备等有关事项的通知
关于清理“存折炒股”业务有关问题的通知
关于不得限制中介机构跨地区执行证券相关业务的通知
关于清理规范远程证券交易网点的通知
关于转发西安证券监管办公室《关于制止在证券交易场所擅自进行募股活动的通知》的通知

关于对证券经营机构及其营业部从事证券咨询及证券信息传播业务加强管理的通知
关于证券经营机构同城迁址审批工作的通知
关于证券投资咨询机构申请咨询从业资格及证券投资咨询人员申请咨询执业资格的通知
关于印发《证券投资咨询机构检查制度》的通知
关于坚决制止非证券经营机构经营证券业务的通知
关于企业申请境外上市有关问题的通知
关于加强证券营业部风险防范工作的通知
关于加强会员结算风险管理若干问题的通知
关于转发上海证券交易所《关于加强柜面系统技术风险防范和强化内部管理的通知》的通知
关于企业发行B股有关问题的通知
关于上市公司总经理及高层管理人员不得在控股股东单位兼职的通知
关于清理整顿证券交易中心有关事项的通知
外国证券类机构驻华代表机构管理办法
境外上市公司董事会秘书工作指引
关于进一步促进境外上市公司规范运作和深化改革的意见
关于境外上市公司进一步做好信息披露工作的若干意见
申请发行境内上市外资股（B股）公司报送材料标准格式
关于证券营业部审批工作有关问题的通知
关于进一步加强证券公司监管的若干意见
关于做好特别处理上市公司恢复正常交易有关事宜的通知
关于期货经纪公司变更登记等有关问题的通知
关于进一步做好清理整顿证券交易中心工作有关问题的通知
关于停止发行内部职工股的通知
关于境外中资证券类机构监管工作有关问题的通知
关于加强证券投资基金监管有关问题的通知
关于进一步明确在查处非法期货交易中职责分工的通知
关于B股上市公司中期财务报告审计问题的通知
关于加强证券交易所会员管理的通知
证券、期货投资咨询管理暂行办法实施细则
关于证券投资基金交易、收费有关问题的通知
关于发布《证券经营机构营业部信息系统技术管理规范（试行）》的通知
中国证券监督管理委员会证券监管专员办事处暂行办法
关于落实国务院《关于进一步加强在境外发行股票和上市管理的通知》若干问题的通知
关于加强证券期货信息传播管理的若干规定
关于发布《关于证券交易所报告制度的若干规定（试行）》的通知
关于历史遗留问题企业上市托管确认有关问题的通知
境内及境外证券经营机构从事外资股业务资格管理暂行规定
证券经营机构证券自营业务管理办法
关于上市公司聘用、更换会计师事务所（审计事务所）有关问题的通知
关于规范上市公司行为若干问题的通知
关于加强对地方报刊及其他媒体传播证券期货市场信息的监管的通知
股份有限公司境内上市外资股规定的实施细则
关于境外上市公司1995年召开股东年会和修改公司章程若干问题的通知

关于暂停中远期合同交易的通知

关于暂停大豆油期货交易和禁止借开展食糖中远期合同交易之名进行期货交易的通知

关于严厉查处非法外汇期货和外汇按金交易活动的通知

关于执行《到境外上市公司章程必备条款》的通知

关于健全查验制度防范股票盗卖的通知

关于坚决制止国债券卖空行为的通知

关于社会募集股份有限公司向职工配售股份的补充规定

关于境外上市企业外汇管理有关问题的通知

关于发行B股的企业在分红派息时如何确认利润分配标准的函

关于批转证监会《关于境内企业到境外公开发行股票和上市存在的问题的报告》的通知

四、公开征求意见

关于《合格境外机构投资者参与股指期货交易指引》（征求意见稿）公开征求意见的通知

关于《信息披露违法行为行政责任认定规则（征求意见稿）》公开征求意见的通知

关于《基金管理公司特定客户资产管理业务试点办法》（征求意见稿）及其配套规则公开征求意见的通知

关于《证券投资基金销售管理办法（修订稿）》公开征求意见的通知

关于《关于保本基金的指导意见（征求意见稿）》公开征求意见的通知

关于《关于深化新股发行体制改革的指导意见（征求意见稿）》及《关于修改〈证券发行与承销管理办法〉的决定（征求意见稿）》公开征求意见的通知

关于《证券投资顾问业务暂行规定》和《发布证券研究报告暂行规定》（征求意见稿）

关于《证券期货业反洗钱工作实施办法（征求意见稿）》公开征求意见的通知

关于《证券投资基金投资股指期货指引（征求意见稿）》公开征求意见的通知

关于建立股指期货投资者适当性制度的规定（试行）

（资料来源：www.csrc.gov.cn）

中华人民共和国工业和信息化部

根据第十一届全国人民代表大会第一次会议批准的国务院机构改革方案和《国务院关于机构设置的通知》，设立工业和信息化部，为国务院组成部门。

一、职责调整

1. 将国家发展和改革委员会的工业行业管理和信息化有关职责划给工业和信息化部，具体包括：研究提出工业发展战略，拟订工业行业规划和产业政策并组织实施；指导工业行业技术法规和行业标准的拟订；按国务院规定权限，审批、核准国家规划内和年度计划规模内工业、通信业和信息化固定资产投资项目；高技术产业中涉及生物医药、新材料等的规划、政策和标准的拟订及组织实施；组织领导和协调振兴装备制造业，组织编制国家重大技术装备规划，协调相关政策；工业日常运行监测；工业、通信业的节能、资源综合利用和清洁生产促进工作；对中小企业的指导和扶持；国务院减轻企业负担部际联席会议的日常工作；国家履行《禁止化学武器公约》、稀土行业发展、盐业行政管理、国家医药储备管理的工作，管理国家烟草专卖局的职责。

2. 将原国防科学技术工业委员会除核电管理以外的职责划给工业和信息化部。其中组织协调武器装备科研生产的重大事项、保障军工核心能力建设等职责划给国家国防科技工业局。

3. 将原信息产业部的职责划给工业和信息化部。其中军工电子管理职责划给国家国防科技工业局。有关邮政管理职责划给国家邮政局，国家邮政局改由交通运输部管理。

4. 将原国务院信息化工作办公室的职责划给工业和信息化部。

5. 推进信息化和工业化融合，推进高新技术与传统工业改造结合，推进军民结合、寓军于民，促进工业由大变强，加快推进国家信息化建设。

二、主要职责

1. 提出新型工业化发展战略和政策，协调解决新型工业化进程中的重大问题，拟订并组织实施工业、通信业、信息化的发展规划，推进产业结构战略性调整和优化升级，推进信息化和工业化融合，推进军民结合、寓军于民的武器装备科研生产体系建设。

2. 制定并组织实施工业、通信业的行业规划、计划和产业政策，提出优化产业布局、结构的政策建议，起草相关法律法规草案，制定规章，拟订行业技术规范和标准并组织实施，指导行业质量管理工作。

3. 监测分析工业、通信业运行态势，统计并发布相关信息，进行预测预警和信息引导，协调解决行业运行发展中的有关问题并提出政策建议，负责工业、通信业应急管理、产业安全和国防动员有关工作。

4. 负责提出工业、通信业和信息化固定资产投资规模和方向（含利用外资和境外投资）、中央财政性建设资金安排的意见，按国务院规定权限审批、核准国家规划内和年度计划规模内固定资产投资项目。

5. 拟订高技术产业中涉及生物医药、新材料、航空航天、信息产业等的规划、政策和标准并组织实施，指导行业技术创新和技术进步，以先进适用技术改造提升传统产业，组织实施有关国家科技重大专项，推进相关科研成果产业化，推动软件业、信息服务业和新兴产业发展。

6. 承担振兴装备制造业组织协调的责任，组织拟订重大技术装备发展和自主创新规划、政策，依托国家重点工程建设协调有关重大专项的实施，推进重大技术装备国产化，指导引进重大技术装备的消化创新。

7. 拟订并组织实施工业、通信业的能源节约和资源综合利用、清洁生产促进政策，参与拟订能源节约和资源综合利用、清洁生产促进规划，组织协调相关重大示范工程和新产品、新技术、新设备、新材料的推广应用。

8. 推进工业、通信业体制改革和管理创新，提高行业综合素质和核心竞争力，指导相关行业加强安全生产管理。

9. 负责中小企业发展的宏观指导，会同有关部门拟订促进中小企业发展和非国有经济发展的相关政策和措施，协调解决有关重大问题。

10. 统筹推进国家信息化工作，组织制定相关政策并协调信息化建设中的重大问题，促进电信、广播电视和计算机网络融合，指导协调电子政务发展，推动跨行业、跨部门的互联互通和重要信息资源的开发利用、共享。

11. 统筹规划公用通信网、互联网、专用通信网，依法监督管理电信与信息服务市场，会同有关部门制定电信业务资费政策和标准并监督实施，负责通信资源的分配管理及国际协调，推进电信普遍服务，保障重要通信。

12. 统一配置和管理无线电频谱资源，依法监督管理无线电台（站），负责卫星轨道位置的协调和管理，协调处理军地间无线电管理相关事宜，负责无线电监测、检测、干扰查处，协调处理电磁干扰事宜，维护空中电波秩序，依法组织实施无线电管制。

13. 承担通信网络安全及相关信息安全管理的责任，负责协调维护国家信息安全和国家信息安全保障体系建设，指导监督政府部门、重点行业的重要信息系统与基础信息网络的安全保障工作，协调处理网络与信息安全的重大事件。

14. 开展工业、通信业和信息化的对外合作与交流，代表国家参加相关国际组织。

15. 承办国务院交办的其他事项。

三、内设机构

根据上述职责，工业和信息化部设 24 个内设机构：

1. 办公厅。负责机关文电、信息、安全保卫、保密、信访等工作；负责机关日常工作的协调和督查；承担政务公开、新闻发布等工作。

2. 政策法规司。研究新型工业化的战略性问题；组织研究工业、通信业、信息化发展的战略，提出政策建议；组织起草工业、通信业和信息化法律法规草案和规章；负责机关有关规范性文件的合法性审核工作；承担相关行政复议、行政应诉工作；承担重要文件起草工作。

3. 规划司。组织拟订工业、通信业和信息化发展战略、规划；提出工业、通信业和信息化固定资产投资规模和方向（含利用外资和境外投资）、中央财政性建设资金安排的建议；承担固定资产投资审核的相关工作。

4. 财务司。编报部门预决算和管理资金的使用；组织实施内部审计和绩效检查；提出行业财税、价格、金融等政策建议；负责机关财务、资产管理等工作。

5. 产业政策司。组织拟订工业、通信业产业政策并监督执行，提出推进产业结构调整、工业与相关产业融合发展及管理创新的政策建议；拟订和修订产业结构调整目录的相关内容，参与投资项目审核；制定相关行业准入条件并组织实施，会同有关方面实施汽车、农药的准入管理事项。

6. 科技司。组织拟订并实施高技术产业中涉及生物医药、新材料、航空航天、信息产业等的规划、政策和标准；组织拟订行业技术规范和标准，指导行业质量管理工作；组织实施行业技术基础工作；组织重大产业化示范工程；组织实施有关国家科技重大专项，推动技术创新和产学研相结合。

7. 运行监测协调局。监测分析工业、通信业日常运行，分析国内外工业、通信业形势，统计并发布相关信息，进行预测预警和信息引导；协调解决行业运行发展中的有关问题；承担应急管理、产业安全和国防动员相关工作。

8. 中小企业司。承担中小企业发展的宏观指导，会同有关方面拟订促进中小企业发展和非国有经济发展的相关政策和措施；促进对外交流合作，推动建立完善服务体系，协调解决有关重大问题。

9. 节能与综合利用司。拟订并组织实施工业、通信业的能源节约和资源综合利用、清洁生产促进政策，参与拟订能源节约和资源综合利用、清洁生产促进规划和污染控制政策，组织协调相关重大示范工程和新产品、新技术、新设备、新材料的推广应用。

10. 安全生产司。指导工业、通信业加强安全生产管理，指导重点行业排查治理隐患，参与重特大安全生产事故的调查、处理；负责民爆器材的行业及生产、流通安全的监督管理。

11. 原材料工业司（国家履行《禁止化学武器公约》工作办公室）。承担钢铁、有色、黄金、稀土、石化（不含炼油）、化工（不含煤制燃料和燃料乙醇）、建材等的行业管理工作；研究国内外原材料市场情况并提出建议；承担国家履行《禁止化学武器公约》的组织协调工作；承担农业化学物质行政保护有关工作。

12. 装备工业司。承担通用机械、汽车、民用飞机、民用船舶、轨道交通机械制造业等的行业管理工作；提出重大技术装备发展和自主创新规划、政策建议并组织实施；依托国家重点工程建设协调有关重大专项的实施，推进重大技术装备国产化；指导引进重大技术装备的消化创新。

13. 消费品工业司。承担轻工、纺织、食品、医药、家电等的行业管理工作；拟订卷烟、食盐和糖精的生产计划；承担盐业和国家储备盐行政管理、中药材生产扶持项目管理、国家药品储备管理工作。

14. 军民结合推进司。提出军民两用技术双向转移、军民通用标准体系建设等军民结合发展规划，拟订相关政策并组织实施，推进相关体制改革。

15. 电子信息司。承担电子信息产品制造的行业管理工作；组织协调重大系统装备、微电子等基础产品的开发与生产，组织协调国家有关重大工程项目所需配套装备、元器件、仪器和材料的国产化；促进电子信息技术推广应用。

16. 软件服务业司。指导软件业发展；拟订并组织实施软件、系统集成及服务的技术规范和标准；推动软件公共服务体系建设；推进软件服务外包；指导、协调信息安全技术开发。

17. 通信发展司。协调公用通信网、互联网、专用通信网的建设，促进网络资源共享；拟订网络技术发展政策；负责重要通信设施建设管理；监督管理通信建设市场；会同有关方面拟订电信业务资费政策和标准并监督实施。

18. 电信管理局。依法对电信与信息服务实行监管，提出市场监管和开放政策；负责市场准入管理，监管服务质量；保障普遍服务，维护国家和用户利益；拟订电信网间互联互通与结算办法并监督执行；负责通信网码号、互联网域名、地址等资源的管理及国际协调；承担管理国家通信出入口局的工作；指挥协调救灾应急通信及其他重要通信，承担战备通信相关工作。

19. 通信保障局。组织研究国家通信网络及相关信息安全问题并提出政策措施；协调管理电信网、互联网网络信息安全平台；组织开展网络环境和信息治理，配合处理网上有害信息；拟订电信网络安全防护政策并组织实施；负责网络安全应急管理和处置；负责特殊通信管理，拟订通信管制和网络管制政策措施；管理党政专用通信工作。

20. 无线电管理局（国家无线电办公室）。编制无线电频谱规划；负责无线电频率的划分、分配与指配；依法监督管理无线电台（站）；负责卫星轨道位置协调和管理；协调处理军地间无线电管理相关事宜；负责无线电监测、检测、干扰查处，协调处理电磁干扰事宜，维护空中电波秩序；依法组织实施无线电管制；负责涉外无线电管理工作。

21. 信息化推进司。指导推进信息化工作，协调信息化建设中的重大问题，协助推进重大信息化工程；指导协调电子政务和电子商务发展，协调推动跨行业、跨部门的互联互通；推动重要信息资源的开发利用、共享；促进电信、广播电视和计算机网络融合；承办国家信息化领导小组的具体工作。

22. 信息安全协调司。协调国家信息安全保障体系建设；协调推进信息安全等级保护等基础性工作；指导监督政府部门、重点行业的重要信息系统与基础信息网络的安全保障工作；承担信息安全应急协调工作，协调处理重大事件。

23. 国际合作司（港澳台办公室）。承担对外和对港澳台合作与交流相关事务；负责外事工作。

24. 人事教育司。负责机关和直属单位的人事管理、机构编制、队伍建设等工作；管理直属高校。

25. 机关党委。负责机关和在京直属单位的党群工作。

26. 离退休干部局。负责机关离退休干部工作，指导直属单位的离退休干部工作。

四、其他事项

1. 工业和信息化部作为行业管理部门，主要是管规划、管政策、管标准，指导行业发展。要坚持政企分开的原则，不干预企业生产经营活动。充分发挥行业协会和社会中介组织的作用。

2. 工业和信息化部对外保留国家航天局、国家原子能机构牌子，代表国家参加国际航天组织、国际原子能机构及其他政府间国际组织和有关活动，履行有关职责。委托国家国防科技工业局承办国务院中央军委专门委员会的有关工作。

3. 炼油、煤制燃料和燃料乙醇的行业管理由国家能源局负责，其他石油化工和煤化工的行业管理由工业和信息化部负责。

4. 管理国家国防科技工业局、国家烟草专卖局。

5. 原信息产业部在31个省、自治区、直辖市设置的通信管理局划给工业和信息化部，实行垂直管理，行政编制500名。

6. 原信息产业部所属事业单位和原国防科学技术工业委员会的北京航空航天大学等7所直属高校，国家发展和改革委员会的中小企业对外合作协调中心、中国机电设备招标中心、中国机电设备成套服务中心由工业和信息化部管理。其他所属事业单位的设置、职责和编制事项另行规定。

五、部门规章

国防科研生产安全事故报告和调查处理办法

工业和信息化部关于废止原国防科学技术工业委员会《国防科技工业技术基础科研管理办法》和《国防基础科研管理办法》的决定

中华人民共和国无线电频率划分规定

铬化合物生产建设许可管理办法

国防科学技术奖励办法

武器装备科研生产许可实施办法

农业机械产品修理、更换、退货责任规定

烟草专卖行政处罚程序规定

通信网络安全防护管理办法

关于停止执行《汽车产业发展政策》有关条目的决定

软件产品管理办法

税控收款机生产企业资质管理办法

建立卫星通信网和设置使用地球站管理规定

无线电台执照管理规定

电信业务经营许可管理办法

工业和信息化部关于废止原邮电部《邮电部关于损坏通信线路赔偿损失的规定》等8部规章的决定

电信设备抗震性能检测管理办法
工业和信息化部行政许可实施办法
电子认证服务管理办法
互联网视听节目服务管理规定
电子信息产业统计工作管理办法
国防科学技术工业委员会行政复议实施办法
烟草专卖许可证管理办法
国防科学技术工业委员会听证规则
国防科学技术工业委员会行政处罚实施办法
国防科学技术奖励办法
水泥工业产业发展政策
无线电设备发射特性核准检测机构认定办法
中华人民共和国无线电频率划分规定
民用爆炸物品销售许可实施办法
民用爆炸物品安全生产许可实施办法
民用爆炸物品生产许可实施办法
食盐专营许可证管理办法
电子信息产品污染控制管理办法
互联网电子邮件服务管理办法
产业结构调整指导目录
汽车产品外部标识管理办法
互联网新闻信息服务管理规定
钢铁产业发展政策
武器装备科研生产许可实施办法
电信服务规范
中华人民共和国工业和信息化部令第 4 号
互联网 IP 地址备案管理办法
非经营性互联网信息服务备案管理办法
军工电子装备科研生产许可证管理办法
中国互联网络域名管理办法
农药生产管理办法
清洁生产审核暂行办法
能源效率标识管理办法
汽车产业发展政策
办理开采黄金矿产批准书管理规定
国防科工委行政审批管理暂行办法
电信网码号资源管理办法
摩托车生产准入管理办法
民用航天发射项目许可证管理暂行办法
通信行业统计管理办法
信息产业部行政复议实施办法
国际通信设施建设管理规定
国际通信出入口局管理办法

烟草专卖品准运证管理办法
核事故辐射影响越境应急管理规定
核进出口及对外核合作保障监督管理规定
国防基础科研管理办法
国防科技工业技术基础科研管理办法
电信建设管理办法
通信工程质量监督管理规定
高楼高塔高山设置无线寻呼发射基站管理规定
电信网间互联争议处理办法
核出口管制清单
电信设备进网管理办法
通信行政处罚程序规定
公用电信网间互联管理规定
空间物体登记管理办法
电信用户申诉处理暂行办法
电信服务质量监督管理暂行办法
互联网电子公告服务管理规定
通信建设项目招标投标管理暂行规定
国防科技工业计量监督管理暂行规定
民用爆破器材生产流通管理暂行规定
国防科技工业军用核设施安全监督管理规定
重点用能单位节能管理办法
烟草专卖行政处罚程序规定
《中华人民共和国监控化学品管理条例》实施细则
各类监控化学品名录
农业化学物质产品行政保护条例实施细则
互联网视听节目服务管理规定
国家互联网络域名管理办法
电子信息产业统计工作管理办法【废止】
中华人民共和国信息产业部令
中华人民共和国无线电频率划分规定
公用电信网间互联管理规定
互联网上网服务营业场所管理办法【已废止】
电信网码号资源管理暂行办法【废止】
乳制品加工行业准入条件
民用爆炸物品生产许可实施办法
民用爆炸物品销售许可实施办法
民用爆炸物品安全生产许可实施办法
空间物体登记管理办法
（资料来源：www. miit. gov. cn）

中华人民共和国国家发展和改革委员会价格监督检查司

一、处级机构

综合处，法制工作处，监督指导处，价格检查处，收费检查处，反价格垄断和市场监管处。

二、具体职责

1. 指导全国价格监督检查工作，制定价格监督检查方针、政策、任务、工作计划及实施意见。

2. 监督检查价格改革方案和价格调控管理政策措施的贯彻落实情况，提出加强和改进价格调控管理的建议。

3. 组织实施全国性商品价格、服务价格、国家机关收费、事业性收费监督检查，明确实施检查的法律法规依据和政策界限，协调解决检查中出现的政策问题。

4. 查处中央各部门、省级人民政府及部门、中央企事业单位、社会组织的价格、收费违法案件；协调处理省际间的价格、收费违法案件，查处重大价格、收费违法案件。

5. 负责反价格垄断执法工作，调查、认定和处理重大的价格垄断行为和案件。

6. 组织开展市场价格行为监管工作，调查、认定和处理重大的不正当价格行为和案件；负责市场价格异常波动监督检查应急工作。

7. 起草有关价格监督检查法规草案和规章，依法界定各类价格违法行为、价格垄断行为。

8. 受理不服省级政府价格主管部门行政处罚的复议案件和申诉案件。

9. 指导全国价格社会监督、公共服务、信用建设和价格举报工作。

10. 指导全国价格监督检查干部队伍的业务建设。

11. 承办领导交办的其他事项。

三、政策法规

反价格垄断行政执法程序规定

反价格垄断规定

关于开展环渤海动力煤价格指数试运行工作的通知

对2009年脱硫设施非正常运行的山西忻州广宇煤电有限公司等8家单位进行处理的公告

关于规范酒店客房市场价格的意见

关于开展教育收费专项检查的通知
关于开展粮食最低收购价格检查的通知
关于重新发布中央管理的证券监管部门行政事业性收费标准的通知
关于加强农产品市场监管维护正常市场秩序的紧急通知
关于民航国内航线头等舱、公务舱票价有关问题的通知
关于立即组织开展全国电力价格大检查的通知
关于开展涉税财物价格认定工作的指导意见
关于治理规范经营服务性收费的通知
关于开展治理和规范涉企收费工作的通知
关于印发行政事业性收费统计报告制度的通知
关于强制性产品认证计费人日数及有关问题的通知
关于简化移动电话拨打长途电话资费的通知
关于调整固定本地电话等业务资费管理方式的通知
关于印发改革药品和医疗服务价格形成机制的意见的通知
关于严厉打击注射甲流疫苗乱收费行为的紧急通知
第二届价格违法行为典型案例研讨会在黑龙江省牡丹江市圆满结束
福建省漳州市物价局积极开展规范行政自由裁量权工作
部分涉农收费政策摘编
医疗机构实行价格公示的规定
教育收费公示制度
关于实行涉农价格和收费公示制度的通知
关于标价方式监制问题的答复
广告服务明码标价规定
家用电器维修服务明码标价规定
物业服务收费明码标价规定
电信服务明码标价规定
价格违法案件举报奖励办法
价格违法行为举报规定
关于贯彻实施《价格违法行为行政处罚规定》有关问题的通知
价格行政处罚过错责任追究试行办法
关于《禁止价格欺诈行为的规定》有关条款解释意见的通知
价格监督检查案卷管理规定
价格监督检查案卷评查规定和价格监督检查文书评分标准
价格违法行为行政处罚实施办法
价格监督检查提醒告诫办法
关于制止低价倾销行为的规定
价格行政处罚程序规定
关于商品和服务实行明码标价的规定
国家发展改革委关于查处“违反公平、自愿原则，强迫交易对方接受高价”行为有关问题的通知
价格监督检查基层工作联系制度（修订）
哈尔滨市物价局等部门制定《商业零售企业促销行为规范》（试行）
浙江省《商业零售促销商品明码标价规定（试行）》

山东省物价局关于构成哄抬价格行为涨价幅度界定问题的意见
中华人民共和国价格法
中华人民共和国行政处罚法
价格违法行为行政处罚规定
禁止价格欺诈行为的规定
责令价格违法经营者停业整顿的规定
价格主管部门公告价格违法行为的规定
关于印发《物业服务收费明码标价规定》的通知（发改价检［2004］1428 号）
（资料来源：www. ndrc. gov. cn）

中华人民共和国国务院反垄断委员会

一、主要职责

根据《反垄断法》的有关规定，国务院设立反垄断委员会，负责组织、协调、指导反垄断工作，目的在于保证反垄断执法的统一性、公正性和权威性。国务院反垄断委员会依法履行以下职责：

研究拟定有关竞争政策。竞争政策是市场经济国家为保护和促进市场竞争而实施的经济政策。竞争政策是市场经济国家经济政策的核心，其他的经济政策如产业政策、劳动就业政策等，均围绕竞争政策研究制定，或作为其补充。《反垄断法》是法律化的竞争政策。《反垄断法》实施的一个重要特点是，仅依据《反垄断法》本身规定往往不能达到立法的目的，结合相关竞争政策权衡考虑是执法通例。因此，需要由国务院反垄断委员会作为统一组织、协调、指导全国反垄断工作的机构，更多地从宏观角度出发，综合分析经济发展状况及市场结构，拟定相关的竞争政策，以适应《反垄断法》执法的需要。

组织调查、评估市场总体竞争状况，并发布评估报告。《反垄断法》防止垄断行为的目的在于维护市场竞争，保障竞争机制正常发挥作用。市场总体竞争状况如何，既关系到《反垄断法》的执法功效，也关系到执法力度。因此，调查、评估市场总体竞争状况，并发布评估报告，就成了为反垄断执法工作提供的不可缺少的参考和依据。很多国家的《反垄断法》中都作了类似的规定。

制定、发布反垄断指南。反垄断执法工作是一项专业性很强的工作，对经营者的市场行为是否排除、限制竞争，构成垄断行为，仅靠《反垄断法》这样一个基本框架、系列原则规定，往往是不够的。在很多情况下，《反垄断法》本身也规定，需要根据实际的市场竞争状况来判断一项行为是否构成垄断，而这种判断又往往离不开经济学上的分析方法。制定、发布反垄断指南，有利于反垄断执法机构正确、合理操作，也有利于经营者正当实施市场行为避免进入反垄断禁地。例如，帮助反垄断执法机构判断在什么情况下已构成垄断协议的行为可以得到豁免，在什么情况下经营者集中不必担心申请许可问题或必须考虑这一问题等。

协调反垄断行政执法工作。《反垄断法》授权国务院规定具体的反垄断执法机构。根据国务院规定，应由国家工商行政管理总局、国家发展和改革委员会、商务部三部门按职责分工负责反垄断行政执法工作。既然多部门负责同一部法律的执行，就有可能出现尺度不一的问题，无论是定性，还是量罚方面。为了保证执法的统一性，法律规定了专设国务院反垄断委员会负责有关协调工作。同时，在对重大反垄断案件的处理上，当有关部门之间发生重大分歧，需要协调、解决方能保证执法工作顺利进行时，国务院反垄断委员会就可以发挥重要作用了。

国务院规定的其他职责。除了上述四项职责外，国务院还可以根据《反垄断法》实施中的需要，赋予国务院反垄断委员会其他的职能，发挥其他的功能作用。

二、执 法 机 构

国务院规定，由国家工商行政管理总局、国家发展和改革委员会、商务部负责《反垄断法》的具体执法工作，即这三个部门同属于国务院反垄断执法机构。

（一）国家工商行政管理总局

国务院规定国家工商行政管理总局的主要职责之一是：负责垄断协议、滥用市场支配地位、滥用行政权力排除限制竞争方面的反垄断执法工作（价格垄断行为除外）。同时，“三定”方案规定国家工商行政管理总局内设反垄断与反不正当竞争执法局，具体负责“拟订有关反垄断、反不正当竞争的具体措施、办法；承担有关《反垄断法》执法工作；查处市场中的不正当竞争、商业贿赂、走私贩私及其他经济违法案件，督查督办大案要案和典型案件。”据此，国家工商行政管理总局将负责：除价格卡特尔（即价格垄断协议）之外的大部分垄断协议的禁止和查处工作，除价格垄断行为之外的大部分滥用市场支配地位行为的禁止和查处工作，滥用行政权力排除限制竞争行为的有关执法工作。

在《反不正当竞争法》修订之前，《反不正当竞争法》中若干禁止垄断行为的规定，如串通投标、公用企业滥用市场支配地位、不正当贱卖、搭售等行为之禁止，在没有被正式删除并与《反垄断法》的规定保持一致前，仍然属于现行有效之规定，凡与《反垄断法》规定不冲突的，仍可作为工商行政管理机关反不正当竞争执法的依据。

（二）国家发展与改革委员会

国务院规定：依法查处价格违法行为和价格垄断行为属于国家发展和改革委员会的一项职责。按照“三定”方案规定，国家发展和改革委员会内设价格监督检查司，负责依法查处价格垄断行为等工作。

今后可能在执法中需要进一步明确价格垄断行为的内涵和外延。比如，价格卡特尔，即价格垄断协议，即是毫无争议的价格垄断行为。可是，不正当贱卖，即无正当理由以低于成本价格销售产品，其行为本身涉及价格，是否属于价格垄断行为？在《反垄断法》颁布实施之前，它是被列入不正当竞争行为的。再如，串通投标，涉及抬高标价和压低标价及投标者和招标者相互勾结问题，是垄断协议的一种，但其是否属于价格垄断行为呢？根据《反不正当竞争法》的规定，应属于工商行政管理部门规制的范围。

（三）商务部

国务院规定：依法对经营者集中行为进行反垄断审查，指导企业在国外的反垄断应诉工作，开展多、双边竞争政策交流与合作，是商务部的一项重要职责。根据“三定”方案，商务部内设反垄断局，具体负责以上职能工作。

除了以上三个国务院的反垄断执法机构外，《反垄断法》还作了授权规定。《反垄断法》第十条第二款规定：国务院反垄断执法机构根据工作需要，可以授权省、自治区、直辖市人民政府相应的机构，依照本法规定负责反垄断执法工作。可以认为，这是关于地方反垄断执法机构的规定。地方反垄断执法机构的产生具有以下三个特点或条件。

第一，经国务院反垄断执法机构授权。授权可由国务院反垄断执法机构直接行使，无需再得到授权，只要工作需要即可。

第二，授权限于省一级的机构。今后产生的地方反垄断执法机构只能产生于省、自治区、直辖市这一层次。

第三，授权只能在相应机构内进行。即国家工商行政管理总局授权省级工商行政管理局、国家发展和改革委员会授权省级发展和改革委员会、商务部授权省级商务局（厅）。

三、重要法规

国务院反垄断委员会关于相关市场界定的指南

第一章　总　　则

第一条　指南的目的和依据

为了给相关市场界定提供指导，提高国务院反垄断执法机构执法工作的透明度，根据《中华人民共和国反垄断法》（以下称《反垄断法》），制定本指南。

第二条　界定相关市场的作用

任何竞争行为（包括具有或可能具有排除、限制竞争效果的行为）均发生在一定的市场范围内。界定相关市场就是明确经营者竞争的市场范围。在禁止经营者达成垄断协议、禁止经营者滥用市场支配地位、控制具有或者可能具有排除、限制竞争效果的经营者集中等反垄断执法工作中，均可能涉及相关市场的界定问题。

科学合理地界定相关市场，对识别竞争者和潜在竞争者、判定经营者市场份额和市场集中度、认定经营者的市场地位、分析经营者的行为对市场竞争的影响、判断经营者行为是否违法以及在违法情况下需承担的法律责任等关键问题，具有重要的作用。因此，相关市场的界定通常是对竞争行为进行分析的起点，是反垄断执法工作的重要步骤。

第三条　相关市场的含义

相关市场是指经营者在一定时期内就特定商品或者服务（以下统称商品）进行竞争的商品范围和地域范围。在反垄断执法实践中，通常需要界定相关商品市场和相关地域市场。

相关商品市场，是根据商品的特性、用途及价格等因素，由需求者认为具有较为紧密替代关系的一组或一类商品所构成的市场。这些商品表现出较强的竞争关系，在反垄断执法中可以作为经营者进行竞争的商品范围。

相关地域市场，是指需求者获取具有较为紧密替代关系的商品的地理区域。这些地域表现出较强的竞争关系，在反垄断执法中可以作为经营者进行竞争的地域范围。

当生产周期、使用期限、季节性、流行时尚性或知识产权保护期限等已构成商品不可忽视的特征时，界定相关市场还应考虑时间性。

在技术贸易、许可协议等涉及知识产权的反垄断执法工作中，可能还需要界定相关技术市场，考虑知识产权、创新等因素的影响。

第二章　界定相关市场的基本依据

第四条　替代性分析

在反垄断执法实践中，相关市场范围的大小主要取决于商品（地域）的可替代程度。

在市场竞争中对经营者行为构成直接和有效竞争约束的，是市场里存在需求者认为具有较强替代关系的商品或能够提供这些商品的地域，因此，界定相关市场主要从需求者角度进行需求替代分析。当供给替代对经营者行为产生的竞争约束类似于需求替代时，也应考虑供给替代。

第五条　需求替代

需求替代是根据需求者对商品功能用途的需求、质量的认可、价格的接受以及获取的难易程度等因素，从需求者的角度确定不同商品之间的替代程度。

原则上，从需求者角度来看，商品之间的替代程度越高，竞争关系就越强，就越可能属于同一相关市场。

第六条　供给替代

供给替代是根据其他经营者改造生产设施的投入、承担的风险、进入目标市场的时间等因素，从经营者的角度确定不同商品之间的替代程度。

原则上，其他经营者生产设施改造的投入越少，承担的额外风险越小，提供紧密替代商品越迅速，则供给替代程度就越高，界定相关市场尤其在识别相关市场参与者时就应考虑供给替代。

第三章　界定相关市场的一般方法

第七条　界定相关市场的方法概述

界定相关市场的方法不是唯一的。在反垄断执法实践中，根据实际情况，可能使用不同的方法。界定相关市场时，可以基于商品的特征、用途、价格等因素进行需求替代分析，必要时进行供给替代分析。在经营者竞争的市场范围不够清晰或不易确定时，可以按照“假定垄断者测试”的分析思路（具体见第十条）来界定相关市场。

反垄断执法机构鼓励经营者根据案件具体情况运用客观、真实的数据，借助经济学分析方法来界定相关市场。

无论采用何种方法界定相关市场，都要始终把握商品满足消费者需求的基本属性，并以此作为对相关市场界定中出现明显偏差时进行校正的依据。

第八条　界定相关商品市场考虑的主要因素

从需求替代角度界定相关商品市场，可以考虑的因素包括但不限于以下各方面：

（一）需求者因商品价格或其他竞争因素变化，转向或考虑转向购买其他商品的证据。

（二）商品的外形、特性、质量和技术特点等总体特征和用途。商品可能在特征上表现出某些差异，但需求者仍可以基于商品相同或相似的用途将其视为紧密替代品。

（三）商品之间的价格差异。通常情况下，替代性较强的商品价格比较接近，而且在价格变化时表现出同向变化趋势。在分析价格时，应排除与竞争无关的因素引起价格变化的情况。

（四）商品的销售渠道。销售渠道不同的商品面对的需求者可能不同，相互之间难以构成竞争关系，则成为相关商品的可能性较小。

（五）其他重要因素。如，需求者偏好或需求者对商品的依赖程度；可能阻碍大量需求者转向某些紧密替代商品的障碍、风险和成本；是否存在区别定价等。

从供给角度界定相关商品市场，一般考虑的因素包括：其他经营者对商品价格等竞争因素的变化做出反应的证据；其他经营者的生产流程和工艺，转产的难易程度，转产需要的时间，转产的额外费用和风险，转产后所提供商品的市场竞争力、营销渠道等。

任何因素在界定相关商品市场时的作用都不是绝对的，可以根据案件的不同情况有所侧重。

第九条　界定相关地域市场考虑的主要因素

从需求替代角度界定相关地域市场，可以考虑的因素包括但不限于以下各方面：

（一）需求者因商品价格或其他竞争因素变化，转向或考虑转向其他地域购买商品的证据。

（二）商品的运输成本和运输特征。相对于商品价格来说，运输成本越高，相关地域市场的范围越小，如水泥等商品；商品的运输特征也决定了商品的销售地域，如需要管道运输的工业气体等商品。

（三）多数需求者选择商品的实际区域和主要经营者商品的销售分布。

（四）地域间的贸易壁垒，包括关税、地方性法规、环保因素、技术因素等。如关税相对商品的价格来说比较高时，则相关地域市场很可能是一个区域性市场。

（五）其他重要因素。如，特定区域需求者偏好；商品运进和运出该地域的数量。

从供给角度界定相关地域市场时，一般考虑的因素包括：其他地域的经营者对商品价格等竞争因素的变化做出反应的证据；其他地域的经营者供应或销售相关商品的即时性和可行性，如将订单转向其他地域经营者的转换成本等。

第四章　关于假定垄断者测试分析思路的说明

第十条　假定垄断者测试的基本思路

假定垄断者测试是界定相关市场的一种分析思路，可以帮助解决相关市场界定中可能出现的不确定性，目前为各国和地区制定反垄断指南时普遍采用。依据这种思路，人们可以借助经济学工具分析所获取的相关数据，确定假定垄断者可以将价格维持在高于竞争价格水平的最小商品集合和地域范围，从而界定相关市场。

假定垄断者测试一般先界定相关商品市场。首先从反垄断审查关注的经营者提供的商品（目标商品）开始考虑，假设该经营者是以利润最大化为经营目标的垄断者（假定垄断者），那么要分析的问题是，在其他商品的销售条件保持不变的情况下，假定垄断者能否持久地（一般为1年）小幅（一般为5%～10%）提高目标商品的价格。目标商品涨价会导致需求者转向购买具有紧密替代关系的其他商品，从而引起假定垄断者销售量下降。如果目标商品涨价后，即使假定垄断者销售量下降，但其仍然有利可图，则目标商品就构成相关商品市场。

如果涨价引起需求者转向具有紧密替代关系的其他商品，使假定垄断者的涨价行为无利可图，则需要把该替代商品增加到相关商品市场中，该替代商品与目标商品形成商品集合。接下来分析如果该商品集合涨价，假定垄断者是否仍有利可图。如果答案是肯定的，那么该商品集合就构成相关商品市场；否则还需要继续进行上述分析过程。

随着商品集合越来越大，集合内商品与集合外商品的替代性越来越小，最终会出现某一商品集合，假定垄断者可以通过涨价实现盈利，由此便界定出相关商品市场。

界定相关地域市场与界定相关商品市场的思路相同。首先从反垄断审查关注的经营者经营活动的地域（目标地域）开始，要分析的问题是，在其他地域的销售条件不变的情况下，假定垄断者对目标地域内的相关商品进行持久（一般为1年）小幅涨价（一般为5%～10%）是否有利可图。如果答案是肯定的，目标地域就构成相关地域市场；如果其他地域市场的强烈替代使得涨价无利可图，就需要扩大地域范围，直到涨价最终有利可图，该地域就是相关地域市场。

第十一条　假定垄断者测试的几个实际问题

原则上，在使用假定垄断者测试界定相关市场时，选取的基准价格应为充分竞争的当前市场价格。但在滥用市场支配地位、共谋行为和已经存在共谋行为的经营者集中案件中，当前价格明显偏离竞争价格，选择当前价格作为基准价格会使相关市场界定的结果不合理。在此情况下，应该对当前价格进行调整，使用更具有竞争性的价格。

此外，一般情况下，价格上涨幅度为5%～10%，但在执法实践中，可以根据案件涉及行业的不同情况，对价格小幅上涨的幅度进行分析确定。

在经营者小幅提价时，并不是所有需求者（或地域）的替代反应都是相同的。在替代反应不同的情况下，可以对不同需求者群体（或地域）进行不同幅度的测试。此时，相关市场界定还需要考虑需求者群体和特定地域的情况。

（资料来源：www.gov.cn）

中华人民共和国环境保护部

一、环境保护部职责

1. 负责建立健全环境保护基本制度。拟订并组织实施国家环境保护政策、规划，起草法律法规草案，制定部门规章。组织编制环境功能区划，组织制定各类环境保护标准、基准和技术规范，组织拟订并监督实施重点区域、流域污染防治规划和饮用水水源地环境保护规划，按国家要求会同有关部门拟订重点海域污染防治规划，参与制定国家主体功能区划。

2. 负责重大环境问题的统筹协调和监督管理。牵头协调重特大环境污染事故和生态破坏事件的调查处理，指导协调地方政府重特大突发环境事件的应急、预警工作，协调解决有关跨区域环境污染纠纷，统筹协调国家重点流域、区域、海域污染防治工作，指导、协调和监督海洋环境保护工作。

3. 承担落实国家减排目标的责任。组织制定主要污染物排放总量控制和排污许可证制度并监督实施，提出实施总量控制的污染物名称和控制指标，督查、督办、核查各地污染物减排任务完成情况，实施环境保护目标责任制、总量减排考核并公布考核结果。

4. 负责提出环境保护领域固定资产投资规模和方向、国家财政性资金安排的意见，按国务院规定权限，审批、核准国家规划内和年度计划规模内固定资产投资项目，并配合有关部门做好组织实施和监督工作。参与指导和推动循环经济和环保产业发展，参与应对气候变化工作。

5. 承担从源头上预防、控制环境污染和环境破坏的责任。受国务院委托对重大经济和技术政策、发展规划以及重大经济开发计划进行环境影响评价，对涉及环境保护的法律法规草案提出有关环境影响方面的意见，按国家规定审批重大开发建设区域、项目环境影响评价文件。

6. 负责环境污染防治的监督管理。制定水体、大气、土壤、噪声、光、恶臭、固体废物、化学品、机动车等的污染防治管理制度并组织实施，会同有关部门监督管理饮用水水源地环境保护工作，组织指导城镇和农村的环境综合整治工作。

7. 指导、协调、监督生态保护工作。拟订生态保护规划，组织评估生态环境质量状况，监督对生态环境有影响的自然资源开发利用活动、重要生态环境建设和生态破坏恢复工作。指导、协调、监督各种类型的自然保护区、风景名胜区、森林公园的环境保护工作，协调和监督野生动植物保护、湿地环境保护、荒漠化防治工作。协调指导农村生态环境保护，监督生物技术环境安全，牵头生物物种（含遗传资源）工作，组织协调生物多样性保护。

8. 负责核安全和辐射安全的监督管理。拟订有关政策、规划、标准，参与核事故应急处理，负责辐射环境事故应急处理工作。监督管理核设施安全、放射源安全，监督管理核设施、核技术应用、电磁辐射、伴有放射性矿产资源开发利用中的污染防治。对核材料的管制和民用核安全设备的设计、制造、安装和无损检验活动实施监督管理。

9. 负责环境监测和信息发布。制定环境监测制度和规范，组织实施环境质量监测和污染源监督性监测。组织对环境质量状况进行调查评估、预测预警，组织建设和管理国家环境监测网和全国环境信息网，建立和实行环境质量公告制度，统一发布国家环境综合性报告和重大环境信息。

10. 开展环境保护科技工作，组织环境保护重大科学研究和技术工程示范，推动环境技术管理体系建设。

11. 开展环境保护国际合作交流，研究提出国际环境合作中有关问题的建议，组织协调有关环境保护国际条约的履约工作，参与处理涉外环境保护事务。

12. 组织、指导和协调环境保护宣传教育工作，制定并组织实施环境保护宣传教育纲要，开展生态文明建设和环境友好型社会建设的有关宣传教育工作，推动社会公众和社会组织参与环境保护。

13. 承办国务院交办的其他事项。

二、下设机关司局

办公厅；规划财务司；政策法规司；行政体制与人事司；科技标准司；污染物排放总量控制司；环境影响评价司；环境监测司；污染防治司；自然生态保护司；核安全管理司；环境监察局；国际合作司；宣传教育司；直属机关党委；驻部纪检组监察局。

三、环境保护部令

关于废止、修改部分环保部门规章和规范性文件的决定
关于公布继续有效的国家环保部门规范性文件目录的公告
关于公布现行有效的国家环保部门规章目录的公告
环保举报热线工作管理办法
环境行政执法后督察办法
废弃电器电子产品处理资格许可管理办法
关于征求《环保部门规章清理处理方案（征求意见稿）》等文件意见的函
关于印发《突发环境事件应急预案管理暂行办法》的通知
放射性物品运输安全许可管理办法
关于废弃钻井液经分离筛分离是否属于《国家危险废物名录》中“废弃钻井液处理”的复函
关于拆迁活动是否纳入建设项目环境影响评价管理问题的复函
关于表彰中国环境宏观战略研究工作先进集体和先进个人的决定
关于举办全国环保系统法制宣传暨廉政建设书画摄影作品比赛的通知
关于推进再制造产业发展的意见
关于举办环境污染责任保险培训班的通知
关于 2010 年全国节能宣传周活动安排意见的通知
关于实行强制性环境信息公开的企业范围有关问题的复函
关于组织开展城市餐厨废弃物资源化利用和无害化处理试点工作的通知
关于《建设项目环境影响评价分类管理名录》U 类第 15 项规定有关问题的复函
关于征求《放射性同位素与射线装置安全和防护管理办法（征求意见稿）》意见的函
当前国家鼓励发展的环保产业设备（产品）目录（2010 年版）
进出口环保用微生物菌剂环境安全管理办法
关于举办环境污染责任保险培训班的通知

地方环境质量标准和污染物排放标准备案管理办法

环境行政处罚办法

新化学物质环境管理办法

关于印发《环境风险评估技术指南——氯碱企业环境风险等级划分方法》的通知

进出口环保用微生物菌剂环境安全管理办法

地方环境质量标准和污染物排放标准备案管理办法

环境行政处罚办法

新化学物质环境管理办法

限期治理管理办法（试行）

建设项目环境影响评价文件分级审批规定

环境行政复议办法

关于修改《放射性同位素与射线装置安全许可管理办法》的决定

建设项目环境影响评价分类管理名录

国家危险废物名录

危险废物出口核准管理办法

进口民用核安全设备监督管理规定（HAF604）

民用核安全设备焊工焊接操作工资格管理规定（HAF603）

民用核安全设备无损检验人员资格管理规定（HAF602）

民用核安全设备设计制造安装和无损检验监督管理规定（HAF601）

排污费征收工作稽查办法

关于废止、修改部分规章和规范性文件的决定

环境监测管理办法

环境信息公开办法（试行）

环境统计管理办法

国家级自然保护区监督检查办法

环境信访办法

关于废止、修改部分规章和规范性文件的决定

病原微生物实验室生物安全环境管理办法

环境保护违法违纪行为处分暂行规定

放射性同位素与射线装置安全许可管理办法

建设项目环境影响评价行为准则与廉政规定

国家环境保护总局建设项目环境影响评价文件审批程序规定

污染源自动监控管理办法

废弃危险化学品污染环境防治办法

建设项目环境影响评价资质管理办法

环境保护法规制定程序办法

地方环境质量标准和污染物排放标准备案管理办法（自 2010 年 3 月 1 日起废止）

环境污染治理设施运营资质许可管理办法

环境保护行政许可听证暂行办法

医疗废物管理行政处罚办法

全国环保系统六项禁令

《环境保护行政处罚办法》修正案（自 2010 年 3 月 1 日起废止）

专项规划环境影响报告书审查办法

新化学物质环境管理办法（自 2010 年 10 月 15 日起废止）
环境影响评价审查专家库管理办法
建设项目竣工环境保护验收管理办法
国家环境保护总局决定废止的部分环境保护部门规章和规范性文件目录
淮河和太湖流域排放重点水污染物许可证管理办法（试行）
畜禽养殖污染防治管理办法
近岸海域环境功能区管理办法
环境保护行政处罚办法（自 2010 年 3 月 1 日起废止）
环境保护部门规章和规范性文件修正案
危险废物转移联单管理办法
国家重点环境保护实用技术推广管理办法
环境标准管理办法
环境保护法规解释管理办法
电磁辐射环境保护管理办法
环境监理人员行为规范
环境保护档案管理办法
防治尾矿污染环境管理规定
排放污染物申报登记管理规定
环境监理执法标志管理办法
国家环境保护局环境保护科学技术研究成果管理办法
（资料来源：www. zhb. gov. cn）

中华人民共和国人力资源和社会保障部

根据第十一届全国人民代表大会第一次会议批准的国务院机构改革方案和《国务院关于机构设置的通知》（国发［2008］11 号），设立人力资源和社会保障部，为国务院组成部门。

一、职责调整

（一）划入的职责

将原人事部、原劳动和社会保障部的职责整合，划入人力资源和社会保障部。

（二）取消的职责

1. 已由国务院公布取消的行政审批事项。
2. 制定技工学校年度指导性招生计划。
3. 综合协调外商投资企业劳动工资政策。
4. 制定企业惩处职工的基本准则。

（三）划出移交的职责

1. 将制定中国公民出境就业管理政策，境外就业职业介绍机构资格认定、审批和监督检查等职责划给商务部。

2. 将国际职员服务性工作交给事业单位。

3. 将技工学校评估认定工作交给社会中介组织。

（四）加强的职责

1. 加强统筹机关企事业单位人员管理职责，完善劳动收入分配制度，充分发挥人力资源优势。

2. 加强统筹城乡就业和社会保障政策职责，建立健全从就业到养老的服务和保障体系。

3. 加强统筹人才市场与劳动力市场整合职责，加快建立统一规范的人力资源市场，促进人力资源合理流动、有效配置。

4. 加强统筹机关企事业单位基本养老保险职责，逐步提高基金统筹层次，推进基本养老保险制度改革。

5. 加强促进就业职责，健全公共就业服务体系，建立城乡劳动者平等就业制度，促进社会就业更加充分。

6. 加强组织实施劳动监察和协调农民工工作职责，切实维护劳动者合法权益。

二、主要职责

1. 拟订人力资源和社会保障事业发展规划、政策，起草人力资源和社会保障法律法规草案，制定部门规章，并组织实施和监督检查。

2. 拟订人力资源市场发展规划和人力资源流动政策，建立统一规范的人力资源市场，促进人力资源合理流动、有效配置。

3. 负责促进就业工作，拟订统筹城乡的就业发展规划和政策，完善公共就业服务体系，拟订就业援助制度，完善职业资格制度，统筹建立面向城乡劳动者的职业培训制度，牵头拟订高校毕业生就业政策，会同有关部门拟订高技能人才、农村实用人才培养和激励政策。

4. 统筹建立覆盖城乡的社会保障体系。统筹拟定城乡社会保险及其补充保险政策和标准，组织拟订全国统一的社会保险关系转续办法和基础养老金全国统筹办法，统筹拟订机关企事业单位基本养老保险政策并逐步提高基金统筹层次。会同有关部门拟订社会保险及其补充保险基金管理和监督制度，编制全国社会保险基金预决算草案，参与制定全国社会保障基金投资政策。

5. 负责就业、失业、社会保险基金预测预警和信息引导，拟订应对预案，实施预防、调节和控制，保持就业形势稳定和社会保险基金总体收支平衡。

6. 会同有关部门拟订机关、事业单位人员工资收入分配政策，建立机关企事业单位人员工资正常增长和支付保障机制，拟订机关企事业单位人员福利和离退休政策。

7. 会同有关部门指导事业单位人事制度改革，拟定事业单位人员和机关工勤人员管理政策，参与人才管理工作，制定专业技术人员管理和继续教育政策，牵头推进深化职称制度改革工作，健全博士后管理制度，负责高层次专业技术人才选拔和培养工作，拟订吸引国（境）外专家、留学人员来华（回国）工作或定居政策。

8. 会同有关部门拟定军队转业干部安置政策和安置计划，负责军队转业干部教育培训工作，组织拟订部分企业军队转业干部解困和稳定政策，负责自主择业军队转业干部管理服务工作。

9. 负责行政机关公务员综合管理，拟订有关人员调配政策和特殊人员安置政策，会同有关部门拟定国家荣誉制度和政府奖励制度。

10. 会同有关部门拟订农民工工作综合性政策和规划，推动农民工相关政策的落实，协调解决重点难点问题，维护农民工合法权益。

11. 统筹拟订劳动、人事争议调节仲裁制度和劳动关系政策，完善劳动关系协调机制，制定消除非法使用童工政策和女工、未成年工的特殊劳动保护政策，组织实施劳动监察，协调劳动者维权工作，依法查处重大案件。

12. 负责本部和国家公务员局国际交流与合作工作，制定派往国际组织职员管理制度。

13. 承办国务院交办的其他事项。

三、内 设 机 构

根据上述职责，人力资源和社会保障部设23个内设机构。

（一）办公厅

负责机关文电、会务、机要、档案、财务、政务公开、安全保密和信访工作。

（二）政策研究司

组织、开展人力资源和社会保障政策研究工作；承担重要文稿起草工作；协调专家咨询工作；承担人力资源和社会保障新闻发布等工作。

（三）法规司

起草相关法律法规草案和规章；承担机关有关规范性文件的合法性审核工作；承办相关行政复议和行政应诉工作。

（四）规划财务司

拟订人力资源和社会保障事业发展规划和年度计划；承担编制全国社会保险基金预决算草案工作；参与拟订社会保障资金（基金）财务管理制度；承担部属单位国有资产管理和审计工作；承担有关信息规划和统计管理工作；承担有关科技项目和国际援贷款项目管理工作。

（五）就业促进司

拟订就业规划和年度计划，拟订劳动者平等就业、农村劳动力转移就业和跨地区有序流动政策，健全公共就业服务体系；指导和规范公共就业服务信息管理；参与拟订专项就业资金使用管理办法；牵头拟订高校毕业生就业政策；拟订就业援助和特殊群体就业政策；拟订国（境）外人员（不含专家）入境就业管理政策。

（六）人力资源市场司

拟订人力资源市场发展政策和规划；拟订国（境）外人力资源服务机构市场准入管理制度；指导和监督对职业中介机构的管理；拟订人员调配政策，承办国家特殊需要人员的调配工作；按规定承办中央国家机关及其在京有关单位接收大中专毕业生、从京外调配人员事宜。

（七）军官转业安置司（国务院军队转业干部安置工作小组办公室）

拟订军队转业干部安置、培训政策和安置计划，完善培训和安置制度，承担中央国家机关及其在京有关单位安置、选调和培训工作；组织拟订部分企业军队转业干部解困和稳定政策；承担自主择业军队转业干部管理服务工作；承担国务院军队转业干部安置工作小组的具体工作。

（八）职业能力建设司

拟订城乡劳动者职业培训政策、规划；拟订高技能人才、农村使用人才培养和激励政策；在国家教育工作方针政策指导下，拟订技工学校及职业培训机构发展规划和管理规则，指导师资队伍和教材建设；完善职业技能资格制度；组织拟订职业分类、职业技能国家标准和行业标准。

（九）专业技术人员管理司

拟订专业技术人员管理和继续教育政策；承办深化职称制度改革事宜；健全博士后管理制度；承担高层次专业技术人才规划和培养工作，承担组织享受政府特殊津贴专家的选拔工作；拟订吸引国（境）外专家、留学人员来华（回国）工作或定居政策；拟订国（境）外机构在国内招聘专业技术骨干人才管理政策。

（十）事业单位人事管理司

指导事业单位人事制度改革和人事管理工作；拟订事业单位人员和机关工勤人员管理政策；按照管理权限，承办事业单位专业技术岗位设置方案的核准或备案事宜；拟订事业单位招聘国（境）外人员（不含专家）政策。

（十一）农民工工作司

拟订农民工工作综合性政策和规划，维护农民工合法权益；推动农民工相关政策的落实，协调解决重点难点问题；协调处理涉及农民工的重大事件；指导、协调农民工工作信息建设。

（十二）劳动关系司

拟订劳动关系政策；拟订劳动合同和集体合同制度实施规范；拟订企业职工工资收入分配的宏观调控政策，指导和监督国有企业工资总额管理和企业负责人工资收入分配；完善企业职工离退休政策；指导劳动标准制定工作；拟订消除非法使用童工政策和女工、未成年工的特殊劳动保护政策。

（十三）工资福利司

拟订机关、事业单位工作人员工资收入分配、福利和离退休政策，牵头拟订驻外使领馆工作人员、驻港澳地区内派人员和机关事业单位驻外非外交人员工资政策；承担中央国家机关所属事业单位工资总额管理工作。

（十四）养老保险司

统筹拟订机关企事业单位基本养老保险及其补充养老保险政策，逐步提高基金统筹层次；拟订城镇居民养老保险政策、规划和标准；拟订养老保险基金管理办法；拟订养老保险基金预测预警制度；审核省级基本养老保险费率。

（十五）失业保险司

拟订失业保险政策、规划和标准；拟订失业保险基金管理办法；建立失业预警制度，拟订预防、调节和控制较大规模失业的政策；拟订经济结构调整中涉及职工安置权益保障的政策。

（十六）医疗保险司

统筹拟订医疗保险、生育保险政策、规划和标准；拟订医疗保险、生育保险基金管理办法；组织拟订定点医疗机构、药店的医疗保险服务和生育保险服务管理、结算办法及支付范围；拟订疾病、生育停工期间的津贴标准；拟订机关企事业单位补充医疗保险政策和管理办法。

（十七）工伤保险司

拟订工伤保险政策、规划和标准；完善工伤预防、认定和康复政策；组织拟订工伤伤残等级鉴定标准；组织拟订定点医疗机构、药店、康复机构、残疾辅助器具安装机构的资格标准。

（十八）农村社会保险司

拟订农村养老保险和被征地农民社会保障的政策、规划和标准；会同有关方面拟订农村社会保险基金管理办法；拟订征地方案中有关被征地农民社会保障措施的审核办法。

（十九）社会保险基金监督司

拟订社会保险及其补充保险基金监督制度、运营政策和运营机构资格标准；依法监督社会保险及其补充保险基金征缴、支付、管理和运营，并组织查处重大案件；参与拟订全国社会保障基金投资政策。

（二十）调解仲裁管理司

统筹拟订劳动、人事争议调解仲裁制度的实施规范，指导劳动、人事争议调解工作；指导开展劳动、人事争议预防工作；依法组织处理重大劳动、人事争议。

（二十一）劳动监察局

拟订劳动监察工作制度；组织实施劳动监察，依法查处和督办重大案件；指导地方开展劳动监察工作；协调劳动者维权工作，组织处理有关突发事件；承担其他人力资源和社会保障监督检查工作。

（二十二）国际合作司（港澳台办公室）

承办本部和国家公务员局国际交流合作工作；承办本部和国家公务员局与港澳台交流合作事宜；组织参加有关国际组织的活动；承担人力资源和社会保障领域多边协议谈判工作；拟订派往国际组织职员管理制度。

（二十三）人事司

承担本部和国家公务员局的人事工作和机构编制工作；承办中央管理的部分领导人员的行政任免手续。

（二十四）机关党委

负责机关、国家公务员局和在京直属单位的党群工作。

（二十五）离退休干部局

负责机关、国家公务员局离退休干部工作，指导直属单位的离退休干部工作。

四、综合性政策法规

企业职工带薪年休假实施办法
中华人民共和国劳动合同法实施条例
违反土地管理规定行为处分办法
中华人民共和国残疾人保障法
中华人民共和国劳动争议调解仲裁法
国务院关于修改《全国年节及纪念日放假办法》的决定
职工带薪年休假条例
中华人民共和国就业促进法
中华人民共和国劳动合同法
关于印发《中华人民共和国劳动合同法》宣传提纲的通知
中华人民共和国个人所得税法
中华人民共和国行政复议法实施条例
残疾人就业条例
中华人民共和国未成年人保护法
中华人民共和国企业破产法
中华人民共和国义务教育法
关于贯彻落实国务院关于解决农民工问题的若干意见的实施意见
国务院办公厅转发劳动保障部关于做好被征地农民就业培训和社会保障工作指导意见的通知
国务院关于加强和改进社区服务工作的意见
关于贯彻实施《行政许可法》深化劳动保障行政审批制度改革工作的通知
关于进一步加强和改进劳动保障宣传工作的意见
国务院办公厅关于印发2004年振兴东北地区等老工业基地工作要点的通知
关于对部分规范性文件的部分内容停止执行的通知
国务院办公厅关于贯彻落实全面推进依法行政实施纲要的实施意见
国务院关于印发全面推进依法行政实施纲要的通知
关于切实加强艾滋病防治工作的通知
国务院办公厅关于中央企业分离办社会职能试点工作有关问题的通知
关于劳动保障部门加强求真务实作风建设的意见
中华人民共和国民办教育促进法实施条例
关于印发《2004年执法监察工作的安排意见》的通知

关于进一步做好刑满释放、解除劳教人员促进就业和社会保障工作的意见

国务院关于推进资本市场改革开放和稳定发展的若干意见

关于贯彻实施《行政许可法》的意见

中共中央国务院关于进一步加强人才工作的决定

最高人民法院关于审理人身损害赔偿案件适用法律若干问题的解释

中国人民解放军军人配偶随军未就业期间社会保险暂行办法

国务院办公厅关于贯彻实施行政许可法工作安排的通知

最高人民法院关于人民法院审理事业单位人事争议案件若干问题的规定

最高人民法院关于在民事审判工作中适用《中华人民共和国工会法》若干问题的解释

关于贯彻实施《中华人民共和国职业病防治法》有关问题的通知

中华人民共和国民办教育促进法

中华人民共和国保险法（修正）

关于开展社会保险经办机构工作人员业务素质考核工作的通知

中华人民共和国职业病防治法

中华人民共和国工会法

关于职工在机关事业单位与企业之间流动时社会保险关系处理意见的通知

关于转发财政部国家税务总局关于个人与用人单位解除劳动关系取得的一次性补偿收入征免个人所得税问题的通知的通知

关于取得国外永久性居民身份证回国工作人员在国内工作期间有关社会保险问题的复函

关于个人与用人单位解除劳动关系取得的一次性补偿收入征免个人所得税问题的通知

国务院关于印发减持国有股筹集社会保障资金管理暂行办法的通知

中华人民共和国税收征收管理法

煤矿安全监察条例

中华人民共和国外资企业法（修正）

关于贯彻国务院 8 号文件有关问题的通知

国务院关于切实做好企业离退休人员基本养老金按时足额发放和国有企业下岗职工基本生活保障工作的通知

中华人民共和国立法法

国务院办公厅关于继续做好确保国有企业下岗职工基本生活和企业离退休人员养老金发放工作的通知

关于进一步加强中央直属企业下岗职工基本生活保障和再就业工作的通知

城市居民最低生活保障条例

全国年节及纪念日放假办法

中华人民共和国招标投标法

劳动和社会保障信访工作暂行规定【失效】

关于做好国有企业下岗职工基本生活保障失业保险和城市居民最低生活保障制度衔接工作的通知

中华人民共和国行政复议法

关于贯彻两个条例扩大社会保障覆盖范围加强基金征缴工作的通知

社会保险登记管理暂行办法

社会保险费申报缴纳管理暂行办法

社会保险费征缴监督检查办法

国务院办公厅关于进一步做好国有企业下岗职工基本生活保障和企业离退休人员养老金发放工作有关问题的通知

社会保险费征缴暂行条例

流动人口计划生育工作管理办法

关于印发《国有企业下岗职工基本生活保障和再就业资金管理暂行办法》的通知

关于严格执行国有企业下岗职工基本生活保障和再就业工作有关政策的通知

中华人民共和国执业医师法

关于认真贯彻落实党中央、国务院《关于切实做好国有企业下岗职工基本生活保障和再就业工作的通知》的通知

关于进一步改善对中小企业金融服务的意见

关于印发《全国职工自学成才奖励条例》的通知

关于切实做好国有企业下岗职工基本生活保障和再就业工作的通知

国务院批转国家计委、国家经贸委、国家体改委关于深化大型企业集团试点工作意见的通知

中华人民共和国合伙企业法

中华人民共和国乡镇企业法

中华人民共和国老年人权益保障法

国务院关于建立企业扭亏增盈工作目标责任制意见的通知

关于印发《劳动部贯彻〈中国妇女发展纲要（1995～2000年）〉实施方案》的通知

中华人民共和国行政处罚法

中华人民共和国保险法【已被修正】

关于印发《现代企业制度试点企业劳动工资社会保险制度改革办法》的通知

中华人民共和国商业银行法

中华人民共和国中国人民银行法

国务院关于在若干城市试行国有企业破产有关问题的通知

中华人民共和国审计法

中华人民共和国仲裁法

中华人民共和国劳动法

关于企业所得税若干优惠政策的通知

关于加强外商投资企业和私营企业劳动管理切实保障职工合法权益的通知【失效】

中华人民共和国公司法

国务院关于印发《国家公务员制度实施方案》的通知

中华人民共和国教师法

中华人民共和国消费者权益保护法

国家公务员暂行条例

关于进一步改进和加强外商投资企业劳动工作的通知【失效】

全民所有制工业企业转换经营机制条例

中华人民共和国妇女权益保障法

中华人民共和国工会法

中华人民共和国未成年人保护法

中华人民共和国民事诉讼法

中华人民共和国残疾人保障法

国务院办公厅转发国家计委等部门关于“农转非”政策管理工作分工意见报告的通知

关于实施《企业思想政治工作人员专业职务试行条例》的若干规定

中央、国务院关于社会保险工作的指示、规定【失效】

中华人民共和国行政诉讼法

军人抚恤优待条例【失效】

中华人民共和国私营企业暂行条例

国务院关于发布《禁止向企业摊派暂行条例》的通知

中华人民共和国中外合作经营企业法

国务院关于发布《全民所有制工业企业承包经营责任制暂行条例》的通知

发布《关于开展大学后继续教育的暂行规定》的通知

关于征收奖金税、工资调节税有关问题的通知

化学危险物品安全管理条例

国务院批转国家经委、审计署、财政部关于制止向企业摊派的情况和意见的通知

中华人民共和国企业破产法（试行）【失效】

中华人民共和国民法通则

国务院、中央军委批转国防科工委等部门关于解决三线艰苦地区国防科技工业离休退休人员安置和职工夫妻长期两地分居问题的报告的通知

国务院关于发布《中华人民共和国中外合资经营企业法实施条例》的通知【已被修正】

国务院关于颁发《国务院关于科技人员合理流动的若干规定》的通知

国务院关于颁发《关于城镇集体所有制经济若干政策问题的暂行规定》的通知

国务院关于颁发《国务院关于城镇劳动者合作经营的若干规定》和《〈国务院关于城镇非农业个体经济若干政策性规定〉的补充规定》的通知

关于印送《企业职工奖惩条例》若干问题的解答意见的通知

中华人民共和国宪法中（第三次修正）

国务院关于发布《企业职工奖惩条例》的通知

中华人民共和国中外合资经营企业法【已被修正】

中华人民共和国劳动保险条例实施细则（修正草案）【部分失效】

中华人民共和国劳动保险条例【部分失效】

（资料来源：www. mohrss. gov. cn）

中华人民共和国商务部反垄断局

一、机 构 设 置

商务部反垄断局下设六个处，分别是：办公室、竞争政策处、商谈处、法律处、经济处、监察执法处。

二、重 要 职 能

1. 起草经营者集中相关法规，拟定配套规章及规范性文件。

2. 依法对经营者集中行为进行反垄断审查；负责受理经营者集中反垄断磋商和申报，并开展相应的反垄断听证、调查和审查工作。

3. 负责受理并调查向反垄断执法机构举报的经营者集中事项，查处违法行为。

4. 负责依法调查对外贸易中的垄断行为，并采取必要措施消除危害。

5. 负责指导我国企业在国外的反垄断应诉工作。

6. 牵头组织多双边协定中的竞争条款磋商和谈判。

7. 负责开展多双边竞争政策国际交流与合作。

8. 承担国务院反垄断委员会的具体工作。

9. 承担部领导交办的其他事项。

三、法 律 法 规

关于实施经营者集中资产或业务剥离的暂行规定

商务部反垄断局关于《经营者集中申报办法》和《经营者集中审查办法》的解读

经营者集中申报办法

经营者集中审查办法

国务院关于经营者集中申报标准的规定

中华人民共和国反垄断法

中华人民共和国招标投标法

中华人民共和国价格法

中华人民共和国反不正当竞争法

制止价格垄断行为暂行规定

国务院关于整顿和规范市场经济秩序的决定

国务院关于禁止在市场经济活动中实行地区封锁的规定

关于禁止公用企业限制竞争行为的若干规定

四、重要法规附录

关于实施经营者集中资产或业务剥离的暂行规定

第一条　为规范经营者集中附加资产或业务剥离限制性条件决定的实施，确保资产或业务剥离的顺利完成，根据《经营者集中审查办法》，制定本规定。

第二条　本规定所称资产或业务剥离是指根据商务部经营者集中审查决定（下称审查决定），负有资产或业务剥离义务的参与集中的经营者（下称剥离义务人）剥离其部分资产或业务及与之有关的行为（下称剥离）。

剥离义务人被剥离的部分资产或业务称为剥离业务。

第三条　剥离义务人应当在审查决定规定的期限内，找到适当的买方并签订出售协议及其他相关协议（下称自行剥离）；如果剥离义务人未能如期完成自行剥离，则由剥离受托人按照审查决定规定的期限和方式找到适当的买方，并达成出售协议及其他相关协议（下称受托剥离）。

剥离义务人应当在出售协议及其他相关协议签订之日起3个月内将剥离业务转移给买方，并完成所有权转移等相关法律程序。根据案件具体情况，经剥离义务人申请并说明理由，商务部可酌情延长业务转移的期限。

第四条　剥离义务人应当根据审查决定的要求委托监督受托人，并在受托剥离阶段委托剥离受托人。

监督受托人是指受剥离义务人委托，负责对业务剥离进行全程监督的自然人、法人或其他组织。

剥离受托人是指在受托剥离阶段，受剥离义务人委托，负责找到适当的买方并达成出售协议及其他相关协议的自然人、法人或其他组织。

剥离义务人应当在商务部做出审查决定之日起 15 日内向商务部提交监督受托人人选，在进入受托剥离阶段 30 日前向商务部提交剥离受托人人选。

第五条　监督受托人和剥离受托人必须是具有从事受托业务的必要资源和能力的自然人、法人或其他组织，并且应独立于参与集中的经营者和剥离业务的买方，与其不存在实质性利害关系。监督受托人和剥离受托人可以是相同的自然人、法人或其他组织。

监督受托人和剥离受托人应当向商务部负责并报告工作。非经商务部同意，剥离义务人不得对监督受托人和剥离受托人发出指示。

第六条　剥离义务人应当与监督受托人和剥离受托人签订书面委托协议，明确双方的职责和义务。

监督受托人应当在自委托协议生效之日起，至业务剥离完成之日止的期间内履行职责；剥离受托人应当在自委托协议生效之日起，至受托剥离阶段结束之日止的期间内履行职责。非经商务部同意，剥离义务人不得解除、变更与监督受托人和剥离受托人的委托协议。

监督受托人和剥离受托人的报酬由剥离义务人支付，报酬数量及其支付方式不得损害监督受托人和剥离受托人履行受托职责的独立性及工作效率。

第七条　监督受托人应当在商务部监督下，本着勤勉、尽职的原则，独立于剥离义务人履行下列职责：

（一）监督剥离义务人履行本规定第十二条规定的义务，并定期向商务部提交监督报告；

（二）对剥离义务人推荐的买方人选、拟签订的出售协议及其他相关协议等进行评估，并向商务部提交评估报告；

（三）监督出售协议及其他相关协议的执行，并定期向商务部提交监督报告；

（四）负责协调剥离义务人与潜在买方就剥离事项产生的争议，并向商务部报告；

（五）应商务部要求提交其他与业务剥离有关的报告。

监督受托人委托协议中应当明确规定监督受托人的上述职责。

剥离义务人应当对监督受托人履行上述职责提供必要的支持和便利，包括向监督受托人提供剥离业务相关当事方的信息，剥离业务的账簿和记录，剥离义务人提供给潜在买方的信息，潜在买方的信息，剥离过程的进展以及监督受托人为履行职责需要的其他信息和支持等。

潜在买方是指符合本规定第九条所规定的标准，并向剥离义务人提出购买剥离业务意愿的经营者。

未经商务部同意，监督受托人不得向剥离义务人披露其在履行职责过程中向商务部提交的各种报告。监督受托人应当保守在履行职责过程中获悉的商业秘密和其他保密信息。

第八条　剥离受托人应当在商务部监督下，按照审查决定规定的期限和方式，找到适当的买方并达成出售协议和其他相关协议。

剥离义务人在委托协议中应当给予剥离受托人独立处理剥离业务的书面授权，并应当为剥离受托人履行职责提供必要的支持和便利。

未经商务部同意，剥离受托人不得向剥离义务人披露其履行职责过程中的信息；剥离受托人应当向商务部定期报告其履行职责的进展情况，并保守在履行职责过程中获悉的商业秘密和其他保密信息。

第九条　剥离业务的买方应当符合下列要求：

（一）独立于参与集中的经营者，与其不存在实质性利害关系；

（二）拥有必要的资源、能力并有意愿维护和发展被剥离业务；

（三）购买剥离业务不会产生排除、限制竞争的问题；

（四）如果购买剥离业务需要其他有关部门的批准，买方应当具备取得其他监管机构批准的必要条件。

第十条　剥离义务人与买方之间签署的任何协议，包括剥离业务出售协议、过渡期协议等，不得含有与审查决定相违背的条款。

第十一条　商务部将根据本规定第五条、第九条、第十条的规定，对剥离义务人提交的监督受托人、剥离受托人、剥离业务买方人选、委托协议和拟签订的剥离业务出售协议及相关协议等进行评估，以确保其符合审查决定的要求。商务部在上述评估过程中所用时间不计入剥离期限之内。

商务部应当对监督受托人和剥离受托人履行职责的情况进行监督和评估。

第十二条　在剥离完成之前，参与集中的经营者应当履行下列义务，以确保剥离业务的价值：

（一）保持剥离业务与其他业务之间相互独立，并以最符合剥离业务利益的方式进行管理；

（二）不得实施任何可能对剥离业务有不利影响的行为，包括聘用被剥离业务的员工，获得剥离业务的商业秘密和其他保密信息等；

（三）指定专门的管理人，负责管理剥离业务并履行第（一）、（二）项规定的义务。管理人在监督受托人的监督下履行职责，其任命和更换应得到监督受托人的同意；

（四）确保潜在买方能够以公平合理的方式获得有关剥离业务的充分信息，使得潜在买方能够评估剥离业务的价值、范围和商业潜力；

（五）根据买方的要求向其提供必要的支持和帮助，确保剥离业务的顺利交接和稳定经营；

（六）向买方及时移交剥离业务并履行相关法律程序。

第十三条　《经营者集中审查办法》第十一条规定的其他限制性条件的实施，可以参照适用本规定中的有关规定。

（资料来源：www. mofcom. gov. cn）

第九部分

中国反垄断与规制经济学研究机构介绍

东北财经大学产业组织与企业组织研究中心

东北财经大学产业组织与企业组织研究中心是教育部人文社会科学重点研究基地。2010 年 5 月，研究中心在全国高校人文社会科学重点研究基地第二次评估中，排名经济类教育部重点研究基地第四名，教育部社科司给出“总体发展态势良好”的积极评价。

研究中心前身为成立于 1993 年的东北财经大学工业经济研究所，首任所长为早年留美学者汪祥春教授。研究中心名誉主任为日本产业经济学家植草益教授，前任主任为产业经济学家于立教授。研究中心现任主任为肖兴志教授。

研究中心立足于“产业经济学”国家重点学科建设，在“产业经济学”、“产业组织学”和“规制经济学”三个专业领域培养博士生，并设有“应用经济学”博士后流动站。为更好建设教育部人文社科重点研究基地，推进产业经济学国家重点学科发展，研究中心与中国工业经济学会签订了学术合作协议。作为协议的一部分，2010 年双方合作启动“产业经济会长论坛”和“产业经济双周论坛”，吕政、王俊豪、张昕竹、林平、曲振涛、陈智琦、李海舰、戚聿东等产业经济学名家陆续来研究中心讲学。2010 年暑期，研究中心联合中国工业经济学会、《经济研究》杂志社成功举办了“2010 年中国产业组织前沿论坛”。与会学者围绕“产业组织理论前沿与中国产业组织政策前瞻”这一主题宣讲论文并展开深入研讨。此次会议对于促进我国产业经济学学科发展和学术研究起到了积极作用，会议研讨成果综述在《经济研究》刊物发表。

浙江财经学院政府管制与公共政策研究中心

本基地以政府管制政策制定、地方财税体制改革、资本市场信息披露制度创新为主要研究内容，为政府制定有关公共政策提供理论支持与实证资料。

基地坚持“以研究推动建设、以建设促进研究”的发展理念，形成了重点突出、特色鲜明、人员配置合理的三个相辅相成的研究方向：（1）政府管制与公共政策研究，研究电信、电力、铁路、民航、邮政和市政公用事业等垄断性产业政府管制的理论与应用问题；（2）地方财税体制与政策研究，研究浙江省财税体制改革与创新的成功经验及其一般规律，以地方政府公共支出管理与政策、公共收入的现状及可持续增长问题为重点，探索如何通过制度创新优化地方公共收支结构；（3）资本市场信息披露制度研究，研究资本市场信息披露的制度体系、市场效应以及信息披露对上市公司经营业绩所造成的实际影响。

基地涵盖我校经济与管理类 5 个省级重点学科，已形成由中青年教授、博士为主体的研究团队、专职研究人员 27 人。近 5 年来，共承担国家级研究项目 13 项，省部级研究项目 51 项；出版学术专著 31 部，在国家重要刊物上发表学术论文 570 余篇；省部级以上奖 12 项。

首都经济贸易大学中国产业经济研究中心

首都经济贸易大学中国产业经济研究中心（CCIE）成立于2001年，汇聚了学校工商管理学院、经济学院众多教授和学者等智力资源。中国产业经济研究中心（CCIE）致力于通过研究中国的产业经济问题，为中国产业经济发展提供智力支持；并致力于促进中国产业经济的研究、人才培养和学术交流，使中国产业经济研究中心（CCIE）成为国内一流的专业性产业发展政策研究机构。

本中心的重点研究领域为：产业经济学前沿理论；中国政府管制和竞争研究；中国反垄断理论和实践研究；基础设施改革和融资研究；中国产业绩效和竞争研究；中国产业组织和产业结构研究。

本中心承担的重要研究项目有：主持国家社会科学基金项目“自然垄断产业改革模式的国际比较研究”，2004年6月至2006年6月；主持国家社会科学基金“十五”规划重点项目“经济运行中的垄断与竞争问题研究”（编号：01AJY006），2002年9月完成；我国基础设施民营化改革的风险控制研究，中国博士后基金，2005~2006年；北京城市基础设施市场化改革的风险控制研究，北京市自然科学基金，2006~2008年。

江西财经大学产业经济研究院（规制与竞争研究中心）

规制与竞争研究中心是江西省普通高校人文社会科学重点研究基地之一，同时也是江西财经大学科研专职研究机构。原前身是产业组织与政府规制研究中心成立于1999年12月，与经济与社会发展研究中心合署办公。2003年4月被批准为江西省高校人文社会科学重点研究基地，独立成为产业组织与政府规制研究中心。2006年6月更名为江西财经大学规制与竞争研究中心。下设规制理论与政策、公共行政管理与政府管理、竞争政策等三个研究方向。

现研究中心目前专职研究人员5名（井冈学者1名、教授2名、副教授2名、讲师1名），兼职人员13名（首席教授2名、教授10名、副教授1名）专兼职研究人员均具有博士学位。中心并在相关领域聘请了有重大影响的8位国内知名学者为特聘研究员。

中心自成立以来，以促进基础研究和应用研究协调发展、力争科学研究的整体水平达到全国一流水平为目标；以培养高素质的一流学术带头人和中青年学术骨干为己任；着重加强学术交流和咨询服务，深化科研体制改革。中心改革以后，明确了研究方向、研究结构合理，现已建立了一支高素质、高学历、科研能力强的研究队伍，进一步完善了中心的专业研究管理机制。

近年来，基地研究人员承担各级科研项目共96项，科研项目经费273.8万元。其中国家社科基金项目18项，国家自然科学基金3项，部级重大课题8项，省人文社科23项，省级重大课题8项，省人文社科重点基地课题12项、省科技、“十五”规划、教改课题共15项，校级重点课题9项等。公开发表论文496篇，被CSSI检索278篇。获省部级优秀科研成果一等奖1项、二等奖3项、三等奖12项。获江西省社科青年优秀科研成果一等奖1项、二等奖1项、三等奖4项。中心资助学术专著1部，主持编辑《规制与竞争前沿问题》专辑2部。中心并成为中国工业经济学会理事单位。

规制与竞争研究中心本着“开放、流动、联合、竞争”的原则，设置了流动性专家研究人员工作室，并开展多种形式的国内外学术交流与合作研究，力争经5年的建设，把基地建设成国家重点研究基地。

中国社会科学院工业经济研究所产业组织研究室

一、概　况

中国社会科学院工业经济研究所于1978年4月5日正式建立，是中国社会科学院经济学科的主要研究机构之一。工业经济研究所现有在编人员90人，其中：具有高级职称的研究人员46人；博士37人，硕士15人；博士生导师18人，硕士生导师15人。著名经济学家马洪、蒋一苇、周叔莲、张卓元、陈佳贵、吕政曾也先后担任工业经济研究所的所长。

二、主要研究方向

研究领域为应用经济学和工商管理学中的三个分支学科：产业经济学（工业经济）、区域经济、企业管理。

三、机构设置

工业发展研究室。

主要研究方向：工业化理论、工业发展与增长、产业结构与产业政策、工业技术进步、工业发展的国际比较、部门经济、工业经济史。

能济经济研究室。

主要研究方向：能源工业发展与运行规律、能源资源开发利用、能源管理体制、能源市场供求与价格、能源安全、能源的国际关系与国际合作、能源经济分析方法。

投资与市场研究室。

主要研究方向：产业投资方向、投资规模与结构、投资与环境、投资效益、市场供求、跨国投资、工业品进出口贸易。

工业布局与区域经济研究室。

主要研究方向：经济区位理论、城市与区域经济发展、区域经济政策、地区发展战略规划、区际经济关系、区域经济管理。

产业组织研究室。

主要研究方向：产业组织理论、产业组织政策、市场结构、企业行为、市场绩效、市场中介组织、政府规制、行业管理、网络经济。

企业制度研究室。

主要研究方向：公司理论、企业产权理论、企业治理结构、中小企业、政府管理企业的模式与体制、国有资产管理体制、国有企业改革、民营企业、企业集团、跨国公司。

企业管理研究室。

主要研究方向：管理学基本理论、企业运行机制、企业组织、企业经营战略、企业人力资源、企业生产与技术管理、企业市场营销、企业文化、现代管理方法、管理思想史、企业管理史。

财务与会计研究室。

主要研究方向：财务会计理论与实务、管理会计理论与实务、财务分析、企业融资与投资、企业股利政策、企业资产重组与并购、国际融资、风险管理。

四、学 术 团 体

中国工业经济学会

中国企业管理研究会

中国区域经济学会

中国社会科学院中小企业研究中心

中国社会科学院西部发展研究中心

中国社会科学院 WTO 研究中心

中国社会科学院管理科学研究中心

中国社会科学院食品药品监管研究中心

中国社会科学院工业经济研究所澳门产业发展研究中心

中国社会科学院工业经济研究所能源经济研究中心

五、主要获奖成果

《长江流域发展研究》获得国家科技进步三等奖，《中国产业政策研究》获国家社科基金优秀成果三等奖，《现代大中型企业的经营与发展》和《中国工业国际竞争力——理论、方法与实证研究》获中宣部组织的“五个一工程”优秀著作奖，《国家经济安全论》、《竞争力经济学》获“中国优秀图书奖”。

六、国 际 合 作

工业经济研究所积极开展各种形式的对外学术交流，派遣人员出国留学、进修、考察；参加双边和多边国际会议开展国际合作研究。自 1978 年以来，工业经济研究所同美国、日本、英国、法国、德国、俄罗斯、乌克兰、澳大利亚、比利时、荷兰、希腊、韩国、意大利、加拿大、印度、阿根廷、巴西、瑞典、波兰、新加坡、泰国、越南、肯尼亚等国家以及我国香港、台湾地区进行了广泛的学术交流。

天则经济研究所天则公用事业研究中心

天则公用事业研究中心由天则经济研究所首倡成立的非营利民间机构，从事有关公用事业市场化、民营化的理论研究、产业分析、政策评论、案例编写（地方政府案例、企业案例、中介机构案例），搭建企业、政府、中介机构交流平台，建立平等对话机制，为政府部门和企业提供政策咨询、企业战略咨询、招标、定价、融资、案例编写等服务，以及相关的培训服务，推动在公用事业领域中政府与企业合作机制的建立。天则经济研究所于2004年被聘为北京市发展和改革委员会全球20家咨询顾问机构之一。

随着我国城市消费水平的提高，以及农村城镇化的需要，对公用事业的需求将会大幅度增长。公用事业是一个具有极好市场前景、迅速成长的产业。一些研究指出，目前我国的公用事业体制，还是以传统的国有事业单位为主。这种体制缺乏效率且受资金的制约，无法满足上述迅速的成长。民营化（或 Public-Private Partnerships）将会改变这种状况。然而对于我国来说，公用事业民营化是一个完全崭新的形式，现在只有一些企业和地方政府在探索。现有的政策和法律制度还不能适应这样一种趋势，甚至阻碍了公用事业民营化的发展。对于公用事业本身，由于长期处于市场制度之外，也缺乏深入的数据积累和研究。由于公用事业民营化涉及政府管制的改进，而我国目前的政府官员没有受过相关的训练，也会减慢这一进程。

因此，建立一个民间的、联结政府部门、学者、企业和金融机构的研究中心，提供上述研究，为政府部门和企业提供相关的培训服务，就政策和法律问题建立各方的对话机制，同时提出公用事业民营化政策及其政府管制框架，就成为必需。

以公用事业领域为起点，天则公用事业研究中心将研究与咨询范围扩展到用市场化的方法推进整个城市化过程，包括城市基础设施的市场化、民营化，成片城区的投资、建设与运营，城市的发展战略、区位功能调整和文化概念提炼等领域。中心宗旨是，以学术研究为基础，推进中国公用事业改革进程，用市场化推进城市化，为政府提供改革思路、政策和法律建议，为企业寻求发展道路并提供问题解决方案，为社会提供高品质学术资源。

北京交通大学基础产业研究中心

北京交通大学为了落实《教育部关于进一步发展繁荣高校哲学社会科学的若干意见》，按照教育部人文社科重点研究基地的管理模式，成立了北京交通大学基础产业研究中心。北京交通大学基础产业研究中心以北京交通大学经济管理学院为依托。

基础产业是支撑社会经济运行的基础，它决定和支撑着社会经济活动所能达到的发展水平。一个国家的基础产业越发达，其经济运行就越顺畅、越有效，人民生活就越便利、生活质量就越高。基础产业的含义，有广义与狭义之分。狭义的基础产业，是指社会经济活动的基础设施和基础工业。基础设施主要包括交通运输、物流、通讯、水利和城市供排水、供气、供电等公用设施。基础工业是指能源（包括电力）工业和基本原材料（包括建筑材料、钢材、化工材料等）工业。广义的基础产业，除了上述基础设施和基础工业之外，还包括一些提供无形产品或服务的部门，如科学、文化、教育、卫生等部门，它们对社会经济活动的发展有着更为深刻和长远的影响。

中心的使命是成为基础产业领域的科学研究基地、人才培养培训基地、全国学术交流和资料信息基地、咨询服务基地，使中心的科研水平和参与重大决策的能力在基础产业研究领域居于国内领先地位。经过几年的努力，力争在基础产业研究领域具有较高的国际学术声誉。

主要研究方向为：基础产业理论与政策；基础设施发展与改革；基础工业发展与改革。

北京交通大学中国企业兼并重组研究中心

北京交通大学中国企业兼并重组研究中心（CCMAR，以下简称中心）创办于1995年，是集研究、教学、咨询和培训于一体的学术机构。中心是由北京交通大学与其他科研院所和社会中介机构等多方共同创办的并购学术和实务研究基地，汇集了一批杰出的国内外学者和专业人士，拥有一支理念先进、理论扎实、实务经验丰富的专职与兼职研究人员组成的百余人的专家团队。

中心以北京交通大学为依托，以推动中国并购知识传播为己任，以建立世界一流的并购研究与教学机构为目标，致力于加强企业并购领域的联合与协作，团结国内外有关专家学者，研究企业并购的理论，总结国内外有益的、适用的研究成果和经验，提供并购领域的咨询培训服务，培养企业并购的专门人才，推动我国企业并购重组理论和实务的发展，开展和促进与国际的交流。

中心的发展，得到了北京交通大学和社会各界的支持，凝聚了一批具有共同理想和信念的师生员工的心血。在未来的发展中，本中心将与时俱进，继往开来，努力为中国经济的改革和发展、为并购重组的教学和科研做出更大的贡献，使中国企业并购重组研究中心成为一所世界一流的科研、教学机构。

山东大学反垄断与规制经济学重点研究基地

山东大学反垄断与规制经济学重点研究基地是在山东大学反垄断与竞争政策研究中心和山东大学规制理论与政策研究中心的基础上，整合反垄断与规制经济学领域的科研力量组建而成的，2009年5月被山东省政府确定为省社会科学重点研究基地。基地主任为于良春教授。

山东大学反垄断与规制经济学重点研究基地现有教授9名，副教授11名，其中博士生导师8名；全部科研人员都获得了国内外著名高校的博士学位，多数科研人员具有海外访学经历。近年来，基地共完成国家级课题5项，省部级课题15项，国际合作课题2项，承接国家部委、大型企业和省市政府部门横向委托课题30多项；已出版反垄断与规制经济学领域专著5部，在国内外著名期刊上发表学术论文110多篇。2006年，以中心主任于良春教授为首席专家的科研团队承担了教育部哲学社会科学研究重大课题攻关项目“转轨经济中的反行政性垄断与促进竞争政策研究”，标志着山东大学反垄断与规制经济学重点研究基地在反垄断和竞争政策研究领域已处于国内领先地位。目前在研项目包括转轨经济条件下网络型产业竞争政策研究，我国网络型产业的规制问题研究，网络型产业的最优规制政策设计等重要课题。

目前，山东大学反垄断与规制经济学研究基地内设 7 个研究分析中心：

品牌与竞争研究中心。该中心应用品牌经济学原理分析市场竞争现象、企业竞争行为和政府竞争政策。主要研究方向包括：（1）品牌经济学理论与实践；（2）竞争行为的品牌经济学分析；（3）竞争政策的品牌经济学分析。

规制理论与政策研究中心。该中心应用规制经济学和政治经济学的理论和方法研究产业发展中出现的问题及规制政策。主要研究方向包括：（1）规制理论及其性质研究；（2）自然垄断产业发展中的问题、规制方法和政策分析；（3）一般竞争性产业发展中的垄断行为及相关政策。

企业财务研究中心。该中心研究与反垄断和反不正当竞争相关的财务与会计问题，主要研究方向包括：（1）企业兼并收购中的财务与会计问题；（2）反倾销及其应对中的财务与会计问题。

反垄断法律与案例研究中心。该中心应用国际公法及国际经济法理论与方法研究国际国内反垄断法及案例，主要研究方向包括：（1）国外主要国家反垄断法的理论与程序实践对中国反垄断法的借鉴；（2）中国反垄断法的理论及程序实践；（3）跨国公司在中国的垄断行为分析；（4）国际国内反垄断案例分析。

产业组织与竞争政策研究中心。该中心应用产业组织理论与方法研究反垄断和竞争政策领域的理论与实践问题，主要研究方向包括：（1）企业并购和经营者集中的经济效应分析与反垄断政策；（2）市场结构、市场集中和市场势力测度的理论与方法；（3）中国竞争政策体系的形成及其相互协调；（4）企业策略性行为与政府规制政策。

反垄断与规制计量分析中心。该中心应用数量方法研究分析反垄断与规制领域的理论与实践问题，主要研究方向包括：（1）企业并购规制模型及计量分析；（2）价格规制模型及计量分析；（3）竞争政策效应的计量分析。

市场设计与模拟分析中心。该中心为政府、企业和其他研究机构提供市场设计及定价机制的相关政策建议和咨询服务。中心研究以拍卖理论及数据模拟为核心，结合实证计量分析，研究成果可应用于电信、电力、能源、金融等产业的交易与定价。

山东经济学院经济研究所

经济研究所是山东经济学院从事经济科学研究的专业科研机构，1984 年由山东省教育厅批准成立独立建制。经中共山东省委宣传部批准，“山东省政府规制与经济社会发展研究基地”设在经济研究所。山东省经济管理学会挂靠经济研究所。该学会成立于 1981 年 12 月，其前身是山东工业经济研究会，1995 年改名为经济管理学会，升格为省级学会。本学会秘书处一直设在我所。

张红凤为经济研究所负责人，主持行政工作，同时承担科研、教学工作；其他人员为专职科研、教学人员。他们拥有良好的学术背景，扎实的专业基础，较强的科研能力，一定的组织协调能力，一定的可调动的学术资源，为提升经济研究所和我校在全国的学术地位和影响力奠定坚实的基础。

经济研究所以内部科研力量为主整合山东经济学院有关院系的科研骨干建立了四支学术团队：政府规制与公共政策研究团队、企业管理研究团队、农业经济管理研究团队、经济信息系统开发与应用研究团队。研究所目前已在规制经济学、公共经济学、企业理论等研究方向上形成独特的优势，积极开展经济理论、应用经济、管理科学及社会发展方面的高层次学术研究，承担了大量的国家级和省部级课题以及直接服务于政府和企业决策的横向合作项目，出版或发表了高水平论著。研究所多次参加国内外学术研讨会，邀请著名经济学家来校做学术讲座，注重与外界的学术交流。目前经济研究所积极探索与专业相近的二级学院进行紧密合作，已与工商管理学院、公共管理学院联合培养工商管理、劳动经济学专业、社会保障专业的硕士。

山东经济学院政府规制与公共政策团队是以经济研究所内部科研力量为主，整合工商管理学院、公共管理学院、经济与城市管理学院、财政金融学院、国际贸易学院等有关院系的科研骨干建立的创新团队。该团队已在规制经济学、公共经济学等研究方向上形成独特的优势，在政府规制理论、政府规制改革、环境规制、职业安全规制、食品安全规制、社会分配规制等方向上，进行了大量基础和应用紧密结合型的创新研究，取得了标志性成果。具体体现为：团队近三年来承担了数十项国家级、省部级自然基金项目、软科学项目、社科基金项目以及横向合作项目；在《新华文摘》、《经济学动态》、《经济社会体制比较》、《改革》、《经济评论》、《经济学家》、《光明日报》、《经济理论与经济管理》等核心专业期刊发表政府规制与公共政策方面的论文达百余篇；同时，这些成果还荣获省部级多项奖，如山东省软科学优秀成果奖、山东省社科优秀成果奖、山东省高校优秀成果奖等。团队取得的这些成果在学术界产生了重大的影响并起到学术引领作用，以及在政界和企业界的引致效应与咨询参谋作用。团队秉承“崇尚经济科学、服务社会进步、培养优秀人才的服务理念”，在我省社会经济发展中发挥着越来越重要的作用。

经济研究所下设政府规制与经济社会发展研究基地。基地实行以山东经济学院领导挂帅，以经济研究所为主体，以相关二级院所为依托，联系省内外、海内外的专家学者以及党政领导和优秀企业家共同参与的开放式机制。研究成员由山东经济学院在职教研人员和外聘专家、学者组成。基地下设六个研究中心：公用事业规制研究中心、产业规制研究中心、HSE（健康、安全、环境）规制研究中心、分配公正规制政策研究中心、三农问题研究中心、政府规制政策计量研究中心。

华北电力大学产业经济研究所

产业经济研究所成立于 2002 年，隶属于华北电力大学工商管理学院，目前研究所有教授 2 人，副教授 4 人，讲师及其他人员 10 余人，另外，还与校内外相关领域的专家、学者以及专业研究人员具有广泛而密切的合作关系。在产业经济及相关领域中展开一定的理论研究，结合我国电力产业发展和经济改革的实践，与前沿理论研究相结合，以我国电力产业为重点，面向整个社会能源经济领域展开理论与实证研究，将研究工作与经济学的教学紧密结合起来，推动经济学相关学科的发展。

研究所主要围绕“电力产业管制与竞争理论及应用研究”、“电力产业结构优化理论及应用研究”、“电力产业绩效与结构关联关系研究”和“电力产业与国民经济及社会发展关系研究”几个方向开展研究工作。

目前已完成及承担国家社科基金、国家电网公司、美国能源基金会以及企业委托横向研究项目 20 多项，科研经费总计达 300 余万元，取得的代表性科研成果包括国家社会科学基金项目 2 项、国家电力公司（原）重点项目 1 项、国家电网公司软科学研究项目 4 项，美国能源基金会项目 1 项以及企业委托横向项目 10 余项，近三年在中国电机工程学报、电网技术、数量经济与技术经济研究、现代电力等刊物及国际会议上公开发表学术论文 70 余篇，出版专著 2 部。

河南财经学院产业经济研究所

河南财经学院产业经济研究所的前身是企业发展研究所，2007 年 3 月更名为产业经济研究所，是河南财经学院成立最早的独立性科学研究机构。本所的主要职能是进行学术研究、研究型教学和为地方政府与企业提供发展规划咨询服务。

目前，本所已初步建立起一支学历结构、职称结构、年龄结构比较合理的研究队伍。现任负责人刘美平，1970 年 6 月出生，副教授，经济学博士，硕士生导师，河南省教育厅学术技术带头人，河南省优秀青年骨干教师，兼任“中国工业经济学会”理事。现有专职研究人员 3 名，兼职研究人员 10 名，其中，教授 3 人，副教授 7 人，讲师 3 人，拥有博士学位的 5 人，在读博士 2 人。设有“产业结构研究室”、“产业组织研究室”、“产业规制研究室”和“产业规划与区域发展研究室”。本所的主要研究方向是循环经济与环境规制、产业结构升级动力、城乡规划与再城市化模式、服务业创新机理等。

近年来，本所研究人员共在核心期刊上发表学术论文 40 余篇，主持完成国家社科基金项目 1 项，参与完成省级课题 4 项，出版学术著作 4 部，获得省社会科学优秀成果奖三等奖 1 项。

天津商业大学产业经济学研究所

产业经济学研究团队共有教授 13 人，副教授 8 人，讲师 10 人，其中，具有博士学位 25 人，具有硕士学位 8 人。近 5 年来，产业经济学取得了一系列的学术成果：已完成国家级项目 8 项；省部级项目 24 项；横向项目 42 项。目前在研项目 111 项，其中，国家及国务院各部门项目 10 项，国家社科基金项目 2 项；省部级 32 项；承担科研项目总经费 303 万元。发表论文 357 篇；出版专著 18 部；译著 4 部。获得省部级奖项 10 项，其他类型奖项 23 项。

目前，本学科在国内同类学科中占有一席之地，在天津市处于较为前列的位置，特别是在运用演化与创新经济学等新的产业经济学理论对服务创新的研究方面，已形成了实力雄厚、结构合理且具有一定发展潜力的研究团队，处于国内较为领先的地位。我校是中国工业经济学会的常务理事单位，学科带头人刘书瀚教授为该学会常务副理事长，在国内产业经济学界有较大影响。

产业经济学于 2002 年被确定为天津商学院重点学科，2006 年被确定为天津市重点学科，目前已经形成门类比较齐全的学科体系。设有产业经济学研究所及与此相关的经济学、金融学、国际贸易等本科专业。经过多年努力，本学科得到了长足的发展，取得了较为突出的成果，并凝练了四个研究方向，即现代服务业与服务创新；产业发展与资源、环境协调；公用事业的市场化、产业组织与政府规制；产业政策与区域产业发展。

服务业与服务业竞争力研究方向是当今世界产业经济学研究的新课题，国内学术界对此研究还比较薄弱，特别是应用新的理论和方法对服务创新的研究成果尚不多见。我院在本研究方向上侧重于三个特色领域，并取得了较为显著的成果。该方向侧重于三个特色研究领域：第一，服务创新体系与服务业竞争力研究；第二，服务业发展战略研究；第三，知识密集型服务业及其在我国传统产业改造中的作用研究。

产业发展与资源、环境协调方向主要从产业发展与资源和环境相协调的观点出发，研究在资源与环境制约条件下产业如何实现可持续发展的问题，这是产业经济学研究的一个新领域，也是我校研究的一个特色，更是我国今后亟待加强研究的一个新兴领域。

公用事业的市场化、产业组织与政府规制研究方向。在公用事业的产业研究上，我们形成了以下三个具有特色的研究领域：第一，公共物品的垄断和竞争、市场化配置与政府规制研究。第二，公用事业定价及其技术经济评价方法研究。第三，土地开发与公共基础设施的协调发展。在公用事业市场化改革研究中，目前国内只有“天则公用事业研究中心”一家专门的研究机构，在高校中，我校较早开展了这方面研究。

产业政策与区域产业发展研究方向。其特色在于：①在区域产业发展方面，以重点研究县域产业发展和环渤海产业发展为特色。一是对县域产业结构和产业发展战略、农村产业与城市产业的交融，县域特色产业等方面的理论和实证研究为特色。二是以重点研究环渤海产业发展和产业创新、港口产业和环渤海产业集群、产业布局、产业战略研究为特色。②在产业政策的研究上，以突出考察国家产业政策区域层面的特殊性以及区域产业发展政策、产业关联政策、财政政策的区域效应和金融政策的区域效应为特色。

北京大学竞争法研究中心

竞争法学是经济法学的重要组成部分。北京大学经济法学科建设中，一直重视竞争法学的研究，并于 2007 年 11 月成立了北京大学竞争法研究中心。基于竞争法研究对象的特点，研究人员由经济法、民法、商法、知识产权法等多学科、方向的专家（拼音序）王成、韦之、肖江平、薛军、杨明、张双根等教授、副教授组成。中心的学术顾问为杨紫烜、盛杰民、张守文等教授，中心负责人为肖江平。中心还聘请了从事竞争法理论研究和实务工作方面的专家王红等为兼职研究人员。

中心的研究人员从多学科视角研究竞争法原理、反垄断法、反不正当竞争法、特别市场竞争规制制度（特别是能源、房地产、食品市场竞争规制制度）等方向的问题，在《中国社会科学》、《法学研究》、《中国法学》及其他核心期刊上发表论文数十篇，出版著作多部。中心的研究人员还主持国家社科基金、科技部、司法部、国家质检总局和国内外其他机构委托等的课题 10 多项。

中心的顾问和研究人员参与了国家大量的经济立法，在反垄断、反不正当竞争、特别市场竞争规制等方面法律、法规和商务部、国家工商总局、国家质检总局、国家知识产权局等部门规章的制定和修改方面，承担了许多起草、研究和咨询工作。

中心的研究人员还承担竞争法方向法学硕士的培养任务，法学本科、法律硕士相关方向的教学任务，为本科、法学硕士和法律硕士开设的课程有《竞争法》、《知识产权法》、《侵权行为法》、《竞争法专题》、《反垄断法》、《商标法》、《专利法》、《侵权法专题》等。

上海交通大学凯原法学院经济法研究所

上海交通大学凯原法学院经济法研究所成立于 2006 年 4 月，是上海交通大学凯原法学院立足长三角经济中心，加强经济法学科建设，提高经济法教学与科研水平而作出的重要举措。

研究所主任由中国经济法学研究会常务理事王先林教授担任。研究所目前有专职研究人员5人，其中教授1人，副教授2人，讲师2人。4人具有博士学位，1人为在读博士。基本形成较为合理的科研、教学团队。同时，为了加强研究所与国内外经济法理论与实务界的联系和交流，研究所还聘请了多位知名法学教授、律师、法官作为顾问和兼职研究员，共同推进经济法学的发展。

尽管研究所设立的时间较短，但在竞争法、金融法和财税法方向上已经形成了自己的鲜明特色。经济法研究所教师承担的科研项目包括国家社科基金项目、国家自然科学基金项目、国家软科学计划重点项目、国家知识产权战略专题研究项目、中国博士后基金项目、国务院法制办委托项目以及上海市"曙光计划项目"、上海市教委科研创新重点项目等。相关的科研成果发表在《中国法学》、《现代法学》、《法律科学》、《法学评论》等专业法学刊物上，具有良好的反响。目前研究所开设的课程包括经济法总论、竞争法、财税金融法、房地产法和劳动与社会保障法等。

上海交通大学凯原法学院经济法研究所期待着与海内外的学界同仁交流、合作，为我国的经济法制建设贡献力量。

中国社会科学院法学研究所竞争法研究基地

鉴于竞争法在我国社会主义市场经济法律体系中的地位，鉴于我国迫切需要加强竞争法研究以推动市场经济法制建设，应对经济全球化的挑战，中国社会科学院国际法研究所成立了竞争法研究基地，目的是扩大竞争法领域的国内外学术交流，推动我国竞争法研究事业。

竞争法研究基地现有九名研究人员，王晓晔研究员任基地主任，蒋小红副研究员任副主任，黄晋博士任秘书长。竞争法基地主要推动下列问题研究：(1) 不正当竞争及其法律对策，包括假冒、商业贿赂、虚假广告、侵犯商业秘密、诋毁竞争对手等不正当竞争行为。(2) 限制竞争及其法律对策，包括垄断协议、滥用市场支配地位、企业并购控制、行政性限制竞争、知识产权与反垄断法、反垄断法域外适用、反垄断领域国际合作、贸易自由区竞争政策、反垄断法在被管制行业的适用、反垄断执法机关、反垄断法执法程序、反垄断法的私人执行等。(3) 反倾销、反补贴、保障措施以及其他与对外贸易相关的竞争法律问题。

国际法研究所竞争法研究基地将以承担各类重要研究项目为依托，以论坛、出版物等形式作为竞争法领域科研人员、政府官员、实务工作者相互切磋、交流和信息沟通的桥梁，认真贯彻理论联系实际和法学研究为国家经济和法制建设服务的方针，使基地成为国家竞争政策和竞争法领域的"智库"，并且通过"民间外交"，大力推动中外竞争法学术交流与合作，推介我国在竞争法领域法制建设成就与科研成果。

竞争法是中国社会科学院国际法研究所和法学研究所的优势学科，在国内居领先地位，国际上也有很大影响。国际法研究所竞争法研究基地的建立将有利于发挥学科优势，进一步提高中国社会科学院国际法研究所和法学所在中外竞争法领域的学术地位。

中国政法大学法和经济研究中心

中心成立于2005年3月，系中国政法大学直属的在编教学与科研机构。中国政法大学法学一级学科为国家重点学科，法与经济学作为法学二级学科，经教育部备案批准，是我国现今唯一设立的法学二级学科；唯一授予法学硕士学位和博士学位的学科点。2008年1月，法与经济学学科被评为北京市交叉学科重点学科。

中心的宗旨是：将经济学的理论和方法运用于对中国法律制度和法律问题的分析和评价，为完善中国法律制度和解决法律问题提供建议。

中心目前有四个研究方向：

一、法律的经济分析

该方向主要探讨法律与经济的基础理论问题，用经济学的分析方法，研究法律法规对经济、社会和环境的影响，评估法律的效果和效率。

二、转型经济与转型法律

该方向主要运用法律与经济的分析方法，研究经济转型和法律转型之间的关系，为中国法律改革和转型提供意见和建议。

三、法律与金融监管

该方向主要运用法律与经济的分析方法，探讨法律和金融之间的关系，探索以法律规范金融运作和降低金融风险的基本框架。

四、经济开放与风险研究

该方向主要运用法律与经济的分析方法，探讨我国经济在对外开放和经济全球化的背景下，如何防范经济风险和保持经济稳定。

对外经济贸易大学竞争法中心

对外经济贸易大学竞争法中心是为了顺应经济全球化以及与我国加入WTO所发生的一系列变化与要求，满足国内市场竞争中对合理竞争规则和竞争机制的迫切法律需要而应运而生的。

作为新兴学术领域，以反垄断法为核心的竞争法的特点在于学科跨度大，实践性和政策性强，合法与非法的界限常常十分模糊，需要借助于较多的数据和事实才能对千差万别的商业实践作出合理的分析判断。正因考虑由于对外经济贸易大学自身具有在经济、管理、国际贸易等学科上的优势和积淀，便于在竞争法这一新兴而意义重大的领域开展多学科的复合性研究，学校决定专门成立以法学院为基地的竞争法中心，通过经济分析法学的研究回应现实的需求及挑战。

因此，竞争法中心从成立伊始，就是一个多学科交叉研究和交流的平台，同时也是体现对外经济贸易大学整体优势的一个窗口，并为沟通政府、企业、学术机构搭建了一座桥梁，运用自己的研究成果向政府献策、为企业服务、与同行相交。竞争法中心主任黄勇教授，作为我国竞争法领域的知名学者和专家，长期受邀参与我国《反垄断法》的立法工作，与各个相关政府部委协作，为《反垄断法》草案的逐步成熟和完善献计献策，多次提出立法报告，并受聘为国务院《反垄断法》立法专家顾问委员会委员。

为推动竞争法的研究，竞争法中心已经多次举办国内外学术研讨会，包括主办“跨国并购反垄断法国际研讨会”、“反垄断法理论与实务研讨会”、“反托拉斯法在美国医疗健康保险行业的适用国际研讨会”、“竞争法与产业政策论坛”、“反垄断法国际实施理论与实务研讨会”、“反垄断法与知识产权研讨会”等学术会议。这一系列活动，为政府官员、企业代表、学者提供了面对面交流的机会，加强了理论与实践的互动与平衡，美国司法部副部长也曾来中心访问。同时，竞争法中心成员也经常受邀出席国内外竞争法高层研讨会，发表自己最新的研究成果和观点，宣传和介绍我国的竞争法律制度，与国内外的竞争主管部门、有影响的国际组织和竞争法领域内的知名学者都建立了良好的长期关系。

竞争法中心自成立以来，已经完成或正在承担来自国务院法制办、国家发展与改革委员会、商务部、司法部等多个政府部门有关竞争法律领域的研究课题，也承担了中国—欧盟合作项目以及亚洲开发银行等组织和机构提出的竞争法课题，影响逐渐扩大。此外，竞争法中心还经常接受政府机关、非政府组织、在国外涉诉的企业、跨国公司以及其他单位就竞争法问题进行的咨询，积极服务以回馈社会。

安徽大学经济法制研究中心

安徽大学经济法制研究中心源于1993年成立的安徽大学法学研究所和2002年4月成立的安徽大学经济法研究中心。2002年9月，在整合这两个专门研究机构的基础上正式成立了安徽大学经济法制研究中心，作为专门研究经济法制问题的学术机构并申报安徽省高校人文社会科学重点研究基地，并于2003年10月正式获得批准。中心的首任主任为法学博士王源扩教授，第二任主任为法学博士王先林教授，目前中心由法学院副院长华国庆教授负责。中心建立了主要由校外专家组成的学术委员会，学术委员会主任由王源扩教授担任。

安徽大学经济法制研究中心的支撑力量是安徽省省级重点学科——安徽大学经济法学和安徽大学法学院经济法学、民商法学、宪法与行政法学、国际法学等相关硕士学位授权点。本中心现有专职研究员10人，另在省内外高校、研究机构和实务部门聘请了9人为兼职研究员。专职研究人员中现已全部具有教授职称，其中1人被选聘为安徽省“皖江学者计划”首批讲席教授，7人已在国内著名高校获得法学博士学位，多人被选拔为安徽省学术与技术带头人后备人选，其余也均为安徽省高校学科带头人培养对象、安徽省高校中青年骨干教师和安徽大学中青年学术骨干，1人获“全国模范教师”称号，1人被授予“杰出中青年法学家提名奖”。有1人担任国家商务部WTO贸易与竞争政策专家咨询组成员，1人被聘为教育部《高等教育法》修改工作组专家，2人被评为首届“安徽省优秀中青年法学法律专家”。

安徽大学经济法制研究中心自成立以来，在科研项目申报和完成、成果产出和获奖、学术交流、咨询服务、基地管理、基础设施建设等方面做了不少工作，取得了一些成绩。中心先后获得了国家社会科学基金项目、国家自然科学基金项目、教育部人文社会科学项目、司法部法治建设和法学研究项目、安徽省社会科学基金项目等多项，并接受科技部、国务院法制办、财政部、中国工商行政管理学会等委托，从事专题对策性项目的研究。以中心研究人员为主体申报的“经济法前沿问题研究”于 2005 年 4 月被安徽大学批准为首批学术创新团队项目之一（文科 A 类，经费为 30 万元）。中心完成的国家社科规划项目“中国反垄断立法研究”的成果摘要被编入供中央领导参阅的《成果要报》上，并在全国社科规划办网站上登载，《经济参考报》等媒体也有专门的介绍，还被编入《国家社科基金项目成果选编》（第一辑）（中国人民大学出版社 2004 年 12 月版）。

本中心主要研究方向为经济法主体法、竞争法和财税金融法。

经济法主体法方向获准主持的项目有教育部项目“21 世纪全球经济一体化与国际经济法的关系研究”、安徽省高等学校人文社会科学重点研究基地重大项目“中国涉外经济交往中的竞争法律问题研究”、“中国外资并购法律规制研究”以及安徽省社科项目和安徽省重点软科学项目等多项。

竞争法方向的梯队成员对竞争法进行了比较深入、系统的研究，尤其是在反垄断法与知识产权滥用规制方面在全国具有领先地位，王先林教授先后被聘为国家商务部 WTO 贸易与竞争政策专家咨询组成员、国务院法制办公室反垄断法审查专家顾问委员会成员和国家知识产权战略专家库专家，并先后获得“杰出中青年法学家提名奖”、“全国模范教师”称号，并享受国务院特殊津贴。

财税金融法方向的梯队成员对财税金融法主要方面都进行了研究，尤其对宏观调控法基本理论、财税法、金融法等进行了较为系统、深入的研究。其中，在财政法基本理论、预算法、税法、金融创新法律制度等方面的研究成果较具特色与优势。

国务院发展研究中心产业经济研究部

国务院发展研究中心是直属国务院的政策研究和咨询机构。主要职责是研究国民经济、社会发展和改革开放中的全局性、综合性、战略性、长期性问题，为党中央、国务院提供政策建议和咨询意见。中心研究领域涵盖国家经济各个方面，其中产业经济研究部的主要职责是：研究产业结构、产业组织、产业布局、产业政策、产业竞争力等问题；研究政府监管体制问题；研究促进产业结构优化的投资结构和投资政策；研究国民经济各产业的相互关系及其协调发展问题，提出综合性的对策建议。近些年主要的研究工作包括：产业结构的演进规律、转变经济增长方式、新型工业化道路等重大问题；五年计划中有关产业发展的研究；对垄断行业改革、重组及监管问题的研究，如电力体制改革、铁路体制改革、民航业重组、邮政体制改革；对能源、资源、交通、汽车、电子信息、钢铁等国民经济的重要行业进行专题研究；进行有关产业的发展规划、产业政策、市场结构等方面的研究；研究地区产业发展规划、产业集群、企业战略等问题；产业发展跟踪研究。建立了产业景气增长指数和预测模型，提供产业发展月度分析报告。

中国社会科学院经济法研究室

经济法研究室系法学研究所下设的主要从事经济法学科研和教学工作的专业机构。研究领域涉及经济法基础理论、竞争法、宏观调控法、财税法、金融法、价格法、产业法、国有资产管理法以及涉外经济法等，目前在竞争法、经济法基础理论、宏观调控法、财税金融法方面保持较强的学术优势，尤其是反垄断法研究在国际上享有很高知名度。

本室研究人员专注于经济法学研究，长期以引领并推动经济法学的发展为己任，重视学术交流，参与了我国反不正当竞争法、反垄断法等诸多经济法律法规和规章的制定与修改工作，承担并完成了多项国家社科基金研究项目、中国社会科学院重大（重点）课题研究以及世界银行等国际组织的资助项目，成功举办了六届竞争法与竞争政策国际研讨会，在《法学研究》、《中国法学》、《中国社会科学》、《法学家》、《政法论坛》、《现代法学》、《环球法律评论》、《法学杂志》等核心刊物上发表了大量高质量的学术论文，出版了《经济法学》、《经济法原理》、《经济法研究》、《经济法学的新发展》、《竞争法学》、《欧共体竞争法》、《企业合并中的反垄断问题》、《反垄断立法热点问题》、《反垄断执法的重大问题》、《市场竞争法论》、《宏观调控法论》、《国有资产信托法研究》等一批著作以及《比较税法》等译著，提出了不少极富创见的经济法理论观点，在国内经济法学界有着良好的学术影响力。

复旦大学中国社会主义市场经济研究中心

“复旦大学中国社会主义市场经济研究中心”（CCES）前身为“复旦大学经济研究中心”并于2000年2月重建，同年10月被批准为“教育部人文社科百所重点研究基地”之一。中心致力于当代中国经济、转型与发展经济学、区域经济学和产业经济学等领域的理论和实证研究，在国内外顶尖的学术期刊上发表了大量的有影响的论文，与海内外很多知名的大学和研究机构建立了广泛和深入的联系。中心学术氛围活跃，每周的“现代经济学系列讲座”、“转型与经济发展”（TED）国际双年会以及大量不定期的讲座和各种专题研讨班都使得它生机勃勃。中心还承担了多项教育部、国家社会科学基金、国家自然科学基金资助的研究课题，另外还得到了其他政府部门、国际组织和实业界的研究资助。

武汉理工大学产业经济研究所

武汉理工大学产业经济研究所，其前身为原武汉工业大学科技·经济·社会发展研究所，于

1991 年正式批准成立，2000 年 5 月随着原武汉工业大学、原武汉交通科技大学、原武汉汽车工业大学合并组建武汉理工大学，该所更为“武汉理工大学产业经济研究所”。

该所的主要研究方向是科技创新与产业经济发展，主要内容包括：科技成果转化与高技术产业化；高技术产业发展规律与高技术企业成长；科技创新与产业竞争力提升；产业组织与企业竞争；企业技术创新战略等。

该所拥有专兼职研究人员 10 余人，完成的国家自然科学基金项目包括“科技成果向现实生产力转化的供求结构研究”、“高技术产业生态系统管理理论与管理创新研究”、“高技术产业化的界面管理研究”，国家科技部重大基础研究前期专项“科学技术在大武汉经济区战略发展中的地位、作用及选择研究”等国家和省部级课题 10 余项，企业发展战略研究与咨询项目十余项，出版《科技成果转化的经济学分析》、《高技术产业经济学》、《高技术产业化的界面管理：理论及应用》、《创新经济学》、《大武汉经济区的科技与经济》等学术著作 10 余部，发表学术论文 100 余篇。目前在研国家社会科学基金项目“发展对经济增长有突破带动作用的高技术产业研究”以及国家软科学项目、湖北省、武汉市重点软科学项目和企业战略研究咨询项目 10 余项。

山西大学产业经济研究所

山西大学产业经济研究所成立于 2008 年，现任所长为李志强教授。山西大学产业经济研究所依托山西大学悠久办学历史、深厚文化底蕴，整合教育资源，立足于中国国情和山西省情，以推进经济学的国际交流和研究成果产业化为宗旨，力求创建国内区域性知名的教育品牌，成为山西省新型能源和工业基地人才培养的重要高地。

山西大学产业经济研究所主要依托培养基地为经济与工商管理学院和山西大学 MBA 教育中心。依托产业经济学和工商管理硕士点为学术研究基地，现有专职研究人员 17 人，均为硕士生导师，师资力量雄厚、学术梯队健全。其中具有博士学位 9 人，教授（研究员）5 人、副教授（副研究员）6 人、讲师（助理研究员）6 人。5 人兼任上市公司、集团公司的独立董事、监事、高级顾问。山西大学产业经济研究所以产业组织、产业政策与产业发展为研究重心，以完善学科建设为学术追求，目前设有产业结构与产业政策、制度创新与产业组织、国际贸易与产业转移、能源产业发展战略四个研究方向，充分发挥研究人员的学术专长，逐步形成了规范实证研究，定量方法与定性方法结合，多学科综合研究的特色。

山西大学产业经济研究所愿：以一流的教授理解人，以一流的教育集聚人，以一流的技能服务人，以一流的品牌吸引人，以一流的发展赢得人。

中国社会科学院规制与竞争研究中心

规制与竞争研究中心是由中国社会科学院和世界银行发展学院（WBI）共同主办的非营利性组

织，是继阿根廷研究中心和科特迪瓦研究中心之后，世界银行为了促进发展中国家的规制改革而在这些国家成立的第三个研究中心。成立该研究中心的主要目的是研究基础设施以及其他垄断部门的规制和竞争政策的经济学理论和方法，与不同层次的政府、企业和其他研究机构进行合作，提供规制改革设计、政策建议、使用的研究成果和咨询服务。

中心由张昕竹博士创办并担任主任。中心的科学研究顾问包括世界著名经济学家 Jean-Jacuqes Laffont，Jean Tirole 以及 Paul Joskow 等。

规制与竞争研究中心自 1999 年初成立以来，在理论研究、政策咨询和培训方面都取得了很多进展，产生了广泛的影响。到目前为止，中心出版的主要著作包括规制与竞争研究系列丛书《中国规制与竞争：理论和政策》、《网络产业：规制与竞争理论》、《中国铁路行业的规制与竞争》，承担的主要课题包括《中国铁路的规制改革》（PPIAF 资助）、《中国电信业的普遍服务改革》（PPIAF 资助）、《国有部门减员的激励机制研究》（与世界银行和图鲁兹大学合作）、《科研资助的激励机制研究》（中国社会科学院重大研究课题）、《中国基础行业监管体制改革框架》（国务院体改办）、《电信成本研究》、《中国电信业发展战略研究》（世界银行）、《基础设施管制改革与发展报告》（世界银行）等，并在国内外杂志和报纸上发表了多篇学术论文和文章。

附录

国外反垄断与规制经济学研究进展

1. 重要国际学术论文观点摘录

Role of Government in Trade and Investment Boom: lessons from East Asia

Journal of Economic Policy Reform, Volume 13, Issue 4, 2010, Pages 285 - 304.

Authors: Agarwala, Manmohan; Mitrabm, Susmita

Abstract:

This paper extends the empirical analysis on Rodrik's (1995a) domestic investment-led export growth model for East Asia to nine East Asian countries for a longer time period, 1960 through 2004, and tests whether openness Granger-caused investment or vice versa. Our results suggest that there can be no single conclusion about the role of investment in East Asia. Causality has also changed for some countries in different time periods. We question the exogeneity of the investment boom in East Asia, a key assumption made by Rodrik. Government's incentives encouraged investment in export industries through different channels.

Monopoly Price Discrimination and Demand Curvature

American Economic Review, 2010.

Authors: Aguirre, IÒaki; Cowan, Simon; Vickers, John

Abstract:

This paper presents a general analysis of the effects of monopolistic third-degree price discrimination on welfare and output when all markets are served. Su¢ient conditions involving straightforward comparisons of the curvatures of the direct and inverse demand functions in the di § erent mar-ketsñ are presented for discrimination to have negative or positive e § ects on social welfare and output.

A Dynamic Game of Airline Network Competition: Hub-and-spoke Networks and Entry Deterrence

International Journal of Industrial Organization, Volume 28, Issue 4, July 2010, Pages 377 - 382.

Authors: Aguirregabiria, Victor; Ho, Chun-Yu

Abstract:

In a hub-and-spoke network, the profit function of an airline is supermodular with respect to the airline's own entry decisions for different city-pairs. This source of complementarity implies that a hub-and-spoke network can be an effective strategy for deterring the entry of competitors. This paper presents an empirical dynamic game of airline network competition that incorporates this entry deterrence motive for using hub-and-spoke networks. We summarize the results of the estimation of the model, with special attention to empirical evidence regarding the entry deterrence motive.

Market Diversion and Market Power: California Eggs

Review of Industrial Organization, Volume 36, Issue 1, 2010, Pages37 - 58.

Authors: Allender, William; Richards, Timothy

Abstract:

Allegations of price-fixing by US egg producers maintain that the industry's strategic use of export programs softens competition in the domestic market. This study provides an empirical investigation into these allegations using retail market data from a specific California retail market. Our findings suggest that the antitrust complaints have economic merit, but the deviations from competitive behavior are small.

Keywords: Antitrust Investigation-Eggs-Game Theory-Nested Logit-Empirical Industrial Organization

How does internal control regulation affect financial reporting?

Journal of Accounting and Economics, Volume 49, Issues 1 - 2, February 2010, Pages 58 - 74.

Authors: Altamuro, Jennifer; Beatty, Anne

Abstract:

Internal control regulation effectiveness remains controversial given the recent financial crisis. To address this issue we examine the financial reporting effects of the Federal Depository Insurance Corporation Improvement Act (FDICIA) internal control provisions. Exemptions from these provisions for banks with assets under $500 million and for non-US banks provides two unaffected control samples. Our difference-in-differences method suggests that FDICIA-mandated internal control requirements increased loan-loss provision validity, earnings persistence and cash-flow predictability and reduced benchmark-beating and accounting conservatism for affected versus unaffected banks. More pronounced effects in interim versus fourth quarters suggest that greater auditor presence substitutes for internal control regulation.

A Study of the Internal Organization of a Bidding Cartel

American Economic Review, Volume 100, Iusse 3, June 2010, Pages 724 - 762.

Authors: Asker, John.

DOI: 10. 1257/aer. 100. 3. 724

Abstract:

This paper examines bidding in over 1700 knockout auctions used by a bidding cartel (or ring) of stamp dealers in the 1990s. The knockout was conducted using a variant of the model studied by Daniel Graham, Robert Marshall, and Jean-Francois Richard (1990). Following a reduced form examination of these data, damages, induced inefficiency, and the ring's benefit from colluding are estimated using a structural model in the spirit of Emmanuel Guerre, Isabelle Perrigne, and Quang Vuong (2000). A notable finding is that nonring bidders suffered damages that were of the same order of magnitude as those of the sellers.

Leniency and post-cartel market conduct: Preliminary evidence from parcel tanker shipping Original Research Article

International Journal of Industrial Organization, Volume 28, Issue 4, July 2010, Pages 407 - 414.

Authors: Asker, John

Abstract:

This paper provides preliminary observations from data involving a cartel in the international maritime shipping of chemicals. These data provides a setting in which to consider how the presence of a cartel affects market conduct following its dissolution and, in turn, how this might be affected by the obligations imposed on firms who seek leniency. The patterns in the data are consistent with cartel distortions persisting in the post-cartel period, possibly due to the presence of long-term contracts. An implication is that, in addition to terminating involvement in cartel activity, some social benefit may accrue from requiring firms seeking leniency to mitigate the harm caused by cartel actions.

Monopolization via Voluntary Network Effects

Antitrust Law Journal, Volume 76, Issue 3, 2010.

Authors: Ayal, Adi

Abstract:

Network effects are commonly seen as an exogenous product characteristic, relevant to some products but not others. This paper explores an existing, but often-ignored issue, that network effects are sometimes voluntarily created by the firm, and need not exist otherwise. When a firm strategically creates network effects, the result could be a shift in market structure, leading to a tipping monopoly-prone market, rather than a more competitive one. The paper explains two main methods of VNE creation, and assesses their characterization as willful acquisition or maintenance of monopoly power-a Section 2 Sherman Act offense. Guiding examples include differential pricing for in-net vs. off-net calls in the cellular market, and technological innovation of add-on components in video games. Other applications and future extensions are discussed. Discussion of policy implications concludes, including the difficulties and dangers of excessive regulation.

On MQS Regulation, Innovation and Market Coverage

Economics Letters, Volume108, Issue1, 2010, Pages 26 – 27.

Authors: Bacchiega, Emanuele; Lambertini, Luca; Mantovani, Andrea

Abstract:

We revisit Maxwell's (1998) analysis to show that his results are incompatible with the assumption of full market coverage. As a consequence, the effects of MQS regulation on the high-quality firm's incentive to adopt a more efficient technology cannot be assessed in this model.

Keywords: MQS; Vertical; Differentiation; Market; Coverage

Regulation, Reputation, and Environmental Risk

Economics Letters, Volume106, Issue1, 2010, Pages 45 – 47.

Authors: Banerjee, Prasenjit; Shogren, Jason F.

Abstract:

This paper examines how preferences for social reputation affect the design of monetary incentives in an efficient mechanism for environmental risk. Our results are a high reputation firm receives less than optimal transfer; the low reputation firm sacrifices information rent.

Cost-based Access Regulation and Collusion in a Differentiated Duopoly

Economics Letters, Volume 106, Issue 3, March 2010, Pages 172 – 176.

Authors: Baranes, Edmond; Poudou, Jean-Christophe

Abstract:

This paper revisits the conventional doctrine that "it is easier to collude among equals", applied in the context of vertically related markets. In a differentiated duopoly model, we study how cost-based access price regulation may hinder the sustainability of tacit collusion.

Keywords: Collusion; Access; Regulation; Vertical Structure

Morally Motivated Self-Regulation

American Economic Review, Volume 100, Issue 4, September 2010, Pages 1299 – 1329.

Authors: Baron, David P.

Abstract:

Self-regulation is the private provision of public goods and private redistribution. This paper examines the scope of self-regulation motivated by altruistic moral preferences that are reciprocal and stronger the closer are citizens in a socioeconomic distance. The focus is on the role of organizations in increasing self-regulation by mitigating free-rider problems. Social label and certification organizations can expand the scope of self-regulation but not beyond that with unconditional altruism. Enforcement organizations expand the scope of self-regulation farther, and for-profit enforcement is more aggressive than nonprofit enforcement. Enforcement through social pressure imposed by NGOs also expands the scope of self-regulation.

Intertemporal Price Discrimination and Competition

Journal of Economic Behavior and Organization, Volume 73, Issue 2, February 2010, Pages 273 - 293.

Authors: Bayer, Ralph - C

Abstract:

In this study we investigate the impact of competition on markets for non-durable goods where intertemporal price discrimination is possible. We develop a simple model of different potential scenarios for intertemporal price discrimination and implement it in a laboratory experiment. We compare the outcomes in monopolies and duopolies. Surprisingly, we find that competition does not necessarily prevent intertemporal price discrimination, as our model predicts. However, competition generally reduces sales prices, but by far less than theory predicts. As expected - but not predicted by our simple model - competition increases efficiency.

Keywords: Price Discrimination; Oligopoly; Market Experiments

Comparing Merger Policies in the European Union and the United States

Review of Industrial Organization, Volume 36, Issue 4, 2010, Pages 305 - 331.

Authors: Bergman, Mats; Coate, Malcolm; Jakobsson, Maria; Ulrick, Shawn

Abstract:

We collect a sample of EU and US merger investigations, estimate models of the regulatory decisions, and use the models to compare merger policies. Our approach allows us to decompose observed differences into policy effects and case-mix effects. Focusing on dominance mergers, we find that the EU is tougher than the US on average, in particular for mergers resulting in moderate market shares. However, the US appears to be more aggressive for coordinated interaction and non-dominance unilateral effects cases. Overall, our analysis detects substantial differences in policies, but it does not classify one regime as being more aggressive than the other.

Keywords: Antitrust-Comparative Regulatory Policy-Merger Policy-Oaxaca Decomposition

Network Effects, Network Structure and Consumer Interaction in Mobile Telecommunications in Europe and Asia

Journal of Economic Behavior and Organization, Volume 76, Issue 2, November 2010, Pages 153 - 167.

Authors: Birke, Daniel; Swann, G. M. Peter

Abstract:

This paper estimates the importance of (tariff-mediated) network effects and the impact of a consumer's social network on her choice of mobile phone provider. The study uses network data obtained from surveys of students in several European and Asian countries. We use the Quadratic Assignment Procedure, a non-parametric permutation test, to adjust for the particular error structure of network data. We find that respondents strongly coordinate their choice of mobile phone providers, but only if their provider induces network effects. This suggests that this coordination depends on network effects rather than on information contagion or pressure to conform to the social environment.

Keywords: Network Effects; Social Networks; Mobile Telecommunications; QAP

Increasing Market Interconnection: An Analysis of the Italian Electricity Spot Market

International Journal of Industrial Organization, Volume 28, Issue 3, May 2010, Pages 311 - 322.

Authors: Boffa, Federico; Pingali, Viswanath; Vannoni, Davide

Abstract:

We estimate the benefits (in terms of savings to end-users) resulting from an improved interconnectivity in the Italian electricity spot market. The market is currently divided into two geographic zones - North and South - with limited inter-zonal transmission capacity that often induces congestion, and hence potential inefficiency. By simulating a fully interconnected market, we predict that the total spot market expenditure would reduce substantially. Moreover, since savings do not increase linearly with the size of new transmission capacity, even a slight increment to transmission capacity is found to substantially reduce end-users' expenditures. Finally, our analysis shows that the (partly State owned) dominant firm in the market is not maximizing short-term profits.

Enhancing Market Power by Reducing Switching Costs

Economics Letters Volume 109, Issue 2, November 2010, Pages 131 - 133.

Authors: Bouckaerta, Jan; Degryseb, Hans; Provoostc, Thomas

Abstract:

A proportional decrease in switching costs increases competition and social welfare. However, a lump-sum decrease in switching costs softens competition and does not invariably increase social welfare.

Incentives, Equality and Contract Renegotiations: Theory and Evidence in the Chinese Banking Industry

The Journal of Industrial Economics, Volume 58, Issue 1, March 2010, Pages 156 - 189.

Authors: Cai, Hongbin; Li, Hongbin; Zhou, Li - an

Abstract:

Renegotiation plays an important role in contract theory, but the empirical study of renegotiation is almost non-existent in the literature. Using a unique dataset from the Chinese banking industry, we find that the large majority of managerial incentive contracts are renegotiated after performances are realized. We develop a model of contract renegotiation where supervisors and managers sign incentive contracts and then renegotiate them. In the unique equilibrium of the model, incentive contracts are almost always renegotiated ex post. Even though renegotiation is fully anticipated, incentive contracts affect performance. The predictions of the model find strong support from our empirical results.

Feedback Control in a Cournot-Theocharis Oligopoly Model

Nonlinear Analysis: Real World Applications, Volume 11, Issue 3, June 2010, Pages 2091 - 2099.

Authors: Cánovas, José S.

Abstract:

We study how the introduction of a feedback control in a Cournot-Theocharis oligopoly model produces the stabilization of the Cournot equilibrium point. We also analyze how this fact influences the global dynamics of the model.

Competition, Monopoly, and Aftermarkets

Journal of Law, Economics, and Organization, Volume 26, Issue 1, 2010, Pages 54 - 91.

Authors: Carlton, Dennis; Waldman, Michael

Abstract:

Consider a durable goods producer that has the option of monopolizing an aftermarket such as repair for its own product. An important question is whether such monopolization reduces welfare? We show that the answer to this question is frequently no. In particular, we explore three models that illustrate various ways in which aftermarket monopolization can reduce inefficiencies and thus increase social welfare and frequently also consumer welfare. Our article shows that efficiency enhancing aftermarket monopolization may be much more common than previous literature suggests.

Approval Regulation and Endogenous Consumer Confidence: Theory and Analogies to Licensing, Safety, and Financial Regulation

Regulation and Governance, Volume 4, Issue 4, December 2010, Pages 383 – 407.

Authors: Carpenter, Daniel; Grimmer, Justin; Lomazoff, Eric

Abstract:

Safety regulation – in the form of pre-market approval, licensure, screening, and product entry limitations – governs numerous market realms, including consumer finance. In this article, we ask whether the effects of safety regulation go beyond safety and affect consumers' beliefs about the distribution of products they can use. We model "approval regulation," where a government regulator must approve the market entry of a product based upon observable, unbiased, and non-anticipable experiments. We show that even if regulator and firm disagree about only quality standards, the disagreement induces the firm to provide more information about its product than it would in the absence of regulation. Put differently, purely first-order disagreements in regulation generate second-order consequences (more certainty about product quality). These second-order consequences of regulation are sufficient to generate first-order effects among end-users (more consumption of superior products), even when users are risk-neutral. In other words, even if approval regulation produces little or no improvement in safety or quality, it still aggregates information useful to "downstream" product users; these users will exhibit higher consumption and will more readily switch to superior products. In contrast with libertarian analyses of entry regulation and licensure, the model predicts that entry restrictions may be associated with greater product or service utilization (consumption) as well as with greater price sensitivity among consumers. Because contemporary cost – benefit analyses ignore these second-order effects, they are unlikely to capture the possible confidence effects of approval regulation.

Keywords: Approval Regulation Safety Regulation Pharmaceuticals Licensing Financial Regulation

Early Entrant Protection in Approval Regulation: Theory and Evidence from FDA Drug Review

The Journal of Law, Economics and Organization, Volume 26, Issue 3, 2010, Pages 515 – 545.

Authors: Carpenter, Daniel; Moffitt, Susan; Moore, Colin; Rynbrandt, Ryan; Ting, Michael; Yohai, Ian; Zucker, Evan James

Abstract:

Early entrant protection in approval regulation exists when the first incumbents in an exclusive market niche receive more favorable regulatory treatment than later entrants. We show that this pattern can prevail for two reasons: regulatory capture and consumer co-optation. We consider a decision-theoretic model of dynamic product approval by an uncertain regulator. The model predicts early entrant protection even when later entrants offer quality improvements over market incumbents. We then test the model using duration analyses of

New Drug Application approval times for 1080 new molecular entities submitted to the US Food and Drug Administration（FDA）from 1950 to 2006 and later approved. FDA approval times are shown to be increasing in order of market entry for the entire period studied and across numerous subsamples. A standard deviation rise in the log of order of entry is associated with a 3.6-month increase in expected FDA approval time. The entry-order gradient appears to be heavily influenced by disease-level variables but not by firm-level effects，supporting a consumer co-optation explanation and disfavoring capture and producer rent-seeking accounts. The gradient appears heightened by the 1962 Kefauver-Harris Amendments but unaffected by the 1992 Prescription Drug User Fee Act；the influence of some disease-level factors upon the gradient may have been reduced by the 1992 statute.

European Antitrust Policy 1957－2004：An Analysis of Commission Decisions

Review of Industrial Organization，Volume 36，Issue 2，2010，Pages 97－131.

Authors：Carree，Martin；Günster，Andrea；Schinkel，Maarten

Abstract：

This paper provides a survey of European antitrust law enforcement since its foundation in the Treaty of Rome of 1957 up to and including 2004. We present a complete overview and statistical analysis of all 538 formal Commission decisions under Articles 81，82，and 86 of the European Community Treaty. We report a range of summary statistics concerning report route，investigation duration，length of the decision，decision type，imposed fines，number of parties，sector classification，nationality，and Commissioner and Director General responsible. The statistics are linked to changes in legislation and administrative implementation，thereby providing an historical overview that summarizes the Commission's work in the area of antitrust. One or more appeals were filed with respect to 161 of the 538 decisions. We estimate the determinants of the size of the imposed fine and probability of appeal when an infringement has been found.

Keywords：Antitrust-Appeal-Competition Policy-European Commission

An Asymmetric Oligopolist can Improve Welfare by Raising Price

Review of Industrial Organization，Volume 36，Issue 1，2010，Pages 75－96.

Authors：Chang，Ming

Abstract：

We demonstrate that，in Bertrand/Cournot equilibrium，a firm with a relatively small market share may improve social welfare by raising its price. This could be because the price increase can mitigate an output-structure distortion：if there are two goods which have the same marginal cost，then，under some conditions，the good in higher demand（the efficient good）will have a higher markup rate than the other good（the inefficient good）. This suggests that the output structure is distorted in favor of the inefficient good，since the higher markup rate of the efficient good should lead to a considerable increase in demand for the inefficient good.

Keywords：Asymmetric Oligopoly-Diversity Value-Horizontal Product Differentiation-Output Structure-Vertical Product Differentiation

Unitary Regulatory Supervision or Multi-entity Supervision? A Computational Approach to a Numbers Problem in Financial Regulation

Regulation and Governance，Volume 4，Issue 4，December 2010，Pages 435－464.

Authors：Colel，Benjamin M.；Banerjee，Preeta M.

Abstract:

Policymakers globally have debated (and often implemented) the idea of consolidating numerous financial regulatory supervisory entities into one unitary entity. This article uses a computational model to explore the effect such a decision would have on supervisory performance. Using insights from organizational scholarship on consensus-making among individuals within organizations, the simulation suggests that under most conditions a unitary supervisory entity yields lower performance than smaller, numerous entities with unique mandates, keeping the number of regulatory inspectors constant. This result arises from the heterogeneity of perspectives being shared within the entity and the influence of precedent actions. The results also show a decreasing utility to disaggregation: performance decreases when too few inspectors share among themselves in building consensus. When insufficient heterogeneity within supervisors exists, unitary frameworks outperform multi-entity frameworks. These findings have implications on the design of supervisory frameworks and contribute to research on consensus-building, heterogeneous group membership, and computational modeling.

Keywords: Consensus-building; Diversity; N-K Model; Perspective; Supervisory Entity

Price Variation Antagonism and Firm Pricing Policies

Journal of Economic Behavior and Organization, Volume 75, Issue 2, August 2010, Pages 235 - 249.

Authors: Courty, Pascal; Pagliero, Mario

Abstract:

Pricing schemes that vary prices in response to demand shocks may antagonize consumers and reduce demand. At the same time, consumers may take advantage of the opportunities offered by price changes. Overall, the net impact of varying price on demand is ambiguous. We investigate this issue empirically, exploiting a unique dataset from a firm that has experimented with different pricing schemes. Each scheme is characterized by how much prices respond to fluctuations in demand and generates different amounts of price variability. We find that greater variability in prices does not lead to diminished demand. We discuss the implications of our findings in terms of the consumer antagonism hypothesis.

Keywords: Consumer Demand; Consumer Antagonism; Price Variation; Responsive Pricing; Fairness

Party Organization and Electoral Competition

The Journal of Law, Economics and Organization, Volume 26, Issue 2, 2010, Pages 212 - 242.

Authors: Crutzen, Benoît; Castanheira, Micael; Sahuguet, Nicolas

Abstract:

We propose a model in which two parties select the internal organization that helps them win the election. Party choices provide incentives to the politicians who represent them. Depending on whether politicians are opportunistic or partisan, we identify four effects. First, a selection effect: intraparty competition gives parties more candidates to choose from. Second, an incentive effect: intraparty competition adds a hurdle and impacts on candidates' incentives. Third, a trust effect: because of the incentive effect, intraparty competition is a signal to uninformed voters. Finally, with partisan preferences, an ideology effect appears. Ideology is a public good in a competitive party and induces free riding. Intraparty competition is valuable when voters are badly informed or intraparty competition is weak. These results rationalize the introduction of direct primaries in the United States, the organizational changes in Western European parties since 1960, and the organizational differences between centrist and extreme parties.

Driving growth: Regulatory Reform and Expressways in Indonesia

Regulation and Governance, Volume 4, Issue 4, December 2010, Pages 465 –484.

Authors: Davidson, Jamie S.

Abstract:

This article uses the case study of Indonesian governments' attempts to construct a 1, 000 kilometer toll road through the densest parts of Java to shed light on how governments with a checkered past of enforcing contracts and protecting private property rights go about establishing the requisite regulatory framework to attract private investment for infrastructure. While regulatory reform has taken place in Indonesia, vested interests and power will keep the country's political economy from taking on World Bank-promoted best practice characteristics. Programs that promote private sector participation in infrastructure need to be reconsidered where the main ingredients for these programs' success exist in small measures.

Keywords: Governance; Highway; Indonesia; Infrastructure; Regulatory Reform

Containing Systemic Risk: Paradigm-based Perspectives on Regulatory Reform

Economía, Volume11, Issue1, Fall 2010, Pages 25 –52.

Authors: De la Torre, Augusto; Ize, Alain

DOI: 10. 1353/eco. 2010. 0008

Abstract:

Financial crises can happen for a variety of reasons: (a) nobody really understands what is going on (the collective cognition paradigm); (b) some understand better than others and take advantage of their knowledge (the asymmetric information paradigm); (c) everybody understands, but crises are a natural part of the financial landscape (the costly enforcement paradigm); or (d) everybody understands, yet no one acts because private and social interests do not coincide (the collective action paradigm). The four paradigms have different and often conflicting prudential policy implications. This paper proposes and discusses three sets of reforms that would give due weight to the insights from the collective action and collective cognition paradigms by redrawing the regulatory perimeter to internalize systemic risk without promoting dynamic regulatory arbitrage; introducing a truly systemic liquidity regulation that moves away from a purely idiosyncratic focus on maturity mismatches; and building up the supervisory function while avoiding the pitfalls of expanded official oversight.

Exclusive Dealing with Network Effects

International Journal of Industrial Organization, Volume 28, Issue 2, March 2010, Pages 145 –154.

Authors: Doganoglu, Toker; Wright, Julian

Abstract:

This paper explores the ability of an incumbent to use introductory offers to dominate a market in the face of a more efficient rival when network effects rather than scale economies are present. Both in the case of one-sided and two-sided markets, for introductory offers to be profitable when consumers can multihome, they need to be discriminatory and exclusive. In this setting, exclusivity as opposed to just commitment to purchase is critical—consumers must commit not to purchase from the rival in the future in order that introductory offers can work. The use of such contracts is anticompetitive and inefficient but does not necessarily result in complete foreclosure.

The Effects of Regulating Interchange Fees at Cost on the ATM Market

Economics Letters, 2010, Vol. 107, Issue 2, Pages 187 - 189.

Authors: Donze, Jocelyn; Dubec, Isabelle

Abstract:

We show that regulating interchange fees at cost reduces banks' incentives to deploy free ATMs over time. Simultaneously, more and more charging ATMs are deployed by independent deployers. These results are consistent with the recent evolution of the British ATM market.

Keywords: Banks; ATMs; Interchange; Fees; Cost-based; Regulation

Regulatory Conceptions of Unacceptable Market Practices under Three Policy Scenarios

Journal of Banking Regulation, Volume 12, 2010, Pages 48 - 68.

Authors: Dorn, Nicholas

Abstract:

This article seeks to promote a research agenda on an important and topical issue: how do changes in public policy on financial markets re-shape regulators' conceptions of acceptable and unacceptable market practices, and their related enforcement styles? Three broad regulatory scenarios are tentatively explored and contrasted. Scenario Ⅰ, "regulation lite", is taken as being characteristic of the period before the emergence of the global financial crisis in 2007 - 2008. Scenario Ⅱ, "tightening up", refers to the recent, still-emerging, contested and currently unclear pattern of regulatory activism in response to the crisis. Scenario Ⅲ refers to the possibility that financial market regulation might develop further in a context of "EU economic government". The objective is to explore how, under each of those policy scenarios, financial market regulators construe conflict of interest and insider trading, how they differentiate these from normal market practices, and what are the response options.

Keywords: Financial Market Regulation; Acceptable/Unacceptable Market Practices; European Union; Conflict of Interest; Insider Trading; Scenarios

Does Competition Affect Giving?

Journal of Economic Behavior and Organization, Volume 74, Issues 1 - 2, May 2010, Pages 82 - 103.

Authors: Duffy, John; Kornienko, Tatiana

Abstract:

Charities often devise fund-raising strategies that exploit natural human competitiveness in combination with the desire for public recognition. We explore whether institutions promoting competition can affect altruistic giving - even when possibilities for public acclaim are minimal. In a controlled laboratory experiment based on a sequential "dictator game", we find that subjects tend to give more when placed in a generosity tournament, and tend to give less when placed in an earnings tournament - even if there is no award whatsoever for winning the tournament. Further we find that subjects' experimental behavior correlates with their responses to a post-experiment questionnaire, particularly questions addressing altruistic and rivalrous behavior. Based on this evidence, we argue that behavior in our experiment is driven, in part, by innate competitive motives.

Keywords: Dictator Game; Charitable Giving; Competitive Altruism; Relative Standing; Tournaments; Factor Analysis

Investment Spikes and Uncertainty in the Petroleum Refining Industry

The Journal of Industrial Economics, Volume 58, Issue 1, March 2010, Pages 190 -213.

Authors: Dunne, Timothy; Mu, Xiaoyi

Abstract:

This paper investigates the effect of uncertainty on the investment decisions of petroleum refineries in the U. S. We construct uncertainty measures from the commodity futures market and use data on actual capacity changes to measure investment episodes. Since capacity changes in U. S. refineries occur infrequently, we empirically model the investment process using hazard models. An increase in uncertainty decreases the probability that a refinery might adjust its capacity. The results are robust to various investment thresholds. Our findings lend support to theories that emphasize the role of irreversibility in investment decisions.

The Impact of Regulation on Innovation and Choice in Wireless Communications

The Review of Network Economic, Volume 9, Issue 1, 2010.

Authors: Ehrlich, Everett; Eisenach, Jeffrey; Leighton, Wayne

DOI: 10. 2202/1446 -9022. 1194.

Abstract:

Proposals to increase regulation of mobile wireless services, for example, by applying "net neutrality" regulation, are often based on claims that such regulation would enhance innovation and increase consumer choice. In fact, they would have the opposite effect. The business practices that would be banned by such regulation are efficient mechanisms for spreading and reducing risk, lowering transactions costs, and enhancing marketing activities, all of which contribute to innovation and choice. Moreover, product differentiation increases competition and thus contributes both directly and indirectly to consumer choice. While some types of exclusive agreements and other "discriminatory" practices can theoretically harm competition, the precondition for such harm to occur – i. e., market power in one or more of the affected markets – generally is not present in wireless markets. Hence, the proposed regulations cannot be justified on grounds of market failure. Rather than increasing innovation and consumer choice, as promised, they would severely disrupt the wireless sector's highly successful business model and significantly reduce innovation and consumer choice.

Why were FIFA World Cup Tickets so Cheap? Monopoly Pricing, Demand Quality and Two-sided Markets

Journal of Economic Psychology, Volume 31, Issue 2, April 2010, Pages 212 -217.

Authors: Eichhorna, Christoph; Sahm, Marco

Abstract:

We examine the pricing decision of a multi-product monopolist in a two-sided market with capacity constraints where the type structure of buyers on one side is an important determinant of profit on the other side. Prices below the maximum sellout price and rationing demand in the first market might be optimal to reach a demand quality, i. e. a type distribution more favorable for sales in the second market. The model explains frequently observed underpricing and resale deterrence, e. g. in the (sports) entertainment industry, where the spectators' extraversion is negatively related to their income and serves as an input factor for sponsors.

Keywords: Underpricing; Demand Rationing; Extraversion

Mergers, Cartels and Leniency Programs: The Role of Capital Stocks

Research in Economics, Volume 64, Issue 1, March 2010, Pages 45 -57.

Authors：Emilie，Dargaud

Abstract：

This paper examines the impact of mergers on collusion，depending on the endowment of capital assets among firms. We show that mergers render collusion easier to sustain when an asymmetric capital stock is combined with less-efficient insiders，due to more symmetric conditions and tighter incentive constraints. Moreover，the model allows us to determine an optimal threshold of asymmetry between insiders and outsiders such that mergers have pro-competitive effects；we compare this value with that which would generate perfect symmetry between firms after the merger.

What Causes Industry Agglomeration? Evidence from Coagglomeration Patterns

American Economic Review，Volume 100，Issue 3，June 2010，Pages 1195 – 1213.

Authors：Ellison，Glenn；Glaeser，Edward L.；Kerr，William R.

DOI：10. 1257/aer. 100. 3. 1195

Abstract：

Why do firms cluster near one another? We test Marshall's theories of industrial agglomeration by examining which industries locate near one another，or coagglomerate. We construct pairwise coagglomeration indices for US manufacturing industries from the Economic Census. We then relate coagglomeration levels to the degree to which industry pairs share goods，labor，or ideas. To reduce reverse causality，where collocation drives input-output linkages or hiring patterns，we use data from UK industries and from US areas where the two industries are not collocated. All three of Marshall's theories of agglomeration are supported，with input-output linkages particularly important.

Economics at the FTC：Mergers，Dominant-Firm Conduct，and Consumer Behavior

Review of Industrial Organization，Volume 37，Issue 4，2010，Pages 263 – 277.

Authors：Farrell，Joseph；Pappalardo，Janis；Shelanski，Howard

Abstract：

Economists at the Federal Trade Commission（FTC）pursue the agency's competition and consumer protection missions. In this year's essay，in antitrust，we discuss the new Merger Guidelines，three exclusion cases，and R&D issues in the Thoratec/HeartWare merger and the Google/AdMob merger. In consumer protection，we discuss the FTC's new rule on debt settlement，our efforts to improve disclosures，and our recent work on appliance energy disclosures.

Keywords：Antitrust-Consumer Protection-FTC-Mergers-Mandatory Disclosures-Appliance Labeling

The Determinants of State-Level Antitrust Activity

Review of Industrial Organization，Volume 37，Issue 3，2010，Pages 179 – 196.

Authors：Feinberg，Robert；Reynolds，Kara

Abstract：

While there has been a considerable literature exploring the determinants of antitrust enforcement in the United States，these studies have been based either on aggregate federal enforcement data over time（exploring cyclical influences）or cross-industry studies，usually for a single year or aggregated over several years. What has never been investigated is the pattern of state-level antitrust litigation. This is somewhat surprising，as this has been a major activity of many state attorneys general. In this paper，we explain state antitrust activity across states，examining a number of the economic and political determinants that have been proposed in the literature.

Keywords: Antitrust Enforcement-Political Economy

How Institutions and Regulation Shape the Influence of Bank Concentration on Economic Growth: Lnternational Evidence

International Review of Law and Economics, Volume 30, Issue 1, March 2010, Pages 28 – 36.

Authors: FernÃindez, Ana I. ; GonzÃilez, Francisco; SuÃirez, Nuria

Abstract:

This paper analyzes how the effect of bank concentration on economic growth varies across countries depending on bank regulation, supervision, and institutions. Results for 84 countries over the 1980 – 2004 period indicate that bank concentration generally has a negative effect on economic growth, an effect that disappears in countries with poorer-quality institutional environments. This result is consistent with the idea that bank concentration contributes more to the development of lending relationships with borrowers in countries where the poor quality of institutions impedes market development. Tighter restrictions on bank activities also reduce the negative influence of bank concentration on economic growth. More market monitoring, however, is associated with a stronger negative influence of bank concentration on economic growth.

Does Vertical Integration Affect Firm Performance? Evidence from the Airline Industry

The Rand Journal of Economics, Volume 41, Issue 4, 2010, Pages 765 – 790.

Authors: Forbes, Silke; Lederman, Mara

DOI: 10. 1111/j. 1756 – 2171. 2010. 00120

Abstract:

We investigate the effects of vertical integration on operational performance. Large U. S. airlines use regional partners to operate some of their flights. Regionals may be owned or governed through contracts. We estimate whether an airline's use of an owned, rather than independent, regional at an airport affects delays and cancellations on the airline's own flights out of that airport. We find that integrated airlines perform systematically better than nonintegrated airlines at the same airport on the same day. Furthermore, the performance advantage increases on days with adverse weather and when airports are more congested. These findings suggest that, in this setting, vertical integration may facilitate real-time adaptation decisions.

Post Crisis Challenges to Bank Regulation

Economic Policy, Volume 25, Issue 62, 2010, Pages 375 – 399.

Authors: Freixas, Xavier

Abstract:

The current crisis has swept aside not only the whole of the U. S. investment banking industry but also the consensual perception of banking risks, contagion and their implication for banking regulation. As everyone agrees now, risks where mispriced, they accumulated in neuralgic points of the financial system, and where amplified by procyclical regulation as well as by the instability and fragility of financial institutions. The use of ratings as carved in stone and lack of adequate procedure to swiftly deal with systemic institutions bankruptcy (whether too-big-to-fail, too complex to fail or too-many to fail). The current paper will not deal with the description and analysis of the crisis, already covered in other contributions to this issue will address the critical choice regulatory authorities will face. In the future regulation has to change, but it is not clear that it will change in the right direction. This may occur if regulatory authorities, possibly influenced by public opinion and political pressure, adopt an incorrect view of financial crisis prevention and management. Indeed, there are two approaches to post-crisis regulation. One is the rare event approach, whereby financial crises will occur infrequently, but are inescapable.

Social Comparison and Performance: Experimental Evidence on the Fair Wage-effort Hypothesis

Journal of Economic Behavior and Organization, Volume 76, Issue 3, 2010, Pages 531 – 543.

Authors: Gächter, Simon; Thäni, Christian

Abstract:

We investigate the impact of wage comparisons for worker productivity. We present three studies which all use three-person gift-exchange experiments. Consistent with Akerlof and Yellen's (1990) fair wage-effort hypothesis we find that disadvantageous wage discrimination leads to lower efforts while advantageous wage discrimination does not increase efforts on average. Two studies allow us to measure wage comparison effects at the individual level. We observe strongly heterogeneous wage comparison effects. We also find that reactions to wage discrimination can be attributed to the underlying intentions of discrimination rather than to payoff consequences.

Keywords: Fair Wage-effort Hypothesis; Wage Comparison; Gift Exchange; Horizontal Fairness; Wage Discrimination; Labor Market Experiments; Strategy Method; Individual Heterogeneity

Expansion and Contraction in Monopolization Law

Antitrust Law Journal, Volume 76, Issus 3, Pages 653.

Authors: Gal, Michal; Tor, Avishalom; Waller, Spencer

Abstract:

This article introduces a special symposium issue of the Antitrust Law Journal based on a conference on monopolization. It argues that monopolization law has been experiencing simultaneous expansion and contraction processes that are not wholly contradictory but at least partly complementary. Specifically, the authors suggest that the contraction of monopolization law in the United States and the EU might serve to facilitate its expansion and increased importance worldwide, providing other antitrust regimes with more focused and effective tools to address the challenges involved in regulating dominant firms. Moreover, monopolization law's increased reach internationally also has made its refinement and rationalization all the more important for jurisdictions seeking to avoid the harmful chilling effects associated with excessive enforcement in this area. Finally, the contraction of monopolization law might also be motivated by external pressures, resulting from spillover effects. A better understanding and evaluation of these expansion and contraction trends is therefore likely to necessitate their joint rather than separate evaluation in future antitrust scholarship.

Excessive Pricing, Entry, Assessment, and Investment: Lessons from the Mittal Litigation

Antitrust Law Journal, Volume 76, Issue 3, 2010, Pages 873.

Authors: Gilo, David; Ezrachi, Ariel

Abstract:

The role of antitrust in curtailing excessive prices has long been a contentious area. Consequently, the charging of excessive prices has been subjected to diverse levels of enforcement across the world. U. S. antitrust law, for example, does not encompass the charging of high prices as such, and was held not to "condemn the resultant of those very forces which it is its prime object to foster: finis opus coronat." By contrast, competition laws in other jurisdictions provide for the condemnation of excessive or unfair pricing. Such is the case under EU competition law, the competition provisions in the European Member States, and in other jurisdictions across the world. But even among those competition regimes which do intervene against the charging of excessive prices as such, one may identify different levels of enthusiasm for doing so. In Europe, for example, recent years have witnessed a restrained approach by the European Commission but a more proactive approach by some of the competition authorities of the Member States. Varying levels of intervention reflect a controversy as to the merit of prohibiting excessive pricing. Three main grounds are often used to justify non-or limited intervention: (1) intervention is not necessary, as high prices would be competed away by new entry, attracted by the excessive price; (2) there are practical difficulties in speculating what a price would have been had there been competition and in determining the excessiveness of the prices actually charged; and (3) enforcement which targets excessive prices may chill innovation and investment. To illustrate the difficulties of assessment and to question some of the justifications that are used to rationalize non-intervention, this article reviews the recent litigation in South Africa related to alleged excessive pricing by Mittal Steel. We use the decisions of the South African Competition Tribunal and the South African Competition Appeal Court as a case study to highlight both the complexity of, and possible merit in, antitrust intervention against excessive pricing. Our analysis focuses on the three grounds for non-intervention. First, with respect to the self-correcting nature of excessive prices, we illustrate how excessive prices, in and of themselves, do not attract new entry when potential entrants are either informed or uninformed about their post-entry profits. Referring to our previous work on this subject, we question the South African Competition Tribunal' s holding in the Mittal case with respect to the prerequisite conditions for intervention against excessive pricing. Second, we consider how the difficulties of assessing what is an excessive price affected the outcome in the Mittal litigation. Without underestimating these difficulties, we consider how they may be alleviated in certain cases through reasonable methods for inferring what may constitute an excessive price. Third, while acknowledging the possible validity of concerns about chilling ex ante investment, we outline instances in which these concerns should not serve to support nonintervention. It should be stressed that this article does not advocate across-the-board intervention. It does, however, question the validity of a categorical "hands-off" approach, which deems excessive prices to be outside the realm of competition law. We consider separately the weight that should be assigned to each ground for non-intervention. Subsequently, we argue in favor of a case-by-case approach which explores the factual matrix of each case and considers the benefits, costs, and net effects of intervention.

Regulating Misinformation

Journal of Public Economics, Volume 94, Issue 3, 2010, Pages 247 - 257.

Authors: Glaeser, Edward L; Ujhelyi, Gergely

Abstract:

The government has responded to misleading advertising by banning it, engaging in counter-advertising and taxing the product. In this paper, we consider the social welfare effects of those different responses to misinformation. While misinformation lowers consumer surplus, its effect on social welfare is ambiguous. Misleading advertising leads to overconsumption but that may be offsetting the under-consumption associated with monopoly prices. If all advertising is misinformation then a tax or quantity restriction on advertising maximizes social welfare. Other policy interventions are inferior and cannot improve on a pure advertising tax. If it is impossible to tax misleading information without also taxing utility increasing advertising, then combining taxes or bans on advertising with other policies can increase welfare.

The Impact of External Forces on Cartel Network Dynamics: Direct Research in the Diamond Industry

Industrial Marketing Management, Volume 39, Issue 2, February 2010, Pages 202 – 210.

Authors: Gupta, Samir; Polonsky, Michael; Woodside, Arch; Webster, Cynthia M.

Abstract:

This paper describes the impact of external environmental forces on cartel networks. Using a case research approach, this report examines two leading business networks within one industry, over time. The results suggest that (a) bargaining power of intermediaries increases with the advent of new and powerful actors, (b) process activities that cartels previously controlled are being outsourced to new actors sometimes based in developing countries, (c) other actors are acquiring resources once dominated by a cartel, (d) external forces triggered by the illegal diamond trade, such as international regulatory constraints, no longer favour cartels like De Beers, and (e) over time, these and additional environment factors are forcing actors like De Beers who perform rigid process activities to become more flexible. For example, forces are moving cartels which relied previously on hand-picked intermediaries in highly controlled networks to market their products to adopt a flexible market-focused expansion of operations in retail contexts.

Optimal Public Policy with Endogenous Mortality

Journal of Economic Policy Reform, Volume 13, Issue 3, 2010, Pages 241 – 249.

Authors: Guptaa, Rangan; Zirambab, Emmanuel

DOI: 10. 1080/17487870. 2010. 503085

Abstract:

We analyze the welfare-maximizing policy mix between explicit and implicit taxation, where the probability of survival of the young agents depends upon the share of government expenditure on health, education and infrastructure. We show that increases in the survival probability lead to an increase in the reliance on seigniorage as a welfare maximizing outcome. However, the seigniorage tax base must be large enough for the benevolent planner to use the inflation tax.

Network-Based Price Discrimination and "Bill-and-Keep" vs. "Cost-Based" Regulation of Mobile Termination Rates

The Review of Network Economic, Volume 9, Issue 1, 2010.

Authors: Harbord, David; Pagnozzi, Marco

DOI: 10. 2202/1446 – 9022. 1196

Abstract:

This paper surveys the recent literature on competition between mobile networks in the presence of call externalities and network effects. It argues that the regulation of mobile termination rates based on fully allocated costs, or "long-run incremental cost plus," exacerbates the network effects associated with "tariff-mediated network externalities," by increasing mobile networks' on-net/off-net price differentials. This reduces welfare and acts as a barrier to growth for smaller networks and new entrants. The paper argues for the adoption of "bill-and-keep" for mobile termination rates, and responds to recent theoretical arguments which suggest that such a move might harm mobile subscribers.

Oligopoly Price Discrimination with Many Prices

Economics Letters, Volume 109, Issue 3, December 2010, Pages 150 – 153.

Authors: Hazledine, Tim

Abstract:

The model of price discrimination in Cournot – Nash oligopoly is extended to the case of many prices, analogous to 1st degree monopoly price discrimination. In the limit all viable customers are served, but the price charged the keenest customers is well below the highest price charged by a monopoly.

Regulation of Private Equity

Journal of Banking Regulation, Volume 12, 2010, Pages 24 – 47.

DOI: 10.1057/jbr.2010.4

Authors: Heed, Andreas

Abstract:

Private equity refers to highly leveraged merger and acquisition activity aimed at alternative assets with the involvement of specialised management assistance. The beneficial elements of private equity include the creation of job opportunities and contribution to economic growth. The fact that investments are made in alternative assets makes the market somewhat opaque to outsiders, and the lack of standardised methodologies for disclosure and performance reporting limits the availability of a lender to monitor the credit quality of a borrower. The major area of (regulatory) concern in private equity relates to the use of leveraged finance. Increase in the availability of debt capital and the emergence of new funding techniques led to a private equity boom in the beginning of the 2000s, with a resulting magnification in transaction frequency and value. In addition, multiples rose, transaction structures were extended and covenants weakened. These new properties of the private equity market raised concerns about the risks associated with the provision of leveraged finance by various financial institutions. Providers of leveraged finance are now subjected to distinctive risks that in the case of realisation may have implications on financial stability. The fact that the private equity market demonstrates similarities to the US sub-prime the mortgage market has raised further concerns about systemic risk present in the sector. This article asks the question if the inherent features of private equity provide for risks that can result in systemic instability and thus create a rationale for regulation.

Keywords: Financial Regulation; Private Equity; Systemic Risk; Concentration of Debt; Leveraged Finance; The Originate-to-distribute Model

Labor Market Regulation and the Legal System

International Review of Law & Economics, Volume 30, Issue 3, 2010, Pages 218 – 225.

Authors: Hefeker, Carsten; Neugart, Michael

Abstract:

When enacting labor market regulation governments face courts that interpret and implement the legal code. We show that the incentives for governments for labor market reform increase with the uncertainty that is involved in the implementation of legal codes through courts. Given that judges have more discretion in common as opposed to civil law systems more reform activity as a response to crises should be observed in the former system. This finding is backed by evidence from a panel of OECD countries.

Monopoly Pricing of an Antibiotic Subject to Bacterial Resistance

Journal of Health Economics, Volume 29, Issue 1, January 2010, Pages 137 – 150.

Authors: Herrmann, Markus

Abstract：

We develop a dynamic bio-economic model of bacterial resistance and disease transmission in which we characterize the pricing policy of a monopolist who is protected by a patent. After expiration, the monopolist behaves competitively in a generic industry having open access to the common pool of antibiotic efficacy and infection. The monopolist manages endogenously the levels of antibiotic efficacy as well as the infected population, which represent quality and market size respectively and achieves, at least temporarily, higher such levels than a hypothetically myopic monopolist who does not take into account the dynamic externalities. The pricing policy and the biological system is characterized by the *turnpike* property. Before the patent vanishes, the monopolist behaves more and more myopically, leading to a continuous decrease in the price of the antibiotic. Once the generic industry takes over, a discontinuous fall in price occurs. Whether a prolongation of the patent is socially desirable depends on the relative levels of antibiotic efficacy and infection.

Keywords：Antibiotic Efficacy; Public Health; Monopoly Pricing; Turnpike; Patent Length

Evaluating the Efficiency Effects of Industry Consolidation：Evidence from U. S. Interstate Pipeline Companies

International Journal of Energy Sector Management, Volume 4, Issue 3, 2010.

Authors：Hess, Borge

Abstract：

Purpose – Since the early 1990s, the U. S. natural gas sector is characterized by substantial industry restructuring as a result of regulatory requirements following a liberalization objective. Accordingly, firms have chosen different strategies as a reaction of regulatory constraints, such as acquisitions, forming holding companies, or joint venture investment. In order to contribute to the success of business strategies driven by the regulatory framework, the purpose of this paper is to provide first evidence for the impacts of business strategies on a firm's efficiency within the gas transmission business.

Design/methodology/approach – The approach taken is a stochastic frontier analysis.

Findings – The results highlighted significant effects of acquisitions, holding structures, and joint ventures within the industry on the firms' technical efficiency estimates. The paper finds evidence for efficiency improvements caused by the new shareholder. The results suggested those holdings to be successful which have great experience in the construction and operation of oil pipelines. In the case that firms formed a joint venture to construct and operate a gas transportation pipeline, the empirical analysis showed a negative impact of such a joint venture on technical efficiency of the pipeline company.

Originality/value – The paper provides evidence for the missing link between operating performance and the evaluation of different business strategies in terms of efficiency within the natural gas interstate pipeline industry.

Optimal Antitrust Enforcement, Dynamic Competition, and Changing Economic Conditions

Antitrust Law Journal, Volume77, Issue1, 2010.

Authors：Hylton, Keith; Lin, Haizhen

Abstract：

The recent financial crisis and recession provide an opportunity to reexamine the dynamic versus static efficiency trade off in antitrust enforcement policy. We examine implications of the optimal antitrust enforcement model when dynamic efficiency is incorporated. The "dynamic enforcement model" examined here provides a positive theory of Section 2 doctrine, some suggestions for modifying enforcement in light of its dynamic costs, and implies antitrust enforcers should put a greater weight on dynamic efficiency during recessions.

The Effects of Average Norm Model Regulation: The Case of Electricity Distribution in Sweden

Review of Industrial Organization, Volume 36, Issue 3, 2010 Pages 249 -269.

Authors: Jamasb, Tooraj; Söderberg, Magnus

Abstract:

Following the reform of energy sectors, some countries have used engineering norm models in incentive regulation of network utilities. In 2003, Sweden adopted this approach to regulation of electricity distribution networks. This paper examines whether the norm models represent the real networks and create incentives for performance improvement. We analyse data from 138 network concession holders between 2000 and 2007. The results show that norm models are not adequate representations of real networks. Also, utilities that perform better than their norm models tend to behave opportunistically. Finally, we find that private utilities respond more strongly to incentives.

Keywords: Electricity-Incentive-Regulation-Sweden

Business Separation in Telecommunications: Lessons from the U. S. Experience

The Review of Network Economic, Volume 9, Issue1, 2010.

Authors: Jamison, Mark; Sichter, James

DOI: 10. 2202/1446 -9022. 1204

Abstract:

Structural and functional separation of telecommunications operators is being considered in many parts of the world following the U. K. functional separation of BT into retail and network operations. The attractiveness of separation is understandable due to the problems regulators often experience when regulating a monopoly that is vertically integrated into competitive markets, but separation in practice rarely if ever lives up to its promises. We examine experiences with business separation in the United States to draw lessons about its effects. We consider the separation of local and long distance, separation between telecommunications and information services, and separation between wholesale networks and retail services. These experiences show that business separation lowers efficiency and delays innovation, that adapting separation rules to an ever changing industry is costly and creates controversies, that rivals try to gain strategic advantage through the regulatory process, and that behavioral rules can be more effective in facilitating competition and innovation than structural rules.

Signaling Quality Through Prices in an Oligopoly

Games and Economic Behavior, Volume 68, Issue 1, January 2010, Pages 192 -207.

Authors: Janssen, Maarten C. W. ; Roy, Santanu

Abstract:

Firms signal quality through prices even if the market structure is very competitive and price competition is severe. In a symmetric Bertrand oligopoly where products may differ only in their quality and each firm's product quality is private information (unknown to consumers and to other firms), there exist symmetric fully revealing perfect Bayesian equilibria where low quality firms randomize over an interval of prices and high quality firms charge high prices. Signaling requires that the market power and rent of low quality firms be large enough and often this requires that high quality firms exercise sufficient market power. There is a unique symmetric fully revealing equilibrium satisfying the D1 criterion; in this equilibrium too, both low and high quality firms may exhibit considerable market power. Market power of high quality firms may persist even as the number of firms becomes arbitrarily large. Every D1 equilibrium involves some revelation of information.

Public and Private Investments in Regulated Network Industries: Coordination and Competition Issues 1

The Review of Network Economic, Volume 9, Issue 4, 2010.

Authors: Jullien, Bruno; Pouyet, Jerome; Wilfried. Sand-Zantman

Abstract:

This paper analyzes the relationship between a national regulator, an incumbent and a local government in a context where investment in a new network has to be undertaken. In the light of the recent debates on the competition between private firms and local governments, we analyze the limits to be put on the local public intervention in these markets. We show that banning local government intervention can be welfare-enhancing either in the presence inter-districts externality or with asymmetric information or in case of conflicting objectives between the regulator and local governments.

Regulating Credit Rating Agencies: The Issue of Conflicts of Interest in the Rating of Structured Finance Products

Journal of banking regulation, Volume 12, 2010, Pages 1 – 23.

DOI: 10. 1057/jbr. 2010. 3

Authors: Johansson, Tobias

Abstract:

As a result of the financial crisis, the work of the credit rating agencies (CRAs) has been questioned. It is said that they underestimated the risk in structured finance products and allowed conflicts of interest (for example, the issuer-pays model) to affect their ratings. Consequently, the regulatory frameworks have been reviewed. This article reflects upon the ongoing debate and suggests that the issue of conflicts of interest should be approached in a complete and coherent manner; in addition to regulating CRAs, other contributing factors need to be addressed. As a result, three different proposals are put forward. First, it is argued that regulation of CRAs is necessary, but with more global convergence and less detailed provisions than under current regimes. Accordingly, the introduction of a global, principles-based rulebook is advocated. Second, it is suggested that CRAs should be held civilly liable for malfeasance to the same standards of negligence as those applying to other institutions, which is not the case today because of a "privileged" regulatory treatment. Finally, a case is made for less reliance on ratings since that would increase market heterogeneity, thereby contributing to a more resilient financial system that is less susceptible to the potential effects of conflicts of interest in CRAs.

Keywords: Regulation Credit Rating Agencies; Rating-based Regulation; Civil Liability Credit Rating Agencies

The Price Effect of Eliminating Potential Competition: Evidence from an Airline Merger

The Journal of Industrial Economics, Volume58, Issue 4, December 2010, Pages 767 – 793.

Authors: Jr, John Kwoka; Shumilkina, Evgenia

Abstract:

This paper analyzes the gain in pricing power that a firm achieves by merging with a potential competitor in its market. Using pricing data for the merger of USAir and Piedmont, empirical analysis finds that prices rose by 5.0 to 6.0 per cent on routes that one carrier served and the other was a potential entrant. This was more than half the increase on routes where the two carriers had been direct competitors. Other important factors included carrier size, market concentration, incumbent's identity and the potential entrant's presence at one or both endpoints.

The Housing Market Effects of Discrete Land Use Regulations: Evidence from the California Coastal Boundary Zone

Journal of Housing Economics, Volume 19, Issue 4, December 2010, Pages 269 – 279.

Authors: Kahn, Matthew E.; Vaughn, Ryan; Zasloff, Jonathan

Abstract:

The California coast line borders some of the most beautiful and expensive land in the entire world. The California Coastal Commission was created in 1976 to protect the coast line and to regulate land use within the coastal boundary zone. This well defined regulatory boundary offers a unique opportunity to study the consequences of land use regulation on nearby housing located in the same political jurisdiction. Using two different geocoded data sets, we document gentrification within the boundary and discuss possible explanations for these patterns.

Unintended Consequences of the Market Risk Requirement in Banking Regulation

Journal of Economic Dynamics and Control, Volume 34, Issue 10, 2010 Pages 2192 – 2214.

Authors: Keppo, Jussi; Kofman, Leonard; Meng, Xu

Abstract:

We analyze a bank that operates under the Basel credit and market risk requirements, and that maximizes its value through recapitalizations, dividends, and liquid asset investments. According to our model, the market risk requirement may postpone recapitalization and this way increase the bank's default probability. We show that this is indeed the case if the expected return and volatility of the liquid asset portfolio are high, i. e., then the market risk requirement raises the default probability of the bank. In this sense the market risk requirement is inefficient.

The Challenges of Private Antitrust Enforcement in Transition Economies: The Case of Brazil

International Journal of Law and Management, Volume 52, Issue 6, 2010.

Authors: Kirkbride, James; Letza, Steve; Yuan, Dujuan

Abstract:

Purpose – The purpose of this paper is to examine the practical and legal challenges and barriers to the development of a private action in antitrust controls and to project those onto a consideration of the development of such rights of action through a case study of Brazil. Design/methodology/approach – The paper provides a critical review of both the theoretical and practical barriers to the development of private rights of action, drawing upon the history of development in both the USA and in Europe and the regular considerations of policy and law making, through debate at the Organisation for Economic Co-operation and Development. This comparative and historical analysis is projected into models of design and delivery for consideration by law makers. Findings – Despite the different legal traditions and policy considerations of the different jurisdictions, the fundamental design of a common action pan-jurisdictions and outwith conflict of law principles might be possible. The paper proposes a design framework to facilitate and achieve this. The case-study of Brazil presents an interesting and recent context, and illustration, of this process. Practical implications –

The paper provides an historical and comparative account of the development of private rights actions in this area and provides, to the law maker, a framework and set of legal principles and practical enforcement and design guidelines. This framework and its guidelines should assist those countries seeking to introduce such rights of action in the policy area of antitrust control. Originality/value – The historical and comparative approach draws together in one paper a contemporary global position in this area of law development.

Innovation Threats and Strategic Responses in Oligopoly Markets

Journal of Economic Behavior and Organization, Volume 75, Issue 2, August 2010, Pages 203 – 222.

Authors: Kopel, Michael; Kort, Peter

Abstract:

This paper deals with the strategic reaction of firms to competitive threats stemming from newly developed products of actual competitors. Product innovation projects go through multiple time consuming stages with several continuation/termination decisions. Hence, competitors can react to the threat before the new product is introduced and thereby may prevent or facilitate the product's introduction. We consider a duopoly model where Firm 1 can start a two-stage product innovation project for obtaining a horizontally and vertically differentiated product. In-between the two stages Firm 2 can react by making an investment that improves the competitive position of the current product. We find that under weak vertical differentiation Firm 2 wants Firm 1 to innovate. Horizontal differentiation softens competition and Firm 2 over-invests to induce Firm 1 to launch the new product. Second, under strong vertical differentiation Firm 1 starts the product innovation project – triggering under-investment by Firm 2 – but never finishes it. The under-investment makes Firm 2 a weaker competitor, which induces Firm 1 not to innovate. Third, under very strong vertical differentiation Firm 2 prevents a launch of the new product by over-investing. This results in a strong competitive position of Firm 2. It therefore captures such a big market share that Firm 1 will not introduce the new product. The situation of Firm 1 in the old market has worsened. The option to complete the innovation, created by initiating the first stage of the innovation project, has a negative value for Firm 1.

Keywords: Product Innovation; Multi-stage Innovation; Option Value

Technological Leadership and Persistence of Monopoly under Endogenous Entry: Static Versus Dynamic Analysis

Journal of Economic Dynamics and Control, Volume 34, Issue 8, August 2010, Pages 1421 – 1441.

Authors: Kovač, Eugen; Vinogradov, Viatcheslav; Žigić, Krešimir

Abstract:

We build a dynamic oligopoly model with endogenous entry in which a particular firm (leader) invests in an innovation process, facing the subsequent entry of other firms (followers). We identify conditions that make it optimal for the leader in the initial oligopoly situation to undertake pre-emptive R&D investment (strategic predation) eventually resulting in the elimination of all followers. Compared to a static model, the dynamic one provides new insights into the leader's intertemporal investment choice, its optimal decision making, and the dynamics of the market structure over time. We also contrast the leader's investment decisions with those of the social planner.

Do Mergers Improve Efficiency? Evidence from Restructuring the U. S. Electric Power Sector

International Journal of Industrial Organization, Volume 28, Issue 6, November 2010, Pages 645 – 656.

Authors: Kwoka, John; Pollitt, Michael

Abstract:

This paper analyses the performance impact of the merger wave which took place in the U. S. electricity industry during the period 1994 – 2003. It does so by analyzing the impact on operating and total cost in electricity distribution. While there are past studies of efficiency and productivity effects, as well as of prices, profits, and other outcomes, this study differs in several ways. First, the database consists of many merging and non-merging firms, rather than only a few on which to base inferences. Second, all of these mergers arise in a single industry, greatly facilitating controlled comparison. Third, we have data on the several years of pre-merger and post-merger efficiency of the specific merging units, unlike virtually all past studies. Finally, we employ a powerful nonparametric technique—data envelopment analysis—to measure the efficiency of each operating unit. The results indicate that electricity mergers are not consistent with improved cost performance.

Make vs Buy in a Monopoly with Demand or Cost Uncertainty

Research in Economics, Volume 64, Issue 2, June 2010, Pages 101 – 109.

Authors: Lambertini, Luca

Abstract:

The issue of technical progress under uncertainty is nested into the debate on vertical integration versus outsourcing, to show that, in general, the former is preferable to the latter in terms of both expected profits and technological efficiency. It is then shown that there exist (i) an optimal two part tariff where the unit price set by the upstream firm is conditional upon its R&D effort, and (ii) an optimal contract specifying the input price in terms of the initial capabilities of the sub-contractor, whereby the industry replicates the same performance as the vertically integrated firm as for both profits and R&D efforts.

Keywords: Vertical Integration; Outsourcing; Process Innovation; Uncertainty

Natural Oligopolies with Exogenous Sunk Costs: A Non-Suttonian Result

Journal of Mathematical Economics, Volume 46, Issue 5, 20 September 2010, Pages 844 – 854.

Authors: Laussel, Didier; Lahmandi-Ayed, Rim

Abstract:

In a spatial competition model with exogenous fixed costs and divisible goods, we obtain non-Suttonian results. When the economy is infinitely replicated, the number of firms does go to infinity but, as consumers' income goes to infinity, the equilibrium number of firms tends toward a finite value. This occurs because the global demand to each firm becomes in the limit infinitely sensitive to price differentials since they give then rise to infinitely large differences in purchase expenditure.

Regulating Risk-averse Producers: The Case of Complementary Products

Economics Letters, Volume 106, Issue 3, 2010, Pages 230 – 233.

Authors: Li, Zhiyun

Abstract:

This paper studies the impacts of producers' risk-aversion on the relative virtues of integrated production and component production, in the case of complementary products with independent cost realization.

Constitutions, Regulations, and Taxes: Contradictions of Different Aspects of Decentralization

Journal of Comparative Economics, Volume 38, Issue 4, December 2010, Pages 395 – 418.

Authors: Libman, Alexander

Abstract：

The paper confronts different aspects of decentralization：fiscal decentralization，post-constitutional regulatory decentralization，and constitutional decentralization – using a single dataset from the Russian Federation of the Yeltsin period as a politically asymmetric country and a variety of indicators. It finds no robust correlation between different decentralization aspects；moreover，three processes of devolution appearing in the same country at the same time seem to be driven by different（though partly overlapping）forces. Hence，a specific aspect of decentralization is hardly able to serve as a proxy for another one or for the overall decentralization process.

Reform of the Regulation of Liquor

Economic Society of Australia，Volume 29，Issue 4，2010，Pages 397 –406.

Authors：Lloyd，Peter J.

DOI：10. 1111/j. 1759 –3441. 2011. 00091. x

Abstract：

This article reviews the tax bases and rates currently applied to alcoholic beverages in Australia. It then considers changes to the tax base and rates. It advocates a single volumetric base with the rate at least equal to that currently levied on spirits other than brandy. However，improved taxes on alcoholic beverages cannot eliminate the externals harms imposed by some drinkers on other persons. The guiding principle for reform of both taxes and other regulations is that they should focus on the small minority of drinkers who cause harm. Effective policy reform will require careful policy design and a commitment from politicians. Some reforms are moot.

Predicting the Impact of Upstream Mergers on Downstream Markets with an Application to the Retail Gasoline Industry

International Journal of Industrial Organization，Volume 28，Issue 1，January 2010，Pages 99 –111.

Authors：Manuszak，Mark D.

Abstract：

This paper presents an empirical model of oligopolistic supply and demand that reflects divisions between downstream retailers and upstream suppliers in order to evaluate the potential effects of upstream mergers. The demand model allows for downstream product differentiation，while the supply model allows upstream firms to inherit market power from their affiliated retailers. The supply and demand models are jointly estimated using data on the retail gasoline industry for the Hawaiian islands in the 1990s. A number of hypothetical upstream mergers in the Hawaiian retail gasoline industry are simulated to evaluate the effects of the mergers on market outcomes and welfare. Various scenarios with post-merger cost savings are also considered.

Dynamic Oligopoly with Partial Cooperation and Antitrust Threshold

Journal of Economic Behavior and Organization，Volume 73，Issue 2，February 2010，Pages 259 –272.

Authors：Matsumoto，Akio；Merlone，Ugo；Szidarovszky，Ferenc

Abstract：

A general framework of partial cooperation and shareholding interlocks in oligopolies is first introduced，and then the best responses of the firms are determined. The monotonic dependence of the equilibrium industry output on the cooperation levels of the firms is proved. Conditions are given for the local asymptotic stability of the equilibrium which require sufficiently small speed of adjustments. Antitrust thresholds are then introduced into the model which may result in the loss of equilibrium or in the presence of multiple equilibria. The dynamic behavior of the associated dynamic models with adaptive output adjustments also becomes more complex: period -2 cycles may emerge and coexist with stationary states.

Keywords: Oligopolies; Partial Cooperation; Shareholding Interlocks; Antitrust Threshold

What Do We Talk About When We Talk About Corruption?

The Journal of Law, Economics and Organization, Volume 26, Issue 3, 2010, Pages 493 -514.

Authors: Méndez, Fabio; Sepúlveda, Facundo

Abstract:

In this article, we analyze the behavior of three objective measures of corruption: absolute corruption incidence, relative corruption incidence, and corruption rents. We present a theoretical model of bribery and investment in which these measures of corruption are defined and compared. We then study the changes that arise when key parameters of the model change and show that, under identical circumstances, the behavior of any particular corruption measure can differ completely from the behavior of the other measures. Furthermore, in our model high and low corruption lead to two types of equilibria. We show that the behavior of all three measures can vary substantially when the type of equilibrium changes.

Merger Dynamics: Using System Dynamics for the Conceptual Integration of a Fragmented Knowledge Base

Kybernetes, Volume 39, Issue 9/10, 2010.

Authors: Miczka, Switbert; Größler, Andreas

Abstract:

Purpose - Mergers and acquisitions (M&As) have drawn the attention of researchers for several decades. Many studies have investigated the factors apparently influencing the success of an M&A deal, leading to an extensive, yet extremely fragmented body of knowledge. Although the logical quest for integration has been expressed by several authors, in most cases investigations focus only on details of M&As. The aim of this paper is to offer a different way of synthesis that allows testing well-established theories of post-merger integration processes.

Design/methodology/approach - With the help of a literature-based system dynamics (SD) model, the paper opens up a new perspective on the organizational processes occurring during post-merger integration. Particular emphasis is put on the investigation of capability transfer, the change of corporate culture, and the employees' perception of the integration process.

Findings - The model-based analysis delivers explanations for the contradicting results of many empirical studies, based on the structural integration of a broad body of knowledge and the analysis of simulation runs. The paper suggests that SD models may be used as a means to achieve a more consistent conceptual integration than usual "theoretical frameworks" can provide.

Research limitations/implications - Since the model is primarily based on theoretical ideas, an empirical validation of results seems most critical. Additionally, the linkage to organizational performance measures may need additional modelling effort.

Practical implications - The paper demonstrates the various interrelationships between organizational capabilities, culture, and employee commitment of two merging companies.

Originality/value - The paper is one of the few that strives for an integrated perspective on post-merger phenomena.

The Case for Abolishing the Higher Education State Monopoly in Continental Western Europe

Journal of Economic Studies, Volume 37, Issue 1, 2010.

Authors: Mitsopoulos, Michael; Pelagidis, Theodore

Abstract:

Purpose – The purpose of this paper is to prove that the abolition of state monopoly in the provision of educational services in Continental Europe will result in members of the educational community spending less time towards rent protection and more time towards educational activities, something that should also benefit the consumers of these services. It also aims to prove that once deregulation reform is introduced, those that now fiercely resist to it will, rationally, accept the new status quo and adapt to it.

Design/methodology/approach – The paper presents a model in which externalities affect the decision of the community of educational services providers to allocate time among their profession and towards opposing reform and protecting rents that follow from laws that establish state monopolies in the market for education services. The model proposed shows that, in the presence of such externalities, the introduction of reforms that remove the state monopoly will make the educational community adapt to the new status quo by allocating less time to protect monopoly rents and oppose reform, and more time and effort towards educational-related activities like research and publications, high-quality teaching and tutorials, etc.

Findings – The prediction of the assumed model that no internal forces can lead to a departure from the unfavorable equilibrium that exists before reform, underlines the need of society to press ahead with reforms regardless of the objections raised by the affected interest communities.

The Financing of Apprenticeship Training in the Light of Labor Market Regulations

Labour Economics, Volume 17, Issue 5, October 2010, Pages 799 – 809.

Authors: Muehlemann, Samuel; Pfeifer, Harald; Walden, GÃ 1/4 nter; Wenzelmann, Felix; Wolter, Stefan C.

Abstract:

In this paper we analyze the training behavior of firms in Germany and Switzerland — two countries with a comparable apprenticeship system but strong differences in the regulation of their respective labor markets. We make use of two representative firm-level surveys on the provision of apprenticeship training to analyze differences in the costs and benefits of training and the firm's training decision. Our results suggest that firms are more likely to make a substantial (short-term) net investment in apprenticeship training in the presence of strong employment protection laws.

Keywords: Labor Market Regulations; Apprenticeship Training; Firm's Training Decision

Should Firms be Allowed to Indemnify Their Employees for Sanctions?

The Journal of Law, Economics and Organization, Volume 26, Issue 1, 2010, Pages 30 – 53.

Authors: Mullin, Wallace; Snyder, Christopher M.

Abstract:

Policymakers have questioned whether firms should be allowed to indemnify their employees for personal sanctions for corporate crimes. This article provides the first formal analysis of this form of indemnification. Targeting employees with unindemnifiable sanctions carries the social cost of exposing employees of law-abiding firms to the risk of mistaken government prosecution. Deterrence is typically achieved more efficiently by sanctioning the firm alone. We find the circumstances under which the government should additionally sanction employees to be quite limited and the circumstances under which the government should ban indemnification of these sanctions to be more limited still. One circumstance is when an unindemnifiable employee sanction provides prosecutors with leverage to adjust the employee's sanction in exchange for his cooperation against the firm.

Financial Innovation and Social Welfare

Journal of Financial Regulation and Compliance Volume: 18 Issue: 3 2010.

Authors: Mullineux, Andrew William

Abstract:

Purpose – The purpose of this paper is to consider the case for regulating financial innovation in light of the recent global financial crisis. Design/methodology/approach – Responsibility for assuring the bank customers are "treated fairly" in the UK currents belongs to the Financial Services Authority (FSA), whilst the Office of Fair Trading (OFT) oversees the Consumer Credit Act. The paper argues for the regulation of retail banking and financial service provision as a utility, leaving the FSA to concentrate on prudential supervision and the OFT to concentrate on its other responsibilities. Financial innovation in wholesale and investment banking should be regulated by the prudential authorities. Findings – New financial instruments are frequently underpriced, which may be in part to encourage rapid and widespread adoption. Practical implications – Good, transactions cost and risk reducing, retail financial innovation should be encouraged. New wholesale financial products should be thoroughly "stress tested" prior to being licensed, analogous to the testing of new medical "drugs" by the pharmaceutical industry.

Originality/value – The global banking crisis led to calls for banks to maintain lending to small-and medium-sized enterprises and households (especially mortgages). This implies that access to finance, like access to water and electricity, should be assured and that customers should be protected against the "monopoly" powers of large suppliers. Hence, retail banks are utilities and should be regulated as such.

Overcoming Data Limitations in Nonparametric Benchmarking: Applying PCA-DEA to Natural Gas Transmission

The Review of Network Economic, Volume 9, Issue 2, 2010.

Authors: Nieswand, Maria; Cullmann, Astrid; Neumann, Anne

DOI: 10. 2202/1446 – 9022. 1209

Abstract:

We empirically demonstrate a practical approach of efficiency evaluation with limited data availability in some regulated industries. We apply PCA-DEA for radial efficiency measurement to U. S. natural gas transmission companies in 2007. PCA-DEA reduces dimensions of the optimization problem while maintaining most of the variation in the original data. Our results suggest that the methodology reduces the probability of over-estimation of individual firm-specific performance.

The Growing Importance of Risk in Financial Regulation

Journal of Risk Finance, Volume 11, Issue 3, 2010.

Authors: Ojo, Marianne

Abstract:

Purpose – The purpose of this paper is not only seek to trace developments that have contributed to the importance of risk in regulation, but also to justify why risk has become so significant within regulatory and governmental circles.

Design/methodology/approach – This task will be facilitated through a consideration of theories associated with risk, and by reference to two forms of risk regulation, namely risk-based regulation and meta regulation. As well as a consideration of the application of both in jurisdictions such as the UK, the paper adopts a comparative approach through references to the their application in jurisdictions such as Germany, Italy, and the USA, and also through a comparison between meta-regulatory strategies and risk-based regulation. Findings – This paper concludes that all regulatory strategies should take into consideration the importance of management responsibilities – both on individual and corporate levels. Meta-risk regulation has not only assumed such a prominent position in regulation through its application in Basel Ⅱ, but also is preferred to risk-based regulation – not only because of the element of ambiguity which risk-based regulation introduces into its assessment (through a consideration of the external environment of the firm), but also because of its impact of the use of external auditors in regulation and supervision. Practical implications – The practical implications of a move towards risk-based regulatory strategies, and meta-regulatory strategies in particular, is that courts are simply not adequately equipped to deal with the pace with which some financial instruments, such as derivatives, operate. Originality/value – This paper not only introduces originality through its comparative approach and the choice of jurisdictions involved, but also through the attention it draws to the need for more innovative techniques such as meta regulation. Meta regulation can be considered to be the most evolved and collaborative form of regulation, which is best suited for such an ever-evolving and changing regulatory environment that currently exists.

The Control System in the Italian Banking Sector: Recent Changes in the Application of Legislative Decree No. 231 of June 8, 2001

Journal of Investment Compliance, Volume11, Issue 2, 2010.

Authors: Opromolla, Gabriella; Maccarini, Michela

Abstract:

Purpose – The purpose of this paper is to analyze the application of the rules governing the control system in the banking sector, particularly with respect to the impact of Legislative Decree No. 231 of June 8, 2001.

Design/methodology/approach – The paper describes the contents of Legislative Decree 231/2001 and regulations issued by Italian financial regulators; it describes the solutions offered by ABI (the Italian Banking Association) guidelines in order to organize the internal control system of banks; it also outlines recent developments in case law as to the organizational models adopted by companies and describes the outcome of empirical surveys carried out on the matter.

Findings – Italian banking companies adequately comply with legislative requirements set forth on prevention of corporate crimes and companies liability; for the first time a recent decision assessed the adequacy of the organization model adopted by a listed company.

Practical implications – The paper provides certain empirical data to help the reader understand the impact of the above said Legislative Decree on the internal control system and adoption of the organizational models by Italian companies, including banks.

Originality/value – This paper provides suggestions with reference to the implementation by banks and banking groups of organizational models and their contents.

The Follower Phenomenon: Implications for the Design of Monopolization Rules in a Global Economy

Antitrust Law Journal, Vol. 76, No. 3, 2010.

Authors: Padilla, Jorge; Gal, Michal

Abstract:

Laws are oftentimes modeled, at least in part, on those of jurisdictions with established antitrust regimes, a trend we call "the follower phenomenon." Follower behavior might involve a transplant of a legal rule, its interpretation, or both.

This article analyzes the main causes of the follower phenomenon in antitrust and its welfare effects, both on the following jurisdiction and on the followed one. It argues that the proliferation of one's antitrust prohibitions can sometimes act as a boomerang, negatively affecting the welfare of the followed jurisdiction as well as third jurisdictions. This boomerang effect can result from three main causes: (a) the limited ability of the followed jurisdiction's domestic firms to monopolize or cartelize foreign markets due to stricter antitrust policies of the following jurisdiction based on a correct following of the followed jurisdiction's antitrust prohibitions; (b) the abandonment of neutral or procompetitive conduct by firms based in the followed jurisdiction (or trading in it) due, for example, to increased costs resulting from parallel and often similar regulation in several following jurisdictions; and (c) negative externalities resulting from increased error costs due, for example, to the misapplication of the followed jurisdiction's complex rules in following jurisdictions with limited institutional capabilities.

Based on the above findings, we then propose ways for the followed jurisdiction, as well as for other jurisdictions, to increase the positive externalities and limit the negative externalities resulting from the follower phenomenon. We suggest that under certain circumstances the followed jurisdiction could anticipate the follower phenomenon and modify its choice of optimal rule to account for the boomerang effect. Less extreme methods are also explored, such as aiding and directing less experienced jurisdictions in the correct application of their antitrust laws.

Expert Analysis and Insider Information in Horse Race Betting: Regulating Informed Market Behaviour

Southern Economic Journal, Volume 76, Issue 4, 2010, Pages 976 - 992.

Authors: Peirson, John; Smith, Michael A

Abstract:

We present a new model analyzing the effect of uncertainty faced by bookmakers. It is shown that bettors with inside information or expert analysis decrease the odds set by profit maximizing bookmakers. Data on previously unraced two year old horses and those that have raced previously are used to examine the impact of the greater possibility of insider information on odds bias in relation to unraced horses. The price of a bet on unraced two year olds is found to be on average 15% higher and the effect varies as the probability of winning increases. The latter effect suggests a possible contribution to the favorite-longshot bias and the former shows the importance of insider information in the setting of market prices. The regulation of the use of insider information is discussed in the light of the similar impact of insider information and expert analysis on bookmaker odds.

Bank Market Concentration and Interest Spreads: South Asian Evidence

International Journal of Emerging Markets Volume 5, Issue 1, 2010.

Authors: Perera, Shrimal; Skully, Michael; Wickramanayake, J.

Abstract:

Purpose – The purpose of this paper is to investigate whether any deviations in South Asian banks' interest margins can be attributed to market concentration（MC） after controlling for other bank-specific factors and exogenous environmental influences.

Design/methodology/approach – The paper employs an improved structural price-concentration model with multiple definitions of market share（MS） covering loan and deposit markets. This model is estimated using generalized least squares method and random effect estimates are reported. The sample consists of 120 South Asian banks with a total of 1，226 bank-year observations over 1992 – 2005.

Findings – The findings suggest that no significant deviations in bank interest margins can be attributed to MC. Instead，only dominant South Asian banks with larger MSs are found to extract higher interest margins.

Research limitations/implications – This paper suffers from three main limitations：first，due to data limitations the sample only consists of South Asian domestic commercial banks. Second，due to the lack of product-specific interest rates the authors have to contend with approximated bank-specific interest margins. Third，throughout the study，annual bank-specific data are used due to lack of high-frequency data.

Practical implications – The regulators should closely monitor dominant banks with larger loan and deposit shares because these institutions operate with higher interest margins. Similarly，state-owned banks（with relatively inefficient cost structures） should also draw regulatory attention for they extract higher interest margins，possibly，for survival.

Originality/value – The existing literature is extended by utilizing a pooled cross-section and time series data model which controls for sample heterogeneity using proxies for cost structures，risk profiles and regulatory restrictions.

Input Pricing by an Upstream Monopolist into Imperfectly Competitive Downstream Markets

Research in Economics，In Press，Accepted Manuscript，Available online 4 June 2010.

Authors：Pinopoulos，Ioannis N.

Abstract：

When entry is independent from profitability conditions，the upstream supplier's optimal pricing policy is invariant with respect to downstream market structure. This price invariant result，however，is reversed when there is free entry in downstream market. When entry is endogenously dependent on profitability conditions，the upstream supplier's price-setting behavior depends on the number of operative firms in the final good market. We show that the upstream supplier charges a higher input price under a free entry situation in downstream market than under a no-entry condition. We also show that a higher input price is set under Bertrand competition than under Cournot competition in a downstream market with free entry.

Is Google the Next Microsoft：Competition，Welfare and Regulation in Online Search

The Review of Network Economic，Volume 9，Issue 4，2010.

Authors：Pollock，Rufus

DOI：10. 2202/1446 – 9022. 1240

Abstract：

The rapid growth of online search and its centrality to the ecology of the Internet pose important questions：why is the search engine market so concentrated，and will it evolve towards monopoly? What implications does this concentration have for consumers，search engines，and advertisers? Does search require regulation，and，if so，in what form? This paper supplies empirical and theoretical material with which to examine these questions. In particular，we（a） show that the already large levels of concentration are likely to continue; (b) identify the consequences, negative and positive, of this outcome; and (c) discuss the regulatory interventions that policy-makers could use to address these.

The Regulation of Entry and Aggregate Productivity

The Regulation of Entry and Aggregate Productivity, Volume 120, Issue 549, 2010, Pages 1175 – 1200.

Authors: Poschke, Markus

Abstract:

The aim of this paper is to contribute to explaining differences in aggregate productivity between similar, industrialized countries such as the US and European Union (EU) member states. By introducing shifts in administrative entry cost and a firm technology adoption decision in a model of heterogeneous firms close to Hopenhayn (1992), it matches the following facts: higher entry cost is associated with (1) both lower labor and total factor productivity, (2) more capital-intensive production, and (3) lower firm turnover. Compared to previous studies of reallocation intensity and aggregate productivity, endogenizing capital intensity through technology choice leads to stronger results; higher equilibrium capital intensity acts as an entry barrier to new firms, and protects low-productivity incumbents. Notably, the very small differences in the administrative cost of entry as documented by Djankov, La Porta, Lopez-de-Silanes and Shleifer (2002) suffice to explain 10% to 20% of differences in TFP and the capital-output ratio between Europe and the U. S.. To obtain this, both heterogeneity of firms and allowing for technology choice are crucial.

The Effect of Clean Water Regulation on Profitability: Testing the Porter Hypothesis

Land Economics, Volume 86, Issue 2, 2010, Pages 329 – 344.

Authors: Rassier, Dylan G.; Earnhart, Dietrich

Abstract:

Previous theoretical research provides opposing arguments regarding the effect of environmental regulation on profitability. This study provides empirical evidence on this debated effect by testing the "strong" version of the Porter hypothesis. We employ panel data analysis to examine the effect of water regulation, as measured by permitted wastewater discharge limits, on the profitability of publicly held firms operating within the chemical manufacturing industries. We find that tighter water regulation meaningfully lowers profitability. By reinterpreting profitability in terms of sales and costs, the results demonstrate that tighter water regulation increases costs conditioned on a given level of sales.

Regulation and Taxation: A Complementarity

Journal of Comparative Economics, Volume 38, Issue 4, 2010, Pages 381 – 394.

Authors: Schoefer, Benjamin

Abstract:

I show how quantity regulation can lower elasticities and thereby increase optimal tax rates. Such regulation imposes regulatory incentives for particular choice quantities. Their strength varies between zero (laissez faire) and infinite (command economy). In the latter case, regulation effectively eliminates any intensive behavioral responses to taxes; a previously distortionary tax becomes a lump sum. For intermediate regulation (where some deviation is feasible), intensive behavioral responses are still weaker than under zero regulation, and so quantity regulation reduces elasticities, thereby facilitating subsequent taxation. I apply this mechanism to labor supply and present correlational evidence for this complementarity: hours worked in high-regulation countries are compressed, and these countries tax labor at higher rates.

Keywords: Regulation; Taxation; The scope of government

Regulating Microfinance: A Suggested Framework

Economic and Political Weekly, Volume45, Issue1, 2010.

Authors: Shankar, Savita; Asher, Mukul G.

Abstract:

With growth of the microfinance sector in India, there is a need to regulate it, so as to provide an environment in which all stakeholders can participate with confidence.

Both prudential and non prudential regulation is required. Prudential regulation is required to enable some micro finance institutions to provide savings services and affordable remittance services, significant missing links at present. Non prudential regulation encouraging transparent disclosure of interest rates, offering appropriate financial products, fair selling practices and methods for collecting loans is also important.

This paper proposes the creation of MFI banks which may be permitted to offer savings as well as mobile payment services, to be regulated by the country's central bank, the Reserve Bank of India (RBI). In addition, for non prudential supervision for the sector as a whole, an independent oversight board with representation from participants in the sector, the Government and consumer forums, reporting to the RBI is suggested.

When a Monopolist Deceives

Antitrust Law Journal, Volume 76, Issue 3, 2010, Pages 823.

Authors: Stucke, Maurice

Abstract:

This essay uses one context-a monopolist's deceptive advertising or product disparagement-to illustrate how competition authorities and courts should evaluate a monopolist's deception under the federal antitrust laws. Competition authorities should target a monopolist's anticompetitive deception, which courts should treat as a prima facie violation of the Sherman Act without requiring a full-blown rule of reason analysis or an arbitrary, multi-factor standard.

The Stock Market's Valuation of R&D and Market Concentration in Horizontal Mergers

Review of Industrial Organization, Volume 37, Issue 2, 2010, Pages 119 – 140.

Authors: Sonenshine, Ralph

Abstract:

It is well documented that acquirers often pay a large premium to acquire companies in related industries. There are many explanations as to the source of this premium. This study isolates two variables, R&D-intensity and market concentration, and assesses their influence individually and jointly on the deal premium. The results indicate that higher market concentration levels have a negative effect on the deal premium, while higher acquirer R&D-intensity has a positive influence, if the merger could result in a high market concentration level. Furthermore, deal premiums are greater in selected industries and in smaller deal sizes.

Keywords: Research and Development-Mergers-Premium-Challenges

Downstream Merger and Welfare in a Bilateral Oligopoly

International Journal of Industrial Organization, Volume 28, Issue 3, May 2010, Pages 230 – 243.

Authors: Symeonidis, George

Abstract:

I analyse the effects of a downstream merger in a differentiated oligopoly when there is bargaining between downstream firms and upstream agents (firms or unions). Bargaining outcomes can be observable or unobservable by rivals. When competition is in quantities, upstream agents are independent and bargaining is over a uniform input price, a merger between downstream firms may raise consumer surplus and overall welfare. However, when competition is in prices or the upstream agents are not independent or bargaining is over a two-part tariff or bargaining covers both the input price and the level of output, the standard welfare results are restored: a downstream merger always reduces consumer surplus and overall welfare.

Theoretical Tensions between Regulation, Governance, and Strategic Behaviour in a Federated World Order

International Journal of Social Economics Volume 37, Issue 10, 2010.

Authors: Todeva, Emanuela

Abstract:

Purpose – The paper seeks to explore Kant's formulations on universal good will, perfect moral order, and universal peace, and the notion that the world's citizenship should be organised in a federated system of states, free to choose their own universal laws.

Design/methodology/approach – This theoretical discussion is pursued in two separate sections. The first section reviews leading regulation theories that explain how governments in their decision-making capacity engage in regulation at macro-level of the entire socio-economic system. The second section follows from this argument and discusses the governance theory and alternative governance mechanisms designed and employed by governments to manage the strategic behaviour of the individual economic actors at mezzo-and micro-level of contract relationships.

Findings – The paper discusses some of the current theories that underpin the analysis and interpretation of public administration practice, or public governance in different socio-economic systems. The paper looks at some of the dominant postulates of regulation and governance, and question to what extent they can be accepted as universal principles in line with Kant's argumentation. Different types of governance mechanisms are compared and contrasted in the context of strategic actors such as: the public government as a regulating authority and the firms as regulated economic actors.

Originality/value – The argument in this paper is that governments as regulators of national socio – economic systems are strategic actors in their capacity to actively shape the regulatory environment, implementing various coordination mechanisms that facilitate the functioning of the economy and the society. The paper attempts to make some ethical judgements on market imperfections and government imperfections in line with Kant's concept of universal moral order.

Regulation of Entry, Labor Market Institutions and the Informal Sector

Journal of Development Economics, Volume 91, Issue 1, 2010, Pages 87 – 99.

Authors: Ulyssea, Gabriel

Abstract:

This paper develops a two-sector matching model that incorporates the main features of Latin American labor markets. It has an innovation in its matching structure that makes it more consistent with some key stylized facts of the informal sector in these countries. The model is numerically solved using Brazilian data and several policy simulations are performed. Reducing formal sector's entry cost significantly reduces the size of the informal sector and improves overall labor market performance. Increasing enforcement significantly reduces informality but has strong adverse effects on unemployment and welfare. Thus, the results indicate that the tradeoff between lower informal employment and higher unemployment rates is not present when one looks at policies that aim at reducing the costs of being formal, as opposed to policies that simply increase the costs of being informal.

Credibility, Pre-Production and Inviting Competition in a Network Market

Amir Etziony, Hewlett Packard, Israel

The Review of Network Economic, Volume 9, Issue 1, 2010.

Authors: Weiss, Avi;

DOI: 10.2202/1446-9022.1206

Abstract:

Previous authors have suggested inviting competition as a solution to the credibility issues that arise when a new network good is introduced. We suggest an alternative remedy of pre-producing the good. The two strategies are compared, as are combinations of these two strategies in two different manners. The comparison yields a deeper understanding about how and why each strategy works.

Brand or Variety Choices and Periodic Sales as Substitute Instruments for Monopoly Price Discrimination

Review of Industrial Organization, Volume 36, Issue 4, 2010, Pages 333-349.

Authors: Xia, Tian; Sexton, Richard

Abstract:

We study the puzzle that sellers often employ diverse strategies in terms of carrying multiple brands and holding periodic sales. These two selling tools can be substitute instruments to induce consumer self selection and implement price discrimination. We analyze the factors that affect a seller's choice between the two pricing instruments and show how different combinations of the two instruments can be optimal under alternative market conditions. A seller may, surprisingly, increase her total number of offers when it becomes more costly to carry brands or hold sales if there are decreasing marginal costs of the alternative selling tool.

Keywords: Brands-Multiple Varieties-Price Discrimination-Sales-Self Selection

Economic, Social and Institutional Conditions of Network Governance: Network Governance in East Asiar

Management Decision Volume 48, Issue 8, 2010.

Authors: Yoon, Woojin; Hyun, Eunjung

Abstract:

Purpose - This paper intends to discuss the effect of social and institutional mechanisms in allowing network governance embedded in non-contractual and social relations to emerge and persist.

Design/methodology/approach - Building on the extant theoretical literature on network governance of varied research strands and drawing empirical observations from research on East Asian network governance, the paper explores the effect of social and institutional mechanisms in allowing network governance embedded in non-contractual and social relations to emerge and persist.

Findings - It is argued that social and non-contractual mechanisms reinforce, substitute, or undermine contractual mechanisms, but the degree to which this occurs is contingent on institutional environments in which transaction occurs.

Originality/value – The paper revisits some of the important theoretical concepts such as trust and social capital that have been invoked across divergent literatures so as to illuminate underlying factors of economic governance based on social relations and networks.

2. 国外反垄断与规制机构介绍

Department of Justice, Anti-trust Division (United States)

Website: www. justice. gov/atr

Mission of the Antitrust Division

The mission of the Antitrust Division is to promote economic competition through enforcing and providing guidance on antitrust laws and principles.

Antitrust Laws

The goal of the antitrust laws is to protect economic freedom and opportunity by promoting free and fair competition in the marketplace.

Competition in a free market benefits American consumers through lower prices, better quality and greater choice. Competition provides businesses the opportunity to compete on price and quality, in an open market and on a level playing field, unhampered by anticompetitive restraints. Competition also tests and hardens American companies at home, the better to succeed abroad.

Federal antitrust laws apply to virtually all industries and to every level of business, including manufacturing, transportation, distribution, and marketing. They prohibit a variety of practices that restrain trade, such as price-fixing conspiracies, corporate mergers likely to reduce the competitive vigor of particular markets, and predatory acts designed to achieve or maintain monopoly power.

Enforcing Antitrust Laws

The Division prosecutes certain violations of the antitrust laws by filing criminal suits that can lead to large fines and jail sentences. In other cases, the Division institutes a civil action seeking a court order forbidding future violations of the law and requiring steps to remedy the anticompetitive effects of past violations.

Many of the Division's accomplishments on these fronts are made possible by an unprecedented level of cooperation and coordination with foreign antitrust enforcement agencies and with state attorneys general.

Providing Guidance on Antitrust Laws

The Division provides guidance to the business community on antitrust laws, much of it jointly with the Federal Trade Commission. This guidance explains the boundaries of permissible conduct and may reduce uncertainty about the parameters of legal behavior. This saves money for both business and the government by helping companies to structure and organize their operations in accordance with the law. In order to receive guidance from the Division, a business must request a formal business review. View the Business Review Procedures.

Serving as an Advocate for Competition

In addition to enforcing the antitrust laws, the Antitrust Division also acts as an advocate for competition, seeking to promote competition in sectors of the economy that are or may be subject to government regulation. These sectors include.

Federal Trade Commission (United States)

Website: http: //www. ftc. gov/

The FTC deals with issues that touch the economic life of every American. It is the only federal agency with both consumer protection and competition jurisdiction in broad sectors of the economy. The FTC pursues vigorous and effective law enforcement; advances consumers' interests by sharing its expertise with federal and state legislatures and U. S. and international government agencies; develops policy and research tools through hearings, workshops, and conferences; and creates practical and plain-language educational programs for consumers and businesses in a global marketplace with constantly changing technologies.

The FTC established its headquarters at 600 Pennsylvania Avenue, N. W., with President Franklin D. Roosevelt laying the cornerstone himself.

Roosevelt remarked, "May this permanent home of the Federal Trade Commission stand for all time as a symbol of the purpose of the government to insist on a greater application of the golden rule to conduct the corporation and business enterprises in their relationship to the body politic.

The building which is particularly known for its two art deco style statues, called "Man Restraining Trade," is located at the apex of the Federal Triangle, and was the culmination of the massive Depression-era government building project. Commissioners and staff officially moved in on April 21, 1938, and the building continues to function as the FTC's headquarters, serving the agency's adjudicative, executive, policy, and administrative functions.

Investigative Authority

A. In General

The Commission may "prosecute any inquiry necessary to its duties in any part of the United States" (FTC Act Sec. 3, 15 U. S. C. Sec. 43) and may "gather and compile information concerning, and to investigate from time to time the organization, business, conduct, practices, and management of any person, partnership, or corporation engaged in or whose business affects commerce, excepting banks, savings and loan institutions, Federal credit unions and common carriers." (FTC Act Sec. 6 (a), 15 U. S. C. Sec. 46 (a)). Pre-complaint investigations are generally non-public and, thus, are not identified on this site. On occasion the existence of an investigation may be identified in a press release.

B. Antitrust

The Commission enforces various antitrust laws through its Bureau of Competition. The two most significant statutory provisions are Section 5 (a) of the FTC Act and the Clayton Act. Section 5 (a) of the FTC Act, 15 U. S. C. Sec. 45 (a), prohibits, *inter alia*, "unfair methods of competition." Unfair methods of competition include any conduct that would violate the Sherman Antitrust Act. The Clayton Act prohibits corporate acquisitions that may tend substantially to lessen competition (Section 7, 15 U. S. C. Sec. 18) and also bars certain forms of price discrimination (Section 2 of the Robinson Patman Act, 15 U. S. C. Secs. 13 – 13b). As with its consumer protection responsibilities, the Commission uses both administrative and judicial remedies to enforce the law.

Litigating Authority

The preceding sections have described a variety of actions that may be pursued in federal court against violators of the laws enforced by the Commission. The Commission has independent authority to litigate some of these cases in its own name, by its own attorneys. The scope of this authority is described below. Except as otherwise provided by law, the Attorney General is responsible for the conduct of all litigation in which the United States, or one of its agencies, is a party (28 U. S. C. Sec. 516). Section 16 of the FTC Act, 15 U. S. C. Sec. 56, specifically authorizes the Commission to represent itself by its own attorneys in five categories of cases: (1) suits for injunctive relief under Section 13 of the FTC Act, 15 U. S. C. Sec. 53; (2) suits for consumer redress under Section 19 of the FTC Act, 15 U. S. C. Sec. 57b; (3) petitions for judicial review of

FTC rules or orders or a cease and desist order issued under Section 5 of the FTC Act, 15 U. S. C. Sec. 45; (4) suits to enforce compulsory process under Sections 6 and 9 of the FTC Act, 15 U. S. C. Secs. 46 and 49. 3, and suits to prohibit recipients of compulsory process from disclosing the existence of the process in certain situations, section 21a of the FTC Act, 15 U. S. C. Sec. 57b – 2a.

In addition to defining five classes of cases where the Commission may automatically represent itself, Section 16 also provides that with respect to "any civil action involving this subchapter (including an action to collect a civil penalty)," the Commission may represent itself if the Attorney General does not agree to do so after 45 – days notice. See 15 U. S. C. Sec. 56 (a) 1. This provision enables the Commission to prosecute and defend by its own attorneys a wide variety of cases that the Department of Justice declines to litigate (particularly civil penalty actions under Sections 5 (1) and 5 (m) of the FTC Act).

Separate rules govern representation before the Supreme Court. Section 16 (a)(3), 15 U. S. C. Sec. 56 (a)(3), defines certain circumstances under which the Commission may appear in the Supreme Court "in any civil action in which the Commission represented itself [in the courts below] pursuant to [15 U. S. C. 56 (a) (1) or (2)]." Specifically, the Commission may represent itself if it requests authority to do so from the Solicitor General within 10 days of the lower court judgment; and the Solicitor General, within 60 days after entry of the judgment, either authorizes the Commission's appearance, declines to represent the Commission, or fails to respond to the request.

In addition to these specific grants of representational authority, there are several situations in which the Department of Justice may appoint Commission attorneys as special United States Attorneys to represent the United States in litigation conducted by the Department of Justice. See Telemarketing and Consumer Fraud and Abuse Prevention Act, 15 U. S. C. § 6107, (appointment of Commission attorneys to prosecute criminal contempt); Memorandum of Agreement Between the Department of Justice and the Federal Trade Commission-Premerger Penalties, 4 Trade Reg. Rep. 1 9853 at p. 17, 356 (appointment of Commission attorneys to prosecute civil penalty actions under 15 U. S. C. Sec. 18a (g)(1) for violation of premerger reporting requirements); see also 28 U. S. C. Secs. 515, 543 appointment of special United States attorneys).

Federal Communications Commission (United States)

Website: http://www. fcc. gov/

The Federal Communications Commission (FCC) is an independent United States government agency. The FCC was established by the Communications Act of 1934 and is charged with regulating interstate and international communications by radio, television, wire, satellite and cable. The FCC's jurisdiction covers the 50 states, the District of Columbia, and U. S. possessions.

The FCC is directed by five Commissioners appointed by the President and confirmed by the Senate for 5 – year terms, except when filling an unexpired term. The President designates one of the Commissioners to serve as Chairperson. Only three Commissioners may be members of the same political party. None of them can have a financial interest in any Commission-related business.

As the chief executive officer of the Commission, the Chairman delegates management and administrative responsibility to the Managing Director. The Commissioners supervise all FCC activities, delegating responsibilities to staff units and Bureaus.

Bureaus and Offices

The Commission staff is organized by function. There are seven operating Bureaus and ten Staff Offices. The Bureaus' responsibilities include: processing applications for licenses and other filings; analyzing complaints; conducting investigations; developing and implementing regulatory programs; and taking part in hearings. Our Offices provide support services. Even though the Bureaus and Offices have their individual functions, they regularly join forces and share expertise in addressing Commission issues. Procedures were issued by the Chairman to facilitate consultation between FCC Bureaus and Offices.

Consumer & Governmental Affairs Bureau-educates and informs consumers about telecommunications goods and services and engages their input to help guide the work of the Commission. CGB coordinates telecommunications policy efforts with industry and with other governmental agencies - federal, tribal, state and local - in serving the public interest.

Enforcement Bureau-enforces the Communications Act, as well as the Commission's rules, orders and authorizations.

International Bureau-represents the Commission in satellite and international matters.

Media Bureau-regulates AM, FM radio and television broadcast stations, as well as cable television and satellite services.

Wireless Telecommunications-oversees cellular and PCS phones, pagers and two-way radios. This Bureau also regulates the use of radio spectrum to fulfill the communications needs of businesses, aircraft and ship operators, and individuals.

Public Safety & Homeland Security Bureau-addresses public safety, homeland security, national security, emergency management and preparedness, disaster management, and other related issues.

Wireline Competition Bureau-responsible for rules and policies concerning telephone companies that provide interstate, and under certain circumstances intrastate, telecommunications services to the public through the use of wire-based transmission facilities (i. e. , corded/cordless telephones).

Office of Administrative Law Judges-presides over hearings, and issues Initial Decisions.

Office of Communications Business Opportunities-provides advice to the Commission on issues and policies concerning opportunities for ownership by small, minority and women-owned communications businesses.

Office of Engineering And Technology-allocates spectrum for non-Government use and provides expert advice on technical issues before the Commission.

Office of The General Counsel-serves as chief legal advisor to the Commission's various Bureaus and Offices.

Office of Inspector General-conducts and supervises audits and investigations relating to the operations of the Commission.

Office of Legislative Affairs-is the Commission's main point of contact with Congress.

Office of The Managing Director-functions as a chief operating official, serving under the direction and supervision of the Chairman.

Office of Media Relations-informs the news media of FCC decisions and serves as the Commission's main point of contact with the media.

Office of Strategic Planning & Policy Analysis-works with the Chairman, Commissioners, Bureaus and Offices to develop strategic plans identifying policy objectives for the agency.

Office of Work Place Diversity-advises the Commission on all issues related to workforce diversity, affirmative recruitment and equal employment opportunity.

European Commission Competition (European Union Member States)

Website: ec. europa. eu/comm/competition/index_ en. html

The European Commission and the national competition authorities in all EU Member States cooperate with each other through the *European Competition Network* (*ECN*).

This creates an effective mechanism to counter companies which engage in cross-border practices restricting competition. As European competition rules are applied by all members of the ECN, the ECN provides means to ensure their effective and consistent application. Through the ECN, the competition authorities inform each other of proposed decisions and take on board comments from the other competition authorities. In this way, the ECN allows the competition authorities to pool their experience and identify best practices.

The European Commission Competition policy areas include the following: Antitrust (agreements prohibited under the Articles 81 and 82 of the EC Treaty), mergers (Commission Regulation (EC) No 802/2004 implementing Council Regulation (EC) No 139/2004 (The "Implementing Regulation") and its annexes (Form CO, Short Form CO and Form RS)), liberalisation (Articles 3 and 86 of the EC treaty), state aid – ensuring that government interventions do not distort competition and intra-community trade (Article 87 of the EC Treaty), international cooperation.

The Office of Fair Trading (United Kingdom)

Website: http://www.oft.gov.uk/

The OFT's mission is to make markets work well for consumers. Markets work well when businesses are in open, fair and vigorous competition with each other for the consumer's custom. The OFT is to make sure that consumers have as much choice as possible across all the different sectors of the marketplace. When consumers have choice they have genuine and enduring power.

The OFT pursues this goal by: Encouraging businesses to comply with competition and consumer law and to improve their trading practices through self-regulation; Acting decisively to stop hardcore or flagrant offenders; Studying markets and recommending action where required; Empowering consumers with the knowledge and skills to make informed choices and get the best value from markets, and helping them resolve problems with suppliers through Consumer Direct.

As an independent professional organization, the OFT plays a leading role in promoting and protecting consumer interests throughout the UK, while ensuring that businesses are fair and competitive. Our tools to carry out this work are the powers granted to the OFT under consumer and competition legislation.

Benefits of the OFT's work

The OFT improves the welfare of consumers by working to bring about competitive and efficient markets, by thwarting deceptive and coercive trading practices, and by empowering consumers with the knowledge and skills they need to make rational and informed buying decisions. As a result, consumers benefit from improved value, choice and quality in products and services, and are much less likely to encounter problems.

When markets are working well, good businesses benefit too. They are protected from cartels, abusive monopolies and inappropriate regulations, and can reap the rewards of delivering what consumers want.

The wider economy also thrives as competitive markets encourage greater productivity and innovation. Because of this, the OFT's financial contribution to the economy far exceeds our cost to the taxpayer.

Analysis

The OFT gathers intelligence about markets and trader behavior from a wide range of sources and we respond to super-complaints about markets from designated consumer bodies. Where we spot potential problems, the OFT undertakes market studies and recommend or take further action where it is needed.

Prioritisation

In order to make the best use of the OFT's resources in terms of real outcomes for UK consumers, it is needed to ensure that the OFT makes appropriate decisions about which projects and programmes of work we undertake across all areas of our responsibility. The OFT considers a range of factors including impact on consumers, strategic significance, risks and resources. The OFT also takes account of the activity, capacity and interests of its partners.

Prevention

Preventing harm in the first place is better for consumers than taking enforcement action afterwards. One of the ways the OFT does this is by equipping consumers and businesses with the knowledge they need to protect themselves against unlawful practice.

The OFT also encourage businesses to improve their trading practices by educating them about their duties under the law and by encouraging self-regulation.

Partnerships

The OFT achieves its aims through collaboration with others. The OFT's partners include sector regulators, Government, the courts, the Competition Commission, the European Commission, Local Authority Trading Standards Services, and businesses, consumers and their representatives.

Evaluation

The OFT is committed to assessing our performance against our aims and objectives and to evaluating the financial benefits we deliver to consumers and the economy as a whole. For more information, see our annual reports.

Competition Commission (United Kingdom)

Website: www. competition-commission. org. uk

The role of the Competition Commission

The Competition Commission (CC) is an independent public body which conducts in-depth inquiries into mergers, markets and the regulation of the major regulated industries, ensuring healthy competition between companies in the UK for the benefit of companies, customers and the economy.

All of the CC's inquiries are undertaken following a reference made by another authority, most often the Office of Fair Trading (OFT) (which refers merger and market inquiries), or one of the sector regulators (which can refer markets within their sectoral jurisdictions or make regulatory references in relation to price controls and other license modifications) or as a result of an appeal from a decision of one of the sector regulators.

Mergers

Under the Enterprise Act 2002 (the Enterprise Act), the OFT can review mergers to investigate whether there is a realistic prospect that they will lead to a substantial lessening of competition (SLC), unless it obtains undertakings from the merging parties to address its concerns or the market is of insufficient importance.

In order to qualify for investigation by the OFT, a merger must meet all three of the following criteria: 1. two or more enterprises must cease to be distinct; 2. the merger must not have taken place already, or must have taken place not more than four months ago; and 3. one of the following must be true: the business being taken over has a turnover in the UK of at least£ 70 million; or the combined businesses supply (or acquire) at least 25 per cent of a particular product or service in the UK (or in a substantial part of the UK), and the merger results in an increase in the share of supply or consumption. In exceptional cases where public interest issues are raised, the Secretary of State may also refer mergers to the CC.

Where an inquiry is referred to the CC for in-depth investigation, the CC has wide-ranging powers to remedy any competition concerns, including preventing a merger from going ahead. It can also require a company to sell off part of its business or take other steps to improve competition.

Market investigations

The Enterprise Act enables the OFT (and the sector regulators) to investigate markets and, if they are concerned that there may be competition problems, to refer those markets to the CC for in-depth investigation.

In market investigations the CC has to decide whether any feature or combination of features in a market prevents, restricts or distorts competition, thus constituting an adverse effect on competition (AEC).

If the CC concludes that this is the case, then it must seek to remedy the problems that it identifies either by introducing remedies itself or by recommending action by others.

Reviews of undertakings or orders

Undertakings or orders are the primary means by which remedies are given effect under the Enterprise Act and the Fair Trading Act 1973. The OFT has the statutory duty to keep these undertakings or orders under review and if it considers that due to a change of circumstances a set of undertakings or an order should be varied or terminated, then the OFT refers it for consideration by the CC. Responsibility for deciding on variation or termination of undertakings lies with the CC.

Regulatory references

In relation to regulatory references, the CC's role is dictated by the relevant sector-specific legislation. Companies regulated under the gas, electricity, water and sewerage, postal services, railways or airports legislation generally have a formal instrument (a license) setting out the terms of their operation. If a regulated company does not agree to a modification of its license proposed by the regulator, the regulator must refer the question to the CC. The CC will consider whether any matter referred to in the reference may be expected to operate against the public interest and, if so, whether this could be remedied by modifications to the license. These references can involve the price control applied to the company. The CC also has roles under the Financial Services and Markets Act 2000 and the Legal Services Act 2007.

Energy code modifications and Communications Act appeals

The CC has an appeal function following decisions by the Gas and Electricity Markets Authority to modify certain energy codes under the Energy Act 2004 and in relation to price control decisions by Ofcom (Independent regulator and competition authority for the UK communications industries), following a reference by the Competition Appeal Tribunal (CAT) under the Communications Act 2003.

Brief history

The CC replaced the Monopolies and Mergers Commission in 1999, following the Competition Act 1998. The Enterprise Act 2002 introduced a new regime for the assessment of mergers and markets in the UK. The CC's legal role is now clearly focused on competition issues, replacing a wider public interest test in the previous regime. The Enterprise Act also gave the CC remedial powers to direct companies to take certain actions to improve competition; in the previous regime its role was simply to make recommendations to Government.

Competition Tribunal (Canada)

Website: www. ct-tc. gc. ca

Mandate

The Competition Tribunal has jurisdiction to hear and dispose of all applications made under parts VII. 1

and Ⅷ of the Competition Act and any related matters. It also hears references filed pursuant to section 124.2 of the Competition Act.

Part Ⅶ.1 (sections 74.01 to 74.19) of the Competition Act deals with deceptive marketing practices. Part Ⅷ (sections 75 to 107) deals with restrictive trade practices including refusal to supply, price maintenance, exclusive dealing, tied selling, market restriction, abuse of dominant position, delivered pricing, foreign judgments and laws, foreign suppliers, specialization agreements, and mergers.

The Competition Bureau, headed by the Commissioner of Competition, is responsible for the administration and enforcement of the Competition Act, and other acts. The Bureau investigates complaints and decides whether to proceed with the filing of an application to the Competition Tribunal.

All proceedings before the Tribunal are dealt with as informally and expeditiously as the circumstances and considerations of fairness permit.

The Tribunal is composed of up to six judicial members appointed from among the judges of the Federal Court and not more than eight lay members.

Member Appointments

The Governor in Council appoints judicial members from the Federal Court on the recommendation of the Minister of Justice. Lay members are appointed by the Governor in Council on the recommendation of the Minister of Industry. They provide expertise based on their individual backgrounds in economics, business, accounting, marketing and other relevant fields.

Chairman's Role

The Chairman directs the work of the Tribunal and, in particular, allocates case work to the members. The Tribunal must hear applications for orders under Part Ⅷ of the *Competition Act* (Matters reviewable by the Tribunal) in panels of three to five members. A judicial member must preside at the hearing and there should be at least one lay member on the panel.

History

The Competition Tribunal was created in 1986 when Parliament enacted major reforms of Canada's competition law and replaced the Combines Investigation Act with the Competition Act.

The Competition Tribunal Act provides for a hybrid tribunal consisting of judicial members appointed from judges of the Federal Court and non-judicial members who are knowledgeable in economics, industry, commerce or public affairs.

In 2002, a number of changes were made to the Competition Act and the Competition Tribunal Act. Private parties were given the right to initiate proceedings before the Tribunal in certain cases. The Tribunal could also hear references filed pursuant to section 124.2 of the Competition Act and award costs of proceedings before it. The number of judicial members to be appointed under the Competition Tribunal Act increased from four to six.

The Tribunal Chairman has supervision over the work of the Tribunal including the allocation of work of the Tribunal members. On June 30, 1986, Madam Justice Barbara Reed was designated by the Governor in Council as the Tribunal's first Chairman. Mr. Justice William McKeown became the second Chairperson in 1993 and he held the position until 2002.

Madam Justice Sandra Simpson is the present Chairman of the Competition Tribunal. Under her supervision, the Tribunal adopted new Competition Tribunal Rules in 2008. These rules set out new procedures to expedite matters before the Tribunal.

Competition Bureau (Canada)

Website: www. cb – bc. gc. ca

The Competition? Bureau, as an independent law enforcement agency, ensures that Canadian businesses and consumers prosper in a competitive and innovative marketplace. Headed by the Commissioner of Competition, the Bureau is responsible for the administration and enforcement of the Competition Act, the Consumer Packaging and Labeling Act, the Textile Labeling Act and the Precious Metals Marking Act.

The basic operating assumption of the Competition Bureau is that competition is good for both business and consumers.

Competition makes the economy work more efficiently; strengthens businesses' ability to adapt and compete in global markets; gives small and medium businesses an equitable chance to compete and participate in the economy; provides consumers with competitive prices, product choices and the information they need to make informed purchasing decisions; and balances the interests of consumers and producers, wholesalers and retailers, dominant players and minor players, the public interest and the private interest.

The types of anti-competitive activities investigated by the Bureau include:

Price fixing: When competitors agree on the prices that they will charge their customers.

Bid-rigging: When, in response to a call or request for bids or tenders, one or more bidders agree not to submit a bid, or two or more bidders agree to submit bids that have been prearranged among themselves.

False or misleading representations: When materially false or misleading representations are made knowingly or recklessly to the public.

Deceptive notice of winning a prize: When a notice, sent by any means, gives a recipient the impression of winning a prize and requires the recipient to incur a cost to obtain the prize.

Abuse of dominant position: When a dominant firm engages in anti-competitive practices that substantially lessen competition in a market, or are likely to do so.

Exclusive dealing tied selling and market restrictions: When a supplier requires or induces a customer to deal only, or mostly, in certain products; requires or induces a customer to buy a second product as a condition of supplying a particular product; requires a customer to sell specified products in a defined market.

Refusal to deal: When someone is substantially affected in his or her business, or is unable to carry on business, because of the inability to obtain adequate supplies of a product on usual trade terms.

Mergers: When all or part of one business is acquired by another. The Bureau has the authority to review any merger, regardless of its size. However, the Bureau must be notified in advance of proposed transactions when the value of the assets or the target firm exceeds \$ 50 million or the value of the amalgamated company exceeds \$ 70 million, and when the combined dollar value of the parties and their respective affiliates exceeds \$ 400 million.

Multi-level marketing plans and schemes of pyramid selling: Multi-level marketing, when it operates within the limits set by the Competition Act, is a legal business activity, while a scheme of pyramid selling is illegal as defined by the law.

Deceptive telemarketing: When a product's representation is false or misleading while promoting the supply of a product or a business interest during person-to-person telephone calls.

Deceptive marketing practices: When a product is advertised at a bargain price and is not supplied in reasonable quantities; when a product is supplied at a price above the advertised price; when retailers make "regular price" claims without selling a substantial volume of the product, or offering the product, at that price or a higher price in good faith for a substantial period of time; or when a contest, lottery, or game of chance or skill is conducted without making adequate and fair disclosure of facts that affect the chances of winning.

The Bureau has the ability to refer criminal matters to the AG of Canada, who then decides whether to prosecute before the courts. The Bureau also has the power to bring civil matters before the Competition Tribunal or other courts depending on the issue.

Australian Competition and Consumer Commission (Australia)

Website: www. accc. gov. au

The Australian Competition and Consumer Commission is an independent statutory authority. It was formed in 1995 to administer the Trade Practices Act 1974 (renamed the Competition and Consumer Act 2010 on 1 January 2011) and other acts.

The ACCC promotes competition and fair trade in the market place to benefit consumers, business and the community. It also regulates national infrastructure industries. Its primary responsibility is to ensure that individuals and businesses comply with the Commonwealth's competition, fair trading and consumer protection laws.

In fair trading and consumer protection its role complements that of the state and territory consumer affairs agencies which administer the mirror legislation of their jurisdictions, and the Competition and Consumer Policy Division of the Commonwealth Treasury.

As well as education and information the ACCC recommends dispute resolution when possible as an alternative to litigation, can authorize some anti-competitive conduct, and will take legal action when necessary. ACCC provides a range of plain language publications, most being available on this website.

ACCC initiatives include promoting consumer education in rural areas and with indigenous communities.

ACCC and the Competition and Consumer Act.

On 1 January 2011 the Trade Practices Act 1974 was amended and renamed the Competition and Consumer Act 2010. The Competition and Consumer Act's purpose is to enhance the welfare of Australians through the promotion of competition and fair trading and provision for consumer protection.

The Act deals with almost all aspects of the marketplace: the relationships between suppliers, wholesalers, retailers, competitors and customers.

In broad terms the Act covers unfair market practices, industry codes, mergers and acquisitions of companies, product safety, product labeling, price monitoring, and the regulation of industries such as telecommunications, gas, electricity and airports.

The major parts of the Act are:

Part ⅢA—third party access to nationally significant, essential facilities; Part Ⅳ—anti-competitive practices; Part ⅣB—industry codes of conduct; Part Ⅵ—enforcement and remedies; Part Ⅶ—authorizations, notifications and clearances; Part ⅦA—price monitoring and surveillance relating to industries or businesses declared by the Australian Government; Part Ⅹ—international liner cargo shipping; Part Ⅺ—application of ACL as a law of the Commonwealth; Part ⅪB—anti-competitive conduct in telecommunications; Part ⅪC—access to services for telecommunications.

The Australian Consumer Law (Schedule 2) — misleading or deceptive conduct, unconscionable conduct, unfair practices, conditions and warranties, product safety and information, liability of manufacturers for goods with safety defects offences, country of origin representations.

The ACCC has a wide range of publications dealing with its functions and the legislation for which it is responsible. Some are general while others address specific aspects of the law or the ACCC's administration of it. All publications are listed on this site and most are available online (see: Related topics on the ACCC website below). Copyright restrictions apply to all information on this site.

The ACCC has a network of offices in all capital cities and Townsville to handle public complaints and inquiries (see: Related topics on the ACCC website below). Staff can give guidance to business and consumers on their rights and obligations under the law, but not legal advice.

Structure of the ACCC

The ACCC is an independent statutory authority. The ACCC has a chairman, deputy chairs, full-time members, ex officio and associate members. Appointments to the ACCC involve participation by Commonwealth, state and territory governments.

The Canberra and Melbourne offices are the national centres of operations and there are smaller offices in each capital city and Townsville. The Info centre deals with inquiries and complaints from consumers and business.

website below. Copyright restrictions apply to all information on this site.

The ACCC has a network of offices in all capital cities and Townsville to handle public complaints and inquiries (see Related topics on the ACCC website below). Staff can give guidance to business and consumers on their rights and obligations under the law, but not legal advice.

Structure of the ACCC

The ACCC is an independent statutory authority. The ACCC has a chairman, deputy chair, full-time members, ex officio and associate members. Appointments to the ACCC involve participation by Commonwealth, state and territory governments.

The Canberra and Melbourne offices are the national centres of operations and there are smaller offices in each capital city and Townsville. The Infocentre deals with inquiries and complaints from consumers and business.